법령 색인

※표는 판례를 붙인 것임

판례 소법전 시리즈

2018

판 례
민사소송·민사집행법전

민일영 편

박영사

『판례 민사소송·민사집행법전』 머리말

이 책은 민사소송 및 민사집행 분야에 관한 법전이자 판례집이다. 오늘날 판례의 중요성은 불문법국가는 말할 것도 없고 성문법국가에서도 새삼 말할 필요가 없을 정도이다. 추상적인 법률이 실생활에서 어떻게 구체화되고 적용되는지를 단적으로 보여 주는 것이 바로 판례이기 때문이다. 그 법률과 판례를 유기적으로 연결하여 누구나 쉽게 접근하고 이해할 수 있도록 하기 위해 2010년 처음 펴낸 책이 "판례 소법전"(대표 편집위원 박우동)이다.

그런데 그 "판례 소법전"이 방대한 양으로 인한 휴대의 어려움으로 이용에 불편이 따랐다. 그래서 이를 분야별로 분책하기로 하여 2016년 민법 분야에 관한 "판례 민법전"(김재형 편집)이 먼저 발간되었고(2018년 개정판 발간), 그 뒤를 이어 민사소송 및 민사집행 분야에 관하여 이 책을 펴내게 되었다.

이 책에는 민사소송과 민사집행 분야에 관하여 2017. 12. 31.까지 나온 주요 대법원판례의 요지를 민사소송법 및 민사집행법의 해당 조문별로 정리하여 수록하였다. 두 법률 외에도 소송촉진 등에 관한 특례법 등 15개의 관련 법령도 수록하였는데, 앞으로 이들 법령에 관한 판례도 해당 조문별로 정리하여 수록할 예정이다.

이 책을 펴냄에 있어 박우동 전 대법관님과의 인연을 언급하지 않을 수 없다. 당신께서는 당초 대표 편집위원으로서 "판례 소법전"을 편찬하셨고, 이를 분야별로 분책하기로 하면서 편자에게 그 작업을 맡아 줄 것을 권하셨다. 편자가 해군법무관으로 근무하던 1983년 "주석 강제집행법"(사법행정학회 간행)의 간행과 관련하여 당시 서울가정법원장으로 계시던 당신을 처음 뵙고 인연을 맺은 이래, 35년 동안 변함없는 사랑을 베풀어 주셨다. 그 은혜에 만분의 일이라도 보답하는 심정으로 이 책을 당신께 헌정하려고 한다. 본래 당신이 대표 편집위원으로 펴내셨던 "판례 소법전"의 일부를 분책한 데 지나지 않으므로 새삼 헌정한다는 것이 자가당착일 수도 있으나, 이제는 이 책의 편자로 당신 대신 본인의 이름이 등재되는 마당이라 송구하고 감사하는 마음을 전하고자 하는 것이다.

박우동 전 대법관님 외에도 감사를 드려야 할 분이 더 있다. 이 책의 출간과 관련하여 여러 가지 조언을 해 주신 김재형 대법관님, 판례 정리를 도와준 이종욱·임재혁·정우채·조정용 님, 그리고 관련 법령의 수집과 책의 편집에 전력을 기울이신 박영사의 이승현 님 등 관계자들, 이 모든 분들께 깊이 감사드린다.

2018년 7월

민 일 영

판례 소법전을 내면서

법원의 재판은 법의 기능을 현실화하고 우리의 생활을 구체적으로 규율하는 역할을 한다. 살아있는 법으로서의 판례는 법학도와 법조실무자뿐만 아니라 모든 국민들에게 그 중요성이 널리 인식되고 있다. 하나의 책이 법전인 동시에 판례집의 역할을 겸하면 법조실무자나 법을 공부하는 사람들에게 편리한 것은 말할 나위도 없다. 이책은 판례의 이와 같은 이론적·현실적 중요성에 착안하였다.

이러한 취지로, 일상생활에 긴요한 중요 법령을 수록하고 그 중에서 선택된 법률의 조항에 중요 판례를 붙여 『판례 소법전』을 펴낸다. 소법전이라는 크기의 제약을 감안하여 어떤 법령에 대한 어떤 판례를 어떤 내용으로 정리할 것인가라는 과제를 푸는 작업은, 법학교수와 법조실무가로 짜여 있는 편집위원들에게도 적지 않은 어려움이었다. 여기서 말하는 판례는 대법원의 판결과 결정, 그리고 헌법재판소의 결정을 의미하며, 60여 년 동안 모든 법률분야에 걸쳐 대법원판례가 상당한 정도로 축적되었기 때문에 굳이 하급심판례나 외국판례를 포함시키지는 않았다.

판례는 법률의 각 조문취지에 해당하는 것을 골라 판시제목, 판시요지, 재판일자와 사건번호의 순으로 정리하였고, 성문법이 없는 행정법총론 부분과 법률의 개별조항이 아닌 일반론에 해당하는 사항에도 판례를 체계화하여 수록하였다. 선택된 판례의 건수는 7천 개가 넘으므로 검색의 편의를 위하여 연도순으로 색인을 만들었다. 그리고 중요법률 조문에 이해를 돕기 위하여 참조조문을 달았다.

서울대학교출판문화원이 법학의 발전에 기여하고자 하는 염원을 담아 이 법전의 출판을 맡아 주었다. 이에 깊은 감사의 말씀을 드린다. 이번에 편집위원으로 참여한 여러 교수님 이외에도 초기에 참여하였던 김성태, 백윤기, 정재황 교수님에게도 감사드린다. 또한 여러 편집보조위원들에게도 고마운 마음을 전한다.

앞으로 부족한 부분이 발견되는 대로 개선해 나갈 것은 물론, 단계적으로 다른 중요한 법률에도 참조조문과 판례를 붙이도록 노력할 것을 약속드린다. 새 출발의 항로에 많은 분들의 성원이 있기를 기대한다.

2010. 1.
대표편집위원 박 우 동

차 례

※표는 판례를 붙인 것임

민사소송법 · 민사집행법

일러두기

1. 법령과 판례의 수록범위

법령은 2018년 6월 말까지 공포된 17건의 현행 법령을 수록하였고, 판례는 대법원 판결과 결정, 헌법재판소 결정으로 한정하였다. 2017년 12월 31일까지의 판례를 수록하였으며, 대법원판례집, 판례공보, 헌법재판소판례집 등에 등재된 것 중에 선택하였다.

2. 판례의 표시방법

2건의 주요 민사법률 해당 조문에 해당 판례를 수록하였으며, 찾기 쉽게 일련번호를 붙였다. 대법원 판결과 결정은 '대판', '대결'로, 헌법재판소 결정은 '헌재'로, 대법원 전원합의체 판결의 경우 '대판(全)'으로 약기하였다.

3. 참조조문의 표시 방법

법령 상호간의 관련성을 확인하고, 해석·적용에 참고할 수 있도록 민사소송법을 비롯한 2건의 중요법률조문 아래에 관련법 조문을 표시하였다. 민사소송법 제451조 제1항 제7호의 경우 '민소451①vii'로 하되, 해당 법률 자체의 조문, 예컨대 민사소송법에서는 민소451로 하지 않고 약어를 생략하여 바로 '451'로 표기하였다.

4. 부칙 처리

제·개정 당시의 부칙: 공포일과 시행일이 같은 경우와 시행일이 문제가 될 염려가 없다고 인정되는 경우에는 원칙적으로 생략하였다.

5. 판례 편집상의 제호 표기 원칙

판례 편집 부분에서는 법령의 제호를 생략하였다. 예를 들어 판례 편집 부분에서 민소 27조 1항이라고 하면, 이는 민사소송법 제27조 제1항을 뜻한다.

6. 한글개정 표시 방법

법 문장을 가능하면 한글로 적고, 어려운 용어를 쉬운 용어로 바꾸며, 길고 복잡한 문장은 체계 등을 정비하여 간결하게 하는 목적의 일부개정은 해당 조문에 일일이 변경사항을 기록하지 않고, 법령의 개정 연혁 아래에 (2008.3.14 한글개정)처럼 표시하였다.

민사소송법

$$\left(\begin{array}{l}2002년\quad1월\;26일\\전개법률\;제6626호\end{array}\right)$$

개정
2005. 3.31법7427호(민)
2005. 3.31법7428호(회생파산)
2006. 2.21법7849호(제주자치법)
2007. 5.17법8438호　　　　　　2007. 7.13법8499호
2008.12.26법9171호　　　　　　2010. 7.23법10373호
2011. 5.19법10629호(지식재산 기본법)
2011. 7.18법10859호 → 2015. 1. 1 시행
2014.12.30법12882호 → 2015. 7. 1 시행
2015.12. 1법13521호 → 2016. 1. 1 시행
2016. 3.29법14103호 → 2016. 9.30 시행
2016. 2. 3법13952호 → 2017. 2. 4 시행
2017.10.31법14966호

제1편 총 칙

제1조【민사소송의 이상과 신의성실의 원칙】 ①
법원은 소송절차가 공정하고 신속하며 경제적으로 진행되도록 노력하여야 한다. ② 당사자와 소송관계인은 신의에 따라 성실하게 소송을 수행하여야 한다.
◼ 법원(1장 이하), 당사자(2장 이하)

1. 무효인 소송신탁약정에 기하여 금원을 청구하는 것이 신의칙에 위배되는지 여부(소극) 소송신탁은 법률이 금하는 것이므로 채권자가 소외 망인으로 하여금 원고가 되어 채무자에게 대여금청구소송을 제기하여 채권을 추심토록 의뢰한 약정은 반사회질서의 법률행위로서 무효이다.(대판 1983.5.24, 82다카1919)

2. 추완항소를 신청한 당사자가 상고이유에서 추완항소의 부적법을 주장하는 것이 신의칙에 위배되는지 여부(적극) 민사소송의 당사자 및 관계인은 소송절차가 공정 신속하고 경제적으로 진행되도록 신의에 좇아 성실하게 소송절차에 협력해야 할 의무가 있으므로, 당사자 일방이 과거에 일정 방향의 태도를 취하여 상대방이 이를 신뢰하고 자기의 소송상의 지위를 구축하였는데, 그 신뢰를 저버리고 종전의 태도와 지극히 모순되는 소송행위를 하는 것은 신의칙상 허용되지 않는바, 원심이 피고의 추완항소를 받아들여 심리한 결과 본안판단에서 피고의 항소가 이유 없다고 기각하자 추완항소를 신청했던 피고 자신이 이제 상고이유에서 그 추완항소의 부적법함을 스스로 주장하는 것은 허용될 수 없다.(대판 1995.1.24, 93다25875)

3. 부제소합의를 위반한 소제기의 권리보호이익의 유무 특정한 권리나 법률관계에 관하여 분쟁이 있다 하더라도 제소하지 아니하기로 한 합의를 위반하여 제기한 소는 권리보호의 이익이 없다.(대판 1968.11.5, 68다1665)

4. 종전 소송에서의 주장과 다른 내용의 소를 제기하는 것이 신의칙 위반인지 여부(소극) 종전 소송에서 상대방의 주장사실을 부인하다가 그 주장사실과 같은 내용의 주장을 하면서 다시 새로운 소를 제기하였던 하여도 신의칙에 반하는 것이라고 볼 수 없다. (대판 1984.10.23, 84다카855)

5. 실효의 원칙의 의의 및 소송법상 권리에 적용 여부 실효의 원칙은 권리자가 장기간에 걸쳐 그 권리를 행사하지 아니함에 따라 의무자인 상대방이 더 이상 권리자가 권리를 행사하지 아니할 것으로 신뢰할 만한 정당한 기대를 가지게 된 경우에 새삼스럽게 권리자가 그 권리를 행사하는 것은 법질서 전체를 지배하는 신의성실의 원칙에 위배되어 허용되지 아니한다는 것으로서, 항소권과 같은 소송법상의 권리에 대하여도 이러한 원칙이 적용될 수 있다.(대판 1996.7.30, 94다51840)

6. 해고된 근로자가 아무런 이의의 유보나 조건 없이 퇴직금을 수령한 후 오랜 기간이 지난 후에 해고의 효력을 다투는 소를 제기하는 것이 신의칙이나 금반언의 원칙에 위배되는지 여부(적극) 해고된 근로자가 사용자로부터 퇴직금 등을 수령하면서 아무런 이의의 유보나 조건을 달지 않았다면 해고의 효력을 인정하지 아니하고 이를 다투고 있었다고 볼 수 있는 객관적인 사정이 있다거나 그 밖에 상당한 이유가 있는 상황 하에서 이를 수령하는 등의 특별한 사정이 없는 한 그 해고의 효력을 인정하였다고 할 것이고, 따라서 그로

부터 오랜 기간이 지난 후에 그 해고의 효력을 다투는 소를 제기하는 것은 신의칙이나 금반언의 원칙에 위배되어 허용될 수 없다.(대판 2000.4.25, 99다34475)

7. 소권의 남용으로 인정되는 경우 원고가 실질상의 1인 회사인 피고 회사의 대표이사직에 여러 해 동안 있으면서 주권을 발행하지 아니하고 있다가, 원고가 자금난으로 회사를 경영할 수 없어 그 주식을 모두 양도하고 양수인들이 피고 회사의 부채를 정리하고 경영한 지 무려 7,8년이 지난 지금에 와서, 주권이 발행되지 아니하였음을 이유로 그 주식양도의 효력을 다투고 양도 후의 이 사건 주주총회결의 부존재 또는 무효 확인과 원고가 주주임의 확인을 구하는 이 사건 소는 신의칙에 위배된 소권의 행사이어서 허용되지 아니한다.(대판 1983.4.26, 80다580)

8. 신의칙 위배 여부가 직권조사사항인지 여부(적극) 신의 성실의 원칙에 반하는 것 또는 권리남용은 강행규정에 위배되는 것이므로 당사자의 주장이 없더라도 법원이 직권으로 판단할 수 있다.(대판 1995.12.22, 94다42129)

9. 법정지상권을 취득할 지위에 있는 자에 대하여 건물철거를 구하는 것이 신의칙 위반인지 여부(적극) 법정지상권을 가진 건물소유자로부터 건물을 양수하면서 법정지상권까지 양도받기로 한 자는 채권자대위의 법리에 따라 전 건물소유자 및 대지소유자에 대하여 차례로 지상권의 설정등기 및 이전등기절차이행을 구할 수 있으므로, 이러한 법정지상권을 취득할 지위에 있는 자에 대하여 대지소유자가 소유권에 기하여 건물철거를 구하는 것은 지상권의 부담을 용인하고 그 설정등기절차를 이행할 의무 있는 자가 그 권리자를 상대로 한 청구라 할 것이어서 신의성실의 원칙상 허용될 수 없다.(대판(全) 1985.4.9, 84다카1131, 1132)

10. 확정판결에 의한 권리를 남용한 경우 확정판결에 의한 권리라 하더라도 그것이 신의에 좇아 성실히 행사되어야 하고 권리남용이 되는 경우에는 이는 허용되지 않는다 할 것인바, 피고들이 확정판결의 변론종결 이전에 부진정연대채무자 중의 1인으로부터 금원을 수령하고 더 이상 손해배상을 청구하지 아니한다고 합의함으로써 원고의 손해배상채무도 소멸한 사실을 스스로 알고 있으면서도 이를 모르는 원고에게 이미 소멸한 채권의 존재를 주장하여 확정판결을 받은 것이라면, 위 확정판결을 집행권원으로 하는 강제집행을 용인함은 이미 변제, 소멸한 채권을 이중으로 지급받고자 하는 불법행위를 허용하는 결과가 된다 할 것이므로, 이와 같은 피고들의 집행행위는 자기의 불법한 이득을 꾀하여 상대방에게 손해를 줄 목적이 내재한 사회생활상 용인되지 아니하는 행위라 할 것이어서 그것이 신의에 좇은 성실한 권리의 행사라 할 수 없고 확정판결에 의한 권리를 남용한 경우에 해당한다.(대판 1984.7.24, 84다카572)

제1장 법 원

제1절 관 할

제2조【보통재판적】 소(訴)는 피고의 보통재판적(普通裁判籍)이 있는 곳의 법원이 관할한다.

☑ 보통재판적(2~6), 특별재판적(7~24), 전속관할(31)

▶ 민사재판권1

1. 외국의 사법적 행위에 대하여 우리나라 법원의 재판권이 인정되는지 여부(적극) 국제관습법에 의하면 국가의 주권적 행위는 다른 국가의 재판권으로부터 면제되는 것이 원칙이나, 국가의 사법적(私法的) 행위까지 다른 국가의 재판권으로부터 면제된다는 것이 오늘날의 국제법이나 국제관례라고 할 수는 없다. 따라서 우리나라의 영토 내에서 행하여진

외국의 사법적(私法的) 행위가 주권적 활동에 속하는 것이거나 이와 밀접한 관련이 있어 이에 대한 재판권의 행사가 외국의 주권적 활동에 대한 부당한 간섭이 될 우려가 있다는 등의 특별한 사정이 없는 한, 외국의 사법적(私法的) 행위에 대하여는 당해 국가를 피고로 하여 우리나라의 법원이 재판권을 행사할 수 있다.(대판(全) 1998.12.17, 97다39216)

2. 한미행정협정상 '계약에 의한 청구권'의 범위 한미행정협정 23조 5항의 계약에 의한 청구에는 계약의 당사자인 미합중국에 대한 계약의 이행 청구와 계약 불이행을 원인으로 한 손해배상 청구뿐만 아니라, 계약의 체결 및 이행 사무를 담당하는 미합중국 군대의 구성원이나 고용원 등이 계약의 체결 및 이행과 직접 관련하여 행한 불법행위를 원인으로 한 계약 상대방의 손해배상 청구도 포함된다.(대판 1997.12.12, 95다29895)

3. 섭외사건에 대한 국내의 재판관할 인정 여부 판단기준 섭외사건에 관하여 국내의 재판관할을 인정할지의 여부는 국제재판관할에 관하여 조약이나 일반적으로 승인된 국제법상의 원칙이 아직 확립되어 있지 않고 이에 관한 우리나라의 성문법규도 없는 이상 결국 당사자 간의 공평, 재판의 적정, 신속을 기한다는 기본이념에 따라 조리에 의하여 이를 결정함이 상당하고, 우리나라 민사소송법의 토지관할에 관한 규정 또한 위 기본이념에 따라 제정된 것이므로 이에 따른 재판적이 국내에 있을 때에는 섭외사건에 관한 소송에 대하여도 우리나라에 재판관할권이 있다.(대판 1992.7.28, 91다41897)

4. 국제재판관할 결정 시 판단기준 국제재판관할을 결정함에 있어서는 당사자 간의 공평, 재판의 적정, 신속 및 경제를 기한다는 기본이념에 따라야 하고, 구체적으로는 소송당사자들의 공평, 편의 그리고 예측가능성과 같은 개인적인 이익뿐만 아니라 재판의 적정, 신속, 효율 및 판결의 실효성 등과 같은 법원 내지 국가의 이익도 함께 고려하여야 하며, 이러한 다양한 이익 중 어떠한 이익을 보호할 필요가 있을지 여부는 개별 사건에서 법정지와 당사자의 실질적 관련성 및 법정지와 분쟁이 된 사안의 실질적 관련성을 객관적인 기준으로 삼아 합리적으로 판단하여야 한다.(대판 2005.1.27, 2002다59788)

5. 섭외이혼사건에서 재판관할 판단기준 섭외이혼사건에서 이혼판결을 한 외국법원에 재판관할권이 있다고 하기 위하여는 그 이혼청구의 상대방이 행방불명 기타 이에 준하는 사정이 있거나 상대방이 적극적으로 응소하여 그 이익이 부당하게 침해될 우려가 없다고 보이는 예외적인 경우를 제외하고는 상대방의 주소가 그 나라에 있을 것을 요건으로 한다고 하는 이른바 '피고 주소지주의'를 따르는 것이 상당하다.(대판 1988.4.12, 85므71)

6. 국제사법 2조가 적용된 경우 미합중국 미주리 주에 법률상 주소를 두고 있는 미합중국 국적의 남자(원고)가 대한민국 국적의 여자(피고)와 대한민국에서 혼인 후, 미합중국 국적을 취득한 피고와 거주기한을 정하지 아니하고 대한민국에 거주하다가 피고를 상대로 이혼, 친권자 및 양육자지정 등을 청구한 경우, 원·피고 모두 대한민국에 상거소(常居所)를 가지고 있고 혼인이 대한민국에서 성립하였으며 그 혼인생활의 대부분이 대한민국에서 형성된 점 등을 고려하면, 위 청구는 대한민국과 실질적 관련이 있다고 볼 수 있으므로 국사 2조 1항의 규정에 의하여 대한민국 법원이 재판관할권을 가진다. 더구나 원·피고가 선택에 의한 주소(domicile of choice)를 대한민국에 형성했고, 피고가 소장 부본을 적법하게 송달받고 적극적으로 응소한 점까지 고려하면 국사 2조 2항에 규정된 '국제재판관할의 특수성'을 고려하더라도 대한민국 법원의 재판관할권 행사에 아무런 문제가 없다.(대판 2006.5.26, 2005므884)

7. 재판권 면제자의 경매신청채권에 관계된 소송에 재판권이 인정되는지 여부 피고가 외국법인으로서 우리나라에 사

무소나 영업소를 가지고 있지 않거나 우리 민사소송법상의 토지관할에 관한 특별재판적이 국내에 없다 하더라도, 우리나라 법원에 민사소송법상의 보전명령이나 경매법원에 의한 임의경매를 신청한 이상 당해 외국법인의 그러한 행위는 우리나라의 재판권에 복종할 의사로 한 것으로 봄이 상당하므로, 위와 같은 신청채권에 관계된 소송에 관하여는 우리나라의 법원이 재판권을 가진다고 보는 것이 국제민사소송의 재판관할에 관한 조리에 비추어 옳다.(대판 1989.12.26, 88다카3991)

8. 재판권의 결여가 명백한 경우 법원의 조치 국가는 국제관례상 외국의 재판권에 복종하지 않게 되어 있으므로 국제조약에 의하여 예외로 된 경우나 스스로 외교상의 특권을 포기하는 경우를 제외하고는 외국 국가를 피고로 하여 우리나라가 재판권을 행사할 수 없는 것이므로 일본국을 상대로 한 소장을 송달할 수 없는 경우에 소장 각하명령을 한 것은 정당하다.(대결 1975.5.23, 74마281)

9. 대한민국 법원이 개성공업지구 현지기업 사이의 민사분쟁에 대하여 재판관할권을 가지는지 여부(적극) **및 소송의 목적물이 개성공업지구 내에 있는 건물 등인 경우에도 마찬가지인지 여부**(적극) 개성공업지구 지원에 관한 법률 및 남북교류협력에 관한 법률의 여러 규정들에 더하여, 개성공업지구 현지기업 사이의 민사분쟁은 우리 헌법이 규정하고 있는 자유시장경제질서에 기초한 경제활동을 영위하다가 발생하는 것이라는 점 등까지 고려하면, 대한민국 법원은 개성공업지구 현지기업 사이의 민사분쟁에 대하여 당연히 재판관할권을 가지고, 이는 소송의 목적물이 개성공업지구 내에 있는 건물 등이라고 하여 달리 볼 것이 아니다.(대판 2016.8.30, 2015다255265)

▶ 민사재판권2

10. 하천법에 근거한 손실보상청구소송이 민사소송인지 여부(적극) 하천법 부칙(1984.12.31) 2조 1항에 근거한 손실보상청구소송은 민사소송으로서 그 청구에 관하여는 관리청이 속하는 권리주체인 국가나 지방자치단체를 피고로 삼아야 한다.(대판 1992.10.9, 92다25533)

11. 귀속재산에 대한 처분을 민사소송으로 다툴 수 있는지 여부(소극) 관재당국의 소관 귀속재산에 관한 행정처분에 대하여는 일반민사소송으로 그 효력을 다툴 수 없다.(대판 1960.3.31, 4292민상398)

12. 환지교부청구권의 존부가 민사소송의 대상인지 여부(소극) 환지교부청구권은 환지처분으로 말미암아 구체적 확정적으로 발생하는 공법상의 권리이므로 환지교부청구권의 존부 내지 당부에 관한 다툼은 행정소송으로 다투어야지 민사소송으로는 다툴 수 없다.(대판 1980.5.13, 80다419)

13. 행정청 소유 건물에 관한 임대계약의 성질 군 소유의 건물 및 시설물에 관한 임대차 계약이나 이에 따른 임대료의 부과징수 등 행위는 행정청이 공권력을 행사하는 주체로서 법률행위를 하는 것이 아니고 오직 사경제적인 기업의 주체로서 법률행위를 하는 것이므로 사법상의 법률행위이지 행정행위의 개념에는 속하지 아니한다.(대판 1977.11.22, 76누21)

14. 행정사건에 관하여 민사법원에 소를 제기한 경우 수소법원의 조치 원고가 고의 또는 중대한 과실로 행정소송으로 제기하여야 할 사건을 민사소송으로 잘못 제기한 경우, 수소법원으로서는 만약 그 행정소송에 대한 관할도 동시에 가지고 있다면 이를 행정소송으로 심리·판단하여야 하고, 그 행정소송에 대한 관할을 가지고 있지 아니하다면 당해 소송이 이미 행정소송으로서의 전심절차 및 제소기간을 도과하였거나 행정소송의 대상이 되는 처분 등이 존재하지도 아니한 상태에 있는 등 행정소송으로서의 소송요건을 결하고 있음이 명백하여 행정소송으로 제기되었더라도 어차피 부적법하게 되는 경우가 아닌 이상 이를 부적법한 소라고

하여 각하할 것이 아니라 관할 법원에 이송하여야 한다.(대판 1997.5.30, 95다28960)

15. 행정사건에 관하여 소를 제기한 민사법원이 관할을 가지는 경우 원고가 고의 또는 중대한 과실 없이 행정소송으로 제기하여야 할 사건을 민사소송으로 잘못 제기한 경우 수소법원으로서는 만약 그 행정소송에 대한 관할도 동시에 가지고 있는 경우라면, 행정소송으로서의 전심절차 및 제소기간을 도과하였거나 행정소송의 대상이 되는 처분 등이 존재하지도 아니한 상태에 있는 등 행정소송으로서의 소송요건을 결하고 있음이 명백하여 행정소송으로 제기되었더라도 어차피 부적법하게 되는 경우가 아닌 이상, 원고로 하여금 항고소송으로 소 변경을 하도록 하여 그 1심법원으로 심리·판단하여야 한다.(대판 1999.11.26, 97다42250)

16. 상간자에 의한 부권침해로 인한 손해배상청구의 관할 및 이에 위반한 경우의 조치 부권침해로 인한 손해배상청구는 가정법원의 조정 및 심판대상이 아니므로 서울가정법원이 이에 관하여 심판하였음은 위법한 조치들이라 하지 않을 수 없으나, 위 심판에 대한 항소로 사건이 원심인 서울고등법원에 계속된 이상 민소 381조에 의하여 당사자는 1심의 관할위반을 주장하지 못하고 원심도 동법 389조에 의한 재판을 할 수 없게 되었다 할 것이며, 위와 같은 경우 원심으로서는 사건을 그 성질에 따라 일반 민사사건의 항소심절차에 따라 심리하고 재판하여야 한다.(대판 1965.12.21, 65므44)

17. 보통재판적과 특별재판적이 경합하는 경우 보통재판적과 특별재판적이 경합하는 경우에는 제소자의 선택에 따라 그 중 하나를 골라서 거기에 제소할 수 있는 것이 구 민소(2002.1.26. 법률 제6626호로 전문 개정 전)의 법리이다.(대결 1966.1.26, 65마1167)

제3조【사람의 보통재판적】 사람의 보통재판적은 그의 주소에 따라 정한다. 다만, 대한민국에 주소가 없거나 주소를 알 수 없는 경우에는 거소에 따라 정하고, 거소가 일정하지 아니하거나 거소도 알 수 없으면 마지막 주소에 따라 정한다.

▣ 보통재판적(2~6, 민소규7), 주소·거소·가주소(민18~21)

제4조【대사·공사 등의 보통재판적】 대사(大使)·공사(公使), 그 밖에 외국의 재판권 행사대상에서 제외되는 대한민국 국민이 제3조의 규정에 따른 보통재판적이 없는 경우에는 이들의 보통재판적은 대법원이 있는 곳으로 한다.

▣ 보통재판적(2~6, 민소규7), 주소·거소·가주소(민18~21)

제5조【법인 등의 보통재판적】 ① 법인, 그 밖의 사단 또는 재단의 보통재판적은 이들의 주된 사무소 또는 영업소가 있는 곳에 따라 정하고, 사무소와 영업소가 없는 경우에는 주된 업무담당자의 주소에 따라 정한다.

② 제1항의 규정을 외국법인, 그 밖의 사단 또는 재단에 적용하는 경우 보통재판적은 대한민국에 있는 이들의 사무소·영업소 또는 업무담당자의 주소에 따라 정한다.

▣ 보통재판적(민소규7), 법인 아닌 사단 또는 재단의 당사자능력(52), 주된 사무소(민36, 상171②)

1. 외국법인의 국내지점 영업에 관한 것이 아닌 분쟁에 대하여도 우리 법원의 관할권을 인정할 수 있는지 여부(한정적극) 구 민소(2002.1.26. 법률 제6626호로 전문 개정 전) 4조에 의하면 외국법인 등이 대한민국 내에 사무소, 영업소 또는 업무담당자의 주소를 가지고 있는 경우에는 그 사무소 등에 보통재판적이 인정된다고 할 것이므로, 증거수집의 용이성이나 소송수행의 부담 정도 등 구체적인 제반 사정을

고려하여 그 응소를 강제하는 것이 민사소송의 이념에 비추어 보아 심히 부당한 결과에 이르게 되는 특별한 사정이 없는 한, 원칙적으로 그 분쟁이 외국법인의 대한민국 지점이 영업에 관한 것이 아니라 하더라도 우리 법원의 관할권을 인정하는 것이 조리에 맞다.(대판 2000.6.9, 98다35037)

제6조 【국가의 보통재판적】 국가의 보통재판적은 그 소송에서 국가를 대표하는 관청 또는 대법원이 있는 곳으로 한다.

▣ 보통재판적(민소6), 국가를 대표하는 관청(국가소송2)

제7조 【근무지의 특별재판적】 사무소 또는 영업소에 계속하여 근무하는 사람에 대하여 소를 제기하는 경우에는 그 사무소 또는 영업소가 있는 곳을 관할하는 법원에 제기할 수 있다.

▣ 주된 사무소(민36·40iii, 상171②)

제8조 【거소지 또는 의무이행지의 특별재판적】 재산권에 관한 소를 제기하는 경우에는 거소지 또는 의무이행지의 법원에 제기할 수 있다.

▣ 전속관할(31), 거소지(민19·20), 의무이행지(민467, 상56)

1. 금전반환청구소송의 의무이행지 금전반환을 구하는 소송에서는 특별한 사정의 주장 소명이 없는 한 채권자의 주소지가 의무이행지이다.(대결 1969.8.2, 69마469)

2. 채권자가 수익자로부터 책임재산의 회복을 구하는 사해행위취소의 소에서의 의무이행지 채권자가 사해행위의 취소와 함께 수익자 또는 전득자로부터 책임재산의 회복을 구하는 사해행위취소의 소를 제기한 경우 그 취소의 효과는 채권자와 수익자 또는 전득자 사이의 관계에서만 생기는 것이므로, 수익자 또는 전득자가 사해행위의 취소로 인한 원상회복 또는 이에 갈음하는 가액배상을 하여야 할 의무를 부담한다고 하더라도 이는 채권자에 대한 관계에서 생기는 법률효과에 불과하고 채무자와의 사이에서 그 취소로 인한 법률관계가 형성되는 것은 아닐 뿐만 아니라, 이 경우 채권자의 주된 목적은 사해행위의 취소 그 자체보다는 일탈한 책임재산의 회복에 있는 것이므로, 사해행위취소의 소에 있어서의 의무이행지는 '취소의 대상인 법률행위의 의무이행지'가 아니라 '취소로 인하여 형성되는 법률관계에 있어서의 의무이행지'라고 보아야 한다.(대결 2002.5.10, 2002마1156)

제9조 【어음·수표 지급지의 특별재판적】 어음·수표에 관한 소를 제기하는 경우에는 지급지의 법원에 제기할 수 있다.

▣ 전속관할(31), 지급지(어1v·75iv, 수1iv)

1. 약속어음금 지급청구소송의 재판적 약속어음은 그 어음에 표시된 지급지가 의무이행지이고, 그 의무이행을 구하는 소송의 토지관할권은 지급지를 관할하는 법원에 있고, 채권자의 주소지를 관할하는 법원에 있는 것이 아니다.(대결 1980.7.22, 80마208)

제10조 【선원·군인·군무원에 대한 특별재판적】 ① 선원에 대하여 재산권에 관한 소를 제기하는 경우에는 선적(船籍)이 있는 곳의 법원에 제기할 수 있다.

② 군인·군무원에 대하여 재산권에 관한 소를 제기하는 경우에는 군사용 청사가 있는 곳 또는 군용선박의 선적이 있는 곳의 법원에 제기할 수 있다.

▣ 전속관할(31), 선원(선원2), 선적(상8·9·22·26·26의2)

제11조 【재산이 있는 곳의 특별재판적】 대한민국에 주소가 없는 사람 또는 주소를 알 수 없는 사람에 대하여 재산권에 관한 소를 제기하는 경우에는 청구의 목적 또는 담보의 목적이나 압류할 수

있는 피고의 재산이 있는 곳의 법원에 제기할 수 있다.

▣ 전속관할(31), 압류가 금지되는 물건과 채권(민집195·246), 채권의 소재지(민집224, 회생파산3③)

1. 본조의 취지 구 민소 9조의 규정의 취지는 재산권상의 소의 피고가 외국인이라 할지라도 압류할 수 있는 재산이 국내에 있을 때에는 그를 상대로 승소판결을 얻으면 이를 집행하여 재판의 실효를 걸을 수 있기 때문에 특히 국내법원에 그 재판관할권을 인정한 것이다.(대판 1988.10.25, 87다카1728)

제12조 【사무소·영업소가 있는 곳의 특별재판적】 사무소 또는 영업소가 있는 사람에 대하여 그 사무소 또는 영업소의 업무와 관련이 있는 소를 제기하는 경우에는 그 사무소 또는 영업소가 있는 곳의 법원에 제기할 수 있다.

▣ 전속관할(31)

1. 영업소 있는 자가 원고인 경우에도 본조가 적용되는지 여부(소극) 구 민소 10조 소정의 특별재판적에 관한 규정은 갑(甲)의 영업소 업무에 관하여 갑(甲)을 상대로 소를 제기하는 때에 한하여 그 영업소 소재지의 법원에 관할이 있다는 의미이므로 갑(甲)이 스스로 원고가 되어 소를 제기하는 경우에는 적용되지 아니한다.(대결 1980.6.12, 80마158)

제13조 【선적이 있는 곳의 특별재판적】 선박 또는 항해에 관한 일로 선박소유자, 그 밖의 선박이용자에 대하여 소를 제기하는 경우에는 선적이 있는 곳의 법원에 제기할 수 있다.

▣ 전속관할(31), 선박소유자(상756·769), 선박이용자(상847)

제14조 【선박이 있는 곳의 특별재판적】 선박채권(船舶債權), 그 밖에 선박을 담보로 한 채권에 관한 소를 제기하는 경우에는 선박이 있는 곳의 법원에 제기할 수 있다.

▣ 전속관할(31), 선박 등에 대한 강제집행(민집172-185), 선박(선박2), 선박채권(상777-790), 선박으로써 담보하는 채권(상787)

제15조 【사원 등에 대한 특별재판적】 ① 회사, 그 밖의 사단이 사원에 대하여 소를 제기하거나 사원이 다른 사원에 대하여 소를 제기하는 경우에는 그 소가 사원의 자격으로 말미암은 것이면 회사, 그 밖의 사단의 보통재판적이 있는 곳의 법원에 소를 제기할 수 있다.

② 사단 또는 재단이 그 임원에 대하여 소를 제기하거나 회사가 그 발기인 또는 검사인에 대하여 소를 제기하는 경우에는 제1항의 규정을 준용한다.

▣ 보통재판적(5), 전속관할(31), 사단·재단의 임원(민57-64·66·67·82), 회사의 임원(상207·251·287·382·386·407·408·531·561·568), 발기인(상288·322), 검사인(상298·310·366③·367·467·582)

제16조 【사원 등에 대한 특별재판적】 회사, 그 밖의 사단의 채권자가 그 사원에 대하여 소를 제기하는 경우에는 그 소가 사원의 자격으로 말미암은 것이면 제15조에 규정된 법원에 제기할 수 있다.

▣ 전속관할(31), 본조의 소의 예(상212·213·215·268·279·462②), 사원 등에 대한 특별재판적(15)

제17조 【사원 등에 대한 특별재판적】 회사, 그 밖의 사단, 재단, 사원 또는 사단의 채권자가 그 사원·임원·발기인 또는 검사인이었던 사람에 대하여 소를 제기하는 경우와 사원이었던 사람이 그 사원에 대하여 소를 제기하는 경우에는 제15조 및 제

16조의 규정을 준용한다.

■ 전속관할(31), 본조의 소의 예(상225), 사원 등에 대한 특별재판적(15·16)

제18조【불법행위지의 특별재판적】 ① 불법행위에 관한 소를 제기하는 경우에는 행위지의 법원에 제기할 수 있다.

② 선박 또는 항공기의 충돌이나 그 밖의 사고로 말미암은 손해배상에 관한 소를 제기하는 경우에는 사고선박 또는 항공기가 맨 처음 도착한 곳의 법원에 제기할 수 있다.

■ ① 불법행위의 원칙적 규정(민35·750-766, 상769), 국가배상책임(헌29, 국배1), 광해배상책임(광업91), ② 선박(선박2, 상740·741), 선박충돌(상878·879), 공동해손(상865-875)

1. 본조에 의한 특별재판적이 인정되기 위한 요건 불법행위에 관한 소는 그 행위지의 법원에 제소할 수 있으므로 피고의 주소 여하를 불문한다.(대결 1973.9.26, 73마815)

제19조【해난구조에 관한 특별재판적】 해난구조(海難救助)에 관한 소를 제기하는 경우에는 구제된 곳 또는 구제된 선박이 맨 처음 도착한 곳의 법원에 제기할 수 있다.

■ 전속관할(31), 선박(선박2, 상740), 해난구조(상882-895)

제20조【부동산이 있는 곳의 특별재판적】 부동산에 관한 소를 제기하는 경우에는 부동산이 있는 곳의 법원에 제기할 수 있다.

■ 전속관할(31), 부동산(민99①), 부동산에 대한 강제집행(민집78-171)

제21조【등기·등록에 관한 특별재판적】 등기·등록에 관한 소를 제기하는 경우에는 등기 또는 등록을 공공기관이 있는 곳의 법원에 제기할 수 있다.

■ 전속관할(31), 등기·등록(등기7, 비송60·129, 광업43, 수산16, 특허87, 상표3·5·82, 저작51)

1. 사해행위취소에 따른 원상회복으로서의 소유권이전등기 말소등기의무의 이행지 부동산등기의 신청에 협조할 의무의 이행지는 성질상 등기지의 특별재판적에 관한 구 민소19조에 규정된 '등기할 공무소 소재지'라고 할 것이므로, 원고가 사해행위취소의 소의 채권자라고 하더라도 사해행위취소에 따른 원상회복으로서의 소유권이전등기 말소등기의무의 이행지는 그 등기관서 소재지라고 볼 것이지, 원고의 주소지를 그 의무이행지로 볼 수는 없다.(대결 2002.5.10, 2002마1156)

제22조【상속·유증 등의 특별재판적】 상속(相續)에 관한 소 또는 유증(遺贈), 그 밖에 사망으로 효력이 생기는 행위에 관한 소를 제기하는 경우에는 상속이 시작된 당시 피상속인의 보통재판적이 있는 곳의 법원에 제기할 수 있다.

■ 전속관할(31), 사람의 보통재판적(3), 상속권(민1000·1001·1003·1004), 상속회복청구(민999), 유증(민1074-1090), 상속개시원인(민997)

제23조【상속·유증 등의 특별재판적】 상속채권, 그 밖의 상속재산에 대한 부담에 관한 것으로 제22조의 규정에 해당되지 아니하는 소를 제기하는 경우에는 상속재산의 전부 또는 일부가 제22조의 법원 관할구역 안에 있으면 그 법원에 제기할 수 있다.

■ 전속관할(31), 상속재산의 부담(민998의2·1107), 상속 유증 등의 특별재판적(22)

제24조【지식재산권 등에 관한 특별재판적】 ① 특허권, 실용신안권, 디자인권, 상표권, 품종보호권(이하 "특허권등"이라 한다)을 제외한 지식재산권과 국제거래에 관한 소를 제기하는 경우에는 제2조 내지 제23조의 규정에 따른 관할법원 소재지를 관할하는 고등법원이 있는 곳의 지방법원에 제기할 수 있다. 다만, 서울고등법원이 있는 곳의 지방법원은 서울중앙지방법원으로 한정한다. (2011.5.19, 2015.12.1 본항개정)

② 특허권등의 지식재산권에 관한 소를 제기하는 경우에는 제2조부터 제23조까지의 규정에 따른 관할법원 소재지를 관할하는 고등법원이 있는 곳의 지방법원의 전속관할로 한다. 다만, 서울고등법원이 있는 곳의 지방법원은 서울중앙지방법원으로 한정한다. (2015.12.1 본항신설)

③ 제2항에도 불구하고 당사자는 서울중앙지방법원에 특허권등의 지식재산권에 관한 소를 제기할 수 있다. (2015.12.1 본항신설)

(2011.5.19 본조제목개정)

■ 전속관할(31), 보통재판적 및 각종 특별재판적(2-23)

제25조【관련재판적】 ① 하나의 소로 여러 개의 청구를 하는 경우에는 제2조 내지 제24조의 규정에 따라 그 여러 개 가운데 하나의 청구에 대한 관할권이 있는 법원에 소를 제기할 수 있다.

② 소송목적이 되는 권리나 의무가 여러 사람에게 공통되거나 사실상 또는 법률상 같은 원인으로 말미암아 그 여러 사람이 공동소송인(共同訴訟人)으로서 당사자가 되는 경우에는 제1항의 규정을 준용한다.

■ 전속관할(31), 청구를 병합한 경우의 소송(27·65·253), 보통재판적 및 각종 특별재판적(2-24)

1. 주관적 병합의 경우에도 적용되는지 여부(소극) 구 민소22조가 규정하는 관련재판적은 동일 피고에 대한 여러 개의 청구를 하는 이른바 객관적 병합의 경우에 한하여 적용되는 것이지 1개의 소로써 여러 사람의 피고에 대한 청구를 병합하는 경우에는 적용될 수 없다.(대결 1980.9.26, 80마403)

2. 보상금 증액청구소송과 관련재판적 토지 소유자 또는 관계인이 토지수용법 75조의2 2항에 근거하여 제기하는 보상금 증액청구소송은 재결청과 기업자를 공동피고로 하여야 하는 필수적 공동소송이므로, 행소 8조 2항, 구 민소 22조 2항, 1항에 의하여 재결청이나 기업자 중 어느 하나의 당사자에 대하여만 관할권이 있더라도 그 법원에 제소할 수 있다.(대판 1994.1.25, 93누18655)

제26조【소송목적의 값의 산정】 ① 법원조직법에서 소송목적의 값에 따라 관할을 정하는 경우 그 값은 소로 주장하는 이익을 기준으로 계산하여 정한다.

② 제1항의 값을 계산할 수 없는 경우 그 값은 민사소송등인지법의 규정에 따른다.

■ ① 관할(법조32①ii), 산정기준시기(33), ② 첩용인지액산정기준(민인지2)

1. 소장에 소송물가액에 따라 일정한 비율의 인지를 첩부하도록 하는 것이 헌법에 위배되는지 여부(소극) 민사소송등인지법은 인지액 산정비율을 1천분의 5로 통일, 일원화하였고(2조 1항) 종전에 적용되던 비율 중 가장 최저율을 채택하여 국민의 부담을 경감시키고 있으므로, 현행 인지대가 객관적으로 극히 고액이어서 재판청구권을 침해하거나 헌법상의 평등의 원칙에 위배된다고 볼 수 없다.(헌재 1996.8.29, 93헌

비57)

2. 국가를 상대로 낙찰자지위확인을 구하는 소는 소가를 산출할 수 없는 재산권상의 소인지 여부(적극) 구 민소 23조 1항, 24조, 민인지 2조 1항, 민사소송인지규칙 6조, 예산회계법 77조 3항, 예산회계법 및 같은 법 시행령에 기초한 재무부령인 계약사무처리규칙 44조, 55조의 규정들에 비추어 볼 때, 낙찰자의 지위는 계약 상대자로 결정되어 계약을 체결할 수 있는 지위에 불과하고, 계약을 체결하여 계약상의 권리의무가 발생한 계약당사자의 지위와는 다르다고 보이므로, 최초입찰에서의 낙찰자지위확인을 구하는 소에서 원고가 승소하더라도 원고는 계약당사자와 같이 공사대금의 청구 등 계약상의 권리를 취득하게 되는 것이 아니라 단순히 원고가 유효한 낙찰자의 지위에 있음을 확인받아 그에 따른 계약을 체결하여 줄 것을 청구할 수 있는 권리를 취득하는 것이고, 이는 결국 금전으로 가액을 산출하기 어려운 경제적 이익을 얻는 데 불과하므로, 낙찰자지위확인을 구하는 소는 재산권상의 소로서 그 소가를 산출할 수 없는 경우에 해당한다.(대판 1994.12.2, 94다41454)

3. 소 제기 후의 시가 상승과 관할 소액사건이 소 제기 후에 그 목적물의 시가가 상승하였다고 하더라도, 그 사건을 소액사건으로 취급하는 데 지장이 없다.(대판 1979.11.13, 79다1404)

4. 단독사건의 항소심에서 합의부 사물관할 청구로 확장된 경우의 관할 단독사건에 대하여 지방법원 합의부에 항소가 제기된 후 그 항소심에서 합의부의 사물관할에 속하는 청구로 확장이 되었다 하여도 관할에는 영향이 없고, 그 항소심에서 확장된 청구에 대하여 심판을 하였다 하여 위법하다고 할 수 없다.(대판 1970.6.30, 70다743)

5. 담보물권의 말소를 구하는 소송의 소가 특정부동산에 설정된 근저당권등기의 말소를 구하는 소송의 소가는 일단 그 피담보채권액에 의할 것이나 그 근저당권이 설정된 당해 부동산의 가격이 피담보채권액 보다 적을 때는 부동산의 가격이 소가 산정의 기준이 된다.(대판 1976.9.28, 75다2064)

6. 작위나 부작위를 구하는 소송의 소가 작위나 부작위 명령을 구하는 소송의 소가는 작위나 부작위 자체의 가액이 아니라 그 작위나 부작위의 명령을 받음으로써 원고가 받는 이익을 표준으로 하여 산정한다.(대결 1969.12.30, 65마198)

7. 주주대표소송에서 패소한 피고가 항소 · 상고하는 경우 그 상소심의 소송목적의 값 소가의 산정에 관한 민소 26조, 민인지 2조 1항, 3항, 민사소송 등 인지규칙 6조, 7조의 각 규정 내용, 특히 주주대표소송의 소가 산정에 관한 민인지 2조 4항, 민사소송 등 인지규칙 15조 1항, 18조의2 단서의 각 규정 내용 및 항소장, 상고장에 붙여야 할 인지액의 산정에 관한 민인지 3조, 민사소송 등 인지규칙 25조의 각 규정 내용을 종합하여 보면, 주주대표소송에서 패소한 피고가 항소, 상고하는 경우에도 그 상소심의 소송목적의 값은 여전히 5,000만 100원으로 봄이 상당하다.(대결 2009.6.25, 2008마1930)

제27조【청구를 병합한 경우의 소송목적의 값】

① 하나의 소로 여러 개의 청구를 하는 경우에는 그 여러 청구의 값을 모두 합하여 소송목적의 값을 정한다.

② 과실(果實) · 손해배상 · 위약금(違約金) 또는 비용의 청구가 소송의 부대목적(附帶目的)이 되는 경우에는 그 값은 소송목적의 값에 넣지 아니한다.

■ ① 병합(65 · 253 · 262 · 264), ② 과실(민101), 손해배상(민390), 위약금(민398④), 비용(민387 · 544, 어484① · 49)

1. 병합심리된 경우 소가 산정 소액사건심판법의 적용 대상인 소액사건에 해당하는지 여부는 제소 당시를 기준으로 정해지는 것이므로 병합심리로 그 소가 합산액이 소액사건의

소가를 초과하였다고 하여도 소액사건임에는 변함이 없어 소액 3조 각호 소정의 사유가 있는 때에 한하여 상고를 할 수 있다.(대판 1991.9.10, 91다20579, 20586)

2. 소유권보존등기명의자, 이전등기명의자 등을 각 피고로 한 말소등기청구의 소가 산정 소유권보존등기가 이루어지고 이에 터잡아 근저당권설정등기가 경료된 후 그 소유등기 명의가 전전 이전된 동일 부동산에 대하여 소유권보존등기 명의자, 근저당권자 및 전득자 등을 공동피고로 하여 제기된 소유권보존등기, 근저당권설정등기, 소유권이전등기의 각 말소를 구하는 소송에 있어서는 1개의 소로써 주장하는 수 개의 청구의 경제적 이익이 동일하거나 중복되는 때에 해당하므로 중복되는 범위 내에서 흡수되고 그 중 가장 다액인 청구의 가액을 소가로 한다.(대결 1998.7.27, 98마938)

3. 소송의 부대목적이 되는 경우의 의미 원인무효로 인한 부동산 소유권이전등기 및 근저당권설정등기의 말소, 유체동산의 인도와 불법행위로 인한 손해배상청구가 병합된 경우, 금원의 지급청구 부분은 등기의 말소청구등과는 독립하여 하는 청구이지 이에 부대하여 청구하는 과실, 손해배상, 위약금 또는 비용이라고 볼 수 없다. 민소 24조 2항에 의하여 소송의 목적의 가액에 산입하지 아니하는 소송의 부대목적이 되는 손해배상이라 함은 주된 청구의 이행을 지연하였기 때문에 생기는 지연배상을 의미한다.(대결 1992.1.17, 91마692)

제28조【관할의 지정】

① 다음 각호 가운데 어느 하나에 해당하면 관계된 법원과 공통되는 바로 위의 상급법원이 그 관계된 법원 또는 당사자의 신청에 따라 결정으로 관할법원을 정한다.

1. 관할법원이 재판권을 법률상 또는 사실상 행사할 수 없는 때

2. 법원의 관할구역이 분명하지 아니한 때

② 제1항의 결정에 대하여는 불복할 수 없다.

■ 관할지정의 신청(민소규7① · 8①), 소송절차의 정지(민소규9), 신청(161), 재판권 행사불능의 예(41 · 43 · 49), 결정(134 · 221). 신청각하에 대한 불복(439)

제29조【합의관할】

① 당사자는 합의로 제1심 관할법원을 정할 수 있다.

② 제1항의 합의는 일정한 법률관계로 말미암은 소에 관하여 서면으로 하여야 한다.

■ 전속관할(31), 불항소합의(390), 관할(법조28 · 32①)

1. 당사자 중 일방이 지정하는 법원에 관할권을 인정한다는 합의조항의 효력 아파트분양계약에서 '본 계약에 관한 소송은 원고가 지정하는 법원을 관할 법원으로 한다'고 규정하고 있음은 결국 전국 법원 중 원고가 선택하는 어느 법원에나 관할권을 인정한다는 내용의 합의라고 볼 수밖에 없어 관할법원을 특정할 수 있는 정도로 표시한 것이라고 볼 수 없을 뿐만 아니라 이와 같은 관할에 관한 합의는 피소자의 권리를 부당하게 침해하고 공평의 원칙에 어긋나는 결과가 되어 무효이다.(대결 1977.11.9, 77마284)

2. 전속적인 국제관할 합의의 유효요건 외국 법원의 관할을 배제하고 대한민국 법원을 관할법원으로 하는 전속적인 국제관할의 합의가 유효하기 위해서는, 당해 사건이 외국 법원의 전속관할에 속하지 아니하고, 대한민국 법원이 대한민국 법상 당해 사건에 대하여 관할권을 가져야 하는 외에, 당해 사건이 대한민국 법원에 합리적인 관련성을 지닐 것이 요구되며, 그와 같은 전속적인 관할 합의가 현저하게 불합리하고 불공정하여 공서양속에 반하는 법률행위에 해당하지 않는 한 그 관할 합의는 유효하다.(대판 2011.4.28, 2009다19093)

3. 채권자와 보증인 간의 관할 합의 효력이 주채무자에게 미치는지 여부 갑 회사와 을 회사의 보증인 사이에 그 보증채

무의 이행에 관련된 분쟁에 관하여 갑 회사가 제소법원을 임의로 선택할 수 있다고 한 약정의 효력은 그 약정당사자 아닌 을 회사에게까지 미칠 수 없다.(대판 1988.10.25, 87다카1728)

4. 관할 합의 효력의 주관적 범위(1) 관할 합의의 효력은 부동산에 관한 물권의 특정승계인에게는 미치지 아니한다고 새겨야 할 것인바, 부동산 양수인이 근저당권 부담부의 소유권을 취득한 특정승계인에 불과하다면(근저당권 부담부의 부동산의 취득자가 그 근저당권의 채무자 또는 근저당권설정자의 지위를 당연히 승계한다고 볼 수는 없다), 근저당권설정자와 근저당권자 사이에 이루어진 관할 합의의 효력은 부동산 양수인에게 미치지 아니한다.(대결 1994.5.26, 94마536)

5. 관할 합의 효력의 주관적 범위(2) 관할의 합의는 소송법상의 행위로서 합의 당사자 및 그 일반승계인을 제외한 제3자에게 그 효력이 미치지 않는 것이 원칙이지만, 관할에 관한 당사자의 합의로 관할이 변경된다는 것을 실체법적으로 보면 권리행사의 조건으로서 그 권리관계에 불가분적으로 부착된 실체적 이해의 변경이라 할 수 있으므로, 지명채권과 같이 그 권리관계의 내용을 당사자가 자유롭게 정할 수 있는 경우에는 당해 권리관계의 특정승계인은 그와 같이 변경된 권리관계를 승계한 것이라고 할 것이어서 관할 합의의 효력이 특정승계인에게도 미친다.(대결 2006.3.2, 2005마902)

6. 법정 관할법원 중 하나를 관할법원으로 하기로 약정한 경우의 재판관할권 당사자들이 법정 관할법원에 속하는 여러 관할법원 중 어느 하나를 관할법원으로 하기로 약정한 경우, 그와 같은 약정은 그 약정이 이루어진 국가 내에서 재판이 이루어질 경우를 예상하여 그 국가 내에서의 전속적 관할법원을 정하는 취지의 합의라고 해석될 수 있지만, 특별한 사정이 없는 한 다른 국가의 재판관할권을 완전히 배제하거나 다른 국가에서의 전속적인 관할법원까지 정하는 합의를 한 것으로 볼 수는 없다. 따라서 채권양도 등의 사유로 외국적 요소가 있는 법률관계에 해당하게 된 때에는 다른 국가의 재판관할권이 성립할 수 있고 이 경우에는 위 약정의 효력이 미치지 아니하므로, 관할법원은 그 국가의 소송법에 따라 정하여진다고 봄이 상당하다.(대판 2008.3.13, 2006다68209)

제30조【변론관할】 피고가 제1심 법원에서 관할위반이라고 항변(抗辯)하지 아니하고 본안(本案)에 대하여 변론(辯論)하거나 변론준비기일(辯論準備期日)에서 진술하면 그 법원은 관할권을 가진다.

▣ 전속관할(31), 본안의 변론(118·134·266), 변론준비절차의 진술(280~284)

1. 피고 불출석으로 인한 답변서의 진술간주가 변론관할 사유인지 여부(소극) 구 민소 27조의 응소관할이 생기려면 피고의 본안에 관한 변론이나 준비절차에서의 진술은 현실적인 것이어야 하므로 피고의 불출석에 의하여 답변서 등이 법률상 진술한 것으로 간주되는 경우는 이에 포함되지 아니한다.(대결 1980.9.26, 80마403)

제31조【전속관할에 따른 제외】 전속관할(專屬管轄)이 정하여진 소에는 제2조, 제7조 내지 제25조, 제29조 및 제30조의 규정을 적용하지 아니한다.

▣ 전속관할의 소송법상 효과(34·35·264①·269·411·419·424①), 전속관할(453①·463·476①, 법조28·32, 민집21, 가소2·13·22·26·30·32·35·44·46·51, 심188·240·241②·269·376②·380·381②·446·578·597·613, 행소9, 회생파산3)

1. 심급관할이 전속관할인지 여부(적극) 심급관할은 비약적 상고의 경우를 제외한다면 원칙적으로 전속관할이다.(대결 1961.10.2, 4294민재항445)

2. 소가에 의한 관할이 전속관할인지 여부(소극) 소송물가격에 의한 관할은 합의 또는 응소관할을 배척할 전속관할이 아니다.(대결 1965.2.16, 64마907)

제32조【관할에 관한 직권조사】 법원은 관할에 관한 사항을 직권으로 조사할 수 있다.

▣ 증거조사절차(303~342)

1. 관할위반을 이유로 한 이송신청권의 유무 재판관할권의 유무에 관한 문제는 법원의 직권조사사항이기 때문에 소송당사자로서는 관할권이 없다는 이유로 이송신청을 할 수 없고, 이러한 이송신청에 대하여는 재판을 할 필요가 없으며, 또 법원이 그 이송신청을 거부하는 재판을 하였다 하더라도 항고가 허용되지 않는다.(대결 1986.6.17, 86마344)

2. 관할의 원인이 본안의 내용과 관련이 있는 경우의 관할권 유무에 관한 판단 관할의 원인이 동시에 본안의 내용과 관련이 있는 때에는 원고의 청구원인사실을 기초로 하여 관할권의 유무를 판단할 것이지, 본안의 심리를 한 후에 관할권의 유무를 결정할 것은 아니다.(대결 2004.7.14, 2004마20)

제33조【관할의 표준이 되는 시기】 법원의 관할은 소를 제기한 때를 표준으로 정한다.

▣ 제소의 시기(248·262·269·270·472·473)

1. 제소 후의 주소이전과 토지관할 소 제기 당시에 토지관할이 있는 이상 그 후의 주소 이동은 관할에 영향이 없다.(대결 1970.1.8, 69마1097)

2. 제소 후 소송목적물의 시가 상승과 사물관할 소액사건이 소 제기 후에 그 목적물의 시가가 상승하였다고 하더라도 그 사건을 소액사건으로 취급하는 데 지장이 없다.(대판 1979.11.13, 79다1404)

3. 항소심에서 청구확장으로 단독사건의 소가를 초과하게 된 경우의 관할 단독사건의 항소심으로서 지방법원 합의부에서 재판 중에 당사자가 청구를 확장하여 그 소송물가격이 단독사건으로서의 소송물가격을 초과하게 되었다 하더라도 이미 결정된 항소심관할에는 아무 영향이 없다.(대판 1965.9.21, 65다241)

제34조【관할위반 또는 재량에 따른 이송】 ① 법원은 소송의 전부 또는 일부에 대하여 관할권이 없다고 인정하는 경우에는 결정으로 이를 관할법원에 이송한다.

② 지방법원 단독판사는 소송에 대하여 관할권이 있는 경우라도 상당하다고 인정하면 직권 또는 당사자의 신청에 따른 결정으로 소송의 전부 또는 일부를 같은 지방법원 합의부에 이송할 수 있다.

③ 지방법원 합의부는 소송에 대하여 관할권이 없는 경우라도 상당하다고 인정하면 직권으로 또는 당사자의 신청에 따라 소송의 전부 또는 일부를 스스로 심리·재판할 수 있다.

④ 전속관할이 정하여진 소에 대하여는 제2항 및 제3항의 규정을 적용하지 아니한다.

▣ 이송결정에 관한 의견진술(민소규11), 관할(2~40), 결정(134·221), 사건의 이송(행소7), 전속관할(31)

1. 하급법원에 잘못 제기한 경우 상급법원에 이송할 수 있는지 여부(적극) 재심소장에 재심을 할 판결로 제1심 판결을 표시하고 있다고 하더라도 재심의 이유에서 주장하고 있는 재심사유가 항소심 판결에 관한 것이라고 인정되는 경우(항소심판결과 제1심판결에 공통되는 재심사유인 경우도 같다)에는 그 재심의 소는 항소심판결을 대상으로 한 것으로서 재심을 할 판결의 표시는 잘못 기재된 것으로 보는 것이 상당하므로, 재심소장을 접수한 제1심법원은 그 재심의 소를 부적법하다 하여 각하할 것이 아니라 재심관할법원인 항소심법원에 이송하여야 한다.(대판(全) 1984.2.28, 83다카1981)

2. 행정사건을 민사법원에 제기한 경우 수소법원이 취하여야 할 조치 구 행소 7조는 원고의 고의 또는 중대한 과실

없이 행정소송이 심급을 달리하는 법원에 잘못 제기된 경우에 구 민소 31조 1항을 적용하여 이를 관할 법원에 이송하도록 규정하고 있을 뿐 아니라, 관할위반의 소를 부적법하다고 하여 각하하는 것보다 관할 법원에 이송하는 것이 당사자의 권리구제나 소송경제의 측면에서 바람직하므로, 원고가 고의 또는 중대한 과실 없이 행정소송으로 제기하여야 할 사건을 민사소송으로 잘못 제기한 경우 수소법원으로서는 만약 그 행정소송에 대한 관할도 동시에 가지고 있는 경우라면, 행정소송으로서의 전심절차 및 제소기간을 도과하였거나 행정소송의 대상이 되는 처분이 존재하지도 아니한 상태에 있는 등 행정소송으로서의 소송요건을 결하고 있음이 명백하여 행정소송으로 제기되었더라도 어차피 부적법하게 되는 경우가 아닌 이상, 원고로 하여금 항고소송으로 소 변경을 하도록 하여 그 제1심법원으로 심리 판단하여야 한다.(대판 1999.11.26, 97다42250)
3. 청구취지변경신청서를 상대방에게 송달하지 아니한 경우의 이송결정 청구취지변경으로 인한 청구확정에 따라 단독사건을 합의부 사물관할로 이송결정을 하기 전에 피고나 그 소송대리인에게 위 청구취지변경신청서를 송달하거나 교부하지 아니한 흠이 있다 하더라도 위 이송결정은 위법하다고 할 수 없다.(대결 1983.6.21, 83마214)
4. 관할위반을 이유로 한 이송신청을 거부하는 항고심결정에 대한 재항고의 적부(소극) 당사자가 관할위반을 이유로 한 이송신청을 한 경우에도 이는 단지 법원의 직권발동을 촉구하는 의미밖에 없고, 따라서 법원은 이 이송신청에 대하여는 재판을 할 필요가 없고, 설사 법원이 이송신청을 거부하는 재판을 하였다고 하여도 항고가 허용될 수 없으므로 항고심에서는 항고를 각하하여야 하고, 항고심에서 항고를 각하하지 아니하고 항고이유의 당부에 관한 판단을 하여 기각하는 결정을 하였다고 하여도 이 항고기각결정은 항고인에게 아무런 불이익을 주는 것이 아니므로 이 항고심결정에 대하여 재항고를 할 아무런 이익이 없는 것이어서 이에 대한 재항고는 부적법하다.(대결(全) 1993.12.6, 93마524)

제35조【손해나 지연을 피하기 위한 이송】 법원은 소송에 대하여 관할권이 있는 경우라도 현저한 손해 또는 지연을 피하기 위하여 필요하면 직권 또는 당사자의 신청에 따른 결정으로 소송의 전부 또는 일부를 다른 관할법원에 이송할 수 있다. 다만, 전속관할이 정하여진 소의 경우에는 그러하지 아니하다.
■ 이송결정에 대한 의견진술(민소규11), 전속관할(31), 신청(161), 결정(134·221), 불복신청(39)
1. 본조에서 말하는 '현저한 손해'의 의미 민소 35조에서 말하는 '현저한 손해'는 주로 피고(상대방) 측의 소송수행상의 부담을 의미하는 것이기는 하지만 원고 측의 손해도 도외시하여서는 아니 된다 할 것이고, 피고(상대방) 측이 소송을 수행하는 데 많은 비용과 시간이 소요된다는 사정만으로는 위에서 말하는 현저한 손해 또는 소송의 지연을 가져올 사유가 된다고 단정할 수 없다.(대결 2010.3.22, 2010마215)
2. 본안소송과 보전소송이 관할을 달리하는 경우와 이송사유 보통재판적과 특별재판적이 경합되는 경우에 본안소송과 보전소송을 서로 다른 법원에서 심리하는 것이 반드시 현저한 손해나 지연이 생긴다고 볼 수는 없다.(대결 1965.3.17, 65마51)
3. 불법행위 관련 자료가 다른 지방법원 관내에 있는 경우 불법행위에 대한 수사기록과 관련증거가 다른 곳에 있고, 소송이 제기된 법원에서 재판함에는 과다한 비용이 든다는 이유만으로는 구 민소 32조에서 말하는 현저한 손해 또는 소송의 지연을 가져올 경우에 해당하지 아니한다.(대결 1979.7.25,

79마208)

제36조【지식재산권 등에 관한 소송의 이송】 ① 법원은 특허권등을 제외한 지식재산권과 국제거래에 관한 소가 제기된 경우 직권 또는 당사자의 신청에 따른 결정으로 그 소송의 전부 또는 일부를 제24조제1항에 따른 관할법원에 이송할 수 있다. 다만, 이로 인하여 소송절차를 현저하게 지연시키는 경우에는 그러하지 아니하다. (2011.5.19, 2015.12.1 본항개정)
② 제1항은 전속관할이 정하여져 있는 소의 경우에는 적용하지 아니한다. (2015.12.1 본항개정)
③ 제24조제2항 또는 제3항에 따라 특허권등의 지식재산권에 관한 소를 관할하는 법원은 현저한 손해 또는 지연을 피하기 위하여 필요한 때에는 직권 또는 당사자의 신청에 따른 결정으로 소송의 전부 또는 일부를 제2조부터 제23조까지의 규정에 따른 지방법원으로 이송할 수 있다. (2015.12.1 본항신설)
(2011.5.19 본조제목개정)
■ 지적재산권에 관한 특별재판적(24), 이송결정에 대한 의견진술(민소규11), 전속관할(31), 결정(134·221)

제37조【이송결정이 확정된 뒤의 긴급처분】 법원은 소송의 이송결정이 확정된 뒤라도 급박한 사정이 있는 때에는 직권으로 또는 당사자의 신청에 따라 필요한 처분을 할 수 있다. 다만, 기록을 보낸 뒤에는 그러하지 아니하다.
■ 이송결정(34·35·38)

제38조【이송결정의 효력】 ① 소송을 이송받은 법원은 이송결정에 따라야 한다.
② 소송을 이송받은 법원은 사건을 다시 다른 법원에 이송하지 못한다.
■ 이송(34·35)
1. 심급관할을 위반한 이송결정의 기속력 당사자에게 이송결정에 대한 불복방법으로 즉시항고가 마련되어 있는 점이나 이송의 반복에 의한 소송지연을 피하여야 할 공익적 요청은 전속관할을 위반하여 이송한 경우라고 하여도 예외일 수 없는 점에 비추어 볼 때, 당사자가 이송결정에 대하여 즉시항고를 하지 아니하여 확정된 이상 이송결정의 기속력은 원칙적으로 전속관할의 규정을 위반하여 이송한 경우에도 미친다. 그러나 심급관할을 위반하여 이송한 경우에 이송결정의 기속력이 이송받은 상급심 법원에도 미친다고 한다면 당사자의 심급의 이익을 박탈하여 부당할 뿐만 아니라, 이송을 받은 법원이 법률심인 대법원인 경우에는 직권조사사항을 제외하고는 새로운 소송자료의 수집과 사실 확정이 불가능한 관계로 당사자의 사실에 대한 주장 증명의 기회가 박탈되는 불합리가 생기므로, 심급관할을 위반한 이송결정의 기속력은 이송받은 상급심 법원에는 미치지 않는다고 보아야 한다. 반면에 그 기속력이 이송받은 하급심 법원에도 미치지 않는다고 한다면 사건이 하급심과 상급심 법원 간에 반복하여 전전 이송되는 불합리한 결과를 초래하게 될 가능성이 있어 이송결정의 기속력을 인정한 취지에 반할 뿐만 아니라, 민사소송의 심급구조상 상급심의 이송결정은 특별한 사정이 없는 한 하급심을 구속하는바 이러한 법리에도 반하게 되므로, 심급관할을 위반한 이송결정의 기속력은 이송받은 하급심 법원에는 미친다고 보아야 한다.(대결 1995.5.15, 94마1059, 1060)

2. 재심의 소가 관할법원에 이송된 경우 재심제기기간 준수 여부 판단기준 재심의 소가 재심제기기간 내에 제1심법원에 제기되었으나 재심사유 등에 비추어 항소심판결을 대상으로 한 것이라 인정되어 위 소를 항소심법원에 이송한 경우에 재심제기기간의 준수 여부는 민소 36조 1항의 규정에 비추어 제1심법원에 제기된 때를 기준으로 할 것이지 항소법원에 이송된 때를 기준으로 할 것이 아니다.(대판(全) 1984.2.28, 83다카1981)

제39조【즉시항고】 이송결정과 이송신청의 기각결정(棄却決定)에 대하여는 즉시항고(卽時抗告)를 할 수 있다.

▣ 이송(34·35), 즉시항고(444)

1. 관할위반을 이유로 한 이송신청권과 그 재판에 대한 불복허부(소극) 당사자에게 관할위반을 이유로 하는 이송신청권이 없으므로 이 신청이 있어도 재판을 요하지 않으며 이 신청을 거부하는 재판이 있어도 항고할 수 없다.(대결 1970.1.21, 69마1191)
2. 직권에 의한 이송결정에 대하여 불복할 수 있는지 여부 (적극) 구 민소 35조 규정의 이송결정에 대한 즉시항고는 그 이송결정이 신청에 의하건 직권에 의하건 제한을 두지 아니한다.(대결 1977.8.12, 77마225)
3. 사건이 항소심에 계속된 이후 이송신청 각하결정을 다툴 이익의 유무(소극) 항소심에서는 당사자가 전속관할이 아닌 이상 제1심법원의 관할위반을 주장하지 못하도록 규정한 구 민소 381조의 취지로 미루어 볼 때, 제1심판결이 선고되어 사건이 항소심에 계속된 이후에는 제1심의 이송신청 각하결정에 대하여 더 이상 다툴 이익이 없어진다.(대결 1991.5.17, 91마221)

제40조【이송의 효과】 ① 이송결정이 확정된 때에는 소송은 처음부터 이송받은 법원에 계속(係屬)된 것으로 본다.
② 제1항의 경우에는 이송결정을 한 법원의 법원서기관·법원사무관·법원주사 또는 법원주사보(이하 "법원사무관등"이라 한다)는 그 결정의 정본(正本)을 소송기록에 붙여 이송받은 법원에 보내야 한다.

▣ 이송(34·35), 상소심에서의 이송(419·436), 정본(162)

제2절 법관 등의 제척·기피·회피

제41조【제척의 이유】 법관은 다음 각호 가운데 어느 하나에 해당하면 직무집행에서 제척(除斥)된다.(2005.3.31 본항개정)
1. 법관 또는 그 배우자나 배우자이었던 사람이 사건의 당사자가 되거나, 사건의 당사자와 공동권리자·공동의무자 또는 상환의무자의 관계에 있는 때
2. 법관이 당사자와 친족의 관계에 있거나 그러한 관계에 있었을 때
3. 법관이 사건에 관하여 증언이나 감정(鑑定)을 하였을 때
4. 법관이 사건당사자의 대리인이었거나 대리인이 된 때
5. 법관이 불복사건의 이전심급의 재판에 관여하였을 때. 다만, 다른 법원의 촉탁에 따라 그 직무를 수행한 경우에는 그러하지 아니하다.

〔개정전〕 2. 법관이 당사자와 "친족·호주·가족"의 관계에 있거나 그러한 관계에 있었을 때

▣ 법관(법조41-52), 본조위반의 효과(424①ii·451①ii), 친족의 범위(민777), 촌수계산(민770-772), 증인(303-332), 감정인(333-342), 소송상 법정대리인(51·62·64), 소송대리인(87-97), 수탁판사(160)

1. 본조 각호의 '사건'의 의미 구 민소 37조 각호에서 '사건'이라 함은 현재 계속 중인 당해사건을 가리킨다.(대판 1965.8.31, 65다1102)
2. 재심의 대상인 원재판이 '이전심급의 재판'에 해당하는지 여부(소극) 재심사건에서 그 재심의 대상으로 삼고 있는 원재판은 구 민소 37조 5호의 "전심재판"에 해당한다 할 수 없고, 따라서 그 재심대상 재판에 관여한 법관이 당해 재심사건의 재판에 관여하였다 하더라도 이는 구 민소 422조 1항 2호 소정의 '법률상 그 재판에 관여하지 못할 법관이 관여한 때'에 해당한다고 할 수 없다.(대판 2000.8.18, 2000재다87)
3. 청구이의의 소가 제기된 확정판결이 청구이의소송의 '이전심급의 재판'에 해당하는지 여부(소극) 본건 강제집행의 전제가 되는 대금사건에 관여한 법관이라고 하여 위 집행문부여 이의의 소나 그 강제집행정지 신청사건에 대한 재판에 관여할 수 없는 것이 아니다.(대판 1969.11.4, 69그17)
4. 피고를 달리하는 어떤 사건의 제1심과 다른 사건의 제2심과의 관계 원심재판장이 이 사건과 동일내용의 다른 사건에 관하여 그 사건의 피고를 패소판결을 하였다 하여도 그것만으로 법관제척이나 기피사유가 있다고 할 수 없다.(대판 1984.5.15, 83다카2009)
5. 경매명령과 가격저감절차에의 관여와 전심재판에의 관여 원심명령(경락허가결정에 대한 항고장각하명령)을 한 재판장판사가 제1심 경매절차에서 경매명령과 가격저감절차에 관여한 사실이 있다 하더라도 불복신청이 된 그 경락허가결정에 관여한 사실이 없다면 불복신청이 된 전심재판에 관여한 때라고 말할 수 없다.(대결 1972.5.10, 72마387)
6. 재판에 관여하였다는 것의 의미 및 증거조사 등 소송지휘상의 재판이 포함되는지 여부 법관의 제척원인이 되는 전심관여는 최종변론과 판결의 합의에 관여하거나 종국판결과 더불어 상급심의 판단을 받는 중간적인 재판에 관여함을 말하는 것이고, 최종변론 전의 변론이나 증거조사 또는 기일지정과 같은 소송지휘상의 재판 등에 관여한 경우는 포함되지 아니한다.(대판 1997.6.13, 96다56115)

제42조【제척의 재판】 법원은 제척의 이유가 있는 때에는 직권으로 또는 당사자의 신청에 따라 제척의 재판을 한다.

▣ 신청(44·161), 제척의 원인(41), 제척의 재판(46-48, 법조32①v)

제43조【당사자의 기피권】 ① 당사자는 법관에게 공정한 재판을 기대하기 어려운 사정이 있는 때에는 기피신청을 할 수 있다.
② 당사자가 법관을 기피할 이유가 있다는 것을 알면서도 본안에 관하여 변론하거나 변론준비기일에서 진술을 한 경우에는 기피신청을 하지 못한다.

▣ 신청(44·161), 변론(272-278), 준비절차(279-287), 기피의 재판(46-48)

1. 공정한 재판을 기대하기 어려운 사정의 의미 구 민소 39조의 '법관에게 재판의 공정을 기대하기 어려운 사정이 있는 때'라 함은 통상인의 판단으로서 법관과 사건과의 관계로 보아 편파하고 불공평한 재판을 하지 않을까 하는 염려를 당사자에게 일으킬 수 있을 것이라고 생각되는 객관적인 사정을 말한다.(대결 1967.3.28, 67마89)
2. 증거채택을 일부 취소한 것과 기피이유(소극) 증거의 채부결정은 담당 재판부의 전권에 속하는 사항으로서, 담당 재판부가 신청에 따른 증거채택을 일부 취소하였다는 사유만

으로는 그 재판부를 구성하는 법관들에게 재판의 공정을 기대하기 어려운 사정이 있는 때에 해당한다고 할 수 없다.(대결 1993.8.19, 93주21)

3. 소송이송신청에 대하여 가부판단 없이 소송을 진행한 것과 기피이유(소극) 소송이송신청에 대한 가부판단 없이 소송을 진행한 사실이 있다 하더라도 그 사유만으로는 법관기피원인인 재판의 공정을 기대하기 어려운 사정이 있는 때에 해당한다고 할 수 없다.(대결 1982.11.5, 82미637)

4. 다른 당사자 사이에서 동일내용의 사건에 대하여 패소판결을 한 것과 기피이유(소극) 법관이 다른 당사자 사이의 동일한 내용의 다른 사건에서 당사자에게 불리한 법률적 의견을 표시하였다는 사정은 구 민소 39조 1항 소정의 기피원인에 해당하지 아니한다.(대판 1993.6.22, 93다누97)

5. 당해 사건의 사실관계와 관련 있는 형사사건에 관여한 것과 기피이유(소극) 구 민소 37조 5호의 법관이 사건에 관하여 불복신청이 된 전심재판에 관여하였던 때라 함은 당해 사건에 관하여 하급심재판에 관여한 경우를 말하며 당해 사건의 사실관계와 관련이 있는 다른 형사사건에 관여한 경우는 이에 해당하지 아니한다.(대결 1985.5.6, 85주1)

6. 당해 사건에 관하여 직무를 집행할 수 없게 된 법관에 대한 기피신청의 이익 유무(소극) 법관에 대한 기피신청제도는 당사자의 법관에 대한 불신감을 제거하고 재판의 공정을 보장하기 위하여 법관이 어떤 특정한 사건을 재판함에 있어 공정을 기대하기 어려운 사정이 있는 경우에, 그 법관을 그 사건의 재판에 관여하지 못하도록 하는 제도이므로, 어떤 이유로든 법관이 그 사건에 관하여 직무를 집행할 수 없게 되었을 때에는 기피신청은 그 목적을 잃게 되어 기피신청에 대한 결정을 할 이익이 없다.(대결 1988.10.12, 88주2)

제44조 【제척과 기피신청의 방식】 ① 합의부의 법관에 대한 제척 또는 기피는 그 합의부에, 수명법관(受命法官)·수탁판사(受託判事) 또는 단독판사에 대한 제척 또는 기피는 그 법관에게 이유를 밝혀 신청하여야 한다.

② 제척 또는 기피하는 이유와 소명방법은 신청한 날부터 3일 이내에 서면으로 제출하여야 한다.

▣ ① 신청(161), 첨용인지(민인지2), ② 기간(170), 소명(299)

1. 기피의 원인이 본안사건 기록상 명백한 사항을 내용으로 하는 경우의 소명할 필요 여부(소극) 구 민소 40조 2항에서 소명방법의 제출을 요구하는 것은 당사자가 기피신청권을 악용 또는 남용하는 것을 방지하자는 취지이며, 법원이 당사자(기피신청인)가 제출한 소명방법만 가지고 판단하여야 하는 것은 아니므로, 기피의 원인이 되는 사유가 당해 법원의 사건기록상 명백한 사항 즉 법원에 현저한 사실을 내용으로 하는 경우에는 기피신청인은 그 사실을 달리 소명할 필요가 없다고 할 것이고, 따라서 이러한 경우에는 설사 기피신청인이 소정의 기간 내에 소명방법을 제출하지 아니하였다 하여도 같은 법 41조 2항의 절차를 거쳐 같은 법 42조에 의한 당부의 결정을 하여야지 기피신청을 받은 법관이 이를 이유로 각하결정을 할 수는 없다.(대결 1988.8.10, 88두9)

제45조 【제척 또는 기피신청의 각하 등】 ① 제척 또는 기피신청이 제44조의 규정에 어긋나거나 소송의 지연을 목적으로 하는 것이 분명한 경우에는 신청을 받은 법원 또는 법관은 결정으로 이를 각하(却下)한다.

② 제척 또는 기피를 당한 법관은 제1항의 경우를 제외하고는 바로 제척 또는 기피신청에 대한 의견서를 제출하여야 한다.

▣ ① 결정(134·221), ② 제척·기피신청의 방식(44)

1. 이미 한 기피신청과 같은 내용의 중복기피신청의 적부(소극) 이미 한 기피신청과 같은 내용으로 다시 한 기피신청은 중복신청에 해당하므로 부적법한 신청으로서 각하되어야 한다.(대결 1991.6.14, 90두21)

제46조 【제척 또는 기피신청에 대한 재판】 ① 제척 또는 기피신청에 대한 재판은 그 신청을 받은 법관의 소속 법원 합의부에서 결정으로 하여야 한다.

② 제척 또는 기피신청을 받은 법관은 제1항의 재판에 관여하지 못한다. 다만, 의견을 진술할 수 있다.

③ 제척 또는 기피신청을 받은 법관의 소속 법원이 합의부를 구성하지 못하는 경우에는 바로 위의 상급법원이 결정하여야 한다.

▣ 불복신청(47), 결정(134·221), 합의부(법조7·32)

1. 합의체를 구성할 수 없는 수의 법관에 대한 기피신청의 적부(소극) 직근 상급법원이 없는 대법원에 계속 중인 사건에 관하여 대법원이 그 제척 또는 기피신청에 대하여 재판할 법조 7조 1항 본문으로 정한 합의체를 구성할 수 없는 수의 대법원 판사를 동시에 제척 또는 기피하는 것과 같은 신청은 법률상 허용될 수 없다.(대결 1966.3.15, 64주1)

제47조 【불복신청】 ① 제척 또는 기피신청에 정당한 이유가 있다는 결정에 대하여는 불복할 수 없다.

② 제45조제1항의 각하결정(却下決定) 또는 제척이나 기피신청이 이유 없다는 결정에 대하여는 즉시항고를 할 수 있다.

③ 제45조제1항의 각하결정에 대한 즉시항고는 집행정지의 효력을 가지지 아니한다.

▣ 제척·기피신청의 각하(45), 즉시항고(444)

제48조 【소송절차의 정지】 법원은 제척 또는 기피신청이 있는 경우에는 그 재판이 확정될 때까지 소송절차를 정지하여야 한다. 다만, 제척 또는 기피신청이 각하된 경우 또는 종국판결(終局判決)을 선고하거나 긴급을 요하는 행위를 하는 경우에는 그러하지 아니하다.

▣ 제척·기피신청 방식(44), 결정확정시기(47·444)

1. 기피신청에 대한 재판이 확정되기 전에 한 판결의 효력 기피신청을 당한 법관이 그 기피신청에 대한 재판이 확정되기 전에 한 판결은 그 후 기피신청이 이유 없는 것으로서 배척되고 그 재판이 확정되는 때에는 유효한 것으로 된다.(대판 1978.10.31, 78다1242)

2. 법관에 대한 기피신청에도 불구하고 본안사건에 대하여 종국판결을 선고한 경우 기피신청에 대한 재판의 이익 유무(소극) 법관에 대한 기피신청에도 불구하고 본안사건 담당 법원이 민소 48조 단서의 규정에 의하여 본안사건에 대하여 종국판결을 선고한 경우에는 그 담당 법관을 그 사건의 심리재판에서 배제하고자 하는 기피신청의 목적은 사라지는 것이므로 기피신청에 대한 재판을 할 이익이 없다.(대결 2008.5.2, 2008마427)

3. 기피신청에도 불구하고 판결선고기일을 지정한 경우의 불복방법 법원이 기피신청을 받았음에도 소송절차를 정지하지 아니하고 변론을 종결하여 판결 선고기일을 지정하였다고 하더라도 종국판결에 대한 불복절차에 의하여 그 당부를 다툴 수 있을 뿐 이에 대하여 별도로 항고로써 불복할 수 없다.(대결 2000.4.15, 2000그20)

제49조 【법관의 회피】 법관은 제41조 또는 제43조의 사유가 있는 경우에는 감독권이 있는 법원의

허가를 받아 회피(回避)할 수 있다.

■ 제척이유(41), 당사자의 기피권(43), 감독권 있는 법원(법조13②)·26
③·29③)

제50조【법원사무관등에 대한 제척·기피·회피】
① 법원사무관등에 대하여는 이 절의 규정을 준용
한다.
② 제1항의 법원사무관등에 대한 제척 또는 기피의
재판은 그가 속한 법원이 결정으로 하여야 한다.

■ 법원사무관 등(법조10·53-55), 집행관 제척(집행관13)

제2장 당 사 자

제1절 당사자능력과 소송능력

제51조【당사자능력·소송능력 등에 대한 원칙】
당사자능력(當事者能力), 소송능력(訴訟能力), 소
송무능력자(訴訟無能力者)의 법정대리와 소송행위
에 필요한 권한의 수여는 이 법에 특별한 규정이
없으면 민법, 그 밖의 법률에 따른다.

■ 특별규정(52·55·57), 당사자능력(민3·4·34·762·1000③), 상245,
회생파산328, 행소12·13, 특허187), 소송능력(민5①·6·8①·10·13,
상7), 법정대리(민909-911·928-940)

▶ 당사자의 확정

1. 당사자확정의 필요성 소송에서 당사자가 누구인가는 기
판력의 주관적 범위, 인적 재판적, 법관의 제척원인, 당사자
적격, 당사자능력, 소송능력, 소송절차의 중단과 수계, 송달
등에 관한 문제와 직결되는 중요한 사항이므로, 사건을 심리
판결하는 법원으로서는 직권으로 소송당사자가 누구인가를
확정하여 심리를 진행해야 함은 물론 판결의 표시에도 이를
분명히 하여야 한다.(대판 1987.4.14, 84다카1969)
2. 당사자의 확정방법과 당사자표시정정의 한계 당사자는
소장에 기재된 표시 및 청구의 내용과 원인사실을 종합하여
확정하여야 하는 것이며, 당사자 선정에 착오를 일으켰다고
하여 당사자 정정신청을 하는 경우에도 실질적으로 당사자
가 변경되는 것은 허용할 수 없다.(대판 1995.12.5, 95누1484)
3. 사망한 사람을 당사자로 한 소의 적부 원고는 본건 소
의 제기 전에 사망하였음이 분명하므로 실재하지 아니하는 동
원고들을 당사자로 한 본건 소는 부적법하다.(대판 1983.2.8,
81누420)
**4. 사망한 사실을 모르고 사자를 상대로 제소한 경우 상속인
으로 표시정정할 수 있는지 여부**(적극) 재심원고가 재심대
상판결을 확정 후에 이미 사망한 당사자를 그 사망사실을 모
르고 재심피고로 표시하여 재심의 소를 제기하였을 경우에
사실상의 재심피고는 사망자의 상속인이고 다만 그 표시를
그릇된 것에 불과하다고 해석함이 타당하므로, 사자를 재심
피고로 하였다가 그 후 그 상속인들로 당사자 표시를 정정
하는 소송수계 신청은 적법하다.(대판 1983.12.27, 82다146)
5. 소 제기 전 사망한 자에 대한 상소의 효력 당사자가 소
제기 전에 사망하여 주민등록이 말소된 사실을 간과한
채 본안 판단에 나아간 원심판결은 당연무효라 할 것이나,
민사소송이 당사자의 대립을 그 본질적 형태로 하는 것임에
비추어 사망한 자를 상대로 한 상고는 허용될 수 없다 할 것
이므로, 이미 사망한 자를 상대방으로 하여 제기한 상고는
부적법하다.(대판 2000.10.27, 2000다33775)

▶ 당사자적격

6. 이행의 소에 있어서의 당사자적격 이행의 소에서는 원고
의 청구 자체로써 당사자적격이 판가름되고 그 판단은 청구
의 당부에 관한 판단에 흡수된다.(대판 1992.6.12, 92다11848)

7. 등기의무자 아닌 자를 상대로 한 등기말소청구의 적부(소
극) 등기의무자, 즉 등기부상으로 등기에 의하여 권리를 상
실하거나 기타 불이익을 받을 자(등기명의인이거나 그 포괄
승계인)가 아닌 자를 상대로 등기말소절차이행을 구하는 소
는 당사자적격이 없는 자를 상대로 한 부적법한 소이다.(대
판 1994.2.25, 93다39225)
8. 확인의 소에 있어서의 당사자적격 확인의 소에서는 권리
보호요건으로서 확인의 이익이 있어야 하고 그 확인의 이익
은 원고의 권리 또는 법률상의 지위에 현존하는 불안, 위험
이 있고 그 불안, 위험을 제거함에는 피고를 상대로 확인판
결을 받는 것이 가장 유효적절한 수단일 때에만 인정된다.
확인의 소의 피고는 원고의 권리 또는 법률관계를 다툼으로
써 원고의 법률적 지위에 불안을 초래할 염려가 있는 자, 다
시 말하면 원고의 보호법익과 대립 저촉되는 이익을 주장하
고 있는 자이어야 하고, 그와 같은 피고를 상대로 하여야 확
인의 이익이 있게 된다.(대판 1991.12.10, 91다14420)
9. 주주총회결의부존재확인 또는 무효확인의 소의 원고적격
무효 또는 존재하지 않은 주주 총회의 결의의 이름으로 대
표이사직을 해임당한 자는 그가 주주이거나 아니거나를 막
론하고 주주 총회의 무효 확인 또는 그 부존재 확인의 청구
를 할 수 있다.(대판 1962.1.25, 4294민상525)
10. 주주총회결의 취소와 무효확인의 소의 피고적격 주주총
회결의 취소와 무효확인 판결은 대세적 효력이 있으므로 그
와 같은 소송의 피고가 될 수 있는 자는 그 성질상 회사로
한정된다. 또 주주총회결의 부존재확인의 소송은 일단 외형
적으로는 존재하는 것 같이 보이는 주주총회결의가 그 성립
과정에 있어서의 흠결이 중대하고도 명백하기 때문에 그 결
의 자체가 존재하는 것으로 볼 수 없을 때에 법률상 유효한
결의로서 존재하지 아니한다는 것의 확인을 소구하는 것으
로서, 주주총회결의의 내용이 법령 또는 정관에 위배되어 법
률상 유효한 결의로서 존재하지 아니한다는 것의 확인을 소
구하는 주주총회결의 무효확인의 소송과는 주주총회결의가
법률상 유효한 결의로서는 존재하지 아니한다는 것의 확정
을 구하는 것을 목적으로 한다는 점에서 공통의 성질을 가
진다 할 것이므로, 주주총회결의부존재확인의 소송에는 그
결의무효확인의 소송에 관한 상 380조의 규정이 준용된다.
따라서 그 결의부존재확인 판결의 효력은 제3자에게 미친다
고 할 것이고, 부존재확인의 소송에서 피고가 될 수 있는 자
도 무효확인의 소송의 경우와 마찬가지로 회사로 한정된다.
(대판(全) 1982.9.14, 80다2425)
**11. 법인의 이사 등 직무집행정지 및 직무대행자 선임 가처
분사건에서의 피신청인** 임시의 지위를 정하는 가처분인 청
산인 직무집행 정지 및 직무대행자 선임 가처분에 있어서는
신청인의 주장 자체에 의하여 신청인과 저촉되는 지위에 있
는 청산인을 피신청인으로 하여야 하고, 회사는 피신청인의
적격이 없다.(대판 1972.1.31, 71다2351)
**12. 채무자가 제3채무자에 대한 권리를 이미 재판상 행사한
경우 채권자대위권 행사의 적부** 채권자가 대위권을 행사할
당시 이미 채무자가 그 권리를 재판상 행사하였을 때에는
설사 패소의 확정판결을 받았더라도 채권자는 채무자를 대
위하여 채무자의 권리를 행사할 당사자적격이 없다.(대판
1996.3.26, 92다32876)
13. 타인 소유 토지 위에 건립된 미등기건물의 철거의무자
타인의 토지 위에 건립된 건물이 미등기이고 그 건물로 인
하여 그 토지의 소유권이 침해되는 경우 그 건물을 철거할
의무는 그 건물을 법률상, 사실상 처분할 수 있는 지위에 있
는 사람이다.(대판 1991.6.11, 91다11278)
**14. 채권에 대한 압류·추심명령이 있는 경우 제3채무자에
대한 이행의 소의 당사자적격** 채권에 대한 압류 및 추심명
령이 있으면 제3채무자에 대한 이행의 소는 추심채권자만이
제기할 수 있고 채무자는 피압류채권에 대한 이행소송을 제
기할 당사자적격을 상실한다.(대판 2000.4.11, 99다23888)

15. 민법상 조합에서 임의적 소송담당이 인정되는 경우 임의적 소송신탁은 우리나라 법제하에서는 그 허용되는 경우가 극히 제한적이라고 할 것이나 탈법적 방법에 의한 것이 아니고(소송대리를 변호사에 한하게 하고 소송신탁을 금지하는 것을 피하는 따위) 이를 인정할 합리적 필요성도 인정되는 경우가 있는바, 민법상의 조합에서 조합규약이나 조합결의에 의하여 자기의 이름으로 조합재산을 관리하고 대외적 업무를 집행할 권한을 수여받은 업무집행조합원은 조합재산에 관한 소송에 관하여 조합원으로부터 임의적 소송신탁을 받아 자기의 이름으로 소송을 수행하는 것이 허용된다.(대판 1984.2.14, 83다카1815)

16. 추심채권자가 추심권능을 상실한 때에 채무자가 당사자적격을 회복하는지 여부(적극) 채권에 대한 압류 및 추심명령이 있으면 제3채무자에 대한 이행의 소는 추심채권자만이 제기할 수 있고 채무자는 피압류채권에 대한 이행소송을 제기할 당사자적격을 상실하나, 채무자의 이행소송 계속 중에 추심채권자가 압류 및 추심명령 신청의 취하 등에 의하여 추심권능을 상실하게 되면 채무자는 당사자적격을 회복한다. 이러한 사정은 직권조사사항으로서 당사자가 주장하지 않더라도 법원이 직권으로 조사하여 판단하여야 하고, 사실심 변론종결 이후에 당사자적격 등 소송요건이 흠결되거나 그 흠결이 치유된 경우 상고심에서도 이를 참작하여야 한다.(대판 2010.11.25, 2010다64877)

17. 재심의 소 제기가 채권자대위권의 목적이 될 수 있는지 여부(소극) 채권을 보전하기 위하여 대위행사가 필요한 경우는 실체법상 권리뿐만 아니라 소송법상 권리에 대하여도 대위가 허용되나, 채무자와 제3채무자 사이에 소송이 계속된 이후의 소송수행과 관련한 개개의 소송상 행위는 그 권리의 행사를 소송당사자인 채무자의 의사에 맡기는 것이 타당하므로 채권자대위가 허용될 수 없다. 같은 취지에서 볼 때 상소의 제기와 마찬가지로 종전 재심대상판결에 대하여 불복하여 종전 소송절차의 재개, 속행 및 재심판을 구하는 재심의 소 제기는 채권자대위권의 목적이 될 수 없다.(대판 2012.12.27, 2012다75239)

▶ **당사자능력**

18. 태아의 당사자능력 태아가 손해배상청구권에 관하여는 이미 태어난 것으로 본다는 민 762조의 취지는 태아가 살아서 출생한 때에 출생시기가 문제의 사건의 시기까지 소급하여 그 때에 태아가 출생한 것과 같이 법률상 보아 준다고 해석함이 상당하므로, 그가 모체와 같이 사망하여 출생의 기회를 못 가졌다면 배상청구권을 논할 여지가 없다.(대판 1976.9.14, 76다1365)

19. 법인의 당사자능력 청산법인이 청산종결의 등기를 하였더라도 채권채무가 남아 있는 이상 청산은 종료되지 아니한 것이므로, 그 한도에서 청산법인은 당사자능력을 가진다.(대판 1968.6.18, 67다2528)

20. 학교의 당사자능력 여부(소극) 서울대학교는 국가가 설립·경영하는 학교임이 공지의 사실이고, 학교는 법인도 아니고 대표자 있는 법인격 없는 사단 또는 재단도 아닌 교육시설의 명칭에 불과하여 민사소송에 있어 당사자능력을 인정할 수 없다.(대판 2001.6.29, 2001다21991)

21. 직권조사사항 법인 아닌 사단 또는 재단의 존재 여부와 그 대표자의 자격에 관한 사항은 당사자능력 또는 소송능력에 관한 사항으로서 직권조사사항이고 소송당사자의 자백에 구애되지 아니한다.(대판 1971.2.23, 70다44)

22. 당사자능력이 인정되지 않는 경우 표시정정 허용 여부 소송에서 당사자가 누구인가는 당사자능력, 당사자적격 등에 관한 문제와 직결되는 중요한 사항이므로, 사건을 심리·판결하는 법원으로서는 직권으로 소송당사자가 누구인가를 확정하여 심리를 진행하여야 하는 것이며, 이 때 당사자가 누구인가는 소장에 기재된 표시 및 청구의 내용과 원인 사실 등 소장의 전취지를 합리적으로 해석하여 확정하여야 할 것이고, 소장에 표시된 원고에게 당사자능력이 인정되지 않는 경우에는 소장의 전취지를 합리적으로 해석한 결과 인정되는 올바른 당사자능력자로 그 표시를 정정하는 것이 허용되며, 소장에 표시된 당사자가 잘못된 경우에 당사자표시를 정정케 하는 조치를 취함이 없이 바로 소를 각하할 수는 없다.(대판 2001.11.13, 99두2017)

23. 실종자를 당사자로 한 판결이 확정된 후에 실종선고가 확정된 경우의 판결의 효력 일반적으로 실종선고를 받은 자는 민 28조의 규정에 의하여 같은 법 27조 소정의 실종기간이 만료한 때에 사망한 것으로 보게 되어 있기는 하나, 그 실종선고의 효력이 발생하기 전에는 실종기간이 만료한 실종자라 하여도 소송상 당사자능력을 상실하는 것이 아니므로 실종선고 확정 전에는 실종기간이 만료된 실종자를 상대로 하여 제기된 소도 적법하고 실종자를 당사자로 하여 선고된 판결도 유효하며 그 판결이 확정되면 기판력도 발생한다고 할 것이고, 이처럼 판결이 유효하게 확정되어 기판력이 발생한 경우에는 그 판결이 해제조건부로 선고되었다는 등의 특별한 사정이 없는 한 그 효력이 유지되어 당사자로서는 그 판결이 재심이나 추완항소 등에 의하여 취소되지 않는 한 그 기판력에 반하는 주장을 할 수 없는 것이 원칙이라 할 것이며, 비록 실종자를 당사자로 한 판결이 확정된 후에 실종선고가 확정되어 그 사망간주의 시점이 소 제기 전으로 소급하는 경우에도 위 판결 자체가 소급하여 당사자능력이 없는 사망한 사람을 상대로 한 판결로서 무효가 된다고는 볼 수 없다.(대판 1992.4.14, 92다2455)

24. 집행판결을 청구하는 소도 당사자능력 등 소송능력을 갖추어야 하는지 여부(적극) 집행판결을 청구하는 소도 소의 일종이므로 통상의 소송에서와 마찬가지로 당사자능력 등 소송요건을 갖추어야 한다.(대판 2015.2.26, 2013다87055)

▶ **소송능력**

25. 미성년자의 소송능력 미성년자는 원칙적으로 법정대리인에 의해서만 소송행위를 할 수 있으나 미성년자 자신의 노무제공에 따른 임금의 청구는 근로 54조의 규정에 의하여 미성년자가 독자적으로 할 수 있다.(대판 1981.8.25, 80다3149)

26. 의사무능력자에 대하여 특별대리인의 선임 가부(적극) 사실상 의사능력을 상실한 상태에 있어 소송능력이 없는 사람에 대하여 소송을 제기하는 경우에도 특별대리인을 선임할 수 있다.(대판 1993.7.27, 93다8986)

제52조 【법인이 아닌 사단 등의 당사자능력】 법인이 아닌 사단이나 재단은 대표자 또는 관리인이 있는 경우에는 그 사단이나 재단의 이름으로 당사자가 될 수 있다.

▣ 법인(민31-39), 대표자의 지위(64)

1. 비법인사단의 당사자능력을 인정하는 취지 민소 52조가 비법인사단의 당사자능력을 인정하는 것은 법인이 아니라도 사단으로서의 실체를 갖추고 그 대표자 또는 관리인을 통하여 사회적 활동이나 거래를 하는 경우에는 그로 인하여 발생하는 분쟁은 그 단체가 자기 이름으로 당사자가 되어 소송을 통하여 해결하도록 하기 위한 것이므로, 여기서 말하는 사단은 일정한 목적을 위하여 조직된 다수인의 결합체로서 대외적으로 사단을 대표할 기관에 관한 정함이 있는 단체를 말한다. 또한, 사단법인의 하부조직의 하나라 하더라도 스스로 위와 같은 단체로서의 실체를 갖추고 독자적인 활동을 하고 있다면 사단법인과는 별개의 독립된 비법인사단으로 볼 것이다. 그리고 비법인사단이 당사자인 사건에서 대표자에게 적법한 대표권이 있는지 여부는 소송요건에 관한 것으로서 법원의 직권조사사항이므로, 법원으로서는 그 판단의 기초자료인 사실과 증거를 직권으로 탐지할 의무까지는 없다 하더라도 이미 제출된 자료에 의하여 그 대표권의 적법

성에 의심이 갈 만한 사정이 엿보인다면 그에 관하여 심리·조사할 의무가 있다.(대판 2009.1.30, 2006다60908)

2. 총유재산에 관한 소 제기의 요건 총유재산에 관한 소송은 비법인사단이 그 명의로 사원총회의 결의를 거쳐 하거나 또는 그 구성원 전원이 당사자가 되어 필수적 공동소송의 형태로 할 수 있을 뿐이며, 비법인사단이 사원총회의 결의 없이 제기한 소송은 소 제기에 관한 특별수권을 결여하여 부적법하다.(대판 2007.7.26, 2006다64573)

▶ **권리능력 없는 사단**

3. 권리능력 없는 사단으로서의 실체를 인정하기 위한 요건 민법상의 조합과 법인격은 없으나 사단성이 인정되는 비법인사단을 구별함에 있어서는 일반적으로 그 단체성의 강약을 기준으로 판단하여야 하는바, 조합은 2인 이상이 상호간에 금전 기타 재산 또는 노무를 출자하여 공동사업을 경영할 것을 약정하는 계약관계에 의하여 성립하므로(민 703조) 어느 정도 단체성에서 오는 제약을 받게 되는 것이지만 구성원의 개인성이 강하게 드러나는 인적 결합체인 데 비하여 비법인사단은 구성원의 개인성과는 별개로 권리·의무의 주체가 될 수 있는 독자적 존재로서의 단체적 조직을 가지는 특성이 있는바, 어떤 단체가 고유의 목적을 가지고 사단적 성격을 가지는 규약을 만들어 이에 근거하여 의사결정기관 및 집행기관인 대표자를 두는 등의 조직을 갖추고 있고, 기관의 의결이나 업무집행방법이 다수결의 원칙에 의하여 행하여지며, 구성원의 가입, 탈퇴 등으로 인한 변경에 관계없이 단체 그 자체가 존속되고, 그 조직에 의하여 대표의 방법, 총회나 이사회 등의 운영, 자본의 구성, 재산의 관리 기타 단체로서의 주요사항이 확정되어 있는 경우에는 비법인사단으로서의 실체를 가진다고 할 것이다. 또한, 구 민소 48조가 비법인의 당사자능력을 인정하는 것은 법인이 아닌 사단이나 재단이라도 사단 또는 재단으로서의 실체를 갖추고 대표자 또는 관리인을 통하여 사회적 활동이나 거래를 하는 경우에는 그로 인하여 발생하는 분쟁은 그 단체의 이름으로 당사자가 되어 소송을 통하여 해결하게 하고자 함에 있다 할 것이므로, 여기서 말하는 사단은 일정한 목적을 위하여 조직된 다수인의 결합체로서 대외적으로 사단을 대표할 기관에 관한 정함이 있는 단체를 말한다.(대판 1999.4.23, 99다4504)

4. 청산 중의 비법인사단의 성격 비법인사단에 해산사유가 발생하였다고 하더라도 곧바로 당사자능력이 소멸하는 것이 아니라 청산사무가 완료될 때까지 청산의 목적범위 내에서 권리·의무의 주체가 되고, 이 경우 청산 중의 비법인사단은 해산 전의 비법인사단과 동일한 사단이고 다만 그 목적이 청산 범위 내로 축소된 데 지나지 않는다.(대판 2007.11.16, 2006다41297)

5. 교회의 당사자능력 인정 여부(적극) 교회가 다수의 교인들에 의하여 조직되고, 일정한 종교활동을 하고 있으며 그 대표자가 정하여져 있다면 구 민소 48조 소정의 비법인사단으로서 당사자능력이 있다.(대판 1991.11.26, 91다30675)

6. 종중의 당사자능력 인정 여부(적극) 종중이 공동선조의 분묘의 수호, 제사라든가 종원 상호간의 친목을 위한 활동 등 공동의 목적을 가지고 활동하고 그 대표자가 정해져 있다면 당사자능력이 있다.(대판 1966.7.26, 66다881)

7. 자연부락이 비법인사단으로서 존재하는 사실을 인정하기 위한 요건 법인 아닌 사단이나 재단도 대표자 또는 관리인이 있으면 민사소송의 당사자가 될 수 있으므로, 자연부락이 그 부락주민을 구성원으로 하여 고유목적을 가지고 의사결정기관과 집행기관인 대표자를 두어 독자적인 활동을 하는 사회조직체라면 비법인사단으로서의 권리능력이 있다고 할 것이나, 이와 같이 자연부락이 비법인사단으로서 존재하는 사실을 인정하려면 우선 그 자연부락의 구성원의 범위와 자연부락의 고유업무, 자연부락의 의사결정기관인 부락총회와 대표자의 존부 및 그 조직과 운영에 관한 규약이나 관습이 있었는지의 여부 등을 확정하여야 한다.(대판 2007.7.26, 2006다64573)

8. 사찰이 독립한 실체로서 권리의무의 주체가 되기 위한 요건 사찰은 불교교의를 선포하고 불교의식을 행하기 위한 시설을 갖춘 승려, 신도의 조직인 단체로서, 독립한 사찰로서의 실체를 가지고 있다고 하기 위하여는 물적 요소인 불당 등의 사찰재산이 있고, 인적요소인 주지를 비롯한 승려와 상당수의 신도가 존재하며, 단체로서의 규약을 가지고 사찰이 그 자체 생명력을 가지고 사회적 활동을 할 것이 필요하다.(대판 2001.1.30, 99다42179)

9. 아파트입주자대표회의의 당사자능력 인정 여부(적극) 주택건설촉진법 38조, 공동주택관리령 3조, 10조, 11조, 16조 내지 18조의 각 규정 등에 비추어 보면, 같은 법 38조 4항 및 같은 영 7조 각호의 1에 해당하는 공동주택의 입주자가 같은 법 38조 7항과 같은 영 10조 1항에 따라서 구성한 입주자대표회의는 단체로서의 조직을 갖추고 의사결정기관과 대표자가 있을 뿐만 아니라, 또 현실적으로도 자치관리기구를 지휘, 감독하는 등 공동주택의 관리업무를 수행하고 있으므로 특별한 다른 사정이 없는 한 법인 아닌 사단으로서 당사자능력을 가지고 있는 것이다.(대판 1991.4.23, 91다4478)

10. 신태인천주교회의 당사자능력 인정 여부(소극) 신태인 천주교회는 신자들 단체라는 면에서 보더라도 내부적으로 단체의사를 결정할 수 있는 자율적 기관이 없고 대표자의 정함이 있는 단체라고 볼 수 없고 외부적으로 보더라도 그 단체를 구성하는 개개 신자의 개성을 초월하여 자기재산을 가지고 독립한 사회적 활동체로 존재하는 단체라고는 볼 수 없으므로 민소 48조 규정의 법인 아닌 사단이나 재단에 해당하는 것이라고 할 수 없다.(대판 1966.9.20, 63다30)

11. 대한불교조계종총무원의 당사자능력 인정 여부(소극) 대한불교조계종 총무원은 비법인사단인 대한불교조계종의 하나의 기구에 불과한 것이고 독립된 개체가 아니며 따라서 그 자체에는 당사자능력이 없다.(대판 1967.7.4, 67다549)

12. 성균관의 당사자능력 인정 여부(적극) 재단법인 성균관과 '성균관'의 설립 연혁과 경위, 대표기관 등의 조직, 존립 목적과 활동 등 여러 사정에 비추어 볼 때, '성균관'은 재단법인 성균관의 설립 이전부터 이미 독자적인 존립목적과 대표기관을 갖고 활동을 하는 등 법인 아닌 사단으로서의 실체를 가지고 존립하여 왔으므로 그 후 설립된 재단법인 성균관의 정관 일부 조항을 가지고 '성균관'의 단체성을 부정하여 위 법인의 기관에 불과하다고 볼 수는 없다.(대판 2004.11.12, 2002다46423)

13. 민법상 조합에서 임의적 소송담당이 인정되는 경우 임의적 소송신탁은 우리나라 법제하에서는 그 허용되는 경우가 극히 제한적이라고 할 것이나 탈법적 방법에 의한 것이 아니고(소송대리를 변호사에 한하게 하고 소송신탁을 금지하는 것을 피하는 따위) 이를 인정할 합리적 필요성도 인정되는 경우가 있는바, 민법상의 조합에서 조합규약이나 조합결의에 의하여 자기의 이름으로 조합재산을 관리하고 대외적 업무를 집행할 권한을 수여받은 업무집행조합원은 조합재산에 관한 소송에 관하여 조합원으로부터 임의적 소송신탁을 받아 자기의 이름으로 소송을 수행하는 것이 허용된다.(대판 1984.2.14, 83다카1815)

▶ **권리능력 없는 재단**

14. 비법인재단의 의미 당사자능력이 인정되는 비법인재단은 계속적 성질이 있는 목적에 제공된 재산으로서 그 재단의 관리규정에 의하여 관리의 권한이 인정되는 관리인이 있는 때에 한한다.(대판 1957.12.5, 4290민상244)

15. 학교의 당사자능력 학교는 법인도 아니고 대표자 있는 법인격 없는 사단 또는 재단도 아니므로 당사자능력을 인정할 수 없다.(대판 1977.8.23, 76다1478)

16. 유치원의 당사자능력 유치원에 종전부터 이사회가 구성되어 있어 동 이사회가 유치원의 의사결정을 하여 왔으며 어린이의 보육을 위한 유치원경영이라는 계속적인 목적과 원칙에 따라 설립자에 의하여 관리 운영되는 사실상의 사회생활의 하나의 단체이고, 그 단체 중에서도 출연자의 출연으로 인하여 그 재산이 출연자의 소유를 떠나서 유치원 자체가 재산을 소유하고 있다면 법인 아닌 재단으로 당사자능력이 있다.(대판 1969.3.4, 68다2387)

제53조【선정당사자】 ① 공동의 이해관계를 가진 여러 사람이 제52조의 규정에 해당되지 아니하는 경우에는, 이들은 그 가운데에서 모두를 위하여 당사자가 될 한 사람 또는 여러 사람을 선정하거나 이를 바꿀 수 있다.

② 소송이 법원에 계속된 뒤 제1항의 규정에 따라 당사자를 바꾼 때에는 그 전의 당사자는 당연히 소송에서 탈퇴한 것으로 본다.

▣ 자격증명(58), 자격이 없을 때의 소송행위(59~61), 자격상실(54·215②), 자격소멸통지(63②), 판결의 효력(218③), 민집25)

1. 선정당사자의 선정 요건 공동의 이해관계가 있는 다수자는 선정당사자를 선정할 수 있는바, 이 경우 공동의 이해관계란 다수자 상호 간에 공동소송인이 될 관계에 있고 또 주요한 공격방어방법을 공통으로 하는 것을 의미하므로, 다수자의 권리·의무가 동종이며 그 발생원인이 동종의 관계에 있는 것만으로는 공동의 이해관계가 있다고 할 수 없어 선정당사자의 선정을 허용할 것이 아니다.(대판 2007.7.12, 2005다10470)

2. 선정의 효력 및 심급을 정하여 자격을 부여하는 선정 허용 여부(적극) 공동의 이해관계가 있는 다수자가 당사자를 선정한 경우에는 선정된 당사자는 당해 소송의 종결에 이르기까지 총원을 위하여 소송을 수행할 수 있고, 상소도 역시 이렇게 선정된 당사자가 제기하여야 하는 것이지만, 당사자 선정은 총원의 합의로써 장래를 향하여 이를 취소, 변경할 수 있는 만큼 당초부터 특히 어떠한 심급을 한정하여 당사자인 자격을 보유하게끔 할 목적으로 선정을 하는 것도 역시 허용된다. 다만, 선정당사자를 선정할 때 심급의 제한에 관한 약정 등이 없는 한 선정의 효력은 소송이 종료에 이르기까지 계속되는 것이다.(대판 2003.11.14, 2003다34038)

3. 선정당사자에 대한 소가 취하되거나 판결이 확정된 경우 선정당사자 자격의 상실 여부(적극) 민소 53조의 선정당사자는 공동의 이해관계를 가진 여러 사람 중에서 선정되어야 하므로, 선정당사자 본인에 대한 부분의 소가 취하되거나 판결이 확정되는 등으로 공동의 이해관계가 소멸하는 경우에는 선정당사자는 선정당사자의 자격을 당연히 상실한다.(대판 2006.9.8, 2006다28775)

제54조【선정당사자 일부의 자격상실】 제53조의 규정에 따라 선정된 여러 당사자 가운데 죽거나 그 자격을 잃은 사람이 있는 경우에는 다른 당사자가 모두를 위하여 소송행위를 한다.

▣ 선정당사자(53), 자격상실의 통지(63②), 전원의 자격상실로 인한 중단(237②)

제55조【제한능력자의 소송능력】 ① 미성년자 또는 피성년후견인은 법정대리인에 의해서만 소송행위를 할 수 있다. 다만, 다음 각 호의 경우에는 그러하지 아니하다.

1. 미성년자가 독립하여 법률행위를 할 수 있는 경우
2. 피성년후견인이 「민법」 제10조제2항에 따라 취소할 수 없는 법률행위를 할 수 있는 경우

② 피한정후견인은 한정후견인의 동의가 필요한 행위에 관하여는 대리권 있는 한정후견인에 의해서만 소송행위를 할 수 있다.

(전문개정 2016.2.3)

▣ 법정대리인의 소송법상 지위(140①·145·179·235·249①·372), 대리권 흠결의 효과(424①·451①ⅲ), 미성년자(민5-8), 피한정후견인의 행위능력(민13), 미성년자의 법정대리(민909-911·928·932·935·936), 피한정후견인의 법정대리(민929·936), 피성년후견인의 무능력(민10), 피성년후견인의 법정대리(민929·936)

1. 미성년자의 소송능력 미성년자인 원고는 친권자에 의해서만 소송행위를 할 수 있음에도 불구하고 친권자에 의하지 않고 원고가 직접 변호사에게 위임하여 상고를 제기한 것은 부적법하다.(대판 1955.5.26, 4287민상295)

2. 미성년자의 소송능력이 인정되는 예외(1) 미성년자는 원칙적으로 법정대리인에 의하여서만 소송행위를 할 수 있으나 미성년자 자신의 노무제공에 따른 임금의 청구는 구 근로 54조의 규정에 의하여 미성년자가 독자적으로 할 수 있다.(대판 1981.8.25, 80다3149)

3. 미성년자의 소송능력이 인정되는 예외(2) 미성년자가 법정대리인을 상대로 입양무효의 소를 제기하는 경우에는 친족회의 동의를 얻어 소송행위를 할 수 있고 그 소송서류를 미성년자인 청구인에게 송달하여 소송절차를 진행하여도 위법이 아니다.(대판 1969.11.25, 69므25)

제56조【법정대리인의 소송행위에 관한 특별규정】 ① 미성년후견인, 대리권 있는 성년후견인 또는 대리권 있는 한정후견인이 상대방의 소 또는 상소 제기에 관하여 소송행위를 하는 경우에는 그 후견감독인으로부터 특별한 권한을 받을 필요가 없다.

② 제1항의 법정대리인이 소의 취하, 화해, 청구의 포기·인낙(認諾) 또는 제80조에 따른 탈퇴를 하기 위해서는 후견감독인으로부터 특별한 권한을 받아야 한다. 다만, 후견감독인이 없는 경우에는 가정법원으로부터 특별한 권한을 받아야 한다.

(전문개정 2016.2.3)

▣ ① 본항 준용(69), 친족회의 동의를 요하는 경우(민950①), 친족회(민960-973), ② 소의 취하(266·393·425), 수권의 증명(58), 보정명령(59), 수권흠결의 추인(60·424②)

1. 법원이 선임한 부재자재산관리인이 있는 경우 소송행위의 상대방 법원에 의하여 부재자 재산관리인이 선임된 경우에는 부재자를 위하여 그 재산관리인만이 또는 그 재산관리인에게 대하여서만 송달 등 소송행위를 할 수 있다.(대판 1968.12.24, 68다2021)

2. 생모인 법정대리인이 소 취하하는 경우에 특별수권이 필요한지 여부(소극) 생모인 법정대리인이 소를 취하하는 데는 친족회의 특별수권이 필요하지 않다.(대판 1974.10.22, 74다1216)

제57조【외국인의 소송능력에 대한 특별규정】 외국인은 그의 본국법에 따르면 소송능력이 없는 경우라도 대한민국의 법률에 따라 소송능력이 있는 경우에는 소송능력이 있는 것으로 본다.

▣ 법정대리인의 소송행위에 필요한 수권(51), 외국인의 행위능력(국사51)

제58조【법정대리권 등의 증명】 ① 법정대리권이 있는 사실 또는 소송행위를 위한 권한을 받은 사실은 서면으로 증명하여야 한다. 제53조의 규정에 따라서 당사자를 선정하고 바꾸는 경우에도 또

한 같다.

② 제1항의 서면은 소송기록에 붙여야 한다.

■ 선정당사자(53), 법정대리인(55), 수권(56), 소송비용부담(107②), 제2항 준용(97)

제59조 【소송능력 등의 흠에 대한 조치】 소송능력·법정대리권 또는 소송행위에 필요한 권한의 수여에 흠이 있는 경우에는 법원은 기간을 정하여 이를 보정(補正)하도록 명하여야 하며, 만일 보정하는 것이 지연됨으로써 손해가 생길 염려가 있는 경우에는 법원은 보정하기 전의 당사자 또는 법정대리인으로 하여금 일시적으로 소송행위를 하게 할 수 있다.

■ 소송능력·법정대리권·수권(51·55-57), 법정기간(172), 본조 준용(61·97)

1. 대리권 유무에 관하여 직권으로 조사하여야 하는지 여부 (적극) 법인이 당사자인 사건에서 그 법인의 대표자에게 적법한 대표권이 있는지 여부는 소송 요건에 관한 것으로서 법원의 직권조사 사항이므로, 법원으로서는 그 판단의 기초자료인 사실과 증거를 직권으로 탐지할 의무까지는 없다 하더라도 이미 제출된 자료들에 의하여 그 대표권의 적법성에 의심이 갈 만한 사정이 엿보인다면 상대방이 이를 구체적으로 지적하여 다투지 않더라도 이에 관하여 심리·조사할 의무가 있다.(대판 1997.10.10, 96다40578)

2. 법인 대표자의 대표권에 대한 직권조사의 한계 직권조사의 대상은 당해 소송에 있어 법인 대표자의 적법한 대표권 유무이고, 당해 소송 이전에 법인이 행한 어떠한 법률행위에 있어 법인 대표자가 적법한 대표권에 기하여 행한 것인지 여부는 여전히 당사자가 주장·증명하여야 할 문제라고 할 것이어서 법원이 이러한 사항까지 직권으로 탐지하여 조사하여야 할 의무가 있다고는 할 수 없다.(대판 2004.5.14, 2003다61054)

3. 대표권이 흠결된 경우 법원이 취할 조치 민소 64조의 규정에 따라 법인의 대표자에게도 준용되는 같은 법 59조 전단 및 60조는 소송능력·법정대리권 또는 소송행위에 필요한 권한의 수여에 흠이 있는 경우에는 법원은 기간을 정하여 이를 보정하도록 명하여야 하고, 소송능력·법정대리권 또는 소송행위에 필요한 권한의 수여에 흠이 있는 사람이 소송행위를 한 뒤에 보정된 당사자나 법정대리인이 이를 추인한 경우에는 그 소송행위는 이를 한 때에 소급하여 효력이 생긴다고 규정하고 있는바, 법원은 이러한 민사소송법의 규정에 따라 소송당사자인 재건축주택조합 대표자의 대표권이 흠결된 경우에는 그 흠결을 보정할 수 없음이 명백한 때가 아닌 한 기간을 정하여 보정을 명하여야 할 의무가 있다고 할 것이고, 이와 같은 대표권의 보정은 항소심에서도 가능하다.(대판 2003.3.28, 2003다2376)

4. 보정이 가능한 시기 피한정후견인의 법정대리인의 소송행위에 필요한 친족회의 동의는 보정되면 행위 시에 소급하여 효력이 생기고 그 보정은 상고심에서도 할 수 있다.(대판 2001.7.27, 2001다5937)

5. 변론에서의 공격방어 결과 종중대표권 흠결이 밝혀진 경우 보정을 명할 것인지 여부 (소극) 종중의 대표자로 자처하면서 소송을 제기한 자에게 적법한 대표권이 있는지 여부가 상대방의 항변으로 소송의 쟁점이 되어 항소심에 이르기까지 이에 주안을 둔 당사자들의 공격방어와 법원의 심리 등을 거쳐 그에게 적법한 대표권이 없다는 사실이 밝혀지게 된 경우라면, 법원은 이 사유를 들어 각하하면 족한 것이지 이러한 경우에까지 그 대표권의 흠결에 관하여 보정을 명한다거나 그 종중에 대표자 표시 정정을 촉구할 의무는 없다.(대판 1995.9.29, 94다15738)

제60조 【소송능력 등의 흠과 추인】 소송능력, 법

정대리권 또는 소송행위에 필요한 권한의 수여에 흠이 있는 사람이 소송행위를 한 뒤에 보정된 당사자나 법정대리인이 이를 추인(追認)한 경우에는, 그 소송행위는 이를 한 때에 소급하여 효력이 생긴다.

■ 소송능력·법정대리권·수권(59), 상고이유(424②), 소송비용 부담(107②), 본조 준용(61·97)

1. 무권대리인이 행한 소송행위의 일부 추인이 허용되는지 여부 (원칙적 소극) 무권대리인이 행한 소송행위의 추인은 특별한 사정이 없는 한 소송행위의 전체를 대상으로 하여야 하고, 그 중 일부의 소송행위만을 추인하는 것은 허용되지 아니한다.(대판 2008.8.21, 2007다79480)

2. 무권대리에 의한 소송행위에 대한 묵시적 추인으로 인정되는 경우 미성년자가 직접 변호인을 선임하여 제1심의 소송수행을 하게 하였으나 제2심에서 이르러서는 미성년자의 친권자인 법정대리인이 소송대리인을 선임하여 소송행위를 하면서 아무런 이의를 제기한 바 없이 제1심의 소송결과를 진술한 경우에는 무권대리에 의한 소송행위를 묵시적으로 추인된 것으로 보아야 한다.(대판 1980.4.22, 80다308)

3. 무권대리인이 행한 소송행위 추인의 범위 무권대리인이 행한 소송행위의 추인은 소송행위의 전체를 일괄해서 하여야 하는 것이고 그 중에서 일부의 소송행위만을 허용하는 것은 소송의 혼란을 일으키게 할 염려가 있으므로 이를 허용할 수 없다는 이론은 일반론으로는 정당하다. 그런데 본건에서는 소외인이 원고 대표자의 도장을 도용하여 변호사에게 피고 등에 대한 소송행위를 위임하여 소송을 진행한 결과 1심에서 원고가 승소하였고 피고들의 항소로 소송이 2심에 계속된 후에 위 소외인이 본건 소를 취하하자 원고가 위 일련의 소송행위 중에서 소 취하행위만을 제외하고 전부 추인하였다. 이러한 경우에는 소 취하행위만을 다른 소송행위에서 분리하여도 독립적인 의미가 있어 이것만을 제외하고 추인하더라도 소송의 혼란을 일으킬 염려가 없고 소송경제상으로도 적절하여 본건 소 취하행위만을 제외한 추인은 유효하다.(대판 1973.7.24, 69다60)

4. 무권대리인이 행한 소송행위 추인의 시기 적법한 대표자 자격이 없는 비법인사단의 대표자가 한 소송행위는 후에 대표자 자격을 적법하게 취득한 대표자가 그 소송행위를 추인하면 행위 시에 소급하여 효력을 갖게 되고, 이러한 추인은 상고심에서도 할 수 있다.(대판 1997.3.14, 96다25227)

5. 항소 제기의 특별수권이 없는 소송대리인이 항소를 제기한 경우, 적법한 소송대리인이 항소심에서 변론함으로써 그 항소 제기 행위가 추인되는지 여부 (적극) 항소의 제기에 관하여 특별수권을 받지 아니한 1심 소송대리인이 제기한 항소는 무권대리인에 의해 제기된 것으로서 위법하다 할 것이나, 그 당사자의 적법한 소송대리인이 항소심에서 본안에 관하여 변론하였다면 이로써 그 항소 제기 행위를 추인하였다고 할 것이므로 그 항소는 당사자가 적법하게 제기한 것으로 된다.(대판 2007.2.8, 2006다67893)

6. 공정증서 작성 시의 집행인낙 의사표시에 표현대리 규정의 준용 가부 (소극) 공정증서가 집행권원으로서 집행력을 가질 수 있도록 하는 집행인낙 표시는 공증인에 대한 소송행위로서 이러한 소송행위에는 민법상의 표현대리 규정이 적용 또는 준용될 수 없다.(대판 1994.2.22, 93다42047)

제61조 【선정당사자에 대한 준용】 제53조의 규정에 따른 당사자가 소송행위를 하는 경우에는 제59조 및 제60조의 규정을 준용한다.

■ 선전당사자(53), 소송능력의 흠에 대한 조치와 추인(59·60), 선정과 변경의 증명(58)

제62조 【제한능력자를 위한 특별대리인】 ① 미성년자·피한정후견인 또는 피성년후견인이 당사자인 경우, 그 친족, 이해관계인(미성년자·피한정

후견인 또는 피성년후견인을 상대로 소송행위를 하려는 사람을 포함한다), 대리권 없는 성년후견인, 대리권 없는 한정후견인, 지방자치단체의 장 또는 검사는 다음 각 호의 경우에 소송절차가 지연됨으로써 손해를 볼 염려가 있다는 것을 소명하여 수소법원(受訴法院)에 특별대리인을 선임하여 주도록 신청할 수 있다.

1. 법정대리인이 없거나 법정대리인에게 소송에 관한 대리권이 없는 경우
2. 법정대리인이 사실상 또는 법률상 장애로 대리권을 행사할 수 없는 경우
3. 법정대리인의 불성실하거나 미숙한 대리권 행사로 소송절차의 진행이 현저하게 방해받는 경우

② 법원은 소송계속 후 필요하다고 인정하는 경우 직권으로 특별대리인을 선임·개임거나 해임할 수 있다.

③ 특별대리인은 대리권 있는 후견인과 같은 권한이 있다. 특별대리인의 대리권의 범위에서 법정대리인의 권한은 정지된다.

④ 특별대리인의 선임·개임 또는 해임은 법원의 결정으로 하며, 그 결정은 특별대리인에게 송달하여야 한다.

⑤ 특별대리인의 보수, 선임 비용 및 소송행위에 관한 비용은 소송비용에 포함된다.

(전문개정 2016.2.3)

■ ① 법정대리인(51·55·64), 소명방법(299), 신청(161), 특별대리인(민 64·921), ④ 후견인의 수권이 필요한 경우(56, 민950), ⑤ 송달(174-193), 소송비용(98-116)

1. 사람을 특정하지 않고 특별대리인으로 선임한 명령의 효력(소극) 특별대리인 선임은 독립하여 소송행위를 할 수 있는 소송능력 있는 특정인으로 하여야 할 것이므로 법원이 '서울지방검찰청 검사'를 특별대리인으로 선임한다는 명령은 그 효력이 없다.(대판 1955.2.17, 4287민상237)

2. 특별대리인선임결정에 대한 항고의 가부(소극) 특별대리인선임결정에 대하여는 항고를 할 수 없다.(대결 1963.5.2, 63마4)

3. 수소법원의 의미 이미 본안소송이 제기되어 있고 또는 항소로 항소심에 계속 중에 있는 경우의 구 민소 58조 1항에서 말하는 '수소법원'은 이미 계속된 본안사건을 직접 심리하고 있는 재판부만을 의미한다고 협의로 해석할 필요는 없다.(대결 1969.3.25, 68그21)

4. 의사무능력자이나 금치산선고를 받지 않은 자에게도 적용되는지 여부 신분상의 법률행위는 본인의 의사결정을 존중하여 대리를 허용하지 않으나 인지청구의 소와 같은 인사소송에서 상대방이 의사무능력자이기 때문에 법정대리인이 대리하지 않는 한 소송을 할 수 없는 경우에는 법정대리인의 대리를 인정하여야 하며, 이와 같은 경우에 법정대리인이 없거나 대리를 행할 수 없는 때에는 당사자는 민소 58조의 규정에 의해 특별대리인을 신청할 수 있다.(대결 1984.5.30, 84스12)

5. 상속인 불명의 상속재산에 관한 소송의 경우 적용 여부 공장에서 공상으로 사망한 갑에 대한 퇴직금을 여러 사람이 위 갑의 유산상속인이라고 주장하며 청구하는 관계로 지불치 못하고 있는 사정이 추지되는 경우에는 구 민(1990.1.13. 법률 제4199호로 개정 전) 1053조에 의하여 상속재산관리인의 선임을 신청한 후 그 절차에서 선임된 관리인이 법정대

리인으로서 소송을 제기하여야 하고, 그 관리인의 선임절차를 밟지 않고 직접 구 민소 58조의 규정에 따른 경우에 특별대리인선임신청을 하여야 할 긴박한 사정(손해를 받을 염려)에 관한 아무런 소명도 발견되지 아니한다면 그 신청을 기각한 것이 옳다.(대결 1967.3.28, 67마155)

6. 특별대리인 대리권의 범위 구 민소 58조에 의하여 선임된 특별대리인은 당해 소송에서는 법정대리인으로서의 권한을 보유하므로 특별대리인은 당해 소송행위를 할 권한뿐만 아니라 당해 소송에서 공격방어의 방법으로 필요한 때에는 사법상의 실체적 권리도 이를 행사할 수 있다 할 것이나, 무권리자의 부동산처분행위에 대한 추인과 같은 행위는 부동산에 관한 권리의 소멸, 변경을 초래하는 것이어서 민 950조에 의한 특별수권이 없는 한 이를 할 수 없다.(대판 1993.7.27, 93다8986)

7. 특별대리인이 선임된 후 대표권의 흠이 보완된 경우 그 대표자가 소송행위를 할 수 있는지 여부(적극) 법인 대표자의 자격이나 대표권에 흠이 있어 그 법인이 또는 그 대표자에 대하여 소송행위를 하기 위하여 민소 64조, 62조에 따라 수소법원에 의하여 선임되는 특별대리인은 법인의 대표자가 대표권을 행사할 수 없는 흠을 보충하기 위하여 마련된 제도이므로, 이러한 제도의 취지에 비추어 보면 특별대리인이 선임된 후 소송절차가 진행되던 중에 법인의 대표자 자격이나 대표권에 있던 흠이 보완되었다면 특별대리인에 대한 수소법원의 해임결정이 있기 전이라 하더라도 그 대표자는 법인을 위하여 유효하게 소송행위를 할 수 있다.(대판 2011.1.27, 2008다85758)

8. 비법인사단과 대표자 사이의 이익이 상반되는 상황에서의 특별대리인의 선임신청 가부(적극) 비법인사단과 그 대표자 사이의 이익이 상반되는 사항에 관한 소송행위에 있어서는 대표자에게 대표권이 없으므로, 달리 위 대표자를 대신하여 비법인사단을 대표할 자가 없는 한 이해관계인은 구 민소 58조, 60조의 규정에 의하여 특별대리인의 선임을 신청할 수 있고, 이에 따라 선임된 특별대리인이 비법인사단을 대표하여 소송을 제기할 수 있다.(대판 1992.3.10, 91다25208)

9. 미성년자 본인의 선임신청 적법 여부 구 민소 58조에 의한 특별대리인의 선임신청은 당해 미성년자의 친족, 이해관계인 또는 검사가 하도록 규정되어 있으므로 미성년자 본인이 특별대리인의 선임신청을 함은 소송능력 없는 미성년자의 소송행위로서 부적법함을 면할 수 없다.(대결 1981.11.19, 81카43)

10. 특별대리인의 소송행위와 특별수권의 요부(소극) 구 민소 58조에 따라 선임된 특별대리인은 그 선임결정에 따라 상대방이 제기한 소송에 응소할 수 있을 뿐만 아니라 스스로 소송을 제기하여 수행할 수 있고, 그와 같은 소송행위를 함에는 같은 조 4항의 특별수권을 필요로 하는 것이 아니다.(대판 1983.2.8, 82다34)

제62조의2 【의사무능력자를 위한 특별대리인의 선임 등】 ① 의사능력이 없는 사람을 상대로 소송행위를 하려고 하거나 의사능력이 없는 사람이 소송행위를 하는 데 필요한 경우 특별대리인의 선임 등에 관하여는 제62조를 준용한다. 다만, 특정후견인 또는 임의후견인도 특별대리인의 선임을 신청할 수 있다.

② 제1항의 특별대리인이 소의 취하, 화해, 청구의 포기·인낙 또는 제80조에 따른 탈퇴를 하는 경우 법원은 그 행위가 본인의 이익을 명백히 침해한다고 인정할 때에는 그 행위가 있는 날부터 14일 이내에 결정으로 이를 허가하지 아니할 수 있다. 이 결정에 대해서는 불복할 수 없다.

(2016.2.3 본조신설)

제63조 【법정대리권의 소멸통지】 ① 소송절차가
진행되는 중에 법정대리권이 소멸한 경우에는 본인
또는 대리인이 상대방에게 소멸된 사실을 통지하지
아니하면 소멸의 효력을 주장하지 못한다. 다만, 법
원에 법정대리권의 소멸사실이 알려진 뒤에는 그
법정대리인은 제56조제2항의 소송행위를 하지 못
한다.
② 제53조의 규정에 따라 당사자를 바꾸는 경우에
는 제1항의 규정을 준용한다.

▣ 법정대리권소멸의 신고(민소규13), 소송대리권소멸통지의 신고(민소
규17), 대리권의 소멸과 중단(235), 본조 준용(97), 법정대리권의 소멸(민
924 · 925 · 927 · 939 · 940)

**1. 법인의 구 대표자의 대표권 소멸을 상대방에게 통지하기
전에 구 대표자가 한 소 취하의 효력(유효)** 구 민소 59조 1
항, 60조의 취지는 법인(법인 아닌 사단도 포함, 이하 같다)
대표자의 대표권이 소멸하였다고 하더라도 당사자가 그 대
표권의 소멸 사실을 알았는지의 여부, 모른 데에 과실이 있
었는지의 여부를 불문하고 그 사실의 통지 유무에 의하여
대표권의 소멸 여부를 획일적으로 처리함으로써 소송절차의
안정과 명확을 기하기 위함에 있으므로, 법인 대표자의 대표
권이 소멸한 경우에도 상대방에게 그 사실을 통지하기 전까
지는 다른 특별한 사정이 없는 한 소송절차상으로는 그 대
표자가 소멸하지 아니한 것으로 보아야 하므로, 대표권 소멸
사실을 상대방에게 통지하지 않은 상태에서 구 대표자가 한
소 취하는 유효하고, 상대방이 그 대표권 소멸 사실을 알고
있었다고 하여 이를 달리 볼 것은 아니다.(대판(全) 1998.2.19,
95다52710)

제64조 【법인 등 단체의 대표자의 지위】 법인의
대표자 또는 제52조의 대표자 또는 관리인에게는
이 법 가운데 법정대리와 법정대리인에 관한 규정
을 준용한다.

▣ 비법인 사단 · 재단(52), 법정대리와 법정대리인에 관한 규정(51 · 58 ·
60 · 62 · 63 등)

**1. 법인이 당사자인 사건에서 대표자에게 적법한 대표권이
있는지 여부가 의심스러운 경우, 법원이 이에 관하여 심리 ·
조사할 의무가 있는지 여부(적극)** 법인이 당사자인 사건에
서 그 법인의 대표자에게 적법한 대표권이 있는지 여부는
소송 요건에 관한 것으로서 법원의 직권조사사항이므로, 법
원으로서는 그 판단의 기초 자료인 사실과 증거를 직권으로
탐지할 의무까지는 없다 하더라도, 이미 제출된 자료들에 의
하여 그 대표권의 적법성에 의심이 갈 만한 사정이 엿보인
다면 상대방이 이를 구체적으로 지적하여 다투지 않더라도
이에 관하여 심리 · 조사할 의무가 있고, 이는 당사자가 비법
인사단인 경우에도 마찬가지이다.(대판 2009.12.10, 2009다
22846)

**2. 회사의 이사선임결의 무효 또는 부존재확인을 구하는 소
송에서 회사를 대표할 자** 회사의 이사선임결의가 무효 또
는 부존재임을 주장하여 그 결의의 무효 또는 부존재확인을
구하는 소송에서 회사를 대표할 자는 현재 대표이사로 등기
되어 그 직무를 행하는 자라고 할 것이고, 그 대표이사가 무
효 또는 부존재확인청구의 대상이 된 결의에 의하여 선임된
이사라고 할지라도 그 소송에서 회사를 대표할 수 있는 자
임에는 변함이 없다.(대판(全) 1983.3.22, 82다카1810)

**3. 민법상 법인 등의 대표자에 대해 직무집행정지 및 직무대
행자 선임의 가처분이 내려진 경우 본안소송에서 단체를 대
표하는 자** 민법상의 법인이나 법인이 아닌 사단 또는 재단
의 대표자를 선출한 결의의 무효 또는 부존재 확인을 구하
는 소송에서 그 단체를 대표할 자는 의연히 무효 또는 부존

재확인 청구의 대상이 결의에 의해 선출된 대표자라 할 것
이나, 그 대표자에 대해 직무집행정지 및 직무대행자선임 가
처분이 된 경우에는, 그 가처분에 특별한 정함이 없는 한 그
대표자는 그 본안소송에서 그 단체를 대표할 권한을 포함한
일체의 직무집행에서 배제되고 직무대행자로 선임된 자가
대표자의 직무를 대행하게 되므로, 그 본안소송에서 그 단체
를 대표할 자도 직무집행을 정지당한 대표자가 아니라 대표
자 직무대행자로 보아야 한다.(대판 1995.12.12, 95다31348)

4. 종중대표자 선임요건 종중대표자의 선임은 종중규약이나
일반관례가 있으면 그에 따르고 그것이 없다면 종장 또는
문장이 그 종족 중 성년 이상의 남자를 소집하여 출석자의
과반수 결의로 선출하는 것이 일반관습이다.(대판 1993.8.24,
92다54180)

5. 회사의 상무에 속하는 것에 대한 권한 대표이사직무대행
자가 변호사에게 소송대리를 위임하고 그 보수계약을 체결
하는 행위는 회사의 상무에 속한다 할 것이므로 회사의 행
위로서 효력이 있다.(대판 1970.4.14, 69다1613)

6. 회사의 상무에 속하지 않는 것에 대한 권한 가처분결정
에 의해 선임된 청산인 직무대행자가 그 가처분의 본안소송
인 주주총회결의 무효확인의 제1심 판결에 대한 항소를 취
하하는 행위는 회사의 상무에 속하지 않으므로 그 가처분
결정에 다른 정함이 있거나 관할법원의 허가를 얻지 아니하
고서는 이를 할 수 없다.(대판 1982.4.27, 81다358)

제2절 공동소송

제65조 【공동소송의 요건】 소송목적이 되는 권
리나 의무가 여러 사람에게 공통되거나 사실상 또
는 법률상 같은 원인으로 말미암아 생긴 경우에는
그 여러 사람이 공동소송인으로서 당사자가 될 수
있다. 소송목적이 되는 권리나 의무가 같은 종류의
것이고, 사실상 또는 법률상 같은 종류의 원인으로
말미암은 것인 경우에도 또한 같다.

▣ 권리의무가 공통된 경우(민262 · 409 · 411 · 413, 신탁50), 동일한 원
인에 기인한 때(민760), 가사소송에서의 필수적공동소송(가소15 · 24② ·
28 · 31)

**1. 공동피고에 대한 양 청구가 목적 수단의 관계에 있는 경
우의 공동소송** 두 사람을 공동피고로 하여 소송을 제기한
경우에 원고의 양 피고에 대한 청구가 목적 수단의 관계에
있는 때에는 언제든지 통상적 공동소송이 된다.(대판 1960.3.10,
4292민상157)

2. 순차적으로 경료된 각 소유권이전등기의 말소청구 동일
부동산에 관한 소유권이전등기가 수인에게 차례로 옮겨졌을
경우에 그 원인 없음을 이유로 그 소유권이전등기의 각 말
소청구를 동시에 하는 경우에 그 공동소송의 성질이 보통의
공동소송인지 또는 필수적 공동소송인지에 관하여는 학설상
이론이 없는 바는 아니나, 다만 수인의 피고에 대한 원고의
청구가 목적 수단의 관계에 있을 뿐이므로 이들 소송의 목
적이 공동소송인의 전원에 대하여 합일적으로 확정될 경우
라고는 볼 수 없다.(대판 1961.11.16, 4293민상766, 767)

**3. 제3채무자에 대한 전부금청구의 소와 채무자에 대한 채무
이행의 소의 병합제기 가부(소극)** 채권자가 제3채무자를 상
대로 전부금청구의 소를 제기한 경우에는 피전부채권이 존
재함을 전제로 하는 것이므로, 위 전부금청구의 소에 병합하
여 채무자를 상대로 피전부채권이 존재하지 아니함을 전제
로 제기하는 채무이행의 소는 주관적, 예비적 청구로서 부적법
하여 각하되어야 한다.(대판 1982.3.23, 80다2840)

**4. 통상의 공동소송인 중 일부만이 상고를 제기한 때의 부대
상고의 적부(소극)** 통상의 공동소송에 있어 공동당사자 일
부만이 상고를 제기한 때에는 피상고인은 상고인인인 공동

소송인 이외의 다른 공동소송인을 상대로 하거나 상대방으로 보조하여 부대상고를 제기할 수는 없다.(대판 1994.12.23, 94다40734)

제66조【통상공동소송인의 지위】 공동소송인 가운데 한 사람의 소송행위 또는 이에 대한 상대방의 소송행위와 공동소송인 가운데 한 사람에 관한 사항은 다른 공동소송인에게 영향을 미치지 아니한다.

■ 필수적 공동소송의 특칙(67·69)
1. 공동상속된 건물의 철거청구 공동상속한 건물에 대한 철거는 공유자 각각을 상대로 하여 소구할 수 있다.(대판 1968.7.23, 68다1053)
2. 수인의 피고에 대한 등기의 말소청구소송의 성질 순차 경료된 등기 또는 수인 앞으로 경료된 공유등기의 말소청구소송은 권리관계의 합일적인 확정을 필요로 하는 필수적 공동소송이 아니라 보통공동소송이며, 이와 같은 보통공동소송에서 공동당사자들 상호간의 공격 방어 방법의 차이에 따라 모순되는 결론이 발생할 수 있고, 이는 변론주의를 원칙으로 하는 소송제도 아래서는 부득이한 일로서 판결의 이유모순이나 이유불비가 된다고 할 수 없다.(대판 1991.4.12, 90다9872)
3. 공유지분권 확인소송에서 단독으로 소 취하할 수 있는지 여부(적극) 공유지분권은 소유권과 같이 단독으로 자유로이 처분할 수 있는 것이므로 공유자가 공동으로 그 표면상의 소유자를 상대로 지분권확인청구의 소를 제기한 것은 필수적 공동소송이 아니므로 각 공유자는 자유로이 자기의 소를 취하할 수 있다.(대판 1970.7.28, 70다853, 854)
4. 통상공동소송에서 공동소송인 중 1인의 자백이 다른 공동소송인에게 미치는 효력 통상 공동소송 에서는 공동소송인의 일인의 소송행위는 다른 공동소송인에게 영향을 미치지 아니하므로 공동소송인의 일인인 피고 3이 원고 주장사실을 자백한 경우에도 다른 공동소송인인 피고 2, 1에게 대하여는 아무런 효력이 생기지 아니한다. 따라서 법원은 원고의 주장을 다투는 피고 2, 1에게 대한 관계에서는 그 사실을 증거에 의하여 확정하여야 한다.(대판 1968.5.14, 67다2787)
5. 공동소송인이 주장을 달리하는 경우 법원이 석명하여야 하는지 여부(소극) 피고 중 갑, 을이 소송형태상 피고이나 실질상으로는 원고와 이해관계를 같이 하고 있는 경우에 공동피고 상호간에 그 주장이 일치하지 아니하고 다른 입장을 취하고 있다 하여 재판장이 당사자에게 그에 관한 발문을 하고 진상을 규명하여야 할 의무는 없다.(대판 1982.11.23, 81다39)
6. 통상공동소송에서 주장공통의 원칙이 적용되는지 여부(소극) 구 민소 62조의 명문의 규정과 우리 민사소송법이 취하고 있는 변론주의 소송구조 등에 비추어 볼 때, 통상의 공동소송에서는 이른바 주장공통의 원칙이 적용되지 아니한다.(대판 1994.5.10, 93다47196)

제67조【필수적 공동소송에 대한 특별규정】 ① 소송목적이 공동소송인 모두에게 합일적으로 확정되어야 할 공동소송의 경우에 공동소송인 가운데 한 사람의 소송행위는 모두의 이익을 위하여서만 효력을 가진다.
② 제1항의 공동소송에서 공동소송인 가운데 한 사람에 대한 상대방의 소송행위는 공동소송인 모두에게 효력이 미친다.
③ 제1항의 공동소송에서 공동소송인 가운데 한 사람에게 소송절차를 중단 또는 중지하여야 할 이유가 있는 경우 그 중단 또는 중지는 모두에게 효력이 미친다.

■ ① 공동소송참가(83), 합일적으로 확정될 때(민집249, 민704·1006, 상184·236·376·380·381, 신탁50, 회생파산170·172·174·176·462·464·466·468·604·607), ② 소송절차중단·중지(233-240·246), 본조 준용(79), 준용(행소164)

▶ **고유필수적 공동소송**(긍정)
1. 인접토지의 한편 또는 양편이 공유에 속하는 경우 그 경계확정의 소의 성질 토지의 경계는 토지소유권의 범위와 한계를 정하는 중요한 사항으로서, 그 경계와 관련되는 인접토지의 소유자 전원 사이에서 합일적으로 확정될 필요가 있으므로, 인접하는 토지의 한편 또는 양편이 여러 사람의 공유에 속하는 경우에, 그 경계의 확정을 구하는 소송은, 관련된 공유자 전원이 공동하여서만 제소하고 상대방도 관련된 공유자 전원이 공동으로서만 제소될 것을 요건으로 하는 고유필수적 공동소송이다.(대판 2001.6.26, 2000다24207)
2. 제3자가 제기하는 친자관계부존재확인의 소의 성질 친자관계부존재 확인의 소는 생존하고 있는 부모 및 자를 공동피고로 하여 그들 간에 합일적으로 확정하여야 할 필수적 공동소송이다.(대판 1970.3.10, 70므1)
3. 제3자가 제기하는 혼인무효·취소의 소의 성질 제3자가 부부를 상대로 하여 제기하는 혼인무효소송은 필수적 공동소송이다.(대판 1965.10.26, 65므46)
4. 합유 부동산에 관한 소유권이전등기청구소송의 성질 합유로 소유권이전등기가 된 부동산에 관하여 명의신탁해지를 원인으로 한 소유권이전등기절차의 이행을 구하는 소송은 합유물에 관한 소송으로서 고유필수적 공동소송에 해당하여 합유자 전원을 피고로 하여야 할 뿐만 아니라 합유자 전원에 대하여 합일적으로 확정되어야 하므로, 합유자 중 일부의 청구인낙이나 합유자 중 일부에 대한 소의 취하는 허용되지 않는다.(대판 1996.12.10, 96다23238)
5. 공동명의로 공유수면매립면허를 받은 경우 수인이 공동명의로 공유수면 매립면허를 받았을 경우 그 매립권을 소송 목적물로 한 소송에 있어서는 그 면허명의자 전원을 필수적 공동소송인으로 하여야 한다.(대판 1969.11.25, 65다1352)
6. 공동광업권의 지분 이전을 구하는 소송의 성질 광업법상 공동광업권자들은 조합계약을 한 것으로 간주되고 그들의 지분이 인정되며 그 지분은 다른 공동광업권자의 동의를 얻어 양도 또는 저당권의 목적으로 할 수 있기로 되어 있으나(29조, 26조) 등록에 의하여서만 효력을 발생할 수 있는 광업권의 지분이전에 관한 등록을 할 수 있다는 규정이 없는 만큼(39조, 40조 참조) 그 지분양도의 경우에는 종전의 공동광업자 전원으로부터 양도 후 공동광업권자가 될 전원에 대한 광업권 자체의 이전등록을 하여야 한다.(대판 1968.9.30, 68다1496, 1497)
7. 공유인 의장권에 관한 심판절차 의장권이 공유인 때에는 그에 관한 심판사건에 있어서는 공유자 전원이 심판청구인 또는 피청구인이 되어야 하며, 그에 관한 심판절차는 공유자 전원에게 합일적으로 확정되어야 할 이른바 필수적 공동소송이라 할 것이므로 공유자 중 1인의 항고심판청구는 타 공유자를 위하여도 효력이 있다.(대판 1982.6.22, 81후43)
8. 수인의 공동명의로 받은 하천 점용허가취소처분의 소송 공동명의로 하천부근 공작물의 신축허가를 받은 경우 그 하천에 관한 점용허가취소처분의 취소소송은 필수적 공동소송이다.(대판 1964.3.31, 63후158)
9. 공동상속인이 다른 공동상속인을 상대로 상속재산임의 확인을 구하는 소의 성질(=고유필수적 공통소송) 공동상속인이 다른 공동상속인을 상대로 어떤 재산이 상속재산임의 확인을 구하는 소는 이른바 고유필수적 공동소송이라고 할 것이고, 고유필수적 공동소송에서는 원고들 일부의 소 취하 또는 피고들 일부에 대한 소 취하는 특별한 사정이 없는 한 그 효력이 생기지 않는다.(대판 2007.8.24, 2006다40980)

10. 총유재산에 관한 소송의 당사자적격 부락민들의 총유재산인 임야에 관한 소송은 권리능력 없는 사단인 부락 자체의 명의로 하거나 또는 부락민 전원이 당사자가 되어 할 수 있을 뿐이고, 후자의 경우에는 필수적 공동소송이 된다.(대판 1994.5.24, 92다50232)

11. 비법인사단의 구성원 1인이 재산보존을 위하여 소송을 제기할 수 있는지 여부(소극) 총유재산에 관한 소송은 법인 아닌 사단이 그 명의로 사원총회의 결의를 거쳐 하거나 또는 그 구성원 전원이 당사자가 되어 필수적 공동소송의 형태로 할 수 있을 뿐 그 사단의 구성원은 설령 그가 사단의 대표자라거나 사원총회의 결의를 거쳤다 하더라도 그 소송의 당사자가 될 수 없고, 이러한 법리는 총유재산의 보존행위로서 소를 제기하는 경우에도 마찬가지이다.(대판(全) 2005.9.15, 2004다44971)

12. 수인이 동업약정에 따라 공동으로 매수한 부동산의 소유권이전등기를 청구하는 소송 동업약정에 따라 동업자 공동으로 토지를 매수하였다면 그 토지는 동업자들을 조합원으로 하는 동업체에서 토지를 매수한 것이므로 그 동업자들은 토지에 대한 소유권이전등기청구권을 준합유하는 관계에 있고, 합유재산에 관한 소는 이른바 고유필수적 공동소송이라 할 것이므로 그 매매계약에 기하여 소유권이전등기의 이행을 구하는 소를 제기하려면 동업자들이 공동으로 하여야 한다.(대판 1994.10.25, 93다54064)

13. 복수의 가등기담보권자가 가등기에 기하여 소유권이전의 본등기청구를 하는 경우 복수채권자의 채권을 담보하기 위하여 그 복수채권자 전원을 공동매수인으로 하여 채무자 소유의 부동산에 관한 매매계약을 체결하고 이에 따른 가등기를 경료한 경우에 그 복수채권자는 매매예약완결권을 준공동소유하는 관계에 있기 때문에 말소된 그 가등기의 회복등기나 그 회복등기에 승낙을 받는 소의 제기, 또는 가등기에 기한 본등기절차의 이행을 구하는 소의 제기 등은 반드시 그 복수채권자 전원이 하여야 하는 필수적 공동소송이다.(대판 1987.5.26, 85다카2203)

14. 수인의 유언집행자를 상대로 한 유증의무 이행을 구하는 소의 성질 상속인이 유언집행자가 되는 경우를 포함하여 유언집행자가 수인인 경우에는, 유언집행자를 지정하거나 지정위탁한 유언자나 유언집행자를 선임한 법원에 의한 임무의 분장이 있었다는 등의 특별한 사정이 없는 한, 유증 목적물에 대한 관리처분권은 유언의 본지에 따른 유언의 집행이라는 공동의 임무를 가진 수인의 유언집행자에게 합유적으로 귀속되고, 그 관리처분권 행사는 과반수의 찬성으로써 합일하여 결정하여야 하므로, 유언집행자가 수인인 경우 유언집행자에게 유증의무의 이행을 구하는 소송은 유언집행자 전원을 피고로 하는 고유필수적 공동소송으로 봄이 상당하다.(대판 2011.6.24, 2009다8345)

15. 집합건물법의 관리인 해임의 소의 법적 성질(=고유필수적 공동소송) 집합건물 제24조 3항에서 정한 관리인 해임의 소는 관리단과 관리인 사이의 법률관계 해소를 목적으로 하는 형성의 소이므로 법률관계의 당사자인 관리단과 관리인 모두를 공동피고로 하여야 하는 고유필수적 공동소송에 해당한다.(대판 2011.6.24, 2011다1323)

▸ **고유필수적 공동소송(부정)**

16. 합유물의 보존행위에 관한 소송의 경우 합유물에 관하여 경료된 원인무효의 소유권이전등기의 말소를 구하는 소송은 합유물에 관한 보존행위로서 합유자 각자가 할 수 있다.(대판 1997.9.9, 96다16896)

17. 합유재산에 대한 명도청구소송의 경우 본건 부동산이 소론과 같이 승려 및 신도 등의 공동소유로서 이른바 합유라고 할지라도 현실적으로 점유사용하고 있는 자를 상대로 하여 그 명도를 청구하는 소송에 있어서는 그 점유사용하고 있는 자를 상대로 하여 청구할 수 있다 할 것이고, 그 명도

청구가 합유자 전원을 상대로 하여 이른바 합일확정을 필요로 하는 필수적 공동소송이라고는 할 수 없다.(대판 1969.12.23, 69다1053)

18. 수인의 명의수탁자를 상대로 한 매수인의 소유권이전등기청구소송의 성질 종중 재산이 종중원의 합유라 하더라도, 본건에 있어서와 같이 수인이 종중으로부터 그 부동산의 소유권신탁을 받은 것이라면, 수탁자 상호간의 소유형태는 단순한 공유 관계라 할 것이고, 신탁자의 소유형태가 합유라 하여 수탁자의 소유형태까지 합유가 되는 것이라고 할 수는 없는 것이며, 따라서 그 수인을 상대로 하여 그들 소유명의로 있는 부동산을 매수하였다하여 소유권이전등기를 청구하는 소송은 단순한 공동소송이지, 필수적 공동소송은 아니다.(대판 1968.4.23, 67다1953)

19. 수인의 공동명의로 된 면허의 취소처분 취소소송 공동명의로 받은 공유수면매립면허의 취소처분의 취소청구는 합유권리인 그 면허권에 대한 보존행위라고 할 것이므로 공동명의자 각자가 단독으로도 청구할 수 있다.(대판 1972.5.23, 72누9)

20. 공동상속재산에 관한 소유권이전등기소송 공동상속인들을 상대로 피상속인이 이행하여야 할 부동산소유권이전등기절차이행을 청구하는 소는 필수적 공동소송이 아니다.(대판 1964.12.29, 64다1054)

21. 공동상속재산의 지분권존재확인을 구하는 소송 공동상속재산의 지분에 관한 지분권존재확인을 구하는 소송은 필수적 공동소송이 아니라 통상의 공동소송이다.(대판 2010.2.25, 2008다96963, 96970)

22. 공유물에 대한 인도·명도청구의 소송 공유물에 대한 과반수 지분권자는 공유물의 관리방법으로 이를 점유하고 있는 다른 공유자 또는 제3자에 대하여 그 공유물 전부의 인도를 청구할 수 있다.(대판 1968.11.26, 68다1675)

23. 공동점유물의 인도를 청구하는 소송 점유물의 인도를 청구하는 경우에 그 공동점유자 각자에게 대하여 그 점유물의 인도를 청구하면 족하고, 반드시 그 공동점유자 전원을 상대로 하여서만 인도를 청구할 수 있다는 것이 법률상 요건은 아니므로 공동점유자 전원을 상대로 점유물의 인도를 청구한 경우에, 서로 상반된 판결이 있으면, 사실상 인도 청구의 목적을 달성할 수 없는 경우가 있을 것이나, 이와 같이 사실상의 필요가 있다는 점만으로서는 이를 필수적 공동소송이라고는 할 수 없다.(대판 1966.3.15, 65다2455)

24. 공유토지 일부에 대하여 취득시효완성을 이유로 한 소유권이전등기 이행을 구하는 소송의 성질 토지를 수인이 공유하는 경우에 공유자들의 소유권이 지분의 형식으로 공존하는 것뿐이고, 그 처분권이 공동에 속하는 것은 아니므로 공유토지의 일부에 대하여 취득시효완성을 원인으로 한 소유권이전등기절차의 이행을 청구하는 소송은 필수적 공동소송이라고 할 수 없다.(대판 1994.12.27, 93다32880, 32897)

▸ **유사필수적 공동소송**

25. 동일한 특허권에 관하여 공동으로 특허 무효심판을 청구하는 경우의 법적 성격 특허를 무효로 한다는 심결이 확정된 때에는 당해 특허는 제3자와의 관계에서도 무효로 되므로, 동일한 특허권에 관하여 2인 이상의 자가 공동으로 특허의 무효심판을 청구하는 경우 그 심판은 심판청구인들 사이에 합일확정을 필요로 하는 이른바 유사필수적 공동심판에 해당한다. 위 법리에 비추어 보면, 당초 청구인들이 공동으로 특허발명의 무효심판을 청구한 이상 청구인들은 유사필수적 공동심판관계에 있으므로, 비록 위 심판사건에서 패소한 특허권자가 공동심판청구인 중 일부만을 상대로 심결취소 소송을 제기하였다 하더라도 그 심결은 청구인 전부에 대하여 모두 확정이 차단되며, 이 경우 심결취소소송이 제기되지 않은 나머지 청구인에 대한 제소기간의 도과로 심결

중 그 나머지 청구인의 심판청구에 대한 부분만이 그대로 분리·확정되었다고 할 수 없다.(대판 2009.5.28, 2007후 1510)

▶ **필수적 공동소송의 심판**

26. 공동소송인으로 될 자를 누락한 경우 공동광업권자는 조합계약을 한 것으로 간주하므로 그 합유인 공동관업권을 소송목적물로 하는 소송에 있어서는 공동광업권자 전원을 상대로 하는 필수적 공동소송으로 하여야 할 것이고 이에 위배될 때에는 그 소를 부적법하다 하여 각하하여야 한다.(대판 1966.10.4, 66다1079)

27. 공동소송 중 1인에게 중단사유가 발생한 경우 고유필수적 공동소송에 있어서 공동소송인 중 1인에게 중단 또는 중지의 원인이 발생한 때에는 다른 공동소송인에 대하여도 중단 또는 중지의 효과가 미치되 공동소송인 전원에 대하여 소송절차의 진행이 정지되고 그 정지기간 중에는 유효한 소송행위를 할 수 없다.(대판 1983.10.25, 83다카850)

28. 공동소송 중 일부가 상소를 제기한 경우의 심판범위 공동소송인과 상대방 사이에 판결의 합일확정을 필요로 하는 고유필수적 공동소송에서는 공동소송인 중 일부가 제기한 상소 또는 공동소송인 중 일부에 대한 상대방의 상소는 다른 공동소송인에게도 효력이 미치는 것이므로 공동소송인 전원에 대한 관계에서 판결의 확정이 차단되고 소송은 전체로서 상소심에 이심되며, 상소심판결의 효력은 상소를 하지 아니한 공동소송인에게 미치므로 상소심으로서는 공동소송인 전원에 대하여 심리·판단하여야 한다. 이러한 고유필수적 공동소송에 대하여 본안판결을 할 때에는 공동소송인 전원에 대한 하나의 종국판결을 선고하여야 하는 것이지 공동소송인 일부에 대해서만 판결하거나 남은 공동소송인에 대해 추가판결을 하는 것은 모두 허용될 수 없다.(대판 2011.6.24, 2011다1323)

제68조【필수적 공동소송인의 추가】 ① 법원은 제67조제1항의 규정에 따른 공동소송인 가운데 일부가 누락된 경우에는 제1심의 변론을 종결할 때까지 원고의 신청에 따라 결정으로 원고 또는 피고를 추가하도록 허가할 수 있다. 다만, 원고의 추가는 추가될 사람의 동의를 받은 경우에만 허가할 수 있다.
② 제1항의 허가결정을 한 때에는 허가결정의 정본을 당사자 모두에게 송달하여야 하며, 추가될 당사자에게는 소장부본도 송달하여야 한다.
③ 제1항의 규정에 따라 공동소송인이 추가된 경우에는 처음의 소가 제기된 때에 추가된 당사자와의 사이에 소가 제기된 것으로 본다.
④ 제1항의 허가결정에 대하여 이해관계인은 추가될 원고의 동의가 없었다는 것을 사유로 하는 경우에만 즉시항고를 할 수 있다.
⑤ 제4항의 즉시항고는 집행정지의 효력을 가지지 아니한다.
⑥ 제1항의 신청을 기각한 결정에 대하여는 즉시항고를 할 수 있다.
◼ 필수적 공동소송에 대한 특별규정(67), 필수적 공동소송인의 추가신청(민소규14), 공동소송참가(83), 즉시항고(444)

1. 공동심판청구인 중 일부만을 상대로 심결취소소송에서 당사자추가신청이 허용되는지 여부(소극) 이른바 고유필수적 공동소송이 아닌 사건에서 소송 도중에 당사자를 추가하는 것은 허용될 수 없고, 동일한 특허권에 관하여 2인 이상의 자가 공동으로 특허의 무효심판을 청구하여 승소한 경우에 그 특허권자가 제기할 심결취소소송은 심판청구인 전원을 상대로 제기하여야만 하는 고유필수적 공동소송이라고

할 수 없으므로, 위 소송에서 당사자의 변경을 가져오는 당사자추가신청은 명목이 어떻든 간에 부적법하여 허용될 수 없다.(대판 2009.5.28, 2007후1510)

2. 항소심에서의 당사자 표시의 정정 당사자표시를 정정하는 것은 당사자를 변경하는 것이 아니므로 항소심에서 그러한 정정이 있었다 한들 당사자에게 심급의 이익을 박탈하는 현상이 일어난다고는 말할 수 없고, 따라서 상대편의 동의가 있어야 표시정정이 가능한 것이라고 말할 수도 없다.(대판 1978.8.22, 78다1205)

제69조【필수적 공동소송에 대한 특별규정】 제67조제1항의 공동소송인 가운데 한 사람이 상소를 제기한 경우에 다른 공동소송인이 그 상소심에서 하는 소송행위에는 제56조제1항의 규정을 준용한다.
◼ 필수적 공동소송에 대한 특별규정(67), 법정대리인의 소송행위에 대한 특별규정(56), 상소(390·422·439), 재심(451)

제70조【예비적·선택적 공동소송에 대한 특별규정】 ① 공동소송인 가운데 일부의 청구가 다른 공동소송인의 청구와 법률상 양립할 수 없거나 공동소송인 가운데 일부에 대한 청구가 다른 공동소송인에 대한 청구와 법률상 양립할 수 없는 경우에는 제67조 내지 제69조를 준용한다. 다만, 청구의 포기·인낙, 화해 및 소의 취하의 경우에는 그러하지 아니하다.
② 제1항의 소송에서는 모든 공동소송인에 관한 청구에 대하여 판결을 하여야 한다.
◼ 필수적 공동소송에 대한 특별규정(67~69), 공동소송참가(83)

1. 민소 70조에 정한 예비적, 선택적 공동소송의 요건 ① 민소 70조 1항에서 '법률상 양립할 수 없다'는 것은, 동일한 사실관계에 대한 법률적인 평가를 달리하여 두 청구 중 어느 한 쪽에 대한 법률효과가 인정되면 다른 쪽에 대한 법률효과가 부정됨으로써 두 청구가 모두 인용될 수 없는 관계에 있는 경우나, 당사자들 사이의 사실관계 여하에 의하여 또는 청구원인을 구성하는 택일적 사실인정에 의하여 어느 일방의 법률효과를 긍정하거나 부정하고 이로써 다른 일방의 법률효과를 부정하거나 긍정하는 반대의 결과가 되는 경우로서, 두 청구들 사이에서 한 쪽 청구에 대한 판단 이유가 다른 쪽 청구에 대한 판단 이유에 영향을 주어 각 청구에 대한 판단 과정이 필연적으로 상호 결합되어 있는 관계를 의미하며, 실체법적으로 서로 양립할 수 없는 경우뿐 아니라 소송법상으로 서로 양립할 수 없는 경우를 포함하는 것으로 봄이 상당하다. ② 법인 또는 비법인 등 당사자능력이 있는 단체의 대표자 또는 구성원의 지위에 관한 확인소송에서 그 대표자 또는 구성원 개인뿐 아니라 그가 소속된 단체를 공동피고로 하여 소가 제기된 경우에는, 누가 피고적격을 가지는지에 관한 법률적 평가에 따라 어느 한 쪽에 대한 청구는 부적법하고 다른 쪽의 청구만이 적법하게 될 수 있으므로 이는 민소 70조 1항 소정의 예비적·선택적 공동소송의 요건인 각 청구가 서로 법률상 양립할 수 없는 관계에 해당한다.(대결 2007.6.26, 2007마515)

2. 부진정연대채무의 채무자들을 공동피고로 하여 제기된 이행의 소의 성질 ① 민소 70조 1항 본문이 규정하는 '공동소송인 가운데 일부에 대한 청구'를 반드시 '공동소송인 가운데 일부에 대한 모든 청구'라고 해석할 근거는 없으므로, 주위적 피고에 대한 주위적·예비적 청구 중 주위적 청구 부분이 인용되지 아니할 경우 그와 법률상 양립할 수 없는 관계에 있는 예비적 피고에 대한 청구를 인용하여 달라는 취지로 결합하여 소를 제기하는 것도 가능하고, 이 경우 주위적 피고에 대한 예비적 청구와 예비적 피고에 대한 청구가 서로 법률상 양립할 수 있는 관계에 있으면 양 청구를 병

합하여 통상의 공동소송으로 보아 심리·판단할 수 있다. ② 민소 70조 1항 본문이 규정하는 '공동소송인 가운데 일부에 대한 청구'를 반드시 '공동소송인 가운데 일부에 대한 모든 청구'라고 해석할 근거는 없으므로, 주위적 피고에 대한 주위적·예비적 청구 중 주위적 청구 부분이 인용되지 아니할 경우 그와 법률상 양립할 수 없는 관계에 있는 예비적 피고에 대한 청구를 인용하여 달라는 취지로 결합하여 소를 제기하는 것도 가능하고, 이 경우 주위적 피고에 대한 예비적 청구와 예비적 피고에 대한 청구가 서로 법률상 양립할 수 있는 관계에 있으면 양 청구를 병합하여 통상의 공동소송으로 보아 심리·판단할 수 있다.(대판 2009.3.26, 2006다47677)
3. 주관적·예비적 공동소송에서 추가판결의 허부(소극) 및 상소심의 심판대상 주관적·예비적 공동소송은 동일한 법률관계에 관하여 모든 공동소송인이 서로간의 다툼을 하나의 소송절차로 한꺼번에 모순 없이 해결하는 소송형태로서 모든 공동소송인에 대한 청구에 관하여 판결을 하여야 하고(민소 70조 2항), 그 중 일부 공동소송인에 대하여만 판결을 하거나 남겨진 자를 위하여 추가판결을 하는 것은 허용되지 않는다. 그리고 주관적·예비적 공동소송에서 주위적 공동소송인과 예비적 공동소송인 중 어느 한 사람이 상소를 제기하면 다른 공동소송인에 관한 청구 부분도 확정이 차단되고 상소심에 이심되어 심판대상이 되고, 이러한 경우 상소심의 심판대상은 주위적·예비적 공동소송인들 및 상대방 당사자 간 결론의 합일확정 필요성을 고려하여 판단하여야 한다.(대판 2011.2.24, 2009다43355)
4. 예비적·선택적 공동소송에서 조정에 갈음하는 결정에 대하여 일부 공동소송인이 이의하지 아니한 경우와 그 결정의 확정 여부(원칙적 적극) 민소 70조 소정의 예비적·선택적 공동소송에는 민소 67조 내지 69조가 준용되어 소송자료 및 소송진행의 통일이 요구되지만, 청구의 포기·인낙, 화해 및 소의 취하는 공동소송인 각자가 할 수 있는바, 이에 비추어 보면, 조정에 갈음하는 결정이 확정된 경우에는 재판상 화해와 동일한 효력이 있으므로 그 결정에 대하여 일부 공동소송인이 이의하지 않았다면 원칙적으로 그 공동소송인에 대한 관계에서는 조정에 갈음하는 결정이 확정될 수 있다. 다만, 조정에 갈음하는 결정에서 분리 확정을 불허하고 있거나, 그렇지 않더라도 그 결정에서 정한 사항이 공동소송인들에게 공통되는 법률관계를 형성함을 전제로 하여 이해관계를 조절하는 경우 등과 같이 결정 사항의 취지에 비추어 볼 때 분리 확정을 허용할 경우 형평에 반하고 또한 이해관계가 상반된 공동소송인들 사이에서의 소송진행 통일을 목적으로 하는 민소 70조 1항 본문의 입법 취지에 반하는 결과가 초래되는 경우에는 분리 확정이 허용되지 않는다.(대판 2008.7.10, 2006다57872)
5. 주위적 피고에 대한 주위적·예비적 청구 중 주위적 청구 부분이 받아들여지지 아니할 경우 그와 법률상 양립할 수 없는 관계에 있는 예비적 피고에 대한 청구를 받아들여 달라는 취지로 결합하여 소를 제기할 수 있는지 여부(적극) 및 처음에는 주위적 피고에 대한 주위적·예비적 청구만 하였다가 청구를 결합하기 위하여 예비적 피고를 추가할 수 있는지 여부(적극) / 이 경우 주위적 피고에 대한 예비적 청구와 예비적 피고에 대한 청구를 병합하여 통상의 공동소송으로 보아 심리·판단할 수 있는지 여부(한정 적극) 및 이러한 법리는 주위적 피고에 대하여 실질적으로 선택적 병합 관계에 있는 두 청구를 주위적·예비적으로 순위를 붙여 청구한 경우에도 그대로 적용되는지 여부(적극) 민소 70조 1항 본문이 규정하는 '공동소송인 가운데 일부에 대한 청구'를 반드시 공동소송인 가운데 일부에 대한 모든 청구라고 해석할 근거는 없으므로, 주위적 피고에 대한 주위적·예비적 청구 중 주위적 청구 부분이 받아들여지지 아니할 경우 그와 법률상 양립할 수 없는 관계에 있는 예비적 피고에 대한 청구를 받아들여 달라는 취지로 주위적 피고에 대한 주위적·예

비적 청구와 예비적 피고에 대한 청구를 결합하여 소를 제기하는 것도 가능하고, 처음에는 주위적 피고에 대한 주위적·예비적 청구만을 하였다가 청구를 주위적 청구 부분이 받아들여지지 아니할 경우 그와 법률상 양립할 수 없는 관계에 있는 예비적 피고에 대한 청구를 받아들여 달라는 취지로 예비적 피고에 대한 청구를 결합하기 위하여 예비적 피고를 추가하는 것도 민소 70조 1항 본문에 의하여 준용되는 68조 1항에 의하여 가능하다. 이 경우 주위적 피고에 대한 예비적 청구와 예비적 피고에 대한 청구가 서로 법률상 양립할 수 있는 관계에 있으면 양 청구를 병합하여 통상의 공동소송으로 보아 심리·판단할 수 있다. 그리고 이러한 법리는 원고가 주위적 피고에 대하여 실질적으로 선택적 병합 관계에 있는 두 청구를 주위적·예비적으로 순위를 붙여 청구한 경우에도 그대로 적용된다.(대판 2015.6.11, 2014다232913)

제3절 소송참가

제71조【보조참가】 소송결과에 이해관계가 있는 제3자는 한 쪽 당사자를 돕기 위하여 법원에 계속 중인 소송에 참가할 수 있다. 다만, 소송절차를 현저하게 지연시키는 경우에는 그러하지 아니하다.

▣ 당사자참가(79~83), 소송고지(84~86), 참가인으로서 할 수 있는 행위(76)

1. 결정절차에서 보조참가를 인정할 것인지 여부(소극) 대립하는 당사자구조를 갖지 못한 결정절차에 있어서는 보조참가를 할 수 없다.(대결 1994.1.20, 93마1701)
2. 피고가 그 책임질 수 없는 사유로 상소기간을 도과한 경우에 피고를 위한 보조참가신청과 동시에 하는 추완항소의 적부(적극) 피고가 공시송달의 방법에 의하여 소장 기타의 소송서류 및 판결의 송달을 받았던 관계로 패소판결이 있은 사실을 모르고 상소 기간을 넘긴 경우에는 피고에게 귀책시킬 만한 사정이 없는 과실 없이 판결의 송달을 받지 못한 것이라고 할 것이고, 피고에게 귀책될 수 없는 사유로 피고가 항소기간을 준수하지 못한 경우에 피고 보조참가인이 동 판결이 있은 사실을 비로소 알아 그로부터 2주일 이내에 보조참가신청과 동시에 제기한 추완항소는 적법하다.(대판 1981.9.22, 81다334)
3. 소송의 결과에 대한 이해관계의 의미(1) 보조참가의 요건으로서 소송의 결과에 대한 이해관계는 법률상의 이해관계를 말하고, 이는 당해소송의 판결의 기판력이나 집행력을 당연히 받는 경우 또는 당해 소송의 판결의 효력이 직접 미치지 아니한다고 하더라도 적어도 그 판결을 전제로 하여 보조참가를 하려는 자의 법률상의 지위가 결정되는 관계에 있는 경우를 말한다.(대판 1979.8.28, 79누74)
4. 소송의 결과에 대한 이해관계의 의미(2) 특정 소송사건에서 당사자 일방을 보조하기 위하여 보조참가를 하려면 당해 소송의 결과에 대하여 이해관계가 있어야 하고, 여기서 말하는 이해관계는 사실상, 경제상 또는 감정상의 이해관계가 아니라 법률상의 이해관계를 가리킨다.(대판 2000.9.8, 99다26924)
5. 피참가인이 패소하면 참가인의 권리가 침해당할 염려가 있는 경우 보조참가의 적부(적극) 관할청인 교육부장관이 학교법인의 이사 및 이사장에 대한 학교법인 이사 및 이사장 취임승인을 취소하는 처분을 한 후, 학교법인의 결의에 의하여 후임 이사 겸 이사장이 선임된 경우, 학교법인 이사 및 이사장 취임승인취소처분이 취소되어 종전의 이사 및 이사장이 그 지위를 회복하게 되면 학교법인으로서는 결과적으로 그 의사와 관계없이 법인 이사회의 구성원과 대표자가 변경되는 관계에 있다고 할 것이고, 이는 소송의 결과에 의하여 그 법률상 지위가 결정되는 관계로서 보조참가의 요건

인 법률상 이해관계에 해당한다.(대판 2001.1.19, 99두9674)

6. 불법행위 피해자가 공동불법행위자를 상대로 제기한 소송에 다른 공동불법행위자의 보조참가 적부(적극) 불법행위로 인한 손해배상책임을 지는 자는 피해자가 다른 공동불법행위자들을 상대로 제기한 손해배상 청구소송의 결과에 대하여 법률상의 이해관계를 갖는다고 할 것이므로, 위 소송에 원고를 위하여 보조참가를 할 수가 있고, 피해자인 원고가 패소판결에 대하여 상소를 하지 않더라도 원고의 상소기간 내라면 보조참가인 동시에 상소를 제기할 수 있다.(대판 1999.7.9, 99다12796)

7. 이해관계 있는 제3자에 해당하지 않는다고 한 예 구 민소 64조의 소송의 결과에 대한 이해관계는 소송의 결과가 법률상 자기의 권리의무와 직접적으로 연결관계를 가짐을 말하고 당사자 일방이 패소하여 가옥을 명도하게 되면 자기가 친족의 의무로 부양의무를 부담할 우려가 있다는 등 사유는 이에 해당하지 아니한다.(대결 1958.11.20, 4290민항161)

8. 소속 사찰의 사찰등록무효확인소송에서의 상위종단의 보조참가의 적부(소극) 사찰이 상위종단에 종속되어 그 재산의 처분에 대하여 종단의 승인을 받아야 하는 관계 등은 종단과 사찰간의 계약의 존부 및 그 내용에 의하여 결정되는 것이고, 원고가 경상북도 지사를 상대로 제기한 사찰등록(원고 사찰의 상위종단을 태고종으로 하는 사찰등록) 처분의 무효확인소송의 결과에 의하여 좌우되는 것이 아니므로 종단은 피고 경상북도 지사를 위하여 보조참가할 법률상 이해관계를 갖지 아니한다.(대판 1982.2.23, 81누42)

9. 보조참가인에게 기일통지서를 송달하지 아니함으로써 변론의 기회를 부여하지 아니한 채 행하여진 기일의 진행이 적법한지 여부(소극) 보조참가인의 소송수행권능은 피참가인으로부터 유래된 것이 아니라 독립의 권능이라고 할 것이므로 피참가인과는 별도로 보조참가인에 대하여도 기일의 통지, 소송서류의 송달 등을 행하여야 하고, 보조참가인에게 기일통지서 또는 출석요구서를 송달하지 아니함으로써 변론의 기회를 부여하지 아니한 채 행하여진 기일의 진행은 적법한 것으로 볼 수 없다.(대판 2007.2.22, 2006다75641)

제72조 【참가신청의 방식】 ① 참가신청은 참가의 취지와 이유를 밝혀 참가하고자 하는 소송이 계속된 법원에 제기하여야 한다.

② 서면으로 참가를 신청한 경우에는 법원은 그 서면을 양쪽 당사자에게 송달하여야 한다.

③ 참가신청은 참가인으로서 할 수 있는 소송행위와 동시에 할 수 있다.

■ 본조 준용(79②・83②), ① 신청(161), ② 송달(174-197), ③ 참가인으로서 할 수 있는 행위(76)

1. 구술로 보조참가신청할 수 있는지 여부 보조참가신청은 구술로써도 할 수 있으며 구술에 의하여 신청한 경우에는 법원서기가 작성한 조서의 등본을 당사자 쌍방에게 송달하여야 한다.(대판 1956.6.19, 4289행상44)

2. 당사자참가가 취하된 경우 보조참가로 볼 수 있는 예 당사자참가인이 참가취지 중 피고에 대한 본건 계쟁건물의 소유권 확인청구 부분을 취하한 결과 참가인의 피고에 대한 청구가 없게 됨에 따라 위 참가는 당초의 당사자참가의 성질을 상실하고 참가인이 원고의 피고에 대한 청구의 기각을 구하는 참가취지 부분만이 잔존하는 경우 참가인의 위 일부 취하 후의 참가의 유지에 관한 진술은 이를 피고를 위한 보조참가의 신청으로 봄이 상당하다.(대판 1960.5.26, 4292민상524)

3. 당사자참가를 하면서 예비적으로 보조참가가 허용되는지 여부(소극) 당사자참가를 하면서 예비적으로 보조참가가 한다는 것은 허용될 수 없는 것이고, 비록 소송관계인의 소

송행위가 분명하지 아니한 경우에 이를 합리적으로 해석하여 그 소송관계인에게 유리한 쪽으로 보아 줄 수 있는 경우가 있다 하더라도, 이 사건의 경우와 같이 당사자참가인들이 제1심에서부터 상고심에 이르기까지 그 참가가 당사자참가임을 명시하고 있는 경우에는, 상고이유서에 비로소 '예비적으로 원고의 보조참가인'이라는 표시를 덧붙였다 하여 당사자참가인들의 소송행위를 원고를 위한 보조참가 소송행위로 볼 수 없다.(대판 1994.12.27, 92다22473, 22480)

4. 행정청이 민소상의 보조참가를 할 수 있는지 여부(소극) 타인 사이의 항고소송에서 소송의 결과에 대하여 이해관계가 있다고 주장하면서 민소 71조에 의한 보조참가를 할 수 있는 제3자는 민소상의 당사자능력 및 소송능력을 갖춘 자이어야 하므로, 그러한 당사자능력 및 소송능력이 없는 행정청으로서는 민소상의 보조참가를 할 수는 없고 다만 행소 17조 1항에 의한 소송참가를 할 수 있을 뿐이다.(대판 2002.9.24, 99두1519)

제73조 【참가 허가 여부에 대한 재판】 ① 당사자가 참가에 대하여 이의를 신청한 때에는 참가인은 참가의 이유를 소명하여야 하며, 법원은 참가를 허가할 것인지 아닌지를 결정하여야 한다.

② 법원은 직권으로 참가인에게 참가의 이유를 소명하도록 명할 수 있으며, 참가의 이유가 있다고 인정되지 아니하는 때에는 참가를 허가하지 아니하는 결정을 하여야 한다.

③ 제1항 및 제2항의 결정에 대하여는 즉시항고를 할 수 있다.

■ ① 소명(299), 이의로 인한 소송비용의 부담(103), 이의가 취하된 경우의 비용부담(114), 결정(134・221), ② 즉시항고(444)

1. 보조참가요건을 직권으로 조사하여야 하는지 여부(소극) 제1심에 관여하지 아니한 보조참가인이 참가신청과 동시에 항소를 제기한 경우, 피참가인 또는 그 상대방으로부터 보조참가인의 참가신청에 대한 이의가 없는 이상 항소심법원으로서는 항소의 적법요건인 항소권의 존부를 가려보기 위하여 보조참가인의 참가요건의 구비 여부를 직권으로 조사할 필요는 없다.(대판 1994.4.15, 93다39850)

2. 참가인대리인의 대리권 흠결의 항변이 참가에 대한 이의인지 여부(소극) 참가에 대한 이의는 참가이유인 사실을 부인하는 데 한하고 기타에 미치지 않는다 할 것이므로 참가인대리인의 소송대리권의 흠결항변은 참가에 대한 이의가 아니다.(대결 1953.3.17, 4285민항2)

3. 본소의 종국판결과 함께 이루어진 참가 허부에 관한 재판이 위법한지 여부(소극) 당사자가 보조참가에 대하여 이의를 신청한 때에는, 법원은 참가를 허가할 것인지 아닌지를 결정하여야 하고, 다만 이를 결정이 아닌 종국판결로써 심판하였더라도 위법한 것은 아니다.(대판 2007.11.16, 2005두15700)

4. 보조참가신청이 부적법 각하된 경우 참가신청인이 제출한 증거자료의 효력 증거를 제출한 참가인의 참가신청이 부적법 각하되었다 하여도 법원이 이미 실시한 증거조사에 의하여 얻은 증거자료의 효력에는 아무런 영향이 없다.(대판 1971.3.31, 71다309, 310)

5. 보조참가인이 독립당사자참가를 한 경우와 보조참가의 종료 소송당사자인 독립당사자참가인은 그의 상대방 당사자인 원・피고의 어느 한 쪽을 위하여 보조참가를 할 수는 없으므로 보조참가인이 독립당사자참가를 하였다면 그와 동시에 보조참가는 종료된 것으로 보아야 할 것이고, 따라서 보조참가인의 입장에서는 상고할 수 없다.(대판 1993.4.27, 93다5727, 5734)

제74조 【이의신청권의 상실】 당사자가 참가에

대하여 이의를 신청하지 아니한 채 변론하거나 변론준비기일에서 진술을 한 경우에는 이의를 신청할 권리를 잃는다.

☐ 변론(134~164), 변론준비절차(279~287)

제75조【참가인의 소송관여】 ① 참가인은 그의 참가에 대한 이의신청이 있는 경우라도 참가를 허가하지 아니하는 결정이 확정될 때까지 소송행위를 할 수 있다.
② 당사자가 참가인의 소송행위를 원용(援用)한 경우에는 참가를 허가하지 아니하는 결정이 확정되어도 그 소송행위는 효력을 가진다.

☐ 참가(72), 이의(73①)

제76조【참가인의 소송행위】 ① 참가인은 소송에 관하여 공격·방어·이의·상소, 그 밖의 모든 소송행위를 할 수 있다. 다만, 참가할 때의 소송의 진행정도에 따라 할 수 없는 소송행위는 그러하지 아니하다.
② 참가인의 소송행위가 피참가인의 소송행위에 어긋나는 경우에는 그 참가인의 소송행위는 효력을 가지지 아니한다.

☐ 공격방어방법(146), 이의(223·441·469), 상소(390·422·439·442), 소송행위의 제한(149·201·285)

1. 본조 2항이 평등권 및 재판을 받을 권리를 침해하는지 여부(소극) 보조참가인은 비록 자기의 이름과 계산으로 직접 소송에 참가하여 당사자가 할 수 있는 일체의 소송행위를 할 수 있다는 점에서 피참가인의 단순한 대리인이거나 당사자에 준하는 지위에 있기는 하지만, 어디까지나 피참가인의 승소를 위하여 필요한 소송행위를 할 수 있는 보조자에 불과하고, 소송상 피참가인의 상대방에 대하여 자기의 청구를 가지고 소송에 참가하는 것이 아니어서 자신의 이름으로 판결을 받지도 아니하므로 진정한 의미의 소송당사자라고 할 수 없다. 따라서 보조참가인에게는 피참가인과 그 소송상대방 간의 판결의 기판력이 미치는 것이 아니라 보조참가인으로 하여금 그가 보조참가한 소송의 패소판결이 부당하다고 피참가인에게 주장할 수 없도록 구속받게 하는 의미의 참가적 효력만이 미칠 뿐이어서 피참가인과 보조참가인이 서로 저촉되는 소송행위를 한 경우에 그 소송의 진정한 소송당사자로서 그 판결의 기판력을 직접 받는 피참가인의 의사를 존중하여 그의 소송행위의 효력을 인정하는 것이 보조참가제도의 본질에 비추어 보아 당연하다고 하겠다.(헌재 2001.11.29, 2001헌바46)

2. 국가가 보조참가인의 자격에서 피고를 위해 항소를 제기할 경우에 인지를 붙여야 하는지 여부(적극) 인지첨부 및 공탁제공에 관한 특례법 2조에 의하면 국가는 국가를 당사자로 하는 소송에서 민사소송인지법 규정의 인지를 첨부하지 아니한다고 규정되어 있으나, 국가가 당사자의 일방을 위하여 보조참가인으로서 참가하고 있는 소송은 위의 규정에서 말하는 국가를 당사자로 하는 소송이라고 볼 수 없으므로, 이 사건에서 재항고인인 국가가 피참가인인 피고를 위하여 보조참가인의 자격에서 제1심 판결에 불복하여 항소를 제기함에 있어서는 응당 민사소송인지법 소정의 인지를 첨부하여야 한다.(대결 1969.10.18, 69마683)

3. 소송계속 중 보조참가인이 사망한 경우 소송절차의 중단 여부(소극) 보조참가인은 피참가인인 당사자의 승소를 위한 보조자일 뿐 자신이 당사자가 되는 것이 아니므로 소송계속 중 보조참가인이 사망하더라도 본소의 소송절차는 중단되지 아니한다.(대판 1995.8.25, 94다27373)

4. 피고의 상고기간 경과 후에 피고 보조참가인이 상고장을 제출한 경우 그 적법 여부(부적법) 피고 보조참가인은 참가할 때의 소송의 진행 정도에 따라 피참가인이 할 수 없는 소송행위를 할 수 없으므로, 피고 보조참가인이 상고장을 제출한 경우에 피고 보조참가인에 대하여 판결정본이 송달된 때로부터 기산한다면 상고기간 내의 상고라 하더라도 이미 피참가인인 피고에 대한 관계에서 상고기간이 경과하였다면 피고 보조참가인의 상고 역시 상고기간 경과 후의 것이 되어 부적법하다.(대판 2007.9.6, 2007다41966)

5. 보조참가인의 소 변경 가부(소극) 보조참가인은 기존의 소송을 전제로 하여 피참가인을 승소시키기 위하여 참가하는 것이므로 소의 변경과 같은 기존의 소송형태를 변경시키는 행위는 할 수 없다.(대판 1989.4.25, 86다카2329)

6. 보조참가인에게 적법한 기일소환장 없이 선고한 판결의 효력 참가신청한 보조참가인에게 변론의 기회를 부여함이 없이 판결을 선고함은 위법이다.(대판 1964.10.30, 64누34)

7. 보조참가인이 소송상의 화해에 가입할 수 있는지 여부(적극) 재판상 화해의 당사자는 소송당사자 아닌 보조참가인이나 제3자도 될 수 있는 것이고, 또 재판상 화해를 위하여 필요한 경우에는 소송물 아닌 권리 내지 법률관계를 첨가할 수도 있는 것이므로 재판상 화해의 효력이 반드시 원래의 소송당사자 사이의 소송물에만 국한되어 미치는 것이라고는 할 수 없다.(대판 1981.12.22, 78다2278)

8. 보조참가인이 신청한 증거에 터 잡아 피참가인에게 불이익한 사실을 인정할 수 있는지 여부(적극) 보조참가인의 증거신청행위가 피참가인의 소송행위와 저촉되지 아니하고(즉, 피참가인이 증거신청행위와 저촉되는 소송행위를 한 바 없고), 그 증거들이 적법한 증거조사절차를 거쳐 법원에 현출되었다면 법원이 이들 증거에 터 잡아 피참가인에게 불이익한 사실을 인정하였다 하여 그것이 민소 70조 2항에 위배된다고 할 수 없다.(대판 1994.4.29, 94다3629)

9. 피참가인의 자백을 참가인이 부인한 경우의 효력 피참가인이 상대방의 주장사실을 자백한 이상 보조참가인이 이를 다투었다고 하여도 민소 70조 2항에 의하여 참가인의 주장은 그 효력이 없다.(대판 1981.6.23, 80다1761)

10. 보조참가인의 행위 후에 이에 저촉되는 피참가인의 행위가 있는 경우의 효력 보조참가인의 소송행위가 피참가인의 소송행위와 저촉되는 때에는 그 효력이 없고 또 보조참가인의 행위가 먼저 있는 경우에도 피참가인이 이에 저촉되는 행위를 하면 보조참가인의 소송행위는 무효로 된다.(대판 1966.12.20, 66다1834)

11. 보조참가인이 제기한 항소를 피참가인이 취하할 수 있는지 여부 민소 76조 2항은 참가인의 소송행위가 피참가인의 소송행위에 어긋나는 경우에는 참가인의 소송행위는 효력을 가지지 아니한다고 규정하고 있는데, 그 규정의 취지는 피참가인들의 소송행위와 피참가인들의 소송행위가 서로 어긋나는 경우에는 피참가인의 의사가 우선한다는 것을 뜻하므로 피참가인은 참가인의 행위에 어긋나는 행위를 할 수 있고, 따라서 보조참가인들이 제기한 항소를 포기 또는 취하할 수도 있다.(대판 2010.10.14, 2010다38168)

12. 보조참가인이 피참가인 패소의 행정소송판결에 대하여 제기한 재심의 소를 피참가인이 취하한 경우 그 취하의 효력 보조참가인이 피참가인 패소의 행정소송판결에 대하여 상고한 경우에 민소 70조 2항에서 말하는 바와 같이 보조참가인의 소송행위가 피참가인의 소송행위와 저촉되는 때에는 그 효력이 없다고 하는 규정에 따라 피참가인의 상고취하나 상고권포기로 인해 그 판결이 확정된다고 하면 행정소송판결은 대세적 효력이 있는 것이라 보조참가인은 다시 다툴 여지가 없게 되어 불측의 손해를 입게 될 우려가 있으므로, 피참가인의 상고취하나 상고권 포기는 보조참가인과의 관계에 있어서는 그 효력이 없고 민소 70조 2항의 규정은 그 적용이 배제된다고 함이 당원의 판례이다. 따라서 보조참가인이 제기한 재심의 소를 피참가인이 취하하는 경우에도

위 상고 취하에 준하여 보조참가인에 대한 관계에서는 그 취하의 효력이 없다고 해석함이 상당하다.(대판 1970.7.28, 70누35)

제77조【참가인에 대한 재판의 효력】 재판은 다음 각호 가운데 어느 하나에 해당하지 아니하면 참가인에게도 그 효력이 미친다.

1. 제76조의 규정에 따라 참가인이 소송행위를 할 수 없거나, 그 소송행위가 효력을 가지지 아니하는 때
2. 피참가인이 참가인의 소송행위를 방해한 때
3. 피참가인이 참가인이 할 수 없는 소송행위를 고의나 과실로 하지 아니한 때

▣ 참가인의 소송행위(76), 소송고지와 본조의 효과(86), 판결의 집행(민집25)

1. 본조에서 말하는 판결의 효력의 의미 보조참가인이 피참가인을 보조하여 공동으로 소송을 수행하였으나 피참가인이 그 소송에서 패소한 경우에는 형평의 원칙상 보조참가인이 피참가인에게 그 패소판결이 부당하다고 주장할 수 없도록 구속력을 미치게 하는 이른바 참가적 효력이 있음에 불과하므로, 피참가인과 그 소송 상대방간의 판결의 기판력이 참가인과 피참가인의 상대방과의 사이에까지는 미치지 아니한다.(대판 1988.12.13, 86다카2289)

2. 참가적 효력의 주관적 범위 구 민소 71조에서 '재판은 참가인에 대하여도 그 효력이 있다'고 규정하였음은 보조참가인이 피참가인을 보조하여 공동으로 소송을 수행하였으나 피참가인이 소송에서 패소한 경우, 그 판결의 효력을 참가인에게도 미치게 한다는 이른바 참가적 효력을 규정하였음에 불과하고, 피참가인과 그 소송상대방 간의 판결의 기판력을 참가인과 피참가인의 상대방의 사이에까지 확장한다는 취지가 아니다.(대판 1972.2.29, 70다617)

3. 참가적 효력의 객관적 범위 전소 확정판결의 참가적 효력은 전소 확정판결의 결론의 기초가 된 사실상 및 법률상의 판단으로서 보조참가인이 피참가인과 공동이익으로 주장하거나 다툴 수 있었던 사항에 한하여 미치고, 전소 확정판결에 필수적인 요소가 아니어서 결론에 영향을 미칠 수 없는 부가적 또는 보충적인 판단이나 방론 등에까지 미치는 것은 아니다.(대판 1997.9.5, 95다42133)

4. 피참가인이 인낙한 경우 그 인낙조서의 보조참가인에 대한 효력 갑이 원고가 되어 을을 피고로 한 양도담보약성을 원인으로 한 지분권이전등기청구소송에 병이 을의 보조참가인으로 참가하여 그 사실을 부인하였음에도 불구하고 을이 이를 인낙하였다면 그 인낙조서의 효력은 병에게 미칠 수 없다.(대판 1988.12.13, 86다카2289)

5. 전소가 확정판결이 아닌 화해권고결정에 의하여 종료된 경우, 참가적 효력이 인정되는지 여부(소극) 전소가 확정판결이 아닌 화해권고결정에 의하여 종료된 경우에는 확정판결에서와 같은 법원의 사실상 및 법률상의 판단이 이루어졌다고 할 수 없으므로 참가적 효력이 인정되지 아니한다.(대판 2015.5.28, 선고 2012다78184)

제78조【공동소송적 보조참가】 재판의 효력이 참가인에게도 미치는 경우에는 그 참가인과 피참가인에 대하여 제67조 및 제69조를 준용한다.

▣ 필수적 공동소송에 대한 특별규정(67~69)

1. 행정처분취소판결의 피고 보조참가인이 상고를 제기한 후 피고가 상고를 포기하였을 때 상고의 효력 행정처분취소판결의 효력은 당사자는 물론, 그 관계의 제3자에 대하여도 그 효력이 미치는 것이고, 당사자에 대한 소송 판결이 보조참가인과 피참가인의 상대방과의 관계에서도 효력이 미치는 경우에는 구 민소 63조 1항을 유추하여 동법 70조 2항의

제한은 배제되고, 보조참가인이 상고를 제기한 후에 피참가인이 상고권포기 및 상고취하를 하여도 보조참가인의 상고는 그 효력이 지속된다.(대판 1967.4.25, 66누96)

2. 공동소송적 보조참가에 해당하지 않는다고 인정한 사례 피고로부터 부동산을 매수한 참가인이 소유권이전등기를 미루고 있는 사이에 원고가 피고에 대한 채권이 있다 하여 당시 피고의 소유명의로 남아 있던 위 부동산에 대하여 가압류를 하고 본안소송을 제기하자 참가인이 피고보조참가를 한 사안에서, 원고가 승소하면 위 가압류에 기하여 위 부동산에 대한 강제집행에 나설 것이고 그렇게 되면 참가인은 그 후 소유권이전등기를 마친 위 부동산의 소유권을 상실하게 되는 손해를 입게 되며, 원고가 피고에 구하는 채권이 허위채권으로 보이는데도 피고가 원고의 주장사실을 자백하여 원고를 승소시키려 한다는 사유만으로는 참가인의 참가가 이른바 공동소송적 보조참가에 해당하여 참가인이 피참가인인 피고와 저촉되는 소송행위를 할 수 있는 지위에 있다고 할 수 없다.(대판 2001.1.19, 2000다59333)

3. 재심의 소에 공동소송적 보조참가인이 참가한 후 피참가인이 공동소송적 보조참가인의 동의 없이 한 재심의 소 취하의 효력(무효) **및 이는 재심의 소를 피참가인이 제기한 경우나 통상의 보조참가인이 제기한 경우에도 마찬가지인지 여부**(적극) 재심의 소를 취하하는 것은 통상의 소를 취하하는 것과는 달리 확정된 종국판결에 대한 불복의 기회를 상실하게 하여 더 이상 확정판결의 효력을 배제할 수 없게 하는 행위이므로, 이는 재판의 효력과 직접적인 관련이 있는 소송행위로서 확정판결의 효력이 미치는 공동소송적 보조참가인에 대하여는 불리한 행위이다. 따라서 재심의 소에 공동소송적 보조참가인이 참가한 후에는 피참가인이 재심의 소를 취하하더라도 공동소송적 보조참가인의 동의가 없는 한 효력이 없다. 이는 재심의 소를 피참가인이 제기한 경우나 통상의 보조참가인이 제기한 경우에도 마찬가지이다.(대판 2015.10.29, 2014다13044)

4. 민소 76조 1항 단서가 공동소송적 보조참가인에게도 적용되는지 여부(적극) 통상의 보조참가인은 참가 당시의 소송상태를 전제로 하여 피참가인을 보조하기 위하여 참가하는 것이므로 참가할 때의 소송의 진행 정도에 따라 피참가인이 할 수 없는 행위를 할 수 없다. 공동소송적 보조참가인 또한 판결의 효력을 받는 점에서 필수적 공동소송인에 준하는 지위를 부여받기는 하지만 원래 당사자가 아니라 보조참가인의 성질을 가지므로 위와 같은 점에서는 통상의 보조참가인과 마찬가지이다.(대판 2015.10.29, 2014다13044)

제79조【독립당사자참가】 ① 소송목적의 전부나 일부가 자기의 권리라고 주장하거나, 소송결과에 따라 권리가 침해된다고 주장하는 제3자는 당사자의 양 쪽 또는 한 쪽을 상대방으로 하여 당사자로서 소송에 참가할 수 있다.

② 제1항의 경우에는 제67조 및 제72조의 규정을 준용한다.

▣ 참가로 인한 승계(81), 필수적 공동소송에 대한 특별규정(67), 참가신청의 방식(72)

▶ 독립당사자참가소송의 구조

1. 독립당사자참가의 적법요건 구 민소 72조에 의한 독립당사자참가는 타인 간에 소송계속 중 제3자가 그 소송의 목적의 전부나 일부가 자기의 권리임을 주장하거나 소송의 결과에 의하여 권리의 침해를 받을 것을 주장하여 당사자로서 소송에 참가하는 것을 말하고, 이는 세 당사자 간의 권리의 무 또는 법률관계를 모순 없이 한꺼번에 해결하려는 것이므로, 본소의 원고청구와 당사자참가인의 청구가 서로 양립할 수 없는 관계에 있어야 하고, 당사자참가인은 피고에 대하여 일정한 청구를 함은 물론이고 원고에 대하여도 일정한 청구

를 하여야 한다.(대판 1991.5.28, 91다6832, 6849)

2. 행정소송에서 독립당사자참가신청의 허용 여부(소극) 구 민소에 대한 특별법인 행정소송법에 있어서는 구 행소 3조에서 처분을 행한 행정청을 상대로 제기하라고 규정하고 있으므로, 행정청이 아닌 원고를 피고로 하여 독립당사자참가를 하는 것은 허용되지 아니한다.(대판 1970.8.31, 70누70, 71)

3. 항소심에서 독립당사자참가신청의 허용 여부(적극) 독립당사자참가는 타인 간의 소송이 사실심에 계속 중 그 심급 여하에 관계없이 그 계속된 소송에 당사자로서 참가할 수 있는 것이다.(대판 1966.3.29, 65다2407, 2408)

4. 상고심에서 독립당사자참가신청의 허용 여부(소극) 독립당사자참가는 실질에 있어서 소송제기의 성질을 가지고 있으므로 상고심에서는 독립당사자참가를 할 수 없다.(대판 1994.2.22, 93다43682, 53409)

5. 보조참가인이 독립당사자참가신청을 할 수 있는지 여부(소극) 소송당사자인 독립당사자참가인은 그의 상대방 당사자인 원·피고의 어느 한 쪽을 위하여 보조참가를 할 수는 없는 것이므로 보조참가인이 독립당사자참가를 하였다면 그와 동시에 보조참가는 종료된 것으로 보아야 할 것이고, 따라서 보조참가인의 입장에서는 상고할 수 없다.(대판 1993.4.27, 93다5727, 5734)

▶ **권리주장참가의 참가이유**

6. 소송목적이 자기의 권리에 속한다고 주장함의 의미 소송의 목적의 전부나 일부가 자기의 권리임을 주장하여 하는 독립당사자참가가 적법하기 위하여는 독립당사자참가인은 종전 당사자인 원·피고에 대하여 각각 별개의 청구를 하여야 하고, 원·피고에 대한 별개의 청구는 원고의 본소 청구와 양립할 수 없는 것으로서 소의 이익을 갖추어야 하는 이외에 독립당사자참가인의 청구는 그 주장 자체에 의하여 이유 있어야 한다.(대판 1997.6.10, 96다25449, 25456)

7. 본소청구와 참가인의 청구 양립 여부 원고가 건물의 증축부분의 소유권에 터 잡아 명도를 구하는 소송에서 참가인이 증축부분이 자기 소유임을 이유로 독립당사자참가신청을 한 경우, 주장 자체에 의해서는 원고가 주장하는 권리와 참가인이 주장하는 권리가 양립할 수 없는 관계에 있다 할 것이므로, 비록 본안에 들어가 심리한 결과 증축부분이 기존건물에 부합하여 원고의 소유로 되었고 참가인의 소유로 된 것이 아니라고 판단되더라도 이는 참가인의 청구가 이유 있는 사유가 될 뿐 참가신청이 부적법한 것은 아니므로 이를 각하하여서는 아니 된다.(대판 1992.12.8, 92다26772, 26789)

8. 참가하려는 소송에 수 개의 청구가 병합된 경우 권리주장참가의 요건 독립당사자참가 중 권리주장참가는 소송의 목적의 전부나 일부가 자기의 권리임을 주장하면 되는 것이므로 참가하려는 소송에 수 개의 청구가 병합된 경우 그 중 어느 하나의 청구라도 독립당사자참가인의 주장과 양립하지 않는 관계에 있으면 그 본소청구에 대한 참가가 허용된다고 할 것이고, 양립할 수 없는 본소청구에 관하여 본안에 들어가 심리한 결과 이유가 없는 것으로 판단된다고 하더라도 참가신청이 부적법하게 되는 것은 아니다.(대판 2007.6.15, 2006다80322, 80339)

9. 원고 주장의 채권에 대해 참가인이 자기가 채권자라고 주장하면서 참가한 독립당사자참가의 적법 여부 원고는 피고들로부터 부동산을 매수한 당사자가 소외 갑이라고 주장하면서 그 매매계약해제에 따라 갑이 피고들에 대하여 취득한 중도금반환채권을 전부받은 자로서 피고들에게 그 이행을 구하고 있고, 이에 대하여 참가인은 위 부동산의 매수인이 소외 을이라고 주장하면서 을의 중도금반환채권을 참가인이 양도받았다 하여 원고에 대하여는 참가인의 권리확인을 구하고 피고들에 대하여는 위 금원의 지급을 구하고 있는 경우, 원고의 피고들에 대한 전부금채권과 참가인의 피고들에

대한 양수금채권은 어느 한 쪽의 채권이 인정되면 다른 한 쪽의 채권은 인정될 수 없는 것으로서 각 청구가 서로 양립할 수 없는 관계에 있고 이는 하나의 판결로써 모순 없이 일시에 해결할 수 있는 경우에 해당하는바, 참가인은 원고에 의하여 자기의 권리 또는 법률상의 지위를 부인당하고 있는 자로서 그 불안을 제거하기 위하여 피고들에 대한 위 중도금반환채권이 참가인에게 있다는 확인의 소를 제기하는 것이 유효적절한 수단이라고 할 것이므로, 결국 참가인이 피고들에 대하여 위 채권금액의 지급을 구함과 동시에 원고에 대하여 위 채권확인의 소를 구한 것은 확인의 이익이 있는 적법한 청구라고 할 것이어서 이 사건 당사자참가는 적법하다.(대판 1991.12.24, 91다21145, 21152)

10. 원고가 신탁해지를 원인으로 수탁자에 대하여 소유권이전등기청구를 할 경우, 참가인이 자신이 진정한 신탁자라고 주장하면서 참가한 독립당사자참가의 적법 여부 갑이 을 명의로 된 부동산의 실질적인 소유자라고 주장하면서 을에 대하여 명의신탁 해지로 인한 이전등기절차의 이행을 구하는 본소에 대하여, 병이 자신이 실질적인 소유자로서 을에게 명의신탁을 해 둔 것이라고 주장하면서 을에 대하여는 명의신탁 해지로 인한 이전등기절차의 이행을 구하고, 갑에 대하여는 이전등기청구권의 존재 확인을 구하는 독립당사자참가를 한 경우, 갑의 을에 대한 명의신탁 해지로 인한 이전등기청구권과 병의 을에 대한 명의신탁 해지로 인한 이전등기청구권은 어느 한 쪽의 청구권이 인정되면 다른 한 쪽의 청구권은 인정될 수 없는 것으로서 각 청구가 서로 양립할 수 없는 관계에 있고 이는 하나의 판결로써 모순 없이 일시에 해결할 수 있는 경우에 해당한다고 할 것인바, 병은 갑에 의하여 자기의 권리 또는 법률상의 지위를 부인당하고 있는 자로서 그 불안을 제거하기 위하여 을에 대한 이전등기청구권이 병에게 있다는 확인의 소를 제기하는 것이 유효적절한 수단이어서 병이 을에 대하여 이전등기절차의 이행을 구함과 동시에 갑에 대하여 이전등기청구권의 존재확인을 구하는 것은 확인의 이익이 있는 적법한 청구이므로 병의 당사자참가는 적법하다.(대판 1995.6.16, 95다5905, 5912)

11. 원고에 대한 당사자 참가인의 확인청구가 확인의 이익이 없어 참가신청이 부적법한 경우 원고가 피고를 상대로 매매를 원인으로 소유권이전등기청구소송 중 독립당사자 참가인이 피고로부터 동 부동산을 매수하였음을 전제로 원고에 대하여 원고와 피고 사이의 위 매매계약에 의한 채권 채무관계의 부존재확인을 구하는 청구는 확인의 이익이 없어 부적법하고, 따라서 독립당사자 참가신청도 참가요건을 구비하지 못한 것으로 부적법하다.(대판 1981.7.28, 80다2532, 2533)

▶ **사해방지참가의 참가이유**

12. 사해방지참가에서 참가인의 청구가 본소청구와 양립할 수 없는 관계일 것을 요하는지 여부(소극) 구 민소 72조 1항 후단의 사해방지참가는 사해소송의 결과로 제3자의 권리나 법률상 지위가 침해될 염려가 있는 경우에 그 제3자가 사해소송의 결과로 선고 확정될 사해판결을 방지하기 위하여 그 사해소송에 참가할 수 있도록 하는 것이므로, 원고와 피고가 당해 소송을 통하여 제3자를 해할 의사(사해의사)를 갖고 있다고 객관적으로 인정되고 그 소송의 결과 제3자의 권리 또는 법률상의 지위가 침해될 염려가 있다고 인정되는 경우에는 제3자인 참가인의 청구와 원고의 청구가 논리상 서로 양립할 수 있는 관계에 있다고 하더라도 독립당사자참가(사해방지참가)를 할 수 있다.(대판 1990.7.13, 89다카20719, 20726)

13. 원고의 피고에 대한 청구의 원인행위가 사해행위라는 이유로 원고에 대하여 사해행위취소를 청구하면서 독립당사자참가신청을 하는 경우, 그 참가신청이 적법한지 여부(소극) 사해행위취소의 상대적 효력에 의하면, 원고의 피고에 대한 청구의 원인행위가 사해행위라는 이유로 원고에 대하여 사

해행위취소를 청구하면서 독립당사자참가신청을 하는 경우, 독립당사자참가인의 청구가 그대로 받아들여진다 하더라도 원고와 피고 사이의 법률관계에는 아무런 영향이 없고, 따라서 그러한 참가신청은 사해방지참가의 목적을 달성할 수 없으므로 부적법하다.(대판 2014.6.12, 2012다47548)

▸ **참가의 취지**

14. 종전당사자 중 일방에 대한 청구가 소의 이익이 없는 경우 참가인은 참가하려는 소송의 원고와 피고에게 대하여 각 별개의 청구를 하여야 하고, 또 형식상 별개의 청구를 하였다 하더라도 그 어느 한편에 대한 청구가 소의 이익이 없는 경우에는 독립당사자참가가 부적법한 것이다.(대판 1965.11.16, 64다241)

15. 주장 자체로 보아 종전 당사자 중 일방에 대해서는 승소할 수 없는 청구인 경우 참가의 적부 참가인은 우선 참가하려는 소송의 원·피고에 대하여 본소 청구와 양립할 수 있는 별개의 청구를 하여야 하고, 그 청구는 소의 이익을 갖추는 외에 그 주장 자체에 의하여 성립할 수 있음을 요한다.(대판 1995.6.9, 94다9160, 9177)

16. 참가인이 원고·피고를 각기 상대한 청구가 본소청구와 양립할 수 있는 경우 참가의 적부(소극) 재산상속인의 존재가 분명하지 아니한 상속재산에 관한 소송에서 정당한 피고는 법원에서 선임된 상속재산관리인이라 할 것이고, 동 상속재산관리인은 재산상속인이 있다면 추상적으로 재산상속인의 법정대리인이라 할 것이므로 결국 재산상속인이라 주장하는 참가인을 위하여 소송수행권을 행사하고 있다고 할 것인바. 이 사건 재산의 상속으로 인한 소유권확인을 구하는 참가인은 소위 제3자의 지위에 있다 할 수 없을 뿐 아니라 원고 역시 망인의 재산상속인이라는 전제에서 이건 소를 제기한 것이므로 상속으로 인한 소유권확인을 구하는 참가인의 청구와 양립할 수 없는 것도 아니고, 참가인의 주장은 단지 원고의 청구를 부인함에 불과하여 합일 확정을 요하는 것도 아니어서 참가인의 청구는 참가의 요건을 구비하지 못한 부적법한 것이다.(대판 1976.12.28, 76다797)

17. 공법상 당사자소송의 대상인 청구를 주장하며 민사소송절차에 당사자참가를 할 수 있는지 여부(소극) 독립당사자참가소송은 참가인의 원·피고에 대한 청구가 원고의 피고에 대한 본소청구에 병합되어 심리되는 것이므로 참가를 하기 위하여는 참가인의 청구가 본소청구와 동종의 절차에서 심리·판단될 수 있는 것이어야만 하는바, 참가인의 원고에 대한 청구는 공법상 권리인 이주택지 분양권의 확인을 구하는 것이지만 이는 위 법률관계의 일방 당사자인 사업시행자가 아니라 사인인 원고를 상대로 하는 것이므로 민사소송의 대상이 되나, 참가인의 위 사업시행자인 피고에 대한 청구는 공법상 권리관계의 일방 당사자를 상대로 하여 공법상의 의무이행을 구하는 청구로서 행소 3조 2호 소정의 당사자소송의 대상이므로, 결국 참가신청은 민사소송절차에 의하여 심리할 수 없는 것을 민사소송으로 청구하는 것이어서 부적법하다.(대판 1995.6.30, 94다14391, 14407)

▸ **참가절차**

18. 독립당사자참가의 경우 쌍방대리가 허용되는지 여부(소극) 독립당사자참가소송에서는 원고, 피고, 참가인이 서로 대립하는 지위에 있으므로 동일인이 그 중 양당사자를 대리함은 허용되는 것이 아니다.(대판 1965.3.16, 64다1691, 1692)

19. 종전당사자가 참가인을 상대로 반소를 제기할 수 있는지 여부(적극) 참가 소송에 있어서 구 민소 74조나 동법 72조에 의한 참가는 그 어느 것이나 당사자로서 소송에 참가하는 것이므로 참가의 소의 상대방 당사자가 되는 원고나 피고는 구 민소 74조 또는 동법 72조에 의하여 소송에 참가하는 당사자를 상대로 반소를 제기할 수 있다.(대판 1969.5.13, 68다656-658)

20. 당사자참가를 하면서 예비적으로 보조참가할 수 있는지 여부(소극) 제도의 본래의 취지에 비추어 볼 때, 당사자참가를 하면서 예비적으로 보조참가를 한다는 것은 허용될 수 없다.(대판 1994.12.27, 92다22473, 22480)

▸ **참가소송의 심판**

21. 원·피고 간의 소송관계 일부에 대한 청구의 포기·인낙이 허용되는지 여부(소극) 독립당사자참가소송에서는 두 당사자만의 인낙은 효력이 없고 종국판결에 대한 한 당사자의 상소는 세 당사자 모두를 위하여 효력이 있다.(대판 1964.6.30, 63다734)

22. 일부판결·추가판결이 허용되는지 여부(소극) 구 민소 72조에 의한 소송은 동일한 권리관계에 관하여 원고·피고 및 참가인 상호간의 다툼을 하나의 소송절차로 한꺼번에 모순 없이 해결하려는 소송형태로서 원고·피고·참가인 간의 소송절차는 필수적 공동소송에 있어서와 같이 기일을 함께 진행하여야 함은 물론 변론을 분리할 수 없는 것이고, 본안판결을 할 때에도 하나의 종국판결을 하여야 하는 것이어서 그 당사자 중 일부에 대하여만 판결을 하거나 추가판결을 하는 것은 모두 허용되지 않는 것이므로, 제1심에서 원고 승소, 피고 및 참가인 패소의 판결이 선고된 데 대하여 피고와 참가인이 항소한 이상, 항소심인 원심으로서도 변론을 일체로 진행하여 원고·피고와 참가인 간의 청구를 모두 항소심의 심판대상으로 하여 1개의 판결을 하여야 한다.(대판 1995.12.8, 95다44191)

23. 참가인이 본안판결을 받고 상소하지 않은 경우의 소송관계 제1심에서 원고 및 참가인 패소, 피고 승소의 본안판결이 선고된 데 대하여 원고만이 항소한 경우 원고와 참가인 그리고 피고간의 세 개의 청구는 당연히 항소심의 심판대상이 되어야 하는 것이므로 항소심으로서는 참가인의 원·피고에 대한 청구에 대하여도 같은 판결로 판단을 하여야 한다.(대판 1991.3.22, 90다19329, 19336)

24. 독립당사자참가소송에서 당사자의 일부에 대하여만 판결을 하는 것이 허용되는지 여부(소극) 민소 79조 1항에 따라 원·피고, 독립당사자참가인 간의 소송에 대하여 본안판결을 할 때에는 위 세 당사자를 판결의 명의인으로 하는 하나의 종국판결만을 내려야 하는 것이지 위 당사자의 일부에 대하여만 판결을 하는 것은 허용되지 않고, 같은 조 2항에 의하여 67조가 준용되는 결과 독립당사자참가소송에서 원고 승소의 판결이 내려지자 이에 대하여 참가인만이 상소를 한 경우에도 판결 전체의 확정이 차단되고 사건 전부에 관하여 이심의 효력이 생긴다.(대판 2007.12.14, 2007다37776, 37783)

25. 패소한 원고와 수 명의 피고들 중 일부 피고만 상소한 경우 상소하지 아니한 피고에 대한 소송관계 독립당사자참가소송에서 패소한 원고와 수명의 피고들 중 일부 피고만이 상소하였을 때에는 피고들 상호간에 필수적 공동소송관계가 있지 않는 한 그 상소한 피고에 대한 관계에 있어서만 3면소송이 상소심에 계속되는 것이고 상소하지 아니한 피고에 대한 관계에 있어서의 3면소송은 상소기간도과로서 종료(확정)된다.(대판 1974.6.11, 73다374, 375)

26. 항소심에서의 당사자참가신청의 범위 원·피고가 제1심법원에서 각기 일부 패소판결을 받고 각 자기의 패소부분에 한하여 항소를 제기하였다가 피고가 그 항소를 취하하였다면 원고의 항소부분만이 제2심에 계속 중이므로 그 후에 한 독립당사자참가신청은 원고의 항소부분에 한하여만 적법하다.(대판 1978.6.27, 78다578, 579)

27. 패소하고 상소하지 않은 당사자의 상소심에서의 지위 독립당사자 참가신청이 있으면 반드시 각 그 청구 전부에 대하여 1개의 판결로써 동시에 재판하지 않으면 아니 되고, 일부판결이나 추가판결은 허용되지 않으며, 독립당사자 참가인의 청구와 원고의 청구가 모두 기각되고 원고만이 항소한 경우에 제1심판결 전체의 확정이 차단되고 사건 전부에 대하여 이심의 효력이 생기는 것이므로 독립당사자참가인도

항소심에서의 당사자이다.(대판 1981.12.8, 80다577)

28. 독립당사자참가소송의 항소심에서 항소를 제기한 바 없는 당사자에게 제1심판결보다 유리한 내용으로 판결을 변경하는 것이 가능한지 여부(한정 적극) 민소 79조에 의한 독립당사자참가소송은 동일한 권리관계에 관하여 원고, 피고, 참가인이 서로간의 다툼을 하나의 소송절차로 한꺼번에 모순 없이 해결하는 소송형태로서, 독립당사자참가가 적법하다고 인정되어 원고, 피고, 참가인 간의 소송에 대하여 본안판결을 할 때에는 위 세 당사자를 판결의 명의인으로 하는 하나의 종국판결을 선고함으로써 위 세 당사자들 사이에서 합일확정의 결론을 내려야 하고, 이러한 본안판결에 대하여 일방이 항소한 경우에는 제1심판결 전체의 확정이 차단되고 사건 전부에 관하여 이심의 효력이 생긴다. 그리고 이러한 경우 항소심의 심판대상은 실제 항소를 제기한 자의 항소 취지에 나타난 불복범위에 한정하되 위 세 당사자 사이의 결론의 합일확정의 필요성을 고려하여 그 심판의 범위를 판단하여야 하고, 이에 따라 항소심에서 심리·판단을 거쳐 결론을 내림에 있어 위 세 당사자 사이의 결론의 합일확정을 위하여 필요한 경우에는 그 한도 내에서 항소 또는 부대항소를 제기한 바 없는 당사자에게 결과적으로 제1심판결보다 유리한 내용으로 판결이 변경되는 것도 배제할 수는 없다.(대판 2007.10.26, 2006다86573, 86580)

29. 원고의 본소 취하에 당사자참가인의 동의도 필요한지 여부(적극) 독립당사자참가 후에도 원고는 본소를 취하할 수 있으나 당사자 참가인은 3당사자 간의 각 청구에 대하여 논리적으로 모순 없이 재판을 받아야 할 본소 유지의 이익이 있다 할 것이므로 본소 취하에는 당사자 참가인의 동의도 필요하다고 해석함이 구 민소 73조 소정 소송탈퇴에 관한 규정에 비추어 보아도 상당하다.(대결 1972.11.30, 72마787)

30. 본소가 취하된 경우의 소송관계 독립당사자참가소송에서 본소가 적법하게 취하된 경우에는 3면소송관계는 소멸하고, 그 이후부터는 당사자참가인의 원·피고에 대한 청구가 일반 공동소송으로 남아 있게 되므로 당사자참가인의 원·피고에 대한 소가 독립의 소로서의 소송요건을 갖춘 이상 그 소송계속은 적법하며, 종래의 3면소송 당시에 필요했던 당사자참가요건의 구비 여부는 가려볼 필요가 없다.(대판 1991.1.25, 90다4723)

31. 독립당사자참가신청 취하의 경우 원·피고의 동의 요하는지 여부(적극) 참가인들이 원심에서 참가신청을 취하하였다고 하더라도 독립당사자 참가신청의 성질은 소이고 따라서 그 취하에는 구 민소 239조 2항이 적용되어 상대방인 원·피고 쌍방의 동의를 얻지 아니하면 그 효력이 없으며 이는 제1심에서 패소한 후에 취하하는 경우에도 다를 것이 없다고 할 것인바, 위에서 본 바와 같이 이 사건에서는 참가신청 취하에 대하여 원고의 동의만 있었을 뿐 피고들의 동의는 없었으므로 위 참가신청 취하는 효력이 없다.(대판 1981.12.8, 80다577)

32. 참가에 대한 각하의 재판이 확정된 경우 참가인 제출의 증거방법의 취급 참가 각하의 재판이 확정한 때는 참가부분은 이탈이 되어 본 소송만으로 환원 되는 것이며 그 경우에 참가인이 제출하였던 증거방법은 원·피고 당사자가 원용을 하지 아니하는 한 원·피고 간의 소송에 증거 판단을 할 필요가 없다.(대판 1962.5.24, 4294민상251, 252)

33. 참가에 대한 각하판결에 참가인이 상소한 경우 본소와 참가인의 관계 참가소가 있는 경우에 참가소를 각하하는 판결을 할 때는 원, 피고간의 본안 재판을 참가소의 귀결이 날 때까지 기다려야 하는 것은 아니다.(대판 1976.12.28, 76다797)

제80조【독립당사자참가소송에서의 탈퇴】 제79조의 규정에 따라 자기의 권리를 주장하기 위하여 소송에 참가한 사람이 있는 경우 그가 참가하기 전의 원고나 피고는 상대방의 승낙을 받아 소송에서 탈퇴할 수 있다. 다만, 판결은 탈퇴한 당사자에 대하여도 그 효력이 미친다.

■ 독립당사자참가(79), 특별수권의 필요(56②·90②)ii), 판결의 집행력(민집25)

제81조【승계인의 소송참가】 소송이 법원에 계속되어 있는 동안에 제3자가 소송목적인 권리 또는 의무의 전부나 일부를 승계하였다고 주장하며 제79조의 규정에 따라 소송에 참가한 경우 그 참가는 소송이 법원에 처음 계속된 때에 소급하여 시효의 중단 또는 법률상 기간준수의 효력이 생긴다.

■ 독립당사자참가(79), 시효중단 및 기간준수의 시기(265, 민168), 일반승계시 중단과 수계(233·234), 소송의 인수(82), 법률상의 기간(민205·406·823·891-894·896, 상376①)

1. 신주발행무효의 소 계속 중 주식 양수인이 승계참가를 할 수 있는지 여부(적극) 구 민소 74조에서 규정하고 있는 소송의 목적물인 권리관계의 승계는 소송물인 권리관계의 양도뿐만 아니라 당사자적격 이전의 원인이 되는 실체법상의 권리 이전을 널리 포함하는 것이므로, 신주발행무효의 소 계속 중 그 원고 지위의 근거가 되는 주식이 양도된 경우에 그 양수인은 제소기간 등의 요건이 충족된다면 새로운 주주의 지위에서 신소를 제기할 수 있을 뿐만 아니라, 양도인이 이미 제기한 기존의 위 소송을 적법하게 승계할 수도 있다. 승계참가가 인정되는 경우에는 그 참가시기에 불구하고 소가 제기된 당초에 소급하여 법률상의 기간준수의 효력이 발생하는 것이므로, 신주발행무효의 소에 승계참가하는 경우에 그 제소기간의 준수 여부는 승계참가 시가 아닌 원래의 소 제기 시를 기준으로 판단하여야 한다.(대판 2003.2.26, 2000다42786)

2. 채무승계의 경우에 권리승계참가의 가부(한정적극) 구 민소 74조의 권리승계참가는 소송의 목적이 된 권리를 승계한 경우뿐만 아니라 채무를 승계한 경우에도 이를 할 수 있으나 다만 그 채무승계는 소송의 계속 중에 이루어진 것임을 요함이 위 법조의 규정상 명백하다. 그러므로 청구이의의 소의 계속 중 그 소송에서 집행력 배제를 구하고 있는 집행권원에 표시된 청구권을 양수한 자는 소송의 목적이 된 채무를 승계한 것이므로 승계집행문을 부여받은 여부에 관계없이 위 청구이의의 소에 구 민소 74조에 의한 승계참가를 할 수 있으나, 다만 위 소송이 제기되기 전에 그 집행권원에 표시된 청구권을 양수한 경우에는 특단의 사정이 없는 한 승계참가의 요건이 결여된 것으로서 그 참가는 부적법한 것이라고 볼 수밖에 없다.(대판 1983.9.27, 83다카1027)

3. 권리승계참가인의 소송상 지위 소송계속 중 원고 소유인 소송목적물을 매수하여 그 소유권을 취득하였음을 이유로 하여 구 민소 74조에 의한 소송참가를 한 경우에 원고가 그 권리의 승계를 다투지 아니할 때에는 원고의 소송상 지위는 그 권리승계참가인에게 승계된다 할 것이고, 따라서 위 승계참가인이 그 참가청구취지를 특히 참가신청서에 표시하지 아니하여도 그 참가신청이 무효라고 할 수 없다.(대판 1976.12.14, 76다1999)

4. 종전당사자가 참가인을 상대로 반소를 제기할 수 있는지 여부(적극) 구 민소 74조나 동법 72조에 의한 참가는 그 어느 것이나 당사자로서 소송에 참가하는 것이므로 참가의 소의 상대방 당사자가 되는 원고나 피고는 구 민소 74조 또는 동법 72조에 의하여 소송에 참가하는 당사자를 상대로 반소를 제기할 수 있다.(대판 1969.5.13, 68다656-658)

5. 피참가인이 탈퇴한 경우 심판의 대상 제1심에서 원고가 승소하였으나 항소심에서 원고에 대한 승계참가가 이루어졌음에도 승계참가인의 청구에 대한 판단 없이 단순히 피고의 항소를 기각한 원심판결에는 직권파기사유가 있다.(대판

2004.1.27, 2000다63639)
6. 원고에 대한 승계참가가 이루어졌으나 피고의 부동의로 원고가 탈퇴하지 못한 경우의 소송 구조　원고가 소송의 목적인 손해배상채권을 승계참가인에게 양도하고 피고들에게 채권양도의 통지를 한 다음 승계참가인이 승계참가신청을 하자 탈퇴를 신청하였으나 피고들의 부동의로 탈퇴하지 못한 경우, 원고의 청구와 승계참가인의 청구는 통상의 공동소송으로서 모두 유효하게 존속하는 것이므로 법원은 원고의 청구 및 승계참가인의 청구 양자에 대하여 판단을 하여야 한다.(대판 2004.7.9, 2002다16729)

제82조【승계인의 소송인수】 ① 소송이 법원에 계속되어 있는 동안에 제3자가 소송목적인 권리 또는 의무의 전부나 일부를 승계한 때에는 법원은 당사자의 신청에 따라 그 제3자로 하여금 소송을 인수하게 할 수 있다.
② 법원은 제1항의 규정에 따른 결정을 할 때에는 당사자와 제3자를 심문(審問)하여야 한다.
③ 제1항의 소송인수의 경우에는 제80조의 규정 가운데 탈퇴 및 판결의 효력에 관한 것과, 제81조의 규정 가운데 참가의 효력에 관한 것을 준용한다.

■ ① 신청(161), ② 결정절차와 당사자심문(34②③), 심문(134②·160), ③ 독립당사자참가소송에서의 탈퇴(80), 승계인의 소송참가(81), 판결의 집행력(민집25)

1. 채무승계인의 소송인수신청을 촉구하는 석명권행사 의무(소극)　소송 계속 중 소송목적물에 대한 소유권 명의가 이전된 경우에 법원이 당사자에게 채무승계인의 소송인수신청을 하도록 촉구하는 등 석명권행사의 의무까지 있는 것은 아니다.(대판 1975.9.9, 75다689)
2. 소 제기 전에 피고가 본소 목적물을 매도하고 소유권이전등기를 경료한 것을 이유로 한 소송인수신청의 허부(소극)　소송인수참가는 소송 계속 중에 제3자가 그 소송목적이 된 채무를 승계한 경우에 한하는 것으로서, 원고의 피고에 대한 본소 제기 전에 피고가 인수참가인에게 본소 목적물인 부동산을 매도하고 소유권이전등기를 경료하였다는 이유로 피고가 인수참가인으로 하여금 위 소송을 인수하도록 소송인수참가신청을 한 것은 인수참가신청의 요건을 갖추지 못한 것이다.(대판 1965.7.6, 65다671)
3. 이전등기청구소송이 계속 중 부동산을 양수한 자에 대한 소송인수신청의 허부(소극)　부동산소유권이전등기 청구소송 계속 중 그 소송목적이 된 부동산에 대한 이전등기이행채무 자체를 승계함이 없이 단순히 같은 부동산에 대한 소유권이전등기(또는 근저당설정등기)가 제3자 앞으로 경료되었다 하여도 이는 구 민소 75조 1항 소정의 '그 소송의 목적이 된 채무를 승계한 때'에 해당할 수 없으므로 그 제3자에 대하여 등기말소를 구하기 위한 소송의 인수는 허용되지 않는다.(대결 1983.3.22, 80마283)
4. 소송의 목적된 부동산에 대한 점유의 승계와 본조의 채무승계(소극)　단순히 소송의 목적된 부동산에 대한 점유를 승계한 경우만 가지고는 구 민소 75조 1항 소정의 "그 소송의 목적된 채무를 승계한 때"에 해당한다고 볼 수 없다.(대결 1970.2.11, 69마1286)
5. 채무승계사실에 관한 상대방 당사자의 주장을 자백한 인수참가인이 채무승계 사실을 다툴 수 있는지 여부(소극)　인수참가인이 인수참가요건인 채무승계 사실에 관한 상대방 당사자의 주장을 모두 인정하여 이를 자백하고 소송을 인수하여 수행하였다면, 위 자백이 진실에 반한 것으로서 착오에 인한 것이 아닌 인수참가인은 위 자백에 반하여 인수참가인의 전제가 된 채무승계사실을 다툴 수 없다.(대판 1987.11.10, 87다카473)
6. 인수를 명하는 결정에 대하여 승계인이 독립하여 항고할

수 있는지 여부(소극)　소송인수를 명하는 결정은 승계인의 적격을 인정하여 이를 당사자로서 취급하는 취지의 중간적 재판이므로 이에 불복하려면 본안에 대한 판결과 함께 상소할 수 있을 뿐 승계인이 위 결정에 대하여 독립하여 불복할 수 없으므로, 고등법원의 위 결정에 대한 재항고는 부적법하다.(대결 1981.10.29, 81마357)
7. 소송인수가 허용된 경우에 종전당사자의 소송탈퇴 결정의 주체　소송의 인수가 허용된 경우 종전당사자의 탈퇴 여부는 법원이 결정하는 것이 아니고 당사자가 한다.(대판 1976.10.26, 76다1819)
8. 소송목적인 권리를 양도한 원고가 민소 82조 3항, 80조에 따라 소송에서 탈퇴한 후 인수참가인에 대한 청구기각 또는 소각하 판결이 확정된 경우, 원고가 제기한 최초의 재판상 청구로 인한 시효중단의 효력이 소멸하는지 여부(적극) 및 인수참가인의 소송목적 양수 효력이 부정되어 인수참가인에 대한 청구기각 또는 소각하 판결이 확정된 날부터 6개월 내에 탈퇴한 원고가 다시 탈퇴 전과 같은 재판상의 청구 등을 한 경우, 탈퇴 전에 원고가 제기한 재판상의 청구로 인하여 발생한 시효중단의 효력이 그대로 유지되는지 여부(적극)　소송목적인 권리를 양도한 원고는 법원이 소송인수 결정을 한 후 피고의 승낙을 받아 소송에서 탈퇴할 수 있는데, 그 후 법원이 인수참가인의 청구의 당부에 관하여 심리한 결과 인수참가인의 청구를 기각하거나 소를 각하하는 판결을 선고하여 판결이 확정된 경우에는 원고가 제기한 최초의 재판상 청구로 인한 시효중단의 효력은 소멸한다. 다만 소송탈퇴는 소취하와는 성질이 다르며, 탈퇴 후 잔존하는 소송에서 내린 판결은 탈퇴자에 대하여도 효력이 미치는 점에 비추어 보면, 인수참가인의 소송목적 양수 효력이 부정되어 인수참가인에 대한 청구기각 또는 소각하 판결이 확정된 날부터 6개월 내에 탈퇴한 원고가 다시 탈퇴 전과 같은 재판상의 청구 등을 한 때에는, 탈퇴 전에 원고가 제기한 재판상의 청구로 인하여 발생한 시효중단의 효력은 그대로 유지된다.(대판 2017.7.18, 2016다35789)

제83조【공동소송참가】 ① 소송목적이 한 쪽 당사자와 제3자에게 합일적으로 확정되어야 할 경우 그 제3자는 공동소송인으로 소송에 참가할 수 있다.
② 제1항의 경우에는 제72조의 규정을 준용한다.

■ 참가신청의 방식(72), 필수적 공동소송의 처리(67), 추심소송에서의 채권자참가(민집249)

1. 항소심에서의 공동소송참가 허용 여부　공동소송참가는 항소심에서도 할 수 있는 것이고, 항소심절차에서 공동소송참가가 이루어진 이후에 종전 소송이 소송요건의 흠결로 각하된다고 할지라도 소송의 목적이 당사자 일방과 제3자에 대하여 합일적으로 확정될 경우에 한하여 인정되는 공동소송참가의 특성에 비추어 볼 때, 심급이익 박탈의 문제는 발생하지 않는다.(대판 2002.3.15, 2000다9086)
2. 상법상 회사의 주주대표소송에의 참가의 법적 성격　상 404조 1항에서 규정하고 있는 회사의 참가는 공동소송참가를 의미하는 것으로 해석함이 상당하고, 이러한 해석이 중복제소를 금지하고 있는 구 민소 234조에 반하는 것도 아니다.(대판 2002.3.15, 2000다9086)
3. 소송목적물에 대하여 지분을 함께 가지고 있음을 이유로 지분비율에 따른 소유권이전등기를 구하는 경우 공동소송참가신청 적법 여부(소극)　공동소송참가에서 피참가인과 참가인들이 소송목적물에 대한 공동상속인으로서 서로 지분을 가지고 있어 그 지분의 비율에 따른 소유권이전등기청구를 할 수 있다는 것이라면 그 사유는 소송의 목적인 권리 또는 법률관계가 참가인과 피참가인 사이에 합일적으로 확정할 것을 법률상으로 요구하는 관계(적어도 유사필수적공동소송관계)에 있다고는 볼 수 없으므로 그 공동소송참가는 부적법하다.(대판 1970.3.24, 69다687)

4. 학교법인의 이사회결의무효확인의 소에 제3자가 공동소송참가할 수 있는지 여부(소극) 공동소송참가는 타인 간의 소송의 목적이 당사자 일방과 제3자에 대하여 합일적으로 확정될 경우 즉, 타인 간의 소송의 판결의 효력이 제3자에게도 미치게 되는 경우에 한하여 그 제3자에게 허용되는바, 학교법인의 이사회의 결의에 하자가 있는 경우에 관하여 법률에 별도의 규정이 없으므로 그 결의에 무효사유가 있는 경우에는 이해관계인은 언제든지 또 어떤 방법에 의하든지 그 무효를 주장할 수 있고, 이와 같은 무효주장의 방법으로서 이사회결의무효확인소송이 제기되어 승소확정판결이 난 경우 그 판결의 효력은 위 소송의 당사자 사이에서만 발생하는 것이지 대세적 효력이 있다고 볼 수는 없으므로, 이사회결의무효확인의 소는 그 소송의 목적이 당사자 일방과 제3자에 대하여 합일적으로 확정될 경우가 아니어서 제3자는 공동소송참가를 할 수 없다.(대판 2001.7.13, 2001다13013)

제84조【소송고지의 요건】 ① 소송이 법원에 계속된 때에는 당사자는 참가할 수 있는 제3자에게 소송고지(訴訟告知)를 할 수 있다.
② 소송고지를 받은 사람은 다시 소송고지를 할 수 있다.
■ 참가(71·79·81~83), 고지방식(85), 고지효과(86), 고지의무(민집238)
1. 채권자대위소송의 기판력이 채무자에게 미치기 위한 요건 채권자가 채권자대위권을 행사하는 방법으로 제3채무자를 상대로 소송을 제기하고 판결을 받은 경우에 채권자가 채무자에 대하여 민 405조 1항에 의한 보존행위 이외의 권리행사의 통지, 또는 구 민소 77조에 의한 소송고지 혹은 비송 84조 1항에 의한 법원에 의한 재판상 대위의 허가를 고지하는 방법 등을 위시하여 어떠한 사유로든 적어도 채권자대위권에 의한 소송이 제기된 사실을 채무자가 알았을 경우에는 그 판결의 효력은 채무자에게 미친다.(대판(全) 1975.5.13, 74다1664)
2. 소송고지가 의무인 경우 소제기요건이거나 직권조사사항인지 여부 구 민소 571조 규정에 의한 채무자에 대한 소송고지는 채권자의 추심의 소 제기 자체에 대한 필수적 요건도 아니고 법원의 직권조사사항이라고 볼 수도 없다.(대판 1976.9.28, 76다1145, 1146)
3. 소송고지에 의한 최고의 경우, 시효중단 효력의 발생 시기(=소송고지서를 법원에 제출한 때) 소송고지의 요건이 갖추어진 경우에 소송고지서에 고지자가 피고지자에 대하여 채무의 이행을 청구하는 의사가 표명되어 있으면 민 174조에 정한 시효중단사유로서의 최고의 효력이 인정된다. 이 경우 민소 265조를 유추 적용하여 당사자가 소송고지서를 법원에 제출한 때에 시효중단의 효력이 발생한다.(대판 2015.5.14, 2014다16494)

제85조【소송고지의 방식】 ① 소송고지를 위하여서는 그 이유와 소송의 진행정도를 적은 서면을 법원에 제출하여야 한다.
② 제1항의 서면은 상대방에게 송달하여야 한다.
■ 송달(174~197)
1. 소송고지의 효력이 발생하는 시점 소송고지의 효력은 그 고지서를 법원에 제출한 때 생기는 것이 아니라 피고지자에게 적법하게 송달되어야 생긴다.(대판 1975.4.22, 74다1519)
제86조【소송고지의 효과】 소송고지를 받은 사람이 참가하지 아니한 경우라도 제77조의 규정을 적용할 때에는 참가할 수 있었을 때에 참가한 것으로 본다.
■ 참가인에 대한 재판의 효력(77), 소송고지로 인한 시효중단(어70③·80)
1. 소송고지의 효과 소송고지제도는 소송의 결과에 대하여

이해관계를 가지는 제3자로 하여금 보조참가를 하여 그 이익을 옹호할 기회를 부여함과 아울러 한편으로는 고지자가 패소한 경우의 책임을 제3자에게 분담시켜 후일에 고지자와 피고지자 간의 소송에서 피고지자가 패소의 결과를 무시하고 전소 확정판결에서의 인정과 판단에 반하는 주장을 못하게 하기 위해 둔 제도이므로, 피고지자가 후일의 소송에서 주장할 수 없는 것은 전소 확정판결의 결론의 기초가 된 사실상 법률상의 판단에 반하는 것으로서 피고지자가 보조참가를 하여 상대방에 대하여 고지자와 공동이익으로 주장하거나 다툴 수 있었던 사항에 한한다.(대판 1986.2.25, 85다카2091)
2. 고지 받은 소송에서 피고지자의 지위 소송이 고지된 때에는 고지자와 피고지자 사이에 판결결과에 관하여 일정한 참가적 효력을 미치게 하기 위하여 피고지자가 소송에 참여하지 아니 하였다 하더라도 참가한 것으로 간주한다는 것에 불과하고 소송고지로 피고지자가 당연히 소송에 참가하게 된다는 것이 아니므로, 변론기일을 피고지자에게 통지를 한다거나 또는 판결에 피고지자의 이름을 표시할 수도 없고 또 표시하여서는 아니 되는 것이다.(대판 1962.4.18, 4294민상1195)
3. 소송고지에 채무이행 청구의 의사가 표명되어 있는 경우 최고의 효력이 인정되는지 여부(적극) 소송고지의 요건이 갖추어진 경우에 그 소송고지서에 고지자가 피고지자에 대하여 채무의 이행을 청구하는 의사가 표명되어 있으면 민 174조에 정한 시효중단사유로서의 최고의 효력이 인정된다. 시효중단제도는 그 제도의 취지에 비추어 볼 때 이에 관한 기산점이나 만료점은 원권리자를 위하여 너그럽게 해석하는 것이 상당한데, 소송고지로 인한 최고의 경우 보통의 최고와는 달리 법원의 행위를 통하여 이루어지는 것으로서, 그 소송에 참가할 수 있는 제3자를 상대로 소송고지를 한 경우에 피고지자는 그가 실제로 그 소송에 참가하였는지 여부와 관계없이 후일 고지자와의 소송에서 전소 확정판결에서의 결론의 기초가 된 사실상, 법률상의 판단에 반하는 것을 주장할 수 없는 등 그 소송의 결과에 따라서는 피고지자에 대한 참가적 효력이라는 일정한 소송법상의 효력까지 발생함에 비추어 볼 때, 고지자로서는 소송고지를 통하여 당해 소송의 결과에 따라 피고지자에게 권리를 행사하겠다는 취지의 의사를 표명한 것으로 볼 것이므로, 당해 소송이 계속 중인 동안은 최고에 의하여 권리를 행사하고 있는 상태가 지속되는 것으로 보아 민 174조에 규정된 6월의 기간은 당해 소송이 종료된 때로부터 기산되는 것으로 해석하여야 한다.(대판 2009.7.9, 2009다14340)

제4절 소송대리인

제87조【소송대리인의 자격】 법률에 따라 재판상 행위를 할 수 있는 대리인 외에는 변호사가 아니면 소송대리인이 될 수 없다.
■ 변호사의 선임명령(144②③), 소송대리권의 흠결(422①·424), 대리인(상11①·761①·773①, 국가소송2·5①·6②·7), 단독판사심판사건(법조74), 소송대리의 특칙(소액8①)
1. 소송대리권의 존부에 관한 자백간주의 가부(소극) 소송대리권의 존부는 법원의 직권탐지사항으로서, 이에 대하여는 자백간주에 관한 규정이 적용될 여지가 없다.(대판 1999.2.24, 97다38930)
2. 비변호사의 경매신청행위 대리의 가부 경매신청행위는 소송행위이긴 하나 구 민소 80조 1항에 규정된 재판상 행위에 해당하지 않으므로 변호사가 아니라도 대리할 자격이 있다.(대결 1985.10.12, 85마1615)
3. 경매기일에서의 경매행위에 대한 대리권의 증명 부동산 임의경매에서 법원의 목적 부동산에 관한 경매행위는 경매

법의 소정절차에 의한 소송행위라고 할 것이나 그 경매절차에서 채권자 또는 제3자가 경매부동산을 매수하는 행위는 이를 소송행위라고 할 수 없으므로, 경매부동산의 경매인의 경매행위를 대리하는 대리인의 대리권에 관한 증명은 필요하지 않다.(대결 1960.9.15, 4293민항112)

4. 합동법률사무소의 공정증서에 서명하지 아니한 변호사의 직무행사 합동법률사무소가 공증한 사건에 관하여는 그 공정증서에 서명날인한 변호사는 물론 그에 서명날인하지 아니한 변호사라 할지라도 소속 합동법률사무소 명의로 공증된 사건에 관하여 변호 16조가 준용되는 것으로 해석하여야 할 것이며, 따라서 합동법률사무소 명의로 공정증서가 작성된 경우에는 그 소속구성원인 변호사는 그 공정증서에 서명날인한 여부에 불구하고 변호 16조 2호의 규정에 의하여 그 직무를 행사할 수 없다.(대판(全) 1975.5.13, 72다1183)

5. 변호 31조 위반의 소송행위의 효력 제1심에서 피고를 대리하여 소송행위를 하였던 변호사가 항소심에서 원고 소송복대리인으로 출석하여 변론을 한 경우라도 당사자가 그에 대하여 아무런 이의를 제기하지 아니하면 그 소송행위는 소송법상 완전한 효력이 생긴다.(대판 1990.11.23, 90다4037, 4044)

6. 헌법재판소 심판절차에서 채택한 변호사강제주의의 위헌 여부(소극) 변호사강제주의는 재판업무에 분업화 원리의 도입이라는 긍정적 측면 외에도, 재판을 통한 기본권의 실질적 보장, 사법의 원활한 운영과 헌법재판의 질적 개선, 재판심리의 부담경감 및 효율화, 사법운영의 민주화 등 공공복리에 그 기여도가 크다 하겠고, 그 이익은 변호사 선임비용 지출을 하지 않는 이익보다 크다고 할 것이며, 더욱이 무자력자에 대한 국선대리인제도라는 조치가 별도로 마련되어 있는 이상 헌법에 위배된다고 할 수 없다.(헌재 1990.9.3, 89헌마120, 121)

7. 집합건물의 관리단으로부터 공용부분 변경에 관한 업무를 위임받은 입주자대표회의가 구분소유자들을 상대로 자기 이름으로 소를 제기하여 공용부분 변경에 따른 비용을 청구할 수 있는지 여부(원칙적 적극) 집합건물의 관리단이 집합건물법 15조 1항에서 정한 특별결의와 같은 법 41조 1항에서 정한 서면이나 전자적 방법 등에 의한 합의의 방법으로 입주자대표회의에 공용부분 변경에 관한 업무를 포괄적으로 위임한 경우에는, 공용부분 변경에 관한 업무처리로 인하여 발생하는 비용을 최종적으로 부담하는 사람이 구분소유자들이라는 점을 고려해 보면 통상적으로 비용에 관한 재판상 또는 재판외 청구를 할 수 있는 권한도 함께 수여한 것으로 볼 수 있다. 이 경우 입주자대표회의가 공용부분 변경에 관한 업무를 수행하는 과정에서 체납된 비용을 추심하기 위하여 직접 자기 이름으로 비용에 관한 재판상 청구를 하는 것은 임의적 소송신탁에 해당한다. 임의적 소송신탁은 원칙적으로는 허용되지 않지만, 민소 87조에서 정한 변호사대리의 원칙이나 신탁법 6조에서 정한 소송신탁의 금지 등을 회피하기 위한 탈법적인 것이 아니고 이를 인정할 합리적인 이유와 필요가 있는 경우에는 예외적·제한적으로 허용될 수 있다. 그런데 구분소유자들의 비용 부담 아래 구분소유자들로 구성되는 집합건물의 관리단이 입주자대표회의에 위임하여 공용부분 변경에 관한 업무를 수행하도록 하는 데에는 합리적인 이유와 필요가 있고, 그러한 업무처리방식이 일반적인 거래현실에서, 공용부분 변경에 따른 비용의 징수는 업무수행에 당연히 수반되는 필수적인 요소이고, 공동주택에 대해서는 주택관리업자에게 관리업무를 위임하고 주택관리업자가 관리비에 관한 재판상 청구를 할 수 있는 것이 법률의 규정에 의하여 인정되고 있다. 이러한 점 등을 고려해 보면, 집합건물법 15조 1항에서 정한 특별결의나 집합건물법 41조 1항에서 정한 서면이나 전자적 방법 등에 의한 합의의 방법으로 집합건물의 관리단으로부터 공용부분 변경에 관한 업무를 위임받은 입주자대표회의는 특별한 사정이 없는 한 구분소유자들을 상대로 자기 이름으로 소를 제기하여 공용부분 변경에 따른 비용을 청구할 권한이 있다.(대판 2017.3.16, 2015다3570)

제88조【소송대리인의 자격의 예외】 ① 단독판사가 심리·재판하는 사건 가운데 그 소송목적의 값이 일정한 금액 이하인 사건에서, 당사자와 밀접한 생활관계를 맺고 있고 일정한 범위안의 친족관계에 있는 사람 또는 당사자와 고용계약 등으로 그 사건에 관한 통상사무를 처리·보조하여 오는 등 일정한 관계에 있는 사람이 법원의 허가를 받은 때에는 제87조를 적용하지 아니한다.

② 제1항의 규정에 따라 법원의 허가를 받을 수 있는 사건의 범위, 대리인의 자격 등에 관한 구체적인 사항은 대법원규칙으로 정한다.

③ 법원은 언제든지 제1항의 허가를 취소할 수 있다.

■ 소송대리인의 자격(87), 단독사건에서 소송대리의 허가(민소규15), 단독판사사건(법조74④), 친족의 범위(민767·777)

1. 비변호사의 소송대리권 발생 시기 단독판사가 심판하는 사건에서 소송대리 허가에 의한 단독소송대리권은 법원의 허가를 얻은 때로부터 발생하는 것이므로, 소송대리인이 대리인의 자격으로 변론기일 소환장을 수령한 날짜가 법원이 허가한 날짜 이전이라면 그 변론기일 소환장은 소송대리인이 없는 자에 대한 송달로서 부적법하다.(대판 1982.7.27, 82다68)

제89조【소송대리권의 증명】 ① 소송대리인의 권한은 서면으로 증명하여야 한다.

② 제1항의 서면이 사문서인 경우에는 법원은 공증인, 그 밖의 공증업무를 보는 사람(이하 "공증사무소"라 한다)의 인증을 받도록 소송대리인에게 명할 수 있다.

③ 당사자가 말로 소송대리인을 선임하고, 법원사무관등이 조서에 그 진술을 적어 놓은 경우에는 제1항 및 제2항의 규정을 적용하지 아니한다.

■ ① 증명(소액82), ② 인증(공증2·8), ③ 조서(152·161②③), 소송기록에의 첨부(58②)

1. 수권행위의 성질 및 위임계약과의 구별 통상 소송위임장이라는 것은 구 민소 81조 1항에 따른 소송대리인의 권한을 증명하는 전형적인 서면이라고 할 것인데, 여기에서의 소송위임(수권행위)은 소송대리권의 발생이라는 소송법상의 효과를 목적으로 하는 단독 소송행위로서 그 기초관계인 의뢰인과 변호사 사이의 사법상의 위임계약과는 성격을 달리하는 것이고, 의뢰인과 변호사 사이의 권리의무는 수권행위가 아닌 위임계약에 의하여 발생한다.(대판 1997.12.12, 95다20775)

2. 소송대리권 흠결 유무에 관한 석명이 필요한지 여부(소극) 소송대리권의 흠결 유무의 조사는 법원의 직권에 속하는 것이라 하더라도 법원은 그 대리권한의 정당함을 인정하고 그 존부에 의문을 갖지 않는 경우에는 이에 관하여 달리 석명을 구하거나 기타 조사를 할 필요가 없다.(대판 1970.6.30, 70다553)

3. 소송대리권 흠결로 각하된 후 상고심에서 보정된 소송대리인이 추인한 경우의 효력 소송대리권 없는 자가 제기한 부적법한 소로서 각하된 후 그 사건 상고심에서 보정된 소송대리인이 추인한 경우에는 행위 시에 소급하여 적법한 소로 된다.(대판 1969.6.24, 69다511)

4. 사실심에서의 무권대리인의 소송행위를 상고심에서 추인할 수 있는지 여부(적극) 구 민소 88조에 의하여 소송대리

인에게 준용되는 같은 법 56조에 의하면 소송대리권의 흠결이 있는 자의 소송행위는 보정된 소송대리인의 추인에 의하여 행위 시에 소급하여 그 효력이 있게 되고, 그와 같은 추인은 상고심에서도 가능하다.(대판 1996.11.29, 94누13343)

5. 대리권의 흠결에 관하여 법원의 심리가 미진한 사례 소송대리인의 대리권 존부는 법원의 직권조사사항이라 할 것이며 그 소송대리권의 위임장이 사문서인 경우에 법원이 그 소송대리권의 증명에 관하여 인증명령을 할 것인지의 여부는 법원의 재량에 속한다 할 것이나, 피고가 원고소송대리인의 대리권을 다투고 있고 또 기록상 그 위임장이 진정하다고 인정할 만한 뚜렷한 증거도 없는 이 사건에서는 원심은 그 대리권의 증명에 관한 인증명령을 하든지 또는 달리 원고가 진정한 소송대리권을 위임한 것인지의 여부를 심리하는 등 원고소송대리인의 대리권의 흠결 여부에 관하여 심리조사하였어야 한다.(대판 1978.2.14, 77다2139)

제90조【소송대리권의 범위】 ① 소송대리인은 위임을 받은 사건에 대하여 반소(反訴)·참가·강제집행·가압류·가처분에 관한 소송행위 등 일체의 소송행위와 변제(辨濟)의 영수를 할 수 있다.
② 소송대리인은 다음 각호의 사항에 대하여는 특별한 권한을 따로 받아야 한다.
1. 반소의 제기
2. 소의 취하, 화해, 청구의 포기·인낙 또는 제80조의 규정에 따른 탈퇴
3. 상소의 제기 또는 취하
4. 대리인의 선임

◼ ① 참가(71~86), 강제집행(민집24~60), 가압류와 가처분(민집276~310), ② 반소(269·270), 소의 취하(266·267), 화해(145·385~389), 포기·인낙(220), 항소와 그 취하(390·393), 상고와 그 취하(393·422·425), 대리인의 자격(87~89)

1. 소송대리인의 대리권이 경정결정 신청도 포함하는지 여부(적극) 판결에 대한 경정결정신청은 그 심급의 소송대리인의 대리권범위에 속한다.(대결 1964.7.30, 64마505)

2. 소송대리인이 소송 진행 중 수임사건의 수표에 한 보충기재의 효력 소송대리인은 공격방어의 방법으로 백지어음의 보충권을 행사할 권한이 있다.(대판 1959.8.6, 4291민상382)

3. 소송대리인이 상대방과 법정화해를 함에 있어 필요한 특별수권과 그 증명책임 법정 화해를 할 때는 법원에서 일응 그 대리인이 그 화해를 할 수 있는 권한이 있는 적법한 자라는 것을 조사하여 인정하고 그 법정화해가 된 것이라고 추정할 것이므로, 일단 유효하게 성립된 화해의 취소를 구하는 소에서 특별수권이 없었다는 점에 관하여는 주장자에게 증명책임이 있다.(대판 1973.10.23, 73다437)

4. 소 취하에 대한 동의가 특별수권사항에 속하는지 여부 소 취하에 대한 소송대리인의 동의는 구 민소 82조 2항 소정의 특별수권사항이 아닐 뿐 아니라, 소송대리인에 대하여 특별수권사항인 소 취하를 할 수 있는 대리권을 부여한 경우에는 상대방의 소 취하에 대한 동의권도 포함되어 있다고 봄이 상당하므로, 그와 같은 소송대리인이 한 소 취하의 동의는 소송대리권의 범위내의 사항으로서 본인에게 효력이 미친다.(대판 1984.3.13, 82므40)

5. 소송상 화해나 청구의 포기에 관한 특별수권에 당해 소송물인 권리의 처분이나 포기에 관한 권한도 수여되어 있는지 여부(적극) 소송상 화해나 청구의 포기에 관한 특별수권이 되어 있다면 특별한 사정이 없는 한 그러한 소송행위에 대한 수권만이 아니라 그러한 소송행위의 전제가 되는 당해 소송물인 권리의 처분이나 포기에 대한 권한도 수여되어 있다고 봄이 상당하다.(대판 1994.3.8, 93다52105)

6. 실체법상 처분권을 가지는 경우 소송행위를 할 수 있는지 여부(소극) 명의신탁자가 실체법상 처분권한을 가진다고

하여 그것만으로 소송법상 명의수탁자의 명의로 소송행위를 할 수 있는 것은 아니다.(대판 1996.12.23, 95다22436)

7. 소송대리권의 범위가 미치는 심급 소송대리권의 범위는 특별한 사정이 없는 한 당해 심급에 한정되므로, 소송대리권의 범위는 수임한 소송사무가 종료하는 시기인 당해 심급의 판결을 송달받은 때까지이다.(대결 2000.1.31, 99마6205)

8. 소송이 상급심에서 환송된 경우 원심의 종전 소송대리권이 부활하는지 여부(적극) 소송대리인 갑이 대법원의 파기환송 전 항소심의 소송대리인이었고, 대법원의 파기환송판결에 의하여 사건이 원 항소심에 다시 계속하게 되었더면 위 갑에게 한 특허청장 명의의 환송번호 및 심판관지정통지서의 송달은 적법하다.(대판 1985.5.28, 84후102)

9. 항소심으로 파기환송된 사건이 다시 상고된 경우 환송 전의 상고심에서의 소송대리권이 부활하는지 여부(소극) 소송대리권의 범위는 특별한 사정이 없는 한 당해 심급에 한정되므로, 상고심에서 항소심으로 파기환송된 사건이 다시 상고되었을 경우에는 항소심에서의 소송대리인이 그 소송대리권을 상실하게 되고, 이 때 환송 전의 상고심에서의 소송대리인의 대리권이 그 사건이 다시 상고심에 계속되면서 부활하게 되는 것은 아니라고 할 것이어서, 새로운 상고심은 변호사보수의 소송비용산입에 관한 규칙의 적용에 있어서는 환송 전의 상고심과는 별개의 심급으로 보아야 한다.(대결 1996.4.4, 96마148)

10. 민법상 쌍방대리에 관한 법리가 소송상 대리에 유추되는지 여부 민 124조의 해석상 본인의 허락이 있는 경우에는 특정한 법률행위에 관한 대리인은 그 법률행위를 위하여 당사자 쌍방을 유효하게 대리할 수 있다.(대판 1973.10.23, 73다437)

제91조【소송대리권의 제한】 소송대리권은 제한하지 못한다. 다만, 변호사가 아닌 소송대리인에 대하여는 그러하지 아니하다.

◼ 변호사가 아닌 소송대리인(87), 소송대리권의 범위(90)

제92조【법률에 의한 소송대리인의 권한】 법률에 의하여 재판상 행위를 할 수 있는 대리인의 권한에는 제90조와 제91조의 규정을 적용하지 아니한다.

◼ 소송대리권의 제한(91), 법률에 의하여 재판상의 행위를 할 수 있는 대리인(87)

1. 국가소송수행자로 지정된 자가 법무부장관의 승인 없이 행한 청구인낙의 효력 국가소송 7조에 의하면 국가소송수행자로 지정된 자는 당해 소송에 관하여 대리인의 선임 이외의 모든 재판상의 행위를 할 수 있도록 규정되어 있으므로, 소송수행자는 별도의 특별수권 없이 당해 청구의 인낙을 할 수 있고, 그 인낙행위가 같은 법 시행령 3조 및 같은 법 시행규칙 11조 5항 소정의 법무부장관 등의 승인 없이 이루어졌다고 하더라도 소송수행자가 내부적으로 지휘감독상의 책임을 지는 것은 별론으로 하고 그 소송법상의 효력에는 아무런 영향이 없다.(대판 1995.4.28, 95다3077)

제93조【개별대리의 원칙】 ① 여러 소송대리인이 있는 때에는 각자가 당사자를 대리한다.
② 당사자가 제1항의 규정에 어긋나는 약정을 한 경우 그 약정은 효력을 가지지 못한다.

◼ 송달(174~197), 공동대리(상12·208·389②)

제94조【당사자의 경정권】 소송대리인의 사실상 진술은 당사자가 이를 곧 취소하거나 경정(更正)한 때에는 그 효력을 잃는다.

1. 소송대리인이 있는 경우 본인에 대한 송달 적법 여부(적극) 당사자가 소송대리인을 선임하여 일체의 소송행위를 수

행케 하였다 할지라도 소송기일 판결정본 등을 당사자 본인에게 송달한 것이 위법은 아니다.(대결 1970.6.5, 70마325)

제95조【소송대리권이 소멸되지 아니하는 경우】
다음 각호 가운데 어느 하나에 해당하더라도 소송대리권은 소멸되지 아니한다.
1. 당사자의 사망 또는 소송능력의 상실
2. 당사자인 법인의 합병에 의한 소멸
3. 당사자인 수탁자(受託者)의 신탁임무의 종료
4. 법정대리인의 사망, 소송능력의 상실 또는 대리권의 소멸·변경

▣ 소송대리권(90~92), 임의대리의 소멸원인(민127·128), 합병으로 인한 소멸(상227 iv·235·530의2·609①), 신탁의 임무종료(신탁12-16)
1. 대리권 불소멸의 의미 소송계속 중 회사인 일방 당사자의 합병에 의한 소멸로 인하여 소송절차 중단 사유가 발생하였음에도 이를 간과하고 변론이 종결되어 판결이 선고된 경우에는 그 판결은 소송에 관여할 수 있는 적법한 수계인의 권한을 배제한 결과가 되는 절차상 위법은 있지만 그 판결이 당연무효라 할 수는 없고, 다만 그 판결은 대리인에 의하여 적법하게 대리되지 않았던 경우와 마찬가지로 보아 대리권 흠결을 이유로 상소 또는 재심에 의하여 그 취소를 구할 수 있을 뿐이나, 소송대리인이 선임되어 있는 경우에는 민소 95조에 의하여 그 소송대리권은 당사자인 법인의 합병에 의한 소멸로 인하여 소멸하지 않고 그 대리인은 새로운 소송수행권자로부터 종전과 같은 내용의 위임을 받은 것과 같은 대리권을 가지는 것으로 볼 수 있으므로, 법원으로서는 당사자의 변경을 간과하여 판결에 구 당사자를 표시하여 선고한 때에는 소송수계인을 당사자로 경정하면 될 뿐, 구 당사자 명의로 선고된 판결을 대리권 흠결을 이유로 상소 또는 재심에 의하여 취소할 수는 없다.(대판 2002.9.24, 2000다49374)

제96조【소송대리권이 소멸되지 아니하는 경우】
① 일정한 자격에 의하여 자기의 이름으로 남을 위하여 소송당사자가 된 사람에게 소송대리인이 있는 경우에 그 소송대리인의 대리권은 당사자가 자격을 잃더라도 소멸되지 아니한다.
② 제53조의 규정에 따라 선정된 당사자가 그 자격을 잃은 경우에는 제1항의 규정을 준용한다.

▣ 중단과 소송대리(237·238), 타인을 위하여 '소송당사자가 되는 경우(상894②), 회생파산78·359, 신탁68), 선정당사자의 자격상실(54·63·237②)

제97조【법정대리인에 관한 규정의 준용】
소송대리인에게는 제58조제2항·제59조·제60조 및 제63조의 규정을 준용한다.

▣ 법정대리인 등의 증명(58②), 소송능력의 흠에 대한 조치와 추인(59·60), 소송대리권의 소멸통지(63), 소송대리권 소멸통지의 신고(민소규17)
1. 제1심 소송대리권의 흠결과 항소심 소송대리인에 의한 묵시적 추인 대리권이 흠결된 제1심 피고소송대리인의 제1심에서의 소송행위는 항소심에서 피고로부터 소송위임을 받은 소송대리인이 전자의 소송을 이어받아 그 결과를 인용하면서 계속 수행함으로써 묵시적으로 추인된다.(대판 1981.7.28, 80다2534)
2. 당사자 본인 이름으로 상고이유서가 제출된 때 상고수권이 흠결된 소송대리인의 상고소송행위 위법이 치유되는지 여부 상소의 제기에 관하여 필요한 수권이 흠결된 소송대리인이 상고장을 제출하였다 하더라도 상고이유서가 당사자 본인명의로 제출되었을 경우에는 당사자는 그 소송대리인의 상고소송행위를 추인한 것으로 볼 것이다.(대판 1962.10.11, 62다439)

3. 소송행위 당시 미성년자였던 당사자 본인이 성년이 된 후 묵시적으로 추인한 경우 소송능력의 흠결이 치유되는지 여부 당사자가 소송행위 당시 또는 변호사를 선임할 당시에 미성년자였다고 하더라도 성년이 된 후에 묵시적으로 추인하였다고 보이는 경우에는 소송능력의 흠결이 치유된 것이다.(대판 1970.12.22, 70다2297)
4. 무권대리인이 행한 소송행위에 대한 추인의 불가분성 및 그 예외 무권대리인이 행한 소송행위의 추인은 소송행위의 전체를 일괄해서 하여야 하는 것이고 그중에서 일부의 소송행위만을 허용하는 것은 소송의 혼란을 일으키게 할 염려가 있으므로 이를 허용할 수 없다는 이론은 일반론으로는 정당하다. 그런데 본건에서는 갑이 원고 대표자의 도장을 도용하여 변호사에게 피고 등에 대한 소송행위의 위임을 하여 소송을 진행한 결과 1심에서 원고가 승소하였고 피고들의 항소 제기로 소송이 2심에 계속된 후에 갑이 본건 소를 취하하였으므로 원고는 위 일련의 소송행위 중에서 소 취하 행위만을 제외하고 전부 추인한바, 이러한 경우에는 소 취하 행위만을 다른 소송행위에서 분리하여도 독립된 의미가 있어 이것만을 제외하고 추인하더라도 소송의 혼란을 일으킬 염려가 없고, 소송경제상으로도 적절하여 본건 소 취하 행위만을 제외한 추인은 유효하다.(대판 1973.7.24, 69다60)

제3장 소송비용

제1절 소송비용의 부담

제98조【소송비용부담의 원칙】
소송비용은 패소한 당사자가 부담한다.

▣ 비용범위(383·389단·473④), 소송의 비용담보(117-127), 소송상 구조(128-133), 소송비용(행소32)
1. 소송비용상환청구권의 성질 소송비용상환청구권은 소송에서 패소하였다는 사실을 요건으로 소송상 발생하는 실체적 권리이기는 하나 그 성질은 사법상의 청구권이며 상계의 수동채권으로 될 수 있다.(대판 1994.5.13, 94다9856)
2. 소송비용으로 지출한 금액을 별도로 청구할 수 있는지 여부(소극) 피해자가 법원의 감정명령에 따라 신체감정을 받으면서 그 감정을 위한 제반 검사비용으로 지출한 금액은 예납의 절차에 의하지 않고 직접 지출하였다 하더라도 감정비용에 포함되는 것으로서 소송비용에 해당하는 것이고, 소송비용으로 지출한 금액은 소송비용확정의 절차를 거쳐 상환받을 수 있는 것이어서 이를 별도로 소구할 이익이 없다.(대판 2000.5.12, 99다68577)
3. 대출금 회수를 위한 법적절차비용을 채무자가 변상하기로 한 약정의 효력 대출금 회수를 위하여 은행이 지출하는 법적절차비용을 은행이 정하는 바에 따라 채무자가 변상하기로 하는 취지의 약정을 한 경우, 이러한 약정은 사법상의 손해배상의 예약이라 봄이 상당하나, 이러한 약정이 있었다 하더라도 그 손해액은 상당한 범위내의 손해이어야 할 것인 즉, 위 법적절차비용이 변호사보수인 경우 그 보수가 상당한 범위내의 것이냐 여부는 변호사보수 중 소송비용산입에 관한 규칙에 의한 보수기준도 일단 참작이 되지만 종국적인 판단기준이 되는 것은 아니며, 그 외 소속 변호사회의 규약, 소송물가액, 사건의 난이도, 소송진행과정, 판결결과 등 여러 가지 사정을 참작하여 합리적으로 판단하여야 한다.(대판 1986.9.19, 86다카70)
4. 소송비용액확정결정을 받은 채권자가 구 민소 524조의2 1항에 의한 재산관계명시신청을 할 수 있는지 여부(적극) 재산관계의 명시신청을 할 수 있는 구 민소 524조의2 1항 소정의 확정판결, 206조의 조서, 확정된 지급명령 또는 민사조정조서 등에서 정하여진 소송비용 부담부분이 확정된 집행

권원이고 소송비용액확정결정은 위 집행권원에 의하여 확정된 소송비용상환청구권을 집행하기 위하여 그 수액을 정하는 보충적, 부수적인 재판으로서 위 집행권원과 밀접불가분한 일체의 관계에 있으므로, 소송비용액확정결정을 받은 채권자는 같은 법 524조의2 1항에 의한 재산관계명시신청을 할 수 있다.(대결 1995.4.18, 94마2190)

5. 민사소송법상의 소송비용부담 원칙의 취지 현행 민사소송법은 소송비용의 부담에 관하여 패소자부담의 원칙을 취하고 있고, 과실책임주의를 취하고 있는 것이 아니다.(대판 1995.6.30, 95다12927)

6. 상고허가신청이 기각된 경우 상대방으로서 지출한 비용을 신청인에게 부담시킬 수 있는지 여부(소극) 상고허가신청에 대한 재판은 원심판결의 당부를 심판하는 것이 아니고 단지 법령해석의 통일을 기하기 위하여 신청서 또는 신청이유서와 소송기록에 기하여 당해사건이 법령의 해석에 관한 중요한 사항을 포함하는 것으로 인정되는 사건인가의 여부를 심사하여 그 허부만을 결정하는 것이고 그 심리절차에 있어서도 대심적 소송구조라고는 볼 수 없으며, 소송촉진 등에 관한 특례법 시행규칙이 상대방에게 신청서 또는 신청이유서를 송달케 하는 것도 상고허가 신청이 있었다는 사실을 통지하는 외에 방어를 위한 소송행위를 하라는 취지는 아니라 할 것이어서 비록 상대방이 답변서 등을 제출하였다 하더라도 이는 상고허가신청의 기각결정을 촉구하는 임의적인 것이라 할 것이고 위 소송촉진 등에 관한 특례법 및 그 시행규칙에 근거하는 소송행위가 아니므로 이를 위하여 대리인을 선임하는 등 비용을 지출하였다 하더라도 이는 자기가 부담할 것이다.(대결 1985.7.9, 84카55)

제99조【원칙에 대한 예외】 법원은 사정에 따라 승소한 당사자로 하여금 그 권리를 늘리거나 지키는 데 필요하지 아니한 행위로 말미암은 소송비용 또는 상대방의 권리를 늘리거나 지키는 데 필요한 행위로 말미암은 소송비용의 전부나 일부를 부담하게 할 수 있다.

■ 패소자부담의 원칙(98)

제100조【원칙에 대한 예외】 당사자가 적당한 시기에 공격이나 방어의 방법을 제출하지 아니하였거나, 기일이나 기간의 준수를 게을리 하였거나, 그 밖에 당사자가 책임져야 할 사유로 소송이 지연된 때에는 법원은 지연됨으로 말미암은 소송비용의 전부나 일부를 승소한 당사자에게 부담하게 할 수 있다.

■ 공격방어(146·149·285), 기일해태(148·150③·153·284), 기일·기간(165~173)

1. 일부 패소의 경우 소송비용 부담의 결정방법 일부 패소의 경우에 각 당사자가 부담할 소송비용은 법원이 제반 사정을 종합하여 재량에 의해 정할 수 있는 것이고, 반드시 청구액과 인용액의 비율만으로 정해야 하는 것은 아니다.(대판 2007.7.12, 2005다38324)

제102조【공동소송의 경우】 ① 공동소송인은 소송비용을 균등하게 부담한다. 다만, 법원은 사정에 따라 공동소송인에게 소송비용을 연대하여 부담하게 하거나 다른 방법으로 부담하게 할 수 있다.

② 제1항의 규정에 불구하고 법원은 권리를 늘리거나 지키는 데 필요하지 아니한 행위로 생긴 소송비용은 그 행위를 한 당사자에게 부담하게 할 수 있다.

■ 공동소송인(65~70·83), 연대(민413~427)

1. 판결주문에서 단순히 소송비용은 공동소송인들의 부담으로 한다고 정한 경우 구체적 해결방법 판결주문에서 공동소송인별로 소송비용의 부담비율을 정하거나, 연대부담을 명하지 아니하고 단순히 소송비용은 피고들의 부담으로 한다고 정하였다면 공동소송인들은 상대방에 대하여 균등하게 소송비용을 부담하고, 공동소송인들 상호간에 내부적으로 비용분담 문제가 생기더라도 그것은 그들 사이의 합의와 실체법에 의하여 해결하여야 한다.(대결 2001.10.16, 2001마1774)

2. 수인의 공동소송인이 패소한 경우 소송비용 산정방법 수인의 공동소송인이 패소한 경우, 그 중 1인이 승소한 상대방 당사자에게 부담하여야 할 소송비용에 산입되는 변호사보수는 그 1인이 관련된 소송물가액만을 기준으로 산정할 것이 아니고, 전체 소송물가액을 기준으로 공동소송인들이 공동으로 부담할 소송비용에 산입되는 변호사보수를 산정한 다음, 판결 주문에서 공동소송인들에 대하여 명한 소송비용 부담방식에 따라서 1인이 부담할 몫을 정하여야 한다.(대결 2001.10.16, 2001마1774)

3. 공동소송인이 공동으로 변호사를 선임하여 소송을 수행하게 한 경우 그 공동소송인들이 지급하였거나 지급할 변호사 보수를 소송비용에 산입함에 있어 그 변호사 보수의 산정 방법 수인의 공동소송인이 공동으로 변호사를 선임하여 소송을 수행하게 한 경우에 특별한 사정(예컨대 그 공동소송인이 실질적으로는 단일소송이나 다름없을 정도로 공동소송인 사이에 관련성이 희박하면서도 형식상으로만 공동소송으로 되어 있다는 등)이 없는 한, 그 공동소송인들이 지급하였거나 지급할 변호사보수를 소송비용에 산입함에 있어서는, 각 공동소송인별로 소송물가액을 정하여 변호사보수의 소송비용 산입에 관한 규칙 3조에 의한 변호사보수를 각 개인별로 산정한 다음 이를 합산할 것이 아니라, 동일한 변호사를 선임한 공동소송인들의 각 소송물가액을 모두 합산한 총액을 기준으로 위 규칙 3조에 따른 비율을 적용하여 변호사보수를 산정하는 것이 옳다.(대결(全) 2000.11.30, 2000마5563)

4. 수인의 공동소송인이 서로 다른 변호사를 선임하여 소송을 수행하였는데 소송비용을 상대방이 전부 부담하는 판결이 선고된 경우 및 소송비용을 공동소송 중 일부와 상대방 사이에 생긴 부분과 나머지 공동소송인과 상대방 사이에 생긴 부분으로 나누어 각 해당 부분의 공동소송인이 부담한다고 정한 경우의 상환할 변호사보수 산정방법 수인의 공동소송인이 서로 다른 변호사를 선임하여 소송을 수행하게 하였는데 소송비용을 상대방이 전부 부담하는 판결이 선고된 경우, 소송비용액 확정 절차에서 그 상대방이 공동소송인 중 일부 당사자에게 상환할 변호사보수는 그 당사자에 관한 소송목적의 값을 기준으로 하여 변호사보수의 소송비용 산입에 관한 규칙에 따라 산정된 변호사수액으로 전체이다. 판결주문에서 단순히 소송비용을 공동소송인들이 부담한다고 정하지 아니하고 소송비용을 공동소송인 중 일부와 상대방 사이에 생긴 부분과 나머지 공동소송인과 상대방 사이에 생긴 부분으로 나누어 각 해당 부분의 공동소송인이 부담한다고 정하였다면, 공동소송인 각자가 상대방에게 상환할 변호사보수는 전체 공동소송인의 소송목적의 값을 합산한 금액을 기준으로 하여 변호사보수의 소송비용 산입에 관한 규칙에 따라 산정된 변호사보수액 중 전체 공동소송인의 소송목적의 값을 합산한 금액에서 각 해당 부분에 속한 공동소송인의 소송목적의 값을 합산한 금액이 차지하는 비율에 따라 안분한 금액을 다시 각 해당 부분의 공동소송인 사이에 균

분하는 방식으로 정하여야 한다.(대결 2013.7.26, 2013마643)

제103조【참가소송의 경우】
참가소송비용에 대한 참가인과 상대방 사이의 부담과, 참가인이의신청의 소송비용에 대한 참가인과 이의신청 당사자 사이의 부담에 대하여는 제98조 내지 제102조의 규정을 준용한다.

▣ 이의(73~76)

제104조【각 심급의 소송비용의 재판】
법원은 사건을 완결하는 재판에서 직권으로 그 심급의 소송비용 전부에 대하여 재판하여야 한다. 다만, 사정에 따라 사건의 일부나 중간의 다툼에 관한 재판에서 그 비용에 대한 재판을 할 수 있다.

▣ 종국판결(198·199), 중간판결(201), 일부판결(200)

1. 소송비용재판에 대한 불복방법 소송비용의 재판에 대한 불복은 본안의 재판에 대한 상고의 전부 또는 일부가 이유 있는 경우에 한하여 허용되는 것이고, 본안의 상고이유가 없는 경우에는 허용될 수 없다.(대판 1981.7.7, 80다2185)

제105조【소송의 총비용에 대한 재판】
상급법원이 본안의 재판을 바꾸는 경우 또는 사건을 환송받거나 이송받은 법원이 그 사건을 완결하는 재판을 하는 경우에는 소송의 총비용에 대하여 재판하여야 한다.

▣ 재판의 변경(416~418·436·437), 사건의 환송(418·436), 사건의 이송(34~40·419·436), 독립상소의 금지(391)

1. "항소비용은 원고의 부담으로 한다"는 판결의 의미 환송 후 원심법원이 판결에서 "항소비용은 원고의 부담으로 한다"는 내용의 종국판결을 선고함으로써 비록 소송총비용이란 용어를 사용하지는 아니하였으나, 그 취지는 당해 심급에 대한 소송비용의 부담만을 정한 것이 아니고, 그 환송 전 원심결과 환송판결 및 환송 후 판결까지의 소송총비용에 관하여 패소인 원고의 부담으로 한다는 재판을 한 것으로 해석된다.(대결 1993.9.22, 93마1232)

제106조【화해한 경우의 비용부담】
당사자가 법원에서 화해한 경우(제231조의 경우를 포함한다) 화해비용과 소송비용의 부담에 대하여 특별히 정한 바가 없으면 그 비용은 당사자들이 각자 부담한다.

▣ 화해(145·385~389), 화해권고결정의 효력(231), 화해조서의 효력(220, 민집57), 화해한 경우의 비용액 추정(113)

1. 소송상화해에서 소송비용 각자부담으로 되어 있는 경우 소송비용액의 확정을 구할 수 있는지 여부(소극) 민사소송법에 의한 소송비용액확정결정은 법원이 소송비용액의 부담을 정한 재판에 그 수액을 정하지 아니한 때에 당사자의 신청에 의하여 상대방이 부담할 수액을 확정하는 것이지 스스로 부담할 수액을 확정하거나 자기가 소송비용으로 지출한 수액을 확인해 주는 절차는 아니므로, 소송상 화해가 이루어졌는데 그 화해조항에 소송비용은 각자의 부담으로 하기로 되어 있다면 상대방이 상환해 주어야 할 소송비용이 없고, 소송비용액확정의 문제가 생길 여지도 없으므로 양도소득세의 필요경비로 공제받기 위해 스스로 부담하여야 할 소송비용액의 확정을 구할 수 없다.(대결 1991.4.22, 91마152)

제107조【제3자의 비용상환】
① 법정대리인·소송대리인·법원사무관등이나 집행관이 고의 또는 중대한 과실로 쓸데없는 비용을 지급하게 한 경우에는 수소법원은 직권으로 또는 당사자의 신청에 따라 그에게 비용을 갚도록 명할 수 있다.

② 법정대리인 또는 소송대리인으로서 소송행위를 한 사람이 그 대리권 또는 소송행위에 필요한 권한

을 받았음을 증명하지 못하거나, 추인을 받지 못한 경우에 그 소송행위로 말미암아 발생한 소송비용에 대하여는 제1항의 규정을 준용한다.

③ 제1항 및 제2항의 결정에 대하여는 즉시항고를 할 수 있다.

▣ ① 신청(161), 소송비용의 부담(311·318·326), ② 대리권 수권(58·97), 소송행위시 필요한 수권(56·62④), 추인(60·97), ③ 즉시항고(444)

제108조【무권대리인의 비용부담】
제107조제2항의 경우에 소가 각하된 경우에는 소송비용은 그 소송행위를 한 대리인이 부담한다.

▣ 법정대리인의 소송비용 부담명령(107②), 패소자부담의 원칙(98)

1. 파산절차에서도 소송대리권의 증명 및 무권대리의 소송비용 부담에 관한 규정이 적용되는지 여부(적극) 소송절차에서의 소송대리권 증명 및 무권대리인의 소송비용 부담에 관한 법리는 파산절차에도 준용된다.(대결 1997.9.22, 97마1574)

2. 본조에 의하여 소송대리인이 소송비용을 부담하게 되는 경우 소송대리인의 불복방법 소송대리인에게 대리권이 없다는 이유로 소가 각하되고 구 민소 99조의 규정에 의하여 소송대리인이 소송비용 부담의 재판을 받은 경우에는, 일반적인 소송비용 부담의 경우와는 달리 소송비용을 부담하는 자가 본안의 당사자가 아니어서 소송비용의 재판에 대하여 독립한 상소를 금지하는 같은 법 361조, 395조, 413조의 규정이 적용된다고 볼 것은 아니라고 할 것이나, 소송비용 부담의 재판에 의하여 소송대리인이 소송의 당사자가 되는 것은 아니고 법원으로서도 당사자 사이에서 분쟁에 관하여 재판을 한 것이라고 할 수 없으므로, 소송대리인으로서는 법원 자체에 대하여 제기할 수 있는 즉시항고나 재항고에 의하여 불복하는 것은 별론으로 하고, 당사자 등을 상대방으로 한 항소나 상고를 제기할 수는 없다.(대판 1997.10.10, 96다48756)

3. 무권대리인이 제1심에만 관여하여 본안판결이 이루어진 후 항소심에서 소송대리권의 흠결을 이유로 무권대리인에게 소송비용의 부담을 명하기 위한 절차 구 민소 99조에 의하여 무권대리인에게 소송비용의 부담을 명하는 재판을 함에 있어 일반적으로는 무권대리인이 관여한 심급에서 재판이 이루어지게 되어 소송대리권의 존부에 관한 심리절차에 무권대리인의 참여가 보장되어 있으므로 무권대리인에게 소송비용의 부담을 명하기 전에 별도로 방어의 기회를 줄 필요는 없다고 할 것이지만, 무권대리인이 제1심에만 관여하여 본안판결이 이루어진 후 무권대리인이 관여하지 못하게 된 항소심에 이르러 비로소 제1심에서의 소송대리권의 존부가 문제되어 그 흠결을 이유로 무권대리인에게 소송비용의 부담을 명하는 경우라면, 무권대리인으로서는 그에 대한 비용부담의 재판에 대하여 전혀 관여할 수 없는 입장에 서게 되므로, 이 경우 항소심으로서는 의무를 부과하는 재판에서의 절차 보장의 원칙상 무권대리인을 심문한다거나 서면으로 그의 의견을 묻는 등의 방법으로 그로 하여금 방어할 수 있는 기회를 주어야 한다.(대결 1997.10.10, 96마2133)

제109조【변호사의 보수와 소송비용】
① 소송을 대리한 변호사에게 당사자가 지급하였거나 지급할 보수는 대법원규칙이 정하는 금액의 범위안에서 소송비용으로 인정한다.

② 제1항의 소송비용을 계산할 때에는 여러 변호사가 소송을 대리하였더라도 한 변호사가 대리한 것으로 본다.

▣ 변호사의 보수(변호사보수의 소송비용 산입에 관한 규칙1)

1. 변호사보수를 소송비용에 산입하여 패소한 당사자의 부담으로 한 것이 청구인의 재판청구권을 침해하는지 여부(소

극) 이 사건 법률조항이 변호사보수를 소송비용에 산입하여 패소한 당사자의 부담으로 한 것은 정당한 권리행사를 위하여 소송을 제기하거나 부당한 제소에 대하여 응소하려는 당사자를 위하여 실효적인 권리구제를 보장하고, 남소와 남상소를 방지하여 사법제도의 적정하고 합리적인 운영을 도모하려는 것이므로 입법목적이 정당하고, 이로써 정당한 권리실행을 위하여 소송을 제기하거나 응소한 사람은 지출한 변호사비용을 상환받을 수 있게 되고, 패소할 경우 비교적 고액인 변호사비용의 부담으로 인하여 부당한 제소 및 방어와 상소를 자제하게 되어 입법목적의 달성에 실효적인 수단이 된다고 할 것이므로 방법의 적정성도 인정된다.(헌재 2011.5.26, 2010헌바204)

2. 소송위임사무에 대하여 보수를 청구하는 경우 법원이 감액 산정할 수 있는 기준 변호사의 소송위임사무처리에 대한 보수에 관하여 의뢰인과의 사이에 약정이 있는 경우에 위임사무를 완료한 변호사는 특별한 사정이 없는 한 약정된 보수액을 전부 청구할 수 있는 것이 원칙이지만, 의뢰인과의 평소부터의 관계, 사건 수임의 경위, 착수금의 액수, 사건처리의 경과와 난이도, 노력의 정도, 소송물 가액, 의뢰인이 승소로 인하여 얻게 된 구체적 이익과 소속 변호사회의 보수규정, 기타 변론에 나타난 제반 사정을 고려하여 약정된 보수액이 부당하게 과다하여 신의성실의 원칙이나 형평의 원칙에 반한다고 볼 만한 특별한 사정이 있는 경우에는 예외적으로 상당하다고 인정되는 범위 내의 보수액만을 청구할 수 있다고 보아야 한다.(대판 1995.4.25, 94다57626)

3. 소송절차에 전혀 관여한 바 없는 변호사에게 지급된 보수가 소송비용에 포함될 수 있는지 여부(소극) 소송대리인으로 선임된 변호사가 소송사건의 변론종결 시까지 변론이나 증거조사 등 소송절차에 전혀 관여한 바가 없다면 그에 대하여 보수가 지급되었다 하더라도 소송비용에 포함될 수 없다.(대결 1992.11.30, 90마1003)

4. 파기환송된 사건이 다시 상고된 경우의 그 상고심의 성격 환송 전의 상고심에서의 소송대리인의 대리권이 그 사건이 다시 상고심에 계속되면서 부활하는 것은 아니므로, 새로운 상고심은 변호사보수의 소송비용 산입에 관한 규칙을 적용함에 있어서는 환송 전의 상고심과는 별개의 심급으로 보아야 한다.(대결 1996.4.4, 96마148)

5. 동일한 변호사를 소송대리인으로 선임한 별개의 소송이 병합된 경우 변호사보수액의 산정 방법 수인의 공동소송인이 공동으로 변호사를 선임하여 소송을 수행하게 한 경우에 그 공동소송인들이 지급하였거나 지급할 변호사보수를 소송비용에 산입함에 있어서는, 동일한 변호사를 선임한 공동소송인들의 각 소송물가액을 모두 합산한 총액을 기준으로 구 변호사보수의 소송비용 산입에 관한 규칙 3조에 따른 비율을 적용하여 소송비용에 산입할 변호사보수액을 산정하여야 하지만, 이와는 달리 별개로 진행된 복수의 소송에서 당사자가 각각 별도로 변호사를 소송대리인으로 선임하였다가 나중에 법원의 변론병합결정에 의하여 공동소송인이 되었다면, 그 선임된 변호사가 동일인이라고 하더라도 그 공동소송인마다 따로 소송물가액에 따라 구 규칙 3조에 의한 변호사보수액을 산정한 후 이를 합산함이 상당하다.(대결 2008.6.23, 2007마634)

제110조 【소송비용액의 확정결정】 ① 소송비용의 부담을 정하는 재판에서 그 액수가 정하여지지 아니한 경우에 제1심 법원은 그 재판이 확정되거나, 소송비용부담의 재판이 집행력을 갖게된 후에 당사자의 신청을 받아 결정으로 그 소송비용액을 확정한다.
② 제1항의 확정결정을 신청할 때에는 비용계산서, 그 등본과 비용액을 소명하는 데 필요한 서면을 제출하여야 한다.
③ 제1항의 결정에 대하여는 즉시항고를 할 수 있다.

■ ① 소송비용액의 확정신청(민소규18·26③), 재판의 집행력(213·221·444), 신청(161), 첨용인자(민인자9), ② 소명(299), ③ 즉시항고(444), 2항·3항의 준용(113·114, 민집규24②)

1. 신체감정비용을 별도로 소구할 이익이 있는지 여부(소극) 법원의 감정명령에 따라 신체감정을 받으면서 제반 검사비용으로 지출한 금액은 예납의 절차에 의하지 않고 직접 지출하였다 하더라도 감정비용에 포함되는 것으로서 소송비용에 해당하는 것이고, 소송비용으로 지출한 금액은 소송비용 확정의 절차를 거쳐 상환받을 수 있는 것이므로 별도로 소구할 이익이 없다.(대판 1987.3.10, 86다카803)

2. 확정된 본안재판에서 소송비용의 부담에 관한 판단을 빠뜨린 경우의 조치 소송비용액확정결정신청은 법원이 소송비용의 부담을 정한 재판에 그 수액을 정하지 아니한 경우에 할 수 있는 것이므로 그 확정된 본안재판에 소송비용의 부담에 관한 실체적인 판단이 없는 경우에는 법원이 그 소송비용을 확정할 수 없다.(대결 1965.12.22, 65두12)

3. 소송비용액확정결정의 의의 민사소송법에 의한 소송비용액확정결정은 법원이 소송비용의 부담을 정한 재판에 그 수액을 정하지 아니한 때에 당사자의 신청에 의하여 상대방이 부담할 수액을 확정하는 것이지 스스로 부담할 수액을 확정하거나 자기가 소송비용으로 지출한 수액을 확인해주는 절차는 아니다.(대결 1991.4.22, 91마152)

4. 소송비용액확정절차에서 실체상의 권리소멸의 항변을 할 수 있는지 여부(소극) 소송비용액확정결정의 목적은 소송비용의 부담을 정한 재판이 그 수액을 정하지 아니한 때에 그 수액을 확정함에 목적이 있고 상환의무 내지 권리의 존재를 확정하는 것이 아니므로, 이 절차에 있어서는 화해 등에 의하여 그 권리가 소멸하였다는 항변은 할 수 없다.(대결 1965.2.9, 64마819)

5. 공동소송 중 일부만 소송비용액 확정을 신청한 경우의 소송비용액 확정에 관한 법리 수인의 공동소송인 중 일부만 소송비용액 확정을 신청한 경우에는 공동소송인 전원이 신청한 경우를 전제로 소송비용액을 계산한 다음 그 중 당해 신청인이 상환받을 수 있는 금액에 대하여만 확정결정을 하여야 하고, 수인의 공동소송인 중 일부만을 상대로 소송비용액 확정을 신청한 경우에도 공동소송인 전원을 상대로 신청한 경우를 전제로 소송비용액을 계산한 다음 그 중 당해 피신청인이 부담하여야 할 금액에 대하여만 확정결정을 하여야 한다. 그리고 이러한 법리는 소송이 재판에 의하지 아니하고 완결되어 수인의 공동소송인 중 일부에 관하여 소송비용부담의 재판과 함께 소송비용액 확정을 구하는 신청을 한 경우에도 적용된다.(대결 2008.6.26, 2008마534)

6. 동일한 변호사를 선임하는 공동소송인들 사이에 소송물의 중복관계가 있는 경우의 소송물가액 산정방법 소송물가액이 많아짐에 따라 변호사보수의 산정비율이 낮아지는 역진제 방식을 취하고 있는 변호사보수의 소송비용 산입에 관한 규칙의 규정내용과 이와 유사하게 역진제 방식으로 소송물가액에 따라 계산하게 되어 있는 인지액 계산의 경우에 중복관계 또는 흡수관계 등이 없는 한 복수의 소송물가액은 모두 합산하여 총액에 의한 인지액을 산출하도록 되어 있는 점, 그리고 동일한 변호사가 수인의 공동소송인으로부터 공동으로 소송대리를 수임하여 업무를 수행하는 경우 소요되는 노력의 정도 등을 고려하여 보면, 수인의 공동소송인이 공동으로 변호사를 선임하여 소송을 수행하게 된 경우에, 특별한 사정(예컨대, 그 공동소송이 실질적으로는 독립소송이나 다름없을 정도로 공동소송인 사이에 관련성이 희박하면서도 형식상으로만 공동소송으로 되어 있다는 등)이 없는 한, 소송비용에 산입할 변호사보수의 산정은 공동소송인별로 소송물가액을 정하여 규칙 3조에 의한 변호사보수를 개인별로 산정한 다음 이를 합산할 것이 아니라, 동일한 변호

사를 선임한 공동소송인들 전부에 대한 총 소송물가액을 기준으로 규칙 3조에 따른 비용을 적용하여 변호사보수를 산정하여야 하고, 같은 취지에서 동일한 변호사를 선임하는 공동소송인들 사이에 소송물의 중복관계가 있는 경우에는 변호사보수 계산의 기준이 되는 소송물가액은 각 공동소송인의 소송물 중 최다액의 소송물가액만을 기준으로 하고, 중복된 공동소송인의 소송물가액을 합산하여서는 아니 된다.(대결 2001.8.13, 2000마7028)

7. 상소심에 제기된 재심청구 사건과 소송비용액 확정사건의 관할법원 민소 110조에 의하면, 소송비용의 부담을 정하는 재판에서 그 액수가 정하여지지 아니한 경우에는 그 재판이 확정되거나 소송비용 부담의 재판이 집행력을 갖게 된 후에 제1심법원이 당사자의 신청을 받아 그 소송비용액을 확정하는 결정을 하는 것인바, 상소심에 제기된 재심청구 사건의 판결에서 소송비용의 부담자만을 정하고 그 액수를 정하지 아니한 경우에도 그 소송비용액의 확정결정은 제1심법원이 하여야 한다.(대결 2008.3.31, 2006마1488)

8. 소송비용액 확정결정사건에 관하여 사법보좌관규칙 4조 5항 등에 규정된 '판사'의 의미(제1심 수소법원) 민소 110조 1항의 소송비용액 확정결정은 제1심법원이 하는데 이는 성질상 수소법원의 전속관할에 속하는 점, 사법보좌관규칙의 규정으로 민사소송법상의 전속관할에 관한 규정이 변경된 것으로 볼 수는 없는 점, 사법보좌관규칙 소정의 '판사'가 언제나 단독판사만을 의미하는 것은 아니라는 점 등을 고려할 때, 소송비용액 확정결정사건에 관하여 사법보좌관규칙 4조 5항, 6항 3호, 5호 등에 규정된 '판사'는 '제1심 수소법원'을 가리키는 것으로 봄이 상당하다.(대결 2008.6.23, 2007마634)

제111조 【상대방에 대한 최고】 ① 법원은 소송비용액을 결정하기 전에 상대방에게 비용계산서의 등본을 교부하고, 이에 대한 진술을 할 것과 일정한 기간 이내에 비용계산서와 비용액을 소명하는 데 필요한 서면을 제출할 것을 최고(催告)하여야 한다.
② 상대방이 제1항의 서면을 기간 이내에 제출하지 아니한 때에는 법원은 신청인의 비용에 대하여서만 결정할 수 있다. 다만, 상대방도 제110조제1항의 확정결정을 신청할 수 있다.

■ 본조 준용(113·114), 비용액확정결정(110), 기간(170·172), 소명(299, 민집규24②)

제112조 【부담비용의 상계】 법원이 소송비용을 결정하는 경우에 당사자들이 부담할 비용은 대등한 금액에서 상계(相計)된 것으로 본다. 다만, 제111조제2항의 경우에는 그러하지 아니하다.

■ 소송비용액 확정결정(110), 본조 준용(113·114), 상계(민492·493)

1. 상대방이 비용액확정절차에서 다른 채권을 가지고 상계의 항변을 제출할 수 있는지 여부(소극) 소송비용확정절차에 있어서는 변제 상계 등의 권리소멸의 항변은 허용되지 아니한다.(대판 1964.3.30, 63마201)

제113조 【화해한 경우의 비용액확정】 ① 제106조의 경우에 당사자가 소송비용부담의 원칙만을 정하고 그 액수를 정하지 아니한 때에는 법원은 당사자의 신청에 따라 결정으로 그 액수를 정하여야 한다.
② 제1항의 경우에는 제110조제2항·제3항, 제111조 및 제112조의 규정을 준용한다.

■ 화해한 경우의 비용부담(106), 소송비용액확정결정신청의 방식(민소규18), 신청(161), 결정(134·221), 부담비용의 상계(112)

제114조 【소송이 재판에 의하지 아니하고 끝난 경우】 ① 제113조의 경우 외에 소송이 재판에 의하지 아니하고 끝나거나 참가 또는 이에 대한 이의신청이 취하된 경우에는 법원은 당사자의 신청에 따라 결정으로 소송비용의 액수를 정하고, 이를 부담하도록 명하여야 한다.
② 제1항의 경우에는 제98조 내지 제103조, 제110조제2항·제3항, 제111조 및 제112조의 규정을 준용한다.

■ 소송비용확정신청의 방식(민소규18), 재판에 의하지 않는 소송완결(220·266·267·393-395·425), 참가(73), 신청(161), 법원사무관 등에 의한 계산(115)

1. 본조에 의한 관할법원 소송이 재판에 의하지 아니하고 완결된 경우에 당사자가 소송비용을 상환받기 위하여는 구 민소 104조 1항에 의하여 당해 소송이 완결될 당시의 소송계속법원에 소송비용부담재판의 신청을 하여야 하고 이를 제1심 수소법원에 소송비용액확정결정신청의 방법으로 할 수는 없다.(대결 1992.11.30, 90마1003)

2. 소의 일부가 취하되거나 청구가 감축된 경우의 소송비용을 상환받기 위한 방법 소의 일부가 취하되거나 또는 청구가 감축된 경우에 소송비용에 관하여는 구 민소 104조가 적용되는 것으로 해석함이 상당하므로, 이 경우 당사자가 일부 취하되거나 청구가 감축된 부분에 해당하는 소송비용을 상환받기 위하여는 위 규정에 의하여 일부 취하되거나 감축되어 그 부분만이 종결될 당시의 소송계속법원에 종국판결과는 별개의 절차로 소송비용부담재판의 신청을 하고 그에 따라 결정된 소송비용의 부담자 및 부담비율을 알 것이며, 당초 소송의 종국판결에서는 직접적으로 판단의 대상이 된 나머지 청구에 관하여만 소송의 승패, 소송수행의 상황 등을 참작하여 소송비용의 부담자 및 부담비율을 정하는 것이다.(대결 1999.8.25, 97마3132)

3. 소 취하일 이후의 소송비용 부담을 선언한 판결의 의미 판결에서 소 취하로 소송이 종료되었음을 선언하고, '소 취하일 이후의 소송비용은 재항고인의 부담으로 한다'고 하였을 때의 소 취하일 이후의 소송비용은 위 날짜 이후로 민사소송법이 규정하는 소송절차를 수행하기 위하여 새로이 지출한 비용을 의미하는 것이고, 전체 소송을 위하여 위 날짜 이전에 지출한 비용을 그 비용지출일로부터 소송종료일까지의 기간 중 위 날짜 이후부터 소송종료일까지의 기간의 비율에 해당하는 금액으로 환산한 비용을 의미하는 것은 아니다.(대결 2005.5.20, 2004마1038)

제115조 【법원사무관등에 의한 계산】 제110조제1항의 신청이 있는 때에는 법원은 법원사무관등에게 소송비용액을 계산하게 하여야 한다.

■ 소송비용확정신청의 방식(민소규26③), 계산하여야 할 경우(110·113·114, 민집규24②)

제116조 【비용의 예납】 ① 비용을 필요로 하는 소송행위에 대하여 법원은 당사자에게 그 비용을 미리 내게 할 수 있다.
② 비용을 미리 내지 아니하는 때에는 법원은 그 소송행위를 하지 아니할 수 있다.

■ 소송비용의 예납의무자(민소규19①), 소송상의 구조(129), 예납불요비용(민비용12), 비용의 국고체당(비송30, 회생파산304, 가소규116①, 민규13①)

1. 증인신문비용을 예납하지 않은 경우 증인채택결정을 취소할 수 있는지 여부(적극) 증인이 주장사실에 대한 유일한 증거방법이라 하더라도 당사자가 그 비용인 증인여비를 예납하지 않을 경우에는 그 증거채택을 취소할 수 있다.(대판 1969.1.21, 68다2188)

2. 예납명령에 대하여 독립하여 불복할 수 있는지 여부 가

사소송에서 상속재산관리인의 보수 상당액의 예납명령에 대하여 불예납을 이유로 하여 청구인에게 불이익한 심판 등이 이루어질 경우 그에 대한 불복절차에서 당부를 다툴 수 있을 뿐 예납명령에 대하여 독립하여 불복할 수 없다.(대결 2001.8.22, 2000으2)

제2절 소송비용의 담보

제117조【담보제공의무】 ① 원고가 대한민국에 주소·사무소와 영업소를 두지 아니한 때 또는 소장·준비서면, 그 밖의 소송기록에 의하여 청구가 이유 없음이 명백한 때 등 소송비용에 대한 담보제공이 필요하다고 판단되는 경우에 피고의 신청이 있으면 법원은 원고에게 소송비용에 대한 담보를 제공하도록 명하여야 한다. 담보가 부족한 경우에도 또한 같다. (2010.7.23 본항개정)

② 제1항의 경우에 법원은 직권으로 원고에게 소송비용에 대한 담보를 제공하도록 명할 수 있다. (2010.7.23 본항신설)

③ 청구의 일부에 대하여 다툼이 없는 경우에는 그 액수가 담보로 충분하면 제1항의 규정을 적용하지 아니한다. (2010.7.23 본항개정)

　■ ① 신청(161), 담보제공방법(122), 담보취소(125), 주소(민18·21·36, 상171), ② 청구인낙(220)

1. 담보가 부족한 경우의 의미 구 민소 107조 1항에서 말하는 '담보가 부족한 때'란 상소 제기나 소의 확장 등으로 말미암아 소송비용이 추가로 소요될 것이 예상되는 경우 등 소송의 경과에 따라 제공된 담보가 충분하지 않게 된 경우를 말하고, 그와 같은 사유가 있음을 알면서도 응소한 경우에만 같은 법 108조에 의하여 담보제공신청권을 상실하며, 담보가 부족한지 여부는 지출한 소송비용의 총액과 담보액을 대비하여 정할 것이고, 전자가 후자를 초과할 때에 피고가 담보의 부족이 생긴 것을 안 것으로 추정할 것이다.(대결 2002.8.14, 2002카담20)

2. 피고가 내국인인지 여부가 피고의 담보제공신청권의 요건인지 여부(소극) 구 민소 107조 1항은 피고의 자격을 제한하고 있지 아니한 점, 원고에게 소송비용의 담보를 제공하도록 한 취지는 소송의 결과 원고가 패소하여 소송비용을 부담하게 되어도 원고가 대한민국에 주소, 사무소와 영업소를 두지 아니할 때는 피고가 소송비용의 상환청구권에 기한 변제를 받을 수 없는 우려가 있어 담보제공으로 그 우려를 방지함으로써 피고를 보호하려는 것이라는 점 등을 종합하여 보면, 피고가 내국인인지의 여부나 주소, 사무소, 영업소를 대한민국에 두고 있는지의 여부는 피고의 담보제공신청권에 영향을 주지 않는다.(대결 1999.5.4, 99마633)

3. 직권에 의한 소송비용 담보제공 재판에 대한 즉시항고의 가부(적극) 민소 117조 2항은 2010. 7. 23. 법률 10373호로 민사소송법이 개정되면서 신설된 규정으로, 그 이전에는 오로지 피고의 신청에 의한 소송비용 담보제공 재판만 가능하였고, 이에 대한 불복규정인 민소 121조도 '담보제공 신청'에 관한 재판에만 즉시항고할 수 있는 것으로 규정하고 있었다. 민사소송법 개정 당시 직권에 의한 소송비용 담보제공 재판을 도입하면서 이에 대한 불복규정을 별도로 마련하지 않았으나, 민사소송법은 특별한 규정이 있을 때만 즉시항고할 수 있다는 규정을 두고 있지 않고, 직권에 의한 소송비용 담보제공 재판에 대한 불복 자체를 금지하고 있지도 않은 점, 직권에 의한 소송비용 담보제공 재판의 경우에도 피고의 신청에 의한 경우와 마찬가지로 담보를 제공하지 않으면 변론 없이 소 각하 판결이 내려질 수 있으므로 원고에게 불복 기회를 부여해야 할 필요성은 신청에 의한 경우와 다를 게 없는 점 등에 비추어 보면, 법원의 직권에 의한 소송비용 담보제공 재판에 불복할 경우에도 원고는 민소 121조를 준용하여 즉시항고를 제기할 수 있다고 봄이 상당하다.(대결 2011.5.2, 2010부8)

4. 담보제공명령의 허용 요건 소송비용에 대한 담보제공명령은 원고가 대한민국에 주소 등을 두지 아니한 때 또는 소송기록에 의하여 청구가 이유 없음이 명백한 때에 해당하거나 그 밖에 이에 준하는 사유가 있어 피고의 이익을 보호하기 위하여 소송비용상환청구권의 용이한 실현을 미리 확보하여 둘 필요가 있는 경우에만 허용된다.(대결 2013.5.31, 2013마488)

제118조【소송에 응함으로 말미암은 신청권의 상실】 담보를 제공할 사유가 있다는 것을 알고도 피고가 본안에 관하여 변론하거나 변론준비기일에서 진술한 경우에는 담보제공을 신청하지 못한다.

　■ 담보(117①), 변론(134), 준비절차(280~286)

제119조【피고의 거부권】 담보제공을 신청한 피고는 원고가 담보를 제공할 때까지 소송에 응하지 아니할 수 있다.

　■ 담보(117①), 본조 준용(127)

제120조【담보제공결정】 ① 법원은 담보를 제공하도록 명하는 결정에서 담보액과 담보제공의 기간을 정하여야 한다.

② 담보액은 피고가 각 심급에서 지출할 비용의 총액을 표준으로 하여 정하여야 한다.

　■ 담보(117①), 결정(134·221), 기간(170·172), 기간 내에 담보를 제공하지 않을 경우(124), 제1항 준용(127)

1. 법원의 담보액 산정방법 원고에게 제공하도록 명하는 담보액은 피고가 그 사건에서 각 심급마다 지출하여야 할 소송비용의 합계액을 표준으로 하여 법원이 재량으로 정하는 것이고, 원고가 1심 또는 항소심에서 승소하여도 민소 107조에 따른 담보제공의무를 면할 수는 없으므로, 법원으로서는 1심뿐만 아니라 항소심과 상고심까지 고려하여 각 심급에서 그 소송에 관하여 피고가 통상 지출하게 될 것으로 예측되는 소송비용의 합계액을 기준으로 하여 담보액을 재량으로 정할 수 있다.(대결 1999.5.4, 99마633)

제121조【불복신청】 담보제공신청에 관한 결정에 대하여는 즉시항고를 할 수 있다.

　■ 담보(117①), 즉시항고(444), 본조 준용(127)

제122조【담보제공방식】 담보의 제공은 금전 또는 법원이 인정하는 유가증권을 공탁(供託)하거나, 대법원규칙이 정하는 바에 따라 지급을 보증하겠다는 위탁계약을 맺은 문서를 제출하는 방법으로 한다. 다만, 당사자들 사이에 특별한 약정이 있으면 그에 따른다.

　■ 지급보증위탁계약(민소규22), 담보물의 변환(126), 본조 준용(127·214·502), 공탁(공탁, 공탁규, 민조규5④)

1. 담보제공자 발행의 당좌수표가 공탁할 유가증권으로 적절한지 여부(소극) 본래의 현금공탁에 대신하여 공탁담보물의 변환을 구하는 담보제공자 발행의 당좌수표는 금융기관 발행의 수표와는 달리 그 지급 여부가 개인의 신용에 의존하는 것으로서 환가가 확실하다고 볼 수 없으므로 공탁할 유가증권이 되기에 적절하지 못하다.(대결 2000.5.31, 2000그22)

제123조【담보물에 대한 피고의 권리】 피고는 소송비용에 관하여 제122조의 규정에 따른 담보물

에 대하여 질권자와 동일한 권리를 가진다.
■ 담보제공방식(122), 본조 준용(127·214·502, 민조규54), 질권(민 329·344·345·353)

1. 채무자를 대신한 담보취소신청의 가부(적극) 가집행선고 부판결의 집행권원에 의하여 채무자의 강제집행정지를 위한 공탁금반환청구권에 관하여 채권압류 및 전부명령을 받은 채권자는 담보권리자로서 담보공여자인 채무자에 대신하여 담보취소신청을 할 수 있다.(대결 1969.11.29, 69마1062)

2. 가집행선고부 판결에 대한 강제집행의 정지를 위하여 공 탁한 담보의 피담보채무의 범위 가집행선고부 판결에 대한 강제집행정지를 위하여 공탁한 담보는 강제집행정지로 인하 여 채권자에게 생길 손해를 담보하기 위한 것이고 정지의 대상인 기본채권 자체를 담보하는 것은 아니므로, 채권자는 그 손해배상청구권에 한하여서만 질권자와 동일한 권리가 있을 뿐 기본채권에까지 담보적 효력이 미치는 것은 아닌바, 가옥의 명도집행이 지연됨으로 인한 손해에는 반대되는 사 정이 없는 한 집행이 효력을 갖는 기간 내에 발생한 차임 상당의 손해가 포함되고, 그 경우 차임 상당의 그 손해 배상청구권은 기본채권 자체라 할 것은 아니어서 명도집행 정지를 위한 공탁금의 피담보채무가 된다.(대판 2000.1.14, 98 다24914)

제124조【담보를 제공하지 아니한 효과】 담보를
제공하여야 할 기간 이내에 원고가 이를 제공하지 아니하는 때에는 법원은 변론없이 판결로 소를 각 하할 수 있다. 다만, 판결하기 전에 담보를 제공한 때에는 그러하지 아니하다.
■ 담보를 제공할 기간(120), 변론의 원칙(134), 본조 준용(127)

제125조【담보의 취소】 ① 담보제공자가 담보하
여야 할 사유가 소멸되었음을 증명하면서 취소신청 을 하면, 법원은 담보취소결정을 하여야 한다.
② 담보제공자가 담보취소에 대한 담보권리자의 동 의를 받았음을 증명한 때에도 제1항과 같다.
③ 소송이 완결된 뒤 담보제공자가 신청하면, 법원 은 담보권리자에게 일정한 기간 이내에 그 권리를 행사하도록 최고하고, 담보권리자가 그 행사를 하 지 아니하는 때에는 담보취소에 대하여 동의한 것 으로 본다.
④ 제1항과 제2항의 규정에 따른 결정에 대하여는 즉시항고를 할 수 있다.
■ ① 관할법원(민소규23), 본조 준용(127·214·502, 민조규54), 담보 (117①), 신청(161), ③ 기간(170·172), ④ 결정(134·221), 즉시항고 (444)

1. 가집행선고부 제1심판결이 항소심에서 취소된 것이 가집 행정지를 위한 담보 소멸사유인지 여부(소극) 제1심판결에 붙은 가집행선고는 그 본안판결을 변경한 항소심판결에 의 하여 변경의 한도에서 효력을 잃게 되지만 그 실효는 변경 된 그 본안판결의 확정을 조건으로 하는 것이어서 그 항소 심판결을 파기하는 상고심판결이 선고되면 가집행선고의 효 력이 다시 회복된다. 따라서 그 항소심판결이 확정되지 아니 한 상태에서는 가집행선고부 제1심 판결에 기한 가집행이 정지됨으로 인하여 입은 손해의 배상을 상대방에게 청구할 수 있는 가능성이 여전히 남아 있다고 할 것이므로, 가집행 선고부 제1심판결이 항소심판결에 의하여 취소되었다 하더 라도 그 항소심판결이 미확정인 상태에서는 가집행선고부 제1심판결에 대한 강제집행정지를 위한 담보는 그 사유가 소멸하였다고 볼 수 없다.(대결(全) 1999.12.3, 99마2078)

2. 가집행선고부 항소심판결이 상고심에서 파기환송된 것이 가집행정지를 위한 담보 소멸사유인지 여부(적극) 가집행

선고가 붙은 항소심판결이 상고심에서 파기되어 항소심에 환송된 경우에는 비록 본안판결이 확정되지 아니하였다 하 여 위의 가집행선고가 붙은 판결집행을 정지하기 위하여 제공된 담보는 그 담보사유가 소멸하였다.(대결 1984.4.26, 84마171)

3. 가압류취소를 위한 담보와 청구채권 일부를 본안소송으 로 청구하는 때의 소멸사유(소극) 가압류취소를 받기 위해 제 공한 담보는 가압류명령 기재 청구채권을 직접 담보하므로, 가압류채권자가 당해 가압류 청구채권인 손해배상청구채권 중 일부만에 관하여 본안소송을 제기하였다고 하여 그 사실 만으로 본안 청구금액을 초과하는 부분에 대한 담보사유가 소멸하였다고 할 수 없다.(대결 2008.7.1, 2008마711)

4. 공탁금반환청구권의 압류채권자가 담보취소신청을 할 수 있는지 여부(적극) 가집행선고부판결의 집행권원에 의하여 채무자의 강제집행정지를 위한 공탁금반환청구권에 관하여 채권압류 및 전부명령을 받은 채권자는 담보권리자로서 담 보공여자인 채무자에 대신하여 담보취소신청을 할 수 있다. (대결 1969.11.26, 69마1062)

5. 담보취소신청사건의 관할법원 민집 19조 3항에 따라 집 행법상 담보 취소에 준용되는 민소 125조, 민소규 23조에 의 하면, 담보취소 신청사건은 담보제공결정을 한 법원 또는 그 기록을 보관하고 있는 법원이 관할하도록 되어 있고, 여기서 '담보제공결정을 한 법원 또는 그 기록을 보관하고 있는 법 원'은 수소법원을 가리키고, 이는 직분관할로서 성질상 전속 관할에 속한다.(대결 2011.6.30, 2010마1001)

6. 소송완결에 소장 각하 명령 또는 소 각하 판결도 포함되 는지 여부(적극) 본조 3항에 규정되어 있는 소송완결 중에 는 소장 각하의 명령 또는 소 각하의 판결도 포함된다.(대결 1965.2.22, 64마1007)

7. 소송완결의 의미 보전처분에 관한 본안소송이 이미 제기 되어 계속 중인 경우에는, 비록 보전처분이 그에 대한 이의 신청 등을 통하여 취소 확정되고 그 집행이 해제되었다고 하더라도 그것만으로 민소 125조에서 말하는 '소송이 완결 된 뒤'라고 볼 수 없고, 계속 중인 본안사건까지 확정되어야 만 소송의 완결로 인정할 수 있다.(대결(全) 2010.5.20, 2009 마1073)

8. 담보권리자의 담보권행사방법 구 민소 115조에 의하여 담보제공자가 담보의 사유가 소멸한 것을 증명하거나 담보 권리자의 동의를 증명한 때에는 법원은 신청에 의하여 담보 취소의 결정을 하여야 하고, 소송완결 후 담보제공자의 신청 이 있는 때에는 법원은 담보권리자에 대하여 일정한 기간 내에 그 권리를 행사할 것을 최고하고, 담보권리자가 그 권 리를 행사하지 아니하는 때에는 담보취소에 동의한 것으로 간주하는바, 이 경우 담보권리자의 권리행사는 담보의무자 에 대하여 소송의 방법으로 하여야 한다.(대결 1992.10.20, 92마728)

9. 담보취소결정이 발하여진 후 담보권리자의 권리행사의 증명이 있는 경우와 담보취소결정의 유지 여부(소극) 구 민 소 115조 3항에 따른 담보취소결정이 발하여진 후 그 결정 이 확정되기 전에 담보권리자가 권리행사를 하고 이것을 증 명한 경우에는 담보권리자가 담보취소에 동의한 것으로 간 주하여 발하여진 담보취소결정은 그대로 유지할 수 없게 되 었다고 해석함이 상당하고, 이는 재항고심에 이르러 비로소 권리행사를 하면서 이를 증명하는 서면을 제출한 경우에도 마찬가지이다.(대결 2000.7.18, 2000마2407)

10. 담보제공자의 지위를 승계한 담보권리자의 담보취소결 정에 대한 불복의 가부(소극) 담보취소결정은 담보제공자 로 하여금 담보물을 회수할 수 있는 지위 내지 상태에 놓이 도록 하는 것일 뿐 그 담보물의 귀속을 정하는 것이 아니어 서 담보취소결정에 대하여 담보제공자가 항고 또는 재항고 로써 불복할 이익이나 필요가 없고, 이는 담보제공자의 포괄 승계인이나 담보물회수청구권에 관한 특정승계인의 경우에

도 마찬가지이므로, 담보제공자의 담보물회수청구권에 관하여 압류 및 전부명령을 받아 담보제공자의 지위를 승계하게 된 담보권리자는 담보취소결정에 대하여 항고 또는 재항고로써 불복할 이익이나 필요가 없다.(대결 2011.1.13, 2010마 1367)

제126조【담보물변경】 법원은 담보제공자의 신청에 따라 결정으로 공탁한 담보물을 바꾸도록 명할 수 있다. 다만, 당사자가 계약에 의하여 공탁한 담보물을 다른 담보로 바꾸겠다고 신청한 때에는 그에 따른다.

▣ 신청(161), 결정(134 · 221), 본조 준용(127 · 214 · 502, 민소규23, 민집규54②, 민소규54)

1. 금전공탁을 유가증권으로 변환할 수 있는지 여부(적극) 공탁한 담보물이 금전인 경우에 유가증권으로 담보물을 변환하는 것은 법원의 재량에 속한다.(대결 1977.12.15, 77그27)

2. 법원의 변환결정에 대한 불복의 여부(소극) 담보물변경 결정에 대하여는 항고할 수 없다.(대결 1961.7.20, 4294민항159)

3. 공탁한 담보물의 변환과 법원의 재량 법원은 담보제공자의 신청에 의하여 상당하다고 인정할 때에는 공탁한 담보물의 변환을 명할 수가 있는 것이고, 신 담보물을 어떠한 종류와 수량의 유가증권으로 할 것인가는 법원의 재량에 의하여 정하여지는 것이라 할 것이나, 법원은 그로 인하여 담보권리자의 이익이나 권리가 침해되지 않도록 원래의 공탁물에 상당한 합리적인 범위 내에서 결정하여야 할 것인바, 공탁할 유가증권은 담보로 하여야 할 성질상 환가가 용이하지 아니하거나 시세의 변동이 심하여 안정성이 없는 것은 부적당하다고 할 것이다.(대결 2000.5.31, 2000그22)

제127조【준용규정】 다른 법률에 따른 소제기에 관하여 제공되는 담보에는 제119조, 제120조제1항, 제121조 내지 제126조의 규정을 준용한다.

▣ 다른 법률에 의한 소제기에 관한 담보제공(상176③) · 237 · 377 · 380 · 381② · 542② · 578 · 613② · 619②)

제3절 소송구조

제128조【구조의 요건】 ① 법원은 소송비용을 지출할 자금능력이 부족한 사람의 신청에 따라 또는 직권으로 소송구조(訴訟救助)를 할 수 있다. 다만, 패소할 것이 분명한 경우에는 그러하지 아니하다.
② 제1항의 신청인은 구조의 사유를 소명하여야 한다.
③ 소송구조에 대한 재판은 소송기록을 보관하고 있는 법원이 한다.
④ 제1항에서 정한 소송구조요건의 구체적인 내용과 소송구조절차에 관하여 상세한 사항은 대법원규칙으로 정한다.

▣ ① 신청(161), 불복신청(133), 결정(134 · 221), 소송비용(민비용, 민인지), ② 소명(299), ④ 구조신청의 방식(민소규24①), 소송비용의 지급요청(민소규25①)

1. 패소할 것이 명백한 경우 소송구조의 거부를 인정하는 것이 국민의 재판청구권을 침해하는지 여부(소극) 국가가 소송구조를 하지 않는다고 하여 국민의 재판청구권이 소멸되거나 그 행사에 직접 제한을 받는다거나 하는 일은 있을 수 없으므로 소송구조의 거부 자체가 국민의 재판청구권의 본

질을 침해한다고는 할 수 없다. 다만, 소송비용을 지출할 자력이 없는 국민이 적절한 소송구조를 받기만 한다면 훨씬 쉽게 재판을 받아서 권리구제를 받거나 적어도 권리의 유무에 관한 정당한 의혹을 풀 가능성이 있다고 할 경우에 소송구조의 거부가 재판청구권 행사에 대한 '간접적인 제한'이 될 수도 있고 때에 따라서는 재판청구권에 대한 본질적인 침해까지로 확대 평가될 여지도 있을 수 있다. 다만 이러한 '간접적인 제한'의 여부가 논의될 수 있는 경우라는 것은 어디까지나 재판에 의한 권리구제의 가능성이 어느 정도 있는 경우에 한하는 것이므로, 그와 같은 가능성이 전혀 없는 경우, 바꾸어 말하면 패소의 가능성이 명백한 경우는 애당초 여기에 해당할 수 없는 것이다. 이렇게 볼 때 구 민소 118조 1항 단서가 "다만, 패소할 것이 명백한 경우에는 그러하지 아니하다"라고 규정하여 소송구조의 불허가 요건을 정하고 있는 것은 재판청구권의 본질을 침해하는 것이 아니다.(헌재 2001.2.22, 99헌바74)

2. 소송구조 신청의 소명방법 소송구조는 소송비용을 지출할 자금능력이 부족한 사람의 신청에 따라 혹은 법원 직권으로 할 수 있는데, 이 경우 그 신청은 서면에 의하여야 하고, 신청인은 구조의 사유를 소명하여야 하며, 그 신청서에는 신청인 및 그와 같이 사는 가족의 자금능력을 적은 서면을 붙여야 하는바, 이와 같은 자금능력에 관한 서면의 제출은 신청인이 소송비용을 지출할 자금능력이 부족한 사람이라는 점을 소명하기 위한 하나의 방법으로 예시된 것으로 봄이 상당하며, 신청인으로서는 다른 방법으로 자금능력의 부족에 관한 소명을 하는 것도 가능하고, 법원은 자유심증에 따라 그 소명 여부를 판단하여야 한다.(대결 2003.5.23, 2003마89)

3. 패소할 것이 명백한 경우의 의미 구 민소 118조 1항의 규정에 비추어 보면, 소송상 구조의 요건으로는 소송비용을 지출할 자력이 부족할 것과 패소할 것이 명백하지 않을 것이 요구된다고 할 것이고, 같은 법 119조의 구조의 범위는 일부 구조도 가능하다 할 것인데, 여기서 패소할 것이 명백하지 않다는 것은 소극적 요건이므로 신청인이 승소의 가능성을 적극적으로 진술하고 소명하여야 하는 것은 아니고 법원이 당시까지의 재판절차에서 나온 자료를 기초로 패소할 것이 명백하다고 판단할 수 있는 경우가 아니라면 그 요건은 구비되었다고 할 것이다. 또한 항소심은 속심으로서 원칙적으로 제1심에서 제출하지 않았던 새로운 주장과 증거를 제출할 수 있으므로 제1심에서 패소하였다는 사실만으로 항소심에서도 패소할 것이 명백하다고 추정되는 것은 아니어서 제1심에서 패소한 당사자가 항소심에서 승소할 가능성을 진술하고 소명하여야 하는 것은 아니고 법원은 신청인의 신청이유와 소명자료는 물론 본안소송에서의 소송자료 및 증거자료도 함께 종합하여 항소심에서 신청인이 패소할 것이 확실한지 판단하여야 한다.(대결 2001.6.9, 2001마1044)

4. 비송사건절차법이 적용 또는 준용되는 비송사건이 소송구조의 대상인지 여부(소극) 비송사건절차법에서 민사소송법의 개별 규정을 준용하고 있으나 소송구조에 관한 규정은 준용하지 않고 있으므로(비송 8조, 10조 참조), 비송사건절차법이 적용 또는 준용되는 비송사건은 소송구조의 대상이 되지 아니하며 이러한 비송사건을 대상으로 하는 소송구조 신청은 부적법하다.(대결 2009.9.10, 2009스89)

5. 항소심에서 패소한 당사자가 상고심에서 소송상의 구조를 신청한 경우의 소명의 정도 항소심에서 패소한 당사자가 상고심에서 소송상의 구조를 신청한 경우, 구 민소 118조 1항 단서에 규정되어 있는 '패소할 것이 명백한 경우'가 아닐 것이라는 요건의 존부를 판단함에 있어, 그 당사자가 항소심에서 패소한 사실만을 가지고 곧바로 상고심에서도 패소할 것이 명백하다고 단정할 수는 없는 것이지만, 패소할 것이 명백한 경우가 아니라는 점에 관한 소명의 정도는 제1심이나 항소심에서 소송상의 구조를 신청하는 경우에 비하여

좀 더 구체적인 소명을 필요로 한다고 보아야 하므로, 신청인이 상고심에서 소송상의 구조를 신청하려면, 자신이 항소심에서는 패소하였지만 항소심 판결에 법률상의 하자 등이 있어 그 판결이 취소될 개연성이 없지 않다는 점 등을 구체적으로 명시하여 그 사유를 소명하여야 한다.(대결 2001.3.8, 2001카기38)

6. 소 변경으로 인하여 사물관할이 변동된 경우에 소송구조의 관할법원 본안에 관하여 사물관할의 변동을 가져오는 소 변경을 신청하면서 소송구조를 신청한 경우 그 소송구조 사건은 본안소송이 계속 중인 법원이 그 구조 여부를 결정할 수 있으므로, 지방법원 단독판사에게 본안소송이 계속되어 있던 중 본안에 관하여 사물관할의 변동을 가져오는 소 변경 신청을 하면서 소송상의 구조 신청을 하였다고 하여 그것만으로 바로 본안소송이 구조신청 사건과 함께 지방법원 합의부에 계속하게 되었다고 할 수는 없을 터인즉, 그 이송 전에 단독판사가 한 소송구조신청 기각결정에 관할위반의 위법이 없고, 더구나 전속관할위반이 아닌 한 항고심에서 제1심의 관할위반을 이유로 취소할 수는 없다.(대결 1997.12.26, 97마1706)

7. 본조 3항의 취지 민소 128조 3항의 규정 취지는 관할법원에 관한 명문 규정이 없던 구 민소가 적용되던 때에 원심재판장이 인지를 첩부하지 않거나 부족한 인지를 첩부한 상소인에 대하여 인지보정명령을 하였음에도 상소인이 인지첩부의 유예를 구하는 소송구조신청을 하게 되면 원심재판장은 상소장 각하명령을 하지 못하고 기록을 상소법원에 송부하게 되고 상소법원이 소송구조신청에 대한 재판과 상소장의 심사를 담당하는 것으로 되는 결과, 소송구조신청이 소송지연책으로 악용되거나 원심 재판장의 상소장 심사를 회피하기 위한 편법으로 이용될 여지가 있었기에 그를 방지하려는 것이고, 또한 소송구조의 신청이 상소와 함께 이루어진 경우에는 그에 대한 심리가 상소장 심사와 밀접하게 관련되어 있을 뿐만 아니라, 소송구조의 부여 여부에 관한 재판의 심리는 비교적 용이한 것이므로 원심법원이 이를 담당하여도 무리가 없고, 이로써 신속한 소송구조를 촉진함과 동시에 소송구조를 악용하는 것을 막기 위한 것이다.(대결 2003.5.13, 2003마219)

8. 인지보정기간 중에 소송구조신청 기각결정이 확정된 경우와 소장 각하명령의 가부(소극) 소송구조신청이 있는 경우 인지첩부의무의 발생이 저지된다는 것은 소송구조신청을 기각하는 재판이 확정될 때까지 인지첩부의무의 이행이 정지 또는 유예되는 것을 의미하고, 소송구조신청이 있었다고 하여 종전에 이루어진 인지보정명령의 효력이 상실된다고 볼 근거는 없으므로, 종전의 인지보정명령에 따른 보정기간 중에 제기된 소송구조신청에 대하여 기각결정이 확정되면 재판장으로서는 다시 인지보정명령을 할 필요는 없지만, 종전의 인지보정명령에 따른 보정기간 전체가 다시 진행되어야 그 기간이 경과한 때에 비로소 소장 등에 대한 각하명령을 할 수 있다.(대결 2008.6.2, 2007무77)

제129조【구조의 객관적 범위】 ① 소송과 강제집행에 대한 소송구조의 범위는 다음 각호와 같다. 다만, 법원은 상당한 이유가 있는 때에는 다음 각호 가운데 일부에 대한 소송구조를 할 수 있다.
1. 재판비용의 납입유예
2. 변호사 및 집행관의 보수와 체당금(替當金)의 지급유예
3. 소송비용의 담보면제
4. 대법원규칙이 정하는 그 밖의 비용의 유예나 면제
② 제1항제2호의 경우에는 변호사나 집행관이 보수

를 받지 못하면 국고에서 상당한 금액을 지급한다.
▣ 변호사보수의 지급(민소규26①②), 비용예납(116), 유예한 비용추심(132), 법원이 선임을 강제한 변호사(144②), 담보제공의무(117), 강제집행(민집24~60), 집행관의 체당금(집행법19)

1. 소송상 구조의 객관적 범위가 자력이 부족한 자의 재판을 받을 권리를 침해하는지 여부(소극) 구조결정을 받은 피구조자가 본안소송에서 패소하여 소송비용 부담의 재판을 받은 경우에는 유예받은 비용을 지급하여야 하는바, 이로 인해 자력이 부족한 자의 재판을 받을 권리가 실질적으로 보장되지 않는 결과가 초래되는 것은 아닌지 의문이 있을 수 있으나, 만약 자력이 부족하여 소송구조를 받은 자에 대하여 소송에서 패소하는 경우에도 일체의 소송비용을 부담하지 않도록 하고 국가에서 이를 부담한다면, 자력이 부족한 자는 본안소송에서의 승패에 대한 부담이 없으므로 언제든지 소송을 제기할 수 있게 되는 결과를 가져오게 되어 자력이 부족한 자에 의한 남소를 초래할 우려가 있을 뿐만 아니라, 일반국민이 납부받는 세금인 국고로 자력이 없는 자의 재판을 받을 권리를 자력이 있는 자에 비하여 오히려 지나치게 보장하게 되어 불공평하다 하지 않을 수 없다. 이렇게 볼 때 구 민소 119조 1항에서 규정하고 있는 소송상 구조의 범위가 자력이 부족한 자의 법원에의 접근을 방해하여 평등하게 재판을 받을 권리를 침해하였다거나 재판을 받을 권리를 실효적, 실질적으로 보장하지 못하고 단지 명목적인 권리가 될 정도로 입법재량을 현저히 불합리하게 또는 자의적으로 행사하였다고 인정하기는 어렵다.(헌재 2002.5.30, 2001헌바28)

제130조【구조효력의 주관적 범위】 ① 소송구조는 이를 받은 사람에게만 효력이 미친다.
② 법원은 소송승계인에게 미루어 둔 비용의 납입을 명할 수 있다.
▣ 소송의 승계인(233①ㆍ234), 유예한 비용(129), 불복신청(133)

제131조【구조의 취소】 소송구조를 받은 사람이 소송비용을 납입할 자금능력이 있다는 것이 판명되거나, 자금능력이 있게 된 때에는 소송기록을 보관하고 있는 법원은 직권으로 또는 이해관계인의 신청에 따라 언제든지 구조를 취소하고, 납입을 미루어 둔 소송비용을 지급하도록 명할 수 있다.
▣ 구조의 취소시기(민소규27), 구조요건(128), 신청(161), 불복신청(133), 민비용12)

제132조【납입유예비용의 추심】 ① 소송구조를 받은 사람에게 납입을 미루어 둔 비용은 그 부담의 재판을 받은 상대방으로부터 직접 지급받을 수 있다.
② 제1항의 경우에 변호사 또는 집행관은 소송구조를 받은 사람의 집행권원으로 보수와 체당금에 관한 비용액의 확정결정신청과 강제집행을 할 수 있다.
③ 변호사 또는 집행관은 보수와 체당금에 대하여 당사자를 대위(代位)하여 제113조 또는 제114조의 결정신청을 할 수 있다.
▣ ① 유예한 비용(129), ② 변호사의 보수(129ㆍ134②), 집행관의 체당금(129①ii, 집행법19), 비용액을 정하는 신청(110), 불복신청(133), ③ 소송이 재판에 의하지 않고 완결된 경우(114)

제133조【불복신청】 이 절에 규정한 재판에 대하여는 즉시항고를 할 수 있다. 다만, 상대방은 제129조제1항제3호의 소송구조결정을 제외하고는 불복할 수 없다.
▣ 재판(128③)ㆍ131), 즉시항고(444)

1. 인지를 붙이지 아니한 소송구조 신청과 소장의 각하 여부
원고가 소장을 제출하면서 소정의 인지를 첨부하지 아니하고 소송상 구조신청을, 구 민소 123조에서 소송상 구조신청에 대한 기각결정에 대하여는 즉시항고를 할 수 있도록 규정하고 있는 취지에 비추어 볼 때, 소송상 구조신청에 대한 기각결정이 확정되기 전에 소장의 인지가 첨부되어 있지 아니함을 이유로 소장을 각하하여서는 안 된다.(대결 2002.9.27, 2002마3411)

제4장 소송절차

제1절 변 론

제134조 【변론의 필요성】 ① 당사자는 소송에 대하여 법원에서 변론하여야 한다. 다만, 결정으로 완결할 사건에 대하여는 법원이 변론을 열 것인지 아닌지를 정한다.
② 제1항 단서의 규정에 따라 변론을 열지 아니할 경우에, 법원은 당사자와 이해관계인, 그 밖의 참고인을 심문할 수 있다.
③ 이 법에 특별한 규정이 있는 경우에는 제1항과 제2항의 규정을 적용하지 아니한다.

■ ① 변론기일지정(165·258), 결정(221·224), 개정장소(법조56), 변론공개(헌109, 법조57), ③ 변론을 거치지 않은 소송의 판결(124·219, 413·425·430, 소액9①), 심문을 필요로 하는 경우(82②·317①·347③, 민집167③·232①·262), 심문이 불필요한 경우(467, 민집226)

▶ **변론주의**

1. 응소행위만으로 시효중단 효력이 발생하는지 여부(소극)
시효를 주장하는 자가 원고가 되어 소를 제기한 경우에 피고가 시효중단사유가 되는 응소행위를 하였다고 하여 바로 시효중단의 효과가 발생하는 것은 아니고, 변론주의 원칙상 시효중단의 효과를 원하는 피고로서는 당해 소송 또는 다른 소송에서의 응소행위로서 시효가 중단되었다고 주장하지 아니하면 아니 된다. 피고가 변론에서 시효중단의 주장 또는 이러한 취지가 포함되었다고 볼 만한 주장을 하지 아니하는 한, 피고의 응소행위가 있었다는 사정만으로 당연히 시효중단의 효력이 발생한다고 할 수는 없다.(대판 1995.2.28, 94다18577)
2. 심판의 대상이 되는 주요사실의 의미 변론에서 당사자가 주장한 주요사실만이 심판의 대상이 되는 것으로서 여기서 주요 사실이란 법률효과를 발생시키는 실체법의 구성요건 해당사실을 말하는 것인바, 대리권에 기한 대리의 경우나 표현대리의 경우나 모두 제3자가 행한 대리행위의 효과가 본인에게 귀속된다는 점에서는 차이가 없으나, 유권대리에 있어서는 본인이 대리인에게 수여한 대리권의 효력에 의하여 위와 같은 법률효과가 발생하는 반면 표현대리에 있어서는 대리권이 없음에도 불구하고 법률이 특히 거래상대방 보호와 거래안전 유지를 위하여 본래 무효인 무권대리행위의 효과를 본인에게 미치게 한 것으로서 표현대리가 성립한다고 하여 무권대리의 성질이 유권대리로 전환되는 것은 아니므로, 양자의 구성요건 해당사실 즉 주요사실은 서로 다르다고 볼 수밖에 없다. 그러므로 유권대리에 관한 주장 가운데 무권대리에 속하는 표현대리의 주장이 포함되어 있다고 볼 수 없으며, 따로 표현대리에 관한 주장이 없는 한 법원은 나아가 표현대리의 성립 여부를 심리 판단할 필요가 없다.(대판 (全) 1983.12.13, 83다카1489)
3. 간접사실에 대한 변론주의 적용 여부 변론주의에서 일컫는 사실은 권리의 발생소멸이라는 법률효과의 판단에 직접 필요한 주요사실만을 가리키는 것이고 그 존부를 확인하는 데 있어 도움이 됨에 그치는 간접사실은 포함하지 않는 것이며, 부동산의 시효취득에서 점유기간의 산정기준이 되는 점유개시의 시기는 취득시효의 요건사실인 점유기간을 판단하는 데 간접적이고 수단적인 구실을 하는 간접사실에 불과하므로 이에 대한 자백은 법원이나 당사자를 구속하지 않는 것이다.(대판 1994.11.4, 94다37868)
4. 소멸시효의 기산일과 변론주의 소멸시효의 기산일은 채무의 소멸이라고 하는 법률효과 발생의 요건에 해당하는 소멸시효 기간 계산의 시발점으로서 소멸시효 항변의 법률요건을 구성하는 구체적인 사실에 해당하므로 이는 변론주의의 적용 대상이고, 따라서 본래의 소멸시효 기산일과 당사자가 주장하는 기산일이 서로 다른 경우에는 변론주의의 원칙상 법원은 당사자가 주장하는 기산일을 기준으로 소멸시효를 계산하여야 하는데, 이는 당사자가 본래의 기산일보다 뒤의 날짜를 기산일로 하여 주장하는 경우는 물론이고 특별한 사정이 없는 한 그 반대의 경우에도 마찬가지이다.(대판 1995.8.25, 94다35886)
5. 서면에 기재되어 제출된 주장사실과 당해사건의 판단자료 민사소송법상 구술변론주의의 원칙에 비추어 소송당사자가 자기의 주장사실을 서면에 기재하여 법원에 제출하였다고 하더라도 변론에서 진술되지 아니한 이상 이를 당해 사건의 판단자료로 삼을 수 없다.(대판 2001.12.14, 2001므1728, 1735)
6. 주요사실에 대한 간접적인 주장이 있는 것으로 인정되는 경우(1) 갑이 소장에서 토지를 을로부터 매수하였다고 주장하고 있으나 갑이 위 매매당시 불과 10세 남짓한 미성년이었고 증인신문을 신청하여 갑의 조부인 병이 갑을 대리하여 위 토지를 매수한 사실을 증명하고 있다면 갑이 그 변론에서 위 대리행위에 관한 명백한 진술을 한 흔적은 없다 하더라도 위 증인신청으로서 위 대리행위에 관한 간접적인 진술은 있었다고 보아야 할 것이므로, 원심이 위 토지를 갑의 대리인이 매수한 것으로 인정하였다 하여 이를 변론주의에 반하는 것이라고는 할 수 없다.(대판 1987.9.8, 87다카982)
7. 주요사실에 대한 간접적인 주장이 있는 것으로 인정되는 경우(2) 당사자의 주요사실에 대한 주장은 직접적으로 명백히 한 경우뿐만 아니라 당사자가 법원에 서증을 제출하며 그 증명취지를 진술함으로써 서증에 기재된 사실을 주장하거나 그 밖에 당사자의 변론을 전체적으로 관찰하여 간접적으로 주장한 것으로 볼 수 있는 경우에도 주요사실을 주장한 것으로 보아야 한다.(대판 2002.11.8, 2002다38361, 38378)
8. 주요사실에 대한 재판상 자백의 구속력 법원은 직권조사 사항이 아닌 이상 당사자가 자백한 사실에 관하여는 심증 여부에 불구하고 자백에 구속을 받아 그대로 사실인정을 하여야 한다.(대판 1966.11.29, 66다1872)
9. 권리자백의 구속력 권리자백이 있는 경우에는 사실문제에 관한 재판상 자백과는 달리 법원은 소송상 인정되는 사실관계에 의하여 자백의 대상이 된 법률관계에 관한 당사자의 주장과 다른 판단을 할 수 있다.(대판 1981.6.9, 79다62)
10. 법률해석적용에 관한 당사자의 주장에 법원이 구속되는지 여부 등기원인을 표시하고 등기청구를 하는 경우의 청구취지는 그 청구의 동일성이 인정되는 한 법원은 당사자가 등기원인으로 표시한 법률판단에 구애됨이 없이 정당한 법률해석에 의하여 그 원인표시를 바로 잡을 수 있다.(대판 1980.12.9, 80다532)
11. 인지청구소송과 직권탐지주의 인지소송은 부와 자 간에 사실상의 친자관계의 존재를 확정하고 법률상의 친자관계를 창설함을 목적으로 하는 소송으로서 친족, 상속법상 중대한 영향을 미치는 인류의 근본에 관한 것이고 공익에도 관련되는 중요한 것이기 때문에 이 소송에서는 당사자의 처분권주의를 제한하고 직권주의를 채용하고 있는 것이므로, 당사자의 증명이 충분하지 못할 때에는 가능한 한 직권으로 사실

조사 및 필요한 증거조사를 하여야 한다.(대판 1985.11.26, 85므8)

12. 직권조사사항에 대한 증거조사의 요부 민 406조 2항은 채권자취소의 소는 채권자가 취소원인을 안 날로부터 1년, 법률행위가 있은 날로부터 5년 내에 제기하여야 한다고 규정하고 있는바, 위 기간은 제소기간이라고 할 것이므로 법원은 위 기간의 준수 여부에 관하여 직권으로 조사하여 그 기간이 도과한 후에 제기된 채권자 취소의 소는 부적법한 것으로 각하하여야 한다. 그러므로 그 기간 준수 여부에 관하여 의심이 있는 경우에는 법원이 필요한 정도에 따라 직권으로 증거조사를 할 수 있지만, 법원에 현출된 모든 소송자료를 통하여 살펴보았을 때 그 기간이 도과하였다고 의심할 만한 사정이 발견되지 않는 경우에까지 법원이 직권으로 추가적인 증거조사를 하여 기간 준수 여부를 확인하여야 할 의무는 없다.(대판 1996.5.14, 95다50875)

13. 채권자대위소송에서의 피보전채권의 존부와 직권조사사항 채권자대위소송에서 대위에 의하여 보전될 채권자의 채무자에 대한 권리(피보전채권)가 존재하는지 여부는 소송요건으로서 법원의 직권조사사항이므로, 법원으로서는 그 판단의 기초자료인 사실과 증거를 직권으로 탐지할 의무까지는 없다 하더라도 법원에 현출된 모든 소송자료를 통하여 살펴보아 피보전채권의 존부에 관하여 의심할 만한 사정이 발견되면 직권으로 추가적인 심리 조사를 통하여 그 존재 여부를 확인하여야 할 의무가 있다.(대판 2009.4.23, 2009다3234)

14. 신의성실의 원칙 위배와 권리남용이 직권조사사항인지 여부 신의성실의 원칙에 반하는 것 또는 권리남용은 강행규정에 위배되는 것이므로 당사자의 주장이 없더라도 법원은 직권으로 판단할 수 있다.(대판 1989.9.29, 88다카17181)

15. 당사자적격의 문제가 직권조사사항인지 여부 당사자적격 문제는 소송 성립에 관한 것으로서 직권조사사항인 만큼 피고가 이를 다투더라도 철회하여도 법원은 이 점을 심리해야 한다.(대판 1971.3.23, 70다2639)

16. 신원 6조 소정사유가 직권탐지사항인지 여부 신원보증인의 책임의 한도를 정함에 있어 신원 6조 소정의 사유는 당사자의 주장 내지 증명에 의하여 변론에 나타난 범위 안에서 참작하면 족하고 법원이 직권으로 탐지하여 심판할 필요는 없다.(대판 1963.5.15, 63다138)

▶ **변론에서의 당사자의 소송행위**

17. 상호 모순되는 전후의 진술에 대한 취급 상호 모순되는 전후의 진술이 있을 때에는 종전의 진술은 나중의 진술에 의하여 정정되었다고 볼 것이다.(대판 1993.6.25, 92다20330)

18. 양립 가능한 선택적 주장에 대한 법원의 판단 임대차계약의 해지를 주장하면서 임차인의 차임 체불을 해지사유로 내세우고 그것이 이유 없다고 하더라도 기한의 정함이 없는 임대차로서 해지통지에 따라 해지되었다는 주장은 서로 양립 가능한 것으로서 이를 선택적 주장으로 볼 수 있으므로 어느 하나의 해지사유를 인용하면 다른 주장에 관하여 심리 판단할 필요가 없다.(대판 1989.2.28, 87다카823, 824)

19. 증거신청 철회 가능 시기 증거조사가 개시되기 전에는 상대방의 동의 없이 자유로 그 신청을 철회할 수 있다.(대판 1971.3.23, 70다3013)

20. 본안전 항변에 관하여 판단하지 않은 것이 상고이유로 인정되는지 여부 소송대리권의 존재는 소송요건으로서 법원의 직권조사사항이므로, 이에 관한 당사자의 주장은 직권 발동을 촉구하는 의미밖에 없어 그 주장에 대하여 판단하지 아니하였다 하더라도 판단유탈의 상고이유로 삼을 수 없다.(대판 1994.11.8, 94다31549)

21. 피고가 원고의 주장사실을 부인하는 경우 증명책임 당사자 간에 금원의 수수가 있다는 사실에 관하여 다툼이 없다고 하여도 원고가 이를 수수한 원인은 소비대차라 하고

피고는 그 수수의 원인을 다툴 때에는 그것이 소비대차로 인하여 수수되었다는 것은 이를 주장하는 원고가 증명할 책임이 있다.(대판 1972.12.12, 72다221)

22. 권리저지사실의 증명책임 어떠한 법률행위가 조건의 성취 시 법률행위의 효력이 발생하는 소위 정지조건부 법률행위에 해당한다는 사실은 그 법률행위로 인한 법률효과의 발생을 저지하는 사유로서 그 법률효과의 발생을 다투려는 자에게 주장·증명책임이 있다.(대판 1993.9.28, 93다20832)

23. 소송상 형성권 행사의 효력 소제기로써 계약해제권을 행사한 후에 그 소송을 취하하였다 하여도 해제권은 형성권이므로 그 행사의 효력에는 아무런 영향을 미치지 아니한다.(대판 1982.5.11, 80다916)

24. 부집행합의의 법적 성질 및 그에 위반한 경우 부집행의 합의는 실체상의 청구의 실현에 관련하여 이루어지는 사법상의 채권계약이라고 봄이 상당하고, 이것에 위반하는 집행은 실체상 부당한 집행이라고 할 수 있으므로 구 민소 505조가 유추적용 내지 준용되어 청구이의의 사유가 된다.(대판 1996.7.26, 95다19072)

25. 부제소합의에 위반하여 제기된 소에 권리보호이익이 인정되는지 여부 특정한 권리나 법률관계에 관하여 분쟁이 있어도 제소하지 아니하기로 합의한 경우 이에 위반하여 제기한 소는 권리보호의 이익이 없다.(대판 1993.5.14, 92다21760)

26. 소송행위 해석의 원칙 일반적으로 소송행위의 해석은 실체법상의 법률행위와는 달리 철저한 표시주의와 외관주의에 따르도록 되어 있고 표시된 내용과 저촉되거나 모순되는 해석을 할 수 없는 것이지만, 표시된 어구에 지나치게 구애되어 획일적으로 형식적인 해석에만 집착한다면 도리어 당사자의 권리구제를 위한 소송제도의 목적과 소송경제에 반하는 부당한 결과를 초래할 수 있으므로 그 소송행위에 관한 당사자의 주장 전체를 고찰하고 그 소송행위를 하는 당사자의 의사를 참작하여 객관적이고 합리적으로 소송행위를 해석할 필요가 있다.(대판(전) 1984.2.28, 83다카1981)

27. 소송행위가 강박에 의하여 이루어진 것을 이유로 취소할 수 있는지 여부 민법상의 법률행위에 관한 규정은 민사소송법상의 소송행위에는 특별한 규정 기타 특별한 사정이 없는 한 적용이 없는 것이므로 소송행위가 강박에 의하여 이루어진 것임을 이유로 취소할 수는 없다.(대판 1997.10.10, 96다35484)

28. 타인의 범죄행위로 인한 소송행위의 효력 소송행위가 사기, 강박 등 형사상 처벌을 받을 타인의 행위로 인하여 이루어졌다고 하여도 그 타인의 행위에 대하여 유죄판결이 확정되고 또 그 소송행위가 그에 부합되는 의사 없이 외형적으로만 존재할 때에 한하여 구 민소 422조 1항 5호, 2항의 규정을 유추해석하여 그 효력을 부인할 수 있다면 규정이 상당하므로, 타인의 범죄행위가 소송행위를 하는 데 착오를 일으키게 한 정도에 불과할 뿐 소송행위에 부합하는 의사가 존재할 때에는 그 소송행위의 효력을 다툴 수 없다.(대판 1984.5.29, 82다카963)

제135조【재판장의 지휘권】 ① 변론은 재판장(합의부의 재판장 또는 단독판사를 말한다. 이하 같다)이 지휘한다.

② 재판장은 발언을 허가하거나 그의 명령에 따르지 아니하는 사람의 발언을 금지할 수 있다.

■ 소송지휘에 관한 명령의 취소(222), 재판장의 기일지정권(165①), 재판장의 질서유지권(법조58-60)

1. 재판장이 그 직무를 행할 수 없는 경우 소송지휘에 관한 직무수행자 부장판사는 그 부의 행정적 사무를 감독할 따름이요 부장판사가 반드시 합의부의 재판장이 되어야 한다는 규정이 없을 뿐 아니라, 부장판사가 그 직무를 행할 수 없는 경우에 어느 판사가 재판장의 직무를 대리한다는 규정

도 없으므로, 어느 배석판사가 재판장의 직무를 행하였느냐는 법원 구성에 영향을 미치지 않는다.(대판 1960.12.5, 4291행상88)

제136조【석명권(釋明權)·구문권(求問權) 등】

① 재판장은 소송관계를 분명하게 하기 위하여 당사자에게 사실상 또는 법률상 사항에 대하여 질문할 수 있고, 증명을 하도록 촉구할 수 있다.
② 합의부원은 재판장에게 알리고 제1항의 행위를 할 수 있다.
③ 당사자는 필요한 경우 재판장에게 상대방에 대하여 설명을 요구하여 줄 것을 요청할 수 있다.
④ 법원은 당사자가 간과하였음이 분명하다고 인정되는 법률상 사항에 관하여 당사자에게 의견을 진술할 기회를 주어야 한다.

■ 석명권의 행사에 따른 법원사무관의 조치(민소규30), 법원의 석명처분(140), 석명하지 않은 경우의 처리(149②), 준비절차에 준용(286)

▶ **석명권**

1. 석명권의 양면성 사실심 재판장은 다툼 있는 사실로서 증명이 안 된 모든 경우에 반드시 당사자의 증명을 촉구하여야만 하는 것은 아니라 할지라도 소송의 정도로 보아 당사자가 부주의 또는 오해로 인하여 증명하지 아니한 것이 명백한 경우에는 증명을 촉구할 의무가 있다.(대판 1986.11.25, 86므67)
2. 석명권 행사의 내용과 한계 법원의 석명권 행사는 당사자의 주장에 모순되는 점이 있거나 불완전·불명료한 점이 있을 때에 이를 지적하여 정정·보충할 수 있는 기회를 주고, 계쟁 사실에 대한 증거의 제출을 촉구하는 것을 그 내용으로 하는 것으로서, 당사자가 주장하지도 아니한 법률효과에 관한 요건사실이나 독립된 공격방어방법을 시사하여 그 제출을 권유함과 같은 행위를 하는 것은 변론주의의 원칙에 위배되는 것으로서 석명권 행사의 한계를 일탈하는 것이다.(대판 2004.3.12, 2001다79013)
3. 법률상 사항에 관한 법원의 석명 또는 지적의무 당사자가 부주의 또는 오해로 인하여 명백히 간과한 법률상의 사항이 있거나 당사자의 주장이 법률상의 관점에서 보아 불명료 또는 불완전하거나 모순이 있는 경우, 법원은 적극적으로 석명권을 행사하여 당사자에게 의견진술의 기회를 부여하여야 하고, 만일 이를 게을리한 채 당사자가 전혀 예상하지 못하였던 법률적 관점에 기한 재판으로 당사자 일방에게 불의의 타격을 가하였다면 석명 또는 지적의무를 다하지 아니하여 심리를 제대로 하지 아니한 것으로서 위법하다.(대판 2008.12.11, 2008다45187)
4. 증거자료에 관한 석명권의 범위 법원은 증명을 요하는 계쟁사실에 관하여 증명책임을 진 당사자가 전연 증명을 하지 않을 경우에 주의를 환기시켜 증명을 촉구할 책임은 있다. 그렇다고 구체적으로 증명방법까지 지시하여 증거신청을 종용할 수는 없다.(대판 1964.11.10, 64다325)
5. 증명촉구에 관한 석명권의 한계 증명촉구에 관한 법원의 석명권은 소송의 정도로 보아 당사자가 무지, 부주의 또는 오해로 인하여 증명하지 아니하는 것이 명백한 경우에 한하여 인정되는 것이고, 다툼이 있는 사실에 관하여 증명이 없는 모든 경우에 법원이 심증을 얻을 때까지 증명을 촉구하여야 하는 것은 아니고, 또한 당사자가 증명취지로 제출하고 있는 자료가 있다고 할지라도 그 안에 특별한 내용이 담겨 있지 않거나 이미 제출된 증거를 보충하는 취지에 불과한 경우에는 변론 전체의 취지로서 참작될 수 있을 터이고 법원이 이를 반드시 증거로 제출하도록 촉구할 석명의무를 부담하는 것은 아니다.(대판 1998.2.27, 97다38442)
6. 손해 발생 사실은 인정되나 손해액에 관한 증명이 불충분

한 경우, 법원이 취해야 할 조치 불법행위로 인하여 손해가 발생한 사실이 인정되는 경우에는 법원은 손해액에 관한 당사자의 주장과 증명이 미흡하더라도 적극적으로 석명권을 행사하여 증명을 촉구하여야 하고 경우에 따라서는 직권으로라도 손해액을 심리 판단하여야 하나, 법원의 증명 촉구에도 불구하고 원고가 이에 응하지 아니하면서 손해액에 관하여 나름의 주장을 펴고 그에 관하여만 증명을 다하고 있는 경우라면, 법원이 굳이 스스로 적정하다고 생각하는 손해액 산정 기준이나 방법을 적극적으로 원고에게 제시할 필요까지는 없다.(대판 2010.3.25, 2009다88617)

▶ **석명을 요하는 경우**

7. 확인의 대상에 대한 석명권의 행사 원고가 과거의 농지 수분배 사실에 대한 확인청구를 하였다 하여도 그 주장사실로 보아 현재의 경작권존재확인청구로 못 볼 바 아닌 때에는 석명권을 행사하여 이를 밝혀 보아야 한다.(대판 1971.5.31, 71다674)
8. 매매대상에서 제외하기로 한 건물의 일부분을 포함시켜 소유권이전등기를 청구한 경우의 조치 건물매매계약의 당사자가 건물의 일부에 불과할 뿐 구조상으로나 이용상 다른 부분과 구분되는 독립성이 없기 때문에 구분소유권의 대상이 될 수 없는 부분을 매매대상에서 제외하기로 약정하였음에도 매수인이 건물 전체에 대한 소유권이전등기청구를 한 경우, 당사자의 의사는 위 매매대상 건물 전체 면적 중 이를 제외한 나머지 면적에 상응하는 비율로 지분소유권이전등기를 마치려는 것이라고 해석할 여지가 있으므로, 법원으로서는 매수인의 청구가 매매대상 건물 중 매도인이 매매계약으로서 매도한 면적에 상응하는 비율만큼의 지분소유권이전등기를 구하는 취지인지 석명을 구한 후 그에 관하여 심리하여야 한다.(대판 2003.3.14, 2001다7599)
9. 서증의 진정성립을 다투다가 인부절차에서 진정성립을 인정한 경우의 석명의무 소송당사자가 문서가 위조되었다거나 권한 없이 작성되었다는 취지로 다투다가 그 서증의 인부 절차에서는 갑자기 진정성립을 인정한다는 것은 이례에 속하는 것이라고 할 것이므로, 법원은 서증의 인부절차에서 위 문서의 진정성립을 인정한 것이 아니라고 보거나, 적어도 당사자가 위와 같이 모순되는 진술을 하는 취지를 분명하게 석명하여야 한다.(대판 2003.4.8, 2001다29254)
10. 소송자료 보충을 위한 석명이 인정되는지 여부 당사자가 어떠한 법률효과를 주장하면서 미처 깨닫지 못하고 그 요건사실 일부를 빠뜨린 경우에는 법원은 그 누락사실을 지적하고, 당사자가 이 점에 관하여 변론을 하지 아니하는 취지가 무엇인지를 밝혀 당사자에게 그에 관한 변론을 할 기회를 주어야 할 의무가 있다.(대판 2005.3.11, 2002다60207)
11. 취득시효 중단사유에 관한 석명의무가 있는지 여부 부동산 소유자가 점유자 내지 그 점유승계자 등을 상대로 그 동안 수 없이 그 부동산에 대하여 명도요구를 하였고, 점유자 내지 그 점유승계자들 또한 소유자에게 그 부동산에 임대·교환·불하 등의 요구를 하였던 점 등으로 미루어 보면, 점유자와 그 점유승계자들의 점유는 소유의 의사가 있는 점유가 아니고 평온한 점유도 아니라는 소유자의 주장은 그 점유승계자들이 그 부동산에 관한 소유권을 승인함으로써 시효가 중단되었다는 주장으로도 볼 수 있으므로, 석명권을 적절히 행사하여 소유자의 주장 취지를 명확히 한 다음 이에 관하여 심리·판단을 하여야 한다.(대판 1996.6.11, 94다55545, 55562)
12. 계산착오로 청구금액을 감축 기재하였다고 볼 경우와 석명권 행사 제1심판결에서 매월 22일씩 도시일용노동에 종사함을 전제로 하여 88,500,371원(598,796 × (298.2991 − 167.5993) + 598,796 × (323.9452 − 298.2991) × 2/3)을 인정받았는데, 항소심에 이르러 인상된 도시일용노임을 기준으로 산정한 월 701,052원을 적용하여야 한다고 청구원인을

변경하면서 {701,052 × (298.2991 - 167.5993) + 701,052 × (323.9452 - 298.2991) × 2/3} = 73,071,070원이라고 설시한 경우, 위 금액은 소송의 경과와 변경된 청구원인의 내용에 비추어 계산착오임이 명백하므로, 이와 같은 경우 원심으로서는 마땅히 석명권을 행사하여 위 금액이 착오로 인한 것인지 아니면 일부만 청구한다는 취지인지를 밝혀 청구의 범위를 명확히 한 다음 그 청구의 당부를 판단하여야 한다.(대판 1997.7.8, 97다16084)

13. 소 변경의 의사 유무에 대한 석명의무가 인정되는 경우
토지임대인이 그 임차인에 대하여 지상물철거 및 그 부지의 인도를 청구한 데 대하여 임차인이 적법한 지상물매수청구권을 행사하게 되면 임대인과 임차인 사이에는 그 지상물에 관한 매매가 성립하게 되므로 임대인의 청구는 이를 그대로 받아들일 수 없게 된다. 이 경우에 법원으로서는 임대인이 종전의 청구를 계속 유지할 것인지, 아니면 대금지급과 상환으로 지상물의 명도를 청구할 의사가 있는 것인지(예비적으로라도)를 석명하고 임대인이 그 석명에 응하여 소를 변경한 때에는 지상물명도의 판결을 함으로써 분쟁의 1회적 해결을 꾀하여야 한다고 봄이 상당하다. 왜냐하면 이처럼 제소 당시에는 임대인이 매수청구권 행사라는 사정변화가 생겨 임대인의 청구가 받아들여질 수 없게 된 경우에는 임대인으로서는 통상 지상물철거 등의 청구에서 전부 패소하는 것보다는 대금지급과 상환으로 지상물명도를 명하는 판결이라도 받겠다는 의사를 가질 수도 있다고 봄이 합리적이라 할 것이고, 또 임차인의 처지에서도 이러한 법원의 석명은 임차인의 항변에 기초한 것으로서 그에 의하여 논리상 예기되는 범위 내에 있는 것이므로 그러한 법원의 석명에 의하여 특별히 불리하게 되는 것도 아니고, 오히려 법원의 석명에 의하여 지상물명도와 상환으로 대금지급의 판결을 받게 되는 것이 매수청구권을 행사한 임차인의 진의에도 부합한다고 할 수 있기 때문이다. 또한 위와 같은 경우에 법원이 이러한 점을 석명하지 아니한 채 토지임대인의 청구를 기각하고 만다면 또다시 지상물명도청구의 소를 제기하지 않으면 안 되게 되어 쌍방 당사자에게 모두 불리한 결과를 안겨 줄 수밖에 없으므로 소송경제상으로도 매우 불합리하다고 하지 않을 수 없다.(대판(全) 1995.7.11, 94다34265)

14. 당사자가 예상하지 못한 법률적 관점에 기하여 재판한 경우(1)   소유권보존등기의 말소등기청구소송의 제1심에서 승소한 원고가 항소심에서 자기 앞으로 소유권을 표상하는 등기가 되어 있지 않았고 법률에 의하여 소유권을 취득하지도 않았다는 종전의 주장을 그대로 유지한 채 진정명의회복을 위한 소유권이전등기절차의 이행을 청구하는 새로운 청구를 제기한 경우, 원심으로서는 원고의 소 변경 신청에 법률적 모순이 있음을 지적하고 원고에게 의견을 진술할 기회를 부여함으로써 원고로 하여금 청구와 주장을 법률적으로 합당하게 정정할 수 있는 기회를 부여하여야 함에도 이러한 조치를 취하지 아니한 위법이 있다.(대판 2003.1.10, 2002다41435)

15. 당사자가 예상하지 못한 법률적 관점에 기하여 재판한 경우(2)   원심의 변론종결 시까지 당사자 사이에 결정의 송달 여부만 다투어졌을 뿐 경정결정의 송달 여부에 관하여는 명시적으로 다툼이 없었던 경우, 원심이 경정결정의 송달 여부에 관하여 석명을 구하고 증명을 촉구하여야 함에도 불구하고 이를 의식하지 못한 원고가 제출한 증거만으로 경정결정의 송달사실이 인정되지 않는다는 이유로 청구를 기각한 것은, 당사자가 전혀 예상하지 못하였던 법률적인 관점에 기한 예상 밖의 재판으로 원고에게 불의의 타격을 가하였을 뿐 아니라, 경정결정이 피고에게 송달되었는지에 관하여 제대로 심리를 하지 아니하여 판결에 영향을 미친 위법이 있다.(대판 1994.6.10, 94다8761)

16. 당사자가 예상하지 못한 법률적 관점에 기하여 재판한 경우(3)   이미 두 차례의 전심절차에서 심사청구가 적법한

기간 내에 제기되었음을 전제로 본안판단을 한 바 있음을 감안하면, 원심으로서는 마땅히 이 사건 처분에 대한 심사청구가 적법한 기간 내에 제기되었는지 여부에 관하여 석명을 구하고 증명을 촉구하여야 함에도, 이에 이르지 아니한 채 적법한 전심절차를 거치지 아니하였음을 들어 소를 부적법 각하한 것은 행소 8조에 의하여 준용되는 민소 126조 4항 소정의 당사자가 명백히 간과한 것으로 인정되는 법률적인 관점에 관하여 당사자에게 의견진술의 기회를 주지 아니한 잘못이 있다.(대판 1995.12.26, 95누14220)

17. 당사자가 예상하지 못한 법률적 관점에 기하여 재판한 경우(4)   부제소합의는 소송당사자에게 헌법상 보장된 재판청구권의 포기와 같은 중대한 소송법상의 효과를 발생시키는 것으로서 그 합의 시에 예상할 수 있는 상황에 관한 것이어야 유효하고, 그 효력의 유무나 범위를 둘러싸고 이견이 있을 수 있는 경우에는 당사자의 의사를 합리적으로 해석한 후 이를 판단하여야 한다. 따라서 당사자들이 부제소 합의의 효력이나 그 범위에 관하여 쟁점으로 삼아 소의 적법 여부를 다투기 아니하는데도 법원이 직권으로 부제소합의에 위배되었다는 이유로 소가 부적법하다고 판단하기 위해서는 그와 같은 법률적 관점에 대하여 당사자에게 의견을 진술할 기회를 주어야 하고, 부제소합의를 하게 된 동기 및 경위, 그 합의에 의하여 달성하려는 목적, 당사자의 진정한 의사 등에 관하여도 충분히 심리할 필요가 있다. 법원이 그와 같이 하지 않고 직권으로 부제소합의를 인정하여 소를 각하하는 것은 예상외의 재판으로 당사자 일방에게 불의의 타격을 가하는 것으로서 석명의무를 위반하여 필요한 심리를 제대로 하지 아니하는 것이다.(대판 2013.11.28, 2011다80449)

18. 인지 보정명령에 따라 인지액 상당의 현금을 수납은행에 납부하면서 잘못하여 인지로 납부하지 아니하고 송달료로 납부한 경우   소장 등을 심사하는 재판장으로서는 인지 보정명령 이후 수납은행의 영수필확인서 및 영수필통지서가 보정기간 내에 제출되지 아니하였다 하더라도 곧바로 소장이나 상소장을 각하하여서는 아니 되고, 인지액 상당의 현금이 송달료로 납부된 사실이 있는지를 관리은행 또는 수납은행에 전산 기타 적당한 방법으로 확인한 후, 만일 그러한 사실이 확인되는 경우라면 신청인에게 인지를 보정하는 취지로 송달료를 납부한 것인지에 관하여 석명을 구하고 다시 인지를 보정할 수 있는 기회를 부여하여야 한다. 이러한 보정의 기회를 부여하지 아니한 채 소장이나 상소장을 각하하는 것은 석명의무를 다하지 아니하여 심리를 제대로 하지 아니한 것으로서 위법하다.(대결 2014.4.30, 2014마76)

19. 법률상의 사항에 관한 의견진술   당사자가 부주의 또는 오해로 인하여 명백히 간과한 법률상의 사항이 있거나 당사자의 주장이 법률상의 관점에서 보아 모순이나 불명료한 점이 있는 경우 법원은 적극적으로 석명권을 행사하여 당사자에게 의견 진술의 기회를 주어야 하고, 만일 이를 게을리한 경우에는 석명 또는 지적의무를 다하지 아니한 것으로서 위법하다.(대판 2009.11.12, 2009다42765)

▶ **석명을 요하지 않은 경우**

20. 항소심에서 청구원인을 변경한 경우   갑이 을의 언니인 병에게 돈을 대여하면서 그중 일부를 을 명의의 계좌로 송금하였다는 등의 이유로 을은 병과 연대하여 위 대여금 일부를 지급할 의무가 있다고 주장하는 소를 제기하였는데, 제1심은 을이 소장 부본을 송달받고도 답변서를 제출하지 아니하자, 변론 없이 갑의 주장은 그 자체로 이유 없다고 보아 갑의 청구를 기각하는 판결을 선고하였고, 갑이 이에 불복하여 항소하면서 을에 대한 청구원인 사실을 불법행위로 인한 손해배상청구로 변경하자, 원심은 발송송달의 방법으로 변론일통지서를 송달한 후 을이 불출석한 상태에서 변론기일을 진행하여 그 기일에 변론을 종결한 다음, 민소 150조 3항, 1항에 따라 을이 청구원인 사실을 자백한 것으로 보아

불법행위로 인한 손해배상책임을 인정한 사안에서, 제1심이 무변론으로 갑의 청구를 기각함으로써 을이 변론에 참여하여 의견을 제시할 기회가 차단되어 사실상 심급의 이익을 박탈당하는 결과가 된 사정에서다가 원심에서 변론기일통지서가 발송송달의 방법으로 송달되어 을이 원심 변론기일에 참여할 기회를 제대로 갖지 못한 사정까지 감안하면, 원심으로서는 바로 을의 자백간주 판결을 할 것이 아니라 이에 앞서 제1심이 무변론판결을 선고하면서 갑의 청구를 기각한 연유는 무엇인지, 거기에 절차상 흠은 없는지, 소송 경과를 전체적으로 보아 을이 갑의 주장사실에 대하여 다툴 것으로 인정할 여지는 없는지 등을 심리하여 보고, 필요하다면 서면 등을 통하여 갑의 주장에 대한 을의 입장을 밝힐 것을 촉구하는 등 석명권을 적절히 행사함으로써 진실을 밝혀 구체적 정의를 실현하려는 노력을 게을리하지 말았어야 하는데도, 심리를 세밀히 하거나 적절한 소송지휘권을 행사하는 등의 방법으로 갑의 주장사실에 대한 을의 입장을 밝혀 보지도 아니한 채 을이 변론기일에 출석하지 아니하자 곧바로 변론을 종결하고 제1심판결과 전혀 다른 결론의 판결을 선고한 원심의 조치에는 석명권을 적정하게 행사하지 아니하여 필요한 심리를 다하지 아니하거나 자백간주의 법리를 오해한 잘못이 있다.(대판 2017.4.26, 2017다201033)

21. 법률상 사항에 관한 법원의 석명 또는 지적의무 민소 136조 4항은 "법원은 당사자가 간과하였음이 분명하다고 인정되는 법률상 사항에 관하여 당사자에게 의견을 진술할 기회를 주어야 한다."라고 규정하고 있으므로, 당사자가 부주의 또는 오해로 인하여 명백히 간과한 법률상의 사항이 있거나 당사자의 주장이 법률상의 관점에서 보아 모순이나 불명료한 점이 있는 경우 법원은 적극적으로 석명권을 행사하여 당사자에게 의견 진술의 기회를 주어야 하고, 만일 이를 게을리 한 경우에는 석명 또는 지적의무를 다하지 아니한 것으로서 위법하다.(대판 2017.12.22, 2015다236820, 236837)

22. 증명촉구의 석명의무가 인정되는 한계(1) 사실심 재판장은 다툼 있는 사실로서 증명이 없는 모든 경우에 반드시 당사자의 증명을 촉구하여야만 하는 것이 아니고, 소송의 정도로 보아 당사자가 부주의 또는 오해로 인하여 증명하지 아니한 것이 명백한 경우에 한하여 증명을 촉구할 의무가 있을 뿐 당사자가 자기주장에 대한 증명자료를 제출하고 있는 경우에는 더 이상의 증명을 촉구하지 아니하여도 위법이라고 할 수는 없다.(대판 1987.3.10, 86다132)

23. 증명촉구의 석명의무가 인정되는 한계(2) 불법행위를 원인으로 한 손해배상청구소송에서 그 손해액의 범위에 관한 증명책임은 피해자인 원고에게 있는 것인바, 그에 대한 법원의 증명촉구에 대하여 이에 응하지 않을 뿐만 아니라 명백히 그 증명을 하지 않겠다는 의사를 표시한 경우에는 법원이 피고에게 손해배상책임을 인정하면서도 그 액수에 관한 증거가 없다는 이유로 청구를 배척할 수 있다.(대판 1994.3.11, 93다57100)

24. 취득시효 완성을 원인으로 한 소유권이전등기청구에 대하여 대위행사 여부의 석명을 할 의무가 있는지 여부 점유자가 소유명의자에 대하여 직접 취득시효 완성으로 인한 소유권이전등기청구권을 갖는다는 것과 점유자가 전 점유자를 대위하여 그가 소유명의자에 대하여 가지는 소유권이전등기청구권을 대위행사한다는 것은 그 청구원인이 다르므로, 점유자가 소유명의자를 상대로 직접 취득시효 완성을 원인으로 한 소유권이전등기 청구를 하고 있음이 명백한 경우, 그 점유자에 대하여 전 점유자를 대위하여 소유명의자에게 취득시효 완성을 원인으로 한 소유권이전등기 청구를 하는 것인지의 여부에 관하여 심리하지 않았다 하여 석명권 불행사의 위법이 있다고 할 수 없다.(대판 1995.11.28, 95다22078, 22085)

25. 소유권에 기한 반환청구의 경우 점유권에 기한 것인지의 석명의무 소유권에 기하여 미등기 무허가건물의 반환을 구

하는 청구취지 속에는 점유권에 기한 반환청구권을 행사한다는 취지가 당연히 포함되어 있다고 볼 수는 없고, 소유권에 기한 반환청구만을 하고 있음이 명백한 이상 법원에 점유권에 기한 반환청구도 구하는지 여부를 석명할 의무가 있는 것은 아니다.(대판 1996.6.14, 94다53006)

26. 등기부취득시효의 주장 가운데 점유취득시효의 주장이 포함되어 있는지 여부의 석명의무 석명권 행사는 법원이 심리를 함에 있어서 당사자의 주장에 모순, 흠결이 있거나 애매하여 불명료한 경우에 이를 명백히 하기 위한 것이므로, 등기부취득시효의 주장임이 분명한 경우 법원이 점유취득시효의 주장이 함께 포함되어 있는 것인지 여부를 석명할 의무까지 있다고는 할 수 없다.(대판 1997.3.11, 96다49902)

제137조【석명준비명령】 재판장은 제136조의 규정에 따라 당사자에게 설명 또는 증명하거나 의견을 진술할 사항을 지적하고 변론기일 이전에 이를 준비하도록 명할 수 있다.
📌 석명권의 행사에 따른 법원사무관의 조치(민소규30), 소송지휘재판의 취소(222), 합의부에 의한 감독(138), 준비절차에 준용(286)

제138조【합의부에 의한 감독】 당사자가 변론의 지휘에 관한 재판장의 명령 또는 제136조 및 제137조의 규정에 따른 재판장이나 합의부원의 조치에 대하여 이의를 신청한 때에는 법원은 결정으로 그 이의신청에 대하여 재판한다.
📌 재판장의 명령에 관한 이의신청(민소규28①), 석명과 석명준비명령(136·137), 지휘(135), 결정(134·221·224), 준비절차에 준용(286)

1. 청구의 인낙이 변론조서에 기재되었음에도 소송이 진행된 경우 이에 대한 이의와 법원의 조치 청구의 인낙이 변론조서에 기재된 경우 따로 인낙조서를 작성하지 아니한 경우라도 확정판결과 같은 효력이 생기고 그것으로써 소송은 종료되며, 만약 청구의 인낙이 변론조서에 기재되었음에도 불구하고 소송이 진행된 경우 법원은 인낙으로 인한 소송종료를 판결로 선고하여야 한다.(대결 1962.6.14, 62마6)

제139조【수명법관의 지정 및 촉탁】 ① 수명법관으로 하여금 그 직무를 수행하게 하고자 할 경우에는 재판장이 그 판사를 지정한다.
② 법원이 하는 촉탁은 특별한 규정이 없으면 재판장이 한다.
📌 ① 수명법관 등의 직무(145·165①·172③·297·313·335·337·354·365), ② 촉탁(140·294·296·297·313·341①·352·366, 민집55·94·163·171④)

제140조【법원의 석명처분】 ① 법원은 소송관계를 분명하게 하기 위하여 다음 각호의 처분을 할 수 있다.
1. 당사자 본인 또는 그 법정대리인에게 출석하도록 명하는 일
2. 소송서류 또는 소송에 인용한 문서, 그 밖의 물건으로서 당사자가 가지고 있는 것을 제출하게 하는 일
3. 당사자 또는 제3자가 제출한 문서, 그 밖의 물건을 법원에 유치하는 일
4. 검증을 하고 감정을 명하는 일
5. 필요한 조사를 촉탁하는 일
② 제1항의 검증·감정과 조사의 촉탁에는 이 법의 증거조사에 관한 규정을 준용한다.
📌 ① 법원의 석명처분(민소규29), 재판장의 명령에 관한 이의신청(민소규·30), 법정대리인(51·55·64), 검증(364-366), 감정(333-342), 조사(294), ② 재판장의 석명처분(136·137), 비용예납(116), 증거조사(333-342·

364~366), 준비절차에 준용(286)

제141조【변론의 제한·분리·병합】 법원은 변론의 제한·분리 또는 병합을 명하거나, 그 명령을 취소할 수 있다.

■ 일부판결(200), 결정(221), 변론의 병합을 요하는 경우(상188·376②·380·381②·446)

1. 변론을 분리하여 심판해야 할 사안을 병합 심판한 것의 적부(위법) 피고만 동일하고 원고가 동일인이 아니어서 객관적 소송병합에 해당치 아니하며 양 청구 간 견련관계의 존재를 확인할 수 없어 주관적 소송병합에도 해당하지 아니함에도 불구하고 변론을 분리하지 아니하고 병합 심판하였음은 위법이다.(대판 1959.5.22, 4290민상180)

2. 병합결정을 한 경우 사물관할의 판단기준 같은 법원에 계속 중인 여러 개의 소송을 하나의 절차에 병합하여 심판을 하는 경우라 하여도, 그 관할의 유무는 원고가 청구를 확장하였거나 또는 별개의 청구를 추가한 경우와는 달리 역시 소송 제기 당시를 표준으로 하여야 할 것이므로 병합된 각 청구의 소송물가격의 합산액을 표준으로 할 것이 아니라는 원결정은 정당하다.(대결 1966.9.28, 66마322)

3. 여러 건의 사해행위취소 및 원상회복청구 소송에 대하여 가액배상을 명하여야 할 경우의 반환을 명하는 금액의 범위 채권자취소권의 요건을 갖춘 각 채권자는 고유의 권리로서 채무자의 재산처분 행위를 취소하고 그 원상회복을 구할 수 있으므로, 여러 명의 채권자가 사해행위취소 및 원상회복청구의 소를 제기하여 여러 개의 소송이 계속 중인 경우에는 각 채권자의 채권자취소의 청구에 따라 사해행위의 취소 및 원상회복을 명하는 판결을 선고하여야 하고, 수익자 또는 전득자가 가액배상을 하여야 할 경우에도 수익자 등이 반환하여야 할 가액을 채권자의 채권액에 비례하여 채권자별로 안분한 범위 내에서 반환을 명할 것이 아니라 수익자 등이 반환하여야 할 가액 범위 내에서 각 채권자의 피보전채권액 전액의 반환을 명하여야 한다. 이와 같은 법리는 여러 명의 채권자들이 제기한 각 사해행위취소 및 원상회복청구의 소가 민소 141조에 의하여 병합되어 하나의 소송절차에서 심판을 받는 경우에도 마찬가지이다.(대판 2008.6.12, 2008다8690, 8706)

제142조【변론의 재개】 법원은 종결된 변론을 다시 열도록 명할 수 있다.

■ 변론재개결정과 변론기일지정(민소규43), 종결(198), 결정(221), 준비절차에 준용(286)

1. 변론재개신청에 대하여 법원이 허부결정을 하여야 하는지 여부(소극) 변론의 재개신청은 법원의 직권발동을 촉구하는 의미밖에 없으며, 변론의 재개 여부는 법원의 직권사항이고 당사자에게 신청권이 없으므로 이에 대한 허부의 결정을 할 필요가 없으며, 또한 변론재개신청이 있다 하여 법원에 재개의무가 있는 것도 아니다.(대판 2004.7.9, 2004다13083)

2. 변론재개신청을 받아들이지 않은 것이 위법한 것으로 인정되지 않은 경우 당사자의 변론재개신청을 받아들이느냐의 여부는 법원의 재량에 속한 사항이므로 당사자가 항변을 제출할 수 있는 기회가 충분히 있었음에도 이를 하지 않다가 변론종결 후 그 항변 및 그 증명을 위하여 변론재개신청을 한 경우에 법원이 그 변론재개신청을 받아들이지 아니하였다 하여 이를 심리미진의 위법사유에 해당한다고 할 수는 없다.(대판 1987.12.8, 86다카1230)

3. 법원의 변론재개의무가 인정되는 예외적인 요건 당사자가 변론종결 후 주장·증명을 제출하기 위하여 변론재개신청을 한 경우 당사자의 변론재개신청을 받아들일지 여부는 원칙적으로 법원의 재량에 속한다. 그러나 변론재개신청을 한 당사자가 변론종결 전에 그에게 책임을 지우기 어려운 사정으로 주장·증명을 제출할 기회를 제대로 갖지 못하였고, 그 주장·증명의 대상이 판결의 결과를 좌우할 수 있는

관건적 요증사실에 해당하는 경우 등과 같이, 당사자에게 변론을 재개하여 그 주장·증명을 제출할 기회를 주지 않은 채 패소의 판결을 하는 것이 민사소송법이 추구하는 절차적 정의에 반하는 경우에는 법원은 변론을 재개하고 심리를 속행할 의무가 있다. 또한 법원이 사실상 또는 법률상 사항에 관한 석명의무나 지적의무 등을 위반한 채 변론을 종결하였는데 당사자가 그에 관한 주장·증명을 제출하기 위하여 변론재개신청을 한 경우 등과 같이 사건의 적정하고 공정한 해결에 영향을 미칠 수 있는 소송절차상의 위법이 드러난 경우에는, 사건을 적정하고 공정하게 심리·판단할 책무가 있는 법원으로서는 그와 같은 소송절차상의 위법을 치유하고 그 책무를 다하기 위하여 변론을 재개하고 심리를 속행할 의무가 있다.(대판 2010.10.28, 2010다20532)

4. 토지임차인인 피고의 불복이유를 석명하기 위해 변론 재개가 필요한 것으로 인정된 경우 피고가 자기의 매수청구권 주장을 받아들인 1심판결에 대하여 불복한 것은 매수청구권 행사로 성립한 매매의 이행관계를 다투는 것 외에 별다른 이유가 없을 것이므로, 법률전문가가 아닌 피고 본인이 변론기일에 출석하여 항소인으로서 적절한 불복이유를 진술하지 못하고 있다면 법원으로서는 불복의 이유가 무엇인지 석명을 구해 볼 필요가 있고, 그러한 조치를 취하지 않은 채 첫 변론기일에 결심을 한 뒤에 뒤미처 피고가 변론재개신청서를 제출하여 건물명도청구에 대한 동시이행 항변의 취지로 보이는 주장을 하고 있다면, 원심으로서는 변론을 재개하여 피고에게 불복이유를 진술할 기회를 줌으로써 충분히 심리를 다하였어야 한다.(대판 1991.4.9, 91다3260)

제143조【통역】 ① 변론에 참여하는 사람이 우리말을 하지 못하거나, 듣거나 말하는 데 장애가 있으면 통역인에게 통역하게 하여야 한다. 다만, 위와 같은 장애가 있는 사람에게는 문자로 질문하거나 진술하게 할 수 있다.
② 통역인에게는 이 법의 감정인에 관한 규정을 준용한다.

■ 조서에의 기재(153), 허위통역과 재심사유(451①vii), 감정인(333~342), 변론준비절차에 준용(286), 법정용어(법조62), 허위통역죄(형154), 일당·여비·숙박료(민비용4·6·11)

제143조의2【진술 보조】 ① 질병, 장애, 연령, 그 밖의 사유로 인한 정신적·신체적 제약으로 소송관계를 분명하게 하기 위하여 필요한 진술을 하기 어려운 당사자는 법원의 허가를 받아 진술을 도와주는 사람과 함께 출석하여 진술할 수 있다.
② 법원은 언제든지 제1항의 허가를 취소할 수 있다.
③ 제1항 및 제2항에 따른 진술보조인의 자격 및 소송상 지위와 역할, 법원의 허가 요건·절차 등 허가 및 취소에 관한 사항은 대법원규칙으로 정한다. (2016.2.3 본조신설)

제144조【변론능력이 없는 사람에 대한 조치】 ① 법원은 소송관계를 분명하게 하기 위하여 필요한 진술을 할 수 없는 당사자 또는 대리인의 진술을 금지하고, 변론을 계속할 새 기일을 정할 수 있다.
② 제1항의 규정에 따라 진술을 금지하는 경우에 필요하다고 인정하면 법원은 변호사를 선임하도록 명할 수 있다.
③ 제1항 또는 제2항의 규정에 따라 대리인에게 진술을 금지하거나 변호사를 선임하도록 명하였을 때에는 본인에게 그 취지를 통지하여야 한다.

④ 소 또는 상소를 제기한 사람이 제2항의 규정에 따른 명령을 받고도 제1항의 새 기일까지 변호사를 선임하지 아니한 때에는 법원은 결정으로 소 또는 상소를 각하할 수 있다.

⑤ 제4항의 결정에 대하여는 즉시항고를 할 수 있다.

■ 준비절차에 준용(286), 법정대리인(51·62), 소송대리인(87~97)

1. 변호사의 선임을 명한 경우와 선임권자에 대한 통지 구 민소 134조 규정에 의하여 당사자 또는 대리인이 법원의 변호사 선임명령을 받고도 새 기일까지 변호사를 선임하지 아니한 때에는 소가 각하될 수 있고 그러한 경우 당사자는 경제적·시간적으로 많은 불이익을 입게 되므로, 이러한 점을 고려하여 법은 특별히 당사자 본인이 아닌 대리인에게 진술을 금하고 변호사의 선임을 명하였을 때에는 실질적으로 변호사 선임권한을 가진 본인에게 그 취지를 통지하여 그로 하여금 변호사 선임 여부를 결정할 수 있도록 하고 있다고 보이므로 그러한 통지를 안 한 경우에는 변호사를 선임하지 아니하였다 하여도 소를 각하할 수 없다. 한편, 선정당사자는 비록 그 소송의 당사자이기는 하지만 선정행위의 본질이 임의적 소송신탁에 불과하여 다른 선정자들과의 내부적 관계에서는 소송수행권을 위임받은 소송대리인과 유사한 측면이 있고, 나아가 선정당사자가 법원의 선임명령에 따라 변호사를 선임하기 위하여는 선정자들의 의견을 고려하지 않을 수 없는 현실적 사정을 감안한면, 선정당사자에게 변론을 금함과 아울러 변호사 선임명령을 한 경우에 민소 134조 3항의 규정을 유추하여 실질적으로 변호사 선임권한을 가진 선정자들에게 법원이 그 취지를 통지하거나 다른 적당한 방법으로 이를 알려주어야 하고, 그러한 조치 없이는 변호사의 선임이 이루어지지 아니하였다 하여 곧바로 소를 각하할 수 없다.(대결 2000.10.18, 2000마2999)

제145조【화해의 권고】 ① 법원은 소송의 정도와 관계없이 화해를 권고하거나, 수명법관 또는 수탁판사로 하여금 권고하게 할 수 있다.

② 제1항의 경우에 법원·수명법관 또는 수탁판사는 당사자 본인이나 그 법정대리인의 출석을 명할 수 있다.

■ 화해(106·113), 제소전화해(385), 수명법관(139), 수탁판사(160), 법정대리인(51·62), 준비절차에 준용(286), 소송계속 중의 조정(민조정6), 조정의 본인출석원칙(민조정16)

1. 화해를 권고하기 위한 기일에 그 권고 없이 변론을 종결한 것이 적법한지 여부 법원이 당사자에게 화해를 권고하고 아니함은 법원의 자유재량에 속하는 것이므로 법원이 화해를 권고하기 위하여 당사자를 소환하였다 하더라도 화해를 권고함이 없이 변론을 종결할 수 있다.(대판 1959.12.17, 4291민상352)

2. 신의칙에 의하여 청구권을 배척하는 경우 판결에 앞서 화해적 해결을 시도하지 않은 것이 위법인지 여부(소극) 민사소송절차에서 법원이 화해를 권고하거나 화해권고결정을 할 것인지 여부는 당사자의 이익, 그 밖의 모든 사정을 참작하여 직권으로 행하는 것이므로, 청구권의 발생 자체는 명백하지만 신의칙에 의하여 이를 배척하는 경우에 판결에 앞서 화해적 해결을 시도하지 않았다고 하여 위법이라고 할 수 없다.(대판 2009.12.10, 2008다78279)

제146조【적시제출주의】 공격 또는 방어의 방법은 소송의 정도에 따라 적절한 시기에 제출하여야 한다.

■ 특별규정(276·285·410), 실기한 공격방어방법(149·451①), 종국판결(198), 준비절차에 준용(286)

1. 행정소송절차에서 전심절차에서 주장하지 아니한 사실을 주장할 수 있는 지 여부(적극) 행정소송법이나 그에 의하여 준용되는 민사소송법의 규정상 소위 전심절차에서 주장하지 아니한 사실을 주장할 수 없는 근거가 없고 소송당사자는 사실심 변론종결 시까지 모든 공격·방어방법을 내세워 다툴 수 있고, 전심절차에서 주장하지 아니한 부동산의 소유권을 대물변제에 의하여 취득하였다는 새로운 주장을 행정소송절차에서 하고 원심이 이를 받아들였다 하여 아무런 위법이 있을 수 없다.(대판 1983.12.27, 83누379)

제147조【제출기간의 제한】 ① 재판장은 당사자의 의견을 들어 한 쪽 또는 양 쪽 당사자에 대하여 특정한 사항에 관하여 주장을 제출하거나 증거를 신청할 기간을 정할 수 있다.

② 당사자가 제1항의 기간을 넘긴 때에는 주장을 제출하거나 증거를 신청할 수 없다. 다만, 당사자가 정당한 사유로 그 기간 이내에 제출 또는 신청하지 못하였다는 것을 소명한 경우에는 그러하지 아니하다.

■ 서증사본의 제출기간(민소규108), 기일의 지정과 변경(165), 기일의 통지(167)

제148조【한 쪽 당사자가 출석하지 아니한 경우】 ① 원고 또는 피고가 변론기일에 출석하지 아니하거나, 출석하고서도 본안에 관하여 변론하지 아니한 때에는 그가 제출한 소장·답변서, 그 밖의 준비서면에 적혀 있는 사항을 진술한 것으로 보고 출석한 상대방에게 변론을 명할 수 있다.

② 제1항의 규정에 따라 당사자가 진술한 것으로 보는 답변서, 그 밖의 준비서면에 청구의 포기 또는 인낙의 의사표시가 적혀 있고 공증사무소의 인증을 받은 때에는 그 취지에 따라 청구의 포기 또는 인낙이 성립된 것으로 본다.

③ 제1항의 규정에 따라 당사자가 진술한 것으로 보는 답변서, 그 밖의 준비서면에 화해의 의사표시가 적혀 있고 공증사무소의 인증을 받은 경우에, 상대방 당사자가 변론기일에 출석하여 그 화해의 의사표시를 받아들인 때에는 화해가 성립된 것으로 본다.

■ 소장(249), 준비서면(274·276), 준비절차에 준용(286)

1. 불출석으로 인정되기 위한 조건 구 민소 241조 2항 및 4항에 의하여 소 또는 상소가 취하된 것으로 보는 경우 같은 조 2항 소정의 1월의 기일지정신청기간은 불변기간이 아니어서 그 추완이 허용되지 않는 점을 고려한다면, 같은 조 제1, 2항에서 '변론의 기일에 당사자 쌍방이 출석하지 아니한 때'란 당사자 쌍방이 적법한 절차에 의한 송달을 받고도 변론기일에 출석하지 않는 것을 가리키는 것이고, 변론기일의 송달절차가 적법하지 아니한 이상 비록 그 송달이 유효하고 그 변론기일에 당사자 쌍방이 출석하지 아니하였다고 하더라도 쌍방 불출석의 효과는 발생하지 않는다.(대판 1997.7.11, 96므1380)

2. 당사자불출석의 의미와 그 증명 소송대리인이 선임된 경우에 변론기일 불출석으로 인한 불이익을 그 당사자에게 귀속시키려면 그 당사자 본인과 소송대리인 모두가 변론기일에 출석하지 아니함을 요건으로 하고 그 출석 여부는 변론조서의 기재에 의하여 증명하여야 한다.(대판 1982.6.8, 81다817)

3. 진술 간주되는 경우와 변론관활 구 민소 27조 소정의 응소관할이 생기려면 피고의 본안에 관한 변론이나 준비절차에서의 진술은 현실적인 것이어야 하므로 피고의 불출석에

의하여 답변서 등이 법률상 진술 간주되는 경우는 이에 포함되지 아니한다.(대결 1980.9.26, 80마403)
4. 한쪽 당사자가 변론기일에 불출석한 상태에서의 변론의 진행과 준비서면 등의 진술 간주 민소 148조 1항에 의하면 변론기일에 한쪽 당사자가 불출석한 경우에 변론을 진행하느냐 기일을 연기하느냐는 법원의 재량에 속한다고 할 것이나, 출석한 당사자만으로 변론을 진행할 때에는 반드시 불출석한 당사자가 그때까지 제출한 소장·답변서, 그 밖의 준비서면에 적혀 있는 사항을 진술한 것으로 보아야 한다.(대판 2008.5.8, 2008다2890)
5. 진술 간주되는 서면에 서증이 첨부된 경우 그 서증이 제출된 것으로 간주할 수 있는지 여부(소극) 서증은 법원 외에서 조사하는 경우 외에는 당사자가 변론기일 또는 준비절차기일에 출석하여 현실적으로 제출하여야 하고, 서증이 첨부된 소장 또는 준비서면 등이 진술되는 경우에도 마찬가지이다.(대판 1991.11.8, 91다15775)

제149조【실기한 공격·방어방법의 각하】 ① 당사자가 제146조의 규정을 어기어 고의 또는 중대한 과실로 공격 또는 방어방법을 뒤늦게 제출함으로써 소송의 완결을 지연시키게 하는 것으로 인정할 때에는 법원은 직권으로 또는 상대방의 신청에 따라 결정으로 이를 각하할 수 있다.
② 당사자가 제출한 공격 또는 방어방법의 취지가 분명하지 아니한 경우에, 당사자가 필요한 설명을 하지 아니하거나 설명할 기일에 출석하지 아니한 때에는 법원은 직권으로 또는 상대방의 신청에 따라 결정으로 이를 각하할 수 있다.
▣ ① 준비절차에 준용(286), 제출시기원칙(146), 소송비용부담(100), 신청(161), 결정(134·221), ② 재판장의 석명처분(136·137), 법원석명처분(140)
1. 유일한 증거가 아닌 경우의 증거신청의 각하 유일한 증거가 아닌 이상 증거신청이 당사자의 고의 또는 중대한 과실로 시기에 늦은 것이 아닌 경우라도 법원은 이를 각하할 수 있다.(대판 1962.7.26, 62다315)
2. 시기에 늦은 공격방어방법의 예 피고가 증인신청을 하여 채택하고 신문기일을 정하였는데 피고는 그 증인들의 소환비용을 예납하지 아니할 뿐 아니라 그 기일에 출석도 하지 아니하므로 증거채택을 취소하고 변론을 종결하자, 피고가 변론재개신청을 하여 법원이 이를 채택하여 다음 기일을 지정 고지하였음에도 불구하고 피고가 또다시 출석하지 아니하고 다음 기일에 비로소 출석하여 이미 취소된 증인의 환문을 재차 신청하였다면, 이 신청은 시기에 늦은 공격방어방법이라고 볼 수 있으므로 원심이 이를 채택하지 아니하였다 하여 유일한 증거를 조사하지 아니하거나 심리미진의 위법이 있다고 할 수 없다.(대판 1968.1.31, 67다2628)
3. 항소심에서 새로운 공격방어방법이 제출된 경우 시기에 늦었는지 여부의 판단기준 건물철거와 대지명도의 청구사건에서 제1심에서 유치권의 항변을 주장할 수 있었을 뿐만 아니라 제2심의 1, 2, 3차 변론기일에도 그 항변을 주장할 수 있었는데 만연히 주장을 하지 않고 제4회 변론기일에 비로소 그 주장을 한 것은 시기에 늦어서 방어방법을 제출한 것이라 볼 것이고, 만일 위 항변의 제출을 허용한다면 소송의 완결에 지연을 가져올 것임 분명하다.(대판 1962.4.4, 4294민상1122)
4. 법원의 변론재개의무와 실기한 공격방어방법의 관계 법원이 변론을 재개할 의무가 있는 예외적 요건 등을 갖추지 못하여 법원이 변론을 재개할 의무가 없는데도 변론이 재개될 것을 가정한 다음, 그와 같이 가정적으로 재개될 변론의 기일에서 새로운 주장·증명을 제출할 경우 실기한 공격방어방법으로 각하당하지 아니할 가능성이 있다는 사정만으로

법원이 변론을 재개할 의무가 생긴다고 할 수는 없다. 다만, 실제로 법원이 당사자의 변론재개신청을 받아들여 변론재개를 한 경우에는 소송관계는 변론종결 전의 상태로 환원되므로, 그 재개된 변론에서 제출된 주장·증명이 실기한 공격방어방법에 해당하는지 여부를 판단함에 있어서는 변론재개 자체로 인한 소송완결의 지연은 고려할 필요 없이 민소 149조 1항이 규정하는 요건을 충족하는지를 기준으로 그 해당 여부를 판단하면 된다.(대판 2010.10.18, 2010다20532)
5. 소송완결이 지연되지 않는다고 판단한 예(1) 실기한 공격방어방법이라고 하더라도 어차피 기일의 속행을 필요로 하고 그 속행기일의 범위 내에서 공격방어방법의 심리도 마칠 수 있거나 그 내용이 이미 심리를 마친 소송자료의 범위 안에 포함되어 있는 때에는 소송의 완결을 지연시키는 것으로 볼 수 없으므로 이를 각하할 수 없다.(대판 2000.4.7, 99다53472)
6. 소송완결이 지연되지 않는다고 판단한 예(2) 법원은 당사자의 고의 또는 중대한 과실로 시기에 늦추어 제출한 공격 또는 방어방법으로 그로 인하여 소송의 완결을 지연하게 하는 것으로 인정될 때에는 이를 각하할 수 있고, 이는 독립된 결정의 형식으로 뿐만 아니라 판결이유 중에서 판단하는 방법에 의하여 할 수도 있으나, 법원이 당사자의 공격방어방법에 대하여 각하결정을 하지 아니한 채 그 공격방어방법에 관한 증거조사까지 마친 경우에는 더 이상 소송의 완결을 지연할 염려가 없다고 할 것이므로, 그러한 상황에서 새삼스럽게 판결이유에서 당사자의 공격방어방법을 각하한다는 판단은 할 수 없고, 또 실기한 공격방어방법이라 하더라도 따로 심리하거나 증거조사를 하여야 할 사항이 남아 있어 어차피 기일의 속행을 필요로 하고 그 속행기일의 범위 내에서 공격방어방법의 심리도 마칠 수 있거나 공격방어방법의 내용이 이미 심리를 마친 소송자료의 범위 안에 포함되어 있는 때에는 소송의 완결을 지연시키는 것으로 볼 수 없으므로 이와 같은 경우에도 각하할 수 없다.(대판 1994.5.10, 93다47615)
7. 민소 149조에 정한 실기한 공격·방어방법의 의미 및 실기한 공격·방어방법에 해당하는지 판단하는 기준 민소 149조에 정한 실기한 공격·방어방법이란 당사자가 고의 또는 중대한 과실로 소송의 정도에 따른 적절한 시기를 넘겨 뒤늦게 제출하여 소송의 완결을 지연시키는 공격 또는 방어의 방법을 말한다. 여기에서 공격 또는 방어방법을 뒤늦게 제출하였는지를 판단함에는 새로운 공격·방어방법이 구체적인 소송의 진행정도에 비추어 당사자가 과거에 제출을 기대할 수 있었던 객관적 사정이 있었는데도 이를 하지 않은 것인지, 상대방과 법원에 새로운 공격·방어방법을 제출하지 않을 것이라는 신뢰를 부여하였는지 여부 등을 고려해야 한다. 항소심에서 새로운 공격·방어방법이 제출된 경우에는 특별한 사정이 없는 한 항소심뿐만 아니라 제1심까지 통틀어 시기에 늦었는지를 판단해야 한다. 나아가 당사자의 고의 또는 중대한 과실이 있는지를 판단함에는 당사자의 법률지식과 함께 새로운 공격·방어방법의 종류, 내용과 법률구성의 난이도, 기존의 공격·방어방법과의 관계, 소송의 진행경과 등을 종합적으로 고려해야 한다.(대판 2017.5.17, 2017다1097)

제150조【자백간주】 ① 당사자가 변론에서 상대방이 주장하는 사실을 명백히 다투지 아니한 때에는 그 사실을 자백한 것으로 본다. 다만, 변론 전체의 취지로 보아 그 사실에 대하여 다툰 것으로 인정되는 경우에는 그러하지 아니하다.
② 상대방이 주장한 사실에 대하여 알지 못한다고 진술한 때에는 그 사실을 다툰 것으로 추정한다.
③ 당사자가 변론기일에 출석하지 아니하는 경우에

는 제1항의 규정을 준용한다. 다만, 공시송달의 방법으로 기일통지서를 송달받은 당사자가 출석하지 아니한 경우에는 그러하지 아니하다.

■ 자백(288), 자유심증주의(202), 당사자의 불출석(148), 공시송달(194-196), 준비절차에 준용(286)

1. 소송대리권의 존부에 관하여 자백간주 규정이 적용되는지 여부(소극) 소송대리권의 존부는 법원의 직권탐지사항으로서, 이에 대하여는 자백간주에 관한 규정이 적용될 여지가 없다.(대판 1999.2.24, 97다38930)

2. 재심사유에 대하여 자백간주 규정이 적용되는지 여부(소극) 재심의 소는 확정판결에 대하여 그 판결의 효력을 인정할 수 없는 흠결이 있는 경우에 구체적 정의를 위하여 법적 안정성을 희생시키면서 확정판결의 취소를 허용하는 비상수단으로서 소송제도의 기본목적인 분쟁해결의 실효성과 정의 실현의 조화를 도모하여야 하는 것이므로, 재심사유의 존부에 관하여는 당사자의 처분권을 인정할 수 없고, 재심법원은 직권으로 당사자가 주장하는 재심사유 해당사실의 존부에 관한 자료를 탐지하여 판단할 필요가 있고, 따라서 재심사유에 대하여는 당사자의 자백이 허용되지 아니하며 자백간주에 관한 구 민소 139조 1항은 적용되지 아니한다.(대판 1992.7.24, 91다45691)

3. 항소심에서 자백간주가 성립하는 경우 제1심에서 원고의 주장사실을 명백히 다투지 아니하여 자백간주로 패소한 피고가 항소심에서도 원고 청구기각의 판결을 구할 뿐 원고가 청구원인으로 주장한 사실에 대하여는 아무런 답변도 진술하지 않았다면 그 사실을 다툰 것으로 인정되지 않는 한 항소심에서도 자백간주가 성립한다.(대판 1989.7.25, 89다카4045)

4. 제1심에서의 자백간주의 항소심에서의 효력 제1심에서 자백간주가 있었다고 하더라도 항소심에서 변론종결 시까지 이를 다투었다면 자백의 간주는 할 수 없다.(대판 1987.12.8, 87다368)

5. 청구원인사실을 부인하는 취지의 답변서가 제출된 경우 원고의 청구를 다툰 것으로 인정되는지 여부 원고의 청구원인사실에 대한 주장을 부인하는 취지의 피고의 답변서가 진술되거나 진술간주된 바 없으나 동 답변서가 제출된 점으로 미루어 구 민소 139조 1항 단서 소정의 변론 전체의 취지에 의하여 원고의 청구를 다툰 것으로 볼 것이다.(대판 1981.7.7, 80다1424)

6. 자백간주가 성립한 후 기일소환장이 송달 불능된 경우 자백간주의 효과 구 민소 139조 소정의 자백간주의 요건이 구비되어 일단 자백간주로서의 효과가 발생한 때에는 그 이후의 기일에 대한 소환장이 송달불능으로 되어 공시송달하게 되었다고 하더라도 이미 발생한 자백간주의 효과가 상실되는 것은 아니라고 할 것이므로 위 규정에 의하여 자백한 것으로 간주하여야 할 사실을 증거판단하여 자백간주에 배치되는 사실인정을 하는 것은 위법이다.(대판 1988.2.23, 87다카961)

7. 자백간주의 효력 자백간주는 그 후 변론기일에 당사자가 나와 다툼으로써 자백간주의 효과가 없어진다.(대판 1971.10.21, 71다1277)

8. 환송 후 다툰 경우 환송 전 자백간주의 효력 환송 전에 다투지 아니한 사실을 환송 후 명백히 다투었을 경우에는 위 환송 전 자백간주의 효력은 없다.(대판 1968.9.8, 68다1147)

9. 제1심에서 공시송달에 의하여 변론이 진행, 종결되었으나 항소심에서는 통상의 송달을 받은 경우 자백간주 성립 여부 제1심에서는 공시송달에 의하여 변론이 진행 종결된 피고가 항소심에서는 변론기일의 소환장을 송달받고도 출석하지 않고 답변서 기타 준비서면도 제출하지 않았다면 원고의 주장사실은 자백한 것으로 간주되어 이에 따라 청구의 당부가 판단되어야 하는데도 피고에 대한 원고의 항소를 기각한 것

은 자백간주에 관한 규정에 위배된 것이다.(대판 1971.10.22, 71다1716)

제151조【소송절차에 관한 이의권】 당사자는 소송절차에 관한 규정에 어긋난 것임을 알거나, 알 수 있었을 경우에 바로 이의를 제기하지 아니하면 그 권리를 잃는다. 다만, 그 권리가 포기할 수 없는 것인 때에는 그러하지 아니하다.

■ 재판장의 명령에 대한 이의신청(민소규281①), 직권조사사항(285①·434), 본조준용(286)

1. 법원의 석명의무의 소극적 범위 법원은 당사자가 주장할 책임이 있는 사항 자체에 관하여 이를 주장하는지 여부를 석명하여야 할 의무가 없고, 소송절차에 관한 사항만이 책문권 포기·상실의 대상이 될 수 있다.(대판 2008.2.1, 2007다8914)

2. 소송절차가 훈시적 규정을 위반한 경우 무효를 주장할 수 있는지 여부(소극) 당사자는 법원 또는 상대방의 소송행위가 소송절차에 관한 규정을 위반한 경우 민소 151조에 의하여 그 소송행위의 무효를 주장하는 이의신청을 할 수 있고, 법원이 당사자의 이의를 이유 있다고 인정할 때에는 그 소송행위를 무효로 하고 이에 상응하는 조치를 취하여야 하지만, 소송절차에 관한 규정 중 단순한 훈시적 규정을 위반한 경우에는 무효를 주장할 수 없다. 민소 199조, 207조 등은 모두 훈시규정이므로 법원이 종국판결 선고기간 5월을 도과하거나 변론종결일로부터 2주 이내 선고하지 아니하였다 하더라도 이를 이유로 무효를 주장할 수는 없다.(대판 2008.2.1, 2007다9009)

3. 강행규정 위배와 책문권의 상실 책문권의 포기 또는 상실은 소송절차에 관한 임의규정의 위배에 한하여 인정되는 것이며 항소제기의 기간은 불변기간이고 이에 관한 규정은 성질상 강행규정으로서 그 기간의 기산점이 되는 판결정본의 송달에 관한 하자에 관하여는 책문권의 상실로 인하여 그 하자가 치유될 수 없다.(대판 1972.5.9, 72다379)

4. 서면에 의하지 아니한 청구취지 변경과 책문권의 상실 청구취지의 변경은 서면으로 신청하여야 하므로 서면에 의하지 아니한 청구취지의 변경은 잘못이나 이에 대하여 상대방이 지체 없이 이의를 하지 않았다면 책문권의 상실로 그 잘못은 치유된다.(대판 1990.12.26, 90다4686)

5. 본안의 변론을 한 상대방이 청구 변경의 적부를 다툴 수 있는지 여부(소극) 청구의 변경에 대하여 상대방이 지체 없이 이의하지 아니하고 변경된 청구에 관한 본안의 변론을 한 때에는 상대방은 더 이상 그 청구 변경의 적법 여부에 대하여 다투지 못한다.(대판 2011.2.24, 2009다33655)

6. 수임제한을 위반한 변호사의 소송행위에 대하여 다툴 수 있는 시적 제한 변호 31조 1호의 규정을 위반한 변호사의 소송행위에 대하여는 상대방 당사자가 법원에 대하여 이의를 제기하는 경우 그 소송행위는 무효이고, 그러한 이의를 받은 법원으로서는 그러한 변호사의 소송관여를 더 이상 허용하여서는 아니 되지만, 상대방 당사자가 그와 같은 사실을 알았거나 알 수 있었음에도 불구하고 사실심 변론종결 시까지 아무런 이의를 제기하지 아니하였다면 그 소송행위는 소송상 완전한 효력이 생긴다.(대판 2003.5.30, 2003다15556)

7. 반소청구와 책문권의 포기 원고가 피고의 반소청구에 대하여 이의를 제기함이 없이 변론을 한 경우에는 반소청구의 적법 여부에 대한 책문권을 포기한 것으로 보아야 한다.(대판 1968.11.26, 68다1886, 1887)

8. 보조참가인에 대하여 기일통지를 하지 아니한 절차진행상의 흠이 치유되었다고 본 사례 기록에 의하면, 본안에 관한 보조참가인의 주장이 기재된 보조참가신청서가 원심 제1차 변론준비기일에 진술한 것으로 간주되었고, 보조참가인이 원심 제2차 변론기일에 직접 출석하여 변론할 기회를 가졌으며, 위 변론 당시 보조참가인은 위와 같이 기일통지서를

송달받지 못한 점에 관하여 아무런 이의를 하지 아니하였음을 알 수 있는바, 그렇다면 보조참가인에 대하여 기일통지를 하지 아니한 위와 같은 절차진행상의 흠은 치유가 되었다고 봄이 상당하고 판결 결과에도 아무런 영향을 미치지 않았다고 할 것이다.(대판 2007.2.22, 2006다75641)

제152조 【변론조서의 작성】 ① 법원사무관등은 변론기일에 참여하여 기일마다 조서를 작성하여야 한다. 다만, 변론을 녹음하거나 속기하는 경우 그 밖에 이에 준하는 특별한 사정이 있는 경우에는 법원사무관등을 참여시키지 아니하고 변론기일을 열 수 있다.
② 재판장은 필요하다고 인정하는 경우 법원사무관등을 참여시키지 아니하고 변론기일 및 변론준비기일 외의 기일을 열 수 있다.
③ 제1항 단서 및 제2항의 경우에는 법원사무관등은 그 기일이 끝난 뒤에 재판장의 설명에 따라 조서를 작성하고, 그 취지를 덧붙여 적어야 한다.
▣ 기일(165~169), 조서의 증명력(158)
1. 판결선고기일부터 약 2년 경과 후 작성된 조서의 효력 판결선고조서가 그 선고일로부터 약 2년 경과 후에 작성되었다 하여 무효라 할 수 없다.(대판 1955.3.5, 4287민상143)

제153조 【형식적 기재사항】 조서에는 법원사무관등이 다음 각호의 사항을 적고, 재판장과 법원사무관등이 기명날인 또는 서명한다. 다만, 재판장이 기명날인 또는 서명할 수 없는 사유가 있는 때에는 합의부원이 그 사유를 적은 뒤에 기명날인 또는 서명하며, 법관 모두가 기명날인 또는 서명할 수 없는 사유가 있는 때에는 법원사무관등이 그 사유를 적는다. (2017.10.31 본조개정)
1. 사건의 표시
2. 법관과 법원사무관등의 성명
3. 출석한 검사의 성명
4. 출석한 당사자·대리인·통역인과 출석하지 아니한 당사자의 성명
5. 변론의 날짜와 장소
6. 변론의 공개여부와 공개하지 아니한 경우에는 그 이유
▣ 화해조서 등의 작성방식(민소규31), 조서의 증명력(158), 법정대리인(51·62), 소송대리인(87~97), 통역인(143), 공개와 절대적 상고이유(424), 재판장(법조58), 법원사무관등(법조53), 개정장소(법조56), 변론공개(헌109, 법조57)
1. 재판장의 서명날인이 없는 판결선고조서의 효력 재판장의 서명날인이 결여된 판결선고조서는 판결선고사실을 증명할 수 없다.(대판 1955.4.7, 4288민상6)
2. 판사의 서명만 있고 날인이 없는 경락허가조서의 효력 경락허가결정선고의 방식의 적부는 조서에 의하여서만 증명할 수 있는바, 경락기일조서에 판사의 날인이 결여된 때에는 그 조서는 적식의 경락허가결정선고의 사실을 증명할 수 없고 따라서 그 경락허가결정은 위법임에 귀착된다.(대결 1961.6.22, 4294민재항12)
3. 변론에 참여하지 아니한 재판장이 서명한 변론조서의 효력 변론조서에 변론에 출석하지 아니한 법관이 재판장으로 서명하였더라도 그 후에 종결된 변론에서 당사자 쌍방이 소송관계를 표명하여 변론을 한 이상 위 변론조서의 하자는 원판결 결과에 아무 영향을 미치지 않는다.(대판 1965.6.29, 65다833)

제154조 【실질적 기재사항】 조서에는 변론의 요지를 적되, 특히 다음 각호의 사항을 분명히 하여야 한다.
1. 화해, 청구의 포기·인낙, 소의 취하와 자백
2. 증인·감정인의 선서와 진술
3. 검증의 결과
4. 재판장이 적도록 명한 사항과 당사자의 청구에 따라 적는 것을 허락한 사항
5. 서면으로 작성되지 아니한 재판
6. 재판의 선고
▣ 조서(152·156·157), 화해(145·220·385-389), 포기·인낙(220·394·425), 취하(266·393·425·443), 자백(288), 증인(319·329-331), 검증(364-366), 결정·명령(221·224), 재판의 선고(205-207·224)
제155조 【조서기재의 생략 등】 ① 조서에 적을 사항은 대법원규칙이 정하는 바에 따라 생략할 수 있다. 다만, 당사자의 이의가 있으면 그러하지 아니하다.
② 변론방식에 관한 규정의 준수, 화해, 청구의 포기·인낙, 소의 취하와 자백에 대하여는 제1항 본문의 규정을 적용하지 아니한다.
▣ ① 조서에 기재할 사항(153·154), 서면 등 인용첨부(156), ② 변론방식의 준수(158), 화해(145·154·220), 포기·인낙(154·220), 취하(154·266-268·271), 자백(154·288)
제156조 【서면 등의 인용·첨부】 조서에는 서면, 사진, 그 밖에 법원이 적당하다고 인정한 것을 인용하고 소송기록에 붙여 이를 조서의 일부로 삼을 수 있다.
▣ 조서작성(152)
제157조 【관계인의 조서낭독 등 청구권】 조서는 관계인이 신청하면 그에게 읽어 주거나 보여주어야 한다.
▣ 조서작성(152), 신청(161)
1. 조서의 기재에 대한 불복과 상고이유 증인신문조서의 기재에 관하여 불복이 있으면 구 민소 146조 2항의 규정에 의한 이의 방법에 의하여야 한다. 따라서 증인신문조서에 증인들의 증언내용과 현저히 다르게 기재되어 있고 증언한 바 없는 내용도 기재되어 있어 잘못되었다는 이유를 상고이유로 삼을 수는 없다.(대판 1981.9.8, 81다86)
제158조 【조서의 증명력】 변론방식에 관한 규정이 지켜졌다는 것은 조서로만 증명할 수 있다. 다만, 조서가 없어진 때에는 그러하지 아니하다.
▣ 조서작성(152)
1. 변론의 방식에 관한 규정 준수 여부 증명방법 변론의 방식에 관한 규정의 준수 여부는 조서에 의하여서만 증명할 수 있고, 이에 대한 반증을 들어 조서기재내용과 다른 사실을 주장할 수 없다.(대판 1965.3.23, 64다1828)
2. 판결문에 기재된 선고일자와 선고조서에 기재된 선고일자가 다른 경우 판결문에 기재된 선고일자가 선고조서에 기재된 선고일자와 다르다면 오기이고 선고조서에 기재된 선고일자에 판결이 선고된 것이다.(대판 1972.2.29, 71다2770)
3. 부동산 경매기일에서의 절차 적법 여부 증명자료 부동산의 경매절차에서 경매기일에 있어서의 절차가 적법하게 행하여졌느냐의 여부는 구 민소 147조를 준용하여 경매조서의 기재만이 유일한 증명자료가 된다.(대판 1985.2.8, 84마카3)
4. 변론기일 불출석 증명방법 소송대리인이 선임된 경우에 변론기일 불출석으로 인한 불이익을 그 당사자에게 귀속시키려면 그 당사자 본인과 소송대리인 모두가 변론기일에 출

석하지 아니함을 요건으로 하고 그 출석 여부는 변론조서의 기재에 의하여 증명하여야 한다. 따라서 변론조서에 소송대리인 불출석이라고만 기재되어 있고 당사자 본인의 출석 여부에 관하여 아무런 기재가 없다면, 당사자의 변론기일에의 불출석은 증명되지 아니한다.(대판 1982.6.8, 81다817)

5. 재판장이 변론기일에서 다음 기일을 지정하고 고지한 내용 증명방법 재판장이 변론기일에서 다음 기일을 지정하고 고지한 내용이 구체적으로 어떤 것이었느냐는 점은 변론의 방식이라고 보기보다는 오히려 재판의 내용에 속하는 것이어서 이 점에 관하여는 조서에 의하여서만 증명할 수 있는 성질의 것이 아니므로, 원심은 마땅히 위 기일에 고지된 내용이 어떠한 것이었는가를 증거에 의하여 확정하였어야 한다.(대판 1969.6.10, 69다402)

6. 변론방식에 관한 것이 아닌 변론조서 기재내용의 진실 추정 변론조서에는 법원사무관 등이 변론의 요지를 기재하되 자백에 관한 사항은 특히 명확히 기재하여야 하며, 그 조서에는 재판장이 기명날인하고 이해관계인은 조서의 열람을 신청하고 이의를 제기할 수 있도록 되어 있음에 비추어(구 민소 143조 1호, 146조), 변론의 내용이 조서에 기재되어 있을 때에는 다른 특별한 사정이 없는 한 그 내용이 진실한 것이라는 점에 관한 강한 증명력을 갖는다.(대판 2001.4.13, 2001다6367)

제159조 【변론의 속기와 녹음】 ① 법원은 필요하다고 인정하는 경우에는 변론의 전부 또는 일부를 녹음하거나, 속기자로 하여금 받아 적도록 명할 수 있으며, 당사자가 녹음 또는 속기를 신청하면 특별한 사유가 없는 한 이를 명하여야 한다.

② 제1항의 녹음테이프와 속기록은 조서의 일부로 삼는다.

③ 제1항 및 제2항의 규정에 따라 녹음테이프 또는 속기록으로 조서의 기재를 대신한 경우에, 소송이 완결되기 전까지 당사자가 신청하거나 그 밖에 대법원규칙이 정하는 때에는 녹음테이프나 속기록의 요지를 정리하여 조서를 작성하여야 한다.

④ 제3항의 규정에 따라 조서가 작성된 경우에는 재판이 확정되거나, 양 쪽 당사자의 동의가 있으면 법원은 녹음테이프와 속기록을 폐기할 수 있다. 이 경우 당사자가 녹음테이프와 속기록을 폐기한다는 통지를 받은 날부터 2주 이내에 이의를 제기하지 아니하면 폐기에 대하여 동의한 것으로 본다.

▣ ① 변론의 속기와 녹음(민소규33① · 34①③ · 35② · 36① · 37①),신청(161), ② 조서(152 · 156), ④ 합의(29 · 165 · 390①단)

제160조 【다른 조서에 준용하는 규정】 법원 · 수명법관 또는 수탁판사의 신문(訊問) 또는 심문과 증거조사에는 제152조 내지 제159조의 규정을 준용한다.

▣ 변론조서의 작성(152), 변론의 속기와 녹음(159), 심문(134), 수명법관(139), 수탁판사의 증거조사권한(160 · 297 · 313 · 335 · 337 · 354 · 365), 수탁판사의 화해권한(145), 수탁판사의 송달권한(197), 수탁판사의 심문권한(160 · 165 · 172)

제161조 【신청 또는 진술의 방법】 ① 신청, 그 밖의 진술은 특별한 규정이 없는 한 서면 또는 말로 할 수 있다.

② 말로 하는 경우에는 법원사무관등의 앞에서 하여야 한다.

③ 제2항의 경우에 법원사무관등은 신청 또는 진술

의 취지에 따라 조서 또는 그 밖의 서면을 작성한 뒤 기명날인 또는 서명하여야 한다. (2017.10.31 본항개정)

▣ 특별규정(85 · 248 · 263 · 264 · 266③)

제162조 【소송기록의 열람과 증명서의 교부청구】 ① 당사자나 이해관계를 소명한 제3자는 대법원규칙이 정하는 바에 따라, 소송기록의 열람 · 복사, 재판서 · 조서의 정본 · 등본 · 초본의 교부 또는 소송에 관한 사항의 증명서의 교부를 법원사무관등에게 신청할 수 있다.

② 누구든지 권리구제 · 학술연구 또는 공익적 목적으로 대법원규칙으로 정하는 바에 따라 법원사무관등에게 재판이 확정된 소송기록의 열람을 신청할 수 있다. 다만, 공개를 금지한 변론에 관련된 소송기록에 대하여는 그러하지 아니하다. (2007.5.17 본항신설)

③ 법원은 제2항에 따른 열람 신청시 당해 소송관계인이 동의하지 아니하는 경우에는 열람하게 하여서는 아니 된다. 이 경우 당해 소송관계인의 범위 및 동의 등에 관하여 필요한 사항은 대법원규칙으로 정한다. (2007.5.17 본항신설)

④ 소송기록을 열람 · 복사한 사람은 열람 · 복사에 의하여 알게 된 사항을 이용하여 공공의 질서 또는 선량한 풍속을 해하거나 관계인의 명예 또는 생활의 평온을 해하는 행위를 하여서는 아니 된다. (2007.5.17 본항신설)

⑤ 제1항 및 제2항의 신청에 대하여는 대법원규칙이 정하는 수수료를 내야 한다. (2007.5.17 본항개정)

⑥ 재판서 · 조서의 정본 · 등본 · 초본에는 그 취지를 적고 법원사무관등이 기명날인 또는 서명하여야 한다. (2007.5.17., 2017.10.31 본항개정)

[개정전] ⑤ "제1항의 신청"에 대하여는 대법원규칙이 정하는 수수료를 내야 한다.

▣ 법원사무관등의 처분에 대한 이의(223), 법원사무관등(법조53), 법원사무관등의 집행문부여(민집28, 가소규24②), 열람방법(민소규37)

제163조 【비밀보호를 위한 열람 등의 제한】 ① 다음 각호 가운데 어느 하나에 해당한다는 소명이 있는 경우에는 법원은 당사자의 신청에 따라 결정으로 소송기록중 비밀이 적혀 있는 부분의 열람 · 복사, 재판서 · 조서중 비밀이 적혀 있는 부분의 정본 · 등본 · 초본의 교부(이하 "비밀 기재부분의 열람 등"이라 한다)를 신청할 수 있는 자를 당사자로 한정할 수 있다.

1. 소송기록 중에 당사자의 사생활에 관한 중대한 비밀이 적혀 있고, 제3자에게 비밀 기재부분의 열람 등을 허용하면 당사자의 사회생활에 지장이 클 우려가 있는 때

2. 소송기록중에 당사자가 가지는 영업비밀(부정경쟁방지및영업비밀보호에관한법률 제2조제2호에 규정된 영업비밀을 말한다)이 적혀 있는 때

② 제1항의 신청이 있는 경우에는 그 신청에 관한 재판이 확정될 때까지 제3자는 비밀 기재부분의 열

람 등을 신청할 수 없다.
③ 소송기록을 보관하고 있는 법원은 이해관계를 소명한 제3자의 신청에 따라 제1항 각호의 사유가 존재하지 아니하거나 소멸되었음을 이유로 제1항의 결정을 취소할 수 있다.
④ 제1항의 신청을 기각한 결정 또는 제3항의 신청에 관한 결정에 대하여는 즉시항고를 할 수 있다.
⑤ 제3항의 취소결정은 확정되어야 효력을 가진다.
▣ 열람 등 제한의 신청방식(민소규38), 소송기록의 열람·교부청구(162), 즉시항고(444)

제163조의2【확정 판결서의 열람·복사】
① 제162조에도 불구하고 누구든지 판결이 확정된 사건의 판결서(「소액사건심판법」이 적용되는 사건의 판결서와 「상고심절차에 관한 특례법」 제4조 및 이 법 제429조 본문에 따른 판결서는 제외한다)를 인터넷, 그 밖의 전산정보처리시스템을 통한 전자적 방법 등으로 열람 및 복사할 수 있다. 다만, 변론의 공개를 금지한 사건의 판결서로서 대법원규칙으로 정하는 경우에는 열람 및 복사를 전부 또는 일부 제한할 수 있다.
② 법원사무관등이나 그 밖의 법원공무원은 제1항에 따른 열람 및 복사에 앞서 판결서에 기재된 성명 등 개인정보가 공개되지 아니하도록 대법원규칙으로 정하는 보호조치를 하여야 한다.
③ 제2항에 따라 개인정보 보호조치를 한 법원사무관등이나 그 밖의 법원공무원은 고의 또는 중대한 과실로 인한 것이 아니면 제1항에 따른 열람 및 복사와 관련하여 민사상·형사상 책임을 지지 아니한다.
④ 제1항의 열람 및 복사에는 제162조제4항·제5항 및 제163조를 준용한다.
⑤ 판결서의 열람 및 복사의 방법과 절차, 개인정보 보호조치의 방법과 절차, 그 밖에 필요한 사항은 대법원규칙으로 정한다.
(2011.7.18 본조신설 : 2015.1.1 시행)

제164조【조서에 대한 이의】
조서에 적힌 사항에 대하여 관계인이 이의를 제기한 때에는 조서에 그 취지를 적어야 한다.
▣ 조서(152~156), 이의(73~76)
1. 불실기재된 변론조서의 정정을 구하는 경우 그 처리방법
소송관계인이 변론조서에 불실기재가 되어 있다는 사유로 그 정정을 구하는 경우에는 구 민소 146조 2항에 의하여 처리할 것이지 같은 법 209조 소정의 이의사건으로 처리하는 것은 위법하다.(대결 1975.12.8, 75마372)

제2절 전문심리위원
(2007.7.13 본절신설)

제164조의2【전문심리위원의 참여】
① 법원은 소송관계를 분명하게 하거나 소송절차(증거조사·화해 등을 포함한다. 이하 이 절에서 같다)를 원활하게 진행하기 위하여 직권 또는 당사자의 신청에

따른 결정으로 제164조의4제1항에 따라 전문심리위원을 지정하여 소송절차에 참여하게 할 수 있다.
② 전문심리위원은 전문적인 지식을 필요로 하는 소송절차에서 설명 또는 의견을 기재한 서면을 제출하거나 기일에 출석하여 설명이나 의견을 진술할 수 있다. 다만, 재판의 합의에는 참여할 수 없다.
③ 전문심리위원은 기일에 재판장의 허가를 받아 당사자, 증인 또는 감정인 등 소송관계인에게 직접 질문할 수 있다.
④ 법원은 제2항에 따라 전문심리위원이 제출한 서면이나 전문심리위원의 설명 또는 의견의 진술에 관하여 당사자에게 구술 또는 서면에 의한 의견진술의 기회를 주어야 한다.
(2007.7.13 본조신설)
▣ 소송절차(134), 재판의 합의(법조65~66), 심리위원의 지정(민소규38의2), 서면송부(민소규38의4), 준비지시(민소규38의5)

제164조의3【전문심리위원 참여결정의 취소】
① 법원은 상당하다고 인정하는 때에는 직권이나 당사자의 신청으로 제164조의2제1항에 따른 결정을 취소할 수 있다.
② 제1항에도 불구하고 당사자가 합의로 제164조의2제1항에 따른 결정을 취소할 것을 신청하는 때에는 법원은 그 결정을 취소하여야 한다.
(2007.7.13 본조신설)
▣ 참여결정의 취소(민소규38의8)

제164조의4【전문심리위원의 지정 등】
① 법원은 제164조의2제1항에 따라 전문심리위원을 소송절차에 참여시키는 경우 당사자의 의견을 들어 각 사건마다 1인 이상의 전문심리위원을 지정하여야 한다.
② 전문심리위원에게는 대법원규칙으로 정하는 바에 따라 수당을 지급하고, 필요한 경우에는 그 밖의 여비, 일당 및 숙박료를 지급할 수 있다.
③ 전문심리위원의 지정에 관하여 그 밖에 필요한 사항은 대법원규칙으로 정한다.
(2007.7.13 본조신설)
▣ 심리위원의 지정(민소규38의2)

제164조의5【전문심리위원의 제척 및 기피】
① 전문심리위원에게 제41조부터 제45조까지 및 제47조를 준용한다.
② 제척 또는 기피 신청을 받은 전문심리위원은 그 신청에 관한 결정이 확정될 때까지 그 신청이 있는 사건의 소송절차에 참여할 수 없다. 이 경우 전문심리위원은 당해 제척 또는 기피 신청에 대하여 의견을 진술할 수 있다.
(2007.7.13 본조신설)
▣ 제척 및 기피(41~45), 불복신청(47)

제164조의6【수명법관 등의 권한】
수명법관 또는 수탁판사가 소송절차를 진행하는 경우에는 제164조의2 제2항부터 제4항까지의 규정에 따른 법원 및 재판장의 직무는 그 수명법관이나 수탁판사가 행한다.

(2007.7.13 본조신설)
■ 심리위원의 지정(민소규38의2)

제164조의7 【비밀누설죄】
전문심리위원 또는 전문심리위원이었던 자가 그 직무수행 중에 알게 된 다른 사람의 비밀을 누설하는 경우에는 2년 이하의 징역이나 금고 또는 1천만원 이하의 벌금에 처한다.
(2007.7.13 본조신설)
■ 수명법관(139,197), 수명법판등의 권한(민소규38의9)

제164조의8 【벌칙 적용에서의 공무원 의제】
전문심리위원은 「형법」 제129조부터 제132조까지의 규정에 따른 벌칙의 적용에서는 공무원으로 본다.
(2007.7.13 본조신설)
■ 수뢰 알선수뢰(형129~132)

제3절 기일과 기간

제165조 【기일의 지정과 변경】
① 기일은 직권으로 또는 당사자의 신청에 따라 재판장이 지정한다. 다만, 수명법관 또는 수탁판사가 신문하거나 심문하는 기일은 그 수명법관 또는 수탁판사가 지정한다.
② 첫 변론기일 또는 첫 변론준비기일을 바꾸는 것은 현저한 사유가 없는 경우라도 당사자들이 합의하면 이를 허가한다.
■ 변론기일의 지정(258), 수명법관(139), 수탁판사(160), 기일과 기간(민소규39~45)

1. **사건심리순서표에 기재된 변론개시의 시간과 지정된 변론개시의 시간이 다른 경우** 법정에 당일 심리할 사건의 심리순서표를 게시하는 것은 서기 또는 그 보조자가 당사자의 편의를 위하여 하는 것이고 재판장이 이미 지정 고지된 변론개시시간을 변경하기 위하여 게시하게 하는 것은 아니므로, 사건심리순서표에 이미 고지된 변론개시시간과 다른 기재가 있었다 하여 변론개시시간이 변경되는 것이라 볼 수 없으며, 따라서 당사자 및 그 대리인이 이미 지정 고지된 변론개시시간과 위 순서표의 기재가 서로 틀리는 이유를 법원에 물어보지 않고 막연히 변론개시시간이 변경된 것으로 믿고 지정된 변론개시시간에 출석하지 아니하였다면 이는 그들에게 책임이 있다.(대판 1968.5.14, 67다2023)
2. **당사자의 증거조사를 위한 속행신청에도 불구하고 변론을 종결한 법원의 조치에 대한 항고 허용 여부** 기일의 지정, 변경 및 속행은 오직 재판장의 권한에 속하는 것이고, 당사자가 신청한 증거로서 법원이 필요 없다고 인정한 것은 조사하지 아니할 수 있는 것이니, 이에 관하여 반드시 증거채부의 결정을 하여야 하는 것은 아니므로, 법원이 당사자의 증거조사를 위한 속행신청에도 불구하고 변론을 종결하였더라도 종국판결에 대한 불복절차에 의하여 그 판단의 당부를 다툴 수 있는 것은 별론으로 하고 별도로 항고로써 불복할 수는 없다.(대결 1989.9.7, 89마694)
3. **당사자 일방이 화해조서의 당연무효 사유를 주장하며 기일지정신청을 한 경우의 법원의 조치** 재판상의 화해를 조서에 기재한 때에는 그 조서는 확정판결과 동일한 효력이 있고 당사자간에 기판력이 생기는 것이므로, 확정판결의 당연무효 사유와 같은 사유가 없는 한 재심의 소에 의하여만 효력을 다툴 수 있는 것이나, 당사자 일방이 화해조서의 당연무효 사유를 주장하며 기일지정신청을 한 때에는 법원으로서는 그 무효사유의 존재 여부를 가리기 위하여 기일을 지정하여 심리를 한 다음 무효사유가 존재한다고 인정되지 아니한 때에는 판결로써 소송종료선언을 하여야 한다.(대판 2000.3.10, 99다67703)
4. **당사자들의 합의가 없는 경우 최초기일의 변경이 법원의 직권에 속하는지 여부**(적극) 변론의 최초기일의 변경신청에 대한 허부는 당사자 사이에 합의가 없는 한 법원의 전권에 속한다.(대판 1966.3.29, 66다171)
5. **속행기일 변경이 법원의 직권에 속하는지 여부**(적극) 민사소송에서 기일의 지정, 변경 및 속행은 오직 재판장의 권한에 속하므로, 최초의 기일 아닌 변론기일에 당사자 합의로 기일변경신청을 하고 출석하지 않았더라도, 기일의 지정 변경권을 가진 재판장이 기일을 변경하지 아니한 채 지정된 변론기일에서 사건과 당사자를 호명하였다면 그 불출석의 효과가 발생한다.(대판 1982.6.22, 81다791)

제166조 【공휴일의 기일】
기일은 필요한 경우에만 공휴일로도 정할 수 있다.
■ 일반휴일의 소송법상 효과(190), 일반휴일(국경일, 관공서의 공휴일에 관한 규정)

제167조 【기일의 통지】
① 기일은 기일통지서 또는 출석요구서를 송달하여 통지한다. 다만, 그 사건으로 출석한 사람에게는 기일을 직접 고지하면 된다.
② 법원은 대법원규칙이 정하는 간이한 방법에 따라 기일을 통지할 수 있다. 이 경우 기일에 출석하지 아니한 당사자·증인 또는 감정인 등에 대하여 법률상의 제재, 그 밖에 기일을 게을리 함에 따른 불이익을 줄 수 없다.
■ 기일(165), 송달(174~197), 소환장 공시송달(195), 증인 소환장 기재사항(309), 기일의 간이통지(민소규45①)

1. **검증기일에 출석한 당사자에 대한 기일고지의 효력** 구민소 154조 소정의 당해사건으로 인하여 출석한 경우라는 것은 반드시 변론기일의 출석만을 의미하는 것이 아니고 당해 사건의 검증기일에 출석한 경우도 포함된다.(대판 1975.3.25, 75다12)
2. **농업협동조합중앙회에 한 기일통지의 효력** 당사자가 서울특별시 농업협동조합인데도 그 변론기일을 대표자인 조합장에게 통지하지 아니하고 당사자 아닌 농업협동조합 중앙회에 통지한 채 그 기일에 변론을 실시하였다면 위법하다.(대판 1962.9.20, 62다380)
3. **일반민사사건에서 판결로 소를 각하하기 위한 절차** 소액사건심판법의 적용을 받지 아니하는 일반 민사사건에서 판결로 소를 각하하기 위하여는 법원이 변론을 연 경우는 물론이고, 변론 없이 하는 경우에도 반드시 선고기일을 지정하여 당사자를 소환하고 그 지정된 선고기일에 소각하의 종국판결을 선고하여야 하므로, 위와 같은 절차를 거침이 없이 변론기일에 선고된 소 각하 판결은 위법하다.(대판 1996.5.28, 96누2699)
4. **출석하지 않은 당사자에 대한 판결선고기일 고지의 효력** 판결의 선고는 당사자가 재정하지 아니하여도 할 수 있으므로 법원이 적법하게 변론을 진행한 후 이를 종결하고 선고기일을 고지한 때에는 재정하지 아니한 당사자에게도 효력이 있다.(대판 1959.2.26, 4291민상471)
5. **기일 미소환과 이의권의 상실** 당사자가 변론기일 소환장의 송달을 받은 바 없다 하더라도 변론기일에 임의출석하여 변론을 하면서 그 변론기일의 미소환을 책문하지 아니하면 책문권의 상실로 그 하자가 치유된다.(대판 1984.4.24, 82므14)

제168조 【출석승낙서의 효력】
소송관계인이 일정한 기일에 출석하겠다고 적은 서면을 제출한 때에는 기일통지서 또는 출석요구서를 송달한 것과 같은 효력을 가진다.

■ 기일(165), 소환의 방식(167), 송달(174~197)

제169조【기일의 시작】 기일은 사건과 당사자의 이름을 부름으로써 시작된다.

■ 기간의 기산점(민156·157)

1. 당사자 호명의 의미 구 민소 156조의 기일개시요건으로 규정된 당사자 호명은 당사자 본인을 호명함으로써 족한 것이고 소송수행자까지 호명할 필요는 없다.(대판 1970.11.24, 70다1893)

제170조【기간의 계산】 기간의 계산은 민법에 따른다.

■ 기간에 관한 민법규정(민155~161)

1. 즉시항고기간의 기산일 즉시항고기간의 초일은 산입하지 아니하고 최종일이 공휴일이면 그 다음날이 기간만료일이 된다.(대결 1964.11.13, 64마439)

2. 판결문을 전자문서로 전산정보처리시스템에 등재한 경우 상소기간의 기산점 판결 선고 후 판결문을 전자문서로 전산정보처리시스템에 등재하고 그 사실을 전자적으로 통지하였지만 등록사용자가 판결문을 1주 이내에 확인하지 아니한 경우 판결문 송달의 효력이 발생하는 시기는 등재사실을 등록사용자에게 통지한 날의 다음 날부터 기산하여 7일이 지난 날의 오전 영시가 되고, 상소기간은 민 157조 단서에 따라 송달의 효력이 발생한 당일부터 초일을 산입해 기산하여 2주가 되는 날에 만료한다.(대명 2014.12.22, 2014다229016)

제171조【기간의 시작】 기간을 정하는 재판에 시작되는 때를 정하지 아니한 경우에 그 기간은 재판의 효력이 생긴 때부터 진행한다.

■ 기간을 정하는 재판(59·97·111①·120①·125③·254①·273·402, 민집46④·287①), 판결의 효력발생시기(205), 결정·명령의 효력발생시기(221), 재정기간의 신장·단축(171①)

제172조【기간의 신축, 부가기간】 ① 법원은 법정기간 또는 법원이 정한 기간을 늘이거나 줄일 수 있다. 다만, 불변기간은 그러하지 아니하다.

② 법원은 불변기간에 대하여 주소 또는 거소가 멀리 떨어진 곳에 있는 사람을 위하여 부가기간(附加期間)을 정할 수 있다.

③ 재판장·수명법관 또는 수탁판사는 제1항 및 제2항의 규정에 따라 법원이 정한 기간 또는 자신이 정한 기간을 늘이거나 줄일 수 있다.

■ ① 법정기간(44②·173·196·268·427·468), 불변기간(396②)·425·444②·456②·491②, 행소5·20), ② 수명법관(139), 수탁판사(160), 본조적용 예외(173단)

1. 법정기간의 신장을 인정한 경우 광주시내의 소요사태로 인하여 상고이유서 송달이 늦어진 경우에는 상고이유서제출기간을 상고이유서가 대법원에 제출된 날까지 신장함이 상당하다.(대판 1980.6.12, 80다918)

2. 추완기간의 연장이 인정되는 경우 외국에 있는 당사자가 그 외국에서 이용할 수 있는 가장 신속한 방법인 국제우편에 의하여 소송행위를 하기 위하여 필요한 서류를 송달하였을 때에는 그 우편송달에 보통 소요되는 상당한 기간은 추완기간에 추가되어 추완기간은 그 만큼 연장된다.(대판 1975.11.25, 75다1789)

제173조【소송행위의 추후보완】 ① 당사자가 책임질 수 없는 사유로 말미암아 불변기간을 지킬 수 없었던 경우에는 그 사유가 없어진 날부터 2주 이내에 게을리 한 소송행위를 보완할 수 있다. 다만, 그 사유가 없어질 당시 외국에 있던 당사자에 대하

여는 이 기간을 30일로 한다.

② 제1항의 기간에 대하여는 제172조의 규정을 적용하지 아니한다.

■ 불변기간(172), 기간계산(170)

▶추완의 의의

1. 불변기간이 아닌 기간의 도과 시 추완의 허용 여부(소극) 구 민소 241조 2항 소정의 1월의 기일지정신청기간은 불변기간이 아니어서 기일지정신청의 추완이 허용되지 않는다.(대결 1992.4.21, 92마175)

2. 상고이유서 제출기간과 추완 상고이유서 제출기간은 불변기간이 아니므로 추완 신청의 대상이 될 수 없다.(대판 1981.1.28, 81사2)

3. 허위주소로 판결정본이 송달된 경우와 소송행위의 추완 원고가 피고의 주소를 허위로 기재하여 소를 제기함으로써 그 허위주소로 소송서류가 송달되어 피고 아닌 원고가 그 서류를 받아 자백간주의 형식으로 원고승소의 제1심판결이 선고되고 그 판결정본 역시 허위의 주소로 보내져 송달된 것으로 처리되었다면, 피고는 제1심판결정본의 송달을 받지 않은 상태여서 적법하게 송달되었다고 할 수 없으므로 그 판결에 대한 항소기간이 진행되지 아니하여 그 판결은 형식적으로 확정되었다고 할 수 없고, 따라서 소송행위 추완의 문제는 나올 수 없다.(대판 1994.12.22, 94다45449)

4. 당사자가 책임질 수 없는 사유의 의미 구 민소 160조 1항에서 말하는 '당사자가 그 책임을 질 수 없는 사유'는 당사자가 그 소송행위를 하기 위하여 일반적으로 하여야 할 주의를 다하였음에도 불구하고 기간을 준수할 수 없었던 사유를 가리키고, 그 당사자에는 당사자 본인뿐만 아니라 소송대리인 및 대리인의 보조인도 포함된다.(대판 1999.6.11, 99다9622)

5. 소송이 처음부터 공시송달의 방법으로 송달된 경우 소장부본과 판결정본 등이 공시송달의 방법에 의하여 송달되었다면 특별한 사정이 없는 한 피고는 과실 없이 그 판결의 송달을 알지 못한 것이고, 이러한 경우 피고는 그 책임을 질 수 없는 사유로 인하여 불변기간을 준수할 수 없었던 때에 해당하여 그 사유가 없어진 후 2주일(그 사유가 없어질 당시 외국에 있었던 경우에는 30일) 내에 추완항소를 할 수 있는바, 여기에서 '사유가 없어진 후'는 당사자나 소송대리인이 단순히 판결이 있었던 사실을 안 때가 아니고 나아가 그 판결이 공시송달의 방법으로 송달된 사실을 안 때를 가리키는 것으로서, 다른 특별한 사정이 없는 한 통상의 경우에는 당사자나 소송대리인이 그 사건기록의 열람을 하거나 또는 새로이 판결정본을 영수한 때에 비로소 그 판결이 공시송달의 방법으로 송달된 사실을 알게 되었다고 보아야 한다.(대판 2000.9.5, 2000므87)

6. 소송 진행 도중 공시송달의 방법으로 송달된 경우 구 민소 160조 1항의 '당사자가 그 책임을 질 수 없는 사유'는 당사자가 그 소송행위를 하기 위하여 일반적으로 하여야 할 주의를 다하였음에도 불구하고 기간을 준수할 수 없었던 사유를 가리키므로, 소송의 진행 도중 소송서류의 송달이 불능하게 된 결과 부득이 공시송달의 방법에 의하게 된 경우에는 처음부터 공시송달의 방법에 의한 경우와는 달리서 당사자에게 소송의 진행 상황을 조사할 의무가 있는 것이므로, 당사자가 법원에 소송의 진행 상황을 알아보지 않았던 과실이 없다고 할 수 없으며, 나아가 이러한 의무는 당사자 변론기일에 출석하여 변론을 하였는지 여부, 출석한 변론기일에서 다음 변론기일의 고지를 받았는지 여부나, 소송대리인을 선임하였는지 여부를 불문하고 부담하는 것이다.(대판 1998.10.2, 97다50152)

7. 조정이 성립되지 아니한 것으로 사건이 종결된 후 피신청인 주소가 변경되었는데도 주소변경신고를 하지 않은 상태에서 조정이 소송으로 이행되어 변론기일통지서 등 소송서류가 발송송달이나 공시송달의 방법으로 송달된 경우, 피신

청인이 소송의 진행상황을 조사하지 않아 상소 제기의 불변기간을 지키지 못한 것이 '당사자가 책임질 수 없는 사유'에 해당하는지 여부(적극) 조정이 성립하지 아니한 것으로 사건이 종결된 후 피신청인의 주소가 변경되었음에도 피신청인이 조정법원에 주소변경신고를 하지 않은 상태에서 조정이 소송으로 이행되었는데, 통상의 방법으로 변론기일통지서 등 소송서류를 송달할 수 없게 되어 발송송달이나 공시송달의 방법으로 송달한 경우에는 처음부터 소장 부본이 적법하게 송달된 경우와 달라서 피신청인에게 소송의 진행상황을 조사할 의무가 있다고 할 수 없다. 따라서 피신청인이 이러한 송달의 진행상황을 조사하지 않아 상소제기의 불변기간을 지키지 못하였다면 이는 당사자가 책임질 수 없는 사유로 말미암은 것에 해당한다.(대판 2015.8.13, 2015다213322)

▶ 추완의 절차

8. 추완사유가 직권조사사항인지 여부 피고가 제1심판결 확정일로부터 4년여가 경과한 후에 이르러 항소를 제기한 경우 적법한 추완사유가 없는 한 이는 부적법하다 할 것이므로 항소심으로서는 먼저 위 항소에 추완사유가 있는지를 직권으로 조사하여야 한다.(대판 1990.11.27, 90다카28559)

9. 추완항소라는 문언이 기재되지 아니하여도 추완항소로 인정될 수 있는지 여부(적극) 당사자가 항소를 제기하면서 추완항소라는 취지의 기재를 하지 아니하였다고 하더라도 증거에 의하여 그 항소기간의 도과가 그의 책임질 수 없는 사유에 기인한 것으로 인정되는 이상 그 항소는 처음부터 소송행위의 추완에 의하여 제기된 항소라고 보아야 한다(1심판결이 공시송달로 진행된 사건).(대판 1980.10.14, 80다1795)

10. 추완항소임을 명백히 하지 아니한 경우 법원이 그 사유 유무를 심리하여야 하는지 여부(소극) 항소인이 추완항소임을 명백히 하지 아니한 이상 법원이 항소각하판결을 하기 전에 반드시 그 추완사유의 유무를 심리하여야 하거나 이를 주장할 수 있는 기회를 주어야 하는 것은 아니다(1심판결이 소송대리인에게 적법하게 송달된 사건).(대판 1981.6.23, 80다2315)

11. 상소권회복신청이 상소의 추완으로 해석되는 경우 법원의 조치 1심판결정본의 송달이 부적법하고 또 불귀책사유로 항소기간 내에 항소를 제기하지 못하였다는 이유로 법원에 '판결정본의 송달신청'과 '항소권회복신청'을 한 경우 민사소송에는 없는 상소권회복신청이라는 부적법한 표제의 신청은 그 내용상 상소의 소송행위를 추완한다는 취지의 항소제기로 해석하지 못할 바 아니므로, 항소 제기로서의 적절한 보정을 하게 한 뒤에 판결로써 항소의 각하(추완사유가 이유 없는 경우), 항소의 기각 또는 항소를 인용하는 판결을 하여야 한다.(대결 1966.3.22, 66마71)

12. 확정판결에 대한 추완항소와 그 확정판결의 효력 판결정본이 공시송달의 방법에 의하여 송달되고 항소기간이 도과하면 그 판결은 당해 소송절차 내에서 통상적인 불복방법에 의하여 취소 변경될 수 없게 된 것이므로 그 판결은 확정판결로서 기판력이 있으며, 확정판결에 대한 추완항소가 제기되었다고 하여도 그 추완항소에 의하여 항소의 대상이 된 위 확정판결이 취소될 때까지는 확정판결로서의 효력이 배제되는 것이 아니므로, 위 확정 판결에 기하여 경료된 소유권이전등기가 미확정 판결에 의하여 경료된 원인무효의 것이라고 할 수 없다.(대판 1978.9.12, 76다2400)

13. 형식적으로 확정된 제1심판결에 대한 피고의 항소추완신청이 적법하여 해당 사건이 항소심에 계속된 경우 그 항소심의 성격 형식적으로 확정된 제1심판결에 대한 피고의 항소추완신청이 적법하여 해당 사건이 항소심에 계속된 경우 그 항소심은 다른 일반적인 항소심과 다를 바 없다.(대판 2013.1.10, 2010다75044, 75051)

▶ 추완 인정 여부의 예

14. 항고의 추완이 인정된 경우 경매법원이 이해관계인에게 경매기일 등의 통지를 하지 아니하여 그가 경락허가결정에 대한 항고기간을 준수하지 못하였다면 특단의 사정이 없는 한 그의 책임에 돌릴 수 없어 추완항고가 가능하다.(대판 1965.10.4, 65사26)

15. 상고이유서 제출에 관한 추완이 허용된 경우 우편배달원이 상고기록 수리통지서를 원고의 마을에 사는 사람편에 전하였으나 그가 이를 분실하여 원고에게 전하지 못한 것이라면 상고이유서 제출에 관한 원고의 소송행위의 추완이 허용된다.(대판 1962.2.8, 4293민상397)

16. 추완이 부정된 경우(1) 재항고인이 경매개시결정 전부 교도소에 재소 중이었다는 사실만으로는 불변기간을 준수할 수 없었음이 재항고인이 책임을 질 수 없는 사유로 인한 것이라 인정될 수 없다.(대결 1966.11.29, 66마958)

17. 추완이 부정된 경우(2) 소송대리인이 판결정본의 송달을 받고도 당사자에게 그 사실을 알려주지 아니하여 당사자가 그 판결정본의 송달 사실을 모르고 있다가 상고제기기간이 경과된 후에 비로소 그 사실을 알게 되었다 하더라도 이를 가리켜 당사자가 책임질 수 없는 사유로 인하여 불변기간을 준수할 수 없었던 경우에 해당한다고는 볼 수 없다.(대판 1984.6.14, 84다카744)

제4절 송 달

제174조【직권송달의 원칙】 송달은 이 법에 특별한 규정이 없으면 법원이 직권으로 한다.

■ 공시송달의 요건(194①)

1. 국가공무원법상 징계처분사유 설명서를 교부할 때 민사소송법의 송달규정을 적용할지 여부(소극) 국가공무원법상의 징계처분사유 설명서의 교부는 민사소송법의 송달방법에 의할 것까지는 없고 일반적으로 이를 받을 자가 볼 수 있는 상태에 놓일 때 교부한 것이 된다.(대판 1980.12.9, 80누263)

2. 사망한 자에 대한 송달의 하자가 치유된 것으로 인정되는 경우 사망한 자에 대하여 실시된 송달은 위법하여 원칙적으로 무효이나, 그 사망자의 상속인이 현실적으로 그 송달서류를 수령한 경우에는 하자가 치유되어 그 송달은 그 때에 상속인에 대한 송달로서 효력을 발생하므로, 압류 및 전부명령 정본이나 그 경정결정 정본의 송달이 이미 사망한 제3채무자에 대하여 실시되었다고 하더라도 그 상속인이 현실적으로 그 압류 및 전부명령 정본이나 경정결정 정본을 수령하였더라면, 그 송달은 그 때에 상속인에 대한 송달로서 효력을 발생하고, 그 때부터 각 즉시항고기간이 진행한다.(대판 1998.2.13, 95다15667)

3. 불변기간에 영향이 있는 송달의 하자에 대한 책문권의 포기 여부(소극) 불변기간인 항소 제기기간에 관한 규정은 성질상 강행규정이므로 그 기간 계산의 기산점이 되는 판결정본의 송달의 하자는 이에 대한 책문권의 포기나 상실로 인하여 치유될 수 없다.(대판 1979.9.25, 78다2448)

제175조【송달사무를 처리하는 사람】 ① 송달에 관한 사무는 법원사무관등이 처리한다.

② 법원사무관등은 송달하는 곳의 지방법원에 속한 법원사무관등 또는 집행관에게 제1항의 사무를 촉탁할 수 있다.

■ 법원사무관등(법조53), 촉탁의 원칙적 기관(139②)

제176조【송달기관】 ① 송달은 우편 또는 집행관에 의하거나, 그 밖에 대법원규칙이 정하는 방법에 따라서 하여야 한다.

② 우편에 의한 송달은 우편집배원이 한다.

③ 송달기관이 송달하는 데 필요한 때에는 국가경

찰공무원에게 원조를 요청할 수 있다. (2006.2.21 본항개정)

◧ 집행관(법조55, 집행관2), 송달통지(193), 법원사무관 등에 의한 송달(177), 우편으로 하는 송달(187·189)

1. 우편에 의한 송달의 경우 발송 후 상당한 기간 경과만으로 송달된 것으로 추정할 수 있는지 여부(소극) 재무부장관의 대일 민간청구권 재심사 청구기각결정 통지서가 원고들에게 송달된 여부 및 그 송달일자는 출소기간의 기산점이 되므로 원고들이 최종적으로 법원에서 본건에 관한 실질적 판결을 받을 권한을 좌우하는 중대한 관건이 되는 사항인 만큼, 피고(재무부장관)로서는 위 결정통지서의 송달에 정확성을 확보할 일반적 의무가 있다고 보아야 하는 반면, 통상 우편의 방법에 의하여 발송된 위 결정통지서가 반송되지 않았다 하여도 그 사실만 가지고 반송일로부터 일정한 기간 내에 원고들에게 배달되었다고 주장할 만한 우편제도상이나 일반실태상의 보장도 희박하다. 이와 같은 경우에 대응하는 보장책으로 우편제도상 내용증명을 위시한 등기우편제도와 일보 전진하여 배달증명 등의 제도를 구비하고 있는 사실만 보아도 이와 같은 결론을 내릴 수밖에 없다.(대판(全) 1977.2.22, 76누263)

2. 우편집배원의 과실로 손해가 발생한 경우 손해배상을 청구할 수 있는지 여부(적극) 민사소송법에 의한 특별송달우편물의 발송인은 송달사무 처리담당자인 법원사무관 등이고(민소 175조 1항), 그 적정하고 확실한 송달에 직접 이해관계를 가지는 소송당사자 등은 스스로 관여할 수 있는 송달수단을 전혀 갖지 못하는 특수성이 있다. 그리고 특별송달의 대상인 소송관계서류는 집행관(민소 176조 1항), 법정경위(법조 64조 3항), 법원사무관 등(민소 177조 1항)도 송달을 실시할 수 있는데, 이러한 과정에서 관계자에게 손해가 발생한 경우 특별히 국가배상책임을 제한하는 규정이 없으므로, 그 손해가 송달을 실시한 공무원의 경과실에 의하여 생긴 것이라도 피해자는 국가에 대하여 국가배상법에 의한 손해배상을 청구할 수 있는바, 소송관계서류를 송달하는 우편집배원도 민소 176조가 정한 송달기관으로서 위 집행관 등과 대등한 주의의무를 진다고 보아야 하므로 그에 위반하는 경우 국가가 지는 손해배상책임도 달리 보기는 어렵다고 할 것이다. 이러한 특별송달우편물의 특수성 및 다른 송달공무원의 책임과의 형평에 비추어 보면, 특별송달우편물과 관련하여 우편집배원의 고의 또는 과실에 의하여 손해가 발생한 경우에는 우편물 취급에 관한 손해배상책임에 관하여 규정한 구 우편 38조에도 불구하고 국가배상법에 의한 손해배상을 청구할 수 있다.(대판 2008.2.28, 2005다4734)

제177조【법원사무관등에 의한 송달】 ① 해당 사건에 출석한 사람에게는 법원사무관등이 직접 송달할 수 있다.
② 법원사무관등이 그 법원안에서 송달받을 사람에게 서류를 교부하고 영수증을 받은 때에는 송달의 효력을 가진다.

◧ 송달통지(193)

제178조【교부송달의 원칙】 ① 송달은 특별한 규정이 없으면 송달받을 사람에게 서류의 등본 또는 부본을 교부하여야 한다.
② 송달할 서류의 제출에 갈음하여 조서, 그 밖의 서면을 작성한 때에는 그 등본이나 초본을 교부하여야 한다.

◧ ① 특별규정(210), 보충송달·유치송달(186), 공시송달(195), 급속송달(민소규46), 변호사 사이의 송달(민소규47), ② 서류에 갈음하여 작성하는 조서(161), 등본·초본(162, 민집규22⑥)

1. 이해관계인인 주채무자에 대한 경매개시결정의 송달로 인하여 당해 피담보채권의 소멸시효중단 효과가 발생하기 위한 요건 경매절차에서 이해관계인인 주채무자에게 경매개시결정이 송달되었다면 주채무자는 민 176조에 의하여 당해 피담보채권의 소멸시효 중단의 효과를 받는다고 할 것이나, 민 176조의 규정에 따라 압류사실이 통지된 것으로 볼 수 있기 위하여는 압류사실을 주채무자가 알 수 있도록 경매개시결정이나 경매기일통지서가 교부송달의 방법으로 주채무자에게 송달되어야 하는 것이지, 그것이 우편송달(발송송달)이나 공시송달의 방법에 의하여 채무자에게 송달됨으로써 채무자가 압류사실을 알 수 없었던 경우까지도 압류사실이 채무자에게 통지되었다고 볼 수 있는 것은 아니다.(대판 1994.11.25, 94다26097)

2. 법인을 당사자로 하는 소송에 있어서의 수송달자 법인인 소송당사자에게 효과가 발생할 소송행위는 그 법인을 대표하는 자연인의 행위이거나 그 자연인에 대한 행위라야 할 것이므로, 소송당사자인 법인에의 소장, 기일소환장 및 판결 등 서류는 그 대표자에게 송달하여야 하고, 이 때 송달은 그 대표자의 주소, 거소에 할 것이 원칙이나, 법인의 영업소나 사무소에도 할 수 있다.(대결 1997.5.19, 97마600)

3. 소송서류가 수령권 없는 자에게 송달된 후 수령권 있는 자에게 전달 교부된 경우의 효력 소송서류가 송달수령권 없는 자에 대하여 송달되었다 하여도 그 후 동인이 송달수령권 있는 자에게 이를 전달 교부한 경우에는 그 전달 교부한 때에 위 서류의 적법한 송달이 있었다고 볼 것이다.(대판 1969.4.15, 68다703)

4. 판결정본이 수령권 없는 자들을 전전하여 피고에게 전달된 경우로서 적법성이 부정된 예 피고에게 송달되는 소장 부본과 최초의 변론기일소환장을 원고가 집배원으로부터 교부받은 후, 이를 원고의 처를 통하여 피고의 처에게, 피고의 처는 다시 피고에게 교부하고, 판결 정본도 위와 같은 경로로 피고에게 교부한 경우, 위 송달은 그 절차를 위반한 것으로 부적법하다.(대판 1979.9.25, 78다2448)

5. 소송대리인이 있는 경우 당사자 본인에 대한 송달의 효력 소송대리인이 있는 경우에도 당사자 본인에게 서류의 송달은 유효하고 또 동거하는 고용인(식모)에게 교부한 송달도 유효하다.(대결 1970.6.5, 70마325)

6. 판결송달이 부적법한 경우 상소기간 진행의 여부(소극) 판결의 송달이 부적법한 경우에는 송달의 효력이 발생할 수 없는 것이므로 패소한 당사자가 판결 선고 사실을 알고 이에 대하여 재심청구를 하였다가 취하하였다고 하더라도 상소기간은 진행되지 아니하여 당사자는 언제라도 상소할 수 있다.(대판 1980.12.9, 80다1479)

7. 민사소송법상 결정·명령의 송달방식 민소 224조 1항 본문에 의하면 성질에 어긋나지 아니하는 한 결정과 명령에는 판결에 관한 규정을 준용하고, 같은 법 210조 2항은 판결서는 정본으로 송달하도록 하고 있지만, 같은 법 178조 1항이 송달을 특별한 규정이 없으면 송달받을 사람에게 서류의 등본 또는 부본을 교부하여 하도록 하고 있으므로, 결정·명령이 집행권원이 되는 등 그 성질상 정본의 송달을 필요로 하거나 또는 특별한 규정이 있는 경우를 제외하고는 결정·명령의 송달은 같은 법 178조 1항에 따라 그 등본을 송달하는 방법에 의하더라도 무방하고, 반드시 정본으로 송달하여야 하는 것은 아니다.(대결 2003.10.14, 2003마1144)

제179조【소송무능력자에게 할 송달】 소송무능력자에게 할 송달은 그의 법정대리인에게 한다.

◧ 소송무능력자(51·55), 법정대리인(51·62·64), 송달영수인(184,민집규22⑥)

1. 부재자 재산관리인이 선임된 경우 송달방법 법원에 의하여 부재자 재산관리인이 선임된 경우에는 부재자를 위하여 그 재산관리인만이 또는 그 재산관리인에게 대하여만 송달 등 소송행위를 할 수 있다.(대판 1968.12.24, 68다2021)

2. 8세 4월의 여자어린이에게 사리를 변식할 지능이 인정되는지 여부 피고인의 딸인 공소외인이 이 사건 송달 당시 8세 4월 정도라면 송달로 인하여 생기는 형사소송절차에 있어서의 효력까지 이해하였다고 볼 수는 없으나 그 송달 자체의 취지를 이해하고 영수한 서류를 수송달인 아버지인 피고인에게 교부하는 것을 기대할 수 있는 능력정도는 있다고 볼 것이므로, 원심에 있어서의 피고인에 대한 소송기록접수통지서의 송달은 적법하다.(대결 1995.8.16, 95모20)

3. 종중의 참칭대표자에 대한 송달의 효력 법원이 참칭대표자에게 적법한 대표권이 있는 것으로 알고 그를 송달받을 자로 지정하여 소송서류 등을 송달하고 그 송달받을 자로 지정된 참칭대표자가 송달받은 경우에는 그 송달이 무효라고 할 수는 없는 것이므로, 판결정본이 판결에서 종중의 대표자로 표시된 자를 송달받을 자로 하여 송달되었고 실제로 그가 보충송달의 방법에 의하여 송달받았다면 그때로부터 항소기간이 진행되고 그 판결은 항소기간이 만료된 때에 확정된다.(대판 1994.1.11, 92다47632)

제180조【공동대리인에게 할 송달】 여러 사람이 공동으로 대리권을 행사하는 경우의 송달은 그 가운데 한 사람에게 하면 된다.

■ 공동대리인에게 할 송달(민소규49), 개별대리의 원칙(93), 지배인(상12), 대표사원(상208), 대표이사(상389②), 이사(상562, 민집규22⑥)

1. 수인의 부재자재산관리인이 있는 경우의 송달방법 부재자의 재산관리인으로 수인이 선임된 경우에 변론기일의 통지는 그 중 한 사람에 대한 송달로써 충분하다.(대판 1980.11.11, 80다2065)

제181조【군관계인에게 할 송달】 군사용의 청사 또는 선박에 속하여 있는 사람에게 할 송달은 그 청사 또는 선박의 장에게 한다.

■ 송달서류의 교부의무(민소규50①, 민집규22⑥)

1. 육군본부법무감실 소속 군인에 대한 송달이 이루어지는 시기 구 민소 168조에 의하면 군사용의 청사에 속하는 자에 대한 송달은 그 청사의 장에게 한다고 규정하고 있으므로 본건 제1심피고 소송수행자 갑이 육군본부 법무감실 소속 군인이고, 동인에 대한 송달은 육군본부 청사의 장인 육군참모총장에게 송달된 시에 본인에 대한 송달의 효력이 발생한다고 할 것인바, 기록에 의하면 제1심판결 정본의 수령인 소외 을이 육군 참모총장 예하 육군본부 본부중대 소속 문서를 수발하는 병장임이 피고의 주장 자체에 의하여 뚜렷하므로 동 소외인은 구 민소 172조에서 규정한 송달을 받을 수 있는 자에 해당한다 할 것이고, 동 소외인이 1971. 10. 20. 10:30에 육군본부 법무감실 소속 위 피고 소송수행자 갑 앞으로 하여 육군본부 구내 군우 501군사우체국에서 제1심판결정본을 영수인으로 날인하고 수령함으로써 본건 송달은 적법히 이루어진 것이다.(대판 1972.12.26, 72다1408)

제182조【구속된 사람 등에게 할 송달】 교도소·구치소 또는 국가경찰관서의 유치장에 체포·구속 또는 유치(留置)된 사람에게 할 송달은 교도소·구치소 또는 국가경찰관서의 장에게 한다. (2006.2.21 본조개정)

■ 송달서류의 교부의무(민소규50①), 교도소(행형, 민집규22⑥)

1. 교도소 또는 구치소에 구속된 자에 대한 송달 효력 발생시기 교도소 또는 구치소에 구속된 자에 대한 송달은 그 소장에게 송달하면 구속된 자에게 전달된 여부와 관계없이 효력이 생긴다.(대판 1995.1.12, 94도2687)

2. 피구속자를 수송달자로 하여 본인의 주소 또는 거소에 이루어진 송달의 효력 구 민소 169조는 행형법 18조, 62조에 규정된 재감자에 대한 서신 수발의 제한과 대응하는 규정으로서 양자는 교도소 등 구금장의 질서유지를 위하여 재감자를 감시하여야 할 공익상의 필요와 한편으로는 재감자에 대

하여 수감되기 전의 주소, 거소 등에 송달을 하면 송달서류가 재감자에 전달되는 데 도리어 시일을 요하게 된다는 고려에서 나온 것이다. 따라서 교도소 등의 소장은 재감자에 대한 송달에 관하여는 일종의 법정대리인이라고 할 것이므로, 재감자에 대한 송달을 교도소 등의 소장에게 하지 아니하고 수감되기 전의 종전 주·거소에다 하였다면 무효라고 하지 않을 수 없고, 수소법원이 송달을 실시함에 있어 당사자 또는 소송관계인의 수감사실을 모르고 종전의 주·거소에 하였다고 하여도 마찬가지로 송달의 효력은 발생하지 않는다.(대판(全) 1982.12.28, 82다카349)

3. 재감자에 대한 재심기각결정의 송달을 교도소의 장에게 하지 않은 경우 그 송달의 효력(무효) 교도소·구치소 또는 국가경찰관서의 유치장에 체포·구속 또는 유치된 사람에게 할 송달은 교도소·구치소 또는 국가경찰관서의 장에게 하도록 되어 있다. 따라서 재감자에 대한 재심기각결정의 송달을 교도소 등의 장에게 하지 아니하였다면 부적법하여 무효이고, 즉시항고 제기기간의 기산일을 정하게 되는 송달 자체가 부적법한 이상 재감자인 피고인이 재심기각결정이 고지된 사실을 다른 방법으로 알았다고 하더라도 송달의 효력은 여전히 발생하지 않는다.(대결 2009.8.20, 2008모630)

4. 피구속자의 종전 주소로 이루어진 송달의 효력이 인정된 경우 원고가 그의 처를 시켜 소청심사청구서를 제출하면서 그 청구서에 주소만을 기재하였을 뿐 원고가 수감 중인 사실을 밝히지 아니하였던 탓으로 그 결정서가 원고의 주소지에 송달되어 원고의 처가 수령한 경우, 소청심사위원회에서 원고의 신고에 의하지 않더라도 그 송달 당시 원고가 수감 중에 있었다는 사실을 알 수 있었던 특단의 사정이 없는 한 그 송달은 적법하다.(대판 1974.7.26, 74누31)

5. 구속된 자에 대한 납세고지서 송달 방법 국세기본법에는 구 민소 169조(피구속자에 대한 송달)와 같은 특별규정이나 민사소송법 중 송달에 관한 규정을 준용하는 규정도 없으므로 구치소 등에 구속된 사람에 대한 납세고지서의 송달은 특별한 사정이 없으면 국세기 8조 1항에 따라 주소·거소·영업소 또는 사무소로 하면 되고, 이 경우 그 곳에서 송달받을 사람을 만나지 못한 때에는 그 사용인 기타 종업원 또는 동거인으로서 사리를 판별할 수 있는 사람에게 송달할 수 있다.(대판(全) 1999.3.18, 96다23184)

제183조【송달장소】 ① 송달은 받을 사람의 주소·거소·영업소 또는 사무소(이하 "주소등"이라 한다)에서 한다. 다만, 법정대리인에게 할 송달은 본인의 영업소나 사무소에서도 할 수 있다.

② 제1항의 장소를 알지 못하거나 그 장소에서 송달할 수 없는 때에는 송달받을 사람이 고용·위임 그 밖에 법률상 행위로 취업하고 있는 다른 사람의 주소등(이하 "근무장소"라 한다)에서 송달할 수 있다.

③ 송달받을 사람의 주소등 또는 근무장소가 국내에 없거나 알 수 없는 때에는 그를 만나는 장소에서 송달할 수 있다.

④ 주소등 또는 근무장소가 있는 사람의 경우에도 송달받기를 거부하지 아니하면 만나는 장소에서 송달할 수 있다.

■ 송달을 받을 사람(179~182·184), 법정대리인에 대한 송달(179, 민집규22⑥), 송달장소가 분명치 않을 경우(194), 주소(민18·21, 상171)

1. 주소는 주민등록상의 주소에 국한되는지 여부 구 민소 170조 1항은 "송달은 이를 받을 자의 주소·거소·영업소 또는 사무소에서 한다"라고만 규정하고 있을 뿐 특별히 송달할 장소를 주민등록상의 주소지만으로 한정하고 있지 아니하다.(대결 2000.10.28, 2000마5732)

2. 송달받을 사람의 영업소 또는 사무소의 의미 송달은 원칙적으로 받을 사람의 주소·거소·영업소 또는 사무소에서 해야 하는데(민소 183조 1항), 여기서 말하는 영업소 또는 사무소는 송달 받을 사람 자신이 경영하는 영업소 또는 사무소를 의미하는 것이지 송달 받을 사람의 근무장소는 이에 해당하지 않으며(민소 183조 2항 참조), 송달 받을 사람이 경영하는, 그와 별도의 법인격을 가지는 회사의 사무실은 송달 받을 사람의 영업소나 사무소라 할 수 없고, 이는 그의 근무장소에 지나지 아니한다. 한편 근무장소에서의 송달을 규정한 민소 183조 2항에 의하면, 근무장소에서의 송달은 송달 받을 자의 주소 등의 장소를 알지 못하거나 그 장소에서 송달할 수 없는 때에 한하여 할 수 있는 것이므로 소장, 지급명령신청서 등에 기재된 주소 등의 장소에 대한 송달을 시도하지 않은 채 근무장소로 한 송달은 위법하다.(대결 2004.7.21, 2004마535)

3. 법인에 대한 송달에서의 영업소나 사무소 법인에 대한 송달은 법정대리인에 준하는 대표자에게 하여야 하므로, 그 대표자의 주소, 거소, 영업소 또는 사무소에 하여야 하고(구 민소 60조, 170조 1항), 여기에서 '영업소 또는 사무소'라 함은 그 시설에 붙여진 명칭 여하에 구애됨이 없이 사실상 독립하여 주된 영업행위의 전부 또는 일부를 완결할 수 있는 장소, 즉 어느 정도 독립하여 업무의 전부 또는 일부가 총괄적으로 경영되는 장소이면 족하다고 할 것이지만 당해 법인의 영업소 또는 사무소여야 한다.(대판 2003.4.11, 2002다59337)

4. 신고한 장소 이외의 장소에서의 송달의 효력 당사자가 소장 기타 서면으로 송달장소로 신고한 장소 이외의 장소에서 송달받을 자가 송달받았다 하더라도 그 장소가 송달받을 자의 실제의 주소, 거소, 영업소 또는 사무소가 틀림없는 이상 그 송달은 적법한 것이다.(대결 1980.4.23, 80마93)

5. 소속과장에게 한 유치송달의 적법 여부 송달장소라고 볼 수 없는 직장에서 본인 아닌 과장에게 유치송달 하였다 하여 그것이 적법한 송달이라고는 볼 수 없다.(대결 1967.11.8, 67마949)

6. 이미 폐쇄된 공장에서 이루어진 송달의 효력 이미 폐쇄된 공장은 구 민소 170조 소정의 영업소나 사무소가 될 수 없고 이미 공장근무를 사직한 자는 동법 172조 1항 소정의 사무원이나 고용인 또는 동거자가 아니므로 동인에 대한 소원재결서의 전달은 법률상 송달로서의 효력이 없다.(대판 1975.5.27, 73누191)

7. 채권양도의 통지와 본조의 유추적용 여부(소극) 민사소송법상의 송달은 당사자나 그 밖의 소송관계인에게 소송상 서류의 내용을 알 기회를 주기 위하여 법정의 방식에 좇아 행하여지는 통지행위로서, 송달장소와 송달을 받을 사람 등에 관하여 법령이 정하는 바에 따라 행하여지지 아니하면 부적법하여 송달로서의 효력이 발생하지 아니한다. 한편 채권양도의 통지는 채무자에게 도달함으로써 효력이 발생하는 것이고, 여기서 도달은 사회통념상 상대방이 통지의 내용을 알 수 있는 객관적 상태에 놓였다고 인정되는 상태를 가리킨다. 이와 같이 도달은 보다 탄력적인 개념으로서 송달장소나 수송달자 등의 면에서 위에서 본 송달에서와 같은 엄격함은 요구되지 아니하며, 이에 송달장소 등에 관한 민사소송법의 규정을 유추적용할 것이 아니다. 따라서 채권양도의 통지는 민사소송법상의 송달에 관한 규정에서 송달장소로 정하는 채무자의 주소·거소·영업소 또는 사무소 등에 해당하지 아니하는 장소에서라도 채무자가 사회통념상 그 통지의 내용을 알 수 있는 객관적 상태에 놓였다고 인정됨으로써 족하다.(대판 2010.4.15, 2010다57)

8. 한시적 기간에만 설치되거나 운영되는 곳이라도 어느 정도 반복해서 송달이 이루어질 것이라고 객관적으로 기대할 수 있는 경우 '영업소 또는 사무소'에 해당하는지 여부(적극) 영업소 또는 사무소는 송달받을 사람의 영업 또는 사무가 일정 기간 지속하여 행하여지는 중심적 장소로서, 한시적 기간에만 설치되거나 운영되는 곳이라고 하더라도 그곳에서 이루어지는 영업이나 사무의 내용, 기간 등에 비추어 볼 때 어느 정도 반복해서 송달이 이루어질 것이라고 객관적으로 기대할 수 있는 곳이라면 민소 183조 1항에서 규정한 영업소 또는 사무소에 해당한다(도의원 보궐선거에 출마한 갑의 선거사무소가 이에 해당한다고 본 사례).(대판 2014.10.30, 2014다43076)

9. 근무장소의 의미 '근무장소'는 현실의 근무장소로서 고용계약 등 법률상 행위로 취업하고 있는 지속적인 근무장소이다.(대판 2015.12.10, 2012다16063)

제184조【송달받을 장소의 신고】 당사자·법정대리인 또는 소송대리인은 주소등 외의 장소(대한민국안의 장소로 한정한다)를 송달받을 장소로 정하여 법원에 신고할 수 있다. 이 경우에는 송달 영수인을 정하여 신고할 수 있다.
  ■ 법정대리인(51·62·64), 소송대리인(87~97), 우편송달(187·188·189)

1. 소송복대리인의 선임과 송달영수인의 신고 소송복대리인은 본소송대리인과 동일한 지위에서 소송수행까지 할 수 있는 것이므로 법원소재지에 사무실을 두고 있는 소송복대리인의 선임신고가 있을 경우에는 이 소송복대리인을 구 민소 171조 1항이 규정하고 있는 송달영수인을 신고한 것으로 보는 것이 상당하다.(대판 1973.9.25, 73다888)

2. 소송대리인이 상고를 제기하면서 자신의 사무실을 송달장소로 기재한 경우 송달영수인으로 신고한 취지로 인정할 수 있는지 여부(적극) 구 민소 171조 1항, 3항에 의하면, 소송대리인은 송달영수인을 지정하여 법원에 신고할 수 있으므로 상소의 특별수권을 받은 소송대리인은 상소심절차에서의 송달 편의를 위하여 송달영수인을 지정, 신고할 수 있다고 할 것이며, 만일 그 소송대리인이 상고를 제기하면서 상고장에 자신의 사무실을 송달장소로 기재하여 법원에 제출하였다면, 달리 특별한 사정이 없는 한 이에는 원심 소송대리인이었던 자신을 상고심절차에서 당사자인 의뢰인을 위한 송달영수인으로 지정, 신고하는 취지가 포함되어 있다고 할 것이며, 한편 송달영수인의 지정, 신고가 있는 경우 민소 172조1항의 의하여 송달영수인의 사무원에 한 송달은 적법한 보충송달이 된다.(대판 2001.5.29, 2000재다186)

제185조【송달장소변경의 신고의무】 ① 당사자·법정대리인 또는 소송대리인이 송달받을 장소를 바꿀 때에는 바로 그 취지를 법원에 신고하여야 한다. ② 제1항의 신고를 하지 아니한 사람에게 송달할 서류는 달리 송달할 장소를 알 수 없는 경우 종전에 송달받던 장소에 대법원규칙이 정하는 방법으로 발송할 수 있다.
  ■ 발송의 방법(민소규51), 송달불능에 따른 소송복귀(59①), 법정대리인(51·62·64), 소송대리인(87~97), 우편송달(187·188), 송달장소(183, 민조규15②④)

1. 달리 송달할 장소를 알 수 없는 경우의 의미 민소 185조 2항에서 말하는 '달리 송달할 장소를 알 수 없는 경우'란 상대방에게 주소보정을 명하거나 직권으로 주민등록 등을 조사할 필요까지는 없지만 적어도 기록에 현출되어 있는 자료로 송달할 장소를 알 수 없는 경우에 한하여 등기우편에 의한 발송송달을 할 수 있음을 뜻한다.(대판 2010.5.13, 2010다84956)

제186조【보충송달·유치송달】 ① 근무장소 외의 송달할 장소에서 송달받을 사람을 만나지 못한 때에는 그 사무원, 피용자(被用者) 또는 동거인으로서 사리를 분별할 지능이 있는 사람에게 서류를

교부할 수 있다.
② 근무장소에서 송달받을 사람을 만나지 못한 때에는 제183조제2항의 다른 사람 또는 그 법정대리인이나 피용자 그 밖의 종업원으로서 사리를 분별할 지능이 있는 사람이 서류의 수령을 거부하지 아니하면 그에게 서류를 교부할 수 있다.
③ 서류를 송달받을 사람 또는 제1항의 규정에 의하여 서류를 넘겨받을 사람이 정당한 사유 없이 송달받기를 거부하는 때에는 송달할 장소에 서류를 놓아둘 수 있다.

■ 송달장소(183), 송달영수인(179~182 · 184, 민집규22⑥)

1. 법인에 대한 송달로 인정되는 경우 법인에 대한 송달은 대표자에게 교부함이 원칙이지만 그 대표자를 만나지 못한 때에는 사무원이나 고용인으로서 사물을 변식할 지능이 있는 자에게 서류를 교부할 수 있는 것이고 이 경우 송달은 사무원 등에게 서류를 교부한 때 완료되어 그 효력이 생긴다. (대판 1992.2.11, 91누5877)

2. 사리를 분별할 지능의 의미 형사소송절차에 있어서도 형소 65조에 따라 보충송달에 관한 구 민소 172조 1항이 준용되므로, 피고인의 동거 가족에게 서류가 교부되고 그 동거 가족이 사리를 변식할 지능이 있는 이상 피고인이 그 서류의 내용을 알지 못한 경우에도 송달의 효력이 있는바, 사리를 변식할 지능이 있다고 하려면, 사법제도 일반이나 소송행위의 효력까지 이해할 필요는 없다 하더라도 적어도 송달의 취지를 이해하고 영수한 서류를 수송달자에게 교부하는 것을 기대할 수 있는 정도의 능력은 있어야 한다.(대결 1995.8.16, 95모20)

3. 보충송달에서 수령대행인이 될 수 있는 '사무원' 민소 186조 1항에서 규정한 보충송달에서 수령대행인이 될 수 있는 사무원이란 반드시 송달받을 사람과 고용관계가 있어야 하는 것은 아니고, 평소 본인을 위하여 사무 등을 보조하는 자이면 충분하다.(대판 2010.10.14, 2010다48455)

4. 보충송달을 받을 수 있는 동거자의 의미 보충송달에 관한 구 민소 172조 1항 소정의 동거자는 송달을 받을 자와 동일 세대에 속하여 생활을 같이 하는 자를 말한다.(대판 1978.2.28, 77다2029)

5. 송달받을 자와 동일 장소에서 거주하는 반대당사자의 아들에 대한 송달의 효력 보충송달에 관한 구 민소 172조 1항 소정의 동거자는 송달을 받을 자와 동일한 세대에 속하여 생활을 같이 하는 자를 말하므로, 수송달자가 송달받을 자의 내연의 처의 조카로서 동일 송달장소에 거주한다 하더라도 세대를 달리하는 반대당사자의 아들이라면 이를 동거자로 볼 수 없고 따라서 특별한 사정이 없는 한 그에 대한 송달은 효력이 없다.(대판 1982.9.14, 81다카864)

6. 빌딩의 일부를 임차하고 있는 회사의 수위에게 한 서류 송달의 효력 피고회사는 빌딩 일부를 임차사용하고 있고 그 빌딩의 수위는 피고회사와 아무런 고용관계도 없다면 동 수위에게 한 송달은 피고회사에 대한 송달로서 효력이 없다.(대판 1976.4.27, 76다192).

7. 아파트 경비원에 대한 납세고지서 송달의 효력을 인정한 경우 납세의무자가 거주하던 아파트에서는 통상 일반 우편물은 집배원이 아파트 경비실 부근에 설치되어 있는 세대별 우편함에 넣으면 아파트 거주자들이 이를 위 우편함에서 수거하여 가고, 등기우편물 등 특수우편물의 경우에는 집배원이 아파트 경비원에게 주면 아파트 경비원이 이를 거주자에게 전달하여 왔으며, 위 아파트의 주민들은 이러한 우편물 배달방법에 관하여 별다른 이의를 제기하지 아니하여 왔다면, 위 납세의무자 및 아파트의 주민들은 등기우편물 등의 수령권한을 아파트의 경비원에게 묵시적으로 위임한 것이라고 볼 것이므로, 아파트의 경비원이 납세고지서를 수령한 날

납세고지서가 적법하게 납세의무자에게 송달되었다.(대판 1998.5.15, 98두3679)

8. 서울시청의 수위에 대한 송달의 효력 판결정본을 송달하는 경우 송달받을 장소에서 송달받을 자를 만나지 못한 때에는 사리를 변식할 지능 있는 사무원 또는 고용인에게 서류를 교부할 수 있는 것이므로, 피고(서울특별시)의 수위가 위 서류를 교부받은 때에 피고에 대한 송달의 효력이 생기는 것이다.(대판 1984.6.26, 84누405)

9. 보충송달을 받을 자가 아닌 사람이 송달서류를 교부받았으나 그 후 수송달자의 사무원에게 전달된 경우 보충송달을 받을 자가 아닌 사람이 송달서류를 받았어나 그 후 그 서류가 전전하여 제때에 그 사무원의 신분을 가진 사람에게 전달되었다면 보충송달로서 유효하다.(대판 1979.1.30, 78다2269)

10. 송달장소가 아닌 곳에서 한 보충송달의 효력 송달은 원칙적으로 구 민소 170조 1항에서 정하는 송달을 받을 자의 주소, 거소, 영업소 또는 사무실 등의 송달장소에서 하여야 하는바, 송달장소에서 송달받을 자를 만나지 못한 때에는 사무원, 고용인 또는 동거자로서 사리를 변식할 지능이 있는 자에게 서류를 교부하는 보충송달의 방법에 의하여 송달할 수는 있지만, 이러한 보충송달은 위 법 조항에서 정하는 송달장소에서 하는 경우에만 허용되고 송달장소가 아닌 곳에서 사무원, 고용인 또는 동거자를 만난 경우에는 그 사무원 등이 송달받기를 거부하지 아니한다 하더라도 그 곳에서 그 사무원 등에게 서류를 교부하는 것은 보충송달의 방법으로서 부적법하다.(대결 2001.8.31, 2001마3790)

11. 소송서류를 송달받을 본인과 당해 소송에 관하여 이해의 대립 내지 상반된 이해관계가 있는 수령대행인에게 보충송달을 할 수 있는지 여부(소극) 보충송달제도는 본인 아닌 그의 사무원, 피용자 또는 동거인, 즉 수령대행인이 서류를 수령하여도 그의 지위와 객관적인 지위, 본인과의 관계 등에 비추어 사회통념상 본인에게 서류를 전달할 것이라는 합리적인 기대를 전제로 한다. 그런데 본인과 수령대행인 사이에 당해 소송에 관하여 이해의 대립 내지 상반된 이해관계가 있는 때에는 수령대행인이 소송서류를 본인에게 전달할 것이라고 합리적으로 기대하기 어렵고, 이해가 대립하는 수령대행인이 본인을 대신하여 소송서류를 송달받는 것은 쌍방대리금지의 원칙에도 반하므로, 본인과 당해 소송에 관하여 이해의 대립 내지 상반된 이해관계가 있는 수령대행인에 대하여는 보충송달을 할 수 없다.(대판 2016.11.10, 2014다54366)

제187조 【우편송달】 제186조의 규정에 따라 송달할 수 없는 때에는 법원사무관등은 서류를 등기우편 등 대법원규칙이 정하는 방법으로 발송할 수 있다.

■ 보충송달, 유치송달(186), 발송의 방법(민소규51), 송달불능에 따른 소송복귀(민소규59①), 송달사무의 처리자(175), 발신주의(189, 민조규15의2④)

1. 우편송달의 요건 구 민소 173조의 규정에 의한 우편송달은 같은 법 172조의 규정에 의한 보충송달이나 유치송달이 불가능한 경우에 할 수 있는 것이므로 폐문부재와 같이 송달을 받을 자는 물론 그 사무원, 고용인 또는 동거자 등 서류를 수령할 만한 자를 만날 수 없는 경우라면 모르거니와 단지 송달을 받을 자만이 장기출타로 부재중이어서 그 밖의 동거자 등에게 보충송달이나 유치송달이 가능한 경우에는 위 우편송달을 할 수 없다.(대결 1991.4.15, 91마162)

2. 특수우편물수령증이 첨부되지 아니한 등기우편에 의한 발송송달의 적법 여부(소극) 등기우편에 의한 발송송달은 송달사무처리기관인 법원사무관 등이 동시에 송달실시기관이 되어 송달을 시행하는 것이므로 스스로 송달보고서를 작성하여야 하고, 그 송달보고서 작성 시에는 소정의 양식에

따라 송달장소, 송달일시 등을 기재하되, 사건번호가 명기된 우체국의 특수우편물수령증을 첨부하여야 하며, 이러한 송달은 발송 시에 그 송달이 발생하는 관계로 우편물 발송일시가 중요하고 그 송달일시의 증명은 확정일자 있는 우체국의 특수우편물수령증에 의할 수밖에 없으므로, 위와 같이 특수우편물수령증이 첨부되지 아니한 송달보고서에 의한 송달은 부적법하여 효력이 없다.(대결 2009.8.31, 2009 스75)

3. 등기우편에 의한 송달의 경우 별도의 허가가 필요한지 여부 등기우편에 의한 발송송달은 구 민소 173조에 해당하는 경우에 법원사무관 등이 이를 할 수 있는 것으로서 특별한 허가가 있어야 할 수 있는 것이 아니다.(대결 1992.1.30, 91 마728)

4. 본조의 등기우편에 의한 발송송달을 할 수 있는 경우 본조에 따른 등기우편에 의한 발송송달은 송달받을 자의 주소 등 송달하여야 할 장소는 밝혀져 있으나 송달받을 자는 물론이고 그 사무원, 고용인, 동거인 등 보충송달을 받을 사람도 없거나 부재하여 원칙적 송달방법인 교부송달은 물론이고 민소 186조에 의한 보충송달과 유치송달도 할 수 없는 경우에 할 수 있고, 여기에서 송달하여야 할 장소란 실제 송달받을 자의 생활근거지가 되는 주소·거소·영업소 또는 사무소 등 송달받을 자가 소송서류를 받아 볼 가능성이 있는 적법한 송달장소를 말한다.(대결 2009.10.29, 2009마1029)

5. 우편송달이 행해진 후 그에 이은 별개의 서류 등의 우편송달 여부 등기우편에 의한 발송송달은 당해 서류에 관하여 교부송달, 또는 보충·유치송달 등이 불가능한 것임을 그 요건으로 하는 것이므로 당해 서류의 송달에 한하여 할 수 있는 것이지 그에 이은 별개의 서류의 송달은 이 요건이 따로 구비되지 않는 한 당연히 이 방법에 의한 우편송달을 할 수 있는 것이 아니다.(대판 1994.11.11, 94다36278)

6. 보통우편의 방법으로 우편물을 발송한 경우 그 송달을 추정할 수 있는지 여부(소극) 내용증명우편이나 등기우편과는 달리 보통우편의 방법으로 발송되었다는 사실만으로는 그 우편물이 상당한 기간 내에 도달하였다고 추정할 수 없고, 송달의 효력을 주장하는 측에서 증거에 의하여 이를 증명하여야 한다.(대판 2009.12.10, 2007두20140)

제188조【송달함 송달】
① 제183조 내지 제187조의 규정에 불구하고 법원안에 송달할 서류를 넣을 함(이하 "송달함"이라 한다)을 설치하여 송달할 수 있다.
② 송달함을 이용하는 송달은 법원사무관등이 한다.
③ 송달받을 사람이 송달함에서 서류를 수령하여 가지 아니한 경우에는 송달함에 서류를 넣은 지 3일이 지나면 송달된 것으로 본다.
④ 송달함의 이용절차와 수수료, 송달함을 이용하는 송달방법 및 송달함으로 송달할 서류에 관한 사항은 대법원규칙으로 정한다.
▣ 송달장소(183), 우편송달(187), 송달함의 이용(민소규52)

제189조【발신주의】
제185조제2항 또는 제187조의 규정에 따라 서류를 발송한 경우에는 발송한 때에 송달된 것으로 본다.
▣ 송달장소불신고의 송달(185②), 우편송달(187), 도달주의(민111)

1. 등기우편에 의한 판결정본송달과 항소기간의 기산일 수소법원의 소재지에 사무소를 두지 않고 송달장소 신고도 하지 아니한 소송대리인에 대한 판결정본의 송달은 등기우편에 의할 수 있고 이 같은 송달방법에는 발신주의 원칙이 적용된다.(대판 1982.4.13, 81다523)

2. 부동산임의경매에서의 이해관계인에 대한 경매기일의 통지 구 민소 728조, 617조 3항에 의하면 부동산임의경매에서 이해관계인에 대한 경매기일의 통지를 집행기록에 표시된 이해관계인의 주소에 등기우편으로 발송하여 할 수 있도록 되어 있는바, 이는 그 통지를 발송한 때에 송달된 것으로 본다는 뜻이다.(대결 1994.7.30, 94마1107)

3. 특수우편물 수령증이 첨부되지 아니한 등기우편에 의한 발송송달의 적법 여부 등기우편에 의한 발송송달은 송달사무처리기관인 법원사무관 등이 동시에 송달실시기관이 되어 송달을 시행하는 것이므로 스스로 송달보고서를 작성하여야 하고, 그 송달보고서 작성 시에는 소정의 양식에 따라 송달장소, 송달일시 등을 기재하되, 사건번호가 명기된 우체국의 특수우편물 수령증을 첨부하여야 하며, 이러한 송달은 발송 시에 그 송달의 효력이 발생하는 관계로 우편물 발송일시가 중요하고, 그 송달일시의 증명은 확정일자 있는 우체국의 특수우편물 수령증에 의할 수밖에 없다고 할 것이므로, 위와 같이 특수우편물 수령증이 첨부되지 아니한 송달보고서에 의한 송달은 부적법하여 효력이 없다.(대결 2000.1.31, 99마7663)

제190조【공휴일 등의 송달】
① 당사자의 신청이 있는 때에는 공휴일 또는 해뜨기 전이나 해진 뒤에 집행관 또는 대법원규칙이 정하는 사람에 의하여 송달할 수 있다.
② 제1항의 규정에 따라 송달하는 때에는 법원사무관등은 송달할 서류에 그 사유를 덧붙여 적어야 한다.
③ 제1항과 제2항의 규정에 어긋나는 송달은 서류를 교부받을 사람이 이를 영수한 때에만 효력을 가진다.
▣ ① 집행관에 의한 송달(176①), 일반휴일(국경일), ② 송달사무처리자(175)

제191조【외국에서 하는 송달의 방법】
외국에서 하여야 하는 송달은 재판장이 그 나라에 주재하는 대한민국의 대사·공사·영사 또는 그 나라의 관할 공공기관에 촉탁한다.
▣ 재판장이 하는 촉탁(139②), 공시송달(196②), 민집규226)

1. 영사파견국의 법원이 우리나라 국민이나 법인을 상대로 하여 자국영사에 의한 직접 실시한 송달의 효력(소극) 영사관계에 관한 비엔나협약 5조 제이(J)항에는 파견국 영사는 파견국 법원을 위하여 소송서류 또는 소송 이외의 서류를 송달할 수 있도록 되어 있으나 이는 자국민에 대하여만 가능한 것이고, 우리나라와 영사관계가 있더라도 송달을 받을 자가 자국민이 아닌 경우에는 영사에 의한 직접실시방식을 취하지 않는 것이 국제예양이며, 위 협약에 가입하고 있는 국가라 할지라도 명시적으로 위 방식에 대한 이의를 표시하고 있는 경우에는 이에 의할 수 없는 것이라 할 것인데, 우리나라는 사법공조업무처리 등에 관한 예규(송무예규 85-1)에 따라 국제간의 사법공조업무를 처리하여 오다가, 위 예규의 내용을 받아 국제민사사법공조법을 제정하여 외국으로부터의 송달촉탁을 외교상의 경로를 거칠 것을 요건으로 하여 송달장소를 관할하는 제1심법원이 관할하도록 규정함으로써, 적어도 영사파견국의 국민이 아닌 경우에는 비엔나협약에 규정된 영사에 의한 직접실행방식에 대하여 이의를 표시하고 있는 것이라고 볼 것이므로, 영사파견국의 법원이 위와 같은 공조요건인 외교상의 경로를 거치지 아니하고 우리나라 국민이나 법인을 상대로 하여 자국영사에 의한 직접실시방식으로 송달을 한 것이라면, 이는 위 영사파견국이 우리나라와 영사관계가 있다 하더라도 우리나라의 재판사무권을 침해한 것으로서 적법한 송달로서의 효력이 없다고 볼 것이며, 이와 같은 경우에는 구 민소 203조 2호의 송달요건을 갖추지 못한 것이라고 할 것이다.(대판 1992.7.14, 92다2585)

제192조 【전쟁에 나간 군인 또는 외국에 주재하는 군관계인 등에게 할 송달】 ① 전쟁에 나간 군대, 외국에 주둔하는 군대에 근무하는 사람 또는 군에 복무하는 선박의 승무원에게 할 송달은 재판장이 그 소속 사령관에게 촉탁한다.
② 제1항의 송달에 대하여는 제181조의 규정을 준용한다.

■ 군관계인에게 할 송달(181), 송달증서(193)

제193조 【송달통지】 송달한 기관은 송달에 관한 사유를 대법원규칙이 정하는 방법으로 법원에 알려야 한다.

■ 송달실시기관(176·177), 송달통지(민소규53)

1. 송달보고서 이외의 증거방법에 의한 송달사실의 증명 구 민소 178조의 규정에 의하여 송달한 기관이 송달에 관한 사유를 서면으로 작성하여 법원에 제출하는 송달보고서는 송달사실에 대한 단순한 증거방법에 지나지 않는다고 봄이 상당하므로 그 기재내용이 송달의 실질적 내용과 다르더라도 다른 증거방법에 의하여 적법한 송달이 증명된다면 그 송달은 유효하다. (대판 1986.2.25, 85누894)

2. 송달보고서 기재의 흠과 송달의 적부 형사소송절차에 있어서도 형사소법 65조에 따라 송달에 관한 민사소송법의 규정이 준용되는바, 구 민소 178조의 규정에 의하여 송달한 기관이 송달에 관한 사유를 서면으로 작성하여 법원에 제출하는 송달보고서는 송달사실에 대한 증거방법에 지나지 않는다고 할 것이나, 송달보고서는 공문서로서 그의 진정성립이 추정되기에 송달보고서 기재상의 흠이 있다고 하여 바로 그 송달이 부적법하게 되어 무효가 되는 것은 아니고, 다른 증거방법에 의하여 송달실시행위가 적법하게 이루어졌음이 증명되는 한 송달은 유효한 것으로 해석되며, 다른 증거방법에 의하여도 송달실시행위가 적법하게 이루어졌음을 증명할 수 없는 경우에만 송달을 무효로 볼 것이다. (대결 2000.8.22, 2000모42)

제194조 【공시송달의 요건】 ① 당사자의 주소등 또는 근무장소를 알 수 없는 경우 또는 외국에서 하여야 할 송달에 관하여 제191조의 규정에 따를 수 없거나 이에 따라도 효력이 없을 것으로 인정되는 경우에는 법원사무관등은 직권으로 또는 당사자의 신청에 따라 공시송달을 할 수 있다. (2014.12.30 본항개정)
② 제1항의 신청에는 그 사유를 소명하여야 한다.
③ 재판장은 제1항의 경우에 소송의 지연을 피하기 위하여 필요하다고 인정하는 때에는 공시송달을 명할 수 있다. (2014.12.30 본항신설)
④ 재판장은 직권으로 또는 신청에 따라 법원사무관등의 공시송달처분을 취소할 수 있다. (2014.12.30 본항신설)

■ ① 송달통지(민소규53), 공시송달의 방법(민소규54①·59①), 송달장소(183·184), 직권송달의 원칙(174), 공시송달의 발효시기(196), 주소(민 18·21·36, 상171), ② 소명(299, 민집규22⑤⑥, 민소규15②④)

1. 요건불비 공시송달의 효력(1) 판사의 공시송달명령에 의하여 공시송달을 한 이상 공시송달의 요건을 구비하지 않은 흠결이 있다 하더라도 공시송달의 효력에는 영향이 없다. (대결(全) 1984.3.15, 84마20)

2. 요건불비 공시송달의 효력(2) 공시송달을 허가하는 명령에 대하여는 가사 그 요건에 흠결이 있다 하더라도 불복할 수 없고, 따라서 그 소명자료로 위조된 확인서 등이 첨부되었다 하더라도 그것만으로는 독립하여 재심사유가 되지 아

니한다. (대판 1992.10.9, 92다121310)

3. 공시송달 후 통상의 송달이 이루어진 경우 경매법원의 공시송달 명령에 의하여 공시송달로 그 절차가 진행되었다 하여도 항고심이 그 결정을 보정된 주소에 보통송달 방법에 의하여 송달하였고 그것이 송달되었을 경우에는 위의 공시송달 명령은 당연히 그 효력을 잃는다. (대결 1965.8.3, 65마636)

4. 주소변경 미신고로 인한 공시송달로 취하 간주된 경우와 추완의 가부 법인인 소송당사자가 법인이나 그 대표자의 주소가 변경되었는데도 이를 법원에 신고하지 아니하여 2차에 걸친 변론기일소환장이 송달불능이 되자 법원이 공시송달의 방법으로 재판을 진행한 결과 쌍방불출석으로 취하 간주되었다면, 이는 그 변론기일에 출석하지 못한 것이 소송당사자의 책임으로 돌릴 수 없는 사유로 인하여 기일을 해태한 경우라고는 볼 수 없다. (대판 1987.2.24, 86누509)

5. 판결정본이 공시송달의 방법으로 송달되고 확정된 경우의 효력 판결정본이 공시송달의 방법에 의하여 피고에게 송달되었다면 비록 피고의 주소가 허위라 하더라도 그 송달은 유효한 것이므로 항소기간의 도과로 위 판결은 형식적으로 확정되어 기판력이 발생한다. (대판 1987.2.24, 86다카2397)

제195조 【공시송달의 방법】 공시송달은 법원사무관등이 송달할 서류를 보관하고 그 사유를 법원게시판에 게시하거나, 그 밖에 대법원규칙이 정하는 방법에 따라서 하여야 한다.

■ 공시송달의 방법(민소규54①), 송달불능에 따른 소송복귀(민소규59①), 송달처리자(175), 독촉절차의 예외(462단), 외국에서 하는 송달의 방법(191, 민집규22⑥, 민소규15②④)

1. 외국에서 할 공시송달의 방법 공시송달할 재판서의 정본에 수송달자의 주소가 외국으로 표시되어 있다면 다른 특별한 사정이 없는 한 법원은 그 수송달자가 외국에 거주하고 있음을 전제로 공시송달을 명한 것이므로 이 경우 공시송달은 구 민소 180조 3항의 규정에 따라 외국에서 할 송달에 대한 공시송달의 방법에 의하여야 한다. (대결 1991.12.16, 91마239)

제196조 【공시송달의 효력발생】 ① 첫 공시송달은 제195조의 규정에 따라 실시한 날부터 2주가 지나야 효력이 생긴다. 다만, 같은 당사자에게 하는 그 뒤의 공시송달은 실시한 다음 날부터 효력이 생긴다.
② 외국에서 할 송달에 대한 공시송달의 경우에는 제1항 본문의 기간은 2월로 한다.
③ 제1항 및 제2항의 기간은 줄일 수 없다.

■ 송달불능에 따른 소송복귀(민소규59①), 공시송달의 방법(195), 기간산정(170), 법정기간단축(172), 민집규22⑥, 민소규15②④)

1. 적법한 공시송달 후 주소보정이 이루어진 경우 적법한 공시송달명령에 따른 공시송달이 있었으면 그 후 주소보정이 되었다 하여 공시송달의 효력이 없어지는 것이 아니므로 통지한 기일이 도래하기 전에 주소보정신고가 있어도 새로 기일통지를 할 필요가 없다. (대결 1973.10.23, 73마592)

2. 판결정본의 공시송달 후 다시 송달한 경우 항소제기기간의 기산일 제1심 판결정본의 송달을 제1심 법원의 공시송달명령에 의하여 피고에게 송달한 경우 공시송달의 요건을 구비하지 않은 흠결이 있다고 하더라도 제1심의 판결정본송달은 유효하며 법원서기가 위 법리를 오해하여 피고의 신청에 의하여 제1심 판결정본을 다시 피고에게 송달하였다고 하여도 항소제기기간은 먼저 번 공시송달에 의한 판결정본송달일로부터 기산하여야 한다. (대판 1969.11.25, 69다1456)

제197조 【수명법관 등의 송달권한】 수명법관 및

수탁판사와 송달하는 곳의 지방법원판사도 송달에 대한 재판장의 권한을 행사할 수 있다.

■ 수명법관(139), 수탁판사(160), 재판장의 권한(194)

제5절 재 판

제198조【종국판결】 법원은 소송의 심리를 마치고 나면 종국판결(終局判決)을 한다.

■ 종국판결에 대한 불복(390·422·451), 가집행선고(213), 종국판결의 소송비용재판(104), 종국판결과 강제집행(민집24), 재판의 탈루(212)

1. 항소심에 대한 환송판결이 종국판결인지 여부(적극) 기록에 의하면 원심판결은 원고의 항소에 의하여 제1심판결을 취소하고 사건을 제1심법원에 환송하고 있다. 위와 같은 환송판결은 이 사건에 대하여 심판을 마치고 그 심급을 이탈시키는 판결이므로 종국판결이라고 해석함이 상당하다 할 것이고, 따라서 이 판결에 대하여는 구 민소 392조에 의하여 곧바로 상고할 수 있다 할 것인즉 이 사건 상고는 적법하다.(대판(全) 1981.9.8, 80다3271)

2. 대법원의 환송판결이 종국판결인지 여부(적극) 종국판결은 소 또는 상소에 의하여 계속중인 사건의 전부 또는 일부에 대하여 심판을 마치고 그 심급을 이탈시키는 판결이다. 대법원의 환송판결도 당해 사건에 대하여 재판을 마치고 그 심급을 이탈시키는 판결인 점에서 당연히 제2심의 환송판결과 같이 종국판결로 보아야 할 것이다.(대판(全) 1995.2.14, 93재다27, 34)

3. 판결로써 재판할 사항을 결정으로 한 경우의 불복방법 결정 또는 명령으로써 재판을 할 수 없는 사항에 관하여 결정 또는 명령으로써 재판을 하였을지라도 이에 대하여 불복하는 당사자가 구 민소 411조에 의하여 항고를 할 수 있고 위 항고에 대하여 법원이 417조에 의한 재도의 고찰에 의거하여 스스로 원재판을 취소하여 다시 상당한 재판을 하거나 항고법원이 원재판을 취소하고 원법원에 환송하여 원법원이 상당한 재판을 할 수 있을 뿐이고 그 재판 자체는 무효가 아니다.(대판 1957.12.26, 4289민상346)

제199조【종국판결 선고기간】 판결은 소가 제기된 날부터 5월 이내에 선고한다. 다만, 항소심 및 상고심에서는 기록을 받은 날부터 5월 이내에 선고한다.

■ 소의 제기(248), 기록송부(400·425)

1. 종국판결 선고기간의 의미 법원은 구 민소 184조에서 정하는 기간 내에 판결을 선고하도록 노력해야 하겠지만, 이 기간 내에 반드시 판결을 선고해야 할 법률상의 의무가 발생한다고 볼 수 없으며, 헌 27조 3항 1문에 의거한 신속한 재판을 받을 권리의 실현을 위해서는 구체적인 입법형성이 필요하고, 신속한 재판을 위한 어떤 직접적이고 구체적인 청구권이 이 헌법규정으로부터 직접 발생하지 아니하므로, 보안관찰처분들의 취소청구에 대하여 법원이 그 처분들의 효력이 만료되기 전까지 신속하게 판결을 선고해야 할 헌법이나 법률상의 작위의무가 존재하지 아니한다.(헌재 1999.9.16, 98헌마75)

제200조【일부판결】 ① 법원은 소송의 일부에 대한 심리를 마친 경우 그 일부에 대한 종국판결을 할 수 있다.

② 변론을 병합한 여러 개의 소송 가운데 한 개의 심리를 마친 경우와, 본소(本訴)나 반소의 심리를 마친 경우에는 제1항의 규정을 준용한다.

■ ① 전부판결(183), 소의 객관적 병합(253), ② 변론의 병합(141), 반소(269·270)

1. 청구의 선택적병합의 경우 일부판결이 허용되는지 여부

청구의 선택적 병합이란 양립할 수 있는 수개의 경합적 청구권에 기하여 동일취지의 급부를 구하거나 양립할 수 있는 수개의 형성권에 기하여 동일한 형성적 효과를 구하는 경우에 그 어느 한 청구가 인용될 것을 해제조건으로 하여 수개의 청구에 관한 심판을 구하는 병합형태로서, 이와 같은 선택적 병합의 경우에는 수개의 청구가 하나의 소송절차에 불가분적으로 결합되어 있기 때문에 선택적 청구 중 하나만을 기각하는 일부판결은 선택적 병합의 성질에 반하는 것으로서 법률상 허용되지 않는다.(대판 1998.7.24, 96다99)

제201조【중간판결】 ① 법원은 독립된 공격 또는 방어의 방법, 그 밖의 중간의 다툼에 대하여 필요한 때에는 중간판결(中間判決)을 할 수 있다.

② 청구의 원인과 액수에 대하여 다툼이 있는 경우에 그 원인에 대하여도 중간판결을 할 수 있다.

■ 공격방어의 방법(146), 수계허부의 재판(243), 청구의 변경불허(263), 청구의 원인(249①·262·263)

1. 가압류명령취소판결이 중간판결인지 여부(소극) 중간판결은 그 심급에서 사건의 전부 또는 일부를 완결하는 재판인 종국판결을 하기에 앞서 그 종국판결의 전제가 되는 개개의 쟁점을 미리 정리·판단하여 종국판결을 준비하는 재판이다. 그런데 가압류이의는 이미 집행력 있는 가압류명령이 발하여져 있는 상태에서 구두변론에 의하여 가압류신청과 가압류명령의 당부에 관하여 재심사하여 줄 것을 요구하는 신청이고, 법원은 변론종결 시까지의 모든 사정을 참작하여 가압류요건의 구비 여부를 재심사하여 이미 발하여진 가압류명령을 유지하는 방법으로 가압류신청을 받아들일 것인가, 아니면 가압류신청을 기각하고 이미 발하여진 가압류명령을 취소할 것인가 등을 결정하게 되는 것이므로, 가압류신청의 당부에 관한 판단과 가압류명령의 당부에 관한 판단은 서로 표리관계에 있어 분리될 수 없는 성질의 것이 아니고, 가압류명령을 취소하는 제1심법원의 판단에는 가압류신청을 기각하는 취지도 포함되어 있는 것이라고 보지 않을 수 없다. 따라서 제1심법원이 가압류명령을 취소하는 주문을 내면서 동시에 신청인의 가압류신청을 기각하는 주문을 내지 아니하였다고 하더라도 이는 제1심이 당사자에게 오해를 불러일으킬 수 있는 정도의 불명확한 판결주문을 낸 것에 불과하고, 이를 가리켜 판결이 탈루된 것이라거나 종국판결을 하기에 앞서 선결문제에 관한 중간판결을 한 것이라고는 볼 수 없을 것이다.(대판 1994.12.27, 94다38366)

2. 경매절차 속행명령에 대하여 항고할 수 있는지 여부(소극) 경매절차 속행명령은 경매절차의 종국적인 재판에 대한 중간적인 성질을 가진 재판에 불과하고 이러한 중간적 재판에 대하여 독립하여 항고할 수 있는 규정은 없으므로, 이러한 재판에 대한 불복은 종국적 재판에 대한 불복과 더불어 비로소 상소가 가능하다.(대결 1974.2.27, 74마8)

제202조【자유심증주의】 법원은 변론 전체의 취지와 증거조사의 결과를 참작하여 자유로운 심증으로 사회정의와 형평의 이념에 입각하여 논리와 경험의 법칙에 따라 사실주장이 진실한지 아닌지를 판단한다.

■ 자백, 현저한 사실 등 불요증사실(150·288·349·350·369, 가소12)

▶ 증거의 채부와 증거판단

1. 민사소송에서 필요한 '사실의 증명'의 정도 민사소송에서 사실의 증명은 추호의 의혹도 있어서는 아니 되는 자연과학적 증명이 아니라, 특별한 사정이 없는 한 경험칙에 비추어 모든 증거를 종합 검토하여 어떠한 사실이 있었다는 점을 시인할 수 있는 고도의 개연성을 증명하는 것이고, 그 판정은 통상인이라면 의심을 품지 않을 정도일 것을 필요로 한다.(대판 2010.10.28, 2008다6755)

2. 종합증거에 의한 사실인정 법원이 수개의 증거를 종합하여 폭행사실을 인정한 경우에 각 증거의 내용이 모두 불법행위를 한 사실을 한 취지에는 동일하나 다만 수단, 방법 또는 시간 등 세밀한 점에 관한 상이가 있음에 불과한 때에는 그것이 더욱 경험자의 진술을 기초로 한 것인 경우에는 그에 대한 관찰 또는 인식이 각인에게 동일하다 할 수 없으므로, 법원은 이를 종합함으로써 자유로운 심증에 의하여 각 증거의 전체의 취지에 위배되지 않는 범위 내에서 사실을 인정할 수 있고, 그와 부합하지 않는 각 증거의 구체적 부분을 배척하지 않았다 하여 이를 채증법칙 위반이라 할 수 없다.(대판 1959.2.19, 4290민상847)

3. 증거의 종합판단 증거의 종합판단의 경우에는 각 증거 사이에 모순된 부분이 있다 하여도 법관은 자유심증에 의하여 그 각개의 증거 중에서 모순 있는 부분을 제거하고 필수 적절한 부분만을 모아 이로써 그 구체적 사실의 인정자료로 채용할 수 있는 것이다.(대판 1966.6.21, 66다632)

4. 증거공통의 원칙 사실인정의 기초가 되는 증거는 어느 당사자의 의하여 제출되거나 또 상대방이 이를 원용하는 여부에 불구하고 법원은 이를 당사자 어느 쪽의 유리한 사실인정의 증거로 할 수 있다.(대판 1987.11.10, 87누620)

5. 자유심증주의의 한계 구 민소 187조가 선언하고 있는 자유심증주의는 형식적, 법률적인 증거규칙으로부터의 해방을 뜻할 뿐 법관의 자의적인 판단을 허용한다는 것이 아니므로, 적법한 증거조사절차를 거친 증거능력 있는 적법한 증거에 의하여 사회정의와 형평의 이념에 입각하여 논리와 경험의 법칙에 따라 사실주장의 진실 여부를 판단하여야 할 것이며, 사실인정이 사실심의 전권에 속한다 하더라도 이 같은 제약에서 벗어날 수 없다.(대판 1982.8.24, 82다카317)

6. 증거를 배척하는 이유의 설명(1) 사실심법원이 증거를 배척함에 있어 처분문서 등 특별한 증거가 아닌 한 이를 배척한 뜻을 설시하면 되고, 그 배척한 이유를 설시할 필요가 없다.(대판 1981.6.9, 80다1073)

7. 증거를 배척하는 이유의 설명(2) 사실심법원이 증거들을 종합하여 사실인정을 하는 경우에는 각 증거 중 서로 모순된 부분과 불필요한 부분은 제거하고 그 중 필요하고 공통된 부분만을 모아서 이를 판단자료에 공용하는 것이므로, 처분문서 등 특별한 증거가 아닌 한 어느 증거내용 중 법원이 인정한 사실과 저촉되는 부분에 관하여는 특히 이를 채택하지 않는다는 명시가 없어도 그 증거가치를 부정한 것이라 봄이 상당하고, 따라서 법원이 증거들 중 그 인정사실과 저촉되는 부분을 배척하는 취지를 명시하지 않았거나 나아가 그 배척이유를 설시하지 아니하였다 하여 거기에 위법이 있다 할 수 없다.(대판 1996.2.9, 95다28267)

8. 상반되는 감정결과의 채증방법 감정은 법원이 어떤 사항을 판단함에 있어 특별한 지식과 경험을 필요로 하는 경우 그 판단의 보조수단으로 그러한 지식이나 경험을 이용하는 데 지나지 아니하는 것이므로, 동일한 사실에 관하여 상반되는 수개의 감정평가가 있고 그 중 어느 하나의 감정평가가 오류가 있음을 인정할 자료가 없는 이상 법원이 각 감정평가 중 어느 하나를 채용하거나 하나의 감정평가 중 일부만에 의거하여 사실을 인정하였다 하더라도 그것이 경험법칙이나 논리법칙에 반하지 않는 한 위법하다고 할 수 없다.(대판 2001.6.15, 99두1731)

9. 업무상 질병 사이의 상당인과관계를 인정함에 필요한 증명의 정도 구 산재보상 4조 1호 소정의 업무상 재해는 근로자의 업무수행 중 그 업무에 기인하여 발생한 질병을 의미하는 것이므로 업무와 사망의 원인이 된 질병 사이에 인과관계가 있어야 하지만, 질병의 주된 발생원인이 업무수행과 직접적인 관계가 없다더라도 적어도 업무상의 과로나 스트레스가 질병의 주된 발생원인에 겹쳐서 유발 또는 악화되었다면 그 사이에 인과관계가 있다고 보아야 할 것이고, 그 인과관계는 반드시 의학적 자연과학적으로 명백히 증명하여야

하는 것은 아니고, 제반 사정을 고려할 때 업무와 질병 사이에 상당인과관계가 있다고 추단되는 경우에도 증명되었다고 보아야 하고, 또한 평소에 정상적인 근무가 가능한 기초질병이나 기존질병이 직무의 과중 등이 원인이 되어 자연적인 진행속도 이상으로 급격하게 악화된 때에도 증명이 된 경우에 포함되는 것이며, 업무와 사망과의 인과관계의 유무는 보통평균인이 아니라 당해 근로자의 건강과 신체조건을 기준으로 판단하여야 한다.(대판 2001.7.27, 2000두4538)

10. 수술 도중 환자에게 사망의 원인이 된 증상이 발생한 경우와 의료상의 과실 의료행위는 고도의 전문적 지식을 필요로 하는 분야로서 전문가가 아닌 일반인으로서는 의사의 의료행위의 과정에 주의의무 위반이 있는지의 여부나 그 주의의무 위반과 손해 발생 사이에 인과관계가 있는지 여부를 밝혀내기가 극히 어려운 특수성이 있으므로, 수술 도중 환자에게 사망의 원인이 된 증상이 발생한 경우 그 증상 발생에 관하여 의료상의 과실 이외의 다른 원인이 있다고 보기 어려운 간접사실들을 증명함으로써 그와 같은 증상이 의료상의 과실에 기한 것이라고 추정하는 것도 가능하다고 하겠으나, 그 경우에도 의사의 과실로 인한 결과 발생을 추정할 수 있을 정도의 개연성이 담보되지 않는 사정들을 가지고 막연하게 중한 결과에서 의사의 과실과 인과관계를 추정함으로써 결과적으로 의사에게 무과실의 증명책임을 지우는 것까지 허용되는 것은 아니다.(대판 2007.5.31, 2005다5867)

▶ 증거능력과 증명력

11. 위법하게 수집된 증거의 증거능력 우리 민사소송법은 증거에 관하여 자유심증주의를 채택하고 있기 때문에 상대방의 부지 중 비밀로 대화를 녹음한 소위 녹음테이프를 위법으로 수집되었다는 이유만으로 증거능력이 없다고는 단정할 수 없고, 그 채증 여부는 사실심 법원의 재량에 의할 것이며 이에 대한 증거조사는 검증의 방법에 의하여 실시된다.(대판 1981.4.14, 80다314)

12. 소 제기 후에 작성된 문서의 증거능력 소 제기 후에 작성된 사문서라는 점만으로 당연히 증거능력이 부정되는 것은 아니다.(대판 1992.4.14, 91다24755)

13. 전문증거의 증거능력 증언의 내용이 백미를 대여하는 것을 직접 목격하였다는 것이 아니라 하여 그것으로는 그 백미 대여사실을 인정할 수 없다고 하였음은 민사소송에 있어서의 전문증거의 증거력을 전적으로 부정하는 것으로서 위법하다.(대판 1967.3.31, 67다67)

14. 진정성립이 인정되는 처분문서의 증명력 처분문서의 진정성립이 인정되는 이상 법원은 그 문서의 기재 내용에 따른 의사표시의 존재 및 내용을 인정하여야 하나, 그 기재 내용을 부인할 만한 분명하고도 수긍할 수 있는 반증이 인정될 경우에는 그 기재 내용과 다른 사실을 인정할 수 있다.(대판 2011.11.11, 2010다56616)

15. 처분문서의 의미와 그 증명력 처분문서는 그에 의하여 증명하려고 하는 법률상의 행위가 그 문서에 의하여 이루어진 것을 의미하는 것이므로 어느 문서가 처분문서인가의 여부는 증명사항이나 취지 여하에 달려있을 것이고, 실제로 처분문서라고 인정되고 그것의 진정성립이 인정되면 작성자가 거기에 기재된 법률상의 행위를 한 것이 직접 증명된다 하겠으나, 그 경우에도 당시의 행위능력 유무, 의사의 흠결 유무 및 그의 행위를 어떻게 해석할 것인가 하는 것 등은 별도의 판단문제로서 작성자의 행위를 해석함에 있어서는 경험칙과 논리칙에 반하지 않는 범위 내에서 자유로운 심증으로 판단하여야 한다.(대판 1988.9.27, 87다카422, 423)

16. 처분문서의 진정성립을 인정하기 위한 심리의 정도 문서의 진정성립 인정 여부는 법원이 모든 증거자료와 변론 전체의 취지에 터 잡아 자유심증에 따라 판단하게 되는 것이고, 처분문서는 진정성립이 인정되면 그 기재 내용을 부정할 만한 분명하고도 수긍할 수 있는 반증이 없는 이상 문서

의 기재 내용에 따른 의사표시의 존재 및 내용을 인정하여야 한다는 점을 감안하면 처분문서의 진정성립을 인정함에 있어서는 신중하여야 할 것이다.(대판 2003.4.8, 2001다29254)

17. 처분문서의 기재와 다른 사실의 인정(1) 처분문서라 하더라도 그 기재내용과 다른 명시적, 묵시적 약정이 있었음을 인정할 수 있는 사실이 인정될 경우에는 그 기재내용의 일부를 달리 인정할 수 있고, 또 작성자의 법률행위를 해석함에 있어서도 경험법칙과 논리법칙에 어긋나지 않는 범위 내에서 자유로운 심증으로 판단할 수 있다.(대판 1989.9.12, 88다카12506)

18. 처분문서의 기재와 다른 사실의 인정(2) 처분문서라 할지라도 그 기재 내용과 다른 명시적, 묵시적 약정이 있는 사실이 인정될 경우에는 그 기재 내용과 다른 사실을 인정할 수는 있으나, 그와 같은 경우에도 주채무에 관한 계약과 연대보증계약은 별개의 법률행위이므로 처분문서의 기재 내용과 다른 명시적, 묵시적 약정이 있는지 여부는 주채무자와 연대보증인에 대하여 개별적으로 판단하여야 한다.(대판 2011.1.27, 2010다81957)

19. 계약당사자의 확정 방법 및 처분문서의 증명력 일반적으로 계약의 당사자가 누구인지는 그 계약에 관여한 당사자의 의사해석의 문제에 해당한다. 의사표시의 해석은 당사자가 그 표시행위에 부여한 객관적인 의미를 명백하게 확정하는 것으로서, 계약당사자 사이에 어떠한 계약 내용을 처분문서인 서면으로 작성한 경우에는 그 서면에 사용된 문구에 구애받는 것은 아니지만 어디까지나 당사자의 내심적 의사의 여하에 관계없이 그 서면의 기재 내용에 의하여 당사자가 그 표시행위에 부여한 객관적 의미를 합리적으로 해석하여야 하며, 이 경우 문언의 객관적인 의미가 명확하다면 특별한 사정이 없는 한 문언대로의 의사표시의 존재와 내용을 인정하여야 한다.(대판 2010.5.13, 2009다92487)

20. 처분문서의 해석과 채권의 포기를 인정함에 있어 고려하여야 할 점 당사자 사이에 계약의 해석을 둘러싸고 이견이 있어 처분문서에 나타난 당사자의 의사해석이 문제되는 경우에 그 해석은 문언의 내용, 그와 같은 약정이 이루어진 동기와 경위, 약정에 의하여 달성하려는 목적, 당사자의 진정한 의사 등을 종합적으로 고찰하여 논리와 경험칙에 따라 합리적으로 해석하여야 한다. 그리고 채권의 포기(또는 채무의 면제)는 반드시 명시적인 의사표시만에 의하여야 하는 것이 아니고 채권자의 어떠한 행위 내지 의사표시의 해석에 의하여 그것이 채권의 포기라고 볼 수 있는 경우에도 이를 인정하여야 하나, 그와 같이 인정하기 위하여는 당해 권리관계의 내용에 따라 이에 대한 채권자의 행위 내지 의사표시의 해석을 엄격히 하여 그 적용 여부를 결정하여야 한다.(대판 2010.10.14, 2010다40505)

21. 부동문자로 인쇄된 계약서 조항의 효력 계약서의 용지가 미리 부동문자를 인쇄하여 두었던 것이고, 원고는 근저당권계약 체결 시 그 계약서의 근저당설정에 관한 조항 내용을 자세히 조사하여 본 일이 없었다는 사실만으로는 처분문서인 계약서의 가장 중요한 내용에 속하는 그 조항의 효력을 부정할 수 없다.(대판 1970.9.22, 70다1611)

22. 보고문서와 처분문서의 구별기준 어떤 문서를 처분문서라고 할 수 있기 위해서는 증명하고자 하는 공법상 또는 사법상의 행위가 그 문서에 의하여 행하여졌어야 하고, 그 문서의 내용이 작성자 자신의 법률행위에 관한 것이라 할지라도 그 법률행위를 외부적 사실로서 보고·기술하고 있거나 그에 관한 의견이나 감상을 기재하고 있는 경우에는 처분문서가 아니라 보고문서이다.(대판 2010.5.13, 2010다6222)

23. 판결서의 서증으로서의 성질 판결서가 처분문서이기는 하나 그것은 그 판결이 있었던가 또 어떠한 내용의 판결이 있었던가의 사실을 증명하기 위한 처분문서라는 뜻일 뿐, 판결서 중에서 한 사실판단을 그 사실을 증명하기 위하여 이용

을 불허하는 것이 아니어서 이를 이용하는 경우에는 판결서도 그 한도 내에서 보고문서라고 볼 것이고, 판결서를 자유심증주의의 대상에서 제외시킬 것이 아니다.(대판(全) 1980.9.9, 79다1281)

24. 동일한 사실관계에 관하여 확정된 형사판결의 증명력 원래 민사재판에서는 형사재판의 사실인정에 구속을 받는 것이 아니라고 하더라도 동일한 사실관계에 관하여 이미 확정된 형사판결이 유죄로 인정한 사실은 유력한 증거자료가 되므로 민사재판에서 제출된 다른 증거들에 비추어 형사재판의 사실판단을 채용하기 어렵다고 인정되는 특별한 사정이 있는 경우 외에 반대되는 사실을 인정할 수 없다.(대판 1995.1.12, 94다39215)

25. 민사재판에서 관련 사건의 확정판결이 외국의 민사판결인 경우 그 판결의 증명력 민사재판에서 이와 관련된 다른 민·형사사건 등의 확정판결에서 인정된 사실은 특별한 사정이 없는 한 유력한 증거자료가 되는 것이나, 다른 한편 당해 민사재판에서 제출된 다른 증거내용에 비추어 관련 민·형사사건의 확정판결에서의 사실 판단을 그대로 채용하기 어렵다고 인정될 경우에는 이를 배척할 수 있는데, 확정된 민사판결이 외국의 민사판결인 경우에도 마찬가지이다.(대판 2007.8.23, 2005다72386, 72393)

26. 민사재판에 있어 확정된 관련 민사판결에서 인정된 사실의 증명력 민사재판에서는 다른 민사사건 등의 판결에서 인정된 사실에 구속받는 것은 아니라 할지라도 이미 확정된 관련 민사사건에서 인정된 사실은 특별한 사정이 없는 한 유력한 증거가 된다 할 것이므로 합리적인 이유 설시 없이 이를 배척할 수 없고, 특히 전후 두 개의 민사소송이 당사자가 같고 분쟁의 기초가 된 사실도 같으나 다만 소송물이 달라 기판력에 저촉되지 아니한 결과 새로운 청구를 할 수 있는 경우에 있어서는 더욱 그러하다.(대판 2009.9.24, 2008다92312, 92329)

27. 미확정판결의 증명력 판결서 중의 사실판단을 그 사실을 증명하기 위하여 이용하는 것을 불허하는 것은 아니어서 이를 이용하는 경우에는 판결서도 그 한도 내에서 보고문서라고 할 것이고, 판결서가 확정되지 아니한 것이라고 하여 증거로 사용될 수 없다고 할 수 없으며 다만 신빙성이 문제될 수 있을 뿐이다.(대판 1995.4.28, 94누11583)

28. 손해배상청구소송에서 구체적인 손해액을 증명하는 것이 곤란한 경우의 법원의 조치 채무불이행으로 인한 손해배상청구소송에서 재산적 손해의 발생 사실은 인정되나 구체적인 손해의 액수를 증명하는 것이 사안의 성질상 곤란한 경우, 법원은 증거조사 결과와 변론 전체의 취지에 의하여 밝혀진 당사자들 사이의 관계, 채무불이행과 그로 인한 재산적 손해가 발생하게 된 경위, 손해의 성격, 손해가 발생한 이후의 여러 정황 등 관련된 모든 간접사실들을 종합하여 손해의 액수를 판단할 수 있다. 이러한 법리는 자유심증주의 아래에서 손해의 발생 사실은 증명되었으나 사안의 성질상 손해액에 대한 증명이 곤란한 경우 증명도·심증도를 경감함으로써 손해의 공평·타당한 분담을 지도원리로 하는 손해배상제도의 이상과 기능을 실현하고자 함에 그 취지가 있는 것이지 법관에게 손해액의 산정에 관한 자유재량을 부여한 것은 아니므로, 법원이 위와 같은 방법으로 구체적 손해액을 판단하면서는 손해액 산정의 근거가 되는 간접사실들의 탐색에 최선의 노력을 다해야 하고, 그와 같이 탐색해 낸 간접사실들을 합리적으로 평가하여 객관적으로 수긍할 수 있는 손해액을 산정해야 한다.(대판 2010.10.14, 2010다40505)

29. 국립과학수사연구소 감정의뢰회보의 증명력 국립과학수사연구소가 혈중 알코올농도의 감정을 의뢰받아 가스크로마토그래피 법에 의하여 혈중 알코올농도를 시험한 결과 0.06%로 밝혀져 이를 회보하였다는 내용의 감정의뢰회보는 공문서로서, 별도의 신빙성 있는 반대 자료가 없는 한 이를 배척하고 그 기재와 어긋나는 사실 인정을 할 수 없다.(대판

1995.7.14, 95다21440)

30. 족보의 증명력 족보는 종중 또는 문중이 종원의 범위를 명백히 하기 위하여 일족의 시조를 기초로 하여 그 자손 전체의 혈통, 배우자, 관력 등을 기재하여 제작·반포하는 것으로서, 족보가 조작된 것이라고 인정할 만한 특별한 사정이 없는 한 혈통에 관한 족보의 기재내용은 이를 믿는 것이 경험칙에 맞다.(대판 1997.3.3, 96스67)

31. 손해의 발생 사실은 인정되나 액수에 관한 증명이 미흡한 경우의 법원의 조치 불법행위로 인하여 손해가 발생한 사실이 인정되는 경우에는 법원은 손해액에 관한 당사자의 주장 및 증명이 미흡하더라도 적극적으로 석명권을 행사하여 입증을 촉구하여야 하고, 경우에 따라서는 직권으로라도 손해액을 심리·판단하여야 한다.(대판 2011.7.14, 2010다103451)

32. 녹음테이프의 증거능력 자유심증주의를 채택하고 있는 민사소송법 하에서 상대방 부지 중 비밀리에 상대방과의 대화를 녹음하였다는 이유만으로 그 녹음테이프가 증거능력이 없다고 단정할 수 없고, 그 채증 여부는 사실심 법원의 재량에 속하는 것이며, 녹음테이프에 대한 증거조사는 검증의 방법에 의하여야 한다.(대판 1999.5.25, 99다1789)

33. 지세명기장이나 농지분배 관련 서류를 사실인정의 자료로 삼을 수 있는지 여부(적극) 지세명기장은 조세부과의 행정목적을 위하여 작성된 문서이고, 분배농지상환대장이나 분배농지부는 분배농지확정절차가 완료된 후 상환에 필요한 사항을 기재하기 위하여 작성하는 서류이므로, 각 그 기재사실에 권리변동의 추정력을 인정할 수는 없으나, 지세명기장이나 농지분배 관련 서류들의 기재 내용을 다른 사정들과 종합하여 권리변동에 관한 사실인정의 자료로 삼는 것 자체는 가능하다.(대판 2008.10.9, 2008다35128)

34. 등기권리증의 소지 사실과 명의신탁에 대한 증명력 일반적으로 부동산의 소유자 명의만을 다른 사람에게 신탁하는 경우에 등기권리증과 같은 권리관계의 서류는 실질적인 소유자인 명의신탁자가 소지하는 것이 상례이므로, 명의신탁자라고 주장하는 자가 이러한 권리관계 서류를 소지하고 있지 않고 오히려 명의수탁자라고 지칭되는 자가 소지하고 있다면 그 소지 경위 등에 관하여 납득할 만한 설명이 없는 한 명의신탁관계의 인정에 방해가 된다. 그리고 이러한 법리는 명의신탁자라고 주장하는 자가 제3자에게 매매목적물을 매수하여 달라고 부탁하면서 매수자금을 보냈는데 제3자가 위 자금으로 매매대금을 지급한 사실이 인정되고, 명의신탁자라고 주장하는 자와 명의수탁자라고 지칭되는 자 사이에 그 자금을 무상으로 증여할 만한 아무런 신분관계가 없다고 하더라도 달리 볼 것은 아니다.(대판 2000.3.28, 99다36372)

35. 서증과 인증의 증거력의 우열 민사소송법은 증거법정주의를 채택하지 아니하고 자유심증주의를 채택하여 구 민소 187조에 법원은 변론 전체의 취지와 증거조사의 결과를 참작하여 자유심증으로 사회정의와 형평의 이념에 입각하여 논리와 경험의 법칙에 따라 사실주장의 진실 여부를 판단한다고 규정하였으므로, 일반적으로 서증의 비중이 인증의 비중에 비하여 중하다는 결론을 내릴 수 없다.(대판 1964.4.14, 63아56)

▶ **변론 전체의 취지**

36. 증거원인으로서 변론 전체의 취지(1) 증거원인으로서의 변론 전체의 취지는 증거조사의 결과를 제외한 소송자료의 전부를 말하는 것으로서 당사자의 주장내용, 주장태도, 사실주장이나 증거신청의 시기, 당사자의 인간관계 등 법원의 심증형성에 참작될 변론에 나타난 일체의 자료를 뜻한다.(대판 1962.4.12, 4294민상1078)

37. 증거원인으로서 변론 전체의 취지(2) 증거원인으로서의 변론 전체의 취지는 변론과정에서의 당사자의 진술내용 및 그 시기, 태도 등과 그 변론과정에서 직접 얻은 인상 등 일

체의 자료 또는 상황을 말하는 것이므로, 그 성질에 비추어 변론의 취지만으로는 사실을 인정할 수 없고 다만 사실인정의 자료가 되는 다른 증거방법의 보충적 권능을 할 뿐이다.(대판 1983.7.12, 83다카308)

38. 특허권 침해소송에서 손해액을 증명하기가 곤란한 경우의 조치 법원은 특허권 또는 전용실시권 침해에 관한 소송에서 손해 발생 사실은 증명되었으나 사안의 성질상 손해액에 대한 증명이 극히 곤란한 경우 특허 128조 1항 내지 4항의 규정에도 불구하고 같은 조 5항에 의하여 변론 전체의 취지와 증거조사 결과에 기초하여 상당한 손해액을 인정할 수 있으나, 이는 자유심증주의 하에서 손해가 발생한 것은 인정되나 손해액을 증명하기 위하여 필요한 사실을 증명하는 것이 해당 사실의 성질상 극히 곤란한 경우에는 증명도·심증도를 경감함으로써 손해의 공평·타당한 분담을 지도원리로 하는 손해배상제도의 이상과 기능을 실현하고자 하는 데 취지가 있는 것이지 법관에게 손해액 산정에 관한 자유재량을 부여한 것은 아니므로, 법원이 위와 같은 방법으로 구체적 손해액을 판단할 때에는 손해액 산정 근거가 되는 간접사실들의 탐색에 최선의 노력을 다해야 하고, 그와 같이 탐색해 낸 간접사실들을 합리적으로 평가하여 객관적으로 수긍할 수 있는 손해액을 산정해야 한다.(대판 2011.5.13, 2010다58728)

39. 변론 전체의 취지만으로 사문서의 진정성립을 인정할 수 있는지 여부(1)(적극) 상대방이 부지로 답변하여 사문서의 형식적 증거력을 다툰 경우 법원은 다른 증거에 의하지 아니하고 변론 전체의 취지를 참작하여 자유심증으로 문서가 진정한 것임을 인정할 수 있다.(대판 1993.4.27, 92누16560)

40. 변론 전체의 취지만으로 사문서의 진정성립을 인정할 수 있는지 여부(2)(소극) 문서의 제출 또는 송부는 원본, 정본 또는 인증등본으로 하는 것이므로(구 민소 326조 1항), 원본, 정본 또는 인증등본이 아니고 단순한 사본으로 한 증거의 제출은 정확성의 보증이 없어 원칙적으로 부적법하다 할 것이고, 다만 이러한 사본의 경우에도 원본의 존재와 원본의 성립의 진정에 관하여 다툼이 없고 그 정확성에 문제가 없기 때문에 사본을 원본의 대용으로 하는 데 대하여 상대방으로부터 이의가 없는 경우에는 책문권의 포기 혹은 상실로 사본만의 제출에 의한 증거의 신청도 허용된다고 할 것이나, 원본의 존재 및 원본의 성립의 진정에 관하여 다툼이 있고, 사본을 원본의 대용으로 하는 데 대하여 상대방으로부터 이의가 있는 경우에는 사본으로써 원본을 대신할 수 없고, 원심이 변론 전체의 취지에 의하여 원본의 존재와 진정성립을 인정하여 증거로 채용한 것은 위법이다.(대판 1996.3.8, 95다48667)

41. 변론 전체의 취지만으로 상속재산의 시가산정에 관한 사실을 인정할 수 있는지 여부(소극) 변론 전체의 취지는 변론의 과정에 현출된 모든 상황과 자료를 말하는 것이므로 그 성질에 비추어 그것만으로는 사실인정의 자료로 할 수 없음에도 불구하고 변론 전체의 취지만에 의하여 과세관청에게 증명책임이 있는 상속재산 당시의 시가산정이 어려워 보충적 평가방법을 택할 수밖에 없었던 사실을 인정한 것은 변론 전체의 취지의 증명력에 관한 법리를 오해하였거나 증거 없이 사실을 인정한 위법을 저지른 것이다.(대판 1995.2.3, 94누1470)

42. 자백의 취소에 있어 착오에 인한 것임을 변론 전체의 취지에 의하여 인정할 수 있는지 여부(한정적극) 재판상의 자백에 대하여 상대방의 동의가 없는 경우에는 자백을 한 당사자가 그 자백이 진실에 부합되지 않는다는 것과 자백이 착오에 기인한다는 사실을 증명한 경우에만 이를 취소할 수 있는바, 이 때 진실에 부합하지 않는다는 사실에 대한 증명은 그 반대되는 사실을 직접증거에 의하여 증명함으로써 할 수 있지만, 자백사실이 진실에 부합하지 않음을 추인할 수 있는 간접사실의 증명에 의하여도 가능하다고 할 것이고, 또

자백이 진실에 반한다는 것이 증명되었다고 하여 그 자백이 착오로 인한 것이라고 추정되는 것은 아니지만 그 자백이 진실과 부합하지 않는 사실이 증명된 경우라면 변론 전체의 취지에 의하여 그 자백이 착오로 인한 것이라는 점을 인정할 수 있다.(대판 2000.9.8, 2000다23013)

▶ 논리와 경험칙

43. 경험법칙의 의미 경험칙은 각개의 경험으로부터 귀납적으로 얻어지는 사물의 성상이나 인과의 관계에 관한 사실판단의 법칙으로서 구체적인 경험적 사실로부터 도출되는 공통인식에 바탕을 둔 판단형식이므로, 어떠한 경험칙이 존재한다고 하기 위하여서는 이를 도출해 내기 위한 기초되는 구체적인 경험적 사실의 존재가 전제되어야 한다.(대판 1992.7.24, 92다10135)

44. 경험법칙에 위반된 것으로 인정된 경우 교통사고에 의해 중증 뇌타박상 등으로 인한 뇌출혈로 사망한 피해자가 사고 이전에 치사량이 넘는 농약을 마신 사실이 인정된다면, 피해자의 여명과 노동가동기한을 인정하기 위하여는 사고 당시 피해자의 소생가능성과 그 후유증의 유무, 후유증으로 인한 노동능력상실 여부 등에 관하여 심리한 후 그에 따라 여명과 가동연한 및 사고로 상실된 노동능력 등을 인정하여야 함에도, 위와 같은 점에 관하여 제대로 심리하지 아니한 채 일반 건강인과 같이 취급하여 일실수입을 산정한 원심판결에는 심리를 제대로 하지 아니하고 채증법칙을 위반하여 판결에 영향을 미친 위법이 있다.(대판 1995.2.14, 94다47179)

45. 잔금지급 이전에 소유권이전등기를 해 주는 것이 경험칙상 이례에 속하는지 여부(적극) 매매계약 시 잔금지급 이전에 매매목적물인 부동산에 관한 소유권이전등기를 매수인에게 경료하여 준다는 특별한 약정이 없는 한 잔금지급 이전에 소유권이전등기를 경료하여 주는 것은 극히 이례에 속하므로, 어느 부동산에 관하여 잔금지급과 상환으로 소유권이전등기를 경료하여 주기로 하는 내용의 부동산매매계약이 체결되고 매매목적물에 관하여 매수인 명의로 소유권이전등기가 경료되었다면 특단의 사정이 없는 한 매수인의 잔금지급의무는 이미 이행되었다고 봄이 경험칙상 상당하고, 그와 같은 사정에도 불구하고 매매대금이 전부 지급된 것이 아니라고 판단하기 위하여는 특단의 사정에 관한 이유 설시가 선행되어야 한다.(대판 1996.10.25, 96다29700)

46. 원상회복의 약정 없이 매매계약을 합의해제하는 것이 경험칙상 이례에 속하는지 여부(적극) 계약을 합의해제할 때에 원상회복에 관하여 반드시 약정을 하여야 하는 것은 아니지만, 매매계약을 합의해제하는 경우에 이미 지급된 계약금, 중도금의 반환 및 손해배상금에 관하여는 아무런 약정도 하지 아니한 채 매매계약을 해제하기만 하는 것은 경험칙에 비추어 이례에 속하는 일이다.(대판 1994.9.13, 94다17093)

47. 의사 측이 진료기록을 가필·정정한 경우 판단 방법 의사 측이 진료기록을 사후에 가필·정정한 행위는, 그 이유에 관하여 상당하고도 합리적인 이유를 제시하지 못하는 한 당사자 간의 공평의 원칙 또는 신의칙에 어긋나는 증명방해행위에 해당하나, 당사자 일방이 증명을 방해하는 행위를 하였더라도 법원으로서는 이를 하나의 자료로 삼아 자유로운 심증에 따라 방해자 측에게 불리한 평가를 할 수 있음에 그칠 뿐 증명책임이 전환되거나 곧바로 상대방의 주장 사실이 증명된 것으로 보아야 하는 것은 아니며, 그 내용의 허위 여부는 의료진이 진료기록을 가필·정정한 시점과 그 사유, 가필·정정한 부분의 중요도와 가필·정정 전후 기재 내용의 관련성, 다른 의료진이나 병원이 작성·보유한 관련 자료의 내용, 가필·정정 시점에서의 환자와 의료진의 행태, 질병의 자연경과 등 제반 사정을 종합하여 합리적인 자유심증으로 판단하여야 한다.(대판 2010.7.8, 2007다55866)

48. 의사 측의 진료기록 변조행위에 대한 평가 의사측이 진료기록을 변조한 행위는, 그 변조이유에 관하여 상당하고도 합리적인 이유를 제시하지 못하는 한 당사자 간의 공평의 원칙 또는 신의칙에 어긋나는 증명방해행위에 해당한다 할 것이고, 법원으로서는 이를 하나의 자료로 하여 자유로운 심증에 따라 의사 측에게 불리한 평가를 할 수 있다.(대판 1995.3.10, 94다39567)

제202조의2【손해배상 액수의 산정】 손해가 발생한 사실은 인정되나 구체적인 손해의 액수를 증명하는 것이 사안의 성질상 매우 어려운 경우에 법원은 변론 전체의 취지와 증거조사의 결과에 의하여 인정되는 모든 사정을 종합하여 상당하다고 인정되는 금액을 손해배상 액수로 정할 수 있다.

(2016.3.29 본조신설)

제203조【처분권주의】 법원은 당사자가 신청하지 아니한 사항에 대하여는 판결하지 못한다.

■ 소송비용에 대한 예외(104·105), 가집행선고(213, 민집47), 항소심의 변론한도(407①), 상고심에서의 조사범위(431), 재심에서의 심판범위(459)

1. 처분권주의의 의미 민사소송에서 법원은 당사자가 청구하지 아니한 사항에 관하여 판결하지 못하는 것이고, 그 청구는 청구원인에 의하여 특정된다.(대판 1969.12.16, 65다2363)

2. 변론주의의 적용범위 민사소송상 변론주의는 권리의 발생, 소멸이라는 법률효과 판단의 요건이 되는 주요사실에 대한 주장·증명에 관한 것으로서, 그 주요사실의 존부를 확인하는 데 있어 도움이 됨에 그치는 간접사실이나 그의 증빙자료에 대하여는 적용되지 아니한다.(대판 2002.8.23, 2000다66133)

3. 서증의 제출과 주요사실의 주장 법률상의 요건사실에 해당하는 주요사실에 관하여 당사자가 주장하지도 아니한 사실을 인정하여 판단하는 것은 변론주의에 위배된다고 할 것이나, 당사자의 주요사실에 관한 주장은 직접적으로 명백히 한 경우뿐만 아니라 당사자가 법원에 서증을 제출하여 그 증명취지를 진술함으로써 서증에 기재된 사실을 주장하거나 그 밖에 당사자의 변론을 전체적으로 관찰하여 간접적으로 주장한 것으로 볼 수 있는 경우에도, 주요사실을 주장한 것으로 보아야 할 것이다.(대판 2002.11.8, 2002다38361, 38378)

4. 행정소송에서도 처분권주의가 적용되는지 여부(적극) 행정소송에서도 행소 14조에 의하여 구 민소 188조가 적용되어 법원은 당사자가 신청하지 아니한 사항에 관하여는 판결하지 못한다고 할 것이므로 원고의 청구취지 즉 청구의 범위, 액수 등 한도를 초월하여 판결할 수 없다고 해석함이 상당한바, 행소 9조 후단에 법원은 당사자가 주장하지 않은 사실에 관하여도 판단할 수 있다고 규정하고 있으나, 이는 행정소송에서 원고의 청구범위를 초월하여 그 이상의 청구를 인용할 수 있다는 의미가 아니고 원고 청구의 범위를 유지하면서 그 범위 내에서 필요에 따라 주장 외의 사실에 관하여도 판단할 수 있음을 규정함에 불과하다 할 것이다.(대판 1981.4.14, 80누408)

5. 심결취소소송과 변론주의 원칙 행정소송의 일종인 심결취소소송에 직권주의가 가미되어 있다고 하더라도 여전히 변론주의를 기본 구조로 하는 이상, 심결의 위법을 들어 그 취소를 청구할 때에는 직권조사사항을 제외하고는 그 취소를 구하는 자가 위법사유에 해당하는 구체적 사실을 먼저 주장하여야 하고, 따라서 법원이 당사자가 주장하지도 않은 법률요건에 관하여 판단하는 것은 변론주의 원칙에 위배되는 것이다.(대판 2011.3.24, 2010후3509)

6. 채권자대위소송에서 원고에게 직접 이행하라는 판결과 처분권주의 원고는 갑에게 건물을 명의신탁하고 갑은 피고에게 다시 명의신탁한 것이라고 주장하여 갑을 대위하여 피고에게 위 건물에 관하여 갑 앞으로의 명의신탁해지를 원인으로 한 소유권이전등기절차의 이행을 구하였는데, 원심판

결이 위 청구취지 속에는 피고로부터 원고 명의로 직접 위 명의신탁해지를 원인으로 한 소유권이전등기절차의 이행을 구하는 취지가 포함되었다고 보이 상당하다는 이유로 주문에서 피고는 원고에게 직접 위 건물들의 소유권이전등기절차를 이행하라고 판결한 것은 원고가 청구하지 아니한 사항에 관하여 판결한 것이 되어 처분권주의에 위배된다.(대판 1990.11.13, 89다카12602)

7. 소유권이전등기청구원인을 원고 주장과 달리 인정한 것과 처분권주의 위반 원고가 매매를 원인으로 한 소유권이전등기를 취구한 데 대하여 원심이 양도담보약정을 원인으로 한 소유권이전등기를 명하였다면, 매매를 원인으로 한 소유권이전등기청구와 양도담보약정을 원인으로 한 소유권이전등기청구는 청구원인사실이 달라 동일한 청구라 할 수 없음에 비추어, 원심은 원고가 주장하지도 아니한 양도담보약정을 원인으로 한 소유권이전등기청구에 관하여 심판하였을 뿐 정작 원고가 주장한 매매를 원인으로 한 소유권이전등기청구에 관하여는 심판을 한 것으로 볼 수 없어 처분권주의를 위반한 것이다.(대판 1992.3.27, 91다40696)

8. 법조경합의 경우 원고 주장과 달리 인정한 것과 처분권주의 자동차손해배상보장법의 규정은 민 750조의 특별규정이므로 당사자가 주장을 하지 않더라도 민법상의 손해배상의 규정에 우선하여 적용하여야 한다.(대판 1970.11.24, 70다1501)

9. 대여금의 주장에 대하여 임치금으로 인정한 예 대여금의 주장에 대한 증거로서 보관증을 제출하였을 때에 대여금이라는 주장을 임치금이라는 주장으로 바꾸었다고 보지 못할 바 아니므로 원심이 임치금 채권이라고 인정한 것은 정당하고 따라서 당사자가 신청하지 아니한 사항에 대하여 판결하였다고는 말할 수 없다.(대판 1967.9.5, 67다1368)

10. 당사자의 권리구제순서에 법원이 구속되는지 여부 청구의 예비적 병합에서 예비적 청구가 인용되는 것을 해제조건으로 하는 것이므로 법원의 심판순서는 당사자가 청구한 심판의 순서에 구속을 받게 된다.(대판 1993.3.23, 92다51204)

11. 경계확정의 소에 처분권주의 적용 여부 토지경계확정의 소에서 법원으로서는 원·피고 소유의 토지들 내의 일정한 지점을 기초점으로 선택하고 이를 기준으로 방향과 거리 등에 따라 위치를 특정하는 등의 방법으로 지적도상의 경계가 현실의 어느 부분에 해당하는지를 명확하게 표시할 필요가 있고, 당사자가 쌍방이 주장하는 경계선에 기속되지 아니하고 스스로 진실하다고 인정하는 바에 따라 경계를 확정하여야 한다.(대판 1993.11.23, 93다41792, 41808)

12. 경계확정의 소 심리 도중에 진실한 경계에 관한 당사자의 합의가 있는 경우의 법원의 조치 소송 도중에 당사자 쌍방이 경계에 관하여 합의를 도출해냈다고 하더라도 원고가 그 소를 취하하지 않고 법원의 판결에 의하여 경계를 확정할 의사를 유지하고 있는 한, 법원은 그 합의에 구속되지 아니하고 진실한 경계를 확정하여야 하는 것이므로, 소송 도중에 진실한 경계에 관하여 당사자의 주장이 일치하게 되었다는 사실만으로 경계확정의 소가 권리보호의 이익이 없어 부적법하다고 할 수 없다.(대판 1996.4.23, 95다54761)

13. 동일한 소송물에 손해의 내용과 불이익변경 여부의 판단기준 불법행위로 말미암아 신체의 상해를 입었다고 하여 가해자에게 재산상 손해배상을 청구함에 있어 소송물인 손해는 적극적 손해와 소극적 손해로 나뉘고, 그 내용이 여러 개의 손해항목으로 나누어져 있는 경우 각 항목은 청구를 이유 있게 하는 공격방법에 불과하므로, 불이익변경 여부는 개별 손해항목을 단순 비교하여 결정할 것이 아니라 동일한 소송물인 손해의 전체 금액을 기준으로 판단하여야 한다.(대판 1996.8.23, 94다20730)

14. 판결에서 인정된 금액이 원고 청구액을 넘지 않았지만 원금, 이율, 기간 중의 기준에서 원고 청구의 범위를 넘은 경우와 처분권주의 청구취지로서 금 10만원 및 이에 대한 1958. 4. 1.부터 완제일까지 연 2할의 금원을 가산하여 지급하라고 청구한 것에 대하여, 원심이 원고의 이자약정 사실을 배척하고 피고 주장과 같이 무이자소비대차임을 인정한 다음, '피고는 원고에게 금 3,440원 및 이에 대한 1958. 3. 21.부터 완제일까지 연 5푼의 비율에 의한 금원을 지급하라'고 판시하였음은 원고가 청구하지 아니한 1958. 3. 21.을 기준으로 한 지연손해금을 인정하는 것이 되어 처분권주의에 어긋난다.(대판 1960.9.29, 4293민상18)

15. 손해배상 일부청구의 경우 과실상계 방법 하나의 손해배상청구권 중 일부가 소송상 청구되어 있는 경우에 과실상계를 함에 있어서는 손해의 전액에서 과실비율에 의한 감액을 하고 그 잔액이 청구액을 초과하지 않을 경우에는 그 잔액을 인용할 것이고 잔액이 청구액을 초과할 경우에는 청구의 전액을 인용하는 것으로 풀이하는 것이 일부청구를 하는 당사자의 통상적 의사이다.(대판 1976.6.22, 75다819)

16. 채권자의 다른 의사와 구분되는 별도의 상계 의사를 확인하지 않은 채 상계를 인정할 수 있는지 여부(소극) 민사소송절차에서 권리의 발생·변경·소멸이라는 법률효과의 판단의 요건이 되는 주요사실에 관한 주장·증명에는 변론주의의 원칙이 적용되는바, 상계는 상계적상에 있는 채권을 가진 채권자가 별도로 의사표시를 하여야 하는 것이고(민 493조 1항) 그 의사표시 여부는 원칙적으로 채권자의 자유에 맡겨져 있는 것이므로, 비록 상계의 의사표시가 묵시적으로도 가능하다 하더라도 다른 의사와 구분되는 별도의 상계 의사를 확인하지 않은 채 이를 인정할 수는 없다.(대판 2009.10.29, 2008다51359)

17. 청구 일부의 인용판결이 처분권주의 위반인지 여부(소극) 부동산을 단독으로 상속하기로 분할협의하였다는 이유로 그 부동산 전부가 자기 소유임의 확인을 구하는 청구에는 그와 같은 사실이 인정되지 아니하는 경우 자신의 상속받은 지분에 관한 소유권의 확인을 구하는 취지가 포함되어 있다고 보아야 하므로, 이러한 경우 법원은 특단의 사정이 없는 한 그 청구의 전부를 기각할 것이 아니라 그 소유로 인정되는 지분에 관하여 일부 승소의 판결을 하여야 한다.(대판 1995.9.29, 95다22849, 22856)

18. 일정액을 초과하는 채무의 부존재를 확인하는 청구에 있어 일정액을 초과하는 채무의 존재가 인정되는 경우의 판결주문 원고가 상한을 표시하지 않고 일정액을 초과하는 채무의 부존재의 확인을 청구하는 사건에서 일정액을 초과하는 채무의 존재가 인정되는 경우에는, 특단의 사정이 없는 한 법원은 그 청구의 전부를 기각할 것이 아니라 존재하는 채무부분에 대하여 일부패소의 판결을 하여야 한다.(대판 1994.1.25, 93다9422)

19. 무조건적 이행청구에 대한 조건부 인용과 일부인용 매매계약 체결과 대금완납을 청구원인으로 하여 (무조건) 소유권이전등기를 구하는 청구취지에는 대금 중 미지급금이 있을 때에는 위 금원의 수령과 상환으로 소유권이전등기를 구하는 취지도 포함되어 있다.(대판 1979.10.10, 79다1508)

20. 잔존채무의 선이행을 조건으로 청구를 인용하는 것이 타당한 경우 채무자가 피담보채무 전액을 변제하였다고 하거나 피담보채무의 일부가 남아 있음을 시인하면서 그 변제와 상환으로 담보목적으로 경료된 소유권이전등기의 회복을 구함에 대하여 채권자는 그 소유권이전등기가 담보목적으로 경료된 것임을 다투고 있는 경우, 채무자의 청구 중에는 만약 그 소유권이전등기가 담보목적으로 경료된 것이라면 소송 과정에서 밝혀진 잔존 피담보채무의 지급을 조건으로 그 소유권이전등기의 회복을 구한다는 취지까지 포함되어 있는 것으로 해석하여야 하고, 그러한 경우에는 장래이행의 소로서 미리 청구할 필요도 있다.(대판 1996.11.12, 96다33938)

21. 응소행위와 시효중단의 효력 응소행위에 대하여 소멸시효중단의 효력을 인정하는 것은 그것이 권리 위에 잠자는

것이 아님을 표명한 것에 다름 아닐 뿐만 아니라 계속된 사실상태와 상용할 수 없는 다른 사정이 발생한 때로 보아야 한다는 것에 기인한 것이므로, 채무자가 반드시 소멸시효완성을 원인으로 한 소송을 제기한 경우이거나 당해 소송이 아닌 전 소송 또는 다른 소송에서 그와 같은 권리주장을 한 경우이어야 할 필요는 없고, 나아가 변론주의 원칙상 피고가 응소행위를 하였다고 하여 바로 시효중단의 효과가 발생하는 것은 아니고 시효중단의 주장을 하여야 그 효력이 생기는 것이지만, 시효중단의 주장은 반드시 응소 시에 할 필요는 없고 소멸시효기간이 만료한 후라도 사실심 변론종결 전에는 언제든지 할 수 있다.(대판 2010.8.26, 2008다42416, 42423)

22. 복수의 채권에 대한 소멸시효 항변 채권자가 동일한 목적을 달성하기 위하여 복수의 채권을 가지고 있더라도 선택에 따라 어느 하나의 채권만을 행사하는 것이 명백한 경우라면 채무자의 소멸시효 완성의 항변은 채권자가 행사하는 당해 채권에 대한 항변으로 봄이 상당하다.(대판 2013.2.15, 2012다68217)

23. 상계항변이 먼저 이루어지고 그 후 대여금채권의 소멸을 주장하는 소멸시효항변이 있는 경우, 상계항변 당시 채무자에게 수동채권인 대여금채권의 시효이익 포기의 효과의사가 있었다고 할 수 있는지 여부(소극) 및 제1심에서 상계항변이 먼저 이루어지고 항소심에서 소멸시효항변이 이루어진 경우에도 마찬가지인지 여부(적극) 소송에서의 상계항변은 일반적으로 예비적 항변의 성격을 갖는다. 따라서 상계항변이 먼저 이루어지고 그 후 대여금채권의 소멸을 주장하는 소멸시효항변이 있었던 경우에, 상계항변 당시 채무자인 피고에게 수동채권인 대여금채권의 시효이익을 포기하려는 효과의사가 있었다고 단정할 수 없다. 제1심에서 공격방어방법으로 상계항변이 먼저 이루어지고 그 후 항소심에서 소멸시효항변이 이루어진 경우를 달리 볼 것은 아니다.(대판 2013.2.28, 2011다21556)

24. 청구원인에 관한 주장이 불분명한 경우에 그 주장이 무엇인지에 관하여 석명을 구하면서 이에 대하여 가정적으로 항변한 경우, 주요사실에 대한 주장이 있다고 볼 수 있는지 여부(적극) 및 항변이 있다고 볼 수 있는지 판단할 때 고려하여야 할 사항 주요사실에 대한 주장은 당사자가 이를 직접적으로 명백히 한 경우뿐만 아니라 당사자의 변론을 전체적으로 관찰하여 그 주장을 한 것으로 볼 수 있는 경우에도 주요사실의 주장이 있다고 보아야 한다. 또한 청구원인에 관한 주장이 불분명한 경우에 그 주장이 무엇인지에 관하여 석명을 구하면서 이에 대하여 가정적으로 항변한 경우에도 주요사실에 대한 주장이 있다고 볼 수 있다. 이러한 경우 항변이 있다고 볼 수 있는지는 당사자들이 진술한 내용이나 취지뿐만 아니라 상대방이 당사자의 진술을 어떻게 이해하였는지도 함께 고려해서 합리적으로 판단하여야 한다. 갑 주식회사가 을을 상대로 제기한 부당이득금반환 등 소송에서 을이 원심 변론기일에 '만약 갑 회사의 주장대로 을이 갑 회사를 기망하여 돈을 편취하였다면, 갑 회사는 을에게 불법행위를 원인으로 손해배상을 청구해야 하는데도 갑 회사가 을에게 부당이득을 청구하고 있는 것은 아마도 갑 회사가 을에게 불법행위를 원인으로 손해배상을 청구할 경우, 이미 소멸시효 기간이 완료한 점을 고려한 것으로 보인다'고 주장하면서 갑 회사의 청구원인이 무엇인지 재판부에 석명을 요청하였고, 이에 갑 회사가 을에 대한 청구가 불법행위에 따른 손해배상청구, 차용금반환 청구, 부당이득반환 청구의 성격을 모두 가진다고 하면서 '이 중 을의 소멸시효 완성의 항변에 관해서는 관련 사건의 판결을 제시함으로써 을의 주장이 타당하지 않음을 밝힌다'고 주장한 사안에서, 을의 불법행위책임을 인정하면서도 을의 소멸시효 항변 등에 관하여 아무런 판단을 하지 않은 원심판결에는 판단누락의 잘못이 있다.(대판 2017.9.12, 2017다865)

제204조 【직접주의】 ① 판결은 기본이 되는 변론에 관여한 법관이 하여야 한다.

② 법관이 바뀐 경우에 당사자는 종전의 변론결과를 진술하여야 한다.

③ 단독사건의 판사가 바뀐 경우에 종전에 신문한 증인에 대하여 당사자가 다시 신문신청을 한 때에는 법원은 그 신문을 하여야 한다. 합의부 법관의 반수 이상이 바뀐 경우에도 또한 같다.

☐ 변론결과의 진술(287·407②), 증인신문(303-332), 신청(161), 예외(소액9②), 단독사건(법조7④), 합의부(법조32)

1. 기본적 변론에 관여하지 않은 법관이 한 판결의 위법 여부 기본적 변론에 관여하지 아니한 판사가 판결에 관여하면 구 민소 394조 1항 2호에 위배된다.(대판 1972.10.31, 72다1570)

2. 법관 교체 시 갱신절차 없이 변론 진행 후 최종 변론기일에 소송관계 표명 및 변론한 경우 법관 경질 후 최후의 변론에서 쌍방 대리인이 '소송관계를 표명하고 증거조사의 결과에 대하여 변론'을 한 경우에는 변론갱신의 효과가 생긴다.(대판 1967.10.25, 67다1468)

3. 항소심에서 제1심 변론 결과를 진술한 경우와 변론갱신절차의 하자 치유 제1심 법관의 경질이 있음에도 불구하고 당사자가 종전의 결과를 진술하지 않았다 하더라도 당사자가 항소심에서 제1심 변론의 결과를 진술한 경우에는 그 하자는 항소심 판결절차에 영향을 주지 않는다.(대판 1963.8.22, 63다316)

4. 경질된 법관과 증인에 대한 재신문 구 민소 189조 3항은, 바뀐 법관이 변론조서나 증인신문조서의 기재에 의하여 종전에 신문한 증인의 진술의 요지를 파악할 수 있기는 하지만, 법관의 심증에 상당한 영향을 미칠 수 있는 증인의 진술태도 등을 통하여 받은 인상은 문서인 증인신문조서의 기재만으로는 알 수 없기 때문에, 재신문에 의하여 바뀐 법관에게 직접 심증을 얻도록 하려는 데 그 취지가 있다고 할 것이므로, 당사자가 신청하기만 하면 어떤 경우에든지 반드시 재신문을 하여야 하는 것은 아니고, 법원이 소송상태에 비추어 재신문이 필요하지 아니하다고 인정하는 경우(예를 들면, 종전에 증인을 신문할 당시에는 당사자 사이에 다툼이 있었으나 현재는 당사자 사이에 다툼이 없어서 증명이 필요 없게 된 경우, 다른 증거들에 의하여 심증이 이미 형성되어 새로 심증을 형성할 가능성이 없는 경우, 소송의 완결을 지연하게 할 목적으로 재신문을 신청하는 것으로 인정되는 경우 등)에는 같은 법 263조에 따라 재신문을 하지 아니할 수도 있다.(대판 1992.7.14, 92누2424)

제205조 【판결의 효력발생】 판결은 선고로 효력이 생긴다.

☐ 선고방식·기일(206·207), 결정·명령(221)

1. 소송당사자가 변론종결 후 사망한 경우와 판결선고 이 사건의 청구인이던 갑이 원심의 변론종결 후에 사망하였음에도 원심이 소송수계절차 없이 판결을 선고하였다고 하더라도 위법이라고 할 수 없다.(대판 1989.9.26, 87므13)

2. 판결선고의 증명방법 판결원본에 기재된 선고일자가 선고조서에 기재된 선고일자와 다르다면 오기이고 선고조서에 기재된 선고일자에 판결이 선고된 것이다.(대판 1972.2.29, 71다2770)

3. 판결선고조서가 없는 판결의 효력 판결의 선고는 변론방식에 관한 것이므로 조서가 멸실된 경우를 제외하고는 항시 조서에 의하여서만 이를 증명할 수 있다 할 것인바, 기록상 판결의 선고조서가 존재하지 아니한다면 동 판결이 적법하게 선고되었음을 알 도리가 없고, 따라서 동 판결은 아직 효력이 생기지 아니하며 이는 다만 성립단계에 있는 선고 전의 판결과 다름이 없다 할 것이다.(대판 1953.6.30, 4286행상7)

4. 사망자를 상대로 한 판결의 효력 사망자를 상대로 한 판결에 대하여 그 망인의 상속인인 피고가 항소를 제기하여 원고가 항소심 변론에서 그 소를 취하하였다 하더라도 위 판결은 당연무효의 판결이므로 원고는 재소금지의 제한을 받지 않는다.(대판 1968.1.23, 67다2494)

제206조 【선고의 방식】 판결은 재판장이 판결원본에 따라 주문을 읽어 선고하며, 필요한 때에는 이유를 간략히 설명할 수 있다.

■ 판결원본(208), 주문과 이유(207·208①·216), 가집행선고(213)

1. 판결원본을 작성하지 않고 한 선고 판결원본은 선고 전에 작성하여 그 원본에 기하여 재판장이 주문을 낭독함으로써 선고하여야 한다.(대판 1960.3.17, 4291민상862)

제207조 【선고기일】 ① 판결은 변론이 종결된 날부터 2주 이내에 선고하여야 하며, 복잡한 사건이나 그 밖의 특별한 사정이 있는 때에도 변론이 종결된 날부터 4주를 넘겨서는 아니 된다.
② 판결은 당사자가 출석하지 아니하여도 선고할 수 있다.

■ 변론종결(198), 변론재개(142), 기일의 지정(165), 소송절차 정지의 효과(247①)

1. 법원이 신속한 재판을 해야 할 작위의무가 존재하는지 여부(소극) 법원은 구 민소 184조에서 정하는 기간 내에 판결을 선고하도록 노력해야 하지만, 이 기간 내에 반드시 판결을 선고해야 할 법률상의 의무가 발생한다고 볼 수 없으며, 헌 27조 3항 1문에 의거한 신속한 재판을 받을 권리의 실현을 위해서는 구체적인 입법형성이 필요하고, 신속한 재판을 위한 어떤 직접적이고 구체적인 청구권이 이 헌법규정으로부터 직접 발생하거나 하지 아니하며, 보안관찰처분들의 취소청구에 대하여 법원이 그 처분들의 효력이 만료하기 전까지 신속하게 판결을 선고해야 할 헌법이나 법률상의 작위의무가 존재하지 아니한다.(헌재 1999.9.16, 98헌마75)

2. 민소 199조와 207조가 훈시적 규정인지 여부(적극) 민소 199조, 207조 등은 모두 훈시규정이므로 법원이 종국판결 선고기간 5월을 도과하거나 변론종결일로부터 2주 이내 선고하지 아니하였다 하더라도 이를 이유로 무효를 주장할 수는 없다.(대판 2008.2.1, 2007다9009)

3. 변경된 판결선고기일에 관한 통지를 하지 않은 위법이 판결에 영향을 미치는지 여부(소극) 변경된 판결선고기일에 관한 통지 및 소환을 하지 않은 경우에도 그 위법은 판결에 영향이 없다.(대판 1964.6.2, 63다851)

4. 재정하지 않은 당사자에 대한 판결 선고의 효력 판결의 선고는 당사자가 재정하지 아니한 경우에도 할 수 있는 것이므로, 법원이 적법하게 변론을 진행한 후 이를 종결하고 판결선고기일을 고지한 때에는 재정하지 아니한 당사자에게도 그 효력이 있는 것이고, 그 당사자에 대하여 판결선고기일 소환장을 송달하지 아니하였다 하여도 이를 위법이라고 할 수 없다.(대판 2003.4.25, 2002다72514)

제208조 【판결서의 기재사항 등】 ① 판결서에는 다음 각호의 사항을 적고, 판결한 법관이 서명날인하여야 한다.
1. 당사자와 법정대리인
2. 주문
3. 청구의 취지 및 상소의 취지
4. 이유
5. 변론을 종결한 날짜. 다만, 변론 없이 판결하는 경우에는 판결을 선고하는 날짜
6. 법원
② 판결서의 이유에는 주문이 정당하다는 것을 인정

할 수 있을 정도로 당사자의 주장, 그 밖의 공격·방어방법에 관한 판단을 표시한다.
③ 제2항의 규정에 불구하고 제1심 판결로서 다음 각호 가운데 어느 하나에 해당하는 경우에는 청구를 특정함에 필요한 사항과 제216조제2항의 판단에 관한 사항만을 간략하게 표시할 수 있다.
1. 제257조의 규정에 의한 무변론 판결
2. 제150조제3항이 적용되는 경우의 판결
3. 피고가 제194조 내지 제196조의 규정에 의한 공시송달로 기일통지를 받고 변론기일에 출석하지 아니한 경우의 판결
④ 법관이 판결서에 서명날인함에 지장이 있는 때에는 다른 법관이 판결에 그 사유를 적고 서명날인하여야 한다.

■ ① 항소심 판결서의 기재방식(420), 선고(206), 당사자와 법정대리인(51~64), 이유(424①), 변론(134~161), ③ 상계와 기판력(216②), 변론없이 하는 판결(257), 자백간주(150③), 공시송달(194~196)

1. 관여한 법관의 날인이 없는 판결에 의한 선고의 효력 판사의 서명만 있고 날인이 없는 판결은 완전한 형식을 구비한 판결원본이라 할 수 없고 이에 의한 판결 선고는 무효다.(대판 1956.11.24, 4289민상236)

2. 당사자표시의 혼동을 해결하지 않은 판결의 위법 여부 제1심 재판에는 피고 최석원으로 원심판결에는 피고 최석면으로 당사자표시를 달리하고 있는바, 원심이 그 두 사람이 동일인인지 아니면 제1심 피고 최장성의 공동상속인인지의 여부를 밝히지 아니하고 두 사람을 혼동하여 피고 최석원을 제외하고 위 최장성의 상속인을 확정한 다음 그 상속비율을 산정하였음은 위법이다.(대판 1971.5.24, 71다561)

3. 정리회사의 재산에 관한 소에서 당사자적격 및 당사자 표시방법 구 회사정리법 53조 1항에 의하면 정리절차개시의 결정이 내려진 때에는 회사사업의 경영과 재산의 관리 및 처분을 하는 권리는 관리인에 전속한다 하고, 98조에 의하면 회사의 재산에 관한 소에서는 관리인이 원고 또는 피고가 된다고 규정하고 있으므로, 정리회사의 재산에 관한 소에서 당사자적격을 가진 자는 그 관리인이라 할 것이고, 이 경우 당사자의 표시는 '주식회사 ○○○○ 관리인 ○○○'라 기재함이 상당하다.(대판 1985.5.28, 84다카2285)

4. 소송계속 중 보조참가인이 사망하였는데 수계절차가 이루어지지 않은 경우 그 보조참가인을 판결서에 기재하여야 하는지 여부(소극) 재심소송 계속 중에 보조참가인이 사망한 경우, 승계인에 의한 수계절차가 이루어지지 아니한 이상 보조참가인을 판결문의 당사자 표시에 보조참가인으로 기재하지 아니하였다 하여 거기에 어떤 위법이 있다고 할 수 없다.(대판 1995.8.25, 94다27373)

5. 법정대리인 표시를 누락한 판결이 위법한지 여부(소극) 판결의 당사자 표시에 법정대리인 표시를 누락한 것은 단순한 오기에 불과하여 판결에 영향을 미친 위법이 있다고 할 수 없다.(대판 1995.4.14, 94다58148)

6. 소송대리인 표시를 누락한 판결이 위법한지 여부(소극) 소송대리인의 표시는 판결의 필수적 기재사항으로 되어 있지 아니하므로 그 기재가 없어도 판결에 위법이 있다 할 수 없다.(대판 1963.5.9, 63다127)

7. 판결주문의 특정 정도 판결의 주문은 간결하고 명확하여야 하며 주문 자체로서 내용이 특정될 수 있어야 하나, 일체의 관계가 명료하게 되어야 하는 것은 아니고 판결의 주문이 어떠한 범위에서 당사자의 청구를 인용하고 배척한 것인가를 그 이유와 대조하여 짐작할 수 있는 정도로 표시되고 집행에 의문이 없을 정도로 특정하면 된다.(대판 1995.6.30, 94다55118)

8. 항소심에서 추가된 예비적 청구를 인용하는 경우의 판결주문 제1심에서 인용된 종래의 청구에 대하여 피고가 항소한 사건에서, 원고가 항소심에서 예비적 청구를 추가하여 심리한 결과, 주위적 청구는 이유 없고 항소심에서 추가된 예비적 청구가 인용되어 결과적으로 주위적 청구를 인용한 제1심판결의 주문과 같거나 유사한 결과가 된다고 하더라도, 단순히 항소를 기각한다는 주문을 내서는 안 되고, 제1심판결을 취소하여 주위적 청구를 기각한 다음 예비적 청구에 따라서 다시 주문을 내야 한다.(대판 2011.2.10, 2010다87702)

9. 채권자대위권에 의한 청구에서의 주문의 형식 채권자 대위권은 채권자의 고유권리라 하여도 이는 채무자가 제3채무자에게 대하여 가지고 있는 권리를 채권자가 대위하여 행사하는 데 불과하므로, 채권자가 대위권을 행사한 경우에 제3채무자에 대하여 채무자에게 일정한 급부행위를 하라고 청구하는 것이 원칙이므로(다만 제3채무자에 대하여 채무자에게 목적물을 인도하고 청구한 경우에는 만일 채무자가 그 인도를 수령하지 않은 경우에는 채권자는 그 목적을 달할 수 없게 되므로 인도를 청구하는 경우에는 채권자 자신에게 인도하라고 청구할 수 있는 것이다), 원심이 원고의 대위권 행사에 의하여 제3채무자인 피고들에게 원고에 대한 채무자인 강덕선에게 본건 부동산에 관한 각 등기를 말소하라고 판시하였음은 정당하고, 위와 같은 판결이 있다 하여도 그 판결의 기판력은 채무자인 강덕선에게 대하여는 미치지 아니한다.(대판 1966.9.27, 66다1149)

10. 청구의 예비적병합에서 주된 청구 배척의 뜻을 주문에서 표시하여야 하는지 여부(적극) 청구의 예비적 병합의 경우에 주된 청구를 배척하고 예비적청구를 인용한 때에는, 판결의 주문에 주된 청구를 기각한다는 뜻과 예비적 청구를 인용한다는 뜻을 다 같이 표시하여야 한다.(대판 1974.5.28, 73다1942)

11. 권리보호요건이 흠결된 때의 주문의 형태 확인의 소에서 법원이 확인의 이익이 없다는 이유로 소를 각하한다고 하지 아니하고 청구를 기각한다는 판결을 한 경우에도 그 청구의 본안에 대한 기판력이 발생하는 것이 아니므로 판결의 위와 같은 주문의 표현을 들어 파기사유로 주장할 수 없다.(대판 1979.11.27, 79다575)

12. 소극적 확인의 소에서 채무 일부만의 부존재를 긍정하는 경우의 주문 채무 전체의 부존재확인을 구하는 소극적 확인의 소에서 그 부존재확인을 구하는 목적인 법률관계가 가분이고 또 분량적으로 그 일부만이 부존재하는 경우에는 그 청구 전부를 기각할 것이 아니라 그 존재하는 부분에 대하여 일부패소의 판결을 할 수 있다.(대판 1971.4.6, 70다2940)

13. 항소심에서 변경판결을 하는 경우 판단의 범위 및 방법 항소심에서 변경판결을 하는 경우 항소심법원은 당사자의 불복범위 안에서 소와 청구의 당부를 판단하면 되고, 주문이나 이유에 반드시 항소의 당부에 관하여 별도의 판단을 하여야 하는 것은 아니다.(대판 1992.11.24, 92다15987, 15994)

14. 항소심에서 청구취지 감축이 있는 때 나머지 청구에 대한 제1심판결이 정당할 경우 주문 항소심에서 청구취지 감축이 있는 경우 그 나머지 부분에 대한 제1심판결이 정당하다고 인정되는 때에는 주문을 항소기각으로 하는 것이 관례이다.(대판 1979.12.11, 79다828)

15. 항소심에서 청구의 교환적 변경이 있는 때 항소심의 결론이 제1심판결과 동일한 경우 주문 제1심에서 패소한 원고의 불복으로 사건이 항소법원에 계속 중 원고가 소를 교환적으로 변경하였으며 항소법원이 신청구를 배척하여야 할 경우에는 원고의 청구를 기각한다는 주문표시를 하여야 하며 그 주문의 표시가 제1심 법원의 그것과 일치한다 하여도 항소기각의 판결을 하여서는 안 된다.(대판 1974.5.28, 73다1796)

16. 청구의 취지 및 상소의 취지를 판결서의 필수적 기재사항으로 삼은 취지 법률이 판결서에 청구의 취지 및 상소의 취지를 적시할 것을 명한 이유는 사건에 대한 법원의 심판대상과 범위를 명확히 하려고 함에 있는 것이므로, 판결서에 이에 관한 적시가 일부 빠졌더라도 이에 관한 판단에 유탈이 없는 이상 주문에 영향을 미치지 아니함이 명백하므로 이를 들어 상고이유로 할 수는 없다.(대판 1964.6.23, 63다1014)

17. 서증의 진정성립의 근거를 밝히지 않고 사실인정의 자료로 삼은 것이 위법한지 여부(소극) 서증은 형식적 증거력이 없으면 채용할 수 없으므로 법원이 어떤 서증을 채택하였다는 것은 당연히 그 서증이 형식적 증거력을 구비하였다는 것을 전제로 하는 것이라고 보아야 하고, 따라서 상대방이 서증에 대한 위조 항변이나 부인, 또는 부지로 다툰 경우에도 서증의 진정성립에 석연치 않은 점이 있을 경우가 아니면 진정성립의 근거를 판결이유에서 밝힘이 없이 그 서증을 사실인정의 자료로 삼았다 하여 이유 불비의 위법이 있다고 할 수 없다.(대판 1993.4.13, 92다12070)

18. 판결이유에서 증거가치판단의 설시 정도 판결서의 이유에는 주문이 정당하다는 것을 인정할 수 있을 정도로 당사자의 주장과 그 밖의 공격·방어방법에 관한 판단을 표시하여야 하는 것이므로(민소 208조 2항), 쟁점인 사실에 관하여 증거조사의 결과와 변론 전체의 취지에 의하여 사실을 인정하고, 그 인정된 사실과 증명을 요하지 아니하는 사실을 합하여 거기에 법령을 적용함으로써 주문의 결론에 도달한 판단과정을 표시하여야 하는데, 증거의 취사선택은 사실심법관의 자유로운 심증에 맡겨져 있으므로 처분문서 등 특별한 증거가 아닌 한 그 채부의 이유를 일일이 밝힐 필요는 없는 것이고, 증거를 취사하여 인정한 사실이 경험칙상 통상적인 사회적 사실이라고 할 수 없을 경우에는 그와 같은 인정의 근거가 된 이유를 밝혀야 함이 상당하지만, 경험칙상 통상적인 사실로 인정되는 경우에는 특별히 그 인정근거까지 밝힐 필요는 없는 것이고, 또한 사실심 법관으로서는 상당하다고 인정하는 경우에는 쟁점이 된 주장사실을 인정하기에 부족한 증거들을 일일이 적시하여 배척하는 대신 일괄하여 간략하게 배척하는 방법으로 표시할 수도 있다.(대판 2004.3.26, 2003다60549)

19. 반소청구취지 속에 포함되어 있는 취득시효항변에 대한 판단을 유탈한 경우 반소의 청구취지가 부동산에 관하여 취득시효완성을 원인으로 한 소유권이전등기절차의 이행을 구하고 있는 것이라면, 그 취지 속에는 반소원고 자신이 이미 위 부동산에 관하여 취득시효완성으로 인한 소유권을 취득하였으므로 위 부동산의 소유자임을 내세워 반소원고에 대하여 이에 관한 소유권확인, 임료 및 임료상당 손해의 배상을 구하는 반소피고의 본소청구는 기각되어야 한다고 항변하는 취지도 함께 포함되어 있다고 보아야 할 것인데, 원심이 반소원고의 취득시효항변에 대하여 아무런 판단도 하지 아니한 채 위 부동산이 반소피고의 소유라고 단정하였음은 결국 독립한 방어방법인 위 취득시효 항변에 대한 판단을 유탈함으로써 판결에 영향을 미친 허물이 있다.(대판 1987.5.12, 84다카1870, 1871)

20. 판결서의 기능과 이유 기재 정도 구 민소 193조 2항은 판결이유의 기재에서는 주문이 정당함을 인정할 수 있는 한도에서 당사자의 주장과 기타 공격 또는 방어방법의 전부에 관하여 판단을 표시하도록 규정하고 있는바, 이는 당사자에게 판결의 주문이 어떠한 이유와 근거에 의하여 나온 것인지 그 내용을 알려 주어 당사자로 하여금 판결에 승복할 것인지 여부에 관한 결단을 내릴 수 있게 하고, 상소법원으로 하여금 원심법원이 어떠한 사실상 및 법률상의 이유에 의하여 재판하였는가를 알 수 있게 하며, 또 판결의 기판력이나 형성력에서 주관적 범위와 객관적 범위를 명확하게 특정하려는 데 그 의의가 있다고 할 것이므로, 민사판결의 이유는 이에 필요한 범위 안에서 빠짐없이 그 판단을 기재하여야 하나 이와 같은 요건이 충족되는 한 이를 간략하게 기재하

였다고 하여 위 법조에 위배되었다고 할 수는 없다.(대판 1992.10.27, 92다23780)

21. 판결서의 문자정정 등에 법관의 날인이 없는 경우 당해 판결이 무효인지 여부(소극) 판결서의 문자정정, 삽입 또는 삭제한 곳에 법관의 도장을 찍지 않았다 하여 그 판결을 무효라 할 수 없다.(대판 1962.11.1, 62다567)

22. 상계항변이 이유 있고 일견하여 자동채권의 수액이 수동채권의 수액을 초과한 것이 명백해 보이며, 상계적상 시점 이전에 수동채권의 변제기가 이미 도래하여 지체가 발생한 경우, 법원이 판결 이유에 밝혀 주어야 할 사항 상계의 항변이 이유 있고 일견하여 자동채권의 수액이 수동채권의 수액을 초과한 것이 명백해 보이는 경우라도, 상계적상의 시점 이전에 수동채권의 변제기가 이미 도래하여 지체가 발생한 상태라고 인정된다면, 법원으로서는 상계에 의하여 소멸하는 채권의 금액을 일일이 계산할 것까지는 없다고 하더라도, 최소한 상계적상의 시점 및 수동채권의 지연손해금 기산일과 이율 등을 구체적으로 특정함으로써 자동채권에 대하여 어느 범위에서 상계의 기판력이 미치는지 판결 이유 자체로 당사자가 분명하게 알 수 있을 정도까지는 밝혀 주어야 한다.(대판 2013.11.14, 2013다46023)

제209조【법원사무관등에 대한 교부】 판결서는 선고한 뒤에 바로 법원사무관등에게 교부하여야 한다.

■ 선고방식(206), 결정·명령에 대한 동일한 조치(221), 선고기일(207)

제210조【판결서의 송달】 ① 법원사무관등은 판결서를 받은 날부터 2주 이내에 당사자에게 송달하여야 한다.
② 판결서는 정본으로 송달한다.

■ 기간(170), 송달(174-197), 정본(162①), 경정결정의 송달(211), 판결의 송달과 상소기간의 기산(396·425), 송달과 강제집행(민집39)

1. 적법한 대표권자 아닌 자에게 판결이 공시송달된 경우의 송달의 효력 판결이 피고대표자 갑 명의로 공시송달의 방법에 의하여 송달된 경우에 위 갑이 적법한 대표권이 있는 피고의 대표자가 아니었다 할지라도 그 판결의 피고에 대한 송달의 효력은 부정할 수 없다.(대판 1972.12.26, 72다538)

제211조【판결의 경정】 ① 판결에 잘못된 계산이나 기재, 그 밖에 이와 비슷한 잘못이 있음이 분명한 때에 법원은 직권으로 또는 당사자의 신청에 따라 경정결정(更正決定)을 할 수 있다.
② 경정결정은 판결의 원본과 정본에 덧붙여 적어야 한다. 다만, 정본에 덧붙여 적을 수 없을 때에는 결정의 정본을 작성하여 당사자에게 송달하여야 한다.
③ 경정결정에 대하여는 즉시항고를 할 수 있다. 다만, 판결에 대하여 적법한 항소가 있는 때에는 그러하지 아니하다.

■ ① 신청(161), ② 원본(208·209), 정본(162·210), 송달(174-197), ③ 즉시항고(444), 항소(390)

1. 판결경정제도의 취지 판결에 위산, 오기 기타 이와 유사한 오류가 있는 것이 명백한 때 행하여지는 판결의 경정은 일단 선고된 판결에 대하여 그 내용을 실질적으로 변경하지 않는 범위 내에서 판결의 표현상의 기재 잘못이나 계산의 착오 또는 이와 유사한 오류를 법원 스스로 결정으로써 정정 또는 보충하여 강제집행이나 호적의 정정 또는 등기의 기재 등 광의의 집행에 지장이 없도록 하자는 데 그 취지가 있다고 할 것이고 이는 화해조서의 경정에 있어서도 마찬가지이다.(대결 2001.12.4, 2001그112)

2. 당사자의 과실에 의한 오류의 경정이 허용되는지 여부(적극) 판결경정이 가능한 오류에는 그것이 법원의 과실로 인하여 생긴 경우뿐만 아니라 당사자의 과실로 인한 경우도 포함된다고 할 것이며, 경정결정을 함에 있어서는 그 소송 전 과정에 나타난 자료는 물론 경정대상인 판결 선고 후에 제출된 자료도 다른 당사자에게 아무런 불이익이 없는 경우나 이를 다툴 수 있는 기회가 있었던 경우에는 소송경제상 이를 참작하여 그 오류가 명백한지 여부를 판단할 수 있다.(대결 2000.5.24, 99그82)

3. 손해액 산정에 있어서 계산착오가 경정의 대상인지 여부(소극) 손해액을 산정함에 있어 계산착오가 있었다면 판결의 경정사항에 속하나 착오된 계산액을 기초로 과실상계를 하였던 이 잘못은 판결결과에 영향이 있는 것이니 파기사유가 된다.(대판 1972.10.10, 72다1230)

4. 당사자의 주소를 누락한 것이 경정의 대상인지 여부(적극) 민사소송법상 판결서에는 당사자를 기재하도록 되어 있고, 일반적으로 당사자의 표시에 관하여는 당사자의 특정 및 송달의 편의를 위하여 당사자의 주소를 병기하고 있으며, 당사자의 표시에서 주소를 누락한 것은 판결경정의 대상이 된다. 그리고 채권자대위소송에서 채무자가 어떠한 경위로든 소송이 제기된 사실을 알았을 경우에는 그 판결의 효력이 채무자에게도 미치므로, 채권자대위소송에서는 판결의 효력이 미치는 주관적 범위를 확정하기 위하여도 판결주문에 소외인인 채무자가 당사자에 준하여 특정되어야 할 필요성이 있다.(대판 1995.6.19, 95그26)

5. 청구취지에서 원금부분의 표시를 누락하여 그대로 판결한 경우와 판결의 경정 청구취지에서 지급을 구하는 금원 중 원금부분의 표시를 누락하여 그대로 판결된 경우에는 비록 그 청구원인에서는 원금의 지급을 구하고 있다 하더라도 판결경정으로 원금부분의 표시를 추가하는 것은 주문의 내용을 실질적으로 변경하는 경우에 해당하여 허용될 수 없다.(대결 1995.4.26, 94그26)

6. 경매개시결정을 판결의 경정을 인정한 경우 이미 사망한 자를 채무자 겸 소유자로 표시하여 경매개시결정을 한 경우에도 당연무효로 되는 것은 아니고 이러한 당사자표시의 잘못은 경정결정에 의하여 고칠 수 있는 성질의 것에 지나지 않는다.(대결 1966.9.7, 66마676)

7. 상소심에 이심된 경우의 판결경정법원 판결의 경정을 할 수 있는 법원은 원칙으로 당해 판결을 한 법원이지만 구 민소 197조가 판결을 경정할 법원을 한정하고 있지 아니하므로 상소에 의하여 사건이 상소심에 이심된 경우에는 그 상소심도 원판결을 경정할 수 있다.(대결 1984.9.17, 84마522)

8. 상소심의 대상이 아닌 부분에 관한 판결에 대하여 상소심 법원이 경정결정할 수 있는지 여부(소극) 판결경정결정은 원칙적으로 당해 판결을 한 법원이 하는 것이고, 상소의 제기로 본안사건이 상소심에 계속된 경우에는 당해 판결의 원본이 상소기록에 편철되어 상소심 법원으로 송부되므로, 판결원본과 소송기록이 있는 상소심 법원도 경정결정을 할 수 있는 것이기는 하지만, 당해 판결에 대하여 상소를 하지 아니하여 사건이 상소심에 계속되지 아니한 부분은 상소심의 심판대상이 되지 않는 것이므로, 통상의 공동소송이었던 다른 당사자 간의 소송사건이 상소의 제기로 상소심에 계속된 결과, 상소를 하지 아니한 당사자 간의 원심판결의 원본과 소송기록이 우연히 상소심 법원에 있다고 하더라도, 상소심 법원이 심판의 대상이 되지도 않은 부분에 관한 판결을 경정할 권한을 가지는 것은 아니다.(대결 1992.1.19, 91마748)

9. 판결의 형식으로 경정한 것이 위법한지 여부(소극) 판결경정은 결정으로 함이 원칙이라 하더라도 판결로 경정을 하였다 하여 이를 위법이라 할 수 없다.(대판 1965.7.20, 65다888)

10. 화해조서 경정결정에 대한 불복방법 확정판결과 동일한 효력을 가지는 화해조서의 경정결정에 대하여는 판결의 경정결정에 대한 경우와 마찬가지로 즉시항고로 이를 다툴 수

있다.(대결 1976.2.11, 75그10)

11. 경정결정의 효력 발생 시기 채권가압류결정의 경정결정이 확정되는 경우 당초의 채권가압류결정은 그 경정결정과 일체가 되어 처음부터 경정된 내용의 채권가압류결정이 있었던 것과 같은 효력이 있으므로, 원칙적으로 당초의 채권가압류결정 정본이 제3채무자에게 송달된 때에 소급하여 경정된 내용의 채권가압류결정의 효력이 발생한다.(대판 1999. 12.10, 99다42346)

12. 판결경정신청 기각결정에 대한 항고의 성질 및 이에 대한 처리방법 판결경정신청을 이유 없다 하여 기각한 결정에 대하여는 구 민소 197조 3항 본문의 반대해석상 항고제기의 방법으로 불복을 신청할 수는 없고 같은 법 420조上 정의 특별항고가 허용될 뿐이라 해석되며, 이러한 결정에 대한 불복은 당사자가 특별항고라는 표시와 항고법원을 대법원이라고 표시하지 아니하였다 하더라도 그 항고장을 접수한 법원으로서는 이를 특별항고로 취급하여 소송기록을 대법원에 송부함이 마땅하다.(대결 1995.7.12, 95마531)

13. 매수인의 채권취득 후에 최저매각가격의 경정결정이 취소된 경우의 효력 집행관이 질권에 기초한 채권특별환가명령에 따라 매각절차를 진행하면서 당초 채권특별환가명령에서 정한 최저매각가격을 경정한 경정결정이 확정되지 않았음에도 그 효력이 있다고 오인하고 그 경정결정에서 정한 바에 따라 당초 최저매각가격에 못 미치는 가격으로 매수신청한 자에게 매각을 허가하였다고 하더라도, 매수인이 그 매각허가에 따라 매각대금을 납부하였다면 환가명령의 기초가 된 질권이 당초부터 부존재하였다거나 환가명령의 효력 발생 이전에 피담보채무가 변제 등으로 소멸하였다는 등의 사정이 없는 한 매수인은 그 채권을 유효하게 취득하게 된다. 그리고 이러한 매수인의 채권 취득의 효과는 그 채권 취득 이후에 위 경정결정이 즉시항고에 의하여 취소되더라도 번복될 수 없다.(대결 2010.7.23, 2008마247)

제212조 【재판의 누락】 ① 법원이 청구의 일부에 대하여 재판을 누락한 경우에 그 청구부분에 대하여는 그 법원이 계속하여 재판한다.

② 소송비용의 재판을 누락한 경우에는 법원은 직권으로 또는 당사자의 신청에 따라 그 소송비용에 대한 재판을 한다. 이 경우 제114조의 규정을 준용한다.

③ 제2항의 규정에 따른 소송비용의 재판은 본안판결에 대하여 적법한 항소가 있는 때에는 그 효력을 잃는다. 이 경우 항소법원은 소송의 총비용에 대하여 재판을 한다.

☑ 일부판결(200), 신청방식(161), 소송비용의 재판(104 · 105), 상급법원에서의 총비용의 재판(105)

1. 재판이 누락되었는지 여부를 판정하는 기준 판결에는 법원의 판단을 분명하게 하기 위하여 결론을 주문에 기재하도록 되어 있으므로 재판의 누락이 있는지 여부는 우선 주문의 기재에 의하여 판정하여야 하고, 판결이유에서 청구가 이유 없다고 설시하고 있더라도 주문에서 설시가 없으면 특별한 사정이 없는 한 재판의 누락이 있다고 보아야 한다. 재판의 누락이 있는 경우, 그 부분 소송은 아직 원심에 계속 중이라고 보아야 할 것이어서 적법한 상고의 대상이 되지 아니하므로 그 부분에 대한 상고는 부적법하다.(대판 2004.8.30, 2004다24083)

2. 판결의 주문과 이유에서 아무런 판단을 하지 아니한 경우 확장된 지연손해금 청구 부분에 관하여 원심법원이 판결 주문이나 이유에서 아무런 판단을 하지 아니한 재판의 누락이 발생한 경우에, 이 부분 소송은 아직 원심에 계속 중이라고 보아야 할 것이어서 적법한 상고의 대상이 되지 아니하므로,

이 부분에 대한 상고는 부적법하다.(대판 1996.2.9, 94다50274)

3. 일부판결이 허용되지 않는 소송에서 누락된 부분의 시정 방법 예비적 병합의 경우에는 수개의 청구가 하나의 소송절차에 불가분적으로 결합되어 있기 때문에 주위적 청구를 먼저 판단하지 않고 예비적 청구만을 인용하거나 주위적 청구만을 배척하고 예비적 청구에 관하여 판단하지 않는 등의 일부판결은 예비적 병합의 성질에 반하는 것으로서 법률상 허용되지 아니하며, 그럼에도 불구하고 주위적 청구를 배척하면서 예비적 청구에 관하여 판단하지 아니하는 판결을 한 경우에 그 판결에 대한 상소가 제기되면 판단이 누락된 예비적 청구 부분도 상소심으로 이심이 되고 그 부분이 재판의 누락에 해당하여 원심에 계속 중이라고 볼 것은 아니다.(대판(全) 2000.11.16, 98다22253)

제213조 【가집행의 선고】 ① 재산권의 청구에 관한 판결은 가집행(假執行)의 선고를 붙이지 아니할 상당한 이유가 없는 한 직권으로 담보를 제공하거나, 제공하지 아니하고 가집행을 할 수 있다는 것을 선고하여야 한다. 다만, 어음금 · 수표금 청구에 관한 판결에는 담보를 제공하게 하지 아니하고 가집행의 선고를 하여야 한다.

② 법원은 직권으로 또는 당사자의 신청에 따라 채권전액을 담보로 제공하고 가집행을 면제받을 수 있다는 것을 선고할 수 있다.

③ 제1항 및 제2항의 선고는 판결주문에 적어야 한다.

☑ ① 신청(161), 담보(214), 상급심에서 가집행(406 · 435), 가집행선고의 주관적 범위(218④), 가집행선고와 강제집행(민집24), ② 선고와 강제집행(민집49 · 50), 집행의 특별취급(민집201② · 208), ③ 판결주문(206 · 208①)

1. 가집행선고의 효력을 인정할 수 없는 경우 형성력의 발생을 목적으로 하는 이른바 형성청구에서는 법률에 특별규정이 있거나 또는 그 성질이 허용하는 경우 이외에는 가집행선고를 붙여서 미리 그 집행력을 발생시킬 수 없다고 보는 것이 상당하다.(대판 1966.1.25, 65다2374)

2. 가집행선고가 법원의 직권사항에 속하는지 여부 가집행선고는 재산권의 청구에 관한 판결의 경우 상당한 이유가 없는 한 당사자의 신청 유무와 관계없이 선고하게 되어 있는 것으로 법원의 직권판단사항이다.(대판 1991.11.8, 90다17804)

3. 상소심에서 본안판단할 때 가집행선고로 인한 이행상태를 고려하는지 여부(소극) 가집행선고부 판결에 기한 집행의 효력은 확정적인 것이 아니고 후일 본안판결 또는 가집행선고가 취소 · 변경될 것을 해제조건으로 하는 것이므로, 가집행선고에 기하여 채권자가 집행을 완료함으로써 만족을 얻은 경우, 상소심에서 본안에 관하여 판단할 때에는 그 집행의 이행상태를 고려하지 아니하여 청구의 당부에 관하여 판단하여야 하나, 이는 당해 소송절차에서 취소 · 변경대상이 되는 본안판결이 존재하는 경우이며 만약 가집행에 기한 이행상태를 판결자료로 채용한다면 가집행선고에 기한 집행 때문에 그 본안청구에 관하여 승소의 종국판결을 얻을 길이 막히게 되는 이상한 결과가 되어 실제상 불합리하기 때문이지 가집행선고부 판결에 기한 집행이 종국적인 것임을 부인하는 것은 아니다.(대판 1995.4.21, 94다58490, 58506)

4. 상소심판결에 의해 가집행선고의 효력이 소멸되거나 집행채권의 존재가 부정되는 경우 이미 완료된 집행절차 또는 이에 기한 경락의 효력 가집행선고 있는 판결에 기한 강제집행은 확정판결에 기한 경우와 같이 본집행이므로 상소심의 판결에 의하여 가집행선고의 효력이 소멸되거나 집행채권의 존재가 부정된다 하더라도 그에 앞서 이미 완료된 집

행절차나 이에 기한 경락인의 소유권 취득의 효력에는 아무런 영향을 미치지 아니한다 할 것이고, 다만 강제경매가 반사회적 법률행위의 수단으로 이용된 경우에는 그러한 강제경매의 결과를 용인할 수 있다. (대판 1993.4.23, 93다3165)

5. 가집행선고가 붙은 판결에 기한 변제의 효과 가집행선고가 붙은 제1, 2심판결에 기한 금원 지급에 의한 채권소멸의 효과는 확정적인 것이 아니라 상소심에서 가집행선고가 붙은 판결이 취소 또는 변경되지 아니하고 확정된 때에 비로소 발생한다. (대판 2000.12.22, 2000다56259)

6. 가집행선고 후의 변제를 임의변제로 볼 것인지가 문제되는 경우 가집행이 붙은 제1심판결을 선고받은 채무자가 선고일 약 한 달 후에 그 판결에 의한 그때까지의 원리금을 추심 채권자에게 스스로 지급하기는 하였으나 그 제1심판결에 대하여 항소를 제기하여 제1심에서 인용된 금액에 대하여 다투었다면, 그 채무자는 제1심 판결이 인용한 금액에 상당하는 채무가 있음을 스스로 인정하고 이에 대한 확정적 변제행위로 추심채권자에게 그 금원을 지급한 것이 아니라, 제1심 판결이 인용한 지연손해금의 확대를 방지하고 위 판결에 붙은 가집행선고에 기한 강제집행을 면하기 위하여 그 금원을 지급한 것으로 봄이 상당하고, 이와 같이 제1심 판결에 붙은 가집행선고에 의하여 지급된 금원은 확정적으로 변제의 효과가 발생하는 것이 아니어서 원고가 위와 같은 금원의 지급사실을 항소심에서 주장하더라도 항소심은 그러한 사유를 참작하지 않으므로, 그 금원 지급에 의한 채권 소멸의 효과는 그 판결이 확정된 때에 비로소 발생한다 할 것이며, 따라서 채무자가 그와 같이 금원을 지급하였다는 사유는 본래의 소송의 확정판결의 집행력을 배제하는 적법한 청구이의사유가 된다. (대판 1995.6.30, 95다15827)

7. 가집행선고가 없었던 부분의 변제가 있은 경우 항소심법원의 판단 피고가 지급한 금액이 가집행선고에 따른 변제가 아니라 임의로 변제한 것이라면 이를 공제하고 나머지 손해금의 지급만을 명하여야 한다. (대판 1977.6.28, 77다402, 403)

8. 가집행선고의 재판에 대하여만 독립하여 상소할 수 있는지 여부(소극) 가집행선고의 재판에 대하여는 본안 재판의 불복과 더불어서만 불복할 수 있으며, 본안의 재판에 대한 상소가 이유 있다고 판단되는 경우에만 가집행선고의 재판에 대한 불복이 이유 있다고 할 것이므로, 본안과 더불어 상소된 가집행선고의 재판에 비록 잘못이 있더라도 본안사건에 대한 상소가 이유 없다고 판단되는 경우에는 가집행선고의 재판을 시정하는 판단을 할 수 없다. (대판 1994.4.12, 93다56053)

제214조 【소송비용담보규정의 준용】 제213조의 담보에는 제122조·제123조·제125조 및 제126조의 규정을 준용한다.

■ 가집행의 선고(213), 담보제공방식(122), 담보물변경(126)

1. 가집행선고의 담보에 대한 권리 행사방법 보증공탁금을 압류하고 이를 전부받은 담보권자는 담보공여자에 대신하여 담보취소신청을 할 수 있다. (대결 1971.4.16, 71스4)

2. 가집행선고부 제1심판결이 취소된 경우 담보사유 소멸 여부(소극) 가집행선고부 제1심 판결이 항소심판결에 의하여 취소되었더라도 그 항소심판결이 확정되지 아니한 이상 가집행선고부 제1심 판결의 집행정지를 위한 담보사유가 소멸한 것이라 볼 수 없다. (대결 1983.9.28, 83마435)

3. 가집행선고부 항소심판결이 파기된 경우 담보사유 소멸 여부(적극) 가집행선고가 붙은 항소심판결이 상고심에서 파기되어 원심에 환송된 경우에는 비록 본안판결이 확정되지 아니하였다 하여도 위의 가집행선고가 붙은 판결의 집행을 정지하기 위하여 제공된 담보는 그 담보원인이 소멸하였다. (대결 1984.4.26, 84마171)

4. 담보물 변경에서의 법원의 재량 법원은 담보제공자의 신청에 의하여 상당하다고 인정할 때에는 공탁한 담보물의 변

환을 명할 수가 있고 이 때에는 물론 담보권리자의 이익을 해하여서는 안 될 것이나, 본래의 공탁물에 갈음하여 유가증권이나 채권을 공탁하게 할 때에 신구담보물의 액면가액이 절대적으로 동일하여야 그 이상이어야만 하는 것은 아니며 신담보물을 어떠한 종류와 수량의 유가증권이나 채권으로 할 것인가는 법원의 재량에 의하여 정하여진다. (대결 1988.8.11, 88그25)

제215조 【가집행선고의 실효, 가집행의 원상회복과 손해배상】 ① 가집행의 선고는 그 선고 또는 본안판결을 바꾸는 판결의 선고로 바뀌는 한도에서 그 효력을 잃는다.

② 본안판결을 바꾸는 경우에는 법원은 피고의 신청에 따라 그 판결에서 가집행의 선고에 따라 지급한 물건을 돌려 줄 것과, 가집행으로 말미암은 손해 또는 그 면제를 받기 위하여 입은 손해를 배상할 것을 원고에게 명하여야 한다.

③ 가집행의 선고를 바꾼 뒤 본안판결을 바꾸는 경우에는 제2항의 규정을 준용한다.

■ 본안판결을 변경하는 판결(416·417·419·436·437), 강제집행의 정지·취소(민집49·50)

▶ 가집행선고의 실효

1. 본안재판에 대한 상소가 이유 없을 때의 가집행선고 재판의 시정 판단 가집행선고의 재판에 대하여는 본안 재판의 불복과 더불어서만 불복할 수 있으며, 본안의 재판에 대한 상소가 이유 있다고 판단되는 경우에만 가집행선고의 재판에 대한 불복이 이유 있다고 할 것이므로, 본안과 더불어 상소된 가집행선고의 재판에 비록 잘못이 있더라도 본안사건에 대한 상소가 이유 없다고 판단되는 경우에는 가집행선고의 재판을 시정하는 판단을 할 수 없다. (대판 1994.4.12, 93다56053)

2. 항소심에서 청구가 교환적으로 변경되고 구소가 취하된 경우 구청구에 붙여진 가집행선고의 실효 여부 갑이 제1심에서 을 점유 토지의 인도청구소송을 제기하여 가집행선고부 승소판결을 선고받고, 항소심에서 경계확정소송으로 소를 교환적으로 변경하였다면, 변경 전 청구인 토지인도청구의 소는 취하되었다고 할 것이고 따라서 이에 붙여진 가집행선고도 실효되었다고 할 것이므로, 갑이 그 가집행선고부 판결에 기하여 그 토지를 점유하게 된 것이라면 갑은 을에 대하여 당연히 원상회복으로서 자신이 점유하고 있는 토지를 인도할 의무가 있다. (대판 1995.4.21, 94다58490, 58506)

3. 무조건이행을 명한 가집행선고부 제1심판결이 상환이행을 명한 가집행선고부 항소심판결로 변경된 경우와 가집행선고의 실효 범위 항소심이 무조건 이행을 명한 가집행선고부 제1심판결을 변경하여 상환이행을 명하면서 다시 가집행선고를 붙인 경우, 제1심판결에서 인정된 소송의 목적인 권리가 항소심에서도 여전히 인정되는 점에서는 아무런 변경이 없고, 다만 가집행채권자는 항소심판결에 따라 상환조건을 성취하여야만 강제집행을 할 수 있게 되었을 뿐이므로, 무조건 이행을 명한 제1심판결의 가집행선고는 그 차이가 나는 한도 내에서만 실효되었다고 봄이 상당하다. (대판 1995.9.29, 94다23357)

4. 가집행선고부 제1심판결을 취소한 항소심판결이 상고심에서 파기된 경우와 가집행선고의 효력 제1심판결이 한 가집행의 선고가 그 판결을 취소한 항소심판결의 선고로 인하여 효력을 잃었다 하더라도 그 항소심판결을 파기하는 상고심판결이 선고되었다면 가집행선고의 효력은 다시 회복된다. (대결 1993.3.29, 93마246)

5. 가집행선고의 실효가 가집행에 기하여 제3자가 취득한 권리에 영향을 미치는지 여부 구 민소 201조에 의하여 가집

행선고 있는 본안판결이 변경되어 그 가집행선고가 실효된 경우에는 가집행으로 인하여 지급받은 원고(가집행채권자)는 그 지급물을 반환할 의무가 있으나, 가집행에 기하여 제3자가 취득한 권리에는 하등의 영향을 미치지 아니하고, 그로 인하여 피고(채무자)가 입은 손해는 가집행채권자에게 배상을 청구할 수밖에 없다고 해석함이 상당하다.(대판 1981.5.26, 80다2591)

▶가집행의 원상회복

6. 가집행선고로 인한 지급물의 의의 구 민소 201조 2항에서 말하는 "가집행선고로 인한 지급물"은 가집행의 결과로서 피고가 원고에게 지급한 물건만을 의미하는 것이지 가집행에 의하여 경락된 물건까지도 포함하는 취지는 아니다.(대판 1965.8.11, 65다1311, 1312)

7. 원고가 가집행선고부 판결에 기하여 피고로부터 인도받은 유체동산을 제3자가 경락받아 점유하고 있는 경우와 피고의 원고에 대한 가지급물 반환청구의 가부 가집행선고부 판결에 기하여 실시한 유체동산에 대한 인도집행은 그 유체동산의 점유의 이전을 실현한 것이고, 그 가집행선고의 실효로 인한 가지급물 반환신청은 가집행선고부 판결에 기한 인도집행에 의하여 이전된 그 유체동산에 대한 점유의 회수를 구하는 것에 다름 아니라고 할 것인데, 이와 같은 점유물의 반환청구는 현실적으로 그 목적물을 점유하고 있는 자를 상대로 하여야 하고 불법점유자라 하여도 그 물건을 다른 사람에게 인도하여 현실적으로 점유를 하고 있지 않은 이상 그 자를 상대로 반환청구를 할 수 없다고 할 것이므로, 원고가 가집행선고부 판결에 기하여 피고로부터 인도받은 유체동산에 대하여 경매절차가 진행되어 제3자가 이를 경락받아 점유함으로써 원고가 점유를 상실한 이상, 피고는 원고에 대하여 그 유체동산 자체를 가지급물의 반환으로 구할 수 없다.(대판 2000.4.7, 99다68768)

8. 가집행선고에 의한 강제집행절차의 진행 중 피고가 부득이 지급한 금원이 가집행선고로 인한 지급물인지 여부(적극) 원고가 가집행선고를 이용하여 강제집행을 할 기세를 보인 까닭에 피고에 그 집행을 모면하기 위해서 부득이 변제로서 돈을 지급한 것이라고 한다면 구 민소 201조 2항에서 말하는 이른바 가집행선고로 인한 지급물에 해당한다고 해석함이 옳다.(대판 1971.6.22, 71다929)

9. 상고심에서 가집행선고로 인한 지급물 반환 신청이 허용되는지 여부(한정소극) 구 민소 201조 2항 소정의 가집행선고로 인한 지급물의 반환신청은 가집행에 의하여 집행을 당한 채무자로 하여금 본안 심리절차를 이용하여 그 신청의 심리를 받을 수 있게 함으로써 반소나 별소를 제기하는 비용과 시간 등을 절약할 수 있게 하려는 제도로서, 그 신청은 집행을 당한 채무자가 본안에 대하여 불복을 제기함과 아울러 본안을 심리하고 있는 상소심에서 그 변론종결 전에 함이 원칙이고, 그 신청의 이유인 사실의 진술 및 그 당부의 판단을 위해서는 소송에 준하여 변론이 필요한 것인데, 상고심은 법률심이어서 과연 집행에 의하여 어떠한 지급이 이행되었으며 어느 범위의 손해가 발생한 것인지 등의 사실관계를 심리 확정할 수 없기 때문에 신청의 이유로서 주장하는 사실관계에 관하여 당사자 간에 다툼이 없어 사실심리를 요하지 아니하는 경우를 제외하고는 가집행선고로 인한 지급물의 반환신청은 상고심에서는 원칙적으로 허용되지 아니한다.(대판 1999.11.26, 99다36617)

▶가집행의 손해배상

10. 가집행선고 실효에 따른 원상회복의무의 지연손해금에 대하여 상사법정이율이 적용되는지 여부(소극) 가집행선고의 실효에 따른 원상회복의무는 상행위로 인한 채무 또는 그에 준하는 채무라고 할 수는 없으므로 그 지연손해금에 대하여는 민법 소정의 법정이율에 의하여야 하는 것이고 상법 소정의 법정이율을 적용할 것은 아니다.(대판 2004.2.27,

2003다52944)

11. 본조 2항의 입법취지 가집행선고가 실효된 경우 가집행채무자의 손해에 대한 가집행채권자의 배상책임을 규정하는 민소 215조 2항의 입법 취지는 가집행선고부 승소판결에 의한 가집행은 그 본안판결의 확정을 기다리지 아니하고 권리의 때 이른 실현을 허용하는 것으로서 가집행채권자에게 이익을 주나, 반면 가집행 후에 그 기초가 되는 판결이 상소심에서 취소되고 이로써 그 가집행선고가 실효되었다면 그 가집행선고는 결과적으로 가집행채무자에게 실체적으로 정당화되지 아니하는 불이익을 주는 것이 되므로, 위와 같은 가집행으로 인한 당사자들 사이의 이해관계를 공평하게 조정하기 위한 것이다. 그리고 여기서 "가집행의 면제를 받기 위하여 입은" 가집행채무자의 손해에 대한 가집행채권자의 배상책임은 가집행채권자의 고의 또는 과실 유무를 묻지 아니하고 인정되고, 그 손해배상의 범위에는 가집행과 상당인과관계에 있는 모든 손해가 포함된다. 위와 같은 점들에다가 우리 민사소송법이 당사자에 대한 배상을 하게 이를 붙이기 아니할 상당한 이유가 없는 한 법원으로 하여금 가집행선고를 붙여야 하는 것으로 정하고 있는 점(같은 법 213조 1항 참조) 등을 종합하여 고려하여 보면, 위 법조항에 기하여 "가집행의 면제를 받기 위하여 입은 손해"에 대한 가집행채권자의 배상책임이 발생하는 데에는 개별적인 사안에서 가집행채무자가 가집행채권자의 집행을 예기하여 그 집행을 면하기 위한 조치에 나아가는 것이 사회관념상 불합리하지 아니한 것으로 평가될 수 있어야 한다고 봄이 상당하다. 따라서 가집행채무자가 가집행선고부 판결에 대하여 상소하면서 그 강제집행의 정지를 구하는 과정에서 그 담보로 일정한 금전을 공탁한 경우(민소 501조, 500조 1항 등 참조)에 있어서도, 가집행선고부 승소판결이 있었으나 그 후 가집행선고가 실효되었다는 것만으로 그 공탁으로 인한 가집행채무자의 손해에 대한 가집행채권자의 손해배상책임이 바로 긍정된다고는 할 수 없고, 가집행채권자가 집행문을 부여받거나 미리 가압류 등의 보전처분을 하여 두는 등으로 집행절차에 착수하거나 준비한 경우 또는 그 전이라도 가집행채권자가 가집행채무자에 대하여 임의의 이행이 없으면 강제집행에 들어가겠다는 태도를 보인 경우이거나 적어도 가집행채무자가 가집행채권자의 집행을 예기하여 위와 같은 공탁으로써 강제집행의 정지를 구하는 것이 구체적인 분쟁의 경위나 성질, 당사자들의 관계, 경제적 지위 또는 재산상황, 가집행선고부 판결 및 그 상소심 판결의 내용이나 이유 또는 당해 소송에서 현출된 소송자료의 내용 등 제반 사정에 비추어 사회관념상 수긍할 만한 것으로 평가되는 경우에 해당하여야 한다.(대판 2010.11.11, 2009다18557)

12. 가집행으로 인한 손해를 산정할 때 채무자의 과실을 참작할지 여부(적극) 가집행 채무자에게 가집행에 관하여 과실이 있는 때에는 가집행 채권자의 손해배상 책임 및 그 금액을 정함에 있어서 이를 참작하여야 한다.(대판 1995.9.29, 94다23357)

13. 집행에 의하여 피고가 부담한 집행비용이 배상하여야 할 손해에 포함되는지 여부 강제집행의 집행비용은 가집행선고로 인한 지급물 자체라고는 할 수 없으나, 원고의 집행에 의하여 피고가 부담하게 된 손해라 할 것이므로 원고가 수령해 간 금액에서 이를 공제하여서는 아니 된다.(대판 1979.9.25, 79다1476)

▶지급물의 반환에 관한 심리

14. 가집행선고로 인한 지급물의 반환 등 신청에 관한 심리 구 민소 201조 2항 소정 가집행선고로 인한 지급물의 반환 등 신청은 소송에 준하여 법원에서 변론을 하여야 한다.(대판 1968.3.26, 68다154)

15. 본조 2항은 피고의 신청이 있어야만 적용되는지 여부(적극) 구 민소 201조 2항에 의한 가집행선고로 인한 지급물의

반환, 가집행으로 인한 손해 또는 그 면제를 받기 위한 손해의 배상에 대하여는 피고의 신청이 있어야만 판단한다.(대판 1970.2.10, 65다1629)

16. 가집급반환청구를 별도의 소송으로 할 수 있는지 여부(적극) 가집행선고부판결이 상급법원에서 취소 변경된 때에 가집행선고로 인한 지급물의 반환청구는 별도의 소송에 의하여도 할 수 있다.(대판 1976.3.23, 75다2209)

제216조【기판력의 객관적 범위】 ① 확정판결(確定判決)은 주문에 포함된 것에 한하여 기판력(既判力)을 가진다.
② 상계를 주장한 청구가 성립되는지 아닌지의 판단은 상계하자고 대항한 액수에 한하여 기판력을 가진다.

■ 판결확정시기(498), 주문(208①ii), 기판력의 주관적 범위(218), 상계(민492~499), 확정판결의 저촉과 재심(451①), 확정판결과 동일한 효력을 가지는 것(220)

▶ **기판력 일반**

1. 기판력의 의의 및 본질 확정판결의 기판력은 확정판결의 주문에 포함된 법률적 판단의 내용은 동일한 사항이 소송상 문제가 되었을 때 당사자가 이에 저촉되는 주장을 할 수 없고 법원도 이에 저촉되는 판단을 할 수 없는 기속력을 의미하는 것이고, 이 경우 적극당사자(원고)가 되어 주장하는 경우는 물론이고 소극당사자(피고)로서 항변하는 경우에도 그 기판력에 저촉되는 주장은 할 수 없다.(대판 1987.6.9, 86다카2756)

2. 전소판결의 기판력에 위배되는 후소의 청구를 기각한 판결의 의의 제1심판결이 당사자 및 소송물이 동일한 전소송의 판결의 기판력에 저촉된다는 이유로 원고의 청구를 부당하다고 하여 기각하였다면 제1심판결의 취지는 전 소송에서 한 원고 청구기각판결의 기판력에 의하여 그 내용과 모순되는 판단을 하여서는 안 되는 구속력 때문에 전소판결의 판단을 채용하여 원고청구기각의 판결을 한다는 것으로서 이는 소송물의 존부에 관한 실체적 판단을 한 본안판결이다.(대판 1989.6.27, 87다카2478)

3. 기판력의 작용 기판력은 기판력 있는 전소판결의 소송물과 동일한 후소를 허용하지 않음은 물론, 후소의 소송물이 전소의 소송물과 동일하지 않다고 하더라도 전소의 소송물에 관한 판단이 후소의 선결문제가 되거나 모순관계에 있을 때에는 후소에서 전소판결의 판단과 다른 주장을 하는 것을 허용하지 않는 작용을 한다.(대판 1995.3.24, 94다46114)

4. 보전신청에 대한 인용확정판결이 피보전청구권에 관하여 기판력을 가지는지 여부(소극) 가처분이의사건에서 피보전청구권이 소멸되어 보전신청이 판결에 의하여 인용확정되었다고 하더라도 그로써 피보전청구권에 관해서 기판력이 생기는 것은 아니다.(대판 1977.12.27, 77다1698)

5. 실체관계를 종국적으로 판단하는 결정·명령의 경우 기판력이 생기는지 여부(적극) 확정된 종국결정은 소송물로 주장된 법률관계의 존부에 관한 판단의 결론에 대하여 기판력을 가지며 결정·명령재판에도 실체관계를 종국적으로 판단하는 내용의 것인 경우에는 기판력이 있다.(대결 2002.9.23, 2000마5257)

6. 외국법원의 확정판결과 기판력 반심 계속 중 반심청구인이 반심피청구인을 상대로 그 반심청구와 같은 내용을 포함하는 심판청구를 제기하여 승소한 뉴욕주법원의 확정판결이 현출되었다면 원심으로서는 위 확정판결이 우리나라에서 승인의 요건이 구비되어 그 판결의 효력이 인정됨으로써 반심청구인의 그 판결의 기판력에 저촉되어 권리보호의 요건을 갖추지 못하였는지 여부를 심리, 판단하여야 한다.(대판 1987.4.14, 86므57, 58)

▶ **기판력의 객관적 범위**

7. 기판력의 객관적 범위의 한계 구 민소 202조 1항 규정에 의하면 확정판결의 기판력은 그 주문에 포함한 것에 한하여 발생한다고 할 것이니, 판결의 기판력은 주문에 포함된 소송인 법률관계의 존부에 관한 판단의 결론에 대하여만 발생한다 할 것이고, 그 전제가 되는 것에 불과한 법규의 해석적용이나 법률사실의 인정 등이 법률관계의 존부에 관한 것이라고 할지라도 이 부분까지는(같은 2항의 경우는 제외) 기판력이 미치지 아니한다.(대판 1970.9.29, 70다1759)

8. 기판력 범위의 판단방법 확정판결의 기판력의 범위는 판결주문의 문언의 형식에만 의하여 판단할 것이 아니고 판결에 게재된 이유를 대조하여 인정하여야 한다.(대판 1970.7.28, 70누66, 67, 68)

9. 소송판결의 기판력의 범위(1) 소송판결의 기판력은 그 판결에서 확정한 소송요건의 흠결에 관하여 미친다. 확정된 각하판결은 원고가 제3자에 대하여 가처분기입등기의 회복등기절차 이행을 구하면서, 피고에 대하여 이해관계인으로서 그 절차를 승낙하라고 하는 청구가 부적법하다는 것이고, 원고의 새로운 청구는 회복등기에 대한 승낙 청구로서 당사자의 신청에 의한 회복등기가 아닌 법원의 촉탁에 의한 회복등기절차를 대상으로 하고 있어 그 각 승낙 의사표시의 대상을 달리함으로써 위 확정된 각하판결의 기판력이 새로운 청구에는 미치지 아니한다.(대판 1997.12.9, 97다25521)

10. 소송판결의 기판력의 범위(2) 소송판결의 기판력은 그 판결에서 확정한 소송요건의 흠결에 관하여 미치는 것이지만, 당사자가 그러한 소송요건의 흠결을 보완하여 다시 소를 제기할 경우에는 그 기판력의 제한을 받지 않는다.(대판 2003.4.8, 2002다70181)

11. 청구취지는 동일하나 청구원인이 다른 경우의 기판력(소극) 두 개의 소의 소송물이 동일한 법률사실에 기하고 있더라도 청구원인이 다르다면 그 소송물은 서로 별개라고 할 것이므로, 판결이 확정된 전소가 해고기간 동안의 임금을 종전임금에 따라 청구한 것인 데 비하여, 후소는 복직의무 불이행 또는 복직거절로 인한 임금상승 누락분을 손해금으로 청구하는 것이라면 양자는 청구취지와 청구원인을 전혀 달리하고 있어 소송물 또한 별개이다.(대판 1989.3.28, 88다1936)

12. 토지의 특정 부분에 관한 소유권이전등기청구를 기각한 전소판결과 일정 지분에 관한 소유권이전등기청구를 구하는 후소의 기판력 저촉 여부(소극) 갑이 을로부터 1필의 토지의 일부를 특정하여 매수하였다고 주장하는 바를 상대로 그 부분에 대한 소유권이전등기청구소송을 제기하였으나, 목적물이 갑의 주장과 같은 부분으로 특정되었다고 볼 증거가 없다는 이유로 청구가 기각되었고, 이에 대한 갑의 항소·상고가 모두 기각됨으로써 판결이 확정되자, 다시 을을 상대로 그 전체 토지 중 일정 지분을 매수하였다고 주장하면서 그 지분에 관한 소유권이전등기를 구하는 소를 제기한 경우, 전소와 후소는 그 각 청구취지를 달리하여 소송물을 동일하다고 볼 수 없으므로, 전소의 기판력은 후소에 미칠 수 없다.(대판(全) 1995.4.25, 94다17956)

13. 임료 상당의 부당이득반환청구소송과 불법점유로 인한 임료 상당 손해배상청구소송의 기판력 저촉 여부(소극) 대지의 불법점유로 인한 임료 상당의 손해배상청구소송은 대지의 임료에 상당하는 부당이득의 반환을 청구한 전소와는 청구원인이나 소송물이 다른 별개의 소로서 전소의 기판력에 저촉된다고 볼 수 없다.(대판 1991.3.27, 91다650, 667)

14. 소유권이전등기말소청구 소송에서 패소한 당사자가 전소 변론종결 전에 토지를 매수하였음을 원인으로 소유권이전등기를 청구하는 것과 기판력 저촉 여부(소극) 부동산에 관한 소유권이전등기가 원인무효라는 이유로 그 등기의 말소를 명하는 판결이 확정되었다고 하더라도 그 확정판결의 기판력은 그 소송물이었던 말소등기청구권의 존부에만 미치는 것이므로, 그 소송에서 패소한 당사자도 전소에서 문제된 것과는 전혀 다른 청구원인에 기하여 상대방에 대하여 소유

권이전등기청구를 할 수 있다.(대판 1995.6.13, 93다43491)

15. 말소등기청구소송에서 전소와 후소 사이에 등기의 무효 사유가 다른 경우의 기판력 저촉 여부(적극) 말소등기청구 사건의 소송물은 당해 등기의 말소등기청구권이고 그 동일성 식별의 표준이 되는 청구원인, 즉 말소등기청구권의 발생원인은 당해 등기원인의 무효라 할 것으로서 등기원인의 무효를 뒷받침하는 개개의 사유는 독립된 공격방어방법에 불과하여 별개의 청구원인을 구성하는 것이 아니라 할 것이므로, 전소에서 원고가 주장한 사유나 후소에서 주장하는 사유들은 모두 등기의 원인무효를 뒷받침하는 공격방법에 불과할 것일 뿐 그 주장들이 자체로서 별개의 청구원인을 구성한다고 볼 수 없고 모두 전소의 변론종결 전에 발생한 사유라면 전소와 후소는 그 소송물이 동일하여 후소에서의 주장사유들은 전소의 확정판결의 기판력에 저촉되어 허용될 수 없다.(대판 1993.6.29, 93다11050)

16. 말소등기를 구하는 전소와 후소에서 원인무효라고 내세우는 사유가 동일한 경우의 기판력 저촉 여부(적극) 말소등기청구사건의 소송물은 당해 등기의 말소등기청구권이고 동일성 판단의 기준이 되는 청구원인, 즉 말소등기청구권의 발생원인은 당해 등기의 원인무효라고 할 것인데, 전소와 후소에서 피고 명의의 등기가 원인무효라고 내세우는 사유가 동일하다면 말소등기를 구하는 전소와 후소는 소송물이 동일하여 후소에서의 주장은 전소 확정판결의 기판력에 저촉되어 허용될 수 없다.(대판 2011.6.30, 2011다24340)

17. 소유권이전등기청구소송의 소송물 소유권이전등기청구사건에서 등기원인을 달리하는 경우에는 그것이 단순히 공격·방어방법의 차이에 불과한 것이 아니고 등기원인별로 별개의 소송물로 인정된다. 부동산의 처분에 관한 사무를 위임하면서 그 위임사무 처리를 위하여 소유권이전등기를 넘겨주기로 한 약정은 매매와는 서로 다른 법률관계임이 분명하고, 그와 같은 약정을 원인으로 한 소유권이전등기청구권과 매매를 원인으로 하는 소유권이전등기청구권은 별개의 소송물이므로, 비록 매매로 인한 소유권이전등기청구를 인낙하는 인낙조서가 준재심청구에서 취소되고 그 청구를 기각하는 판결이 선고되어 확정되었다고 하여도 그 기판력은 위와 같은 약정으로 인한 소유권이전등기청구권의 존부에 미친다고 볼 수 없다.(대판 1996.8.23, 94다49922)

18. 소유권이전등기말소청구 소송의 전소에서 패소한 후 진정한 소유자명의 회복의 이전등기청구를 후소에서 할 수 있는지 여부(소극) 진정한 등기명의의 회복을 위한 소유권이전등기청구는 이미 자기 앞으로 소유권을 표상하는 등기가 되어 있었거나 법률에 의하여 소유권을 취득한 자가 진정한 등기명의를 회복하기 위한 방법으로 현재의 등기명의인을 상대로 그 말소를 구하는 것에 갈음하여 허용되는 것인데, 말소등기에 갈음하여 허용되는 진정명의회복을 원인으로 한 소유권이전등기청구권과 무효등기의 말소청구권은 어느 것이나 진정한 소유자의 등기명의를 회복하기 위한 것으로서 실질적으로 그 목적이 동일하고, 두 청구권 모두 소유권에 기한 방해배제청구권으로서 그 법적 근거와 성질이 동일하므로, 비록 전자는 이전등기, 후자는 말소등기의 형식을 요하고 있다고 하더라도 그 소송물은 실질상 동일한 것으로 보아야 하고, 따라서 소유권이전등기말소청구 소송에서 패소확정판결을 받았다면 그 기판력은 그 후 제기된 진정명의회복을 원인으로 한 소유권이전등기청구 소송에도 미친다.(대판(全) 2001.9.20, 99다37894)

19. 전소 확정판결의 소유권 존부에 관한 판단이 후소에 미치는지 여부(적극) 환지처분 공고가 있는 경우 환지계획에서 정해진 환지는 환지처분 공고가 있는 날의 다음날부터 종전 토지로 보게 되어 종전 토지에 대하여 존재하던 소유권 기타 권리관계는 동일성을 유지하면서 환지에 그대로 옮겨진다. 소유자를 달리한 수 필지의 토지에 대하여 적법하게 한 필지의 환지가 지정된 경우에는 종전 수 필지의 소유권

이 한 필지에 그대로 이행되는 결과 특별한 사정이 없으면 종전 토지에 상응하는 비율에 따라 종전 소유자들은 환지에 대하여 공유지분을 취득하게 되므로, 환지처분 전 종전 토지에 관한 소유권확인의 소와 환지처분 후 새로운 환지 중 종전의 토지에 상응하는 비율의 해당 공유지분에 관한 소유권확인의 소는 서로 동일한 소송물이다. 따라서 환지처분 전 종전 토지에 관한 소유권확인 청구에 대한 판결이 확정된 후 다시 동일 피고를 상대로 환지처분 후 새로운 환지 중 종전 토지에 상응하는 비율의 해당 공유지분에 관한 소유권확인 청구소송을 제기하는 경우에는 전소 확정판결의 소유권 존부에 관한 판단에 구속되어 법원으로서는 이와 다른 판단을 할 수 없는 것이다. 한편 위와 같은 확정판결의 존부는 당사자의 주장이 없더라도 법원이 이를 직권으로 조사하여 판단하지 않으면 안 되고, 더 나아가 당사자가 확정판결의 존재를 사실심 변론종결 시까지 주장하지 아니하였더라도 상고심에서 새로이 주장·증명할 수 있다.(대판 2011.5.13, 2009다94384, 94391, 944407)

20. 과세처분취소소송에서 청구가 기각된 확정판결과 과세처분 무효확인소송 과세처분의 취소소송은 과세처분의 실체적, 절차적 위법을 그 취소원인으로 하는 것으로서 그 심리의 대상은 과세관청의 과세처분에 의하여 인정된 조세채무인 과세표준 및 세액의 객관적 존부 즉 당해 과세처분의 적부가 심리의 대상이 되는 것이며, 과세처분 취소청구를 기각하는 판결이 확정되면 그 처분이 적법하다는 점에 관하여 기판력이 생기고, 그 후 원고가 이를 무효라 하여 무효확인을 소구할 수 없는 것이어서 과세처분의 취소소송에서 청구가 기각된 확정판결의 기판력은 그 과세처분의 무효확인을 구하는 소송에도 미친다.(대판 2003.5.16, 2002두3669)

21. 어음의 백지보충권을 행사하지 아니하여 패소한 당사자가 다시 보충권을 행사하여 동일한 어음금을 청구할 수 있는지 여부(소극) 약속어음의 소지인이 어음요건의 일부를 흠결한 이른바 백지어음에 기하여 어음금 청구소송을 제기하였다가 위 어음요건의 흠결을 이유로 청구기각의 판결을 받고 위 판결이 확정된 후 위 백지 부분을 보충하여 완성한 어음에 기하여 다시 전소의 피고에 대하여 어음금 청구소송을 제기한 경우에는, 원고가 전소에서 어음요건의 일부를 오해하거나 그 보충을 알지 못했다고 하더라도, 전소와 후소는 동일한 권리 또는 법률관계의 존부를 목적으로 하는 것이어서 그 소송물은 동일한 것이라고 보아야 한다. 그리고 확정판결의 기판력은 동일한 당사자 사이의 소송에서 변론종결 전에 당사자가 주장하였거나 주장할 수 있었던 모든 공격 및 방어방법에 미치는 것이므로, 약속어음의 소지인이 전소의 사실심 변론종결일까지 백지보충권을 행사하여 어음금의 지급을 청구할 수 있었음에도 위 변론종결일까지 백지 부분을 보충하지 않아 이를 이유로 패소판결을 받고 그 판결이 확정된 후에 백지보충권을 행사하여 어음이 완성된 것을 이유로 전소 피고를 상대로 다시 동일한 어음금을 청구하는 경우에는, 위 백지보충권 행사의 주장은 특별한 사정이 없는 한 전소판결의 기판력에 의하여 차단되어 허용되지 않는다.(대판 2008.11.27, 2008다59230)

22. 일부청구에 대한 판결의 기판력 불법행위의 피해자가 일부청구임을 명시하여 그 손해의 일부만을 청구한 경우 그에 대한 판결의 기판력은 청구의 인용 여부에 관계없이 청구의 범위에 한하여 미치고 잔부청구에는 미치지 않는다.(대판 1989.6.27, 87다카2478)

23. 명의신탁해지만을 이유로 하는 소유권이전등기청구와 소유권에 기한 이전등기청구가 별개의 청구인지 여부(적극) 명의신탁자는 명의수탁자에 대하여 신탁해지를 하고 신탁관계의 종료 그것만을 이유로 하여 소유 명의의 이전등기절차의 이행을 청구할 수 있음은 물론, 신탁해지를 원인으로 하고 소유권에 기해서도 그와 같은 청구를 할 수 있고 이 경우 두 청구는 청구원인을 달리하는 별개의 소송이다.(대판(全)

1980.12.9, 79다634)

24. 판결이유 중의 판단에 기판력이 생기는지 여부(소극) 확정판결의 기판력은 그 판결의 주문에 포함된 것, 즉 소송물로 주장된 법률관계의 존부에 관한 판단의 결론 그 자체에만 생기는 것이고, 판결이유에 설시된 그 전제가 되는 법률관계의 존부에까지 미치는 것은 아니다. 그리하여 부동산 소유권이전등기절차의 이행청구에 관한 확정판결의 기판력은 그 소송물이었던 이전등기청구권의 존부에만 미치고 그 목적부동산의 소유권 자체의 존부에까지 미치는 것은 아니다.(대판 1990.1.12, 88다카24622)

25. 소유권이전등기의 말소등기절차의 이행을 구하는 소의 기판력이 당해 부동산의 인도 및 차임 상당 부당이득의 반환을 구하는 소에 미치는지 여부(소극) 갑 등이 을을 상대로 건물 등에 관한 소유권이전등기의 말소등기절차 이행을 구하는 소를 제기하여 승소확정판결을 받았는데, 위 판결의 변론종결 후에 을로부터 건물 등의 소유권을 이전받은 병이 갑 등을 상대로 위 건물의 인도 및 차임 상당 부당이득의 반환을 구하는 소를 제기한 사안에서, 전소 판결에서 소송물로 주장된 법률관계는 건물 등에 관한 말소등기청구권의 존부이고 건물 등의 소유권의 존부는 전제가 되는 법률관계에 불과하여 전소 판결의 기판력이 미치지 아니하고, 전소인 말소등기청구권에 관한 판단이 건물인도 등 청구의 소의 선결문제가 되거나 건물인도청구권 등의 존부가 전소의 소송물인 말소등기청구권의 존부와 모순관계에 있다고 볼 수 없어 전소의 기판력이 건물인도 등 청구의 소에 미친다고 할 수 없으며, 이는 병이 전소 판결의 변론종결 후에 을로부터 건물을 매수하여 소유권이전등기를 마쳤더라도 마찬가지이므로, 병이 변론종결 후의 승계인이어서 전소 확정판결의 기판력이 미쳐 건물 등의 소유권을 취득할 수 없다고 본 원심판결에는 법리오해 등의 위법이 있다.(대판 2014.10.30, 2013다53939)

26. 가분채권의 일부에 대한 이행청구의 소를 제기하면서 일부청구임을 명시하지 아니한 경우 확정판결의 기판력이 잔부청구에 미치는지 여부 및 일부청구임을 명시하는 방법과 일부청구임을 명시하였는지 판단할 때 소장 등의 기재 외에 소송의 경과 등을 함께 살펴보아야 하는지 여부(적극) 가분채권의 일부에 대한 이행청구의 소를 제기하면서 나머지를 유보하고 일부만을 청구한다는 취지를 명시하지 아니한 이상 확정판결의 기판력은 청구하고 남은 잔부청구에까지 미치는 것이므로, 나머지 부분을 별도로 다시 청구할 수는 없다. 반면 일부청구임을 명시한 경우에는 일부청구에 대한 확정판결의 기판력은 잔부청구에 미치지 아니하고, 이 경우 일부청구임을 명시하는 방법으로는 반드시 전체 채권액을 특정하여 그중 일부만을 청구하고 나머지에 대한 청구를 유보하는 취지임을 밝혀야 할 필요는 없으며, 일부청구하는 채권의 범위를 잔부청구와 구별하여 심리의 범위를 특정할 수 있는 정도의 표시를 하여 전체 채권의 일부로서 우선 청구하고 있는 것임을 밝히는 것으로 충분하다. 그리고 일부청구임을 명시하였는지 판단할 때에는 소장, 준비서면 등의 기재뿐만 아니라 소송의 경과 등도 함께 살펴보아야 한다.(대판 2016.7.27, 2013다96165)

▶ **기판력의 시적 범위**

27. 기판력의 시적 범위 기판력은 사실심 변론종결 당시의 권리관계의 존부에 관하여 생기기 때문에 후소 법원은 위 표준시에서의 기판력 있는 판단에 반하는 판결을 할 수 없고, 후소에서 전소의 표준시에 존재하였던 사실 및 증거자료를 제출하여 전소에서 확정된 권리관계를 뒤집을 수 없는 작용을 하는 것이지만, 표준시 이후에 생긴 법률관계에 관하여서까지 후소에서 주장할 수 없다는 것은 아니다.(대판 1995.9.29, 94다46817)

28. 적극적 손해의 배상을 명한 전소송의 변론종결 후에 발생한 새로운 적극적 손해와 전소송의 기판력 불법행위로

인한 적극적 손해의 배상을 명한 전소송의 변론종결 후에 새로운 적극적 손해가 발생한 경우에 그 소송의 변론종결 당시 그 손해의 발생을 예견할 수 없었고 또 그 부분 청구를 포기하였다고 볼 수 없는 등 특별한 사정이 있다면 전소송에서 그 부분에 관한 청구가 유보되어 있지 않다고 하더라도 이는 전소송의 소송물과는 별개의 소송물이므로 전소송의 기판력에 저촉되는 것이 아니다.(대판 2007.4.13, 2006다78640)

29. 판례변경이 변론종결 후 사정변경에 해당하는지 여부(소극) 확정판결의 최종 변론종결 후에 대법원에서 판례가 변경되었다는 사유는 변론종결 후에 생긴 새로운 사정변경에 해당하지 아니한다.(대판 1969.1.14, 68다2134)

30. 전소 확정판결의 변론종결시 이전의 변제사유를 주장할 수 있는지 여부(소극) 대여금 중 일부를 변제받고도 이를 속이고 대여금 전액에 관하여 소송을 제기하여 승소 확정판결을 받은 후 강제집행에 의하여 위 금원을 수령한 채권자에 대하여, 채무자가 그 일부 변제금 상당액은 법률상 원인 없는 이득이므로 반환되어야 한다고 주장하면서 부당이득반환 청구를 하는 경우, 그 변제 주장은 대여금반환청구 소송의 확정판결 전의 사유로서 그 판결이 재심의 소 등으로 취소되지 아니하는 한 그 판결의 기판력에 저촉되어 이를 주장할 수 없으므로, 그 확정판결의 강제집행으로 교부받은 금원을 법률상 원인 없는 이득이라고 할 수 없다.(대판 1995.6.29, 94다41430)

31. 전소에서 정지조건 미성취를 이유로 청구가 기각되고 그 사실심 변론종결 후 조건이 성취된 경우 동일한 청구에 대하여 소를 제기할 수 있는지 여부(적극) 일반적으로 판결이 확정되면 법원이나 당사자는 확정판결에 반하는 판단이나 주장을 할 수 없는 것이나, 이러한 확정판결의 효력은 그 표준시인 사실심 변론종결시를 기준으로 하여 발생하는 것이고 그 이후에 새로운 사유가 발생한 경우까지 전소의 확정판결의 기판력이 미치는 것은 아니므로, 전소에서 정지조건 미성취를 이유로 청구가 기각되었다 하더라도 변론종결 후에 그 조건이 성취되었다면, 이는 변론종결 후의 취소권이나 해제권과 같은 형성권 행사의 경우와는 달리 동일한 청구에 관하여 다시 소를 제기할 수 있다.(대판 2002.5.10, 2000다50909)

32. 임료상당 부당이득의 반환을 구하는 장래이행의 소의 확정 후 경제사정의 변동 등을 이유로 임료의 새로운 산정을 주장하는 부당이득반환 청구의 가부(적극) 토지의 소유자가 법률상 원인 없이 토지를 점유하고 있는 자를 상대로 장래의 이행을 청구하는 소로써, 그 점유자가 토지를 인도할 때까지 토지를 사용, 수익함으로 인하여 얻을 토지의 임료에 상당하는 부당이득금의 반환을 청구하여 그 청구의 전부나 일부를 인용하는 판결이 확정되었을 경우에, 그 소송의 사실심 변론종결 후에 토지의 가격이 현저하게 앙등하거나 조세 등의 공적인 부담이 증대하였을 뿐더러 그 인근토지의 임료와 비교하더라도 그 소송의 판결에서 인용된 임료액이 상당하지 아니하게 되는 등 경제적 사정의 변경으로 당사자 간의 형평을 심하게 해할 특별한 사정이 생긴 때에는, 토지의 소유자는 점유자를 상대로 새로 소를 제기하여 전소판결에서 인용된 임료액과 적정한 임료액의 차액에 상당하는 부당이득금의 반환을 청구할 수 있다고 봄이 상당하다.(대판(全) 1993.12.21, 92다46226)

33. 확정판결의 변론종결 이전에 존재한 해제사유에 기하여 그 후에 한 해제 의사표시가 기판력에 저촉되는지 여부(적극) 기판력은 후소와 동일한 내용의 전소의 변론종결 전에 주장할 수 있었던 모든 공격 방어방법에 미치므로 해제사유가 전소의 변론종결 전에 존재하였다면 그 변론종결 후에 해제의 의사표시를 하였다고 하여도 이는 기판력에 저촉된다.(대판 1981.7.7, 80다2751)

**34. 확정판결의 변론종결 전에 상계적상에 있었던 채권을 자

동채권으로 하여 상계한 경우와 청구이의의 사유 확정판결
의 변론종결 전에 상대방에 대하여 상계적상에 있는 채권을
가지고 있었다 하여도 변론종결 이후에 비로소 상계의 의사
표시를 한 때에는 청구이의의 원인이 변론종결 이후에 생긴
때에 해당하는 것으로서 당사자들이 그 변론종결 전에 상계
적상에 있은 여부를 알았든 몰랐든 간에 적법한 청구이의의
사유가 된다.(대판 1966.6.28, 66다780)

35. 전소에서 피담보채무의 변제로 양도담보권이 소멸하였
음을 원인으로 한 소유권이전등기의 회복 청구가 기각된 경
우, 장래 잔존 피담보채무의 변제를 조건으로 소유권이전등
기의 회복을 청구하는 것이 전소 확정판결의 기판력에 저촉
되는지 여부(소극) 전소에서 피담보채무의 변제로 양도담보
권이 소멸하였음을 원인으로 한 소유권이전등기의 회복 청구
가 기각되었다고 하더라도, 장래 잔존 피담보채무의 변제를
조건으로 소유권이전등기의 회복을 청구하는 것은 전소의 확
정판결의 기판력에 저촉되지 아니한다.(대판 2014.1.23, 2013
다64793)

36. 전소의 변론종결 후에 새로 발생한 사유가 있어 전소 판
결과 모순되는 사정 변경이 있는 경우, 전소 확정판결의 기
판력의 효력이 차단되는지 여부(적극) 및 여기서 '변론종결
후에 발생한 새로운 사유'에 기존의 사실관계에 대한 새로
운 증거자료가 있다거나 새로운 법적 평가 또는 그와 같은
법적 평가가 담긴 다른 판결이 존재한다는 등의 사정이 포
함되는지 여부(소극) 확정판결의 기판력은 전소의 변론종
결 전에 당사자가 주장하였거나 주장할 수 있었던 모든 공
격방어방법에 미치고, 다만 변론종결 후에 새로 발생한 사유
가 있어 전소 판결과 모순되는 사정 변경이 있는 경우에는
기판력의 효력이 차단된다. 그리고 여기에서 변론종결 후에
발생한 새로운 사유란 새로운 사실관계를 말하는 것일 뿐
기존의 사실관계에 대한 새로운 증거자료가 있다거나 새로
운 법적 평가 또는 그와 같은 법적 평가가 담긴 다른 판결이
존재한다는 등의 사정은 포함되지 아니한다.
갑 등이 을 주식회사와 갑 등 소유의 토지 위에 아파트를 신
축하되 일부 세대를 공사대금 명목으로 을 회사에 대물변제
하기로 약정하고, 아파트 개별 세대에 관하여 갑 등 각자를
1/5 지분 소유권자로 하여 소유권보존등기를 마친 상태에서
을 회사로부터 아파트를 분양받아 점유하고 있는 병을 상대
로 소유권에 기한 방해배제청구로서 건물인도를 구하는 소
(이하 '제1차 인도소송'이라 한다)를 제기하였으나, 병이 분
양에 관한 처분권한을 가진 을 회사와 매매계약을 체결하여
아파트를 매수하였으므로 이를 점유할 정당한 권원이 있다
는 이유로 패소판결이 선고되어 확정되었는데, 그 후 을 회
사가 병을 상대로 매매계약의 무효 확인을 구하는 소(이하
'무효확인 소송'이라 한다)를 제기하여 매매계약이 을 회사
를 대리할 정당한 권한이 있는 사람에 의하여 체결되었다는
증거가 없어 무효라는 취지의 판결이 선고되어 확정되자, 다
시 갑 등이 병을 상대로 공유물에 대한 보존행위로서 건물
인도를 구하는 소(이하 '제2차 인도소송'이라 한다)를 제기
한 사안에서, 제1차 인도소송과 제2차 인도소송의 소송물은
모두 소유권에 기한 방해배제를 구하는 건물인도 청구권으
로 동일하고, 매매계약이 정당한 권한이 있는 사람에 의하여
체결되어 병이 아파트를 점유할 정당한 권원이 있는지는 제
1차 인도소송의 변론종결 전에 존재하던 사유로 갑 등이 제
1차 인도소송에서 공격방어방법으로 주장할 수 있었던 사유
에 불과하고 그에 대한 법적 평가가 담긴 무효확인 소송의
확정판결이 제1차 인도소송의 변론종결 후에 있었더라도 이
를 변론종결 후에 발생한 새로운 사유로 볼 수도 없으므로,
제2차 인도소송은 제1차 인도소송의 확정판결의 기판력에
저촉되어 허용될 수 없다.(대판 2016.8.30, 2016다222149)

▶ 기판력의 효과
37 원고일부승소의 확정판결에 저촉되는 소송의 처리 원고

일부승소의 확정판결에 저촉되는 소송에서는 그 승소부분에
해당하는 부분은 권리보호의 요건을 갖추지 못한 부적법한
것이라 하여 이를 각하하고, 패소부분에 해당하는 부분은 그
와 모순되는 판단을 할 수 없는 것이라 하여 형식적으로 이
를 기각하여야 한다.(대판 1979.9.11, 79다1275)

38. 전소 확정판결의 기판력에도 불구하고 신소제기가 허용
되는 경우 및 그 심리 범위 확정된 승소판결에는 기판력이
있으므로 당사자는 그 확정된 판결과 동일한 소송물에 기하
여 신소를 제기할 수 없는 것이 원칙이나, 시효중단 등 특별
한 사정이 있는 경우에는 예외적으로 신소가 허용된다고 할
것인바, 이러한 경우에 신소의 판결이 전소의 승소확정판결
의 내용에 저촉되어서는 아니 되므로, 후소 법원으로서는 그
확정된 권리를 주장할 수 있는 모든 요건이 구비되어 있는
지 여부에 관하여 다시 심리할 수 없다.(대판 2010.10.28,
2010다61557)

39. 화해조서의 기재내용이 특정되지 않은 경우 재소의 이익
인정 여부(적극) 재판상의 화해를 조서에 기재한 때에는 그
조서는 확정판결과 동일한 효력이 있고 당사자 사이에 기판
력이 생겨 재심의 소에 의한 취소 또는 변경이 없는 한 당사
자는 그 취지에 반하는 주장을 할 수 없음이 원칙이나, 화해
조서에 기재된 내용이 특정되지 아니하여 강제집행을 할 수
없는 경우에는 동일한 청구를 제기할 소의 이익이 있다.(대
판 1995.5.12, 94다25216)

40. 전소에서 판단된 사항이 후소 청구의 선결문제인 경우
확정된 전소의 기판력 있는 법률관계가 후소의 소송물 자체
는 아니어도 후소의 선결문제가 되는 때에는 전소의 확정판
결의 판단은 후소의 선결문제로서 기판력이 작용한다고 할
것이므로, 소유권확인청구에 대한 판결이 확정된 후 다시 동
일 피고를 상대로 소유권에 기한 물권적 청구권을 청구원인
으로 하는 소송을 제기한 경우에는 전소의 확정판결에서의
소유권의 존부에 관한 판단에 구속되어 당사자로서는 이와
다른 주장을 할 수 없을 뿐만 아니라 법원으로서도 이와 다
른 판단을 할 수 없다.(대판 1994.12.27, 94다4684)

41. 전·후 양소의 소송물이 모순되는 관계에 있는 경우 전
소판결의 기판력이 후소에 미치는지 여부 피고 보조참가인
들이 피고를 대위하여 원고를 상대로 제기한 소송물은 매매
예약 완결을 원인으로 한 소유권이전등기청구권의 존부이고,
이 사건 소송물은 가등기말소청구권의 존부로서 그 청
구취지와 청구원인을 달리하고 있으므로 양소는 그 소송물
이 다르다고 할 수 밖에 없는바, 이와 같이 전, 후 양소의 소
송물이 동일하지 않다고 하더라도, 만일 후소의 소송물이 전
소에서 확정된 법률관계와 모순되는 정반대의 사항을 소송
물로 삼았다면 이러한 경우에는 전소 판결의 기판력이 후소
에 미친다고 보아야 한다. 그런데 한편 확정판결의 기판력은
소송물로 주장된 법률관계의 존부에 관한 판단의 결론 자체
에만 미치고 그 전제가 되는 법률관계의 존부에까지 미치는
것은 아니어서, 이 사건의 경우 가등기에 기한 소유권이전
기절차의 이행을 명한 전소 판결의 기판력은 소송물인 소유
권이전등기청구권의 존부에만 미치고 그 등기청구권의 원인
이 되는 채권계약의 존부나 판결이유 중에 설시되었을 뿐인
가등기의 효력 유무에 관한 판단에는 미치지 아니한다고 할
것이고, 따라서 이 사건에서 만일 원고가 후소로써 위 가등
기에 기한 소유권이전등기의 말소를 청구한다면 이는 1물 1
권주의의 원칙에 비추어 볼 때 전소에서 확정된 원고의 소
유권이전등기청구권을 부인하고 그와 모순되는 정반대의 사
항을 소송물로 삼은 경우에 해당하여 전소판결의 기판력에
저촉된다고 할 것이지만, 이와 달리 위 가등기만의 말소를
청구하는 것은 전소에서 판단의 전제가 되었을 뿐이고 그로
써 바로 확정되지는 아니한 법률관계를 다투는 것에 불과하
여 전소 판결의 기판력에 저촉된다고 볼 수 없는 것이다.(대
판 1995.3.24, 93다52488)

42. 기판력 저촉 여부가 직권조사사항인지 여부 및 이에 관

한 판단방법 민사소송에서 기판력의 저촉 여부와 같은 권리보호요건의 존부는 법원의 직권조사사항이나 이는 소위 직권탐지사항과 달라서 그 요건 유무의 근거가 되는 구체적인 사실에 관하여 사실심의 변론종결 당시까지 당사자의 주장이 없는 한 법원은 이를 고려할 수 없고, 또 다툼이 있는 사실에 관하여는 당사자의 증명을 기다려서 판단함이 원칙이다.(대판 1981.6.23, 81다124)

43. 손해배상청구소송의 판결 확정 후 손해배상액 산정의 기대여명보다 일찍 사망한 경우 손해배상금 일부를 부당이득으로 반환을 구할 수 있는지 여부(원칙적 소극) 확정판결이 실체적 권리관계와 다르다 하더라도 그 판결이 재심의 소 등으로 취소되지 않는 한 그 판결의 기판력에 저촉되는 주장을 할 수 없어 그 판결의 집행으로 교부받은 금원을 법률상 원인 없는 이득이라 할 수 없는 것이므로, 불법행위로 인한 인신손해에 대한 손해배상청구소송에서 판결이 확정된 후 피해자가 그 판결에서 손해배상액 산정의 기초로 인정된 기대여명보다 일찍 사망한 경우라도 그 판결이 재심의 소 등으로 취소되지 않는 한 그 판결에 기하여 지급받은 손해배상금 중 일부를 법률상 원인 없는 이득이라 하여 반환을 구하는 것은 그 판결의 기판력에 저촉되어 허용될 수 없다.(대판 2009.11.12, 2009다56665)

44. 기판력에 관한 주장에 대하여 판단하지 아니한 것이 판단유탈의 상고이유 되는지 여부(소극) 후소가 전소판결의 기판력을 받는지 여부는 직권조사사항으로서 이에 관한 당사자의 주장은 직권발동을 촉구하는 의미밖에 없으므로 법원이 이에 관하여 판단하지 않았다고 하여 판단유탈의 상고이유로 삼을 수 없다.(대판 1997.1.24, 96다32706)

▶ **확정판결의 그 밖의 효력 및 판결의 하자**
45. 채권자의 채무자에 대한 패소판결이 확정된 경우 채권자대위권을 행사할 보전의 필요성 여부(소극) 채권자가 채무자에 대한 소유권이전등기청구권이 있다고 주장하여 채무자를 상대로 소유권이전등기절차이행의 소를 제기하였으나 패소의 확정판결을 받았고 그에 대한 재심청구도 기각 확정되었으므로, 위 판결의 기판력으로 말미암아 채권자로서는 더 이상 채무자 내지 그의 상속인들에 대하여 소유권이전등기청구를 할 수 없게 되었다 할 것이고, 가사 채권자가 채권자대위소송에서 승소하여 그 소송 피고인 명의의 소유권이전등기가 말소된다 한들 채권자가 채무자에 대하여 다시 소유권이전등기절차의 이행을 구할 수 있는 것도 아니므로 채권자로서는 채무자의 상속인들에 대한 권리를 대위행사함으로써 위 소유권이전등기청구권을 보전할 필요가 없게 되었다고 할 것이니, 원심으로서는 직권으로 채권자의 이 사건 주위적 청구를 부적법한 것으로서 각하하였어야 할 것이다.(대판 1993.2.12, 92다25151)

46. 판결의 제3자에 대한 반사적 효력이 인정되는 경우 채권자가 채무자를 대위하여 제3자를 상대로 제기한 소송과 이미 판결확정이 되어 있는 채무자와 그 제3자 간의 기존 소송이 당사자만 다를 뿐 실질적으로 동일 내용의 소송이라면, 위 확정판결의 효력이 채권자 대위권 행사에 의한 소송에 미친다.(대판 1979.3.13, 76다688)

47. 소제기 이전에 사망한 자를 상대로 한 상고의 적법 여부 당사자가 소제기 이전에 이미 사망하여 주민등록이 말소된 사실을 간과한 채 본안 판단에 나아간 원심판결은 당연무효라 할 것이나, 민사소송이 당사자의 대립을 그 본질적 형태로 하는 것임에 비추어 사망한 자를 상대로 한 상고는 허용될 수 없다 할 것이므로, 이미 사망한 자를 상대방으로 하여 제기한 상고는 부적법하다.(대판 2000.10.27, 2000다33775)

48. 사망한 사람을 당사자로 한 판결에 대한 재심의 소 적법 여부 원래 재심의 소는 종국판결의 확정력을 제거함을 그 목적으로 하는 것으로 확정된 판결에 대하여서만 제기할 수 있는 것이므로 소송수계 또는 당사자표시정정 등 절차를 밟지 아니하고 사망한 사람을 당사자로 하여 선고된 판결은 당연무효로서 확정력이 없어 이에 대한 재심의 소는 부적법하다.(대판 1994.12.9, 94다16564)

49. 허위주소로 공시송달된 판결의 효력 제1심판결 정본이 공시송달의 방법에 의하여 피고에 송달되었다면 비록 피고의 주소가 허위이거나 그 요건에 미비가 있다 할지라도 그 송달은 유효한 것이므로 항소기간의 도과로 위 판결은 형식적으로 확정되어 기판력이 발생하고, 이 경우에 피고로서는 항소기간 내에 항소를 제기할 수 없었던 것이 자신이 책임질 수 없었던 사유로 인한 것임을 주장하여 추완항소를 제기할 수 있다.(대판 1994.10.21, 94다27922)

50. 허위주소로 송달된 판결의 효력 종국 판결의 기판력은 판결의 형식적 확정을 전제로 하여 발생하는 것이므로, 공시송달의 방법에 의하여 송달된 것이 아니고 허위로 표시한 주소로 송달하여 상대방 아닌 다른 사람이 그 소송서류를 받아 자백간주의 형식으로 판결이 선고되고 다른 사람이 판결본을 수령하였을 때에는 상대방은 아직도 판결정본을 받지 않은 상태에 있는 것으로서 위 사위 판결은 확정 판결이 아니어서 기판력이 없다.(대판(全) 1978.5.9, 75다634)

51. 확정판결의 취득 혹은 그에 기한 집행이 불법행위로 인정되기 위한 요건 민사소송에서 판결이 확정되면 그 대상이 된 청구권의 존재 혹은 부존재를 더 이상 다툴 수 없게 되는 기판력이 발생하여 당사자의 법적 안정을 도모하고 있고, 때문에 위 확정판결의 효력을 배제하기 위해서는 재심사유가 존재하는 경우에 한하여 재심의 소에 의하여 그 취소를 구하는 것이 원칙적인 방법이다. 따라서 확정판결의 취득 혹은 그에 기한 집행을 불법행위라고 하기 위해서는, 소송당사자가 상대방의 권리를 해할 의사로 상대방의 소송 관여를 방해하거나 허위의 주장으로 법원을 기망하는 등 부정한 방법으로 실제의 권리관계와 다른 내용의 확정판결을 취득하고, 그로 인하여 상대방의 절차적 기본권을 근본적으로 침해함으로써 확정판결의 효력을 존중하는 것이 정의관념에 반하여 이를 도저히 묵과할 수 없는 사정이 있어야 한다. 그렇지 않고 당사자가 단순히 실체적 권리관계에 반하는 허위 주장을 하거나, 자신에게 유리한 증거를 제출하고 불리한 증거는 제출하지 아니하거나, 제출된 증거의 내용을 자기에게 유리하게 해석하는 등의 행위만으로는 확정판결의 위법한 편취에 해당하는 불법행위가 성립한다고 단정할 수 없다.(대판 2010.2.11, 2009다82046, 82053)

52. 상계항변에 관한 판단에 기판력이 생기기 위한 조건 항변권이 부착되어 있는 채권을 자동채권으로 하여 타의 채무와의 상계는 일방의 의사표시에 의하여 상대방의 항변권 행사의 기회를 상실케 하는 결과가 되므로 성질상 허용할 수 없는 것이나, 상계항변에서 들고 나온 자동채권을 부정하여 그 항변을 배척하는 것과 자동채권의 성립은 인정되나 성질상 상계를 허용할 수 없다 하여 상계항변을 배척하는 것과는 그 형식면에서는 같을지라도 전자의 경우에 기판력이 있다 할 것이므로 양자는 판결의 효력이 다른 것이다.(대판 1975.10.21, 75다48)

53. 상계 주장의 대상이 된 수동채권이 동시이행의 항변으로 행사된 채권일 경우 그 상계 주장에 관한 법원의 판단에 기판력이 발생하는지 여부(소극) 판결이유 중의 판단임에도 불구하고 상계 주장에 관한 법원의 판단에 기판력을 인정한 취지는, 만일 이에 대하여 기판력을 인정하지 않는다면 원고의 청구권의 존부에 관한 분쟁이 나중에 다른 소송으로 제기되는 반대채권의 존부에 관한 분쟁으로 변형됨으로써 상계 주장의 상대방은 상계를 주장한 자가 그 반대채권을 이중으로 행사하는 것에 의하여 불이익을 입을 수 있게 될 뿐만 아니라, 상계 주장에 관한 판단을 전제로 이루어진 원고의 청구권의 존부에 관한 전소의 판결이 결과적으로 무의미하게 될 우려가 있게 되므로 이를 막기 위함이다. 따라서 상계주장에 관한 판단에 기판력이 인정되는 경우는, 상계 주장

의 대상이 된 수동채권이 소송물로서 심판되는 소구채권이
거나 그와 실질적으로 동일하다고 보이는 경우(가령 원고가
상계를 주장하면서 청구이의의 소송을 제기하는 경우 등)로
서 상계를 주장한 채권과 그 수동채권을 기판력의 관점에서
동일하게 취급하여야 할 필요성이 인정되는 경우를 말한다
고 봄이 상당하므로, 만일 상계 주장의 대상이 된 수동채권
이 동시이행변에 행사된 채권일 경우에는 그러한 상계 주
장에 대한 판단에는 기판력이 발생하지 않는다고 보아야 할
것이다. 위와 같이 해석하지 않을 경우 동시이행항변이 상대
방의 상계의 재항변에 의하여 배척된 경우에 그 동시이행항
변에 행사된 채권을 나중에 소송상 행사할 수 없게 되어 민
소 216조가 예정하고 있는 것과 달리 동시이행변에 행사
된 채권의 존부나 범위에 관한 판결 이유 중의 판단에 기판
력이 미치는 결과에 이르기 때문이다.(대판 2005.7.22, 2004
다17207)

제217조【외국재판의 승인】 ① 외국법원의 확정
판결 또는 이와 동일한 효력이 인정되는 재판(이하
"확정재판등"이라 한다)은 다음 각호의 요건을 모
두 갖추어야 승인된다. (2014.5.20 본항개정)
1. 대한민국의 법령 또는 조약에 따른 국제재판관
할의 원칙상 그 외국법원의 국제재판관할권이
인정될 것
2. 패소한 피고가 소장 또는 이에 준하는 서면 및
기일통지서나 명령을 적법한 방식에 따라 방어
에 필요한 시간여유를 두고 송달받았거나(공시
송달이나 이와 비슷한 송달에 의한 경우를 제외
한다) 송달받지 아니하였더라도 소송에 응하였
을 것
3. 그 확정재판등의 내용 및 소송절차에 비추어
확정재판등의 승인이 대한민국의 선량한 풍속이
나 그 밖의 사회질서에 어긋나지 아니할 것
4. 상호보증이 있거나 대한민국과 그 외국법원이
속하는 국가에 있어 확정재판등의 승인요건이
현저히 균형을 상실하지 아니하고 중요한 점에
서 실질적으로 차이가 없을 것
② 법원은 제1항의 요건이 충족되었는지에 관하여
직권으로 조사하여야 한다. (2014.5.20 본항신설)
(2014.5.20 본조제목개정)

▣ 공시송달(194-196), 외국판결의 집행(민집26·27), 선량한 풍속 기타
사회질서(민103)

**1. 섭외사건에서 외국법원판결의 집행요건으로서의 국제재
판관할권 인정 기준** 섭외사건의 국제 재판관할에 관하여
일반적으로 승인된 국제법상의 원칙이 아직 확립되어 있지
아니하고 이에 관한 우리나라의 성문법규도 없는 이상, 섭외
사건에 관한 외국 법원의 재판관할권 유무는 당사자 간의
공평, 재판의 적정, 신속을 기한다는 기본이념에 따라 조리
에 의하여 결정함이 상당하고, 이 경우 우리나라의 민사소송
법의 토지관할에 관한 규정 또한 그 기본이념에 따라 제정
된 것이므로, 그 규정에 의한 재판적이 외국에 있을 때에는
이에 따라 외국 법원에서 심리하는 것이 조리에 반한다는
특별한 사정이 없는 한 그 외국 법원에 재판관할권이 있다
고 봄이 상당하다.(대판 1995.11.21, 93다39607)
**2. 이혼소송 피청구인의 주소지를 관할하지 않는 외국법원
이 한 이혼판결이 우리나라에서 효력이 인정되는지 여부**
구 민소 203조 1호는 외국법원의 이혼판결에도 적용된다 할
것이고 이 규정의 취지는 우리나라에서 외국판결을 승인하
기 위하여는 그 판결을 한 외국법원이 당해사건에 관하여

우리나라의 법률 또는 조약 등에 의한 국제재판관할 원칙에
따라 국제재판관할권을 가지고 있음이 인정되어야 한다는
것으로 풀이되며, 한편 우리나라의 법률이나 조약 등에는 섭
외이혼사건의 국제재판관할에 관한 규정을 찾아 볼 수 없으
므로 섭외이혼사건에서 위 규정에 의한 외국법원의 재판관
할권의 유무는 섭외이혼사건의 적정, 공평과 능률적인 해결
을 위한 관점과 외국판결 승인제도의 취지 등에 의하여 합
리적으로 결정되어야 할 것인바, 섭외이혼사건에서 이혼판
결을 한 외국법원에 재판관할권이 있다고 하기 위하여는 그
이혼청구의 상대방이 행방불명 기타 이에 준하는 사정이 있
거나 상대방이 적극적으로 응소하여 그 이익이 부당하게 침
해될 우려가 없다고 보이는 예외적인 경우를 제외하고는 상
대방의 주소가 그 나라에 있을 것을 요건으로 한다고 하는
이른바 피고 주소지주의에 따름이 상당하다고 보아야 할 것
이다.(대판 1988.4.12, 85므71)
3. 송달의 의미 구 민소 203조 2호에서 말하는 송달은 보충
송달이나 우편송달이 아닌 통상의 송달방법에 의한 송달을
의미하며, 그 송달은 적법한 것이라야 한다. 영사파견국의
법원이 사법공조요건인 외교상의 경로를 거치지 아니하고
우리나라 국민이나 법인을 상대로 하여 자국영사에 의한 직
접실시방식으로 송달을 한 것이라면, 이는 위 영사파견국이
우리나라와 영사관계가 있다 하더라도 우리나라의 재판사무
권을 침해한 것으로서 적법한 송달로서의 효력이 없다고 볼
것이다.(대판 1992.7.14, 92다2585)
**4. 적법한 방식에 따른 송달이 이루어졌다고 할 수 있는지
여부**(소극) 본조 2호의 '소장 또는 이에 준하는 서면 및 기
일통지서나 명령'이라 함은 소장 및 소송개시에 필요한 소환
장 등을 말하는 것인데, 패소한 피고가 이러한 소환장 등을
적법한 방식에 따라 송달받았을 것을 요구하는 것은 소송에
서 방어의 기회를 얻지 못하고 패소한 피고를 보호하려는
데 그 목적이 있는 것이므로, 법정지인 판결국에서 피고에게
방어할 기회를 부여하기 위하여 규정한 송달에 관한 방식,
절차를 따르지 아니한 경우에는 여기에서 말하는 적법한 방
식에 따른 송달이 이루어졌다고 할 수 없다.(대판 2010.7.22,
2008다31089)
5. 우리나라의 확정판결의 효력을 무시한 외국판결의 효력
동일 당사자 간의 동일 사건에 관하여 대한민국에서 판결이
확정된 후에 다시 외국에서 판결이 선고되어 확정되었다면
그 외국판결은 대한민국판결의 기판력에 저촉되는 것으로서
대한민국의 선량한 풍속 기타 사회질서에 위배되어 구 민소
203조 3호에 정해진 외국판결의 승인요건을 흠결한 경우에
해당하므로 대한민국에서는 효력이 없다.(대판 1994.5.10, 93
므1051, 1068)
6. 상호보증의 의미 구 민소 203조 4호에 이른바 상호의 보
증이 있는 일이라 함은 당해 외국이 조약에 의하여 또는 그
국내법에 의하여 대한민국 판결의 당부를 조사함이 없이 구
민소 203조의 규정과 같거나 또는 이보다도 관대한 조건 아
래에서 대한민국의 판결의 효력을 인정하고 있는 경우를 말
하는 것이다.(대판 1971.10.22, 71다1393)
7. 미국 뉴욕주 법원 판결의 효력이 인정되는지 여부(적극)
미국 뉴욕주 법원의 판결절차가 공시송달에 의하지 아니하
고 진행된 것이고 뉴욕주 법원이 판례로서 상호주의원칙을
배격하고 다만 외국판결이 사기로 획득한 것이거나 공서에
반한다거나 재판관할권의 흠결이 없으면 실질심사를 하지
않고 외국판결의 효력을 그대로 승인하고 있다면 그 뉴욕주
법원의 판결은 구 민소 203조 2호, 4호의 승인요건을 구비한
것으로 보아야 한다.(대판 1989.3.14, 88므184, 191)
**8. 호주국 보통법상 우리나라와 상호보증이 존재하는지 여
부**(소극) 호주국의 보통법으로는 승인요건이 갖추어진
경우라 하더라도 외국판결 자체를 승인하는 것이 아니라 외
국판결에 의하여 확정된 의무의 존재를 인정하는 것이고, 따
라서 이를 집행하기 위해서는 단순히 집행판결을 구하는 것

이 아니라 그것을 청구원인으로 하여 일반소송절차에 따라 소를 제기하고 새로운 판결을 받아야 하므로, 형식적 심판만으로 외국판결을 승인하고 있는 우리나라와는 상호보증이 존재하지 아니한다.(대판 1987.4.28, 85다카1767)

9. 사기적인 방법으로 외국판결을 편취하였다는 사유와 외국판결에 대한 승인 민집 27조 2항 2호 및 민소 217조 3호에 의하면 외국법원의 확정판결의 효력을 인정하는 것이 대한민국의 선량한 풍속이나 그 밖의 사회질서에 어긋나지 아니하여야 한다는 점이 외국판결의 승인 및 집행의 요건인바, 외국판결의 내용 자체가 선량한 풍속이나 그 밖의 사회질서에 어긋나는 경우뿐만 아니라 그 외국판결의 성립절차에 있어서 선량한 풍속이나 그 밖의 사회질서에 어긋나는 경우도 승인 및 집행을 거부할 사유에 포함된다고 할 것이나, 민집 27조 1항이 "집행판결은 재판의 옳고 그름을 조사하지 아니하고 하여야 한다."고 규정하고 있을 뿐만 아니라 사기적인 방법으로 편취한 판결인지 여부를 심리한다는 명목으로 실질적으로 외국판결의 옳고 그름을 전면적으로 재심사하는 것은 외국판결에 대하여 별도의 집행판결제도를 둔 취지에도 반하는 것이어서 허용할 수 없으므로, 위조·변조 내지는 폐기된 서류를 사용하였다거나 위증을 이용하는 것과 같은 사기적인 방법으로 외국판결을 얻었다는 사유는 원칙적으로 승인 및 집행을 거부할 사유가 될 수 없고, 다만 재심사유에 관한 민소 451조 1항 6호, 7호, 2항의 내용에 비추어 볼 때 피고가 판결국 법정에서 위와 같은 사기적인 사유를 주장할 수 없었고 또한 처벌받을 사기적인 행위에 대하여 유죄의 판결과 같은 고도의 증명이 있는 경우에 한하여 승인 또는 집행을 구하는 외국판결을 무효화하는 별도의 절차를 당해 판결국에서 거치지 아니하였다 할지라도 바로 우리나라에서 승인 내지 집행을 거부할 수는 있다.(대판 2004.10.28, 2002다74213)

10. 상호보증 유무의 판단기준 및 직권조사사항인지 여부(적극) 우리나라와 외국 사이에 동종 판결의 승인요건이 현저히 균형을 상실하지 아니하고 외국에서 정한 요건이 우리나라에서 정한 그것보다 전체로서 과중하지 아니하며 중요한 점에서 실질적으로 거의 차이가 없는 정도라면 민소 217조 4호에서 정하는 상호보증의 요건을 구비하였다고 봄이 상당하고, 또한 이와 같은 상호의 보증은 외국의 법령, 판례 및 관례 등에 의하여 승인요건을 비교하여 인정되면 충분하고 반드시 당사국과의 조약이 체결되어 있을 필요는 없으며, 당해 외국에서 구체적으로 우리나라의 동종 판결을 승인한 사례가 없더라도 실제로 승인할 것이라고 기대할 수 있는 상태이면 충분하다 할 것이고, 이와 같은 상호의 보증이 있다는 사실은 법원이 직권으로 조사하여야 하는 사항이다.(대판 2004.10.28, 2002다74213)

11. 실질적으로 외국법원의 확정재판 등의 옳고 그름을 전면적으로 재심사하는 것이 허용되는지 여부(소극) 확정재판 등을 승인한 결과가 선량한 풍속이나 그 밖의 사회질서에 어긋나는지를 심리한다는 명목으로 실질적으로 확정재판 등의 옳고 그름을 전면적으로 재심사하는 것은 "집행판결은 재판의 옳고 그름을 조사하지 아니하고 하여야 한다."라고 규정하고 있는 민집 27조 1항에 반할 뿐만 아니라, 외국법원의 확정재판 등에 대하여 별도의 집행판결제도를 둔 취지에도 반하는 것이므로 허용되지 아니한다.(대판 2015.10.15, 2015다1284)

12. 외국법원의 확정재판 등을 승인한 결과가 대한민국의 선량한 풍속이나 그 밖의 사회질서에 어긋나는지 판단하는 방법 재판 등을 승인한 결과가 대한민국의 선량한 풍속이나 그 밖의 사회질서에 어긋나는지는 승인 여부를 판단하는 시점에서 확정재판 등의 승인이 우리나라의 국내법 질서가 보호하려는 기본적인 도덕적 신념과 사회질서에 미치는 영향을 확정재판 등이 다룬 사안과 우리나라와의 관련성의 정도에 비추어 판단하여야 한다.(대판 2015.10.15, 2015다1284)

13. 피고에게 방어할 기회를 부여하기 위하여 규정한 송달에 관한 방식과 절차를 따르지 아니하였으나 패소한 피고가 외국법원의 소송절차에서 실제로 자신의 이익을 방어할 기회를 가졌다고 볼 수 있는 경우 민소 217조 1항 2호가 패소한 피고가 소장 등을 적법한 방식에 따라 송달받았을 것 또는 적법한 방식에 따라 송달받지 아니하였더라도 소송에 응하였을 것을 요구하는 것은 소송에서 방어의 기회를 얻지 못하고 패소한 피고를 보호하려는 데 목적이 있다. 따라서 법정지인 재판국에서 피고에게 방어할 기회를 부여하기 위하여 규정한 송달에 관한 방식과 절차를 따르지 아니한 경우에도, 패소한 피고가 외국법원의 소송절차에서 실제로 자신의 이익을 방어할 기회를 가졌다고 볼 수 있는 때는 민소 217조 1항 2호에서 말하는 피고의 응소가 있는 것으로 봄이 타당하다.(대판 2016.1.28, 2015다207747)

제217조의2【손해배상에 관한 확정재판등의 승인】 ① 법원은 손해배상에 관한 확정재판등이 대한민국의 법률 또는 대한민국이 체결한 국제조약의 기본질서에 현저히 반하는 결과를 초래할 경우에는 해당 확정재판등의 전부 또는 일부를 승인할 수 없다.

② 법원은 제1항의 요건을 심리할 때에는 외국법원이 인정한 손해배상의 범위에 변호사보수를 비롯한 소송과 관련된 비용과 경비가 포함되는지와 그 범위를 고려하여야 한다.

(2014.5.20 본조신설)
▣ 외국판결의 집행(민집26·27)

1. 외국법원의 확정재판 등이 당사자가 실제로 입은 손해를 전보하는 손해배상을 명하는 경우 민소 217조의2 1항을 근거로 승인을 제한할 수 있는지 여부(소극) 민소 217조의2 1항은 징벌적 손해배상과 같이 손해전보의 범위를 초과하는 배상액의 지급을 명한 외국법원의 확정재판 또는 이와 동일한 효력이 인정되는 재판의 승인을 적정 범위로 제한하기 위하여 마련된 규정이므로, 외국법원의 확정재판 등이 당사자가 실제로 입은 손해를 전보하는 손해배상을 명하는 경우에는 위 조항을 근거로 승인을 제한할 수 없다.(대판 2015.10.15, 2015다1284)

제218조【기판력의 주관적 범위】 ① 확정판결은 당사자, 변론을 종결한 뒤의 승계인(변론 없이 한 판결의 경우에는 판결을 선고한 뒤의 승계인) 또는 그를 위하여 청구의 목적물을 소지한 사람에 대하여 효력이 미친다.

② 제1항의 경우에 당사자가 변론을 종결할 때(변론 없이 한 판결의 경우에는 판결을 선고할 때)까지 승계사실을 진술하지 아니한 때에는 변론을 종결한 뒤(변론 없이 한 판결의 경우에는 판결을 선고한 뒤)에 승계한 것으로 추정한다.

③ 다른 사람을 위하여 원고나 피고가 된 사람에 대한 확정판결은 그 다른 사람에 대하여도 효력이 미친다.

④ 가집행의 선고에는 제1항 내지 제3항의 규정을 준용한다.
▣ ① 집행력의 주관적 범위(민집25), 확정판결시기(498), 소송참가(71·79), 파산채권자(회생파산468), 회사관계(상190) ② 권리승계인의 소송참가(81), 채무승계인의 소송인수(82), ③ 선정당사자(53), 파산관재인(회생파산359), 선장(상894②), ④ 가집행의 선고(213)

1. 인낙조서의 기판력의 범위 인낙조서의 기판력은 당사자

간에 한하여 발생하는 것이고 그 일방으로부터 소유권이전 등기를 넘겨받은 자에게는 미치지 않는다.(대판 1963.2.7, 62 다927)

2. 대표자가 있는 법인 아닌 사단의 대표자를 당사자로 한 판결의 기판력이 법인 아닌 사단에 미치는지 여부(소극) 기 판력이 미치는 주관적 범위는 신분관계소송이나 회사관계소 송 등에서 제3자에게도 그 효력이 미치는 것으로 규정되어 있는 경우를 제외하고는 원칙적으로 당사자, 변론을 종결한 뒤의 승계인 또는 그를 위하여 청구의 목적물을 소지한 사 람과 다른 사람을 위하여 원고나 피고가 된 사람이 확정판 결을 받은 경우에 그 다른 사람에 국한되고, 그 외의 제3자 나 변론을 종결하기 전의 승계인에게는 미치지 않는 것이며 (민소 218조 1항, 3항), 한편 민소 52조에 의하여 대표자가 있는 법인 아닌 사단이 소송의 당사자가 되는 경우에도 그 법인 아닌 사단은 대표자나 구성원과는 별개의 주체이므로, 그 대표자나 구성원을 당사자로 한 판결의 기판력이 법인 아 닌 사단에 미치지 아니함은 물론 그 법인 아닌 사단을 당사 자로 한 판결의 기판력 또한 그 대표자나 구성원에게 미치지 아니하는 것이 당연하다.(대판 2010.12.23, 2010다58889)

3. 사해행위 취소판결의 기판력 범위 사해행위취소판결의 기판력은 그 취소권을 행사한 채권자와 그 상대방인 수익자 또는 전득자 간의 상대적인 관계에서만 미칠 뿐 그 소송에 참가하지 아니한 채무자 또는 채무자와 수익자 간의 법률관 계에는 미치지 아니한다.(대판 1988.2.23, 87다1989)

4. 채무자와 수익자를 상대로 한 사해행위 취소소송 판결의 효력이 전득자에게 미치는지 여부(소극) 채무자와 수익자 만을 상대로 한 사해행위 취소소송에서 채무자와 수익자간 의 법률행위를 취소하고 수익자 명의로 된 소유권이전등기 의 말소를 명하는 판결이 확정되었다고 하여도 그 판결의 효력은 전득자에게 미칠 수 없다.(대결 1984.11.24, 84마610)

5. 피해자와 피보험자 간의 손해배상책임의 존부 및 범위에 관한 확정판결의 기판력이 피해자와 보험자 간의 손해배상 청구소송에 미치는지 여부(소극) 피해자의 보험자에 대한 손해배상채권과 피해자의 피보험자에 대한 손해배상채권은 별개 독립의 것으로서 병존하고, 피해자와 피보험자 사이에 손해배상책임의 존부 내지 범위에 관한 판결이 선고되고 그 판결이 확정되었다고 하여도 그 판결의 당사자가 아닌 보험 자에 대하여까지 판결의 효력이 미치는 것은 아니므로, 피해 자가 보험자를 상대로 하여 손해배상금을 직접 청구하는 사 건의 경우에는 특별한 사정이 없는 한 피해자와 피보험자 사이의 전소판결과 관계없이 피해자의 보험자에 대한 손해 배상청구권의 존부 내지 범위를 다시 따져보아야 한다.(대판 2001.9.14, 99다42797)

6. 특별승계인이 본조의 승계인에 해당하는지 여부(적극) 원인 없이 이전된 소유권이전등기라 하여 그 등기를 말소하 라는 판결이 확정된 경우에 그 확정판결의 변론종결 후에 피고로부터 소유권이전등기 또는 담보권설정등기를 차례로 받은 자들은 구 민소 204조 1항에서 말하는 이른바 변론종 결 후의 승계인에 해당하고 따라서 전소의 기판력은 이들에 게 미친다.(대결 1963.9.27, 63마14)

7. 건물철거청구사건 확정판결의 변론종결 전의 건물에 관 한 가등기에 기하여 그 변론종결 후에 본등기를 경료한 자 가 본조의 승계인에 해당하는지 여부(적극) 대지 소유권에 기한 방해배제청구로서 그 지상건물의 철거를 구하여 승소 확정판결을 얻은 경우 그 지상건물에 관하여 위 확정판결의 변론종결 전에 경료된 소유권이전청구권가등기에 기하여 위 확정판결의 변론종결 후에 소유권이전등기를 경료한 자가 있 다면 그는 구 민소 204조 1항의 변론종결 후의 승계인이라 할 것이어서 위 확정판결의 기판력이 미친다.(대판 1992.10.27, 92다10883)

8. 건물철거 및 대지인도 청구의 판결 후에 그 건물을 양수 한 자가 본조의 승계인에 해당하는지 여부(적극) 원고가 피

고 갑을 상대로 소유권에 기하여 건물철거 및 대지인도청구 소송을 제기한 결과, 원고가 대지의 실질적인 소유자가 아니 라는 이유로 청구기각 판결이 선고되어 확정되었고 위 패소 확정된 사건의 변론종결 이후에 피고 을이 피고 갑으로부터 위 건물을 매수하였다면 피고 을은 그의 지위를 승계한 변 론종결 후의 승계인에 해당하므로, 원고가 다시 피고 을을 상대로 소유권에 기하여 위 건물의 철거와 그 대지의 인도 를 청구하는 이 사건 소송은, 비록 그 사이에 원고가 피고 갑을 상대로 위 대지에 관한 소유권확인소송을 제기하여 패 소판결을 받아 확정되었고, 위 패소 확정된 사건의 판결이 선고된 때로부터 10여년이 지났다고 하여 그 판결의 기판력 을 배제하여야 할 만한 사정변경이 있다고 볼 수도 없으므 로, 위 패소확정판결의 기판력에 저촉되어 기각되어야 한 다.(대판 1991.3.27, 91다650, 667)

9. 토지인도소송의 패소 확정 후 토지를 매수하여 소유권이 전등기를 마친 자가 본조의 승계인에 해당하는지 여부(소 극) 토지소유권에 기한 물권적 청구권을 원인으로 하는 토 지인도소송의 소송물은 토지소유권이 아니라 그 물권적청구 권인 토지인도청구권이므로, 그 소송에서 청구기각된 확정 판결의 기판력은 토지인도청구권의 존부 그 자체에만 미치 는 것이고 소송물이 되지 아니한 토지소유권의 존부에 관하 여는 미치지 아니한다 할 것이므로, 그 토지인도소송의 사실 심 변론종결 후에 그 패소자인 토지소유자로부터 토지를 매 수하고 소유권이전등기를 마침으로써 그 소유권을 승계한 제3자의 토지소유권의 존부에 관하여는 위 확정판결의 기판 력이 미치지 않는다 할 것이고, 또 이 경우 위 제3자가 가지 게 되는 물권적 청구권인 토지인도청구권은 적법하게 승계 한 토지소유권의 일반적 효력으로서 발생한 것이고 위 토지 인도소송의 소송물인 패소자의 토지인도청구권을 승계함으 로써 가지게 된 것이라고는 할 수 없으므로 위 제3자는 위 확정판결의 변론종결후의 승계인에 해당한다고 할 수도 없 다.(대판 1984.9.25, 84다카148)

10. 소유권이전등기청구권이 소송물인 전소의 변론종결 후 에 이전등기를 넘겨받은 사람이 본조의 승계인에 해당하는 지 여부(소극) 전소의 소송물이 채권적 청구권인 소유권이 전등기청구권인 경우에는 전소의 변론종결 후에 그 목적물 에 관한 소유권이전등기를 넘겨받은 사람은 변론종결 후의 승계인에 해당하지 아니한다.(대판 2003.5.13, 2002다64148)

11. 변론종결 전 승계사실의 증명책임 구 민소 204조 2항은 변론종결 전의 승계를 주장하는 자는 그 사실을 증명할 책 임이 있다는 뜻을 규정한 것인바, 대위소송의 변론종결 이전 에 대위의 원인이 된 토지에 관한 양도계약이 해약된 사실 을 인정한 이상 변론종결 시까지 당사자들의 승계진술이 없 어도 당연히 변론종결 전의 권리의 승계의 경우에 해당한 다.(대판 1977.7.26, 77다92)

12. 채권자가 채무자의 권리를 대위행사한 소송과 그 판결의 효력 채권자가 채권자대위권을 행사하는 방법으로 제3채무 자를 상대로 소송을 제기하고 판결을 받은 경우에는 어떠한 사유로 인하였든 적어도 채무자가 채권자 대위권에 의한 소 송이 제기된 사실을 알았을 경우에는 그 판결의 효력은 채 무자에게 미친다.(대판(全) 1975.5.13, 74다1664)

13. 채권자와 채무자 간 확정판결의 효력이 제3자와 채무자 간 대위소송에 미치는지 여부(적극) 제3자가 채권자를 대 위하여 채무자를 상대로 제기한 소송과 이미 확정판결이 되 어 있는 채권자와 채무자간의 기존소송이 실질적으로 동일 내용의 소송이라면 위 확정판결의 효력은 채권자대위권행사 에 의한 소송에도 미친다.(대판 1981.7.7, 80다2751)

14. 채권자와 채무자 간 확정판결의 효력이 제3자와 채권자 간 대위소송에 미치는지 여부 부동산 매수인이 그 소유권 이전등기를 하지 않고 중 제3자가 매도인을 상대로 그 부동산에 관한 소유권이전등기절차 이행의 확정판결을 받아 소유권이전등기를 한 경우에는 그 확정판결이 당연무효이거

나 재심의 소에 의하여 취소되지 않는 한 매수인은 매도인에 대한 소유권이전등기청구권을 보전하기 위하여 매도인을 대위하여 위 확정판결의 기판력에 저촉되는 제3자 명의의 소유권이전등기의 말소를 구할 수 없다.(대판 1980.12.9, 80다1836, 1837)

15. 어느 채권자에 의한 대위소송의 기판력이 다른 채권자에 의한 대위소송에 미치는지 여부 어느 채권자가 채권자대위권을 행사하는 방법으로 제3채무자를 상대로 소송을 제기하여 판결을 받은 경우, 어떠한 사유로든 채무자가 채권자대위소송이 제기된 사실을 알았을 경우에 한하여 그 판결의 효력이 채무자에게 미치므로, 이러한 경우에는 그 후 다른 채권자가 동일한 소송물에 관하여 채권자대위권에 기한 소를 제기하면 전소의 기판력을 받게 된다고 할 것이지만, 채무자가 전소인 채권자대위소송이 제기된 사실을 알지 못하였을 경우에는 전소의 기판력이 다른 채권자가 제기한 후소인 채권자대위소송에 미치지 않는다.(대판 1994.8.12, 93다52808)

16. 채권자가 채권자대위권을 행사하는 방법으로 제3채무자를 상대로 소송을 제기하였다가 피보전채권이 인정되지 않는다는 이유로 소각하 판결을 받아 확정된 경우, 판결의 기판력이 채권자가 채무자를 상대로 피보전채권의 이행을 구하는 소송에 미치는지 여부(소극) 채권자대위소송의 소송물인 피대위채권의 존부에 관하여는 채무자에게도 기판력이 인정되나 채권자대위소송의 소송요건인 피보전채권의 존부에 관하여 당해 소송의 당사자가 아닌 채무자에게는 기판력이 인정되지 않는다. 채권자가 채권자대위권을 행사하는 방법으로 제3채무자를 상대로 소송을 제기하였다가 채무자를 대위할 피보전채권이 인정되지 않는다는 이유로 소각하 판결을 받아 확정된 경우 그 판결의 기판력이 채권자가 채무자를 상대로 피보전채권의 이행을 구하는 소송에 미치는 것은 아니다.(대판 2014.1.23, 2011다108095)

17. 중첩적 채무인수의 경우 민집 31조 1항의 승계집행문을 부여할 수 있는지 여부(소극) 및 면책적 채무인수인이 위 조항에서 말하는 승계인에 해당하는지 여부(적극) 중첩적 채무인수는 당사자의 채무는 그대로 존속하며 이와 별개의 채무를 부담하는 것에 불과하므로 새로 채무의 이행을 소구하는 것은 별론으로 하고 판결에 표시된 채무자에 대한 판결의 기판력 및 집행력의 범위를 채무자 이외의 자에게 확장하여 승계집행문을 부여할 수는 없으나, 채무자의 채무를 소멸시켜 당사자인 채무자의 지위를 승계하는 이른바 면책적 채무인수는 위 조항에서 말하는 승계인에 해당한다.(대판 2016.5.27, 2015다21967)

제219조【변론 없이 하는 소의 각하】 부적법한 소로서 그 흠을 보정할 수 없는 경우에는 변론 없이 판결로 소를 각하할 수 있다.

■ 필요적 변론의 원칙(134), 소장각하명령(254), 본조와 동일한 조치(413·425·430)

1. 부적법한 소로서 그 흠을 보정할 수 없는 예 일방당사자와 강제집행 신청자 사이에 특정 목적물에 관하여는 진행 중인 강제집행의 신청을 취하하기로 하는 내용의 계약은 사법상의 계약으로서는 유효하다고 할 것이나, 강제집행신청자가 약정을 위반하여 그 신청을 취하하지 아니한다고 해서 직접 소송으로 그 취하를 청구하는 것은 공법상의 권리인 강제집행 청구권의 처분을 구하는 것으로서 할 수 없다.(대판 1966.5.31, 66다564)

2. 사망자를 상대로 한 소를 제기한 경우 원고가 사망자를 피고로 하는 소를 제기하였을 경우에 재판장의 소장심사권으로 그 보정을 명할 수는 없고 법원은 그 소를 부적합한 것으로 인정하여 판결로 각하하는 것이 타당하다.(대결 1973.3.20, 70마103)

3. 취소소송에서의 처분이 부존재인 경우 원고가 취소를 구하는 토지초과이득세 부과처분이 부존재한다면, 행정소송에서 쟁송의 대상이 되는 행정처분의 존재는 소송의 적법요건이라고 할 것이므로, 원고가 취소를 구하는 부과처분이 존재하지 아니하는 이상 소는 부적법하여 각하되어야 한다.(대판 1997.8.26, 96누6707)

제220조【화해, 청구의 포기·인낙조서의 효력】 화해, 청구의 포기·인낙을 변론조서·변론준비기일조서에 적은 때에는 그 조서는 확정판결과 같은 효력을 가진다.

■ 화해(145·385-389), 조서(154), 확정판결(216·218, 민집24, 민165), 화해·포기·인낙의 소송비용(106·113·114), 유사규정(회생파산168·460·603③, 민조29, 가소49)

▶ 재판상 화해 일반

1. 재판상 화해 대상에 소송물 아닌 권리관계를 포함시킬 수 있는지 여부(적극) 재판상 화해의 당사자는 소송당사자 아닌 보조참가인이나 제3자도 될 수 있고, 또 재판상 화해를 위하여 필요한 경우에는 소송물 아닌 권리 내지 법률관계를 첨가할 수도 있으므로, 재판상 화해의 효력이 반드시 원래의 소송당사자 사이의 소송물에만 국한되어 미치는 것이라고 할 수 없고, 그 효력은 화해조서에 기재된 화해의 내용에 따라 그 조서에 기재된 당사자에게 미치는 것이다.(대판 1981.12.22, 78다2278)

2. 제3자가 당사자로 된 재판상 화해의 효력 소송당사자 아닌 제3자도 재판상 화해의 당사자가 될 수 있고, 이 경우 그 화해의 효력은 화해조서에 기재된 내용에 따라 제3자에게도 미친다.(대판 1985.11.26, 84다카1880)

3. 소송상의 화해를 사기나 착오를 이유로 취소할 수 있는지 여부 소송상의 화해는 소송행위로서 사법상의 화해와는 달리 사기나 착오를 이유로 취소할 수는 없다.(대판 1979.5.15, 78다1094)

4. 재판상 화해에서도 실효조건부 화해가 가능한지 여부 재판상 화해에서도 제3자의 이의가 있을 때에 화해의 효력을 실효시키기로 하는 약정이 가능하고 그 실효조건의 성취로 화해의 효력은 당연히 소멸한다.(대판 1993.6.29, 92다56056)

5. 제소전화해에도 창설적 효력이 인정되는지 여부 제소전화해는 재판상 화해로서 확정판결과 동일한 효력이 있고 창설적 효력을 가지는 것이므로 화해가 이루어지면 종전의 법률관계를 바탕으로 한 권리의무 관계는 소멸한다.(대판 1988.1.19, 85다카1792)

6. 조정조서에 인정되는 확정판결과 동일한 효력이 미치는 범위 조정은 당사자 사이에 합의된 사항을 조서에 기재함으로써 성립하고 조정조서는 재판상의 화해조서와 같이 확정판결과 동일한 효력이 있으며 창설적 효력을 가지는 것이어서 당사자 사이에 조정이 성립하면 종전의 법률관계를 바탕으로 한 권리·의무관계는 소멸하고 조정의 내용에 따른 새로운 권리·의무관계가 성립한다. 이러한 조정조서에 인정되는 확정판결과 동일한 효력은 소송물인 권리관계의 존부에 관한 판단에만 미친다고 할 것이므로, 소송절차 진행 중에 사건이 조정에 회부되어 조정이 성립한 경우 소송물 이외의 권리관계에도 조정의 효력이 미치려면 특별한 사정이 없는 한 그 권리관계가 조정조항에 특정되어야 하고, 조정조서 중 청구의 표시 다음에 부가적으로 기재됨으로써 조정조서의 기재내용에 의하여 소송물인 권리관계가 되었다고 인정할 수 있어야 한다.(대판 2007.4.26, 2006다78732)

▶ 재판상 화해의 요건

7. 인지청구권을 포기하기로 하는 재판상 화해의 효력 인지청구권은 본인의 일신 전속적인 신분관계상의 권리로서 포기할 수 없고 포기하였다 하더라도 그 효력이 발생할 수 없는 것이므로 비록 인지청구권을 포기하기로 하는 화해가 재판상 이루어지고 그것이 화해조항에 표시되었다 할지라도 동 화해는 그 효력이 없다.(대판 1987.1.20, 85므70)

8. 강행법규에 위배된 재판상 화해의 효력 재판상 화해가 성립하면 그 내용이 강행법규에 위배된다 할지라도 재심절차에 의하여 취소되지 아니하는 한 그 화해조서를 무효라고 주장할 수 없는 터이므로 화해에 대하여 민 607조, 608조에 반한다든가 통정한 허위표시로서 무효라는 취지의 주장을 할 수 없다.(대판 1991.4.12, 90다9872)

▶ 재판상 화해의 효력

9. 재판상 화해조서의 기판력 재판상의 화해를 조서에 기재한 때에는 그 조서는 확정판결과 동일한 효력이 있고 당사자간에 기판력이 생기는 것이므로 재심의 소에 의하여 취소 또는 변경이 없는 한, 당사자는 그 화해의 취지에 반하는 주장을 할 수 없다.(대판(全) 1962.2.15, 4294민상914)

10. 재판상 화해조서의 집행력 제소전화해조서가 담보의 방법으로 작성되었다고 하더라도 그 조서는 확정판결과 같은 효력이 있는 것으로서 그 기재의 내용에 따라 집행력이 생기는 것이고, 그 집행을 저지할 수 있는 사유가 있다고 하더라도 이를 이유로 집행상의 구제수단을 취할 수 있음은 별론으로 하고 그 사유를 무시한 집행이 부적법하여 당연무효의 것이라고는 할 수 없다.(대판 1979.4.10, 79다164)

11. 등기말소의 화해 성립 후 그 부동산에 관한 근저당권 설정을 받은 자가 변론종결 후의 승계인인지 여부(적극) 소유권이전등기말소 소송에서 재판상 화해에 의하여 피고가 금전지급 불이행을 조건으로 소유권이전등기를 말소할 의무를 부담하는 것은 원고의 물권적청구권에 터잡아 소유권의 방해배제를 구한 데 대한 것으로 이는 물권적인 소유권이전등기의 말소의무이므로, 따라서 그 화해성립 후에 동인으로부터 그 부동산에 관한 담보권인 근저당권설정을 받은 자는 변론종결 후의 승계인에 해당한다.(대판 1977.3.22, 76다2778)

12. 재판상 화해에 의하여 확정된 금전채무에 대한 지연손해금 재판상 화해는 창설적 효력을 가지므로 제소전화해가 이루어지면 종전의 법률관계를 바탕으로 한 권리의무는 소멸하는 것이니 이자부소비대차상 채무에 관하여 제소전화해에 의하여 확정된 채무가 금 25,180,000원 뿐이라면 그 변제기 후의 채무액은 위 금 25,180,000원과 이에 대한 그 변제기 이후의 민사법정 이율에 의한 지연손해금이다.(대판 1982.4.13, 81다531)

13. 주식회사의 대표이사가 주주총회 특별결의 없이 행한 제소전화해의 준재심사유 주식회사의 대표이사가 금원을 차용함에 있어 주주총회의 특별결의 없이 제소전화해를 하였다면 이는 소송행위를 하는 대 필요한 특별수권을 얻지 않고 한 셈이 되어 구 민소 422조 1항 3호 소정의 재심사유에 해당하지만, 전혀 대리권을 갖지 아니한 자가 소송대리를 할 대리권 흠결의 경우와는 달라서 같은 법 427조가 적용되지 아니한다.(대판 1980.12.9, 80다584)

14. 형사상 처벌받을 다른 사람의 행위로 인한 사유가 소송상 화해의 준재심사유로 되기 위한 요건 소송상의 화해는 소송행위로서 사법상의 화해와는 달리 사기나 착오를 이유로 취소할 수는 없는 것이며, 구 민소 422조 1항 5호 소정의 형사상 처벌 받을 타인의 행위로 인한 사유가 소송상의 화해에 대한 준재심사유로 될 수 있는 것은 그것이 당사자가 화해의 의사표시를 하게 된 직접적인 원인이 된 경우만이라고 할 것이고, 그렇지 않고 그 형사상 처벌을 받을 타인의 행위가 화해에 이르게 된 간접적인 원인밖에 되지 않았다고 보이는 경우에까지 준재심사유가 된다고 볼 수는 없다.(대판 1979.5.15, 78다1094)

15. 재판상 화해의 취지에 반하는 주장을 할 수 있는지 여부(소극) 재판상의 화해를 조서에 기재한 때에는 그 조서는 확정 판결과 같은 효력이 있고 당사자 간에 기판력이 생기는 것이므로 재심의 소에 의하여 취소 또는 변경이 없는 한 당사자는 그 화해의 취지에 반하는 주장을 할 수 없다.(대판(全) 1962.2.15, 4294민상914)

16. 선행화해와 모순·저촉되는 후행화해가 성립된 경우 선행화해의 효력 갑과 을 등 사이에 제1화해가 성립한 후에 갑과 을 사이에 다시 제1화해와 모순·저촉되는 제2화해가 성립하였다 하여도 제1화해가 조서에 기재되어 확정판결과 동일하게 기판력이 발생한 이상 제2화해에 의하여 제1화해가 당연히 실효되거나 변경되고 나아가 제1화해조서의 집행으로 마쳐진 을 명의의 소유권이전등기 등이 무효로 된다고 볼 수는 없다.(대판 1994.7.29, 92다25137)

17. 제소전화해가 준재심의 소에서 취소된 경우 제소전화해로 인한 법률관계의 효력(실효) 제소전화해에서는 종결될 소송이 계속되었던 것이 아니고 종결된 것은 화해절차뿐이므로, 재심사유가 있어 준재심의 소에 의하여 제소전화해를 취소하는 준재심 판결이 확정된다 하여도 부활될 소송이 없음은 물론, 그 화해절차는 화해가 성립하지 아니한 것으로 귀착되어 그 제소전화해에 의하여 생긴 법률관계가 처음부터 없었던 것과 같이 되는 것뿐이다.(대판 1996.3.22, 95다14275)

▶ 청구의 포기 및 인낙

18. 청구의 인낙의 법적 성질 재판상 인낙은 피고가 원고의 주장을 승인하는 소송상 행위로서 실체법상 채권채무의 발생원인이 되는 법률행위라 할 수 있으므로 그의 불이행 또는 이행불능의 이유로 손해배상청구권이 발생하는 것은 아니다.(대판 1957.3.14, 4289민상439)

19. 가처분에 의한 대표이사 직무집행대행자가 회사관계소송에서 인낙하기 위한 요건 법원의 가처분결정에 의한 회사의 대표이사 직무대행자는 그 가처분에 다른 정함이 있는 때 외에는 법원의 허가 없이 그 회사의 상무에 속하지 않는 행위를 할 수 없고 법원의 허가 없이 회사를 대표하여 변론기일에서 상대방의 청구에 대한 인낙을 한 경우에는 구 민소 422조 1항 3호 소정의 소송행위를 함에 필요한 특별수권의 흠결이 있는 재심사유에 해당한다.(대판 1975.5.27, 75다120)

20. 인낙의 취지가 기재된 변론조서의 효력 피고가 원고의 청구를 인낙하여 그 취지가 변론조서에 기재되어 있으면 따로 인낙조서의 작성이 없어도 확정판결과 동일한 효력이 있는 동시에 그것으로써 소송은 종료된다.(대판 1969.10.7, 69다1027)

21. 인낙조서의 기판력의 범위 매매를 원인으로 한 소유권이전등기절차이행 청구에 관한 인낙조서의 기판력은 그 등기청구권의 존부에만 미치고, 등기청구권의 원인이 되는 채권계약의 존부나 그 목적부동산의 소유권의 귀속에 관하여는 미치지 아니한다.(대판 1982.3.9, 81다464)

22. 예비적 청구만을 대상으로 한 인낙의 가부 원심에서 추가된 청구가 종전의 주위적 청구가 인용될 것을 해제조건으로 하여 청구된 것임이 분명하다면, 원심으로서는 종전의 주위적 청구의 당부를 먼저 판단하여 그 이유가 없을 때에만 원심에서 추가된 예비적 청구에 관하여 심리 판단할 수 있고, 위 추가된 예비적 청구만을 분리하여 심리하거나 일부 판결을 할 수 없으며, 피고로서도 위 추가된 예비적 청구에 관하여만 인낙을 할 수도 없고, 가사 인낙을 한 취지가 조서에 기재되었다 하더라도 그 인낙의 효력이 발생하지 아니한다.(대판 1995.7.25, 94다62017)

23. 청구의 인낙이 있었음에도 법원이 사건의 심리를 진행한 경우와 이에 대한 조치 청구의 인낙이 변론조서에 기재가 되면 따로 조서의 작성이 있는 경우라도 확정판결과 같은 효력이 생기고 그것으로써 소송은 종료되며, 만약 청구의 인낙이 변론조서에 기재되었음에도 불구하고 소송이 진행된 경우 법원은 인낙으로 인한 소송종료를 판결로 선고하여야 한다.(대결 1962.6.14, 62마6)

24. 순차 경료된 소유권이전등기의 말소청구소송에서 피고 중 1인이 한 인낙의 효력이 다른 피고들에게 미치는지 여부

(소극) 피고들 앞으로 순차 경료된 소유권이전등기의 말소를 구하는 소송에서 당초의 피고 중의 한사람이 한 인낙의 효력은 다른 피고들에게까지 미친다고 할 수 없으므로 피고들 앞으로 경료된 소유권이전등기의 추정력은 위 인낙에 의하여 깨질 수 없다.(대판 1987.6.23, 86다카1640)
25. 주주총회결의의 하자를 다투는 소와 화해 및 조정의 가부 주주총회결의의 부존재·무효를 확인하거나 결의를 취소하는 판결이 확정되면 당사자 이외의 제3자에게도 그 효력이 미쳐 제3자도 이를 다툴 수 없게 되므로, 주주총회결의의 하자를 다투는 소에서 청구의 인낙이나 그 결의의 부존재·무효를 확인하는 내용의 화해·조정은 할 수 없고, 가사 이러한 내용의 청구인낙 또는 화해·조정이 이루어졌다 하여도 그 인낙조서나 화해·조정조서는 효력이 없다.(대판 2004.9.24, 2004다28047)
제221조 【결정·명령의 고지】 ① 결정과 명령은 상당한 방법으로 고지하면 효력을 가진다.
② 법원사무관등은 고지의 방법·장소와 날짜를 재판의 원본에 덧붙여 적고 날인하여야 한다.
▣ 판결의 규정의 준용(224), 판결의 효력발생시기(205), 결정(민집126·128②), 송달이 필요한 결정(회생파산8)
1. 결정 고지 전에 제기한 항고의 적법 여부(소극) 결정은 상당한 방법에 의하여 고지함으로써 그 효력이 발생하는 것이고 그 고지 전에는 결정의 효력이 발생하지 아니하여 항고권도 발생하지 않으므로 결정고지 전에 한 항고는 부적법하다.(대결 1983.3.29, 83스5)
2. 결정·명령의 성립 시기 판결처럼 선고가 필요하지 않은 결정과 같은 재판은 그 원본이 법원서기관, 법원사무관, 법원주사 또는 법원주사보에게 교부되었을 때 대외적으로 성립한 것으로 보아야 하고, 또 다른 특별한 사정이 없는 한 그 결정을 작성한 날짜에 이것이 법원서기관 등에게 교부된 것이라고 추정한다.(대결 1974.3.30, 73마894)
3. 강제집행 일시정지신청의 기각결정을 상대방에게도 고지하여야 하는지 여부(소극) 강제집행의 일시정지를 위한 신청사건은 판결절차와 같이 엄격한 형식으로서의 당사자대립의 구조를 가지지 아니하므로, 그 기각결정에 대하여는 신청인에게 이를 고지하면 그 효력을 발생하여 확정되는 것이고 아무런 불이익이 없는 상대방에게 반드시 이를 고지하여야만 하는 것은 아니며 그 확정은 특별항고가 제기되었다 하여 차단되는 것도 아니다.(대결 1988.2.24, 88그2)
제222조 【소송지휘에 관한 재판의 취소】 소송의 지휘에 관한 결정과 명령은 언제든지 취소할 수 있다.
▣ 유사규정(88③·141)
제223조 【법원사무관등의 처분에 대한 이의】 법원사무관등의 처분에 관한 이의신청에 대하여는 그 법원사무관등이 속한 법원이 결정으로 재판한다.
▣ 법원사무관등의 처분(162·499, 민집28), 결정(134·221), 유사규정(민집34)
1. 집행문 부여를 명하는 결정에 대한 불복방법 법원주사의 집행문 부여 거절처분에 대한 채권자의 이의신청을 인용하여 그 집행문의 부여를 명하는 결정은 채권자에 대한 일방적인 것이고 그 채무자를 상대로 하는 것이 아니기 때문에, 채무자는 직접 이에 대한 불복신청을 할 수 없고, 다만 위 결정에 의한 집행문 부여에 대하여 이의할 수 있을 뿐이다.(대결 1979.8.25, 78마249)
2. 소송관계인이 불실기재된 변론조서의 정정을 구하는 경우의 처리방법 소송관계인이 변론조서에 불실기재가 되어 있다는 사유로 그 정정을 구하는 경우에는 구 민소 146조 2항에 의하여 처리할 것이고 같은 법 209조 소정의 이의사건으로 처리한 조치는 위법이다.(대결 1975.12.8, 75마372)

3. 판결확정증명서 부여처분을 취소하는 법원의 결정에 대한 불복방법 법원서기관 또는 서기의 판결확정증명서 부여처분에 대한 이의를 소속법원이 받아 들여 그 판결확정증명서 부여처분을 취소하는 결정을 한 경우 이에 대한 불복은 당해 판결확정증명서를 청구하여 부여받았던 자만이 이를 할 수 있다.(대결 1979.9.27, 79마259)
제224조 【판결규정의 준용】 ① 성질에 어긋나지 아니하는 한, 결정과 명령에는 판결에 관한 규정을 준용한다. 다만, 법관의 서명은 기명으로 갈음할 수 있고, 이유를 적는 것을 생략할 수 있다.
② 이 법에 따른 과태료재판에는 비송사건절차법 제248조 및 제250조 가운데 검사에 관한 규정을 적용하지 아니한다.
▣ 판결(198~224), 과태료재판의 절차와 약식재판(비송248·250)
1. 실체관계의 내용에 관한 결정·명령의 기판력 확정된 종국판결은 소송물로 주장된 법률관계의 존부에 관한 판단의 결론에 관하여 기판력을 가지며, 결정 명령재판에도 실체관계를 종국적으로 판단하는 내용의 것인 경우에는 기판력이 있다.(대결 2002.9.23, 2000마5257)
2. 채권압류 및 전부명령의 '주문'에 압류·전부되는 채권들이 명시되어 있으나 '이유'에 집행권원의 일부기재가 누락된 경우, 그에 대하여 위 압류·전부명령의 효력이 미치는지 여부(적극) 법원의 판결, 결정, 명령은 국가기관인 법원의 공권적 판단으로서 이에 의하여 분쟁을 해결함으로써 국민의 법적 생활의 안정을 기하는 데 그 목적이 있기 때문에 상소 또는 재심의 소 등에 의하여 취소되지 않는 한, 그 절차가 위법하다거나 내용이 부당하다 하여 이것을 사인(私人)들 사이에 이루어지는 법률행위에서와 같이 당연 무효라고 할 수 없을 뿐만 아니라, 민소 224조에 의하면 결정과 명령에는 판결에 관한 규정을 준용하되 이유를 적는 것을 생략할 수도 있으므로, 채권압류 및 전부명령의 주문에 압류·전부되는 채권들이 모두 명시되어 있는 이상 그 명령의 이유에 압류·전부되는 채권 중 일부 채권에 관한 집행권원의 기재가 누락되어 있다 하더라도 그와 같은 사정만으로 그 집행권원의 기재가 누락된 일부 채권에 대하여 위 압류·전부명령의 효력이 미치지 않는다고 볼 수는 없다.(대판 2009.11.26, 2006마37106)

제6절 화해권고결정

제225조 【결정에 의한 화해권고】 ① 법원·수명법관 또는 수탁판사는 소송에 계속중인 사건에 대하여 직권으로 당사자의 이익, 그 밖의 모든 사정을 참작하여 청구의 취지에 어긋나지 아니하는 범위안에서 사건의 공평한 해결을 위한 화해권고결정(和解勸告決定)을 할 수 있다.
② 법원사무관등은 제1항의 결정내용을 적은 조서 또는 결정서의 정본을 당사자에게 송달하여야 한다. 다만, 그 송달은 제185조제2항·제187조 또는 제194조에 규정한 방법으로는 할 수 없다.
▣ ① 화해권고결정서(민소규57②·58·59①), 화해의 권고(145), ② 조서(152~154), 송달장소변경의 신고(185②), 우편송달(187), 공시송달(194)
제226조 【결정에 대한 이의신청】 ① 당사자는 제225조의 결정에 대하여 그 조서 또는 결정서의 정본을 송달받은 날부터 2주 이내에 이의를 신청할 수 있다. 다만, 그 정본이 송달되기 전에도 이의를 신청할 수 있다.

② 제1항의 기간은 불변기간으로 한다.
■ ① 화해권고결정(225), 송달(1740이하), ② 불변기간(172)

제227조【이의신청의 방식】 ① 이의신청은 이의신청서를 화해권고결정을 한 법원에 제출함으로써 한다.
② 이의신청서에는 다음 각호의 사항을 적어야 한다.
1. 당사자와 법정대리인
2. 화해권고결정의 표시와 그에 대한 이의신청의 취지
③ 이의신청서에는 준비서면에 관한 규정을 준용한다.
④ 제226조제1항의 규정에 따라 이의를 신청한 때에는 이의신청의 상대방에게 이의신청서의 부본을 송달하여야 한다.
■ 화해권고결정에 대한 이의신청(226), 준비서면의 제출·기재사항(273·274)

1. 화해권고결정에 대한 이의신청 방식 민소 227조 2항 2호가 화해권고결정에 대한 이의신청서에 기재하도록 요구하고 있는 화해권고결정의 표시와 그에 대한 이의신청의 취지는 제출된 서면을 전체적으로 보아 어떠한 화해권고결정에 대하여 이의를 한다는 취지가 나타나면 족하고, 그 서면의 표제가 준비서면 등 다른 명칭을 사용하고 있다고 하여 달리 볼 것은 아니다.(대판 2011.4.14, 2010다5694)

제228조【이의신청의 취하】 ① 이의신청을 한 당사자는 그 심급의 판결이 선고될 때까지 상대방의 동의를 얻어 이의신청을 취하할 수 있다.
② 제1항의 취하에는 제266조제3항 내지 제6항을 준용한다. 이 경우 "소"는 "이의신청"으로 본다.
■ 화해권고결정에 대한 이의신청(226), 소의 취하(266)

제229조【이의신청권의 포기】 ① 이의신청권은 그 신청전까지 포기할 수 있다.
② 이의신청권의 포기는 서면으로 하여야 한다.
③ 제2항의 서면은 상대방에게 송달하여야 한다.
■ 화해권고결정에 대한 이의신청(226), 청구의 포기(220), 송달(174)

제230조【이의신청의 각하】 ① 법원·수명법관 또는 수탁판사는 이의신청이 법령상의 방식에 어긋나거나 신청권이 소멸된 뒤의 것임이 명백한 경우에는 그 흠을 보정할 수 없으면 결정으로 이를 각하하여야 하며, 수명법관 또는 수탁판사가 각하하지 아니한 때에는 수소법원이 결정으로 각하한다.
② 제1항의 결정에 대하여는 즉시항고를 할 수 있다.
■ 화해권고결정에 대한 이의신청(226), 이의신청의 방식(227), 즉시항고(444)

제231조【화해권고결정의 효력】 화해권고결정은 다음 각호 가운데 어느 하나에 해당하면 재판상 화해와 같은 효력을 가진다.
1. 제226조제1항의 기간 이내에 이의신청이 없는 때
2. 이의신청에 대한 각하결정이 확정된 때
3. 당사자가 이의신청을 취하하거나 이의신청권을 포기한 때
■ 화해권고결정(225), 이의신청(226), 화해권고결정에 대한 이의신청의 취하·포기(228·229)

제232조【이의신청에 의한 소송복귀 등】 ① 이의신청이 적법한 때에는 소송은 화해권고결정 이전의 상태로 돌아간다. 이 경우 그 이전에 행한 소송행위는 그대로 효력을 가진다.
② 화해권고결정은 그 심급에서 판결이 선고된 때에는 그 효력을 잃는다.
■ 이의신청(226), 화해권고결정(225), 화해권고결정의 취소(민소규59②), 판결의 선고(198)

제7절 소송절차의 중단과 중지

제233조【당사자의 사망으로 말미암은 중단】 ① 당사자가 죽은 때에 소송절차는 중단된다. 이 경우 상속인·상속재산관리인, 그 밖에 법률에 의하여 소송을 계속하여 수행할 사람이 소송절차를 수계(受繼)하여야 한다.
② 상속인은 상속포기를 할 수 있는 동안 소송절차를 수계하지 못한다.
■ 본조의 부적용(238), ① 상속재산관리인(민1053-1059), 가사소송의 경우(가소16), ② 포기할 수 있는 기간(민1019-1021)

1. 경락인이 사망한 경우와 경매절차의 중단 여부(소극) 강제경매에 있어서 경락허가결정 이후에 경락인이 사망하여도 경매절차가 중단되지 아니하며 경락의 효력은 그 상속인에게 미친다.(대판 1970.11.24, 70다1894)

2. 담보권실행의 경매절차에서의 채무자의 사망과 절차의 속행 근저당권의 실행을 위한 부동산 경매는 그 근저당권 설정등기에 표시된 채무자 및 저당 부동산의 소유자와의 관계에서 그 절차가 진행되는 것이므로, 그 절차의 개시 전 또는 진행 중에 채무자나 소유자가 사망하였더라도 그 재산상속인이 경매법원에 대하여 그 사망 사실을 밝히고 경매절차를 수계하지 아니한 이상 경매법원이 이미 사망한 등기부상의 채무자나 소유자와의 관계에서 그 절차를 속행하여 이루어진 경락허가결정을 무효라고 할 수는 없다.(대판 1998.10.27, 97다39131)

3. 가처분신청과 가처분결정 사이에 채무자가 사망한 경우 처분금지가처분결정의 효력 당사자 쌍방을 소환하여 심문절차를 거치거나 변론절차를 거침이 없이 채권자 일방만의 신청에 의하여 바로 내려진 처분금지가처분결정은 신청 당시 채무자가 생존하고 있었던 이상 그 결정 직전에 채무자가 사망함으로 인하여 사망한 자를 채무자로 하여 내려졌다고 하더라도 이를 당연무효라고 할 수 없다.(대판 1993.7.27, 92다48017)

4. 소 제기 후 실종선고가 있는 경우 소송절차 중단시기 소송이 적법하게 계속된 후 당해 소송의 당사자에 대하여 실종선고가 확정된 경우에는 실종자가 사망하였다고 보는 시기는 실종기간이 만료한 때라 하더라도 소송상의 지위의 승계절차는 실종선고가 확정되어야만 비로소 이를 취할 수가 있는 것이므로, 실종선고가 있기까지는 소송상 당사자능력이 없다고는 할 수 없고, 소송절차가 법률상 그 진행을 할 수 없게 되지 때, 즉 실종선고가 확정된 때에 소송절차가 중단된다.(대판 1983.2.22, 82사18)

5. 사망자 명의로 제기된 소에서의 소송수계신청 허부(소극) 실재하지 않은 사망자 명의로 제기된 소는 처음부터 부적법한 것이어서 동인의 재산상속인들의 소송수계신청은 허용될 수 없다.(대결 1979.7.24, 79마173)

6. 사망한 자를 당사자로 하여 소를 제기한 후 수계신청의 처리 사망한 자를 당사자로 하여 소를 제기한 후 그 사망 사실을 발견하고 수계신청을 한 경우에는 그것은 당사자표시 정정신청의 취지로 볼 수 있다.(대판 1971.6.30, 69다1840)

7. 면직처분의 무효확인소송 계속 중 당사자가 사망한 경우

와 소송의 종료 여부(적극) 공무원으로서의 지위는 일신전속권으로서 상속의 대상이 되지 않으므로, 의원면직처분에 대한 무효확인을 구하는 소송은 당해 공무원이 사망함으로써 중단됨이 없이 종료된다.(대판 2007.7.26. 2005두15748)

8. 이혼소송 계속 중 당사자 일방이 사망한 경우와 소송의 중단(소극) 재판상 이혼청구권은 부부의 일신전속의 권리이므로 이혼소송계속 중 배우자의 일방이 사망한 경우에는 상속인이 그 소송절차를 수계할 수 없음은 물론이고, 또 그러한 경우에 검사가 이를 수계할 수 있는 특별한 규정도 없으므로 이 사건 소송은 청구인의 사망과 동시에 종료한다.(대판 1982.10.12, 81므53)

9. 사망한 공동광업권자의 지위가 상속인에게 승계되는지 여부(소극) 공동광업권자의 1인이 사망한 때에는 공동광업권의 조합관계로부터 당연히 탈퇴되고, 특히 조합계약에서 사망한 공동광업권자의 지위를 그 상속인이 승계하기로 약정한 바가 없는 이상 사망한 공동광업권자의 지위는 일신전속적인 권리의무관계로서 상속인에게 승계되지 아니하고, 따라서 동 망인이 제소한 공동광업권관계소송은 그의 사망으로 당연히 종료된다.(대판 1981.7.28, 81다145)

10. 단체의 의사결정기관 구성원의 지위가 상속인에게 승계되는지 여부(소극) 단체의 정관에 따른 의사결정기관의 구성원이 그 지위에 기하여 위 단체를 상대로 그 의사결정기관이 한 결의의 존재나 효력을 다투는 민사소송을 제기하였다가 그 소송 계속 중에 사망하였거나 승소 확정판결을 받은 후 그에 대한 재심소송 계속 중에 사망하였다면, 단체의 의사결정기관 구성원으로서의 지위는 일신전속권으로서 상속의 대상이 된다고 할 수 없어 소송수계의 여지가 없으므로 위 소송이나 재심소송은 본인의 사망으로 중단됨이 없이 그대로 종료된다.(대판 2004.4.27, 2003다64381)

11. 소송계속 중 당사자가 사망하고 그 상속인의 존부가 분명하지 않은 경우와 법원의 조치 민 1053조 1항은 '상속인의 존부가 분명하지 아니한 때에는 법원은 777조의 규정에 의한 피상속인의 친족 기타 이해관계인 또는 검사의 청구에 의하여 상속재산관리인을 선임하고 지체 없이 이를 공고하여야 한다'고 규정하고 있고, 이러한 상속재산관리인은 민사소송법에 따라 소송을 수계할 수 있는 것이므로, 법원으로서는 소송절차를 중단한 채 상속재산관리인의 선임을 기다려 그로 하여금 소송을 수계하도록 하여야 한다.(대판 2002.10.25, 2000다21802)

12. 소송당사자가 변론종결 후 사망한 경우 판결선고의 가부(적극) 이 사건의 청구인이던 갑이 원심의 변론종결 후에 사망하였음에도 원심이 소송수계절차없이 판결을 선고하였다고 하더라도 위법이라 할 수 없다.(대판 1989.9.26, 87므13)

13. 상속포기기간내의 소송절차 수계의 위법이 치유되는 경우 상속개시가 있은 지 불과 1월내에 소송수계를 하여 소송이 진행된 하자가 있다 하더라도 소송의 진행 중 상속의 포기 없이 상속개시 있음을 안 날로부터 3월을 경과한 때에는 그 전까지의 소송행위에 관한 하자는 치유되었다.(대판 1964.5.26, 63다974)

14. 당사자가 소송대리인에게 소송위임을 한 다음 소 제기 전 사망하였는데 소송대리인이 이를 모르고 사망한 당사자를 원고로 표시하여 소를 제기한 경우, 소 제기가 적법한지 여부(적극) 및 이때 상속인들이 소송절차를 수계하여야 하는지 여부(적극) 당사자가 사망하더라도 소송대리인의 소송대리권은 소멸하지 아니하므로, 당사자가 소송대리인에게 소송위임을 한 다음 소 제기 전에 사망하였는데 소송대리인이 당사자가 사망한 것을 모르고 당사자를 원고로 표시하여 소를 제기하였다면 소의 제기는 적법하고, 시효중단 등 소 제기의 효력은 상속인들에게 귀속된다. 이 경우 민소 233조 1항이 유추 적용되어 사망한 사람의 상속인들은 소송절차를 수계하여야 한다.(대판 2016.4.2, 2014다210449)

제234조【법인의 합병으로 말미암은 중단】 당사자인 법인이 합병에 의하여 소멸된 때에 소송절차는 중단된다. 이 경우 합병에 의하여 설립된 법인 또는 합병한 뒤의 존속법인이 소송절차를 수계하여야 한다.

▣ 본조의 부적용(238), 수계(241-244), 합병(상227・235・269・530②・609①)

1. 당사자인 법인으로부터 영업양도를 받은 것이 수계원인인지 여부(소극) 단순히 당사자인 법인으로부터 영업양도를 받았다는 것만으로는 당사자소송수계의 원인이 되지 않는다.(대판 1962.9.27, 62다441)

2. 법인의 권리・의무가 법률의 규정에 의하여 승계되는 경우와 소송상 지위의 승계 여부(적극) 법인의 권리의무가 법률의 규정에 의하여 새로 설립된 법인에게 승계되는 경우에는 특단의 사유가 없는 한 계속 중인 소송에 있어서 그 법인의 법률상의 지위는 새로 설립된 법인에게 승계된다.(대판 1984.6.12, 83다카1409)

3. 소송계속 중 법인이 분할된 경우와 수계적격인 소송계속 중 피고인 토지개량조합이 분할되어 새로운 토지개량조합이 설립된 경우에는 법원은 직권으로 이 점을 조사하여 새로 설립한 토지개량조합을 피고의 소송수계인으로 보아 소송절차를 진행하여야 한다.(대판 1970.4.28, 67다1262)

제235조【소송능력의 상실, 법정대리권의 소멸로 말미암은 중단】 당사자가 소송능력을 잃은 때 또는 법정대리인이 죽거나 대리권을 잃은 때에 소송절차는 중단된다. 이 경우 소송능력을 회복한 당사자 또는 법정대리인이 된 사람이 소송절차를 수계하여야 한다.

▣ 본조의 부적용(238), 소송능력(51), 법정대리권(51・62・64), 법정대리권(63①), 수계(241-244)

1. 법인의 대표자가 직무집행이 정지된 경우에 소송절차가 중단되는지 여부 법인의 대표자가 법원의 결정에 의하여 그 직무집행이 정지된 경우에도 소송대리인이 있는 경우에는 소송절차는 중단되지 아니하지만 종국판결이 소송대리인에게 송달됨으로써 그 소송절차는 중단된다.(대판 1980.10.14, 80다623, 624)

제236조【수탁자의 임무가 끝남으로 말미암은 중단】 신탁으로 말미암은 수탁자의 위탁임무가 끝난 때에 소송절차는 중단된다. 이 경우 새로운 수탁자가 소송절차를 수계하여야 한다.

▣ 본조의 부적용(238), 수계(241-244), 신탁의 임무종료(신탁12-16)

1. 부동산 명의신탁자가 신탁을 해지한 경우 소송절차의 중단 여부(소극) 신탁법에 의한 수탁자가 아닌 부동산에 대한 명의신탁자가 그 신탁을 해지한 것으로는 소송절차가 중단될 리 없는 것이고, 위와 같은 신탁적 양도행위를 해지한 때에는 소송계속 중의 목적물을 타에 양도한 경우와 같아서 그 해지한 자가 독립당사자로 참가하는 것은 몰라도 그것으로써 소송절차가 중단된 것을 전제로 하여 소송절차 수계신청을 할 수는 없다.(대판 1966.9.28, 66다689)

제237조【자격상실로 말미암은 중단】 ① 일정한 자격에 의하여 자기 이름으로 남을 위하여 소송당사자가 된 사람이 그 자격을 잃거나 죽은 때에 소송절차는 중단된다. 이 경우 같은 자격을 가진 사람이 소송절차를 수계하여야 한다.

② 제53조의 규정에 따라 당사자가 될 사람을 선정한 소송에서 선정된 당사자 모두가 자격을 잃거나 죽은 때에 소송절차는 중단된다. 이 경우 당사자를 선정한 사람 모두 또는 새로 당사자로 선정된 사람

이 소송절차를 수계하여야 한다.

■ 본조의 부적용(238), 일정한 자격자(893,894, 회생파산78·359), 선정당사자의 자격상실통지(63), 선정당사자의 일부자격상실(54), 수계(241-244)

1. 부재자재산관리인의 해임과 소송절차의 중단   재산관리인이 부재자를 대리하여 부재자 소유의 부동산을 매매하고 매수인에게 이에 대한 허가신청절차를 이행하기로 약정하고도 그 이행을 하지 아니하여 매수인으로부터 허가신청절차의 이행을 소구당한 경우, 재산관리인의 지위는 형식상으로는 소송상 당사자이지만 그 허가신청절차의 이행으로 개시된 절차에서 만일 법원이 허가결정을 하면 재산관리인이 부재자를 대리하는 매매계약이 유효하게 됨으로써 실질적으로 부재자에게 그 효과가 귀속되는 것으로서, 법원에 대하여 허가신청절차를 이행하기로 한 약정에 터 잡아 그 이행을 소구당한 부재자재산관리인이 소송 계속 중 해임되어 관리권을 상실하는 경우 소송절차는 중단되고 새로 선임된 재산관리인이 소송을 수계한다고 봄이 상당하다.(대판 2002.1.11, 2001다41971)

제238조 【소송대리인이 있는 경우의 제외】   소송대리인이 있는 경우에는 제233조제1항, 제234조 내지 제237조의 규정을 적용하지 아니한다.

■ 소송대리권의 불소멸(95·96), 소송절차의 중단(233·234-237)

1. 소송대리인이 선임된 상태에서 당사자가 사망한 후 사망한 당사자 표시가 망인 명의로 된 판결의 효력   당사자가 사망하였으나 소송대리인이 있어 소송절차가 중단되지 아니한 경우, 원칙적으로 소송수계의 문제는 발생하지 아니하고 소송대리인은 상속인들 전원을 위하여 소송을 수행하게 되는 것이며, 그 사건의 판결의 당사자 표시가 망인 명의로 되어 있다 하더라도 그 판결은 상속인들 전원에 대하여 효력이 있다.(대판 1995.9.26, 94다54160)

2. 소송대리인이 있어 중단되지 않는 경우 상속인이 소송절차를 수계하지 못하는지 여부   구 민소 216조에 동법 211조 1항의 규정은 소송대리인이 있는 경우에는 당사자가 사망하였다 할지라도 소송대리권은 소멸하지 않고 따라서 소송절차는 이를 중단할 필요가 없게 되어 그대로 속행되므로 상속인이 소송절차를 수계함을 필요로 하지 아니한다고 한 것일 뿐, 위와 같이 소송절차가 중단되지 않는 경우에는 상속인은 소송절차를 수계하지도 못한다는 뜻으로는 풀이될 수 없다.(대판 1972.10.31, 72다1271, 1272)

3. 소송대리인이 있는 경우 소송절차가 중단되는 시기   당사자가 사망하였으나 그를 위한 소송대리인이 있는 경우에는 소송절차가 중단되지 아니하고, 그 소송대리인은 상속인들 전원을 위하여 소송을 수행하게 되어 그 사건의 판결은 상속인들 전원에 대하여 효력이 있다고 할 것이며, 다만 심급대리의 원칙상 그 판결정본이 소송대리인에게 송달된 때에는 소송절차가 중단된다.(대판 1996.2.9, 94다61649)

4. 당사자가 사망한 후 소송계인을 잘못 표시한 경우 판결의 효력이 미치는 자(1)   당사자가 사망하였으나 소송대리인이 있어 소송절차가 중단되지 아니한 경우 원칙적으로 소송수계라는 문제가 발생하지 아니하고 소송대리인은 상속인들 전원을 위하여 소송을 수행하게 되는 것이며 그 사건의 판결은 상속인들 전원에 대하여 효력이 있다 할 것이고, 이 때 상속인이 밝혀진 경우에는 상속인을 소송승계인으로 하여 신당사자로 표시할 것이지만 상속인이 누구인지 모를 때에는 망인을 그대로 당사자로 표시하여도 무방하며, 가령 신당사자를 잘못 표시하였다고 하더라도 그 표시가 망인의 상속인, 소송승계인, 소송수계인 등 망인의 상속인임을 나타내는 문구로 되어 있으면 잘못 표시된 당사자에 대하여는 판결의 효력이 미치지 아니하고 여전히 정당한 상속인에 대하여 판결의 효력이 미친다.(대결 1992.11.5, 91마342)

5. 당사자가 사망한 후 소송계인을 잘못 표시한 경우 판결의 효력이 미치는 자(2)   당사자가 사망하였으나 그를 위한

소송대리인이 있어 소송절차가 중단되지 않는 경우에 비록 상속인으로 당사자의 표시를 정정하지 아니한 채 망인을 그 로 당사자로 표시하여 판결하였다고 하더라도 그 판결의 효력은 망인의 소송상 지위를 당연승계한 상속인들 모두에게 미치는 것이므로, 망인의 공동상속인 중 소송수계절차를 밟은 일부만을 당사자로 표시한 판결 역시 수계하지 아니한 나머지 공동상속인들에게도 그 효력이 미친다.(대판 2010.12.23, 2007다22859)

제239조 【당사자의 파산으로 말미암은 중단】   당사자가 파산선고를 받은 때에 파산재단에 관한 소송절차는 중단된다. 이 경우 「채무자 회생 및 파산에 관한 법률」에 따른 수계가 이루어지기 전에 파산절차가 해지되면 파산선고를 받은 자가 당연히 소송절차를 수계한다. (2005.3.31 후단개정)

■ 파산관재인(회생파산359), 파산채권의 행사제한(회생파산424), 소송수계(회생파산347①·464), 절차의 해지(회생파산317·325·538·545), 배당에 의한 파산종결(회생파산530), 채권자취소소송의 중단·수계(회생파산406)

1. 파산자의 채무자가 파산자를 상대로 제기한 채무부존재확인소송이 본조의 파산재단에 관한 소송에 포함되는지 여부   구 민소 217조 및 구 파산법 60조에 의하면, 당사자가 파산선고를 받은 때에는 파산재단에 관한 소송절차는 파산관재인 또는 상대방이 수계할 때까지 중단되는바, 파산자의 채무자가 파산자를 상대로 제기한 채무부존재확인을 구하는 소송은 파산재단에 관한 소송 중 파산재단에 속하는 재산에 관한 소송에 해당하므로, 이에 관한 소송절차는 파산자에 대한 파산선고로 당연히 중단되고, 한편 이와 같은 소송절차의 중단사유를 간과하고 변론이 종결되어 판결이 선고된 경우 그 판결은 소송에 관여할 수 있는 적법한 수계인의 권한을 배제한 결과가 되어 절차상 위법하나 이를 당연무효라고 할 수는 없고, 대리인에 의하여 적법하게 대리되지 않았던 경우와 마찬가지로 대리권 흠결을 이유로 한 상소 또는 재심에 의하여 그 취소를 구할 수 있으며, 상소심에서 수계절차를 밟은 경우에는 그와 같은 절차상의 하자는 치유되고 그 수계와 상소는 적법한 것으로 된다.(대판 1999.12.28, 99다8971)

제240조 【파산절차의 해지로 말미암은 중단】   「채무자 회생 및 파산에 관한 법률」에 따라 파산재단에 관한 소송의 수계가 이루어진 뒤 파산절차가 해지된 때에 소송절차는 중단된다. 이 경우 파산선고를 받은 자가 소송절차를 수계하여야 한다. (2005.3.31 본조개정)

■ 파산자의 수계(242-244), 파산재단(회생파산359·384), 파산재단에 속하는 재산에 관한 소송수계(회생파산347·464), 파산폐지(회생파산538·545), 채권자취소소송의 중단(회생파산)

제241조 【상대방의 수계신청권】   소송절차의 수계신청은 상대방도 할 수 있다.

■ 수계신청의 방식(민소규60)

1. 소송 계속 중 사망한 당사자의 공동상속인의 수계신청   필수적 공동소송이 아닌 이상 사망한 피고의 공동상속인은 각각 따로 수계신청을 할 수 있다.(대판 1963.3.21, 62다805)

2. 소송대리인 없이 사망한 제1심 원고의 상속인 중 일부만이 소송을 수계하여 항소한 경우 다른 상속인들에 대한 소송의 상태   제1심 원고이던 갑이 소송계속 중 사망하였고 그의 소송대리인도 없었는데 그 공동상속인들 중 1인인 제1심 공동원고 을만이 갑을 수계하여 심리가 진행된 끝에 제1심법원은 을만을 갑의 소송수계인으로 하여 판결을 선고한 경우, 만일 갑을 수계할 다른 사람이 있음에도 수계절차를 밟지 않았다면 그에 대한 관계에서는 그 소송은 중단된 채로 제1심법원에 계속되어 있다고 보아야 한다.(대판 1994.11.4, 93다31993)

제242조 【수계신청의 통지】 소송절차의 수계신청이 있는 때에는 법원은 상대방에게 이를 통지하여야 한다.
■ 신청(161), 통지와 기간의 진행(247②)

제243조 【수계신청에 대한 재판】 ① 소송절차의 수계신청은 법원이 직권으로 조사하여 이유가 없다고 인정한 때에는 결정으로 기각하여야 한다.
② 재판이 송달된 뒤에 중단된 소송절차의 수계에 대하여는 그 재판을 한 법원이 결정하여야 한다.
■ 수계신청(242), 불복신청(439), 결정(134·221)

1. 사망자를 피고로 하는 소 제기 상태에서 선고된 제1심판결의 효력(당연무효) 및 이 경우 상속인들에 의한 항소나 소송수계신청이 적법한지 여부(소극) 사망자를 피고로 하는 소 제기는 원고와 피고의 대립당사자 구조를 요구하는 민사소송법상의 기본원칙이 무시된 부적법한 것으로서 실질적 소송관계가 이루어질 수 없으므로, 그와 같은 상태에서 제1심판결이 선고되었다 할지라도 판결은 당연무효이며, 판결에 대한 사망자인 피고의 상속인들에 의한 항소나 소송수계신청은 부적법하다. 이러한 법리는 소 제기 후 소장부본이 송달되기 전에 피고가 사망한 경우에도 마찬가지로 적용된다.(대판 2015.1.29, 2014다34041)
2. 수계가 적법한 경우 법원의 조치 법원이 수계를 적법하다고 인정하는 이상 사실상 변론을 속행함으로써 족하며 특히 이에 관한 재판을 필요로 하는 것은 아니다.(대판 1969.9.30, 69다1063)
3. 소송수계 후 신청인이 자격 없음이 판명된 경우의 처리 당사자의 사망으로 인한 소송수계 신청이 이유 있다고 하여 소송절차를 진행시켰으나 그 후에 신청인이 자격 없음이 판명된 경우에는 수계재판을 취소하고 신청을 각하하여야 하며, 위의 경우에 법원이 수계재판을 취소하지 아니하고 수계인이 진정한 재산상속인이 아니어서 청구권이 없다는 이유로 본안에 관한 실체판결을 하였다면 진정수계인에 대한 관계에서는 소송은 아직도 중단상태에 있다고 할 것이지만 참칭수계인에 대한 관계에서는 판결이 확정된 이상 기판력을 가진다.(대판 1981.3.10, 80다1895)
4. 종국판결의 송달 후 소송절차가 중단된 경우와 상소법원에 수계신청을 할 수 있는지 여부(적극) 소송 진행 중 당사자가 사망하더라도 소송대리인이 있는 경우에는 종국결과가 소송대리인에게 송달되면서 중단되므로 이러한 경우에는 상급심법원에 수계신청을 할 수 있다.(대판 1963.5.30, 63다123)
5. 대법원의 환송판결 송달과 동시에 소송절차가 중단된 경우와 수계신청할 법원 사건이 대법원에 계속 중 종래의 원고이던 갑 법인이 을 법인과 합병하여 병 법인이 신설되었어도 그 심급에서 종전의 원고대리인이 소송을 수행하여 환송판결을 받은 경우에는 그 사건은 대법원의 환송판결의 선고에 의하여 비로소 이심의 효력이 생기는 것이므로 원심에 대하여 병 법인이 소송수계신청을 하였음은 정당하다.(대판 1969.9.30, 69다1063)
6. 소송절차 중단 중 제기된 상소의 적법 여부 및 그 하자의 치유 소송절차 중단 중에 제기된 상소는 부적법한 것이지만 상소심법원에 수계신청을 하여 그 하자를 치유시킬 수 있다.(대판 1980.10.14, 80다623, 624)
7. 법률에 의한 법인의 승계와 소송상의 지위 법인의 권리의무가 법률의 규정에 의하여 새로 설립된 법인에 승계되는 경우에는 특별한 사유가 없는 한 계속 중인 소송에서 그 법인의 법률상 지위도 새로 설립된 법인에 승계된다.(대판 2002.11.26, 2001다44352)

제244조 【직권에 의한 속행명령】 법원은 당사자가 소송절차를 수계하지 아니하는 경우에 직권으로 소송절차를 계속하여 진행하도록 명할 수 있다.
■ 당사자의 수계신청(241-243)

제245조 【법원의 직무집행 불가능으로 말미암은 중지】 천재지변, 그 밖의 사고로 법원이 직무를 수행할 수 없을 경우에 소송절차는 그 사고가 소멸될 때까지 중지된다.
■ 중지의 효과(247)

제246조 【당사자의 장애로 말미암은 중지】 ① 당사자가 일정하지 아니한 기간동안 소송행위를 할 수 없는 장애사유가 생긴 경우에는 법원은 결정으로 소송절차를 중지하도록 명할 수 있다.
② 법원은 제1항의 결정을 취소할 수 있다.
■ 재판에 의한 중지(485, 특허23), 중지의 효과(247), 결정(134·221)

제247조 【소송절차 정지의 효과】 ① 판결의 선고는 소송절차가 중단된 중에도 할 수 있다.
② 소송절차의 중단 또는 중지는 기간의 진행을 정지시키며, 소송절차의 수계사실을 통지한 때 또는 소송절차를 다시 진행한 때부터 전체기간이 새로이 진행된다.
■ ① 재판의 선고(206), 중단(233-240), ② 중지(245·246), 통지(242), 기간(170)

1. 당사자가 변론 종결 후 사망한 경우 판결 선고의 가부 이 사건의 청구인이던 갑이 원심의 변론종결 후에 사망하였음에도 원심이 소송수계절차 없이 판결을 선고하였다고 하더라도 위법이라 할 수 없다.(대판 1989.9.26, 87므13)
2. 소송절차 중단 중 상소의 위법 여부 및 그 치유 여부 소송절차가 중단된 상태에서 제기된 상소는 부적법한 것이지만, 상소심 법원에 수계신청을 하여 그 하자를 치유시킬 수 있다.(대판 1996.2.9, 94다61649)
3. 소송계속 중 당사자의 사망을 간과하고 선고된 판결의 효력 소송계속 중 당사자의 사망을 간과하고 변론이 종결되어 판결이 선고된 경우에는 그 판결은 소송에 관여할 수 있는 적법한 수계인의 권한을 배제한 결과가 되는 절차상 위법은 있지만 그 판결이 당연무효라 할 수는 없고, 다만 그 판결은 대리인에 의하여 적법하게 대리되지 않았던 경우와 마찬가지로 보아 대리권흠결을 이유로 상소(구 민소 394조 1항 4호) 또는 재심(구 민소 422조 1항 3호)에 의하여 그 취소를 구할 수 있을 뿐이다.(대판(全) 1995.5.24, 94다28444)
4. 소송계속 중 당사자의 사망을 간과하고 선고된 판결에 기한 강제집행 방법 소송계속 중 어느 일방 당사자의 사망에 의한 소송절차 중단을 간과하고 변론이 종결되어 판결이 선고된 경우에는 그 판결은 소송에 관여할 수 있는 적법한 수계인의 권한을 배제한 결과가 되는 절차상 위법은 있지만 그 판결이 당연무효라 할 수는 없고, 다만 그 판결은 대리인에 의하여 적법하게 대리되지 않았던 경우와 마찬가지로 보아 대리권흠결을 이유로 상소 또는 재심에 의하여 그 취소를 구할 수 있을 뿐이라고 할 것이므로, 이와 같이 사망한 자가 당사자로 표시된 판결에 기하여 사망자의 승계인을 위한 또는 사망자의 승계인에 대한 강제집행을 실시하기 위하여는 구 민소 481조를 준용하여 승계집행문을 부여함이 상당하다.(대결 1998.5.30, 98그7)

제2편 제1심의 소송절차

제1장 소의 제기

제248조 【소제기의 방식】 소는 법원에 소장을

제출함으로써 제기한다.

☑ 소제기로 간주되는 경우(472), 중간확인의 소(264), 반소(270), 소장의 기재사항(249), 소장의 송달(255), 사법상의 효과(265, 민168-178)

▶ 소 제기 일반

1. 소송요건인 당사자의 존재와 직권조사사항 소송당사자의 존재는 소송요건으로서 법원의 직권조사사항이므로 이에 관한 당사자의 주장은 직권발동을 촉구하는 의미밖에 없어 이에 대하여 판단하지 아니하였다 하더라도 판단유탈의 상고이유로 삼을 수 없다.(대판 1990.12.21, 90다카22056)

2. 원고의 날인이 없는 소장의 효력 원고명의의 도장이 찍혀 있지 않은 소장이라도 원고 본인이 제출한 경우에는 적법한 소장이다.(대판 1974.12.10, 74다1633)

3. 외국국가를 피고로 한 소장의 각하명령의 적부 국가는 국제관례상 외국의 재판권에 복종하지 않게 되어 있으므로 특히 조약에 의하여 예외로 된 경우나 스스로 외교상의 특권을 포기하는 경우를 제외하고는 외국국가를 피고로 하여 우리나라가 재판권을 행사할 수 없는 것이므로, 일본국을 상대로 한 소장은 이를 송달할 수 없는 경우에 해당한다고 하여 소장각하명령을 한 것은 정당하다.(대결 1975.5.23, 74마281)

4. 이행의 소의 당사자적격 이행의 소에서는 원고의 청구 자체로서 당사자적격이 판가름되고 그 판단은 청구의 당부의 판단에 흡수되는 것이므로, 자기의 급부청구권을 주장하는 자가 정당한 원고이고 의무자로 주장된 자가 정당한 피고이다.(대판 1977.8.23, 75다1676)

5. 건물의 경계가 토지경계확정의 소의 대상이 되는지 여부(소극) 경계는 일정한 면적, 공간의 이용을 위하여 지상, 지하에 건설된 구조물들을 가지는 것으로서, 건물의 개수는 토지와 달리 공부상의 등록에 의하여 결정되는 것이 아니라 사회통념 또는 거래관념에 따라 물리적 구조, 거래 또는 이용의 목적물로서 관찰한 건물의 상태 등 객관적 사정과 건축한 자 또는 소유자의 의사 등 주관적 사정을 참작하여 결정되는 것이고, 그 경계 또한 사회통념상 독립한 건물로 인정되는 건물 사이의 현실의 경계에 의하여 특정되나, 이러한 의미에서 건물의 경계는 공적으로 설정 인증된 것이 아니고 단순히 사적관계에 있어서의 소유권의 한계선에 불과함을 알 수 있고, 따라서 사적자치의 영역에 속하는 건물 소유권의 범위를 확정하기 위하여는 소유권확인소송에 의하여야 하고, 공법상 경계를 확정하는 경계확정소송에 의할 수는 없다.(대판 1997.7.8, 96다36517)

6. 징발보상청구와 민사소송 피징발자의 보상청구권은 공법상의 권리가 아니고 실질적으로 사법상의 권리에 속하는 것이므로 이를 다투는 소송도 행정소송이 아니고 민사소송이어야 한다.(대판 1970.10.30, 70다224)

7. 행정처분의 당연무효 여부가 민사소송의 선결문제인 경우와 법원의 판단 국세 등의 부과 및 징수처분과 같은 행정처분이 당연무효임을 전제로 하여 민사소송을 제기한 때에는 그 행정처분이 당연무효인지 여부가 선결문제이므로 법원은 이를 심사하여 그 행정처분의 하자가 중대하고도 명백하여 당연무효라고 인정될 경우에는 이를 전제로 하여 판단할 수 있으나 그 하자가 단순한 취소사유에 그칠 때에는 법원은 그 효력을 부인할 수 없다.(대판 1973.7.10, 70다1439)

8. 소의 제기 및 응소행위가 불법행위로 되는 경우 법적 분쟁의 당사자가 법원에 대하여 당해 분쟁의 종국적인 해결을 구하는 것은 법치국가의 근간에 관계되는 중요한 일이므로 재판을 받을 권리는 최대한 존중되어야 하고, 제소행위나 응소행위가 불법행위가 되는지를 판단함에 있어서는 적어도 재판제도의 이용을 부당하게 제한하는 결과가 되지 아니하도록 신중하게 배려하여야 한다. 따라서 법적 분쟁의 해결을 구하기 위하여 소를 제기하는 것은 원칙적으로 정당한 행위이고, 단지 제소자가 패소의 판결을 받아 확정되었다는 것만으로 바로 그 소의 제기가 불법행위였다고 단정할 수는 없으나, 반면 소를 제기당한 사람 쪽에서 보면, 응소를 강요당하고 어쩔 수 없이 그를 위하여 변호사 비용을 지출하는 등의 경제적·정신적 부담을 지게 되는 까닭에 응소자에게 부당한 부담을 강요하는 결과를 가져오는 소의 제기는 위법하게 되는 경우가 있을 수 있으므로, 민사소송을 제기한 사람이 패소판결을 받아 확정된 경우에 그와 같은 소의 제기가 상대방에 대하여 위법한 행위가 되는 것은 당해 소송에서 제소자가 주장한 권리 또는 법률관계가 사실적·법률적 근거가 없고, 제소자가 그와 같은 점을 알면서, 혹은 통상인이라면 그 점을 용이하게 알 수 있음에도 불구하고 소를 제기하는 등 소의 제기가 재판제도의 취지와 목적에 비추어 현저하게 상당성을 잃었다고 인정되는 경우에 한한다.(대판 2010.6.10, 2010다15363,15370)

▶ 소의 이익

9. 취소된 영업허가증의 반환을 구하는 소(소극) 영업허가증은 행정법상 허가를 요하는 영업에서 행정관청으로부터 영업허가를 받았음을 증명하는 문서에 불과한 것으로서 그 영업허가증의 명의가 타인명의로 변경되었다 함은 행정법상 영업의가에 대한 영업허가가 취소되고 신명의자에게 영업허가가 있음을 의미하는 것이므로, 이러한 경우에 영업허가증 명의변경에 이의가 있는 자는 별도절차에 의하여 그 시정을 구함은 별론으로 하고 이미 취소된 영업허가증은 하등 재산적 가치가 없는 것이니 이의 반환을 소구할 이익이 없다.(대판 1955.5.3, 4288민상179, 180)

10. 부제소합의에 위반한 제소의 소의 이익 유무(소극) 특정한 권리나 법률관계에 대하여 분쟁이 있다 하더라도 제소하지 아니하기로 한 합의에 위반하여 제기된 소는 권리보호의 이익이 없다.(대판 1968.11.5, 68다1665)

11. 매매계약이 불공정한 법률행위로서 무효인 경우 그 계약에 관한 부제소합의의 효력(무효) 매매계약과 같은 쌍무계약이 급부와 반대급부의 불균형으로 말미암아 민 104조에서 정하는 '불공정한 법률행위'에 해당하여 무효라고 한다면, 그 계약으로 인하여 불이익을 입는 당사자로 하여금 위와 같은 불공정성을 소송 등 사법적 구제수단을 통하여 주장하지 못하도록 하는 부제소합의 역시 다른 특별한 사정이 없는 한 무효이다.(대판 2010.7.15, 2009다50308)

12. 변상판정이 있는 경우의 손해배상청구(소극) 감사원법에 의하여 변상을 명하는 판정이 확정되어 있는 이상 그 판정된 변상금의 배상을 구하는 민사상 손해배상청구는 권리보호의 필요가 없다.(대판 1970.4.14, 67다2138)

13. 골프장클럽 회원명부의 명의개서를 구하는 소(적극) 골프장클럽의 회원명부가 회원권에 관한 권리변동관계를 공시하는 문서는 아니라고 할지라도 클럽의 회칙상 회원권을 양도받은 자에 대하여 특별한 제한이 없이 소정의 절차를 거쳐서 회원권의 명의변경을 하여 주도록 되어 있고, 또한 실제로 회원명부에 회원으로 등재됨으로써 회원은 골프장시설의 우선적 이용권 등의 행사를 할 수 있을 뿐만 아니라 회원명부의 등재는 회원임을 전제로 하기 때문에 구체적인 경우에 있어 양수인의 명의개서신청일자와 가압류집행의 선후를 둘러싸고 생긴 회원인 여부의 분쟁에 대한 실효성 있는 해결이 될 수도 있으므로 회원명부의 명의개서를 구하는 소는 소의 이익이 있다.(대판 1986.6.24, 85다카2469)

14. 건축주 명의변경절차의 이행을 구하는 소의 이익(1) 건축 중인 건축물을 양수한 자가 건축주 명의변경을 원하지 않는 양도인을 상대로 그 의사표시에 갈음하여 건축허가서의 건축주 명의변경절차 이행을 구하는 소는 소의 이익이 있다.(대판 1989.5.9, 88다카6754)

15. 건축주명의변경절차의 이행을 구하는 소의 이익(2) 건축공사가 완료되어 건축법상 최종적인 절차로서 건축허가상 건축주 명의로 사용검사승인까지 받아 소유권보존등기가 마

처진 경우와는 달리, 비록 건축공사 자체는 독립한 건물로 볼 수 있을 만큼 완성되었으나 그 적법한 사용에 이르기까지 필요한 건축법상의 각종 신고나 신청 등의 모든 절차를 마치지 않은 채 소유권보존등기가 이루어진 경우에는, 그 건물의 원시취득자는 자신 앞으로 건축주 명의를 변경하여 그 명의로 건축법상 남아 있는 각종 신고나 신청 등의 절차를 이행함으로써 건축법상 허가된 내용에 따른 건축을 완료할 수 있을 것이므로, 이러한 경우 그 건물의 정당한 원시취득자임을 주장하여 건축주 명의변경절차의 이행을 구하는 소는 그 소의 이익을 부정할 수 없다.(대판 2009.2.12, 2008다72844)

16. 종중의 대동보에 등재하려는 내용을 금하는 청구의 이익(소극) 종중의 대동보에 물염정의 소축과 그 원운의 소작을 피신청인들의 13대조인 청심헌공이 한 일로 등재하려는 것을 금하는 청구를 하는 것은 재산상이나 신분상의 어떤 권리관계 주장에 관한 것이 되지 못하므로 이와 같은 청구는 제소할 법률상의 권리보호의 이익이 없어 허용될 수 없다.(대판 1975.7.8, 75다296)

17. 가등기에서 본등기를 한 자가 가등기 후에 경료된 국세 압류등기의 말소를 구하는 소의 이익(적극) 부동산에 대하여 담보권을 취득하고 그 방편으로 가등기를 한 것이 아니라 채권 채무와 관계없이 부동산을 매수하고 순위보전의 목적으로 가등기를 경료하였다가 본등기를 한 자가 가등기 후에 한 국세 또는 지방세 압류등기의 말소를 청구하는 경우, 등기공무원의 처분이나 그 처분의 당부를 다투는 이의절차에서의 법원의 재판은 원·피고 사이의 실체적 권리관계에 대하여 확정력을 가지는 것이 아니므로 등기공무원의 처분에 대한 이의의 길이 있다고 하더라도 확정력을 가지는 판단으로 분쟁을 해결하기 위하여 소송을 제기할 수 있다.(대판 1991.3.27, 90다8657)

18. 화해조서의 존재에도 불구하고 소를 제기할 이익이 인정되는 경우 화해조서의 화해조항에 '본건 건물의 소유권지분 10분의 3을 양도한다'고 되어 있지 소유권이전등기절차를 이행한다고 되어 있지 아니하며, 위 화해조서가 소유권(지분)이전등기의 의사진술을 한 것이라고 보기는 어렵고, 그렇다면 이 화해조서를 가지고 소유권(지분)이전등기의 집행을 할 수는 없으므로 위 화해조서의 존재에도 불구하고 위 소유권(지분)이전등기의 소송을 제기할 이익이 있다.(대판 1991.6.25, 91다11476)

19. 행정소송에서의 패소 후 민사소송으로 해고무효 확인을 구할 이익의 유무(적극) 노동위원회의 구제명령은 사용자에게 구제명령에 복종하여야 할 공법상 의무를 부담시킬 뿐 직접 근로자와 사용자 간의 사법상 법률관계를 발생 또는 변경시키는 것은 아니므로, 설령 근로자가 부당해고 구제신청을 기각한 재심판정의 취소를 구하는 행정소송을 제기하였다가 패소판결을 선고받아 그 판결이 확정되었다 하더라도, 이는 재심판정이 적법하여 사용자가 구제명령에 따라 공법상 의무를 부담하지 않는다는 점을 확정하는 것일 뿐 해고가 유효하다거나 근로자와 사용자 간의 사법상 법률관계에 변동을 가져오는 것은 아니어서, 근로자는 그와 별도로 민사소송을 제기하여 해고의 무효 확인을 구할 이익이 있다.(대판 2011.3.24, 2010다21962)

20. 법원이 종교단체의 징계의 당부를 판단할 수 있는 경우 종교단체의 징계결의는 종교단체 내부의 규제로서 헌법이 보장하는 종교 자유의 영역에 속하는 것이므로 교인 개인의 특정한 권리의무에 관계되는 법률관계를 규율하는 것이 아니라면 원칙적으로 법원으로서는 그 효력의 유무를 판단할 수 없다고 할 것이지만, 그 효력의 유무와 관련하여 구체적인 권리 또는 법률관계를 둘러싼 분쟁이 존재하고, 또한 그 청구의 당부를 판단하기에 앞서 위 징계의 당부를 판단할 필요가 있는 경우에는 그 판단의 내용이 종교 교리의 해석에 미치지 아니하는 한 법원으로서는 위 징계의 당부를

판단하여야 한다.(대판 2010.5.27, 2009다67658)

21. 종교단체 내에서의 단체법상의 행위와 사법심사의 대상(한정적극) 교인으로서 비위가 있는 자에게 종교적인 방법으로 징계 제재하는 종교단체 내부의 규제(권징재판)가 아닌 한 종교단체 내에서 개인이 누리는 지위에 영향을 미치는 단체법상의 행위라 하여 반드시 사법심사의 대상에서 제외하거나 소의 이익을 부정할 것은 아니다.(대판 2006.2.10, 2003다63104)

22. 법원이 교회의 권징재판에 의한 징계의 당부를 판단할 수 있는지 여부(원칙적 소극) 교회의 권징재판은 종교단체가 교리를 확립하고 단체 및 신앙상의 질서를 유지하기 위하여 목사 등 교역자나 교인에게 종교상의 방법으로 징계 제재하는 종교단체의 내부적인 제재에 지나지 아니하므로 원칙적으로 사법심사의 대상이 되지 아니하고, 그 효력과 집행은 교회 내부의 자율에 맡겨져 있는 것이므로 그 권징재판으로 말미암은 목사, 장로의 자격에 관한 시비는 직접적으로 법원의 심판의 대상이 된다고 할 수 없고, 다만 그 효력의 유무와 관련하여 구체적인 권리 또는 법률관계를 둘러싼 분쟁이 존재하고 또한 그 청구의 당부를 판단하기에 앞서 그 징계의 당부를 판단할 필요가 있는 경우에는 그 판단의 내용이 종교 교리의 해석에 미치지 아니하는 한 법원으로서는 위 징계의 당부를 판단하여야 한다.(대결 2007.6.29, 2007마224)

23. 종단에 등록을 마친 사찰 주지의 지위에 관한 소의 적부(적극) 일반적으로 사설 사찰이 아닌 종단에 등록을 마친 사찰은 독자적인 권리능력과 당사자능력을 가진 법인격 없는 사단이나 재단이라 할 것이고, 그러한 사찰의 주지는 종교상의 지위와 아울러 비법인 사단 또는 단체인 당해 사찰의 대표자로서의 지위를 겸유하면서 사찰 재산의 관리처분권 등을 갖게 되는 것이어서, 그 주지 지위의 확인이나 주지 해임무효확인 등을 구하는 것이 구체적인 권리 또는 법률관계와는 무관한 단순한 종교상의 자격에 관한 시비에 불과하다고 볼 수는 없다.(대판 2005.6.24, 2005다10388)

24. 후순위등기청구가 패소확정된 것과 전순위등기의 말소를 구하는 소의 이익(적극) 순차적으로 소유권이전등기가 경료된 경우 후순위등기의 말소등기절차 이행청구가 패소확정됨으로써 직접적으로는 그 전순위등기의 말소등기의 실행이 불가능하게 되었다 하더라도 그 전순위등기의 말소를 구할 소의 이익이 없다 할 수 없다.(대판 1993.7.13, 93다20955)

25. 공정증서의 내용과 동일한 청구의 소의 이익(적극) 공정증서는 집행력이 있을 뿐이고 기판력이 없기 때문에 기판력 있는 판결을 받기 위하여 공정증서의 내용과 동일한 청구를 소로 제기할 이익이 있다.(대판 1996.3.8, 95다22795, 22801)

26. 판결내용의 불특정으로 인한 재소의 이익(적극) 소송물이 동일한 경우이라도 판결 내용이 특정되어 있지 아니하여 집행을 할 수 없는 경우에는 다시 소송을 제기할 권리보호의 이익이 있다.(대판 1998.5.15, 97다57658)

27. 법원의 촉탁에 의하여 말소된 가처분기입등기의 회복등기절차의 이행을 구하는 소의 이익(소극) 부동산 처분금지가처분의 기입등기는 채권자나 채무자가 직접 등기공무원에게 이를 신청하여 행할 수는 없고 반드시 법원의 촉탁에 의하여 행하는바, 이와 같이 당사자가 신청할 수 없는 처분금지가처분의 기입등기가 법원의 촉탁에 의하여 말소된 경우에는 그 회복등기도 법원의 촉탁에 의하여 행하여져야 하므로, 이 경우 처분금지가처분 채권자가 말소된 가처분기입등기의 회복등기절차의 이행을 소구할 이익은 없다.(대판 2000.3.24, 99다27149)

28. 등기명의의 표시변경등기의 말소를 구하는 소의 이익(소극) 등기명의인 표시변경등기가 등기명의인의 동일성을 해치는 방법으로 행하여져 등기가 타인을 표상하는 결과에 이

르렀다면 그 경우 원래의 등기명의인은 새로운 등기명의인을 상대로 그 변경등기의 말소를 구할 수 있을 것이나, 그 표시변경이 등기명의인의 동일성이 유지되는 범위 내에서 행하여진 것에 불과한 경우에는 그것이 잘못되었더라도 다시 소정의 서면을 갖추어 경정등기를 하면 되므로 소로써 그 표시변경등기의 말소를 구하는 것은 소의 이익이 없어 허용되지 아니한다.(대판 2000.5.12, 99다69983)

29. 근저당권이전의 부기등기만의 말소를 구하는 소의 이익(한정적극) 근저당권이전의 부기등기가 기존의 주등기인 근저당권설정등기에 종속되어 주등기와 일체를 이룬 경우에는 부기등기만의 말소를 따로 인정할 아무런 실익이 없지만, 근저당권의 이전원인만이 무효 또는 취소 또는 해제된 경우, 즉 근저당권의 주등기 자체는 유효한 것을 전제로 이와는 별도로 근저당권이전의 부기등기에 한하여 무효사유가 있다는 이유로 부기등기만의 효력을 다투는 경우에는 그 부기등기의 말소를 소구할 필요가 있으므로 예외적으로 소의 이익이 있다.(대판 2005.6.10, 2002다15412, 15429)

30. 조합의 이사장에 대한 직무집행정지 가처분의 허용 여부(소극) 기존 법률관계의 변경, 형성을 목적으로 하는 형성의 소는 법률에 명문의 규정이 있는 경우에 한하여 제기할 수 있는바, 조합의 이사장 및 이사가 조합업무에 관하여 위법행위 및 정관위배행위 등을 하였다는 이유로 그 해임을 청구하는 소송은 형성의 소에 해당하는데, 이를 제기할 수 있는 법적 근거가 없으므로 조합의 이사장 및 이사 직무집행정지 가처분은 허용될 수 없다.(대판 2001.1.16, 2000다45020)

31. 등기말소소송의 기각판결이 있은 후의 소유권확인의 소의 이익(적극) 확정판결의 기판력은 소송물로 주장된 법률관계의 존부에 관한 판단의 결론에만 미치고 그 전제가 되는 법률관계의 존부에까지 미치는 것은 아니므로, 계쟁 부동산에 관한 피고 명의의 소유권이전등기가 원인무효라는 이유로 원고가 피고를 상대로 그 등기의 말소를 구하는 소송을 제기하였다가 청구기각의 판결을 선고받아 확정되었다고 하더라도, 그 확정판결의 기판력은 소송물로 주장된 말소등기청구권이나 이전등기청구권의 존부에만 미치는 것이지 그 기본이 된 소유권 자체의 존부에는 미치지 아니하고, 따라서 원고가 비록 위 확정판결의 기판력으로 인하여 계쟁 부동산에 관한 등기부상의 소유 명의를 회복할 방법은 없게 되었다고 하더라도 그 소유권이 원고에게 없음이 확정된 것은 아닐 뿐만 아니라, 등기부상 소유자로 등기되어 있지 않다고 하여 소유권을 행사하는 것이 전혀 불가능한 것도 아닌 이상 원고로서는 그의 소유권을 부인하는 피고에 대하여 계쟁 부동산이 원고의 소유라는 확인을 구할 법률상 이익이 있으며, 이러한 법률상의 이익이 있는 이상에는 특별한 사정이 없는 한 소유권확인 청구의 소 제기가 신의칙에 반하는 것이라고 단정할 수 없는 것이다.(대판 2002.9.24, 2002다11847)

32. 정리절차의 폐지와 권리확정소송의 이익(소극) 구 회사정리법 278조에 의하면, 정리계획인가 후의 정리절차의 폐지는 그 동안의 정리계획의 수행이나 같은 법의 규정에 의하여 생긴 효력에 영향이 미치지 아니하므로, 정리절차가 폐지된 후에도 같은 법 241조에 의한 면책의 효력과 같은 법 242조에 의한 권리변동 효력은 그대로 존속하고 여전히 권리확정의 필요가 있다. 따라서 정리절차 폐지로 인하여 종전에 계속중이던 권리확정소송이 당연히 종료한다거나 그 소의 이익이 없어진다고 볼 수 없고, 정리절차 폐지 후 파산이 선고되었다 하더라도 마찬가지이다.(대판 2007.10.11, 2006다57438)

제249조 [소장의 기재사항] ① 소장에는 당사자와 법정대리인, 청구의 취지와 원인을 적어야 한다.
② 소장에는 준비서면에 관한 규정을 준용한다.

■ ① 법정대리인(51·62·64), 청구의 취지와 원인(262), 소장심사권

(254), ② 준비서면(273·274·276)

▶당사자확정 및 당사자표시정정

1. 소송당사자의 확정 방법 및 당사자 표시정정이 허용되는 경우 소장에 기재된 표시 및 청구의 내용과 원인사실 등 소장의 전취지를 합리적으로 해석하여 당사자를 확정하여야 하고, 이와 같이 확정된 당사자와 동일성이 인정되는 범위 내에서라면 올바른 당사자로 표시를 정정하는 것은 허용된다.(대판 2011.7.28, 2010다97044)

2. 당사자 표시 정정의 심리 원고가 피고를 정확히 표시하지 못하고 당사자능력이 없는 자를 피고로 잘못 표시하였다면, 당사자 표시정정신청을 받은 법원으로서는 당사자를 확정한 연후에 원고가 정정신청한 당사자 표시가 확정된 당사자의 올바른 표시이며 동일성이 인정되는지의 여부를 살피고, 그 확정된 당사자로 피고의 표시를 정정하도록 하는 조치를 취하여야 한다.(대판 1996.10.11, 96다3852)

3. 당사자 표시정정의 의의 당사자 표시정정은 당사자의 표시를 잘못하였을 경우에 그 동일성을 유지하는 범위 안에서 이를 바로 잡는 것으로서, 이는 종전의 당사자를 교체하고 새로운 제3자를 당사자로 바꾸는 당사자 경정과는 다른 것이므로 당연히 허용된다.(대판 1999.4.27, 99다3150)

4. 항소심이 임의적 당사자 변경에 관한 판단을 그르친 경우 진정한 소송당사자의 상고 허용 여부(소극) 제1심에서의 당사자 표시 변경이 당사자 표시정정에 해당하는 것으로서, 제1심이 소송당사자를 제대로 확정하여 판결하였음에도 불구하고, 항소심이 제1심에서의 당사자 표시 변경이 임의적 당사자 변경에 해당하여 허용될 수 없는 것이라고 잘못 판단하여 소송당사자 아닌 자를 소송당사자로 취급하여 변론을 진행시키고 판결을 선고한 경우, 진정한 소송당사자에 대하여는 항소심에서 아직 판결이 선고되지 않고 변론도 진행되지 않은 채 계속 중이라고 할 것이므로 진정한 소송당사자는 상고를 제기할 것이 아니라 항소심에 그 사건에 대한 변론기일지정신청을 하여 소송을 다시 진행함이 상당하며, 항소심이 선고한 판결은 진정한 소송당사자에 대한 관계에 있어서는 적법한 상고 대상이 되지 아니한다.(대판 1996.12.20, 95다26773)

5. 당사자의 표시가 잘못된 경우 법원이 취할 조치 원고가 피고를 정확히 표시하지 못하고 당사자능력이 없는 자를 피고로 잘못 표시하였다면, 당사자 표시정정신청을 받은 법원으로서는 당사자를 확정한 연후에 원고가 정정신청한 당사자 표시가 확정된 당사자의 올바른 표시이며 동일성이 인정되는지의 여부를 살피고, 그 확정된 당사자로 피고의 표시를 정정하도록 하는 조치를 취하여야 한다.(대판 1996.10.11, 96다3852)

6. 사망자를 상대로 한 재심소송에서 상속인들로의 당사자 표시 정정의 가부(적극) 이미 사망한 당사자를 그 사망사실을 모르고 재심피고로 표시하여 재심의 소를 제기하였을 경우에 사실상의 재심피고는 사망자의 상속인이고 다만 그 표시를 그릇한 것에 불과하다고 해석함이 타당하므로 사자를 재심피고로 하였다가 그 후 그 상속인들로 당사자 표시를 정정하는 소송수계 신청은 적법하다.(대판 1983.12.27, 82다146)

7. 개인 명의로 제기한 소송에서 회사로 당사자표시정정을 하는 것이 적법한지 여부(부적법) 당사자표시정정은 원칙적으로 당사자의 동일성이 인정되는 범위에서만 허용되는 것이므로 회사의 대표이사였던 사람이 개인 명의로 제기한 소송에서 그 개인을 회사로 당사자표시정정을 하는 것은 부적법하다.(대판 2008.6.12, 2008다11276)

8. 사자를 당사자로 표시하였을 경우의 법원의 조치 원고가 사자를 피고로 하는 소를 제기하였을 경우에 재판장의 소장심사권으로 그 보정을 명할 수는 없고 법원은 그 소를 부적합한 것으로 인정하여 판결로 각하하는 것이 타당하다.(대결

1973.3.20, 70마103)

9. 신 당사자의 추가가 당사자표시 변경으로 허용될 수 있는 지(소극) 당사자표시 정정은 당사자로 표시된 자의 동일성이 인정되는 범위 안에서 그 표시만을 변경하는 경우에 한하여 허용되는 것이므로 종래의 당사자에 곁들여서 새로운 당사자를 추가하는 것은 당사자표시 변경으로서 허용될 수 없고 이는 추가된 당사자에 대한 새로운 소제기로 보아야 한다.(대판 1980.7.8, 80다885)

10. 상속인으로의 표시정정에서 실질적 피고 원고가 사망 사실을 모르고 사망자를 피고로 표시하여 소를 제기한 경우에, 청구의 내용과 원인사실, 당해 소송을 통하여 분쟁을 실질적으로 해결하려는 원고의 소제기 목적 내지는 사망 사실을 안 이후의 원고의 피고 표시 정정신청 등 여러 사정을 종합하여 볼 때 사망자의 상속인이 처음부터 실질적인 피고이고 다만 그 표시를 잘못한 것으로 인정된다면, 사망자의 상속인으로 피고의 표시를 정정할 수 있다. 그리고 이 경우에 실질적인 피고로 해석되는 사망자의 상속인은 실제로 상속을 하는 사람을 가리키고, 상속을 포기한 자는 상속 개시 시부터 상속인이 아니었던 것과 같은 지위에 놓이게 되므로 제1순위 상속인이라도 상속을 포기한 경우에는 이에 해당하지 아니하며, 후순위 상속인이라도 선순위 상속인의 상속포기 등으로 실제로 상속인이 되는 경우에는 이에 해당한다.(대결 2006.7.4, 2005마425)

11. 법원이 부적법한 당사자표시정정신청을 받아들여 본안판결이 선고된 경우 나중에 그 적법성을 문제 삼는 것이 허용되는지 여부(소극) 제1심법원이 제1차 변론준비기일에서 부적법한 당사자표시정정신청을 받아들이고 피고도 이에 명시적으로 동의하여 제1심 제1차 변론기일부터 정정된 원고인 회사와 피고 사이에 본안에 관한 변론이 진행된 다음 제1심 및 원심에서 본안판결이 선고되었다면, 당사자표시정정신청이 부적법하다고 하여 그 후에 진행된 변론과 그에 터잡은 판결을 모두 부적법하거나 무효라고 하는 것은 소송절차의 안정을 해칠 뿐만 아니라 그 후에 새삼스럽게 이를 문제 삼는 것은 소송경제나 신의칙 등에 비추어 허용될 수 없다.(대판 2008.6.12, 2008다11276)

▶ **청구취지와 청구원인**

12. 소유권이전등기를 청구한 경우에 잔대금과 상환으로 소유권이전등기를 청구하는 취지도 포함되는지 여부(적극) 매매계약 체결과 대금완납을 청구원인으로 하여 (무조건)소유권이전등기를 구하는 청구취지에는 대금 중 미지급금이 있을 때에는 위 금원의 수령과 상환으로 소유권이전등기를 구하는 취지도 포함되어 있다고 할 것이다.(대판 1979.10.10, 79다1508)

13. 청구취지가 불특정인 경우의 법원의 조치 민사소송에서 청구의 취지는 그 내용 및 범위가 명확히 알아 볼 수 있도록 구체적으로 특정되어야 하고, 이의 특정 여부는 직권조사사항이라고 할 것이므로, 청구취지가 특정되지 않은 경우에는 법원은 피고의 이의 여부에 불구하고 직권으로 그 보정을 명하고, 이에 응하지 않을 때에는 소를 각하하여야 한다.(대판 1981.9.8, 80다2904)

14. 약정지연손해금의 청구만 있는 경우에 법정지연손해금의 지급을 명하여야 하는지 여부(소극) 약정지연손해금의 청구만 있는 경우에 그에 대한 증거가 없으면 이를 배척하면 되고 명백히 청구하지도 아니하는 법정지연손해금의 지급을 명하지 아니하여도 위법이 아니다.(대판 1979.11.13, 79다1336)

15. 민 197조 2항 소정의 '본권에 관한 소'에 소유권 침해를 이유로 한 부당이득반환청구소송이 포함되는지 여부(적극) 민 201조 1항에 의하면 선의의 점유자는 점유물의 과실을 취득한다고 규정되어 있고, 민 197조 1항에 의하면 점유는 선의인 것으로 추정되도록 규정되어 있으나, 같은 조 2항에

는 선의의 점유자라도 본권에 관한 소에 패소한 때에는 그 소가 제기된 때로부터 악의의 점유자로 본다고 규정되어 있는바, 위 민 197조 2항의 취지나 부당이득반환에 관한 민 749조 2항의 취지 등에 비추어 볼 때, 여기서의 본권에 관한 소에는 소유권에 기하여 점유물의 인도나 명도를 구하는 소송은 물론 부당점유자를 상대로 점유로 인한 부당이득의 반환을 구하는 소송도 포함된다.(대판 2002.11.22, 2001다6213)

16. 금원지급행위의 법률적 평가가 증여 또는 변제인지에 따라 소송물을 달리하는지 여부(소극) 채권자가 채무자의 어떤 금원지급행위가 사해행위에 해당한다고 하여 그 취소를 청구하면서 다만 그 금원지급행위의 법률적 평가와 관련하여 증여 또는 변제로 달리 주장하는 것은 그 사해행위취소권을 이유 있게 하는 공격방법에 관한 주장을 달리하는 것일 뿐이지 소송물 또는 청구 자체를 달리하는 것으로 볼 수 없다.(대판 2005.3.25, 2004다10985, 10992)

17. 손해배상청구에서 일부청구임을 명시하는 방법 일부청구임을 명시하는 방법으로는 반드시 전체 채권액을 특정하여 그중 일부만을 청구하고 나머지에 대한 청구를 유보하는 취지임을 밝혀야 할 필요는 없으며, 일부청구하는 채권의 범위를 잔부청구와 구별하여 심리의 범위를 특정할 수 있는 정도의 표시를 하여 전체 채권의 일부로서 우선 청구하고 있는 것임을 밝히는 것으로 충분하다. 그리고 일부청구임을 명시하였는지 판단할 때에는 소장, 준비서면 등의 기재뿐만 아니라 소송의 경과 등도 함께 살펴보아야 한다.(대판 2016.7.27, 2013다96165)

18. 등기청구소송에서 등기원인표시를 법원이 직권으로 정정할 수 있는지 여부(적극) 등기원인을 표시하고 등기청구를 하는 경우의 청구취지는 그 청구의 동일성이 인정되는 한 법원은 당사자가 등기원인으로 표시한 법률판단에 구애됨이 없이 정당한 법률해석에 의하여 그 원인표시를 바로 잡을 수 있다.(대판 1980.12.9, 80다532)

19. 진정한 상속인이 참칭상속인을 상대로 상속재산인 부동산에 관한 등기의 말소 등을 청구하는 경우와 상속회복청구의 소 재산상속에 관하여 진정한 상속인임을 전제로 그 상속으로 인한 소유권 또는 지분권 등 재산권의 귀속을 주장하고, 참칭상속인 또는 자기들만이 재산상속을 하였다는 일부 공동상속인들을 상대로 상속재산인 부동산에 관한 등기의 말소(또는 진정명의 회복하는 등기의 이전) 등을 청구하는 경우에, 그 소유권 또는 지분권이 귀속되었다는 주장이 상속을 원인으로 하는 것인 이상, 그 청구원인 여하에 불구하고 이는 민 999조에 정한 상속회복청구의 소라고 해석함이 상당하다.(대판 2006.7.4, 2005다45452)

제250조【증서의 진정여부를 확인하는 소】 확인의 소는 법률관계를 증명하는 서면이 진정한지 아닌지를 확정하기 위하여서도 제기할 수 있다.

■ 서증신청의 방식(343), 공문서의 진정추정(356), 사문서의 진정추정(358)

▶ **당사자적격**

1. 권리보호요건으로서의 확인의 이익과 확인의 소에서 피고적격 확인의 소에서는 권리보호요건으로서 확인의 이익이 있어야 하고 그 확인의 이익은 원고의 권리 또는 법률상의 지위에 현존하는 불안, 위험이 있고 그 불안, 위험을 제거함에는 피고를 상대로 확인판결을 받는 것이 가장 유효적절한 수단일 때에만 인정된다고 할 것이므로, 확인의 소의 피고는 원고의 권리 또는 법률관계를 다툼으로써 원고의 법률적 지위에 불안을 초래할 염려가 있는 자, 다시 말하면 원고의 보호법익과 대립 저촉되는 이익을 주장하고 있는 자이어야 하고 그와 같은 피고를 상대로 하여야 확인의 이익이 있게 된다.(대판 1991.12.10, 91다14420)

2. 종중의 도유사 및 이사지위확인의 경우의 원고적격 문제가 되어 있는 대의원회의의 인준결의가 무효 내지 부존재인

것을 확인받아 피고(개인)들이 위 종중의 도유사나 이사가 아닌 사실을 확정판결로 명확히 하려는 확인의 소에서는 피고들 개인을 상대로 제소할 것이 아니고 위의 종중을 피고로 하여 제소하여야만 소를 제기할 확인의 이익이 있다고 볼 수 있다.(대판 1973.12.11, 73다1553)

3. 학교법인의 이사 개인을 상대로 한 지위의 부존재 확인을 구하는 소의 적부(부적법) 학교법인 이사회의 이사선임결의는 학교법인의 의사결정으로서 그로 인한 법률관계의 주체는 학교법인이므로 학교법인을 상대로 하여 이사선임결의의 존부나 효력 유무의 확인판결을 받음으로써만 그 결의로 인한 원고의 권리 또는 법률상 지위에 대한 위험이나 불안을 유효적절하게 제거할 수 있는 것이고, 학교법인이 아닌 이사 개인을 상대로 한 확인판결은 학교법인에 그 효력이 미치지 아니하여 즉시확정의 이익이 없으므로 그러한 확인판결을 구하는 소송은 부적법하다. 이와 같은 법리는 학교법인을 상대로 이사선임결의의 존부나 효력 유무의 확인판결을 구하면서 아울러 이사 개인을 피고로 하여 이사 지위의 부존재 확인판결 등을 구하는 경우에도 동일하게 적용된다.(대판 2010.10.28, 2010다30676, 30683)

4. 성씨관계를 바로잡기 위해 제3자가 타인 간에 친자관계부존재확인을 소구할 이익의 유무(소극) 제3자가 타인 간에 친자관계가 존재하지 않는 것을 주장하고 그 확인을 구하는 소를 제기할 법률상의 이익이 있으려면 그 타인 간에 친자관계가 존재하지 아니함을 확정함으로 인하여 자기의 권리관계에 직접 이해관계가 미치는 경우라야 하고 그렇지 않으면 그 확인을 구함에 관하여 이익을 가졌다 할 수 없다.(대판 1976.7.27, 76므3)

5. 한의사가 약사에게 한약조제권을 인정해 주는 한약조제시험 합격처분의 효력에 대하여 다툴 원고적격이 있는지 여부(소극) 한의사 면허는 경찰금지를 해제하는 명령적 행위(강학상 허가)에 해당하고, 한약조제시험을 통하여 약사에게 한약조제권을 인정함으로써 한의사들의 영업상 이익이 감소하였다고 하더라도 이러한 이익은 사실상의 이익에 불과하고 약사법이나 의료법 등의 법률에 의하여 보호되는 이익이라고는 볼 수 없으므로, 한의사들이 한약조제시험을 통하여 한약조제권을 인정받은 약사들에 대한 합격처분의 무효확인을 구하는 소는 원고적격이 없는 자들이 제기한 소로서 부적법하다.(대판 1998.3.10, 97누4289)

▶확인의 이익

6. 확인의 소의 대상 및 확인의 이익 확인의 소는 반드시 당사자 간의 법률관계에 한하지 아니하고, 당사자의 일방과 제3자 사이 또는 제3자 상호간의 법률관계도 그 대상이 될 수 있지만, 그 법률관계의 확인이 확인의 이익이 있기 위하여는 그 법률관계에 따라 제소자의 권리 또는 법적 지위에 현존하는 위험·불안이 야기되어야 하고, 그 위험·불안을 제거하기 위하여 그 법률관계를 확인의 대상으로 한 확인판결에 의하여 즉시로 확정할 필요가 있고, 또한 그것이 가장 유효적절한 수단이 되어야 한다.(대판 2004.8.20, 2002다20353)

7. 과거의 특정 시점의 채무액 존부 확인을 구하는 소의 적법 여부(소극) 확인의 소는 다른 특별한 사정이 없는 한 분쟁의 당사자 간에 현재의 권리 또는 법률관계에 관하여 즉시 확정할 이익이 있는 경우에 허용될 뿐 일반적으로 과거의 법률관계는 확인의 소의 대상이 될 수 없으므로, 과거의 특정 시점을 기준으로 한 채무부존재 확인 청구는 과거의 법률관계의 확인을 구하는 것에 불과하여 확인의 이익을 인정할 수 없다.(대판 1996.5.10, 94다35565, 35572)

8. 공동상속인 사이의 상속재산임의 확인을 구하는 소와 확인의 이익 유무(적극) 공동상속인 사이에 어떤 재산이 피상속인의 상속재산에 속하는지 여부에 관하여 다툼이 있어 일부 공동상속인이 다른 공동상속인을 상대로 그 재산이 상속재산임의 확인을 구하는 소를 제기한 경우, 이는 그 재산이

현재 공동상속인들의 상속재산분할 전 공유관계에 있음의 확인을 구하는 소송으로서, 그 승소확정판결에 의하여 그 재산이 상속재산분할의 대상이라는 점이 확정되어 상속재산분할심판 절차 또는 분할심판이 확정된 후에 다시 그 재산이 상속재산분할의 대상이라는 점에 대하여 다툴 수 없게 되고, 그 결과 공동상속인 간의 상속재산분할의 대상인지 여부에 관한 분쟁을 종국적으로 해결할 수 있으므로 확인의 이익이 있다.(대판 2007.8.24, 2006다40980)

9. 과거의 법률관계가 확인의 소의 대상이 될 수 있는지 여부(한정 적극) 확인의 소는 현재의 권리 또는 법률상 지위에 대한 위험이나 불안을 제거하기 위하여 행하여지는 것이지만, 과거의 법률관계라 할지라도 현재의 권리 또는 법률상 지위에 영향을 미치고 있고 현재의 권리 또는 법률상 지위에 대한 위험이나 불안을 제거하기 위하여 그 법률관계에 관한 확인판결을 받는 것이 유효적절한 수단이라고 인정될 때에는 확인의 이익이 있다.(대판 2010.10.14, 2010다36407)

10. 소멸된 특허권확인의 대상적격 특허권의 권리범위확인의 심판청구는 현존하는 특허권의 범위를 확정하는 것을 목적으로 하는 것이므로 특허권이 소멸하였을 경우에는 그 확인의 이익이 없다.(대판 1970.3.10, 68후21)

11. 징계면직처분의 무효확인을 구하는 소의 적부(적극) 징계면직처분의 무효확인을 구하는 것은 과거의 법률행위인 징계면직 그 자체의 무효확인을 구하는 것으로 볼 것이 아니라 그 징계처분의 무효임을 전제로 원고가 현재 피고의 직원이라는 신분관계를 계속 유지하고 있다는 확인을 내포한 청구로 이해하여야 할 것이므로 확인의 소로서의 요건을 갖추지 못하여 부적법하다고 할 수 없다.(대판 1990.11.23, 90다카21589)

12. 협의이혼 후 과거 혼인관계 무효확인의 가부(적극) 협의이혼으로 혼인관계가 해소된 경우에도 과거의 혼인관계의 무효확인을 구할 정당한 법률상의 이익이 있다.(대판 1978.7.11, 78므7)

13. 국가를 상대로 한 토지소유권확인청구가 확인의 이익이 있는 경우 국가를 상대로 한 토지소유권확인청구는 그 토지가 미등기이고 토지대장이나 임야대장상에 등록명의자가 없거나 등록명의자가 누구인지 알 수 없을 때와 그 밖에 국가가 등기 또는 등록명의자인 제3자의 소유를 부인하면서 계속 국가소유를 주장하는 등 특별한 사정이 있는 경우에 한하여 그 확인의 이익이 있다.(대판 2009.10.15, 2009다48633)

14. 주주의 지위에서 회사가 제3자와 체결한 계약의 무효확인을 구할 수 있는지 여부(소극) 주주는 상 403조 이하의 규정에 의한 대표소송의 경우를 제외하고 회사의 재산관계에 대하여 당연히 확인의 이익을 갖는다고 할 수 없으므로 구체적 또는 법률상의 이해관계가 없는 한 회사가 체결한 계약에 관한 무효확인을 구할 이익이 없다.(대판 1979.2.13, 78다1117)

15. 자동차운송사업 양수도계약이 취소된 때 그 계약에 대한 행정청의 인가처분의 효력 자동차운송사업 양수도계약이 후에 사해행위라 하여 확정판결로 취소된 경우 행정청이 자동차운수사업법 28조 1항에 의하여 위 양수도계약에 관하여 한 인가처분도 마땅히 시정되어야 할 것이므로 행정청이 그 사정에 응하지 않은 경우 위 인가처분의 무효확인을 구할 이익이 있다.(대판(全) 1979.2.13, 78누428)

16. 교회 대표자 지위의 부존재 확인을 구하는 소의 이익 유무(적극) 교회의 헌법 등에 다른 정함이 있는 등의 특별한 사정이 없는 한, 교회의 대표자(담임목사)는 예배 및 종교활동을 주재하는 종교상의 지위와 아울러 비법인사단의 대표자 지위를 겸유하면서 교회 재산의 관리처분과 관련한 대표권을 가지므로, 재산의 관리처분과 관련한 교회 대표자 지위에 관한 분쟁은 구체적인 권리 또는 법률관계를 둘러싼 분쟁에 해당하므로 그 대표자 지위의 부존재 확인을 구하는 것

은 소의 이익이 있다.(대판 2007.11.16, 2006다41297)

**17. 소극적으로 상대방 소유권의 부존재확인을 구하는 경우
의 확인의 이익** 소유권의 귀속에 관하여 다툼이 있는 경우
에 적극적으로 자기의 소유권확인을 구하지 아니하고 소극
적으로 상대방 소유권의 부존재확인을 구하는 것은 그 소유
권의 귀속에 관한 분쟁을 근본적으로 해결하는 즉시확정의
방법이 되지 못하므로 확인의 이익이 없는 것이나, 다만 원
고에게 내세울 소유권이 없고 피고의 소유권이 부인되면 그
로써 원고의 법적 지위의 불안이 제거되어 분쟁이 해결될
수 있는 경우에는 피고의 소유권의 소극적 확인을 구할 이
익이 있다고 할 것이다.(대판 1984.3.27, 83다카2337)

**18. 보직해임처분의 무효확인 외에 당연퇴직처분의 무효확
인을 별도로 구할 법률상 이익이 있는지 여부(소극)** 회사의
인사관리규정상 사원이 보직해임되어 대기발령을 받은 뒤 3
개월을 경과하여도 보직을 부여받지 못한 경우에는 당연퇴
직한 것으로 처리하도록 규정되어 있다면 당연퇴직은 보직
해임처분에 의한 보직해임상태의 일정기간 존속이라는 사실
에 대한 효과로서 당연히 발생하는 것에 불과하고 당연퇴직
처분이라는 독립된 별개의 법률행위가 존재하는 것이 아니
어서 보직해임처분이 무효로 되면 당연퇴직의 효과는 당연
히 발생하지 않았던 것으로 되는 것이므로, 당연퇴직의 근거
가 된 보직해임처분의 무효확인을 소로써 구하고 있는 이상
그와 별도로 당연퇴직처분의 무효확인을 구할 법률상 이익
이 없다.(대판 1989.10.27, 89다카3943)

19. 주지 지위의 적극적 확인을 구할 수 있는지 여부(소극)
사찰의 재산관리권 등을 가진 주지의 임면권이 재단법인에
게 귀속되는 사안에서 그 재단법인이 아닌 제3자를 상대로
주지 지위의 적극적 확인을 구하는 소송의 경우, 설령 그 청
구를 인용하는 판결이 선고되더라도 판결의 효력이 재단법
인에게 미치지 않기 때문에 위와 같은 주지 지위를 둘러 싼
당사자들 사이의 분쟁을 근본적으로 해결하는 가장 유효적
절한 방법이 될 수 없으므로 확인의 이익이 없고, 특별한 사
정이 없는 재단법인의 구성원에 불과한 이사 또는 재단
법인으로부터 임명된 주지 개인을 상대로 하여 위와 같은
주지 지위의 확인을 소구할 이익도 인정될 수 없다.(대판
2011.2.10, 2006다65774)

20. 확인의 소의 보충성 수시분 갑종근로소득세 부과처분에
따라 부과된 세액을 이미 납부한 납세의무자는 위 부과처분에
따른 현재의 조세채무를 부담하고 있지 아니하므로 그 처분이
무효라는 이유로 납부세금에 의한 부당이득금반환청구를 할
은 별문제로 하고 부과처분의 무효확인을 독립한 소송으로 구
함은 확인의 이익이 없는 것이다.(대판(全) 1976.2.10, 74다159)

**21. 근저당권설정등기의 말소를 구하면서 피담보채무 부존
재 확인을 구할 소의 이익 유무(소극)** 확인의 소는 원고의
권리 또는 법률상 지위에 현존하는 불안·위험이 있고 확인
판결을 받는 것이 그 분쟁을 근본적으로 해결하는 가장 유
효·적절한 수단일 때 허용되는바, 근저당권설정자가 근저
당권설정계약에 기한 피담보채무가 존재하지 아니함의 확인
을 구함과 함께 그 근저당권설정등기의 말소를 구하는 경우
에 근저당권설정자로서는 피담보채무가 존재하지 않음을 이
유로 근저당권설정등기의 말소를 구하는 것이 분쟁을 유효·
적절하게 해결하는 수단이 될 것이므로 별도로 근
저당권설정계약에 기한 피담보채무가 존재하지 아니함의 확
인을 구하는 것은 확인의 이익이 있다고 할 수 없다.(대판
2000.4.11, 2000다5640)

**22. 재건축조합 대의원회가 한 결의에 대한 무효확인소송의
상대방** 민법상 비법인사단인 재건축조합의 재건축결의는
재건축조합 내부의 의사결정으로서 그 법률관계의 주체는
재건축조합이므로 재건축조합을 상대로 하여 재건축결의의
효력에 관한 확인판결을 받아야만 그 결의로 인한 재건축조
합 조합원의 권리 또는 법률상 지위에 대한 위험 또는 불안
을 유효적절하게 제거할 수 있다. 그러므로 재건축조합 총회

의 권한대행기관이자 조합원 전체의 대의기관인 대의원회가
한 결의에 대한 무효확인을 시공사 겸 공동사업주체를 상대로
소구하는 것은 분쟁 해결을 위하여 유효적절한 수단이라고 할
수 없으므로 부적법하다.(대판 2010.5.27, 2008다53430)

**23. 주권발행 전 주식의 주주명의를 신탁한 실질적인 주주의
채권자가 자신의 채권을 보전하기 위하여 실질적인 주주를
대위하여 명의신탁계약을 해지하고 주주명의인을 상대로 주
주권 확인을 구할 이익이 있는지 여부(적극)** 주권발행 전
주식에 관하여 주주명의를 신탁한 사람이 수탁자에 대하여
명의신탁계약을 해지한 경우, 주주명부에 등재된 형식상 주
주명의인이 실질적인 주주의 주주권을 다투는 경우에 실질
적인 주주는 주주명부상 주주명의인을 상대로 주주권의 확
인을 구할 이익이 있다. 이는 실질적인 주주의 채권자가 자신
의 채권을 보전하기 위하여 실질적인 주주를 대위하여 명의
신탁계약을 해지하고 주주명의인을 상대로 주주권의 확인을
구하는 경우에도 마찬가지이다.(대판 2013.2.14, 2011다109708)

**24. 강제집행 승낙문구가 기재된 공정증서를 작성하여 준 채
무자가 공정증서의 작성원인이 된 채무에 관하여 채무부존
재확인의 소를 제기한 경우, 위 소송이 확인의 이익이 없어
부적법한지 여부(원칙적 소극)** 채무자가 채권자에 대하여
채무부담행위를 하고 그에 관하여 강제집행 승낙문구가 기
재된 공정증서를 작성하여 준 후, 공정증서에 대한 청구이의
의 소를 제기하지 않고 공정증서의 작성원인이 된 채무에
관하여 채무부존재확인의 소를 제기한 경우, 그 목적이 오로
지 공정증서의 집행력 배제에 있는 것이 아닌 이상 청구이
의의 소를 제기할 수 있다는 사정만으로 채무부존재확인소
송이 확인의 이익이 없어 부적법하다고 할 것은 아니다.(대
판 2013.5.9, 2012다108863)

**25. 근저당권의 피담보채무에 관한 부존재확인의 소가 근저
당권이 말소되면 확인의 이익이 없게 되는지 여부(적극)** 근
저당권의 피담보채무에 관한 부존재확인의 소는 근저당권이
말소되면 과거의 권리 또는 법률관계의 존부에 관한 것으로
서 확인의 이익이 없게 된다.(대판 2013.8.23, 2012다17585)

**26. 근저당권자가 유치권 신고를 한 사람을 상대로 경매절차
에서 유치권을 내세워 대항할 수 있는 범위를 초과하는 유
치권의 부존재 확인을 구할 법률상 이익이 있는지 여부(적
극)** 저가낙찰로 인해 경매를 신청한 근저당권자의 배당액이
줄어들거나 경매목적물 가액과 비교하여 거액의 유치권 신
고로 매각 자체가 불가능하게 될 위험은 경매절차에서 근저
당권자의 법률상 지위를 불안정하게 하는 것이므로 위 불안
을 제거하는 근저당권자의 이익을 단순한 사실상·경제상의
이익이라고 볼 수는 없다. 따라서 근저당권자는 유치권 신고
를 한 사람을 상대로 유치권 전부의 부존재뿐만 아니라 경
매절차에서 유치권을 내세워 대항할 수 있는 범위를 초과하
는 유치권의 부존재 확인을 구할 법률상 이익이 있고, 심리
결과 유치권 신고를 한 사람이 유치권의 피담보채권으로 주
장하는 금액의 일부만이 경매절차에서 유치권으로 대항할
수 있는 것으로 인정되는 경우에는 법원은 특별한 사정이
없는 한 그 유치권 부분에 대하여 일부패소의 판결을 하여
야 한다.(대판 2016.3.10, 2013다99409)

**27. 원·피고 일방과 제3자 사이 또는 제3자 상호간의 법률
관계가 확인의 소의 대상이 될 수 있는지 여부(적극) 및 확
인의 이익이 있기 위한 요건** 확인의 소는 반드시 원·피고
간의 법률관계에 한하지 아니하고 원·피고의 일방과 제3자
또는 제3자 상호간의 법률관계도 대상이 될 수 있으나, 그러
한 법률관계의 확인은 법률관계에 따라 원고의 권리 또는 법
적 지위에 현존하는 위험, 불안이 야기되어 이를 제거하기 위
하여 법률관계를 확인의 대상으로 삼아 원·피고 간의 확인판
결에 의하여 즉시 확정할 필요가 있고, 또한 그것이 가장 유
효적절한 수단이 되어야 확인의 이익이 있다.(대판 2016.5.12,
2013다1570)

▶법률관계를 증명하는 서면

28. '법률관계를 증명하는 서면'의 의미 및 제소 요건 구 민소 228조에 의하여 법률관계를 증명하는 서면에 대하여 당해 서면의 진부라고 하는 사실의 확정을 구하는 소가 허용되는 것은 법률관계를 증명하는 서면의 진부가 확정되면 당사자가 그 서면의 진부에 관하여 더 이상 다툴 수 없게 되는 결과 법률관계에 관한 분쟁 그 자체가 해결되거나 적어도 분쟁 자체의 해결에 크게 도움이 된다는 이유에서이다. 따라서 증서진부확인의 소에서 '법률관계를 증명하는 서면'은 그 기재 내용으로부터 직접 일정한 현재의 법률관계의 존부 여부가 증명될 수 있는 문서를 가리키므로 단지 과거의 사실관계를 증명하는 서면은 여기에 해당하지 아니하는 것이며, 또한 그 소가 적법하기 위하여는 그 증서의 진부 확인을 구할 이익이 인정되어야 할 것이다. 기록에 의하면 원고는 공급하는 자를 원고로, 공급받는 자를 피고로 하여 작성된 이 사건 세금계산서 3장이 진정하게 성립된 것이 아님의 확인을 구하였음이 분명하다. 그런데 납세의무자로 등록된 사업자가 재화 또는 용역을 공급하는 때에 공급받는 자에게 소정의 세금계산서를 교부하도록 되어 있는 부가세 16조의 규정에 비추어 세금계산서는 일반적으로 부가가치세법에서 정한 사업자가 공급받는 자에게 재화 또는 용역을 공급한 과거의 사실을 증명하기 위하여 작성되는 보고문서에 불과하여 세금계산서에 의하여 직접 당사자 간의 현재의 법률관계의 존부 여부가 증명되는 것은 아니라 할 것이어서, 이 사건 세금계산서에 의하여 원고가 주장하는 원·피고간의 현재의 법률관계의 존부가 직접 증명된 것이 아니며 따라서 그의 진부 확인에 의하여 원고의 피고에 대한 법률관계상의 분쟁이 해결되는 데 도움이 될 것으로 판단되지 아니하므로 결국 이 사건 소는 증서진부확인의 소의 대상이 되지 아니하는 문서에 관하여 피고를 상대로 제기된 것으로 확인의 이익도 없는 부적법한 소에 해당하여 각하될 수밖에 없다.(대판 2001.12.14, 2001다53714)

29. 어음거래약정서의 연대보증란과 근저당권설정계약서의 무효확인청구의 적부(소극) 확인의 소의 대상은 민소 228조 소정의 증서진부확인의 소의 경우를 제외하고는 현재의 구체적 권리 또는 법률관계에 관한 것이어야 하는 것인바, 어음거래약정서상의 연대보증란과 근저당권설정계약서에 대한 무효확인청구는 현재의 권리 또는 법률관계에 관한 것도 아니고 또 위 법조 소정의 증서의 진부에 대한 확인도 아니므로 부적법하다.(대판 1987.3.10, 86다152)

30. 대차대조표 및 회계결산보고서에 대한 진부 확인의 소의 적부(소극) 증서진부확인의 소의 대상이 되는 서면은 직접 법률관계를 증명하는 서면에 한한다 할 것이므로, 조합의 대차대조표나 회계결산보고서는 조합의 일정한 시기의 영업재산 상태를 증서진부확인의 소의 대상이 될 수 없다.(대판 1967.3.21, 66다2154)

제251조【장래의 이행을 청구하는 소】 장래에 이행할 것을 청구하는 소는 미리 청구할 필요가 있어야 제기할 수 있다.

■ 집행문 부여(민집30), 집행개시의 요건(민집40)

1. 토지거래허가지역 내 장차 허가받을 것을 조건으로 한 장래이행의 청구 규제지역 내에 있는 토지에 관하여 체결한 매매계약이 처음부터 허가를 배제하거나 잠탈하는 내용의 계약이 아니라 허가를 전제로 한 계약으로 보여 원심이 원고의 청구 중 피고에 대하여 토지거래허가신청절차의 이행을 구하는 부분을 인용한 것은 정당하지만, 허가가 있을 것을 조건으로 하여 소유권이전등기절차의 이행을 구하는 부분은 허가받기 전의 상태에서는 아무런 효력이 없어 권리의 이전 또는 설정에 관한 어떠한 이행청구도 할 수 없으므로 원심이 이 부분 청구까지도 인용한 것은 같은 법상의 토지거래허가와 거래계약의 효력에 관한 법리를 오해하여 판결

에 영향을 미친 위법을 저지른 것이다.(대판(全) 1991.12.24, 90다12243)

2. 학교법인이 감독청의 허가 없이 기본재산에 관한 매매계약을 체결한 경우에 매수인이 감독청의 허가를 조건으로 소유권이전등기를 청구할 수 있는지 여부(한정 적극) 학교법인이 감독청의 허가 없이 기본재산인 부동산에 관한 매매계약을 체결하는 한편 그 부동산에서 운영하던 학교를 당국의 인가를 받아 신축교사로 이전하고 준공검사까지 마친 경우, 위 매매계약이 감독청의 허가 없이 체결되어 아직은 효력이 없다고 하더라도 위 매매계약에 기한 소유권이전등기절차의 이행청구권의 기초가 되는 법률관계는 이미 존재하고 있다고 볼 수 있고 장차 감독청의 허가에 따라 그 청구권이 발생할 개연성 또한 충분하므로, 매수인으로서는 미리 그 청구를 할 필요가 있는 한, 감독청의 허가를 조건으로 그 부동산에 관한 소유권이전등기절차의 이행을 청구할 수 있다.(대판 1998.7.24, 96다27988)

3. 구상금채권의 존부에 다툼이 있어 보험금을 지급하더라도 보험계약자의 채무이행이 불확실한 경우와 청구적격 장래의 이행을 청구하는 소는 미리 청구할 필요가 있는 경우에 한하여 제기할 수 있는바, 여기서 미리 청구할 필요가 있는 경우란 이행기가 도래하지 않았거나 조건 미성취의 청구권에 있어서는 채무자가 미리부터 채무의 존재를 다투기 때문에 이행기가 도래하거나 조건이 성취되었을 때에 임의의 이행을 기대할 수 없는 경우를 말한다. 이 사건에서 원심이 원고 주장의 구상금채권의 발생의 기초가 되는 법률상·사실상 관계가 이 사건 변론종결 당시까지 존재하고 있고, 그러한 상태가 앞으로도 계속될 것으로 예상되며, 피고들이 원고 주장의 구상금채권의 존부에 관하여 다투고 있어 원고가 보조참가인에게 보험금을 지급하더라도 피고들의 채무이행을 기대할 수 없음이 명백하다고 보아 원고의 이 사건 장래이행의 소가 적법하다고 판단한 것은 정당하다.(대판 2004.1.15, 2002다73891)

4. 무자력으로 인한 집행·이행불능 시 미리 청구할 필요를 부정한 사례 장래의 이행을 청구하는 소는 미리 청구할 필요가 있는 경우에 한하여 제기할 수 있는바, 이행기에 이르거나 조건이 성취될 때에 채무자의 무자력으로 말미암아 집행이 곤란해진다든가 또는 이행불능에 빠질 사정이 있다는 것만으로는 미리 청구할 필요가 있다고 할 수 없다.(대판 2000.8.22, 2000다25576)

5. 소유권이전등기의 회복을 구하는 청구는 잔존 피담보채무의 지급을 조건으로 회복을 구하는 취지도 포함하는지 여부(적극) 채무자가 피담보채무 전액을 변제하였다고 하거나, 피담보채무의 일부가 남아 있음을 시인하면서 그 변제 상환으로 담보목적으로 경료된 소유권이전등기의 회복을 구함에 대하여 채권자는 그 소유권이전등기가 담보목적으로 경료된 것임을 다투고 있는 경우, 채무자의 청구 중에는 만약 그 소유권이전등기가 담보목적으로 경료된 것이라면 소송 과정에서 밝혀진 잔존 피담보채무의 지급을 조건으로 그 소유권이전등기의 회복을 구한다는 취지까지 포함되어 있는 것으로 해석하여야 하고, 그러한 경우에는 장래이행의 소로서 미리 청구할 필요도 있다.(대판 1996.11.12, 96다33938)

6. 계속·반복적 청구의 경우와 장래이행의 소 서울특별시가 사실심 변론종결 무렵까지 타인 소유의 토지를 도로부지로 점유·사용하면서도 이에 대한 임료 상당의 부당이득금의 반환을 거부하고 있으며 그로 인한 계속적, 반복적 이행의무에 관하여 현재의 이행기 도래분에 대하여 그 이행을 하지 아니하고 있다면, 그 토지들에 개설된 도로의 폐쇄에 의한 서울특별시의 점유종료일 또는 그 토지소유자가 토지들에 대한 소유권을 상실하는 날까지의 이행기 도래분에 대하여 서울특별시가 그 채무를 자진하여 이행하지 아니할 것이 명백히 예견되므로, 토지소유자로서는 장래의 이행기가 도래할 부당이득금 부분에 대하여도 미리 청구할 필요가

있다.(대판 1994.9.30, 94다32085)
7. 채무자가 피담보채무의 변제를 조건으로 채권담보의 목적으로 경료된 가등기 및 그에 기한 본등기의 말소를 구하는 장래이행의 소의 허용 여부(한정적극) 채무자는 자신의 채무를 먼저 변제하여야만 비로소 그 채무를 담보하기 위하여 경료되었던 가등기 및 그 가등기에 기한 본등기의 말소나 새로운 소유권이전등기를 청구할 수 있는 것이기는 하지만, 채권자가 그 가등기 등이 채권담보의 목적으로 경료된 것임을 다툰다든지 피담보채무의 액수를 다투기 때문에 채무자가 채무를 변제하더라도 채권자가 위와 같은 등기에 협력할 의무를 이행할 것으로 기대되지 않는 경우에는 미리 청구할 필요가 있으므로, 채무의 변제를 조건으로 채권담보의 목적으로 경료된 가등기 및 그 가등기에 기한 본등기의 말소나 새로운 소유권이전등기를 청구하는 장래이행의 소를 허용하여야 할 것이다.(대판 1992.1.21, 91다35175)
8. 행정청의 인가를 조건으로 한 어업권이전등록절차이행의 청구 피고가 어업권등록이전을 거부하고 있다면 어업권이전에 대한 행정관청의 인가가 내려져 장래의 지급의무가 현실로 될 경우에도 의무자인 피고에게 즉시이행을 기대하기 어렵다고 할 것이므로, 어업권이전에 대하여 있을 행정관청의 인가라는 공법상의 조건이 붙은 본건 어업권이전등기절차의 이행청구는 미리 청구할 필요가 있다고 할 것이다.(대판 1969.12.23, 67다1664)
9. 장래이행판결의 요건 구비의 판단시기 장래의 이행을 명하는 판결을 하기 위하여는 채무의 이행기가 장래에 도래하는 것뿐만 아니라 채무불이행사유가 그때까지 계속하여 존재한다는 것을 변론종결 당시에 확정적으로 예정할 수 있어야 한다.(대판 1991.6.28, 90다카25277)
10. 제권판결에 대한 취소판결의 확정을 조건으로 한 수표금 청구가 장래이행의 소로서 허용되는지 여부(소극) 제권판결에 대한 취소판결의 확정 여부가 불확실한 상황에서 그 확정을 조건으로 한 수표금 청구는 장래이행의 소의 요건을 갖추었다고 보기 어렵다.(대판 2013.9.13, 2012다36661)

제252조【정기금판결과 변경의 소】 ① 정기금(定期金)의 지급을 명한 판결이 확정된 뒤에 그 액수산정의 기초가 된 사정이 현저하게 바뀜으로써 당사자 사이의 형평을 크게 침해할 특별한 사정이 생긴 때에는 그 판결의 당사자는 장차 지급할 정기금 액수를 바꾸어 달라는 소를 제기할 수 있다.
② 제1항의 소는 제1심 판결법원의 전속관할로 한다.
■ 소장의 첨부서류(민소규 63③), 판결의 확정(498), 청구의 변경(262)
1. 장래이행의 소의 승소판결이 확정된 후 임료가 상당하지 아니하게 되는 등 사정이 있는 경우 새로 부당이득반환을 청구할 수 있는지 여부(적극) 토지의 소유자가 법률상 원인 없이 토지를 점유하고 있는 자를 상대로 그 점유자가 토지를 인도할 때까지 토지를 사용 수익함으로 인하여 얻을 토지의 임료에 상당하는 부당이득금의 반환을 청구하여 그 청구의 전부나 일부를 인용하는 판결이 확정된 경우에, 그 소송의 사실심 변론종결 후에 토지의 가격이 현저하게 앙등하고 조세 등의 공적인 부담이 증대하였을 뿐더러 그 인근 토지의 임료와 비교하더라도 그 소송의 판결에서 인용된 임료액이 상당하지 아니하게 되는 등 경제적 사정의 변경으로 당사자 간의 형평을 크게 해할 특별한 사정이 생긴 때에는, 토지의 소유자는 점유자를 상대로 새로 소를 제기하여 전소 판결에서 인용된 임료액과 적정한 임료액의 차액에 상당하는 부당이득금의 반환을 청구할 수 있다고 봄이 상당하다.(대판(全) 1993.12.21, 92다46226)
2. 장래 이행기 도래분까지의 정기금 지급을 명하는 판결이 확정된 경우와 기판력 확정판결은 주문에 포함한 것에 대하여 기판력이 있고, 변론종결시를 표준으로 하여 이행가

장래에 도래하는 청구권이더라도 미리 그 청구할 필요가 있는 경우에는 장래이행의 소를 제기할 수 있으므로, 이행판결의 주문에서 그 변론종결 이후 기간까지의 급부의무의 이행을 명한 이상 그 확정판결의 기판력은 그 주문에 포함된 기간까지의 청구권의 존부에 대하여 미치는 것이 원칙이고, 다만 장래 이행기 도래분까지의 정기금의 지급을 명하는 판결이 확정된 경우 그 소송의 사실심 변론종결 후에 그 액수 산정의 기초가 된 사정이 뚜렷하게 바뀜으로써 당사자 사이의 형평을 크게 해할 특별한 사정이 생긴 때에는 전소에서 명시적인 일부청구가 있었던 것과 동일하게 평가하여 전소판결의 기판력이 그 차액 부분에는 미치지 않는다.(대판 1999.3.9, 97다58194)
3. 정기금판결에 대한 변경의 소에서 종전 확정판결의 결론이 위법·부당하다는 등의 사정을 이유로 정기금의 액수를 바꾸어 달라고 하는 것이 허용되는지 여부(소극) 정기금판결에 대한 변경의 소는 판결 확정 뒤에 발생한 사정변경을 요건으로 하므로, 단순히 종전 확정판결의 결론이 위법·부당하다는 등의 사정을 이유로 본조에 따라 정기금의 액수를 바꾸어 달라고 하는 것은 허용될 수 없다.(대판 2016.3.10, 2015다243996)
4. 토지의 전 소유자가 무단 점유자를 상대로 제기한 부당이득반환청구소송의 변론종결 후에 토지의 소유권을 취득한 사람이 위 소송에서 확정된 정기금판결에 대하여 변경의 소를 제기하는 것이 적법한지 여부(소극) 민소 252조 1항은 "정기금의 지급을 명한 판결이 확정된 뒤에 그 액수 산정의 기초가 된 사정이 현저하게 바뀜으로써 당사자 사이의 형평을 크게 침해할 특별한 사정이 생긴 때에는 그 판결의 당사자는 장차 지급할 정기금 액수를 바꾸어 달라는 소를 제기할 수 있다."라고 규정하여, 이러한 정기금판결의 변경의 소는 정기금판결의 확정 뒤에 발생한 현저한 사정변경을 이유로 확정된 정기금판결의 기판력을 예외적으로 배제하는 것을 목적으로 하므로, 확정된 정기금판결의 당사자 또는 민소 218조 1항에 의하여 확정판결의 기판력이 미치는 제3자만 정기금판결에 대한 변경의 소를 제기할 수 있다. 토지의 소유자가 소유권에 기하여 토지의 무단 점유자를 상대로 차임 상당의 부당이득반환을 구하는 소송을 제기하여 무단 점유자가 점유 토지의 인도 시까지 매월 일정 금액의 차임 상당 부당이득을 반환하라는 판결이 확정된 경우, 이러한 소송의 소송물은 채권적 청구권인 부당이득반환청구권이므로, 소송의 변론종결 후에 토지의 소유권을 취득한 사람은 민소 218조 1항에 의하여 확정판결의 기판력이 미치는 변론을 종결한 뒤의 승계인에 해당한다고 볼 수 없다. 따라서 토지의 전 소유자가 제기한 부당이득반환청구소송의 변론종결 후에 토지의 소유권을 취득한 사람에 대해서는 소송에서 내려진 정기금 지급을 명하는 확정판결의 기판력이 미치지 아니하므로, 토지의 새로운 소유자가 토지의 무단 점유자를 상대로 다시 부당이득반환청구의 소를 제기하지 아니하고, 토지의 전 소유자가 앞서 제기한 부당이득반환청구소송에서 내려진 정기금판결에 대하여 변경의 소를 제기하는 것은 부적법하다.(대판 2016.6.28, 2014다31721)

제253조【소의 객관적 병합】 여러 개의 청구는 같은 종류의 소송절차에 따르는 경우에만 하나의 소로 제기할 수 있다.
■ 수개의 청구(25·27), 관련청구소송의 병합(행소10)

▶ 단순병합
1. 단순병합으로 구하여야 할 수개의 청구를 선택적 또는 예비적 청구로 병합하여 청구할 수 있는지 여부(소극) 논리적으로 전혀 관계가 없어 순수하게 단순병합으로 구하여야 할 수개의 청구를 선택적 또는 예비적 청구로 병합하여 청구하는 것은 부적법하여 허용되지 않는다. 따라서 원고가 그와 같은 형태로 소를 제기한 경우 제1심법원이 본안에 관하여

심리·판단하기 위해서는 소송지휘권을 적절히 행사하여 이를 단순병합 청구로 보정하게 하는 등의 조치를 취하여야 하는바, 법원이 이러한 조치를 취함이 없이 본안판결을 하면서 그 중 하나의 청구에 관하여만 심리·판단하여 이를 인용하고 나머지 청구에 관한 심리·판단을 모두 생략하는 내용의 판결을 하였다 하더라도 그로 인하여 청구의 병합 형태가 선택적 또는 예비적 병합 관계로 바뀔 수는 없으므로, 이러한 판결에 대하여 피고만이 항소한 경우 제1심법원이 심리·판단하여 인용한 청구만이 항소심으로 이심될 뿐, 나머지 심리·판단하지 않은 청구는 여전히 제1심에 남아 있게 된다.(대판 2008.12.11, 2005다51495)

2. 소유권이전등기말소청구와 이를 대신할 전보배상청구의 병합 채권자가 본래적 급부청구인 부동산소유권 이전등기청구에다가 이에 대신할 전보배상을 부가하여 대상청구를 병합하여 소구한 경우의 대상청구는 본래적 급부청구의 현존함을 전제로 하여 이것이 판결확정 전에 이행불능되거나 또는 판결확정 후에 집행불능이 되는 경우에 대비하여 전보배상을 미리 청구하는 것으로서 양자의 병합은 현재의 급부청구와 장래의 급부청구의 단순병합에 속하는 것으로 허용되고, 또 부동산소유권 이전등기청구의 판결 확정 후 그 소유권이전등기의무가 집행불능이 된 뒤에 별소로 그 전보배상을 구하는 것도 당연히 허용되며, 이는 부동산소유권이전등기 말소청구권의 경우에도 마찬가지이다.(대판 2006.3.10, 2005다55411)

3. 물건인도와 인도불능시의 전보배상 일정한 물건의 인도를 명하는 판결을 구하고 동시에 위 물건의 인도가 장래에 불능이 될 경우를 예상하여 예비적으로 대가에 해당하는 금원의 지급을 명하는 판결을 구하는 예비적 청구(단순병합)는 주된 청구인 물건의 인도청구가 이유 없는 때에는 예비적 청구인 그 대가에 해당하는 금원의 지급청구에 관하여는 심리할 필요 없이 이를 배척하여야 함이 상당하다 할 것인바, 원심이 본위적 청구인 토지인도 청구를 이행불능으로 이유 없다 하여 기각하면서 예비적 청구인 대상청구를 인용한 것은 본위적 청구에 부가한 대상청구에 대한 법리를 오해한 것이다.(대판 1969.10.28, 68다158)

4. 중간퇴직으로 인한 퇴직금과 그 이후의 퇴직금의 관계 퇴직금은 사용자가 일정기간을 계속 근로하고 퇴직하는 근로자에게 그 계속 근로에 대한 대가로서 지급하는 후불적 임금의 성질을 띤 금원이고 구체적인 퇴직금청구권은 계속 근로가 끝나는 퇴직이라는 사실을 요건으로 하여 발생하는 것이므로, 중간퇴직이 유효하다고 인정되는 경우에는 위 중간퇴직으로 인한 퇴직금청구권과 그 후 재입사일부터 최종 퇴직 시까지의 근무기간에 대한 퇴직금청구권은 당사자만 동일할 뿐 계속근로의 기간과 퇴직의 시점을 달리하는 것이어서 별개의 퇴직금청구권이라 할 것이고, 따라서 이에 대한 소멸시효는 그 각 청구권별로 진행된다 할 것이며, 나아가 이들 청구권의 실행을 위한 소송상의 청구도 독립된 별개의 청구라고 보아야 할 것이다.(대판 2005.10.13, 2004다13755)

5. 재심에서 청구병합의 불허 피고들이 재심대상판결의 취소와 그 본소청구의 기각을 구하는 외에, 원고와 승계인을 상대로 재심대상판결에 의하여 경료된 원고 명의의 소유권이전등기와 그 후 승계인의 명의로 경료된 소유권이전등기의 각 말소를 구하는 청구를 병합하여 제기하고 있으나, 그와 같은 청구들은 별소로 제기하여야 할 것이고 재심의 소에 병합하여 제기할 수 없다.(대판 1997.5.28, 96다41649)

6. 일실이익청구와 일실퇴직금의 병합 광산사고로 퇴직한 광산기계공이 정년까지 기계공으로 종사할 수 없게 됨으로써 입은 손해는 기계공으로서의 노동능력 상실에 따른 손해라고 할 것이므로 기계공 임금을 기준으로 평가한 장래수익이 그 손해액이 될 것이나, 사고로 인하여 일반노동능력이 감퇴하여 현실적으로 일반노동에 종사하는 경우에 농촌일용노임액을 기준으로 손해를 주장한다고 하더라도 이 역시 위

사고로 인하여 기계공으로 계속 근무하지 못하고 퇴직함으로 인하여 입은 손해라고 할 것이므로, 이러한 농촌일용노임에 따른 일실이익 청구와 기계공으로 종사하지 못함으로써 입은 일실퇴직금을 아울러 청구하지 못한다고 할 이유가 없다.(대판 1983.3.22, 82다카1009)

▶ 예비적 병합

7. 예비적 반소 피고의 예비적 반소는 본소청구가 인용될 것을 조건으로 심판을 구하는 것으로서 제1심이 원고의 본소청구를 배척한 이상 피고의 예비적 반소는 제1심의 심판대상이 될 수 없는 것이고, 이와 같이 심판대상이 될 수 없는 소에 대하여 제1심이 판단하였다고 하더라도 그 효력이 없다고 할 것이므로, 피고가 제1심에서 각하된 반소에 대하여 항소를 하지 아니하였다는 사유만으로 이 사건 예비적 반소가 원심의 심판대상으로 될 수 없는 것은 아니라고 할 것이고, 따라서 원심으로서는 원고의 항소를 받아들여 원고의 본소청구를 인용한 이상 피고의 예비적 반소청구를 심판대상으로 삼아 이를 판단하였어야 한다.(대판 2006.6.29, 2006다19061, 19078)

8. 양립 가능한 경우의 예비적 병합의 허부와 그 심판 주위적 청구원인과 예비적 청구원인이 양립 가능한 경우에도 당사자가 심판의 순위를 붙여 청구를 할 합리적인 필요성이 있는 경우에는 심판의 순위를 붙여 청구할 수 있다 할 것이고, 이러한 경우 주위적 청구가 전부 인용되지 않을 경우에는 주위적 청구에서 인용되지 아니한 수액 범위 내에서의 예비적 청구에 관해서도 판단하여 주기를 바라는 취지로 불가분적으로 결합시켜 제소할 수도 있는 것이므로, 주위적 청구가 일부만 인용되는 경우에 예비적 청구를 심리할 것인지의 여부는 소송에서의 당사자의 의사 해석에 달린 문제라 할 것이어서, 법원이 주위적 청구원인에 기한 청구의 일부를 기각하고 예비적 청구취지보다 적은 금액만을 인용할 경우에는, 원고에게 주위적 청구가 전부 인용되지 않을 경우에는 주위적 청구에서 인용되지 아니한 수액 범위 내에서의 예비적 청구에 관해서도 판단하여 주기를 바라는 취지인지 여부를 석명하여 그 결과에 따라 예비적 청구에 대한 판단 여부를 정하여야 할 것이다.(대판 2002.10.25, 2002다23598)

9. 예비적 청구에 관한 판단을 누락한 때의 이심의 범위 예비적 병합의 경우에는 수개의 청구가 하나의 소송절차에 불가분적으로 결합되어 있기 때문에 주위적 청구에 관하여만 판단하고 예비적 청구에 관하여 판단하지 아니한 경우에도 그 판결에 대하여 상소가 제기되면 판단이 누락된 예비적 청구 부분 역시 상소심으로 이심이 되는 것이다.(대판 2002.10.25, 2002다23598)

10. 주위적 청구를 인용한 1심 판결에 대한 항소심의 심판 청구의 예비적 병합은 병합된 수개의 청구 중 주위적 청구(제1차 청구)가 인용되지 않을 것에 대비하여 그 인용을 해제조건으로 예비적 청구(제2차 청구)에 관하여 심판을 구하는 병합형태로서, 이와 같은 예비적 병합의 경우에는 원고가 붙인 순위에 따라 심판하여야 하며, 주위적 청구를 배척할 때에는 예비적 청구에 관하여 심판하여야 하나 주위적 청구를 인용할 때에는 다음 순위인 예비적 청구에 관하여 심판할 필요가 없는 것이므로, 주위적 청구를 인용하는 판결은 전부판결로서 이러한 판결에 대하여 피고가 항소하면 제1심에서 심판을 받지 않은 다음 순위의 예비적 청구도 모두 이심되고 항소심이 제1심에서 인용되었던 주위적 청구를 배척할 때에는 다음 순위의 예비적 청구에 관하여 심판을 하여야 하는 것이다. 그리고 이와 같은 예비적 병합의 경우에는 수개의 청구가 하나의 소송절차에 불가분적으로 결합되어 있기 때문에 주위적 청구를 먼저 판단하지 않고 예비적 청구만을 인용하거나 주위적 청구만을 배척하고 예비적 청구에 관하여 판단하지 않는 등의 일부판결은 예비적 병합의 성질에 반하는 것으로서 법률상 허용되지 아니하며, 그럼에

도 불구하고 주위적 청구를 배척하면서 예비적 청구에 관하여 판단하지 아니하는 판결을 한 경우에는 그 판결에 대한 상소가 제기되면 판단이 누락된 예비적 청구 부분도 상소심으로 이심이 되고 그 부분이 재판의 탈루에 해당하여 원심에 계속 중이라고 볼 것은 아니다.(대판(전) 2000.11.16, 98다22253)

11. 무조건적 소유권이전등기절차 이행과 예비적으로 상환이행청구가 예비적 병합인지 여부(소극) 주위적으로 무조건적인 소유권이전등기절차의 이행을 구하고 예비적으로 금전 지급과 상환으로 소유권이전등기절차의 이행을 구하는 경우, 위 예비적 청구는 주위적 청구를 질적으로 일부 감축하여 하는 청구에 지나지 아니할 뿐 그 목적물과 청구원인은 주위적 청구와 완전히 동일하므로 소송상의 예비적 청구라고는 볼 수 없다.(대판 1999.4.23, 98다61463)

12. 주위적 청구의 일부 인용과 예비적 청구의 심리 주위적 청구와 예비적 청구가 분할 가능한 것이고 주위적 청구가 일부만 인용되는 경우에 나아가서 예비적 청구를 심리할 것인지의 여부는 소송에서의 당사자 의사 해석에 달린 문제라고 할 것이므로, 주위적 청구의 일부를 특정하여 그 부분이 인용될 것을 해제조건으로 하여 그 부분에 대해서만 하는 예비적 청구도 특별히 소송절차의 안정을 해친다거나 예비적 청구의 성질에 반하는 것이 아닌 한 이를 허용하지 아니할 이유가 없다.(대판 1996.2.9, 94다50274)

13. 예비적 청구만을 대상으로 한 청구인낙의 허부 원심에서 추가된 청구가 종전의 주위적 청구가 인용될 것을 해제조건으로 하여 청구된 것임이 분명하다면, 원심으로서는 종전의 주위적 청구의 당부를 먼저 판단하여 그 이유가 없을 때에만 원심에서 추가된 예비적 청구에 관하여 심리 판단할 수 있고, 위 추가된 예비적 청구만을 분리하여 심리하거나 일부 판결을 할 수 없으며, 피고로서도 위 추가된 예비적 청구에 대하여만 인낙을 할 수도 없고, 가사 인낙을 한 취지가 조서에 기재되었다 하더라도 그 인낙의 효력이 발생하지 아니한다.(대판 1995.7.25, 94다62017)

14. 법원의 심판순서 청구의 예비적 병합에서 예비적 청구는 주위적 청구가 인용되는 것을 해제조건으로 하는 것이므로 법원의 심판순서는 당사자가 청구한 심판의 순서에 구속을 받게 된다.(대판 1993.3.23, 92다51204)

15. 원고 패소의 제1심판결에 대하여 원고가 항소한 후 항소심에서 예비적 청구를 추가한 경우, 항소심이 주위적 청구에 대한 항소가 이유 없다고 판단한 때에는 예비적 청구에 대하여 제1심으로서 판단하여야 하는지 여부(적극) **및 주위적 청구를 배척하면서 예비적 청구에 대하여 판단하지 아니한 경우, 상소가 제기되면 판단이 누락된 예비적 청구 부분도 상소심으로 이심되는지 여부**(적극) 원고 패소의 제1심판결에 대하여 원고가 항소한 후 항소심에서 예비적 청구를 추가하면 항소심이 종래의 주위적 청구에 대한 항소가 이유 없다고 판단한 경우에는 예비적 청구에 대하여 제1심으로 판단하여야 한다. 한편 예비적 병합의 경우에는 수개의 청구가 하나의 소송절차에 불가분적으로 결합되어 있기 때문에 주위적 청구를 배척하면서 예비적 청구에 대하여 판단하지 아니한 경우 그에 대한 상소가 제기되면 판단이 누락된 예비적 청구 부분도 상소심으로 이심이 되고 그 부분이 재판의 탈루에 해당하여 원심에 계속 중이라고 볼 것은 아니다.(대판 2017.3.30, 2016다253297)

▶ 선택적 병합

16. 선택적 청구에 대한 일부판결의 허부 청구의 선택적 병합은 양립할 수 있는 수개의 청구권에 기하여 동일 취지의 급부를 구하거나 양립할 수 있는 수개의 형성권에 기하여 동일한 형성적 효과를 구하는 경우에 그 어느 한 청구가 인용될 것을 해제조건으로 하여 수개의 청구에 관한 심판을 구하는 병합 형태로서, 이와 같은 선택적 병합의 경우에는

수개의 청구가 하나의 소송절차에 불가분적으로 결합되어 있기 때문에 선택적 청구 중 하나만을 기각하는 일부판결은 선택적 병합의 성질에 반하는 것으로서 법률상 허용되지 않는다. 따라서 제1심법원이 원고의 선택적 청구 중 하나만을 판단하여 기각하고 나머지 청구에 관하여는 아무런 판단을 하지 아니한 조치는 위법한 것이고, 원고가 이와 같이 위법한 제1심판결에 대하여 항소한 이상 원고의 선택적 청구 전부가 항소심으로 이심되었다고 할 것이므로, 선택적 청구 중 판단되지 않은 청구 부분이 재판의 탈루로서 제1심법원에 그대로 계속되어 있다고 볼 것은 아니다.(대판 1998.7.24, 96다99)

17. 항소심에서 수개의 청구가 선택적으로 병합된 경우의 심리방법과 항소심 판결의 주문 제1심에서 원고의 청구가 기각되어 원고가 항소한 다음 항소심에서 청구를 선택적으로 병합한 경우에는 제1심에서 수개의 청구가 선택적으로 병합되었다가 그 청구가 모두 이유 없다고 인정되어 청구기각판결이 선고되고 이에 원고가 항소한 경우와 마찬가지로 법원은 병합된 수개의 청구 중 어느 하나의 청구를 선택하여 심리할 수 있고, 제1심에서 기각된 청구를 먼저 심리할 필요는 없으며, 어느 한 개의 청구를 심리한 결과 그 청구가 이유 있다고 인정될 경우에는 원고의 청구를 기각한 제1심 판결을 취소하고 이유 있다고 인정되는 청구를 인용하는 주문을 선고하여야 한다.(대판 1993.10.26, 93다6669)

18. 항소심에서의 선택적 병합의 판결(1) 수개의 청구가 제1심에서 처음부터 선택적으로 병합되고 그 중 어느 한 개의 청구에 대한 인용판결이 선고되어 피고가 항소를 제기한 경우는 물론, 원고의 청구를 인용한 판결에 대하여 피고가 항소를 제기하여 항소심에 이심된 후 청구가 선택적으로 병합된 경우에도 항소심은 제1심에서 인용된 청구를 먼저 심리하여 판단할 필요는 없고, 원심이 한 것처럼 선택적으로 병합된 수개의 청구 중 제1심에서 심판되지 아니한 청구를 임의로 선택하여 심판할 수 있다고 할 것이나, 심리한 결과 그 청구가 이유 있다고 인정되고 그 결론이 제1심판결의 주문과 동일한 경우에도 피고의 항소를 기각하여서는 안 되며 제1심판결을 취소한 다음 새로이 청구를 인용하는 주문을 선고하여야 한다.(대판 2006.4.27, 2006다7587, 7594)

19. 항소심에서의 선택적 병합의 판결(2) 수개의 청구가 제1심에서 선택적으로 병합되고 그 중 하나의 청구에 대한 인용판결이 선고되어 피고가 항소를 제기한 때에는 제1심이 판단하지 아니한 나머지 청구까지도 항소심으로 이심되어 항소심의 심판 범위가 되므로, 항소심이 원고의 청구를 인용할 경우에는 선택적으로 병합된 수개의 청구 중 어느 하나를 임의로 선택하여 심판할 수 있으나, 원고의 청구를 기각할 때에는 원고의 선택적 청구 전부에 관하여 판단하여야 한다.(대판 2010.5.27, 2009다12580)

20. 양립할 수 없는 수개 청구의 선택적 병합청구의 불허 청구의 선택적 병합이란 양립할 수 있는 수개의 청구권에 기하여 동일 취지의 급부를 구하거나 양립할 수 있는 수개의 형성권에 기하여 동일한 형성적 효과를 구하는 경우에 그 어느 한 청구가 인용될 것을 해제조건으로 하여 수개의 청구에 관한 심판을 구하는 병합형태이므로, 논리적으로 양립할 수 없는 수개의 청구는 성질상 선택적 병합으로 동일 소송절차 내에서 동시에 심판할 수 없다.(대판 1982.7.13, 81다카1120)

21. 항소심에서의 선택적 병합청구로 볼 수 있는지 여부(적극) 제1심판결 선고 전의 명예훼손행위에 관하여 손해배상청구를 하였으나 피고가 그 내용이 진실이라고 믿을 만한 상당한 이유가 있다는 이유로 청구를 기각당한 원고가 그 항소심에서 청구취지를 변경하지 아니한 채 피고가 제1심판결 선고 후 행한 새로운 명예훼손행위를 청구원인으로 추가하였다면 이는 다른 특별한 사정이 없는 한 피고의 새로운 명예훼손행위를 원인으로 하는 손해배상청구를 선택적으로

병합하는 취지라고 볼 것이다. 그러므로 항소심이 새로운 명예훼손행위를 원인으로 한 선택적 병합청구에 관하여 아무런 판단도 하지 아니한 채 원고의 청구를 기각하는 것은 판단누락에 해당한다.(대판 2010.5.13, 2010다8365)

▶기타

22. 병합의 형태 구별 기준 병합의 형태가 선택적 병합인지 예비적 병합인지는 당사자의 의사가 아닌 병합청구의 성질을 기준으로 판단하여야 하고, 항소심에서의 심판 범위도 그러한 병합청구의 성질을 기준으로 결정하여야 한다.(대판 2014.5.29, 2013다96868)

제254조【재판장등의 소장심사권】 ① 소장이 제249조제1항의 규정에 어긋나는 경우와 소장에 법률의 규정에 따른 인지를 붙이지 아니한 경우에는 재판장은 상당한 기간을 정하고, 그 기간 이내에 흠을 보정하도록 명하여야 한다. 재판장은 법원사무관등으로 하여금 위 보정명령을 하게 할 수 있다. (2014.12.30 본항개정)
② 원고가 제1항의 기간 이내에 흠을 보정하지 아니한 때에는 재판장은 명령으로 소장을 각하하여야 한다.
③ 제2항의 명령에 대하여는 즉시항고를 할 수 있다.
④ 재판장은 소장을 심사하면서 필요하다고 인정하는 경우에는 원고에게 청구하는 이유에 대응하는 증거방법을 구체적으로 적어 내도록 명할 수 있으며, 원고가 소장에 인용한 서증(書證)의 등본 또는 사본을 붙이지 아니한 경우에는 이를 제출하도록 명할 수 있다.
(2014.12.30 본조제목개정)

▣ 소장의 기재사항(249①), 본조 준용(255), 재정기간(172), 명령(221), 즉시항고(444)

1. 사망자 상대의 소송과 소장보정명령 원고가 사망자를 피고로 하는 소를 제기하였을 경우에 재판장의 소장심사권으로 그 보정을 명할 수는 없고 법원은 그 소를 부적합한 것으로 인정하여 판결로 각하하는 것이 타당하다.(대결 1973.3.20, 70마103)

2. 소장심사의 선순위성 인지 첩부 등 소장심사는 소송요건 및 청구의 당부를 판단하는 것보다 선행되어야 한다.(대결 1969.8.28, 69마375)

3. 인지미첨부의 소장과 소송구조신청 원고가 소장을 제출하면서 소정의 인지를 첨부하지 아니하고 소송상 구조신청을 한 경우 구 민소 123조에서 소송상 구조신청에 대한 기각결정에 대하여도 즉시항고를 할 수 있도록 규정하고 있는 취지에 비추어 볼 때, 소송상 구조신청에 대한 기각결정이 확정되기 전에 소장의 인지가 첨부되어 있지 아니함을 이유로 소장을 각하하여서는 안 된다.(대결 2002.9.27, 2002마3411)

4. 부당한 인지보정명령에 대한 불복방법 소장 또는 상소장에 관한 재판장의 인지보정명령은 민사소송법에서 일반적으로 항고의 대상으로 삼고 있는 구 민소 409조 소정의 "소송절차에 관한 신청을 기각하는 결정이나 명령"에 해당하지 아니하고 또 이에 대하여 불복할 수 있는 특별규정도 없으므로, 인지보정명령에 대하여는 독립하여 이의신청이나 항고를 할 수 없고 다만 보정명령에 따른 인지를 보정하지 아니하여 소장이나 상소장이 각하되면 그 각하명령에 대하여 즉시항고로 다툴 수밖에 없다.(대판 1995.6.30, 94다39086, 39093)

5. 보정기간이 지정되지 아니한 보정명령의 효력 보정명령

서에 보정기한이 공란으로 되어 있어 보정기간이 언제까지라고 지정된 바 없다면 이는 적법한 보정명령이라고 할 수 없다.(대결 1980.6.12, 80마160)

6. 인지첩용 부족을 간과하였을 경우에 그 당사자 참가신청이 부적법한 것으로 그 흠결을 보정할 수 없는지 여부 제1, 2심 재판장 또는 법원이 당사자참가신청서의 인지첩용 부족을 간과하였을 경우에는 그 당사자참가신청이 부적법한 것으로 그 흠결을 보정할 수 없는 경우에 해당한다 볼 수 없다.(대판 1969.12.26, 67다1744, 1745, 1746)

7. 인지보정명령에 따라 인지 상당액을 현금으로 납부하는 경우와 보정의 효과 발생 시기 인지보정명령에 따른 인지 상당액의 현금 납부는 송달료 처리의 특례에 관한 규칙 3조에 정한 송달료 수납은행에 현금을 납부한 때에 인지보정의 효과가 발생하고, 납부에 따라 발부받은 영수필확인서를 보정서 등 소송서류에 첨부하여 접수 담당 법원사무관 등에게 제출하고 접수 담당 법원사무관 등이 이를 소장 등 소송서류에 첨부하여 소인하는 등 행위는 소송기록상 납부 사실을 확인케 하기 위한 절차에 불과하다.(대결 1997.9.22, 97마1731)

8. 소장 보정명령에 대한 이의신청의 허부 재판장의 소장보정명령에 대하여는 이의신청이나 항고 등을 제기할 수 없고, 또 보정기간의 연장신청에 대한 허용 여부는 재판장의 재량에 속한다.(대결 1969.12.19, 69마500)

9. 항소장 부본이 송달된 후의 항소장각하명령 항소심 재판장은 항소장의 송달이 불능하여 그 보정을 명하였음에도 항소인이 이에 응하지 아니한 경우에 항소장 각하명령을 할 수 있을 뿐이고, 항소장이 피항소인에게 송달되어 항소심의 변론이 개시된 후에는 피항소인에게 변론기일 소환장 등이 송달불능 된다는 이유로 그 보정을 명하고 항소인이 이에 응하지 않는다고 항소장 각하명령을 할 수 없다.(대결 1981.11.26, 81마275)

10. 소장에 대표자의 표시가 되어 있으나 그 표시에 잘못이 있는 경우, 재판장이 보정명령을 하고 그에 대한 불응을 이유로 소장을 각하할 수 있는지 여부(소극) 소장에 일단 대표자의 표시가 되어 있는 이상 설령 그 표시에 잘못이 있다고 하더라도 이를 정정 표시하라는 보정명령을 하고 그에 대한 불응을 이유로 소장을 각하하는 것은 허용되지 아니한다. 이러한 경우에는 오로지 판결로써 소를 각하할 수 있을 뿐이다.(대결 2013.9.9, 2013마1273)

제255조【소장부본의 송달】 ① 법원은 소장의 부본을 피고에게 송달하여야 한다.
② 소장의 부본을 송달할 수 없는 경우에는 제254조제1항 내지 제3항의 규정을 준용한다.

▣ 재판장의 소장심사권(254), 송달(174~197, 소액6), 소장의 첨부서류(민소규63), 소장부본의 송달시기(민소규64)

1. 공시송달신청에 대한 허부재판을 도외시한 채 주소보정 흠결을 이유로 한 소장각하명령의 적부 제1심에서 원고가 공시송달신청을 하면서 제출한 소명자료와 그 동안의 송달결과, 특히 법정경위 작성의 송달불능보고서의 내용을 종합하면 민소 194조가 규정하는 공시송달의 요건인 '당사자의 주소 등 또는 근무장소를 알 수 없는 경우'에 해당한다고 볼 여지가 충분함에도 위 공시송달 신청에 대하여는 아무런 결정을 하지 아니한 채 주소보정 흠결을 이유로 소장각하명령을 한 경우, 항고심으로서는 소장 부본 송달상의 흠결 보정에 관하여 선결문제가 되는 공시송달신청의 허부에 관하여도 함께 판단하여 제1심 재판장의 소장 각하명령의 당부를 판단하였어야 한다. 원심이 이에 이르지 아니한 채 원고가 최종의 주소보정명령에 따른 주소보정조치를 취하지 아니한 이상 제1심 재판장의 소장각하명령에 위법이 없다며 항고를 배척한 것은 잘못이다.(대결 2003.12.12, 2003마1694)

2. 허위주소로 송달하여 얻은 사위 판결의 기판력 종국 판결의 기판력은 판결의 형식적 확정을 전제로 하여 발생하는

것이므로, 공시송달의 방법에 의하여 송달된 것이 아니고 허위로 표시한 주소로 송달하여 상대방 아닌 다른 사람이 그 소송서류를 받아 자백간주의 형식으로 판결이 되고 다른 사람이 판결정본을 수령하였을 때에는 상대방은 아직도 판결정본을 받지 않은 상태에 있는 것으로서 위 사위 판결은 확정 판결이 아니어서 기판력이 없다.(대판(全) 1978.5.9, 75다634)

3. 소송 진행 도중의 공시송달과 당사자의 소송 진행상황의 조사의무 소송의 진행 도중 소송서류의 송달이 불능하게 된 결과 부득이 공시송달의 방법에 의하여 하게 된 경우에는 처음부터 공시송달의 방법에 의한 경우와는 달라서 당사자에게 소송의 진행상황을 조사할 의무가 있는 것이므로, 당사자가 법원에 소송의 진행상황을 알아보지 않았다면 과실이 없다고 할 수 없고, 또한 이러한 의무는 당사자가 변론기일에서 출석하여 변론을 하였는지 여부, 출석한 변론기일에서 다음 변론기일의 고지를 받았는지 여부나, 소송대리인을 선임한 바 있는지 여부를 불문하고 부담하는 것이다.(대판 2006.3.10, 2006다3844)

제256조 【답변서의 제출의무】 ① 피고가 원고의 청구를 다투는 경우에는 소장의 부본을 송달받은 날부터 30일 이내에 답변서를 제출하여야 한다. 다만, 피고가 공시송달의 방법에 따라 소장의 부본을 송달받은 경우에는 그러하지 아니하다.
② 법원은 소장의 부본을 송달할 때에 제1항의 취지를 피고에게 알려야 한다.
③ 법원은 답변서의 부본을 원고에게 송달하여야 한다.
④ 답변서에는 준비서면에 관한 규정을 준용한다.
■ 답변서의 기재사항(민소규65①), 소장 송달(255), 준비서면(273·274·276·277)

제257조 【변론 없이 하는 판결】 ① 법원은 피고가 제256조제1항의 답변서를 제출하지 아니한 때에는 청구의 원인이 된 사실을 자백한 것으로 보고 변론 없이 판결할 수 있다. 다만, 직권으로 조사할 사항이 있거나 판결이 선고되기까지 피고가 원고의 청구를 다투는 취지의 답변서를 제출한 경우에는 그러하지 아니하다.
② 피고가 청구의 원인이 된 사실을 모두 자백하는 취지의 답변서를 제출하고 따로 항변을 하지 아니한 때에는 제1항의 규정을 준용한다.
③ 법원은 피고에게 소장의 부본을 송달할 때에 제1항 및 제2항의 규정에 따라 변론 없이 판결을 선고할 기일을 함께 통지할 수 있다.
■ 답변서의 제출의무(256), 변론(134), 기일의 통지(167), 소장 송달(255)

제258조 【변론기일의 지정】 ① 재판장은 제257조제1항 및 제2항에 따라 변론 없이 판결하는 경우 외에는 바로 변론기일을 정하여야 한다. 다만, 사건을 변론준비절차에 부칠 필요가 있는 경우에는 그러하지 아니하다.
② 재판장은 변론준비절차가 끝난 경우에는 바로 변론기일을 정하여야 한다.
(전문개정 2008.12.26)
[개정전] 제258조 【변론준비절차】 ① 재판장은 제257조제1항 및 제2항의 규정에 따라 변론 없이 판결하는 경우 외에는 바로 사건을 변론준비절차에 부쳐야 한다. 다만, 변론준비절차를 따로 거칠 필요가 없는 경우에는 그러하지 아니하다.

② 제1항 단서에 해당되는 경우 또는 변론준비절차가 끝난 경우에는 재판장은 바로 변론기일을 정하고 당사자에게 이를 통지하여야 한다.
■ 변론없이 하는 판결(257), 변론(134), 기일 지정(165, 소047), 기일의 통지(167)

1. 변론준비기일에서 양쪽 당사자 불출석의 효과가 변론기일에 승계되는지 여부(소극) 변론준비절차는 원칙적으로 변론기일에 앞서 주장과 증거를 정리하기 위하여 진행되는 변론 전 절차에 불과할 뿐이어서 변론준비기일을 변론기일의 일부라고 볼 수 없고, 변론준비기일과 그 이후에 진행되는 변론기일이 일체성을 갖는다고 볼 수도 없는 점, 변론준비기일이 수소법원 아닌 재판장 등에 의하여 진행되며 변론기일과 달리 비공개로 진행될 수 있어 직접주의와 공개주의가 후퇴하는 점, 변론준비기일에 양쪽 당사자의 불출석이 밝혀진 경우 재판장 등은 양쪽의 불출석으로 처리하여 새로운 변론준비기일을 지정하는 외에도 당사자 불출석을 이유로 변론준비절차를 종결할 수 있는 점, 나아가 양쪽 당사자 불출석으로 인한 취하간주제도는 적극적 당사자에게 불리한 제도로서 적극적 당사자의 소송유지의사 유무와 관계없이 일률적으로 법률적 효과가 발생한다는 점에서 고려할 때 변론준비기일에서 양쪽 당사자 불출석의 효과는 변론기일에 승계되지 않는 점에 비추어 볼 때 변론준비기일에 양쪽 당사자가 변론준비기일에 한 번, 변론기일에 두 번 불출석하였다고 하더라도 변론준비기일의 불출석 효과가 변론기일에 승계되지 아니하므로 소를 취하한 것으로 볼 수 없다.(대판 2006.10.27, 2004다69581)

2. 항소심에 이르러 대법원판결의 취지를 토대로 한 새로운 주장을 제출한 것이 실기한 공격·방어방법에 해당하는지 여부(소극) 미성년자의 신용카드이용계약 취소에 따른 부당이득반환청구사건에서 항소심에 이르러, 동일한 쟁점에 관한 대법원의 첫 판결이 선고되자 그 판결의 취지를 토대로 신용카드 가맹점과의 개별계약 취소의 주장을 새로이 제출한 경우, 대법원판결이 선고되기 전까지는 미성년자의 신용카드이용계약이 취소되더라도 신용카드회원과 해당 가맹점 사이에 체결된 개별적인 매매계약이 유효하게 존속한다는 점을 알지 못한 데 중대한 과실이 있었다고 단정할 만한 자료가 없는 점, 취소권 행사를 전제로 하는 공격·방어방법의 경우에는 취소권 행사에 신중을 기할 수밖에 없어 조기 제출에 어려움이 있는 점 등에 비추어 위 주장이 당사자의 고의 또는 중대한 과실로 시기에 늦게 제출되었거나 제1심의 변론준비기일에 제출되지 아니한 데 중대한 과실이 있었다고 보기 어렵다.(대판 2006.3.10, 2005다46363, 46370, 46387, 46394)

제259조 【중복된 소제기의 금지】 법원에 계속되어 있는 사건에 대하여 당사자는 다시 소를 제기하지 못한다.
■ 소제기의 방식(248), 부적법한 소의 각하(219)

1. 복수의 채권자 취소소송과 중복제소 여부(소극) 채권자취소권의 요건을 갖춘 각 채권자는 고유의 권리로서 채무자의 재산처분 행위를 취소하고 그 원상회복을 구할 수 있는 것이므로, 여러 명의 채권자가 동시에 또는 시기를 달리하여 사해행위취소 및 원상회복청구의 소를 제기하는 경우 이들 소가 중복제소에 해당하지 아니할 뿐만 아니라, 어느 한 채권자가 동일한 사해행위에 관하여 사해행위취소 및 원상회복청구를 하여 승소판결을 받아 그 판결이 확정되었다는 것만으로는 그 후에 제기된 다른 채권자의 동일한 청구가 권리보호의 이익이 없게 되는 것은 아니고, 그에 기하여 재산이나 가액의 회복을 마친 경우에 비로소 다른 채권자의 사해행위취소 및 원상회복청구는 그와 중첩되는 범위 내에서 권리보호의 이익이 없게 된다.(대판 2005.11.25, 2005다51457)

2. 회사의 주주대표소송에의 참가와 중복제소 주주의 대표소송에서 원고 주주가 원고로서 제대로 소송수행을 하지 못하거나 혹은 상대방이 된 이사와 결탁함으로써 회사의 권리

보호에 미흡하여 회사의 이익이 침해될 염려가 있는 경우 그 판결의 효력을 받는 권리귀속주체인 회사가 이를 막거나 자신의 권리를 보호하기 위하여 소송수행권한을 가진 정당한 당사자로서 그 소송에 참가할 필요가 있으며, 회사가 대표소송에 당사자로서 참가하는 경우 소송경제가 도모될 뿐만 아니라 판결의 모순·저촉을 유발할 가능성도 없다는 사정과, 상 404조 1항에서 특별히 참가에 관한 규정을 두어 주주의 대표소송의 특성을 살려 회사의 권익을 보호하려 한 입법 취지를 함께 고려할 때, 상 404조 1항에서 규정하고 있는 회사의 참가는 공동소송참가를 의미하는 것으로 해석함이 상당하고, 나아가 이러한 해석이 중복제소를 금지하고 있는 구 민소 234조에 반하는 것도 아니다.(대판 2002.3.15, 2000다9086)

3. 채권자대위소송과 중복제소 중복제소금지는 소송계속으로 인하여 당연히 발생하는 소송요건의 하나로서, 이미 동일한 사건에 관하여 전소가 제기되었더라도 설령 그 전소가 소송요건을 흠결하여 부적법하다고 할지라도 후소의 변론종결시까지 취하·각하 등에 의하여 소송계속이 소멸하지 아니하는 한 후소는 중복제소금지에 위배되어 각하를 면치 못하게 되는바, 이와 같은 법리는 어느 채권자가 채무자를 대위하여 제3채무자를 상대로 제기한 채권자대위소송이 법원에 계속 중 다른 채권자가 같은 채무자를 대위하여 제3채무자를 피고로 하여 동일한 소송물에 관하여 소송을 제기한 경우에도 적용된다.(대판 1998.2.27, 97다45532)

4. 피고가 전소의 보조참가인인 경우와 중복제소 원고가 동일하고 신소의 피고가 전소의 피고 보조참가인인 때에는 이중소송의 항변을 할 수 없다.(대판 1955.2.3, 4287민상278)

5. 채무이행소송과 채무부존재확인소송의 중복제소 여부(소극) 채권자가 채무인수자를 상대로 제기한 채무이행청구소송(전소)과 채무인수자가 채권자를 상대로 제기한 원래 채무자의 채권자에 대한 채무부존재확인소송(후소)은 그 청구취지와 청구원인이 서로 다르므로 중복제소에 해당하지 않는다.(대판 2001.7.24, 2001다22246)

6. 확정판결에 기한 채권의 시효중단을 위하여 제기된 동일한 내용의 소와 중복제소 여부(소극) 확정판결에 기한 채권의 소멸시효기간인 10년의 도과가 임박하여 강제집행의 실시가 현실적으로 어렵게 되었더면, 그 이전에 강제집행의 실시가 가능하였던가의 여부에 관계없이 시효중단을 위하여 동일내용의 재판상 청구가 불가피하다고 할 것이므로, 확정판결이 있었다고 하더라도 시효중단을 위한 동일내용의 소에 대하여 소멸시효완성 내지 중복제소금지 규정에 위반한 것이라고는 할 수 없다.(대판 1987.11.10, 87다카1761)

7. 일부청구임을 명시한 소송의 계속 중 유보한 나머지 청구를 별도의 소송으로 제기한 경우와 중복제소 여부 전 소송에서 불법행위를 원인으로 치료비청구를 하면서 일부만을 특정하여 청구하고 그 이외의 부분은 별도소송으로 청구하겠다는 취지를 명시적으로 유보한 때에는 그 전소송의 소송물은 그 청구한 일부의 치료비에 한정되는 것이고 전 소송에서 한 판결의 기판력은 유보한 나머지 부분의 치료비에까지 미치지 아니한다 할 것이므로, 전 소송의 계속 중에 동일한 불법행위를 원인으로 유보한 나머지 치료비청구를 별도소송으로 제기하였다 하더라도 중복제소에 해당하지 아니한다.(대판 1985.4.9, 84다552)

8. 각 채권자간 채권자대위소송에서의 전후소의 판단기준 채권자대위소송의 계속 중 다른 채권자가 같은 채무자를 대위하여 같은 제3채무자를 상대로 법원에 출소한 경우 두 개 소송의 소송물이 같다면 나중에 계속된 소는 중복제소금지의 원칙을 위반하여 제기된 부적법한 소가 된다 할 것이고, 이 경우 전소와 후소의 판별기준은 소송계속의 발생 시기 즉, 소장이 피고에게 송달된 때의 선후에 의할 것이며, 비록 소제기에 앞서 가압류, 가처분 등의 보전절차가 선행되어 있다 하더라도 이를 기준으로 가릴 것은 아니다.(대판 1994.11.25, 94

다12517, 12524)

9. 중복제소금지에 위배된 소에 대한 확정판결의 효력 중복제소금지의 원칙에 위배되어 제기된 소에 대한 판결이나 그 소송절차에서 이루어진 화해라도 확정된 경우에는 당연무효라고 할 수 없다.(대판 1995.12.5, 94다59028)

10. 채무자가 제3채무자를 상대로 제기한 이행의 소가 법원에 계속되어 있는 상태에서 압류채권자가 제3채무자를 상대로 추심의 소를 제기하는 것이 민소 259조에서 금지하는 중복된 소제기에 해당하는지 여부(소극) 제3채무자를 상대로 압류채권자가 제기한 추심의 소는 채무자가 제기한 이행의 소에 대한 관계에서 민소 259조가 금지하는 중복된 소제기에 해당하지 않는다.(대판(全) 2013.12.18, 2013다202120)

제260조 【피고의 경정】 ① 원고가 피고를 잘못 지정한 것이 분명한 경우에는 제1심 법원은 변론을 종결할 때까지 원고의 신청에 따라 결정으로 피고를 경정하도록 허가할 수 있다. 다만, 피고가 본안에 관하여 준비서면을 제출하거나, 변론준비기일에서 진술하거나 변론을 한 뒤에는 그의 동의를 받아야 한다.

② 피고의 경정은 서면으로 신청하여야 한다.

③ 제2항의 서면은 상대방에게 송달하여야 한다. 다만, 피고에게 소장의 부본을 송달하지 아니한 경우에는 그러하지 아니하다.

④ 피고가 제3항의 서면을 송달받은 날부터 2주 이내에 이의를 제기하지 아니하면 제1항 단서와 같은 동의를 한 것으로 본다.

◾ 피고경정신청서의 기재사항(민소규66), 당사자의 추가경정(가소15), 피고경정(행소14)

1. 본조의 '피고를 잘못 지정한 것이 분명한 명백한 때'의 의미 구 민소 234조의2 1항 본문은 '원고가 피고를 잘못 지정한 것이 명백한 때에는 제1심법원은 원고의 신청으로 피고의 경정을 허가할 수 있다'고 피고의 경정을 허용하고 있는바, 위 규정에서 피고를 잘못 지정한 것이 명백한 때라 함은 청구취지나 청구원인의 기재 내용 자체로 보아 원고가 법률적 평가를 그르치는 등의 이유로 피고의 지정이 잘못된 것이 명백하거나 법인격의 유무에 관하여 착오를 일으킨 것이 명백한 경우 등을 말한다 할 것이고, 이 사건과 같이 원고가 공사도급계약상의 수급인은 그 계약 명의인인 피고라고 하여 피고를 상대로 소송을 제기하였다가 심리 도중 변론에서 피고 측 답변이나 증거에 따라 이를 번복하여 수급인이 피고보조참가인이라고 하면서 피고경정을 구하는 경우에는 계약 명의인이 아닌 실제상의 수급인이 누구인지는 증거조사를 거쳐 사실을 인정하고 그 인정사실에 터 잡아 법률 판단을 하여야 인정할 수 있는 상황이므로, 위 법규정 소정의 '피고를 잘못 지정한 것이 명백한 때'에 해당한다고 볼 수 없고, 피고가 공시송달 중인 상태에서 피고보조참가인이 자신이 수급인이라고 주장하였다 하여 달리 볼 수도 없다.(대결 1997.10.17, 97마1632)

2. 피고경정허가결정의 당부가 항소심 법원의 판단대상인지 여부 구 민소 234조의2에 의하여 피고경정신청을 허가하는 제1심 법원의 결정에 대하여는 같은 법 234조의3 3항에 의하여 종전의 피고가 이에 대한 동의가 없었음을 사유로 하는 경우에 한하여 즉시항고를 할 수 있는 이외에는 달리 불복할 수 있다고 보아야 하고, 더욱이 피고경정신청을 한 원고가 그 허가결정의 부당함을 내세워 불복하는 것은 허용될 수 없다 할 것이므로, 이러한 허가결정의 당부는 같은 법 234조의3 3항에 의한 즉시항고 외에는 불복할 수 없는 종국판결 전의 재판에 관한 것이어서 같은 법 362조 단서에 의하여 항소심 법원의 판단대상이 되지 아니한다.(대판 1992.10.9, 92

다25533)

3. 피고경정신청에 대한 **불복방법** 피고경정신청을 기각하는 결정에 불복이 있는 원고는 통상항고를 제기할 수 있으므로 그 결정에 대하여 특별항고를 제기할 수는 없다.(대결 1997.3.3, 97으1)

4. 채무자의 사망 이후 1순위 상속인을 상대로 소를 제기하였다가 실제 상속인으로 피고경정신청을 한 경우의 적부(한정 적극) 원고가 피고의 사망 사실을 모르고 사망자를 피고로 표시하여 소를 제기한 경우에, 청구의 내용과 원인사실, 당해 소송을 통하여 분쟁을 실질적으로 해결하려는 원고의 소제기 목적 내지는 사망 사실을 안 이후 원고의 피고표시 정정신청 등 여러 사정을 종합하여 볼 때에, 실질적인 피고는 당사자능력이 없어 소송당사자가 될 수 없는 사망자가 아니라 처음부터 사망자의 상속자이고 다만 그 표시에 잘못이 있는 것에 지나지 않는다고 인정되면 사망자의 상속인으로 피고의 표시를 정정할 수 있다 할 것인바, 상속개시 이후 상속의 포기를 통한 상속채무의 순차적 승계 및 그에 따른 상속채무자 확정의 곤란성 등 상속제도의 특성에 비추어 위의 법리는 채권자가 채무자의 사망 후 1순위 상속인의 상속포기 사실을 알지 못하고 1순위 상속인을 상대로 소를 제기한 경우에도 채권자가 의도한 실질적 피고의 동일성에 관한 위 전제요건이 충족되는 한 마찬가지로 적용된다.(대판 2009.10.15, 2009다49964)

제261조 【경정신청에 관한 결정의 송달 등】 ①
제260조제1항의 신청에 대한 결정은 피고에게 송달하여야 한다. 다만, 피고에게 소장의 부본을 송달하지 아니한 때에는 그러하지 아니하다.
② 신청을 허가하는 결정을 한 때에는 그 결정의 정본과 소장의 부본을 새로운 피고에게 송달하여야 한다.
③ 신청을 허가하는 결정에 대하여는 동의가 없었다는 사유로만 즉시항고를 할 수 있다.
④ 신청을 허가하는 결정을 한 때에는 종전의 피고에 대한 소는 취하된 것으로 본다.
■ 피고의 경정(260), 소장 송달(255), 즉시항고(444), 소의 취하(266)

제262조 【청구의 변경】 ①
원고는 청구의 기초가 바뀌지 아니하는 한도안에서 변론을 종결할 때 (변론 없이 한 판결의 경우에는 판결을 선고할 때)까지 청구의 취지 또는 원인을 바꿀 수 있다. 다만, 소송절차를 현저히 지연시키는 경우에는 그러하지 아니하다.
② 청구취지의 변경은 서면으로 신청하여야 한다.
③ 제2항의 서면은 상대방에게 송달하여야 한다.
■ 청구취지와 원인(249), 청구변경의 불허가(263), 송달(174-196), 소의 변경(행소21), 준용(행소37)

1. 사해행위취소소송에서 피보전채권을 변경하는 것과 소의 변경 채권자가 사해행위의 취소를 청구하면서 그 보전하고자 하는 채권을 추가하거나 교환하는 것은 그 사해행위취소권을 이유 있게 하는 공격방법에 관한 주장을 변경하는 것일 뿐이지 소송물 또는 청구 자체를 변경하는 것이 아니므로 소의 변경이라 할 수 없다.(대판 2003.5.27, 2001다13532)
2. 채권자취소권에서의 청구의 동일성 저당권이 설정되어 있는 부동산이 사해행위로 이전된 경우에 그 사해행위는 부동산의 가액에서 저당권의 피담보채권액을 공제한 잔액의 범위 내에서만 성립한다고 보아야 하므로, 사해행위 후 변제 등에 의하여 저당권설정등기가 말소된 경우 그 부동산의 가액에서 저당권의 피담보채무액을 공제한 잔액의 한도에서 사해행위를 취소하고 그 가액의 배상을 구할 수 있을 뿐이

고, 특별한 사정이 없는 한 변제자가 누구인지에 따라 그 방법을 달리한다고 볼 수는 없는 것이며, 사해행위인 계약 전부의 취소와 부동산 자체의 반환을 구하는 청구취지 속에는 위와 같이 일부취소를 하여야 할 경우 그 일부취소와 가액배상을 구하는 취지도 포함되어 있다고 볼 수 있으므로 청구취지의 변경이 없더라도 바로 가액반환을 명할 수 있다.(대판 2001.6.12, 99다20612)

3. 보전소송과 본안소송에서의 청구기초의 동일성 보전처분의 피보전권리와 본안의 소송물인 권리는 엄격히 일치함을 요하지 않으며 청구의 기초의 동일성이 인정되는 한 그 보전처분에 의한 보전효력은 본안소송의 권리에 미치고, 동일한 생활 사실 또는 동일한 경제적 이익에 관한 분쟁에서 그 해결 방법에 차이가 있음에 불과한 청구취지 및 청구원인의 변경은 청구의 기초에 변경이 없다고 할 것이다.(대판 2001.3.13, 99다11328)

4. 청구변경의 판단기준 청구의 변경은 소송절차를 지연함이 현저한 경우가 아닌 한 청구의 기초에 변경이 없는 한도에서 사실심의 변론종결시까지 할 수 있는 것이고, 동일한 생활 사실 또는 동일한 경제적 이익에 관한 분쟁에서 그 해결 방법에 차이가 있음에 불과한 청구취지 및 청구원인의 변경은 청구의 기초에 변경이 없다고 할 것이며, 또 새로운 청구의 심리를 위하여 종전의 소송자료를 대부분 이용할 수 있는 경우에는 소송절차를 지연케 함이 현저하다고 할 수 없다.(대판 1998.4.24, 97다44416)

5. 원인무효를 이유로 한 소유권이전등기말소청구의 항소심에서 명의신탁해지를 원인으로 한 말소등기청구의 추가적 예비적 변경의 가부(적극) 원고가 피고 명의의 소유권이전등기는 피고가 원고 명의의 증여계약서를 위조하여 경료한 원인무효의 등기라고 주장하며 이전등기말소를 구하는 소를 제기하여 제1심에서 승소판결을 선고받은 후, 항소심에 이르러 당초의 위 청구를 주위적 청구로 하고, 예비적 청구로서 그 이전등기가 원인무효가 아니더라도 명의신탁에 의한 것이라고 주장하며 명의신탁해지를 원인으로 한 말소등기청구를 추가한 경우, 위와 같은 소 변경은 동일한 생활 사실 또는 동일한 경제적 이익에 관한 분쟁에서 그 해결 방법을 달리하고 있을 뿐이어서 청구의 기초에 변경이 있다고 볼 수 없고, 또한 새로운 청구의 심리를 위하여 종전의 소송자료를 대부분 이용할 수 있기 때문에 소송절차를 현저히 지연케 한다고 할 수도 없다.(대판 1998.4.24, 97다44416)

6. 소유권이전등기청구소송에서 그 대상을 1필지의 토지 일부에서 전부로 확장하거나 청구원인을 선택적으로 추가하는 것과 소의 추가적 변경 매매 또는 취득시효 완성을 원인으로 하는 소유권이전등기청구소송에서 그 대상을 1필지 토지의 일부에서 전부로 확장하는 것은 청구의 양적 확장으로서 소의 추가적 변경에 해당하고, 동일 부동산에 관하여 이전등기를 구하면서 그 등기청구권의 발생원인을 처음에는 매매로 하였다가 후에 취득시효의 완성을 선택적으로 추가하는 것도 단순한 공격방법의 차이가 아니라 별개의 청구를 추가시킨 것이므로 역시 소의 추가적 변경에 해당한다.(대판 1997.4.11, 96다50520)

7. 가등기에 기한 본등기청구에서 그 가등기의 피담보채권을 변경한 경우와 청구의 변경 가등기에 기한 본등기청구를 하면서 그 등기원인을 매매예약완결이라고 주장하는 한편 위 가등기의 피담보채권을 처음에는 대여금채권이라고 주장하였다가 나중에는 손해배상채권이라고 주장한 경우 가등기에 기한 본등기청구의 등기원인은 위 주장의 변경에 관계없이 매매예약완결이므로 등기원인에 변경이 없어 청구의 변경에 해당하지 아니하고, 위 가등기로 담보되는 채권이 무엇인지는 공격방어방법에 불과하다.(대판 1992.6.12, 92다11848)

8. 명의신탁해지를 원인으로 한 소유권이전등기청구에서 원인무효를 이유로 한 말소등기청구로의 변경의 가부(적극) 원고가 토지에 관한 피고명의의 소유권이전등기가 명의신탁에

의한 것임을 전제로 명의신탁해지를 원인으로 한 소유권이 전등기절차의 이행을 구하는 청구를 하였다가 같은 토지에 대한 피고명의의 소유권이전등기가 원인무효의 등기임을 전제로 그 말소를 구하는 청구로 교환적인 변경을 하는 것은 동일한 생활사실 또는 경제적 이익에 관한 분쟁에서 그 해결을 위한 법률적 구성만을 달리하고 있음에 불과하여 청구의 기초에 변경이 있다고 할 수 없다.(대판 1987.10.13, 87다카1093)

9. 제1심에서 전부 패소한 원고가 항소심에서 예비적 청구를 추가로 병합하여 항소심이 주위적 청구에 관하여 제1심판결을 유지하는 경우의 판결주문 제1심에서 전부 패소한 원고가 항소심에서 예비적 청구를 추가로 병합하고, 항소심의 심리 결과 주위적 청구에 관하여 제1심판결을 그대로 유지할 경우, 주문에서 '원고의 항소를 기각한다.'라고 선고하여야 하고 예비적 청구가 항소심에서 병합되었다는 이유만으로 제1심판결을 취소 또는 변경하여야 하는 것은 아니다.(대판 1997.8.22, 97다13023)

10. 재산상 손해에 관하여 전부 승소하고 위자료에 관하여 일부 패소한 원고가 항소심에서 재산상 손해부분에 관하여 청구를 확장할 수 있는지 여부(적극) 상소는 자기에게 불이익한 재판에 대하여 유리하게 취소변경을 구하기 위하여 하는 것이므로 전부 승소한 판결에 대하여는 항소가 허용되지 않는 것이 원칙이나, 하나의 소송물에 관하여 형식상 전부 승소한 당사자의 상소이익의 부정은 절대적인 것이라고 할 수도 없는바, 원고가 재산상 손해(소극적 손해)에 관하여는 형식상 전부 승소하였으나 위자료에 관하여는 일부 패소하였고, 이에 대하여 원고가 원고 패소부분에 불복하는 형식으로 항소를 제기하여 사건 전부가 확정이 차단되고 소송물 전부가 항소심에 계속되게 된 경우에는, 불법행위로 인한 손해배상에 있어 재산상 손해나 위자료는 단일한 원인에 근거한 것인데 편의상 이를 별개의 소송물로 분류하고 있는 것에 지나지 아니한 것이므로, 이를 실질적으로 파악하여 항소심에서 위자료는 물론이고 재산상 손해(소극적 손해)에 관하여도 청구의 확장을 허용하는 것이 상당하다.(대판 1994.6.28, 94다3063)

11. 항소심에서의 추가적 변경으로 인한 심급관할 지방법원 본원 합의부가 지방법원 단독판사의 판결에 대한 항소사건을 제2심(항소심)으로 심판하는 도중에 지방법원 합의부의 관할에 속하는 소송이 새로 추가되거나 그러한 소송으로 청구가 변경되었다고 하더라도, 심급관할은 제1심 법원의 존재에 의하여 결정되는 전속관할이어서 이미 정하여진 항소심의 관할에는 영향이 없는 것이므로, 추가되거나 변경된 청구에 대하여도 그대로 심판할 수 있다.(대판 1992.5.12, 92다2066)

12. 서면에 의하지 않은 청구취지 변경과 책문권의 상실 청구취지의 변경은 서면으로 신청하여야 하므로 서면에 의하지 아니한 청구취지의 변경은 잘못이나 이에 대하여 상대방이 지체 없이 이의하지 않았다면 책문권의 상실로 그 잘못은 치유된다.(대판 1990.12.26, 90다4686)

13. 본안의 변론을 한 상대방이 청구 변경의 적부를 다툴 수 있는지 여부(소극) 청구의 변경에 대하여 상대방이 지체 없이 이의하지 아니하고 변경된 청구에 관한 본안의 변론을 한 때에는 상대방은 더 이상 그 청구 변경의 적법 여부에 관하여 다투지 못한다.(대판 2011.2.24, 2009다33655)

14. 항소심에서의 청구취지 변경의 적부 원고가 이 사건 토지가 소외회사의 소유임을 전제로 소외회사로부터 분배받았음을 청구 원인으로 하여 이 사건 소를 제기하였다가, 항소심에서 당초의 청구를 예비적 청구로 하고 새로이 이 사건 토지가 원고의 소유임을 내세운 소유권확인청구 및 소유권에 기한 방해배제로서의 등기말소청구를 주위적 청구로 추가하는 청구의 변경을 하였다고 할지라도, 위와 같은 주위적 및 예비적 청구는 동일한 경제적 이익에 관한 분쟁에서 해

결방법을 달리하고 있을 뿐이어서 청구의 기초에 변경이 있다고 볼 수 없고, 새로운 청구의 심리를 위하여 종전의 소송자료를 대부분 이용할 수 있기 때문에 소송절차를 현저히 지연케 한다고 할 수도 없으며 항소심에서 적법한 청구의 추가적 변경이 있을 경우 그 추가된 청구는 당연히 항소심 심판의 대상이 되는 것이다.(대판 1990.1.12, 88다카24622)

15. 청구취지를 변경하더라도 최초의 소제기 시에 발생한 제척기간의 준수효과 공동저당권이 설정된 수 개의 부동산에 관한 일괄 매매행위가 사해행위에 해당함을 이유로 그 매매계약의 전부 취소 및 그 원상회복으로서 각 소유권이전등기의 말소를 구하다가 사해행위 이후 저당권이 소멸한 사정을 감안하여 법률상 이러한 경우 원상회복이 허용되는 범위 내의 가액배상을 구하는 것으로 청구취지를 변경하면서 그에 맞추어 사해행위취소의 청구취지를 변경한 데에 불과한 경우에는 하나의 매매계약으로서의 당해 사해행위의 취소를 구하는 소제기의 효과는 그대로 유지되고 있다고 봄이 상당하다 할 것이므로, 비록 취소소송의 제척기간이 경과한 후에 당초의 청구취지변경이 잘못 되었음을 이유로 다시 위 매매계약의 전부취소 및 소유권이전등기의 말소를 구하는 것으로 청구취지를 변경한다 해도 최초 소제기 시에 발생한 제척기간 준수의 효과에는 영향이 없다.(대판 2005.5.27, 2004다67806)

16. 추가적 변경의 소송계속의 시기 소의 추가적 변경이 있는 경우 추가된 소의 소송계속의 효력은 그 서면을 상대방에게 송달하거나 변론기일에 이를 교부한 때에 생긴다.(대판 1992.5.22, 91다41187)

제263조【청구의 변경의 불허가】 법원이 청구의 취지 또는 원인의 변경이 옳지 아니하다고 인정한 때에는 직권으로 또는 상대방의 신청에 따라 변경을 허가하지 아니하는 결정을 하여야 한다.

☐ 청구의 변경(262), 신청(161), 결정(134 · 221)

1. 청구변경에 대한 불허재판의 누락 불법행위로 인한 손해배상청구소송사건의 변론기일에서 원고가 피고의 채무를 모두 대위변제하였으니 그 변제금원에 대하여 피고에게 구상한다고 기재된 준비서면을 진술한 경우에는 원고가 청구원인을 불법행위로 인한 손해배상청구와 대위변제로 인한 구상금청구를 선택적으로 병합한 취지로 보이므로, 청구의 변경에 대하여 불허재판을 함이 없이 대위변제로 인한 구상청구에 관하여 아무런 판단도 하지 않고 원고의 청구를 모두 기각한 것은 잘못이다.(대판 1989.9.12, 88다카6270)

제264조【중간확인의 소】 ① 재판이 소송의 진행중에 쟁점이 된 법률관계의 성립여부에 매인 때에 당사자는 따로 그 법률관계의 확인을 구하는 소를 제기할 수 있다. 다만, 이는 그 확인청구가 다른 법원의 관할에 전속되지 아니하는 때에 한한다.
② 제1항의 청구는 서면으로 하여야 한다.
③ 제2항의 서면은 상대방에게 송달하여야 한다.

☐ 전속관할(31), 송달(174-196), 시효중단의 시기(265)

1. 중간확인의 소의 대상 과거의 권리나 법률관계는 중간확인의 소에서도 그 대상이 될 수 없다.(대판 1966.2.15, 65다244)

2. 토지수용보상금 재결처분의 효력 유무가 폐천부지교환거부처분의 선결문제로서 중간확인의 소익이 있는지 여부(소극) 중간확인의 소는 소송계속 중 본래의 청구의 판단에 대하여 선결관계에 있는 법률관계의 존부에 관하여 당사자 간에 다툼이 있을 때 그 소송절차에 병합하여 그 법률관계의 확인을 구하는 소를 말하므로, 원고가 피고(경기도지사)에 대하여 폐천부지교환거부처분의 취소를 구하는 소를 제기하여 그 진행 중에 중앙토지수용위원회의 위 폐천부지에 대한

보상금 재결처분의 효력 유무가 선결관계에 있다고 할 수 없어 위 재결처분의 무효확인을 구하는 중간확인의 소는 부적법하다.(대판 1984.6.26, 83누554, 555)

3. 재심청구를 기각하는 경우 중간확인의 소에 대하여 법원이 취하여야 할 조치 재심의 소송절차에서 중간확인의 소를 제기하는 것은 재심청구가 인용될 것을 전제로 하여 재심대상소송의 본안청구에 대하여 선결관계에 있는 법률관계의 존부의 확인을 구하는 것이므로, 재심사유가 인정되지 않아서 재심청구를 기각하는 경우에는 중간확인의 소의 심판대상인 선결적 법률관계의 존부에 관하여 나아가 심리할 필요가 없으나, 한편 중간확인의 소는 단순한 공격방어방법이 아니라 독립된 소이므로 이에 관한 판단은 판결의 이유에 기재할 것이 아니라 종국판결의 주문에 기재하여야 한다. 따라서 재심사유가 인정되지 않아서 재심청구를 기각하는 경우에는 중간확인의 소를 각하고 이를 판결 주문에 기재하여야 한다.(대판 2008.11.27, 2007다69834, 69841)

제265조【소제기에 따른 시효중단의 시기】 시효의 중단 또는 법률상 기간을 지킴에 필요한 재판상 청구는 소를 제기한 때 또는 제260조제2항·제262조제2항 또는 제264조제2항의 규정에 따라 서면을 법원에 제출한 때에 그 효력이 생긴다.

■ 서면에 의한 피고의 경정(260②), 서면에 의한 청구의 변경(262②), 서면에 의한 중간확인의 소(264②), 시효중단(민168)

1. 일부청구의 확장과 시효중단 청구부분이 특정될 수 있는 경우에 하는 일부청구는 나머지 부분에 대한 시효중단의 효력이 없고, 나머지 부분에 대하여는 소를 제기하거나 그 청구를 확장(청구의 변경)하는 서면을 법원에 제출한 때에 비로소 시효중단의 효력이 생긴다.(대판 1975.2.25, 74다1557)

2. 청구 변경 시 이전 소송절차의 효력 본소는 취하되고 반소만이 진행 중인 반소의 항소심 소송절차에서도 청구의 기초에 변경이 없는 한 청구의 교환적 변경을 할 수 있고, 구 민소 238조의 규정이 있다고 하여 청구의 변경 시 모든 절차상의 효력이 새로운 소제기와 같이 청구 변경의 서면이 법원에 제출된 때로부터 발생하고 그 이전에는 미치지 아니한다고 볼 수 없다.(대판 1970.9.22, 69다446)

3. 취득시효 완성으로 인한 소송상 청구에 대한 답변이 재판상 청구인지 여부(소극) 취득시효 완성으로 인한 소유권이 전등기를 구하는 소에서 피고가 답변으로 원고의 주장을 부인하고 목적부동산이 피고의 소유라고 주장하는 것은 권리자가 권리를 행사하는 행동이 아니므로 재판상의 청구에 해당하지 않는다.(대판 1971.3.23, 71다37)

제266조【소의 취하】 ① 소는 판결이 확정될 때까지 그 전부나 일부를 취하할 수 있다.

② 소의 취하는 상대방이 본안에 관하여 준비서면을 제출하거나 변론준비기일에서 진술하거나 변론을 한 뒤에는 상대방의 동의를 받아야 효력을 가진다.

③ 소의 취하는 서면으로 하여야 한다. 다만, 변론 또는 변론준비기일에서 말로 할 수 있다.

④ 소장을 송달한 뒤에는 취하의 서면을 상대방에게 송달하여야 한다.

⑤ 제3항 단서의 경우에 상대방이 변론 또는 변론준비기일에 출석하지 아니한 때에는 그 기일의 조서등본을 송달하여야 한다.

⑥ 소취하의 서면이 송달된 날부터 2주 이내에 상대방이 이의를 제기하지 아니한 경우에는 소취하에 동의한 것으로 본다. 제3항 단서의 경우에 있어서, 상대방이 기일에 출석한 경우에는 소를 취하한 날

부터, 상대방이 기일에 출석하지 아니한 경우에는 제5항의 등본이 송달된 날부터 2주 이내에 상대방이 이의를 제기하지 아니하는 때에도 또한 같다.

■ 소 취하의 효과(267), 소 취하의 의제(268·행소14⑤), 소송비용의 부담(114), 3항 내지 5항의 준용(393②), 판결의 확정(498), 취하(56② ·90②), 준비서면(273~277), 준비절차(279~286), 변론(134·258), 반소의 취하(271), 소장의 송달(174이하·255·256), 기간(170)

1. 수량적 가분인 동일 청구권에 기한 청구금액의 감축의 의미 수량적으로 가분인 동일 청구권에 기한 청구금액의 감축은 소의 일부 취하로 해석되고, 소의 취하는 원고가 제기한 소를 철회하여 소송계속을 소멸시키는 원고의 법원에 대한 소송행위이고, 소송행위는 일반 사법상의 행위와 달리 내심의 의사보다 그 표시를 기준으로 하여 그 효력 유무를 판정할 수밖에 없는 것이므로 원고가 착오로 소의 일부를 취하하였다 하더라도 이를 무효라고 볼 수는 없다.(대판 2004.7.9, 2003다46758)

2. 소 취하서가 취하권자가 아닌 상대방 당사자에 의하여 제출되었다는 사정과 취하의 효력 구 민소 239조 3항은 "소의 취하는 서면으로 하여야 한다."고 규정하고 있을 뿐, 그 제출인이나 제출방법에 관하여는 따로 규정하는 바가 없고, 상대방이나 제3자에 의한 제출을 불허하는 규정도 찾아볼 수 없으므로, 당사자가 소 취하서를 작성하여 제출할 경우 반드시 취하권자나 그 포괄승계인만이 이를 제출하여야 한다고 볼 수는 없고, 제3자에 의한 제출도 허용되며, 나아가 상대방에게 소 취하서를 교부하여 그로 하여금 제출하게 하는 것도 상관없다.(대판 2001.10.26, 2001다37514)

3. 착오로 인한 소 취하의 효력 소의 취하는 원고가 제기한 소를 철회하여 소송계속을 소멸시키는 원고의 법원에 대한 소송행위이고 소송행위는 일반 사법상의 행위와는 달리 내심의 의사보다 그 표시를 기준으로 하여 효력 유무를 판정할 수밖에 없는 것인바, 원고 소송대리인으로부터 소송대리인 사임신고서 제출을 지시받은 사무원은 원고 소송대리인의 표시기관에 해당하여 그의 착오는 원고 소송대리인의 착오라고 보아야 하므로, 사무원의 착오로 원고 소송대리인의 의사에 반하여 소를 취하하였다고 하여도 이를 무효라고 볼 수는 없다.(대판 1997.10.24, 95다11740)

4. 소 취하의 합의 후 소를 제기한 경우의 법원의 조치 특허권의 권리범위 확인의 심판청구를 제기한 이후에 당사자 사이에 심판을 취하하기로 한다는 내용의 합의가 이루어졌다면 그 취하서를 심판부(또는 기록이 있는 대법원)에 제출하지 아니한 이상 심판청구취하로 인하여 사건이 종결되지는 아니하나, 당사자 사이에 심판을 취하하기로 하는 합의를 함으로써 특별한 사정이 없는 한 심판이나 소송을 계속 유지할 법률상의 이익은 소멸하였다 할 것이어서 당해 청구는 각하되어야 한다.(대판 1997.9.5, 96후1743)

5. 표시기관의 착오로 인한 소 취하의 효력과 그 임의 철회 여부(소극) 소의 취하는 원고가 제기한 소를 철회하여 소송계속을 소멸시키는 원고의 법원에 대한 소송행위이고 소송행위는 일반 사법상의 행위와는 달리 내심의 의사보다 그 표시를 기준으로 하여 효력 유무를 판정할 수밖에 없는 것인바, 원고들 소송대리인으로부터 원고 중 1인의 소 취하를 지시받은 사무원은 원고들 소송대리인의 표시기관에 해당하여 그의 착오는 원고들 소송대리인의 착오로 보아야 하므로, 그 사무원의 착오로 원고들 소송대리인의 의사에 반하여 원고들 전원의 소를 취하하였다 하더라도 이를 무효라 볼 수는 없고, 적법한 소 취하의 서면이 제출된 이상 그 서면이 상대방에게 송달되기 전·후를 묻지 않고 원고는 이를 임의로 철회할 수 없다.(대판 1997.6.27, 97다6124)

6. 소 취하에 대한 묵시적 동의의 가부(적극) 소 취하에 대한 피고의 동의 및 동의의 거절은 반드시 명시적으로 하여야 하는 것은 아니며 묵시적으로 하여도 무방하다.(대판 1993.9.14,

93누9460)

7. 소 취하의 합의 후 상대방이 소 취하에 동의하지 아니할 때 청구포기로 그 소송을 종료시킬 의무가 포함되어 있는지 여부(소극) 소송을 소 취하의 방법에 의하여 종료시키는 것과 청구포기의 방법에 의하여 종료시키는 것은 소송을 종료시키는 점에서는 같다 하더라도 그 소송법상의 효과면에서 차이가 있는 것이므로 소송을 소 취하의 방법에 의하여 종료시키기로 한 의무에 소 취하에 동의하지 아니하는 경우에는 청구를 포기하여서라도 그 소송을 종료시킬 의무가 포함되어 있다고 볼 수 없다.(대판 1984.8.21, 83다카1624)

8. 소의 일부취하의 경우 상대방의 동의 여부가 결정되지 아니한 상태에서 재판을 할 수 있는지 여부(소극) 소 취하서 또는 소 일부취하서가 상대방이 본안에 관한 준비서면을 제출하거나 변론준비기일에서 진술하거나 변론을 한 뒤에 법원에 제출된 경우에는 민소 266조 2항에 의하여 상대방의 동의를 받아야 효력을 가지는 것이지만, 이 경우에 원심은 같은 조 4항에 따라 그 취하서 등본을 상대방에게 송달한 다음 상대방의 동의 여부에 따라 심판범위를 확정하여 재판을 하여야 하고, 상대방의 동의 여부가 결정되지 아니한 상태에서 종전의 청구에 대하여 재판을 하여서는 아니 된다.(대판 2005.7.14, 2005다19477)

9. 소 취하에 대한 소송대리인의 동의권 소 취하에 대한 소송대리인의 동의는 구 민소 82조 2항 소정의 특별수권사항이 아닐 뿐 아니라, 소송대리인에 대하여 특별수권사항인 소 취하를 할 수 있는 대리권을 부여한 경우에는 상대방의 소 취하에 대한 동의권도 포함되어 있다고 봄이 상당하므로 같은 소송대리인이 한 소 취하의 동의는 소송대리권의 범위 내의 사항으로서 본인에게 그 효력이 미친다.(대판 1984.3.13, 82므40)

10. 소 취하 시 본인의 의사를 확인하는 관행과 소송위임장상의 소 취하 수권문구 수임 당시에 인쇄된 위임장에 의해 소 취하의 특별수권을 받은 경우에도 소송대리인이 실제로 소를 취하함에는 다시 본인의 승낙을 받음이 통례이나 이는 본인의 의사를 확인하는 신중한 태도에서 나온 것이라고 하겠고, 그러한 통례가 있다 하여 인쇄된 위임장의 소 취하 문구가 효력 없는 예문은 아니며 그로 인한 특별수권의 효력도 없다 할 수 없는 것이다.(대판 1984.2.28, 84누4)

11. 항소의 취하와 상대방에 대한 항소 취하서의 송달 적법한 항소 취하서가 제출되면 그때에 취하의 효력이 발생하는 것이고, 구 민소 363조 2항에서 같은 법 239조 4항을 준용하여 항소 취하서를 상대방에게 송달하도록 한 취지는 항소 취하를 알려주라는 뜻이지 그 통지를 항소 취하의 요건 내지 효력으로 한다는 취지는 아니다.(대판 1980.8.26, 80다76)

12. 기망에 의한 소 취하를 취소할 수 있는지 여부(소극) 소를 취하하는 소송행위는 정당한 당사자에 의하여 이루어진 것이라면 그 취하가 타인의 기망에 인한 것이라 하더라도 이를 취소할 수 없다.(대판 1979.12.11, 76다1829)

13. 예비적 청구를 하지 않겠다고 한 원고 진술의 해석 변론기일에서 "예비적 청구는 하지 않겠다"고 한 원고의 진술 취지는 청구의 포기로 볼 것이 아니라 소의 일부 취하로 볼 것이다.(대판 1968.9.6, 68다1312)

14. 항소의 취하와 상대방에 대한 항소 취하서의 송달 적법한 항소 취하서가 제출되면 그때에 취하의 효력이 발생하는 것이고, 구 민소 363조 2항에서 같은 법 239조 4항을 준용하여 항소 취하서를 상대방에게 송달하도록 한 취지는 항소 취하를 알려주라는 뜻이지 그 통지를 항소 취하의 요건 내지 효력으로 한다는 취지는 아니다.(대판 1980.8.26, 80다76)

제267조 【소취하의 효과】 ① 취하된 부분에 대하여는 소가 처음부터 계속되지 아니한 것으로 본다. ② 본안에 대한 종국판결이 있은 뒤에 소를 취하한 사람은 같은 소를 제기하지 못한다.

■ 소의 취하(266), 효력을 다투는 절차(민소규67), 종국판결(198·200), 1항 준용(393②)

1. 채권자대위소송을 제기한 자가 종국판결 후 소를 취하한 경우와 피대위자에 대한 관계 채권자대위권에 의한 소송이 제기된 사실을 피대위자가 알게 된 이상, 그 대위소송에 관한 종국판결이 있은 후 그 소가 취하된 때에는 피대위자도 민소 240조 2항 소정의 재소금지규정의 적용을 받아 그 대위소송과 동일한 소를 제기하지 못한다.(대판 1996.9.20, 93다20177, 20184)

2. 대위자격이 없는 자가 제기한 채권자대위소송에서 채무자가 청구를 인낙하고 제3채무자에 대하여는 승소판결이 있은 후 소가 취하된 경우와 채무자에 대한 관계 갑이 을 및 병을 상대로, 을에 대하여는 매매를 원인으로 한 소유권이전등기 절차의 이행을, 병에 대하여는 을을 대위하여 소유권보존등기 말소등기절차의 이행을 구하는 소를 제기한 전소에서, 을은 갑의 청구를 인낙하였고, 병에 대한 부분은 제1심에서 갑의 승소판결이 선고된 후 이에 대하여 병이 항소를 제기하여 항소심에 계속 중 갑이 소를 취하한 경우, 나중에 갑의 을에 대한 권리가 없음이 밝혀져 갑이 을을 대위하여 을의 권리를 행사할 자격이 없었다고 하더라도, 갑이 그와 같이 을의 권리를 대위 행사할 적격이 있다고 주장함에 대하여 을이 적극적으로 갑의 주장을 인정하면서 그의 청구를 인낙하여 그 소송에서 갑에게 대위 적격을 부여한 이상, 을은 재소금지의 원칙상 병을 상대로 동일한 소를 제기할 수 없다.(대판 1995.7.28, 95다18406)

3. 소송물과 당사자를 달리하여 재소금지의 원칙에 위배되지 아니하는 경우 본안에 대한 종국판결이 있은 후 소를 취하한 사람에게 미치는 재소금지의 효력은 동일한 당사자 사이의 동일한 소송물에 관한 것인바, 종국판결 후 취하된 전소는 "갑"의 후손 전원으로 이루어진 "갑" 종중이 부동산의 소유권확인을 구하는 후소는 "갑"의 11세 장손인 "을"을 중시조로 하여 그 후손들만으로 구성된 소종중이 그 부동산에 관한 명의신탁 해지를 원인으로 한 소유권이전등기를 구하는 것이라면, 후소는 취하된 전소와는 소송물과 당사자를 달리하는 소송이라고 할 것이므로 재소금지의 원칙에 위배되지 아니한다.(대판 1995.6.9, 94다42389)

4. 보조참가인의 취하도 재소금지에 적용되는지 여부(소극) 구 민소 240조 2항에서 규정한 "본안에 대한 종국판결이 있은 후 소를 취하한 자"는 그 소송의 당사자만을 의미하는 것이고 그 보조참가인은 이에 해당하지 않는다.(대판 1984.9.25, 80다1501)

5. 특정승계인의 포함 여부 및 동일한 소의 판단 구 민소 240조 2항 소정의 "소를 취하한 자"에는 변론종결 후의 특정승계인을 포함하나 "동일한 소"는 권리보호의 이익도 같아야 하므로 이 건 토지의 전소유자가 피고를 상대로 한 전소와 본건 소는 소송물인 권리관계는 동일하다 할지라도 위 전소의 취하 후에 이 건 토지를 양수한 원고는 그 소유권을 침해하고 있는 피고에 대하여 그 배제를 구할 새로운 권리보호의 이익이 있다고 할 것이니 위 전소와 본건 소는 동일한 소라고 할 수 없다.(대판 1981.7.14, 81다64, 65)

6. 변론종결 전의 승계인의 재소금지 적용 여부(소극) 종국판결 선고 후 소를 취하한 경우에 재소를 할 수 없는 승계인은 변론종결 후의 승계인에 한하며 변론종결 전의 승계인으로서 특히 소송에 당사자로 참가하지 아니한 제3자는 포함되지 아니한다.(대판 1969.7.22, 69다760)

7. 소유권에 기한 명도청구와 계약에 의한 명도청구의 소송물의 동일성 전소가 소유권에 기한 명도청구소송이고 후소가 약정에 의한 명도청구소송인 경우 소송물을 달리하여 재소금지의 원칙에 저촉되지 않는다.(대판 1991.1.15, 90다카25970)

8. 후소가 전소의 소송물을 선결문제로 하는 경우 재소금지의 적용 여부 구 민소 240조 2항의 규정은 임의의 소 취하

에 의하여 그때까지의 국가의 노력을 헛수고로 돌아가게 한 자에 대한 제재적 취지에서 그가 다시 동일한 분쟁을 문제삼아 소송제도를 농락하는 것과 같은 부당한 사태의 발생을 방지할 목적에서 나온 것이므로, 여기에서 동일한 소는 반드시 기판력의 범위나 중복제소금지의 경우의 그것과 같이 동일할 것은 아니고, 따라서 당사자와 소송물이 동일하더라도 재소의 이익이 다른 경우에는 동일한 소라고 할 수 없는 반면, 후소가 전소의 소송물을 선결적 법률관계 내지 전제로 하는 것일 때에는 비록 소송물은 다르지만 본안의 종국판결 후에 전소를 취하한 자는 전소의 목적이었던 권리 내지 법률관계의 존부에 관하여는 다시 법원의 판단을 구할 수 없는 관계상 위 제도의 취지와 목적에 비추어 후소에 대하여도 동일한 소로서 판결을 구할 수 없다고 풀이함이 상당하다.(대판 1989.10.10, 88다카18023)

9. 항소심에서 교환적 변경을 한 후 다시 본래의 구청구로 교환적 변경을 한 경우의 효력 소의 교환적 변경은 신청구의 추가적 병합과 구청구의 취하의 결합형태로 볼 것이므로 본안에 대한 종국판결이 있은 후 구청구를 신청구로 교환적 변경을 한 다음 다시 본래의 구청구로 교환적 변경을 한 경우에는 종국판결이 있은 후 소를 취하하였다가 동일한 소를 다시 제기한 경우에 해당하여 부적법하다.(대판 1987.11.10, 87다카1405)

10. 본소 취하의 경우 반소의 효력 반소가 적법하게 제기된 이상 그 후 본소가 취하되더라도 반소의 소송계속에는 아무런 영향이 없다.(대판 1970.9.22, 69다446)

11. 소 취하의 합의 후 취하의 전제요건인 약정에 위반하여 소를 제기한 경우의 권리보호이익 종국판결 후 소를 취하하였다가 피고가 그 소 취하의 전제조건인 약정을 위반하여 약정이 해제 또는 실효되는 사정변경이 생겼음을 이유로 다시 동일한 소를 제기하는 것은 재소금지의 원칙에 위배되지 않는다.(대판 2000.12.22, 2000다46399)

12. 부제소합의에 위반하여 제기된 소의 권리보호의 이익 특정한 권리나 법률관계에 관하여 분쟁이 있어도 제소하지 아니하기로 합의한 경우 이를 위반하여 제기한 소는 권리보호의 이익이 없다.(대판 1993.5.14, 92다21760)

13. 항소심에서 토지거래허가신청절차 이행의 소로 변경하여 당초의 이전등기의 소가 종국판결 후의 취하로 된 경우, 토지거래허가를 받고 다시 소유권이전등기 청구소송을 제기하는 것과 재소금지원칙 구 민소 240조 2항 소정의 재소금지원칙이 적용되기 위하여는 소송물이 동일한 외에 권리보호의 이익도 동일하여야 할 것인바, 매수인이 매도인을 상대로 부동산에 관하여 매매를 원인으로 한 소유권이전등기절차 이행의 소를 제기하여 승소판결을 받았지만, 항소심에서 매매에 따른 토지거래허가신청절차의 이행을 구하는 소로 변경하여 당초의 소는 종국판결 선고 후 취하된 것으로 되었다 하더라도 그 후 토지거래허가를 받고 나서 다시 소유권이전등기절차의 이행을 구하는 것은 취하된 소와 권리보호의 이익이 달라 재소금지원칙이 적용되지 않는다.(대판 1997.12.23, 97다45341)

14. 소 취하의 약정을 위반하여 확정판결에 의하여 경료한 소유권이전등기의 효력 원고 승소의 제1심 판결 선고 후 당사자 간에 소송 외에서 소 취하하기로 약정하였음에도 원고가 위 약정을 위반하여 소를 취하하지 아니하여 위 제1심 판결이 확정되고, 그 확정판결에 기하여 승소한 원고 명의로 소유권이전등기가 경료된 경우 그 등기는 확정판결에 의하여 이루어진 등기이므로 원인이 결여된 당연무효의 등기라고 할 수 없다.(대판 1981.12.8, 80다2817)

15. 내심의 의사에 반한 소 취하의 효력 당사자의 소송행위는 일반 사법상의 행위와는 달리 내심의 의사보다 그 표시를 기준으로 하여 그 효력 유무를 판정할 수밖에 없는 것이므로, 소의 취하가 내심의 의사에 반한 것이라고 하더라도 이를 무효라고 볼 수는 없다.(대판 1983.4.12, 80다3251)

16. 소의 취하 및 그로 인한 재소금지의 효과의 법적 성질 소의 취하는 원고가 제기한 소를 철회하는 법원에 대한 단독적 소송행위로서 소송물을 이루는 실체법상의 권리를 포기하는 것과 같은 처분행위와는 다르고, 본안에 대한 종국판결이 있은 후 소를 취하한 자가 동일한 소를 제기하지 못하는 이른바 재소금지의 효과는 소송법상의 효과임에 그치고 실체법상의 권리관계에 영향을 주는 것은 아니므로, 재소금지의 효과를 받는 권리관계라고 하여 실체법상으로도 권리가 소멸하는 것은 아니다.(대판 1989.7.11, 87다카2406)

17. 종국판결이 있은 뒤에 소를 취하한 자의 재소가 가능한 경우 본조 2항의 규정은 소 취하로 인하여 그동안 판결에 들인 법원의 노력이 무용화되고 종국판결이 당사자에 의하여 농락당하는 것을 방지하기 위한 제재적 취지의 규정이므로, 본안에 대한 종국판결이 있은 후 소를 취하한 자라 할지라도 이러한 규정의 취지에 반하지 아니하고 소제기를 필요로 하는 정당한 사정이 있다면 다시 소를 제기할 수 있다.(대판 2009.6.25, 2009다22037)

제268조【양 쪽 당사자가 출석하지 아니한 경우】

① 양 쪽 당사자가 변론기일에 출석하지 아니하거나 출석하였다 하더라도 변론하지 아니한 때에는 재판장은 다시 변론기일을 정하여 양 쪽 당사자에게 통지하여야 한다.

② 제1항의 새 변론기일 또는 그 뒤에 열린 변론기일에 양 쪽 당사자가 출석하지 아니하거나 출석하였다 하더라도 변론하지 아니한 때에는 1월 이내에 기일지정신청을 하지 아니하면 소를 취하한 것으로 본다.

③ 제2항의 기일지정신청에 따라 정한 변론기일 또는 그 뒤의 변론기일에 양쪽 당사자가 출석하지 아니하거나 출석하였다 하더라도 변론하지 아니한 때에는 소를 취하한 것으로 본다.

④ 상소심의 소송절차에는 제1항 내지 제3항의 규정을 준용한다. 다만, 상소심에서는 상소를 취하한 것으로 본다.

■ 준용(286, 민소규68), 변론(134), 소환의 방식(167), 소의 취하(266·267), 기일지정의 신청(165), 상소의 취하(393·425)

1. 변론준비기일에서의 불출석과 변론기일에의 승계 여부(소극) 변론준비절차는 원칙적으로 변론기일에 앞서 주장과 증거를 정리하기 위하여 진행되는 변론 전 절차에 불과할 뿐이어서 변론준비기일을 변론기일의 일부라고 볼 수 없고 변론준비기일과 그 이후에 진행되는 변론기일이 일체성을 갖는다고 볼 수도 없는 점, 변론준비기일이 수소법원 아닌 재판장 등에 의하여 진행되며 변론기일과 달리 비공개로 진행될 수 있어서 직접주의와 공개주의가 후퇴되는 점, 변론준비기일에 있어서 양쪽 당사자의 불출석이 밝혀진 경우 재판장은 양쪽의 불출석으로 처리함과 새로운 변론준비기일을 지정하는 외에도 당사자 불출석을 이유로 변론준비절차를 종결할 수 있는 점, 나아가 양쪽 당사자 불출석으로 인한 취하간주제도는 적극적 당사자에게 불리한 제도로서 적극적 당사자의 소송유지의사 유무와 관계없이 일률적으로 법률적 효과가 발생한다는 점까지 고려할 때 변론준비기일에서 양쪽 당사자 불출석의 효과는 변론기일에 승계되지 않는다.(대판 2006.10.27, 2004다69581)

2. 부적법한 송달의 경우와 본조 적용 여부(소극) 구 민소 241조 2항 및 4항에 의하여 소 또는 상소의 취하가 있는 것으로 보는 경우 같은 조 2항 소정의 1월의 기일지정신청기간은 불변기간이 아니어서 그 추완이 허용되지 않는 점을 고려한다면, 같은 조 1, 2항에서 '변론의 기일에 당사자 쌍방

이 출석하지 아니한 때'란 당사자 쌍방이 적법한 절차에 의한 송달을 받고도 변론기일에 출석하지 않는 것을 가리키는 것이고, 변론기일의 송달절차가 적법하지 아니한 이상 비록 그 송달이 유효하고 그 변론기일에 당사자 쌍방이 출석하지 아니하였다고 하더라도 쌍방 불출석의 효과는 발생하지 않는다. 따라서 당사자의 주소, 거소 기타 송달할 장소를 알 수 없는 경우가 아님이 명백함에도 재판장이 당사자에 대한 변론기일 소환장을 공시송달에 의할 것으로 명함으로써 당사자에 대한 변론기일 소환장이 공시송달된 경우, 그 당사자는 각 변론기일에 적법한 절차에 의한 송달을 받았다고 볼 수 없으므로, 위 공시송달의 효력이 있다 하더라도 각 변론기일에 그 당사자가 출석하지 아니하였다고 하여 쌍방 불출석의 효과가 발생한다고 볼 수 없다.(대판 1997.7.11, 96므1380)

3. 당사자가 출석하였는데 재판장이 기일을 연기한 것이 출석한 당사자가 변론을 하지 아니한 때에 해당하는지 여부 (소극) 당사자의 일방 또는 쌍방이 출석한 경우에 기일을 연기하는 것은 출석한 당사자에게 기일 해태의 효력이 생기는 것이 아니고, 구 민소 241조 1, 2항에서 규정한 당사자가 변론기일에 출석하더라도 변론하지 아니한 때라는 것은 기일이 개시되어 변론에 들어갔으나 변론을 하지 아니한 경우를 말하는 것이지 변론에 들어가기도 전에 재판장이 기일을 연기하고 출석한 당사자에게 변론의 기회를 주지 아니함으로써 변론을 하지 아니한 경우에는 출석한 당사자가 변론을 하지 아니한 때에 해당하지 않는 것이다.(대판 1993.10.26, 93다19542)

4. 기일지정신청기간의 기산점 구 민소 241조 2항의 기일지정신청은 쌍방 불출석 변론기일로부터 1월내에 하여야 하는 것이지 신청인이 그 사실을 안 때로부터 그 기간을 기산할 수는 없다.(대판 1992.4.14, 92다3441)

5. 소송대리인이 있을 때의 불출석의 판단 소송대리인이 선임된 경우에 변론기일 불출석으로 인한 불이익을 그 당사자에게 귀속시키려면 그 당사자 본인과 소송대리인 모두가 변론기일에 출석하지 아니함을 요건으로 하고 그 출석 여부는 변론조서의 기재에 의하여 증명하여야 한다. 따라서 변론조서에 소송대리인 불출석이라고만 기재되어 있고 당사자 본인의 출석 여부에 관하여 아무런 기재가 없다면, 당사자의 변론기일에의 불출석은 증명되지 아니한다.(대판 1982.6.8, 81다817)

6. 쌍방불출석의 경우에 '연기'라고 기재된 변론조서 개시된 변론기일에 당사자 쌍방이 불출석한 이상 쌍방 불출석의 효과는 그때 이미 발생하는 것이므로 변론조서상에 비록 "연기"라고 기재되었다고 하더라도 필요적 공동소송이 아닌 한 그 기재는 변론의 분리 여부에 관계없이 출석하였거나 기일을 실시할 수 없는 당사자에게만 효력이 미치는 것이다.(대판 1980.11.11, 80다2065)

7. 소송대리인에 대한 변론기일 통지 후의 사임 소송대리인이 변론기일 소환장을 송달 받은 후 사임하였고 당사자가 그 사임사실을 알지 못하였다 하더라도 그 사실만으로는 변론기일에 출석하지 못한 것이 당사자의 책임에 귀할 수 없는 사유에 인한 것이라고 할 수 없다.(대판 1963.8.22, 63다271)

8. 당사자가 질병으로 변론기일에 불출석한 것이 책임 없는 사유로 인한 것인지 여부(소극) 당사자나 당사자의 대표자가 질병으로 인하여 변론기일에 출석하지 못하였다고 하여도 이는 구 민소 241조 3항에서 규정하는 당사자가 그 책임 없는 사유로 인하여 변론기일에 출석하지 못한 것이라고는 할 수 없다.(대판 1987.6.23, 87누82)

9. 주소변경 미신고로 인한 공시송달과 귀책사유 법인인 소송당사자가 법인이나 그 대표자의 주소가 변경되었는데도 이를 법원에 신고하지 아니하여 2차에 걸친 변론기일소환장이 송달불능이 되자 법원이 공시송달의 방법으로 재판을 진행한 결과 쌍방불출석으로 취하 간주되었다면, 이는 그 변론

기일에 출석하지 못한 것이 소송당사자의 책임으로 돌릴 수 없는 사유로 인하여 기일을 해태한 경우라고는 볼 수 없다.(대판 1987.2.24, 86누509)

10. 우편집배원의 불성실한 업무처리로 송달불능이 된 경우의 귀책사유 원고에 대한 변론기일 소환장이 "이사간 곳 불명"이라는 이유로 송달불능이 되었는바, 이 사유는 우편물에 표시된 송달장소가 불명하다는 것이 아니라 우편물을 송달할 장소를 찾기는 하였으나 이미 송달받을 사람이 다른 곳으로 이사갔는데 그 이사간 곳을 알 수 없다는 것으로 풀이되고, 이는 원심이 인정한 원고가 본건 소제기 전부터 원심 변론종결 당시까지 광장시장 내 대창직물점인 점포에서 양장지를 판매하여 왔다는 사실에 저촉되므로 우체국 집배원의 송달불능으로 인한 우편물 반려는 경솔하고도 불성실한 업무처리에 기한 것인데, 원심이 동 송달불능이 원고의 주소 표시 불비로 주소불명으로 인한 것이라 단정하고 변론기일 소환장을 공시송달한 결과 원고가 이를 알지 못하였다면 동 변론기일에의 불출석은 원고의 책임 없는 사유로 인한 경우에 해당한다.(대판 1982.12.28, 82누486)

11. 구속된 당사자가 교도관의 호송 잘못으로 불출석한 경우와 귀책사유 교도소에 수감되어 있던 재심피고가 교도관의 호송의 잘못으로 인하여 지정된 변론기일의 제 시간에 출석하지 못하였다는 사정만으로는 구 민소 241조 3항 소정의 "당사자가 그 책임 없는 사유로 인하여 변론기일에 출석하지 못한 경우"에 해당한다고 볼 수 없다.(대판 1974.9.10, 74다834)

12. 교도소 수용과 귀책사유 재심원고가 제소 당시부터 교도소에 수감되어 있어 변론기일에의 출석이 부자유할 것임을 예측하였거나 예측할 수 있었음에도 소송대리인의 선임 등 필요한 조치를 취함이 없이 만연히 변론기일 연기신청만을 거듭하였던 경위를 감안할 때 변론 기일에의 불출석은 그 책임 없는 사유에 기인하였다고 볼 수 없다.(대판 1981.9.8, 80다1834)

제269조【반소】 ① 피고는 소송절차를 현저히 지연시키지 아니하는 경우에만 변론을 종결할 때까지 본소가 계속된 법원에 반소를 제기할 수 있다. 다만, 소송의 목적이 된 청구가 다른 법원의 관할에 전속되지 아니하고 본소의 청구 또는 방어의 방법과 서로 관련이 있어야 한다.

② 본소가 단독사건인 경우에 피고가 반소로 합의사건에 속하는 청구를 한 때에는 법원은 직권 또는 당사자의 신청에 따른 결정으로 본소와 반소를 합의부에 이송하여야 한다. 다만, 반소에 관하여 제30조의 규정에 따른 관할권이 있는 경우에는 그러하지 아니하다.

■ 본소 반소에 대한 일부판결(200②), 전속관할(31), 상소심에서의 반소(412·425)

1. 항소심이 피고의 예비적 반소청구를 심판대상으로 삼아야 하는 경우 피고의 예비적 반소는 본소청구가 인용될 것을 조건으로 심판을 구하는 것으로서 제1심이 원고의 본소청구를 배척한 이상 피고의 예비적 반소는 제1심의 심판대상이 될 수 없는 것이고, 이와 같이 심판대상이 될 수 없는 소에 대하여 제1심이 판단하였다고 하더라도 그 효력이 없다고 할 것이며, 피고가 제1심에서 각하된 반소에 대하여 항소를 하지 아니하였다는 사유만으로 이 사건 예비적 반소가 원심의 심판대상으로 될 수 없는 것은 아니라고 할 것이고, 따라서 원심으로서는 원고의 항소를 받아들여 원고의 본소청구를 인용한 이상 피고의 예비적 반소청구를 심판대상으로 삼아 이를 판단하였어야 한다.(대판 2006.6.29, 2006다19061, 19078)

2. 조건부 반소청구에 관하여 판단하지 아니한 조치의 당부 피고가 원고의 본소청구가 인용될 경우를 대비하여 조건부로 반소를 제기한 경우 원심이 원고의 본소청구를 기각한 이상 반소청구에 관하여 판단하지 아니한 것은 정당하다.(대판 1991.6.25, 91다1615, 1622)

3. 반소청구취지 속에 포함되어 있는 취득시효항변에 대한 판단의 유탈 반소의 청구취지가 부동산에 관하여 취득시효 완성을 원인으로 한 소유권이전등기절차의 이행을 구하고 있는 것이라면, 그 취지 속에는 반소원고 자신이 이미 위 부동산에 관하여 취득시효 완성으로 인한 소유권을 취득하였으므로 위 부동산의 소유자임을 내세워 반소원고에 대하여 이에 관한 소유권확인, 임료 및 임료상당 손해의 배상을 구하는 반소피고의 본소청구는 기각되어야 한다고 항변하는 취지도 함께 포함되어 있다고 보아야 할 것인데, 원심이 반소원고의 취득시효항변에 관하여 아무런 판단도 하지 아니한 채 위 부동산이 반소피고의 소유라고 단정하였음은 결국 독립된 방어방법인 위 취득시효항변에 관한 판단을 유탈함으로써 판결에 영향을 미친 허물이 있다.(대판 1987.5.12, 84다카1870, 1871)

4. 반소의 제기와 본소에 대한 확인의 이익 소송요건을 구비하여 적법하게 제기된 본소가 그 후에 상대방이 제기한 반소로 인하여 소송요건에 흠결이 생겨 다시 부적법하게 되는 것은 아니므로, 원고가 피고에 대하여 손해배상채무의 부존재확인을 구할 이익이 있어 본소로 그 확인을 구하였는데, 피고가 그 후에 그 손해배상채무의 이행을 구하는 반소를 제기하였다 하더라도 그러한 사정만으로 본소청구에 대한 확인의 이익이 소멸하여 본소가 부적법하게 된다고 볼 수는 없다. 민소 271조는 본소가 취하된 때에는 피고는 원고의 동의 없이 반소를 취하할 수 있다고 규정하고 있고, 이에 따라 원고가 반소가 제기되었다는 이유로 본소를 취하한 경우 피고가 일방적으로 반소를 취하함으로써 원고가 당초 추구할 기판력을 취득할 수 없는 사태가 발생할 수 있는 점을 고려하면, 위 법리와 같이 반소가 제기되었다는 사정만으로 본소청구에 대한 확인의 이익이 소멸한다고는 볼 수 없다.(대판 2010.7.15, 2010다2428, 2435)

5. 본소에서 변제공탁사실을 주장하고 공탁서를 증거로 제출하였으나 반소가 제기된 후 위 주장을 반소에 대한 항변으로 원용하는지를 석명할 의무가 있는지 여부(적극) 원고가 반소제기 전의 변론기일에 진술된 준비서면에서 변제공탁사실을 주장하고 공탁서를 증거로 제출하였다면, 반소가 제기된 후 위 주장을 반소에 대한 항변으로 원용하거나 반소에서 변제공탁의 항변을 한 일이 없다 할지라도 법원으로서는 석명권 행사를 통하여 본소에서 한 변제공탁 주장을 반소에 대한 항변으로 원용하는지 여부를 알아보고 이 점에 관하여 심리하여야 한다.(대판 1993.3.26, 92다38065, 38072)

6. 반소청구에 본소청구의 기각을 구하는 것 이상의 적극적 내용이 포함되어 있지 않은 반소청구가 적법한지 여부(소극) 반소청구에 본소청구의 기각을 구하는 것 이상의 적극적 내용이 포함되어 있지 않다면 반소청구로서의 이익이 없고, 어떤 채권에 기한 이행의 소에 대하여 동일 채권에 관한 채무부존재확인의 반소를 제기하는 것은 그 청구의 내용이 실질적으로 본소청구의 기각을 구하는 데 그치는 것이므로 부적법하다.(대판 2007.4.13, 2005다40709, 40716)

7. 반소에 이의 없이 변론한 때의 책문권 포기 여부(적극) 원고가 피고의 반소청구에 대하여 이의를 제기함이 없이 변론을 한 경우에는 반소청구의 적법 여부에 대한 책문권을 포기한 것으로 보아야 한다.(대판 1967.3.28, 68다1886, 1887)

8. 독립된 형성의 소로 제기할 성질의 것이 못 되는 반소청구 임차인의 임대료료의 본소에 대하여 그 청구가 과다하다 하여 평당 20원씩의 비율에 의한 사용료로 감액 청구한다는 요지의 반소청구는 민 628조의 차임감액청구에 해당할 수 없고 소송상의 방어방법으로서의 주장에 불과하지 독립된

형성의 소로 제기할 성질의 것이 아니다.(대판 1969.4.29, 68다1884, 1885)

9. 참가인을 상대로 한 반소청구의 적부(적극) 구 민소 72조나 74조에 의한 참가의 소의 상대방 당사자가 되는 원고나 피고는 참가인을 상대로 반소를 제기할 수 있다.(대판 1969.5.13, 68다656, 657, 658)

10. 피고가 원고 이외의 제3자를 추가하여 반소피고로 하는 반소의 허용 여부(원칙적 소극) 및 위와 같은 반소가 허용되는 경우 피고가 원고 이외의 제3자를 추가하여 반소피고로 하는 반소는 원칙적으로 허용되지 아니하나, 다만 피고가 제기하려는 반소가 필수적 공동소송이 될 때에는 민소 68조의 필수적 공동소송인 추가의 요건을 갖추면 허용될 수 있다.(대판 2015.5.29, 2014다235042)

제270조【반소의 절차】 반소는 본소에 관한 규정을 따른다.

■ 제기의 방식(248·249), 반소에 관한 소송대리권(90①·②)

1. 항소심에서 예비적 반소청구의 가부(적극) 항소심에서도 반소피고의 동의 없이 예비적 반소청구를 할 수 있다.(대판 1969.3.25, 68다1094, 1095)

제271조【반소의 취하】 본소가 취하된 때에는 피고는 원고의 동의 없이 반소를 취하할 수 있다.

■ 소의 취하(266)

1. 본소가 부적법하다 하여 각하된 경우 반소 취하에 대한 원고의 동의 요부(적극) 구 민소 244조의 규정은 원고가 반소의 제기를 유발한 본소는 스스로 취하해 놓고 그로 인하여 유발된 반소만의 유지를 상대방에게 강요한다는 것은 공평치 못하다는 이유에서 원고가 본소를 취하한 때에는 피고도 원고의 동의 없이 반소를 취하할 수 있도록 한 규정이므로, 본소가 원고의 의사와 관계없이 부적법하다 하여 각하됨으로써 종료된 경우에까지 유추적용할 수 없고, 원고의 동의가 있어야만 반소 취하의 효력이 발생한다 할 것이다.(대판 1984.7.10, 84다카298)

제2장 변론과 그 준비

제272조【변론의 집중과 준비】 ① 변론은 집중되어야 하며, 당사자는 변론을 서면으로 준비하여야 한다.

② 단독사건의 변론은 서면으로 준비하지 아니할 수 있다. 다만, 상대방이 준비하지 아니하면 진술할 수 없는 사항은 그러하지 아니하다.

■ 변론(134), 준비서면 부제출에 의한 소송비용 부담(100), 진술방법(161), 단독사건(법조7④·32), 준비서면에 적지 아니한 효과(276)

1. 단독사건에서 미리 준비서면으로 준비하지 아니한 재정증인을 상대방 불출석으로 조사하여 증거로 채택할 수 있는지 여부(적극) 단독사건에서는 구 민소 251조 단서와 246조의 규정에 의하여 미리 준비서면에 기재하지 아니한 증인을 상대방이 변론기일에 출석하지 아니한 채 재정증인으로 증거조사를 하고 증거로 채택하였을 경우 위법이 아니다.(대판 1975.1.28, 74다1721)

2. 청구원인사실을 증인신문을 통해 진술한 취지로 본 사례 청구원인사실을 기재한 준비서면을 변론에서 진술하지 아니하였다 하더라도 원고가 신청한 증인의 신문사항에 위 준비서면기재의 청구원인이 기재되어 있다면 원고는 이러한 서면을 통하여 그 청구원인사실을 주장하는 취지로 보지 못할 바 아니다.(대판 1969.9.30, 69다1326)

제273조【준비서면의 제출 등】 준비서면은 그것에 적힌 사항에 대하여 상대방이 준비하는 데 필요한 기간을 두고 제출하여야 하며, 법원은 상대방에

게 그 부본을 송달하여야 한다.
■ 준비서면의 기재사항(274), 기간(170·172③), 송달(174이하)

제274조【준비서면의 기재사항】 ① 준비서면에는 다음 각호의 사항을 적고, 당사자 또는 대리인이 기명날인 또는 서명한다.
1. 당사자의 성명·명칭 또는 상호와 주소
2. 대리인의 성명과 주소
3. 사건의 표시
4. 공격 또는 방어의 방법
5. 상대방의 청구와 공격 또는 방어의 방법에 대한 진술
6. 덧붙인 서류의 표시
7. 작성한 날짜
8. 법원의 표시
② 제1항제4호 및 제5호의 사항에 대하여는 사실상 주장을 증명하기 위한 증거방법과 상대방의 증거방법에 대한 의견을 함께 적어야 한다.
■ 답변서의 기재사항(민소규65), 소송대리인(87), 법정대리인(51·55), 공격·방어방법(146·149·201), 상호(상18·28), 주소(민18·21·36, 상171②), 덧붙인 서류(275·277), 본조 준용(249②·398)
1. **변론기일에 진술하지 아니한 준비서면에 기재된 항변과 그의 판단** 준비서면에 취득시효 완성에 관한 주장사실이 기재되어 있다 하더라도 그 준비서면이 변론기일에서 진술된 흔적이 없다면 취득시효 완성의 주장에 대한 판단유탈의 위법이 있다 할 수 없다.(대판 1983.12.27, 80다1302)
2. **서명 또는 날인이 없는 준비서면의 효력** 준비서면은 성질상 기명날인을 하더라도 무방하며 또 작성자가 누구임을 알아볼 수 있으면 서명 또는 기명만이 있고 날인이 없어도 된다.(대판 1978.12.26, 77다1362)
3. **항소장에 항소인의 기명날인이 누락된 경우의 항소장의 효력 유무(유효)** 민소 398조, 274조 1항은 항소장에는 당사자 또는 대리인이 기명날인 또는 서명하여야 한다고 규정하고 있으나, 항소장에 항소인의 기명날인 등이 누락되었다고 하더라도 기재에 의하여 항소인이 누구인지 알 수 있고, 그것이 항소인 의사에 기하여 제출된 것으로 인정되면 이를 무효라고 할 수 없다.(대판 2011.5.13, 2010다84956)

제275조【준비서면의 첨부서류】 ① 당사자가 가지고 있는 문서로서 준비서면에 인용한 것은 그 등본 또는 사본을 붙여야 한다.
② 문서의 일부가 필요한 때에는 그 부분에 대한 초본을 붙이고, 문서가 많을 때에는 그 문서를 표시하면 된다.
③ 제1항 및 제2항의 문서는 상대방이 요구하면 그 원본을 보여주어야 한다.
■ 덧붙인 서류의 표시(274), 본조 준용(249②·398), 법원의 석명처분(140)

제276조【준비서면에 적지 아니한 효과】 준비서면에 적지 아니한 사실은 상대방이 출석하지 아니한 때에는 변론에서 주장하지 못한다. 다만, 제272조제2항 본문의 규정에 따라 준비서면을 필요로 하지 아니하는 경우에는 그러하지 아니하다.
■ 준비서면(274), 단독사건의 변론(272②)

제277조【번역문의 첨부】 외국어로 작성된 문서에는 번역문을 붙여야 한다.
■ 법정에서의 용어(법조62), 부속문서(274), 본조 준용(249②·398)

제278조【요약준비서면】 재판장은 당사자의 공격방어방법의 요지를 파악하기 어렵다고 인정하는 때에는 변론을 종결하기에 앞서 당사자에게 쟁점과 증거의 정리 결과를 요약한 준비서면을 제출하도록 할 수 있다.
■ 공격·방어방법(146·149·201), 변론(134), 준비서면의 제출(273)

제279조【변론준비절차의 실시】 ① 변론준비절차에서는 변론이 효율적이고 집중적으로 실시될 수 있도록 당사자의 주장과 증거를 정리하여야 한다. (2008.12.26 본항개정)
② 재판장은 특별한 사정이 있는 때에는 변론기일을 연 뒤에도 사건을 변론준비절차에 부칠 수 있다.
[개정전] ① … 당사자의 주장과 증거를 정리하여 소송관계를 뚜렷하게 하여야 한다.
■ 변론준비절차의 효과(285·286), 다음 기일의 지정(민소규42)
1. **배당이의 소의 취하간주를 규정한 민집 158조의 '첫 변론기일'에 '첫 변론준비기일'이 포함되는지 여부(소극)** 변론준비절차는 변론이 효율적이고 집중적으로 실시될 수 있도록 당사자의 주장과 증거를 정리하여 소송관계를 뚜렷이 하기 위하여 마련된 제도로서 당사자는 변론준비기일을 마친 뒤의 변론기일에서 변론준비기일의 결과를 진술하여야 하는 등 변론준비기일의 제도적 취지, 그 진행방법과 효과, 규정의 형식 등에 비추어 볼 때, 민집 158조에서 말하는 '첫 변론기일'에 '첫 변론준비기일'은 포함되지 않는다.(대판 2006.11.10, 2005다41856)

제280조【변론준비절차의 진행】 ① 변론준비절차는 기간을 정하여, 당사자로 하여금 준비서면, 그 밖의 서류를 제출하게 하거나 당사자 사이에 이를 교환하게 하고 주장사실을 증명할 증거를 신청하게 하는 방법으로 진행한다.
② 변론준비절차의 진행은 재판장이 담당한다.
③ 합의사건의 경우 재판장은 합의부원을 수명법관으로 지정하여 변론준비절차를 담당하게 할 수 있다.
④ 재판장은 필요하다고 인정하는 때에는 변론준비절차의 진행을 다른 판사에게 촉탁할 수 있다.
■ 변론준비절차의 시행방법(민소규70), 준비서면(273·274), 증거의 신청(289)

제281조【변론준비절차에서의 증거조사】 ① 변론준비절차를 진행하는 재판장, 수명법관, 제280조제4항의 판사(이하 "재판장등"이라 한다)는 변론의 준비를 위하여 필요하다고 인정하면 증거결정을 할 수 있다.
② 합의사건의 경우에 제1항의 증거결정에 대한 당사자의 이의신청에 관하여는 제138조의 규정을 준용한다.
③ 재판장등은 제279조제1항의 목적을 달성하기 위하여 필요한 범위안에서 증거조사를 할 수 있다. 다만, 증인신문 및 당사자신문은 제313조에 해당되는 경우에만 할 수 있다.
④ 제1항 및 제3항의 경우에는 재판장등이 이 법에서 정한 법원과 재판장의 직무를 행한다.
■ 변론준비절차(279·280), 합의부에 의한 감독(138), 증인신문(308), 당사자신문(367), 수명법관·수탁판사에 의한 증인신문(313)

제282조【변론준비기일】 ① 재판장등은 변론준비절차를 진행하는 동안에 주장 및 증거를 정리하기 위하여 필요하다고 인정하는 때에는 변론준비기일을 열어 당사자를 출석하게 할 수 있다.
② 사건이 변론준비절차에 부쳐진 뒤 변론준비기일이 지정됨이 없이 4월이 지난 때에는 재판장등은 즉시 변론준비기일을 지정하거나 변론준비절차를 끝내야 한다.
③ 당사자는 재판장등의 허가를 얻어 변론준비기일에 제3자와 함께 출석할 수 있다.
④ 당사자는 변론준비기일이 끝날 때까지 변론의 준비에 필요한 주장과 증거를 정리하여 제출하여야 한다.
⑤ 재판장등은 변론준비기일이 끝날 때까지 변론의 준비를 위한 모든 처분을 할 수 있다.
■ 변론의 준비절차(279·280), 변론준비절차의 종결(284)

제283조【변론준비기일의 조서】 ① 변론준비기일의 조서에는 당사자의 진술에 따라 제274조제1항제4호와 제5호에 규정한 사항을 적어야 한다. 이 경우 특히 증거에 관한 진술은 명확히 하여야 한다.
② 변론준비기일의 조서에는 제152조 내지 제159조의 규정을 준용한다.
■ 준비서면의 기재사항(274), 변론준비기일조서(민소규71·72), 변론조서의 작성(152-159)

제284조【변론준비절차의 종결】 ① 재판장등은 다음 각호 가운데 어느 하나에 해당하면 변론준비절차를 종결하여야 한다. 다만, 변론의 준비를 계속하여야 할 상당한 이유가 있는 때에는 그러하지 아니하다.
1. 사건을 변론준비절차에 부친 뒤 6월이 지난 때
2. 당사자가 제280조제1항의 규정에 따라 정한 기간 이내에 준비서면 등을 제출하지 아니하거나 증거의 신청을 하지 아니한 때
3. 당사자가 변론준비기일에 출석하지 아니한 때
② 변론준비절차를 종결하는 경우에 재판장등은 변론기일을 미리 지정할 수 있다.
■ 적용법률의 예외(가소12), 변론준비기일(282), 준비서면(273-275), 증거의 신청(289)

제285조【변론준비기일을 종결한 효과】 ① 변론준비기일에 제출하지 아니한 공격방어방법은 다음 각호 가운데 어느 하나에 해당하여야만 변론에서 제출할 수 있다.
1. 그 제출로 인하여 소송을 현저히 지연시키지 아니하는 때
2. 중대한 과실 없이 변론준비절차에서 제출하지 못하였다는 것을 소명한 때
3. 법원이 직권으로 조사할 사항인 때
② 제1항의 규정은 변론에 관하여 제276조의 규정을 적용하는 데에 영향을 미치지 아니한다.
③ 소장 또는 변론준비절차 전에 제출한 준비서면에 적힌 사항은 제1항의 규정에 불구하고 변론에서 주장할 수 있다. 다만, 변론준비절차에서 철회되거

나 변경된 때에는 그러하지 아니하다.
■ 적용법률의 예외(가소12), 직권조사사항(434), 소명(299), 준비서면에 적지 아니한 효과(276)

제286조【준용규정】 변론준비절차에는 제135조 내지 제138조, 제140조, 제142조 내지 제151조, 제225조 내지 제232조, 제268조 및 제278조의 규정을 준용한다.
■ 준용규정(민소규68), 재판장의 지휘권(135), 합의부에 의한 감독(138), 법원의 석명처분(140), 변론의 재개(142), 소송절차에 관한 이의권(151), 결정에 의한 화해권고(225), 이의신청에 의한 소송복귀(232), 양쪽 당사자의 불출석(268), 요약준비서면(278)

제287조【변론준비절차를 마친 뒤의 변론】 ① 법원은 변론준비절차를 마친 경우에는 첫 변론기일을 거친 뒤 바로 변론을 종결할 수 있도록 하여야 하며, 당사자는 이에 협력하여야 한다.
② 당사자는 변론준비기일을 마친 뒤의 변론기일에서 변론준비기일의 결과를 진술하여야 한다.
③ 법원은 변론기일에 변론준비절차에서 정리된 결과에 따라서 바로 증거조사를 하여야 한다.
■ 변론준비기일의 조서(283), 변론(134), 결과의 진술(204②·407②)

제3장 증 거

제1절 총 칙

제288조【불요증사실】 법원에서 당사자가 자백한 사실과 현저한 사실은 증명을 필요로 하지 아니한다. 다만, 진실에 어긋나는 자백은 그것이 착오로 말미암은 것임을 증명한 때에는 취소할 수 있다.
■ 적용법률의 예외(가소12), 자백간주(150), 조서에의 기재(154), 착오(민109)

▶ 재판상 자백
1. 사실에 대한 법적 판단 내지 평가가 자백의 대상이 되는지 여부(소극) 등록상표가 구 상표 6조 1항 3호의 '상품의 산지·품질·원재료·효능·용도·수량·형상·가격·생산방법·가공방법·사용방법 또는 시기를 보통으로 사용하는 방법으로 표시한 표장만으로 된 상표'인지 여부 및 7조 1항 12호의 '국내 또는 외국의 수요자 간에 특정인의 상품을 표시하는 것이라고 현저하게 인식되어 있는 상표와 동일 또는 유사한 상표'인지 여부는 법적 판단에 관한 사항으로서 자백의 대상이 될 수 없다.(대판 2006.6.2, 2004다70789)
2. 후유장해등급이 자백의 대상이 되는지 여부(적극) 인신사고로 인한 손해배상청구사건에 있어 노동능력상실 비율이 자백의 대상이 된다는 점에 견주어 볼 때, 그에 상응하는 구 자배령(1999. 6. 30. 대통령령 제16463호로 개정되기 전의 것) 3조 1항 3호 [별표 2]의 후유장해등급 역시 자백의 대상이 된다고 봄이 상당하다.(대판 2006.4.27, 2005다5485)
3. 선행자백의 효력 당사자가 변론에서 상대방이 주장하기도 전에 스스로 자신에게 불이익한 사실을 진술하는 경우, 상대방이 이를 명시적으로 원용하거나 그 진술과 일치되는 진술을 하게 되면 재판상 자백이 성립하는 것이어서, 법원도 그 자백에 구속되어 그 자백에 저촉되는 사실을 인정할 수 없다.(대판 2005.11.25, 2002다59528, 59535)
4. 직권조사사항이 자백의 대상인지 여부(소극) 종중이 당사자인 사건에서 그 종중의 대표자에게 적법한 대표권이 있는지의 여부는 소송요건에 관한 것으로서 법원의 직권조사사항이다. 직권조사사항은 자백의 대상이 될 수 없다.(대판

2002.5.14, 2000다42908)

5. 유언이 아닌 것을 유언이라고 시인한 것이 자백인지 여부(소극) 법률상 유언이 아닌 것을 유언이라고 시인하였다 하여 그것이 곧 유언이 될 수 없고 이와 같은 진술은 민사소송법상의 자백이 될 수 없다.(대판 2001.9.14, 2000다66430, 66447)

6. 선행자백을 한 후 이를 상대방이 원용한 경우 불이익한 자백의 진의가 석명사항인지 여부(소극) 후순위 근저당권자가 그 근저당권에 기한 방해배제청구로서 선순위 근저당권설정등기 및 그 근저당권의 채무자를 변경하는 근저당권변경 부기등기의 각 말소등기절차의 이행을 구하는 데 대하여 선순위 근저당권자가 변론기일에 출석하여 근저당권설정등기의 채무자로부터 채무를 변제받고 타인에게 새로이 대출을 하면서 근저당권설정등기의 채무자 명의를 변경한 것이라고 진술을 하고 후순위 근저당권자가 이를 이익으로 원용한 경우, 선순위 근저당권설정등기의 채무자변경의 부기등기가 경료된 경위에 관하여 재판상의 자백이 성립한 이상 선순위 근저당권자가 자신에 불이익한 자백을 하는 진의가 무엇인지 석명하여 밝혀야 할 것은 아니다.(대판 2000.10.10, 2000다19526)

7. 간접사실에 대한 자백의 구속력 간접사실에 대한 자백은 법원이나 당사자를 구속하지 아니한다.(대판 2000.1.28, 99다35737)

8. 법정변제충당의 순서 자체가 자백의 대상인지 여부(소극) 법정변제충당의 순서를 정함에 있어 기준이 되는 이행기나 변제이익에 관한 사항 등은 구체적 사실로서 자백의 대상이 될 수 있으나, 법정변제충당의 순서 자체는 법률 규정의 적용에 의하여 정하여지는 법률상의 효과이어서 그에 관한 진술이 비록 그 진술자에게 불리하더라도 이를 자백이라고 볼 수는 없다.(대판 1998.7.10, 98다6763)

9. 손해배상청구 소송에서 피해자의 사고 당시 수입이 자백의 대상이 되는지 여부(적극) 타인의 불법행위로 인하여 피해자가 상해를 입게 되거나 사망하게 된 경우, 피해자가 입게 된 소극적 손해인 일실수입은 피해자의 사고 당시 수입을 기초로 하여 산정하게 되므로 피해자의 사고 당시 수입은 자백의 대상이 된다.(대판 1998.5.15, 96다24668)

10. 재판상 자백의 성립 후 청구를 교환적으로 변경한 경우의 자백의 효력 유무(소극) 피고가 제1심에서 대상 토지의 소유권 일부 이전등기가 아무런 원인 없이 이루어졌다는 원고의 주장사실을 인정함으로써 자백이 성립한 후, 원고들이 소변경신청서에 의하여 그 등기가 원인 없이 이루어졌다는 기존의 주장사실에 배치되는 명의신탁 사실을 주장하면서 청구취지 및 청구원인을 명의신탁해지를 원인으로 하는 소유권이전등기를 구하는 것으로 교환적으로 변경함으로써 원래의 주장사실을 철회한 경우 이미 성립하였던 피고의 자백은 그 대상이 없어짐으로써 소멸하고, 나아가 그 후 그 피고가 위 자백내용과 배치되는 주장을 함으로써 그 진술을 묵시적으로 철회하였다고 보이는 경우 원고들은 이를 다시 원용할 수도 없게 되며, 원고들이 원래의 원인무효 주장을 예비적 청구원인 사실로 다시 추가하였다 하여 자백의 효력이 되살아난다고 볼 수도 없다.(대판 1997.4.22, 95다10204)

11. 다른 소송에서 한 자백의 구속력 유무(소극) 구 민소 261조의 규정에 의하여 구속력을 갖는 자백은 재판상의 자백에 한하는 할 것이고, 재판상 자백은 변론기일 또는 준비절차기일에서 당사자가 하는 상대방의 주장과 일치하는 자기에게 불리한 사실의 진술을 말하는 것으로서 다른 소송에서 한 자백은 하나의 증거원인이 될 뿐 구 민소 261조에 의한 구속력이 없다.(대판 1996.12.20, 95다37988)

12. 부동산 취득시효에서 점유 개시시기에 관한 자백의 구속력 유무(소극) 부동산의 시효취득에서 점유기간의 산정기준이 되는 점유개시의 시기는 취득시효의 요건사실인 점유기간을 판단하는 데 간접적이고 수단적인 구실을 하는 간접사실에 불과하므로 이에 대한 자백은 법원이나 당사자를 구

속하지 않는 것이다.(대판 1994.11.4, 94다37868)

13. 자신이 증명책임을 부담하는 사항에 관하여 자신에게 불리한 진술을 하는 것과 자백 원고들이 소유권확인을 구하고 있는 사건에서 원고들의 피상속인 명의로 소유권이전등기가 마쳐진 것이라는 점은 원래 원고들이 증명책임을 부담할 사항인데, 위 소유권이전등기를 마치지 않았다는 사실을 원고들 스스로 자인하고 이를 피고가 원용하였다면 이 점에 관하여는 자백이 성립한 것이 된다.(대판 1993.9.14, 92다24899)

14. 불리한 자인진술의 철회와 선행자백 재판상 자백의 일종인 소위 선행자백은 당사자 일방이 자기에게 불리한 사실상의 진술을 자진하여 한 후 상대방이 이를 원용함으로써 그 사실에 관하여 당사자 쌍방의 주장이 일치함을 요하므로 그 일치가 있기 전에는 이를 선행자백이라 할 수 없고, 따라서 일단 자기에게 불리한 사실을 진술한 당사자도 그 후 그 상대방의 원용이 있기 전에는 그 자인한 진술을 철회하고 이와 모순된 진술을 자유로이 할 수 있다.(대판 1992.8.14, 92다14724)

15. 형사사건의 법정이나 수사기관에서 상대방의 주장과 일치하는 진술을 한 것을 상대방이 원용한 경우 재판상 자백으로 볼 수 있는지 여부(소극) 재판상 자백은 당사자가 변론 또는 준비절차에서 한 자기에게 불리하고 상대방의 주장과 일치하는 진술을 말하므로, 가사 소송당사자가 형사사건의 법정이나 수사기관에서 상대방의 주장과 일치하는 진술을 하였고 상대방이 이 진술이 담긴 서증을 원용하였다 하더라도 이를 재판상 자백으로 볼 수는 없다.(대판 1991.12.27, 91다3208)

16. 자백한 당사자의 종전 자백과 배치되는 주장에 대하여 상대방이 이의를 제기하지 아니한 경우와 새로운 자백 자백은 사적 자치의 원칙에 따라 당사자의 처분이 허용되는 사항에 관하여 그 효력이 발생하는 것이므로, 일단 자백이 성립하였다고 하여도 그 후 자백을 한 당사자가 종전의 자백과 배치되는 내용의 주장을 하고 이에 대하여 상대방이 이의를 제기함이 없이 그 주장내용을 인정한 때에는 종전의 자백은 취소되고 새로운 자백이 성립한 것으로 보아야 한다.(대판 1990.11.27, 90다카20548)

17. 종중원총회의 결의 등에 따르지 않고 종중대표가 소송절차에서 한 자백의 효력 원고와 피고종중 사이에 전에 원고는 피고종중을 상대로 제기한 소유권이전등기청구소송을 취하하는 대신 피고종중은 계쟁 부동산의 소유권을 원고에게 이전하기로 합의가 이루어진 사실을 피고종중이 자백한 경우 법원은 피고가 자백한 사실에 구속되어 원고와 피고종중 사이에 위와 같은 합의가 유효하게 이루어졌다는 사실과 배치되는 다른 사실을 인정할 수 없으므로, 법원은 원고와 피고종중의 대표자 사이에 이루어진 합의가 피고종중의 규약이나 종중원총회의 결의에 따른 것임을 인정할 만한 증거가 없다는 이유로 피고종중에 대하여 아무런 효력이 없다고 판단할 수는 없다.(대판 1990.11.9, 90다카11254, 11261)

18. 상대방 주장의 소유권을 인정하는 진술이 재판상 자백에 해당할 수 있는지 여부(적극) 소유권에 기한 이전등기말소청구소송에 있어서 피고가 원고 주장의 소유권을 인정하는 진술은 그 소의 전제가 되는 소유권의 내용을 이루는 사실에 대한 진술로 볼 수 있으므로 이는 재판상 자백이다.(대판 1989.5.9, 87다카749)

19. 법률용어를 사용한 소송대리인의 진술(권리자백)과 자백의 성립 법률용어를 사용한 당사자의 진술이 동시에 구체적인 사실관계의 표현으로서 사실상의 진술도 포함하는 경우에는 그 범위 내에서 자백이 성립하는 것이라 할 것인바, 원고 소송대리인의 "본건 토지가 1975.12.31 법률 제2848호 토지구획정리사업법 부칙 제2항 해당 토지인 사실은 다툼이 없다."란 진술 중에는 위 토지가 공공에 공용되는 하천임을 전제로 하는 사실상의 진술도 포함된 것으로 보이므로 그

취지의 자백이 인정된다.(대판 1984.5.29, 84다122)
20. 소송물의 전제가 되는 권리관계나 법률효과를 인정하는 진술이 재판상 자백인지 여부(소극) 재판상의 자백은 변론기일 또는 변론준비기일에 당사자에 의하여 행하여지는 진술로서 상대방 당사자의 주장과 일치하는 자기에게 불리한 사실의 진술을 말하는 것이고, 소송물의 전제가 되는 권리관계나 법률효과를 인정하는 진술은 권리자백으로서 법원을 기속하는 것도 아니며, 상대방의 동의 없이 자유로이 철회할 수 있다.(대판 2008.3.27, 2007다87061)
21. 소극적 손해 산정기준에 관한 진술이 재판상 자백인지 여부(적극) 원고가 본건 사고 당시에 해외취업기능공인 콘크리트공이었다는 진술은 주요사실의 재판상 자백에 해당한다.(대판 1980.3.25, 80다68)
22. 당사자본인신문의 내용이 상대방의 주장사실과 일치하는 경우 재판상 자백이 되는지 여부(소극) 증거조사방법 중의 하나인 당사자본인신문의 결과 중에 당사자의 진술로서 상대방의 주장과 일치하는 부분이 나왔다고 하더라도 그것은 재판상 자백이 될 수 없다.(대판 1978.9.12, 78다879)
23. 월급 금액으로 정한 통상임금을 시간급 금액으로 산정하는 방법에 관한 당사자의 주장이 자백의 대상이 되는지 여부(소극) 월급 금액으로 정한 통상임금을 시간급 금액으로 산정하는 방법에 관한 당사자의 주장은 자백의 대상이 되는 사실에 관한 진술이라 할 수 없다.(대판 2014.8.28, 2013다74363)

▶ 자백의 취소

24. 재판상 자백의 취소에서 진실에 반한다는 사실에 대한 증명이 간접사실의 증명에 의하여도 가능한지 여부(적극) 재판상의 자백은 상대방의 동의가 없는 한 자백을 한 당사자가 그 자백이 진실에 부합하지 않는다는 것과 자백이 착오에 기인한다는 사실을 증명한 경우에 한하여 이를 취소할 수 있으나, 이때 진실에 부합하지 않는다는 사실의 증명은 그 반대되는 사실을 직접증거에 의하여 증명함으로써 할 수 있지만 자백사실이 진실에 부합하지 않음을 추인할 수 있는 간접사실의 증명에 의하여도 가능하다고 할 것이고, 또한 자백이 진실에 반한다는 것이 증명되었다고 하여 그 자백이 착오로 인한 것이라고 추정되는 것은 아니지만 그 자백이 진실과 부합하지 않는 사실이 증명된 경우라면 변론 전체의 취지에 의하여 그 자백이 착오로 인한 것이라는 점을 인정할 수 있다.(대판 2004.6.11, 2004다13533)
25. 문서에 찍힌 인영의 진정성립에 관한 자백 취소 문서의 성립에 관한 자백은 보조사실에 관한 자백이기는 하나 그 취소에 관하여는 다른 간접사실에 관한 자백취소와는 달리 주요사실의 자백취소와 동일하게 처리하여야 할 것이므로 문서의 진정성립을 인정한 당사자는 자유롭게 이를 철회할 수 없다고 할 것이고, 이는 문서에 찍힌 인영의 진정함을 인정하였다가 나중에 이를 철회하는 경우에도 마찬가지이다.(대판 2001.4.24, 2001다5654)
26. 자백의 취소가 허용되는 경우 및 그 취소의 방법 증거에 의하여 자백이 진실에 부합하지 않는 사실이 증명되고 변론 전체의 취지에 의하여 그 자백이 착오로 인한 것으로 인정되는 경우에는 법원은 그 자백의 취소를 허용하여야 하고, 재판상의 자백의 취소는 반드시 명시적으로 하여야만 하는 것은 아니고 종전의 자백과 배치되는 사실을 주장함으로써 묵시적으로도 할 수 있음은 물론이다.(대판 2001.4.13, 2001다6367)
27. 자백의 취소에 대하여 상대방이 이의를 제기하고 있지 않다는 점만으로 그 취소에 동의하였다고 볼 것인지의 여부(소극) 자백은 사적 자치의 원칙에 따라 당사자의 처분이 허용되는 사항에 관하여 그 효력이 발생하는 것이므로, 일단 자백이 성립하였다고 하여도 그 후 그 자백을 한 당사자가 위 자백을 취소하고 이에 대하여 상대방이 이의를 제기함이

없이 동의하면 반진실, 착오의 요건은 고려할 필요 없이 자백의 취소를 인정하여야 할 것이나, 위 자백의 취소에 대하여 상대방이 아무런 이의를 제기하고 있지 않다는 점만으로는 그 취소에 동의하였다고 볼 수 없다.(대판 1994.9.27, 94다22897)
28. 자백의 취소가 진실에 반한다는 것이 증명되면 착오로 인한 것으로 추정되는지 여부(소극) 자백을 취소하는 당사자는 그 자백이 진실에 반한다는 것 외에 착오로 인한 것임을 아울러 증명하여야 하고, 진실에 반하는 것임이 증명되었다고 하여 착오로 인한 자백으로 추정되는 것은 아니다.(대판 2010.2.11, 2009다84288, 84295)
29. 이행불능에 관한 주장에 자백의 취소에 관한 규정이 적용되는지 여부(소극) 이행불능에 관한 주장은 법률적 효과에 관한 진술을 한 것에 불과하고 사실에 관한 진술을 한 것이라고는 볼 수 없으므로 그 진술은 자유로이 철회할 수 있고 법원도 이에 구속되지 않는다고 할 것인바, 따라서 자백의 취소에 관한 규정이 적용될 여지가 없다.(대판 1990.12.11, 90다7104)

▶ 현저한 사실

30. 연령별 기대여명이 법원에 '현저한 사실'인지 여부(적극) 통계청이 정기적으로 조사·작성하는 한국인의 생명표에 의한 남녀별 각 연령별 기대여명은 법원에 현저한 사실이므로, 불법행위로 인한 피해자의 일실 수입 등 손해액을 산정함에 있어 기초가 되는 피해자의 기대여명은 당사자가 제출한 증거에 구애됨이 없이 그 손해 발생 시점과 가장 가까운 때에 작성된 생명표에 의하여 확정할 수 있다.(대판 1999.12.7, 99다41886)
31. '법원에 현저한 사실'의 의미 구 민소 261조 소정의 '법원에 현저한 사실'이란 법관이 직무상 경험으로 알고 있는 사실로서 그 사실의 존재에 관하여 명확한 기억을 하고 있거나 또는 기록 등을 조사하여 곧바로 그 내용을 알 수 있는 사실을 말한다. 피해자의 장래수입 상실액을 인정하는 데 이용되는 직종별임금실태조사보고서와 한국직업사전의 각 존재 및 그 기재 내용을 법원에 현저한 사실로 보아 그를 기초로 피해자의 일실수입을 산정한 조치는 객관적이고 합리적인 방법에 의한 것이라고 보이므로 옳다.(대판(全) 1996.7.18, 94다20051)
32. 당사자가 원용하지 않은 법원에 현저한 사실 법원이 그 직무상 어떠한 사실을 알게 되었고 이것이 그 법원에 현저한 사실인 이상 이 사실에 관하여는 증명을 요하지 아니함은 구 민소 261조에 의하여 명백하고, 이 법원에 현저한 사실은 당사자가 이를 변론에서 원용하거나 현출되지 아니하였다 하여 그 소송법상의 성질이 변경될 리 없고 증명을 요하지 아니하는 효력에 어떠한 영향도 받을 바 아니다.(대판 1963.11.28, 63다493)
33. 보건사회부가 작성한 한국인의 간이생명표에 의한 각 연령자의 여명과 법원에 현저한 사실 보건사회부가 작성한 한국인의 간이 생명표에 의한 각 연령자의 여명은 법원에 현저한 사실이라 할 것이다.(대판 1963.10.31, 62다558)

▶ 증명책임

34. 소득액 확정의 기초가 되는 필요경비액에 관한 증명책임 과세처분의 적법성에 관한 증명책임은 과세관청에 있으므로 소득액 확정의 기초가 되는 필요경비액에 관한 증명책임도 원칙적으로 과세관청에게 있고, 다만 구체적 경비항목에 관한 증명의 난이라든가 당사자 사이의 형평 등을 고려하여 납세자 측에 그 증명책임을 돌리는 경우가 있음에 불과하므로, 이 사건 사업소득의 필요경비인 대지가액을 산정함에 있어 그 가액이 얼마인가 하는 점은 과세처분의 적법성에 관한 증명책임을 지는 피고가 증명할 사항이고 납세자인 원고에게 그 증명책임이 있는 것이 아니다.(대판 1984.7.24, 84누8)
35. 원인무효보존등기의 증명책임 소유권보존등기가 원인

무효라는 사실은 이를 주장하는 자에게 증명책임이 있다 할 것이다.(대판 1968.3.5, 67다2236)

36. 소유권보존등기 명의인 이외의 자가 토지를 사정받은 것으로 밝혀진 경우의 소유권보존등기 추정력이 깨지는지 여부(적극) 토지조사부에 소유자로 등재되어 있는 자는 재결에 의하여 사정 내용이 변경되었다는 등 반증이 없는 이상 토지 소유자로 사정받아 그 사정이 확정된 것으로 추정되어 토지를 원시적으로 취득하게 되고, 소유권보존등기 추정력은 보존등기 명의인 이외의 자가 당해 토지를 사정받은 것으로 밝혀지면 깨지는 것이나, 한편 부동산 소유권에 기한 물권적 방해배제청구권 행사의 일환으로서 부동산에 관하여 마쳐진 타인 명의의 소유권보존등기 말소를 구하려면 먼저 자신에게 말소를 청구할 수 있는 권원이 있음을 적극적으로 주장·증명하여야 하며, 만일 그러한 권원이 있음이 인정되지 않는다면 설사 타인 명의의 소유권보존등기가 말소되어야 할 무효의 등기라고 하더라도 청구를 인용할 수 없다. 따라서 사정 이후에 사정명의인이 토지를 다른 사람에게 처분한 사실이 인정된다면 사정명의인 또는 상속인들에게는 소유권보존등기 명의인을 상대로 등기의 말소를 청구할 권원이 없게 되므로, 그 청구를 인용할 수 없다.(대판 2011.5.13, 2009다94384, 94391, 94407)

37. 소유권보존등기의 말소를 구하는 경우 먼저 그 권원의 존재를 주장 증명하여야 하는지 여부(적극) 원고가 피고에 대하여 피고 명의로 마쳐진 소유권보존등기의 말소를 구하려면 먼저 원고에게 그 말소를 청구할 수 있는 권원이 있음을 적극적으로 주장·증명하여야 하며, 만일 원고에게 이러한 권원이 있음이 인정되지 않는다면 설사 피고 명의의 소유권보존등기가 말소되어야 할 무효의 등기라고 하더라도 원고의 청구를 인용할 수 없다 할 것인바, 부동산의 공유자의 1인은 당해 부동산에 관하여 제3자 명의로 원인무효의 소유권이전등기가 경료되어 있는 경우 공유물에 관한 보존행위로서 제3자에 대하여 그 등기 전부의 말소를 구할 수 있으나, 공유자가 다른 공유자의 지분권을 대외적으로 주장하는 것을 공유물의 멸실·훼손을 방지하고 공유물의 현상을 유지하는 사실적·법률적 행위인 공유물의 보존행위에 속한다고 할 수 없으므로, 자신의 소유지분을 침해하는 지분 범위를 초과하는 부분에 대하여 공유물에 관한 보존행위로서 무효라고 주장하면서 그 부분 등기의 말소를 구할 수는 없다.(대판 2010.1.14, 2009다67429)

38. 착오를 이유로 의사표시를 취소하는 자가 증명해야 할 사항 착오를 이유로 의사표시를 취소하는 자는 법률행위의 내용에 착오가 있었다는 사실과 함께 그 착오가 의사표시에 결정적인 영향을 미쳤다는 점, 즉 만약 그 착오가 없었더라면 의사표시를 하지 않았을 것이라는 점을 증명하여야 한다.(대판 2008.1.17, 2007다74188)

39. 합의 없이 이루어진 중간생략등기가 실체적 권리관계에 부합한다는 사실의 증명책임 관계당사자들의 합의 없이 경료된 중간생략등기라 할지라도 그것이 실체적 권리관계에 부합하면 유효한 등기라 할 것이나 그것이 실체적 권리관계에 부합한다는 사실의 증명책임은 이를 주장하는 등기명의인에게 있다.(대판 1970.2.24, 69다967)

40. 임차인의 목적물반환의무가 이행불능이 된 경우 그 귀책사유에 관한 증명책임자 임차인은 임차건물의 보존에 관하여 선량한 관리자의 주의의무를 다하여야 하고, 임차인의 목적물반환의무가 이행불능이 됨으로 인한 손해배상책임을 면하려면 그 이행불능이 임차인의 귀책사유로 인한 것이 아님을 증명할 책임이 있다. 그러나 그 이행불능이 임대차목적물을 임차인이 사용·수익하기에 필요한 상태로 유지하여야 할 임대인의 의무 위반에 원인이 있음이 밝혀진 경우에까지 임차인이 별도로 목적물보존의무를 다하였음을 주장·증명하여야만 그 책임을 면할 수 있는 것은 아니다.(대판 2009.5.28, 2009다13170)

41. 공해소송에서 인과관계의 증명책임의 분배 일반적으로 불법행위로 인한 손해배상청구사건에서 가해행위와 손해발생 간의 인과관계의 증명책임은 청구자인 피해자가 부담하나, 대기오염이나 수질오염에 의한 공해로 인한 손해배상을 청구하는 소송에서는 기업이 배출한 원인물질이 대기나 물을 매개로 하여 간접적으로 손해를 끼치는 수가 많고 공해문제에 관하여는 현재의 과학수준으로도 해명할 수 없는 분야가 있기 때문에 가해행위와 손해의 발생 사이의 인과관계를 구성하는 하나의 고리를 자연과학적으로 증명한다는 것이 매우 곤란하거나 불가능한 경우가 많으므로, 이러한 공해소송에서 피해자에게 사실적인 인과관계의 존재에 관하여 과학적으로 엄밀한 증명을 요구한다는 것은 공해로 인한 사법적 구제를 사실상 거부하는 결과가 될 우려가 있는 반면에, 가해기업은 기술적·경제적으로 피해자보다 훨씬 원인조사가 용이한 경우가 많을 뿐만 아니라 그 원인을 은폐할 염려가 있기 때문에, 가해기업이 어떠한 유해한 원인물질을 배출하고 그것이 피해물건에 도달하여 손해가 발생하였다면 가해자 측에서 그것이 무해하다는 것을 증명하지 못하는 한 책임을 면할 수 없다고 보는 것이 사회형평의 관념에 적합하다.(대판 2009.10.29, 2009다42666)

42. 화재보험약관에서 면책사유에 해당하는 사실에 관한 증명책임자(=보험자) 화재보험계약의 약관에서 "보험계약자나 피보험자의 고의 또는 중대한 과실로 발생한 손해에 대하여는 보상하지 아니한다"고 규정하고 있는 경우에 보험자가 보험금 지급책임을 면하기 위해서는 위 면책사유에 해당하는 사실을 증명할 책임이 있고, 여기에서의 증명은 법관의 심증이 확신의 정도에 달하게 하는 것을 가리키고, 그 확신이란 자연과학이나 수학의 증명과 같이 반대의 가능성이 없는 절대적 정확성을 말하는 것은 아니지만 통상인의 일상생활에 있어 진실하다고 믿고 의심치 않을 정도의 고도의 개연성을 말하는 것이고, 막연한 의심이나 추측을 하는 정도에 이르는 것만으로는 부족하다.(대판 2009.12.10, 2009다56603, 56610)

43. 보험사고의 외래성과 상해 또는 사망이라는 결과 사이의 인과관계에 관한 증명책임자(=보험금 청구자) 보험약관에서 정한 보험사고의 요건인 '급격하고도 우연한 외래의 사고' 중 '외래의 사고'라는 것은 상해 또는 사망의 원인이 피보험자의 신체적 결함 즉 질병이나 체질적 요인 등에 기인한 것이 아닌 외부적 요인에 의해 초래된 모든 것을 의미하고, 이러한 사고의 외래성 및 상해 또는 사망이라는 결과와 사이의 인과관계에 관하여는 보험금 청구자에게 그 증명책임이 있다.(대판 2010.9.30, 2010다12241)

44. 부인 대상 행위 당시 수익자가 다른 회생채권자 등을 해하는 사실을 알지 못하였는지에 관한 증명책임자(=수익자) 회생절차의 관리인은 채무자가 회생채권자 또는 회생담보권자를 해하는 것을 알고 한 행위를 부인할 수 있다(회생 파산 100조 1항 1호). 이때 각 행위로 인하여 이익을 받은 자가 행위 당시 회생채권자 등을 해하는 사실을 알지 못한 경우에는 그 행위를 부인할 수 없으나, 그와 같은 수익자의 악의는 추정되므로 수익자 자신이 선의에 관한 증명책임을 부담한다. 한편 회생절차 관리인이 부인 대상 행위의 전득자에 대하여 부인권을 행사하기 위해서는 전득자가 전자인 수익자 내지 중간 전득자에 대하여 각각 회생 파산 100조 1항에서 정하는 부인의 원인이 있음을 알아야 하고(같은 법 110조 1항 1호), 특별한 사정이 없는 한 이러한 전득자의 악의에 관한 증명책임은 전득자에 대한 부인권을 행사하는 관리인에게 있다.(대판 2011.5.13, 2009다75291)

45. 사해행위취소소송에서 수익자의 선의에 관한 증명책임자(=수익자) 사해행위취소에 있어서 수익자가 악의라는 점에 관하여는 그 수익자 자신에게 선의임을 증명할 책임이 있다.(대판 2010.2.25, 2007다28819, 28826)

46. 주주명부 기재의 추정력 주주명부에 주주로 등재되어 있는 이는 그 회사의 주주로 추정되며 이를 번복하기 위

하여는 그 주주권을 부인하는 측에 증명책임이 있다.(대판 2010.3.11, 2007다51505)
47. 증명을 방해하는 행위가 증명책임을 전환하는지 여부(소극) 당사자 일방이 증명을 방해하는 행위를 하였더라도 법원으로서는 이를 하나의 자료로 삼아 자유로운 심증에 따라 방해자 측에게 불리한 평가를 할 수 있음에 그칠 뿐 증명책임이 전환되거나 곧바로 상대방의 주장 사실이 증명되었다고 보아야 하는 것은 아니다.(대판 2010.5.27, 2007다25971)
48. 담합행위 전후 특정상품의 가격형성 요인과 증명책임 불법행위를 원인으로 한 손해배상청구소송에서 손해의 범위에 관한 증명책임이 피해자에게 있는 점에 비추어, 담합행위 전후에 특정 상품의 가격형성에 영향을 미치는 요인들이 변동 없이 유지되고 있는지가 다투어지는 경우 그에 관한 증명책임은 담합행위 종료 후의 가격을 기준으로 담합행위 당시의 가상 경쟁가격을 산정하여야 한다고 주장하는 피해자가 부담한다.(대판 2011.7.28, 2010다18850)

제289조【증거의 신청과 조사】 ① 증거를 신청할 때에는 증명할 사실을 표시하여야 한다.
② 증거의 신청과 조사는 변론기일 전에도 할 수 있다.
■ 신청(161, 민소규74), 증인신문신청(308), 감정신청(308·333), 서증신청(343), 검증신청(364)
1. 변론종결 후에 제출한 증거방법에 대한 법원의 조사의무 당사자는 변론에서만 공격, 방어방법을 제출할 수 있고 변론 외에서 제출한 증거방법은 구 민소 262조 2항 소정의 증거신청 외에는 유효한 증거방법의 제출이라고 할 수 없으므로 법원은 변론종결 후에 접수시킨 서류를 판단의 자료로 삼을 수 없을 뿐 아니라 직권으로 조사할 의무도 없다.(대판 1989.11.28, 88다카34148)
2. 증거조사 개시 전에 일방적으로 증거신청 철회의 가부(적극) 증거조사가 개시되기 전에는 상대방의 동의 없이 그 증거신청을 철회할 수 있다.(대판 1971.3.23, 70다3013)
3. 보조참가인이 신청한 증거로 피참가인에게 불이익한 사실을 인정할 수 있는지 여부(적극) 보조참가인의 증거신청행위가 피참가인의 소송행위와 저촉되지 아니하고(즉, 피참가인이 증거신청행위와 저촉되는 소송행위를 한 바 없고), 그 증거들이 적법한 증거조사절차를 거쳐 법원에 현출되었다면 법원이 이들 증거에 터 잡아 피참가인에게 불이익한 사실을 인정하였다 하여 그것이 구 민소 70조 2항에 위배된다고 할 수 없다.(대판 1994.4.29, 94다3629)

제290조【증거신청의 채택 여부】 법원은 당사자가 신청한 증거를 필요하지 아니하다고 인정한 때에는 조사하지 아니할 수 있다. 다만, 그것이 당사자가 주장하는 사실에 대한 유일한 증거인 때에는 그러하지 아니하다.
■ 증거의 신청(289, 민소규74), 자유심증주의(202, 민비용4)
1. 본조가 과잉금지원칙을 위반하여 청구인의 재판청구권, 인간의 존엄과 가치를 침해하는 것인지 여부 이 사건 법률조항은 민사소송절차의 신속과 심리의 원활한 진행을 위하여 당사자가 신청한 증거 중 심리의 진행이나 진실 발견과 무관한 증거에 대하여는 이를 조사하지 않을 수 있도록 함으로써, 신속한 재판 실현이라는 소송경제와 실체적 진실에 합치하는 공정한 재판 실현이라는 헌법적 요청에 부합하는 규정으로서 그 입법목적의 정당성 및 방법의 적절성을 인정할 수 있다. 한편, 이 사건 법률조항의 단서에서는 당사자의 주장에 관한 유일한 증거인 경우에는 특별한 사정이 없는 한 증거조사의 필요성 여부와 관계없이 이를 반드시 조사하도록 함으로써 법원이 증거조사를 아니할 수 있는 재량의 한계를 규정하고 있다. 그러므로 신속한 재판 실현이라는 소송경제와 실체적 진실에 합치하는 공정한 재판 실현이

라는 헌법적 요청을 달성함에 있어, 이 사건 법률조항의 내용과 달리 규정하거나 다른 제도를 통하여 기본권침해를 최소화할 수 있는 방안이 있다고도 보이지 아니하므로 피해의 최소성 요건을 갖추었다. 또한, 이 사건 법률조항에 근거한 법원의 소송지휘권 행사로 인한 기본권침해, 즉 심리의 진행이나 실체적 진실발견과 무관한 증거신청이 받아들여지지 않아 그에 대한 증거조사가 행하여지지 않는 불이익은 신속한 재판의 확보 및 공정한 재판 실현이라는 공익에 비하여 크다고 할 수 없으므로 법익의 균형성도 상실한 것이 아니다. 따라서 이 사건 법률조항은 국가가 국민의 기본권을 제한하는 내용의 입법을 함에 있어 준수하여야 할 기본원칙인 과잉금지원칙을 위반하여 청구인의 헌법상 보장된 기본권인 재판청구권이나 인간의 존엄과 가치를 침해한 것이라 할 수 없다.(헌재 2004.9.23, 2002헌바46)
2. 증거신청에 대하여 판단을 하지 아니한 법원의 조치의 적부 증거신청에 대하여 판단을 하지 아니한 법원의 조치는 묵시적으로 기각한 취지로서 주장사실에 대한 유일한 증거가 아닌 한 적법하다.(대판 1992.9.25, 92누5096)
3. 증거의 채부 결정의 재량 여부 당사자의 주장사실에 대한 유일한 증거가 아닌 한 증거의 채부는 법원이 자유로이 결정할 수 있는 재량사항이다.(대판 1991.7.26, 90다19121)
4. 증거조사의 재량성과 항고 여부(소극) 기일이 지정, 변경 및 속행은 오직 재판장의 권한에 속하는 것이고, 당사자가 신청한 증거로서 법원이 필요 없다고 인정한 것은 조사하지 아니할 수 있는 것이고 이에 대하여 반드시 증거 채부의 결정을 하여야 하는 것은 아니므로, 법원이 당사자의 증거조사를 위한 속행신청에도 불구하고 변론을 종결하였더라도 종국판결에 대한 불복절차에 의하여 그 판단의 당부를 다툴 수 있는 것은 별론으로 하고 별도로 항고로써 불복할 수는 없다.(대결 1989.9.7, 89마694)
5. 유일한 증거와 당사자 본인신문 당사자 본인신문은 보충적 증거방법에 불과하여 다른 증거 없이 오로지 당사자 본인신문의 결과만으로 주요사실을 인정할 수는 없는 것인바, 원고가 환송 후 원심에서 새로이 매매계약해제 주장을 하고 이에 대한 증명을 위하여 증인신청을 하여 채택이 되었으나 증인의 행방을 찾지 못하였다는 이유로 철회한 다음 원고 본인신문 신청을 한 것이므로 법원이 이를 채택하지 아니하였다 하여도 당사자의 주장사실에 대한 유일한 증거를 채택하지 아니한 위법이 있다고 할 수 없다.(대판 2000.11.24, 99두3980)
6. 반증이 유일한 증거인지 여부 구 민소 263조 단서가 규정하는 유일한 증거는 당사자가 증명책임이 있는 사항에 관한 유일한 증거를 말하는 것인바, 유언의 존재 및 내용이 증명사항인 이상 유서에 대한 필적과 무인의 감정은 반증에 불과하여 유일한 증거에 해당하지 않는다.(대판 1998.6.12, 97다38510)
7. 유일한 증거방법을 부정기간의 장애를 이유로 조사하지 아니함이 위법인지 여부(소극) 유일한 증거방법이라 하여도 그 조사에 부정기간의 장애가 있었으면 그를 조사 하지 아니하였다 하여 위법이라 할 수 없다.(대판 1973.12.11, 73다711)
8. 유일한 증거의 조사 불능과 그 위법 여부(소극) 유일한 증인의 신청을 채택한 후 이 증인을 소환하였으나 기일에 출석하지 아니하여 여러 차례 구인까지 하려 하였으나 이것 또한 실패로 돌아간 경우에 유일한 증거방법을 조사하지 아니하였다고 허물이라고 할 수는 없다.(대판 1971.7.27, 71다1195)
9. 증인여비의 미납과 유일 증거의 조사 증인이 주장사실에 대한 유일한 증거방법이라 하더라도 당사자가 그 비용인 증인여비를 예납하지 않을 경우에는 그 증거채택을 취소할 수 있다.(대판 1969.1.21, 68다2188)

제291조【증거조사의 장애】 법원은 증거조사를

할 수 있을지, 언제 할 수 있을지 알 수 없는 경우에는 그 증거를 조사하지 아니할 수 있다.

■ 증거의 조사(289 · 292)

제292조【직권에 의한 증거조사】 법원은 당사자가 신청한 증거에 의하여 심증을 얻을 수 없거나, 그 밖에 필요하다고 인정한 때에는 직권으로 증거조사를 할 수 있다.

■ 직권에 의한 증거조사(32, 행소26, 비송11, 소액10, 가소34, 민조22)

1. 채권자취소권 행사기간의 경과에 관한 법원의 직권증거조사의무　채권자취소의 소는 채권자가 취소원인을 안 때로부터 1년 이내에 제기하여야 하고, 채권자취소권의 행사기간은 제소기간이므로 법원은 그 기간 준수 여부에 관하여 의심이 있는 경우에는 법원이 필요한 정도에 따라 직권으로 증거조사를 할 수 있으나, 법원에 현출된 모든 소송자료를 통하여 살펴보았을 때 그 기간이 도과하였다고 의심할 만한 사정이 발견되지 않는 경우까지 법원이 직권으로 추가적인 증거조사를 하여 기간 준수 여부를 확인하여야 할 의무는 없다.(대판 2001.2.27, 2000다44348)

2. 인지소송과 직권증거조사　인지소송은 부와 자 사이에 사실상의 친자관계의 존재를 확정하고 법률상의 친자관계를 창설함을 목적으로 하는 소송으로서 친족 · 상속법상 중대한 영향을 미치는 인륜의 근본에 관한 것이고 공익에도 관련되는 중요한 것이기 때문에 이 소송에서는 직권주의를 채용하고 있는 것이므로, 당사자의 증명이 충분하지 못할 때에는 가능한 한 직권으로도 사실조사 및 필요한 증거조사를 하여야 한다.(대판 2002.6.14, 2001므1537)

3. 법인 대표자가 적법한 대표권에 기하여 행한 것인지 여부가 법원의 직권조사사항에 해당하는지 여부(소극)　법원이 직권으로 법인의 대표자에게 적법한 대표권이 있는지 여부를 조사하여야 하는 이유는 당해 소송에 있어 법인이 당사자능력 또는 소송능력이 있는지 여부를 판단하기 위한 것이므로 직권조사의 대상은 당해 소송에 있어 법인 대표자의 적법한 대표권 유무이고, 당해 소송 이전에 법인이 행한 어떠한 법률행위에 있어 법인 대표자가 적법한 대표권에 기하여 행한 것인지 여부는 여전히 당사자가 주장 · 증명하여야 할 문제라고 할 것이어서 법원이 이러한 사항까지 직권으로 탐지하여 조사하여야 할 의무가 있다고는 할 수 없다.(대판 2004.5.14, 2003다61054)

4. 채무의 존재는 인정되나 그 액수가 구체적으로 주장 · 증명되지 않는 경우 법원이 취하여야 할 조치　원고가 토지구획정리조합을 대위하여 조합원인 피고들에게 확정된 환지청산금을 구하고, 피고들이 환지청산금을 완납하지 아니한 사실을 인정한 이상, 법원으로서는 적극적으로 석명권을 행사하여 피고별 미납액에 관한 증명을 촉구하고 경우에 따라서는 직권으로라도 그 미납액을 심리 · 판단하여야 한다.(대판 2002.5.28, 2000다5817)

5. 상표법상 이해관계인에 해당하는지가 직권조사사항인지 여부(적극)　상표등록의 취소심판을 청구할 수 있는 구 상표 43조 2항 소정의 이해관계인에 해당하는 여부는 당사자 적격의 문제로서 직권조사사항이다.(대판 1994.2.25, 92후2380, 2397, 2403)

6. 준거법인 외국법에 대한 조사가 직권조사 사항인지 여부(적극)　우리나라 법률상으로는 준거법으로서의 외국법의 적용 및 조사에 관하여 특별한 규정을 두고 있지 아니하나 외국법은 법률이어서 법원이 권한으로 그 내용을 조사하여야 하고, 그 방법에 있어서는 법원이 합리적이라고 판단하는 방법에 의하여 조사하면 충분하고, 반드시 감정인의 감정이나 전문가의 증언 또는 국내외 공무소, 학교 등에 감정을 촉탁하거나 사실조회를 하는 등의 방법 만에 의할 필요는 없다.(대판 1990.4.10, 89다카20252)

7. 손해배상 의무가 있다고 인정하였을 때의 손해액에 관한

증명과 직권 조사　손해를 배상할 의무가 있다고 인정한 이상 그 손해액에 관한 증명이 없다는 이유만으로 청구를 배척할 것이 아니라 직권으로서 그 손해액에 관하여 심리하고 판단하여야 할 것이다.(대판 1967.9.26, 67다1024)

8. 후견인 해임심판에서의 직권증거조사　미성년자의 후견인을 해임하는 심판을 함에 있어 후견인과 청구인을 신문하여 본다든가 사건본인들(적어도 그 중 연령이 18세에 이르고 그 이름으로 작성된 진정서가 제출되어 있는 사건본인)을 소환하여 사실을 신문하는 등의 방법으로 충분한 심증이 형성될 때까지 사실을 조사하여야 하고, 그 사실에 기초하여 후견인을 해임할 것인가를 결정함에 있어서도 관계 당사자와 사건본인의 의견을 들어보고, 필요하다면 후견인이 해임되는 경우에 다음 순위로 후견인이 될 사람들의 의견도 들어보는 등의 심리를 충분히 하여 무엇이 미성년자인 사건본인의 이익에 가장 부합하는 것인가를 결정하여야 한다.(대결 1992.3.25, 91스11)

9. 행정소송에서 직권조사의 범위　행정소송에서도 불고불리의 원칙이 적용되어 법원은 당사자가 청구한 범위를 넘어서까지 판결을 할 수는 없지만, 당사자의 청구의 범위 내에서 기록상 현출되어 있는 사항에 관하여 직권으로 증거조사를 하고 이를 기초로 하여 당사자가 주장하지 아니한 사실에 관하여도 판단할 수 있다.(대판 1999.5.25, 99두1052)

10. 특허심판에서 당사자에게 의견진술의 기회를 주도록 한 특허 159조 1항 단서가 강행규정인지 여부(적극)　상표 82조 1항에 의하여 준용되는 특허 159조 1항 단서의 규정에 의하면 상표등록 거절사정에 대한 항고심판에서 직권으로 증거조사를 할 경우에도 기록상 그 근거를 남겨야 하고, 이를 위해 당사자에게 기일을 정하여 그 이유에 대하여 의견을 진술할 기회를 주어야 하는바, 이 규정은 심판의 적정을 기하여 심판제도의 신용을 유지하기 위하여 준수하지 않으면 안 된다는 공익상의 요구에 기인하는 이른바 강행규정이다.(대판 1997.8.29, 96후2104)

제293조【증거조사의 집중】 증인신문과 당사자신문은 당사자의 주장과 증거를 정리한 뒤 집중적으로 하여야 한다.

■ 증인신문(308), 당사자신문(367), 증거조사비의 예납(민소규77)

제294조【조사의 촉탁】 법원은 공공기관 · 학교, 그 밖의 단체 · 개인 또는 외국의 공공기관에게 그 업무에 속하는 사항에 관하여 필요한 조사 또는 보관중인 문서의 등본 · 사본의 송부를 촉탁할 수 있다.

■ 촉탁기관(139②,140①ⅴ). 사실조사의 촉탁(가소8), 부본제출(민소규76)

제295조【당사자가 출석하지 아니한 경우의 증거조사】 증거조사는 당사자가 기일에 출석하지 아니한 때에도 할 수 있다.

■ 변론에서의 당사자결석(148,268)

제296조【외국에서 시행하는 증거조사】 ① 외국에서 시행할 증거조사는 그 나라에 주재하는 대한민국 대사 · 공사 · 영사 또는 그 나라의 관할 공공기관에 촉탁한다.

② 외국에서 시행한 증거조사는 그 나라의 법률에 어긋나더라도 이 법에 어긋나지 아니하면 효력을 가진다.

■ 촉탁기관(139②) · 140①ⅴ)

제297조【법원 밖에서의 증거조사】 ① 법원은 필요하다고 인정할 때에는 법원 밖에서 증거조사를 할 수 있다. 이 경우 합의부원에게 명하거나 다른 지방법원 판사에게 촉탁할 수 있다.

② 수탁판사는 필요하다고 인정할 때에는 다른 지방법원 판사에게 증거조사를 다시 촉탁할 수 있다. 이 경우 그 사유를 수소법원과 당사자에게 통지하여야 한다.

■ 개정장소(법조56), 수명법관과 수탁판사에 의한 증거조사(313·333·354·365), 기일지정(165)

1. **수명법관이 수소법원 외에서 증거조사를 할 경우에 공개심리의 원칙이 적용되는지 여부(소극)** 수명법관에 의하여 수소법원 외에서 증인을 신문하거나 또는 현장검증 및 기록검증을 할 경우에는 반드시 공개심리의 원칙이 적용되지 아니하는 것이므로, 수명판사에 의하여 실시한 증인 신문, 현장검증, 기록검증을 비공개리에 시행하였다 하더라도 이것이 헌 105조, 구 민소 142조, 같은 법 394조의 법리를 오해한 위법이 있다고 말할 수 없다.(대판 1971.6.30, 71다1027)

제298조【수탁판사의 기록송부】 수탁판사는 증거조사에 관한 기록을 바로 수소법원에 보내야 한다.

■ 증거조사촉탁(297), 증거조사조서(160)

제299조【소명의 방법】 ① 소명은 즉시 조사할 수 있는 증거에 의하여야 한다.
② 법원은 당사자 또는 법정대리인으로 하여금 보증금을 공탁하게 하거나, 그 주장이 진실하다는 것을 선서하게 하여 소명에 갈음할 수 있다.
③ 제2항의 선서에는 제320조, 제321조제1항·제3항·제4항 및 제322조의 규정을 준용한다.

■ [1] 소명하여야 할 경우(44②·62①·73①·110②·111①·128②·285①·316·337②·372②·301), 민집279②·301), ② 법정대리인(51·62·64), 허위진술의 제재(300·301), 공탁(공탁, 공탁규), ③ 위증에 대한 벌의 경고(320), 선서의 방식(321), 선서무능력(322)

1. **민사소송법상 소송구조 사유의 소명방법** 민사소송법상 소송상 구조는 소송비용을 지출할 자금능력이 부족한 사람의 신청에 따라 혹은 법원 직권으로 할 수 있는데 이 경우 그 신청은 서면에 의하여 하여야 하고, 신청인은 구조의 사유를 소명하여야 하며, 그 신청서에는 신청인 및 그와 같이 사는 가족의 자금능력을 적은 서면을 붙여야 하는데, 이와 같은 자금능력에 관한 서면의 제출은 신청인이 소송비용을 지출할 자금능력이 부족한 사람이라는 점을 소명하기 위한 하나의 방법으로 예시된 것으로 봄이 상당하므로, 신청인으로서는 다른 방법으로 자금능력의 부족에 관한 소명을 하는 것도 가능하다고 할 것이고, 법원은 자유심증에 따라 그 소명 여부를 판단하여야 한다.(대결 2003.5.23, 2003마89)

2. **본안기록상 명백한 사실의 소명 여부** 증인신문신청의 각하를 기피원인 사실로 삼고 있을 때와 같이 본안사건의 기록상 기피원인 사실이 명백한 사항일 경우에는 기피신청인은 그 사실을 달리 소명할 필요가 없다.(대결 1978.10.23, 78마255)

3. **부동산가등기가처분의 심리절차와 소명방법** 부동산등기법 38조의 가등기가처분은 비송사건절차법에 의하여 심판되어야 하는 것이므로 같은 법 11조의 준용에 의하여 법원이 직권으로 사실의 탐지와 필요하다고 인정되는 증거의 조사도 할 수 있고 그 밖에도 비송 10조, 구 민소 271조 2항에 의하여 소명의 대용으로서의 보증이나 선서를 인정시킬 수도 있는 것이므로 관할법원이 그 가운데에서 사안에 따라 선택한 조처는 특별한 사정이 없는 한 부당하다고 할 수는 없다.(대결 1990.3.24, 90마155)

4. **보전소송에서의 증거방법** 보전소송에서의 증거방법은 유일한 소명자료인 여부에 관계없이 즉시 조사할 수 있는 소명에 의한다.(대판 1975.10.7, 75다104)

제300조【보증금의 몰취】 제299조제2항의 규정에 따라 보증금을 공탁한 당사자 또는 법정대리인이 거짓 진술을 한 때에 법원은 결정으로 보증금을 몰취(沒取)한다.

■ 불복신청(302), 결정(134·221), 소명에 갈음하는 공탁(299②)

제301조【거짓 진술에 대한 제재】 제299조제2항의 규정에 따라 선서한 당사자 또는 법정대리인이 거짓 진술을 한 때에 법원은 결정으로 200만원 이하의 과태료에 처한다.

■ 소명에 갈음하는 선서(299②), 결정(134·221), 과태료(민집60)

제302조【불복신청】 제300조 및 제301조의 결정에 대하여는 즉시항고를 할 수 있다.

■ 즉시항고(444), 보증금의 몰취(300), 과태료 제재(302)

제2절 증인신문

제303조【증인의 의무】 법원은 특별한 규정이 없으면 누구든지 증인으로 신문할 수 있다.

■ 특별한 규정(304~307), 증인의 일당·여비(민비4·11·12), 제척(41), 허위진술과 재심(451①vii)

1. **증거조사 방식에 위배된 경우의 증거능력** 당사자 본인신문의 방식에 의하여야 할 종친회 대표자를 증인으로 조사한 데 대하여 지체없이 이의를 진술하지 않았다면 그 증언을 채택하여 사실 인정을 하였다 하더라도 위법이라 할 수 없다.(대판 1977.10.11, 77다1316)

제304조【대통령·국회의장·대법원장·헌법재판소장의 신문】 대통령·국회의장·대법원장 및 헌법재판소장 또는 그 직책에 있었던 사람을 증인으로 하여 직무상 비밀에 관한 사항을 신문할 경우에 법원은 그의 동의를 받아야 한다.

■ 직무상 비밀에 관한 증언(민소78), 증언거부에 대한 재판(317), 직무상 비밀준수(국공60, 지공52, 교육공43)

제305조【국회의원·국무총리·국무위원의 신문】 ① 국회의원 또는 그 직책에 있었던 사람을 증인으로 하여 직무상 비밀에 관한 사항을 신문할 경우에 법원은 국회의 동의를 받아야 한다.
② 국무총리·국무위원 또는 그 직책에 있었던 사람을 증인으로 하여 직무상 비밀에 관한 사항을 신문할 경우에 법원은 국무회의의 동의를 받아야 한다.

■ 국무위원(헌87·87②), 국무회의(헌88·89), 국회의원(헌41), 직무상 비밀준수(국공60, 지공52, 교육공43)

제306조【공무원의 신문】 제304조와 제305조에 규정한 사람 외의 공무원 또는 공무원이었던 사람을 증인으로 하여 직무상 비밀에 관한 사항을 신문할 경우에 법원은 그 소속 관청 또는 감독 관청의 동의를 받아야 한다.

■ 증언거부에 대한 재판(317), 직무상 비밀준수(국공무60·지공무52·교육공43)

제307조【거부권의 제한】 제305조와 제306조의 경우에 국회·국무회의 또는 제306조의 관청은 국가의 중대한 이익을 해치는 경우를 제외하고는 동의를 거부하지 못한다.

■ 국무회의(헌88·89), 국회(헌40·41)

제308조【증인신문의 신청】 당사자가 증인신문

을 신청하고자 하는 때에는 증인을 지정하여 신청하여야 한다.
▣ 증인신문사항의 제출(민소규75), 증거신청(289①), 재신문의 신청(204③)

1. 증인신청과 간접적 주장 원고는 소장 및 준비서면에서 원고가 소외인을 통하여 피고 등에게 금원을 대여하였다고 주장하고 있으나, 원고는 소외인을 증인으로 신청하여 소외인이 원고와 피고 등 사이의 금전거래를 중개하였음을 증명하고 있다면, 비록 원고가 그 변론에서 소외인이 피고 등을 대리하여 원고로부터 금원을 차용한 것이라고 진술한 흔적이 있다 하더라도 그 증인신청으로서 그 대리행위에 관한 간접적인 진술을 하였다고 보아야 할 것이므로, 법원이 소외인이 피고 등을 대리하여 원고로부터 금원을 차용한 것으로 판단하였다고 하여 이를 변론주의에 반하는 처사라고 비난할 수 없다.(대판 1994.10.11, 94다24626)

제309조【출석요구서의 기재사항】 증인에 대한 출석요구서에는 다음 각호의 사항을 적어야 한다.
1. 당사자의 표시
2. 신문 사항의 요지
3. 출석하지 아니하는 경우의 법률상 제재
▣ 증인의 출석요구서의 기재사항(민소규81), 기일의 통지(167), 본조 준용(333·373)

제310조【증언에 갈음하는 서면의 제출】 ① 법원은 증인과 증명할 사항의 내용 등을 고려하여 상당하다고 인정하는 때에는 출석·증언에 갈음하여 증언할 사항을 적은 서면을 제출하게 할 수 있다.
② 법원은 상대방의 이의가 있거나 필요하다고 인정하는 때에는 제1항의 증인으로 하여금 출석·증언하게 할 수 있다.
▣ 서면에 의한 증언(민소규84), 증인의 의무(303)

제311조【증인이 출석하지 아니한 경우의 과태료 등】 ① 증인이 정당한 사유 없이 출석하지 아니한 때에 법원은 결정으로 증인에게 이로 말미암은 소송비용을 부담하도록 명하고 500만원 이하의 과태료에 처한다.
② 법원은 증인이 제1항의 규정에 따른 과태료의 재판을 받고도 정당한 사유 없이 다시 출석하지 아니한 때에는 결정으로 증인을 7일 이내의 감치(監置)에 처한다.
③ 법원은 감치재판기일에 증인을 소환하여 제2항의 정당한 사유가 있는지 여부를 심리하여야 한다.
④ 감치에 처하는 재판은 그 재판을 한 법원의 재판장의 명령에 따라 법원공무원 또는 국가경찰공무원이 경찰서유치장·교도소 또는 구치소에 유치함으로써 집행한다. (2006.2.21 본항개정)
⑤ 감치의 재판을 받은 증인이 제4항에 규정된 감치시설에 유치된 때에는 당해 감치시설의 장은 즉시 그 사실을 법원에 통보하여야 한다.
⑥ 법원은 제5항의 통보를 받은 때에는 바로 증인신문기일을 열어야 한다.
⑦ 감치의 재판을 받은 증인이 감치의 집행중에 증언을 한 때에는 법원은 바로 감치결정을 취소하고 그 증인을 석방하도록 명하여야 한다.
⑧ 제1항과 제2항의 결정에 대하여는 즉시항고를

할 수 있다. 다만, 제447조의 규정은 적용하지 아니한다.
⑨ 제2항 내지 제8항의 규정에 따른 재판절차 및 그 집행 그 밖에 필요한 사항은 대법원규칙으로 정한다.
▣ 불출석의 신고(민소규83), 증인에 대한 과태료 감치(민소규85·86),결정(134·221), 불출석에 대한 제재(312), 준용 규정(318·326)

1. 불출석 증인에 대한 과태료 재판의 절차 구 민소 210조 2항은 비송 248조 및 250조 중 검사에 관한 규정은 민사소송법에 의한 과태료의 재판에는 적용하지 아니한다고 규정하고 있으므로 비송 248조와 250조 중 검사에 관한 부분이 아닌 규정은 민사소송법에 의한 과태료의 재판에 적용된다고 할 것이고, 따라서 정당한 사유 없이 출석하지 아니한 증인에 대하여 과태료에 처하는 결정을 함에 있어서도 그 증인에게 과태료 재판에 관한 진술의 기회를 주어 정식재판으로 하는 방법과 증인에게 진술의 기회를 주지 않고 약식재판으로 하는 방법이 있다고 해석되고, 당사자는 정식재판에 대하여는 바로 구 민소 282조 2항에 의한 즉시항고를 제기할 수 있으나, 약식재판에 대하여는 비송 250조 2항에 의한 이의신청을 하여 정식재판을 받고 그에 대하여 다시 구 민소 282조 2항에 의한 즉시항고를 하는 방법으로 불복할 수 있다고 해석된다.(대결 2001.5.2, 2001마1733)

제312조【출석하지 아니한 증인의 구인】 ① 법원은 정당한 사유 없이 출석하지 아니한 증인을 구인(拘引)하도록 명할 수 있다.
② 제1항의 구인에는 형사소송법의 구인에 관한 규정을 준용한다.
▣ 구인(형소71·152·166②), 영장집행(집행관6)

제313조【수명법관·수탁판사에 의한 증인신문】 법원은 다음 각호 가운데 어느 하나에 해당하면 수명법관 또는 수탁판사로 하여금 증인을 신문하게 할 수 있다.
1. 증인이 정당한 사유로 수소법원에 출석하지 못하는 때
2. 증인이 수소법원에 출석하려면 지나치게 많은 비용 또는 시간을 필요로 하는 때
3. 그 밖의 상당한 이유가 있는 경우로서 당사자가 이의를 제기하지 아니하는 때
▣ 수명법관(139①), 증거조사(160·297·332)

제314조【증언거부권】 증인은 그 증언이 자기나 다음 각호 가운데 어느 하나에 해당하는 사람이 공소제기되거나 유죄판결을 받을 염려가 있는 사항 또는 자기나 그들에게 치욕이 될 사항에 관한 것인 때에는 이를 거부할 수 있다. (2005.3.31 본조개정)
1. 증인의 친족 또는 이러한 관계에 있었던 사람
2. 증인의 후견인 또는 증인의 후견을 받는 사람
[개정전] 1. 증인의 "친족·호주·가족" 또는 이러한 관계에 있었던 사람
▣ 증언거부이유의 소명(316), 증언거부에 대한 재판(317), 선서거부권(324), 친족(민777), 후견인(민928-940)

1. 민사소송절차에서 증언거부권을 고지받지 아니한 상태에서 허위진술을 한 경우 위증죄의 성립 여부(원칙적 적극) 형사소송법은 증언거부권에 관한 규정(148조, 149조)과 함께 재판장의 증언거부권 고지의무에 관하여도 규정하고 있는 반면(160조), 민사소송법은 증언거부권제도를 두면서도(314조 내지 316조) 증언거부권 고지에 관한 규정을 따로 두고 있지 않다. 우리 입법자는 1954.9.23.제정 당시부터 증

언거부권 및 그 고지 규정을 둔 형사소송법과는 달리 그 후인 1960.4.4. 민사소송법을 제정할 때 증언거부권 제도를 두면서도 그 고지 규정을 두지 아니하였고, 2002.1.26. 민사소송법을 전부 개정하면서도 같은 입장을 유지하였다. 이러한 입법 경위 및 규정 내용에 비추어 볼 때, 이는 양 절차에 존재하는 목적·적용원리 등의 차이를 염두에 둔 입법적 선택으로 보인다. 더구나 민사소송법은 형사소송법과 달리, '선서거부권 제도'(324조), '선서면제제도'(323조)등 증인으로 하여금 위증죄의 위험에서 벗어날 수 있도록 하는 이중의 장치를 마련하고 있어 증언거부권 고지 규정을 두지 아니한 것이 입법의 불비라거나 증언거부권 있는 증인의 침묵할 수 있는 권리를 부당하게 침해하는 입법이라고 볼 수도 없다. 그렇다면 민사소송절차에서 재판장이 증인에게 증언거부권을 고지하지 아니하였다 하여 절차위반의 위법이 있다고 할 수 없고, 따라서 적법한 선서절차를 마쳤는데도 허위진술을 한 증인에 대해서는 달리 특별한 사정이 없는 한 위증죄가 성립한다고 보아야 한다.(대판 2011.7.28, 2009도14928)

제315조【증언거부권】 ① 증인은 다음 각호 가운데 어느 하나에 해당하면 증언을 거부할 수 있다.
1. 변호사·변리사·공증인·공인회계사·세무사·의료인·약사, 그 밖에 법령에 따라 비밀을 지킬 의무가 있는 직책 또는 종교의 직책에 있거나 이러한 직책에 있었던 사람이 직무상 비밀에 속하는 사항에 대하여 신문을 받을 때
2. 기술 또는 직업의 비밀에 속하는 사항에 대하여 신문을 받을 때
② 증인이 비밀을 지킬 의무가 면제된 경우에는 제1항의 규정을 적용하지 아니한다.
■ 증언거부이유의 소명(316), 직무상 비밀준수의 의무(의료19, 변호26, 공증5, 법무사27, 회계사20, 변리21, 세무사11), 업무상 비밀누설(형317)

제316조【거부이유의 소명】 증언을 거부하는 이유는 소명하여야 한다.
■ 증언거부권(314·315), 소명의 방법(299), 증언거부에 대한 제재(318), 준용규정(326)

제317조【증언거부에 대한 재판】 ① 수소법원은 당사자를 심문하여 증언거부가 옳은지를 재판한다.
② 당사자 또는 증인은 제1항의 재판에 대하여 즉시항고를 할 수 있다.
■ 거부권이 있는 경우(314·315), 심문(134②), 즉시항고(444)

제318조【증언거부에 대한 제재】 증언의 거부에 정당한 이유가 없다고 한 재판이 확정된 뒤에 증인이 증언을 거부한 때에는 제311조제1항, 제8항 및 제9항의 규정을 준용한다.
■ 증언거부에 대한 재판(317)

제319조【선서의 의무】 재판장은 증인에게 신문에 앞서 선서를 하게 하여야 한다. 다만, 특별한 사유가 있는 때에는 신문한 뒤에 선서를 하게 할 수 있다.
■ 예외(322~324), 선서의 방식(321), 거부에 대한 제재(326), 준용규정(333·373), 위증죄(형152·153)

제320조【위증에 대한 벌의 경고】 재판장은 선서에 앞서 증인에게 선서의 취지를 밝히고, 위증의 벌에 대하여 경고하여야 한다.
■ 본조 준용(299③·333·373), 위증죄(형152·153)

제321조【선서의 방식】 ① 선서는 선서서에 따라서 하여야 한다.
② 선서서에는 "양심에 따라 숨기거나 보태지 아니하고 사실 그대로 말하며, 만일 거짓말을 하면 위증의 벌을 받기로 맹세합니다."라고 적어야 한다.
③ 재판장은 증인으로 하여금 선서서를 소리내어 읽고 기명날인 또는 서명하게 하며, 증인이 선서서를 읽지 못하거나 기명날인 또는 서명하지 못하는 경우에는 참여한 법원사무관등이나 그 밖의 법원공무원으로 하여금 이를 대신하게 한다.
④ 증인은 일어서서 엄숙하게 선서하여야 한다.
■ 선서의무(319), 감정인의 선서방식(338), 준용규정(299③·333·373)

제322조【선서무능력】 다음 각호 가운데 어느 하나에 해당하는 사람을 증인으로 신문할 때에는 선서를 시키지 못한다.
1. 16세 미만인 사람
2. 선서의 취지를 이해하지 못하는 사람
■ 위증의 벌에 대한 경고(320), 변론조서의 기재(154ⅱ·325), 유사규정(형소159), 준용규정(299③·373)

제323조【선서의 면제】 제314조에 해당하는 증인으로서 증언을 거부하지 아니한 사람을 신문할 때에는 선서를 시키지 아니할 수 있다.
■ 증언거부권(314), 변론조서의 기재(154ⅱ·325)

제324조【선서거부권】 증인이 자기 또는 제314조 각호에 규정된 어느 한 사람과 현저한 이해관계가 있는 사항에 관하여 신문을 받을 때에는 선서를 거부할 수 있다.
■ 증언거부권(314), 선서의 거부(316·317·326)
1. 선서거부권의 불고지가 위법한지 여부(소극) 선서를 거부할 수 있는 증인이 선서를 거부하지 아니하고 증언을 한 경우에 재판장이 선서거부권이 있음을 고지하지 아니하였다고 하여 위법이라고 할 수 없다.(대판 1971.4.30, 71다452)

제325조【조서에의 기재】 선서를 시키지 아니하고 증인을 신문한 때에는 그 사유를 조서에 적어야 한다.
■ 선서를 시키지 않는 경우(322·323), 조서(154)

제326조【선서거부에 대한 제재】 증인이 선서를 거부하는 경우에는 제316조 내지 제318조의 규정을 준용한다.
■ 거부이유의 소명(316), 증언거부에 대한 제재(318), 선서의 거부(316·317·326)

제327조【증인신문의 방식】 ① 증인신문은 증인을 신청한 당사자가 먼저 하고, 다음에 다른 당사자가 한다.
② 재판장은 제1항의 신문이 끝난 뒤에 신문할 수 있다.
③ 재판장은 제1항과 제2항의 규정에 불구하고 언제든지 신문할 수 있다.
④ 재판장이 알맞다고 인정하는 때에는 당사자의 의견을 들어 제1항과 제2항의 규정에 따른 신문의 순서를 바꿀 수 있다.
⑤ 당사자의 신문이 중복되거나 쟁점과 관계가 없는 때, 그 밖에 필요한 사정이 있는 때에 재판장은 당사자의 신문을 제한할 수 있다.

⑥ 합의부원은 재판장에게 알리고 신문할 수 있다.

▣ 증인신문의 순서(민소규89), 증인신청자가 불출석한 때의 신문(민소규90), 증인신문의 신청(289·308), 특칙(소액10②), 본조 준용(333)

1. 증인신문방식의 의미 본조 1항에 의하면 증인은 신청한 당사자가 먼저 이를 신문하라고 되어 있는바, 그 취지는 증명책임이 있는 당사자 측에서 스스로 증인을 신문하여 자기가 증명하고자 하는 증언을 이끌어 냄으로써 법원에 제시하여야 된다는 취지로 보아야 한다.(대판 1963.4.25, 63다124)

제327조의2【비디오 등 중계장치에 의한 증인신문】 ① 법원은 다음 각 호의 어느 하나에 해당하는 사람을 증인으로 신문하는 경우 상당하다고 인정하는 때에는 당사자의 의견을 들어 비디오 등 중계장치에 의한 중계시설을 통하여 신문할 수 있다.

1. 증인이 멀리 떨어진 곳 또는 교통이 불편한 곳에 살고 있거나 그 밖의 사정으로 말미암아 법정에 직접 출석하기 어려운 경우

2. 증인이 나이, 심신상태, 당사자나 법정대리인과의 관계, 신문사항의 내용, 그 밖의 사정으로 말미암아 법정에서 당사자 등과 대면하여 진술하면 심리적인 부담으로 정신의 평온을 현저하게 잃을 우려가 있는 경우

② 제1항에 따른 증인신문은 증인이 법정에 출석하여 이루어진 증인신문으로 본다.

③ 제1항에 따른 증인신문의 절차와 방법, 그 밖에 필요한 사항은 대법원규칙으로 정한다.

(2016.3.29 본조신설)

제328조【격리신문과 그 예외】 ① 증인은 따로따로 신문하여야 한다.

② 신문하지 아니한 증인이 법정(法廷)안에 있을 때에는 법정에서 나가도록 명하여야 한다. 다만, 필요하다고 인정한 때에는 신문할 증인을 법정안에 머무르게 할 수 있다.

▣ 대질신문(329)

제329조【대질신문】 재판장은 필요하다고 인정한 때에는 증인 서로의 대질을 명할 수 있다.

▣ 대질(368)

제330조【증인의 행위의무】 재판장은 필요하다고 인정한 때에는 증인에게 문자를 손수 쓰게 하거나 그 밖의 필요한 행위를 하게 할 수 있다.

▣ 수기(361), 본조 준용(373)

제331조【증인의 진술원칙】 증인은 서류에 의하여 진술하지 못한다. 다만, 재판장이 허가하면 그러하지 아니하다.

▣ 조서류의 기재(154ii), 본조 준용(373)

제332조【수명법관·수탁판사의 권한】 수명법관 또는 수탁판사가 증인을 신문하는 경우에는 법원과 재판장의 직무를 행한다.

▣ 수명법관 등의 신문(313), 수명법관 등에 의한 증거조사(297·298), 법원의 직무(303-305·307·311·312·317-318), 재판장의 직무(319-321·327·329·330), 준용규정(333·373)

제3절 감 정

제333조【증인신문규정의 준용】 감정에는 제2절의 규정을 준용한다. 다만, 제311조제2항 내지 제7항, 제312조, 제321조제2항, 제327조 및 제327조의2는 그러하지 아니하다. (2016.3.29 본조개정)

▣ 감정증인(340), 준용규정(140②), 증인신문규정의 준용(민소규104), 증인신문(2절), 증인 불출석 때의 과태료 및 구인(311-312), 선서의 방식(321②)

1. 무인 감정의 결과를 배척하기 위한 요건 과학적인 방법이라고 할 수 있는 무인 감정 결과를 배척하기 위하여는 특별한 사정이 없는 한, 감정 경위나 감정 방법의 잘못 등 감정 자체에 배척 사유가 있어야 한다. 증인이 무인 감정 결과에 반하여 사문서의 진정성립에 관한 증언을 하였으나, 증인과 당사자의 관계, 증언에 일관성이 없는 점 등에 비추어 그 증인의 증언은 무인 감정 결과를 배척할 정도의 신빙성이 있다고 볼 수 없다.(대판 1999.4.9, 98다57198)

2. 상이한 감정 결과의 선택에 관한 자유심증주의 동일한 사항에 관하여 상이한 여러 개의 감정 결과가 있을 때 그 중 하나에 의하여 사실을 인정하였다면 그것이 경험칙이나 논리법칙에 위배되지 않는 한 적법하다.(대판 1997.12.12, 97다36507)

3. 인영의 동일성에 관한 감정을 실시함에 있어 취해야 할 조치 법원이 증거조사의 일환으로 인영의 동일성에 관한 감정을 실시함에 있어서는 감정을 명하기에 앞서 당해 인영이 찍힌 문서 등이 감정 대상으로 적절한지 여부를 따져 보아야 할 뿐만 아니라 석명권의 행사 등을 통하여 대조 인영의 증거가치를 미리 확정하여야 하므로, 법원이 이를 소홀히 한 채 감정을 마친 후 감정 대상이 사본이고 대조 인영의 증거가치를 확인할 수 없다는 이유로 위 감정 결과의 증명력을 배척하여 버린 경우에는 절차상의 잘못이 있다.(대판 1997.7.25, 97다15470)

4. 당사자가 원용하지 않은 감정결과의 증거능력 감정인의 감정결과는 당사자가 이를 증거로 원용하지 않는 경우에도 법원으로서는 증거로 할 수 있다.(대판 1994.8.26, 94누2718)

5. 상반되는 감정결과가 있는 경우 특정 감정결과를 배척하기 위한 요건 어떤 특정한 사항에 관하여 상반되는 여러 개의 감정결과가 있는 경우 각 감정결과의 감정방법이 적법한지 여부를 심리 조사하지 아니한 채 당사자가 원용한 어느 하나의 감정결과가 다른 감정결과와 상이하다는 이유만으로 그 감정결과를 배척할 수는 없는 것이다. 따라서 어떤 감정결과가 그 측량방법 등에 있어 적법하지 아니하거나 신빙성이 없다고 인정되어 사실인정의 증거로 할 수 있는 경우에는 다른 감정인의 감정결과에 대하여 그 측량방법이 적법한지 여부를 심리하여 그에 관한 주장의 당부를 판단하여야 한다.(대판 1992.3.27, 91다34561)

6. 동일한 감정인이 작성한 측량도면의 일부 채용 및 일부 배척의 적법 여부 토지의 경계와 면적 등을 측량·감정함에는 지적법과 측량법 등이 정하는 바에 따라 일정한 방식에 의하여 원점을 토대로 측량을 하는 것이므로 다소의 오차는 피할 수 없다고 할 것이나, 감정방법에 따른 현격한 차이는 있을 수 없으며, 또 하나의 측량도면이라면 부분적으로 맞지 않는 부분이 나올 수 없을 뿐 아니라 비전문가가 이를 가리는 것은 불가능하므로, 동일한 감정인이 작성한 측량도면을 일부 채용하고 일부 배척한 것은 채증법칙 위반이라 할 것이다.(대판 1984.2.28, 83다카1933, 1934)

7. 감정의 의미와 채부 감정은 법관이 사실인정에 관하여 특별한 지식과 경험이 있는 사람의 지식과 경험을 이용하는 데 불과한 것이므로, 같은 사실에 관하여 상반되는 여러 개의 감정결과 중 그 하나에 의거하여 사실을 인정하여도 채증법칙에 위배되지 않는 한 적법하다.(대판 1971.11.23, 71다2091)

제334조【감정의무】 ① 감정에 필요한 학식과 경험이 있는 사람은 감정할 의무를 진다.

② 제314조 또는 제324조의 규정에 따라 증언 또는 선서를 거부할 수 있는 사람과 제322조에 규정된 사람은 감정인이 되지 못한다.

■ 허위감정과 재심사유(451①vii), 증언거부권(314), 선서무능력(322), 선서거부권(324)

1. 서증으로 제출된 감정의견의 채용 여부에 관한 판단기준 감정의견이 반드시 소송법상 감정인신문 등의 방법에 의하여 소송에 현출되지 않고 소송 외에서 전문적인 학식과 경험이 있는 자가 작성한 감정의견이 기재된 서면이 서증의 방법으로 제출된 경우라도 사실심법원이 이를 합리적이라고 믿을 만하다고 인정하여 사실인정의 자료로 삼는 것을 위법하다고 할 수 없지만, 원래 감정은 법관의 지식과 경험을 보충하기 위하여 하는 증거방법으로서 학식과 경험이 있는 사람을 감정인으로 지정하여 선서를 하게 한 후에 이를 명하거나 또는 필요하다고 인정하는 경우에 공공기관·학교, 그 밖에 상당한 설비가 있는 단체 또는 외국의 공공기관 등 권위 있는 기관에 촉탁하여 하는 것을 원칙으로 하고 있으므로, 당사자가 서증으로 제출한 감정의견이 법원의 감정 또는 감정촉탁에 의하여 얻은 그것에 못지않게 공정하고 신뢰성 있는 전문가에 의하여 행하여진 것이 아니라고 의심할 사정이 있거나 그 의견이 법원의 합리적 의심을 제거할 수 있는 정도가 되지 아니하는 경우에는 이를 쉽게 채용하여서는 안되고, 특히 소송이 진행되는 중이어서 법원에 대한 감정신청을 통한 감정이 가능함에도 그와 같은 절차에 의하지 아니한 채 일방이 임의로 의뢰하여 작성한 경우라면 더욱더 신중을 기하여야 한다.(대판 2010.5.13, 2010다6222)

2. 문서제출신청의 허부에 관한 재판 문서제출신청의 허가 여부에 관한 재판을 할 때에는 그때까지의 소송경과와 문서제출신청의 내용에 비추어 신청 자체로 받아들일 수 없는 경우가 아닌 한 상대방에게 문서제출신청서를 송달하는 등 문서제출신청이 있음을 알림으로써 그에 관한 의견을 진술할 기회를 부여하고, 그 결과에 따라 당해 문서의 존재와 소지 여부, 당해 문서가 서증으로 필요한지 여부, 문서제출신청의 상대방이 민소 344조에 따라 문서제출의무를 부담하는지 여부 등을 심리한 후, 그 허가 여부를 판단하여야 한다.(대결 2009.4.28, 2009무12)

3. 법원의 착오로 선서를 누락한 감정인의 감정결과서면을 사실인정의 자료로 삼을 수 있는지 여부(적극) 선서하지 아니한 감정인에 의한 감정 결과는 증거능력이 없으므로 이를 사실인정의 자료로 삼을 수 없다 할 것이나, 한편 소송법상 감정인신문이나 감정의 촉탁방법에 의한 것이 아니고 소송 외에서 전문적인 학식 경험이 있는 자가 작성한 감정의견을 기재한 서면이라 하더라도 그 서면이 서증으로 제출되었을 때 법원이 이를 합리적이라고 인정하면 이를 사실인정의 자료로 할 수 있다는 것인바, 법원이 감정인을 지정하고 그에게 감정을 명하면서 착오로 감정인으로부터 선서를 받는 것을 누락함으로 말미암아 그 감정인에 의한 감정 결과가 증거능력이 없게 된 경우라도, 그 감정인이 작성한 감정의견을 기재한 서면이 당사자에 의하여 서증으로 제출되고 법원이 그 내용을 합리적이라고 인정하는 때에는 이를 사실인정의 자료로 삼을 수 있다.(대판 2006.5.25, 2005다77848)

4. 선서하지 아니한 감정인에 의한 감정결과의 증거능력 유무(소극) 선서하지 아니한 감정인에 의한 신체감정결과는 증거능력이 없다.(대판 1982.8.24, 82다카317)

제335조【감정인의 지정】 감정인은 수소법원·수명법관 또는 수탁판사가 지정한다.

■ 수명법관(139), 수탁판사(160), 감정인(민집97·167·200)

1. 감정인 지정의 위법 여부 시장에서 인장, 명함 도매 등의 영업을 하는 상인에게 필적감정을 시켰다 하여 위법이라 할 수 없다.(대판 1966.1.31, 65다2540)

제335조의2【감정인의 의무】 ① 감정인은 감정

사항이 자신의 전문분야에 속하지 아니하는 경우 또는 그에 속하더라도 다른 감정인과 함께 감정을 하여야 하는 경우에는 곧바로 법원에 감정인의 지정 취소 또는 추가 지정을 요구하여야 한다.

② 감정인은 감정을 다른 사람에게 위임하여서는 아니 된다.

(2016.3.29 본조신설)

제336조【감정인의 기피】 감정인이 성실하게 감정할 수 없는 사정이 있는 때에 당사자는 그를 기피할 수 있다. 다만, 당사자는 감정인이 감정사항에 관한 진술을 하기 전부터 기피할 이유가 있다는 것을 알고 있었던 때에는 감정사항에 관한 진술이 이루어진 뒤에 그를 기피하지 못한다.

■ 법관, 사무관 등에 대한 기피(43·48·50)

제337조【기피의 절차】 ① 기피신청은 수소법원·수명법관 또는 수탁판사에게 하여야 한다.

② 기피하는 사유는 소명하여야 한다.

③ 기피하는 데 정당한 이유가 있다고 한 결정에 대하여는 불복할 수 없고, 이유가 없다고 한 결정에 대하여는 즉시항고를 할 수 있다.

■ 신청(161), 소명(299), 결정(134·221), 즉시항고(444)

제338조【선서의 방식】 선서서에는 "양심에 따라 성실히 감정하고, 만일 거짓이 있으면 거짓감정의 벌을 받기로 맹세합니다."라고 적어야 한다.

■ 증인의 선서(321②), 조서에의 기재(154), 허위감정죄(형154)

제339조【감정진술의 방식】 ① 재판장은 감정인으로 하여금 서면이나 말로써 의견을 진술하게 할 수 있다.

② 재판장은 여러 감정인에게 감정을 명하는 경우에는 다 함께 또는 따로따로 의견을 진술하게 할 수 있다.

③ 법원은 제1항 및 제2항에 따른 감정진술에 관하여 당사자에게 서면이나 말로써 의견을 진술할 기회를 주어야 한다. (2016.3.29 본항신설)

■ 조서에의 기재(154), 구술의 원칙(331)

1. 감정서에 기재된 감정내용이 잘못되었다는 감정인의 증언과 그 감정결과의 채증 여부 감정서를 작성한 감정인이 증인으로 나와 스스로 감정내용이 잘못된 것이라고 분명히 증언하고 있다면 법원은 마땅히 그 증언의 취지와 진위를 가려 보아야 하고 만연히 감정서의 내용을 그대로 믿은 조치는 채증법칙 위반의 증거취사, 심리미진의 위법이 있다.(대판 1984.3.13, 83다카547)

2. 동일한 감정인이 동일한 감정사항에 관하여 서로 모순되거나 불명료한 감정의견을 제출한 경우의 조치 동일한 감정인이 동일한 감정사항에 관하여 서로 모순되거나 매우 불명료한 감정의견을 내놓고 있는 경우에, 법원이 그 감정서를 직접 증거로 채용하여 사실인정을 하기 위하여는 특별히 다른 증거자료가 뒷받침되지 않는 한, 감정인에 대하여 감정서의 보완을 명하거나 감정증인으로의 신문방법 등을 통하여 정확한 감정의견을 밝히도록 하는 등의 적극적인 조치를 강구하여야 한다.(대판 1999.5.11, 99다2171)

3. 2개의 감정결과가 다른 경우의 조치 2개의 감정결과가 판이한 경우에는 재감정신청을 반드시 받아주어야 한다거나 제3의 감정을 명하여 그 중간치의 감정결과를 채용하여야 할 증거법칙은 없으므로, 원심이 이를 하지 아니하였다 하여

심리미진의 위법이 있다고 할 수 없다.(대판 1980.1.29, 79다2029)

4. 재감정촉탁의 신청을 채택한 후에 이를 취소하고 신빙성 없는 1심 감정촉탁결과를 채택한 판결의 적부 피고가 항소심에서 제1심법원의 원고에 대한 신체감정 결과의 의문점을 지적하며 신체 재감정을 신청하자 법원이 이를 받아들여 신체 재감정을 촉탁하였으나 원고가 지정 병원이 원거리임을 이유로 재감정에 응하지 아니하여 장기간 신체 재감정이 이루어지지 않은 경우, 항소심으로서는 원고가 주장하는 이유의 상당성 유무를 조사한 다음 그 이유가 상당하다고 판단되면 감정병원을 원고가 입원하고 있는 병원 근처의 병원으로 바꾸어 지정하여 보는 등 증거조사의 방해요인을 적절히 제거하여 재감정이 이루어지도록 하여야 함은 물론, 그래도 재감정이 이루어지지 않는다면 그 증명을 방해하는 측에 적절한 책임을 지우는 것이 타당하다고 할 것이고, 장기간 동안 신체감정이 이루어지지 않고 있다는 사정만으로 신체 재감정 촉탁 자체를 취소하고 변론을 종결하여 의문점을 덮어둔 채 제1심에서의 신체감정 결과 및 사실조회의 결과만을 근거로 노동능력상실률을 인정하여서는 아니 된다.(대판 1999.2.26, 98다51831)

제339조의2 【감정인신문의 방식】 ① 감정인은 재판장이 신문한다.

② 합의부원은 재판장에게 알리고 신문할 수 있다.
③ 당사자는 재판장에게 알리고 신문할 수 있다. 다만, 당사자의 신문이 중복되거나 쟁점과 관계가 없는 때, 그 밖에 필요한 사정이 있는 때에는 재판장은 당사자의 신문을 제한할 수 있다.
(2016.3.29 본조신설)

제339조의3 【비디오 등 중계장치 등에 의한 감정인신문】 ① 법원은 다음 각 호의 어느 하나에 해당하는 사람을 감정인으로 신문하는 경우 상당하다고 인정하는 때에는 당사자의 의견을 들어 비디오 등 중계장치에 의한 중계시설을 통하여 신문하거나 인터넷 화상장치를 이용하여 신문할 수 있다.

1. 감정인이 법정에 직접 출석하기 어려운 특별한 사정이 있는 경우
2. 감정인이 외국에 거주하는 경우
② 제1항에 따른 감정인신문에 관하여는 제327조의2제2항 및 제3항을 준용한다.
(2016.3.29 본조신설)

제340조 【감정증인】 특별한 학식과 경험에 의하여 알게 된 사실에 관한 신문은 증인신문에 관한 규정을 따른다. 다만, 비디오 등 중계장치 등에 의한 감정증인신문에 관하여는 제339조의3을 준용한다. (2016.3.29 본조개정)

■ 증인신문(303~332)

제341조 【감정의 촉탁】 ① 법원이 필요하다고 인정하는 경우에는 공공기관·학교, 그 밖에 상당한 설비가 있는 단체 또는 외국의 공공기관에 감정을 촉탁할 수 있다. 이 경우에는 선서에 관한 규정을 적용하지 아니한다.

② 제1항의 경우에 법원은 필요하다고 인정하면 공공기관·학교, 그 밖의 단체 또는 외국 공공기관이 지정한 사람으로 하여금 감정서를 설명하게 할 수

있다.
③ 제2항의 경우에는 제339조의3을 준용한다. (2016.3.29 본항신설)

■ 감정서부본의 제출(민소규76), 감정서의 설명(민소규103), 촉탁기관(139②), 촉탁의 보수(민비용6)

1. 준거법인 외국법에 대한 조사방법 우리나라 법률상으로는 준거법으로서의 외국법의 적용 및 조사에 관하여 특별한 규정을 두고 있지 아니하나 외국법은 법률이어서 법원이 권한으로 그 내용을 조사하여야 하고, 그 방법으로는 법원이 합리적이라고 판단하는 방법에 의하여 조사하면 충분하고, 반드시 감정인의 감정이나 전문가의 증언 또는 국내외 공무소, 학교 등에 감정을 촉탁하거나 사실조회를 하는 등의 방법만에 의하여야 할 필요는 없다.(대판 1990.4.10, 89다카20252)

2. 공무소 등 기관에 감정을 촉탁할 수 있도록 한 취지 구 민소 314조는 공무소, 학교 기타 상당한 설비 있는 단체 또는 외국공무소 등 자연인 아닌 기관에 대하여 감정을 촉탁할 수 있도록 하고 이는 공무소나 학교 등 전문적 연구시설을 갖춘 권위 있는 기관에 대한 촉탁인 까닭에 감정인 선서에 관한 규정을 적용하지 않는다고 규정하고 있는 것이므로, 동조에 의한 감정이라면 위와 같은 권위 있는 기관에 의하여 그 공정성과 진실성 및 그 전문성이 담보되어야 할 것인데, 원심의 신체감정촉탁에 의하여 감정서를 제출한 갑의 이름으로 된 감정결과가 이 요건을 갖추지 아니하였음은 그 기재 자체에 의하여서도 명백하고, 한편 고도로 전문지식을 가진 사람의 감정이라고 하더라도 위와 같은 요건을 갖추지 아니한 자연인의 감정이라면 민사소송법이 정하는 절차에 따라 선서를 하여야 할 것임에도 불구하고 갑이 감정인으로서 선서를 한 흔적을 기록상 찾아 볼 수 없는 이 사건에서 원심 인용의 신체감정결과는 그 신빙성은 물론 적법한 증거능력조차 없다고 할 것이다.(대판 1982.8.24, 82다카317)

3. 대학부속병원장이 그 소속의사를 감정인으로 지정하여 작성 송부해 온 감정서의 증거능력 법원이 대학의 부속병원장에게 신체감정을 촉탁하고 이에 따라 병원장이 그 소속 의사를 감정인으로 지정하여 그 의사가 자기 명의로 작성 송부하여 온 감정서나, 법원이 위 감정촉탁병원장에게 사실조회를 하여 동 병원장 명의로 송부되어 온 위 감정의사가 작성한 병원장의 회보서는 자연인에 대한 감정촉탁결과로 볼 것이 아니라 구 민소 314조 소정의 기관에 대한 감정촉탁결과로 볼 것이므로, 위 감정서나 회보서는 증거능력이 있는 증거로서 사실인정의 자료로 할 수 있다.(대판 1986.9.23, 85다카1923)

4. 법원이 신체감정촉탁결과를 배척하고 독자적으로 노동상실율을 인정할 수 있는지 여부(적극) 우상박부절단상을 입은 피해자의 제조공 및 도시일반근로자로서의 노동능력상실율을 정함에 있어 92퍼센트의 노동능력감퇴가 있다는 내용의 서울대학교병원장의 신체감정촉탁결과를 배척하고 피해자의 연령, 교육정도, 직업의 성질과 직업경력 및 기능숙련 정도, 신체기능장애정도 및 유사직종이나 타 직종에의 전업가능성과 그 확률, 기타 사회적, 경제적 조건을 참작하여 70퍼센트의 노동능력을 상실한 것으로 인정한 원심판결은 정당하다.(대판 1987.10.13, 87다카1613)

5. 분실된 진료기록을 바탕으로 한 신체재감정촉탁결과의 증명력을 인정한 조치의 적부 병원에서 분실된 진료기록의 일부를 사본하거나 증거로 제출하는 것이 형 317조 1항 소정의 업무상비밀누설죄에 해당한다고 볼 수 없으므로, 이 진료기록의 내용을 참작하여 실시된 신체재감정촉탁결과를 소송의 기초자료로 삼고 그 증명력을 인정한 조치에 대하여 이를 민소 1조의 신의성실의 원칙 등에 관한 법리오해의 위법을 저지른 것이라고 할 수 없다.(대판 1992.5.22, 91다39320)

6. 신체감정촉탁에 의한 여명감정결과의 증명력 상해의 후

유증이 평균여명에 어떠한 영향을 미쳐 여명이 얼마나 단축될 것인가는 후유증의 구체적 내용에 따라 의학적 견지에서 개별적으로 판단할 것인바, 신체감정촉탁에 의한 여명감정결과는 의학적 판단에 속하는 것으로서 특별한 사정이 없는 한 그에 관한 감정인의 판단은 존중되어야 한다.(대판 1992.11.27, 92다26673)

7. 감정인이 제출한 항공기소음에 관한 감정결과의 증명력 항공기소음의 측정은 전문적인 학식이나 경험이 있는 자의 감정에 의할 수밖에 없고, 또한 항공기소음은 그 영향 범위가 넓고 지속적이기 때문에 실측만으로 이를 평가하는 것은 사실상 어려우므로, 감정 대상 지역 중 대표적인 지점을 선정하여 일정 기간 항공기소음을 실측한 값과 공인된 프로그램에 의하여 예측한 소음 값을 비교하여 그 예측 값이 일정한 오차의 허용 범위 내에 들면 그 지역의 신빙성 있는 항공기소음도로 인정하는 것이 일반적이다. 따라서 법정의 절차에 따라 선서하였거나 법원의 촉탁에 의한 감정인이 전문적인 학식과 경험을 바탕으로 위와 같은 과정을 거쳐 제출한 감정결과는 그 소음 실측이나 예측 과정에서 상당히 중한 오류가 있었다거나 상대방이 그 신빙성을 탄핵할 만한 객관적인 자료를 제출하지 않는다면 실측 과정 등에서 있을 수 있는 사소한 오류의 가능성을 지적하는 것만으로 이를 쉽게 배척할 수는 없다.(대판 2010.11.25, 2007다74560)

제342조 【감정에 필요한 처분】 ① 감정인은 감정을 위하여 필요한 경우에는 법원의 허가를 받아 남의 토지, 주거, 관리중인 가옥, 건조물, 항공기, 선박, 차량, 그 밖의 시설물안에 들어갈 수 있다.
② 제1항의 경우 저항을 받을 때에는 감정인은 국가경찰공무원에게 원조를 요청할 수 있다.
(2006.2.21 본항개정)

■ 감정인(민집97 · 167 · 200)

제4절 서 증

제343조 【서증신청의 방식】 당사자가 서증(書證)을 신청하고자 하는 때에는 문서를 제출하는 방식 또는 문서를 가진 사람에게 그것을 제출하도록 명할 것을 신청하는 방식으로 한다.

■ 문서가 있는 장소에서의 서증신청(민소규112), 신청(161), 증거신청방식(289), 문서제출의무(344), 문서제출신청(345~348), 문서의 제출방법(355), 본조준용(366)

1. 처분문서인 판결서가 보고문서의 성질 겸유 여부 판결서는 처분문서이기는 하지만 그것이 그 판결이 있었던가 또는 어떠한 내용의 판결이 있었던가의 사실을 증명하기 위한 처분문서라는 의미일 뿐 판결서 중에서 한 사실판단을 그 사실을 증명하기 위하여 이용을 불허하는 것이 아니어서 이를 이용하는 경우에는 판결서도 그 한도 내에서는 보고문서이다.(대판(全) 1980.9.9, 79다1281)

2. 소송 중에 작성된 문서의 증거능력 원고 주장에 부합하는 각 증거들이 단지 소송에 유리한 자료로 제출하기 위하여 소송 중 원고의 요청에 의하여 작성되었다든가, 각 서증에 기재된 목적물이 서로 상이하다든가 하는 이유를 들거나, 또는 그 밖에 합리적인 근거가 되지 않는 서증을 반대증거로 하여 이들을 배척한 것은 경험칙과 논리칙에 반하는 증거의 취사라는 비난을 면치 못한다.(대판 1989.11.10, 89다카1596)

3. 처분문서의 의미 처분문서는 그에 의하여 증명하려고 하는 법률상의 행위가 그 문서에 의하여 이루어진 것을 의미하므로, 부동산 교환계약의 처분문서는 그 부동산교환계약서일 뿐이고 교환계약상의 등록의무를 이행하기 위하여 사후에 형

식적으로 작성된 임차권 양도계약서(ASSIGNMENT OF LEASE)는 교환계약에 대한 처분문서가 아니므로 이와 저촉되는 사실을 인정하였다 하여 처분문서의 증명력에 관한 법리를 오해한 위법을 저질렀다고 할 수 없다.(대판 1997.5.30, 97다2986)

4. 서증에서 형식적 증거력과 실질적 증명력의 판단 순서 서증은 문서에 표현된 작성자의 의사를 증거자료로 하여 요증사실을 증명하려는 증거방법이므로, 우선 그 문서가 거증자에 의하여 작성자로 주장되는 자의 의사에 의하여 작성된 것임이 밝혀져야 하고, 이러한 형식적 증거력이 인정된 다음 비로소 작성자의 의사가 요증사실의 증거로서 얼마나 유용하는냐에 관한 실질적 증명력을 판단하여야 한다.(대판 1997.4.11, 96다50520)

5. 본인 작성의 문서에 대한 부지의 답변 사문서에 본인 또는 그 대리인의 서명이나 날인이 있는 때에는 피고가 부지라고 다투는 것만으로는 그 증거력을 배척할 것이 아니고 사문서 중의 피고 명의의 기재가 피고 자신의 서명인지 아닌지 또는 그 이름 밑의 인영이 진정한 것인지의 여부를 석명하여 이에 관한 심리를 하여야 한다.(대판 1972.6.27, 72다857)

6. 문서제출명령신청에 대한 판단 없이 판결을 선고한 경우의 적부 법원이 문서제출명령신청에 대하여 별다른 판단을 하지 아니한 채 변론을 종결하고 판결을 선고한 경우 이는 법원이 문서제출명령신청을 묵시적으로 기각한 취지라고 할 것이니 이를 가리켜 판단유탈에 해당한다고 볼 수 없다.(대판 1992.4.24, 91다25444)

제344조 【문서의 제출의무】 ① 다음 각호의 경우에 문서를 가지고 있는 사람은 그 제출을 거부하지 못한다.
1. 당사자가 소송에서 인용한 문서를 가지고 있는 때
2. 신청자가 문서를 가지고 있는 사람에게 그것을 넘겨 달라고 하거나 보겠다고 요구할 수 있는 사법상의 권리를 가지고 있는 때
3. 문서가 신청자의 이익을 위하여 작성되었거나, 신청자와 문서를 가지고 있는 사람 사이의 법률관계에 관하여 작성된 것인 때. 다만, 다음 각목의 사유 가운데 어느 하나에 해당하는 경우에는 그러하지 아니하다.
   가. 제304조 내지 제306조에 규정된 사항이 적혀있는 문서로서 같은 조문들에 규정된 동의를 받지 아니한 문서
   나. 문서를 가진 사람 또는 그와 제314조 각호 가운데 어느 하나의 관계에 있는 사람에 관하여 같은 조에서 규정된 사항이 적혀 있는 문서
   다. 제315조제1항 각호에 규정된 사항중 어느 하나에 규정된 사항이 적혀 있고 비밀을 지킬 의무가 면제되지 아니한 문서
② 제1항의 경우 외에도 문서(공무원 또는 공무원이었던 사람이 그 직무와 관련하여 보관하거나 가지고 있는 문서를 제외한다)가 다음 각호의 어느 하나에도 해당하지 아니하는 경우에는 문서를 가지고 있는 사람은 그 제출을 거부하지 못한다.
1. 제1항제3호나목 및 다목에 규정된 문서

2. 오로지 문서를 가진 사람이 이용하기 위한 문서

■ 대통령 등의 신문(304), 공무원의 신문(306), 증언거부권(314), 증언거부권(315①), 부제출·사용방해효과(349·350), 제3자의 부제출제재(351), 상업장부의 제출의무(상32), 열람을 구할 수 있는 경우(상277·396②)

1. 문서제출명령신청이 부당한 경우 문서제출명령신청의 대상이 된 문서가 일방 당사자의 이익을 위하여 작성된 문서라거나 당사자들 사이의 법률관계에 관하여 작성된 문서가 아니므로 상대방에게 그 제출의무가 있다고 할 수도 없을 뿐만 아니라, 위 문서에 의하여 증명하고자 하는 사항이 상대방과 제3자 사이의 실질관계에 관한 것이 아니어서 당해 청구와 직접 관련이 없는 것이라면 원심이 위 문서제출명령신청을 받아들이지 아니한 데 잘못이 없다.(대판 1992.4.24, 91다25444)

2. 문서제출명령을 할 때 문서의 존재와 소지에 관한 증명책임 문서의 제출의무는 그 문서를 소지하고 있는 자에게 있는 것이므로 법원이 문서제출명령을 발할 때는 먼저 그 문서의 존재와 소지가 증명되어야 하고 그 증명책임은 원칙적으로 신청인에게 있다.(대결 2005.7.11, 2005마259)

3. "신청자가 문서소지자에 대하여 그 인도나 열람을 구할 수 있는 때"의 의미 구 민소 316조 2호에서 문서제출의무의 원인의 하나로서 규정하고 있는 "신청자가 문서소지자에 대하여 그 인도 열람을 구할 수 있는 때"는 신청자가 문서의 인도 열람을 청구할 수 있는 실체법상의 권리를 가지는 모든 경우를 가리키며, 그것이 물권적이든 채권적이든 또는 계약에 근거하는 것이든 법률규정에 근거하는 것이든 이를 묻지 않는다.(대결 1993.6.18, 93마434)

4. 본조 2항에서 말하는 '공무원 또는 공무원이었던 사람이 그 직무와 관련하여 보관하거나 가지고 있는 문서'의 의미 민소 344조 2항은 같은 조 1항에서 정한 문서에 해당하지 아니한 문서라도 문서의 소지자는 원칙적으로 그 제출을 거부하지 못하나, 다만 '공무원 또는 공무원이었던 사람이 그 직무와 관련하여 보관하거나 가지고 있는 문서'는 예외적으로 제출을 거부할 수 있다고 규정하고 있는바, 여기서 말하는 '공무원 또는 공무원이었던 사람이 그 직무와 관련하여 보관하거나 가지고 있는 문서'는 국가기관이 보유·관리하는 공문서를 의미한다고 할 것이고, 이러한 공문서의 공개는 공공기관의 정보공개에 관한 법률에서 정한 절차와 방법에 의하여야 할 것이다.(대결 2010.1.19. 2008마546)

5. 문서 소지자가 문서의 제출을 거부할 수 있으려면 직업의 비밀에 해당하는 정보가 보호가치 있는 비밀이어야 하는지 여부(적극) 및 보호가치 있는 비밀인지 판단하는 방법 여기에서 '직업의 비밀'은 그 사항이 공개되면 직업에 심각한 영향을 미치고 이후 직업의 수행이 어려운 경우를 가리키는데, 어느 정보가 직업의 비밀에 해당하는 경우에도 문서 소지자는 비밀이 보호가치 있는 비밀일 경우에만 문서의 제출을 거부할 수 있다. 나아가 어느 정보가 보호가치 있는 비밀인지를 판단할 때에는 정보의 내용과 성격, 정보가 공개됨으로써 문서 소지자에게 미치는 불이익의 내용과 정도, 민사사건의 내용과 성격, 민사사건의 증거로 문서를 필요로 하는 정도 또는 대체할 수 있는 증거의 존부 등 제반 사정을 종합하여 비밀의 공개로 발생하는 불이익과 달성되는 실체적 진실 발견 및 재판의 공정을 비교형량하여야 한다.(대결 2015.12.21, 2015마4174)

6. 문서의 제출을 거부할 수 있는 예외사유로서 민소 344조 2항 2호에서 정한 '오로지 문서를 가진 사람이 이용하기 위한 문서'에 해당하는지 판단하는 기준 및 주관적으로 내부 이용을 주된 목적으로 회사 내부에서 결재를 거쳐 작성된 문서를 자기이용문서라고 단정할 수 없는 경우 어느 문서가 오로지 문서를 가진 사람이 이용할 목적으로 작성되고 외부자에게 개시하는 것이 예정되어 있지 않으며 개시할 경우 문서를 가진 사람에게 심각한 불이익이 생길 염려가 있다면, 문서는 특별한 사정이 없는 한 위 규정의 자기이용문서에 해당한다. 여기서 어느 문서가 자기이용문서에 해당하는지는 문서의 표제나 명칭만으로 판단하여서는 아니 되고, 문서의 작성 목적, 기재 내용에 해당하는 정보, 당해 유형·종류의 문서가 일반적으로 갖는 성향, 문서의 소지 경위나 그 밖의 사정 등을 종합적으로 고려하여 객관적으로 판단하여야 하는데, 설령 주관적으로 내부 이용을 주된 목적으로 회사 내부에서 결재를 거쳐 작성된 문서일지라도, 신청자가 열람 등을 요구할 수 있는 사법상 권리를 가지는 문서와 동일한 정보 또는 직접적 기초·근거가 되는 정보가 문서의 기재 내용에 포함되어 있는 경우, 객관적으로 외부에서의 이용이 작성 목적에 전혀 포함되어 있지 않다고는 볼 수 없는 경우, 문서 자체를 외부에 개시하는 것은 예정되어 있지 않더라도 문서에 기재된 '정보'의 외부 개시가 예정되어 있거나 정보가 공익성을 가지는 경우 등에는 내부문서라는 이유로 자기이용문서라고 쉽게 단정할 것은 아니다.(대결 2016.7.1, 2014마2239)

7. 개인정보 보호법상 개인정보에 해당한다는 이유로 문서 소지인이 문서의 제출을 거부할 수 있는지 여부(소극) 개인정보 보호법 18조 2항 2호에 따르면 개인정보처리자는 '다른 법률에 특별한 규정이 있는 경우'에는 개인정보를 목적 외의 용도로 이용하거나 이를 제3자에게 제공할 수 있고, 민소 344조 2항은 각 호에서 규정하고 있는 문서제출거부사유에 해당하지 아니하는 경우 문서소지인에게 문서제출의무를 부과하고 있으므로, 임직원의 급여 및 상여금 내역 등이 개인정보 보호법상 개인정보에 해당하더라도 이를 이유로 문서소지인이 문서의 제출을 거부할 수 있는 것은 아니다.(대결 2016.7.1, 2014마2239)

제345조【문서제출신청의 방식】 문서제출신청에는 다음 각호의 사항을 밝혀야 한다.

1. 문서의 표시
2. 문서의 취지
3. 문서를 가진 사람
4. 증명할 사실
5. 문서를 제출하여야 하는 의무의 원인

■ 문서제출신청의 방식(민소규110), 문서제출신청(161·343), 문서제출의무(344)

1. 문서제출명령신청서에 기재된 문서의 특정 여부(적극) 문서제출명령신청서에 기재된 문서의 표시와 문서의 취지에 관한 내용에 의하면 그 문서가 신청인들만의 명의로 작성된 각서 형식의 문서인지, 아니면 재항고인과 함께 작성한 일종의 약정서인지는 명백하지 아니하나, 그 문서는 적어도 신청인들이 그 일시에 계쟁 토지에 대한 권리관계에 관하여 재항고인에게 작성, 교부한 서면을 의미하는 것임이 신청서의 기재 자체에 의하여 명백하므로 그 문서는 특정되어 있다.(대결 1995.5.3, 95마415)

2. 기재내용을 알 수 없는 문서제출명령에 불응한 때의 법원의 조치 문서의 기재내용을 알 수 없는 문서제출명령이었다면 설사 불응하였더라도 그 문서를 소지한 사실 외에 그 내용을 진실한 것으로 인정할 수는 없다.(대판 1967.3.21, 65다828)

제346조【문서목록의 제출】 제345조의 신청을 위하여 필요하다고 인정하는 경우에는, 법원은 신청대상이 되는 문서의 취지나 그 문서로 증명할 사실을 개괄적으로 표시한 당사자의 신청에 따라, 상대방 당사자에게 신청내용과 관련하여 가지고 있는 문서 또는 신청내용과 관련하여 서증으로 제출할 문서에 관하여 그 표시와 취지 등을 적어 내도록 명할 수 있다.

■ 문서제출신청의 방식(345, 민소규110)

제347조 【제출신청의 허가여부에 대한 재판】 ①
법원은 문서제출신청에 정당한 이유가 있다고 인정
한 때에는 결정으로 문서를 가진 사람에게 그 제출
을 명할 수 있다.
② 문서제출의 신청이 문서의 일부에 대하여만 이
유 있다고 인정한 때에는 그 부분만의 제출을 명하
여야 한다.
③ 제3자에 대하여 문서의 제출을 명하는 경우에는
제3자 또는 그가 지정하는 자를 심문하여야 한다.
④ 법원은 문서가 제344조에 해당하는지를 판단하
기 위하여 필요하다고 인정하는 때에는 문서를 가
지고 있는 사람에게 그 문서를 제시하도록 명할 수
있다. 이 경우 법원은 그 문서를 다른 사람이 보도
록 하여서는 안된다.
■ 문서제출신청(343~345, 민소규110), 제출된 문서의 보관(민소규111),
송부촉탁신청인의 사본제출의무(민소규115), 결정(134·221), 불복신청
(348), 본조준용(366)

제348조 【불복신청】 문서제출의 신청에 관한 결
정에 대하여는 즉시항고를 할 수 있다.
■ 즉시항고(444), 본조준용(366)

제349조 【당사자가 문서를 제출하지 아니한 때의
효과】 당사자가 제347조제1항·제2항 및 제4항의
규정에 의한 명령에 따르지 아니한 때에는 법원은
문서의 기재에 대한 상대방의 주장을 진실한 것으
로 인정할 수 있다.
■ 문서제출명령(347), 예외(가소12), 본조준용(366)
**1. 증거자료에의 접근이 훨씬 용이한 일방이 상대방의 증명
활동에 협조할 의무가 있는지 여부**(소극) 증거자료에의 접
근이 훨씬 용이한 일방 당사자가 상대방의 증명활동에 협력
하지 않는다고 하여 상대방의 증명을 방해하는 것이라고 단
정할 수 없으며, 민소 1조에서 규정한 신의성실의 원칙을 근
거로 하여 대등한 사인 간의 법률적 쟁송인 민사소송절차에
서 일방 당사자에게 소송의 승패와 직결되는 상대방의 증명
활동에 협력하여야 할 의무가 부여되어 있다고 할 수 없으
므로, 일방 당사자가 요증사실의 증거자료에 훨씬 용이하게
접근할 수 있다고 하는 사정만으로는 상대방의 증명활동에
협력하지 않는다고 하여 이를 민사소송법상의 신의성실의
원칙에 위배되는 것이라고 할 수 없다.(대판 1996.4.23, 95다
23835)
2. 민소 320조의 규정취지 구 민소 320조의 취지는 당사자
가 문서제출명령에 따르지 아니한 경우에는 법원은 상대방
의 그 문서에 관한 주장 즉, 문서의 성질, 내용, 성립의 진정
등에 관한 주장을 진실한 것으로 인정하여야 한다는 것이지
그 문서에 의하여 증명하고자 하는 상대방의 주장사실까지
반드시 증명되었다고 인정하여야 한다는 취지가 아니다.(대
판 1988.2.23, 87다카2490)

제350조 【당사자가 사용을 방해한 때의 효과】
당사자가 상대방의 사용을 방해할 목적으로 제출할
무가 있는 문서를 훼손하여 버리거나 이를 사용할
수 없게 한 때에는, 법원은 그 문서의 기재에 대한
상대방의 주장을 진실한 것으로 인정할 수 있다.
■ 문서제출의무(344), 예외(가소12), 본조준용(366)
1. 당사자의 사용방해의 효과 구 민소 321조에 의하여 상대
방의 주장을 진실한 것으로 인정할 수 있는 것은 그 문서에
의하여 증명될 사실관계에 관한 주장이 아니라 그 문서의
성질, 내용의 주장에 관한 것으로서 그 진실 여부는 법원의
재량에 의하여 판단되는 것이다.(대판 1979.11.13, 79다1577)

제351조 【제3자가 문서를 제출하지 아니한 때의
제재】 제3자가 제347조제1항·제2항 및 제4항의
규정에 의한 명령에 따르지 아니한 때에는 제318조
의 규정을 준용한다.
■ 문서제출의무(344), 문서제출신청의 허가여부에 대한 재판(347), 증언
거부에 대한 제재(318), 결정(134·221), 과태료(311, 민집60), 즉시항고
(444)

제352조 【문서송부의 촉탁】 서증의 신청은 제
343조의 규정에 불구하고 문서를 가지고 있는 사람
에게 그 문서를 보내도록 촉탁할 것을 신청함으로
써도 할 수 있다. 다만, 당사자가 법령에 의하여 문
서의 정본 또는 등본을 청구할 수 있는 경우에는
그러하지 아니하다.
■ 신청(161, 민소규110), 문서가 있는 장소에서의 서증신청(민소규112),
일부문서에 대한 송부촉탁(민소규113), 협력의무(민소규114), 송부촉탁
신청인의 사본제출의무(민소규115), 법령에 의한 등본청구(162①), 등기
19), 본조준용(366)

제352조의2 【협력의무】 ① 제352조에 따라 법
원으로부터 문서의 송부를 촉탁받은 사람 또는 제
297조에 따른 증거조사의 대상인 문서를 가지고 있
는 사람은 정당한 사유가 없는 한 이에 협력하여야
한다.
② 문서의 송부를 촉탁받은 사람이 그 문서를 보관
하고 있지 아니하거나 그 밖에 송부촉탁에 따를 수
없는 사정이 있는 때에는 법원에 그 사유를 통지하
여야 한다.
(2007.5.17 본조신설)
■ 문서송부의 촉탁(352), 법원밖에서의 증거조사(297)

제353조 【제출문서의 보관】 법원은 필요하다고
인정하는 때에는 제출되거나 보내 온 문서를 맡아
둘 수 있다.
■ 제출(343), 보관증(민소규111), 송부(352), 석명처분으로서의 유치(140
①iii), 본조준용(366).

제354조 【수명법관·수탁판사에 의한 조사】 ①
법원은 제297조의 규정에 따라 수명법관 또는 수탁
판사에게 문서에 대한 증거조사를 하게 하는 경우
에 그 조서에 적을 사항을 정할 수 있다.
② 제1항의 조서에는 문서의 등본 또는 초본을 붙
여야 한다.
■ 수명법관(139), 수탁판사(160), 본조준용(366)

제355조 【문서제출의 방법 등】 ① 법원에 문서
를 제출하거나 보낼 때에는 원본, 정본 또는 인증이
있는 등본으로 하여야 한다.
② 법원은 필요하다고 인정하는 때에는 원본을 제
출하도록 명하거나 이를 보내도록 촉탁할 수 있다.
③ 법원은 당사자로 하여금 그 인용한 문서의 등본
또는 초본을 제출하게 할 수 있다.
④ 문서가 증거로 채택되지 아니한 때에는 법원은
당사자의 의견을 들어 제출된 문서의 원본·정본·
등본·초본 등을 돌려주거나 폐기할 수 있다.
■ 제출(343), 송부(352), 증명서의 교부청구(162, 공증46~55), 인증(호12,
공증57~63), 협력의무(민소규114)
**1. 원본의 존재 및 원본의 성립의 진정에 관하여 다툼이 있
는 경우 서증 사본 제출의 효과** 문서의 제출 또는 송부는

원본, 정본 또는 인증등본으로 하여야 하는 것이므로, 원본, 정본 또는 인증등본이 아니고 단순한 사본만에 의한 증거의 제출은 정확성의 보증이 없어 원칙적으로 부적법하며, 다만 이러한 사본의 경우에도 동일한 내용인 원본의 존재와 원본의 성립의 진정에 관하여 다툼이 없고 그 정확성에 문제가 없기 때문에 사본을 원본의 대용으로 하는 데 대하여 상대방으로부터 이의가 없는 경우에는, 구 민소 326조 1항 위반 사유에 관한 책문권이 포기 혹은 상실되어 사본만의 제출에 의한 증거의 신청도 허용된다고 할 것이나, 원본의 존재 및 원본의 성립의 진정에 관하여 다툼이 있고 사본을 원본의 대용으로 하는 데 대하여 상대방으로부터 이의가 있는 경우에는 사본으로써 원본을 대신할 수 없으며, 반면에 사본을 원본으로서 제출하는 경우에는 그 사본이 독립한 서증이 되는 것이나 그 대신 이에 의하여 원본이 제출된 것으로 되지는 아니하고, 이 때에는 증거에 의하여 사본과 같은 원본이 존재하고 또 그 원본이 진정하게 성립하였음이 인정되지 않는 한 그와 같은 내용의 사본이 존재한다는 것 이상의 증거가치는 없다. 다만 서증사본의 신청당사자가 문서 원본을 분실하였다든가, 선의로 이를 훼손한 경우, 또는 문서제출명령에 응할 의무가 없는 제3자가 해당 문서의 원본을 소지하고 있는 경우, 원본이 방대한 양의 문서인 경우 등 원본 문서의 제출이 불가능하거나 비실제적인 상황에서는 원본의 제출이 요구되지 아니한다고 할 것이지만, 그와 같은 경우라면 해당 서증의 신청당사자가 원본 부제출에 대한 정당성이 되는 구체적 사유를 주장·증명하여야 할 것이다.(대판 2002.8.23, 2000다66133)

2. 부인의 인부진술 뒤 원본이 제출되지 아니한 사본의 증거능력 수사기록상의 진술조서 사본은, 상대방이 변론기일에서 이에 관하여 부지 및 원본 존재 부인으로 인부를 하였고 그 후 원본이 제출된 흔적이 없다면 증거능력이 없다.(대판 1995.5.26, 95다12125)

3. 원본의 존부 및 사본 작성자가 불명인 필사본이 증거로 제출된 경우의 법원의 조치 문서의 진정성립이 증인의 증언에 의하여 일단 인정된다 하더라도 그 원본의 존부가 명백하지 않고 또 그 문서형식이 필사본이고 초본이며 사본작성자도 밝혀져 있지 않기 때문에 그 내용이 원본의 그것과 일치하는지를 알 수 없다면 법원으로서는 석명권을 행사하여 그 문서의 작성자, 작성경위 및 내용 등을 밝혀 보아야 할 것이다.(대판 1989.11.28, 89다카13285)

제356조 【공문서의 진정의 추정】 ① 문서의 작성방식과 취지에 의하여 공무원이 직무상 작성한 것으로 인정한 때에는 이를 진정한 공문서로 추정한다.
② 공문서가 진정한지 의심스러운 때에는 법원은 직권으로 해당 공공기관에 조회할 수 있다.
③ 외국의 공공기관이 작성한 것으로 인정한 문서에는 제1항 및 제2항의 규정을 준용한다.

■ 증서진부확인의 소(250), 사문서(357·358)

1. 공문서의 진정성립 추정 및 그 증명력 공문서는 그 진정성립이 추정됨과 아울러 그 기재 내용의 증명력 역시 진실에 반한다는 등의 특별한 사정이 없는 한 함부로 배척할 수 없다.(대판 2006.6.15, 2006다16055)

2. 공문서의 진정성립 추정과 주말된 부분의 증명력 진정성립이 추정되는 공문서는 진실에 반한다는 등의 특별한 사정이 없는 한 그 내용의 증명력을 쉽게 배척할 수는 없다고 할 것이고, 그 공문서의 기재 중 붉은 선으로 그어 말소된 부분이 있는 경우에도 그 말소의 경위나 태양 등에 있어 비정상으로 이루어졌다는 등의 특별한 사정이 없는 한 그 말소된 기재 내용대로의 증명력을 가진다.(대판 2002.2.22, 2001다78768)

3. 관련사건에 대한 확정판결의 증명력 민사재판에서 이와 관련된 다른 민·형사사건 등의 확정판결에서 인정된 사실은 특별한 사정이 없는 한 유력한 증거자료가 되지만, 당해 민사재판에서 제출된 다른 증거내용에 비추어 관련 민·형사사건의 확정판결에서의 사실판단을 그대로 채용하기 어렵다고 인정될 경우에는 이를 배척할 수 있고, 이 경우에 배척하는 구체적인 이유를 일일이 설시할 필요는 없다.(대판 1997.3.14, 95다49370)

4. 공문서인 국립과학수사연구소의 감정의뢰 회보의 증명력 국립과학수사연구소가 혈중 알코올농도의 감정을 의뢰받아 가스크로마토그래피 법에 의하여 혈중 알코올농도를 시험한 결과 0.06%로 밝혀져 이를 회보하는 내용의 감정의뢰 회보는 공문서로서, 별도의 신빙성 있는 반대 자료가 없는 한 이를 배척하고 그 기재와 어긋나는 사실 인정을 할 수 없다.(대판 1995.7.14, 95다21440)

5. 호적부 사망기재의 추정력 호적부의 기재사항은 이를 번복할 만한 명백한 반증이 없는 한 진실에 부합하는 것으로 추정되며, 특히 호적부의 사망기재는 쉽게 번복할 수는 해서는 안 되고, 그 기재내용을 뒤집기 위해서는 사망신고 당시에 첨부된 서류들이 위조 또는 허위조작된 문서임이 증명되거나 신고인이 공정증서원본불실기재죄로 처단되었거나 또는 사망으로 기재된 본인이 현재 생존해 있다는 사실이 증명되고 있을 때 또는 이에 준하는 사유가 있을 때 등에 한해서 호적상의 사망기재의 추정력을 뒤집을 수 있을 뿐이고, 그러한 정도에 미치지 못한 경우에는 그 추정력을 깰 수 없다.(대결 1995.7.5, 94스26)

6. 우체국 소인이 찍혀 있는 봉합엽서의 내용부분에 관한 진정성립의 추정 여부(소극) 겉 부분에는 우체국의 소인이 찍혀 있고 내용 부분은 사인이 작성한 회답서인 봉합엽서의 경우, 이는 공증에 관한 문서와는 달라 공문서인 소인 부분에 관하여 성립에 다툼이 없더라도 사문서인 회답서 내용부분까지 그 진정성립이 추정되는 것은 아니다.(대판 1995.6.16, 95다2654)

7. 공증문서의 진정성립 추정과 증명력 공증인이나 공증사무취급이 인가된 합동법률사무소의 구성원인 변호사가 촉탁인 또는 대리촉탁인의 신청에 의하여 자신이 직접 청취한 진술, 그 목도한 사실, 기타 실험한 사실을 기재한 공증에 관한 문서는 보고문서로서 공문서이므로, 구 민소 327조 1항에 의하여 그 진정성립이 추정될 것이나, 또한 그 보고 내용의 진실성을 담보하기 위하여 증서의 작성 이전에 반드시 촉탁인이나 대리촉탁인의 확인 및 그 대리권의 증명 등의 절차를 미리 거치도록 하고 작성 후에는 열석자의 서명날인을 받도록 규정하고 있는 공증 27조, 30조, 31조, 38조에 비추어 볼 때 신빙성 있는 반대 자료가 없는 한 함부로 그 증명력을 부정하고 그 기재와 어긋나는 사실인정을 할 수 없다고 보아야 한다.(대판 1994.6.28, 94누2046)

8. 미확정 판결서를 사실인정의 자료로 할 수 있는지 여부 (적극) 서증으로 제출된 판결서가 확정된 판결에 관한 것이 아니더라도 그 진정한 것임이 증명된 이상 사실인정의 자료로 할 수 있다.(대판 1990.9.28, 89누7306)

9. 등기필의 기재가 있는 문서의 사문서부분에 관한 진정성립의 추정 여부 매도증서, 차용금증서 및 저당권말소등기신청서에 등기소의 등기제의 기재가 첨부됨으로써 사문서와 공문서의 양자로 구성된 문서는 공증에 관한 문서와는 달라 그 공성부분의 성립에 다툼이 없다 하여 바로 사문서 부분인 매도증서, 차용금증서 및 저당권말소등기신청서 자체의 진정성립이 추정되거나 인정될 수는 없다.(대판 1989.9.12, 88다카5836)

10. 공무원이 직무상 작성한 문서의 진정성립을 부정하는 것의 당부 그 방식이나 취지로 보아 공무원이 직무상 작성한 것으로 보이는 문서는 특별한 사정이 없는 한 그 진정성립이 추정된다고 할 것이므로 다른 사정에 관한 설시 없이 그

문서의 진정성립을 부정할 수 없다.(대판 1986.6.10, 85다카 180)

제357조 【사문서의 진정의 증명】 사문서는 그것이 진정한 것임을 증명하여야 한다.

▣ 공문서(356), 진정성립을 부인하는 이유의 명시(민소규116)

1. 문서의 진정성립 인정 여부의 판단 방법 문서의 진정성립 인정 여부는 법원이 모든 증거자료와 변론 전체의 취지에 터 잡아 자유심증에 따라 판단하게 되는 것이고, 사문서의 진정성립에 관한 증명 방법에 관하여는 특별한 제한이 없으나 그 증명 방법은 신빙성이 있어야 하고, 증인의 증언에 의하여 그 진정성립을 인정하는 경우 그 신빙성 여부를 판단함에 있어서는 증거 내용의 합리성, 증인의 증언 태도, 다른 증거와의 합치 여부, 증인의 사건에 대한 이해관계, 당사자와의 관계 등을 종합적으로 검토하여야 한다.(대판 2005.12.9, 2004다40306)

2. 판결이유에서 문서의 진정성립의 근거를 설시해야 할 경우 상대방이 문서의 진정성립을 적극적으로 다투거나 서증의 진정성립 여부가 쟁점이 된 때, 또는 서증이 당해 사건의 쟁점이 되는 주요사실을 인정하는 자료로 쓰이는데 상대방이 그 증거능력을 다툴 때에는 문서가 어떠한 이유로 증거능력이 있는 것인지에 관하여 설시하는 것이 옳고, 사문서의 경우 그것이 어떠한 증거에 의하여 진정성립이 인정된 것인지 잘 알아보기 어려운 경우에도 그 근거를 분명히 밝혀서 설시하여야 할 것이다.(대판 2001.6.15, 99다72453)

3. 문서에 찍힌 인영의 진정성립에 관한 자백의 취소 문서의 성립에 관한 자백은 보조사실에 관한 자백이기는 하나 그 취소에 관하여는 다른 간접사실에 관한 자백취소와는 달리 주요사실의 자백취소와 동일하게 처리하여야 할 것이므로 문서의 진정성립을 인정한 당사자는 자유롭게 이를 철회할 수 없다고 할 것이고, 이는 문서에 찍힌 인영의 진정함을 인정하였다가 나중에 이를 철회하는 경우에도 마찬가지이다.(대판 2001.4.24, 2001다5654)

4. 망인 명의 문서의 진정성립 여부를 확인하는 방법 피고가 확인서에 대하여 인부하지 아니한 경우, 확인서의 작성명의인이 아닌 피고는 확인서의 성립을 다투고 있는 것이라 할 것이므로, 이러한 경우에는 확인서의 진정 여부를 증인의 증언 등에 의하여 판단할 수 있는 것이고, 피고가 확인서상의 작성명의인의 상속인일 뿐으로 작성명의인 본인의 지위에 있지도 아니하고 그 작성 과정도 알지 못하는 이상 피고에게 망인의 인영이 그의 인장에 의하여 현출된 것임에 관하여 분명히 하고 그에 따라 확인서의 진정성립 여부를 판단하여야 하는 것은 아니다.(대판 1997.9.26, 97다25262)

5. 특정 용도로 발급받은 인감증명서가 첨부된 처분문서의 증명력 특정된 용도로 본인이 직접 발급받은 인감증명서 및 그 특정된 용도에 맞게 같은 인감도장에 의하여 작성된 문서는 특별한 사정이 없는 한 본인이나 그로부터 정당한 권한을 위임받은 자에 의하여 그 권한의 범위 안에서 적법하게 작성된 것으로 보아야 하고, 매도증서와 같은 처분문서는 진정성립이 인정되는 이상 그 기재 내용을 부정할 만한 분명하고도 수긍할 수 있는 반증이 없는 한 그 문서에 표시된 의사표시의 존재 및 내용을 인정하여야 한다.(대판 1997.6.24, 97다2993)

6. 적당한 반증이 있는 경우의 처분문서의 증명력 법원은 처분문서의 성립이 인정되면 반증이 없는 한 그 기재 내용에 의하여 그 의사표시의 존재 및 내용을 인정하여야 하나, 적당한 반증이 있으면 그 기재 내용과 다른 사실을 인정할 수도 있다.(대판 1996.4.12, 95다54167)

7. 처분문서 중 일부의 변조 여부가 다투어질 경우 그 증명책임의 소재 매매계약서 중 일부 내용의 변조 여부가 다투어지는 경우 매도인이 그 성립을 부인한다고 하더라도, 법원으로서는 의당 그 서증의 인부를 함에 있어 매도인의 인영

날인 사실까지 부인하는지 여부를 석명하여 매도인이 그 인영의 진정을 인정한다면 그 진정성립이 추정되는 것이므로, 그 이후에 그 문서의 변조가 있었는지 여부에 관하여는 매도인이 증명을 하여 밝혀야 한다.(대판 1995.11.10, 95다4674)

8. 변론 전체의 취지만에 의하여 사문서의 진정성립을 인정할 수 있는지 여부(적극) 상대방이 부지로 답변하여 사문서의 형식적 증거력을 다툰 경우 법원은 다른 증거에 의하지 아니하고 변론 전체의 취지를 참작하여 자유심증으로 문서가 진정한 것임을 인정할 수 있다.(대판 1993.4.27, 92누16560)

9. 사문서의 진정성립을 제3자의 증언으로 증명할 수 있는지 여부(적극) 사문서는 진정성립이 증명되어야만 증거로 할 수 있는 것이지만 증명의 방법에 관하여 특별한 제한이 없으므로 그 진정함을 사람의 증언으로 증명할 경우 반드시 작성자의 증언만에 의하여야 하는 것은 아니며 작성자 아닌 제3자의 증언으로도 증명할 수 있다.(대판 1992.11.24, 92다21135)

10. 위조 증명을 위해 제출된 증거를 서증으로 판단하여 진정성립을 인정한 판결의 위법 여부 일방 당사자가 증거서류를 제출한 취지가 그 서류가 위조되었다는 사실을 증명하기 위한 것일 뿐, 거기에 기재된 사상이나 내용을 증거로 하려는 것이 아니어서 서증으로 제출한 것이 아님을 알 수 있는데도 상대방이 그 서류의 진정성립을 인정하였다는 이유로 그 진정성립에 다툼이 없다고 판단하고 그 기재에 의하여 상대방 당사자의 주장사실을 인정한 것은 위법이다.(대판 1992.7.10, 92다12919)

11. 소제기 이후 작성된 사문서의 증거능력 소제기 이후에 작성된 사문서라는 점만으로 당연히 증거능력이 부정되는 것은 아니다.(대판 1992.4.14, 91다24755)

12. 처분문서의 기재내용과 다른 약정이 인정될 경우의 그 처분문서의 증명력 처분문서라 하더라도 그 기재내용과 다른 특별한 명시적, 묵시적 약정이 있는 사실이 인정될 경우에는 그 기재내용의 일부를 달리 인정할 수 있고 또 작성자의 법률행위를 해석함에 있어서도 경험법칙과 논리법칙에 어긋나지 않는 범위 내에서 자유로운 심증으로 판단할 수 있다.(대판 1989.9.12, 88다카12506)

제358조 【사문서의 진정의 추정】 사문서는 본인 또는 대리인의 서명이나 날인 또는 무인(拇印)이 있는 때에는 진정한 것으로 추정한다.

▣ 사문서의 진정증명(357)

1. 날인된 인영이 인장에 의하여 현출된 인영임이 인정되는 경우와 그 문서 전체의 진정성립 추정 문서에 날인된 작성명의인의 인영이 작성명의인의 인장에 의하여 현출된 인영임이 인정되는 경우에는 특단의 사정이 없는 한 그 인영의 진정성립 및 그 문서 전체의 진정성립까지 추정되는 것이기는 하나, 이는 어디까지나 먼저 내용기재가 이루어진 뒤에 인영이 압날된 경우에만 허용되는 것이다.(대판 2005.5.12, 2005다3748)

2. 인영 부분 등의 진정성립 인정에 의한 사문서 전체의 진정성립 추정 여부(적극) 사문서는 본인 또는 대리인의 서명이나 날인 또는 무인이 있는 때에는 진정한 것으로 추정되므로(민소 358조), 사문서의 작성명의인이 스스로 당해 사문서에 서명·날인·무인하였음을 인정하는 경우, 즉 인영 부분 등의 성립을 인정하는 경우에는 반증으로 그러한 추정이 번복되는 등의 다른 특별한 사정이 없는 한 그 문서 전체에 관한 진정성립이 추정된다고 할 것이고, 인영 부분 등의 진정성립이 인정된다면 다른 특별한 사정이 없는 한 당해 문서는 그 전체가 완성되어 있는 상태에서 작성명의인이 그러한 서명·날인·무인을 하였다고 추정할 수 있을 것이며, 그 당시 그 문서의 전부 또는 일부가 미완성된 상태에서 서명

날인만을 먼저 하였다는 등의 사정은 이례에 속한다고 볼 것이므로, 완성문서로서의 진정성립의 추정력을 뒤집으려면 그럴 만한 합리적인 이유와 이를 뒷받침할 간접반증 등의 증거가 필요하다고 할 것이고, 만일 그러한 완성문서로서의 진정성립의 추정이 번복되어 백지문서 또는 미완성 부분을 작성명의자가 아닌 자가 보충하였다는 등의 사정이 밝혀진 경우라면, 다시 그 백지문서 또는 미완성 부분이 정당한 권한에 기하여 보충되었다는 점에 관하여는 그 문서의 진정성립을 주장하는 자 또는 문서제출자에게 그 증명책임이 있다.(대판 2003.4.11, 2001다11406)

3. 작성명의인의 인장이 날인된 문서에 다른 사람이 날인한 사실이 밝혀진 경우, 문서의 진정성립이 인정되기 위하여 필요한 증명사실 문서에 날인된 작성명의인의 인영이 그의 인장에 의하여 현출된 것이라면 특별한 사정이 없는 한 그 인영의 진정성립, 즉 날인행위가 작성명의인의 의사에 기한 것임이 사실상 추정되고, 일단 인영의 진정성립이 추정되면 그 문서 전체의 진정성립이 추정되나, 위와 같은 사실상 추정은 날인행위가 작성명의인 이외의 자에 의하여 이루어진 것임이 밝혀진 경우에는 깨어지는 것이므로, 문서제출자는 그 날인행위가 작성명의인으로부터 위임받은 정당한 권원에 의한 것이라는 사실까지 증명할 책임이 있다.(대판 2009.9.24, 2009다37831)

4. 인영의 진정성립 추정에 의한 사문서 전체의 진정성립 추정 사문서에 날인된 작성 명의인의 인영이 그의 인장에 의하여 현출된 것이라면 특단의 사정이 없는 한 그 인영의 진정성립, 즉 날인행위가 작성 명의인의 의사에 기한 것임이 추정되고, 일단 인영의 진정성립이 추정되면 민소 358조에 의하여 그 문서 전체의 진정성립이 추정되나, 그와 같은 인영의 진정성립, 즉 날인행위가 작성 명의인의 의사에 기한 것이라는 추정은 사실상의 추정이므로, 인영의 진정성립을 다투는 자가 반증을 들어 인영의 날인행위가 작성 명의인의 의사에 기한 것임에 관하여 법원으로 하여금 의심을 품게할 수 있는 사정을 증명하면 그 진정성립의 추정은 깨어진다. (대판 2003.2.11, 2002다59122)

5. 진정성립 여부에 관하여 부지로 답변하였으나 인영의 성립을 인정한 때의 전정성립 여부 사문서의 작성명의자가 그 사문서의 진정성립 여부에 관하여 부지라고 답변하였으나 그 사문서상의 인영이 자신의 진정한 인장에 의한 것임을 인정하는 취지로 진술하고 그 작성명의자가 타인에게 위임하여 발급받은 자신의 인감증명서상의 인영과 그 사문서상의 인영을 육안으로 대조하여 보아도 동일한 것으로 보이는 경우, 원심으로서는 그 작성명의자에게 그 인영 부분의 진정성립 여부를 석명한 후 그에 따라 그 서증의 진부에 관한 심리를 더하여 보고 그 결과 사문서의 진정성립이 추정되면 그 작성명의자가 자신의 인장이 도용되거나 위조되었음을 증명하지 아니하는 한 그 진정성립을 부정할 수 없다.(대판 2000.10.13, 2000다38602)

6. 백지로 된 문서에 대하여 후일 그 백지 부분을 작성명의자 아닌 자가 보충한 경우와 그 문서 전체의 진정성립 추정 여부(소극) 문서에 날인된 작성명의인의 인영이 작성명의인의 인장에 의하여 현출된 것임이 인정되는 경우에는 특단의 사정이 없는 한 그 인영의 진정성립 및 그 문서 전체의 진정성립까지 추정되는 것이기는 하나 이는 어디까지나 먼저 내용기재가 이루어진 뒤에 인영이 압날된 경우에만 그러한 것이며, 작성명의인의 날인만 되어 있고 그 내용이 백지로 된 문서를 교부받아 후일 그 백지 부분을 작성명의자가 아닌 자가 보충한 문서인 경우에는 문서제출자는 그 기재 내용이 작성명의인으로부터 위임받은 정당한 권원에 의한 것이라는 사실을 증명할 책임이 있으며, 이와 같은 법리는 그 문서가 처분문서라고 하여 달라질 것은 아니다.(대판 2000.6.9, 99다37009)

7. 소송 외에서 자백사실을 확인하는 내용의 서면을 작성 교부한 경우와 그 문서의 증명력 소송 당사자가 소송 외에서 상대방의 주장사실과 일치하는 자기에게 불리한 사실을 확인하는 내용의 서면을 작성하여 상대방에게 교부한 경우, 특별한 사정이 없는 한 그 문서는 실질적 증명력이 있다고 보아야 한다.(대판 1998.3.27, 97다56655)

8. 인영의 진정성립과 그 번복 인영의 진정성립, 즉 날인행위가 작성 명의인의 의사에 기한 것이라는 추정은 사실상의 추정이므로, 인영의 진정성립을 다투는 자가 반증을 들어 인영의 진정성립, 즉 날인행위가 작성 명의인의 의사에 기한 것임에 관하여 법원으로 하여금 의심을 품게 할 수 있는 사정을 증명하면 그 진정성립의 추정은 깨어진다. 원고가 재심 사유에서 지적하고 있는 대법원판결(대판 1987.12.22, 87다카707 판결)은 "문서에 찍히는 작성 명의인의 인영이 그 인장에 의하여 현출된 인영임이 밝혀진 경우에는 그 문서가 작성 명의인의 자격을 모용하여 작성한 것이라는 것은 그것을 주장하는 자가 적극적으로 증명하여야 한다."는 것으로, 인영의 진정성립은 반증을 들어 그 진정성립의 추정을 깨뜨릴 수 있는 사정 등을 적극적으로 증명하여야 한다는 취지이고, 재심대상 판결은 그와 같은 경우에 "반증을 들어 그 진정성립에 관하여 법원으로 하여금 의심을 품게 하면 진정성립의 추정은 깨어진다."는 원칙을 판시한 것으로, 두 개의 판결은 모두 대법원이 종전부터 취하고 있는 견해와 모순된다고 보기는 어렵다고 할 것이므로 상호 배치되는 판결이라고 할 수 없다.(대판 1997.6.13, 96재다462)

9. 자필서명임을 인정하나 날인은 되어 있지 않은 처분서의 증명력 처분문서에 기재된 작성명의인인 당사자의 서명이 자기의 자필임을 그 당사자 자신도 다투지 아니하는 경우 설사 날인이 되어 있지 않더라도 그 문서의 진정성립이 추정되므로 납득할 만한 설명 없이 함부로 그 증명력을 배척할 수 없다.(대판 1994.10.14, 94다11590)

10. 인장위조의 증거항변이 있을 때의 법원의 조치 서증에 피고의 인장이 날인되어 있고, 이것은 피고의 인감도장으로 보이는데 피고가 그 서증의 인부절차에서 부인으로 다투면서 인장위조된 것이라고 증거항변을 하였다면, 그 취지가 피고가 위 서증에 날인된 인영이 자신의 인장에 의하여 현출된 인영임을 전제로 하여 인영부분은 시인하되 다만 그 인영이 피고의 의사에 의하지 않고 날인된 것이어서 위 문서가 위조된 것이라고 항변하는 것인지, 아니면 인장 그 자체가 위조된 것이므로 위 문서의 성립을 부인하는 것이라는 것인지 분명하지 아니하므로, 법원으로서는 이 점을 분명히 하고 위 인영의 위조 여부에 관하여 심리를 하여 본 후에 그 문서의 진정성립 여부를 판단하여야 한다.(대판 1994.1.25, 93다35353)

11. '부지'라고 답변한 서증의 인영이 그 당사자가 진정성립을 인정한 다른 서증에 찍혀 있는 인영과 같은 것으로 보이는 경우의 법원의 조치 작성명의자인 당사자가 '부지'라고 답변한 서증의 인영이 그 당사자가 진정성립을 인정한 다른 서증에 찍혀 있는 당사자 명의의 인영과 같은 것으로 보이는 경우, 법원으로서는 이 서증이 진정한 것인지의 여부에 관하여 '부지'라고 답변하였다고 하여 바로 형식적 증거력을 배척할 것이 아니라, 위 당사자에게 위 서증에 찍혀 있는 당사자 명의의 인영이 본인의 인장에 의하여 찍힌 것인지의 여부 등을 따져 보아 그 인영부분이 진정하게 성립된 것인지의 여부를 석명한 다음, 그 결과에 따라 상대편으로 하여금 인영의 대조 등에 의하여 위 서증의 진부를 증명할 수 있는 기회를 주는 등의 방법으로, 심리를 더하여 보아야 한다. (대판 1991.11.12, 91다30712)

12. 공증인이 인증한 사서증서의 진정성립 추정 여부(적극) 공증인법에 규정된 사서증서에 대한 인증제도는 당사자로 하여금 공증인의 면전에서 사서증서에 서명 또는 날인하게 하거나 사서증서의 서명 또는 날인을 본인이나 그 대리인으로 하여금 확인하게 한 후 그 사실을 공증인이 증서에 기재

하는 것으로서, 공증인이 사서증서의 인증을 함에 있어서는 공증인법에 따라 반드시 촉탁인의 확인이나 대리촉탁인의 확인 및 그 대리권의 증명 등의 절차를 미리 거치도록 규정되어 있으므로, 공증인이 사서증서를 인증하면서 그와 같은 절차를 제대로 거치지 않았다는 등의 사실이 주장·증명되는 등 특별한 사정이 없는 한, 공증인이 인증한 사서증서의 진정성립은 추정된다.(대판 1992.7.28, 91다35816)

13. 작성명의인의 인영에 의하여 처분문서의 진정성립을 추정할 때 요구되는 심리의 정도 처분문서는 진정성립이 인정되면 기재 내용을 부정할 만한 분명하고도 수긍할 수 있는 반증이 없는 이상 문서의 기재 내용에 따른 의사표시의 존재와 내용을 인정하여야 한다는 점을 감안하면 작성명의인의 인영에 의하여 처분문서의 진정성립을 추정함에 있어서는 신중하여야 하고, 특히 처분문서의 소지자가 업무 또는 친족관계 등에 의하여 문서명의자의 위임을 받아 그의 인장을 사용하기도 하였던 경우라면 더욱 그러하다.(대판 2014.9.26, 2014다29667)

제359조【필적 또는 인영의 대조】 문서가 진정하게 성립된 것인지 어떤지는 필적 또는 인영(印影)을 대조하여 증명할 수 있다.

■ 증서진부확인의 소(250), 증인의 수기의무(330), 상대방의 수기의무(361)

1. 무인 감정 결과를 배척하기 위한 요건 과학적인 방법이라고 할 수 있는 무인 감정 결과를 배척하기 위하여는 특별한 사정이 없는 한, 감정 경위나 감정 방법의 잘못 등 감정 자체에 배척 사유가 있어야 한다.(대판 1999.4.9, 98다57198)

2. 인영 등의 대조가 육안에 의해서도 가능한지 여부(적극) 상대방이 문서의 진정성립을 적극적으로 다투거나 서증의 진정성립 여부가 쟁점이 된 때, 또는 서증이 당해 사건의 쟁점이 되는 주요사실을 인정하는 자료로 쓰이는데 상대방이 그 증거능력을 다툴 때에는 문서가 어떠한 이유로 증거능력이 있는 것인지에 관하여 설시하는 것이 옳고, 사문서의 경우 그것이 어떠한 증거에 의하여 진정성립이 인정된 것인지 잘 알아보기 어려운 경우에도 그 근거를 분명히 밝혀서 설시하여야 하나, 문서의 진정성립은 필적 또는 인영·무인의 대조에 의하여도 증명할 수 있고 그 필적 또는 인영·무인의 대조는 사실심의 자유심증에 속하는 사항으로서, 문서 작성자의 필적 또는 인영·무인과 증명의 대상인 문서의 필적 또는 인영·무인이 동일한 것인지 인정될 때에는 특별한 사정이 없는 한 문서의 진정성립을 인정할 수 있으며, 이 경우 법원은 반드시 감정으로써 필적, 인영 등의 동일 여부를 판단할 필요 없이 육안에 의한 대조로도 이를 판단할 수 있다.(대판 1997.12.12, 95다38240)

3. 인감이나 서류의 위조 여부의 판단방법 인감이나 서류의 위조 여부는 반드시 전문적인 지식을 가진 사람의 감정결과에 의하여서만 이를 확정하여야 하는 것은 아니다.(대판 1971.1.26, 70다2623)

제360조【대조용문서의 제출절차】 ① 대조에 필요한 필적이나 인영이 있는 문서, 그 밖의 물건을 법원에 제출하거나 보내는 경우에는 제343조, 제347조 내지 제350조, 제352조 내지 제354조의 규정을 준용한다.

② 제3자가 정당한 사유 없이 제1항의 규정에 의한 제출명령에 따르지 아니한 때에 법원은 결정으로 200만원 이하의 과태료에 처한다.

③ 제2항의 결정에 대하여는 즉시항고를 할 수 있다.

■ ① 대조용문서의 첨부(362), 서증신청의 방식(343), 제출신청의 허가 여부에 대한 재판(347), 당사자가 사용을 방해할 때의 효과(350), 문서송부의 촉탁(352), 수명법관에 의한 조사(354), ② 결정(134·221), 과태료의 재판 집행(민집60), ③ 즉시항고(444)

제361조【상대방이 손수 써야 하는 의무】 ① 대조하는 데에 적당한 필적이 없는 때에는 법원은 상대방에게 그 문자를 손수 쓰도록 명할 수 있다.

② 상대방이 정당한 이유 없이 제1항의 명령에 따르지 아니한 때에는 법원은 문서의 진정여부에 관한 확인신청자의 주장을 진실한 것으로 인정할 수 있다. 필치(筆致)를 바꾸어 손수 쓴 때에도 또한 같다.

■ 증인의 수기의무(330), 필적의 대조(359)

제362조【대조용문서의 첨부】 대조하는 데에 제공된 서류는 그 원본·등본 또는 초본을 조서에 붙여야 한다.

■ 대조문서의 제출절차(360), 상대방의 수기의무(361), 조서(152·160·354)

제363조【문서성립의 부인에 대한 제재】 ① 당사자 또는 그 대리인이 고의나 중대한 과실로 진실에 어긋나게 문서의 진정을 다툰 때에는 법원은 결정으로 200만원 이하의 과태료에 처한다.

② 제1항의 결정에 대하여는 즉시항고를 할 수 있다.

③ 제1항의 경우에 문서의 진정에 대하여 다툰 당사자 또는 대리인이 소송이 법원에 계속된 중에 그 진정을 인정하는 때에는 법원은 제1항의 결정을 취소할 수 있다.

■ 소송능력(51·55), 소송대리인(87), 법정대리인(민920·928·929·949), 결정(134·121), 과태료(311, 민집60), 즉시항고(444)

1. 본조에 정한 과태료재판을 하기 전에 당사자의 진술을 들어야 하는지 여부(적극) 민사소송법에 따른 과태료재판에는 검사에 관한 규정을 제외하고 비송 248조 및 250조가 적용되는 것이므로(민소 224조 2항), 당사자 또는 그 대리인이 고의나 중대한 과실로 진실에 어긋나게 문서의 진정을 다투었음을 이유로 하여 민소 363조에 정한 과태료재판을 함에 있어서는 법원은 과태료재판을 하기 전에 당사자의 진술을 들어야 하고, 상당하다고 인정할 때에는 당사자의 진술을 듣지 아니하고 과태료재판(약식재판)을 할 수 있으나, 이러한 약식재판은 당사자의 이의신청에 의하여 그 효력을 잃고 법원은 당사자의 진술을 듣고 다시 재판을 하여야 한다.(대결 2010.1.29, 2009마2050)

제5절 검 증

제364조【검증의 신청】 당사자가 검증을 신청하고자 하는 때에는 검증의 목적을 표시하여 신청하여야 한다.

■ 증거신청(289), 검증의 결과기재(154ⅲ), 검증목적물의 제출(민소규117·118), 본조준용(140②)

1. 민사소송법상 녹음테이프의 증거능력 및 증거조사 방법 자유심증주의를 채택하고 있는 우리 민사소송법 하에서 상대방 부지 중 비밀리에 상대방과의 대화를 녹음하였다는 이유만으로 그 녹음테이프가 증거능력이 없다고 단정할 수 없고, 그 채증 여부는 사실심 법원의 재량에 속하는 것이며, 녹음테이프에 대한 증거조사는 검증의 방법에 의하여야 한다.(대판 1999.5.25, 99다1789)

2. 서류 위조 여부 판별을 검증에 의할 수 있는지 여부 서류의 위조 여부는 반드시 감정에 의하여서만 판별할 수 있는 것이 아니고 법원의 필적대조에 의하여서도 할 수 있다.(대판 1977.9.13, 77다762)

제365조 【검증할 때의 감정 등】 수명법관 또는 수탁판사는 검증에 필요하다고 인정할 때에는 감정을 명하거나 증인을 신문할 수 있다.

■ 수명법관(139), 수탁판사(160), 감정(333~332), 증인신문(303~332)

제366조 【검증의 절차 등】 ① 검증의 목적물을 제출하거나 보내는 데에는 제343조, 제347조 내지 제350조, 제352조 내지 제354조의 규정을 준용한다.
② 제3자가 정당한 사유 없이 제1항의 규정에 의한 제출명령에 따르지 아니한 때에는 법원은 결정으로 200만원 이하의 과태료에 처한다. 이 결정에 대하여는 즉시항고를 할 수 있다.
③ 법원은 검증을 위하여 필요한 경우에는 제342조 제1항에 규정된 처분을 할 수 있다. 이 경우 저항을 받은 때에는 국가경찰공무원에게 원조를 요청할 수 있다. (2006.2.21 후단개정)

■ ① 검증목적물의 제출(민소규117·118), 서증신청의 방식(343), 제출신청의 허가여부에 대한 재판(347), 당사자가 사용을 방해한 때의 효과(350), 문서송부의 촉탁(352), 수명법관에 의한 조사(354), ② 결정(134·221), 과태료의 재판 집행(민집60), 즉시항고(444), ③ 감정에 필요한 처분(342①)

제6절 당사자신문

제367조 【당사자신문】 법원은 직권으로 또는 당사자의 신청에 따라 당사자 본인을 신문할 수 있다. 이 경우 당사자에게 선서를 하게 하여야 한다.

■ 신청(140①·161), 당사자의 선서(319~322·373), 가사소송에서의 직권신문(가소17)

1. 당사자본인신문의 내용과 재판상 자백 증거조사방법 중의 하나인 당사자본인신문의 결과 중에 당사자의 진술로서 상대방의 주장과 일치하는 부분이 나왔다고 하더라도 그것은 재판상 자백이 될 수 없다.(대판 1978.9.12, 78다879)
2. 당사 본인신문에서의 진술을 소송상의 주장사실로 볼 수 있는지 여부(소극) 증거자료에 나타난 사실을 소송상 주장사실과 같이 볼 수는 없으므로, 당사자본인신문에서의 당사자의 진술도 증거자료에 불과하여 이를 소송상 당사자의 주장과 같이 취급할 수 없고, 따라서 "피고의 재단기는 원고집에 있다. 잘못된 것을 해결해 주고 가지고 가라고 했었다"는 원고 본인신문결과를 가지고 원고가 유치권 항변을 한 것이라고 볼 수 없다.(대판 1981.8.11, 81다262,263)
3. 당사자본인신문을 증인신문으로 한 경우의 하자의 치유 (한정적극) 당사자 본인으로 신문해야 함에도 증인으로 신문하였다 하더라도 상대방이 이를 지체 없이 이의하지 아니하면 책문권 포기, 상실로 인하여 그 하자가 치유된다.(대판 1992.10.27, 92다32463)

제368조 【대질】 재판장은 필요하다고 인정한 때에 당사자 서로의 대질 또는 당사자와 증인의 대질을 명할 수 있다.

■ 증인상호의 대질(329)

제369조 【출석·선서·진술의 의무】 당사자가 정당한 사유 없이 출석하지 아니하거나 선서 또는 진술을 거부한 때에는 법원은 신문사항에 관한 상대방의 주장을 진실한 것으로 인정할 수 있다.

■ 문서부제출,사용방해의 효과(349·350), 대조문자의 수기불응(361②), 증인의 불출석, 선서거부(311·312·318·326)

1. 본조의 의미 구 민소 341조는 당사자가 정당한 사유 없이 소환에 응하지 아니하는 경우 등에 법원의 재량에 따라 신문사항에 관한 상대방의 주장을 진실한 것으로 인정할 수 있다는 뜻이다.(대판 1973.9.25, 73다1060)
2. 본조에 의해 법원이 진실한 것으로 인정할 수 있는 대상 당사자본인신문절차에서 당사자본인이 출석, 선서, 진술의 의무를 불이행한 경우에 구 민소 341조의 규정에 의하여 법원이 진실한 것으로 인정할 수 있는 것은 "신문사항에 관한 상대방의 주장", 즉 신문사항에 포함된 내용에 관한 것이므로, 법원이 사건에 적용함에 있어서는 상대방 당사자의 요건사실에 관한 주장사실을 진실한 것으로 인정할 것이라고 설시할 것이 아니라 당사자본인신문사항 가운데 어느 항을 진실한 것으로 인정한 연후에 그에 의하면 상대방 당사자의 요건사실에 관한 주장사실을 인정할 수 있다고 판시하는 것이 정당하다.(대판 1990.4.13, 89다카1084)
3. 당사자가 출석할 수 없는 정당한 사유의 증명책임(불출석 당사자) 당사자신문절차에서 당사자가 정당한 사유 없이 출석·선서·진술의 의무를 불이행한 경우에 민소 369조의 규정에 의하여 법원은 재량에 따라 '신문사항에 관한 상대방의 주장'을 진실한 것으로 인정할 수 있는바, 이 경우 당사자가 출석할 수 없는 정당한 사유는 법정에 나올 수 없는 질병, 교통기관의 두절, 환혼상제, 천재지변 등을 말한다고 할 것이고, 그러한 정당한 사유의 존재는 그 불출석 당사자가 이를 주장·증명하여야 한다.(대판 2011.11.11, 2010다56616)

제370조 【거짓 진술에 대한 제재】 ① 선서한 당사자가 거짓 진술을 한 때에는 법원은 결정으로 500만원 이하의 과태료에 처한다.
② 제1항의 결정에 대하여는 즉시항고를 할 수 있다.
③ 제1항의 결정에는 제363조제3항의 규정을 준용한다.

■ ① 당사자의 선서(367), 결정(134·221), 과태료의 재판집행(민집60), 재심사유(451①vii·451②), ② 즉시항고(444), ③ 과태료결정의 취소(363③)

1. 본조 1항의 위헌 여부(소극) 이 사건 심판대상조항의 주된 취지가 선서한 당사자의 진술에 진실성을 담보하여 재판의 공정을 기하기 위한 것인 점, 이 사건 심판대상조항이 정한 과태료의 제재는 소송법상의 의무위반자에 대한 금전벌의 일종으로서 공평성·적정성·획일성을 보장하기 위하여는 과태료재판의 개시·심리 및 종결 등을 법원의 직권에 일임함이 타당한 점, 소송법 등 과태료에 관한 우리나라 법제에 의하면 과태료 부과 주체인 국가 또는 공공단체와 과태료 부과 대상자인 위반자만 당사자에 해당하고 의무위반자의 상대방은 이해관계인에 불과한 점, 당사자는 소송에 가장 이해관계가 있는 사람으로서 소송의 제3자에 불과한 증인과는 그 성격이 다른 점 등에 비추어 볼 때, 이 사건 심판대상조항은 상대방으로부터 당사자의 거짓 진술을 원인으로 하는 과태료재판의 신청이 있다 하더라도 당사자의 진술이 확정판결의 결론에 영향이 없어 재심사유에 해당하지 않는 경우에는 법원 또는 법관에게 과태료재판을 개시 하지 아니할 수 있는 재량을 부여하였다고 할 것이다. 그렇다면 이는 상대방의 과태료재판 신청의 남용을 방지하고, 나아가 확정판결의 결론과 무관한 당사자의 진술을 사유로 한 재심청구의 남용을 방지하여, 소송당사자 사이에 실체적 진실의 발견과 권리관계의 신속한 확정이라는 헌법적 요청을 조화시키기 위한 것이므로 그 입법목적의 정당성이 인정된다.(헌재 2007.5.31, 2007헌바23)
2. 선서한 당사자가 허위의 진술을 한 경우 상대방에게 과태료 재판의 신청권이 있는지 여부(소극) 선서한 당사자가 허위의 진술을 하였음을 이유로 상대방 당사자가 법원에 대하여 과태료 제재의 신청을 한 경우, 과태료의 제재에 처할 것인가는 법원의 재량에 맡겨져 있는 것으로서 상대방 당사자에게는 법원의 직권발동을 촉구하는 의미 외에 과태료 재판을 할 것을 신청할 권리는 없다.(대결 1998.4.13, 98마413)

제371조【신문조서】 당사자를 신문한 때에는 선서의 유무와 진술 내용을 조서에 적어야 한다.
◼ 당사자의 선서(367), 조서에의 기재(154·325)

제372조【법정대리인의 신문】 소송에서 당사자를 대표하는 법정대리인에 대하여는 제367조 내지 제371조의 규정을 준용한다. 다만, 당사자 본인도 신문할 수 있다.
◼ 당사자를 대표하는 법정대리인(51·55·62·64), 준용(민소규119)
1. 증거조사 방식에 위배된 경우의 증거능력 당사자 본인신문의 방식에 의하여야 할 종친회 대표자를 증인으로 조사한데 대하여 지체없이 이의를 진술하지 않았다면 그 증언을 채택하여 사실 인정을 하였다 하더라도 위법이라 할 수 없다.(대판 1977.10.11, 77다1316)

제373조【증인신문 규정의 준용】 이 절의 신문에는 제309조, 제313조, 제319조 내지 제322조, 제327조와 제330조 내지 제332조의 규정을 준용한다.
◼ 출석요구서의 기재사항(309), 수명법관에 의한 증인신문(313), 선서의 의무(319), 선서무능력(322), 증인신문의 방식(327), 증인의 행위의무(330), 수명법관의 권한(332)

제7절 그 밖의 증거

제374조【그 밖의 증거】 도면·사진·녹음테이프·비디오테이프·컴퓨터용 자기디스크, 그 밖에 정보를 담기 위하여 만들어진 물건으로서 문서가 아닌 증거의 조사에 관한 사항은 제3절 내지 제5절의 규정에 준하여 대법원규칙으로 정한다.
◼ 증거의 조사(289·292), 감정,서증,검증(3절-5절), 그 밖의 증거(민소규120-122)
1. 민사소송법상 녹음테이프의 증거능력 및 증거조사 방법 자유심증주의를 채택하고 있는 우리 민사소송법 하에서 상대방 부지 중 비밀리에 상대방과의 대화를 녹음하였다는 이유만으로 그 녹음테이프가 증거능력이 없다고 단정할 수 없고, 그 채증 여부는 사실심 법원의 재량에 속하는 것이며, 녹음테이프에 대한 증거조사는 검증의 방법에 의하여야 한다.(대판 1999.5.25, 99다1789)

제8절 증거보전

제375조【증거보전의 요건】 법원은 미리 증거조사를 하지 아니하면 그 증거를 사용하기 곤란할 사정이 있다고 인정한 때에는 당사자의 신청에 따라 이 장의 규정에 따라 증거조사를 할 수 있다.
◼ 신청(161·377), 직권으로 하는 경우(379), 증거보전기록 송부(민소규125)
제376조【증거보전의 관할】 ① 증거보전의 신청은 소를 제기한 뒤에는 그 증거를 사용할 심급의 법원에 하여야 한다. 소를 제기하기 전에는 신문을 받을 사람이나 문서를 가진 사람의 거소 또는 검증하고자 하는 목적물이 있는 곳을 관할하는 지방법원에 하여야 한다.
② 급박한 경우에는 소를 제기한 뒤에도 제1항 후단에 규정된 지방법원에 증거보전의 신청을 할 수 있다.
◼ 거소(민19·20), 검증물(364), 지방법원의 심판권(법조7③④·29)

제377조【신청의 방식】 ① 증거보전의 신청에는 다음 각호의 사항을 밝혀야 한다.
1. 상대방의 표시
2. 증명할 사실
3. 보전하고자 하는 증거
4. 증거보전의 사유
② 증거보전의 사유는 소명하여야 한다.
◼ 상대방을 지정할 수 없는 경우(377), 소명(299)
제378조【상대방을 지정할 수 없는 경우】 증거보전의 신청은 상대방을 지정할 수 없는 경우에도 할 수 있다. 이 경우 법원은 상대방이 될 사람을 위하여 특별대리인을 선임할 수 있다.
◼ 신청의 방식(377), 상대방의 소환(381)
제379조【직권에 의한 증거보전】 법원은 필요하다고 인정한 때에는 소송이 계속된 중에 직권으로 증거보전을 결정할 수 있다.
◼ 결정(134·221), 불복의 금지(380)
제380조【불복금지】 증거보전의 결정에 대하여는 불복할 수 없다.
◼ 증거보전(375)
제381조【당사자의 참여】 증거조사의 기일은 신청인과 상대방에게 통지하여야 한다. 다만, 긴급한 경우에는 그러하지 아니하다.
◼ 상대방(377①ⅰ), 소환의 방식(167)
제382조【증거보전의 기록】 증거보전에 관한 기록은 본안소송의 기록이 있는 법원에 보내야 한다.
◼ 본안소송의 기록이 있는 법원(40·162·421)
제383조【증거보전의 비용】 증거보전에 관한 비용은 소송비용의 일부로 한다.
◼ 소송비용(98-116)
제384조【변론에서의 재신문】 증거보전절차에서 신문한 증인을 당사자가 변론에서 다시 신문하고자 신청한 때에는 법원은 그 증인을 신문하여야 한다.
◼ 변론(134), 증인신문(308)

제4장 제소전화해(提訴前和解)의 절차

제385조【화해신청의 방식】 ① 민사상 다툼에 관하여 당사자는 청구의 취지·원인과 다투는 사정을 밝혀 상대방의 보통재판적이 있는 곳의 지방법원에 화해를 신청할 수 있다.
② 당사자는 제1항의 화해를 위하여 대리인을 선임하는 권리를 상대방에게 위임할 수 없다.
③ 법원은 필요한 경우 대리권의 유무를 조사하기 위하여 당사자본인 또는 법정대리인의 출석을 명할 수 있다.
④ 화해신청에는 그 성질에 어긋나지 아니하면 소에 관한 규정을 준용한다.
◼ 청구의 취지·원인(249①·262), 소송상화해(145·220), 보통재판적(2-6), 소송대리인(87-97), 출석의 통지(167), 소에 관한 규정(233-247·254-259·265·266①·267①)
1. 강행법규에 위배된 화해조서의 효력 구 민소 206조 소정의 재판상의 화해가 성립하면 가령 그 내용이 강행법규에

위배된 경우라 하더라도 그것이 단지 재판상 화해에 하자가 있음에 지나지 아니하여 재심의 절차에 의하여 구제받는 것은 별문제로 하고 그 화해조서를 무효라고 주장할 수는 없는 것이며, 이 법리는 구 민소 355조에 의한 화해에 관하여서도 같다.(대판 1987.10.13, 86다카2275)

2. 제소전화해의 대리권이 흠결되었을 때의 추인 제소전화해에서 대리권 흠결을 추인할 수 있는 권리는 제소전화해의 당사자에게 속하는 것이므로 제소전화해의 목적물인 대지의 명의신탁자로서는 명의수탁자 명의의 소송위임장을 위조한 결과로 이루어진 제소전화해 신청인 명의의 소유권이전등기를 추인할 수 있음은 별론으로 하고 신탁자의 지위에서 당연히 명의수탁자인 피신청인을 대리하여 제소전화해조서를 추인할 권한이 있는 것이라고 말할 수 없다.(대판 1990.12.11, 90다카4669)

3. 제소전화해 이후에 새로 발생한 사실을 주장하여 제소전화해에 반하는 청구를 하는 것과 기판력 부동산에 관한 소유권이전등기가 제소전화해조서의 집행으로 이루어진 것이라면 제소전화해가 이루어지기 전에 제출할 수 있었던 사유에 기한 주장이나 항변은 그 기판력에 의하여 차단되므로 그와 같은 사유를 원인으로 제소전화해의 내용에 반하는 주장을 하는 것은 허용되지 않는다 할 것이나, 제소전화해가 이루어진 이후에 새로 발생한 사실을 주장하여 제소전화해에 반하는 청구를 하여도 이는 제소전화해의 기판력에 저촉되는 것은 아니라고 할 것이다.(대판 1994.12.9, 94다17680)

4. 제소전화해에서 상환이행을 명한 반대채권의 존부나 그 수액에 대하여 기판력이 미치는지 여부(소극) 제소전화해의 내용이 채권자 등은 대여금 채권의 원본 및 이자의 지급과 상환으로 채무자에게 부동산에 관한 가등기의 말소등기절차를 이행할 것을 명하고, 채무자는 가등기담보 등에 관한 법률 소정의 청산금 지급과 상환으로 채권자 등에게 가등기에 기한 소유권이전의 본등기절차를 이행할 것과 그 부동산의 인도를 명하고 있는 경우, 그 제소전화해는 가등기말소절차 이행이나 소유권이전의 본등기절차 이행을 대여금 또는 청산금의 지급을 그 조건으로 하고 있는 데 불과하여 그 기판력은 가등기말소나 소유권이전의 본등기절차 이행을 명한 화해내용이 대여금 또는 청산금 지급의 상환이 조건으로 붙어 있다는 점에 미치는 데 불과하고, 상환이행을 명한 반대채권의 존부나 그 수액에 기판력이 미치는 것이 아니다.(대판 1996.7.12, 96다19017)

5. 제소전화해에 기하여 마쳐진 소유권이전등기가 원인무효라고 주장하여 말소등기절차의 이행을 청구하는 것이 기판력에 저촉되는지 여부(적극) 제소전화해조서는 확정판결과 같은 효력이 있어 당사자 사이에 기판력이 생기는 것이므로, 원고가 피고에게 토지에 관한 신탁해지를 원인으로 한 소유권이전등기절차를 이행하기로 한 제소전화해가 준재심에 의하여 취소되지 않은 이상, 그 제소전화해에 기하여 마쳐진 소유권이전등기가 원인무효라고 주장하며 말소등기절차의 이행을 청구하는 것은 제소전화해에 의하여 확정된 소유권이전등기청구권을 부인하는 것이어서 그 기판력에 저촉된다.(대판 2002.12.6, 2002다44014)

6. 화해조서에 정한 변제기 경과 후의 피담보채무의 변제를 무시한 채 동 화해조서에 기하여 이루어진 소유권이전본등기의 효력 채권담보 목적으로 작성된 화해조서에 정한 변제기에 채무변제가 없어 집행력이 발생한 이후에 피담보채무가 변제되었다 하더라도, 이는 그 집행을 저지할 수 있는 사유로서 이를 이유로 집행법상의 구제를 받을 수 있음에 불과한 것이므로, 이를 무시한 채 동 조서의 집행으로 이루어진 소유권 본등기를 당연무효라고 할 수 없다.(대판 1979.4.10, 79다164)

7. 소유권이전등기를 말소하기로 한 재판상 화해가 성립한 후에 그 의무를 부담한 자로부터 근저당권설정을 받은 자의 지위 재판상 화해에 의하여 소유권이전등기를 말소할 물권

적 의무를 부담하는 자로부터 동 화해 성립 후에 그 부동산에 관한 담보권인 근저당권설정을 받은 자는 구 민소 204조 1항 소정 변론종결 후의 승계인에 해당하고 그 화해조서의 효력은 동법 206조 및 위 204조에 의하여 그 화해조서의 존재를 알건 모르건 간에 승계인에게 미친다.(대판 1976.6.8, 72다1842)

8. 제소전화해에 기한 가등기가 경료된 후 그 가등기에 기한 소유권이전등기가 경료되기 전에 소유권을 승계취득한 자의 지위 제소전화해에 기한 가등기가 경료된 후에 그 가등기에 기한 본등기 절차를 마치기 전에 그 부동산의 소유권을 승계취득한 자는 구 민소 204조 소정의 변론종결 후의 승계인에 해당하지 않으므로 그 제소전화해의 기판력이 미치지 아니한다.(대판 1993.12.14, 93다16802)

9. 재판상 화해에서도 실효조건부 화해가 가능한지 여부(적극) 재판상 화해에서도 제3자의 이의가 있을 때에 화해의 효력을 실효시키기로 하는 약정이 가능하고 그 실효조건의 성취로 화해의 효력은 당연히 소멸한다.(대판 1993.6.29, 92다56056)

10. 실효조건부 화해에서 그 조건이 성취된 경우의 화해의 효력 재판상의 화해가 성립하면 그것은 확정판결과 같은 효력이 있는 것이므로 그것을 취소변경하려면 재심의 소에 의해서만 가능하다 할 것이나 재판상의 화해의 내용은 당사자의 합의에 의하여 자유로 정할 수 있는 것이므로, 화해조항 자체로서 특정한 제3자의 이의가 있을 때에는 화해의 효력을 실효시키기로 하는 내용의 재판상의 화해가 성립하였다면 그 조건의 성취로서 화해의 효력은 당연히 소멸한다 할 것이고 그 실효의 효력은 언제라도 주장할 수 있다.(대판 1988.8.9, 88다카2332)

11. 제소전화해의 창설적 효력 소비대차채권의 담보를 확보할 목적으로 일단 제소전화해를 한 경우 그 화해는 창설적 효력을 가지게 되므로 화해 전의 사유를 가지고 화해의 효력을 다툴 수 없고, 화해가 이루어지면 종전의 법률관계를 바탕으로 한 권리의무관계는 소멸한다고 할 것이므로 변제기 후의 지연손해에 관하여 화해조항에 별도의 정함이 없으면 변제기 후의 지연손해는 법정이율에 의하여야 한다.(대판 1981.9.8, 80다2649)

12. 제소전화해조서의 효력을 다툴 수 있는 방법 재판상 화해조서 또는 제소전화해조서는 확정판결과 같은 효력이 있어 당사자 사이에 기판력이 생기는 것이므로 재심 또는 준재심의 절차에서 취소 또는 변경되지 않는 한 그 화해의 효력은 다툴 수 없다.(대판 1990.12.11, 90다카24953)

제386조【화해가 성립된 경우】 화해가 성립된 때에는 법원사무관등은 조서에 당사자, 법정대리인, 청구의 취지와 원인, 화해조항, 날짜와 법원을 표시하고 판사와 법원사무관등이 기명날인 또는 서명한다. (2017.10.31 본조개정)

■ 조서(152-160), 소송상화해(220), 청구의 취지·원인(249①·262), 화해의 비용(106·389)

제387조【화해가 성립되지 아니한 경우】① 화해가 성립되지 아니한 때에는 법원사무관등은 그 사유를 조서에 적어야 한다.

② 신청인 또는 상대방이 기일에 출석하지 아니한 때에는 법원은 이들의 화해가 성립되지 아니한 것으로 볼 수 있다.

③ 법원사무관등은 제1항의 조서등본을 당사자에게 송달하여야 한다.

■ ① 조서(152-160), 화해조서의 효력(220, 민집56·57), ② 불출석(148·268), 화해비용(389), 화해불성립과 시효중단(민173), ③ 송달(174-197)

1. 화해조서는 작성하지 아니한 채 쌍방이 위 화해약정 내용

대로 이행하면 될 것으로 생각하고 계속 중인 소송을 청구의 인낙에 의하여 종료시킨 경우의 효력 소송 계속 중에 당사자 쌍방이 소송상 화해를 하기로 하고 화해내용을 서면에 정하여 법정에 제출하였으나, 담당 재판부가 화해내용이 계속 중인 소송물과 다소 차이가 있어 화해조서는 작성하지 아니한 채 쌍방이 위 화해약정내용대로 이행하면 될 것으로 생각하고 계속 중인 소송을 청구의 인낙에 의하여 종료시킨 경우, 소송상의 화해는 성립하였다 할 수 없고, 다만 당사자 쌍방은 여전히 위 화해약정내용대로 이를 이행하여야 할 사법상 의무가 남은 것이다.(대판 1991.6.14, 90다16825)

제388조 【소제기신청】 ① 제387조의 경우에 당사자는 소제기신청을 할 수 있다.

② 적법한 소제기신청이 있으면 화해신청을 한 때에 소가 제기된 것으로 본다. 이 경우 법원사무관등은 바로 소송기록을 관할법원에 보내야 한다.

③ 제1항의 신청은 제387조제3항의 조서등본이 송달된 날부터 2주 이내에 하여야 한다. 다만, 조서등본이 송달되기 전에도 신청할 수 있다.

④ 제3항의 기간은 불변기간으로 한다.

■ ① 화해의 불성립(387), ② 소제기(248), 관할법원(2-5·28, 법조7), 법원사무관 등(법조53), ③ 조서등본의 송달(387③), 조서(152-160·220, 민집57), ④ 불변기간(172·173)

제389조 【화해비용】 화해비용은 화해가 성립된 경우에는 특별한 합의가 없으면 당사자들이 각자 부담하고, 화해가 성립되지 아니한 경우에는 신청인이 부담한다. 다만, 소제기신청이 있는 경우에는 화해비용을 소송비용의 일부로 한다.

■ 비용부담(106)

제3편 상 소

제1장 항 소

제390조 【항소의 대상】 ① 항소(抗訴)는 제1심 법원이 선고한 종국판결에 대하여 할 수 있다. 다만, 종국판결 뒤에 양 쪽 당사자가 상고(上告)할 권리를 유보하고 항소를 하지 아니하기로 합의한 때에는 그러하지 아니하다.

② 제1항 단서의 합의에는 제29조제2항의 규정을 준용한다.

■ ① 항소의 금지(391·490①), 부대항소(403-405), 참가인의 항소(76), 종국판결(198·200), 항소심(법조28), 비약상고의 대상(422), ② 서면에 의한 합의관할(29②)

▶ 항소의 대상

1. 가분채권의 일부 청구에 관하여 전부 승소한 채권자가 나머지 부분에 관한 청구의 확장을 위하여 항소할 수 있는지 여부(적극) 가분채권에 대한 이행청구의 소를 제기하면서 그것이 나머지 부분을 유보하고 일부만 청구하는 것이라는 취지를 명시하지 아니한 경우에는 그 확정판결의 기판력은 나머지 부분에까지 미치는 것이어서 별소로써 나머지 부분에 관하여 다시 청구할 수는 없으므로, 일부 청구에 관하여 전부 승소한 채권자는 나머지 부분에 관하여 청구를 확장하기 위한 항소가 허용되지 아니한다면 나머지 부분을 소구할 기회를 상실하는 불이익을 입게 되고, 따라서 이러한 경우에는 예외적으로 전부 승소한 판결에 대해서도 나머지 부분에 관하여 청구를 확장하기 위한 항소의 이익을 인정함이 상당

하다.(대판 1997.10.24, 96다12276)

2. 재산적 손해와 위자료 등에 관하여 하나로 선고된 판결에 대하여 그 손해가 일정 금액 부분에 대해서만 항소한 경우의 심판 범위 인신사고로 인한 손해배상청구 소송과 같이 소송물이 다른 재산적 손해와 위자료 등에 관한 청구가 하나의 판결로 선고되는 경우, 당사자 일방이 그 소송물의 범위를 특정하지 아니한 채 일정 금액 부분에 대하여만 항소하였다면, 그 불복하는 부분을 특정할 수 있는 등의 특별한 사정이 없는 한 불복범위에 해당하는 재산적 손해와 위자료에 관한 청구가 모두 항소심에 이심되어 항소심의 심판의 대상이 된다.(대판(전) 1996.7.18, 94다20051)

3. 독립당사자참가인의 청구와 원고의 청구가 모두 기각되고 원고만이 항소한 경우 제1심 판결 전체의 확정 차단 여부(적극) 독립당사자참가 신청이 있으면 반드시 각 그 청구 전부에 대하여 1개의 판결로써 동시에 재판하지 않으면 아니 되고 일부판결이나 추가판결은 허용되지 않으므로, 독립당사자참가인의 청구와 원고의 청구가 모두 기각되고 원고만이 항소한 경우에 제1심판결 전체의 확정이 차단되고 사건 전부에 관하여 이심의 효력이 생기는 것이므로 독립당사자참가인도 항소심에서의 당사자라고 할 것이다.(대판 1981.12.8, 80다577)

4. 형식에 어긋나는 결정 또는 명령의 효력 결정 또는 명령으로써 재판을 할 수 없는 사항에 관하여 결정 또는 명령으로써 재판을 한 경우 이에 대하여는 불복하는 당사자가 구 민소 411조에 의하여 항고를 할 수 있고, 위 항고에 대하여 법원이 구 417조에 의한 재도의 고안에 의거하여 스스로 원판결을 취소하여 다시 상당한 재판을 하거나 항고법원이 원판결을 취소하고 원법원에 환송하여 원법원이 상당한 재판을 할 수 있을 뿐이요 그 방식 위배의 재판 자체는 무효가 아니다.(대판 1957.12.26, 4289민상346)

5. 항소심의 환송판결이 종국판결인지의 여부 항소심의 환송판결은 종국판결이므로 고등법원의 환송판결에 대하여는 대법원에 상고할 수 있다(환송판결은 중간판결로서 상고의 대상이 되지 않는다고 한 종전의 판결은 이를 변경한다).(대판(전) 1981.9.8, 80다3271)

6. 소제기 전에 이미 사망한 자를 당사자로 한 제1심판결과 재산상속인이 수계신청과 동시에 한 항소의 효력 소제기 전에 이미 사망한 자를 당사자로 한 제1심판결은 당연무효이며 망인의 재산상속인이 수계신청과 동시에 항소를 한 경우에는 수계신청을 할 수 없어 수계신청과 동시에 한 항소도 부적법하므로 이를 각하한 것은 정당하다.(대판 1971.2.9, 69다1741)

▶ 불항소의 합의

7. 소송 계속 중 당사자 쌍방이 판결 선고 전에 미리 상소하지 아니하기로 하는 불상소 합의의 방식 구체적인 사건의 소송 계속 중 그 소송 당사자 쌍방이 판결 선고 전에 미리 상소하지 아니하기로 합의하였다면 그 판결은 선고와 동시에 확정되는 것이므로, 이러한 합의는 소송당사자에 대하여 상소권의 사전포기와 같은 중대한 소송법상의 효과가 발생하게 되는 것으로서 반드시 서면에 의하여야 할 것이며, 그 서면의 문언에 의하여 당사자 쌍방이 상소를 하지 아니한다는 취지가 명백하게 표현되어 있을 것을 요한다. 그런데 당사자 쌍방이 소송 계속 중 작성한 서면에 불상소 합의가 포함되어 있는지 여부의 해석을 둘러싸고 이견이 있는 그 서면에 나타난 당사자의 의사해석이 문제로 되는 경우, 이러한 불상소 합의와 같은 소송행위의 해석은 일반 실체법상의 법률행위와는 달리 내심의 의사가 아닌 철저한 표시주의와 외관주의에 따라 그 표시를 기준으로 하여야 하고 표시된 내용과 저촉되거나 모순되어서는 아니 될 것이며, 다만 당해 소송제도의 목적과 당사자의 권리구제의 필요성 등을 고려

할 때 그 소송행위에 관한 당사자의 주장 전체를 고찰하고 그 소송행위를 하는 당사자의 의사를 참작하여 객관적이고 합리적으로 소송행위를 해석할 필요는 있고, 따라서 불상소의 합의처럼 그 합의의 존부 판단에 따라 당사자들 사이에 이해관계가 극명하게 갈리게 되는 소송행위에 관한 당사자의 의사해석에 있어서는, 표시된 문언의 내용이 불분명하여 당사자의 의사해석에 관한 주장이 대립할 소지가 있고 나아가 당사자의 의사를 참작한 객관적·합리적 의사해석과 외부로 표시된 행위에 추단되는 당사자의 의사조차도 불분명하다면, 가급적 소극적 입장에서 그러한 합의의 존재를 부정할 수밖에 없을 것이다.(대판 2002.10.11, 2000다17803)

8. 불항소 합의의 효력 구체적인 어느 특정 법률관계에 관하여 당사자 쌍방이 제1심판결선고 전에 미리 항소하지 아니하기로 합의하였다면, 제1심판결은 선고와 동시에 확정되는 것이므로 그 판결 선고 후에는 당사자의 합의에 의하더라도 그 불항소 합의를 해제하고 소송 계속을 부활시킬 수 없음은 소론과 같다 할 것이나, 불항소의 합의는 심급제도의 이용을 배제하여 간이신속하게 분쟁을 해결하고자 하는 당사자의 의사를 존중하여 인정되는 제도이므로, 당사자의 일방만이 항소를 하지 아니하기로 약정하는 합의는 공평에 어긋나 불항소 합의로서의 효력이 없다. 그런데 이 사건 원, 피고 사이의 합의는 제1심법원에서 피고 패소판결이 선고되면 피고가 이에 대하여 항소를 제기하지 않겠다는 내용으로만 되어 있어 위 불항소의 합의로서 효력이 없을 뿐만 아니라, 가사 위 합의를 항소포기의 약정으로 본다 하더라도 항소권의 포기는 불이익한 판결에 대하여 그 심사 변경을 구할 이익이 있는 항소권자가 법원에 대하여 서면으로 그 권리를 포기하는 의사를 표시하는 단독행위이므로, 항소포기의 의사를 표시하는 서면이 법원에 제출되기 전에 그 약정을 해제하기로 다시 합의하고 항소를 제기하였다면 굳이 그 합의 해제의 효력을 부인할 이유는 없을 것이다.(대판 1987.6.23, 86다카2728)

9. 불항소 합의의 유무가 직권조사 사항인지 여부(적극) 불항소 합의의 유무는 항소의 적법요건에 관한 것으로서 법원의 직권조사 사항이다.(대판 1980.1.29, 79다2066)

▶ **항소의 이익**

10. 판결이유에만 불만이 있는 경우의 상소의 이익 유무(소극) 상소는 자기에게 불이익한 재판에 대하여 자기에게 유리하게 취소변경을 구하기 위하여 하는 것이고, 재판이 상소인에게 불이익한 것인지 여부는 원칙적으로 재판의 주문을 표준으로 하여 판단하여야 하는 것이어서, 재판의 주문상 청구의 인용 부분에 대하여 불만이 없다면 비록 그 판결 이유에 불만이 있더라도 그에 대하여는 상소의 이익이 없다.(대판 2004.7.9, 2003므2251, 2268)

11. 전부 승소한 판결에 불복하여 상소할 수 있는지 여부(소극) 상소는 자기에게 불이익한 재판에 대하여 자기에게 유리하도록 그 취소·변경을 구하는 것이므로 전부 승소한 원심판결에 대한 불복 상고는 상고를 제기할 이익이 없어 허용될 수 없다.(대판 2003.7.22, 2001다76298)

12. 상소인에게 불이익한 재판인지 여부에 대한 판단기준 상소는 자기에게 불이익한 재판에 대하여서만 제기할 수 있는 것이고, 재판이 상소인에게 불이익한 것인지의 여부는 재판의 주문을 표준으로 하여 상소제기 당시를 기준으로 판단하여야 한다.(대판 1994.11.4, 94다21207)

제391조【독립한 항소가 금지되는 재판】 소송비용 및 가집행에 관한 재판에 대하여는 독립하여 항소를 하지 못한다.

■ 소송비용(98~116), 가집행에 관한 재판(213~215), 소송비용재판의 누락(212②③)

1. 소송대리권의 흠결로 무권대리인이 소송비용 부담의 재판을 받은 경우와 그 불복방법 소송대리인에게 대리권이

없다는 이유로 소가 각하되고 구 민소 99조의 규정에 의하여 소송대리인이 소송비용 부담의 재판을 받은 경우에는, 일반적인 소송비용 부담의 경우와는 달리 소송비용을 부담하는 자가 본안의 당사자가 아니어서 소송비용의 재판에 대하여 독립한 상소를 금지하는 구 민소 361조, 395조, 413조의 규정이 적용된다고 볼 것은 아니라고 할 것이나, 소송비용 부담의 재판에 의하여 소송대리인이 소송의 당사자가 되는 것은 아니고 법원으로서도 당사자 사이에서 분쟁에 관하여 재판을 한 것이라고 할 수 없으므로, 소송대리인으로서는 법원 자체에 대하여 제기할 수 있는 즉시항고나 재항고에 의하여 불복하는 것은 별론으로 하고, 당사자 등을 상대방으로 한 항소나 상고를 제기할 수는 없다.(대판 1997.10.10, 96다48756)

2. 소송비용의 재판에 대한 불복이 허용되는 경우 소송비용의 재판에 대한 불복은 본안의 재판에 대한 상소의 전부 또는 일부가 이유 있는 경우에 한하여 허용되고, 본안의 상소가 이유 없는 경우에는 허용되지 아니한다.(대판 1996.1.23. 95다38233)

3. 본조의 위헌 여부(1)(소극) 구 민소 361조가 소송비용의 재판에 대하여 독립하여 상소할 수 없다고 규정한 것은 본안의 재판에 대하여 불만이 없는 사람에게 부수적 재판인 비용부담의 재판에 관하여 따로 불복을 신청할 수 있게 하면 그 비용부담의 적정 여부를 가리기 위하여 다시 본안재판의 적정 여부까지 가려 보아야 하는 본말을 전도하는 현상이 생기게 되므로 본안재판에 대한 불복과 함께 하는 것이 아니면 허용하지 아니한다는 취지이고, 그 규정이 헌 23조 1항과 27조 1항에 위반되는 것이 아니다.(대결 1991.12.30, 91마726)

4. 본조의 위헌 여부(2)(소극) 이미 확정된 본안재판의 법적 안정성을 유지하고 상호 모순되는 재판을 방지하며 불필요한 상소로 인한 법원의 부담을 경감하고자 하는 구 민소 361조의 입법목적은 정당하고, 이를 달성하기 위하여 소송비용의 재판에 대하여 상소할 수 있는 권리를 일정한 경우로 제한하는 방법을 택한 것은 적정하며, 위 법률조항이 본안재판에 대한 불복과 함께 소송비용의 재판에 불복하는 것까지 봉쇄하는 것이 아닌 점 등을 종합하면, 입법자가 위 조항을 제정함에 있어 입법재량을 현저하게 불합리하게 또는 자의적으로 행사하였다고 볼 수 없으므로 위 조항이 헌 27조 1항에 위배된다고 할 수 없다. 위 법률조항이 소송비용에 대한 독립적인 상소를 제한함으로써 간접적으로 소송비용청구권을 제한한 것은, 위에서 본 입법목적의 정당성과 그 방법의 적정성 등에 비추어 볼 때 재산권의 본질적인 내용을 침해하는 것이라거나 재산권을 과도하게 침해하는 것으로 보이지 아니하므로 헌 23조 1항에 위배된다고 할 수도 없다.(헌재 1996.2.29, 92헌바8)

5. 상소심에서 본안의 종국판결 중 가집행선고 부분만을 시정하는 판단의 가부(소극) 본안과 더불어 상소된 가집행선고의 재판에 잘못이 있어도 본안 사건에 대한 상소가 이유 없다고 판단되는 경우에는 가집행선고의 재판을 시정하는 판단을 할 수 없다.(대판 1981.10.24, 80다2846, 2847)

제392조【항소심의 판단을 받는 재판】 종국판결 이전의 재판은 항소법원의 판단을 받는다. 다만, 불복할 수 없는 재판과 항고(抗告)로 불복할 수 있는 재판은 그러하지 아니하다.

■ 종국판결(198·200), 종국판결 전의 재판(138·140~143·149·201·246·263), 불복할 수 없는 재판(28②·47·337③·380·500③, 민집47③), 항고로 불복할 수 있는 재판(73③·107③·110③·121·125④·211③·254③·302·317②·348·360③·366②·370②·402③·439·440·441②·471②·488, 민집129②·299③)

1. 위헌제청신청을 기각하는 하급심의 결정에 대하여 독립하여 불복할 수 있는지 여부(소극) 어떤 특정한 법률규정이 헌법에 위배된다는 이유로 제기된 위헌여부제청신청에 대하

여 그 법률규정이 위헌이 아니라는 이유로 그 위헌제청신청을 기각하는 하급심의 결정은 중간재판적 성질을 가지는 것으로서 이는 본안에 대한 하급심판결이 상소되었을 때에 이와 함께 그 판단도 상소심의 판단을 받는 데 불과하고, 위 결정에 대하여 독립하여 항고, 재항고를 할 수는 없다.(대결 1986.7.18, 85모49)

2. 피고경정허가결정의 당부가 항소심 법원의 판단대상인지 여부(소극) 구 민소 234조의2에 의하여 피고경정신청을 허가하는 제1심 법원의 결정에 대하여는 같은 법 234조의3 3항에 의하여 종전의 피고가 이에 대한 동의가 없었음을 사유로 하는 경우에 한하여 즉시항고를 할 수 있는 이외에는 달리 불복할 수 없다고 보아야 하고, 더우이 피고경정신청을 한 원고가 그 허가결정의 부당함을 내세워 불복하는 것은 허용될 수 없다 할 것이므로, 이러한 허가결정의 당부는 같은 법 234조의3 3항에 의한 즉시항고 외에는 불복할 수 없는 종국판결 전의 재판에 관한 것이어서 같은 법 362조 단서에 의하여 항소심 법원의 판단대상이 되지 아니한다.(대판 1992.10.9, 92다25533)

3. 소송인수신청을 각하하는 결정이 상고심의 판단 대상이 되는지 여부(소극) 소송인수신청을 각하하는 결정에 대하여는 신청인이 항고할 수 있고, 이와 같이 항고로써 불복을 신청할 수 있는 재판은 상고심법원의 판단 대상이 되지 않는다.(대판 1995.6.30, 95다12927)

4. 주위적 청구를 배척하면서 예비적 청구에 대하여 판단하지 아니하는 판결의 허용 여부(적극) 예비적 병합의 경우에는 수개의 청구가 하나의 소송절차에 불가분적으로 결합되어 있기 때문에 주위적 청구를 먼저 판단하지 않고 예비적 청구만을 인용하거나 주위적 청구만을 배척하고 예비적 청구에 대하여 판단하지 않는 등의 일부판결은 예비적 병합의 성질에 반하는 것으로서 법률상 허용되지 아니하며, 그럼에도 불구하고 주위적 청구를 배척하면서 예비적 청구에 대하여 판단하지 아니하는 판결을 한 경우에는 그 판결에 대한 상소가 제기되면 판단이 누락된 예비적 청구 부분도 상소심으로 이심이 되고 그 부분이 재판의 탈루에 해당하여 원심에 계속 중이라고 볼 것은 아니다.(대판 (全) 2000.11.16, 98다22253)

제393조【항소의 취하】① 항소는 항소심의 종국판결이 있기 전에 취하할 수 있다.
② 항소의 취하에는 제266조제3항 내지 제5항 및 제267조제1항의 규정을 준용한다.

■ ① 취하의 능력(56②), 항소 취하와 부대항소(403·404), 소송비용(114), ② 소 취하의 방식(266③~266⑤), 소 취하의 효과(267①)

1. 항소의 하자를 주장할 수 있는지 여부 항소 취하의 의사표시에는 조건을 붙일 수 없으며 또 그 의사표시가 본법 422조 1항 5호에 해당되는 타인의 행위로 인하여 이루어진 것이 아닌 이상 설사 사기 강박 등 외부에서 알 수 없는 하자를 내포한 경우라도 그 하자를 이유로 이를 취소하거나 이의 무효를 주장할 수 없다.(대판 1967.10.31, 67다204)

2. 항소 취하의 취소 여부 민사소송에 있어 소 또는 항소(항고심판 청구)의 취하는 하자있는 의사표시 또는 착오로 인한 의사표시라는 이유로 취소할 수 없다.(대판 1970.6.30, 70후7)

3. 상고취하서에 날인하여 교부할 때의 약속 불이행과 그 하의 효력 상고인 자신이 상고취하서에 그 인장을 날인하여 소외인에게 교부하였다면 위 상고취하서의 그 제출에 관하여 위 소외인과의 사이에 이루어진 약속이 이행되지 않은 채 제출되었다 하더라도 이를 상고인의 의사에 반하여 제출된 것이라고는 할 수 없다.(대판 1970.10.23, 69다2046)

4. 항소 취하 시 상대방의 동의 요부(소극) 항소심에서의 항소 취하는 상대방의 동의가 필요 없다. 필요적 공동소송이 아닌 사건에서 공동소송의 한 사람에 대한 원고의 항소 취

하의 효력을 다른 피고가 다툴 수는 없다.(대판 1971.10.22, 71다1965)

5. 항소의 취하와 상대방에 대한 항소취하서의 송달 민사소송법상의 소송행위에는 특별한 규정이나 특별한 사정이 없는 한 민법상의 법률행위에 관한 규정이 적용될 수 없는 것이므로 사기, 강박 또는 착오 등 의사표시의 하자를 이유로 그 무효나 취소를 주장할 수 없다. 적법한 항소취하서가 제출되면 그때에 취하의 효력이 발생하는 것이고, 구 민소 363조 2항에서 같은 법 239조 4항을 준용하여 항소취하서를 상대방에게 송달하도록 한 취지는 항소 취하를 알려주라는 뜻이지 그 통지를 항소 취하의 요건 내지 효력으로 한다는 취지는 아니다.(대판 1980.8.26, 80다76)

6. 보조참가인이 제기한 항소를 피참가인이 취하할 수 있는지 여부(적극) 구 민소 70조 2항 규정의 취지는 피참가인들의 소송행위와 보조참가인들의 소송행위가 서로 저촉될 때는 피참가인의 의사가 우선하는 것을 뜻하는 것이라 할 것이므로 피참가인은 참가인의 행위와 저촉되는 행위를 할 수 있고 따라서 보조참가인이 제기한 항소를 포기 또는 취하 할 수도 있다.(대판 1984.12.11, 84다카659)

7. 판결정본 송달 전에 제기한 상소의 취하와 판결의 확정 여부(소극) 판결 선고 후 그 판결정본이 당사자에게 송달되지 않았다면 불변기간인 상소제기기간은 적법하게 진행될 수 없으므로 당사자가 그 판결정본을 송달받기 전에 상소를 제기하였다가 그 후 취하하였다고 하여도 그 판결이 확정되지 않는다.(대판 1991.4.23, 90다14997)

8. 항소심에서 소의 교환적 변경이 이루어진 뒤에 한 항소 취하의 효력 피고의 항소로 인한 항소심에서 소의 교환적 변경이 적법하게 이루어졌다면 제1심판결은 소의 교환적 변경에 의한 소 취하로 실효되고, 항소심의 심판대상은 새로운 소송으로 바뀌고 항소심이 사실상 제1심으로 재판하는 것이 되므로, 그 뒤에 피고가 항소를 취하한다 하더라도 항소 취하는 그 대상이 없어 아무런 효력을 발생할 수 없다.(대판 1995.1.24, 93다25875)

9. 항고 취하의 종기 항소는 항소심의 종국판결이 있기 전까지 취하할 수 있는바, 항고법원의 소송절차에는 항소에 관한 규정이 준용되므로(민소 393조 1항, 443조 1항), 항고 역시 항고심의 결정이 있기 전까지만 취하할 수 있다.(대결 2004.7.21, 2004마535)

10. 본가가 부대항소인의 항소심 재판을 받을 권리를 침해한 것인지 여부(소극) 환송 후 항소심에서 항소인이 임의로 항소를 취하하여 결과적으로 부대항소인인 청구인이 항소심 판단을 다시 받지 못하게 되었다고 하더라도 이는 부대항소의 종속성에서 도출되는 당연한 결과이므로 이것 때문에 항소심의 재판을 받을 청구인의 권리가 침해된 것으로 볼 수는 없다. 부대항소에 종속성을 부여하는 제도가 만일 불합리한 것이라면 그 결론이 문제로 달라질 여지가 있을지 모르지만 그러한 불합리를 인정할 수 없기 때문에 결론은 달라지지 않는다.(헌재 2005.6.30, 2003헌바117)

11. 항소기간 경과 후에 항소가 취하된 경우 제1심판결이 확정되는 시기(=항소기간 만료 시) **및 항소기간 경과 전에 항소가 취하된 경우 항소기간 내에 다시 항소 제기가 가능한지 여부**(적극) 항소가 취하되면 소송은 처음부터 항소심에 계속되지 아니한 것으로 보게 되나, 항소 취하의 경우에는 소의 취하나 항소권의 포기와 달리 제1심 종국판결이 유효하게 존재하므로, 항소기간 경과 후에 항소가 취하된 경우에는 항소기간 만료 시로 소급하여 제1심판결이 확정되며, 항소기간 경과 전에 항소가 취하된 경우에는 판결은 확정되지 아니하고 항소기간 내라면 항소인은 다시 항소를 제기할 수 있다.(대판 2016.1.14, 2015므3455)

12. 병합된 수개의 청구 전부에 대하여 불복한 항소에서 그 중 일부 청구에 대한 불복신청을 철회한 경우의 효과 및 이 때 항소 자체의 효력에 영향이 있는지 여부(소극) 항소의

취하는 항소의 전부에 대하여 하여야 하고 항소의 일부 취하는 효력이 없으므로 병합된 수개의 청구 전부에 대하여 불복한 항소에서 그중 일부 청구에 대한 불복신청을 철회하였더라도 그것은 단지 불복의 범위를 감축하여 심판의 대상을 변경하는 효과를 가져 오는 것에 지나지 아니하고, 항소인이 항소심의 변론종결 시까지 언제든지 서면 또는 구두진술에 의하여 불복 범위를 다시 확장할 수 있는 이상 항소자체의 효력에 아무런 영향이 없다.(대판 2017.1.12, 2016다241249)

제394조【항소권의 포기】 항소권은 포기할 수 있다.

▣ 포기의 방식(395), 항소의 취하와 부대항소(403)

1. 항소권 포기의 법적 성질 항소권의 포기는 불이익한 판결에 대하여 그 심사 변경을 구할 이익이 있는 항소권자가 법원에 대하여 서면으로 그 권리를 포기하는 의사를 표시하는 단독행위이므로, 항소포기의 의사를 표시하는 서면이 법원에 제출되기 전에 그 약정을 해제하기로 다시 합의하고 항소를 제기하였다면 그 합의 해제의 효력에 따라 위 항소는 적법하다.(대판 1987.6.23, 86다카2728)

2. 전부 패소한 당사자의 항소권 포기와 제1심판결의 확정 상대방이 전부 승소하여 항소의 이익이 없는 경우에는 항소권을 가진 패소자만 항소포기를 하면 비록 상대방의 항소기간이 만료하지 않았더라도 제1심판결은 확정된다.(대결 2006.5.2, 2005마933)

제395조【항소권의 포기방식】 ① 항소권의 포기는 항소를 하기 이전에는 제1심 법원에, 항소를 한 뒤에는 소송기록이 있는 법원에 서면으로 하여야 한다.
② 항소권의 포기에 관한 서면은 상대방에게 송달하여야 한다.
③ 항소를 한 뒤의 항소권의 포기는 항소취하의 효력도 가진다.

▣ ① 항소권의 포기(394), ② 송달(174-193), ③ 항소의 취하(393)

1. 항소권 포기의 효력발생시기 민소 395조 1항은 "항소권의 포기는 항소를 하기 이전에는 제1심법원에, 항소를 한 뒤에는 소송기록이 있는 법원에 서면으로 하여야 한다."고 규정하고 있는바, 그 규정의 문언과 취지에 비추어 볼 때 항소를 한 뒤 소송기록이 제1심법원에 있는 동안 제1심법원에 항소권포기서를 제출한 경우에는 제1심법원에 항소권포기서를 제출한 즉시 항소권 포기의 효력이 발생한다고 봄이 상당하다.(대결 2006.5.2, 2005마933)

2. 항소권 포기합의를 서면으로 제출하지 않은 경우와 비약상고 상고는 고등법원이 선고한 종국판결과 지방법원 본원합의부가 제2심으로서 선고한 종국판결에 대하여 하는 것이고, 제1심의 종국판결에 대하여는 그 종국판결 후 당사자 쌍방이 상고할 권리를 유보하고 항소를 하지 아니하기로 합의한 때에 한하여 비약적 상고를 할 수 있을 뿐임이 구민소 392조, 360조 1항 단서의 법의에 비추어 명백하다. 그리고 이 경우 위 합의에는 구 민소 360조 2항에 의하여 같은 법 26조 2항의 규정이 준용되는 결과 그 합의는 반드시 서면으로 하도록 되어 있다. 그런데 이 사건에서 원고는 제1심 판결에 대하여 상고를 하면서 구 민소 360조 1항 단서의 합의에 관한 서면을 제출한 바 없으므로 이 사건 상고는 부적법한 것으로서 그 흠결을 보정할 수 없는 경우라고 할 것이다.(대판 1995.4.28, 95다7680)

3. 항소제기 후 제1심법원에 제출한 항소포기서의 효력 구민소 365조 1항 및 3항 규정에 비추어 항소제기 후의 항소권포기는 항소를 제기하지 아니하여 항소기간을 도과하여 항소권이 소멸한 경우와는 달리 항소심판결의 선고 시까지는 언제나 할 수 있는 것이며, 위 항소권포기서를 제1심법원

에 제출하였다 하여도 동 서면이 기록에 편철되어 항소법원에 도착하면 그때 항소권포기의 효력이 생기고 따라서 항소취하의 효력도 있다.(대판 1984.12.11, 84다카659)

제396조【항소기간】 ① 항소는 판결서가 송달된 날부터 2주 이내에 하여야 한다. 다만, 판결서 송달 전에도 할 수 있다.
② 제1항의 기간은 불변기간으로 한다.

▣ 판결서의 송달(210), 기간의 계산(170), 불변기간(172·173)

1. 피고의 주소지를 허위로 기재하여 판결을 송달케 한 경우와 소송행위의 추완 소송행위의 추완은 당사자가 책임질 수 없는 사유로 인하여 불변기간이 적법하게 진행되었음을 전제로 하는 것이므로 원고가 소장에 피고의 주소를 허위로 기재하여 소송관계 서류 및 제1심 판결을 그곳으로 송달케 하였다면 그러한 송달은 효력이 없는 것이어서 불변기간인 상소제기 기간은 적법하게 진행될 수 없는 것이므로 소송행위의 추완의 문제는 나올 수 없다.(대판 1980.11.11, 80다1182)

2. 판결정본이 공시송달된 경우 항소기간을 준수하지 못한 책임이 피고에게 있는지 여부 피고는 구 주소에서 신 주소로 이사를 하면서 구 주소 관할 우체국에 주소이전신고를 하였고 따라서 그 이후 소장부본 등을 송달하게 된 우편집배원은 피고가 이사한 사실을 이미 알고 있었으므로 이러한 경우 우편집배원으로서는 관련 송무예규('우편집배원에 대한 교육' 송일 79-3, 개정 1999. 4. 16. 송무예규 제712호)에 따라 우편송달통지서의 송달장소란에 '이사하여 전송'이라고 기재하여 송달받을 자가 법원사무관 등이 송달할 장소로 기재한 곳에서 다른 곳으로 이사한 사실을 우편송달통지서에 나타냈어야 함에도(아울러 신 주소를 함께 기재하였다면 바람직했을 것이다.) 소장부본 등의 우편송달통지서의 송달장소란에 그러한 기재 없이 단지 '교하우체국 창구교부'라고만 기재한 잘못이 있고, 그 결과 제1심법원의 법원주사보는 피고가 구 주소에서 소장부본 등을 송달받은 것으로 오인하여 제1회 변론기일소환장을 구 주소로 송달하였다가 주소이전신고로 인한 3개월의 전송기간이 경과되어 이사불명의 사유로 송달불능되자 등기우편에 의한 발송송달을 하게 됨으로써 결과적으로 그 송달이 잘못되었고, 나아가 제1심 판결정본이 공시송달의 방법으로 송달되는 데까지 이르게 됨으로써 그로 인하여 피고가 불변기간인 항소기간을 준수하지 못하게 된 것인 이상 이는 피고의 책임 있는 사유보다도 우편집배원의 불성실한 업무처리에 기인한 것이라고 보아야 한다.(대판 2003.6.10, 2002다67628)

3. 변론기일에는 빠짐없이 출석하여 정상적으로 소송을 수행하였으나 판결정본이 공시송달됨으로 인하여 판결 선고사실을 알지 못한 당사자에게 추완항소를 허용한 사례 제1심 소송절차에서 한 번도 빠짐없이 변론기일에 출석하여 소송을 수행하였는데 법원이 직권으로 선고기일을 연기하면서 당사자에게 이를 통지하는 절차를 누락하였고 판결정본에 관하여는 한여름 휴가철에 연속하여 송달하였으나 폐문부재로 송달불능되자 이를 공시송달한 사안에서, 당사자로서는 선고기일과 멀지 않은 날짜에 법원에 가서 판결정본을 직접 수령하기 전까지는 자기가 책임을 질 수 없는 사유로 판결선고 사실을 알 수 없었다고 봄이 상당하고, 정상적으로 소송을 수행하여 오던 당사자가 원래 예정된 선고기일 직후의 재판진행상황을 그 즉시 알아보지 아니함으로써 불변기간을 준수하지 못하게 되었다 할지라도 그 책임을 당사자에게 돌릴 수 없다고 보아 추완항소를 허용할 수 있다.(대판 2001.2.23, 2000다19069)

4. 판결정본이 적법하게 송달되지 않은 경우의 항소기간의 진행 여부(소극) 제1심 판결정본의 적법하게 송달된 바 없으면 그 판결에 대한 항소기간은 진행되지 아니하므로 그 판결은 형식적으로도 확정되었다고 볼 수 없고, 따라서 소송

행위 추완의 문제는 나올 수 없으며 그 판결에 대한 항소는 제1심 판결정본 송달 전에 제기된 것으로서 적법하다.(대판 1997.5.30, 97다10345)

5. 잘못된 당사자 표시를 신뢰한 상대방 당사자가 제기한 상소의 효력 망인의 소송대리인에게 상소제기에 관한 특별수권이 부여되어 있는 경우에는 그에게 판결이 송달되더라도 소송절차가 중단되지 아니하고 상소기간이 진행하는 것이므로 상소제기 없이 상소기간이 지나가면 그 판결이 확정되는 것이지만, 망인의 소송대리인이나 상속인 또는 상대방 당사자에 의하여 적법하게 상소가 제기되면 그 판결이 확정되지 않는 것 또한 당연하다. 한편 당사자 표시가 잘못되었음에도 망인의 소송상 지위를 당연승계한 정당한 상속인들 모두에게 효력이 미치는 판결에 대하여 그 잘못된 당사자 표시를 신뢰한 망인의 소송대리인이나 상대방 당사자가 그 잘못 기재된 당사자를 상소인 또는 피상소인으로 표시하여 상소를 제기한 경우에는, 상소를 제기한 자의 합리적 의사에 비추어 특별한 사정이 없는 한 정당한 상속인들 모두에게 효력이 미치는 위 판결 전부에 대하여 상소가 제기된 것으로 보는 것이 타당하다.(대판 2010.12.23, 2007다22859)

6. 상고인이 착오로 상고장을 고등법원과 동일 청사 내에 있는 지방법원에 잘못 접수시킨 경우와 상고제기기간의 준수 상고인이 상고장에 불복대상 판결을 서울고등법원 판결로 명시하여 서울고등법원에 상고장을 제출하려는 의사를 분명히 가지고 있었으나 다만 이를 현실로 제출하면서 서울고등법원이 서울지방법원과 동일한 청사 내에 위치하고 있는 관계로 서울지방법원 종합접수과를 서울고등법원 종합접수실로 혼동, 착각하여 서울지방법원에 상고장을 접수시키고 접수담당 공무원도 이를 간과하여 접수한 경우, 접수담당 공무원이 접수 당일 착오 접수를 발견하고 지체없이 상고장을 서울고등법원으로 송부하였는지 여부와 같은 우연한 사정에 의하여 상고인의 상고제기기간 도과 여부가 결정된다는 것은 불합리하므로, 이 경우에는 상고인이 원심법원인 서울고등법원의 종합접수실로 혼동, 착각하고 서울지방법원 종합접수과에 상고장을 제출한 날을 기준으로 하여 상고제기기간 준수 여부를 가려 보는 것이 상고인의 진정한 의사에도 부합하고 상고인에게 회복할 수 없는 손해도 방지할 수 있는 타당한 처리이다.(대결 1996.10.25, 96마1590)

7. 허위주소로 소송서류가 송달되어 피고 아닌 원고가 그 서류를 받아 자백간주의 형식으로 원고 승소판결이 선고된 경우와 그 판결에 대한 항소기간의 진행 개시 여부(소극) 원고가 피고의 주소를 허위로 기재하여 소를 제기함으로써 그 허위주소로 소송서류가 송달되어 피고 아닌 원고가 그 서류를 받아 자백간주의 형식으로 원고승소의 제1심판결이 선고되고 그 판결정본 역시 허위의 주소로 보내져 송달된 것으로 처리되었다면, 제1심판결정본은 피고에게 적법하게 송달되었다고 할 수 없으므로 그 판결에 대한 항소기간은 진행을 개시하지 아니하다 할 것이어서 그 판결은 형식적으로 확정되었다고 할 수 없고, 따라서 소송행위 추완의 문제는 나올 수 없고, 피고는 제1심판결정본의 송달을 받지 않은 상태에 있다.(대판 1994.12.22, 94다45449)

8. 항소제기기간 준수 여부의 판단기준 시 항소제기기간의 준수 여부는 항소장이 제1심 법원에 접수된 때를 기준으로 하여 판단하여야 하며 비록 항소장이 항소제기기간 내에 제1심 법원 이외의 법원에 제출되었다 하더라도 항소제기의 효력이 있는 것은 아니다.(대결 1992.4.15, 92마146)

제397조【항소의 방식, 항소장의 기재사항】 ① 항소는 항소장을 제1심 법원에 제출함으로써 한다.
② 항소장에는 다음 각호의 사항을 적어야 한다.
1. 당사자와 법정대리인
2. 제1심 판결의 표시와 그 판결에 대한 항소의 취지

■ 항소제기의 능력, 대리권(56·69·90②), 항소장의 심사(402), 법정대리인(민911·949)

1. 항소장의 항소취지란에 본소청구에 관한 부분이 누락되어 있는 경우 본소 반소 전체에 관한 항소로 볼 것인지 여부(한정적극) 피고가 제출한 항소장의 항소취지란에 본소청구에 관한 부분이 누락되어 있더라도, 항소장에 본소 부분에 대한 항소에 관한 인지도 첨부되어 있고, 제1심판결의 본소 반소에 관한 사건명과 번호의 표시와 함께 제1심판결에 대하여 전부 불복하므로 항소를 제기한다는 취지가 기재되어 있으며, 그 불복하는 제1심판결의 표시란에는 본소 반소 전체에 걸친 주문 내용이 명기되어 있다면, 피고는 본소 및 반소의 재판 부분 전부에 대하여 항소한 것으로 보아야 한다.(대판 2001.4.13, 99다62036, 62043)

2. 항소장에 항소취지의 기재방법 항소장에는 당사자와 법정대리인 및 제1심판결을 표시하고, 그 판결에 대하여 항소하는 취지를 기재하면 족하고, 항소심에서의 심판의 범위를 정하게 될 불복의 정도는 항소심의 변론종결 시까지 서면 또는 구두진술에 의하여 제1심판결의 변경을 구하는 한도를 명확히 하면 되는 것이며, 굳이 이를 항소장에 미리 특정하여 기재할 필요는 없는 것이다.(대판 1994.11.25, 93다47400)

3. 항소취지의 표시정도 본소 및 반소 전부에 관하여 패소한 원고의 항소장에 의하면 원고는 패소부분 전부에 관하여 항소하고 있으므로, 비록 항소장의 항소취지 기재에 반소청구기각 표시가 누락되었다고 하더라도 반소부분도 항소가 된 것으로 볼 것이다.(대판 1981.4.14, 80다1881, 1882)

4. 상고제기기간의 준수 여부 판정시기 상고장이 대법원에 바로 제출되었다가 다시 원심법원에 송부된 경우에는 상고장이 원심법원에 접수된 때를 기준하여 상고 제기기간 준수 여부를 따져야 한다.(대판 1981.10.13, 81누230)

5. 항소장에 제1심 판결의 표시정도 구 민소 367조 2항 2호가 항소장에 제1심 판결의 표시를 요구하고 있는 것은 어떤 종국판결에 대하여 항소를 하는가를 명백히 하기 위한 것이므로 제1심판결의 표시는 다른 판결과 구별할 수 있을 정도로 표시하기만 하면 되는 것인데, 이 사건 항소장에는 항소인들이 원·피고들 간의 마산지방법원 84가합261 소유권확인 등 청구사건에 관하여 1986. 7. 4. 선고한 판결에 대하여 불복하는 것임을 기재하고 있어 비록 그 주문표시에 소론과 같은 일부의 탈루가 있다 하여도 위에서 본 제1심판결의 특정에는 아무런 장애가 없다. 나아가 항소의 취지는 기재함에 있어서도 재판의 변경을 구하는 의사가 항소장의 전체로 보아 나타나면 되는 것이고, 제1심판결에 대하여 어느 한도에서 변경을 구하느냐는 것은 항소장의 필요적 기재요건이 아니고 항소심의 변론종결 시까지 그 변경을 구하는 한도를 명확히 하면 되는 것이며 그것도 반드시 서면에만 의하여야 하는 것도 아니다.(대판 1990.5.8, 88다카30214)

제398조【준비서면규정의 준용】 항소장에는 준비서면에 관한 규정을 준용한다.
■ 준비서면(274~277)

제399조【원심재판장등의 항소장심사권】 ① 항소장이 제397조제2항의 규정에 어긋난 경우와 항소장에 법률의 규정에 따른 인지를 붙이지 아니한 경우에는 원심재판장은 항소인에게 상당한 기간을 정하여 그 기간 이내에 흠을 보정하도록 명하여야 한다. 원심재판장은 법원사무관등으로 하여금 위 보정명령을 하게 할 수 있다. (2014.12.30 본항개정)
② 항소인이 제1항의 기간 이내에 흠을 보정하지 아니한 때와, 항소기간을 넘긴 것이 분명한 때에는 원심재판장은 명령으로 항소장을 각하하여야 한다.
③ 제2항의 명령에 대하여는 즉시항고를 할 수 있다.

(2014.12.30 본조제목개정)

■ ① 재판장의 소장심사권(254①), 항소장의 기재사항(397②), ② 항소기간(396), ③ 즉시항고(444)

1. 제1심판결이 확정된 후에 항소장이 제출된 경우 원심재판장이 항소장 각하명령을 할 수 있는지 여부(적극) 민소 399조 2항에 의하면, '항소기간을 넘긴 것이 분명한 때'에는 원심재판장이 명령으로 항소장을 각하하도록 규정하고 있는바, 그 규정의 취지에 비추어 볼 때 항소권의 포기 등으로 제1심판결이 확정된 후에 항소장이 제출되었음이 분명한 경우도 이와 달리 볼 이유가 없으므로, 이 경우에도 원심재판장이 항소장 각하명령을 할 수 있는 것으로 봄이 상당하다.(대결 2006.5.2, 2005마933)

2. 인지보정명령에 따라 인지 상당액의 현금을 납부하는 경우의 인지보정의 효력발생 시기 인지 첨부 및 그에 갈음하는 현금 납부의 절차에 관한 민사인지 1조, 13조, 민사소송등인지규칙 27조 1항, 28조, 29조 1항, 2항, 송무예규인 인지의 보정명령 및 그 현금납부에 따른 유의사항 등 관계 규정을 종합할 때, 인지보정명령에 따른 인지 상당액의 현금 납부는 송달료 처리의 특례에 관한 규칙 3조에 정한 송달료 수납은행에 현금을 납부한 때에 인지보정의 효과가 발생하고, 이 납부에 따라 발부받은 영수필확인서들을 보정서 등 소송서류에 첨부하여 접수 담당 법원사무관 등에게 제출하고 또 그 접수 담당 법원사무관이 이를 소장 등 소송서류에 첨부하여 소인하는 등 행위는 소송기록상 그 납부를 확인케 하기 위한 절차에 불과하다.(대결 2000.5.22, 2000마2434)

3. 경락허가결정에 대한 항고장에 보증의 제공이 있음을 증명하는 서류를 첨부하지 아니하였다는 이유로 경매법원이 한 항고장각하결정에 대하여 즉시항고의 방법으로 불복할 수 있는지 여부 구 민사소송법은 강제집행절차에서 집행법원의 재판에 대한 불복방법으로서 즉시항고(517조)와 집행에 관한 이의(504조)를 마련하고 있는데, 그중 즉시항고는 원칙적으로 특별한 규정이 있는 경우에하여 허용되는 것이나(517조 1항), 특별한 규정이 없는 경우에도 해석상 그와 동일하게 취급되어야 한다고 인정되는 때에는 허용된다고 할 것인바, 강제집행절차에도 같은 법 413조의 규정이 적용되므로 같은 규정에 의하여 소송절차상의 항소심에 관한 같은 법 368조의2 규정이 준용된다 할 것이고, 따라서 경매부동산의 소유자 등 이해관계인이 경락허부결정에 대하여 불복하여 한 경우에 원심법원의 재판장은 그 항고장이 같은 법 413조, 367조 2항의 규정에 위배된 경우 및 그 항고장에 법률의 규정에 의한 인지를 붙이지 아니한 경우에 상당한 기간을 정하여 보정을 명하였음에도 항고인이 흠결을 보정하지 아니한 때와 항고기간이 경과하였음이 명백한 때에는 명령으로 위 항고장을 각하하여야 하고(368조의2 1항, 2항), 그 각하명령에 대하여는 즉시항고의 방법으로 불복할 수 있다고 할 것이고(368조의2 3항), 강제집행절차상의 원심재판장의 항고장각하명령과 같은 법 642조 5항 소정의 원심법원의 항고장각하결정은, 남항고의 방지와 절차의 촉진이라는 제도의 취지 및 각하됨으로 인한 이해관계인(특히 항고인)의 이해 등을 같이 하여 그 성질에 있어서 서로 다를 바가 없으므로, 항고인이 위 각하명령에 대하여 같은 법 413조, 368조의2 3항에 의하여 즉시항고의 방법으로 불복할 수 있는 것과 마찬가지로 위 각하결정에 대하여도 같은 규정에 의하여 즉시항고의 방법으로 불복할 수 있다고 보아야 한다.(대결(全) 1995.1.20, 94마1961)

4. 상고장각하명령에 대하여 그 흠결을 보정하여 불복신청을 하였을 경우 그 각하명령을 취소할 것인지 여부(소극) 원심 재판장이 상고장에 첨부할 인지의 부족액이 있음을 이유로 보정명령을 명하였으나, 이에 대하여 상고인이 보정기간 내에 일부만을 보정하자 민소 368조의2, 395조에 따라 상고장 각하명령을 한 경우, 위와 같은 상고장의 각하명령이 있은 후에는 그 부족인지액을 보정하고 불복을 신청하였다고 하더라도 그 각하명령을 취소할 수 없는 것이다.(대결 1991.1.16, 90마878)

제400조 【항소기록의 송부】 ① 항소장이 각하되지 아니한 때에 원심법원의 법원사무관등은 항소장이 제출된 날부터 2주 이내에 항소기록에 항소장을 붙여 항소법원으로 보내야 한다.

② 제399조제1항의 규정에 의하여 원심재판장등이 흠을 보정하도록 명한 때에는 그 흠이 보정된 날부터 1주 이내에 항소기록을 보내야 한다.

(2014.12.30 본항개정)

■ 항소기록송부기간(민소규127), 보정명령(399①)

1. 상소 후 본안의 소송기록이 상소심법원으로 송부되기 전에 원심법원이 한 집행정지결정에 대한 즉시항고사건의 관할법원 행정소송에서 본안판결에 대한 상소 후 본안의 소송기록이 송부되기 전에 원심법원이 한 집행정지에 관한 결정은 원심법원이 상소심법원의 재판을 대신하여 하는 2차적 판단이 아니라 그 소송기록을 보관하고 있는 원심법원이 집행정지의 필요 여부에 관하여 그 고유권한으로 하는 1차적 판단이고, 그에 대한 행소 23조 5항 본문의 즉시항고는 성질상 원심법원의 집행정지에 관한 결정에 대한 것으로서 그에 관한 관할법원은 상소심법원이다.(대결 2005.12.12, 2005무67)

제401조 【항소장부본의 송달】 항소장의 부본은 피항소인에게 송달하여야 한다.

■ 송달(174~194), 항소장부본의 송달이 불능의 경우의 처리(402)

1. 부대항소장의 송달여부와 책문권 부대항소장을 상대방에게 송달하지 아니한 경우에 상대방이 이를 알고 또는 알 수 있었음에도 불구하고 지체없이 이의를 주장하지 아니한 때에는 그 위법을 주장할 수 있는 책문권을 상실하는 것이다.(대판 1957.3.23, 4290민상81)

제402조 【항소심재판장등의 항소장심사권】 ① 항소장이 제397조제2항의 규정에 어긋나거나 항소장에 법률의 규정에 따른 인지를 붙이지 아니하였음에도 원심재판장등이 제399조제1항의 규정에 의한 명령을 하지 아니한 경우, 또는 항소장의 부본을 송달할 수 없는 경우에는 항소심재판장은 항소인에게 상당한 기간을 정하여 그 기간 이내에 흠을 보정하도록 명하여야 한다. 항소심재판장은 법원사무관등으로 하여금 위 보정명령을 하게 할 수 있다.

(2014.12.30 본항개정)

② 항소인이 제1항의 기간 이내에 흠을 보정하지 아니한 때, 또는 제399조제2항의 규정에 따라 원심재판장이 항소장을 각하하지 아니한 때에는 항소심재판장은 명령으로 항소장을 각하하여야 한다.

③ 제2항의 명령에 대하여는 즉시항고를 할 수 있다.

(2014.12.30 본조제목개정)

■ ① 항소장의 기재사항(397②), 소송기록의 송부(421), 항소장 심사와 보정명령(399①), ② 항소장의 각하(399②), ③ 즉시항고(444)

1. 항소장의 송달비용 미납에 대한 보정명령에 불응한 경우와 체당 지급절차 없이 항소장 각하명령을 할 수 있는지 여부(적극) 항소장의 송달에 필요한 비용이 예납되지 않은 경우에는 이를 항소장의 송달 불능의 상태로 보아 항소심 재판장은 상당한 기간을 정하여 그 기간 내에 그 흠결을 보정할 것을 명할 수 있고, 그 기간 내에 보정이 안 된 경우에는 항소장 각하명령을 할 수가 있으며, 항소심 재판장이 그 송달비용을 국고에서 체당 지급받아 지출하지 아니하고 항소장 각하명령을 하였다거나 항소장 각하명령에 개개의 당사

자의 성명과 주소를 기재하지 아니하였다고 하여 위법하다고 할 수 없다.(대결 1995.10.5, 94마2452)

2. 항소인에 대한 변론기일소환장의 송달불능과 항소심 재판장의 항소장각하명령 항소심 재판장이 구 민소 371조 1항 2항에 의하여 항소인에게 상당한 기간을 정하여 그 기간 내에 흠결을 보정할 것을 명하고 항소인이 그 흠결을 보정하지 않은 때에는 명령으로 항소장을 각하하는 것은, 항소장이 같은 법 367조 2항의 규정에 위배되거나 항소장에 법률의 규정에 의한 인지가 붙어 있지 아니한데도 제1심 재판장이 같은 법 368조의 2 1항에 의한 보정명령을 하지 아니한 때 및 항소장의 부본을 송달할 수 없는 때에 한하는 것이고, 항소인에 대한 변론기일소환장이 송달불능 되었다고 하더라도, 피항소인에게 항소장 부본이 적법하게 송달된 이상 항소인에 대한 변론기일소환장 등의 송달을 공시송달로 하여 변론기일을 실시함은 별론으로 하고, 항소심 재판장이 항소인에 대하여 항소인 자신의 주소를 보정할 것을 명하고, 이에 따른 보정이 없다고 하여 명령으로 항소장을 각하할 수는 없다.(대결 1995.5.3, 95마337)

3. 항소장에 인지를 첨부하지 아니하고 소송상 구조신청을 한 데 대한 기각결정 후 다시 소송상 구조신청을 한 경우와 항소장의 각하 항소인이 항소장을 제출하면서 소정의 인지를 첨부하지 아니하고 소송상 구조신청을 한 경우, 소송상 구조신청에 대한 결정이 확정되기 전에 항소장의 인지가 첨부되어 있지 아니함을 이유로 항소장을 각하하여서는 안 된다고 할 것이나, 일단 소송상 구조신청을 기각하는 결정이 확정된 후 인지 등 보정을 명하고 이를 보정하지 아니하였음을 이유로 항소장을 각하하는 것은 정당하고, 처음의 소송상 구조신청에 대한 기각결정이 확정된 후 재차 소송상 구조신청이 있었다고 하더라도 이 구조신청이 이유 있어 받아들여졌다면 모르되 그렇지 아니하는 한 다음의 구조신청에 대한 기각결정의 확정 여부와는 상관없이 항소장을 각하할 수 있다.(대결 1993.1.25, 92마1134)

4. 재판장이 상당한 기간을 주지 아니하고 주소보정을 명한 후 그 기간 내에 보정이 없다 하여 항소장을 각하한 조치의 적부 구 민소 371조 1, 2항에 의하면 항소장의 부본을 송달할 수 없을 때에는 항소심 재판장은 항소인에게 상당한 기간을 정하여 그 기간 내에 흠결을 보정할 것을 명하여야 하고, 그 흠결을 보정하지 아니할 때에는 항소장을 각하하는 명령을 하도록 규정하고 있는바, 여기에서 "상당한 기간"은 항소인이 상대방의 주소를 알아내어 보정하거나, 또는 상대방의 주소를 조사하여 보았으나 알 수 없어서 공시송달을 신청하는 데 필요한 적절하고도 합당한 기간을 가리킨다고 할 것이므로, 항소심 재판장이 상당한 기간을 주지 아니하고 주소보정을 명하고 이와 같은 상당한 기간이 지나지 아니하였는데도 항소장을 각하하는 것은 위법하다고 보아야 할 것이다.(대결 1991.11.20, 91마620, 91마621)

5. 보정할 흠결사항으로 첨부할 인지액을 전혀 표시함이 없이 막연히 "항소장의 인지첨부액"으로 기재한 보정명령의 적부 항소장에 첩용인지를 첨부하지 아니한 경우에 재판장은 첩부할 인지액을 명시하여 보정을 명하여야 하고, 보정할 흠결사항으로 인지액을 전혀 표시함이 없이 막연히 "항소장의 인지첨부액"이라고 기재한 명령은 적법한 보정명령이라고 볼 수 없으므로 당사자가 보정기간 내에 보정하지 아니하였다고 하여 항소장을 각하할 수 없다.(대결 1991.11.20, 91마616)

6. "주소불명"과 "수취인 부재"로 송달불능된 피항소인들에 대한 주소 미보정을 이유로 한 항소장각하 명령의 효력 우편송달보고서에 의하면 피항소인 갑은 "주소불명"으로, 피항소인 을은 "수취인 부재"를 배달하지 못한 사유로 기재하고 모두 송달불능이라고 하였는바, 구 민소 172조에서 보충송달과 유치송달을 규정하고 있으므로 송달 받을 자의 주소가 정당한데도 제1회 배달 시 수취인의 부재로 송달하지 못하

였다는 이유만으로 이를 송달불능이라 하여 피항소인 을에 대한 주소보정을 명한 것은 잘못이고, 또한 다른 주소가 기록상 나타나 있다면 그 주소로 소환하고 그곳으로도 송달이 되지 아니할 경우에 주소보정을 하여야 할 것임에도 불구하고 항소장에 기재된 주소가 불명하여 송달되지 아니하였다는 것만으로 이를 송달불능이라 하여 피항소인 갑에 대한 주소보정을 명한 것도 잘못이므로 결국 이 사건 주소보정을 하지 않았다는 이유로 항소장을 각하한 원심의 명령은 위법하다.(대결 1991.2.9, 90마978)

7. 항소장 부본이 송달된 후 피항소인의 주소보정명령의 가부 항소심 재판장은 항소장의 송달이 불능하여 그 보정을 명하였음에도 항소인이 이에 응하지 아니한 경우에 항소장각하명령을 할 수 있을 뿐이고, 항소장이 피항소인에게 송달되어 항소심의 변론이 개시된 후에는 피항소인에게의 변론기일 소환장 등이 송달불능된다는 이유로 그 보정을 명하고 항소인이 이에 응하지 않는다고 항소장각하명령을 할 수 없다.(대결 1981.11.26, 81마275)

8. 보정기간 공란의 보정명령의 적부 보정명령서에 보정기한이 공란으로 되어 있어 보정기간이 언제까지라고 지정된 바 없다면 이는 적법한 보정명령이라고 할 수 없다.(대결 1980.6.12, 80마160)

9. 인지보정명령의 적법한 송달 없이 한 항소장각하명령의 효력 인지보정명령의 적법한 송달 없이 한 항소장 각하명령은 위법이지만 당연 무효라고는 볼 수 없고 항소인은 구 민소 371조, 231조 2항, 412조에 의하여 즉시항고기간 내에 대법원에 재항고를 하여 그 시정을 구하여야 한다.(대판 1975.9.23, 75다1109)

10. 소장보정명령 자체에 대하여 즉시항고를 할 수 있는지 여부(소극) 재판장의 항소장 심사권에 의하여 한 재판장의 보정명령에 대하여는 항소인이 이에 불응하여 항소장의 각하명령을 기다려 이에 대하여 즉시항고를 할 수 있을 뿐 보정명령 자체에 대하여는 즉시항고를 할 수 없다고 해석되므로 재항고인의 보정명령에 대한 재항고는 부적법한 것이고, 그 흠결을 보정할 수도 없는 것이므로 재항고이유에 관한 설명을 기다릴 필요가 없이 이를 각하할 것이다.(대결 1971.3.4, 71마89)

11. 잘못 계산한 인지보정명령의 효력 항소심재판장이 항소장에 첨부할 인지부족액 계산을 잘못하여 적은 금액의 인지보정명령을 발하였고 따라 그 명령의 효력이 있다는 할 수 없고, 항소인이 보정기간 내에 액수가 적은 인지부족액마저 보정하지 아니한 경우에 항소장을 각하한 재판장의 명령은 정당하다. 그리고 구 민인지(1990.12.31.법률 제4299호로 전면개정 전) 14조의 규정은 보정명령에 따른 정당한 보정을 한 경우를 말하는 것이다.(대결 1970.7.23, 70마424)

12. 항소장각하명령 후의 보정과 불복신청의 적부 항소장각하명령을 송달받은 후에는 그 흠결사항을 보정하여 불복신청을 하여도 재도의 고려에 의하여 그 각하명령을 취소할 수 없다.(대결 1969.9.30, 69마684)

제403조【부대항소】 피항소인은 항소권이 소멸된 뒤에도 변론이 종결될 때까지 부대항소(附帶抗訴)를 할 수 있다.

■ 항소권소멸(394 · 396), 변론종결(198), 부대항소의 종속성(404), 부대항소의 방식(405)

1. 부대항소의 범위가 항소부분에 제한되는지 여부(소극) 부대항소는 피항소인의 항소권이 소멸하여 독립하여 항소를 할 수 없게 된 후에도 상대방이 제기한 항소의 존재를 전제로 이에 부대하여 원판결을 자기에게 유리하게 변경을 구하는 제도로서, 피항소인이 부대항소를 할 수 있는 범위는 항소인이 주된 항소에 의하여 불복을 제기한 범위에 의하여 제한을 받지 아니한다.(대판 2003.9.26, 2001다68914)

2. 부대상고의 제기기간 및 그 이유서의 제출기간 피상고인

은 상고권이 소멸한 후에도 부대상고를 할 수 있지만 상고이유서 제출기간 내에 부대상고를 제기하고 부대상고이유서를 제출하여야 한다.(대판 2002.12.10, 2002다52657)

3. 피고인이 항소한 사건에서 원고가 청구취지를 확장할 수 있는지 여부(적극) 피고들만이 항소한 사건에서 원고는 항소심에서 청구취지를 확장할 수 있고, 이 경우 부대항소를 한 것으로 의제된다.(대판 2008.7.24. 2008다18376)

4. 부대항소취지가 명기되지 않아도 부대항소로 의제할 수 있는지 여부(적극) 청구취지변경신청서 및 준비서면에 부대항소한다는 취지가 명기되지 않았더라도 그 기재 내용으로 보아 부대항소를 제기한 것으로 볼 수 있다.(대판 1993.4.27, 92다47878)

제404조【부대항소의 종속성】 부대항소는 항소가 취하되거나 부적법하여 각하된 때에는 그 효력을 잃는다. 다만, 항소기간 이내에 한 부대항소는 독립된 항소로 본다.

▣ 항소 취하(393), 항소장의 각하(402), 항소각하(413), 항소의 요건(390-392)

1. 환송 후 항소심에서도 부대항소의 제기 여부에 관계없이 항소를 취하할 수 있는지 여부(적극) 항소는 항소심의 종국판결이 있기 전에 취하할 수 있는 것으로서(구 민소 363조 1항), 일단 항소심의 종국판결이 있은 후라도 그 종국판결이 상고심에서 파기되어 사건이 다시 항소심에 환송된 경우에는 먼저 있은 종국판결은 그 효력을 잃고 그 종국판결이 없었던 것과 같은 상태로 돌아가게 되므로 새로운 종국판결이 있기까지는 항소인은 피항소인이 부대항소를 제기하였는지 여부에 관계없이 항소를 취하할 수 있고, 그 때문에 피항소인이 부대항소의 이익을 잃게 되어도 이는 그 이익이 본래 상대방의 항소에 종속된 은혜적인 것으로 주된 항소의 취하에 따라 소멸하는 것이어서 어쩔 수 없다 할 것이므로, 이미 부대항소가 제기되어 있다 하더라도 주된 항소의 취하는 그대로 유효하다.(대판 1995.3.10, 94다51543)

제405조【부대항소의 방식】 부대항소에는 항소에 관한 규정을 적용한다.

▣ 부대항소(403), 항소의 방식(397-402)

제406조【가집행의 선고】 ① 항소법원은 제1심 판결중에 불복신청이 없는 부분에 대하여는 당사자의 신청에 따라 결정으로 가집행의 선고를 할 수 있다.
② 제1항의 신청을 기각한 결정에 대하여는 즉시항고를 할 수 있다.

▣ 신청(161), 결정(134·221), 가집행선고(213-215), 즉시항고(444)

제407조【변론의 범위】 ① 변론은 당사자가 제1심 판결의 변경을 청구하는 한도안에서 한다.
② 당사자는 제1심 변론의 결과를 진술하여야 한다.

▣ 항소심에서의 변경의 한도(415), 결과의 진술(204②·287②)

1. 일부청구의 기각판결에 대하여 일방만이 항소한 경우 항소심에서 당해 청구권의 전반에 관하여 심리할 수 있는지 여부(적극) 1개의 청구의 일부를 기각한 제1심판결에 대하여 일방의 당사자만이 항소를 하였더라도 제1심판결의 심판대상이었던 청구 전부가 불가분적으로 항소심에 이심되나, 항소심의 심판범위는 이심된 부분 가운데 항소인이 불복신청한 한도로 제한되지만, 심판범위에 속하는 청구의 당부를 심사하기 위하여 그 청구권의 발생 등 당해 청구권의 전반에 관하여 심리하는 것은 부득이하고, 그것이 심판범위를 제한한 취지에 반하는 것이라고 할 수 없다.(대판 2003.4.11, 2002다67321)

2. 수개의 청구 중 각 일부의 인용판결에 대한 항소에서 불복하지 아니한 부분에 대한 심리의 가부(소극) 수개의 청구

중 각 일부를 인용한 제1심판결에 대하여 적법한 항소가 제기되면 그 청구 전부의 확정이 차단되어 항소심에 이심되고, 불복하지 아니한 부분은 항소심의 심리판단의 대상이 될 수 없을 뿐이다.(대판 2002.4.23, 2000다9048)

3. 주위적 청구의 인용에 대한 항소의 경우와 이심의 범위 청구의 예비적 병합은 병합된 수개의 청구 중 주위적 청구(제1차 청구)가 인용되지 않을 것에 대비하여 그 인용을 해제조건으로 예비적 청구(제2차 청구)에 관하여 심판을 구하는 병합형태로서, 이와 같은 예비적 병합의 경우에는 원고가 붙인 순위에 따라 심판하여야 하며 주위적 청구를 배척할 때에는 예비적 청구에 대하여 심판하여야 하나 주위적 청구를 인용할 때에는 다음 순위인 예비적 청구에 관하여 심판할 필요가 없는 것이므로, 주위적 청구를 인용하는 판결은 전부판결로서 이러한 판결에 대하여 피고가 항소하면 제1심에서 심판을 받지 않은 다음 순위의 예비적 청구도 모두 이심되고 항소심이 제1심에서 인용되었던 주위적 청구를 배척할 때에는 다음 순위의 예비적 청구에 관하여 심판을 하여야 하는 것이다.(대판(全) 2000.11.16, 98다22253)

4. 주위적 청구를 기각하고 예비적 청구만을 인용한 제1심판결에 대하여 피고만이 항소한 경우와 항소심의 심판대상 제1심 법원이 원고들의 주위적 청구와 예비적 청구를 병합 심리한 끝에 주위적 청구는 기각하고 예비적 청구만을 인용하는 판결을 선고한 데 대하여 피고만이 항소한 경우, 항소제기에 의한 이심의 효력은 당연히 사건 전체에 미쳐 주위적 청구에 관한 부분도 항소심에 이심되는 것이지만, 항소심의 심판범위는 이에 관계없이 피고의 불복신청의 범위에 한하는 것으로서 예비적 청구를 인용한 제1심 판결의 당부에 그치고 원고들의 부대항소가 없는 한 주위적 청구는 심판대상이 될 수 없다.(대판 1995.2.10, 94다31624)

5. 항소심에서의 추가적 청구변경이 적법한지 여부(적극) 원고가 이 사건 토지가 소외회사의 소유임을 전제로 소외회사로부터 분배받았음을 청구 원인으로 하여 이 사건 소를 제기하였다가 항소심에서 당초의 청구를 예비적 청구로 하고, 새로이 이 사건 토지가 원고의 소유임을 내세운 소유권확인청구 및 소유권에 기한 방해배제로서의 등기말소청구를 주위적 청구로 추가하는 청구의 변경을 하였다고 할지라도 위와 같은 주위적 및 예비적 청구는 동일한 경제적 이익에 관한 분쟁에서 해결방법을 달리하고 있을 뿐이어서 청구의 기초에 변경이 있다고 볼 수 없고, 새로운 청구의 심리를 위하여 종전의 소송자료를 대부분 이용할 수 있기 때문에 소송절차를 현저히 지연케 한다고 할 수도 없으며 항소심에서 청구를 적법하게 추가적으로 변경하였을 경우 그 추가된 청구는 당연히 항소심 심판의 대상이 되는 것이다.(대판 1990.1.12, 88다카24622)

6. 항소심의 변경판결의 효력 항소심이 원고의 청구 일부를 기각한 제1심판결 중 원고패소부분에 대한 원고의 항소를 이유 있다고 인정하는 경우에, 항소심은 원고패소부분을 취소하고 그 부분에 관한 새로운 판단의 결과만을 주문에 기재하면 족하다고 할 것이지만, 항소심이 그 대신에 "원심판결을 다음과 같이 변경한다"고 하고 원고패소부분에 관한 새로운 판단결과와 불복하지 아니한 원고승소부분을 일괄하여 다시 기재함으로 하여도 이는 주문이 복잡하게 되는 것을 피하고 주문의 내용을 알기 쉽게 하기 위한 편의상의 요청을 좇은 것에 불과하여 항소심이 이와 같은 이른바 변경판결을 하였다 하여 항소심의 심판범위에 관한 구 민소 377조, 385조를 위반하였다고 할 수는 없다.(대판 1983.2.22, 80다2566)

7. 항소심에서 청구가 교환적으로 변경된 경우와 제1심 판결의 취소 항소심에서 청구가 교환적으로 변경된 경우에는 구 청구는 취하되고 신 청구가 심판의 대상이 되는 것이므로 원심판결이 그 주문에서 이미 취하된 구 청구를 인용한 제1심 판결을 취소하였음은 잘못이다.(대판 1980.11.11, 80

다1182)

8. 독립당사자참가 소송에서 일부 피고만이 상소한 경우와 상소하지 아니한 피고의 지위 독립당사자참가 소송에서 패소한 원고와 수 명의 피고들 중 일부 피고만이 상소하였을 때에는 피고들 상호간에 필수적공동소송관계가 있지 않는 한 그 상소한 피고에 대한 관계에서만 3면소송이 상소심에 계속되는 것이고 상소하지 아니한 피고에 대한 관계에서는 상소기간 도과로 3면소송이 종료(확정)된다.(대판 1974.6.11, 73다374, 375)

제408조【제1심 소송절차의 준용】 항소심의 소송절차에는 특별한 규정이 없으면 제2편제1장 내지 제3장의 규정을 준용한다.

■ 소의 제기, 변론과 그 준비, 증거(제2편 제1장~제3장)

1. 항소심에서의 청구취지 확장과 심급의 이익 박탈 보험회사가 교통사고 피해자 1인에게 손해를 변제하고 피보험자의 공동불법행위자를 상대로 구상금청구를 한 다음 항소심에 이르러 다른 피해자에게도 손해를 배상하고 구상금청구를 위해 청구취지를 확장하였다면 확장된 액수 이외의 나머지 청구원인에 관하여 제1심에서 실질적 심리를 마쳤으므로 심급의 이익을 박탈한 것이 아니다.(대판 1992.10.23, 92다29962)

2. 서면에 의하지 않은 청구취지변경에 대하여 이의하지 아니한 경우와 책문권의 상실 청구취지의 변경은 서면으로 신청하여야 하므로 서면에 의하지 아니한 청구취지의 변경은 잘못이나 이에 대하여 상대방이 지체없이 이의하지 않았다면 책문권의 상실로 그 잘못은 치유된다.(대판 1990.12.26, 90다4686)

3. 항소심에서 교환적 변경이 이루어진 경우의 항소심 판결의 주문과 이유의 경정 항소심에서 청구의 교환적 변경이 이루어져 항소심이 그 판결의 청구취지로 변경된 청구를 기재하고 판결 이유에서 변경된 청구에 관하여 판단하였음에도 주문에서 '원고의 항소를 기각한다'고 기재한 경우, 그 이유의 결론 및 주문에서 원고의 항소를 기각한다고 기재한 것은 항소심에서 교환적으로 변경된 원고의 청구를 기각한다고 할 것을 잘못 표현한 것이 명백하므로 항소심 법원은 그 판결의 주문과 이유의 결론 부분을 바로 잡는 판결경정 결정을 할 수 있다.(대판 1999.10.22, 98다21953)

4. 항소심에서 소의 교환적 변경이 있는 경우의 주문 표시 항소심에 이르러 소가 교환적으로 변경된 경우에는 구 청구는 취하되어 그에 해당하는 제1심판결은 실효되고 신 청구만이 항소심의 심판대상이 되는 것이므로, 제1심이 원고의 청구를 일부 인용한 데 대하여 쌍방이 항소하였고 항소심이 제1심보다 청구를 초과 인용하는 경우, 항소심은 제1심판결 중 항소심이 추가로 인용하는 부분에 해당하는 원고 패소부분을 취소한다거나 피고의 항소를 기각한다는 주문 표시를 하여서는 아니 된다.(대판 2009.2.26, 2007다83908)

5. 항소심에서의 소의 교환적 변경의 가부와 그 법률관계 우리나라 민사항소심은 속심제로서 항소심에서도 소의 교환적 변경이 가능하며 이 경우에는 구 청구의 취하의 효력이 발생할 때에 그 소송계속은 소멸되는 것이므로 항소심에는 구 청구에 대한 제1심 판결을 취소할 필요 없이 신 청구에 대하여만 제1심으로서 판결을 하게 된다.(대판 1989.3.28, 87다카2372)

제409조【제1심 소송행위의 효력】 제1심의 소송행위는 항소심에서도 그 효력을 가진다.

■ 제1심 변론결과 진술(407②)

1. 항소심 법원이 항소이유나 항소심 심리에서 다시 지적되지 않은 제1심에서의 주장을 받아들일 수 있는지 여부(적극) 항소심은 속심으로서 제1심에서의 당사자의 주장이 그대로 유지되므로, 항소심에서 항소이유로 특별히 지적하거나 그 후의 심리에서 다시 지적하지 않는다 하더라도 법원은 제1심에서의 주장을 받아들일 수 있음은 당연하고, 이를 들어

직접주의나 변론주의의 원칙에 어긋난다거나 불의타를 가한 것이라 할 수는 없다.(대판 1996.4.9, 95다14572)

2. 채권자가 외화채권을 우리나라 통화로 환산하여 청구하는 경우의 환산 기준시점(=사실심 변론종결 당시의 외국환시세) 채권액이 외국통화로 지정된 금전채권인 외화채권을 채권자가 대용급부의 권리를 행사하여 우리나라 통화로 환산하여 청구하는 경우 법원이 채무자에게 그 이행을 명함에 있어서는 채무자가 현실로 이행할 때에 가장 가까운 사실심 변론종결 당시의 외국환시세를 우리나라 통화로 환산하는 기준시로 삼아야 하고, 그와 같은 제1심 이행판결에 대하여 채무자만이 불복·항소한 경우, 항소심은 속심이므로 채무자가 항소이유로 삼거나 심리 과정에서 내세운 주장이 이유 없다고 하더라도 법원으로서는 항소심 변론종결 당시의 외국환시세를 기준으로 채권액을 다시 환산해 본 후 불이익변경금지원칙에 반하지 않는 한 채무자의 항소를 일부 인용하여야 한다.(대판 2007.4.12, 2006다72765)

제410조【제1심의 변론준비절차의 효력】 제1심의 변론준비절차는 항소심에서도 그 효력을 가진다.

■ 준비절차의 효력(285), 제1심 변론결과 진술(407②), 변론준비절차(민소규69~73)

1. 항소심에 이르러 동일한 쟁점에 관한 대법원판결이 선고되자 그 판결의 취지를 토대로 한 새로운 주장을 제출한 경우와 실기한 공격·방어방법 미성년자의 신용카드이용계약 취소에 따른 부당이득반환청구사건에서 항소심에 이르러, 동일한 쟁점에 관한 대법원의 첫 판결이 선고되자 그 판결의 취지를 토대로 신용카드 가맹점과의 개별계약 취소의 주장을 새로이 제출한 경우, 대법원판결이 선고되기 전까지는 미성년자의 신용카드이용계약이 취소되더라도 신용카드회원과 해당 가맹점 사이에 체결된 개별적인 매매계약이 유효하게 존속한다는 점을 알지 못한 데에 중대한 과실이 있었다고 단정할 만한 자료가 없는 점, 취소권 행사를 전제로 하는 공격·방어방법의 경우에는 취소권 행사에 신중을 기할 수밖에 없어 조기 제출에 어려움이 있다는 점 등에 비추어 위 주장이 당사자의 고의 또는 중대한 과실로 시기에 늦게 제출되었거나 제1심의 변론준비기일에 제출되지 아니한 데 중대한 과실이 있었다고 보기 어렵다.(대판 2006.3.10, 2005다46363, 46370, 46387, 46394)

제411조【관할위반 주장의 금지】 당사자는 항소심에서 제1심 법원의 관할위반을 주장하지 못한다. 다만, 전속관할에 대하여는 그러하지 아니하다.

■ 관할의 표준시기(33), 전속관할(31·419·424①ⅲ)

1. 항고심에서 제1심결정을 관할위반을 이유로 취소할 수 있는지 여부(소극) 전속관할위반이 아닌 한 항고심에서 제1심결정을 관할위반을 이유로 취소할 수 없다.(대결 1997.12.26, 97마1706)

2. 단독판사의 판결에 대한 항소사건을 심판하는 도중에 추가되거나 청구가 변경된 경우의 심판범위 지방법원 본원 합의부가 지방법원 단독판사의 판결에 대한 항소사건을 제2심(항소심)으로 심판하는 도중에 지방법원 합의부의 관할에 속하는 소송이 새로 추가되거나 그러한 소송으로 청구가 변경되었다고 하더라도, 심급관할은 제1심 법원의 존재에 의하여 결정되는 전속관할이어서 이미 정하여진 항소심의 관할에는 영향이 없는 것이므로, 추가되거나 변경된 청구에 대하여도 그대로 심판할 수 있다.(대판 1992.5.12, 92다2066)

제412조【반소의 제기】 ① 반소는 상대방의 심급의 이익을 해할 우려가 없는 경우 또는 상대방의 동의를 받은 경우에 제기할 수 있다.
② 상대방이 이의를 제기하지 아니하고 반소의 본안에 관하여 변론을 한 때에는 반소제기에 동의한 것으로 본다.

■ 반소(408 · 269~271)

1. '상대방의 심급의 이익을 해할 우려가 없는 경우'의 의미 민소 412조 1항은 상대방의 심급의 이익을 해할 우려가 없는 경우 또는 상대방의 동의를 받은 경우 항소심에서 반소를 제기할 수 있다고 규정하고 있고, 여기서 '상대방의 심급의 이익을 해할 우려가 없는 경우'는 반소청구의 기초를 이루는 실질적인 쟁점이 제1심에서 본소의 청구원인 또는 방어방법과 관련하여 충분히 심리되어 상대방에게 제1심에서의 심급의 이익을 잃게 할 염려가 없는 경우를 말한다.(대판 2005.11.24, 2005다20064, 20071)

2. 항소장의 항소취지란에 본소청구에 관한 부분이 누락되어 있을 경우 본소 및 반소의 패소 부분 전부에 대하여 항소한 것인지 여부(한정적극) 피고가 제출한 항소장의 항소취지란에 본소청구에 관한 부분이 누락되어 있더라도, 항소장에 본소 부분에 대한 항소에 관한 인지도 첩부되어 있고, 제1심판결의 본소 반소에 관한 사건명과 번호의 표시와 함께 제1심판결에 대하여 전부 불복이므로 항소를 제기한다는 취지가 기재되어 있으며, 그 불복하는 제1심판결의 표시란에는 본소 반소 전체에 걸친 주문 내용이 명기되어 있다면, 피고는 본소 및 반소의 패소 부분 전부에 대하여 항소한 것으로 보아야 한다.(대판 2001.4.13, 99다62036, 62043)

3. 추완항소가 각하된 경우 추완항소와 함께 제기된 반소의 종료 여부(적극) 피고가 본소에 대한 추완항소를 하면서 항소심에서 비로소 반소를 제기한 경우에 항소가 부적법 각하되면 반소도 소멸한다.(대판 2003.6.13, 2003다16962, 16979)

4. 항소심에서 상대방의 동의 없이 반소를 제기할 수 있는지 여부(적극) 구 민소 382조에 의하면 항소심에서의 반소 제기에는 상대방의 동의를 얻어야 함이 원칙이나, 반소청구의 기초를 이루는 실질적인 쟁점에 관하여 제1심에서 본소의 청구원인 또는 방어방법과 관련하여 충분히 심리되어 항소심에서의 반소 제기를 상대방의 동의 없이 허용하더라도 상대방에게 제1심에서의 심급의 이익을 잃게 하거나 소송절차를 현저하게 지연시킬 염려가 없는 경우에는 상대방의 동의 여부와 관계없이 항소심에서의 반소 제기를 허용하여야 할 것이다.(대판 1999.6.25, 99다6708, 6715)

5. 반소 기각 답변이 이의 없는 반소본안의 변론인지 여부(소극) 피고가 반소장을 진술한 데 대하여 원고가 "반소 기각 답변"을 한 것만으로는 민소 382조 2항 소정의 "이의 없이 반소의 본안에 관하여 변론을 한 때"에 해당한다고 볼 수 있다.(대판 1991.3.27, 91다1783, 1790)

제413조【변론 없이 하는 항소각하】 부적법한 항소로서 흠을 보정할 수 없으면 변론 없이 판결로 항소를 각하할 수 있다.

■ 구술변론의 원칙(134)

1. 추완항소에 대하여 직권으로 적법 여부를 심리 판단할 것인지의 여부(적극) 추완항소에 대하여는 직권으로 그 추완항소의 적법 여부에 관하여 심리 판단하여야 한다.(대판 1991.3.12, 90다카27570)

2. 소제기 이전에 사망한 자를 상대로 한 상고의 적법 여부(소극) 당사자가 소제기 이전에 이미 사망하여 주민등록이 말소된 사실을 간과한 채 본안 판단에 나아간 원심판결은 당연무효라 할 것이고, 민사소송이 당사자의 대립을 그 본질적 형태로 하는 것임에 비추어 사망한 자를 상대로 한 상고는 허용될 수 없다 할 것이므로, 이미 사망한 자를 상대방으로 하여 제기한 상고는 부적법하다.(대판 2000.10.27, 2000다33775)

3. 인지첩용 부족을 간과하여 항소장을 수리한 경우와 항소각하의 판결 항소장에 소정의 인지를 첩용하지 아니하였더라도 재판장 또는 항소법원이 그 보정을 명하고 당사자가 이에 불응한 경우가 아니면 본조에서 말하는 흠결을 보정할 수 없는 경우에 해당한다고 할 수 없으므로 재판장이 인지

첩용 부족을 간과하여 항소장을 수리하고 또 항소법원도 이를 간과한 이상 항소각하의 판결을 할 경우라고는 할 수 없다.(대판 1963.10.22, 63이34)

4. 권한 없는 자가 제기한 항소에 대하여 당사자 본인이 한 추인의 효력 소송수행자로 지정을 받지 아니한 자가 제기한 항소라 하더라도, 추인하면 소급하여 그 효력이 있는 것이므로 법원은 사전에 기간을 정하여 보정을 하도록 명하는 것이 상당하다.(대판 1967.1.31, 66다2395)

제414조【항소기각】 ① 항소법원은 제1심 판결을 정당하다고 인정한 때에는 항소를 기각하여야 한다.

② 제1심 판결의 이유가 정당하지 아니한 경우에도 다른 이유에 따라 그 판결이 정당하다고 인정되는 때에는 항소를 기각하여야 한다.

1. 항소심에 이르러 새로운 청구가 추가된 경우 항소심이 기존의 청구와 새로 추가된 청구를 모두 배척할 때의 주문 표시 방법 항소심에 이르러 새로운 청구가 추가된 경우, 항소심은 추가된 청구에 대하여는 실질상 제1심으로서 재판하여야 하므로 제1심이 기존의 청구를 배척하면서 "원고의 청구를 기각한다."고 판결하였는데, 항소심이 기존의 청구와 항소심에서 추가된 청구를 모두 배척할 경우 단순히 "항소를 기각한다."는 주문 표시만 하면 되는 것은 아니고, 이와 함께 항소심에서 추가된 청구에 대하여 "원고의 청구를 기각한다."는 주문 표시를 하여야 한다.(대판 2004.8.30, 2004다24083)

2. 항소심에서 소의 추가적 또는 교환적 변경이 있는 경우의 주문 표시 항소심에 이르러 소가 추가적으로 변경된 경우와 소가 교환적으로 변경된 경우에는 항소심은 신 청구에 대하여 재판하여야 하고, 위 두 경우에 제1심이 원고의 청구를 기각하였고, 항소심이 추가된 신 소와 교환적으로 변경된 신 청구를 기각할 경우라 '원고의 청구를 기각한다'는 주문 표시를 하여야 하고, '항소를 기각한다'는 주문표시를 하여서는 아니 된다.(대판 1997.6.10, 96다25449, 25456)

3. 항소심의 변경판결에 의하여 제1심판결이 실효되는 범위와 그 제1심판결에 붙은 가집행선고의 효력 항소심에서의 변경판결은 실질적으로는 항소가 이유 있는 부분에 대하여는 항소를 인용하여 제1심판결 중 일부를 취소하고 항소가 이유 없는 부분에 대하여는 항소를 기각하는 일부취소의 판결과 동일한 것인데, 다만 주문의 내용이 복잡하게 되는 것을 피하고 주문의 내용을 알기 쉽게 하기 위한 편의상의 요청을 좇은 것에 불과하므로, 위 변경판결에 의한 제1심판결 실효의 효과도 일부취소판결의 경우와 마찬가지로 항소가 이유 있는 부분에 국한되고, 제1심판결에 가집행선고가 붙은 경우에는 일부취소를 의미하는 항소심의 변경판결에 의하여 청구인용범위가 줄어든다고 하더라도 그 가집행선고는 제1심판결보다 청구인용범위가 줄어든 차액부분에 한하여 실효되고 그 나머지 부분에는 여전히 효력이 미치며, 만일 이와 같이 보지 아니하고 항소심의 변경판결에 의하여 제1심판결 전부가 실효된다고 보는 경우에는 당사자의 불복신청이 없거나 또는 항소가 이유 없는 부분까지 제1심판결을 변경하는 것이 되어 구 민소 385조의 규정에도 저촉되게 될 뿐만 아니라 위 가집행선고부 제1심판결에 기한 강제집행을 취소하여야 하게 되어 혼란을 가져오게 될 것이기 때문이다.(대판 1992.8.18, 91다35953)

4. 항소심에서 일부취하 외 나머지 부분에 대한 제1심 판결을 정당하다고 인정하는 경우의 주문표시방법 항소심에서 청구취지의 감축(일부취하)이 있는 경우 그 감축된 부분은 처음부터 소송계속이 없어지게 되어 그 부분에 관한 제1심 판결은 실효되고 항소심의 심판대상에서 제외된다 할 것이므로, 항소심은 그 나머지 부분에 대한 제1심 판결이 정당하

다고 보는 때에는 주문에서 "항소기각"으로만 하여도 되는 것이나, 집행의 범위를 명확히 하기 위하여 "항소기각"의 표시와 함께 "원심판결을 다음과 같이 변경한다"라고 하고 이어서 나머지 부분에 대하여 이행을 명할 수 있을 것이고, 이 경우 제1심 판결은 그 실질적 내용이 변경의 선언에 의하여 비로소 그렇게 변경되는 것이 아니라 그와 같이 이미 변경되어 있는 바이므로 그 표현을 "변경한다"라고 하지 않고 "변경되었다"라고 표시하여도 위법이라 할 수 없다.(대판 1992.4.14, 91다45653)

제415조 【항소를 받아들이는 범위】 제1심 판결은 그 불복의 한도안에서 바꿀 수 있다. 다만, 상계에 관한 주장을 인정한 때에는 그러하지 아니하다.

■ 변론의 범위(407①), 부대항소(403-405), 상계(민492-499), 소송비용(105)

▶ **항소심의 심판범위**

1. 판결이유에만 불만이 있는 경우와 상소의 이익(소극) 상소는 자기에게 불이익한 재판에 대하여 자기에게 유리하게 취소변경을 구하기 위하여 하는 것이고, 재판이 상소인에게 불이익한 것인지 여부는 원칙적으로 재판의 주문을 표준으로 하여 판단하여야 하는 것이어서, 재판의 주문상 청구의 인용 부분에 대하여 불만이 없다면 비록 그 판결 이유에 불만이 있더라도 그에 대하여는 상소의 이익이 없다.(대판 2004.7.9, 2003므2251, 2268)

2. 주위적 청구를 기각하고 예비적 청구만을 인용한 제1심판결에 대하여 피고만이 항소한 경우와 상소심의 심판 범위 항소심이 심판의 대상이 아닌 주위적청구인 입양무효확인청구에 관하여도 판단하여 이 부분을 배척하는 취지의 판결을 하였다고 하더라도, 원고가 그에 대하여 상고함으로써 입양무효확인청구 부분이 상고심의 심판대상이 되는 것은 아니므로, 이 부분에 대한 원고의 상고는 심판대상이 되지 않은 부분에 대한 상고로서 불복의 이익이 없어 부적법하다.(대판 2002.12.26, 2002므852)

3. 항소심의 심판범위 항소심은 당사자의 그 불복신청의 한도 내에서 제1심판결의 당부를 판단할 수 있을 뿐이므로, 항소심으로서는 원고의 항소가 이유 없고 피고의 항소가 이유 있는 경우라도 피고가 제1심 판결에 대하여 불복하고 그 취소를 구하는 범위 내에서 취소하고 그 부분 원고의 청구를 기각하여야 하고, 이를 초과하여 피고가 취소를 구하지 아니한 부분을 포함한 원고 승소부분 전부에 관한 원고의 청구를 기각할 수는 없다.(대판 1986.7.22, 86다카829)

4. 제1심판결 중 일부에 대하여 항소한 경우와 항소심의 심판대상 피고가 수개의 청구를 인용한 제1심판결 중 일부에 대하여만 항소를 제기한 경우, 항소되지 않은 나머지 부분도 확정이 차단되고 항소심에 이심은 되나, 피고가 변론종결시까지 항소취지를 확장하지 않는 한 나머지 부분에 대하여는 불복한 것이 없어 항소심의 심판대상이 되지 않고 항소심의 판결 선고와 동시에 확정되어 소송이 종료된다.(대판 2011.7.28, 2009다35842)

▶ **불이익변경금지의 원칙**

5. 동시이행 판결의 반대급부가 원고에게 불리하게 변경된 경우와 불이익변경금지 원칙 항소심은 당사자의 불복신청 범위 내에서 제1심판결의 당부를 판단할 수 있을 뿐이므로, 설사 제1심판결이 부당하다고 인정되는 경우라 하더라도 그 판결을 불복당사자의 불이익으로 변경하는 것은 당사자가 신청한 불복의 한도를 넘어 제1심판결의 당부를 판단하는 것이 되어 허용될 수 없을 것인바, 원고만이 항소한 경우에 항소심으로서는 제1심보다 원고에게 불리한 판결을 할 수는 없고, 한편 불이익하게 변경된 것인지 여부는 기판력의 범위를 기준으로 하나 공동소송의 경우 원·피고별로 각각 판단하여야 하고, 동시이행의 판결에서는 원고가 그 반대급

부를 제공하지 아니하고는 판결에 따른 집행을 할 수 없어 비록 피고의 반대급부이행청구에 관하여 기판력이 생기지 아니하더라도 반대급부의 내용이 원고에게 불리하게 변경된 경우에는 불이익변경금지 원칙에 반하게 된다.(대판 2005.8.19, 2004다8197, 8203)

6. 항소심이 청구기각 판결을 하여야 할 사건에 대하여 소각하 판결을 한 경우와 상고심의 조치 항소심이 청구기각 판결을 하여야 할 사건에 대하여 소각하 판결을 하였으나 원고만이 상고한 경우, 소를 각하한 항소심판결을 파기하여 원고에게 더 불리한 청구기각의 판결을 할 수는 없으므로, 항소심판결을 그대로 유지하지 않을 수 없다.(대판 1999.6.8, 99다17401, 17418)

7. 피고의 상계항변을 인용한 제1심 판결에 대하여 피고만이 항소한 경우 항소심에서 그 상계항변을 배척하는 것이 불이익변경 금지에 위배되는지 여부(적극) 피고의 상계항변을 인용한 제1심 판결에 대하여 피고만이 항소하고 원고는 항소를 제기하지 아니하였는데, 항소심이 피고의 상계항변을 판단함에 있어 제1심이 자동채권으로 인정하였던 부분을 인정하지 아니하고 그 부분에 관하여 피고의 상계항변을 배척하였다면, 그와 같이 항소심이 제1심과는 다르게 그 자동채권에 관하여 피고의 상계항변을 배척한 것은 항소인인 피고에게 불이익하게 제1심 판결을 변경한 것에 해당한다.(대판 1995.9.29, 94다18911)

8. 불이익변경금지의 원칙에 위배된 원심의 차액부분은 원고의 나머지 청구를 기각한다는 제1심판결 주문에 포함되어 있다고 보아 그 부분의 파기만을 선언할 수 있는지 여부(적극) 제1심판결에 대하여 피고만이 항소를 제기하고 원고는 항소를 제기하지 아니하였음에도 원심이 피고에 대하여 제1심이 지급을 명한 금원보다 많은 금원의 지급을 명한 조치는 불이익변경금지의 원칙에 위배된 것이라고 하면서 그 차액부분은 원고의 나머지 청구를 기각한다는 제1심판결 주문에 포함되어 있다고 보아 그 부분에 대한 파기만을 선언하여 원심판결의 주문을 정리해야 한다.(대판 1992.9.25, 91다37553)

9. 피고만이 항소한 항소심에서 원고가 청구취지를 확장한 부분을 인용한 경우 불이익변경금지에 위배되는지 여부(소극) 피고만이 항소한 항소심에서 원고가 청구취지를 확장한 경우에는 그에 의하여 피고에게 불리하게 되는 한도에서 부대항소를 한 취지라고 볼 것이므로, 항소심이 1심판결의 인용금액을 초과하여 원고청구를 인용하더라도 불이익변경금지의 원칙에 위배되지 않는다.(대판 1991.9.24, 91다21688)

10. 항소하지 않은 원고에게 제1심판결보다 많은 위자료의 지급을 명할 수 있는지 여부(소극) 재산상의 손해배상청구와 위자료청구는 소송물이 동일하지 않은 별개의 청구이므로 1심판결에 대하여 항소하지 않은 원고에게 1심판결보다 많은 위자료의 지급을 명할 수 없다.(대판 1989.6.27, 89다카5406)

11. 원본채권과 지연손해금채권에 관하여 상소심에서의 불이익변경에 해당하는지 여부의 판단 방법 금전채무불이행의 경우에 발생하는 원본채권과 지연손해금채권은 별개의 소송물이므로, 불이익변경에 해당하는지 여부는 원금과 지연손해금 부분을 각각 따로 비교하여 판단하여야 하고, 별개의 소송물을 합산한 전체 금액을 기준으로 판단하여서는 아니 된다.(대판 2009.6.11, 2009다12399)

▶ **불이익변경금지원칙의 예외**

12. 파기환송 받은 항소심에서 피고에게 오히려 불리한 결과가 생길 수도 있는 이유 피고만이 상고하여 원심판결 중 피고패소 부분이 파기환송된 경우 원심에 환송되는 사건의 심판 범위는 위 패소 부분을 넘을 수 없고 따라서 이 한도를 초과하여 피고에게 불이익한 판결을 할 수 없음은 소론과 같다. 그러나 환송 후 항소심의 소송절차는 환송 전 항소심

의 속행이므로 당사자는 원칙적으로 새로운 사실과 증거를 제출할 수 있음은 물론, 소의 변경, 부대항소의 제기 이외에 청구의 확장 등 그 심급에서 허용되는 모든 소송행위를 할 수 있고, 이러한 이유로 또한 민사소송법에는 형소 368조와 같은 불이익변경의 금지 규정도 없는 이상, 환송 전의 판결보다 상고인에게 불리한 결과가 생기는 것은 불가피하다. 기록에 의하면, 원고는 피고만의 상고로 재산상 손해에 관한 피고패소 부분이 파기환송되자 그 후 원심에서 청구취지를 확장하였고 원심은 원고의 청구액을 그 청구범위 내에서 환송 전 원심보다 더 많이 인용한 사실을 알 수 있는바, 원고의 위 청구취지 확장 및 원심의 이러한 조치는 위 법리에 따른 것으로 옳다.(대판 1991.11.22, 91다18132)

13. 원고 전부승소에 대하여 피고가 지연손해금 부분에 대해서만 항소하고 원고가 부대항소로 청구취지를 확장한 경우와 불이익변경금지의 원칙 원고의 청구가 모두 인용된 제1심판결에 대하여 피고가 지연손해금 부분에 대하여만 항소를 제기하고, 원금 부분에 대하여는 항소를 제기하지 아니하였다고 하더라도 제1심에서 전부 승소한 원고가 항소심 계속 중 부대항소로 청구취지를 확장할 수 있는 것이므로, 항소심이 원고의 부대항소를 받아들여 제1심판결의 인용금액을 초과하여 원고 청구를 인용하였더라도 거기에 불이익변경금지의 원칙이나 항소심의 심판범위에 관한 법리오해의 위법이 없다.(대판 2003.9.26, 2001다68914)

14. 가집행선고를 붙인 것이 불이익변경금지의 원칙에 위배되는지 여부(소극) 가집행선고는 재산권의 청구에 관한 판결의 경우 상당한 이유가 없는 한 당사자의 신청 유무와 관계없이 선고하게 되어 있는 것으로 법원의 직권판단사항이어서 처분권주의를 근거로 하는 구 민소 385조의 적용을 받지 않는 것이므로 가집행선고가 붙지 않은 제1심판결에 대하여 피고만이 항소한 항소심에서 법원이 항소를 기각하면서 가집행선고를 붙였다 하여 제1심 판결을 피고가 신청한 불복의 한도를 넘어 불이익하게 변경한 것이라 할 수 없다. (대판 1991.11.8, 90다17804)

15. 독립당사자참가 소송의 항소심이 당사자들의 불복범위의 한도를 초과하여 심판할 수 있는지 여부(소극) 제1심에서 각각 일부씩 패소한 원고와 독립당사자참가인은 항소를 하지 않았고 원고와 참가인에 대하여 모두 패소한 피고만이 항소를 한 경우 그 항소장에 원고만을 피항소인으로 표시하고 또 그 항소취지에 "원판결을 취소한다. 원고의 청구를 기각한다. 소송비용은 1, 2심 모두 원고의 부담으로 한다"라고 기재되어 있다면, 피고의 위 항소는 원고가 제1심에서 승소한 부분에 대하여만 불복을 신청한 것으로 보이므로 참가인의 승소부분은 피고의 불복범위 밖이라 할 것이고 또 원고도 제1심 판결의 변경을 구한 바 없으므로 위 참가인 승소부분은 항소심의 심판대상에서 제외된다.(대판 1974.2.12, 73다820, 73다821)

16. 독립당사자참가 소송의 항소심에서 항소를 제기한 바 없는 당사자에게 제1심판결보다 유리한 내용으로 판결을 변경하는 것이 가능한지 여부(한정 적극) 민소 79조에 의한 독립당사자참가소송은 동일한 권리관계에 관하여 원고, 피고, 참가인이 서로간의 다툼을 하나의 소송절차로 한꺼번에 모순 없이 해결하는 소송형태로서, 독립당사자참가가 적법하다고 인정되어 원고, 피고, 참가인간의 소송에 대하여 본안판결을 할 때에는 위 세 당사자를 판결의 명의인으로 하는 하나의 종국판결을 선고함으로써 위 세 당사자들 사이에 합일확정적인 결론을 내려야 하고, 이러한 본안판결에 대하여 일방이 항소한 경우에는 제1심판결 전체의 확정이 차단되고 사건 전부에 관하여 이심의 효력이 생긴다. 그리고 이러한 경우 항소심의 심판대상은 실제 항소를 제기한 자의 항소 취지에 나타난 불복범위에 한정하되 위 세 당사자 사이의 결론의 합일확정의 필요성을 고려하여 그 심판의 범위를 판단하여야 하고, 이에 따라 항소심에서 심리·판단을 거

처 결론을 내림에 있어 위 세 당사자 사이의 결론의 합일확정을 위하여 필요한 경우에는 그 한도 내에서 항소 또는 부대항소를 제기한 바 없는 당사자에게 결과적으로 제1심판결보다 유리한 내용으로 판결이 변경되는 것도 배제할 수는 없다.(대판 2007.10.26, 2006다86573, 86580)

제416조 【제1심 판결의 취소】 항소법원은 제1심 판결을 정당하지 아니하다고 인정한 때에는 취소하여야 한다.

▣ 제1심판결 취소 후의 조치(418·419), 소송비용(105)

1. 선택적 병합의 심리결과 청구가 이유 있다고 인정되고 결론이 제1심판결의 주문과 동일한 경우의 주문표시방법 수 개의 청구가 제1심에서 처음부터 선택적으로 병합되고 그 중 어느 한 개의 청구에 대한 인용판결이 선고되어 피고가 항소를 제기한 경우는 물론, 원고의 청구를 인용한 판결에 대하여 피고가 항소를 제기하여 항소심에 이심된 후 청구가 선택적으로 병합된 경우에 있어서도 항소심은 제1심에서 인용된 청구를 먼저 심리하여 판단할 필요는 없고, 선택적으로 병합된 수 개의 청구 중 제1심에서 심판되지 아니한 청구를 임의로 선택하여 심판할 수 있다고 할 것이나, 심리한 결과 그 청구가 이유 있다고 인정되고 그 결론이 제1심판결의 주문과 동일한 경우에도 피고의 항소를 기각하여서는 안 되며 제1심판결을 취소한 다음 새로이 청구를 인용하는 주문을 선고하여야 할 것이다. (대판 1992.9.14, 92다7023)

2. 채권자대위소송에서 피대위채권의 부존재에도 제1심이 소를 각하하지 아니하고 청구를 기각하였을 때의 항소심의 조치 채권자대위소송에서 대위에 의하여 보전될 채권자의 채무자에 대한 권리가 인정되지 아니하는 경우 채권자가 스스로 원고가 되어 채무자의 제3채무자에 대한 권리를 행사할 원고로서의 적격이 없게 되므로 그 대위소송은 부적법하여 각하하여야 하며, 제1심이 소를 각하하지 아니하고 청구를 기각하였을 때에는 항소심에서 제1심 판결을 취소하고 스스로 소를 각하하는 판결을 하는 것이지 사건을 제1심법원에 환송하여야 하는 것은 아니다.(대판 1991.8.27, 91다13243)

3. 구소의 청구기각 후 항소심에서 예비적·추가적 변경이 있을 때의 조치 구소를 제기하였다가 1심에서 청구기각의 판결을 받고 항소하여 항소심에서 신소를 예비적으로 추가 제기하였을 경우, 항소심은 신소에 대하여 실질상 1심으로서 재판할 것을 요하므로 항소심이 구소에 대하여 항소기각을, 신소에 대하여 인용판결을 한 것은 정당하다.(대판 1972.6.27, 72다546)

제417조 【판결절차의 위법으로 말미암은 취소】 제1심 판결의 절차가 법률에 어긋날 때에 항소법원은 제1심 판결을 취소하여야 한다.

▣ 판결절차(203~208), 사건의 환송(418), 소송비용(105)

1. 제1심판결의 절차가 법률에 어긋나는 경우의 항소심의 조치 제1심법원은 변론기일소환장을 피고에게 제대로 송달하지 않고 피고가 출석하지도 아니한 상태에서 변론기일을 진행하였으므로 적법하게 변론을 진행한 것이라고 볼 수 없고, 부적법하게 진행된 변론기일에 변론을 종결하고 판결선고기일을 지정·고지한 만큼 그 지정·고지의 효력이 피고에게 미친다고 할 수도 없으며, 판결선고기일 소환장은 아예 송달하지도 아니하였으므로, 제1심의 중대한 소송절차가 법률에 어긋난 경우에 해당하여 제1심판결은 부당하고 아니할 수 없고, 제1심의 판결절차(판결의 선고절차) 역시 법률에 어긋난 것으로 보지 않을 수 없다. 따라서 원심은 민소 416조, 417조에 의하여 제1심판결 전부를 일단 취소하고 소장의 진술을 비롯하여 소송서류의 송달과 증거의 제출 등 모든 변론절차를 새로 진행한 다음 본안에 관하여 다시 판단하여야 한다.(대판 2004.10.15, 2004다11988)

**2. 변론기일과 판결선고기일을 송달하지 아니한 채 판결을

선고한 경우와 제1심 판결절차의 위법 여부　가처분취소 사건의 제1심 제1차 변론기일에 본안 재판부로의 이부 신청 및 이에 대한 동의절차만을 진행하고 다음 변론기일을 추후 지정하기로 한 뒤, 그 후 지정된 제2차 변론기일 소환장을 쌍방 당사자와 소송대리인 모두에게 송달하지 아니하는 등 그 변론기일 지정명령을 적법하게 고지하지 아니하여 피신청인이 출석하지 못한 변론기일에서 판결선고기일을 지정·고지하고, 그 후 판결선고기일 소환장을 피신청인이나 그 소송대리인에게 따로 송달하지 아니한 채 판결을 선고한 경우 제1심의 판결절차가 위법하다.(대판 2003.4.25, 2002다72514)
3. 항고법원이 제1심결정을 취소하는 경우 직접 신청에 대한 결정을 할 수 있는지 여부(적극)　항고법원이 제1심결정을 취소하는 때에는 특별한 규정이 없는 한 사건을 제1심법원으로 환송하지 아니하고 직접 신청에 대한 결정을 할 수 있고, 나아가 그 사건이 항고법원에 계속중인 때에는 항고법원은 당해 사건에 견련되는 다른 사건의 관할법원도 될 수 있다.(대결 2008.4.14, 2008마277)
4. 제1심 변론에 관여한 바 없는 판사가 판결에 관여한 것을 항소심이 간과한 것의 위법 여부　일건기록에 의하면, 제1심 판결에 관여한 판사 갑은 제1심 변론에 관여한 바 없음이 명백하여 제1심판결은 판결절차가 법률에 위배된 것에 해당하므로 원심은 모름지기 제1심판결을 취소한 후 자판하여야 할 것임에도 불구하고 제1심판결을 취소하지 아니한 채 항소기각을 한 원판결에는 구 민소 387조를 간과한 위법이 있다.(대판 1971.3.23, 71다177)

제418조 【필수적 환송】 소가 부적법하다고 각하한 제1심 판결을 취소하는 경우에는 항소법원은 사건을 제1심 법원에 환송(還送)하여야 한다. 다만, 제1심에서 본안판결을 할 수 있을 정도로 심리가 된 경우, 또는 당사자의 동의가 있는 경우에는 항소법원은 스스로 본안판결을 할 수 있다.

■ 소의 부적법각하(219), 제1심판결의 취소(416), 소송비용(105)
1. 당사자적격이 없다는 이유로 소각하 한 제1심에 대한 항소심의 조치　피고를 당사자적격이 없는 자로 하였다는 이유로 제1심에서 소각하를 한 데 대하여 원심이 당사자적격을 인정하는 경우에는 제1심에 환송하여야 할 것이지 본안에 들어가 심리할 것이 아니다.(대판 1963.1.24, 62다816)
2. 필요적 환송의 경우 본안에 들어가 심판할 수 있는지 여부(소극)　소가 부적법하다고 각하한 제1심 판결을 취소한 경우에 필요적 환송을 하지 아니하고 본안에 들어가 심판한 것은 3심제를 채택한 민사소송법의 제도에 비추어 위법하다.(대판 1980.3.11, 79다1611)

제419조 【관할위반으로 말미암은 이송】 관할위반을 이유로 제1심 판결을 취소한 때에는 항소법원은 판결로 사건을 관할법원에 이송하여야 한다.

■ 관할위반(411), 제1심판결의 취소(416), 이송(38,40)
1. 가정법원 심판사항이 아닌 사건을 가정법원이 심판한데 대하여 항소한 경우와 항소심의 조치　부권 침해로 인한 손해배상청구는 가정법원의 조정 및 심판대상이 아니므로 서울가정법원이 이에 대하여 심판한 것은 위법한 조치였다고 하지 않을 수 없으나, 위 심판에 대한 항소로서 사건이 원심인 서울고등법원에 계속케 된 이상 구 민소 381조에 의하여 당사자는 1심의 관할위반을 주장하지 못하고 원심도 동법 389조에 의한 재판을 할 수 없게 되었다 할 것이며, 위와 같은 경우 원심으로서는 사건을 그 성질에 따라 일반 민사사건의 항소심절차에 따라 심리하고 재판하여야 한다.(대판 1965.12.21, 65두44)

제420조 【판결서를 적는 방법】 판결이유를 적을 때에는 제1심 판결을 인용할 수 있다. 다만, 제1심

판결이 제208조제3항에 따라 작성된 경우에는 그러하지 아니하다.
■ 판결서의 간이한 이유기재(208③)
1. 원심이 제1심판결 이유를 인용함으로써 이유모순이 되는 경우　원심판결이 인용한 제1심판결의 이유는 금 100만원과 이에 대한 지연손해금만을 이유 있다고 한 것이 아니고 액면금 200만원의 약속어음금 청구도 이유 있다고 하여 이에 대한 원고의 청구도 인용하고 있고 피고 역시 이 부분에 대하여도 항소한 것인데, 원심판결은 위 제1심판결이유를 인용한다고 하면서 한편으로는 위 금 200만원의 약속어음금 청구는 이유 없어 기각한다고 하고 다른 한편으로는 피고의 항소도 이유 없다 하여 기각한다고 판단한 것은 위 200만원의 청구부분에 관한 이유에 모순이 있는 것이다.(대판 1962.9.27, 62다418)

제421조 【소송기록의 반송】 소송이 완결된 뒤 상고가 제기되지 아니하고 상고기간이 끝난 때에는 법원사무관등은 판결서 또는 제402조의 규정에 따른 명령의 정본을 소송기록에 붙여 제1심 법원에 보내야 한다.

■ 상고기간(396·425), 항소장각하명령(402)

제2장 상 고

제422조 【상고의 대상】 ① 상고는 고등법원이 선고한 종국판결과 지방법원 합의부가 제2심으로서 선고한 종국판결에 대하여 할 수 있다.
② 제390조제1항 단서의 경우에는 제1심의 종국판결에 대하여 상고할 수 있다.

■ 종국판결(198·200), 대법원의 판할권(법조14), 참가인과 상고(76), 상고제기능력과 대리권(56·69·90②iii), ■ 비약상고의 특칙(390①·433)
1. 재판 탈루의 판정기준 및 탈루부분에 대한 상고의 적법 여부(소극)　판결에는 법원의 판단을 분명하게 하기 위하여 결론을 주문에 기재하도록 되어 있으므로 재판의 탈루가 있는지 여부는 오로지 주문의 기재에 의하여 판정하여야 하며, 항소심이 재판을 탈루한 경우에는 그 부분은 아직 항소심에 소송이 계속 중이라고 볼 것이므로, 그에 대한 상고는 불복의 대상이 부존재하여 부적법하고 결국 각하를 면할 수 없다.(대판 2005.5.27, 2004다43824)
2. 원고 일부승소의 제1심판결에 대하여 피고가 불복하지 아니한 경우 항소심의 변경판결에 대한 피고의 상고가 가능한지 여부(소극)　원고의 청구를 일부 인용하는 제1심판결에 대하여 원고는 항소하였으나 피고는 항소나 부대항소를 하지 아니한 경우, 제1심판결의 원고 승소부분은 원고의 항소로 인하여 항소심에 이심은 되었으나 항소심의 심판대상은 되지 않았다 할 것이고, 따라서 항소심이 원고의 항소를 일부 인용하여 제1심판결의 원고 패소 부분 중 일부를 취소하고 그 부분에 대한 원고의 청구를 인용하였다면, 이는 제1심에서의 원고 패소 부분에 한정된 것이며, 제1심판결 중 원고 승소부분에 대하여는 항소심이 판결을 한 바 없어 이 부분은 피고의 상고대상이 될 수 없다고 할 것이고, 항소심에서의 변경판결은 실질적으로는 항소가 이유 있는 부분에 대하여는 항소를 인용하여 제1심판결 중 일부를 취소하고 항소가 이유 없는 부분에 대하여는 항소를 기각하는 일부취소의 판결과 동일한 것인데 다만 주문의 내용이 복잡하게 되는 것을 피하고 주문의 내용을 알기 쉽게 하기 위한 편의상의 요청을 좇은 것에 불과한 것이므로, 원고 일부 승소의 제1심판결에 대하여 아무런 불복을 제기하지 않은 피고는 항소심이 변경판결을 한 경우에도 마찬가지로 제1심판결에서 원고

가 승소한 부분에 대하여는 상고를 제기할 수 없다.(대판 2002.2.5, 2001다63131)
3. 승소판결에 대한 상고의 허용 여부(소극) 및 상소인에게 불이익한 재판인지 여부에 관한 판단기준 상고는 자기에게 불이익한 재판에 대하여 유리하게 취소변경을 구하기 위하여 하는 것이므로 승소판결에 대한 불복상고는 허용될 수 없고, 재판이 상소인에게 불이익한 것인지 여부는 원칙적으로 재판의 주문을 표준으로 하여 판단하여야 한다.(대판 1993.6.25, 92다33008)
4. 항소심이 원고의 항소를 일부 인용하는 변경판결을 한 경우, 불복하지 아니한 피고가 제1심판결의 원고 승소 부분에 대하여 상고를 제기할 수 있는지 여부(소극) 원고의 청구를 일부 인용하는 제1심판결에 대하여 원고는 항소하였으나 피고들은 항소나 부대항소를 하지 아니한 경우, 제1심판결의 원고 승소 부분은 원고의 항소로 인하여 항소심에 이심은 되었으나 항소심의 심판범위에서는 제외되었다 할 것이고, 따라서 항소심이 원고의 항소를 일부 인용하여 제1심판결의 원고 패소 부분 중 일부를 취소하고 그 부분에 대한 원고의 청구를 인용하였다면, 이는 제1심에서의 원고 패소 부분에 한정된 것이며 제1심판결 중 원고 승소 부분에 대하여는 항소심이 판결을 한 바 없어 이 부분은 피고들의 상고대상이 될 수 없으므로, 원고 일부 승소의 제1심판결에 대하여 아무런 불복을 제기하지 않은 피고들은 제1심판결에서 원고가 승소한 부분에 대하여는 상고를 제기할 수 없다.(대판 2009.10.29, 2007다22514, 22521)
5. 소송계속 중 당사자의 사망을 간과하고 선고된 판결의 효력과 상속인에 의한 수계 소송계속 중 어느 일방 당사자의 사망에 의한 소송절차 중단을 간과하고 변론이 종결되어 판결이 선고된 경우에는 그 판결은 소송에 관여할 수 있는 적법한 수계인의 권한을 배제한 결과가 되는 절차상 위법은 있지만 그 판결이 당연무효라 할 수는 없고, 다만 그 판결은 대리인의 권한을 적법하게 대리되지 않았던 경우와 마찬가지로 보아 대리권 흠결을 이유로 상소 또는 재심에 의하여 그 취소를 구할 수 있을 뿐이므로, 판결이 선고된 후 적법한 상속인들이 수계신청을 하여 판결을 송달받아 상고하거나 또는 사실상 송달을 받아 상고장을 제출하고 상고심에서 수계절차를 밟은 경우에도 그 수계와 상고는 적법한 것이라고 보아야 하고, 그 상고를 판결이 없는 상태에서 이루어진 상고로 보아 부적법한 것이라고 각하할 것은 아니다.(대판(전) 1995.5.23, 94다28444)
6. 원고 일부승소의 제1심 판결에 대해 쌍방이 항소한 후 피고 항소장은 인지 미첩부로 각하되고 원고의 항소는 기각된 때 피고에게 상고할 이익이 있는지 여부(소극) 원고 일부승소 판결에 대하여 피고와 원고가 모두 항소를 제기하였으나, 피고는 항소장에 법률의 규정에 의한 인지를 첨부하지 아니한 결과 재판장의 명령으로 피고의 항소장이 각하되고 원심은 원고의 항소를 기각하는 판결을 선고하였으므로, 피고로서는 원심판결로 인하여 불이익을 받은 것이 없어 상고를 할 이익이 없음이 명백하므로, 피고의 원고에 대한 상고는 부적법한 것으로서 흠결을 보정할 수 없는 것이다.(대판 1991.12.10, 91다36116)
7. 피고가 원고의 본소청구인용의 조건부반소를 제기한 때 원심이 원고의 본소청구를 기각하면서 반소청구에 관하여 판단하지 아니한 조치와 피고의 이에 대한 상고의 적부(소극) 피고가 원고의 본소청구가 인용될 경우를 대비하여 조건부로 반소를 제기한 경우 원심이 원고의 본소청구를 기각한 이상 반소청구에 관하여 판단하지 아니한 것은 정당하다. 이 경우 피고의 이에 대한 상고는 그 대상이 없어 부적법하다.(대판 1991.6.25, 91다1615, 91다1622)
8. 항소심에서 제기된 반소에 부동의 하였으나 그에 관한 판단이 없는 경우 반소사건에 대한 상고의 적부(소극) 피청구인이 항소심 변론기일에서 반심청구서를 진술하고 청구인이

그 반심 제기에 부동의 하였는데 항소심판결의 주문이나 이유에서 언급된 것이 없고 달리 항소심이 이에 관하여 판단하지 않았다면 위 반심사건에 대한 재판을 탈루하였다고 할 것이고, 그 소송은 아직 항소심법원에 계속한다고 할 것이므로 이에 대한 상고는 그 대상이 없어 부적법하다고 할 것이다.(대판 1989.12.26, 89므464)
9. 항소심의 환송판결에 대한 상고의 가부(적극) 항소심의 환송판결은 사건에 대하여 심판을 마치고 그 심급을 이탈시키는 판결이므로 종국판결이이라고 해석함이 상당하다 할 것이고, 따라서 이 판결에 대하여는 구 민소 392조에 의하여 당원에 바로 상고할 수 있다고 할 것인즉 이 사건 상고는 적법하다.(대판(전) 1981.9.8, 80다3271)
10. 전부승소 판결에 대한 상고의 허용 여부(소극) 상소는 자기에게 불이익한 재판에 대하여 자기에게 유리하게 취소, 변경을 구하는 것이므로 전부승소 판결에 대한 상고는 상고를 제기할 대상이나 이익이 전혀 없으므로 허용될 수 없다.(대판 2002.6.14, 99다61378)
11. 항소장이나 판결문 등에 기재된 피항소인의 주소 외에 다른 주소가 소송기록에 있음에도 다른 주소로 송달을 시도하지 않고 항소장에 기재된 주소로 송달이 되지 않았다는 것만으로 주소보정을 명하고 이에 응하지 않음을 이유로 항소장을 각하할 수 있는지 여부(소극) 항소장이나 판결문 등에 기재된 피항소인의 주소 외에 다른 주소가 소송기록에 있는 경우에는 그 다른 주소로 송달을 시도해 본 다음 그곳으로도 송달되지 않는 경우에 항소인에게 주소보정을 명하여야 하고, 그러한 조치를 취하지 않은 채 항소장에 기재된 주소로 송달이 되지 않았다는 것만으로 곧바로 주소보정을 명하고 이에 응하지 않음을 이유로 항소장을 각하하는 것은 올바른 조치가 아니다.(대결 2014.4.16, 2014마4026)

제423조【상고이유】 상고는 판결에 영향을 미친 헌법·법률·명령 또는 규칙의 위반이 있다는 것을 이유로 드는 때에만 할 수 있다.

■ 상고이유의 기재방식(민소규129·131·133), 재항고(442), 절대적 상고이유(424), 소액사건(소액3)

1. 상고법원의 조사판단범위 상고법원은 상고이유에 의하여 불복신청의 한도 내에서만 조사 판단할 수 있는 것이므로, 상고이유서에 원심판결의 어떤 점이 법령을 어떻게 위반하였는지에 관하여 구체적이고도 명시적인 이유 설시가 없을 때에는 상고이유서를 제출하지 않은 것으로 취급할 수밖에 없으며, 또 상고이유서 제출기간이 지난 후에 제출된 상고이유보충서에 기재된 상고이유는 그것이 이미 기간 내에 제출된 상고이유서 중에 개진되 사항을 보충하거나 직권조사사항이 아닌 새로운 주장을 포함하고 있을 때에는 그 새로운 주장은 적법한 상고이유로 삼을 수 없는 것이다.(대판 1993.5.14, 93다3943)
2. 증거의 취사와 사실의 인정이 상고이유인지 여부 증거의 취사와 사실의 인정은 사실심의 전권에 속하는 것으로서 이것이 자유심증주의의 한계를 벗어나지 않은 적법한 상고이유로 삼을 수 없다.(대판 2006.6.29, 2005다11602, 11619)
3. 원심에서 주장하지 않은 새로운 상고이유의 적부 원심에서 주장한 바 없이 상고심에 이르러 새로 하는 주장은 원심판결에 대한 적법한 상고이유가 될 수 없다.(대판 2002.9.24, 2001다9311, 9328)
4. 법령 위반의 구체적인 이유 기재 없이 준비서면을 원용하는 것이 허용되는지 여부(소극) 상고법원은 상고이유에 의하여 불복신청한 한도 내에서만 조사·판단할 수 있으므로, 상고이유서에는 상고이유를 특정하여 원심판결의 어떤 점이 법령에 어떻게 위배되는지에 관하여 구체적이고도 명시적인 이유의 설시가 있어야 하고, 원심에서의 준비서면의 기재 내용을 단순히 원용할 수는 없다.(대판 2008.2.28, 2007다52287)
5. 다른 사건의 재심사유를 상고이유로 삼을 수 있는지 여부

구 민소 422조 1항 각 호 소정의 재심사유를 상고이유로 삼을 수 있다고 할 것이나, 그 재심사유는 당해 사건에 관한 것이어야 하고, 당해 사건과 관련한 다른 사건에 재심사유가 존재한다는 점을 들어 당해 사건의 상고이유로 삼을 수는 없다.(대판 2001.1.16, 2000다41349)

6. 소 각하한 항소심판결에 대하여 청구를 기각하여야 한다는 주장을 상고이유로 삼을 수 있는지 여부(소극) 소를 부적법한 것으로 각하한 항소심판결에 대하여 원고가 상고이유로 소를 각하할 것이 아니라 청구를 기각하여야 한다고 주장하는 것은 자신에게 오히려 불리한 사유를 주장하는 것이므로 받아들일 수 없다.(대판 1990.12.7, 90다카24021)

7. 상고인에게 불리한 상고이유의 적부(소극) 상고인에게 불리한 주장은 적법한 상고이유가 될 수 없다.(대판 1983.6.28, 82다카1767)

8. 가정판단으로 한 법률해석의 오류에 대한 상고이유의 유무 원심은 피고가 이 사건 과세처분에 적용된 1976년 소득표준율표의 차등율에 관한 규정이 무효라는 판단 외에 원고가 1976년 소외(갑)을 사업자로 위장하여 태양비닐상사를 경영하였다는 피고의 주장사실도 인정할 만한 증거가 없음을 아울러 판시하고 있어 차등율에 관한 원심의 법률해석은 가정판단으로 부가된 것이 명백하므로, 피고가 원심의 사실판단은 다투지 않고 가정판단으로서의 법률해석이 그릇된 것이라고만 다툰 본건에서는 소론의 원심판단이 그릇된 것이라 하더라도 그 점만으로는 원심판결을 파기할 사유가 되지 않으니 피고의 상고이유는 결국 원심판결의 결과에 영향이 있는 위법사유를 주장하는 것으로 볼 수 없다.(대판 1984.3.13, 81누317)

9. 심리미진의 상고이유 유류분액 및 그 침해액을 산정하기 위해서는 유류분 산정의 기초가 되는 전 재산의 가액에 대한 심리가 전제되어야 한다는 점에서 유류분반환청구 소송에서 당사자가 새로운 증여재산을 추가하여 청구취지를 확장하자마자 그 가액에 대한 증명 기회도 부여하지 아니한 채 바로 변론을 종결한 원심은 심리미진의 위법이 있다.(대판 2002.4.26, 2000다8878)

10. 경험법칙위반의 상고이유 "갑"은 1941. 5. 7. 사망, "을"은 1945. 8. 9. 사망, "병"은 1916. 9. 17. 사망, "정"은 1930. 10. 15. 사망하였다는 내용의 사망일자 확인서는 면장이 그 직무상 법령의 근거 없이 작성한 것으로서, 한 사람도 아닌 4명이나 되는 사람의 사망 여부 또는 사망 일자를 가족 기타 특별한 사정이 없는 면장이 기억하고 있다가 확인하여 준다는 것은 이례적이고 경험칙에 반하는 것이므로 이를 위 사망사실 인정의 증거로 하였음은 경험칙을 어긴 채증법칙 위반의 위법이 있다.(대판 1977.1.11, 76다2171)

제424조【절대적 상고이유】 ① 판결에 다음 각 호 가운데 어느 하나의 사유가 있는 때에는 상고에 정당한 이유가 있는 것으로 한다.
1. 법률에 따라 판결법원을 구성하지 아니한 때
2. 법률에 따라 판결에 관여할 수 없는 판사가 판결에 관여한 때
3. 전속관할에 관한 규정에 어긋난 때
4. 법정대리권·소송대리권 또는 대리인의 소송행위에 대한 특별한 권한의 수여에 흠이 있는 때
5. 변론을 공개하는 규정에 어긋난 때
6. 판결의 이유를 밝히지 아니하거나 이유에 모순이 있는 때
② 제60조 또는 제97조의 규정에 따라 추인한 때에는 제1항제4호의 규정을 적용하지 아니한다.

■ [1] 상고이유의 기재방식(민소규130), 판결법원의 구성(법조7), 재판에 관여할 수 없는 판사(41·43·204①·436③), 전속관할(31), 전속관할위반(411·419), 법정대리권(51·56·62·64), 소송대리권(87~97), 수권(56·89~92), 수권흠결(451①), 변론의 공개(헌109, 법조57), 판결의 이유기재(208①), 상고이유의 제한(소액3), [2] 소송능력의 흠과 추인(60), 법정대리인에 관한 규정의 준용(97)

▶1호
1. 변론에 참여하지 않은 판사에 의한 판결 판결은 기본적 구두변론에 관여한 판사에 한하여야 할 것이므로 이에 관여하지 아니한 판사가 한 판결은 중요한 소송절차를 위반한 것이어서 위법이다.(대판 1954.12.30, 4286민상97)

▶2호
2. 제척사유의 전심재판의 의미 구 민소 37조 5호에서 말하는 "전심재판"은 그 불복사건의 하급심 재판을 뜻하는 것이므로, 재심사건에서 그 재심의 대상으로 삼고 있는 원 확정재판은 이에 해당되지 아니 한다.(대판 1987.2.24, 86누417)

▶3호
3. 전속관할을 위반한 이송결정의 기속력 이송결정의 기속력은 당사자에게 이송결정에 대한 불복방법으로 즉시항고가 마련되어 있는 점이나 이송의 반복에 의한 소송지연을 피하여야 할 공익적 요청은 전속관할을 위반하여 이송한 경우라고 하여도 예외일 수 없는 점에 비추어 볼 때, 당사자가 이송결정에 대하여 즉시항고를 하지 아니하여 확정된 이상 원칙적으로 전속관할의 규정을 위반하여 이송한 경우에도 미친다.(대결 1995.5.15, 94마1059, 1060)

▶4호
4. 소나 항소가 제기된 사실을 모르는 상태에서 변론기일이 진행된 경우 절대적 상고이유가 되는지 여부(적극) 소장 부본부터 공시송달의 방법으로 송달되어 피고가 귀책사유 없이 소나 항소가 제기된 사실조차 모르고 있었고, 이러한 상태에서 피고의 출석 없이 원심 변론기일이 진행되어 제1심에서 일부 패소판결을 받은 피고가 자신의 주장에 부합하는 증거를 제출할 기회를 상실함으로써 당사자로서 절차상 부여된 권리를 침해당한 경우에는 당사자가 대리인에 의하여 적법하게 대리되지 않았던 경우와 마찬가지로 보아 민소 424조 1항 4호의 규정을 유추적용하여 절대적 상고이유가 되는 것으로 보아야 한다.(대판 2011.4.28, 2010다98948)

5. 변호사 아닌 지방자치단체 소속 공무원으로 하여금 소송수행자로서 지방자치단체의 소송대리를 하도록 한 경우의 흠결 지방자치단체는 국가를 당사자로 하는 소송에 관한 법률의 적용대상이 아니어서 같은 법률 3조, 7조에서 정한 바와 같은 소송수행자의 지정을 할 수 없고, 또한 민소 87조가 정하는 변호사대리의 원칙에 따라 변호사 아닌 사람의 소송대리는 허용되지 않는 것이므로, 원심이 소외 피고 소속 공무원으로 하여금 소송수행자로서 피고의 소송대리를 하도록 한 것은 민소 424조 1항 4호가 정하는 '소송대리권의 수여에 흠이 있는 경우'에 해당하는 위법이 있다.(대판 2006.6.9, 2006두4035)

6. 소송절차의 중단사유가 발생하였음에도 이를 간과하여 판결을 선고하였으나 이미 소송대리인이 선임되어 있었던 경우의 효력 소송계속 중 회사인 일방 당사자의 합병에 의한 소멸로 인하여 소송절차 중단 사유가 발생하였음에도 이를 간과하고 변론이 종결되어 판결이 선고된 경우에, 소송대리인이 선임되어 있었던 때에는 민소 95조에 의하여 그 소송대리권은 당사자인 법인의 합병에 의한 소멸로 인하여 소멸하지 않고 그 대리인은 새로운 소송수행권자로부터 종전과 같은 내용의 위임을 받은 것과 같은 대리권을 가지는 것으로 볼 수 있으므로, 법원으로서는 당사자의 변경을 간과하여 판결에 구 당사자를 표시하여 선고하였다면 소송수계인을 당사자로 경정하면 될 뿐, 구 당사자 명의로 선고된 판결을 대리권 흠결을 이유로 상소 또는 재심에 의하여 취소할 수는 없다.(대판 2002.9.24, 2000다49374)

7. 소송계속 중 당사자 사망을 간과한 판결의 효력과 상속인에 의한 수계 또는 상고의 효력 소송계속 중 어느 일방 당사자의 사망에 의한 소송절차 중단을 간과하고 변론이 종결되어 판결이 선고된 경우에는 그 판결은 소송에 관여할 수 있는 적법한 수계인의 권한을 배제한 결과가 되는 절차상 위법은 있지만 그 판결이 당연무효라 할 수는 없고, 다만 그 판결은 대리인에 의하여 적법하게 대리되지 않았던 경우와 마찬가지로 보아 대리권흠결을 이유로 상소 또는 재심에 의하여 그 취소를 구할 수 있을 뿐이므로, 판결이 선고된 후 적법한 상속인이 수계신청을 하여 판결을 송달받아 상고하거나 또는 사실상 송달을 받아 상고장을 제출하고 상고심에서 수계절차를 밟은 경우에도 그 수계와 상고는 적법한 것이라고 보아야 하고, 그 상고를 판결이 없는 상태에서 이루어진 상고로 보아 부적법한 것이라고 각하할 것은 아니다.(대판(全) 1995.5.23, 94다28444)

8. 당사자의 사망으로 인한 소송절차의 중단을 간과하고 선고한 판결 소송대리인을 선임한 당사자가 제1심 소송 계속 중 사망하였으나 사망 당시 소송대리인이 있었으므로 소송절차가 중단되지 않아 제1심판결의 선고는 적법하게 되었으나, 심급대리의 원칙상 동 판결이 선고되어 소송대리인에게 제1심판결 정본이 송달됨과 동시에 그 소송절차는 중단되었다 할 것인바, 항소심에서 사망한 자를 당사자로 하여 판결이 선고되었다면 당사자의 사망으로 소송절차를 수계할 상속인들이 법률상 소송행위를 할 수 없는 상태에서 소송절차가 진행되어 판결이 선고된 것이므로 여기에는 마치 대리인에 의하여 적법하게 대리되지 않았던 경우와 마찬가지의 위법이 있다.(대판 1997.10.10, 96다35484)

9. 성명을 모용하여 사실상 당사자로서 소송행위를 한 경우에 그 모용사실을 간과하여 선고한 판결 제3자가 피고를 참칭, 모용하여 소송을 진행한 끝에 판결이 선고되었다면 피모용자인 피고는 그의 소송관여 없이 적법하게 대리되지 않은 타인에 의하여 소송절차가 진행됨으로 말미암아 결국 소송 관여의 기회를 얻지 못하였다 할 것이니, 피고는 상소 또는 재심의 소를 제기하여 그 판결의 취소를 구할 수 있다.(대판 1964.11.17, 64다328)

10. 소송행위에 필요한 친족회의 동의를 상고심에서 보정할 수 있는지 여부(적극) 한정치산자의 법정대리인의 소송행위에 필요한 친족회의 동의는 보정되면 행위 시에 소급하여 그의 효력이 생기고 그 보정은 상고심에서도 할 수 있다.(대판 2001.7.27, 2001다5937)

▶5호

11. 증거조사 때의 비공개와 상고이유 수명법관이 수소법원 외에서 증거조사를 할 경우에는 반드시 공개심리의 원칙이 적용되는 것은 아니다.(대판 1971.6.30, 71다1027)

▶6호

12. 청구원인의 불특정과 이유 불비 원고의 청구원인이 주권에 대한 단순한 매매인지 매려계약인지 혹은 기존채무를 청산하기 위한 대물변제인지 불분명함에도 불구하고 이를 특정시키지 않고 한 판결은 석명의무 불행사에 기인한 심리미진을 면치 못한다.(대판 1952.9.6, 4285민상43)

13. 주장에 대한 오해의 이유 불비 원고 종중이 스스로 부적법한 종중회의의 결의를 원고 종중의 결의로서 유효한 것으로 인정하고 위 결의에 터 잡아 한 명의신탁계약이 유효하다고 주장하여 신탁해지를 원인으로 한 소유권이전등기청구소송을 제기하였다면, 위 회의에서 한 결의나 이에 터 잡은 명의신탁의 약정이 효력이 없었던 것이라고 하여도 원고는 이를 추인함을 전제로 하여 위 소를 제기한 것이거나 또는 위 소로써 이를 묵시적으로 추인한 것이라고 볼 수 있다. 그럼에도 위 결의가 원고 종중의 결의로서 부적법하다는 이유만을 내세워 원고의 청구를 배척한 원심판결에는 원고의 주장 취지를 잘못 이해하여 심리를 미진하였거나 이유 불비 아니면 판단 유탈의 위법이 있다.(대판 1991.5.28, 90다16252)

14. 대리, 표현대리, 무권대리 추인의 판단순서에 대한 이유 불비 원심은, 피고가 피고명의로 신탁된 피고보조참가인 소유의 부동산을 참가인 회사의 직원이었던 소외 갑으로부터 그가 참가인을 "대리하는 형식으로 하여" 매수한 사실을 인정한 다음, 원고의 주장사실 즉, 위 갑은 참가인의 대리인이고 그렇지 않더라도 권한을 넘는 표현대리인이며 그렇지 않더라도 참가인은 이 사건 부동산처분행위를 추인하였다는 주장과 중간생략등기의 합의가 있었다는 주장이 있음을 밝히고는 이에 관하여 아무런 판단을 하지 않은 채, 먼저 갑이 참가인을 대리하는 형식으로 원고와 체결한 위 매매계약이 유효히 존결하는가의 여부를 판단한다고 하면서 그 채택증거에 의하여 원고는 갑이 참가인을 "대리하는 것으로 하여" 위 매매계약을 합의해제하였다고 인정하고 원고의 소유권이전등기청구는 나머지 점에 관하여 판단할 필요 없이 이유 없다고 판단하였는바, 우선, 위 매매계약체결과정에 관한 원심의 설시 내용은 극히 애매모호하여 이 사건 매매계약이 도대체 원고와 누구 사이에 체결되었다는 것인지 분명하지 않고, 판단의 논리적 순서(무릇, 매매계약체결사실을 인정 설시하고 중간생략등기의 합의에 관한 주장에 관하여 판단한 다음 그런 내용이 인정된 경우에 그 합의해제의 여부에 관하여 판단해야 할 것이다)에도 어긋날 뿐 아니라, 원고의 주장에 대한 판단을 유탈하고 대리행위의 효과에 관한 법리를 오해하여 심리를 다하지 않은 위법을 저질렀다고 할 것이다.(대판 1990.1.25, 88다카18412)

15. 판단과정 유탈과 이유 불비 사망자에 대한 판결에 의하여 사망자로부터 지분 이전등기된 경우에 동 등기가 실체적 권리관계에 부합한다는 원고의 주장에 관하여 심리함이 없이 이 원인무효의 등기라고 단정하였음은 심리미진 나아가 이유 불비의 위법이 있다.(대판 1966.3.27, 66다256)

16. 예비적 청구 판단 불비 주 청구에다 예비적 청구를 병합한 소송에서 그 청구를 전부 기각하면서 주청구의 청구원인만 판단하고 예비적 청구의 원인사실에 관하여는 심리판단을 하지 않은 것은 심리미진과 판단유탈의 위법이다.(대판 1970.9.29, 70다1664)

17. 이유모순의 상고이유 원심이 교통사고로 인한 손해배상책임의 발생 및 원고 자신의 과실유무와 그 정도에 관하여 제1심판결의 이유를 그대로 인용한다고 하면서 제1심이 인정한 것보다 원고의 과실정도를 무겁게 다루어 이에 따라 과실상계를 하고 피고의 배상범위를 낮추었다면 이는 판결이유에 모순이 있는 경우에 해당한다.(대판 1974.6.11, 73다1753)

18. 의사의 설명의무위반과 치료비 청구를 동시에 인정함이 이유모순인지 여부 의사의 설명의무 위반을 인정하면서도 치료비 청구와 관련하여서는 의사가 진료채무의 본지에 따른 선량한 관리자로서의 주의의무를 다했다고 판단하였다 하더라도 서로 모순되는 사실을 인정한 것이라고 볼 수 없다.(대판 2001.11.9, 2001다52568)

19. 본문과 별지의 세액이 다른 이유모순 과세처분의 적법 여부를 판정하기 위한 기준으로서의 정당한 세액을 판시함에 있어 원판결이유 중 본문과 원판결에 첨부된 별지 세액산출근거표에 각 기재된 세액이 다르게 설시됨으로써 이유모순의 위법이 있다.(대판 1989.1.17, 88누674)

20. 부진정연대채무를 부담하는 피고들에게 손해금의 "각자" 지급을 명한 판결주문의 적부 원심판결은 그 이유에서는 피고(갑), (을)이 자동차 사고로 인하여 원고에게 배상할 금액이 모두 8,714,898원이라고 확정하고 사고 버스회사인 피고(을)에 대하여는 상계항변을 인정한 후, 판결주문에서 피고(갑)은 금 5,174,898원을, 피고(을)은 금 8,714,898원을 지급하되 그중 중첩되는 부분은 각자 지급함으로써 결국 합계 13,889,796원의 지급을 명한 결과가 되어 그 이유와 주문에 모순이 있으므로 파기사유에 해당한다.(대판 1984.6.26, 84다카88,89)

21. **채권의 합의소멸 후 사정변경으로 다시 살아난다고 판단한 이유모순** 당사자의 합의에 의하여 기존채무를 소멸시킨 사실을 인정하면서 그 후 예기치 못한 사정이 생겼다 하여 이미 소멸한 채권이 당연히 되살아난다고 판단한 것은 판결 이유에 모순이 있다.(대판 1971.4.6, 71다139)

22. **소극손해보다 지연손해금의 기산일이 앞선 이유모순** 원고의 청구하는 바에 따라 요양종료 익일부터의 수익상실액을 산정하면서 이에 대한 지연손해금은 그보다 앞선 사고일 익일부터 계산하였음은 이유모순이나 불비로 위법하다.(대판 1971.3.9, 70다3006)

23. **누전발화 판단의 이유모순** 원판결 이유에서 설시하고 있는 바와 같이 누전으로 인한 발화를 인정하려면 누전점, 점지점, 발화점을 알아야 되고 적어도 3가지 중 2가지 점을 알아야 됨에도 불구하고 발화점만을 밝혀내고 누전점, 점지점을 밝히지 못한 증거자료에 의하여 화인을 누전으로 단정하였음은 이유모순이 아니면 증거법칙을 어긴 것에 해당한다.(대판 1970.4.28, 70다134)

▶2항 4호 관련

24. **사망자의 명의로 위임된 변호사의 소송행위를 그 상속인이 추인한 때** 망인 명의로 위임된 변호사가 소송행위를 수행한 경우에 망인의 재산상속인들이 소송을 수계하고 그 변호사를 소송대리인으로 선임하는 동시에 원심에서 한 그 변호사의 소송행위를 추인한다는 뜻을 기재한 소송위임장을 상고심에 제출한 때에는 그 변호사의 원심에서의 소송행위는 모두 적법하게 된다.(대판 1966.11.22, 66다1603)

25. **종중대표권의 흠결 여부에 관하여 대표권이 없는 것으로 밝혀진 경우 그에 대한 보정을 명할 것인지 여부(소극)** 종중의 대표자로 자처하면서 소송을 제기한 자에게 적법한 대표권이 있는지 여부가 상대방의 항변으로 소송의 쟁점이 되어 항소심에 이르기까지 이에 주안을 둔 당사자들의 공격방어와 법원의 심리 등을 거쳐 그에게 적법한 대표권이 없다는 사실이 밝혀지게 된 경우라면, 법원은 이 사유를 들어 소를 각하하면 족한 것이지 이러한 경우에까지 그 대표권의 흠결에 관하여 보정을 명한다거나 그 종중에 대표자 표시 정정을 촉구할 의무가 있다고는 할 수 없다.(대판 1995.9.29, 94다55738)

제425조 【항소심절차의 준용】 상고와 상고심의 소송절차에는 특별한 규정이 없으면 제1장의 규정을 준용한다.

▣ 항소(제장), 민소규(135·136)

1. **본안에 대한 상고 이유 없는 때에도 소송비용의 재판에 대한 불복이 허용되는지 여부(소극)** 소송비용의 재판에 대한 불복은 본안에 대한 상고의 전부 또는 일부가 이유 있는 경우에 한하여 허용되고, 본안에 대한 상고가 이유 없을 때에는 허용될 수 없다.(대판 1998.11.10, 98다42141)

2. **소송인수신청을 각하하는 결정이 상고심의 판단 대상이 되는지 여부(소극)** 소송인수신청을 각하하는 결정에 대하여는 신청인이 항고할 수 있고, 이와 같이 항고로써 불복을 신청할 수 있는 재판은 상고심법원의 판단 대상이 되지 않는다.(대판 1995.6.30, 95다12927)

3. **393조의 준용(1)** 민법상의 법률행위에 관한 규정은 민사소송법상의 소송행위에는 특별한 규정 또는 특별한 사정이 없는 한 적용이 없으므로 사기 또는 착오를 원인으로 하여 소 취하 등 소송행위를 취소할 수 없다.(대판 1964.9.15, 64다92)

4. **393조의 준용(2)** 상고인 자신이 상고취하서에 그 인장을 날인하여 소외인에게 교부하였다면 위 상고취하서가 그 제출에 관하여 위 소외인과의 사이에 이루어진 약속이 이행되지 않은 채 제출되었다 하더라도 이를 상고인의 의사에 반하여 제출된 것이라고는 할 수 없다.(대판 1970.10.23, 69다2046)

5. **397조의 준용(1)** 재항고장은 원심법원에 제출하도록 규정되어 있으므로 재항고장이 대법원에 우편제출 되었다가 다시 원심법원에 송부된 경우에도 재항고기간의 준수 여부는 재항고장이 위 원심법원에 접수된 때를 기준하여 따져야 한다.(대결 1985.5.24, 85마178)

6. **397조의 준용(2)** 상고인이 상고장에 불복대상 판결을 서울고등법원 판결로 명시하여 서울고등법원에 상고장을 제출하려는 의사를 분명히 가지고 있었으나 다만 이를 현실로 제출함에 있어서 서울고등법원이 서울지방법원과 동일한 청사 내에 위치하고 있는 관계로 상고인이 상고장을 서울고등법원 종합접수실로 혼동, 착각하여 서울지방법원에 상고장을 접수시키고 접수담당 공무원도 이를 간과하여 접수한 경우, 접수담당 공무원이 접수 당일 착오 접수를 발견하고 지체없이 상고장을 서울고등법원으로 송부하였는지 여부와 같은 우연한 사정에 의하여 상고인의 상고제기기간 도과 여부가 결정된다는 것은 불합리하므로, 이러한 경우에는 상고인이 원심법원인 서울고등법원의 종합접수실로 혼동, 착각하여 서울지방법원 종합접수과에 상고장을 제출한 날을 기준으로 하여 상고제기기간 준수 여부를 가려 보는 것이 상고인의 진정한 의사에도 부합하고 상고인에게 회복할 수 없는 손해도 방지할 수 있는 타당한 처리이다.(대결 1996.10.25, 96마1590)

7. **원고의 청구가 일부 인용된 환송 전 원심판결에 대하여 피고만이 상고하여 상고심에서 피고 패소부분을 파기환송한 경우, 환송 전 원심판결 중 원고 패소부분에 대하여 환송 후 원심이 심리할 수 있는지 여부(소극) 및 원고가 환송 후 원심에서 소를 교환적으로 변경한 경우 항소심의 심판대상** 원고의 청구가 일부 인용된 환송 전 원심판결에 대하여 피고만이 상고하고 상고심이 이 상고를 받아들여 원심판결 중 피고 패소부분을 파기환송하였다면 피고 패소부분만이 상고되었으므로 위의 상고심에서의 심리대상은 이 부분에 국한되었고, 환송 후 원심의 심판 범위도 환송 전 원심에서 피고가 패소한 부분에 한정되는 것이 원칙이다. 그러나 당사자는 원칙적으로 새로운 사실과 증거를 제출할 수 있음은 물론, 소의 변경, 부대항소의 제기뿐만 아니라 청구의 확장 등 그 심급에서 허용되는 모든 소송행위를 할 수 있고, 이때 소를 교환적으로 변경하면, 제1심판결은 소 취하로 실효되고 항소심의 심판대상은 교환된 청구에 대한 새로운 소송으로 바뀌어 항소심은 사실상 제1심으로 재판하는 것이 된다.(대판 2013.2.28, 2011다31706)

제426조 【소송기록 접수의 통지】 상고법원의 법원사무관등은 원심법원의 법원사무관등으로부터 소송기록을 받은 때에는 바로 그 사유를 당사자에게 통지하여야 한다.

▣ 소송기록의 송부(397·400·425, 민소규132)

제427조 【상고이유서 제출】 상고장에 상고이유를 적지 아니한 때에 상고인은 제426조의 통지를 받은 날부터 20일 이내에 상고이유서를 제출하여야 한다.

▣ 상고장(397·425), 기간(170·172①), 소송기록접수의 통지(429), 부제출의 효과(429)

1. **구체적이고 명시적인 이유의 기재가 없는 상고이유서의 적부** 상고법원은 상고이유에 의하여 불복신청한 한도 내에서만 조사·판단할 수 있으므로, 상고이유서에는 상고이유를 특정하여 원심판결의 어떤 점이 법령에 어떻게 위배되는지에 관하여 구체적이고도 명시적인 이유의 설시가 있어야 할 것이고, 상고인이 제출한 상고이유서에 위와 같은 구체적이고도 명시적인 이유의 설시가 없는 때에는 상고이유서를 제출하지 않은 것으로 취급할 수밖에 없다.(대판 2004.10.28, 2003다65438, 65445)

2. 부대상고의 제기기간 및 그 이유서의 제출기간 피상고인은 상고권이 소멸한 후에도 부대상고를 할 수 있지만 상고이유서 제출기간 내에 부대상고를 제기하고 부대상고이유서를 제출하여야 한다.(대판 2004.9.24, 2004다7286)
3. '1심 이후 항소심까지 주장한 내용을 모두 그대로 원용합니다'라는 기재가 적법한 상고이유인지 여부 상고이유는 상고장에 기재하거나 상고이유서라는 독립된 서면에 의하여 원심판결의 어떤 부분이 어떻게 법령에 위배되었는가를 구체적으로 명시하여야 하므로 상고이유서의 '1심 이후 항소심까지 주장한 내용을 모두 그대로 원용합니다'라는 기재는 적법한 상고이유가 될 수 없다.(대판 2000.7.6, 2000두1508)
4. 적법한 상고이유의 제출방법 상고이유는 상고장에 기재하거나 상고이유서라는 독립된 서면으로 하여야 하고 다른 서면의 기재내용을 원용할 수 없는 것이며, 원심판결의 어떤 부분이 어떻게 법령에 위배되었는가를 구체적으로 명시하지 아니하면 상고이유의 제출이 있었다고 할 수 없다.(대판 1991.10.11, 91다22278)
5. 상고이유서 제출기간이 경과한 뒤에 제출된 보충상고이유서의 성질과 그 효력 상고이유서제출기간 경과 후에 제출된 보충상고이유서는 기간 내에 내세운 상고이유를 보충하는 한도 내에서만 그 효력이 있고 전연 새로운 주장을 하는 상고이유는 부적법한 것이므로 이를 묵시적으로 배척한 것은 적법하고 거기에 판단유탈의 위법이 없다.(대판 1971.3.9, 70특재3)
6. 상고이유서 제출기간의 성격 상고이유서 제출기간은 불변기간이 아니므로 추완 신청의 대상이 될 수 없다.(대결 1981.1.28, 81사2)

제428조【상고이유서, 답변서의 송달 등】 ① 상고이유서를 제출받은 상고법원은 바로 그 부본이나 등본을 상대방에게 송달하여야 한다.
② 상대방은 제1항의 서면을 송달받은 날부터 10일 이내에 답변서를 제출할 수 있다.
③ 상고법원은 제2항의 답변서의 부본이나 등본을 상고인에게 송달하여야 한다.
■ ① 상고이유서(423·427), 소장송달(255), ② 기간(170·172①), 답변서(272), ③ 송달(174-197)

제429조【상고이유서를 제출하지 아니함으로 말미암은 상고기각】 상고인이 제427조의 규정을 어기어 상고이유서를 제출하지 아니한 때에는 상고법원은 변론 없이 판결로 상고를 기각하여야 한다. 다만, 직권으로 조사하여야 할 사유가 있는 때에는 그러하지 아니하다.
■ 상고이유서 제출기간(427)
1. 본조가 헌 27조 1항의 재판청구권을 침해하는지 여부(소극) 이 사건 법률조항은 상고인이 상고기록 접수통지를 받은 날로부터 20일의 기간 내에 상고이유서를 제출하지 아니하는 때에는 변론 없이 상고를 기각하도록 하고 있는데, 만일 당사자가 민사소송법에 규정된 상고이유서 제출기간을 만연히 도과하였음에도 그에 대한 아무런 불이익이 없다면, 상고이유서 제출을 통한 상고심 심판 대상의 확정과 신속·원활한 재판의 구현이라는 상고이유서 제출 제도의 목적을 달성할 수 없게 될 가능성이 크다 할 것이고, 이 사건 법률조항이 추구하는 신속·원활한 상고심 재판의 운영이라는 공익은 당사자의 권리구제라는 사익에 비하여 결코 작다고 볼 수는 없으므로 법익균형성원칙에도 반하지 않는다 할 것이다.(헌재 2008.10.30, 2007헌마532)
2. 특정 상고부분에 대한 상고이유가 없는 경우의 법원의 조치 패소부분 전부에 대하여 상고하였으면서도 위자료 부분에 관하여는 상고이유를 개진하고 있지 아니하다면 이 부분 상고는 기각을 면하지 못한다.(대판 1987.3.24, 86다카1289)

제430조【상고심의 심리절차】 ① 상고법원은 상고장·상고이유서·답변서, 그 밖의 소송기록에 의하여 변론없이 판결할 수 있다.
② 상고법원은 소송관계를 분명하게 하기 위하여 필요한 경우에는 특정한 사항에 관하여 변론을 열어 참고인의 진술을 들을 수 있다.
■ ① 상고이유서(427), 답변서(428②), 구술변론의 예외(134③), ② 참고인의 진술(민소규134)

제431조【심리의 범위】 상고법원은 상고이유에 따라 불복신청의 한도 안에서 심리한다.
■ 상고이유서(427), 예외(434)

제432조【사실심의 전권】 원심판결이 적법하게 확정한 사실은 상고법원을 기속한다.
■ 예외(434)
1. 본조의 취지 구 민소 406조 2항 단행에 사건을 환송받은 법원이 상고심의 사실상의 판단에 기속받는다고 규정한 것은 상고심이 직권조사사항에 관하여 한 사실상의 판단에 기속된다는 뜻으로 풀이되고, 본안에 관계되는 사실인정은 사실심의 전권에 속하는 것이므로 본안에 관계되는 원심의 사실인정이 환송판결의 판시와 다소 어긋나는 점이 있다고 하더라도 그 절차가 위법이 아닌 이상 탓할 수 없다.(대판 1988.11.22, 88누6)
2. 과실상계 사유에 관한 사실인정 및 비율확정이 사실심의 전권사항인지 여부(한정적극) 불법행위책임에서 과실상계는 손해배상액을 정함에 있어 공평 내지 신의칙의 견지에서 피해자의 과실을 참작하는 것으로서, 그 적용에 있어서는 가해자와 피해자의 고의·과실의 정도가 위법행위의 발생 및 손해의 확대에 관하여 어느 정도의 원인이 되어 있는가 등의 제반 사정을 고려하여 배상액의 범위를 정하는 것이나, 그 과실상계 사유에 관한 사실인정이나 그 비율을 정하는 것은 그것이 형평의 원칙에 비추어 현저히 불합리하다고 인정되지 않는 한 사실심의 전권사항에 속한다.(대판 2000.6.9, 98다54397)
3. 상고심에서 변제공탁의 금액을 다툴 수 있는지 여부 제1심 이래 원심에 이르기까지 변제공탁한 금액이 변제에 충분한가의 여부에 관하여 다툰 바 없이 법률심인 상고심에 이르러 비로소 이를 다투는 것은 새로운 사실적 주장이므로 적법한 상고이유가 되지 못한다.(대판 1979.9.11, 79나150)
4. 상고심에서 비로소 주장된 새로운 사실이 적법한 상고이유가 될 수 있는지 여부 원심에서 주장하지 아니하였다가 상고심에 이르러 비로소 주장하는 새로운 사실은 적법한 상고이유가 될 수 없다.(대판 2001.4.27, 99다73391)
5. 증거취사 및 사실인정에 관한 권한 증거취급 및 사실인정은 논리법칙 또는 경험칙에 위배됨이 없으면 사실심법원의 전권에 속하는 사항이다.(대판 1955.3.24, 4287민상215)

제433조【비약적 상고의 특별규정】 상고법원은 제422조제2항의 규정에 따른 상고에 대하여는 원심판결의 사실확정이 법률에 어긋난다는 것을 이유로 그 판결을 파기하지 못한다.
■ 예외(434), 제1심판결에 대한 상고(422②)

제434조【직권조사사항에 대한 예외】 법원이 직권으로 조사하여야 할 사항에 대하여는 제431조 내지 제433조의 규정을 적용하지 아니한다.
■ 직권으로 조사할 사항(132·292, 가소8, 행소26, 민조22), 심리의 범위(431), 비약적 상고(433)
1. 판결의 이유 불비에 관하여 법원이 직권으로 조사할 수 있는 경우 판결에 이유를 밝히지 아니한 위법이 이유의 일부를 빠뜨리거나 이유의 어느 부분을 명확하게 하지 아니한

정도가 아니라 판결에 이유를 전혀 기재하지 아니한 것과 같은 정도가 되어 당사자가 상고이유로 내세우는 법령 위반 등의 주장의 당부를 판단할 수도 없게 되었다면, 그와 같은 사유는 당사자의 주장이 없더라도 법원이 직권으로 조사하여 판단할 수 있다.(대판 2005.1.28, 2004다38624)

2. 제척기간의 도과 여부가 직권조사사항인지 여부(적극) 매매예약완결권의 제척기간이 도과하였는지 여부는 소위 직권조사사항으로서 이에 대한 당사자의 주장이 없더라도 법원이 당연히 조사하여 재판에 고려하여야 하므로, 상고법원은 매매예약완결권이 제척기간 도과로 인하여 소멸하였다는 주장이 적법한 상고이유서 제출기간 경과 후에 주장되었다 할지라도 이를 판단하여야 한다.(대판 2000.10.13, 99다18725)

3. 참가인의 본소청구 판단의 직권조사사항 여부(적극) 구 민소 72조에 의한 소송은 동일한 권리관계에 관하여 원고 피고 및 참가인 세 사람이 서로간의 다툼을 하나의 소송절차로 한꺼번에 모순 없이 해결하는 소송형태로서 그 신청은 언제나 원·피고 쌍방을 각 상대방으로 하지 않으면 안 되고 그 한쪽만을 상대로 하는 것은 허용되지 않는 것이고, 같은 규정에 따라 원·피고, 참가인 간의 소송에 대하여 본안판결을 할 때에는 위 3당사자를 판결의 명의인으로 하는 하나의 종국판결만을 내려야 하는 것이 위 당사자의 일부에 대하여만 판결을 하거나 남겨진 자를 위한 추가판결을 하는 것들은 모두 허용되지 않는 것이다. 이러한 취지에 비추어 볼 때 이 사건 소송에서 원고들이 항소를 제기함에 따라 원고들과 참가인들 그리고 피고 간의 세 개의 청구는 당연히 항소심의 심판대상이 되어야 하는 것이므로 원심으로서는 참가인들의 원·피고들에 청구에 관하여도 같은 판결로 판단을 했어야 한다. 그럼에도 불구하고 이와 다른 견해로 참가인들의 본소 청구에 관하여 판단을 하지 않은 원판결은 구 민소 72조의 해석적용을 그르쳤다고 하지 않을 수 없고, 원판결의 이러한 하자는 소송요건에 준하여 직권으로 조사해야 할 사항에 해당한다고 풀이해야 하는 것이다.(대판 1991.3.22, 90다19329, 19336)

제435조 【가집행의 선고】 상고법원은 원심판결 중 불복신청이 없는 부분에 대하여는 당사자의 신청에 따라 결정으로 가집행의 선고를 할 수 있다.

■ 결정(132·221·224), 가집행의 선고(213-215)

제436조 【파기환송, 이송】 ① 상고법원은 상고에 정당한 이유가 있다고 인정할 때에는 원심판결을 파기하고 사건을 원심법원에 환송하거나, 동등한 다른 법원에 이송하여야 한다.
② 사건을 환송받거나 이송받은 법원은 다시 변론을 거쳐 재판하여야 한다. 이 경우에는 상고법원이 파기의 이유로 삼은 사실상 및 법률상 판단에 기속된다.
③ 원심판결에 관여한 판사는 제2항의 재판에 관여하지 못한다.

■ ① 소송기록의 송부(438), ② 하급심의 기속(법조8), 소송비용(105), ③ 본항위반(424①ii·451①ii)

1. 파기 환송판결의 기속력이 부수적으로 지적한 사항에도 미치는지 여부(소극) 종전 환송판결에서 의사들의 설명의무 위반과 환자 수술 후에 나타난 뇌병색 사이에 상당인과관계가 있다고 보기는 어렵다는 이유로, 환송 전 원심판결에서 그 상당인과관계가 있다는 전제하에 손해배상을 명한 조치에는 의사의 설명의무 위반시 손해배상의 범위에 관한 법리를 오해한 위법이 있다고 하여 그 원심판결을 파기환송하면서, 위의 상당인과관계가 없다는 근거의 하나로서 위 의사들에게 의료상의 과실이 없었다

는 점을 들고 있었으나, 종전의 환송판결에서 의료상의 과실이 없었다는 위 부분은 설명의무 위반과 관련한 법률적 판단에 부가하여 설시한 것에 불과하여 거기에는 기속력이 인정되지 않는다.(대판 1997.7.22, 96다37862)

2. 피고만의 상고로 피고 패소부분이 파기환송된 경우 환송받은 법원의 심판 범위 피고만이 상고하여 원심판결 중 피고 패소부분이 파기환송된 경우 원심에 환송되는 사건의 심판 범위는 위 패소 부분을 넘을 수 없고 따라서 이 한도를 초과하여 피고에게 불이익한 판결을 할 수는 없다.(대판 1991.11.22, 91다18132)

3. 원고의 청구가 일부 인용된 환송 전 원심판결에 대하여 원고만 상고하여 원고 패소부분이 파기 환송된 경우, 원고의 승소부분이 환송 후 원심의 심리대상이 되는지 여부(소극) 원고의 청구가 일부 인용된 환송 전 원심판결에 대하여 원고만이 상고하고 상고심이 이 상고를 받아들여 원심판결 중 원고 패소부분을 파기 환송하였다면 원고 패소부분만이 상고되었으므로 위의 상고심에서의 심리대상은 이 부분에 국한되었으며, 환송되는 사건의 범위, 다시 말하자면 환송 후 원심의 심판범위도 환송 전 원심에서 원고가 패소한 부분과 환송 후 원심에서 확장된 청구부분에 한정되고, 환송 전 원심판결 중 원고의 승소부분은 확정되었다 할 것이므로 환송 후 원심으로서는 이에 대하여 심리할 수 없다.(대판 1991.5.24, 90다18036)

4. 환송 후 새로운 주장증명에 의한 사실관계의 변동과 환송 판결의 구속력 상고법원으로부터 사건을 환송받아 심리하는 과정에서 당사자의 주장증명이 새로이 제출되거나 또는 보강되어 상고법원의 기속적 판단의 기초가 된 사실관계에 변동이 생긴 때에는 상고법원이 파기이유로 한 법률상 판단의 기속력은 미치지 않는다.(대판 1989.6.27, 87다카2542)

5. 상고법원의 파기환송 판결의 사실상 판단에 대한 기속력 법조 8조는 "상급법원의 재판에 있어서의 판단은 당해 사건에 관하여 하급심을 기속한다"고 규정하고, 민소 436조 2항 후문도 상고법원이 파기의 이유로 삼은 사실상 및 법률상의 판단은 하급심을 기속한다는 취지를 규정하고 있으며, 형사소송법에서는 이에 상응하는 명문의 규정은 없지만 법률심을 원칙으로 하는 상고심은 형소 383조 또는 384조에 의하여 사실인정에 관한 원심판결의 당부에 관하여 제한적으로 개입할 수 있는 것이므로 조리상 상고심판결의 파기이유가 된 사실상의 판단도 기속력을 가진다. 따라서 상고심으로부터 사건을 환송받은 법원은 그 사건을 재판함에 있어 상고법원이 파기이유로 한 사실상 및 법률상의 판단에 대하여 환송 후의 심리과정에서 새로운 증거가 제시되어 기속적 판단의 기초가 된 증거관계에 변동이 생기지 않는 한 이에 기속된다.(대판 2009.4.9, 2008도10572)

6. 파기환송 받은 항소심 법원에서의 소 변경의 가부(적극) 파기환송 받은 항소심이 다시 여는 변론은 실질적으로는 종전 변론의 재개, 속행에 지나지 아니하나 당사자는 변론종결에 이르기까지 항소범위의 변경, 소의 변경이나 새로운 공격방어의 방법을 제출할 수 있는 것이므로, 그로 인한 판결이 환송 전의 판결보다도 불리한 결과가 되기도 하고 항소법원이 환송 전 판결에 대하여 불복한 범위 내에서만 심리 재판하는 것은 아니다.(대판 1982.9.28, 81다카934)

7. 파기환송 기속력의 범위 상고심이 기판력의 주관적 범위에 관한 원심 판결에 위법이 있다는 이유로 원심판결을 파기환송한 경우에 그 환송판결에서 원심의 사실 인정에 위법이 없다는 이유 설명을 하였다 하여도 원심을 기속하는 것은 위의 파기이유뿐이다.(대판 1965.1.19, 64다1260)

제437조 【파기자판】 다음 각호 가운데 어느 하나에 해당하면 상고법원은 사건에 대하여 종국판결을 하여야 한다.
1. 확정된 사실에 대하여 법령적용이 어긋난다 하

여 판결을 파기하는 경우에 사건이 그 사실을 바탕으로 재판하기 충분한 때
2. 사건이 법원의 권한에 속하지 아니한다 하여 판결을 파기하는 때
▣ 법원의 권한(법조2), 종국판결(198), 파기환송, 이송(436)

제438조 【소송기록의 송부】 사건을 환송하거나 이송하는 판결이 내려졌을 때에는 법원사무관등은 2주 이내에 그 판결의 정본을 소송기록에 붙여 사건을 환송받거나 이송받을 법원에 보내야 한다.
▣ 파기환송, 이송(436), 사무관등(법조10③)

제3장 항 고

제439조 【항고의 대상】 소송절차에 관한 신청을 기각한 결정이나 명령에 대하여 불복하면 항고할 수 있다.
▣ 항고의 관할법원(법조14·28·32②), 특별항고(449), 항고절차(443), 항고할 수 있는 경우(440·441②), 즉시항고할 수 있는 경우(39·47②·50·73②·107③·110③·113·114·121·125④·127·132③·133·211③·214·254③·255·302·311·317②·313·326·333·337③·348·351·360②·363①·366②·370·402·425·471②·488, 민집(351)·17)

1. **피고경정신청 기각결정에 대한 불복 방법** 구 민소 234조의2 소정의 피고경정신청을 기각하는 결정에 불복이 있는 원고는 구 민소 409조의 통상항고를 제기할 수 있으므로 그 결정에 대하여 특별항고를 제기할 수는 없다. 기록에 의하면 피고 갑을 을로 경정하여 달라는 원고의 신청을 원심이 기각하자, 원고 및 원고공동소송참가인은 위 결정에 불복하여 원심에 '특별항고장'이라는 제목의 서면을 '대법원 귀중'이라고 기재하여 제출하였고, 원심법원은 이를 특별항고로 보고 당원에 기록을 송부하였음을 알 수 있는바, 위에서 본 바와 같이 피고경정신청을 기각하는 결정에 불복이 있는 경우에는 통상항고를 제기하여야 하는 것이고, 따라서 비록 원심법원에 제출한 서면의 제목이 '특별항고장'이고, 그 끝부분에 '대법원 귀중'이라고 기재되어 있다고 하더라도 이는 통상항고를 제기한 것으로 보아야 할 것이므로 그 관할법원은 서울가정법원 합의부라고 할 것이다.(대결 1997.3.3, 97으1)
2. **가압류신청에 대하여 담보를 명한 부분의 불복방법** 무담보의 가압류결정을 구하는 신청에 대하여 법원이 일정한 액수의 담보를 제공하는 것을 조건으로 가압류를 명하는 경우 이는 실질적으로 가압류신청에 대한 일부 기각의 재판과 같은 성격을 가지는 것이므로 신청인으로서는 위 일부 기각부분(담보를 조건으로 명한 부분)에 대하여 불복할 이익을 갖는다고 할 것이고, 담보의 수액이 지나치게 과다하다고 다투는 경우도 마찬가지로 보아야 할 것인데, 이 때 담보를 제공할 것을 명한 부분을 다투거나 담보의 수액이 지나치게 많다고 하여 다툴 수 있는 방법은 법률상 다른 특별한 규정이 없는 이상 가압류신청의 일부 또는 전부가 기각이나 각하된 경우와 마찬가지로 통상의 항고로써 다툴 수 있다.(대결 2000.8.28, 99그30)
3. **대법원의 결정·명령에 대한 불복 여부**(소극) 대법원의 결정이나 명령에 대하여는 다시 대법원에 특별항고를 제기할 수 없다.(대결 1986.5.19, 86그88)
4. **위헌제청신청 기각결정에 대한 항고나 재항고의 허부**(소극) 헌재 41조 4항은 위헌여부심판의 제청에 관한 결정에 대하여는 항고할 수 없다고 규정하고 있으므로 위헌제청신청을 기각하는 결정에 대하여는 민사소송에 의한 항고나 재항고를 할 수 없다.(대결 1993.8.25, 93그34)
5. 증거조사를 위한 속행신청에도 불구하고 법원이 변론종

결한 조치에 대한 불복 가부(소극) 기일이 지정, 변경 및 속행은 오직 재판장의 권한에 속하는 것이고, 당사자가 신청한 증거로서 법원이 필요 없다고 인정한 것은 조사하지 아니할 수 있는 것이고 이에 대하여 반드시 증거채부의 결정을 하여야 하는 것은 아니므로, 법원이 당사자의 증거조사를 위한 속행신청에도 불구하고 변론을 종결하였더라도 종국판결에 대한 불복절차에 의하여 그 판단의 당부를 다툴 수 있는 것은 별론으로 하고 별도로 항고로써 불복할 수는 없다.(대결 1989.9.7, 89마694)
6. **관할위반의 이송신청재판에 대한 항고의 가부** 재판관할권의 유무에 관한 문제는 법원의 직권조사사항이기 때문에 소송당사자로서는 관할권이 없다는 이유로 이송신청을 할 수 없고, 이러한 이유의 이송신청에 대하여서는 재판을 할 필요가 없으며, 또 법원이 그 이송신청을 거부하는 재판을 하였다 하더라도 항고가 허용되지 않는다.(대결 1986.6.17, 86마344)
7. **청구취지변경을 불허한 결정에 대한 항고의 가부** 청구취지변경을 불허한 결정에 대하여는 독립하여 항고할 수 없고 종국판결에 대한 상소로써만 다툴 수 있다.(대판 1992.9.25, 92누5096)
8. **부당한 인지보정명령에 대한 불복방법** 소장 또는 상소장에 관한 재판장의 인지보정명령은 일반적으로 항고의 대상으로 삼고 있는 구 민소 409조 소정의 "소송절차에 관한 신청을 기각하는 결정이나 명령"에 해당하지 아니하고 또 이에 대하여 불복할 수 있는 특별규정도 없으므로, 인지보정명령에 대하여는 독립하여 이의신청이나 항고를 할 수 없고 다만 보정명령에 따른 인지를 보정하지 아니하여 소장이나 상소장이 각하되면 그 각하명령에 대하여 즉시항고로 다툴 수밖에 없다.(대결 1995.6.30, 94다39086, 39093)

제440조 【형식에 어긋나는 결정·명령에 대한 항고】 결정이나 명령으로 재판할 수 없는 사항에 대하여 결정 또는 명령을 한 때에는 항고할 수 있다.
▣ 판결로 재판할 경우(124·219·413)

1. **위식의 결정 또는 명령의 효력** 결정 또는 명령으로써 재판을 할 수 없는 사항에 관하여 결정 또는 명령으로써 재판을 하였을지라도 이에 대하여 불복하는 당사자가 구 민소 411조에 의하여 항고를 할 수 있고 위 항고에 대하여 법원이 417조에 의한 재도의 고찰에 의거하여 스스로 원재판을 취소하여 다시 상당한 재판을 하거나 항고법원이 원재판을 취소하여 원법원에 환송하여 원법원이 상당한 재판을 할 수 있을 뿐이고 그 위식의 재판 자체는 무효가 아니다.(대판 1957.12.26, 4289민상346)

제441조 【준항고】 ① 수명법관이나 수탁판사의 재판에 대하여 불복하는 당사자는 수소법원에 이의를 신청할 수 있다. 다만, 그 재판이 수소법원의 재판인 경우로서 항고할 수 있는 것인 때에 한한다.
② 제1항의 이의신청에 대한 재판에 대하여는 항고할 수 있다.
③ 상고심이나 제2심에 계속된 사건에 대한 수명법관이나 수탁판사의 재판에는 제1항의 규정을 준용한다.
▣ 수명법관(139), 수탁판사(160), 항고(439)

1. **위헌여부제청신청 기각결정에 대한 재항고의 가부**(소극) 고등법원의 위헌여부제청신청 기각결정은 중간재판적 성질을 가지므로 본안에 대한 원심판결이 상고되었을 때 위 기각결정도 상고심의 판단을 받는 데 불과하고 독립하여 위 기각결정에 대하여 재항고할 수 없다.(대결 1981.7.3, 80마505)

제442조 【재항고】 항고법원·고등법원 또는 항

소법원의 결정 및 명령에 대하여는 재판에 영향을 미친 헌법·법률·명령 또는 규칙의 위반을 이유로 드는 때에만 재항고(再抗告)할 수 있다.

■ 상고이유(423·424), 재항고절차(443, 민소규137)

1. 주문이 탈루된 결정에 대한 재항고의 적부(소극) 항고이유 없다고 결정이유에서 밝히면서도 그 결정주문에 아무런 설시가 없다면 이는 결정주문이 누락되어 아직 결정이 없는 상태라 할 것이므로, 그에 대한 재항고는 그 대상이 없어 부적법하다.(대결 1984.4.25, 84마118)

2. 간접강제에 관한 항고심결정 후 대법원이 간접강제신청의 기초가 된 집행권원에 대하여 강제집행정지결정을 한 것이 재항고사유가 되는지 여부(소극) 재항고심도 상고심과 마찬가지로 사후심·법률심이므로, 항고심법원이 간접강제에 관한 제1심결정을 취소하고 다시 간접강제결정을 한 후에 대법원이 간접강제신청의 기초가 된 집행권원에 대하여 강제집행정지결정을 하였다는 사유는 적법한 재항고이유가 될 수 없고, 채무자로서는 그 강제집행정지결정 정본을 제1심 수소법원에 제출하여 간접강제결정의 취소를 구하여야 한다.(대결 1997.1.16, 96마774)

3. 재항고신청의 적격 항고법원이 항고를 기각한 결정에 대하여는 그 재판을 받은 항고인만이 재항고를 할 수 있고, 다른 사람은 그 결정에 이해관계가 있다 할지라도 재항고를 할 수 없다.(대결 1992.4.21, 92마103)

4. 경락허가결정에 대한 즉시항고를 기각한 경우와 항고를 인용하여 경락허가결정이 취소된 경우의 재항고권자 경락허가결정에 대한 즉시항고에 대하여 항고법원이 항고를 기각한 경우 항고인만이 재항고를 할 수 있고 다른 사람은 그 결정에 이해관계가 있다 할지라도 재항고를 할 수는 없는 것이지만, 항고법원이 항고를 인용하여 원결정을 취소하고 다시 상당한 결정을 하거나 원심법원으로 환송하는 결정을 하였을 때에는 그 새로운 결정에 따라 손해를 볼 이해관계인은 재항고를 할 수 있다.(대결(全) 2002.12.24, 2001마1047)

5. 지방법원 항소부 소속 법관에 대한 제척이나 기피신청이 기각된 경우의 불복방법 민소 442조의 규정에 비추어 볼 때 항소법원의 결정에 대하여는 대법원에 재항고하는 방법으로 다투어야만 하는바, 지방법원 항소부 소속 법관에 대한 제척 또는 기피신청이 제기되어 민소 45조 1항의 각하결정 또는 소속 법원 합의부의 기각결정이 있은 경우에 이는 항소법원의 결정과 같은 것으로 보아야 하므로 이 결정에 대하여는 대법원에 재항고하는 방법으로 다투어야 한다.(대결 2008.5.2, 2008마647)

6. 변론 없이 보전처분의 신청을 인용한 항고법원의 결정에 대하여 재항고로 다툴 수 있는지 여부(소극) 변론을 거치지 아니하고 행한 가압류나 가처분 등 보전처분의 신청을 인용한 결정에 대하여는 채무자나 피신청인은 구 민소 703조, 715조에 의하여 그 보전처분을 발한 법원에 이의를 신청할 수 있을 뿐이고, 그 인용결정이 항고법원에 의하여 행하여진 경우라 하더라도 이에 대하여 구 민소 412조에 의한 재항고로는 다툴 수 없다.(대결 1999.4.20, 99마865)

7. 항소법원인 지방법원 합의부의 법원사무관이 한 처분과 이에 대한 불복 항소법원인 지방법원 합의부의 법원사무관 등이 한 처분에 대한 이의신청을 기각한 법원의 결정에 대하여 제기된 항고는 재항고로 보아야 함에도 불구하고 기록이 대법원이 아닌 고등법원에 송부되자 고등법원이 이를 항고사건으로 심리하여 기각한 경우, 위 결정은 권한 없는 법원이 한 것에 귀착되므로 취소되어야 한다.(대결 2004.4.28, 2004스19)

제443조 【항소 및 상고의 절차규정준용】 ① 항고법원의 소송절차에는 제1장의 규정을 준용한다. ② 재항고와 이에 관한 소송절차에는 제2장의 규정

을 준용한다.

■ 항소(1장), 상고(2장), 항소와 상고의 절차규정 준용(민소규137)

1. 항고법원의 조사범위 항고법원의 조사범위는 항고이유에 의하여 제한되는 것이 아니므로 항고법원은 불복의 대상이 된 제1심 결정의 당부를 가리기 위하여 항고이유의 주장유무에 관계없이 기록에 나타난 자료의 진실여부를 직권으로 조사하여 심리 판단하여야 한다.(대결 1982.10.12, 82마523)

2. 항고사건 심리에 있어 변론개시, 이해관계인 심문 여부가 항고법원의 자유재량인지 여부 항고법원이 항고사건을 심리하면서 변론을 열거나 이해관계인을 심문할 것인지 여부를 결정하는 것은 그 항고법원의 자유재량에 속한다고 할 것이고, 특별한 사정이 없는 한 항고법원이 변론을 열거나 이해관계인을 심문하지 않은 채 서면심리만으로 결정에 이르렀다고 하여 이를 위법하다고 할 수 없다.(대결 2001.3.22, 2000마6319)

3. 항고법원이 제1심 결정을 취소, 환송한 사건에 구 민소 406조 3항이 준용되는지 여부 항고법원이 제1심결정을 취소하고 사건을 제1심법원으로 환송한 경우 환송 후 제1심결정에는 상고심 절차에 관한 구 민소 406조 3항의 규정이 준용될 수 없으므로 환송 전 제1심결정에 관여하였던 판사가 환송 후 제1심결정에 관여하여도 위법이 아니다.(대결 1975.3.12, 74마413)

제444조 【즉시항고】 ① 즉시항고는 재판이 고지된 날부터 1주 이내에 하여야 한다. ② 제1항의 기간은 불변기간으로 한다.

■ 즉시항고를 할 수 있는 경우(39·47②·50·73②·107③·110③·113·114·121·125④·127·132③·133·211③·214·254③·255·302·311·317②·318·326·333·337③·348·351·360②·363①·366②·370·402·425·471②·488, 민집15·17)

1. 결정의 고지방법 경락허가 경정결정의 고지는 이해관계인의 즉시 항고권 행사에 지장이 없는 방법에 의하여야 한다.(대결 1969.3.28, 69마77)

2. 소송비용 부담의 재판을 받은 소송대리인의 불복방법 소송대리인에게 대리권이 없다는 이유로 소가 각하되고 구 민소 99조의 규정에 의하여 소송대리인이 소송비용 부담의 재판을 받은 경우에는, 일반적인 소송비용 부담의 경우와는 달리 소송비용을 부담하는 자가 본안의 당사자가 아니어서 소송비용의 재판에 대하여 독립한 상소를 금지하는 구 민소 361조, 395조, 413조의 규정이 적용된다고 볼 것은 아니라고 할 것이나, 소송비용 부담의 재판에 의하여 소송대리인이 소송의 당사자가 되는 것은 아니고 법원으로서도 당사자 사이에서 분쟁에 관하여 재판을 한 것이라고 할 수 없으므로, 소송대리인으로서는 법원 자체에 대하여 제기할 수 있는 즉시항고나 재항고에 의하여 불복하는 것은 별론으로 하고, 당사자 등을 상대방으로 한 항소나 상고를 제기할 수는 없다.(대판 1997.10.10, 96다48756)

3. 추완항고의 경우 추완의 적법 여부에 관한 판단 없이 항고를 각하한 경우의 당부 항고인이 항고제기기간 경과 후에 항고를 제기하면서 소송행위의 추완을 주장하는 경우 항고법원은 그 추완의 적법 여부를 먼저 판단하여야 하고 그 판단을 하지 아니한 채 항고를 각하하는 것은 위법하다 함이 당원의 판례이고, 경매법원이 이해관계인 등에게 경매기일 등의 통지를 하지 아니하여 그가 경락허가결정에 대한 항고기간을 준수하지 못하였다면 특단의 사정이 없는 한 그 이해관계인은 자기 책임에 돌릴 수 없는 사유로 항고기간을 준수하지 못한 것으로 보아야 한다.(대결 1989.11.27, 89마888)

4. 항고심결정이 공시송달되어 재항고기간이 지난 후에 이를 알고 재항고장을 뒤늦게 제출한 경우와 추완재항고 재항고인은 제1심의 결정이 있은 후 항고를 제기하고 그 소송기록이 원심법원에 송부되기 전에 주소경정신청서를 제1심법원에 제출하여 주소보정을 하였는데, 제1심법원이 원심법

원에 이를 소송기록과 함께 송부하지 아니하고 뒤늦게 추가 송부하여 원심법원에서는 주소보정 전의 종전주소를 재항고인의 주소로 표기하여 송달하였으며, 그 결과 송달이 불능되자 결정을 1990. 2. 1. 공시송달한 후 재항고인이 같은 해 6. 29.에야 원심결정정본을 영수하고 같은 해 7. 2. 재항고장을 원심법원에 제출한 경우에는 재항고인은 원심결정정본을 영수할 무렵 그 사실을 알았다고 볼 것이므로, 재항고인이 책임질 수 없는 사유로 인하여 재항고제기기간을 지나버렸다 할 것이어서 위 재항고를 적법한 추완재항고로 보아야 한다.(대판 1990.8.28, 90마606)

5. 즉시항고이유서를 제출하지 아니하였다는 이유로 이를 각하할 수 있는지 여부(소극) 가압류이의신청에 대한 재판은 집행절차에 관한 집행법원의 재판에 해당하지 아니하므로 그에 대한 즉시항고에는 민집 15조가 적용되지 않고 민사소송법의 즉시항고에 관한 규정이 적용된다. 민사소송법상 재항고의 소송절차에는 항소에 관한 규정이 준용되는데, 민사소송법은 항소이유서의 제출기한에 관한 규정을 두고 있지 아니하므로 가압류이의신청에 대한 재판의 항고인이 즉시항고이유서를 제출하지 아니하였다거나 그 이유를 적어내지 아니하였다는 이유로 그 즉시항고를 각하할 수는 없다.(대결 2008.2.29, 2008마145)

6. 당사자가 책임질 수 없는 사유인지 여부 경락허가결정은 경매법원이 이를 선고하고 게시판에 게시하여야 공고하는 보는 것이고 그 결정 정본을 이해관계인에게 송달하는 것은 법률이 요구하고 있는 것이 아니므로, 경매부동산의 소유자가 경매개시 결정정본을 송달받아 경매절차가 진행되고 있었던 사실을 알게 되었다면 경매진행 상황과 경락허가결정의 선고 여부 등을 알아보아 그에 대한 대책을 강구하여야 함에도 불구하고 그러한 조치를 취하지 아니하여 경락허가결정이 선고된 사실을 모르고 있다가 즉시항고 기간이 도과하였다면 이는 항고인이 책임질 수 없는 사유로 인한 것이라고 볼 수 없다.(대결 1980.8.21, 80마183)

7. 결정고지 전에 제기한 즉시항고의 적법 여부(적극) 일단 결정이 성립하면 당사자가 법원으로부터 결정서를 송달받는 등의 방법으로 결정을 직접 고지받지 못한 경우라도 결정을 고지받은 다른 당사자로부터 전해 듣거나 기타 방법에 의하여 결론을 아는 것이 가능하여 본인에 대해 결정이 고지되기 전에 불복 여부를 결정할 수 있다. 그럼에도 이미 성립한 결정에 불복하여 제기한 즉시항고가 항고인에 대한 결정의 고지 전에 이루어졌다는 이유만으로 부적법하다고 한다면, 항고인에게 결정의 고지 후에 동일한 즉시항고를 다시 제기하도록 하는 부담을 지우는 것이 될 뿐만 아니라 이미 즉시항고를 한 당사자는 그 후 법원으로부터 결정서를 송달받아도 다시 항고할 필요가 없다고 생각하는 것이 통상의 경우이므로 다시 즉시항고를 제기하여야 한다는 것을 알게 되는 시점에서는 이미 즉시항고기간이 경과하여 회복할 수 없는 불이익을 입게 된다. 이와 같은 사정을 종합적으로 고려하면, 이미 성립한 결정에 대하여는 결정이 고지되어 효력이 발생하기 전에도 결정에 불복하여 항고할 수 있다.(대결(全) 2014.10.8, 2014마667)

제445조【항고제기의 방식】 항고는 항고장을 원심법원에 제출함으로써 한다.

◼ 항소장 제출법원(397), 상고장 제출법원(425), 신청의 방식(161), 항고법원(법조28·32②)

1. 항고장을 다른 법원에 제출한 것이 원심법원으로 송부되어 온 경우와 항고장 제출시기 항고는 원심법원에 항고장을 제출하도록 되어 있으므로 항고장이 원심법원에 접수된 때를 기준하여 그 기간 준수 여부를 따져야 하므로, 다른 법원에 제출한 항고장이 원심법원에 송부되어 온 경우에도 항고장이 원심법원에 접수된 때를 기준으로 하여 그 기간 준수 여부를 결정한다.(대결 1979.8.31, 79마268)

2. 고등법원 당직실에 접수된 지방법원 앞으로 표시된 항고장의 접수기준일 1심 법원인 서울민사지방법원 앞으로 표시한 항고장이 우편으로 제출되어 서울고등법원 당직실에 접수되었다가 그 다음날 서울민사지방법원 종합접수실에 재접수된 경우, 당시 서울고등법원 당직실에서 서울민사지방법원 앞으로 제출되는 문서의 숙직접수업무를 취급하고 있었다면 서울고등법원 당직실에 접수된 날을 기준으로 하여 항고제기기간 준수 여부를 가려 보아야 할 것이다.(대결 1982.11.27, 82마762)

3. 재항고장을 다른 법원에 제출하여 원심법원에 송부 중 재항고 기간이 도과된 경우와 재항고의 적부 재항고제기기간의 준수 여부는 재항고장이 원심법원에 접수된 때를 기준으로 판단하여야 할 것인바, 항고인이 1984. 3. 30. 원심결정정본을 송달받고 대법원귀중이라고 표시한 재항고장을 우편으로 제출하여 1984. 4. 6.자로 서울민사지방법원 종합접수실에 접수되었는데, 법원에서는 이를 원심법원인 인천지방법원에 송부하여 4월 13일자로 위 법원에 접수되었다면 본건 재항고장은 재항고기간이 경과한 후에 원심법원에 접수된 것으로 부적법하다.(대결 1984.4.28, 84마251)

4. 입찰법원의 결정에 항고를 제기한 경우 항고심법원의 항고이유서의 제출 촉구 의무(소극) 입찰법원의 결정에 대하여 항고를 제기한 경우 항고심법원은 항고이유서의 제출을 기다리려 하거나 그 제출을 촉구하여야 할 의무가 있는 것은 아니다.(대결 1999.10.12, 99마4157)

제446조【항고의 처리】 원심법원이 항고에 정당한 이유가 있다고 인정하는 때에는 그 재판을 경정하여야 한다.

◼ 항고없이 스스로 취소할 수 있는 경우(88③·141·222), 흠결보정명령(254)

1. 특별항고가 제기된 경우 원심법원이 경정결정을 할 수 있는지 여부(소극) 일반적으로 원심법원이 항고를 이유 있다고 인정하는 때에는 그 재판을 경정할 수 있으나 통상의 절차에 의하여 불복을 신청할 수 없는 결정이나 명령에 대하여 특별히 대법원에 위헌이나 위법의 심사권을 부여하고 있는 특별항고의 경우에 원심법원에 반성의 기회를 부여하는 재도의 고안을 허용하는 것은 특별항고를 인정한 취지에 맞지 않으므로 특별항고가 있는 경우 원심법원은 경정결정을 할 수 없고 기록을 그대로 대법원에 송부하여야 한다.(대결 2001.2.28, 2001그4)

2. 소장각하명령이 송달된 후에 부족 인지를 보정한 경우 그 명령을 취소할 수 있는지 여부(소극) 소장각하명령이 송달된 후에는 설사 부족한 인지를 가첨하고 그 명령에 불복을 신청하였다 할지라도 그 각하명령을 취소할 수 없다.(대결 1996.1.12, 95두61)

제447조【즉시항고의 효력】 즉시항고는 집행을 정지시키는 효력을 가진다.

◼ 즉시항고의 제기(444), 강제집행의 정지·취소(민집49·50)

제448조【원심재판의 집행정지】 항고법원 또는 원심법원이나 판사는 항고에 대한 결정이 있을 때까지 원심재판의 집행을 정지하거나 그 밖에 필요한 처분을 명할 수 있다.

◼ 강제집행의 정지·취소(민집49·50)

1. 강제집행정지 결정에 의한 집행정지의 효력발생 요건 강제집행의 정지결정이 있으면 결정 즉시로 당연히 집행정지의 효력이 있는 것이 아니고 그 정지결정 정본을 집행기관에 제출함으로써 집행정지의 효력이 발생한다.(대결 1966.8.12, 65마1059)

제449조【특별항고】 ① 불복할 수 없는 결정이나 명령에 대하여는 재판에 영향을 미친 헌법위반이 있거나, 재판의 전제가 된 명령·규칙·처분의

헌법 또는 법률의 위반 여부에 대한 판단이 부당하다는 것을 이유로 하는 때에만 대법원에 특별항고(特別抗告)를 할 수 있다.
② 제1항의 항고는 재판이 고지된 날부터 1주 이내에 하여야 한다.
③ 제2항의 기간은 불변기간으로 한다.

■ ① 대법원의 최종심사권(헌107②·108), 소송절차(450), ② 기간(170), ③ 불변기간(172①)

1. 결정이 법률을 위반하였다는 사유만으로 특별항고를 할 수 있는지 여부(소극) 결정이 법률을 위반하였다는 사유만으로는 재판에 영향을 미친 헌법 위반이 있다고 할 수 없어 특별항고 사유가 되지 못한다.(대결 2008.1.24, 2007그18)
2. 판결경정사유가 있음에도 배척한 경우와 특별항고 판결경정사유가 있는데도 경정신청을 배척하였다면 특별항고사유가 된다.(대결 1992.9.15, 92그20)
3. 위헌제청신청 기각결정에 대한 특별항고의 허부 재판의 전제가 되는 어떤 법률이 위헌인지의 여부는 재판을 담당한 법원이 직권으로 심리하여야 하는 것이어서 당사자가 그 본안사건에 대하여 상소를 제기한 때에는 위 법률이 위헌인지 여부는 상소심이 독자적으로 심리판단하여야 하는 것이므로, 위헌제청신청 기각결정은 본안에 대한 종국재판과 함께 상소심의 심판을 받는 중간적 재판의 성질을 갖는 것으로서 특별항고의 대상이 되는 불복을 신청할 수 없는 결정에는 해당되지 않는다.(대결 1993.8.25, 93그34)
4. 대법원의 재항고장 각하명령에 대한 특별항고의 적부 구 민소 420조의 규정은 하급심에서 한 결정이나 명령으로서 법률상 불복을 신청할 수 없는 경우에 그 결정이나 명령에 헌법 또는 법률의 위반이 있음을 이유로 하는 때에 한하여 대법원에 특별항고를 할 수 있는 것이고, 대법원 재판장의 재항고장 각하명령에 대하여는 특별항고를 할 수 없다.(대결 1994.8.11, 94그25)
5. 행정소송에서 피고경정신청을 인용한 결정에 대한 종전 피고의 불복방법 행정소송에서 피고경정신청이 이유 있다 하여 인용한 결정에 대하여는 종전 피고는 항고제기의 방법으로 불복신청할 수 없고, 행소 8조 2항에 의하여 준용되는 민소 449조 소정의 특별항고가 허용될 뿐이다.(대결 2006.2.23, 2005부4)
6. 잠정처분의 신청을 기각하는 결정에 대한 항고의 성질 잠정처분의 신청을 기각하는 결정에 대하여는 불복이 허용되지 않으므로 그 결정에 대한 항고는 민소 449조의 특별항고에 해당한다.(대결 2005.12.19, 2005그128)
7. 판결경정신청을 기각한 결정에 대하여 헌법 위반을 이유로 특별항고를 할 수 있는 경우 민소 449조에 의한 특별항고에서 결정이나 명령에 대하여 재판에 영향을 미친 헌법 위반이 있다 함은 결정이나 명령의 절차에서 헌 27조 등에서 규정하고 있는 적법한 절차에 따라 공정한 재판을 받을 권리가 침해된 경우를 포함한다 할 것인데, 판결경정신청을 기각한 결정에 대하여 위와 같은 헌법 위반이 있으려면, 신청인이 그 재판에 필요한 자료를 제출할 기회를 전혀 부여받지 못한 상태에서 그러한 결정이 있었다든가, 판결과 그 소송의 전 과정에 나타난 자료 및 판결 선고 후에 제출된 자료에 의하여 판결에 오류가 있음이 분명하여 판결이 경정되어야 하는 사안임이 명백함에도 불구하고, 법원이 이를 간과함으로써 기각 결정을 한 경우 등이 이에 해당할 수 있다.(대결 2004.6.25, 2003그136)
8. 회사정리법 127조 1항에 의한 추완신고에 대한 법원의 재판에 관한 불복방법 구 회사정리법 8조는 "정리절차에 관하여는 본법에 따로 규정이 없는 때에는 민사소송법을 준용한다."고 규정하고, 같은 법 11조는 "정리절차에 관한 재판에 대하여는 본법에 따로 규정이 있는 경우에 한하여 그 재판에 이해관계를 가진 자는 즉시항고를 할 수 있다."고 규정

하고 있는데, 같은 법 127조 1항에 의한 추완신고에 대한 법원의 재판에 대하여 즉시항고를 할 수 있다는 규정을 찾아볼 수 없으므로, 이러한 재판에 대하여는 즉시항고를 할 수는 없고, 결국 구 민소 420조의 특별항고만 허용될 뿐이라고 해석된다.(대결 1999.7.26, 99마2081)
9. 회생 및 파산의 항고장 각하 결정에 대한 불복방법(=특별항고) 회생파산 33조는 "회생절차에 관하여 이 법에 규정이 없는 때에는 민사소송법을 준용한다."고 규정하고, 같은 법 13조는 "이 법의 규정에 의한 재판에 대하여 이해관계를 가진 자는 이 법에 따로 규정이 있는 때에 한하여 즉시항고를 할 수 있다."고 규정하고 있는데, 같은 법 290조 1항, 247조 5항에 의한 항고장 각하 결정에 대하여는 즉시항고를 할 수 있다는 규정이 없으므로 이에 대하여는 즉시항고를 할 수 없고, 민소 449조 1항의 특별항고만 허용될 뿐이다. 그리고 특별항고만이 허용되는 재판에 대한 불복으로서 당사자가 특히 특별항고라는 표시와 항고법원을 대법원으로 표시하지 아니하였다고 하더라도 항고장을 접수한 법원으로서는 이를 특별항고로 보아 소송기록을 대법원에 송부하여야 한다.(대결 2011.2.21, 2010마1689)

제450조 【준용규정】 특별항고와 그 소송절차에는 제448조와 상고에 관한 규정을 준용한다.

■ 원심재판의 집행정지(448), 상고(422~438)

제4편 재 심

제451조 【재심사유】 ① 다음 각호 가운데 어느 하나에 해당하면 확정된 종국판결에 대하여 재심의 소를 제기할 수 있다. 다만, 당사자가 상소에 의하여 그 사유를 주장하였거나, 이를 알고도 주장하지 아니한 때에는 그러하지 아니하다.
1. 법률에 따라 판결법원을 구성하지 아니한 때
2. 법률상 그 재판에 관여할 수 없는 법관이 관여한 때
3. 법정대리권·소송대리권 또는 대리인이 소송행위를 하는 데에 필요한 권한의 수여에 흠이 있는 때. 다만, 제60조 또는 제97조의 규정에 따라 추인한 때에는 그러하지 아니하다.
4. 재판에 관여한 법관이 그 사건에 관하여 직무에 관한 죄를 범한 때
5. 형사상 처벌을 받을 다른 사람의 행위로 말미암아 자백을 하였거나 판결에 영향을 미칠 공격 또는 방어방법의 제출에 방해를 받은 때
6. 판결의 증거가 된 문서, 그 밖의 물건이 위조되거나 변조된 것인 때
7. 증인·감정인·통역인의 거짓 진술 또는 당사자신문에 따른 당사자나 법정대리인의 거짓 진술이 판결의 증거가 된 때
8. 판결의 기초가 된 민사나 형사의 판결, 그 밖의 재판 또는 행정처분이 다른 재판이나 행정처분에 따라 바뀐 때
9. 판결에 영향을 미칠 중요한 사항에 관하여 판단을 누락한 때
10. 재심을 제기할 판결이 전에 선고한 확정판결에 어긋나는 때

11. 당사자가 상대방의 주소 또는 거소를 알고 있었음에도 있는 곳을 잘 모른다고 하거나 주소나 거소를 거짓으로 하여 소를 제기한 때

② 제1항제4호 내지 제7호의 경우에는 처벌받을 행위에 대하여 유죄의 판결이나 과태료부과의 재판이 확정된 때 또는 증거부족 외의 이유로 유죄의 확정판결이나 과태료부과의 확정재판을 할 수 없을 때에만 재심의 소를 제기할 수 있다.

③ 항소심에서 사건에 대하여 본안판결을 하였을 때에는 제1심 판결에 대하여 재심의 소를 제기하지 못한다.

■ 종국판결(198·200), 준재심(461), 재심의 소와 집행정지(500), 상소(390·422), 판결의 확정시기(498), 지급명령의 확정(474), 자백(288), 공격방어방법(146·149), 당사자의 신문(367), 법정대리인의 신문(372), 허위진술에 대한 제재(370·372), 직무에 관한 범죄(형124·129-131), 출소기간의 특례(457), 제3자에 의한 재심청구(행소31)

▶ 재심 일반

1. 대법원의 환송판결이 종국판결인지 여부 원래 종국판결은 소 또는 상소에 의하여 계속중인 사건의 전부 또는 일부에 대하여 심판을 마치고 그 심급을 이탈시키는 판결이라고 이해하여야 할 것이다. 대법원의 환송판결도 당해 사건에 대하여 재판을 마치고 그 심급을 이탈시키는 판결인 점에서 당연히 제2심의 환송판결과 같이 종국판결로 보아야 할 것이다. 따라서 위의 견해와는 달리 대법원의 환송판결을 중간판결이라고 판시한 종전의 대법원판결은 이를 변경하기로 하는바, 이 점에 관하여는 관여 대법관 전원의 의견이 일치되었다. 재심제도의 본래의 목적에 비추어 볼 때 재심의 대상이 되는 "확정된 종국판결"은 당해 사건에 대한 소송절차를 최종적으로 종결시켜 그것에 하자가 있다고 하더라도 다시 통상의 절차로는 더 이상 다툴 수 없는 기판력이나 형성력, 집행력을 갖는 판결을 뜻하는 것이라고 이해하여야 할 것이다. 대법원의 환송판결은 형식적으로 보면 "확정된 종국판결"에 해당하지만, 여기서 종국판결이라고 하는 의미는 당해 심급의 심리를 완결하여 사건을 당해 심급에서 이탈시킨다는 것을 의미하는 것일 뿐이고 실제로는 환송받은 하급심에서 다시 심리를 계속하게 되므로 소송절차를 최종적으로 종료시키는 판결은 아니며, 또한 환송판결도 동일절차 내에서는 철회, 취소될 수 없다는 의미에서 기속력이 인정됨은 물론 법조 8조, 구 민소 406조 2항 후문의 규정에 의하여 하급심에 대한 특수한 기속력은 인정되지만, 소송물에 관하여 직접적으로 재판하지 아니하고 원심의 재판을 파기하여 다시 심리 판단하여 보라는 종국적 판단을 유보한 재판의 성질상 직접적으로 기판력이나 실체법상 형성력, 집행력이 생기지 아니하므로 이는 중간판결의 특성을 갖는 판결로서 "실질적으로 확정된 종국판결"이라 할 수 없다. 종국판결은 당해 심급의 심리를 완결하여 심급을 이탈시킨다는 측면에서 상소의 대상이 되는 판결인지 여부를 결정하는 기준이 됨은 분명하지만 종국판결에 해당하는 모든 판결이 바로 재심의 대상이 된다고 이해할 아무런 이유가 없다. 통상의 불복방법인 상소제도와 비상의 불복방법인 재심제도의 본래의 목적상의 차이에 비추어 보더라도 당연하다. 따라서 환송판결은 재심의 대상을 규정한 구 민소 422조 1항 소정의 "확정된 종국판결"에는 해당하지 아니하는 것으로 보아야 할 것이어서, 환송판결을 대상으로 하여 제기한 이 사건 재심의 소는 부적법하므로 이를 각하하여야 한다.(대판(全) 1995.2.14, 93재다27, 34)

2. 재심제도의 목적과 자백간주의 적용 여부 재심의 소는 확정판결에 대하여 그 판결의 효력을 인정할 수 없는 흠결이 있는 경우에 구체적 정의를 위하여 법적 안정성을 희생

시키면서 확정판결의 취소를 허용하는 비상수단으로서, 소송제도의 기본목적인 분쟁해결의 실효성과 정의실현과의 조화를 도모하여야 하는 것이므로 재심사유의 존재에 관하여는 당사자의 처분권을 인정할 수 없고, 재심법원은 직권으로 당사자가 주장하는 재심사유 해당사실의 존부에 관한 자료를 탐지하여 판단할 필요가 있고, 따라서 재심사유에 대하여는 당사자의 자백이 허용되지 아니하며 자백간주에 관한 구 민소 139조 1항은 적용되지 아니한다고 할 것이다.(대판 1992.7.24, 91다45691)

3. 독립당사자참가가 본안소송이 부활되는 단계를 위하여 참가하는 것이라고 할 것인지 여부 확정된 판결에 대한 재심의 소는 확정된 판결의 취소와 본안사건에 관하여 확정된 판결에 갈음한 판결을 구하는 복합적 목적을 가진 것으로서 이론상으로는 재심의 허부와 재심이 허용됨을 전제로 한 본안심판의 두 단계로 구성되는 것이라고 할 수 있고, 따라서 재심소송이 가지는 위와 같은 복합적, 단계적인 성질에 비추어 볼 때, 제3자가 타인 간의 재심소송에 구 민소 72조에 의하여 당사자참가를 하였다면, 이 경우 제3자는 아직 재심대상판결에 재심사유 있음이 인정되어 본안사건이 부활되기 전에는 원·피고를 상대방으로 하여 소송의 목적의 전부나 일부가 자기의 권리임을 주장하거나 소송의 결과에 의하여 권리의 침해를 받을 것을 주장할 여지가 없는 것이고, 재심사유 있음이 인정되어 본안사건이 부활된 다음에 이르러서 비로소 위와 같은 주장을 할 수 있는 것이므로, 결국 제3자는 재심대상판결에 재심사유가 있음이 인정되어 본안사건이 부활되는 단계를 위하여 당사자참가를 하는 것이라고 할 것이다.(대판 1994.12.27, 92다22473, 22480)

4. 재심의 소의 당사자 재심의 소는 확정판결을 취소하여 그 기판력을 배제하는 데 목적이 있는 것이므로 확정판결에 표시되어 있는 소송당사자는 물론, 그 기판력이 미치는 변론종결 후의 일반 또는 특정승계인도 재심의 소에 대한 당사자적격이 있는 것이라고 봄이 상당하다.(대판 1974.5.28, 73다1842)

5. 미확정 판결에 대한 재심의 소의 적부 판결확정 전에 제기한 재심의 소가 부적법하다는 이유로 각하되지 않고 있는 동안에 판결이 확정되었다고 하더라도 위 재심의 소가 적법한 것으로 되는 것이 아니다.(대판 1980.7.8, 80다1132)

6. 재심의 소에서 재심피고적격 재심의 소에서 재심피고는 원칙적으로 확정판결의 승소당사자 및 그 변론종결 후의 승계인과 승소당사자가 타인을 위해 원고 또는 피고가 된 경우 그 확정판결의 효력을 받는 타인(선정자) 등이다.(대판 1987.12.8, 87재다24)

7. 이혼의 재심소송에서 당사자 일방이 사망한 경우와 소송절차의 수계 혼인관계와 같은 신분관계는 성질상 상속될 수 없는 것이고 그러한 신분관계의 재심당사자 자신 또한 상속될 성질의 것이 아니므로 이혼소송의 재심소송에서 당사자의 일방이 사망하였더라도 그 재산상속인들이 그 소송절차를 수계할 까닭이 없는 것이고, 따라서 청구인의 사망으로 재심피청구인으로서의 지위가 청구인의 상속인들에게 수계되었다고 본 제1심의 조치를 위법하다고 본 원심의 판단은 옳다고 할 것이나, 이혼소송의 청구인 승소의 확정판결 후 그 재심이 제기되어 그 재심절차가 진행 중 청구인(재심피청구인)이 사망한 경우에는 아무도 이를 수계할 자가 없게 되었다 하여 재심소송 자체가 종료된다고 본 것은 수긍할 수 없다. 신분관계소송에서는 재산상의 분쟁의 경우와는 달리 위법한 신분관계가 존속함에도 그 상대방이 될 자가 사망하였고 그 법률관계는 상속되지 아니하여 소송의 상대방이 될 자가 존재하지 않는 경우에는 관련된 다수 이해관계인들의 이익을 위하여 공익의 대표자인 검사를 소송의 상대방으로 하여 소송을 하는 방법으로 이를 바로 잡는 방안이 마련되어 있는데, 이는 위법한 신분관계가 존재하는 경우에 이를 다툴 구체적 상대방이 없다는 이유로 방치하는 것은 공익에

반하므로 공익의 대표자인 검사를 상대로 하여 소송을 제기하게 하고자 함에 있는 것이며, 한편 민사소송제도가 일정한 경우에는 재심의 방법에 의하여 기판력을 해소시키는 제도를 마련하여 두고 있는 것은 그 판결에 이르는 과정에서 묵과할 수 없는 큰 위법이 있었음이 밝혀진 경우에까지 기판력만을 존중하여 그 판결의 효력을 유지하는 것이 당사자의 이익을 지나치게 해치게 된다는 것을 고려한 결과라고 할 것인바, 이러한 재심제도와 신분관계소송에 관한 입법취지에 비추어 보면, 이혼의 심판이 확정된 경우에 그 심판에 재심사유가 있으면 그 확정판결에 의하여 형성된 신분관계(정당한 부부관계의 해소)는 위법한 것으로서 재심에 의하여 그 확정판결을 취소하여 그 효력을 소멸시키는 것이 공익상 합당하다고 할 것이므로, 그 재심피청구인이 될 청구인이 사망한 경우에는 위에서 본 규정들을 유추적용하여 검사를 상대로 재심의 소를 제기할 수 있다고 해석함이 합리적이라고 할 것이고, 같은 이치에서 재심소송의 계속 중 본래 소송의 청구인이며 재심피청구인이었던 당사자가 사망한 경우에는 검사로 하여금 그 소송을 수계하게 함이 합당하다고 할 것이다. 이 사건에 있어서는 재심소송의 제1심 계속 중 이혼청구인이 사망한 경우이므로, 제1심으로서는 청구인의 상속인들로 하여금 청구인을 수계하도록 할 것이 아니라 검사로 하여금 청구인의 지위를 수계하도록 하여 재심사유의 존재 여부를 살펴보았어야 하고, 심리한 결과 재심사유가 있다고 밝혀진다면 재심대상 심판을 취소하여야 하며 이 사건에서는 이미 혼인한 부부 중 일방의 사망으로 소송이 그 목적물을 잃어버렸기 때문에 이를 이유로 소송이 종료되었음을 선언하였어야 옳았다고 할 것이었다.(대판 1992.5.26, 90므1135)

8. 대법원판례와 다른 경우 재심사유인지 여부 및 법원의 조치 대법원의 판례가 법률해석의 일반적인 기준을 제시한 경우에 유사한 사건을 재판하는 하급심법원의 법관은 판례의 견해를 존중하여 재판하여야 하는 것이나, 판례가 사안이 서로 다른 사건을 재판하는 하급심법원을 직접 기속하는 효력이 있는 것은 아니므로, 하급심법원이 판례와 다른 견해를 취하여 재판한 경우에 상고를 제기하여 구제받을 수 있음을 별론으로 하고 구 민소 422조 1항 1호 소정의 재심사유인 법률에 의하여 판결법원을 구성하지 아니한 때에 해당한다고 할 수 없다. 재심의 소가 적법한 법정의 재심사유에 해당하지 아니하는 사유를 재심사유로 주장하였거나 재심제기기간이 경과한 후에 주장된 재심사유를 바탕으로 하여 제기된 경우, 그 재심의 소는 부적법하므로 각하되어야 한다.(대판 1996.10.25, 96다31307)

9. 제소기간 경과 후에 주장한 재심사유에 대한 판단유탈이 판결결과에 영향을 미치는지 여부(소극) 구 민소 422조 1항 각호 소정의 재심사유는 각각 별개의 청구원인을 이루는 것이므로 재심의 소 제기기간의 준수 여부는 각 호 소정의 재심사유별로 가려 보아야 하는 것인바, 재심의 소를 재심제기기간 내에 제기하였더라도 재심의 소 제기기간 경과 후에 비로소 주장한 재심사유부분에 관한 재심의 소는 각하될 수밖에 없는 것이어서 위 재심사유에 관한 판단유탈은 판결결과에 영향이 없다.(대판 1990.12.26, 90재다19)

10. 각 재심사유의 독립성 각 재심사유는 개개의 재심사유가 독립된 것으로서 어느 한 가지 사유를 들어 재심의 소를 제기하였어도 패소판결이 확정되었다고 하더라도 다른 재심사유가 있는 경우에는 그 재심사유로써 다시 재심의 소를 제기할 수 있다.(대판 1970.1.27, 69다1888)

11. 재심소송심리의 범위 재심사유가 있는 것으로 인정되어 재심의 대상이 된 확정판결 사건의 본안에 관하여 다시 변론을 한다는 것은 전 소송의 변론이 재개되어 재심 이전의 상태로 돌아가 속행되는 것을 말하며, 따라서 재심법원이 사실심이라면 새로운 공격방어방법을 제출할 수도 있다.(대판 2001.6.15, 2000두2952)

12. 재심사유의 규정과 헌법위반 헌 27조 1항이 보장하고 있는 재판청구권은 헌법이 특별히 달리 규정하고 있지 않는 한 법률에 의하여 사실적 측면과 법률적 측면의 한 차례의 심리검토의 기회는 적어도 보장되어야 함을 그 핵심적 내용으로 한다. 상소심에서 심판을 받을 권리를 헌법상 명문화한 규정이 없고 상소문제가 일반 법률에 맡겨진 우리 법제 하에서 재판청구권에 모든 사건에 대해 상소심 절차에 의한 재판을 받을 권리까지도 당연히 포함된다고 할 수는 없고, 마찬가지로 재심청구권 역시 헌 27조에서 규정한 재판을 받을 권리에 당연히 포함된다고 할 수 없으며, 어떤 사유를 재심사유로 정하여 재심을 허용할 것인가는 입법자가 확정판결에 대한 법적 안정성, 재판의 신속·적정성, 법원의 업무부담 등을 고려하여 결정하여야 할 입법정책의 문제이다. 민소 451조 1항은 재심사유를 한정적으로 열거하고 있으나 이는 확정판결의 법적 안정성을 유지하고 불필요한 재심을 방지하여 분쟁해결의 실효성을 확보함과 아울러 법원의 업무부담을 경감하기 위한 것으로서 재심제도의 취지에 부합하는 것이고, 이 사건 조항의 규정내용을 살펴보면 재심사유가 객관적이고 구체적으로 열거되어 있어 법원의 자의적 판단의 소지를 배제하고 있다고 할 수 있다. 따라서 이 사건 법률조항이 그와 같이 재심사유를 한정하고 있다고 하더라도 이는 입법자에게 주어진 합리적 재량의 범위 내의 것으로 보이고, 달리 입법자가 그 재량을 행사함에 있어 헌법재판소가 개입하여야 할 정도로 현저히 불합리하게 또는 자의적으로 행사함으로써 불완전하거나 불충분한 입법에 이른 것으로 볼 만한 사정을 찾아 볼 수 없다.(헌재 2004.12.16, 2003헌바105)

13. 확정된 재심판결에 대하여 재심의 소를 제기할 수 있는지 여부(적극) 민소 451조 1항은 '확정된 종국판결'에 대하여 재심의 소를 제기할 수 있다고 규정하고 있는데, 재심의 소에서 확정된 종국판결도 위 조항에서 말하는 '확정된 종국판결'에 해당하므로 확정된 재심판결에 대하여 정한 재심사유가 있을 때에는 확정된 재심판결에 대하여 재심의 소를 제기할 수 있다.(대판 2015.12.23, 2013다17124)

14. 원래의 확정판결을 취소한 재심판결에 대한 재심의 소에서 원래의 확정판결에 대하여 재심사유를 인정한 종전 재심법원의 판단에 재심사유가 있어 종전 재심청구에 관하여 다시 심리한 결과 원래의 확정판결에 재심사유가 인정되지 않을 경우, 법원이 취할 조치 및 그 경우 재심사유가 없는 원래의 확정판결 사건의 본안에 관하여 다시 심리와 재판을 할 수 있는지 여부(소극) 확정된 재심판결에 대한 재심의 소에서 재심판결에 재심사유가 있다고 인정하여 본안에 관하여 심리한다는 것은 재심판결 이전의 상태로 돌아가 전 소송인 종전 재심청구에 관한 변론을 재개하여 속행하는 것을 말한다. 따라서 원래의 확정판결을 취소한 재심판결에 대한 재심의 소에서 원래의 확정판결에 대하여 재심사유를 인정한 종전 재심법원의 판단에 재심사유가 있어 종전 재심청구에 관하여 다시 심리한 결과 원래의 확정판결에 재심사유가 인정되지 않을 경우에는 재심판결을 취소하고 종전 재심청구를 기각하여야 하며, 그 경우 재심사유가 없는 원래의 확정판결 사건의 본안에 관하여 다시 심리와 재판을 할 수는 없다.(대판 2015.12.23, 2013다17124)

▶**1항 일반 및 단서의 보충성**

15. 재심대상판결의 위법을 알고도 상소하지 않은 경우와 재심의 허용 여부 재심대상판결에 판단을 유탈한 위법이 있는 것을 알고도 상소에 의하여 그 사유를 주장하지 아니하였다면 그 사유로는 재심의 소를 제기할 수 없다.(대판 1993.11.9, 93다3955)

16. 상소를 제기하지 아니하여 판결이 확정된 경우와 재심사유의 주장 구 민소 422조 1항 단서에 의하면 당사자가 상소에 의하여 재심사유를 주장하였거나 이를 알고 주장하지 아니한 때에는 재심의 소를 제기할 수 없는 것으로 규정되어

있는바, 여기에서 "이를 알고 주장하지 아니한 때"는 재심사유가 있는 것을 알았음에도 불구하고 상소를 제기하고도 상소심에서 그 사유를 주장하지 아니한 경우뿐만 아니라, 상소를 제기하지 아니하여 판결이 그대로 확정된 경우까지도 포함하는 것이라고 해석하여야 할 것이다.(대판 1991.11.12, 91다29057)

17. 상소에 의하여 그 재심사유를 주장하였다는 의미 구 민소 422조 1항 단서의 규정에 따라 동조 1항 7호의 사유를 재심사유로 삼을 수 없는 경우가 되려면 상고심에서 당사자가 단지 위증을 하였다는 사실만 주장하는 것으로는 부족하고 재심의 대상이 되는 상태 즉 유죄판결이 확정되었다는 동조 2항의 사실도 아울러 주장하였어야 한다.(대판 1988.2.9, 87다카1261)

▶1호

18. 환송판결의 의미 대법원의 환송판결은 재심의 대상이 되는 "확정된 종국판결"에 해당한다고 볼 수 없다.(대판 2005.10.14, 2004재다610)

19. 대법원 소부에서 종전 대법원 견해를 변경하는 경우와 재심사유 법조 7조 1항에 의하면 대법원의 심판권은 대법관 전원의 3분의 2 이상의 합의체에서 행하되, 다만 각 호의 경우에 해당하는 경우가 아니면 대법관 3인 이상으로 구성된 부에서 사건을 먼저 심리하여 의견이 일치된 경우에 한하여 그 부에서 심판할 수 있도록 하고 있으며, 같은 항 3호는 '종전에 대법원에서 판시한 헌법·법률·명령 또는 규칙의 해석적용에 관한 의견을 변경할 필요가 있음을 인정하는 경우'를 규정하고 있으므로, 재심대상판결에서 판시한 법률 등의 해석 적용에 관한 의견이 그 전에 선고된 대법원판결에서 판시한 의견을 변경하는 것임에도 대법관 전원의 3분의 2에 미달한 대법관만으로 구성된 부에서 재심대상판결을 심판하였다면 이는 민소 451조 1항 1호의 '법률에 의하여 판결법원을 구성하지 아니한 때'의 재심사유에 해당한다.(대판(全) 2011.7.21, 2011재다199)

20. 변론갱신절차를 누락하였는데 당사자가 소송관계를 표명하고 변론한 경우 재심사유가 이유 있을 경우에는 재심법원은 본안심리를 해야 하고 이 경우의 본안심리는 재심 이전의 상태로 부활하여 그것이 속행되는 것이고 그 부활 전의 법관이 경질된 이상 부활된 소송에서 당사자는 종전의 변론결과를 진술해야 하는데, 이러한 이른바 변론의 갱신절차를 밟지 아니하였다 하더라도 당사자가 그 부활된 심급의 최종변론기일에서 소송관계를 표명하고 변론을 하였다면 그것으로 변론을 갱신한 효과는 생긴 것이라 보아도 좋을 것이다.(대판 1966.10.25, 66다1639)

▶2호

21. 본조 1항 2호의 의미 구 민소 422조 1항 2호의 "법률에 의하여 판결에 관여할 수 없는 판사가 판결에 관여한 때"는 판결의 성립에 관한 소송절차에 관여한 경우를 말하며, 이미 성립한 판결을 외부에 발표하는 절차에 불과한 판결의 선고는 여기에 해당하지 아니하다.(대판 1962.5.24, 4294민상251, 252)

22. 1차 재심사건 법관이 2차 재심에 관여한 경우 제1차 재심청구사건에 관여한 법관이 재심대상판결인 제2차 재심청구사건의 상고심판결에 관여하여도 구 민소 422조 1항 2호 소정의 "법률상 그 재판에 관여하지 못할 법관이 관여한 때"에 해당하지 아니하다.(대판 1994.8.9, 94재누94)

23. 기피원인 법관이 관여한 경우 법관이 다른 당사자 사이의 동일한 내용의 다른 사건에서 당사자에게 불리한 법률적 의견을 표시하였다는 사정은 구 민소 39조 1항 소정의 기피의 원인에 해당하지 아니할 뿐만 아니라, 기피원인이 있는 법관이 재판에 관여하였다 하더라도 행소 8조 2항에 의하여 준용되는 구 민소 422조 1항 2호 소정의 "법률상 그 재판에 관여하지 못할 법관이 재판에 관여한 때"에는 해당하지 아니한다.(대판 1993.6.22, 93재누97)

24. 재심대상 또는 그 상소심에 관여한 법관이 재심에 관여한 경우 재심으로 불복이 제기된 재판 또는 그 상소심의 재판에 관여한 법관이 재심의 재판에 관여하였다고 하여도 구 민소 422조 1항 2호 소정의 법률상 재판에 관여하지 못할 법관이 관여한 때에 해당하지 않는다.(대판 1990.12.11, 90재다23)

25. 동일한 전역처분의 취소청구소송과 무효확인소송의 재판에 동일인이 재판장으로 관여한 경우 동일한 전역처분의 취소청구소송과 무효확인소송의 재판에 동일인이 재판장으로 관여하였다 하더라도, 전자의 취소청구소송과 후자의 무효확인소송은 동일한 전역처분에 관한 것이긴 하여도 별개의 사건으로서 취소청구사건의 재판을 무효확인청구사건의 전심재판과 같이 볼 수 없으므로, 위와 같은 동일한 법관의 재판 관여 사실 자체가 바로 구 민소 422조 1항 2호에 규정된 법률상 그 재판에 관여하지 못할 법관이 재판에 관여한 때에 해당하지 않는다.(대판 1983.1.18, 82누473)

▶3호

26. 대리권 흠결의 경우 구 민소 422조 1항 3호 소정의 재심사유는 무권대리인이 대리인으로서 본인을 위하여 실질적인 소송행위를 한 경우뿐만 아니라 대리권의 흠결로 인하여 본인이나 그의 소송대리인이 실질적인 소송행위를 할 수 없었던 경우에도 이에 해당한다.(대판 1999.2.26, 98다47290)

27. 실질적인 소송행위를 할 기회가 박탈되지 아니한 경우 재심사유에 해당하는지 여부(소극) 소송대리권 또는 대리인이 소송행위를 함에 필요한 수권의 흠결을 재심사유로 주장하려면 무권대리인이 소송대리인으로 본인을 위하여 실질적인 소송행위를 하였거나 소송대리권의 흠결로 인하여 본인이나 그의 소송대리인이 실질적인 소송행위를 할 수 없었던 경우가 아니면 안 된다고 봄이 상당하므로, 본인에게 송달되어야 할 소송서류 등이 본인이나 그의 소송대리인에게 송달되지 아니하고 무권대리인에게 송달된 채 판결이 확정되었다 하더라도 그로 말미암아 본인이나 그의 소송대리인이 그에 대응하여 공격 또는 방어방법을 제출하는 등의 실질적인 소송행위를 할 기회가 박탈되지 아니하였다면 그 사유를 재심사유로 주장할 수 없다.(대판 1992.12.22, 92재다259)

28. 집배원의 배달 착오로 소송기록접수통지서를 송달받지 못하여 상고이유서 제출기간 도과로 상고가 기각된 경우 우체국 집배원의 배달 착오로 상고인인 원고(재심원고)가 소송기록접수통지서를 송달받지 못하여 상고이유서 제출기간 내에 상고이유서를 제출하지 않았다는 이유로 구 민소 399조, 상고특례 5조에 의하여 원고의 상고가 기각된 경우, 원고는 적법하게 소송에 관여할 수 있는 기회를 부여받지 못하였으므로, 이는 구 민소 422조 1항 3호에 규정된 '법정대리권, 소송대리권 또는 대리인이 소송행위를 함에 필요한 수권의 흠결이 있는 때'에 준하여 재심사유에 해당한다고 봄이 상당하다.(대판 1998.12.11, 97재다445)

29. 파산관재인이 법원 허가 없이 재판상 화해를 한 경우 파산관재인이 건물명도단행가처분신청을 하였다가 재판상 화해를 함에 있어 법원에 허가신청을 하였으나 그 신청이 불허가 되었음에도 불구하고 감사위원의 동의나 채권자집회의 결의도 없이 피신청인과 재판상 화해를 하였다면 이는 소송행위를 함에 필요한 수권의 흠결이 있는 것으로서 구 민소 422조 1항 3호 소정의 재심사유에 해당한다.(대판 1990.11.13, 88다카26987)

30. 상대방이 대리권 흠결을 주장할 수 있는지 여부(적극) 본조의 취지는 대리권의 흠결이 있는 당사자 측에서 이것을 재심사유로 삼을 수 있다는 취지뿐만 아니라 상대방 측에서도 그러한 사유를 주장함으로써 이익을 받을 수 있는 경우에는 그 상대방 측에서도 재심사유로 삼을 수 있다고 보는

것이 상당하다.(대판 1967.2.28, 66다2569)

▶4호

31. 본안기록을 검토 없이 재심소장의 기재만으로 배척한 법관의 판단과 재심사유 재심의 소는 확정판결에 구 민소 422조 소정의 재심사유가 있음을 주장하여 그 취소와 확정판결에 의하여 종결된 재심대상 본안사건의 재심판을 구하는 소이므로, 법원은 재심 대상 본안사건의 기록을 검토하지 않고도 재심소장의 기재만으로 그 주장의 재심사유가 존재하는지 여부를 심리하여 재심사유의 존재가 인정되지 아니할 때에는 재심의 소를 배척할 수 있다. 따라서 재심 대상 판결이 재심 대상 본안사건의 기록을 검토함이 없이 재심청구를 기각하였다고 하더라도 이는 구 민소 422조 1항 4호 소정의 "재판에 관여한 법관이 그 사건에 관하여 직무에 관한 죄를 범한 때"에 해당한다고 할 수 없다.(대판 2000.8.18, 2000재다87)

▶5호

32. 타인의 범죄로 인한 소송행위의 효력 소송대리인이 그 대리권의 범위 내에서 한 소송행위는 본인이 한 소송행위로서의 효력을 가지는 것이므로, 비록 그 소송행위가 상대방의 기망에 의하여 착오로 이루어졌다 하더라도 이를 상대방이 한 소송행위와 동일시하여 본인이 한 소송행위로서의 효력을 부인할 수는 없다 할 것이고, 소송행위에 대하여는 민 109조, 110조의 규정이 적용될 여지가 없으므로 소송행위가 사기, 강박 등 형사상 처벌을 받을 타인의 행위로 인하여 이루어졌다 하더라도 이를 이유로 그 소송행위를 부인할 수 없고, 다만 그 형사상 처벌을 받을 타인의 행위에 대하여 유죄판결이 확정된 경우에는 구 민소 422조 1항 5호, 2항의 규정취지를 유추해석하여 그로 인한 소송행위의 효력을 부인할 수 있다 하겠으나, 이 경우에도 그 소송행위가 이에 부합하는 의사 없이 외형적으로만 존재할 때에 한하여 그 효력을 부인할 수 있다고 해석함이 상당하므로, 타인의 범죄행위가 소송행위를 하는 데 착오를 일으키게 한 정도에 불과할 뿐 소송행위에 부합되는 의사가 존재할 때에는 그 소송행위의 효력을 다툴 수 없다.(대판 1984.5.29, 82다카963)

33. 재심사유 5호와 11호의 관계 구 민소 422조 1항 11호의 재심사유인 상대방의 주소가 분명함에도 불구하고 재산을 편취할 목적으로 고의로 소재불명이라 하여 법원을 속이고 공시송달의 허가를 받아 상대방의 불출석을 기화로 소송판결을 받은 경우, 그 소송의 준비단계에서부터 판결확정시까지 문서위조 등 형사상 처벌을 받을 어떤 다른 위법사유가 전혀 개재되지 않았기 때문에 오로지 소송사기로밖에 처벌할 수 없는 경우라 하더라도, 형사상 처벌을 받을 타인의 행위로 인하여 공격 또는 방어방법의 제출이 방해되었음을 부정할 수 없으므로, 이러한 경우 같은 법 422조 1항 5호의 재심사유도 위 11호의 재심사유와 병존하여 있다고 보아야 한다.(대판 1997.5.28, 96다41649)

34. 법원의 사실인정 오류와 재심사유 구 민소 422조 1항 5호 소정의 "공격 또는 방어방법의 제출이 방해된 때"라 함은 타인의 형사상 처벌받을 행위로 인하여 그 재심대상판결의 소송절차에서 당사자의 공격방어방법의 제출이 직접 방해받은 경우만을 말하는 것이지, 재심대상판결의 소송절차가 아닌 다른 사건의 소송절차에서 사실을 잘못 인정하는 등의 위법이 있는 판결의 판결서가 증거로 제출됨으로써 패소의 판결이 확정되고, 그에 따라 그 사건 소송의 제기에 의하여 점유로 인한 부동산소유권 취득기간의 진행이 중단되었다는 주장이 재심대상판결에서 배척되었다는 등의 사유는 위와 같은 재심사유에 해당하는 것이 아니다.(대판 1993.11.9, 93다39553)

35. 제3자가 소송계속 중에 공격방어방법이 담긴 합의각서의 반환을 거부하였다 하여 유죄확정이 판결된 때의 재심사유 해당 여부(적극) 재심대상사건에 관한 공격방어방법이

담긴 합의각서를 동 소송 계속 중 제3자가 반환을 거부하였다면 그 반환을 거부한 소위는 공격방어방법의 제출을 방해한 것이라고 못 볼 바 아니고 그 반환 거부로 인하여 동인이 횡령의 유죄확정판결을 받았다면 이는 구 민소 422조 1항 5호 소정의 재심사유에 해당한다.(대판 1985.1.29, 84다카1430)

▶6호

36. 허위공문서작성죄의 포함 여부 구 민소 422조 1항 6호 소정의 증거된 문서 기타 물건의 "위조나 변조"에는 형사상 처벌될 수 있는 허위공문서작성을 포함하는 것이고, 이 경우에 같은 조 2항에 의하여 유죄의 판결이 확정된 때 또는 증거 흠결 이외의 이유로 유죄의 확정판결을 할 수 없을 때에 한하여 재심사유가 된다.(대판 1982.9.28, 81다557)

37. 위조문서 또는 허위진술이 판결의 증거로 된 때의 의미 구 민소 422조 1항 6호 소정의 '판결의 증거로 된 문서 기타 물건이 위조된 것인 때' 또 같은 법 422조 1항 7호 소정의 '증인의 허위진술 등이 판결의 증거로 된 때'는 위조문서 또는 그 허위진술이 판결 주문을 유지하는 근거가 된 사실을 인정하는 자료로서 증거로 채택되어 판결서에 구체적으로 기재되어 있는 경우를 말하고, 가사 법관의 심증에 영향을 주었을 것이라고 추측되는 자료가 된다 하여도 그것이 증거로 채택되어 사실인정의 직접적 또는 간접적인 자료가 되지 아니하는 것이라면 이는 재심사유가 될 수 없다.(대판 1997.9.26, 96다50506)

38. 판결의 증거로 된 문서 기타 물건이 위조된 것인 때의 의미 구 민소 422조 1항 6호 소정의 '판결의 증거로 된 문서 기타 물건이 위조나 변조된 것인 때'라 함은, 그 위조된 문서 등이 판결 주문의 이유가 된 사실인정의 직접적 또는 간접적인 자료로 제공되어 법원이 그 위조문서 등을 참작하지 않았더라면 당해 판결과는 다른 판결을 하였을 개연성이 있는 경우를 말하고, 그 위조문서 등을 제외한 나머지 증거들만 가지고도 그 판결의 인정 사실을 인정할 수 있거나 그 위조문서 등이 없었더라면 판결 주문이 달라질 수도 있을 것이라는 개연성이 있지 아니하는 경우 또는 위조문서 등이 재심대상 판결이유에서 가정적 또는 부가적으로 설시한 사실을 인정하기 위하여 인용된 것이고 주요사실의 인정에 영향을 미치지 않는 사정에 관한 것이었을 때에는 재심사유가되지 않으며, 여기에서 말하는 '위조'에는 형사상 처벌될 수 있는 허위공문서작성이나 공정증서원본불실기재가 포함된다.(대판 1997.7.25, 97다15470)

39. 증명책임 허위공문서작성의 피의사건을 들어 구 민소 422조 1항 6호에 의하여 판결에 증거된 문서 기타 물건이 위조나 변조된 것임을 재심사유로 주장하는 재심원고로서는 같은 법조 2항에 의하여 그 피의사건에 대한 검사의 불기소처분이 있었던 사실뿐만 아니라 공소시효가 완성되지 아니하였다면 그 피의자가 유죄의 확정판결을 받았을 가능성도 증명해야 한다.(대판 1990.8.14, 89다카6812)

▶7호

40. 본호가 재판청구권 및 평등권을 침해하는지 여부(소극) 재심제도의 규범적 형성에 있어 입법자는 확정판결을 유지할 수 없을 정도의 중대한 하자가 무엇인지를 구체적으로 가려내야 하는바, 이는 사법에 의한 권리보호에 관하여 한정된 사법자원의 합리적인 분배의 문제인 동시에 법치주의에 내재된 두 가지의 대립적 이념 즉, 법적 안정성과 정의의 실현이라는 상반된 요청을 어떻게 조화시키느냐의 문제로 돌아가므로, 결국 이는 불가피하게 입법자의 형성적 자유가 넓게 인정되는 영역이라고 할 수 있다. 과학의 진전을 통하여 기존의 확정판결에서 인정된 사실과는 다른 새로운 사실이 발견된다 하더라도, 이는 확정판결 이후 언제라도 일어날 수 있는 일이므로 이를 재심사유로 인정하는 것은 확정판결에 기초하여 형성된 복잡·다양한 사법적 관계들을 항시 불안전한 상태로 두는 것이라 할 수 있다. 또한, 시효제도 등 다소간 실체적 진실의 희생이나 양보 하에 법적 안정성을 추

구하는 여러 법적 제도들이 있다는 점 등을 함께 고려해 볼 때, 이 사건 법률조항은 입법자의 합리적인 재량의 범위를 벗어나 재판청구권 내지 평등권을 침해한다고 할 수 없다.(헌재 2009.4.30, 2007헌바121)

41. "증인의 허위진술이 판결의 증거로 된 때"의 의미 구 민소 422조 1항 7호가 정하는 재심사유인 "증인의 허위진술이 판결의 증거가 된 때"라 함은 그 허위진술이 판결주문에 영향을 미치는 사실인정의 자료로 제공된 경우를 말하는 것으로서, 만약 그 허위진술이 없었더라면 판결의 주문이 달라질 수도 있을 것이라는 개연성이 있는 경우가 이에 해당하므로, 그 허위진술을 제외한 나머지 증거들만에 의하여도 판결주문에 아무런 영향을 미치지 아니하는 경우에는 비록 허위진술이 위증으로 유죄의 확정판결을 받았다고 하더라도 재심사유로 되는 것은 아니다. 재심대상인 확정판결에서 채택된 증언을 한 증인이 위증으로 유죄판결을 받아 확정된 경우에 위 증인의 증언을 제외하더라도 그 확정판결의 결과에 영향이 없는지의 여부를 판단하려면 재심 전 확정판결에서 인용된 증거들과 함께 재심소송에서 조사된 각 증거들까지도 종합하여 그 판단의 자료로 삼아야 한다.(대판 1993.9.28, 92다33930)

42. 재심제기 후에 유죄판결이 있는 경우의 재심의 적부 구 민소 422조 1항 7호 소정의 증인의 허위진술이 확정판결의 증거가 된 때임을 재심사유로 하는 경우에는 원칙적으로 위 증의 유죄확정판결이 있어야 할 것이나, 그 확정판결을 기다리지 않고 재심의 소가 제기되어도 재심의 소의 판결이 있을 때까지에 유죄의 확정판결이 있으면 그 재심의 소는 적법하다.(대판 1983.12.27, 82다146)

43. 변경의 확실성을 요하는지 여부 구 민소 422조 1항 7호 소정의 재심사유인 '증인의 허위진술이 판결의 증거가 된 때'라 함은, 증인의 허위 진술이 판결 주문에 영향을 미치는 사실인정의 자료가 된 경우를 의미하고, 판결 주문에 영향을 미친다는 것은 만약 그 허위 진술이 없었더라면 판결 주문이 달라질 수도 있었을 것이라는 개연성이 있는 경우를 말하고 변경의 확실성을 요구하는 것은 아니며, 이 경우에 사실인정의 자료로 제공되었다 함은 그 허위 진술이 직접적인 증거가 된 때뿐만 아니라 대비증거로 사용되어 간접적으로 영향을 준 경우도 포함된다.(대판 2001.6.15, 2000두2952)

44. 증인의 허위진술을 기재한 진술조서가 재심대상판결에서 서증으로 채용된 경우 구 민소 422조 1항 7호 소정의 "증인의 허위진술이 판결의 증거로 된 때"라 함은 증인이 직접 재심의 대상이 된 소송사건을 심리하는 법정에서 허위로 진술하고 그 허위진술이 판결 주문의 이유가 된 사실인정의 자료가 된 경우를 가리키는 것이지, 증인이 재심대상이 된 소송사건 이외의 다른 민·형사 관련사건에서 증인으로서 허위진술을 하고 그 진술을 담은 조서가 재심대상판결에서 서증으로 제출되어 이것이 채용된 경우는 위 7호 소정의 재심사유에 포함될 수 없다.(대판 1997.3.28, 97다3729)

45. 한 사건에서 위증으로 확정된 사유가 다른 사건에서도 재심사유가 되는지 여부(소극) 법원이 서로 관련된 두 사건을 병행 심리하면서 그 두 사건에 대한 증인으로 한 사람을 채택하여 그 증인이 그 두 사건에 관하여 동시에 같은 내용의 증언을 하였으나 그 두 사건 중의 하나의 사건에 관한 증언이 위증으로 확정된 경우에는 그 증인의 위증은 그 사건에 관하여만 재심 사유가 될 뿐이고 동시에 진행된 다른 사건에서는 재심사유가 될 수 없다.(대판(全) 1980.11.11, 80다642)

46. 다른 사실과 종합하여 사실인정을 한 때의 재심사유 여부(적극) 구 민소 422조 1항 7호 소정의 '증인의 허위진술이 판결의 증거로 된 때'라 함은 법원이 그 허위의 진술만에 의하여 사실을 인정하였거나 다른 증거와 종합하여 사실을 인정하였거나를 불문하고 그 허위진술이 판결 주문의 이유가 되는 사실인정의 자료로 제공하였음을 의미하는 것이다.(대

판 1980.12.23, 80다1321)

▶8호

47. 본호의 의미 확정판결에 법률적으로 구속력을 미치거나 또는 그 확정판결에서 사실인정의 자료가 된 재판이나 행정처분이 그 후 다른 재판이나 행정처분에 의하여 확정적이고 또한 소급적으로 변경된 경우를 말하는 것이고, 여기서 사실인정의 자료가 되었다고 하는 것은 그 재판이나 행정처분이 확정판결의 사실인정에서 증거자료로 채택되었고 그 재판이나 행정처분의 변경이 확정판결의 사실인정에 영향을 미칠 가능성이 있는 경우를 말한다.(대판 2001.12.14, 2000다12679)

48. 사실인정의 기초가 된 형사판결에서 무죄가 확정된 경우 원심은 이 사건 재심대상판결과 그 판결이 사실인정의 증거로 채용한 피고(재심원고)에 대한 유죄의 형사판결인 수원지방법원 1987.4.15. 선고 85고단4041 판결은 분쟁경과에 관한 설시방법과 사실관계를 법률적으로 정리함에 있어 다소 차이가 날 뿐 모두 1955. 3. 20.자 기증관계와 1976. 12. 29.자 화해약정을 근거로 하여 이 사건 토지에 관한 피고 명의의 소유권이전등기가 명의신탁에 의한 것임을 인정한 점에서 동일하여 위 형사판결이 이 사건 재심대상판결의 사실인정에 기초가 되었음이 분명하고, 이 사건 재심대상판결이 확정된 후 위 형사사건의 항소심에 이르러 공소사실의 동일성의 범위 내에서 이 사건 재심대상판결에서 인정된 사실로 공소장이 변경되었으나 이에 대하여 무죄판결이 선고 확정되어 위 유죄의 형사판결이 변경됨으로써 이사건 재심대상판결의 사실인정에 영향을 미칠 가능성이 생겼으므로, 이 사건 재심대상판결에는 구 민소 422조 1항 8호의 재심사유가 있다고 판단하였는바, 이는 정당하다.(대판 1993.6.8, 92다27003)

49. 법률적 판단의 변경이 동 사유 해당 여부 구 민소 422조 1항 8호에서 말하는 재심사유는 그 확정판결에 법률적으로 구속력을 미치거나 또는 그 확정판결에서 사실인정의 자료가 된 재판이 그 후 다른 재판에 의하여 변경된 경우를 말하고, "확정판결에서 사실인정의 자료가 된 재판"인 여부의 인정에 있어서는 그 재판이 확정판결에서 증거로 인용되어 거시되었는가 하는 형식적인 점만으로 판단할 것이 아니고, 그 재판이 확정판결의 사실인정에 영향을 미친 것인지를 따져서 판단하여야 한다.(대판 1991.7.26, 91다13694)

50. 어음의 제권판결이 취소되고 공시최고신청 기각판결이 확정된 경우 제권판결로 말미암아 어음의 효력이 상실되었다는 이유로 약속어음금청구를 기각한 원심판결이 선고된 후에 그 제권판결을 취소하고 어음에 대한 공시최고신청을 기각하는 내용의 판결이 선고되어 확정되었다면 원심판결에는 동 재심사유에 해당하는 위법이 있다고 볼 수밖에 없고, 구 민소 422조 1항 단서의 규정내용 등에 비추어 볼 때 이러한 위법은 상고이유가 되는 것이다.(대판 1991.11.12, 91다25727)

51. 행정처분이 당연무효인 경우 해당 여부 구 민소 422조 1항 8호에서 말하는 재판의 기초가 된 행정처분의 변경은 다른 재판이나 행정처분에 의하여 확정적이며 소급적으로 변경된 경우를 의미하며 행정처분이 당연무효인 경우를 포함하는 것이 아니다.(대판 1977.9.28, 77다116)

▶9호

52. 소송요건의 흠결로 소 각하되어 본안판단이 없는 경우 판결에 영향을 미친 중요한 사항에 관하여 판단을 유탈한 때라 함은, 소송요건에 흠결이 없어 본안에 들어가 사건을 판단하는 경우에 당사자가 적법하게 소송상 제출한 공격방어의 방법으로서 당연히 판결의 결론에 영향이 있는 것에 대하여 판결이유 중에서 판단을 표시하지 않은 것을 말한다. 반면에 소송요건에 흠결이 있어 본안에 들어가 판단을 할 수 없는 경우에는 그 소송은 부적법하다 하여 각하하여야 하고 본안에 대한 판단을 할 수 없으므로, 이러한 경우에는 본

안에 관한 판단이 없다 하여 구 민소 422조 1항 9호에서 이른바 판결에 영향을 미칠 중요한 사항에 관하여 판단을 유탈한 때에 해당한다고 할 수 없다.(대판 1994.11.8, 94재누32)

53. 상고이유의 주장에 관한 판단누락이 있는지 여부　판결서의 이유에는 주문이 정당하다는 것을 인정할 수 있을 정도로 당사자의 주장, 그 밖의 공격방어방법에 관한 판단을 표시하면 되고 당사자의 모든 주장이나 공격방어방법에 관하여 판단할 필요가 없다(민소 208조). 따라서 상고법원의 판결에 당사자가 상고이유로 주장한 사항에 관한 구체적·직접적인 판단이 표시되어 있지 않았더라도 판결 이유의 전반적인 취지에 비추어 그 주장을 인용하거나 배척하였음을 알 수 있는 정도라면 판단누락이라고 할 수 없고, 설령 실제로 판단을 하지 아니하였다고 하더라도 그 주장이 배척될 경우임이 분명한 때에는 판결 결과에 영향이 없어 판단누락의 위법이 있다고 할 수 없다.(대판 2008.7.10, 2006재다218)

54. 개별적인 근거설시가 없는 경우　재심의 소는 구 민소 422조 1항 각호에 열거된 재심사유가 있는 경우에 한하여 허용되는 것이고, 재심사유의 하나인 422조 1항 9호 소정의 "판단유탈"이라 함은 당사자가 소송상 제출한 공격방어방법으로서 판결에 영향이 있는 것에 관하여 판결 이유 중에서 판단을 표시하지 아니한 때를 가리키며, 그 판단이 있는 이상 설령 그 판단내용에 잘못이 있다거나 판단에 이르는 이유가 소상하게 설시되어 있지 않거나 또는 그 주장을 배척한 근거를 일일이 개별적으로 설명하지 아니하더라도 이를 위 법조에서 말하는 판단 유탈이라고는 볼 수 없다.(대판 1991.12.27, 91다6528, 6535)

55. 판단에 이르는 이유 설시가 부족한 경우　재심사유인 "판결에 영향을 미칠 중요한 사항에 관하여 판단을 유탈한 때"라고 함은 당사자가 소송상 제출한 공격방어방법으로서 판결에 영향이 있는 것에 대하여 판결 이유 중에 판단을 명시하지 아니한 경우를 말하고, 판단이 있는 이상 그 판단에 이르는 이유가 소상하게 설시되어 있지 아니하거나 당사자의 주장을 배척하는 근거를 일일이 개별적으로 설명하지 아니하더라도 이를 위 법조에서 말하는 판단유탈이라고 할 수 없다.(대판 2000.7.6, 2000재다193, 209)

56. 경합적으로 주장한 일부주장의 판단을 누락한 경우　행정처분 취소청구사건에서 재심원고가 동 행정처분이 위법이라는 이유로서 여러 가지 사실을 경합적으로 주장하였음에도 본소에 관한 원심법원이 그 중의 하나만을 들어서 심리판단하였을 뿐 그 외의 점에 관하여는 아무런 심리판단을 하지 아니한 경우에 상고심이 법령적용의 위반을 이유로 원판결을 파기하였다 하여도 상고심으로서는 위와 같은 경우는 원판결이 확정한 사실로써 종국판결을 하기에 충분한 경우에 해당하지 아니하므로 사건을 원심에 환송하여야 하였음에도 불구하고 직접 본안에 대하여 재심원고 청구기각의 종국판결을 하였음은 결국 재심원고의 청구를 기각하는 판결에서 '판결에 영향을 미칠 중요한 사항에 관하여 판단을 유탈한 것이라 아니 할 수 없으므로 본건 재심청구는 이유 있다.(대판 1962.10.11, 62무13)

▶**10호**

57. 본호 재심사유의 의미　민소 451조 1항 10호의 재심사유는 재심대상판결의 기판력과 전에 선고한 확정판결의 기판력과의 충돌을 조정하기 위하여 마련된 것이므로 그 규정의 '재심을 제기할 판결이 전에 선고한 확정판결과 저촉되는 때'란 전에 선고한 확정판결의 효력이 재심대상판결 당사자에게 미치는 경우로서 양 판결이 저촉되는 때를 말하고, 전에 선고한 확정판결이 재심대상판결과 내용이 유사한 사건에 관한 것이라고 하여도 당사자들을 달리하여 판결의 기판력이 재심대상판결의 당사자에게 미치지 아니하는 때에는 위 규정의 재심사유에 해당하는 것으로 볼 수 없다.(대판 (全) 2011.7.21, 2011재다199)

58. 재심대상판결과 확정판결이 모두 재심원고의 청구를 기각한 경우와 판결의 저촉　본호 소정의 재심사유는 재심의 대상이 되는 판결의 기판력과 전에 선고한 확정판결의 기판력의 충돌을 피하기 위하여 마련된 것으로, 그 규정의 "재심을 제기할 판결이 전에 선고한 확정판결과 저촉되는 때"라고 함은 전에 선고한 확정판결의 효력이 재심대상판결의 당사자에게 미치는 경우로서 양 판결이 저촉되는 때를 말하고, 한편 확정판결의 기판력은 판결주문에서 결론적으로 판단된 부분에 한하여 생기는 것이므로 재심원고의 청구가 기각된 이유와 설명이 다를 수 있다고 하더라도 전후의 두 판결이 모두 재심원고의 청구를 기각한 것이라면 서로 저촉된다고 할 수 없다.(대판 2001.3.9, 2000재다353)

59. 재심대상판결의 확정 후 다른 판단을 한 민사판결이 확정된 경우와 재심의 허용 여부　구 민소 422조 1항 10호 소정의 재심사유는 판결의 기판력이 충돌하는 것을 해결하기 위한 규정으로서 "재심을 제기할 판결이 전에 선고한 확정판결과 저촉되는 때"란 재심의 대상으로 삼는 판결의 기판력이 그 전에 확정되어 있는 판결의 기판력과 모순, 저촉되는 경우를 가리키는 것이므로, 재심대상판결이 확정된 후에 이와 다른 판단을 한 민사판결이 확정되었다고 하여도, 더구나 재심대상판결이 당사자도 다르고 행정소송사건인 이 사건의 경우 재심사유가 될 여지는 없는 것이다.(대판 1990.3.13, 89누6464)

▶**11호**

60. 상대방의 허위송달 사실을 알고도 아무런 조치를 취하지 않아 판결이 확정된 경우와 재심사유　구 민소 422조 1항 11호의 재심사유는 사기판결을 얻어내기 위하여 상대방의 주소를 알고 있음에도 불구하고 소재불명 또는 허위의 주소나 거소로 하여 소를 제기하고 이로 인하여 소의 제기사실을 전혀 알 수 없었던 상대방을 구제하기 위한 것으로서, 상대방이 위 소송 진행 중 그 소송계속사실을 알고 있었고, 그럼에도 불구하고 아무런 조치를 취하지 아니하여 판결이 선고되고 확정에 이르렀다면 특별한 사정이 없는 한 그 판결에 위 재심사유가 있다고 할 수 없다.(대판 1992.10.9, 92다12131)

61. 허위주소송달에 의한 자백간주와 판결의 편취　종국 판결의 기판력은 판결의 형식적 확정을 전제로 하여 발생하는 것이므로 공시송달의 방법에 의하여 송달된 것이 아니고 허위로 표시한 주소로 송달하여 상대방 아닌 다른 사람이 그 소송서류를 받아 자백간주의 형식으로 판결이 되고 다른 사람이 판결정본을 수령하였을 때에는 상대방은 아직도 판결정본을 받지 않은 상태에 있는 것으로서 위 사위 판결은 확정 판결이 아니어서 기판력이 없다.(대판(全) 1978.5.9, 75다634)

▶**2항, 3항**

62. 재심법원이 재심사유가 된 유죄판결의 내용에 구속을 받는지 여부(소극)　재심법원은 위증죄의 확정판결에 구속을 받는 것이 아니고, 그 유죄판결의 내용과 같은 사실의 존부에 관한 실질적 판단을 자유로이 할 수 있고 그 결과 재심대상판결을 정당하다고 인정할 때에는 새로운 증거의 제출이 없더라도 재심청구를 배척할 수 있다.(대판 1983.12.27, 82다146)

63. 혐의없음의 불기소처분을 한 경우　구 민소 422조 2항 소정의 '증거흠결 이외의 이유로 유죄의 확정판결이나 과태료의 확정재판을 할 수 없을 때'라 함은, 증거흠결 이외의 사유, 즉, 범인의 사망, 사면, 공소시효의 완성, 심신상실의 경우 등이 없었더라면 유죄판결을 받을 수 있었을 경우를 말하므로, 허위공문서작성의 피의사건에 관하여 범죄의 혐의가 없다는 이유로 불기소처분을 한 경우는 본조 2항에서 말하는 증거흠결 이외의 이유로 유죄의 확정판결을 할 수 없는 때에 해당한다고 할 수 없다.(대판 1999.5.25, 99두2475)

64. 소제기할 때의 확정판결의 요부 구 민소 422조 2항 후단의 재심의 소는 확정판결을 기다리지 않고 재심의 소가 제기되어도 재심의 소의 관결이 있을 때까지 어느 때까지 유죄의 확정판결이 있으면 족하다.(대판 1972.6.27, 72므3)

65. 증거부족 외의 사유로 불기소처분을 한 경우 증인들이 위증죄로 기소되어 공판에 계속 중 증거흠결 이외의 이유로 유죄의 확정판결을 할 수 없을 때 뿐 아니라 검사가 위증 피의사건을 수사 중 증거흠결 이외의 이유로 증인들을 불기소처분한 경우에도 재심의 소를 제기할 수 있다.(대판 1967.6.27, 66다330)

66. 소재불명을 이유로 검사가 기소중지결정을 한 경우 피의자의 소재불명을 이유로 검사가 기소중지결정을 한 경우는 기소유예처분의 경우와는 달리 구 민소 422조 2항의 요건에 해당하지 않는다.(대판 1989.10.24, 88다카29658)

67. 재심대상판결의 증거가 된 증언에 대하여 위증의 유죄확정판결을 받을 수 없는 사유에 대한 증명책임 증인의 허위진술이 판결의 증거가 되었음을 재심사유로 삼을 경우에 공소시효의 만료로 인하여 위증에 대한 유죄확정판결을 받을 수 없는 때에는 공소시효 완성의 사유만 없었다면 위증의 유죄확정판결을 받을 수 있었으리라는 점을 재심청구인 측에서 증명하여야 한다.(대판 1982.9.14, 82다16)

68. 형사절차에서 민사판결과 상반된 사실을 인정한 경우 그 형사판결에서 인정된 사실의 신빙성 원래 민사재판에서는 형사재판의 사실인정에 구속받지 않는다고 할지라도 동일한 사실관계에 관하여 확정된 형사판결이 유죄로 인정한 사실은 유력한 증거자료가 된다 할 것이다. 민사재판에서 제출된 다른 증거들에 비추어 형사판결의 사실판단을 채용하기 어렵다고 인정되는 특별한 사정이 없는 한 이와 반대되는 사실을 인정할 수는 없는 것이고, 더욱이 민사판결이 있은 후에 형사재판에서 장기간에 걸친 신중한 심리 끝에 결국 그것이 소송사기에 의한 편취로 밝혀져서 유죄의 형사판결이 확정된 경우에는 법원은 그 형사판결의 존재와 내용을 존중하여 거기에서 인정된 사실을 민사판결에서 인정된 사실보다 진실에 부합하고 신빙성이 있는 것으로 받아들여야 한다.(대판 1994.1.28, 93다29051)

69. 공소시효의 완성으로 문서위조행위의 유죄판결을 할 수 없는 경우와 그 범인의 특정 판결의 증거가 된 문서가 위조된 것이 분명하고 공소시효의 완성으로 그 문서위조행위의 범인에 대하여 유죄판결을 할 수 없게 되었다면, 그 위조행위의 범인이 구체적으로 특정되지 않았다고 하더라도 민소 451조 2항의 '증거부족 외의 이유로 유죄의 확정판결을 할 수 없을 때'에 해당한다.(대판 2006.10.12, 2005다72508)

제452조【기본이 되는 재판의 재심사유】 판결의 기본이 되는 재판에 제451조에 정한 사유가 있을 때에는 그 재판에 대하여 독립된 불복방법이 있는 경우라도 그 사유를 재심의 이유로 삼을 수 있다.
■ 재심사유(451), 종국판결전의 재판에 대한 독립상소의 금지(392단, 425)

1. 재심대상판결의 원심판결이 "판결의 기본된 재판"에 해당하는지 여부(소극) 구 민소 423조에서 말하는 "판결의 기본된 재판"이란 종국판결의 전제가 되어 그 종국판결에 직접 영향을 준 재판(중간판결이나, 종국판결에 선행된 소송절차상의 결정이나 명령)을 가리키는 것이지 재심대상 판결의 원심판결은 여기에 해당하지 않는다.(대판 1990.2.13, 89재누106)

제453조【재심관할법원】 ① 재심은 재심을 제기할 판결을 한 법원의 전속관할로 한다.
② 심급을 달리하는 법원이 같은 사건에 대하여 내린 판결에 대한 재심의 소는 상급법원이 관할한다. 다만, 항소심판결과 상고심판결에 각각 독립된 재심사유가 있는 때에는 그러하지 아니하다.
■ ① 전속관할(31), ② 제1심판결에 대한 재심의 소(451③)

1. 재심대상판결의 표시를 잘못 기재하여 제출한 것으로 볼 것인지 여부 재심청구인이 상고심판결을 재심대상판결로 기재하여 재심의 소를 제기하고 있으나 그 재심의 이유에서 주장하고 있는 재심사유가 확정된 항고심심결에 관한 것임이 그 주장 자체나 소송자료에 의하여 분명하다면, 재심청구인의 의사는 항고심심결을 재심대상으로 한 것으로서 다만 재심소장에 재심을 할 대상판결의 표시를 잘못 기재하여 제출한 것으로 보아야 한다.(대판 1994.10.21, 94재후57)

2. 재심대상판결의 오기와 이송 항소심에서 본안판결을 한 사건에 관하여 항소심판결에서 채용한 증거가 위조된 것이라고 주장하면서 상고기각판결을 재심대상판결로 기재하여 대법원에 재심의 소를 제기한 경우, 그 재심사유가 항소심판결에 관한 것임이 그 주장 자체나 소송기록에 의하여 분명하다면 재심원고의 의사는 항소심판결을 대상으로 한 것으로서 다만 재심소장에 재심을 할 판결의 표시를 잘못 기재하여 제출한 것으로 재심관할법원인 항소심법원으로 이송함이 상당하다.(대판 1994.10.15, 94재다413)

3. 항소심본안판결 사건에 관하여 제1심법원에 제기된 재심의 적부에 대한 판단방법 구 민소 422조 3항의 규정에 의하면 항소심에서 본안판결을 한 때에는 제1심판결에 대하여 재심의 소를 제기하지 못한다고 되어 있으므로, 항소심판결이 아닌 제1심 판결에 대하여 제1심법원에 제기된 재심의 소는 재심대상이 아닌 판결을 대상으로 한 것으로서 재심의 소송요건을 결여한 부적합한 소송이며 단순히 재심의 관할을 위반한 소송이라고 볼 수는 없다. 그러나, 항소심에서 본안판결을 한 사건에 관하여 제기된 재심의 소가 과연 제1심판결을 대상으로 한 것인가 또는 항소심판결을 대상으로 한 것인가의 여부는 재심소장에 기재된 재심을 할 판결의 표시만 가지고 판단할 것이 아니라 재심의 이유에 기재된 주장을 아울러 살펴보고 재심을 제기한 당사자의 의사를 참작하여 판단하여야 할 것인바, 재심소장에 재심을 할 판결로 제1심판결을 표시하고 있다고 하더라도 재심의 이유에서 주장하고 있는 재심사유가 항소심판결에 관한 것이라고 인정되는 경우(항소심판결과 제1심판결에 공통되는 재심사유인 경우도 같다)에는 그 재심의 소는 항소심판결을 대상으로 한 것으로서 재심을 할 판결의 표시는 잘못 기재된 것으로 보는 것이 타당하되, 재심소장을 접수한 제1심법원은 그 재심의 소를 부적법하다 하여 각하할 것이 아니라 재심 관할법원인 항소심법원에 이송하여야 할 것이다. 일반적으로 소송행위의 해석은 실체법상의 법률행위와는 달리 철저한 표시주의와 외관주의에 따르도록 되어 있고 표시된 내용과 저촉되거나 모순되는 해석을 할 수 없는 것이지만, 표시된 어구에 지나치게 구애되어 획일적이고 형식적인 해석에만 집착한다면 도리어 당사자의 권리구제를 위한 소송제도의 목적과 소송경제에 반하는 부당한 결과를 초래할 수 있으므로 그 소송행위에 관한 당사자의 주장 전체를 고찰하고 그 소송행위를 하는 당사자의 의사를 참작하여 객관적이고 합리적으로 소송행위를 해석할 필요가 있는 것이다. 이 사건 재심의 소는 그 재심의 이유에서 항소심판결에서도 채용된 증인의 진술이 위증임을 재심사유로 주장하고 있어 항소심판결을 재심대상으로 삼은 것이라고 보아야 할 것이므로 제1심법원이 위 소를 항소심판결을 한 원심법원에 이송한 것은 적법한 조처였다고 할 것인바, 구 민소 36조 1항의 규정에 의하면, 이송결정이 확정된 때에는 소송은 처음부터 이송을 받은 법원에 계속된 것으로 간주되므로 이 사건 재심의 소가 제1심법원에 재심 제기기간 내에 제기된 이상 적법한 재심 제기기간 내에 원심법원에 제기된 것으로 간주되는 것이며, 원심법원에 이송된 때를 기준으로 하여 재심제기기간의 준수 여부를 판단할 것이 아니다.(대판(全) 1984.2.28, 83다카1981)

제454조 【재심사유에 관한 중간판결】 ① 법원은 재심의 소가 적법한지 여부와 재심사유가 있는지 여부에 관한 심리 및 재판을 본안에 관한 심리 및 재판과 분리하여 먼저 시행할 수 있다.
② 제1항의 경우에 법원은 재심사유가 있다고 인정한 때에는 그 취지의 중간판결을 한 뒤 본안에 관하여 심리·재판한다.
■ ① 재심사유(451), 기본이 되는 재판의 재심사유(452), ② 중간판결(201)

제455조 【재심의 소송절차】 재심의 소송절차에는 각 심급의 소송절차에 관한 규정을 준용한다.
■ 재심의 소송절차(민소규138)

1. 재심사유에 대하여 자백간주에 관한 민소의 규정이 적용되는지 여부(소극) 재심의 소는 확정판결에 대하여 그 판결의 효력을 인정할 수 없는 흠결이 있는 경우에 구체적 정의를 위하여 법적 안정성을 희생시키면서 확정판결의 취소를 허용하는 비상수단으로서, 소송제도의 기본목적인 분쟁해결의 실효성과 정의 실현의 조화를 도모하여야 하는 것이므로 재심사유의 존부에 관하여는 당사자의 처분권을 인정할 수 없고, 재심법원은 직권으로 당사자가 주장하는 재심사유 해당사실의 존부에 관한 자료를 탐지하여 판단할 필요가 있고, 따라서 재심사유에 대하여는 당사자의 자백이 허용되지 아니하며 자백간주에 관한 구 민소 139조 1항은 적용되지 아니한다고 할 것이다.(대판 1992.7.24, 91다45691)
2. 재심의 소에 대한 심리순서 재심의 소가 제기되면 법원은 먼저 재심원고가 주장하는 재심사유가 있는지의 여부를 조사 심리한 다음, 재심사유가 있는 것으로 인정되는 경우에만 본안에 관한 심리에 들어가게 되는 것이며, 재심원고가 주장하는 재심사유가 없는 것으로 판명될 때에는 본안에 관하여는 심리할 필요도 없이 바로 종국판결로 재심청구를 기각하여야 하는 것이다.(대판 1990.12.7, 90다카21886)
3. 재심의 소를 각하하여야 함에도 이를 기각한 원판결의 당부 재심원고가 주장하는 재심사유가 적법한 재심사유가 아니라면 원심으로서는 재심의 소를 각하하여야 할 것임에도 이를 기각하였음은 부당하지만 재심의 소를 배척하였다는 점에 있어서 원판결은 결과적으로 정당하다.(대판 1980.11.11, 80다2126)
4. 재심소송 심리의 범위 재심사유가 있는 것으로 인정되어 재심의 대상이 된 확정판결 사건의 본안에 관하여 다시 변론을 한다는 것은 전 소송의 변론이 재개되어 재심 이전의 상태로 돌아가 속행되는 것을 말하며, 따라서 재심법원이 사실심이라면 새로운 공격방어방법을 제출할 수도 있다.(대판 2001.6.15, 2000두2952)
5. 재심 전 소송의 소송대리인이 당연히 재심소송의 소송대리인이 되는지 여부(소극) 재심의 소의 절차에 있어서의 변론은 재심 전 절차의 속행이기는 하나 재심의 소는 신소의 제기라는 형식을 취하여 재심 전의 소송과는 일단 분리되어 있는 것이며, 사전 또는 사후의 특별수권이 없는 이상 재심 전의 소송의 소송대리인이 당연히 재심소송의 소송대리인이 되는 것은 아니다.(대결 1991.3.27, 90마970)
6. 재심의 소에서 신청구를 병합할 수 있는지 여부(소극) 피고들이 재심대상판결의 취소와 그 본소청구의 기각을 구하는 외에, 원고와 승계인을 상대로 재심대상판결에 의하여 경료된 원고 명의의 소유권이전등기와 그 후 승계인의 명의로 경료된 소유권이전등기의 각 말소를 구하는 청구를 병합하여 제기하고 있으나, 그와 같은 청구들은 별소로 제기하여야 할 것이고 재심의 소에 병합하여 제기할 수 없다.(대판 1997.5.28, 96다41649)

제456조 【재심제기의 기간】 ① 재심의 소는 당사자가 판결이 확정된 뒤 재심의 사유를 안 날부터 30일 이내에 제기하여야 한다.
② 제1항의 기간은 불변기간으로 한다.
③ 판결이 확정된 뒤 5년이 지난 때에는 재심의 소를 제기하지 못한다.
④ 재심의 사유가 판결이 확정된 뒤에 생긴 때에는 제3항의 기간은 그 사유가 발생한 날부터 계산한다.
■ 예외(457), 판결확정(498), 재심사유(451), 불변기간(172①·173)

1. 재심기간 준수 여부의 판단 구 민소 422조 1항 각호 소정의 재심사유는 각각 별개의 청구원인을 이루는 것이므로 재심의 소 제기기간의 준수 여부도 위 각호 소정의 재심사유별로 가려 보아야 한다.(대판 1993.9.28, 92다33930)
2. 유죄의 확정판결과 재심 구 민소 422조 2항 후단의 재심의 소는 확정판결을 기다리지 않고 재심의 소가 제기되어도 재심의 소의 판결이 선고될 때까지 유죄의 확정판결이 있으면 족하다.(대판 1972.6.27, 72므3)
3. 판결법원 구성의 위법을 이유로 한 재심의 소 제기기간의 기산일 구 민소 426조 1, 2항에 의하면 재심의 소는 당사자가 판결확정 후 재심의 사유를 안 날부터 30일의 불변기간 내에 제기하여야 하는 것인데, 같은 법 422조 1항 1호의 재심사유는 특별한 사정이 없는 한 당사자가 판결정본을 송달받았을 때 판결법원 구성의 위법 여부를 알게 됨으로써 재심사유의 존재를 알았다고 할 것이고, 또한 소송대리인이 있는 사건에서는 그 판결이 소송대리인에게 송달되었을 때 특별한 사정이 없는 한 당사자도 그 재심사유의 유무를 알았던 것으로 보아야 할 것이므로 재심의 소의 제기기간은 소송대리인이 판결정본을 송달받았을 때부터 진행한다.(대판 2000.9.8, 2000재다49)
4. 종중대표자의 대표권 흠결을 이유로 하는 재심의 소와 재심 제기의 기간 구 민소 427조에 의하면 대리권 흠결을 이유로 하는 재심의 소에는 재심 제기의 기간에 관한 426조의 규정을 적용하지 아니하도록 규정되어 있고, 위 대리권 흠결에는 법인이나 단체의 대표권의 흠결도 포함되는 것이라고 할 것이므로, 재심대상판결의 원고종중의 대표자가 적법한 절차에 의하여 선임된 대표자가 아님을 이유로 하여 같은 법 422조 1항 3호에 기하여 피고가 제기한 재심의 소에는 같은 법 426조의 규정은 적용되지 아니한다.(대판 1990.4.24, 89다카29891)
5. 공소시효 완성을 이유로 한 불기소처분과 불변기한의 기산점 재심 대상이 된 확정판결에 구 민소 422조 1항 5호, 6호의 사유가 있다고 하여 고소를 제기하였으나 검사가 이에 대하여는 공소시효가 완성되어 공소권이 없다는 이유로 불기소처분을 하고 당사자가 검사의 불기소처분에 불복하여 검찰청법상의 항고절차나 형사소송법상의 재정신청절차를 거친 경우에는 항고나 재정신청에 대한 결정이 있었던 것을 안 날, 즉 그 결정의 통지를 받은 날에 재심사유를 알았다고 본다.(대판 1997.4.11, 97다6599)
6. 판단유탈의 재심사유와 소 제기기간의 기산점 판결정본이 소송대리인에게 송달되면 특별한 사정이 없는 한 그 당사자는 판결정본을 송달받았을 때에 그 판결에 판단을 유탈하였는지의 여부를 알게 됨으로써 재심사유의 존재를 알았다고 할 것이므로, 그 후에 판결이 확정된 경우에는 위 판단유탈을 이유로 하는 재심의 소 제기기간은 재심대상판결이 확정된 날로부터 기산하여야 한다.(대판 1993.9.28, 92다3393)
7. 위증의 재심사유와 제소기간 구 민소 426조 1항 및 2항에 따르면 재심의 소는 당사자가 재심대상판결 확정 후 재심사유를 안 날로부터 30일 내에 제기하여야 하고 위 기간은 불변기간인바. 이 사건과 같이 증인의 허위진술이 판결의 증거로 된 때를 재심사유로 하는 경우에 그 판결의 증거로 된 증인의 증언이 위증이라는 유죄판결이 확정된 사실을 알았다면 그 재심사유를 알았다고 보아야 할 것이고, 그 때부

터 같은 조 1항의 재심제기기간이 진행한다.(대판 1996.5.31, 95다33993)

8. 재심사유 6호, 2항 후단에 기한 재심제기기간의 기산점 구 민소 426조 3항, 4항은 재심의 사유가 재심대상판결 확정 전에 생긴 때에는 그 판결확정일로부터, 재심의 사유가 재심 대상판결 확정 후에 생긴 때에는 그 사유가 발생한 날로부터 각 5년이 경과한 때에는 재심의 소를 제기하지 못하도록 규정하고 있고, 위 기간은 판결확정이라는 객관적 사실에 바탕을 두고 재심제기의 가능성을 언제까지나 남겨둠으로써 당사자 사이에 일어나는 법적 불안상태를 막기 위하여 마련한 제척기간이라 할 것이므로, 구 민소 422조 1항 6호, 2항 후단에 기한 재심의 소의 제척기간을 위 규정에 따라 계산함에 있어서는 피의자의 사망, 공소권의 시효소멸, 사면 등의 사실이 재심대상판결 확정 전에 생긴 때에는 그 판결확정시부터, 확정 후에 생긴 때에는 위 사유가 발생한 때로부터 기산하여야 하고 각 그때부터 5년이 경과된 뒤에는 재심의 소를 제기할 수 없다고 보아야 한다.(대판 1988.12.13, 87다카2341)

9. 허위증언에 대한 유죄판결이 확정되어 그 재판결과가 대검찰청에 통지된 경우와 국가가 재심사유를 안 시기 국가를 상대로 한 소유권보존등기말소등 청구사건의 증인이 허위증언에 대한 유죄판결을 받아 그 유죄판결이 확정되고 대법원이 유죄판결이 확정되자 같은 날 그 재판결과를 대검찰청에 통지하였다면, 국가로서는 국가소송에서 국가를 대표하는 법무부장관의 산하 기관으로서 법무부장관을 보좌하고 나아가 그 명을 받아 국가를 당사자로 하는 소송의 일부의 수행을 지휘·감독·관장하는 대검찰청이 그 결과를 통지받음으로써 유죄판결이 확정된 사실을 알았다고 보아야 할 것이다.(대판 1994.12.9, 94다38960)

10. 제척기간에 대한 추완의 가부 당사자가 상대방의 주소 또는 거소를 알고 있었음에도 불구하고 소재불명이라 하여 공시송달로 소송을 진행하여 그 판결이 확정되고 그 상대방 당사자가 책임질 수 없는 사유로 상소를 제기하지 못한 경우에는 선택에 따라 추완상소를 하거나 구 민소 422조 1항 11호의 재심사유가 있음을 이유로 재심의 소를 제기할 수 있다고 하더라도, 재심의 소를 선택하여 제기하는 이상 같은 법 426조 3항, 4항 소정의 제척기간 내에 제기하여야 하고 위 제척기간은 불변기간이 아니어서 그 기간을 지난 후에는 당사자가 책임질 수 없는 사유로 그 기간을 준수하지 못한 였더라도 그 재심의 소제기가 적법하게 추완될 수 없다.(대판 1992.5.26, 92다4079)

11. 재심사유가 될 수 없었던 사유가 대법원 판례변경으로 재심사유로 된 경우의 재심사유의 발생시기 판례변경 전에는 재판상 화해에 대한 재심사유가 될 수 없었던 사유가 판례변경 후에는 재심사유로 되게 된 경우 이러한 재심사유는 판례변경의 날에 비로소 발생한다고 볼 것이므로, 원판결이 이러한 재심사유가 재판상 화해 전에 발생한 것으로 단정하고 본건 재심의 소는 재판상 화해가 성립한 날로부터 5년을 경과하여 제기되었으니 부적법하다고 판정한 것은 위법이다.(대판 1963.10.10, 63다333)

제457조【재심제기의 기간】 대리권의 흠 또는 제451조제1항제10호에 규정한 사항을 이유로 들어 제기하는 재심의 소에는 제456조의 규정을 적용하지 아니한다.

☑ 대리권의 흠결(451①iii), 재심제기의 기간(456)

1. 본조 소정의 "대리권의 흠결"의 의미 구 민소 427조 소정의 "대리권의 흠결"은 대리권이 전혀 없는 경우를 의미하는 것이므로, 대리권은 있지만 소송행위를 함에 필요한 특별수권의 흠결이 있는 경우에는 위 427조가 적용되지 않는다.(대판 1994.6.24, 94다4967)

2. 소송대리인이 권한의 범위를 넘어 당해 소송물 이외의 권리관계를 포함시켜 소송상 화해를 한 경우와 본조의 적용 여부(소극) 화해가 성립한 소송사건에서 원고들의 소송대리인였던 변호사가 원고들로부터 그 소송사건만을 위임받아 그 소송의 목적이 된 부동산에 관하여만 화해할 권한을 부여받았음에도 불구하고 그 권한의 범위를 넘어 당해 소송물 이외의 권리관계를 포함시켜 화해를 하였음을 이유로 하는 준재심청구는 결국 대리인이 소송행위를 함에 필요한 특별수권의 흠결을 그 사유로 하는 것이므로 구 민소 427조가 적용될 수 없다.(대판 1993.10.12, 93다32354)

3. 비법인사단의 대표자가 사원총회의 결의 없이 총유물의 처분에 관한 소송행위를 한 경우와 본조의 적용 여부(소극) 비법인사단의 대표자가 총유물의 처분에 관한 소송행위를 하려면 특별한 사정이 없는 한 민 276조 1항에 의하여 사원총회의 결의가 있어야 하는 것이지만, 그 결의 없이 소송행위를 하였다고 하더라도 이는 소송행위를 함에 필요한 특별수권을 받지 아니한 경우로서, 구 민소 422조 1항 3호 소정의 재심사유에 해당하되, 대리권을 전혀 갖지 아니한 자가 소송행위를 한 대리권 흠결의 경우와 달라서 같은 법 427조는 적용되지 아니한다.(대판 1999.10.22, 98다46600)

4. 종중대표자의 대표권 흠결을 이유로 하는 재심의 소에 본조의 적용 여부(소극) 구 민소 427조에 의하면 대리권 흠결을 이유로 하는 재심의 소에는 재심제기의 기간에 관한 426조의 규정을 적용하지 아니하도록 규정되어 있고 위 대리권 흠결에는 법인이나 단체의 대표권한의 흠결도 포함되는 것이라고 할 것이므로, 재심대상판결의 원고종중의 대표자가 적법한 절차에 의하여 선임된 대표자가 아님을 이유로 하여 같은 법 422조 1항 3호에 기하여 피고가 제기한 재심의 소에는 같은 법 426조의 규정은 적용되지 아니한다.(대판 1990.4.24, 89다카29891)

제458조【재심소장의 필수적 기재사항】 재심소장에는 다음 각호의 사항을 적어야 한다.
1. 당사자와 법정대리인
2. 재심할 판결의 표시와 그 판결에 대하여 재심을 청구하는 취지
3. 재심의 이유

☑ 첨부서류(민소규139), 당사자와 법정대리인(51~64, 민909~911·928~940), 재심대상(451), 재심판결(453)

1. 재심 피고의 당사자 적격 재심의 소에서 재심피고는 원칙적으로 확정판결의 승소당사자 및 그 변론종결 후의 승계인 그리고 승소 당사자가 타인을 위해 원고 또는 피고가 된 경우에는 그 확정판결의 효력을 받는 타인(예컨대 선정자) 등이다.(대판 1987.5.26, 86무3)

2. 사망자를 상대로 한 재심소송에서 상속인들로의 당사자 표시 정정의 가부(적극) 재심원고가 재심대상판결 확정 후에 이미 사망한 당사자가 그 사망사실을 모르고 재심피고로 표시하여 재심의 소를 제기하였을 경우에 사실상의 재심피고는 사망자의 상속인이고 다만 그 표시를 그릇한 것에 불과하다 해석함이 타당하므로 사자를 재심피고로 하였다가 그 후 상속인들로 당사자 표시를 정정하는 소송수계 신청은 적법하다.(대판 1983.12.27, 82다146)

3. 재심 전 소송대리인이 당연히 재심소송의 소송대리인이 되는지 여부(소극) 재심의 소의 절차에 있어서의 변론은 재심 전 절차의 속행이기는 하나 재심의 소는 신소의 제기라는 형식을 취하고 재심 전의 소송과는 일단 분리되어 있는 것이며, 사전 또는 사후의 특별수권이 없는 이상 재심 전의 소송의 소송대리인이 당연히 재심소송의 소송대리인이 되는 것이 아니다.(대결 1991.3.27, 90마970)

4. 재심의 소의 제기가 시효중단의 재판상 청구에 해당하는지 여부(적극) 소유권이전등기를 명한 확정판결의 피고가 재심의 소를 제기하여 토지에 대한 소유권이 여전히 자신에게 있다고 주장한 것은 상대방의 시효취득과 양립할

수 없는 자신의 권리를 명확히 표명한 것이므로 이는 취득시효의 중단사유가 되는 재판상의 청구에 준하는 것이라고 볼 것이고, 위 확정판결에 의해 소유권이전등기를 경료받은 자의 당해 토지에 대한 취득시효는 재심의 소 제기일로부터 재심판결 확정일까지 중단된다.(대판 1998.6.12, 96다26961)

제459조【변론과 재판의 범위】 ① 본안의 변론과 재판은 재심청구이유의 범위안에서 하여야 한다.
② 재심의 이유는 바꿀 수 있다.

■ 일반의 청구원인의 변경(262·263), 재심소송기록의 처리(민소규140)
1. 재심사유에 대한 판단에서 새로운 소송자료의 참작 재심사유가 된 사항이 확정판결에 영향을 미친 여부는 성질상 판결 당시의 소송자료에 대한 그 판결의 판단을 기준으로 하여야 한다.(대판 1966.4.6, 66다290)
2. 재심에서 변론갱신절차를 누락하였으나 당사자가 소송관계를 표명하고 변론한 경우 재심사유가 이유 있을 경우에는 재심법원은 본안심리를 해야 하고 이 경우의 본안심리는 재심 이전의 상태로 부활하여 그것이 속행되는 것이고, 그 부활 전의 법관이 경질된 이상 부활한 소송에서 당사자는 종전의 변론결과를 진술해야 하는데, 이러한 이른바 변론의 갱신절차를 밟지 아니하였다 하더라도 당사자가 그 부활한 심급의 최종변론기일에서 소송관계를 명하고 변론을 하였다면 이것으로써 변론을 갱신한 효과는 생긴 것이라 보아도 좋을 것이다.(대판 1966.10.25, 66다1639)
3. 재심에서 새로운 공격방어방법 제출의 가부(적극) 재심소송의 사실심에서는 재심사유 있음을 전제로 소송당사자는 새로운 공격 방어방법을 제출할 수 있다.(대판 1965.1.19, 64다1260)
4. 대심대상판결에서 전부승소한 당사자에게 재심의 소를 제기할 이익의 유무 재심의 소에서 재심원고는 확정판결의 효력을 받는 자로서 그 취소를 구할 이익이 있는 자라야 할 것이므로 전부승소한 당사자는 재심의 소를 제기할 이익이 없다. 재심의 소를 제기하면서 재심청구가 인용될 것을 전제로 당초의 청구를 교환적으로 변경하는 경우 재심의 소가 부적법하다면 소의 교환적 변경에 관하여는 따로 판단할 필요가 없다.(대판 1993.4.27, 92다24608)

제460조【결과가 정당한 경우의 재심기각】 재심의 사유가 있는 경우라도 판결이 정당하다고 인정한 때에는 법원은 재심의 청구를 기각하여야 한다.

■ 재심사유(451①), 사정판결(행소28)
1. 재심대상판결의 변론종결 후의 사유를 이유로 재심청구를 기각한 경우 기판력의 표준시 재심사건에서 재심사유는 있다고 인정하면서도 재심대상판결의 변론종결 후의 사유를 이유로 재심청구를 기각한 경우 그 기판력의 표준시는 재심대상판결의 변론종결시가 아니라 재심판결의 변론종결시로 보아야 한다.(대판 1993.2.12, 92다25151)

제461조【준재심】 제220조의 조서 또는 즉시항고로 불복할 수 있는 결정이나 명령이 확정된 경우에 제451조제1항에 규정된 사유가 있는 때에는 확정판결에 대한 제451조 내지 제460조의 규정에 준하여 재심을 제기할 수 있다.

■ 준재심절차에 대한 준용(민소규141), 화해, 청구의 포기·인낙조서의 효력(220), 즉시항고로 불복할 수 있는 재판(439·444, 민집130③), 재심사유 및 예외(451①), 재심사유-재심기각(451-460)
1. 재심사유 5호의 사유가 청구인낙의 준재심이 되기 위한 조건 구 민소 422조 1항 5호 소정의 형사상 처벌받을 타인의 행위로 인한 사유가 청구의 인낙에 대한 준재심사유가 되기 위하여는 그것이 당사자가 인낙의 의사표시를 하게 되는 직접적인 원인이 된 경우만이라고 할 것이고, 그렇지 않고 그 형사상 처벌받을 타인의 행위가 인낙에 이르게 된 간접적인 원인밖에 되지 않았다고 보이는 경우까지 준재심사유

가 된다고 볼 수는 없다.(대판 1995.4.28, 95다3077)
2. 제소전 화해조서를 대상으로 한 준재심의 소에서 구 민소 430조가 적용될 수 있는지 여부(소극) 제소전 화해에 있어서는 종결될 본안 소송이 계속되었던 것이 아니고 종결된 것은 제소전 화해절차뿐이므로, 이러한 제소전 화해절차의 특성상 구 민소 431조의 규정에도 불구하고 제소전 화해조서를 대상으로 한 준재심의 소에서는 구 민소 430조가 적용될 여지는 없고, 재심사유가 인정되는 이상 그 화해의 내용 되는 법률관계의 실체 관계의 부합 여부를 따질 수도 없어 화해조서를 취소할 수밖에 없다.(대판 1998.10.9, 96다44051)
3. 확정된 대법원의 결정에 대한 준재심신청의 요건 확정된 대법원의 결정에 대한 준재심의 신청은 구 민소 431조에 의하여 동법 422조 소정의 사유가 있는 때에 한하여 허용되는 것으로 신청인의 주장하는 사유가 이에 해당하지 않을 때에는 그 신청은 부적법하다.(대판 1987.3.26, 86사3)
4. 대법원 결정에 대한 준재심을 인정한 사례 재항고이유서 제출기간 내에 제출된 재항고이유서에 사건번호가 잘못 기재되어 있었던 관계로 재항고이유서가 사건의 기록에 편철되지 아니하여, 준재심대상결정이 재항고장에 재항고이유의 기재가 없고 재항고이유서 제출기간 내에 재항고이유서를 제출하지 아니하였다는 이유로 재항고이유에 관하여 판단하지 않고 재항고를 기각한 경우, 준재심대상결정은 결정에 영향을 미칠 중요한 사항에 관하여 판단을 유탈하였으므로 이는 구 민소 431조, 422조 1항 9호에 해당하는 준재심사유가 된다.(대결 2000.1.7, 99재마4)
5. 재판상 화해조서 또는 제소전 화해조서의 효력을 재심 또는 준재심절차에 의하지 아니하고 다툴 수 있는지 여부(소극) 재판상 화해조서 또는 제소전 화해조서는 확정판결과 같은 효력이 있어 당사자 사이에 기판력이 생기는 것이므로 재심 또는 준재심의 절차에서 취소 또는 변경되지 않는 한 그 화해의 효력은 다툴 수 없다.(대판 1990.12.11, 90다카24953)
6. 확정된 이행권고결정에 대하여 준재심의 소를 제기할 수 있는지 여부(소극) 민소 461조에 의하여 준용되는 같은 법 451조의 재심은 확정된 종국판결에 재심사유에 해당하는 중대한 하자가 있는 경우에 그 판결의 취소와 이미 종결된 소송을 부활시켜 재심판을 구하는 비상의 불복신청방법으로서 확정된 종국판결이 갖는 기판력, 형성력, 집행력 등 판결의 효력의 배제를 주된 목적으로 하는 것이다. 그러므로 기판력을 가지지 아니하는 확정된 이행권고결정에 설사 재심사유에 해당하는 하자가 있다고 하더라도 이를 이유로 민소 461조가 정한 준재심의 소를 제기할 수는 없고, 청구이의의 소를 제기하거나 또는 전체로서의 강제집행이 이미 완료된 경우에는 부당이득반환청구의 소 등을 제기할 수 있을 뿐이다.(대판 2009.5.14, 2006다34190)
7. 선행 화해가 성립한 후 다시 그것과 모순되는 내용의 후행 화해가 성립한 경우의 선행 화해의 효력 갑, 을 및 병 사이에 제1화해가 성립한 후에 갑과 을 사이에 다시 제1화해와 모순 저촉되는 제2화해가 성립하였다 하여도, 제1화해가 조서에 기재되어 확정판결과 동일하게 기판력이 발생한 이상 제2화해에 의하여 제1화해가 당연히 실효되거나 변경되고 나아가 제1화해조서의 집행으로 마쳐진 을 명의의 소유권이전등기 및 이에 기한 제3자 명의의 각 소유권이전등기가 무효로 된다고 볼 수는 없고, 또한 중복제소금지의 원칙에 위배되어 제기된 소에 대한 판결이나 그 소송절차에서 이루어진 화해라도 확정된 경우에는 당연무효라고 할 수는 없다.(대판 1995.12.5, 94다59028)
8. 당사자 일방이 화해조서의 당연무효 사유를 주장하며 기일지정신청을 한 경우의 법원의 조치 재판상의 화해를 조서에 기재한 때에는 그 조서는 확정판결과 동일한 효력이 있고 당사자 간에 기판력이 생기는 것이므로 확정판결의 당연무효 사유와 같은 사유가 없는 한 재심의 소에 의하여만

효력을 다툴 수 있는 것이나, 당사자 일방이 화해조서의 당연무효 사유를 주장하며 기일지정신청을 한 때에는 법원으로서는 그 무효사유의 존재 여부를 가리기 위하여 기일을 지정하여 심리를 한 다음 무효사유가 존재한다고 인정되지 아니한 때에는 판결로써 소송종료선언을 하여야 한다.(대판 2000.3.10, 99다67703)

9. 재판상 화해조서의 효력을 재심 또는 준재심절차에 의하지 않고 다툴 수 있는지 여부(소극) 재판상 화해조서는 확정판결과 같은 효력이 있어 기판력이 생기는 것이므로 그 내용이 강행법규에 위배된다 할지라도, 화해조서가 준재심절차에 의하여 취소되지 아니하는 한, 그 당사자 사이에서는 그 화해가 무효라는 주장을 할 수 없으나, 기판력은 재판상 화해의 당사자가 아닌 제3자에 대하여까지 미친다고 할 수 없다.(대판 1999.10.8, 98다38760)

10. 재판상 화해가 준재심의 소에서 취소된 경우 법률관계의 실효 여부(적극) 재판상 화해가 준재심의 소에 의하여 취소되고 그 준재심재판이 확정되면 재판상 화해의 효력은 소멸하고, 따라서 그 재판상 화해로 인하여 생긴 모든 법률효과는 당연히 실효된다.(대판 1981.12.22, 78다2278)

11. 소송절차 내에서 법인 또는 법인이 아닌 사단의 대표자가 청구의 포기·인낙 또는 화해를 하는 데 필요한 권한을 수여받지 아니한 것에서 더 나아가 자기 또는 제3자의 이익을 도모할 목적으로 권한을 남용하여 법인 등의 이익에 배치되는 청구의 포기·인낙 또는 화해를 하였고, 상대방 당사자가 대표자의 진의를 알았거나 알 수 있었을 경우, 준재심 제기 기간의 기산일인 '법인 등이 준재심의 사유를 안 날'의 의미(=법인 등의 이익을 정당하게 보전할 권한을 가진 다른 임원 등이 준재심의 사유를 안 때) 소송절차 내에서 법인 또는 법인이 아닌 사단(이하 '법인 등'이라고 한다)이 당사자로서 청구의 포기·인낙 또는 화해를 하여 이를 변론조서나 변론준비기일조서에 적은 경우에는, 법인 등의 대표자가 청구의 포기·인낙 또는 화해를 하는 데에 필요한 권한의 수여에 흠이 있는 때에는 법인 등은 변론조서나 변론준비기일조서에 대하여 준재심의 소를 제기할 수 있고, 준재심의 소는 법인 등이 청구를 포기·인낙 또는 화해를 한 뒤 준재심의 사유를 안 날부터 30일 이내에 제기하여야 한다. 이때 '법인 등이 준재심의 사유를 안 날'은 특별한 사정이 없는 한 법인 등의 대표자가 준재심의 사유를 안 날로서 그때부터 준재심 제기 기간이 진행되는 것이 원칙이다. 그렇지만 법인 등의 대표자가 준재심의 사유인 청구의 포기·인낙 또는 화해를 하는 데에 필요한 권한을 수여받지 아니한 것에서 더 나아가 자기 또는 제3자의 이익을 도모할 목적으로 권한을 남용하여 법인 등의 이익에 배치되는 청구의 포기·인낙 또는 화해를 하였고 또한 상대방 당사자가 대표자의 진의를 알았거나 알 수 있었을 경우에는, 일반적으로 법인 등에 대하여 대표권의 효력이 부인될 수 있는 사유에 해당할 뿐 아니라 준재심의 사유가 된 대표권 행사에 관하여 법인 등과 대표자의 이익이 상반되어 법인 등의 대표자가 준재심 제기 권한을 행사하리라고 기대하기 어려움에 비추어 보면, 단지 대표자가 준재심의 사유를 아는 것만으로는 부족하고 적어도 법인 등의 이익을 정당하게 보전할 권한을 가진 다른 임원 등이 준재심의 사유를 안 때에 비로소 준재심 제기 기간이 진행된다.(대판 2016.10.13, 2014다12348)

제5편 독촉절차

제462조 【적용의 요건】 금전, 그 밖에 대체물(代替物)이나 유가증권의 일정한 수량의 지급을 목적으로 하는 청구에 대하여 법원은 채권자의 신청에 따라 지급명령을 할 수 있다. 다만, 대한민국에서 공시송달 외의 방법으로 송달할 수 있는 경우에 한한다.

▣ 신청(161·465), 공시송달(194-196)

1. 채무자에 대한 단 한 번의 송달불능을 이유로 한 지급명령신청각하의 적부 독촉절차도 소송의 특별절차의 성격이 있으므로 그 성질에 반하지 아니하면 소에 관한 규정이 준용된다 할 것이므로, 법원은 지급명령이 채무자에게 송달불능이 되면 일단 채권자에게 그 주소의 보정을 명한 연후에 그 각하 여부를 결정할 것이지 한번 송달불능되었다 하여 곧바로 공시송달의 방법에 의하지 아니하고는 송달할 수 없는 경우에 해당한다고 보아 지급명령신청을 각하할 수 없다.(대결 1986.5.2, 86그10)

2. 지급명령과 증거관계의 표시 지급명령은 채권자의 신청에 의하여 채무자를 심문하지 않고 일방적으로 할 수 있는 것으로 신청이 지급명령을 할 수 있는 청구에 관한 것이고 관할 법원에 제출되었으며 신청의 취지와 이유의 기재의 이유의 기재에 의하여 이유 있는 것이면 신청이유로 기재된 사실에 대하여 증명의 사유를 고려함이 없이 발급되는 것이므로, 지급명령 신청서에 첨부된 서증이 위조된 것이라 하더라도 확정된 가집행선고부 지급명령에 대한 재심의 사유가 되지 않는다.(대판 1967.7.18, 67다826)

제463조 【관할법원】 독촉절차는 채무자의 보통재판적이 있는 곳의 지방법원이나 제7조 내지 제9조, 제12조 또는 제18조의 규정에 의한 관할법원의 전속관할로 한다.

▣ 보통재판적(2-6), 특별재판적(7-9·12·18), 전속관할(31)

제464조 【지급명령의 신청】 지급명령의 신청에는 그 성질에 어긋나지 아니하면 소에 관한 규정을 준용한다.

▣ 신청(161·465), 소에 관한 규정(248-271), 지급명령신청과 시효중단(265, 민172)

1. 결정, 명령의 성립시기 판결처럼 선고가 필요하지 않은 결정과 같은 재판은 그 원본이 법원서기관, 법원사무관, 법원주사 또는 법원주사보에게 교부되었을 때 대외적으로 성립한 것으로 보아야 하고, 또 특별한 사정이 없는 한 그 결정을 작성한 날짜에 이것이 법원서기관 등에게 교부된 것이라고 추정할 것이다.(대결 1974.3.30, 73마894)

제465조 【신청의 각하】 ① 지급명령의 신청이 제462조 본문 또는 제463조의 규정에 어긋나거나, 신청의 취지로 보아 청구에 정당한 이유가 없는 것이 명백한 때에는 그 신청을 각하하여야 한다. 청구의 일부에 대하여 지급명령을 할 수 없는 때에 그 일부에 대하여도 또한 같다.

② 신청을 각하하는 결정에 대하여는 불복할 수 없다.

▣ 지급명령의 대상(462), 관할법원(463), 결정(134·221)

1. 채권자대위권의 행사로 지출한 비용이 집행비용에 해당하는지 여부(소극) 채권자대위권을 행사하는 경우 채권자와 채무자는 일종의 법정위임의 관계에 있으므로 채권자는 민 688조를 준용하여 채무자에게 그 비용의 상환을 청구할 수 있고, 그 비용상환청구권은 강제집행을 직접 목적으로 하여 지출된 집행비용이라고는 볼 수 없으므로 지급명령신청에 의하여 지급을 구할 수 있다.(대결 1996.8.21, 96그8)

제466조 【지급명령을 하지 아니하는 경우】 ① 채권자는 법원으로부터 채무자의 주소를 보정하라는 명령을 받은 경우에 소제기신청을 할 수 있다.

② 지급명령을 공시송달에 의하지 아니하고는 송달

할 수 없거나 외국으로 송달하여야 할 때에는 법원은 직권에 의한 결정으로 사건을 소송절차에 부칠 수 있다.

③ 제2항의 결정에 대하여는 불복할 수 없다.

■ 주소(민18-21), 공시송달(194-196), 결정(134 · 221)

제467조【일방적 심문】 지급명령은 채무자를 심문하지 아니하고 한다.

■ 심문(134③)

제468조【지급명령의 기재사항】 지급명령에는 당사자, 법정대리인, 청구의 취지와 원인을 적고, 채무자가 지급명령이 송달된 날부터 2주 이내에 이의신청을 할 수 있다는 것을 덧붙여 적어야 한다.

■ 청구의 취지, 원인(249), 송달(174-193 · 469①), 이의(469②), 기간(170 · 172①)

1. 수인을 채무자로 하는 지급명령신청에서 청구취지와 청구원인의 관계 수인을 채무자로 하는 지급명령신청의 청구취지가 수인의 채무자들에 대하여 연대 지급 또는 각자 지급을 구하는 것인지의 여부는 지급명령신청서의 청구취지 기재 자체에 의하여 결정되는 것이므로, 그 청구취지에 연대 지급 또는 각자 지급을 구하는 문언의 기재가 없는 한 설사 그 청구원인에 그 수인의 채무자들이 채무자와 연대보증인들이라는 기재가 있다 하더라도 그 청구취지가 수인의 채무자들에 대하여 청구금원의 연대 지급 또는 각자 지급을 구하는 것이라고는 볼 수 없다.(대결 1986.11.27, 86그141)

2. 지급명령에 대한 경정사유에 해당하지 않는다고 한 사례 채권자가 채무자들 2인을 상대로 물품대금을 청구하는 지급명령을 신청하면서, 청구원인에는 채무자들이 연대채무자임을 기재하고도 청구취지에는 "채무자들은 연대하여"라고 기재하지 아니한 채 "채무자들은"이라고만 기재하여, 법원이 청구취지대로 지급명령을 하였다면, 법원이 한 지급명령에 오류가 있는 것이 명백한 때에 해당한다고 볼 수 없다.(대결 1993.7.15, 93그28)

제469조【지급명령의 송달】 ① 지급명령은 당사자에게 송달하여야 한다.

② 채무자는 지급명령에 대하여 이의신청을 할 수 있다.

■ 송달(174-193), 정본에 의한 판결의 송달(210②)

1. 지급명령에 대한 가집행선고 전의 이의신청을 취하할 수 있는지 여부 지급명령의 가집행선고 전에 적법한 이의신청을 하여 제1심 법원에 소로서 계속되면 그 이의신청을 취하할 수 없다.(대판 1977.7.12, 76다2146, 2147)

2. 결정, 명령의 성립시기 판결처럼 선고가 필요하지 않은 결정과 같은 재판은 그 원본이 법원서기관, 법원사무관, 법원주사 또는 법원주사보에게 교부되었을 때 대외적으로 성립한 것으로 보아야 하고, 또 특별한 사정이 없는 한 그 결정을 작성한 날짜에 이것이 법원서기관 등에게 교부된 것이라고 추정할 것이다.(대결 1974.3.30, 73마894)

제470조【이의신청의 효력】 ① 채무자가 지급명령을 송달받은 날부터 2주 이내에 이의신청을 한 때에는 지급명령은 그 범위안에서 효력을 잃는다.

② 제1항의 기간은 불변기간으로 한다.

■ 이의신청(468 · 469②), 불변기간(172)

제471조【이의신청의 각하】 ① 법원은 이의신청이 부적법하다고 인정한 때에는 결정으로 이를 각하하여야 한다.

② 제1항의 결정에 대하여는 즉시항고를 할 수 있다.

■ 이의신청(468 · 469②) · 470), 결정(134 · 221), 즉시항고(444)

제472조【소송으로의 이행】 ① 채권자가 제466조제1항의 규정에 따라 소제기신청을 한 경우, 또는 법원이 제466조제2항의 규정에 따라 지급명령신청사건을 소송절차에 부치는 결정을 한 경우에는 지급명령을 신청한 때에 소가 제기된 것으로 본다.

② 채무자가 지급명령에 대하여 적법한 이의신청을 한 경우에는 지급명령을 신청한 때에 이의신청된 청구목적의 값에 관하여 소가 제기된 것으로 본다.

■ 결정(21 · 134), 소 제기 신청(466①), 소송절차에 부치는 결정(466②)

1. 지급명령에 의한 시효중단 효과의 발생시기 지급명령 사건이 채무자의 이의신청으로 소송으로 이행된 경우에 지급명령에 의한 시효중단의 효과는 소송으로 이행된 때가 아니라 지급명령을 신청한 때에 발생한다.(대판 2015.2.12, 2014다228440)

제473조【소송으로의 이행에 따른 처리】 ① 제472조의 규정에 따라 소가 제기된 것으로 보는 경우, 지급명령을 발령한 법원은 채권자에게 상당한 기간을 정하여, 소를 제기하는 경우 소장에 붙여야 할 인지액에서 소제기신청 또는 지급명령신청시에 붙인 인지액을 뺀 액수의 인지를 보정하도록 명하여야 한다.

② 채권자가 제1항의 기간 이내에 인지를 보정하지 아니한 때에는 위 법원은 결정으로 지급명령신청서를 각하하여야 한다. 이 결정에 대하여는 즉시항고를 할 수 있다.

③ 제1항에 규정된 인지가 보정되면 법원사무관 등은 바로 소송기록을 관할법원에 보내야 한다. 이 경우 사건이 합의부의 관할에 해당되면 법원사무관 등은 바로 소송기록을 관할법원 합의부에 보내야 한다.

④ 제472조의 경우 독촉절차의 비용은 소송비용의 일부로 한다.

■ 소송으로의 이행(472), 인지의 보정(254), 결정(134 · 221), 즉시항고(444), 목적의 가액과 관할(26 · 27, 법조구 32①)

제474조【지급명령의 효력】 지급명령에 대하여 이의신청이 없거나, 이의신청을 취하하거나, 각하결정이 확정된 때에는 지급명령은 확정판결과 같은 효력이 있다.

■ 이의신청의 각하(471), 확정판결(216 · 218, 민165), 지급명령과 강제집행(민집56-58)

1. 이의사유를 변론기일에서 주장하지 아니한 효과 지급명령에 대한 이의신청서에 기재한 이의사유라고 하더라도 변론기일에 이를 주장하지 아니하면 효력이 없다.(대판 1970.12.22, 70다2297)

2. 지급명령에 대한 청구이의의 소에서의 심리 및 판단에 고려할 사항 지급명령은 확정되어도 기판력이 생기지 않아서 그에 대한 청구이의의 소에는 기판력의 시간적 한계에 따른 제한은 적용되지 않으므로(구 민소 521조 2항), 그 청구이의의 소송심리에서는 그 지급명령에 기재된 모든 청구원인 주장에 관하여 심리 · 판단되어야 할 터이다. 그리고 그 청구원인 주장을 특정함에 있어서는 서면에 의한 일방 심문으로 이루어지는 독촉절차의 특성과 소송경제의 이념을 고려하면서 구체적 사안에 적용하여 지급명령 신청서상의 청구원인 기재를 합리적으로 선해할 수 있는 것이다.(대판 2002.2.22, 2001다73480)

3. 확정된 지급명령 발령 전에 생긴 사유를 그 청구이의의 소에서 주장할 수 있는지 여부(적극) 구 민소(2002. 1. 26. 법률 제6626호로 전문 개정되기 전의 것) 505조 2항은 확정판결에 의한 청구이의는 그 원인이 변론종결 후에 생긴 때에 한하여 할 수 있다고 규정하고 있으나, 같은 법 521조 2항은 지급명령에 대한 청구에 관한 이의의 주장은 위 법 505조의 제한에 따르지 아니한다고 규정하고 있으므로, 확정된 지급명령에 대한 청구이의의 소에서는 지급명령 발령 이후의 그 청구권의 소멸이나 청구권의 행사를 저지하는 사유뿐만 아니라 지급명령 발령 전의 청구권의 불성립이나 무효 등도 그 이의사유가 된다. 한편, 현행 민소 474조는 확정된 지급명령은 확정판결과 같은 효력을 가진다고 규정하고 있으나, 확정판결에 대한 청구이의 이유를 변론이 종결된 뒤(변론 없이 한 판결의 경우에는 판결이 선고된 뒤)에 생긴 것으로 한정하고 있는 민집 44조 2항과는 달리 민집 58조 3항은 지급명령에 대한 청구에 관한 이의의 주장에 관하여는 위 44조 2항의 규정을 적용하지 아니한다고 규정하고 있으므로, 현행 민사소송법에 의한 지급명령에서도 지급명령 발령 전에 생긴 청구권의 불성립이나 무효 등의 사유를 그 지급명령에 관한 이의의 소에서 주장할 수 있다. 이러한 의미에서 구 민사소송법뿐만 아니라 현행 민사소송법에 의한 지급명령에도 기판력은 인정되지 아니한다.(대판 2009.7.9, 2006다73966)
4. 지급명령에서 확정된 채권의 소멸시효기간(=10년) 민소 474조, 민 165조 2항에 의하면, 지급명령에서 확정된 채권은 단기의 소멸시효에 해당하는 것이라도 그 소멸시효기간이 10년으로 연장된다.(대판 2009.9.24, 2009다39530)

제6편 공시최고절차

제475조【공시최고의 적용범위】 공시최고(公示催告)는 권리 또는 청구의 신고를 하지 아니하면 그 권리를 잃게 될 것을 법률로 정한 경우에만 할 수 있다.
■ 공시최고의 적용이 있는 경우(민521·524, 상360, 등기56)
1. 시멘트 출고의뢰서의 무효선고를 위한 공시최고 신청의 가부(소극) 시멘트 출고의뢰서는 면책증권에 불과하므로 이의 무효선고를 위한 공시최고 신청을 할 수 없다.(대결 1981.2.27, 81민55)
2. 공시최고로 무효선언을 할 수 있는 증서에 해당하지 아니하는 지가증권의 성질 공시최고절차에 의하여 제권판결을 할 수 있는 유가증권은 그 증권에 표시된 권리의 발생·이전·행사에 반드시 그 증권을 필요로 하는 증권을 말한다. 지가증권은 농지개혁법, 동시행령 동시행규칙에 의하면 소관 관서에 지가증권보상대장 및 지가증권대장을 비치하고 그 대장을 기준으로 하여 증권을 발급케 하되 그 증권에는 일정한 보상율에 의한 보상액을 표시하고 피보상자를 특정 기입하도록 규정하고 있으므로 이는 기명채권을 표시하는 증권에 불과하다고 할 것이다.(대판 1961.11.23, 4293민상478)
제476조【공시최고절차를 관할하는 법원】 ① 공시최고는 법률에 다른 규정이 있는 경우를 제외하고는 권리자의 보통재판적이 있는 곳의 지방법원이 관할한다. 다만, 등기 또는 등록을 말소하기 위한 공시최고는 그 등기 또는 등록을 한 공공기관이 있는 곳의 지방법원에 신청할 수 있다.
② 제492조의 경우에는 증권이나 증서에 표시된 이행지의 지방법원이 관할한다. 다만, 증권이나 증서에 이행지의 표시가 없는 때에는 발행인의 보통재

판적이 있는 곳의 지방법원이, 그 법원이 없는 때에는 발행 당시에 발행인의 보통재판적이 있었던 곳의 지방법원이 각각 관할한다.
③ 제1항 및 제2항의 관할은 전속관할로 한다.
■ ① 보통재판적(2-6), 지방법원의 권한(법조7④⑤·32), ② 증권의 무효선고를 위한 공시최고(492), ③ 전속관할(31)

제477조【공시최고의 신청】 ① 공시최고의 신청에는 그 신청의 이유와 제권판결(除權判決)을 청구하는 취지를 밝혀야 한다.
② 제1항의 신청은 서면으로 하여야 한다.
③ 법원은 여러 개의 공시최고를 병합하도록 명할 수 있다.
■ ① 신청(161), 제권판결(487-491·496·497), ③ 변론의 병합(141)

제478조【공시최고의 허가여부】 ① 공시최고의 허가여부에 대한 재판은 결정으로 한다. 허가하지 아니하는 결정에 대하여는 즉시항고를 할 수 있다.
② 제1항의 경우에는 신청인을 심문할 수 있다.
■ ① 결정(134·221), 즉시항고(444), ② 심문(134②)

제479조【공시최고의 기재사항】 ① 공시최고의 신청을 허가한 때에는 법원은 공시최고를 하여야 한다.
② 공시최고에는 다음 각호의 사항을 적어야 한다.
1. 신청인의 표시
2. 공시최고기일까지 권리 또는 청구의 신고를 하여야 한다는 최고
3. 신고를 하지 아니하면 권리를 잃게 될 사항
4. 공시최고기일
■ 신청(161), 신고최고, 실권경고(495), 공시최고기간(481)

제480조【공고방법】 공시최고는 대법원규칙이 정하는 바에 따라 공고하여야 한다.
■ 공시최고의 공고(민소규142)

제481조【공시최고기간】 공시최고의 기간은 공고가 끝난 날부터 3월 뒤로 정하여야 한다.
■ 공고방법(480), 기간(170), 기간부준수에 대한 불복(490②)

제482조【제권판결전의 신고】 공시최고기일이 끝난 뒤에도 제권판결에 앞서 권리 또는 청구의 신고가 있는 때에는 그 권리를 잃지 아니한다.
■ 제권판결에 대한 불복소송(490)

제483조【신청인의 불출석과 새 기일의 지정】 ① 신청인이 공시최고기일에 출석하지 아니하거나, 기일변경신청을 하는 때에는 법원은 1회에 한하여 새 기일을 정하여 주어야 한다.
② 제1항의 새 기일은 공시최고기일부터 2월을 넘기지 아니하여야 하며, 공고는 필요로 하지 아니한다.
■ 공시최고기일(479②)·481), 기간(170·172①)

제484조【취하간주】 신청인이 제483조의 새 기일에 출석하지 아니한 때에는 공시최고신청을 취하한 것으로 본다.
■ 새 기일의 지정(483), 공시최고의 신청(477), 소 취하의 의제(268②)

제485조【신고가 있는 경우】 신청이유로 내세운 권리 또는 청구를 다투는 신고가 있는 때에는 법원은 그 권리에 대한 재판이 확정될 때까지 공시최고

절차를 중지하거나, 신고한 권리를 유보하고 제권판결을 하여야 한다.

▣ 재판의 확정(498), 불복신청(488)

1. 소지인이 제기한 수표금 지급청구의 소가 공시최고법원에 대한 신고에 해당하는지 여부(소극) 수표에 관하여 제권판결이 있으면 제권판결의 소극적 효과로서 수표로서의 효력이 상실되고 그 수표의 소지인은 수표상의 권리를 행사할 수 없으며, 설사 그 제권판결이 있기 전에 그 소지인이 지급은행에 지급제시를 하였다거나 또는 그 수표금 지급청구소송을 제기하였다 하여도 이를 공시최고법원에 대한 권리의 신고나 청구로 볼 수 없는 것으로서 위와 같은 제권판결의 효력을 좌우할 수 없다.(대판 1983.11.8, 83다508, 83다카1705)

제486조【신청인의 진술의무】 공시최고의 신청인은 공시최고기일에 출석하여 그 신청을 하게 된 이유와 제권판결을 청구하는 취지를 진술하여야 한다.

▣ 공시최고기일(479②・481)

제487조【제권판결】 ① 법원은 신청인이 진술을 한 뒤에 제권판결신청에 정당한 이유가 없다고 인정할 때에는 결정으로 신청을 각하하여야 하며, 이유가 있다고 인정할 때에는 제권판결을 선고하여야 한다.

② 법원은 제1항의 재판에 앞서 직권으로 사실을 탐지할 수 있다.

▣ ① 결정(134・221), 신청인의 진술의무(486), 제권판결에서의 유보(485), 불복신청(488), 제권판결의 공고(489), ② 직권탐지(가소17)

1. 주권을 교부한 자가 이를 분실하였다고 허위로 공시최고신청을 하여 제권판결을 선고받아 확정된 경우 사기죄에 해당하는지 여부(적극) 주권을 교부한 자가 이를 분실하였다고 허위로 공시최고신청을 하여 제권판결을 선고받아 확정되었다면, 그 제권판결의 적극적 효력에 의해 그 자는 그 주권을 소지하지 않고도 주권을 소지자로서의 권리를 행사할 수 있는 지위를 회복한다고 할 것이므로, 위와 같이 사기죄에 있어서의 재산상 이익을 취득한 것으로 보기에 충분하고, 이는 제권판결이 그 신청인에게 주권상의 권리를 행사할 수 있는 형식적 자격을 인정하는 데 그치며 그를 실질적 권리자로 확정하는 것이 아니라고 하여 달리 볼 것은 아니다.(대판 2007.5.31, 2006도8488)

제488조【불복신청】 제권판결의 신청을 각하한 결정이나, 제권판결에 덧붙인 제한 또는 유보에 대하여는 즉시항고를 할 수 있다.

▣ 신청(161), 제권판결에 부기한 제한 또는 보류(485), 즉시항고(444)

제489조【제권판결의 공고】 법원은 제권판결의 요지를 대법원규칙이 정하는 바에 따라 공고할 수 있다.

▣ 제권판결의 공고(민소규143)

제490조【제권판결에 대한 불복소송】 ① 제권판결에 대하여는 상소를 하지 못한다.

② 제권판결에 대하여는 다음 각호 가운데 어느 하나에 해당하면 신청인에 대한 소로써 최고법원에 불복할 수 있다.

1. 법률상 공시최고절차를 허가하지 아니할 경우일 때

2. 공시최고의 공고를 하지 아니하였거나, 법령이 정한 방법으로 공고를 하지 아니한 때

3. 공시최고기간을 지키지 아니한 때

4. 판결을 한 판사가 법률에 따라 직무집행에서 제척된 때

5. 전속관할에 관한 규정에 어긋난 때

6. 권리 또는 청구의 신고가 있음에도 법률에 어긋나는 판결을 한 때

7. 거짓 또는 부정한 방법으로 제권판결을 받은 때

8. 제451조제1항제4호 내지 제8호의 재심사유가 있는 때

▣ ① 판결에 대한 상소(390・422), ② 최고법원(476①), 공고방법(480・492), 공시최고기간(481), 제척원인(41), 제권판결 전의 신고(482), 이의의 신고(485)

1. 제권판결에 대한 불복의 소의 법적 성질과 다른 청구의 병합 가부(적극) 제권판결에 대한 불복의 소는 확정판결의 취소를 구하는 형성의 소로서 제소사유가 법정되어 있고 제소기간의 제한이 있는 등 재심의 소와 유사한 점이 있으나, 통상의 판결절차로서 성립한 판결에 대한 것이 아니라 증권상실자의 일방적 관여로 이루어지는 판결에 대한 것이고 반대의 이해관계자에게 판결을 송달하지 않으므로 그에 대하여 통상의 상소방법을 이용하게 하는 것이 불합리하기 때문에 별도로 불복방법을 마련하고 있는 것인 점에서 재심의 소와는 성질상 차이가 있을 뿐만 아니라, 소송경제를 도모하고 서로 관련 있는 사건에 대한 판결의 모순 저촉을 피하기 위하여서도 다른 민사상의 청구를 병합하여 심리 판단하게 하는 것이 타당하다.(대판 1989.6.13, 88다카7962)

2. 약속어음을 소위 "네다바이" 당한 후 약속어음을 사취 또는 사기 당하였음을 공시최고신청의 이유로 하여 제권판결을 받은 경우와 불복사유 사채업자라고 사칭하는 성명불상자로부터 어음할인이 가능하다는 말을 듣고 이를 믿어 약속어음을 교부하였는데, 위 성명불상자가 이를 받아들자 마자 전주에게 가서 현금과 교환하여 오겠다고 밖으로 나간 후 그대로 도망침으로써 소위 약속어음을 "네다바이" 당한 경우, 그 약속어음에 대한 공시최고신청을 하면서 그 신청이유로서 위 약속어음을 위와 같이 "사취" 또는 "사기" 당하였다고 기재하여 제권판결을 선고받았다면, 이는 약속어음이 도난, 분실, 또는 멸실된 경우에 해당하지 아니하여 추상적, 일반적으로 공시최고를 인정할 법률상의 근거가 없는 것으로서 구 민소 461조 2항 1호에 소정의 불복사유인 법률상 공시최고절차를 허가하지 아니할 경우에 해당한다.(대판 1991.2.26, 90다17620)

3. "법률상 공시최고 절차를 허가하지 아니할 경우인 때"의 의미 구 민소 461조 2항 소정의 제권판결에 대한 불복사유 중 1호의 법률상 공시최고 절차를 허가하지 아니할 경우라 함은 추상적, 일반적으로 공시최고절차를 허용할 근거가 없는 경우를 말하고 구체적, 개별적인 절차 안에서 한 사실인정이 잘못된 경우를 말하는 것이 아니므로, 제권판결 신청인이 증권의 소지인이 아니라든가 도난 분실된 증권이 아니라는 것과 같이 공시최고요건에 관한 구체적인 사실인정의 잘못을 주장하는 것은 위 법조 소정의 불복사유에 해당하지 않는다.(대판 1989.5.23, 88다카16409)

4. "권리의 신고나 청구 있음에도 불구하고 법률에 위반한 판결을 한 때"의 의미 구 민소 461조 2항 5호 소정의 "권리의 신고나 청구 있음에도 불구하고 법률에 위반한 판결을 한 때"라 함은 공시최고절차에 의하여 실권될 염려가 있는 권리나 청구의 존재를 당해 공시최고법원에 신고한 경우만을 가리키는 것이므로 공시최고법원이 아닌 다른 법원에 그 약속어음금 청구소송을 제기한 것만으로는 청구 또는 권리의 신고가 있었다고 할 수 없다.(대판 1981.3.10, 80다1665)

5. 소지인이 제기한 수표금 지급청구의 소가 공시최고법원에 대한 신고에 해당하는지 여부 수표에 관하여 제권판결이 있으면 제권판결의 소극적 효과로서 수표로서의 효력이

상실되고 그 수표의 소지인은 수표상의 권리를 행사할 수 없으며, 설사 그 제권판결이 있기 전에 그 소지인이 지급은행에 지급제시를 하였다거나 또는 그 수표금 지급청구소송을 제기하였다 하여도 이를 공시 최고법원에 대한 권리의 신고나 청구로 볼 수 없는 것으로서 위와 같은 제권판결의 효력을 좌우할 수 없다.(대판 1983.11.8, 83다508, 83다카1705)

6. 증권 등의 소지인을 알면서도 그 소재를 모르는 것처럼 공시최고신청을 하고 제권판결을 받은 경우의 효력 증권 또는 증서의 전 소지인이 자기의 의사에 기하지 아니하고 증권 등의 소지를 상실하였다 하더라도 그 후 증권 등을 특정인이 소지하고 있음이 판명된 경우에는 전 소지인은 현 소지인에 대하여 반환을 청구하여야 하고, 이에 대한 공시최고는 허용되지 않는다 할 것이고, 전 소지인이 증권 등의 소지인을 알면서도 소재를 모르는 것처럼 공시최고기일에 출석하여 신청의 원인과 제권판결을 구하는 취지를 진술하여 공시최고법원을 기망하고, 이에 속은 공시최고법원으로부터 제권판결을 받았다면 이는 구 민소 461조 2항 7호 소정의 '사위 또는 부정한 방법으로 제권판결을 받은 때'에 해당한다.(대판 1997.7.25, 97다16985)

7. 약속어음의 전 소지인이 현 소지인을 알면서도 그 소재를 모르는 것처럼 법원을 기망하여 제권판결을 받은 경우와 불법행위책임 약속어음의 전 소지인이 자기의 의사에 기하지 아니하고 그 약속어음의 소지를 상실하였다 하더라도 그 후 그 약속어음을 특정인이 소지하고 있음이 판명된 경우에는 전 소지인은 현 소지인에 대하여 그 반환을 청구하여야 하고, 이에 대한 공시최고는 허용되지 아니하고, 전 소지인이 그 약속어음의 현 소지인을 알면서도 그 소재를 모르는 것처럼 공시최고기일에 출석하여 그 신청의 원인과 제권판결을 구하는 취지를 진술하여 공시최고법원을 기망하고 이에 속은 공시최고법원으로부터 제권판결을 받았다면, 제권판결의 소극적 효과로서 그 약속어음은 무효가 되어 그 정당한 소지인은 약속어음상의 권리를 행사할 수 없게 되고 적법한 소지인임을 전제로 한 이득상환청구권도 발생하지 않게 된 손해를 입었다고 할 것이므로, 전 소지인은 그 약속어음의 정당한 소지인에게 불법행위로 인한 손해를 배상할 책임이 있다.(대판 1995.2.3, 93다52334)

제491조【소제기기간】 ① 제490조제2항의 소는 1월 이내에 제기하여야 한다.
② 제1항의 기간은 불변기간으로 한다.
③ 제1항의 기간은 원고가 제권판결이 있다는 것을 안 날부터 계산한다. 다만, 제490조제2항제4호·제7호 및 제8호의 사유를 들어 소를 제기하는 경우에는 원고가 이러한 사유가 있음을 안 날부터 계산한다.
④ 이 소는 제권판결이 선고된 날부터 3년이 지나면 제기하지 못한다.

제권판결에 대한 불복소송(490), 기간(170), 불변기간(172·173), 판결선고기간(207)

1. 서울어음교환소규약을 위반하여 제권판결문을 제출하고 1개월이 경과하기 전에 사고신고담보금을 지급한 경우와 지급은행의 과실 여부(적극) 서울어음교환소규약 76조 1항 3호는 "제권판결을 받아 법원의 판결문을 제출하고 1개월이 경과한 경우"에 사고신고담보금을 지급한다고 규정하고 있는바, 위 규약규정은, 구 민소 462조 1항과 2항이 제권판결에 대한 불복의 소의 제기기간을 원고가 제권판결 있음을 안 날로부터 1개월로 규정하고 있는 것을 감안할 때 제권판결 제출 시로부터 1개월 내의 시점에서는 제권판결에 대한 불복의 소가 제기될 여부를 거의 알 수 없고 따라서 누가 정당한 권리자인지를 종국적으로 확정하는 것이 거의 불가능하므로 적어도 제권판결 제출 시로부터 1개월 내에는 사

고신고담보금을 지급할 수 없게 한 취지로 해석되며, 위 규약의 적용을 받는 지급은행이 위 규약규정을 위반한 경우에는 특단의 사정이 없는 한 과실이 있다.(대판 1999.3.12, 97다44966)

제492조【증권의 무효선고를 위한 공시최고】 ① 도난·분실되거나 없어진 증권, 그 밖에 상법에서 무효로 할 수 있다고 규정한 증서의 무효선고를 청구하는 공시최고절차에는 제493조 내지 제497조의 규정을 적용한다.
② 법률상 공시최고를 할 수 있는 그 밖의 증서에 관하여 그 법률에 특별한 규정이 없으면 제1항의 규정을 적용한다.

상법에 무효로 할 수 있음을 규정한 증서(상65·360), 다른 증서(민521·524)

1. 백지어음에 대한 제권판결을 받은 자가 어음 외의 의사표시로 백지를 보충하여 발행인에 어음상의 권리를 행사할 수 있는지 여부(적극) 제권판결 제도는 증권 또는 증서를 상실한 자에게 이를 소지하고 있는 것과 같은 형식적 자격을 부여하여 그 권리를 실현할 수 있도록 하려는 것인 점과, 백지어음의 발행인은 백지보충을 조건으로 하는 어음금지급채무를 부담하게 되고 백지에 대한 보충권과 백지보충을 조건으로 한 어음상의 권리는 백지어음의 양도와 더불어 양수인에게 이전되어 그 소지인은 언제라도 백지를 보충하여 어음상의 권리를 행사할 수 있으므로 백지어음은 어음거래상 완성어음과 같은 경제적 가치를 가지면서 유통되고 있는 점을 함께 고려하여 보면, 백지어음에 대한 제권판결을 받은 자는 발행인에 대하여 백지보충권과 백지보충을 조건으로 한 어음상의 권리까지를 모두 구 민소 468조에 규정된 '증서에 의한 권리'로서 주장할 수 있다고 봄이 상당하고, 따라서 백지어음의 제권판결을 받은 자는 발행인에 대하여 백지 부분에 대하여 어음 외의 의사표시에 의하여 보충권을 행사하고 그 어음금의 지급을 구할 수 있다.(대판 1998.9.4, 97다57573)

제493조【증서에 관한 공시최고신청권자】 무기명증권 또는 배서(背書)로 이전할 수 있거나 약식배서(略式背書)가 있는 증권 또는 증서에 관하여는 최종소지인이 공시최고절차를 신청할 수 있으며, 그 밖의 증서에 관하여는 그 증서에 따라서 권리를 주장할 수 있는 사람이 공시최고절차를 신청할 수 있다.

무기명증권(민523~526, 상357·480, 어12③·13②, 수15④·16②), 증서로 권리를 주장할 수 있는 사람(어16, 수19, 민513)

1. 제권판결이 선고된 약속어음 소지인의 어음금청구의 가부(소극) 약속어음에 관한 제권판결의 효력은 그 판결로 당해 어음을 무효로 하고 공시최고 신청인에게 어음을 소지함과 동일한 지위를 회복시키는 것에 그치고 공시최고 신청인이 실질상의 권리자임을 확정하는 것은 아니나, 취득자가 소지하고 있는 약속어음은 제권판결의 소극적 효력으로서 약속어음으로서의 효력이 상실되는 것이므로 약속어음의 소지인은 무효로 된 어음을 유효한 어음이라고 주장하여 어음금청구를 할 수 없다.(대판 1993.11.9, 93다32934)

2. 공시최고를 신청할 수 있는 자 수표의 최종소지인이 아니라면 그 증권의 무효선고를 위한 공시최고를 신청할 수 없다.(대결 1970.11.24, 70마694)

제494조【신청사유의 소명】 ① 신청인은 증서의 등본을 제출하거나 또는 증서의 존재 및 그 중요한 취지를 충분히 알리기에 필요한 사항을 제시하여야 한다.
② 신청인은 증서가 도난·분실되거나 없어진 사

실과, 그 밖에 공시최고절차를 신청할 수 있는 이유가 되는 사실 등을 소명하여야 한다.
▣ 공시최고신청(477·492), 소명(299)

제495조【신고최고, 실권경고】 공시최고에는 공시최고기일까지 권리 또는 청구의 신고를 하고 그 증서를 제출하도록 최고하고, 이를 게을리 하면 권리를 잃게 되어 증서의 무효가 선고된다는 것을 경고하여야 한다.
▣ 공시최고기간(479②·481), 공시최고의 일반적 기재사항(479)

제496조【제권판결의 선고】 제권판결에서는 증권 또는 증서의 무효를 선고하여야 한다.
▣ 제권판결(487)

제497조【제권판결의 효력】 제권판결이 내려진 때에는 신청인은 증권 또는 증서에 따라 의무를 지는 사람에게 증권 또는 증서에 따른 권리를 주장할 수 있다.
▣ 제권판결(487), 증서로 권리를 주장할 수 있는 사람(어16, 수19, 민513)

1. 제권판결과 수표소지인의 이득상환청구권 제권판결이 있으면 수표 소지인은 그 권리를 행사할 수 없을 뿐 아니라 수표 소지인임을 전제로 한 이득상환청구권도 발생하지 않는다.(대판 1967.6.13, 67다541, 542)
2. 약속어음에 대한 제권판결의 효력 약속어음에 대한 제권판결의 효력은 그 판결로 당해 어음을 무효로 하고 공시최고 신청인에게 어음을 소지함과 동일한 지위를 회복시키는 것에 그치고 공시최고 신청인이 실질상의 권리자임을 확정하는 것은 아니나, 취득자가 소지하고 있는 약속어음은 제권판결의 소극적 효과로서 약속어음으로서의 효력이 상실되는 것이므로 약속어음의 소지인은 무효로 된 어음을 유효한 어음이라고 주장하여 어음금을 청구할 수 없다.(대판 1994.10.11, 94다18614)
3. 지급은행이 제권판결을 받은 자에게 사고신고담보금을 지급한 후 그 제권판결이 취소된 경우와 지급은행의 면책 제권판결을 받은 자에게 지급은행이 사고신고담보금을 지급한 후 그 제권판결이 취소되어 소급하여 효력을 상실하더라도 지급은행이 지급을 할 당시에는 제권판결을 받은 자가 채권의 준점유자에 해당한다고 할 것이므로 지급 당시에 지급은행에 악의 또는 과실이 없으면 지급은행이 면책된다고 할 것이나, 여기서 과실이 없다고 하려면 제권판결을 받은 자가 실질적으로 무권리자라는 점을 과실 없이 알지 못하였음은 물론이고 사고신고담보금의 지급시기와 지급절차에 관한 약정의 위반도 없어야 한다.(대판 1999.3.12, 97다44966)
4. 제권판결이 선고된 약속어음의 실질적 권리자의 권리행사 방법 약속어음에 대하여 제권판결이 선고되면 제권판결의 소극적 효과로서 그 약속어음은 약속어음으로서의 효력을 상실하고 약속어음의 정당한 소지인이라 할지라도 그 약속어음상의 권리를 행사할 수 없고, 일단 제권판결이 선고된 이상 약속어음상의 실질적 권리자는 제권판결의 효력을 소멸시키기 위하여 불복의 소를 제기하여 취소판결을 얻지 않는 한 약속어음상의 권리를 주장할 수 없다.(대판 1982.10.26, 82다298)

제7편 판결의 확정 및 집행정지

제498조【판결의 확정시기】 판결은 상소를 제기할 수 있는 기간 또는 그 기간 이내에 적법한 상소제기가 있을 때에는 확정되지 아니한다.

▣ 상소제기(396·425), 기간(170), 불변기간의 도과와 추완(173), 확정판결(216, 민165)
1. 판결정본 송달 전에 제기한 상소의 취하와 판결의 확정 여부(소극) 판결 선고 후 그 판결정본이 당사자에게 송달되지 않았다면 불변기간인 상소제기기간이 적법하게 진행될 수 없으므로 당사자가 그 판결정본을 송달받기 전에 상소를 제기하였다가 그 후 취하하였다고 하여도 그 판결이 확정되지 않는다.(대판 1991.4.23, 90다14997)

제499조【판결확정증명서의 부여자】 ① 원고 또는 피고가 판결확정증명서를 신청한 때에는 제1심 법원의 법원사무관등이 기록에 따라 내어 준다.
② 소송기록이 상급심에 있는 때에는 상급법원의 법원사무관등이 그 확정부분에 대하여만 증명서를 내어 준다.
▣ ① 제1심 법원사무관의 기록보관(421·425), 확정증명서를 필요로 하는 경우(216), ② 상급심 법원사무관의 기록보관(400)
1. 판결확정증명서 부여처분을 취소하는 법원의 결정에 대한 불복방법 법원서기관 또는 서기의 판결확정증명서 부여처분에 대한 이의를 소속법원이 받아들여 그 판결확정증명서 부여처분을 취소하는 결정을 한 경우 이에 대한 불복은 당해 판결확정증명서를 청구하여 부여받았던 자만이 이를 할 수 있다.(대결 1979.9.27, 79마259)

제500조【재심 또는 상소의 추후보완신청으로 말미암은 집행정지】 ① 재심 또는 제173조에 따른 상소의 추후보완신청이 있는 경우에 불복하는 이유로 내세운 사유가 법률상 정당한 이유가 있다고 인정되고, 사실에 대한 소명이 있는 때에는 법원은 당사자의 신청에 따라 담보를 제공하게 하거나 담보를 제공하게 하지 아니하고 강제집행을 일시정지하도록 명할 수 있으며, 담보를 제공하게 하고 강제집행을 실시하도록 명하거나 실시한 강제처분을 취소하도록 명할 수 있다.
② 담보없이 하는 강제집행의 정지는 그 집행으로 말미암아 보상할 수 없는 손해가 생기는 것을 소명한 때에만 한다.
③ 제1항 및 제2항의 재판은 변론없이 할 수 있으며, 이 재판에 대하여는 불복할 수 없다.
④ 상소의 추후보완신청의 경우에 소송기록이 원심법원에 있으면 그 법원이 제1항 및 제2항의 재판을 한다.
▣ ① 재심(451-461), 소송행위의 추후보완(173), 집행정지신청의 방식(민소규144), 신청(161), 집행정지·취소(민집49·50), ② 소명(299), ③ 필요적 변론의 예외(134③)
1. 강제집행의 정지가처분과 민사소송법의 가처분 확정판결 또는 이와 동일한 효력이 있는 집행권원에 기한 강제집행 정지는 오직 강제집행에 관한 법규 중에 그에 관한 규정이 있는 경우에 한하여 가능한 것이고 위와 같은 규정에 의함이 없이 일반적인 가처분의 방법으로 강제집행을 정지시킨다는 것은 허용할 수 없다.(대결 1969.3.5, 68마17)
2. 가처분 집행의 정지가 허용되는지 여부 가처분 결정에 대한 이의신청이 있고 앞으로 그 가처분 재판이 취소되거나 변경될 가능성이 있는 경우라고 하더라도, 구체적인 가처분의 내용이 권리보전의 범위에 그치지 아니하고 소송물인 권리 또는 법률관계의 내용이 이행된 것과 같은 종국적 만족을 얻게 하는 것으로서 그 집행에 의하여 채무자에게 회복할 수 없는 손해를 생기게 할 우려가 있는 때가 아니면 원칙적으로 가처분 재판에 대한 집행의 정지는 허용될 수 없다.

(대결 2002.5.8, 2002그31)

3. 강제집행의 일시정지에 관한 재판의 효력 구 민소 474조, 473조의 규정에 의한 일시정지에 관한 재판은 잠정적인 것에 불과하여 확정된 경우에도 기판력이 생기지 아니한다. 따라서 한 번 신청을 배척당한 신청인이 주장과 소명을 보충해서 다시 신청을 하거나 일부의 정지결정을 받은 자가 그 후 사정의 변경을 주장 소명해서 그와 범위를 달리하는 결정을 신청하는 것을 금지할 이유가 없으며, 이러한 경우 법원은 심리의 과정에 따라 새로이 정지결정을 할 수도 있고 또 그 내용을 변경할 수도 있다.(대결 1984.1.26, 83그54)

4. 강제집행정지신청 기각결정에 대한 불복항고의 가부(소극) 가집행선고가 붙은 판결에 관한 강제집행정지신청 기각결정에 대하여는 구 민소 474조, 473조의 규정에 의하여 불복할 수 없다.(대결 1983.9.10, 83그30)

5. 가집행선고부 판결에 대한 상소제기로 인한 집행정지를 위한 공탁명령의 법적 성질(중간적 재판) 및 그 불복방법 구 민소 474조, 473조 1항에 의하여 특별항고인에게 담보를 제공하게 하고 가집행선고부 제1심판결에 대한 강제집행정지를 명하려고 우선 특별항고인에게 담보를 제공시키는 공탁명령을 내렸다면 이 공탁명령은 나중에 있을 강제집행을 정지하는 재판에 대한 중간적 재판에 해당한다고 할 것이므로, 위 공탁금이 너무 과다하다고 하더라도 이는 강제집행정지의 재판에 대한 불복절차에서 그 당부를 다툴 수 있을 뿐 이러한 중간적인 재판에 대하여는 독립하여 불복할 수 없다.(대결 2000.9.6, 2000그14)

제501조【상소제기 또는 변경의 소제기로 말미암은 집행정지】 가집행의 선고가 붙은 판결에 대하여 상소를 한 경우 또는 정기금의 지급을 명한 확정판결에 대하여 제252조제1항의 규정에 따른 소를 제기한 경우에는 제500조의 규정을 준용한다.

■ 집행정지신청의 방식(500, 민소규144), 가집행선고부판결(213①), 항소(390·425), 정기금판결과 변경의 소(252①), 지급명령에 대한 이의(472·473)

1. 가집행선고부 제1심판결 중 항소심판결로 취소된 부분에 대한 피고의 강제집행정지신청의 적법 여부(소극) 가집행선고부 제1심판결 중 항소심판결에 의하여 취소된 부분의 가집행선고는 항소심판결의 선고로 인하여 그 효력을 잃게 되어(구 민소 201조 1항 참조) 피고로서는 이 부분의 강제집행을 정지하기 위하여는 항소심판결의 정본을 집행법원에 제출하기만 하면 되는 것이므로 별도로 강제집행정지신청을 할 이익이 없어 그 신청은 부적법하다. 또한 가집행선고부 제1심판결 중 항소심판결에 의하여 유지된 부분에 대하여 불복하여 상고를 제기한 바 없는 피고로서는 본안사건의 상고심 법원에 그 판결에 기한 강제집행의 정지를 구할 수 없다 할 것이므로(구 민소 473조, 474조도 참조) 이 부분에 대한 강제집행정지신청도 역시 부적법하다.(대결 2000.7.19, 2000카기90)

2. 가집행선고를 한 판결에 대한 상소에도 소송기록이 원심에 있을 경우 심리의 대상 가집행되고 있는 판결에 대하여 상소가 제기되고 그 소송기록이 원심법원에 있으면 그 법원이 강제집행정지 또는 취소신청에 대한 재판을 하여야 하고 기록이 없는 상소법원은 그 재판을 할 수 없다.(대판 1962.6.7, 62라4)

3. 가집행의 면제를 받기 위하여 입은 손해에 대한 가집행채권자의 손해배상책임 가집행채무자가 가집행선고부 판결에 대하여 상소하면서 그 강제집행의 정지를 구하는 과정에서 그 담보로 일정한 금전을 공탁한 경우(구 민소 501조, 500조 1항 등 참조)에, 그 후 가집행선고가 실효되었다는 것만으로 그 공탁으로 인한 가집행채무자의 손해에 대한 가집행채권자의 손해배상책임이 바로 긍정된다고는 할 수 없고, 가집행채권자가 집행문을 부여받거나 미리 가압류 등의 보전처분

을 하여 두는 등으로 집행절차에 착수하거나 준비한 경우 또는 그 전이라도 가집행채권자가 가집행채무자에 대하여 임의의 이행이 없으면 강제집행에 들어가겠다는 태도를 보인 경우이거나 적어도 가집행채무자가 가집행채권자의 집행을 예기하여 위와 같은 공탁으로써 강제집행의 정지를 구하는 것이 구체적인 분쟁의 경위나 성질, 당사자들의 관계, 경제적 지위 또는 재산상황, 가집행선고부 판결 및 그 상소심 판결의 내용이나 이유 또는 당해 소송에서 현출된 소송자료의 내용 등 제반 사정에 비추어 사회관념상 수긍할 만한 것으로 평가되는 경우에 해당하여야 한다.(대판 2011.11.11, 2009다18557)

제502조【담보를 공탁할 법원】 ① 이 편의 규정에 의한 담보의 제공이나 공탁은 원고나 피고의 보통재판적이 있는 곳의 지방법원 또는 집행법원에 할 수 있다.

② 담보를 제공하거나 공탁을 한 때에는 법원은 당사자의 신청에 따라서 증명서를 주어야 한다.

③ 이 편에 규정된 담보에는 달리 규정이 있는 경우를 제외하고는 제122조·제123조·제125조 및 제126조의 규정을 준용한다.

■ ① 담보의 제공(500·501, 민소법34②·46②·47①·48③·102②·113·280②·286③·288①·301·307), 보통재판적(2-6), 집행법원(민집79·173·224·296), ② 공탁(공탁, 공탁규)

1. 강제집행 정지신청 기각결정에 대한 특별항고의 적부(소극) 가집행선고부 판결에 대하여 상고를 제기하고 그 판결에서 인용된 금액을 담보할 것을 조건으로 강제집행정지신청을 한다 하여 반드시 그 판결에 기한 가집행을 정지하여야 할 사유가 된다고 할 수 없으므로 위 사유는 적법한 특별항고 사유가 될 수 없다.(대결 1969.10.30, 69그14)

2. 담보물 결정 법원과 담보물 변환의 재량 담보를 명한 법원에 본안기록이 없다 할지라도 공탁한 담보물을 변경하는 여부는 담보를 명한 법원의 권한에 속한다. 나아가 공탁한 담보물이 금전인 경우에 유가증권으로 담보물을 변환하는 것은 법원의 재량에 속한다.(대결 1977.12.15, 77그27)

3. 가집행선고부 판결에 대한 강제집행의 정지를 위하여 공탁한 담보의 피담보채무의 범위 가집행선고부 판결에 대한 강제집행정지를 위하여 공탁한 담보는 강제집행정지로 인하여 채권자에게 생길 손해를 담보하기 위한 것이고 정지의 대상인 기본채권 자체를 담보하는 것은 아니므로, 채권자는 그 손해배상청구권에 한하여서만 질권자와 동일한 권리가 있을 뿐 기본채권에까지 담보적 효력이 미치는 것은 아닌바, 건물명도 및 그 명도 시까지의 차임 상당액의 지급을 명한 가집행선고부 판결에 대한 강제집행정지를 위하여 담보공탁을 한 경우, 그 건물의 명도집행이 지연됨으로 인한 손해에는 반대되는 사정이 없는 한 집행의 정지가 효력을 갖는 기간 내에 발생한 차임 상당의 손해가 포함되고, 그 경우 차임 상당의 그 손해배상청구권은 기본채권 자체라 할 것은 아니어서 당초의 강제집행정지를 위한 공탁금의 피담보채무가 된다.(대판 2000.1.14, 98다24914)

4. 강제집행정지를 위한 보증공탁금 반환 청구권의 전부채권자에 의한 대위 담보취소신청 이 사건 가집행선고부 판결에 대한 강제집행정지결정은 원심의 본안판결 선고 시까지 존속하는 것임이 그 결정 자체에 의하여 명백하므로 원심이 본안판결을 선고한 1982.4.29. 그 정지명령의 효력은 소멸하였다 할 것인즉, 그 후에 채권자겸 가집행선고부 판결의 집행권원에 의하여 재항고인의 공탁금 반환청구권에 대하여 채권압류 및 전부명령을 얻고 이 사건 담보 취소신청을 함에 이른 것으로서 이는 위 압류전부명령에 의하여 공탁금 반환청구권을 취득한 채권자가 담보제공자인 재항고인을 대위하여 담보취소신청을 하는 것이므로 그 신청을 인

용한 원심결정은 타당하다.(대결 1982.9.23, 82마556)
5. 가집행선고부 판결을 취소한 항소심판결이 미확정인 경우 강제집행정지를 위한 담보사유의 소멸 여부(소극) 강제집행이 진행되고 있는 판결에 대한 강제집행정지를 위한 담보는 채권자가 그 강제집행정지로 인하여 입게 될 손해의 배상채권을 확보하기 위한 것이다. 그리고 제1심판결에 붙은 가집행선고는 그 본안판결을 변경한 항소심판결에 의하여 변경의 한도에서 효력을 잃게 되지만 그 실효는 변경된 그 본안판결의 확정을 조건으로 하는 것이어서 그 항소심판결을 파기하는 상고심판결이 선고되면 가집행선고의 효력은 다시 회복되기에, 그 항소심판결이 확정되지 아니한 상태에서는 가집행선고부 제1심판결에 기한 가집행이 정지됨으로 인하여 입은 손해의 배상을 상대방에게 청구할 수 있는 가능성이 여전히 남아 있다고 할 것이므로, 가집행선고부 제1심판결이 항소심판결에 의하여 취소되었다 하더라도 그 항소심판결이 미확정인 상태에서는 가집행선고부 제1심판결에 대한 강제집행정지를 위한 담보는 그 사유가 소멸하였다고 볼 수 없다.(대결(全) 1999.12.3, 99마2078)
6. 담보취소결정이 확정되기 전에 담보권리자가 권리행사를 하고 이를 증명한 경우와 그 담보취소결정의 유지 여부(소극) 구 민소 475조에 의하여 준용되는 같은 법 115조 3항이 소송의 완결 후 담보제공자의 신청에 의하여 법원이 담보권리자에 대하여 일정한 기간 내에 그 권리를 행사할 것을 최고하고 그 기간 내에 담보권리자가 권리행사를 하지 아니하는 때에는 담보취소에 관하여 담보권리자의 동의가 있는 것으로 간주하여 법원이 담보취소결정을 할 수 있다고 규정하고 있지만, 그 담보취소결정이 확정되기 전에 담보권리자가 권리행사를 하고 이것을 증명한 경우에는 담보권리자가 담보취소에 동의한 것으로 간주하여 발하여진 담보취소결정은 그대로 유지할 수 없게 되었다고 해석함이 상당하고, 이는 재항고심에 이르러 비로소 권리행사를 하면서 이를 증명하는 서면을 제출한 경우에도 마찬가지라 할 것이다.(대결 2000.7.18, 2000마2407)

부 칙(2002.1.26)

제1조 【시행일】 이 법은 2002년 7월 1일부터 시행한다.
제2조 【계속사건에 대한 경과조치】 이 법은 특별한 규정이 없으면 이 법 시행 당시 법원에 계속 중인 사건에도 적용한다. 다만, 이 법 시행 전의 소송행위의 효력에는 영향을 미치지 아니한다.
제3조 【법 적용의 시간적 범위】 이 법은 이 법 시행 이전에 생긴 사항에도 적용한다. 다만, 종전의 규정에 따라 생긴 효력에는 영향을 미치지 아니한다.
제4조 【관할에 관한 경과조치】 이 법 시행 당시 법원에 계속중인 사건은 이 법에 따라 관할권이 없는 경우에도 종전의 규정에 따라 관할권이 있으면 그에 따른다.
제5조 【법정기간에 대한 경과조치】 이 법 시행 전부터 진행된 법정기간과 그 계산은 종전의 규정에 따른다.
제6조 【다른 법률의 개정】 ※(해당 법령에 가제 정리 하였음)
제7조 【다른 법률과의 관계】 이 법 시행 당시 다른 법률에서 종전의 민사소송법의 규정을 인용한

경우에 이 법중 그에 해당하는 규정이 있는 때에는 이 법의 해당 규정을 인용한 것으로 본다.

부 칙(2005.3.31) (민법)

제1조 【시행일】 이 법은 공포한 날부터 시행한다. 다만, …생략… 부칙 제7조(제2항 및 제29항을 제외한다)의 규정은 2008년 1월 1일부터 시행한다.(이하생략)

부 칙(2005.3.31) (채무자 회생 및 파산에 관한 법률)

제1조 【시행일】 이 법은 공포 후 1년이 경과한 날부터 시행한다.(이하생략)

부 칙(2006.2.21) (제주특별자치도 설치 및 국제자유도시 조성을 위한 특별법)

제1조 【시행일】 이 법은 2006년 7월 1일부터 시행한다.(이하생략)

부 칙(2007.5.17)

이 법은 2008년 1월 1일부터 시행한다.

부 칙(2007.7.13)

① **【시행일】** 이 법은 공포 후 1개월이 경과한 날부터 시행한다.
② **【전문심리위원에 대한 적용례】** 제164조의2부터 제164조의8까지의 개정규정은 이 법 시행 당시 법원에 계속 중인 사건에도 적용한다.

부 칙(2008.12.26)

① **【시행일】** 이 법은 공포한 날부터 시행한다.
② **【계속사건에 대한 경과조치】** 이 법은 이 법 시행 당시 법원에 계속 중인 사건에 대하여도 적용한다.

부 칙(2010.7.23)

① **【시행일】** 이 법은 공포 후 3개월이 경과한 날부터 시행한다.
② **【적용례】** 제117조의 개정규정은 이 법 시행 후 최초로 소송제기되는 경우부터 적용한다.

부 칙(2011.5.19) (지식재산 기본법)

제1조 【시행일】 이 법은 공포 후 2개월이 경과한 날부터 시행한다. (단서 생략)
제2조 【다른 법률의 개정】 ① 부터 ⑪까지 생략

⑫ 민사소송법 일부를 다음과 같이 개정한다.
제24조의 제목 "(지적재산권 등에 관한 특별재판적)"을 "(지식재산권 등에 관한 특별재판적)"으로 하고, 같은 조 중 "지적재산권(知的財産權)"을 "지식재산권"으로 한다.
제36조의 제목 "(지적재산권 등에 관한 소송의 이송)"을 "(지식재산권 등에 관한 소송의 이송)"으로 하고, 같은 조 제1항 본문 중 "지적재산권"을 "지식재산권"으로 한다.
⑬ 부터 ㉒까지 생략
　　부　칙 (2011.7.18)

① 【시행일】 이 법은 2015년 1월 1일부터 시행한다.
② 【적용례】 제163조의2의 개정규정은 이 법 시행 후 최초로 판결이 확정되는 사건의 판결서부터 적용한다.

　　부　칙 (2014.5.20)

이 법은 공포한 날부터 시행한다.

　　부　칙 (2014.12.30)

제1조 【시행일】 이 법은 공포 후 6개월이 경과한 날부터 시행한다.
제2조 【계속사건에 대한 경과조치】 이 법은 이 법 시행 당시 법원에 계속 중인 사건에 대하여도 적용한다.

　　부　칙 (2015.12.1)

제1조 【시행일】 이 법은 2016년 1월 1일부터 시행한다.
제2조 【적용례】 이 법은 이 법 시행 후 최초로 소장이 접수된 사건부터 적용한다.

　　부　칙 (2016.2.3)

제1조 【시행일】 이 법은 공포 후 1년이 경과한 날부터 시행한다.
제2조 【계속사건에 관한 적용례 등】 이 법은 특별한 규정이 없으면 이 법 시행 당시 법원에 계속 중인 사건에도 적용한다. 다만, 이 법 시행 전의 소송행위의 효력에는 영향을 미치지 아니한다.
제3조 【금치산자 등에 대한 경과조치】 제55조, 제56조 및 제62조의 개정규정에도 불구하고 법률 제10429호 민법 일부개정법률 부칙 제2조에 따라 금치산 또는 한정치산 선고의 효력이 유지되는 사람에 대해서는 종전의 규정에 따른다.
제4조 【다른 법률의 개정】 ① 민사조정법 일부를 다음과 같이 개정한다.

제38조제1항 중 "제63조제1항"을 "제62조의2, 제63조제1항"으로 한다.
② 민사집행법 일부를 다음과 같이 개정한다.
제52조제3항 중 "민사소송법 제62조제3항 내지 제6항의 규정"을 "「민사소송법」 제62조제2항부터 제5항까지의 규정"으로 한다.

　　부　칙 (2016.3.29)

제1조 【시행일】 이 법은 공포 후 6개월이 경과한 날부터 시행한다.
제2조 【계속사건에 관한 경과조치】 이 법은 이 법 시행 당시 법원에 계속 중인 사건에 대하여도 적용한다.

　　부　칙 (2017.10.31)

제1조 【시행일】 이 법은 공포한 날부터 시행한다.
제2조 【적용례】 이 법의 개정규정은 이 법 시행 후 최초로 조서 또는 그 밖의 서면을 작성하거나 재판서・조서의 정본・등본・초본을 교부하는 경우부터 적용한다.

민사소송규칙

$\binom{2002년\ \ 6월\ \ 28일}{전개대법원규칙\ 제1761호}$

개정
2006. 3.23대규2012호
2007.11.28대규2115호
2009.12. 3대규2259호
2011. 9.28대규2356호(부동산등기규칙)
2012. 5. 2대규2396호
2014. 8. 6대규2545호 → 2014. 8. 7 시행
2014.12.30대규2575호 → 2015. 1. 1 시행
2015. 1.28대규2585호
2015. 6.29대규2606호 → 2015. 7. 1 시행
2016. 8. 1대규2670호
2016. 9. 6대규2675호 → 2016. 9.30 시행
2017. 2. 2대규2711호 → 2017. 2. 4 시행
2018. 1.31대규2771호

2007. 7.31대규2094호
2009. 1. 9대규2203호
2010.12.13.대규2311호

제1편　총 칙

제1장　통 칙

제1조【목적】 이 규칙은 민사소송법(다음부터 "법"이라 한다)이 대법원규칙에 위임한 사항, 그 밖에 민사소송절차에 관하여 필요한 사항을 규정함을 목적으로 한다.

제2조【법원에 제출하는 서면의 기재사항】 ① 당사자 또는 대리인이 법원에 제출하는 서면에는 특별한 규정이 없으면 다음 각호의 사항을 적고 당사자 또는 대리인이 기명날인 또는 서명하여야 한다.
1. 사건의 표시
2. 서면을 제출하는 당사자와 대리인의 이름·주소와 연락처(전화번호·팩시밀리번호 또는 전자우편주소 등을 말한다. 다음부터 같다)
3. 덧붙인 서류의 표시
4. 작성한 날짜
5. 법원의 표시
② 당사자 또는 대리인이 제출한 서면에 적은 주소 또는 연락처에 변동사항이 없는 때에는 그 이후에 제출하는 서면에는 주소 또는 연락처를 적지 아니하여도 된다.

제3조【최고·통지】 ① 민사소송절차에서 최고와 통지는 특별한 규정이 없으면 상당하다고 인정되는 방법으로 할 수 있다.
② 제1항의 최고나 통지를 한 때에는 법원서기관·법원사무관·법원주사 또는 법원주사보(다음부터 이 모두를 "법원사무관등"이라 한다)는 그 취지와 최고 또는 통지의 방법을 소송기록에 표시하여야 한다.
③ 이 규칙에 규정된 통지(다만, 법에 규정된 통지를 제외한다)를 받을 사람이 외국에 있거나 있는 곳이 분명하지 아니한 때에는 통지를 하지 아니하여도 된다. 이 경우 법원사무관등은 그 사유를 소송기록에 표시하여야 한다.
④ 당사자, 그 밖의 소송관계인에 대한 통지는 법원사무관등으로 하여금 그 이름으로 하게 할 수 있다.

제4조【소송서류의 작성방법 등】 ① 소송서류는 간결한 문장으로 분명하게 작성하여야 한다.
② 소송서류는 특별한 사정이 없으면 다음 양식에 따라 세워서 적어야 한다. (2016.8.1 본항개정)
1. 용지는 A4(가로 210㎜×세로 297㎜) 크기로 하고, 위로부터 45㎜, 왼쪽 및 오른쪽으로부터 각각 20㎜, 아래로부터 30㎜(장수 표시 제외)의 여백을 둔다.
2. 글자크기는 12포인트(가로 4.2㎜×세로 4.2㎜) 이상으로 하고, 줄간격은 200% 또는 1.5줄 이상으로 한다.

③ 법원은 제출자의 의견을 들어 변론기일 또는 변론준비기일에서 진술되지 아니하거나 불필요한 소송서류를 돌려주거나 폐기할 수 있다. (2016.8.1 본항신설)

제5조 【소송서류의 접수와 보정권고】 ① 당사자, 그 밖의 소송관계인이 제출하는 소송서류는 정당한 이유 없이 접수를 거부하여서는 아니 된다.
② 소송서류를 접수한 공무원은 소송서류를 제출한 사람이 요청한 때에는 바로 접수증을 교부하여야 한다.
③ 법원사무관등은 접수된 소송서류의 보완을 위하여 필요한 사항을 지적하고 보정을 권고할 수 있다.

제2장 법 원

제6조 【보통재판적】 법 제3조 내지 법 제6조의 규정에 따라 보통재판적을 정할 수 없는 때에는 대법원이 있는 곳을 보통재판적으로 한다.

제7조 【관할지정의 신청 등】 ① 법 제28조제1항의 규정에 따라 관계된 법원 또는 당사자가 관할지정을 신청하는 때에는 그 사유를 적은 신청서를 바로 위의 상급법원에 제출하여야 한다.
② 소 제기 후의 사건에 관하여 제1항의 신청을 한 경우, 신청인이 관계된 법원인 때에는 그 법원이 당사자 모두에게, 신청인이 당사자인 때에는 신청을 받은 법원이 소송이 계속된 법원과 상대방에게 그 취지를 통지하여야 한다.

제8조 【관할지정신청에 대한 처리】 ① 법 제28조제1항의 규정에 따른 신청을 받은 법원은 그 신청에 정당한 이유가 있다고 인정하는 때에는 관할법원을 지정하는 결정을, 이유가 없다고 인정하는 때에는 신청을 기각하는 결정을 하여야 한다.
② 소 제기 전의 사건에 관하여 제1항의 결정을 한 경우에는 신청인에게, 소 제기 후의 사건에 관하여 제1항의 결정을 한 경우에는 소송이 계속된 법원과 당사자 모두에게 그 결정정본을 송달하여야 한다.
③ 소송이 계속된 법원이 바로 위의 상급법원으로부터 다른 법원을 관할 법원으로 지정하는 결정정본을 송달받은 때에는, 그 법원의 법원사무관등은 바로 그 결정정본과 소송기록을 지정된 법원에 보내야 한다.

제9조 【소송절차의 정지】 소 제기 후의 사건에 관하여 법 제28조제1항의 규정에 따른 관할지정신청이 있는 때에는 그 신청에 대한 결정이 있을 때까지 소송절차를 정지하여야 한다. 다만, 긴급한 필요가 있는 행위를 하는 경우에는 그러하지 아니하다.

제10조 【이송신청의 방식】 ① 소송의 이송신청을 하는 때에는 신청의 이유를 밝혀야 한다.
② 이송신청은 기일에 출석하여 하는 경우가 아니면 서면으로 하여야 한다.

제11조 【이송결정에 관한 의견진술】 ① 법 제34조제2항·제3항, 법 제35조 또는 법 제36조제1항의 규정에 따른 신청이 있는 때에는 법원은 결정에 앞서 상대방에게 의견을 진술할 기회를 주어야 한다.
② 법원이 직권으로 법 제34조제2항, 법 제35조 또는 법 제36조의 규정에 따른 이송결정을 하는 때에는 당사자의 의견을 들을 수 있다.

제3장 당사자

제12조 【법인이 아닌 사단 등의 당사자능력을 판단하는 자료의 제출】 법원은 법인이 아닌 사단 또는 재단이 당사자가 되어 있는 때에는 정관·규약, 그 밖에 그 당사자의 당사자능력을 판단하기 위하여 필요한 자료를 제출하게 할 수 있다.

제13조 【법정대리권 소멸 및 선정당사자 선정취소·변경 통지의 신고】 ① 법 제63조제1항의 규정에 따라 법정대리권 소멸통지를 한 사람은 그 취지를 법원에 서면으로 신고하여야 한다.
② 법 제63조제2항의 규정에 따라 선정당사자 선정취소와 변경의 통지를 한 사람에게는 제1항의 규정을 준용한다.

제14조 【필수적 공동소송인의 추가신청】 법 제68조제1항의 규정에 따른 필수적 공동소송인의 추가신청은 추가될 당사자의 이름·주소와 추가신청의 이유를 적은 서면으로 하여야 한다.

제15조 【단독사건에서 소송대리의 허가】 ① 단독판사가 심리·재판하는 사건으로서 다음 각 호의 어느 하나에 해당하는 사건에서는 변호사가 아닌 사람도 법원의 허가를 받아 소송대리인이 될 수 있다. (2016.9.6 본항개정)
1. 「민사 및 가사소송의 사물관할에 관한 규칙」 제2조 단서 각 호의 어느 하나에 해당하는 사건
2. 제1호 사건 외의 사건으로서 다음 각 목의 어느 하나에 해당하지 아니하는 사건
   가. 소송목적의 값이 소제기 당시 또는 청구취지 확장(변론의 병합 포함) 당시 1억원을 넘는 소송사건
   나. 가목의 사건을 본안으로 하는 신청사건 및 이에 부수하는 신청사건(다만, 가압류·다툼의 대상에 관한 가처분 신청사건 및 이에 부수하는 신청사건은 제외한다)
② 제1항과 법 제88조제1항의 규정에 따라 법원의 허가를 받을 수 있는 사람은 다음 각호 가운데 어느 하나에 해당하여야 한다.
1. 당사자의 배우자 또는 4촌 안의 친족으로서 당사자와의 생활관계에 비추어 상당하다고 인정되는 경우
2. 당사자와 고용, 그 밖에 이에 준하는 계약관계를

맺고 그 사건에 관한 통상사무를 처리·보조하는 사람으로서 그 사람이 담당하는 사무와 사건의 내용 등에 비추어 상당하다고 인정되는 경우
③ 제1항과 법 제88조제1항에 규정된 허가신청은 서면으로 하여야 한다.
④ 제1항과 법 제88조제1항의 규정에 따른 허가를 한 후 사건이 제1항제2호 각 목의 어느 하나에 해당하는 사건(다만, 제1항제1호에 해당하는 사건은 제외한다) 또는 민사소송등인지법 제2조제4항에 해당하게 된 때에는 법원은 허가를 취소하고 당사자 본인에게 그 취지를 통지하여야 한다. (2010.12.13., 2015.1.28., 2016.9.6 본조개정)

제16조【법률상 소송대리인의 자격심사 등】 ① 법원은 지배인·선장 등 법률상 소송대리인의 자격 또는 권한을 심사할 수 있고 그 심사에 필요한 때에는 그 소송대리인·당사자 본인 또는 참고인을 심문하거나 관련 자료를 제출하게 할 수 있다.
② 법원은 법률상 소송대리인이 그 자격 또는 권한이 없다고 인정하는 때에는 재판상 행위를 금지하고 당사자 본인에게 그 취지를 통지하여야 한다.

제17조【소송대리권 소멸통지의 신고】 법 제97조에서 준용하는 법 제63조제1항의 규정에 따라 소송대리인 권한의 소멸통지를 한 사람에게는 제13조제1항의 규정을 준용한다.

제17조의2【기일 외 진술 등의 금지】 ① 당사자나 대리인은 기일 외에서 구술, 전화, 휴대전화 문자전송, 그 밖에 이와 유사한 방법으로 사실상 또는 법률상 사항에 대하여 진술하는 등 법령이나 재판장의 지휘에 어긋나는 절차와 방식으로 소송행위를 하여서는 아니 된다.
② 재판장은 제1항을 어긴 당사자나 대리인에게 주의를 촉구하고 기일에서 그 위반사실을 알릴 수 있다. (2016.9.6 본조신설)

제4장 소송비용

제1절 소송비용의 부담

제18조【소송비용액의 확정을 구하는 신청의 방식】 법 제110조제1항, 법 제113조제1항 또는 법 제114조제1항의 규정에 따른 신청은 서면으로 하여야 한다.

제19조【소송비용의 예납의무자】 ① 법 제116조제1항의 규정에 따라 법원이 소송비용을 미리 내게 할 수 있는 당사자는 그 소송행위로 이익을 받을 당사자로 하되, 다음 각호의 기준을 따라야 한다.
1. 송달료는 원고(상소심에서는 상소인을 말한다. 다음부터 이 조문 안에서 같다)
2. 변론의 속기 또는 녹음에 드는 비용은 신청인.

다만, 직권에 의한 속기 또는 녹음의 경우에 그 속기 또는 녹음으로 이익을 받을 당사자가 분명하지 아니한 때에는 원고
3. 증거조사를 위한 증인·감정인·통역인 등에 대한 여비·일당·숙박료 및 감정인·통역인 등에 대한 보수와 법원 외에서의 증거조사를 위한 법관, 그 밖의 법원공무원의 여비·숙박료는 그 증거조사를 신청한 당사자. 다만, 직권에 의한 증거조사의 경우에 그 증거조사로 이익을 받을 당사자가 분명하지 아니한 때에는 원고
4. 상소법원에 소송기록을 보내는 비용은 상소인
② 제1항제2호의 속기 또는 녹음, 제1항제3호의 증거조사를 양쪽 당사자가 신청한 경우와 제1항제4호의 상소인이 양쪽 당사자인 경우에는 필요한 비용을 균등하게 나누어 미리 내게 하여야 한다. 다만, 사정에 따라 미리 낼 금액의 비율을 다르게 할 수 있다.

제20조【소송비용 예납 불이행시의 국고대납】 법원은 소송비용을 미리 내야 할 사람이 내지 아니하여(부족액을 추가로 내지 아니하는 경우를 포함한다) 소송절차의 진행 또는 종료 후의 사무처리가 현저히 곤란한 때에는 그 소송비용을 국고에서 대납받아 지출할 수 있다.

제21조【소송비용의 대납지급 요청】 ① 소송비용의 대납지급 요청은 재판장이 법원의 경비출납공무원에게 서면이나 재판사무시스템을 이용한 전자적인 방법으로 하여야 한다. 다만, 서류 송달료의 대납지급 요청은 법원사무관등이 한다. (2009.12.3 본항개정)
② 제1항의 요청은 소송비용을 지출할 사유가 발생할 때마다 하여야 한다. 다만, 서류의 송달료에 관하여는 필요한 범위 안에서 여러 번 실시할 비용의 일괄 지급을 요청할 수 있다.

제2절 소송비용의 담보

제22조【지급보증위탁계약】 ① 법 제122조의 규정에 따라 지급보증위탁계약을 맺은 문서를 제출하는 방법으로 담보를 제공하려면 미리 법원의 허가를 받아야 한다.
② 제1항의 규정에 따른 지급보증위탁계약은 담보제공명령을 받은 사람이 은행법의 규정에 따른 금융기관이나 보험회사(다음부터 이 모두를 "은행등"이라 한다)와 맺은 것으로서 다음 각호의 요건을 갖춘 것이어야 한다.
1. 은행등이 담보제공명령을 받은 사람을 위하여, 법원이 정한 금액 범위 안에서, 담보에 관계된 소송비용상환청구권에 관한 집행권원 또는 그 소송비용상환청구권의 존재를 확인하는 것으로서 확정판결과 같은 효력이 있는 것에 표시된 금

액을 담보권리자에게 지급한다는 것
2. 담보취소의 결정이 확정될 때까지 계약의 효력
이 존속된다는 것
3. 계약을 변경 또는 해제할 수 없다는 것
4. 담보권리자가 신청한 때에는 은행등은 지급보증
위탁계약을 맺은 사실을 증명하는 서면을 담보
권리자에게 교부한다는 것
③ 법 제122조의 규정이 준용되는 다른 절차에는
제1항과 제2항의 규정을 준용한다.

**제23조【담보취소와 담보물변경 신청사건의 관할
법원】** ① 법 제125조의 규정에 따른 담보취소신
청사건과 법 제126조의 규정에 따른 담보물변경신
청사건은 담보제공결정을 한 법원 또는 그 기록을
보관하고 있는 법원이 관할한다.
② 법 제125조 또는 법 제126조의 규정이 준용되는
다른 절차에는 제1항의 규정을 준용한다.

제3절 소송구조

제24조【구조신청의 방식】 ① 법 제128조제1항
의 규정에 따른 소송구조신청은 서면으로 하여야
한다.
② 제1항의 신청서에는 신청인 및 그와 같이 사는
가족의 자금능력을 적은 서면을 붙여야 한다.

제25조【소송비용의 지급 요청】 ① 법 제128조
제1항의 규정에 따라 구조결정을 한 사건에 관하여
증거조사나 서류의 송달을 위한 비용, 그 밖에 당사
자가 미리 내야 할 소송비용을 지출할 사유가 발생
한 때에는 법원사무관등은 서면이나 재판사무시스
템을 이용한 전자적인 방법으로 경비출납공무원에
게 그 소송비용의 대납지급을 요청하여야 한다.
(2009.12.3 본항개정)
② 제1항의 경우에는 제21조제2항의 규정을 준용
한다.

제26조【변호사보수 등의 지급】 ① 법 제129조
제2항의 규정에 따른 변호사나 집행관의 보수는 구
조결정을 한 법원이 보수를 받을 사람의 신청에 따
라 그 심급의 소송절차가 완결된 때 또는 강제집행
절차가 종료된 때에 지급한다.
② 제1항과 법 제129조제2항의 규정에 따라 지급할
변호사나 집행관의 보수액은 변호사보수의소송비
용산입에관한규칙 또는 집행관수수료규칙을 참조
하여 재판장의 감독 하에 법원사무관등이 정한다.
(2015.1.28 본항개정)
③ 제1항의 규정에 따른 신청에는 법 제110조제2항
(다만, 등본에 관한 부분을 제외한다)을 준용한다.
(2015.1.28 본항개정)

제27조【구조의 취소 등】 ① 법 제131조의 규정
에 따른 재판은 구조결정을 한 대상사건의 절차가
판결의 확정, 그 밖의 사유로 종료된 뒤 5년이 지난

때에는 할 수 없다.
② 소송구조를 받은 사람이 자금능력이 있게 된 때
에는 구조결정을 한 법원에 그 사실을 신고하여야
한다. 다만, 제1항의 기간이 지난 때에는 그러하지
아니하다.

제5장   소송절차

제1절 변 론

제28조【변론의 방법】 ① 변론은 당사자가 말로
중요한 사실상 또는 법률상 사항에 대하여 진술하
거나, 법원이 당사자에게 말로 해당사항을 확인하
는 방식으로 한다.
② 법원은 변론에서 당사자에게 중요한 사실상 또
는 법률상 쟁점에 관하여 의견을 진술할 기회를 주
어야 한다.
(2007.11.28 본조신설)
[종전 제28조는 제28조의2로 이동 <2007.11.28.>]

제28조의2【재판장의 명령 등에 관한 이의신청】
① 법 제138조의 규정에 따른 이의신청은 그 명령
또는 조치가 있은 후 바로 하여야 한다. 다만, 법 제
151조 단서에 해당하는 사유가 있는 때에는 그러하
지 아니하다.
② 제1항의 이의신청을 하는 때에는 그 이유를 구
체적으로 밝혀야 한다.
[제28조에서 이동 <2007.11.28.>]

제28조의3【당사자 본인의 최종진술】 ① 당사자
본인은 변론이 종결되기 전에 재판장의 허가를 받
아 최종의견을 진술할 수 있다. 다만 변론에서 이미
충분한 의견진술 기회를 가졌거나 그 밖의 특별한
사정이 있는 경우에는 그러하지 아니하다.
② 재판장은 당사자 본인의 수가 너무 많은 경우에
는 당사자 본인 중 일부에 대하여 최종의견 진술기
회를 제한할 수 있다.
③ 재판장은 필요하다고 인정할 때에는 제1항에따
른 최종의견 진술시간을 제한할 수 있다.
(2015.6.29 본조신설)

제29조【법원의 석명처분】 법 제140조제1항의
규정에 따른 검증·감정과 조사의 촉탁에는 이 규
칙의 증거조사에 관한 규정을 준용한다.

제29조의2【당사자 본인 등에 대한 출석명령】
① 법원은 필요한 때에는 당사자 본인 또는 그 법
정대리인에게 출석하도록 명할 수 있다.
② 법원은 필요한 때에는 소송대리인에게 당사자
본인 또는 그 법정대리인의 출석을 요청할 수 있다.
(2007.11.28 본조신설)

**제30조【석명권의 행사 등에 따른 법원사무관등
의 조치】** 법 제136조 또는 법 제137조의 규정에
따른 조치나 법 제140조제1항의 규정에 따른 처분

이 있는 경우에 재판장 또는 법원은 법원사무관등으로 하여금 그 조치나 처분의 이행여부를 확인하고 그 이행을 촉구하게 할 수 있다.

제30조의2 【진술 보조】 ① 법 제143조의2에 따라 법원의 허가를 받아 진술보조인이 될 수 있는 사람은 다음 각 호 중 어느 하나에 해당하고, 듣거나 말하는 데 장애가 없어야 한다.

1. 당사자의 배우자, 직계친족, 형제자매, 가족, 그 밖에 동거인으로서 당사자와의 생활관계에 비추어 상당하다고 인정되는 경우
2. 당사자와 고용, 그 밖에 이에 준하는 계약관계 또는 신뢰관계를 맺고 있는 사람으로서 그 사람이 담당하는 사무의 내용 등에 비추어 상당하다고 인정되는 경우

② 제1항과 법 제143조의2제1항에 따른 허가신청은 심급마다 서면으로 하여야 한다.

③ 제1항과 법 제143조의2제1항에 따른 법원의 허가를 받은 진술보조인은 변론기일에 당사자 본인과 동석하여 다음 각 호의 행위를 할 수 있다. 이 때 당사자 본인은 진술보조인의 행위를 즉시 취소하거나 경정할 수 있다.

1. 당사자 본인의 진술을 법원과 상대방, 그 밖의 소송관계인이 이해할 수 있도록 중개하거나 설명하는 행위
2. 법원과 상대방, 그 밖의 소송관계인의 진술을 당사자 본인이 이해할 수 있도록 중개하거나 설명하는 행위

④ 법원은 제3항에 따라 진술보조인이 한 중개 또는 설명행위의 정확성을 확인하기 위하여 직접 진술보조인에게 질문할 수 있다.

⑤ 진술보조인이 변론에 출석한 때에는 조서에 그 성명을 기재하고, 제3항에 따라 중개 또는 설명행위를 한 때에는 그 취지를 기재하여야 한다.

⑥ 법원은 법 제143조의2제2항에 따라 허가를 취소한 경우 당사자 본인에게 그 취지를 통지하여야 한다. (2017.2.2 본조신설)

제31조 【화해 등 조서의 작성방식】 화해 또는 청구의 포기·인낙이 있는 경우에 그 기일의 조서에는 화해 또는 청구의 포기·인낙이 있다는 취지만을 적고, 별도의 용지에 법 제153조에 규정된 사항과 화해조항 또는 청구의 포기·인낙의 취지 및 청구의 취지와 원인을 적은 화해 또는 청구의 포기·인낙의 조서를 따로 작성하여야 한다. 다만, 소액사건심판법 제2조제1항의 소액사건에서는 특히 필요하다고 인정하는 경우 외에는 청구의 원인을 적지 아니한다.

제32조 【조서기재의 생략 등】 ① 소송이 판결에 의하지 아니하고 완결된 때에는 재판장의 허가를 받아 증인·당사자 본인 및 감정인의 진술과 검증결과의 기재를 생략할 수 있다.

② 법원사무관등은 제1항의 재판장의 허가가 있는 때에는 바로 그 취지를 당사자에게 통지하여야 한다.

③ 당사자가 제2항의 통지를 받은 날부터 1주 안에 이의를 한 때에는 법원사무관등은 바로 그 증인·당사자 본인 및 감정인의 진술과 검증결과를 적은 조서를 작성하여야 한다.

④ 제1심에서 피고에게 법 제194조 내지 제196조에 따라 송달을 한 사건의 경우, 법원사무관등은 재판장의 허가를 받아 서증 목록에 적을 사항을 생략할 수 있다. 다만, 공시송달 명령 또는 처분이 취소되거나 상소가 제기된 때에는 서증 목록을 작성하여야 한다. (2007.11.28., 2015.6.29 본항신설)

제33조 【변론의 속기와 녹음】 ① 법 제159조제1항의 규정에 따른 변론의 속기 또는 녹음의 신청은 변론기일을 열기 전까지 하여야 하며, 비용이 필요한 때에는 법원이 정하는 금액을 미리 내야 한다. (2014.12.30 본항개정)

② 당사자의 신청이 있음에도 불구하고 속기 또는 녹음을 하지 아니하는 때에는 재판장은 변론기일에 그 취지를 고지하여야 한다.

제34조 【녹음테이프·속기록의 보관 등】 ① 법 제159조제1항·제2항의 녹음테이프와 속기록은 소송기록과 함께 보관하여야 한다.

② 당사자나 이해관계를 소명한 제3자는 법원사무관등에게 제1항의 녹음테이프를 재생하여 들려줄 것을 신청할 수 있다.

③ 법 제159조제4항의 규정에 따라 녹음테이프 또는 속기록을 폐기한 때에는 법원사무관등은 그 취지와 사유를 소송기록에 표시하여야 한다.

제35조 【녹취서의 작성】 ① 재판장은 필요하다고 인정하는 때에는 법원사무관등 또는 속기자에게 녹음테이프에 녹음된 내용에 대하여 녹취서를 작성할 것을 명할 수 있다.

② 제1항의 규정에 따라 작성된 녹취서에 관하여는 제34조제1항·제3항과 법 제159조제4항의 규정을 준용한다.

제36조 【조서의 작성 등】 ① 법원사무관등이 법 제152조제3항에 따라 조서를 작성하는 때에는 재판장의 허가를 받아 녹음테이프 또는 속기록을 조서의 일부로 삼을 수 있다. 이 경우 녹음테이프와 속기록의 보관 등에 관하여는 제34조제1항·제2항을 준용한다.

② 제1항 전문 및 법 제159조제1항·제2항에 따라 녹음테이프 또는 속기록을 조서의 일부로 삼은 경우라도 재판장은 법원사무관등으로 하여금 당사자, 증인, 그 밖의 소송관계인의 진술 중 중요한 사항을 요약하여 조서의 일부로 기재하게 할 수 있다. (2014.12.30 본항개정)

③ 제1항 전문 및 법 제159조제1항·제2항에 따라

녹음테이프를 조서의 일부로 삼은 경우 다음 각호 가운데 어느 하나에 해당하면 녹음테이프의 요지를 정리하여 조서를 작성하여야 한다. 다만, 제2항의 조서 기재가 있거나 속기록 또는 제35조에 따른 녹취서가 작성된 경우에는 그러하지 아니하다. (2014.12.30 본항개정)

1. 상소가 제기된 때
2. 법관이 바뀐 때

④ 제3항 및 법 제159조제3항에 따라 조서를 작성하는 때에는, 재판장의 허가를 받아, 속기록 또는 제35조에 따른 녹취서 가운데 필요한 부분을 그 조서에 인용할 수 있다. (2014.12.30 본항개정)

⑤ 제3항 및 법 제159조제3항에 따른 조서는 변론 당시의 법원사무관등이 조서를 작성할 수 없는 특별한 사정이 있는 때에는 당해 사건에 관여한 다른 법원사무관등이 작성할 수 있다. (2014.12.30 본항개정)

제37조【준용규정】 ① 녹화테이프, 컴퓨터용 자기디스크·광디스크, 그 밖에 이와 비슷한 방법으로 음성이나 영상을 녹음 또는 녹화하여 재생할 수 있는 매체를 이용하여 변론의 전부나 일부를 녹음 또는 녹화하는 때에는 제33조 내지 제36조 및 법 제159조의 규정을 준용한다.

② 법원·수명법관 또는 수탁판사의 신문 또는 심문과 증거조사에는 제31조 내지 제36조 및 제1항의 규정을 준용한다.

제37조의2【소송기록의 열람과 증명서의 교부청구】 ① 법 제162조제1항에 따라 소송기록의 열람·복사, 재판서·조서의 정본·등본·초본의 교부 또는 소송에 관한 증명서의 교부를 신청할 때에는 신청인의 자격을 적은 서면으로 하여야 한다.

② 법 제162조제2항에 따라 확정된 소송기록의 열람을 신청할 때에는 열람을 신청하는 이유와 열람을 신청하는 범위를 적은 서면으로 하여야 한다. (2007.11.28 본조신설)

제37조의3【당해 소송관계인의 범위와 동의】 ① 법 제162조제3항에 따른 당해 소송관계인은 소송기록의 열람과 이해관계가 있는 다음 각호의 사람이다.

1. 당사자 또는 법정대리인
2. 참가인
3. 증인

② 법원은 법 제162조제2항에 따른 신청이 있는 때에는 당해 소송관계인에게 그 사실을 통지하여야 한다.

③ 제2항에 따른 통지는 소송기록에 표시된 당해 소송관계인의 최후 주소지에 등기우편으로 발송하는 방법으로 할 수 있다.

④ 제3항에 따라 발송한 때에는 발송한 때에 송달된 것으로 본다.

⑤ 제2항에 따른 통지를 받은 당해 소송관계인은 통지를 받은 날부터 2주 이내에 소송기록의 열람에 관한 동의 여부를 서면으로 밝혀야 한다. 다만, 당해 소송관계인이 위 기간 이내에 동의 여부에 관한 서면을 제출하지 아니한 때에는 소송기록의 열람에 관하여 동의한 것으로 본다. (2007.11.28 본조신설)

제38조【열람 등 제한의 신청방식 등】 ① 법 제163조제1항의 규정에 따른 결정을 구하는 신청은 소송기록 가운데 비밀이 적혀 있는 부분을 특정하여 서면으로 하여야 한다.

② 법 제163조제1항의 규정에 따른 결정은 소송기록 가운데 비밀이 적혀 있는 부분을 특정하여 하여야 한다.

제2절 전문심리위원
(2007.7.31 본절신설)

제38조의2【전문심리위원의 지정】 법원은 별도의 대법원규칙에 따라 정해진 전문심리위원후보자 중에서 전문심리위원을 지정하여야 한다. (2007.7.31 본조신설)

제38조의3【기일 외의 전문심리위원에 대한 설명 등의 요구와 조치】 재판장이 기일 외에서 전문심리위원에 대하여 설명 또는 의견을 요구한 사항이 소송관계를 분명하게 하는 데 중요한 사항일 때에는 법원사무관등은 양쪽 당사자에게 그 사항을 통지하여야 한다. (2007.7.31 본조신설)

제38조의4【서면의 사본 송부】 전문심리위원이 설명이나 의견을 기재한 서면을 제출한 경우에는 법원사무관등은 양쪽 당사자에게 그 사본을 보내야 한다. (2007.7.31 본조신설)

제38조의5【전문심리위원에 대한 준비지시】 ① 재판장은 전문심리위원을 소송절차에 참여시키기 위하여 필요하다고 인정한 때에는 전문심리위원에게 소송목적물의 확인 등 적절한 준비를 지시할 수 있다.

② 재판장이 제1항의 준비를 지시한 때에는 법원사무관등은 양쪽 당사자에게 그 취지를 통지하여야 한다. (2007.7.31 본조신설)

제38조의6【증인신문기일에서의 재판장의 조치】 재판장은 전문심리위원의 말이 증인의 증언에 영향을 미치지 않게 하기 위하여 필요하다고 인정할 때에는 직권 또는 당사자의 신청에 따라 증인의 퇴정 등 적절한 조치를 취할 수 있다. (2007.7.31 본조신설)

제38조의7【조서의 기재】 ① 전문심리위원이 소

송절차의 기일에 참여한 때에는 조서에 그 성명을 기재하여야 한다.

② 전문심리위원이 재판장, 수명법관 또는 수탁판사의 허가를 받아 소송관계인에게 질문을 한 때에는 조서에 그 취지를 기재하여야 한다. (2007.7.31 본조신설)

제38조의8【전문심리위원 참여결정의 취소 신청 방식 등】 ① 법 제164조의2제1항의 규정에 따른 결정의 취소 신청은 기일에서 하는 경우를 제외하고는 서면으로 하여야 한다.

② 제1항의 신청을 할 때에는 신청 이유를 밝혀야 한다. 다만, 양쪽 당사자가 동시에 신청할 때에는 그러하지 아니하다. (2007.7.31 본조신설)

제38조의9【수명법관 등의 권한】 수명법관 또는 수탁판사가 소송절차를 진행하는 경우에는 제38조의5 내지 제38조의7의 규정에 따른 재판장의 직무는 그 수명법관이나 수탁판사가 행한다. (2007.7.31 본조신설)

제3절 기일과 기간

제39조【변론 개정시간의 지정】 재판장은 사건의 변론 개정시간을 구분하여 지정하여야 한다.

제40조【기일변경신청】 기일변경신청을 하는 때에는 기일변경이 필요한 사유를 밝히고, 그 사유를 소명하는 자료를 붙여야 한다.

제41조【기일변경의 제한】 재판장등은 법 제165조제2항에 따른 경우 외에는 특별한 사정이 없으면 기일변경을 허가하여서는 아니 된다. (2007.11.28 본조개정)

제42조【다음 기일의 지정】 ① 기일을 변경하거나 변론을 연기 또는 속행하는 때에는 소송절차의 중단 또는 중지, 그 밖에 다른 특별한 사정이 없으면 다음 기일을 바로 지정하여야 한다. 다만, 법 제279조제2항에 따라 변론기일을 연 뒤에 바로 사건을 변론준비절차에 부치는 경우에는 그러하지 아니하다.

② 기일을 변경하는 때에는 바로 당사자에게 그 사실을 알려야 한다. (2007.11.28 본조개정)

제43조【변론재개결정과 변론기일지정】 법 제142조에 따라 변론재개결정을 하는 때에는 재판장은 특별한 사정이 없으면 그 결정과 동시에 변론기일을 지정하고 당사자에게 변론을 재개하는 사유를 알려야 한다. (2007.11.28 본조개정)

제44조【증인 등에 대한 기일변경통지】 ① 증인·감정인 등 당사자 외의 사람에 대하여 출석요구를 한 후에 그 기일이 변경된 때에는 바로 그 취지를 출석요구를 받은 사람에게 통지하여야 한다. 다만, 통지할 시간적 여유가 없는 때에는 그러하지 아니하다.

② 증인·감정인 등 당사자 외의 사람에 대하여 출석요구를 한 후에 소의 취하, 그 밖의 사정으로 그 기일을 실시하지 아니하게 된 경우에는 제1항의 규정을 준용한다.

제45조【기일의 간이통지】 ① 법 제167조제2항의 규정에 따른 기일의 간이통지는 전화·팩시밀리·보통우편 또는 전자우편으로 하거나, 그 밖에 상당하다고 인정되는 방법으로 할 수 있다.

② 제1항의 규정에 따라 기일을 통지한 때에는 법원사무관등은 그 방법과 날짜를 소송기록에 표시하여야 한다.

제4절 송 달

제46조【전화 등을 이용한 송달방법】 ① 변호사인 소송대리인에 대한 송달은 법원사무관등이 전화·팩시밀리·전자우편 또는 휴대전화 문자전송을 이용하여 할 수 있다. (2007.11.28 본항개정)

② 제1항의 규정에 따른 송달을 한 경우 법원사무관등은 송달받은 변호사로부터 송달을 확인하는 서면을 받아 소송기록에 붙여야 한다.

③ 법원사무관등은 변호사인 소송대리인에 대한 송달을 하는 때에는 제1항에 따른 송달을 우선적으로 고려하여야 한다. (2007.11.28 본항신설)

제47조【변호사 사이의 송달】 ① 양쪽 당사자가 변호사를 소송대리인으로 선임한 경우 한쪽 당사자의 소송대리인인 변호사가 상대방 소송대리인인 변호사에게 송달될 소송서류의 부본을 교부하거나 팩시밀리 또는 전자우편으로 보내고 그 사실을 법원에 증명한 때에는 송달의 효력이 있다. 다만, 그 소송서류가 당사자 본인에게 교부되어야 할 경우에는 그러하지 아니하다.

② 제1항의 규정에 따른 송달의 증명은 소송서류의 부본을 교부받거나 팩시밀리 또는 전자우편으로 받은 취지와 그 날짜를 적고 송달받은 변호사가 기명날인 또는 서명한 영수증을 제출함으로써 할 수 있다. 다만, 소송서류 원본의 표면 여백에 송달받았다는 취지와 그 날짜를 적고 송달받은 변호사의 날인 또는 서명을 받아 제출하는 때에는 따로 영수증을 제출할 필요가 없다.

③ 제1항의 규정에 따라 소송서류를 송달받은 변호사는 제2항의 규정에 따른 송달의 증명절차에 협력하여야 하며, 제1항에 규정된 방법으로 소송서류를 송달한 변호사는 송달한 서류의 원본을 법원에 바로 제출하여야 한다.

제48조【부본제출의무 등】 ① 송달을 하여야 하는 소송서류를 제출하는 때에는 특별한 규정이 없

으면 송달에 필요한 수의 부본을 함께 제출하여야 한다.

② 법원은 필요하다고 인정하는 때에는 소송서류를 제출한 사람에게 그 문서의 전자파일을 전자우편이나 그 밖에 적당한 방법으로 법원에 보내도록 요청할 수 있다.

제49조【공동대리인에게 할 송달】 법 제180조의 규정에 따라 송달을 하는 경우에 그 공동대리인들이 송달을 받을 대리인 한 사람을 지정하여 신고한 때에는 지정된 대리인에게 송달하여야 한다.

제50조【송달서류의 교부의무 등】 ① 법 제181조와 법 제182조의 규정에 따라 송달을 받은 청사·선박·교도소·구치소 또는 경찰관서(다음부터 이 조문 안에서 이 모두를 "청사등"이라 한다)의 장은 송달을 받을 본인에게 송달된 서류를 바로 교부하여야 한다.

② 제1항의 청사등의 장은 부득이한 사유가 없는 한 송달을 받은 본인이 소송수행에 지장을 받지 아니하도록 조치하여야 한다.

③ 제1항의 청사등의 장은 제2항에 규정된 조치를 취하지 못할 사유가 있는 때에는 그 사유를 적은 서면을 법원에 미리 제출하여야 한다.

제51조【발송의 방법】 법 제185조제2항과 법 제187조의 규정에 따른 서류의 발송은 등기우편으로 한다.

제52조【송달함을 이용한 송달절차】 ① 송달함의 이용신청은 법원장 또는 지원장에게 서면으로 하여야 한다.

② 송달함을 이용하는 사람은 그 수수료를 미리 내야 한다.

③ 송달함을 이용하는 사람은 송달함에서 서류를 대신 수령할 사람을 서면으로 지정할 수 있다.

④ 송달함을 설치한 법원 또는 지원은 송달함의 관리에 관한 장부를 작성·비치하여야 한다.

⑤ 법원장 또는 지원장은 법원의 시설, 송달업무의 부담 등을 고려하여 송달함을 이용할 사람·이용방법, 그 밖에 필요한 사항을 정할 수 있다.

제53조【송달통지】 송달한 기관은 송달에 관한 사유를 서면으로 법원에 통지하여야 한다. 다만, 법원이 상당하다고 인정하는 때에는 전자통신매체를 이용한 통지로 서면통지에 갈음할 수 있다.

제54조【공시송달의 방법】 ① 법 제194조제1항, 제3항에 따른 공시송달은 법원사무관등이 송달할 서류를 보관하고, 다음 각 호 가운데 어느 하나의 방법으로 그 사유를 공시함으로써 행한다.

(2015.6.29 본항개정)

1. 법원게시판 게시
2. 관보·공보 또는 신문 게재
3. 전자통신매체를 이용한 공시

② 법원사무관등은 제1항에 규정된 방법으로 송달한 때에는 그 날짜와 방법을 기록에 표시하여야 한다.

제5절 재 판

제55조【종전 변론결과의 진술】 법 제204조제2항에 따른 종전 변론결과의 진술은 당사자가 사실상 또는 법률상 주장, 정리된 쟁점 및 증거조사 결과의 요지 등을 진술하거나, 법원이 당사자에게 해당사항을 확인하는 방식으로 할 수 있다.

(2007.11.28 본조신설)

[종전 제55조는 제55조의2로 이동 <2007.11.28.>]

제55조의2【상소에 대한 고지】 판결서의 정본을 송달하는 때에는 법원사무관등은 당사자에게 상소기간과 상소장을 제출할 법원을 고지하여야 한다.

[제55조에서 이동 <2007.11.28.>]

제56조【화해 등 조서정본의 송달】 법원사무관등은 화해 또는 청구의 포기·인낙이 있는 날부터 1주 안에 그 조서의 정본을 당사자에게 송달하여야 한다.

제6절 화해권고결정

제57조【화해권고결정서의 기재사항 등】 ① 화해권고결정서에는 청구의 취지와 원인을 적어야 한다. 다만, 소액사건심판법 제2조제1항의 소액사건에서는 특히 필요하다고 인정하는 경우 외에는 청구의 원인을 적지 아니한다.

② 법 제225조제1항의 결정 내용을 적은 조서의 작성방식에 관하여는 제31조의 규정을 준용한다.

제58조【당사자에 대한 고지사항】 법 제225조제2항의 규정에 따라 화해권고결정 내용을 적은 조서 또는 결정서의 정본을 송달하는 때에는, 그 조서 또는 결정서의 정본을 송달받은 날부터 2주 안에 이의를 신청하지 아니하면 화해권고결정이 재판상 화해와 같은 효력을 가지게 된다는 취지를 당사자에게 고지하여야 한다.

제59조【송달불능에 따른 소송복귀 등】 ① 법 제185조제2항, 법 제187조 또는 법 제194조 내지 법 제196조의 규정에 따른 송달 외의 방법으로 양쪽 또는 한쪽 당사자에게 법 제225조제2항의 조서 또는 결정서의 정본을 송달할 수 없는 때에는 법원은 직권 또는 당사자의 신청에 따라 화해권고결정을 취소하여야 한다.

② 제1항의 규정에 따라 화해권고결정이 취소된 경우에 관하여는 법 제232조제1항의 규정을 준용한다.

제7절 소송절차의 중단과 중지

제60조【소송절차 수계신청의 방식】 ① 소송절차의 수계신청은 서면으로 하여야 한다.

② 제1항의 신청서에는 소송절차의 중단사유와 수계할 사람의 자격을 소명하는 자료를 붙여야 한다.

제61조【소송대리인에 의한 중단사유의 신고】 소송절차의 중단사유가 생긴 때에는 소송대리인은 그 사실을 법원에 서면으로 신고하여야 한다.

제2편   제1심의 소송절차

제1장   소의 제기

제62조【소장의 기재사항】 소장의 청구원인에는 다음 각호의 사항을 적어야 한다.
1. 청구를 뒷받침하는 구체적 사실
2. 피고가 주장할 것이 명백한 방어방법에 대한 구체적인 진술
3. 입증이 필요한 사실에 대한 증거방법
(2007.11.28 본조신설)
[종전 제62조는 제62조의2로 이동 <2007.11.28.>]

제62조의2【증거보전이 이루어진 경우의 소장 기재사항】 소 제기 전에 증거보전을 위한 증거조사가 이루어진 때에는 소장에 증거조사를 한 법원과 증거보전사건의 사건번호·사건명을 적어야 한다.
[제62조에서 이동 <2007.11.28.>]

제63조【소장의 첨부서류】 ① 피고가 소송능력 없는 사람인 때에는 법정대리인, 법인인 때에는 대표자, 법인이 아닌 사단이나 재단인 때에는 대표자 또는 관리인의 자격을 증명하는 서면을 소장에 붙여야 한다.
② 부동산에 관한 사건은 그 부동산의 등기사항증명서, 친족·상속관계 사건은 가족관계기록사항에 관한 증명서, 어음 또는 수표사건은 그 어음 또는 수표의 사본을 소장에 붙여야 한다. 그 외에도 소장에는 증거로 될 문서 가운데 중요한 것의 사본을 붙여야 한다. (2009.1.9., 2011.9.28 본항개정)
③ 법 제252조제1항에 규정된 소의 소장에는 변경을 구하는 확정판결의 사본을 붙여야 한다.

제64조【소장부본의 송달시기】 ① 소장의 부본은 특별한 사정이 없으면 바로 피고에게 송달하여야 한다.
② 반소와 중간확인의 소의 소장, 필수적 공동소송인의 추가·참가·피고의 경정·청구의 변경신청서 등 소장에 준하는 서면이 제출된 때에도 제1항의 규정을 준용한다.

제65조【답변서의 기재사항 등】 ① 답변서에는 법 제256조제4항에서 준용하는 법 제274조제1항의 각호 및 제2항에 규정된 사항과 청구의 취지에 대한 답변 외에 다음 각호의 사항을 적어야 한다.
1. 소장에 기재된 개개의 사실에 대한 인정 여부
2. 항변과 이를 뒷받침하는 구체적 사실
3. 제1호 및 제2호에 관한 증거방법

② 답변서에는 제1항제3호에 따른 증거방법 중 입증이 필요한 사실에 관한 중요한 서증의 사본을 첨부하여야 한다.
③ 제1항 및 제2항의 규정에 어긋나는 답변서가 제출된 때에는 재판장은 법원사무관등으로 하여금 방식에 맞는 답변서의 제출을 촉구하게 할 수 있다. (2007.11.28 본조개정)

제66조【피고경정신청서의 기재사항】 법 제260조제2항의 규정에 따른 피고의 경정신청서에는 새로 피고가 될 사람의 이름·주소와 경정신청의 이유를 적어야 한다.

제67조【소취하의 효력을 다투는 절차】 ① 소의 취하가 부존재 또는 무효라는 것을 주장하는 당사자는 기일지정신청을 할 수 있다.
② 제1항의 신청이 있는 때에는 법원은 변론을 열어 신청사유에 관하여 심리하여야 한다.
③ 법원이 제2항의 규정에 따라 심리한 결과 신청이 이유 없다고 인정하는 경우에는 판결로 소송의 종료를 선언하여야 하고, 신청이 이유 있다고 인정하는 경우에는 취하 당시의 소송정도에 따라 필요한 절차를 계속하여 진행하고 중간판결 또는 종국판결에 그 판단을 표시하여야 한다.
④ 종국판결이 선고된 후 상소기록을 보내기 전에 이루어진 소의 취하에 관하여 제1항의 신청이 있는 때에는 다음 각호의 절차를 따른다.
1. 상소의 이익 있는 당사자 모두가 상소를 한 경우(당사자 일부가 상소하고 나머지 당사자의 상소권이 소멸된 경우를 포함한다)에는 판결법원의 법원사무관등은 소송기록을 상소법원으로 보내야 하고, 상소법원은 제2항과 제3항에 규정된 절차를 취하여야 한다.
2. 제1호의 경우가 아니면 판결법원은 제2항에 규정된 절차를 취한 후 신청이 이유 없다고 인정하는 때에는 판결로 소송의 종료를, 신청이 이유 있다고 인정하는 때에는 판결로 소의 취하가 무효임을 각 선언하여야 한다.
⑤ 제4항제2호 후단의 소취하무효선언판결이 확정된 때에는 판결법원은 종국판결 후에 하였어야 할 절차를 계속하여 진행하여야 하고, 당사자는 종국판결 후에 할 수 있었던 소송행위를 할 수 있다. 이 경우 상소기간은 소취하무효선언판결이 확정된 다음날부터 전체기간이 새로이 진행된다.

제68조【준용규정】 법 제268조(법 제286조의 규정에 따라 준용되는 경우를 포함한다)의 규정에 따른 취하간주의 효력을 다투는 경우에는 제67조제1항 내지 제3항의 규정을 준용한다.

제2장   변론과 그 준비

제69조【변론기일의 지정 등】 ① 재판장은 답변

서가 제출되면 바로 사건을 검토하여 가능한 최단기간 안의 날로 제1회 변론기일을 지정하여야 한다.
② 법원은 변론이 집중되도록 함으로써 변론이 가능한 한 속행되지 않도록 하여야 하고, 당사자는 이에 협력하여야 한다.
③ 법 제258조제1항 단서에 해당하는 경우, 재판장은 사건의 신속한 진행을 위하여 필요한 때에는 사건을 변론준비절차에 부침과 동시에 변론준비기일을 정하고 기간을 정하여 당사자로 하여금 준비서면, 그 밖의 서류를 제출하게 하거나 당사자 사이에 이를 교환하게 하고 주장 사실을 증명할 증거를 신청하게 할 수 있다.
(2009.1.9 본조개정)

제69조의2 【당사자의 조사의무】 당사자는 주장과 입증을 충실히 할 수 있도록 사전에 사실관계와 증거를 상세히 조사하여야 한다.
[제69조에서 이동 <2007.11.28.>]

제69조의3 【준비서면의 제출기간】 새로운 공격방어방법을 포함한 준비서면은 변론기일 또는 변론준비기일의 7일 전까지 상대방에게 송달될 수 있도록 적당한 시기에 제출하여야 한다.
(2007.11.28 본조신설)

제69조의4 【준비서면의 분량 등】 ① 준비서면의 분량은 30쪽을 넘어서는 아니 된다. 다만, 제70조제4항에 따라 그에 관한 합의가 이루어진 경우에는 그러하지 아니하다.
② 재판장, 수명법관 또는 법 제280조제4항의 판사(이하 "재판장등"이라 한다)는 제1항 본문을 어긴 당사자에게 해당 준비서면을 30쪽 이내로 줄여 제출하도록 명할 수 있다.
③ 준비서면에는 소장, 답변서 또는 앞서 제출한 준비서면과 중복·유사한 내용을 불필요하게 반복 기재하여서는 아니 된다.
(2016.8.1 본조신설)

제69조의5 【요약준비서면 작성방법】 법 제278조에 따른 요약준비서면을 작성할 때에는 특정 부분을 참조하는 뜻을 적는 방법으로 소장, 답변서 또는 앞서 제출한 준비서면의 전부 또는 일부를 인용하여서는 아니 된다.
(2016.8.1 본조신설)

제70조 【변론준비절차의 시행방법】 ① 재판장등은 변론준비절차에서 쟁점과 증거의 정리, 그 밖에 효율적이고 신속한 변론진행을 위한 준비가 완료되도록 노력하여야 하며, 당사자는 이에 협력하여야 한다. (2016.8.1 본항개정)
② 당사자는 제1항에 규정된 사항에 관하여 상대방과 협의를 할 수 있다. 재판장등은 당사자에게 변론진행의 준비를 위하여 필요한 협의를 하도록 권고할 수 있다.
③ 재판장등은 변론준비절차에서 효율적이고 신속

한 변론진행을 위하여 당사자와 변론의 준비와 진행 및 변론에 필요한 시간에 관한 협의를 할 수 있다. (2007.11.28 본항신설)
④ 재판장등은 당사자와 준비서면의 제출횟수, 분량, 제출기간 및 양식에 관한 협의를 할 수 있고, 이에 관한 합의가 이루어진 경우 당사자는 그 합의에 따라 준비서면을 제출하여야 한다. (2007.11.28 본항신설)
⑤ 재판장등은 기일을 열거나 당사자의 의견을 들어 양 쪽 당사자와 음성의 송수신에 의하여 동시에 통화를 할 수 있는 방법으로 제3항 및 제4항에 따른 협의를 할 수 있다. (2007.11.28 본항신설)

제70조의2 【변론준비기일에서의 주장과 증거의 정리방법】 변론준비기일에서는 당사자가 말로 변론의 준비에 필요한 주장과 증거를 정리하여 진술하거나, 법원이 당사자에게 말로 해당사항을 확인하여 정리하여야 한다.
(2007.11.28 본조신설)

제70조의3 【절차이행의 촉구】 ① 법 제280조에 따른 변론준비절차를 진행하는 경우 재판장등은 법원사무관등으로 하여금 그 이름으로 준비서면, 증거신청서 및 그 밖의 서류의 제출을 촉구하게 할 수 있다.
② 법원이나 재판장등의 결정, 명령, 촉탁 등에 대한 회신 등 절차이행이 지연되는 경우 재판장등은 법원사무관등으로 하여금 그 이름으로 해당 절차이행을 촉구하게 할 수 있다.
(2015.1.28 본조신설)

제71조 【변론준비기일의 조서】 ① 변론준비기일의 조서에는 법 제283조제1항에 규정된 사항 외에 제70조의 규정에 따른 변론준비절차의 시행결과를 적어야 한다.
② 변론준비기일의 조서에는 제31조 내지 제37조제1항의 규정을 준용한다.

제72조 【변론준비절차를 거친 사건의 변론기일지정 등】 ① 변론준비절차를 거친 사건의 경우 그 심리에 2일 이상이 소요되는 때에는 가능한 한 종결에 이르기까지 매일 변론을 진행하여야 한다. 다만, 특별한 사정이 있는 경우에도 가능한 최단기간 안의 날로 다음 변론기일을 지정하여야 한다.
② 변론준비기일을 거친 사건의 경우 변론기일을 지정하는 때에는 당사자의 의견을 들어야 한다.
③ 제1항의 규정에 따라 지정된 변론기일은 사실과 증거에 관한 조사가 충분하지 아니하다는 이유로 변경할 수 없다.

제72조의2 【변론준비기일 결과의 진술】 변론준비기일 결과의 진술은 당사자가 정리된 쟁점 및 증거조사 결과의 요지 등을 진술하거나, 법원이 당사자에게 해당사항을 확인하는 방식으로 할 수 있다.
(2007.11.28 본조신설)

제73조 【준용규정】 변론준비절차에는 제28조의2 내지 제30조의 규정을 준용한다. (2007.11.28 본조개정)

제3장 증 거

제1절 총 칙

제74조 【증거신청】 증거를 신청하는 때에는 증거와 증명할 사실의 관계를 구체적으로 밝혀야 한다.

제75조 【증인신문과 당사자신문의 신청】 ① 증인신문은 부득이한 사정이 없는 한 일괄하여 신청하여야 한다. 당사자신문을 신청하는 경우에도 마찬가지이다.

② 증인신문을 신청하는 때에는 증인의 이름·주소·연락처·직업, 증인과 당사자의 관계, 증인이 사건에 관여하거나 내용을 알게 된 경위, 증인신문에 필요한 시간 및 증인의 출석을 확보하기 위한 협력방안을 밝혀야 한다. (2007.11.28 본항개정)

제76조 【감정서 등 부본 제출】 법원이 감정을 명하거나 법 제294조 또는 법 제341조의 규정에 따라 촉탁을 하는 때에는 감정서 또는 회답서 등의 부본을 제출하게 할 수 있다.

제76조의2 【민감정보 등의 처리】 ① 법원은 재판업무 수행을 위하여 필요한 범위 내에서 「개인정보 보호법」제23조의 민감정보, 제24조의 고유식별정보, 제24조의2의 주민등록번호 및 그 밖의 개인정보를 처리할 수 있다. (2014.8.6 본항개정)

② 법원이 법 제294조 또는 법 제352조에 따라 촉탁을 하는 때에는 필요한 범위 내에서 제1항의 민감정보, 고유식별정보, 주민등록번호 및 그 밖의 개인정보가 포함된 자료의 송부를 요구할 수 있다. (2014.8.6 본항개정)

③ 법원사무관등은 소송관계인의 특정을 위한 개인정보를 재판사무시스템을 이용한 전자적인 방법으로 관리한다. (2018.1.31 본항신설)

④ 당사자는 법원사무관등에게 서면으로 제3항의 개인정보에 대한 정정을 신청할 수 있다. 그 신청서에는 정정 사유를 소명하는 자료를 붙여야 한다. (2018.1.31 본항신설)

⑤ 법원은 재판서가 보존되어 있는 동안 제3항의 개인정보를 보관하여야 한다. (2018.1.31 본항신설)

(2012.5.2 본조신설)

제77조 【증거조사비용의 예납】 ① 법원이 증거조사의 결정을 한 때에는 바로 제19조제1항제3호 또는 같은 조 제2항의 규정에 따라 그 비용을 부담할 당사자에게 필요한 비용을 미리 내게 하여야 한다.

② 증거조사를 신청한 사람은 제1항의 명령이 있기 전에도 필요한 비용을 미리 낼 수 있다.

③ 법원은 당사자가 제1항의 명령에 따른 비용을 내지 아니하는 경우에는 증거조사결정을 취소할 수 있다.

제2절 증인신문

제78조 【직무상 비밀에 관한 증언】 ① 법 제304조와 제305조에 규정한 사람 외의 공무원 또는 공무원이었던 사람이 직무상 비밀에 관한 사항에 대하여 증언하게 된 때에는 증언할 사항이 직무상 비밀에 해당하는 사유를 구체적으로 밝혀 법원에 미리 신고하여야 한다.

② 제1항의 신고가 있는 경우 법원은 필요하다고 인정하는 때에는 그 소속관청 또는 감독관청에 대하여 신문할 사항이 직무상 비밀에 해당하는지 여부에 관하여 조회할 수 있다.

제79조 【증인진술서의 제출 등】 ① 법원은 효율적인 증인신문을 위하여 필요하다고 인정하는 때에는 증인을 신청한 당사자에게 증인진술서를 제출하게 할 수 있다.

② 증인진술서에는 증언할 내용을 그 시간 순서에 따라 적고, 증인이 서명날인하여야 한다.

③ 증인진술서 제출명령을 받은 당사자는 법원이 정한 기한까지 원본과 함께 상대방의 수에 2(다만, 합의부에서는 상대방의 수에 3)를 더한 만큼의 사본을 제출하여야 한다.

④ 법원사무관등은 증인진술서 사본 1통을 증인신문기일 전에 상대방에게 송달하여야 한다.

제80조 【증인신문사항의 제출 등】 ① 증인신문을 신청한 당사자는 법원이 정한 기한까지 상대방의 수에 3(다만, 합의부에서는 상대방의 수에 4)을 더한 통수의 증인신문사항을 적은 서면을 제출하여야 한다. 다만, 제79조의 규정에 따라 증인진술서를 제출하는 경우로서 법원이 증인신문사항을 제출할 필요가 없다고 인정하는 때에는 그러하지 아니하다.

② 법원사무관등은 제1항의 서면 1통을 증인신문기일 전에 상대방에게 송달하여야 한다.

③ 재판장은 제출된 증인신문사항이 개별적이고 구체적이지 아니하거나 제95조제2항 각호의 신문이 포함되어 있는 때에는 증인신문사항의 수정을 명할 수 있다. 다만, 같은 항 제2호 내지 제4호의 신문에 관하여 정당한 사유가 있는 경우에는 그러하지 아니하다.

제81조 【증인 출석요구서의 기재사항 등】 ① 증인의 출석요구서에는 법 제309조에 규정된 사항 외에 다음 각호의 사항을 적어야 한다.

1. 출석하지 아니하는 경우에는 그 사유를 밝혀 신

고하여야 한다는 취지

2. 제1호의 신고를 하지 아니하는 경우에는 정당한 사유 없이 출석하지 아니한 것으로 인정되어 법률상 제재를 받을 수 있다는 취지

② 증인에 대한 출석요구서는 출석할 날보다 2일 전에 송달되어야 한다. 다만, 부득이한 사정이 있는 경우에는 그러하지 아니하다.

제82조【증인의 출석 확보】 증인이 채택된 때에는 증인신청을 한 당사자는 증인이 기일에 출석할 수 있도록 노력하여야 한다.

제83조【불출석의 신고】 증인이 출석요구를 받고 기일에 출석할 수 없을 경우에는 바로 그 사유를 밝혀 신고하여야 한다.

제84조【서면에 의한 증언】 ① 법 제310조제1항의 규정에 따라 출석·증언에 갈음하여 증언할 사항을 적은 서면을 제출하게 하는 경우 법원은 증인을 신청한 당사자의 상대방에 대하여 그 서면에서 회답을 바라는 사항을 적은 서면을 제출하게 할 수 있다.

② 법원이 법 제310조제1항의 규정에 따라 출석·증언에 갈음하여 증언할 사항을 적은 서면을 제출하게 하는 때에는 다음 각호의 사항을 증인에게 고지하여야 한다.

1. 증인에 대한 신문사항 또는 신문사항의 요지

2. 법원이 출석요구를 하는 때에는 법정에 출석·증언하여야 한다는 취지

3. 제출할 기한을 정한 때에는 그 취지

③ 증인은 증언할 사항을 적은 서면에 서명날인하여야 한다.

제85조【증인에 대한 과태료 등】 ① 법 제311조제1항의 규정에 따른 과태료와 소송비용 부담의 재판은 수소법원이 관할한다.

② 제1항과 법 제311조제1항의 규정에 따른 재판절차에 관하여는 비송사건절차법 제248조와 제250조(다만, 제248조제3항 후문과 검사에 관한 부분을 제외한다)의 규정을 준용한다.

제86조【증인에 대한 감치】 ① 법 제311조제2항 내지 제8항의 규정에 따른 감치재판은 수소법원이 관할한다.

② 감치재판절차는 법원의 감치재판개시결정에 따라 개시된다. 이 경우 감치사유가 발생한 날부터 20일이 지난 때에는 감치재판개시결정을 할 수 없다.

③ 감치재판절차를 개시한 후 감치결정 전에 그 증인이 증언을 하거나 그 밖에 감치에 처하는 것이 상당하지 아니하다고 인정되는 때에는 법원은 불처벌결정을 하여야 한다.

④ 제2항의 감치재판개시결정과 제3항의 불처벌결정에 대하여는 불복할 수 없다.

⑤ 법 제311조제7항의 규정에 따라 증인을 석방한 때에는 재판장은 바로 감치시설의 장에게 그 취지를 서면으로 통보하여야 한다.

⑥ 제1항 내지 제5항 및 법 제311조제2항 내지 제8항의 규정에 따른 감치절차에 관하여는 법정등의질서유지를위한재판에관한규칙 제6조 내지 제8조, 제10조, 제11조, 제13조, 제15조 내지 제19조, 제21조 내지 제23조 및 제25조제1항·제2항(다만, 제13조 중 의견서에 관한 부분은 삭제하고, 제19조제2항 중 "3일"은 "1주"로, 제23조 제8항 중 "감치의 집행을 한 날"은 "법 제311조제5항의 규정에 따른 통보를 받은 날"로 고쳐 적용한다)의 규정을 준용한다.

제87조【증인의 구인】 정당한 사유 없이 출석하지 아니한 증인의 구인에 관하여는 형사소송규칙중 구인에 관한 규정을 준용한다.

제88조【증인의 동일성 확인】 재판장은 증인으로부터 주민등록증 등 신분증을 제시받거나 그 밖의 적당한 방법으로 증인임이 틀림없음을 확인하여야 한다.

(2006.3.23 본조개정)

제89조【신문의 순서】 ① 법 제327조제1항의 규정에 따른 증인의 신문은 다음 각호의 순서를 따른다. 다만, 재판장은 주신문에 앞서 증인으로 하여금 그 사건과의 관계와 쟁점에 관하여 알고 있는 사실을 개략적으로 진술하게 할 수 있다.

1. 증인신문신청을 한 당사자의 신문(주신문)

2. 상대방의 신문(반대신문)

3. 증인신문신청을 한 당사자의 재신문(재주신문)

② 제1항의 순서에 따른 신문이 끝난 후에는 당사자는 재판장의 허가를 받은 때에만 다시 신문할 수 있다.

③ 재판장은 정리된 쟁점별로 제1항의 순서에 따라 신문하게 할 수 있다. (2007.11.28 본항신설)

제90조【주신문을 할 당사자가 출석하지 아니한 경우의 신문】 증인신문을 신청한 당사자가 신문기일에 출석하지 아니한 경우에는 재판장이 그 당사자에 갈음하여 신문을 할 수 있다.

제91조【주신문】 ① 주신문은 증명할 사항과 이에 관련된 사항에 관하여 한다.

② 주신문에서는 유도신문을 하여서는 아니된다. 다만, 다음 각호 가운데 어느 하나에 해당하는 경우에는 그러하지 아니하다.

1. 증인과 당사자의 관계, 증인의 경력, 교우관계 등 실질적인 신문에 앞서 미리 밝혀둘 필요가 있는 준비적인 사항에 관한 신문의 경우

2. 증인이 주신문을 하는 사람에 대하여 적의 또는 반감을 보이는 경우

3. 증인이 종전의 진술과 상반되는 진술을 하는 때에 그 종전 진술에 관한 신문의 경우

4. 그 밖에 유도신문이 필요한 특별한 사정이 있는 경우

③ 재판장은 제2항 단서의 각호에 해당하지 아니하

는 경우의 유도신문은 제지하여야 하고, 유도신문의 방법이 상당하지 아니하다고 인정하는 때에는 제한할 수 있다.

제92조【반대신문】 ① 반대신문은 주신문에 나타난 사항과 이에 관련된 사항에 관하여 한다.
② 반대신문에서 필요한 때에는 유도신문을 할 수 있다.
③ 재판장은 유도신문의 방법이 상당하지 아니하다고 인정하는 때에는 제한할 수 있다.
④ 반대신문의 기회에 주신문에 나타나지 아니한 새로운 사항에 관하여 신문하고자 하는 때에는 재판장의 허가를 받아야 한다.
⑤ 제4항의 신문은 그 사항에 관하여는 주신문으로 본다.

제93조【재주신문】 ① 재주신문은 반대신문에 나타난 사항과 이와 관련된 사항에 관하여 한다.
② 재주신문은 주신문의 예를 따른다.
③ 재주신문에 관하여는 제92조제4항·제5항의 규정을 준용한다.

제94조【증언의 증명력을 다투기 위하여 필요한 사항의 신문】 ① 당사자는 증언의 증명력을 다투기 위하여 필요한 사항에 관한 신문을 할 수 있다.
② 제1항에 규정된 신문은 증인의 경험·기억 또는 표현의 정확성 등 증언의 신빙성에 관련된 사항 및 증인의 이해관계·편견 또는 예단 등 증인의 신용성에 관련된 사항에 관하여 한다.

제95조【증인신문의 방법】 ① 신문은 개별적이고 구체적으로 하여야 한다.
② 재판장은 직권 또는 당사자의 신청에 따라 다음 각호 가운데 어느 하나에 해당하는 신문을 제한할 수 있다. 다만, 제2호 내지 제4호에 규정된 신문에 관하여 정당한 사유가 있는 때에는 그러하지 아니하다.
1. 증인을 모욕하거나 증인의 명예를 해치는 내용의 신문
2. 제91조 내지 제94조의 규정에 어긋나는 신문
3. 의견의 진술을 구하는 신문
4. 증인이 직접 경험하지 아니한 사항에 관하여 진술을 구하는 신문

제95조의2【비디오 등 중계장치에 의한 증인신문】 ① 법 제327조의2에 따른 증인신문은 증인을 법정 아닌 곳으로서 비디오 등 중계장치에 의한 중계시설이 설치된 곳에 출석하게 하고, 영상과 음향의 송수신에 의하여 법정 안의 법관, 당사자, 그 밖의 소송관계인과 법정 밖의 증인이 상대방을 인식할 수 있는 방법으로 한다.
② 제1항의 비디오 등 중계장치에 의한 중계시설은 법원 안에 설치하되, 필요한 경우 법원 밖의 적당한 곳에도 설치할 수 있다.
③ 제96조제1항에 따라 증인을 신문하는 경우 문서

등의 제시는 비디오 등 중계장치에 의한 중계시설 또는 「민사소송 등에서의 전자문서 이용 등에 관한 규칙」 제2조제1호에 정한 전자소송시스템을 이용하거나 모사전송, 전자우편, 그 밖에 이에 준하는 방법으로 하여야 한다.
④ 법 제327조의2에 따라 증인을 신문한 때에는 그 취지와 증인이 출석하여 진술한 곳을 조서에 적어야 한다.
(2016.9.6 본조신설)

제96조【문서 등을 이용한 신문】 ① 당사자는 재판장의 허가를 받아 문서·도면·사진·모형·장치, 그 밖의 물건(다음부터 이 조문 안에서 이 모두를 "문서등"이라 한다)을 이용하여 신문할 수 있다.
② 제1항의 경우에 문서등이 증거조사를 하지 아니한 것인 때에는 신문에 앞서 상대방에게 열람할 기회를 주어야 한다. 다만, 상대방의 이의가 없는 때에는 그러하지 아니하다.
③ 재판장은 조서에 붙이거나 그 밖에 다른 필요가 있다고 인정하는 때에는 당사자에게 문서등의 사본(사본으로 제출할 수 없는 경우에는 그 사진이나 그 밖의 적당한 물건)을 제출할 것을 명할 수 있다.

제97조【이의신청】 ① 증인신문에 관한 재판장의 명령 또는 조치에 대한 이의신청은 그 명령 또는 조치가 있은 후 바로 하여야 하며, 그 이유를 구체적으로 밝혀야 한다.
② 법원은 제1항의 규정에 따른 이의신청에 대하여 바로 결정으로 재판하여야 한다.

제98조【재정인의 퇴정】 법정 안에 있는 특정인 앞에서는 충분히 진술하기 어려운 현저한 사유가 있는 때에는 재판장은 당사자의 의견을 들어 그 증인이 진술하는 동안 그 사람을 법정에서 나가도록 명할 수 있다.

제99조【서면에 따른 질문 또는 회답의 낭독】 듣지 못하는 증인에게 서면으로 물은 때 또는 말을 못하는 증인에게 서면으로 답하게 한 때에는 재판장은 법원사무관등으로 하여금 질문 또는 회답을 적은 서면을 낭독하게 할 수 있다.

제100조【수명법관·수탁판사의 권한】 수명법관 또는 수탁판사가 증인신문을 하는 경우에는 이 절에 규정된 법원과 재판장의 직무를 행한다.

제3절 감 정

제100조의2【감정인 의무의 고지】 법원은 감정인에게 선서를 하게 하기에 앞서 법 제335조의2에 따른 의무를 알려야 한다.
(2016.9.6 본조신설)

제101조【감정사항의 결정 등】 ① 감정을 신청하는 때에는 감정을 구하는 사항을 적은 서면을 함께 제출하여야 한다. 다만, 부득이한 사유가 있는

때에는 재판장이 정하는 기한까지 제출하면 된다.
② 제1항의 서면은 상대방에게 송달하여야 한다. 다만, 그 서면의 내용을 고려하여 법원이 송달할 필요가 없다고 인정하는 때에는 그러하지 아니하다.
③ 상대방은 제1항의 서면에 관하여 의견이 있는 때에는 의견을 적은 서면을 법원에 제출할 수 있다. 이 경우 재판장은 미리 그 제출기한을 정할 수 있다. (2016.9.6 본항개정)
④ 법원은 제1항의 서면을 토대로 하되, 제3항의 규정에 따라 의견이 제출된 때에는 그 의견을 고려하여 감정사항을 정하여야 한다. 이 경우 법원이 감정사항을 정하기 위하여 필요한 때에는 감정인의 의견을 들을 수 있다.
⑤ (2016.9.6 삭제)

제101조의2 【감정에 필요한 자료제공 등】 ① 법원은 감정에 필요한 자료를 감정인에게 보낼 수 있다.
② 당사자는 감정에 필요한 자료를 법원에 내거나 법원의 허가를 받아 직접 감정인에게 건네줄 수 있다.
③ 감정인은 부득이한 사정이 없으면 제1항, 제2항에 따른 자료가 아닌 자료를 감정의 전제가 되는 사실 인정에 사용할 수 없다.
④ 법원은 감정인에게 감정에 사용한 자료를 제출하게 하거나 그 목록을 보고하게 할 수 있다.
(2016.9.6 본조신설)

제101조의3 【감정의견에 관한 의견진술】 ① 법원은 법 제339조제1항, 제2항에 따른 감정인의 의견진술이 있는 경우에 당사자에게 기한을 정하여 그에 관한 의견을 적은 서면을 제출하게 할 수 있다.
② 법원은 법 제339조제1항, 제2항에 따른 감정인의 서면 의견진술이 있는 경우에 그에 관하여 말로 설명할 필요가 있다고 인정하는 때에는 감정인에게 법정에 출석하게 할 수 있다.
③ 제2항의 경우 법원은 당사자에게 기한을 정하여 감정인에게 질문할 사항을 적은 서면을 감정인이 출석할 신문기일 전에 제출하게 할 수 있다.
④ 법원사무관등은 제3항에 따른 서면의 부본을 감정인이 출석할 신문기일 전에 상대방에게 송달하여야 한다.
(2016.9.6 본조신설)

제102조 【기피신청의 방식】 ① 감정인에 대한 기피는 그 이유를 밝혀 신청하여야 한다.
② 기피하는 이유와 소명방법은 신청한 날부터 3일 안에 서면으로 제출하여야 한다.

제103조 【감정서의 설명】 ① 법 제341조제2항의 규정에 따라 감정서를 설명하게 하는 때에는 당사자를 참여하게 하여야 한다.
② 제1항의 설명의 요지는 조서에 적어야 한다.

제103조의2 【비디오 등 중계장치 등에 의한 감정인신문 등】 ① 법 제339조의3에 따른 감정인신문은 감정인을 법정 아닌 곳으로서 비디오 등 중계장치에 의한 중계시설이나 인터넷 화상장치가 설치된 곳에 출석하게 하고, 영상과 음향의 송수신에 의하여 법정 안의 법관, 당사자, 그 밖의 소송관계인과 법정 밖의 감정인이 상대방을 인식할 수 있는 방법으로 한다. 이 경우 제95조의2제2항부터 제4항까지를 준용한다.
② 법 제340조 단서에 따른 감정증인신문과 법 제341조제3항에 따른 감정서 설명에 관하여는 제1항을 준용한다.
(2016.9.6 본조신설)

제104조 【증인신문규정의 준용】 감정에는 그 성질에 어긋나지 아니하는 범위 안에서 제2절의 규정을 준용한다.

제4절 서 증

제105조 【문서를 제출하는 방식에 의한 서증신청】 ① 문서를 제출하여 서증의 신청을 하는 때에는 문서의 제목·작성자 및 작성일을 밝혀야 한다. 다만, 문서의 기재상 명백한 경우에는 그러하지 아니하다.
② 서증을 제출하는 때에는 상대방의 수에 1을 더한 수의 사본을 함께 제출하여야 한다. 다만, 상당한 이유가 있는 때에는 법원은 기간을 정하여 사본을 제출하게 할 수 있다.
③ 제2항의 사본은 명확한 것이어야 하며 재판장은 사본이 불명확한 때에는 사본을 다시 제출하도록 명할 수 있다.
④ 문서의 일부를 증거로 하는 때에도 문서의 전부를 제출하여야 한다. 다만, 그 사본은 재판장의 허가를 받아 증거로 원용할 부분의 초본만을 제출할 수 있다.
⑤ 법원은 서증에 대한 증거조사가 끝난 후에도 서증 원본을 다시 제출할 것을 명할 수 있다.

제106조 【증거설명서의 제출 등】 ① 재판장은 서증의 내용을 이해하기 어렵거나 서증의 수가 방대한 경우 또는 서증의 입증취지가 불명확한 경우에는 당사자에게 서증과 증명할 사실의 관계를 구체적으로 밝힌 설명서를 제출할 것을 명할 수 있다.
② 서증이 국어 아닌 문자 또는 부호로 되어 있는 때에는 그 문서의 번역문을 붙여야 한다. 다만, 문서의 일부를 증거로 하는 때에는 재판장의 허가를 받아 그 부분의 번역문만을 붙일 수 있다.

제107조 【서증 사본의 작성 등】 ① 당사자가 제105조제2항의 규정에 따라 서증 사본을 작성하는 때에는 서증 내용의 전부를 복사하여야 한다. 이 경우 재판장이 필요하다고 인정하는 때에는 서증 사

본에 원본과 틀림이 없다는 취지를 적고 기명날인 또는 서명하여야 한다.

② 서증 사본에는 다음 각호의 구분에 따른 부호와 서증의 제출순서에 따른 번호를 붙여야 한다.

1. 원고가 제출하는 것은 "갑"
2. 피고가 제출하는 것은 "을"
3. 독립당사자참가인이 제출하는 것은 "병"

③ 재판장은 같은 부호를 사용할 당사자가 여러 사람인 때에는 제2항의 부호 다음에 "가" "나" "다" 등의 가지부호를 붙여서 사용하게 할 수 있다.

제108조【서증 사본의 제출기간】 법 제147조제1항의 규정에 따라 재판장이 서증신청(문서를 제출하는 방식으로 하는 경우에 한한다)을 할 기간을 정한 때에는 당사자는 그 기간이 끝나기 전에 서증의 사본을 제출하여야 한다.

제109조【서증에 대한 증거결정】 당사자가 서증을 신청한 경우 다음 각호 가운데 어느 하나에 해당하는 사유가 있는 때에는 법원은 그 서증을 채택하지 아니하거나 채택결정을 취소할 수 있다.

1. 서증과 증명할 사실 사이에 관련성이 인정되지 아니하는 때
2. 이미 제출된 증거와 같거나 비슷한 취지의 문서로서 별도의 증거가치가 있음을 당사자가 밝히지 못한 때
3. 국어가 아닌 문자 또는 부호로 되어 있는 문서로서 그 번역문을 붙이지 아니하거나 재판장의 번역문 제출명령에 따르지 아니한 때
4. 제106조제1항의 규정에 따른 재판장의 증거설명서 제출명령에 따르지 아니한 때
5. 문서의 작성자 또는 그 작성일이 분명하지 아니한 경우로서 이를 밝히도록 한 재판장의 명령에 따르지 아니한 때

제110조【문서제출신청의 방식 등】 ① 법 제345조의 규정에 따른 문서제출신청은 서면으로 하여야 한다.

② 상대방은 제1항의 신청에 관하여 의견이 있는 때에는 의견을 적은 서면을 법원에 제출할 수 있다.

③ 법 제346조의 규정에 따른 문서목록의 제출신청에 관하여는 제1항과 제2항의 규정을 준용한다.

제111조【제시·제출된 문서의 보관】 ① 법원은 필요하다고 인정하는 때에는 법 제347조제4항 전문의 규정에 따라 제시받은 문서를 일시적으로 맡아 둘 수 있다.

② 제1항의 경우 또는 법 제353조의 규정에 따라 문서를 맡아 두는 경우 문서를 제시하거나 제출한 사람이 요구하는 때에는 법원사무관등은 문서의 보관증을 교부하여야 한다.

제112조【문서가 있는 장소에서의 서증신청 등】 ① 제3자가 가지고 있는 문서를 법 제343조 또는 법 제352조가 규정하는 방법에 따라 서증으로 신청

할 수 없거나 신청하기 어려운 사정이 있는 때에는 법원은 그 문서가 있는 장소에서 서증의 신청을 받아 조사할 수 있다.

② 제1항의 경우 신청인은 서증으로 신청한 문서의 사본을 법원에 제출하여야 한다.

제113조【기록 가운데 일부문서에 대한 송부촉탁】 ① 법원·검찰청, 그 밖의 공공기관(다음부터 이 조문 안에서 이 모두를 "법원등"이라 한다)이 보관하고 있는 기록의 불특정한 일부에 대하여도 법 제352조의 규정에 따른 문서송부의 촉탁을 신청할 수 있다.

② 법원이 제1항의 신청을 채택한 때에는 기록을 보관하고 있는 법원등에 대하여 그 기록 가운데 신청인 또는 소송대리인이 지정하는 부분의 인증등본을 보내 줄 것을 촉탁하여야 한다.

③ 제2항의 규정에 따른 촉탁을 받은 법원등은 법 제352조의2제2항에 규정된 사유가 있는 경우가 아니면 문서송부촉탁 신청인 또는 소송대리인에게 그 기록을 열람하게 하여 필요한 부분을 지정할 수 있도록 하여야 한다. (2012.5.2 본항개정)

제114조 (2007.11.28 삭제)

제115조【송부촉탁 신청인의 사본제출의무 등】 제113조, 법 제347조제1항 또는 법 제352조의 규정에 따라 법원에 문서가 제출된 때에는 신청인은 그 중 서증으로 제출하고자 하는 문서를 개별적으로 지정하고 그 사본을 법원에 제출하여야 한다. 다만, 제출된 문서가 증거조사를 마친 후 돌려 줄 필요가 없는 것인 때에는 따로 사본을 제출하지 아니하여도 된다.

제116조【문서의 진정성립을 부인하는 이유의 명시】 문서의 진정성립을 부인하는 때에는 그 이유를 구체적으로 밝혀야 한다.

제5절 검 증

제117조【검증목적물의 제출】 검증목적물의 제출절차에 관하여는 제107조제2항·제3항의 규정을 준용한다. 이 경우에는 그 부호 앞에 "검"이라고 표시하여야 한다.

제118조【검증목적물의 보관 등】 제출된 검증목적물에 관하여는 제105조제5항과 제111조제2항의 규정을 준용한다.

제6절 당사자신문

제119조【증인신문 규정의 준용】 당사자 본인이나 당사자를 대리·대표하는 법정대리인·대표자 또는 관리인의 신문에는 제81조, 제83조 및 제88조 내지 제100조의 규정을 준용한다. 이 경우 제81조제1항제2호 중 "법률상 제재를 받을 수 있다는 취

지"는 "법률상 불이익을 받을 수 있다는 취지"로 고쳐 적용한다. (2015.6.29 본항개정)

제119조의2【당사자진술서 또는 당사자신문사항의 제출 등】 ① 법원은 효율적인 당사자신문을 위하여 필요하다고 인정하는 때에는 당사자신문을 신청한 당사자에게 당사자진술서 또는 당사자신문사항을 제출하게 할 수 있다.

② 제1항에 따른 당사자진술서의 제출 등에 관하여는 제79조제2항부터 제4항까지를, 당사자신문사항의 제출 등에 관하여는 제80조제1항 본문, 제2항 및 제3항을 각 준용한다.

(2015.6.29 본조신설)

제7절 그 밖의 증거

제120조【자기디스크등에 기억된 문자정보 등에 대한 증거조사】 ① 컴퓨터용 자기디스크·광디스크, 그 밖에 이와 비슷한 정보저장매체(다음부터 이 조문 안에서 이 모두를 "자기디스크등"이라 한다)에 기억된 문자정보를 증거자료로 하는 경우에는 읽을 수 있도록 출력한 문서(다음부터 이 조문 안에서 "출력문서"라고 한다)를 제출할 수 있다.

② 자기디스크등에 기억된 문자정보를 증거로 하는 경우에 증거조사를 신청한 당사자는 법원이 명하거나 상대방이 요구한 때에는 자기디스크등에 입력한 사람과 입력한 일시, 출력한 사람과 출력한 일시를 밝혀야 한다.

③ 자기디스크등에 기억된 정보가 도면·사진 등에 관한 것인 때에는 제1항과 제2항의 규정을 준용한다.

제121조【음성·영상자료 등에 대한 증거조사】 ① 녹음·녹화테이프, 컴퓨터용 자기디스크·광디스크, 그 밖에 이와 비슷한 방법으로 음성이나 영상을 녹음 또는 녹화(다음부터 이 조문 안에서 "녹음 등"이라 한다)하여 재생할 수 있는 매체(다음부터 이 조문 안에서 "녹음테이프등"이라 한다)에 대한 증거조사를 신청하는 때에는 음성이나 영상이 녹음 등이 된 사람, 녹음등을 한 사람 및 녹음등을 한 일시·장소를 밝혀야 한다.

② 녹음테이프등에 대한 증거조사는 녹음테이프등을 재생하여 검증하는 방법으로 한다.

③ 녹음테이프등에 대한 증거조사를 신청한 당사자는 법원이 명하거나 상대방이 요구한 때에는 녹음테이프등의 녹취서, 그 밖에 그 내용을 설명하는 서면을 제출하여야 한다.

제122조【감정 등 규정의 준용】 도면·사진, 그 밖에 정보를 담기 위하여 만들어진 물건으로서 문서가 아닌 증거의 조사에 관하여는 특별한 규정이 없으면 제3절 내지 제5절의 규정을 준용한다.

제8절 증거보전

제123조【증거보전절차에서의 증거조사】 증거보전절차에서의 증거조사에 관하여는 이 장의 규정을 적용한다.

제124조【증거보전의 신청방식 등】 ① 증거보전의 신청은 서면으로 하여야 한다.

② 제1항의 신청서에는 증거보전의 사유에 관한 소명자료를 붙여야 한다.

제125조【증거보전 기록의 송부】 ① 증거보전에 관한 기록은 증거조사를 마친 후 2주 안에 본안소송의 기록이 있는 법원에 보내야 한다.

② 증거보전에 따른 증거조사를 마친 후에 본안소송이 제기된 때에는 본안소송이 계속된 법원의 송부요청을 받은 날부터 1주 안에 증거보전에 관한 기록을 보내야 한다.

제3편 상 소

제1장 항 소

제126조【항소취하를 할 법원】 소송기록이 원심법원에 있는 때에는 항소의 취하는 원심법원에 하여야 한다.

제126조의2【준비서면 등】 ① 항소인은 항소의 취지를 분명하게 하기 위하여 항소장 또는 항소심에서 처음 제출하는 준비서면에 다음 각호의 사항을 적어야 한다. (2016.8.1 본항개정)

1. 제1심 판결 중 사실을 잘못 인정한 부분 또는 법리를 잘못 적용한 부분
2. 항소심에서 새롭게 주장할 사항
3. 항소심에서 새롭게 신청할 증거와 그 입증취지
4. 제2호와 제3호에 따른 주장과 증거를 제1심에서 제출하지 못한 이유

② 재판장등은 피항소인에게 상당한 기간을 정하여 제1항제1호에 따른 항소인의 주장에 대한 반박내용을 기재한 준비서면을 제출하게 할 수 있다. (2016.8.1 본항신설)

(2007.11.28 본조신설)

(2016.8.1 본조제목개정)

제127조【항소기록 송부기간】 ① 항소장이 판결정본의 송달 전에 제출된 경우 항소기록 송부기간은 판결정본이 송달된 날부터 2주로 한다.

② 원심재판장등이 판결정본의 송달 전에 제출된 항소장에 대하여 보정명령을 내린 경우의 항소기록 송부기간은 판결정본의 송달 전에 그 흠이 보정된 때에는 판결정본이 송달된 날부터 2주, 판결정본의 송달 이후에 그 흠이 보정된 때에는 보정된 날부터 1주로 한다. (2015.6.29 본항개정)

제127조의2【제1심 변론결과의 진술】 제1심 변

론결과의 진술은 당사자가 사실상 또는 법률상 주장, 정리된 쟁점 및 증거조사 결과의 요지 등을 진술하거나, 법원이 당사자에게 해당사항을 확인하는 방식으로 할 수 있다.
(2007.11.28 본조신설)

제128조【제1심 소송절차의 준용】 항소심의 소송절차에 관하여는 그 성질에 어긋나지 아니하는 범위 안에서 제2편의 규정을 준용한다.

제2장 상 고

제129조【상고이유의 기재방식】 ① 판결에 영향을 미친 헌법·법률·명령 또는 규칙(다음부터 이 장 안에서 "법령"이라 한다)의 위반이 있다는 것을 이유로 하는 상고의 경우에 상고이유는 법령과 이에 위반하는 사유를 밝혀야 한다.
② 제1항의 규정에 따라 법령을 밝히는 때에는 그 법령의 조항 또는 내용(성문법 외의 법령에 관하여는 그 취지)을 적어야 한다.
③ 제1항의 규정에 따라 법령에 위반하는 사유를 밝히는 경우에 그 법령이 소송절차에 관한 것인 때에는 그에 위반하는 사실을 적어야 한다.

제130조【절대적 상고이유의 기재방식】 법 제424조제1항의 어느 사유를 상고이유로 삼는 때에는 상고이유에 그 조항과 이에 해당하는 사실을 밝혀야 한다.

제131조【판례의 적시】 원심판결이 대법원판례와 상반되는 것을 상고이유로 하는 경우에는 그 판례를 구체적으로 밝혀야 한다.

제132조【소송기록 접수의 통지방법】 법 제426조의 규정에 따른 소송기록 접수의 통지는 그 사유를 적은 서면을 당사자에게 송달하는 방법으로 한다.

제133조【상고이유서의 통수】 상고이유서를 제출하는 때에는 상대방의 수에 6을 더한 수의 부본을 붙여야 한다.

제133조의2【상고이유서 등의 분량】 상고이유서와 답변서는 그 분량을 30쪽 이내로 하여 제출하여야 한다.
(2016.8.1 본조신설)

제134조【참고인의 진술】 ① 법 제430조제2항의 규정에 따라 참고인의 진술을 듣는 때에는 당사자를 참여하게 하여야 한다.
② 제1항의 진술의 요지는 조서에 적어야 한다.

제134조의2【참고인 의견서 제출】 ① 국가기관과 지방자치단체는 공익과 관련된 사항에 관하여 대법원에 재판에 관한 의견서를 제출할 수 있고, 대법원은 이들에게 의견서를 제출하게 할 수 있다.
② 대법원은 소송관계를 분명하게 하기 위하여 공공단체 등 그 밖의 참고인에게 의견서를 제출하게 할 수 있다.

(2015.1.28 본조신설)

제135조【항소심절차규정의 준용】 상고와 상고심의 소송절차에는 그 성질에 어긋나지 아니하는 범위 안에서 제1장의 규정을 준용한다.

제136조【부대상고에 대한 준용】 부대상고에는 제129조 내지 제135조의 규정을 준용한다.

제3장 항 고

제137조【항소·상고의 절차규정 준용】 ① 항고와 그에 관한 절차에는 그 성질에 어긋나지 아니하는 범위 안에서 제1장의 규정을 준용한다.
② 재항고 또는 특별항고와 그에 관한 절차에는 그 성질에 어긋나지 아니하는 범위 안에서 제2장의 규정을 준용한다.

제4편 재 심

제138조【재심의 소송절차】 재심의 소송절차에는 그 성질에 어긋나지 아니하는 범위 안에서 각 심급의 소송절차에 관한 규정을 준용한다.

제139조【재심소장의 첨부서류】 재심소장에는 재심의 대상이 되는 판결의 사본을 붙여야 한다.

제140조【재심소송기록의 처리】 ① 재심절차에서 당사자가 제출한 서증의 번호는 재심 전 소송의 서증의 번호에 연속하여 매긴다.
② 재심사건에 대하여 상소가 제기된 때에는 법원사무관등은 상소기록에 재심 전 소송기록을 붙여 상소법원에 보내야 한다.

제141조【준재심절차에 대한 준용】 법 제461조의 규정에 따른 재심절차에는 제138조 내지 제140조의 규정을 준용한다.

제5편 공시최고절차

제142조【공시최고의 공고】 ① 공시최고의 공고는 다음 각호 가운데 어느 하나의 방법으로 한다. 이 경우 필요하다고 인정하는 때에는 적당한 방법으로 공고사항의 요지를 공시할 수 있다.
1. 법원게시판 게시
2. 관보·공보 또는 신문 게재
3. 전자통신매체를 이용한 공고
② 법원사무관등은 공고한 날짜와 방법을 기록에 표시하여야 한다.

제143조【제권판결의 공고】 제권판결의 요지를 공고하는 때에는 제142조의 규정을 준용한다.

제6편 판결의 확정 및 집행정지

제144조【집행정지신청 등의 방식】 법 제500조

제1항 또는 법 제501조의 규정에 따른 집행정지 등의 신청은 서면으로 하여야 한다.

부   칙(2002.6.28.)

제1조【시행일】 이 규칙은 2002년 7월 1일부터 시행한다.
제2조【계속사건에 관한 경과조치】 이 규칙은 특별한 규정이 없으면 이 규칙 시행 당시 법원에 계속중인 사건에도 적용한다. 다만, 종전의 규정에 따라 생긴 효력에는 영향을 미치지 아니한다.
제3조【증인감치에 관한 경과조치】 제86조와 법 제311조의 증인감치에 관한 규정은 법 시행 후 과태료의 재판을 고지받은 증인에 대하여 적용한다.

부   칙(2006.3.23.)

이 규칙은 공포한 날부터 시행한다.

부   칙(2007.7.31.)

제1조【시행일】 이 규칙은 2007년 8월 14일부터 시행한다.
제2조【경과조치】 이 규칙은 이 규칙 시행 당시에 법원에 계속 중인 사건에도 적용한다.

부   칙(2007.11.28.)

제1조【시행일】 이 규칙은 2008년 1월 1일부터 시행한다.
제2조【계속사건에 관한 경과조치】 이 규칙은 특별한 규정이 없으면 이 규칙 시행 당시 법원에 계속 중인 사건에도 적용한다. 다만, 종전의 규정에 따라 생긴 효력에는 영향을 미치지 아니한다.

부   칙(2009.1.9.)

제1조【시행일】 이 규칙은 공포한 날부터 시행한다.
제2조【계속사건에 관한 경과조치】 이 규칙은 이 규칙 시행 당시 법원에 계속 중인 사건에도 적용한다.

부   칙(2009.12.3.)

이 규칙은 공포한 날부터 시행한다.

부   칙(2010.12.13.)

제1조【시행일】 이 규칙은 2011년 1월 1일부터 시행한다.
제2조【계속사건에 관한 경과조치】 이 규칙은 이 규칙 시행 당시 법원에 계속 중인 사건에도 적용한다.

부   칙(2011.9.28.)(부동산등기규칙)

제1조【시행일】 이 규칙은 2011년 10월 13일부터 시행한다. <단서 생략>
제2조부터 제4조까지 생략
제5조【다른 규칙의 개정】 ① 부터 ⑤ 까지 생략
⑥ 민사소송규칙 일부를 다음과 같이 개정한다.
제63조제2항 중 "등기부등본"을 "등기사항증명서"로 한다.
⑦ 부터 ⑫ 까지 생략
제6조 생략

부   칙(2012.5.2.)(부동산등기규칙)

제1조【시행일】 이 규칙은 공포한 날부터 시행한다.
제2조【계속 사건에 관한 적용례】 이 규칙은 이 규칙 시행 당시 법원에 계속 중인 사건에도 적용한다.

부   칙(2014.8.6.)

이 규칙은 2014년 8월 7일부터 시행한다.

부   칙(2014.12.30.)

이 규칙은 2015년 1월 1일부터 시행한다.

부   칙(2015.1.28.)

제1조【시행일】 이 규칙은 공포한 날부터 시행한다. 다만, 제15조제1항 및 같은 조 제4항의 개정규정은 2015년 2월 13일부터 시행하고, 제26조제2항, 같은 조 제3항의 개정규정 및 제70조의3의 신설규정은 2015년 7월 1일부터 시행한다.
제2조【계속사건에 관한 경과조치】 이 규칙은 이 규칙 시행 당시에 법원에 계속 중인 사건에도 적용한다.

부   칙(2015.6.29.)

제1조【시행일】 이 규칙은 2015년 7월 1일부터 시행한다.
제2조【계속사건에 관한 경과조치】 이 규칙은 이 규칙 시행 당시에 법원에 계속 중인 사건에도 적용한다.

부 칙(2016.8.1.)

제1조【시행일】 이 규칙은 공포한 날부터 시행한다.
제2조【계속사건에 관한 경과조치】 이 규칙은 이 규칙 시행 당시에 법원에 계속 중인 사건에도 적용한다. 다만, 종전 규정에 따라 생긴 효력에는 영향을 미치지 아니한다.

부 칙(2016.9.6.)

제1조【시행일】 이 규칙은 2016년 9월 30일부터 시행한다. 다만, 제15조제1항 및 제4항의 개정규정은 2016년 10월 1일부터 시행하고, 제17조의2의 개정규정은 공포한 날부터 시행한다.
제2조【계속사건에 관한 경과조치】 이 규칙은 이 규칙 시행 당시에 법원에 계속 중인 사건에도 적용한다. 다만, 종전의 규정에 따라 생긴 효력에 영향을 미치지 아니한다.

부 칙(2017.2.2.)

제1조【시행일】 이 규칙은 2017년 2월 4일부터 시행한다.
제2조【계속사건에 관한 경과조치】 이 규칙은 이 규칙 시행 당시 법원에 계속 중인 사건에도 적용한다. 다만, 종전 규칙에 따라 생긴 효력에는 영향을 미치지 아니한다.

부 칙(2018.1.31.)

이 규칙은 공포한 날부터 시행한다.

민사집행법

（2002년 1월 26일
법률 제6627호）

개정
2005. 1.27법7358호
2007. 8. 3법8581호(상)
2007. 8. 3법8622호(소형선박저당법)
2009. 3.25법9525호(자동차등특정동산저당법)
2010. 7.23법10376호
2011. 4. 5법10539호
2011. 4.12법10580호(부동산등기법)
2014. 5.20법12588호
2015. 5.18법13286호 → 2015.11.19 시행
2016. 2. 3법13952호(민사소송법) → 2017. 2. 4 시행

제1편 총 칙

제1조【목적】 이 법은 강제집행, 담보권 실행을 위한 경매, 민법·상법, 그 밖의 법률의 규정에 의한 경매(이하 "민사집행"이라 한다) 및 보전처분의 절차를 규정함을 목적으로 한다.
■ [다른 법률의 강제집행] 배상명령(소송촉진34), 과태료(60), 벌금(비송249, 형소477)
제2조【집행실시자】 민사집행은 이 법에 특별한 규정이 없으면 집행관이 실시한다.
■ [집행관] 집행관의 권한(43, 법조55, 집행관2), 이의신청(16), 집행일시지정(민집규3)
1. 집행관의 관할구역 외에서의 집행의 효력 집행관은 법률상 그 소속 지방법원의 관할구역 내에서만 그 직무를 수행할 권한이 있는 것이어서, 법원의 재판으로써 집행관의 토지관할권을 좌우할 수 없으므로, 재판 주문에서 집행관의 직무권한에 관한 사항을 포함하였다면 이는 법률상 불가능 사항을 내용으로 한 것으로서 그 효력을 발생할 수 없다.(대결

1964.4.13, 63마193)

제3조【집행법원】 ① 이 법에서 규정한 집행행위에 관한 법원의 처분이나 그 행위에 관한 법원의 협력사항을 관할하는 집행법원은 법률에 특별히 지정되어 있지 아니하면 집행절차를 실시할 곳이나 실시한 곳을 관할하는 지방법원이 된다.
② 집행법원의 재판은 변론 없이 할 수 있다.
■ ① [집행법원] 부동산(79), 채권(223), 가압류(291), [집행행위에 대한 협력] 국군에 대한 원조요청(5③), 공휴일집행의 허가(8), 압류금지물 재판(196), [2] [변론] 임시의 지위를 정하기 위한 가처분(304), [기타] 집행에 관한 이의재판(16), 잠정처분(46④), 특별대리인의 선임(52②), [관할법원] 전속관할(21), 가처분의 재판(303)

제4조【집행신청의 방식】 민사집행의 신청은 서면으로 하여야 한다.
■ [서면신청] 강제경매(80·81), 부동산(163), 담보권실행(264), 압류명령(225), 가압류(279), 유체동산(민집규131), 신청의 방법(민소161)

제5조【집행관의 강제력 사용】 ① 집행관은 집행을 하기 위하여 필요한 경우에는 채무자의 주거·창고 그 밖의 장소를 수색하고, 잠근 문과 기구를 여는 등 적절한 조치를 할 수 있다.
② 제1항의 경우에 저항을 받으면 집행관은 경찰 또는 국군의 원조를 요청할 수 있다.
③ 제2항의 국군의 원조는 법원에 신청하여야 하며, 법원이 국군의 원조를 요청하는 절차는 대법원규칙으로 정한다.
■ ③ 집행관의 강제력사용(민집규4)

제6조【참여자】 집행관은 집행하는 데 저항을 받거나 채무자의 주거에서 집행을 실시하려는데 채무자나 사리를 분별할 지능이 있는 그 친족·고용인을 만나지 못한 때에는 성년 두 사람이나 특별시·광역시의 구 또는 동 직원, 시·읍·면 직원(도농복합형태의 시의 경우 동지역에서는 시 직원, 읍·면지역에서는 읍·면 직원) 또는 경찰공무원중 한 사람을 증인으로 참여하게 하여야 한다.
■ 집행참여자의 의무(민집규5), 친족(민767·777), 성년(민6·826의2)

제7조【집행관에 대한 원조요구】 ① 집행관 외의 사람으로서 법원의 명령에 의하여 민사집행에 관한 직무를 행하는 사람은 그 신분 또는 자격을 증명하는 문서를 지니고 있다가 관계인이 신청할 때에는 이를 내보여야 한다.
② 제1항의 사람이 그 직무를 집행하는 데 저항을 받으면 집행관에게 원조를 요구할 수 있다.
③ 제2항의 원조요구를 받은 집행관은 제5조 및 제6조에 규정된 권한을 행사할 수 있다.
■ ① [집행관 외의 사람] 감정인(97), 관리인(166), 보관인(244①), 공공기관의 원조(20), ③ 집행관의 강제력 사용(5), 참여자(6)

제8조【공휴일·야간의 집행】 ① 공휴일과 야간에는 법원의 허가가 있어야 집행행위를 할 수 있다.
② 제1항의 허가명령은 민사집행을 실시할 때에 내보여야 한다.
■ [공휴일] 국경일, 관공서의 공휴일에 관한 규정, 허부에 관한 불복(16)

제9조【기록열람·등본부여】 집행관은 이해관계 있는 사람이 신청하면 집행기록을 볼 수 있도록 허가하고, 기록에 있는 서류의 등본을 교부하여야 한

다.
■ [집행기록] 집행조서(10), 집행정지서류(49), 강제경매신청서(81)

제10조【집행조서】 ① 집행관은 집행조서(執行調書)를 작성하여야 한다.
② 제1항의 조서(調書)에는 다음 각호의 사항을 밝혀야 한다.
1. 집행한 날짜와 장소
2. 집행의 목적물과 그 중요한 사정의 개요
3. 집행참여자의 표시
4. 집행참여자의 서명날인
5. 집행참여자에게 조서를 읽어 주거나 보여 주고, 그가 이를 승인하고 서명날인한 사실
6. 집행관의 기명날인 또는 서명
③ 제2항제4호 및 제5호의 규정에 따라 서명날인할 수 없는 경우에는 그 이유를 적어야 한다.
■ 집행조서의 기재사항(민집규6)
1. **경매조서의 증명력** 부동산의 임의경매절차에서 집행관이 구 경매법 및 구 민사소송법 소정의 방식을 이행하였는가의 여부는 경매조서에 의해서만 이를 심사할 것이다.(대결 1982.12.17, 82마577)

제11조【집행행위에 속한 최고, 그 밖의 통지】 ① 집행행위에 속한 최고(催告) 그 밖의 통지는 집행관이 말로 하고 이를 조서에 적어야 한다.
② 말로 최고나 통지를 할 수 없는 경우에는 민사소송법 제181조·제182조 및 제187조의 규정을 준용하여 그 조서의 등본을 송달한다. 이 경우 송달증서를 작성하지 아니한 때에는 조서에 송달한 사유를 적어야 한다.
③ 집행하는 곳과 법원의 관할구역안에서 제2항의 송달을 할 수 없는 경우에는 최고나 통지를 받을 사람에게 대법원규칙이 정하는 방법으로 조서의 등본을 발송하고 그 사유를 조서에 적어야 한다.
■ ① [집행관의 최고·통지] 매수가격신고 차순위(115), 압류통지(189③), 배당요구(219①), 입찰(민집규65①), 집행법원의 최고·통지(민집규8), [2] [준용] 군관계인에게 할 송달(민소181), 구속된 사람들에게 할 송달(민소182), 우편송달(민소187)

제12조【송달·통지의 생략】 채무자가 외국에 있거나 있는 곳이 분명하지 아니한 때에는 집행행위에 속한 송달이나 통지를 하지 아니하여도 된다.
■ 송달·통지의 생략(민집규8④)
1. **입찰기일 송달의 하자와 다른 이해관계인의 항고사유**(소극) 경매개시결정은 비단 압류의 효력을 발생시키는 것일 뿐만 아니라 경매절차의 기초가 되는 재판이어서 그것이 당사자에게 고지되지 않으면 효력이 없고, 따라서 따로 압류의 효력이 발생하였는지의 여부와 관계없이 채무자에 대한 경매개시결정의 고지 없이는 유효하게 경매절차를 수행할 수 없으므로, 채무자가 아닌 이해관계인으로서도 채무자에 대한 경매개시결정 송달의 흠결을 구 민소 642조 2항, 633조 1호의 규정에 의하여 낙찰허가결정에 대한 항고사유로 삼을 수 있는 반면, 같은 법 634조의 규정에 의하여 낙찰허가에 대한 이의는 다른 이해관계인의 권리에 관한 이유에 의하여는 하지 못하므로, 설사 채무자에 대한 입찰기일의 송달에 하자가 있다고 할지라도 다른 이해관계인이 이를 낙찰허가결정에 대한 항고사유로 주장할 수 없다.(대결 1997.6.10, 97마814)

제13조【외국송달의 특례】 ① 집행절차에서 외

국으로 송달이나 통지를 하는 경우에는 송달이나 통지와 함께 대한민국안에 송달이나 통지를 받을 장소와 영수인을 정하여 상당한 기간 이내에 신고하도록 명할 수 있다.
② 제1항의 기간 이내에 신고가 없는 경우에는 그 이후의 송달이나 통지를 하지 아니할 수 있다.
■ 송달받을 장소의 신고(민집규10, 민소184)

제14조 【주소 등이 바뀐 경우의 신고의무】 ① 집행에 관하여 법원에 신청이나 신고를 한 사람 또는 법원으로부터 서류를 송달받은 사람이 송달받을 장소를 바꾼 때에는 그 취지를 법원에 바로 신고하여야 한다.
② 제1항의 신고를 하지 아니한 사람에 대한 송달은 달리 송달할 장소를 알 수 없는 경우에는 법원에 신고된 장소 또는 종전에 송달을 받던 장소에 대법원규칙이 정하는 방법으로 발송할 수 있다.
③ 제2항의 규정에 따라 서류를 발송한 경우에는 발송한 때에 송달된 것으로 본다.
■ ① 변경송달장소의 신고의무(민집규9, 민소185), ③ 발신주의(민소189)

제15조 【즉시항고】 ① 집행절차에 관한 집행법원의 재판에 대하여는 특별한 규정이 있어야만 즉시항고(卽時抗告)를 할 수 있다.
② 항고인(抗告人)은 재판을 고지받은 날부터 1주의 불변기간 이내에 항고장(抗告狀)을 원심법원에 제출하여야 한다.
③ 항고장에 항고이유를 적지 아니한 때에는 항고인은 항고장을 제출한 날부터 10일 이내에 항고이유서를 원심법원에 제출하여야 한다.
④ 항고이유는 대법원규칙이 정하는 바에 따라 적어야 한다.
⑤ 항고인이 제3항의 규정에 따른 항고이유서를 제출하지 아니하거나 항고이유가 제4항의 규정에 위반한 때 또는 항고가 부적법하고 이를 보정(補正)할 수 없음이 분명한 때에는 원심법원은 결정으로 그 즉시항고를 각하하여야 한다.
⑥ 제1항의 즉시항고는 집행정지의 효력을 가지지 아니한다. 다만, 항고법원(재판기록이 원심법원에 남아 있는 때에는 원심법원)은 즉시항고에 대한 결정이 있을 때까지 담보를 제공하게 하거나 담보를 제공하게 하지 아니하고 원심재판의 집행을 정지하거나 집행절차의 전부 또는 일부를 정지하도록 명할 수 있고, 담보를 제공하게 하고 그 집행을 계속하도록 명할 수 있다.
⑦ 항고법원은 항고장 또는 항고이유서에 적힌 이유에 대하여서만 조사한다. 다만, 원심재판에 영향을 미칠 수 있는 법령위반 또는 사실오인이 있는지에 대하여 직권으로 조사할 수 있다.
⑧ 제5항의 결정에 대하여는 즉시항고를 할 수 있다.
⑨ 제6항 단서의 규정에 따른 결정에 대하여는 불복할 수 없다.
⑩ 제1항의 즉시항고에 대하여는 이 법에 특별한 규정이 있는 경우를 제외하고는 민사소송법 제3편 제3장중 즉시항고에 관한 규정을 준용한다.
■ ① 즉시항고가 허용되는 집행법원의 재판(17①·18③·62⑧·63⑤·66②·83⑤·86③·87⑤·102③·111②·129·164·171③·193⑤·227④·229⑥·260③·261②·293③), ② [항고장] 서면주의(민소397②), 불변기간(민집규12·100②·124②), 기산점의 특례(민소170·172·173), 기간의 계산(민157), [확정되어야 효력이 있는 재판] 집행절차의 취소(17②), 매각허가여부(126③), 선박운행허가(176④), 전부명령(229⑦), 채권의 특별현금화(241④), ⑦ [항고법원의 재판] 변론 또는 심문(민소134①②), ⑧ [즉시항고재판에 대한 불복] 재항고(민소442), ⑨ [불복할 수 없는 재판] 즉시항고에 따른 집행정지(15⑨), 이의 재판에서의 잠정처분(47③·48③), 이송(민소182②), 민집규119②)

1. 즉시항고의 허부 구 민사소송법은 강제집행절차에서 집행법원의 재판에 대한 불복방법으로서 즉시항고(517조)와 집행에 관한 이의(504조)를 마련하고 있는데, 그중 즉시항고는 원칙적으로 특별한 규정이 있는 경우에 한하여 허용되는 것이나(517조 1항), 특별한 규정이 없는 경우에도 해석상 그와 동일하게 취급되어야 한다고 인정되는 때에는 허용된다고 할 것인바, 강제집행절차에도 같은 법 413조의 규정이 적용되므로 같은 규정에 의하여 소송절차상의 항소심에 관한 같은 법 368조의2 규정이 준용된다 할 것이고, 따라서 경매부동산의 소유자 등 이해관계인이 경락허부결정에 대하여 불복하여 즉시항고를 한 경우에 원심법원인 경매법원의 재판장은 그 항고장이 같은 법 413조, 367조 2항의 규정에 위배된 경우 및 그 항고장에 법률의 규정에 의한 인지를 붙이지 아니한 경우에 상당한 기간을 정하여 보정을 명하였음에도 항고인이 흠결을 보정하지 아니한 때와 항고기간이 경과하였음이 명백한 때에는 명령으로 위 항고장을 각하하여야 하고(368조의2 1항, 2항), 그 각하명령에 대하여는 즉시항고의 방법으로 불복할 수 있다고 할 것이고(368조의2 3항), 강제집행절차상의 원심재판장의 항고장각하명령과 같은 법 642조 5항 소정의 원심법원의 항고장각하결정은, 남항고의 방지와 절차의 촉진이라는 제도의 취지 및 각하됨으로 인한 이해관계인(특히 항고인)의 이해 등을 같이 하여 그 성질에 있어서 서로 다를 바가 없으므로, 항고인이 위 각하명령에 대하여 같은 법 413조, 368조의2 3항에 의하여 즉시항고의 방법으로 불복할 수 있는 것과 마찬가지로 위 각하결정에 대하여도 같은 규정에 의하여 즉시항고의 방법으로 불복할 수 있다고 보아야 한다.(대결(全) 1995.1.20, 94마1961)

2. 가압류이의신청에 대한 재판에 본조가 적용되는지 여부 (소극) 가압류이의신청에 대한 재판은 집행절차에 관한 집행법원의 재판에 해당하지 아니하므로 그에 대한 즉시항고에는 민집 15조가 적용되지 않고 민사소송법의 즉시항고에 관한 규정이 적용된다.(대결 2008.2.29, 2008마145)

3. 압류 전부명령채무자의 불복사유 채권의 압류 및 전부명령은 금전채권의 집행권원을 가지는 채권자가, 그 집행권원상의 채무자가 제3채무자에 대하여 가지는 금전채권을 대상으로 하는 강제집행으로서, 법원은 압류 및 전부명령의 결정을 함에 있어서는 집행권원의 송달, 선행하는 압류명령의 존부, 피전부적격의 유무 등의 요건을 심리하면 되고, 실제로 채무자가 제3채무자에게 압류 및 전부명령의 대상이 되는 채권을 가지고 있는지 여부는 따질 필요가 없는 것이 원칙이고, 만일 채무자의 제3채무자에 대한 위와 같은 채권이 존재하지 아니하는 경우에는 전부명령이 확정되더라도 변제의 효력이 없는 것이며, 채무자로서는 제3채무자에게 그와 같은 채권을 가지고 있지 않다고 하더라도 특별한 사정이 없는 한 그로 인하여 어떠한 불이익이 있는 것이 아니므로, 이것을 이유로 하여서는 스스로 불복의 사유로 삼을 수 없다.(대결 1992.4.15, 92마213)

4. 경락대금 납부 후의 불복신청 경락허가결정이 된 후 경

락대금이 납부되기 이전에 구 민소 510조 2호 서면인 강제
집행정지결정이 제출되어 강제경매절차를 필요적으로 정지
하여야 함에도, 경매법원이 대금납부기일을 지정하고 이에
따라 경락인들이 경락대금을 완납하였다면 이러한 대금납부
기일지정 조치 등은 위법하다 할 것이나, 구 민소 646조의2,
민소규 146조의3 1항, 3항의 각 규정취지에 비추어 경락대
금이 완납된 이후에는 이해관계인이 이러한 위법한 처분들
에 관하여 구 민소 504조 소정의 집행에 관한 이의, 나아가
즉시항고에 의하여 그 시정을 구할 수 없으며, 또한 구 민소
511조에 의한 집행처분의 취소신청도 할 수 없다.(대결
1995.2.16, 94마1871)
5. 경락허가결정에 대한 추완항고의 종기 경락허가결정에
대하여 이해관계인이 추완에 의한 항고를 제기한 경우 항고
법원에서 추완신청이 허용되었다면 비록 다른 이유로 항고
가 이유 없는 경우에도 경락허가결정은 확정되지 아니하고
따라서 그 이전에 이미 경락허가결정이 확정된 것으로 알고
경매법원이 경락대금 납부기일을 정하여 경락인으로 하여금
경락대금을 납부하게 하였다고 하더라도 이는 적법한 경락
대금의 납부라고 할 수 없는 것이어서, 배당절차가 종료됨으
로써 경매가 완결되었다고 하여 그 추완신청을 받아들일 수
없는 것은 아니다.(대결(全) 2002.12.24, 2001마1047)
6. 항고심의 강제집행에 관한 처분 강제집행에 관한 항고심
절차에도 항소심에 관한 규정이 준용되므로 다른 특별한 사
정이 없는 한 항고심법원이 강제집행에 관한 제1심결정을
취소함과 동시에 제1심법원과 같이 강제집행에 관한 처분을
할 수 있고, 이는 간접강제결정이 제1심 수소법원의 전속관
할인 경우에도 마찬가지이다.(대결 1997.1.16, 96마774)
7. 이행강제금 부과처분에 대한 불복방법 건축 83조 6항,
82조 4항의 규정에 의하면 건축 83조에 의하여 부과되는 이
행강제금에 대하여 이의를 제기한 경우에는 비송사건절차법
에 의한 과태료의 재판에 준하여 결정을 하도록 되어 있고,
비송 248조 3항에 의하면 "당사자와 검사는 과태료의 재판
에 대하여 즉시항고를 할 수 있다."고 되어 있으므로, 이행
강제금에 대한 이의에 관한 재판에 대하여는 즉시항고만을
할 수 있다 할 것이고, 그 항고심의 결정에 대한 재항고 역
시 즉시항고에 해당하여 이 항고의 재항고는 항고심의 재판
고지가 있은 날로부터 1주일 내에 제기하여야 하고 그 기간
은 불변기간이다.(대결 2002.8.16, 2002마362)
**8. 결정·명령이 당사자에게 고지되어 효력이 발생하기 전
에 항고할 수 있는지 여부(적극)** 이미 성립한 결정에 대하
여는 결정이 고지되어 효력을 발생하기 전에도 결정에 불복
하여 항고할 수 있다.(대결(全) 2014.10.8, 2014마667)
9. 집행에 관한 이의신청에 대한 재판에 불복하는 방법 집
행에 관한 이의신청에 대한 재판이 민집 17조 1항에 해당하
는 경우에는 즉시항고를 제기할 수 있지만, 그 밖의 경우에
는 이의신청에 대한 재판에 대하여 즉시항고를 제기할 수
없고, 민집 23조 1항에 따라 준용되는 민소 449조의 특별항
고로만 불복할 수 있다.(대결 2016.6.21, 2016마5082)

제16조【집행에 관한 이의신청】 ① 집행법원의
집행절차에 관한 재판으로서 즉시항고를 할 수 없
는 것과, 집행관의 집행처분, 그 밖에 집행관이 지
킬 집행절차에 대하여서는 법원에 이의를 신청할
수 있다.
② 법원은 제1항의 이의신청에 대한 재판에 앞서,
채무자에게 담보를 제공하게 하거나 제공하게 하지
아니하고 집행을 일시정지하도록 명하거나, 채권자
에게 담보를 제공하게 하고 그 집행을 계속하도록
명하는 등 잠정처분(暫定處分)을 할 수 있다.
③ 집행관이 집행을 위임받기를 거부하거나 집행

위를 지체하는 경우 또는 집행관이 계산한 수수료
에 대하여 다툼이 있는 경우에는 법원에 이의를 신
청할 수 있다.
■ ① [집행이의를 할 수 있는 재판] 야간집행의 허가(8), 집행처분의 일
시유지(50①·266②), 매각물건명세서의 작성(105①), [관할법원] 전속관
할(21), 이송(23①, 민소34), 이의신청의 방식(민집규15, 민인9), 심리와
재판(23, 민소134·203), ② 잠정처분(156)
1. 불복방법을 집행이의로 인정한 사례(1) 가처분 채권자의
가처분해제신청은 가처분집행신청의 취하 내지 그 집행취소
신청에 해당하는 것인바, 이러한 신청은 가처분의 집행절차
를 이루는 행위이고 그 신청이 가처분 채권자의 의사에 기
한 것인지 여부는 집행법원이 조사·판단하여야 할 사항이라
고 할 것이므로, 그 신청서가 위조되었다는 사유는 그 신청에
기한 집행행위, 즉 가처분기입등기의 말소촉탁에 대한 집행
이의의 사유가 된다고 보아야 할 것이며, 따라서 가처분해제
신청서가 위조되었다고 주장하는 가처분 채권자로서는 가처
분의 집행법원에 집행이의를 통하여 말소회복을 구할 수 있
을 것이고(만일 가처분기입등기의 회복에 등기상 이해
관계가 있는 제3자가 있는 경우에는 그의 승낙서 또는 이에
대항할 수 있는 재판의 등본을 집행법원에 제출할 필요가 있
다), 그 집행이의가 이유 있다면 집행법원은 가처분기입등기
의 말소회복등기의 촉탁을 하여야 한다.(대판 2000.3.24, 99
다27149)
2. 불복방법을 집행이의로 인정한 사례(2) 구 민소 613조에
의하면, 강제경매절차 중에 부동산의 멸실 기타 매각으로 인
하여 권리의 이전을 불가능하게 하는 사정이 명백하게 된
때에는 집행법원이 강제경매의 절차를 필요적으로 취소하도
록 규정하고 있으므로, 이해관계인이 집행법원에 대하여 구
민소 613조에 의한 경매절차의 취소신청을 하였다고 하더라
도 이와 같은 취소신청은 집행법원의 경매절차취소를 촉구
하는 의미를 가질 뿐이나, 집행법원이 절차를 취소하여야 할
사정이 명백함에도 불구하고 취소결정을 하지 아니할 때에
는 구 민소 504조에 정한 집행에 관한 이의에 의하여 불복
을 신청할 수 있다.(대결 1997.11.11, 96그64)
**3. 집행권원상의 청구권을 양도한 채권자의 강제집행과 그
에 대한 불복방법** 집행권원상의 청구권을 양도한 채권자가
집행력이 소멸한 이행권고결정서의 정본에 기하여 강제집행
에 나아간 경우에 채무자는 민집 16조의 집행이의의 방
법으로 이를 다툴 수 있다.(대판 2008.2.1, 2005다23889)
4. 집행채권에 대한 압류와 집행장애사유 채권압류명령과
전부명령을 동시에 신청하더라도 압류명령과 진부명령은 별
개로서 그 적부는 각각 판단하여야 하는 것이고, 집행채권의
압류가 집행장애사유가 되는 것은 집행법원이 압류 등의 효
력에 반하여 집행채권자의 채권자를 해하는 일체의 처분을
할 수 없기 때문이며, 집행채권이 압류된 경우에는 등 추
심명령이나 전부명령이 행하여지지 않은 이상 집행채권의
채권자는 여전히 집행채권을 압류한 채권자를 해하지 않는
한도 내에서 그 채권을 행사할 수 있다고 할 것인데, 채권압
류명령은 비록 강제집행절차에 나아간 것이기는 하나 채권
전부명령과는 달리 집행채권의 환가나 만족적 단계에 이르
지 아니하는 보전적 처분으로서 집행채권을 압류한 채권자
를 해하는 것이 아니기 때문에 집행채권의 압류의 효
력에 반하는 것은 아니라고 할 것이므로 집행채권에 대한
압류는 집행채권자가 그 채무자를 상대로 한 채권압류명령
에는 집행장애사유가 될 수 없다.(대결 2000.10.2, 2000마
5221)
**5. 집행법원이 강제집행 취소결정을 무시하고 집행을 진행
한 때의 불복방법** 구 민소 511조에 의하면 강제집행 진행
중 강제집행취소결정 정본이나 집행처분의 소를 인용한 종
국판결정본을 집행기관에 제출하면 집행기관은 필요적으로
강제집행을 취소하도록 규정하고 있으므로 집행법원에 청구

이의의 소를 인용한 확정판결 정본을 첨부하여 강제집행취소신청을 하였다 하더라도 이와 같은 신청은 강제집행의 필요적 취소를 촉구하는 의미를 가질 뿐이고 집행법원이 강제집행취소결정 정본을 제출받고도 강제집행을 계속 진행할 때에는 집행방법에 관한 이의절차에 의하여 불복할 수 있을 따름이다.(대결 1986.3.26, 85그130)

6. 집행이의를 신청할 이해관계자 경매절차의 진행에 관한 경매법원의 결정에 대하여 집행에 관한 이의를 신청하려면, 원칙적으로 그와 같은 경매법원의 결정에 대하여 법률상의 이해관계를 가져야만 할 것인바, 장차 경매절차에서 응찰할 예정이라는 사유만으로는 그 경매절차에 관하여 법률상 이해관계를 가진다고 할 수 없어 집행에 관한 이의를 신청할 적격이 없다.(대결 1997.11.11, 96그64)

7. 집행법원이 집행장애사유에 대하여 취하여야 할 조치 집행법원은 강제집행의 개시나 속행에 있어서 집행장애사유에 대하여 직권으로 존부를 조사하여야 하고, 집행개시 전부터 사유가 있는 경우에는 집행의 신청을 각하 또는 기각하여야 하며, 만일 집행장애사유가 존재함에도 간과하고 강제집행을 개시한 다음 이를 발견한 때에는 이미 한 집행절차를 직권으로 취소하여야 한다.(대판 2016.9.28, 2016다205915)

제17조 【취소결정의 효력】 ① 집행절차를 취소하는 결정, 집행절차를 취소한 집행관의 처분에 대한 이의신청을 기각·각하하는 결정 또는 집행관에게 집행절차의 취소를 명하는 결정에 대하여는 즉시항고를 할 수 있다.

② 제1항의 결정은 확정되어야 효력을 가진다.

■ [집행절차의 취소사유] 즉시항고의 신청(15), 집행이의의 신청(16), 집행비용의 예납(18), 집행정지문서의 제출(50), 목적물의 멸실(96), 무잉여(102), 집행채권의 변제(171②), 보증의 제공(181), 압류명령의 취소(196①), 가압류해방금액의 공탁(299), [집행절차를 취소하는 재판에 대하여 즉시항고가 인정되지 않는 것] 집행정지문서가 제출되었음을 이유로 한 집행정지의 취소(50②·266②), 보증이 제공되었음을 이유로 한 강제경매절차의 취소(181④)

1. 즉시항고가 인정되지 않는 재판 특별항고는 불복을 신청할 수 없는 결정이나 명령에 대하여만 할 수 있는 것이고 불복을 신청할 수 있는 방법이 따로 마련되어 있는 결정이나 명령에 대하여는 할 수 없는 것인바, 부동산강제집행절차에서 집행법원이 집행취소문서가 제출되었다 하여 당해 집행절차를 취소한 결정은 즉시항고를 할 수 없는 강제집행의 절차에 관한 집행법원의 재판으로서, 그 취소결정에 이의가 있는 사람은 구 민소 504조에 따라서 집행에 관한 이의의 방법으로 불복을 신청할 수 있으므로 그 취소결정에 대하여는 대법원에 특별항고를 할 수 없다.(대결 1994.5.9, 94그4)

제18조 【집행비용의 예납 등】 ① 민사집행의 신청을 하는 때에는 채권자는 민사집행에 필요한 비용으로서 법원이 정하는 금액을 미리 내야 한다. 법원이 부족한 비용을 미리 내라고 명하는 때에도 또한 같다.

② 채권자가 제1항의 비용을 미리 내지 아니한 때에는 법원은 결정으로 신청을 각하하거나 집행절차를 취소할 수 있다.

③ 제2항의 규정에 따른 결정에 대하여는 즉시항고를 할 수 있다.

■ [1] 비용의 예납(집행관수수료규칙25, 민소116), 소송상의 구조(민소128), [3] 즉시항고(15)

제19조 【담보제공·공탁 법원】 ① 이 법의 규정에 의한 담보의 제공이나 공탁은 채권자나 채무자의 보통재판적(普通裁判籍)이 있는 곳의 지방법원

또는 집행법원에 할 수 있다.

② 당사자가 담보를 제공하거나 공탁을 한 때에는, 법원은 그의 신청에 따라 증명서를 주어야 한다.

③ 이 법에 규정된 담보에는 특별한 규정이 있는 경우를 제외하고는 민사소송법 제122조·제123조·제125조 및 제126조의 규정을 준용한다.

■ [1] [채무자가 제공하는 담보] 즉시항고에 의한 집행정지(15⑥), 집행에 관한 이의신청에 의한 집행정지(16②), 청구에 관한 이의에 의한 집행정지·취소(46②), 가압류·가처분에 대한 이의신청에 의한 변경 또는 취소(286⑤·301), [채권자가 제공하는 담보] 즉시항고에서의 상대방이 하는 집행의 속행(15⑥), 청구에 관한 이의의 소에서 피고가 하는 집행의 속행(46②), 제3자이의의 소에서 피고가 하는 집행의 속행(48⑨), 가압류·가처분(280·301), [제3자가 제공하는 담보] 가압류·가처분에 대한 이의신청에서 인가 또는 변경판결(286③·301), 제3자이의의 소에 의한 집행의 정지·취소(48③·46②), 즉시항고에 의한 집행정지(15⑥), [공탁] 채권자가 추심한 금전의 공탁(236②), 보전집행의 정지·취소를 위하여 채무자의 목적물에 갈음하는 금전의 공탁(282·299), 금전, 매각대금의 공탁(296④⑤), 공탁절차(공탁, 공탁규), 지급보증위탁계약(민소규22), [3] [준용규정] 담보제공방식(민소122), 담보물에 대한 피고의 권리(민소123), 담보의 취소(민소125), 담보물 변경(민소126)

1. 담보제공명령에 대한 불복 구 민소 507조 2항 소정의 강제집행정지결정 등을 명하기 위하여 담보제공명령을 내렸다면 이러한 담보제공명령은 나중에 있을 강제집행을 정지하는 재판에 대한 중간적 재판에 해당하는바, 위 명령에서 정한 공탁금액이 너무 과다하여 부당하다고 하더라도 이는 강제집행정지의 재판에 대한 불복절차에서 그 당부를 다툴 수 있을 뿐, 중간적 재판에 해당하는 담보제공명령에 대하여는 독립하여 불복할 수 없다.(대결 2001.9.3, 2001그85)

2. 집행정지를 위한 담보의 효력범위 가집행선고부판결에 대한 강제집행정지를 위하여 공탁한 담보는 강제집행정지로 인하여 채권자에게 생길 손해를 담보하기 위한 것이고 정지의 대상인 기본채권 자체를 담보하는 것은 아니므로, 채권자는 그 손해배상청구권에 한하여서만 질권자와 동일한 권리가 있을 뿐 기본채권에까지 담보적 효력이 미치는 것은 아니다.(대판 2000.1.14, 98다24914)

3. 담보물의 변환 법원은 담보제공자의 신청에 의하여 상당하다고 인정할 때에는 공탁한 담보물의 변환을 명할 수가 있는 것이고 신 담보물을 어떠한 종류와 수량의 유가증권으로 할 것인가는 법원의 재량에 의하여 정하여지는 것이라 할 것이나, 법원은 그로 인하여 담보권리자의 이익이나 권리가 침해되지 않도록 원래의 공탁물에 상당한 합리적인 범위 내에서 결정하여야 할 것인바, 공탁할 유가증권은 담보로 하여 성질상 환가가 용이하지 아니하거나 시세의 변동이 심하여 안정성이 있는 것은 부적당하다 할 것이다.(대결 2000.5.31, 2000그22)

4. 담보권리자의 권리행사방법 구 민소 115조에 의하여 담보제공자가 담보의 사유가 소멸한 것을 증명하거나 담보권리자의 동의 있음을 증명한 때에는 법원은 신청에 의하여 담보취소의 결정을 하여야 하고, 소송완결 후 담보제공자의 신청이 있는 때에는 법원은 담보권리자에 대하여 일정한 기간 내에 그 권리를 행사할 것을 최고하고, 담보권리자가 그 권리를 행사하지 아니하는 때에는 담보취소에 대한 담보권리자의 동의가 있는 것으로 간주하는 것인바, 이 경우 담보권리자의 권리행사는 담보의무자에 대하여 소송의 방법으로 하여야 한다.(대결 1992.10.20, 92마728)

5. 담보권리자가 권리행사를 위하여 제기한 소송의 소송비용이 강제집행정지를 위한 담보공탁금의 피담보채권에 포함되는지 여부(적극) 강제집행정지를 위하여 법원의 명령으로 제공된 공탁금은 채권자가 강제집행정지 자체로 인하여 입은 손해배상채권을 담보하는 것이나, 그 손해의 범위는 민 393조에 의하여 정하여져야 할 것인바, 담보제공자의 권리행사최고에 따라 담보권리자가 권리행사를 위하여 제기한

소송의 소송비용은 강제집행정지로 인하여 입은 통상손해에 해당한다고 할 것이므로 위 소송비용은 강제집행정지를 위하여 법원의 명령으로 제공된 담보공탁금의 피담보채권이 된다고 할 것이다.(대결 2004.7.5, 2004마177)

6. **가처분채권자가 담보제공명령으로 금전을 공탁한 후 파산선고를 받은 경우** 가처분채권자가 가처분으로 인하여 가처분채무자가 받게 될 손해를 담보하기 위하여 법원의 담보제공명령으로 일정한 금전을 공탁한 경우에, 피공탁자로서 담보권리자인 가처분채무자는 담보공탁금에 대하여 질권자와 동일한 권리가 있다(민집 19조 3항, 민소 123조). 한편 가처분채권자가 파산선고를 받게 되면 가처분채권자가 제공한 담보공탁금에 대한 공탁금회수청구권에 관한 권리는 파산재단에 속하므로, 가처분채무자가 공탁금회수청구권에 대하여 질권자로서 권리를 행사한다면 이는 별제권을 행사하는 것으로서 파산절차에 의하지 아니하고 담보권을 실행할 수 있다.(대판 2015.9.10, 2014다34126)

7. **집행권원상 채무자가 집행권원에 대한 강제집행정지를 위하여 공탁한 담보가 강제집행정지의 대상인 집행권원에 기한 기본채권 자체를 담보하는지 여부**(소극) 집행권원상의 채무자가 집행권원에 대한 강제집행정지를 위하여 공탁한 담보는 강제집행정지로 인하여 채권자(피공탁자)에게 생길 손해를 담보하기 위한 것이므로, 강제집행정지의 대상인 집행권원에 기한 기본채권 자체를 담보하지 않는다.(대판 2017.4.28, 2016다277798)

제20조 【공공기관의 원조】 법원은 집행을 하기 위하여 필요하면 공공기관에 원조를 요청할 수 있다.

▣ 집행관의 원조요청(5②), [원조요청의 예] 국군에 대한 원조요청(5③), 외국공공기관에 대한 집행촉탁(55①), 압류등기의 촉탁(94①), 압류등기 말소촉탁(141), 이전등기촉탁(144), [불복] 집행이의(16①)

제21조 【재판적】 이 법에 정한 재판적(裁判籍)은 전속관할(專屬管轄)로 한다.

▣ [전속관할] 집행법원(3①), 집행이의(16), 집행판결을 청구하는 소(26②), 집행문부여의 소(33), 집행문부여 등에 관한 이의신청(34①), 청구이의의 소(44①), 지급명령에 대한 청구이의의 소(58④), 재산명시신청(61①), 재산조회신청(74①), 부동산의 집행법원(79), 배당이의의 소(156), 선박의 집행법원(173), 간접강제(261), 가압류법원(293②·295②), 가처분재판(303)

1. **본조 및 79조 1항이 재판청구권을 침해하는지 여부**(소극) 부동산 강제경매절차에 참가하는 다양한 이해관계인들의 집행절차에의 참가기회를 보장하고 집행절차의 적정·신속·효율 등 공익을 위하여 부동산 소재지 지방법원에 배타적으로 부동산 강제경매의 관할을 인정할 필요성이 있는 점 및 법원이 부동산의 합리적 이용관리 등을 고려하여 관할이 다른 여러 부동산에 대한 일괄매각을 결정할 수 있는 점 등을 고려하면, 부동산에 대한 강제집행을 부동산 소재지 지방법원의 전속관할로 규정한 민집 21조 및 79조 1항은 입법형성권의 한계를 벗어나 국민의 재판청구권을 침해한다고 할 수 없다.(헌재 2007.10.25, 2006헌바39)

2. **집행이의 소송과 전속관할** 구 법조(1962.7.14. 법률 제1107호) 7조 3항, 29조에 의하여 재판의 재판사무는 단독판사가 이를 한다 하더라도 집행법원 자체는 지방법원이 본조에 의하여 명확한 바이니, 집행이의의 소송을 집행법원인 지방법원의 합의부에서 심판하였다 하여 전속관할을 위반한 것이 아니다.(대판 1963.3.21, 63다70)

제22조 【시·군법원의 관할에 대한 특례】 다음 사건은 시·군법원이 있는 곳을 관할하는 지방법원 또는 지방법원지원이 관할한다.

1. 시·군법원에서 성립된 화해·조정(민사조정법 제34조제4항의 규정에 따라 재판상의 화해와 동

일한 효력이 있는 결정을 포함한다. 이하 같다) 또는 확정된 지급명령에 관한 집행문부여의 소, 청구에 관한 이의의 소 또는 집행문부여에 대한 이의의 소로서 그 집행권원에서 인정된 권리가 소액사건심판법의 적용대상이 아닌 사건

2. 시·군법원에서 한 보전처분의 집행에 대한 제3자이의의 소

3. 시·군법원에서 성립된 화해·조정에 기초한 대체집행 또는 간접강제

4. 소액사건심판법의 적용대상이 아닌 사건을 본안으로 하는 보전처분

▣ 시·군법원의 관할(법조34①)

제23조 【민사소송법의 준용 등】 ① 이 법에 특별한 규정이 있는 경우를 제외하고는 민사집행 및 보전처분의 절차에 관하여는 민사소송법의 규정을 준용한다.

② 이 법에 정한 것 외에 민사집행 및 보전처분의 절차에 관하여 필요한 사항은 대법원규칙으로 정한다.

▣ [민사소송의 특칙] 서면예외(4), 열람제한(9), 즉시항고(15), 최고, 송달(11~13), 비용예납(18), 재판적(21), 가압류재판의 형식(281), 가처분의 집행정지(309), 최고, 통지(민집規3), 기록송부(14), 보전신청의 서면주의(203), 담보제공방식(204)

1. **이행권고결정의 확정과 담보취소사유** 민집 23조에 의하여 가압류를 위한 담보에도 준용되는 민소 125조 1항에서 담보의 취소사유로 규정하고 있는 담보사유가 소멸된 것이란 그 담보를 제공할 원인이 부존재인 경우는 물론이고 그 후 담보의 존속을 계속시킬 원인이 부존재하게 된 경우 또는 장래에 손해발생의 가능성이 없게 된 경우 등을 의미하는 것으로서, 가압류채권자가 본안소송 승소의 확정판결을 얻은 것과 같이 이미 집행된 가압류 등 보전처분의 정당성이 인용됨으로써 손해가 발생하지 아니할 것이 확실하게 된 경우도 이에 해당한다고 할 것인바, 소액 5조의7 1항에서는 확정된 이행권고결정도 확정판결과 같은 효력을 가진다고 규정하고 있으므로, 이행권고결정이 확정된 경우에도 본안승소의 확정판결을 받은 것과 같이 담보사유가 소멸하였다고 보는 것이 상당하다.(대판 2006.6.15, 2006다10408)

2. **민사소송법상 재판상 자백이나 자백간주 규정** 민집 23조 1항을 민사집행절차에 관하여 민사집행법에 특별한 규정이 없으면 성질에 반하지 않는 범위 내에서 민사소송법의 규정을 준용한다는 취지인데, 집행절차상 즉시항고 재판에 관하여 변론주의의 적용이 제한됨을 규정한 민집 15조 7항 단서 등과 같이 직권주의가 강화되어 있는 민사집행법 하에서 민집 16조의 집행에 관한 이의의 성질을 가지는 강제경매 개시결정에 대한 이의의 재판절차에서는 민사소송법상 재판상 자백이나 자백간주에 관한 규정은 준용되지 아니한다.(대결 2015.9.14, 2015마813)

제2편 강제집행

제1장 총   칙

제24조 【강제집행과 종국판결】 강제집행은 확정된 종국판결(終局判決)이나 가집행의 선고가 있는 종국판결에 기초하여 한다.

▣ 가집행의 선고있는 판결(민소213①), 종국판결(민소198·200), 판결의 확정(민소498), 확정되거나 가집행의 선고있는 종국판결(24), 외국법

원의 판결에 대한 집행판결(26①), 소송상화해 및 청구의 인낙조서(57·56ⅳ), 항고로만 불복할 수 있는 재판(57·56ⅰ), 확정된 지급명령(57·56ⅲ), 집행증서(57·56ⅳ), 가압류 및 가처분명령(291·301), 검사의 집행명령(60), 확정된 회해권고결정(민소231), 중재판정에 대한 집행판결(중재37①), 조정조서 및 조정에 갈음하는 결정(민조정29·30·34④), 가사소송법에 의한 심판(41), 회생채권자표(회생파산292②), 이행권고결정(소액심판5①7①), 파태료, 가납의 재판에 대한 검사의 명령(비송249, 형소477), 중앙토지수용위원회의 재결(공익사업61①), 배상명령(소송촉진34①, 가정폭력61①), 파태료의 결정(변호90①, 법무사48②)

1. 실체적 권리관계에 배치되는 확정판결의 집행을 배제할 수 있는 경우 확정판결의 내용이 실체적 권리관계에 배치되는 경우, 그 확정판결에 의하여 집행할 수 있는 것으로 확정된 권리의 성질과 내용, 판결의 성립 경위, 판결 성립 후 집행에 이르기까지의 사정, 그 집행이 당사자에게 미치는 영향 등 여러 사정을 종합하여 볼 때, 그 확정판결에 기한 집행이 현저히 부당하고 상대방에게 그 집행을 수인하도록 하는 것이 정의에 반함이 명백하여 사회생활상 용인할 수 없다고 인정되는 경우에 그 집행은 권리남용으로서 허용되지 않고, 그러한 경우 집행채무자는 청구이의의 소에 의하여 그 집행의 배제를 구할 수 있다.(대판 2009.5.28, 2008다79876)

2. 가집행선고의 효력이 회복되는 경우 제1심판결이 한 가집행의 선고가 그 판결을 취소한 항소심판결의 선고로 인하여 효력을 잃었다 하더라도 그 항소심판결을 파기하는 상고심판결이 선고되었다면 가집행선고의 효력은 다시 회복된다.(대결 1993.3.29, 93마246, 247)

3. 가집행선고의 효력 가집행선고 있는 판결에 기한 강제집행은 확정판결에 기한 경우와 같이 본집행이므로 상소심의 판결에 의하여 가집행선고의 효력이 소멸하거나 집행채권의 존재가 부정된다 하더라도 그에 앞서 이미 완료된 집행절차나 이에 기한 경락인의 소유권취득의 효력에는 아무런 영향을 미치지 아니한다 할 것이고, 다만 강제경매가 반사회적 법률행위의 수단으로 이용된 경우에는 그러한 강제경매의 결과를 용인할 수 없다.(대판 1993.4.23, 93다3165)

4. 확정판결에 기한 강제집행이 권리남용에 해당하기 위한 요건 확정판결의 내용이 실체적 권리관계에 배치되어 판결에 의한 집행이 권리남용에 해당된다고 하기 위해서는 판결에 의하여 집행할 수 있는 것으로 확정된 권리의 성질과 내용, 판결의 성립 경위 및 판결 성립 후 집행에 이르기까지의 사정, 그 집행이 당사자에게 미치는 영향 등 제반 사정을 종합하여 볼 때, 확정판결에 기한 집행이 현저히 부당하고 상대방으로 하여금 집행을 수인하도록 하는 것이 정의에 반함이 명백하여 사회생활상 용인할 수 없다고 인정되는 경우이어야 한다.(대판 2014.2.21, 2013다75717)

제25조 【집행력의 주관적 범위】 ① 판결이 그 판결에 표시된 당사자 외의 사람에게 효력이 미치는 때에는 그 사람에 대하여 집행하거나 그 사람을 위하여 집행할 수 있다. 다만, 민사소송법 제71조의 규정에 따른 참가인에 대하여는 그러하지 아니하다.
② 제1항의 집행을 위한 집행문(執行文)을 내어 주는데 대하여는 제31조 내지 제33조의 규정을 준용한다.

■ ① 기판력의 주관적범위(민소218), 결정과 명령에 준용(민소224), 보조참가(민소71), ② 【준용규정】승계집행문(31), 재판장의 명령(32), 집행문부여의 소(33)

1. 변론종결 후의 승계인 여부(1) 대지 소유권에 기한 방해배제청구로서 그 지상건물의 철거를 구하여 승소확정판결을 얻은 경우 그 지상건물에 관하여 위 확정판결의 변론종결 전에 경료된 소유권이전청구권가등기에 기하여 위 확정판결의 변론종결 후에 소유권이전등기를 경료한 자가 있다면 그

는 민소 204조 1항의 변론종결 후의 승계인이라 할 것이어서 위 확정판결의 기판력이 미친다.(대판 1992.10.27, 92다10883)

2. 변론종결 후의 승계인 여부(2) 확정판결의 변론종결 후 동 확정판결 상의 채무자로부터 영업을 양수하여 양도인의 상호를 계속 사용하는 영업양수인은 상 42조 1항에 의하여 그 양도인의 영업으로 인한 채무를 변제할 책임이 있다 하여도, 그 확정판결 상의 채무에 관하여 이를 면책적으로 인수하는 등 특별사정이 없는 한, 그 영업양수인을 곧 민소 204조의 변론종결 후의 승계인에 해당한다고 할 수 없다.(대판 1979.3.13, 78다2330)

3. 손해배상소송과 부당이득반환소송의 기판력 대지의 불법점유로 인한 임료 상당의 손해배상청구소송은 대지의 임료 상당하는 부당이득의 반환을 청구한 전소와는 청구원인이나 소송물이 다른 별개의 소로서 전소의 기판력에 저촉된다고 볼 수 없다.(대판 1991.3.27, 91다650, 667)

4. 보조참가인에 대한 기판력 보조참가인이 피참가인을 보조하여 공동으로 소송을 수행하였으나 피참가인이 그 소송에서 패소한 경우에는 형평의 원칙상 보조참가인이 피참가인에게 그 패소판결이 부당하다고 주장할 수 없도록 구속력을 미치게 하는 이른바 참가적 효력이 있음에 불과하므로, 피참가인과 그 소송상대방 간의 판결의 기판력이 참가인과 피참가인의 상대방 사이에까지는 미치지 아니한다.(대판 1988.12.13, 88다카2289)

5. 주주대표소송의 주주가 집행채권자가 될 수 있는지 여부 (적극) 주주대표소송의 주주와 같이 다른 사람을 위하여 원고가 된 사람이 받은 확정판결의 집행력은 확정판결의 당사자인 원고가 된 사람과 다른 사람 모두에게 미치므로, 주주대표소송의 주주는 집행채권자가 될 수 있다.(대결 2014.2.19, 2013마2316)

제26조 【외국재판의 강제집행】 ① 외국법원의 확정판결 또는 이와 동일한 효력이 인정되는 재판(이하 "확정재판등"이라 한다)에 기초한 강제집행은 대한민국 법원에서 집행판결로 그 강제집행을 허가하여야 할 수 있다. (2014.5.20 본항개정)
② 집행판결을 청구하는 소(訴)는 채무자의 보통재판적이 있는 곳의 지방법원이 관할하며, 보통재판적이 없는 때에는 민사소송법 제11조의 규정에 따라 채무자에 대한 소를 관할하는 법원이 관할한다. (2014.5.20 본조제목개정)

■ ① 집행판결(27), 외국판결의 효력(민소217), ② 재산이 있는 곳의 특별재판적(민소11), 전속관할(21), 소의 제기(민소248·249, 민인지2)

1. 집행판결의 제도적 취지와 외국법원의 판결의 의미 본조 1항에서 정한 집행판결의 제도는 재판권이 있는 외국의 법원에서 행하여진 판결로 확인된 당사자의 권리를 우리나라에서 강제적으로 실현하고자 하는 경우에 다시 소를 제기하는 등 이중의 절차를 강요할 필요 없이 그 외국의 판결을 기초로 하되 단지 우리나라에서 그 판결의 강제실현이 허용되는지 여부만을 심사하여 이를 승인하는 집행판결을 얻도록 함으로써 당사자의 원활한 권리실현의 요구를 국가의 독점적·배타적 강제집행권 행사와 조화시켜 그 사이에 적절한 균형을 도모하려는 취지에서 나온 것이다. 이러한 제도적 취지에 비추어 보면, 위 규정에서 정하는 '외국법원의 판결'은 재판권을 가지는 외국의 사법기관이 그 권한에 기하여 사법상(私法上)의 법률관계에 관하여 대립적 당사자에 대한 상호간의 심문이 보장된 절차에서 종국적으로 한 재판으로서 구체적 급부의 이행 등 그 강제적 실현에 적합한 내용을 가지는 것을 의미하고, 그 재판의 명칭이나 형식 등이 어떠한지는 문제되지 아니한다.(대판 2010.4.29. 2009다68910)

제27조 【집행판결】 ① 집행판결은 재판의 옳고

그름을 조사하지 아니하고 하여야한다.
② 집행판결을 청구하는 소는 다음 각호 가운데 어느 하나에 해당하면 각하하여야 한다. (2014.5.20 본항개정)
1. 외국법원의 확정재판등이 확정된 것을 증명하지 아니한 때
2. 외국법원의 확정재판등이 민사소송법 제217조의 조건을 갖추지 아니한 때

■ 외국판결의 효력(민소217), 국제재판관할(국사2)

1. 국제재판 관할의 원칙 섭외사건의 국제 재판관할에 관하여 일반적으로 승인된 국제법상의 원칙이 아직 확립되어 있지 아니하고 이에 관한 우리나라의 성문법규도 없는 이상, 섭외사건에 관한 외국 법원의 재판관할권 유무는 당사자 간의 공평, 재판의 적정, 신속을 기한다는 기본이념에 따라 조리에 의하여 결정함이 상당하고, 이 경우 우리나라의 민사소송법의 토지관할에 관한 규정 또한 그 기본이념에 따라 제정된 것이므로, 그 규정에 의한 재판적이 외국에 있을 때에는 이에 따라 외국 법원에서 심리하는 것이 조리에 반한다는 특별한 사정이 없는 한 그 외국 법원에 재판관할권이 있다고 봄이 상당하다.(대판 1995.11.21, 93다39607)

2. 섭외사건에 적용될 외국법규의 해석 섭외사건에 관하여 적용될 외국법규의 내용을 확정하고 그 의미를 해석함에 있어서는 그 외국법이 그 본국에서 현실로 해석·적용되고 있는 의미·내용대로 해석·적용되어야 하는 것인데, 소송과정에서 적용될 외국법규에 흠결이 있거나 그 존재에 관한 자료가 제출되지 아니하여 그 내용의 확인이 불가능한 경우 법원으로서는 법원에 관한 민사상의 대원칙에 따라 외국 관습법에 의할 것이고, 외국 관습법도 그 내용의 확인이 불가능하면 조리에 의하여 재판할 수밖에 없는바, 그러한 조리의 내용은 가능하면 원래 적용되어야 할 외국법에 의한 해결과 가장 가까운 해결 방법을 취하기 위해서 그 외국법의 전체계적인 질서에 의해 보충 유추되어야 하고, 그러한 의미에서 그 외국법과 가장 유사하다고 생각되는 법이 조리의 내용으로 유추될 수도 있을 것이다.(대판 2000.6.9, 98다35037)

3. 중재판정의 승인이나 집행거부에 대한 판단기준 '외국중재판정의 승인 및 집행에 관한 협약(뉴욕협약)' 5조에서는 집행의 거부사유를 제한적으로 열거하고 있는데, 그 중 2항 나호에 의하면 중재판정의 승인이나 집행이 그 국가의 공공의 질서에 반하는 경우에는 집행국 법원은 중재판정의 승인이나 집행을 거부할 수 있는바, 이는 중재판정의 승인이나 집행이 집행국의 기본적인 도덕적 신념과 사회질서를 해하는 것을 방지하여 이를 보호하려는 데 그 취지가 있을 것이므로, 그 판단에 있어서는 국내적인 사정뿐만 아니라 국제적 거래질서의 안정이라는 측면도 함께 고려하여 제한적으로 해석하여야 할 것이고, 해당 중재판정을 인정할 경우 그 구체적 결과가 집행국의 선량한 풍속 기타 사회질서에 반할 때에 승인이나 집행을 거부할 수 있다.(대판 2003.4.11, 2001다20134)

4. 중화민국과 우리나라의 상호보증 중화민국 민법 188조, 192조, 197조에 외국인도 중화민국을 상대로 피용인의 직무집행 시의 불법행위로 인한 재산상 및 정신상 손해를 배상하도록 규정되어 있으므로, 중화민국과 우리나라 사이에는 국배 7조의 이른바 외국인이 피해자인 경우에 상호의 보증이 있는 때에 해당한다.(대판 1968.12.3, 68다1929)

5. 집행판결의 요건으로서 적법한 방식에 따른 송달이 이루어졌는지 여부(소극) 민집 26조 1항은 "외국법원의 판결에 기초한 강제집행은 대한민국 법원에서 집행판결로 그 적법함을 선고하여야 할 수 있다"라고 규정하고 있고, 민집 27조 2항 2호, 민소 217조 2호는 집행판결의 요건으로 '패소한 피고가 소장 또는 이에 준하는 서면 및 기일통지서나 명령을

적법한 방식에 따라 방어에 필요한 시간 여유를 두고 송달받았거나(공시송달이나 이와 비슷한 송달에 의한 경우를 제외한다) 송달받지 아니하였더라도 소송에 응하였을 것'을 규정하고 있다. 여기서 '소장 또는 이에 준하는 서면 및 기일통지서나 명령'이라 함은 소장 및 소송개시에 필요한 소환장 등을 말하는 것인데, 패소한 피고가 이러한 소환장 등을 적법한 방식에 따라 송달받았을 것을 요구하는 것은 소송에서 방어의 기회를 얻지 못하고 패소한 피고를 보호하려는 것에 그 목적이 있는 것이므로, 법정지인 판결국에서 피고에게 방어할 기회를 부여하기 위하여 규정한 송달에 관한 방식, 절차를 따르지 아니한 경우에는 여기에서 말하는 적법한 방식에 따른 송달이 이루어졌다고 할 수 없다.(대판 2010.7. 22. 2008다31089)

6. 사기적인 방법으로 외국판결을 편취하였다는 사유가 외국판결에 대한 승인 및 집행을 거부할 사유에 해당하는지 여부(한정적극) 민집 27조 2항 2호, 민소 217조 3호에 의하면 외국법원의 확정판결의 효력을 인정하는 것이 대한민국의 선량한 풍속이나 그 밖의 사회질서에 어긋나지 아니하여야 한다는 점이 외국판결의 승인 및 집행의 요건인바, 외국판결의 내용 자체가 선량한 풍속이나 그 밖의 사회질서에 어긋나는 경우뿐만 아니라 그 외국판결의 성립절차에서 선량한 풍속이나 그 밖의 사회질서에 어긋나는 경우도 승인 및 집행을 거부할 사유에 포함된다고 할 것이나, 민집 27조 1항이 "집행판결은 재판의 옳고 그름을 조사하지 아니하여야 한다."고 규정하고 있을 뿐만 아니라 사기적인 방법으로 편취한 판결인지 여부를 심리한다는 명목으로 실질적으로 외국판결의 옳고 그름을 전면적으로 재심사하는 것은 외국판결에 대하여 별도의 집행판결제도를 둔 취지에도 반하는 것이어서 허용할 수 없으므로, 위조·변조 내지는 폐기된 서류를 사용하였다거나 위증을 이용하는 것과 같은 사기적인 방법으로 외국판결을 얻었다는 사유는 원칙적으로 승인 및 집행을 거부할 사유가 될 수 없고, 다만 재심사유에 관한 민소 451조 1항 6호, 7호, 2항의 내용에 비추어 볼 때 피고가 판결국 법정에서 위와 같은 사기적인 사유를 주장할 수 없었고 또한 처벌받을 사기적인 행위에 대하여 유죄의 판결과 같은 고도의 증명이 있는 경우에 한하여 승인 또는 집행을 구하는 외국판결을 무효화하는 별도의 절차를 당해 판결국에서 거치지 아니하였다 할지라도 바로 우리나라에서 승인 내지 집행을 거부할 수는 있다.(대판 2004.10.28, 2002다74213)

7. 당사자능력 요부(적극) 집행판결을 청구하는 소도 소의 일종이므로 통상의 소송에서와 마찬가지로 당사자능력 등 소송요건을 갖추어야 한다.(대판 2015.2.26, 2013다87055)

제28조【집행력 있는 정본】 ① 강제집행은 집행문이 있는 판결정본(이하 "집행력 있는 정본"이라 한다)이 있어야 할 수 있다.
② 집행문은 신청에 따라 제1심 법원의 법원서기관·법원사무관·법원주사 또는 법원주사보(이하 "법원사무관등"이라 한다)가 내어 주며, 소송기록이 상급심에 있는 때에는 그 법원의 법원사무관등이 내어 준다.
③ 집행문을 내어 달라는 신청은 말로 할 수 있다.

■ ① [집행문의 필요] 가사비송심판(가소41·42), 집행판결(27), 집행증서(56iv), 소송상화해, 인낙조서(민소206), 조정(민조29), 매각부동산인도명령(136), [집행문의 불필요] 지급명령(58①), 이행권고결정(소액5조①), 가압류,가처분명령(292①·301), 검사의 명령(60, 비송249), 검사의 집행명령(형소27), 비용추심의 결정(민비집12), 배상명령(소송촉진34①), 이의신청에 대한 재결(공익사업86①), 수권결정의 집행(260①), ② [집행문의 부여] 집행문(29~32·35·36·59①), 소송기록의 보관(민소421), 각종 분쟁조정위원회등의 조정조서 등에 대한 집행문부여에 관한 규칙(2·3·6·7), ③ 신청(민집규19, 인민지10, 공증7, 변호58②)

1. 집행문이 없는 집행권원에 의한 강제집행 부동산에 관한 강제집행절차에 있어서 집행문이 없는 집행권원에 의하여 이루어진 강제경매는 절대적으로 무효이다.(대판 1978.6.27, 78다446)

2. 집행권원의 허위주소에의 송달 강제집행의 집행권원이 된 지급명령의 정본 등을 채무자에게 송달함에 있어, 허위주소로 송달하게 하였다면 그 집행권원의 효력은 집행채무자에게 미치지 아니하고 이에 기인하여 이루어진 강제경매는 집행채무자에게 대한 관계에서는 효력이 없다.(대판 1973.6.12, 71다1252)

제29조 【집행문】 ① 집행문은 판결정본의 끝에 덧붙여 적는다.

② 집행문에는 "이 정본은 피고 아무개 또는 원고 아무개에 대한 강제집행을 실시하기 위하여 원고 아무개 또는 피고 아무개에게 준다."라고 적고 법원사무관등이 기명날인하여야 한다.

집행문의 기재사항(민집규20), 기타 기재사항 (31②·32③·35③), 경정(민소211)

제30조 【집행문부여】 ① 집행문은 판결이 확정되거나 가집행의 선고가 있는 때에만 내어 준다.

② 판결을 집행하는 데에 조건이 붙어 있어 그 조건이 성취되었음을 채권자가 증명하여야 하는 때에는 이를 증명하는 서류를 제출하여야만 집행문을 내어 준다. 다만, 판결의 집행이 담보의 제공을 조건으로 하는 때에는 그러하지 아니하다.

① 판결의 확정(민소498), 가집행의 선고(민소213·406·435), ② 증명서(39③, 민집규19①iii), 담보제공 (40②·19)

1. 청구권 일부에 대하여만 집행력의 존재가 인정되는 경우 법원이 집행문 부여를 명하는 방법 집행문 부여기관은 집행권원에 표시된 청구권의 일부에 대하여 집행문을 내어 주는 경우 강제집행을 할 수 있는 범위를 특정하여 집행문에 적어야 하고(민집규 20조 1항 참조), 한편 채권자가 집행문 부여의 소에서 승소한 판결을 제출하여 집행문을 내어 달라고 신청하는 경우에는 집행문 부여의 요건에 대한 조사·판단 없이 그 판결에 의하여 집행문을 부여하여야 하므로, 집행문 부여의 소에서 집행문 부여를 구하는 원고의 청구 범위 중 일부에 대하여만 집행력의 존재가 인정되는 경우, 법원은 집행문 부여기관이 집행권원에 표시된 청구권 중 그 집행력이 인정되는 일부에 대하여만 집행문을 내어 줄 수 있도록 강제집행을 할 수 있는 범위를 특정하여 집행문 부여를 명하여야 한다.(대판 2009.6.11, 2009다18045)

2. 집행권원상의 의사표시를 하여야 하는 채무가 반대급부 이행 등 조건이 붙어 있고, 조건이 성취되지 않았는데도 등기신청의 의사표시를 명하는 판결 등 집행권원에 집행문이 잘못 부여된 경우, 집행문부여의 효력(무효) 및 채무자의 불복방법 ①반대급부 이행 등 조건이 성취되지 않았는데도 등기신청의 의사표시를 명하는 판결 등 집행권원에 집행문이 잘못 부여된 경우에는 그 집행문 부여는 무효이나, ②이러한 집행문 부여로써 강제집행이 종료되고 더 이상의 집행문제는 남지 않는다는 점을 고려하면 집행문 부여에 대한 이의신청이나 집행문 부여에 대한 이의의 소를 제기할 이익이 없으므로, 채무자로서는 집행문 부여에 의하여 의제되는 등기신청에 관한 의사표시가 무효라는 것을 주장하거나 그에 기초하여 이루어진 등기의 말소 또는 회복을 구하는 소를 제기하여야 한다.(대판 2012.3.15, 2011다73021)

3. 집행력이 발생하지 않는 당연무효의 판결에 대하여 집행문을 부여할 수 있는지 여부(소극) 판결에 대하여 집행문을 부여하기 위해서는 판결의 집행력이 유효하게 발생하고 존재할 것을 요건으로 한다. 따라서 집행력이 발생하지 않는

당연무효의 판결에 대하여는 집행문을 부여할 수 없고, 이러한 법리는 민집 33조에 의하여 집행문부여의 소를 제기한 경우에도 마찬가지로 적용된다.(대판 2012.4.13, 2011다93087)

제31조 【승계집행문】 ① 집행문은 판결에 표시된 채권자의 승계인을 위하여 내어 주거나 판결에 표시된 채무자의 승계인에 대한 집행을 위하여 내어 줄 수 있다. 다만, 그 승계가 법원에 명백한 사실이거나, 증명서로 승계를 증명한 때에 한한다.

② 제1항의 승계가 법원에 명백한 사실인 때에는 이를 집행문에 적어야 한다.

승계집행문의 필요 지급명령(58①), 가압류(292①), 가처분(301), 법원에 명백한 사실(민소288), 집행문부여기관(28), 집행문부여신청의 방식(민집규19①·21·23①)

1. 사망자의 승계인을 위한 강제집행 소송계속 중 어느 일방 당사자의 사망에 의한 소송절차 중단을 간과하고 변론이 종결되어 판결이 선고된 경우에는 그 판결은 소송에 관여할 수 있는 적법한 수계인의 권한을 배제한다는 점에서 절차상 위법은 있지만 그 판결이 당연무효라 할 수는 없고, 다만 그 판결은 대리인에 의하여 적법하게 대리되지 않았던 경우와 마찬가지로 보아 대리권 흠결을 이유로 상소 또는 재심에 의하여 그 취소를 구할 수 있을 뿐이므로, 이와 같이 사망한 자가 당사자로 표시된 판결에 기하여 사망자의 승계인을 위한 또는 사망자의 승계인에 대한 강제집행을 실시하기 위하여는 구 민소 481조를 준용하여 승계집행문을 부여함이 상당하다.(대결 1998.5.30, 98그7)

2. 채무자의 승계인에 '중첩적 채무인수인'도 포함되는지 여부(소극) 채무자의 채무를 소멸시켜 당사자인 채무자의 지위를 승계하는 이른바 면책적 채무인수는 본조 1항에서 말하는 승계인에 해당한다고 볼 수 있지만, 중첩적 채무인수는 당사자의 채무는 그대로 존속하며 이와 별개의 채무를 부담하는 것에 불과하므로 소극적으로 해석하여야 한다.(대결 2010.1.14, 2009그196)

3. 기판력과 집행력 범위의 확장 갑 회사와 을 회사가 기업의 형태·내용이 실질적으로 동일하고, 갑 회사는 을 회사의 채무를 면탈할 목적으로 설립된 것으로서 갑 회사가 을 회사의 채권자에 대하여 을 회사와는 별개의 법인격을 가지는 회사라는 주장을 하는 것이 신의성실의 원칙에 반하거나 법인격을 남용하는 것으로 인정되는 경우라고 하더라도, 권리관계의 공권적인 확정 및 그 신속·확실한 실현을 도모하기 위하여 절차의 명확·안정을 중시하는 소송절차 및 강제집행절차에서는 그 절차의 성격상 을 회사에 대한 판결의 기판력 및 집행력의 범위를 갑 회사에까지 확장하는 것은 허용되지 아니한다.(대판 1995.5.12, 93다44531)

4. 판결에 표시된 채무자 이외의 자에 대하여 승계집행문이 부여될 수 있는지 여부 승계집행문은 판결에 표시된 채무자의 포괄승계인이나 그 판결에 기한 채무를 특정하여 승계한 자에 대한 집행을 위하여 부여하는 것인바, 이와 같은 강제집행절차에서는 권리관계의 공권적인 확정 및 그 신속·확실한 실현을 도모하기 위하여 절차의 명확·안정을 중시하여야 하므로, 그 기초되는 채무가 판결에 표시된 채무자 이외의 자가 실질적으로 부담하여야 하는 채무라거나 그 채무가 발생하는 기초적인 권리관계가 판결에 표시된 채무자 이외의 자에게 승계되었다고 하더라도, 판결에 표시된 채무자 이외의 자가 판결에 표시된 채무자의 포괄승계인이거나 그 판결상의 채무 자체를 특정하여 승계하지 아니한 한, 판결에 표시된 채무자 이외의 자에 대하여 새로이 그 채무의 이행을 소구하는 것은 별론으로 하고, 판결에 표시된 채무자에 대한 판결의 기판력 및 집행력의 범위를 그 채무자 이외의 자에게 확장하여 승계집행문을 부여할 수는 없다.(대판

2002.10.11, 2002다43851)

5. 판결에 표시된 채무자의 승계인에 대한 집행을 위하여 부여된 집행문에 대한 이의신청의 적격자 민집 34조 1항이 규정하는 집행문 부여 등에 관한 이의 가운데 집행문 부여에 대한 이의는 어떤 사람을 집행채무자로 한 집행문이 부여된 경우에 그 집행문에 표시된 채무자가 집행문 부여의 위법을 이유로 집행문 부여의 취소 등 시정을 구하기 위하여 제기하는 이의를 말하는 것이므로, 판결에 표시된 채무자의 승계인에 대한 집행을 위하여 집행문이 부여된 경우에는 승계인만이 이의를 할 수 있는 것이고, 판결에 표시된 원래의 채무자는 이에 대한 이의를 할 수 없다.(대결 2002.8.21, 2002카기124)

6. 양수인이 승계집행문을 부여받은 경우 양도인을 상대로 한 청구이의의 소가 적법한지 여부(소극) 집행권원상의 청구권이 양도되어 대항요건을 갖춘 경우 집행당사자적격이 양수인으로 변경되고, 양수인이 승계집행문을 부여받음에 따라 집행채권자는 양수인으로 확정되는 것이므로, 승계집행문의 부여로 인하여 양도인에 대한 기존 집행권원의 집행력은 소멸한다. 따라서 그 후 양도인을 상대로 제기한 청구이의의 소는 피고적격이 없는 자를 상대로 한 소이거나 이미 집행력이 소멸한 집행권원의 집행력 배제를 구하는 것으로 권리보호의 이익이 없어 부적법하고, 이러한 법리는 소액사건심판법상의 확정된 이행권고결정과 같이 위 법 5조의8 1항에 의하여 집행문을 별도로 부여받을 필요 없이 이행권고결정서의 정본에 의하여 강제집행이 가능한 경우에도 마찬가지이다(집행권원상의 청구권을 양도한 채권자가 집행력이 소멸한 이행권고결정서의 정본에 기하여 강제집행절차에 나아간 경우에 채무자는 민집 16조의 집행이의의 방법으로 이를 다툴 수 있다).(대판 2008.2.1, 2005다23889)

7. 가처분채무자의 점유를 침탈한 자의 승계인적격(원칙적 소극) 승계집행문은 판결에 표시된 채무자의 포괄승계인이나 판결에 기한 채무를 특정하여 승계한 자에 대한 집행을 위하여 부여하는 것이다. 어떤 부동산에 대하여 점유이전금지가처분이 집행된 이후에 제3자가 가처분채무자의 점유를 침탈하는 등의 방법으로 가처분채무자를 통하지 아니하고 부동산에 대한 점유를 취득한 것이라면, 설령 점유를 취득할 당시에 점유이전금지가처분이 집행된 사실을 알고 있었다고 하더라도, 실제로는 가처분채무자로부터 점유를 승계받고도 점유이전가처분의 효력이 미치는 것을 회피하거나 위하여 채무자와 통모하여 점유를 침탈한 것처럼 가장하였다는 특별한 사정이 없는 한 제3자를 민집 31조 1항에서 정한 '채무자의 승계인'이라고 할 수는 없다.(대판 2015.1.29, 2012다111630)

8. 채무인수인의 승계인적격 중첩적 채무인수는 당사자의 채무는 그대로 존속하며 이와 별개의 채무를 부담하는 것에 불과하므로, 새로 채무의 이행을 소구하는 것은 별론으로 하고 판결에 표시된 채무자에 대한 판결의 기판력 및 집행력의 범위를 채무자 이외의 자에게 확장하여 승계집행문을 부여할 수는 없으나, 채무자의 채무를 소멸시켜 당사자인 채무자의 지위를 승계하는 이른바 면책적 채무인수는 위 조항에서 말하는 승계인에 해당한다.(대판 2016.5.27, 2015다21967)

제32조【재판장의 명령】
① 재판을 집행하는 데에 조건을 붙인 경우와 제31조의 경우에는 집행문은 재판장(합의부의 재판장 또는 단독판사를 말한다. 이하 같다)의 명령이 있어야 내어 준다.
② 재판장은 그 명령에 앞서 서면이나 말로 채무자를 심문(審問)할 수 있다.
③ 제1항의 명령은 집행문에 적어야 한다.

■ ① 재판의 집행에 조건을 붙인 경우(30), 승계(31), ② 채무자의 심문(민소134②)

제33조【집행문부여의 소】
제30조제2항 및 제31조의 규정에 따라 필요한 증명을 할 수 없는 때에는 채권자는 집행문을 내어 달라는 소를 제1심 법원에 제기할 수 있다.

■ 조건의 성취(30②), 승계의 증명(31), 관할(21, 회생파산255③)

1. 채무자가 민집 44조에 규정된 청구이의의 소의 이의 사유를 집행문 부여의 소에서 주장할 수 있는지 여부(소극) 민사집행법이 집행문 부여의 소와 청구이의의 소를 각각 인정한 취지에 비추어 보면, 집행문 부여의 소의 심리 대상은 조건 성취 또는 승계 사실을 비롯하여 집행문 부여 요건에 관하는 것으로 보아야 한다. 따라서 채무자가 민집 44조에 규정된 청구에 관한 이의의 소의 이의 사유를 집행문 부여의 소에서 주장하는 것은 허용되지 아니한다.(대판 2012.4.13, 2011다93087)

제34조【집행문부여 등에 관한 이의신청】
① 집행문을 내어 달라는 신청에 관한 법원사무관등의 처분에 대하여 이의신청이 있는 경우에는 그 법원사무관등이 속한 법원이 결정으로 재판한다.
② 집행문부여에 대한 이의신청이 있는 경우에는 법원은 제16조제2항의 처분에 준하는 결정을 할 수 있다.

■ ① 집행문부여에 대한 이의의 소(45), 공증인의 처분에 대한 이의(59), ② 잠정처분(16②), 강제집행의 일시정지(49ⅱ·50)

1. 강제집행절차의 불복방법 민사소송법은 좁은 의미의 소송절차에 관한 결정에 대한 불복방법과 강제집행절차에 관한 불복방법을 달리 규정하고 있어 집행문 부여에 대한 이의에 관한 재판이 어느 절차에 속한 재판인지에 따라 그 불복방법을 가려야 할 것인바, 집행문 부여에 대한 이의에 관한 재판의 실질을 보면 이미 집행권원이 부여되어 채권자는 곧바로 집행을 신청할 수 있는 단계에 와 있고, 그 재판의 내용도 실체상의 권리 또는 법률관계의 존부를 확정하는 것이라기보다는 이미 판결절차에서 확정된 법률관계를 강제적으로 실현하는 것을 허용할 것인지 여부를 판단하는 단계에서의 재판이고, 관계 규정인 구 민소 484조가 강제집행편에 규정되어 있는 점 등으로 보아 이는 넓은 의미의 강제집행절차로 보는 것이 타당하므로, 결국 일반 소송절차에 대한 규정인 같은 법 409조에 따른 항고나 재항고의 규정에 따를 수는 없고, 강제집행절차상의 불복방법에 따라 할 수밖에 없다.(대결 1995.5.13, 94마2132)

2. 승계집행문 부여에 대한 이의의 소의 증명책임 승계집행문 부여에 대한 이의의 소에서 승계사실에 대한 증명책임은 채권자인 피고에게 있다.(대판 2015.1.29, 2012다111630)

제35조【여러 통의 집행문의 부여】
① 채권자가 여러 통의 집행문을 신청하거나 전에 내어 준 집행문을 돌려주지 아니하고 다시 집행문을 신청한 때에는 재판장의 명령이 있어야만 이를 내어 준다.
② 재판장은 그 명령에 앞서 서면이나 말로 채무자를 심문할 수 있으며, 채무자를 심문하지 아니하고 여러 통의 집행문을 내어 주거나 다시 집행문을 내어 준 때에는 채무자에게 그 사유를 통지하여야 한다.
③ 여러 통의 집행문을 내어 주거나 다시 집행문을 내어 주는 때에는 그 사유를 원본과 집행문에 적어야 한다.

■ 집행문부여신청방식(민집규19), 재판장의 명령과 심문(32)

1. 집행력 있는 판결정본의 재도 부여 채권자가 가집행선고부 판결에 기한 집행문을 부여받아 채무자가 장래에 받게

될 봉급 등의 채권에 대하여 압류 및 전부명령을 받았다면 위 전부명령이 무효가 되지 않는 한 가집행선고부 판결에 기한 강제집행은 이미 종료하였다고 할 것이므로, 채무자의 봉급 등의 장래 채권이 발생하지 않는다거나 채권자가 변제 받아야 할 채권액의 일부에만 한정하여 압류 및 전부명령을 받았다는 등의 사정이 주장·증명되지 않는 한, 같은 내용의 집행력 있는 판결정본을 채권자에게 재도 부여한 것은 위법하다.(대결 1999.4.28, 99ㄱ21)

제36조【판결원본에의 기재】
집행문을 내어 주는 경우에는 판결원본 또는 상소심 판결정본에 원고 또는 피고에게 이를 내어 준다는 취지와 그 날짜를 적어야 한다.
■ 집행문(28), 판결원본(민소209)

제37조【집행력 있는 정본의 효력】
집행력 있는 정본의 효력은 전국 법원의 관할구역에 미친다.
■ 집행력 있는 정본(29)

제38조【여러 통의 집행력 있는 정본에 의한 동시집행】
채권자가 한 지역에서 또는 한 가지 방법으로 강제집행을 하여도 모두 변제를 받을 수 없는 때에는 여러 통의 집행력 있는 정본에 의하여 여러 지역에서 또는 여러 가지 방법으로 동시에 강제집행을 할 수 있다.
■ 여러 통의 집행력 있는 정본(35)

제39조【집행개시의 요건】
① 강제집행은 이를 신청한 사람과 집행을 받을 사람의 성명이 판결이나 이에 덧붙여 적은 집행문에 표시되어 있고 판결을 이미 송달하였거나 동시에 송달한 때에만 개시할 수 있다.
② 판결의 집행이 그 취지에 따라 채권자가 증명할 사실에 매인 때 또는 판결에 표시된 채권자의 승계인을 위하여 하는 것이거나 판결에 표시된 채무자의 승계인에 대하여 하는 것일 때에는 집행할 판결 외에, 이에 덧붙여 적은 집행문을 강제집행을 개시하기 전에 채무자의 승계인에게 송달하여야 한다.
③ 증명서에 의하여 집행문을 내어 준 때에는 그 증명서의 등본을 강제집행을 개시하기 전에 채무자에게 송달하거나 강제집행과 동시에 송달하여야 한다.
■ 집행권원의 송달(민소174-197·210·469, 민소규56), 예외(292③·301, 형소477③, 비송29②, 비송249②), 집행증서의 송달(공증60의4, 민집규22)
1. 송달 전의 집행행위의 효력 채권압류 및 전부명령의 기초가 된 집행권원인 가집행선고부 판결정본이 상대방의 허위주소로 송달되었다면 그 송달은 부적법하여 무효이고 상대방은 아직도 판결정본의 송달을 받지 않은 상태에 있다 할 것이므로, 그 판결정본에 기하여 행하여진 채권압류 및 전부명령은 집행개시의 요건으로서의 집행권원의 송달 없이 이루어진 것으로서 무효라 할 것이다.(대판 1987.5.12, 86다카2070)

제40조【집행개시의 요건】
① 집행을 받을 사람이 일정한 시일에 이르러야 그 채무를 이행하게 되어 있는 때에는 그 시일이 지난 뒤에 강제집행을 개시할 수 있다.
② 집행이 채권자의 담보제공에 매인 때에는 채권자는 담보를 제공한 증명서류를 제출하여야 한다.

이 경우의 집행은 그 증명서류의 등본을 채무자에게 이미 송달하였거나 동시에 송달하는 때에만 개시할 수 있다.
■ ① 장래이행의 소(민소251), ② 담보(민소213·502)

제41조【집행개시의 요건】
① 반대의무의 이행과 동시에 집행할 수 있다는 것을 내용으로 하는 집행권원의 집행은 채권자가 반대의무의 이행 또는 이행의 제공을 하였다는 것을 증명하여야만 개시할 수 있다.
② 다른 의무의 집행이 불가능한 때에 그에 갈음하여 집행할 수 있다는 것을 내용으로 하는 집행권원의 집행은 채권자가 그 집행이 불가능하다는 것을 증명하여야만 개시할 수 있다.
■ 반대의무의 이행(263②)
1. 강제집행을 할 수 없는 화해조서 재판상의 화해를 조서에 기재한 때에는 그 조서는 확정판결과 동일한 효력이 있고 당사자 사이에 기판력이 생겨 재심의 소에 의한 취소 또는 변경이 없는 한 당사자는 그 취지에 반하는 주장을 할 수 없음이 원칙이나, 화해조서에 기재된 내용이 특정되지 아니하여 강제집행을 할 수 없는 경우에는 동일한 청구를 제기할 소의 이익이 있다.(대판 1995.5.12, 94다25216)

제42조【집행관에 의한 영수증의 작성·교부】
① 채권자가 집행관에게 집행력 있는 정본을 교부하고 강제집행을 위임한 때에는 집행관은 특별한 권한을 받지 못하였더라도 지급이나 그 밖의 이행을 받고 그에 대한 영수증서를 작성하고 교부할 수 있다. 집행관은 채무자가 그 의무를 완전히 이행한 때에는 집행력 있는 정본을 채무자에게 교부하여야 한다.
② 채무자가 그 의무의 일부를 이행한 때에는 집행관은 집행력 있는 정본에 그 사유를 덧붙여 적고 영수증서를 채무자에게 교부하여야 한다.
③ 채무자의 채권자에 대한 영수증 청구는 제2항의 규정에 의하여 영향을 받지 아니한다.
■ ① 집행문(2), 제3자의 변제(민469), ② 영수증(민474)

제43조【집행관의 권한】
① 집행관은 집행력 있는 정본을 가지고 있으면 채무자와 제3자에 대하여 강제집행을 하고 제42조에 규정된 행위를 할 수 있는 권한을 가지며, 채권자는 그에 대하여 위임의 흠이나 제한을 주장하지 못한다.
② 집행관은 집행력 있는 정본을 가지고 있다가 관계인이 요청할 때에는 그 자격을 증명하기 위하여 이를 내보여야 한다.
■ 집행문(2), 집행력있는 정본(42①), 신분증(집행관17①)

제44조【청구에 관한 이의의 소】
① 채무자가 판결에 따라 확정된 청구에 관하여 이의하려면 제1심 판결법원에 청구에 관한 이의의 소를 제기하여야 한다.
② 제1항의 이의는 그 이유가 변론이 종결된 뒤(변론 없이 한 판결의 경우에는 판결이 선고된 뒤)에 생긴 것이어야 한다.
③ 이의이유가 여러 가지인 때에는 동시에 주장하여야 한다.

■ 관할(21, 회생파산256③), 1심판결법원(584④⑤ · 594④ · 22ⅰ) 이의이
유제한의 예외(583), 이행권고결정(소액5의8③), 집행 증서(593), 배상
명령(소송촉진34④)

1. 당사자적격 청구이의의 소를 제기할 수 있는 자는 집행
권원에 채무자로 표시된 자 및 채무의 승계 기타 원인으로
채무자에 대신하여 집행력을 받는 자이지만 이러한 자의 채
권자도 채권자대위권에 기하여 청구이의의 소를 제기할 수
있다.(대판 1992.4.10, 91다41620)

2. 변론종결시를 기준으로 한 이의의 원인 구 민소 505조에
서 청구에 관한 이의의 소를 규정한 것은 부당한 강제집행
이 행하여지지 않도록 하려는 데 있는 것이고, 한편 그 이의
의 원인을 사실심 변론종결 이후의 사유로 한정한 것은 변
론종결시를 기준으로 확정된 권리관계를 변론종결 이전의
사유를 들어 다투는 것은 확정판결의 기판력에 저촉되기 때
문인바, 해고가 무효임을 이유로 복직 시까지 정기적으로 발
생하는 임금의 지급을 명하는 판결에서 변론종결 이후 부분
은 변론종결시를 기준으로 확정된 권리관계라고 말할 수는
없고 이는 단지 장래의 권리관계를 예측한 것에 불과하므로,
그 부분의 집행배제를 구함에 있어서는 비록 종전 판결 변
론종결 이전에 발생한 정년퇴직이라는 사유를 들고 있더라
도 이를 가지고 확정판결의 기판력에 저촉된다고 볼 수는
없다.(대판 1998.5.26, 98다9908)

3. 신의칙에 반하는 집행 확정판결에 의한 권리라 하더라도
신의에 좇아 성실히 행사되어야 하고 그 판결에 기한 집행
이 권리남용이 되는 경우에는 허용되지 않는다 할 것이므로
집행채무자는 청구이의의 소에 의하여 그 집행의 배제를 구
할 수 있다 할 것인바, 확정판결의 내용이 실체적 권리관계
에 배치되는 경우에 그 판결에 의하여 집행할 수 있는 것으로
확정된 권리의 성질과 그 내용, 판결의 성립 경위 및 판결
성립 후 집행에 이르기까지의 사정, 그 집행이 당사자에게
미치는 영향 등 제반 사정을 종합하여 볼 때, 그 확정판결에
기한 집행이 현저히 부당하고 상대방으로 하여금 그 집행을
수인하도록 하는 것이 정의에 반함이 명백하여 사회생활상
용인할 수 없다고 인정되는 경우에는 그 집행은 권리남용으
로서 허용되지 않는다고 할 것이다.(대판 1997.9.12, 96다
4862)

**4. 확정판결의 변론 종결 전에 있은 일부이행을 이유로 청구
이의 사유가 될 수 있는지 여부**(한정 적극) 확정판결에 대
한 청구이의 사유는 그 확정판결의 변론 종결 후에 생긴 것
이어야 한다. 그러나 확정판결의 변론 종결 전에 이루어진
일부이행을 채권자가 변론 종결 후 수령함으로써 변제의 효
력이 발생한 경우에는 그 한도 내에서 청구이의 사유가 될
수 있다고 보아야 한다.(대판 2009.10.29. 2008다51359)

**5. 채무자가 상속포기를 하고 이를 주장하지 아니하여 채권
자의 승소판결 확정 후 청구이의의 소를 제기할 수 있는지
여부**(소극) 채무자가 한정승인을 하였으나 채권자가 제기
한 소송의 사실심 변론종결시까지 이를 주장하지 아니하는
바람에 책임의 범위에 관하여 아무런 유보 없는 판결이 선
고·확정된 경우라 하더라도 채무자가 그 후 위 한정승인
사실을 내세워 청구에 관한 이의의 소를 제기하는 것이 허
용되는 것은, 한정승인에 의한 책임의 제한은 상속채무의 존
재 및 범위의 확정과는 관계없이 다만 판결의 집행 대상을
상속재산의 한도로 한정함으로써 판결의 집행력을 제한할
뿐으로, 채권자가 피상속인의 금전채무를 상속한 상속인을
상대로 그 상속채무의 이행을 구하여 제기한 소송에서 채무
자가 한정승인 사실을 주장하지 않으면 책임의 범위는 현실
적인 심판대상으로 등장하지 아니하여 주문에서는 물론 이
유에서도 판단되지 않는 관계로 그에 관하여는 기판력이 미
치지 않기 때문이다. 위와 같은 기판력에 의한 실권효 제한
의 법리는 채무의 상속에 따른 책임의 제한 여부만이 문제
되는 한정승인과 달리 상속에 의한 채무의 존재 자체가 문
제되어 그에 관한 확정판결의 주문에 당연히 기판력이 미치

게 되는 상속포기의 경우에는 적용될 수 없다. 실체적 권리
관계에 배치되는 확정판결의 집행을 배제할 수 있는 경우
확정판결의 내용이 실체적 권리관계에 배치되는 경우, 그 판
결에 의하여 집행할 수 있는 것으로 확정된 권리의 성질과
내용, 판결의 성립 경위, 판결 성립 후 집행에 이르기까지의
사정, 그 집행이 당사자에게 미치는 영향 등 여러 사정을 종
합하여 볼 때, 그 확정판결에 기한 집행이 현저히 부당하고
상대방에게 그 집행을 수인하도록 하는 것이 정의에 반함이
명백하여 사회생활상 용인할 수 없다고 인정되는 경우에는,
집행은 권리남용으로서 허용되지 않고, 그러한 경우 집행채
무자는 청구이의의 소에 의하여 그 집행의 배제를 구할 수
있다.(대판 2009.5.28, 2008다79876)

6. 부집행의 합의에 반하는 집행 부집행의 합의는 실체상의
청구의 실현에 관련하여 이루어지는 사법상의 채권계약이라
고 봄이 상당하고, 이것을 위반한 집행은 실체상 부당한 집
행이라고 할 수 있으므로 구 민소 505조가 유추적용 내지
준용되어 청구이의의 사유가 된다.(대판 1996.7.26, 95다
19072)

**7. 파산절차에서 채권표에 기재된 채권에 관하여 파산자가
청구이의의 소를 제기할 수 있는 사유** 파산절차에서 파산
채권으로 확정되어 채권표에 기재되면 그 채권표의 기재는
구 파산법(2005. 3. 31. 법률 7428호로 폐지되기 전의 것, 이
하 같다) 259조 1항의 규정에 의하여 파산자에 대하여 확정
판결과 동일한 효력을 가진다. 따라서 파산채권으로 확정된
후에는 파산자가 채권표에 기재된 채권에 관하여 이의를 하
려면 청구이의의 소를 제기할 수 있으나 그 이의사유는 파
산채권이 확정된 뒤에 그 채권의 존부나 범위 등을 다툴 수
있는 실체적인 사유가 생겼음을 이유로 하여야 한다. 그런데
위와 같이 확정된 채권표의 기재가 확정판결과 동일한 효력
을 갖는다고는 하더라도 채권자는 파산절차가 종결된 후에
이르러서야 비로소 구 파산법 259조 2항에 의하여 채권표의
기재에 의거하여 강제집행을 할 수 있을 뿐이고, 파산절차가
계속 중인 경우에는 모든 파산채권자는 파산절차를 통해서
만 파산자에 대한 권리를 행사하여야 하며, 파산절차에서는
확정된 채권표의 기재에 따라 파산관재인이 배당절차를 주
재하고 파산채권자에 의한 별도의 집행개시나 배당요구 등
의 제도가 없으므로, 확정된 채권표의 기재는 파산절차가 종
결되기 전까지는 파산채권자들 사이에 배당액을 산정하기
위한 배당율을 정하는 기준이 되는 금액일 뿐이고 배당과
관련해서는 집행권원으로서 아무런 작용을 하는 것이 아니
다. 그렇다면 파산절차에서 채권자가 중간배당을 받았다 하
더라도 그 때문에 채권표에 기재된 채권액을 수정할 필요가
없어, 그러한 사정은 파산자가 파산채권으로 확정된 채권표
의 기재에 관하여 그 채권의 존부나 범위를 다투기 위한 청
구이의의 소의 사유로 삼을 수 없다고 할 것이다.(대판
2007.10.11, 2005다45544, 45551)

8. 한정승인 사실이 적법한 청구이의사유인지 여부 채권자
가 피상속인의 금전채무를 상속한 상속인을 상대로 그 상속
채무의 이행을 구하여 제기한 소송에서 채무자가 한정승인
사실을 주장하지 않으면 책임의 범위는 현실적인 심판대상
으로 등장하지 아니하여 주문에서는 물론 이유에서도 판단
되지 않으므로 그에 관하여 기판력이 미치지 않는다. 그러므
로 채무자가 한정승인을 하고도 채권자가 제기한 소송의 사
실심 변론종결시까지 그 사실을 주장하지 아니하여 책임의
범위에 관한 유보가 없는 판결이 선고되어 확정되었다고 하
더라도, 채무자는 그 후 위 한정승인 사실을 내세워 청구에
관한 이의의 소를 제기할 수 있다.(대판 2006.10.13, 2006다
23138)

9. 강제집행의 종료(1) 집행권원인 공정증서가 무권대리인
의 촉탁에 기하여 작성된 것으로서 무효인 때에는 채무자는
청구이의의 소로써 강제집행 불허의 재판을 구할 수 있음은
물론이지만, 그 공정증서에 기한 강제집행이 일단 전체적으

로 종료되어 채권자가 만족을 얻은 후에는 더 이상 청구이의의 소로써 그 강제집행의 불허를 구할 이익은 없다.(대판 1997.4.25, 96다52489)

10. 강제집행의 종료(2) 대지에 대한 수분양자 명의변경 절차의 이행을 소구함은 채무자의 의사의 진술을 구하는 소송으로서 그 청구를 인용하는 판결이 선고되고 그 소송이 확정되었다면, 그와 동시에 채무자가 수분양자 명의변경 절차의 이행의 의사를 진술한 것과 동일한 효력이 발생하는 것이므로 위 확정판결의 강제집행은 이로써 완료되는 것이고 집행기관에 의한 별도의 집행절차가 필요한 것이 아니므로, 특별한 사정이 없는 한 위 확정판결 이후의 집행절차가 계속됨을 전제로 하여 그 집행권원이 가지는 집행력의 배제를 구하는 청구이의의 소는 허용될 수 없다.(대판 1995.11. 10, 95다37568)

11. 미확정 상태에 있는 지급명령에 대하여 청구이의의 소를 제기할 수 있는지 여부(소극) 미확정 상태에 있는 지급명령은 유효한 집행권원이 될 수 없으므로 이에 대하여 집행력의 배제를 구하는 청구이의의 소를 제기할 수 없다.(대판 2012.11.15, 2012다70012)

12. 동시이행관계에 있는 청구권이 집행증서상 단순 이행의무로 되어 있는 경우의 처리 ①집행증서상 청구권은 의무의 단순 이행을 내용으로 하는 것인데 그 청구권이 반대의무의 이행과 상환으로 이루어져야 하는 동시이행관계에 있으므로 집행증서에 기한 집행이 불허되어야 한다는 주장은, 본래 집행권원에 표시된 청구권의 변동을 가져오는 청구이의의 소의 이유가 된다. ②그리고 이러한 사유를 이유로 하는 청구이의의 소에 관한 재판에서 집행권원상의 청구권과 동시이행관계에 있는 반대의무의 존재가 인정되는 경우, 법원으로서는 본래의 집행권원에 기한 집행력의 전부를 배제하는 판결을 할 것이 아니라 집행청구권이 반대의무와 동시이행관계에 있음을 초과하는 범위에서 집행력의 일부 배제를 선언하는 판결을 하여야 한다.(대판 2013.1.10, 2012다75123, 75130)

13. 유효하지 아니한 집행권원에 대한 청구이의의 소 환경분쟁 조정법에 의하면 재정위원회가 재정을 한 경우 재정문서의 정본이 당사자에게 송달된 것을 전제로 그날부터 60일 이내에 당사자가 재정의 대상이나 환경피해를 원인으로 하는 소송을 제기하거나 이와 유사하는 등의 경우에 재정문서는 재판상 화해와 동일한 효력이 있으므로, 재정문서의 정본이 당사자에게 송달조차 되지 않은 경우에는 유효한 집행권원이 될 수 없고, 따라서 이에 대하여 집행력의 배제를 구하는 청구이의의 소를 제기할 수 없다.(대판 2016.4.15, 2015다201510)

14. 민집 44조 1항에서 정한 '제1심 판결법원'의 의미 및 지방법원 합의부가 재판한 간접강제결정을 대상으로 한 청구이의의 소나 집행문부여에 대한 이의의 소가 위 합의부의 전속관할에 속하는지 여부(적극) 민집 44조 1항은 "채무자가 판결에 따라 확정된 청구에 관하여 이의하려면 제1심 판결법원에 청구에 관한 이의의 소를 제기하여야 한다."라고 규정하고, 45조 본문은 위 규정을 집행문부여에 대한 이의의 소에 준용하도록 하고 있다. 여기서 '제1심 판결법원'이란 집행권원인 판결에 표시된 청구권, 즉 그 판결에 기초한 강제집행에 의하여 실현될 청구권에 대하여 재판을 한 법원을 가리키고, 이는 직분관할로서 성질상 전속관할에 속한다. 한편 민집 56조 1호는 '항고로만 불복할 수 있는 재판'을 집행권원의 하나로 규정하고, 57조는 이러한 집행권원에 기초한 강제집행에 대하여 44조, 45조 등을 준용하도록 규정하고 있다. 따라서 지방법원 합의부가 재판한 간접강제결정을 대상으로 한 청구이의의 소나 집행문부여에 대한 이의의 소는 그 재판을 한 지방법원 합의부의 전속관할에 속한다.(대판 2017.4.7, 2013다80627)

15. 확정된 개인회생채권이 기재된 개인회생채권자표에 대하여 청구이의의 소가 제기된 경우 개인회생채권 확정 전에 발생한 청구권의 불성립이나 소멸 등의 사유도 심리·판단하여야 하는지 여부**(적극)** 확정된 개인회생채권에 관한 개인회생채권자표의 기재에는 기판력이 없어 그에 대한 청구이의의 소에서도 기판력의 시간적 한계에 따른 제한이 적용되지 않는다. 그러므로 청구이의의 소송심리에서는 개인회생채권 확정 후에 발생한 사유뿐만 아니라 개인회생채권 확정 전에 발생한 청구권의 불성립이나 소멸 등의 사유도 심리·판단하여야 한다.(대판 2017.6.19, 2017다204131)

16. 파산채무자에 대한 면책결정의 확정에도 불구하고 어떠한 채권이 비면책채권에 해당하는지 여부 등이 다투어지는 경우, 채무자가 면책확인의 소를 제기할 수 있는지 여부(적극) **및 면책된 채무에 관한 집행권원을 가지고 있는 채권자를 상대로 면책확인을 구하는 소에 확인의 이익이 있는지 여부**(소극) 파산채무자에 대한 면책결정의 확정에도 불구하고 어떠한 채권이 비면책채권에 해당하는지 여부 등이 다투어지는 경우에 채무자는 면책확인의 소를 제기함으로써 권리 또는 법률상 지위에 현존하는 불안·위험을 제거할 수 있다. 그러나 면책된 채무에 관한 집행권원을 가지고 있는 채권자에 대한 관계에서 채무자는 청구이의의 소를 제기하여 면책의 효력에 기한 집행력의 배제를 구하는 것이 법률상 지위에 현존하는 불안·위험을 제거하는 유효적절한 수단이 된다. 따라서 이러한 경우에도 면책확인을 구하는 것은 분쟁의 종국적인 해결 방법이 아니므로 확인의 이익이 없어 부적법하다.(대판 2017.10.12, 2017다17771)

제45조【집행문부여에 대한 이의의 소】 제30조 제2항과 제31조의 경우에 채무자가 집행문부여에 관하여 증명된 사실에 의한 판결의 집행력을 다투거나, 인정된 승계에 의한 판결의 집행력을 다투는 때에는 제44조의 규정을 준용한다. 다만, 이 경우에도 제34조의 규정에 따라 집행문부여에 대하여 이의를 신청할 수 있는 채무자의 권한은 영향을 받지 아니한다.

■ 집행권원에 조건이 달려있는 때(30②), 승계집행문(31), 청구에 관한 이의의 소(44), 집행문부여의 소(33), 집행문부여에 대한 이의신청(34), 판결법원(44①), 지급명령(58④), 공정증서(59④), 전속관할(21), 잠정처분(46·47·57)

1. 집행증서의 무효를 이유로 한 집행문의 취소 집행증서상의 명의를 모용당하였다고 주장하는 채무자는 위 집행증서에 채무자 본인의 집행촉탁 및 집행수락의 의사가 결여되었음을 내세워 집행문 부여에 대한 이의로써 무효인 집행증서에 대하여 부여된 집행문의 취소를 구하는 것도 가능하다 할 것이고, 그 경우 이의를 심리하는 법원으로서는 임의적 변론을 거쳐 결정의 형식으로 그 당부를 판단하면 족하며, 반드시 심문 또는 변론절차를 열거나 제출된 자료만으로 소명이 부족하다 하여 신청인에게 추가 소명의 기회를 주어야 하는 것은 아니다.(대결 1999.6.23, 99그20)

2. 승계집행문 부여에 대한 이의의 소에서 승계사실에 대한 증명책임의 소재(채권자) 채무자가 채무자 지위의 승계를 부인하여 다투는 경우에는 승계집행문 부여에 대한 이의의 소를 제기할 수 있고(민집 45조), 이때 승계사실에 대한 증명책임은 승계를 주장하는 채권자에게 있다. 따라서 승계집행문 부여에 대한 이의의 소에서 법원은 증거관계를 살펴 과연 집행권원에 표시된 당사자에 실체법적인 승계가 있었는지의 사실관계를 심리한 후 승계사실이 충분히 증명되지 않거나 오히려 승계의 반대사실이 증명되는 경우에는 승계집행문을 취소하고 승계집행문에 기한 강제집행을 불허하여야 한다. (상 240조, 190조에 따른 합병무효판결이 확정된 경우에 합병 사실을 전제로 한 채무자의 승계인 지위를 부정한 사례)(대판 2016.6.23, 2015다52190)

3. **집행문 부여에 대한 이의의 소를 제기할 수 있는 경우**
집행문 부여에 대한 이의의 소는 판결을 집행하는 데 조건이 붙어 있어 그 조건이 성취되었음을 채권자가 증명하여야 하는 때에 이를 증명하는 서류를 제출하여 집행문을 내어 준 경우(민집 30조 2항)와 판결에 표시된 채권자의 승계인을 위하여 내어 주거나 판결에 표시된 채무자의 승계인에 대한 집행을 위하여 집행문을 내어 준 경우(같은 법 31조 1항)에, 채무자가 집행문 부여에 관하여 증명된 사실에 의한 판결의 집행력을 다투거나 인정된 승계에 의한 판결의 집행력을 다투는 때에 제기할 수 있다(같은 법 45조).(대판 2016.8.18, 2014다225038)

제46조【이의의 소와 잠정처분】 ① 제44조 및 제45조의 이의의 소는 강제집행을 계속하여 진행하는 데에는 영향을 미치지 아니한다.
② 제1항의 이의를 주장한 사유가 법률상 정당한 이유가 있다고 인정되고, 사실에 대한 소명(疎明)이 있을 때에는 수소법원(受訴法院)은 당사자의 신청에 따라 판결이 있을 때까지 담보를 제공하게 하거나 담보를 제공하게 하지 아니하고 강제집행을 정지하도록 명할 수 있으며, 담보를 제공하게 하고 그 집행을 계속하도록 명하거나 실시한 집행처분을 취소하도록 명할 수 있다.
③ 제2항의 재판은 변론 없이 하며 급박한 경우에는 재판장이 할 수 있다.
④ 급박한 경우에는 집행법원이 제2항의 권한을 행사할 수 있다. 이 경우 집행법원은 상당한 기간 이내에 제2항에 따른 수소법원의 재판서를 제출하도록 명하여야 한다.
⑤ 제4항 후단의 기간을 넘긴 때에는 채권자의 신청에 따라 강제집행을 계속하여 진행한다.
■ ① 청구에 관한 이의의 소(44), 집행문부여에 대한 이의의 소(45), ② 집행법원(3), 담보(19), 집행의 정지, 취소, 속행(49·50), 소명(민소299), 임의대위(민소134), 강제집행의 일시정지(49ⅱ)
1. 일반 가처분의 방법에 의한 강제집행정지 확정판결 또는 이와 동일한 효력이 있는 집행권원에 기한 강제집행의 정지는 오직 강제집행에 관한 법규 중에 그에 관한 규정이 있는 경우에 한하여 가능한 것이고, 이와 같은 규정에 의함이 없이 일반적인 가처분의 방법으로 강제집행을 정지시킨다는 것은 허용될 수 없다.(대결 1986.5.30, 86그76)
2. 담보제공명령에 대한 불복 수소법원이 구 민소 507조 2항 소정의 강제집행정지결정 등을 명하기 위하여 담보제공명령을 내렸다면 이러한 담보제공명령은 나중에 있을 강제집행을 정지하는 재판에 대한 중간적 재판에 해당하는바, 위 명령에서 정한 공탁금액이 너무 과다하여 부당하다고 하더라도 이는 강제집행정지의 재판에 대한 불복절차에서 그 당부를 다툴 수 있을 뿐, 중간적 재판에 해당하는 담보제공명령에 대하여는 독립하여 불복할 수 없다.(대결 2001.9.3, 2001그85)
3. 부동산 담보권 실행을 위한 경매절차에 대해 민집 275조에 의하여 준용되는 민집 46조에 따라 절차의 정지를 신청하기 위하여는, 담보권의 효력을 다투는 본안의 소가 먼저 제기되어 있어야 하는지 여부(적극) 부동산을 목적으로 하는 담보권을 실행하기 위한 경매절차를 정지하려면 담보권의 효력을 다투는 소를 제기하여 민집 46조에 준하는 강제집행정지 결정을 받아 그 절차의 진행을 정지시킬 수 있는데(민집 275조), 이러한 강제집행정지 신청도 근저당권말소청구의 소나 피담보채무부존재확인의 소와 같은 본안의 소가 제기되어 있을 것을 전제로 한다.(대결 2012.8.14, 2012그

173)
4. 잠정처분을 명하기 위한 요건(=채무부존재확인소송은 포함되지 아니함) 민집 46조 2항의 잠정처분은 확정판결 또는 이와 동일한 효력이 있는 집행권원의 실효를 구하거나 집행력 있는 정본의 효력을 다투거나 목적물의 소유권을 다투는 구제절차 등에서 수소법원이 종국판결을 선고할 때까지 잠정적인 처분을 하도록 하는 것으로서, 청구이의 판결 등의 종국재판이 해당 물건에 대한 강제집행을 최종적으로 불허할 수 있음을 전제로 강제집행을 일시정지시키는 것이다. 따라서 승소하더라도 그와 같은 효력이 인정되지 않는 채무부존재확인의 소를 제기한 것만으로는 위 조항에 의한 잠정처분을 할 요건이 갖추어졌다고 할 수 없다.(대결 2015.1.30, 2014그553)

제47조【이의의 재판과 잠정처분】 ① 수소법원은 이의의 소의 판결에서 제46조의 명령을 내리고 이미 내린 명령을 취소·변경 또는 인가할 수 있다.
② 판결중 제1항에 규정된 사항에 대하여는 직권으로 가집행의 선고를 하여야 한다.
③ 제2항의 재판에 대하여는 불복할 수 없다.
■ ① 잠정처분(46), 일시정지(49ⅱ), 가집행의 선고(민소213)

제48조【제3자이의의 소】 ① 제3자가 강제집행의 목적물에 대하여 소유권이 있다고 주장하거나 목적물의 양도나 인도를 막을 수 있는 권리가 있다고 주장하는 때에는 채권자를 상대로 그 강제집행에 대한 이의의 소를 제기할 수 있다. 다만, 채무자가 그 이의를 다투는 때에는 채무자를 공동피고로 할 수 있다.
② 제1항의 소는 집행법원이 관할한다. 다만, 소송물이 단독판사의 관할에 속하지 아니할 때에는 집행법원이 있는 곳을 관할하는 지방법원의 합의부가 이를 관할한다.
③ 강제집행의 정지와 이미 실시한 집행처분의 취소에 대하여는 제46조 및 제47조의 규정을 준용한다. 다만, 집행처분을 취소할 때에는 담보를 제공하게 하지 아니할 수 있다.
■ ② 【관할】집행법원(3①), 합의부(법조32), 소의 제기(민소248·249) ③ 정지처분(46·47)
1. 제3자이의의 소에서 그 소의 원인이 되는 권리 민집 48조의 강제집행에 대한 제3자이의의 소는 이미 개시된 집행의 목적물에 대하여 소유권 기타 목적물의 양도나 인도를 막을 수 있는 권리가 있다고 주장함으로써 그에 대한 집행의 배제를 구하는 것이니만큼 그 소의 원인이 되는 권리는 집행채권자에 대항할 수 있는 것이어야 한다.(대판 2007.5.10, 2007다7409)
2. 제3자이의의 소의 이익(조합원의 보존행위) 제3자이의의 소는 모든 재산권을 대상으로 하는 집행에 대하여 적용되는 것이므로, 금전채권에 대하여 압류 및 추심명령이 있은 경우에 그 집행채무자 아닌 제3자가 자신이 진정한 채권자로서 자신의 채권의 행사에 있어 위 압류 등으로 인하여 사실상 장애를 받았다면 그 채권이 자기에게로 귀속된다고 주장하여 집행채권자에 대하여 제3자이의의 소를 제기할 수 있다고 할 것이다. 그리고 조합의 채권은 조합원 전원에게 합유적으로 귀속하는 것이어서, 특별한 사정이 없는 한 조합원 중 1인이 임의로 조합의 채무자에 대하여 출자지분의 비율에 따른 급부를 청구할 수 없는 것이므로, 조합원 중 1인의 채권자가 그 조합원 개인을 집행채무자로 하여 조합의 채권에 대하여 강제집행하는 경우, 다른 조합원으로서는 보존행위

로서 제3자이의의 소를 제기하여 그 강제집행의 불허를 구할 수 있다고 할 것이다.(대판 1997.8.26, 97다4401)

3. **제3자이의의 소의 이익**(가압류 후의 소유권취득자) 일반적으로 가압류 후의 소유권취득자는 그 가압류에 터 잡아 한 강제경매의 집행채권자에게 대항할 수 없는 것이고, 그 강제집행의 기초가 되는 집행권원의 허위, 가장 여부를 다툴 적격이 없는 것이나, 그 집행 후에 취득한 권리라 할지라도 특별히 권리자가 이로써 집행채권자에게 대항할 수 있는 경우라면 그 권리자는 그 집행의 배제를 구하기 위하여 제3자이의의 소를 제기할 수 있다.(대판 1996.6.14, 96다14494)

4. **제3자이의의 소의 이익**(양도담보권자) 동산에 관하여 양도담보계약이 이루어지고 양도담보권자가 점유개정의 방법으로 인도를 받았다면 그 청산절차를 마치기 전이라 하더라도 담보목적물에 대한 사용수익권은 없지만 제3자에 대한 관계에서는 그 물건의 소유자임을 주장하고 그 권리를 행사할 수 있다.(대판 1994.8.26, 93다44739)

5. **원고적격** 제3자이의의 소의 원고적격은 집행의 목적물에 대하여 양도 또는 인도를 저지할 권리가 있음을 주장하는 제3자에게 있고, 여기서 제3자는 집행권원 또는 집행문에 채권자, 채무자 또는 그 승계인으로 표시된 자 이외의 자를 말하며, 승계집행문으로 인하여 피고의 승계인으로 표시된 자가 그 집행권원의 집행력의 배제를 구하는 소는 제3자이의의 소라 할 수 없다.(대판 1992.10.27, 92다10883)

6. **채무자의 원고적격** 제3자이의의 소의 원고적격은 강제집행의 목적물에 대하여 양도 또는 인도를 막을 권리가 있다고 주장하는 제3자에게 있고, 여기서 제3자는 집행권원 또는 집행문에 채권자, 채무자 또는 그 승계인으로 표시된 사람 이외의 사람을 말한다. 그리고 집행의 채무자가 누구인지는 집행문을 누구에 대하여 내어 주었는지에 의하여 정하여지고, 집행권원의 채무자와 동일성이 없는 사람 등 집행의 채무자적격을 가지지 아니한 사람이라도 그에 대하여 집행문을 내어 주었으며 집행문 부여에 대한 이의신청 등에 의하여 취소될 때까지는 집행문에 의한 집행의 채무자가 된다.(대판 2016.8.18, 2014다225038)

7. **부동산 명의신탁자에 대한 강제집행** 명의신탁과 명의수탁자가 이른바 계약명의신탁 약정을 맺고 명의수탁자가 당사자가 되어 명의신탁 약정이 있다는 사실을 알지 못하는 소유자와 부동산에 관한 매매계약을 체결한 후 그 매매계약에 따라 당해 부동산의 소유권이전등기를 명의수탁자 명의로 마친 경우에는, 명의신탁자와 명의수탁자 사이의 명의신탁 약정의 무효에도 불구하고 부동산실명 4조 2항 단서에 의하여 그 명의수탁자는 당해 부동산의 완전한 소유권을 취득한다. 이와 달리 소유자가 계약명의신탁약정이 있다는 사실을 안 경우에는 수탁자 명의의 소유권이전등기는 무효이고 당해 부동산의 소유권은 매도인이 그대로 보유하게 된다. 어느 경우든지 명의신탁자는 그 매매계약에 의해서는 당해 부동산의 소유권을 취득하지 못하게 되어, 결국 그 부동산은 명의신탁자에 대한 강제집행이나 보전처분의 대상이 될 수 없다.(대판 2009.5.14, 2007도2168)

8. **집행목적물에 대한 채권적 청구권이 제3자이의의 소의 이의원인이 되는지 여부**(한정적극) 제3자이의의 소의 이의원인은 소유권에 한정되는 것이 아니고 집행목적물의 양도나 인도를 막을 수 있는 권리이면 족하며, 집행목적물이 집행채무자의 소유에 속하지 아니한 경우에는 집행채무자와의 계약관계에 의거하여 집행채무자에 대하여 목적물의 반환을 구할 채권적 청구권을 가지고 있는 제3자는 집행에 의한 양도나 인도를 막을 이익이 있으므로 그 채권적 청구권도 제3자이의의 소의 이의원인이 될 수 있다.(대판 2003.6.13, 2002다16676)

제49조 【집행의 필수적 정지·제한】 강제집행은 다음 각호 가운데 어느 하나에 해당하는 서류를 제출한 경우에 정지하거나 제한하여야 한다.

1. 집행할 판결 또는 그 가집행을 취소하는 취지나, 강제집행을 허가하지 아니하거나 그 정지를 명하는 취지 또는 집행처분의 취소를 명한 취지를 적은 집행력 있는 재판의 정본
2. 강제집행의 일시정지를 명한 취지를 적은 재판의 정본
3. 집행을 면하기 위하여 담보를 제공한 증명서류
4. 집행할 판결이 있은 뒤에 채권자가 변제를 받았거나, 의무이행을 미루도록 승낙한 취지를 적은 증서
5. 집행할 판결, 그 밖의 재판이 소의 취하 등의 사유로 효력을 잃었다는 것을 증명하는 조서등본 또는 법원사무관등이 작성한 증서
6. 강제집행을 하지 아니한다거나 강제집행의 신청이나 위임을 취하한다는 취지를 적은 화해조서(和解調書)의 정본 또는 공정증서(公正證書)의 정본

■ 준용(57·56), 집행정지서류의 제출(민집규50), 강제관리(민집규88·90②), 집행정지중의 매각(민집규126①), 배당액 공탁(민집규156①iii), 집행정지의 통지(민집규161), 부동산의 경매(민집규194), 담보권실행을 위한 경매절차의 정지사유(266), 강제집행을 허가하지 아니하는 재판(34·44·45·48), 집행처분의 취소를 명하는 재판(46·47·48, 민소500·501), 강제집행의 일시정지를 명한 재판(16②·34②·46·47·48③·196③), 담보제공의 증명서류(19②·282, 민소213②③·502②), 판결을 취소하는 재판(민소416·436), 가집행을 취소하는 재판(민소215)

1. 강제집행의 필요적 정지 구 민소 510조에 의하면 강제집행 진행 중 강제집행정지결정 정본을 집행기관에 제출하면 집행기관은 필요적으로 강제집행을 정지하도록 규정하고 있으므로 집행법원에 강제집행정지결정 정본을 첨부한 경매차정지신청을 하였더라도 강제집행의 필요적 정지를 촉구하는 의미 이상은 없으므로 동 신청에 대한 기각의 결정은 위법하며, 집행법원이 강제집행을 계속 진행할 때에는 집행에 관한 이의절차에 의하여 불복할 수 있을 따름이다.(대결 1983.7.22, 83그24)

2. 채권변제의 수령을 이유로 한 경매취하서의 제출 경락허가결정 전에 채권 전액을 변제받았음을 이유로 한 경매신청취하서가 경락허가결정 전에 집행법원에 제출된 경우에 동 취하서에 최고가 경매인의 동의가 없어 경매취하의 효력은 없다 하더라도 강제집행의 필요적 정지사유가 되는 구 민소 510조 4호 소정의 채권자가 변제를 받았다는 취지를 기재한 증서의 제출로 못 볼 바 아니므로 집행법원은 경매절차를 정지하고 경락을 허가하지 아니하여야 한다.(대결 1979.10.31, 79마132)

3. 경락대금 납부 전에 집행절차의 일시정지를 명하는 재판 정본을 제출한 경우 개정된 민사소송법(1990. 1. 13. 법률 제4201호로 개정된 것)하에서는 강제경매의 경우에도 임의경매의 경우와 마찬가지로 경락인은 경락대금을 완납한 때에 경매부동산의 소유권을 취득하는 것이므로, 강제경매절차에서 경락허가결정이 된 후에라도 경락인이 경락대금을 납부하기 전까지는 경매법원은 같은 법 510조 2호의 서면인 경매절차의 일시정지를 명하는 결정정본이 제출된 경우 필요적으로 그 경매절차의 진행을 정지하여야 하고, 또 같은 조 1호의 서면인 강제집행을 허가하지 아니한다는 취지의 집행력 있는 판결정본이 제출된 경우에는 이미 실시한 집행처분을 취소하여야 하는 것이므로, 경매법원이 한 경매개시결정을 취소하여야 한다.(대결 1994.2.7, 93마1837)

제50조 【집행처분의 취소·일시유지】 ① 제49

조제1호·제3호·제5호 및 제6호의 경우에는 이미 실시한 집행처분을 취소하여야 하며, 같은 조 제2호 및 제4호의 경우에는 이미 실시한 집행처분을 일시적으로 유지하게 하여야 한다.

② 제1항에 따라 집행처분을 취소하는 경우에는 제17조의 규정을 적용하지 아니한다.

■ ① 잠정처분(46②)·47·48③)·49, 민소500①), 담보제공(49ⅲ), 재판의 실효(49ⅴ), 강제집행의 취하(49ⅵ), 집행의 요건불비(18②·180·102·188③)·171②), ② 즉시항고(17), 재판을 고지받을 사람의 범위(민집규7①ⅲ)

제51조 【변제증서 등의 제출에 의한 집행정지의 제한】

① 제49조제4호의 증서 가운데 변제를 받았다는 취지를 적은 증서를 제출하여 강제집행이 정지되는 경우 그 정지기간은 2월로 한다.

② 제49조제4호의 증서 가운데 의무이행을 미루도록 승낙하였다는 취지를 적은 증서를 제출하여 강제집행이 정지되는 경우 그 정지는 2회에 한하며 통산하여 6월을 넘길 수 없다.

■ 변제를 받았다는 증서 및 의무이행을 미루도록 승낙한 증서(49ⅳ)

제52조 【집행을 개시한 뒤 채무자가 죽은 경우】

① 강제집행을 개시한 뒤에 채무자가 죽은 때에는 상속재산에 대하여 강제집행을 계속하여 진행한다.

② 채무자에게 알려야 할 집행행위를 실시할 경우에 상속인이 없거나 상속인이 있는 곳이 분명하지 아니하면 집행법원은 채권자의 신청에 따라 상속재산 또는 상속인을 위하여 특별대리인을 선임하여야 한다.

③ 제2항의 특별대리인에 관하여는 「민사소송법」 제62조제2항부터 제5항까지의 규정을 준용한다. (2016.2.3 본항개정)

■ ① 집행개시후의 채권자의 승계(민집규23), 채무자에게 알려야 할 집행행위(83④·188③·219·227②·241⑤·255·258②), ③ 특별대리인에 대한 준용(민소62③~62⑥), 상속인의 부존재(민1053~1059)

제53조 【집행비용의 부담】

① 강제집행에 필요한 비용은 채무자가 부담하고 그 집행에 의하여 우선적으로 변상을 받는다.

② 강제집행의 기초가 된 판결이 파기된 때에는 채권자는 제1항의 비용을 채무자에게 변상하여야 한다.

■ 집행비용의 변상(민집규24), 담보권실행에 준용(275), 제3자의 집행비용부담(138③)

1. 강제집행에 필요한 비용의 의미 강제집행에 필요한 비용은 채무자가 부담하고 그 집행에 의하여 우선적으로 변상을 받는다(민집 53조 1항). 집행비용은 집행권원 없이도 배당재단으로부터 각 채권액에 우선하여 배당받을 수 있다. 여기서 집행비용은 각 채권자가 지출한 비용의 전부가 아니라 배당재단으로부터 우선변제를 받을 집행비용만을 의미하며, 이에 해당하는 것으로서는 당해 경매절차를 통하여 모든 채권자를 위하여 체당한 비용으로서의 성질을 띤 집행비용(공익비용)에 한한다. 집행비용에는 민사집행의 준비 및 실시를 위하여 필요한 비용이 포함된다.(대판 2011.2.10, 2010다79565)

2. 가압류에서 본압류로 이행된 후에 본압류의 집행배제를 구하기 위하여 변제하여야 하는 금액의 범위 민집 53조 1항의 '강제집행에 필요한 비용'에는 가압류의 집행비용이 당연히 포함된다. 그리고 가압류가 집행된 후 그 가압류가 본압류로 이행된 때에는 가압류집행이 본집행에 포섭됨으로써 당초부터 본집행이 있었던 것과 같은 효력이 있다. 그러므로 가압류만 있을 뿐 아직 본압류로 이행되지 아니한 단계에서는 가압류채권자가 그 가압류의 집행비용을 변상받을 수 없고, 따라서 제3취득자가 가압류의 집행비용을 고려함이 없이 그 처분금지의 효력이 미치는 객관적 범위에 속하는 청구금액만을 변제함으로써 가압류의 배제를 소구할 수 있지만, 가압류에서 본압류로 이행된 후에는 민집 53조 1항의 적용을 받게 되므로 가압류 후 본압류로의 이행 전에 가압류의 목적물을 취득하여 소유권을 취득한 제3취득자로서는 가압류의 청구금액 외에 그 가압류의 집행비용 및 본집행의 비용 중 가압류의 본압류로의 이행에 대응하는 부분까지를 아울러 변제하여야만 가압류에서 이행된 본압류의 집행배제를 구할 수 있다.(대판 2006.11.24, 2006다35223)

3. 강제집행의 비용의 추심 강제집행에 필요한 비용은 채무자의 부담으로 하고 그 집행에 의하여 우선적으로 변상을 받게 되어 있으므로, 이러한 집행비용은 별도의 집행권원 없이 그 집행의 기본인 당해 집행권원에 터 잡아 당해 강제집행절차에서 그 집행권원에 표시된 채권과 함께 추심할 수 있고, 따라서 집행권원에 표시된 본래의 채무가 변제공탁으로 소멸하였다 하여도 그 집행비용을 변상하지 아니한 이상 당해 집행권원의 집행력 전부의 배제를 구할 수는 없다.(대판 1992.4.10, 91다41620)

4. 집행법원의 집행비용액확정결정이 없는 경우와 강제경매절차에서의 추심 강제집행에 필요한 비용은 채무자가 부담하고 그 강제집행절차에서 우선적으로 변상받을 수 있으나, 당해 강제집행절차에서 변상을 받지 못한 비용은 집행법원의 집행비용액확정결정을 받아 이를 집행권원으로 하는 별도의 금전집행을 하여야 하므로, 부동산 명도 강제집행의 집행비용에 대한 집행법원의 집행비용액확정결정이 없는 경우, 그 집행비용을 위 부동산 명도 강제집행의 집행권원인 확정판결에 기한 강제경매절차에서 추심할 수 없다.(대판 2006.10.12, 2004재다818)

5. 직무대행자의 보수가 집행비용에 해당하는지 여부(적극) 민집 53조 1항은 강제집행에 필요한 비용은 채무자가 부담하고 그 집행에 의하여 우선적으로 변상을 받도록 규정하고 있고, 민소 24조 1항은 민집 53조 1항의 규정에 따라 채무자가 부담하여야 할 강제집행비용으로서 그 집행절차에서 변상받지 못한 비용은 당사자의 신청을 받아 집행법원이 결정으로 정하도록 규정하고 있다. 그리고 가압류·가처분의 집행에 관하여는 강제집행에 관한 규정이 준용되므로(민집 291조, 301조) 가압류·가처분의 집행에 소요되는 비용은 집행비용에 해당하고, 단체 임원 등의 직무대행자를 선임하는 가처분의 경우, 채권자가 예납한 금전에서 지급된 직무대행자의 보수는 가처분의 집행에 소요되는 비용에 해당하므로 민집 53조 1항에 정해진 집행비용으로 보아야 한다.(대결 2011.4.28, 2011마197)

6. 집행관에게 지급한 수수료 유체동산에 대한 집행을 위하여 집행관에게 지급한 수수료는 구 민소 513조 1항, 민소규 107조 1항 소정의 집행비용에 해당하므로, 그 집행절차에서 변상을 받지 못하였을 경우에는 별도로 집행법원에 집행비용액확정결정의 신청을 하여 그 결정을 집행권원으로 삼아 집행하여야 하고, 집행관에게 지급한 수수료 상당의 금원을 채무자에게 지급명령신청의 방법으로 지급을 구하는 것은 허용되지 않는다.(대결 1996.8.21, 96그8)

제54조 【군인·군무원에 대한 강제집행】

① 군인·군무원에 대하여 병영·군사용 청사 또는 군용 선박에서 강제집행을 할 경우 법원은 채권자의 신청에 따라 군판사 또는 부대장(部隊長)이나 선장에게 촉탁하여 이를 행한다.

② 촉탁에 따라 압류한 물건은 채권자가 위임한 집행관에게 교부하여야 한다.

■ 군판사(군사법23, 군법무2), 집행관(2)

제55조 【외국에서 할 집행】 ① 외국에서 강제집행을 할 경우에 그 외국 공공기관의 법률상 공조를 받을 수 있는 때에는 제1심 법원이 채권자의 신청에 따라 외국 공공기관에 이를 촉탁하여야 한다.
② 외국에 머물고 있는 대한민국 영사(領事)에 의하여 강제집행을 할 수 있는 때에는 제1심 법원은 그 영사에게 이를 촉탁하여야 한다.

제56조 【그 밖의 집행권원】 강제집행은 다음 가운데 어느 하나에 기초하여서도 실시할 수 있다.
1. 항고로만 불복할 수 있는 재판
2. 가집행의 선고가 내려진 재판
3. 확정된 지급명령
4. 공증인이 일정한 금액의 지급이나 대체물 또는 유가증권의 일정한 수량의 급여를 목적으로 하는 청구에 관하여 작성한 공정증서로서 채무자가 강제집행을 승낙한 취지가 적혀 있는 것
5. 소송상 화해, 청구의 인낙(認諾) 등 그 밖에 확정판결과 같은 효력을 가지는 것

■ 종국판결(24), 집행판결(26), 검사의 집행명령(60), [항고로만 불복할 수 있는 재판] 비용액상환결정(민소107), 소송비용확정결정(민소110), 소송비용부담결정(민소114), 소송비용납입명령(민소130②·131), 강제관리개시결정(164①), 대체집행(260), 가집행선고있는 재판(민소406·435), 확정된 지급명령(민소472), [확정판결과 같은 효력의 조서] 화해, 인낙(민소220), 민사조정(민조정29), 가사조정(가소59②), 가정법원판결(가소12), 회생채권자표(회생파산255), 보상금액의 확정심결(특허166)

1. 공정증서상의 집행채권의 범위 강제집행에 있어서 채권자가 채무자에 대하여 가지는 집행채권의 범위는 집행권원에 표시된 바에 의하여 정하여지므로, 집행권원 즉, 집행력 있는 공정증서정본상 차용원금채권 및 이에 대한 그 변제기까지의 이자 이외에 변제기 이후 다 갚을 때까지의 지연손해금채권에 대하여는 아무런 표시가 되어 있지 않는 한 그 지연손해금채권에 대하여는 강제집행을 청구할 수 없다.(대결 1994.5.13, 94마542, 543)
2. 집행인낙과 표현대리규정의 적용 공정증서가 집행권원으로서 집행력을 가질 수 있도록 하는 집행인낙 표시는 공증인에 대한 소송행위로서 이러한 소송행위에는 민법상의 표현대리 규정이 적용 또는 준용될 수 없다.(대판 1994.2.22, 93다42047)
3. 대리권 흠결이 있는 공정증서 중 집행인낙에 대한 추인의 방식 공정증서상의 집행인낙의 의사표시는 공증인가 합동법률사무소 또는 공증인에 대한 채무자의 단독 소송행위로서 성규의 방식에 따라 작성된 증서에 의한 소송행위이어서, 대리권 흠결이 있는 공정증서 중 집행인낙에 대한 추인의 의사표시 또한 당해 공정증서를 작성한 공증인가 합동법률사무소 또는 공증인에 대하여 그 의사표시를 공증하는 방식으로 하여야 하므로, 그러한 방식에 의하지 아니한 추인행위가 있다 한들 그 추인행위에 의하여는 채무자가 실체법상의 채무 부담하게 됨은 별론으로 하고 무효의 집행권원이 유효하게 될 수는 없다.(대판 2006.3.26, 2006다2803)
4. 무권대리인의 촉탁에 의하여 작성된 공정증서가 집행권원으로서의 효력이 있는지 여부(소극)와 이러한 공정증서에 기초하여 발령되어 확정된 채권압류 및 전부명령이 실체법상 효력이 있는지 여부(소극) 및 이 때 제3채무자가 채권자의 전부금 지급청구에 대하여 실체법상의 무효를 들어 항변

할 수 있는지 여부(적극) 공정증서가 집행권원으로서 집행력을 가질 수 있도록 하는 집행인낙의 표시는 공증인에 대한 소송행위이므로, 무권대리인의 촉탁에 의하여 공정증서가 작성된 때에는 집행권원으로서의 효력이 없고, 이러한 공정증서에 기초하여 채권압류 및 전부명령이 발령되어 확정되었더라도 채권압류 및 전부명령은 무효인 집행권원에 기초한 것으로서 강제집행의 요건을 갖추지 못하여 실체법상 효력이 없다. 따라서 제3채무자는 채권자의 전부금 지급청구에 대하여 그러한 실체법상의 무효를 들어 항변할 수 있다.(대판 2016.12.29. 2016다22837)

제57조 【준용규정】 제56조의 집행권원에 기초한 강제집행에 대하여는 제58조 및 제59조에서 규정하는 바를 제외하고는 제28조 내지 제55조의 규정을 준용한다.

■ [준용] 집행문 부여, 승계집행문, 이의신청, 여러 통의 집행문, 집행관, 청구에 관한 이의, 집행문부여에 대한 이의, 잠정처분, 제3자이의, 집행의 정지, 집행비용, 외국에서 할 집행(28-55), [준용제외]지급명령(58), 집행증서(59)

제58조 【지급명령과 집행】 ① 확정된 지급명령에 기한 강제집행은 집행문을 부여받을 필요없이 지급명령 정본에 의하여 행한다. 다만, 다음 각호 가운데 어느 하나에 해당하는 경우에는 그러하지 아니하다.
1. 지급명령의 집행에 조건을 붙인 경우
2. 당사자의 승계인을 위하여 강제집행을 하는 경우
3. 당사자의 승계인에 대하여 강제집행을 하는 경우
② 채권자가 여러 통의 지급명령 정본을 신청하거나, 전에 내어준 지급명령 정본을 돌려주지 아니하고 다시 지급명령 정본을 신청한 때에는 법원사무관등이 이를 부여한다. 이 경우 그 사유를 원본과 정본에 적어야 한다.
③ 청구에 관한 이의의 주장에 대하여는 제44조제2항의 규정을 적용하지 아니한다.
④ 집행문부여의 소, 청구에 관한 이의의 소 또는 집행문부여에 대한 이의의 소는 지급명령을 내린 지방법원이 관할한다.
⑤ 제4항의 경우에 그 청구가 합의사건인 때에는 그 법원이 있는 곳을 관할하는 지방법원의 합의부에서 재판한다.

■ [1] 지급명령의 효력(민소474), 강제집행의 특례(소액5의8), [3] 청구이의 소의 시적한계(44②), [4] 관할(민소463)

1. 지급명령에 대한 청구이의의 소에서 고려할 사항 지급명령은 확정되어도 기판력이 생기지 않아서 그에 대한 청구이의의 소에는 기판력의 시간적 한계에 따른 제한이 적용되지 않으므로(구 민소 521조 2항), 그 청구이의의 소송심리에서는 그 지급명령에 기재된 모든 청구원인 주장에 관하여 심리·판단하여야 하고, 그 청구원인 주장을 특정함에 있어서는 서면에 의한 일방 심문으로 이루어지는 독촉절차의 특성과 소송경제의 이념을 고려하면서 구체적 사안에 따라 지급명령신청서상의 청구원인 기재를 합리적으로 선해할 필요가 있다.(대판 2002.2.22, 2001다73480)
2. 확정된 지급명령 발령 전에 생긴 청구권의 불성립 사유를 청구이의의 소에서 주장할 수 있는지 여부(적극) 구 민소 505조 2항은 확정판결에 대한 청구이의는 그 원인이 변론종결 후에 생긴 경우에 한하여 할 수 있다고 규정하고 있으나, 같은 법 521조 2항은 지급명령에 대한 청구에 관한 이의의 주장은 위 법 505조의 제한에 따르지 아니한다고 규정하고

있으므로, 확정된 지급명령에 대한 청구이의의 소에서는 지급명령 발령 후의 청구권의 소멸이나 청구권의 행사를 저지하는 사유뿐만 아니라 지급명령 발령 전의 청구권의 불성립이나 무효 등도 그 이의사유가 된다. 한편, 현행 민소 474조는 확정된 지급명령은 확정판결과 같은 효력을 가진다고 규정하고 있으나, 확정판결에 대한 청구이의 이유를 변론이 종결된 뒤(변론 없이 한 판결의 경우에는 판결이 선고된 뒤)에 생긴 것으로 한정하고 있는 민집 44조 2항과는 달리 민집 58조 3항은 지급명령에 대한 청구에 관한 이의의 주장에 관하여는 위 44조 2항의 규정을 적용하지 아니한다고 규정하고 있으므로, 현행 민소에 의한 지급명령에 있어서도 지급명령 발령 전에 생긴 청구권의 불성립이나 무효 등의 사유를 그 지급명령에 관한 이의의 소에서 주장할 수 있다. 이러한 의미에서 구 민소뿐만 아니라 현행 민소에 의한 지급명령에도 기판력은 인정되지 아니한다.(대판 2009.7.9, 2006다73966)

3. 확정된 지급명령에 대한 청구이의의 소에서 채권의 발생원인 사실에 관한 증명책임의 소재(=피고) 확정된 지급명령의 경우 그 지급명령의 청구원인이 된 청구권에 관하여 지급명령 발령 전에 생긴 불성립이나 무효 등의 사유를 그 지급명령에 관한 이의의 소에서 주장할 수 있고, 이러한 청구이의의 소에서 청구이의 사유에 관한 증명책임도 일반 민사소송에서의 증명책임 분배의 원칙에 따라야 한다. 따라서 확정된 지급명령에 대한 청구이의 소송에서 원고가 피고의 채권이 성립하지 아니하였음을 주장하는 경우에는 피고에게 채권의 발생원인 사실을 증명할 책임이 있고, 원고가 그 채권이 통정허위표시로서 무효라거나 변제에 의하여 소멸하였다는 등 권리 발생의 장애 또는 소멸사유에 해당하는 사실을 주장하는 경우에는 원고에게 그 사실을 증명할 책임이 있다.(대판 2010.6.24. 2010다1282)

4. 지급명령 신청 접수증만을 제출하여 한 배당요구의 효력(무효) 및 하자 치유 가부(적극) 지급명령이 확정되어 지급명령 정본 등을 취득하기 전에 지급명령 신청 접수 증명원만을 제출하여 미리 배당요구를 하였다면 그 배당요구는 부적법하고, 다만 그 후에 지급명령 정본 등을 제출하면 하자가 치유된다. 그런데 이 경우에도 다른 특별한 사정이 없는 한 배당요구의 종기까지는 지급명령 정본 등이 제출되어야 한다.(대판 2014.4.30, 2012다96045)

제59조 【공정증서와 집행】 ① 공증인이 작성한 증서의 집행문은 그 증서를 보존하는 공증인이 내어 준다.

② 집행문을 내어 달라는 신청에 관한 공증인의 처분에 대하여 이의신청이 있는 때에는 그 공증인의 사무소가 있는 곳을 관할하는 지방법원 단독판사가 결정으로 재판한다.

③ 청구에 관한 이의의 주장에 대하여는 제44조제2항의 규정을 적용하지 아니한다.

④ 집행문부여의 소, 청구에 관한 이의의 소 또는 집행문부여에 대한 이의의 소는 채무자의 보통재판적이 있는 곳의 법원이 관할한다. 다만, 그러한 법원이 없는 때에는 민사소송법 제11조의 규정에 따라 채무자에 대하여 소를 제기할 수 있는 법원이 관할한다.

■ ① 공정증서(공증24 · 41, 변호49① · 58의16 · 58의29), ② 집행문의 부여(57 · 29, 판행17, 공증17, 민소11, 법조32), ③ 청구이의 소의 시적한계(44②), ④ 재산이 있는 곳의 특별재판적(민소11)

1. 공증인의 집행문재도부여 거절처분에 대한 불복 구 민소 522조 2항의 규정에 의하여 지방법원 단독판사가 행하는 집행문재도부여 허가 여부의 재판은 집행문부여기관에 대한

법원의 내부적 감독작용에 지나지 아니하므로 공증인의 재도부여가신청을 기각한 결정에 대하여는 채권자는 물론 공증인도 불복을 할 수 없고, 다만 채권자는 공증인의 제도부여거절처분이 있은 후에 이 거절처분에 대하여 지방법원 단독판사에게 이의신청을 할 수 있을 뿐이다.(대결 1985.7.23, 85마353)

제60조 【과태료의 집행】 ① 과태료의 재판은 검사의 명령으로 집행한다.

② 제1항의 명령은 집행력 있는 집행권원과 같은 효력을 가진다.

■ [민소, 형소의 과태료재판] 증인불출석(민소311), 증언거부(민소318), 선서거부(민소326), 증인불출석(형소151), 선서거부(형소161), 제3자에 대한 제출명령(민소360②), 문서성립의 부인(민소363), 비송의 과태료재판(비97, 상635, 공증87, 법조61, 변호117, 가소 67), 과태료의 집행(형소477, 비송278②)

제2장 금전채권에 기초한 강제집행

제1절 재산명시절차 등

제61조 【재산명시신청】 ① 금전의 지급을 목적으로 하는 집행권원에 기초하여 강제집행을 개시할 수 있는 채권자는 채무자의 보통재판적이 있는 곳의 법원에 채무자의 재산명시를 요구하는 신청을 할 수 있다. 다만, 민사소송법 제213조에 따른 가집행의 선고가 붙은 판결 또는 같은 조의 준용에 따른 가집행의 선고가 붙어 집행력을 가지는 집행권원의 경우에는 그러하지 아니하다.

② 제1항의 신청에는 집행력 있는 정본과 강제집행을 개시하는데 필요한 문서를 붙여야 한다.

■ [가집행의 선고가 붙은 판결(민소213), 213조의 준용에 따른 가집행의 선고가 붙어 집행력이 있는 재판(형소8②), 가소12, 소송촉진31③), 신청(4, 민집규25①), 관할(21, 민소32, 민소규6)

1. 조정에 갈음한 결정에 대한 재산명시신청 구 민소 524조의2는 채권자가 채무자의 재산관계의 명시를 요구하는 신청을 할 수 있는 집행권원으로서 확정판결, 같은 법 206조의 조서, 확정된 지급명령 등을 민사조정조서를 규정하고 있으나 위의 규정은 재산관계 명시신청을 할 수 있는 집행권원을 반드시 그것만으로 한정하고 있는 것은 아니라고 보아야 할 것인바, 민조조 30조, 32조에 의하여 조정담당판사가 한 조정에 갈음한 결정은 같은 법 34조 4항에 정한 바와 같이 이의신청이 없거나 이의신청이 취하 · 각하되어 확정된 때에는 재판상의 화해와 동일한 효력이 있고, 따라서 이는 같은 법 28조에 의한 민사조정조서와 구별하여 취급할 아무런 합리적인 이유가 없다 할 것이므로, 이에 의하여서도 구 민소 524조의2에 의한 재산관계 명시신청을 할 수 있다고 해석하여야 한다.(대결 1998.7.14, 98마988)

2. 재산관계명시결정과 시효중단 재산관계명시절차는, 비록 그 신청에 집행력 있는 정본과 강제집행의 개시에 필요한 문서를 첨부하여야 하고 명시기일에 채무자의 출석의무가 부과되는 등 엄격한 절차가 요구되고, 그 내용에 있어서도 채무자의 책임재산을 탐지하여 강제집행을 용이하게 하고 재산상태의 공개를 꺼리는 채무자에 대하여 채무의 자진이행을 하도록 하는 간접강제적 효과가 있다고 하더라도, 특정 목적물에 대한 구체적 집행행위 또는 보전처분의 실행을 내용으로 하는 압류 또는 가압류, 가처분과 달리 어디까지나 집행 목적물을 탐지하여 강제집행을 용이하게 하기 위한 강제집행의 보조절차 내지 부수절차 또는 강제집행의 준비행

위와 강제집행 사이의 중간적 단계의 절차에 불과하다고 볼 수밖에 없으므로, 민 168조 2호 소정의 소멸시효 중단사유인 압류 또는 가압류, 가처분에 준하는 효력까지 인정될 수는 없고, 따라서 재산관계명시결정에 의한 소멸시효 중단의 효력은 그로부터 6월 내에 다시 소를 제기하거나 압류 또는 가압류, 가처분을 하는 등 민 174조에 규정된 절차를 속행하지 아니하는 한 소멸하는 것으로 보는 것이 옳다.(대판 2001.5.29, 2000다32161)

3. 재산명시결정에 의한 소멸시효 중단의 효력 채권자가 확정판결에 기한 채권의 실현을 위하여 채무자에 대하여 민사집행법상 재산명시신청을 하고 그 결정이 채무자에게 송달되었다면 거기에 소멸시효 중단사유인 '최고'로서의 효력만이 인정되므로, 재산명시결정에 의한 소멸시효 중단의 효력은 그로부터 6월 내에 다시 소를 제기하거나 압류 또는 가압류, 가처분을 하는 등 민 제174조에 규정된 절차를 속행하지 아니하는 한 소멸한다.(대판 2012.1.12, 2011다78606)

제62조【재산명시신청에 대한 재판】 ① 재산명시신청에 정당한 이유가 있는 때에는 법원은 채무자에게 재산상태를 명시한 재산목록을 제출하도록 명할 수 있다.

② 재산명시신청에 정당한 이유가 없거나, 채무자의 재산을 쉽게 찾을 수 있다고 인정한 때에는 법원은 결정으로 이를 기각하여야 한다.

③ 제1항 및 제2항의 재판은 채무자를 심문하지 아니하고 한다.

④ 제1항의 결정은 신청한 채권자 및 채무자에게 송달하여야 하고, 채무자에 대한 송달에서는 결정에 따르지 아니할 경우 제68조에 규정된 제재를 받을 수 있음을 함께 고지하여야 한다.

⑤ 제4항의 규정에 따라 채무자에게 하는 송달은 민사소송법 제187조 및 제194조에 의한 방법으로는 할 수 없다.

⑥ 제1항의 결정이 채무자에게 송달되지 아니한 때에는 법원은 채권자에게 상당한 기간을 정하여 그 기간 이내에 채무자의 주소를 보정하도록 명하여야 한다.

⑦ 채권자가 제6항의 명령을 받고도 이를 이행하지 아니한 때에는 법원은 제1항의 결정을 취소하고 재산명시신청을 각하하여야 한다.

⑧ 제2항 및 제7항의 결정에 대하여는 즉시항고를 할 수 있다.

⑨ 채무자는 제1항의 결정을 송달받은 뒤 송달장소를 바꾼 때에는 그 취지를 법원에 바로 신고하여야 하며, 그러한 신고를 하지 아니한 경우에는 민사소송법 제185조제2항 및 제189조의 규정을 준용한다.

▣ 1 재산명시신청(61), 재산조회(74·75), 3 채무자의 심문(3②), 민소134②), 4 감치(68) 5【송달】우편송달(민소187), 공시송달(민소194, 민집규26), 8 즉시항고(15), 9【준용】송달장소의 변경(민소185②), 발신주의(민소189)

1. 재산명시명령의 송달 민집 62조 1항, 4항은 재산명시신청에 정당한 이유가 있어 법원이 결정의 형식으로 재산명시명령을 한 때에는 그 결정을 채무자에게 송달하도록 하면서도 정본으로 송달할 것인지 아니면 등본으로 송달할 것인지에 관하여는 아무런 규정을 두고 있지 않은바, 같은 법 23조 1항은 민사집행법에 특별한 규정이 있는 경우를 제외하고는 민사집행절차에 관하여는 민사소송법의 규정을 준용하도록

하고 있고 재산명시명령은 그 성질상 정본의 송달을 필요로 한다고 할 수도 없으므로, 재산명시명령의 송달은 민소 178조 1항에 의하여 그 등본으로도 가능하다.(대결 2003.10.14, 2003마1144)

제63조【재산명시명령에 대한 이의신청】 ① 채무자는 재산명시명령을 송달받은 날부터 1주 이내에 이의신청을 할 수 있다.

② 채무자가 제1항에 따라 이의신청을 한 때에는 법원은 이의신청사유를 조사할 기일을 정하고 채권자와 채무자에게 이를 통지하여야 한다.

③ 이의신청에 정당한 이유가 있는 때에는 법원은 결정으로 재산명시명령을 취소하여야 한다.

④ 이의신청에 정당한 이유가 없거나 채무자가 정당한 사유 없이 기일에 출석하지 아니한 때에는 법원은 결정으로 이의신청을 기각하여야 한다.

⑤ 제3항 및 제4항의 결정에 대하여는 즉시항고를 할 수 있다.

▣ 2 이의신청을 조사할 기일(23, 민집규2), 3 재산명시명령의 취소(17②, 민집규7②), 5 즉시항고(15)

제64조【재산명시기일의 실시】 ① 재산명시명령에 대하여 채무자의 이의신청이 없거나 이를 기각한 때에는 법원은 재산명시를 위한 기일을 정하여 채무자에게 출석하도록 요구하여야 한다. 이 기일은 채권자에게도 통지하여야 한다.

② 채무자는 제1항의 기일에 강제집행의 대상이 되는 재산과 다음 각호의 사항을 명시한 재산목록을 제출하여야 한다.

1. 재산명시명령이 송달되기 전 1년 이내에 채무자가 한 부동산의 유상양도(有償讓渡)

2. 재산명시명령이 송달되기 전 1년 이내에 채무자가 배우자, 직계혈족 및 4촌 이내의 방계혈족과 그 배우자, 배우자의 직계혈족과 형제자매에게 한 부동산 외의 재산의 유상양도

3. 재산명시명령이 송달되기 전 2년 이내에 채무자가 한 재산상 무상처분(無償處分). 다만, 의례적인 선물은 제외한다.

③ 재산목록에 적을 사항과 범위는 대법원규칙으로 정한다.

④ 제1항의 기일에 출석한 채무자가 3월 이내에 변제할 수 있음을 소명한 때에는 법원은 그 기일을 3월의 범위내에서 연기할 수 있으며, 채무자가 새 기일에 채무액의 3분의 2 이상을 변제하였음을 증명하는 서류를 제출한 때에는 다시 1월의 범위내에서 연기할 수 있다.

▣ 1 채무자의 출석요구서(민집규27①), 2 재산목록에 적을 사항(민집규28), 재산명시기일(민소165), 조서(23, 민소160·152·158), 친족(민777)

제65조【선서】 ① 채무자는 재산명시기일에 재산목록이 진실하다는 것을 선서하여야한다.

② 제1항의 선서에 관하여는 민사소송법 제320조 및 제321조의 규정을 준용한다. 이경우 선서서(宣誓書)에는 다음과 같이 적어야 한다.

"양심에 따라 사실대로 재산목록을 작성하여 제출

하였으며, 만일 숨긴 것이나 거짓 작성한 것이 있으면 처벌을 받기로 맹세합니다."

▣ ① 재산명시기일(64①), ② [준용] 위증에 대한 벌의 경고(민소320), 선서의 방식(민소321)

제66조【재산목록의 정정】 ① 채무자는 명시기일에 제출한 재산목록에 형식적인 흠이 있거나 불명확한 점이 있는 때에는 제65조의 규정에 의한 선서를 한 뒤라도 법원의 허가를 얻어 이미 제출한 재산목록을 정정할 수 있다.
② 제1항의 허가에 관한 결정에 대하여는 즉시항고를 할 수 있다.

▣ ① 재산목록(62① · 64②), 정정신청(23, 민소161), ② 즉시항고(15, 민집규71①ii)

제67조【재산목록의 열람 · 복사】 채무자에 대하여 강제집행을 개시할 수 있는 채권자는 재산목록을 보거나 복사할 것을 신청할 수 있다.

▣ 소송기록의 열람. 복사(23, 민소162, 민집규29)

제68조【채무자의 감치 및 벌칙】 ① 채무자가 정당한 사유 없이 다음 각호 가운데 어느 하나에 해당하는 행위를 한 경우에는 법원은 결정으로 20일 이내의 감치(監置)에 처한다.
1. 명시기일 불출석
2. 재산목록 제출 거부
3. 선서 거부
② 채무자가 법인 또는 민사소송법 제52조의 사단이나 재단인 때에는 그 대표자 또는 관리인을 감치에 처한다.
③ 법원은 감치재판기일에 채무자를 소환하여 제1항 각호의 위반행위에 대하여 정당한 사유가 있는지 여부를 심리하여야 한다.
④ 제1항의 결정에 대하여는 즉시항고를 할 수 있다.
⑤ 채무자가 감치의 집행중에 재산명시명령을 이행하겠다고 신청한 때에는 법원은 바로 명시기일을 열어야 한다.
⑥ 채무자가 제5항의 명시기일에 출석하여 재산목록을 내고 선서하거나 신청채권자에 대한 채무를 변제하고 이를 증명하는 서면을 낸 때에는 법원은 바로 감치결정을 취소하고 그 채무자를 석방하도록 명하여야 한다.
⑦ 제5항의 명시기일은 신청채권자에게 통지하지 아니하고도 실시할 수 있다. 이 경우 제6항의 사실을 채권자에게 통지하여야 한다.
⑧ 제1항 내지 제7항의 규정에 따른 재판절차 및 그 집행 그 밖에 필요한 사항은 대법원규칙으로 정한다.
⑨ 채무자가 거짓의 재산목록을 낸 때에는 3년 이하의 징역 또는 500만원 이하의 벌금에 처한다.
⑩ 채무자가 법인 또는 민사소송법 제52조의 사단이나 재단인 때에는 그 대표자 또는 관리인을 제9항의 규정에 따라 처벌하고, 채무자는 제9항의 벌금에 처한다.

▣ ① 감치의 재판(민집규30, 법정질서규칙6), ④ 즉시항고(15), ⑤ 재산명시기일(64)

1. 재산목록에 기재해야 하는 재산의 범위 민사집행법의 재산명시절차에 따라 채무자가 법원에 제출할 재산목록에는 실질적인 가치가 있는지 여부와 상관없이 강제집행의 대상이 되는 재산을 모두 기재하여야 한다.(대판 2007.11.29, 2007도8153)

제69조【명시신청의 재신청】 재산명시신청이 기각 · 각하된 경우에는 그 명시신청을 한 채권자는 기각 · 각하사유를 보완하지 아니하고서는 같은 집행권원으로 다시 재산명시신청을 할 수 없다.

제70조【채무불이행자명부 등재신청】 ① 채무자가 다음 각호 가운데 어느 하나에 해당하면 채권자는 그 채무자를 채무불이행자명부(債務不履行者名簿)에 올리도록 신청할 수 있다.
1. 금전의 지급을 명한 집행권원이 확정된 후 또는 집행권원을 작성한 후 6월 이내에 채무를 이행하지 아니하는 때. 다만, 제61조제1항 단서에 규정된 집행권원의 경우를 제외한다.
2. 제68조제1항 각호의 사유 또는 같은 조제9항의 사유 가운데 어느 하나에 해당하는 때
② 제1항의 신청을 할 때에는 그 사유를 소명하여야 한다.
③ 제1항의 신청에 대한 재판은 제1항제1호의 경우에는 채무자의 보통재판적이 있는 곳의 법원이 관할하고, 제1항제2호의 경우에는 재산명시절차를 실시한 법원이 관할한다.

▣ ① 채무불이행자명부 등재신청(민집규31①), [등재신청의 제외] 민소213의 판결(61①단), 감치사유(68①), ③ 관할(민소2)

제71조【등재신청에 대한 재판】 ① 제70조의 신청에 정당한 이유가 있는 때에는 법원은 채무자를 채무불이행자명부에 올리는 결정을 하여야 한다.
② 등재신청에 정당한 이유가 없거나 쉽게 강제집행할 수 있다고 인정할 만한 명백한 사유가 있는 때에는 법원은 결정으로 이를 기각하여야 한다.
③ 제1항 및 제2항의 재판에 대하여는 즉시항고를 할 수 있다. 이 경우 민사소송법 제447조의 규정은 준용하지 아니한다.

▣ ① 심리(23, 민소134②), 명부의 작성(민집규32), ③ [불복] 즉시항고(15), 집행정지의 효력(민소447, 민소규6)

1. 본조의 '쉽게 강제집행할 수 있다고 인정할 만한 명백한 사유'의 의미 채무불이행자명부 등재제도는 채무를 이행하지 아니하는 불성실한 채무자의 인적 사항을 공개함으로써 명예와 신용의 훼손과 같은 불이익을 가하고 이를 통하여 채무의 이행에 노력하게 하는 간접강제의 효과를 거둠과 아울러 일반인으로 하여금 거래상대방에 대한 신용조사를 용이하게 하여 거래의 안전을 도모하게 함을 목적으로 하는 제도로서, 그 소극적 요건인 '쉽게 강제집행할 수 있다고 인정할 만한 명백한 사유'라 함은 채무자가 보유하고 있는 재산에 대하여 많은 시간과 비용을 투입하지 아니하고도 강제집행을 통하여 채권의 만족을 얻을 수 있다는 점이 특별한 노력이나 조사 없이 확인 가능하다는 것을 의미하고, 그 사유의 존재에 관하여는 채무자가 이를 증명하여야 한다.(대결 2010.9.9, 2010마779)

제72조【명부의 비치】 ① 채무불이행자명부는

등재결정을 한 법원에 비치한다.
② 법원은 채무불이행자명부의 부본을 채무자의 주소지(채무자가 법인인 경우에는 주된 사무소가 있는 곳) 시(구가 설치되지 아니한 시를 말한다. 이하 같다)·구·읍·면의 장(도농복합형태의 시의 경우 동지역은 시·구의 장, 읍·면지역은 읍·면의 장으로 한다. 이하 같다)에게 보내야 한다.
③ 법원은 채무불이행자명부의 부본을 대법원규칙이 정하는 바에 따라 일정한 금융기관의 장이나 금융기관 관련단체의 장에게 보내어 채무자에 대한 신용정보로 활용하게 할 수 있다.
④ 채무불이행자명부나 그 부본은 누구든지 보거나 복사할 것을 신청할 수 있다.
⑤ 채무불이행자명부는 인쇄물 등으로 공표되어서는 아니된다.
■ ① 원본의 비치(70③), 부본의 비치(민집규33), ④ 명부의 열람, 복사(23, 민소162)

제73조【명부등재의 말소】 ① 변제, 그 밖의 사유로 채무가 소멸되었다는 것이 증명된 때에는 법원은 채무자의 신청에 따라 채무불이행자명부에서 그 이름을 말소하는 결정을 하여야 한다.
② 채권자는 제1항의 결정에 대하여 즉시항고를 할 수 있다. 이 경우 민사소송법 제447조의 규정은 준용하지 아니한다.
③ 채무불이행자명부에 오른 다음 해부터 10년이 지난 때에는 법원은 직권으로 그 명부에 오른 이름을 말소하는 결정을 하여야 한다.
④ 제1항과 제3항의 결정을 한 때에는 그 취지를 채무자의 주소지(채무자가 법인인 경우에는 주된 사무소가 있는 곳) 시·구·읍·면의 장 및 제72조제3항의 규정에 따라 채무불이행자명부의 부본을 보낸 금융기관 등의 장에게 통지하여야 한다.
⑤ 제4항의 통지를 받은 시·구·읍·면의 장 및 금융기관 등의 장은 그 명부의 부본에 오른 이름을 말소하여야 한다.
■ ① 명부말소신청(민집규31①·25①), ② 즉시항고(15), 불준용(민소447), ③ 직권말소(민집규34, 민165①)

제74조【재산조회】 ① 재산명시절차의 관할 법원은 다음 각호의 어느 하나에 해당하는 경우에는 그 재산명시를 신청한 채권자의 신청에 따라 개인의 재산 및 신용에 관한 전산망을 관리하는 공공기관·금융기관·단체 등에 채무자명의의 재산에 관하여 조회할 수 있다. (2005.1.27 본항개정)
1. 재산명시절차에서 채권자가 제62조제6항의 규정에 의한 주소보정명령을 받고도 민사소송법 제194조제1항의 규정에 의한 사유로 인하여 채권자가 이를 이행할 수 없었던 것으로 인정되는 경우
2. 재산명시절차에서 채무자가 제출한 재산목록의 재산만으로는 집행채권의 만족을 얻기에 부족한 경우
3. 재산명시절차에서 제68조제1항 각호의 사유 또는 동조제9항의 사유가 있는 경우

② 채권자가 제1항의 신청을 할 경우에는 조회할 기관·단체를 특정하여야 하며 조회에 드는 비용을 미리 내야 한다.
③ 법원이 제1항의 규정에 따라 조회할 경우에는 채무자의 인적 사항을 적은 문서에 의하여 해당 기관·단체의 장에게 채무자의 재산 및 신용에 관하여 그 기관·단체가 보유하고 있는 자료를 한꺼번에 모아 제출하도록 요구할 수 있다.
④ 공공기관·금융기관·단체 등은 정당한 사유 없이 제1항 및 제3항의 조회를 거부하지 못한다.
〔개정전〕 "① 재산명시절차가 끝난 경우에, 제68조제1항 각호의 사유 또는 같은 조 제9항의 사유가 있거나 채무자가 제출한 재산목록의 재산만으로는 집행채권의 만족을 얻기에 부족하면, 재산명시절차를 실시한 법원은 그 재산명시를 신청한 채권자의 신청에 따라 개인의 재산 및 신용에 관한 전산망을 관리하는 공공기관·금융기관·단체 등에 채무자 명의의 재산에 관하여 조회할 수 있다."
■ ① 재산조회제도(74-77, 민집규35-39, 재산조회규칙), ② 채권자의 신청(민집규35), 조회대상의 재산(민집규36), ④ 조회절차와 회보(민집규37)

제75조【재산조회의 결과 등】 ① 법원은 제74조제1항 및 제3항의 규정에 따라 조회한 결과를 채무자의 재산목록에 준하여 관리하여야 한다.
② 제74조제1항 및 제3항의 조회를 받은 기관·단체의 장이 정당한 사유 없이 거짓 자료를 제출하거나 자료를 제출할 것을 거부한 때에는 결정으로 500만원 이하의 과태료에 처한다.
③ 제2항의 결정에 대하여는 즉시항고를 할 수 있다.
■ ① 재산조회규칙, ② 과태료재판의 관할(민집규39①), 재판절차(비송248·250)

제76조【벌칙】 ① 누구든지 재산조회의 결과를 강제집행 외의 목적으로 사용하여서는 아니된다.
② 제1항의 규정에 위반한 사람은 2년 이하의 징역 또는 500만원 이하의 벌금에 처한다.

제77조【대법원규칙】 제74조제1항 및 제3항의 규정에 따라 조회를 할 공공기관·금융기관·단체 등의 범위 및 조회절차, 제74조제2항의 규정에 따라 채권자가 내야 할 비용, 제75조제1항의 규정에 따른 조회결과의 관리에 관한 사항, 제75조제2항의 규정에 의한 과태료의 부과절차 등은 대법원규칙으로 정한다.
■ 재산조회와 과태료부과(민집규37-39), 채무자 재산조회(74①③), 조회비용(74②), 조회결과의 관리(75①), 과태료의 부과 절차(75②)

제2절 부동산에 대한 강제집행

제1관 통 칙

제78조【집행방법】 ① 부동산에 대한 강제집행은 채권자의 신청에 따라 법원이 한다.
② 강제집행은 다음 각호의 방법으로 한다.
1. 강제경매
2. 강제관리
③ 채권자는 자기의 선택에 의하여 제2항 각호 가

운데 어느 한 가지 방법으로 집행하게 하거나 두 가지 방법을 함께 사용하여 집행하게 할 수 있다.
④ 강제관리는 가압류를 집행할 때에도 할 수 있다.
■ ① 신청의 방식(4·80·81), 부동산(민법99), 부동산으로 보는 것(민집규40, 공저당14, 입목3①), 부동산에 관한 규정의 준용(광업12, 수산15②), ② 강제경매(80-162), 강제관리(163-171), ④ 가압류를 위한 강제관리(294)

제79조 【집행법원】 ① 부동산에 대한 강제집행은 그 부동산이 있는 곳의 지방법원이 관할한다.
② 부동산이 여러 지방법원의 관할구역에 있는 때에는 각 지방법원에 관할권이 있다. 이 경우 법원이 필요하다고 인정한 때에는 사건을 다른 관할 지방법원으로 이송할 수 있다.
■ ① 집행법원(3·21·268·293②, 민집규41), ② 이송(민소34-40)

제2관 강제경매

제80조 【강제경매신청서】 강제경매신청서에는 다음 각호의 사항을 적어야 한다.
1. 채권자·채무자와 법원의 표시
2. 부동산의 표시
3. 경매의 이유가 된 일정한 채권과 집행할 수 있는 일정한 집행권원
■ 신청(4, 민인9②), 신청대리인(민소87-90, 법무사2①ⅴ), 집행권원(24·26·56·60)
1. 근저당권의 피담보채권의 확정 담보권의 실행을 위한 경매에서 신청채권자가 경매를 신청하면서 그 신청서에 피담보채권 중 일부만을 청구금액으로 기재하였을 경우에는 다른 특단의 사정이 없는 한 신청채권자가 당해 경매절차에서 배당을 받을 금액은 그 기재된 채권액을 한도로 확정되고, 신청채권자가 채권계산서를 제출하는 방법에 의하여 그 청구금액을 확장할 수 없다고 할 것이므로, 가사 신청채권자가 경매신청서에 기재하지 아니한 다른 피담보채권을 가지고 있었다고 하더라도 그 청구금액을 확장한 채권계산서를 제출하는 방법으로는 피담보채권액 중 경매신청 당시의 청구금액을 초과하는 금액에 관하여는 배당에 참가할 수 없으며, 배당법원으로서는 경매신청 당시의 청구금액만을 신청채권자에게 배당하면 족하다고 할 것이다. 따라서 원심이 적법하게 확정한 바와 같이 근저당권자인 원고가 경매신청서에 피담보채권 중 일부만을 청구금액으로 기재하여 담보권의 실행을 위한 경매를 신청한 후 그 청구금액을 확장한 채권계산서를 제출하였을 뿐 달리 경락기일까지 이중경매를 신청하는 등의 조치를 취하지 아니한 채 그대로 경매절차를 진행시켜 경매신청서에 기재된 청구금액을 기초로 이 사건 배당표가 작성·확정되고 그에 따라 배당이 실시되었다면, 신청채권자가 청구하지 아니한 부분의 해당 금원이 후순위 채권자들인 피고들에게 배당되었다 하여 이를 법률상 원인이 없는 것이라고 볼 수는 없다.(대판 1997.2.28, 96다495)
2. 근저당권의 피담보채권변경과 배당 구 민소 728조에 의하여 담보권의 실행을 위한 경매절차에 준용되는 같은 법 601조 3호, 민소규 204조 2호 및 4호의 규정의 입법취지, 근저당권의 특성 등에 비추어 볼 때, 근저당권의 실행을 위한 경매절차에서는 경매신청서에 피담보채권으로 기재한 채권이 변제 등에 의하여 소멸하였으나 당해 근저당권의 피담보채권으로 다른 채권이 있는 경우, 신청채권자는 그 청구채권을 소멸한 당초의 채권으로부터 그 다른 채권으로 교환적으로 변경하여 그 다른 채권에 대하여 배당을 구하는 내용의 채권계산서 등을 제출하는 방법으로 그 다른 채권에 대하여 배당을 받을 수 있고, 다만 변경 후의 피담보채권액이 경매

신청서에 기재되어 있는 청구채권액을 초과하는 때에는 그 초과하는 부분에 대하여는 배당을 받을 수 없다.(대판 1997.1.21, 96다457)
3. 담보권의 실행을 위한 경매절차에서 청구금액을 확장할 수 있는지 여부 신청채권자가 경매신청서에 피담보채권의 일부만을 청구금액으로 하여 경매를 신청하였을 경우에는 다른 특별한 사정이 없는 한 신청채권자의 청구금액은 그 기재된 채권액을 한도로 확정되고 그 후 신청채권자가 채권계산서에 청구금액을 확장하여 제출하는 등 방법에 의하여 청구금액을 확장할 수 없으나, 이러한 법리는 신청채권자가 경매청구채권으로 경매절차에서 이자 등 부대채권을 표시한 경우에 나중에 채권계산서에 의하여 부대채권을 증액하는 방법으로 청구금액을 확장하는 것까지 금지하는 취지는 아니라고 할 것이다.(대판 2001.3.23, 99다11526)

제81조 【첨부서류】 ① 강제경매신청서에는 집행력 있는 정본 외에 다음 각호 가운데 어느 하나에 해당하는 서류를 붙여야 한다. (2011.4.12 본항개정)
1. 채무자의 소유로 등기된 부동산에 대하여는 등기사항증명서
2. 채무자의 소유로 등기되지 아니한 부동산에 대하여는 즉시 채무자명의로 등기할 수 있다는 것을 증명할 서류. 다만, 그 부동산이 등기되지 아니한 건물인 경우에는 그 건물이 채무자의 소유임을 증명할 서류, 그 건물의 지번·구조·면적을 증명할 서류 및 그 건물에 관한 건축허가 또는 건축신고를 증명할 서류
② 채권자는 공적 장부를 주관하는 공공기관에 제1항제2호 단서의 사항들을 증명하여 줄 것을 청구할 수 있다.
③ 제1항제2호 단서의 경우에 건물의 지번·구조·면적을 증명하지 못한 때에는, 채권자는 경매신청과 동시에 그 조사를 집행법원에 신청할 수 있다.
④ 제3항의 경우에 법원은 집행관에게 그 조사를 하게 하여야 한다.
⑤ 강제관리를 하기 위하여 이미 부동산을 압류한 경우에 그 집행기록에 제1항 각호 가운데 어느 하나에 해당하는 서류가 붙어 있으면 다시 그 서류를 붙이지 아니할 수 있다.
■ ① 송달증명(39·40②·41), 부동산의 경매신청(민집규42, 등기21), 선박의 경매신청(177①, 민집규95), 자동차의 경매신청(민집규108), 미동기부동산의 경매신청(130·131), ⑤ 강제관리(163이하)
1. 미등기 부동산에 대한 경매신청 등기부에 채무자의 소유로 등기되지 아니한 부동산에 대하여 경매신청을 할 때에는 즉시 채무자의 명의로 등기할 수 있음을 증명할 서류를 첨부하여야 하고(구 민소 602조 1항 2호, 728조), 미등기건물의 소유권보존등기는 가옥대장등본에 의하여 자기 또는 피상속인이 가옥대장에 소유자로서 등록되어 있는 것을 증명하는 자나 판결 또는 기타 시·구·읍·면의 장의 서면에 의하여 자기의 소유권을 증명하는 자 및 수용으로 인하여 소유권을 취득하였음을 증명하는 자만이 이를 신청할 수 있는 것이므로(등기 131조), 토지에 대한 지당권자가 민 365조에 의하여 그 지상의 미등기건물에 대하여 토지와 함께 경매를 청구하는 경우에는 지상 건물이 채무자 또는 저당권설정자의 소유임을 증명하는 서류로서 등기 131조 소정의 서

면을 첨부하여야 한다.(대결 1995.12.11, 95마1262)

2. 국가를 상대로 한 미등기 건물의 소유권확인 확인의 소는 분쟁 당사자 사이에 현재의 권리 또는 법률관계에 관하여 즉시 확정할 이익이 있는 경우에 허용되는 것이므로, 소유권을 다투고 있지 않은 국가를 상대로 소유권확인을 구하기 위하여는 그 판결을 받음으로써 원고의 법률상 지위의 불안을 제거함에 실효성이 있다고 할 수 있는 특별한 사정이 있어야 할 것인바, 건물의 경우 가옥대장이나 건축물관리대장의 비치·관리업무는 당해 지방자치단체의 고유사무로서 국가사무라고 할 수도 없는데다가 당해 건물의 소유권에 관하여 국가가 이를 특별히 다투고 있지도 아니하다면, 국가는 그 소유권 귀속에 관한 직접 분쟁의 당사자가 아니어서 이를 확인해 주어야 할 지위에 있지 않으므로, 국가를 상대로 미등기 건물의 소유권 확인을 구하는 것은 확인의 이익이 없어 부적법하다.(대판 1999.5.28, 99다2188)

제82조 【집행관의 권한】 ① 집행관은 제81조제4항의 조사를 위하여 건물에 출입할 수 있고, 채무자 또는 건물을 점유하는 제3자에게 질문하거나 문서를 제시하도록 요구할 수 있다.

② 집행관은 제1항의 규정에 따라 건물에 출입하기 위하여 필요한 때에는 잠긴 문을 여는 등 적절한 처분을 할 수 있다.

■ 건물의 지번·구조·면적의 조사(81④), 집행관의 권한(2·5·43), 강제력 사용(민집규4)

제83조 【경매개시결정 등】 ① 경매절차를 개시하는 결정에는 동시에 그 부동산의 압류를 명하여야 한다.

② 압류는 부동산에 대한 채무자의 관리·이용에 영향을 미치지 아니한다.

③ 경매절차를 개시하는 결정을 한 뒤에는 법원은 직권으로 또는 이해관계인의 신청에 따라 부동산에 대한 침해행위를 방지하기 위하여 필요한 조치를 할 수 있다.

④ 압류는 채무자에게 그 결정이 송달된 때 또는 제94조의 규정에 따른 등기가 된 때에 효력이 생긴다.

⑤ 강제경매신청을 기각하거나 각하하는 재판에 대하여는 즉시항고를 할 수 있다.

■ ① 강제경매신청(40·41·80), 경매개시결정(21·3②), ③ 침해행위 방지를 위한 조치(민집규44), ④ 경매개시결정의 등기(94), ⑤ 즉시항고(15)

1. 경매개시결정의 효력발생요건 경매개시결정은 비단 압류의 효력을 발생시키는 것일 뿐만 아니라 경매절차의 기초가 되는 재판이어서 그것이 당사자에게 고지되지 않으면 효력이 없고, 따라서 따로 압류의 효력이 발생하였는지의 여부에 관계없이 경매개시결정의 고지 없이는 유효하게 경매절차를 속행할 수 없는 것이므로, 경매법원이 이중경매신청에 의한 강제경매개시결정을 채무자에게 송달하지도 않고 그 기입등기만 경료한 채 후행 경매절차를 진행하여 경락대금을 납부 받은 이상, 이는 그 압류의 효력발생 여부에 관계없이 경매개시결정의 효력이 발생하지 아니한 상태에서 경매절차를 속행한 경우이어서 위법하다 아니할 수 없고, 따라서 경락대금 완납에 의한 경락인으로서의 소유권 취득이라는 경락의 효력은 부정될 수밖에 없으며, 경매법원이 경락대금의 완납 후에 사후적으로 이중경매개시결정을 채무자에게 송달하였다고 하여 그 결론이 달라지는 것으로 볼 것도 아니다.(대판 1994.12.16, 93다9477)

2. 경매신청기입등기로 인한 압류의 효력 경매신청기입등

기로 인한 압류의 효력은 부동산 소유자에 대하여 압류채권자에 대한 관계에서 부동산의 처분을 제한하는 데 그치는 것일 뿐 그 밖의 다른 제3자에 대한 관계에서까지 부동산의 처분을 금지하는 것이 아니므로, 부동산 소유자는 경매절차 진행 중에도 경락인이 경락대금을 완납하여 목적부동산의 소유권을 취득하기 전가지는 목적부동산을 유효하게 처분할 수 있는 것이고, 그 처분으로 인하여 부동산의 소유권을 취득한 자는 그 후 집행법원에 그 취득사실을 증명하여 경매절차의 이해관계인이 될 수 있음은 물론 배당 후 잉여금이 있는 경우에는 부동산 소유자로서 이를 반환받을 권리를 가지게 되는 것이다.(대판 1992.2.11, 91누5228)

3. 압류 이후의 부동산점유자의 유치권과 그 대항력 채무자 소유의 건물 등 부동산에 강제경매개시결정의 기입등기가 경료되어 압류의 효력이 발생한 이후에 채무자가 위 부동산에 관한 공사대금 채권자에게 그 점유를 이전함으로써 그로 하여금 유치권을 취득하게 한 경우, 그와 같은 점유의 이전은 목적물의 교환가치를 감소시킬 우려가 있는 처분행위에 해당하여 민집 92조 1항, 83조 4항에 따른 압류의 처분금지효에 저촉되므로 점유자로서는 위 유치권을 내세워 그 부동산에 관한 경매절차의 매수인에게 대항할 수 없다.(대판 2005.8.19, 2005다22688)

4. 가압류된 부동산에 대한 근저당권등기 부동산에 대하여 가압류등기가 먼저 되고 나서 근저당권설정등기가 마쳐진 경우에 그 근저당권등기는 가압류에 의한 처분금지의 효력 때문에 그 집행보전의 목적을 달성하는 데 필요한 범위 안에서 가압류채권자에 대한 관계에서만 상대적으로 무효이다.(대결 1994.11.29, 94마417)

5. 가압류집행 이후 강제경매개시결정에 있는 경우 가압류 집행의 효력 및 가압류등기의 처리 부동산에 대한 가압류가 집행된 후 강제경매개시결정이 되어 본압류로 이행된 경우에는 가압류집행이 본집행에 포섭됨으로써 당초부터 본집행이 행하여진 것과 같은 효력이 있고, 본집행이 유효하게 존속하는 한 가압류등기는 집행법원의 말소촉탁이 있는 경우라도 말소할 수 없다. 따라서 부동산에 대한 가압류가 본압류로 이행되어 본집행의 효력이 유효하게 존속하는 한 집행법원의 가압류등기 말소촉탁은 그 취지 자체로 보아 법률상 허용될 수 없음이 명백한 경우에 해당된다.(대결 2012.5.10, 2012마180)

제84조 【배당요구의 종기결정 및 공고】 ① 경매개시결정에 따른 압류의 효력이 생긴 때(그 경매개시결정전에 다른 경매개시결정이 있은 경우를 제외한다)에는 집행법원은 절차에 필요한 기간을 감안하여 배당요구를 할 수 있는 종기(終期)를 첫 매각기일 이전으로 정한다.

② 배당요구의 종기가 정하여진 때에는 법원은 경매개시결정을 한 취지 및 배당요구의 종기를 공고하고, 제91조제4항 단서의 전세권자 및 법원에 알려진 제88조제1항의 채권자에게 이를 고지하여야 한다.

③ 제1항의 배당요구의 종기결정 및 제2항의 공고는 경매개시결정에 따른 압류의 효력이 생긴 때부터 1주 이내에 하여야 한다.

④ 법원사무관등은 제148조제3호 및 제4호의 채권자 및 조세, 그 밖의 공과금을 주관하는 공공기관에 대하여 채권의 유무, 그 원인 및 액수(원금·이자·비용, 그 밖의 부대채권(附帶債權)을 포함한다)를 배당요구의 종기까지 법원에 신고하도록 최

고하여야 한다.

⑤ 제148조제3호 및 제4호의 채권자가 제4항의 최고에 대한 신고를 하지 아니한 때에는 그 채권자의 채권액은 등기사항증명서 등 집행기록에 있는 서류와 증빙(證憑)에 따라 계산한다. 이 경우 다시 채권액을 추가하지 못한다. (2011.4.12 본항개정)

⑥ 법원은 특별히 필요하다고 인정하는 경우에는 배당요구의 종기를 연기할 수 있다.

⑦ 제6항의 경우에는 제2항 및 제4항의 규정을 준용한다. 다만, 이미 배당요구 또는 채권신고를 한 사람에 대하여는 같은 항의 고지 또는 최고를 하지 아니한다.

■ ① 배당요구(88 · 145 · 146), ② 전세권자(91④단서), 채권자(88①), ④ 첫 경매개시결정 등기 전에 등기된 가압류채권자(148iii), 저당권 등 첫 경매개시결정 등기 전에 등기되었고 ,매각으로 소멸하는 것을 가진 채권자(148iv), 최고(민집규78), 담보가등기(가담법16)

1. 집행법원으로 하여금 첫 매각기일 이전으로 배당요구의 종기를 정하도록 한 본조 1항이 재산권을 침해하는지 여부 (소극) 민집 84조 1항은 배당요구를 경매절차가 종료될 때까지 허용하는 경우 발생할 수 있는 경매절차의 불안정 및 지연 등의 폐단을 시정하기 위하여 규정된 것으로 이에 따른 청구인의 재산권의 제한은 절차적이고 일시적인 것에 불과하여 재산권의 본질적 제한에 해당하지 아니하며, 이러한 제도에 의하여 달성되는 경매제도의 효율적 운영은 더욱 중요한 공익에 속하므로 집행법원으로 하여금 첫 매각기일 이전으로 배당요구의 종기를 정하도록 한 것은 합리적 조치이고 재산권을 침해하는 것은 아니다.(헌재 2005.12.22, 2004헌마142)

2. 첫 매각기일 이전으로 배당요구의 종기를 정하도록 한 것이 합리적인 입법조치인지 여부(적극) 우선변제를 받을 수 있는 권리로서 헌법상 보장되는 재산권에 속하는 임금 등 청구권은 다양한 절차와 방법을 통하여 행사할 수 있는데 이를 특정 부동산경매절차에서 우선변제받기 위하여는 절차법적으로 해당 절차에서 민사집행법상 소정의 배당요구를 하여야 하고(법 88조 1항, 148조), 이러한 배당요구권의 행사 시기는 같은 법 84조 1항에 의하여 종기의 제한을 받게 되는데 이러한 제한은 특정 강제집행절차상의 우선변제권능을 제한하게 되어 경우에 따라서 임금 등 청구권의 행사가 종국적으로 제한되는 결과를 야기할 수도 있으나, 이러한 제한은 본질적으로 특정한 절차에 한정된 일시적 제약에 불과한 것이고 권리의 실체법상 본질, 즉 권리의 존재와 내용 및 실체법상의 권리행사에 무슨 영향을 미치는 것이 아닌 점에서 그 권리의 본질에 관한 제한이라고 할 수 없으며, 이러한 배당요구종기 제도에 의하여 달성되는 경매제도의 효율적 운영은 더욱 중요한 공익에 속하므로 같은 법 84조 1항이 배당요구의 종기를 첫 매각기일 이전까지의 범위에서 정하도록 한 것은 합리적인 입법조치이다. 나아가 같은 법 84조 6항은 위와 같은 합리적인 배당요구종기 제도를 토대로 하여 법원이 채권자의 배당참가기회를 봉쇄하는 것이 적당하지 아니하다고 판단되는 특별한 사정이 있는 경우 경매절차를 불안하게 하거나 기존 배당요구 채권자의 이익을 해하지 않는 범위 내에서 배당요구의 종기를 연기할 수 있도록 하여 오히려 채권자를 두텁게 보호하는 규정이므로, 성질상 임금 등 청구권을 대위하는 근로복지공단에 대한 침익적 규정(侵益的 規定)이 될 수 없고, 따라서 이로 인하여 근로복지공단이 대위하는 실체법적인 권리가 침해된다고 볼 수 없다. (대결 2007.11.29, 2007그62)

3. 체납처분에 의한 압류등기가 있는 경우 우선배당을 받을 수 있는 채권의 범위 확정된 배당표에 의하여 배당을 실시

하는 것은 실체법상의 권리를 확정하는 것이 아니므로 배당을 받아야 할 자가 배당을 받지 못하고 배당을 받지 못할 자가 배당을 받은 경우에는 배당을 받지 못한 우선채권자는 배당을 받은 자에 대하여 부당이득반환청구권이 있다고 할 것이나, 구 민소 728조에 의하여 준용되는 605조 1항에서 규정하는 배당요구 채권자는 경락기일까지 배당요구를 한 경우에 한하여 비로소 배당을 받을 수 있고, 적법한 배당요구를 하지 아니한 경우에는 실체법상 우선변제청구권이 있는 채권자라 하더라도 그 경락대금으로부터 배당을 받을 수는 없다. 그러나 부동산에 관한 경매개시결정기입등기 이전에 체납처분에 의한 압류등기가 마쳐진 경우 국가는 국세징 56조에 의한 교부청구를 하지 않더라도 당연히 그 등기로써 민사소송법에 규정된 배당요구와 같은 효력이 발생하고, 이 때 국가가 낙찰기일까지 체납세액을 계산할 수 있는 증빙서류를 제출하지 아니한 때에는 경매법원으로서는 당해 압류등기촉탁서에 의한 체납세액을 조사하여 배당하게 될 것이므로 이와 같은 경우에 비록 낙찰기일 이전에 체납세액의 신고가 있었다고 하더라도 국가는 그 후 배당표가 작성될 때까지는 이를 보정하는 증빙서류 등을 다시 제출할 수 있다고 할 것이며, 경매법원으로서는 특별한 사정이 없는 한 위 낙찰기일 전의 신고금액을 초과하는 금액에 대하여도 위 압류등기상의 청구금액의 범위 내에서는 배당표 작성 당시까지 제출한 서류와 증빙 등에 의하여 국가가 배당받을 체납세액을 산정하여야 한다고 할 것이다.(대판 2002.1.25, 2001다11055)

제85조【현황조사】 ① 법원은 경매개시결정을 한 뒤에 바로 집행관에게 부동산의 현상, 점유관계, 차임(借賃) 또는 보증금의 액수, 그 밖의 현황에 관하여 조사하도록 명하여야 한다.

② 집행관이 제1항의 규정에 따라 부동산을 조사할 때에는 그 부동산에 대하여 제82조에 규정된 조치를 할 수 있다.

■ 집행법원(79), 집행관의 권한(82), 현황조사(105①ii · 106 · 112, 민집규46 · 128②)

1. 구분건물에 대한 경매신청서에 대지사용권에 관한 아무런 표시가 없는 경우 집행법원이 취하여야 할 조치 구분건물에 대한 경매에서 비록 경매신청서에 대지사용권에 관한 아무런 표시가 없는 경우에도 집행법원으로서는 대지사용권이 있는지, 전유부분 및 공용부분과 분리처분이 가능한 규약이나 공정증서가 있는지 등에 관하여 집행관에게 현황조사명령을 하는 때에 이를 조사하도록 지시하는 한편, 스스로도 관련자를 심문하는 등의 가능한 방법으로 필요한 자료를 수집하여야 하고, 그 결과 전유부분과 불가분적인 일체로서 경매의 대상이 되어야 할 대지사용권의 존재가 밝혀진 때에는 이를 경매목적물의 일부로서 경매평가에 포함시켜 최저입찰가격을 정하여야 할 뿐만 아니라 입찰기일의 공고와 입찰명세서의 작성에 있어서도 그 존재를 표시하여야 한다.(대결 2006.3.27, 2004마978)

제86조【경매개시결정에 대한 이의신청】 ① 이해관계인은 매각대금이 모두 지급될 때까지 법원에 경매개시결정에 대한 이의신청을 할 수 있다.

② 제1항의 신청을 받은 법원은 제16조제2항에 준하는 결정을 할 수 있다.

③ 제1항의 신청에 관한 재판에 대하여 이해관계인은 즉시항고를 할 수 있다.

■ ① 이의신청(16), 이의신청권자(90), ② 잠정처분(16②), ③ 심리와 재판(3②, 민소134②, 민집규2), 재판의 고지(23①, 민소221①), 즉시항고(15 · 83⑤)

1. 강제경매개시결정에 대한 이의신청의 사유 강제경매개

시결정에 대한 이의신청은 경매개시결정에 관한 형식적인 절차상의 하자에 대한 불복방법이기 때문에 실체적 권리관계에 관한 사유를 경매개시결정에 대한 이의의 원인으로 주장할 수 없다.(대결 1994.8.27, 94마147)

2. 강제집행의 일시정지를 명하는 가처분을 할 수 없는 경우 강제경매절차에서 이해관계인이 구 민소 603조의3 1항에 따라 경매개시결정에 대한 이의신청을 하더라도 강제집행은 정지되지 아니한 채 속행되는 것이어서, 법원이 그 이의신청에 대한 재판을 할 때까지 강제집행이 그대로 속행됨으로 말미암아 이의신청인이 예측할 수 없는 손해를 입게 되는 것을 방지하기 위하여 같은 조 2항이 위 이의신청을 받은 법원은 같은 법 484조 2항에 준하는 가처분명령을 할 수 있도록 규정하고 있는 것이므로, 법원은 이의신청이 받아들여질 개연성이 있는 것으로 판단되는 경우에만 같은 조 2항에 따라 강제집행의 일시정지를 명하는 가처분을 할 수 있는 것이고, 채무자가 강제경매의 기초가 된 집행권원인 공정증서에 의한 채무를 부담하고 있지 아니하다는 것과 같이 신청원인 자체에 의하더라도 강제경매개시결정에 대한 이의신청이 받아 들여 질 수 없는 것임이 명백한 경우에는 그와 같은 가처분명령을 할 수 없는 것이다.(대결 1991.2.6, 90그66)

3. 변제유예를 받았음을 원인으로 한 임의경매개시결정에 대한 이의와 최고가매수인의 동의 신청채권자로부터 변제유예를 받았음을 원인으로 한 임의경매개시결정에 대한 이의신청의 경우, 구 민소 728조에 의하여 임의경매에 준용되는 같은 법 610조 및 구 민소규 205조에 의하여 임의경매에 준용되는 구 민소규 146조의3 2항의 규정들은 경매법원이 경매절차를 필수적으로 정지·취소하도록 되어 있는 서류의 제출시기를 제한하는 규정일 뿐 임의경매개시결정에 관한 이의신청을 제한하는 규정이 아니고, 달리 민소 및 민소규칙상 임의경매개시결정에 관한 이의신청을 제한하는 규정은 보이지 않으므로, 이해관계인인 채무자로서는 구 민소 728조, 725조, 603조의3에 의하여 경락대금 완납 시까지는 그 이의를 신청할 수 있고, 매수의 신고가 있은 후에도 그 이의신청에 최고가매수신고인 등의 동의를 필요로 하지는 않는다 할 것이므로, 변제유예 사실이 인정된다면 그 이의신청이 신의칙에 반하거나 권리남용에 해당하는 경우와 같은 특별한 사정이 없는 한 이를 인용하여야 한다.(대판 2000.6.28, 99마7385)

4. 경매개시결정에 대한 이의신청의 재판 후에 이루어진 이의신청 취하의 효력(무효) 경매개시결정에 대한 이의신청은 그에 대한 재판이 있기 전까지만 이를 취하할 수 있다고 보아야 할 것이므로, 이의신청에 대한 재판이 있은 후에 이루어진 이의신청의 취하는 아무런 효력이 없다.(대결 2004.3.26, 2003마1481)

5. 경매개시결정에 대한 이의의 재판절차에서 민사소송법상 재판상 자백이나 자백간주에 관한 규정이 준용되는지 여부(소극) 민집 23조 1항은 민사집행절차에 관하여 민사집행법에 특별한 규정이 없으면 성질에 반하지 않는 범위 내에서 민사소송법의 규정을 준용한다는 취지인데, 집행절차상 즉시항고 재판에 관하여 변론주의의 적용이 제한됨을 규정한 민집 15조 7항 단서 등과 같이 직권주의가 강화되어 있는 민사집행법에 비추어 볼 때 민집 16조의 집행에 관한 이의의 성질을 가지는 강제경매개시결정에 대한 이의의 재판절차에는 민사소송법상 재판상 자백이나 자백간주에 관한 규정은 준용되지 아니하고, 이는 민집 268조에 의하여 담보권실행을 위한 경매절차에도 준용되므로 경매개시결정에 대한 형식적인 절차상의 하자를 이유로 한 임의경매개시결정에 대한 이의의 재판절차에서도 민사소송법상 재판상 자백이나 자백간주에 관한 규정은 준용되지 아니한다.(대결 2015.9.14, 2015마813)

제87조【압류의 경합】 ① 강제경매절차 또는 담보권 실행을 위한 경매절차를 개시하는 결정을 한 부동산에 대하여 다른 강제경매의 신청이 있는 때에는 법원은 다시 경매개시결정을 하고, 먼저 경매개시결정을 한 집행절차에 따라 경매한다.

② 먼저 경매개시결정을 한 경매신청이 취하되거나 그 절차가 취소된 때에는 법원은 제91조제1항의 규정에 어긋나지 아니하는 한도 안에서 뒤의 경매개시결정에 따라 절차를 계속 진행하여야 한다.

③ 제2항의 경우에 뒤의 경매개시결정이 배당요구의 종기 이후의 신청에 의한 것인 때에는 집행법원은 새로이 배당요구를 할 수 있는 종기를 정하여야 한다. 이 경우 이미 제84조제2항 또는 제4항의 규정에 따라 배당요구 또는 채권신고를 한 사람에 대하여는 같은 항의 고지 또는 최고를 하지 아니한다.

④ 먼저 경매개시결정을 한 경매절차가 정지된 때에는 법원은 신청에 따라 결정으로 뒤의 경매개시결정(배당요구의 종기까지 행하여진 신청에 의한 것에 한한다)에 기초하여 절차를 계속하여 진행할 수 있다. 다만, 먼저 경매개시결정을 한 경매절차가 취소되는 경우 제105조제1항제3호의 기재사항이 바뀔 때에는 그러하지 아니하다.

⑤ 제4항의 신청에 대한 재판에 대하여는 즉시항고를 할 수 있다.

▣ ① 압류의 경합(215), 경매절차개시결정(83), 담보권실행을 위한 경매절차(264), 이중경매신청의 통지(89, 민집규47), ② 경매개시결정의 취하(93), 절차의 취소(93·96·102②), 인수주의와 잉여주의(91①), ③ 배당요구의 종기에 대한 고지 및 최고(84②④), ④ 등기된 부동산에 대한 권리 또는 가처분으로서 매각으로 효력을 잃지 아니하는 것(105①iii), ⑤ 즉시항고(15)

1. 이중경매개시결정이 있고 선행사건의 집행절차에 따라 경매가 진행되는 경우의 이해관계인 여부의 판단 기준 민집 87조 1항은 강제경매절차 또는 담보권실행을 위한 경매절차를 개시하는 결정을 한 부동산에 대하여 다른 강제경매의 신청이 있는 때에는 법원은 다시 경매개시결정을 하고 먼저 경매개시결정을 한 집행절차에 따라 경매한다고 규정하고 있으므로, 이러한 경우 이해관계인의 범위도 선행의 경매사건을 기준으로 정하여야 하는바, 선행사건의 배당요구의 종기 이후에 설정된 후순위 근저당권자로서 위 배당요구의 종기까지 아무런 권리신고를 하지 아니한 위 배당요구의 종기 이후의 이중경매신청인은 선행사건에서 이루어진 낙찰허가결정에 대하여 즉시항고를 제기할 수 있는 이해관계인이 아니다.(대결 2005.5.19, 2005마59)

2. 위법한 이중경매절차의 진행과 소유권 취득 경매절차의 개시를 결정한 부동산에 대하여 다른 경매의 신청이 있어 다시 경매절차의 개시결정을 한 경우 먼저 개시결정한 경매신청이 취하되거나 그 절차가 취소 또는 정지되지 아니하는 한 뒤의 경매개시결정에 의하여 경매절차를 진행하는 것은 위법하다고 할 것이나, 이와 같이 위법한 경매절차라 할지라도 그 절차의 진행이 저지됨이 없이 그대로 진행되어 경락허가결정이 확정되고 그 대금까지 완납되었다면 경매목적 부동산의 소유권은 그 절차상의 위법에도 불구하고 그 대금납부에 의하여 경락인에게 적법하게 이전된다고 할 것이고, 이러한 이치는 그 경락허가결정이 앞의 개시결정에 기한 경매절차에서 경락허가결정이 먼저 선고되고 난 후에 비로소 선고된 것이라고 하여 달라지는 것은 아니라고 할 것이다.(대결 2000.5.29, 2000마603)

3. 이중경매개시결정 후 선행 경매신청이 취하되거나 취소

된 경우, '선행 경매절차에서 한 배당요구의 효력'의 의미 민집 87조 3항은 후행 경매개시결정에 따라 경매절차를 계속 진행하는 경우 후행 경매개시결정이 선행 경매절차의 배당요구 종기 이후의 신청에 의한 것인 때에는 배당요구의 종기를 새로 정하여야 하고, 이때 선행 경매절차에서 배당요구를 한 사람에 대하여는 다시 배당요구의 종기를 고지하지 아니한다고 규정하고 있는데, 이는 선행 경매절차에서 배당요구를 한 채권자에 대하여는 후행 경매절차가 진행되는 경우 다시 배당요구를 하지 않아도 후행 경매절차에서 배당요구를 한 것으로 취급하겠다는 의미일 뿐이고, 선행 경매절차에서 한 배당요구의 효력이 후행 경매절차에서 인정된다고 하여 그러한 배당요구의 효력에 대상 부동산에 대한 처분금지효 등 압류의 일반적인 효력이 포함된다는 뜻은 아니다. (대판 2014.1.16, 2013다62315)

제88조【배당요구】 ① 집행력 있는 정본을 가진 채권자, 경매개시결정이 등기된 뒤에 가압류를 한 채권자, 민법·상법, 그 밖의 법률에 의하여 우선변제청구권이 있는 채권자는 배당요구를 할 수 있다. ② 배당요구에 따라 매수인이 인수하여야 할 부담이 바뀌는 경우 배당요구를 한 채권자는 배당요구의 종기가 지난 뒤에 이를 철회하지 못한다.

■ ① 배당요구의 방식(4, 민집규48), 집행력있는 정본(28·56), 가압류채권자(148ⅲ), 우선변제청구권(주택임대3의2·8, 상가임대5·14, 상468, 근로37), ② 배당요구의 종기(84①)

1. 배당요구채권자가 적법한 배당요구를 하지 아니한 경우의 문제 구 민사소송법에 의하면, 민법·상법 기타 법률에 의하여 우선변제청구권이 있는 채권자, 집행력 있는 정본을 가진 채권자 및 경매신청의 등기 후에 가압류를 한 채권자는 경락기일까지 배당요구를 할 수 있고(605조 1항), 위 조항에서 규정하는 배당요구채권자는 경락기일까지 배당요구를 한 경우에 한하여 비로소 배당을 받을 수 있고, 적법한 배당요구를 하지 아니한 경우에는 실체법상 우선변제청구권이 있는 채권자라 하더라도 그 경락대금으로부터 배당을 받을 수는 없으며, 또한 경락기일까지 배당요구한 채권자라 할지라도 채권의 일부 금액만을 배당요구한 경우에 경락기일 이후에는 배당요구하지 아니한 채권을 추가하거나 확장할 수 없다. 그리고 배당요구를 하여야만 배당절차에 참여할 수 있는 채권자가 경락기일까지 배당요구를 하지 아니한 채권액에 대하여 경락기일 이후에 추가 또는 확장하여 배당요구를 하였으나 그 부분을 배당에서 배제하는 것으로 배당표가 작성·확정되고 그 확정된 배당표에 따라 배당이 실시되었다면, 그가 적법한 배당요구를 할 경우에 배당받을 수 있었던 금액 상당의 금원이 후순위 채권자에게 배당되었다고 하여 법률상 원인이 없는 것이라고 할 수 없다.(대판 2005.8.25, 2005다14595)

2. 임금채권자의 우선배당을 받을 수 있는 종기 근로기준법에 의하여 우선변제청구권을 갖는 임금채권자라고 하더라도 임의경매절차에서 배당요구의 종기까지 배당요구를 하여야만 우선배당을 받을 수 있는 것이 원칙이나, 경매절차개시 전의 부동산 가압류채권자는 배당요구를 하지 않았더라도 당연히 배당받을 것과 동일하게 취급하여 설사 그가 별도로 채권계산서를 제출하지 아니하였다 하여도 배당에서 제외하여서는 아니 되므로, 민사집행절차의 안정성을 보장하여야 하는 절차법적 요청과 근로자의 임금채권을 보호하여야 하는 실체법적 요청을 형량하여 보면 근로기준법상 우선변제권이 있는 임금채권자가 경매절차개시 전에 경매 목적 부동산을 가압류한 경우에는 배당요구의 종기까지 우선권 있는 임금채권임을 소명하지 않았다고 하더라도 배당표가 확정되기 전까지 그 가압류의 청구채권이 우선변제권 있는 임금채권임을 소명하면 우선배당을 받을 수 있다.(대판

2004.7.22, 2002다52312)

3. 배당요구서에 기재하여야 하는 '채권의 원인'의 특정 정도 배당요구를 할 경우 배당요구서에는 집행력 있는 정본 또는 그 사본, 그 밖에 배당요구의 자격을 소명하는 서면을 첨부하고 채권의 원인과 액수를 기재하여야 하는바, 이 경우 '채권의 원인'은 채무자에 대하여 배당요구채권자가 가지는 원인채권을 특정할 수 있을 정도로 기재하면 충분하다. 다만 집행력 있는 정본에 의하지 아니한 배당요구인 경우에는 채무자로 하여금 채권이 어느 것인가를 식별할 수 있을 정도로 그 채권의 원인에 관한 구체적인 표시가 필요하다.(대판 2008.12.24, 2008다65242)

4. 임차인과 전세권자로서의 지위를 함께 가진 자의 배당요구 주택임차인이 그 지위를 강화하고자 별도로 전세권설정등기를 마치더라도 주택임대차보호법상 임차인으로서 우선변제를 받을 수 있는 권리와 전세권자로서 우선변제를 받을 수 있는 권리는 근거규정 및 성립요건을 달리하는 별개의 권리라고 할 것인 점 등에 비추어 보면, 주택임대차보호법상 임차인으로서의 지위와 전세권자로서의 지위를 함께 가지고 있는 자가 그 중 임차인으로서의 지위에 기하여 경매법원에 배당요구를 하였다면 배당요구를 하지 아니한 전세권에 관하여는 배당요구가 있는 것으로 볼 수 없다.(대판 2010.6.24. 2009다40790)

5. 상가임차인이 '최후 임대차계약서'의 확정일자에 기초한 배당요구를 하였다가 배당요구 종기 후 '최초 임대차계약서'에 기초한 확정일자를 주장한 경우의 처리 최후 임대차계약서가 최초 임대차계약서와 비교하여 임대차기간뿐만 아니라 임대차계약의 당사자인 임대인 및 임대차보증금의 액수 등을 모두 달리하는 점 등에 비추어 그 임차인의 배당요구는 최후 임대차계약에 의한 임대차보증금에 관하여 우선변제를 주장한 것으로 보기 어렵고, 배당요구 종기 후 임차인이 최초 임대차계약서에 기한 확정일자를 주장한 것을 이미 배당요구한 채권에 관한 주장을 단순히 보완한 것으로 볼 수도 없으며, 임차인의 위 주장은 배당요구 종기 후 배당순위의 변동을 초래하여 매수인이 인수할 부담에 변동을 가져오는 것으로서 특별한 사정이 없는 한 허용될 수 없다.(대판 2014.4.30, 2013다58057)

6. 전세권이 존속기간 만료 등으로 종료한 경우 최선순위 전세권자의 배당요구 가부(적극) 전세권이 존속기간의 만료나 합의해지 등으로 종료하면 전세권의 용익물권적 권능은 소멸하고 단지 전세금반환채권을 담보하는 담보물권적 권능의 범위 내에서 전세금의 반환 시까지 전세권설정등기의 효력이 존속하므로, 전세권이 존속기간의 만료 등으로 종료한 경우라면 최선순위 전세권자의 채권자는 전세권이 설정된 부동산에 대한 경매절차에서 채권자대위권에 기하거나 전세금반환채권에 대하여 압류 및 추심명령을 받은 다음 추심권한에 기하여 자기 이름으로 전세권에 대한 배당요구를 할 수 있다. 다만, 최선순위 전세권자의 채권자가 채권자대위권이나 추심권한에 기하여 전세권에 대한 배당요구를 할 때에는 채권자대위권 행사의 요건을 갖추었다거나 전세금반환채권에 대하여 압류 및 추심명령을 받았다는 점과 아울러 전세권이 존속기간의 만료 등으로 종료하였다는 점에 관한 소명자료를 배당요구의 종기까지 제출하여야 한다.(대판 2015.11.17, 2014다10694)

제89조【이중경매신청 등의 통지】 법원은 제87조제1항 및 제88조제1항의 신청이 있는 때에는 그 사유를 이해관계인에게 통지하여야 한다.

■ 압류의 경합(87①), 배당요구(88①), 이해관계인(90)

제90조【경매절차의 이해관계인】 경매절차의 이해관계인은 다음 각호의 사람으로 한다.

1. 압류채권자와 집행력 있는 정본에 의하여 배당

을 요구한 채권자
2. 채무자 및 소유자
3. 등기부에 기입된 부동산 위의 권리자
4. 부동산 위의 권리자로서 그 권리를 증명한 사람

■ 집행력 있는 정본에 의한 배당요구채권자(88①), 등기부에 기입된 부동산의 권리자(등기2), [이해관계인의 권리] 집행에 관한 이의신청(16), 부동산에 대한 침해방지신청(83①), 경매개시결정에 대한 이의신청(86), 배당요구 등의 경우 통지받을 수 있는 권리(89), 부동산의 일괄매각신청(98), 매각기일을 통지받는 권리(104②·146), 즉시항고(111②·129), 매각조건의 변경에 대한 합의(110②), 매각허가에 대한 의견진술(120·149)

1. 부동산매각허가결정에 대한 즉시항고를 제기할 수 있는 이해관계인의 범위 민집 129조 1항, 2항에 의한 부동산매각허가결정에 대한 즉시항고는 이해관계인, 매수인 및 매수신고인만이 제기할 수 있고, 여기서 이해관계인이란 민집 90조 각 호에서 규정하는 압류채권자와 집행력 있는 정본에 의하여 배당을 요구한 채권자, 채무자 및 소유자, 등기부에 기입된 부동산 위의 권리자로서 그 권리를 증명한 자를 말하고, 경매절차에 관하여 사실상의 이해관계를 가진 자라 하더라도 위에서 열거한 자에 해당하지 아니한 경우에는 경매절차의 이해관계인이라고 할 수 없으며, 이에 해당하지 아니한 자가 한 매각허가결정에 대한 즉시항고는 부적법하고 또한 보정할 수 없음이 분명하므로 민집 15조 5항에 의하여 집행법원이 결정으로 즉시항고를 각하하여야 하고, 집행법원이 항고각하결정을 하지 않은 채 항고심으로 기록을 송부한 경우에는 항고심에서 항고를 각하하여야 한다.(대결 2005.5.19, 2005마59)

2. 가압류권자나 배당을 요구하지 않은 집행력 있는 정본을 가진 채권자가 이해관계인에 해당하는지 여부(소극) 법원은 경매기일과 경락기일을 이해관계인에게 통지하여야 하는바(구 민소 617조 2항), 여기서 이해관계인은 압류채권자와 집행력 있는 정본에 의하여 배당을 요구한 채권자, 채무자 및 소유자, 등기부에 기입된 부동산 위의 권리자, 부동산 위의 권리자로서 그 권리를 증명한 자(같은 법 607조)를 말하는 것이고, 경매절차에 관하여 사실상의 이해관계를 가진 자라 하더라도, 동 조항에서 열거한 자에 해당하지 아니한 경우에는 경매절차의 이해관계인이라고 할 수 없으므로, 가압류를 한 자는 위 조항에서 말하는 이해관계인이라고 할 수 없고, 배당을 요구하지 않은 집행력 있는 정본을 가진 채권자도 역시 위 조항에서 말하는 이해관계인이 아님은 문언상 명백하다.(대판 1999.4.9, 98다53240)

3. 경매절차에서 집행문이 부여된 공정증서의 원본이 아닌 사본을 제출하여 배당요구를 한 채권자가 이해관계인에 해당하는지 여부(적극) 구 민소 607조는 경매절차의 이해관계인 중의 하나로 집행력 있는 정본에 의하여 배당을 요구한 채권자를 들고 있는바, 위 채권자가 집행법원에 배당을 함에 있어 반드시 집행력 있는 정본 자체를 집행법원에 제출하여야 하는 것은 아니고 집행력 있는 정본 또는 그 사본이 첨부된 배당요구서를 제출함으로써 족하다 할 것이므로, 입찰절차에서 재항고인이 집행문이 부여된 공정증서의 원본이 아닌 사본을 제출하였다는 이유만으로는 이해관계인이 아니라고 할 수 없다.(대결 2002.10.29, 2002마680)

4. 채무자를 상대로 경매부동산에 관한 소유권이전등기절차이행 청구소송을 제기하여 제1심에서 승소한 사람이 이해관계인인지 여부(소극) 항고인이 채무자를 상대로 경매부동산에 관하여 소유권이전등기절차이행 청구의 소를 제기하여 제1심에서 승소하였다고 하더라도 그러한 사유만으로는 그 경매절차상의 이해관계인이 되지 못한다.(대결 1980.9.17, 80마231)

5. 경매신청등기 후에 권리를 취득하였으나 권리신고를 하지 아니한 자가 압류 경합된 후행의 경매신청기록에 이해관계인으로 표시되어 있으면 집행법원에 그 권리취득사실을 증명하였다고 볼 것인지 여부 경매신청등기 후 그 목적 부동산에 대한 권리취득자로서 등기를 하고 그 사실을 스스로 집행법원에 계속 증명하여야 강제집행절차의 이해관계인이 되고 압류가 경합된 후행의 경매신청기록에 이해관계인으로 표시되었다고 하더라도 권리취득자가 그 사실을 집행법원에 증명하였다고 볼 수 없어 강제집행절차의 이해관계인이 될 수 없다.(대결 1994.9.14, 94마1455)

6. 주택임대차보호법상의 대항요건을 갖춘 임차인은 권리신고를 하지 않더라도 이해관계인이 되는지 여부(소극) 경매절차에서 부동산 현황조사는 매각대상 부동산의 현황을 정확히 파악하여 일반인에게 그 부동산의 현황과 권리관계를 공시함으로써 매수 희망자가 필요한 정보를 쉽게 얻을 수 있게 하여 예상 밖의 손해를 입는 것을 방지하고자 함에 있는 것이고, 매각절차의 법률상 이해관계인에게는 매각기일에 출석하여 의견진술을 할 수 있는 권리의 행사를 위해 매각기일 등 절차의 진행을 통지하여 주도록 되어 있는 반면, 주택임대차보호법상의 대항요건을 갖춘 임차인이라고 하더라도 매각허가결정 이전에 경매법원에 스스로 그 권리를 증명하여 신고하지 않는 한 집행관의 현황조사결과 임차인으로 조사·보고되어 있는지 여부와 관계없이 이해관계인이 될 수 없으며, 대법원예규에 따른 경매절차 진행사실의 주택임차인에 대한 통지는 법률상 규정된 의무가 아니라 당사자의 편의를 위하여 경매절차와 배당제도에 관한 내용을 안내하여 주는 것에 불과하므로, 이해관계인 아닌 임차인은 위와 같은 통지를 받지 못하였다고 하여 경매절차가 위법하다고 다툴 수 없다.(대판 2008.11.13, 2008다43976)

7. 경매법원으로부터 경매절차 진행사실을 통지받지 못한 주택임대차보호법상의 대항요건을 갖춘 임차인이 낙찰허가결정 이후에 권리신고를 한 경우 이해관계인에 해당하는지 여부(소극) 구 민소 607조 4호 소정의 이해관계인이라고 하여 경락허가결정에 대하여 즉시항고를 제기하기 위하여는 경락허가결정이 있을 때까지 그러한 사실을 증명하여야 하고, 경락허가결정이 있은 후에 그에 대하여 즉시항고를 하면서 그러한 사실을 증명한 자는 위 4호 소정의 이해관계인이라고 할 수 없으므로 그 즉시항고는 부적법한바, 주택임대차보호법상의 대항요건을 갖춘 임차인이 경매 목적 부동산 위의 권리자라고 하더라도 그러한 사실만으로 당연히 이해관계인이 되는 것이 아니고 경매법원에 스스로 그 권리를 증명하여 신고하여야 비로소 이해관계인으로 되는 것으로서 그와 같은 권리신고는 자기의 책임으로 스스로 하여야 하는 것이므로, 집행관의 현황조사의 결과 임차인으로 조사, 보고되어 있는지 여부와는 관계없이 스스로 집행법원에 권리를 증명하여 신고하지 아니한 이상 이해관계인이 될 수 없으며, 대법원송무예규(송민98-6)에 의한 경매절차 진행사실의 주택임차인에 대한 통지는 법률상 규정된 의무가 아니라 당사자의 편의를 위하여 주택임차인에게 임차 목적물에 대하여 경매절차가 진행 중인 사실과 소액임차인이나 확정일자부 임차권자라도 배당요구를 하여야 우선변제를 받을 수 있다는 내용을 안내하여 주는 것일 뿐이므로, 임차인이 위와 같은 통지를 받지 못하였다고 하더라도 경락허가결정 이후에 권리신고를 한 경우에는 경락허가결정에 항고를 제기할 수 있는 정당한 이해관계인이 될 수 없다.(대결 1999.8.26, 99마3792)

제91조【인수주의와 잉여주의의 선택 등】 ① 압류채권자의 채권에 우선하는 채권에 관한 부동산의 부담을 매수인에게 인수하게 하거나, 매각대금으로 그 부담을 변제하는 데 부족하지 아니하다는 것이 인정된 경우가 아니면 그 부동산을 매각하지 못한다.
② 매각부동산 위의 모든 저당권은 매각으로 소멸

된다.
③ 지상권·지역권·전세권 및 등기된 임차권은 저당권·압류채권·가압류채권에 대항할 수 없는 경우에는 매각으로 소멸된다.
④ 제3항의 경우 외의 지상권·지역권·전세권 및 등기된 임차권은 매수인이 인수한다. 다만, 그중 전세권의 경우에는 전세권자가 제88조에 따라 배당요구를 하면 매각으로 소멸된다.
⑤ 매수인은 유치권자(留置權者)에게 그 유치권(留置權)으로 담보하는 채권을 변제할 책임이 있다.
■ ① 매각조건(110·111·205③), 부동산의 매각방법(103), ② ③ [매각으로 소멸되는 것] 가등기담보권(가담법15), 저당권(민356 이하), 지상권(민279 이하), 지역권(민291 이하), 전세권(민303 이하), 등기된 임차권(민621), ⑤ 유치권(민320 이하)

1. 경락으로 소멸하는 선순위 저당권보다 뒤에 등기된 주택임차권의 효력 경매목적 부동산이 경락된 경우에는 소멸하는 선순위 저당권보다 뒤에 등기되었거나 대항력을 갖춘 임차권은 함께 소멸하는 것이고, 따라서 그 경락인은 주택임대차 3조에서 말하는 임차주택의 양수인 중에 포함된다고 할 수 없을 것이므로 경락인에 대하여 그 임차권의 효력을 주장할 수 없다.(대판 2000.2.11, 99다59306)

2. 집합건물의 전유부분과 함께 대지사용권이 일체로서 경락된 경우와 근저당권의 소멸 여부(원칙적 적극) 집합건물에서 구분소유자의 대지사용권은 전유부분과 분리처분이 가능하도록 규약으로 정하였다는 등의 특별한 사정이 없는 한 전유부분과 종속적 일체불가분성이 인정되므로(집합건물 20조 1, 2항), 구분건물의 전유부분에 대한 저당권 또는 경매개시결정의 효력은 당연히 종물 내지 종된 권리인 대지사용권에까지 미치고, 그에 터 잡아 진행된 경매절차에서 전유부분을 경락받은 자는 그 대지사용권도 함께 취득한다 할 것이다. 그리고 구 민소 608조 2항 및 현행 민집 91조 2항에 의하면 매각부동산 위의 모든 저당권은 경락으로 인하여 소멸한다고 규정되어 있으므로, 위와 같은 이유로 전유부분과 함께 그 대지사용권인 토지공유지분이 일체로서 경락되고 그 대금이 완납된다면, 설사 대지권 성립 전부터 토지만에 관하여 설정되어 있던 별도등기로서의 근저당권이라 할지라도 경매과정에서 이를 존속시켜 경락인이 인수하게 한다는 취지의 특별매각조건이 정하여져 있지 않았던 이상 위 토지공유지분에 대한 범위에서는 매각부동산 위의 저당권에 해당하여 소멸하게 되는 것이라 할 것이다.(대판 2008.3.13, 2005다15048)

3. 공유물분할을 위한 경매가 목적부동산 위의 부담을 소멸시키는 것을 법정매각조건으로 하는지 여부(원칙적 적극) 구 민사소송법(2002. 1. 26. 법률 제6626호로 전부 개정되기 전의 것)은 608조 2항에서 "저당권 및 존속기간의 정함이 없거나 611조의 등기 후 6월 이내에 그 기간이 만료되는 전세권은 경락으로 인하여 소멸한다."고 함과 아울러, 728조에서 이를 담보권의 실행을 위한 경매절차에도 준용하도록 함으로써, 경매의 대부분을 차지하는 강제경매와 담보권 실행을 위한 경매에서는 소멸주의를 원칙으로 하고 있다. 공유물분할을 위한 경매에서 인수주의를 취할 경우 구 민사소송법이 목적부동산 위의 부담에 관하여 그 존부 및 내용을 조사·확정하거나 인수되는 부담의 범위를 제한하는 규정을 두고 있지 않을뿐더러 목적부동산 위의 부담이 담보하는 채무를 매수인이 인수하도록 하는 규정도 두고 있지 않아 매수인 및 피담보채무의 채무자나 물상보증인이 매우 불안정한 지위에 있게 되며, 목적부동산 중 일부 공유지분에 관하여만 부담이 있는 때에는 매수인으로 하여금 그 부담을 인수하도록 하면서도 그러한 사정을 고려하지 않은 채 공유자들에게 매각대금을 공유지분 비율로 분배한다면 이는 형평

에 반하는 결과가 될 뿐 아니라 공유물분할소송에서나 경매절차에서 공유지분 외의 합리적인 분배비율을 정하기도 어려우므로, 공유물분할을 위한 경매 등의 이른바 형식적 경매가 강제경매 또는 담보권의 실행을 위한 경매와 중복되는 경우에 관하여 규정하고 있는 구 민소 734조 2항 및 3항을 감안하더라도, 공유물분할을 위한 경매도 강제경매나 담보권 실행을 위한 경매와 마찬가지로 목적부동산 위의 부담을 소멸시키는 것을 법정매각조건으로 하여 실시된다고 봄이 상당하다. 다만, 집행법원은 필요한 경우 위와 같은 법정매각조건과는 달리 목적부동산 위의 부담을 소멸시키지 않고 매수인으로 하여금 인수하도록 할 수 있으나, 이 때에는 매각조건 변경결정을 하여 이를 고지하여야 한다.(대판 2009.10.29. 2006다37908)

4. 유치권에 의한 경매와 목적부동산 위의 부담 민집 91조 2항, 3항, 268조는 경매의 대부분을 차지하는 강제경매와 담보권 실행을 위한 경매에서 소멸주의를 원칙으로 하고 있을 뿐만 아니라 이를 전제로 하여 배당요구의 종기결정이나 채권신고의 최고, 배당요구, 배당절차 등에 관하여 상세히 규정하고 있는 점, 민 322조 1항에 "유치권자는 채권의 변제를 받기 위하여 유치물을 경매할 수 있다."고 규정하고 있는데, 유치권에 의한 경매에도 채권자와 채무자의 존재를 전제로 하고 채권의 실현·만족을 위한 경매를 상정하고 있는 점, 반면에 인수주의를 취할 경우 필요하다고 보이는 목적부동산 위의 부담의 존부 및 내용을 조사·확정하는 절차에 대하여 아무런 규정이 없고 인수되는 부담의 범위를 제한하는 규정도 두지 않아, 유치권에 의한 경매를 인수주의를 원칙으로 진행하면 매수인의 법적 지위가 매우 불안정한 상태에 놓이게 되는 점, 인수되는 부담의 범위를 어떻게 설정하느냐에 따라 인수주의를 취하는 것이 오히려 유치권자에게 불리해질 수 있는 점 등을 함께 고려하면, 유치권에 의한 경매도 강제경매나 담보권 실행을 위한 경매와 마찬가지로 목적부동산 위의 부담을 소멸시키는 것을 법정매각조건으로 하여 실시되고 우선채권자뿐만 아니라 일반채권자의 배당요구도 허용되며, 유치권자는 일반채권자와 동일한 순위로 배당을 받을 수 있다고 보아야 한다. 다만 집행법원은 부동산 위의 이해관계를 살펴 위와 같은 법정매각조건과는 달리 매각조건 변경결정을 통하여 목적부동산 위의 부담을 소멸시키지 않고 매수인으로 하여금 인수하도록 정할 수 있다. 유치권에 의한 경매와 소멸주의 유치권에 의한 경매가 소멸주의를 원칙으로 하여 진행되는 이상 강제경매나 담보권 실행을 위한 경매의 경우와 같이 목적부동산 위의 부담을 소멸시키는 것이므로 집행법원이 달리 매각조건 변경결정을 통하여 목적부동산 위의 부담을 소멸시키지 않고 매수인으로 하여금 인수하도록 정하지 않은 이상 집행법원으로서는 매각기일 공고나 매각물건명세서에서 목적부동산 위의 부담이 소멸하지 않고 매수인이 이를 인수하게 된다는 취지를 기재할 필요 없다.(대결 2011.6.15, 2010마1059)

5. 대항력과 우선변제권을 가진 임차인이 보증금 전액을 배당받지 못한 경우 경락인에게 대항할 수 있는 보증금 잔액의 범위 주택임대차보호법상의 대항력과 우선변제권의 두 가지 권리를 겸유하고 있는 임차인이 먼저 우선변제권을 선택하여 임차주택에 대하여 진행되고 있는 경매절차에서 보증금 전액에 대하여 배당요구를 하였으나 그 순위에 따른 배당이 실시될 경우 보증금 전액을 배당받을 수 없었던 때에는 보증금 중 경매절차에서 배당받을 수 있었던 금액을 공제한 잔액에 관하여 경락인에게 대항하여 이를 반환받을 때까지 임대차관계의 존속을 주장할 수 있는바, 여기서 경락인에게 대항할 수 있는 보증금잔액은 보증금 중 경매절차에서 올바른 배당순위에 따른 배당이 실시될 경우의 배당액을 공제한 나머지 금액을 의미하는 것이지 임차인이 배당절차에서 현실로 배당받은 금액을 공제한 나머지 금액을 의미하는 것은 아니라 할 것이고, 따라서 임차인이 배당받을 수 있

었던 금액이 현실로 배당받은 금액보다 많은 경우에는 임차인이 그 차액에 관하여는 과다 배당받은 후순위 배당채권자를 상대로 부당이득의 반환을 구하는 것은 별론으로 하고 경락인을 상대로 그 반환을 구할 수는 없다고 할 것이다.(대판 2001.3.23, 2000다30165)

6. 주택임대차보호법상 임차인으로서의 지위와 전세권자로서의 지위를 함께 가지고 있는 자가 임차인으로서의 지위에 기하여 경매법원에 배당요구를 한 경우 전세권에 관하여도 배당요구가 있는 것으로 볼 수 있는지 여부(소극) 전세권 등에 대항할 수 없는 전세권과 달리 최선순위의 전세권은 오로지 전세권자의 배당요구에 의하여만 소멸하고, 전세권자가 배당요구를 하지 않는 한 매수인에게 인수되며, 반대로 배당요구를 하면 존속기간에 상관없이 소멸한다는 취지라고 할 것인 점, 주택임차인이 그 지위를 강화하고자 별도로 전세권설정등기를 마치더라도 주택임대차보호법상 임차인으로서 우선변제를 받을 수 있는 권리와 전세권자로서 우선변제를 받을 수 있는 권리는 근거규정 및 성립요건을 달리하는 별개의 권리라고 할 것인 점 등에 비추어 보면, 주택임대차보호법상 임차인으로서의 지위와 전세권자로서의 지위를 함께 가지고 있는 자가 그 중 임차인으로서의 지위에 기하여 경매법원에 배당요구를 하였다면 배당요구를 하지 아니한 전세권에 관하여는 배당요구가 있는 것으로 볼 수 없다.(대판 2010.6.24, 2009다40790)

7. 잉여주의에 위배된 경락허가결정과 채무자 구 민소 616조 규정은 채권자나 압류채권자를 보호하기 위한 규정일 뿐 채무자나 그 목적부동산 소유자의 법률상 이익이나 권리를 위한 것이 아니므로 채무자 겸 경매목적물의 소유자는 이에 위반한 경락허가결정에 대하여 다툴 수 있는 이해관계인이 아니다.(대결 1986.11.29, 86마761)

8. 가등기에 기한 본등기가 제2순위 근저당권의 실행을 위한 경매절차의 낙찰허가결정 전에 경료되었으나 경락허가결정으로 대금이 완납된 경우와 경매취소신청 제1, 2순위의 근저당권 사이에 소유권이전청구권 보전의 가등기가 경료된 부동산에 대하여 제2순위 근저당권 실행을 위하여 실시된 경매절차에서 낙찰허가결정이 선고되기 전에 그 근저당권보다 선순위인 가등기에 기한 소유권이전의 본등기가 경료되었다고 하더라도, 경매절차가 그대로 진행되어 낙찰허가결정이 확정되고 낙찰자가 낙찰대금을 완납한 이상 낙찰의 효력은 이를 더 이상 다툴 수 없게 되었는바, 우선순위로서 그때까지 유효하게 존재하고 있던 제1순위 근저당권이 그 낙찰로 인하여 소멸하고 따라서 그보다 후순위인 가등기 및 그에 기한 본등기의 효력도 상실되었으므로, 낙찰대금의 완납 후에 제기된 가등기 및 그에 기한 소유권이전등기 명의인의 경매취소신청은 이유 없다.(대판 1997.1.16, 96마231)

9. 근저당권이 설정된 건물에 대한 대항력 있는 임차인과 경락인과의 관계 근저당권설정등기와 제3의 집행채권자의 강제경매신청 사이에 대항력을 갖춘 주택임차인이 있는 경우에, 동인이 경락인에게 대항할 수 있다고 한다면 경락인은 임차권의 부담을 지게 되어 부동산의 경매가격은 그 만큼 떨어질 수밖에 없고 이는 임차권보다 선행한 담보권을 해치는 결과가 되어 설정 당시의 교환가치를 담보하는 담보권의 취지에 맞지 않게 되므로 이 경우 동인은 경락인에게 대항할 수 없다.(대판 1987.3.10, 86다카1718)

10. 유치권자의 경락인에 대한 피담보채권의 변제청구권 구 민소 728조에 의하여 담보권의 실행을 위한 경매절차에 준용되는 같은 법 608조 3항은 경락인은 유치권자에게 그 유치권으로 담보하는 채권을 변제할 책임이 있다고 규정하고 있는바, 여기에서 '변제할 책임이 있다'는 의미는 부동산상의 부담을 승계한다는 취지로서 인적 채무까지 인수한다는 취지는 아니므로, 유치권자는 경락인에 대하여 그 피담보채권의 변제가 있을 때까지 유치목적물인 부동산의 인도를 거절할 수 있을 뿐이고 그 피담보채권의 변제를 청구할 수는 없

다.(대판 1996.8.23, 95다8713)

11. 부동산에 가압류등기가 경료된 후에 채무자의 점유이전으로 제3자가 유치권을 취득하는 경우, 유치권자가 강제경매에 따른 매수인에게 대항할 수 있는지 여부(적극) 부동산에 경매개시결정의 기입등기가 경료되어 압류의 효력이 발생한 후에 채무자가 제3자에게 당해 부동산의 점유를 이전함으로써 그로 하여금 유치권을 취득하게 하는 경우 그와 같은 점유의 이전은 처분행위에 해당한다는 것이 당원의 판례이나, 이와 달리 부동산에 가압류등기가 경료되어 있을 뿐 현실적인 매각절차가 이루어지지 않고 있는 상황에서는 채무자의 점유이전으로 인하여 제3자가 유치권을 취득하게 된다고 하더라도 이를 처분행위로 볼 수는 없다.(대판 2011.11.24, 2009다19246)

12. 채무자 소유의 목적물에 이미 저당권 기타 담보물권이 설정되어 있는데 채권자가 자기 채권의 우선적 만족을 위하여 채무자와 의도적으로 유치권의 성립요건을 충족하는 내용의 거래와 목적물을 점유함으로써 유치권이 성립한 경우, 유치권을 저당권자 등에게 주장하는 것이 허용되는지 여부(소극) 채무자가 채무초과의 상태에 이미 빠졌거나 그러한 상태가 임박함으로써 채권자가 원래라면 자기 채권의 충분한 만족을 얻을 가능성이 현저히 낮아진 상태에서 이미 채무자 소유의 목적물에 저당권 기타 담보물권이 설정되어 있어 유치권의 성립에 의하여 저당권자 등이 그 채권 만족상의 불이익을 입을 것을 잘 알면서 자기 채권의 우선적 만족을 위하여 위와 같이 취약한 재정적 지위에 있는 채무자와 의도적으로 유치권의 성립요건을 충족하는 내용의 거래를 일으키고 그에 기하여 목적물을 점유함으로써 유치권이 성립하였다면, 유치권자가 그 유치권을 저당권자 등에 대하여 주장하는 것은 다른 특별한 사정이 없는 한 신의칙에 반하는 권리행사 또는 권리남용으로서 허용되지 아니한다. 나아가 저당권자 등은 경매절차 기타 채권실행절차에서 위와 같은 유치권을 배제하기 위하여 그 부존재의 확인 등을 소로써 청구할 수 있다.(대판 2011.12.22, 2011다84298)

13. 수급인이 경매개시결정의 기입등기가 마쳐지기 전에 채무자로부터 건물의 점유를 이전받았으나, 압류의 효력이 발생한 후에 공사대금채권을 취득하여 유치권이 성립한 경우, 매수인에게 유치권으로 대항할 수 있는지 여부(소극) 채무자 소유의 부동산에 경매개시결정의 기입등기가 마쳐져 압류의 효력이 발생한 후에 유치권을 취득한 경우에는 그로써 부동산에 관한 경매절차의 매수인에게 대항할 수 없다. 따라서 채무자 소유의 건물에 관하여 증·개축 등 공사를 도급받은 수급인이 경매개시결정의 기입등기가 마쳐지기 전에 채무자로부터 건물의 점유를 이전받았다 하더라도 경매개시결정의 기입등기가 마쳐져 압류의 효력이 발생한 후에 공사를 완공하여 공사대금채권을 취득함으로써 그때 비로소 유치권이 성립한 경우에는, 수급인은 유치권을 내세워 경매절차의 매수인에게 대항할 수 없다.(대판 2013.6.27, 2011다50165)

14. 대지사용권의 성립 이전에 대지에 관하여 설정된 저당권이 토지공유지분의 범위에서 전유부분의 매각으로 소멸하는지 여부(적극) 경매절차에서 대지에 관한 저당권을 존속시켜 매수인이 인수하게 한다는 특별매각조건이 정하여져 있지 않았던 이상 설사 대지사용권의 성립 이전에 대지에 관하여 설정된 저당권이라고 하더라도 대지지분의 범위에서는 민집 91조 2항이 정한 '매각부동산 위의 저당권'에 해당하여 매각으로 소멸하는 것이며, 이러한 대지지분에 대한 소유권의 취득이나 대지에 설정된 저당권의 소멸은 전유부분에 관한 경매절차에서 대지지분에 관한 평가액이 반영되지 않았다거나 대지의 저당권자가 배당받지 못하였다고 하더라도 달리 볼 것은 아니다.(대판 2013.11.28, 2012다103325)

15. 체납처분압류가 되어 있는 부동산에 대하여 경매절차가 개시되기 전에 민사유치권을 취득한 유치권자가 경매절차의

매수인에게 대항할 수 있는지 여부(적극) 체납처분압류가 되어 있는 부동산이라고 하더라도 그러한 사정만으로 경매절차가 개시되어 경매개시결정등기가 되기 전에 부동산에 관하여 민사유치권을 취득한 유치권자가 경매절차의 매수인에게 유치권을 행사할 수 없다고 볼 것은 아니다.(대판(全) 2014.3.20, 2009다60336)

16. 매각이 이루어진 때의 기존에 원인 없이 말소된 근저당권설정등기의 효력 부동산이 경매절차에서 매각되면 매각부동산에 존재하였던 저당권은 당연히 소멸하는 것이므로(민집 91조 2항, 268조 참조) 근저당권설정등기가 원인 없이 말소된 이후에 근저당목적물인 부동산에 관하여 다른 근저당권자 등 권리자의 신청에 따라 경매절차가 진행되어 매각허가결정이 확정되고 매수인이 매각대금을 완납하였다면, 원인 없이 말소된 근저당권도 소멸한다.(위와 같은 이유로 근저당권설정등기의 회복등기절차 이행이나 회복등기에 대한 승낙의 의사표시를 구할 법률상 이익이 없다고 판단한 사례)(대판 2014.12.11, 2013다28025)

17. 전세권이 존속기간 만료 등으로 종료한 경우 최선순위 전세권의 소멸 여부 민집 91조 3항은 "전세권은 저당권·압류채권·가압류채권에 대항할 수 없는 경우에는 매각으로 소멸된다."라고 규정하고, 같은 조 4항은 "제3항의 경우 외의 전세권은 매수인이 인수한다. 다만 전세권자가 배당요구를 하면 매각으로 소멸된다."라고 규정하고 있는바, 이는 저당권 등에 대항할 수 없는 전세권과 달리, 최선순위의 전세권은 존속기간에 상관없이 오로지 전세권자의 배당요구에 의하여만 소멸하고, 전세권자가 배당요구를 하지 않는 한 매수인에게 인수된다는 취지이다. 따라서 최선순위의 전세권은 전세권자 스스로 배당요구를 하여야만 매각으로 소멸함이 원칙이다.(대판 2015.11.17, 2014다10694)

18. 유치권 신고를 한 사람이 피담보채권의 일부만을 경매절차에서 유치권으로 대항하는 경우 근저당권자는 유치권 신고를 한 사람을 상대로 유치권 전부의 부존재뿐만 아니라 경매절차에서 유치권을 내세워 대항할 수 있는 범위를 초과하는 유치권의 부존재 확인을 구할 법률상 이익이 있고, 심리 결과 유치권 신고를 한 사람이 유치권의 피담보채권으로 주장하는 금액의 일부만이 경매절차에서 유치권으로 대항할 수 있는 것으로 인정되는 경우에는 법원은 특별한 사정이 없는 한 그 유치권 부분에 대하여 일부패소의 판결을 하여야 한다.(대판 2016.3.10, 2013다99409)

19. 부동산에 관하여 가압류등기가 원인 없이 말소된 이후에 부동산의 소유권이 제3자에게 이전되고 그 후 제3취득자의 채권자 등 다른 권리자의 신청에 따라 경매절차가 진행되어 매각허가결정이 확정되고 매수인이 매각대금을 다 낸 경우, 원인 없이 말소된 가압류의 효력이 소멸하는지 여부(원칙적 적극) 및 말소회복등기절차에서 등기상 이해관계 있는 제3자의 승낙이 필요한 경우, 제3자가 등기권리자의 승낙요구에 응하여야 하는지 여부(원칙적 소극) 부동산에 관하여 가압류등기가 마쳐졌다가 등기가 아무런 원인 없이 말소되었다는 사정만으로는 곧바로 가압류의 효력이 소멸하는 것은 아니지만, 가압류등기가 원인 없이 말소된 이후에 부동산의 소유권이 제3자에게 이전되고 그 후 제3취득자의 채권자 등 다른 권리자의 신청에 따라 경매절차가 진행되어 매각허가결정이 확정되고 매수인이 매각대금을 다 낸 때에는, 경매절차에서 집행법원이 가압류의 부담을 매수인이 인수할 것을 특별매각조건으로 삼지 않은 이상 원인 없이 말소된 가압류의 효력은 소멸한다. 그리고 말소회복등기절차에서 등기상 이해관계 있는 제3자가 있어 그의 승낙이 필요한 경우라 하더라도 제3자가 등기권리자에 대한 관계에서 승낙을 하여야 할 실체법상의 의무가 있는 경우가 아니면 승낙요구에 응하여야 할 이유가 없다.(대판 2017.1.25, 2016다28897)

제92조 【제3자와 압류의 효력】 ① 제3자는 권리

를 취득할 때에 경매신청 또는 압류가 있다는 것을 알았을 경우에는 압류에 대항하지 못한다.

② 부동산이 압류채권을 위하여 의무를 진 경우에는 압류한 뒤 소유권을 취득한 제3자가 소유권을 취득할 때에 경매신청 또는 압류가 있다는 것을 알지 못하였더라도 경매절차를 계속하여 진행하여야 한다.

☐ 경매개시결정과 압류(83①), 강제경매신청(80)

1. 경매신청의 기입등기 후에 소유권이전등기를 경료한 제3자가 경락인이 되어 경락대금을 완납한 경우 그 제3자를 채무자로 하여 이루어진 가압류등기의 효력 부동산의 권리를 취득한 제3자가 그 취득할 때에 경매신청 또는 압류 있음을 알았을 경우에는 압류에 대항하지 못하는 것이므로(2002. 1. 26. 법률 제6626호로 전문 개정되기 전의 구 민소 609조 1항) 경매신청의 기입등기가 이루어진 후에 경료된 제3취득자 명의의 소유권이전등기는 경락인에게 대항하지 못하는 것으로서 경락인이 인수하지 아니한 부동산 위의 부담의 기입에 해당하여 경락대금이 완납된 경우에는 집행법원으로 그 말소를 촉탁하여야 하고(위 같은 법 661조 1항), 그 제3취득자를 채무자로 하여 이루어진 압류 또는 가압류의 등기는 경락대금의 완납에 의하여 실효되는 것이고, 이러한 법리는 그 제3취득자가 경락인이 되었다거나 그 제3취득자를 채무자로 한 압류 또는 가압류의 등기가 경락대금이 완납된 후에 이루어졌다고 하더라도 달라지지 아니한다.(대판 2002.8.23, 2000다29295)

2. 압류의 효력이 발생한 후에 부동산의 점유를 이전받아 유치권을 취득한 채권자의 대항력 채무자 소유의 부동산에 경매개시결정의 기입등기가 경료되어 압류의 효력이 발생한 이후에 채권자가 채무자로부터 위 부동산의 점유를 이전받고 이에 관한 공사 등을 시행함으로써 채무자에 대한 공사대금채권 및 이를 피담보채권으로 한 유치권을 취득한 경우, 이러한 점유의 이전은 목적물의 교환가치를 감소시킬 우려가 있는 처분행위에 해당하여 민집 92조 1항, 83조 4항에 따른 압류의 처분금지효에 저촉되므로, 위와 같은 경우로 부동산을 점유한 채권자로서는 위 유치권을 내세워 그 부동산에 관한 경매절차의 매수인에게 대항할 수 없고, 이 경우 위 부동산에 경매개시결정의 기입등기가 경료되어 있음을 채권자가 알았는지 여부 또는 이를 알지 못한 것에 관하여 과실이 있는지 여부는 채권자가 그 유치권을 매수인에게 대항할 수 없다는 결론에 아무런 영향을 미치지 못한다.(대판 2006.8.25, 2006다22050)

제93조 【경매신청의 취하】 ① 경매신청이 취하되면 압류의 효력은 소멸된다.

② 매수신고가 있은 뒤 경매신청을 취하하는 경우에는 최고가매수신고인 또는 매수인과 제114조의 차순위매수신고인의 동의를 받아야 그 효력이 생긴다.

③ 제49조제3호 또는 제6호의 서류를 제출하는 경우에는 제1항 및 제2항의 규정을, 제49조제4호의 서류를 제출하는 경우에는 제2항의 규정을 준용한다.

☐ ① 경매신청의 취하(23①), 민소90② · 161 · 267), 취하의 통지(민집규 16), ② 차순위 매수신고인(114), 이중경매개시결정(87②), ③ 집행을 정지하기 위하여 담보를 제공한 증명서류(49iii), 강제집행을 하지 아니하는 화해조서의 정본(49vi), 집행할 판결후의 변제증서(49iv), 임의경매절차에 준용(268)

1. 경매신청의 기초가 된 담보물권이 대위변제에 의하여 이전된 후 종전 경매신청인이 한 경매신청 취하의 효력 임의경매절차가 개시된 후 경매신청의 기초가 된 담보물권이 대

위변제에 의하여 이전된 경우에는 경매절차의 진행에는 아무런 영향이 없고, 대위변제자가 경매신청인의 지위를 승계하므로, 종전의 경매신청인이 한 취하는 효력이 없다.(대결 2001.12.28, 2001마2094)

2. 본압류의 취하로 본집행이 종료된 경우와 가압류집행의 효력 채권자가 금전채권의 가압류를 본압류로 전이하는 압류 및 추심명령을 받아 본집행절차로 이행한 후 본압류의 신청만을 취하함으로써 본집행절차가 종료된 경우, 특단의 사정이 없는 한 그 가압류집행에 의한 보전 목적이 달성된 것이라거나 그 목적 달성이 불가능하게 된 것이라고는 볼 수 없으므로 그 가압류집행이 본집행과 함께 당연히 소멸하는 것은 아니라고 할 것이니, 채권자는 제3채무자에 대하여 그 가압류집행의 효력을 주장할 수 있다.(대판 2000.6.9, 97다34594)

제94조【경매개시결정의 등기】 ① 법원이 경매개시결정을 하면 법원사무관등은 즉시 그 사유를 등기부에 기입하도록 등기관(登記官)에게 촉탁하여야 한다.

② 등기관은 제1항의 촉탁에 따라 경매개시결정사유를 기입하여야 한다.

▣ 경매개시결정(83①④), 촉탁에 의한 등기(등기27·55), 기입등기의 말소(141, 민집규77) [준용] 임의경매(268), 강제관리(163), 선박(172), 등록된 자동차(민집규108)

1. 이중경매신청에 기한 경매개시결정이 채무자에게 송달되기 전에 한 대금납부의 효력 경매개시결정은 비단 압류의 효력을 발생시키는 것일 뿐만 아니라 경매절차의 기초가 되는 재판이어서 그것이 당사자에게 고지되지 않으면 효력이 있다 할 수 없고, 따라서 따로 압류의 효력이 발생하였는지의 여부에 관계없이 경매개시결정의 고지 없이는 유효하게 경매절차를 속행할 수 없는 것이므로, 경매법원이 이중경매신청에 의한 강제경매개시결정을 채무자에게 송달하지 않고 그 기입등기만 경료한 채 후행 경매절차를 진행하여 경락대금을 납부 받은 이상, 이는 그 압류의 효력발생 여부에 관계없이 경매개시결정의 효력이 발생하지 아니한 상태에서 경매절차를 속행한 경우이어서 위법하다 아니할 수 없고, 따라서 경락대금 완납에 의한 경락인으로서의 소유권 취득이라는 경락의 효력은 부정될 수밖에 없으며, 경매법원이 경락대금의 완납 후에 사후적으로 이중경매개시결정을 채무자에게 송달하였다고 하여 그 결론이 달라지는 것으로 볼 것도 아니다.(대판 1994.1.28, 93다9477)

2. 경매로 인한 부동산 소유권의 취득과 등기 경매로 인하여 부동산의 소유권을 취득함에는 등기를 요하지 않는 것이므로 경락허가결정을 원인으로 한 소유권이전등기가 중복등기의 이론으로 무효인 여부에 관계없이 경락인은 확정적으로 그 경락부동산에 대한 소유권을 취득한다.(대판 1992.4.28, 91다46700)

3. 처분금지가처분등기가 된 부동산에 대한 소유권취득등기의 효력 처분금지가처분등기가 된 부동산에 대하여 소유권취득등기를 하였다 하더라도 이로써 가처분 채권자에게 대항할 수 없다.(대판 1981.7.14, 80다1720, 1721)

4. 경매개시 전의 부동산 가압류권자와 배당요구 경매절차개시 전의 부동산 가압류권자는 배당요구를 하지 않았더라도 당연히 배당요구를 한 것과 동일하게 취급되므로, 그러한 가압류권자가 채권계산서를 제출하지 않았다 하여도 배당에서 제외하여서는 아니 된다.(대판 1995.7.28, 94다57718)

제95조【등기사항증명서의 송부】 등기관은 제94조에 따라 경매개시결정사유를 등기부에 기입한 뒤 그 등기사항증명서를 법원에 보내야 한다. (2011.4.12 본조개정)
(2011.4.12 본조제목개정)

▣ 경매개시결정의 등기(94), 등기부등본(등기21)

제96조【부동산의 멸실 등으로 말미암은 경매취소】 ① 부동산이 없어지거나 매각 등으로 말미암아 권리를 이전할 수 없는 사정이 명백하게 된 때에는 법원은 강제경매의 절차를 취소하여야 한다.

② 제1항의 취소결정에 대하여는 즉시항고를 할 수 있다.

▣ ① 경매절차의 취소(102·127·121 i ·17②), ② 취소결정에 대한 즉시항고(15), 취소되지 않을 때의 불복(16)

1. 가등기가 되어 있는 부동산에 대한 경락허가결정의 확정과 저당권의 소멸 저당권설정등기가 된 다음에 소유권이전등기청구권보전을 위한 가등기가 되어 있는 부동산에 관하여 그 가등기 이후에 신청된 강제경매절차에 의하여 경락허가결정이 확정된 경우에는 대금지급기일에 경락대금 미지급을 해제조건으로 경락인이 소유권을 취득하고 동시에 부동산상에 존재하는 저당권은 구 민소 608조 2항에 의하여 소멸한다.(대결 1988.4.28, 87마169)

2. 등기공무원이 가등기에 기한 본등기를 한 경우 가등기 후에 한 추가근저당권 설정등기 및 경매신청의 가입등기를 직권말소할 수 있는지 여부 소유권이전 청구권보전을 위한 가등기는 부동산의 물권변동에 있어 순위보전의 효력이 있는 것이므로 가등기에 기한 소유권이전의 본등기를 한 경우에는 가등기 후에 경료된 근저당권설정등기와 경매신청의 기입등기는 가등기권리자의 본등기 취득으로 인한 등기순위와 물권의 배타성에 의하여 실질적으로 등기의 효력을 상실한다 할 것이니, 등기공무원은 등기 175조 내지 177조 및 55조 2호에 의하여 가등기 후에 한 제3자의 추가근저당권설정등기 및 경매신청의 가입등기를 직권으로 말소할 수 있는 것이고, 경매신청의 가입등기가 경매법원의 촉탁에 의하여 하여진 것이라거나 집행법원의 경매개시결정의 취소가 없다 하여도 위 이론에 소장이 없다.(대결 1975.12.27, 74마100)

3. 처분금지가처분의 등기 후 체납처분에 의한 압류등기가 되고 이어 가처분권자가 본안소송에서 승소판결을 받은 경우와 체납처분의 효력(가처분우위) 국세징 35조에서 '체납처분은 재판상의 가압류 또는 가처분으로 인하여 그 집행에 영향을 받지 아니한다'고 규정하고 있으나, 이는 선행의 가압류 또는 가처분이 있다고 하더라도 체납처분의 진행에 영향을 미치지 않는다는 취지의 절차진행에 관한 규정일 뿐이고 체납처분의 효력이 가압류, 가처분의 효력에 우선한다는 취지의 규정은 아니므로 부동산에 관하여 처분금지가처분의 등기가 된 후에 가처분권자가 본안소송에서 승소판결을 받아 확정이 되면 피보전권리의 범위 내에서 가처분 위반행위의 효력을 부정할 수 있고 이와 같은 가처분의 우선적 효력은 그 위반행위가 체납처분에 기한 것이라 하여 달리 볼 수 없다.(대결(全) 1993.2.19, 92마903)

4. 부동산 경매절차에서 매수인이 매각대금을 내고 소유권을 취득한 후 매매 목적물의 권리가 타인에게 속하게 되거나 매매 목적물에 설정된 담보권이 실행되는 등의 사유로 소유권을 상실한 경우, 민집 268조, 96조 1항에서 정한 경매절차의 취소사유에 해당하는지 여부(소극) 및 이 경우 매수인의 구제 방법 민집 268조에 의해 담보권 실행을 위한 경매절차에 준용되는 96조 1항은 "부동산이 없어지거나 매각 등으로 말미암아 권리를 이전할 수 없는 사정이 명백하게 된 때에는 법원은 강제경매의 절차를 취소하여야 한다."라고 규정하고 있으나, 위 규정에서 정한 경매절차의 취소사유는 매각대금을 다 내기 전에 발생한 것이어야 한다.

매수인이 경매절차에서 부동산에 대한 매각허가결정을 받아 매각대금까지 내고 소유권을 취득하였으면, 그 후 매매의 목적물의 권리가 타인에게 속하게 되거나 매매의 목적이 된 부동산에 설정된 담보권이 실행되는 등의 사유로 소유권을 상실하게 되더라도 부동산의 매각 등으로 소유권의 이전이 불가능하였던 것은 아니다. 따라서 이러한 사유는 민집 268조, 96조 1항에서 정한 경매절차의 취소사유에 해당하지 않는다.
이러한 경우 매수인으로서는 매도인의 담보책임에 관한 민법 규정을 적용하거나 유추적용하여 담보책임을 물을 수 있고, 이러한 담보책임은 매수인이 경매절차 밖에서 별소로써 채무자 또는 채권자를 상대로 추급하는 것이 원칙이다. 다만 아직 배당이 실시되기 전이라면 매수인으로 하여금 배당이 실시되는 것을 기다렸다가 경매절차 밖에서 별소에 의하여 담보책임을 추급하게 하는 것은 가혹하므로, 매수인은 민집 96조를 유추적용하여 집행법원에 대하여 경매에 의한 매매계약을 해제하고 납부한 매각대금의 반환을 청구하는 방법으로 담보책임을 추급할 수 있다.(대결 2017.4.19, 2016그172)

제97조【부동산의 평가와 최저매각가격의 결정】
① 법원은 감정인(鑑定人)에게 부동산을 평가하게 하고 그 평가액을 참작하여 최저매각가격을 정하여야 한다.
② 감정인은 제1항의 평가를 위하여 필요하면 제82조제1항에 규정된 조치를 할 수 있다.
③ 감정인은 제7조의 규정에 따라 집행관의 원조를 요구하는 때에는 법원의 허가를 얻어야 한다.

▣ ① 부동산의 현황조사(85), 최저매각가격(101·104·106ⅴ·110·119), 평가서(민집규51), ② 집행관의 건물출입(82①), ③ 집행관에 대한 원조요구(7), [불복] 이의신청(121ⅴ), 즉시항고(130①), [준용] 선박(172), 자동차(187), 항공기(민집규106), 건설기계(민집규130)

1. 입찰기일 공고에 있어 부동산 표시 요구 및 최저입찰가격 제도의 취지 구 민사소송법이 입찰기일을 공고함에 있어 부동산의 표시를 요구하는 것은 입찰목적물의 특정과 입찰목적물에 대한 객관적 실가를 평가할 자료를 이해관계인에게 주지케 하자는 데 그 뜻이 있고, 최저입찰가격 제도를 채용하고 있는 것은 재산으로서의 중요성이 인정되는 부동산이 그 실세보다 훨씬 저가로 매각되게 되면 채무자 또는 소유자의 이익을 해치게 될 뿐만 아니라 채권자에게도 불이익하게 되므로 부동산의 공정 타당한 가격을 유지하여 부당하게 염가로 매각되는 것을 방지함과 동시에 목적부동산의 적정한 가격을 표시하여 입찰신고를 하려는 사람에게 기준을 제시함으로써 입찰이 공정하게 이루어지도록 하려는 것이다.(대결 1995.7.29, 95마540)
2. 감정대상 물건의 실제 조사 확인을 감정보조자에 의하여 할 수 있는지 여부(한정적극) 감정대상 물건의 실제 조사 확인은 반드시 공인감정업자 자신이 하여야 하는 것은 아니고 업무를 신속, 원활하게 할 사정이 있는 경우에는 감정자료의 조사능력 있는 보조자에 의하여 행할 수 있다.(대판 1993.5.25, 92누18320)
3. 감정인의 감정평가의 잘못과 낙찰자에 대한 손해배상책임 구 민소 615조가 법원은 감정인이 한 평가액을 참작하여 최저경매가격을 정하여야 한다고 하고 있지만, 특별한 사정이 없는 한 감정인의 평가액이 최저경매가격이 되는 것이므로, 감정평가의 잘못과 낙찰자의 손해 사이에는 상당인과관계가 있는 것으로 보아야 하고, 감정평가업자의 부실감정으로 인하여 손해를 입게 된 감정평가의뢰인이나 선의의 제3자는 '지가공시 및 토지 등의 평가에 관한 법률'상의 손해배상책임과 민법상의 불법행위로 인한 손해배상책임을 함께 물을 수 있으며, 불법행위로 인한 재산상 손해는 위법한 가해행위로 인하여 발생한 재산상 불이익, 즉 위법행위가 없었더라면 존재하였을 재산 상태와 위법행위가 가해진 현재의 재산 상태와의 차이이므로, 낙찰자가 감정평가업자의 불법행위로 인하여 입은 손해도 감정평가업자의 위법한 감정이 없었더라면 존재하였을 재산 상태와 위법한 감정으로 인한

재산 상태와의 차이가 되고, 이는 결국 위법한 감정이 없었다면 낙찰자가 낙찰받을 수 있었던 낙찰대금과 실제 납부한 낙찰대금과의 차액이 된다(다만 위법한 감정에도 불구하고 시가보다 더 낮은 가격으로 낙찰받은 경우, 위법한 감정이 없었다면 실제 납부한 낙찰대금보다 더 낮은 가격으로 낙찰받을 수 있었다는 사정은 이를 주장하는 자가 증명하여야 한다).(대판 1998.9.22, 97다36293)

제98조【일괄매각결정】
① 법원은 여러 개의 부동산의 위치·형태·이용관계 등을 고려하여 이를 일괄매수하게 하는 것이 알맞다고 인정하는 경우에는 직권으로 또는 이해관계인의 신청에 따라 일괄매각하도록 결정할 수 있다.
② 법원은 부동산을 매각할 경우에 그 위치·형태·이용관계 등을 고려하여 다른 종류의 재산(금전채권을 제외한다)을 그 부동산과 함께 일괄매수하게 하는 것이 알맞다고 인정하는 때에는 직권으로 또는 이해관계인의 신청에 따라 일괄매각하도록 결정할 수 있다.
③ 제1항 및 제2항의 결정은 그 목적물에 대한 매각기일 이전까지 할 수 있다.

▣ 개별매각의 원칙(124①), 일괄매각사건의 병합과 판할(99·100), 일괄매각절차(101), 여러 개의 유체동산에 대한 일괄매각(197), 다른 재산권에 대한 일괄매각(251①), 일괄매각결정에 대한 불복(161)·121ⅴ·130①), 다른 법률에 의한 일괄매각(민365, 공저당31)

1. 2개 이상의 경매목적 부동산에 대하여 일괄경매를 하여야 하는 경우 경매목적 부동산이 2개 이상 있는 경우 분할경매를 할 것인지 일괄경매를 할 것인지 여부는 집행법원의 자유재량에 의하여 결정할 성질의 것이나, 토지와 그 지상건물이 동시에 매각되는 경우, 토지와 건물이 하나의 기업시설을 구성하고 있는 경우, 2필지 이상의 토지를 매각하면서 분할경매에 의하여 일부 토지만 매각되면 나머지 토지가 맹지 등이 되어 값이 현저히 하락하게 될 경우 등 분할경매를 하는 것보다 일괄경매를 하는 것이 당해 물건 전체의 효용을 높이고 그 가액도 현저히 고가로 될 것이 명백히 예측되는 경우 등에는 일괄경매를 하는 것이 부당하다고 인정할 특별한 사유가 없는 한 일괄경매의 방법에 의하는 것이 타당하고, 이러한 경우에도 이를 분할경매하는 것은 그 부동산이 유기적 관계에서 갖는 가치를 무시하는 것으로서 집행법원의 재량권의 범위를 넘어 위법한 것이 된다.(대결 2004.11.9, 2004마94)
2. 공장저당법에 정하여진 공장재단을 이루지 아니한 다수의 토지가 공장저당의 목적물이 된 경우 그 토지에 대한 매각방법의 결정 기준 공장저당법에 정하여진 공장재단을 이루지 아니한 다수의 토지가 공장저당의 목적물이 된 경우에 그 중 일부의 토지 위에 공장에 속하는 건물이나 공장의 공용물 등이 설치되어 있지 아니하여 단순히 공동으로 공장저당의 목적물이 되었다는 이유만으로 다수의 토지 전부를 일괄매각하여야 하는 것은 아니고, 이러한 경우에도 그 토지들이 공장의 부지로 상용되고 있는 것으로 사회통념상 인정할 수 있는 경우에 이를 공장건물이 서 있는 토지와 마찬가지로 보아 그 토지 또는 건물 및 공장의 공용물 등과 분리하여 분할매각을 할 수 없고, 또 농지와 농지가 아닌 토지는 특별한 사정이 없는 한 그 상호간에 이용관계에서 견련성이 없으며, 농지법상의 농지인 경우에는 매수인의 자격이 법령에 의하여 제한되므로 농지와 농지가 아닌 토지를 일괄하여 매각하게 되면 농지취득자격증명을 받을 수 없는 사람은 매수신고를 할 수 없게 되어 매수희망자를 제한하게 되므로 경매목적인 토지 중 일부 토지만이 농지에 해당하는 경우에는 일괄매각의 요건을 갖추지 못한 것이므로, 농지가 공장에 속

하는 토지 또는 건물 및 공장의 공용물 등과 함께 공장저당의 목적물이 된 경우에 그 농지 위에 공장에 속하는 건물이나 공장의 공용물 등이 설치되어 있지 아니하면 단순히 공장저당의 목적물이 되었다는 이유만으로 그 농지에 대하여도 일괄매각을 할 수는 없는 것이다.(대결 2004.11.30, 2004마796)

3. 영업재산에 대한 강제집행 영업은 일정한 영업 목적에 의하여 조직화된 유기적 일체로서의 기능적 재산이므로, 영업을 구성하는 유형·무형의 재산과 경제적 가치를 가지는 사실관계가 서로 유기적으로 결합하여 수익의 원천으로 기능하고 하나의 재화와 같이 거래의 객체가 된다. 그리고 여러 개의 부동산, 유체동산, 그 밖의 재산권에 대하여 일괄하여 강제집행을 할 수 있으므로(민집 98조 1항, 2항, 197조 1항, 251조 1항 참조), 영업재산에 대하여 일괄하여 강제집행이 될 경우에는 영업권도 일체로서 환가될 수 있다.(대판 2015.12.10, 2013다84162)

제99조 【일괄매각사건의 병합】

① 법원은 각각 경매신청된 여러 개의 재산 또는 다른 법원이나 집행관에 계속된 경매사건의 목적물에 대하여 제98조 제1항 또는 제2항의 결정을 할 수 있다.
② 다른 법원이나 집행관에 계속된 경매사건의 목적물의 경우에 그 다른 법원 또는 집행관은 그 목적물에 대한 경매사건을 제1항의 결정을 한 법원에 이송한다.
③ 제1항 및 제2항의 경우에 법원은 그 경매사건들을 병합한다.

▣ 일괄매각결정(98①②), 관할(100)

제100조 【일괄매각사건의 관할】

제98조 및 제99조의 경우에는 민사소송법 제31조에 불구하고 같은 법 제25조의 규정을 준용한다. 다만, 등기할 수 있는 선박에 관한 경매사건에 대하여서는 그러하지 아니하다.

▣ 일괄매각결정(98), 일괄매각사건의 병합(99), 전속관할에 따른 제외(민소31), 관련재판적(25), 등기할 수 있는 선박에 대한 강제집행(172)

제101조 【일괄매각절차】

① 제98조 및 제99조의 일괄매각결정에 따른 매각절차는 이 관의 규정에 따라 행한다. 다만, 부동산 외의 재산의 압류는 그 재산의 종류에 따라 해당되는 규정에서 정하는 방법으로 행하고, 그 중에서 집행관의 압류에 따르는 재산의 압류는 집행법원이 집행관에게 이를 압류하도록 명하는 방법으로 행한다.
② 제1항의 매각절차에서 각 재산의 대금액을 특정할 필요가 있는 경우에는 각 재산에 대한 최저매각가격의 비율을 정하여야 하며, 각 재산의 대금액은 총대금액을 각 재산의 최저매각가격비율에 따라 나눈 금액으로 한다. 각 재산이 부담할 집행비용액을 특정할 필요가 있는 경우에도 또한 같다.
③ 여러 개의 재산을 일괄매각하는 경우에 그 가운데 일부의 매각대금으로 모든 채권자의 채권액과 강제집행비용을 변제하기에 충분하면 다른 재산의 매각을 허가하지 아니한다. 다만, 토지와 그 위의 건물을 일괄매각하는 경우나 재산을 분리하여 매각하면 그 경제적 효용이 현저하게 떨어지는 경우 또는 채무자의 동의가 있는 경우에는 그러하지 아니

하다.
④ 제3항 본문의 경우에 채무자는 그 재산 가운데 매각할 것을 지정할 수 있다.
⑤ 일괄매각절차에 관하여 이 법에서 정한 사항을 제외하고는 대법원규칙으로 정한다.

▣ ① 일괄매각결정에 따른 매각절차(98·99), 집행관(2, 법조55, 집행관2), ② 최저매각가격(97·104·106ⅴ·110·119), ③ 과잉매각금지(124), 집행비용(18·53), ④ 채무자의 매각재산 지정권(민집52)

1. 과잉경매가 항고심의 직권조사 사항인지 여부 과잉경매를 하였는지의 여부는 항고심의 직권조사 사항이라 할 수 없고 재항고인들이 원심에서 과잉경매임을 주장한 흔적이 없으므로 원심에서 주장하지 아니한 위와 같은 새로운 사실을 들어 재항고이유로 삼을 수 없다.(대결(全) 1978.4.20, 78마45)

2. 과잉경매의 사전 방지를 위한 경매의 유보 여부 과잉경매로 인한 채무자의 불이익은 경락단계에서 경락을 허가하지 아니함으로써 막을 수 있는 점에 비추어 볼 때, 경매실시 전 단계에서 부동산의 최저경매가격과 각 채권자의 채권 및 집행비용을 비교하여 그 중 일부 부동산만 경매하여도 그 채권 등의 변제에 충분하다고 인정된다고 하더라도 일부 부동산에 대하여만 경매를 실시할 것인지 아니면 나머지 부동산에 대하여도 함께 경매를 실시할 것인지 여부는 집행법원의 재량에 속한다.(대결 1998.10.28, 98마1817)

제102조 【남을 가망이 없을 경우의 경매취소】

① 법원은 최저매각가격으로 압류채권자의 채권에 우선하는 부동산의 모든 부담과 절차비용을 변제하면 남을 것이 없겠다고 인정한 때에는 압류채권자에게 이를 통지하여야 한다.
② 압류채권자가 제1항의 통지를 받은 날부터 1주 이내에 제1항의 부담과 비용을 변제하고 남을 만한 가격을 정하여 그 가격에 맞는 매수신고가 없을 때에는 자기가 그 가격으로 매수하겠다고 신청하면서 충분한 보증을 제공하지 아니하면, 법원은 경매절차를 취소하여야 한다.
③ 제2항의 취소 결정에 대하여는 즉시항고를 할 수 있다.

▣ ① 최저매각가격(97), 부동산의 부담(91), 절차비용(53), 압류채권자가 남을 가망이 있음을 증명한 때의 조치(민집53), ② 담보(19), 기간(민소170·172), ③ 즉시항고(15), [준용] 임의경매(268)

1. 본조가 청구인의 평등권, 재산권을 침해하고 있는지 여부(소극) 이 사건 법률조항은 무익한 경매를 방지하여 부동산 강제경매절차를 효율적으로 운영하고, 우선채권자의 환가시기 선택권을 보장하는 다수의 이해관계자들의 권리를 효과적으로 보호하기 위하여 잉여주의를 구체화하고 있으므로 경매신청채권자에게 보증을 제공하고 경매절차의 속행을 신청할 수 있는 기회를 부여하고 있으며, 민집 102조 3항에서는 경매취소결정에 대한 불복절차를 규정하고 있는바, 경매신청채권자의 신속한 재판을 받을 권리를 구체화함에 있어 입법부에 주어진 합리적 재량의 범위를 일탈하였다고 볼 수 없다. 따라서 이 사건 법률조항은 경매신청채권자의 신속한 재판을 받을 권리를 침해하지 않는다. 그리고 이 사건 법률조항은 부동산강제집행절차에서 부동산 위의 모든 부담과 절차 비용의 합과 최저매각가격을 비교하여 매각을 통해 일부라도 변제받을 수 있는 압류채권자와 자신의 채권액에 전혀 만족을 얻을 수 없는 압류채권자를 달리 취급하고 있으나, 이는 무익한 경매를 방지하여 경매절차의 실효성을 도모하고 우선채권자의 환가시기 선택권을 보장하기 위하여 불가피한 것으로서 현저히 불합리하거나 자의적인 차별이라고

할 수 없어 경매신청채권자의 평등권을 침해하지 않는다.(헌재 2007.3.29, 2004헌바93)

2. 최저경매가격이 압류 채권에 우선하는 채권과 절차비용의 합산액에 미달하는데도 경매절차를 진행한 경우의 하자
최저경매가격이 압류채권자의 채권에 우선하는 채권과 절차비용에 미달하는데도 불구하고 경매법원이 이를 간과하고 구 민소 616조 소정의 조치를 취하지 아니한 채 경매절차를 진행한 경우에, 최고가 매수신고인의 매수가액이 우선채권총액과 절차비용을 초과하는 한 그 절차 위반의 하자가 치유되지만, 그 매수가액이 우선채권 총액과 절차비용에 미달하는 때에는 경매법원은 경락을 불허가하는 결정을 하여야 하며, 경매법원이 절차를 그대로 진행하였다고 하여 매수가액이 우선채권 총액과 절차비용에 미달함에도 불구하고 그 법조항 위반의 하자가 치유된다고는 할 수 없다.(대결 1995.12.1, 95마1143)

3. 구 민소 608조 3항, 616조, 631조의 규정의 의의 및 이에 어긋난 경락절차를 다툴 수 있는 이해관계인인지 여부 구 민소 608조 1항, 616조, 631조의 규정은 압류채권자가 집행에 의해서 변제를 받을 가망이 전혀 없는데도 무익한 경매가 행해지는 것을 막고 또 우선권권자가 그 의사에 반한 시기에 투자의 회수를 강요당하는 것과 같은 부당한 결과를 피하기 위한 것으로서 이는 우선채권자나 압류채권자를 보호하기 위한 규정일 뿐 결코 채무자나 그 목적부동산소유자의 법률상 이익이나 권리를 위한 것이 아니므로 강제경매에 있어서의 채무자 겸 경매목적물의 소유자는 경락절차에서 위 규정에 어긋난 잘못이 있음을 다툴 수 있는 이해관계인에 해당하지 않는다.(대결 1987.10.30, 87마861)

4. 이중경매개시결정과 무잉여 여부를 정하는 기준이 되는 권리 강제경매 개시 후 압류채권자에 우선하는 저당권자 등이 경매신청을 하여 이중경매개시결정이 되어 있는 경우에는 절차의 불필요한 지연을 막기 위해서라도 구 민소 616조 소정의 최저경매가격과 비교하여야 할 우선채권의 범위를 정하는 기준이 되는 권리는 그 절차에서 경매개시결정을 받은 채권자 중 최우선순위권리자의 권리로 봄이 옳다.(대결 2001.12.28, 2001마2094)

5. 공유지분 전부 중 일부 지분만을 매각한다면 남을 가망이 없더라도 압류채권자가 나머지 지분의 매각대금에서 일부라도 배당받을 가능성이 있는 경우의 판단 집행채무자가 수개의 공유지분을 순차로 취득하고 압류채권자가 집행채무자의 공유지분 전부에 대하여 강제집행을 하는 경우에는 그 수 개의 공유지분 각각에 대한 권리관계가 다르다고 하더라도 이는 하나의 목적물에 대한 강제집행이므로, 공유지분 전부 중 일부 지분만을 매각한다면 남을 가망이 없는 때에도 압류채권자가 나머지 지분의 매각대금에서 일부라도 배당받을 가능성이 있다면 공유지분 전부에 대한 경매가 남을 가망이 있는 경매라고 보아야 한다.(대결 2013.11.19, 2012마745)

6. 경매절차가 취소된 경우 압류로 인한 소멸시효 중단의 효력이 소멸하는지 여부(소극) 경매신청이 취하된 경우에는 특별한 사정이 없는 한 압류로 인한 소멸시효 중단의 효력은 물론, 첫 경매개시결정등기 전에 등기되었고 매각으로 소멸하는 저당권을 가진 채권자의 채권신고로 인한 소멸시효 중단의 효력도 소멸하지만, 이와 달리 민집 102조 2항에 따라 경매절차가 취소된 경우에는 압류로 인한 소멸시효 중단의 효력이 소멸하지 않고, 마찬가지로 첫 경매개시결정등기 전에 등기되었고 매각으로 소멸하는 저당권을 가진 채권자의 채권신고로 인한 소멸시효 중단의 효력도 소멸하지 않는다.(대판 2015.2.26, 2014다228778)

제103조【강제경매의 매각방법】 ① 부동산의 매각은 집행법원이 정한 매각방법에 따른다.
② 부동산의 매각은 매각기일에 하는 호가경매(呼價競賣), 매각기일에 입찰 및 개찰하게 하는 기일입찰 또는 입찰기간 이내에 입찰하게 하여 매각기일에 개찰하는 기간입찰의 세가지 방법으로 한다.
③ 부동산의 매각절차에 관하여 필요한 사항은 대법원규칙으로 정한다.

■ ① 집행법원(79), ② 매각기일의 지정(104), 호가경매(민집규72), 기일입찰(민집규61~67), 기간입찰(민집규68~71)

1. 경매절차에서 법인 대표자의 자격을 법인인감증명서로 증명할 수 있는지 여부(소극) 입찰절차에서 요구되는 신속성, 명확성 등을 감안할 때 법인등기사항증명서로 자격을 증명하는 원칙은 획일적으로 적용되어야 하므로, 경매절차에서 법인 대표자의 자격은 법인등기사항증명서에 의하여 증명하여야지 법인 인감의 동일성을 증명하는 서류일 뿐 대표자의 자격을 증명하는 서류로 볼 수 없는 법인인감증명서로 증명할 수 없다.(민집규 62조 3항 관련 사안임) (대결 2014.9.16, 2014마682)

제104조【매각기일과 매각결정기일 등의 지정】 ① 법원은 최저매각가격으로 제102조제1항의 부담과 비용을 변제하고도 남을 것이 있다고 인정하거나 압류채권자가 제102조제2항의 신청을 하고 충분한 보증을 제공한 때에는 직권으로 매각기일과 매각결정기일을 정하여 대법원규칙이 정하는 방법으로 공고한다.
② 법원은 매각기일과 매각결정기일을 이해관계인에게 통지하여야 한다.
③ 제2항의 통지는 집행기록에 표시된 이해관계인의 주소에 대법원규칙이 정하는 방법으로 발송할 수 있다.
④ 기간입찰의 방법으로 매각할 경우에는 입찰기간에 관하여도 제1항 내지 제3항의 규정을 적용한다.

■ ① 압류채권에 우선하는 부동산의 부담과 절차비용(102①), 압류채권자의 매수신청(102②), 매각결정기일(106), 공고(106, 민집규11·56), ② 이해관계인(90), ③ 발송(민집규9·73), ④ 기간입찰(103②, 민집규68~71)

1. 경매기일공고를 게시한 법원게시판이 철창문으로 잠겨 있는 경우, 그 공고의 효력 경매법원이 경매기일공고 서류를 게시하는 경우, 공고 내용을 게시판에서 읽을 수 있는 한 법원게시판이 철창문으로 잠겨 있다 해서 위법하다고 할 수 없다.(대결 1995.9.6, 95마1568)

2. 경매법원이 이해관계인에게 입찰기일을 통지함에 있어 최저입찰가격을 잘못 통지한 경우, 낙찰허가결정에 대한 취소사유가 되는지 여부(소극) 구 민소 663조 2항, 617조 2항에서 입찰절차의 이해관계인에게 입찰기일과 낙찰기일을 통지하도록 규정하고 있는 취지는, 입찰절차의 이해관계인은 입찰기일에 출석하여 목적부동산이 지나치게 저렴하게 매각되는 것을 방지하기 위하여 필요한 조치를 취할 수도 있고, 채무자를 제외하고는 스스로 매수신청을 하는 등 누구에게 얼마에 매각되느냐에 관하여 직접적인 이해관계를 가지고 있을 뿐 아니라, 입찰기일에 출석하여 의견진술을 할 수 있는 권리가 있는 이해관계를 가진 사람들이므로, 입찰기일과 낙찰기일을 공고만으로 고지하는 것은 충분하지 못하다는 점을 고려하여, 개별적으로 이러한 기일에 관하여 통지를 함으로써 입찰절차에 참여할 기회를 주기 위한 것으로서, 특별한 사정이 없는 한 위와 같은 기일 통지 없이는 강제집행을 적법하게 속행할 수 없고, 이러한 통지를 게을리 하거나 통지의 내용에 하자가 있는 경우에는 경락에 대한 이의사유가 되는 것이지만, 경매법원이 이해관계인에게 통지할 의무가 있는 사항은 입찰기일과 낙찰기일에 관한 것에 한하고 최저

입찰가격은 통지의무가 있는 사항이 아니므로, 당사자의 편의를 위해 통지하여 주는 것에 지나지 않는 최저입찰가격을 착오로 잘못 통지하였다고 하여도 낙찰을 허가한 경매절차의 결정을 취소할 만한 사유가 될 수 없다.(대결 1999.7.22, 99마2906)

3. 입찰기일과 낙찰기일의 통지 누락과 채무자의 손해발생 여부 구 민사소송법상 부동산입찰절차의 이해관계인에게 입찰기일과 낙찰기일을 통지하도록 규정하고 있는 취지는, 입찰절차의 이해관계인은 입찰기일에 출석하여 목적부동산이 지나치게 저렴하게 매각되는 것을 방지하기 위하여 필요한 조치를 취할 수도 있고, 채무자를 제외하고는 스스로 매수신청을 하는 등 누구에게 얼마에 매각되느냐에 관하여 직접적인 이해관계를 가지고 있을 뿐 아니라, 입찰기일에 출석하여 의견진술을 할 수 있는 권리가 있는 이해관계를 가진 사람들이므로, 입찰기일과 낙찰기일을 공고만으로 고지하는 것은 충분하지 못하다는 점을 고려하여 개별적으로 이러한 기일에 관하여 통지를 함으로써 입찰절차에 참여할 기회를 부여한다는 데 있다 할 것인바, 이와 같이 입찰기일과 낙찰기일을 채무자에게 통지하는 취지에 비추어 보면, 스스로는 매수신청을 할 수 없는 채무자에게 입찰기일과 낙찰기일을 통지하지 아니하여 채무자가 절차의 진행을 알지 못하여 입찰절차에 참가할 수 없었던 상황에서 경매목적물이 제3자에게 낙찰되어 그 낙찰대금을 납입함으로써 채무자가 경매목적물의 소유권을 상실하게 되었다고 하더라도, 특별한 사정이 없는 이상 입찰기일 및 낙찰기일 등을 통지받지 못하였다는 그러한 절차상의 위법사유만으로는 그로 인하여 채무자에게 어떠한 손해가 발생하였다고 볼 수는 없다.(대판 2001.7.10, 2000다66010)

제105조【매각물건명세서 등】 ① 법원은 다음 각호의 사항을 적은 매각물건명세서를 작성하여야 한다.
1. 부동산의 표시
2. 부동산의 점유자와 점유의 권원, 점유할 수 있는 기간, 차임 또는 보증금에 관한 관계인의 진술
3. 등기된 부동산에 대한 권리 또는 가처분으로서 매각으로 효력을 잃지 아니하는 것
4. 매각에 따라 설정된 것으로 보게 되는 지상권의 개요
② 법원은 매각물건명세서·현황조사보고서 및 평가서의 사본을 법원에 비치하여 누구든지 볼 수 있도록 하여야 한다.

■ ① 부동산의 현황조사(85), 부동산평가(97), 부동산의 점유(민192이하), 지상권(민279이하, 민집규49, 공저당31①, 입목6), ② 사본의 비치(106vii, 민집55)

1. 구분건물에 대한 경매신청서에 대지사용권에 관한 아무런 표시가 없는 경우 집행법원이 취하여야 할 조치 구분건물에 대한 경매에서 비록 경매신청서에 대지사용권에 관한 아무런 표시가 없는 경우에도 집행법원으로서는 대지사용권이 있는지, 그 전유부분 및 공용부분과 분리처분이 가능한 규약이나 공정증서가 있는지 등에 관하여 집행관에게 현황조사명령을 하는 때에 이를 조사하도록 지시하는 한편, 그 스스로도 관련자를 심문하는 등의 가능한 방법으로 필요한 자료를 수집하여야 하고, 그 결과 매각의 대상이 되어야 할 대지사용권의 존재가 밝혀진 때에는 이를 경매목적물의 일부로서 경매평가에 포함시켜 최저입찰가격을 정하여야 할 뿐만 아니라 입찰기일의 공고와 입찰명세서의 작성에 있어서도 그 존재를 표시하여야 한다.(대결 2006.3.27, 2004마978)

2. 등기부에 등재되지 않은 제시 외 건물을 입찰물건에 포함

시키기 위한 요건 등기부에 등재되지 않은 제시 외 건물이 존재하는 경우에는 소유자가 건축하여 소유하는 것으로 판명되어 경매신청인이 대위에 의한 보존등기를 하여 일괄경매신청을 하거나 그것이 경매 대상 부동산의 종물이거나 부합물임이 명백한 경우가 아닌 한 입찰물건에 포함시켜서는 안 된다.(대결 1999.8.9, 99마504)

3. 매각물건명세서의 작성에 관한 국가배상책임의 성립 여부(적극) 집행법원은 매각대상 부동산에 관한 이해관계인이나 그 현황조사를 실시한 집행관 등으로부터 제출된 자료를 기초로 매각대상 부동산의 현황과 권리관계를 되도록 정확히 파악하여 이를 매각물건명세서에 기재하여야 하고, 만일 경매절차의 특성이나 집행법원이 가지는 기능의 한계 등으로 인하여 매각대상 부동산의 현황이나 관리관계를 정확히 파악하는 것이 곤란한 경우에는 그 부동산의 현황이나 권리관계가 불분명하다는 취지를 매각물건명세서에 그대로 기재함으로써 매수신청인 스스로의 판단과 책임 하에 매각대상 부동산의 매수신고가격이 결정될 수 있도록 하여야 한다. 그럼에도 집행법원이나 경매담당 공무원이 위와 같은 직무상의 의무를 위반하여 매각물건명세서에 매각대상 부동산의 현황과 권리관계에 관한 사항을 제출된 자료와 다르게 작성하거나 불분명한 사항에 관하여 잘못된 정보를 제공함으로써 매수인의 매수신고가격 결정에 영향을 미쳐 매수인으로 하여금 불측의 손해를 입게 하였다면, 국가는 이로 인하여 매수인에게 발생한 손해에 대한 배상책임을 진다.(대판 2010.6.24. 2009다40790)

4. 유치권에 의한 경매와 소멸주의 유치권에 의한 경매가 소멸주의를 원칙으로 하여 진행되는 이상 강제경매나 담보권 실행을 위한 경매의 경우와 같이 목적부동산 위의 부담을 소멸시키는 것이므로 집행법원이 달리 매각조건 변경결정을 통하여 목적부동산 위의 부담을 소멸시키지 않고 매수인으로 하여금 인수하도록 정하지 않은 이상 집행법원으로서는 매각기일 공고나 매각물건명세서에 목적부동산 위의 부담이 소멸하지 않고 매수인이 이를 인수하게 된다는 취지를 기재할 필요 없다.(대결 2011.6.15, 2010마1059)

제106조【매각기일의 공고내용】 매각기일의 공고내용에는 다음 각호의 사항을 적어야 한다.
1. 부동산의 표시
2. 강제집행으로 매각한다는 취지와 그 매각방법
3. 부동산의 점유자, 점유의 권원, 점유하여 사용할 수 있는 기간, 차임 또는 보증금약정 및 그 액수
4. 매각기일의 일시·장소, 매각기일을 진행할 집행관의 성명 및 기간입찰의 방법으로 매각할 경우에는 입찰기간·장소
5. 최저매각가격
6. 매각결정기일의 일시·장소
7. 매각물건명세서·현황조사보고서 및 평가서의 사본을 매각기일 전에 법원에 비치하여 누구든지 볼 수 있도록 제공한다는 취지
8. 등기부에 기입할 필요가 없는 부동산에 대한 권리를 가진 사람은 채권을 신고하여야 한다는 취지
9. 이해관계인은 매각기일에 출석할 수 있다는 취지

■ 매각기일의 공고내용(민집규56), 매각기일지정(104·109), 매각장소(107), 최저가격(97), 집행기록의 열람(9), 부동산에 대한 권리자(90·91), 이해관계인(90)

1. 부동산표시를 실제와 다르게 한 입찰기일공고의 적법 여부(소극) 구 민소 618조가 낙찰기일을 공고함에 있어 부동산의 표시를 요구하고 있는 이유는 낙찰 목적물의 특정과 낙찰 목적물에 대한 객관적 실가를 평가할 자료를 이해관계

인으로 하여금 알 수 있게 하자는 데 있으므로, 그 부동산표시가 실제와 다른 점이 있더라도 낙찰 부동산의 동일성을 식별하는 데 지장이 없을 정도라면 모르거니와 이해관계인에게 목적물을 오인하게 하거나 평가를 그르치게 할 정도라면 그와 같은 입찰기일의 공고는 적법한 공고가 되지 못한다.(대결 1999.10.12, 99마4157)

2. 환지예정지로 지정된 토지의 경매기일 공고방법 경매목적물이 환지예정지인 경우 경매기일공고에서 부동산의 표시방법은 종전 토지의 지번, 지목, 지적 등을 표시하는 외에 환지예정지 지정의 구체적 내용을 기재하여야 하며 또 위 부동산을 평가함에 있어서도 환지예정지 지정이 된 구체적 사정(위치, 지적 등)을 충분히 참작 감안하여야 한다.(대결 1974.1.8, 73마683)

3. 최저입찰가격을 누락한 경우의 입찰기일공고의 적부 구 민소 615조, 728조가 부동산에 대한 집행에서 최저입찰(경매)가격제도를 채용하고 있는 것은, 재산으로서의 중요성이 인정되는 부동산이 그 실시세보다 훨씬 저가로 매각되게 되면 채무자 또는 소유자의 이익을 해치게 될 뿐만 아니라 채권자에게도 불이익하게 되므로 부동산의 공정 타당한 가격을 유지하여 부당하게 염가로 매각되는 것을 방지함과 동시에 목적부동산의 적정한 가격을 표시하여 입찰신고를 하려는 사람에게 기준을 제시함으로써 입찰이 공정하게 이루어지도록 하고자 함에 있고, 위와 같은 최저입찰가격의 의미 및 이를 입찰기일의 공고내용에 포함시켜 둔 구 민소 618조 5호, 621조 2항, 민사규 159조, 153조의2 규정의 취지 등에 비추어 볼 때 입찰기일을 공고함에 있어 최저입찰가격을 누락한 경우는 물론 착오로 잘못 기재한 경우에도 그 입찰기일의 공고는 적법한 공고가 되지 못한다고 보아야 한다.(대결 1994.11.30, 94마1673)

제107조【매각장소】 매각기일은 법원안에서 진행하여야 한다. 다만, 집행관은 법원의 허가를 얻어 다른 장소에서 매각기일을 진행할 수 있다.

■ 매각장소의 공고(106 iv), 매각결정기일(109②), 집행관(3, 법조55, 집행관2)

제108조【매각장소의 질서유지】 집행관은 다음 각호 가운데 어느 하나에 해당한다고 인정되는 사람에 대하여 매각장소에 들어오지 못하도록 하거나 매각장소에서 내보내거나 매수의 신청을 하지 못하도록 할 수 있다.

1. 다른 사람의 매수신청을 방해한 사람
2. 부당하게 다른 사람과 담합하거나 그 밖에 매각의 적정한 실시를 방해한 사람
3. 제1호 또는 제2호의 행위를 교사(教唆)한 사람
4. 민사집행절차에서의 매각에 관하여 형법 제136조 · 제137조 · 제140조 · 제140조의2 · 제142조 · 제315조 및 제323조 내지 제327조에 규정된 죄로 유죄판결을 받고 그 판결확정일부터 2년이 지나지 아니한 사람

■ 집행관(3, 법조55, 집행관2), 매각장소의 질서유지(민집규57), 매수신청의 제한(민집규60), 공무집행방해(형136), 공무상비밀표시무효(형140), 부동산강제집행효용침해(형140의2), 공무상 보관물의 무효(형142), 경매입찰의 방해(형315), 각종 권리행사의 방해(형323~327)

제109조【매각결정기일】 ① 매각결정기일은 매각기일부터 1주 이내로 정하여야 한다.

② 매각결정절차는 법원안에서 진행하여야 한다.

■ 매각결정기일(104·106vi), 변경된 기일의 통지(민집규73), 매각결정기일조서(126②), 민소152~154)

제110조【합의에 의한 매각조건의 변경】 ① 최

저매각가격 외의 매각조건은 법원이 이해관계인의 합의에 따라 바꿀 수 있다.

② 이해관계인은 배당요구의 종기까지 제1항의 합의를 할 수 있다.

■ 최저매각가격(97·106 v), 잉여주의(91①·102), 법정매각조건(142② · 135·144·136①, 민578), 직권에 의한 매각조건의 변경(111), 집행관의 고지(112)

제111조【직권에 의한 매각조건의 변경】 ① 거래의 실상을 반영하거나 매각절차를 효율적으로 진행하기 위하여 필요한 경우에 법원은 배당요구의 종기까지 매각조건을 바꾸거나 새로운 매각조건을 설정할 수 있다.

② 이해관계인은 제1항의 재판에 대하여 즉시항고를 할 수 있다.

③ 제1항의 경우에 법원은 집행관에게 부동산에 대하여 필요한 조사를 하게 할 수 있다.

■ ① 배당요구의 종기(84·148), 매각조건의 변경(110), ② 이해관계인(10), 즉시항고(15), ③ 집행관(3, 법조55, 집행관2), 현황조사(82·85, 민집규46·58)

제112조【매각기일의 진행】 집행관은 기일입찰 또는 호가경매의 방법에 의한 매각기일에는 매각물건명세서 · 현황조사보고서 및 평가서의 사본을 볼 수 있게 하고, 특별한 매각조건이 있는 때에는 이를 고지하며, 법원이 정한 매각방법에 따라 매수가격을 신고하도록 최고하여야 한다.

■ 기일입찰·호가경매(103②), 열람(9·106), 특별한매각조건(110·111), 매각물건명세서(105·106vii), 평가서(97·106vii), 매수신청의 금지와 제한(민집규59·60)

1. 수인이 각자 매수할 지분을 정하여 공동입찰한 경우와 일괄낙찰의 허부(적극) 부동산 입찰절차에서 수인이 공동입찰한 경우 그 수인의 공동입찰인은 각자 매수할 지분을 정하여 입찰하였더라도 일체로서 그 권리를 취득하고 의무를 부담하는 관계에 있으므로, 그 공동입찰에 대하여는 일괄하여 그 낙찰허부를 결정하여야 하고 공동입찰인 중의 일부에 낙찰불허가 사유가 있으면 전원에 대하여 낙찰을 불허하여야 한다.(대결 2001.7.16, 2001마1226)

제113조【매수신청의 보증】 매수신청인은 대법원규칙이 정하는 바에 따라 집행법원이 정하는 금액과 방법에 맞는 보증을 집행관에게 제공하여야 한다.

■ 매수신청의 보증(민565), 매수신청의 보증금액(민집규63①·64·70~72④), 담보의 대금에 산입(142③④), 담보의 반환(115③·116③), 재매각절차에서의 보증반환 불허(138④)

1. 입찰표와 함께 제출한 보증이 입찰가액의 10분의 1에 미달하는 경우의 조치 입찰자가 입찰표와 함께 집행관에게 제출한 보증이 법정매각조건인 입찰가액의 10분의 1에 미달하는 경우에는 구 민소 625조 및 민사규 159조의7의 각 규정에 따라 그 입찰가액으로서의 매수를 허가할 수 없음은 물론, 일단 제출된 입찰표는 같은 규칙 159조의6의 규정에 의하여 취소 · 변경 또는 교환할 수 없어 그 보증의 10배의 가액을 입찰가액으로 하는 입찰로 변경시킬 수도 없으므로 집행관으로서는 그 입찰표를 무효로 처리하고 차순위자를 최고가입찰로 결정하여야 한다.(대결 1998.6.5, 98마626)

2. 공유자의 우선매수신고 및 보증 제공의 시한 구 민소(2002. 1. 26. 법률 제6626호로 전문 개정되기 전의 것) 650조 1항은 공유자는 경매기일까지 보증을 제공하고 최고매수신고가격과 동일한 가격으로 채무자의 지분을 우선매수할 것을 신고할 수 있다고 규정하고, 같은 조 2항은 1항의 경우

에 법원은 최고가매수신고에 불구하고 그 공유자에게 경락을 허가하여야 한다고 규정하고 있는바, 이와 같은 공유자의 우선매수권은 일단 최고가매수신고인이 결정된 후에 공유자에게 그 가격으로 경락 내지 낙찰을 받을 수 있는 기회를 부여하는 제도이므로, 입찰의 경우에도 공유자의 우선매수신고 및 보증의 제공은 집행관이 입찰의 종결을 선언하기 전까지이면 되고 입찰마감시각까지로 제한할 것은 아니다.(대결 2004.10.14, 2004마581)

제114조【차순위매수신고】 ① 최고가매수신고인 외의 매수신고인은 매각기일을 마칠 때까지 집행관에게 최고가매수신고인이 대금지급기한까지 그 의무를 이행하지 아니하면 자기의 매수신고에 대하여 매각을 허가하여 달라는 취지의 신고(이하 "차순위매수신고"라 한다)를 할 수 있다.
② 차순위매수신고는 그 신고액이 최고가매수신고액에서 그 보증액을 뺀 금액을 넘는 때에만 할 수 있다.

■ ① 차매수신고인의 지정(115①), 송달영수인 신고(118), 매각허가여부결정(137), ② 매수신청의 보증(113), 보증의 반환청구(142⑥)

제115조【매각기일의 종결】 ① 집행관은 최고가매수신고인의 성명과 그 가격을 부르고 차순위매수신고를 최고한 뒤, 적법한 차순위매수신고가 있으면 차순위매수신고인을 정하여 그 성명과 가격을 부른 다음 매각기일을 종결한다고 고지하여야 한다.
② 차순위매수신고를 한 사람이 둘 이상인 때에는 신고한 매수가격이 높은 사람을 차순위매수신고인으로 정한다. 신고한 매수가격이 같은 때에는 추첨으로 차순위매수신고인을 정한다.
③ 최고가매수신고인과 차순위매수신고인을 제외한 다른 매수신고인은 제1항의 고지에 따라 매수의 책임을 벗게 되고, 즉시 매수신청의 보증을 돌려 줄 것을 신청할 수 있다.
④ 기일입찰 또는 호가경매의 방법에 의한 매각기일에서 매각기일을 마감할 때까지 허가할 매수가격의 신고가 없는 때에는 집행관은 즉시 매각기일의 마감을 취소하고 같은 방법으로 매수가격을 신고하도록 최고할 수 있다.
⑤ 제4항의 최고에 대하여 매수가격의 신고가 없어 매각기일을 마감하는 때에는 매각기일의 마감을 다시 취소하지 못한다.

■ ① 차순위매수신고(114), 매각기일조서(116①), ③ 경매신청의 담보(113), 담보반환의 영수증(116③), ④ 기일입찰(민집규61-67), 호가경매(민집규72), 매각의 불허(123-125), ⑤ 새매각기일(119)

1. 추가입찰의 실시 및 직권에 의한 경락불허가 사유 구 민소 627조의 규정에 의하면 집행관은 입찰기일에서 최고가매수신고인이 있으면 그의 성명과 가격을 호창하고 경매의 종결을 고지하여야 하는바, 입찰기일에 최고가매수신고인인 한 사람임에도 불구하고 집행관이 그의 성명과 가격을 호창하고 경매의 종결을 고지하는 절차를 취함이 없이 같은 법 665조에서 정하는 추가입찰을 실시하였다면, 그 일련의 절차는 같은 법 627조의 규정을 위반한 것이고, 비록 그 추가입찰에서 최고가매수신고인이 나왔다고 하더라도 이러한 경우는 같은 법 633조 7호에서 정하는 '627조의 규정에 위반한 때'에 해당하므로 같은 법 635조 2항 본문의 규정에 의하

여 직권으로 경락을 불허할 사유가 된다.(대결 2000.3. 28, 2000마724)

제116조【매각기일조서】 ① 매각기일조서에는 다음 각호의 사항을 적어야 한다.
1. 부동산의 표시
2. 압류채권자의 표시
3. 매각물건명세서 · 현황조사보고서 및 평가서의 사본을 볼 수 있게 한 일
4. 특별한 매각조건이 있는 때에는 이를 고지한 일
5. 매수가격의 신고를 최고한 일
6. 모든 매수신고가격과 그 신고인의 성명 · 주소 또는 허가할 매수가격의 신고가 없는 일
7. 매각기일을 마감할 때까지 허가할 매수가격의 신고가 없어 매각기일의 마감을 취소하고 다시 매수가격의 신고를 최고한 일
8. 최종적으로 매각기일의 종결을 고지한 일시
9. 매수하기 위하여 보증을 제공한 일 또는 보증을 제공하지 아니하므로 그 매수를 허가하지 아니한 일
10. 최고가매수신고인과 차순위매수신고인의 성명과 그 가격을 부른 일
② 최고가매수신고인 및 차순위매수신고인과 출석한 이해관계인은 조서에 서명날인하여야 한다. 그들이 서명날인할 수 없을 때에는 집행관이 그 사유를 적어야 한다.
③ 집행관이 매수신청의 보증을 돌려 준 때에는 영수증을 받아 조서에 붙여야 한다.

■ 매각기일조서(10), 기일입찰조서의 기재사항(민집규67 · 71 · 72④), 최고가매수인(115 · 118), 이해관계인(90), 담보제공(113), 담보반환(115③), 매각물건명세서 열람(105②)

1. 매각기일조서의 증명력 부동산의 경매절차에 있어서의 절차가 적법히 행하여졌느냐의 여부는 구 민소 147조를 준용하여 경매조서의 기재만이 유일한 증명자료가 된다.(대결 1994.8.22, 94마1121)

제117조【조서와 금전의 인도】 집행관은 매각기일조서와 매수신청의 보증으로 받아 돌려주지 아니한 것을 매각기일부터 3일 이내에 법원사무관등에게 인도하여야 한다.

■ 매각기일조서(116), 담보제공(113), 담보반환(115③)

제118조【최고가매수신고인 등의 송달영수인신고】 ① 최고가매수신고인과 차순위매수신고인은 대한민국안에 주소 · 거소와 사무소가 없는 때에는 대한민국안에 송달이나 통지를 받을 장소와 영수인을 정하여 법원에 신고하여야 한다.
② 최고가매수신고인이나 차순위매수신고인이 제1항의 신고를 하지 아니한 때에는 법원은 그에 대한 송달이나 통지를 하지 아니할 수 있다.
③ 제1항의 신고는 집행관에게 말로 할 수 있다. 이 경우 집행관은 조서에 이를 적어야 한다.

■ ① 외국송달의 특례(13), 주거(민18-21 · 36, 상171), ② 집행법원(79①), ③ 집행관조서(10)

1. 최고가매수신고인의 송달장소를 경매법원의 소재지가 아닌 곳으로 변경한 때의 허부 구 민소 630조 1항의 입법취지가 경락에 관한 통지나 송달을 신속하고 편리하게 하고자

함에 있다는 점으로 미루어 볼 때 최고가매수신고인이 그 송달장소를 경매법원의 소재지가 아닌, 그것도 송달절차가 복잡하고 시간이 많이 걸리는 국외로 변경하여 신고한 것은 허용될 수 없는 것이다.(대결 1993.12.17, 93재마8)

제119조【새 매각기일】 허가할 매수가격의 신고가 없이 매각기일이 최종적으로 마감된 때에는 제91조제1항의 규정에 어긋나지 아니하는 한도에서 법원은 최저매각가격을 상당히 낮추고 새 매각기일을 정하여야 한다. 그 기일에 허가할 매수가격의 신고가 없는 때에도 또한 같다.

▣ 매각할 수 없는 경우(91①), 매수가격의 신고(114·115·116①ⅴ), 새 매각기일이 필요없는 경우(102), 최저매각결정(97), 합의에 의한 매각조건의 변경(110), 매각기일의 공고(민집규11)

1. 과도하게 가격을 낮춘 최저경매가격 저감절차의 효력 신 경매로 인한 경매목적물의 최저경매가액을 저감함에 있어 합리적이고 객관적인 타당성을 구비하지 못할 정도로 과도하게 가격을 낮춘 최저경매가격 저감절차는 위법하여 무효이다.(대결 1994.8.27, 94마1171)

2. 최저경매가격의 저감 자체가 잘못이나 경매가격이 저감되기 전의 최저경매가격 이상인 때의 효력 최저경매가격의 저감 자체가 잘못이 있는 이상 비록 경매가격이 저감되기 전의 최저경매가격 이상이었다 하더라도 그 경매절차는 위법이다.(대결 1969.9.23, 69마544)

제120조【매각결정기일에서의 진술】 ① 법원은 매각결정기일에 출석한 이해관계인에게 매각허가에 관한 의견을 진술하게 하여야 한다.
② 매각허가에 관한 이의는 매각허가가 있을 때까지 신청하여야 한다. 이미 신청한 이의에 대한 진술도 또한 같다.

▣ 매각결정기일(104·106⑥·109), 이해관계인(90), ② 이의(121-123)

제121조【매각허가에 대한 이의신청사유】 매각허가에 관한 이의는 다음 각호 가운데 어느 하나에 해당하는 이유가 있어야 신청할 수 있다.
1. 강제집행을 허가할 수 없거나 집행을 계속 진행할 수 없을 때
2. 최고가매수신고인이 부동산을 매수할 능력이나 자격이 없는 때
3. 부동산을 매수할 자격이 없는 사람이 최고가매수신고인을 내세워 매수신고를 한 때
4. 최고가매수신고인, 그 대리인 또는 최고가매수신고인을 내세워 매수신고를 한 사람이 제108조 각호 가운데 어느 하나에 해당되는 때
5. 최저매각가격의 결정, 일괄매각의 결정 또는 매각물건명세서의 작성에 중대한 흠이 있는 때
6. 천재지변, 그 밖에 자기가 책임을 질 수 없는 사유로 부동산이 현저하게 훼손된 사실 또는 부동산에 관한 중대한 권리관계가 변동된 사실이 경매절차의 진행중에 밝혀진 때
7. 경매절차에 그 밖의 중대한 잘못이 있는 때

▣ 매각허가여부에 대한 항고사유(130①), 이의신청시기(128②), 이의제한(122), 이의와 매각불허(123②), 무능력자(민5-8·10·13), 무권리인(민130), 외국인의 부동산취득능력(외토지3), 매각조건변경(110·111),매각장소의 질서유지(108)

1. 구 민소 633조 1호의 의의 본조 1호의 경우에는 경매한 부동산이 양도할 수 없는 것이거나 경매절차를 정지한 때에

한하는 것이고, 이 "경매부동산이 양도할 수 없는 것"이라고 함은 경매목적물인 부동산이 법률상 양도가 금지된 것이거나 또는 압류가 금지된 부동산을 말하는 것이고 경매목적물이 등기부상 저당권설정자의 소유명의로 있으나 실체상 저당권설정자의 소유가 아닌 경우는 포함되지 않는다.(대결 1966.8.12, 66마425)

2. 이해관계인에 대한 경매기일통지 없는 경매절차의 효력 구 경매법 30조 2항에 의하면 경매기일을 이해관계인에게 통지하여야 하고 동법 33조에 의하여 준용되는 구 민소 633조 1호의 규정에 의하면 위와 같은 이해관계인에 대한 통지 없이는 그 경매절차를 속행할 수 없는 것이고 이를 무시한 채 경매절차를 속행한 경우에는 경락허가에 대한 이의사유가 됨은 물론 경락허가결정에 대한 항고 이유로 된다.(대결 1984.9.27, 84마266, 84마카39)

3. 대금납부기일 통지가 없었음에도 경락대금 미납을 이유로 재경매절차를 진행한 경우의 효력 경락인에 대한 적법한 경락대금납부기일 통지가 없었다면 경매법원은 경락대금 납부기일에 경락대금을 납부하지 아니하였다는 이유로 재경매를 명하여 경매절차를 속행할 수 없음에도 불구하고, 경매법원이 재경매를 명하여 경매절차를 진행하였다면 그 재경매절차에는 구 민소 728조, 635조, 633조 1호 소정의 경락을 허가하지 아니할 위법사유가 있는바, 그 위법사유에 대하여 이해관계인이 원심법원에 진정서를 제출하여 이의를 제기하고 있는 이상, 재경매절차에서 이루어진 경락허가결정은 더 이상 유지될 수 없다.(대결 1995.7.26, 95마488)

4. 임의경매절차의 개시 전 또는 진행 중에 채무자나 소유자가 사망한 경우와 절차의 속행 부동산에 대한 근저당권의 실행을 위한 경매는 그 근저당권 설정등기에 표시된 채무자 및 저당 부동산의 소유자와의 관계에서 그 절차가 진행되는 것이므로, 그 절차의 개시 전 또는 진행 중에 채무자나 소유자가 사망하였다고 하더라도 그 재산상속인들이 경매법원에 대하여 그 사망 사실을 밝히고 자신을 이해관계인으로 취급하여 줄 것을 신청하지 아니한 이상 그 절차를 속행하여 저당 부동산의 낙찰을 허가하였다고 하더라도 그 허가결정에 위법이 있다고 할 수 없다.(대결 1998.12.23, 98마2509, 2510)

5. '최고가매수신고인이 부동산을 매수할 능력이나 자격이 없는 때'의 의미 본조 2호는 매각허가에 대한 이의신청사유로 '최고가매수신고인이 부동산을 매수할 능력이나 자격이 없는 때'를 규정하고 있는바, 여기서 '매수할 능력이 없는 때'는 미성년자, 금치산자, 한정치산자와 같이 독립하여 법률행위를 할 수 있는 능력이 없는 경우를 의미하고, '매수할 자격이 없는 때'는 법률의 규정에 의하여 매각부동산을 취득할 자격이 없는 때, 즉 부동산을 취득하려면 관청의 증명이나 인·허가를 받아야 하는 경우를 의미하는 것으로서, 부동산을 매수할 경제적 능력을 의미하는 것이 아니다.(대결 2009.10.5. 2009마1302)

6. 경매기일공고에 공과액을 실제보다 현저히 적은 액수로 잘못 기재한 경우의 흠과 경락의 허부 구 경매법상 경매기일공고에 조세 기타 공과를 기재하게 한 것은 경매 희망자에게 이를 알려 경매할 목적부동산의 가격을 참고하게 하려는 데에 그 목적이 있는 것이므로, 그 조세 등 합계액보다 현저히 적은 액수를 공고한 것은 적법한 조세 등 공과의 게시가 있었다고 할 수 없다고 할 것이며, 구 경매법 33조 2항, 구 민소 642조, 633조, 635조의 규정에 비추어 보면 위와 같은 경매기일공고에서 조세 기타 공과의 공고가 없는 것은 그것이 소유자 또는 채무자 에 대한 이익 여부에 불구하고 경락을 불허할 이의사유이다.(대결 1991.1.21, 90마945)

7. 최저경매가격의 결정에 중대한 하자가 있는 경우(1) 구 민소(2002. 1. 26. 법률 제6626호로 전문 개정되기 전의 것) 635조 2항 , 633조 6호는 최저경매가격의 결정에 중대한 하

자가 있는 때에는 낙찰을 허가하지 아니하도록 규정하고 있는바, 최저경매가격의 결정에 중대한 하자가 있다고 하려면 그 결정이 법에 정한 절차에 위반하여 이루어지거나 감정인의 자격 또는 평가방법에 위법사유가 있어 이에 기초한 결정이 위법한 것으로 되는 등의 사정이 있어야 할 것이고, 단순히 감정인의 평가액과 이에 의하여 결정한 최저경매가격이 매우 저렴하다는 사유는 이의사유가 될 수 없으나, 감정에 의하여 산정한 평가액이 감정 평가의 일반적 기준에 현저하게 반한다거나 사회통념상 현저하게 부당하다고 인정되는 경우에는 그러한 사유만으로도 최저경매가격의 결정에 중대한 하자가 있는 것으로 보아야 한다.(대결 2004.11.9, 2004마94)

8. 최저경매가격의 결정에 중대한 하자가 있는 경우(2) 감정인이 경매부동산 중 창고의 가액을 평가하면서 그 면적을 실제의 면적인 1449㎡로 사정하여야 할 것을 등기부상의 면적인 1403.96㎡로 사정하여 이를 기준으로 산정함으로써 결과적으로 실제보다 금 11,034,800원이 낮은 가격으로 평가하고, 이를 기초로 경매부동산의 전체가액을 평가한 보고서를 경매법원에 제출하였고, 경매법원은 감정인의 이러한 평가상의 잘못을 발견하지 못한 채 감정인이 평가한 가액을 그대로 최저경매가격으로 결정하여 경매를 진행시켰다면 경매법원의 조치에는 구 민소 728조, 633조 6호 소정의 위법사유가 있다.(대결 1993.9.15, 93마1065)

9. 물건명세서의 작성에 중대한 하자가 있는 경우 구 민소 617조의2가 집행관에 의한 현황조사와 함께 경매물건명세서 제도를 도입하여 집행법원으로 하여금 경매물건명세서를 작성하고 그 사본을 비치하여 일반인에게 열람할 수 있도록 규정한 것은, 일반인에게 경매 대상 물건을 표시하고 그 현황과 권리관계를 공시하여 매수 희망자가 경매 대상 물건에 필요한 정보를 쉽게 얻을 수 있게 하여 예측하지 못한 손해를 방지하게 하고자 함에 있으므로, 같은 법 635조 2항, 633조 6호에 의하여 직권에 의한 경락불허가 사유가 되는 '물건명세서의 작성에 중대한 하자가 있는 때'에 해당하는지의 여부는 그 하자가 일반 매수 희망자가 매수의사나 매수신고가격을 결정함에 있어 어떠한 영향을 받을 정도의 것이었는지를 중심으로 하여 부동산 경매와 경매물건명세서 제도의 취지에 비추어 구체적인 사안에 따라 합리적으로 판단하여야 하고, 이러한 법리는 경매에 갈음하는 입찰의 경우에도 마찬가지이다.(대결 1999.11.15, 99마4498)

10. 최고가 경매인의 성명과 그 가격을 호창하지 아니하고 한 경매 종결의 효력 부동산경매에서 집행관이 최고가경매인의 성명과 그 가격을 호창하지 않고 경매의 종결을 고지한 경우에는 경락허가결정에 대한 항고사유가 된다.(대결 1981.6.9, 80사38)

11. 매각허가에 대한 이의신청사유로서의 '부동산에 관한 중대한 권리관계의 변동'의 의미 매각허가에 대한 이의신청사유를 규정한 민집 121조 6호에서 말하는 '부동산에 관한 중대한 권리관계의 변동'이라 함은 부동산에 물리적 훼손이 없는 경우라도 선순위 근저당권의 존재로 후순위 처분금지가처분(내지 가등기)이나 대항력 있는 임차권 등이 소멸하거나 또는 부동산에 관하여 유치권이 존재하지 않는 것으로 알고 매수신청을 하여 매각허가결정까지 받았으나 그 이후 선순위 근저당권의 소멸로 인하여 처분금지가처분(내지 가등기)이나 임차권의 대항력이 존속하는 것으로 변경되거나 또는 부동산에 관하여 유치권이 존재하는 사실이 새로 밝혀지는 경우와 같이 매수인이 소유권을 취득하지 못하거나 또는 매각부동산의 부담이 현저히 증가하여 매수인이 인수할 권리가 중대하게 변동되는 경우를 말한다.(대결 2005.8.8, 2005마643)

12. 최고가매수신고인이 착오로 본래 기재하려고 한 입찰가격보다 높은 가격을 기재하였다는 사유로 매각을 불허할 수 있는지 여부(소극) 민사집행법에 의한 부동산 경매절차에서는 본조 각 호 및 124조 1항에 규정된 사유가 아닌 이상 매각을 불허할 수 없고, 최고가매수신고인이 착오로 자신이 본래 기재하려고 한 입찰가격보다 높은 가격을 기재하였다는 사유는 위 조항들의 어디에도 해당한다고 볼 수 없으므로 결국 그러한 사유로는 매각을 불허할 수 없다.(대결 2010.2. 16. 2009마2252)

제122조【이의신청의 제한】 이의는 다른 이해관계인의 권리에 관한 이유로 신청하지못한다.

▣ 이해관계인(90), 준용(268)

1. 채무자 아닌 이해관계인이 경매개시결정이 아닌 경매진행관계 법원문서가 채무자에게 송달되지 아니한 점을 들어 낙찰허가결정의 항고사유로 삼을 수 있는지 여부(소극) 경매개시결정은 비단 압류의 효력을 발생시키는 것일 뿐만 아니라 경매절차의 기초가 되는 재판이어서 그것이 당사자에게 고지되지 않으면 효력이 없고, 따라서 따로 압류의 효력이 발생하였는지의 여부와 상관없이 채무자에 대한 경매개시결정의 고지 없이는 유효하게 경매절차를 속행할 수 없으므로, 채무자 아닌 이해관계인으로서도 채무자에 대한 경매시결정 송달의 흠결을 구 민소 642조 2항, 633조 1호의 규정에 의하여 낙찰허가결정에 대한 항고사유로 삼을 수 있다. 반면에 같은 법 634조의 규정에 의하여 낙찰허가에 대한 이의는 다른 이해관계인의 권리에 관한 이유로는 하지 못하므로, 설사 채무자에 대한 입찰기일의 송달에 하자가 있다고 할지라도 다른 이해관계인이 이를 낙찰허가결정에 대한 항고사유로 주장할 수는 없다.(대결 1997.6.10, 97마814)

2. 다른 이해관계인에 대한 경매개시결정의 송달의 하자를 들어 그 효력을 다투는 항고 적부(소극) 구 민소 728조, 634조에 의하면 부동산경락허가결정에 대하여는 다른 이해관계인의 권리에 관한 이유에 의하여 이의를 하지 못하도록 되어 있으므로, 원심이 소유자인 재항고인 갑에 대한 경매개시결정의 송달과 경매기일통지상의 하자를 들어 그 효력을 다투는 재항고인 을의 항고이유에 대하여 그것이 재항고인 을 이외의 이해관계인의 권리에 관한 이유에 해당한다 하여 이를 배척한 조치는 정당하다.(대결 1990.11.10, 90마592)

제123조【매각의 불허】 ① 법원은 이의신청이 정당하다고 인정한 때에는 매각을 허가하지 아니한다.

② 제121조에 규정한 사유가 있는 때에는 직권으로 매각을 허가하지 아니한다. 다만, 같은 조 제2호 또는 제3호의 경우에는 능력 또는 자격의 흠이 제거되지 아니한 때에 한다.

▣ ① 매각허부결정(126), 새 매각기일(125), ② 매각허가에 대한 이의신청사유(121), 최고가매수신고인이 매수능력이 없는 때(121ⅱ), 매수자격이 없는 사람이 최고가매수신고인을 내세워 매수신고를 한 때(121ⅲ)

1. 이해관계인에 대한 입찰기일의 통지를 생략한 경우의 적부 구 민소 635조 2항 단서에 의하면 직권으로 낙찰을 허가하지 아니할 경우를 제한하고 있으므로, 그 단서에 정한 경우가 아니면 설사 이해관계인에게 입찰기일과 낙찰기일의 통지를 하지 아니한 절차상의 위배가 있다고 하더라도 당해 이해관계인으로부터의 이의신청이 없는 한 직권으로 이를 이유로 하여 경락을 허가하지 아니하는 결정을 할 수 없다.(대결 1995.3.30, 94마1716)

2. 이해관계인에 대한 입찰기일 통지가 누락된 채 낙찰이 있은 경우와 불복제기의 가부(한정적극) 경매법원이 이해관계인에게 입찰기일 및 낙찰기일을 통지하지 아니한 채 입찰기일의 경매절차를 속행하여 낙찰이 이루어지게 하였다면, 이해관계인이 그러한 기일통지를 받지 못하였더라도 입찰기일을 스스로 알고 기일에 출석하여 입찰에 참가함으로써 자신의 권리보호에 필요한 조치를 취할 수 있었다는 등의 사정이 없는 한 그 이해관계인은 법이 보장하고 있는 절차상

의 권리를 침해당한 손해를 받았다고 할 것이어서 낙찰허가
결정에 대하여 즉시항고를 할 수 있다고 할 것이며, 입찰기
일 또는 낙찰기일을 통지받지 못함으로 인하여 구체적 또는
추상적으로 재산상의 손해가 발생한 경우에 한하여 그 이해
관계인이 즉시항고를 할 수 있는 것은 아니다. 나아가 경매
법원이 이해관계인 등에게 경매기일 등의 통지를 하지 아니
하여 그가 경락허가결정에 대한 항고기간을 준수하지 못하
였다면 특단의 사정이 없는 한 그 이해관계인은 자기 책임
에 돌릴 수 없는 사유로 항고기간을 준수하지 못한 것으로
보아야 하며, 그러한 경우에는 형평의 원칙으로부터 인정된
구제방법으로서의 추완이 허용되어야 할 것이다.(대결(全)
2002.12.24, 2001마1047)
**3. 입찰법원의 결정에 대한 항고에 대하여 항고이유서의 제
출을 촉구할 의무의 유무(소극)** 입찰법원의 결정에 대하여
항고를 제기한 경우 항고법원은 항고이유서의 제출을 기다
려야 하거나 그 제출을 촉구하여야 할 의무가 있는 것은 아
니다.(대결 1999.10.12, 99마4157)
**4. 부동산 입찰절차에서 수인이 각자 매수할 지분을 정하여
공동입찰한 경우 공동입찰인에 대하여 일괄하여 낙찰 허부
를 결정하여야 하는지 여부(적극)** 부동산 입찰절차에서 수
인이 공동입찰한 경우 그 수인의 공동입찰인은 각자 매수
지분을 정하여 입찰하였더라도 일체로서 그 권리를 취득하
고 의무를 부담하는 관계에 있으므로, 그 공동입찰인에 대하
여는 일괄하여 그 낙찰 허부를 결정하여야 하고 공동입찰인
중의 일부에 낙찰불허가 사유가 있으면 전원에 대하여 낙찰
을 불허하여야 한다.(대결 2001.7.16, 2001마1226)

제124조【과잉매각되는 경우의 매각불허가】 ①
여러 개의 부동산을 매각하는 경우에 한 개의 부동
산의 매각대금으로 모든 채권자의 채권액과 강제집
행비용을 변제하기에 충분하면 다른 부동산의 매각
을 허가하지 아니한다. 다만, 제101조제3항 단서에
따른 일괄매각의 경우에는 그러하지 아니하다.
② 제1항 본문의 경우에 채무자는 그 부동산 가운
데 매각할 것을 지정할 수 있다.
■ ① 최저매각가격결정(97), 집행절차비용(53), 토지와 건물을 일괄매각
하는 경우 그 경제적효용이 떨어지는 경우(101③단서), ② 채무자의 매
각부동산지정(민집규52), 준용(268), 불복(129①)
1. 대지와 그 지상 건물을 같이 경매하는 경우와 과잉경매
대지와 그 토지건물을 같이 경매하는 경우에 그 어느 것만
의 매각대금으로도 채무액을 변제할 수 있다 하더라도 이를
일괄경매 한다 하여 구 민소 636조의 과잉경매 금지규정에
저촉되는 것은 아니다.(대결 1969.6.27, 69마322)
**2. 과잉경매의 사전 방지를 위한 경매의 유보 여부와 경매법
원의 재량** 과잉경매로 인한 채무자의 불이익은 경락단계에
서 경락을 허가하지 아니함으로써 막을 수 있는 점에 비추
어 볼 때, 경매 실시 전 단계에서 부동산의 최저경매가격과
각 채권자의 채권 및 집행비용을 비교하여 그 중 일부 부동
산만 경매하여도 그 채권 등의 변제에 충분하다고 인정된
다하더라도 일부 부동산에 대하여만 경매를 실시할 것인지 아
니면 나머지 부동산에 대하여도 함께 경매를 실시할 것인지
여부는 집행법원의 재량에 속한다.(대결 1998.10.28, 98마
1817)

제125조【매각을 허가하지 아니할 경우의 새 매
각기일】 ① 제121조와 제123조의 규정에 따라 매
각을 허가하지 아니하고 다시 매각을 명하는 때에
는 직권으로 새 매각기일을 정하여야 한다.
② 제121조제6호의 사유로 제1항의 새 매각기일을
열게 된 때에는 제97조 내지 제105조의 규정을 준
용한다.

■ ① 매각허가에 대한 이의신청사유(121), 매각의 불허(123), 매수가격
의 불신고로 인한 새 매각기일(119·104), ② 천재지변으로 인한 부동산
의 훼손사실이 경매절차진행중에 밝혀진 때(121 vi), 최저매각가격의 결
정을 비롯한 매각절차(97~105)

제126조【매각허가여부의 결정선고】 ① 매각을
허가하거나 허가하지 아니하는 결정은 선고하여야
한다.
② 매각결정기일조서에는 민사소송법 제152조 내
지 제154조와 제156조 내지 제158조 및 제164조의
규정을 준용한다.
③ 제1항의 결정은 확정되어야 효력을 가진다.
■ ① 허가결정(128), 불허결정의 효력(133), 결정의 고지(민소221), 선고
(민소205·206), ② 변론조서의 작성과 기재사항(민소152~154), 서면의
인용(민소156), 조서의 낭독(민소157), 조서의 증명력(민소158), 조서에
대한 이의(민소164), ③ 불복(129·130), 매각허부결정의 효력발생시기
(민집규74)
**1. 최고가매수신고인에 대하여 매각허 여부의 결정이 없
는 경우의 불복방법** 집행법원은 매각기일의 최고가매수
고인에 대하여 매각을 허가하거나 허가하지 아니하는 결정
을 하여야 하고(민집 126조), 집행법원이 최고가매수
신고인임이 명백한 자에 대하여 특별한 사정 없이 매각허
가 여부의 결정을 하지 아니하는 때에는 최고가매수신고인
은 민집 16조에 정한 '집행에 관한 이의'에 의하여 불복할
수 있다.(대결 2008.12.29, 2008그205)
**2. 낙찰허가결정을 이해관계인에게 송달하여야 하는지 여부
(소극)** 구 민소 728조, 638조 1항, 640조 2항에 의하면 낙찰
허가결정은 선고하는 외에 법원 게시판에 공고하도록 규정
되어 있으므로 이런 절차를 밟음으로써 족하고 그 결정을
이해관계인에게 송달할 필요는 없다.(대결 2000.1.31, 99마
6589)

제127조【매각허가결정의 취소신청】 ① 제121
조제6호에서 규정한 사실이 매각허가결정의 확정
뒤에 밝혀진 경우에는 매수인은 대금을 낼 때까지
매각허가결정의 취소신청을 할 수 있다.
② 제1항의 신청에 관한 결정에 대하여는 즉시항고
를 할 수 있다.
■ ① 천재지변으로 부동산이 훼손된 사실이 경매절차의 진행중에 밝혀
진 때(121 vi), 매각기일(104·107), 매각조건변경(110·111·121), 경매
의 취소(96), 담보책임(민578·576), ② 즉시항고(15)
**1. 낙찰부동산의 부담이 현저히 증가한 경우와 낙찰허가결
정 취소신청의 가부** 선순위 근저당권의 존재로 후순위 임
차권의 대항력이 소멸하는 것으로 알고 부동산을 낙찰받았
으나, 그 후 선순위 근저당권의 소멸로 인하여 임차권의 대
항력이 존속하는 것으로 변경됨으로써 낙찰부동산의 부담이
현저히 증가하는 경우에는, 낙찰인으로서는 구 민소 639조 1
항의 유추적용에 의하여 낙찰허가결정의 취소신청을 할 수
있다.(대결 1998.8.24, 98마1031)
**2. 재매각명령 후 매각허가결정의 취소신청을 할 수 있는지
여부(소극)** 민집 127조 1항, 121조 6호의 취지는 매수인에
게 매각허가결정의 취소신청을 할 수 있도록 허용함으로써
매수인의 불이익을 구제하려는 데 있는 점, 민집 138조 1항
에 의하면 재매각명령이 나면 확정된 매각허가결정의 효력
이 상실되는 점, 민집 138조 3항의 취지는 재매각절차가 전
매수인의 대금지급의무 불이행에 기인하는 것이어서 전 매
수인이 법정의 대금 등을 완전히 지급하려고 하는 이상 구
태여 번잡하고 시일을 요하는 재매각절차를 반복하는 것보
다는 최초의 매각절차를 되살려서 그 대금 등을 수령하는
것이 경매의 목적에 합당하다는 데에 있는 점 등을 종합하
여 보면, 매수인은 재매각명령이 난 이후에는 매각허가결정
의 취소신청을 할 수 없다고 봄이 상당하다.(대결 2009.5.6,

2008마1270)

3. 부동산의 교환가치가 감소한 경우와 낙찰허가결정 취소신청의 가부(적극) 구 민소 639조 1항은 "매수가격의 신고 후에 천재·지변 기타 자기가 책임을 질 수 없는 사유로 인하여 부동산이 훼손된 때에는 최고가매수인은 경락불허가신청을, 경락인은 대금을 납부할 때까지 경락허가결정의 취소신청을 할 수 있다. 다만, 부동산의 훼손이 경미한 때에는 그러하지 아니하다."라고 규정하고 있는바, 부동산에 물리적 훼손이 없는 경우라도 부동산의 교환가치가 감소한 때에는 위 규정이 유추적용된다 할 것이고, 또한 부동산의 훼손이 매수가격의 신고 전에 있었던 경우라도 그 훼손 및 이를 간과한 것이 자기가 책임을 질 수 없는 사유로 인한 것인 때에도 위 규정이 유추적용된다.(대결 2001.8.22, 2001마2652)

제128조【매각허가결정】 ① 매각허가결정에는 매각한 부동산, 매수인과 매각가격을 적고 특별한 매각조건으로 매각한 때에는 그 조건을 적어야 한다.

② 제1항의 결정은 선고하는 외에 대법원규칙이 정하는 바에 따라 공고하여야 한다.

■ ① 매각허가결정(126①), 특별한 매각조건(110-112), 불복(129-131), ② 매각허가결정의 선고(126①), 공고(민집규11), 불준용(민집규124③)

1. 낙찰대금에 부가가치세가 포함되지 아니한 경우 그 세액을 매입세액으로 공제할 수 있는지 여부(소극) 낙찰대금에 그 부동산의 낙찰에 대한 부가가치세가 포함되어 있지 아니한 경우에는 낙찰인이 거래징수를 당하는 매입세액 자체가 없으므로 낙찰인이 낙찰대금에 부가가치세가 포함되어 있다는 전제 아래 경매 부동산의 소유자로부터 세금계산서를 받아 제출하였다고 하더라도 부가가치세의 원리상 이를 매입세액으로 공제할 여지가 없는 것이고, 이러한 법리는 경매 부동산의 소유자가 부가가치세법상의 사업자인 경우에 그 경매와 관련하여 부가가치세를 납부할 의무를 부담하게 된다고 달리 볼 것이 아니다.(대판 2004.2.13, 2003다49153)

제129조【이해관계인 등의 즉시항고】 ① 이해관계인은 매각허가여부의 결정에 따라 손해를 볼 경우에만 그 결정에 대하여 즉시항고를 할 수 있다.

② 매각허가에 정당한 이유가 없거나 결정에 적은 것 외의 조건으로 허가하여야 한다고 주장하는 매수인 또는 매각허가를 주장하는 매수신고인도 즉시항고를 할 수 있다.

③ 제1항 및 제2항의 경우에 매각허가를 주장하는 매수신고인은 그 신청한 가격에 대하여 구속을 받는다.

■ 이해관계인(90·120), 매각허부결정(126), 즉시항고(15), 매수신고인(113-116)

1. 경락허가결정 선고 전의 항고의 적부(소극) 낙찰허가결정이 선고되기 전에 존재하지도 아니한 낙찰허가결정을 대상으로 하여 제기된 항고는 부적법하다고 할 것이고, 그 항고가 부적법하다는 이유로 각하되지 않고 있는 동안에 항고인에게 불이익한 낙찰허가결정이 선고되었다고 하여도 당해 항고는 적법한 것으로 되지 아니하다.(대결 1998.3.9, 98마12)

제130조【매각허가여부에 대한 항고】 ① 매각허가결정에 대한 항고는 이 법에 규정한 매각허가에 대한 이의신청사유가 있다거나, 그 결정절차에 중대한 잘못이 있다는 것을 이유로 드는 때에만 할 수 있다.

② 민사소송법 제451조제1항 각호의 사유는 제1항의 규정에 불구하고 매각허가 또는 불허가결정에 대한 항고의 이유로 삼을 수 있다.

③ 매각허가결정에 대하여 항고를 하고자 하는 사람은 보증으로 매각대금의 10분의 1에 해당하는 금전 또는 법원이 인정한 유가증권을 공탁하여야 한다.

④ 항고를 제기하면서 항고장에 제3항의 보증을 제공하였음을 증명하는 서류를 붙이지 아니한 때에는 원심법원은 항고장을 받은 날부터 1주 이내에 결정으로 이를 각하하여야 한다.

⑤ 제4항의 결정에 대하여는 즉시항고를 할 수 있다.

⑥ 채무자 및 소유자가 한 제3항의 항고가 기각된 때에는 항고인은 보증으로 제공한 금전이나 유가증권을 돌려 줄 것을 요구하지 못한다.

⑦ 채무자 및 소유자 외의 사람이 한 제3항의 항고가 기각된 때에는 항고인은 보증으로 제공한 금전이나, 유가증권을 현금화한 금액 가운데 항고를 한 날부터 항고기각결정이 확정된 날까지의 매각대금에 대한 대법원규칙이 정하는 이율에 의한 금액(보증으로 제공한 금전이나, 유가증권을 현금화한 금액을 한도로 한다)에 대하여는 돌려 줄 것을 요구할 수 없다. 다만, 보증으로 제공한 유가증권을 현금화하기 전에 위의 금액을 항고인이 지급한 때에는 그 유가증권을 돌려 줄 것을 요구할 수 있다.

⑧ 항고인이 항고를 취하한 경우에는 제6항 또는 제7항의 규정을 준용한다.

■ ① 매각허부의 결정(126①·128), 이의신청사유(121), 매각기일조서(116·126②), 매각불허원인(123·124·127), ② 재심사유(민소451·461), ③ 부동산신고(113-116), ⑤ 즉시항고(15, 민집규13), ⑥ 재매각시 보증반환 불능(138④), ⑦ 이율(민집규75)

1. 본조 3항, 4항이 헌 19조 103조에 위반되는지 여부(소극) 민집 130조 3항 및 4항이 규정한 항고보증금제도는 그 액수가 지나치게 많아 항고를 사실상 불가능하게 하거나 현저하게 곤란하게 만드는 것이 아니므로 재판청구권의 본질적 내용을 침해하였거나 위 법률조항이 비례의 원칙에 반하여 청구인들의 재판청구권을 침해하는 것이라고 할 수 없고, 또 민집 130조 3항은 항고보증금을 공탁하여야 하는 항고인의 범위를 '모든 항고인'으로 정하였으므로 항고보증금의 공탁의무에 평등원칙 위반 문제가 발생할 여지가 없으며, 민집 130조 3항 및 4항은 항고권을 남용하여 강제집행절차를 지연시키는 폐단을 시정하려는 정당한 입법목적을 위한 적절한 방법이며, 또한 항고가 인용된 경우에는 이를 반환받을 수 있으므로 피해최소성의 원칙도 충족하고, 집행절차의 신속·적정한 처리라는 공익이 항고보증금의 납부의무라는 사익보다 작지 않아 법익의 균형성도 갖추었으므로, 위 법률조항이 과잉금지의 원칙을 위반하여 항고인의 재산권을 침해한다고 볼 수 없다.(헌재 2009.12.29, 2009헌바25)

2. 매각허가결정에 대한 즉시항고를 제기하는 항고인이 2인 이상인 경우의 공탁방법 민집 130조 3항의 입법취지는 매각허가결정에 불복하는 모든 항고인에 대하여 보증금을 공탁할 의무를 지움으로써 무익한 항고를 제기하여 절차를 지연시키는 것을 방지하고자 하는 데 있는 점, 매각허가결정에 대한 항고는 이해관계인이 매각허가에 대한 이의신청사유가 있는 경우 등에만 할 수 있는데, 그 이의에 대하여 민집 122조는 다른 이해관계인의 권리에 관한 이유로 이의를 신청하지 못한다고 규정하고 있는 점, 민집 90조에서 경매절차의 이해관계인이 될 수 있는 사람을 제한적으로 열거하고 있는 점, 복수의 항고인이 매각허가결정에 대하여 항고를 제

기하는 경우 항고장을 함께 제출하는지 별도로 제출하는지라는 우연한 사정에 따라 제공할 보증의 액이 달라지는 것은 불합리한 점 등을 종합하여 보면, 매각허가결정에서의 이해관계의 기초가 되는 권리관계를 공유하는 등의 특별한 사정이 없는 한 항고인별로 각각 매각대금의 10분의 1에 해당하는 금전 또는 유가증권을 공탁하여야 한다고 봄이 상당하다.(대결 2006.11.23, 2006마513)

3. 보증금 공탁을 증명하는 서류가 없는 경우 법원이 취하여야 할 조치 사법보좌관의 매각허가결정에 대한 이의신청사건을 송부받은 단독판사 등은 이의신청 시 민집 130조 3항의 보증으로 매각대금의 10분의 1에 해당하는 현금 또는 법원이 인정한 유가증권을 담보로 공탁하였음을 증명하는 서류가 붙어 있지 아니한 경우에는 이의신청인에게 상당한 기간을 정하여 공탁을 명하거나 그 서류를 제출할 것을 내용으로 하는 보정을 명하여야 하고, 그럼에도 이의신청인이 이를 보정하지 아니한 때에는 민집 130조 3항의 보증을 제공하였음을 증명하는 서류를 붙이지 아니하였다는 이유로 이의신청을 각하하여야 한다.(대결 2011.4.14, 2010마38)

4. 채무자 아닌 이해관계인이 경매진행관계 법원문서가 채무자에게 송달되지 아니한 이유로 낙찰허가결정의 항고사유로 삼을 수 있는지 여부(소극) 경매개시결정은 비단 압류의 효력을 발생시키는 것일 뿐만 아니라 경매절차의 기초가 되는 재판이어서 그것이 당사자에게 고지되지 않으면 효력이 없고, 따라서 따로 압류의 효력이 발생하였는지의 여부와 관계없이 채무자에 대한 경매개시결정의 고지 없이는 유효하게 경매절차를 속행할 수 없으므로, 채무자가 아닌 이해관계인으로서도 채무자에 대한 경매개시결정 송달의 흠결을 구 민소 642조 2항, 633조 1호의 규정에 의하여 낙찰허가결정에 대한 항고사유로 삼을 수 있다. 반면에 같은 법 634조의 규정에 의하여 낙찰허가에 대한 이의는 다른 이해관계인의 권리에 관한 이유에 의하여는 하지 못하므로, 채무자에 대한 입찰기일의 송달에 하자가 있다고 할지라도 다른 이해관계인이 이를 낙찰허가결정에 대한 항고사유로 주장할 수는 없다.(대결 1997.6.10, 97마814)

5. 임의경매에서 저당권의 존재 여부에 관한 주장이 경락허가결정에 대한 항고사유가 될 수 있는지 여부(적극) 부동산의 임의경매에서는 강제경매와는 달리 경매의 기본이 되는 저당권이 존재하는 여부가 경매개시결정에 대한 이의사유가 됨은 물론 경락허가결정에 대한 항고사유도 될 수 있는 것이므로, 그 부동산의 소유자가 경락허가 결정에 대하여 저당권의 부존재를 주장하여 즉시항고를 한 경우에는 항고법원은 그 권리의 부존재 여부를 심리하여 항고이유의 유무를 판단하여야 한다.(대결 1991.1.21, 90마946)

제131조【항고심의 절차】 ① 항고법원은 필요한 경우에 반대진술을 하게 하기 위하여 항고인의 상대방을 정할 수 있다.
② 한 개의 결정에 대한 여러 개의 항고는 병합한다.
③ 항고심에는 제122조의 규정을 준용한다.

▣ ① 항고법원(법조28 · 32②), ② 변론의 병합(민소141), ③ 이의신청의 제한(122), 결정의 고지(23①, 민소221)

1. 항고사건 심리에 변론 또는 이해관계인의 심문이 항고법원의 자유재량에 속하는지 여부(적극) 항고법원이 항고사건을 심리함에 있어 변론을 열거나 이해관계인을 심문할 것인지 여부를 결정하는 것은 그 항고법원의 자유재량에 속한다고 할 것이고, 특별한 사정이 없는 한 항고법원이 변론을 열거나 이해관계인을 심문하지 않은 채 서면심리만으로 절차에 이르렀다고 하여 이를 위법하다고 할 수 없다.(대결 2001.3.22, 2000마6319)

제132조【항고법원의 재판과 매각허가여부결정】 항고법원이 집행법원의 결정을 취소하는 경우

에 그 매각허가여부의 결정은 집행법원이 한다.

▣ 집행법원(79①), 매각허가여부의 결정(126①), 결정의 확정시기(15 · 129)

제133조【매각을 허가하지 아니하는 결정의 효력】 매각을 허가하지 아니한 결정이 확정된 때에는 매수인과 매각허가를 주장한 매수신고인은 매수에 관한 책임이 면제된다.

제134조【최저매각가격의 결정부터 새로할 경우】 제127조의 규정에 따라 매각허가결정을 취소한 경우에는 제97조 내지 제105조의 규정을 준용한다.

▣ 매각허가결정의 취소신청(127), 최저매각가격의 결정을 비롯한 매각절차(97~105)

제135조【소유권의 취득시기】 매수인은 매각대금을 다 낸 때에 매각의 목적인 권리를 취득한다.

▣ 대금의 지급(142), 등기(민187), 담보책임(민578)

1. 경매절차가 무효인 경우와 민 578조 1항, 2항의 담보책임 구건물 멸실 후에 신건물이 신축되었고 구건물과 신건물 사이에 동일성이 없는 경우 멸실된 구건물에 관한 근저당권설정등기는 무효이며 이에 기하여 진행된 임의경매절차에서 신건물을 경락받았다 하더라도 그 소유권을 취득할 수 없고, 민 578조 1항, 2항은 매매의 일종인 경매에서 목적물의 하자로 인하여 경락인이 경락의 목적인 재산권을 완전히 취득할 수 없을 때에 매매의 경우에 준하여 매도인의 위치에 있는 경매의 채무자나 채권자에게 담보책임을 부담시켜 경락인을 보호하기 위한 규정으로서 그 담보책임은 매매의 경우와 마찬가지로 경매절차는 유효하게 이루어졌으나 경매의 목적이 된 권리의 전부 또는 일부가 타인에게 속하는 등의 하자로 경락인이 완전한 소유권을 취득할 수 없거나 이를 잃게 되는 경우에 인정되는 것이고, 경매절차 자체가 무효인 경우에는 경매의 채무자나 채권자의 담보책임은 인정될 여지가 없다.(대판 1993.5.25, 92다15574)

2. 구분소유적 공유지분에 설정된 근저당권의 실행과 경락인의 공유지분 취득 경락에 의한 소유권취득은 성질상 승계취득이므로 하나의 토지 중 특정부분에 대한 구분소유적 공유관계를 표상하는 공유지분등기에 근저당권이 설정된 후 그 근저당권의 실행에 의하여 위 공유지분을 취득한 경락인은 구분소유적 공유지분을 그대로 취득한다고 할 것이다.(대판 1991.8.27, 91다3703)

3. 경락명의인과 경락대금의 실질적 부담자가 서로 다른 경우의 소유권취득자 부동산경매절차에서 부동산을 매수하려는 사람이 다른 사람과 자신이 매각대금을 부담하여 다른 사람 명의로 매각허가결정을 받고 나중에 그 부동산의 반환을 요구한 때에 이를 반환받기로 약정한 다음 그 다른 사람을 매수인으로 한 매각허가가 이루어진 경우, 그 경매절차에서 매수인의 지위에 서게 되는 사람은 그 명의인이므로 그가 대내외적으로 경매 목적 부동산의 소유권을 취득하고, 위 부동산을 양도함에 따른 양도소득은 특별한 사정이 없는 한 그 소유자인 명의인에게 귀속되는 것이 원칙이다. 다만, 부동산 경매절차에서 매수대금을 부담한 사람이 다른 사람 명의로 매각허가결정을 받은 후에 자신의 의사에 따라 위 부동산을 제3자에게 양도하여 그 양도대금을 모두 수령하고 명의인은 매수대금을 부담한 사람에게 위 부동산을 반환하기로 한 약정의 이행으로서 직접 위 제3자에게 소유권이전등기를 경료하여 준 경우에는 그 매수대금을 부담한 사람이 양도소득을 사실상 지배 · 관리 · 처분할 수 있는 지위에 있어 '사실상 소득을 얻은 자'라고 할 것이므로 실질과세의 원칙상 그 매수대금을 부담한 사람이 양도소득세 납세의무를 진다.(대판 2010.11.25, 2009다19564)

제136조【부동산의 인도명령 등】 ① 법원은 매수인이 대금을 낸 뒤 6월 이내에 신청하면 채무

자·소유자 또는 부동산 점유자에 대하여 부동산을 매수인에게 인도하도록 명할 수 있다. 다만, 점유자가 매수인에게 대항할 수 있는 권원에 의하여 점유하고 있는 것으로 인정되는 경우에는 그러하지 아니하다.

② 법원은 매수인 또는 채권자가 신청하면 매각허가가 결정된 뒤 인도할 때까지 관리인에게 부동산을 관리하게 할 것을 명할 수 있다.

③ 제2항의 경우 부동산의 관리를 위하여 필요하면 법원은 매수인 또는 채권자의 신청에 따라 담보를 제공하게 하거나 제공하게 하지 아니하고 제1항의 규정에 준하는 명령을 할 수 있다.

④ 법원이 채무자 및 소유자 외의 점유자에 대하여 제1항 또는 제3항의 규정에 따른 인도명령을 하려면 그 점유자를 심문하여야 한다. 다만, 그 점유자가 매수인에게 대항할 수 있는 권원에 의하여 점유하고 있지 아니함이 명백한 때 또는 이미 그 점유자를 심문한 때에는 그러하지 아니하다.

⑤ 제1항 내지 제3항의 신청에 관한 결정에 대하여는 즉시항고를 할 수 있다.

⑥ 채무자·소유자 또는 점유자가 제1항과 제3항의 인도명령에 따르지 아니할 때에는 매수인 또는 채권자는 집행관에게 그 집행을 위임할 수 있다.

■ ① 대금지급기일(142①), 매수인의 불이행과 재매각(138), ② 매각허가결정(126①·128), 인도명령(56ⅰ), ④ 심문(23①, 민소134), ⑤ 즉시항고(15), ⑥ 인도집행

1. 경매부동산 인도명령에 대한 이의사유와 그 재판의 효력 경매부동산 인도명령에 대한 이의는 경매절차상의 형식적 하자를 사유로 하여야 하고, 이에 대한 재판은 그 이의가 비록 실체법상의 이유에 기한 경우라도 단지 경매법에 의하여 당해 부동산의 인도명령을 청구할 수 있는가의 여부를 판단함에 그치고 실체법상의 법률관계를 확정하는 것이 아니므로 이의의 이유가 된, 소유권에 기한 인도청구권의 존부는 이의재판에 의하여 확정되지 아니한다.(대판 1981.12.8, 80다2821)

2. 경매절차에서의 어업권 취득과 수산업법 소정의 인가 여부 수산 18조 1항은 어업권을 이전할 경우에는 어업권의 등록일부터 일정기간이 경과한 후 시장·군수 등 관청의 인가를 받아야 한다는 취지로 규정하고 있는바, 사인 간의 법률행위에 의한 경우는 물론이고 구 민사소송법에 따른 경매에 의하여 어업권이 이전되는 경우에도 시장·군수 등의 인가가 필요하다고 해석되므로, 만약 최고가의 입찰인이 낙찰허가결정에 즈음하여 시장·군수의 인가를 받지 못한다면 유효하게 어업권을 이전받을 수 없을 것이고, 이러한 사유는 인도명령의 발령에 있어서도 장애가 될 것이나, 낙찰인이 나중에라도 시장·군수의 인가를 받는다면 유효하게 어업권을 취득할 수 있게 되고 인도명령을 받을 수 있게 된다.(대결 2002.1.21, 2001마6076)

3. 경락부동산을 매수한자가 경락인을 대위하여 부동산의 인도를 청구할 수 있는지 여부 본조(구 민소 647조)에 규정된 경매부동산의 인도청구는 경락인에게 허용된 경매절차상의 권리에 속하는 것이므로 제3자가 경락인으로부터 경락부동산의 소유권을 취득하였다 하더라도 그 제3자가 승계를 이유로 위 법조에 규정된 인도청구를 할 수 없다.(대결 1966.9.10, 66마713)

4. 채무자에 대한 부동산 인도명령의 집행력이 미치는 인적 범위 부동산의 인도명령의 상대방이 채무자인 경우에 그 인도명령의 집행력은 당해 채무자는 물론 채무자와 한 세대를 구성하며 독립된 생계를 영위하지 아니하는 가족과 같이 그 채무자와 동일시되는 자에게도 미친다.(대판 1998.4.24, 96다30786)

5. 소유자의 동의 없이 유치권의 목적물을 임차한 자의 점유와 경락인에게 대항할 수 있는 권원 유치권의 성립요건인 유치권자의 점유는 직접점유이든 간접점유이든 관계없지만, 유치권자는 채무자의 승낙이 없는 이상 그 목적물을 타에 임대할 수 있는 처분권한이 없으므로(민 324조 2항 참조), 유치권자의 그러한 임대행위는 소유자의 처분권한을 침해하는 것으로서 소유자에게 그 임대의 효력을 주장할 수 없고, 따라서 소유자의 동의 없이 유치권자로부터 유치권의 목적물을 임차한 자의 점유는 구 민소(2002.1.26. 법률 제6626호로 전문 개정되기 전의 것) 647조 1항 단서에서 규정하는 '경락인에게 대항할 수 있는 권원'에 기한 것이라고 볼 수 없다.(대결 2002.11.27, 2002마3516)

6. 사회복지법인의 기본재산인 부동산에 관한 낙찰과 주무관청의 허가 사회복지법인의 기본재산의 매도, 담보제공 등에 관한 사회복지 23조 3항의 규정은 강행규정으로서 사회복지법인이 이에 위반하여 주무관청의 허가를 받지 않고 그 기본재산을 매도하더라도 효력이 없으므로, 법원의 부동산 임의경매절차에서 사회복지법인의 기본재산인 부동산에 관한 낙찰이 있었고 낙찰대금이 완납되었다 하더라도 위 낙찰에 대하여 주무관청의 허가가 없었다면 그 부동산에 관한 소유권은 사회복지법인으로부터 낙찰인에게로 이전되지 아니한다.(대결 2003.9.26, 2002마4353)

제137조【차순위매수신고인에 대한 매각허가여부결정】

① 차순위매수신고인이 있는 경우에 매수인이 대금지급기한까지 그 의무를 이행하지 아니한 때에는 차순위매수신고인에게 매각을 허가할 것인지를 결정하여야 한다. 다만, 제142조제4항의 경우에는 그러하지 아니하다.

② 차순위매수신고인에 대한 매각허가결정이 있는 때에는 매수인은 매수신청의 보증을 돌려 줄 것을 요구하지 못한다.

■ ① 차순위 매수신고인(114), 대금지급기한(142②), 대금지급기한의 재결정(142④), 매각허가결정(126·128), ② 매수신청의 보증(113), 재매각에서의 매수인의 제재(138④)

제138조【재매각】

① 매수인이 대금지급기한 또는 제142조제4항의 다시 정한 기한까지 그 의무를 완전히 이행하지 아니하였고, 차순위매수신고인이 없는 때에는 법원은 직권으로 부동산의 재매각을 명하여야 한다.

② 재매각절차에도 종전에 정한 최저매각가격, 그 밖의 매각조건을 적용한다.

③ 매수인이 재매각기일의 3일 이전까지 대금, 그 지급기한이 지난 뒤부터 지급일까지의 대금에 대한 대법원규칙이 정하는 이율에 따른 지연이자와 절차비용을 지급한 때에는 재매각절차를 취소하여야 한다. 이 경우 차순위매수신고인이 매각허가결정을 받았던 때에는 위 금액을 먼저 지급한 매수인이 매매목적물의 권리를 취득한다.

④ 재매각절차에서는 전의 매수인은 매수신청을 할 수 없으며 매수신청의 보증을 돌려 줄 것을 요구하지 못한다.

■ ① 매각대금(147①ⅰ), 대금지급기한(142①②), 대금지급기한의 재결

정(142④, 민집규56), ② 최저매각가격(97·119), 특별매각조건(110–112), ③ 기간(23, 민소170), 매각조건(147①ⅰ), 지연이자(147①ⅱ, 민집규75), ④ 담보제공의무(113①), 매각대금에 산입(147①ⅴ)

1. 법원이 직권으로 경락허가 결정을 취소하는 경우와 구 민소 648조의 적용여부 구 민소(90.1.13. 법률 제4201호로 개정 전) 648조의 규정은 경매절차에 하자가 있어 법원의 직권으로 경락허가결정을 취소하여 새로 경매를 진행하는 경우에는 해당하지 아니한다.(대결 1968.9.30, 68마890)

2. 구 민소 648조 2항 소정의 '최저 경매가격 기타 매각조건'의 의미 재경매는 종전의 경매절차를 속행하는 것으로서, 민소 648조 2항에 의하여 재경매명령 후 최초의 재경매기일에 적용되는 최저경매가격 기타 매각조건은 전 경락인이 최고가매수신고인으로 호창받은 경매기일에서 정하여졌던 최저경매가격 기타 매각조건을 가리킨다.(대결 1998.10.28, 98마1817)

3. 재경매절차의 취소를 구하기 위하여 채무인수 방식에 의한 특별지급방법의 허용 여부(소극) 구 민소 648조 4항이 재경매절차의 취소를 규정하고 있는 취지는, 재경매절차라는 것이 전 경락인의 대금지급의무의 불이행에 기인하는 것이어서 그 전 경락인이 법정의 대금 등을 완전히 지급하려고 하는 이상 구태여 번잡하고 시일을 요하는 재경매절차를 반복하는 것보다는 최초의 경매절차를 되살려서 그 대금 등을 수령하는 것이 신속한 절차진행을 위하여 합당하기 때문인바, 이와 같은 입법 취지에 비추어 볼 때, 전 경락인이 위 법조문에 근거한 재경매절차의 취소를 구하기 위하여 법정의 대금 등을 지급함에 있어 같은 법 660조 1항이 규정하고 있는 채무인수의 방식에 의한 특별지급방법은 허용될 수 없다.(대결 1999.11.17, 99마2551)

제139조 【공유물지분에 대한 경매】 ① 공유물지분을 경매하는 경우에는 채권자의 채권을 위하여 채무자의 지분에 대한 경매개시결정이 있음을 등기부에 기입하고 다른 공유자에게 그 경매개시결정이 있다는 것을 통지하여야 한다. 다만, 상당한 이유가 있는 때에는 통지하지 아니할 수 있다.

② 최저매각가격은 공유물 전부의 평가액을 기본으로 채무자의 지분에 관하여 정하여야 한다. 다만, 그와 같은 방법으로 정확한 가치를 평가하기 어렵거나 그 평가에 부당하게 많은 비용이 드는 등 특별한 사정이 있는 경우에는 그러하지 아니하다.

▣ ① 공유물 지분(민262·263·266), 지분등기(등기44), 경매개시결정(83–86), 공유지분매각에서의 특칙(140), ② 최저매각가격결정(97)

1. 공유물지분의 경매 시 다른 공유자에게의 경매기일 통지 경매법원은 공유물의 지분을 경매함에 있어 다른 공유자에게 경매기일과 경락기일을 통지하여야 하므로 경매부동산의 다른 공유자들이 그 경매기일을 통지받지 못한 경우에는 이해관계인으로서 그 절차상의 하자를 들어 항고를 할 수 있다.(대결 1998.3.4, 97마962)

2. 다른 공유자에게 통지 없이 경매절차가 종료된 경우 추완신청에 의하여 경락허가결정을 취소할 수 있는지의 여부 공유물지분을 강제경매하면서 다른 공유자에게 이를 통지하지 아니함으로써 우선경락할 수 있는 기회를 주지 않은 절차상의 흠결이 있다 하여도 이미 그 경락허가가 확정되어 경락대금이 납부되고 배당절차가 종료됨으로써 경매절차가 완료된 이상 공유자의 추완신청에 의하여 경락허가결정을 취소할 수는 없다 할 것이다.(대결 1969.10.27, 69마922)

3. 경락대금 완납 후 경락허가결정에 대한 추완항고가 받아들여진 경우 경매절차의 확정 여부(소극) 공유자에 대한 통지 누락 등 경매절차상의 하자로 인하여 경락허가결정에 대한 추완항고가 받아들여지면 경락허가결정은 확정되지 아니하고 따라서 그 이전에 이미 경락허가결정이 확정된 것

으로 알고 경매법원이 경락대금 납부기일을 정하여 경락인으로 하여금 경락대금을 납부하도록 하였더라도 이는 적법한 경락대금의 납부가 될 수 없다.(대판 2007.12.27, 2005다62747)

4. 구분소유적 공유지분에 대한 입찰에서의 감정평가의 대상 1동의 건물 중 위치 및 면적이 특정되고 구조상 및 이용상 독립성이 있는 일부분씩을 2인 이상이 구분소유하기로 하는 약정을 하고 등기만은 편의상 각 구분소유의 면적에 해당하는 비율로 공유지분등기를 하여 놓은 경우 공유자들 사이에 상호 명의신탁관계에 있는 이른바 구분소유적 공유관계에 해당하고, 낙찰에 의한 소유권취득은 성질상 승계취득이어서 1동의 건물 중 특정부분에 대한 구분소유적 공유관계를 표상하는 공유지분을 목적으로 하는 근저당권이 설정된 후 그 근저당권의 실행에 의하여 위 공유지분을 취득한 낙찰자는 구분소유적 공유지분을 그대로 취득하는 것이므로, 건물에 관한 구분소유적 공유지분에 대한 입찰을 실시하는 집행법원으로서는 감정인에게 위 건물의 지분에 대한 평가가 아닌 특정 구분소유 목적물에 대한 평가를 하게 하고 그 평가액을 참작하여 최저입찰가격을 정한 후 입찰을 실시하여야 한다.(대결 2001.6.15, 2000마2633)

제140조 【공유자의 우선매수권】 ① 공유자는 매각기일까지 제113조에 따른 보증을 제공하고 최고매수신고가격과 같은 가격으로 채무자의 지분을 우선매수하겠다는 신고를 할 수 있다.

② 제1항의 경우에 법원은 최고가매수신고가 있더라도 그 공유자에게 매각을 허가하여야 한다.

③ 여러 사람의 공유자가 우선매수하겠다는 신고를 하고 제2항의 절차를 마친 때에는 특별한 협의가 없으면 공유지분의 비율에 따라 채무자의 지분을 매수하게 한다.

④ 제1항의 규정에 따라 공유자가 우선매수신고를 한 경우에는 최고가매수신고인을 제114조의 차순위매수신고인으로 본다.

▣ ① 매수신청의 보증(113), 매각기일(104·119), 최고매수신고가격(115·116), 우선매수권행사 절차(민집규76), ② 매각허가결정(128), ③ 공유지분의 경매(139), 공유지분(민262·263·266), ④ 차순위 매수신고(114)

1. 입찰에 있어 공유자의 우선매수신고 및 보증의 제공의 시한 구 민소 650조 1항은, 공유자는 경매기일까지 보증을 제공하고 최고매수신고가격과 동일한 가격으로 채무자의 지분을 우선매수할 것을 신고할 수 있다고 규정하고, 같은 조 2항은, 1항의 경우에 법원은 최고가매수신고에 불구하고 그 공유자에게 경락을 허가하여야 한다고 규정하고 있는바, 이와 같은 공유자의 우선매수권은 일단 최고가매수신고인이 결정된 후에 공유자에게 그 가격으로 경락 내지 낙찰을 받을 수 있는 기회를 부여하는 제도이므로, 입찰의 경우에도 공유자의 우선매수신고 및 보증의 제공은 집행관이 입찰의 종결을 선언하기 전까지이기만 하면 되고 입찰마감시각까지로 제한할 것은 아니다. 따라서 공유자가 입찰기일 이전에 집행법원 또는 집행관에게 공유자우선매수신고서를 제출하는 방식으로 우선매수신고를 한 경우에도 반드시 이와 동시에 입찰보증금(최고가입찰자가 제공하게 될 입찰보증금 이상의 금액)을 집행관에게 제공하여야만 적법한 우선매수신고를 한 것으로 볼 것은 아니고, 우선매수신고만을 제출하거나 최고가입찰자가 제공한 입찰보증금에 미달하는 금액의 보증금을 제공한 경우에도 입찰기일에 입찰법정에서 집행관은 최고가입찰자와 그 입찰가격을 호창하고 입찰의 종결선언을 하기 전에 그 우선매수신고자의 출석 여부를 확인한 다음, 최고가입찰자의 입찰가격으로 매수할 의사가 있는지 여부를 확인하여 즉시 입찰보증금을 제공 또는 추가제공하도록 하는 등

으로 그 최고입찰가격으로 매수할 기회를 주어야 할 것이다.(대결 2002.6.17, 2002마234)

2. 공유자가 우선매수권을 행사한 경우, 최고가입찰자가 더 높은 입찰가격을 제시할 수 있는지 여부(소극) 구 민소(2002. 1. 26. 법률 제6626호로 전문 개정되기 전의 것) 663조 2항에 의하면 입찰에 준용되는 같은 법 650조 1항, 2항은 공유자가 우선매수권을 행사한 경우 법원은 그 공유자에게 경락을 허가하여야 한다고 규정하고 있고, 최고가입찰자로 하여금 당해 입찰기일에서 더 높은 입찰가격을 제시하도록 하는 것은 입찰의 본질에 반하는 것이며, 공유자와 최고가입찰자가 참여하여 더 높은 입찰가격 내지 호가를 제시할 수 있는 새로운 입찰기일 등에 관한 절차규정도 없으므로, 공유자가 우선매수권을 행사한 경우에 최고가입찰자는 더 높은 입찰가격을 제시할 수 없다.(대결 2004.10.14, 2004마581)

3. 일괄매각결정과 공유자의 우선매수권 행사의 가부 집행법원이 여러 개의 부동산을 일괄매각하기로 결정한 경우, 집행법원이 일괄매각결정을 유지하는 이상 매각대상 부동산 중 일부에 대한 공유자는 특별한 사정이 없는 한 매각대상 부동산 전체에 대하여 공유자의 우선매수권을 행사할 수 없다고 봄이 상당하다.(대결 2006.3.13, 2005마1078)

제141조 【경매개시결정등기의 말소】 경매신청이 매각허가 없이 마쳐진 때에는 법원사무관등은 제94조와 제139조제1항의 규정에 따른 기입을 말소하도록 등기관에게 촉탁하여야 한다.

■ 경매개시결정의 등기(94), 공유물지분에 대한 경매의 등기(139①), 매각을 허가하지 않은 경우(93 · 102), 매각불허결정(123 · 126 · 132), 파입매각(124), 촉탁등기(27), 말소촉탁비용(민집규77)

제142조 【대금의 지급】 ① 매각허가결정이 확정되면 법원은 대금의 지급기한을 정하고, 이를 매수인과 차순위매수신고인에게 통지하여야 한다.
② 매수인은 제1항의 대금지급기한까지 매각대금을 지급하여야 한다.
③ 매수신청의 보증으로 금전이 제공된 경우에 그 금전은 매각대금에 넣는다.
④ 매수신청의 보증으로 금전 외의 것이 제공된 경우로서 매수인이 매각대금중 보증액을 뺀 나머지 금액만을 낸 때에는, 법원은 보증을 현금화하여 그 비용을 뺀 금액을 보증액에 해당하는 매각대금 및 이에 대한 지연이자에 충당하고, 모자라는 금액이 있으면 다시 대금지급기한을 정하여 매수인으로 하여금 내게 한다.
⑤ 제4항의 지연이자에 대하여는 제138조제3항의 규정을 준용한다.
⑥ 차순위매수신고인은 매수인이 대금을 모두 지급한 때 매수의 책임을 벗게 되고 즉시 매수신청의 보증을 돌려 줄 것을 요구할 수 있다.

■ ① 대금지급기한(민집규78), 매수신고인의 송달영수인신고(118), ③ 매수신청의 보증(113), ④ 특별한 지급방법(143①), ⑤ 지연이자(138③), ⑥ 보증의 반환불능(130⑥ · 137② · 138④)

1. 경락인이 채무자와 합의하여 경락대금을 납부하지 않겠다는 내용의 포기서를 경매법원에 제출한 경우의 효력 경락인이 경락대금지급기일 이전에 채무자와 합의하여 그 경락인의 권리의무를 포기하고 경락대금을 기일에 납부하지 않겠다는 내용의 포기서를 경매법원에 제출하였다고 하여도 그것만으로는 그가 그 대금지급기일에 그 경락대금을 지급할 권리의무를 상실하였다고 할 수 없다.(대결 1971.5.10, 71

마283)

2. 경락허가결정 확정 전에 한 대금지급기일 지정의 효력 경매법원의 경락허가결정에 대하여 이해관계인으로부터 즉시항고가 제기되어 위 경락허가결정이 확정되지 아니한 경우, 경매법원은 대금지급기일을 지정할 수 없는 것이고, 설사 경락허가결정 확정 전의 일자로 대금지급기일의 지정이 있었다고 하더라도 그 기일 지정은 아무런 효력이 없고, 따라서 그 기일에 경락인이 경락대금을 납부하지 아니하였다 하더라도 경락허가결정이 그 효력을 상실하는 것은 아니다.(대판 1992.2.14, 91다40160)

제143조 【특별한 지급방법】 ① 매수인은 매각조건에 따라 부동산의 부담을 인수하는 외에 배당표(配當表)의 실시에 관하여 매각대금의 한도에서 관계채권자의 승낙이 있으면 대금의 지급에 갈음하여 채무를 인수할 수 있다.
② 채권자가 매수인인 경우에는 매각결정기일이 끝날 때까지 법원에 신고하고 배당받아야 할 금액을 제외한 대금을 배당기일에 낼 수 있다.
③ 제1항 및 제2항의 경우에 매수인이 인수한 채무나 배당받아야 할 금액에 대하여 이의가 제기된 때에는 매수인은 배당기일이 끝날 때까지 이에 해당하는 대금을 내야 한다.

■ ① 매수인(114 · 128 · 137), 배당표실시(159), ② 매각결정기일(104 · 109), 배당기일(146), ③ 배당 금액(147), 이의(151)

1. 재경매절차의 취소를 구하기 위하여 채무인수 방식에 의한 특별지급방법의 허용 여부(소극) 구 민소 648조 4항이 재경매절차의 취소를 규정하고 있는 취지는, 재경매절차라는 것이 전 경락인의 대금지급의무의 불이행에 기인하는 것이어서 그 전 경락인이 법정의 대금 등을 완전히 지급하려고 하는 이상 구태여 번잡하고 시일을 요하는 재경매절차를 반복하는 것보다는 최초의 경매절차를 되살려서 그 대금 등을 수령하는 것이 신속한 절차진행을 위하여 합당하기 때문인바, 이와 같은 입법 취지에 비추어 볼 때, 전 경락인이 위 법조문에 근거한 재경매절차의 취소를 구하기 위하여 법정의 대금 등을 납부함에 있어 같은 법 660조 1항이 규정하고 있는 채무인수의 방식에 의한 특별지급방법은 허용될 수 없다.(대결 1999.11.17, 99마2551)

제144조 【매각대금 지급 뒤의 조치】 ① 매각대금이 지급되면 법원사무관등은 매각허가결정의 등본을 붙여 다음 각호의 등기를 촉탁하여야 한다.
1. 매수인 앞으로 소유권을 이전하는 등기
2. 매수인이 인수하지 아니한 부동산의 부담에 관한 기입을 말소하는 등기
3. 제94조 및 제139조제1항의 규정에 따른 경매개시결정등기를 말소하는 등기
② 매각대금을 지급할 때까지 매수인과 부동산을 담보로 제공받으려고 하는 사람이 대법원규칙으로 정하는 바에 따라 공동으로 신청한 경우, 제1항의 촉탁은 등기신청의 대리를 업으로 할 수 있는 사람으로서 신청인이 지정하는 사람에게 촉탁서를 교부하여 등기소에 제출하도록 하는 방법으로 하여야 한다. 이 경우 신청인이 지정하는 사람은 지체 없이 그 촉탁서를 등기소에 제출하여야 한다. (2010.7.23 본항신설)
③ 제1항의 등기에 드는 비용은 매수인이 부담한다.

(2010.7.23 본항개정)

① 매수인의 소유권취득(135, 민187, 등기2·34), 매수인이 인수하지 아니한 부담의 소멸(91), 경매개시결정의 등기(94), 공유물지분에 대한 경매(139①) ② 집행비용부담(53)

1. 경락대금을 완납한 경락인의 종전 소유자를 상대로 한 소유권이전등기 청구소송의 이익 경락대금을 완납한 경락인은 구 민소 661조 1항의 규정에 의하여 경매법원이 경락한 부동산에 대하여 경락인 앞으로의 소유권이전등기를 촉탁함으로써 소유권이전등기를 경료받을 수 있는 것이므로 굳이 종전 소유자 등을 상대로 경락을 원인으로 한 소유권이전등기절차의 이행을 소구할 이익이 없다.(대판 1999.7.9, 99다17272)

2. 가등기에 앞서 근저당권설정등기가 경료되어 있는 부동산이 소유자의 지방세 체납으로 공매되어 매수대금이 완납된 경우 가등기의 존속 여부 동산에 관하여 원고 명의로 소유권이전청구권보전을 위한 가등기가 경료되기에 앞서서 소외인 명의로 근저당권설정등기가 경료되어 있었고 그 후 소유자의 지방세 체납으로 인한 압류처분에 터 잡아 공매가 실시되어 그 매수인이 매수대금을 완납하였다면 공매 당시에 위 가등기보다 선순위로서 존재하였던 위 근저당권은 소멸하고 이에 따라 후순위인 위 가등기상의 권리도 소멸한다고 보아야 할 것이므로 위 가등기는 말소촉탁의 대상이 되는 것이고, 위 가등기가 우연한 사정으로 인하여 말소되지 아니하고 있다가 후일 이에 기한 소유권이전등기가 경료되었다 하더라도 위 가등기는 순위보전적 효력이 없다.(대판 1990.7. 10, 89다7443)

3. 법원의 촉탁에 의한 등기말소의 경우 이해관계 있는 제3자의 승낙서 필요 여부(소극) 집행법원의 촉탁에 의하여 등기를 말소하는 경우에는 등기 171조의 등기상 이해관계 있는 제3자의 승낙서 또는 이에 대항할 수 있는 재판의 등본을 첨부할 필요가 없다.(대결 1984.12.31, 84마473)

4. 선순위 가압류등기 후 목적 부동산의 소유권이 이전되고 신소유자의 채권자가 경매신청을 하여 매각된 경우 위 가압류등기가 말소촉탁의 대상이 되는지 여부의 판단 기준 부동산에 대한 선순위 가압류등기 후 가압류목적물의 소유권이 제3자에게 이전되고 그 후 제3취득자의 채권자가 경매를 신청하여 매각된 경우, 가압류채권자는 그 매각절차에서 당해 가압류목적물의 매각대금 중 가압류결정 당시의 청구금액을 한도로 배당을 받을 수 있고, 이 경우 종전 소유자를 채무자로 한 가압류등기는 말소촉탁의 대상이 될 수 있다. 그러나 경우에 따라서는 집행법원이 종전 소유자를 채무자로 하는 가압류등기의 부담을 매수인이 인수하는 것을 전제로 하여 위 가압류채권자를 배당절차에서 배제하고 매각절차를 진행시킬 수도 있으며, 이와 같이 매수인이 위 가압류등기의 부담을 인수하는 것을 전제로 매각절차를 진행시킨 경우에는 위 가압류의 효력이 소멸하지 아니하므로 집행법원의 말소촉탁 대상이 될 수 없다. 따라서 종전 소유자를 채무자로 하는 가압류등기가 이루어진 부동산에 대하여 매각절차가 진행되었다는 사정만으로 위 가압류의 효력이 소멸하였다고 단정할 수 없고, 구체적인 매각절차를 살펴 집행법원이 위 가압류등기의 부담을 매수인이 인수하는 것을 전제로 하여 매각절차를 진행하였는지 여부에 따라 위 가압류 효력의 소멸 여부를 판단하여야 한다.(대판 2007.4.13, 2005다8682)

제145조【매각대금의 배당】 ① 매각대금이 지급되면 법원은 배당절차를 밟아야 한다.

② 매각대금으로 배당에 참가한 모든 채권자를 만족하게 할 수 없는 때에는 법원은 민법·상법, 그 밖의 법률에 의한 우선순위에 따라 배당하여야 한다.

■ ① 매각허가결정(126①·128), 매각대금(142·143), 배당할 금액(147), ② 배당에 참여하는 채권자(84·88①·90 i·148·150), 민법이 인정하는 우선권(민303·329·356·648-650), 상법이 정한 우선권(상339·340·468·560·583②·858·861·871), 특별법이 정한 우선권(국세기35, 지방세31, 주택임대3의2②·8①), 상가임대(5②), 근로37, 국민연금81, 국민건강73)

1. 대지와 건물이 일괄매각된 경우 배당받을 채권자가 다른 때의 배당표의 작성방법 대지와 건물을 일괄경매하더라도 배당절차는 기본적으로 개별경매의 경우와 다르지 않으므로, 대지와 건물을 개별경매하는 경우와 마찬가지로 대지에 대한 권리자는 대지매각대금에서, 건물에 대한 권리자는 건물매각대금에서 각 배당을 받아야 하고, 따라서 대지와 건물을 일괄매각하는 경우 각 재산의 매각대금에서 배당받을 채권자 및 채권이 다른 때에는 각 부동산의 매각대금마다 구분하여 이른바 개별배당재단을 형성한 후 각 대금마다 따로 배당표를 작성하여야 하며, 이 경우 배당표에 대한 이의는 각 물건마다 작성된 배당표를 대상으로 따로 처리하여야 하는 것이고, 설령 대지와 건물에 대한 배당표가 하나로 작성되었다고 하더라도 이는 대지매각대금에 대한 배당표와 건물매각대금에 대한 배당표의 각 채권자의 배당액이 합산되어 하나로 작성된 것에 불과하므로, 대지 매각대금이 모두 대지에 대한 권리자들에게 배당되었는데, 다만 그들 사이의 배당순위만 문제되는 경우 대지에 대한 선순위 채권자로서 배당을 받지 못한 자는 대지의 후순위 채권자로서 선순위 채권자에 우선하여 배당받은 채권자를 상대로 배당이의를 할 수 있는 것이고, 후순위권자가 건물매각대금으로부터 배당을 받을 수 있어서 결과적으로 후순위 채권자의 배당액에 변경이 없을 것이라고 하여 달리 볼 것이 아니다.(대판 2003.9.5, 2001다66291)

제146조【배당기일】 매수인이 매각대금을 지급하면 법원은 배당에 관한 진술 및 배당을 실시할 기일을 정하고 이해관계인과 배당을 요구한 채권자에게 이를 통지하여야 한다. 다만, 채무자가 외국에 있거나 있는 곳이 분명하지 아니한 때에는 통지하지 아니한다.

■ 매각대금의 지급(142·143), 이해관계인(90), 배당받을 채권자(148)

제147조【배당할 금액 등】 ① 배당할 금액은 다음 각호에 규정한 금액으로 한다.

1. 대금

2. 제138조제3항 및 제142조제4항의 경우에는 대금지급기한이 지난 뒤부터 대금의 지급·충당까지의 지연이자

3. 제130조제6항의 보증(제130조제8항에 따라 준용되는 경우를 포함한다.)

4. 제130조제7항 본문의 보증 가운데 항고인이 돌려 줄 것을 요구하지 못하는 금액 또는 제130조제7항 단서의 규정에 따라 항고인이 낸 금액(각각 제130조제8항에 따라 준용되는 경우를 포함한다.)

5. 제138조제4항의 규정에 의하여 매수인이 돌려줄 것을 요구할 수 없는 보증(보증이 금전 외의 방법으로 제공되어 있는 때에는 보증을 현금화하여 그 대금에서 비용을 뺀 금액)

② 제1항의 금액 가운데 채권자에게 배당하고 남은 금액이 있으면, 제1항제4호의 금액의 범위안에서 제1항제4호의 보증 등을 제공한 사람에게 돌려준다.

③ 제1항의 금액 가운데 채권자에게 배당하고 남은

금액으로 제1항제4호의 보증 등을 돌려주기 부족한 경우로서 그 보증 등을 제공한 사람이 여럿인 때에는 제1항제4호의 보증 등의 비율에 따라 나누어 준다.

■ ① 대금(142), 차순위 매수신고인의 보증(137②, 민집규79), 지연이자 (133③·142④), 보증금(130⑥·130⑧·138④, 민집규80②)

1. 가등기된 사실을 간과한 채 경매절차가 진행되어 채권자가 경락대금 중에서 채권의 변제로 교부받은 배당금이 부당이득인지 여부(소극) 소유권이전등기청구권 보전의 가등기가 경료된 부동산에 대하여 가등기가 되어 있는 사실을 간과한 채 경매절차가 진행되었다 하더라도 그와 같은 사정만으로는 경락허가결정이 무효로 되는 것이 아니므로, 채권자가 그 경락허가결정에 따라 납입된 경락대금 중에서 채권의 변제로 배당금을 교부받은 것을 법률상 원인 없이 이익을 얻었다고 볼 수 없다.(대판 1992.10.27, 92다5065)

제148조【배당받을 채권자의 범위】 제147조제1항에 규정한 금액을 배당받을 채권자는 다음 각호에 규정된 사람으로 한다.

1. 배당요구의 종기까지 경매신청을 한 압류채권자
2. 배당요구의 종기까지 배당요구를 한 채권자
3. 첫 경매개시결정등기전에 등기된 가압류채권자
4. 저당권·전세권, 그 밖의 우선변제청구권으로서 첫 경매개시결정등기전에 등기되었고 매각으로 소멸하는 것을 가진 채권자

■ 배당할 금액(147①), 경매신청채권자(80), 배당요구채권자(88), 매각으로 소멸된 채권자(91)

1. 근저당권설정등기가 위법하게 말소되어 경매절차에서 배당받지 못한 근저당권자의 구제방법 등기는 물권의 효력발생요건이고 존속요건은 아니어서 등기가 원인 없이 말소된 경우에는 그 물권의 효력에 아무런 영향이 없고, 그 회복등기가 마쳐지기 전이라도 말소된 등기의 권리명의인은 적법한 권리자로 추정되므로, 근저당권설정등기가 위법하게 말소되어 아직 회복등기를 경료하지 못한 연유로 그 부동산에 대한 경매절차의 배당기일에서 피담보채권에 해당하는 금액을 배당받지 못한 근저당권자는 배당기일에 출석하여 이의를 하고 배당이의의 소를 제기하여 구제를 받을 수 있고, 가사 배당기일에 출석하지 않음으로써 배당표가 확정되었다고 하더라도, 확정된 배당표에 의하여 배당을 실시하는 것은 실체법상의 권리를 확정하는 것이 아니기 때문에 위 경매절차에서 실제로 배당받은 자에 대하여 부당이득반환 청구로서 그 배당금의 한도 내에서 그 근저당권설정등기가 말소되지 아니하였더라면 배당받았을 금액의 지급을 구할 수 있다.(대판 2002.10.22, 2000다59678)

2. 임차권등기한 임차인과 배당을 받을 수 있는 채권자 임차권등기명령에 의하여 임차권등기를 한 임차인은 우선변제권을 가지며, 위 임차권등기는 임차인으로 하여금 기왕의 대항력이나 우선변제권을 유지하도록 해 주는 담보적 기능을 주목적으로 하고 있으므로, 위 임차권등기가 첫 경매개시결정등기 전에 등기된 경우, 배당받을 채권자의 범위에 관하여 규정하고 있는 민집 148조 4호의 '저당권·전세권, 그 밖의 우선변제청구권으로서 첫 경매개시결정 전에 등기되었고 매각으로 소멸하는 것을 가진 채권자'에 준하여 그 임차인은 별도로 배당요구를 하지 않아도 당연히 배당받을 채권자에 속하는 것으로 보아야 한다.(대판 2005.9. 15, 2005다33039)

3. 매각대금 중 근저당권의 채권최고액을 초과하는 부분의 처리 민사집행법상 경매절차에서 근저당권설정자와 채무자가 동일한 경우에 근저당권의 채권최고액은 민집 148조에 따라 배당받을 채권자나 저당목적 부동산의 제3취득자에 대한 우선변제권의 한도로서의 의미를 갖는 것에 불과하고, 그

부동산으로는 그 최고액 범위 내의 채권에 한하여서만 변제를 받을 수 있다는 이른바 책임의 한도라고까지는 볼 수 없다. 그러므로 위 148조에 따라 배당받을 채권자나 제3취득자가 없는 한 근저당권자의 채권액이 근저당권의 채권최고액을 초과하는 경우에 매각대금 중 그 최고액을 초과하는 금액이 있더라도 이는 근저당권설정자에게 반환할 것은 아니고 근저당권자의 채권최고액을 초과하는 채무의 변제에 충당하여야 한다.(대판 2009.2.26, 2008다4001)

4. 가압류집행 후 가압류목적물의 소유권이 제3자에게 이전된 경우 가압류의 처분금지적 효력이 미치는 범위 부동산에 대한 가압류집행 후 가압류목적물의 소유권이 제3자에게 이전된 경우 가압류의 처분금지적 효력이 미치는 것은 가압류결정 당시의 청구금액의 한도 안에서 가압류목적물의 교환가치이고, 위와 같은 처분금지적 효력은 가압류채권자와 제3취득자 사이에서만 있는 것이므로 제3취득자의 채권자가 신청한 경매절차에서 매각 및 경락인이 취득하게 되는 대상은 가압류목적물 전체라고 할 것이지만, 가압류의 처분금지적 효력이 미치는 매각대금 부분은 가압류채권자가 우선적인 권리를 행사할 수 있고 제3취득자의 채권자들은 이를 수인하여야 하므로, 가압류채권자는 그 매각절차에서 당해 가압류목적물의 매각대금에서 가압류결정 당시의 청구금액을 한도로 하여 배당을 받을 수 있고, 제3취득자의 채권자는 위 매각대금 중 가압류의 처분금지적 효력이 미치는 범위의 금액에 대하여는 배당을 받을 수 없다.(대판 2006.7.28, 2006다19986)

5. 담보설정행위가 사해행위로 취소된 경우 담보권자가 담보권자로서 배당받을 수 있는지 여부(소극) 채무자의 특정 채권자에 대한 담보설정행위가 사해행위로 취소 확정된 경우에는 취소채권자 및 그 취소의 효력을 받는 다른 채권자에 대한 관계에서는 무효이므로 그 소멸된 담보권자는 별도의 배당요구를 하여 배당요구채권자로서 배당받는 것은 별론으로 하고 '담보권자로서는 배당받을 수 없다고 할 것이며, 이는 사해행위취소 및 원상회복의 판결이 확정되었으나 그 담보권 등기가 말소되지 않고 있다가 경매로 인한 매각으로 말소된 경우에도 마찬가지이다.(대판 2009.12.10, 2009다56627)

6. 첫 경매개시결정등기 전에 등기된 가압류채권자로부터 피보전권리를 양수한 채권양수인의 권리 첫 경매개시결정등기 전에 등기된 가압류채권자로부터 피보전권리를 양수한 채권양수인이 경매법원에 채권신고를 하였으나 배당표가 확정되기 전까지 채권양수사실을 제대로 소명하지 못함에 따라 가압류채권자에게 배당된 경우에, 다른 배당참가 채권자가 가압류채권자의 피보전권리는 채권양수인에게 양도되어 이미 소멸하였다는 이유로 가압류채권자에게 배당된 금액에 대하여 배당이의를 제기하고 배당이의의 소를 통해 가압류채권자에게 배당된 금액을 배당받는다면 채권양수인은 그 채권자를 상대로 가압류채권자의 배당액에 관하여 부당이득반환청구를 할 수 있다.(대판 2012.4.26, 2010다94090)

제149조【배당표의 확정】 ① 법원은 채권자와 채무자에게 보여 주기 위하여 배당기일의 3일전에 배당표원안(配當表原案)을 작성하여 법원에 비치하여야 한다.

② 법원은 출석한 이해관계인과 배당을 요구한 채권자를 심문하여 배당표를 확정하여야 한다.

■ ① 배당할 금액(147), 배당표의 기재사항(150), 배당기일(146, 민집규81), ② 이해관계인(90)

1. 경매담당법관의 잘못된 배당표 작성과 국가배상책임 원심이 인정한 사실관계에 의하면, 이 사건 임의경매절차에서 경매담당 법관이 갑의 제1번 근저당권이 경매목적인 이 사건 토지 지분에 설정된 것이 아니라고 오인하여 그 기재를 누락한 채 배당표 원안을 작성한 잘못이 있고, 위 갑이

배당표 원안을 열람하거나 배당기일에 출석하여 이의를 진술하는 등 불복절차를 취하지 아니함으로써 실체적 권리관계와 다른 배당표가 그대로 확정되었음을 알 수 있으나, 담당 법관이 위법 또는 부당한 목적을 가지고 배당표를 작성, 확정하였다거나 법이 법관의 직무수행상 준수할 것을 요구하고 있는 기준을 현저하게 위반하는 등 그에게 부여된 권한의 취지에 명백히 어긋나게 그 권한을 행사하였다고 인정할 자료를 기록상 찾아볼 수 없으므로, 경매담당 법관의 위 직무행위가 국배 2조 1항에서 말하는 위법한 행위로서 불법행위를 구성한다고 할 수 없다.(대판 2001.4.24, 2000다16114)

제150조 【배당표의 기재 등】 ① 배당표에는 매각대금, 채권자의 채권의 원금, 이자, 비용, 배당의 순위와 배당의 비율을 적어야 한다.

② 출석한 이해관계인과 배당을 요구한 채권자가 합의한 때에는 이에 따라 배당표를 작성하여야 한다.

■ ① 매각대금(147·137②), 민집규79), 집행비용(53①), 배당순위(145②), ② 이해관계인(90)

1. 배당표 확정 전까지 가압류청구채권이 우선권 있는 임금채권임을 증명하면 우선배당을 받을 수 있는지 여부(적극) 근로기준법에 의하여 우선변제청구권을 갖는 임금채권자라고 하더라도 원칙적으로 경락기일까지 배당요구를 하여야만 우선배당을 받을 수 있는 것이 원칙이나, 경매절차개시 전의 부동산가압류권자는 배당요구를 하지 않았더라도 당연히 배당요구를 한 것과 동일하게 취급하여 설사 그가 별도로 채권계산서를 제출하지 아니하였다 하여도 배당에서 제외하여서는 안 되는 것인바, 민사집행절차의 안정성을 보장하여야 하는 절차법적 요청과 근로자의 임금채권을 보호하여야 하는 실체법적 요청을 형량하여 보면 근로기준법상 우선변제청구권이 있는 임금채권자가 경매절차 개시 전에 경매 목적 부동산을 가압류한 경우에는 경락 시까지 우선권 있는 임금채권임을 소명하지 않았다고 하더라도 배당표가 확정되기 전까지 그 가압류의 청구채권이 우선권 있는 임금채권임을 증명하면 우선배당을 받을 수 있다고 해석하여야 한다.(대판 2002.5.14, 2002다4870)

2. 가압류채권자와 근저당권자 및 근저당권설정등기 후 강제경매신청을 한 압류채권자 사이의 배당순위 부동산에 대하여 가압류등기가 먼저 되고 나서 근저당권설정등기가 마쳐진 경우에 그 근저당권등기는 가압류에 의한 처분금지의 효력 때문에 그 집행보전의 목적을 달성하는 데 필요한 범위 안에서 가압류채권자에 대한 관계에서만 상대적으로 무효이고, 이 경우 가압류채권자와 근저당권자 및 근저당권설정등기 후 강제경매신청을 한 압류채권자 사이의 배당관계에서 근저당권자는 선순위 가압류채권자에 대하여는 우선변제권을 주장할 수 없으므로 1차로 채권액에 따른 안분비례에 의하여 평등배당을 받은 다음, 후순위 경매신청압류채권자에 대하여는 우선변제권이 인정되므로 경매신청압류채권자가 받을 배당액으로부터 자기의 채권액을 만족시킬 때까지 이를 흡수하여 배당받을 수 있다.(대결 1994.11.29, 94마417)

제151조 【배당표에 대한 이의】 ① 기일에 출석한 채무자는 채권자의 채권 또는 그 채권의 순위에 대하여 이의할 수 있다.

② 제1항의 규정에 불구하고 채무자는 제149조제1항에 따라 법원에 배당표원안이 비치된 이후 배당기일이 끝날 때까지 채권자의 채권 또는 그 채권의 순위에 대하여 서면으로 이의할 수 있다.

③ 기일에 출석한 채권자는 자기의 이해에 관계되는 범위 안에서는 다른 채권자를 상대로 그의 채권 또는 그 채권의 순위에 대하여 이의할 수 있다.

■ ① 배당받을 채권자(148), 배당할 금액(147), ② 배당표원안의 비치(149①), 배당기일(146), ③ 배당이의의 소(154)

1. 근저당권부채권양도의 이전등기가 되기 전에 실시된 배당절차에서 배당표의 경정을 구할 수 있는지 여부(소극) 피담보채권과 근저당권을 함께 양도하는 경우에 채권양도는 당사자 사이의 의사표시만으로 양도의 효력이 발생하지만 근저당권 이전은 이전등기를 하여야 하므로 채권양도와 근저당권이전등기 사이에 어느 정도 시차가 불가피한 이상 피담보채권이 먼저 양도되어 일시적으로 피담보채권과 근저당권의 귀속이 달라진다고 하여 근저당권이 무효로 된다고 볼 수는 없으나, 위 근저당권은 그 피담보채권의 양수인에게 이전되어야 할 것에 불과하고 근저당권의 명의인은 피담보채권을 양도하여 결국 피담보채권을 상실한 셈이므로 집행채무자로부터 변제를 받기 위하여 배당표에 자신에게 배당하는 것으로 배당표의 경정을 구할 수 있는 지위에 있다고 볼 수 없다.(대판 2003.10.10, 2001다77888)

2. 수익자의 배당금 수령 여부에 따른 원상회복의 구체적 방법 근저당권설정계약을 사해행위로서 취소하는 경우 경매절차가 진행되어 타인이 소유권을 취득하고 근저당권설정등기가 말소되었다면 원물반환이 불가능하므로 가액배상의 방법으로 원상회복을 명할 것인바, 이미 배당이 종료되어 수익자가 배당금을 수령한 경우는 수익자로 하여금 배당금을 반환하도록 명하여야 하고, 배당표가 확정되었으나 채권자의 배당금지급금지가처분으로 인하여 수익자가 배당금을 현실적으로 지급받지 못한 경우에는 배당금채권의 양도와 그 채권양도의 통지를 명할 것이나, 채권자가 배당기일에 출석하여 수익자의 배당 부분에 대하여 이의를 하였다면 그 채권자는 사해행위취소의 소를 제기함과 아울러 그 원상회복으로서 배당이의의 소를 제기할 수 있고, 이 경우 법원으로서는 배당이의의 소를 제기한 당해 채권자 이외의 다른 채권자의 존재를 고려할 필요 없이 그 채권자의 채권이 만족을 받지 못한 한도에서만 근저당권설정계약을 취소하고 그 한도에서만 수익자의 배당액을 삭제하여 당해 채권자의 배당액으로 경정하여야 한다. 그러나 확정된 배당표에 의하여 배당을 실시하는 것은 실체법상의 권리를 확정하는 것이 아니므로, 배당을 받아야 할 채권자가 배당을 받지 못하고 배당을 받지 못할 자가 배당을 받은 경우에는 배당을 받지 못한 채권자로서는 배당에 관하여 이의를 한 여부에 관계없이 배당을 받지 못한 자이면서도 배당을 받았던 자를 상대로 부당이득반환청구권을 가지며, 배당을 받지 못한 그 채권자가 일반채권자라거나 배당이의소송에서 승소하여 배당표를 경정한 것이 사해행위 취소판결에 의한 것이라고 하여 달리 볼 것은 아니다. 이 때 배당이득소송을 통하여 자신이 배당받아야 할 금원보다 초과하여 배당받은 채권자는 그 초과부분을 적법하게 배당요구를 하였으나 배당이의소송에서 참여하지 못한 다른 채권자에게 부당이득으로서 반환할 의무가 있을 뿐 이를 사해행위를 한 채무자에게 반환할 의무는 없다.(대판 2011.2.10, 2010다90708)

3. 배당요구채권자의 배당이의소송에서 승소확정판결에 기하여 배당을 받은 채권자를 상대로 한 부당이득반환청구의 가부(적극) 배당이의소송은 대립하는 당사자 사이의 배당액을 둘러싼 분쟁을 그들 사이에서 상대적으로 해결하는 것에 지나지 아니하여 그 판결의 효력은 오직 그 소송의 당사자에게만 미칠 뿐이므로, 어느 채권자가 배당이의소송에서의 승소확정판결에 기하여 경정된 배당표에 따라 배당을 받은 경우에 있어서도, 그 배당이 배당이의소송에서 패소확정판결을 받은 자 아닌 다른 배당요구채권자를 몰라지도 배당받은 결과로 된다면 그 다른 배당요구채권자는 위 법리에 의하여 배당이의소송의 승소확정판결에 따라 배당받은 채권자를 상대로 부당이득반환청구를 할 수 있다.(대판 2007.2.9, 2006다39546)

4. **본조 3항의 의의** 본조 3항의 배당이의는 배당받은 각 채권자의 채권의 존부 및 범위, 배당순위에 관한 것이지 배당액에 관한 것이 아니다. 따라서 배당이의의 소에서 피고인 채권자의 채권액이 그 받은 배당액보다 많다고 하더라도 배당의 기초가 된 채권액(배당요구액)에 관하여 다툼이 있고, 그 채권액이 줄어들 경우 민사집행법상의 배당법리에 따라 배당하면 결과적으로 배당액이 줄어들 경우에는 배당이의를 할 수 있고, 한편 배당이의의 소에서 원고는 배당기일 후 그 사실심 변론종결시까지 발생한 사유를 이의사유로 주장할 수 있으므로, 배당기일 후 배당이의 소송 중에 가압류채권자의 채권액이 변제 등의 사유로 일부 소멸하여 그 잔존 채권액이 그 가압류 청구금액에 미달하게 된 경우에도 이를 이의사유로 주장할 수 있다.(대판 2007.8.23, 2007다27427)

5. **배당절차에서 선정당사자가 선정된 경우 배당표에 대한 이의의 상대방(선정당사자)** 배당표에 대한 이의는 배당표에 배당받는 것으로 적힌 채권자를 상대로 하여야 하는데, 배당절차에서 선정당사자가 선정되면 선정자들이 아닌 선정당사자만이 이러한 채권자 지위에 있으므로, 선정당사자만이 배당표에 대한 이의의 상대방이 된다.(대판 2015.10.29, 2015다202490)

제152조【이의의 완결】 ① 제151조의 이의에 관계된 채권자는 이에 대하여 진술하여야 한다.
② 관계인이 제151조의 이의를 정당하다고 인정하거나 다른 방법으로 합의한 때에는 이에 따라 배당표를 경정(更正)하여 배당을 실시하여야 한다.
③ 제151조의 이의가 완결되지 아니한 때에는 이의가 없는 부분에 한하여 배당을 실시하여야 한다.

■ 배당표에 대한 이의(151), 배당의 실시(159·61), 배당표의 변경(157·161②), 준용(256)

제153조【불출석한 채권자】 ① 기일에 출석하지 아니한 채권자는 배당표와 같이 배당을 실시하는 데에 동의한 것으로 본다.
② 기일에 출석하지 아니한 채권자가 다른 채권자가 제기한 이의에 관계된 때에는 그 채권자는 이의를 정당하다고 인정하지 아니한 것으로 본다.

■ 배당기일(146), 배당표 실시(159-161), 기일에 출석하지 않은 채권자의 배당액 공탁(160②), 출석채권자의 진술(152①)

제154조【배당이의 소 등】 ① 집행력 있는 집행권원의 정본을 가지지 아니한 채권자(가압류채권자를 제외한다)에 대하여 이의한 채무자와 다른 채권자에 대하여 이의한 채권자는 배당이의의 소를 제기하여야 한다.
② 집행력 있는 집행권원의 정본을 가진 채권자에 대하여 이의한 채무자는 청구이의의 소를 제기하여야 한다.
③ 이의한 채권자나 채무자가 배당기일부터 1주 이내에 집행법원에 대하여 제1항의 소를 제기한 사실을 증명하는 서류를 제출하지 아니한 때 또는 제2항의 소를 제기한 사실을 증명하는 서류와 그 소에 관한 집행정지재판의 정본을 제출하지 아니한 때에는 이의가 취하된 것으로 본다.

■ ① 집행권원(24·28·56·60), 배당액의 공탁(160①ⅴ), ② 청구이의의 소(44), ③ 배당기일(146), 취하간주(158), 집행정지(49), 출소기간(민소173)

1. **배당이의 소의 원고적격** 배당이의의 소의 원고적격이 있는 자는 배당기일에 출석하여 배당표에 대한 실체상의 이의를 신청한 채권자 또는 채무자에 한하고, 제3자 소유의 물건이 채무자의 소유로 오인되어 강제집행목적물로서 경락된 경우에도 그 제3자는 경매절차의 이해관계인에 해당하지 아니하므로 배당기일에 출석하여 배당표에 대한 실체상의 이의를 신청할 권한이 없으며, 따라서 제3자가 배당기일에 출석하여 배당표에 대한 이의를 신청하였다고 하더라도 이는 부적법한 이의신청에 불과하고, 그 제3자에게 배당이의 소를 제기할 원고적격이 없다.(대판 2002.9.4, 2001다63155)

2. **배당이의소송의 청구취지의 표시 방법** 배당이의소송의 청구취지는 그 소의 법률적 성질이나 당사자처분권주의의 원칙에 비추어 볼 때 배당기일에 신청한 이의의 범위 내에서 배당표에 기재된 채권자의 배당액 중 부인할 범위를 명확히 표시할 것이 요구된다.(대판 2000.6.9, 99다70983)

3. **배당이의의 소에서 피고가 주장할 수 있는 범위** 배당이의의 소에서 피고는 원고의 청구를 배척할 수 있는 모든 주장을 방어방법으로 내세울 수 있으므로 피고는 원고의 청구를 배척할 수 있는 사유로서 원고가 배당이의한 금원이 피고의 다른 채권에 배당되어야 할 것이라고 주장할 수 있고, 이는 피고가 그 다른 채권에 기하여 배당이의를 하지 않았더라도 마찬가지이다.(대판 2008.9.11, 2008다29697)

4. **배당이의소송에서의 공격방법이 배당기일에 이의한 사유에 구속되는지 여부(소극)** 배당이의를 신청함에는 그 사유를 진술할 필요가 없고, 설혹 그 사유를 진술하였다 하더라도 그 이의를 관철하기 위한 배당이의소송에서 원고의 공격방법이 그가 배당기일에 이의한 사유에 구속되는 것은 아니다.(대판 1997.1.21, 96다457)

5. **배당절차가 종결된 후에 제기한 배당이의의 소의 적부** 배당이 실시되어 배당절차가 종결된 이상 배당법원의 잘못으로 배당을 실시하였다 하더라도 배당이의의 소를 제기할 이익이 없다.(대판 1965.5.31, 65다647)

6. **배당이의의 소에서 이의를 하지 아니한 피고가 원고의 채권 자체의 존재를 부인할 수 있는지 여부(적극)** 배당이의의 소에서 피고는 원고의 청구를 배척할 수 있는 모든 주장을 방어방법으로 내세울 수 있다 할 것인바, 배당기일에 피고가 원고에 대하여 이의를 하지 아니하였다 하더라도 피고는 원고의 청구를 배척할 수 있는 사유로서 원고의 채권 자체의 존재를 부인할 수 있다.(대판 2004.6.25, 2004다9398)

7. **배당을 실시하지 않는 동안 청구이의의 소에서 채권자 패소 판결이 확정된 경우 당초 배당표와 달리 배당할 수 있는지 여부(소극)** 집행력 있는 집행권원을 가진 채권자에 대하여 이의한 채무자는 배당기일부터 1주 이내에 청구이의의 소 제기 사실 증명서류와 아울러 그 소에 기한 집행정지재판의 정본을 집행법원에 제출하여야 하고, 채무자가 그 중 어느 하나라도 제출하지 않으면, 집행법원으로서는 채무자가 실제로 위 기간 내에 청구이의의 소를 제기하고 그에 따른 집행정지재판을 받았는지 여부와 관계없이 채권자에게 당초 배당표대로 배당을 실시하여야 하고, 배당을 실시하지 않고 있는 동안에 청구이의의 소에서 채권자가 패소한 판결이 확정되었다고 하여 달리 볼 것이 아니다. 이 경우 채무자는 채권자를 상대로 부당이득반환 등을 구하는 방법으로 구제받을 수 있을 뿐이다.

한편 배당기일부터 1주 이내에 청구이의의 소 제기 사실 증명서류와 그 소에 기한 집행정지재판의 정본이 제출되지 않았는데도 집행법원이 채권자에 대한 배당을 중지하였다가 청구이의의 소 결과에 따라 추가배당절차를 밟는 경우, 채권자는 추가배당절차의 개시가 위법함을 이유로 민집 16조에 따라 집행에 관한 이의신청을 할 수 있으나, 채권자가 집행에 관한 이의 대신 추가배당표에 대하여 배당이의를 하고 당초 배당표대로 배당을 실시해 달라는 취지로 배당이의의 소를 제기하였다면, 배당이의의 소를 심리하는 법원은 소송경제상 당초 배당표대로 채권자에게 배당을 실시할 것을 명한다는 의미에서 추가배당표상 배당할 금액을 당초 배당표

와 동일하게 배당하는 것으로 추가배당표를 경정하여야 한다.(대판 2011.5.26, 2011다16592)

8. 혼합공탁과 배당이의의 소 집행공탁과 민법의 규정에 의한 변제공탁이 혼합되어 공탁된 이른바 혼합공탁의 경우에 어떤 사유로 배당이 실시되었고 그 배당표상의 지급 또는 변제받은 채권자와 금액에 관하여 다툼이 있으면, 이를 배당이의의 소라는 단일의 절차에 의하여 한꺼번에 확정하여 분쟁을 해결함이 상당하다고 할 것이고, 따라서 이 경우에도 공탁금에서 지급 또는 변제받을 권리가 있음에도 불구하고 지급 또는 변제를 받지 못하였음을 주장하는 자는 배당표에 배당을 받는 것으로 기재된 다른 채권자들을 상대로 배당이의의 의소를 제기할 수 있다.(대판 2006.1.26, 2003다29456)

9. 채무자가 담보권에 대한 배당에 관하여 우선변제권이 미치는 피담보채권의 존부 및 범위 등을 다투는 방법(=배당이의소) 집행력 있는 판결 정본을 가진 채권자에 대한 배당에 관하여 이의할 채무자는 배당이의의 소가 아닌 청구이의의 의 소를 제기하여야 하지만, 집행력 있는 판결 정본을 가진 채권자가 우선변제권을 주장하며 담보권에 기하여 배당요구를 한 경우에는 배당의 기초가 되는 것은 담보권이지 집행력 있는 판결 정본이 아니므로, 채무자가 담보권에 대한 배당에 관하여 우선변제권이 미치는 피담보채권의 존부 및 범위 등을 다투고자 하는 때에는 배당이의의 소로 다투면 되고, 집행력 있는 판결 정본의 집행력을 배제하기 위하여 필요한 청구이의의 소를 제기할 필요는 없다. 이러한 경우 배당이의소송에서는 채권자의 담보권에 의하여 담보되는 채권의 존부 및 범위뿐만 아니라 우선변제권의 순위 등에 관한 판단이 함께 이루어지고 이에 따라 판결 주문에서 배당표의 경정이 이루어지는 것이므로, 배당이의의 소가 제기되기 전 또는 후에 채무자에게 채권자에 대한 피담보채무의 이행을 명하는 판결이 확정되었다 하더라도 이행의 소의 소송물과 배당이의의 소의 소송물이 서로 동일하다고 볼 수 없다. 나아가 위와 같이 집행력 있는 판결 정본을 가진 채권자가 우선변제권을 주장하며 담보권에 기하여 배당요구를 한 경우 여기서 배당의 기초가 되는 것은 담보권이지 집행력 있는 판결 정본이 아니므로, 채무자로서는 담보권에 대한 배당에 이의한 후 제기한 배당이의의 소에서 담보권에 기한 우선변제권이 미치는 피담보채권의 존부 및 범위 등을 다투기 위하여 상계를 주장할 수 있고, 이 경우 채무자의 상계에 의하여 소멸하는 것은 피담보채권 자체이지 집행력 있는 판결 정본의 집행력이 아님이 명백하므로, 이러한 상계를 주장하기 위하여 집행력 있는 판결 정본의 집행력을 배제하기 위하여 필요한 청구이의의 소를 제기할 필요는 없다. 한편 상계의 의사표시가 있는 경우 각 채무가 상계할 수 있는 때에 소급하여 대등액에 관하여 소멸된 것으로 보게 되고, 여기서 각 채무가 상계할 수 있는 때란 양 채권이 모두 변제기가 도래한 경우와 수동채권의 변제기가 도래하지 아니하였다고 하더라도 기한의 이익을 포기할 수 있는 경우를 포함한다. 따라서 채권자의 배당요구 기초가 된 담보권의 피담보채권에 대하여 채무자가 상계를 한 경우에도 위와 같은 상계적상 시기에 소급적으로 대등액에 관하여 소멸하고, 이는 피담보채권에 관하여 채무자에게 채무의 이행을 명하는 확정판결이 있다고 하여 달라지지 아니한다.(대판 2011.7.28, 2010다70018)

10. 일괄매각절차에서 부동산별 매각대금 안분을 잘못한 것이 배당이의의 청구사유가 되는지 여부(적극) 집행법원이 일괄매각절차에서 각 부동산별 매각대금의 안분을 잘못하여 적법한 배당요구를 한 권리자가 정당한 배당액을 수령하지 못하게 되었다면 그러한 사유도 배당이의의 청구사유가 될 수 있다.(대판 2012.3.15, 2011다54587)

11. 집행력 있는 판결 정본을 가진 채권자가 채권을 담보하기 위한 근저당권을 가지고 있어 경매법원이 근저당권의 채권최고액 범위 내에서 우선순위에 따라 배당을 실시한 경우

채무자가 배당이의의 소로 다툴 수 있는지 여부(적극) 집행력 있는 판결 정본을 가진 채권자에 대한 배당에 관하여 이의한 채무자는 배당이의의 소가 아닌 청구이의의 소를 제기하여야 하지만, 집행력 있는 판결 정본을 가진 채권자가 우선변제권을 주장하며 담보권에 기하여 배당요구를 한 경우에는 배당의 기초가 되는 것은 담보권이지 집행력 있는 판결 정본이 아니므로, 채무자가 담보권에 대한 배당에 관하여 우선변제권이 미치는 피담보채권의 존부 및 범위 등을 다투고자 하는 때에는 배당이의의 소로 다투면 되고, 집행력 있는 판결 정본의 집행력을 배제하기 위하여 필요한 청구이의의 소를 제기할 필요는 없다.(대판 2012.9.13, 2012다45702)

12. 인수주의에 따른 경매절차에서 배당이의의 소 허부(소극) 소멸주의에 따른 경매절차에서는 우선채권자나 일반채권자의 배당요구와 배당을 인정하므로 그 절차에서 작성된 배당표에 대하여 배당이의의 소를 제기하는 것이 허용되지만, 인수주의에 따른 경매절차에서는 배당요구와 배당이 인정되지 아니하고 배당이의의 소도 허용되지 아니한다.(대판 2014.1.23, 2011다83691)

13. 혼합공탁된 공탁금이 배당된 경우 배당이의의 소 제기 가부(적극) 및 배당표 경정이 허용되는 범위 혼합공탁의 경우, 공탁금에서 지급 또는 변제받을 권리가 있음에도 불구하고 지급 또는 변제받지 못하였음을 주장하는 자는 배당표에 배당받는 것으로 기재된 다른 채권자들을 상대로 배당이의의 소를 제기할 수 있다. 이 경우에 집행채권자의 채권이 배당표상의 다른 집행채권자의 채권보다 앞서거나 또는 적어도 동순위이기 때문에 배당이 잘못되지 않았더라도 여전히 배당을 받을 수 있었던 범위에서는 배당액이 유지되어야 하며, 결국 그 배당액을 넘는 범위에 한하여 배당표의 경정이 허용된다.(대판 2014.11.13, 2012다117461)

14. 경매목적물의 진정한 소유자와 경매개시결정기입등기 당시 소유자로 등기된 사람이 다른 경우 배당이의의 소를 제기할 원고적격(=경매개시결정기입등기 당시 소유자) 진정한 소유자이더라도 경매개시결정기입등기 당시 소유자로 등기되어 있지 아니하였다면 배당표에 대하여 이의를 진술할 권한이 없고, 이의를 진술하였더라도 이는 부적법한 것에 불과하여 배당이의의 소를 제기할 원고적격이 없다. 반면에, 경매개시결정기입등기 당시 소유자로 등기되어 있는 사람은 설령 진정한 소유자가 따로 있는 경우일지라도 그 명의의 등기가 말소되거나 이전되지 아니한 이상 경매절차의 이해관계인에 해당하므로, 배당표에 대하여 이의를 진술할 권한이 있고, 나아가 그 후 배당이의의 소를 제기할 원고적격도 있다.(대판 2015.4.23, 2014다53790)

15. 배당이의의 소에서의 주장·증명대상 채권자가 제기한 배당이의의 소에서 승소하기 위하여는 피고의 채권이 존재하지 아니함을 주장·증명하는 것만으로 충분하지 아니하고 원고 자신이 피고에게 배당된 금원을 배당받을 권리가 있다는 점까지 주장·증명하여야 한다. 그러나 채무자나 소유자가 제기한 배당이의의 소에서는 피고로 된 채권자에 대한 배당액 자체만 심리대상이고, 원고인 채무자나 소유자로서도 피고의 채권이 존재하지 아니함을 주장·증명하는 것으로 충분하다.(대판 2015.4.23, 2014다53790)

16. 가집행선고 있는 판결이 확정되지 아니하여 청구이의의 소를 제기할 수 없는 경우 배당절차에서 작성된 배당표에 대하여 채무자가 배당이의의 소를 제기하여 이의할 수 있는지 여부(소극) 배당절차에서 작성된 배당표에 대하여 채무자가 이의하는 경우, 집행력 있는 집행권원의 정본을 가진 채권자의 채권 자체, 즉 채권의 존재 여부나 범위에 관하여 이의하는 채무자는 그 집행권원의 집행력을 배제시켜야 하므로, 청구이의의 소를 제기해야 하고 배당이의의 소를 제기할 수 없다(민집 154조 2항). 가집행선고 있는 판결에 대하여는 그 판결이 확정된 후가 아니면 청구이의의 소를 제기할 수 없으나(민집 44조 1항), 채무자는 상소로써 채권의 존재 여

부나 범위를 다투어 판결의 집행력을 배제시킬 수 있고 집행정지결정을 받을 수도 있으므로, 확정되지 아니한 가집행 선고 있는 판결에 대하여 청구이의의 소를 제기할 수 없다고 하여 채무자가 이러한 판결의 정본을 가진 채권자에 대하여 채권의 존재 여부나 범위를 다투기 위하여 배당이의의 소를 제기할 수 있는 것이 아니다.(대판2015.4.23, 2013다86403)

17. 배당에 참가하지 못하는 채권자의 채권에 배당하여야 한다는 이유로 배당이의의 소를 제기할 수 있는지 여부(소극) 채무자가 채권자의 채권 자체가 아니라 채권의 순위, 즉 그 채권에 대하여 '다른 채권자'의 채권보다 우선하여 배당하는 것 등에 관하여 이의하는 경우, 채무자의 이러한 이의는 위 '다른 채권자'가 민사집행법의 규정에 따라 배당받을 채권자에 해당함을 전제로 하는 것인데, 민법 148조 각 호에 해당하지 아니하여 배당에 참가하지 못하는 채권자는 배당표에 대하여 이의할 수 없으므로, 채무자 역시 배당에 참가하지 못하는 위와 같은 채권자의 채권에 배당해야 한다는 이유로 배당이의의 소를 제기할 수는 없다.(대판2015.4.23, 2013다86403)

18. 가압류결정의 취소가 배당이의사유가 되는지 여부(적극) 채권자가 받은 가압류결정이 취소되었다면 채권자는 가압류채권자로서의 배당받을 지위를 상실하므로 가압류결정의 취소는 배당이의의 소에서의 가압류채권자에 대한 배당이의의 사유가 될 수 있다. 나아가 배당이의의 소에서 원고는 배당기일 후 사실심 변론종결 시까지 발생한 사유도 이의사유로 주장할 수 있으므로, 배당기일 후 배당이의 소송 중에 가압류결정이 취소된 경우에도 이를 이의사유로 주장할 수 있다.(대판 2015.6.11.,2015다10523)

19. 근저당권설정계약에 대한 사해행위취소판결이 확정되고 난 후 근저당권자를 상대로 한 배당이의소송이 제기된 경우의 처리 근저당권설정계약을 사해행위로 취소하는 판결이 먼저 확정되고 근저당권자를 상대로 한 배당이의소송이 뒤이어 진행되는 경우에, 배당이의소송에서는 그 소를 제기하지 아니한 다른 채권자의 존재를 고려할 필요 없이 그 소를 제기한 채권자의 채권이 만족을 받지 못한 한도에서만 근저당권에 대한 배당액을 삭제하여 이를 채권자에 대한 배당액으로 경정하고 나머지는 근저당권에 대한 배당액으로 남겨두어야 한다. 그런데 근저당권설정계약이 사해행위로 취소된 이상 근저당권자는 근저당권에 따라 배당받을 권리를 상실하여 그에게 배당을 실시할 수 없는 명백한 사유가 생겼으므로, 경매법원으로서는 민집 161조를 유추적용하여 배당이의소송의 제기로 공탁된 배당액 중 소송 결과 근저당권자에게 남게 된 부분을 부동산경매절차에서 적법하게 배당요구하였던 다른 채권자들에게 추가배당하여야 한다.(대판 2015.10.15, 2012다57609)

20. 배당절차에서 선정당사자가 선정된 경우의 처리 배당표에 대한 이의는 배당표에 배당받는 것으로 적힌 채권자를 상대로 하여야 하는데, 배당절차에서 선정당사자가 선정되면 선정자들이 아닌 선정당사자만이 이러한 채권자 지위에 있으므로 선정당사자만이 배당표에 대한 이의의 상대방이 된다. 그리고 채무자나 다른 채권자가 선정당사자를 상대로 그가 배당받는 것으로 적힌 금액 전체에 대하여 이의를 한 경우에, 이로 인하여 선정당사자와 선정자들 사이의 공동의 이해관계가 소멸하는 것이 아니므로, 선정자들이 집행법원에 대하여 선정행위를 취소하였다거나 선정당사자가 사망하였다는 등의 특별한 사정이 없는 한, 선정자들이 아닌 선정당사자가 배당표에 대한 이의의 상대방이 된 채권자로서 배당이의의 소의 피고적격을 가진다.
따라서 위와 같은 특별한 사정이 없는 한, 선정당사자를 상대로 그가 배당받는 것으로 적힌 금액 전체에 대하여 이의를 한 채무자나 다른 채권자는 선정당사자를 피고로 하여 배당이의의 소를 제기하여 선정자들에게 귀속될 부분을 포

함한 선정당사자가 배당받는 것으로 적힌 금액 전체에 대하여 경정을 구할 수 있다.(대판 2015.10.29, 2015다202490)

21. 통정허위표시임을 이유로 배당이의의 소를 제기할 수 있는지 여부(적극) 배당이의의 소에서 원고는, 원고의 이익이 되도록 배당표의 변경을 가져오게 하는 모든 사유를 주장할 수 있는데, 허위의 근저당권에 대하여 배당이 이루어진 경우 통정한 허위의 의사표시는 당사자 사이에서는 물론 제3자에 대하여도 무효이고, 다만 선의의 제3자에 대해서만 대항하지 못할 뿐이므로, 배당채권자는 근저당권 등 양도행위의 무효를 주장하여 그에 기한 채권의 존부, 범위, 순위에 관한 배당이의의 소를 제기할 수 있다.(대판 2016.7.29, 2016다13710, 13727)

제155조【이의한 사람 등의 우선권 주장】 이의한 채권자가 제154조제3항의 기간을 지키지 아니한 경우에도 배당표에 따른 배당을 받은 채권자에 대하여 소로 우선권 및 그 밖의 권리를 행사하는 데 영향을 미치지 아니한다.

▣ 소제기증명서류 제출기간(154③), 배당의 실시(149·152·153·161)

1. 배당을 받지 못한 채권자에게 부당이득반환청구권이 있는지 여부(적극) 확정된 배당표에 의하여 배당을 실시하는 것은 실체법상의 권리를 확정하는 것이 아니므로 배당을 받아야 할 자가 배당을 받지 못하고 배당을 받지 못할 자가 배당을 받은 경우에는 배당에 관하여 이의를 한 여부 또는 형식상 배당절차가 확정되었는지 여부에 관계없이 배당을 받지 못한 채권자는 배당받은 자에 대하여 부당이득반환을 청구할 수 있다.(대판 2004.4.9, 2003다32681)

2. 일부 청구한 경매신청채권자가 이중경매신청 등 필요한 조치를 하지 아니하여 배당받지 못한 경우 부당이득반환청구의 가부(소극) 담보권의 실행을 위한 경매에서 신청채권자가 경매를 신청하면서 경매신청서에 피담보채권 중 일부만을 청구금액으로 기재하였을 경우에는 다른 특별한 사정이 없는 한 신청채권자가 당해 경매절차에서 배당을 받을 금액이 그 기재된 채권액을 한도로 확정되고, 신청채권자가 채권계산서를 제출하는 방법에 의하여 청구금액을 확장할 수 없다고 할 것이므로, 설사 신청채권자가 경매신청서에 기재하지 아니한 다른 피담보채권을 가지고 있었다고 하더라도 청구금액을 확장한 채권계산서를 제출하는 방법에는 피담보채권액 중 경매신청 당시의 청구금액을 초과하는 금액에 관하여는 배당에 참가할 수 없으며, 배당법원으로서는 경매신청 당시의 청구금액만을 신청채권자에게 배당하면 족하다. 따라서 근저당권자가 경매신청서에 피담보채권 중 일부만을 청구금액으로 기재하여 담보권의 실행을 위한 경매를 신청한 후 청구금액을 확장한 채권계산서를 제출하였을 뿐 달리 경락기일까지 이중경매를 신청하는 등 필요한 조치를 취하지 아니한 채 그대로 경매절차를 진행시켜 경매신청서에 기재된 청구금액을 기초로 배당표가 작성·확정되고 그에 따라 배당이 실시되었다면, 신청채권자가 청구하지 아니한 부분의 해당 금원이 후순위채권자들에게 배당되었다 하여 이를 법률상 원인이 없는 것이라고 볼 수는 없다.(대판 1997.2.28, 96다495)

3. 우선변제권 있는 임금채권임을 소명하였으나 배당에서 제외된 채 배당표가 확정된 경우의 임금채권자의 부당이득반환청구권 근로기준법상 우선변제권이 있는 임금채권자가 경매절차개시 전에 경매 목적 부동산을 가압류하고 배당표가 확정되기 전까지 그 가압류의 청구채권이 우선변제권 있는 임금채권임을 소명하였음에도 경매법원이 임금채권자에게 우선변제를 하지 아니한 채 후순위 채권자에게 배당하는 것으로 배당표를 작성하고 그 배당표가 그대로 확정된 경우에는 배당을 받아야 할 자가 배당을 받지 못하고 배당을 받지 못할 자가 배당을 받은 것으로서, 배당에 관하여 이의를 한 여부 또는 형식상 배당절차가 확정되었는가의 여부에 관

계없이 배당을 받지 못한 임금채권자는 배당을 받은 후순위 채권자를 상대로 부당이득반환청구권을 갖는다.(대판 2004.7.22, 2002다52312)

제156조【배당이의의 소의 관할】 ① 제154조제1항의 배당이의의 소는 배당을 실시한 집행법원이 속한 지방법원의 관할로 한다. 다만, 소송물이 단독판사의 관할에 속하지 아니할 경우에는 지방법원의 합의부가 이를 관할한다.

② 여러 개의 배당이의의 소가 제기된 경우에 한 개의 소를 합의부가 관할하는 때에는 그 밖의 소도 함께 관할한다.

③ 이의한 사람과 상대방이 이의에 관하여 단독판사의 재판을 받을 것을 합의한 경우에는 제1항 단서와 제2항의 규정을 적용하지 아니한다.

■ 배당이의의 소(154①), 배당법원(79·21), 단독판사의 관할(법조7④), 합의부의 관할(법조7⑤·32)

제157조【배당이의의 소의 판결】 배당이의의 소에 대한 판결에서는 배당액에 대한 다툼이 있는 부분에 관하여 배당을 받을 채권자와 그 액수를 정하여야 한다. 이를 정하는 것이 적당하지 아니하다고 인정한 때에는 판결에서 배당표를 다시 만들고 다른 배당절차를 밟도록 명하여야 한다.

■ 배당이의의 소(154·156)

1. 배당액을 계산함에 있어 이의신청을 하지 아니한 다른 채권자의 채권을 참작할 필요가 있는지 여부(소극) 채권자가 제기하는 배당이의의 소는 대립하는 당사자인 채권자들 사이의 배당액을 둘러싼 분쟁을 해결하는 것이므로, 그 소송의 판결은 원·피고로 되어 있는 채권자들 사이에서 상대적으로 계쟁 배당부분의 귀속을 변경하는 것이어야 하고, 따라서 피고의 채권이 존재하지 않는 것으로 인정되는 경우 계쟁 배당부분 가운데 원고에게 귀속시키는 배당액을 계산함에 있어 이의신청을 하지 아니한 다른 채권자의 채권을 참작할 필요가 없으며, 이는 이의신청을 하지 아니한 다른 채권자 가운데 원고보다 선순위의 채권자가 있다 하더라도 마찬가지이다.(대판 2001.2.9, 2000다41844)

2. 허위의 근저당권에 대하여 배당이 이루어진 경우 배당이의의 소로써 그 시정을 구할 수 있는지 여부(적극) 허위의 근저당권에 대하여 배당이 이루어진 경우, 통정한 허위의 의사표시는 당사자 사이에서는 물론 제3자에 대하여도 무효이고 다만 선의의 제3자에 대하여만 이를 대항하지 못한다고 할 것이므로, 배당채권자는 채권자취소의 소로써 통정허위표시를 취소하지 않았다 하더라도 그 무효를 주장하여 그에 기한 채권의 존부, 범위, 순위에 관한 배당이의의 소를 제기할 수 있다.(대판 2001.5.8, 2000다9611)

3. 공탁된 배당금의 피담보채무가 소멸한 것으로 밝혀진 경우의 처리방법 배당기일에 불출석한 근저당권자를 위하여 배당금을 공탁한 후에 당해 근저당권이 피담보채무의 변제 등으로 소멸하였음이 밝혀져 공탁된 배당금을 근저당권자에게 지급할 수 없는 명백한 사유가 생긴 경우, 반드시 배당절차가 확정적으로 종료되었다고 단정할 수는 없다는 점과 경매제도가 채무자의 재산으로부터 채권자의 만족을 얻는다는 데 그 근본목적을 두고 있는 만큼 만족을 받지 못한 채권자들을 제쳐두고 채무자에게 지급하는 것은 제도의 목적에 현저히 반하는 점 등에 비추어, '595조의 판결이 확정된 일 또는 596조의 규정에 따라 이의의 소를 취하한 것으로 본 일의 증명이 있는 때에는 배당법원은 이에 의하여 지급 또는 다른 배당절차를 명한다.'고 규정한 구 민소 597조를 유추적용하여 다른 채권자에게 추가배당을 함이 상당하다.(대판

2001.10.12, 2001다37613)

제158조【배당이의의 소의 취하간주】 이의한 사람이 배당이의의 소의 첫 변론기일에 출석하지 아니한 때에는 소를 취하한 것으로 본다.

■ 이의의 소(154·156), 변론기일에서의 불출석(23①), 민소268②)

1. 본조가 이의한 사람의 재산권을 침해하는지 여부(소극) 이 사건 조항에 따라 배당이의의 소가 취하 간주되는 경우 배당이의한 사람은 가사 이의를 제기한 부분에 관하여 적법한 배당채권 및 배당순위를 갖추고 있더라도 매각대금으로부터는 배당을 받지 못하게 되나, 그 경우에도 이의한 사람의 실체법상 채권이 소멸하거나 제한되는 것은 아니므로 현실적으로 이의의 상대방을 상대로 별도로 부당이득반환청구의 소를 제기하여야 한다거나 상대방의 무자력 등을 이유로 실제로 그 이득액을 반환받지 못하게 될 가능성이 있다 하더라도 이는 사실상의 불이익에 불과하고 이의한 사람의 재산권 침해의 문제가 발생하는 것은 아니다.(헌재 2005.3. 31, 2003헌바92)

2. 변론준비기일에 출석하였더라도 첫 변론기일에 불출석하면 소를 취하한 것으로 간주되는지 여부(적극) 민집 158조의 문언이 '첫 변론기일'이라고 명시하고 있을 뿐만 아니라, 변론준비절차는 변론이 효율적이고 집중적으로 실시될 수 있도록 당사자의 주장과 증거를 정리하여 소송관계를 뚜렷이 하기 위하여(민소 279조 1항) 마련된 제도로서 당사자는 변론준비기일을 마친 뒤의 변론기일에서 변론준비기일의 결과를 진술하여야 하는 등(민소 287조 2항) 변론준비기일의 제도적 취지, 그 진행방법과 효과, 규정의 형식 등에 비추어 볼 때, 민집 158조에서 말하는 '첫 변론기일'에 '첫 변론준비기일'은 포함되지 않는다. 따라서 배당이의의 소송에서 첫 변론준비기일에 출석한 원고라고 하더라도 첫 변론기일에 불출석하면 민집 158조에 따라서 소를 취하한 것으로 볼 수밖에 없다.(대판 2007.10.25, 2007다34876)

제159조【배당실시절차·배당조서】 ① 법원은 배당표에 따라 제2항 및 제3항에 규정된 절차에 의하여 배당을 실시하여야 한다.

② 채권 전부의 배당을 받을 채권자에게는 배당액지급증을 교부하는 동시에 그가 가진 집행력 있는 정본 또는 채권증서를 받아 채무자에게 교부하여야 한다.

③ 채권 일부의 배당을 받을 채권자에게는 집행력 있는 정본 또는 채권증서를 제출하게 한 뒤 배당액을 적어서 돌려주고 배당액지급증을 교부하는 동시에 영수증을 받아 채무자에게 교부하여야 한다.

④ 제1항 내지 제3항의 배당실시절차는 조서에 명확히 적어야 한다.

■ ① 배당의 실시(153·161), ② 집행력있는 정본의 교부(42), 채권증서의 교부(민475), ④ 배당조서(민소153·154)

제160조【배당금액의 공탁】 ① 배당을 받아야 할 채권자의 채권에 대하여 다음 각호 가운데 어느 하나의 사유가 있으면 그에 대한 배당액을 공탁하여야 한다.

1. 채권에 정지조건 또는 불확정기한이 붙어 있는 때

2. 가압류채권자의 채권인 때

3. 제49조제2호 및 제266조제1항제5호에 규정된 문서가 제출되어 있는 때

4. 저당권설정의 가등기가 마쳐져 있는 때

5. 제154조제1항에 의한 배당이의의 소가 제기된 때

6. 민법 제340조제2항 및 같은 법 제370조에 따른 배당금액의 공탁청구가 있는 때

② 채권자가 배당기일에 출석하지 아니한 때에는 그에 대한 배당액을 공탁하여야 한다.

■ ① 공탁법원(19), 조건과 기한(민147-154), 공탁금의 배당(161), 강제집행의 일시정지를 명한 재판정본(49ⅲ), 배당이의의 소(154①), 저당권자에 대한 배당금액의 공탁청구(민340②·370), ② 불출석한 채권자(153), 배당금교부의 절차(민집규82)

제161조【공탁금에 대한 배당의 실시】 ① 법원이 제160조제1항의 규정에 따라 채권자에 대한 배당액을 공탁한 뒤 공탁의 사유가 소멸한 때에는 법원은 공탁금을 지급하거나 공탁금에 대한 배당을 실시하여야 한다.

② 제1항에 따라 배당을 실시함에 있어서 다음 각호 가운데 어느 하나에 해당하는 때에는 법원은 배당에 대하여 이의하지 아니한 채권자를 위하여서도 배당표를 바꾸어야 한다.

1. 제160조제1항제1호 내지 제4호의 사유에 따른 공탁에 관련된 채권자에 대하여 배당을 실시할 수 없게 된 때
2. 제160조제1항제5호의 공탁에 관련된 채권자가 채무자로부터 제기당한 배당이의의 소에서 진 때
3. 제160조제1항제6호의 공탁에 관련된 채권자가 저당물의 매각대가로부터 배당을 받은 때

③ 제160조제2항의 채권자가 법원에 대하여 공탁금의 수령을 포기하는 의사를 표시한 때에는 그 채권자의 채권이 존재하지 아니하는 것으로 보고 배당표를 바꾸어야 한다.

④ 제2항 및 제3항의 배당표변경에 따른 추가 배당기일에 제151조의 규정에 따라 이의할 때에는 종전의 배당기일에서 주장할 수 없었던 사유만을 주장할 수 있다.

■ 공탁사유(160), 공탁법원(19), 배당금액(147), 배당표에 대한 이의(151), 배당표의 변경(152②)·157)

1. 가압류채권자에 대한 배당액이 공탁된 후 본안판결에서 확정된 가압류의 피보전채권액이 가압류 청구금액에 미치지 못하는 경우의 처리 확정된 피보전채권액이 가압류 청구금액 이상인 경우에는 가압류채권자에 대한 배당액 전부를 가압류채권자에게 지급하지만, 반대로 확정된 피보전채권액이 가압류 청구금액에 미치지 못하는 경우에는 집행법원은 그 확정된 피보전채권액을 기준으로 하여 다른 동순위 배당채권자들과 사이에서의 배당비율을 다시 계산하여 배당액을 감액 조정한 후 공탁금 중에서 그 감액 조정된 금액만을 가압류채권자에게 지급하고 나머지는 다른 배당채권자들에게 추가로 배당하여야 한다.(대판 2013.6.13, 2011다75478)

2. 가압류채권자의 채권에 대하여 배당액이 공탁된 경우 가압류채권자의 채권이 소멸하는 범위와 시기 배당법원이 배당을 실시할 때에 가압류채권자의 채권에 대하여는 그에 대한 배당액을 공탁하여야 하고, 그 후 그 채권에 관하여 본안판결이 확정되거나 소송상 화해·조정이 성립하거나 화해권고결정·조정을 갈음하는 결정 등이 확정됨에 따라 공탁의 사유가 소멸한 때에는 배당법원은 가압류채권자에게 공탁금을 지급하여야 하므로(민집 160조 1항 2호, 161조 1항 참조), 특별한 사정이 없는 한 본안의 확정판결 등에서 지급을 명한 가압류채권자의 채권은 배당액으로 충당되는 범위에서 본안판결 등의 확정 시에 소멸한다.(대판 2014.9.4, 2012다65874)

제162조【공동경매】 여러 압류채권자를 위하여 동시에 실시하는 부동산의 경매절차에는 제80조 내지 제161조의 규정을 준용한다.

■ 강제경매(80-161)

제3관 강제관리

제163조【강제경매규정의 준용】 강제관리에는 제80조 내지 제82조, 제83조제1항·제3항 내지 제5항, 제85조 내지 제89조 및 제94조 내지 제96조의 규정을 준용한다.

■ 강제관리신청서(80·81, 민집규83·94), 집행관의 권한(82), 부동산의 압류명령(83①), 경매절차개시결정에 따른 조치(83③), 압류의 효력발생 시기(83④), 즉시항고(83⑤), 현황조사(85), 경매개시결정에 대한 이의신청(86), 압류의 경합(87), 배당요구(88), 이중경매신청통첩(89), 경매개시결정의 등기(94), 등기부등본의 송부(95), 강제경매절차의 취소(96)

제164조【강제관리개시결정】 ① 강제관리를 개시하는 결정에는 채무자에게는 관리사무에 간섭하여서는 아니되고 부동산의 수익을 처분하여서도 아니된다고 명하여야 하며, 수익을 채무자에게 지급할 제3자에게는 관리인에게 이를 지급하도록 명하여야 한다.

② 수확하였거나 수확할 과실(果實)과, 이행기에 이르렀거나 이르게 될 과실은 제1항의 수익에 속한다.

③ 강제관리개시결정은 제3자에게는 결정서를 송달하여야 효력이 생긴다.

④ 강제관리신청을 기각하거나 각하하는 재판에 대하여는 즉시항고를 할 수 있다.

■ ① 강제관리개시결정(83, 민소224①), 관리인(166), ② 과실(민101·102), ③ 채무자에 대한 압류의 효력(83④), 송달(민소174이하), ④ 즉시항고(163·83⑤)

제165조【강제관리개시결정 등의 통지】 법원은 강제관리를 개시하는 결정을 한 부동산에 대하여 다시 강제관리의 개시결정을 하거나 배당요구의 신청이 있는 때에는 관리인에게 이를 통지하여야 한다.

■ 개시결정의 통지(민집규84), 관리인(166), 배당요구(163·88), 통지(163·89)

제166조【관리인의 임명 등】 ① 관리인은 법원이 임명한다. 다만, 채권자는 적당한 사람을 관리인으로 추천할 수 있다.

② 관리인은 관리와 수익을 하기 위하여 부동산을 점유할 수 있다. 이 경우 저항을 받으면 집행관에게 원조를 요구할 수 있다.

③ 관리인은 제3자가 채무자에게 지급할 수익을 추심(推尋)할 권한이 있다.

■ ① 관리인의 임명(민집85·86), 관리인의 사무(167·169·170), ② 채무자의 관리수익권박탈(164①), 집행관에 대한 원조요구(7), ③ 관리인의 추심권한(164①)

제167조【법원의 지휘·감독】 ① 법원은 관리에 필요한 사항과 관리인의 보수를 정하고, 관리인을 지휘·감독한다.

② 법원은 관리인에게 보증을 제공하도록 명할 수

있다.

③ 관리인에게 관리를 계속할 수 없는 사유가 생긴 경우에는 법원은 직권으로 또는 이해관계인의 신청에 따라 관리인을 해임할 수 있다. 이 경우 관리인을 심문하여야 한다.

■ ② 보증(19), ③ 관리인의 사임 해임(민집규87), 심문(민소134 · 160)

제168조【준용규정】 제3자가 부동산에 대한 강제관리를 막을 권리가 있다고 주장하는 경우에는 제48조의 규정을 준용한다.

■ 제3자의 이의 소(48)

제169조【수익의 처리】 ① 관리인은 부동산수익에서 그 부동산이 부담하는 조세, 그 밖의 공과금을 뺀 뒤에 관리비용을 변제하고, 그 나머지 금액을 채권자에게 지급한다.

② 제1항의 경우 모든 채권자를 만족하게 할 수 없는 때에는 관리인은 채권자 사이의 배당협의에 따라 배당을 실시하여야 한다.

③ 채권자 사이에 배당협의가 이루어지지 못한 경우에 관리인은 그 사유를 법원에 신고하여야 한다.

④ 제3항의 신고가 있는 경우에는 제145조 · 제146조 및 제148조 내지 제161조의 규정을 준용하여 배당표를 작성하고 이에 따라 관리인으로 하여금 채권자에게 지급하게 하여야 한다.

■ ① 수익의 처리(민집규91), 관리인의 배당액공탁(민집규92), 사유신고의 방식(민집규93), 공과금주관공무소에의 최고(84④), 집행비용의 부담(53), 집행법원(79①), ④ 매각대금의 배당(145), 배당기일(146), 배당받을 채권자를 비롯한 배당표의 확정 및 배당실시 등(148~161)

제170조【관리인의 계산보고】 ① 관리인은 매년 채권자 · 채무자와 법원에 계산서를 제출하여야 한다. 그 업무를 마친 뒤에도 또한 같다.

② 채권자와 채무자는 계산서를 송달받은 날부터 1주 이내에 집행법원에 이에 대한 이의신청을 할 수 있다.

③ 제2항의 기간 이내에 이의신청이 없는 때에는 관리인의 책임이 면제된 것으로 본다.

④ 제2항의 기간 이내에 이의신청이 있는 때에는 관리인을 심문한 뒤 결정으로 재판하여야 한다. 신청한 이의를 매듭 지은 때에는 법원은 관리인의 책임을 면제한다.

■ ① 관리인(166, 민681), 채권자(80 ⅰ · 163), ② 송달(11 · 12), 집행법원(79①), 이의신청(16①, 민소161), ④ 심문(민소134), 집행법원의 재판(32②)

제171조【강제관리의 취소】 ① 강제관리의 취소는 법원이 결정으로 한다.

② 채권자들이 부동산수익으로 전부 변제를 받았을 때에는 법원은 직권으로 제1항의 취소결정을 한다.

③ 제1항 및 제2항의 결정에 대하여는 즉시항고를 할 수 있다.

④ 강제관리의 취소결정이 확정된 때에는 법원사무관등은 강제관리에 관한 기입등기를 말소하도록 촉탁하여야 한다.

■ ① 취소결정(민소134 · 221), 강제관리 취소사유(민집규88 · 89), 취소의 통지(민집규90), ③ 즉시항고(15), ④ 등기말소 촉탁(94 · 163)

제3절 선박 등에 대한 강제집행

제172조【선박에 대한 강제집행】 등기할 수 있는 선박에 대한 강제집행은 부동산의 강제경매에 관한 규정에 따른다. 다만, 사물의 성질에 따른 차이가 있거나 특별한 규정이 있는 경우에는 그러하지 아니하다.

■ 선박에 대한 강제집행(172~186, 민집규95~105), 부동산의 강제경매(78~162), 선박(상740, 상741), 선박의 압류(상744), 선박의 가압류(295, 민집규208)

1. 경매진행 도중 등기가 직권말소된 선박에 대한 경매절차의 속행 구 경매법 38조에 의한 선박의 경매는 등기한 선박에 한한다 할 것이므로 경매진행 도중에 그 등기가 적법히 말소되었다면 같은 법 4조의 규정에 따라 새로이 경매절차를 밟아야 한다.(대결 1978.2.1, 77마378)

제173조【관할법원】 선박에 대한 강제집행의 집행법원은 압류 당시에 그 선박이 있는 곳을 관할하는 지방법원으로 한다.

■ 집행법원(3), 전속관할(21)

1. 선박에 대한 감수명령과 그 집행법원 선박에 대한 감수명령은 이를 집행하였을 때 비로소 압류의 효력이 발생하므로 그때 그 선박의 정박항을 관할하는 지방법원이 집행법원이 된다.(대결 1970.11.23, 70마540)

제174조【선박국적증서 등의 제출】 ① 법원은 경매개시결정을 한 때에는 집행관에게 선박국적증서 그 밖에 선박운행에 필요한 문서(이하 "선박국적증서등"이라 한다)를 선장으로부터 받아 법원에 제출하도록 명하여야 한다.

② 경매개시결정이 송달 또는 등기되기 전에 집행관이 선박국적증서등을 받은 경우에는 그 때에 압류의 효력이 생긴다.

■ ① 경매개시결정(83 · 86 · 172), 선박국적증서수취의 통지(민집규96), 선박국적증서불수취의 신고(민집규97), ② 경매개시결정의 등기(94 · 96 · 172)

제175조【선박집행신청전의 선박국적증서등의 인도명령】 ① 선박에 대한 집행의 신청전에 선박국적증서등을 받지 아니하면 집행이 매우 곤란할 염려가 있을 경우에는 선적(船籍)이 있는 곳을 관할하는 지방법원(선적이 없는 때에는 대법원규칙이 정하는 법원)은 신청에 따라 채무자에게 선박국적증서등을 집행관에게 인도하도록 명할 수 있다. 급박한 경우에는 선박이 있는 곳을 관할하는 지방법원도 이 명령을 할 수 있다.

② 집행관은 선박국적증서등을 인도받은 날부터 5일 이내에 채권자로부터 선박집행을 신청하였음을 증명하는 문서를 제출받지 못한 때에는 그 선박국적증서등을 돌려 주어야 한다.

③ 제1항의 규정에 따른 재판에 대하여는 즉시항고를 할 수 있다.

④ 제1항의 규정에 따른 재판에는 제292조제2항 및 제3항의 규정을 준용한다.

■ ① 선박집행의 관할법원(173), 선박국적증서(174 · 183), 선적이 없는 때의 관할법원(민집규98), ③ 즉시항고(15), ④ 가압류에 대한 재판과 그 집행기간(292②③)

제176조【압류선박의 정박】 ① 법원은 집행절차를 행하는 동안 선박이 압류 당시의 장소에 계속 머무르도록 명하여야 한다.
② 법원은 영업상의 필요, 그 밖에 상당한 이유가 있다고 인정할 경우에는 채무자의 신청에 따라 선박의 운행을 허가할 수 있다. 이 경우 채권자·최고가매수신고인·차순위매수신고인 및 매수인의 동의가 있어야 한다.
③ 제2항의 선박운행허가결정에 대하여는 즉시항고를 할 수 있다.
④ 제2항의 선박운행허가결정은 확정되어야 효력이 생긴다.
■ ① 압류항(173), ② 운행허가결정(민집규100), 선박국적증서의 재수취명령(민집규101), ③ 즉시항고(15)

제177조【경매신청의 첨부서류】 ① 강제경매신청을 할 때에는 다음 각호의 서류를 내야 한다.
1. 채무자가 소유자인 경우에는 소유자로서 선박을 점유하고 있다는 것을, 선장인 경우에는 선장으로서 선박을 지휘하고 있다는 것을 소명할 수 있는 증서
2. 선박에 관한 등기사항을 포함한 등기부의 초본 또는 등본
② 채권자는 공적 장부를 주관하는 공공기관이 멀리 떨어진 곳에 있는 때에는 제1항제2호의 초본 또는 등본을 보내주도록 법원에 신청할 수 있다.
■ ① 강제경매신청서(80·81·172, 민집규95), 선박소유자(상746~766), 선장(상767~779), 채무자가 선장인 경우(상859), 선박등기(상743), ② 집행법원(173)

제178조【감수·보존처분】 ① 법원은 채권자의 신청에 따라 선박을 감수(監守)하고 보존하기 위하여 필요한 처분을 할 수 있다.
② 제1항의 처분을 한 때에는 경매개시결정이 송달되기 전에도 압류의 효력이 생긴다.
■ ① 감수보존처분의 시기(민집규102), 감수보존처분의 방식(민집규103), ② 경매개시결정의 송달(83·172)

제179조【선장에 대한 판결의 집행】 ① 선장에 대한 판결로 선박채권자를 위하여 선박을 압류하면 그 압류는 소유자에 대하여도 효력이 미친다. 이 경우 소유자도 이해관계인으로 본다.
② 압류한 뒤에 소유자나 선장이 바뀌더라도 집행절차에는 영향을 미치지 아니한다.
③ 압류한 뒤에 선장이 바뀐 때에는 바뀐 선장만이 이해관계인이 된다.
■ ① 선장에 대한 판결(상859), 선박채권자(상861~874), 선박소유자(상746~766), ③ 이해관계인(90)

제180조【관할위반으로 말미암은 절차의 취소】 압류 당시 선박이 그 법원의 관할안에 없었음이 판명된 때에는 그 절차를 취소하여야 한다.
■ 선박집행의 관할위반(173), 사건의 이송(182), 경매절차의 취소(183)

제181조【보증의 제공에 의한 강제경매절차의 취소】 ① 채무자가 제49조제2호 또는 제4호의 서류를 제출하고 압류채권자 및 배당을 요구한 채권자의 채권과 집행비용에 해당하는 보증을 매수신고전에 제공한 때에는 법원은 신청에 따라 배당절차 외의 절차를 취소하여야 한다.
② 제1항에 규정한 서류를 제출함에 따른 집행정지가 효력을 잃은 때에는 법원은 제1항의 보증금을 배당하여야 한다.
③ 제1항의 신청을 기각한 재판에 대하여는 즉시항고를 할 수 있다.
④ 제1항의 규정에 따른 집행취소결정에는 제17조제2항의 규정을 적용하지 아니한다.
⑤ 제1항의 보증의 제공에 관하여 필요한 사항은 대법원규칙으로 정한다.
■ ① 집행정지를 명하는 재판정본의 제출(49ⅱ), 채권자의 변제수령증서(49ⅳ), 집행비용(18·53), ③ 즉시항고(15), ④ 즉시항고와 집행정지의 효력(17②), ⑤ 보증의 제공에 따른 강제경매절차의 취소(민집규104)
1. 보증을 제공받아 배당의 대상이 된 압류채권자 등의 권리가 소멸하는지 여부(적극) 및 배당을 요구하지 아니한 담보권자의 권리도 함께 소멸하는지 여부(소극) 선박경매절차 취소 제도의 취지와 규정 내용 등에 비추어 보면, 보증의 제공에 의한 선박경매절차의 취소는 강제집행 또는 담보권 실행의 목적물인 선박 자체를 경매함에 따른 매각절차와는 달리 선박소유자가 선박에 관한 소유권을 상실하지 아니하여 그 성격이 다르므로, "매각부동산 위의 모든 저당권은 매각으로 소멸한다."라는 민집 91조 2항이 적용되지 아니한다. 그리고 선박경매취소절차에서 보증을 제공받아 배당의 대상이 된 압류채권자(담보권 실행을 위한 경매의 경우 경매를 신청한 담보권자)나 배당요구채권자의 권리는 민집 181조 2항에 따른 보증금의 배당절차가 종료함으로써 소멸하지만, 그 밖에 배당을 요구하지 아니하여 배당절차에 관여하지 아니한 담보권자의 경우에는 선박경매절차의 취소로 인하여 아무런 영향을 받지 않으므로 보증금의 배당절차가 종료한다고 하더라도 그 담보권은 소멸하지 않는다.(대판 2012.12.26, 2011다43655)

제182조【사건의 이송】 ① 압류된 선박이 관할구역 밖으로 떠난 때에는 집행법원은 선박이 있는 곳을 관할하는 법원으로 사건을 이송할 수 있다.
② 제1항의 규정에 따른 결정에 대하여는 불복할 수 없다.
■ 집행법원(173), 소송의 이송(민소34이하)

제183조【선박국적증서등을 넘겨받지 못한 경우의 경매절차취소】 경매개시결정이 있은 날부터 2월이 지나기까지 집행관이 선박국적증서등을 넘겨받지 못하고, 선박이 있는 곳이 분명하지 아니한 때에는 법원은 강제경매절차를 취소할 수 있다.
■ 경매개시결정(83·86·172), 선박국적증서 인도명령(175)

제184조【매각기일의 공고】 매각기일의 공고에는 선박의 표시와 그 정박한 장소를 적어야 한다.
■ 매각기일의 공고(172·106, 민집규56)
1. 철창문으로 잠겨 있는 법원게시판의 경매기일 공고 경매법원이 경매기일 공고 서류를 게시하는 경우에 공고 내용을 게시판에서 읽을 수 있는 한 법원게시판이 철창문으로 잠겨 있다 해서 위법하다 할 수 없다.(대결 1995.9.6, 95마596)

제185조【선박지분의 압류명령】 ① 선박의 지분에 대한 강제집행은 제251조에서 규정한 강제집행의 예에 따른다.
② 채권자가 선박의 지분에 대하여 강제집행신청을 하기 위하여서는 채무자가 선박의 지분을 소유하고

있다는 사실을 증명할 수 있는 선박등기부의 등본이나 그 밖의 증명서를 내야 한다.

③ 압류명령은 채무자 외에 「상법」 제764조에 의하여 선임된 선박관리인(이하 이 조에서 "선박관리인"이라 한다)에게도 송달하여야 한다. (2007.8.3 본항개정)

④ 압류명령은 선박관리인에게 송달되면 채무자에게 송달된 것과 같은 효력을 가진다.

■ ① 부동산외의 다른 재산권에 대한 집행(251), 선박지분에 대한 강제집행의 신청(251·225), ② 선박등기(상743), ③ 선박관리인(상760), ④ 송달(11·12, 민소1740|하)

제186조 【외국선박의 압류】 외국선박에 대한 강제집행에는 등기부에 기입할 절차에 관한 규정을 적용하지 아니한다.

■ 선박의 국적(172, 선박등기2), 선박국적증서(174·175, 상743)

1. 선박우선특권 있는 채권에 기한 선박가압류의 적부(소극) 선박우선특권 있는 채권자는 선박소유자의 변동에 관계없이 그 선박에 대하여 집행권원 없이도 경매청구권을 행사할 수 있으므로 채권자는 채권을 보전하기 위하여 그 선박에 대한 가압류를 하여 둘 필요가 없다.(대판 1988.11.22, 87다카1671)

2. 외국선박에 대한 집행절차에서 구 민소 681조 1항 2호의 적용이 배제되는지 여부(소극) 구 민소(2002. 1. 26. 법률 제6626호로 전문 개정되기 전의 것) 688조는 외국선박에 대한 강제집행에는 등기부에 기입할 절차에 관한 규정을 적용하지 아니한다고 규정하고 있는바, 이는 국내에 외국선박의 등기부가 있을 수 없으므로 경매개시결정 등을 촉탁할 수 없다는 취지이지, 외국선박에 대한 집행절차에서 선박에 관한 등기부초본을 제출하도록 규정하고 있는 같은 법 681조 1항 2호의 적용을 배제하는 근거가 될 수는 없을 뿐만 아니라, 외국선박에 대한 집행절차에서 선박에 관한 등기부초본이 현실적으로 제출되기 곤란하여 선박등기부상의 권리관계를 확인하기 어려운 사정이 있다고 하더라도, 이러한 사정만으로 외국선박에 대하여 선적국의 법률에 따라 저당권을 설정하고 등기(공시절차)를 갖춘 적법한 저당권자를 구 민소(2002. 1. 26. 법률 제6626호로 전문 개정되기 전의 것) 605조에서 규정하는 일반적인 법률상 우선변제권이 있는 채권자와 동일시할 수는 없으므로, 외국선박에 대한 집행절차에서 경매개시결정등기 전에 선적국의 법률에 따라 저당권을 설정하고 등기(공시절차)를 갖춘 저당권자가 배당표 확정 이전에 이러한 사실을 증명하였다면 이러한 외국선박의 저당권자도 등기부에 기입된 선박 위의 권리자로서 배당요구와 상관없이 배당을 받을 수 있다.(대판 2004.10.28, 2002다25693)

제187조 【자동차 등에 대한 강제집행】 자동차·건설기계·소형선박(「자동차 등 특정동산 저당법」 제3조제2호에 따른 소형선박을 말한다) 및 항공기(「자동차 등 특정동산 저당법」 제3조제4호에 따른 항공기 및 경량항공기를 말한다)에 대한 강제집행 절차는 제2편제2장제2절부터 제4절까지의 규정에 준하여 대법원규칙으로 정한다. (2007.8.3., 2009.3.25., 2015.5.18 본조개정)

■ 자동차에 대한 강제집행(자관li6, 민집규108-129·210), 건설기계에 대한 강제집행(민집규130·211), 항공기에 대한 강제집행(민집규106·107·209)

1. 중기소유권 득실변경의 효력발생요건 중기관리법이 정하는 바에 따라 적법하게 등록을 마친 중기소유권의 득실변경은 그 등록을 마침으로써 그 효력이 생긴다.(대판 1991.8.9, 91다13267)

제4절 동산에 대한 강제집행

제1관 통 칙

제188조 【집행방법, 압류의 범위】 ① 동산에 대한 강제집행은 압류에 의하여 개시한다.

② 압류는 집행력 있는 정본에 적은 청구금액의 변제와 집행비용의 변상에 필요한 한도안에서 하여야 한다.

③ 압류물을 현금화하여도 집행비용 외에 남을 것이 없는 경우에는 집행하지 못한다.

■ ① 동산(민98·99), 부동산집행에 준하는 것(172·187), 압류(1890|하, 민168②), 공무상비밀표시무효죄(형140), ② 초과압류의 취소(민집규140), 집행력있는 정본(28), 변제(민4600|하), 강제집행비용(53), ③ 인수주의와 잉여주의(91)

1. 압류조서목록에 기재가 누락된 압류대상 물건에 대한 압류처분의 효력 유체동산 압류에 있어 봉인 기타 방법으로 압류를 명백히 한 경우에는 그 압류처분은 유효하고 압류조서의 작성은 압류의 사실을 기록 증명하는 것에 불과하여 압류처분의 효력발생 요건이라고는 할 수 없으므로, 비록 압류조서목록에 그 기재가 누락되었다 하더라도 그 물건에 대하여 압류한 이상 압류처분은 유효하고 그 압류물건을 대상으로 공매처분이 이루어져 피고인이 이를 경락받았다면 피고인이 위 물건들을 취거하였다 하여 절도죄에 문의할 수는 없다.(대판 1984.8.21, 84도855)

제2관 유체동산에 대한 강제집행

제189조 【채무자가 점유하고 있는 물건의 압류】 ① 채무자가 점유하고 있는 유체동산의 압류는 집행관이 그 물건을 점유함으로써 한다. 다만, 채권자의 승낙이 있거나 운반이 곤란한 때에는 봉인(封印), 그 밖의 방법으로 압류물임을 명확히 하여 채무자에게 보관시킬 수 있다.

② 다음 각호 가운데 어느 하나에 해당하는 물건은 이 법에서 유체동산으로 본다.

1. 등기할 수 없는 토지의 정착물로서 독립하여 거래의 객체가 될 수 있는 것
2. 토지에서 분리하기 전의 과실로서 1월 이내에 수확할 수 있는 것
3. 유가증권으로서 배서가 금지되지 아니한 것

③ 집행관은 채무자에게 압류의 사유를 통지하여야 한다.

■ ① 유체동산 집행신청(민집규131), 유체동산(민99), 압류한 유체동산의 선택(민집규132), 직무집행구역 밖에서의 압류(민집규133), 압류조서의 기재사항(민집규134), 압류물의 보관 점검회수(민집규1350|하), 봉인(형140), 압류물 보존(198), ② 과실(민101·102), 배서금지(어11②·77i, 수14), ③ 채무자 증인의 참여(6), 통지(11,12)

1. 유체동산 집행의 대상이 되는 '등기할 수 없는 토지의 정착물'의 의미 구 민소 527조 2항 1호 소정의 유체동산 집행의 대상이 되는 '등기할 수 없는 토지의 정착물'은 토지에의 정착성은 있으나 환가한 후 토지로부터 분리하는 것을 전제로 하여 거래의 대상으로서의 가치를 가지는 것이라고 보아야 한다.(대결 1995.11.27, 95마820)

2. 완성되었으나 준공검사를 받지 않은 건물이 유체동산집행의 대상이 되는지 여부 건물이 이미 완성되었으나 단지 준공검사만을 받지 아니하여 그 보존등기를 경료하지 못한

상태에 있다면 위와 같이 완성된 건물은 부동산등기법상 당연히 등기적격이 있는 것이고, 비록 준공검사를 마치지 아니함으로써 부동산등기법상 보존등기 신청 시에 필요한 서류를 교부받지 못하여 아직 등기를 하지 못하고 있는 경우라고 하더라도 그와 같은 사정만으로 위 완성된 건물이 구 민소 527조 2항 1호의 "등기할 수 없는 토지의 정착물로서 독립하여 거래의 객체가 될 수 있는 것"에 해당하여 유체동산 집행의 대상이 되는 것이라고 할 수 없다.(대결 1994.4.12, 93마1933)

제190조 【부부공유 유체동산의 압류】 채무자와 그 배우자의 공유로서 채무자가 점유하거나 그 배우자와 공동으로 점유하고 있는 유체동산은 제189조의 규정에 따라 압류할 수 있다.

■ 부부 공유 추정(민830), 배우자의 우선매수권(206), 배우자의 매각대금 지급요구(221)

1. 사실혼관계에 구 민소 527조의2를 유추적용할 수 있는지 여부(적극) 구 민소 527조의2는 채무자와 그 배우자의 공유에 속하는 유체동산은 채무자가 점유하거나 그 배우자와 공동점유하는 때에는 같은 법 527조의 규정에 의하여 압류할 수 있다고 규정하고 있는바, 위와 같은 규정은 부부공동생활의 실체를 갖추고 있으면서 혼인신고만을 하지 아니한 사실혼관계에 있는 부부의 공유 유체동산에 대하여도 유추적용된다.(대판 1997.11.11, 97다34273)

2. 본조의 규정을 체납처분의 경우에 유추적용할 수 있는지 여부 부부공유 유체동산의 압류에 관한 민집 190조의 규정은 체납처분의 경우에 유추적용을 배제할 만한 특수성이 없으므로 이를 체납처분의 경우에도 유추적용할 수 있다.(대판 2006.4.13, 2005두15151)

제191조 【채무자 외의 사람이 점유하고 있는 물건의 압류】 채권자 또는 물건의 제출을 거부하지 아니하는 제3자가 점유하고 있는 물건은 제189조의 규정을 준용하여 압류할 수 있다.

■ 채무자가 점유하고 있는 물건의 압류(189)

1. 동산양도담보권자가 집행수락의 공정증서에 기하여 담보목적물에 대한 강제경매를 실행할 경우의 성질 동산을 목적으로 하는 양도담보설정계약을 체결함과 동시에 채무불이행시 강제집행을 수락하는 공정증서를 작성한 경우, 채무자가 채무를 불이행한 때에는 채권자로서는 위 양도담보권을 실행하기 위하여 담보목적물인 동산을 환가함에 있어 위 공정증서에 기하지 아니하고 양도담보의 약정 내용에 따라 이를 사적으로 타에 처분하거나 스스로 취득한 후 정산하는 방법으로 환가할 수도 있지만 양도담보목적물을 위 공정증서에 기하여 압류하고 강제경매를 실시하는 방법으로 환가할 수도 있고, 실질적으로는 양도담보권자의 담보목적물에 대한 환가를 위한 강제경매는 자기 소유물에 대한 강제집행이라고 볼 수 없는 것이므로 위와 같은 방법의 양도담보권 실행을 위한 환가를 허용하는 것은 동산양도담보의 법리와 모순된다고 할 수도 없다. 이 방법에 의한 경매절차는 제3자가 그 목적물이 양도담보물임을 인식할 수 있었는지에 관계없이 형식상은 강제경매절차에 따르지만 그 실질은 일반 채권자의 강제집행절차가 아니라 동산양도담보권 실행을 위한 환가절차라고 할 것이므로 위 환가를 위한 압류절차에 압류를 경합한 양도담보설정자의 다른 채권자는 양도담보권자에 대한 관계에서는 압류경합채권자나 배당요구권자로 인정될 수 없고, 따라서 위 환가로 인한 매득금에서 환가비용을 공제한 잔액은 양도담보권자의 채권변제에 전액 충당함이 당연하고 양도담보권자와 압류경합자 사이에 각 채권액에 따라 안분비례로 배당할 것이 아니다.(대판 1994.5.13, 93다21910)

2. 점유개정의 방법으로 동산에 대한 이중의 양도담보설정계약이 체결된 경우의 후순위 채권자의 지위 금전채무를

담보하기 위하여 채무자가 그 소유의 동산을 채권자에게 양도하되 점유개정의 방법으로 인도하고 채무자가 이를 계속 점유하기로 약정한 경우 특별한 사정이 없는 한 그 동산의 소유권은 신탁적으로 이전되는 것에 불과하여, 채권자와 채무자 사이의 대내적 관계에서는 채무자가 소유권을 보유하나 대외적인 관계에서의 채무자는 동산의 소유권을 이미 채권자에게 양도한 무권리자가 되는 것이어서 다시 다른 채권자와 양도담보설정계약을 체결하고 점유개정의 방법으로 인도하더라도 선의취득이 인정되지 않는 한 나중에 설정계약을 체결한 채권자로서는 양도담보권을 취득할 수 없는데, 현실의 인도가 아닌 점유개정의 방법으로는 선의취득이 인정되지 아니하므로 결국 뒤의 채권자는 적법하게 양도담보권을 취득할 수 없다.(대판 2005.2.18, 2004다37430)

제192조 【국고금의 압류】 국가에 대한 강제집행은 국고금을 압류함으로써 한다.

■ 국가의 보통재판적(민소6), 유체동산의 압류(188·189)

제193조 【압류물의 인도】 ① 압류물을 제3자가 점유하게 된 경우에는 법원은 채권자의 신청에 따라 그 제3자에 대하여 그 물건을 집행관에게 인도하도록 명할 수 있다.

② 제1항의 신청은 압류물을 제3자가 점유하고 있는 것을 안 날부터 1주 이내에 하여야 한다.

③ 제1항의 재판은 상대방에게 송달되기 전에도 집행할 수 있다.

④ 제1항의 재판은 신청인에게 고지된 날부터 2주가 지난 때에는 집행할 수 없다.

⑤ 제1항의 재판에 대하여는 즉시항고를 할 수 있다.

■ ① 인도명령의 집행과 통지(민집규139), 제3자점유물의 압류(191), ② 기간(민소170-172), ④ 보전처분의 집행(292②), ⑤ 즉시항고(15)

제194조 【압류의 효력】 압류의 효력은 압류물에서 생기는 천연연물에도 미친다.

■ 천연과실의 수취권자(민102①), 압류의 범위(188)

제195조 【압류가 금지되는 물건】 다음 각호의 물건은 압류하지 못한다. (2005.1.27 본조개정)

1. 채무자 및 그와 같이 사는 친족(사실상 관계에 따른 친족을 포함한다. 이하 이 조에서 "채무자 등"이라 한다)의 생활에 필요한 의복·침구·가구·부엌기구, 그 밖의 생활필수품

2. 채무자등의 생활에 필요한 2월간의 식료품·연료 및 조명재료

3. 채무자등의 생활에 필요한 1월간의 생계비로서 대통령령이 정하는 액수의 금전

4. 주로 자기 노동력으로 농업을 하는 사람에게 없어서는 아니될 농기구·비료·가축·사료·종자, 그 밖에 이에 준하는 물건

5. 주로 자기의 노동력으로 어업을 하는 사람에게 없어서는 아니될 고기잡이 도구·어망·미끼·새끼고기, 그 밖에 이에 준하는 물건

6. 전문직 종사자·기술자·노무자, 그 밖에 주로 자기의 정신적 또는 육체적 노동으로 직업 또는 영업에 종사하는 사람에게 없어서는 아니 될 제복·도구, 그 밖에 이에 준하는 물건

7. 채무자 또는 그 친족이 받은 훈장·포장·기장, 그 밖에 이에 준하는 명예증표

8. 위패·영정·묘비, 그 밖에 상례·제사 또는 예배에 필요한 물건
9. 족보·집안의 역사적인 기록·사진첩, 그 밖에 선조숭배에 필요한 물건
10. 채무자의 생활 또는 직무에 없어서는 아니 될 도장·문패·간판, 그 밖에 이에 준하는 물건
11. 채무자의 생활 또는 직업에 없어서는 아니 될 일기장·상업장부, 그 밖에 이에 준하는 물건
12. 공표되지 아니한 저작 또는 발명에 관한 물건
13. 채무자등이 학교·교회·사찰, 그 밖의 교육기관 또는 종교단체에서 사용하는 교과서·교리서·학습용구, 그 밖에 이에 준하는 물건
14. 채무자등의 일상생활에 필요한 안경·보청기·의치·의수족·지팡이·장애보조용 바퀴의자, 그 밖에 이에 준하는 신체보조기구
15. 채무자등의 일상생활에 필요한 자동차로서 자동차관리법이 정하는 바에 따른 장애인용 경형자동차
16. 재해의 방지 또는 보안을 위하여 법령의 규정에 따라 설비하여야 하는 소방설비·경보기구·피난시설, 그 밖에 이에 준하는 물건

〔개정전〕 3. … 생계비로서 "대법원규칙"이 정하는 …

■ 압류금지물의 범위(국세징31·32), 압류금지물건을 정하는 재판(196), 압류한 유체동산의 선택(민집규132), 압류가 금지되는 생계비(민집규2, 민집규143), 다른 법령에 의한 압류금지(국민기초35, 아동36, 모부자27, 장애인복지73, 우편7·8, 신탁21, 공저당10·18, 광재단5, 국가유공58, 건설산업88, 전통사찰10)

1. 압류금지에 위반한 유체동산 집행의 효력 공장저당의 목적인 동산은 공장저당법에 의하여 유체동산집행의 대상이 되지 아니하는 이른바 압류금지물에 해당하므로 집행관은 압류하여서는 아니 되지만, 금지규정을 어겨 압류한 경우에는 집행관은 집행에 관한 이의에 의한 법원의 결정이나 채권자의 신청에 의하지 아니하고는 스스로 압류를 해제할 수 없는 것이고, 압류의 부당해제의 경우 집행관의 처분에 대한 이의로서 구제받을 수도 예정하고 있다고 하더라도, 그러한 구제절차를 취하였더라면 부당한 압류해제로 인한 손해를 방지할 수 있었다고 단정할 수 없는 이상 구제절차를 취하지 아니하였다는 사유만으로 부당한 압류해제로 인한 손해 발생을 부정할 수는 없다.(대판 2003.9.26, 2001다52773)
2. 압류금지채권이 아니라는 점에 대한 증명책임(채권자) 채권자가 채권압류 및 추심명령에 기하여 채무자의 제3채무자에 대한 예금채권의 추심을 구하는 소를 제기한 경우 추심 대상 채권이 압류금지채권에 해당하지 않는다는 점, 즉 채무자의 개인별 예금 잔액과 민집 195조 3호에 의하여 압류하지 못한 금전의 합계액이 150만 원을 초과한다는 사실은 채권자가 증명하여야 한다.(대판 2015.6.11, 2013다40476)

제196조【압류금지 물건을 정하는 재판】 ① 법원은 당사자가 신청하면 채권자와 채무자의 생활형편, 그 밖의 사정을 고려하여 유체동산의 전부 또는 일부에 대한 압류를 취소하도록 명하거나 제195조의 유체동산을 압류하도록 명할 수 있다.
② 제1항의 결정이 있은 뒤에 그 이유가 소멸되거나 사정이 바뀐 때에는 법원은 직권으로 또는 당사자의 신청에 따라 그 결정을 취소하거나 바꿀 수 있다.
③ 제1항 및 제2항의 경우에 법원은 제16조제2항에 준하는 결정을 할 수 있다.
④ 제1항 및 제2항의 결정에 대하여는 즉시항고를 할 수 있다.
⑤ 제3항의 결정에 대하여는 불복할 수 없다.

■ ① 압류금지의 물건(195), 압류금지물 변경의 재판(3①·21, 법32), ③ 강제집행의 일시정지 등 잠정처분(16②), ④ 즉시항고(15)

제197조【일괄매각】 ① 집행관은 여러 개의 유체동산의 형태, 이용관계 등을 고려하여 일괄매수하게 하는 것이 알맞다고 인정하는 때에는 직권으로 또는 이해관계인의 신청에 따라 일괄하여 매각할 수 있다.
② 제1항의 경우에는 제98조제3항, 제99조, 제100조, 제101조제2항 내지 제5항의 규정을 준용한다.

■ 부동산일괄매각의 결정시기(98③), 일괄매각사건의 병합(99), 일괄매각사건의 관할(100), 일괄매각절차(101②-101⑤)

제198조【압류물의 보존】 ① 압류물을 보존하기 위하여 필요한 때에는 집행관은 적당한 처분을 하여야 한다.
② 제1항의 경우에 비용이 필요한 때에는 채권자로 하여금 이를 미리 내게 하여야 한다. 채권자가 여럿인 때에는 요구하는 액수에 비례하여 미리 내게 한다.
③ 제49조제2호 또는 제4호의 문서가 제출된 경우에 압류물을 즉시 매각하지 아니하면 값이 크게 내릴 염려가 있거나, 보관에 지나치게 많은 비용이 드는 때에는 집행관은 그 물건을 매각할 수 있다.
④ 집행관은 제3항의 규정에 따라 압류물을 매각하였을 때에는 그 대금을 공탁하여야 한다.

■ ① 집행관의 권한(43·82), ② 비용예납(18), ③ 긴급매각(49ii·49iv 의문서 제출), 압류물의 점검(민집규137), ④ 압류물의 매각(199), 매각대금의 공탁(222)

제199조【압류물의 매각】 집행관은 압류를 실시한 뒤 입찰 또는 호가경매의 방법으로 압류물을 매각하여야 한다.

■ 압류채권자의 매각최고(216), 호가경매(민집규145-150), 입찰(민집규151)

제200조【값비싼 물건의 평가】 매각할 물건 가운데 값이 비싼 물건이 있는 때에는 집행관은 적당한 감정인에게 이를 평가하게 하여야 한다.

■ 금은붙이의 현금화(209), 압류물의 평가(민집규144)

제201조【압류금전】 ① 압류한 금전은 채권자에게 인도하여야 한다.
② 집행관이 금전을 추심한 때에는 채무자가 지급한 것으로 본다. 다만, 담보를 제공하거나 공탁을 하여 집행에서 벗어날 수 있도록 채무자에게 허가한 때에는 그러하지 아니하다.

■ 담보제공과 집행(208, 민소213), 다수채권자 또는 압류금전에 잉여가 있는 경우의 처리(민집규155-157)

제202조【매각일】 압류일과 매각일 사이에는 1주 이상 기간을 두어야 한다. 다만, 압류물을 보관하는 데 지나치게 많은 비용이 들거나, 시일이 지나면 그 물건의 값이 크게 내릴 염려가 있는 때에는 그러하지 아니하다.

■ 1주의 기간(민157·159·161), 조기매각의 예외(198③·296⑤), 경매

시기의 제한(213), 채권자의 매각최고(216)

1. 유체동산경매기일의 변경이 허용되는 기준 구 민소 (2002. 1. 26. 법률 제6626호로 전문 개정되기 전의 것) 538 조는 압류일과 경매일 간에는 7일 이상의 기간을 두어야 한다고 규정하고 있으므로 압류일과 매각일 사이에 1주의 기간을 두기만 하면 언제를 경매기일로 정하느냐 하는 것은 집행관의 재량이라고 할 것이고, 같은 법 551조가 상당한 기간을 경과하여도 집행관이 경매하지 아니하는 때에는 압류채권자는 일정한 기간 내에 경매할 것을 최고하고 그 최고에 응하지 아니하는 때에는 법원에 필요한 명령을 신청할 수 있다고 규정하고 있다고 하더라도, 경매기일은 함부로 이를 변경 또는 연기할 수 없는 것이고, 다만 매각목적물이 적정한 가격에 매각되는 것은 이해관계인 모두에게 이익이 되는 것이므로 재감정의 필요성에 합리적인 이유가 있다면 경매기일의 연기는 수긍할 수 있으나 그렇다고 하더라도 그 연기기간은 합리적인 범위로 제한되어야 한다.(대판 2003.9.26, 2001다52773)

제203조【매각장소】 ① 매각은 압류한 유체동산이 있는 시·구·읍·면(도농복합형태의 시의 경우 동지역은 시·구, 읍·면지역은 읍·면)에서 진행한다. 다만, 압류채권자와 채무자가 합의하면 합의된 장소에서 진행한다.
② 매각일자와 장소는 대법원규칙이 정하는 방법으로 공고한다. 공고에는 매각할 물건을 표시하여야 한다.
■ ① 다른 장소에서의 매각(214, 민집규135·145②), ② 공고할 사항(민집규146·151③)

제204조【준용규정】 매각장소의 질서유지에 관하여는 제108조의 규정을 준용한다.
■ 매각장소의 질서유지(108, 법조58),경매입찰방해죄(형315)

제205조【매각·재매각】 ① 집행관은 최고가매수신고인의 성명과 가격을 말한 뒤 매각을 허가한다.
② 매각물은 대금과 서로 맞바꾸어 인도하여야 한다.
③ 매수인이 매각조건에 정한 지급기일에 대금의 지급과 물건의 인도청구를 게을리 한 때에는 재매각을 하여야 한다. 지급기일을 정하지 아니한 경우로서 매각기일의 마감에 앞서 대금의 지급과 물건의 인도청구를 게을리 한 때에도 또한 같다.
④ 제3항의 경우에는 전의 매수인은 재매각절차에 참가하지 못하며, 뒤의 매각대금이 처음의 매각대금보다 적은 때에는 그 부족한 액수를 부담하여야 한다.
■ 집행관의 매수자격(집행관15①), 압류물의 매각방법(199), 매각조건의 고지(민집규147①·151③), 매수신청(59, 민집규158), 집행조서(10, 민집규76·150)
1. 미성년자가 한 경락의 효력 미성년자는 경매목적물을 경락할 수 없고 가사 경락이 되었다 할지라도 이러한 경락행위는 무효이다.(대결 1967.7.12, 67마507)

제206조【배우자의 우선매수권】 ① 제190조의 규정에 따라 압류한 유체동산을 매각하는 경우에 배우자는 매각기일에 출석하여 우선매수할 것을 신고할 수 있다.
② 제1항의 우선매수신고에는 제140조제1항 및 제2항의 규정을 준용한다.
■ ① 부부공유재산 추정(민830②), 부부공유 유체동산의 압류(190), 공유자의 우선매수권(140), 매각대금의 지급요구(221)

제207조【매각의 한도】 매각은 매각대금으로 채권자에게 변제하고 강제집행비용을 지급하기에 충분하게 되면 즉시 중지하여야 한다. 다만, 제197조제2항 및 제101조제3항 단서에 따른 일괄매각의 경우에는 그러하지 아니하다.
■ 압류한도(188②), 강제집행비용(53), 팔매각의 예외(197②·101③단서), 매각중지후의 조치(민집규140)

제208조【집행관이 매각대금을 영수한 효과】 집행관이 매각대금을 영수한 때에는 채무자가 지급한 것으로 본다. 다만, 담보를 제공하거나 공탁을 하여 집행에서 벗어날 수 있도록 채무자에게 허가한 때에는 그러하지 아니하다.
■ 금전의 추심과 지급의제(201②), 매득금의 영수(205②③), 매각대금처리(민집규155), 집행력있는 정본의 회수(42), 매각대금의 공탁(222), 담보제공(19)

제209조【금·은붙이의 현금화】 금·은붙이는 그 금·은의 시장가격 이상의 금액으로 일반 현금화의 규정에 따라 매각하여야 한다. 시장가격 이상의 금액으로 매수하는 사람이 없는 때에는 집행관은 그 시장가격에 따라 적당한 방법으로 매각할 수 있다.
■ 특별한 현금화 방법(214), 값비싼 물건의 평가(200)

제210조【유가증권의 현금화】 집행관이 유가증권을 압류한 때에는 시장가격이 있는 것은 매각하는 날의 시장가격에 따라 적당한 방법으로 매각하고 그 시장가격이 형성되지 아니한 것은 일반 현금화의 규정에 따라 매각하여야 한다.
■ 배서가 금지되지 아니한 유가증권(189②iii), 기명유가증권의 명의개서(211)

제211조【기명유가증권의 명의개서】 유가증권이 기명식일 때에는 집행관은 매수인을 위하여 채무자에 갈음하여 배서 또는 명의개서에 필요한 행위를 할 수 있다.
■ 유가증권의 현금화(210), 매각재산의 권리이전절차(국세징79), 명의개서(상336·337·479)

제212조【어음 등의 제시의무】 ① 집행관은 어음·수표 그 밖의 금전의 지급을 목적으로 하는 유가증권(이하 "어음등"이라 한다)으로서 일정한 기간 안에 인수 또는 지급을 위한 제시 또는 지급의 청구를 필요로 하는 것을 압류하였을 경우에 그 기간이 개시되면 채무자에 갈음하여 필요한 행위를 하여야 한다.
② 집행관은 미완성 어음등을 압류한 경우에 채무자에게 기한을 정하여 어음등에 적힐 사항을 보충하도록 최고하여야 한다.
■ ① 무기명증권(민523이하), 압류물의 보존(198), 어음의 지급제시(어21·38·77, 수29), ② 미완성어음의 보충(어2·76)
1. 발행지의 기재가 없는 어음의 효력 어음에서 발행지의 기재는 발행지와 지급지가 국토를 달리하거나 세력을 달리하는 어음 기타 국제어음에 있어서는 어음행위의 중요한 해석 기준이 되는 것이지만 국내에서 발행되고 지급되는 이른바 국내어음에 있어서는 별다른 의미를 가지지 못하고, 또한 일반의 어음거래에서 발행지가 기재되지 아니한 국내어음도 어음요건을 갖춘 완전한 어음과 마찬가지로 당사자 간에 발행·양도 등의 유통이 널리 이루어지고 있으며, 어음교환소

와 은행 등을 통한 결제 과정에서도 발행지의 기재가 없다는 이유로 지급거절됨이 없이 발행지가 기재된 어음과 마찬가지로 취급되고 있는 것이 관행에 이른 정도인 점에 비추어 볼 때, 발행지의 기재가 없는 어음의 유통에 관여한 당사자들은 완전한 어음에 의한 것과 같은 유효한 어음행위를 하려고 하였던 것으로 봄이 상당하므로, 어음면의 기재 자체로 보아 국내어음으로 인정되는 경우에는 그 어음면상 발행지의 기재가 없는 경우라고 할지라도 이를 무효의 어음으로 볼 수는 없다.(대판(全) 1998.4.23, 95다36466)

제213조【미분리과실의 매각】 ① 토지에서 분리되기 전에 압류한 과실은 충분히 익은 다음에 매각하여야 한다.

② 집행관은 매각하기 위하여 수확을 하게 할 수 있다.

▣ 과실(민101 · 102), 유체동산으로 간주되는 과실(189②ⅲ), 특별한 현금화방법(214), 압류제한(195 · 196)

제214조【특별한 현금화 방법】 ① 법원은 필요하다고 인정하면 직권으로 또는 압류채권자, 배당을 요구한 채권자 또는 채무자의 신청에 따라 일반현금화의 규정에 의하지 아니하고 다른 방법이나 다른 장소에서 압류물을 매각하게 할 수 있다. 또한 집행관에게 위임하지 아니하고 다른 사람으로 하여금 매각하게 하도록 명할 수 있다.

② 제1항의 재판에 대하여는 불복할 수 없다.

▣ 신청방식(민소161), 집행법원(3 · 21), 관할구역 밖의 매각(203,민집규135), 채권과 그 밖의 재산권에 대한 집행에 준용(241)

제215조【압류의 경합】 ① 유체동산을 압류하거나 가압류한 뒤 매각기일에 이르기 전에 다른 강제집행이 신청된 때에는 집행관은 집행신청서를 먼저 압류한 집행관에게 교부하여야 한다. 이 경우 더 압류할 물건이 있으면 이를 압류한 뒤에 추가압류조서를 교부하여야 한다.

② 제1항의 경우에 집행에 관한 채권자의 위임은 먼저 압류한 집행관에게 이전된다.

③ 제1항의 경우에 각 압류한 물건은 강제집행을 신청한 모든 채권자를 위하여 압류한 것으로 본다.

④ 제1항의 경우에 먼저 압류한 집행관은 뒤에 강제집행을 신청한 채권자를 위하여 다시 압류한다는 취지를 덧붙여 그 압류조서에 적어야 한다.

▣ ① 부동산압류의 경합(87), 금전의 동시압류(222②), 통지(219), 동산에 대한 압류(296), ① , 압류조서의 열람청구(민집규152)

1. 본조 1항에 정한 '매각기일에 이르기 전'의 의미 본조 1항의 규정에 의하여 부동산과 채권에 대한 이중압류는 배당요구의 종기와 관계없이 매각대금 완납, 제3채무자의 공탁 또는 지급 등 집행대상 재산이 채무자의 책임재산에서 벗어날 때까지 가능한 것으로 폭넓게 인정되고 있고, 유체동산 매각절차에서는 매각 또는 입찰기일에 매수 허가 및 매각대금 지급까지 아울러 행해짐이 원칙인 점(민집규 149조 1항, 151조)에 비추어 볼 때, 위 민집 215조 1항에서 '매각기일에 이르기 전'이라 함은 '실제로 매각이 된 매각기일에 이르기 전'을 의미하는 것으로서 그때까지의 이중압류는 허용된다고 보아야 한다. 더군다나 동산집행절차에서 이중압류는 우선변제청구권이 없는 일반채권자가 배당에 참가할 수 있는 유일한 방법인 점, 우선변제청구권이 있는 채권자의 배당요구의 종기가 집행관이 매각대금을 영수한 때 등으로 정해져 있는 점(민집 220조 1항) 등에 비추어 보더라도, 앞서 본 법리와 달리 민집 215조 1항의 '매각기일'을 '첫 매각기일'로

해석하여 이중압류의 종기를 앞당기는 것은 바람직하지 않다.(대판 2011.1.27, 2010다83939)

제216조【채권자의 매각최고】 ① 상당한 기간이 지나도 집행관이 매각하지 아니하는 때에는 압류채권자는 집행관에게 일정한 기간 이내에 매각하도록 최고할 수 있다.

② 집행관이 제1항의 최고에 따르지 아니하는 때에는 압류채권자는 법원에 필요한 명령을 신청할 수 있다.

▣ 매각일(202, 민집규145① · 151), 집행법원(3)

제217조【우선권자의 배당요구】 민법 · 상법, 그 밖의 법률에 따라 우선변제청구권이 있는 채권자는 매각대금의 배당을 요구할 수 있다.

▣ 배당요구의 절차(218, 민집규48 · 158), 배당요구의 시기(220), 집행력 있는 정본(28 · 38 · 247), 배당요구를 할 수 있는 채권자(민329, 상468 · 858 · 861, 근로37, 선원보험15, 증권99)

1. 배당요구채권자가 적법한 배당요구를 하지 아니한 경우 배당에서 제외되는지 여부 구 민사소송법에 의하면, 민법 · 상법 기타 법률에 의하여 우선변제청구권이 있는 채권자, 집행력 있는 정본을 가진 채권자 및 경매신청의 등기 후에 가압류한 채권자는 경락기일까지 배당요구를 할 수 있고(605조 1항), 위 조항에서 규정하는 배당요구채권자는 경락기일까지 배당요구를 한 경우에 한하여 비로소 배당을 받을 수 있고, 적법한 배당요구를 하지 아니한 경우에는 실체법상 우선변제청구권이 있는 채권자라 하더라도 그 경락대금으로부터 배당을 받을 수는 없으며, 또한 경락기일까지 배당요구한 채권자라 할지라도 채권의 일부 금액만을 배당요구한 경우에 경락기일 이후에는 배당요구하지 아니한 채권을 추가하거나 확장할 수 없다. 그리고 배당요구를 하여야만 배당절차에 참여할 수 있는 채권자가 경락기일까지 배당요구를 하지 아니한 채권액에 대하여 경락기일 이후에 추가 또는 확장하여 배당요구를 하였으나 그 부분을 배당에서 배제하는 것으로 배당표가 작성 · 확정되고 그 확정된 배당표에 따라 배당이 실시되었다면, 그가 적법한 배당요구를 한 경우에 배당받을 수 있었던 금액 상당의 금원이 후순위 채권자에게 배당되었다고 하여 이를 법률상 원인이 없는 것이라고 할 수 없다.(대판 2005.8.25, 2005다14595)

2. 제3자에게 양도담보로 제공된 동산에 대한 강제집행에서 배당을 받은 채권자의 양도담보채권자에 대한 부당이득 반환의무의 유무(적극) 집행채무자의 소유가 아닌 경우에도 강제집행절차에서 그 유체동산을 경락받아 경락대금을 납부하고 이를 인도받은 경락인은 특별한 사정이 없는 한 소유권을 선의취득한다 할 것인바, 일반 채권자가 채무자가 제3자에게 양도담보로 제공한 동산에 대하여 강제집행을 신청하여 배당을 받은 경우, 경락으로 인하여 경락인이 그 소유권을 선의취득의 방법으로 취득하고 이에 따라 양도담보권자는 그 소유권을 상실하게 되는 결과 일반 채권자는 채무자 아닌 제3자 소유의 동산에 대한 경락대금을 배당받음으로써 법률상 원인 없이 이득을 얻고 그로 인하여 양도담보권자는 손해를 입었으므로, 양도담보권자에 대하여 이를 부당이득으로서 반환할 의무가 있다.(대판 1997.6.27, 96다51332)

제218조【배당요구의 절차】 제217조의 배당요구는 이유를 밝혀 집행관에게 하여야 한다.

▣ 우선권자의 배당요구(217), 배당요구의 방식(민집규48 · 158), 배당요구의 시기(220)

제219조【배당요구 등의 통지】 제215조제1항 및 제218조의 경우에는 집행관은 그 사유를 배당에 참가한 채권자와 채무자에게 통지하여야 한다.

■ 압류의 경합(215①), 배당요구의 절차(217), 통지(11·2, 민집규8)

제220조 【배당요구의 시기】 ① 배당요구는 다음 각호의 시기까지 할 수 있다.
1. 집행관이 금전을 압류한 때 또는 매각대금을 영수한 때
2. 집행관이 어음·수표 그 밖의 금전의 지급을 목적으로 한 유가증권에 대하여 그 금전을 지급받은 때

② 제198조제4항에 따라 공탁된 매각대금에 대하여는 동산집행을 계속하여 진행할 수 있게 된 때까지, 제296조제5항 단서에 따라 공탁된 매각대금에 대하여는 압류의 신청을 한 때까지 배당요구를 할 수 있다.

■ ① 배당요구(217), 금전의 압류(201), 유가증권의 현금화(210), ② 집행관의 매각대금 공탁(198④), 가압류의 매각대금 공탁(296⑤)

제221조 【배우자의 지급요구】 ① 제190조의 규정에 따라 압류한 유체동산에 대하여 공유지분을 주장하는 배우자는 매각대금을 지급하여 줄 것을 요구할 수 있다.

② 제1항의 지급요구에는 제218조 내지 제220조의 규정을 준용한다.

③ 제219조의 통지를 받은 채권자가 배우자의 공유주장에 대하여 이의가 있는 때에는 배우자를 상대로 소를 제기하여 공유가 아니라는 것을 확정하여야 한다.

④ 제3항의 소에는 제154조제3항, 제155조 내지 제158조, 제160조제1항제5호 및 제161조제1항·제2항·제4항의 규정을 준용한다.

■ ① 부부공유 유체동산의 압류(190), 부부의 공유 추정(민830), ② 배당요구의 절차 및 시기(218~220), ③ 배당요구의 통지(219), 배우자의 공유주장에 대한 이의(민집154), 공유관계부인의 소(157·158), ④ 배당이의의 소의 취하간주(154③), 배당이의의 소에서의 우선변제주장(155), 배당이의의 소의 관할(156), 배당이의의 소의 판결(157), 배당이의의 소의 취하간주(158), 배당액의 공탁(160①ⅴ), 공탁금에 대한 배당표의 변경(161①②④)

제222조 【매각대금의 공탁】 ① 매각대금으로 배당에 참가한 모든 채권자를 만족하게 할 수 없고 매각허가된 날부터 2주 이내에 채권자 사이에 배당협의가 이루어지지 아니한 때에는 매각대금을 공탁하여야 한다.

② 여러 채권자를 위하여 동시에 금전을 압류한 경우에도 제1항과 같다.

③ 제1항 및 제2항의 경우에 집행관은 집행절차에 관한 서류를 붙여 그 사유를 법원에 신고하여야 한다.

■ ① 매각대금의 영수(208), 집행관의 매각대금처리(민집규155), 집행관의 배당액공탁(민집156), ② 금전의 압류(201), ③ 집행법원(3), 신고(민집규156·157)

제3관 채권과 그 밖의 재산권에 대한 강제집행

제223조 【채권의 압류명령】 제3자에 대한 채무자의 금전채권 또는 유가증권, 그 밖의 유체물의 권리이전이나 인도를 목적으로 한 채권에 대한 강제

집행은 집행법원의 압류명령에 의하여 개시한다.

■ 집행법원(223), 압류명령의 발효시(227③·251②), 압류명령(226), 유체물(민98)

1. 장래의 채권에 대한 채권압류 및 전부명령이 유효하기 위한 요건 채권에 대한 압류 및 전부명령이 유효하기 위하여 채권압류 및 전부명령이 제3채무자에게 송달될 당시 반드시 피압류 및 전부채권이 현실적으로 존재하고 있어야 하는 것은 아니고, 장래의 채권이라도 채권 발생의 기초가 확정되어 있어 특정이 가능할 뿐 아니라 권면액이 있고, 가까운 장래에 채권이 발생할 것이 상당한 정도로 기대되는 경우에는 채권압류 및 전부명령의 대상이 될 수 있다.(대판 2002.11.8, 2002다7527)

2. 압류 및 전부명령의 목적인 채권의 표시와 특정 정도 압류 및 전부명령의 목적인 채권의 표시가 이해관계인 특히 제3채무자로 하여금 다른 채권과 구별할 수 있을 정도로 기재되어 동일성 인식을 저해할 정도에 이르지 아니하였다면, 그 압류 및 전부명령은 유효하다고 보아야 한다.(대판 2011.4.28, 2010다89036)

3. 양도금지의 특약이 있는 채권에 대한 압류 및 전부명령의 효력 당사자 사이에 양도금지의 특약이 있는 채권이라도 압류 및 전부명령에 따라 이전될 수 있고, 양도금지의 특약이 있는 사실에 관하여 압류채권자가 선의인가 악의인가는 전부명령의 효력에 영향이 없다.(대판 2002.8.27, 2001다71699)

4. 사립학교법 소정의 기본재산인 채권에 대한 압류 및 추심명령의 가부 사학 28조 1항에서 정한 기본재산이 관할청의 허가 없이 양도된 경우 그것이 학교법인의 의사에 기한 것이든 강제집행절차에 의한 것이든 무효가 되는 점에, 비록 추심명령으로 인하여 곧바로 채권 자체가 추심채권자에게 이전하는 것은 아니지만 추심이 완료되면 추심채권자로부터 이를 반환받는 것이 불가능한 경우가 많아 사실상 채권의 양도와 다를 바 없는 결과를 초래하여 사립학교의 재정 충실을 기하려는 사립학교법의 취지가 몰각될 위험이 있는 점, 그리고 위 법조항에 따르면 관할청의 허가가 없는 한 채권자가 사립학교의 기본재산인 채권으로 최종적인 만족을 얻는 것은 금지될 수밖에 없는데, 추심명령을 금지하지 아니한다면 채권자로서는 추심금 소송을 제기하여 승소하고도 관할청의 허가를 받지 못하여 그 동안의 소송절차를 무위로 돌려야만 하는 결과가 될 수 있어 사회 전체적으로 보아도 소송경제에 반하는 점 등을 아울러 살펴보면, 이러한 기본재산인 채권에 대하여 압류 및 추심명령의 신청이 있는 경우, 집행법원으로서는 그 처분을 금지하는 압류명령은 발할 수 있지만, 관할청의 허가가 없는 이상 현금화(환가)를 명하는 추심명령을 발할 수는 없다고 봄이 상당할 것이고, 압류명령이 발하여진 경우에도 피압류채권이 사립학교의 기본재산임이 밝혀지고 나아가 관할청의 허가를 받을 수 없는 사정이 확실하다고 인정되거나 관할청의 불허가가 있는 경우 그 채권은 사실상 압류 적격을 상실하게 된다고 봄이 상당하다고 할 것이므로, 채무자는 그 결정에 대한 즉시항고를 하여 압류명령의 취소를 구하거나, 민집 246조 2항에 따라 위와 같은 이유를 들어 압류명령의 전부 또는 일부의 취소를 신청할 수 있다.(대결 2002.9.30, 2002마2209)

5. 구 건설산업기본법 84조 소정의 압류금지 채권에 대한 압류 및 전부명령의 효력 구 건설산업(1999. 4. 15. 법률 제5965호로 개정되기 전의 것) 88조 및 구 건설산업기본법시행령(1999. 8. 6. 대통령령 제16512호로 개정되기 전의 것) 84조에서 건설업자가 도급받은 건설공사의 도급금액 중 당해 공사의 근로자에게 지급하여야 할 노임에 상당하는 금액에 대하여 압류를 금지한 것은 근로자의 생존권을 최소한도로 보장하려는 헌법상의 사회보장적 요구에서 비롯된 것으로서, 근로자의 임금 등 채권에 대한 우선변제권을 인정하고 있는 근로기준법 규정과 함께 근로자의 생활안정을 실질적

으로 보장하기 위한 또 다른 규정이라고 할 것이므로, 이와 같은 압류가 금지된 채권에 대한 압류명령은 강행법규에 위배되어 무효라 할 것이며, 또 전부명령은 압류채권의 지급에 갈음하여 피전부채권을 채무자로부터 압류채권자에게로 이전하는 효력을 갖는 것이므로 전부명령의 전제가 되는 압류가 무효인 경우 그 압류에 기한 전부명령은 절차법상으로는 당연무효라고 할 수 없다 하더라도 실체법상으로는 그 효력을 발생하지 아니하는 의미의 무효라고 할 것이고, 따라서 제3채무자는 압류채권자의 전부금 지급청구에 대하여 위와 같은 실체법상의 무효를 들어 항변할 수 있다.(대판 2000.7.4, 2000다21048)

6. 수급인의 보수채권에 대한 압류와 그 도급계약에 대한 채무자의 처분에 대한 영향 수급인의 보수채권에 대한 압류가 행하여지면 그 효력으로 채무자가 압류된 채권을 처분하더라도 채권자에게 대항할 수 없고, 제3채무자도 채권을 소멸 또는 감소시키는 등의 행위는 할 수 없으며, 그와 같은 행위로 채권자에게 대항할 수 없는 것이지만, 그 압류로 위 압류채권의 발생원인인 도급계약관계에 대한 채무자나 제3채무자의 처분까지가 구속하는 효력은 없으므로 채무자나 제3채무자는 기본적계약관계인 도급계약자체를 해지할 수 있고, 채무자와 제3채무자 사이의 기본적계약관계인 도급계약이 해지된 이상 그 계약에 의하여 발생한 보수채권은 소멸하게 되므로 이를 대상으로 한 압류명령 또한 실효될 수밖에 없으며, 위의 경우에 도급계약이 해지되기 전에 피압류채권에 대한 전부명령이 내려지고 그 전부명령이 확정되었더라도 전부명령의 효력은 피압류채권이 기초가 된 도급계약이 해지되기 전에 발생한 보수채권에 미칠 뿐 그 계약이 해지된 후 제3채무자와 제3자 사이에 새로 체결된 공사계약에서 발생한 공사대금채권에는 미칠 수 없다.(대판 2006.1.26, 2003다29456)

7. 국세환급금채권에 대한 압류 및 전부명령과 과세관청의 선충당권에 관한 규정의 유추적용 여부(소극) 국세환급금채권에 대한 압류 및 전부명령은 국세환급금채권이 납세의무자 이외의 자에게 이전된다는 점에서 국세환급금채권의 양도와 유사하기는 하나, 납세의무자의 채권자에 의하여 이루어지는 채권집행으로서 납세의무자의 의사와 무관하게 이루어진다는 점에서 상이하여 이를 국세환급금채권의 양도와 동일하다고 볼 수는 없으므로, 달리 근거 규정이 없는 이상 국세환급금채권의 양도에 있어 과세관청의 선충당권을 규정한 국세기본법 시행령 42조 등이 국세환급금채권에 대한 압류 및 전부명령에 대하여 적용 또는 유추적용된다고 볼 수 없다.(대판 2008.7.24, 2008다19843)

8. 채권압류명령의 효력이 미치는 범위 채권에 대한 압류명령은 그 목적이 된 채권의 한도에서 효력이 발생하므로 장래의 채권에 대한 압류가 허용되는 경우라도 피압류채권과 동일성이 없는 새로운 원인에 의하여 발생한 채권에는 압류의 효력이 미칠 수 없다. (채무자가 병원을 운영하던 중, 채권자가 '채무자가 국민건강보험공단에 대하여 가지는 보험급여 청구채권'에 관하여 채권압류 및 전부명령을 받았는데, 이후 채무자가 파산선고 및 면책결정을 받고 새로운 병원을 개설하여 진료행위를 함으로써 공단에 대한 보험급여 청구채권이 발생한 사안) (대판 2012.10.25, 2010다32214)

9. 압류될 채권에 장래 채무자의 계좌에 입금될 예금채권도 포함되는지에 관한 결정 기준 및 압류명령의 '압류할 채권의 표시'에 기재된 문언의 해석 방법 채권압류에서 압류될 채권에 장래 채무자의 계좌에 입금될 예금채권이 포함되는지는 압류명령에서 정한 압류할 채권에 그 예금채권이 포함되었는지에 의해 결정되는 것이고 이는 곧 압류명령의 '압류할 채권의 표시'에 기재된 문언의 해석에 따라 결정되는 것이 원칙이다. 그런데 제3채무자는 순전히 타의에 의하여 다른 사람들 사이의 법률분쟁에 편입되어 압류명령에서 정한 의무를 부담하는 것이므로 이러한 제3채무자는 압류된 채권

이나 그 범위를 파악할 때 과도한 부담을 가지지 않도록 보호할 필요가 있다. 따라서 '압류할 채권의 표시'에 기재된 문언은 그 문언 자체의 내용에 따라 객관적으로 엄격하게 해석하여야 하고, 문언의 의미가 불명확한 경우 그로 인한 불이익은 압류 신청 채권자에게 부담시키는 것이 타당하므로, 제3채무자가 통상의 주의력을 가진 사회평균인을 기준으로 그 문언을 이해할 때 포함 여부에 의문을 가질 수 있는 채권은 특별한 사정이 없는 한 압류의 대상에 포함되었다고 보아서는 아니 된다.(대판 2012.10.25, 2010다47117)

10. 채권압류명령의 '압류할 채권의 표시'에 기재된 문언의 해석 방법 채권압류에 있어 '압류할 채권의 표시'에 기재된 문언은 그 문언 자체의 내용에 따라 객관적으로 엄격하게 해석하여야 하고, 문언의 의미가 불명확한 경우 그로 인한 불이익은 압류 신청 채권자에게 부담시키는 것이 타당하므로, 제3채무자가 통상의 주의력을 가진 사회평균인을 기준으로 그 문언을 이해할 때 포함 여부에 의문을 가질 수 있는 채권은 특별한 사정이 없는 한 압류의 대상에 포함되었다고 보아서는 아니 된다. (통상의 주의력을 가진 사회평균인을 기준으로 '압류할 채권의 표시'에 기재된 '공사예치금반환채권'이라는 문언을 이해할 때 그것이 위 특약에 따른 대여금반환채권과 동일한 것으로 쉽게 인식된다고 볼 수 없고, 오히려 그 채권이 포함되는지에 관하여 충분히 의문을 가질 수 있다고 한 사례) (대판 2013.6.13, 2013다10628)

11. 압류명령의 대상이 되는 채권의 범위를 결정하는 기준 (압류명령에 기재된 문언) 압류명령의 대상이 되는 채권의 구체적인 범위는 '주문'과 '압류할 채권의 표시' 등 압류명령에 기재된 문언의 해석에 따라 결정된다. 그런데 제3채무자는 순전히 타의에 의하여 다른 사람들 사이의 법률분쟁에 편입되어 압류명령에서 정한 의무를 부담하는 것이므로 이러한 제3채무자가 압류된 채권의 종류나 범위를 정함에 있어 과도한 부담을 지지 않도록 보호할 필요가 있다. 따라서 압류명령에 기재된 문언은 문언 자체의 내용에 따라 객관적으로 엄격하게 해석하여야 하고, 문언의 의미가 불명확한 경우 그로 인한 불이익은 압류명령을 신청한 채권자에게 부담시키는 것이 합당하므로, 제3채무자가 통상의 주의력을 가진 사회평균인을 기준으로 문언을 이해할 때 포함 여부에 의문을 가질 수 있는 채권은 특별한 사정이 없는 한 압류명령의 대상에 포함된 것으로 볼 수 없다.(대판 2015.9.10, 2013다216273)

12. 시효중단의 범위 1개의 채권 중 일부에 대하여 가압류·압류를 하였는데, 채권의 일부에 대하여만 소멸시효가 중단되고 나머지 부분은 이미 시효로 소멸한 경우, 가압류·압류의 효력은 시효로 소멸하지 않고 잔존하는 채권 부분에 계속 미친다.(대판 2016.3.24, 2014다13280, 13297)

13. 채권자대위소송과 압류 채권자대위소송에서 제3채무자로 하여금 직접 대위채권자에게 금전의 지급을 명하는 판결이 확정되더라도, 피대위채권이 변제 등으로 소멸하기 전이라면 채무자의 다른 채권자는 이를 압류·가압류할 수 있다. 그러나 대위채권자의 제3채무자에 대한 추심권능 내지 변제수령권능은 그 자체로서 독립적으로 처분하여 환가할 수 있는 것이 아니어서 압류할 수 없는 성질의 것이고, 따라서 추심권능 내지 변제수령권능에 대한 압류명령 등은 모두 무효이다. 그리고 채권자대위소송에서 제3채무자로 하여금 직접 대위채권자에게 금전의 지급을 명하는 판결이 확정되었더라도 판결에 기초하여 금전을 지급받는 것 역시 대위채권자의 제3채무자에 대한 추심권능 내지 변제수령권능에 속하므로, 채권자대위소송에서 확정된 판결에 따라 대위채권자가 제3채무자로부터 지급받을 채권에 대한 압류명령 등도 무효이다.(대판 2016.8.29, 2015다236547)

14. 집행채권자의 채권자가 집행채권에 대하여 한 압류 또는 가압류, 처분금지가처분이 집행장애사유에 해당하는지 여부(적극) 및 집행채권에 대한 압류가 집행채권자가 채무자를

상대로 한 채권압류명령에 대하여 집행장애사유가 되는지 여부(소극) 집행채권자의 채권자가 집행권원에 표시된 집행채권을 압류 또는 가압류, 처분금지가처분을 한 경우에는 압류 등의 효력으로 집행채권자의 추심, 양도 등의 처분행위와 채무자의 변제가 금지되고 이에 위반되는 행위는 집행채권자의 채권자에게 대항할 수 없게 되므로 집행기관은 압류 등이 해제되지 않는 한 집행할 수 없으니 이는 집행장애사유에 해당한다. 다만 채권압류명령은 비록 강제집행절차에 나아간 것이기는 하나 채권추심명령이나 채권전부명령과는 달리 집행채권의 현금화나 만족적 단계에 이르지 아니하는 보전적 처분으로서 집행채권을 압류한 채권자를 해하는 것이 아니기 때문에 집행채권에 대한 압류의 효력에 반하는 것은 아니므로, 집행채권에 대한 압류는 집행채권자가 채무자를 상대로 한 채권압류명령에는 집행장애사유가 될 수 없다.(대판 2016.9.28, 2016다205915)

제224조【집행법원】 ① 제223조의 집행법원은 채무자의 보통재판적이 있는 곳의 지방법원으로 한다.

② 제1항의 지방법원이 없는 경우 집행법원은 압류한 채권의 채무자(이하 "제3채무자"라 한다)의 보통재판적이 있는 곳의 지방법원으로 한다. 다만, 이 경우에 물건의 인도를 목적으로 하는 채권과 물적담보 있는 채권에 대한 집행법원은 그 물건이 있는 곳의 지방법원으로 한다.

③ 가압류에서 이전되는 채권압류의 경우에 제223조의 집행법원은 가압류를 명한 법원이 있는 곳을 관할하는 지방법원으로 한다.

■ ① 채권의 압류명령(223), 원칙적 집행법원(3), 전속관할(21), 보통재판적(민소2-6) ② 채권가압류의 집행법원(296②③), 물상담보권(민320·329·345·356, 상871)

제225조【압류명령의 신청】 채권자는 압류명령 신청에 압류할 채권의 종류와 액수를 밝혀야 한다.

■ 압류명령 신청방식(4, 민집규159), 압류명령신청의 취하(민소266③, 민규160)

1. 채권가압류신청 취하에 따른 가압류집행의 효력 상실 시기 채권가압류에서 채권자가 채권가압류신청을 취하하면 채권가압류결정은 그로써 효력이 소멸되지만, 채권가압류결정정본이 제3채무자에게 이미 송달되어 채권가압류결정이 집행되었다면 그 취하통지서가 제3채무자에게 송달되었을 때에 비로소 그 가압류집행의 효력이 장래를 향하여 소멸한다.(대판 2001.10.12, 2000다19373)

2. 채권자가 가압류 또는 압류를 신청하는 경우 채무자의 제3채무자에 대한 여러 개의 채권 중 어느 채권에 대해 어느 범위에서 압류 등을 신청하는지를 신청취지 자체로 명확하게 인식할 수 있도록 특정하여야 하는지 여부(적극) 채권자가 가압류나 압류를 신청하면서 압류할 채권의 대상이나 범위를 특정하지 않음으로 인해 가압류결정 및 압류명령(이하 '압류 등 결정'이라 한다)에서도 피압류채권이 특정되지 않은 경우에는 그 압류 등 결정에 의해서는 압류 등의 효력이 발생하지 않는다. 이러한 법리는 채무자가 제3채무자에 대하여 여러 개의 채권을 가지고 있고, 채권자가 그 각 채권 전부를 대상으로 하여 압류 등의 신청을 할 때에도 마찬가지로 적용되므로, 그 경우 채권자는 여러 개의 채권 중 어느 채권에 대해 어느 범위에서 압류 등을 신청하는지 신청취지 자체로 명확하게 인식할 수 있도록 특정하여야 한다.(대판 2012.11.15, 2011다38394)

3. 채무자나 제3채무자가 수인인 경우 각 대상자별로 지급이나 처분의 금지를 명하는 범위를 특정하지 아니한 경우의 처리 채무자가 수인이거나 제3채무자가 수인인 경우에는 집행채권액을 한도로 하여 가압류 또는 압류로써 각 채무자나 제3채무자별로 어느 범위에서 지급이나 처분의 금지를 명하는 것인지를 가압류 또는 압류를 명할 채권의 표시 자체로 명확하게 인식할 수 있도록 특정하여야 하며, 이를 특정하지 아니한 경우에는 집행의 범위가 명확하지 아니하여 특별한 사정이 없는 한 그 가압류결정이나 압류명령은 무효라고 보아야 한다. 그리고 압류의 대상인 수인의 채무자들의 채권 합계액이나 수인의 제3채무자들에 대한 채권 합계액이 집행채권액을 초과하지 않는다 하더라도, 개별 채무자 및 제3채무자로서는 자신을 제외한 다른 모든 채무자들의 채권액이나 모든 제3채무자들의 채무액을 구체적으로 알고 있는 특별한 경우가 아니라면 자신에 대한 집행의 범위를 알 수 없음은 마찬가지이므로 달리 볼 것은 아니다.(대판 2014.5.16, 2013다52547)

제226조【심문의 생략】 압류명령은 제3채무자와 채무자를 심문하지 아니하고 한다.

■ 심문(민소134②③), 제3채무자의 진술의무(237)

제227조【금전채권의 압류】 ① 금전채권을 압류할 때에는 법원은 제3채무자에게 채무자에 대한 지급을 금지하고 채무자에게 채권의 처분과 영수를 금지하여야 한다.

② 압류명령은 제3채무자와 채무자에게 송달하여야 한다.

③ 압류명령이 제3채무자에게 송달되면 압류의 효력이 생긴다.

④ 압류명령의 신청에 관한 재판에 대하여는 즉시항고를 할 수 있다.

■ ① 채권의 가압류(296③), 제3채무자의 지위(민487·498), 채무자의 증서인도의무(234), ② 압류명령(223), 송달(민소174①br), 통지(11·12), ④ 즉시항고에 대한 불복과 집행정지(15)

1. 사용자가 집행권원의 집행을 위하여 근로자의 임금채권에 관하여 압류 및 전부명령을 받을 수 있는지 여부 근로36조 1항 본문에 규정된 임금의 전액지급의 원칙에 비추어 사용자가 근로자의 급료나 퇴직금 등 임금채권을 수동채권으로 하여 사용자의 근로자에 대한 다른 채권으로 상계할 수 없지만, 그렇다고 하여 사용자가 근로자에 대한 집행권원의 집행을 위하여 근로자의 자신에 대한 임금채권 중 2분의 1 상당액에 관하여 압류 및 전부명령을 받는 것까지 금지하는 취지는 아니고, 같은 법 25조는 사용자가 전차금 기타 근로할 것을 조건으로 하는 전대채권과 임금을 서로 상계하지 못한다는 취지를 규정한 데 불과하므로 이를 근거로 하여 위와 같은 사용자의 임금채권에 관한 압류 및 전부명령이 허용되지 않는다고 풀이할 수도 없다.(대결 1994.3.16, 93마1822, 1823)

2. 채권가압류결정이 제3채무자에게 송달된 후에 채권을 양도받은 자의 제3채무자를 상대로 한 이행소송의 가부(적극) 일반적으로 채권에 대한 가압류가 있더라도 이는 가압류채무자가 제3채무자로부터 현실로 급부를 추심하는 것만을 금지하는 것이므로 가압류채무자는 제3채무자를 상대로 그 이행을 구하는 소송을 제기할 수 있고, 법원은 가압류가 되어 있음을 이유로 이를 배척할 수 없는 것인데, 채권양도는 구 채권자인 양도인과 신 채권자인 양수인 사이에 채권을 그 동일성을 유지하면서 전자로부터 후자에게로 이전시킬 것을 목적으로 하는 계약을 말한다 할 것이고, 채권양도에 의하여 채권은 그 동일성을 잃지 않고 양도인으로부터 양수인에게 이전된다 할 것이며, 가압류된 채권도 이를 양도하는 데 아무런 제한이 없으나, 다만 가압류된 채권을 양수받은 양수인은 그러한 가압류에 의하여 권리가 제한된 상태의 채권을 양수받는다고 보아야 할 것이다.(대판 2000.4.11, 99다23888)

3. 소유권이전등기청구권에 대한 압류나 가압류가 되어 있는 경우 소유권이전등기를 넘겨받은 제3자에 대하여 등기의 말소를 청구할 수 있는지 여부(소극)　소유권이전등기청구권에 대한 압류나 가압류는 채권에 대한 것이지 등기청구권의 목적물인 부동산에 대한 것이 아니고, 채무자와 제3채무자에게 결정을 송달하는 외에 현행법상 등기부에 이를 공시하는 방법이 없는 것으로서 당해 채권자와 채무자 및 제3채무자 사이에만 효력을 가지며, 압류나 가압류와 관계가 없는 제3자에 대하여는 압류나 가압류의 처분금지적 효력을 주장할 수 없으므로, 소유권이전등기청구권의 압류나 가압류는 청구권의 목적물인 부동산 자체의 처분을 금지하는 대물적 효력은 없다 할 것이고, 제3채무자나 채무자로부터 소유권이전등기를 넘겨받은 제3자에 대하여는 취득한 등기가 원인무효라고 주장하여 말소를 청구할 수 없다.(대판(全) 1992.11.10, 92다4680)

4. 압류 등의 경합이 있는 경우 추심명령을 얻은 추심채권자의 채권행사의 내용　추심명령을 얻은 추심채권자는 집행법원의 수권에 기하여 일종의 추심기관으로서 채무자를 대신하여 추심의 목적에 맞도록 채권을 행사하여야 하고, 특히 압류 등의 경합이 있는 경우에는 압류 또는 배당에 참가한 모든 채권자를 위하여 제3채무자로부터 채권을 추심하여야 하는 것이므로, 추심채권자는 피압류채권의 행사에 제약을 받게 되는 채무자를 위하여 선량한 관리자의 주의의무를 가지고 채권을 행사하고, 나아가 제3채무자로부터 추심금을 지급받으면 지체 없이 공탁 및 사유신고를 함으로써 압류 또는 배당에 참가한 모든 채권자들이 배당절차에 의한 채권의 만족을 얻도록 하여야 할 의무를 부담한다 할 것인바, 이는 구 민소(2002. 1. 26. 법률 제6626호로 전문 개정되기 전의 것) 569조 2항이 채권을 추심한 추심채권자가 그 사유를 법원에 신고하기 전에 다른 압류, 가압류 또는 배당요구가 있는 때에는 추심한 금액을 '지체 없이' 공탁하고 그 사유를 신고하여야 한다고 규정하고 있는 점에 비추어 당연하다고 할 것이다. 따라서 만일 추심채권자가 추심을 마쳤음에도 지체 없이 공탁 및 사유신고를 하지 아니한 경우에는 그로 인한 손해배상으로서, 제3채무자로부터 추심금을 지급받은 후 공탁 및 사유신고에 필요한 상당한 기간을 경과한 때부터 실제 추심금을 공탁할 때까지의 기간 동안 금전채무의 이행을 지체한 경우에 관한 법정지연손해금 상당의 금원도 공탁하여야 할 의무가 있다.(대판 2005.7.28, 2004다8753)

5. 제3채무자의 압류채무자에 대한 자동채권이 수동채권인 피압류채권과 상계할 수 있는지 여부(적극)　금전채권에 대한 압류 및 전부명령이 있는 때에는 압류된 채권은 동일성을 유지한 채로 압류채무자로부터 압류채권자에게 이전되고, 제3채무자는 채권이 압류되기 전에 압류채무자에게 대항할 수 있는 사유로써 압류채권자에게 대항할 수 있는 것이므로, 제3채무자의 압류채무자에 대한 자동채권이 수동채권인 피압류채권과 동시이행의 관계에 있는 경우에는, 압류명령이 제3채무자에게 송달되어 압류의 효력이 생긴 후에 자동채권이 발생하였다고 하더라도 제3채무자는 동시이행의 항변권을 주장할 수 있다. 이 경우에 자동채권이 발생한 기초가 되는 원인은 수동채권이 압류되기 전에 이미 성립하여 존재하고 있었던 것이므로, 그 자동채권은 민 498조의 '지급을 금지하는 명령을 받은 제3채무자가 그 후에 취득한 채권'에 해당하지 않는다고 봄이 상당하고, 제3채무자는 그 자동채권에 의한 상계로 압류채권자에게 대항할 수 있다. 나아가 가분적인 금전채권의 일부에 대한 전부명령이 확정되면 특별한 사정이 없는 한 전부명령이 제3채무자에게 송달된 때에 소급하여 전부된 채권 부분과 전부되지 않은 채권 부분에 대하여 각기 독립된 분할채권이 성립하게 되므로, 그 채권에 대하여 압류채무자에 대한 반대채권으로 상계하고자 하는 제3채무자로서는 전부채권자 혹은 압류채무자 중 어느 누구도 상계의 상대방으로 지정하여 상계하거나 상계로 대항할

수 있고, 그러한 제3채무자의 상계 의사표시를 수령한 전부채권자는 압류채무자에 잔존한 채권 부분이 먼저 상계되어야 한다거나 각 분할채권액의 채권 총액에 대한 비율에 따라 상계되어야 한다는 이의를 할 수 없다.(대판 2010.3.25. 2007다35152)

6. 채권가압류 경정결정의 효력 발생 시기　채권가압류결정의 경정결정이 확정되는 경우 당초의 채권가압류결정은 그 경정결정과 일체가 되어 처음부터 경정된 내용의 가압류결정이 있었던 것과 같은 효력이 있으므로, 원칙적으로 당초의 채권가압류결정 정본이 제3채무자에게 송달된 때에 소급하여 경정된 내용의 채권가압류결정의 효력이 발생한다. 그런데 채권가압류결정은 제3채무자를 심문하지 아니한 채 이루어지고, 제3채무자에게 송달함으로써 그 효력이 발생하는바, 직접의 당사자가 아닌 제3채무자는 피보전권리 존재와 내용을 모르고 있다가 채권가압류결정 정본의 송달을 받고 비로소 이를 알게 되는 것이 일반적이기 때문에 당초의 채권가압류결정에 위산, 오기 기타 이에 유사한 오류가 있는 것이 객관적으로는 명백하다 하더라도 제3채무자의 입장에서는 당초의 가압류결정 그 자체만으로 거기에 위산, 오기 기타 이에 유사한 오류가 있다는 것을 알 수 없는 경우가 있을 수 있다. 그와 같은 경우에까지 일률적으로 채권가압류결정의 경정결정이 확정되면 당초의 채권가압류결정이 송달되었을 때에 소급하여 경정된 내용의 채권가압류결정이 있었던 것과 같은 효력이 있다고 하게 되면 순전히 타의에 의하여 다른 사람들 사이의 분쟁에 편입된 제3채무자 보호의 견지에서 타당하다고 할 수 없다. 그러므로 제3채무자의 입장에서 볼 때에 객관적으로 경정결정이 당초의 채권가압류결정의 동일성에 실질적으로 변경을 가하는 것이라고 인정되는 경우에는 경정결정이 제3채무자에게 송달된 때에 비로소 경정된 내용의 채권가압류결정이 발생한다고 보아야 할 것이다.(대판 1999.12.10, 99다42346)

7. 채권자대위소송에서 제3채무자가 직접 대위채권자에게 금전을 지급하도록 명하는 판결이 확정된 경우, 채무자의 다른 채권자가 피대위채권에 대하여 압류 또는 가압류, 처분금지가처분을 할 수 있는지 여부(적극) 및 이 경우 집행채권자의 채권자가 집행권원에 표시된 집행채권을 압류 또는 가압류, 처분금지가처분을 한 경우에 관한 법리가 그대로 적용되는지 여부(적극)　채권자가 자기의 금전채권을 보전하기 위하여 채무자의 금전채권을 대위행사하는 경우 제3채무자로 하여금 채무자에게 지급의무를 이행하도록 청구할 수도 있지만, 직접 대위채권자 자신에게 이행하도록 청구할 수도 있는데, 채권자대위소송에서 제3채무자로 하여금 직접 대위채권자에게 금전의 지급을 명하는 판결이 확정되더라도, 대위의 목적인 권리, 즉 제3채무자에 대한 피대위채권이 판결의 집행채권으로서 존재하는 것이고 대위채권자는 채무자를 대위하여 피대위채권에 대한 변제를 수령하게 될 뿐 자신의 채권에 대한 변제로서 수령하게 되는 것이 아니므로, 피대위채권이 변제 등으로 소멸하기 전이라면 채무자의 다른 채권자는 이에 대하여 압류 또는 가압류, 처분금지가처분을 할 수 있다. 그리고 이러한 경우에는 집행채권자의 채권자가 집행권원에 표시된 집행채권을 압류 또는 가압류, 처분금지가처분을 한 경우에 관한 법리가 그대로 적용된다.(대판 2016.9.28, 2016다205915)

제228조 【저당권이 있는 채권의 압류】 ① 저당권이 있는 채권을 압류할 경우 채권자는 채권압류사실을 등기부에 기입하여 줄 것을 법원사무관등에게 신청할 수 있다. 이 신청은 채무자의 승낙 없이 법원에 대한 압류명령의 신청과 함께 할 수 있다. ② 법원사무관등은 의무를 지는 부동산 소유자에게 압류명령이 송달된 뒤에 제1항의 신청에 따른 등기

를 촉탁하여야 한다.

■ ① 저당권(민356이하, 등기140), 집행법원(224),압류명령신청(225), ② 송달(민소1740|하), 등기촉탁(민집규167·168)

제229조【금전채권의 현금화방법】 ① 압류한 금전채권에 대하여 압류채권자는 추심명령(推尋命令)이나 전부명령(轉付命令)을 신청할 수 있다.
② 추심명령이 있는 때에는 압류채권자는 대위절차(代位節次) 없이 압류채권을 추심할 수 있다.
③ 전부명령이 있는 때에는 압류된 채권은 지급에 갈음하여 압류채권자에게 이전된다.
④ 추심명령에 대하여는 제227조제2항 및 제3항의 규정을, 전부명령에 대하여는 제227조제2항의 규정을 각각 준용한다.
⑤ 전부명령이 제3채무자에게 송달될 때까지 그 금전채권에 관하여 다른 채권자가 압류·가압류 또는 배당요구를 한 경우에는 전부명령은 효력을 가지지 아니한다.
⑥ 제1항의 신청에 관한 재판에 대하여는 즉시항고를 할 수 있다.
⑦ 전부명령은 확정되어야 효력을 가진다.
⑧ 전부명령이 있은 뒤에 제49조제2호 또는 제4호의 서류를 제출한 것을 이유로 전부명령에 대한 즉시항고가 제기된 경우에는 항고법원은 다른 이유로 전부명령을 취소하는 경우를 제외하고는 항고에 관한 재판을 정지하여야 한다.

■ ① 압류명령신청(4·225, 민소161), 특별한 현금화방법(241), ② 대위(민404, 비송450이하), 추심명령의 효과(232), ③ 전부명령의 효과(231), ④ 압류명령의 송달(227②③), ⑤ 송달(민소1740|하), 가압류(276이하), 배당요구(247), ⑥ 즉시항고(15), ⑧ 강제집행의 일시정지재판정본의 제출(49ii), 채권자의 변제수령증서의 제출(49iv), 항고법원의 집행정지(민소448)

1. 매매대금의 반환채권이 전부명령의 대상이 되는지 여부(적극) 매매계약이 해제되는 경우 발생하는 매수인의 매도인에 대한 기지급 매매대금의 반환채권은 매매계약이 해제되기 전까지는 채권 발생의 기초가 있을 뿐 아직 권리로서 발생하지 아니한 것이기는 하지만 일정한 권면액을 갖는 금전채권이라 할 것이므로 전부명령의 대상이 될 수 있다.(대판 2010.4.29. 2007다24930)

2. 보험계약자의 해약환급금청구권에 대하여 채권자가 추심권에 기하여 보험계약을 해지할 수 있는지 여부(원칙적 적극) 보험계약에 관한 해약환급금채권은 보험계약자가 해지권을 행사할 것을 조건으로 효력이 발생하는 조건부 권리이기는 하지만 금전 지급을 목적으로 하는 재산적 권리로서 민사집행법 등 법령에서 정한 압류금지재산이 아니어서 압류 및 추심명령의 대상이 되며, 그 채권을 청구하기 위해서는 보험계약의 해지가 필수적이어서 추심명령을 얻은 채권자가 해지권을 행사하는 것은 그 채권을 추심하기 위한 목적 범위 내의 행위로서 허용된다고 봄이 상당하다. 그러므로 당해 보험계약자의 채무자의 해지권 행사가 금지되거나 제한되어 있는 경우 등과 같은 특별한 사정이 없는 한, 그 채권에 대하여 추심명령을 얻은 채권자는 채무자의 보험계약 해지권을 자기의 이름으로 행사하여 그 채권의 지급을 청구할 수 있다. 나아가 해약환급금청구권에 대한 추심명령을 얻은 채권자가 추심권에 기하여 제3채무자를 상대로 추심금의 지급을 구하는 소를 제기한 경우 그 소장에는 추심권에 기초한 보험계약 해지의 의사가 담겨 있다고 할 것이므로, 그 소장 부본이 상대방인 보험자에 송달됨에 따라 보험계약

해지의 효과가 발생하는 것으로 해석함이 상당하다.(대판 2009.6.23. 2007다26165)

3. 채권압류 및 전부명령에 대하여 채무자가 채권의 부존재를 이유로 불복할 수 있는지 여부(소극) 채권의 압류 및 전부명령은 금전채권의 집행권원을 가지는 채권자가 그 집행권원상의 채무자가 제3채무자에 대하여 가지는 금전채권을 대상으로 하는 강제집행으로서, 법원은 압류 및 전부명령의 결정을 함에 있어 집행권원의 송달, 선행하는 압류명령의 존부, 피전부적격의 유무 등의 요건을 심리하면 되고, 실지로 채무자가 제3채무자에게 압류 및 전부명령의 대상이 되는 채권을 가지고 있는지 여부는 따질 필요가 없는 것이 원칙이고, 만일 채무자의 제3채무자에 대한 그와 같은 채권이 존재하지 아니하는 경우에는 전부명령이 확정되더라도 변제의 효력이 없는 것이며, 채무자로서는 제3채무자에게 그와 같은 채권을 가지고 있지 않다고 하더라도 특별한 사정이 없는 한 이로 인하여 어떠한 불이익이 있는 것이 아니므로, 이것을 이유로 하여서는 스스로 불복의 사유로 삼을 수 없다.(대결 2004.1.5. 2003마1667)

4. 전부명령이 확정된 후 집행채권이 소멸한 것으로 판명된 경우 부당이득반환의무의 성립 여부(적극) 집행권원에 기한 금전채권에 대한 강제집행의 일환으로 채권압류 및 전부명령이 확정된 후 그 집행권원상의 집행채권이 소멸한 것으로 판명된 경우에는 그 소멸한 부분에 관하여는 집행채권자가 집행채무자에 대한 관계에서 부당이득을 한 셈이 되므로, 집행채권자는 그가 전부명령에 따라 전부받은 채권 중 실제로 추심한 금전 부분에 관하여는 그 상당액을, 추심하지 아니한 부분에 관하여는 그 채권 자체를 집행채무자에게 양도하는 방법으로 반환하여야 한다.(대판 2010.12.23. 2009다37725)

5. 강제집행의 기초가 된 법률행위에 무효사유가 있는 경우의 전부명령의 효력 채무자 또는 그 대리인의 유효한 작성촉탁과 집행인낙의 의사표시에 터 잡아 작성된 공정증서를 집행권원으로 하는 금전채권에 대한 강제집행절차에서, 비록 그 공정증서에 표시된 청구권의 기초가 되는 법률행위에 무효사유가 있다고 하더라도 그 강제집행절차가 청구이의의 소 등을 통하여 적법하게 취소·정지되지 아니한 채 계속 진행되어 채권압류 및 전부명령이 적법하게 확정되었다면, 그 강제집행절차가 반사회적 법률행위의 수단으로 이용되었다는 등의 특별한 사정이 없는 한, 단지 이러한 법률행위의 무효사유를 내세워 확정된 전부명령에 따라 전부채권자에게 피전부채권이 이전되는 효력 자체를 부정할 수는 없고, 다만 위와 같이 전부명령이 확정된 후 그 집행권원인 집행증서의 기초가 된 법률행위 중 전부 또는 일부에 무효사유가 있는 것으로 판명된 경우에 그 무효 부분에 관하여는 집행채권자가 부당이득을 한 셈이 되므로, 그 집행채권자는 집행채무자에게, 위 전부명령에 따라 전부받은 채권 중 실제로 추심한 금전 부분에 관하여는 그 상당액을 반환하여야 하고, 추심하지 아니한 나머지 부분에 관하여는 그 채권 자체를 양도하는 방법에 의하여 반환하여야 한다.(대판 2005.4.15. 2004다70024)

6. 임대차보증금반환채권에 대한 압류 및 전부명령이 확정된 후 주택을 매도한 임대인이 전부금 지급의무를 면하는지 여부(적극) 주택임대 3조 1항의 대항요건을 갖춘 임차인의 임대차보증금반환채권에 대한 압류 및 전부명령이 확정되어 임차인의 임대차보증금반환채권이 집행채권자에게 이전된 경우 제3채무자인 임대인으로서는 임차인에 대하여 부담하고 있던 채무를 집행채권자에 대하여 부담하게 될 뿐 그가 임대차목적물인 주택의 소유자로서 이를 제3자에게 매도할 권능은 그대로 보유하는 것이며, 위와 같이 소유자인 임대인이 당해 주택을 매도한 경우 주택임대 3조 2항에 따라 전부채권자에 대한 보증금지급의무를 면하게 되므로, 결국 임대인은 전부금 지급의무를 부담하지 않는다.(대판 2005.9.9.

2005다23773)

7. 압류의 경합이 있는 경우 추심채권자의 채권행사의 내용
추심명령을 얻은 추심채권자는 집행법원의 수권에 기하여 일종의 추심기관으로서 채무자를 대신하여 추심의 목적에 맞도록 채권을 행사하여야 하고, 특히 압류 등의 경합이 있는 경우에는 압류 또는 배당에 참가한 모든 채권자를 위하여 제3채무자로부터 채권을 추심하여야 하는 것이므로, 추심채권자는 피압류채권의 행사에 제약을 받게 되는 채무자를 위하여 선량한 관리자의 주의의무를 가지고 채권을 행사하고, 나아가 제3채무자로부터 추심금을 지급받으면 지체 없이 공탁 및 사유신고를 함으로써 압류 또는 배당에 참가한 모든 채권자들이 배당절차에 의한 채권의 만족을 얻도록 하여야 할 의무를 부담한다 할 것인바, 이는 구 민소 569조 2항이 채권을 추심한 추심채권자가 그 사유를 법원에 신고하기 전에 다른 압류, 가압류 또는 배당요구가 있는 때에는 추심한 금액을 '지체 없이' 공탁하고 그 사유를 신고하여야 한다고 규정하고 있는 점에 비추어 당연하다고 할 것이다. 따라서 만일 추심채권자가 추심을 마쳤음에도 지체 없이 공탁 및 사유신고를 하지 아니한 경우에는 그로 인한 손해배상으로서, 제3채무자로부터 추심금을 지급받은 후 공탁 및 사유신고에 필요한 상당한 기간을 경과한 때부터 실제 추심금을 공탁할 때까지의 기간 동안 금전채무의 이행을 지체한 경우에 관한 법정지연손해금 상당의 금원도 공탁하여야 할 의무가 있다고 할 것이다. (대판 2005.7.28. 2004다8753)

8. 체납처분으로 채무자의 제3채무자에 대한 채권을 압류하였다가 이를 해제한 경우 피압류채권에 대한 추심권능이 채무자에게 복귀하는지 여부(적극) 채권에 대한 압류 및 추심명령이 있으면 제3채무자에 대한 이행의 소는 추심채권자만이 제기할 수 있고 채무자는 피압류채권에 대한 이행소송을 제기할 당사자적격을 상실한다. 그러나 채권자는 현금화절차가 끝나기 전까지 압류명령의 신청을 취하할 수 있고, 이 경우 채권자의 추심권도 당연히 소멸하게 되며, 추심금 청구소송을 제기하여 확정판결을 받은 경우라도 그 집행에 의한 변제를 받기 전에 압류명령의 신청을 취하하여 추심권이 소멸하면 추심권능과 소송수행권이 모두 채무자에게 복귀하며, 이는 국가가 국세징수법에 의한 체납처분으로 채무자의 제3채무자에 대한 채권을 압류하였다가 압류를 해제한 경우에도 마찬가지이다. (대판 2009.11.12. 2009다48879)

9. 개인회생절차의 개시를 이유로 전부명령에 대하여 즉시항고가 제기된 경우 항고법원이 취하여야 할 조치 채권자목록에 기재된 개인회생채권에 기하여 개인회생재단에 속하는 재산에 대하여 이미 계속 중인 강제집행, 가압류 또는 가처분절차는 개인회생절차가 개시되면 일시적으로 중지되었다가, 변제계획이 인가되면 변제계획 또는 변제계획인가결정에서 다르게 정하지 아니하는 한 그 효력을 잃는다. 따라서 채권자목록에 기재된 개인회생채권에 기하여 개인회생단에 속하는 채권에 대하여 내려진 압류 및 전부명령이 아직 확정되지 않은 상태에서, 채무자에 대하여 개인회생절차가 개시되고 이를 이유로 위 압류 및 전부명령에 대하여 즉시항고가 제기되었다면, 항고법원은 다른 이유로 압류 및 전부명령을 취소하는 경우를 제외하고는 항고에 관한 재판을 정지하였다가 변제계획이 인가된 경우 압류 및 전부명령의 효력이 발생하지 않게 되었거나 그 효력이 상실되었음을 이유로 압류 및 전부명령을 취소하고 압류 및 전부명령신청을 기각하여야 한다. 그리고 애초에 신청한 개인회생절차가 채무자의 개인회생신청 취하 등을 이유로 폐지되었다고 하더라도, 그 압류 및 전부명령에 대한 항고재판 진행 중에 채무자가 새롭게 신청한 개인회생절차가 다시 개시되었다면 변제계획이 인가될 시까지 그 항고재판을 정지하여야 하는 것은 마찬가지이다. (대결 2009.9.24. 2009마1300)

10. 장래의 불확정채권에 대하여 압류가 중복된 상태에서 전부명령이 있는 경우 압류의 경합으로 인하여 전부명령이 무

효가 되는지 여부의 판단 기준 장래의 불확정채권에 대하여 압류가 중복된 상태에서 전부명령이 있는 경우 그 압류의 경합으로 인하여 전부명령이 무효가 되는지 여부는 나중에 확정된 피압류채권액을 기준으로 판단할 것이 아니라 전부명령이 제3채무자에게 송달될 당시의 계약상의 피압류채권액을 기준으로 판단하여야 하고, 장래의 불확정채권에 대한 전부명령을 허용하는 것은 가까운 장래에 채권이 발생할 것이 상당한 정도로 기대되기 때문이므로, 전부명령 송달 당시 피압류채권의 발생 원인이 되는 계약에 그 채권액이 정해지지 아니하여 그 채권액을 알 수 없는 경우에는 그 계약의 체결 경위와 내용 및 계약의 성격, 그 계약에 기하여 가까운 장래에 채권이 발생할 가능성 및 그 채권의 성격과 내용 등 제반 사정을 종합하여 그 계약에 의하여 장래 발생할 것이 상당히 기대되는 채권액을 산정한 후 이를 그 계약상의 피압류채권액으로 봄이 상당하다. (대판 2010.5.13. 2009다98980)

11. 우리나라 법원이 외국을 제3채무자로 하는 채권압류 및 추심명령을 발령하거나 추심금 소송에 대한 재판권을 행사할 수 있는지 여부(한정 적극) 피압류채권이 외국의 사법적 행위를 원인으로 하여 발생한 것이고 그 사법적 행위에 대하여 해당 국가를 피고로 하여 우리나라 법원이 재판권을 행사할 수 있다고 하더라도, 피압류채권의 당사자가 아닌 집행채권자가 해당 국가를 제3채무자로 한 압류 및 추심명령을 신청하는 경우, 우리나라 법원은, 해당 국가가 국제협약, 중재합의, 서면계약, 법정에서 진술 등의 방법으로 사법적 행위로 부담하는 국가의 채무에 대하여 압류 기타 우리나라 법원에 의하여 명하여지는 강제집행의 대상이 될 수 있다는 점에 대하여 명시적으로 동의하였거나, 우리나라 내에 그 채무의 지급을 위한 재산을 따로 할당해 두는 등 우리나라 법원의 압류 등 강제조치에 대하여 재판권 면제 주장을 포기한 것으로 볼 수 있는 경우 등에 한하여 해당 국가를 제3채무자로 하는 채권압류 및 추심명령을 발령할 재판권을 가진다고 볼 것이다. 그리고 이와 같이 우리나라 법원이 외국을 제3채무자로 하는 추심명령에 대하여 재판권을 행사할 수 있는 경우에는 그 추심명령에 기하여 외국을 피고로 하는 추심금 소송에 대하여도 역시 재판권을 행사할 수 있다. (대판 2011.12.13. 2009다16766)

12. 압류할 채권이 특정되지 않아 압류명령에 따른 압류의 효력이 발생하지 않는 경우 그에 따른 추심명령의 효력이 있는지 여부(소극) 및 이때 제3채무자가 추심금 소송에서 추심명령의 무효를 주장하여 다툴 수 있는지 여부(적극) 채권의 추심명령은 압류한 금전채권을 대위절차 없이 추심할 수 있게 해 주는 것으로서 유효한 압류명령이 있음을 전제하는 것이므로, 압류할 채권이 특정되지 않아 압류명령에 따른 압류의 효력이 발생하지 않는 경우에는 그에 따른 추심명령도 효력이 없다. 그와 같은 경우 채무자는 가압류이의나 즉시항고로써 가압류결정이나 압류 및 추심명령의 효력을 다툴 수 있지만, 제3채무자로서도 추심금 소송에서 추심명령의 무효를 주장하여 다툴 수 있다. (대판 2012.11.15. 2011다38394)

13. 불가분채무자 또는 연대채무자가 있는 경우에 채무자들 중 1인을 제3채무자로 한 채권압류 및 추심명령이 이루어진 경우 피압류채권에 관한 이행의 소를 제기할 수 있는 자(=추심채권자) 2인 이상의 불가분채무자 또는 연대채무자가 있는 금전채권의 경우에, 그 채무자들 중 1인을 제3채무자로 한 채권압류 및 추심명령이 이루어지면 그 채권압류 및 추심명령을 송달받은 불가분채무자 등에 대한 피압류채권에 관한 이행의 소는 추심채권자만이 제기할 수 있고 추심채무자는 그 피압류채권에 대한 이행소송을 제기할 당사자적격을 상실하게 되나, 그 채권압류 및 추심명령의 제3채무자가 아닌 나머지 불가분채무자 등에 대하여는 추심채무자가 여전히 채권자로서 추심권한을 가지므로 나머지 불가분채무자

등을 상대로 이행을 청구할 수 있고, 이러한 법리는 위 금전채권 중 일부에 대하여만 채권압류 및 추심명령이 이루어진 경우에도 마찬가지이다.(대판 2013.10.31, 2011다98426)

14. 채무자 회생 및 파산에 관한 법률에 의한 면책결정이 확정되었다는 사유가 채권압류 및 추심명령에 대한 적법한 항고이유가 되는지 여부(소극) 채무자 회생 및 파산에 관한 법률에 의한 면책결정이 확정되어 채무자의 채무를 변제할 책임이 면제되었다고 하더라도, 이는 면책된 채무에 관한 집행권원의 효력을 당연히 상실시키는 사유는 되지 아니하고 다만 청구이의의 소를 통하여 그 집행권원의 집행력을 배제시킬 수 있는 실체상의 사유에 불과하며, 한편 면책결정의 확정은 면책된 채무에 관한 집행력 있는 집행권원 정본에 기하여 그 확정 후 비로소 개시된 강제집행의 집행장애사유가 되지 아니한다. 따라서 채무자 회생 및 파산에 관한 법률에 의한 면책결정이 확정되어 채무자의 채무를 변제할 책임이 면제되었다는 것은 면책된 채무에 관한 집행력 있는 집행권원 정본에 기하여 그 확정 후 신청되어 발령된 채권압류 및 추심명령에 대한 적법한 항고이유가 되지 아니한다.(대결 2013.9.16, 2013마1438)

15. 체납처분에 따라 압류된 채권에 대하여 추심명령을 받을 수 있는지 여부(적극) 체납처분에 따라 압류된 채권에 대하여도 민사집행법에 따라 압류 및 추심명령을 할 수 있고, 민사집행절차에서 압류 및 추심명령을 받은 채권자는 제3채무자를 상대로 추심의 소를 제기할 수 있다.(대판 2015.7.9, 2013다60982)

16. 체납처분에 의한 압류가 민집 229조 5항의 '다른 채권자의 압류'에 해당하는지 여부(적극) 체납처분에 의한 압류는, 비록 그 자체만을 이유로 집행공탁을 할 수 있는 민집 248조 1항의 '압류'에는 포함되지 않지만, 제3채무자에게 채무자에 대한 지급을 금지하고 채무자에게 채권의 처분과 영수를 금지하는 효력을 가지는 것으로서 민사집행절차에서 압류명령을 받은 채권자의 전속적인 만족을 배제하고 배당절차를 거쳐야만 하게 하는 민집 229조 5항의 '다른 채권자의 압류'나 민집 236조 2항의 '다른 압류'에는 해당한다.(대판 2015.8.27, 2013다203833)

17. 사해행위취소의 소에서 수익자가 원상회복으로서 가액배상을 할 경우, 수익자가 채권자취소권을 행사하는 채권자에 대해 가지는 별개의 다른 채권을 집행하기 위하여 그에 대한 집행권원을 가지고 채권자의 수익자에 대한 가액배상채권을 압류하고 전부명령을 받는 것이 허용되는지 여부(적극) **및 상계가 금지되는 채권이라도 압류금지채권에 해당하지 않는 한 강제집행에 의한 전부명령의 대상이 될 수 있는지 여부**(적극) 사해행위취소의 소에서 수익자가 원상회복으로서 채권자취소권을 행사하는 채권자에게 가액배상을 할 경우, 수익자 자신이 사해행위취소소송의 채무자에 대해 채권자라는 이유로 채무자에 대하여 가지는 자기의 채권과 상계하거나 채무자에게 가액배상금 명목의 돈을 지급하였다는 점을 들어 채권자취소권을 행사하는 채권자에 대해 이를 가액배상에서 공제할 것을 주장할 수 없다. 그러나 수익자가 채권자취소권을 행사하는 채권자에 대해 가지는 별개의 다른 채권을 집행하기 위하여 그에 대한 집행권원을 가지고 채권자의 수익자에 대한 가액배상채권을 압류하고 전부명령을 받는 것은 허용된다. 이는 수익자의 채무자에 대한 채권을 기초로 한 상계나 임의적인 공제와는 내용과 성질이 다르다. 또한 채권자가 채무자의 제3채무자에 대한 채권을 압류하는 경우 제3채무자가 채권자 자신인 경우에도 이를 압류하는 것이 금지되지 않으므로 단지 채권자와 제3채무자가 같다고 하여 채권압류 및 전부명령이 위법하다고 볼 수 없다.
또한 상계가 금지되는 채권이라고 하더라도 압류금지채권에 해당하지 않는 한 강제집행에 의한 전부명령의 대상이 될 수 있다.(대결 2017.8.21, 2017마499)

제230조【저당권이 있는 채권의 이전】 저당권이 있는 채권에 관하여 전부명령이 있는 경우에는 제228조의 규정을 준용한다.

◼ 저당권이 있는 채권의 압류(228), 전부명령(229·231), 저당권이전등기의 촉탁(민집규167)

제231조【전부명령의 효과】 전부명령이 확정된 경우에는 전부명령이 제3채무자에게 송달된 때에 채무자가 채무를 변제한 것으로 본다. 다만, 이전된 채권이 존재하지 아니한 때에는 그러하지 아니하다.

◼ 전부명령(229), 전부명령 제외(245), 전부명령후의 배당요구 불가능(247②)

1. 장래의 채권에 대한 채권압류 및 전부명령이 유효하기 위한 요건 채권에 대한 압류 및 전부명령이 유효하기 위하여 채권압류 및 전부명령이 제3채무자에게 송달될 당시 반드시 피압류 및 전부채권이 현실적으로 존재하고 있어야 하는 것은 아니고, 장래의 채권이라도 채권 발생의 기초가 형성되어 있어 특정이 가능할 뿐 아니라 권면액이 있고, 가까운 장래에 채권이 발생할 것이 상당한 정도로 기대되는 경우에는 채권압류 및 전부명령의 대상이 될 수 있다.(대판 2002.11.8, 2002다7527)

2. 채권압류 및 전부명령의 효력이 미치는 범위 채권에 대한 압류명령은 압류목적채권이 현실로 존재하는 경우에 그 한도에서 효력을 발생할 수 있는 것이고 그 효력이 발생한 후 새로 발생한 채권에 대하여는 압류의 효력이 미치지 아니하고, 따라서 공사금채권에 대한 압류 및 전부명령은 그 송달 후 체결된 추가공사계약으로 인한 추가공사금채권에는 미치지 아니한다.(대판 2001.12.24, 2001다62640)

3. 집행채권이 소멸하였거나 실제 채무액을 초과하는 경우의 채권압류 및 전부명령의 효력(적극) 집행력 있는 집행권원에 기하여 채권압류 및 전부명령이 적법하게 이루어진 이상 피압류채권은 집행채권의 범위 내에서 당연히 집행채권자에게 이전한다 할 것이어서 그 집행채권이 이미 소멸하였거나 실제 채무액을 초과하더라도 그 채권압류 및 전부명령에는 아무런 영향이 없고, 제3채무자로서는 채무자에 대하여 부담하고 있는 채무액의 한도 내에서 집행채권자에게 변제하면 완전히 면책된다.(대판 2004.5.28, 2004다6542)

4. 피압류 채권의 존부 및 범위가 불확실한 장래의 채권인 경우의 전부명령의 효력(적극) 전부명령이 확정되면 피압류채권은 전부명령이 제3채무자에게 송달된 때에 소급하여 집행채권의 범위 안에서 당연히 전부채권자에게 이전하고 동시에 집행채권 소멸의 효력이 발생하는 것이며, 이 점은 피압류채권이 그 존부 및 범위를 불확실하게 하는 요소를 내포하고 있는 장래의 채권인 경우에도 마찬가지라고 할 것이고, 따라서 장래의 채권에 관하여 압류 및 전부명령이 확정되면 그 부분 피압류채권은 이미 전부채권자에게 이전된 것이므로 그 이후 동일한 장래의 채권에 관하여 다시 압류 및 전부명령이 발하여졌다고 하더라도 압류의 경합은 생기지 않고, 다만 장래의 채권 중 선행 전부채권자에게 이전된 부분을 제외한 나머지 중 해당 부분 피압류채권이 후행 전부채권자에게 이전될 뿐이다.(대판 2004.9.23, 2004다29354)

5. 양도금지의 특약이 있는 채권에 대한 압류 및 전부명령의 효력 당사자 사이에 양도금지의 특약이 있는 채권이라도 압류 및 전부명령에 따라 이전될 수 있고, 양도금지의 특약이 있는 사실에 관하여 압류채권자가 선의인가 악의인가는 전부명령의 효력에 영향이 없다.(대판 2002.8.27, 2001다71699)

6. 임차보증금반환청구채권이 전부된 경우 계약 해지 후의 목적물 점유가 적법한지 여부(한정소극) 임차인의 임차보증금반환청구채권이 전부된 경우에도 채권의 동일성은 그대로 유지되는 것이어서 동시이행관계도 당연히 그대로 존속한다고 해석할 것이므로, 임대차계약이 해지된 후에 임대인

이 잔존 임차보증금반환청구채권을 전부받은 자에게 그 채무를 현실적으로 이행하였거나 그 채무이행을 제공하였음에도 불구하고 임차인이 목적물을 명도하지 않음으로써 임차목적물반환채무가 이행지체에 빠지는 등의 사유로 동시이행의 항변권을 상실하게 되었다는 점에 관하여 임대인이 주장·증명을 하지 않은 이상 임차인의 목적물에 대한 점유는 동시이행의 항변권에 기한 것이어서 불법점유라고 볼 수 없다.(대판 2002.7.26, 2001다68839)

7. **임대차보증금 반환채권에 대한 전부명령의 효력범위** 건물임대차에서 임차보증금은 임대차 존속 중의 임료뿐만 아니라 건물명도 의무이행에 이르기까지 발생한 손해배상채권 등 임대차계약에 의하여 임대인이 임차인에 대하여 갖는 일체의 채권을 담보하는 것으로서, 임대차 종료 후에 임차건물을 임대인에게 명도할 때 체불임료 등 모든 피담보채무를 공제한 잔액이 있을 것을 조건으로 하여 그 잔액에 관한 임차인의 보증금반환청구권이 발생하고, 이와 같은 임차보증금을 피전부채권으로 하여 전부명령이 있은 경우에도 제3채무자인 임대인은 임차인에게 대항할 수 있는 사유로써 전부채권자에게 대항할 수 있는 것이다. 따라서 건물임대차보증금의 반환채권에 대한 전부명령의 효력이 그 송달에 의하여 발생한다고 하여도 위 보증금반환채권은 임대인의 채권이 발생하는 것을 해제조건으로 하는 것이며 임대인의 채권을 공제한 잔액에 관하여만 전부명령이 유효하다고 할 것이다.(대판 1988.1.19, 87다카1315)

8. **약속어음금 채권을 집행채권으로 하는 전부명령이 확정된 경우의 효력** 민집 231조 본문은 집행채권자가 전부명령에 의하여 피전부채권에 대하여 독점적인 권리를 취득하는 것에 상응하여 전부명령으로 집행채권이 변제되는 것과 동일한 효과가 발생한다는 취지를 정하고 있는 것으로 해석된다. 그러므로 채권자가 약속어음금 채권을 집행채권으로 하여 약속어음 채무자 제3채무자에 대하여 가지는 채권의 압류 및 전부명령을 받아 확정되었다면 위 전부명령이 제3채무자에게 송달된 때에 소급하여 피전부채권이 채권자에게 이전하고, 이는 집행채무자가 채무의 이행에 갈음하여 현실적인 출연을 한 것과 법률상 동일하게 취급되어 집행채권인 약속어음금 채권은 변제된 것으로 보아 소멸한다.(대판 2009.2.12, 2006다88224)

9. **가압류와 압류의 집행이 경합된 상태에서의 전부명령의 효력**(소극) 채권가압류와 채권압류의 집행이 경합된 상태에서 발령된 전부명령은 무효이고, 한 번 무효로 된 전부명령은 일단 경합된 가압류 및 압류가 그 후 채권가압류의 집행해제로 경합상태를 벗어났다고 하여 되살아나는 것은 아니다.(대판 2001.10.12, 2000다19373)

10. **압류가 경합된 상태에서 발하여진 전부명령의 제3채무자가 그 전부채권자에게 한 전부금 변제의 효력** 채권가압류나 압류가 경합된 경우에 그 압류채권자의 한 사람이 전부명령을 얻더라도 그 전부명령은 무효가 되지만, 이 경우에도 그 전부채권자는 채권의 준점유자에 해당한다고 보아야 할 것이므로, 제3채무자가 그 전부채권자에게 전부금을 변제하였다면 제3채무자가 선의 무과실인 때에는 민 470조에 의하여 그 변제는 유효하고 제3채무자는 다른 압류채권자에 대하여 이중변제의 의무를 부담하지 아니하는 반면에 제3채무자가 위 전부금을 변제함에 있어서 선의 무과실이 아니라면 제3채무자가 전부채권자에게 한 전부금의 변제는 효력이 없는 것이다.(대판 1995.4.7, 94다59868)

11. **피전부채권이 존재하지 않는 경우의 강제집행절차의 종료 여부**(적극) 금전채권의 압류 및 전부명령이 집행절차상 적법하게 발부되어 채무자 및 제3채무자에게 적법하게 송달되고 1주일의 즉시항고기간이 경과하거나 즉시항고가 제기되어 그 항고기각 또는 각하결정이 확정된 경우에는 집행채권에 관하여 변제의 효과가 발생하고 그 때에 강제집행절차는 종료하는 것인바, 가사 피전부채권이 존재하지 아니하는

경우라 하더라도 구 민소 564조 단서의 규정에 따라 집행채권 소멸의 효과는 발생하지 않으나 강제집행절차는 피전부채권이 존재하는 경우와 마찬가지로 전부명령의 확정으로 종료하는 것이고, 단지 전부채권자는 집행채권이 소멸하지 아니한 이상 피전부채권이 존재하지 아니함을 증명하여 다시 집행력 있는 정본을 부여받아 새로운 강제집행을 할 수 있을 뿐이다.(대판 1996.11.22, 96다37176)

12. **원금과 그 변제일까지의 부대채권을 집행채권으로 한 전부명령이 확정된 경우 전부채권자에게 이전되는 피압류채권의 범위** 전부명령이 확정되면 피압류채권은 제3채무자에게 송달된 때에 소급하여 집행채권의 범위 안에서 당연히 전부채권자에게 이전하고 그와 동시에 채무자는 채무를 변제한 것으로 간주되므로, 원금과 이에 대한 변제일까지의 부대채권을 집행채권으로 하여 전부명령을 받은 경우에는 집행채권의 원금의 변제일은 전부명령이 제3채무자에게 송달된 때가 되어 결국 집행채권액은 원금과 제3채무자에 대한 전부명령 송달 시까지의 부대채권액을 합한 금액이 되므로 피압류채권은 그 금액 범위 안에서 전부채권자에게 이전한다.(대판 1999.12.10, 99다36860)

13. **장래의 불확정채권에 대한 압류의 중복상태에서 발한 전부명령의 효력을 판단하는 기준** 장래의 불확정채권에 대하여 압류가 중복된 상태에서 전부명령이 있는 경우 그 압류의 경합으로 인하여 전부명령의 무효가 되는지의 여부는 나중에 확정된 피압류채권액을 기준으로 판단할 것이 아니라 전부명령이 제3채무자에게 송달된 당시의 계약상의 피압류채권액을 기준으로 판단하여야 하고, 장래의 불확정채권에 대한 전부명령을 허용하는 것은 가까운 장래에 채권이 발생할 것이 상당한 정도로 기대되기 때문이므로, 전부명령 송달 당시 피압류채권의 발생 원인이 되는 계약에 그 채권액이 정해지지 아니하여 그 채권액을 알 수 없는 경우에는 그 계약의 체결 경위와 내용 및 그 이행 경과, 그 계약에 기하여 가까운 장래에 채권이 발생할 가능성 및 그 채권의 성격과 내용 등 제반 사정을 종합하여 그 계약에 의하여 장래 발생할 것이 상당히 기대되는 채권액을 산정한 후 이를 그 계약상의 피압류채권액으로 봄이 상당하다.(대판 2010.5.13, 2009다98980)

제232조【추심명령의 효과】 ① 추심명령은 그 채권전액에 미친다. 다만, 법원은 채무자의 신청에 따라 압류채권자를 심문하여 압류액수를 그 채권자의 요구액수로 제한하고 채무자에게 그 초과된 액수의 처분과 영수를 허가할 수 있다.

② 제1항 단서의 제한부분에 대하여 다른 채권자는 배당요구를 할 수 없다.

③ 제1항의 허가는 제3채무자와 채권자에게 통지하여야 한다.

▣ 1 집행법원(224), 신청(민소161), 심문(민소134②③), 추심명령(229), 추심신고(236), 추심의 소(238·249), 제3채무자의 공탁(248), 2 배당요구(247①), 3 통지(11·12)

1. **채권의 추심권능에 대한 가압류결정의 효력**(소극) 금전채권에 대하여 압류 및 추심명령이 있었다고 하더라도 이는 강제집행절차에서 압류채권자에게 채무자의 제3채무자에 대한 채권을 추심할 권능만을 부여하는 것으로서 강제집행절차상의 환가처분의 실현행위에 지나지 아니한 것이며, 이로 인하여 채무자의 제3채무자에 대한 채권이 압류채권자에게 이전되거나 귀속되는 것이 아니므로, 이와 같은 추심권능은 그 자체로서 독립적으로 처분하여 환가할 수 있는 것이 아니어서 압류할 수 없는 성질의 것이고, 따라서 이러한 추심권능에 대한 가압류결정은 무효이며, 추심권능을 소송상 행사하여 승소확정판결을 받았다 하더라도 그 판결에 기하여 금원을 지급받는 것 역시 추심권능에 속하는 것이므

로, 이러한 판결에 기하여 지급받은 채권에 대한 가압류결정도 무효라고 보아야 한다.(대판 1997.3.14, 96다54300)

2. 압류 및 추심명령이 있는 경우 추심채무자의 제3채무자에 대한 동시이행항변권 행사의 가부(적극)　금전채권에 대한 압류 및 추심명령이 있는 경우 이는 강제집행절차에서 추심채권자에게 채무자의 제3채무자에 대한 채권을 추심할 권능만을 부여하는 것이므로, 이로 인하여 채무자가 제3채무자에 대하여 가지는 채권이 추심채권자에게 이전되거나 귀속되는 것은 아니다. 따라서 추심채무자는 제3채무자에 대하여 피압류채권에 기한 동시이행의 항변권을 행사할 수 있다.(대판 2001.3.9, 2000다73490)

3. 제3채무자의 정당한 추심권자에 대한 변제의 효력(소극)　추심명령을 얻어 채권을 추심하는 채권자는 집행법원의 수권에 따라 일종의 추심기관으로서 제3채무자로부터 추심을 하는 것이므로 제3채무자로서도 정당한 추심권자에게 지급하면 피압류채권은 소멸하는 것이고, 채권압류명령은 그 명령이 제3채무자에게 송달됨으로써 효력이 생기는 것이므로, 제3채무자의 지급으로 인하여 피압류채권이 소멸한 이상 설령 다른 채권자가 그 변제 전에 동일한 피압류채권에 대하여 채권압류명령을 신청하고 나아가 압류명령을 얻었다고 하더라도 제3채무자가 추심권자에게 지급한 후에 그 압류명령이 제3채무자에게 송달된 경우에는 추심권자가 추심한 금원에 그 압류의 효력이 미친다고 할 수 없다.(대판 2005.1.13, 2003다29937)

4. 제3채무자가 추심의 소에서 집행채권의 소멸을 주장할 수 있는지 여부(소극)　집행채권의 부존재나 소멸은 집행채무자가 청구이의 소에서 주장할 사유이지 추심의 소에서 제3채무자인 피고가 이를 항변으로 주장하여 채무의 변제를 거절할 수 있는 것이 아니다.(대판 1996.9.24, 96다13781)

5. 사해행위 취소판결이 확정되었으나 채권자가 당해 채권에 대하여 채권압류 및 추심명령을 받아 둔 경우의 효과(= 추심채권자 지위에서 배당받는 것은 가능)　채무자가 제3채무자에 대한 채권을 특정 채권자 갑에게 양도하였다가 채권양도가 사해행위라는 이유로 취소판결이 확정되었으나, 채권자 갑이 당해 채권에 대하여 채권압류 및 추심명령도 받아 둔 경우에는, 당해 채권에 대한 제3채무자의 혼합공탁에 따른 배당절차에서 갑은 사해행위의 수익자인 당해 채권의 양수인의 자격으로는 배당받을 수 없으나, 압류 및 추심명령을 받은 채권자의 지위에서 배당받는 것은 가능하다.(대판 2014.3.27, 2011다107818)

6. 체납처분 이후 별도의 추심명령이 내려진 경우에 채무자가 선행 체납처분에 따른 압류채권자의 추심청구를 거절할 수 있는지 여부(소극)　제3채무자는 압류 및 추심명령에 선행하는 체납처분에 의한 압류가 있어 서로 경합된다는 사정만을 내세워 민사집행절차에서 압류 및 추심명령을 받은 채권자의 추심청구를 거절할 수 없고, 또한 민사집행절차에 따른 압류가 근로기준법에 따라 우선변제권을 가지는 임금 등 채권에 기한 것이라는 등의 사정을 내세워 체납처분에 의한 압류채권자의 추심청구를 거절할 수도 없다.(대판 2015.7.9, 2013다60982).

제233조【지시채권의 압류】 어음·수표 그 밖에 배서로 이전할 수 있는 증권으로서 배서가 금지된 증권채권의 압류는 법원의 압류명령으로 집행관이 그 증권을 점유하여 한다.

■ 압류명령(223), 채무자가 점유하고 있는 물건의 압류(189~191), 배서로 이전할 수 있는 증권(민508의, 상65·130·157·336·820, 어11·77①, 수14), 유가증권의 명의개서(211), 어음의 제시증권(212)

1. 갑을 위하여 압류된 주식에 대한 양도명령이 제3채무자에게 송달됨과 동시에 을을 위한 압류명령이 송달된 경우의 위 양도명령의 효력　갑을 위하여 압류된 주식에 대하여 갑이 추심에 갈음한 양도명령을 받아 그 양도명령이 제3채무

자인 병에게 송달되었다면, 설사 위 주식에 대하여 을을 위한 압류명령이 갑이 받은 양도명령과 동시에 제3채무자인 병에게 송달되었다고 하더라도 집행관이 위 주식을 점유하지 않는 한 그 압류명령의 송달 자체만으로는 법률상 아무런 효력이 없다고 할 것이므로, 갑이 받은 양도명령은 을의 압류로 인하여 그 효력에 아무런 지장이 없다.(대판 1988.6.14, 87다카2599, 2600)

제234조【채권증서】 ① 채무자는 채권에 관한 증서가 있으면 압류채권자에게 인도하여야 한다.
② 채권자는 압류명령에 의하여 강제집행의 방법으로 그 증서를 인도받을 수 있다.

■ 채권증서(민475), 압류명령(223)

제235조【압류의 경합】 ① 채권 일부가 압류된 뒤에 그 나머지 부분을 초과하여 다시 압류명령이 내려진 때에는 각 압류의 효력은 그 채권 전부에 미친다.
② 채권 전부가 압류된 뒤에 그 채권 일부에 대하여 다시 압류명령이 내려진 때 그 압류의 효력도 제1항과 같다.

■ 채권압류경합의 효과(229⑤·248③·247)

1. 계속적 수입채권에 대한 압류의 경합이 있는 경우 각 압류의 효력이 미치는 범위　채권의 일부가 압류된 후에 그 나머지 부분을 초과하여 다시 압류명령이 내려진 때에는 압류경합 상태가 되어 각 압류의 효력은 그 채권의 전부에 미치는바(2002. 1. 26. 법률 제6626호로 개정되기 전의 구 민소 568조의2 1항), 이는 압류대상 채권이 계속적 수입채권이라 하여 달리 볼 것이 아니고, 따라서 계속적 수입채권에 대하여 여러 건의 압류가 시기를 달리하여 발하여진 결과 압류경합이 된 경우에 각 압류와 그 압류의 효력이 미치는 채권의 발생시기를 특별히 제한하는 경우가 아니라면 각 압류의 효력은 그 압류 후에 발생한 계속적 수입채권 전부에 미치고, 한편 다른 압류보다 뒤에 발하여진 압류라도 그 압류 전에 다른 사유로 압류의 효력이 배제된 경우를 제외하고는 원칙적으로 당해 압류 전에 발생한 채권 전부에 대하여 그 효력이 미치는 것이다. 그리고 압류경합의 경우에는, 추심명령을 받아 채권을 추심하는 채권자는 집행법원의 수권에 따라 일종의 추심기관으로서 압류나 배당에 참가한 모든 채권자를 위하여 제3채무자로부터 추심을 하는 것이므로, 제3채무자로서도 정당한 추심권자에게 변제하면 그 효력은 압류경합 관계에 있는 모든 채권자에게 미치고 또한 제3채무자가 집행공탁을 하거나 상계 기타의 사유로 압류채권을 소멸시키면 그 효력도 압류경합 관계에 있는 모든 채권자에게 미치는 것이다.(대판 2003.5.30, 2001다10748)

2. 동일한 채권에 대하여 두 개 이상의 채권압류 및 전부명령이 제3채무자에게 동시에 송달된 경우의 효력　동일한 채권에 대하여 두 개 이상의 채권압류 및 전부명령이 발령되어 제3채무자에게 동시에 송달된 경우 당해 전부명령이 채권압류가 경합된 상태에서 발령된 것으로서 무효인지의 여부는 그 각 채권압류명령의 압류액을 합한 금액이 피압류채권액을 초과하는지를 기준으로 판단하여야 하므로, 전자가 후자를 초과하는 경우에는 당해 전부명령은 모두 채권의 압류가 경합된 상태에서 발령된 것으로서 무효로 될 것이지만, 그렇지 않은 경우에는 채권의 압류가 경합된 경우에 해당하지 아니하여 당해 전부명령은 모두 유효하게 된다고 할 것이며, 그 때 동일한 채권에 관하여 확정일자 있는 채권양도 통지가 그 각 채권압류 및 전부명령 정본과 함께 제3채무자에게 동시에 송달되어 채권양수인과 전부채권자들 상호간에 우열이 없게 되는 경우에도 마찬가지라고 할 것이다.(대판 2002.7.26, 2001다68839)

제236조 【추심의 신고】

① 채권자는 추심한 채권액을 법원에 신고하여야 한다.

② 제1항의 신고전에 다른 압류·가압류 또는 배당요구가 있었을 때에는 채권자는 추심한 금액을 바로 공탁하고 그 사유를 신고하여야 한다.

■ ① 배당요구의 불허(247 ii), 추심신고의 방식(민집규162), ② 공탁 후의 절차(252 ii)

1. 채권자가 제3채무자로부터 피압류채권을 추심하고 추심신고를 한 경우의 채권집행의 종료 절차 채권압류 및 추심명령을 받은 채권자가 제3채무자로부터 피압류채권을 추심한 다음 민집 236조 1항에 따른 추심신고를 한 경우 그 때까지 다른 압류·가압류 또는 배당요구가 없으면 그 추심한 범위 내에서 피압류채권은 소멸하고, 집행법원은 추심금의 충당관계 등을 조사하여 집행채권 전액이 변제된 경우에는 집행력 있는 정본을 채무자에게 교부하며, 일부 변제가 된 경우에는 그 취지를 집행력 있는 정본 등에 적은 다음 채권자에게 돌려주는 등의 조치를 취함으로써 채권집행이 종료하게 된다. 한편, 가압류가 본압류로 이행되어 강제집행이 이루어진 경우에는 가압류집행은 본집행에 포섭됨으로써 당초부터 본집행이 있었던 것과 같은 효력이 있게 되므로, 본집행이 되어 있는 한 채무자는 가압류에 대한 이의신청이나 취소신청 또는 가압류집행 자체의 취소 등을 구할 실익이 없게 되고, 특히 강제집행조차 종료된 경우에는 그 강제집행의 근거가 된 가압류결정 자체의 취소나 가압류집행의 취소를 구할 이익은 더 이상 없다.(대판 2004.12.10, 2004다54725)

2. 압류가 경합된 상태에서 발령된 압류 및 추심명령의 추심채권자가 취하여야 하는 조치 추심명령을 얻은 추심채권자는 집행법원의 수권에 기하여 일종의 추심기관으로서 채무자를 대신하여 추심의 목적에 맞도록 채권을 행사하여야 하고, 특히 압류 등의 경합이 있는 경우에는 압류 또는 배당에 참가한 모든 채권자를 위하여 제3채무자로부터 채권을 추심하여야 하므로, 추심채권자는 피압류채권의 행사에 제약을 받게 되는 채무자를 위하여 선량한 관리자의 주의의무를 가지고 채권을 행사하고, 나아가 제3채무자로부터 추심금을 지급받으면 지체 없이 공탁 및 사유신고를 함으로써 압류 또는 배당에 참가한 모든 채권자들이 배당절차에 의한 채권의 만족을 얻도록 하여야 할 의무를 부담한다. 이러한 법리는 제3채무자가 추심명령에 기한 추심에 임의로 응하지 아니하여 추심채권자가 제3채무자를 상대로 추심의 소를 제기한 후 얻어낸 집행권원에 기하여 제3채무자의 재산에 대하여 강제집행을 한 결과 취득한 추심금의 경우에도 마찬가지이다. 따라서 압류가 경합된 상태에서 발령된 압류 및 추심명령의 추심채권자가 제3채무자의 금전채권에 대하여 다시 압류 및 추심명령을 받아 추심금을 지급받은 경우에는 지체 없이 압류가 경합된 상태에서의 압류 및 추심명령의 발령법원에 추심금을 공탁하고 그 사유를 신고하여야 한다.(대판 2007.11.15, 2007다62963)

3. 체납처분에 의한 압류가 민집 236조 2항의 '다른 압류'에 해당하는지 여부(적극) 체납처분에 의한 압류는, 비록 그 자체만을 이유로 집행공탁을 할 수 있는 민집 248조 1항의 '압류'에는 포함되지 않지만 제3채무자에게 채무자에 대한 지급을 금지하고 채무자에게 채권의 처분과 영수를 금지하는 효력을 가지는 것으로서, 민사집행절차에서 압류명령을 받은 채권자의 전속적인 만족을 배제하고 배당절차를 거쳐야만 하게 하는 민집 229조 5항의 '다른 채권자의 압류'나 민집 236조 2항의 '다른 압류'에는 해당한다.(대판 2015.8.27, 2013다203833)

제237조 【제3채무자의 진술의무】

① 압류채권자는 제3채무자로 하여금 압류명령을 송달받은 날부터 1주 이내에 서면으로 다음 각호의 사항을 진술하게 하도록 법원에 신청할 수 있다.

1. 채권을 인정하는지의 여부 및 인정한다면 그 한도
2. 채권에 대하여 지급할 의사가 있는지의 여부 및 의사가 있다면 그 한도
3. 채권에 대하여 다른 사람으로부터 청구가 있는지의 여부 및 청구가 있다면 그 종류
4. 다른 채권자에게 채권을 압류당한 사실이 있는지의 여부 및 그 사실이 있다면 그 청구의 종류

② 법원은 제1항의 진술을 명하는 서면을 제3채무자에게 송달하여야 한다.

③ 제3채무자가 진술을 게을리 한 때에는 법원은 제3채무자에게 제1항의 사항을 심문할 수 있다.

■ ① 압류명령의 송달(227②③), 기간(민소170·172①), 신청(민소161), 집행법원(224), ② 송달(민소174①이하), ③ 심문(민소134②)

제238조 【추심의 소제기】

채권자가 명령의 취지에 따라 제3채무자를 상대로 소를 제기할 때에는 일반규정에 의한 관할법원에 제기하고 채무자에게 그 소를 고지하여야 한다. 다만, 채무자가 외국에 있거나 있는 곳이 분명하지 아니한 때에는 고지할 필요가 없다.

■ 명령의 취지(229①), 추심의 소(249), 소송고지(민소84~86), 판결의 효력(민소218③)

1. 중복제소 해당 여부 채무자가 제3채무자를 상대로 제기한 이행의 소가 법원에 계속되어 있는 경우에도 압류채권자는 제3채무자를 상대로 압류된 채권의 이행을 청구하는 추심의 소를 제기할 수 있고, 제3채무자를 상대로 압류채권자가 제기한 추심의 소는 채무자가 제기한 이행의 소에 대한 관계에서 민소 259조가 금지하는 중복제소에 해당하지 않는다.(대판(全) 2013.12.28, 2013다202120)

제239조 【추심의 소홀】

채권자가 추심할 채권의 행사를 게을리 한 때에는 이로써 생긴 채무자의 손해를 부담한다.

■ 채무자의 추심 금지(227①), 채권자의 추심 최고(250), 추심명령(229①·232)

제240조 【추심권의 포기】

① 채권자는 추심명령에 따라 얻은 권리를 포기할 수 있다. 다만, 기본채권에는 영향이 없다.

② 제1항의 포기는 법원에 서면으로 신고하여야 한다. 법원사무관등은 그 등본을 제3채무자와 채무자에게 송달하여야 한다.

■ ① 채권자의 추심(229①·232), 압류명령신청의 취하(225), ② 포기신고서의 송달(227③, 민소174①이하)

제241조 【특별한 현금화방법】

① 압류된 채권이 조건 또는 기한이 있거나, 반대의무의 이행과 관련되어 있거나 그 밖의 이유로 추심하기 곤란할 때에는 법원은 채권자의 신청에 따라 다음 각호의 명령을 할 수 있다.

1. 채권을 법원이 정한 값으로 지급함에 갈음하여 압류채권자에게 양도하는 양도명령
2. 추심에 갈음하여 법원이 정한 방법으로 그 채권을 매각하도록 집행관에게 명하는 매각명령
3. 관리인을 선임하여 그 채권의 관리를 명하는 관리명령

4. 그 밖에 적당한 방법으로 현금화하도록 하는 명령
② 법원은 제1항의 경우 그 신청을 허가하는 결정을 하기 전에 채무자를 심문하여야 한다. 다만, 채무자가 외국에 있거나 있는 곳이 분명하지 아니한 때에는 심문할 필요가 없다.
③ 제1항의 결정에 대하여는 즉시항고를 할 수 있다.
④ 제1항의 결정은 확정되어야 효력을 가진다.
⑤ 압류된 채권을 매각한 경우에는 집행관은 채무자를 대신하여 제3채무자에게 서면으로 양도의 통지를 하여야 한다.
⑥ 양도명령에는 제227조제2항·제229조제5항·제230조 및 제231조의 규정을, 매각명령에 의한 집행관의 매각에는 제108조의 규정을, 관리명령에는 제227조제2항의 규정을, 관리명령에 의한 관리에는 제167조, 제169조 내지 제171조, 제222조제2항·제3항의 규정을 각각 준용한다.

■ ① 금전채권의 현금화방법(229), 채권의 평가(민집규163), 양도명령(민집규164), 매각명령(민집규165), 그 밖의 현금화명령(민집규166), 심문(민소134②), ③ 즉시항고(15), ⑥ 압류명령·전부명령의 송달(227②·229⑤), 저당권이 있는 채권에 대한 전부명령과 효과(230·231), 매각장소의 질서유지(108), 관리인에 대한 법원의 지휘·감독과 관리인의 의무(167·169-171), 매각대금의 공탁과 신고(222②③)

1. 특별현금화명령 신청에 대한 법원의 기각결정에 대하여 채권자가 민집 241조 3항에 따라 즉시항고로써 다툴 수 있는지 여부(적극) 민집 241조 1항에 의한 채권자의 특별현금화명령 신청에 대하여 특별현금화를 명할 것인지 여부나 그 방법의 선택은 법원의 재량에 맡겨져 있으므로 같은 조 제3항에서 위 즉시항고의 대상으로 규정하고 있는 "제1항의 결정"에는 특별현금화명령 신청을 받아들이는 결정뿐만 아니라 신청을 기각하는 결정도 포함된다고 볼 수 있다. 따라서 특별현금화명령 신청에 대한 법원의 기각결정에 대하여도 채권자는 민집 241조 3항에 의하여 즉시항고로써 다툴 수 있다.(대결 2012.3.15, 2011그224)

제242조【유체물인도청구권 등에 대한 집행】 부동산·유체동산·선박·자동차·건설기계·항공기·경량항공기 등 유체물의 인도나 권리이전의 청구권에 대한 강제집행에 대하여는 제243조부터 제245조까지의 규정을 우선적용하는 것을 제외하고는 제227조부터 제240조까지의 규정을 준용한다. (2015.5.18 본조개정)

■ 유체동산 및 부동산청구권의 압류(243·244), 전부명령 제외(245), 금전채권의 압류, 추심 및 전부명령(227-240)

1. 건설공제조합의 조합원에게 발행된 출자증권을 채무자가 아닌 제3자가 점유하고 있는 경우 가압류집행의 방법과 채무자가 건설공제조합에 대하여 갖는 출자증권의 인도청구권을 가압류한 경우 가압류 효력의 발생 시기(=가압류명령이 건설공제조합에 송달된 때) 및 이 때 가압류로 인한 소멸시효 중단의 효력이 가압류 신청 시에 소급하여 생기는지 여부(적극) 건설공제조합의 조합원에게 발행된 출자증권은 위 조합의 위 출자지분을 표창하는 유가증권으로서 위 출자증권에 대한 가압류는 민집 233조에 따른 지시채권 가압류의 방법으로 하고, 법원의 가압류명령으로 집행관이 출자증권을 점유하여야 한다(건설산업기본법 59조 4항). 한편 위 출자증권을 채무자가 아닌 제3자가 점유하고 있는 경우에는 채권자는 채무자가 제3자에 대하여 가지는 유체동산인 출자증권의 인도청구권을 가압류하는 방법으로 가압류집행을 할 수 있다(민집 242조, 243조). 이 경우 유체동산에 관한 인도

청구권의 가압류는 원칙적으로 금전채권의 가압류에 준해서 집행법원의 가압류명령과 그 송달로써 하는 것이므로(민집 223조, 227조, 242조, 243조, 291조), 가압류명령이 제3채무자에게 송달됨으로써 유체동산에 관한 인도청구권 자체에 대한 가압류집행은 끝나고 효력이 생긴다. 따라서 채무자가 건설공제조합에 대하여 갖는 출자증권의 인도청구권을 가압류한 경우에는 법원의 가압류명령이 제3채무자인 건설공제조합에 송달되면 가압류의 효력이 생기고, 이 경우 가압류로 인한 소멸시효 중단의 효력은 가압류 신청 시에 소급하여 생긴다.(대판 2017.4.7, 2016다35451)

제243조【유체동산에 관한 청구권의 압류】 ① 유체동산에 관한 청구권을 압류하는 경우에는 법원이 제3채무자에 대하여 그 동산을 채권자의 위임을 받은 집행관에게 인도하도록 명한다.
② 채권자는 제3채무자에 대하여 제1항의 명령의 이행을 구하기 위하여 법원에 추심명령을 신청할 수 있다.
③ 제1항의 동산의 현금화에 대하여는 압류한 유체동산의 현금화에 관한 규정을 적용한다.

■ ① 유체동산(민98), 제3자점유물의 인도(191·193), ② 추심명령(229·232), ③ 유체동산의 현금화(민집규169·165④), 압류물의 환가규정(199 이하)

1. 유체동산인도청구권에 대한 압류의 방법 및 효력 발생 시기 구 민소 557조, 561조, 575조, 707조의 각 규정에 비추어 보면, 유체동산인도청구권의 압류(강제집행에 관한 규정을 준용하는 가압류의 경우도 마찬가지이다)는 원칙적으로 금전채권의 압류에 준하여 집행법원의 압류명령과 그 송달로써 하는 것으로 제3채무자에 대한 압류명령의 송달이 있으면 압류의 효력이 발생하는 것이고, 같은 법 576조 1항 소정의 이른바 인도명령은 같은 조 2항에 의한 환가를 위한 준비로서 의미가 있는 것으로 압류명령의 본질적 부분을 구성하는 것은 아니며, 인도명령의 기재가 없는 압류명령도 완전히 유효한 것인바, 압류명령이 제3채무자에게 송달됨으로써 유체동산인도청구권 자체에 대한 압류의 효력은 끝나고 그 효력이 발생하는 것이다.(대판 1994.3.25, 93다42757)

제244조【부동산청구권에 대한 압류】 ① 부동산에 관한 인도청구권의 압류에 대하여는 그 부동산 소재지의 지방법원은 채권자 또는 제3채무자의 신청에 의하여 보관인을 정하고 제3채무자에 대하여 그 부동산을 보관인에게 인도할 것을 명하여야 한다.
② 부동산에 관한 권리이전청구권의 압류에 대하여는 그 부동산소재지의 지방법원은 채권자 또는 제3채무자의 신청에 의하여 보관인을 정하고 제3채무자에 대하여 그 부동산에 관한 채무자명의의 권리이전등기절차를 보관인에게 이행할 것을 명하여야 한다.
③ 제2항의 경우에 보관인은 채무자명의의 권리이전등기신청에 관하여 채무자의 대리인이 된다.
④ 채권자는 제3채무자에 대하여 제1항 또는 제2항의 명령의 이행을 구하기 위하여 법원에 추심명령을 신청할 수 있다.

■ ① 인도된 부동산의 집행(민집규170), 부동산(민99①), 신청(161), ② 부동산에 대한 강제집행(78·79), 관리인(166), ④ 추심명령(229·232), 추심의 소(238·249·258·263)

1. 소유권이전등기청구권에 대한 압류나 가압류의 효력 소유권이전등기청구권에 대한 압류나 가압류는 채권에 대한

것이지 등기청구권의 목적물인 부동산에 대한 것이 아니고, 채무자와 제3채무자에게 그 결정을 송달하는 외에 현행법상 등기부에 이를 공시하는 방법이 없는 것으로서 당해 채권자와 채무자 및 제3채무자 사이에만 효력을 갖는 것이고, 압류나 가압류와 관계가 없는 제3자에 대하여는 압류나 가압류의 처분금지적 효력을 주장할 수 없는 것이다. 따라서 소유권이전등기청구권의 압류나 가압류는 청구권의 목적물인 부동산 자체의 처분을 금지하는 대물적 효력은 없다고 할 것이고, 제3채무자나 채무자로부터 소유권이전등기를 넘겨받은 제3자에 대하여는 그 취득한 등기가 원인무효라고 주장하여 그 말소를 청구할 수 없다고 보아야 할 것이다.(대판(全) 1992.11.10, 92다4680)

2. 소유권이전등기청구권에 대한 압류 후의 제3채무자의 처분과 불법행위 소유권이전등기청구권에 대한 압류가 있으면 그 변제금지의 효력에 의하여 제3채무자는 채무자에게 임의로 이전등기를 이행하여서는 아니 되는 것이나, 그와 같은 압류는 채권에 대한 것이되 등기청구권의 목적물인 부동산에 대한 것이 아니고, 채무자와 제3채무자에게 결정을 송달하는 외에 현행법상 등기부에 이를 공시하는 방법이 없어 당해 채권자와 채무자 및 제3채무자 사이에만 효력을 가질 뿐 제3자에 대하여는 압류의 변제금지의 효력을 주장할 수 없으므로, 소유권이전등기청구권의 압류는 청구권의 목적물인 부동산 자체의 처분을 금지하는 대물적 효력이 없어 제3채무자나 채무자로부터 이전등기를 경료한 제3자에 대하여는 그 등기가 원인무효라고 주장하여 말소를 청구할 수 없다. 다만 제3채무자가 압류결정을 무시하고 이전등기를 이행하고 채무자가 다시 제3자에게 이전등기를 경료하여 준 결과 채권자에게 손해를 입힌 때에는 불법행위를 구성하고 그에 따른 배상책임을 지게 된다.(대판 2000.2.11, 98다35327)

제245조【전부명령 제외】 유체물의 인도나 권리이전의 청구권에 대하여는 전부명령을 하지 못한다.

▣ 전부명령(229①·231), 유체물(민98)

제246조【압류금지채권】 ① 다음 각호의 채권은 압류하지 못한다. (2005.1.27., 2010.7.23., 2011.4.5 본항개정)

1. 법령에 규정된 부양료 및 유족부조료(遺族扶助料)
2. 채무자가 구호사업이나 제3자의 도움으로 계속 받는 수입
3. 병사의 급료
4. 급료·연금·봉급·상여금·퇴직연금, 그 밖에 이와 비슷한 성질을 가진 급여채권의 2분의 1에 해당하는 금액. 다만, 그 금액이 국민기초생활보장법에 의한 최저생계비를 감안하여 대통령령이 정하는 금액에 미치지 못하는 경우 또는 표준적인 가구의 생계비를 감안하여 대통령령이 정하는 금액을 초과하는 경우에는 각각 당해 대통령령이 정하는 금액으로 한다.
5. 퇴직금 그 밖에 이와 비슷한 성질을 가진 급여채권의 2분의 1에 해당하는 금액
6. 「주택임대차보호법」제8조, 같은 법 시행령의 규정에 따라 우선변제를 받을 수 있는 금액
7. 생명, 상해, 질병, 사고 등을 원인으로 채무자가 지급받는 보장성보험의 보험금(해약환급 및 만

기환급금을 포함한다). 다만, 압류금지의 범위는 생계유지, 치료 및 장애 회복에 소요될 것으로 예상되는 비용 등을 고려하여 대통령령으로 정한다.
8. 채무자의 1월간 생계유지에 필요한 예금(적금·부금·예탁금과 우편대체를 포함한다). 다만, 그 금액은 「국민기초생활 보장법」에 따른 최저생계비, 제195조제3호에서 정한 금액 등을 고려하여 대통령령으로 정한다.

② 법원은 제1항제1호부터 제7호까지에 규정된 종류의 금원이 금융기관에 개설된 채무자의 계좌에 이체되는 경우 채무자의 신청에 따라 그에 해당하는 부분의 압류명령을 취소하여야 한다. (2011.4.5 본항신설)

③ 법원은 당사자가 신청하면 채권자와 채무자의 생활형편, 그 밖의 사정을 고려하여 압류명령의 전부 또는 일부를 취소하거나 제1항의 압류금지채권에 대하여 압류명령을 할 수 있다. (2011.4.5 본항개정)

④ 제3항의 경우에는 제196조제2항 내지 제5항의 규정을 준용한다. (2011.4.5 본항개정)

[개정전] "4. 급료·연금·봉급·상여금·퇴직금·퇴직연금, 그 밖에 이와 비슷한 성질을 가진 급여채권의 2분의 1에 해당하는 금액"

▣ ① 압류금지물(195·196), 다른 법률의 압류금지(공연소32, 군인연금7, 국민연금54, 생활보호28, 산재보상55②, 근로기준89, 선원보험28, 형사보상22, 국가유공19, 국세징31~33의2), 부양료청구권(민974~979), 병사(군인사법3④), 최저생계비(국민기초8), ② 압류명령(223), ③ 압류금지물건을 종류의 재판의 취소(196②-196⑤)

1. 퇴직위로금이나 명예퇴직수당이 압류금지채권에 해당하는지 여부(적극) 퇴직위로금이나 명예퇴직수당은 그 직에서 퇴임하는 자에 대하여 그 재직 중 직무집행의 대가로서 지급되는 후불적 임금으로서의 보수의 성질을 아울러 갖고 있다고 할 것이므로 퇴직금과 유사하다고 볼 것이고, 따라서 이들은 구 민소 579조 4호 소정의 압류금지채권인 퇴직금 기타 유사한 급여채권에 해당한다.(대결 2000.6.8, 2000마1439)

2. 압류가 금지된 채권에 대한 압류 및 전부명령의 효력 건축법 55조, 같은 법 시행령 52조에 의하여 압류가 금지된 채권에 대한 압류명령은 강행법규에 위배되어 무효라 할 것이고, 또 전부명령은 압류채권의 지급에 갈음하여 피전부채권이 압류채권자에 이전하는 효력을 갖는 것이므로 전부명령의 전제가 되는 압류자체가 무효라면 이에 기한 전부명령 역시 무효라고 하지 않을 수 없지만, 한편 이와 같은 무효는 압류 및 전부명령도 하나의 재판인 이상 이를 당연무효라고 할 수는 없고 다만 실체법상의 효과를 발생시키지 아니하는 뜻의 무효라고 보아 제3채무자는 압류채권자의 전부금 지급청구에 대하여 위와 같은 실체법상의 무효를 들어 항변할 수 있다.(대판 1987.3.24, 86다카1588)

3. 압류금지채권의 목적물이 채무자의 예금계좌에 입금된 경우와 압류금지의 효력 압류금지채권의 목적물이 채무자의 예금계좌에 입금된 경우에는 그 예금채권에 대하여 더 이상 압류금지의 효력이 미치지 아니하므로, 그 예금은 압류금지채권에 해당하지 아니하며, 압류금지채권의 목적물이 채무자의 예금계좌에 입금되어 그 예금채권에 대하여 더 이상 압류금지의 효력이 미치지 아니하는 경우에도 원래의 압류금지의 취지는 참작되어야 할 것이므로 구 민소 579조의2가 정하는 바에 따라 집행법원이 채무자의 신청에 의하여 채무자와 채권자의 생활 상황 기타의 사정을 고려하여 압류

명령의 전부 또는 일부를 취소할 수 있으나, 위 민사소송법의 규정은 채권자와 채무자의 이해관계를 적정한 수준으로 조화시키고 그에 따른 탄력적인 잠정조치를 취할 수 있도록 함으로써 집행의 적정화를 도모하는 데 그 취지가 있는 것으로서 그와 같은 이유로 압류명령의 전부 또는 일부를 취소하기 위하여는 집행법원에 대한 채무자의 신청이 있어야 한다.(대결 1999.10.6, 99마4857)

4. 정당의 국가에 대한 정당보조금지급채권이 압류금지채권인지 여부(적극) 정치자금법에 근거하여 국가가 정당에 교부 지급하는 금전이나 유가증권은 국가와 정당 사이에서만 수수·결제되어야 하는 것으로 봄이 상당하므로, 정당의 국가에 대한 정당보조금지급채권은 그 양도가 금지된 것으로서 강제집행의 대상이 될 수 없다.(대결 2009.1.28, 2008마1440)

5. 중요무형문화재 보유자에게 지급하는 전승지원금채권(=전액에 대하여 압류 금지) 국가나 지방자치단체가 중요무형문화재를 보호·육성하기 위하여 그 전수 교육을 실시하는 중요무형문화재 보유자에게만 전수 교육에 필요한 경비 명목으로 지급하고 있는 금원으로서 그 목적이나 성질상 국가나 지방자치단체와 중요무형문화재 보유자 사이에서만 수수, 결제되어야 하는 전승지원금의 경우에는 강제집행의 대상이 될 수 없다.(대판 2013.3.28, 2012다203461)

6. 근로자퇴직급여 보장법상 퇴직연금채권(=전액에 대하여 압류 금지) 근로자 퇴직급여제도의 설정 및 운영에 필요한 사항을 정함으로써 근로자의 안정적인 노후생활 보장에 이바지함을 목적으로 2005. 1. 27. 법률 제7379호로 '근로자퇴직급여 보장법'이 제정되면서 7조에서 퇴직연금제도의 급여를 받을 권리에 대하여 양도를 금지하고 있으므로 위 양도금지 규정은 강행법규에 해당한다. 한편, 민사집행법은 246조 1항 4호에서 퇴직연금 그 밖에 이와 비슷한 성질을 가진 급여채권은 그 1/2에 해당하는 금액만 압류하지 못하는 것으로 규정하고 있는바, 이는 '근로자퇴직급여 보장법'상 양도금지 규정과의 사이에서 일반법과 특별법의 관계에 있으므로, 퇴직급여법상 퇴직연금채권은 그 전액에 관하여 압류가 금지된다고 보아야 한다. (대판 2014.1.23, 2013다71180)

7. 민집 246조 2항에 따라 압류명령이 취소된 경우 부당이득의 성부(소극) 민집 246조 2항에 따라 압류명령이 취소되었다 하더라도 압류명령은 장래에 대하여만 효력이 상실할 뿐 이미 완결된 집행절차에는 영향이 없고, 채권자가 집행행위로 취득한 금전을 채무자에게 부당이득으로 반환하여야 하는 것도 아니다.(대판 2014.7.10, 2013다25552)

8. 국회의원에게 지급되는 입법활동비, 특별활동비, 입법 및 정책개발비, 여비(=전액에 대하여 압류 금지), 일반수당, 관리업무수당, 정액급식비, 정근수당, 명절휴가비(=채권액의 1/2 압류 금지)의 압류 금지 여부 국회의원수당 등에 관한 법률에 따라 국회의원에게 지급되는 입법활동비, 특별활동비, 입법 및 정책개발비, 여비는 위 법률에서 정한 고유한 목적에 사용되어야 하며 이러한 성질상 압류가 금지된다고 봄이 타당하다. 따라서 이들은 강제집행의 대상이 될 수 없다. 한편, 국회의원이 국회의원수당 등에 관한 법률에 따라 지급받는 일반수당, 관리업무수당, 정액급식비, 정근수당, 명절휴가비와 같은 수당은 민집 246조 1항 4호의 "급료·연금·봉급·상여금·퇴직연금, 그 밖에 이와 비슷한 성질을 가진 급여채권"에 해당하여 그 2분의 1에 해당하는 금액 또는 같은 호 단서에 따른 금액에 대하여는 압류하지 못한다.(대결 2014.8.11, 2011마2482)

9. 압류금지채권의 목적물이 채무자의 예금계좌에 입금된 경우 그 예금채권도 압류금지채권에 해당하는지 여부(소극) 및 압류금지채권의 목적물을 수령하는 데 사용하던 기존 예금계좌가 채무자에 의해 압류된 채무자가 압류되지 않은 다른 예금계좌를 통하여 그 목적물을 수령하는 경우 강제집행면탈죄가 성립하는지 여부(소극) 압류금지채권의 목적물이 채무자의 예금계좌에 입금된 경우에는 그 예금채권에 대하

여 더 이상 압류금지의 효력이 미치지 아니하므로 그 예금은 압류금지채권에 해당하지 않지만, 압류금지채권의 목적물이 채무자의 예금계좌에 입금되기 전까지는 여전히 강제집행 또는 보전처분의 대상이 될 수 없으므로, 압류금지채권의 목적물을 수령하는 데 사용하던 기존 예금계좌가 채권자에 의해 압류된 채무자가 압류되지 않은 다른 예금계좌를 통하여 그 목적물을 수령하더라도 강제집행이 임박한 채권자의 권리를 침해할 위험이 있는 행위라고 볼 수 없어 강제집행면탈죄가 성립하지 않는다.(대판 2017.8.18, 2017도6229)

제247조【배당요구】 ① 민법·상법, 그 밖의 법률에 의하여 우선변제청구권이 있는 채권자와 집행력 있는 정본을 가진 채권자는 다음 각호의 시기까지 법원에 배당요구를 할 수 있다.
1. 제3채무자가 제248조제4항에 따른 공탁의 신고를 한 때
2. 채권자가 제236조에 따른 추심의 신고를 한 때
3. 집행관이 현금화한 금전을 법원에 제출한 때
② 전부명령이 제3채무자에게 송달된 뒤에는 배당요구를 하지 못한다.
③ 제1항의 배당요구에는 제218조 및 제219조의 규정을 준용한다.
④ 제1항의 배당요구는 제3채무자에게 통지하여야 한다.

■ ① [우선변제청구권이 있는 채권자] 조세채권(국세기 35①, 지방세 31①), 임금채권(근로37), 사용인의 우선변제권(상 468), 선박우선특권(상 861), 보험료(국민건강73), 질권실행는 정본(28·38), 시효중단(民 168 ii·175), 제3채무자의 채무액공탁(248④), 채권의 추심(236), ② 전부명령(229①·231), ③ 배당요구의 절차(218), 배당요구의 방식(민집규 173·48), 집행관의 배당요구통지(219), ④ 통지(11·12)

1. 금전채권에 대한 강제집행에서 배당요구를 할 수 있는 채권자의 범위 구 민소(2002. 1. 26. 법률 제6626호로 전문 개정되기 전의 것) 580조 1항은 금전채권에 대한 강제집행에서 배당요구를 할 수 있는 채권자의 범위를 '민법·상법 기타 법률에 의하여 우선변제청구권이 있는 채권자'와 '집행력 있는 정본을 가진 채권자'로 제한하여 규정하고 있으므로, 그 어느 것에도 해당하지 않는 채권자는 위 조항 각 호의 사유 발생 전에 미리 가압류를 하여 이른바 경합압류채권자로서 배당에 참가하게 되는 것은 별론으로 하고 별도의 배당요구를 할 자격이 없다.(대판 2003.12.11, 2003다47638)

2. 배당요구의 종기를 설정한 취지 구 민소 580조 1항 1호가 압류채권자 이외의 채권자가 배당요구의 방법으로 채권에 대한 강제집행절차에 참가하여 압류채권자와 평등하게 자신의 채권의 변제를 받는 것을 허용하면서도, 다른 한편으로 그 배당요구의 종기를 제3채무자의 공탁사유 신고 시까지로 제한하고 있는 이유는 제3채무자가 채무액을 공탁하고 그 사유 신고를 마치면 배당할 금액이 판명되어 배당절차를 개시할 수 있는 만큼 늦어도 그 때까지는 배당요구가 마쳐져야 배당절차의 혼란과 지연을 막을 수 있다고 본 때문인바, 이러한 배당요구 시한의 설정은 배당요구를 제한 없이 허용할 경우에 초래될 배당절차의 혼란과 지연을 방지하기 위한 합리적인 조치로서, 그로 말미암아 그 때까지 배당요구를 하지 못한 채권자가 배당에서 제외되어 다른 채권자들에 비하여 차별대우를 받게 된다 하더라도 그러한 차별은 합리적인 이유가 있는 것이며, 물상대위에 있어 우선변제청구권 있는 자의 경우라 하여 달리 취급할 수 없다고 할 것이므로, 이러한 해석이 헌법상의 평등의 이념에 반한다고 할 수는 없다.(대판 1999.5.14, 98다62688)

3. 저당권자의 물상대위권의 행사방법 민 370조, 342조에

의한 저당권자의 물상대위권의 행사는 구 민소 733조(2002. 1. 26. 법률 제6626호로 전문 개정되어 2002. 7. 1.부터 시행되기 전의 것, 이하 같다)에 의하여 담보권의 존재를 증명하는 서류를 집행법원에 제출하여 채권압류 및 전부명령을 신청하거나 구 민소 580조에 의하여 배당요구를 하는 방법에 의하여 하는 것이고, 이는 늦어도 구 민소 580조 1항 각 호 소정의 배당요구의 종기까지 하여야 하는 것으로 그 이후에는 물상대위권자로서의 우선변제권을 행사할 수 없다고 하여야 할 것인바, 물상대위권자로서의 권리행사의 방법과 시한을 위와 같이 제한하는 취지는 물상대위의 목적인 채권의 특정성을 유지하여 그 효력을 보전하고 평등배당을 기대한 다른 일반 채권자의 신뢰를 보호하는 등 제3자에게 불측의 손해를 입히지 아니함과 동시에 집행절차의 안정과 신속을 꾀하고자 함에 있다고 할 것이고, 저당권자의 물상대위권 행사로서의 압류 및 전부는 그 명령이 제3채무자에게 송달됨으로써 효력이 생기며, 위에서 본 '특정성의 유지'나 '제3자의 보호'는 물상대위권자의 압류 및 전부명령이 효력을 발생함으로써 비로소 달성될 수 있는 것이므로, 배당요구의 종기가 지난 후에 물상대위에 기한 채권압류 및 전부명령이 제3채무자에게 송달되었을 경우에는 물상대위권자는 배당절차에서 우선변제를 받을 수 없다.(대판 2003.3. 28, 2002다13539)

4. 국세징수법에 의한 채권의 압류만을 이유로 집행공탁을 할 수 있는지 여부(소극) 국세징 41조, 같은 법 시행령 44조 1항 4호, 같은 법 시행규칙 25조 1항 및 민집 227조, 229조에 의하면, 국세징수법상의 금전채권의 압류와 민사집행법상의 금전채권의 압류는 그 효력을 달리 규정하고 있고, 국세징 56조, 14조 1항 및 민집 235조에 의하면 복수의 압류가 있는 경우의 효력에 관하여도 달리 규정하고 있다. 이와 같은 차이는 강제집행절차가 경합하는 일반채권의 경우 배당 변제에 의한 사법적 해결을 그 본지로 함에 비하여, 체납처분절차는 행정기관에 의한 조세채권의 신속한 만족을 위한 절차라는 점에서 비롯된 것이다. 이와 같은 국세징수법상의 압류와 민사집행법상의 압류의 효력의 차이 및 체납처분절차와 강제집행절차의 차이 등에 비추어 볼 때, 민집 248조 1항 및 공익사업 40조 2항 4호 소정의 공탁의 전제가 되는 '압류'에는 국세징수법에 의한 채권의 압류는 포함되지 않는다고 보아야 한다. 따라서 국세징수법상의 체납처분에 의한 압류만을 이유로 집행공탁이 이루어진 경우에는 사업시행자가 민집 248조 4항에 따라 법원에 공탁사유를 신고하였다고 하더라도 민집 247조 1항에 의한 배당요구 종기가 도래한다고 할 수는 없다.(대판 2007.4.12, 2004다20326)

5. 압류가 경합된 상태에서 제3자가 집행공탁 사유를 신고하면서 경합된 압류 중 일부에 관한 기재를 누락한 경우의 효력 압류가 경합되면 각 압류의 효력은 피압류채권 전부에 미치므로(민집 235조), 압류가 경합된 상태에서 제3채무자가 민집 248조의 규정에 따라 집행공탁을 하여 피압류채권을 소멸시키면 그 효력은 압류경합 관계에 있는 모든 채권자에게 미친다. 그리고 이때 압류경합 관계에 있는 모든 채권자의 압류명령은 목적을 달성하여 효력을 상실하고 압류채권자의 지위는 집행공탁금에 대하여 배당을 받을 채권자의 지위로 전환되므로, 압류채권자는 제3채무자의 공탁사유 신고 시까지 민집 247조에 의한 배당요구를 하지 않더라도 배당절차에 참가할 수 있다. 따라서 압류가 경합된 상태에서 제3채무자가 집행공탁을 하여 사유를 신고하면서 경합된 압류 중 일부에 관한 기재를 누락하였다 하더라도 달리 볼 것은 아니다.(대판 2015.4.23, 2013다207774)

6. 집행공탁이 이루어진 경우 체납처분에 의한 압류채권자의 배당요구 요부(불요) 민사집행법에 따른 압류 및 추심명령과 체납처분에 의한 압류가 경합한 후 제3채무자가 민사집행절차에서 압류 및 추심명령을 받은 채권자의 추심청구에 응하거나 민집 248조 1항에 따른 집행공탁을 하게 되면

피압류채권은 소멸하게 되고, 이러한 효력은 민사집행절차에서 압류 및 추심명령을 받은 채권자에 대하여는 물론 체납처분에 의한 압류채권자에 대하여도 미치므로, 민사집행법에 따른 압류 및 추심명령과 함께 체납처분에 의한 압류도 목적을 달성하여 효력을 상실한다. 따라서 민사집행절차에서 압류 및 추심명령을 받은 채권자뿐만 아니라 체납처분에 의한 압류채권자의 지위도 민사집행법상의 배당절차에서 배당을 받을 채권자의 지위로 전환되므로, 체납처분에 의한 압류채권자가 공탁사유신고 시나 추심신고 시까지 민집 247조에 의한 배당요구를 따로 하지 않았다고 하더라도 배당절차에 참가할 수 있다.(대판 2015.8.27, 2013다203833)

제248조【제3채무자의 채무액의 공탁】 ① 제3채무자는 압류에 관련된 금전채권의 전액을 공탁할 수 있다.
② 금전채권에 관하여 배당요구서를 송달받은 제3채무자는 배당에 참가한 채권자의 청구가 있으면 압류된 부분에 해당하는 금액을 공탁하여야 한다.
③ 금전채권중 압류되지 아니한 부분을 초과하여 거듭 압류명령 또는 가압류명령이 내려진 경우에 그 명령을 송달받은 제3채무자는 압류 또는 가압류채권자의 청구가 있으면 그 채권의 전액에 해당하는 금액을 공탁하여야 한다.
④ 제3채무자가 채무액을 공탁한 때에는 그 사유를 법원에 신고하여야 한다. 다만, 상당한 기간 이내에 신고가 없는 때에는 압류채권자, 가압류채권자, 배당에 참가한 채권자, 채무자, 그 밖의 이해관계인이 그 사유를 법원에 신고할 수 있다.

■ ① 공탁법원(19), ② 배당요구의 송달(247④), 공탁신고방식(민집규 172), ④ 가압류된 금전채권액의 공탁(297)

1. 공탁청구의 소를 제기할 원고적격 구 민소 581조에 의하면 배당참가채권자는 제3채무자에 대하여 채무액의 공탁을 청구할 권리가 있으나 추심명령을 받은 압류채권자에 한하여 위 공탁 청구의 소를 제기할 수 있고 추심명령을 받지 아니한 압류채권자는 위 소를 제기할 원고 적격이 없다.(대판 1979.7.24, 79다1023)

2. 공탁사유신고의 각하결정과 배당가입차단의 효력 채무액을 공탁한 제3채무자가 구 민소(2002. 1. 26. 법률 제6626호로 전문 개정되기 전의 것) 581조 3항에 따라 그 사유를 법원에 신고하면 배당절차가 개시되는 것이 원칙이지만 법원이 사유신고서를 접수한 결과 배당절차에 의할 것이 아니라고 판단될 경우 그 신고서를 각하하는 결정을 할 수 있고, 이 경우에는 배당절차가 개시되는 것이 아니므로 그 사유신고에는 새로운 권리자의 배당가입을 차단하는 같은 법 580조 1항 1호 소정의 효력이 없다.(대결 2005.5.13, 2005다1766)

3. 채권가압류를 이유로 한 제3채무자의 공탁과 배당절차의 실시 채권가압류를 이유로 한 제3채무자의 공탁은 압류를 이유로 한 제3채무자의 공탁과 달리 그 공탁금으로부터 배당을 받을 수 있는 채권자의 범위를 확정하는 효력이 없고, 가압류의 제3채무자가 공탁을 하고 공탁사유를 법원에 신고하더라도 배당절차를 실시할 수 없으며, 공탁금에 대한 채무자의 출급청구권에 대하여 압류 및 공탁사유신고가 있을 때 비로소 배당절차를 실시할 수 있다.(대판 2006.3.10, 2005다15765)

4. 제3채무자로서 압류의 경합 여부를 판단하기 곤란한 경우의 공탁의 가부(적극) 동일한 채권에 대하여 복수의 압류명령이 있는 경우, 그 압류의 법률적인 성질상 압류액의 총액이 피압류채권액을 초과하지 아니하여 본래적 의미에서는

압류의 경합으로 볼 수 없는 경우라도 제3채무자의 입장에서 보아 압류의 경합이 있는지 여부에 관한 판단이 곤란하다고 보이는 객관적 사정이 있는 경우에는, 구 민소 581조 1항의 규정을 유추적용하여 제3채무자에게 채무액을 공탁할 수 있는 권리를 인정하는 것이 상당하다 할 것인바, 이 경우 제3채무자가 하는 공탁은 형식적으로는 집행공탁이지만 채무자에 대한 관계에서는 실질적으로 변제공탁의 성질을 가지는 것이므로 그 공탁에 의하여 채무 변제의 효과가 생겨 그에 의하여 제3채무자는 면책된다.(대판 1999.11.26, 99다35256)

5. 채권자 불확지를 원인으로 하는 변제공탁과 압류경합을 이유로 하는 집행공탁을 아울러 할 수 있는지 여부(적극) 민 487조 후단의 '변제자가 과실 없이 채권자를 알 수 없는 경우'란 객관적으로 채권자 또는 변제수령권자가 존재하고 있으나 채무자가 선량한 관리자의 주의를 다하여도 채권자가 누구인지 알 수 없는 경우를 말하므로, 양도금지 또는 제한의 특약이 있는 채권에 관하여 채권양도통지가 있었으나 그 후 양도통지의 철회 내지 무효의 주장이 있는 경우 제3채무자로서는 그 채권양도의 효력에 관하여 의문이 있어 민 487조 후단의 채권자 불확지를 원인으로 한 변제공탁사유가 생긴다고 할 것이고, 그 채권양도 후에 그 채권에 대하여 다수의 채권가압류 또는 압류결정이 순차 내려짐으로써 그 채권양도의 대항력이 발생하지 아니한다면 압류경합으로 인하여 구 민소 581조 1항 소정의 집행공탁의 사유가 생기는 경우에 채무자는 민 487조 후단 및 민소 581조 1항으로 채권자 불확지를 원인으로 하는 변제공탁과 압류경합 등을 이유로 하는 집행공탁을 아울러 할 수 있고, 이러한 공탁은 변제공탁에 관련된 채권양수인에 대하여는 변제공탁으로서의 효력이 있고 집행공탁에 관련된 압류채권자 등에 대하여는 집행공탁으로서의 효력이 있다고 할 것인바, 이와 같은 경우에 채무자가 선행의 채권양도의 효력에 의문이 있고 그 후 압류의 경합이 발생하였다는 것을 공탁원인사실로 하여 채무액을 공탁하면서 공탁서에 구 민소 581조 1항만을 근거법령으로 기재하였다 하더라도, 변제공탁으로서의 효력이 발생하지 않음이 확정되지 아니하는 이상 이로써 바로 구 민소 581조 1항에 의한 집행공탁으로서의 효력이 발생한다고 할 수 없으므로, 집행법원은 집행공탁으로서의 공탁사유신고를 각하하거나 채무자로 하여금 민 487조 후단을 근거법령으로 추가하도록 공탁서를 정정하게 하고, 채권양도인과 양수인 사이에 채권양도의 효력에 관한 다툼이 확정된 후 공탁금을 출급하도록 하거나 배당절차를 실시할 수 있을 뿐, 바로 배당절차를 실시할 수는 없다.(대판 2001.2.9, 2000다10079)

6. 제3채무자가 채권양도와 압류경합을 이유로 공탁한 경우의 공탁의 성질 및 그 판단기준 민 487조 후단의 '변제자가 과실 없이 채권자를 알 수 없는 경우'란 객관적으로 채권자 또는 변제수령권자가 존재하고 있으나 채무자가 선량한 관리자의 주의를 다하여도 채권자가 누구인지 알 수 없는 경우를 말하므로, 채권이 양도되었다는 등의 사유로 제3채무자가 종전의 채권자와 새로운 채권자 중 누구에게 변제하여야 하는지 과실 없이 알 수 없는 경우 제3채무자로서는 민 487조 후단의 채권자 불확지를 원인으로 한 변제공탁사유가 생긴다고 할 것이고, 또한 종전의 채권자를 가압류채무자 또는 집행채무자로 한 다수의 채권가압류 또는 압류결정이 순차 내려짐으로써 그 채권이 종전 채권자에게 변제되어야 한다면 압류경합으로 인하여 구 민소 581조 1항 소정의 집행공탁의 사유가 생기는 경우에, 채무자는 민 487조 후단 및 구 민소 581조 1항을 근거로 채권자 불확지를 원인으로 하는 변제공탁과 압류경합 등을 이유로 하는 집행공탁을 하는 이른바 혼합공탁을 할 수 있고, 이러한 공탁은 변제공탁에 관련된 새로운 채권자에 대하여는 변제공탁으로서의 효력이 있고 집행공탁에 관련된 압류채권자 등에 대하여는 집행공

탁으로서의 효력이 있다고 할 것이나, 채권양도 등과 종전 채권자에 대한 압류가 경합되었다고 하여 항상 채권이 누구에게 변제되어야 하는지 과실 없이 알 수 없는 경우에 해당하는 것은 아니고, 설령 그렇게 볼 사정이 있다고 하더라도 공탁은 공탁자가 자기의 책임과 판단 하에 하는 것으로서, 채권양도 등과 압류가 경합된 경우에 공탁자는 나름대로 누구에게 변제를 하여야 할 것인지를 판단하여 그에 따라 변제공탁이나 집행공탁 또는 혼합공탁을 선택하여 할 수 있는 것이다. 그리고 집행공탁의 경우에는 배당절차에서 배당이 완결되어야 피공탁자가 비로소 확정되고, 공탁 당시에는 피공탁자의 개념이 관념적으로만 존재할 뿐이므로, 공탁 당시에 피공탁자를 지정하지 아니하였더라도 공탁이 무효라고 볼 수 없으나, 변제공탁은 집행법원의 집행절차를 거치지 아니하고 피공탁자의 동일성에 관한 공탁공무원의 형식적 심사에 의하여 공탁금이 출급되므로 피공탁자가 반드시 지정되어야 하며, 또한 변제공탁이나 집행공탁은 공탁근거조문이나 공탁사유, 나아가 공탁사유신고의 유무에 있어서도 차이가 있으므로, 제3채무자가 채권양도 등과 압류경합 등을 이유로 공탁한 경우에 제3채무자가 변제공탁을 한 것인지, 집행공탁을 한 것인지, 아니면 혼합공탁을 한 것인지는 피공탁자의 지정 여부, 공탁의 근거조문, 공탁사유, 공탁사유신고 등을 종합적·합리적으로 고려하여 판단하는 수밖에 없다.(대판 2005.5.26, 2003다12311)

7. 제3채무자가 처분금지가처분을 이유로 집행공탁을 할 수 있는지 여부(소극) 본조 1항은 채권자의 공탁청구, 추심청구, 경합 여부 등을 따질 필요 없이 당해 압류에 관련된 채권 전액을 공탁할 수 있도록 규정하고 있는바, 이에 따라 금전채권의 일부만이 압류되었음에도 그 채권 전액을 공탁한 경우에는 그 공탁금 중 압류의 효력이 미치는 금전채권액은 그 성질상 당연히 집행공탁으로 보아야 하나, 압류금액을 초과하는 부분은 압류의 효력이 미치지 않으므로 집행공탁이 아니라 변제공탁으로 보아야 한다. 그리고 집행공탁은 공탁 이후 행해질 배당 등 절차의 진행을 전제로 한 것인데, 처분금지가처분은 그것이 설령 금전채권을 목적으로 하더라도 이러한 배당 등 절차와는 관계가 없으므로 제3채무자로서는 이를 이유로 집행공탁을 할 수는 없고, 다만 채권자불확지에 의한 변제공탁을 할 수 있다.(대판 2008.5.15, 2006다74693)

8. 추심금 승소 확정판결에 기한 강제집행을 저지하기 위하여 집행공탁을 할 때의 공탁할 금액 구 민소(2002. 1. 26. 법률 제6626호로 전문 개정되기 전의 것) 581조 1항에 기한 제3채무자의 집행공탁은 피압류채권에 대한 압류경합을 요건으로 하는 것으로서, 이 경우 제3채무자가 위 법 규정에 따라 공탁하여야 할 금액은 채무 전액이라고 할 것이고, 이러한 법리는 압류경합상태에 있는 피압류채권 중 일부에 관하여 일부 압류채권자가 추심명령을 얻은 후 추심금 청구소송을 제기하여 승소 확정된 경우라도 다른 압류채권자가 위 추심금청구 사건의 확정판결에 기한 강제집행을 저지하기 위하여 위 법 규정에 따라 집행공탁하는 경우에도 달리 볼 것이 아니다.(대판 2004.7.22, 2002다22700)

9. 강제집행과 체납처분에 의한 채권압류의 경합이 있는 경우의 공탁 현행법상 국세체납 절차와 민사집행 절차는 별개의 절차로서 양 절차 상호간의 관계를 조정하는 법률의 규정이 없으므로 한 쪽의 절차가 다른 쪽의 절차에 간섭할 수 없는 반면, 쌍방 절차에서 각 채권자는 서로 다른 절차에 정한 방법으로 그 다른 절차에 참여할 수밖에 없고, 동일 채권에 관하여 양 절차에서 각각 별도로 압류하여 서로 경합하는 경우에도 공탁 후의 배분(배당)절차를 어느 쪽이 행하는가에 관한 법률의 정함이 없어 제3채무자의 공탁을 인정할 여지가 없다. 그리고 국세징 41조에 의한 채권압류의 효력은 피압류채권의 채권자와 채무자에 대하여 그 채권에 관한 변제, 추심 등 일체의 처분행위를 금지하고 체납자에 대신하여 추심할 수 있게 하는 것이므로, 제3채무자는 피압류

채권에 관하여 체납자에게는 변제할 수 없고 추심권자인 국에게까지 이행할 수 있을 뿐이며, 그 피압류채권에 대하여 근로기준법에 의한 우선변제권을 가지는 임금 등의 채권에 기한 가압류집행이 되어 있다 하더라도, 그 우선변제권은 채무자의 재산에 대한 강제집행의 경우 그에 의한 환가금에서 일반채권에 우선하여 변제받을 수 있음에 그치는 것이고, 이미 다른 채권자에 의하여 이루어진 압류처분의 효력까지 배제하여 그보다 우선적으로 직접 지급을 구할 수 있는 권한을 부여한 것으로는 볼 수 없으므로, 제3채무자로서는 체납처분에 의한 채권압류 후에 행해진 피압류채권에 대한 가압류가 그러한 임금 등의 채권에 기한 것임을 내세워 체납처분에 의한 압류채권자의 추심청구를 거절할 수는 없다.(대판 1999.5.14, 99다3686)

10. 변제공탁, 집행공탁 또는 혼합공탁 중 어떠한 종류의 공탁을 하였는지에 관한 판단 기준 공탁은 공탁자가 자기의 책임과 판단 아래 하는 것으로서, 공탁자는 자신의 의사에 좇아 변제공탁이나 집행공탁 또는 혼합공탁을 선택하여 할 수 있다. 그리고 공탁자가 그 중 어떠한 종류의 공탁을 하였는지는 피공탁자의 지정 여부, 공탁의 근거가 되는 법령조항, 공탁원인사실 등을 종합적·합리적으로 고려하여 판단되어야 한다.(대판 2012.1.12, 2011다84076)

11. 혼합공탁에서 피공탁자가 공탁물의 출급을 청구하는 경우 필요한 서류 혼합공탁은 집행공탁의 측면에서 보면 공탁자가 피공탁자들에 대하여는 물론이고 가압류채권자를 포함하여 그 집행채권자에 대하여도 채무로부터의 해방을 인정받고자 공탁하는 것이다. 이러한 취지에 비추어, 피공탁자가 공탁물의 출급을 청구하려면 다른 피공탁자에 대한 관계에서만 공탁물출급청구권이 있음을 증명하는 서면을 갖추는 것으로는 부족하고, 위와 같은 집행채권자에 대한 관계에서도 공탁물출급청구권이 있음을 증명하는 서면을 구비·제출하여야 할 것이다.(대판 2012.1.12, 2011다84076)

12. 공탁의무를 부담하는 제3채무자가 추심채권자 중 한 사람에게 임의로 변제하거나 일부 채권자가 강제집행절차 등을 통하여 추심한 경우 제3채무자가 공탁청구한 채권자에게 채무 소멸을 주장할 수 있는지 여부(소극) 및 채권자가 제3채무자에게 추심할 수 있는 금액의 범위 공탁의무를 부담하는 제3채무자가 추심채권자 중 한 사람에게 임의로 변제하거나 일부 채권자가 강제집행절차 등에 의하여 추심한 경우에도 제3채무자는 공탁청구한 채권자 외의 다른 채권자에게는 여전히 채무의 소멸을 주장할 수 있다고 보아야 한다. 한편 공탁청구한 채권자가 제3채무자를 상대로 추심할 수 있는 금액은, 제3채무자가 공탁청구에 따라 채권 전액에 해당하는 금액을 공탁하였더라면 공탁청구 채권자에게 배당될 수 있었던 금액 범위에 한정된다. 그리고 제3채무자가 채권 전액에 해당하는 금액을 공탁하였더라면 배당받을 수 있었던 금액은 공탁청구 시점까지 배당요구한 채권자 및 배당요구의 효력을 가진 채권자에게 배당할 경우를 전제로 산정할 수 있고, 이때 배당받을 채권자, 채권액, 우선순위에 관하여는 제3채무자가 주장·증명하여야 한다고 해석하는 것이 타당하다.(대판 2012.2.9, 2009다88129)

13. 책임보험의 보험자가 피보험자의 보험금청구권에 관한 가압류 등의 경합을 이유로 집행공탁을 한 경우의 효력(=상724조 1항에 의한 직접청구권자에게 대항 불가) 피보험자가 보험계약에 따라 보험자에 대하여 가지는 보험금청구권에 관한 가압류 등의 경합을 이유로 한 집행공탁은 피보험자에 대한 변제공탁의 성질을 가질 뿐이므로, 이러한 집행공탁에 의하여 상 724조 2항에 따른 제3자의 보험자에 대한 직접청구권이 소멸한다고 볼 수는 없고, 따라서 집행공탁으로써 상 724조 1항에 의하여 직접청구권을 가지는 제3자에게 대항할 수 없다.(대판 2014.9.25, 2014다207672)

14. 공탁금에 대한 배당절차에서 기재가 누락된 압류의 집행채권이 배당에서 제외된 경우와 배당이의 소 공탁금에

대한 배당절차에서 기재가 누락된 압류의 집행채권이 배당에서 제외된 경우에 압류채권자는 과다배당을 받게 된 다른 압류채권자 등을 상대로 배당이의의 소를 제기하여 배당표의 경정을 구할 수 있다.(대판 2015.4.23, 2013다207774)

15. 체납처분에 따른 압류와 민사집행절차상 압류 및 추심명령이 경합하는 경우의 변제 및 공탁 제3채무자는 체납처분에 따른 압류채권자와 민사집행절차에서 압류 및 추심명령을 받은 채권자 중 어느 한쪽의 청구에 응하여 그에게 채무를 변제하고 변제 부분에 대한 채무의 소멸을 주장할 수 있으며, 또한 민집 248조 1항에 따른 집행공탁을 하여 면책될 수도 있다. 그리고 체납처분에 의한 압류채권자가 제3채무자로부터 압류채권을 추심하면 국세징수법에 따른 배분절차를 진행하는 것과 마찬가지로, 민사집행절차에서 압류 및 추심명령을 받은 채권자가 제3채무자로부터 압류채권을 추심한 경우에는 민집 236조 2항에 따라 추심한 금액을 바로 공탁하고 사유를 신고하여야 한다.(대법원 2015.7.9, 2013다60982)

16. 제3채무자의 집행공탁 전에 동일한 피압류채권에 대하여 다른 압류·가압류명령이 발령되었으나 집행공탁 이후에야 비로소 제3채무자에게 송달된 경우 그 효력이 생기는지 여부(소극) 제3채무자의 집행공탁 전에 동일한 피압류채권에 대하여 다른 채권자의 신청에 따라 압류·가압류명령이 발령되었더라도, 제3채무자의 집행공탁 후에야 그에게 송달된 경우에는 압류·가압류명령은 집행공탁으로 이미 소멸한 피압류채권에 대한 것이어서 압류·가압류의 효력이 생기지 아니한다. 다만, 다른 압류·가압류명령이 집행공탁 후에야 제3채무자에게 송달되었더라도, 공탁사유신고서에 이에 관한 내용까지 기재되는 등으로 집행법원이 배당요구의 종기인 공탁사유신고 시까지 이와 같은 사실을 알 수 있었고, 또 그 채권자가 법률에 따라 우선변제청구권이 있거나 집행력 있는 정본을 가진 채권자인 경우라면 배당요구의 효력은 인정된다. 이러한 법리는 민사집행법의 규정에 의한 집행공탁과 민법의 규정에 의한 변제공탁이 혼합되어 공탁된 이른바 혼합공탁의 경우에도 그대로 적용된다.(대판 2015.7.23, 2014다87502)

17. 집행채권에 대한 압류 등이 있은 후에 집행채권자가 채무자의 채권을 압류명령을 받아 제3채무자가 민집법에 따른 공탁을 한 경우, 공탁에 따른 사유신고가 적법한지 여부(소극)와 이로 인하여 채권배당절차가 실시될 수 있는지 여부(소극) 및 이 때 채권배당절차가 개시되었으나 배당금이 지급되기 전인 경우 집행법원이 취하여야 할 조치(=공탁사유신고 불수리결정) 집행채권에 대한 압류 등이 있은 후에 집행채권자가 채무자의 채권에 대하여 압류명령을 받은 경우에는 채권압류명령의 제3채무자는 민집법에 따른 공탁을 함으로써 채무를 면할 수 있으나, 위 채권압류명령은 보전적 처분으로서 유효한 것이나 현금화나 만족적 단계로 나아가는 데에는 집행장애사유가 존재하므로, 이를 원인으로 한 공탁에는 가압류를 원인으로 한 공탁과 마찬가지의 효력(민집 297조 참조)만이 인정된다. 따라서 위와 같은 공탁에 따른 사유신고는 부적법하고, 이로 인하여 채권배당절차가 실시될 수는 없으며, 만약 채권배당절차가 개시되었더라도 배당금이 지급되기 전이라면 집행법원은 공탁사유신고를 불수리하는 결정을 하여야 한다.(대판 2016.9.28, 2016다205915)

제249조 【추심의 소】 ① 제3채무자가 추심절차에 대하여 의무를 이행하지 아니하는 때에는 압류채권자는 소로써 그 이행을 청구할 수 있다.

② 집행력 있는 정본을 가진 모든 채권자는 공동소송인으로 원고 쪽에 참가할 권리가 있다.

③ 소를 제기당한 제3채무자는 제2항의 채권자를

공동소송인으로 원고 쪽에 참가하도록 명할 것을 첫 변론기일까지 신청할 수 있다.
④ 소에 대한 재판은 제3항의 명령을 받은 채권자에 대하여 효력이 미친다.

■ ① 추심명령(229·232), 추심의 소 제기(238), 제3채무자의 의무불이행(248②), ② 집행력있는 정본(28), 공동소송(민소65-70), 공동소송 참가(민소83), 참가신청의 방식(민소72), 첫 변론기일(민소165②), ④ 기판력의 주관적범위(민소218③), 유사필요적공동소송(민소67)

제250조【채권자의 추심최고】 압류채권자가 추심절차를 게을리 한 때에는 집행력 있는 정본으로 배당을 요구한 채권자는 일정한 기간내에 추심하도록 최고하고, 최고에 따르지 아니한 때에는 법원의 허가를 얻어 직접 추심할 수 있다.

■ 추심명령(229·232), 추심의 소 제기(238), 추심의 소홀로 인한 손해배상(239)

제251조【그 밖의 재산권에 대한 집행】 ① 앞의 여러 조문에 규정된 재산권 외에 부동산을 목적으로 하지 아니한 재산권에 대한 강제집행은 이 관의 규정 및 제98조 내지 제101조의 규정을 준용한다.
② 제3채무자가 없는 경우에 압류는 채무자에게 권리처분을 금지하는 명령을 송달한 때에 효력이 생긴다.

■ ① 앞의 여러 조문에 규정된 재산권(61-250), 그 밖의 재산권에 대한 집행(민집규174·175), 예탁유가증권에 대한 강제집행(민집규176-182), 본조의 집행대상이 되는 재산권(특허권, 실용신안권, 디자인권, 상표권, 저작권, 골프회원권, 유체동산의 공유지분, 합명회사등의사원권, 조합의 지분권), 부동산에 대한 강제집행(78-171), [적용규정] 이관의 규정(223-251), 일괄매각의 결정과 절차(98-101), ② 압류명령의 송달(227②③)

1. 자동차운수사업면허의 압류 환가 여부(소극) 자동차운수사업법의 관계 규정에 따르면, 인가를 받아 자동차운수사업의 양도가 적법하게 이루어지면 그 면허는 당연히 양수인에게 이전되는 것일 뿐, 자동차운수사업을 떠난 면허 자체는 자동차운수사업을 합법적으로 영위할 수 있는 자격에 불과하므로, 자동차운수사업자의 자동차운수사업면허는 법원이 강제집행의 방법으로 이를 압류하여 환가하기에 적합하지 않은 것이다.(대결 1996.9.12, 96마1088, 1089)
2. 건설업면허의 압류 환가 여부 건설업법 6조, 7조, 9조, 16조의2, 13조, 15조의 규정에 의하면, 건설부장관의 인가를 받아 건설업의 양도가 적법하게 이루어지면 건설업면허는 당연히 양수인에게 이전되는 것일 뿐, 건설업을 떠난 면허 자체는 건설업을 합법적으로 영위할 수 있는 자격에 불과한 것으로서 양도가 허용되지 아니하는 것이라 할 것이므로, 결국 건설업자의 건설업면허는 법원이 강제집행의 방법으로 이를 압류하여 환가하기에는 적합하지 아니한 것이라 할 것이다.(대결 1994.12.15, 94마1802)
3. 공유수면점용허가권과 강제집행의 대상 공유관리 11조 1항, 2항, 같은 법 시행령 19조 1항의 각 규정에 의하면, 공유수면점용허가권은 공법상의 권리라고 하더라도 허가를 받은 자가 관할 관청의 허가 없이 그 점용허가권을 자유로이 양도할 수 있으므로 독립한 재산적 가치를 가지고 있고, 법률상 압류가 금지된 권리도 아니어서 민집 251조 소정의 '그 밖의 재산권'에 대한 집행방법에 의하여 강제집행을 할 수 있고, 사해행위로 이를 양도한 경우에는 채권자취소권의 대상이 된다.(대판 2005.11.10, 2004다7873)

제4관 배당절차

제252조【배당절차의 개시】 법원은 다음 각호 가운데 어느 하나에 해당하는 경우에는 배당절차를 개시한다.
1. 제222조의 규정에 따라 집행관이 공탁한 때
2. 제236조의 규정에 따라 추심채권자가 공탁하거나 제248조의 규정에 따라 제3채무자가 공탁한 때
3. 제241조의 규정에 따라 현금화된 금전을 법원에 제출한 때

■ 우선권자의 배당요구(217·247), 매각대금의 공탁(222), 채권자의 추심신고(236), 제3채무자의 채무액공탁(248), 특별한 현금화방법(241), 배당절차의 개시(민집규183·184), 배당법원(222③·3①·21)

제253조【계산서 제출의 최고】 법원은 채권자들에게 1주 이내에 원금·이자·비용, 그 밖의 부대채권의 계산서를 제출하도록 최고하여야 한다.

■ 배당절차의 개시(252), 계산서제출의 최고(민집규185②), 기간(민소170·172①), 비용(53①)

제254조【배당표의 작성】 ① 제253조의 기간이 끝난 뒤에 법원은 배당표를 작성하여야 한다.
② 제1항의 기간을 지키지 아니한 채권자의 채권은 배당요구서와 사유신고서의 취지 및 그 증빙서류에 따라 계산한다. 이 경우 다시 채권액을 추가하지 못한다.

■ ① 1주 이내의 제출기간(253), 배당표 비치(149), ② 배당요구(217·247), 사유신고서(222③·248④)

1. 배당을 받지 못한 자의 부당이득반환청구 실체적 하자 있는 배당표에 기한 배당으로 인하여 배당받을 권리를 침해당한 자는 원칙적으로 배당기일에 출석하여 이의를 하고 배당이의의 소를 제기하여 구제받을 수 있고, 가사 배당기일에 출석하여 이의를 하지 않음으로써 배당표가 확정되었다고 하더라도, 확정된 배당표에 의하여 배당을 실시하는 것은 실체법상의 권리를 확정하는 것이 아니기 때문에 부당이득금 반환청구의 소를 제기할 수 있지만, 배당표가 정당하게 작성되어 배당표 자체에 실체적 하자가 없는 경우에는 그 확정된 배당표에 따른 배당액의 지급을 들어 법률상 원인이 없는 것이라고 할 수 없다.(대판 2002.10.11, 2001다3054)
2. 담보권 실행을 위한 경매절차에서 신청채권자가 청구금액을 확장할 수 있는지 여부 구 민소 728조에 의하여 담보권의 실행을 위한 경매절차에 준용되는 같은 법 601조 3호, 민소규 204조 2호 및 4호의 각 규정의 취지는 경매신청의 단계에서 신청채권자에게 경매신청의 원인이 되는 피담보채권을 특정시키기 위한 것일 뿐만 아니라, 신청채권자의 청구채권액을 그 신청서에 표시된 금액에 한하여 확정시키기 위한 것이므로, 신청채권자가 경매신청서에 피담보채권의 일부만을 청구금액으로 하여 경매를 신청하였을 경우에는 다른 특별한 사정이 없는 한 신청채권자의 청구금액은 그 기재된 채권액을 한도로 확정되고 그 후 신청채권자가 채권계산서에 청구금액을 확장하여 제출하는 등 방법에 의하여 청구금액을 확장할 수 없다는 대법원의 확립된 견해이다. 그런데 이러한 법리는, 신청채권자가 경매신청서에 경매청구채권으로 이자 등 부대채권을 표시한 경우에는 나중에 채권계산서에 의하여 부대채권을 증액하는 방법으로 청구금액을 확장하는 것까지 금지하는 취지는 아니라고 할 것이다.(대판 2001.3.23, 99다11526)
3. 공매절차에서 압류에 우선하는 근저당권의 피담보채권의 확정시기 국세징수법상 체납처분은 행정기관에 의한 조세채권의 신속한 만족을 위한 절차로서 채권계산서 미제출에 의한 채권액 보충의 실기에 관한 규정인 구 민소 587조 2항이나 배당요구 및 그 시기에 관한 규정인 구 민소 605조는 체납처분에서의 배분절차에 관하여 준용할 수 없고, 압류재산의 공매절차에서 압류 이전에 등기된 근저당권은 공매로 인하여 소멸하는 대신에 그 근저당권자는 당연히 그 순위에

따라 배분을 받을 권리가 있으므로, 국세에 우선하는 선순위 근저당권이 설정되어 있는 부동산에 대하여 체납처분을 하려는 조세채권자는 선순위 근저당권의 채권최고액만큼의 담보가치는 이미 선순위 근저당권자에 의하여 파악되어 있는 것으로 인정하고 절차를 취하는 것이 보통이라 할 것이므로, 체납처분절차가 개시된 이후의 어떤 시점에 선순위 근저당권의 피담보채무액이 증가하더라도 그와 같이 증가한 피담보채무액이 선순위 근저당권의 채권최고액 한도 안에 있다면 조세채권자가 예측하지 못한 손해를 입게 된다고 볼 수 없고, 반면 이러한 경우 선순위 근저당권자는 자신이 경매신청을 하지 아니하였으면서도 체납처분으로 인하여 근저당권을 상실하게 되므로 거래의 안전을 해하지 아니하는 한도 안에서 선순위 근저당권자가 파악한 담보가치를 최대한 활용할 수 있도록 함이 타당하고, 이와 같은 관점에서 보면, 후순위 근저당권자가 경매를 신청한 경우 선순위 근저당권의 피담보채권은 그 근저당권이 소멸하는 시기, 즉 경락인이 경락대금을 완납한 때에 확정되는 것과 마찬가지로, 조세채권자가 체납처분을 하는 경우에도 선순위 근저당권자의 피담보채권은 그 근저당권이 소멸하는 시기, 즉 매수대금을 완납한 때에 확정된다.(대판 2001.12.11, 2001두7329)

제255조【배당기일의 준비】 법원은 배당을 실시할 기일을 지정하고 채권자와 채무자에게 이를 통지하여야 한다. 다만, 채무자가 외국에 있거나 있는 곳이 분명하지 아니한 때에는 통지하지 아니한다.
■ 기일통지서의 송달(23①), 민소167)

제256조【배당표의 작성과 실시】 배당표의 작성, 배당표에 대한 이의 및 그 완결과 배당표의 실시에 대하여는 제149조 내지 제161조의 규정을 준용한다.
■ 배당표의 작성(149), 배당표에 대한 이의(151), 이의의 완결(152), 배당이의의 소(154), 배당실시절차(159), 배당금액의 공탁(160), 배당의 실시(161)

제3장 금전채권 외의 채권에 기초한 강제집행

제257조【동산인도청구의 집행】 채무자가 특정한 동산이나 대체물의 일정한 수량을 인도하여야 할 때에는 집행관은 이를 채무자로부터 빼앗아 채권자에게 인도하여야 한다.
■ 동산인도청구의 집행(민집규186), 인도집행종료의 통지(민집규187), 동산(민99②), 동산에 대한 강제집행(188①이하), 특정물 인도(민374·467), 대체물의 이행(민375), 집행관(2, 법조55, 집행관2)

제258조【부동산 등의 인도청구의 집행】 ① 채무자가 부동산이나 선박을 인도하여야 할 때에는 집행관은 채무자로부터 점유를 빼앗아 채권자에게 인도하여야 한다.
② 제1항의 강제집행은 채권자나 그 대리인이 인도받기 위하여 출석한 때에만 한다.
③ 강제집행의 목적물이 아닌 동산은 집행관이 제거하여 채무자에게 인도하여야 한다.
④ 제3항의 경우 채무자가 없는 때에는 집행관은 채무자와 같이 사는 사리를 분별할 지능이 있는 친족 또는 채무자의 대리인이나 고용인에게 그 동산을 인도하여야 한다.
⑤ 채무자와 제4항에 적은 사람이 없는 때에는 집행관은 그 동산을 채무자의 비용으로 보관하여야

한다.
⑥ 채무자가 그 동산의 수취를 게을리 한 때에는 집행관은 집행법원의 허가를 받아 동산에 대한 강제집행의 매각절차에 관한 규정에 따라 그 동산을 매각하고 비용을 뺀 뒤에 나머지 대금을 공탁하여야 한다.
■ ① 부동산(민99①), 집행관(2, 법조55, 집행관2), 선박에 대한 강제집행(172①이하), ③ 동산(민99②), ④ 친족의 범위(민777), ⑤ 압류물 보관(198), ⑥ 집행법원(3), 압류물의 매각(199·214), 공탁(19), 인도집행 종료의 통지(민집규187), 집행시 취한 조치의 통지(민집규188), 집행조서(민집규189)

1. 부동산의 간접점유자에 대한 인도집행 간접점유자가 직접점유자를 통하여 부동산을 간접적으로 점유하고 있는 경우 간접점유자 및 직접점유자에 대한 집행권원을 가지고서 부동산에 대한 인도청구권을 집행하는 채권자로서는 현실적으로 직접점유자에 대하여 인도집행을 함으로써 간접점유자에 대한 인도집행을 한꺼번에 할 수밖에 없으므로, 직접점유자에 대하여 부동산에 대한 인도집행을 마치면 간접점유자에 대하여도 집행을 종료한 것으로 보아야 할 것이고, 또한 강제집행정지는 집행 종료 후에는 허용되지 아니한다.(대결 2000.2.11, 99그92)
2. 토지인도를 명한 집행권원의 효력이 그 지상에 건립된 건물에 까지 미치는지 여부 토지의 인도를 명한 집행권원의 효력은 그 지상에 건립된 건물이나 식재된 수목의 인도에까지 미치는 것이 아니고 또한 위와 같은 건물이나 수목을 그대로 둔 채 토지에 대한 점유만을 풀어 채권자에게 인도할 수도 없는 것이니, 집행관으로서는 지상에 건물이 건축되어 있거나 수목이 식재되어 있는 토지에 대하여는 그 지상물의 인도, 철거 등을 명하는 집행권원이 따로 없는 이상 토지를 인도하라는 집행권원만으로는 그 인도 집행을 실시할 수 없다.(대결 1986.11.18, 86마902)
3. 건물명도 집행 당시 집행채무자의 소유가 아닌 동산이 있음을 알면서도 명도집행을 위임한 것의 적부(소극) 건물명도의 강제집행은 당해 건물에 대한 채무자의 점유를 배제하고 채권자에게 그 점유를 취득케 함으로써 종료하는 것이고, 당해 건물 내에 있는 집행목적 외 동산의 처리는 종료된 강제집행에서 파생된 사무적인 부수처분에 불과한 것으로서 채권자를 위한 집행행위가 아니므로, 비록 채권자가 건물 부분의 명도집행 당시 그 곳에 남아 있던 동산이 집행채무자의 소유가 아님을 알면서도 집행관에게 명도집행을 위임하여 시행케 하였다 하여도, 이러한 사유만으로는 그 명도집행이 위법하다고 할 수는 없다.(대판 1996.12.20, 95다19843)

제259조【목적물을 제3자가 점유하는 경우】 인도할 물건을 제3자가 점유하고 있는 때에는 채권자의 신청에 따라 금전채권의 압류에 관한 규정에 따라 채무자의 제3자에 대한 인도청구권을 채권자에게 넘겨야 한다.
■ 제3자가 점유하는 목적물(민집규190), 신청(민소161), 금전채권의 압류(223①이하), 동산의 인도청구(257), 부동산·선박의 인도청구(258)

제260조【대체집행】 ① 민법 제389조제2항 후단과 제3항의 경우에는 제1심 법원은 채권자의 신청에 따라 민법의 규정에 의한 결정을 하여야 한다.
② 채권자는 제1항의 행위에 필요한 비용을 미리 지급할 것을 채무자에게 명하는 결정을 신청할 수 있다. 다만, 뒷날 그 초과비용을 청구할 권리는 영향을 받지 아니한다.
③ 제1항과 제2항의 신청에 관한 재판에 대하여는 즉시항고를 할 수 있다.

■ ① 대체적 작위채무(민389②후), 부작위채무의 위반(민389③), 필요적 심문(262), 관할법원(21, 법조74⑤), ② 신청(4, 민소161), ③ 즉시항고 (15)

1. 심문기일의 통지와 채무자의 불출석 구 민소 694조 단서의 규정취지는 대체집행결정 전에 채무자에게 진술의 기회를 주기 위한 것이고 채무자가 적법한 통지를 받고도 정당한 사유 없이 출석하지 아니하는 경우에도 반드시 채무자의 진술을 들어야 한다는 뜻은 아니다.(대결 1977.7.8, 77마211)

2. 대체집행을 명하는 결정에 대한 항고이유 대체집행을 명하는 결정에 대한 항고는 단순히 그 집행방법으로서의 하자가 있음을 이유로 하는 경우에 한하는 것이고, 실체상의 청구권 존부에 관한 주장이나 집행권원의 당부를 다투는 사유들로써는 적법한 항고이유나 재항고이유로 삼을 수 없다.(대결 1992.6.24, 92마214)

3. 채권자가 부작위 약정을 위반한 채무자를 상대로 부작위의무 이행을 소구할 수 있는지 여부(적극) 당사자 사이에 일정한 행위를 하지 않기로 하는 부작위 약정을 체결하였는데 채무자가 이러한 의무를 위반한 경우, 채권자는 채무자를 상대로 부작위의무의 이행을 소구할 수 있고, 부작위를 명하는 확정판결을 받아 이를 집행권원으로 하여 대체집행 또는 간접강제 결정을 받는 등으로 부작위의무 위반 상태를 중지시키거나 위반 결과를 제거할 수 있다.(대판 2012.3.29, 2009다92883)

4. 대체집행 시 집행관이 조사ㆍ확인하여야 할 사항 미등기건물에는 소유권을 표상하는 외관적 징표로서 등기부가 존재하지 아니하므로, 집행관이 미등기건물에 대한 철거를 실시함에 있어서는 건축허가서나 공사도급계약서 등을 조사하여 철거대상 미등기건물이 채무자에게 속하는지를 판단하여야 할 것이고, 또한 대체집행의 기초가 된 집행권원에는 철거의무의 근거로서 철거대상 미등기건물의 소유권 등이 채무자에게 있다고 판단한 이유가 기재되어 있기 마련이므로, 집행관으로서는 집행권원의 내용도 확인하여야 할 것이다.(집행관이 위 의무를 다하지 아니한 경우에 채권자는 집행에 관한 이의신청으로 구제받을 수 있다고 판시한 사례)(대결 2014.6.3, 2013그336)

제261조【간접강제】 ① 채무의 성질이 간접강제를 할 수 있는 경우에 제1심 법원은 채권자의 신청에 따라 간접강제를 명하는 결정을 한다. 그 결정에는 채무의 이행의무 및 상당한 이행기간을 밝히고, 채무자가 그 기간 이내에 이행을 하지 아니하는 때에는 늦어진 기간에 따라 일정한 배상을 하도록 명하거나 즉시 손해배상을 하도록 명할 수 있다.
② 제1항의 신청에 관한 재판에 대하여는 즉시항고를 할 수 있다.

■ ① 간접강제의 결정(민집규191), 필요적 심문(262), 신청(4, 민소161), 제1심법원(21, 법조74⑤, 법조32), 집행권원(56ⅰ·57), ② 즉시항고(15)

1. 고속도로로부터 발생하는 소음이 피해 주민들 주택을 기준으로 일정 한도를 초과하여 유입되지 않도록 하라는 취지의 유지청구가 적법한지 여부(적극) 고속도로로부터 발생하는 소음이 피해 주민들 주택을 기준으로 일정 한도를 초과하여 유입되지 않도록 하라는 취지의 유지청구는 소음발생원을 특정하여 일정한 종류의 생활방해를 일정 한도 이상 미치게 하는 것을 금지하는 것으로 청구가 특정되지 않은 것이라고 할 수 없고, 이러한 내용의 판결이 확정될 경우 민집 261조 1항에 따라 간접강제의 방법으로 집행을 할 수 있으므로, 이러한 청구가 내용이 특정되지 않거나 강제집행이 불가능하여 부적법하다고 볼 수는 없다.(대판 2007.6.15, 2004다37904, 37911)

2. 부대체적 작위행위의 이행을 명하는 가처분결정에 대한 집행기간(1) 부대체적 작위의무의 이행을 명하는 가처분결정을 받은 채권자가 간접강제의 방법으로 그 가처분결정에 대한 집행을 하는 데도 가압류에 관한 민집 292조 2항의 규정이 준용되어 특별한 사정이 없는 한 가처분결정이 채권자에게 고지된 날부터 2주 이내에 간접강제를 신청하여야 함이 원칙이고, 그 집행기간이 지난 후의 간접강제 신청은 부적법하다. 다만 가처분에서 명하는 부대체적 작위의무가 일정 기간 계속되는 경우라면, 채무자가 성실하게 그 작위의무를 이행함으로써 강제집행을 신청할 필요 자체가 없는 동안에는 위 집행기간이 진행하지 않고, 채무자의 태도에 비추어 작위의무의 불이행으로 인하여 간접강제가 필요한 것으로 인정되는 때에 그 시점부터 위 2주의 집행기간이 기산된다.(대결 2010.12.30, 2010마985)

3. 부대체적 작위행위의 이행을 명하는 가처분결정에 대한 집행기간(2) 부대체적 작위채무의 이행을 명하는 가처분결정과 함께 그 의무위반에 대한 간접강제결정이 동시에 이루어진 경우에는 간접강제결정 자체가 독립된 집행권원이 되고 간접강제결정에 기초하여 배상금을 현실적으로 집행하는 절차는 간접강제절차와 독립된 별개의 금전채권에 기초한 집행절차이므로, 그 간접강제결정에 기한 강제집행을 반드시 가처분결정이 송달된 날로부터 2주 이내에 할 필요는 없다. 다만, 그 집행을 위해서는 당해 간접강제결정의 정본에 집행문을 받아야 한다.(대결 2008.12.24. 2008마1608)

4. 부작위를 명하는 가처분에 대한 간접강제의 신청시기 채무자에 대하여 단순한 부작위를 명하는 가처분은 그 가처분 재판이 채무자에게 고지됨으로써 효력이 발생하는 것이지만, 채무자가 그 명령 위반의 행위를 한 때에 비로소 간접강제의 방법에 의하여 부작위 상태를 실현시킬 필요가 생기는 것이므로 그때부터 2주 이내에 간접강제를 신청하여야 함이 원칙이고, 다만 채무자가 가처분 재판이 고지되기 전부터 가처분 재판에서 명한 부작위에 위반되는 행위를 계속하고 있는 경우라면, 그 가처분결정이 채무자에게 고지된 날부터 2주 이내에 간접강제를 신청하여야 하고, 그 집행기간이 지난 후의 간접강제 신청은 부적법하다.(대결 2010.12.30, 2010마985)

5. 간접강제결정의 기초가 된 집행권원에 대한 강제집행정지결정 정본의 제출과 간접강제결정의 취소사유 강제집행의 일시정지를 명한 취지를 기재한 재판의 정본이 제출된 경우 집행법원은 이미 실시한 집행처분을 일시 유지하여야 한다는 취지를 규정하고 있는 구 민소 511조 1항의 규정은 간접강제에는 적용되지 않으므로, 본래의 집행권원에 대한 강제집행정지결정 정본이 제출되었다는 사유는 간접강제결정의 취소사유에 해당하는 것으로 보아야 하고, 나아가 그와 같은 사유는 간접강제결정에 대한 즉시항고이유로도 주장할 수 있는 것으로 보아야 한다.(대결 1997.1.16, 96마774)

6. 간접강제결정 효력의 존속 여부가 보전의 필요성 여부를 판단함에 있어 참작사유가 되는지 여부(소극) 간접강제란 채무불이행에 대한 제재를 고지함으로써 그 제재를 면하기 위하여 채무를 이행하도록 동기를 부여하는 것을 목적으로 하는 집행방법이고, 간접강제결정은 가처분결정의 집행방법에 불과하므로, 채권자가 채무자의 의무위반행위로 인하여 간접강제결정에서 정한 배상금채권을 취득하고, 나아가 그 배상금채권의 강제집행절차에 나아갔다 하더라도, 그러한 사정만으로 피보전권리가 점포에 대한 점유권에 기한 방해배제청구권 내지는 방해예방청구권인 가처분신청에서 보전의 필요성이 존재한다거나 가처분결정이 계속 유지되어야 한다고 볼 수는 없으며, 간접강제결정 효력의 계속 존속 여부는 보전의 필요성 여부를 판단함에 있어 참작하여야 할 사유가 되지 아니한다.(대판 2003.10.24, 2003마36331)

7. 채권자가 부작위 약정을 위반한 채무자를 상대로 부작위의무 이행을 소구할 수 있는지 여부(적극) 당사자 사이에 일정한 행위를 하지 않기로 하는 부작위 약정을 체결하였는데 채무자가 이러한 의무를 위반한 경우, 채권자는 채무자를

상대로 부작위의무의 이행을 소구할 수 있고, 부작위를 명하는 확정판결을 받아 이를 집행권원으로 하여 대체집행 또는 간접강제 결정을 받는 등으로 부작위의무 위반 상태를 중지시키거나 위반 결과를 제거할 수 있다.(대판 2012.3.29, 2009 다92883)

8. 계속적 부작위의무를 명한 가처분에 기하여 간접강제결정이 발령된 상태에서 의무위반행위가 계속되던 중 채무자가 그 행위를 중지하고 장래 의무위반행위를 방지하기 위한 적당한 조치를 취하거나 가처분에서 정한 금지기간이 경과한 경우, 채무자가 간접강제결정 발령 후 행한 의무위반행위에 대하여 배상금 지급의무를 면하는지 여부(소극) 및 부작위채무에 대한 간접강제결정의 집행력 배제를 구하는 청구이의의 소에서 채무자에게 부작위의무위반이 없었다는 주장을 청구이의 사유로 내세울 수 있는지 여부(소극) 계속적 부작위의무를 명한 가처분에 기한 간접강제결정이 발령된 상태에서 의무위반행위가 계속되던 중 채무자가 그 행위를 중지하고 장래 의무위반행위를 방지하기 위한 적당한 조치를 취했거나 가처분에서 정한 금지기간이 경과하였다고 하더라도, 채무자는 간접강제결정 발령 후에 행한 의무위반행위에 대하여 배상금의 지급의무를 면하지 못하고 채권자는 위반행위에 상응하는 배상금의 추심을 위한 강제집행을 할 수 있다. 한편 집행문부여 요건인 조건의 성취 여부는 집행문부여와 관련된 집행문부여의 소 또는 집행문부여에 대한 이의의 소에서 주장·심리되어야 할 사항이지, 집행권원에 표시되어 있는 청구권에 관하여 생긴 이의를 내세워 집행권원이 가지는 집행력의 배제를 구하는 청구이의의 소에서 심리되어야 할 사항은 아니다. 따라서 부작위채무에 대한 간접강제결정의 집행력 배제를 구하는 청구이의의 소에서 채무자에게 부작위의무위반이 없었다는 주장을 청구이의사유로 내세울 수 없다.(대판 2012.4.13, 2011다92916)

9. 채무자가 간접강제결정에서 정한 이행기간이 지난 후에 채무를 이행한 경우의 처리(=지연 기간 상응하는 배상금 추심 가능) 간접강제결정에 기한 배상금은 채무자에게 이행기간 이내에 이행을 하도록 하는 심리적 강제수단이라는 성격뿐만 아니라 채무자의 채무불이행에 대한 법정 제재금이라는 성격도 가진다고 보아야 한다. 따라서 채무자가 간접강제결정에서 명한 이행기간이 지난 후에 채무를 이행하였다면, 채권자는 특별한 사정이 없는 한 채무의 이행이 지연된 기간에 상응하는 배상금의 추심을 위한 강제집행을 할 수 있다.(대판 2013.2.14, 2012다26398)

10. 부대체적 작위채무의 이행을 명하는 판결절차에서 민집 261조에 따라 채무불이행 시 일정한 배상을 하도록 명하는 간접강제결정을 할 수 있는지 여부(한정 적극) 부대체적 작위채무를 명하는 판결의 실효성 있는 집행을 보장하기 위하여 판결절차의 변론종결 당시에 보아 집행권원이 성립하더라도 채무자가 그 채무를 임의로 이행할 가능성이 없음이 명백하고, 그 판결절차에서 채무자에게 간접강제결정의 당부에 관하여 충분히 변론할 기회가 부여되었으며, 민집 261조에 의하여 명할 적정한 배상액을 산정할 수 있는 경우에는 그 판결절차에서도 민집 261조에 따라 채무자가 장차 그 채무를 불이행할 경우에 일정한 배상을 하도록 명하는 간접강제결정을 할 수 있다.(대판 2013.11.28, 2013다50367)

11. 부작위채무에 관한 집행권원 성립을 위한 판결절차에서 장차 채무자가 채무를 불이행할 경우에 대비하여 간접강제를 명하기 위한 요건 부작위채무에 관한 집행권원 성립을 위한 판결절차에서 장차 채무자가 채무를 불이행할 경우에 대비하여 간접강제를 하는 것은 부작위채무에 관한 소송절차의 변론종결 당시에 보아 부작위채무를 명하는 집행권원이 성립하더라도 채무자가 이를 단기간 내에 위반할 개연성이 있고, 또한 판결절차에서 민집 261조에 의하여 명할 적정한 배상액을 산정할 수 있는 경우라야 한다.(대판 2014.5.29, 2011다31225)

12. 의무이행 기간을 정하여 부대체적 작위의무의 이행을 명하는 가처분결정이 있는 경우 위 기간이 경과하면 가처분결정은 집행권원으로서 효력이 없는지 여부(적극)와 가처분결정에서 정한 의무이행 기간이 경과한 후에 가처분결정에 기초한 간접강제결정이 발령되어 확정된 경우, 간접강제결정이 그 결정에서 정한 배상금에 대하여 집행권원으로서 효력을 갖는지 여부(소극) 및 이 때 채무자가 집행문부여에 대한 이의신청으로 무효인 간접강제결정에 대하여 부여된 집행문의 취소를 구할 수 있는지 여부(적극) 부대체적 작위의무에 관하여 의무이행 기간을 정하여 그 기간 동안 의무의 이행을 명하는 가처분결정이 있는 경우에 가처분결정에서 정한 의무이행 기간이 경과하면, 가처분의 효력이 소멸하여 가처분결정은 더 이상 집행권원으로서의 효력이 없다. 따라서 가처분결정에서 정한 의무이행 기간이 경과한 후에 이러한 가처분결정에 기초하여 간접강제결정이 발령되어 확정되었더라도, 간접강제결정은 무효인 집행권원에 기초한 것으로서 강제집행의 요건을 갖추지 못하였으므로, 간접강제결정에서 정한 배상금에 대하여 집행권원으로서의 효력을 가질 수 없다. 이 때 채무자로서는 집행문부여에 대한 이의신청으로 무효인 간접강제결정에 대하여 부여된 집행문의 취소를 구할 수 있다.(대판 2017.4.7, 2013다80627)

제262조【채무자의 심문】 제260조 및 제261조의 결정은 변론 없이 할 수 있다. 다만, 결정하기 전에 채무자를 심문하여야 한다.

■ 수권결정 및 비용선지급결정(260), 간접강제결정(261), 심문(민소134 ②③)

제263조【의사표시의무의 집행】 ① 채무자가 권리관계의 성립을 인낙한 때에는 그 조서로, 의사의 진술을 명한 판결이 확정된 때에는 그 판결로 권리관계의 성립을 인낙하거나 의사를 진술한 것으로 본다.

② 반대의무가 이행된 뒤에 권리관계의 성립을 인낙하거나 의사를 진술할 것인 경우에는 제30조와 제32조의 규정에 따라 집행문을 내어 준 때에 그 효력이 생긴다.

■ ① 법률행위를 목적으로 하는 채무(민389②), 인낙(민소220), 판결의 확정시기(민소498), ② 집행문의 부여 및 재판장의 명령(30·32), 집행문부여신청(민집규19)

1. 의사표시를 할 의무를 부담하게 하는 화해조서와 소유권이전등기의 제소 이익 화해조서의 화해조항에 "본건 건물의 소유권지분 10분의 3을 양도한다"고 되어 있지 소유권이전등기절차를 이행한다고 되어 있지 아니하다면, 위 화해조서가 소유권(지분)이전등기의 의사진술을 한 것이라고 보기는 어렵고, 그렇다면 이 화해조서를 가지고 소유권(지분)이전등기의 집행을 할 수는 없으므로 위 화해조서의 존재에도 불구하고 위 소유권(지분)이전등기의 소송을 제기할 이익이 있다.(대판 1991.6.25, 91다11476)

2. 등기의무자가 등기권리자를 상대로 등기를 인수받아 갈 것을 구할 수 있는지 여부(적극) 부동산등기법은 등기는 등기권리자와 등기의무자가 공동으로 신청하여야 함을 원칙으로 하면서도(28조), 29조에서 '판결에 의한 등기는 승소한 등기권리자 또는 등기의무자만으로' 신청할 수 있도록 규정하고 있는바, 위 법조에서 승소한 등기권리자 외에 등기의무자도 단독으로 등기를 신청할 수 있게 한 것은, 통상의 채권채무 관계에서는 채권자가 수령을 지체하는 경우 채무자는 공탁 등에 의한 방법으로 채무부담에서 벗어날 수 있으나 등기에 관한 채권채무 관계에 있어서는 이러한 방법을 사용할 수 없으므로, 등기의무자가 자기 명의로 있는 안 될 등기가 자기 명의로 있음으로 인하여 사회생활상 또는 법상 불이익을 입을 우려가 있는 경우에는 소의 방법으로 등기의

리자를 상대로 등기를 인수받아 갈 것을 구하고 그 판결을 받아 등기를 강제로 실현할 수 있도록 한 것이다.(대판 2001.2.9, 2000다60708)

3. 학원인가에 관한 설립자 명의변경절차이행을 구하는 소의 적부(적극) 학원의 수인가자의 지위를 양도받은 자가 그 설립자 변경으로 인한 변경인가를 받기 위하여는 양도인의 인가행정청에 대한 변경인가신청의 의사표시를 요한다고 할 것이며 양도인이 그러한 신청의 의사표시를 거부할 때에는 양수인은 그 의사표시에 갈음하는 판결을 청구할 권리보호의 이익이 있다고 할 것이고, 행정청이 반드시 그러한 변경인가를 하여야 하는 것은 아니라거나 또는 행정청으로부터 그러한 변경인가신청이 거부될 가능성이 있다는 점만으로 권리보호의 이익이 부정될 수는 없으므로 학원인가에 관한 설립자 명의변경절차의 이행을 구하는 소는 적법하다.(대판 1992.4.14, 91다39986)

4. 양도인을 상대로 한 명의변경절차이행의 소의 적부 행정관청이나 특허명의에 관하여 해당 법에서 양도를 허용하는 취지의 규정을 두고 있는 경우에는 그 명의 양수인이 양도인을 상대로 명의변경절차이행을 구하는 소를 제기할 수 있다 할 것이나, 해당 법에서 양도를 허용하는 취지의 규정도 두고 있지 아니하고, 그러한 명의의 변경절차도 규정하고 있지 아니하다면, 양수인이 양도인을 상대로 양도인 명의의 면허를 양수인 명의로 직접 변경할 것의 이행을 구하는 소는 허용되지 아니한다 할 것이어서 그 소는 부적법하다.(대판 2002.2.26, 2001다53622)

5. 조건부 의사진술을 명하는 재판에 대한 집행정지 조건부 의사진술을 명하는 재판은, 그 조건이 성취되어 집행문이 부여될 때 의사를 진술한 것과 동일한 효력이 발생하고, 집행기관이 관여하는 현실적인 강제집행절차가 존재할 수 없으므로, 강제집행의 정지도 있을 수 없으니, 등기공무원은 강제집행정지결정에 구애됨이 없이 등기신청을 받아들여 등기 기입을 할 수 있다.(대결 1979.5.22, 77마427)

제3편 담보권 실행 등을 위한 경매

제264조【부동산에 대한 경매신청】 ① 부동산을 목적으로 하는 담보권을 실행하기 위한 경매신청을 함에는 담보권이 있다는 것을 증명하는 서류를 내야 한다.
② 담보권을 승계한 경우에는 승계를 증명하는 서류를 내야 한다.
③ 부동산 소유자에게 경매개시결정을 송달할 때에는 제2항의 규정에 따라 제출된 서류의 등본을 붙여야 한다.

■ ① 부동산에 대한 경매(민집규40·82), 담보권실행의 경매신청(민집규192), 전세권자 및 저당권자의 경매신청(민318·363), 가등기담보권자의 경매신청(가등기12①), ② 압류채권자승계의 통지(민집규193), ③ 경매개시결정의 송달(83④)

1. 경매절차의 개시 전이나 진행 중에 채무자 등이 사망한 경우와 경락허가결정의 효력 근저당권의 실행을 위한 부동산 경매는 그 근저당권 설정등기에 표시된 채무자 및 저당부동산의 소유자와의 관계에서 그 절차가 진행되는 것이므로, 그 절차의 개시 전 또는 진행 중에 채무자나 소유자가 사망하였더라도 그 재산상속인이 경매법원에 대하여 그 사망 사실을 밝히고 경매절차를 수계하지 아니한 이상 경매법원이 이미 사망한 등기부상의 채무자나 소유자와의 관계에서 그 절차를 속행하여 이루어진 경락허가결정을 무효라고 할 수는 없다.(대판 1998.10.27, 97다39131)

2. 후순위 근저당권자가 경매를 신청한 경우의 피담보채권액이 확정되는 시기 당해 근저당권자는 저당부동산에 대하여 경매신청을 하지 아니하였는데 다른 채권자가 저당부동산에 대하여 경매신청을 한 경우 구 민소 608조 2항, 728조의 규정에 따라 경매신청을 하지 아니한 근저당권자의 근저당권도 경락으로 인하여 소멸하므로, 다른 채권자가 경매를 신청하여 경매절차가 개시된 때로부터 경락으로 인하여 당해 근저당권이 소멸하게 되기까지의 어느 시점에서인가는 당해 근저당권의 피담보채권도 확정된다고 하지 아니할 수 없는데, 그 중 어느 시기에 당해 근저당권의 피담보채권이 확정되는가 하는 점에 관하여 우리 민법은 아무런 규정을 두고 있지 아니한바, 부동산 경매절차에서 경매신청기입등기 이전에 등기되어 있는 근저당권은 경락으로 인하여 소멸하는 대신에 그 근저당권자는 구 민소 605조가 정하는 배당요구를 하지 아니하더라도 당연히 그 순위에 따라 배당받을 수 있고, 이러한 까닭으로 선순위 근저당권이 설정되어 있는 부동산에 대하여 근저당권을 취득하는 거래를 하려는 사람들은 선순위 근저당권의 채권최고액 만큼의 담보가치는 이미 선순위 근저당권자에 의하여 파악되어 있는 것으로 인정하고 거래를 하는 것이 보통이므로, 담보권 실행을 위한 경매절차가 개시되었음을 선순위 근저당권자가 안 때 이후의 어떤 시점에 선순위 근저당권의 피담보채무액이 증가하더라도 그와 같이 증가한 피담보채무액이 선순위 근저당권의 채권최고액 한도 안에 있다면 경매를 신청한 후순위 근저당권자가 예측하지 못한 손해를 입게 된다고 볼 수 없는 반면, 선순위 근저당권자는 자신이 경매신청을 하지 아니하였으면서도 경락으로 인하여 근저당권을 상실하게 되는 처지에 있으므로 거래의 안전을 해치지 아니하는 한도 안에서 선순위 근저당권자가 파악한 담보가치를 최대한 활용할 수 있도록 함이 타당하다는 관점에서 보면, 후순위 근저당권자가 경매를 신청한 경우 선순위 근저당권의 피담보채권은 그 근저당권이 소멸하는 시기, 즉 경락인이 경락대금을 완납한 때에 확정된다고 보아야 한다.(대판 1999.9.21, 99다26085)

3. 근저당권자의 피담보채무 불이행을 이유로 한 경매신청에서의 피담보채무액의 확정시기 근저당권자가 피담보채무의 불이행을 이유로 경매신청을 한 경우에는 경매신청 시에 근저당 채무액이 확정되고, 그 이후부터 근저당권은 부종성을 가지게 되어 보통의 저당권과 같은 취급을 받게 되는바, 위와 같이 경매신청을 하여 경매개시결정이 있은 후에 경매신청이 취하되었다고 하더라도 채무확정의 효과가 번복되는 것은 아니다.(대판 2002.11.26, 2001다73022)

제265조【경매개시결정에 대한 이의신청사유】 경매절차의 개시결정에 대한 이의신청사유로 담보권이 없다는 것 또는 소멸되었다는 것을 주장할 수 있다.

■ 경매개시결정에 대한 이의신청(86①·16), 대금완납에 따른 부동산취득의 효과(267), 변제공탁(민487), 경매절차의 정지(266)

1. 경락대금의 완납과 경락인의 소유권 취득 채무자가 경락인의 대금 완납 이전에 채무를 변제하여 담보권을 소멸시켰다 하더라도 이를 근거로 이의신청을 하고 나아가 경매절차를 정지시키지 아니하여 경락인이 경락대금을 납부하기에 이르렀다면 이로써 경락인은 경매목적물의 소유권을 유효하게 취득한다.(대결 1982.11.11, 92마719)

2. 변제유예를 받았음을 원인으로 한 임의경매개시결정에 대한 이의신청 신청채권자로부터 변제유예를 받았음을 원인으로 한 임의경매개시결정에 대한 이의신청의 경우, 구 민소 728조에 의하여 임의경매에 준용되는 구 민소 610조 및 구 민소규 205조에 의하여 임의경매에 준용되는 구 민소규 146조의3 2항의 규정들은 경매법원이 경매절차를 필수적으로 정지·취소하도록 되어 있는 서류의 제출시기를 제한하는 규정일 뿐 임의경매개시결정에 관한 이의신청을 제한하는 규정이 아니고, 달리 구 민사소송법 및 민사소송규칙상

임의경매개시결정에 관한 이의신청을 제한하는 규정은 보이지 않으므로, 이해관계인인 채무자로서는 구 민소 728조, 725조, 603조의3에 의하여 경락대금 완납 시까지는 그 이의를 신청할 수 있고, 매수의 신고가 있은 후에도 그 이의신청에 최고가매수신고인 등의 동의를 필요로 하지는 않는다 할 것이므로, 변제유예 사실이 인정된다면 그 이의신청이 신의칙에 반하거나 권리남용에 해당하는 경우와 같은 특별한 사정이 없는 한 이를 인용하여야 한다. (대결 2000.6.28, 99마7385)

제266조 【경매절차의 정지】 ① 다음 각호 가운데 어느 하나에 해당하는 문서가 경매법원에 제출되면 경매절차를 정지하여야 한다. (2011.4.12 본항개정)

1. 담보권의 등기가 말소된 등기사항증명서
2. 담보권 등기를 말소하도록 명한 확정판결의 정본
3. 담보권이 없거나 소멸되었다는 취지의 확정판결의 정본
4. 채권자가 담보권을 실행하지 아니하기로 하거나 경매신청을 취하하겠다는 취지 또는 피담보채권을 변제받았거나 그 변제를 미루도록 승낙한다는 취지를 적은 서류
5. 담보권 실행을 일시정지하도록 명한 재판의 정본

② 제1항제1호 내지 제3호의 경우와 제4호의 서류가 화해조서의 정본 또는 공정증서의 정본인 경우에는 경매법원은 이미 실시한 경매절차를 취소하여야 하며, 제5호의 경우에는 그 재판에 따라 경매절차를 취소하지 아니한 때에만 이미 실시한 경매절차를 일시적으로 유지하게 하여야 한다.

③ 제2항의 규정에 따라 경매절차를 취소하는 경우에는 제17조의 규정을 적용하지 아니한다.

■ ① 집행권원에 기한 강제집행에서의 집행정지(49·50·275), ② 화해조서(민소220·231), 공정증서(59), ③ 집행절차취소결정에 대한 즉시항고(17)

1. 경매절차의 일시정지를 명하는 결정정본이 제출된 경우의 경매절차의 진행 구 민소(1990.1.13. 법률 제4201호로 개정된 것) 646조의2에는 경락인은 경락대금을 완납한 때에 경매의 목적인 권리를 취득한다고 규정되어 있고 구 민소규(1991.12.30. 대법원 규칙 제1183호로 개정된 것)146조의 31항에는 법 510조 1호, 2호, 5호의 서류는 경락인이 경락대금을 지급하기 전까지 제출하여야 한다고 규정되어 있으므로 구 민소 및 민소규 하에서는 강제경매의 경우에도 임의경매의 경우와 마찬가지로 경락인은 경락대금을 지급한 때에 경매부동산에 관한 소유권을 취득하는 것이므로, 강제경매절차에서 경락허가결정이 된 후에라도 경락인이 경락대금을 지급하기 전까지는 경매법원에 민소 510조 2호의 서면인 경매절차의 일시정지를 명하는 결정정본을 제출할 수 있고, 이 경우 경매법원은 필요적으로 그 경매절차의 진행을 정지하여야 하고 이를 무시하고 그대로 진행하여 경락인으로부터 경락대금을 지급받는 것은 위법하다 할 것이다. 그러나 강제집행의 정지사유가 있음에도 불구하고 경매법원이 이를 정지하지 아니하고 대금지급기일을 정하고, 대금납부를 받는 등 경매절차를 진행하는 경우에, 이해관계인은 위법 504조 소정의 집행에 관한 이의, 나아가 즉시항고에 의하여 그 시정을 구할 수 있는바, 이러한 불복의 절차 없이 경매절차가 그대로 완결된 경우에는, 그 집행행위에 의하여 발생된 법률효과는 부인할 수 없다 할 것이다. (대판 1992.9.14, 92다28020)

2. 피담보채권의 부존재를 확인하는 확정판결 정본이 제출된 경우 채권압류 및 전부명령을 취소하여야 하는지 여부 (적극) 별도의 집행권원 없이 민집 273조 1항에서 정한 저당권 증빙서류의 제출로서 저당물에 갈음하는 채권의 압류 및 전부명령을 발령받는 저당권에 기한 물상대위권의 행사절차는, 저당권의 실행과 마찬가지로 채권 및 기타 재산권에 대한 강제집행에 준하여 절차가 진행되는 관계로 민집 49조 1호, 50조의 규정이 준용될 뿐만 아니라 민집 266조 1항 3호, 2항에서 정한 담보권실행절차 취소규정의 적용을 받게 되므로, 그 실질에 있어 위 각 규정에서 정한 취소서류에 준하는, 채권압류 및 전부명령의 기초가 된 저당권의 피담보채권의 부존재를 확인하는 취지의 확정판결 정본이 채권압류 및 전부명령에 대한 항고심 혹은 재항고심 계류 중 제출된 경우에는 그 항고를 받아들여 채권압류 및 전부명령을 취소하여야 한다.(대결 2008.10.9, 2006마914)

제267조 【대금완납에 따른 부동산취득의 효과】 매수인의 부동산 취득은 담보권 소멸로 영향을 받지 아니한다.

■ 소유권의 취득시기(135)

1. 가장채권에 기초한 가집행선고부 지급명령을 집행권원으로 한 경락의 효력 통모한 가장채권에 기초한 가집행선고부지급명령을 집행권원으로 한 부동산경락허가결정도 유효하다.(대판 1968.11.19, 68다1624)

2. 근저당설정계약이 사해행위로 취소되었으나 당해 부동산이 낙찰되어 대금이 완납된 경우의 효력 채무자와 수익자 사이의 저당권설정행위가 사해행위로 인정되어 저당권설정계약이 취소되는 경우에도 당해 부동산이 이미 입찰절차에 의하여 낙찰되어 대금이 완납되었을 때에는 낙찰인의 소유권 취득에는 영향을 미칠 수 없으므로, 채권자취소권의 행사에 따르는 원상회복의 방법으로 입찰인의 소유권이전등기를 말소할 수는 없고, 수익자가 받은 배당금을 반환하여야 한다.(대판 2001.2.27, 2000다44348)

3. 최저매각가격의 경정결정 확정 전에 그 결정에 따라 매각한 경우의 효력 집행관이 질권에 기초한 채권특별환가명령에 따라 매각절차를 진행하면서 당초 채권특별환가명령에서 정한 최저매각가격을 경정한 경정결정이 확정되지 않았음에도 그 효력을 가진다고 오인하고 그 경정결정에서 정한 바에 따라 당초 최저매각가격에 못 미치는 가격으로 매수 신청한 자에게 매각을 허가하였다고 하더라도, 매수인이 그 매각허가에 따라 매각대금을 납부하였다면 환가명령의 기초가 된 질권이 당초부터 부존재하거나 환가명령의 효력 발생 이전에 피담보채무가 변제 등으로 소멸하였다는 등의 사정이 없는 한 매수인은 그 채권을 유효하게 취득하게 된다. 그리고 이러한 매수인의 채권 취득의 효과는 그 채권 취득 이후에 위 경정결정이 즉시항고에 의하여 취소되더라도 번복될 수 없다.(대결 2010.7.23, 2008마247)

제268조 【준용규정】 부동산을 목적으로 하는 담보권 실행을 위한 경매절차에는 제79조 내지 제162조의 규정을 준용한다.

■ 부동산에 대한 강제집행절차(79~162), 부동산담보권실행을 위한 경매(민집194)

제269조 【선박에 대한 경매】 선박을 목적으로 하는 담보권 실행을 위한 경매절차에는 제172조 내지 제186조, 제264조 내지 제268조의 규정을 준용한다.

■ 선박저당권(상871), 선박우선특권(상861①), 선박에 대한 경매절차(172~186, 민집규95~104·195), 담보권실행을 위한 경매(264~268)

제270조 【자동차 등에 대한 경매】 자동차·건설기계·소형선박(「자동차 등 특정동산 저당법」 제3

조제2호에 따른 소형선박을 말한다) 및 항공기(「자동차 등 특정동산 저당법」 제3조제4호에 따른 항공기 및 경량항공기를 말한다)를 목적으로 하는 담보권 실행을 위한 경매절차는 제264조부터 제269조까지, 제271조 및 제272조의 규정에 준하여 대법원규칙으로 정한다. (2007.8.3., 2009.3.25., 2015.5.18 본조개정)

■ 자동차, 건설기계, 항공기를 목적으로 하는 담보권(자저당3, 건설기계저당4, 항공기저당4), 부동산을 목적으로 하는 담보권실행의 경매(269, 민집규195), 유체동산에 대한 경매(271·272), 자동차에 대한 경매절차(민집규197), 건설기계에 대한 경매절차(민집규198), 항공기에 대한 경매절차(민집규196)

제271조【유체동산에 대한 경매】 유체동산을 목적으로 하는 담보권 실행을 위한 경매는 채권자가 그 목적물을 제출하거나, 그 목적물의 점유자가 압류를 승낙한 때에 개시한다.

■ 동산을 목적으로 하는 담보권(274, 민329), 유체동산을 목적으로 하는 담보권실행의 경매(민집규199), 제3자저유물의 압류(191)

제272조【준용규정】 제271조의 경매절차에는 제2편 제2장 제4절 제2관의 규정과 제265조 및 제266조의 규정을 준용한다.

■ 유체동산을 목적으로 하는 담보권실행의 경매(271), 유체동산에 대한 강제집행(4절2관), 경매개시결정에 대한 이의신청사유(265), 경매절차의 정지(266)

제273조【채권과 그 밖의 재산권에 대한 담보권의 실행】 ① 채권, 그 밖의 재산권을 목적으로 하는 담보권의 실행은 담보권의 존재를 증명하는 서류(권리의 이전에 관하여 등기나 등록을 필요로 하는 경우에는 그 등기사항증명서 또는 등록원부의 등본)가 제출된 때에 개시한다. (2011.4.12 본항개정)
② 민법 제342조에 따라 담보권설정자가 받을 금전, 그 밖의 물건에 대하여 권리를 행사하는 경우에도 제1항과 같다.
③ 제1항과 제2항의 권리실행절차에는 제2편 제2장 제4절 제3관의 규정을 준용한다.

■ ① 권리질권의 실행(민345·354), 채권의 압류명령(223), 그 밖의 재산권에 대한 집행(251), 채권, 그 밖의 재산권에 대한 담보권실행(민집규200), 예탁유가증권에 대한 담보권실행(민집규201), ② 물상대위권의 행사(민342), ③ 채권과 그 밖의 재산권에 대한 강제집행(4절3관)

1. 저당권자가 물상대위권을 행사하여 우선변제를 받기 위한 권리실행방법 민 370조, 342조 단서가 저당권자는 물상대위권을 행사하기 위하여 저당권설정자가 받을 금전 기타 물건의 지급 또는 인도 전에 압류하여야 한다고 규정한 것은 물상대위의 목적인 채권의 특정성을 유지하여 그 효력을 보전함과 동시에 제3자에게 불측의 손해를 입히지 않으려는 데 그 취지가 있다. 따라서 저당목적물의 변형물인 금전 기타 물건에 대하여 이미 제3자가 압류하여 그 금전 또는 물건이 특정된 이상 저당권자가 스스로 이를 압류하지 않고도 물상대위권을 행사하여 일반 채권자보다 우선변제를 받을 수 있으나, 그 행사방법은 민집 273조에 의하여 담보권의 존재를 증명하는 서류를 집행법원에 제출하여 채권압류 및 전부명령을 신청하는 것이거나 민집 247조 1항에 의하여 배당요구를 하는 것이므로, 이러한 물상대위의 행사에 나아가지 아니한 채 단지 수용대상토지에 대하여 담보물권의 등기가 된 것만으로는 그 보상금으로부터 우선변제를 받을 수 없다. 그렇다면 저당권자가 물상대위권의 행사에 나아가지 아니하여 우선변제권을 상실한 이상, 다른 채권자가 그 보상금 또는 이에 관한 변제공탁금으로부터 이득을 얻었다고 하

더라도 저당권자는 이를 부당이득으로서 반환청구할 수 없다.(대판 2010.10.28, 2010다46756)
2. 저당권자의 물상대위권의 행사 방법과 그 시한 민 370조, 342조에 의한 저당권자의 물상대위권의 행사는 구 민소 733조(2002. 1. 26. 법률 제6626호로 전문 개정되어 2002. 7. 1. 부터 시행되기 전의 것, 이하 같다)에 의하여 담보권의 존재를 증명하는 서류를 집행법원에 제출하여 채권압류 및 전부명령을 신청하거나, 구 민소 580조에 의하여 배당요구를 하는 방법에 의하여 하는 것이고, 이는 늦어도 구 민소 580조 1항 각 호 소정의 배당요구의 종기까지 하여야 하는 것으로 그 이후에는 물상대위권자로서의 우선변제권을 행사할 수 없다고 하여야 할 것인바, 물상대위권자로서의 권리행사의 방법과 시한을 위와 같이 제한하는 취지는 물상대위의 목적인 채권의 특정성을 유지하여 그 효력을 보전하고 평등배당을 기대한 다른 일반 채권자의 신뢰를 보호하는 등 제3자에게 불측의 손해를 입히지 아니함과 동시에 집행절차의 안정과 신속을 꾀하고자 함에 있다고 할 것이고, 저당권자의 물상대위권 행사로서의 압류 및 전부는 그 명령이 제3채무자에게 송달됨으로써 효력이 생기며, 위에서 본 '특정성의 유지'나 '제3자의 보호'는 물상대위권자의 압류 및 전부명령이 효력을 발생함으로써 비로소 달성될 수 있는 것이므로, 배당요구의 종기가 지난 후에 물상대위에 기한 채권압류 및 전부명령이 제3채무자에게 송달되었을 경우에는 물상대위권자는 배당절차에서 우선변제를 받을 수 없다.(대판 2003.3.28, 2002다13539)
3. 저당권의 효력이 미치는 차임채권에 대한 저당권 실행 방법 저당권의 효력이 미치는 차임채권 등에 대한 저당권의 실행이 저당부동산에 대한 경매절차에 의하여 이루어질 수는 없고, 그 저당권의 실행은 저당권의 효력이 존속하는 동안에 채권에 대한 담보권의 실행에 관하여 규정하고 있는 민집 273조에 따른 채권집행의 방법으로 저당부동산에 대한 경매절차와 별개로 이루어질 수 있을 뿐이다.(저당권자가 차임채권에 대하여 민집 273조에 의한 채권집행의 방법으로 저당권을 실행하지 아니하였다면, 임차인이 연체한 차임 등 상당액은 임차인이 배당받을 보증금에서 당연히 공제된다고 판시한 사례. 또한 저당권자가 위와 같은 채권집행의 방법으로 저당권을 실행하였다고 하더라도 실제로 차임을 지급 또는 공탁 받지 아니하는 한 연체 차임은 보증금에서 공제될 것이라고 한다) (대판 2016.7.27, 2015다230020)

제274조【유치권 등에 의한 경매】 ① 유치권에 의한 경매와 민법·상법, 그 밖의 법률이 규정하는 바에 따른 경매(이하 "유치권등에 의한 경매"라 한다)는 담보권 실행을 위한 경매의 예에 따라 실시한다.
② 유치권 등에 의한 경매절차는 목적물에 대하여 강제경매 또는 담보권 실행을 위한 경매절차가 개시된 경우에는 이를 정지하고, 채권자 또는 담보권자를 위하여 그 절차를 계속하여 진행한다.
③ 제2항의 경우에 강제경매 또는 담보권 실행을 위한 경매가 취소되면 유치권 등에 의한 경매절차를 계속하여 진행하여야 한다.

■ 유치권의 경매신청권(민322①), 민사유치권(민320), 상사유치권(상91·58·111·113·120·147·800②), 공유물분할을 위한 경매(민269②), 상속재산분할을 위한 경매(민1013②), 변제자의 경매(민490)

1. 유치권에 의한 경매와 목적부동산 위의 부담 민집 91조 2항, 3항, 268조는 경매의 대부분을 차지하는 강제경매와 담보 실행을 위한 경매에서 소멸주의를 원칙으로 하고 있을 뿐만 아니라 이를 전제로 하여 배당요구의 종기 결정이나 채권신고의 최고, 배당요구, 배당절차 등에 관하여 상세히

규정하고 있는 점, 민 322조 1항에 "유치권자는 채권의 변제를 받기 위하여 유치물을 경매할 수 있다."고 규정하고 있는데, 유치권에 의한 경매에도 채권자와 채무자의 존재를 전제로 하고 채권의 실현·만족을 위한 경매를 상정하고 있는 점, 반면에 인수주의를 취할 경우 필요하다고 보이는 목적부동산 위의 부담의 존부 및 내용을 조사·확정하는 절차에 관하여 아무런 규정이 없고 인수되는 부담의 범위를 제한하는 규정도 두지 않아, 유치권에 의한 경매를 인수주의를 원칙으로 진행하면 매수인의 법적 지위가 매우 불안정한 상태에 놓이게 되는 점, 인수되는 부담의 범위를 어떻게 설정하느냐에 따라 인수주의를 취하는 것이 오히려 유치권자에게 불리해질 수 있는 점 등을 함께 고려하면, 유치권에 의한 경매도 강제경매나 담보권 실행을 위한 경매와 마찬가지로 목적부동산 위의 부담을 소멸시키는 것을 법정매각조건으로 하여 실시되고 우선채권자뿐만 아니라 일반채권자의 배당요구도 허용되며, 유치권자는 일반채권자와 동일한 순위로 배당을 받을 수 있다고 보아야 한다. 다만 집행법원은 부동산 위의 이해관계를 살펴 위와 같은 법정매각조건과는 달리 매각조건 변경결정을 통하여 목적부동산 위의 부담을 소멸시키지 않고 매수인으로 하여금 인수하도록 정할 수 있다.(대결 2011.6.15, 2010마1059)

2. 동산에 대하여 점유개정의 방법으로 양도담보를 설정한 경우의 효력 및 환가절차 동산에 대하여 점유개정의 방법으로 양도담보를 일단 설정한 후에는 양도담보권자나 양도담보설정자가 그 동산에 대한 점유를 상실하였다고 하더라도 그 양도담보의 효력에는 아무런 영향이 없다 할 것이고, 양도담보권 실행을 위한 환가절차에서는 환가로 인한 매득금에서 환가비용을 공제한 잔액 전부를 양도담보권자의 채권변제에 우선 충당하여야 하고 양도담보설정자의 다른 채권자들은 양도담보권자에 대한 관계에 있어 안분배당을 요구할 수 없으며, 동산에 대하여 점유개정의 방법으로 이중양도담보를 설정한 경우 원래의 양도담보권자는 뒤의 양도담보권자에 대하여 배타적으로 자기의 담보권을 주장할 수 있으므로, 뒤의 양도담보권자가 양도담보의 목적물을 처분함으로써 원래의 양도담보권자로 하여금 양도담보권을 실행할 수 없도록 하는 행위는, 이중양도담보 설정행위가 횡령죄나 배임죄로 되는지 여부나 뒤의 양도담보권자가 양도담보 설정행위에 적극적으로 가담하는지 여부와 관계없이, 원래의 양도담보권자의 양도담보권을 침해하는 위법한 행위라고 할 것이다.(대판 2000.6.23, 99다65066)

3. 동산양도담보권자가 공정증서에 기하여 강제경매를 실행할 경우의 성질 동산을 목적으로 하는 양도담보는 부동산을 목적으로 하는 양도담보와는 그 사회적 작용에서 큰 차이가 있고, 이 사건에서와 같이 동산을 목적으로 하는 양도담보설정계약을 체결함과 동시에 채무불이행시 강제집행을 수락하는 공정증서를 작성한 경우, 채무자가 채무를 불이행한 때에는 채권자로서는 위 양도담보권을 실행하기 위하여 담보목적물인 동산을 환가함에 있어 위 공정증서에 기하지 아니하고 양도담보의 약정 내용에 따라 이를 사적으로 타에 처분하거나 스스로 취득한 후 정산하는 방법으로 환가할 수도 있지만, 양도담보 목적물을 위 공정증서에 기하여 압류하고 강제경매를 실시하는 방법으로 환가할 수도 있을 것이다. 이 경우 후자의 방법은 형식적으로는 양도담보 목적물의 소유권이 담보권자에게 있으므로 자기 소유물건에 대하여 강제집행을 실시하는 것으로서 전후가 모순되는 것 같이 보인다. 그러나 동산에 대한 압류의 효력문제는 압류채무자가 실제 보관자인가 여부를 기준으로 그 적법 여부를 판별하게 되는 것이므로 양도담보 목적물을 채무자가 점유하는 경우 점유자인 채무자가 집행채무자가 되어 하는 압류도 유효하다 할 것이고, 양도담보권자가 갖는 소유권의 기능은 담보물의 가치를 자기가 담보권을 실행할 때까지 보존하는 것과 담보목적물을 환가하는 경우에 우선변제

를 받는 데 있는 것인데 양도담보권이 실행단계에 이르게 되면 후자의 기능이 주로 발휘되어 소유권의 기능은 목적물을 환가한 대금으로부터 피담보채권을 우선변제 받는 데 필요한 범위에서만 작용하게 되는 것이어서 이 단계에서의 담보권자의 소유권은 실질적으로 우선변제수령권한만을 갖게 되는 것이므로, 실질적으로는 양도담보권자의 담보목적물에 대한 환가를 위한 강제경매는 자기 소유물에 대한 강제집행이라고 볼 수 없는 것이고, 따라서 위와 같은 방법의 양도담보권실행을 위한 환가를 허용하여도 동산양도담보의 법리와 모순된다고 할 수도 없다.(대판 1994.5.13, 93다21910)

4. 상속부동산에 관하여 담보권 실행을 위한 경매절차에서 한정승인 상속채권자가 배당을 받을 수 있는지 여부(적극) 상속부동산에 관하여 본조 1항에 따른 형식적 경매절차가 진행된 것이 아니라 담보권 실행을 위한 경매절차가 진행된 경우에는 비록 한정승인 절차에서 상속채권자로 신고한 자라고 하더라도 집행권원을 얻어 그 경매절차에서 배당요구를 함으로써 일반채권자로서 배당받을 수 있다.(대판 2010.6.24. 2010다14599)

5. 유치권에 의한 경매절차가 개시된 유체동산에 대하여 유치권자의 승낙 없이 민집 215조에 따라 다른 채권자가 강제집행을 위하여 압류를 한 다음 민집 274조 2항에 따라 유치권에 의한 경매절차를 정지하고 채권자를 위한 강제경매절차를 진행한 경우, 강제경매절차에서 목적물이 매각되더라도 유치권자에게 목적물을 계속하여 유치할 권리가 있는지 여부(적극) 유치권에 의한 경매절차가 개시된 유체동산에 대하여 유치권자의 승낙 없이 민집 215조에 따라 다른 채권자가 강제집행을 위하여 압류를 한 다음 민집 274조 2항에 따라 유치권에 의한 경매절차를 정지하고 채권자를 위한 강제경매절차를 진행하였다면, 그 강제경매절차에서 목적물이 매각되더라도 유치권자의 지위에는 영향을 미칠 수 없고 유치권자는 그 목적물을 계속하여 유치할 권리가 있다고 보아야 한다.(대결 2012.9.13, 2011그213)

6. 상속재산에 대한 형식적 경매에서 일반채권자의 배당요구가 허용되는지 여부(소극) 민 1037조에 근거하여 민집 274조에 따라 행하여지는 상속재산에 대한 형식적 경매는 한정승인자가 상속재산을 한도로 상속채권자나 유증받은 자에 대하여 일괄하여 변제하기 위하여 청산을 목적으로 당해 재산을 현금화하는 절차이므로, 제도의 취지와 목적, 관련 민법 규정의 내용, 한정승인자와 상속채권자 등 관련자들의 이해관계 등을 고려할 때 일반채권자인 상속채권자로서는 민사집행법이 아닌 민 1034조, 1035조, 1036조 등의 규정에 따라 변제받아야 한다고 볼 것이고, 따라서 그 경매에서는 일반채권자의 배당요구가 허용되지 아니한다.(대판 2013.9.12, 2012다33709)

7. 건축허가나 신고 없이 건축된 미등기 건물에 대하여 경매에 의한 공유물분할이 허용되는지 여부(소극) 민집 81조 1항 2호 단서는 등기되지 아니한 건물에 대한 강제경매신청서에는 그 건물에 관한 건축허가 또는 건축신고를 증명할 서류를 첨부하여야 한다고 규정함으로써 적법하게 건축허가나 건축신고를 마친 건물이 사용승인을 받지 못한 경우에 한하여 부동산 집행을 위한 보존등기를 할 수 있게 하였고, 같은 법 274조 1항은 공유물분할을 위한 경매와 같은 형식적 경매는 담보권 실행을 위한 경매의 예에 따라 실시한다고 규정하며, 같은 법 268조는 부동산을 목적으로 하는 담보권 실행을 위한 경매절차에는 같은 법 79조 내지 162조의 규정을 준용한다고 규정하고 있으므로, 건축허가나 신고 없이 건축된 미등기 건물에 대하여는 경매에 의한 공유물분할이 허용되지 않는다.(대판 2013.9.13, 2011다69190)

제275조【준용규정】 이 편에 규정한 경매 등 절차에는 제42조 내지 제44조 및 제46조 내지 제53조

의 규정을 준용한다.

■ 집행관의 권한(42·43), 청구에 관한 이의의 소(44), 잠정처분(46·47), 제3자이의의 소(48), 집행의 필수적 정지, 취소, 집행정지의 제한(49-51), 채무자의 사망(52), 집행비용의 부담(53)

제4편 보전처분

제276조【가압류의 목적】 ① 가압류는 금전채권이나 금전으로 환산할 수 있는 채권에 대하여 동산 또는 부동산에 대한 강제집행을 보전하기 위하여 할 수 있다.
② 제1항의 채권이 조건이 붙어 있는 것이거나 기한이 차지 아니한 것인 경우에도 가압류를 할 수 있다.

■ ① 보전의 필요성(277), 부동산과 동산(78·188, 민99), 유체동산에 대한 가압류(민집규212), 채권과 그 밖의 재산권에 대한 가압류(민집규213), ② 조건과 기한(민147-154), 집행에서의 조건성취와 기한도래(30②·40①), 준용(가소63)

▶ 피보전권리

1. 장래 채권 또는 조건부 채권에 대한 압류 장래 발생할 채권이나 조건부 채권은 현재 그 권리의 특정이 가능하고 가까운 장래에 발생할 것임이 상당 정도 기대되는 경우 가압류의 대상이 된다.(대판 2009.6.11, 2008다7109)
2. 장래 입금될 예금채권이 가압류의 대상이 되는지 여부에 대한 결정기준 가압류명령의 송달 이후에 채무자의 계좌에 입금될 예금채권도 그 발생의 기초가 되는 법률관계가 존재하여 현재 그 권리의 특정이 가능하고 가까운 장래에 예금채권이 발생할 것이 상당한 정도로 기대된다고 볼만한 예금계좌가 개설되어 있는 경우 등에는 가압류의 대상이 될 수 있다. 한편 채권가압류에서 가압류될 채권에 장래에 채무자의 계좌에 입금될 예금채권도 포함되느냐 여부는 가압류명령에서 정한 가압류할 채권에 그 예금채권도 포함되었는지 여부에 따라 결정되는 것이고, 이는 곧 가압류명령상의 '가압류할 채권의 표시'에 기재된 문언의 해석에 따라 결정되는 것이 원칙이다. 그런데 제3채무자는 순전히 타의에 의하여 다른 사람들 사이의 법률분쟁에 편입되어 가압류명령에서 정한 의무를 부담하는 것이므로 이러한 제3채무자가 가압류된 채권에 관하여 그 범위를 파악함에 있어 과도한 부담을 가지지 않도록 보호할 필요가 있다. 따라서 '가압류할 채권의 표시'에 기재된 문언은 그 문언 자체의 내용에 따라 객관적으로 엄격하게 해석하여야 하고, 그 문언의 의미가 불명확한 경우 그로 인한 불이익은 가압류 신청채권자에게 부담시키는 것이 타당하므로, 제3채무자가 통상의 주의력을 가진 사회평균인을 기준으로 그 문언을 이해할 때 포함 여부에 의문을 가질 수 있는 채권은 특별한 사정이 없는 한 가압류의 대상에 포함되었다고 보아서는 아니 된다.(대판 2011.2.10, 2008다9952)
3. 본집행의 집행목적 달성 불가능과 선행 가압류 집행의 효력 가압류와 강제집행의 효력은 연속일체를 이루게 되는 것이므로 본집행인 강제집행절차가 집행목적 달성이 불가능하게 되어 종료된 경우에는 그에 선행한 가압류집행도 그 효력을 상실한다.(대결 1980.6.26, 80마146)

▶ 보전처분의 유용

4. 피보전권리와 다른 권리의 보전을 위한 가압류의 유용 가압류의 피보전권리가 변제로 소멸한 경우에는 구 민소706조 1항에 정한 "사정변경에 의한 가압류취소" 사유가 되는 것이며, 그 가압류를 그 피보전권리와 다른 권리의 보전을 위하여 유용할 수 없다.(대결 1994.8.12, 93마1259)

▶ 가압류의 목적물

5. 부동산소유권이전등기청구권이 강제집행 및 가압류의 대상이 될 수 있는지 여부 구 민소 577조에서 말하는 부동산에 관한 청구권의 문리상 당연히 부동산의 인도나 권리이전의 청구권을 총칭하는 것으로 부동산소유권이전등기청구권도 이에 포함되며 그렇다면 본 집행에의 길이 열려 있는 부동산소유권이전등기청구권에 대하여 가압류가 안 될 이유가 없다.(대결(全) 1978.12.18, 76마381)
6. 채권자대위소송에서 제3채무자로 하여금 직접 대위채권자에게 금전의 지급을 명하는 판결이 확정된 경우 가압류 가부(적극) 채권자대위소송에서 제3채무자로 하여금 직접 대위채권자에게 금전의 지급을 명하는 판결이 확정되더라도, 피대위채권이 변제 등으로 소멸하기 전이라면 채무자의 다른 채권자는 이를 압류·가압류할 수 있다.(대판 2016.8.29, 2015다236547)

▶ 가압류당사자

7. 사망한 자를 채무자로 한 처분금지가처분결정의 효력 이미 사망한 자를 채무자로 한 처분금지가처분신청은 부적법하고 그 신청에 따른 처분금지가처분결정이 있었다고 하여도 그 결정은 당연무효로서 그 효력이 상속인에게 미치지 않는다고 할 것이므로, 채무자의 상속인은 일반승계인으로서 무효인 그 가처분결정에 의하여 생긴 외관을 제거하기 위한 방편으로 가처분결정에 대한 이의신청으로 그 취소를 구할 수 있다.(대판 2002.4.26, 2000다30578)

▶ 가압류집행의 효력

8. 가압류의 처분금지의 효력이 미치는 객관적 범위 가압류의 처분금지의 효력이 미치는 객관적 범위는 가압류결정에 표시된 청구금액에 한정되므로, 가압류의 청구금액으로 채권의 원금만이 기재되어 있다면 가압류채권자가 가압류채무자에 대하여 원금채권 외에 그에 부대하는 이자 또는 지연손해금채권을 가지고 있다고 하더라도 가압류의 청구금액을 넘어서는 부분에 대하여는 가압류채권자가 처분금지의 효력을 주장할 수 없다.(대판 2006.11.24, 2006다35223)
9. 가압류등기 후에 경료된 근저당권설정등기의 효력 부동산에 대하여 가압류등기가 먼저 되고 나서 근저당권설정등기가 마쳐진 경우에 그 근저당권등기는 가압류에 의한 처분금지의 효력 때문에 그 집행보전의 목적을 달성하는 데 필요한 범위 안에서 가압류채권자에 대한 관계에서만 상대적으로 무효라 할 것인 바, 이 경우 가압류채권자와 근저당권자 및 위 근저당권설정등기 후 강제경매신청을 한 압류채권자 사이의 배당에 있어, 근저당권자는 선순위 가압류채권자에 대하여는 우선변제권을 주장할 수 없으므로 1차로 채권액에 따른 안분비례에 의하여 평등배당을 받은 다음, 후순위 경매신청압류채권자에 대하여는 우선변제권이 인정되므로 경매신청 압류채권자가 받을 배당액으로부터 자기의 채권액을 만족시킬 때까지 이를 흡수하여 배당받을 수 있다 할 것이다.(대결 1994.11.29, 94마417)
10. 토지수용으로 기업자가 소유권을 취득한 때의 가압류의 효력 구 토지수용법(2002. 2. 4. 법률 제6656호 공익사업 부칙 2조로 폐지) 67조 1항에 의하면 기업자는 토지를 수용한 날에 그 소유권을 취득하고 그 토지에 관한 다른 권리는 소멸하는 것인바, 수용되는 토지에 대하여 가압류가 집행되어 있더라도 토지수용으로 기업자가 그 소유권을 원시취득하게 됨에 따라 그 토지 가압류의 효력은 소멸하는 것이고, 이 경우에 그 토지 가압류가 수용보상금채권에 당연히 전이되어 그 효력이 미치게 된다고는 할 수 없다. 그러므로 수용 전 토지에 대한 가압류채권자가 다시 수용보상금채권에 대하여 가압류를 하였다고 하더라도, 수용 전 토지에 대하여 위 토지 가압류 이후 저당권을 취득하였다가 위 수용보상금채권에 대하여 물상대위에 따른 압류를 한 자에 대하여는 수용

전 토지에 관하여 주장할 수 있었던 사유를 수용보상금채권에 대한 배당절차에서까지 주장할 수는 없다고 보아야 한다.(대판 2004.4.16, 2003다64206)

11. 채권가압류결정이 제3채무자에게 송달된 후에 채권양수인이 이행의 소를 제기할 수 있는지 여부(적극) 일반적으로 채권에 대한 가압류가 있더라도 이는 가압류채무자가 제3채무자로부터 현실로 급부를 추심하는 것만을 금지하는 것이므로 가압류채무자는 제3채무자를 상대로 그 이행을 구하는 소송을 제기할 수 있고, 법원은 가압류가 되어 있음을 이유로 이를 배척할 수 없는 것이며, 채권양도는 구 채권자인 양도인과 신 채권자인 양수인 사이에 채권을 그 동일성을 유지하면서 전자로부터 후자에게로 이전시킬 것을 목적으로 하는 계약을 말한다 할 것이고, 채권양도에 의하여 채권은 그 동일성을 잃지 않고 양도인으로부터 양수인에게 이전된다 할 것이며, 가압류된 채권도 이를 양도하는 데 아무런 제한이 없으나, 다만 가압류된 채권을 양수받은 양수인은 그러한 가압류에 의하여 권리가 제한된 상태의 채권을 양수받는다고 보아야 할 것이다.(대판 2000.4.11, 99다23888)

12. 채권가압류가 채권의 발생원인인 법률관계에 대한 채무자의 처분을 구속하는지 여부(소극) 채권에 대한 가압류는 제3채무자에 대하여 채무자에게의 지급 금지를 명하는 것이므로 채권을 소멸 또는 감소시키는 등의 행위는 할 수 없고 그와 같은 행위로 채권자에게 대항할 수 없는 것이지만, 채권의 발생원인인 법률관계에 대한 채무자의 처분까지도 구속하는 효력은 없다 할 것이므로 채무자와 제3채무자가 아무런 합리적 이유 없이 채권의 소멸만을 목적으로 계약관계를 합의해제한다는 등의 특별한 경우를 제외하고는, 제3채무자는 채권에 대한 가압류가 있은 후라고 하더라도 채권의 발생원인인 법률관계를 합의해제하고 이로 인하여 가압류채권이 소멸하였다는 사유를 들어 가압류채권자에 대항할 수 있다.(대판 2001.6.1, 98다17930)

13. 가압류채무자가 가압류에 반하는 처분행위를 한 경우 가압류채권자가 그 처분행위의 효력을 긍정할 수 있는지 여부(적극) 가압류채무자가 가압류에 반하는 처분행위를 한 경우 그 처분의 유효를 가압류채권자에게 주장할 수 없지만, 이러한 가압류의 처분제한의 효력은 가압류채권자의 이익보호를 위하여 인정되는 것이므로 가압류채권자는 그 처분행위의 효력을 긍정할 수도 있다.(대판 2007.1.11, 2005다47175)

14. 압류 후에 발생한 제3채무자의 자동채권에 의하여 피압류채권과 상계할 수 있는지 여부(한정 적극) 제3채무자의 압류채무자에 대한 자동채권이 수동채권인 피압류채권과 동시이행의 관계에 있는 경우에는, 비록 압류명령이 제3채무자에게 송달되어 압류의 효력이 생긴 후에 비로소 자동채권이 발생하였다고 하더라도 동시이행의 항변권을 주장할 수 있는 제3채무자로서는 그 채권에 의한 상계로써 압류채권자에게 대항할 수 있는 것으로서, 이 경우 자동채권이 발생한 기초가 되는 원인은 수동채권이 압류되기 전에 이미 성립하여 존재하고 있었던 것이므로 그 자동채권은 민 498조에 규정된 '지급을 금지하는 명령을 받은 제3채무자가 그 후에 취득한 채권'에 해당하지 않는다.(대판 2005.11.10, 2004다37676)

15. 가압류가 본압류로 이전되는 효력을 인정할 수 있는 경우 가압류한 지명채권에 대하여 가압류에서 본압류로 전이하는 내용의 주문이 누락된 채 압류 및 추심명령이 발령되었다 하더라도, 가압류 및 압류·추심의 당사자 사이에 서로 동일성이 인정되고, 가압류의 피보전채권과 압류·추심의 집행채권 사이의 동일성 내지 대상 채권과 압류·추심 대상 채권 사이에 서로 동일성이 인정되는 경우에는, 해당 가압류에는 특별한 사정이 없는 한 당연히 본압류로 이전되는 효력이 생긴다.(대판 2010.10.14, 2010다48455)

16. 채권의 가압류의 경우 제3채무자가 이행지체책임을 면

하는지 여부 채권의 가압류는 제3채무자에 대하여 채무자에게 지급하는 것을 금지하는 데 그칠 뿐 채무 그 자체를 면하게 하는 것이 아니고, 단지 변제의 수령에 그 채권의 의 이행기가 도래한 때에는 제3채무자는 그 지체책임을 면할 수 없다고 보아야 할 것이다. 이러한 경우 가압류에 불구하고 제3채무자가 채무자에게 변제를 한 때에는 나중에 채권자에게 이중으로 변제하여야 할 위험을 부담하게 되므로 제3채무자로서는 민 487조의 규정에 의하여 공탁을 함으로써 이중변제의 위험에서 벗어나고 이행지체의 책임도 면할 수 있다고 보아야 할 것이다. 왜냐하면 민법상의 변제공탁은 채무를 변제할 의사와 능력이 있는 채무자로 하여금 채권자의 사정으로 채무관계에서 벗어나지 못하는 경우를 대비할 수 있도록 마련된 제도로서, 그 487조 소정의 변제공탁의 요건인 "채권자가 변제를 받을 수 없는 때"의 '변제'는 채무자로 하여금 종국적으로 채무를 면하게 하는 효과를 가져다주는 변제를 의미하는 것이므로, 채권이 가압류된 경우와 같이 형식적으로는 채권자가 변제를 받을 수 있다고 하더라도 채무자에게 여전히 이중변제의 위험부담이 남는 경우에는 마찬가지로 "채권자가 변제를 받을 수 없는 때"에 해당한다고 보아야 할 것이기 때문이다. 그리고 제3채무자가 이와 같이 채권의 가압류를 이유로 변제공탁을 한 때에는 그 가압류의 효력은 채무자의 공탁금출급청구권에 대하여 존속한다고 할 것이므로 그로 인하여 가압류 채권자에게 어떤 불이익이 있다고도 할 수 없다. 이처럼 제3채무자가 변제공탁에 의하여 그 채무를 면할 길이 있는 점에 비추어 보면 공탁을 하지 아니한 제3채무자에게 이행지체의 책임을 지게 하더라도 그것이 반드시 불합리하다고는 할 수 없다. 이러한 법리는 부당이득반환채권이 가압류된 후에 제3채무자가 악의로 되어 그 받은 이익에 덧붙여 반환하여야 할 이자지급책임을 면하기 위한 경우에도 마찬가지라 할 것이고, 또 채권자의 소재가 불명한 경우에 제3채무자로서는 변제공탁을 하지 않는 한 그 이행지체의 책임 내지 부당이득에 대한 이자의 배상책임을 면할 수 없음은 물론이다.(대판 1994.12.13, 93다951)

17. 가압류집행 후 가압류목적물의 소유권이 제3자에게 이전된 경우 가압류의 처분금지적 효력이 미치는 범위 부동산에 대한 가압류집행 후 가압류목적물의 소유권이 제3자에게 이전된 경우 가압류의 처분금지적 효력이 미치는 것은 가압류결정 당시의 청구금액의 한도 안에서 가압류목적물의 교환가치이고, 위와 같은 처분금지적 효력은 가압류채권자와 제3취득자 사이에서만 있는 것이므로 제3취득자의 채권자가 신청한 경매절차에서 매각 및 경락인이 취득하게 되는 대상은 가압류목적물 전체라고 할 것이지만, 가압류의 처분금지적 효력이 미치는 매각대금 부분은 가압류채권자가 우선적 권리를 행사할 수 있고 제3취득자의 채권자들은 그 수인하여야 하므로, 가압류채권자는 그 매각절차에서 당해 가압류목적물의 매각대금에서 가압류결정 당시의 청구금액을 한도로 하여 배당을 받을 수 있고, 제3취득자의 채권자는 위 매각대금 중 가압류의 처분금지적 효력이 미치는 범위의 금액에 대하여는 배당을 받을 수 없다.(대판 2006.7.28, 2006다19986)

18. 주택임대차보호법상 대항력을 갖춘 임차인의 보증금반환채권이 가압류된 상태에서 임대주택이 양도된 경우의 처리 임차인에 대하여 임대차보증금반환채무를 부담하는 임대인임을 당연한 전제로 하여 임대차보증금반환채무의 지급금지를 명령받은 제3채무자의 지위는 임대인의 지위와 분리될 수 있는 것이 아니므로, 임대주택의 양도로 임대인의 지위가 일체로 양수인에게 이전된다면 채권가압류의 제3채무자의 지위도 임대인의 지위와 함께 이전된다고 볼 수밖에 없다. 따라서 임차인의 임대차보증금반환채권이 가압류된 상태에서 임대주택이 양도되면 양수인이 채권가압류의 제3채무자의 지위도 승계하고, 가압류권자 또한 임대주택의 양도인이 아니라 양수인에 대하여만 위 가압류의 효력을 주장

할 수 있다고 보아야 한다.(대판(全) 2013.1.17, 2011다49523)

19. 가압류의 피보전채권과 본안소송의 권리와의 '동일성' 판단기준 및 동일성이 흠결된 경우의 처리 가압류의 피보전채권과 본안의 소송물인 권리는 엄격하게 일치할 필요는 없고 청구의 기초의 동일성이 인정되면 가압류의 효력은 본안소송의 권리에 미친다고 할 것이지만, 가압류의 피보전채권과 본안소송의 권리 사이에 청구의 기초의 동일성이 인정된다 하더라도 본안소송의 권리가 금전채권이 아닌 경우에는 가압류의 효력이 그 본안소송의 권리에 미친다고 할 수 없다. 한편 배당절차에서 작성된 배당표가 잘못되어 배당을 받아야 할 채권자가 배당을 받지 못하고 배당을 받을 수 없는 사람이 배당받는 것으로 되어 있을 경우, 배당금이 실제 지급되었다면 배당금 상당의 금전지급을 구하는 부당이득반환청구를 할 수 있지만 아직 배당금이 지급되지 아니한 때에는 배당금지급청구권의 양도에 의한 부당이득의 반환을 구하여야지 그 채권 가액에 해당하는 금전의 지급을 구할 수는 없고, 그 경우 집행의 보전은 가압류에 의할 것이 아니라 배당금지급금지가처분의 방법으로 하여야 한다.(대결 2013.4.26, 2009마1932)

20. 가압류에 대한 본안의 확정판결에서 피보전채권의 원금 중 일부만이 남아 있는 것으로 확정된 경우, 나머지 원금과 청구기초의 동일성이 인정되는 지연손해금이 가압류채권의 피보전채권에 포함되는지 여부(원칙적 적극) 가압류채권에 대한 본안의 확정판결에서 그 피보전채권의 원금 중 일부만이 남아 있는 것으로 확정된 경우라도, 특별한 사정이 없는 한 가압류 청구금액 범위 내에서는 그 나머지 원금과 청구기초의 동일성이 인정되는 지연손해금도 피보전채권의 범위에 포함되므로, 이를 가산한 금액이 가압류 청구금액을 넘는지 여부를 가리고 만약 가압류 청구금액에 미치지 못하는 경우에는 그 금액으로 기초로 배당액을 조정하여야 한다.(대판 2013.6.13, 2011다75478)

21. 처분금지가처분의 송달 이후에 실시된 가압류처분의 효력 채권자가 채무자의 금전채권에 대하여 가처분결정을 받아 가처분결정이 제3채무자에게 송달되고 그 후 본안소송에서 승소하여 확정되었다면, 가처분결정의 송달 이후에 실시된 가압류 등의 보전처분 또는 그에 기한 강제집행은 가처분의 처분금지 효력에 반하는 범위 내에서는 가처분채권자에게 대항할 수 없다.(대판 2014.6.26, 2012다116260)

▶ **압류의 경합**

22. 압류가 경합되어 전부명령이 무효인 경우 제3채무자가 한 전부금 변제의 효력 채권가압류나 압류가 경합된 경우에는 그 압류채권자의 한 사람이 전부명령을 얻더라도 그 전부명령은 무효가 되지만 이 경우에도 그 전부채권자는 채권의 준점유자에 해당한다고 보아야 할 것이므로, 제3채무자가 그 전부채권자에게 전부금을 변제하였다면 제3채무자가 선의 무과실일 때에는 민 470조에 의하여 그 변제는 유효하고 제3채무자는 다른 압류채권자에 대하여 이중변제의 의무를 부담하지 아니하나, 반면에 제3채무자가 위 전부금을 변제함에 있어 선의 무과실이 아니었다면 제3채무자가 전부채권자에게 한 전부금의 변제는 효력이 없고 또 그것이 경합압류채권자에 대하여는 불법행위가 될 수 있는 것이므로, 제3채무자는 경합압류채권자에 대하여 그로 인한 손해를 배상할 의무가 있다.(대판 1988.8.23, 87다카546)

23. 소유권이전등기청구권에 대한 가처분과 그 후에 있은 압류와의 관계 소유권이전등기청구권에 대한 가압류가 있기 전에 소유권이전등기청구권을 보전하기 위하여 "채무자는 소유권이전등기청구권을 양도하거나 기타 일체의 처분행위를 하여서는 아니 된다. 제3채무자는 채무자에게 소유권이전등기절차를 이행하여서는 아니 된다."는 소유권이전등기청구권 처분금지가처분이 있었다고 하더라도 그 가처분이

뒤에 이루어진 가압류에 우선하는 효력은 없으므로, 그 가압류는 가처분채권자와 사이의 관계에서도 유효하고, 이는 소유권이전등기청구권에 대한 압류의 경우에도 마찬가지이다.(대판 2001.10.9, 2000다51216)

24. 체납처분절차에 의한 압류와 민사집행절차에 의한 압류가 경합하는 경우의 법률관계 현행법상 국세체납절차와 민사집행절차는 별개의 절차로서 양 절차 상호간의 관계를 조정하는 법률의 규정이 없으므로 한 쪽의 절차가 다른 쪽의 절차에 간섭할 수 없는 반면, 쌍방 절차에서 각 채권자는 서로 다른 절차에서 정한 방법으로 그 다른 절차에 참여할 수밖에 없으므로, 동일한 채권에 대하여 체납처분절차에 의한 압류와 민사집행절차에 의한 압류가 서로 경합하는 경우에도 세무공무원은 체납처분에 의하여 압류한 채권을 추심할 수 있고, 청산절차가 종결되면 그 채권에 대한 민사집행절차에 의한 가압류나 압류의 효력은 상실되고, 따라서 보전처분에 기하여 가압류가 된 채권에 대하여 체납처분에 의한 압류가 있고 그에 기하여 피압류채권의 추심이 이루어진 후에 그 체납처분의 기초가 된 조세부과처분이 취소되었다고 하더라도, 특별한 사정이 없는 한 그 환급금채권은 조세를 납부한 자에게 귀속되므로 민사집행절차에 의한 가압류 및 압류 채권자로서는 조세부과처분의 취소에 따른 환급금에 대하여 부당이득반환을 구할 수는 없다.(대판 2002.12.24, 2000다26036)

▶ **시효의 중단**

25. 가압류에 의한 시효중단의 효력 민 168조에서 가압류를 시효중단사유로 정하고 있는 것은 가압류에 의하여 채권자가 권리를 행사하였다고 할 수 있기 때문인데 가압류에 의한 집행보전의 효력이 존속하는 동안은 가압류채권자에 의한 권리행사가 계속되고 있다고 보아야 할 것이므로 가압류에 의한 시효중단의 효력은 가압류의 집행보전의 효력이 존속하는 동안은 계속된다고 하여야 할 것이다. 또한 민 168조에서 가압류와 재판상의 청구를 별도의 시효중단사유로 규정하고 있는데 비추어 보면, 가압류의 피보전채권에 관하여 본안의 승소판결이 확정되었다고 하더라도 가압류에 의한 시효중단의 효력이 이에 흡수되어 소멸한다고 할 수도 없다.(대판 2000.4.25, 2000다11102)

26. 가압류의 집행보전의 효력이 존속하는 동안 가압류에 의한 시효중단의 효력이 계속되는지 여부(적극)와 가압류등기가 말소된 경우 새로운 소멸시효의 진행 여부(적극) 및 배당절차에서 배당액이 공탁된 경우 가압류에 의한 시효중단의 효력 존부(소극) 가압류에 의한 집행보전의 효력이 존속하는 동안은 가압류채권자에 의한 권리행사가 계속되고 있다고 보아야 할 것이므로 가압류에 의한 시효중단의 효력은 가압류의 집행보전의 효력이 존속하는 동안 계속된다. 따라서 가압류에 의한 시효중단은 경매절차에서 부동산이 매각되어 가압류등기가 말소되기 전에 배당절차가 진행되어 가압류채권자에 대한 배당표가 확정되는 등의 특별한 사정이 없는 한, 채권자가 가압류집행에 의하여 권리행사를 계속하고 있다고 볼 수 있는 가압류등기가 말소된 때 그 중단사유가 종료하여 그때부터 새로 소멸시효가 진행한다. 한편, 매각대금 납부 후의 배당절차에서 가압류채권자의 채권에 대하여 배당이 이루어지고 배당액이 공탁된 경우 가압류채권자가 그 공탁금에 대하여 채권자로서 권리행사를 계속하고 있다고 볼 수는 없으므로 그로 인하여 가압류에 의한 시효중단의 효력이 계속된다고 할 수 없다.(대판 2013.11.14, 2013다18622, 18639)

27. 가압류에 의한 시효중단 범위 1개의 채권 중 일부에 대하여 가압류·압류를 하였는데, 채권의 일부에 대하여만 소멸시효가 중단되고 나머지 부분은 이미 시효로 소멸한 경우, 가압류·압류의 효력은 시효로 소멸하지 않고 잔존하는 채권 부분에 계속 미친다.(대판 2016. 3. 24, 2014다13280,

13297)

제277조【보전의 필요】 가압류는 이를 하지 아니하면 판결을 집행할 수 없거나 판결을 집행하는 것이 매우 곤란할 염려가 있을 경우에 할 수 있다.

■ 가압류의 목적(276)

1. 피보전권리와 보전의 필요성에 대한 심리 모든 보전처분에서는 피보전권리와 보전의 필요성의 존재에 관한 소명이 있어야 하고, 이 두 요건은 서로 별개의 독립된 요건이기 때문에 그 심리에 있어서도 상호 관계없이 독립적으로 심리되어야 한다.(대결 2005.8.19, 2003마482)

2. 상당기간 본집행에 착수하지 아니한 경우와 보전의 필요성 가압류채권자가 본안소송에서 승소관결을 받아 확정된 후, 가압류채무자가 그 본안판결에 대하여 재심의 소를 제기하였으나 재심의 소를 각하한 판결이 확정되고도 5개월이 지나도록 가압류채권자가 본 집행에 착수하지 않고 있었다면 가압류는 보전의 필요성이 소멸하였다고 볼 것이다.(대판 1990.11.23, 90다카25246)

제278조【가압류법원】 가압류는 가압류할 물건이 있는 곳을 관할하는 지방법원이나 본안의 관할법원이 관할한다.

■ 가압류명령(280), 가압류할 물건(민98), 지방법원(32, 법조7④⑤), 본안의 관할법원(311), 전속관할(21)

1. 본안의 관할법원이나 재판장이 아닌 단독판사가 한 가처분 결정의 효력 본안의 관할법원도 그 재판장도 아닌 법관이 한 가처분결정이라 할지라도 당연무효라고는 할 수 없고 이의에 의하여 취소될 때까지는 유효하다.(대결 1964.4.11, 64마66)

제279조【가압류신청】 ① 가압류신청에는 다음 각호의 사항을 적어야 한다.

1. 청구채권의 표시, 그 청구채권이 일정한 금액이 아닌 때에는 금전으로 환산한 금액

2. 제277조의 규정에 따라 가압류의 이유가 될 사실의 표시

② 청구채권과 가압류의 이유는 소명하여야 한다.

■ ① 신청의 방식(민집203), 서면신청(4·23①, 민소248·249·274), 보전의 필요성(277), 신청의 효과(민168ii), ② 소명(민소299)

1. 채권가압류신청 취하에 따른 가압류집행의 효력 상실 시기 민 채권가압류에 있어서 채권자가 채권가압류신청을 취하하면 채권가압류결정은 그로써 효력이 소멸하지만, 채권가압류결정정본이 제3채무자에게 이미 송달되어 채권가압류결정이 집행되었다면 그 취하통지서가 제3채무자에게 송달되었을 때에 비로소 그 가압류집행의 효력이 장래를 향하여 소멸한다.(대판 2001.10.12, 2000다19373)

2. 가압류에 의한 시효중단 효력의 발생시기(=가압류를 신청한 때) 민 168조 2호에서 가압류를 시효중단사유로 정하고 있지만, 가압류로 인한 시효중단의 효력이 언제 발생하는지에 관해서는 명시적으로 규정되어 있지 않다. 민소 265조에 의하면, 시효중단사유 중 하나인 '재판상의 청구'(민 168조 1호, 170조)는 소를 제기한 때 시효중단의 효력이 발생한다. 이는 소장 송달 등으로 채무자가 소 제기 사실을 알기 전에 시효중단의 효력을 인정한 것이다. 가압류에 관해서도 위 민사소송법 규정을 유추적용하여 '재판상의 청구'와 유사하게 가압류를 신청한 때 시효중단의 효력이 생긴다고 보아야 한다. '가압류'는 법원의 가압류명령을 얻기 위한 재판절차와 가압류명령의 집행절차를 포함하는데, 가압류도 재판상의 청구와 마찬가지로 법원에 신청을 함으로써 이루어지고(민집 279조), 가압류명령에 따른 집행이나 가압류명령의 송달을 통해서 채무자에게 고지가 이루어지기 때문이다.(대판 2017.4.7, 2016다35451)

제280조【가압류명령】 ① 가압류신청에 대한 재판은 변론 없이 할 수 있다.

② 청구채권이나 가압류의 이유를 소명하지 아니한 때에도 가압류로 생길 수 있는 채무자의 손해에 대하여 법원이 정한 담보를 제공한 때에는 법원은 가압류를 명할 수 있다.

③ 청구채권과 가압류의 이유를 소명한 때에도 법원은 담보를 제공하게 하고 가압류를 명할 수 있다.

④ 담보를 제공한 때에는 그 담보의 제공과 담보제공의 방법을 가압류명령에 적어야 한다.

■ ① 가압류신청(279), 임의적 변론(민소134①), ②③ 소명의 필요(279②), 담보(19), 담보제공의 방식(민집204, 민소122, 민소규22), ④ 명령기재사항(민소208·224), 가압류해방금액의 기재(282)

▶ 담보의 제공

1. 공탁한 담보물의 변환과 법원의 재량 법원은 담보제공자의 신청에 의하여 상당하다고 인정할 때에는 공탁한 담보물의 변환을 명할 수가 있고 이 때에는 물론 담보권리자의 이익을 해하여서는 안 될 것이나 본래의 공탁물에 갈음하여 유가증권이나 채권을 공탁하게 할 때에 신구 담보물의 액면가액이 절대적으로 동일하거나 그 이상이어야만 하는 것은 아니며 신 담보물을 어떠한 종류와 수량의 유가증권이나 채권으로 할 것인가는 법원의 재량에 의하여 정하여 진다.(대결 1988.8.11, 88그25)

2. 공탁담보물의 변환과 신 담보물의 종류 및 수량 법원은 담보제공자의 신청에 의하여 상당하다고 인정할 때에는 공탁한 담보물의 변환을 명할 수가 있는 것이고 신 담보물을 어떠한 종류와 수량의 유가증권으로 할 것인가는 법원의 재량에 의하여 정하여지는 것이라 할 것이나, 법원은 이로 인하여 담보권리자의 이익이나 권리가 침해되지 않도록 원래의 공탁물에 상당한 합리적인 범위 내에서 결정하여야 할 것인바, 공탁할 유가증권은 담보로 하여야 할 성질상 환가가 용이하거나 시세의 변동이 심하여 안정성이 없는 것은 부적당하다고 할 것이다.(대결 2000.5.31, 2000그22)

▶ 위법집행과 손해배상

3. 본안소송에서 패소 확정된 보전처분채권자의 고의·과실이 사실상 추정되는지 여부(적극) 가압류나 가처분 등 보전처분은 그 피보전권리가 실재하는지 여부의 확정은 본안소송에 맡기고 단지 소명에 의하여 채권자의 책임 하에 하는 것이므로, 그 집행 후에 집행채권자가 본안소송에서 패소 확정되면 그 보전처분의 집행으로 인하여 채무자가 입은 손해에 대하여 집행채권자에게 고의 또는 과실이 있다고 사실상 추정되지만, '특별한 사정'이 있는 경우에는 위와 같은 고의·과실의 추정이 번복될 수 있다.(대판 2010.2.11. 2009다82046, 82053)

4. 부동산에 대한 가압류의 집행과 그 처분 지연 간의 상당인과관계 부동산에 대한 가압류의 집행이 이루어졌다고 하더라도 채무자가 여전히 목적물의 이용 및 관리의 권한을 보유하고 있을 뿐더러(민집 83조 2항), 가압류의 처분금지적 효력은 상대적인 것에 불과하므로 채무자는 부동산이 가압류되었더라도 그 부동산을 매매하거나 기타의 처분행위를 할 수 있고, 다만 가압류채권자에 대한 관계에서만 처분행위의 유효를 주장할 수 없을 뿐이며, 다른 한편 가압류는 언제든지 해방공탁에 의하여 그 집행취소를 구할 수 있는 것이므로, 부동산에 대한 가압류의 집행이 부당하게 유지되었다고 하더라도 다른 특별한 사정이 없는 한 그 가압류는 부동산을 처분함에 법률상의 장애가 될 수는 없다고 할 것이고, 다만 가압류가 집행된 부동산을 매수하려는 자로서는 그 부동산의 소유권을 완전하게 취득하지 못하게 될 위험을 고려하여 당해 부동산의 매수를 꺼리게 됨으로써 결과

적으로 가압류가 집행된 부동산의 처분이 곤란하게 될 사실상의 개연성은 있을 수 있다고 할 것인바, 만일 어떤 부동산에 ासर가 가압류 집행이 있었고 그 가압류 집행이 계속된 기간 동안 채무자가 당해 부동산을 처분하지 못하였으며 주위 부동산들의 거래상황 등에 비추어 그와 같이 부동산을 처분하지 못한 것이 당해 가압류의 집행으로 인하였을 것이라는 점이 증명된다면, 달리 당해 부동산의 처분 지연이 가압류의 집행 이외의 사정 등 가압류채권자 측에 귀책사유 없는 다른 사정으로 인한 것임을 가압류채권자 측에서 주장·증명하지 못하는 한, 그 가압류와 당해 부동산의 처분 지연 사이에는 상당인과관계가 있다.(대판 2002.9.6, 2000다71715)

5. 부당한 가압류의 집행으로 인하여 제3자가 입은 손해의 배상책임 법원이 가압류결정에서 특정된 대상채권을 가압류채무자의 채권이라고 기재하여 제3채무자에게 그 채권의 지급 금지를 명하고 있고 또 그러한 가압류가 절차법상으로는 유효한 이상, 그 집행이 취소되거나 대상채권의 진정한 채권자가 제기하는 제3자이의의 소 등을 통하여 그 가압류의 부당함이 밝혀질 때까지 제3채무자로서는 가압류의 절차적, 외관적 효력과 이중지급의 위험 등의 이유 때문에 가압류결정에서 채권자로 지목되어 있는 가압류채무자는 물론 진정한 채권자인 제3자에 대하여도 채무를 이행하는 것이 매우 어려워질 수밖에 없고 또 적극적으로 그 채무액을 공탁할 수도 있다. 그러므로 제3채무자가 위와 같은 가압류결정이 있었다는 이유로 진정한 채권자인 제3자에게 그 채무의 이행을 거절하는 경우에는 진정한 채권자인 제3자로서는 결과적으로 위와 같은 부당한 가압류로 인하여 자신의 채권을 제때에 회수하지 못하는 손해를 입게 될 것이고, 이 경우 그 손해는 위 부당한 가압류와 상당인과관계가 있는 것이다. 따라서 비록 가압류가 법원의 재판에 의하여 집행되는 것이기는 하지만, 그 부당한 가압류에 관하여 고의 또는 과실이 있는 가압류채권자는 그 가압류집행으로 인하여 제3자가 입은 위와 같은 손해를 배상할 책임이 있다.(대판 2009.2.26, 2006다24872)

6. 부당한 보전처분으로 인한 통상손해의 범위 민사상의 금전채권에 있어 부당한 보전처분으로 인하여 그 채권금을 제때에 지급받지 못함으로써 발생하는 통상의 손해액은 그 채권금에 대한 민법 소정의 연 5푼의 비율에 의한 지연이자 상당액이라 할 것이고, 이 채권이 공탁되었다면 그 공탁금에 딸린 이자와의 차액 상당액이 손해액이 된다고 할 것이며, 이러한 이치는 가집행을 면하기 위하여 강제집행정지 신청을 하면서 담보로 금전을 공탁하였는데 가집행이 실효된 경우에도 마찬가지라고 할 것이므로, 설사 부당한 보전처분으로 인해 채무자가 실제로 부당하게 가압류된 금원을 활용하여 얻을 수 있었던 금융상의 이익이나 강제집행정지의 담보 제공을 위하여 공탁한 금원을 조달하기 위한 금융상의 이자 상당액에 해당하는 손해를 입었다고 하더라도 이는 특별손해로서 보전처분 채권자 또는 가집행 채권자가 이를 알았거나 알 수 있었을 경우에 한하여 그에 대한 배상책임이 있다.(대판 1999.9.3, 98다3757)

7. 채권가압류결정정본이 제3채무자에게 송달되지 아니한 경우의 손해 발생 불법행위로 인한 손해배상청구권은 현실적으로 손해가 발생한 때에 성립하는 것이고, 현실적으로 손해가 발생하였는지 여부는 사회통념에 비추어 객관적이고 합리적으로 판단하여야 하는 것이므로, 집행법원의 과실로 채권가압류결정정본이 제3채무자에게 송달되지 아니하여 가압류의 효력이 생기지 아니하였다고 하더라도 그 사실을 안 가압류채권자로서는 피보전채권으로 채무자의 다른 재산에 대하여 강제집행을 함으로써 채권의 만족을 얻을 수 있는 것이지만, 집행법원의 위와 같은 잘못으로 말미암아 채무자에 대한 채권추심이 곤란해졌다는 등의 특별한 사정이 없는 한 가압류채권자로서는 채권가압류결정정본이 제3채무자에게 송달되지 아니하였다는 사유만으로는 가압류의 효력이 생기지 아니한 채권액 상당의 손해가 현실적으로 발생하였다고 할 수 없고, 그러한 손해가 현실적으로 발생하였다는 점에 관하여는 피해자인 가압류채권자가 이를 증명하여야 한다.(대판 2003.4.8, 2000다53038)

8. 부당한 가압류집행으로 인하여 손해를 입었다고 할 수 없는 경우 부당한 채권가압류의 집행으로 인하여 가압류채무자가 제3채무자로부터 제때 채권금을 지급받지 못하는 손해를 입은 경우, 가압류채무자는 가압류채권자에 대하여 그 손해의 배상을 구할 수 있는 것이나, 부당한 채권가압류의 집행이 있었다 하더라도 그 집행기간 동안 기한의 미도래나 조건의 불성취 등의 사유로 인해 가압류채무자가 제3채무자로부터 채권을 바로 지급받을 수 없는 사정이 있었다면, 가압류채무자가 부당한 채권가압류의 집행으로 인하여 어떤 손해를 입었다고 할 수는 없다.(대판 2006.6.15, 2006다10408)

9. 위약금 지급과 가압류집행 사이에 상당인과관계가 있는지 여부(소극) 매매목적물인 부동산에 대하여 가압류집행이 되어 있다고 해서 매매에 따른 소유권이전등기가 불가능한 것도 아니고, 다만 가압류채권자가 본안 소송에서 승소하여 매매목적물에 대하여 경매가 개시되는 경우에는 매매목적물의 매각으로 인하여 매수인이 소유권을 상실할 수 있으나 이는 담보책임 등으로 해결할 수 있고, 경우에 따라서는 신의칙 등에 의하여 대금지급채무의 이행을 거절할 수 있음에 그치므로, 매매목적물이 가압류된 것을 매매계약 해제 및 위약금 지급 사유로 삼기로 약정하지 아니한 이상, 매수인으로서는 위 가압류집행을 이유로 매도인이 계약을 위반하였다고 하여 위 매매계약을 해제할 수는 없는 노릇이어서, 매도인이 받은 계약금의 배액을 매수인에게 지급하였다고 하더라도 그것은 매매계약에 의거한 의무에 의한 것이라고는 볼 수 없고 호의적인 지급이거나 지급의무가 없는데도 있는 것으로 착각하고 지급한 것이라고 보일 뿐이어서 위 위약금 지급과 위 가압류집행 사이에는 법률적으로 상당인과관계가 없다.(대판 2008.6.26, 2006다84874)

10. 가처분명령의 집행으로 인한 손해배상 청구권의 소멸시효의 기산점 위법한 가처분명령집행에 의한 피해자의 손해배상청구권의 소멸시효 기산점은 상대방의 청구권이 가처분명령 시 없었다는 것이 재판상 확정된 것을 안 때라고 할 것이다.(대판 1963.11.7, 63다626)

▶ **담보사유의 소멸**

11. 가처분신청사건이 상고심에서 파기된 때와 담보원인의 소멸 가처분신청사건의 항소심판결이 상고심에서 파기된 때에는 그 가처분을 집행하기 위하여 제공된 담보는 그 담보원인이 소멸하였다 할 것이다.(대결 1972.11.30, 72마176)

12. 가처분집행이 불능된 후의 가처분신청 취하와 담보취소 사유 가처분집행에 착수하였으나 집행불능이 되고 그 후 채권자가 가처분신청을 취하하였다 하더라도 집행의 착수가 있었던 이상 채무자가 명예, 신용 기타 무형적 손해를 입었을 수도 있어 위 사유만 가지고 담보사유가 소멸하였다 할 수 없다.(대판 1981.12.22, 81마290)

13. 담보취소결정의 확정 전에 담보권리자가 권리행사를 한 경우의 법률관계 구 민소 115조 3항에 따른 담보취소결정이 발하여진 후 그 결정이 확정되기 전에 담보권리자가 권리행사를 하고 이것을 증명한 경우에는 담보권리자가 담보취소에 동의한 것으로 간주하여 발하여진 담보취소결정은 그대로 유지할 수 없게 되었다고 해석함이 상당하고, 이는 재항고심에 이르러 비로소 권리행사를 하면서 이를 증명하는 서면을 제출한 경우에도 마찬가지이다.(대결 2000.7.18, 2000마2407)

제281조 【재판의 형식】 ① 가압류신청에 대한 재판은 결정으로 한다. (2005.1.27 본항개정)

② 채권자는 가압류신청을 기각하거나 각하하는 결

정에 대하여 즉시항고를 할 수 있다.
③ 담보를 제공하게 하는 재판, 가압류신청을 기각하거나 각하하는 재판과 제2항의 즉시항고를 기각하거나 각하하는 재판은 채무자에게 고지할 필요가 없다.

〔개정전〕 "① 가압류신청에 대한 재판은 변론하는 경우에는 종국판결로, 그 밖의 경우에는 결정으로 한다."

■ ① 결정(민소221), 임의적 변론(280①), ② 즉시항고(15)

1. 무담보의 가압류 신청에 대하여 담보 제공을 조건으로 한 가압류명령에 대한 불복 무담보의 가압류결정을 구하는 신청에 대하여 법원이 일정한 액수의 담보를 제공하는 것을 조건으로 가압류를 명하는 경우 이는 실질적으로 가압류신청에 대한 일부 기각의 재판과 같은 성격을 가지는 것이므로 신청인으로서는 위 일부 기각 부분(담보를 조건으로 명한 부분)에 대하여 불복할 이익을 갖는다고 할 것이고, 담보의 수액이 지나치게 과다하다고 다투는 경우도 마찬가지로 보아야 할 것인데, 이 때 담보를 제공할 것을 명한 부분을 다투거나 담보의 수액이 지나치게 많다고 하여 다툴 수 있는 방법은 법률상 다른 특별한 규정이 없는 이상 가압류신청의 일부 또는 전부가 기각이나 각하된 경우와 마찬가지로 통상의 항고로써 다룰 수 있다.(대결 2000.8.28, 99그30)

제282조【가압류해방금액】 가압류명령에는 가압류의 집행을 정지시키거나 집행한 가압류를 취소시키기 위하여 채무자가 공탁할 금액을 적어야 한다.

■ 가압류명령(280), 공탁과 가압류집행(291~299), 공탁(19)

1. 가압류해방금을 유가증권으로 공탁할 수 있는지 여부(소극) 구 민소 702조의 가압류해방금액은, 채무자가 입을 수 있는 손해를 담보하는 취지의 이른바 소송상의 담보와는 달리 가압류의 목적물에 갈음하는 것으로서 금전에 의한 공탁만이 허용되고, 유가증권에 의한 공탁은 그 유가증권이 실질적 통용가치가 있는 것이라고 하더라도 허용되지 않는다.(대결 1996.10.1, 96마162)

2. 해방공탁금에 대한 가압류의 효력 가압류집행의 목적물에 갈음하여 가압류해방금이 공탁된 경우에 그 가압류의 효력은 공탁금 자체가 아니라 공탁자인 채무자의 공탁금 회수청구권에 대하여 미치는 것이므로 채무자의 다른 채권자가 위 가압류해방공탁금 회수청구권에 대하여 압류명령을 받은 경우에는 가압류채권자의 가압류와 다른 채권자의 압류는 그 집행대상이 같아 서로 경합하게 된다 할 것이다. 한편 압류된 금전채권에 대하여 배당요구가 있어 채권자가 경합하게 된 경우에 제3채무자가 그 권리로서 채무액을 공탁할 수 있음을 규정한 구 민소 581조 1항은 제3채무자가 각 채권자의 변제수령권의 유무나 채무액의 배분 등에 있어 판단을 잘못함으로써 이중변제의 책임을 지게 되는 위험을 제거하고 집행절차의 적정을 도모하는 데 그 취지가 있으므로, 위와 같은 제3채무자 보호 및 집행절차의 적정이라는 이념은 중복압류(가압류를 포함한다)에 의하여 채권자가 경합된 경우에도 역시 요청되는 것이므로 제3채무자가 그 권리로서 채무액을 공탁할 수 있음을 규정한 구 민소 581조 1항은 중복압류의 경우에도 유추적용된다고 할 것이다.(대결 1996.11.11, 95마252)

3. 해방공탁금의 용도로 금원을 대여한 자의 가압류채권자에 대한 관계 해방금액의 공탁에 의한 가압류 집행취소 제도의 취지에 비추어 볼 때, 가압류 채권자의 가압류에 의하여 누릴 수 있는 이익이 가압류 집행취소에 의하여 침해되어서는 안 되므로, 가압류 채무자에게 해방공탁금의 용도로 금원을 대여하여 가압류집행을 취소할 수 있도록 한 자는 비록 가압류 채무자에 대한 채권자라 할지라도 특별한 사정이 없는 한 가압류 채권자에 대한 관계에서 가압류 해방공탁금 회수청구권에 대하여 위 대여금 채권에 의한 압류 또

는 가압류의 효력을 주장할 수는 없다.(대판 1998.6.26, 97다30820)

4. 가처분을 발령함에 있어 해방금액을 정할 수 있는지 여부(소극) 금전채권이나 금전으로 환산할 수 있는 채권의 보전을 목적으로 하는 가압류와 달리 가처분은 금전채권을 제외한 특정물에 대한 이행청구권 또는 다툼이 있는 권리관계의 보전에 그 본래의 목적이 있다는 점과 민집 307조에서 특별사정으로 인한 가처분의 취소를 별도로 규정한 법의 등에 비추어 볼 때 해방공탁금에 관한 민집 282조의 규정은 가처분에는 준용할 수 없다고 해석함이 타당하다.(대결 2002.9.25, 2000마282)

제283조【가압류결정에 대한 채무자의 이의신청】 ① 채무자는 가압류결정에 대하여 이의를 신청할 수 있다.
② 제1항의 이의신청에는 가압류의 취소나 변경을 신청하는 이유를 밝혀야 한다.
③ 이의신청은 가압류의 집행을 정지하지 아니한다.

■ ① 가압류명령(281①), 신청(민소161), 이의재판(286), ③ 가압류집행(291~299), 가처분의 집행정지(309)

1. 특정승계인의 이의신청 가부 구 민소 703조, 715조에 의하여 가처분결정에 대한 이의신청을 할 수 있는 자는 채무자와 그 일반승계인이라야만 하고 특정승계인도 같은 법 74조에 의한 참가승계를 하여 이의신청을 할 수 있다고 할 것이나 이 이외의 제3자는 가처분에 대하여 사실상의 이해관계가 있다 하더라도 이의를 신청할 적격이 없다.(대판 1970.4.28, 69다2108)

2. 가압류 결정에 대한 이의 신청과 채권자의 대위권 행사 원래 가압류결정에 대한 이의신청은 가압류결정에 대한 소송법상의 불복방법에 불과하므로 채권자의 대위에 의하여 행사될 수 있는 권리라 할 것이다.(대결 1967.5.2, 67다267)

3. 변론 없이 보전처분의 신청을 인용한 항고법원의 결정에 대한 재항고의 가부(소극) 변론을 거치지 아니하고 행한 가압류나 가처분 등 보전처분의 신청을 인용한 결정에 대하여는 채무자나 피신청인은 구 민소 703조, 715조에 의하여 그 보전처분을 발한 법원에 이의를 신청할 수 있을 뿐이고, 그 인용결정이 항고법원에 의하여 행하여진 경우라 하더라도 이에 대하여는 구 민소 412조에 의한 재항고로는 다툴 수 없다.(대결 1999.4.2, 99마865)

4. 가처분 이의절차에서의 그 판단의 기준시점 가처분 이의절차에서 법원의 심리대상이 되는 것은 가처분신청의 당부로서 그 변론종결시점을 기준으로 하여 가처분신청이 이유있다고 판단하는 경우에 가처분결정을 유지하게 된다.(대판 2006.5.26, 2004다62597)

5. 사망한 자를 채무자로 한 처분금지가처분결정의 효력 이미 사망한 자를 채무자로 한 처분금지가처분신청은 부적법하고 그 신청에 따른 처분금지가처분결정이 있었다고 하여도 그 결정은 당연무효로서 그 효력이 상속인에게 미치지 않는다고 할 것이므로, 채무자의 상속인은 일반승계인으로서 무효인 그 가처분결정에 의하여 생긴 외관을 제거하기 위한 방편으로 가처분결정에 대한 이의신청으로 그 취소를 구할 수 있다.(대판 2002.4.26, 2000다30578)

6. 파산선고 결정이 확정된 경우의 채무자의 이의신청의 적부(소극) 파산선고 전에 파산채권에 관하여 파산재단에 속하는 재산에 대하여 한 보전처분은 파산재단에 대하여는 그 효력을 상실하므로(파산법 61조 1항 본문), 파산관재인은 집행기관에 대하여 파산선고결정 등본을 취소원인 서면으로 소명하여 보전처분의 집행취소신청을 하여 집행처분의 외관을 없앨 수 있고, 따라서 보전처분에 대한 채무자의 이의신청은 그 이익이 없어 부적법하다.(대판 2002.7.12, 2000다2351)

7. 금지기간을 정한 가처분에서 그 기간이 경과된 경우와 이

의신청 보전처분에 대한 이의신청은 그 보전처분이 유효하게 존재하고 취소나 변경을 구할 이익이 있는 경우에 한하여 허용되는 것이므로, 영업비밀의 침해와 전직을 금지하는 가처분에서 금지기간을 정한 경우에 그 금지기간의 경과로 가처분의 효력이 상실되었다면, 채무자들로서는 더 이상 이의신청으로 가처분의 취소나 변경을 구할 이익이 없는 것이다.(대판 2004.10.28, 2004다31593)

제284조 【가압류이의신청사건의 이송】
법원은 가압류이의신청사건에 관하여 현저한 손해 또는 지연을 피하기 위한 필요가 있는 때에는 직권으로 또는 당사자의 신청에 따라 결정으로 그 가압류사건의 관할권이 있는 다른 법원에 사건을 이송할 수 있다. 다만, 그 법원이 심급을 달리하는 경우에는 그러하지 아니하다.

▣ 가압류이의 신청(283), 결정(민소134① · 221), 이송(민소35 · 38~40)

제285조 【가압류이의신청의 취하】
① 채무자는 가압류이의신청에 대한 재판이 있기 전까지 가압류이의신청을 취하할 수 있다. (2005.1.27 본항개정)
② 제1항의 취하에는 채권자의 동의를 필요로 하지 아니한다.
③ 가압류이의신청의 취하는 서면으로 하여야 한다. 다만, 변론기일 또는 심문기일에서는 말로 할 수 있다. (2005.1.27 본항개정)
④ 가압류이의신청서를 송달한 뒤에는 취하의 서면을 채권자에게 송달하여야 한다.
⑤ 제3항 단서의 경우에 채권자가 변론기일 또는 심문기일에 출석하지 아니한 때에는 그 기일의 조서등본을 송달하여야 한다. (2005.1.27 본항개정)

[개정전] ① "채무자는 종국판결이 선고되기 전까지" 가압류이의의 신청을 취하할 수 있다.
③ … 다만, "변론 또는 변론준비기일"에서는 …
⑤ … 채권자가 "변론 또는 변론준비기일"에 …

▣ ① 이의신청(283), 가압류이의신청에 대한 재판(286), 신청취하의 효력을 다투는 절차(민집규205, 민소규67), ③ 변론(민소134), 서면 또는 말(민소161), ④ 송달(민소174이하), ⑤ 당사자의 불출석(민소148 · 268)

제286조 【이의신청에 대한 심리와 재판】
① 이의신청이 있는 때에는 법원은 변론기일 또는 당사자 쌍방이 참여할 수 있는 심문기일을 정하고 당사자에게 이를 통지하여야 한다.
② 법원은 심리를 종결하고자 하는 경우에는 상당한 유예기간을 두고 심리를 종결할 기일을 정하여 이를 당사자에게 고지하여야 한다. 다만, 변론기일 또는 당사자 쌍방이 참여할 수 있는 심문기일에는 즉시 심리를 종결할 수 있다.
③ 이의신청에 대한 재판은 결정으로 한다.
④ 제3항의 규정에 의한 결정에는 이유를 적어야 한다. 다만, 변론을 거치지 아니한 경우에는 이유의 요지만을 적을 수 있다.
⑤ 법원은 제3항의 규정에 의한 결정으로 가압류의 전부나 일부를 인가 · 변경 또는 취소할 수 있다. 이 경우 법원은 적당한 담보를 제공하도록 명할 수 있다.
⑥ 법원은 제3항의 규정에 의하여 가압류를 취소하는 결정을 하는 경우에는 채권자가 그 고지를 받은

날부터 2주를 넘지 아니하는 범위 안에서 상당하다고 인정하는 기간이 경과하여야 그 결정의 효력이 생긴다는 뜻을 선언할 수 있다.
⑦ 제3항의 규정에 의한 결정에 대하여는 즉시항고를 할 수 있다. 이 경우 민사소송법 제447조의 규정을 준용하지 아니한다.
(2005.1.27 본조개정)

[개정전] "제286조 【이의신청에 대한 재판】① 이의신청이 있는 때에는 법원은 변론기일을 정하고 당사자에게 이를 통지하여야 한다.
② 법원은 종국결로 가압류의 전부나 일부의 인가 · 변경 또는 취소를 선고할 수 있다.
③ 제2항의 경우에 법원은 적당한 담보를 제공하도록 명할 수 있다."

▣ ① 이의신청(283), 변론과 심문(민소134), 통지(11 · 12), ② 변론의 종결(민소198), ③ 가압류신청에 대한 재판(281①), ④ 재판의 이유기재(민소208, 소액11①23), ⑤ 담보(19 · 280②3), ⑥ 가압류의 취소(287③ · 288 · 289), ⑦ 즉시항고(15), 집행정지의 효력(민소447)

1. 가압류이의 절차에서 피보전권리를 변경할 수 있는 한계
가압류결정의 피보전권리와 본안의 소송물인 권리는 엄격히 일치를 요하지 않으며 청구의 기초의 동일성이 인정되는 한 그 가압류의 효력은 본안소송의 권리에 미치고, 가압류의 신청은 긴급한 필요에 따른 것으로서 피보전권리의 법률적 구성과 증거관계를 충분하게 검토 · 확정할 만한 시간적 여유가 없이 이루어지는 사정에 비추어 보면, 당사자가 권리 없음이 명백한 피보전권리를 내세워 가압류를 신청한 것이라는 등의 특별한 사정이 없는 한 청구의 기초에 변경이 없는 범위 내에서는 가압류의 이의 절차에서도 신청이유의 피보전권리를 변경할 수 있다.(대판 1996.2.27, 95다45224)

2. 가처분에 대한 이의절차에서 신청 취지의 변경이 허용되는지 여부(소극) 가처분에 대한 이의절차는 가처분이 이미 발령되어 재산의 처분 등이 제한된 채무자를 위하여 인정된 불복절차로서 그 발령에 의하여 즉시 집행력을 가지는 보전처분의 특성에 비추어 이러한 절차에서 채권자에 의한 신청 취지의 변경을 허용하는 것은 그 집행 내용에 따라서는 보전처분의 유용을 허용하는 결과가 될 수 있어 채권자에게 지나치게 유리한 점, 현행 민사집행법은 가처분의 발령절차뿐만 아니라 그 이의절차도 심문기일에서 심리할 수 있게 하고 이의신청에 대한 재판을 결정으로 하며 변론을 거치지 않은 경우에는 이유의 요지만을 적을 수 있도록 하는 등의 규정을 두어 신속한 절차진행을 도모하고 있는바, 이의절차에서 가처분 신청 취지의 변경에 관하여는 민사소송법상 청구의 변경 제도를 준용할 경우에는 가처분 신청의 기초에 관한 동일성 유무의 판단이 별도로 요구되고 나아가 이에 관한 당사자의 다툼이 계속되는 한 절차진행의 장애요소가 되어 위와 같은 이의절차의 기본적 성격과 조화되지 않는 점, 채권자가 이미 발령된 가처분 이상의 효력을 가지는 보전처분을 필요로 하는 경우에는 새로운 가처분 신청에 의하여 충분히 그 목적을 달성할 수 있는 점, 보전처분의 이의신청에 대한 재판은 원결정의 전부 또는 일부의 인가 · 변경 · 취소를 주문에서 표시하여야 하고 여기서의 변경은 원결정에서 명하는 금지 등의 내용이나 방법을 원결정보다 제한하는 경우 등과 같이 채무자에게 유리한 변경을 의미하는 것이므로 심리 범위를 발령된 보전처분 그 자체에 한정하는 것이 상당한 점 등에 비추어 보면, 특별한 사정이 없는 한 가처분에 대한 이의절차에서 채권자가 신청취지를 확장하거나 변경하는 것은 허용될 수 없다.(대결 2010.5.27. 2010마279)

3. 제소기간 도과를 가압류 이의사유로 주장할 수 있는지 여부(적극) 가압류이의소송은 가압류결정의 취소 변경을 구하는 절차라는 면에서 제소기간 도과로 인한 가압류취소소송과 다를 바 없고, 소송경제적 측면과 보전소송의 긴급성의 요청에 비추어 볼 때 제소명령기간 내에 본안소송을 제기하

지 아니한 때에 그 기간이 도과하였다는 것도 가압류 이의 사유로 주장할 수 있으며, 제소기간의 도과 여부를 판단함에 있어 제소명령에 응하여 채권자가 제기한 본안의 소송이나 중재판정절차가 취하되거나 당사자의 불출석으로 인하여 취하간주 또는 종료선언되거나 소송요건의 흠결을 이유로 한 소각하 판결이 확정되었을 때에는 본안의 소 제기나 중재신청을 하지 아니한 것과 같이 보아야 할 것이다.(대판 2000.2.11, 99다50064)

4. 가압류결정 이후에 생긴 취소사유가 이의사유가 될 수 있는지의 여부(적극) 가압류 또는 가처분 결정에 대한 이의사유는 그 변론종결 시까지 발생한 피보전권리의 존부 및 보전의 필요성에 관한 일체의 사유를 포함하므로 동 결정 이후에 발생한, 사정변경에 의한 가압류 또는 가처분의 취소사유도 가압류 또는 가처분 이의의 사유로 삼을 수 있다.(대판 1981.9.22, 81다638)

5. 가압류의 목적 채권의 부존재가 가압류결정 취소사유에 해당하는지 여부(소극) 가압류의 목적인 채무자의 제3채무자에 대한 채권이 존재하지 않음이 밝혀졌다 하더라도 이는 가압류결정이 결과적으로 채권보전의 실효를 거둘 수 없게 됨에 그칠 뿐 이로써 가압류결정을 취소할 사유는 되지 못한다.(대판 1999.3.23, 98다63100)

6. 가집행선고부 가처분취소 판결에 따라 가처분등기가 말소된 경우의 소유권 취득 가처분선고부 가처분취소판결의 집행에 의하여 처분금지가처분등기가 말소된 경우 그 말소된 효력은 확정적인 것이므로, 처분행위가 금지된 부동산을 매수한 제3자는 그 후에는 아무런 제한을 받지 아니하고 소유권취득의 효력을 가처분 채권자에게 대항할 수 있게 된다.(대판 2000.10.6, 2000다32147)

7. 즉시항고이유서를 제출하지 아니하였다는 이유로 각하할 수 있는지 여부(소극) 민사소송법은 항소이유서의 제출기한에 관한 규정을 두고 있지 아니하므로 가압류이의신청에 대한 재판의 항고인이 즉시항고이유서를 제출하지 아니하다거나 그 이유를 적어내지 아니하였다는 이유로 그 즉시항고를 각하할 수는 없다.(대결 2008.2.29, 2008마145)

8. 가압류이의신청에 관한 결정에 대한 즉시항고의 경우 민소 134조 1항 단서 및 2항이 준용되는지 여부(적극) 민사집행법은 가압류이의신청에 대한 재판은 결정으로 하고, 이의신청이 있는 때에는 법원은 변론기일 또는 당사자 쌍방이 참여할 수 있는 심문기일을 정하고 당사자에게 이를 통지하여야 한다고 규정(286조 1항, 3항)하면서도, 이의신청에 대한 결정에 관하여는 즉시항고를 할 수 있다고 규정할 뿐 항고법원의 심리방법에 관하여는 아무런 규정도 두고 있지 않다. 그렇다면 항고법원의 심리에 관하여는 결정으로 완결할 사건에 관한 민사소송법의 규정이 준용되어 항고법원이 변론을 열 것인지 아닌지 및 변론을 열지 아니할 경우에 당사자나 이해관계인 그 밖의 참고인을 심문할 것인지 아닌지를 정할 수 있다고 보아야 한다.(대결 2012.5.31, 2012마300)

9. 강제집행의 목적물이 될 수 없어 가압류결정을 취소하는 경우 담보제공명령의 가부(소극) 강제집행의 목적물이 될 수 없어 장차의 강제집행을 보전하기 위한 보전처분인 가압류의 대상이 될 수 없는 목적물에 대한 가압류신청은 부적법하고, 가압류이의신청에 대한 재판에서 이러한 이유로 가압류결정을 취소하는 경우에는 가압류취소의 조건으로 채무자에게 담보제공을 명할 수 없다고 보아야 한다.(대결 2012.11.29, 2012마1647)

제287조 【본안의 제소명령】

① 가압류법원은 채무자의 신청에 따라 변론 없이 채권자에게 상당한 기간 이내에 본안의 소를 제기하여 이를 증명하는 서류를 제출하거나 이미 소를 제기하였으면 소송계속사실을 증명하는 서류를 제출하도록 명하여야

한다.

② 제1항의 기간은 2주 이상으로 정하여야 한다.

③ 채권자가 제1항의 기간 이내에 제1항의 서류를 제출하지 아니한 때에는 법원은 채무자의 신청에 따라 결정으로 가압류를 취소하여야 한다.

④ 제1항의 서류를 제출한 뒤에 본안의 소가 취하되거나 각하된 경우에는 그 서류를 제출하지 아니한 것으로 본다.

⑤ 제3항의 신청에 관한 결정에 대하여는 즉시항고를 할 수 있다. 이 경우 민사소송법 제447조의 규정은 준용하지 아니한다.

■ ① 가압류법원(278 · 311), 제소명령신청(민집규203), 제소명령의 송달(민집규206), ② 기간(민소170 · 172), ③ 결정(민소134), 가압류의 취소(288 · 289), ④ 소의 취하(민소266 · 267), ⑤ 즉시항고(15), 집행정지의 효력(민소447)

1. 본안의 소의 각하판결과 제소기간의 도과 여부 가압류이의소송은 가압류결정의 취소 변경을 구하는 절차라는 면에서 제소기간 도과로 인한 가압류취소소송과 다를 바 없고, 소송경제적 측면과 보전소송의 긴급성의 요청에 비추어 볼 때 제소명령기간 내에 본안소송을 제기하지 아니한 때에 그 기간이 도과하였다는 것도 가압류 이의사유로 주장할 수 있으며, 제소기간의 도과 여부를 판단함에 있어 제소명령에 응하여 채권자가 제기한 본안의 소송이나 중재판정절차가 취하되거나 당사자의 불출석으로 인하여 취하간주 또는 종료선언되거나 소송요건의 흠결을 이유로 한 소각하 판결이 확정되었을 때에는 본안의 소 제기나 중재신청을 하지 아니한 것과 같이 보아야 할 것이다.(대판 2000.2.11, 99다50064)

2. 기간이 지난 뒤에 제소증명 서류를 제출한 경우의 조치 민집 287조에 규정된 본안의 소의 부제기 등에 의한 가압류취소는 채권자에게 본안의 소를 제기할 것을 명하고 채권자가 본안의 소를 제기하였다는 등을 증명하는 서류를 일정한 기간 이내에 제출하지 아니한 때에 가압류명령을 취소하는 제도로서, 제소명령에 정하여진 기간 이내에 본안의 소를 제기하지 아니하거나 본안의 소가 계속되고 있지 아니한 때는 물론이고 정하여진 기간 이내에 본안의 소가 제기되었거나 이미 소를 제기하여 계속되고 있었음에도 불구하고 채권자가 그러한 사실을 증명하는 서류를 기간 이내에 법원에 제출하지 아니한 경우에도 법원은 가압류명령을 취소하여야 하고, 그 기간이 지난 뒤에 증명서류를 제출하였다고 하더라도 마찬가지이다.(대결 2003.6.18, 2003마793)

3. 제3채무자가 한 본안제소명령 신청의 적부 소유권이전등기청구권에 대한 처분금지가처분의 제3채무자는 가처분에 대한 본안제소명령의 신청권이 없으므로 제3채무자가 채권자를 상대로 한 본안제소명령신청은 부적법하다.(대결 1993.10.15, 93마1435)

4. 제소명령 후 가압류결정의 청구채권을 제3자에게 양도한 경우의 처리 채권양수인이 채권양도의 대항요건을 갖추지 못하였더라도 제소명령상 채권양도인의 지위를 승계하고, 제소명령에서 정한 기간 내에 가압류채무자를 상대로 본안의 소를 제기하고 소장접수증명서를 첨부한 제소신고서를 제출한 이상 제소명령을 준수한 것이다.(제소명령 후 가압류결정의 청구채권을 갑에게 양도한 을이 채무자 병에게 채권양도 사실을 내용증명우편으로 통지하였으나 병이 이를 수령하지 못하였는데, 갑이 제소기간 내에 병을 상대로 본안의 소를 제기하고 제소신고서를 제출한 사안) (대결 2014.10.10, 2014마1284)

제288조 【사정변경 등에 따른 가압류취소】

① 채무자는 다음 각호의 어느 하나에 해당하는 사유가 있는 경우에는 가압류가 인가된 뒤에도 그 취소

를 신청할 수 있다. 제3호에 해당하는 경우에는 이해관계인도 신청할 수 있다.
1. 가압류이유가 소멸되거나 그 밖에 사정이 바뀐 때
2. 법원이 정한 담보를 제공한 때
3. 가압류가 집행된 뒤에 3년간 본안의 소를 제기하지 아니한 때
② 제1항의 규정에 의한 신청에 대한 재판은 가압류를 명한 법원이 한다. 다만, 본안이 이미 계속된 때에는 본안법원이 한다.
③ 제1항의 규정에 의한 신청에 대한 재판에는 제286조제1항 내지 제4항·제6항 및 제7항을 준용한다.
(2005.1.27 본조개정)

〔개정전〕 "제288조 【사정변경에 따른 가압류취소】 ① 채무자는 가압류이유가 소멸되거나 그 밖에 사정이 바뀌거나 법원이 정한 담보를 제공한 때에는 가압류가 인가된 뒤에도 그 취소를 신청할 수 있다.
② 제1항의 신청에 대하여는 종국판결로 재판한다.
③ 제2항의 재판은 가압류를 명한 법원이 한다. 다만, 본안이 이미 계속된 때에는 본안법원이 한다.
④ 가압류가 집행된 뒤에 5년간 본안의 소를 제기하지 아니한 때에는 가압류법원은 채무자 또는 이해관계인의 신청에 따라 결정으로 가압류를 취소하여야 한다.
⑤ 제4항의 신청에 관한 결정에 대하여는 즉시항고를 할 수 있다. 이 경우 민사소송법 제447조의 규정은 준용하지 아니한다."
■ ① 가압류이유(277·279), 담보(19), 가압류의 인가(286⑤), 신청(민소161), ② 가압류법원(278), ③ 이의신청에 대한 심리와 재판(286)

▶ 사정변경의 사유
1. 피보전권리의 부존재 피보전권리의 부존재가 분명하게 되었다는 것을 사정변경으로 보아 가처분 취소신청을 할 수 있다.(대판 1967.9.19, 67다1057)
2. 본안패소판결이 확정된 경우 가처분채권자가 가처분채무자를 상대로 제기한 본안소송에서 피보전권리의 존재를 부정하는 판결이 확정된 경우 가처분채권자가 그 확정판결에 대하여 재심의 소를 제기하였다는 사유만으로는 가처분채무자가 사정변경이 있음을 주장하여 가처분의 취소를 신청할 수 있는 점에 아무런 영향도 미칠 수 없다.(대판 1991.1.11. 90다8770)
3. 장래 성립할 권리를 피보전권리로 한 가압류의 본안소송에서 청구를 기각하는 판결이 확정된 경우 가압류의 본안소송에서 피보전권리에 기한 청구를 기각한 판결이 선고되어 확정되었다면 이를 민집 288조 1항 소정의 사정변경으로 보아 가압류를 취소할 사유가 되는 것이 보통일 것이나, 장래에 성립할 권리를 피보전권리로 하여 가압류가 이루어진 이후 본안소송에서 그 장래 청구권의 기초적 법률관계의 존재는 인정되나 아직 그 청구권 자체의 발생이 확정되었다고 할 수 없다는 이유로 위 가압류의 본안 청구를 기각하는 판결이 선고되어 확정된 데 불과한 경우에는, 그 가압류의 기초인 법률관계가 상존하고 있고 피보전권리의 부존재가 아직 확정된 것이 아니므로 위와 같은 확정 판결이 있다는 것만으로 가압류를 취소할 사정의 변경이 생겼다고 단정할 수 없다.(대판 2003.6.24, 2003다18005)
4. 소 취하로 인하여 재소금지 원칙의 적용을 받는 경우 가처분권자가 가처분결정의 본안소송에서 패소판결을 받고 항소하였다가 항소심에서 소 취하를 함으로써 구 민소 240조 2항 규정의 재소금지 원칙에 따라 다시 가처분 부동산에 대한 소유권이전등기청구를 할 수 없게 된 경우, 그 가처분결정은 그 보전의 필요성이 없어 더 이상 유지될 수 없는 사정변경이 생겼다고 할 것이다.(대판 1999.3.9, 98다12287)
5. 채권압류 및 추심명령을 받은 채권자가 피압류채권을 추심하고 추심신고를 한 경우 채권압류 및 추심명령을 받은 채권자가 제3채무자로부터 피압류채권을 추심한 다음 민집 236조 1항에 따른 추심신고를 한 경우 그 때까지 다른 압류·가압류 또는 배당요구가 없으면 그 추심한 범위 내에서 피압류채권은 소멸하고, 집행법원은 추심금의 충당관계 등을 조사하여 집행채권 전액이 변제된 경우에는 집행력 있는 정본을 채무자에게 교부하며, 일부 변제가 된 경우에는 그 취지를 집행력 있는 정본 등에 적은 다음 채권자에게 돌려주는 등의 조치를 취함으로써 채권집행이 종료하게 된다. 한편, 가압류가 본압류로 이행되어 강제집행이 이루어진 경우에는 가압류집행이 본집행에 포섭됨으로써 당초부터 본압류이 있었던 것과 같은 효력이 있게 되므로, 본집행이 되어 있는 한 채무자는 가압류에 대한 이의신청이나 취소신청 또는 가압류집행 자체의 취소 등을 구할 실익이 없게 되고, 특히 강제집행조차 종료한 경우에는 그 강제집행의 근거가 된 가압류결정 자체의 취소나 가압류집행의 취소를 구할 이익은 더 이상 없다.(대판 2004.12.10, 2004다54725)
6. 가압류·가처분 집행 후 10년간 본안의 소를 제기하지 아니한 경우 구 민소 706조 2항에 의하면 가압류·가처분채권자가 가압류·가처분집행 후 10년간 본안의 소를 제기하지 아니한 때에는 가압류·가처분채무자 또는 이해관계인은 그 취소를 신청할 수 있고, 그 기간이 경과하면 취소의 요건은 완성되며, 그 후에 본안의 소가 제기되어도 가압류·가처분 취소를 배제하는 효력이 생기지 아니한다.(대판 1999.10.26, 99다37887)
7. 보전처분이 집행된 후에 보전처분의 대항을 받는 물권을 취득한 양수인의 신청인적격 여부(적극) 보전처분이 집행된 후에 보전처분의 대항을 받는 물권을 취득한 보전처분 목적물의 양수인은 민집 288조에 의하여 사정변경으로 인한 보전처분의 취소 신청을 구할 수 있는 신청인적격이 있고, 그러한 양수인에 대한 채권자는 민집 288조 1항 후문의 이해관계인에 해당한다.(대결 2014.10.16, 2014마1413)

▶ 취소권자
8. 가처분 부동산 전득자의 취소신청권 가처분의 목적되는 부동산을 가처분채무자로부터 전득한 사람은 사정변경에 인한 가처분명령의 취소신청을 할 수 있는 채무자의 지위에 있다.(대판 1968.1.31, 66다842)

▶ 심리의 대상
9. 사정변경에 의한 가처분취소 소송에서의 판단범위 사정변경에 의한 가처분취소 소송에서는 피보전권리나 보전의 필요성 유무에 관하여 판단할 필요가 없으며, 오로지 가처분취소의 사정변경의 유무만 판단하여야 하고, 그로써 족하다.(대판 1982.3.23, 81다1041)
10. 사정변경을 이유로 가처분결정을 취소할 수 있는 경우 가처분결정 후 그 본안소송에서 가처분채권자가 패소하고 그 판결이 상급심에서 변경될 염려가 없다고 인정되는 경우 그 가처분결정은 사정변경을 이유로 취소할 수 있고, 본안소송에서의 가처분채권자의 패소판결이 상소심에서 변경될 가능성이 있는지 여부는 사정변경을 이유로 한 가처분취소신청 사건의 사실심 종결 시를 기준으로 하여 그때까지 제출된 당사자의 주장과 증거방법을 기초로 판단하여야 한다.(대결 2008.11.27, 2007마1470)

▶ 적용되는 법정기간
11. 개정 민사집행법이 시행되기 전 진행하기 시작한 법정기간 산정에 적용할 법률(=구법) 개정 민사집행법이 시행되기 전에 진행하기 시작한 법정기간에 대하여는 구 민사집행법이, 개정 민사집행법 시행 후에 비로소 진행하기 시작한 법정기간에 대하여는 개정 민사집행법이 각각 적용되어야 한다.(대결 2012.1.27, 2010마1987)

제289조 【가압류취소결정의 효력정지】 ① 가압

류를 취소하는 결정에 대하여 즉시항고가 있는 경우에, 불복의 이유로 주장한 사유가 법률상 정당한 사유가 있다고 인정되고 사실에 대한 소명이 있으며, 그 가압류를 취소함으로 인하여 회복할 수 없는 손해가 생길 위험이 있다는 사정에 대한 소명이 있는 때에는, 법원은 당사자의 신청에 따라 담보를 제공하게 하거나 담보를 제공하지 아니하게 하고 가압류취소결정의 효력을 정지시킬 수 있다.

② 제1항의 규정에 의한 소명은 보증금을 공탁하거나 주장이 진실함을 선서하는 방법으로 대신할 수 없다.

③ 재판기록이 원심법원에 있는 때에는 원심법원이 제1항의 규정에 의한 재판을 한다.

④ 항고법원은 항고에 대한 재판에서 제1항의 규정에 의한 재판을 인가·변경 또는 취소하여야 한다.

⑤ 제1항 및 제4항의 규정에 의한 재판에 대하여는 불복할 수 없다.

(2005.1.27 본조개정)

〔개정전〕 **"제289條【가집행취소재판의 효력정지】** ① 가집행의 선고가 붙은 가압류의 취소관결에 대하여 상소가 제기된 경우에, 불복의 이유로 주장한 사유가 법률상 정당한 이유가 있다고 인정되고 사실에 대한 소명이 있으며, 그 가집행에 의하여 회복할 수 없는 손해가 생길 위험이 있다는 사정에 대한 소명이 있는 때에는, 법원이 당사자의 신청에 따라 담보를 제공하게 하거나 담보를 제공하지 아니하게 하고 가집행선고의 효력을 정지시킬 수 없다.

② 제1항에서 규정한 소명은 보증금을 공탁하거나 주장이 진실함을 선서하는 방법으로 대신할 수 없다.

③ 재판기록이 원심법원에 있는 때에는 원심법원이 제1항의 재판을 한다.

④ 제1항의 재판에 대하여는 불복할 수 없다.

⑤ 제287조제3항 및 제288조제4항에 의한 가압류취소결정에 대하여 규정한 제1항 내지 제4항의 규정을 준용한다."

▣ 가압류취소결정(286~288), 단행가처분에 대한 집행정지(309), 소명(민소299), 담보(19·280), 증인의 선서(민소321)

1. 가처분취소결정의 집행과 효력정지 재판의 관계 가처분취소결정에 대하여 효력정지의 재판을 하기 전에 가처분취소결정의 집행이 마쳐진 경우에는 효력정지의 재판을 할 수 없고, 가처분취소결정의 집행이 마쳐진 후에 이를 간과하고 효력정지의 재판을 받았더라도 이미 집행된 가처분등기말소 및 그 이후에 이루어진 제3자 명의의 소유권이전등기의 효력에는 아무런 영향을 미치지 못한다.(대결 2009.3.13, 2008마1963)

제290조【가압류 이의신청규정의 준용】 ① 제287조제3항, 제288조제1항에 따른 재판의 경우에는 제284조의 규정을 준용한다. (2005.1.27 본항개정)

② 제287조제1항·제3항 및 제288조제1항에 따른 신청의 취하에는 제285조의 규정을 준용한다. (2005.1.27 본항개정)

〔개정전〕 ① 제287조제3항, "제288조제1항·제4항"에 따른 …

② … 제3항 및 "제288조제1항·제4항"에 따른 …

▣ 본안의 소 서류제출명령(287①), 소 제기서류의 불제출로 인한 가압류취소결정(287③), 사정변경에 따른 가압류취소(288①), 가압류이의신청사건의 이송(284), 가압류이의신청의 취하(285)

제291조【가압류집행에 대한 본집행의 준용】 가압류의 집행에 대하여는 강제집행에 관한 규정을 준용한다. 다만, 아래의 여러 조문과 같이 차이가 나는 경우에는 그러하지 아니하다.

▣ 강제집행에 관한 규정(24~275, 민집규218)

1. 행정행위의 금지를 구하는 가처분의 허부(소극) 구 민사소송법상의 보전처분은 민사판결절차에 의하여 보호받을 수 있는 권리에 관한 것이므로, 가처분으로써 행정청의 어떠한 행정행위의 금지를 구하는 것은 허용될 수 없다 할 것이다.(대결 1992.7.6, 92마54)

2. 불행위를 명하는 권리처분금지가처분의 허부(소극) 이른바 불행위를 명하는 등의 권리처분금지가처분은 그 결정을 채무자에게 송달하는 외에는 집행방법이 없고 그 가처분에 위배된 행위를 하였다 하여 바로 그 위반행위의 효력을 부정할 수도 없다.(대판 1989.10.10, 88다카3922)

3. 광업권의 집행보존을 위한 광구입금지가처분의 적부 계쟁물에 대한 가처분은 본안판결의 강제집행의 범위를 넘어서는 할 수 없는바, 본안소송으로 광구에 대한 광업권이전등기의 말소를 구하면서 계쟁물에 대한 가처분으로 광구의 출입금지를 구하는 것은 본안판결의 강제집행의 범위를 넘어서는 것으로서 본안 전 가처분신청으로 취급되어야 함에도 불구하고 원심이 본안재판으로서 이를 처리한 것은 잘못이다.(대결 1964.11.10, 64다649)

4. 본집행으로 이행된 압류집행에 대한 효력을 다툴 수 있는지 여부(소극) 압류집행이 있은 후 그 가압류가 강제경매개시결정으로 인하여 본압류로 이행된 경우에 가압류집행이 본집행에 포섭됨으로써 당초부터 본집행이 있었던 것과 같은 효력이 있고, 본집행의 효력이 유효하게 존속하는 한 상대방은 가압류집행의 효력을 다툴 수는 없고 오로지 본집행의 효력에 대하여만 다투어야 하는 것이므로, 본집행이 취소, 실효되지 않는 한 가압류집행이 취소되었다고 하여도 이미 그 효력을 발생한 본집행에는 아무런 영향을 미치지 않는다.(대결 2002.3.15, 2001마6620)

제292조【집행개시의 요건】 ① 가압류에 대한 재판이 있은 뒤에 채권자나 채무자의 승계가 이루어진 경우에 가압류의 재판을 집행하려면 집행문을 덧붙여야 한다.

② 가압류에 대한 재판의 집행은 채권자에게 재판을 고지한 날부터 2주를 넘긴 때에는 하지 못한다. (2005.1.27 본항개정)

③ 제2항의 집행은 채무자에게 재판을 송달하기 전에도 할 수 있다.

〔개정전〕 ② … 채권자에게 "재판을 고지하거나 송달한" 날부터 …

▣ ① 승계집행문(31~33), ② 가압류명령(280①·281①), 기간(민소170, 민157), ③ 재판의 송달과 집행개시의 요건(39①·57)

제293조【부동산가압류집행】 ① 부동산에 대한 가압류의 집행은 가압류재판에 관한 사항을 등기부에 기입하여야 한다.

② 제1항의 집행법원은 가압류재판을 한 법원으로 한다.

③ 가압류등기는 법원사무관등이 촉탁한다.

▣ 부동산에 대한 강제집행방법(78), 가압류법원(278)

1. 무효인 가압류등기에 대한 부동산소유자의 말소청구권 부동산에 대한 가압류등기가 무효인 등기라면 부동산소유자는 가압류채권자를 상대로 그 가압류등기의 말소청구를 할 수 있다.(대판 1988.10.11, 87다카2136)

2. 처분금지가처분등기의 말소등기절차이행의 소의 적부(소극) 법원의 가처분결정에 기하여 그 가처분의 방법으로 이루어진 처분금지가처분등기는 집행법원의 가처분결정의 취소나 집행취소의 방법에 의해서만 말소될 수 있는 것이어서 처분금지가처분등기의 말소등기절차이행을 소구할 수는 없는 것이다.(대판 1982.12.14, 80다1872, 1873)

제294조【가압류를 위한 강제관리】 가압류의 집

행으로 강제관리를 하는 경우에는 관리인이 청구채권액에 해당하는 금액을 지급받아 공탁하여야 한다.
■ 가압류를 위한 강제관리(민집규207·83), 강제관리(78②③·163-171), 공탁(19)

제295조【선박가압류집행】 ① 등기할 수 있는 선박에 대한 가압류를 집행하는 경우에는 가압류등기를 하는 방법이나 집행관에게 선박국적증서등을 선장으로부터 받아 집행법원에 제출하도록 명하는 방법으로 한다. 이들 방법은 함께 사용할 수 있다.
② 가압류등기를 하는 방법에 의한 가압류집행은 가압류명령을 한 법원이, 선박국적증서등을 받아 제출하도록 명하는 방법에 의한 가압류집행은 선박이 정박하여 있는 곳을 관할하는 지방법원이 집행법원으로서 관할한다.
③ 가압류등기를 하는 방법에 의한 가압류의 집행에는 제293조제3항의 규정을 준용한다.
■ ① 선박에 대한 가압류(민집248·95), 선박에 대한 강제집행(172), 선박(상740·741), 선박압류의 제한(상744), 선박국적증서의 제출(174·175), ② 가압류등록(278), ③ 가압류등기의 촉탁(293③)
1. 선박우선특권 있는 채권에 기한 선박가압류의 적부(소극) 선박우선특권 있는 채권자는 선박소유자의 변동에 관계없이 그 선박에 대하여 집행권원 없이도 경매청구권을 행사할 수 있으므로 채권자는 채권을 보전하기 위하여 그 선박에 대한 가압류를 하여 둘 필요가 없다.(대판 1988.11.22, 87다카1671)

제296조【동산가압류집행】 ① 동산에 대한 가압류의 집행은 압류와 같은 원칙에 따라야 한다.
② 채권가압류의 집행법원은 가압류명령을 한 법원으로 한다.
③ 채권의 가압류에는 제3채무자에 대하여 채무자에게 지급하여서는 아니 된다는 명령만을 하여야 한다.
④ 가압류한 금전은 공탁하여야 한다.
⑤ 가압류물은 현금화를 하지 못한다. 다만, 가압류물을 즉시 매각하지 아니하면 값이 크게 떨어질 염려가 있거나 그 보관에 지나치게 많은 비용이 드는 경우에는 집행관은 그 물건을 매각하여 매각대금을 공탁하여야 한다.
■ ① 동산에 대한 강제집행(188, 민집규212), ② 채권의 압류명령(223), 전속관할(21), ④ 공탁(19), 압류금전의 인도(201), ⑤ 압류물의 매각(199), 매각대금의 공탁(222)
1. 동산에 대한 가압류와 채무자의 점유 본조(구 민소 527조)의 규정상 동산에 대한 가압류가 있다 하여 채무자가 동산의 점유를 당연히 상실하는 것은 아니고 집행관이 그 가압류한 동산을 다른 곳으로 가져가지 않는 이상 채무자의 점유는 계속된다고 볼 것이다.(대판 1963.10.10, 63다309)
2. 가압류된 유체동산의 보관을 위탁받은 채무자의 과실책임 집행관으로부터 가압류된 유체동산의 보관을 위탁받은 채무자는 보존상 필요하다 하여 임의로 봉인 기타 압류표시를 훼손한 후 필요한 조치를 할 수는 없다 할지라도 보존상 필요한 적당한 처분을 할 것을 집행관에게 촉구하여야 하고, 이를 아니한 경우에는 과실책임이 있다.(대판 1975.2.25, 74다1590)
3. 채권가압류 후에 채무자가 제3채무자를 상대로 그 이행의 소를 제기할 수 있는지 여부(적극) 일반적으로 채권에 대한 가압류가 있더라도 이는 채무자가 제3채무자로부터 현실로 급부를 추심하는 것만을 금지하는 것일 뿐 채무자는 제3채

무자를 상대로 그 이행을 구하는 소송을 제기할 수 있고 법원은 가압류가 되어 있음을 이유로 배척할 수는 없는 것이 원칙이다. 왜냐하면 채무자로서는 제3채무자에 대한 그의 채권이 가압류되어 있다 하더라도 집행권원을 취득할 필요가 있고 또는 시효를 중단할 필요도 있는 경우도 있을 것이며 또한 소송 계속 중에 가압류가 행하여진 경우에는 이를 이유로 청구가 배척된다면 장차 가압류가 취소된 후 다시 소를 제기하여야 하는 불편함이 있는 데 반하여 제3채무자로서는 집행을 명하는 판결이 있다 하더라도 이에 저지하면 될 것이기 때문이다. 또한 위와 같은 채권가압류의 처분금지의 효력은 본안소송에서 가압류채권자가 승소하여 집행권원을 얻는 등으로 피보전권리의 존재가 확정되는 것을 조건으로 하여 발생하는 것이므로, 채권가압류결정의 채권자가 본안소송에서 승소하는 등으로 집행권원을 취득하는 경우에는 가압류에 의하여 권리가 제한된 상태의 채권을 양수한 양수인에 대한 채권양도는 무효가 된다고 할 것이다.(대판 2002.4.26, 2001다59033)

제297조【제3채무자의 공탁】 제3채무자가 가압류 집행된 금전채권액을 공탁한 경우에는 그 가압류의 효력은 그 청구채권액에 해당하는 공탁금액에 대한 채무자의 출급청구권에 대하여 존속한다.
■ 제3채무자의 공탁(248), 가압류해방금액(282)
1. 채권가압류를 이유로 한 제3채무자의 공탁과 배당절차의 실시 채권가압류를 이유로 한 제3채무자의 공탁은 압류를 이유로 한 제3채무자의 공탁과 달리 그 공탁금으로부터 배당을 받을 수 있는 채권자의 범위를 확정하는 효력이 없고, 가압류의 제3채무자가 공탁을 하고 공탁사유를 법원에 신고하더라도 배당절차를 실시할 수 없으며, 공탁금에 대한 채무자의 출급청구권에 대하여 압류 및 공탁사유신고가 있을 때 비로소 배당절차를 실시할 수 있다.(대판 2006.3.10, 2005다15765)

제298조【가압류취소결정의 취소와 집행】 ① 가압류의 취소결정을 상소법원이 취소한 경우로서 법원이 그 가압류의 집행기관이 되는 때에는 그 취소의 재판을 한 상소법원이 직권으로 가압류를 집행한다. (2005.1.27 본항개정)
② 제1항의 경우에 그 취소의 재판을 한 상소법원이 대법원인 때에는 채권자의 신청에 따라 제1심법원이 가압류를 집행한다.
(2005.1.27 본조제목개정)
[개정전] **第298條【"가압류취소재판"의 취소와 집행】** ① "가집행의 선고가 붙은 가압류의 취소판결 또는 취소결정"을 상소법원이 …
■ 가압류취소결정에 대한 불복과 효력정지(289), 상소법원(법조14·28)

제299조【가압류집행의 취소】 ① 가압류명령에 정한 금액을 공탁한 때에는 법원은 결정으로 집행한 가압류를 취소하여야 한다. (2005.1.27 본항개정)
② (2005.1.27 삭제)
③ 제1항의 취소결정에 대하여는 즉시항고를 할 수 있다.
④ 제1항의 취소결정에 대하여는 제17조제2항의 규정을 준용하지 아니한다.
[개정전] ① … 법원은 "집행한 가압류"를 취소 …
"② 제1항의 재판은 변론없이 할 수 있다."
■ ① 가압류해방금액(282), 공탁(19), 결정(민소221), ③ 즉시항고(15), ④ 취소결정의 효력(17②)
1. 가압류해방금을 유가증권으로 공탁할 수 있는지 여부(소극) 구 민소 702조의 가압류해방금액은 채무자가 입을 수 있는 손해를 담보하는 취지의 이른바 소송상의 담보와는 달

리 가압류의 목적물에 갈음하는 것으로서, 금전에 의한 공탁만이 허용되고, 유가증권에 의한 공탁은 그 유가증권이 실질적 통용가치가 있는 것이라고 하더라도 허용되지 않는다.(대결(全) 1996.10.1, 96마162)

2. 가압류해방공탁금 회수청구권에 대한 압류명령과 압류의 경합 가압류집행의 목적물에 갈음하여 가압류해방금이 공탁된 경우에 그 가압류의 효력은 공탁금 자체가 아니라 공탁자인 채무자의 공탁금 회수청구권에 대하여 미치는 것이므로, 채무자의 다른 채권자가 가압류해방공탁금 회수청구권에 대하여 압류명령을 받은 경우에는 가압류채권자의 가압류와 다른 채권자의 압류는 그 집행대상이 같아 서로 경합하게 된다.(대결 1996.11.11, 95마252)

3. 가압류집행이 본집행으로 이행된 경우 가압류집행의 효력을 다툴 수 있는지 여부(소극) 가압류집행이 있은 후 그 가압류가 강제경매개시결정으로 인하여 본압류로 이행된 경우에 가압류집행이 본집행에 포섭됨으로써 당초부터 본압류이 있었던 것과 같은 효력이 있고, 본집행의 효력이 유효하게 존속하는 한 상대방은 가압류집행의 효력을 다툴 수는 없고 오로지 본집행의 효력에 대하여만 다투어야 하는 것이므로, 본집행이 취소, 실효되지 않는 한 가압류집행이 취소되었다고 하여도 이미 그 효력을 발생한 본집행에는 아무런 영향을 미치지 않는다.(대결 2002.3.15, 2001마6620)

4. 채권가압류신청 취하에 따른 가압류집행의 효력상실시기 채권가압류에서 채권자가 채권가압류신청을 취하하면 채권가압류결정은 그로써 효력이 소멸하지만, 채권가압류결정정본이 제3채무자에게 이미 송달되어 채권가압류결정이 집행되었다면 그 취하통지서가 제3채무자에게 송달되었을 때에 비로소 그 가압류집행의 효력이 장래를 향하여 소멸한다.(대판 2001.10.12, 2000다19373)

5. 채권가압류의 취소재판이 있었으나 그 집행이 취소되지 않은 경우 제3채무자가 채무자에게 한 가압류금원 지급의 효력(소극) 가압류의 취소를 명하는 가집행선고부 판결이 있다고 하더라도, 채무자가 그 판결 정본을 집행법원에 제출하면서 가압류의 집행취소를 신청하여 집행법원이 이에 따른 가압류의 집행취소절차(채권가압류의 경우 통상 집행법원이 제3채무자에게 가압류집행취소통지서를 송달하는 방법에 의한다)를 밟기에 이르지 아니한 이상 가압류 집행의 효력은 여전히 유지되는 것이고, 이러한 절차가 취하여지지 않은 채 집행법원 아닌 가압류이의 사건의 제1심법원이 소송당사자 아닌 제3채무자에게 위 가집행선고부 판결 정본을 송달하였다 하더라도 그것만으로 위 가압류의 집행이 당연히 취소되었다고 할 수 없는 것이므로, 제3채무자가 채무자에게 가압류된 임금 및 퇴직금을 지급한 것은 유효한 변제로 볼 수 없다.(대판 2003.7.22, 2003다24598)

제300조【가처분의 목적】① 다툼의 대상에 관한 가처분은 현상이 바뀌면 당사자가 권리를 실행하지 못하거나 이를 실행하는 것이 매우 곤란할 염려가 있을 경우에 한다.
② 가처분은 다툼이 있는 권리관계에 대하여 임시의 지위를 정하기 위하여도 할 수 있다. 이 경우 가처분은 특히 계속하는 권리관계에 끼칠 현저한 손해를 피하거나 급박한 위험을 막기 위하여, 또는 그 밖의 필요한 이유가 있을 경우에 하여야 한다.

■ ① 가처분의 방법(305, 민집규203), 관할법원(303), 이사직무정지가처분(상407·408), ② 임시의 지위를 정하기 위한 가처분(304), 가처분의 취소(307)

▶ 다툼의 대상에 관한 가처분의 당사자

1. 사망한 자를 채무자로 한 처분금지가처분결정의 효력 보전처분명령이 결정으로 이루어지는 경우에는 당사자대립구

의는 통상의 판결절차에서와 같이 전면적이고 완전한 형태로 나타나지 않다가 보전처분에 대한 이의나 불복신청의 절차에서 비로소 분명한 형태로 나타나게 된다고 하더라도 보전소송도 민사소송절차의 일환으로서 대립당사자의 존재를 전제로 하는 것이므로, 이미 사망한 자를 채무자로 한 처분금지가처분신청은 부적법하고 그 신청에 따른 처분금지가처분결정이 있었다고 하여도 그 결정은 당연무효로서 그 효력이 상속인에게 미치지 아니한다.(대판 2004.12.10, 2004다38921, 38938)

2. 가처분이 집행된 부동산 전득자의 사정변경에 의한 가처분명령의 취소신청권 가처분의 목적된 부동산을 가처분채무자로부터 전득한 사람은 사정변경에 인한 가처분명령의 취소신청을 할 수 있는 채무자의 지위에 있다.(대판 1968.1.31, 66다842)

3. 가처분결정에 대한 이의신청의 적격자 구 민소 703조, 715조에 의하여 가처분결정에 대한 이의신청을 할 수 있는 자는 채무자와 그 일반승계인이라야만 하고 특정승계인도 같은 법 74조에 의한 참가승계를 하면 이의신청을 할 수 있다고 할 것이나 그 밖의 제3자는 가처분에 대하여 사실상의 이해관계가 있다 하더라도 이의를 신청할 적격이 없다.(대판 1970.4.28, 69다2108)

4. 기간을 정하여 서비스표의 사용을 금지하는 가처분과 함께 그 의무 위반에 대한 간접강제결정이 내려진 경우, 위 금지기간 경과 후에 가처분의 취소를 구할 이익이 있는지 여부(적극) 보전처분에 대한 이의신청은 그 보전처분이 유효하게 존재하고 취소나 변경을 구할 이익이 있는 경우에 한하여 허용되는 것이므로, 서비스표의 사용을 금지하는 가처분에서 금지기간을 정한 경우에 그 금지기간의 경과로 가처분의 효력이 상실되었다면 채무자로서는 일단 더 이상 이의신청으로 가처분의 취소나 변경을 구할 이익이 없다. 그러나 위 가처분결정과 함께 그 의무 위반에 대한 간접강제결정이 내려진 경우에는 채무자는 위 금지기간 경과 후에도 간접강제결정에 기하여 집행당할 위험이 존재하므로 그 배제를 위하여 이의신청으로 가처분의 취소를 구할 이익이 있고, 또 위 이의신청에 따른 재판에 대하여 항고할 이익도 있다.(대결 2007.6.14, 2006마910)

5. 채권자대위에 의한 보전처분신청의 가부 채권자가 자기채권의 보전을 위하여 채권자대위권을 행사할 수 있는 경우에는 그 청구권에 관한 강제집행의 보전을 위하여 가압류 또는 가처분 명령의 신청도 이를 할 수 있다.(대판 1958.5.29, 4290민상735)

6. 본안제소명령의 신청권이 채권자대위권의 목적이 될 수 있는지 여부 구 민소 715조에 의하여 가처분절차에도 준용되는 같은 법 705조 1항에 따라 가압류·가처분결정에 대한 본안의 제소명령을 신청할 수 있는 권리나 같은 조 2항에 따라 제소기간의 도과에 의한 가압류·가처분의 취소를 신청할 수 있는 권리는 가압류·가처분신청에 기한 소송을 수행하기 위한 소송절차상의 개개의 권리가 아니라, 제소기간의 도과에 의한 가압류·가처분의 취소신청권은 가압류·가처분신청에 기한 소송절차와는 별개의 독립된 소송절차를 개시하게 하는 권리이고, 본안제소명령의 신청권은 제소기간의 도과에 의한 가압류·가처분의 취소신청권을 행사하기 위한 전제요건으로 인정된 독립된 권리이므로, 본안제소명령의 신청권이나 제소기간의 도과에 의한 가압류·가처분의 취소신청권은 채권자대위권의 목적이 될 수 있는 권리라고 봄이 상당하다.(대결 1993.12.27, 93마1655)

▶ 다툼의 대상에 관한 가처분의 피보전권리

7. 보전소송의 피보전권리와 본안소송의 소송물과의 관계 보전처분의 피보전권리와 본안의 소송물인 권리는 엄격히 일치할 필요가 없고 청구의 기초의 동일성이 인정되는 한 그 보전처분에 의한 보전의 효력은 본안소송의 권리에 미친

다.(대판 2006.11.24, 2006다35223)

8. 가처분의 대상 목적물인 계쟁물이 특정되어야만 하는지 여부(적극) 계쟁물에 관한 가처분은 그 피보전권리가 특정물에 관한 이행청구권이므로 이러한 가처분의 결정 및 집행에 있어서는 그 대상 목적물인 계쟁물이 명확히 특정되어야 한다.(대결 1999.5.13, 99마230)

9. 점유이전금지가처분에도 불구하고 점유가 이전된 경우의 효력 점유이전금지가처분은 그 목적물의 점유이전을 금지하는 것으로서 그럼에도 불구하고 점유가 이전되었을 때에는 가처분채무자는 가처분채권자에 대한 관계에 있어서 여전히 그 점유자의 지위에 있지만, 가처분채무자가 가처분채권자 아닌 제3자에 대한 관계에서도 점유자의 지위에 있다고 볼 수는 없다.(대결 1996.6.7, 96마27)

10. 주주로서의 권리를 피보전권리로 하여 회사를 상대로 한 처분금지가처분의 가부(소극) 계쟁물에 관한 가처분은 특정물의 인도 또는 특정의 급여를 목적으로 하는 청구권을 보전하기 위한 경우에 허용되는 것인바, 주식을 매수하여 주주로서의 권리를 가진다는 것만으로 회사 소유의 부동산에 관하여 어떠한 청구권을 가진다고 할 수는 없으므로, 주주로서의 권리를 보전하기 위하여 회사 소유 부동산에 대한 처분금지가처분을 구하는 것은 허용되지 아니한다.(대판 1998.9.18, 96다44136)

11. 조건부·부담부 청구권이 가처분의 피보전권리가 될 수 있는지 여부(적극) 가처분은 장래의 집행불능 또는 곤란을 예방하기 위한 것이므로, 그 피보전권리는 가처분 신청 당시 확정적으로 발생하여 있어야 하는 것은 아니고 이미 그 발생의 기초가 존재하고 그 내용이나 주체 등을 특정할 수 있을 정도의 요건만 갖추어져 있으면, 조건부·부담부 청구권이라 할지라도 그 피보전권리로 될 수 있다.(대판 2002.8.23, 2002다1567)

12. 피보전권리와 다른 권리의 보전을 위한 가압류 유용의 허부 가압류의 피보전권리가 변제로 소멸한 경우에는 구 민소 706조 1항에 정한 '사정변경에 의한 가압류취소' 사유가 되고 가압류를 그 피보전권리와 다른 권리의 보전을 위하여 유용할 수 없다.(대결 1994.8.12, 93므1259)

13. 공유물분할청구의 소를 본안으로 제기하기에 앞서 장래 취득할 부동산의 전부 또는 특정 부분에 대한 소유권 등의 권리를 피보전권리로 한 가처분의 가부(적극) 부동산의 공유자는 공유물분할청구의 소를 본안으로 제기하기에 앞서 장래에 그 판결이 확정됨으로써 취득할 부동산의 전부 또는 특정 부분에 대한 소유권 등의 권리를 피보전권리로 하여 다른 공유자의 공유지분에 대한 처분금지가처분도 할 수 있다.(대결 2013.6.14, 2013마396)

▶ **다툼의 대상에 관한 가처분의 필요성**

14. 부정한 경쟁행위의 금지 또는 예방을 청구할 수 있는 경우 경쟁자가 상당한 노력과 투자에 의하여 구축한 성과물을 상도덕이나 공정한 경쟁질서에 반하여 자신의 영업을 위하여 무단으로 이용함으로써 경쟁자의 노력과 투자에 편승하여 부당하게 이익을 얻고 경쟁자의 법률상 보호할 가치가 있는 이익을 침해하는 행위는 부정한 경쟁행위로서 민법상 불법행위에 해당하는바, 위와 같은 무단이용 상태가 계속되어 금전배상을 명하는 것만으로는 피해자 구제의 실효성을 기대하기 어렵고 무단이용의 금지로 인하여 보호되는 피해자의 이익과 그로 인한 가해자의 불이익을 비교·교량할 때 피해자의 이익이 더 큰 경우에는 그 행위의 금지 또는 예방을 청구할 수 있다.(대결 2010.8.25, 2008마1541)

15. 피보전권리에 관한 소명의 인정과 보전의 필요성 다툼의 대상에 관한 가처분은 현상이 바뀌면 당사자가 권리를 실행하지 못하거나 이를 실행하는 것이 매우 곤란할 염려가 있을 경우에 허용되는 것으로서(민집 300조 1항), 이른바 만족적 가처분의 경우와는 달리 보전처분의 잠정성·신속성

등에 비추어 피보전권리에 관한 소명이 인정된다면 다른 특별한 사정이 없는 한 보전의 필요성도 인정되는 것으로 보아야 하고, 비록 동일한 피보전권리에 관하여 다른 채권자에 의하여 동종의 가처분집행이 이미 마쳐졌다거나, 선행 가처분에 따른 본안소송에 공동피고로 관여할 수 있다거나 또는 나아가 장차 후행 가처분신청에 따른 본안소송이 중복소송에 해당될 여지가 있다는 등의 사정이 있다고 하더라도 그러한 사정만으로 곧바로 보전의 필요성이 없다고 단정하여서는 아니 된다.(대결 2005.10.17, 2005마814)

16. 가처분취소판결에 의하여 제3자에게 소유권이전등기가 경료된 경우의 효력 가집행선고부 가처분취소판결의 집행에 의하여 처분금지가처분등기가 말소된 경우 그 효력은 확정적인 것이므로, 그 이후에 당해 부동산에 관한 소유권이전등기를 경료받은 자는 그 부동산에 관하여 아무런 제한을 받지 않고 가처분 신청인에게 그 소유권 취득의 효력으로 대항할 수 있다고 할 것이고, 이와 같이 이미 계쟁 부동산에 관하여 제3자 앞으로 소유권이전등기가 경료된 경우에는 가처분 신청인은 더 이상 그 처분금지가처분명령을 신청할 이익이 없게 된다.(대판 1998.10.13, 96다42307)

17. 개간허가가 무효인 경우 그 출입금지를 시키는 데 보전의 필요성이 필요한지 여부 신청인의 소유토지에 대하여 개간허가를 얻어 이를 사용하고 있는 자에 대하여는 그 허가가 무효라고 하여도 그 출입을 금지시키려면 소유권을 침해한다는 이유 외에 보전의 필요성이 인정되어야 한다.(대판 1967.4.25, 66다1296)

18. 피보전권리에 대한 확정판결이 있는 경우의 가처분의 필요성 가처분채권자가 본안소송에서 승소판결을 받은 그 집행권리이 정지조건부인 경우라 할지라도 그 조건이 집행채권자의 의사에 따라 즉시 이행할 수 있는 의무의 이행인 경우 정당한 이유 없이 그 의무의 이행을 게을리하고 집행에 착수하지 않고 있어 그 보전의 필요성은 소멸하였다고 보아야 한다.(대판 2000.11.14, 2000다40773)

▶ **다툼의 대상에 관한 가처분의 효력**

19. 점유이전금지가처분에 위배하여 점유명의를 변경한 가처분채무자에 대한 조치 점유이전금지가처분은 그 목적물의 점유이전을 금지하는 것으로서, 그럼에도 불구하고 점유가 이전되었을 때에는 가처분채무자는 가처분채권자에 대한 관계에서 여전히 그 점유자의 지위에 있다는 의미로서의 당사자항정의 효력이 인정될 뿐이므로, 가처분 이후에 매매나 임대차 등에 기하여 가처분채무자로부터 점유를 이전받은 제3자에 대하여 가처분채권자가 가처분 자체의 효력으로 직접 퇴거를 강제할 수는 없고, 가처분채권자로서는 본안판결의 집행단계에서 승계집행문을 부여받아서 그 제3자의 점유를 배제할 수 있을 뿐이다.(대판 1999.3.23, 98다59118)

20. 부동산의 전득자가 양수인에 대한 소유권이전등기청구권을 보전하기 위하여 양수인을 대위하여 양도인을 상대로 한 처분금지가처분의 효력 범위 부동산의 전득자가 양수인 겸 전매인(채무자)에 대한 소유권이전등기청구권을 보전하기 위하여 양수인을 대위하여 양도인(제3채무자)을 상대로 처분금지가처분결정을 받아 그 등기를 마친 경우 그 가처분은 전득자가 자신의 양수인에 대한 소유권이전등기청구권을 보전하기 위하여 양도인이 양수인 이외의 자에게 그 소유권의 이전 등 처분행위를 못하게 하는 데 그 목적이 있는 것으로서 그 피보전권리는 양수인의 양도인에 대한 소유권이전등기청구권이고, 전득자의 양수인에 대한 소유권이전등기청구권까지 포함하는 것은 아니다.(대판 1998.2.13, 97다47897)

21. 처분금지가처분의 집행 전에 경료된 소유권이전등기의 효력 아파트에 대한 분양금지가처분결정을 받았다고 하더라도 그 가처분은 그 집행에 해당하는 등기에 의하여 비로소 가처분채무자 및 제3자에 대하여 구속력을 갖게 되는 것이므로, 그 가처분등기가 경료되기 전에 가처분채무자가 그

가처분의 내용에 위반하여 처분행위를 함으로써 이에 따라 제3자 명의의 소유권이전등기가 마쳐진 경우 그 소유권이전 등기는 완전히 유효하다.(대판 1997.7.11, 97다15012)

22. 피보전권리 없는 자의 신청에 의한 처분금지가처분의 효력 계쟁 부동산에 관하여 실체상 아무런 권리가 없는 사람의 신청에 의하여 처분금지가처분 결정이 내려졌다면, 그에 기한 가처분등기가 마쳐졌다 하더라도 그 가처분 권리자는 가처분의 효력을 채무자나 제3자에게 주장할 수 없는 것이므로, 그 가처분 등기 후에 부동산 소유권이전등기를 마친 자는 가처분권리자에 대하여도 유효하게 소유권을 취득하였음을 주장할 수 있다.(대판 1999.10.8, 98다38760)

23. 약속어음의 백지보충과 지급제시 행위가 약속어음처분 금지가처분에 저촉되는지 여부(소극) 약속어음 발행인의 어음반환청구권을 피보전권리로 하여 약속어음의 배서양도 점유이전 기타 일체의 처분을 금지하는 가처분은 약속어음이 제3자에게 이전되는 것을 방지하여 그 현상을 유지하기 위한 것이고, 약속어음은 일정한 권리행사기간이 있어 그 기간이 도과하면 본래의 효력을 가질 수 없으므로, 약속어음의 백지보충과 지급제시 등 소구권 보전을 위한 조치는 위 가처분에서 금지하는 처분행위에 해당하지 아니하는 것이다.(대판 2002.6.25, 2002다13720)

24. 이행보증계약에 기한 보증금 지급의무에 관하여 지급금 지가처분결정이 있음을 이유로 보증금의 지급을 거절할 수 있는지 여부(소극) 이행보증계약에 기한 보증인의 보증금 지급의무에 관하여 지급금지가처분결정이 있었다고 하더라도 그것으로써 보증인에게 그 지급을 거절할 수 있는 사유, 즉 지급거절의 권능이 발생한다고 할 수 없고, 보증금 지급의무가 실제로 발생하여 그 이행기가 도래하면 보증인은 보증채권자에게 이를 이행하여야 하며, 이를 이행하지 아니하는 경우에는 지체책임 발생의 다른 요건이 갖추어지는 한 그 이행의 지체로 인한 손해배상 등 법적 책임을 져야 한다. 다만, 그는 보증금을 채권자의 수령불능을 이유로 변제공탁함으로써 자신의 보증금 지급채무로부터 벗어날 수 있고, 그에 따라 위에서 본 바와 같은 지체책임도 면하게 된다.(대판 2010.2.25. 2009다22778)

25. 처분금지가처분을 받고 수익자가 부동산을 반환하는 것이 처분금지 효력에 저촉되는지 여부(소극) 채권자가 수익자를 상대로 사해행위로서 인한 원상회복을 위하여 소유권이전등기 말소등기청구권을 피보전권리로 하여 그 목적물 동산에 대한 처분금지가처분을 발령받은 경우, 그 후 수익자가 계약의 해제 또는 해지 등의 사유로 채무자에게 그 부동산을 반환하는 것은 가처분채권자의 피보전권리인 채권자취소권에 의한 원상회복청구권을 침해하는 것이 아니라 오히려 그 피보전권리에 부합하는 것이므로 위 가처분의 처분금지 효력에 저촉된다고 할 수 없다.(대판 2008.3.27, 2007다85157)

26. 대표이사가 직무집행정지 가처분결정으로 대표권이 정지된 기간 중에 체결한 계약의 효력(=절대적 무효) 법원의 직무집행정지 가처분결정에 의해 회사를 대표할 권한이 정지된 대표이사가 그 정지기간 중에 체결한 계약은 절대적으로 무효이고, 그 후 가처분신청의 취하에 의하여 보전집행이 취소되었다 하더라도 집행의 효력은 장래를 향하여 소멸할 뿐 소급적으로 소멸하는 것은 아니라 할 것이므로, 가처분신청이 취하되었다 하여 무효인 계약이 유효하게 되지는 않는다.(대판 2008.5.29, 2008다4537)

27. 골프회원권 처분금지가처분결정의 송달 이후 실시된 가압류 등 보전처분 또는 그에 기한 강제집행으로 가처분채권자에게 대항할 수 있는지 여부(소극) 골프회원권의 양수인이 양도인에 대하여 가지는 골프회원권 명의변경청구권 등에 기하여 하는 골프회원권 처분금지가처분결정이 제3채무자인 골프클럽 운영회사에 먼저 송달되고, 그 후 가처분채권자가 골프클럽 운영에 관한 회칙에서 정한 대로 회원권 양

도·양수에 대한 골프클럽 운영회사의 승인을 얻었을 뿐만 아니라 본안소송에서도 승소하여 확정되었다면, 그 가처분결정의 송달 이후에 실시된 가압류 등의 보전처분 또는 그에 기한 강제집행은 그 가처분의 처분금지 효력에 반하는 범위 내에서는 가처분채권자에게 대항할 수 없다.(대판 2009. 12.24, 2008다10884)

28. 대표자의 직무대행자가 선임된 상태에서 피대행자의 후임자가 새로 선출된 경우 대표권을 가지는지 여부(소극) 가처분재판에 의하여 법인 등 대표자의 직무대행자가 선임된 상태에서 피대행자의 후임자가 적법하게 소집된 총회의 결의에 따라 새로 선출되었다 해도 그 직무대행자의 권한은 위 총회의 결의에 의하여 당연히 소멸하는 것은 아니므로 사정변경 등을 이유로 가처분결정이 취소되지 않는 한 직무대행자만이 적법하게 위 법인 등을 대표할 수 있고, 총회에서 선임된 후임자는 그 선임결의의 적법 여부에 관계없이 대표권을 가지지 못한다.(대판 2010.2.11. 2009다70395)

29. 금전채권에 관한 처분금지가처분의 송달 이후에 실시된 가압류처분의 효력 채권자가 채무자의 금전채권에 대하여 가처분결정을 받아 가처분결정이 제3채무자에게 송달되고 그 후 본안소송에서 승소하여 확정되었다면, 가처분결정의 송달 이후에 실시된 가압류 등의 보전처분 또는 그에 기한 강제집행은 가처분의 처분금지 효력에 반하는 범위 내에서는 가처분채권자에게 대항할 수 없다.(대판 2014.6.26, 2012다116260).

30. 저당권설정등기청구권을 보전하기 위한 처분금지가처분 저당권설정등기청구권을 보전하기 위한 처분금지가처분의 등기가 이미 되어 있는 부동산에 관하여 그 후 소유권이전등기나 처분제한의 등기 등이 이루어지고, 그 뒤 가처분채권자가 본안소송의 승소확정으로 피보전권리 실현을 위한 저당권설정등기를 하는 경우에, 가처분등기 후에 이루어진 소유권이전등기나 처분제한의 등기 등 자체가 가처분채권자의 저당권 취득에 장애가 되는 것은 아니어서 효력이 말소되지는 않지만, 가처분채권자의 저당권 취득과 저촉되는 범위에서는 가처분등기 후에 등기된 권리의 취득이나 처분의 제한으로 가처분채권자에게 대항할 수 없게 된다. 따라서 저당권설정등기청구권을 보전하기 위한 처분금지가처분의 등기 후 피보전권리 실현을 위한 저당권설정등기가 되면, 그 후 가처분등기가 말소되더라도 여전히 가처분등기 후에 등기된 권리의 취득이나 처분의 제한으로 가처분채권자의 저당권 취득에 대항할 수 없다.(대판 2015.7.9, 2015다202360)

▶ **임시의 지위를 정하기 위한 가처분의 당사자**

31. 임시의 지위를 정하기 위한 가처분에서 피신청인 적격 민집 300조 2항이 규정한 임시의 지위를 정하기 위한 가처분은 그 성질상 주장 자체에 의하여 다툼이 있는 권리관계에 관한 정당한 이익이 있는 자가 가처분 신청을 할 수 있고, 그 경우 주장 자체에 의하여 신청인과 저촉되는 지위에 있는 자를 피신청인으로 하여야 한다. 한편 민사집행법상의 가처분으로 행정청의 행정행위 금지를 구하는 것은 허용될 수 없다.(대결 2011.4.18, 2010마1576)

▶ **임시의 지위를 정하기 위한 가처분의 요건**

32. 기업시설에 대한 방해배제청구권을 피보전권리로 한 가처분에서의 보전의 필요성의 판단 사용자는 기업시설에 대한 방해배제 내지 방해예방청구권을 피보전권리로 하여 노동조합과 소속 조합원을 상대로 임시의 지위를 정하는 가처분을 구하거나 같은 내용의 본안소송을 제기할 수 있다. 이때 헌법이 근로자의 단결권·단체교섭권·단체행동권을 보장하고 있고, 노동쟁의의 유동성에 비추어 법적 간섭은 최소한도에 그치는 것이 분쟁해결에 도움이 될 수 있으며, 노사의 이해 대립은 노사대등의 원칙에 입각하여 자주적으로 해결되는 것이 바람직하다는 점에서, 보전의 필요성이나 방해배제 내지 방해예방청구의 필요성을 판단할 때에는 고도의

신중함을 요한다.(대판 2011.2.24, 2010다75754)

30. 임시의 지위를 정하기 위한 가처분의 필요성에 대한 판단 기준 구 민소(2002. 1. 26. 법률 제6626호로 전문 개정되기 전의 것) 714조 2항에서 규정하는 임시의 지위를 정하기 위한 가처분은 다툼 있는 권리관계에 관하여 그것이 본안소송에 의하여 확정되기까지의 사이에 가처분권리자가 현재의 현저한 손해를 피하거나 급박한 강포를 방지하기 위하여, 또는 기타의 이유가 있는 때에 한하여 허용되는 응급적, 잠정적인 처분인바, 이러한 가처분을 필요로 하는지의 여부는 당해 가처분신청의 인용 여부에 따른 당사자 쌍방의 이해득실 관계, 본안소송에 있어서의 장래의 승패의 예상, 기타의 제반 사정을 고려하여 법원의 재량에 따라 합목적적으로 결정하여야 할 것이며, 더구나 가처분채무자에 대하여 본안판결에서 명하는 것과 같은 내용의 실용신안권침해의 금지라는 부작위의무를 부담시키는 이른바 만족적 가처분일 경우에는, 그에 관한 보전의 필요성 유무를 판단함에 있어 위에서 본 바와 같은 제반 사정을 참작하여야 보다 더욱 신중하게 결정하여야 할 것이므로, 장래 그 실용신안권 등의 권리가 무효로 될 개연성이 높다고 인정되는 등의 특별한 사정이 있는 경우에는 당사자 간의 형평을 고려하여 그 가처분신청은 보전의 필요성을 결한 것으로 보는 것이 합리적이다.(대판 2003.11.28, 2003다30265)

33. 동종영업의 금지를 구하는 가처분에서의 보전의 필요성에 관한 판단기준 동종영업의 금지를 구하는 가처분는 민집 300조 2항에서 규정하고 있는 임시의 지위를 정하기 위한 가처분의 일종으로서, 이러한 가처분은 그 다툼 있는 권리관계가 본안소송에 의하여 확정되기 전까지 가처분권리자에게 끼칠 현저한 손해를 피하거나 급박한 위험을 막기 위하여 또는 기타 필요한 이유가 있을 경우에 한하여 응급적·잠정적 처분으로 허용되는 것인바, 본안판결 전에 채권자에게 만족을 주는 경우도 있어 채무자의 고통이 크다고 볼 수 있으므로 그 필요성의 인정에 신중을 기해야 한다.(대결 2006.7.4, 2006마164, 165)

34. 조합의 이사장에 대한 해임청구의 소를 본안으로 하는 직무집행정지 가처분의 허용 여부(소극) 기존 법률관계의 변경·형성을 목적으로 하는 형성의 소는 법률에 명문의 규정이 있는 경우에 한하여 제기할 수 있는바, 조합의 이사장 및 이사가 조합업무에 관하여 위법행위 및 정관위배행위 등을 하였다는 이유로 그 해임을 청구하는 소송은 형성의 소에 해당하는데, 이를 제기할 수 있는 법적 근거가 없으므로, 조합의 이사장 및 이사 직무집행정지 가처분은 허용될 수 없다.(대판 2001.1.16, 2000다45020)

35. 이사의 권리의무를 행하고 있는 퇴임이사를 상대로 직무집행의 정지를 구하는 가처분신청의 가부(소극) 및 퇴임할 당시 이사의 원수가 충족되어 있음에도 불구하고 퇴임이사가 이사로서의 권리의무를 행사하고 있는 경우 그 직무집행정지를 구하는 가처분신청의 가부(적극) 상 386조 1항은 법률 또는 정관에 정한 이사의 원수를 결한 경우에는 임기의 만료 또는 사임으로 인하여 퇴임한 이사로 하여금 새로 선임된 이사가 취임할 때까지 이사의 권리의무를 행하도록 규정하고 있는바, 위 규정에 따라 이사의 권리의무를 행사하고 있는 퇴임이사로 하여금 이사로서의 권리의무를 가지게 하는 것이 불가능하거나 부적당한 경우 등 필요한 경우에는 상 386조 2항에 정한 일시 이사의 직무를 행할 자의 선임을 법원에 청구할 수 있으므로, 이와는 별도로 상 386조 1항에 정한 바에 따라 이사의 권리의무를 행하고 있는 퇴임이사를 상대로 해임사유의 존재나 임기만료·사임 등을 이유로 그 직무집행의 정지를 구하는 가처분신청은 허용되지 않는다. 반면에 상 386조 1항의 규정에 따라 퇴임이사가 이사의 권리의무를 행할 수 있는 것은 법률 또는 정관에 정한 이사의 원수를 결한 경우에 한정되는 것이므로, 퇴임할 당시에 법률 또는 정관에 정한 이사의 원수가 충족되어 있는 경

우라면 퇴임하는 이사는 임기의 만료 또는 사임과 동시에 당연히 이사로서의 권리의무를 상실하는 것이고, 그럼에도 불구하고 그 이사가 여전히 이사로서의 권리의무를 실제로 행사하고 있는 경우에는 그 권리의무의 부존재확인청구권을 피보전권리로 하여 직무집행의 정지를 구하는 가처분신청이 허용된다.(대결 2009.10.29. 2009마1311)

36. 행정행위의 금지를 구하는 가처분의 허부(소극) 구 민사소송법상의 보전처분은 민사판결절차에 의하여 보호받을 수 있는 권리에 관한 것이므로, 구 민사소송법상의 가처분으로써 행정청의 어떠한 행정행위의 금지를 구하는 것은 허용될 수 없다.(대결 1992.7.6, 92마54)

▶ 단행가처분

37. 단행가처분의 집행으로 그 목적물이 채권자에게 인도된 경우 본안소송에서 채무자의 점유가 계속되는 것으로 볼 것인지 여부(적극) 가처분의 피보전권리는 채무자가 소송과 관계없이 스스로 의무를 이행하거나 본안소송에서 피보전권리가 존재하는 것으로 판결이 확정됨에 따라 채무자가 의무를 이행한 때에 비로소 법률상 실현되는 것이어서, 채권자의 만족을 목적으로 하는 이른바 단행가처분의 집행에 의하여 피보전권리가 실현된 것과 마찬가지의 상태가 사실상 달성되었다 하더라도 그것은 어디까지나 임시적인 것에 지나지 않으므로, 가처분이 집행됨으로써 그 목적물이 채권자에게 인도된 경우에도 본안소송의 심리에서는 그와 같은 임시적, 잠정적 이행상태를 고려함이 없이 그 목적물의 점유는 여전히 채무자에게 있는 것으로 보아야 한다.(대판 2007.10.25, 2007다29515)

38. 소수주주의 회계장부열람등사청구권을 피보전권리로 하는 가처분의 허부(적극) 상 466조 1항 소정의 소수주주의 회계장부열람등사청구권을 피보전권리로 하여 당해 장부 등의 열람·등사를 명하는 가처분이 실질적으로 본안소송의 목적을 달성하여 버리는 면이 있다고 할지라도, 나중에 본안소송에서 패소가 확정되면 손해배상청구권이 인정되는 등으로 법률적으로는 여전히 잠정적인 면을 가지고 있기 때문에, 임시적인 조치로서 이러한 회계장부열람등사청구권을 피보전권리로 보는 가처분도 허용된다고 볼 것이니, 이러한 가처분을 허용함에 있어서는 피신청인인 회사에 대하여 직접 열람·등사를 허용하라는 명령을 내리는 방법뿐만 아니라, 열람·등사의 대상 장부 등에 관하여 훼손, 폐기, 은닉, 개찬이 행하여질 위험이 있는 때에는 이를 방지하기 위하여 그 장부 등을 집행관에게 이전 보관시키는 가처분을 허용할 수도 있다.(대판 1999.12.21, 99다137)

▶ 부작위의 가처분

39. 조망이익의 침해에 대한 보호요건 어느 토지나 건물의 소유자가 종전부터 향유하고 있던 조망이나 조망이 그에게 하나의 생활이익으로서의 가치를 가지고 있다고 객관적으로 인정된다면 법적인 보호의 대상이 될 수 있는 것인바, 이와 같은 조망이익은 원칙적으로 특정의 장소가 그 장소로부터 외부를 조망함에 있어 특별한 가치를 가지고 있고, 그와 같은 조망이익의 향유를 하나의 중요한 목적으로 하여 그 장소에 건물이 건축된 경우와 같이 당해 건물의 소유자나 점유자가 그 건물로부터 향유하는 조망이익이 사회통념상 독자의 이익으로 승인되어야 할 정도로 중요성을 갖는다고 인정되는 경우에 비로소 법적인 보호의 대상이 되는 것이라고 할 것이고, 그와 같은 정도에 이르지 못하는 조망이익의 경우에는 특별한 사정이 없는 한 법적인 보호의 대상이 될 수 없다고 할 것이다. 그리고 조망이익이 법적인 보호의 대상이 되는 경우에 이를 침해하는 행위가 사법상 위법한 가해행위로 평가되기 위해서는 조망이익의 침해 정도가 사회통념상 일반적으로 인용하는 수인한도를 넘어야 하고, 그 수인한도를 넘었는지 여부는 조망의 대상이 되는 경관의 내용과 피해건물이 입지하고 있는 지역에 있어서 건조물의 전체적 상

황 등의 사정을 포함한 넓은 의미에서의 지역성, 피해건물의 위치 및 구조와 조망상황, 특히 조망과의 관계에서의 건물의 건축·사용목적 등 피해건물의 상황, 주관적 성격이 강한 조망인지 여부와 여관·식당 등의 영업과 같이 경제적 이익과 밀접하게 결부되어 있는지 여부 등 당해 조망이익의 내용, 가해건물의 위치 및 구조와 조망방해의 상황 및 건축·사용목적 등 가해건물의 상황, 가해건물 건축의 경위, 조망방해를 회피할 수 있는 가능성의 유무, 조망방해에 관하여 가해자측이 해의를 가졌는지 유무, 조망이익이 피해이익으로서 보호가 필요한 정도 등 모든 사정을 종합적으로 고려하여 판단하여야 한다.(대판 2004.9.13, 2003다64602)

40. 대세적 권리의 침해행위에 대한 부작위청구권의 요건 인격권이나 시설관리권 등과 같은 대세적 권리를 침해하는 행위에 대한 부작위청구권은 대세적 권리에 대한 침해의 우려가 있다는 점 또는 이미 침해가 있었고 그 재발의 위험성이 있다는 점 등을 요건으로 하는 것이며, 이 경우 부작위명령의 대상이 되는 것은 가해자들이 이미 저지른 행위와 동일한 행위뿐만 아니라 그와 유사한 행위로서 장래에 저질러질 우려가 있는 행위를 포함한다.(대판 2006.5.26, 2004다62597)

41. 이사직무대행자의 가처분 본안소송에 대한 항소권포기의 가부 가처분결정에 의하여 선임된 학교법인 이사직무대행자가 그 가처분의 본안소송인 이사회결의무효확인의 제1심판결에 대하여 항소권을 포기하는 행위는 학교법인의 통상업무에 속하지 않는다고 보아야 할 것이므로, 그 가처분결정에 다른 정함이 있거나 관할법원의 허가를 얻지 아니하고서는 이를 할 수 없다.(대판 2006.1.26, 2003다36225)

제301조【가압류절차의 준용】 가처분절차에는 가압류절차에 관한 규정을 준용한다. 다만, 아래의 여러 조문과 같이 차이가 나는 경우에는 그러하지 아니하다.

◼ 가압류절차에 관한 규정(276~299), 처분금지가처분의 집행(민집규215), 그 밖의 재산권에 대한 집행(민집규216), 예탁유가증권에 대한 가처분(민집규217), 보전처분집행에 대한 본집행의 준용(민집규218)

▶ 가처분결정에 대한 불복

1. 항고법원의 보전처분결정에 대한 불복방법 변론을 거치지 아니하고 행한 가처분 등 보전처분의 신청을 인용한 결정에 대하여는 채무자나 피신청인은 구 민소 715조, 703조에 의하여 그 보전처분을 발한 법원에 이의를 신청할 수 있을 뿐이고, 그 결정이 항고법원에 의하여 행하여진 경우라고 하더라도 이에 대하여 같은 법 412조에 의한 재항고로는 다툴 수 없는 것이며, 또한 같은 법 420조에 규정된 특별항고는 불복을 신청할 수 없는 결정에 대하여 제기할 수 있는 것이고, 위와 같이 가처분을 명하는 결정에 대하여는 이의신청에 의한 불복을 할 수 있게 되어 있으므로, 가처분을 명하는 결정은 불복을 신청할 수 없는 결정에 해당하지 아니하여 특별항고의 대상이 되지도 못한다 할 것이다.(대결 1992.8.29, 92그19)

2. 사망한 자를 채무자로 한 처분금지가처분결정의 효력 이미 사망한 자를 채무자로 한 처분금지가처분신청은 부적법하고 그 신청에 따른 처분금지가처분결정이 있었다고 하여도 그 결정은 당연무효로서 그 효력이 상속인에게 미치지 않으나, 채무자의 상속인은 일반승계인으로서 무효인 가처분결정에 의하여 생긴 외관을 제거하기 위한 방편으로 가처분결정에 대한 이의신청으로써 그 취소를 구할 수 있다.(대판 2002.4.26, 2000다30578)

3. 제3자의 가처분이의신청의 가부 구 민소 703조, 715조에 의하여 가처분결정에 대한 이의신청을 할 수 있는 자는 채무자와 그 일반승계인이라야만 하고 특정승계인도 같은 법 74조에 의한 참가승계를 하면 이의신청을 할 수 있다고 할 것이나, 그 밖의 제3자는 가처분에 대하여 사실상의 이해관

계가 있다 하더라도 이의를 신청할 적격이 없다.(대판 1970.4.28, 69다2108)

4. 가처분에 대한 이의절차에서 채권자가 가처분의 신청취지를 확장하거나 변경하는 것이 허용되는지 여부(소극) 가처분에 대한 이의절차에서 채권자에 의한 신청취지의 변경을 허용하는 것은 그 집행 내용에 따라서는 보전처분의 유용을 허용하는 결과가 될 수 있어 채권자에게 지나치게 유리한 점, 이의절차에서 가처분 신청취지의 변경에 관하여 민사소송법상 청구의 변경 제도를 준용할 경우에는 가처분 신청의 기초에 관한 동일성 유무의 판단이 별도로 요구되고 나아가 이에 관한 당사자의 다툼이 계속되는 한 절차진행의 장애요소가 되어 위와 같은 이의절차의 기본적 성격과 조화되지 않는 점, 채권자가 이미 발령된 가처분 이상의 효력을 가지는 보전처분을 필요로 하는 경우에는 새로운 가처분 신청에 의하여 충분히 그 목적을 달성할 수 있는 점 등에 비추어 보면, 특별한 사정이 없는 한 가처분에 대한 이의절차에서 채권자가 신청 취지를 확장하거나 변경하는 것은 허용될 수 없다.(대결 2010.5.27, 2010마279)

▶ 가처분명령을 취소할 수 있는 사정변경의 예

5. 가처분 목적물의 양수인이 사정변경으로 인한 가처분 취소신청을 할 수 있는지 여부(적극) 피보전권리가 없음에도 그 권리보전이라는 구실 아래 처분금지가처분 결정을 받아 이를 집행한 경우에는 그 가처분 후에 가처분에 반하여 한 행위라도 그 행위의 효력은 가처분에 의하여 무시될 수 없는 것이고, 피보전권리가 없다는 것은 가처분결정에 대한 이의사유로 할 수 있으나 또한 피보전권리 없음이 분명히 되었다는 것은 사정변경으로 보아 민집 301조, 288조에 의한 사정변경으로 인한 가처분 취소신청을 할 수 있다고 해석되며, 가처분 목적물의 양수인도 사정변경으로 인한 가처분 취소신청을 할 수 있다.(대결 2010.8.26, 2010마818)

6. 본안소송의 패소가 확정된 경우 가처분채권자가 가처분채무자를 상대로 제기한 본안소송에서 피보전권리의 존재를 부정하는 판결이 확정된 경우 가처분채권자가 그 확정판결에 대하여 재심의 소를 제기하였다는 사유만으로는 가처분채무자가 사정변경이 있음을 주장하여 가처분의 취소를 신청할 수 있는 점에 아무런 영향도 미칠 수 없다.(대판 1991.1.11, 90다8770)

7. 본안소송의 판결 전에 소를 취하한 경우 가처분에 대한 본안소송을 종국판결 전에 취하하더라도 피보전권리의 존부에 영향을 주는 것이 아니며, 따라서 다시 같은 소송을 제기할 수 있는 것은 아니므로 소 취하로 인하여 보전의사의 포기가 있었다고 인정되지 아니하는 이상 소 취하 사실 자체만으로 가처분취소의 원인으로서의 사정변경에 해당한다고 볼 수는 없다.(대판 1992.6.26, 92다9449)

8. 본안의 승소판결을 받고도 집행에 착수하지 아니한 경우 가처분채권자가 본안소송에서 승소판결을 받은 그 집행채권이 정지조건부인 경우라 할지라도 그 조건이 집행채권자의 의사에 따라 즉시 이행할 수 있는 의무의 이행인 경우 정당한 이유 없이 그 의무의 이행을 게을리하고 집행에 착수하지 않고 있다면 보전의 필요성이 소멸하였다고 보아야 한다.(대판 2000.11.14, 2000다40773)

▶ 기 타

9. 가처분을 발령함에 있어 해방금액을 정할 수 있는지 여부(소극) 금전채권이나 금전으로 환산할 수 있는 채권의 보전을 목적으로 하는 가압류와 달리 가처분은 금전채권을 제외한 특정물에 대한 이행청구권 또는 다툼이 있는 권리관계의 보전에 그 본래의 목적이 있다는 점과 민집 307조에서 특별사정으로 인한 가처분의 취소를 별도로 규정한 법의 등에 비추어 볼 때 해방공탁금에 관한 민집 282조의 규정은 가처분에는 준용할 수 없다고 해석함이 타당하다.(대결 2001.1.29, 99마6107)

10. **부대체적 작위채무의 이행을 명하는 가처분 결정에 대한 간접강제의 집행기간과 그 기산일** 부대체적 작위채무의 이행을 명하는 가처분 결정을 받은 채권자가 간접강제의 방법으로 그 가처분 결정에 대한 집행을 함에 있어서도 구 민소 715조에 의하여 구 민소 708조 2항의 규정이 준용되므로, 특별한 사정이 없는 한 가처분 결정이 송달된 날로부터 14일 이내에 간접강제를 신청하여야 함이 원칙이고, 위 집행기간이 지난 후의 간접강제 신청은 부적법하다고 할 것이며, 다만 가처분에서 명하는 부대체적 작위의무가 일정 기간 계속되는 경우라면, 채무자가 성실하게 그 작위의무를 이행함으로써 강제집행을 신청할 필요 자체가 없는 동안에는 위 집행기간이 진행하지 않고, 채무자의 태도에 비추어 작위의무의 불이행으로 인하여 간접강제가 필요한 것으로 인정되는 때에 그 시점부터 위 14일의 집행기간이 기산되는 것으로 보아야 할 것이다.(대결 2001.1.29, 99마6107)

11. **건축주의 명의변경을 금지하는 가처분과 그 집행** 건축주에 대하여 명의 변경을 금지하는 가처분이 있다 하더라도 그와 같은 가처분은 결정을 송달하는 외에 현행법상 등기부에 이를 공시하는 방법이 없어 대물적 효력이 인정되지 아니하므로, 제3자가 채무자로부터 실제로 권리를 양수하여 소유권보존등기를 하였다면 가처분을 내세워 그 권리취득의 효력을 부인할 수 없다.(대판 1997.5.7, 97다1907)

12. **법원의 촉탁에 의하여 말소된 가처분기입등기의 회복등기절차의 이행을 구할 수 있는지 여부(소극)** 부동산처분금지가처분의 기입등기는 채권자나 채무자가 직접 등기공무원에게 이를 신청하여 행할 수는 없고 반드시 법원의 촉탁에 의하여야 하는바, 이와 같이 당사자가 신청할 수 없는 처분금지가처분의 기입등기가 법원의 촉탁에 의하여 말소된 경우에는 그 회복등기도 법원의 촉탁에 의하여 행하여져야 하므로, 처분금지가처분 채권자가 말소된 가처분기입등기의 회복등기절차의 이행을 소구할 수는 없다고 할 것이다. 다만, 가처분 채권자의 가처분 해제신청은 가처분 집행신청의 취하 내지 그 집행취소신청에 해당하는 것인바, 이러한 신청은 가처분의 집행절차를 이루는 행위이고, 그 신청이 가처분 채권자의 의사에 기한 것인지 여부는 집행법원이 조사·판단하여야 할 사항이라고 할 것이므로, 그 신청서가 위조되었다는 사유는 그 신청에 기한 집행행위, 즉 가처분기입등기의 말소촉탁에 대한 집행이의의 사유가 된다고 보아야 할 것이며, 따라서 이 사건 가처분 해제신청서가 위조되었다고 주장하는 원고로서는 가처분의 집행법원에 대하여 집행이의를 통하여 말소회복을 구할 수 있을 것이고(만일 가처분 기입등기의 회복에 등기상 이해관계가 있는 제3자가 있는 경우에는 그의 승낙서 또는 이에 대항할 수 있는 재판의 등본을 집행법원에 제출할 필요가 있다), 그 집행이의가 이유 있다면 집행법원은 가처분 기입등기의 말소회복등기의 촉탁을 하여야 할 것이다.(대판 2000.3.24, 99다27149)

13. **처분금지가처분등기의 말소를 구하는 소의 적부** 법원의 가처분결정에 기하여 그 가처분집행의 방법으로 이루어진 처분금지가처분등기는 집행법원의 가처분결정의 취소나 집행취소의 방법에 의해서만 말소될 수 있는 것이어서 처분금지가처분등기의 말소등기절차의 이행을 소구할 수는 없는 것이다.(대판 1982.12.14, 80다1872, 1873)

제302조 (2005.1.27 삭제)

제303조 【관할법원】 가처분의 재판은 본안의 관할법원 또는 다툼의 대상이 있는 곳을 관할하는 지방법원이 관할한다.

■ 본안의 관할법원(278·311), 전속관할(21)

제304조 【임시의 지위를 정하기 위한 가처분】 제300조제2항의 규정에 의한 가처분의 재판에는 변론기일 또는 채무자가 참석할 수 있는 심문기일을 열어야 한다. 다만, 그 기일을 열어 심리하면 가처분의 목적을 달성할 수 없는 사정이 있는 때에는 그러하지 아니하다.

■ 임시의 지위를 정하기 위한 가처분(300②), 변론기일(민소65·258), 심문(134②)

제305조 【가처분의 방법】 ① 법원은 신청목적을 이루는 데 필요한 처분을 직권으로 정한다.

② 가처분으로 보관인을 정하거나, 상대방에게 어떠한 행위를 하거나 하지 말도록, 또는 급여를 지급하도록 명할 수 있다.

③ 가처분으로 부동산의 양도나 저당을 금지한 때에는 법원은 제293조의 규정을 준용하여 등기부에 그 금지한 사실을 기입하게 하여야 한다.

■ ① 처분권주의(23, 민소203), 가처분의 목적(300), ③ 부동산가압류집행의 등기부 기입(293)

1. **가처분신청의 범위를 벗어나 허용되지 않는 것** 신청인이 공장을 점유하고 있다는 사실을 전제로 하여 피신청인에 대한 그 점유의 방해금지를 구하는 가처분신청에 대하여 그 공장이 신청인과 피신청인의 공동점유임을 인정하여 그 각 점유를 풀어 신청인이 위임하는 집행관으로 하여금 이를 보관케 한다는 취지의 결정을 함은 신청의 범위를 이탈하는 것으로서 위법하다.(대결 1965.10.14, 64마914)

2. **임차권설정등기청구권의 보전을 목적으로 한 처분금지가처분의 효력** 임차인이 부동산에 대한 임대차계약을 체결하고 임차권을 피보전권리로 한 처분금지가처분등기를 집행(기입)한 후에 강제경매신청에 의한 경매개시결정이 이루어지고 그 경매결과 제3자가 부동산을 경락받았다 하더라도, 임차인이 임차권설정등기이행청구의 본안승소판결을 받아 그 결정이 확정되면 임차권설정등기가 경료하는지 여부에 관계없이 선행된 가처분등기와 위 확정판결에 기하여 그 경락인은 가처분권리자의 권리보전과 상충되지 아니하는 범위 내에서 그 권리를 취득하는 것으로 확정된다 할 것이고, 따라서 임차인은 임차인의 지위를 포괄승계한 경락인에 대하여 임차보증금의 반환을 청구할 수 있다.(대판 1988.4. 25, 87다카458)

3. **가처분결정에 의하여 선임된 재단법인 이사직무대행자의 권한** 구 민소 714조 2항의 임시의 지위를 정하는 가처분은 권리관계에 다툼이 있는 경우에 권리자가 당하는 위험을 제거하거나 방지하기 위한 잠정적이고 임시적인 조치로서 그 분쟁의 종국적인 판단을 받을 때까지 잠정적으로 법적 평화를 유지하기 위한 비상수단에 불과한 것으로, 가처분결정에 의하여 재단법인의 이사의 직무를 대행하는 자를 선임한 경우에 그 직무대행자는 단지 피대행자의 직무를 수행할 수 있는 임시의 지위에 놓여 있음에 불과하므로, 재단법인을 종전과 같이 그대로 유지하면서 관리하는 한도 내의 재단법인의 통상업무에 속하는 사무만을 행할 수 있다고 하여야 할 것이고, 그 가처분결정에 다른 정함이 있는 경우 외에는 재단법인의 근간인 이사회의 구성 자체를 변경하는 것과 같은 재단법인의 통상업무에 속하지 아니한 행위를 하는 것은 이러한 가처분의 본질에 반한다.(대판 2000.1.28, 98두16996)

4. **점유이전금지가처분결정 이후 가처분 채무자로부터 점유를 이전받은 제3자와 가처분채권자와의 관계** 점유이전금지가처분은 그 목적물의 점유이전을 금지하는 것으로서, 그럼에도 불구하고 점유가 이전되었을 때에는 가처분채무자는 가처분채권자에 대한 관계에서 여전히 그 점유자의 지위에 있다는 의미로서의 당사자항정의 효력이 인정될 뿐이므로, 가처분 이후에 매매나 임대차 등에 기하여 가처분채무자로부터 점유를 이전받은 제3자에 대하여 가처분채권자가 가처분 자체의 효력으로 직접 퇴거를 강제할 수는 없고, 가처분채권자로서는 본안판결의 집행단계에서 승계집행문을 부여

받아 그 제3자의 점유를 배제할 수 있을 뿐이다.(대판 1999.3.23, 98다59118)

제306조 【법인임원의 직무집행정지 등 가처분의 등기촉탁】 법원사무관등은 법원이 법인의 대표자 그 밖의 임원으로 등기된 사람에 대하여 직무의 집행을 정지하거나 그 직무를 대행할 사람을 선임하는 가처분을 하거나 그 가처분을 변경·취소한 때에는, 법인의 주사무소 및 분사무소 또는 본점 및 지점이 있는 곳의 등기소에 그 등기를 촉탁하여야 한다. 다만, 이 사항이 등기하여야 할 사항이 아닌 경우에는 그러하지 아니하다.

▣ 이사의 직무집행정지 및 직무대행자선임 가처분(상407·408·415·567·570·613), 가처분의 취소(307), 가처분의 등기(민52의2, 60의2, 상183의2, 200의2·265)

1. 직무집행정지기간의 정함이 없는 이사직무집행정지가처분의 효력 주식회사 이사의 직무집행을 정지하고 그 대행자를 선임하는 가처분은 구 민소 714조 2항에 의한 임시의 지위를 정하는 가처분의 성질을 가지는 것으로서, 본안소송의 제1심판결 선고 시 또는 확정 시까지 그 직무 집행을 정지한다는 취지를 결하였다 하여 당연무효라 할 수 없으나, 가처분에 의해 직무집행이 정지된 당해 이사 등을 선임한 주주총회결의의 취소나 그 무효 또는 부존재확인을 구하는 본안소송에서 가처분채권자가 승소하여 그 판결이 확정된 때에는 가처분은 그 직무집행 정지 기간의 정함이 없는 경우에도 본안승소판결의 확정과 동시에 그 목적을 달성한 것이 되어 당연히 효력을 상실한다.(대판 1989.5.23, 88다카9883)

2. 단체의 대표자에 대한 해임청구권을 피보전권리로 한 직무집행정지가처분의 허부(소극) 법률관계의 변경·형성을 목적으로 하는 형성의 소는 법률에 명문의 규정이 있는 경우에 한하여 제기할 수 있는바, 조합의 이사장 및 이사가 조합업무에 관하여 위법행위 및 정관위배행위 등을 하였다는 이유로 그 해임을 청구하는 소송은 형성의 소에 해당하는데, 이를 제기할 수 있는 법적 근거가 없는 이상 그 이사장 및 이사의 직무집행정지가처분은 허용될 수 없다.(대판 2001.1.16, 2000다45020)

3. 직무집행정지기간의 정함이 없는 이사직무집행정지가처분의 효력존속기간 가처분에 의해 직무집행이 정지된 당해 이사 등을 선임한 주주총회 결의의 취소나 그 무효 또는 부존재확인을 구하는 본안소송에서 가처분채권자가 승소하여 그 판결이 확정된 때에는 가처분은 그 직무집행정지기간의 정함이 없는 경우에도 본안승소판결의 확정과 동시에 그 목적을 달성한 것이 되어 당연히 효력을 상실하게 된다.(대판 1989.9.12, 87다카2691)

제307조 【가처분의 취소】 ① 특별한 사정이 있는 때에는 담보를 제공하게 하고 가처분을 취소할 수 있다.
② 제1항의 경우에는 제284조, 제285조 및 제286조 제1항 내지 제4항·제6항·제7항의 규정을 준용한다. (2005.1.27 본항개정)

〔개정전〕 ② … 경우에는 "제284조 및 제285조"의 규정을 …

▣ ① 담보(19), 가압류해방금액(282), ② 가압류이의신청사건의 이송(284), 가압류이의신청의 취하(285), 이의신청에 대한 심리와 재판(286)

1. 가처분취소사유로서의 특별사정의 의미 민집 307조 1항에서 규정하고 있는 담보를 제공하게 하고 가처분을 취소할 수 있는 '특별한 사정이 있는 때'라 함은 가처분에 의하여 보전되는 권리가 금전적 보상으로써 그 종국의 목적을 달성할 수 있는 사정이 있거나 또는 가처분집행으로 가처분채무자가 특히 현저한 손해를 받고 있는 사정이 있는 경우를 말하

고, 여기에서 금전보상이 가능한가의 여부는 장래 본안소송에서의 청구의 내용, 당해 가처분의 목적 등 모든 사정을 참작하여 사회통념에 따라 객관적으로 판단하여야 하고, 채무자가 특히 현저한 손해를 입게 될 사정이 있는지 여부는 가처분의 종류, 내용 등 제반 사정을 종합적으로 고려하여 채무자가 입을 손해가 가처분 당시 예상된 것보다 훨씬 큰 것을 염려가 있어 가처분을 유지하는 것이 채무자에게 가혹하고 공평의 이념에 반하는지 여부에 의하여 결정된다.(대결 2006.7.4, 2006마164, 165)

2. 담보로부터 우선변제를 받을 수 있는지 여부 구 민소 720조에서 특별한 사정이 있을 때 담보의 제공을 조건으로 가처분의 취소를 구할 수 있게 한 것은, 가처분을 존속시키는 것이 공평의 관념상 부당하다고 생각되는 경우, 즉 가처분에 의하여 보전되는 권리가 금전적 보상으로써 그 종국의 목적을 달성할 수 있다는 사정이 있거나 또는 가처분 집행으로 가처분채무자가 특히 현저한 손해를 받고 있는 경우에 가처분채무자로 하여금 담보를 제공하여 가처분의 집행뿐 아니라 가처분명령 자체를 취소하여 가처분채무자로 하여금 목적물을 처분할 수 있도록 하는 데 있고, 따라서 가처분채무자가 제공하는 담보는 가처분채권자가 본안소송에서 승소하였음에도 가처분의 취소로 말미암아 가처분목적물이 존재하지 않게 됨으로써 입는 손해를 담보하기 위한 것이므로, 가처분채권자는 가처분취소로 인하여 입은 손해배상 청구소송의 승소판결을 얻은 후에 구 민소 475조 3항, 113조에 의하여 그 담보에 대하여 질권자와 동일한 권리를 가지고 우선변제를 받을 수 있다.(대판 1998.5.15, 97다58316)

제308조 【원상회복재판】 가처분을 명한 재판에 기초하여 채권자가 물건을 인도받거나, 금전을 지급받거나 또는 물건을 사용·보관하고 있는 경우에는, 법원은 가처분을 취소하는 재판에서 채무자의 신청에 따라 채권자에 대하여 그 물건이나 금전을 반환하도록 명할 수 있다.

▣ 가처분의 방법(305), 가처분의 취소(288,307)

제309조 【가처분의 집행정지】 ① 소송물인 권리 또는 법률관계가 이행되는 것과 같은 내용의 가처분을 명한 재판에 대하여 이의신청이 있는 경우에, 이의신청으로 주장한 사유가 법률상 정당한 사유가 있다고 인정되고 주장사실에 대한 소명이 있으며, 그 집행에 의하여 회복할 수 없는 손해가 생길 위험이 있다는 사정에 대한 소명이 있는 때에는, 법원은 당사자의 신청에 따라 담보를 제공하게 하거나 담보를 제공하게 하지 아니하고 가처분의 집행을 정지하도록 명할 수 있고, 담보를 제공하게 하고 집행한 처분을 취소하도록 명할 수 있다.
② 제1항에서 규정한 소명은 보증금을 공탁하거나 주장이 진실함을 선서하는 방법으로 대신할 수 없다.
③ 재판기록이 원심법원에 있는 때에는 원심법원이 제1항의 규정에 의한 재판을 한다.
④ 법원은 이의신청에 대한 결정에서 제1항의 규정에 의한 명령을 인가·변경 또는 취소하여야 한다.
⑤ 제1항·제3항 또는 제4항의 규정에 의한 재판에 대하여는 불복할 수 없다.
(2005.1.27 본조개정)

〔개정전〕 **第309條 【가처분의 집행정지】** ① 소송물인 권리 또는 법

률관계가 이행되는 것과 같은 내용의 가처분을 명한 재판에 대하여 이의신청 또는 상소가 있는 경우에, 이의신청 또는 상소의 이유로 주장한 사유가 법률상 정당한 이유가 있다고 인정되고 주장사실에 대한 소명이 있으며, 그 집행에 의하여 회복할 수 없는 손해가 생길 위험이 있다는 사정에 대한 소명이 있는 때에는, 법원은 당사자의 신청에 따라 담보를 제공하거나 담보를 제공하게 하지 아니하고 가처분의 집행을 정지하도록 명할 수 있고, 담보를 제공하게 하고 집행한 처분을 취소하도록 명할 수 있다.

② 제1항에서 규정한 소명은 보증금을 공탁하거나 주장이 진실함을 선서하는 방법으로 대신할 수 없다.

③ 재판기록이 원심법원에 있는 때에는 원심법원이 제1항의 재판을 한다.

④ 법원은 이의신청 또는 상소에 대한 판결에서 제1항의 명령을 취소·변경 또는 인가하여야 한다.

⑤ 판결中 제4항의 재판에 대하여는 직권으로 가집행의 선고를 하여야 한다.

⑥ 제1항, 제3항 내지 제5항의 재판에 대하여는 불복할 수 없다.”

■ 이의신청(283-286·301), 집행의 필수적정지·제한(49), 소명과 담보(280②)

1. 가처분 판결에 기한 집행이 집행정지의 대상이 될 수 있는지 여부 원래 가처분은 장래 본안소송에 의하여 확정될 청구에 관하여 그 고유 급부를 보전하기에 필요한 긴급조치를 취하는 것에 지나지 아니하므로, 가처분판결이 집행된다고 하더라도 그것으로써 실현되는 것은, 본안판결에 기한 강제집행이 권리의 종국적 만족을 가져오는 것과는 달리, 어디까지나 원칙적으로 권리보전에 필요한 임시 조치의 범위를 넘을 수는 없다. 따라서 가처분 판결에 대하여 상소의 제기가 있고 장차 그 판결이 취소 또는 변경될 가능성이 예견되는 경우라고 하더라도 미리 그 집행을 정지하는 등 일시적인 응급조치를 강구할 필요는 없는 것이다. 뿐만 아니라 만일 가처분 판결에 대하여도 구 민소 474조를 유추적용하여 이에 대한 상소가 제기되었음을 이유로 담보를 제공하게 하고 용이하게 그 집행의 정지를 구할 수 있다고 한다면, 고유한 급부의 보전을 위하여 긴급조치를 취하는 것을 내용으로 하는 가처분은 그 집행정지에 의하여 가처분 재판 그 자체를 취소하는 것과 동일한 결과를 가져오는 것이 되고, 긴급사태에 대하여 행하여진 응급조치의 효과를 저해하게 됨으로써 가처분 제도에 의한 특별보호의 목적을 멸각시키는 것이 될 것이다. 그러나 구체적인 가처분의 내용이 권리보전의 범위에 그치지 않고 종국적 만족을 얻게 하거나 또는 그 집행에 의하여 채무자에게 회복할 수 없는 손해를 생기게 할 우려가 있는 때에는 그 집행은 실질적으로 종국적 집행과 다를 바가 없으므로 이 경우에는 예외적으로 구 민소 473조, 474조를 유추적용하여 채무자에게 일시적인 응급조치로서 그 집행을 저지할 수 있는 길을 열어 줄 필요가 있다고 할 것이다.(대결 1995.3.6, 95그2)

2. 반론보도 재판의 집행정지 반론보도 재판의 집행정지는 반론보도 거부사유의 존재에 관한 새로운 증거가 발견되는 등의 특별한 사정이 있는 경우에 한하여 예외적으로 인정되어야 한다.(대결 2009.1.15, 2008그193)

제310조【준용규정】 제301조에 따라 준용되는 제287조제3항, 제288조제1항 또는 제307조의 규정에 따른 가처분취소신청이 있는 경우에는 제309조의 규정을 준용한다.

(2005.1.27 본조개정)

〔개정전〕“**제310조【준용규정】** 제301조에 따라 준용되는 제288조제1항 또는 제307조에 따른 가처분취소신청이 있는 경우에는 제309조의 규정을, 제301조에 따라 준용되는 제287조제3항 및 제288조제4항에 따른 가처분취소신청이 있는 경우에는 제309조제1항 내지 제4항 및 제6항의 규정을 각각 준용한다.”

■ 가압류절차의 준용(301), 본안의 제소명령서류의 미제출로 인한 가압류의 취소(287③), 사정변경 등에 따른 가압류의 취소신청(288①), 특별한 사정에 따른 가처분의 취소(307), 가처분의 집행정지(309)

제311조【본안의 관할법원】 이 편에 규정한 본안법원은 제1심 법원으로 한다. 다만, 본안이 제2심에 계속된 때에는 그 계속된 법원으로 한다.

■ 본안의 관할법원(278·288②·303), 제1심법원(법조7④·32①), 제2심법원(법조7⑤·28·32②)

1. 가처분사건에 관한 관할권의 유무를 정하는 표준 가압류와 가처분신청에 관한 관할법원은 그 신청 당시를 기준으로 하여 본안사건이 계속되어 있는 법원에 적법하게 계속되면 되고, 그 후에는 그 본안사건의 소송계속의 존속 여부는 그 가압류와 가처분에 대한 관할권에 영향을 미치지 않는다. 이러한 해석은 구 민소 30조가 법원의 관할은 제소한 때를 표준으로 하여 정한다고 규정한 취지를 비추어 보더라도 정당하다 할 것이나.(대결 1963.12.12. 4293민상824)

제312조【재판장의 권한】 급박한 경우에 재판장은 이 편의 신청에 대한 재판을 할 수 있다.(2005.1.27 본항개정)

〔개정전〕 … 경우에 “변론을 필요로 하지 아니하는 것에 한하여 재판장은” 이 편의 …

■ 재판장(민소135)〔개정전〕

부 칙(2002.1.26.)

제1조【시행일】 이 법은 2002년 7월 1일부터 시행한다.

제2조【계속사건에 관한 경과조치】 ① 이 법 시행전에 신청된 집행사건에 관하여는 종전의 규정에 따른다.

② 이 법 시행 당시 종전의 민사소송법의 규정에 따라 이 법 시행전에 행한 집행처분 그 밖의 행위는 이 법의 적용에 관하여는 이 법의 해당 규정에 따라 한 것으로 본다.

③ 제1항 및 제2항에 규정한 것 외에 이 법의 시행 당시 이미 법원에 계속되거나 집행관이 취급하고 있는 사건의 처리에 관하여 필요한 사항은 대법원규칙으로 정한다.

제3조【관할에 관한 경과조치】 이 법 시행 당시 법원에 계속중인 사건은 이 법에 따라 관할권이 없는 경우에도 종전의 규정에 따라 관할권이 있으면 그에 따른다.

제4조【법정기간에 대한 경과조치】 이 법 시행전부터 진행된 법정기간과 그 계산은 종전의 규정에 따른다.

제5조【법 적용의 시간적 범위】 이 법은 이 법 시행전에 생긴 사항에도 적용한다. 다만, 종전의 규정에 따라 생긴 효력에는 영향을 미치지 아니한다.

제6조【다른 법률의 개정】 ① 가등기담보등에관한법률중 다음과 같이 개정한다.

제16조제2항 단서중 “민사소송법 제661조제1항제2호”를 “민사집행법 제144조제1항제2호”로 한다.

② 가사소송법중 다음과 같이 개정한다.

제63조제1항 후단중 “민사소송법 제696조 내지 제723조”를 “민사집행법 제276조 내지 제312조”로

하고, 같은 조제3항중 "민사소송법 제705조"를 "민사집행법 제287조"로 한다.

③ 가정폭력범죄의처벌등에관한특례법중 다음과 같이 개정한다.

제61조제1항중 "민사소송법"을 "민사집행법"으로 한다.

④ 건설산업기본법중 다음과 같이 개정한다.

제59조제4항중 "민사소송절차"를 "민사집행절차"로, "민사소송법 제566조"를 "민사집행법 제233조"로 한다.

⑤ 공공차관의도입및관리에관한법률중 다음과 같이 개정한다.

제11조제2항중 "민사소송법"을 "민사집행법"으로 한다.

⑥ 공무원범죄에관한몰수특례법중 다음과 같이 개정한다.

제27조제7항을 다음과 같이 한다.

⑦ 민사집행법 제83조제2항·제94조제2항 및 제95조의 규정은 부동산의 몰수보전에 관하여 이를 준용한다. 이 경우 같은 법 제83조제2항중 "채무자"는 "몰수보전재산을 가진 자"로, 제94조제2항중 "제1항" 및 제95조중 "제94조"는 "공무원범죄에관한몰수특례법 제27조제4항"으로, 제95조중 "법원"은 "검사"로 본다.

제30조제4항을 다음과 같이 한다.

④ 민사집행법 제228조, 제248조제1항 및 제4항 본문의 규정은 채권의 몰수보전에 관하여 이를 준용한다. 이 경우 동법 제228조제1항중 "압류"는 "몰수보전"으로, "채권자"는 "검사"로, 제228조제1항 및 제2항중 "압류명령" 및 제248조제1항중 "압류"는 "몰수보전명령"으로, 제248조제1항 및 제4항 본문중 "제3채무자"는 "채무자"로, 같은 조제4항중 "법원"은 "몰수보전명령을 발한 법원"으로 본다.

제31조제3항을 다음과 같이 한다.

③ 제27조제3항 내지 제6항과 민사집행법 제94조제2항 및 제95조의 규정은 기타 재산권중 권리의 이전에 등기 등을 요하는 경우에 이를 준용한다. 이 경우 같은 법 제94조제2항중 "제1항" 및 제95조중 "제94조"는 "공무원범죄에관한몰수특례법 제31조제3항에서 준용한 제27조제4항"으로, 제95조중 "법원"은 "검사"로 본다.

제35조제4항중 "민사소송법 제584조제1항"을 "민사집행법 제251조제1항"으로 한다.

제36조제5항중 "민사소송법 제580조"를 "민사집행법 제247조"로, "제581조제3항"을 "제248조제4항"으로 한다.

제38조제2항 후단중 "민사소송법"을 "민사집행법"으로, "동법 제510조제2호"를 "같은 법 제49조제2호"로 한다.

제39조제2항 후단중 "민사소송법"을 "민사집행법"

으로, "동법 제726조제1항제5호(동법 제729조 및 제732조에서 준용하는 경우를 포함한다)"를 "같은 법 제266조제1항제5호(같은 법 제269조 및 제272조에서 준용하는 경우를 포함한다)"로 한다.

제44조제1항 후단 및 같은 조제3항 전단중 "민사소송법"을 각각 "민사집행법"으로 한다.

⑦ 공장저당법중 다음과 같이 개정한다.

제62조중 "민사소송법 제661조"를 "민사집행법 제144조"로 한다.

⑧ 공증인법중 다음과 같이 개정한다.

제56조의2제4항중 "민사소송법 제519조"를 "민사집행법 제56조"로, "채무명의"를 "집행권원"으로 하고, 같은 조제5항중 "채무명의"를 "집행권원"으로 한다.

제56조의4제1항 본문중 "민사소송법 제519조제3호"를 "민사집행법 제56조제4호"로, "동법 제490조제2항 및 동조제3항"을 "같은 법 제39조제2항 및 같은 조제3항"으로 한다.

⑨ 관광진흥법중 다음과 같이 개정한다.

제8조제2항중 "민사소송법"을 "민사집행법"으로 한다.

⑩ 광업재단저당법중 다음과 같이 개정한다.

제12조제2항중 "민사소송법 제648조"를 "민사집행법 제138조"로 한다.

⑪ 국가유공자등예우및지원에관한법률중 다음과 같이 개정한다.

제61조제1항 전단중 "민사소송법"을 "민사집행법"으로 하고, 같은 항 후단중 "민사소송법 제625조"를 "민사집행법 제113조"로 한다.

⑫ 국가채권관리법중 다음과 같이 개정한다.

제15조제2호중 "채무명의"를 각각 "집행권원"으로 하고, 같은 조제3호중 "채무명의취득절차"를 "집행권원취득절차"로 한다.

제29조제2항중 "채무명의"를 각각 "집행권원"으로 한다.

⑬ 국토이용관리법중 다음과 같이 개정한다.

제21조의9제2항중 "민사소송법"을 "민사집행법"으로 한다.

⑭ 군사법원법중 다음과 같이 개정한다.

제520조제4항중 "민사소송법"을 "민사집행법"으로 한다.

⑮ 금융기관부실자산등의효율적처리및한국자산관리공사의설립에관한법률중 다음과 같이 개정한다.

제26조제1항제1호중 "민사소송법"을 "민사소송법 및 민사집행법"으로 한다.

제45조중 "민사소송법"을 "민사집행법"으로, "민사소송법 제625조"를 "민사집행법 제113조"로 한다.

제45조의2제1항중 "민사소송법"을 "민사집행법"으로 한다.

⑯ 기업활동규제완화에관한특별조치법중 다음과

같이 개정한다.

제60조의13제1항중 "민사소송법"을 "민사집행법"으로 한다.

⑰ 농업협동조합의구조개선에관한법률중 다음과 같이 개정한다.

제30조제2호 및 제32조중 "민사소송법"을 각각 "민사집행법"으로 한다.

⑱ 담보부사채신탁법중 다음과 같이 개정한다.

제72조제1항중 "민사소송법"을 "민사집행법"으로 한다.

⑲ 마약류불법거래방지에관한특례법중 다음과 같이 개정한다.

제37조제7항을 다음과 같이 한다.

⑦ 민사집행법 제83조제2항·제94조제2항 및 제95조의 규정은 부동산의 몰수보전에 관하여 이를 준용한다. 이 경우 같은 법 제83조제2항중 "채무자"는 "몰수보전재산을 가진 자"로, 같은 법 제94조제2항중 "제1항" 및 같은 법 제95조중 "제94조"는 "마약류불법거래방지에관한특례법 제37조제4항"으로, 같은 법 제95조중 "법원"은 "검사"로 본다.

제40조제5항을 다음과 같이 한다.

⑤ 민사집행법 제228조의 규정은 채권의 몰수보전에 관하여 이를 준용한다. 이 경우 같은 법 제228조제1항중 "압류"는 "몰수보전"으로, "채권자"는 "검사"로, 같은 조제1항 및 제2항중 "압류명령"은 "몰수보전명령"으로 본다.

제41조제3항 전단중 "민사소송법 제611조제2항·제612조"를 "민사집행법 제94조제2항 및 제95조"로 하고, 동항 후단을 다음과 같이 한다. 이 경우 민사집행법 제94조제2항중 "제1항" 및 같은 법 제95조중 "제94조"는 "마약류불법거래방지에관한특례법 제41조제3항의 규정에 의하여 준용되는 제37조제4항"으로, 같은 법 제95조중 "법원"은 "검사"로 본다.

제45조제4항중 "민사소송법 제584조제1항"을 "민사집행법 제251조제1항"으로 한다.

제46조제5항중 "민사소송법 제580조"를 "민사집행법 제247조"로, "제581조제3항"을 "제248조제4항"으로 한다.

제48조제2항 후단중 "민사소송법"을 "민사집행법"으로, "제510조제2호"를 "제49조제2호"로 한다.

제49조제2항 후단중 "민사소송법"을 "민사집행법"으로, "제726조제1항제5호(같은 법 제729조 및 제732조에서 준용하는 경우를 포함한다)."를 "제266조제1항제5호(같은 법 제269조 및 제272조에서 준용하는 경우를 포함한다)."로 한다.

제54조제1항 및 제3항 전단중 "민사소송법"을 각각 "민사집행법"으로 한다.

⑳ 먹는물관리법중 다음과 같이 개정한다.

제22조제2항 전단중 "민사소송법"을 "민사집행법"으로 한다.

㉑ 보안관찰법중 다음과 같이 개정한다.

제24조중 "민사소송법"을 "민사집행법"으로 한다.

㉒ 비송사건절차법중 다음과 같이 개정한다.

제29조제2항 전단중 "민사소송법 제6편"을 "민사집행법"으로 한다.

제107조제5호를 삭제한다.

제249조제2항 전단중 "민사소송법 제7편"을 "민사집행법"으로 한다.

㉓ 사료관리법중 다음과 같이 개정한다.

제8조제4항중 "민사소송법"을 "민사집행법"으로 한다.

㉔ 사행행위등규제및처벌특례법중 다음과 같이 개정한다.

제9조제2항 전단중 "민사소송법"을 "민사집행법"으로 한다.

㉕ 석유사업법중 다음과 같이 개정한다.

제7조제2항중 "민사소송법"을 "민사집행법"으로 한다.

㉖ 석탄산업법중 다음과 같이 개정한다.

제20조제2항중 "민사소송법"을 "민사집행법"으로 한다.

㉗ 선박소유자등의책임제한절차에관한법률중 다음과 같이 개정한다.

제4조중 "민사소송법"을 "민사소송법 및 민사집행법"으로 한다.

제29조제2항중 "민사소송법 제505조"를 "민사집행법 제44조"로 한다.

제30조제3항중 "민사소송법 제507조와 제508조"를 "민사집행법 제46조 및 제47조"로 한다.

㉘ 소방법중 다음과 같이 개정한다.

제19조제2항 전단중 "민사소송법"을 "민사집행법"으로 한다.

㉙ 소송촉진등에관한특례법중 다음과 같이 개정한다.

제34조제1항중 "민사소송법"을 "민사집행법"으로 하고, 같은 조제4항중 "민사소송법 제505조제2항 전단"을 "민사집행법 제44조제2항"으로 한다.

㉚ 소프트웨어산업진흥법중 다음과 같이 개정한다.

제32조제5항중 "민사소송절차"를 "민사집행절차"로, "민사소송법"을 "민사집행법"으로 한다.

㉛ 수질환경보전법중 다음과 같이 개정한다.

제11조의2제2항 및 제43조의4제2항중 "민사소송법"을 각각 "민사집행법"으로 한다.

㉜ 식품위생법중 다음과 같이 개정한다.

제25조제2항 전단중 "민사소송법"을 "민사집행법"으로 한다.

㉝ 신탁법중 다음과 같이 개정한다.

제21조제2항 후단중 "민사소송법 제509조"를 "민사집행법 제48조"로 한다.

㉞ 액화석유가스의안전및사업관리법중 다음과 같이 개정한다.
제7조제2항 전단중 "민사소송법"을 "민사집행법"으로 한다.
㉟ 염관리법중 다음과 같이 개정한다.
제5조제2항중 "민사소송법"을 "민사집행법"으로 한다.
㊱ 유류오염손해배상보장법중 다음과 같이 개정한다.
제13조제2항중 "민사소송법 제477조제2항"을 "민사집행법 제27조제2항"으로, "외국판결이 제203조의 조건을 구비하지 아니한 때"를 "외국판결이 민사소송법 제217조의 조건을 갖추지 아니한 때"로 한다.
㊲ 음반·비디오물및게임물에관한법률중 다음과 같이 개정한다.
제33조제2항중 "민사소송법"을 "민사집행법"으로 한다.
㊳ 응급의료에관한법률중 다음과 같이 개정한다.
제54조제2항중 "민사소송법"을 "민사집행법"으로 한다.
㊴ 자동차관리법중 다음과 같이 개정한다.
제14조중 "민사소송법"을 "민사집행법"으로 한다.
㊵ 정기간행물의등록등에관한법률중 다음과 같이 개정한다.
제19조제1항중 "민사소송법 제693조"를 "민사집행법 제261조"로 하고, 같은 제4항 본문중 "민사소송법"을 "민사집행법"으로 하며, 같은 단서중 "민사소송법 제697조 및 제705조"를 "민사집행법 제277조 및 제287조"로 한다.
㊶ 정보통신공사업법중 다음과 같이 개정한다.
제48조제4항중 "민사소송절차"를 "민사집행절차"로, "민사소송법"을 "민사집행법"으로 한다.
㊷ 주택임대차보호법중 다음과 같이 개정한다.
제3조의2제1항중 "채무명의"를 "집행권원"으로, "민사소송법 제491조의2"를 "민사집행법 제41조"로 하고, 같은 조제2항중 "민사소송법"을 "민사집행법"으로 하며, 같은 조제5항중 "민사소송법 제590조 내지 제597조"를 "민사집행법 제152조 내지 제161조"로 한다.
제3조의3제3항중 "민사소송법 제700조제1항, 제701조, 제703조, 제704조, 제706조제1항·제3항·제4항 전단, 제707조, 제710조"를 "민사집행법 제280조제1항, 제281조, 제283조, 제285조, 제286조, 제288조제1항·제2항·제3항 전단, 제289조제1항 내지 제4항, 제290조제2항중 제288조제1항에 대한 부분, 제291조, 제293조"로 한다.
제3조의5 본문중 "민사소송법"을 "민사집행법"으로 한다.
㊸ 집단에너지사업법중 다음과 같이 개정한다.
제12조제2항중 "민사소송법"을 "민사집행법"으로 한다.
㊹ 집행관법중 다음과 같이 개정한다.
제15조제2항중 "민사소송법 제536조"를 "민사집행법 제200조"로 한다.
제17조제2항중 "민사소송법 제496조제2항"을 "민사집행법 제5조제2항"으로 한다.
㊺ 청소년기본법중 다음과 같이 개정한다.
제34조제2항중 "민사소송법"을 "민사집행법"으로 한다.
㊻ 축산물가공처리법중 다음과 같이 개정한다.
제26조제2항중 "민사소송법"을 "민사집행법"으로 한다.
㊼ 토양환경보전법중 다음과 같이 개정한다.
제23조제3항제4호중 "민사소송법"을 "민사집행법"으로 한다.
㊽ 파산법중 다음과 같이 개정한다.
제6조제3항 단서중 "민사소송법 제532조제4호 내지 제6호 및 제579조"를 "민사집행법 제195조제4호 내지 제6호 및 제246조제1항"으로 한다.
제99조의 제목 및 본문중 "민사소송법"을 각각 "민사소송법 및 민사집행법"으로 한다.
제192조 및 제193조제1항 전단중 "민사소송법"을 각각 "민사집행법"으로 한다.
제259조제2항 후단 및 제300조제2항중 "민사소송법 제478조 내지 제517조"를 각각 "민사집행법 제2조 내지 제18조, 제20조, 제28조 내지 제55조"로 한다.
㊾ 폐기물관리법중 다음과 같이 개정한다.
제24조제5항 후단중 "민사소송법"을 "민사집행법"으로 한다.
㊿ 항만운송사업법중 다음과 같이 개정한다.
제23조제3항중 "민사소송법"을 "민사집행법"으로 한다.
<51> 해운법중 다음과 같이 개정한다.
제18조제2항중 "민사소송법"을 "민사집행법"으로 한다.
<52> 행정소송법중 다음과 같이 개정한다.
제8조제2항중 "민사소송법"을 "민사소송법 및 민사집행법"으로 한다.
제34조제2항중 "민사소송법 제694조"를 "민사집행법 제262조"로 한다.
<53> 형사소송법중 다음과 같이 개정한다.
제477조제3항 단서 및 제493조중 "민사소송법"을 각각 "민사집행법"으로 한다.
<54> 화의법중 다음과 같이 개정한다.
제11조제2항중 "민사소송법"을 "민사소송법 및 민사집행법"으로 한다.
<55> 회사정리법중 다음과 같이 개정한다.
제8조중 "민사소송법"을 "민사소송법 및 민사집행

법"으로 한다.

제81조중 "채무명의"를 "집행권원"으로 한다.

제245조제3항 전단중 "민사소송법 제478조 내지 제517조"를 "민사집행법 제2조 내지 제18조, 제20조, 제28조 내지 제55조"로 하고, 같은 항 후단중 "동법 제483조, 제505조와 제506조"를 "민사집행법 제33조·제44조 및 제45조"로 한다.

제7조 【다른 법률과의 관계】 ① 이 법 시행 당시 다른 법률에서 종전의 민사소송법의 규정을 인용한 경우에 이 법중 그에 해당하는 규정이 있는 때에는 이 법의 해당 규정을 인용한 것으로 본다.

② 이 법 시행 당시 다른 법률에서 규정한 "재산관계명시절차"와 "채무명의"는 각각 "재산명시절차"와 "집행권원"으로 본다.

부 칙(2005.1.27.)

제1조 【시행일】 이 법은 공포 후 6월이 경과한 날부터 시행한다.

제2조 【계속사건에 관한 경과조치】 이 법 시행 전에 신청된 재산조회 사건·동산에 대한 강제집행 사건·보전명령 사건·보전명령에 대한 이의 및 취소신청 사건에 관하여는 종전의 규정에 의한다. 다만, 보전명령이 종국판결로 선고된 경우에는 이에 대한 상소 또는 취소 신청이 이 법 시행 후에 된 경우에도 종전의 규정에 의한다.

제3조 【다른 법률의 개정】 ① 상가건물임대차보호법중 다음과 같이 개정한다.

제6조제3항 전단중 "민사집행법 제280조제1항, 제281조, 제283조, 제285조, 제286조, 제288조제1항·제2항·제3항 본문, 제289조제1항 내지 제4항"을 "민사집행법 제280조제1항, 제281조, 제283조, 제285조, 제286조, 제288조제1항·제2항 본문, 제289조"로 한다.

② 주택임대차보호법중 다음과 같이 개정한다.

제3조의3제3항 전단중 "민사집행법 제280조제1항, 제281조, 제283조, 제285조, 제286조, 제288조제1항·제2항·제3항 전단, 제289조제1항 내지 제4항"을 "민사집행법 제280조제1항, 제281조, 제283조, 제285조, 제286조, 제288조제1항·제2항 본문, 제289조"로 한다.

③ 개인채무자회생법중 다음과 같이 개정한다.

제25조제1항 단서중 "민사집행법 제246조(압류금지채권)제1항제4호"를 "민사집행법 제246조(압류금지채권)제1항제4호·제5호"로 한다.

제4조 【다른 법령과의 관계】 이 법 시행 당시 다른 법령에서 종전의 민사집행법의 규정을 인용한 경우에 이 법 중 그에 해당하는 규정이 있는 때에는 그 규정에 갈음하여 이 법의 해당 규정을 인용한 것으로 본다.

부 칙(2007.8.3.)(상법)

제1조 【시행일】 이 법은 공포 후 1년이 경과한 날부터 시행한다. <단서 생략>

제2조부터 제8조까지 생략

제9조 【다른 법률의 개정】 ① 민사집행법 일부를 다음과 같이 개정한다.

제185조제3항 중 "상법 제760조"를 "「상법」 제764조"로 한다.

② 부터 ⑤ 까지 생략

부 칙(2007.8.3.)(소형선박저당법)

① 【시행일】 이 법은 2008년 7월 1일부터 시행한다.

② 생략

③ 【다른 법률의 개정】 민사집행법 일부를 다음과 같이 개정한다.

제187조 및 제270조 중 "건설기계"를 각각 "건설기계·소형선박(「소형선박저당법」 제2조에 따른 소형선박을 말한다)"으로 한다.

부 칙(2009.3.25.)(자동차 등 특정동산 저당법)

제1조 【시행일】 이 법은 공포 후 6개월이 경과한 날부터 시행한다.

제2조 및 **제3조** 생략

제4조 【다른 법률의 개정】 ① 생략

② 민사집행법 일부를 다음과 같이 개정한다.

제187조 및 제270조 중 "「소형선박저당법」 제2조"를 각각 "「자동차 등 특정동산 저당법」 제3조제2호"로 한다.

③ 생략

제5조 생략

부 칙(2010.7.23.)

이 법은 공포 후 3개월이 경과한 날부터 시행한다. 다만, 제246조제1항제6호의 개정규정은 공포한 날부터 시행한다.

부 칙(2011.4.5.)

① (시행일) 이 법은 공포 후 3개월이 경과한 날부터 시행한다.

② (적용례) 제246조제1항제7호·제8호 및 같은 조 제2항의 개정규정은 이 법 시행 후 최초로 접수된 압류명령 신청 및 취소사건부터 적용한다.

부 칙(2011.4.12.)(부동산등기법)

제1조 【시행일】 이 법은 공포 후 6개월이 경과한 날부터 시행한다. <단서 생략>

제2조 및 제3조 생략
제4조【다른 법률의 개정】① 부터 ⑱ 까지 생략
⑲민사집행법 일부를 다음과 같이 개정한다.
제81조제1항제1호 중 "등기부등본"을 "등기사항증명서"로 한다.
제84조제5항 전단 중 "등기부등본"을 "등기사항증명서"로 한다.
제95조의 제목 "(등기부등본의 송부)"를 "(등기사항증명서의 송부)"로 하고, 같은 조 중 "등기부의 등본"을 "등기사항증명서"로 한다.
제266조제1항제1호 중 "등기부의 등본"을 "등기사항증명서"로 한다.
제273조제1항 중 "등기부"를 "등기사항증명서"로 한다.
⑳ 부터 ㊷까지 생략
제5조 생략

　　부　칙(2014.5.20.)

이 법은 공포한 날부터 시행한다.

　　부　칙(2015.5.18.)

이 법은 공포 후 6개월이 경과한 날부터 시행한다.

　　부　칙(2016.2.3.)(민사소송법)

제1조【시행일】이 법은 공포 후 1년이 경과한 날부터 시행한다.
제2조 및 제3조 생략
제4조【다른 법률의 개정】① 생략
② 민사집행법 일부를 다음과 같이 개정한다.
제52조제3항 중 "민사소송법 제62조제3항 내지 제6항의 규정"을 "「민사소송법」 제62조제2항부터 제5항까지의 규정"으로 한다.

민사집행규칙

(2002년 6월 28일
대법원규칙 제1762호)

개정
2003. 7.19대규1835호.2004. 6. 1대규1891호
2005. 7.28대규1953호.2006.11.13대규2047호
2008. 2.18대규2160호2010.10. 4대규2304호
2011. 7.28대규2345호
2011. 9.28대규2356호(부동산등기규칙)
2011.12.30대규2375호
2013.11.27대규2495호 → 2013.11.29 시행
2014. 7. 1대규2542호
2014.10. 2대규2560호(상업등기규칙) → 2014.11.21 시행
2014.11.27대규2567호 → 2015. 1. 1 시행
2015. 2. 6대규2600호 → 2015. 6.15 시행
2015. 8.27대규2617호 → 2015. 9. 1 시행
2015.10.29대규2623호 → 2015.11. 1 시행
2015.12.29대규2633호 → 2016. 1. 1 시행
2016. 9. 6대규2676호 → 2016. 9. 6 시행
2018. 4.27대규2787호(동산·채권의 담보등기 등에 관한 규칙) → 2018. 8. 1 시행

제1편 총 칙

제1조【목적】이 규칙은 「민사집행법」(다음부터 "법"이라 한다)이 대법원규칙에 위임한 사항, 그 밖에 법 제1조의 민사집행과 보전처분의 절차를 규정함을 목적으로 한다. (2005.7.28 본항개정)
제2조【집행법원의 심문】집행법원은 집행처분을 하는 데 필요한 때에는 이해관계인, 그 밖의 참고인을 심문할 수 있다.

제3조 【집행관의 집행일시 지정】 ① 집행관은 민사집행의 신청을 받은 때에는 바로 민사집행을 개시할 일시를 정하여 신청인에게 통지하여야 한다. 다만, 신청인이 통지가 필요 없다는 취지의 신고를 한 때에는 그러하지 아니하다.

② 제1항의 규정에 따른 집행일시는 부득이한 사정이 없으면 신청을 받은 날부터 1주 안의 날로 정하여야 한다.

제4조 【국군원조요청의 절차】 ① 법 제5조제3항의 규정에 따라 법원이 하는 국군원조의 요청은 다음 각호의 사항을 적은 서면으로 하여야 한다.

1. 사건의 표시
2. 채권자·채무자와 그 대리인의 표시
3. 원조를 요청한 집행관의 표시
4. 집행할 일시와 장소
5. 원조가 필요한 사유와 원조의 내용

② 제1항의 규정에 따라 작성한 서면은 법원장 또는 지원장과 법원행정처장을 거쳐 국방부장관에게 보내야 한다.

제5조 【집행참여자의 의무】 법 제6조의 규정에 따라 집행관으로부터 집행실시의 증인으로 참여하도록 요구받은 특별시·광역시의 구 또는 동 직원, 시·읍·면 직원 또는 경찰공무원은 정당한 이유 없이 그 요구를 거절하여서는 아니된다.

제6조 【집행조서의 기재사항】 ① 집행조서에는 법 제10조제2항제2호의 규정에 따른 "중요한 사정의 개요"로서 다음 각호의 사항을 적어야 한다.

1. 집행에 착수한 일시와 종료한 일시
2. 실시한 집행의 내용
3. 집행에 착수한 후 정지한 때에는 그 사유
4. 집행에 저항을 받은 때에는 그 취지와 이에 대하여 한 조치
5. 집행의 목적을 달성할 수 없었던 때에는 그 사유
6. 집행을 속행한 때에는 그 사유

② 제150조제2항, 법 제10조제2항제4호 또는 법 제116조제2항(이 조항들이 준용되거나 그 예에 따르는 경우를 포함한다)에 규정된 서명날인은 서명무인으로 갈음할 수 있다.

제7조 【재판을 고지받을 사람의 범위】 ① 다음 각호의 재판은 그것이 신청에 기초한 경우에는 신청인과 상대방에게, 그 밖의 경우에는 민사집행의 신청인과 상대방에게 고지하여야 한다. (2011.7.28 본항개정)

1. 이송의 재판(다만, 민사집행을 개시하는 결정이 상대방에게 송달되기 전에 이루어진 재판을 제외한다)
2. 즉시항고를 할 수 있는 재판(다만, 신청을 기각하거나 각하하는 재판을 제외한다)
3. 법 제50조제1항 전단 또는 법 제266조제2항 전단(이 조항들이 준용되거나 그 예에 따르는 경우

를 포함한다)의 규정에 따른 집행절차취소의 재판
4. 법 제16조제2항의 규정에 따른 재판과 이 재판이 이루어진 경우에는 법 제16조제1항의 규정에 따른 신청에 관한 재판
5. 법 제86조제2항(이 조항이 준용되거나 그 예에 따르는 경우를 포함한다)의 규정에 따른 재판
6. 법 제196조제3항(이 조항이 준용되거나 그 예에 따르는 경우를 포함한다)의 규정에 따른 재판과 이 재판이 이루어진 경우에는 법 제196조제1항·제2항 또는 법 제246조제3항(이 조항들이 준용되거나 그 예에 따르는 경우를 포함한다)의 규정에 따른 신청을 기각하거나 각하하는 재판

② 제1항 각호에 규정되지 아니한 재판으로서 신청에 기초한 재판에 대하여는 신청인에게 고지하여야 한다.

제8조 【최고·통지】 ① 민사집행절차에서 최고와 통지는 특별한 규정이 없으면 상당하다고 인정되는 방법으로 할 수 있다.

② 제1항의 최고나 통지를 한 때에는 법원서기관·법원사무관·법원주사 또는 법원주사보(다음부터 이 모두를 "법원사무관등"이라 한다)나 집행관은 그 취지와 최고 또는 통지의 방법을 기록에 표시하여야 한다.

③ 최고를 받을 사람이 외국에 있거나 있는 곳이 분명하지 아니한 때에는 최고할 사항을 공고하면 된다. 이 경우 최고는 공고를 한 날부터 1주가 지나면 효력이 생긴다.

④ 이 규칙에 규정된 통지(다만, 법에 규정된 통지를 제외한다)를 받을 사람이 외국에 있거나 있는 곳이 분명하지 아니한 때에는 통지를 하지 아니하여도 된다. 이 경우 법원사무관등이나 집행관은 그 사유를 기록에 표시하여야 한다.

⑤ 당사자, 그 밖의 관계인에 대한 통지(다만, 법 제102조제1항에 규정된 통지를 제외한다)는 법원사무관등 또는 집행관으로 하여금 그 이름으로 하게 할 수 있다.

제9조 【발송의 방법】 법 제11조제3항, 법 제14조제2항 또는 법 제104조제3항의 규정에 따른 발송은 등기우편으로 한다.

제10조 【외국으로 보내는 첫 송달서류의 기재사항】 민사집행절차에서 외국으로 보내는 첫 송달서류에는 대한민국 안에 송달이나 통지를 받을 장소와 영수인을 정하여 일정한 기간 안에 신고하도록 명함과 아울러 그 기간 안에 신고가 없는 경우에는 그 이후의 송달이나 통지를 하지 아니할 수 있다는 취지를 적어야 한다.

제11조 【공고】 ① 민사집행절차에서 공고는 특별한 규정이 없으면 다음 각호 가운데 어느 하나의 방법으로 한다. 이 경우 필요하다고 인정하는 때에는 적당한 방법으로 공고사항의 요지를 공시할 수

있다.
1. 법원게시판 게시
2. 관보·공보 또는 신문 게재
3. 전자통신매체를 이용한 공고
② 법원사무관등 또는 집행관은 공고한 날짜와 방법을 기록에 표시하여야 한다.

제12조【즉시항고제기기간 기산점의 특례】 즉시항고를 할 수 있는 사람이 재판을 고지받아야 할 사람이 아닌 경우 즉시항고의 제기기간은 그 재판을 고지받아야 할 사람 모두에게 고지된 날부터 진행한다.

제13조【즉시항고이유의 기재방법】 ① 즉시항고의 이유는 원심재판의 취소 또는 변경을 구하는 사유를 구체적으로 적어야 한다.
② 제1항의 사유가 법령위반인 때에는 그 법령의 조항 또는 내용과 법령에 위반되는 사유를, 사실의 오인인 때에는 오인에 관계되는 사실을 구체적으로 밝혀야 한다.

제14조【즉시항고기록의 송부】 ① 즉시항고가 제기된 경우에 집행법원이 상당하다고 인정하는 때에는 항고사건의 기록만을 보내거나 민사집행사건의 기록 일부의 등본을 항고사건의 기록에 붙여 보낼 수 있다.
② 제1항의 규정에 따라 항고사건의 기록 또는 민사집행사건의 기록 일부의 등본이 송부된 경우에 항고법원은 필요하다고 인정하는 때에는 민사집행사건의 기록 또는 필요한 등본의 송부를 요구할 수 있다.

제14조의2【재항고】 ① 집행절차에 관한 항고법원·고등법원 또는 항소법원의 결정 및 명령으로서 즉시항고를 할 수 있는 재판에 대하여는 재판에 영향을 미친 헌법·법률·명령 또는 규칙의 위반을 이유로 드는 때에만 재항고(再抗告)할 수 있다.
② 제1항의 재항고에 관하여는 법 제15조의 규정을 준용한다.
(2005.7.28 본조신설)

제15조【집행에 관한 이의신청의 방식】 ① 법 제16조제1항·제3항의 규정에 따른 이의신청은 집행법원이 실시하는 기일에 출석하여 하는 경우가 아니면 서면으로 하여야 한다.
② 제1항의 이의신청을 하는 때에는 이의의 이유를 구체적으로 밝혀야 한다.

제16조【민사집행신청의 취하통지】 민사집행을 개시하는 결정이 상대방에게 송달된 후 민사집행의 신청이 취하된 때에는 법원사무관등은 상대방에게 그 취지를 통지하여야 한다.

제17조【집행관이 실시한 민사집행절차의 취소통지】 집행관은 민사집행절차를 취소한 때에는 채권자에게 그 취지와 취소의 이유를 통지하여야 한다.

제18조【「민사소송규칙」의 준용】 민사집행과 보전처분의 절차에 관하여는 특별한 규정이 없으면 「민사소송규칙」의 규정을 준용한다. (2005.7.28 본조개정)

제18조의2【재정보증】 법원행정처장은 법 제1조의 민사집행 및 보전처분 사무를 처리하는 법원사무관등의 재정보증에 관한 사항을 정하여 운용할 수 있다.
(2011.12.30 본조신설)

제2편　강제집행

제1장　총　칙

제19조【집행문부여신청의 방식】 ① 집행문을 내어 달라는 신청을 하는 때에는 다음 각호의 사항을 밝혀야 한다. (2014.11.27 본조개정)
1. 채권자·채무자와 그 대리인의 표시
2. 집행권원의 표시
3. 법 제30조제2항, 법 제31조, 법 제35조(법 제57조의 규정에 따라 이 조항들이 준용되는 경우를 포함한다) 또는 법 제263조제2항의 규정에 따라 집행문을 내어 달라는 신청을 하는 때에는 그 취지와 사유
4. 집행권원에 채권자·채무자의 주민등록번호(주민등록번호가 없는 사람의 경우에는 여권번호 또는 등록번호, 법인 또는 법인 아닌 사단이나 재단의 경우에는 사업자등록번호·납세번호 또는 고유번호를 말한다. 다음부터 이 모두와 주민등록번호를 "주민등록번호등"이라 한다)가 적혀 있지 않은 경우에는 채권자·채무자의 주민등록번호등
② 확정되어야 효력이 있는 재판에 관하여 제1항의 신청을 하는 때에는 그 재판이 확정되었음이 기록상 명백한 경우가 아니면 그 재판이 확정되었음을 증명하는 서면을 붙여야 한다.
③ 집행문을 내어 달라는 신청을 하는 때에는 법원사무관등은 채권자·채무자 또는 승계인의 주소 또는 주민등록번호등을 소명하는 자료를 제출하게 할 수 있다. (2014.11.27 본항개정)

제20조【집행문의 기재사항】 ① 집행권원에 표시된 청구권의 일부에 대하여 집행문을 내어 주는 때에는 강제집행을 할 수 있는 범위를 집행문에 적어야 한다.
② 집행권원에 채권자·채무자의 주민등록번호등이 적혀 있지 아니한 때에는 집행문에 채권자·채무자의 주민등록번호등을 적어야 한다. (2014.11.27 본항개정)
③ 법 제31조(법 제57조의 규정에 따라 준용되는 경우를 포함한다)의 규정에 따라 집행문을 내어주는 때에는 집행문에 승계인의 주민등록번호등 또는

주소를 적어야 한다. (2014.11.27 본항신설)

제21조【집행권원 원본에 적을 사항】 ① 집행문을 내어 주는 때에는 집행권원의 원본 또는 정본에 법 제35조제3항과 법 제36조에 규정된 사항 외에 다음 각호의 사항을 적고 법원사무관등이 기명날인하여야 한다. (2006.11.13 본항개정)

1. 법 제31조(법 제57조의 규정에 따라 준용되는 경우를 포함한다)의 규정에 따라 내어 주는 때에는 그 취지와 승계인의 이름
2. 제20조제1항의 규정에 따라 내어 주는 때에는 강제집행을 할 수 있는 범위

② 법원사무관등이 재판사무시스템에 법 제35조제3항, 제36조에 규정된 사항 및 제1항 각 호의 사항을 등록한 때에는 집행권원의 원본 또는 정본에 해당사항을 적고 기명날인한 것으로 본다. (2006.11.13 본항신설)

제22조【공증인의 집행문 부여에 관한 허가 절차】 ① 공증인은 「공증인법」 제56조의3제3항에 따라 집행권원으로 보는 증서(다음부터 "인도 등에 관한 집행증서"라 한다)에 대한 집행문을 내어주기 위해 인도 등에 관한 집행증서의 표시와 내어줄 집행문의 문구를 적은 집행문부여허가청구서 및 그 부본 1통을 그 공증인의 사무소가 있는 곳을 관할하는 지방법원 또는 지원의 민사집행업무를 담당하는 과에 제출한다.

② 공증인은 집행문부여허가청구서에 당사자가 제출한 다음 각 호의 서류 또는 자료를 첨부하여야 한다.

1. 집행문부여신청서(대리인에 의해 신청된 경우 대리권 증명서류 포함)
2. 인도 등에 관한 집행증서 정본
3. 제19조제1항제3호의 사유를 증명하기 위한 자료 또는 제19조제3항에서 정한 소명자료

③ 제1항의 관할 지방법원 또는 지원의 법원사무관등이 집행문부여허가청구서와 제2항의 첨부서류 및 자료(다음부터 "허가청구서 등"이라 한다)를 접수한 때에는 집행문부여허가사건처리부(다음부터 "사건처리부"라 한다)에 접수사실을 적고, 집행문부여허가서 용지와 허가청구서 등을 담당 판사에게 회부한다.

④ 담당 판사는 집행문부여를 전부 또는 일부 허가하지 아니할 때에는 집행문부여허가청구서에 그 취지 및 이유를 적고 서명날인한다. 집행문부여를 일부 허가하지 아니할 때에는 허가서에 그 취지와 허가되지 않은 부분을 적는다.

⑤ 법원사무관등은 집행문부여허가서가 발부된 경우에 해당사항을 사건처리부에 적고 집행문부여허가서와 허가청구서 등을 공증인 사무소 담당직원이나 집행문부여신청인(대리인에 의해 신청된 경우 그 대리인 또는 그로부터 허가청구서 등의 수령권

한을 위임받은 사람을 포함한다. 다음부터 이 조문 안에서 같다)에게 인계한다. 집행문부여가 일부 허가되지 아니한 경우에도 같다.

⑥ 법원사무관등은 집행문부여가 전부 허가되지 않은 경우에 해당사실을 사건처리부에 적고 허가청구서 등을 공증인 사무소 담당 직원이나 집행문부여신청인에게 인계한다.

⑦ 각급 법원은 사건처리부와 집행문부여허가청구서 부본철을 청구일이 속한 다음해의 1월 1일부터 다음 각호의 기간 동안 비치·보존한다. 다만, 재판사무시스템에 입력함으로써 사건처리부의 기재 및 비치·보존에 갈음할 수 있다.

1. 사건처리부 : 10년
2. 허가청구서 부본철 : 1년

(2013.11.27 본조신설)
[종전 제22조는 제22조의2로 이동 <2013.11.27.>]

제22조의2【공정증서정본등의 송달방법】 ① 「공증인법」 제56조의5제1항의 규정에 따른 송달은 아래 제2항 내지 제6항에서 정하는 방법으로 한다. (2005.7.28., 2013.11.27 본항개정)

② 채권자는 「공증인법」 제56조의5제1항에 규정된 서류(다음부터 "공정증서정본등"이라 한다)의 송달과 동시에 강제집행할 것을 위임하는 경우 또는 같은 법 제56조의5제1항의 규정에 따른 우편송달로는 그 목적을 달성할 수 없는 때에는 집행관에게 공정증서정본등의 송달을 위임할 수 있다. (2005.7.28., 2013.11.27 본항개정)

③ 제2항의 위임에 따라 공정증서정본등을 송달한 집행관은 그 송달에 관한 증서를 위임인에게 교부하여야 한다.

④ 채권자는 공증인의 직무상 주소를 관할하는 지방법원에 외국에서 할 공정증서정본등의 송달을 신청할 수 있다.

⑤ 채권자는 「민사소송법」 제194조제1항의 사유가 있는 때에는 공증인의 직무상 주소를 관할하는 지방법원에 공시송달을 신청할 수 있다. (2005.7.28 본항개정)

⑥ 제2항의 규정에 따른 송달에는 「민사소송법」 제178조제1항, 같은 법 제179조 내지 제183조 및 같은 법 제186조의 규정을, 제4항의 규정에 따른 송달에는 「민사소송법」 제191조의 규정을, 제5항의 규정에 따른 공시송달에는 「민사소송법」 제194조 내지 제196조 및 「민사소송규칙」 제54조의 규정을 각 준용한다. (2005.7.28 본항개정)
[제22조에서 이동 <2013.11.27.>]

제23조【집행개시 후 채권자의 승계】 ① 강제집행을 개시한 후 신청채권자가 승계된 경우에 승계인이 자기를 위하여 강제집행의 속행을 신청하는 때에는 법 제31조(법 제57조의 규정에 따라 준용되는 경우를 포함한다)에 규정된 집행문이 붙은 집행

권원의 정본을 제출하여야 한다.

② 제1항에 규정된 집행권원의 정본이 제출된 때에는 법원사무관등 또는 집행관은 그 취지를 채무자에게 통지하여야 한다.

제24조【집행비용 등의 변상】 ① 법 제53조제1항의 규정에 따라 채무자가 부담하여야 할 집행비용으로서 그 집행절차에서 변상받지 못한 비용과 법 제53조제2항의 규정에 따라 채권자가 변상하여야 할 금액은 당사자의 신청을 받아 집행법원이 결정으로 정한다.

② 제1항의 신청과 결정에는 「민사소송법」 제110조제2항·제3항, 같은 법 제111조제1항 및 같은 법 제115조의 규정을 준용한다. (2005.7.28 본항개정)

제2장 금전채권에 기초한 강제집행

제1절 재산명시절차 등

제25조【재산명시신청】 ① 법 제61조제1항의 규정에 따른 채무자의 재산명시를 요구하는 신청은 다음 각호의 사항을 적은 서면으로 하여야 한다.

1. 채권자·채무자와 그 대리인의 표시
2. 집행권원의 표시
3. 채무자가 이행하지 아니하는 금전채무액
4. 신청취지와 신청사유

② 법원사무관등은 제1항의 신청인으로부터 집행문이 있는 판결정본(다음부터 "집행력 있는 정본"이라 한다)의 사본을 제출받아 기록에 붙인 후 집행력 있는 정본을 채권자에게 바로 돌려주어야 한다.

제26조【채무자에 대한 고지사항】 법 제62조제1항의 규정에 따른 결정을 채무자에게 송달하는 때에는, 법 제62조제4항 후단에 규정된 사항 외에 결정을 송달받은 뒤 송달장소를 바꾼 때에는 그 취지를 법원에 바로 신고하여야 하며 그 신고를 하지 아니하여 달리 송달할 장소를 알 수 없는 경우 종전에 송달받던 장소에 등기우편으로 발송할 수 있음을 함께 고지하여야 한다.

제27조【명시기일의 출석요구】 ① 법 제64조제1항의 규정에 따른 채무자에 대한 출석요구는 다음 각호의 사항을 적은 서면으로 하여야 한다.

1. 채권자와 채무자의 표시
2. 제28조와 법 제64조제2항의 규정에 따라 재산목록에 적거나 명시할 사항과 범위
3. 재산목록을 작성하여 명시기일에 제출하여야 한다는 취지
4. 법 제68조에 규정된 감치와 벌칙의 개요

② 채무자가 소송대리인을 선임한 경우에도 제1항에 규정된 출석요구서는 채무자 본인에게 송달하여야 한다.

③ 채권자는 명시기일에 출석하지 아니하여도 된다.

제28조【재산목록의 기재사항 등】 ① 채무자가 제출하여야 하는 재산목록에는 채무자의 이름·주소와 주민등록번호등을 적고, 법 제64조제2항 각호의 사항을 명시하는 때에는 유상양도 또는 무상처분을 받은 사람의 이름·주소·주민등록번호등과 그 거래내역을 적어야 한다.

② 법 제64조제2항·제3항의 규정에 따라 재산목록에 적어야 할 재산은 다음 각호와 같다. 다만, 법 제195조에 규정된 물건과 법 제246조제1항제1호 내지 제3호에 규정된 채권을 제외한다. (2005.7.28 본항개정)

1. 부동산에 관한 소유권·지상권·전세권·임차권·인도청구권과 그에 관한 권리이전청구권
2. 등기 또는 등록의 대상이 되는 자동차·건설기계·선박·항공기의 소유권, 인도청구권과 그에 관한 권리이전청구권
3. 광업권·어업권, 그 밖에 부동산에 관한 규정이 준용되는 권리와 그에 관한 권리이전청구권
4. 특허권·상표권·저작권·디자인권·실용신안권, 그 밖에 이에 준하는 권리와 그에 관한 권리이전청구권
5. 50만원 이상의 금전과 합계액 50만원 이상의 어음·수표
6. 합계액 50만원 이상의 예금과 보험금 50만원 이상의 보험계약
7. 합계액 50만원 이상의 주권·국채·공채·회사채, 그 밖의 유가증권
8. 50만원 이상의 금전채권과 가액 50만원 이상의 대체물인도채권(같은 채무자에 대한 채권액의 합계가 50만원 이상인 채권을 포함한다), 저당권 등의 담보물권으로 담보되는 채권은 그 취지와 담보물권의 내용
9. 정기적으로 받을 보수·부양료, 그 밖의 수입
10. 「소득세법」상의 소득으로서 제9호에서 정한 소득을 제외한 각종소득 가운데 소득별 연간 합계액 50만원 이상인 것
11. 합계액 50만원 이상의 금·은·백금·금은제품과 백금제품
12. 품목당 30만원 이상의 시계·보석류·골동품·예술품과 악기
13. 품목당 30만원 이상의 의류·가구·가전제품 등을 포함한 가사비품
14. 합계액 50만원 이상의 사무기구
15. 품목당 30만원 이상의 가축과 농기계를 포함한 각종 기계
16. 합계액 50만원 이상의 농·축·어업생산품(1월 안에 수확할 수 있는 과실을 포함한다), 공업생산품과 재고상품
17. 제11호 내지 제16호에 규정된 유체동산에 관한

인도청구권·권리이전청구권, 그 밖의 청구권
18. 제11호 내지 제16호에 규정되지 아니한 유체동산으로 품목당 30만원 이상인 것과 그에 관한 인도청구권·권리이전청구권, 그 밖의 청구권
19. 가액 30만원 이상의 회원권, 그 밖에 이에 준하는 권리와 그에 관한 이전청구권
20. 그 밖에 강제집행의 대상이 되는 것으로서 법원이 범위를 정하여 적을 것을 명한 재산
③ 제2항 및 법 제64조제2항·제3항의 규정에 따라 재산목록을 적는 때에는 다음 각호의 기준을 따라야 한다.
1. 제2항에 규정된 재산 가운데 권리의 이전이나 그 행사에 등기·등록 또는 명의개서(다음부터 이 조문 안에서 "등기등"이라고 한다)가 필요한 재산으로서 제3자에게 명의신탁 되어 있거나 신탁재산으로 등기등이 되어 있는 것도 적어야 한다. 이 경우에는 재산목록에 명의자와 그 주소를 표시하여야 한다.
2. 제2항제8호 및 제11호 내지 제19호에 규정된 재산의 가액은 재산목록을 작성할 당시의 시장가격에 따른다. 다만, 시장가격을 알기 어려운 경우에는 그 취득가액에 따른다.
3. 어음·수표·주권·국채·공채·회사채 등 유가증권의 가액은 액면금액으로 한다. 다만, 시장가격이 있는 증권의 가액은 재산목록을 작성할 당시의 거래가격에 따른다.
4. 제2항제1호 내지 제4호에 규정된 것 가운데 미등기 또는 미등록인 재산에 대하여는 도면·사진 등을 붙이거나 그 밖에 적당한 방법으로 특정하여야 한다.
④ 법원은 필요한 때에는 채무자에게 재산목록에 적은 사항에 관한 참고자료의 제출을 명할 수 있다.
제29조【재산목록 등의 열람·복사】 법 제67조 또는 법 제72조제4항의 규정에 따라 재산목록 또는 법원이 비치한 채무불이행자명부나 그 부본을 보거나 복사할 것을 신청하는 사람이 납부하여야 할 수수료의 액에 관하여는 「재판 기록 열람·복사 규칙」 제4조부터 제6조까지를 준용한다. (2005.7.28., 2012.12.27 본항개정)
제30조【채무자의 감치】 ① 법 제68조제1항 내지 제7항의 규정에 따른 감치재판은 법 제62조제1항의 규정에 따른 결정을 한 법원이 관할한다.
② 감치재판절차는 법원의 감치재판개시결정에 따라 개시된다. 이 경우 감치사유가 발생한 날부터 20일이 지난 때에는 감치재판개시결정을 할 수 없다.
③ 감치재판절차를 개시한 후 감치결정 전에 채무자가 재산목록을 제출하거나 그 밖에 감치에 처하는 것이 상당하지 아니하다고 인정되는 때에는 법원은 불처벌결정을 하여야 한다.
④ 제2항의 감치재판개시결정과 제3항의 불처벌결

정에 대하여는 불복할 수 없다.
⑤ 감치의 재판을 받은 채무자가 감치시설에 유치된 때에는 감치시설의 장은 바로 그 사실을 법원에 통보하여야 한다.
⑥ 법 제68조제6항의 규정에 따라 출석하여 재산목록을 내고 선서한 채무자를 석방한 때에는 법원은 바로 감치시설의 장에게 그 취지를 서면으로 통보하여야 한다.
⑦ 법 제68조제6항의 규정에 따라 채무변제를 증명하는 서면을 낸 채무자에 대하여 감치결정을 취소한 때에는 법원은 바로 감치시설의 장에게 채무자를 석방하도록 서면으로 명하여야 한다.
⑧ 제1항 내지 제7항 및 법 제68조제1항 내지 제7항의 규정에 따른 감치절차에 관하여는 「법정 등의 질서유지를 위한 재판에 관한 규칙」 제6조 내지 제8조, 제10조, 제11조, 제13조, 제15조 내지 제19조, 제21조 내지 제23조 및 제25조제2항(다만, 제13조 중 의견서에 관한 부분은 삭제하고, 제19조제2항 중 "3일"은 "1주"로, 제23조제8항 중 "감치집행을 한 날"은 "「민사집행규칙」 제30조제5항의 규정에 따른 통보를 받은 날"로 고쳐 적용한다)의 규정을 준용한다. (2004.6.1., 2005.7.28 본항개정)
제31조【채무불이행자명부 등재신청】 ① 법 제70조제1항의 규정에 따른 채무불이행자명부 등재신청에는 제25조제1항의 규정을 준용한다.
② 채무불이행자명부 등재신청을 하는 때에는 채무자의 주소를 소명하는 자료를 내야 한다.
제32조【채무불이행자명부의 작성】 ① 법 제71조제1항의 결정이 있는 때에는 법원사무관등은 바로 채무자별로 채무불이행자명부를 작성하여야 한다.
② 채무불이행자명부에는 채무자의 이름·주소·주민등록번호등 및 집행권원과 불이행한 채무액을 표시하고, 그 등재사유와 날짜를 적어야 한다.
③ 채무불이행자명부 말소결정이 취소되거나 채무불이행자명부 등재결정을 취소하는 결정이 취소된 경우에는 제1항과 제2항의 규정을 준용한다.
제33조【채무불이행자명부 부본의 송부 등】 ① 법 제71조제1항의 결정에 따라 채무불이행자명부에 올린 때에는 법원은 한국신용정보원의 장에게 채무불이행자명부의 부본을 보내거나 전자통신매체를 이용하여 그 내용을 통지하여야 한다. (2015.12.29 본항개정)
② 제1항 또는 법 제72조제2항의 규정에 따른 송부나 통지는 법원사무관등으로 하여금 그 이름으로 하게 할 수 있다.
③ 시·구·읍·면의 장은 법 제72조제2항의 규정에 따라 채무불이행자명부의 부본을 송부받은 경우에 그 시·구·읍·면이 채무자의 주소지가 아닌 때에는 바로 그 취지를 법원에 서면으로 신고하여야 한다. 이 서면에는 송부받은 채무불이행자명부

의 부본을 붙여야 하고, 그 채무자의 주소가 변경된 때에는 변경된 주소를 적어야 한다.

제34조 【직권말소】 ① 채무불이행자명부에 등재한 후 등재결정이 취소되거나 등재신청이 취하된 때 또는 등재결정이 확정된 후 채권자가 등재의 말소를 신청한 때에는 명부를 비치한 법원의 법원사무관등은 바로 그 명부를 말소하여야 한다.

② 제1항의 경우 제33조제1항·제2항 또는 법 제72조제2항의 규정에 따라 채무불이행자명부의 부본을 이미 보내거나 그 내용을 통지한 때에는 법원사무관등은 바로 법 제73조제4항에 규정된 조치를 취하여야 한다.

제35조 【재산조회의 신청방식】 ① 법 제74조의 규정에 따른 재산조회신청은 다음 각호의 사항을 적은 서면으로 하여야 한다.
1. 제25조제1항 각호에 적은 사항
2. 조회할 공공기관·금융기관 또는 단체
3. 조회할 재산의 종류
4. 제36조제2항의 규정에 따라 과거의 재산보유내역에 대한 조회를 요구하는 때에는 그 취지와 조회기간

② 제1항의 신청을 하는 때에는 신청의 사유를 소명하여야 하고, 채무자의 주소·주민등록번호등, 그 밖에 채무자의 인적사항에 관한 자료를 내야 한다.

제36조 【조회할 기관과 조회대상 재산 등】 ① 재산조회는 별표 "기관·단체"란의 기관 또는 단체의 장에게 그 기관 또는 단체가 전산망으로 관리하는 채무자 명의의 재산(다만, 별표 "조회할 재산"란의 각 해당란에 적은 재산에 한정한다)에 관하여 실시한다.

② 제1항의 경우 채권자의 신청이 있는 때에는 별표 순번 1에 적은 기관의 장에게 재산명시명령이 송달되기 전(법 제74조제1항제1호의 규정에 따른 재산조회의 경우에는 재산조회신청을 하기 전) 2년 안에 채무자가 보유한 재산내역을 조회할 수 있다. (2005.7.28 본항개정)

③ 법원은 별표 순번 5부터 12까지, 15 기재 "기관·단체"란의 금융기관이 회원사, 가맹사 등으로 되어 있는 중앙회·연합회·협회 등(다음부터 "협회등"이라 한다)이 개인의 재산 및 신용에 관한 전산망을 관리하고 있는 경우에는 그 협회등의 장에게 채무자 명의의 재산에 관하여 조회할 수 있다. (2016.9.6 본항개정)

제37조 【조회의 절차 등】 ① 법 제74조제1항·제3항의 규정에 따른 재산조회는 다음 각호의 사항을 적은 서면으로 하여야 한다.
1. 채무자의 이름·주소·주민등록번호등, 그 밖에 채무자의 인적사항
2. 조회할 재산의 종류
3. 조회에 대한 회답기한
4. 제36조제2항의 규정에 따라 채무자의 재산보유내역에 대한 조회를 요구하는 때에는 그 취지와 조회기간
5. 법 제74조제3항의 규정에 따라 채무자의 재산 및 신용에 관한 자료의 제출을 요구하는 때에는 그 취지
6. 법 제75조제2항에 규정된 벌칙의 개요
7. 금융기관에 대하여 재산조회를 하는 경우에 관련법령에 따른 재산 및 신용에 관한 정보등의 제공사실 통보의 유예를 요청하는 때에는 그 취지와 통보를 유예할 기간

② 같은 협회등에 소속된 다수의 금융기관에 대한 재산조회는 협회등을 통하여 할 수 있다.

③ 재산조회를 받은 기관·단체의 장은 다음 각호의 사항을 적은 조회회보서를 정하여진 날까지 법원에 제출하여야 한다. 이 경우 법 제74조제3항의 규정에 따라 자료의 제출을 요구받은 때에는 그 자료도 함께 제출하여야 한다.
1. 사건의 표시
2. 채무자의 표시
3. 조회를 받은 다음날 오전 영시 현재 채무자의 재산보유내역. 다만, 제1항제4호와 제36조제2항의 규정에 따른 조회를 받은 때에는 정하여진 조회기간 동안의 재산보유내역

④ 제2항에 규정된 방법으로 재산조회를 받은 금융기관의 장은 소속 협회등의 장에게 제3항 각호의 사항에 관한 정보와 자료를 제공하여야 하고, 그 협회등의 장은 제공받은 정보와 자료를 정리하여 한꺼번에 제출하여야 한다.

⑤ 재산조회를 받은 기관·단체의 장은 제3항에 규정된 조회회보서나 자료의 제출을 위하여 필요한 때에는 소속 기관·단체, 회원사, 가맹사, 그 밖에 이에 준하는 기관·단체에게 자료 또는 정보의 제공·제출을 요청할 수 있다.

⑥ 법원은 제출된 조회회보서나 자료에 흠이 있거나 불명확한 점이 있는 때에는 다시 조회하거나 자료의 재제출을 요구할 수 있다.

⑦ 제1항 내지 제6항에 규정된 절차는 별도의 대법원규칙이 정하는 바에 따라 전자통신매체를 이용하는 방법으로 할 수 있다.

제38조 【재산조회결과의 열람·복사】 재산조회결과의 열람·복사절차에 관하여는 제29조와 법 제67조의 규정을 준용한다. 다만, 제37조제7항의 규정에 따라 전자통신매체를 이용하는 방법으로 재산조회를 한 경우의 열람·복사절차에 관하여는 별도의 대법원규칙으로 정한다.

제39조 【과태료부과절차】 ① 법 제75조제2항의 규정에 따른 과태료 재판은 재산조회를 한 법원이 관할한다.

② 법 제75조제2항의 규정에 따른 과태료 재판의

절차에 관하여는 「비송사건절차법」 제248조와 제
250조(다만, 검사에 관한 부분을 제외한다)의 규정
을 준용한다. (2005.7.28 본항개정)

제2절 부동산에 대한 강제집행

제1관 통 칙

제40조【지상권에 대한 강제집행】 금전채권에
기초한 강제집행에서 지상권과 그 공유지분은 부동
산으로 본다.
제41조【집행법원】 법률 또는 이 규칙에 따라 부
동산으로 보거나 부동산에 관한 규정이 준용되는
것에 대한 강제집행은 그 등기 또는 등록을 하는
곳의 지방법원이 관할한다.

제2관 강제경매

제42조【미등기 건물의 집행】 ① 법 제81조제3
항·제4항의 규정에 따라 집행관이 건물을 조사한
때에는 다음 각호의 사항을 적은 서면에 건물의 도
면과 사진을 붙여 정하여진 날까지 법원에 제출하
여야 한다.
1. 사건의 표시
2. 조사의 일시·장소와 방법
3. 건물의 지번·구조·면적
4. 조사한 건물의 지번·구조·면적이 건축허가 또
  는 건축신고를 증명하는 서류의 내용과 다른 때
  에는 그 취지와 구체적인 내역
② 법 제81조제1항제2호 단서의 규정에 따라 채권
자가 제출한 서류 또는 제1항의 규정에 따라 집행
관이 제출한 서면에 의하여 강제경매신청을 한 건
물의 지번·구조·면적이 건축허가 또는 건축신고
된 것과 동일하다고 인정되지 아니하는 때에는 법
원은 강제경매신청을 각하하여야 한다.
제43조【경매개시결정의 통지】 강제관리개시결
정이 된 부동산에 대하여 강제경매개시결정이 있는
때에는 법원사무관등은 강제관리의 압류채권자, 배
당요구를 한 채권자와 관리인에게 그 취지를 통지
하여야 한다.
제44조【침해행위 방지를 위한 조치】 ① 채무
자·소유자 또는 부동산의 점유자가 부동산의 가
격을 현저히 감소시키거나 감소시킬 우려가 있는
행위(다음부터 이 조문 안에서 "가격감소행위등"이
라 한다)를 하는 때에는, 법원은 압류채권자(배당요
구의 종기가 지난 뒤에 강제경매 또는 담보권 실행
을 위한 경매신청을 한 압류채권자를 제외한다. 다
음부터 이 조문 안에서 같다) 또는 최고가매수신고
인의 신청에 따라 매각허가결정이 있을 때까지 담
보를 제공하게 하거나 담보를 제공하게 하지 아니
하고 그 행위를 하는 사람에 대하여 가격감소행위

등을 금지하거나 일정한 행위를 할 것을 명할 수
있다.
② 부동산을 점유하는 채무자·소유자 또는 부동
산의 점유자로서 그 점유권원을 압류채권자·가압
류채권자 혹은 법 제91조제2항 내지 제4항의 규정
에 따라 소멸되는 권리를 갖는 사람에 대하여 대항
할 수 없는 사람이 제1항의 규정에 따른 명령에 위
반한 때 또는 가격감소행위등을 하는 경우에 제1항
의 규정에 따른 명령으로는 부동산 가격의 현저한
감소를 방지할 수 없다고 인정되는 특별한 사정이
있는 때에는, 법원은 압류채권자 또는 최고가매수
신고인의 신청에 따라 매각허가결정이 있을 때까지
담보를 제공하게 하고 그 명령에 위반한 사람 또는
그 행위를 한 사람에 대하여 부동산의 점유를 풀고
집행관에게 보관하게 할 것을 명할 수 있다.
③ 법원이 채무자·소유자 외의 점유자에 대하여
제1항 또는 제2항의 규정에 따른 결정을 하려면 그
점유자를 심문하여야 한다. 다만, 그 점유자가 압류
채권자·가압류채권자 또는 법 제91조제2항 내지
제4항의 규정에 따라 소멸되는 권리를 갖는 사람에
대하여 대항할 수 있는 권원에 기초하여 점유하고
있지 아니한 것이 명백한 때 또는 이미 그 점유자
를 심문한 때에는 그러하지 아니하다.
④ 법원은 사정의 변경이 있는 때에는 신청에 따라
제1항 또는 제2항의 규정에 따른 결정을 취소하거
나 변경할 수 있다.
⑤ 제1항·제2항 또는 제4항의 규정에 따른 결정에
대하여는 즉시항고를 할 수 있다.
⑥ 제4항의 규정에 따른 결정은 확정되어야 효력이
있다.
⑦ 제2항의 규정에 따른 결정은 신청인에게 고지된
날부터 2주가 지난 때에는 집행할 수 없다.
⑧ 제2항의 규정에 따른 결정은 상대방에게 송달되
기 전에도 집행할 수 있다.
제45조【미지급 지료 등의 지급】 ① 건물에 대한
경매개시결정이 있는 때에 그 건물의 소유를 목적
으로 하는 지상권 또는 임차권에 관하여 채무자가
지료나 차임을 지급하지 아니하는 때에는, 압류채
권자(배당요구의 종기가 지난 뒤에 강제경매 또는
담보권 실행을 위한 경매신청을 한 압류채권자를
제외한다)는 법원의 허가를 받아 채무자를 대신하
여 미지급된 지료 또는 차임을 변제할 수 있다.
② 제1항의 허가를 받아 지급한 지료 또는 차임은
집행비용으로 한다.
제46조【현황조사】 ① 집행관이 법 제85조의 규
정에 따라 부동산의 현황을 조사한 때에는 다음 각
호의 사항을 적은 현황조사보고서를 정하여진 날까
지 법원에 제출하여야 한다.
1. 사건의 표시
2. 부동산의 표시

3. 조사의 일시·장소 및 방법
4. 법 제85조제1항에 규정된 사항과 그 밖에 법원이 명한 사항 등에 대하여 조사한 내용
② 현황조사보고서에는 조사의 목적이 된 부동산의 현황을 알 수 있도록 도면·사진 등을 붙여야 한다.
③ 집행관은 법 제85조의 규정에 따른 현황조사를 하기 위하여 필요한 때에는 소속 지방법원의 관할구역 밖에서도 그 직무를 행할 수 있다.

제47조 【이중경매절차에서의 통지】 먼저 경매개시결정을 한 경매절차가 정지된 때에는 법원사무관 등은 뒤의 경매개시결정에 관한 압류채권자에게 그 취지를 통지하여야 한다.

제48조 【배당요구의 방식】 ① 법 제88조제1항의 규정에 따른 배당요구는 채권(이자, 비용, 그 밖의 부대채권을 포함한다)의 원인과 액수를 적은 서면으로 하여야 한다.
② 제1항의 배당요구서에는 집행력 있는 정본 또는 그 사본, 그 밖에 배당요구의 자격을 소명하는 서면을 붙여야 한다.

제49조 【경매신청의 취하 등】 ① 법 제87조제1항의 신청(배당요구의 종기가 지난 뒤에 한 신청을 제외한다. 다음부터 이 조문 안에서 같다)이 있는 경우 매수신고가 있은 뒤 압류채권자가 경매신청을 취하하더라도 법 제105조제1항제3호의 기재사항이 바뀌지 아니하는 때에는 법 제93조제2항의 규정을 적용하지 아니한다.
② 법 제87조제1항의 신청이 있는 경우 매수신고가 있은 뒤 법 제49조제3호 또는 제6호의 서류를 제출하더라도 법 제105조제1항제3호의 기재사항이 바뀌지 아니하는 때에는 법 제93조제3항 전단의 규정을 적용하지 아니한다.

제50조 【집행정지서류 등의 제출시기】 ① 법 제49조제1호·제2호 또는 제5호의 서류는 매수인이 매각대금을 내기 전까지 제출하면 된다.
② 매각허가결정이 있은 뒤에 법 제49조제2호의 서류가 제출된 경우에는 매수인은 매각대금을 낼 때까지 매각허가결정의 취소신청을 할 수 있다. 이 신청에 관한 결정에 대하여는 즉시항고를 할 수 있다.
③ 매수인이 매각대금을 낸 뒤에 법 제49조 각호 가운데 어느 서류가 제출된 때에는 절차를 계속하여 진행하여야 한다. 이 경우 배당절차가 실시되는 때에는 그 채권자에 대하여 다음 각호의 구분에 따라 처리하여야 한다.
1. 제1호·제3호·제5호 또는 제6호의 서류가 제출된 때에는 그 채권자를 배당에서 제외한다.
2. 제2호의 서류가 제출된 때에는 그 채권자에 대한 배당액을 공탁한다.
3. 제4호의 서류가 제출된 때에는 그 채권자에 대한 배당액을 지급한다.

제51조 【평가서】 ① 법 제97조의 규정에 따라 부

동산을 평가한 감정인은 다음 각호의 사항을 적은 평가서를 정하여진 날까지 법원에 제출하여야 한다.
1. 사건의 표시
2. 부동산의 표시
3. 부동산의 평가액과 평가일
4. 부동산이 있는 곳의 환경
5. 평가의 목적이 토지인 경우에는 지적, 법령에서 정한 규제 또는 제한의 유무와 그 내용 및 공시지가, 그 밖에 평가에 참고가 된 사항
6. 평가의 목적이 건물인 경우에는 그 종류·구조·평면적, 그 밖에 추정되는 잔존 내구연수 등 평가에 참고가 된 사항
7. 평가액 산출의 과정
8. 그 밖에 법원이 명한 사항
② 평가서에는 부동산의 모습과 그 주변의 환경을 알 수 있는 도면·사진 등을 붙여야 한다.

제52조 【일괄매각 등에서 채무자의 매각재산 지정】 법 제101조제4항 또는 법 제124조제2항의 규정에 따른 지정은 매각허가결정이 선고되기 전에 서면으로 하여야 한다.

제53조 【압류채권자가 남을 가망이 있음을 증명한 때의 조치】 법 제102조제1항의 규정에 따른 통지를 받은 압류채권자가 통지를 받은 날부터 1주 안에 최저매각가격으로 압류채권자의 채권에 우선하는 부동산의 모든 부담과 절차비용을 변제하고 남을 것이 있다는 사실을 증명한 때에는 법원은 경매절차를 계속하여 진행하여야 한다.

제54조 【남을 가망이 없는 경우의 보증제공방법 등】 ① 법 제102조제2항의 규정에 따른 보증은 다음 각호 가운데 어느 하나를 법원에 제출하는 방법으로 제공하여야 한다. 다만, 법원은 상당하다고 인정하는 때에는 보증의 제공방법을 제한할 수 있다. (2005.7.28 본항개정)
1. 금전
2. 법원이 상당하다고 인정하는 유가증권
3. 「은행법」의 규정에 따른 금융기관 또는 보험회사(다음부터 "은행등"이라 한다)가 압류채권자를 위하여 일정액의 금전을 법원의 최고에 따라 지급한다는 취지의 기한의 정함이 없는 지급보증위탁계약이 압류채권자와 은행등 사이에 체결된 사실을 증명하는 문서
② 제1항의 보증에 관하여는 「민사소송법」 제126조 본문의 규정을 준용한다. (2005.7.28 본항개정)

제55조 【매각물건명세서 사본 등의 비치】 매각물건명세서·현황조사보고서 및 평가서의 사본은 매각기일(기간입찰의 방법으로 진행하는 경우에는 입찰기간의 개시일)마다 그 1주 전까지 법원에 비치하여야 한다. 다만, 법원은 상당하다고 인정하는 때에는 매각물건명세서·현황조사보고서 및 평가

서의 기재내용을 전자통신매체로 공시함으로써 그 사본의 비치에 갈음할 수 있다.

제56조【매각기일의 공고내용 등】 법원은 매각기일(기간입찰의 방법으로 진행하는 경우에는 입찰기간의 개시일)의 2주 전까지 법 제106조에 규정된 사항과 다음 각호의 사항을 공고하여야 한다.
1. 법 제98조의 규정에 따라 일괄매각결정을 한 때에는 그 취지
2. 제60조의 규정에 따라 매수신청인의 자격을 제한한 때에는 그 제한의 내용
3. 법 제113조의 규정에 따른 매수신청의 보증금액과 보증제공방법

제57조【매각장소의 질서유지】 ① 집행관은 매각기일이 열리는 장소의 질서유지를 위하여 필요하다고 인정하는 때에는 그 장소에 출입하는 사람의 신분을 확인할 수 있다.
② 집행관은 법 제108조의 규정에 따른 조치를 하기 위하여 필요한 때에는 법원의 원조를 요청할 수 있다.

제58조【매각조건 변경을 위한 부동산의 조사】 법 제111조제3항의 규정에 따른 집행관의 조사에는 제46조제3항과 법 제82조의 규정을 준용한다.

제59조【채무자 등의 매수신청금지】 다음 각호의 사람은 매수신청을 할 수 없다.
1. 채무자
2. 매각절차에 관여한 집행관
3. 매각 부동산을 평가한 감정인(감정평가법인이 감정인인 때에는 그 감정평가법인 또는 소속 감정평가사)

제60조【매수신청의 제한】 법원은 법령의 규정에 따라 취득이 제한되는 부동산에 관하여는 매수신청을 할 수 있는 사람을 정하여진 자격을 갖춘 사람으로 제한하는 결정을 할 수 있다.

제61조【기일입찰의 장소 등】 ① 기일입찰의 입찰장소에는 입찰자가 다른 사람이 알지 못하게 입찰표를 적을 수 있도록 설비를 갖추어야 한다.
② 같은 입찰기일에 입찰에 부칠 사건이 두 건 이상이거나 매각할 부동산이 두 개 이상인 경우에는 각 부동산에 대한 입찰을 동시에 실시하여야 한다. 다만, 법원이 따로 정하는 경우에는 그러하지 아니하다.

제62조【기일입찰의 방법】 ① 기일입찰에서 입찰은 매각기일에 입찰표를 집행관에게 제출하는 방법으로 한다.
② 입찰표에는 다음 각호의 사항을 적어야 한다. 이 경우 입찰가격은 일정한 금액으로 표시하여야 하며, 다른 입찰가격에 대한 비례로 표시하지 못한다.
1. 사건번호와 부동산의 표시
2. 입찰자의 이름과 주소
3. 대리인을 통하여 입찰을 하는 때에는 대리인의

이름과 주소
4. 입찰가격
③ 법인인 입찰자는 대표자의 자격을 증명하는 문서를 집행관에게 제출하여야 한다.
④ 입찰자의 대리인은 대리권을 증명하는 문서를 집행관에게 제출하여야 한다.
⑤ 공동으로 입찰하는 때에는 입찰표에 각자의 지분을 분명하게 표시하여야 한다.
⑥ 입찰은 취소·변경 또는 교환할 수 없다.

제63조【기일입찰에서 매수신청의 보증금액】 ① 기일입찰에서 매수신청의 보증금액은 최저매각가격의 10분의 1로 한다.
② 법원은 상당하다고 인정하는 때에는 보증금액을 제1항과 달리 정할 수 있다.

제64조【기일입찰에서 매수신청보증의 제공방법】 제63조의 매수신청보증은 다음 각호 가운데 어느 하나를 입찰표와 함께 집행관에게 제출하는 방법으로 제공하여야 한다. 다만, 법원은 상당하다고 인정하는 때에는 보증의 제공방법을 제한할 수 있다. (2005.7.28 본조개정)
1. 금전
2. 「은행법」의 규정에 따른 금융기관이 발행한 자기앞수표로서 지급제시기간이 끝나는 날까지 5일 이상의 기간이 남아 있는 것
3. 은행등이 매수신청을 하려는 사람을 위하여 일정액의 금전을 법원의 최고에 따라 지급한다는 취지의 기한의 정함이 없는 지급보증위탁계약이 매수신청을 하려는 사람과 은행등 사이에 맺어진 사실을 증명하는 문서

제65조【입찰기일의 절차】 ① 집행관이 입찰을 최고하는 때에는 입찰마감시각과 개찰시각을 고지하여야 한다. 다만, 입찰표의 제출을 최고한 후 1시간이 지나지 아니하면 입찰을 마감하지 못한다.
② 집행관은 입찰표를 개봉할 때에 입찰을 한 사람을 참여시켜야 한다. 입찰을 한 사람이 아무도 참여하지 아니하는 때에는 적당하다고 인정하는 사람을 참여시켜야 한다.
③ 집행관은 입찰표를 개봉할 때에 입찰목적물, 입찰자의 이름 및 입찰가격을 불러야 한다.

제66조【최고가매수신고인 등의 결정】 ① 최고가매수신고를 한 사람이 둘 이상인 때에는 집행관은 그 사람들에게 다시 입찰하게 하여 최고가매수신고인을 정한다. 이 경우 입찰자는 전의 입찰가격에 못미치는 가격으로는 입찰할 수 없다.
② 제1항의 규정에 따라 다시 입찰하는 경우에 입찰자 모두가 입찰에 응하지 아니하거나(전의 입찰가격에 못미치는 가격으로 입찰한 경우에는 입찰에 응하지 아니한 것으로 본다) 두 사람 이상이 다시 최고의 가격으로 입찰한 때에는 추첨으로 최고가매수신고인을 정한다.

③ 제2항 또는 법 제115조제2항 후문의 규정에 따라 추첨을 하는 경우 입찰자가 출석하지 아니하거나 추첨을 하지 아니하는 때에는 집행관은 법원사무관등 적당하다고 인정하는 사람으로 하여금 대신 추첨하게 할 수 있다.

제67조【기일입찰조서의 기재사항】 ① 기일입찰조서에는 법 제116조에 규정된 사항 외에 다음 각 호의 사항을 적어야 한다.

1. 입찰을 최고한 일시, 입찰을 마감한 일시 및 입찰표를 개봉한 일시
2. 제65조제2항 후문의 규정에 따라 입찰을 한 사람 외의 사람을 개찰에 참여시킨 때에는 그 사람의 이름
3. 제66조 또는 법 제115조제2항의 규정에 따라 최고가매수신고인 또는 차순위매수신고인을 정한 때에는 그 취지
4. 법 제108조에 규정된 조치를 취한 때에는 그 취지
5. 법 제140조제1항의 규정에 따라 공유자의 우선매수신고가 있는 경우에는 그 취지 및 그 공유자의 이름과 주소
6. 제76조제3항의 규정에 따라 차순위매수신고인의 지위를 포기한 매수신고인이 있는 때에는 그 취지
② 기일입찰조서에는 입찰표를 붙여야 한다.

제68조【입찰기간 등의 지정】 기간입찰에서 입찰기간은 1주 이상 1월 이하의 범위 안에서 정하고, 매각기일은 입찰기간이 끝난 후 1주 안의 날로 정하여야 한다.

제69조【기간입찰에서 입찰의 방법】 기간입찰에서 입찰은 입찰표를 넣고 봉함을 한 봉투의 겉면에 매각기일을 적어 집행관에게 제출하거나 그 봉투를 등기우편으로 부치는 방법으로 한다.

제70조【기간입찰에서 매수신청보증의 제공방법】 기간입찰에서 매수신청보증은 다음 각호 가운데 어느 하나를 입찰표와 같은 봉투에 넣어 집행관에게 제출하거나 등기우편으로 부치는 방법으로 제공하여야 한다.

1. 법원의 예금계좌에 일정액의 금전을 입금하였다는 내용으로 금융기관이 발행한 증명서
2. 제64조제3호의 문서

제71조【기일입찰규정의 준용】 기간입찰에는 제62조제2항 내지 제6항, 제63조, 제65조제2항·제3항, 제66조 및 제67조의 규정을 준용한다.

제72조【호가경매】 ① 부동산의 매각을 위한 호가경매는 호가경매기일에 매수신청의 액을 서로 올려가는 방법으로 한다.
② 매수신청을 한 사람은 더 높은 액의 매수신청이 있을 때까지 신청액에 구속된다.
③ 집행관은 매수신청의 액 가운데 최고의 것을 3회 부른 후 그 신청을 한 사람을 최고가매수신고인으로 정하며, 그 이름과 매수신청의 액을 고지하여야 한다.
④ 호가경매에는 제62조제3항 내지 제5항, 제63조, 제64조 및 제67조제1항의 규정을 준용한다.

제73조【변경된 매각결정기일의 통지】 ① 매각기일을 종결한 뒤에 매각결정기일이 변경된 때에는 법원사무관등은 최고가매수신고인·차순위매수신고인 및 이해관계인에게 변경된 기일을 통지하여야 한다.
② 제1항의 통지는 집행기록에 표시된 주소지에 등기우편으로 발송하는 방법으로 할 수 있다.

제74조【매각허부결정 고지의 효력발생시기】 매각을 허가하거나 허가하지 아니하는 결정은 선고한 때에 고지의 효력이 생긴다.

제75조【대법원규칙으로 정하는 이율】 법 제130조제7항과 법 제138조제3항(법 제142조제5항의 규정에 따라 준용되는 경우를 포함한다)의 규정에 따른 이율은 연 1할 5푼으로 한다. (2015.10.29 본조개정)

제76조【공유자의 우선매수권 행사절차 등】 ① 법 제140조제1항의 규정에 따른 우선매수의 신고는 집행관이 매각기일을 종결한다는 고지를 하기 전까지 할 수 있다.
② 공유자가 법 제140조제1항의 규정에 따른 신고를 하였으나 다른 매수신고인이 없는 때에는 최저매각가격을 법 제140조제1항의 최고가매수신고가격으로 본다.
③ 최고가매수신고인을 법 제140조제4항의 규정에 따라 차순위매수신고인으로 보게 되는 경우 그 매수신고인은 집행관이 매각기일을 종결한다는 고지를 하기 전까지 차순위매수신고인의 지위를 포기할 수 있다.

제77조【경매개시결정등기의 말소촉탁비용】 법 제141조의 규정에 따른 말소등기의 촉탁에 관한 비용은 경매를 신청한 채권자가 부담한다.

제78조【대금지급기한】 법 제142조제1항에 따른 대금지급기한은 매각허가결정이 확정된 날부터 1월 안의 날로 정하여야 한다. 다만, 경매사건기록이 상소법원에 있는 때에는 그 기록을 송부받은 날부터 1월 안의 날로 정하여야 한다.

제78조의2【등기촉탁 공동신청의 방식 등】 ① 법 제144조제2항의 신청은 다음 각 호의 사항을 기재한 서면으로 하여야 한다.

1. 사건의 표시
2. 부동산의 표시
3. 신청인의 성명 또는 명칭 및 주소
4. 대리인에 의하여 신청을 하는 때에는 대리인의 성명 및 주소
5. 법 제144조제2항의 신청인이 지정하는 자(다음부터 이 조문 안에서 "피지정자"라 한다)의 성명, 사무소의 주소 및 직업

② 제1항의 서면에는 다음 각 호의 서류를 첨부하여야 한다. (2014.10.2 본항개정)
1. 매수인으로부터 부동산을 담보로 제공받으려는 자가 법인인 때에는 그 법인의 등기사항증명서
2. 부동산에 관한 담보 설정의 계약서 사본
3. 피지정자의 지정을 증명하는 문서
4. 대리인이 신청을 하는 때에는 그 권한을 증명하는 서면
5. 등기신청의 대리를 업으로 할 수 있는 피지정자의 자격을 증명하는 문서의 사본
(2010.10.4 본조신설)

제79조 【배당할 금액】 차순위매수신고인에 대하여 매각허가결정이 있는 때에는 법 제137조제2항의 보증(보증이 금전 외의 방법으로 제공되어 있는 때에는 보증을 현금화하여 그 대금에서 비용을 뺀 금액)은 법 제147조제1항의 배당할 금액으로 한다.

제80조 【보증으로 제공된 유가증권 등의 현금화】 ① 법 제142조제4항의 규정에 따라 매수신청의 보증(법 제102조제2항의 규정에 따라 제공된 보증을 포함한다)을 현금화하는 경우와 법 제147조제1항제3호·제5호 또는 제79조의 규정에 따라 매수신청 또는 항고의 보증이 배당할 금액에 산입되는 경우 그 보증이 유가증권인 때에는, 법원은 집행관에게 현금화하게 하여 그 비용을 뺀 금액을 배당할 금액에 산입하여야 한다. 이 경우 현금화비용은 보증을 제공한 사람이 부담한다.
② 법 제147조제1항제4호의 규정에 따라 항고의 보증 가운데 항고인이 돌려줄 것을 요구하지 못하는 금액이 배당할 금액에 산입되는 경우 그 보증이 유가증권인 때에는, 법원은 집행관에게 현금화하게 하여 그 비용을 뺀 금액 가운데 항고인이 돌려 줄 것을 요구하지 못하는 금액을 배당할 금액에 산입하고, 나머지가 있을 경우 이를 항고인에게 돌려준다. 이 경우 현금화비용은 보증을 제공한 사람이 부담한다. 다만, 집행관이 그 유가증권을 현금화하기 전에 항고인이 법원에 돌려줄 것을 요구하지 못하는 금액에 상당하는 금전을 지급한 때에는 그 유가증권을 항고인에게 돌려주고, 항고인이 지급한 금전을 배당할 금액에 산입하여야 한다.
③ 제1항과 제2항 본문의 현금화에는 법 제210조 내지 법 제212조의 규정을 준용한다.
④ 집행관은 제1항과 제2항 본문의 현금화를 마친 후에는 바로 그 대금을 법원에 제출하여야 한다.
⑤ 제1항의 경우에 그 보증이 제54조제1항제3호 또는 제64조제3호(제72조제4항의 규정에 따라 준용되는 경우를 포함한다)의 문서인 때에는 법원이 은행등에 대하여 정하여진 금액의 납부를 최고하는 방법으로 현금화한다.

제81조 【계산서 제출의 최고】 배당기일이 정하여진 때에는 법원사무관등은 각 채권자에 대하여 채권의 원금·배당기일까지의 이자, 그 밖의 부대채권 및 집행비용을 적은 계산서를 1주 안에 법원에 제출할 것을 최고하여야 한다.

제82조 【배당금 교부의 절차 등】 ① 채권자와 채무자에 대한 배당금의 교부절차, 법 제160조의 규정에 따른 배당금의 공탁과 그 공탁금의 지급위탁절차는 법원사무관등이 그 이름으로 실시한다.
② 배당기일에 출석하지 아니한 채권자가 배당액을 입금할 예금계좌를 신고한 때에는 법원사무관등은 법 제160조제2항의 규정에 따른 공탁에 갈음하여 배당액을 그 예금계좌에 입금할 수 있다.

제3관 강제관리

제83조 【강제관리신청서】 강제관리신청서에는 법 제163조에서 준용하는 법 제80조에 규정된 사항 외에 수익의 지급의무를 부담하는 제3자가 있는 경우에는 그 제3자의 표시와 그 지급의무의 내용을 적어야 한다.

제84조 【개시결정의 통지】 강제관리개시결정을 한 때에는 법원사무관등은 조세, 그 밖의 공과금을 주관하는 공공기관에게 그 사실을 통지하여야 한다.

제85조 【관리인의 임명】 ① 법원은 강제관리개시결정과 동시에 관리인을 임명하여야 한다.
② 신탁회사, 은행, 그 밖의 법인도 관리인이 될 수 있다.
③ 관리인이 임명된 때에는 법원사무관등은 압류채권자·채무자 및 수익의 지급의무를 부담하는 제3자에게 그 취지를 통지하여야 한다.
④ 법원은 관리인에게 그 임명을 증명하는 문서를 교부하여야 한다.

제86조 【관리인이 여러 사람인 때의 직무수행 등】 ① 관리인이 여러 사람인 때에는 공동으로 직무를 수행한다. 다만, 법원의 허가를 받아 직무를 분담할 수 있다.
② 관리인이 여러 사람인 때에는 제3자의 관리인에 대한 의사표시는 그 중 한 사람에게 할 수 있다.

제87조 【관리인의 사임·해임】 ① 관리인은 정당한 이유가 있는 때에는 법원의 허가를 받아 사임할 수 있다.
② 관리인이 제1항의 규정에 따라 사임하거나 법 제167조제3항의 규정에 따라 해임된 때에는 법원사무관등은 압류채권자·채무자 및 수익의 지급명령을 송달받은 제3자에게 그 취지를 통지하여야 한다.

제88조 【강제관리의 정지】 ① 법 제49조제2호 또는 제4호의 서류가 제출된 경우에는 배당절차를 제외한 나머지 절차는 그 당시의 상태로 계속하여 진행할 수 있다.
② 제1항의 규정에 따라 절차를 계속하여 진행하는

경우에 관리인은 배당에 충당될 금전을 공탁하고, 그 사유를 법원에 신고하여야 한다.
③ 제2항의 규정에 따라 공탁된 금전으로 채권자의 채권과 집행비용의 전부를 변제할 수 있는 경우에는 법원은 배당절차를 제외한 나머지 절차를 취소하여야 한다.

제89조【남을 가망이 없는 경우의 절차취소】 수익에서 그 부동산이 부담하는 조세, 그 밖의 공과금 및 관리비용을 빼면 남을 것이 없겠다고 인정하는 때에는 법원은 강제관리절차를 취소하여야 한다.

제90조【관리인과 제3자에 대한 통지】 ① 강제관리신청이 취하된 때 또는 강제관리취소결정이 확정된 때에는 법원사무관등은 관리인과 수익의 지급명령을 송달받은 제3자에게 그 사실을 통지하여야 한다.
② 법 제49조제2호 또는 제4호의 서류가 제출된 때 또는 법 제163조에서 준용하는 법 제87조제4항의 재판이 이루어진 때에는 법원사무관등은 관리인에게 그 사실을 통지하여야 한다.

제91조【수익의 처리】 ① 법 제169조제1항에 규정된 관리인의 부동산 수익처리는 법원이 정하는 기간마다 하여야 한다. 이 경우 위 기간의 종기까지 배당요구를 하지 아니한 채권자는 그 수익의 처리와 배당절차에 참가할 수 없다.
② 채권자가 한 사람인 경우 또는 채권자가 두 사람 이상으로서 법 제169조제1항에 규정된 나머지 금액으로 각 채권자의 채권과 집행비용 전부를 변제할 수 있는 경우에는 관리인은 채권자에게 변제금을 교부하고 나머지가 있으면 채무자에게 교부하여야 한다.
③ 제2항 외의 경우에는 관리인은 제1항의 기간이 지난 후 2주 안의 날을 배당협의기일로 지정하고 채권자에게 그 일시와 장소를 서면으로 통지하여야 한다. 이 통지에는 수익금·집행비용 및 각 채권자의 채권액 비율에 따라 배당될 것으로 예상되는 금액을 적은 배당계산서를 붙여야 한다.
④ 관리인은 배당협의기일까지 채권자 사이에 배당에 관한 협의가 이루어진 경우에는 그 협의에 따라 배당을 실시하여야 한다. 관리인은 제3항의 배당계산서와 다른 협의가 이루어진 때에는 그 협의에 따라 배당계산서를 다시 작성하여야 한다.
⑤ 관리인은 배당협의가 이루어지지 못한 경우에는 바로 법 제169조제3항에 따른 신고를 하여야 한다.
⑥ 관리인이 제2항의 규정에 따라 변제금을 교부한 때, 제4항 또는 법 제169조제4항의 규정에 따라 배당을 실시한 때에는 각 채권자로부터 제출받은 영수증을 붙여 법원에 신고하여야 한다.

제92조【관리인의 배당액 공탁】 ① 관리인은 제91조제2항 또는 제4항 전문의 규정에 따라 교부 또는 배당(다음부터 "배당등"이라 한다)을 실시하는

경우에 배당등을 받을 채권자의 채권에 관하여 법 제160조제1항에 적은 어느 사유가 있는 때에는 그 배당등의 액에 상당하는 금액을 공탁하고 그 사유를 법원에 신고하여야 한다.
② 관리인은 배당등을 수령하기 위하여 출석하지 아니한 채권자 또는 채무자의 배당등의 액에 상당하는 금액을 공탁하고, 그 사유를 법원에 신고하여야 한다.

제93조【사유신고의 방식】 ① 제88조제2항 또는 제92조의 규정에 따른 사유신고는 다음 각호의 사항을 적은 서면으로 하고, 공탁서와 함께 배당계산서가 작성된 경우에는 배당계산서를 붙여야 한다.
1. 사건의 표시
2. 압류채권자와 채무자의 이름
3. 공탁의 사유와 공탁금액
② 법 제169조제3항의 규정에 따른 사유신고는 다음 각호의 사항을 적은 서면으로 하고, 배당계산서를 붙여야 한다.
1. 제1항제1호·제2호에 적은 사항
2. 법 제169조제1항에 규정된 나머지 금액과 그 산출근거
3. 배당협의가 이루어지지 아니한 취지와 그 사정의 요지

제94조【강제경매규정의 준용】 강제관리에는 제46조 내지 제48조 및 제82조제2항의 규정을 준용한다. 이 경우 제82조제2항에 "법원사무관등"이라고 규정된 것은 "관리인"으로 본다.

제3절 선박에 대한 강제집행

제95조【신청서의 기재사항과 첨부서류】 ① 선박에 대한 강제경매신청서에는 법 제80조에 규정된 사항 외에 선박의 정박항 및 선장의 이름과 현재지를 적어야 한다.
② 아래의 선박에 대한 강제경매신청서에는 그 선박이 채무자의 소유임을 증명하는 문서와 함께 다음 서류를 붙여야 한다. (2005.7.28., 2013.11.27 본항개정)
1. 등기가 되지 아니한 대한민국 선박 :「선박등기규칙」제11조제2항에 규정된 증명서 및 같은 규칙 제12조제1항 또는 제2항에 규정된 증명서면
2. 대한민국 선박 외의 선박 : 그 선박이「선박등기법」제2조에 규정된 선박임을 증명하는 문서

제96조【선박국적증서등 수취의 통지】 집행관은 법 제174조제1항과 법 제175조제1항의 규정에 따라 선박국적증서, 그 밖에 선박운행에 필요한 문서(다음부터 "선박국적증서등"이라 한다)를 받은 때에는 바로 그 취지를 채무자·선장 및 선적항을 관할하는 해운관서의 장에게 통지하여야 한다.

제97조【선박국적증서등을 수취하지 못한 경우의

신고】 집행관이 법 제174조제1항에 규정된 명령에 따라 선박국적증서등을 수취하려 하였으나 그 목적을 달성하지 못한 때에는 그 사유를 법원에 서면으로 신고하여야 한다.

제98조【대법원규칙이 정하는 법원】 선적이 없는 때 하는 선박집행신청 전 선박국적증서등의 인도명령신청사건의 관할법원은 서울중앙지방법원·인천지방법원·수원지방법원평택지원·춘천지방법원강릉지원·춘천지방법원속초지원·대전지방법원홍성지원·대전지방법원서산지원·대구지방법원포항지원·부산지방법원·울산지방법원·창원지방법원·창원지방법원진주지원·창원지방법원통영지원·광주지방법원목포지원·광주지방법원순천지원·광주지방법원해남지원·전주지방법원군산지원 또는 제주지방법원으로 한다. (2005.7.28 본항개정)

제99조【현황조사보고서】 ① 집행관이 선박의 현황조사를 한 때에는 다음 각호의 사항을 적은 현황조사보고서를 정하여진 날까지 법원에 제출하여야 한다.
1. 사건의 표시
2. 선박의 표시
3. 선박이 정박한 장소
4. 조사의 일시·장소 및 방법
5. 점유자의 표시와 점유의 상황
6. 그 선박에 대하여 채무자의 점유를 풀고 집행관에게 보관시키는 가처분이 집행되어 있는 때에는 그 취지와 집행관이 보관을 개시한 일시
7. 그 밖에 법원이 명한 사항
② 현황조사보고서에는 선박의 사진을 붙여야 한다.

제100조【운행허가결정】 ① 법원은 법 제176조제2항의 규정에 따른 결정을 하는 때에는 운행의 목적·기간 및 수역 등에 관하여 적당한 제한을 붙일 수 있다.
② 제1항과 법 제176조제2항의 규정에 따른 결정은 채권자·채무자·최고가매수신고인·차순위매수신고인 및 매수인에게 고지하여야 한다.

제101조【선박국적증서등의 재수취명령】 ① 법 제176조제2항의 규정에 따라 허가된 선박의 운행이 끝난 후 법원에 선박국적증서등이 반환되지 아니한 때에는, 법원은 직권 또는 이해관계인의 신청에 따라 집행관에 대하여 선박국적증서등을 다시 수취할 것을 명할 수 있다.
② 제1항에 규정된 명령에 따라 집행관이 선박국적증서등을 수취하는 경우에는 제96조와 제97조의 규정을 준용한다.

제102조【감수·보존처분의 시기】 법 제178조제1항에 규정된 감수 또는 보존처분은 경매개시결정 전에도 할 수 있다.

제103조【감수·보존처분의 방식】 ① 법원이 법 제178조제1항의 규정에 따른 감수 또는 보존처분을 하는 때에는 집행관, 그 밖에 적당하다고 인정되는 사람을 감수인 또는 보존인으로 정하고, 감수 또는 보존을 명하여야 한다.
② 제1항의 감수인은 선박을 점유하고, 선박이나 그 속구의 이동을 방지하기 위하여 필요한 조치를 취할 수 있다.
③ 제1항의 보존인은 선박이나 그 속구의 효용 또는 가치의 변동을 방지하기 위하여 필요한 조치를 취할 수 있다.
④ 감수처분과 보존처분은 중복하여 할 수 있다.

제104조【보증의 제공에 따른 강제경매절차의 취소】 ① 법 제181조제1항의 규정에 따른 보증은 다음 각호 가운데 어느 하나를 집행법원에 제출하는 방법으로 제공하여야 한다. 다만, 제2호의 문서를 제출하는 때에는 채무자는 미리 집행법원의 허가를 얻어야 한다.
1. 채무자가 금전 또는 법원이 상당하다고 인정하는 유가증권을 공탁한 사실을 증명하는 문서
2. 은행등이 채무자를 위하여 일정액의 금전을 법원의 최고에 따라 지급한다는 취지의 기한의 정함이 없는 지급보증위탁계약이 채무자와 은행 등 사이에 체결된 사실을 증명하는 문서
② 법 제181조제2항의 규정에 따라 보증을 배당하는 경우 집행법원은 보증으로 공탁된 유가증권을 제출받을 수 있다.
③ 제1항과 법 제181조제1항의 규정에 따른 보증제공에 관하여는 법 제19조제1항·제2항의 규정을, 위 보증이 금전공탁 외의 방법으로 제공된 경우의 현금화에 관하여는 제80조의 규정을 각 준용한다.

제105조【부동산강제경매규정의 준용】 선박에 대한 강제집행에는 제2절 제2관의 규정을 준용한다.

제4절 항공기에 대한 강제집행

제106조【강제집행의 방법】 「항공법」에 따라 등록된 항공기(다음부터 "항공기"라 한다)에 대한 강제집행은 선박에 대한 강제집행의 예에 따라 실시한다(다만, 현황조사와 물건명세서에 관한 규정 및 제95조제2항의 규정은 제외한다). 이 경우 법과 이 규칙에 "등기"라고 규정된 것은 "등록"으로, "등기부"라고 규정된 것은 "항공기등록원부"로, "등기관"이라고 규정된 것은 "건설교통부장관"으로, "정박"이라고 규정된 것은 "정류 또는 정박"으로, "정박항" 또는 "정박한 장소"라고 규정된 것은 "정류 또는 정박하는 장소"로, "운행"이라고 규정된 것은 "운항"으로, "수역"이라고 규정된 것은 "운항지역"으로, "선박국적증서"라고 규정된 것은 "항공기등록증명서"로, "선적항" 또는 "선적이 있는 곳"이라

고 규정된 것은 "정치장"으로, "선적항을 관할하는 해운관서의 장"이라고 규정된 것은 "건설교통부장관"으로 보며, 법 제174조제1항 중 "선장으로부터 받아"는 "받아"로, 제95조제1항 중 "및 선장의 이름과 현재지를 적어야 한다."는 "를 적어야 한다."로 고쳐 적용한다. (2005.7.28 본조개정)

제107조【평가서 사본의 비치 등】 ① 법원은 매각기일(기간입찰의 방법으로 진행할 경우에는 입찰기간의 개시일)의 1월 전까지 평가서의 사본을 법원에 비치하고, 누구든지 볼 수 있도록 하여야 한다.

② 법원사무관등은 평가서의 사본을 비치한 날짜와 그 취지를 기록에 적어야 한다.

제5절 자동차에 대한 강제집행

제108조【강제집행의 방법】 「자동차관리법」에 따라 등록된 자동차(다음부터 "자동차"라 한다)에 대한 강제집행(다음부터 "자동차집행"이라 한다)은 이 규칙에 특별한 규정이 없으면 부동산에 대한 강제경매의 규정을 따른다. 이 경우 법과 이 규칙에 "등기"라고 규정된 것은 "등록"으로, "등기부"라고 규정된 것은 "자동차등록원부"로, "등기관"이라고 규정된 것은 "특별시장·광역시장 또는 도지사"로 본다. (2005.7.28 본조개정)

제109조【집행법원】 ① 자동차집행의 집행법원은 자동차등록원부에 기재된 사용본거지를 관할하는 지방법원으로 한다. 다만, 제119조제1항의 규정에 따라 사건을 이송한 때에는 그러하지 아니하다.

② 제113조제1항에 규정된 결정에 따라 집행관이 자동차를 인도받은 경우에는 제1항 본문의 법원 외에 자동차가 있는 곳을 관할하는 지방법원도 집행법원으로 한다.

제110조【경매신청서의 기재사항과 첨부서류】 자동차에 대한 강제경매신청서에는 법 제80조에 규정된 사항 외에 자동차등록원부에 기재된 사용본거지를 적고, 집행력 있는 정본 외에 자동차등록원부 등본을 붙여야 한다.

제111조【강제경매개시결정】 ① 법원은 강제경매개시결정을 하는 때에는 법 제83조제1항에 규정된 사항을 명하는 외에 채무자에 대하여 자동차를 집행관에게 인도할 것을 명하여야 한다. 다만, 자동차에 대하여 제114조제1항의 규정에 따른 신고가 되어 있는 때에는 채무자에 대하여 자동차 인도명령을 할 필요가 없다.

② 제1항의 개시결정에 기초한 인도집행은 그 개시결정이 채무자에게 송달되기 전에도 할 수 있다.

③ 강제경매개시결정이 송달되거나 등록되기 전에 집행관이 자동차를 인도받은 경우에는 그때에 압류의 효력이 생긴다.

④ 제1항의 개시결정에 대하여는 즉시항고를 할 수 있다.

제112조【압류자동차의 인도】 제3자가 점유하게 된 자동차의 인도에 관하여는 법 제193조의 규정을 준용한다. 이 경우 법 제193조제1항과 제2항의 "압류물"은 "압류의 효력 발생 당시 채무자가 점유하던 자동차"로 본다.

제113조【강제경매신청 전의 자동차인도명령】 ① 강제경매신청 전에 자동차를 집행관에게 인도하지 아니하면 강제집행이 매우 곤란할 염려가 있는 때에는 그 자동차가 있는 곳을 관할하는 지방법원은 신청에 따라 채무자에게 자동차를 집행관에게 인도할 것을 명할 수 있다. (2015.8.27 본항개정)

② 제1항의 신청에는 집행력 있는 정본을 제시하고, 신청의 사유를 소명하여야 한다.

③ 집행관은 자동차를 인도받은 날부터 10일 안에 채권자가 강제경매신청을 하였음을 증명하는 문서를 제출하지 아니하는 때에는 자동차를 채무자에게 돌려주어야 한다.

④ 제1항의 규정에 따른 결정에 대하여는 즉시항고를 할 수 있다.

⑤ 제1항의 규정에 따른 결정에는 법 제292조제2항·제3항의 규정을 준용한다.

제114조【자동차를 인도받은 때의 신고】 ① 집행관이 강제경매개시결정에 따라 자동차를 인도받은 때, 제112조에서 준용하는 법 제193조의 규정에 따른 재판을 집행한 때 또는 제113조의 규정에 따라 인도받은 자동차에 대하여 강제경매개시결정이 있는 때에는 바로 그 취지·보관장소·보관방법 및 예상되는 보관비용을 법원에 신고하여야 한다.

② 집행관은 제1항의 신고를 한 후에 자동차의 보관장소·보관방법 또는 보관비용이 변경된 때에는 법원에 신고하여야 한다.

제115조【자동차의 보관방법】 집행관은 상당하다고 인정하는 때에는 인도받은 자동차를 압류채권자, 채무자, 그 밖의 적당한 사람에게 보관시킬 수 있다. 이 경우에는 공시서를 붙여 두거나 그 밖의 방법으로 그 자동차를 집행관이 점유하고 있음을 분명하게 표시하고, 제117조의 규정에 따라 운행이 허가된 경우를 제외하고는 운행을 하지 못하도록 적당한 조치를 하여야 한다.

제116조【자동차인도집행불능시의 집행절차취소】 강제경매개시결정이 있은 날부터 2월이 지나기까지 집행관이 자동차를 인도받지 못한 때에는 법원은 집행절차를 취소하여야 한다.

제117조【운행의 허가】 ① 법원은 영업상의 필요, 그 밖의 상당한 이유가 있다고 인정하는 때에는 이해관계를 가진 사람의 신청에 따라 자동차의 운행을 허가할 수 있다.

② 법원이 제1항의 허가를 하는 때에는 운행에 관

하여 적당한 조건을 붙일 수 있다.
③ 제1항의 운행허가결정에 대하여는 즉시항고를
할 수 있다.
제118조【자동차의 이동】 ① 법원은 필요하다고
인정하는 때에는 집행관에게 자동차를 일정한 장소
로 이동할 것을 명할 수 있다.
② 집행법원 외의 법원 소속의 집행관이 자동차를
점유하고 있는 경우, 집행법원은 제119조제1항의
규정에 따라 사건을 이송하는 때가 아니면 그 집행
관 소속법원에 대하여 그 자동차를 집행법원 관할
구역 안의 일정한 장소로 이동하여 집행법원 소속
집행관에게 인계하도록 명할 것을 촉탁하여야 한
다.
③ 제2항의 규정에 따라 집행법원 소속 집행관이
자동차를 인계받은 경우에는 제114조의 규정을 준
용한다.
제119조【사건의 이송】 ① 집행법원은 다른 법
원 소속 집행관이 자동차를 점유하고 있는 경우에
자동차를 집행법원 관할구역 안으로 이동하는 것이
매우 곤란하거나 지나치게 많은 비용이 든다고 인
정하는 때에는 사건을 그 법원으로 이송할 수 있다.
② 제1항의 규정에 따른 결정에 대하여는 불복할
수 없다.
제120조【매각의 실시시기】 법원은 그 관할구역
안에서 집행관이 자동차를 점유하게 되기 전에는
집행관에게 매각을 실시하게 할 수 없다.
제121조【최저매각가격결정의 특례】 ① 법원은
상당하다고 인정하는 때에는 집행관으로 하여금 거
래소에 자동차의 시세를 조회하거나 그 밖의 상당
한 방법으로 매각할 자동차를 평가하게 하고, 그 평
가액을 참작하여 최저매각가격을 정할 수 있다.
② 제1항의 규정에 따라 자동차를 평가한 집행관은
다음 각호의 사항을 적은 평가서를 정하여진 날까
지 법원에 제출하여야 한다.
1. 사건의 표시
2. 자동차의 표시
3. 자동차의 평가액과 평가일
4. 거래소에 대한 조회결과 또는 그 밖의 평가근거
제122조【매각기일의 공고】 매각기일의 공고에
는 법 제106조제2호, 제4호 내지 제7호, 제9호에 규
정된 사항, 제56조제1호·제3호에 규정된 사항, 자
동차의 표시 및 자동차가 있는 장소를 적어야 한다.
제123조【입찰 또는 경매 외의 매각방법】 ① 법
원은 상당하다고 인정하는 때에는 집행관에게 입찰
또는 경매 외의 방법으로 자동차의 매각을 실시할
것을 명할 수 있다. 이 경우에는 매각의 실시방법과
기한, 그 밖의 다른 조건을 붙일 수 있다.
② 법원은 제1항의 규정에 따른 매각의 실시를 명
하는 때에는 미리 압류채권자의 의견을 들어야 한
다.

③ 법원은 제1항의 규정에 따른 매각의 실시를 명
하는 때에는 매수신고의 보증금액을 정하고 아울러
그 보증의 제공은 금전 또는 법원이 상당하다고 인
정하는 유가증권을 집행관에게 제출하는 방법으로
하도록 정하여야 한다.
④ 제1항의 규정에 따른 결정이 있는 때에는 법원
사무관등은 각 채권자와 채무자에게 그 취지를 통
지하여야 한다.
⑤ 집행관은 제1항의 규정에 따른 결정에 기초하여
자동차를 매각하는 경우에 매수신고가 있는 때에는
바로 자동차의 표시·매수신고를 한 사람의 표시
및 매수신고의 액과 일시를 적은 조서를 작성하여,
보증으로 제공된 금전 또는 유가증권과 함께 법원
에 제출하여야 한다.
⑥ 제5항의 조서가 제출된 때에는 법원은 바로 매
각결정기일을 지정하여야 한다.
⑦ 제6항의 규정에 따른 매각결정기일이 정하여진
때에는 법원사무관등은 이해관계인과 매수신고를
한 사람에게 매각결정기일을 통지하여야 한다.
⑧ 제5항의 조서에 관하여는 법 제116조제2항의 규
정을 준용한다.
제124조【양도명령에 따른 매각】 ① 법원은 상
당하다고 인정하는 때에는 압류채권자의 매수신청
에 따라 그에게 자동차의 매각을 허가할 수 있다.
② 제1항의 규정에 따라 매각을 허가하는 결정은
이해관계인에게 고지하여야 한다.
③ 양도명령에 따른 매각절차에 관하여는 제74조,
법 제109조, 법 제113조, 법 제126조제1항·제2항
및 법 제128조제2항의 규정을 준용하지 아니한다.
제125조【매수인에 대한 자동차의 인도】 ① 매
수인이 대금을 납부하였음을 증명하는 서면을 제출
한 때에는 집행관은 자동차를 매수인에게 인도하여
야 한다. 이 경우 그 자동차를 집행관 외의 사람이
보관하고 있는 때에는, 집행관은 매수인의 동의를
얻어 보관자에 대하여 매수인에게 그 자동차를 인
도할 것을 통지하는 방법으로 인도할 수 있다.
② 집행관은 매수인에게 자동차를 인도한 때에는
그 취지와 인도한 날짜를 집행법원에 신고하여야
한다.
제126조【집행정지중의 매각】 ① 법 제49조제2
호 또는 제4호에 적은 서류가 제출된 때에는 법
원사무관등은 집행관에게 그 사실을 통지하여야
한다.
② 집행관은 제1항의 규정에 따른 통지를 받은 경
우 인도를 받은 자동차의 가격이 크게 떨어질 염려
가 있거나 그 보관에 지나치게 많은 비용이 드는
때에는 압류채권자·채무자 및 저당권자에게 그 사
실을 통지하여야 한다.
③ 제2항에서 규정하는 경우에 압류채권자 또는 채
무자의 신청이 있는 때에는 법원은 자동차를 매각

하도록 결정할 수 있다.

④ 제3항의 규정에 따른 결정이 있은 때에는 법원사무관등은 제3항의 신청을 하지 아니한 압류채권자 또는 채무자에게 그 사실을 통지하여야 한다.

⑤ 제3항의 규정에 따른 결정에 기초하여 자동차가 매각되어 그 대금이 집행법원에 납부된 때에는 법원사무관등은 매각대금을 공탁하여야 한다.

제127조 【자동차집행의 신청이 취하된 경우 등의 조치】 ① 자동차집행의 신청이 취하된 때 또는 강제경매절차를 취소하는 결정의 효력이 생긴 때에는 법원사무관등은 집행관에게 그 취지를 통지하여야 한다.

② 집행관이 제1항의 규정에 따른 통지를 받은 경우 자동차를 수취할 권리를 갖는 사람이 채무자 외의 사람인 때에는 집행관은 그 사람에게 자동차집행의 신청이 취하되었다거나 또는 강제경매절차가 취소되었다는 취지를 통지하여야 한다.

③ 집행관은 제1항의 규정에 따른 통지를 받은 때에는 자동차를 수취할 권리를 갖는 사람에게 자동차가 있는 곳에서 이를 인도하여야 한다. 다만, 자동차를 수취할 권리를 갖는 사람이 자동차를 보관하고 있는 경우에는 그러하지 아니하다.

④ 집행관이 제3항의 규정에 따라 인도를 할 수 없는 때에는 법원은 집행관의 신청을 받아 자동차집행의 절차에 따라 자동차를 매각한다는 결정을 할 수 있다.

⑤ 제4항의 규정에 따른 결정이 있은 때에는 법원사무관등은 채무자와 저당권자에게 그 취지를 통지하여야 한다.

⑥ 제4항의 규정에 따른 결정에 기초하여 자동차가 매각되어 그 대금이 법원에 납부된 때에는 법원은 그 대금에서 매각과 보관에 든 비용을 빼고, 나머지가 있는 때에는 매각대금의 교부계산서를 작성하여 저당권자에게 변제금을 교부하고, 그 나머지를 채무자에게 교부하여야 한다.

⑦ 제6항의 규정에 따른 변제금 등을 교부하는 경우에는 제81조, 제82조, 법 제146조, 법 제160조 및 법 제161조제1항의 규정을 준용한다.

제128조 【준용규정 등】 ① 자동차집행절차에는 제107조·제138조의 규정을 준용한다. 이 경우 제107조제1항에 "1월"이라고 규정된 것은 "1주"로, 제138조제1항에 "압류물이 압류한"이라고 규정된 것은 "집행관이 점유를 취득한 자동차"로 본다.

② 자동차집행절차에 관하여는 제43조 내지 제46조, 제51조제1항제4호 내지 제6호, 제2항, 제55조, 제56조제2호, 제60조, 제68조 내지 제71조, 법 제79조, 법 제81조, 법 제83조제2항·제3항, 법 제85조, 법 제91조제5항, 법 제105조 및 법 제136조의 규정과 법 제103조제2항 중 기간입찰에 관한 부분을 준용하지 아니한다.

제129조 【자동차지분에 대한 강제집행】 자동차의 공유지분에 대한 강제집행은 법 제251조에 규정된 강제집행의 예에 따라 실시한다.

제6절 건설기계 · 소형선박에 대한 강제집행

제130조 【강제집행의 방법】 ① 「건설기계관리법」에 따라 등록된 건설 기계(다음부터 "건설기계"라 한다) 및 「자동차 등 특정동산 저당법」의 적용을 받는 소형선박(다음부터 "소형선박"이라 한다)에 대한 강제집행에 관하여는 제5절의 규정을 준용한다. 이 경우 제108조 내지 제110조에 "자동차등록원부"라고 규정된 것은 각 "건설기계등록원부", "선박원부·어선원부·수상레저기구등록원부"로 본다. (2010.10.4 본항개정)

② 소형선박에 대한 강제집행의 경우 제108조에 "특별시장·광역시장 또는 도지사"라고 규정된 것은 "지방해양항만청장(지방해양항만청해양사무소장을 포함한다. 다음부터 같다)"이나 "시장·군수 또는 구청장(자치구의 구청장을 말한다. 다음부터 같다)"으로 본다. (2013.11.27 본항개정)

③ 소형선박에 대한 강제집행의 경우 제109조 및 제110조에 "사용본거지"라고 규정된 것은 "선적항" 또는 "보관장소"로 본다.

(2008.2.18 본조개정)

제7절 동산에 대한 강제집행

제1관 유체동산에 대한 강제집행

제131조 【유체동산 집행신청의 방식】 유체동산에 대한 강제집행신청서에는 다음 각호의 사항을 적고 집행력 있는 정본을 붙여야 한다.
1. 채권자·채무자와 그 대리인의 표시
2. 집행권원의 표시
3. 강제집행 목적물인 유체동산이 있는 장소
4. 집행권원에 표시된 청구권의 일부에 관하여 강제집행을 구하는 때에는 그 범위

제132조 【압류할 유체동산의 선택】 집행관이 압류할 유체동산을 선택하는 때에는 채권자의 이익을 해치지 아니하는 범위 안에서 채무자의 이익을 고려하여야 한다.

제132조의2 【압류할 유체동산의 담보권 확인 등】 ① 집행관은 유체동산 압류시에 채무자에 대하여 「동산·채권 등의 담보에 관한 법률」 제2조제7호에 따른 담보등기가 있는지 여부를 담보등기부를 통하여 확인하여야 하고, 담보등기가 있는 경우에는 등기사항전부증명서(말소사항 포함)를, 담보등기가 없는 경우에는 등기기록미개설증명서(다만, 법인·상호등기를 하지 않아 등기기록미개설증명서를 발급받을 수 없는 경우에는 이를 확인할 수 있는 자

료)를 집행기록에 편철하여야 한다.
(2018.4.27 본항개정)
② 집행관은 제1항에 따라 담보권의 존재를 확인한 경우에 그 담보권자에게 매각기일에 이르기까지 집행을 신청하거나, 법 제220조에서 정한 시기까지 배당요구를 하여 매각대금의 배당절차에 참여할 수 있음을 고지하여야 한다.
(2014.7.1 본조신설)
제133조【직무집행구역 밖에서의 압류】 집행관은 동시에 압류하고자 하는 여러 개의 유체동산 가운데 일부가 소속 법원의 관할구역 밖에 있는 경우에는 관할구역 밖의 유체동산에 대하여도 압류할 수 있다.
제134조【압류조서의 기재사항】 ① 유체동산 압류조서에는 제6조와 법 제10조제2항·제3항에 규정된 사항 외에 채무자가 자기 소유가 아니라는 진술이나 담보가 설정되어 있다는 진술을 한 압류물에 관하여는 그 취지를 적어야 한다. (2014.7.1 본항개정)
② 유체동산 압류조서에 집행의 목적물을 적는 때에는 압류물의 종류·재질, 그 밖에 압류물을 특정하는 데 필요한 사항과 수량 및 평가액(토지에서 분리하기 전의 과실에 대하여는 그 과실의 수확시기·예상수확량과 예상평가액)을 적어야 한다.
제135조【직무집행구역 밖에서의 압류물보관】 집행관은 특히 필요하다고 인정하는 때에는 압류물보관자로 하여금 소속 법원의 관할구역 밖에서 압류물을 보관하게 할 수 있다.
제136조【압류물의 보관에 관한 조서 등】 ① 집행관이 채무자·채권자 또는 제3자에게 압류물을 보관시킨 때에는 보관자의 표시, 보관시킨 일시·장소와 압류물, 압류표시의 방법과 보관조건을 적은 조서를 작성하여 보관자의 기명날인 또는 서명을 받아야 한다.
② 집행관이 보관자로부터 압류물을 반환받은 때에는 그 취지를 기록에 적어야 한다.
③ 제2항의 경우에 압류물에 부족 또는 손상이 있는 때에는 집행관은 보관자가 아닌 압류채권자와 채무자에게 그 취지를 통지하여야 하고, 아울러 부족한 압류물 또는 압류물의 손상정도와 이러한 압류물에 대하여 집행관이 취한 조치를 적은 조서를 작성하여야 한다.
제137조【보관압류물의 점검】 ① 집행관은 채무자 또는 채권자나 제3자에게 압류물을 보관시킨 경우에 압류채권자 또는 채무자의 신청이 있거나 그 밖에 필요하다고 인정하는 때에는 압류물의 보관상황을 점검하여야 한다.
② 집행관이 제1항의 규정에 따른 점검을 한 때에는 압류물의 부족 또는 손상의 유무와 정도 및 이에 관하여 집행관이 취한 조치를 적은 점검조서를

작성하고, 부족 또는 손상이 있는 경우에는 보관자가 아닌 채권자 또는 채무자에게 그 취지를 통지하여야 한다.
제138조【직무집행구역 밖에서의 압류물 회수 등】 ① 압류물이 압류한 집행관이 소속하는 법원의 관할구역 밖에 있게 된 경우에 이를 회수하기 위하여 필요한 때에는 집행관은 소속 법원의 관할구역 밖에서도 그 직무를 행할 수 있다.
② 제1항의 경우에 압류물을 회수하기 위하여 지나치게 많은 비용이 든다고 인정하는 때에는 집행관은, 압류채권자의 의견을 들어, 압류물이 있는 곳을 관할하는 법원 소속 집행관에게 사건을 이송할 수 있다.
제139조【압류물의 인도명령을 집행한 경우의 조치 등】 ① 법 제193조제1항의 규정에 따른 인도명령을 집행한 집행관은 그 압류물의 압류를 한 집행관이 다른 법원에 소속하는 때에는 그 집행관에 대하여 인도명령을 집행하였다는 사실을 통지하여야 한다.
② 제1항의 규정에 따른 통지를 받은 집행관은 압류물을 인수하여야 한다. 다만, 압류물을 인수하기 위하여 지나치게 많은 비용이 든다고 인정하는 때에는, 압류채권자의 의견을 들어, 인도명령을 집행한 집행관에게 사건을 이송할 수 있다.
제140조【초과압류 등의 취소】 ① 집행관은 압류 후에 그 압류가 법 제188조제2항의 한도를 넘는 사실이 분명하게 된 때에는 넘는 한도에서 압류를 취소하여야 한다.
② 집행관은 압류 후에 압류물의 매각대금으로 압류채권자의 채권에 우선하는 채권과 집행비용을 변제하면 남을 것이 없겠다고 인정하는 때에는 압류를 취소하여야 한다.
제141조【매각의 가망이 없는 경우의 압류의 취소】 집행관은 압류물에 관하여 상당한 방법으로 매각을 실시하였음에도 매각의 가망이 없는 때에는 그 압류물의 압류를 취소할 수 있다.
제142조【압류취소의 방법 등】 ① 유체동산 압류를 취소하는 때에는 집행관은 압류물을 수취할 권리를 갖는 사람에게 압류취소의 취지를 통지하고 압류물이 있는 장소에서 이를 인도하여야 한다. 다만, 압류물을 수취할 권리를 갖는 사람이 그 압류물을 보관중인 때에는 그에게 압류취소의 취지를 통지하면 된다.
② 집행관은 제1항의 경우에 압류물을 수취할 권리를 갖는 사람이 채무자 외의 사람인 때에는 채무자에게 압류가 취소되었다는 취지를 통지하여야 한다.
③ 압류가 취소된 유체동산을 인도할 수 없는 경우에는 법 제258조제6항의 규정을 준용한다.
제143조 (2005.7.28 삭제)
제144조【압류물의 평가】 ① 집행관은 법 제200

조에 규정된 경우 외에도 필요하다고 인정하는 때에는 적당한 감정인을 선임하여 압류물을 평가하게 할 수 있다.
② 제1항 또는 법 제200조의 규정에 따라 물건을 평가한 감정인은 다음 각호의 사항을 적은 평가서를 정하여진 날까지 집행관에게 제출하여야 한다.
1. 사건의 표시
2. 유체동산의 표시
3. 유체동산의 평가액과 평가일
4. 평가액 산출의 과정
5. 그 밖에 집행관이 명한 사항
③ 제2항의 평가서가 제출된 경우 집행관은 평가서의 사본을 매각기일마다 그 3일 전까지 집행관 사무실 또는 그 밖에 적당한 장소에 비치하고 누구든지 볼 수 있도록 하여야 한다.

제145조【호가경매기일의 지정 등】 ① 집행관은 호가경매의 방법으로 유체동산을 매각하는 때에는 경매기일의 일시와 장소를 정하여야 한다. 이 경우 경매기일은 부득이한 사정이 없는 한 압류일부터 1월 안의 날로 정하여야 한다.
② 집행관은 집행법원의 허가를 받은 때에는 소속 법원의 관할구역 밖에서 경매기일을 열 수 있다.

제146조【호가경매공고의 방법 등】 ① 집행관은 호가경매기일의 3일 전까지 다음 각호의 사항을 공고하여야 한다.
1. 사건의 표시
2. 매각할 물건의 종류·재질, 그 밖에 그 물건을 특정하는 데 필요한 사항과 수량 및 평가액(토지에서 분리하기 전의 과실에 대하여는 그 과실의 수확시기·예상수확량과 예상평가액)
3. 평가서의 사본을 비치하는 때에는 그 비치장소와 누구든지 볼 수 있다는 취지
4. 제158조에서 준용하는 제60조의 규정에 따라 매수신고를 할 수 있는 사람의 자격을 제한한 때에는 그 제한의 내용
5. 매각할 유체동산을 호가경매기일 전에 일반인에게 보여주는 때에는 그 일시와 장소
6. 대금지급기일을 정한 때에는 매수신고의 보증금액과 그 제공방법 및 대금지급일
② 집행관은 경매의 일시와 장소를 각 채권자·채무자 및 압류물 보관자에게 통지하여야 한다. 법 제190조의 규정에 따라 압류한 재산을 경매하는 경우에는 집행기록상 주소를 알 수 있는 배우자에게도 같은 사항을 통지하여야 한다.
③ 제2항의 통지는 집행기록에 표시된 주소지에 등기우편으로 발송하는 방법으로 할 수 있다.

제147조【호가경매의 절차】 ① 집행관이 경매기일을 개시하는 때에는 매각조건을 고지하여야 한다.
② 집행관은 매수신청의 액 가운데 최고의 것을 3회 부른 후 그 신청을 한 사람의 이름·매수신청의

액 및 그에게 매수를 허가한다는 취지를 고지하여야 한다. 다만, 매수신청의 액이 상당하지 아니하다고 인정하는 경우에는 매수를 허가하지 아니할 수 있다.
③ 집행관은 소속 법원 안에서 호가경매를 실시하는 경우 법 제108조의 조치를 위하여 필요한 때에는 법원의 원조를 요청할 수 있다.
④ 유체동산의 호가경매절차에는 제57조제1항, 제62조제3항·제4항 및 제72조제1항·제2항의 규정을 준용한다.

제148조【호가경매로 매각할 유체동산의 열람】 ① 집행관은 호가경매기일 또는 그 기일 전에 매각할 유체동산을 일반인에게 보여주어야 한다.
② 매각할 유체동산을 호가경매기일 전에 일반인에게 보여주는 경우에 그 유체동산이 채무자가 점유하고 있는 건물 안에 있는 때에는 집행관은 보여주는 자리에 참여하여야 한다. 그 밖의 경우에도 매각할 유체동산을 보관하는 사람의 신청이 있는 때에는 마찬가지이다.
③ 집행관은 매각할 유체동산을 호가경매기일 전에 일반인에게 보여준 때와 제2항의 규정에 따라 유체동산을 보여주는 자리에 참여한 때에는 그 취지를 기록에 적어야 한다.

제149조【호가경매에 따른 대금의 지급 등】 ① 호가경매기일에서 매수가 허가된 때에는 그 기일이 마감되기 전에 매각대금을 지급하여야 한다. 다만, 제2항의 규정에 따라 대금지급일이 정하여진 때에는 그러하지 아니하다.
② 집행관은 압류물의 매각가격이 고액으로 예상되는 때에는 호가경매기일부터 1주 안의 날을 대금지급일로 정할 수 있다.
③ 제2항의 규정에 따라 대금지급일이 정하여진 때에는 매수신고를 하려는 사람은 집행관에 대하여 매수신고가격의 10분의 1에 상당하는 액의 보증을 제공하여야 한다. 이 경우 매수신고보증의 제공방법에 관하여는 제64조의 규정을 준용한다.
④ 제3항의 규정에 따른 매수신고의 보증으로 금전이 제공된 경우에 그 금전은 매각대금에 넣는다.
⑤ 매수인이 대금지급일에 대금을 지급하지 아니하여 다시 유체동산을 매각하는 경우 뒤의 매각가격이 처음의 매각가격에 미치지 아니하는 때는 전의 매수인이 제공한 매수신고의 보증은 그 차액을 한도로 매각대금에 산입한다. 이 경우 매수인은 매수신고의 보증금액 가운데 매각대금에 산입되는 금액에 상당하는 부분의 반환을 청구할 수 없다.
⑥ 매수신고의 보증이 제3항 후문에서 준용하는 제64조제3호의 문서를 제출하는 방법으로 제공된 경우에는 집행관은 은행등에 대하여 제5항 전문의 규정에 따라 매각대금에 산입되는 액의 금전을 지급하라는 취지를 최고하여야 한다.

⑦ 집행관은 대금지급일을 정하여 호가경매를 실시한 때에는 대금지급일에 대금이 지급되었는지 여부를 기록에 적어야 한다.

제150조【호가경매조서의 기재사항】 ① 제6조제1항제2호의 규정에 따라 호가경매조서에 적을 "실시한 집행의 내용"은 다음 각호의 사항으로 한다.

1. 매수인의 표시·매수신고가격 및 대금의 지급 여부
2. 법 제206조제1항의 규정에 따른 배우자의 우선매수신고가 있는 경우에는 그 취지와 배우자의 표시
3. 적법한 매수신고가 없는 때에는 그 취지
4. 대금지급일을 정하여 호가경매를 실시한 때에는 대금지급일과 매수인의 매수신고보증의 제공방법

② 매수인 또는 그 대표자나 대리인은 호가경매조서에 서명날인하여야 한다. 그들이 서명날인할 수 없는 때에는 집행관이 그 사유를 적어야 한다.

제151조【입찰】 ① 유체동산 매각을 위한 입찰은 입찰기일에 입찰을 시킨 후 개찰을 하는 방법으로 한다.

② 개찰이 끝난 때에는 집행관은 최고의 가액으로 매수신고를 한 입찰자의 이름·입찰가격 및 그에 대하여 매수를 허가한다는 취지를 고지하여야 한다.

③ 유체동산의 입찰절차에는 제57조제1항, 제62조, 제65조, 제66조, 제145조, 제146조, 제147조제1항·제2항 단서·제3항 및 제148조 내지 제150조의 규정을 준용한다.

제152조【압류조서의 열람청구】 법 제215조제1항에 규정된 조치를 취하기 위하여 필요한 때에는 집행관은 먼저 압류한 집행관에게 압류조서를 보여줄 것을 청구할 수 있다.

제153조【지급요구의 방식】 법 제221조제1항의 규정에 따른 지급요구는 매각기일에 출석하여 하는 경우가 아니면 서면으로 하여야 한다.

제154조【배우자의 공유주장에 대한 이의】 법 제221조제3항의 규정에 따라 채권자가 배우자의 공유주장에 대하여 이의하고 그 이의가 완결되지 아니한 때에는 집행관은 배우자가 주장하는 공유지분에 해당하는 매각대금에 관하여 법 제222조에 규정된 조치를 취하여야 한다.

제155조【집행관의 매각대금 처리】 ① 채권자가 한 사람인 경우 또는 채권자가 두 사람 이상으로서 매각대금 또는 압류금전으로 각 채권자의 채권과 집행비용의 전부를 변제할 수 있는 경우에는 집행관은 채권자에게 채권액을 교부하고, 나머지가 있으면 채무자에게 교부하여야 한다.

② 압류금전이나 매각대금으로 각 채권자의 채권과 집행비용의 전부를 변제할 수 없는 경우에는 집행관은 법 제222조제1항에 규정된 기간 안의 날을 배당협의기일로 지정하고 각 채권자에게 그 일시와 장소를 서면으로 통지하여야 한다. 이 통지에는 매각대금 또는 압류금전, 집행비용, 각 채권자의 채권액 비율에 따라 배당될 것으로 예상되는 금액을 적은 배당계산서를 붙여야 한다.

③ 집행관은 배당협의기일까지 채권자 사이에 배당협의가 이루어진 때에는 그 협의에 따라 배당을 실시하여야 한다. 집행관은 제2항의 배당계산서와 다른 협의가 이루어진 때에는 그 협의에 따라 배당계산서를 다시 작성하여야 한다.

④ 집행관은 배당협의가 이루어지지 아니한 때에는 바로 법 제222조에 규정된 조치를 취하여야 한다.

제156조【집행관의 배당액 공탁】 ① 제155조제1항 또는 제3항의 규정에 따라 집행관이 채권액의 배당등을 실시하는 경우 배당등을 받을 채권자의 채권에 관하여 다음 각호 가운데 어느 하나의 사유가 있는 때에는 집행관은 그 배당등의 액에 상당하는 금액을 공탁하고 그 사유를 법원에 신고하여야 한다.

1. 채권에 정지조건 또는 불확정기한이 붙어 있는 때
2. 가압류채권자의 채권인 때
3. 법 제49조제2호 또는 법 제272조에서 준용하는 법 제266조제1항제5호에 적은 문서가 제출되어 있는 때

② 집행관은 배당등을 수령하기 위하여 출석하지 아니한 채권자 또는 채무자에 대한 배당등의 액에 상당하는 금액을 공탁하여야 한다.

제157조【사유신고서의 방식】 ① 법 제222조제3항의 규정에 따른 사유신고는 다음 각호의 사항을 적은 서면으로 하여야 한다.

1. 사건의 표시
2. 압류채권자와 채무자의 이름
3. 매각대금 또는 압류금전의 액수
4. 집행비용
5. 배당협의가 이루어지지 아니한 취지와 그 사정의 요지

② 제156조제1항의 규정에 따른 사유신고는 다음 각호의 사항을 적은 서면으로 하여야 한다.

1. 제1항제1호·제2호에 적은 사항
2. 공탁의 사유와 공탁금액

③ 제1항 또는 제2항의 서면에는 공탁서와 사건기록을 붙여야 한다.

제158조【부동산강제집행규정의 준용】 유체동산 집행에는 제48조, 제59조제1호, 제60조 및 제82조제2항의 규정을 준용한다.

(2010.10.4 본조개정)

제2관 채권과 그 밖의 재산권에 대한 강제집행

제159조【압류명령신청의 방식】 ① 채권에 대한

압류명령신청서에는 법 제225조에 규정된 사항 외에 다음 각호의 사항을 적고 집행력 있는 정본을 붙여야 한다.
1. 채권자·채무자·제3채무자와 그 대리인의 표시
2. 집행권원의 표시
3. 집행권원에 표시된 청구권의 일부에 관하여만 압류명령을 신청하거나 목적채권의 일부에 대하여만 압류명령을 신청하는 때에는 그 범위
② 법 제224조제3항의 규정에 따라 가압류를 명한 법원이 있는 곳을 관할하는 지방법원에 채권압류를 신청하는 때에는 가압류결정서 사본과 가압류 송달증명을 붙여야 한다.

제160조【신청취하 등의 통지】 ① 압류명령의 신청이 취하되거나 압류명령을 취소하는 결정이 확정된 때에는 법원사무관등은 압류명령을 송달받은 제3채무자에게 그 사실을 통지하여야 한다.
② 추심명령·전부명령 또는 법 제241조제1항의 규정에 따른 명령의 신청이 취하되거나 이를 취소하는 결정이 확정된 때에도 제1항과 같다.

제161조【집행정지의 통지】 ① 추심명령이 있은 후 법 제49조제2호 또는 제4호의 서류가 제출된 때에는 법원사무관등은 압류채권자와 제3채무자에 대하여 그 서류가 제출되었다는 사실과 서류의 요지 및 위 서류의 제출에 따른 집행정지가 효력을 잃기 전에는 압류채권자는 채권의 추심을 하여서는 아니되고 제3채무자는 채권의 지급을 하여서는 아니된다는 취지를 통지하여야 한다.
② 법 제242조에 규정된 유체물의 인도청구권이나 권리이전청구권에 대하여 법 제243조제1항 또는 법 제244조제1항·제2항(제171조제1항·제2항의 규정에 따라 이 조항들이 준용되는 경우를 포함한다)의 명령이 있은 후 법 제49조제2호 또는 제4호의 서류가 제출된 경우에는 제1항의 규정을 준용한다.

제162조【추심신고의 방식】 ① 법 제236조제1항의 규정에 따른 신고는 다음 각호의 사항을 적은 서면으로 하여야 한다.
1. 사건의 표시
2. 채권자·채무자 및 제3채무자의 표시
3. 제3채무자로부터 지급받은 금액과 날짜
② 법 제236조제2항의 규정에 따른 신고는 제1항에 규정된 사항과 공탁사유 및 공탁한 금액을 적은 서면에 공탁서를 붙여서 하여야 한다.

제163조【채권의 평가】 ① 법원은 법 제241조제1항의 규정에 따른 명령을 하는 경우에 필요가 있다고 인정하는 때에는 감정인에게 채권의 가액을 평가하게 할 수 있다.
② 제1항의 감정인이 채권의 가액을 평가한 때에는 정하여진 날까지 그 평가결과를 서면으로 법원에 보고하여야 한다.

제164조【양도명령에 관한 금전의 납부와 교부】 ① 법 제241조제1항제1호의 규정에 따른 양도명령(다음부터 "양도명령"이라 한다)을 하는 경우에 법원이 정한 양도가액이 채권자의 채권과 집행비용의 액을 넘는 때에는 법원은 양도명령을 하기 전에 채권자에게 그 차액을 납부시켜야 한다.
② 법원은 양도명령이 확정된 때에는 제1항의 규정에 따라 납부된 금액을 채무자에게 교부하여야 한다. 채무자에 대한 교부절차에 관하여는 제82조의 규정을 준용한다.

제165조【매각명령에 따른 매각】 ① 법원은 압류된 채권의 매각대금으로 압류채권자의 채권에 우선하는 채권과 절차비용을 변제하면 남을 것이 없겠다고 인정하는 때에는 법 제241조제1항제2호의 규정에 따른 매각명령(다음부터 "매각명령"이라 한다)을 하여서는 아니된다.
② 집행관은 압류채권자의 채권에 우선하는 채권과 절차비용을 변제하고 남을 것이 있는 가격이 아니면 압류된 채권을 매각하여서는 아니된다.
③ 집행관은 대금을 지급받은 후가 아니면 매수인에게 채권증서를 인도하거나 법 제241조제5항의 통지를 하여서는 아니된다.
④ 집행관은 매각절차를 마친 때에는 바로 매각대금과 매각에 관한 조서를 법원에 제출하여야 한다.

제166조【그 밖의 방법에 따른 현금화명령】 법 제241조제1항제4호의 규정에 따라 법원이 그 밖에 적당한 방법으로 현금화를 명하는 경우와 그 명령에 따른 현금화절차에는 제164조·제165조의 규정을 준용한다.

제167조【저당권이전등기 등의 촉탁】 ① 저당권이 있는 채권에 관하여 전부명령이나 양도명령이 확정된 때 또는 매각명령에 따른 매각을 마친 때에는 법원사무관등은 신청에 따라 등기관에게 다음 각호의 사항을 촉탁하여야 한다.
1. 채권을 취득한 채권자 또는 매수인 앞으로 저당권을 이전하는 등기
2. 법 제228조의 규정에 따른 등기의 말소
② 제1항의 규정에 따른 촉탁은 전부명령이나 양도명령의 정본 또는 매각조서의 등본을 붙인 서면으로 하여야 한다.
③ 제1항의 촉탁에 관한 비용은 채권을 취득한 채권자 또는 매수인이 부담한다.
④ 법 제228조의 규정에 따른 등기가 된 경우 압류된 채권이 변제 또는 공탁에 따라 소멸되었음을 증명하는 문서가 제출된 때에는 법원사무관등은 신청에 따라 그 등기의 말소를 촉탁하여야 한다. 압류명령신청이 취하되거나 압류명령의 취소결정이 확정된 때에도 같다.
⑤ 제4항의 규정에 따른 촉탁비용은 그 전문의 경우에는 채무자가, 그 후문의 경우에는 압류채권자

가 각기 부담한다.

제168조【저당권이전등기 등의 촉탁을 신청할 때 제출할 문서 등】 ① 전부명령 또는 양도명령이 확정된 경우에 제167조제1항의 신청을 하는 때에는, 기록상 분명한 경우가 아니면, 압류된 채권에 관하여 위 명령이 제3채무자에게 송달될 때까지 다른 압류 또는 가압류의 집행이 없다는 사실을 증명하는 문서를 제출하여야 한다.

② 채권을 취득한 채권자는 제1항의 문서를 제출하기 어려운 사정이 있는 때에는 제3채무자로 하여금 전부명령 또는 양도명령이 제3채무자에게 송달될 때까지 다른 압류 또는 가압류의 집행이 있었는지 여부에 관하여 진술하게 하도록 법원에 신청할 수 있다.

③ 제3채무자가 제2항에 규정된 진술을 게을리하는 때에는 법원은 제3채무자를 심문할 수 있다.

제169조【유체동산 매각대금의 처리 등】 집행관이 법 제243조제3항의 규정에 따라 유체동산을 현금화한 경우에는 제165조제4항의 규정을 준용한다.

제170조【인도 또는 권리이전된 부동산의 집행】 법 제244조의 규정에 따라 인도 또는 권리이전된 부동산의 강제집행에 대하여는 부동산 강제집행에 관한 규정을 적용한다.

제171조【선박 등 청구권에 대한 집행】 ① 선박 또는 항공기의 인도청구권에 대한 압류에 관하여는 법 제244조제1항·제4항의 규정을, 선박·항공기·자동차 또는 건설기계의 권리이전청구권에 대한 압류에 관하여는 법 제244조제2항 내지 제4항의 규정을 준용한다.

② 자동차 또는 건설기계의 인도청구권에 대한 압류에 관하여는 법 제243조제1항·제2항의 규정을 준용한다.

③ 제1항 또는 제2항의 규정에 따라 인도 또는 권리이전된 선박·항공기·자동차 또는 건설기계의 강제집행에 대하여는 선박·항공기·자동차 또는 건설기계 강제집행에 관한 규정을 각기 적용한다.

제172조【제3채무자 등의 공탁신고의 방식】 ① 법 제248조제4항의 규정에 따른 신고는 다음 각호의 사항을 적은 서면으로 하여야 한다.

1. 사건의 표시
2. 채권자·채무자 및 제3채무자의 이름
3. 공탁사유와 공탁한 금액

② 제1항의 서면에는 공탁서를 붙여야 한다. 다만, 법 제248조제4항 단서에 규정된 사람이 신고하는 때에는 그러하지 아니하다.

③ 압류된 채권에 관하여 다시 압류명령 또는 가압류명령이 송달된 경우에 제1항의 신고는 먼저 송달된 압류명령을 발령한 법원에 하여야 한다.

제173조【부동산강제집행규정의 준용】 채권에 대한 강제집행의 배당요구에 관하여는 제48조의 규정을, 매각명령에 따른 집행관의 매각에는 제59조의 규정을, 관리명령에는 그 성질에 어긋나지 아니하는 범위 안에서 제2절 제3관의 규정을 준용한다.

제174조【그 밖의 재산권에 대한 집행】 법 제251조제1항에 규정된 재산권(다음부터 "그 밖의 재산권"이라 한다)에 대한 강제집행에는 그 성질에 어긋나지 아니하는 범위 안에서 제159조 내지 제173조의 규정을 준용한다.

제175조【등기 또는 등록이 필요한 그 밖의 재산권에 대한 집행】 ① 권리이전에 등기 또는 등록(다음부터 이 조문 안에서 "등기등"이라 한다)이 필요한 그 밖의 재산권에 대한 압류명령신청서에는 집행력 있는 정본 외에 권리에 관한 등기사항증명서 또는 등록원부의 등본이나 초본을 붙여야 한다. (2011.9.28 본항개정)

② 제1항의 그 밖의 재산권에 대한 강제집행에 관하여는 그 등기등을 하는 곳을 관할하는 지방법원을 법 제251조제1항에서 준용하는 법 제224조제2항의 집행법원으로 한다.

③ 제1항의 그 밖의 재산권에 관하여 압류의 등기등이 압류명령의 송달 전에 이루어진 경우에는 압류의 효력은 압류의 등기등이 된 때에 발생한다. 다만, 그 밖의 재산권으로 권리 처분의 제한에 관하여 등기등을 하지 아니하면 효력이 생기지 아니하는 것에 대한 압류의 효력은 압류의 등기등이 압류명령의 송달 뒤에 된 때에도 압류의 등기등이 된 때에 발생한다.

④ 제1항의 그 밖의 재산권에 관하여 압류의 효력 발생 전에 등기등이 된 담보권으로서 매각으로 소멸하는 것이 설정되어 있는 때에는, 법원사무관등은 담보권자에게 압류사실을 통지하고 그 담보권의 피담보채권의 현존액을 신고할 것을 최고하여야 한다.

⑤ 제1항의 그 밖의 재산권에 대한 강제집행에는 법 제94조 내지 법 제96조, 법 제141조 및 법 제144조의 규정을 준용한다.

제3관 예탁유가증권에 대한 강제집행

제176조【예탁유가증권집행의 개시】 「자본시장과 금융투자업에 관한 법률」 제309조제2항의 규정에 따라 한국예탁결제원(다음부터 "예탁결제원"이라 한다)에 예탁된 유가증권(같은 법 제310조제4항의 규정에 따라 예탁결제원에 예탁된 것으로 보는 경우를 포함한다. 다음부터 "예탁유가증권"이라 한다)에 대한 강제집행(다음부터 "예탁유가증권집행"이라 한다)은 예탁유가증권에 관한 공유지분(다음부터 "예탁유가증권지분"이라 한다)에 대한 법원의 압류명령에 따라 개시한다. (2005.7.28., 2013.11.27 본조개정)

제177조【압류명령】 법원이 예탁유가증권지분

을 압류하는 때에는 채무자에 대하여는 계좌대체청구·「자본시장과 금융투자업에 관한 법률」 제312조제2항에 따른 증권반환청구, 그 밖의 처분을 금지하고, 채무자가 같은 법 제309조제2항에 따른 예탁자(다음부터 "예탁자"라 한다)인 경우에는 예탁결제원에 대하여, 채무자가 고객인 경우에는 예탁자에 대하여 계좌대체와 증권의 반환을 금지하여야 한다. (2005.7.28., 2013.11.27 본조개정)

제178조【예탁원 또는 예탁자의 진술의무】 압류채권자는 예탁결제원 또는 예탁자로 하여금 압류명령의 송달을 받은 날부터 1주 안에 서면으로 다음 각호의 사항을 진술하게 할 것을 법원에 신청할 수 있다. (2013.11.27 본조개정)

1. 압류명령에 표시된 계좌가 있는지 여부
2. 제1호의 계좌에 압류명령에 목적물로 표시된 예탁유가증권지분이 있는지 여부 및 있다면 그 수량
3. 위 예탁유가증권지분에 관하여 압류채권자에 우선하는 권리를 가지는 사람이 있는 때에는 그 사람의 표시 및 그 권리의 종류와 우선하는 범위
4. 위 예탁유가증권지분에 관하여 다른 채권자로부터 압류·가압류 또는 가처분의 집행이 되어 있는지 여부 및 있다면 그 명령에 관한 사건의 표시·채권자의 표시·송달일과 그 집행의 범위
5. 위 예탁유가증권지분에 관하여 신탁재산인 뜻의 기재가 있는 때에는 그 사실

제179조【예탁유가증권지분의 현금화】 ① 법원은 압류채권자의 신청에 따라 압류된 예탁유가증권지분에 관하여 법원이 정한 값으로 지급함에 갈음하여 압류채권자에게 양도하는 명령(다음부터 "예탁유가증권지분양도명령"이라 한다) 또는 추심에 갈음하여 법원이 정한 방법으로 매각하도록 집행관에게 명하는 명령(다음부터 "예탁유가증권지분매각명령"이라 한다)을 하거나 그 밖에 적당한 방법으로 현금화하도록 명할 수 있다.

② 제1항의 신청에 관한 재판에 대하여는 즉시항고를 할 수 있다.

③ 제1항의 규정에 따른 재판은 확정되어야 효력이 있다.

제180조【예탁유가증권지분양도명령】 ① 예탁유가증권지분양도명령의 신청서에는 채무자의 계좌를 관리하는 예탁결제원 또는 예탁자에 개설된 압류채권자의 계좌번호를 적어야 한다. (2013.11.27 본항개정)

② 예탁유가증권지분양도명령이 확정된 때에는 법원사무관등은 제1항의 예탁결제원 또는 예탁자에 대하여 양도명령의 대상인 예탁유가증권지분에 관하여 압류채권자의 계좌로 계좌대체의 청구를 하여야 한다. (2013.11.27 본항개정)

③ 제2항의 규정에 따른 계좌대체청구를 받은 예탁결제원 또는 예탁자는 그 취지에 따라 계좌대체를 하여야 한다. 다만, 제182조제2항에서 준용하는 법 제229조제5항의 규정에 따라 예탁유가증권지분양도명령의 효력이 발생하지 아니한 사실을 안 때에는 그러하지 아니하다. (2013.11.27 본항개정)

제181조【예탁유가증권지분매각명령】 ① 법원이 집행관에 대하여 예탁유가증권지분매각명령을 하는 경우에 채무자가 고객인 때에는 채무자의 계좌를 관리하는 투자매매업자나 투자중개업자(다음부터 "투자매매업자 등"이라 한다)에게, 채무자가 예탁자인 때에는 그 채무자를 제외한 다른 투자매매업자 등에게 매각일의 시장가격이나 그 밖의 적정한 가액으로 매각을 위탁할 것을 명하여야 한다. (2013.11.27 본항개정)

② 채무자가 예탁자인 경우에 집행관은 제1항의 예탁유가증권지분매각명령을 받은 때에는 투자매매업자 등(채무자가 투자매매업자 등인 경우에는 그 채무자를 제외한 다른 투자매매업자 등)에 그 명의의 계좌를 개설하고, 예탁결제원에 대하여 압류된 예탁유가증권지분에 관하여 그 계좌로 계좌대체의 청구를 하여야 한다. (2013.11.27 본항개정)

③ 제2항의 규정에 따라 집행관으로부터 계좌대체청구를 받은 예탁결제원은 그 청구에 따라 집행관에게 계좌대체를 하여야 한다. (2013.11.27 본항개정)

④ 제1항의 규정에 따른 매각위탁을 받은 투자매매업자 등은 위탁의 취지에 따라 그 예탁유가증권지분을 매각한 뒤, 매각한 예탁유가증권지분에 관하여는 매수인의 계좌로 계좌대체 또는 계좌대체의 청구를 하고 매각대금에서 조세, 그 밖의 공과금과 위탁수수료를 뺀 나머지를 집행관에게 교부하여야 한다. (2013.11.27 본항개정)

⑤ 집행관이 제1항의 규정에 따른 매각위탁과 제2항의 규정에 따른 계좌대체청구를 하는 경우에는 예탁유가증권지분매각명령등본과 그 확정증명을, 제2항의 규정에 따른 계좌대체청구를 하는 경우에는 그 명의의 계좌가 개설되어 있음을 증명하는 서면을 각기 붙여야 한다.

제182조【채권집행규정 등의 준용】 ① 예탁유가증권집행에 관하여는 제48조, 제159조, 제160조제1항, 제161조제1항, 법 제188조제2항, 법 제224조, 법 제225조, 법 제226조, 법 제227조제2항 내지 제4항, 법 제234조, 법 제235조, 법 제237조제2항·제3항, 법 제239조 및 법 제247조의 규정을, 예탁유가증권집행에 관하여 법원이 실시하는 배당등의 절차에 관하여는 법 제2편 제2장 제4절 제4관, 법 제149조, 법 제150조 및 법 제219조의 규정을 각 준용한다. 이 경우 제159조제1항제1호, 제160조제1항, 제161조제1항, 법 제224조제2항, 법 제226조, 법 제227조제2항·제3항, 법 제237조제2항·제3항 및 법 제247조에 "제3채무자"라고 규정된 것은 "예탁

원 또는 예탁자"로 본다.

② 예탁유가증권지분양도명령과 예탁유가증권지분매각명령에 관하여는 제163조의 규정을, 예탁유가증권지분양도명령에 관하여는 제164조, 법 제229조제5항 및 법 제231조의 규정을, 예탁유가증권지분양도명령에 대한 즉시항고에 관하여는 법 제229조제8항의 규정을, 예탁유가증권지분매각명령에 관하여는 제59조와 제165조제1항·제4항의 규정을 각 준용한다. 이 경우 제163조제1항에 "법 제241조제1항"이라고 규정된 것은 "제179조제1항"으로, 법 제229조제5항과 법 제231조에 "제3채무자"라고 규정된 것은 "예탁원 또는 예탁자"로 본다.

제4관 배당절차

제183조【배당절차의 개시】 법원은 법 제252조의 경우 외에도 제169조의 규정에 따라 집행관이 현금화된 금전을 제출한 때에는 배당절차를 개시한다.

제184조【배당에 참가할 채권자의 조사】 ① 제183조와 법 제252조의 규정에 따라 배당절차를 개시하는 경우에 집행법원은 제3채무자, 등기·등록관서, 그 밖에 적당하다고 인정되는 사람에게 조회하는 등의 방법으로 그 채권이나 그 밖의 재산권에 대하여 다른 압류명령이나 가압류명령이 있는지 여부를 조사할 수 있다.

② 제1항의 조사결과 다른 법원에서 압류명령이나 가압류명령을 한 사실이 밝혀진 때에는 집행법원은 그 법원에 대하여 사건기록을 보내도록 촉탁하여야 한다.

제185조【부동산강제집행규정의 준용 등】 ① 제183조와 법 제252조의 규정에 따른 배당절차에는 제82조와 법 제145조제2항의 규정을 준용한다.

② 법 제253조의 규정에 따른 최고는 법원사무관등으로 하여금 그 이름으로 하게 할 수 있다.

제3장 금전채권 외의 채권에 기초한 강제집행

제186조【동산인도청구의 집행】 ① 집행관은 법 제257조에 규정된 강제집행의 장소에 채권자 또는 그 대리인이 출석하지 아니한 경우에 목적물의 종류·수량 등을 고려하여 부득이하다고 인정하는 때에는 강제집행의 실시를 유보할 수 있다.

② 집행관은 제1항의 강제집행의 장소에 채권자 또는 그 대리인이 출석하지 아니한 경우에 채무자로부터 목적물을 빼앗은 때에는 이를 보관하여야 한다.

③ 법 제257조에 규정된 강제집행에 관하여는 제133조와 법 제258조제3항 내지 제6항의 규정을 준용한다.

제187조【인도집행 종료의 통지】 법 제257조 또는 법 제258조의 규정에 따른 인도집행을 마친 때에는 집행관은 채무자에게 그 취지를 통지하여야 한다.

제188조【부동산 등 인도청구의 집행시 취한 조치의 통지】 집행관은 법 제258조의 규정에 따라 강제집행을 한 경우에 그 목적물 안에 압류·가압류 또는 가처분의 집행이 된 동산이 있었던 때에는 그 집행을 한 집행관에게 그 취지와 그 동산에 대하여 취한 조치를 통지하여야 한다.

제189조【부동산 등 인도청구의 집행조서】 법 제258조의 규정에 따라 강제집행을 한 때에 작성하는 조서에는 제6조와 법 제10조제2항·제3항에 규정된 사항 외에 다음 각호의 사항을 적어야 한다.

1. 강제집행의 목적물이 아닌 동산을 법 제258조제3항·제4항에 규정된 사람에게 인도한 때에는 그 취지
2. 집행관이 위의 동산을 보관한 때에는 그 취지와 보관한 동산의 표시

제190조【목적물을 제3자가 점유하는 경우】 법 제259조에 규정된 강제집행절차에 관하여는 제159조, 제160조제1항, 제161조, 법 제224조, 법 제226조, 법 제227조, 법 제234조 및 법 제237조 내지 제239조의 규정을 준용한다.

제191조【간접강제】 ① 법 제261조제1항의 규정에 따른 결정을 한 제1심 법원은 사정의 변경이 있는 때에는 채권자 또는 채무자의 신청에 따라 그 결정의 내용을 변경할 수 있다.

② 제1항의 규정에 따라 결정을 하는 경우에는 신청의 상대방을 심문하여야 한다.

③ 제1항의 규정에 따른 결정에 대하여는 즉시항고를 할 수 있다.

제3편 담보권 실행 등을 위한 경매

제192조【신청서의 기재사항】 담보권 실행을 위한 경매, 법 제273조의 규정에 따른 담보권 실행이나 권리행사 또는 제201조에 규정된 예탁유가증권에 대한 담보권 실행(다음부터 "경매등"이라 한다)을 위한 신청서에는 다음 각호의 사항을 적어야 한다.

1. 채권자·채무자·소유자(광업권·어업권, 그 밖에 부동산에 관한 규정이 준용되는 권리를 목적으로 하는 경매의 신청, 법 제273조의 규정에 따른 담보권 실행 또는 권리행사의 신청 및 제201조에 규정된 예탁유가증권에 대한 담보권 실행 신청의 경우에는 그 목적인 권리의 권리자를 말한다. 다음부터 이 편 안에서 같다)와 그 대리인의 표시
2. 담보권과 피담보채권의 표시
3. 담보권 실행 또는 권리행사의 대상인 재산의 표시

4. 피담보채권의 일부에 대하여 담보권 실행 또는 권리행사를 하는 때에는 그 취지와 범위

제193조【압류채권자 승계의 통지】 경매등이 개시된 후 압류채권자가 승계되었음을 증명하는 문서가 제출된 때에는 법원사무관등 또는 집행관은 채무자와 소유자에게 그 사실을 통지하여야 한다.

제194조【부동산에 대한 경매】 부동산을 목적으로 하는 담보권 실행을 위한 경매에는 제40조 내지 제82조의 규정을 준용한다. 다만, 매수인이 매각대금을 낸 뒤에 화해조서의 정본 또는 공정증서의 정본인 법 제266조제1항제4호의 서류가 제출된 때에는 그 채권자를 배당에서 제외한다.

제195조【선박에 대한 경매】 ① 선박을 목적으로 하는 담보권 실행을 위한 경매 신청서에는 제192조에 규정된 사항 외에 선박의 정박항 및 선장의 이름과 현재지를 적어야 한다.
② 법원은 경매신청인의 신청에 따라 신청인에게 대항할 수 있는 권원을 가지지 아니한 선박의 점유자에 대하여 선박국적증서등을 집행관에게 인도할 것을 명할 수 있다.
③ 제2항의 신청에 관한 재판에 대하여는 즉시항고를 할 수 있다.
④ 제2항의 규정에 따른 결정은 상대방에게 송달되기 전에도 집행할 수 있다.
⑤ 선박을 목적으로 하는 담보권 실행을 위한 경매에는 제95조제2항 내지 제104조 및 제194조의 규정을 준용한다.

제196조【항공기에 대한 경매】 항공기를 목적으로 하는 담보권 실행을 위한 경매에는 제106조, 제107조, 제195조(다만, 제5항을 제외한다) 및 법 제264조 내지 법 제267조의 규정을 준용한다. 이 경우 제195조제1항 중 "정박항 및 선장의 이름과 현재지를 적어야 한다"는 "정류 또는 정박하는 장소를 적어야 한다"로 고쳐 적용하며, 제195조제2항에 "선박국적증서"라고 규정된 것은 "항공기등록증명서"로 본다.

제197조【자동차에 대한 경매】 ① 자동차를 목적으로 하는 담보권 실행을 위한 경매(「자동차저당법」 제6조의2 규정에 따른 양도명령을 포함한다)를 신청하는 때에는 제192조에 규정된 사항 외에 자동차등록원부에 기재된 사용본거지를 적고, 자동차등록원부등본을 붙여야 한다. (2005.7.28 본항개정)
② 제1항의 규정에 따른 경매에는 제108조, 제109조, 제111조 내지 제129조, 제195조제2항 내지 제4항 및 법 제264조 내지 법 제267조의 규정을 준용한다. 이 경우 제111조 내지 제113조, 제115조, 제123조, 제126조 및 제127조에 "채무자"라고 규정된 것은 "소유자"로 보며, 제195조제2항에 "선박의"라고 규정된 것은 "자동차의"로, 같은 항에 "선박국적증서등"이라고 규정된 것은 "자동차"로 본다.

제198조【건설기계·소형선박에 대한 경매】 건설기계·소형선박을 목적으로 하는 담보권 실행을 위한 경매(「자동차 등 특정동산 저당법」 제8조의 규정에 따른 양도명령을 포함한다)에는 제197조의 규정을 준용한다. 이 경우 "자동차등록원부"는 각 "건설기계등록원부", "선박원부·어선원부·수상레저기구등록원부"로 보며, "사용본거지"는 소형선박에 대하여는 "선적항" 또는 "보관장소"로 본다. (2010.10.4 본조개정)

제199조【유체동산에 대한 경매】 ① 유체동산을 목적으로 하는 담보권 실행을 위한 경매신청서에는 제192조에 규정된 사항 외에 경매의 목적물인 유체동산이 있는 장소를 적어야 한다.
② 유체동산에 대한 경매에는 이 규칙 제2편제2장 제7절제1관(다만, 제131조, 제132조 및 제140조제1항을 제외한다)의 규정과 법 제188조제3항 및 제2편제2장제4절제4관의 규정을 준용한다. (2005.7.28., 2013.11.27 본항개정)

제200조【채권, 그 밖의 재산권에 대한 담보권의 실행】 ① 법 제273조제1항·제2항의 규정에 따른 담보권 실행 또는 권리행사를 위한 신청서에는 제192조에 규정된 사항 외에 제3채무자가 있는 경우에는 이를 표시하여야 한다.
② 제1항의 규정에 따른 절차에는 제160조 내지 제175조, 법 제264조 내지 법 제267조 및 법 제2편 제2장 제4절 제4관의 규정을 준용한다.

제201조【예탁유가증권에 대한 담보권의 실행】 ① 예탁원 또는 예탁자는 예탁유가증권지분에 관한 질권자의 청구가 있는 때에는 그 이해관계 있는 부분에 관한 예탁자계좌부 또는 고객계좌부의 사본을 교부하여야 한다.
② 예탁유가증권에 대한 질권의 실행을 위한 신청서에는 그 질권에 관한 기재가 있는 예탁자계좌부 또는 고객계좌부의 사본을 붙여야 한다.
③ 예탁유가증권에 대한 담보권의 실행절차에 관하여는 제2편 제2장 제7절 제3관(다만, 제182조에서 준용하는 제159조와 법 제188조제2항을 제외한다), 제200조제1항, 법 제265조 내지 법 제267조, 법 제273조제1항 및 법 제275조의 규정을 준용한다. 이 경우 제200조제1항에 "제3채무자"라고 규정된 것은 "예탁원 또는 예탁자"로 본다.

제202조【강제집행규정의 준용】 이 편에 규정된 경매등 절차에는 그 성질에 어긋나지 아니하는 범위 안에서 제2편 제1장의 규정을 준용한다.

제4편   보전처분

제203조【신청의 방식】 ① 다음 각호의 신청은 서면으로 하여야 한다. (2005.7.28., 2014.7.1 본항개정)

1. 보전처분의 신청
2. 보전처분의 신청을 기각 또는 각하한 결정에 대한 즉시항고
3. 보전처분에 대한 이의신청
4. 본안의 제소명령신청
5. 보전처분의 취소신청
6. 보전처분의 집행신청. (다만, 등기나 등록의 방법 또는 제3채무자나 이에 준하는 사람에게 송달하는 방법으로 집행하는 경우는 제외한다).
7. 제3호·제5호의 신청에 관한 결정에 대한 즉시항고
② 제1항의 신청서에는 신청의 취지와 이유 및 사실상의 주장을 소명하기 위한 증거 방법을 적어야 한다. (2005.7.28 본항개정)

제203조의2【신청취하】 ① 제203조제1항제1호·제2호·제6호·제7호 신청의 취하는 서면으로 하여야 한다. 다만, 변론기일 또는 심문기일에서는 말로 할 수 있다.
② 제1항의 취하가 있는 때에는 법원사무관등은 변론기일 또는 심문기일의 통지를 받은 채권자 또는 채무자에게 그 취지를 통지하여야 한다.
(2005.7.28 본조신설)

제203조의3【결정서를 적는 방법】 ① 제203조제1항제2호·제7호의 신청에 대한 결정의 이유를 적을 때에는 제1심 결정을 인용할 수 있다.
② 제203조제1항제3호·제5호의 신청에 대한 결정의 이유를 적을 때에는 보전처분의 신청에 대한 결정을 인용할 수 있다.
(2005.7.28 본조신설)

제203조의4【결정의 송달】 제203조제1항제1호·제2호·제3호·제5호·제7호의 신청에 대한 결정은 당사자에게 송달하여야 한다.
(2005.7.28 본조신설)

제204조【담보제공방식에 관한 특례】 채권자가 부동산·자동차 또는 채권에 대한 가압류신청을 하는 때에는 미리 은행등과 지급보증위탁계약을 맺은 문서를 제출하고 이에 대하여 법원의 허가를 받는 방법으로 민사소송규칙 제22조의 규정에 따른 담보제공을 할 수 있다.

제205조 (2005.7.28 삭제)

제206조【이의신청서 등의 송달】 ① 법 제287조제1항(법 제301조의 규정에 따라 준용되는 경우를 포함한다)의 규정에 따른 명령은 채권자에게 송달하여야 한다.
② 법 제283조제1항, 제288조제1항(법 제301조의 규정에 따라 준용되는 경우를 포함한다)의 규정에 따른 신청이 있는 때에는 그 신청서 부본을 채권자에게 송달하여야 한다. (2005.7.28 본항개정)
(2005.7.28 본조제목개정)

제207조【가압류를 위한 강제관리】 강제관리의 방법으로 하는 부동산에 대한 가압류에는 제46조, 제83조 내지 제87조 및 제90조의 규정을 준용한다.

제208조【선박에 대한 가압류】 선박에 대한 가압류에는 제95조, 제96조 및 제100조 내지 제103조의 규정을 준용한다.

제209조【항공기에 대한 가압류】 항공기에 대한 가압류는 선박에 대한 가압류의 예에 따라 실시한다. 이 경우에는 제106조 후문의 규정을 준용한다.

제210조【자동차에 대한 가압류】 ① 자동차에 대한 가압류는 아래 제2항 내지 제4항에서 정하는 사항 외에는 부동산에 대한 가압류(강제관리의 방법은 제외한다)의 예에 따라 실시한다. 이 경우에는 제108조 후문의 규정을 준용한다.
② 가압류법원은 채권자의 신청에 따라 채무자에 대하여 자동차를 집행관에게 인도할 것을 명할 수 있다.
③ 제2항의 규정에 따라 집행관이 자동차를 인도받은 경우에는 제111조제3항, 제112조, 제114조, 제115조, 제117조, 제118조제1항 및 법 제296조제5항의 규정을 준용한다.
④ 자동차의 공유지분에 대한 가압류에는 제129조의 규정을 준용한다.

제211조【건설기계·소형선박에 대한 가압류】 건설기계·소형선박에 대한 가압류에는 제210조의 규정을 준용한다. 이 경우 제210조제1항에서 준용하는 제108조 후문의 규정 중 "자동차등록원부"는 각 "건설기계등록원부", "선박원부·어선원부·수상레저기구등록원부"로 보며, "특별시장·광역시장 또는 도지사"는 소형선박에 대하여는 "지방해양항만청장"이나 "시장·군수 또는 구청장"으로 본다. (2013.11.27 본조개정)

제212조【유체동산에 대한 가압류】 ① 유체동산에 대한 가압류의 집행위임은 다음 각호의 사항을 적은 서면에 가압류명령정본을 붙여서 하여야 한다.
1. 채권자·채무자와 그 대리인의 표시
2. 가압류명령의 표시
3. 가압류 목적물인 유체동산이 있는 장소
4. 가압류채권의 일부에 관하여 집행을 구하는 때에는 그 범위
② 유체동산에 대한 가압류의 집행에는 제132조 내지 제142조의 규정을 준용한다. (2005.7.28 본항개정)

제213조【채권과 그 밖의 재산권에 대한 가압류】 ① 권리이전에 등기 또는 등록이 필요한 그 밖의 재산권에 대한 가압류는 등기 또는 등록을 하는 곳을 관할하는 지방법원이나 본안의 관할법원이 관할한다.
② 채권과 그 밖의 재산권에 대한 가압류에는 제159조, 제160조제1항, 제167조제4항, 제172조, 제174조, 제175조제1항·제3항, 법 제94조 내지 법

제96조 및 법 제141조의 규정을 준용한다.

제214조【예탁유가증권에 대한 가압류】 ① 예탁유가증권을 가압류하는 때에는 예탁원 또는 예탁자에 대하여 예탁유가증권지분에 관한 계좌대체와 증권의 반환을 금지하는 명령을 하여야 한다.

② 예탁유가증권에 대한 가압류에는 제159조, 제160조제1항, 제178조, 법 제188조제2항, 법 제226조, 법 제227조제2항·제3항, 법 제234조, 법 제235조, 법 제237조제2항·제3항 및 법 제296조제2항의 규정을 준용한다. 이 경우 제159조제1항제1호, 제160조제1항, 법 제226조, 법 제227조제2항·제3항 및 법 제237조제2항·제3항에 "제3채무자"라고 규정된 것은 "예탁원 또는 예탁자"로, 법 제296조제2항에 "채권가압류"라고 규정된 것은 "「민사집행규칙」 제214조제1항의 가압류"로 본다. (2005.7.28 본항개정)

제215조【처분금지가처분의 집행】 물건 또는 권리의 양도, 담보권 설정, 그 밖의 처분을 금지하는 가처분의 집행은 그 성질에 어긋나지 아니하는 범위 안에서 가압류의 집행의 예에 따라 실시한다.

제216조【그 밖의 재산권에 대한 가처분】 권리이전에 등기 또는 등록이 필요한 그 밖의 재산권에 대한 가처분에는 제213조제1항의 규정을 준용한다.

제217조【예탁유가증권에 대한 가처분】 예탁유가증권의 처분을 금지하는 가처분에는 제214조의 규정을 준용한다.

제218조【보전처분집행에 대한 본집행의 준용】 보전처분의 집행에 관하여는 특별한 규정이 없으면 강제집행에 관한 규정을 준용한다.

　　　부　　칙 (2002.6.28.)

제1조【시행일】 이 규칙은 2002년 7월 1일부터 시행한다. 다만, 제35조 내지 제39조의 규정에 따른 별표 순번 2 내지 16에 적은 기관·단체에 대한 재산조회(제36조제3항의 규정에 따른 협회등에 대한 재산조회를 포함한다)는 2003년 1월 1일부터 시행한다.

제2조【계속사건에 관한 경과조치】 종전의 규정에 따라 이 규칙 시행 전에 한 집행처분, 그 밖의 행위는 이 규칙의 적용에 관하여는 법 또는 이 규칙의 해당 규정에 따라 한 것으로 본다.

제3조【관할에 관한 경과조치】 이 규칙 시행 당시 법원에 계속중인 사건은 이 규칙에 따라 관할권이 없는 경우에도 종전의 규정에 따라 관할권이 있으면 그에 따른다.

제4조【부동산 경매절차 등에 관한 경과조치】 ① 법 시행 전의 신청에 기초하여 종전의 규정에 따라 강제경매절차 또는 담보권 실행을 위한 경매절차를 개시하는 결정을 한 부동산에 대하여 법 시행 후의 신청에 기초하여 강제경매 또는 담보권 실행을 위한 경매개시결정이 이루어진 때는 먼저 개시결정을 한 사건의 처리에 대하여는 종전의 규정을 따른다.

② 제1항이 규정하는 경우에 먼저 개시결정을 한 사건의 경매신청이 취하되거나 그 절차가 취소되는 때에는 종전의 규정에 따라 법 시행 후에 한 집행처분, 그 밖의 행위는 법 또는 이 규칙의 해당 규정에 따른 집행처분, 그 밖의 행위로 본다. 제1항이 규정하는 경우에 먼저 개시결정을 한 사건의 경매절차가 정지되어 법 제87조제4항(법 제268조의 규정에 따라 준용되는 경우를 포함한다)의 재판이 이루어진 때에도 마찬가지이다.

③ 법 시행 전의 신청에 기초하여 종전의 규정에 따라 강제관리개시결정(가압류의 집행으로 이루어진 것도 포함한다)을 한 부동산에 대하여 법 시행 후의 신청에 기초하여 강제관리개시결정(가압류의 집행으로 이루어지는 것도 포함한다)이 이루어진 경우에는 제1항과 제2항의 규정을 준용한다.

제5조【선박 등 경매절차에 관한 경과조치】 법 시행 전의 신청에 기초하여 종전의 규정에 따라 강제경매절차 또는 담보권 실행을 위한 경매절차를 개시하는 결정을 한 선박·항공기·자동차 또는 건설기계에 대하여 법 시행 후의 신청에 기초하여 강제경매 또는 담보권 실행을 위한 경매개시결정이 이루어진 경우에는 제4조제1항·제2항의 규정을 준용한다.

제6조【유체동산에 관한 경과조치】 ① 법 시행 전의 신청에 기초하여 종전의 규정에 따라 유체동산이 압류된 채무자에 대하여 그 압류장소에 관하여 법 시행 후에 유체동산 집행 또는 유체동산 경매의 신청이 있는 때에는 법 또는 이 규칙이 정한 절차에 따라 처리한다. 이 경우 종전의 규정에 따라 법 시행 후에 한 집행처분, 그 밖의 행위는 법 또는 이 규칙의 해당 규정에 따른 집행처분, 그 밖의 행위로 본다.

② 법 시행 전의 신청에 기초하여 종전의 규정에 따라 유체동산이 압류된 채무자에 대하여 그 압류장소에 관하여 법 시행 후에 유체동산 가압류집행의 신청이 있는 경우에는 제1항의 규정을 준용한다.

제7조【채권과 그 밖의 재산권에 관한 경과조치】 ① 법 시행 전의 신청에 기초하여 종전의 규정에 따라 압류된 채권과 그 밖의 재산권에 대한 배당절차에 관하여는 그 채권 또는 그 밖의 재산권에 대하여 법 시행 후의 신청에 기초하여 압류가 이루어진 경우에만 법 또는 이 규칙의 규정을 적용한다.

② 법 시행 전의 신청에 기초하여 종전의 규정에 따라 법 시행 후에 제3채무자에게 송달된 금전채권의 압류 또는 가압류는 법 제248조(법 제291조의 규정에 따라 준용되는 경우를 포함한다)와 법 제297조의 적용에 관하여는 법 또는 이 규칙의 해당 규정에 따라 한 것으로 본다.

제8조 【일괄매각에 관한 경과규정】 법 시행 전의 신청에 기초하여 종전의 규정에 따른 강제경매절차 또는 담보권 실행을 위한 경매절차를 개시하는 결정을 한 재산과 법 시행 후의 신청에 따라 강제경매 또는 담보권 실행을 위한 경매개시결정을 한 재산이 이 법에 정한 일괄매각 요건에 맞는 때에는 법 또는 이 규칙이 정한 절차에 따라 일괄매각할 수 있다. 이 경우 종전의 규정에 따라 법 시행 후에 한 집행처분, 그 밖의 행위는 법 또는 이 규칙의 해당 규정에 따른 집행처분, 그 밖의 행위로 본다.

제9조 【보전처분에 관한 경과규정】 ① 법 시행 전의 신청에 기초한 보전처분 사건에 관하여도 특별한 규정이 없으면 법 또는 이 규칙을 적용한다. 다만, 종전의 규정에 따라 생긴 효력에는 영향을 미치지 아니한다.
② 법 시행 전에 이루어진 보전처분신청 기각결정이나 각하결정에 대하여는 법 시행일부터 1주 안에 즉시항고를 할 수 있다.
③ 법 제288조제4항(법 제301조에서 준용하는 경우를 포함한다)에 규정된 기간의 계산에 관하여는 법 부칙 제4조의 규정을 따른다.

  부   칙 (2003.7.19.)

① **【시행일】** 이 규칙은 2003년 8월 1일부터 시행한다.
② **【계속사건에 관한 경과조치】** 이 규칙은 2002년 7월 1일 이후 신청되어 계속중인 집행사건에 대하여도 적용한다. 다만, 그 사건에 대한 이율은 2003년 7월 31일까지는 종전의 이율에 의하고 2003년 8월 1일부터 이 규칙에 따른 이율에 의한다.

  부   칙 (2004.6.1.)

제1조 【시행일】 이 규칙은 2004년 7월 1일부터 시행한다.
제2조 【경과규정】 이 규칙은 2004년 7월 1일 이전에 접수된 사건에 대하여는 이를 적용하지 아니한다.

  부   칙 (2005.7.28.)

제1조 【시행일】 이 규칙은 2005년 7월 28일부터 시행한다.
제2조 【계속사건에 관한 경과조치】 이 규칙 시행 전에 신청된 재산조회 사건·동산에 대한 강제집행 사건·보전명령 사건·보전명령에 대한 이의 및 취소신청 사건에 관하여는 종전의 규정에 의한다. 다만, 보전명령이 종국판결로 선고된 경우에는 이에 대한 상소 또는 취소 신청이 이 규칙 시행 후에 된 경우에도 종전의 규정에 의한다.

제3조 【법정기간에 대한 경과조치】 법(2005. 1. 27. 법률 제7358호로 개정된 것) 시행 전부터 진행된 법정기간과 그 계산은 종전의 규정에 따른다.

  부   칙 (2006.11.13.)

이 규칙은 공포한 날부터 시행한다.

  부   칙 (2008.2.18.)

제1조 【시행일】 이 규칙은 2008년 7월 1일부터 시행한다.
제2조 【다른 규칙의 개정】 ① 사법보좌관규칙 일부를 다음과 같이 개정한다.
제2조제1항제7호 및 제11호 중 "자동차·건설기계"를 각각 "자동차·건설기계·소형선박"으로 한다.
② 집행관수수료규칙 일부를 다음과 같이 개정한다.
제15조의4제1항 및 제2항 중 "자동차 또는 건설기계"를 각각 "자동차, 건설기계 또는 소형선박"으로 한다.

  부   칙 (2010.10.4.)

이 규칙은 공포한 날부터 시행한다. 다만, 제78조의2의 규정은 2010년 10월 24일부터 시행한다.

  부   칙 (2011.7.28.)

이 규칙은 공포한 날부터 시행한다.

  부   칙 (2011.9.28.) (부동산등기규칙)

제1조 【시행일】 이 규칙은 2011년 10월 13일부터 시행한다. <단서 생략>
제2조부터 제4조까지 생략
제5조 【다른 규칙의 개정】 ① 부터 ⑥ 까지 생략
⑦ 민사집행규칙 일부를 다음과 같이 개정한다.
제175조제1항 중 "등기부"를 "등기사항증명서"로 한다.
⑧ 부터 ⑫ 까지 생략
제6조 생략

  부   칙 (2011.12.30.)

이 규칙은 공포한 날부터 시행한다.

  부   칙 (2012.12.27.) (재판기록 열람·복사 규칙)

제1조 【시행일】 이 규칙은 2013년 1월 1일부터 시행한다.

제2조 【다른 규칙의 개정】 ① 및 ② 생략
③ 민사집행규칙 일부를 다음과 같이 개정한다.
제29조 중 "「재판기록 열람수수료 등에 관한 규칙」
제4조·제5조의 규정을 준용한다."를 "「재판 기록
열람·복사 규칙」 제4조부터 제6조까지를 준용한
다."로 한다.
④ 생략
제3조 생략

부 칙(2013.11.27.)

이 규칙은 2013년 11월 29일부터 시행한다.

부 칙(2014.7.1.)

제1조 【시행일】 이 규칙은 2014년 7월 1일부터
시행한다. 다만, 제132조의2, 제134조제1항의 규정
은 2014년 9월 1일부터 시행한다.
제2조 【적용례】 제132조의2, 제134조제1항의 개
정규정은 이 규칙 시행 후 최초로 신청서가 접수된
유체동산에 대한 집행절차부터 적용한다.

부 칙(2014.10.2.)(상업등기규칙)

제1조 【시행일】 이 규칙은 2014년 11월 21일부
터 시행한다.
제2조 생략
제3조 【다른 규칙의 개정】 ① 부터 ⑤ 까지 생략
⑥ 민사집행규칙 일부를 다음과 같이 개정한다.
제78조의2제2항제1호 중 "법인등기부 등본 또는
초본"을 "그 법인의 등기사항증명서"로 한다.
⑦ 및 ⑧ 생략
제4조 생략

부 칙(2014.11.27.)

제1조 【시행일】 이 규칙은 2015년 1월 1일부터
시행한다.
제2조 【적용례】 이 규칙은 이 규칙 시행 후 최초
로 접수되는 집행문부여신청 사건부터 적용한다.

부 칙(2015.6.2.)

제1조 【시행일】 이 규칙은 2015년 6월 15일부터
시행한다.
제2조 【적용례】 이 규칙은 이 규칙 시행 후 최초
로 접수되는 사건부터 적용한다.

부 칙(2015.8.27.)

제1조 【시행일】 이 규칙은 2015년 9월 1일부터
시행한다.

제2조 【계속 중인 사건에 관한 경과조치】 이 규
칙은 이 규칙 시행 당시 법원에 계속 중인 사건에
도 적용한다. 다만, 종전의 규정에 따라 생긴 효력
에는 영향을 미치지 아니한다.

부 칙(2015.10.29.)

제1조 【시행일】 이 규칙은 2015년 11월 1일부터
시행한다.
제2조 【계속사건에 관한 경과조치】 이 규칙은 이
규칙 시행 당시 계속 중인 집행사건에 대하여도 적
용한다. 다만, 그 사건에 대한 이율은 2015년 10월
31일까지는 종전의 이율에 의하고, 2015년 11월 1
일부터 이 규칙에 따른 이율에 의한다.

부 칙(2015.12.29.)

제1조 【시행일】 이 규칙은 2016년 1월 1일부터
시행한다.
제2조 【계속사건에 관한 경과조치】 이 규칙은 이
규칙 시행 당시 법원에 계속 중인 사건에 대하여도
적용한다.

부 칙(2016.9.6.)

이 규칙은 공포한 날부터 시행하되, 2016년 8월 30
일부터 적용한다.

부 칙(2018.4.27.)(동산·채권의 담보등기 등
에 관한 규칙)

제1조 【시행일】 이 규칙은 2018년 8월 1일부터
시행한다.
제2조 【다른 규칙의 개정】 민사집행규칙 일부를
다음과 같이 개정한다.
제132조의2제1항 중 "등기사항개요증명서"를 각각
"등기기록미개설증명서"로 한다.

민사소송 등에서의 전자문서 이용 등에 관한 법률

$$\binom{2010년\ 3월\ 24일}{법률\ 제10183호}$$

개정
2014. 5.20 법12586호 → 2014.12. 1 시행

제1조 【목적】 이 법은 민사소송 등에서 전자문서 이용에 대한 기본 원칙과 절차를 규정함으로써 민사소송 등의 정보화를 촉진하고 신속성, 투명성을 높여 국민의 권리 실현에 이바지함을 목적으로 한다.

제2조 【정의】 이 법에서 사용하는 용어의 뜻은 다음과 같다. (2014.5.20 본조개정)
1. "전자문서"란 컴퓨터 등 정보처리능력을 가진 장치에 의하여 전자적인 형태로 작성되거나 변환되어 송신·수신 또는 저장되는 정보를 말한다.
2. "전산정보처리시스템"이란 제3조 각 호의 어느 하나에 해당하는 법률에 따른 절차(이하 "민사소송등"이라 한다)에 필요한 전자문서를 작성·제출·송달하거나 관리하는 데에 이용되는 정보처리능력을 가진 전자적 장치 또는 체계로서 법원행정처장이 지정하는 것을 말한다.
3. "전자서명"이란 「전자서명법」 제2조제3호에 따른 공인전자서명과 「전자정부법」 제2조제9호에 따른 행정전자서명을 말한다.
4. "사법전자서명"이란 「전자정부법」 제2조제9호의 행정전자서명으로서 법관·사법보좌관 또는 법원서기관·법원사무관·법원주사·법원주사보(이하 "법원사무관등"이라 한다)가 민사소송등에서 사용하는 것을 말한다.

제3조 【적용 범위】 이 법은 다음 각 호의 법률에 따른 절차에 적용한다. (2014.5.20 본조개정)
1. 「민사소송법」
2. 「가사소송법」
3. 「행정소송법」
4. 「특허법」(제9장에 한정한다)
5. 「민사집행법」
6. 「채무자 회생 및 파산에 관한 법률」
7. 「비송사건절차법」
8. 제1호부터 제7호까지의 법률을 적용하거나 준용하는 법률

제4조 【전산정보처리시스템의 운영】 법원행정처장은 전산정보처리시스템을 설치·운영한다.

제5조 【전자문서에 의한 민사소송등의 수행】 ① 당사자, 소송대리인, 그 밖에 대법원규칙으로 정하는 자는 민사소송등에서 법원에 제출할 서류를 전산정보처리시스템을 이용하여 이 법에서 정하는 바에 따라 전자문서로 제출할 수 있다.
② 이 법에 따라 작성·제출·송달·보존하는 전자문서는 다른 법률에 특별한 규정이 있는 경우를 제외하고 제3조 각 호의 법률에서 정한 요건과 절차에 따른 문서로 본다.

제6조 【사용자등록】 ① 전산정보처리시스템을 이용하려는 자는 대법원규칙으로 정하는 바에 따라 사용자등록을 하여야 한다.
② 제1항에 따라 사용자등록을 한 자(이하 "등록사용자"라 한다)는 대법원규칙으로 정하는 절차 및 방법에 따라 사용자등록을 철회할 수 있다.
③ 법원행정처장은 다음 각 호의 어느 하나에 해당하는 사유가 있는 경우에는 등록사용자의 사용을 정지하거나 사용자등록을 말소할 수 있다.
1. 등록사용자의 동일성이 인정되지 아니하는 경우
2. 사용자등록을 신청하거나 사용자정보를 변경할 때 거짓의 내용을 입력한 경우
3. 다른 등록사용자의 사용을 방해하거나 그 정보를 도용하는 등 전산정보처리시스템을 이용한 민사소송등의 진행에 지장을 준 경우
4. 고의 또는 중대한 과실로 전산정보처리시스템에 장애를 일으킨 경우
5. 그 밖에 대법원규칙으로 정하는 사유가 있는 경우
④ 제3항에 따른 등록사용자의 사용 정지 및 사용자등록 말소의 구체적인 절차와 방법은 대법원규칙으로 정한다.

제7조 【전자서명】 ① 제5조에 따라 법원에 전자문서를 제출하려는 자는 제출하는 전자문서에 전자서명을 하여야 한다. 다만, 대법원규칙으로 정하는 경우에는 그러하지 아니하다.
② 법관·사법보좌관 또는 법원사무관등은 재판서, 조서 등을 전자문서로 작성하거나 그 서류를 전자문서로 변환하는 경우에 대법원규칙으로 정하는 바에 따라 사법전자서명을 하여야 한다. (2014.5.20 본항개정)
③ 제1항의 전자서명과 제2항의 사법전자서명은 민사소송등에 적용되거나 준용되는 법령에서 정한 서명, 서명날인 또는 기명날인으로 본다.

제8조 【문서제출방법】 등록사용자로서 전산정보처리시스템을 이용한 민사소송등의 진행에 동의한 자는 법원에 제출할 서류를 전산정보처리시스템을 이용하여 대법원규칙으로 정하는 바에 따라 전자문서로 제출하여야 한다. 다만, 다음 각 호의 어느 하나에 해당하는 경우로서 대법원규칙으로 정하는 사유가 있는 경우에는 그러하지 아니하다.
1. 전산정보처리시스템에 장애가 있는 경우
2. 전자문서로 제출하는 것이 현저히 곤란하거나 적합하지 아니한 경우

제9조 【전자문서의 접수】 ① 전산정보처리시스템을 이용하여 제출된 전자문서는 전산정보처리시

스템에 전자적으로 기록된 때에 접수된 것으로 본다.

② 법원사무관등은 제1항에 따라 전자문서가 접수된 경우에는 대법원규칙으로 정하는 바에 따라 즉시 그 문서를 제출한 등록사용자에게 접수사실을 전자적으로 통지하여야 한다.

제10조 【사건기록의 전자문서화】 ① 법관·사법보좌관 또는 법원사무관등은 민사소송등에서 재판서, 조서 등을 전자문서로 작성하거나 그 서류를 전자문서로 변환하여 전산정보처리시스템에 등재하여야 한다. (2014.5.20 본항개정)

② 법원사무관등은 대법원규칙으로 정하는 사유가 없으면 전자문서가 아닌 형태로 제출된 서류를 전자문서로 변환하고 사법전자서명을 하여 전산정보처리시스템에 등재하여야 한다.

③ 제1항과 제2항에 따라 변환되어 등재된 전자문서는 원래의 서류와 동일한 것으로 본다.

④ 전자문서가 아닌 형태로 제출된 서류를 전자문서로 변환·등재하는 절차와 방법은 대법원규칙으로 정하되, 원래의 서류와 동일성이 확보되도록 기술적 조치를 하여야 한다.

제11조 【전자적 송달 또는 통지】 ① 법원사무관등은 송달이나 통지를 받을 자가 다음 각 호의 어느 하나에 해당하는 경우에는 전산정보처리시스템에 의하여 전자적으로 송달하거나 통지할 수 있다.

1. 미리 전산정보처리시스템을 이용한 민사소송등의 진행에 동의한 등록사용자로서 대법원규칙으로 정하는 자인 경우

2. 전자문서를 출력한 서면이나 그 밖의 서류를 송달받은 후 등록사용자로서 전산정보처리시스템을 이용한 민사소송등의 진행에 동의한 자인 경우

3. 등록사용자가 국가, 지방자치단체, 그 밖에 그에 준하는 자로서 대법원규칙으로 정하는 자인 경우

② 소송대리인이 있는 경우에는 제1항의 송달 또는 통지는 소송대리인에게 하여야 한다.

③ 제1항에 따른 송달은 법원사무관등이 송달할 전자문서를 전산정보처리시스템에 등재하고 그 사실을 송달받을 자에게 전자적으로 통지하는 방법으로 한다.

④ 제3항의 경우 송달받을 자가 등재된 전자문서를 확인한 때에 송달된 것으로 본다. 다만, 그 등재사실을 통지한 날부터 1주 이내에 확인하지 아니하는 때에는 등재사실을 통지한 날부터 1주가 지난 날에 송달된 것으로 본다.

⑤ 전산정보처리시스템의 장애로 인하여 송달받을 자가 전자문서를 확인할 수 없는 기간은 제4항 단서의 기간에 산입하지 아니한다. 이 경우 전자문서를 확인할 수 없는 기간의 계산은 대법원규칙으로 정하는 바에 따른다.

제12조 【전자문서를 출력한 서면에 의한 송달】 ① 법원사무관등은 다음 각 호의 어느 하나에 해당하는 경우에는 전자문서를 전산정보처리시스템을 통하여 출력하여 그 출력한 서면을 「민사소송법」에 따라 송달하여야 한다. 이 경우 법원사무관등은 대법원규칙으로 정하는 바에 따라 전자문서를 제출한 등록사용자에게 전자문서의 출력서면을 제출하게 할 수 있다.

1. 송달을 받을 자가 「민사소송법」 제181조, 제182조 또는 제192조에 해당하는 경우

2. 송달을 받을 자가 제11조제1항 각 호의 어느 하나에 해당하지 아니하는 경우

3. 대법원규칙으로 정하는 전산정보처리시스템의 장애나 그 밖의 사유가 있는 경우

② 법원사무관등이 등재된 전자문서를 출력하여 그 출력서면을 당사자에게 송달한 때에는 그 출력서면은 등재된 전자문서와 동일한 것으로 본다.

③ 제1항에 따라 전자문서를 출력하는 절차와 방법은 대법원규칙으로 정하되, 전자문서와 동일성이 확보되도록 기술적 조치를 하여야 한다.

제13조 【증거조사에 관한 특례】 ① 전자문서에 대한 증거조사는 다음 각 호의 구분에 따른 방법으로 할 수 있다.

1. 문자, 그 밖의 기호, 도면·사진 등에 관한 정보에 대한 증거조사: 전자문서를 모니터, 스크린 등을 이용하여 열람하는 방법

2. 음성이나 영상정보에 대한 증거조사: 전자문서를 청취하거나 시청하는 방법

② 전자문서에 대한 증거조사에 관하여는 그 성질에 반하지 아니하는 범위에서 「민사소송법」 제2편 제3장제3절부터 제5절까지의 규정을 준용한다.

제14조 【상고심절차에 관한 특례】 ① 「상고심절차에 관한 특례법」 제5조제3항에 따른 판결 원본의 교부, 영수일자의 부기와 날인, 송달은 전산정보처리시스템을 이용하여 전자적인 방법으로 한다.

② 「상고심절차에 관한 특례법」 제6조제2항에 정하여진 4개월의 기간은 상고사건이 대법원에 전자적인 방법으로 이관된 날부터 기산한다.

제15조 【소송비용 등의 납부】 ① 등록사용자는 인지액 등 민사소송등에 필요한 비용과 전산정보처리시스템 이용수수료를 대법원규칙으로 정하는 방식에 따라 전자적인 방법으로 낼 수 있다.

② 전산정보처리시스템 이용수수료의 범위와 액수는 대법원규칙으로 정한다.

제16조 【위임규정】 이 법에서 규정하는 사항 외에 민사소송등에서의 전자문서 이용·관리 및 전산정보처리시스템의 운영에 필요한 사항은 대법원규칙으로 정한다.

　　부　칙 (2010.3.24.)

① **【시행일】** 이 법은 공포한 날부터 시행한다.

다만, 공포한 날부터 5년을 넘지 아니하는 범위에서 제3조 각 호의 법률에 따른 절차별 또는 법원별로 대법원규칙으로 적용시기를 달리 정할 수 있다.
② 【「전자정부법」에 관한 경과조치】 제2조제3호 및 제4호 중 "「전자정부법」 제2조제9호"는 2010년 5월 4일까지는 "「전자정부법」 제2조제6호"로 본다.

부 칙 (2014.5.20.)

제1조【시행일】 이 법은 2014년 12월 1일부터 시행한다.
제2조【다른 법률의 폐지】 독촉절차에서의 전자문서 이용 등에 관한 법률은 폐지한다.
제3조【독촉절차에 관한 경과조치】 이 법 시행 당시 종전의 「독촉절차에서의 전자문서 이용 등에 관한 법률」에 따라 신청한 지급명령에 관하여는 종전의 「독촉절차에서의 전자문서 이용 등에 관한 법률」에 따른다.

소송촉진 등에 관한 특례법

(1981년 1월 29일)
(법률 제3361호)

改正
1990. 1.13法4203號
1998. 1.13法5507號(이자제 한법폐지법)
1999.12.28法6039號
2002. 1.26法6626號(민소)
2002. 1.26法6627號(민집)
2003. 5.10法6868號
2005. 3.31法7427號(민)
2005.12.14法7728號　　　　　　　　　　　2009.11. 2法9818號
2009.12.29法9838號
2010. 5.17法0303號(은행)
2012. 1.17法11163號
2012.12.18法11556號 → 2013. 6.19 시행
2012.12.18法11572號(아동·청소년의 성보호에 관한 법률) →
2013. 6.19 시행
2014.10.15法12780號 → 2014.12. 1 시행
2015.12.22法13613號(예금자보호법)
2016. 1. 6法13719號(형법)
2016. 1.19法13767號
2016. 3.29法14122號(기술보증기금법) → 2016. 9.30 시행
2016. 5.29法14242號(수산업협동조합법) → 2016.12. 1 시행
2017.10.31法14971號 → 2018. 2. 1 시행

제1장 총 칙
(2009.11.2 본장개정)

제1조【목적】 이 법은 소송의 지연(遲延)을 방지하고, 국민의 권리·의무의 신속한 실현과 분쟁처리의 촉진을 도모함을 목적으로 한다.
제2조【특례의 범위】 이 법은 제1조의 목적을 달성하기 위하여 법정이율(法定利率)과 독촉절차 및 형사소송에 관한 특례를 규정한다. (2014.10.15 본조개정)

제2장 법정이율에 관한 특례
(2009.11.2 본장개정)

제3조【법정이율】 ① 금전채무의 전부 또는 일부의 이행을 명하는 판결(심판을 포함한다. 이하 같다)을 선고할 경우, 금전채무 불이행으로 인한 손해배상액 산정의 기준이 되는 법정이율은 그 금전채무의 이행을 구하는 소장(訴狀) 또는 이에 준하는 서면(書面)이 채무자에게 송달된 날의 다음 날부터는 연 100분의 40 이내의 범위에서 「은행법」에 따른 은행이 적용하는 연체금리 등 경제 여건을 고려하여 대통령령으로 정하는 이율에 따른다. 다만, 「민사소송법」 제251조에 규정된 소(訴)에 해당하는 경우에는 그러하지 아니하다. (2010.5.17 본항개정)
② 채무자에게 그 이행의무가 있음을 선언하는 사실심(事實審) 판결이 선고되기 전까지 채무자가 그 이행의무의 존재 여부나 범위에 관하여 항쟁(抗爭)

하는 것이 타당하다고 인정되는 경우에는 그 타당한 범위에서 제1항을 적용하지 아니한다.

第3章 민사소송에 관한 특례

第4條~第16條 (1990.1.13 삭제)

第4章 제1심 소액사건심판에 관한 특례

第17條~第20條 (1990.1.13 삭제)

제5장 독촉절차에 관한 특례
(2014.10.15 본장신설)

제20조의2 【공시송달에 의한 지급명령】 ① 다음 각 호의 어느 하나에 해당하는 자가 그 업무 또는 사업으로 취득하여 행사하는 대여금, 구상금, 보증금 및 그 양수금 채권에 대하여 지급명령을 신청하는 경우에는 「민사소송법」 제462조 단서 및 같은 법 제466조제2항 중 공시송달에 관한 규정을 적용하지 아니한다. (2015.12.22., 2016.3.29., 2016.5.29 본조개정)

1. 「은행법」에 따른 은행
2. 「중소기업은행법」에 따른 중소기업은행
3. 「한국산업은행법」에 따른 한국산업은행
4. 「농업협동조합법」에 따른 조합과 그 중앙회 및 농협은행
5. 「농업협동조합의 구조개선에 관한 법률」에 따른 농업협동조합자산관리회사
6. 「수산업협동조합법」에 따른 조합과 그 중앙회 및 수협은행
7. 「신용협동조합법」에 따른 신용협동조합 및 신용협동조합중앙회
8. 「새마을금고법」에 따른 금고 및 중앙회
9. 「보험업법」에 따른 보험회사
10. 「여신전문금융업법」에 따른 여신전문금융회사
11. 「기술보증기금법」에 따른 기술보증기금
12. 「신용보증기금법」에 따른 신용보증기금
13. 「산림조합법」에 따른 지역조합·전문조합과 그 중앙회
14. 「지역신용보증재단법」에 따른 신용보증재단 및 신용보증재단중앙회
15. 「한국주택금융공사법」에 따른 한국주택금융공사
16. 「금융회사부실자산 등의 효율적 처리 및 한국자산관리공사의 설립에 관한 법률」에 따른 한국자산관리공사
17. 「예금자보호법」에 따른 예금보험공사 및 정리금융회사
18. 「자산유동화에 관한 법률」에 따라 제1호부터

제17호까지의 어느 하나에 해당하는 자가 청구채권의 자산보유자인 유동화전문회사
19. 그 밖에 제1호부터 제18호까지에 준하는 자로서 대법원규칙으로 정하는 자

② 제1항의 채권자는 지급명령을 공시송달에 의하지 아니하고는 송달할 수 없는 경우 청구원인을 소명하여야 한다.

③ 제2항에 따른 청구원인의 소명이 없는 때에는 결정으로 그 신청을 각하하여야 한다. 청구의 일부에 대하여 지급명령을 할 수 없는 때에 그 일부에 대하여도 또한 같다.

④ 제3항의 결정에 대하여는 불복할 수 없다.

⑤ 제1항에 따라 지급명령이 공시송달의 방법으로 송달되어 채무자가 이의신청의 기간을 지킬 수 없었던 경우 「민사소송법」 제173조제1항에서 정한 소송행위의 추후보완 사유가 있는 것으로 본다. (2014.10.15 본조신설)

제6장 형사소송에 관한 특례
(2014.10.15 본장개정)

제21조 【판결 선고기간】 판결의 선고는 제1심에서는 공소가 제기된 날부터 6개월 이내에, 항소심(抗訴審) 및 상고심(上告審)에서는 기록을 송부받은 날부터 4개월 이내에 하여야 한다.

제22조 【약식명령기간】 약식명령(略式命令)은 「형사소송법」 제450조의 경우를 제외하고는 그 청구가 있은 날부터 14일 이내에 하여야 한다.

제23조 【제1심 공판의 특례】 제1심 공판절차에서 피고인에 대한 송달불능보고서(送達不能報告書)가 접수된 때부터 6개월이 지나도록 피고인의 소재(所在)를 확인할 수 없는 경우에는 대법원규칙으로 정하는 바에 따라 피고인의 진술 없이 재판할 수 있다. 다만, 사형, 무기 또는 장기(長期) 10년이 넘는 징역이나 금고에 해당하는 사건의 경우에는 그러하지 아니하다. (2009.12.29 본조개정)

제23조의2 【재심】 ① 제23조 본문에 따라 유죄판결을 받고 그 판결이 확정된 자가 책임을 질 수 없는 사유로 공판절차에 출석할 수 없었던 경우 「형사소송법」 제424조에 규정된 자는 그 판결이 있었던 사실을 안 날부터 14일 이내[재심청구인(再審請求人)이 책임을 질 수 없는 사유로 위 기간에 재심청구를 하지 못한 경우에는 그 사유가 없어진 날부터 14일 이내]에 제1심 법원에 재심을 청구할 수 있다.

② 제1항에 따른 청구가 있을 때에는 법원은 재판의 집행을 정지하는 결정을 하여야 한다.

③ 제2항에 따른 집행정지 결정을 한 경우에 피고인을 구금할 필요가 있을 때에는 구속영장을 발부하여야 한다. 다만, 「형사소송법」 제70조의 요건을

갖춘 경우로 한정한다.

④ 재심청구인은 재심청구서에 송달 장소를 적고, 이를 변경하는 경우에는 지체 없이 그 취지를 법원에 신고하여야 한다.

⑤ 재심청구인이 제4항에 따른 기재 또는 신고를 하지 아니하여 송달을 할 수 없는 경우에는 「형사소송법」 제64조에 따른 공시송달(公示送達)을 할 수 있다.

⑥ 재심 개시 결정이 확정된 후 공판기일에 재심청구인이 출석하지 아니한 경우에는 「형사소송법」 제365조를 준용한다.

⑦ 이 법에 따른 재심에 관하여는 「형사소송법」 제426조, 제427조, 제429조부터 제434조까지, 제435조제1항, 제437조부터 제440조까지의 규정을 준용한다.

제24조 (2012.1.17 삭제)

제25조 【배상명령】 ① 제1심 또는 제2심의 형사공판 절차에서 다음 각 호의 죄 중 어느 하나에 관하여 유죄판결을 선고할 경우, 법원은 직권에 의하여 또는 피해자나 그 상속인(이하 "피해자"라 한다)의 신청에 의하여 피고사건의 범죄행위로 인하여 발생한 직접적인 물적(物的) 피해, 치료비 손해 및 위자료의 배상을 명할 수 있다. (2012.1.17., 2012.12.18., 2016.1.6 본항개정)

1. 「형법」 제257조제1항, 제258조제1항 및 제2항, 제258조의2제1항(제257조제1항의 죄로 한정한다) · 제2항(제258조제1항 · 제2항의 죄로 한정한다), 제259조제1항, 제262조(존속폭행치사상의 죄는 제외한다), 같은 법 제26장, 제32장(제304조의 죄는 제외한다), 제38장부터 제40장까지 및 제42장에 규정된 죄
2. 「성폭력범죄의 처벌 등에 관한 특례법」 제10조부터 제14조까지, 제15조(제3조부터 제9조까지의 미수범은 제외한다), 「아동 · 청소년의 성보호에 관한 법률」 제12조 및 제14조에 규정된 죄
3. 제1호의 죄를 가중처벌하는 죄 및 그 죄의 미수범을 처벌하는 경우 미수의 죄

② 법원은 제1항에 규정된 죄 및 그 외의 죄에 대한 피고사건에서 피고인과 피해자 사이에 합의된 손해배상액에 관하여도 제1항에 따라 배상을 명할 수 있다.

③ 법원은 다음 각 호의 어느 하나에 해당하는 경우에는 배상명령을 하여서는 아니 된다.

1. 피해자의 성명 · 주소가 분명하지 아니한 경우
2. 피해 금액이 특정되지 아니한 경우
3. 피고인의 배상책임의 유무 또는 그 범위가 명백하지 아니한 경우
4. 배상명령으로 인하여 공판절차가 현저히 지연될 우려가 있거나 형사소송 절차에서 배상명령을 하는 것이 타당하지 아니하다고 인정되는 경우

제25조의2 【배상신청의 통지】 검사는 제25조제1항에 규정된 죄로 공소를 제기한 경우에는 지체 없이 피해자 또는 그 법정대리인(피해자가 사망한 경우에는 그 배우자 · 직계친족 · 형제자매를 포함한다)에게 제26조제1항에 따라 배상신청을 할 수 있음을 통지하여야 한다.

(2009.11.2 본조신설)

제26조 【배상신청】 ① 피해자는 제1심 또는 제2심 공판의 변론이 종결될 때까지 사건이 계속(係屬)된 법원에 제25조에 따른 피해배상을 신청할 수 있다. 이 경우 신청서에 인지(印紙)를 붙이지 아니한다.

② 피해자는 배상신청을 할 때에는 신청서와 상대방 피고인 수만큼의 신청서 부본(副本)을 제출하여야 한다.

③ 신청서에는 다음 각 호의 사항을 적고 신청인 또는 대리인이 서명 · 날인하여야 한다.

1. 피고사건의 번호, 사건명 및 사건이 계속된 법원
2. 신청인의 성명과 주소
3. 대리인이 신청할 때에는 그 대리인의 성명과 주소
4. 상대방 피고인의 성명과 주소
5. 배상의 대상과 그 내용
6. 배상 청구 금액

④ 신청서에는 필요한 증거서류를 첨부할 수 있다.

⑤ 피해자가 증인으로 법정에 출석한 경우에는 말로써 배상을 신청할 수 있다. 이 때에는 공판조서(公判調書)에 신청의 취지를 적어야 한다.

⑥ 신청인은 배상명령이 확정되기 전까지는 언제든지 배상신청을 취하(取下)할 수 있다.

⑦ 피해자는 피고사건의 범죄행위로 인하여 발생한 피해에 관하여 다른 절차에 따른 손해배상청구가 법원에 계속 중일 때에는 배상신청을 할 수 없다.

⑧ 배상신청은 민사소송에서의 소의 제기와 동일한 효력이 있다.

제27조 【대리인】 ① 피해자는 법원의 허가를 받아 그의 배우자, 직계혈족(直系血族) 또는 형제자매에게 배상신청에 관하여 소송행위를 대리하게 할 수 있다.

② 피고인의 변호인은 배상신청에 관하여 피고인의 대리인으로서 소송행위를 할 수 있다.

제28조 【피고인에 대한 신청서 부본의 송달】 법원은 서면에 의한 배상신청이 있을 때에는 지체 없이 그 신청서 부본을 피고인에게 송달하여야 한다. 이 경우 법원은 직권 또는 신청인의 요청에 따라 신청서 부본 상의 신청인 성명과 주소 등 신청인의 신원을 알 수 있는 사항의 전부 또는 일부를 가리고 송달할 수 있다. (2016.1.19 본조개정)

제29조 【공판기일 통지】 ① 법원은 배상신청이 있을 때에는 신청인에게 공판기일을 알려야 한다.

② 신청인이 공판기일을 통지받고도 출석하지 아니

하였을 때에는 신청인의 진술 없이 재판할 수 있다.

제30조【기록의 열람과 증거조사】 ① 신청인 및 그 대리인은 공판절차를 현저히 지연시키지 아니하는 범위에서 재판장의 허가를 받아 소송기록을 열람할 수 있고, 공판기일에 피고인이나 증인을 신문(訊問)할 수 있으며, 그 밖에 필요한 증거를 제출할 수 있다.

② 제1항의 허가를 하지 아니한 재판에 대하여는 불복(不服)을 신청하지 못한다.

제31조【배상명령의 선고 등】 ① 배상명령은 유죄판결의 선고와 동시에 하여야 한다.

② 배상명령은 일정액의 금전 지급을 명함으로써 하고 배상의 대상과 금액을 유죄판결의 주문(主文)에 표시하여야 한다. 배상명령의 이유는 특히 필요하다고 인정되는 경우가 아니면 적지 아니한다.

③ 배상명령은 가집행(假執行)할 수 있음을 선고할 수 있다.

④ 제3항에 따른 가집행선고에 관하여는 「민사소송법」 제213조제3항, 제215조, 제500조 및 제501조를 준용한다.

⑤ 배상명령을 하였을 때에는 유죄판결서의 정본(正本)을 피고인과 피해자에게 지체 없이 송달하여야 한다.

제32조【배상신청의 각하】 ① 법원은 다음 각 호의 어느 하나에 해당하는 경우에는 결정(決定)으로 배상신청을 각하(却下)하여야 한다.

1. 배상신청이 적법하지 아니한 경우
2. 배상신청이 이유 없다고 인정되는 경우
3. 배상명령을 하는 것이 타당하지 아니하다고 인정되는 경우

② 유죄판결의 선고와 동시에 제1항의 재판을 할 때에는 이를 유죄판결의 주문에 표시할 수 있다.

③ 법원은 제1항의 재판서에 신청인 성명과 주소 등 신청인의 신원을 알 수 있는 사항의 기재를 생략할 수 있다. (2016.1.19 본항신설)

④ 배상신청을 각하하거나 그 일부를 인용(認容)한 재판에 대하여 신청인은 불복을 신청하지 못하며, 다시 동일한 배상신청을 할 수 없다. (2016.1.19 본항개정)

제33조【불복】 ① 유죄판결에 대한 상소가 제기된 경우에는 배상명령은 피고사건과 함께 상소심(上訴審)으로 이심(移審)된다.

② 상소심에서 원심(原審)의 유죄판결을 파기하고 피고사건에 대하여 무죄, 면소(免訴) 또는 공소기각(公訴棄却)의 재판을 할 때에는 원심의 배상명령을 취소하여야 한다. 이 경우 상소심에서 원심의 배상명령을 취소하지 아니한 경우에는 그 배상명령을 취소한 것으로 본다.

③ 원심에서 제25조제2항에 따라 배상명령을 하였을 때에는 제2항을 적용하지 아니한다.

④ 상소심에서 원심판결을 유지하는 경우에도 원심의 배상명령을 취소하거나 변경할 수 있다.

⑤ 피고인은 유죄판결에 대하여 상소를 제기하지 아니하고 배상명령에 대하여만 상소 제기기간에 「형사소송법」에 따른 즉시항고(卽時抗告)를 할 수 있다. 다만, 즉시항고 제기 후 상소권자의 적법한 상소가 있는 경우에는 즉시항고는 취하된 것으로 본다.

제34조【배상명령의 효력과 강제집행】 ① 확정된 배상명령 또는 가집행선고가 있는 배상명령이 기재된 유죄판결서의 정본은 「민사집행법」에 따른 강제집행에 관하여는 집행력 있는 민사판결 정본과 동일한 효력이 있다.

② 이 법에 따른 배상명령이 확정된 경우 피해자는 그 인용된 금액의 범위에서 다른 절차에 따른 손해배상을 청구할 수 없다.

③ 지방법원이 민사지방법원과 형사지방법원으로 분리 설치된 경우에 배상명령에 따른 청구에 관한 이의의 소는 형사지방법원의 소재지를 관할하는 민사지방법원을 제1심 판결법원으로 한다.

④ 청구에 대한 이의의 주장에 관하여는 「민사집행법」 제44조제2항에 규정된 제한에 따르지 아니한다.

제35조【소송비용】 배상명령의 절차비용은 특별히 그 비용을 부담할 자를 정한 경우를 제외하고는 국고의 부담으로 한다.

제36조【민사상 다툼에 관한 형사소송 절차에서의 화해】 ① 형사피고사건의 피고인과 피해자 사이에 민사상 다툼(해당 피고사건과 관련된 피해에 관한 다툼을 포함하는 경우로 한정한다)에 관하여 합의한 경우, 피고인과 피해자는 그 피고사건이 계속 중인 제1심 또는 제2심 법원에 합의 사실을 공판조서에 기재하여 줄 것을 공동으로 신청할 수 있다.

② 제1항의 합의가 피고인의 피해자에 대한 금전 지불을 내용으로 하는 경우에 피고인 외의 자가 피해자에 대하여 그 지불을 보증하거나 연대하여 의무를 부담하기로 합의하였을 때에는 제1항의 신청과 동시에 그 피고인 외의 자는 피고인 및 피해자와 공동으로 그 취지를 공판조서에 기재하여 줄 것을 신청할 수 있다.

③ 제1항 및 제2항에 따른 신청은 변론이 종결되기 전까지 공판기일에 출석하여 서면으로 하여야 한다.

④ 제3항에 따른 서면에는 해당 신청과 관련된 합의 및 그 합의가 이루어진 민사상 다툼의 목적인 권리를 특정할 수 있는 충분한 사실을 적어야 한다.

⑤ 합의가 기재된 공판조서의 효력 및 화해비용에 관하여는 「민사소송법」 제220조 및 제389조를 준용한다.

제37조【화해기록】 ① 제36조제1항 또는 제2항

에 따른 신청에 따라 공판조서에 기재된 합의를 한 자나 이해관계를 소명(疏明)한 제3자는 「형사소송법」 제55조에도 불구하고 대법원규칙으로 정하는 바에 따라 법원서기관, 법원사무관, 법원주사 또는 법원주사보(이하 "법원사무관등"이라 한다)에게 다음 각 호의 사항을 신청할 수 있다.
1. 다음 각 목에 해당하는 서류(이하 "화해기록"이라 한다)의 열람 또는 복사
   가. 해당 공판조서(해당 합의 및 그 합의가 이루어진 민사상 다툼의 목적인 권리를 특정할 수 있는 충분한 사실이 기재된 부분으로 한정한다)
   나. 해당 신청과 관련된 제36조제3항에 따른 서면
   다. 그 밖에 해당 합의에 관한 기록
2. 조서의 정본·등본 또는 초본의 발급
3. 화해에 관한 사항의 증명서의 발급
② 제1항에 따라 신청하는 자는 대법원규칙으로 정하는 바에 따라 수수료를 내야 한다.
③ 제1항 각 호의 신청에 관한 법원사무관등의 처분에 대한 이의신청은 「민사소송법」 제223조의 예에 따르고, 화해기록에 관한 비밀보호를 위한 열람 등의 제한 절차는 같은 법 제163조의 예에 따른다.
④ 화해기록은 형사피고사건이 종결된 후에는 그 피고사건의 제1심 법원에서 보관한다.

제38조【화해 절차 당사자 등에 관한 「민사소송법」의 준용】 제36조 및 제37조에 따른 민사상 다툼에 관한 형사소송 절차에서의 화해 절차의 당사자 및 대리인에 관하여는 그 성질에 반하지 아니하면 「민사소송법」 제1편제2장제1절(선정당사자 및 특별대리인에 관한 규정은 제외한다) 및 제4절을 준용한다.

제39조【집행문 부여의 소 등에 대한 관할 특칙】 제36조에 따른 민사상 다툼에 관한 형사소송 절차에서의 화해에 관련된 집행문 부여의 소, 청구에 관한 이의의 소 또는 집행문 부여에 대한 이의의 소에 대하여는 「민사집행법」 제33조, 제44조제1항 및 제45조에도 불구하고 해당 피고사건의 제1심 법원의 관할에 전속한다.

제40조【위임규정】 배상명령의 절차에 관하여 이 법에 특별한 규정이 없는 사항은 대법원규칙으로 정하는 바에 따르고, 제36조부터 제39조까지의 규정에서 정하는 것 외에 민사상 다툼에 관한 형사소송 절차에서의 화해에 관하여 필요한 사항은 대법원규칙으로 정한다.

부　칙(1981.1.29.)

제1조【시행일】 이 법은 1981년 3월 1일부터 시행한다.

제2조【경과조치】 ① 이 법은 이 법에 특별한 규정이 있는 경우를 제외하고는 이 법 시행당시 법원에 계속된 사건에 이를 적용한다. 다만, 이미 다른

법률에 의하여 생긴 효력에 영향을 미치지 아니한다.
② 제3조·제20조 및 제25조의 규정은 이 법 시행당시 법원에 계속된 사건중 제1심 변론 종결전의 사건에 한하여 이를 적용한다.
③ 제5조의 규정은 이 법 시행당시 법원에 계속된 사건중 아직 재판을 하지 아니한 사건에 한하여 이를 적용한다.
④ 제8조 내지 제10조·제15조 및 제24조의 규정은 이 법 시행일 이전에 상소장 또는 항고장이 접수된 사건에는 이를 적용하지 아니한다.
⑤ 제11조 내지 제13조의 규정은 이 법 시행일 이전에 상소장 또는 재항고장이 접수된 사건에는 이를 적용하지 아니한다.
⑥ 제16조 및 제18조의 규정은 이 법 시행일 이전에 접수된 사건에는 이를 적용하지 아니한다.

제3조【폐지법률】 민사소송에관한임시조치법 및 형사소송에관한특별조치법은 이를 폐지한다.

부　칙(1990.1.13.)

① **【시행일】** 이 법은 1990년 9월 1일부터 시행한다.
② **【상고허가등에 관한 경과조치】** 이 법 시행당시 상고허가 또는 재항고허가신청된 사건중에서 상고허가 또는 재항고허가 여부에 관한 결정을 하지 아니한 사건은 민사소송법에 의하여 상고 또는 재항고가 제기된 것으로 본다.

부　칙(1998.1.13.)(이자제한법)

제1조【시행일】 이 법은 공포한 날부터 시행한다.
제2조【다른 법률의 개정】 ① 및 ③ 생략
④ 소송촉진등에관한특례법중 다음과 같이 개정한다.
제3조제1항중 "이자제한법의 범위안에서"를 삭제한다.
⑤ 생략

부　칙(1999.12.28.)

제1조【시행일】 이 법은 공포한 날부터 시행한다.
제2조【경과조치】 ① 이 법은 이 법 시행당시 법원에 계속중인 사건에 대하여도 적용한다.
② 종전의 제23조의 규정에 의하여 유죄판결을 받고 1998년 7월 16일당시 확정되지 아니한 사건은 그 날부터 항소제기기간의 진행이 정지되며, 이 법 시행일부터 다시 남은 항소제기기간이 진행된다. 이 경우 제23조의 개정규정에 의하여 피고인의 진술없이 재판할 수 없는 사건에 대하여도 제23조의2의 개정규정에 의한 재심을 청구할 수 있다.

부   칙(2002.1.26.)(민사소송법)

제1조【시행일】 이 법은 2002년 7월 1일부터 시행한다.
제2조 내지 제5조 생략
제6조【다른 법률의 개정】 ① 내지 ⑭ 생략
⑮ 소송촉진등에관한특례법중 다음과 같이 개정한다.
제3조제1항 단서중 "민사소송법 제229조"를 "민사소송법 제251조"로 한다.
제31조제4항중 "민사소송법 제199조제3항·제201조·제473조 및 제474조"를 "민사소송법 제213조제3항·제215조·제500조 및 제501조"로 한다.
⑯ 내지 ㉙생략
제7조 생략

부   칙(2002.1.26.)(민사집행법)

제1조【시행일】 이 법은 2002년 7월 1일부터 시행한다.
제2조 내지 제5조 생략
제6조【다른 법률의 개정】 ① 내지 ㉘생략
㉙소송촉진등에관한특례법중 다음과 같이 개정한다.
제34조제1항중 "민사소송법"을 "민사집행법"으로 하고, 같은 조제4항중 "민사소송법 제505조제2항 전단"을 "민사집행법 제44조제2항"으로 한다.
㉚내지 <55>생략
제7조 생략

부   칙(2003.5.10.)

① 【시행일】 이 법은 2003년 6월 1일부터 시행한다.
② 【계속사건에 관한 경과조치】 제3조제1항 본문의 개정규정은 이 법 시행전에 소장 또는 이에 준하는 서면이 채무자에게 송달된 사건에 대하여도 적용한다. 다만, 그 사건에 대한 법정이율은 2003년 6월 1일부터 동 개정규정에 따른 이율에 의한다.

부   칙(2005.3.31.)(민법)

제1조【시행일】 이 법은 공포한 날부터 시행한다. 다만, …생략… 부칙 제7조(제2항 및 제29항을 제외한다)의 규정은 2008년 1월 1일부터 시행한다.
제2조 내지 제6조 생략
제7조【다른 법률의 개정】 ① 내지 ⑯ 생략
⑰ 소송촉진등에관한특례법 일부를 다음과 같이 개정한다.
제27조제1항중 "직계혈족·형제자매 또는 호주"를 "직계혈족 또는 형제자매"로 한다.
⑱ 내지 ㉙생략

부   칙(2005.12.14.)

이 법은 공포 후 6월이 경과한 날부터 시행한다.

부   칙(2009.11.2.)

이 법은 공포 후 6개월이 경과한 날부터 시행한다.

부   칙(2009.12.29.)

이 법은 2010년 5월 3일부터 시행한다.

부   칙(2010.5.17.)(은행법)

제1조【시행일】 이 법은 공포 후 6개월이 경과한 날부터 시행한다. <단서 생략>
제2조부터 제8조까지 생략
제9조【다른 법률의 개정】 ① 부터 ㊺ 까지 생략
㊻ 소송촉진 등에 관한 특례법 일부를 다음과 같이 개정한다.
제3조제1항 본문 중 "금융기관"을 "은행"으로 한다.
㊼ 부터 <86> 까지 생략
제10조 생략

부   칙(2012.1.17.)

이 법은 공포한 날부터 시행한다.

부   칙(2012.12.18.)(성폭력범죄의 처벌 등에 관한 특례법)

제1조【시행일】 이 법은 공포 후 6개월이 경과한 날부터 시행한다. <단서 생략>
제2조부터 제9조까지 생략
제10조【다른 법률의 개정】 ① 부터 ⑦ 까지 생략
⑧ 소송촉진 등에 관한 특례법 일부를 다음과 같이 개정한다.
제25조제1항제2호 중 "제13조"를 "제14조"로, "제14조"를 "제15조"로 한다.
⑨ 부터 ⑮ 까지 생략

부   칙(2012.12.18.)(아동·청소년의 성보호에 관한 법률)

제1조【시행일】 이 법은 공포 후 6개월이 경과한 날부터 시행한다.
제2조부터 제9조까지 생략
제10조【다른 법률의 개정】 ① 부터 ④ 까지 생략
⑤ 소송촉진 등에 관한 특례법 일부를 다음과 같이 개정한다.

제25조제1항제2호 중 "「아동·청소년의 성보호에 관한 법률」, 제9조, 제11조"를 "「아동·청소년의 성보호에 관한 법률」, 제12조 및 제14조"로 한다.
⑥ 부터 ⑨ 까지 생략

부   칙(2014.10.15.)

제1조 【시행일】 이 법은 2014년 12월 1일부터 시행한다.
제2조 【경과조치】 이 법 시행 전에 접수된 독촉사건에 대하여는 종전의 규정에 따른다.
제3조 【다른 법률의 개정】 법원조직법 일부를 다음과 같이 개정한다.
제54조제2항제1호 중 "「민사소송법」(동법이 준용되는 경우를 포함한다)"을 "「민사소송법」(같은 법이 준용되는 경우를 포함한다) 및 「소송촉진 등에 관한 특례법」"으로 한다.

부   칙(2015.12.22.)(예금자보호법)

제1조 【시행일】 이 법은 공포한 날부터 시행한다. <단서 생략>
제2조 및 제3조 생략
제4조 【다른 법률의 개정】 ① 부터 ⑦ 까지 생략
⑧ 소송촉진 등에 관한 특례법 일부를 다음과 같이 개정한다.
제20조의2제1항제18호 중 "정리금융기관"을 "정리금융회사"로 한다.
⑨ 부터 ⑪ 까지 생략

부   칙(2016.1.6.)(형법)

제1조 【시행일】 이 법은 공포한 날부터 시행한다. <단서 생략>
제2조 【다른 법률의 개정】 ① 부터 ③ 까지 생략
④ 소송촉진 등에 관한 특례법 일부를 다음과 같이 개정한다.
제25조제1항제1호 중 "제258조제1항 및 제2항"을 "제258조제1항 및 제2항, 제258조의2제1항(제257조제1항의 죄로 한정한다)·제2항(제258조제1항·제2항의 죄로 한정한다)"으로 한다.
⑤ 부터 ⑧ 까지 생략
제3조 생략

부   칙(2016.1.19.)

이 법은 공포한 날부터 시행한다.

부   칙(2016.3.29.)(기술보증기금법)

제1조 【시행일】 이 법은 공포 후 6개월이 경과한 날부터 시행한다.

제2조 및 제3조 생략
제4조 【다른 법률의 개정】 ① 부터 ⑫ 까지 생략
⑬ 소송촉진 등에 관한 특례법 일부를 다음과 같이 개정한다.
제20조의2제1항제11호 중 "「기술신용보증기금법」에 따른 기술신용보증기금"을 "「기술보증기금법」에 따른 기술보증기금"으로 한다.
⑭ 부터 ㉔까지 생략
제5조 생략

부   칙(2016.5.29.)(수산업협동조합법)

제1조 【시행일】 이 법은 2016년 12월 1일부터 시행한다. <단서 생략>
제2조부터 제20조까지 생략
제21조 【다른 법률의 개정】 ① 부터 ⑫ 까지 생략
⑬ 소송촉진 등에 관한 특례법 일부를 다음과 같이 개정한다.
제20조의2제1항제6호 중 "조합 및 중앙회"를 "조합과 그 중앙회 및 수협은행"으로 한다.
⑭ 부터 ㉗ 까지 생략
제22조 생략

부   칙(2017.10.31.)

제1조 【시행일】 이 법은 공포 후 3개월이 경과한 날부터 시행한다.
제2조 【경과조치】 이 법 시행 전에 접수된 독촉사건에 대하여는 종전의 규정에 따른다.

상고심절차에 관한 특례법

(1994년 7월 27일)
(법률 제4769호)

改正
2002. 1.26法6626號(민소)
2009.11. 2法9816號

(2009.11.2 한글개정)

제1조【목적】 이 법은 상고심절차(上告審節次)에 관한 특례를 규정함으로써 대법원이 법률심(法律審)으로서의 기능을 효율적으로 수행하고, 법률관계를 신속하게 확정함을 목적으로 한다.

제2조【적용 범위】 이 법은 민사소송, 가사소송 및 행정소송(「특허법」 제9장과 이를 준용하는 규정에 따른 소송을 포함한다. 이하 같다)의 상고사건(上告事件)에 적용한다.

제3조【「민사소송법」 적용의 배제】 「민사소송법」의 규정(다른 법률에 따라 준용하는 경우를 포함한다)이 이 법의 규정에 저촉되는 경우에는 이 법에 따른다.

제4조【심리의 불속행】 ① 대법원은 상고이유에 관한 주장이 다음 각 호의 어느 하나의 사유를 포함하지 아니한다고 인정하면 더 나아가 심리(審理)를 하지 아니하고 판결로 상고를 기각(棄却)한다.
1. 원심판결(原審判決)이 헌법에 위반되거나, 헌법을 부당하게 해석한 경우
2. 원심판결이 명령·규칙 또는 처분의 법률위반 여부에 대하여 부당하게 판단한 경우
3. 원심판결이 법률·명령·규칙 또는 처분에 대하여 대법원 판례와 상반되게 해석한 경우
4. 법률·명령·규칙 또는 처분에 대한 해석에 관하여 대법원 판례가 없거나 대법원 판례를 변경할 필요가 있는 경우
5. 제1호부터 제4호까지의 규정 외에 중대한 법령위반에 관한 사항이 있는 경우
6. 「민사소송법」 제424조제1항제1호부터 제5호까지에 규정된 사유가 있는 경우
② 가압류 및 가처분에 관한 판결에 대하여는 상고이유에 관한 주장이 제1항제1호부터 제3호까지에 규정된 사유를 포함하지 아니한다고 인정되는 경우 제1항의 예에 따른다.
③ 상고이유에 관한 주장이 제1항 각 호의 사유(가압류 및 가처분에 관한 판결의 경우에는 제1항제1호부터 제3호까지에 규정된 사유)를 포함하는 경우에도 다음 각 호의 어느 하나에 해당할 때에는 제1항의 예에 따른다.
1. 그 주장 자체로 보아 이유가 없는 때
2. 원심판결과 관계가 없거나 원심판결에 영향을 미치지 아니하는 때

제5조【판결의 특례】 ① 제4조 및 「민사소송법」 제429조 본문에 따른 판결에는 이유를 적지 아니할 수 있다.
② 제1항의 판결은 선고(宣告)가 필요하지 아니하며, 상고인에게 송달됨으로써 그 효력이 생긴다.
③ 제1항의 판결은 그 원본을 법원서기관, 법원사무관, 법원주사 또는 법원주사보(이하 "법원사무관등"이라 한다)에게 교부하며, 법원사무관등은 즉시 이를 받은 날짜를 덧붙여 적고 도장을 찍은 후 당사자에게 송달하여야 한다.

제6조【특례의 제한】 ① 제4조 및 제5조는 「법원조직법」 제7조제1항 단서에 따라 재판하는 경우에만 적용한다.
② 원심법원으로부터 상고기록을 받은 날부터 4개월 이내에 제5조에 따른 판결의 원본이 법원사무관등에게 교부되지 아니한 경우에는 제4조 및 제5조를 적용하지 아니한다.

제7조【재항고 및 특별항고에의 준용】 민사소송, 가사소송 및 행정소송의 재항고(再抗告) 및 특별항고 사건에는 제3조, 제4조제2항·제3항, 제5조제1항·제3항 및 제6조를 준용한다.

부 칙(1994.7.27.)

① **【施行日】** 이 法은 1994年 9月 1日부터 施行한다. 다만, 特許法 第9章의 規定과 이를 準用하는 規定에 의한 訴訟의 上告·再抗告 및 特別抗告 事件에 대하여는 1998年 3月 1日부터 施行한다.
② **【經過措置】** 이 法 施行전에 上告狀·再抗告狀 및 特別抗告狀이 제출된 事件에 대하여는 종전의 예에 의한다.
③ **【다른 法律의 改正】** 民事訴訟法중 다음과 같이 改正한다.
第184條 但書를 다음과 같이 한다.
다만, 抗訴審 및 上告審에 있어서는 記錄의 送付를 받은 날부터 5月내에 한다.

부 칙(2002.1.26.)(민사소송법)

제1조【시행일】 이 법은 2002년 7월 1일부터 시행한다.(이하 생략)

부 칙(2009.11.2.)

이 법은 공포한 날부터 시행한다.

채무자 회생 및 파산에 관한 법률

$$\binom{2005년\ 3월\ 31일}{법\ 률\ 제7428호}$$

개정
2006. 3.24법7892호
2006.12.30법8138호(교통·에너지·환경세법)
2007.8.3법8635호(자본시장)
2007.12.27법8814호(근로자직업능력개발법)
2007.12.31법8829호(개별소비세법)
2008. 2.29법8863호(금융감독기구의설치등에관한법률)
2009. 1.30법9346호(교통·에너지·환경세법폐지법률)
→ 2013. 1. 1 시행
2009.10.21법9804호
2010. 1. 1법9924호(지방세법)
2010. 1.22법9935호(취업후학자금상환특별법)
2010. 3.31법10219호(지방세기본법)
2010. 5.14법10281호(상)
2010. 5.17법10303호(은행)
2010. 6.10법10366호(동산·채권 등의 담보에 관한 법률)
→ 2012. 6.11 시행
2011. 5.19법10682호(금융회사부실자산 등의 효율적 처리 및 한
국자산관리공사의 설립에 관한 법률)
2013. 5.28법11828호
2014. 1. 1법12153호(지방세법)
2014. 5.20법12591호(상법)
2014. 5.20법12595호 → 2014.11.21 시행
2014.10.15법12783호 → 2015. 1.16 시행
2014.12.30법12892호 → 2015. 7. 1 시행
2016. 5.29법14177호 → 2016. 8.30 시행
2016.12.27법14472호 → 2017. 3. 1 시행
2016.12.27법14476호(지방세징수법) → 2017. 3.28 시행
2017.12.12법15158호 → 2018. 6.13 시행

제1편　총　칙

제1조【목적】 이 법은 재정적 어려움으로 인하여 파탄에 직면해 있는 채무자에 대하여 채권자·주주·지분권자 등 이해관계인의 법률관계를 조정하여 채무자 또는 그 사업의 효율적인 회생을 도모하거나, 회생이 어려운 채무자의 재산을 공정하게 환가·배당하는 것을 목적으로 한다.

제2조【외국인 및 외국법인의 지위】 외국인 또는 외국법인은 이 법의 적용에 있어서 대한민국 국민 또는 대한민국 법인과 동일한 지위를 가진다.

제3조【재판관할】 ① 회생사건, 간이회생사건 및 파산사건 또는 개인회생사건은 다음 각 호의 어느 한 곳을 관할하는 회생법원의 관할에 전속한다. (2014.5.20., 2014.12.30., 2016.12.27 본항개정)

1. 채무자의 보통재판적이 있는 곳
2. 채무자의 주된 사무소나 영업소가 있는 곳 또는 채무자가 계속하여 근무하는 사무소나 영업소가 있는 곳
3. 제1호 또는 제2호에 해당하는 곳이 없는 경우에는 채무자의 재산이 있는 곳(채권의 경우에는 재판상의 청구를 할 수 있는 곳을 말한다)

② 제1항에도 불구하고 회생사건 및 파산사건은 채무자의 주된 사무소 또는 영업소의 소재지를 관할하는 고등법원 소재지의 회생법원에도 신청할 수 있다. (2014.5.20., 2016.12.27 본항개정)

③ 제1항에도 불구하고 다음 각 호의 신청은 다음 각 호의 구분에 따른 회생법원에도 할 수 있다. (2014.5.20., 2014.12.30., 2016.12.27 본항개정)

1. 「독점규제 및 공정거래에 관한 법률」 제2조제3호에 따른 계열회사에 대한 회생사건 또는 파산사건이 계속되어 있는 경우 계열회사 중 다른 회사에 대한 회생절차개시·간이회생절차개시의 신청 또는 파산신청: 그 계열회사에 대한 회생사건 또는 파산사건이 계속되어 있는 회생법원
2. 법인에 대한 회생사건 또는 파산사건이 계속되어 있는 경우 그 법인의 대표자에 대한 회생절차개시·간이회생절차개시의 신청, 파산신청 또는 개인회생절차개시의 신청: 그 법인에 대한 회생사건 또는 파산사건이 계속되어 있는 회생법원
3. 다음 각 목의 어느 하나에 해당하는 자에 대한 회생사건, 파산사건 또는 개인회생사건이 계속되어 있는 경우 그 목에 규정된 다른 자에 대한 회생절차개시·간이회생절차개시의 신청, 파산신청 또는 개인회생절차개시의 신청: 그 회생사건, 파산사건 또는 개인회생사건이 계속되어 있는 회생법원
   가. 주채무자 및 보증인
   나. 채무자 및 그와 함께 동일한 채무를 부담하는 자
   다. 부부

④ 제1항에도 불구하고 채권자의 수가 300인 이상으로서 대통령령으로 정하는 금액 이상의 채무를 부담하는 법인에 대한 회생사건 및 파산사건은 서울회생법원에도 신청할 수 있다. (2016.5.29., 2016.12.27 본항신설)

⑤ 개인이 아닌 채무자에 대한 회생사건 또는 파산사건은 제1항부터 제4항까지의 규정에 따른 회생법원의 합의부의 관할에 전속한다. (2014.5.20., 2016.5.29., 2016.12.27 본항개정)

⑥ 상속재산에 관한 파산사건은 상속개시지를 관할하는 회생법원의 관할에 전속한다. (2014.5.20., 2016.5.29., 2016.12.27 본항개정)

⑦ 「신탁법」 제114조에 따라 설정된 유한책임신탁에 속하는 재산(이하 "유한책임신탁재산"이라 한다)에 관한 파산사건은 수탁자의 보통재판적 소재지(수탁자가 여럿인 경우에는 그 중 1인의 보통재판적 소재지를 말한다)를 관할하는 회생법원의 관할에 전속한다. (2013.5.28., 2014.5.20., 2016.5.29., 2016.12.27 본항개정)

⑧ 제7항에 따른 관할법원이 없는 경우에는 유한책임신탁재산의 소재지(채권의 경우에는 재판상의 청구를 할 수 있는 곳을 그 소재지로 본다)를 관할하는 회생법원의 관할에 전속한다. (2013.5.28 본항신설, 2014.5.20., 2016.5.29., 2016.12.27 본항개정)

⑨ (2016.12.27 삭제)

⑩ 제1항에도 불구하고 제579조제1호에 따른 개인채무자의 보통재판적 소재지가 강릉시·동해시·삼척시·속초시·양양군·고성군인 경우에 그 개인채무자에 대한 파산선고 또는 개인회생절차개시의 신청은 춘천지방법원 강릉지원에도 할 수 있다. (2014.5.20 본항신설, 2016.5.29 본항개정)

제4조【손해나 지연을 피하기 위한 이송】 법원은 현저한 손해 또는 지연을 피하기 위하여 필요하다고 인정하는 때에는 직권으로 회생사건·파산사건 또는 개인회생사건을 다음 각호의 어느 하나에 해당하는 회생법원으로 이송할 수 있다. (2014.5.20., 2016.12.27 본항개정)

1. 채무자의 다른 영업소 또는 사무소나 채무자재산의 소재지를 관할하는 회생법원
2. 채무자의 주소 또는 거소를 관할하는 회생법원
3. 제3조제2항 또는 제3항에 따른 회생법원
4. 제3조제2항 또는 제3항에 따라 해당 회생법원에 회생사건·파산사건 또는 개인회생사건이 계속되어 있는 때에는 제3조제1항에 따른 회생법원

제5조【법원간의 공조】 이 법에 의한 절차에서 법원은 서로 법률상의 협조를 구할 수 있다.

제6조【회생절차폐지 등에 따른 파산선고】 ① 파산선고를 받지 아니한 채무자에 대하여 회생계획인가가 있은 후 회생절차폐지 또는 간이회생절차폐지의 결정이 확정된 경우 법원은 그 채무자에게 파산의 원인이 되는 사실이 있다고 인정하는 때에는 직권으로 파산을 선고하여야 한다. (2014.12.30 본항개정)

② 파산선고를 받지 아니한 채무자에 대하여 다음 각호의 어느 하나에 해당하는 결정이 확정된 경우 법원은 그 채무자에게 파산의 원인이 되는 사실이 있다고 인정하는 때에는 채무자 또는 관리인의 신

청에 의하거나 직권으로 파산을 선고할 수 있다. (2014.12.30 본항개정)
1. 회생절차개시신청 또는 간이회생절차개시신청의 기각결정(제293조의5제2항제2호가목의 회생절차개시결정이 있는 경우는 제외한다)
2. 회생계획인가 전 회생절차폐지결정 또는 간이회생절차폐지결정(제293조의5제3항에 따른 간이회생절차폐지결정 시 같은 조 제4항에 따라 회생절차가 속행된 경우는 제외한다)
3. 회생계획불인가결정
③ 제1항 및 제2항의 규정에 의하여 파산선고를 한 경우 다음 각호의 어느 하나에 해당하는 등기 또는 등록의 촉탁은 파산의 등기 또는 등록의 촉탁과 함께 하여야 한다.
1. 제23조제1항, 제24조제4항·제5항의 규정에 의한 등기의 촉탁
2. 제27조에서 준용하는 제24조제4항 및 제5항의 규정에 의한 등록의 촉탁
④ 제1항 또는 제2항의 규정에 의한 파산선고가 있는 경우 제3편(파산절차)의 규정을 적용함에 있어서 그 파산선고 전에 지급의 정지 또는 파산의 신청이 없는 때에는 다음 각호의 어느 하나에 해당하는 행위를 지급의 정지 또는 파산의 신청으로 보며, 공익채권은 재단채권으로 한다. (2014.12.30 본항개정)
1. 회생절차개시 또는 간이회생절차개시의 신청
2. 제650조의 사기파산죄에 해당하는 법인인 채무자의 이사(업무집행사원 그 밖에 이에 준하는 자를 포함한다. 이하 같다)의 행위
⑤ 회생계획인가결정 전에 제2항의 규정에 의한 파산선고가 있는 경우 제3편(파산절차)의 규정을 적용함에 있어서 제2편(회생절차)에 의한 회생채권의 신고, 이의와 조사 또는 확정은 파산절차에서 행하여진 파산채권의 신고, 이의와 조사 또는 확정으로 본다. 다만, 제134조 내지 제138조의 규정에 의한 채권의 이의, 조사 및 확정에 관하여는 그러하지 아니하다.
⑥ 제1항 또는 제2항의 규정에 의한 파산선고가 있는 때에는 관리인 또는 보전관리인이 수행하는 소송절차는 중단된다. 이 경우 파산관재인 또는 그 상대방이 이를 수계할 수 있다.
⑦ 제1항 또는 제2항의 규정에 의한 파산선고가 있는 때에는 제2편(회생절차)의 규정에 의하여 회생절차에서 행하여진 다음 각호의 어느 하나에 해당하는 자의 처분·행위 등은 그 성질에 반하지 아니하는 한 파산절차에서도 유효한 것으로 본다. 이 경우 법원은 필요하다고 인정하는 때에는 유효한 것으로 보는 처분·행위 등의 범위를 파산선고와 동시에 결정으로 정할 수 있다. (2014.12.30 본항개정)
1. 법원

2. 관리인·보전관리인·조사위원·간이조사위원·관리위원회·관리위원·채권자협의회
3. 채권자·담보권자·주주·지분권자(주식회사가 아닌 회사의 사원 및 그 밖에 이와 유사한 지위에 있는 자를 말한다. 이하 같다)
4. 그 밖의 이해관계인
⑧ 파산선고를 받은 채무자에 대한 회생계획인가결정으로 파산절차가 효력을 잃은 후 제288조에 따라 회생절차폐지결정 또는 간이회생절차폐지결정이 확정된 경우에는 법원은 직권으로 파산을 선고하여야 한다. (2014.12.30 본항개정)
⑨ 제8항의 경우 제3편(파산절차)의 규정을 적용함에 있어서 회생계획인가결정으로 효력을 잃은 파산절차에서의 파산신청이 있은 때에 파산신청이 있은 것으로 보며, 공익채권은 재단채권으로 한다.
⑩ 제3항·제6항 및 제7항의 규정은 제8항의 경우에 관하여 준용한다.

제7조 【파산절차가 속행되는 경우의 공익채권 등】 ① 파산선고를 받은 채무자에 대하여 다음 각호의 어느 하나에 해당하는 결정이 확정되어 파산절차가 속행되는 때에는 공익채권은 재단채권으로 한다. (2014.12.30 본항개정)
1. 회생절차개시신청 또는 간이회생절차개시신청의 기각결정(제293조의5제2항제2호가목의 회생절차개시결정이 있는 경우는 제외한다)
2. 회생계획인가 전 회생절차폐지결정 또는 간이회생절차폐지결정(제293조의5제3항에 따른 간이회생절차폐지결정 시 같은 조 제4항에 따라 회생절차가 속행된 경우는 제외한다)
3. 회생계획불인가결정
② 제6조제5항 내지 제7항의 규정은 파산선고를 받은 채무자에 대하여 제1항 각호의 어느 하나에 해당하는 결정이 확정되어 파산절차가 속행되는 경우에 관하여 준용한다.

제8조 【송달】 ① 이 법의 규정에 의한 재판은 직권으로 송달하여야 한다.
② 회사인 채무자의 사채권자 또는 주주·지분권자에 대한 송달은 사채권자 또는 주주·지분권자가 이 법에 의하여 주소를 신고한 때에는 그 주소에, 주소를 신고하지 아니한 때에는 사채원부·주주명부·사원명부 또는 등기부에 기재된 주소 또는 그 자가 회사인 채무자에 통지한 주소에 서류를 우편으로 발송하여 할 수 있다.
③ 등기된 담보권을 가진 담보권자에 대한 송달은 그 담보권자가 이 법의 규정에 의하여 주소를 신고한 때에는 그 주소에, 주소를 신고하지 아니한 때에는 등기부에 기재된 주소에 서류를 우편으로 발송하여 할 수 있다.
④ 제2항 및 제3항의 규정에 의하여 서류를 우편으로 발송한 때에는 그 우편물이 보통 도달할 수 있

는 때에 송달된 것으로 본다.

⑤ 제2항 및 제3항의 경우 법원서기관·법원사무관·법원주사 또는 법원주사보(이하 "법원사무관 등"이라 한다)는 서면을 작성하여 다음 각호의 사항을 기재하고 기명날인하여야 한다.

1. 송달을 받을 자의 성명 및 주소
2. 발송의 연·월·일·시

⑥ 제1항 내지 제5항의 규정은 이 법에 특별한 정함이 있는 때에는 적용하지 아니한다.

제9조【공고】 ① 이 법의 규정에 의한 공고는 관보에의 게재 또는 대법원규칙이 정하는 방법에 의하여 행한다.

② 제1항의 규정에 의한 공고는 관보에 게재된 날의 다음 날 또는 대법원규칙이 정하는 방법에 의한 공고가 있은 날의 다음 날에 그 효력이 생긴다.

③ 제1항의 규정에 의하여 재판의 공고가 있는 때에는 모든 관계인에 대하여 그 재판의 고지가 있은 것으로 본다. 다만, 이 법에 특별한 정함이 있는 때에는 그러하지 아니하다.

제10조【송달에 갈음하는 공고】 ① 이 법의 규정에 의하여 송달을 하여야 하는 경우 송달하여야 하는 장소를 알기 어렵거나 대법원규칙이 정하는 사유가 있는 때에는 공고로써 송달을 갈음할 수 있다.

② 제1항의 규정은 이 법에 특별한 정함이 있는 때에는 적용하지 아니한다.

제11조【공고 및 송달을 모두 하여야 하는 경우】 ① 이 법의 규정에 의하여 공고 및 송달을 모두 하여야 하는 경우에는 송달은 서류를 우편으로 발송하여 할 수 있다.

② 제1항의 규정에 의한 공고는 모든 관계인에 대하여 송달의 효력이 있다.

제12조【임의적 변론과 직권조사】 ① 이 법의 규정에 의한 재판은 변론을 열지 아니하고 할 수 있다.

② 법원은 직권으로 회생사건·파산사건·개인회생사건 및 국제도산사건에 관하여 필요한 조사를 할 수 있다.

제13조【즉시항고】 ① 이 법의 규정에 의한 재판에 대하여 이해관계를 가진 자는 이 법에 따로 규정이 있는 때에 한하여 즉시항고를 할 수 있다.

② 제1항의 규정에 의한 즉시항고는 재판의 공고가 있는 때에는 그 공고가 있은 날부터 14일 이내에 하여야 한다.

③ 제1항의 규정에 의한 즉시항고는 집행정지의 효력이 있다. 다만, 이 법에 특별한 정함이 있는 경우에는 그러하지 아니하다.

제14조【불복의 방법】 이 법의 규정에 의한 재판에 대한 불복은 서면으로 하여야 한다.

제15조【관리위원회의 설치】 이 법의 규정에 의한 절차를 적정·신속하게 진행하기 위하여 대법원규칙이 정하는 회생법원에 관리위원회를 둔다. (2016.12.27 본조개정)

제16조【관리위원회의 구성 등】 ① 관리위원회는 위원장 1인을 포함한 3인 이상 15인 이내의 관리위원으로 구성한다.

② 관리위원의 임기는 3년으로 한다.

③ 관리위원은 다음 각호의 어느 하나에 해당하는 자 중에서 회생법원장이 위촉한다. (2010.5.17., 2016.12.27 본항개정)

1. 변호사 또는 공인회계사의 자격이 있는 자
2. 「은행법」에 의한 은행 그 밖에 대통령령이 정하는 법인에서 15년 이상 근무한 경력이 있는 자
3. 상장기업의 임원으로 재직한 자
4. 법률학·경영학·경제학 또는 이와 유사한 학문의 석사학위 이상을 취득한 자로서 이와 관련된 분야에서 7년 이상 종사한 자
5. 제1호 내지 제4호에 규정된 자에 준하는 자로서 학식과 경험을 갖춘 자

④ 다음 각호의 어느 하나에 해당하는 자는 관리위원이 될 수 없다. (2016.5.29 본항개정)

1. 피성년후견인·피한정후견인 또는 파산선고를 받은 자로서 복권되지 아니한 자
2. 금고 이상의 실형의 선고를 받고 그 집행이 종료(집행이 종료된 것으로 보는 경우를 포함한다)되거나 집행이 면제된 날부터 5년이 경과되지 아니한 자
3. 금고 이상의 형의 집행유예선고를 받고 그 유예기간이 만료된 날부터 2년이 경과되지 아니한 자
4. 금고 이상의 형의 선고유예를 받고 그 유예기간 중에 있는 자
5. 다른 법률 또는 법원의 판결에 의하여 자격이 정지 또는 상실된 자

⑤ 관리위원회는 재적위원 과반수의 출석과 출석위원 과반수의 찬성으로 의결한다.

⑥ 관리위원회의 설치·조직 및 운영, 관리위원의 자격요건·신분보장 및 징계 등에 관하여는 대법원규칙으로 정한다.

⑦ 관리위원은 「형법」그 밖의 법률의 규정에 의한 벌칙의 적용에 있어서는 이를 공무원으로 본다.

제17조【관리위원회의 업무 및 권한】 ① 관리위원회는 법원의 지휘를 받아 다음 각호의 업무를 행한다. (2014.12.30 본항개정)

1. 관리인·보전관리인·조사위원·간이조사위원·파산관재인·회생위원 및 국제도산관리인의 선임에 대한 의견의 제시
2. 관리인·보전관리인·조사위원·간이조사위원·파산관재인 및 회생위원의 업무수행의 적정성에 관한 감독 및 평가
3. 회생계획안·변제계획안에 대한 심사

4. 채권자협의회의 구성과 채권자에 대한 정보의 제공
5. 이 법의 규정에 의한 절차의 진행상황에 대한 평가
6. 관계인집회 및 채권자집회와 관련된 업무
7. 그 밖에 대법원규칙 또는 법원이 정하는 업무
② 관리위원회는 제1항 각호의 업무를 효율적으로 수행하기 위하여 관리위원에게 업무의 일부를 위임할 수 있다.
③ 법원은 제2항의 규정에 의하여 업무를 수행하는 관리위원이 그 업무를 수행하는 것이 적절하지 아니하다고 인정하는 때에는 관리위원회에 그 업무를 다른 관리위원에게 위임할 것을 요구할 수 있다.
④ 관리위원회가 설치되어 있지 아니한 때에는 다음 각호의 사항을 적용하지 아니한다.
1. 제6조제7항, 제18조, 제19조 및 제30조제1항중 관리위원에 관한 사항
2. 제6조제7항, 제42조, 제43조제1항·제3항·제4항, 제50조제1항, 제62조제2항, 제87조제1항, 제92조, 제114조제4항, 제132조제3항, 제257조제3항·제4항, 제287조제3항, 제288조제2항 및 제355조제1항 중 관리위원회에 관한 사항

제18조【관리위원에 대한 허가사무의 위임】 법원은 제61조제1항 각호의 행위 중 통상적인 업무에 관한 허가사무 또는 파산절차에 관한 허가사무를 관리위원에게 위임할 수 있다. 이 경우 위임의 범위·절차 등에 관하여 필요한 사항은 대법원규칙으로 정한다.

제19조【관리위원의 행위에 대한 이의신청】 ① 제18조의 규정에 의하여 위임을 받아 관리위원이 행한 결정 또는 처분에 불복하는 자는 관리위원에게 이의신청서를 제출하여야 한다.
② 관리위원은 제1항의 규정에 의한 이의신청이 이유있다고 인정하는 때에는 지체없이 그에 따른 상당한 처분을 하고 이를 법원에 통지하여야 한다.
③ 관리위원은 제1항의 규정에 의한 이의신청이 이유없다고 인정하는 때에는 이의신청서를 제출받은 날부터 3일 이내에 이의신청서를 법원에 송부하여야 한다.
④ 제1항의 규정에 의한 이의신청은 집행정지의 효력이 없다.
⑤ 법원은 제3항의 규정에 의하여 이의신청서를 송부받은 때에는 이유를 붙여 결정을 하여야 하며, 이의신청이 이유있다고 인정하는 때에는 관리위원에게 상당한 처분을 명하고 그 뜻을 이의신청인에게 통지하여야 한다.

제19조의2【보고서의 발간 및 국회 상임위원회 보고】 ① 회생법원장은 관리위원회를 통한 관리·감독 업무에 관한 실적을 매년 법원행정처장에게 보고하여야 한다.
② 법원행정처장은 제1항에 따른 관리·감독 업무

에 관한 실적과 다음 연도 추진계획을 담은 연간 보고서를 발간하여야 하며, 그 보고서는 국회 소관 상임위원회에 보고하여야 한다.
(2016.12.27 본조신설)

제20조【채권자협의회의 구성】 ① 관리위원회(관리위원회가 설치되지 아니한 때에는 법원을 말한다. 이하 이 조에서 같다)는 회생절차개시신청·간이회생절차개시신청 또는 파산신청이 있은 후 채무자의 주요채권자를 구성원으로 하는 채권자협의회를 구성하여야 한다. 다만, 채무자가 개인 또는「중소기업기본법」제2조제1항의 규정에 의한 중소기업자(이하 "중소기업자"라 한다)인 때에는 채권자협의회를 구성하지 아니할 수 있다. (2014.12.30 본항개정)
② 채권자협의회는 10인 이내로 구성한다.
③ 관리위원회는 필요하다고 인정하는 때에는 소액채권자를 채권자협의회의 구성원으로 참여하게 할 수 있다.
④ 제1항의 경우 채무자의 주요채권자는 관리위원회에 채권자협의회 구성에 관한 의견을 제시할 수 있다. (2016.5.29 본항신설)

제21조【채권자협의회의 기능 등】 ① 채권자협의회는 채권자간의 의견을 조정하여 다음 각호의 행위를 할 수 있다.
1. 회생절차 및 파산절차에 관한 의견의 제시
2. 관리인·파산관재인 및 보전관리인의 선임 또는 해임에 관한 의견의 제시
3. 법인인 채무자의 감사(「상법」제415조의2의 규정에 의한 감사위원회의 위원을 포함한다. 이하 같다) 선임에 대한 의견의 제시
4. 회생계획인가 후 회사의 경영상태에 관한 실사의 청구
5. 그 밖에 법원이 요구하는 회생절차 및 파산절차에 관한 사항
6. 그 밖에 대통령령이 정하는 행위
② 채권자협의회의 의사는 출석한 구성원 과반수의 찬성으로 결정한다.
③ 법원은 결정으로 채권자협의회의 활동에 필요한 비용을 채무자에게 부담시킬 수 있다.
④ 채권자협의회의 구성 및 운영에 관하여 필요한 사항은 대법원규칙으로 정한다.
⑤ 채권자협의회가 구성되어 있지 아니한 때에는 제50조제1항·제62조제2항·제132조제3항·제203조제4항·제259조·제287조제3항 및 제288조제2항 중 채권자협의회에 관한 사항은 적용하지 아니한다.

제22조【채권자협의회에 대한 자료제공】 ① 법원은 회생절차 또는 파산절차의 신청에 관한 서류·결정서·감사보고서 그 밖에 대법원규칙이 정하는 주요자료의 사본을 채권자협의회에 제공하여

야 한다.

② 관리인 또는 파산관재인은 법원에 대한 보고서류 중 법원이 지정하는 주요서류를 채권자협의회에 분기별로 제출하여야 한다.

③ 채권자협의회는 대법원규칙이 정하는 바에 따라 관리인 또는 파산관재인에게 필요한 자료의 제공을 청구할 수 있다.

④ 제3항의 규정에 의하여 자료제공을 요청받은 자는 대법원규칙이 정하는 바에 따라 자료를 제공하여야 한다.

⑤ 채권자협의회에 속하지 아니하는 채권자의 요청이 있는 때에는 채권자협의회는 제1항 내지 제3항의 규정에 의하여 제공받은 자료를 제공하여야 한다.

제22조의2【신규자금대여자의 의견제시권한 및 그에 대한 자료제공】 ① 제179조제1항제5호 및 제12호에 따라 자금을 대여한 공익채권자는 다음 각 호의 행위를 할 수 있다.

1. 채무자의 영업 또는 사업의 전부 또는 중요한 일부를 양도하는 것에 대한 의견의 제시
2. 회생계획안에 대한 의견의 제시
3. 회생절차의 폐지 또는 종결에 대한 의견의 제시

② 제179조제1항제5호 및 제12호에 따라 자금을 대여한 공익채권자는 대법원규칙으로 정하는 바에 따라 관리인에게 필요한 자료의 제공을 청구할 수 있다. 이 경우 관리인은 대법원규칙으로 정하는 바에 따라 자료를 제공하여야 한다.

(2016.5.29 본조신설)

제23조【법인에 관한 등기의 촉탁】 ① 법인인 채무자에 대하여 다음 각호의 어느 하나에 해당하는 사유가 있는 경우에는 법원사무관등은 직권으로 지체 없이 촉탁서에 결정서의 등본 또는 초본 등 관련 서류를 첨부하여 채무자의 각 사무소 및 영업소(외국에 주된 사무소 또는 영업소가 있는 때에는 대한민국에 있는 사무소 또는 영업소를 말한다. 이하 이 조에서 같다)의 소재지의 등기소에 그 등기를 촉탁하여야 한다. (2014.12.30 본항개정)

1. 회생절차개시(제293조의5제4항에 따라 회생절차가 속행된 경우를 포함한다)·간이회생절차개시 또는 파산선고의 결정이 있는 경우
2. 회생절차개시결정취소·간이회생절차개시결정취소, 회생절차폐지·간이회생절차폐지 또는 회생계획불인가의 결정이 확정된 경우
3. 회생계획인가 또는 회생절차종결·간이회생절차종결의 결정이 있는 경우
4. 제266조의 규정에 의한 신주발행, 제268조의 규정에 의한 사채발행, 제269조의 규정에 의한 주식의 포괄적 교환, 제270조의 규정에 의한 주식의 포괄적 이전, 제271조의 규정에 의한 합병, 제272조의 규정에 의한 분할 또는 분할합병이나 제273조 및 제274조의 규정에 의한 신회사의 설

립이 있는 경우
5. 파산취소·파산폐지 또는 파산종결의 결정이 있는 경우

② 법인인 채무자에 대하여 제43조제3항·제74조제1항·제355조 또는 제636조제1항제4호의 규정에 의한 처분이 있는 때에는 법원사무관등은 직권으로 지체 없이 촉탁서에 그 처분의 등본 또는 초본을 첨부하여 그 처분의 등기를 채무자의 각 사무소 및 영업소의 소재지의 등기소에 촉탁하여야 한다. 등기된 처분이 변경 또는 취소된 때에도 또한 같다.

③ 제2항의 규정에 의한 처분의 등기에는 관리인·보전관리인·파산관재인 또는 국제도산관리인의 성명 또는 명칭과 주소 또는 사무소를 기재하여야 한다. 이 경우 기재사항이 변경된 때에는 법원사무관등은 지체 없이 그 변경의 등기를 채무자의 각 사무소 및 영업소의 소재지의 등기소에 촉탁하여야 한다.

제24조【등기된 권리에 관한 등기 등의 촉탁】 ① 다음 각호의 경우 법원사무관등은 직권으로 지체 없이 촉탁서에 결정서의 등본 또는 초본을 첨부하여 회생절차개시·간이회생절차개시의 등기 또는 그 보전처분의 등기를 촉탁하여야 한다. 제2호 또는 제3호의 보전처분이 변경 또는 취소되거나 효력을 상실한 때에도 또한 같다. (2014.12.30 본항개정)

1. 법인이 아닌 채무자에 대하여 회생절차개시 또는 간이회생절차개시의 결정이 있는 경우 그 채무자의 재산에 속하는 권리 중에 등기된 것이 있는 때
2. 처분대상인 채무자의 재산에 속하는 권리로서 등기된 것에 관하여 제43조제1항의 규정에 의한 보전처분이 있는 때
3. 등기된 권리에 관하여 제114조제1항 또는 제3항의 규정에 의한 보전처분이 있는 때

② 법원은 회생계획의 수행이나 이 법의 규정에 의하여 회생절차가 종료되기 전에 등기된 권리의 득실이나 변경이 생긴 경우에는 직권으로 지체 없이 그 등기를 촉탁하여야 한다. 다만, 채무자·채권자·담보권자·주주·지분권자와 신회사 외의 자를 권리자로 하는 등기의 경우에는 그러하지 아니하다.

③ 법원사무관등은 법인이 아닌 파산선고를 받은 채무자에 관한 등기가 있는 것을 안 때에는 직권으로 지체 없이 촉탁서에 파산결정서의 등본을 첨부하여 파산등기를 촉탁하여야 한다. 파산재단에 속하는 권리로서 등기된 것이 있음을 안 때에도 또한 같다.

④ 법원사무관등은 파산관재인이 파산등기가 되어 있는 권리를 파산재단으로부터 포기하고 그 등기촉탁의 신청을 하는 경우에는 촉탁서에 권리포기허가서의 등본을 첨부하여 권리포기의 등기를 촉탁하여야 한다.

⑤ 제1항 및 제3항의 규정은 제23조제1항제1호 내

지 제3호·제5호의 경우에 관하여 준용한다.
⑥ 법원사무관등은 채무자의 재산에 속하는 권리로서 등기된 것에 대하여 개인회생절차에 의한 보전처분 및 그 취소 또는 변경이 있는 때에는 직권으로 지체 없이 촉탁서에 결정서의 등본 또는 초본을 첨부하여 그 처분의 등기를 촉탁하여야 한다.
⑦ 법원사무관등은 제636조제1항제3호 또는 제4호의 규정에 의한 처분이 있는 경우 채무자의 재산에 속하는 권리로서 등기된 것이 있음을 안 때에는 직권으로 지체 없이 촉탁서에 결정서의 등본 또는 초본을 첨부하여 그 처분의 등기를 촉탁하여야 한다. 제635조제1항의 규정에 의하여 외국도산절차의 승인결정 전에 제636조제1항제3호의 처분이 있는 경우에도 또한 같다.

제25조【등기소의 직무 및 등록세 면제】 ① 등기소는 제23조 또는 제24조의 규정에 의한 등기의 촉탁을 받은 때에는 지체 없이 그 등기를 하여야 한다.
② 등기소는 회생계획인가의 등기를 하는 경우 채무자에 대하여 파산등기가 있는 때에는 직권으로 그 등기를 말소하여야 한다.
③ 등기소는 회생계획인가취소의 등기를 하는 경우 제2항의 규정에 의하여 말소한 등기가 있는 때에는 직권으로 그 등기를 회복하여야 한다.
④ 제1항 내지 제3항의 규정에 의한 등기에 관하여는 등록세를 부과하지 아니한다.

제26조【부인의 등기】 ① 등기의 원인인 행위가 부인된 때에는 관리인, 파산관재인 또는 개인회생절차에서의 부인권자는 부인의 등기를 신청하여야 한다. 등기가 부인된 때에도 또한 같다.
② 제1항의 규정에 의한 등기에 관하여는 등록세를 부과하지 아니한다.
③ 제23조제1항제1호 내지 제3호 및 제5호의 규정은 제1항의 경우에 관하여 준용한다.
④ 법원은 관리인 또는 파산관재인이 제1항의 부인의 등기가 된 재산을 임의매각한 경우에 그 임의매각을 원인으로 하는 등기가 된 때에는 이해관계인의 신청에 의하여 제1항의 부인의 등기, 부인된 행위를 원인으로 하는 등기, 부인된 등기 및 위 각 등기의 뒤에 되어 있는 등기로서 회생채권자 또는 파산채권자에게 대항할 수 없는 것의 말소를 촉탁하여야 한다.

제27조【등록된 권리에의 준용】 제24조 내지 제26조의 규정은 채무자의 재산, 파산재단 또는 개인회생재단에 속하는 권리로서 등록된 것에 관하여 준용한다.

제28조【사건기록의 열람 등】 ① 이해관계인은 법원에 사건기록(문서 그 밖의 물건을 포함한다)의 열람·복사, 재판서·조서의 정본·등본이나 초본의 교부 또는 사건에 관한 증명서의 교부를 청구할

수 있다.
② 제1항의 규정은 사건기록 중 녹음테이프 또는 비디오테이프(이에 준하는 방법에 의하여 일정한 사항을 기록한 물건을 포함한다. 이하 이 조에서 같다)에 관하여는 적용하지 아니한다. 다만, 이해관계인의 신청이 있는 때에는 법원은 그 복제를 허용할 수 있다.
③ 제1항 및 제2항의 규정에 불구하고 다음 각호의 자는 해당 각호의 각목에서 정하는 재판의 어느 하나가 있을 때까지는 제1항 및 제2항의 규정에 의한 신청을 할 수 없다. 다만, 그 자가 회생절차개시 또는 간이회생절차개시의 신청인인 때에는 그러하지 아니하다. (2014.12.30 본항개정)
1. 채무자 외의 이해관계인
  가. 제43조제1항의 규정에 의한 보전처분
  나. 제43조제3항의 규정에 의한 보전관리명령
  다. 제44조제1항의 규정에 의한 중지명령
  라. 제45조제1항의 규정에 의한 포괄적 금지명령
  마. 회생절차개시 또는 간이회생절차개시의 신청에 대한 재판
2. 채무자
  가. 제1호 각목의 재판
  나. 회생절차개시 또는 간이회생절차개시의 신청에 관한 변론기일의 지정
  다. 채무자를 소환하는 심문기일의 지정
④ 법원은 채무자의 사업유지 또는 회생에 현저한 지장을 초래할 우려가 있거나 채무자의 재산에 현저한 손해를 줄 우려가 있는 때에는 제1항 및 제2항의 규정에 의한 열람·복사, 정본·등본이나 초본의 교부 또는 녹음테이프 또는 비디오테이프의 복제를 허가하지 아니할 수 있다.
⑤ 제4항의 규정에 의한 불허가결정에 대하여는 즉시항고를 할 수 있다.

제29조【채무자의 재산 등에 관한 조회】 ① 법원은 필요한 경우 관리인·파산관재인 그 밖의 이해관계인의 신청에 의하거나 직권으로 채무자의 재산 및 신용에 관한 전산망을 관리하는 공공기관·금융기관·단체 등에 채무자명의의 재산에 관하여 조회할 수 있다.
② 면책의 효력을 받을 이해관계인이 제1항의 규정에 의한 신청을 하는 때에는 조회할 공공기관·금융기관 또는 단체를 특정하여야 한다. 이 경우 법원은 조회에 드는 비용을 미리 납부하도록 명하여야 한다.
③ 제1항의 규정에 의한 조회에 관하여는 「민사집행법」 제74조(재산조회)제3항·제4항 및 제75조(재산조회의 결과 등)제1항의 규정을 준용한다.
④ 제1항 내지 제3항의 규정에 따라 조회를 할 공공기관·금융기관 또는 단체 등의 범위 및 조회절차, 이해관계인이 납부하여야 할 비용, 조회결과의 관리에 관한 사항 등은 대법원규칙으로 정한다.

제30조【관리인 등의 보수 등】 ① 다음 각호의 자는 비용을 미리 받거나 보수 또는 특별보상금을 받을 수 있다. 이 경우 보수 및 특별보상금의 액은 법원이 정한다. (2014.12.30 본항개정)
1. 관리인·관리인대리·보전관리인·파산관재인· 파산관재인대리
2. 조사위원·간이조사위원·회생위원·고문
3. 그 직무를 수행하는 관리위원
② 제1항의 규정에 의한 보수 및 특별보상금은 그 직무와 책임에 상응한 것이어야 한다.
③ 제1항의 규정에 의한 결정에 대하여는 즉시항고를 할 수 있다.

제31조【대리위원 등의 보상금 등】 ① 법원은 다음 각호의 자에 대하여 적절한 범위 안에서 비용을 상환하거나 보상금을 지급할 것을 허가할 수 있다. 이 경우 비용 또는 보상금의 액은 법원이 정한다.
1. 회생절차에서 회생에 공적이 있는 채권자·담보권자·주주·지분권자나 그 대리위원 또는 대리인
2. 파산절차에서 파산재단의 관리 또는 환가에 공적이 있는 자
② 제1항의 규정에 의한 결정에 대하여는 즉시항고를 할 수 있다.

제32조【시효의 중단】 다음 각호의 경우에는 시효중단의 효력이 있다.
1. 제147조의 목록의 제출 그 밖의 회생절차참가. 다만, 그 목록에 기재되어 있지 아니한 회생채권자 또는 회생담보권자가 그 신고를 취하하거나 그 신고가 각하된 때에는 그러하지 아니하다.
2. 파산절차참가. 다만, 파산채권자가 그 신고를 취하하거나 그 신고가 각하된 때에는 그러하지 아니하다.
3. 제589조제2항의 개인회생채권자목록의 제출 그 밖의 개인회생절차참가. 다만, 그 목록에 기재되어 있지 아니한 개인회생채권자가 그 조사확정재판신청을 취하하거나 그 신청이 각하된 때에는 그러하지 아니하다.

제32조의2【차별적 취급의 금지】 누구든지 이 법에 따른 회생절차·파산절차 또는 개인회생절차 중에 있다는 이유로 정당한 사유 없이 취업의 제한 또는 해고 등 불이익한 처우를 받지 아니한다.
(2006.3.24 본조신설)

제33조【「민사소송법」 및 「민사집행법」의 준용】 회생절차·파산절차·개인회생절차 및 국제도산절차에 관하여 이 법에 규정이 없는 때에는 「민사소송법」 및 「민사집행법」을 준용한다.

제2편 회생절차

제1장 회생절차의 개시

제1절 회생절차개시의 신청

제34조【회생절차개시의 신청】 ① 다음 각호의 어느 하나에 해당하는 경우 채무자는 법원에 회생절차개시의 신청을 할 수 있다.
1. 사업의 계속에 현저한 지장을 초래하지 아니하고는 변제기에 있는 채무를 변제할 수 없는 경우
2. 채무자에게 파산의 원인인 사실이 생길 염려가 있는 경우
② 제1항제2호의 경우에는 다음 각호의 구분에 따라 당해 각호의 각목에서 정하는 자도 회생절차개시를 신청할 수 있다.
1. 채무자가 주식회사 또는 유한회사인 때
   가. 자본의 10분의 1이상에 해당하는 채권을 가진 채권자
   나. 자본의 10분의 1이상에 해당하는 주식 또는 출자지분을 가진 주주·지분권자
2. 채무자가 주식회사 또는 유한회사가 아닌 때
   가. 5천만원 이상의 금액에 해당하는 채권을 가진 채권자
   나. 합명회사·합자회사 그 밖의 법인 또는 이에 준하는 자에 대하여는 출자총액의 10분의 1이상의 출자지분을 가진 지분권자
③ 법원은 제2항의 규정에 의하여 채권자·주주·지분권자가 회생절차개시의 신청을 한 때에는 채무자에게 경영 및 재산상태에 관한 자료를 제출할 것을 명할 수 있다.

제35조【파산신청의무와 회생절차개시의 신청】 ① 채무자의 청산인은 다른 법률에 의하여 채무자에 대한 파산을 신청하여야 하는 때에도 회생절차개시의 신청을 할 수 있다.
② 청산 중이거나 파산선고를 받은 회사인 채무자가 회생절차개시의 신청을 하는 때에는 「상법」 제229조(회사의 계속)제1항, 제285조(해산, 계속)제2항, 제519조(회사의 계속) 또는 제610조(회사의 계속)의 규정을 준용한다.

제36조【신청서】 회생절차개시의 신청은 다음 각호의 사항을 기재한 서면으로 하여야 한다.
1. 신청인 및 그 법정대리인의 성명 및 주소
2. 채무자가 개인인 경우에는 채무자의 성명·주민등록번호(주민등록번호가 없는 사람의 경우에는 외국인등록번호 또는 국내거소번호를 말한다. 이하 같다) 및 주소
3. 채무자가 개인이 아닌 경우에는 채무자의 상호, 주된 사무소 또는 영업소(외국에 주된 사무소 또는 영업소가 있는 때에는 대한민국에 있는 주된

사무소 또는 영업소를 말한다)의 소재지, 채무자의 대표자(외국에 주된 사무소 또는 영업소가 있는 때에는 대한민국에서의 대표자를 말한다. 이하 같다)의 성명
4. 신청의 취지
5. 회생절차개시의 원인
6. 채무자의 사업목적과 업무의 상황
7. 채무자의 발행주식 또는 출자지분의 총수, 자본의 액과 자산, 부채 그 밖의 재산상태
8. 채무자의 재산에 관한 다른 절차 또는 처분으로서 신청인이 알고 있는 것
9. 회생계획에 관하여 신청인에게 의견이 있는 때에는 그 의견
10. 채권자가 회생절차개시를 신청하는 때에는 그가 가진 채권의 액과 원인
11. 주주·지분권자가 회생절차개시를 신청하는 때에는 그가 가진 주식 또는 출자지분의 수 또는 액

제37조【서류의 비치】 회생절차개시의 신청에 관한 서류는 이해관계인의 열람을 위하여 법원에 비치하여야 한다.

제38조【소명】 ① 회생절차개시의 신청을 하는 자는 회생절차개시의 원인인 사실을 소명하여야 한다. 이 경우 채무자에 대하여 제628조제1호의 규정에 의한 외국도산절차가 진행되고 있는 때에는 그 채무자에게 파산의 원인인 사실이 있는 것으로 추정한다.
② 채권자·주주·지분권자가 회생절차개시의 신청을 하는 때에는 그가 가진 채권의 액 또는 주식이나 출자지분의 수 또는 액도 소명하여야 한다.

제39조【비용의 예납 등】 ① 회생절차개시의 신청을 하는 때에는 신청인은 회생절차의 비용을 미리 납부하여야 한다.
② 제1항의 규정에 의한 비용은 사건의 대소 등을 고려하여 법원이 정한다. 이 경우 채무자 외의 자가 신청을 하는 때에는 회생절차개시 후의 비용에 관하여 채무자의 재산에서 지급할 수 있는 금액도 고려하여야 한다.
③ 채무자 외의 자가 회생절차개시를 신청하여 회생절차개시결정이 있는 때에는 신청인은 채무자의 재산으로부터 제1항의 규정에 의하여 납부한 비용을 상환받을 수 있다.
④ 제3항의 규정에 의한 신청인의 비용상환청구권은 공익채권으로 한다.

제39조의2【회생절차의 진행에 관한 법원의 감독 등】 ① 법원은 채권자 일반의 이익과 채무자의 회생 가능성을 해치지 아니하는 범위에서 회생절차를 신속·공정하고 효율적으로 진행하여야 한다.
② 법원은 필요하다고 인정하는 경우 이해관계인의 신청이나 직권으로 다음 각 호의 조치를 취할 수 있다. (2016.5.29 본항개정)
1. 회생절차의 진행에 관한 이해관계인과의 협의
2. 회생절차의 진행에 관한 일정표의 작성·운용
3. 채무자, 관리인 또는 보전관리인에게 다음 각 목의 사항에 관한 보고 또는 자료 제출의 요청
   가. 채무자의 업무 및 재산의 관리 상황
   나. 회생절차의 진행 상황
   다. 제179조제1항제5호 및 제12호에 따라 차입된 자금의 사용목적이 정하여진 경우 그 자금집행 사항
   라. 그 밖에 채무자의 회생에 필요한 사항
4. 관계인집회의 병합
5. 제98조의2에 따른 관계인설명회의 개최 명령
6. 그 밖에 채무자의 회생에 필요한 조치
(2014.12.30 본조신설)

제40조【감독행정청에의 통지 등】 ① 주식회사인 채무자에 대하여 회생절차개시의 신청이 있는 때에는 법원은 다음 각호의 자에게 그 뜻을 통지하여야 한다. (2008.2.29 본항개정)
1. 채무자의 업무를 감독하는 행정청
2. 금융위원회
3. 채무자의 주된 사무소 또는 영업소(외국에 주된 사무소 또는 영업소가 있는 때에는 대한민국에 있는 주된 사무소 또는 영업소를 말한다)의 소재지를 관할하는 세무서장
② 법원은 필요하다고 인정하는 때에는 다음 각호의 어느 하나에 해당하는 자에 대하여 회생절차에 관한 의견의 진술을 요구할 수 있다. (2008.2.29., 2010.3.31., 2016.12.27 본항개정)
1. 채무자의 업무를 감독하는 행정청
2. 금융위원회
3. 「국세징수법」 또는 「지방세징수법」에 의하여 징수할 수 있는 청구권(국세징수의 예, 국세 또는 지방세 체납처분의 예에 의하여 징수할 수 있는 청구권으로서 그 징수우선순위가 일반 회생채권보다 우선하는 것을 포함한다)에 관하여 징수의 권한을 가진 자
③ 제2항 각호의 어느 하나에 해당하는 자는 법원에 대하여 회생절차에 관하여 의견을 진술할 수 있다.

제41조【심문】 ① 회생절차개시의 신청이 있는 때에는 법원은 채무자 또는 그 대표자를 심문하여야 한다.
② 제1항의 규정에 불구하고 다음 각호의 사유가 있는 때에는 심문을 하지 아니할 수 있다.
1. 채무자 또는 그 대표자가 외국에 거주하여 채무자에 대한 심문이 절차를 현저히 지체시킬 우려가 있는 때
2. 채무자 또는 그 대표자의 소재를 알 수 없는 때

제42조【회생절차개시신청의 기각사유】 다음 각

호의 어느 하나에 해당하는 경우 법원은 회생절차개시의 신청을 기각하여야 한다. 이 경우 관리위원회의 의견을 들어야 한다.
1. 회생절차의 비용을 미리 납부하지 아니한 경우
2. 회생절차개시신청이 성실하지 아니한 경우
3. 그 밖에 회생절차에 의함이 채권자 일반의 이익에 적합하지 아니한 경우

제43조【가압류·가처분 그 밖의 보전처분】 ① 법원은 회생절차개시의 신청이 있는 때에는 이해관계인의 신청에 의하거나 직권으로 회생절차개시신청에 대한 결정이 있을 때까지 채무자의 업무 및 재산에 관하여 가압류·가처분 그 밖에 필요한 보전처분을 명할 수 있다. 이 경우 법원은 관리위원회의 의견을 들어야 한다.
② 이해관계인이 제1항의 규정에 의한 보전처분을 신청한 때에는 법원은 신청일부터 7일 이내에 보전처분 여부를 결정하여야 한다.
③ 법원은 제1항의 규정에 의한 보전처분 외에 필요하다고 인정하는 때에는 관리위원회의 의견을 들어 보전관리인에 의한 관리를 명할 수 있다. 이 경우 법원은 1인 또는 여럿의 보전관리인을 선임하여야 한다.
④ 법원은 관리위원회의 의견을 들어 제1항의 규정에 의한 보전처분 또는 제3항의 규정에 의한 보전관리명령을 변경하거나 취소할 수 있다.
⑤ 제1항·제3항 및 제4항의 규정에 의한 재판 및 그 신청을 기각하는 재판은 결정으로 한다.
⑥ 제5항의 규정에 의한 결정에 대하여는 즉시항고를 할 수 있다.
⑦ 제6항의 즉시항고는 집행정지의 효력이 없다.
⑧ 법원은 제3항의 규정에 의한 보전관리명령을 하거나 이를 변경 또는 취소한 때에는 이를 공고하여야 한다.

제44조【다른 절차의 중지명령 등】 ① 법원은 회생절차개시의 신청이 있는 경우 필요하다고 인정하는 때에는 이해관계인의 신청에 의하거나 직권으로 회생절차개시의 신청에 대한 결정이 있을 때까지 다음 각호의 어느 하나에 해당하는 절차의 중지를 명할 수 있다. 다만, 제2호의 규정에 의한 절차의 경우 그 절차의 신청인인 회생채권자 또는 회생담보권자에게 부당한 손해를 끼칠 염려가 있는 때에는 그러하지 아니하다. (2010.3.31., 2016.12.27 본항개정)
1. 채무자에 대한 파산절차
2. 회생채권 또는 회생담보권에 기한 강제집행, 가압류, 가처분 또는 담보권실행을 위한 경매절차(이하 "회생채권 또는 회생담보권에 기한 강제집행등"이라 한다)로서 채무자의 재산에 대하여 이미 행하여지고 있는 것
3. 채무자의 재산에 관한 소송절차

4. 채무자의 재산에 관하여 행정청에 계속되어 있는 절차
5. 「국세징수법」 또는 「지방세징수법」에 의한 체납처분, 국세징수의 예(국세 또는 지방세 체납처분의 예를 포함한다. 이하 같다)에 의한 체납처분 또는 조세채무담보를 위하여 제공된 물건의 처분. 이 경우 징수의 권한을 가진 자의 의견을 들어야 한다.
② 제1항제5호의 규정에 의한 처분의 중지기간 중에는 시효는 진행하지 아니한다.
③ 법원은 제1항의 규정에 의한 중지명령을 변경하거나 취소할 수 있다.
④ 법원은 채무자의 회생을 위하여 특히 필요하다고 인정하는 때에는 채무자(보전관리인이 선임되어 있는 때에는 보전관리인을 말한다)의 신청에 의하거나 직권으로 중지된 회생채권 또는 회생담보권에 기한 강제집행등의 취소를 명할 수 있다. 이 경우 법원은 담보를 제공하게 할 수 있다.

제45조【회생채권 또는 회생담보권에 기한 강제집행등의 포괄적 금지명령】 ① 법원은 회생절차개시의 신청이 있는 경우 제44조제1항의 규정에 의한 중지명령에 의하여는 회생절차의 목적을 충분히 달성하지 못할 우려가 있다고 인정할 만한 특별한 사정이 있는 때에는 이해관계인의 신청에 의하거나 직권으로 회생절차개시의 신청에 대한 결정이 있을 때까지 모든 회생채권자 및 회생담보권자에 대하여 회생채권 또는 회생담보권에 기한 강제집행등의 금지를 명할 수 있다.
② 제1항의 규정에 의한 금지명령(이하 "포괄적 금지명령"이라 한다)을 할 수 있는 경우는 채무자의 주요한 재산에 관하여 다음 각호의 처분 또는 명령이 이미 행하여 졌거나 포괄적 금지명령과 동시에 다음 각호의 처분 또는 명령을 행하는 경우에 한한다.
1. 제43조제1항의 규정에 의한 보전처분
2. 제43조제3항의 규정에 의한 보전관리명령
③ 포괄적 금지명령이 있는 때에는 채무자의 재산에 대하여 이미 행하여진 회생채권 또는 회생담보권에 기한 강제집행등은 중지된다.
④ 법원은 포괄적 금지명령을 변경하거나 취소할 수 있다.
⑤ 법원은 채무자의 사업의 계속을 위하여 특히 필요하다고 인정하는 때에는 채무자(보전관리인이 선임되어 있는 때에는 보전관리인을 말한다)의 신청에 의하여 제3항의 규정에 의하여 중지된 회생채권 또는 회생담보권에 기한 강제집행등의 취소를 명할 수 있다. 이 경우 법원은 담보를 제공하게 할 수 있다.
⑥ 포괄적 금지명령, 제4항의 규정에 의한 결정 및 제5항의 규정에 의한 취소명령에 대하여는 즉시항고를 할 수 있다.

⑦ 제6항의 즉시항고는 집행정지의 효력이 없다.

⑧ 포괄적 금지명령이 있는 때에는 그 명령이 효력을 상실한 날의 다음 날부터 2월이 경과하는 날까지 회생채권 및 회생담보권에 대한 시효는 완성되지 아니한다.

제46조 【포괄적 금지명령에 관한 공고 및 송달 등】

① 포괄적 금지명령이나 이를 변경 또는 취소하는 결정이 있는 때에는 법원은 이를 공고하고 그 결정서를 채무자(보전관리인이 선임되어 있는 때에는 보전관리인을 말한다) 및 신청인에게 송달하여야 하며, 그 결정의 주문을 기재한 서면을 법원이 알고 있는 회생채권자·회생담보권자 및 채무자(보전관리인이 선임되어 있는 때에 한한다)에게 송달하여야 한다.

② 포괄적 금지명령 및 이를 변경 또는 취소하는 결정은 채무자(보전관리인이 선임되어 있는 때에는 보전관리인을 말한다)에게 결정서가 송달된 때부터 효력을 발생한다.

③ 제45조제5항의 규정에 의한 취소명령과 같은 조 제6항의 즉시항고에 대한 재판(포괄적 금지명령을 변경 또는 취소하는 결정을 제외한다)이 있는 때에는 법원은 그 결정서를 당사자에게 송달하여야 한다. 이 경우 제10조 및 제11조의 규정은 적용하지 아니한다.

제47조 【포괄적 금지명령의 적용 배제】

① 법원은 포괄적 금지명령이 있는 경우 회생채권 또는 회생담보권에 기한 강제집행등의 신청인인 회생채권자 또는 회생담보권자에게 부당한 손해를 끼칠 우려가 있다고 인정하는 때에는 그 회생채권자 또는 회생담보권자의 신청에 의하여 그 회생채권자 또는 회생담보권자에 대하여 결정으로 포괄적 금지명령의 적용을 배제할 수 있다. 이 경우 그 회생채권자 또는 회생담보권자는 채무자의 재산에 대하여 회생채권 또는 회생담보권에 기한 강제집행등을 할 수 있으며, 포괄적 금지명령이 있기 전에 그 회생채권자 또는 회생담보권자가 행한 회생채권 또는 회생담보권에 기한 강제집행등의 절차는 속행된다.

② 제1항의 규정에 의한 결정을 받은 자에 대하여 제45조제8항의 규정을 적용하는 때에는 제45조제8항 중 "그 명령이 효력을 상실한 날"은 "제47조제1항의 규정에 의한 결정이 있은 날"로 한다.

③ 제1항의 규정에 의한 신청에 관한 재판에 대하여는 즉시항고를 할 수 있다.

④ 제3항의 즉시항고는 집행정지의 효력이 없다.

⑤ 제1항의 규정에 의한 신청에 대한 재판과 제3항의 즉시항고에 대한 재판이 있는 때에는 법원은 그 결정서를 당사자에게 송달하여야 한다. 이 경우 제10조의 규정은 적용하지 아니한다.

제48조 【회생절차개시신청 등의 취하의 제한】

① 회생절차개시의 신청을 한 자는 회생절차개시결정 전에 한하여 그 신청을 취하할 수 있다.

② 다음 각호의 결정이 있은 후에는 법원의 허가를 받지 아니하면 회생절차개시신청 및 보전처분신청을 취하할 수 없다.

1. 제43조제1항의 규정에 의한 보전처분
2. 제43조제3항의 규정에 의한 보전관리명령
3. 제44조제1항의 규정에 의한 중지명령
4. 제45조제1항의 규정에 의한 포괄적 금지명령

제2절 회생절차개시의 결정

제49조 【회생절차개시의 결정】

① 채무자가 회생절차개시를 신청한 때에는 법원은 회생절차개시의 신청일부터 1월 이내에 회생절차개시 여부를 결정하여야 한다.

② 회생절차개시결정서에는 결정의 연·월·일·시를 기재하여야 한다.

③ 회생절차개시결정은 그 결정시부터 효력이 생긴다.

제50조 【회생절차개시결정과 동시에 정하여야 할 사항】

① 법원은 회생절차개시결정과 동시에 관리위원회와 채권자협의회의 의견을 들어 1인 또는 여럿의 관리인을 선임하고 다음 각호의 사항을 정하여야 한다. (2014.12.30., 2016.5.29 본항개정)

1. 관리인이 제147조제1항에 규정된 목록을 작성하여 제출하여야 하는 기간(제223조제4항에 따른 목록이 제출된 경우는 제외한다). 이 경우 기간은 회생절차개시결정일부터 2주 이상 2월 이하이어야 한다.

2. 회생채권·회생담보권·주식 또는 출자지분의 신고기간(이하 이 편에서 "신고기간"이라 한다). 이 경우 신고기간은 제1호에 따라 정하여진 제출기간의 말일(제223조제4항에 따른 목록이 제출된 경우에는 회생절차개시결정일)부터 1주 이상 1월 이하이어야 한다.

3. 목록에 기재되어 있거나 신고된 회생채권·회생담보권의 조사기간(이하 이 편에서 "조사기간"이라 한다). 이 경우 조사기간은 신고기간의 말일부터 1주 이상 1월 이하이어야 한다.

4. 회생계획안의 제출기간. 이 경우 제출기간은 조사기간의 말일(제223조제1항에 따른 회생계획안이 제출된 경우에는 회생절차개시결정일)부터 4개월 이하(채무자가 개인인 경우에는 조사기간의 말일부터 2개월 이하)여야 한다.

② 법원은 특별한 사정이 있는 때에는 제1항제1호부터 제3호까지의 규정에 따른 기일을 늦추거나 기간을 늘일 수 있다. (2014.12.30 본항개정)

③ 법원은 이해관계인의 신청에 의하거나 직권으로 제1항제4호에 따른 제출기간을 2개월 이내에서 늘일 수 있다. 다만, 채무자가 개인이거나 중소기업자

인 경우에는 제출기간의 연장은 1개월을 넘지 못한다. (2014.12.30 본항신설)

제51조 【회생절차개시의 공고와 송달】 ① 법원은 회생절차개시의 결정을 한 때에는 지체 없이 다음 각호의 사항을 공고하여야 한다. (2014.12.30 본항개정)
1. 회생절차개시결정의 주문
2. 관리인의 성명 또는 명칭
3. 제50조의 규정에 의하여 정하여진 기간 및 기일
4. 회생절차가 개시된 채무자의 재산을 소지하고 있거나 그에게 채무를 부담하는 자는 회생절차가 개시된 채무자에게 그 재산을 교부하여서는 아니된다는 뜻이나 그 채무자에게 그 채무를 변제하여서는 아니된다는 뜻과 회생절차가 개시된 채무자의 재산을 소지하고 있거나 그에게 채무를 부담하고 있다는 사실을 일정한 기간 안에 관리인에게 신고하여야 한다는 뜻의 명령
5. 제221조와 제223조제1항에 규정된 내용의 취지
② 법원은 다음 각호의 자에게 제1항 각호의 사항을 기재한 서면을 송달하여야 한다.
1. 관리인
2. 채무자
3. 알고 있는 회생채권자·회생담보권자·주주·지분권자
4. 회생절차가 개시된 채무자의 재산을 소지하고 있거나 그에게 채무를 부담하는 자
③ 제1항 및 제2항의 규정은 제1항제2호 내지 제4호의 사항에 변경이 생긴 경우에 관하여 준용한다. 다만, 조사기간의 변경은 공고하지 아니할 수 있다.
④ 고의 또는 과실로 제1항제4호의 규정에 의한 신고를 게을리한 자는 이로 인하여 채무자의 재산에 생긴 손해를 배상하여야 한다.

제52조 【회생절차개시의 통지】 주식회사인 채무자에 대하여 회생절차개시의 결정을 한 때에는 법원은 제51조제1항 각호의 사항을 채무자의 업무를 감독하는 행정청, 법무부장관과 금융위원회에 통지하여야 한다. 제51조제1항제2호 및 제3호의 사항에 변경이 생긴 경우도 또한 같다. (2008.2.29 본항개정)

제53조 【회생절차개시신청에 관한 재판에 대한 즉시항고】 ① 회생절차개시의 신청에 관한 재판에 대하여는 즉시항고를 할 수 있다.
② 제43조 내지 제47조의 규정은 회생절차개시신청을 기각하는 결정에 대하여 제1항의 즉시항고가 있는 경우에 관하여 준용한다.
③ 제1항의 규정에 의한 즉시항고는 집행정지의 효력이 없다.
④ 항고법원은 즉시항고의 절차가 법률에 위반되거나 즉시항고가 이유없다고 인정하는 때에는 결정으로 즉시항고를 각하 또는 기각하여야 한다.

⑤ 항고법원은 즉시항고가 이유있다고 인정하는 때에는 원심법원의 결정을 취소하고 사건을 원심법원에 환송하여야 한다.

제54조 【회생절차개시결정의 취소】 ① 법원은 회생절차개시결정을 취소하는 결정이 확정된 때에는 즉시 그 주문을 공고하여야 한다.
② 제51조제2항 및 제52조의 규정은 제1항의 경우에 관하여 준용한다.
③ 관리인은 회생절차개시결정을 취소하는 결정이 확정된 때에는 공익채권을 변제하여야 하며, 이의 있는 공익채권의 경우에는 그 채권자를 위하여 공탁하여야 한다.

제55조 【회생절차개시 후의 자본감소 등】 ① 회생절차개시 이후부터 그 회생절차가 종료될 때까지는 채무자는 회생절차에 의하지 아니하고는 다음 각호의 행위를 할 수 없다.
1. 자본 또는 출자액의 감소
2. 지분권자의 가입, 신주 또는 사채의 발행
3. 자본 또는 출자액의 증가
4. 주식의 포괄적 교환 또는 주식의 포괄적 이전
5. 합병·분할·분할합병 또는 조직변경
6. 해산 또는 회사의 계속
7. 이익 또는 이자의 배당
② 회생절차개시 이후부터 그 회생절차가 종료될 때까지 회생절차에 의하지 아니하고 법인인 채무자의 정관을 변경하고자 하는 때에는 법원의 허가를 받아야 한다.

제56조 【회생절차개시 후의 업무와 재산의 관리】 ① 회생절차개시결정이 있는 때에는 채무자의 업무의 수행과 재산의 관리 및 처분을 하는 권한은 관리인에게 전속한다.
② 개인인 채무자 또는 개인이 아닌 채무자의 이사는 제1항에 규정에 의한 관리인의 권한을 침해하거나 부당하게 그 행사에 관여할 수 없다.

제57조 【정보 등의 제공】 관리인은 다음 각호의 어느 하나에 해당하는 행위를 하고자 하는 자에 대하여는 대법원규칙이 정하는 바에 따라 채무자의 영업·사업에 관한 정보 및 자료를 제공하여야 한다. 다만, 정당한 사유가 있는 때에는 관리인은 정보 및 자료의 제공을 거부할 수 있다.
1. 채무자의 영업, 사업, 중요한 재산의 전부나 일부의 양수
2. 채무자의 경영권을 인수할 목적으로 하는 주식 또는 출자지분의 양수
3. 채무자의 주식의 포괄적 교환, 주식의 포괄적 이전, 합병 또는 분할합병

제58조 【다른 절차의 중지 등】 ① 회생절차개시결정이 있는 때에는 다음 각호의 행위를 할 수 없다.
1. 파산 또는 회생절차개시의 신청
2. 회생채권 또는 회생담보권에 기한 강제집행등

3. 국세징수의 예에 의하여 징수할 수 있는 청구권으로서 그 징수우선순위가 일반 회생채권보다 우선하지 아니한 것에 기한 체납처분

② 회생절차개시결정이 있는 때에는 다음 각호의 절차는 중지된다.

1. 파산절차
2. 채무자의 재산에 대하여 이미 행한 회생채권 또는 회생담보권에 기한 강제집행등
3. 국세징수의 예에 의하여 징수할 수 있는 청구권으로서 그 징수우선순위가 일반 회생채권보다 우선하지 아니한 것에 기한 체납처분

③ 회생절차개시결정이 있는 때에는 다음 각호의 기간 중 말일이 먼저 도래하는 기간 동안 회생채권 또는 회생담보권에 기한 채무자의 재산에 대한 「국세징수법」 또는 「지방세징수법」에 의한 체납처분, 국세징수의 예에 의하여 징수할 수 있는 청구권으로서 그 징수우선순위가 일반 회생채권보다 우선하는 것에 기한 체납처분과 조세채무담보를 위하여 제공된 물건의 처분은 할 수 없으며, 이미 행한 처분은 중지된다. 이 경우 법원은 필요하다고 인정하는 때에는 관리인의 신청에 의하거나 직권으로 1년 이내의 범위에서 그 기간을 늘일 수 있다. (2010.3.31., 2016.12.27 본항개정)

1. 회생절차개시결정이 있는 날부터 회생계획인가가 있는 날까지
2. 회생절차개시결정이 있는 날부터 회생절차가 종료되는 날까지
3. 회생절차개시결정이 있는 날부터 2년이 되는 날까지

④ 제3항의 규정에 의하여 처분을 할 수 없거나 처분이 중지된 기간 중에는 시효는 진행하지 아니한다.

⑤ 법원은 회생에 지장이 없다고 인정하는 때에는 관리인이나 제140조제2항의 청구권에 관하여 징수의 권한을 가진 자의 신청에 의하거나 직권으로 제2항의 규정에 의하여 중지한 절차 또는 처분의 속행을 명할 수 있으며, 회생을 위하여 필요하다고 인정하는 때에는 관리인의 신청에 의하거나 직권으로 담보를 제공하게 하거나 제공하게 하지 아니하고 제2항의 규정에 의하여 중지한 절차 또는 처분의 취소를 명할 수 있다. 다만, 파산절차에 관하여는 그러하지 아니하다.

⑥ 제5항의 규정에 의하여 속행된 절차 또는 처분에 관한 채무자에 대한 비용청구권은 공익채권으로 한다.

제59조【소송절차의 중단 등】 ① 회생절차개시결정이 있는 때에는 채무자의 재산에 관한 소송절차는 중단된다.

② 제1항의 규정에 의하여 중단한 소송절차 중 회생채권 또는 회생담보권과 관계없는 것은 관리인 또는 상대방이 이를 수계할 수 있다. 이 경우 채무자에 대한 소송비용청구권은 공익채권으로 한다.

③ 제2항의 규정에 의한 수계가 있기 전에 회생절차가 종료한 때에는 채무자는 당연히 소송절차를 수계한다.

④ 제2항의 규정에 의한 수계가 있은 후에 회생절차가 종료한 때에는 소송절차는 중단된다. 이 경우 채무자는 소송절차를 수계하여야 한다.

⑤ 제4항의 경우에는 상대방도 소송절차를 수계할 수 있다.

⑥ 제1항 내지 제5항의 규정은 채무자의 재산에 관한 사건으로서 회생절차개시 당시 행정청에 계속되어 있는 것에 관하여 준용한다.

제60조【이송】 ① 회생계속법원(회생사건이 계속되어 있는 회생법원을 말한다. 이하 같다)은 회생절차개시 당시 채무자의 재산에 관한 소송이 다른 법원에 계속되어 있는 때에는 결정으로써 그 이송을 청구할 수 있다. 회생절차개시 후 다른 법원에 계속되어 있게 된 것에 관하여도 또한 같다. (2016.12.27 본항개정)

② 제1항의 결정이 있는 때에는 이송의 청구를 받은 법원은 소송을 회생계속법원에 이송하여야 한다. (2016.12.27 본항개정)

③ 제2항의 규정에 의한 이송은 소송절차의 중단 또는 중지 중에도 할 수 있다.

④ 제1항 내지 제3항의 규정은 상소심법원에 계속되어 있는 소송에 관하여는 적용하지 아니한다.

제61조【법원의 허가를 받아야 하는 행위】 ① 법원은 필요하다고 인정하는 때에는 관리인이 다음 각호의 어느 하나에 해당하는 행위를 하고자 하는 때에 법원의 허가를 받도록 할 수 있다.

1. 재산의 처분
2. 재산의 양수
3. 자금의 차입 등 차재
4. 제119조의 규정에 의한 계약의 해제 또는 해지
5. 소의 제기
6. 화해 또는 중재계약
7. 권리의 포기
8. 공익채권 또는 환취권의 승인
9. 그 밖에 법원이 지정하는 행위

② 관리인은 법원의 허가를 받지 아니하고는 다음 각호의 행위를 하지 못한다.

1. 채무자의 영업 또는 재산을 양수하는 행위
2. 채무자에 대하여 자기의 영업 또는 재산을 양도하는 행위
3. 그 밖에 자기 또는 제3자를 위하여 채무자와 거래하는 행위

③ 법원의 허가를 받지 아니하고 한 제1항 각호 또는 제2항 각호의 행위는 무효로 한다. 다만, 선의의 제3자에게 대항하지 못한다.

제62조【영업 등의 양도】 ① 회생절차개시 이후

회생계획인가 전이라도 관리인은 채무자의 회생을 위하여 필요한 경우 법원의 허가를 받아 채무자의 영업 또는 사업의 전부 또는 중요한 일부를 양도할 수 있다.

② 제1항의 규정에 의한 허가를 하는 때에는 법원은 다음 각호의 자의 의견을 들어야 한다.

1. 관리위원회
2. 채권자협의회
3. 채무자의 근로자의 과반수로 조직된 노동조합
4. 제3호의 노동조합이 없는 때에는 채무자의 근로자의 과반수를 대표하는 자

③ 제1항의 규정에 의한 허가를 하는 경우 법원은 양도대가의 사용방법을 정하여야 한다.

④ 제1항의 허가를 하는 경우 주식회사인 채무자의 부채총액이 자산총액을 초과하는 때에는 법원은 관리인의 신청에 의하여 결정으로 「상법」 제374조(영업양도·양수·임대 등)제1항의 규정에 의한 주주총회의 결의에 갈음하게 할 수 있다. 이 경우 「상법」 제374조(영업양도·양수·임대 등)제2항 및 제374조의2(반대주주의 주식매수청구권)와 「자본시장과 금융투자업에 관한 법률」 제165조의5(주식매수청구권의 특례)의 규정은 적용하지 아니한다. (2014.5.20 본항개정)

⑤ 제61조제3항의 규정은 제1항의 규정에 의한 허가를 받지 아니하고 행한 행위에 관하여 준용한다.

제63조【주식회사의 영업 등의 양도에 대한 허가결정의 송달 등】 ① 법원은 제62조제4항의 규정에 의한 결정을 한 때에는 그 결정서를 관리인에게 송달하고 그 결정의 요지를 기재한 서면을 주주에게 송달하여야 한다.

② 제62조제4항의 규정에 의한 결정은 그 결정서가 관리인에게 송달된 때에 효력이 발생한다.

③ 제62조제4항의 규정에 의한 결정에 대하여 주주는 즉시항고를 할 수 있다.

제64조【회생절차개시 후의 채무자의 행위】 ① 채무자가 회생절차개시 이후 채무자의 재산에 관하여 법률행위를 한 때에는 회생절차와의 관계에 있어서는 그 효력을 주장하지 못한다.

② 제1항의 규정을 적용하는 경우 채무자가 회생절차개시가 있은 날에 행한 법률행위는 회생절차개시 이후에 한 것으로 추정한다.

제65조【회생절차개시 후의 권리취득】 ① 회생절차개시 이후 회생채권 또는 회생담보권에 관하여 채무자의 재산에 대한 권리를 채무자의 행위에 의하지 아니하고 취득한 때에도 회생절차와의 관계에 있어서는 그 효력을 주장하지 못한다.

② 제64조제2항의 규정은 제1항의 규정에 의한 취득에 관하여 준용한다.

제66조【회생절차개시 후의 등기와 등록】 ① 부동산 또는 선박에 관하여 회생절차개시전에 생긴 등기원인으로 회생절차개시 후에 한 등기 및 가등기는 회생절차와의 관계에 있어서는 그 효력을 주장하지 못한다. 다만, 등기권리자가 회생절차개시의 사실을 알지 못하고 한 본등기는 그러하지 아니하다.

② 제1항의 규정은 권리의 설정·이전 또는 변경에 관한 등록 또는 가등록에 관하여 준용한다.

제67조【회생절차개시 후의 채무자에 대한 변제】 ① 회생절차개시 이후 그 사실을 알지 못하고 한 채무자에 대한 변제는 회생절차와의 관계에 있어서도 그 효력을 주장할 수 있다.

② 회생절차개시 이후 그 사실을 알고 한 채무자에 대한 변제는 채무자의 재산이 받은 이익의 한도에서만 회생절차와의 관계에 있어서 그 효력을 주장할 수 있다.

제68조【선의 또는 악의의 추정】 제66조 및 제67조의 규정을 적용함에 있어서 회생절차개시의 공고 전에는 그 사실을 알지 못한 것으로 추정하고, 공고 후에는 그 사실을 안 것으로 추정한다.

제69조【공유관계】 ① 채무자가 타인과 공동으로 재산권을 가진 경우 채무자와 그 타인 사이에 그 재산권을 분할하지 아니한다는 약정이 있더라도 회생절차가 개시된 때에는 관리인은 분할의 청구를 할 수 있다.

② 제1항의 경우 다른 공유자는 상당한 대가를 지급하고 채무자의 지분을 취득할 수 있다.

제70조【환취권】 회생절차개시는 채무자에게 속하지 아니하는 재산을 채무자로부터 환취하는 권리에 영향을 미치지 아니한다.

제71조【운송 중인 매도물의 환취】 ① 매도인이 매매의 목적인 물건을 매수인에게 발송하였으나 매수인이 그 대금의 전액을 변제하지 아니하고, 도달지에서 그 물건을 수령하지 아니한 상태에서 매수인에 관하여 회생절차가 개시된 때에는 매도인은 그 물건을 환취할 수 있다. 이 경우 관리인은 법원의 허가를 받아 대금 전액을 지급하고 그 물건의 인도를 청구할 수 있다.

② 제1항의 규정은 제119조의 적용을 배제하지 아니한다.

제72조【위탁매매인의 환취권】 제71조제1항의 규정은 물건매수의 위탁을 받은 위탁매매인이 그 물건을 위탁자에게 발송한 경우에 관하여 준용한다.

제73조【대체적 환취권】 ① 채무자가 회생절차개시 전에 환취권의 목적인 재산을 양도한 때에는 환취권자는 반대급부의 이행청구권의 이전을 청구할 수 있다. 관리인이 환취권의 목적인 재산을 양도한 때에도 또한 같다.

② 제1항의 경우 관리인이 반대급부의 이행을 받은 때에는 환취권자는 관리인이 반대급부로 받은 재산

의 반환을 청구할 수 있다.

제2장 회생절차의 기관

제1절 관리인

제74조【관리인의 선임】 ① 법원은 관리위원회와 채권자협의회의 의견을 들어 관리인의 직무를 수행함에 적합한 자를 관리인으로 선임하여야 한다.
② 법원은 다음 각호에 해당하는 때를 제외하고 개인인 채무자나 개인이 아닌 채무자의 대표자를 관리인으로 선임하여야 한다.
1. 채무자의 재정적 파탄의 원인이 다음 각목의 어느 하나에 해당하는 자가 행한 재산의 유용 또는 은닉이나 그에게 중대한 책임이 있는 부실경영에 기인하는 때
  가. 개인인 채무자
  나. 개인이 아닌 채무자의 이사
  다. 채무자의 지배인
2. 채권자협의회의 요청이 있는 경우로서 상당한 이유가 있는 때
3. 그 밖에 채무자의 회생에 필요한 때
③ 제1항의 규정에 불구하고 채무자가 개인, 중소기업, 그 밖에 대법원규칙이 정하는 자인 경우에는 관리인을 선임하지 아니할 수 있다. 다만, 회생절차의 진행 중에 제2항 각호의 사유가 있다고 인정되는 경우에는 관리인을 선임할 수 있다.
④ 관리인이 선임되지 아니한 경우에는 채무자(개인이 아닌 경우에는 그 대표자를 말한다)는 이 편의 규정에 의한 관리인으로 본다.
⑤ 관리인을 선임하는 경우 법원은 급박한 사정이 있는 때를 제외하고는 채무자나 채무자의 대표자를 심문하여야 한다.
⑥ 법인은 관리인이 될 수 있다. 이 경우 그 법인은 이사 중에서 관리인의 직무를 행할 자를 지명하고 법원에 신고하여야 한다.
⑦ 채권자협의회는 제2항 각 호에 해당하는 경우 법원에 관리인 후보자를 추천할 수 있다. (2016.5.29 본항신설)

제75조【여럿인 관리인의 직무집행】 ① 관리인이 여럿인 때에는 공동으로 그 직무를 행한다. 이 경우 법원의 허가를 받아 직무를 분장할 수 있다.
② 관리인이 여럿인 때에는 제3자의 의사표시는 그 1인에 대하여 하면 된다.

제76조【관리인대리】 ① 관리인은 필요한 때에는 그 직무를 행하게 하기 위하여 자기의 책임으로 1인 또는 여럿의 관리인대리를 선임할 수 있다.
② 제1항의 규정에 의한 관리인대리의 선임은 법원의 허가를 받아야 한다.
③ 법원은 제2항의 규정에 의한 허가를 한 때에는

이를 공고하여야 한다. 관리인대리의 선임에 관한 허가를 변경하거나 취소한 때에도 또한 같다.
④ 채무자가 법인인 경우 제2항의 규정에 의한 허가가 있는 때에는 법원사무관등은 직권으로 지체 없이 촉탁서에 결정서의 등본을 첨부하여 관리인대리의 선임에 관한 등기를 촉탁하여야 한다. 관리인대리의 선임에 관한 허가가 변경 또는 취소된 때에도 또한 같다.
⑤ 관리인대리는 관리인에 갈음하여 재판상 또는 재판 외의 모든 행위를 할 수 있다.

제77조【고문】 관리인은 필요한 때에는 법원의 허가를 받아 법률 또는 경영에 관한 전문가를 고문으로 선임할 수 있다.

제78조【당사자적격】 채무자의 재산에 관한 소송에서는 관리인이 당사자가 된다.

제79조【관리인의 검사 등】 ① 관리인은 다음 각호의 어느 하나에 해당하는 자에 대하여 채무자의 업무와 재산의 상태에 관하여 보고를 요구할 수 있으며, 채무자의 장부·서류·금전 그 밖의 물건을 검사할 수 있다.
1. 개인인 채무자나 그 법정대리인
2. 개인이 아닌 채무자의 이사·감사·청산인 및 이에 준하는 자
3. 채무자의 지배인 또는 피용자
② 관리인은 필요한 경우 법원의 허가를 받아 감정인을 선임하여 감정을 하게 할 수 있다.
③ 관리인이 제1항의 규정에 의한 검사를 하는 때에는 법원의 허가를 받아 집행관의 원조를 요구할 수 있다.

제80조【우편물의 관리 및 그 해제】 ① 법원은 체신관서·운송인 그 밖의 자에 대하여 채무자에게 보내오는 우편물·전보 그 밖의 운송물을 관리인에게 배달할 것을 촉탁할 수 있다.
② 관리인은 그가 받은 제1항의 규정에 의한 우편물·전보 그 밖의 운송물을 열어볼 수 있다.
③ 채무자는 제2항의 규정에 의한 우편물·전보 그 밖의 운송물의 열람을 요구할 수 있으며, 채무자의 재산과 관련이 없는 것의 교부를 요구할 수 있다.
④ 법원은 채무자의 청구에 의하거나 직권으로 관리인의 의견을 들어 제1항의 규정에 의한 촉탁을 취소 또는 변경할 수 있다.
⑤ 회생절차가 종료한 때에는 법원은 제1항의 규정에 의한 촉탁을 취소하여야 한다.

제81조【관리인에 대한 감독】 ① 관리인은 법원의 감독을 받는다.
② 법원은 관리인에게 그 선임을 증명하는 서면을 교부하여야 한다.
③ 관리인은 그 직무를 수행하는 경우 이해관계인의 요구가 있는 때에는 제2항의 규정에 의한 서면을 제시하여야 한다.

제82조【관리인의 의무 등】① 관리인은 선량한 관리자의 주의로써 직무를 수행하여야 한다.
② 관리인은 제1항의 규정에 의한 주의를 게을리한 때에는 이해관계인에게 손해를 배상할 책임이 있다. 이 경우 주의를 게을리한 관리인이 여럿 있는 때에는 연대하여 손해를 배상할 책임이 있다.

제83조【관리인의 사임 및 해임】① 관리인은 정당한 사유가 있는 때에는 법원의 허가를 얻어 사임할 수 있다.
② 법원은 다음 각호의 어느 하나에 해당하는 사유가 있는 때에는 이해관계인의 신청에 의하거나 직권으로 관리인을 해임할 수 있다. 이 경우 법원은 그 관리인을 심문하여야 한다.
1. 관리인으로 선임된 후 그 관리인에게 제74조제2항제1호의 사유가 발견된 때
2. 관리인이 제82조제1항의 규정에 의한 의무를 위반한 때
3. 관리인이 경영능력이 부족한 때
4. 그 밖에 상당한 이유가 있는 때
③ 제2항의 규정에 의한 관리인의 해임결정에 대하여는 즉시항고를 할 수 있다.
④ 제3항의 즉시항고는 집행정지의 효력이 없다.
⑤ 법원은 제2항의 규정에 의하여 관리인을 해임한 후 새로운 관리인을 선임하는 때에는 제74조제2항의 규정을 적용하지 아니한다.

제84조【임무종료의 경우의 보고의무 등】① 관리인의 임무가 종료된 때에는 관리인 또는 그 승계인은 지체 없이 법원에 계산에 관한 보고를 하여야 한다.
② 관리인의 임무가 종료된 경우 급박한 사정이 있는 때에는 관리인 또는 그 승계인은 후임의 관리인 또는 채무자가 재산을 관리할 수 있게 될 때까지 필요한 처분을 하여야 한다.

제2절 보전관리인

제85조【보전관리인의 권한】 제43조제3항의 규정에 의한 보전관리명령이 있는 때에는 회생절차개시결정 전까지 채무자의 업무수행, 재산의 관리 및 처분을 하는 권한은 보전관리인에게 전속한다.

제86조【관리인에 관한 규정 등의 준용】① 제61조, 제74조, 제75조, 제78조 내지 제84조 및 제89조의 규정은 보전관리인에 관하여 준용한다.
② 제59조제1항 및 제2항의 규정은 보전관리명령이 있는 경우에, 제59조제3항 내지 제5항의 규정은 보전관리명령이 효력을 상실한 경우에 관하여 각각 준용한다.
③ 제59조제1항 내지 제5항의 규정은 채무자의 재산에 관한 사건으로서 보전관리명령 당시 행정청에 계속되어 있는 것에 관하여 준용한다. 이 경우 제59

조제3항 및 제4항 중 "회생절차가 종료한 때"는 "보전관리명령이 효력을 상실한 때"로 본다.

제3절 조사위원

제87조【조사위원】① 법원은 필요하다고 인정하는 때에는 채권자협의회 및 관리위원회의 의견을 들어 1인 또는 여럿의 조사위원을 선임할 수 있다. (2016.5.29 본항개정)
② 조사위원은 조사에 필요한 학식과 경험이 있는 자로서 그 회생절차에 이해관계가 없는 자 중에서 선임하여야 한다.
③ 법원은 조사위원을 선임한 때에는 기간을 정하여 조사위원에게 제90조 내지 제92조에 규정된 사항을 조사하게 하고, 회생절차를 진행함이 적정한지의 여부에 관한 의견을 제출하게 할 수 있다.
④ 법원은 필요하다고 인정하는 때에는 조사위원에게 제3항의 규정에 의한 사항 외의 사항을 조사하여 보고하게 할 수 있다.
⑤ 법원은 상당한 이유가 있는 때에는 이해관계인의 신청에 의하여 또는 직권으로 조사위원을 해임할 수 있다. 이 경우 법원은 그 조사위원을 심문하여야 한다.
⑥ 법원은 회생절차개시 후 채무자에 자금을 대여하려는 자가 채무자의 업무 및 자산·부채, 그 밖의 재산상태에 관한 자료를 요청하는 경우 그 자금 차입이 채무자의 사업을 계속하는 데에 필요하고 자료 요청에 상당한 이유가 있다고 인정하는 때에는 조사위원에게 그 요청과 관련한 사항을 조사하여 보고하게 한 후 조사결과의 전부 또는 일부를 자금 차입에 필요한 범위에서 자료요청자에게 제공할 수 있다. (2016.5.29 본항신설)

제88조【관리인에 관한 규정의 준용】 제79조 및 제81조 내지 제83조제1항의 규정은 조사위원에 관하여 준용한다.

제3장 채무자재산의 조사 및 확보

제1절 채무자의 재산상황의 조사

제89조【채무자의 업무와 재산의 관리】 관리인은 취임 후 즉시 채무자의 업무와 재산의 관리에 착수하여야 한다.

제90조【재산가액의 평가】 관리인은 취임 후 지체 없이 채무자에게 속하는 모든 재산의 회생절차개시 당시의 가액을 평가하여야 한다. 이 경우 지체될 우려가 있는 때를 제외하고는 채무자가 참여하도록 하여야 한다.

제91조【재산목록과 대차대조표의 작성】 관리인은 취임 후 지체 없이 회생절차개시 당시 채무자의

재산목록 및 대차대조표를 작성하여 법원에 제출하여야 한다.

제92조 【관리인의 조사보고】 ① 관리인은 지체 없이 다음 각호의 사항을 조사하여 법원이 정한 기한까지 법원과 관리위원회에 보고하여야 한다. 다만, 제223조제4항에 따라 다음 각 호의 사항을 기재한 서면이 제출된 경우에는 그러하지 아니하다. (2014.12.30., 2016.5.29 본항개정)
1. 채무자가 회생절차의 개시에 이르게 된 사정
2. 채무자의 업무 및 재산에 관한 사항
3. 제114조제1항의 규정에 의한 보전처분 또는 제115조제1항의 규정에 의한 조사확정재판을 필요로 하는 사정의 유무
4. 그 밖에 채무자의 회생에 관하여 필요한 사항
② 제1항에 따라 법원이 정하는 기한은 회생절차개시결정일부터 4개월을 넘지 못한다. 다만, 법원은 특별한 사정이 있는 경우에는 그 기한을 늦출 수 있다. (2014.12.30 본항신설)

제93조 【그 밖의 보고 등】 관리인은 제90조 내지 제92조의 규정에 의한 것 외에 법원이 정하는 바에 따라 채무자의 업무와 재산의 관리상태 그 밖에 법원이 명하는 사항을 법원에 보고하고, 회생계획인가의 시일 및 법원이 정하는 시기의 채무자의 재산목록 및 대차대조표를 작성하여 그 등본을 법원에 제출하여야 한다.

제94조 【영업용 고정재산의 평가】 ① 관리인이 채무자의 재산목록 및 대차대조표를 작성하는 때에는 일반적으로 공정·타당하다고 인정되는 회계관행에 따라야 한다.
② (2010.5.14

제95조 【서류의 비치】 제87조·제91조 내지 제93조의 규정에 의하여 법원에 제출된 서류는 이해관계인이 열람할 수 있도록 법원에 비치하여야 한다.

제96조 【영업의 휴지】 채무자의 영업을 계속하는 것이 부적당하다고 인정할 만한 특별한 사정이 있는 경우에는 관리인은 법원의 허가를 얻어 그 영업을 휴지시킬 수 있다.

제97조 【재산의 보관방법 등】 법원은 금전 그 밖의 재산의 보관방법과 금전의 수입과 지출에 관하여 필요한 사항을 정할 수 있다.

제98조 【관리인 보고를 위한 관계인집회】 ① 법원은 필요하다고 인정하는 경우 관리인으로 하여금 제92조제1항 각 호에 규정된 사항에 관하여 보고하게 하기 위한 관계인집회를 소집할 수 있다. 이 경우 관리인은 제92조제1항 각 호에 규정된 사항의 요지를 관계인집회에 보고하여야 한다.
② 법원은 제1항의 관계인집회를 소집하게 할 필요성이 인정되지 아니하는 경우에는 관리인에 대하여 다음 각 호 중 하나 이상의 조치를 취할 것을 명

하여야 한다. 이 경우 관리인은 해당 조치를 취한 후 지체 없이 그 결과를 법원에 보고하여야 한다.
1. 회생계획 심리를 위한 관계인집회의 개최 또는 제240조제1항에 따른 서면결의에 부치는 결정 전에 법원이 인정하는 방법으로 제92조제1항 각 호에 규정된 사항의 요지를 제182조제1항 각 호의 자에게 통지할 것
2. 제98조의2제2항에 따른 관계인설명회의 개최
3. 그 밖에 법원이 필요하다고 인정하는 적절한 조치
③ 관리인은 제2항 각 호에 따른 조치를 취하는 경우에는 제182조제1항 각 호의 자에게 제92조제1항 각 호에 규정된 사항에 관한 의견을 법원에 서면으로 제출할 수 있다는 뜻을 통지하여야 한다. (2014.12.30 본조개정)

제98조의2 【관계인설명회】 ① 채무자(보전관리인이 선임되어 있는 경우에는 보전관리인을 포함한다. 이하 이 조에서 같다)는 회생절차의 개시 전에 회생채권자·회생담보권자·주주에게 다음 각 호의 사항에 관하여 설명하기 위하여 관계인설명회를 개최할 수 있다.
1. 채무자의 업무 및 재산에 관한 현황
2. 회생절차의 진행 현황
3. 그 밖에 채무자의 회생에 필요한 사항
② 관리인은 회생절차의 개시 후에 제182조제1항 각 호의 자에게 제92조제1항 각 호에 규정된 사항에 관하여 설명하기 위하여 관계인설명회를 개최할 수 있다.
③ 채무자 또는 관리인은 제1항 또는 제2항의 관계인설명회를 개최한 경우에는 그 결과의 요지를 지체 없이 법원에 보고하여야 한다. (2014.12.30 본조신설)

제99조 【법원의 의견청취】 법원은 제98조제1항에 따른 관리인 보고를 위한 관계인집회에서 다음 각호의 자로부터 관리인 및 조사위원·간이조사위원의 선임, 채무자의 업무 및 재산의 관리, 회생절차를 계속 진행함이 적정한지의 여부 등에 관한 의견을 들어야 한다. (2014.12.30 본조개정)
1. 관리인·조사위원·간이조사위원
2. 채무자
3. 제147조제1항의 규정에 의한 목록에 기재되어 있거나 신고한 회생채권자·회생담보권자·주주·지분권자

제2절 부인권

제100조 【부인할 수 있는 행위】 ① 관리인은 회생절차개시 이후 채무자의 재산을 위하여 다음 각 호의 행위를 부인할 수 있다.
1. 채무자가 회생채권자 또는 회생담보권자를 해하는 것을 알고 한 행위. 다만, 이로 인하여 이익을

받은 자가 그 행위 당시 회생채권자 또는 회생담보권자를 해하는 사실을 알지 못한 경우에는 그러하지 아니하다.

2. 채무자가 지급의 정지, 회생절차개시의 신청 또는 파산의 신청(이하 이 조 내지 제103조에서 "지급의 정지등"이라 한다)이 있은 후에 한 회생채권자 또는 회생담보권자를 해하는 행위와 담보의 제공 또는 채무의 소멸에 관한 행위. 다만, 이로 인하여 이익을 받은 자가 그 행위 당시 지급의 정지등이 있는 것 또는 회생채권자나 회생담보권자를 해하는 사실을 알고 있는 때에 한한다.

3. 채무자가 지급의 정지등이 있은 후 또는 그 전 60일 이내에 한 담보의 제공 또는 채무의 소멸에 관한 행위로서 채무자의 의무에 속하지 아니하거나 그 방법이나 시기가 채무자의 의무에 속하지 아니한 것. 다만, 채권자가 그 행위 당시 채무자가 다른 회생채권자 또는 회생담보권자와의 평등을 해하게 되는 것을 알지 못한 경우(그 행위가 지급의 정지등이 있은 후에 행한 것인 때에는 지급의 정지등이 있은 것도 알지 못한 경우에 한한다)에는 그러하지 아니하다.

4. 채무자가 지급의 정지등이 있은 후 또는 그 전 6월 이내에 한 무상행위 및 이와 동일시할 수 있는 유상행위

② 제1항의 규정은 채무자가 제140조제1항 및 제2항의 청구권에 관하여 그 징수의 권한을 가진 자에 대하여 한 담보의 제공 또는 채무의 소멸에 관한 행위에 관하여는 적용하지 아니한다.

제101조【특수관계인을 상대방으로 한 행위에 대한 특칙】 ① 제100조제1항제2호 단서를 적용하는 경우 이익을 받은 자가 채무자와 대통령령이 정하는 범위의 특수관계에 있는 자(이하 이 조에서 "특수관계인"이라 한다)인 때에는 그 특수관계인이 그 행위 당시 지급의 정지등이 있은 것과 회생채권자 또는 회생담보권자를 해하는 사실을 알고 있었던 것으로 추정한다.

② 제100조제1항제3호의 규정을 적용하는 경우 특수관계인을 상대방으로 하는 행위인 때에는 같은 호 본문에 규정된 "60일"을 "1년"으로 하고, 같은 호 단서를 적용하는 경우에는 그 특수관계인이 그 행위 당시 채무자가 다른 회생채권자 또는 회생담보권자와의 평등을 해하게 되는 것을 알았던 것으로 추정한다.

③ 제100조제1항제4호의 규정을 적용하는 경우 특수관계인을 상대방으로 하는 행위인 때에는 같은 호에 규정된 "6월"을 "1년"으로 한다.

제102조【어음채무지급의 예외】 ① 제100조제1항의 규정은 채무자로부터 어음의 지급을 받은 자가 그 지급을 받지 아니하면 채무자의 1인 또는 여럿에 대한 어음상의 권리를 상실하게 된 경우에는

적용하지 아니한다.

② 제1항의 경우 최종의 상환의무자 또는 어음의 발행을 위탁한 자가 그 발행 당시 지급의 정지등이 있는 것을 알았거나 과실로 인하여 알지 못한 때에는 관리인은 그로 하여금 채무자가 지급한 금액을 상환하게 할 수 있다.

제103조【권리변동의 성립요건 또는 대항요건의 부인】 ① 지급의 정지등이 있은 후 권리의 설정·이전 또는 변경을 제3자에게 대항하기 위하여 필요한 행위를 한 경우 그 행위가 권리의 설정·이전 또는 변경이 있은 날부터 15일을 경과한 후에 지급의 정지등이 있음을 알고 한 것인 때에는 이를 부인할 수 있다. 다만, 가등기 또는 가등록을 한 후 이에 의하여 본등기 또는 본등록을 한 때에는 그러하지 아니하다.

② 제1항의 규정은 권리취득의 효력을 발생하는 등기 또는 등록에 관하여 준용한다.

제104조【집행행위의 부인】 부인권은 부인하고자 하는 행위에 관하여 집행력있는 집행권원이 있는 때 또는 그 행위가 집행행위에 의한 것인 때에도 행사할 수 있다.

제105조【부인권의 행사방법】 ① 부인권은 소, 부인의 청구 또는 항변의 방법으로 관리인이 행사한다.

② 법원은 회생채권자·회생담보권자·주주·지분권자의 신청에 의하거나 직권으로 관리인에게 부인권의 행사를 명할 수 있다.

③ 제1항의 규정에 의한 소와 부인의 청구사건은 회생계속법원의 관할에 전속한다. (2016.12.27 본항개정)

제106조【부인의 청구】 ① 관리인은 부인의 청구를 하는 때에는 그 원인인 사실을 소명하여야 한다.

② 부인의 청구를 인용하거나 그것을 기각하는 재판은 이유를 붙인 결정으로 하여야 한다.

③ 법원은 제2항의 결정을 하는 때에는 상대방을 심문하여야 한다.

④ 법원은 부인의 청구를 인용하는 결정을 한 때에는 그 결정서를 당사자에게 송달하여야 한다.

제107조【부인의 청구를 인용하는 결정에 대한 이의의 소】 ① 부인의 청구를 인용하는 결정에 불복이 있는 자는 그 송달을 받은 날부터 1월 이내에 이의의 소를 제기할 수 있다.

② 제1항의 규정에 의한 기간은 불변기간으로 한다.

③ 제1항의 규정에 의한 소는 회생계속법원의 관할에 전속한다. (2016.12.27 본항개정)

④ 제1항의 규정에 의한 소에 대한 판결에서는 부인의 청구를 인용하는 결정을 인가·변경 또는 취소한다. 다만, 부적법한 것으로 각하하는 때에는 그러하지 아니하다.

⑤ 부인의 청구를 인용하는 결정의 전부 또는 일부

를 인가하는 판결이 확정된 때에는 그 결정(그 판결에서 인가된 부분에 한한다)은 확정판결과 동일한 효력이 있다. 제1항의 소가 같은 항에서 규정한 기간 이내에 제기되지 아니한 때, 취하된 때 또는 각하된 경우의 부인의 청구를 인용하는 결정에 관하여도 또한 같다.

제108조【부인권행사의 효과 등】 ① 부인권의 행사는 채무자의 재산을 원상으로 회복시킨다.
② 제100조제1항제4호의 규정에 의한 행위가 부인된 경우 상대방이 그 행위 당시 지급정지 등을 알지 못한 때에는 이익이 현존하는 한도 안에서 상환하면 된다.
③ 채무자의 행위가 부인된 경우 상대방은 다음 각호의 구분에 따라 권리를 행사할 수 있다.
1. 채무자가 받은 반대급부가 채무자의 재산 중에 현존하는 때에는 그 반대급부의 반환을 청구하는 권리
2. 채무자가 받은 반대급부에 의하여 생긴 이익의 전부가 채무자의 재산 중에 현존하는 때에는 공익채권자로서 현존이익의 반환을 청구하는 권리
3. 채무자가 받은 반대급부에 의하여 생긴 이익이 채무자의 재산 중에 현존하지 아니하는 때에는 회생채권자로서 반대급부의 가액상환을 청구하는 권리
4. 채무자가 받은 반대급부에 의하여 생긴 이익의 일부가 채무자의 재산 중에 현존하는 때에는 공익채권자로서 그 현존이익의 반환을 청구하는 권리와 회생채권자로서 반대급부와 현존이익과의 차액의 상환을 청구하는 권리

제109조【상대방의 채권의 회복】 ① 채무자의 행위가 부인된 경우 상대방이 그가 받은 급부를 반환하거나 그 가액을 상환한 때에는 상대방의 채권은 원상으로 회복된다.
② 채무자의 행위가 회생계획안 심리를 위한 관계인집회가 끝난 후 또는 제240조의 규정에 의한 서면결의에 부치는 결정이 있은 후에 부인된 때에는 제152조제3항의 규정에 불구하고 상대방은 부인된 날부터 1월 이내에 신고를 추후 보완할 수 있다.

제110조【전득자에 대한 부인권】 ① 다음 각호의 어느 하나에 해당하는 경우에는 부인권은 전득자(轉得者)에 대하여도 행사할 수 있다.
1. 전득자가 전득 당시 각각 그 전자(前者)에 대하여 부인의 원인이 있음을 안 때
2. 전득자가 제101조의 규정에 의한 특수관계인인 때. 다만, 전득 당시 각각 그 전자(前者)에 대하여 부인의 원인이 있음을 알지 못한 때에는 그러하지 아니하다.
3. 전득자가 무상행위 또는 그와 동일시할 수 있는 유상행위로 인하여 전득한 경우 각각 그 전자(前者)에 대하여 부인의 원인이 있는 때

② 제108조제2항의 규정은 제1항제3호의 규정에 의하여 부인권이 행사된 경우에 관하여 준용한다.

제111조【지급정지를 안 것을 이유로 하는 부인의 제한】 회생절차개시의 신청이 있은 날부터 1년 전에 한 행위는 지급정지의 사실을 안 것을 이유로 하여 부인하지 못한다.

제112조【부인권행사의 기간】 부인권은 회생절차개시일부터 2년이 경과한 때에는 행사할 수 없다. 제100조제1항 각호의 행위를 한 날부터 10년이 경과한 때에도 또한 같다.

제113조【채권자취소소송 등의 중단】 ① 「민법」 제406조제1항이나 「신탁법」 제8조에 따라 회생채권자가 제기한 소송 또는 파산절차에 의한 부인의 소송이 회생절차개시 당시 계속되어 있는 때에는 소송절차는 중단된다. (2013.5.28 본항개정)
② 제59조제2항 내지 제5항의 규정은 제1항의 경우에 관하여 준용한다. 이 경우 제59조제3항 및 제4항 중 "채무자"는 이를 "회생채권자 또는 파산관재인"으로 본다. (2013.5.28 본항개정)
(2013.5.28 본조제목개정)

제113조의2【신탁행위의 부인에 관한 특칙】 ① 채무자가 「신탁법」에 따라 위탁자로서 한 신탁행위를 부인할 때에는 수탁자, 수익자 또는 그 전득자를 상대방으로 한다.
② 신탁행위가 제100조제1항제1호, 제2호 또는 제3호의 행위에 해당하여 수탁자를 상대방으로 하여 신탁행위를 부인할 때에는 같은 조 제1항제1호 단서, 제2호 단서 또는 제3호 단서를 적용하지 아니한다.
③ 신탁행위가 제100조제1항제1호 또는 제2호의 행위에 해당하여 수익자를 상대방으로 하여 신탁행위를 부인하는 경우 같은 조 제1항제1호 단서 또는 제2호 단서를 적용할 때에는 "이로 인하여 이익을 받은 자"를 부인의 상대방인 수익자로 본다.
④ 관리인은 수익자(수익권의 전득자가 있는 경우에는 그 전득자를 말한다) 전부에 대하여 부인의 원인이 있을 때에만 수탁자에게 신탁재산의 원상회복을 청구할 수 있다. 이 경우 부인의 원인이 있음을 알지 못한 수탁자에게는 현존하는 신탁재산의 범위에서 원상회복을 청구할 수 있다.
⑤ 관리인은 수익권 취득 당시 부인의 원인이 있음을 알고 있는 수익자(전득자가 있는 경우 전득자를 포함한다)에게 그가 취득한 수익권을 채무자의 재산으로 반환할 것을 청구할 수 있다.
⑥ 채무자가 위탁자로서 한 신탁행위가 부인되어 신탁재산이 원상회복된 경우 그 신탁과 관련하여 수탁자와 거래한 선의의 제3자는 그로 인하여 생긴 채권을 원상회복된 신탁재산의 한도에서 공익채권자로서 행사할 수 있다.
(2013.5.28 본조신설)

제3절 법인의 이사등의 책임

제114조【법인의 이사등의 재산에 대한 보전처분】 ① 법원은 법인인 채무자에 대하여 회생절차개시결정이 있는 경우 필요하다고 인정하는 때에는 관리인의 신청에 의하거나 직권으로 채무자의 발기인·이사(「상법」 제401조의2제1항의 규정에 의하여 이사로 보는 자를 포함한다)·감사·검사인 또는 청산인(이하 이 조 내지 제116조에서 "이사등"이라 한다)에 대한 출자이행청구권 또는 이사등의 책임에 기한 손해배상청구권을 보전하기 위하여 이사등의 재산에 대한 보전처분을 할 수 있다.
② 관리인은 제1항의 규정에 의한 청구권이 있음을 알게 된 때에는 법원에 제1항의 규정에 의한 보전처분을 신청하여야 한다.
③ 법원은 긴급한 필요가 있다고 인정하는 때에는 회생절차개시결정 전이라도 채무자(보전관리인이 선임되어 있는 때에는 보전관리인을 말한다)의 신청에 의하거나 직권으로 제1항의 규정에 의한 보전처분을 할 수 있다.
④ 법원은 관리위원회의 의견을 들어 제1항 또는 제3항의 규정에 의한 보전처분을 변경 또는 취소할 수 있다.
⑤ 제1항 또는 제3항의 규정에 의한 보전처분이나 제4항의 규정에 의한 결정에 대하여는 즉시항고를 할 수 있다.
⑥ 제5항의 즉시항고는 집행정지의 효력이 없다.
⑦ 제1항 또는 제3항의 규정에 의한 보전처분이나 제4항의 규정에 의한 결정과 이에 대한 즉시항고에 대한 재판이 있는 때에는 그 결정서를 당사자에게 송달하여야 한다.

제115조【손해배상청구권 등의 조사확정재판】 ① 법원은 법인인 채무자에 대하여 회생절차개시결정이 있는 경우 필요하다고 인정하는 때에는 관리인의 신청에 의하거나 직권으로 이사등에 대한 출자이행청구권이나 이사등의 책임에 기한 손해배상청구권의 존부와 그 내용을 조사확정하는 재판을 할 수 있다.
② 관리인은 제1항의 규정에 의한 청구권이 있음을 알게 된 때에는 법원에 제1항의 규정에 의한 재판을 신청하여야 한다.
③ 관리인은 제1항의 규정에 의한 신청을 하는 때에는 그 원인되는 사실을 소명하여야 한다.
④ 법원은 직권으로 조사확정절차를 개시하는 때에는 그 취지의 결정을 하여야 한다.
⑤ 제1항의 규정에 의한 신청이 있거나 제4항의 규정에 의한 조사확정절차개시결정이 있은 때에는 시효의 중단에 관하여는 재판상의 청구가 있은 것으로 본다.
⑥ 제1항의 규정에 의한 조사확정의 재판과 조사확정의 신청을 기각하는 재판은 이유를 붙인 결정으로 하여야 한다.
⑦ 법원은 제6항의 규정에 의한 결정을 하는 때에는 미리 이해관계인을 심문하여야 한다.
⑧ 조사확정절차(조사확정결정이 있은 후의 것을 제외한다)는 회생절차가 종료한 때에는 종료한다.
⑨ 조사확정결정이 있은 때에는 그 결정서를 당사자에게 송달하여야 한다.

제116조【이의의 소】 ① 제115조제1항의 규정에 의한 조사확정의 재판에 불복이 있는 자는 결정을 송달받은 날부터 1월 이내에 이의의 소를 제기할 수 있다.
② 제1항의 규정에 의한 기간은 불변기간으로 한다.
③ 제1항의 소는 이를 제기하는 자가 이사등인 때에는 관리인을, 관리인인 때에는 이사등을 각각 피고로 하여야 한다.
④ 제1항의 소는 회생계속법원의 관할에 전속하며, 변론은 결정을 송달받은 날부터 1월을 경과한 후가 아니면 개시할 수 없다. (2016.12.27 본항개정)
⑤ 여러 개의 소가 동시에 계속되어 있는 때에는 법원은 변론을 병합하여야 한다.
⑥ 제1항의 규정에 의한 소에 대한 판결에서는 같은 항의 결정을 인가·변경 또는 취소한다. 다만, 부적법한 것으로 각하하는 때에는 그러하지 아니하다.
⑦ 조사확정의 결정을 인가하거나 변경한 판결은 강제집행에 관하여는 이행을 명한 확정판결과 동일한 효력이 있다.

제117조【조사확정재판의 효력】 제116조제1항의 규정에 의한 소가 같은 항의 기간 안에 제기되지 아니하거나 취하된 때 또는 각하된 때에는 조사확정의 재판은 이행을 명한 확정판결과 동일한 효력이 있다.

제4장 회생채권자·회생담보권자·주주·지분권자

제1절 회생채권자·회생담보권자·주주·지분권자의 권리

제118조【회생채권】 다음 각호의 청구권은 회생채권으로 한다.
1. 채무자에 대하여 회생절차개시 전의 원인으로 생긴 재산상의 청구권
2. 회생절차개시 후의 이자
3. 회생절차개시 후의 불이행으로 인한 손해배상금 및 위약금
4. 회생절차참가의 비용

제119조【쌍방미이행 쌍무계약에 관한 선택】 ① 쌍무계약에 관하여 채무자와 그 상대방이 모두 회생절차개시 당시에 아직 그 이행을 완료하지 아니

한 때에는 관리인은 계약을 해제 또는 해지하거나 채무자의 채무를 이행하고 상대방의 채무이행을 청구 할 수 있다. 다만, 관리인은 회생계획안 심리를 위한 관계인집회가 끝난 후 또는 제240조의 규정에 의한 서면결의에 부치는 결정이 있은 후에는 계약을 해제 또는 해지할 수 없다.

② 제1항의 경우 상대방은 관리인에 대하여 계약의 해제나 해지 또는 그 이행의 여부를 확답할 것을 최고할 수 있다. 이 경우 관리인이 그 최고를 받은 후 30일 이내에 확답을 하지 아니하는 때에는 관리인은 제1항의 규정에 의한 해제권 또는 해지권을 포기한 것으로 본다.

③ 법원은 관리인 또는 상대방의 신청에 의하거나 직권으로 제2항의 규정에 의한 기간을 늘이거나 줄일 수 있다.

④ 제1항 내지 제3항의 규정은 단체협약에 관하여는 적용하지 아니한다.

⑤ 제1항에 따라 관리인이 국가를 상대방으로 하는 「방위사업법」 제3조에 따른 방위력개선사업 관련 계약을 해제 또는 해지하고자 하는 경우 방위사업청장과 협의하여야 한다. (2014.5.20 본항신설)

제120조【지급결제제도 등에 대한 특칙】 ① 지급결제의 완결성을 위하여 한국은행총재가 금융위원회와 협의하여 지정한 지급결제제도(이 항에서 "지급결제제도"라고 한다)의 참가자에 대하여 회생절차가 개시된 경우, 그 참가자에 관련된 이체지시 또는 지급 및 이와 관련된 이행, 정산, 차감, 증거금 등 담보의 제공·처분·충당 그 밖의 결제에 관하여는 이 법의 규정에 불구하고 그 지급결제제도를 운영하는 자가 정한 바에 따라 효력이 발생하며 해제, 해지, 취소 및 부인의 대상이 되지 아니한다. 지급결제제도의 지정에 관하여 필요한 구체적인 사항은 대통령령으로 정한다. (2008.2.29 본항개정)

② 「자본시장과 금융투자업에 관한 법률」, 그 밖의 법령에 따라 증권·파생금융거래의 청산결제업무를 수행하는 자 그 밖에 대통령령에서 정하는 자가 운영하는 청산결제제도의 참가자에 대하여 회생절차가 개시된 경우 그 참가자와 관련된 채무의 인수, 정산, 차감, 증거금 그 밖의 담보의 제공·처분·충당 그 밖의 청산결제에 관하여는 이 법의 규정에 불구하고 그 청산결제제도를 운영하는 자가 정한 바에 따라 효력이 발생하며 해제, 해지, 취소 및 부인의 대상이 되지 아니한다. (2007.8.3 본항개정)

③ 일정한 금융거래에 관한 기본적 사항을 정한 하나의 계약(이 항에서 "기본계약"이라 한다)에 근거하여 다음 각호의 거래(이 항에서 "적격금융거래"라고 한다)를 행하는 당사자 일방에 대하여 회생절차가 개시된 경우 적격금융거래의 종료 및 정산에 관하여는 이 법의 규정에 불구하고 기본계약에서 당사자가 정한 바에 따라 효력이 발생하고 해제, 해

지, 취소 및 부인의 대상이 되지 아니하며, 제4호의 거래는 중지명령 및 포괄적 금지명령의 대상이 되지 아니한다. 다만, 채무자가 상대방과 공모하여 회생채권자 또는 회생담보권자를 해할 목적으로 적격금융거래를 행한 경우에는 그러하지 아니하다.

1. 통화, 유가증권, 출자지분, 일반상품, 신용위험, 에너지, 날씨, 운임, 주파수, 환경 등의 가격 또는 이자율이나 이를 기초로 하는 지수 및 그 밖의 지표를 대상으로 하는 선도, 옵션, 스왑 등 파생금융거래로서 대통령령이 정하는 거래

2. 현물환거래, 유가증권의 환매거래, 유가증권의 대차거래 및 담보콜거래

3. 제1호 내지 제2호의 거래가 혼합된 거래

4. 제1호 내지 제3호의 거래에 수반되는 담보의 제공·처분·충당

제121조【쌍방미이행 쌍무계약의 해제 또는 해지】 ① 제119조의 규정에 의하여 계약이 해제 또는 해지된 때에는 상대방은 손해배상에 관하여 회생채권자로서 그 권리를 행사할 수 있다.

② 제1항의 규정에 의한 해제 또는 해지의 경우 채무자가 받은 반대급부가 채무자의 재산 중에 현존하는 때에는 상대방은 그 반환을 청구할 수 있으며, 현존하지 아니하는 때에는 상대방은 그 가액의 상환에 관하여 공익채권자로서 그 권리를 행사할 수 있다.

제122조【계속적 급부를 목적으로 하는 쌍무계약】 ① 채무자에 대하여 계속적 공급의무를 부담하는 쌍무계약의 상대방은 회생절차개시신청 전의 공급으로 발생한 회생채권 또는 회생담보권을 변제하지 아니함을 이유로 회생절차개시신청 후 그 의무의 이행을 거부할 수 없다.

② 제1항의 규정은 단체협약에 관하여는 적용하지 아니한다.

제123조【개시 후의 환어음의 인수 등】 ① 환어음의 발행인 또는 배서인인 채무자에 관하여 회생절차가 개시된 경우 지급인 또는 예비지급인이 그 사실을 알지 못하고 인수 또는 지급을 한 때에는 그 지급인 또는 예비지급인은 이로 인하여 생긴 채권에 관하여 회생채권자로서 그 권리를 행사할 수 있다.

② 제1항의 규정은 수표와 금전 그 밖의 물건 또는 유가증권의 지급을 목적으로 하는 유가증권에 관하여 준용한다.

③ 제68조의 규정은 제1항 및 제2항의 적용에 관하여 준용한다.

제124조【임대차계약 등】 ① 임대인인 채무자에 대하여 회생절차가 개시된 때에는 차임의 선급 또는 차임채권의 처분은 회생절차가 개시된 때의 당기(當期)와 차기(次期)에 관한 것을 제외하고는 회생절차의 관계에서는 그 효력을 주장할 수 없다.

② 제1항의 규정에 의하여 회생절차의 관계에서 그 효력을 주장하지 못함으로 인하여 손해를 받은 자는 회생채권자로서 손해배상청구권을 행사할 수 있다.
③ 제1항 및 제2항의 규정은 지상권에 관하여 준용한다.
④ 임대인인 채무자에 관하여 회생절차가 개시된 경우 임차인이 다음 각호의 어느 하나에 해당하는 때에는 제119조의 규정을 적용하지 아니한다.
1. 「주택임대차보호법」 제3조(대항력 등)제1항의 대항요건을 갖춘 때
2. 「상가건물 임대차보호법」 제3조(대항력 등)의 대항요건을 갖춘 때

제125조【상호계산】 ① 상호계산은 당사자의 일방에 관하여 회생절차가 개시된 때에는 종료한다. 이 경우 각 당사자는 계산을 폐쇄하고 잔액의 지급을 청구할 수 있다.
② 채무자의 상대방이 갖게 된 제1항의 규정에 의한 청구권은 회생채권으로 한다.

제126조【채무자가 다른 자와 더불어 전부의 이행을 할 의무를 지는 경우】 ① 여럿이 각각 전부의 이행을 하여야 하는 의무를 지는 경우 그 전원 또는 일부에 관하여 회생절차가 개시된 때에는 채권자는 회생절차개시 당시 가진 채권의 전액에 관하여 각 회생절차에서 회생채권자로서 그 권리를 행사할 수 있다.
② 제1항의 경우에 다른 전부의 이행을 할 의무를 지는 자가 회생절차 개시 후에 채권자에 대하여 변제 그 밖에 채무를 소멸시키는 행위(이하 이 조에서 "변제 등"이라고 한다)를 한 때라도 그 채권의 전액이 소멸한 경우를 제외하고는 그 채권자는 회생절차의 개시시에 가지는 채권의 전액에 관하여 그 권리를 행사할 수 있다.
③ 제1항의 경우에 채무자에 대하여 장래에 행사할 가능성이 있는 구상권을 가진 자는 그 전액에 관하여 회생절차에 참가할 수 있다. 다만, 채권자가 회생절차개시시에 가지는 채권 전액에 관하여 회생절차에 참가한 때에는 그러하지 아니하다.
④ 제1항의 규정에 의하여 채권자가 회생절차에 참가한 경우 채무자에 대하여 장래에 행사할 가능성이 있는 구상권을 가지는 자가 회생절차 개시 후에 채권자에 대한 변제 등으로 그 채권의 전액이 소멸한 경우에는 그 구상권의 범위 안에서 채권자가 가진 권리를 행사할 수 있다.
⑤ 제2항 내지 제4항의 규정은 채무자의 채무를 위하여 담보를 제공한 제3자가 채권자에게 변제 등을 하거나 채무에 대하여 장래에 행사할 가능성이 있는 구상권을 가지는 경우에 준용한다.

제127조【채무자가 보증채무를 지는 경우】 보증인인 채무자에 관하여 회생절차가 개시된 때에는 채권자는 회생절차개시 당시 가진 채권의 전액에 관하여 회생채권자로서 권리를 행사할 수 있다.

제128조【법인의 채무에 대해 무한의 책임을 지는 자에 대하여 회생절차가 개시된 경우의 절차 참가】 법인의 채무에 대하여 무한의 책임을 지는 자에 관하여 회생절차 개시의 결정이 있는 경우에 해당 법인의 채권자는 회생절차개시시에 가진 채권 전액에 관하여 회생절차에 참가할 수 있다.

제129조【법인의 채무에 대해 유한책임을 지는 자에 대하여 회생절차가 개시된 경우의 절차 참가 등】 ① 법인의 채무에 관하여 유한책임을 지는 사원에 대하여 회생절차개시의 결정이 있는 경우에 법인의 채권자는 회생절차에 참가할 수 없다.
② 법인에 대하여 회생절차개시의 결정이 있는 경우에 법인의 채권자는 법인의 채무에 관하여 유한의 책임을 지는 사원에 대하여 그 권리를 행사할 수 없다.

제130조【일부보증의 경우】 제126조 및 제127조의 규정은 여럿의 보증인이 각각 채무의 일부를 부담하는 경우 그 부담부분에 관하여 준용한다.

제131조【회생채권의 변제금지】 회생채권에 관하여는 회생절차가 개시된 후에는 이법에 특별한 규정이 있는 경우를 제외하고는 회생계획에 규정된 바에 따르지 아니하고는 변제하거나 변제받는 등 이를 소멸하게 하는 행위(면제를 제외한다)를 하지 못한다. 다만, 관리인이 법원의 허가를 받아 변제하는 경우와 제140조제2항의 청구권에 해당하는 경우로서 다음 각호의 어느 하나에 해당하는 경우에는 그러하지 아니하다.
1. 그 체납처분이나 담보물권의 처분 또는 그 속행이 허용되는 경우
2. 체납처분에 의한 압류를 당한 채무자의 채권(압류의 효력이 미치는 채권을 포함한다)에 관하여 그 체납처분의 중지 중에 제3채무자가 징수의 권한을 가진 자에게 임의로 이행하는 경우

제132조【회생채권의 변제허가】 ① 채무자의 거래상대방인 중소기업자가 그가 가지는 소액채권을 변제받지 아니하면 사업의 계속에 지장을 초래할 우려가 있는 때에는 법원은 회생계획인가결정 전이라도 관리인·보전관리인 또는 채무자의 신청에 의하여 그 전부 또는 일부의 변제를 허가할 수 있다. (2016.5.29 본항개정)
② 법원은 회생채권의 변제가 채무자의 회생을 위하여 필요하다고 인정하는 때에는 회생계획인가결정 전이라도 관리인·보전관리인 또는 채무자의 신청에 의하여 그 전부 또는 일부의 변제를 허가할 수 있다. (2016.5.29 본항개정)
③ 법원은 제1항 및 제2항의 규정에 의한 허가를 함에 있어서는 관리위원회 및 채권자협의회의 의견을 들어야 하며, 채무자와 채권자의 거래상황, 채무자의 자산상태, 이해관계인의 이해 등 모든 사정을

참작하여야 한다.

제133조【회생채권자의 권리】 ① 회생채권자는 그가 가진 회생채권으로 회생절차에 참가할 수 있다. ② 회생채권자는 제134조 내지 제138조에 규정된 채권에 관하여는 그 규정에 의하여 산정한 금액에 따라, 그 밖의 채권에 관하여는 그 채권액에 따라 의결권을 가진다.

제134조【이자없는 기한부채권】 기한이 회생절차개시 후에 도래하는 이자없는 채권은 회생절차가 개시될 때부터 기한에 이르기까지의 법정이율에 의한 이자와 원금의 합계가 기한 도래 당시의 채권액이 되도록 계산한 다음 그 채권액에서 그 이자를 공제한 금액으로 한다.

제135조【정기금채권】 제134조는 금액과 존속기간이 확정되어 있는 정기금채권에 준용한다.

제136조【이자없는 불확정기한채권 등】 기한이 불확정한 이자없는 채권은 회생절차가 개시된 때의 평가금액으로 한다. 정기금채권의 금액 또는 존속기간이 불확정한 때에도 또한 같다.

제137조【비금전채권 등】 채권의 목적이 금전이 아니거나 그 액이 불확정한 때와 외국의 통화로서 정하여진 때에는 회생절차가 개시된 때의 평가금액으로 한다.

제138조【조건부채권과 장래의 청구권】 ① 조건부채권은 회생절차가 개시된 때의 평가금액으로 한다. ② 제1항의 규정은 채무자에 대하여 행사할 수 있는 장래의 청구권에 관하여 준용한다.

제139조【우선권의 기간의 계산】 일정한 기간 안의 채권액에 관하여 우선권이 있는 때에는 그 기간은 회생절차가 개시된 때부터 소급하여 계산한다.

제140조【벌금·조세 등의 감면】 ① 회생절차개시 전의 벌금·과료·형사소송비용·추징금 및 과태료의 청구권에 관하여는 회생계획에서 감면 그 밖의 권리에 영향을 미치는 내용을 정하지 못한다. ② 회생계획에서「국세징수법」또는「지방세징수법」에 의하여 징수할 수 있는 청구권(국세징수의 예에 의하여 징수할 수 있는 청구권으로서 그 징수우선순위가 일반 회생채권보다 우선하는 것을 포함한다)에 관하여 3년 이하의 기간 동안 징수를 유예하거나 체납처분에 의한 재산의 환가를 유예하는 내용을 정하는 때에는 징수의 권한을 가진 자의 의견을 들어야 한다. (2010.3.31., 2016.12.27 본항개정) ③ 회생계획에서 제2항의 규정에 의한 청구권에 관하여 3년을 초과하는 기간 동안 징수를 유예하거나 체납처분에 의한 재산의 환가를 유예하는 내용을 정하거나, 채무의 승계, 조세의 감면 또는 그 밖에 권리에 영향을 미치는 내용을 정하는 때에는 징수의 권한을 가진 자의 동의를 얻어야 한다. ④ 제2항의 규정에 의한 청구권에 관하여 징수의 권한을 가진 자는 제3항의 규정에 의한 동의를 할

수 있다. ⑤ 제2항 및 제3항의 규정에 의하여 징수를 유예하거나 체납처분에 의한 재산의 환가를 유예하는 기간 중에는 시효는 진행하지 아니한다.

제141조【회생담보권자의 권리】 ① 회생채권이나 회생절차개시 전의 원인으로 생긴 채무자 외의 자에 대한 재산상의 청구권으로서 회생절차개시 당시 채무자의 재산상에 존재하는 유치권·질권·저당권·양도담보권·가등기담보권·「동산·채권 등의 담보에 관한 법률」에 따른 담보권·전세권 또는 우선특권으로 담보된 범위의 것은 회생담보권으로 한다. 다만, 이자 또는 채무불이행으로 인한 손해배상이나 위약금의 청구권에 관하여는 회생절차개시결정 전날까지 생긴것에 한한다. (2010.6.10 본항개정) ② 제126조 내지 제131조 및 제139조의 규정은 회생담보권에 관하여 준용한다. ③ 회생담보권자는 그가 가진 회생담보권으로 회생절차에 참가할 수 있다. ④ 회생담보권자는 그 채권액 중 담보권의 목적의 가액(선순위의 담보권이 있는 때에는 그 담보권으로 담보된 채권액을 담보권의 목적의 가액으로부터 공제한 금액을 말한다. 이하 이 조에서 같다)을 초과하는 부분에 관하여는 회생채권자로서 회생절차에 참가할 수 있다. ⑤ 회생담보권자는 그 담보권의 목적의 가액에 비례하여 의결권을 가진다. 다만, 피담보채권액이 담보권의 목적의 가액보다 적은 때에는 그 피담보채권액에 비례하여 의결권을 가진다. ⑥ 제133조제2항 및 제134조 내지 제138조의 규정은 회생담보권자의 의결권에 관하여 준용한다.

제142조【대리위원】 ① 회생채권자·회생담보권자·주주·지분권자는 법원의 허가를 받아 공동으로 또는 각각 1인 또는 여럿의 대리위원을 선임할 수 있다. ② 대리위원의 권한은 서면으로 증명하여야 한다. ③ 대리위원은 그를 선임한 회생채권자·회생담보권자·주주·지분권자를 위하여 회생절차에 관한 모든 행위를 할 수 있다. ④ 대리위원이 여럿인 때에는 공동으로 그 권한을 행사한다. 그러나 제3자의 의사표시는 그중 1인에 대하여 하면 된다. ⑤ 법원은 대리위원의 권한의 행사가 현저하게 불공정하다고 인정하는 때에는 제1항의 규정에 의한 허가를 취소할 수 있다. ⑥ 회생채권자·회생담보권자·주주·지분권자는 대리위원을 해임한 때에는 지체 없이 그 사실을 법원에 신고하여야 한다.

제143조【수탁회사】 ①「담보부사채신탁법」의 규정에 의한 수탁회사는 사채권자집회의 결의에 의

하여 총사채권자를 위하여 회생채권 또는 회생담보
권의 신고, 의결권의 행사 그 밖의 회생절차에 관한
모든 행위를 할 수 있다.
② 수탁회사가 총사채권자를 위하여 제1항의 규정
에 의한 행위를 하는 때에는 각각의 사채권자를 표
시하지 아니할 수 있다.

제144조【상계권】 ① 회생채권자 또는 회생담보
권자가 회생절차개시 당시 채무자에 대하여 채무를
부담하는 경우 채권과 채무의 쌍방이 신고기간만료
전에 상계할 수 있게 된 때에는 회생채권자 또는
회생담보권자는 그 기간 안에 한하여 회생절차에
의하지 아니하고 상계할 수 있다. 채무가 기한부인
때에도 같다.
② 회생채권자 또는 회생담보권자의 회생절차개시
후의 차임채무에 관하여는 당기(當期)와 차기(次
期)의 것에 한하여 제1항의 규정에 의하여 상계할
수 있다. 다만, 보증금이 있는 때에는 그 후의 차임
채무에 관하여도 상계할 수 있다.
③ 제2항의 규정은 지료(地料)에 관하여 준용한다.

제145조【상계의 금지】 다음 각호의 어느 하나
에 해당하는 때에는 상계하지 못한다.
1. 회생채권자 또는 회생담보권자가 회생절차개시
   후에 채무자에 대하여 채무를 부담한 때
2. 회생채권자 또는 회생담보권자가 지급의 정지,
   회생절차개시의 신청 또는 파산의 신청이 있음
   을 알고 채무자에 대하여 채무를 부담한 때. 다
   만, 다음 각목의 어느 하나에 해당하는 때를 제
   외한다.
   가. 그 부담이 법률에 정한 원인에 기한 때
   나. 회생채권자 또는 회생담보권자가 지급의 정
       지, 회생절차개시의 신청 또는 파산의 신청
       이 있은 것을 알기 전에 생긴 원인에 의한 때
   다. 회생절차개시시점 및 파산선고시점 중 가장
       이른 시점보다 1년 이상 전에 생긴 원인에
       의한 때
3. 회생절차가 개시된 채무자의 채무자가 회생절차
   개시 후에 타인의 회생채권 또는 회생담보권을
   취득한 때
4. 회생절차가 개시된 채무자의 채무자가 지급의
   정지, 회생절차개시의 신청 또는 파산의 신청이
   있음을 알고 회생채권 또는 회생담보권을 취득
   한 때. 다만, 제2호 각목의 어느 하나에 해당하는
   때를 제외한다.

제146조【주주·지분권자의 권리】 ① 주주·지
분권자는 그가 가진 주식 또는 출자지분으로 회생
절차에 참가할 수 있다.
② 주주·지분권자는 그가 가진 주식 또는 출자지
분의 수 또는 액수에 비례하여 의결권을 가진다.
③ 회생절차의 개시 당시 채무자의 부채총액이 자
산총액을 초과하는 때에는 주주·지분권자는 의결

권을 가지지 아니한다. 다만, 제282조의 규정에 의
한 회생계획의 변경계획안을 제출할 당시 채무자의
자산총액이 부채총액을 초과하는 때에는 그러하지
아니하다.
④ 제282조의 규정에 의한 회생계획의 변경계획안
을 제출할 당시 채무자의 부채총액이 자산총액을
초과하는 때에는 주주·지분권자는 그 변경계획안
에 대하여 의결권을 가지지 아니한다.

제2절　회생채권자·회생담보권자·주주·지분권자의 목록작성 및 신고

제147조【회생채권자·회생담보권자·주주·지
분권자의 목록】 ① 관리인은 회생채권자의 목록,
회생담보권자의 목록과 주주·지분권자의 목록(이
편에서 "목록"이라 한다)을 작성하여 제50조제1항
제1호에 따른 기간 안에 제출하여야 한다.
(2014.12.30 본항개정)
② 목록에는 다음 각호의 사항을 기재하여야 한다.
1. 회생채권자의 목록
   가. 회생채권자의 성명과 주소
   나. 회생채권의 내용과 원인
   다. 의결권의 액수
   라. 일반의 우선권 있는 채권이 있는 때에는 그 뜻
2. 회생담보권자의 목록
   가. 회생담보권자의 성명 및 주소
   나. 회생담보권의 내용 및 원인, 담보권의 목적
       및 그 가액, 회생절차가 개시된 채무자 외의
       자가 채무자인 때에는 그 성명 및 주소
   다. 의결권의 액수
3. 주주·지분권자의 목록
   가. 주주·지분권자의 성명 및 주소
   나. 주식 또는 출자지분의 종류 및 수
③ 법원은 신고기간 동안 이해관계인이 목록을 열
람할 수 있도록 하여야 한다.
④ 관리인은 신고기간의 말일까지 대법원규칙이 정
하는 바에 따라 법원의 허가를 받아 목록에 기재된
사항을 변경 또는 정정할 수 있다.

제148조【회생채권의 신고】 ① 회생절차에 참가
하고자 하는 회생채권자는 신고기간 안에 다음 각
호의 사항을 법원에 신고하고 증거서류 또는 그 등
본이나 초본을 제출하여야 한다.
1. 성명 및 주소
2. 회생채권의 내용 및 원인
3. 의결권의 액수
4. 일반의 우선권 있는 채권인 때에는 그 뜻
② 회생채권 중에서 일반의 우선권 있는 부분은 따
로 신고하여야 한다.
③ 회생채권에 관하여 회생절차개시 당시 소송이
계속되는 때에는 회생채권자는 제1항 및 제2항에

규정된 사항 외에 법원·당사자·사건명 및 사건번호를 신고하여야 한다.

제149조 【회생담보권의 신고】 ① 회생절차에 참가하고자 하는 회생담보권자는 신고기간 안에 다음 각호의 사항을 법원에 신고하고 증거서류 또는 그 등본이나 초본을 제출하여야 한다.
1. 성명 및 주소
2. 회생담보권의 내용 및 원인
3. 회생담보권의 목적 및 그 가액
4. 의결권의 액수
5. 회생절차가 개시된 채무자 외의 자가 채무자인 때에는 그 성명 및 주소
② 제148조제3항의 규정은 제1항의 경우에 관하여 준용한다.

제150조 【주식 또는 출자지분의 신고】 ① 회생절차에 참가하고자 하는 주주·지분권자는 신고기간 안에 다음 각호의 사항을 법원에 신고하고 주권 또는 출자지분증서 그 밖의 증거서류 또는 그 등본이나 초본을 제출하여야 한다.
1. 성명 및 주소
2. 주식 또는 출자지분의 종류 및 수 또는 액수
② 법원은 기간을 정하여 주주명부를 폐쇄할 수 있다. 이 경우 그 기간은 2월을 넘기 못한다.
③ 제148조제3항의 규정은 제1항의 경우에 관하여 준용한다.

제151조 【신고의 의제】 목록에 기재된 회생채권·회생담보권·주식 또는 출자지분은 제148조 내지 제150조의 규정에 의하여 신고된 것으로 본다.

제152조 【신고의 추후 보완】 ① 회생채권자 또는 회생담보권자는 그 책임을 질 수 없는 사유로 인하여 신고기간 안에 신고를 하지 못한 때에는 그 사유가 끝난 후 1월 이내에 그 신고를 보완할 수 있다.
② 제1항의 규정에 의한 기간은 불변기간으로 한다.
③ 제1항의 규정에 의한 신고는 다음 각호의 어느 하나에 해당하는 때에는 하지 못한다.
1. 회생계획안심리를 위한 관계인집회가 끝난 후
2. 회생계획안을 제240조의 규정에 의한 서면결의에 부친다는 결정이 있은 후
④ 제1항 내지 제3항의 규정은 회생채권자 또는 회생담보권자가 그 책임을 질 수 없는 사유로 인하여 신고한 사항에 관하여 다른 회생채권자 또는 회생담보권자의 이익을 해하는 내용으로 변경하는 경우에 관하여 준용한다.

제153조 【신고기간 경과 후 생긴 회생채권 등의 신고】 ① 신고기간이 경과한 후에 생긴 회생채권과 회생담보권에 관하여는 그 권리가 발생한 후 1월 이내에 신고하여야 한다.
② 제152조제2항 내지 제4항의 규정은 제1항의 규정에 의한 신고에 관하여 준용한다.

제154조 【명의의 변경】 ① 목록에 기재되거나 신고된 회생채권 또는 회생담보권을 취득한 자는 신고기간이 경과한 후에도 신고명의를 변경할 수 있다.
② 제1항의 규정에 의한 명의변경을 하고자 하는 자는 다음 각호의 사항을 법원에 신고하고 증거서류 또는 그 등본이나 초본을 제출하여야 한다.
1. 성명 및 주소
2. 취득한 권리와 그 취득의 일시 및 원인

제155조 【주식 또는 출자지분의 추가신고】 ① 법원은 상당하다고 인정하는 때에는 신고기간이 경과한 후 다시 기간을 정하여 주식 또는 출자지분의 추가신고를 하게 할 수 있다. 이 경우 법원은 그 뜻을 공고하고, 다음 각호의 자에게 그 뜻을 기재한 서면을 송달하여야 한다.
1. 관리인
2. 채무자
3. 알고 있는 주주·지분권자로서 신고를 하지 아니한 자
② 제162조 내지 제165조의 규정은 제1항의 경우에 관하여 준용한다.

제156조 【벌금·조세 등의 신고】 ① 제140조제1항 및 제2항의 청구권을 가지고 있는 자는 지체 없이 그 액 및 원인과 담보권의 내용을 법원에 신고하여야 한다.
② 제167조제1항의 규정은 제1항의 규정에 의하여 신고된 청구권에 관하여 준용한다.

제157조 【회생절차개시 전의 벌금 등에 대한 불복】 ① 관리인은 제156조제1항의 규정에 의하여 신고된 청구권의 원인이 행정심판, 소송 그 밖의 불복이 허용되는 처분인 때에는 그 청구권에 관하여 채무자가 할 수 있는 방법으로 불복을 신청할 수 있다.
② 제172조, 제175조 및 제176조제1항의 규정은 제1항에 의한 불복의 신청에 관하여 준용한다.

제3절 회생채권·회생담보권 등의 조사 및 확정

제158조 【회생채권자표·회생담보권자표와 주주·지분권자표】 법원사무관등은 목록에 기재되거나 신고된 회생채권, 회생담보권, 주식 또는 출자지분에 대하여 회생채권자표·회생담보권자표와 주주·지분권자표를 작성하여 권리의 성질에 따라 분류하고 각각 다음 각호의 사항을 기재하여야 한다.
1. 회생채권자표
   가. 회생채권자의 성명과 주소
   나. 회생채권의 내용과 원인
   다. 의결권의 액수
   라. 일반의 우선권이 있는 채권이 있는 때에는 그 뜻
2. 회생담보권자표

가. 회생담보권자의 성명과 주소

나. 회생담보권의 내용 및 원인, 담보권의 목적 및 그 가액, 채무자 외의 자가 채무자인 때에는 그 성명 및 주소

다. 의결권의 액수

3. 주주·지분권자표

가. 주주·지분권자의 성명 및 주소

나. 주식 또는 출자지분의 종류와 수 또는 액수

제159조【등본의 교부】 법원사무관등은 회생채권자표·회생담보권자표와 주주·지분권자표의 등본을 관리인에게 교부하여야 한다.

제160조【조사기간 동안의 서류열람】 다음 각호의 서류는 조사기간 동안 이해관계인의 열람을 위하여 법원에 비치하여야 한다.

1. 목록

2. 신고 및 이의에 관한 서류

3. 회생채권자표·회생담보권자표와 주주·지분권자표

제161조【회생채권 및 회생담보권에 대한 이의 등】 ① 다음 각호의 자는 조사기간 안에 목록에 기재되거나 신고된 회생채권 및 회생담보권에 관하여 서면으로 법원에 이의를 제출할 수 있다.

1. 관리인

2. 채무자

3. 목록에 기재되거나 신고된 회생채권자·회생담보권자·주주·지분권자

② 조사기간을 변경하는 결정을 한 때에는 법원은 그 결정서를 제1항 각호의 자에게 송달하여야 한다.

③ 제2항의 규정에 의한 송달은 서류를 우편으로 발송하여 할 수 있다.

제162조【신고기간 후에 신고된 회생채권 및 회생담보권의 조사】 법원은 제152조제1항 및 제153조제1항의 규정에 의하여 신고된 회생채권 및 회생담보권을 조사하기 위한 특별기일(이하 "특별조사기일"이라 한다)을 정하여야 한다. 이 경우 조사비용은 그 회생채권자 또는 회생담보권자의 부담으로 한다.

제163조【특별조사기일의 송달】 법원은 특별조사기일을 정하는 결정을 한 때에는 그 결정서를 다음 각호의 자에게 송달하여야 한다.

1. 관리인

2. 채무자

3. 목록에 기재되거나 신고된 회생채권자·회생담보권자·주주·지분권자

제164조【관계인의 출석】 ① 개인인 채무자 또는 개인이 아닌 채무자의 대표자는 특별조사기일에 출석하여 의견을 진술하여야 한다. 다만, 정당한 사유가 있는 때에는 대리인을 출석하게 할 수 있다.

② 목록에 기재되거나 신고된 회생채권자·회생담보권자·주주·지분권자나 그 대리인은 특별조사기일에 출석하여 다른 회생채권 또는 회생담보권에 관하여 이의를 할 수 있다.

③ 제1항 및 제2항의 규정에 의한 대리인은 대리권을 증명하는 서면을 제출하여야 한다.

제165조【관리인의 출석】 특별조사기일에 관리인이 출석하지 아니한 때에는 회생채권과 회생담보권을 조사하지 못한다.

제166조【회생채권 및 회생담보권 등의 확정】 조사기간 안에 또는 특별조사기일에 관리인·회생채권자·회생담보권자·주주·지분권자의 이의가 없는 때에는 다음 각호의 권리의 내용과 의결권의 액수가 확정되며, 우선권 있는 채권에 관하여는 우선권 있는 것이 확정된다.

1. 신고된 회생채권 및 회생담보권

2. 신고된 회생채권 또는 회생담보권이 없는 때에는 관리인이 제출한 목록에 기재되어 있는 회생채권 또는 회생담보권

제167조【회생채권자표 및 회생담보권자표에의 기재】 ① 법원사무관등은 회생채권 및 회생담보권에 대한 조사결과를 회생채권자표 및 회생담보권자표에 기재하여야 한다. 채무자가 제출한 이의도 또한 같다.

② 법원사무관등은 확정된 회생채권 및 회생담보권의 증서에 확정된 뜻을 기재하고 법원의 인(印)을 찍어야 한다.

③ 법원사무관등은 회생채권자 또는 회생담보권자의 청구에 의하여 그 권리에 관한 회생채권자표 또는 회생담보권자표의 초본을 교부하여야 한다.

제168조【기재의 효력】 확정된 회생채권 및 회생담보권을 회생채권자표 및 회생담보권자표에 기재한 때에는 그 기재는 회생채권자·회생담보권자·주주·지분권자 전원에 대하여 확정판결과 동일한 효력이 있다.

제169조【이의의 통지】 회생채권 또는 회생담보권에 관하여 이의가 있는 때에는 법원은 이를 그 권리자에게 통지하여야 한다.

제170조【회생채권 및 회생담보권 조사확정의 재판】 ① 목록에 기재되거나 신고된 회생채권 및 회생담보권에 관하여 관리인·회생채권자·회생담보권자·주주·지분권자가 이의를 한 때에는 그 회생채권 또는 회생담보권(이하 이 편에서 "이의채권"이라 한다)을 보유한 권리자는 그 권리의 확정을 위하여 이의자 전원을 상대방으로 하여 법원에 채권조사확정의 재판(이하 이 편에서 "채권조사확정재판"이라 한다)을 신청할 수 있다. 다만, 제172조 및 제174조의 경우에는 그러하지 아니하다.

② 제1항 본문의 규정에 의한 신청은 조사기간의 말일 또는 특별조사기일부터 1월 이내에 하여야 한다.

③ 채권조사확정재판에서는 이의채권의 존부 또는

그 내용을 정한다.

④ 법원은 채권조사확정재판을 하는 때에는 이의자를 심문하여야 한다.

⑤ 법원은 채권조사확정재판의 결정서를 당사자에게 송달하여야 한다.

제171조【채권조사확정재판에 대한 이의의 소】
① 채권조사확정재판에 불복하는 자는 그 결정서의 송달을 받은 날부터 1월 이내에 이의의 소를 제기할 수 있다.

② 제1항의 소는 회생계속법원의 관할에 전속한다. (2016.12.27 본항개정)

③ 제1항의 소를 제기하는 자가 이의채권을 보유하는 권리자인 때에는 이의자 전원을 피고로 하고, 이의자인 때에는 그 회생채권자 또는 회생담보권자를 피고로 하여야 한다.

④ 제1항의 소의 변론은 결정서를 송달받은 날부터 1월을 경과한 후가 아니면 개시할 수 없다.

⑤ 동일한 이의채권에 관하여 여러 개의 소가 계속되어 있는 때에는 법원은 변론을 병합하여야 한다.

⑥ 제1항의 소에 대하여 법원은 그 소가 부적법하여 각하하는 경우를 제외하고는 채권조사확정재판을 인가하거나 변경하는 판결을 하여야 한다.

제172조【이의채권에 관한 소송의 수계】 ① 회생절차개시 당시 이의채권에 관하여 소송이 계속하는 경우 회생채권자 또는 회생담보권자가 그 권리의 확정을 구하고자 하는 때에는 이의자 전원을 그 소송의 상대방으로 하여 소송절차를 수계하여야 한다.

② 제167조제3항 및 제170조제2항의 규정은 제1항의 규정에 의하여 소송절차를 수계하기 위한 신청에 관하여 준용한다.

제173조【주장의 제한】 회생채권자 또는 회생담보권자는 채권조사확정재판, 제171조제1항의 규정에 의한 채권조사확정재판에 대한 이의의 소 및 제172조제1항의 규정에 의하여 수계한 소송절차에서 이의채권의 원인 및 내용에 관하여 회생채권자표 및 회생담보권자표에 기재된 사항만을 주장할 수 있다.

제174조【집행력있는 집행권원이 있는 채권 등에 대한 이의】 ① 이의채권중 집행력있는 집행권원 또는 종국판결이 있는 것에 대하여는 이의자는 채무자가 할 수 있는 소송절차에 의하여서만 이의를 주장할 수 있다.

② 회생절차개시 당시 제1항의 규정에 의한 회생채권 또는 회생담보권에 관하여 법원에 소송이 계속되는 경우 이의자가 같은 항의 규정에 의한 이의를 주장하고자 하는 때에는 이의자는 그 회생채권 또는 회생담보권을 보유한 회생채권자 또는 회생담보권자를 상대방으로 하여 소송절차를 수계하여야 한다.

③ 제170조제2항의 규정은 제1항의 규정에 의한 이의의 주장 또는 제2항의 규정에 의한 수계에 대하여 준용하고, 제171조제4항 및 제5항과 제173조의 규정은 제1항 및 제2항에 관하여 준용한다. 이 경우 제171조제4항중 "결정서를 송달받은 날부터 1월"은 "이의채권에 관계되는 조사기간의 말일 또는 특별조사기일부터 1월의 불변기간"으로 본다.

④ 제3항의 규정에 의하여 준용하는 제170조제2항의 규정에 의한 기간 안에 제1항의 규정에 의한 이의의 주장이나 제2항의 규정에 의한 수계가 행하여지지 아니한 경우 이의자가 회생채권자 또는 회생담보권자인 때에는 제161조제1항 또는 제164조제2항의 규정에 의한 이의는 없었던 것으로 보며, 이의자가 관리인인 때에는 관리인이 그 회생채권 또는 회생담보권을 인정한 것으로 본다.

제175조【회생채권 및 회생담보권의 확정에 관한 소송결과의 기재】 법원사무관등은 관리인·회생채권자 또는 회생담보권자의 신청에 의하여 회생채권 또는 회생담보권의 확정에 관한 소송결과(채권조사확정재판에 대한 이의의 소가 제171조제1항의 규정에 의한 기간 안에 제기되지 아니하거나 각하된 때에는 그 재판의 내용을 말한다)를 회생채권자표 및 회생담보권자표에 기재하여야 한다.

제176조【회생채권 및 회생담보권의 확정에 관한 소송의 판결 등의 효력】 ① 회생채권 및 회생담보권의 확정에 관한 소송에 대한 판결은 회생채권자·회생담보권자·주주·지분권자 전원에 대하여 그 효력이 있다.

② 채권조사확정재판에 대한 이의의 소가 제171조제1항의 규정에 의한 기간 안에 제기되지 아니하거나 각하된 때에는 그 재판은 회생채권자·회생담보권자·주주·지분권자 전원에 대하여 확정판결과 동일한 효력이 있다.

제177조【소송비용의 상환】 채무자의 재산이 회생채권 또는 회생담보권의 확정에 관한 소송(채권조사확정재판을 포함한다)으로 이익을 받은 때에는 이의를 주장한 회생채권자 또는 회생담보권자, 주주·지분권자는 그 이익의 한도 안에서 공익채권자로서 소송비용의 상환을 청구할 수 있다.

제178조【회생채권 또는 회생담보권 확정소송의 목적의 가액】 회생채권 또는 회생담보권의 확정에 관한 소송의 목적의 가액은 회생계획으로 얻을 이익의 예정액을 표준으로 하여 회생계속법원이 정한다. (2016.12.27 본조개정)

제4절 공익채권과 개시후기타채권

제179조【공익채권이 되는 청구권】 ① 다음 각호의 어느 하나에 해당하는 청구권은 공익채권으로 한다. (2006.12.30., 2007.12.31., 2009.10.21., 2014.5.20.,

2016.5.29 본항개정)
1. 회생채권자, 회생담보권자와 주주·지분권자의
   공동의 이익을 위하여 한 재판상 비용청구권
2. 회생절차개시 후의 채무자의 업무 및 재산의 관
   리와 처분에 관한 비용청구권
3. 회생계획의 수행을 위한 비용청구권. 다만, 회생
   절차종료 후에 생긴 것을 제외한다.
4. 제30조 및 제31조의 규정에 의한 비용·보수·
   보상금 및 특별보상금청구권
5. 채무자의 업무 및 재산에 관하여 관리인이 회생
   절차개시 후에 한 자금의 차입 그 밖의 행위로
   인하여 생긴 청구권
6. 사무관리 또는 부당이득으로 인하여 회생절차개
   시 이후 채무자에 대하여 생긴 청구권
7. 제119조제1항의 규정에 의하여 관리인이 채무의
   이행을 하는 때에 상대방이 갖는 청구권
8. 계속적 공급의무를 부담하는 쌍무계약의 상대방
   이 회생절차개시신청 후 회생절차개시 전까지
   한 공급으로 생긴 청구권
8의2. 회생절차개시신청 전 20일 이내에 채무자가
   계속적이고 정상적인 영업활동으로 공급받은 물
   건에 대한 대금청구권
9. 다음 각목의 조세로서 회생절차개시 당시 아직
   납부기한이 도래하지 아니한 것
   가. 원천징수하는 조세. 다만, 「법인세법」 제67
       조(소득처분)의 규정에 의하여 대표자에게
       귀속된 것으로 보는 상여에 대한 조세는 원
       천징수된 것에 한한다.
   나. 부가가치세·개별소비세·주세 및 교통·에
       너지·환경세
   다. 본세의 부과징수의 예에 따라 부과징수하는
       교육세 및 농어촌특별세
   라. 특별징수의무자가 징수하여 납부하여야 하
       는 지방세
10. 채무자의 근로자의 임금·퇴직금 및 재해보상금
11. 회생절차개시 전의 원인으로 생긴 채무자의 근
    로자의 임치금 및 신원보증금의 반환청구권
12. 채무자 또는 보전관리인이 회생절차개시신청
    후 그 개시 전에 법원의 허가를 받아 행한 자금
    의 차입, 자재의 구입 그 밖에 채무자의 사업을
    계속하는 데에 불가결한 행위로 인하여 생긴 청
    구권
13. 제21조제3항의 규정에 의하여 법원이 결정한
    채권자협의회의 활동에 필요한 비용
14. 채무자 및 그 부양을 받는 자의 부양료
15. 제1호부터 제8호까지, 제8호의2, 제9호부터 제
    14호까지에 규정된 것 외의 것으로서 채무자를
    위하여 지출하여야 하는 부득이한 비용
② 제1항제5호 및 제12호에 따른 자금의 차입을 허
가함에 있어 법원은 채권자협의회의 의견을 들어야

하며, 채무자와 채권자의 거래상황, 채무자의 재산
상태, 이해관계인의 이해 등 모든 사정을 참작하여
야 한다. (2009.10.21 본항신설, 2016.5.29 본항개정)

제179조【공익채권이 되는 청구권】 ① 다음 각
호의 어느 하나에 해당하는 청구권은 공익채권으로 한
다. (2006.12.30., 2007.12.31., 2009.1.30., 2009.10.21.,
2014.5.20., 2016.5.29 본항개정)
1. 회생채권자, 회생담보권자와 주주·지분권자의
   공동의 이익을 위하여 한 재판상 비용청구권
2. 회생절차개시 후의 채무자의 업무 및 재산의 관
   리와 처분에 관한 비용청구권
3. 회생계획의 수행을 위한 비용청구권. 다만, 회생
   절차종료 후에 생긴 것을 제외한다.
4. 제30조 및 제31조의 규정에 의한 비용·보수·
   보상금 및 특별보상금청구권
5. 채무자의 업무 및 재산에 관하여 관리인이 회생
   절차개시 후에 한 자금의 차입 그 밖의 행위로
   인하여 생긴 청구권
6. 사무관리 또는 부당이득으로 인하여 회생절차개
   시 이후 채무자에 대하여 생긴 청구권
7. 제119조제1항의 규정에 의하여 관리인이 채무의
   이행을 하는 때에 상대방이 갖는 청구권
8. 계속적 공급의무를 부담하는 쌍무계약의 상대방
   이 회생절차개시신청 후 회생절차개시 전까지
   한 공급으로 생긴 청구권
8의2. 회생절차개시신청 전 20일 이내에 채무자가
   계속적이고 정상적인 영업활동으로 공급받은 물
   건에 대한 대금청구권
9. 다음 각목의 조세로서 회생절차개시 당시 아직
   납부기한이 도래하지 아니한 것
   가. 원천징수하는 조세. 다만, 「법인세법」 제67조
       (소득처분)의 규정에 의하여 대표자에게 귀속된
       것으로 보는 상여에 대한 조세는 원천징수된 것
       에 한한다.
   나. 부가가치세·개별소비세 및 주세
   다. 본세의 부과징수의 예에 따라 부과징수하는 교
       육세 및 농어촌특별세
   라. 특별징수의무자가 징수하여 납부하여야 하는
       지방세
10. 채무자의 근로자의 임금·퇴직금 및 재해보상금
11. 회생절차개시 전의 원인으로 생긴 채무자의 근
    로자의 임치금 및 신원보증금의 반환청구권
12. 채무자 또는 보전관리인이 회생절차개시신청
    후 그 개시 전에 법원의 허가를 받아 행한 자금
    의 차입, 자재의 구입 그 밖에 채무자의 사업을
    계속하는 데에 불가결한 행위로 인하여 생긴 청
    구권
13. 제21조제3항의 규정에 의하여 법원이 결정한
    채권자협의회의 활동에 필요한 비용
14. 채무자 및 그 부양을 받는 자의 부양료

15. 제1호부터 제8호까지, 제8호의2, 제9호부터 제14호까지에 규정된 것 외의 것으로서 채무자를 위하여 지출하여야 하는 부득이한 비용
② 제1항제5호 및 제12호에 따른 자금의 차입을 허가함에 있어 법원은 채권자협의회의 의견을 들어야 하며, 채무자와 채권자의 거래상황, 채무자의 재산상태, 이해관계인의 이해 등 모든 사정을 참작하여야 한다. (2009.10.21 본항신설, 2016.5.29 본항개정) (2019.1.1 시행)

제180조【공익채권의 변제 등】 ① 공익채권은 회생절차에 의하지 아니하고 수시로 변제한다.
② 공익채권은 회생채권과 회생담보권에 우선하여 변제한다.
③ 법원은 다음 각호의 어느 하나에 해당하는 때에는 관리인의 신청에 의하거나 직권으로 담보를 제공하게 하거나 담보를 제공하게 하지 아니하고 공익채권에 기하여 채무자의 재산에 대하여 한 강제집행 또는 가압류의 중지나 취소를 명할 수 있다.
1. 그 강제집행 또는 가압류가 회생에 현저하게 지장을 초래하고 채무자에게 환가하기 쉬운 다른 재산이 있는 때
2. 채무자의 재산이 공익채권의 총액을 변제하기에 부족한 것이 명백하게 된 때
④ 법원은 제3항의 규정에 의한 중지명령을 변경하거나 취소할 수 있다.
⑤ 제3항의 규정에 의한 중지 또는 취소의 명령과 제4항의 규정에 의한 결정에 대하여는 즉시항고를 할 수 있다.
⑥ 제5항의 즉시항고는 집행정지의 효력이 없다.
⑦ 채무자의 재산이 공익채권의 총액을 변제하기에 부족한 것이 명백하게 된 때에는 제179조제1항제5호 및 제12호의 청구권 중에서 채무자의 사업을 계속하기 위하여 법원의 허가를 받아 차입한 자금에 관한 채권을 우선적으로 변제하고 그 밖의 공익채권은 법령에 정하는 우선권에 불구하고 아직 변제하지 아니한 채권액의 비율에 따라 변제한다. 다만, 공익채권을 위한 유치권·질권·저당권·「동산·채권 등의 담보에 관한 법률」에 따른 담보권·전세권 및 우선특권의 효력에는 영향을 미치지 아니한다. (2009.10.21., 2010.6.10 본항개정)

제181조【개시후기타채권】 ① 회생절차개시 이후의 원인에 기하여 발생한 재산상의 청구권으로서 공익채권, 회생채권 또는 회생담보권이 아닌 청구권(이하 "개시후기타 채권"이라 한다)에 관하여는, 회생절차가 개시된 때부터 회생계획으로 정하여진 변제기간이 만료하는 때(회생계획인가의 결정 전에 회생절차가 종료된 경우에는 회생절차가 종료된 때, 그 기간만료 전에 회생계획에 기한 변제가 완료된 경우에는 변제가 완료된 때를 말한다)까지의 사이에는 변제를 하거나 변제를 받는 행위 그 밖에

이를 소멸시키는 행위(면제를 제외한다)를 할 수 없다.
② 제1항에 규정된 기간 중에는 개시후기타채권에 기한 채무자의 재산에 대한 강제집행, 가압류, 가처분 또는 담보권 실행을 위한 경매의 신청을 할 수 없다.

제5장 관계인집회

제182조【기일의 통지】 ① 법원은 다음 각호의 자에게 관계인집회의 기일을 통지하여야 한다. (2014.12.30 본항개정)
1. 관리인
2. 조사위원·간이조사위원
3. 채무자
4. 목록에 기재되어 있거나 신고한 회생채권자·회생담보권자·주주·지분권자
5. 회생을 위하여 채무를 부담하거나 담보를 제공한 자가 있는 때에는 그 자
② 제1항의 규정에 불구하고 의결권을 행사할 수 없는 회생채권자·회생담보권자·주주·지분권자에게는 관계인집회의 기일을 통지하지 아니할 수 있다. (2014.12.30 본항개정)

제183조【기일의 통지】 법원은 주식회사인 채무자의 업무를 감독하는 행정청과 법무부장관 및 금융위원회에게 관계인집회의 기일을 통지하여야 한다. (2008.2.29 본조개정)

제184조【법원의 지휘】 관계인집회는 법원이 지휘한다.

제185조【기일과 목적의 공고】 ① 법원은 관계인집회의 기일과 회의의 목적인 사항을 공고하여야 한다.
② 관계인집회의 연기 또는 속행에 관하여 선고가 있는 때에는 송달 또는 공고를 하지 아니하여도 된다.

제186조【관계인집회의 기일과 특별조사기일의 병합】 법원은 상당하다고 인정하는 때에는 관리인의 신청에 의하거나 직권으로 관계인집회의 기일과 특별조사기일을 병합할 수 있다.

제187조【의결권에 대한 이의】 다음 각호의 자는 관계인집회에서 회생채권자·회생담보권자·주주·지분권자의 의결권에 관하여 이의를 할 수 있다. 다만, 이 편 제4장제3절의 규정에 의한 조사절차에서 확정된 회생채권 또는 회생담보권을 가진 회생채권자 또는 회생담보권자의 의결권에 관하여는 그러하지 아니하다.
1. 관리인
2. 목록에 기재되어 있거나 신고된 회생채권자·회생담보권자·주주·지분권자

제188조【의결권의 행사】 ① 확정된 회생채권 또는 회생담보권을 가진 회생채권자 또는 회생담보

권자는 그 확정된 액이나 수에 따라, 이의없는 의결권을 가진 주주·지분권자는 목록에 기재되거나 신고한 액이나 수에 따라 의결권을 행사할 수 있다.

② 법원은 이의있는 권리에 관하여는 의결권을 행사하게 할 것인지 여부와 의결권을 행사하게 할 액 또는 수를 결정한다.

③ 법원은 이해관계인의 신청에 의하거나 직권으로 언제든지 제2항의 규정에 의한 결정을 변경할 수 있다.

④ 제2항 및 제3항의 규정에 의한 결정은 송달을 하지 아니하여도 된다.

제189조【의결권의 불통일행사】 ① 의결권자는 의결권을 통일하지 아니하고 행사할 수 있다.

② 제1항의 경우 의결권자는 관계인집회 7일 전까지 법원에 그 취지를 서면으로 신고하여야 한다.

제190조【부당한 의결권자의 배제】 ① 법원은 권리취득의 시기, 대가 그 밖의 사정으로 보아 의결권을 가진 회생채권자·회생담보권자·주주·지분권자가 결의에 관하여 재산상의 이익을 수수하는 등 부당한 이익을 얻을 목적으로 그 권리를 취득한 것으로 인정되는 때에는 그에 대하여 그 의결권을 행사하지 못하게 할 수 있다.

② 법원은 제1항의 규정에 의한 처분을 하기 전에 그 의결권자를 심문하여야 한다.

제191조【의결권을 행사할 수 없는 자】 다음 각 호의 어느 하나에 해당하는 자는 의결권을 행사하지 못한다.

1. 회생계획으로 그 권리에 영향을 받지 아니하는 자
2. 제140조제1항 및 제2항의 청구권을 가지는 자
3. 제118조제2호 내지 제4호의 청구권을 가지는 자
4. 제188조 및 제190조의 규정에 의하여 의결권을 행사할 수 없는 자
5. 제244조제2항의 규정에 의하여 보호되는 자

제192조【의결권의 대리행사】 ① 회생채권자·회생담보권자·주주·지분권자는 대리인에 의하여 그 의결권을 행사할 수 있다. 이 경우 대리인은 대리권을 증명하는 서면을 제출하여야 한다.

② 대리인이 위임받은 의결권을 통일하지 아니하고 행사하는 경우에는 제189조제2항을 준용한다.

제6장 회생계획

제1절 회생계획의 내용

제193조【회생계획의 내용】 ① 회생계획에는 다음 각호의 사항을 정하여야 한다.

1. 회생채권자·회생담보권자·주주·지분권자의 권리의 전부 또는 일부의 변경
2. 공익채권의 변제
3. 채무의 변제자금의 조달방법
4. 회생계획에서 예상된 액을 넘는 수익금의 용도
5. 알고 있는 개시후기타채권이 있는 때에는 그 내용

② 회생계획에는 다음 각호의 사항을 정할 수 있다.

1. 영업이나 재산의 양도, 출자나 임대, 경영의 위임
2. 정관의 변경
3. 이사·대표이사(채무자가 주식회사가 아닌 때에는 채무자를 대표할 권한이 있는 자를 포함한다)의 변경
4. 자본의 감소
5. 신주나 사채의 발행
6. 주식의 포괄적 교환 및 이전, 합병, 분할, 분할합병
7. 해산
8. 신회사의 설립
9. 그 밖에 회생을 위하여 필요한 사항

③ 제92조제1항에 따라 법원이 정한 기한까지 전부 또는 일부의 채권자들 사이에 그들이 가진 채권의 변제순위에 관한 합의가 되어 있는 때에는 회생계획안 중 다른 채권자를 해하지 아니하는 범위 안에서 변제순위에 관한 합의가 되어 있는 채권에 관한 그에 반하는 규정을 정하여서는 아니된다. 이 경우 채권자들은 합의를 증명하는 자료를 제92조제1항에 따라 법원이 정한 기한까지 법원에 제출하여야 한다. (2014.12.30 본항개정)

제194조【회생채권자 등의 권리】 ① 회생채권자·회생담보권자·주주·지분권자의 권리를 변경하는 때에는 회생계획에 변경되는 권리를 명시하고, 변경 후의 권리의 내용을 정하여야 한다.

② 회생채권자·회생담보권자·주주·지분권자로서 회생계획에 의하여 그 권리에 영향을 받지 아니하는 자가 있는 때에는 그 자의 권리를 명시하여야 한다.

제195조【채무의 기한】 회생계획에 의하여 채무를 부담하거나 채무의 기한을 유예하는 경우 그 채무의 기한은 담보가 있는 때에는 그 담보물의 존속기간을 넘지 못하며, 담보가 없거나 담보물의 존속기간을 판정할 수 없는 때에는 10년을 넘지 못한다. 다만, 회생계획의 정함에 의하여 사채를 발행하는 경우에는 그러하지 아니하다.

제196조【담보의 제공과 채무의 부담】 ① 채무자 또는 채무자 외의 자가 회생을 위하여 담보를 제공하는 때에는 회생계획에 담보를 제공하는 자를 명시하고 담보권의 내용을 정하여야 한다.

② 채무자 외의 자가 채무를 인수하거나 보증인이 되는 등 회생을 위하여 채무를 부담하는 때에는 회생계획에 그 자를 명시하고 그 채무의 내용을 정하여야 한다.

제197조【미확정의 회생채권 등】 ① 이의있는 회생채권 또는 회생담보권으로서 그 확정절차가 종결되지 아니한 것이 있는 때에는 그 권리확정의 가능성을 고려하여 회생계획에 이에 대한 적당한 조

치를 정하여야 한다.

② 회생계획에는 제109조제2항의 규정에 의하여 신고할 수 있는 채권에 관하여 적당한 조치를 정하여야 한다.

제198조【변제한 회생채권 등】 회생채권 및 회생담보권 중 제131조 단서, 제132조제1항 및 제2항의 규정에 의하여 변제한 것은 회생계획에 이를 명시하여야 한다.

제199조【공익채권】 공익채권에 관하여는 회생계획에 이미 변제한 것을 명시하고 장래 변제할 것에 관하여 정하여야 한다.

제200조【영업 또는 재산의 양도 등】 ① 다음 각호의 어느 하나에 해당하는 경우에는 회생계획에 그 목적물·대가·상대방 그 밖의 사항을 정하여야 한다.

1. 채무자의 영업이나 재산의 전부나 일부를 양도·출자 또는 임대하는 경우
2. 채무자의 사업의 경영의 전부나 일부를 위임하는 경우
3. 타인과 영업의 손익을 같이 하는 계약 그 밖에 이에 준하는 계약을 체결·변경 또는 해약하는 경우
4. 타인의 영업이나 재산의 전부나 일부를 양수하는 경우

② 제1항의 경우 대가를 회생채권자·회생담보권자·주주·지분권자에게 분배하는 때에는 그 분배의 방법도 정하여야 한다.

제201조【분쟁이 해결되지 아니한 권리】 채무자에게 속하는 권리로서 분쟁이 해결되지 아니한 것이 있는 때에는 회생계획에 화해나 조정의 수락에 관한 사항을 정하거나 관리인에 의한 소송의 수행 그 밖에 권리의 실행에 관한 방법을 정하여야 한다.

제202조【정관의 변경】 채무자의 정관을 변경하는 때에는 회생계획에 그 변경의 내용을 정하여야 한다.

제203조【이사 등의 변경】 ① 법인인 채무자의 이사를 선임하거나 대표이사(채무자가 주식회사가 아닌 때에는 채무자를 대표할 권한이 있는 자를 포함한다. 이하 이 조에서 "대표이사"라 한다)를 선정하는 때에는 회생계획에 선임이나 선정될 자와 임기 또는 선임이나 선정의 방법과 임기를 정하여야 한다.

② 법인인 채무자의 이사 또는 대표이사 중 유임하게 할 자가 있는 때에는 회생계획에 그 자와 임기를 정하여야 한다. 다만, 이사 또는 대표이사에 의한 채무자 재산의 도피, 은닉 또는 고의적인 부실경영 등의 원인에 의하여 회생절차가 개시된 때에는 유임하게 할 수 없다.

③ 제1항 및 제2항의 경우 여럿의 대표이사에게 공동으로 채무자를 대표하게 하는 때에는 회생계획에

그 뜻을 정하여야 한다.

④ 법인인 채무자의 감사는 채권자협의회의 의견을 들어 법원이 이를 선임한다. 이 경우에 임기를 정하여야 한다.

⑤ 제1항 및 제2항의 규정에 의한 이사의 임기는 1년을 넘지 못한다.

제204조【이사 등의 선임 등에 관한 사항】 법인인 채무자 또는 신회사(합병 또는 분할합병으로 인하여 설립되는 신회사를 제외한다)의 이사·대표이사 또는 감사의 선임·선정 또는 유임이나 그 선임 또는 선정의 방법에 관한 회생계획은 형평에 맞아야 하며, 회생채권자·회생담보권자·주주·지분권자 일반의 이익에 합치하여야 한다.

제205조【주식회사 또는 유한회사의 자본감소】 ① 주식회사인 채무자의 자본을 감소하는 때에는 회생계획에 다음 각호의 사항을 정하여야 한다.

1. 감소할 자본의 액
2. 자본감소의 방법

② 제1항에 따른 자본감소는 다음 각 호의 사항을 참작하여 정하여야 한다. (2014.5.20 본항개정)

1. 채무자의 자산 및 부채와 수익능력
2. 제206조에서 규정하는 신주발행에 관한 사항

③ (2014.5.20 삭제)

④ 주식회사인 채무자의 이사나 지배인의 중대한 책임이 있는 행위로 인하여 회생절차개시의 원인이 발생한 때에는 회생계획에 그 행위에 상당한 영향력을 행사한 주주 및 그 친족 그 밖에 대통령령이 정하는 범위의 특수관계에 있는 주주가 가진 주식의 3분의 2이상을 소각하거나 3주 이상을 1주로 병합하는 방법으로 자본을 감소할 것을 정하여야 한다.

⑤ 제4항의 규정에 의한 자본감소 후 제206조의 규정에 의하여 신주를 발행하는 때에는 제4항의 규정에 의한 주주는 신주를 인수할 수 없다. 다만, 제4항의 규정에 의한 주주에 대하여「상법」제340조의2(주식매수선택권)의 규정에 의한 주식매수 선택권을 부여할 수 있다.

⑥ 제1항 내지 제4항 및 제5항 본문의 규정은 유한회사의 경우에 준용한다.

제206조【주식회사 또는 유한회사의 신주발행】 ① 주식회사인 채무자가 회생채권자·회생담보권자 또는 주주에 대하여 새로 납입 또는 현물출자를 하게 하지 아니하고 신주를 발행하는 때에는 회생계획에 다음 각호의 사항을 정하여야 한다.

1. 신주의 종류와 수
2. 신주의 배정에 관한 사항
3. 신주의 발행으로 인하여 증가하게 되는 자본과 준비금의 액
4. 신주의 발행으로 감소하게 되는 부채액

② 주식회사인 채무자가 회생채권자·회생담보권자 또는 주주로 하여금 새로 납입 또는 현물출자를

하게 하고 신주를 발행하는 때에는 회생계획에 다음 각호의 사항을 정하여야 한다.
1. 제1항제1호 및 제3호의 사항
2. 납입금액 그 밖에 신주의 배정에 관한 사항과 신주의 납입기일
3. 새로 현물출자를 하는 자가 있는 때에는 그 자, 출자의 목적인 재산, 그 가격과 이에 대하여 부여할 주식의 종류와 수
③ 제1항 및 제2항의 경우를 제외하고 주식회사인 채무자가 신주를 발행하는 때에는 회생계획에 다음 각호의 사항을 정하여야 한다.
1. 제1항제1호의 사항
2. 제2항제3호의 사항
3. 신주의 발행가액과 납입기일
4. 신주의 발행가액 중 자본에 추가되지 아니하는 금액
④ 제1항의 규정에 의하여 신주를 발행하는 경우에는 다음 각호의 규정을 적용하지 아니한다.
(2007.8.3., 2011.5.19 본항개정)
1. 「은행법」 제37조 및 제38조제1호
2. 「보험업법」 제19조
3. 「자본시장과 금융투자업에 관한 법률」 제344조
4. 「금융산업의 구조개선에 관한 법률」 제24조
5. 그 밖의 금융기관(「금융회사부실자산 등의 효율적 처리 및 한국자산관리공사의 설립에 관한 법률」 제2조 및 「금융산업의 구조개선에 관한 법률」 제2조에 의한 금융기관을 말한다)의 출자, 유가증권취득 및 재산운용을 제한하는 내용의 법령
⑤ 제1항 내지 제3항의 규정은 유한회사의 경우에 준용한다.

제207조 【주식회사의 주식의 포괄적 교환】 주식회사인 채무자가 다른 회사와 주식의 포괄적 교환을 하는 때에는 회생계획에 다음 각호의 사항을 정하여야 한다.
1. 다른 회사의 상호
2. 다른 회사가 「상법」 제360조의2(주식의 포괄적 교환에 의한 완전모회사의 설립)제1항의 규정에 의한 완전모회사(이하 "완전모회사"라 한다)로 되는 경우 그 회사가 주식의 포괄적 교환에 의하여 정관을 변경하는 때에는 그 규정
3. 완전모회사로 되는 회사가 주식의 포괄적 교환을 위하여 발행하는 신주의 총수·종류 및 종류별 주식의 수와 「상법」 제360조의2(주식의 포괄적 교환에 의한 완전모회사의 설립)제1항의 규정에 의한 완전자회사(이하 "완전자회사"라 한다)가 되는 회사의 주주에 대한 신주의 배정에 관한 사항
4. 완전모회사로 되는 회사의 증가하게 되는 자본의 액과 준비금에 관한 사항
5. 다른 회사의 주주에게 금전을 지급하거나 사채를 배정할 것을 정하는 때에는 그 규정
6. 다른 회사의 주식의 포괄적 교환계약서 승인결의를 위한 주주총회의 일시(그 회사가 주주총회의 승인을 얻지 아니하고 주식의 포괄적 교환을 하는 때에는 그 뜻)
7. 주식의 포괄적 교환을 하는 날
8. 다른 회사가 주식의 포괄적 교환을 하는 날까지 이익을 배당하거나 「상법」 제462조의3(중간배당)제1항의 규정에 의하여 금전으로 이익배당을 하는 때에는 그 한도액
9. 「상법」 제360조의6(신주발행에 갈음할 자기주식의 이전)의 규정에 의하여 완전모회사가 되는 회사가 자기의 주식을 이전하는 때에는 이전할 주식의 총수 및 종류와 종류별 주식의 수
10. 완전모회사가 되는 회사에 취임하는 이사 및 감사를 정하는 때에는 그 성명 및 주민등록번호

제208조 【주식회사의 주식의 포괄적 이전】 주식회사인 채무자가 주식의 포괄적 이전을 하여 완전모회사인 신회사를 설립하는 때에는 회생계획에 다음 각호의 사항을 정하여야 한다.
1. 신회사의 상호
2. 신회사의 정관의 규정
3. 신회사가 주식의 포괄적 이전을 위하여 발행하는 주식의 종류 및 수와 완전자회사가 되는 채무자의 회생채권자·회생담보권자 또는 주주에 대한 주식의 배정에 관한 사항
4. 신회사의 자본의 액과 준비금에 관한 사항
5. 완전자회사가 되는 채무자의 주주에게 금전을 지급하거나 사채를 배정할 것을 정하는 때에는 그 규정
6. 주식의 포괄적 이전을 하는 시기
7. 완전자회사가 되는 채무자가 주식의 포괄적 이전의 날까지 이익을 배당하거나 「상법」 제462조의3(중간배당)제1항의 규정에 의하여 금전으로 이익배당을 하는 때에는 그 한도액
8. 신회사의 이사 및 감사의 성명 및 주민등록번호

제209조 【주식회사의 사채발행】 주식회사인 채무자가 사채를 발행하는 때에는 회생계획에 다음 각호의 사항을 정하여야 한다.
1. 사채의 총액
2. 각 사채의 금액, 사채의 이율, 사채상환의 방법 및 기한, 이자지급의 방법 그 밖에 사채의 내용
3. 사채발행의 방법과 회생채권자·회생담보권자 또는 주주에 대하여 새로 납입하게 하거나 납입하게 하지 아니하고 사채를 발행하는 때에는 그 배정에 관한 사항
4. 담보부사채인 때에는 그 담보권의 내용

제210조 【회사의 흡수합병】 회사인 채무자가 다른 회사와 합병하여 그 일방이 합병 후 존속하는

때에는 회생계획에 다음 각호의 사항을 정하여야 한다.
1. 다른 회사의 상호
2. 존속하는 회사가 합병시 발행하는 주식 또는 출자지분의 종류와 수, 그 주식 또는 출자지분에 대한 주주·지분권자의 신주인수권 또는 출자지분인수권의 제한에 관한 사항과 특정한 제3자에 부여할 것을 정하는 때에는 이에 관한 사항
3. 합병으로 인하여 소멸하는 회사의 회생채권자·회생담보권자·주주·지분권자에 대하여 발행할 주식 또는 출자지분의 종류 및 수와 그 배정에 관한 사항
4. 존속하는 회사의 증가할 자본과 준비금의 액
5. 합병으로 인하여 소멸하는 회사의 주주·지분권자에게 금전을 지급하거나 사채를 배정할 것을 정하는 때에는 그 규정
6. 합병계약서의 승인결의를 위한 다른 회사의 주주총회 또는 사원총회의 일시
7. 합병을 하는 날
8. 존속하는 회사가 합병으로 인하여 정관을 변경하기로 정한 경우에는 그 규정
9. 다른 회사가 합병으로 인하여 이익의 배당 또는 「상법」 제462조의3(중간배당)제1항의 규정에 의하여 금전으로 이익배당을 하는 때에는 그 한도액
10. 합병으로 인하여 존속하는 회사에 취임하게 될 이사 및 감사(감사위원회 위원을 포함한다. 이하 이 조 내지 제213조에서 같다)를 정하는 때에는 그 성명 및 주민등록번호

제211조【회사의 신설합병】 회사인 채무자가 다른 회사와 합병하여 신회사를 설립하는 때에는 회생계획에 다음 각호의 사항을 정하여야 한다.
1. 다른 회사의 상호
2. 신회사의 상호, 목적, 본점 및 지점의 소재지, 자본과 준비금의 액 및 공고방법
3. 신회사가 발행하는 주식 또는 출자지분의 종류와 수 및 그 배정에 관한 사항
4. 신회사설립시에 정하는 신회사가 발행하는 주식 또는 출자지분에 대한 주주·지분권자의 신주인수권 또는 출자지분인수권의 제한에 관한 사항과 특정한 제3자에 부여할 것을 정하는 때에는 이에 관한 사항
5. 회생채권자·회생담보권자 또는 각 채무자의 주주·지분권자 또는 다른 회사의 주주·지분권자에 대하여 발행하는 주식 또는 출자지분의 종류 및 수와 그 배정에 관한 사항
6. 각 회사의 주주·지분권자에게 금전을 지급하거나 사채를 배정하는 것을 정하는 때에는 그 규정
7. 합병계약서 승인결의를 위한 다른 회사의 주주총회 또는 사원총회의 일시
8. 합병을 하는 날

9. 다른 회사가 합병으로 인하여 이익의 배당 또는 「상법」 제462조의3(중간배당)제1항의 규정에 의하여 금전으로 이익배당을 하는 때에는 그 한도액
10. 합병으로 인하여 존속하는 회사에 취임하게 될 이사 및 감사를 정하는 때에는 그 성명 및 주민등록번호

제212조【주식회사의 분할】 ① 주식회사인 채무자가 분할되어 신회사를 설립하는 때에는 회생계획에 다음 각호의 사항을 정하여야 한다.
1. 신회사의 상호, 목적, 본점 및 지점의 소재지, 발행할 주식의 수, 1주의 금액, 자본과 준비금의 액 및 공고의 방법
2. 신회사가 발행하는 주식의 총수, 종류 및 종류별 주식의 수
3. 신회사설립시에 정하는 신회사가 발행하는 주식에 대한 주주의 신주인수권의 제한에 관한 사항과 특정한 제3자에게 신주인수권을 부여하는 것을 정하는 때에는 그에 관한 사항
4. 채무자의 회생채권자·회생담보권자 또는 주주에 대하여 새로이 납입을 시키지 아니하고 신회사의 주식을 배정하는 때에는 발행하는 주식의 총수 및 종류, 종류별 주식의 수 및 그 배정에 관한 사항과 배정에 따라 주식의 병합 또는 분할을 하는 때에는 그에 관한 사항
5. 채무자의 주주에게 금전을 지급하거나 사채를 배정하는 것을 정하는 때에는 그 규정
6. 신회사에 이전되는 재산과 그 가액
7. 「상법」 제530조의9(분할 및 분할합병 후의 회사의 책임)제2항의 규정에 의한 정함이 있는 때에는 그 내용
8. 신회사의 이사·대표이사 및 감사가 될 자나 그 선임 또는 선정의 방법 및 임기. 이 경우 임기는 1년을 넘을 수 없다.
9. 신회사가 사채를 발행하는 때에는 제209조 각호의 사항
10. 회생채권자·회생담보권자·주주 또는 제3자에 대하여 새로 납입하게 하고 주식을 발행하는 때에는 그 납입금액 그 밖에 주식의 배정에 관한 사항과 납입기일
11. 현물출자를 하는 자가 있는 때에는 그 성명 및 주민등록번호, 출자의 목적인 재산, 그 가격과 이에 대하여 부여하는 주식의 종류 및 수
12. 그 밖에 신회사의 정관에 기재하고자 하는 사항
13. 자본과 준비금의 액
14. 분할하는 날
② 분할 후 채무자가 존속하는 때에는 회생계획에 채무자에 관하여 다음 각호의 사항을 정하여야 한다.
1. 감소하는 자본과 준비금의 액
2. 자본감소의 방법

3. 분할로 인하여 이전하는 재산과 그 가액
4. 분할 후의 발행주식의 총수
5. 채무자가 발행하는 주식의 총수를 감소하는 때에는 그 감소하는 주식의 총수·종류 및 종류별 주식의 수
6. 그 밖에 정관변경을 가져 오게 하는 사항

제213조【주식회사의 분할합병】 ① 주식회사인 채무자가 분할되어 그 일부가 다른 회사와 합병하여 그 다른 회사가 존속하는 때와 다른 회사가 분할되어 그 일부가 주식회사인 채무자와 합병하여 그 채무자가 존속하는 때에는 회생계획에 다음 각호의 사항을 정하여야 한다.
1. 다른 회사의 상호
2. 존속하는 회사가 분할합병으로 인하여 발행하여야 하는 주식의 총수가 증가하는 때에는 증가하는 주식의 총수·종류 및 종류별 주식의 수, 그 주식에 대한 주주의 신주인수권의 제한에 관한 사항과 특정한 제3자에게 신주인수권을 부여하는 것을 정하는 때에는 그에 관한 사항
3. 분할되는 채무자의 회생채권자·회생담보권자 또는 주주에 대하여 발행하는 신주의 총수 및 종류, 종류별 주식의 수 및 그 배정에 관한 사항과 배정에 따른 주식의 병합 또는 분할을 하는 때에는 그에 관한 사항
4. 분할되는 회사의 주주에게 금전을 지급하거나 사채를 배정하는 것을 정하는 때에는 그에 관한 사항
5. 존속하는 회사의 증가하는 자본의 총액과 준비금에 관한 사항
6. 분할되는 채무자가 존속하는 회사에 이전하는 재산과 그 가액
7. 「상법」 제530조의9(분할 및 분할합병 후의 회사의 책임)제3항의 규정에 의한 정함이 있는 때에는 그에 관한 사항
8. 분할합병계약서를 승인하는 결의를 하기 위한 다른 회사의 주주총회의 일시
9. 분할합병을 하는 날
10. 다른 회사가 존속하는 경우 그 회사의 이사 및 감사를 정하는 때에는 그 성명 및 주민등록번호
11. 그 밖에 존속하는 채무자의 정관변경을 가져오게 하는 사항
② 채무자가 분할되어 그 일부가 다른 회사 또는 다른 회사의 일부와 분할합병을 하여 신회사를 설립하는 때와 다른 회사가 분할되어 그 일부가 채무자 또는 채무자의 일부와 분할합병을 하여 신회사를 설립하는 때에는 회생계획에 다음 각호의 사항을 정하여야 한다.
1. 다른 회사의 상호
2. 신회사의 상호, 목적, 본점 및 지점의 소재지, 발행할 주식의 수, 1주의 금액, 자본과 준비금의 액

및 공고방법
3. 신회사설립시에 정하는 신회사가 발행하는 주식에 대한 주주의 신주인수권의 제한에 관한 사항과 특정한 제3자에게 신주인수권을 부여하는 것을 정하는 때에는 그에 관한 사항
4. 채무자 또는 다른 회사가 신회사에 이전하는 재산과 그 가액
5. 「상법」 제530조의9(분할 및 분할합병 후의 회사의 책임)제2항의 규정에 의한 정함이 있는 때에는 그 내용
6. 그 밖에 신회사의 정관에 기재하고자 하는 사항
7. 채무자의 회생채권자·회생담보권자·주주 또는 다른 회사의 주주에 대하여 발행하는 주식의 총수 및 종류, 종류별 주식의 수 및 그 배정에 관한 사항과 배정에 따른 주식의 병합 또는 분할을 하는 때에는 그에 관한 사항
8. 채무자 또는 다른 회사의 주주에게 금전을 지급하거나 사채를 배정하는 것을 정하는 때에는 그 사항
9. 다른 회사에서 분할합병계약서를 승인하는 결의를 하기 위한 주주총회의 일시
10. 분할합병을 하는 날
11. 신회사의 이사·대표이사 및 감사가 될 자나 그 선임 또는 선정의 방법 및 임기. 이 경우 임기는 1년을 넘을 수 없다.
③ 제212조의 규정은 제1항 및 제2항의 규정에 의하여 채무자의 분할합병을 하지 아니하는 부분을 정하는 경우에 관하여 준용한다.

제214조【주식회사의 물적분할】 제212조 및 제213조의 규정은 분할되는 주식회사인 채무자가 분할 또는 분할합병으로 인하여 설립되는 회사의 주식의 총수를 취득하는 경우에 관하여 준용한다.

제215조【주식회사 또는 유한회사의 신회사 설립】 ① 회생채권자·회생담보권자·주주·지분권자에 대하여 새로 납입 또는 현물출자를 하지 아니하고 주식 또는 출자지분을 인수하게 함으로써 신회사(주식회사 또는 유한회사에 한한다. 이하 이 조에서 같다)를 설립하는 때에는 회생계획에 다음 각호의 사항을 정하여야 한다.
1. 신회사의 상호, 목적, 본점 및 지점의 소재지와 공고의 방법
2. 신회사가 발행하는 주식 또는 출자지분의 종류와 수
3. 1주 또는 출자 1좌의 금액
4. 신회사설립시에 정하는 신회사가 발행하는 주식 또는 출자지분에 대한 주주의 신주인수권 또는 지분권자의 출자지분인수권의 제한에 관한 사항과 특정한 제3자에 부여하는 것을 정하는 때에는 이에 관한 사항
5. 회생채권자·회생담보권자·주주·지분권자에

대하여 발행하는 주식 또는 출자지분의 종류 및 수와 그 배정에 관한 사항
6. 그 밖에 신회사의 정관에 기재하는 사항
7. 신회사의 자본 또는 출자액의 준비금의 액
8. 채무자에서 신회사로 이전하는 재산과 그 가액
9. 신회사의 이사ㆍ대표이사 및 감사가 될 자나 그 선임 또는 선정의 방법 및 임기. 이 경우 임기는 1년을 넘을 수 없다.
10. 신회사가 사채를 발행하는 때에는 제209조 각 호의 사항
② 제1항에 규정된 경우를 제외하고 주식의 포괄적 이전ㆍ합병ㆍ분할 또는 분할합병에 의하지 아니하고 신회사를 설립하는 때에는 회생계획에 다음 각 호의 사항을 정하여야 한다.
1. 제1항제1호 내지 제3호, 제6호 및 제8호 내지 제10호의 사항
2. 신회사설립 당시 발행하는 주식 또는 출자지분의 종류 및 수와 회생채권자ㆍ회생담보권자 또는 주주ㆍ지분권자에 대하여 새로 납입 또는 현물출자를 하게 하거나 하게 하지 아니하고 주식 또는 출자지분을 인수하게 하는 때에는 제1항제5호의 사항
3. 새로 현물출자를 하는 자가 있는 때에는 그 성명 및 주민등록번호, 출자의 목적인 재산, 그 가액과 이에 대하여 부여하는 주식 또는 출자지분의 종류와 수

제216조【해산】 채무자가 합병ㆍ분할 또는 분할합병에 의하지 아니하고 해산하는 때에는 회생계획에 그 뜻과 해산의 시기를 정하여야 한다.

제217조【공정하고 형평한 차등】 ① 회생계획에서는 다음 각호의 규정에 의한 권리의 순위를 고려하여 회생계획의 조건에 공정하고 형평에 맞는 차등을 두어야 한다.
1. 회생담보권
2. 일반의 우선권 있는 회생채권
3. 제2호에 규정된 것 외의 회생채권
4. 잔여재산의 분배에 관하여 우선적 내용이 있는 종류의 주주ㆍ지분권자의 권리
5. 제4호에 규정된 것 외의 주주ㆍ지분권자의 권리
② 제1항의 규정은 제140조제1항 및 제2항의 청구권에 관하여는 적용하지 아니한다.

제218조【평등의 원칙】 ① 회생계획의 조건은 같은 성질의 권리를 가진 자 간에는 평등하여야 한다. 다만, 다음 각호의 어느 하나에 해당하는 때에는 그러하지 아니하다. (2016.5.29 본항개정)
1. 불이익을 받는 자의 동의가 있는 때
2. 채권이 소액인 회생채권자, 회생담보권자 및 제118조제2호 내지 제4호의 청구권을 가지는 자에 대하여 다르게 정하거나 차등을 두어도 형평을 해하지 아니하는 때

3. 채무자의 거래상대방인 중소기업자의 회생채권에 대하여 그 사업의 계속에 현저한 지장을 초래할 우려가 있어 다른 회생채권보다 우대하여 변제하는 때
4. 그 밖에 동일한 종류의 권리를 가진 자 사이에 차등을 두어도 형평을 해하지 아니하는 때
② 회생계획에서는 다음 각호의 청구권을 다른 회생채권과 다르게 정하거나 차등을 두어도 형평을 해하지 아니한다고 인정되는 경우에는 다른 회생채권보다 불이익하게 취급할 수 있다.
1. 회생절차개시 전에 채무자와 대통령령이 정하는 범위의 특수관계에 있는 자의 채무자에 대한 금전소비대차로 인한 청구권
2. 회생절차개시 전에 채무자가 대통령령이 정하는 범위의 특수관계에 있는 자를 위하여 무상으로 보증인이 된 경우의 보증채무에 대한 청구권
3. 회생절차개시 전에 채무자와 대통령령이 정하는 범위의 특수관계에 있는 자가 채무자를 위하여 보증인이 된 경우 채무자에 대한 보증채무로 인한 구상권

제219조【특별한 이익을 주는 행위의 무효】 채무자가 자신 또는 제3자의 명의로 회생계획에 의하지 아니하고 일부 회생채권자ㆍ회생담보권자ㆍ주주ㆍ지분권자에게 특별한 이익을 주는 행위는 무효로 한다.

제2절 회생계획안의 제출

제220조【회생계획안의 제출】 ① 관리인은 제50조제1항제4호 또는 같은 조 제3항에 따라 법원이 정한 기간 안에 회생계획안을 작성하여 법원에 제출하여야 한다.
② 관리인은 제1항의 기간 안에 회생계획안을 작성할 수 없는 때에는 그 기간 안에 그 사실을 법원에 보고하여야 한다.
(2014.12.30 본조개정)
제221조【회생채권자 등의 회생계획안 제출】 다음 각 호의 어느 하나에 해당하는 자는 제220조제1항에 따른 기간 안에 회생계획안을 작성하여 법원에 제출할 수 있다.
1. 채무자
2. 목록에 기재되어 있거나 신고한 회생채권자ㆍ회생담보권자ㆍ주주ㆍ지분권자
(2014.12.30 본조개정)
제222조【청산 또는 영업양도 등을 내용으로 하는 회생계획안】 ① 법원은 채무자의 사업을 청산할 때의 가치가 채무자의 사업을 계속할 때의 가치보다 크다고 인정하는 때에는 다음 각호의 어느 하나에 해당하는 자의 신청에 의하여 청산(영업의 전부 또는 일부의 양도, 물적 분할을 포함한다)을 내

용으로 하는 회생계획안의 작성을 허가할 수 있다. 다만, 채권자 일반의 이익을 해하는 때에는 그러하지 아니하다.
1. 관리인
2. 채무자
3. 목록에 기재되어 있거나 신고한 회생채권자·회생담보권자·주주·지분권자
② 제1항의 규정은 회생절차개시 후 채무자의 존속, 합병, 분할, 분할합병, 신회사의 설립 등에 의한 사업의 계속을 내용으로 하는 회생계획안의 작성이 곤란함이 명백하게 된 경우에 관하여 준용한다.
③ 법원은 회생계획안을 결의에 부칠 때까지는 언제든지 제1항 또는 제2항의 규정에 의한 허가를 취소할 수 있다.
④ 제236조제4항의 규정은 제1항 및 제2항에 의한 허가에 관하여 준용한다.
제223조【회생계획안의 사전제출】 ① 채무자의 부채의 2분의 1이상에 해당하는 채권을 가진 채권자 또는 이러한 채권자의 동의를 얻은 채무자는 회생절차개시의 신청이 있은 때부터 회생절차개시 전까지 회생계획안을 작성하여 법원에 제출할 수 있다. (2014.12.30., 2016.5.29 본항개정)
② 법원은 제1항의 규정에 의하여 제출된 회생계획안(제228조 또는 제229조제2항의 규정에 의하여 회생계획안을 수정한 때에는 그 수정된 회생계획안을 말한다. 이하 이 조에서 "사전계획안"이라 한다)을 법원에 비치하여 이해관계인에게 열람하게 하여야 한다.
③ 사전계획안을 제출한 채권자 외의 채권자는 회생계획안의 결의를 위한 관계인집회의 기일 전날 또는 제240조제2항에 따라 법원이 정하는 기간 초일의 전날까지 그 사전계획안에 동의한다는 의사를 서면으로 법원에 표시할 수 있다. (2016.5.29 본항개정)
④ 사전계획안을 제출하는 자는 회생절차개시 전까지 회생채권자·회생담보권자·주주·지분권자의 목록(제147조제2항 각 호의 내용을 포함하여야 한다), 제92조제1항 각 호에 규정된 사항을 기재한 서면 및 그 밖에 대법원규칙으로 정하는 서면을 법원에 제출하여야 한다. (2016.5.29 본항신설)
⑤ 제4항의 회생채권자·회생담보권자·주주·지분권자의 목록이 제출된 때에는 이 목록을 제147조제1항의 목록으로 본다. (2016.5.29 본항신설)
⑥ 사전계획안이 제출된 때에는 관리인은 법원의 허가를 받아 회생계획안을 제출하지 아니하거나 제출한 회생계획안을 철회할 수 있다. (2016.5.29 본항개정)
⑦ 사전계획안을 제출하거나 그 사전계획안에 동의한다는 의사를 표시한 채권자는 결의를 위한 관계인집회에서 그 사전계획안을 가결하는 때에 동의한

것으로 본다. 다만, 사전계획안의 내용이 그 채권자에게 불리하게 수정되거나, 현저한 사정변경이 있거나 그 밖에 중대한 사유가 있는 때에는 결의를 위한 관계인집회의 기일 전날까지 법원의 허가를 받아 동의를 철회할 수 있다. (2014.12.30., 2016.5.29 본항개정)
⑧ 사전계획안을 제240조제1항에 따라 서면결의에 부친 경우 사전계획안을 제출하거나 같은 조 제2항의 회신기간 전에 그 사전계획안에 동의한다는 의사를 표시한 채권자는 위 회신기간 안에 동의한 것으로 본다. 다만, 사전계획안의 내용이 그 채권자에게 불리하게 수정되거나, 현저한 사정변경이 있거나 그 밖에 중대한 사유가 있는 때에는 위 회신기간 종료일까지 법원의 허가를 받아 동의를 철회할 수 있다. (2016.5.29 본항신설)
제224조【회생계획안심리를 위한 관계인집회】 회생계획안의 제출이 있는 때에는 법원은 그 회생계획안을 심리하기 위하여 기일을 정하여 관계인집회를 소집하여야 한다. 다만, 제240조의 규정에 의한 서면결의에 부치는 때에는 그러하지 아니하다.
제225조【회생계획안에 대한 의견청취】 제224조의 규정에 의한 관계인집회에서는 회생계획안의 제출자로부터 회생계획안에 대한 설명을 들은 후 법원은 다음 각호의 자로부터 회생계획안에 대한 의견을 들어야 한다.
1. 관리인
2. 채무자
3. 목록에 기재되어 있거나 신고한 회생채권자·회생담보권자·주주·지분권자
제226조【감독행정청 등의 의견】 ① 법원은 필요하다고 인정하는 때에는 채무자의 업무를 감독하는 행정청, 법무부장관, 금융위원회 그 밖의 행정기관에 대하여 회생계획안에 대한 의견의 진술을 요구할 수 있다. (2008.2.29 본항개정)
② 행정청의 허가·인가·면허 그 밖의 처분을 요하는 사항을 정하는 회생계획안에 관하여는 법원은 그 사항에 관하여 그 행정청의 의견을 들어야 한다.
③ 채무자의 업무를 감독하는 행정청, 법무부장관 또는 금융위원회는 언제든지 법원에 대하여 회생계획안에 관하여 의견을 진술할 수 있다. (2008.2.29 본항개정)
제227조【채무자의 노동조합 등의 의견】 법원은 회생계획안에 관하여 다음 각호의 어느 하나에 해당하는 자의 의견을 들어야 한다.
1. 채무자의 근로자의 과반수로 조직된 노동조합
2. 제1호의 규정에 의한 노동조합이 없는 때에는 채무자의 근로자의 과반수를 대표 하는 자
제228조【회생계획안의 수정】 회생계획안의 제출자는 회생계획안의 심리를 위한 관계인집회의 기일 또는 제240조의 규정에 의한 서면결의에 부치는

결정이 있는 날까지는 법원의 허가를 받아 회생계획안을 수정할 수 있다.

제229조【회생계획안의 수정명령】 ① 법원은 이해관계인의 신청에 의하거나 직권으로 회생계획안의 제출자에 대하여 회생계획안을 수정할 것을 명할 수 있다.
② 제1항의 규정에 의한 법원의 명령이 있는 때에는 회생계획안의 제출자는 법원이 정하는 기한 안에 회생계획안을 수정하여야 한다.

제230조【관계인집회의 재개】 ① 회생계획안 심리를 위한 관계인집회의 기일 후에 제229조의 규정에 의한 수정이 있는 때에는 법원은 그 수정안을 심리하기 위하여 다시 기일을 정하여 관계인집회를 소집할 수 있다.
② 제225조의 규정은 제1항의 관계인집회에 관하여 준용한다.

제231조【회생계획안의 배제】 회생계획안이 다음 각호의 어느 하나에 해당하는 경우에는 법원은 회생계획안을 관계인집회의 심리 또는 결의에 부치지 아니할 수 있다.
1. 회생계획안이 법률의 규정을 위반한 경우
2. 회생계획안이 공정하지 아니하거나 형평에 맞지 아니한 경우
3. 회생계획안의 수행이 불가능한 경우

제231조의2【회생계획안의 배제에 대한 특칙】 ① 회생계획안이 제57조 각 호의 어느 하나에 해당하는 행위를 내용으로 하는 경우로서 다음 각 호의 요건을 모두 충족하는 경우에는 법원은 회생계획안을 관계인집회의 심리 또는 결의에 부치지 아니할 수 있다.
1. 다음 각 목의 어느 하나에 해당하는 자의 중대한 책임이 있는 행위로 인하여 회생절차개시의 원인이 발생하였다고 인정될 것
    가. 회사인 채무자의 이사(「상법」 제401조의2 제1항에 따라 이사로 보는 자를 포함한다)나 해당 이사와 제101조제1항에 따른 특수관계에 있는 자
    나. 회사인 채무자의 감사
    다. 회사인 채무자의 지배인
2. 제57조 각 호의 어느 하나에 해당하는 행위를 하려는 자가 다음 각 목의 어느 하나의 경우에 해당할 것
    가. 제1호에 해당하는 자의 자금제공, 담보제공이나 채무보증 등을 통하여 제57조 각 호의 어느 하나에 해당하는 행위를 하는 데에 필요한 자금을 마련한 경우
    나. 현재 및 과거의 거래관계, 지분소유관계 및 자금제공관계 등을 고려할 때 제1호에 해당하는 자와 채무자의 경영권 인수 등 사업 운영에 관하여 경제적 이해관계를 같이하는 것

으로 인정되는 경우
    다. 제1호에 해당하는 자와 배우자, 직계혈족 등 대통령령으로 정하는 특수관계에 있는 경우
② 회생계획안이 제57조 각 호의 어느 하나에 해당하는 행위를 내용으로 하는 경우로서 그 행위를 하려는 자 또는 그와 대통령령으로 정하는 특수관계에 있는 자가 다음 각 호의 어느 하나에 해당하는 경우에는 법원은 회생계획안을 관계인집회의 심리 또는 결의에 부쳐서는 아니 된다.
1. 채무자를 상대로 「형법」 제347조(사기)·제347조의2(컴퓨터등 사용사기)·제349조(부당이득)·제355조(횡령, 배임)·제356조(업무상의 횡령과 배임)·제357조(배임수증재)의 죄(「형법」 또는 다른 법률에 따라 가중 처벌되는 경우 및 미수범을 포함한다)를 범하여 금고 이상의 실형을 선고받고 그 집행이 끝나거나(집행이 끝난 것으로 보는 경우를 포함한다) 집행이 면제된 날부터 10년이 지나지 아니한 경우
2. 채무자를 상대로 제1호의 죄를 범하여 금고 이상의 형의 집행유예 또는 선고유예를 선고받고 그 유예기간 중에 있는 경우
3. 이 법을 위반하여 금고 이상의 실형을 선고받고 그 집행이 끝나거나(집행이 끝난 것으로 보는 경우를 포함한다) 집행이 면제된 날부터 5년이 지나지 아니한 경우
4. 이 법을 위반하여 금고 이상의 형의 집행유예 또는 선고유예를 선고받고 그 유예기간 중에 있는 경우
③ 법원은 제1항 또는 제2항의 내용을 확인하기 위하여 필요한 경우에는 채무자, 관리인, 보전관리인, 그 밖의 이해관계인 등에게 정보의 제공 또는 자료의 제출을 명할 수 있다.
(2014.10.15 본조신설)

제232조【회생계획안의 결의를 위한 관계인집회】 ① 제224조 또는 제230조의 규정에 의한 관계인집회의 심리를 거친 회생계획안에 관하여 수정명령을 하지 아니하는 때에는 법원은 회생계획안에 관하여 결의를 하기 위하여 기일을 정하여 관계인집회를 소집하여야 한다.
② 제1항의 경우 법원은 미리 그 계획안의 사본 또는 그 요지를 다음 각호의 자에게 송달하여야 한다.
1. 관리인
2. 채무자
3. 목록에 기재되어 있거나 신고한 회생채권자·회생담보권자·주주·지분권자(의결권을 행사할 수 없는 자를 제외한다)
4. 회생을 위하여 채무를 부담하거나 담보를 제공하는 자
③ 제2항의 규정에 의한 송달은 서류를 우편으로 발송하여 할 수 있다.

④ 제3항의 송달에 관하여는 제8조제4항·제5항의 규정을 준용한다.

제233조【회생을 위하여 채무를 부담하는 자 등의 출석】 ① 회생을 위하여 채무를 부담하거나 담보를 제공하는 자는 제232조제1항의 규정에 의한 기일에 출석하여 그 뜻을 진술하여야 한다. 다만, 정당한 사유가 있는 때에는 대리인을 출석하게 할 수 있다.

② 제1항 단서의 규정에 의한 대리인은 대리권을 증명하는 서면을 제출하여야 한다.

③ 제240조의 규정에 의한 서면결의에 부치는 때에는 그 채무를 부담하거나 그 담보를 제공하는 자의 동의를 얻어 회생계획안에 그 내용을 정함으로써 제1항의 규정에 의한 진술에 갈음한다.

제234조【회생계획안의 변경】 회생계획안의 제출자는 회생채권자·회생담보권자·주주·지분권자에게 불리한 영향을 주지 아니하는 때에 한하여 제232조제1항의 규정에 의한 관계인집회에서 법원의 허가를 받아 회생계획안을 변경할 수 있다.

제3절 회생계획안의 결의

제235조【결의의 시기】 회생계획안은 조사기간의 종료 전에는 결의에 부치지 못한다.

제236조【결의의 방법과 회생채권자 등의 분류】 ① 제232조제1항의 규정에 의하여 관계인집회에서 결의하거나 제240조의 규정에 의하여 서면결의에 의하는 때에는 회생채권자·회생담보권자·주주·지분권자는 제2항, 제3항 및 제5항의 규정에 의하여 분류된 조별로 결의하여야 한다.

② 회생채권자·회생담보권자·주주·지분권자는 회생계획안의 작성과 결의를 위하여 다음 각호의 조로 분류한다. 다만, 제140조제1항 및 제2항의 청구권을 가진 자는 그러하지 아니한다.
1. 회생담보권자
2. 일반의 우선권 있는 채권을 가진 회생채권자
3. 제2호에 규정된 회생채권자 외의 회생채권자
4. 잔여재산의 분배에 관하여 우선적 내용을 갖는 종류의 주식 또는 출자지분을 가진 주주·지분권자
5. 제4호에 규정된 주주·지분권자 외의 주주·지분권자

③ 법원은 제2항 각호의 자가 가진 권리의 성질과 이해관계를 고려하여 2개 이상의 호의 자를 하나의 조로 분류하거나 하나의 호에 해당하는 자를 2개 이상의 조로 분류할 수 있다. 다만, 회생담보권자·회생채권자·주주·지분권자는 각각 다른 조로 분류하여야 한다.

④ 다음 각호의 어느 하나에 해당하는 자는 제3항의 규정에 의한 분류에 관하여 의견을 진술할 수 있다.
1. 관리인
2. 채무자
3. 목록에 기재되어 있거나 신고한 회생채권자·회생담보권자·주주·지분권자

⑤ 법원은 회생계획안을 결의에 부칠 때까지는 언제든지 제2항 및 제3항의 규정에 의한 분류를 변경할 수 있다.

⑥ 제163조의 규정은 제3항 및 제5항의 규정에 의한 결정의 송달에 관하여 준용한다. 다만, 관계인집회의 기일에 선고가 있는 때에는 송달을 하지 아니할 수 있다.

제237조【가결의 요건】 관계인집회에서는 다음 각호의 구분에 의하여 회생계획안을 가결한다.
1. 회생채권자의 조
   의결권을 행사할 수 있는 회생채권자의 의결권의 총액의 3분의 2이상에 해당하는 의결권을 가진 자의 동의가 있을 것
2. 회생담보권자의 조
   가. 제220조의 규정에 의한 회생계획안에 관하여는 의결권을 행사할 수 있는 회생담보권자의 의결권의 총액의 4분의 3이상에 해당하는 의결권을 가진 자의 동의가 있을 것
   나. 제222조의 규정에 의한 회생계획안에 관하여는 의결권을 행사할 수 있는 회생담보권자의 의결권의 총액의 5분의 4이상에 해당하는 의결권을 가진 자의 동의가 있을 것
3. 주주·지분권자의 조
   회생계획안의 가결을 위한 관계인집회에서 의결권을 행사하는 주주·지분권자의 의결권의 총수의 2분의 1이상에 해당하는 의결권을 가진 자의 동의가 있을 것

제238조【속행기일의 지정】 관계인집회에서 회생계획안이 가결되지 아니한 경우 다음 각호의 자가 모두 기일의 속행에 동의한 때에는 법원은 관리인 또는 채무자나 의결권을 행사할 수 있는 회생채권자·회생담보권자·주주·지분권자의 신청에 의하거나 직권으로 속행기일을 정할 수 있다. (2014.12.30 본조개정)
1. 회생채권자의 조에서 의결권을 행사할 수 있는 회생채권자의 의결권의 총액의 3분의 1이상에 해당하는 의결권을 가진 자
2. 회생담보권자의 조에서 의결권을 행사할 수 있는 회생담보권자의 의결권의 총액의 2분의 1이상에 해당하는 의결권을 가진 자
3. 주주·지분권자의 조에서 의결권을 행사하는 주주·지분권자의 의결권의 총수의 3분의 1이상에 해당하는 의결권을 가진 자

제239조【가결의 시기】 ① 회생계획안의 가결은 제232조제1항의 규정에 의한 관계인집회의 제1기

일부터 2월 이내에 하여야 한다.

② 법원은 필요하다고 인정하는 때에는 계획안제출자의 신청에 의하거나 직권으로 제1항의 규정에 의한 기간을 늘일 수 있다. 이 경우 그 기간은 1월을 넘지 못한다.

③ 회생계획안의 가결은 회생절차개시일부터 1년 이내에 하여야 한다. 다만, 불가피한 사유가 있는 때에는 법원은 6월의 범위 안에서 그 기간을 늘일 수 있다.

제240조【서면에 의한 결의】 ① 법원은 회생계획안이 제출된 때에 상당하다고 인정하는 때에는 회생계획안을 서면에 의한 결의(이하 이 편에서 "서면결의"라 한다)에 부치는 취지의 결정을 할 수 있다. 이 경우 법원은 그 뜻을 공고하여야 한다.

② 제1항의 규정에 의한 서면결의를 결정한 때에는 법원은 제182조제1항에 규정된 자에 대하여 회생계획안의 사본 또는 그 요지를 송달함과 동시에 의결권자에 대하여는 회생계획안에 동의하는지 여부와 인가 여부에 관한 의견, 회생계획안이 가결되지 아니한 경우 속행기일의 지정에 동의하는지 여부(제223조제2항의 사전계획안이 제출된 때에는 속행기일의 지정에 동의하는지 여부는 묻지 아니한다)를 법원이 정하는 기간(이하 이 장에서 "회신기간"이라 한다)안에 서면으로 회신하여야 한다는 뜻을 기재한 서면을 송달하여야 한다. 이 경우 회신기간은 제1항의 규정에 의한 결정일부터 2월을 넘을 수 없다. (2016.5.29 본항개정)

③ 제2항의 규정에 의한 송달은 서류를 우편으로 발송하여 할 수 있다.

④ 제2항의 규정에 의하여 회생계획안을 송달한 때에는 제224조의 회생계획안 심리를 위한 관계인집회가 완료된 것으로 본다.

⑤ 회신기간 안에 회생계획안에 동의한다는 뜻을 서면으로 회신하여 법원에 도달한 의결권자의 동의가 제237조의 규정에 의한 가결요건을 충족하는 때에는 그 회생계획안은 가결된 것으로 본다.

⑥ 제188조제1항 내지 제3항 및 제189조의 규정은 서면결의에 관하여 준용한다.

⑦ 서면결의로 가결되지 아니한 회생계획안에 대하여 제238조의 규정에 의한 속행기일이 지정된 때에는 속행기일에서 결의에 부쳐야 하고 다시 서면결의에 부칠 수 없다.

제241조【회생계획안이 가결된 경우의 법인의 존속】 청산 중이거나 파산선고를 받은 사단법인 또는 재단법인인 채무자에 대하여 회생절차가 개시되어 회생계획안이 가결된 때에는 그 사단법인은 정관의 변경에 관한 규정에 따라, 재단법인은 주무관청의 인가를 받아 법인을 존속하게 할 수 있다.

제4절　회생계획의 인가 등

제242조【회생계획의 인가 여부】 ① 관계인집회에서 회생계획안을 가결한 때에는 법원은 그 기일에 또는 즉시로 선고한 기일에 회생계획의 인가 여부에 관하여 결정을 하여야 한다.

② 제1항의 규정에 의한 기일에서 다음 각호의 어느 하나에 해당하는 자는 회생계획의 인가 여부에 관하여 의견을 진술할 수 있다. (2008.2.29 본항개정)

1. 제182조제1항 각호의 자
2. 채무자의 업무를 감독하는 행정청·법무부장관 및 금융위원회

③ 회생계획의 인가 여부의 기일을 정하는 결정은 선고를 한 때에는 공고와 송달을 하지 아니할 수 있다.

④ (2016.5.29 삭제)

⑤ (2016.5.29 삭제)

제242조의2【서면결의를 거친 경우 회생계획의 인가 여부】 ① 서면결의에 의하여 회생계획안이 가결된 때에는 법원은 지체 없이 회생계획의 인가 여부에 관하여 결정을 하여야 한다.

② 법원은 제1항에 따른 회생계획의 인가 여부에 관한 결정에 앞서 제240조제2항의 회신기간 이후로 기일을 정하여 회생계획 인가 여부에 관한 이해관계인의 의견을 들을 수 있다.

③ 제242조제2항 각 호의 어느 하나에 해당하는 자는 제2항에 따른 기일에서 회생계획의 인가 여부에 관하여 의견을 진술할 수 있다.

④ 제2항에 따른 기일을 정하는 결정이 있는 때에는 법원은 이를 공고하고 그 결정서를 제240조제2항에 따라 회생계획 인가 여부에 관한 의견을 서면으로 회신한 자에게 송달하여야 한다.

⑤ 법원은 상당하다고 인정하는 때에는 관리인의 신청에 의하거나 직권으로 제2항에 따른 기일과 특별조사기일을 병합할 수 있다.

⑥ 법원은 제1항에 따라 회생계획의 인가 또는 불인가의 결정을 한 때에는 제182조제1항 각 호의 자에게 그 주문 및 이유의 요지를 기재한 서면을 송달하여야 한다.

(2016.5.29 본조신설)

제243조【회생계획인가의 요건】 ① 법원은 다음의 요건을 구비하고 있는 경우에 한하여 회생계획 인가의 결정을 할 수 있다.

1. 회생절차 또는 회생계획이 법률의 규정에 적합할 것
2. 회생계획이 공정하고 형평에 맞아야 하며 수행이 가능할 것
3. 회생계획에 대한 결의를 성실·공정한 방법으로 하였을 것

4. 회생계획에 의한 변제방법이 채무자의 사업을 청산할 때 각 채권자에게 변제하는 것보다 불리하지 아니하게 변제하는 내용일 것. 다만, 채권자가 동의한 경우에는 그러하지 아니하다.
5. 합병 또는 분할합병을 내용으로 한 회생계획에 관하여는 다른 회사의 주주총회 또는 사원총회의 합병계약서 또는 분할합병계약서의 승인결의가 있었을 것. 다만, 그 회사가 주주총회 또는 사원총회의 승인결의를 요하지 아니하는 경우를 제외한다.
6. 회생계획에서 행정청의 허가·인가·면허 그 밖의 처분을 요하는 사항이 제226조제2항의 규정에 의한 행정청의 의견과 중요한 점에서 차이가 없을 것
7. 주식의 포괄적 교환을 내용으로 하는 회생계획에 관하여는 다른 회사의 주주총회의 주식의 포괄적 교환계약서의 승인결의가 있을 것. 다만, 그 회사가 「상법」 제360조의9(간이주식교환) 및 제360조의10(소규모 주식교환)의 규정에 의하여 주식의 포괄적 교환을 하는 경우를 제외한다.
② 회생계획의 인가 여부 결정에 이르기까지의 절차가 법률의 규정에 위반되는 경우에도 그 위반의 정도, 채무자의 현황 그 밖의 모든 사정을 고려하여 회생계획을 인가하지 아니하는 것이 부적당하다고 인정되는 때에는 법원은 회생계획인가의 결정을 할 수 있다.

제243조의2 【회생계획의 불인가】 ① 회생계획안이 제57조 각 호의 어느 하나에 해당하는 행위를 내용으로 하는 경우로서 제231조의2제1항 각 호의 요건을 모두 충족하는 경우에는 법원은 회생계획불인가의 결정을 할 수 있다.
② 회생계획안이 제57조 각 호의 어느 하나에 해당하는 행위를 내용으로 하는 경우로서 그 행위를 하려는 자 또는 그와 대통령령으로 정하는 특수관계에 있는 자가 제231조의2제2항 각 호의 어느 하나에 해당하는 경우에는 법원은 회생계획불인가의 결정을 하여야 한다.
③ 법원은 제1항 또는 제2항의 내용을 확인하기 위하여 필요한 경우에는 채무자, 관리인, 보전관리인, 그 밖의 이해관계인 등에게 정보의 제공 또는 자료의 제출을 명할 수 있다.
(2014.10.15 본조신설)

제244조 【동의하지 아니하는 조가 있는 경우의 인가】 ① 회생계획안에 관하여 관계인집회에서 결의하거나 제240조의 규정에 의한 서면결의에 부치는 경우 법정의 액 또는 수 이상의 의결권을 가진 자의 동의를 얻지 못한 조가 있는 때에도 법원은 회생계획안을 변경하여 그 조의 회생채권자·회생담보권자·주주·지분권자를 위하여 다음 각호의 어느 하나에 해당하는 방법에 의하여 그 권리를

보호하는 조항을 정하고 회생계획인가의 결정을 할 수 있다.
1. 회생담보권자에 관하여 그 담보권의 목적인 재산을 그 권리가 존속되도록 하면서 신회사에 이전하거나 타인에게 양도하거나 채무자에게 유보하는 방법
2. 회생담보권자에 관하여는 그 권리의 목적인 재산을, 회생채권자에 관하여는 그 채권의 변제에 충당될 채무자의 재산을, 주주·지분권자에 관하여는 잔여재산의 분배에 충당될 채무자의 재산을 법원이 정하는 공정한 거래가격(담보권의 목적인 재산에 관하여는 그 권리로 인한 부담이 없는 것으로 평가한다) 이상의 가액으로 매각하고 그 매각대금에서 매각비용을 공제한 잔금으로 변제하거나 분배하거나 공탁하는 방법
3. 법원이 정하는 그 권리의 공정한 거래가액을 권리자에게 지급하는 방법
4. 그 밖에 제1호 내지 제3호의 방법에 준하여 공정하고 형평에 맞게 권리자를 보호하는 방법
② 회생계획안에 관하여 관계인집회에서 결의하거나 제240조의 규정에 의한 서면결의에 부치는 경우 회생계획안의 가결요건을 충족하는 데에 필요한 동의를 얻지 못할 것이 명백한 조가 있는 때에는 법원은 회생계획안을 작성한 자의 신청에 의하여 미리 그 조의 회생채권자·회생담보권자·주주·지분권자를 위하여 제1항 각호의 방법에 의하여 그 권리를 보호하는 조항을 정하고 회생계획안을 작성할 것을 허가할 수 있다.
③ 제2항의 규정에 의한 신청이 있는 때에는 법원은 신청인과 동의를 얻지 못할 것이 명백한 조의 권리자 1인 이상의 의견을 들어야 한다.

제245조 【회생계획인가 여부 결정의 선고 등】 ① 법원은 회생계획의 인가 여부의 결정을 선고하고 그 주문, 이유의 요지와 회생계획이나 그 요지를 공고하여야 한다. 이 경우 송달은 하지 아니할 수 있다.
② 제41조제1항의 규정은 제1항의 규정에 의한 결정이 있는 경우에 관하여 준용한다.
③ 제1항의 규정에 불구하고 제1항의 규정에 의한 회생계획인가 여부의 결정이 제240조의 규정에 의한 서면결의에 관한 것인 때에는 법원은 그 주문, 이유의 요지와 회생계획 및 그 요지를 다음 각호의 자에게 송달하여야 한다. (2008.2.29 본항개정)
1. 제182조제1항 각호의 자
2. 채무자가 주식회사인 경우에는 채무자의 업무를 감독하는 행정청·법무부장관 및 금융위원회

제246조 【회생계획의 효력발생시기】 회생계획은 인가의 결정이 있은 때부터 효력이 생긴다.

제247조 【항고】 ① 회생계획의 인가 여부의 결정에 대하여는 즉시항고를 할 수 있다. 다만, 목록

에 기재되지 아니하거나 신고하지 아니한 회생채권자·회생담보권자·주주·지분권자는 그러하지 아니하다.

② 의결권이 없는 회생채권자·회생담보권자·주주·지분권자는 제1항의 규정에 의한 즉시항고를 하는 때에는 회생채권자·회생담보권자·주주·지분권자인 것을 소명하여야 한다.

③ 회생계획인가의 결정에 대한 항고는 회생계획의 수행에 영향을 미치지 아니한다. 다만, 항고법원 또는 회생계속법원은 항고가 이유있다고 인정되고 회생계획의 수행으로 생길 회복할 수 없는 손해를 예방하기 위하여 긴급한 필요가 있음을 소명한 때에는 신청에 의하여 항고에 관한 결정이 있을 때까지 담보를 제공하게 하거나 담보를 제공하게 하지 아니하고 회생계획의 전부나 일부의 수행을 정지하거나 그 밖에 필요한 처분을 할 수 있다. (2016.12.27 본항개정)

④ 회생계획불인가의 결정에 대한 항고가 있는 때에는 회생계속법원은 기간을 정하여 항고인에게 보증으로 대법원규칙이 정하는 범위 안에서 금전 또는 법원이 인정하는 유가증권을 공탁하게 할 수 있다. (2016.12.27 본항개정)

⑤ 제4항의 경우 항고인이 법원이 정하는 기간 안에 보증을 제공하지 아니하는 때에는 법원은 결정으로 항고를 각하하여야 한다.

⑥ 제4항의 규정에 의한 항고가 기각되고 채무자에 대하여 파산선고가 있거나 파산절차가 속행되는 때에는 보증으로 제공한 금전 또는 유가증권은 파산재단에 속한다.

⑦ 제1항의 즉시항고에 관한 재판의 불복은 「민사소송법」 제442조(재항고)의 규정에 의한다. 이 경우 제1항 내지 제6항의 규정은 이에 준용한다.

제248조【회생계획불인가의 결정이 확정된 경우】 제291조 및 제292조의 규정은 회생계획불인가의 결정이 확정된 경우에 관하여 준용한다.

제249조【회생채권자표 등의 기재】 회생계획인가의 결정이 확정된 때에는 법원사무관등은 회생계획에서 인정된 권리를 회생채권자표, 회생담보권자표와 주주·지분권자표에 기재하여야 한다.

제250조【회생계획의 효력범위】 ① 회생계획은 다음 각호의 자에 대하여 효력이 있다.
1. 채무자
2. 회생채권자·회생담보권자·주주·지분권자
3. 회생을 위하여 채무를 부담하거나 담보를 제공하는 자
4. 신회사(합병 또는 분할합병으로 설립되는 신회사를 제외한다)

② 회생계획은 다음 각호의 권리 또는 담보에 영향을 미치지 아니한다.
1. 회생채권자 또는 회생담보권자가 회생절차가 개

시된 채무자의 보증인 그 밖에 회생절차가 개시된 채무자와 함께 채무를 부담하는 자에 대하여 가지는 권리
2. 채무자 외의 자가 회생채권자 또는 회생담보권자를 위하여 제공한 담보

제251조【회생채권 등의 면책 등】 회생계획인가의 결정이 있는 때에는 회생계획이나 이 법의 규정에 의하여 인정된 권리를 제외하고는 채무자는 모든 회생채권과 회생담보권에 관하여 그 책임을 면하며, 주주·지분권자의 권리와 채무자의 재산상에 있던 모든 담보권은 소멸한다. 다만, 제140조제1항의 청구권은 그러하지 아니하다.

제252조【권리의 변경】 ① 회생계획인가의 결정이 있는 때에는 회생채권자·회생담보권자·주주·지분권자의 권리는 회생계획에 따라 변경된다.
② 「상법」 제339조(질권의 물상대위) 및 제340조(주식의 등록질)제3항은 주주·지분권자가 제1항의 규정에 의한 권리의 변경으로 받을 금전 그 밖의 물건, 주식 또는 출자지분, 채권 그 밖의 권리와 주권에 관하여 준용한다. (2014.5.20 본항개정)

제253조【회생채권자 및 회생담보권자의 권리】 회생계획에 의하여 정하여진 회생채권자 또는 회생담보권자의 권리는 확정된 회생채권 또는 회생담보권을 가진 자에 대하여만 인정된다.

제254조【신고하지 아니한 주주·지분권자의 권리】 회생계획에 의하여 인정된 주주·지분권자의 권리는 주식 또는 출자지분의 신고를 하지 아니한 주주·지분권자에 대하여도 인정된다.

제255조【회생채권자표 등의 기재의 효력】 ① 회생채권 또는 회생담보권에 기하여 회생계획에 의하여 인정된 권리에 관한 회생채권자표 또는 회생담보권자표의 기재는 회생계획인가의 결정이 확정된 때에 다음 각호의 자에 대하여 확정판결과 동일한 효력이 있다.
1. 채무자
2. 회생채권자·회생담보권자·주주·지분권자
3. 회생을 위하여 채무를 부담하거나 또는 담보를 제공하는 자
4. 신회사(합병 또는 분할합병으로 설립되는 신회사를 제외한다)

② 제1항의 규정에 의한 권리로서 금전의 지급 그 밖의 이행의 청구를 내용으로 하는 권리를 가진 자는 회생절차종결 후 채무자와 회생을 위하여 채무를 부담한 자에 대하여 회생채권자표 또는 회생담보권자표에 의하여 강제집행을 할 수 있다. 이 경우 보증인은 「민법」 제437조(보증인의 최고, 검색의 항변)의 규정에 의한 항변을 할 수 있다.

③ 「민사집행법」 제2조(집행실시자) 내지 제18조(집행비용의 예납 등), 제20조(공공기관의 원조), 제28조(집행력 있는 정본) 내지 제55조(외국에서

할 집행)의 규정은 제2항의 경우에 관하여 준용한다. 다만, 「민사집행법」 제33조(집행문부여의 소), 제44조(청구에 관한 이의의 소) 및 제45조(집행문부여에 대한 이의의 소)의 규정에 의한 소는 회생계속법원의 관할에 전속한다. (2016.12.27 본항개정)

제256조 【중지 중의 절차의 실효】 ① 회생계획인가의 결정이 있은 때에는 제58조제2항의 규정에 의하여 중지한 파산절차, 강제집행, 가압류, 가처분, 담보권실행 등을 위한 경매절차는 그 효력을 잃는다. 다만, 같은 조 제5항의 규정에 의하여 속행된 절차 또는 처분은 그러하지 아니한다.
② 제1항의 규정에 의하여 효력을 잃은 파산절차에서의 재단채권(제473조제2호 및 제9호에 해당하는 것을 제외한다)은 공익채권으로 한다.

제7장 회생계획인가 후의 절차

제257조 【회생계획의 수행】 ① 회생계획인가의 결정이 있은 때에는 관리인은 지체 없이 회생계획을 수행하여야 한다.
② 회생계획에 의하여 신회사를 설립하는 때에는 관리인이 발기인 또는 설립위원의 직무를 행한다.
③ 관리위원회는 매년 회생계획이 적정하게 수행되고 있는지의 여부에 관하여 평가하고 그 평가결과를 법원에 제출하여야 한다.
④ 관리위원회는 법원에 회생절차의 종결 또는 폐지 여부에 관한 의견을 제시할 수 있다.

제258조 【회생계획수행에 관한 법원의 명령】 ① 법원은 다음 각호의 자에 대하여 회생계획의 수행에 필요한 명령을 할 수 있다.
1. 채무자
2. 회생채권자·회생담보권자·주주·지분권자
3. 회생을 위하여 채무를 부담하거나 담보를 제공하는 자
4. 신회사(합병 또는 분할합병으로 설립되는 신회사를 제외한다)
5. 관리인
② 법원은 회생계획의 수행을 확실하게 하기 위하여 필요하다고 인정하는 때에는 회생계획 또는 이 법의 규정에 의하여 채권을 가진 자와 이의있는 회생채권 또는 회생담보권으로서 그 확정절차가 끝나지 아니한 것을 가진 자를 위하여 상당한 담보를 제공하게 할 수 있다.
③ 「민사소송법」 제122조(담보제공방식), 제123조(담보물에 대한 피고의 권리), 제125조(담보의 취소) 및 제126조(담보물변경)의 규정은 제2항의 규정에 의한 담보에 관하여 준용한다.

제259조 【채무자에 대한 실사】 다음 각호의 어느 하나에 해당하는 경우 법원은 채권자협의회의 신청에 의하거나 직권으로 조사위원 또는 간이조사

위원으로 하여금 채무자의 재산 및 영업상태를 실사하게 할 수 있다. (2014.12.30 본조개정)
1. 회생계획을 제대로 수행하지 못하는 경우
2. 회생절차의 종결 또는 폐지 여부의 판단을 위하여 필요한 경우
3. 회생계획의 변경을 위하여 필요한 경우

제260조 【주주총회 또는 사원총회의 결의 등에 관한 법령의 규정 등의 배제】 회생계획을 수행함에 있어서는 법령 또는 정관의 규정에 불구하고 법인인 채무자의 창립총회·주주총회 또는 사원총회(종류주주총회 또는 이에 준하는 사원총회를 포함한다) 또는 이사회의 결의를 하지 아니하여도 된다.

제261조 【영업양도 등에 관한 특례】 ① 제200조의 규정에 의하여 회생계획에서 다음 각호의 행위를 정한 때에는 회생계획에 따라 그 행위를 할 수 있다.
1. 다음 각목의 어느 하나에 해당하는 계약 또는 이에 준하는 계약의 체결·변경 또는 해약
   가. 채무자의 영업이나 재산의 전부나 일부를 양도·출자 또는 임대하는 계약
   나. 채무자의 사업의 경영의 전부나 일부를 위임하는 계약
   다. 타인과 영업의 손익을 같이 하는 계약 그 밖에 이에 준하는 계약
2. 타인의 영업이나 재산의 전부나 일부를 양수할 것에 대한 약정
② 제1항의 경우 「상법」 제374조(영업양도, 양수, 임대등)제2항 및 제374조의2(반대주주의 주식매수청구권)와 「자본시장과 금융투자업에 관한 법률」 제165조의5(주식매수청구권의 특례)의 규정은 적용하지 아니한다. (2014.5.20 본항개정)

제262조 【정관변경에 관한 특례】 제202조의 규정에 의하여 회생계획에서 채무자의 정관을 변경할 것을 정한 경우에는 정관은 회생계획인가결정이 있는 때에 회생계획에 의하여 변경된다.

제263조 【이사 등의 변경에 관한 특례】 ① 제203조의 규정에 의하여 회생계획에서 이사의 선임이나 대표이사의 선정을 정한 경우 이들은 회생계획이 인가된 때에 선임 또는 선정된 것으로 본다.
② 제203조의 규정에 의하여 회생계획에서 이사의 선임이나 대표이사의 선정의 방법을 정한 때에는 회생계획에서 정한 방법으로 이사를 선임하거나 대표이사를 선정할 수 있다. 이 경우 이사의 선임이나 대표이사의 선정에 관한 다른 법령이나 정관의 규정은 적용하지 아니한다.
③ 제203조제4항의 규정에 의하여 법원이 감사를 선임하는 때에는 감사의 선임에 관한 다른 법령이나 정관의 규정을 적용하지 아니한다.
④ 회생계획에서 유임할 것으로 정하지 아니한 이사 또는 대표이사는 회생계획이 인가된 때에 해임

된 것으로 보며, 감사로서 제203조제4항의 규정에 의하여 감사로 선임되지 아니한 자는 법원이 제203조제4항의 규정에 의하여 감사를 선임한 때에 해임된 것으로 본다.
⑤ 제1항 및 제2항의 규정에 의하여 선임 또는 선정되거나 회생계획에 의하여 유임된 이사 또는 대표이사의 임기와 대표이사의 대표의 방법은 회생계획에 의하며, 제203조제4항의 규정에 의하여 선임된 감사의 임기는 법원이 정한다.

제264조【자본감소에 관한 특례】 ① 제205조의 규정에 의하여 회생계획에서 자본의 감소를 정한 때에는 회생계획에 의하여 자본을 감소할 수 있다.
② 제1항의 경우「상법」제343조(주식의 소각)제2항, 제439조(자본감소의 방법, 절차)제2항·제3항, 제440조(주식병합의 절차), 제441조(주식병합의 절차), 제445조(감자무효의 소) 및 제446조(준용규정)의 규정은 적용하지 아니하며, 같은 법 제443조(단주의 처리)제1항 단서에 규정된 사건은 회생계속법원의 관할로 한다. (2016.12.27 본항개정)
③ 제1항의 경우 채무자의 자본감소로 인한 변경등기의 신청서에는 회생계획인가결정서의 등본 또는 초본을 첨부하여야 한다.

제265조【납입 등이 없는 신주발행에 관한 특례】 ① 제206조제1항 및 제4항의 규정에 의하여 회생계획에서 채무자가 회생채권자·회생담보권자 또는 주주에 대하여 새로 납입 또는 현물출자를 하게 하지 아니하고 신주를 발행할 것을 정한 때에는 이 권리자는 회생계획인가가 결정된 때에 주주가 된다. 다만, 회생계획에서 특별히 정한 때에는 그 정한 때에 주주가 된다.
② 제1항의 경우에는 신주인수권에 관한 정관의 규정을 적용하지 아니한다.
③「상법」제440조(주식병합의 절차) 내지 제444조(단주의 처리)의 규정은 주주에 대하여 배정할 주식에 단수(端數)가 생긴 경우에 관하여 준용한다. 이 경우 같은 법 제443조(단주의 처리)제1항 단서에 규정된 사건은 회생계속법원의 관할로 하고,「비송사건절차법」제83조(단주매각의 허가신청)의 규정을 준용한다. (2016.12.27 본항개정)

제266조【납입 등이 있는 신주발행에 관한 특례】 ① 제206조제2항·제3항의 규정에 의하여 회생계획에서 채무자가 신주를 발행할 것을 정한 때에는 회생계획에 의하여 신주를 발행할 수 있다.
② 제1항의 경우에는「상법」제418조(신주인수권의 내용 및 배정일의 지정·공고), 제422조(현물출자의 검사), 제424조(유지청구권), 제424조의2(불공정한 가액으로 주식을 인수한 자의 책임), 제428조(이사의 인수담보책임) 및 제429조(신주발행무효의 소) 내지 제432조(무효판결과 주주에의 환급)의 규정은 적용하지 아니한다.

③ 제1항의 경우에는 신주인수권에 관한 정관의 규정을 적용하지 아니하며,「상법」제425조(준용규정)제1항에서 준용하는 같은 법 제306조(납입금의 보관자 등의 변경)에 규정된 사건은 회생계속법원의 관할로 한다. (2016.12.27 본항개정)
④ 제1항의 경우「상법」제419조(신주인수권자에 대한 최고)의 규정을 준용한다. 이 경우「상법」제419조(신주인수권자에 대한 최고)제2항 중 "주권"은 "주권 또는 사채권"으로 본다.
⑤ 회생채권자·회생담보권자 또는 주주에 대하여 새로 납입 또는 현물출자를 하게 하여 신주를 발행하는 때에는 이들 권리자는 회생계획에서 정한 금액을 납입하거나 현물출자를 하면 된다.
⑥ 제265조제3항의 규정은 주주에 대하여 새로 납입 또는 현물출자를 하게 하여 배정할 주식에 단수(端數)가 생긴 경우에 관하여 준용한다. 다만, 종전의 주주에 교부할 대금에서 단주(端株)에 대하여 납입할 금액 또는 이행할 현물출자에 상당하는 금액을 공제하여야 한다.
⑦ 제1항의 경우 채무자의 신주발행으로 인한 변경등기의 촉탁서 또는 신청서에는 회생계획인가결정서의 등본 또는 초본 외에 주식의 청약과 인수를 증명하는 서면과 납입금의 보관에 관한 증명서를 첨부하여야 한다.

제267조【주식회사의 납입 등이 없는 사채발행에 관한 특례】 ① 제209조의 규정에 의하여 회생계획에서 주식회사인 채무자가 회생채권자·회생담보권자 또는 주주에 대하여 새로 납입을 하게 하지 아니하고 사채를 발행할 것을 정한 때에는 이들 권리자는 회생계획인가가 결정된 때에 사채권자가 된다.
② 제1항의 경우에는「상법」제471조(사채모집의 제한)의 규정은 적용하지 아니한다.
③ 제1항의 경우 회생계획의 규정에 의하여 회생채권자 또는 회생담보권자에 대하여 발행하는 사채의 액은「상법」제470조(총액의 제한)의 규정에서 정하는 사채의 총액에 산입하지 아니한다.

제268조【주식회사의 납입 등이 있는 사채발행에 관한 특례】 ① 제267조에 규정된 경우를 제외하고 제209조의 규정에 의하여 회생계획에서 주식회사인 채무자가 사채를 발행할 것을 정한 때에는 회생계획에 의하여 사채를 발행할 수 있다.
② 회생채권자·회생담보권자 또는 주주에 대하여 새로 납입을 하게 하여 사채를 발행하는 때에는 이들 권리자는 회생계획에 정한 금액을 납입한 때에 사채권자가 된다.
③ 제266조제4항 및 제267조제2항·제3항의 규정은 제1항의 경우에 관하여 준용한다.
④ 제1항의 경우 전환사채 또는 신주인수권부사채의 등기의 촉탁서 또는 신청서에는 다음 각호의 서면을 첨부하여야 한다.

1. 회생계획인가결정서의 등본 또는 초본
2. 전환사채 또는 신주인수권부사채의 청약 및 인수를 증명하는 서면
3. 각 전환사채 또는 신주인수권부사채에 대하여 납입이 있은 것을 증명하는 서면

제269조 【주식회사의 주식의 포괄적 교환에 관한 특례】 ① 제207조의 규정에 의하여 회생계획에서 주식회사인 채무자가 다른 회사와 주식의 포괄적 교환을 하는 것을 정한 때에는 회생계획에 의하여 주식의 포괄적 교환을 할 수 있다.
② 제1항의 경우 완전모회사로 되는 회사의 주식의 배정을 받는 회생채권자 또는 회생담보권자는 회생계획인가시에 주식인수인으로 되고, 주식의 포괄적 교환의 효력이 생긴 때에 주주로 된다.
③ 제1항의 경우 「상법」 제360조의4(주식교환계약서등의 공시), 제360조의5(반대주주의 주식매수청구권), 제360조의7(완전모회사의 자본증가의 한도액) 및 제360조의14(주식교환무효의 소)의 규정은 적용하지 아니한다.
④ 제1항의 경우 채무자에 대한 「상법」 제360조의8(주권의 실효절차)의 규정을 적용하는 때에는 같은 조에서 "제360조의3제1항의 규정에 의한 승인"은 "주식의 포괄적 교환을 내용으로 하는 회생계획인가"로 본다.
⑤ 제1항 내지 제4항의 규정은 주식의 포괄적 교환의 상대방인 다른 회사에 대한 「상법」의 적용에 영향을 미치지 아니한다.
⑥ 제1항의 경우 채무자가 완전모회사로 되는 때에 주식의 포괄적 교환에 의한 회사의 변경등기의 촉탁서 또는 신청서에는 다음 각호의 서류를 첨부하여야 한다.
1. 회생계획인가결정서의 등본 또는 초본
2. 주식의 포괄적 교환계약서
⑦ 제1항의 경우 주식의 포괄적 교환의 상대방인 다른 회사가 완전모회사로 되는 때에는 그 회사의 주식의 포괄적 교환에 의한 변경등기의 신청서에는 다음 각호의 서류를 첨부하여야 한다.
1. 회생계획인가결정서의 등본 또는 초본
2. 그 회사의 주주총회의 의사록(그 회사가 주주총회의 승인을 얻지 아니하고 주식의 포괄적 교환을 한 때에는 그 회사의 이사회의 의사록)

제270조 【주식회사의 주식의 포괄적 이전에 관한 특례】 ① 제208조의 규정에 의하여 회생계획에서 주식회사인 채무자가 주식의 포괄적 이전을 할 것을 정한 때에는 회생계획에 따라 주식의 포괄적 이전을 할 수 있다.
② 제1항의 경우 설립된 완전모회사인 신회사의 주식의 배정을 받는 회생채권자 또는 회생담보권자는 회생계획의 인가시에 주식인수인으로 되고 주식의 포괄적 이전의 효력이 생긴 때에 주주로 된다.

③ 제1항의 경우 「상법」 제360조의17(주식이전계획서 등의 서류의 공시), 제360조의18(완전모회사의 자본의 한도액), 제360조의22(주식교환 규정의 준용)에서 준용하는 같은 법 제360조의5(반대주주의 주식매수청구권) 및 제360조의23(주식이전무효의 소)의 규정은 적용하지 아니한다.
④ 제1항의 경우 회사에 대한 「상법」 제360조의19(주권의 실효절차)의 규정의 적용에 관하여는 같은 조에서 "제360조의16제1항의 규정에 의한 결의"는 "주식의 포괄적 이전을 내용으로 하는 회생계획인가"로 본다.
⑤ 주식의 포괄적 이전에 의한 설립등기의 촉탁서 또는 신청서에는 다음 각호의 서류를 첨부하여야 한다.
1. 회생계획인가결정서의 등본 또는 초본
2. 대표이사에 관한 이사회의 의사록

제271조 【합병에 관한 특례】 ① 제210조 또는 제211조의 규정에 의하여 회생계획에서 채무자가 다른 회사와 합병할 것을 정한 때에는 회생계획에 따라 합병할 수 있다.
② 제1항의 경우 합병 후 존속하는 회사나 합병으로 설립되는 신회사의 주식 또는 출자지분의 배정을 받은 회생채권자 또는 회생담보권자는 회생계획인가가 결정된 때에 주식 또는 출자지분의 인수인이 되며, 합병의 효력이 생긴 때에 주주 또는 사원이 된다.
③ 제1항의 경우 「상법」 제522조의2(합병계약서 등의 공시), 제522조의3(합병반대주주의 주식매수청구권), 제527조의5(채권자보호절차), 제527조의6(합병에 관한 서류의 사후공시) 및 제529조(합병무효의 소)와 「자본시장과 금융투자업에 관한 법률」 제165조의5(주식매수청구권의 특례)의 규정은 적용하지 아니한다. (2014.5.20 본항개정)
④ 「상법」 제530조(준용규정)제3항 또는 제603조(준용규정)에서 준용하는 같은 법 제443조(단주의 처리)제1항 단서에 규정된 사건은 회생계속법원의 관할로 한다. (2016.12.27 본항개정)
⑤ 제1항의 경우 「상법」 제530조(준용규정)제2항 또는 제603조(준용규정)의 규정에 불구하고 같은 법 제237조(준용규정) 내지 제240조(준용규정), 제374조(영업양도, 양수, 임대등)제2항, 제374조의2(반대주주의 주식매수청구권)제2항 내지 제4항 및 제439조(자본감소의 방법, 절차)제3항의 규정은 준용하지 아니한다.
⑥ 제1항 내지 제5항의 규정은 합병의 상대방인 다른 회사에 대한 「상법」의 규정의 적용에 영향을 미치지 아니한다.
⑦ 제267조의 규정은 제210조제5호 또는 제211조제6호의 규정에 의하여 주주에게 사채를 배정한 경우에 관하여 준용한다. 이 경우 주주는 합병의 효력

이 생긴 때에 사채권자가 된다.

⑧ 제1항의 경우 합병으로 인한 채무자의 해산 또는 변경의 등기의 촉탁서 또는 신청서에는 다음 각호의 서류를 첨부하여야 한다.

1. 회생계획인가결정서의 등본 또는 초본
2. 합병계약서

⑨ 제1항의 경우 합병으로 인한 신회사의 설립등기의 촉탁서 또는 신청서에는 다음 각호의 서류를 첨부하여야 한다.

1. 회생계획인가결정서의 등본 또는 초본
2. 합병계약서
3. 정관
4. 창립총회의 의사록
5. 대표이사에 관한 이사회의 의사록
6. 합병의 상대방인 다른 채무자가 선임한 설립위원의 자격을 증명하는 서면

제272조 【분할 또는 분할합병에 관한 특례】 ① 제212조 내지 제214조의 규정에 의하여 회생계획에 의하여 주식회사인 채무자가 분할되거나 주식회사인 채무자 또는 그 일부가 다른 회사 또는 다른 회사의 일부와 분할합병할 것을 정한 때에는 회생계획에 의하여 분할 또는 분할합병할 수 있다.

② 제1항의 경우 분할합병 후 존속하는 채무자 또는 분할합병으로 설립되는 신회사의 주식을 배정받은 채무자의 주주·회생채권자 또는 회생담보권자는 회생계획인가가 결정된 때에 주식인수인이 되며, 분할합병의 효력이 생긴 때에 주주가 된다.

③ 제1항의 경우 「상법」 제530조의7(분할대차대조표 등의 공시), 「상법」 제522조의3(합병반대주주의 주식매수청구권)과 「자본시장과 금융투자업에 관한 법률」 제165조의5(주식매수청구권의 특례)의 규정은 적용하지 아니하며, 「상법」 제530조의11(준용규정)제1항에서 준용하는 같은 법 제443조(단주의 처리)제1항 단서에 규정된 사건은 회생계속법원의 관할로 한다. (2014.5.20., 2016.12.27 본항개정)

④ 제1항의 경우 「상법」 제530조의9(분할 및 분할합병 후의 회사의 책임)제4항 및 제530조의11(준용규정)의 규정에 불구하고 같은 법 제237조(준용규정) 내지 제240조(준용규정), 제374조(영업양도·양수·임대 등)제2항, 제439조(자본감소의 방법, 절차)제3항, 제522조의3(합병반대주주의 주식매수청구권), 제527조의5(채권자보호절차) 및 제529조(합병무효의 소)의 규정은 준용하지 아니한다.

⑤ 제1항 내지 제4항의 규정은 분할합병의 상대방인 다른 회사에 대한 「상법」의 규정의 적용에 영향을 미치지 아니한다.

⑥ 제267조의 규정은 제212조제1항제5호, 제213조제1항제4호 또는 제2항제8호의 규정에 의하여 주주에게 사채를 배정한 경우에 관하여 준용한다. 이 경우 주주는 분할 또는 분할합병의 효력이 생긴 때에 사채권자가 된다.

⑦ 제1항의 경우 분할로 인한 채무자의 해산등기 또는 변경등기의 촉탁서 또는 신청서에는 회생계획인가결정서의 등본 또는 초본을 첨부하여야 하며, 분할합병으로 인한 채무자의 해산등기 또는 변경등기의 촉탁서 또는 신청서에는 회생계획인가결정서의 등본 또는 초본 외에 분할합병계약서를 첨부하여야 한다.

⑧ 제1항의 경우 분할합병으로 인한 설립등기의 촉탁서 또는 신청서에는 다음 각호의 서류를 첨부하여야 한다.

1. 회생계획인가결정서의 등본 또는 초본
2. 분할합병계약서
3. 정관
4. 창립총회의 의사록
5. 대표이사에 관한 이사회의 의사록

제273조 【새로운 출자가 없는 신회사의 설립에 관한 특례】 ① 제212조제1항 또는 제214조의 규정에 의하여 회생계획에서 주식회사인 채무자를 분할하여 채무자의 출자만으로 신회사를 설립할 것을 정하거나 제215조의 규정에 의하여 회생계획에서 회생채권자·회생담보권자·주주·지분권자에 대하여 새로 납입 또는 현물출자를 하게 하지 아니하고 주식 또는 출자지분을 인수하게 함으로써 신회사를 설립할 것을 정한 때에는 신회사는 정관을 작성하고 회생계속법원의 인증을 얻은 후 설립등기를 한 때에 성립한다. (2016.12.27 본항개정)

② 제1항의 경우 신회사가 성립한 때에 회생계획에 의하여 신회사에 이전할 채무자의 재산은 신회사에 이전하고, 신회사의 주식, 출자지분 또는 사채를 배정받은 채무자의 회생채권자·회생담보권자·주주·지분권자는 주주·지분권자 또는 사채권자가 된다.

③ 제263조제1항·제2항·제5항, 제265조제3항 및 제268조의 규정은 제1항 및 제2항의 경우에 관하여 준용한다.

④ 제1항의 경우 신회사의 설립등기의 촉탁서에는 다음 각호의 서류를 첨부하여야 한다.

1. 회생계획인가결정서의 등본 또는 초본
2. 정관
3. 회생계획에서 이사 또는 감사의 선임이나 대표이사의 선정의 방법을 정한 때에는 그 선임이나 선정에 관한 서류
4. 명의개서대리인을 둔 때에는 이를 증명하는 서면

제274조 【그 밖에 신회사의 설립에 관한 특례】 ① 제273조에 규정된 경우를 제외하고 제212조제1항 또는 제214조의 규정에 의하여 회생계획에서 주식회사인 채무자를 분할하여 신회사를 설립할 것을 정하거나 합병·분할 또는 분할합병에 의하지 아니하고 제215조의 규정에 의하여 회생계획에서 신회

사를 설립할 것을 정한 때에는 회생계획에 의하여 신회사를 설립할 수 있다.

② 제1항의 경우 「상법」 제288조(발기인), 제291조 (설립 당시의 주식발행사항의 결정) 내지 제293조 (발기인의 주식인수), 제295조(발기설립의 경우의 납입과 현물출자의 이행)제1항, 제296조(발기설립 의 경우의 임원선임), 제299조(검사인의 조사, 보고), 제300조(법원의 변경처분), 제302조(주식인수 의 청약, 주식청약서의 기재사항)제2항제4호, 제310 조(변태설립의 경우의 조사), 제311조(발기인의 보고), 제313조(이사, 감사의 조사, 보고)제2항, 제314 조(변태설립사항의 변경), 제315조(발기인에 대한 손해배상청구), 제321조(발기인의 인수, 납입담보 책임) 내지 제324조(발기인의 책임면제, 주주의 대 표소송), 제327조(유사발기인의 책임) 및 제328조 (설립무효의 소)의 규정은 적용하지 아니한다.

③ 제1항의 경우 정관은 회생계속법원의 인증을 받 아야 하고, 「상법」 제306조(납입금의 보관자 등의 변경)에 규정된 사건은 회생계속법원의 관할로 하 며, 창립총회에서는 회생계획의 취지에 반하여 정 관을 변경할 수 없고, 같은 법 제326조(회사불성립 의 경우의 발기인의 책임)의 규정에 의한 발기인의 책임은 채무자가 진다. (2016.12.27 본항개정)

④ 제1항의 경우 채무자・회생채권자・회생담보권 자・주주・지분권자에 대하여 새로 납입 또는 현 물출자를 하게 하지 아니하고 주식 또는 출자지분 을 인수하게 하거나 새로 납입을 하게 하지 아니하 고 사채를 인수하게 하는 때에는 이 권리자는 신회 사가 성립한 때에 주주나 지분권자 또는 사채권자 가 된다.

⑤ 제1항의 경우 회생채권자・회생담보권자・주주 또는 제3자에 대하여 새로 납입 또는 현물출자를 하게 하고 주식을 인수하게 하는 때에는 이 자에 대하여 발행할 주식 중에서 인수가 없는 주식에 관 하여는 「상법」 제289조(정관의 작성, 절대적 기재 사항)제2항의 규정에 반하지 아니하는 한 새로 주 주를 모집하지 아니하고 그 주식의 수를 신회사설 립시에 발행하는 주식의 총수에서 뺄 수 있다.

⑥ 제263조제1항・제2항・제5항, 제265조제3항, 제266조제4항 내지 제6항, 제267조제3항 및 제 268조의 규정은 제1항 내지 제5항의 경우에 관하 여 준용한다.

⑦ 제1항의 경우 신회사의 설립등기의 촉탁서 또는 신청서에는 다음 각호의 서류를 첨부하여야 한다.
1. 제273조제4항 각호의 서류
2. 주식의 청약 및 인수를 증명하는 서면
3. 이사 및 감사의 조사보고서와 그 부속서류
4. 창립총회의 의사록
5. 납입금을 보관한 금융기관의 납입금보관증명서

제275조【해산에 관한 특례】 ① 제216조의 규정

에 의하여 회생계획에서 채무자가 합병・분할 또는 분할합병에 의하지 아니하고 해산할 것을 정한 때 에는 채무자는 회생계획이 정하는 시기에 해산한다.

② 제1항의 경우 해산등기의 신청서에는 회생계획 인가결정서의 등본 또는 초본을 첨부하여야 한다.

제276조【주식 등의 인수권의 양도】 회생채권 자・회생담보권자・주주・지분권자는 회생계획에 의하여 채무자 또는 신회사의 주식・출자지분 또는 사채를 인수할 권리가 있는 때에는 이를 타인에게 양도할 수 있다.

제277조【「자본시장과 금융투자업에 관한 법률」 의 적용 배제】 주식회사인 채무자 또는 신회사가 주식 또는 사채를 발행하는 때에는 「자본시장과 금 융투자업에 관한 법률」 제119조(모집 또는 매출의 신고)의 규정을 적용하지 아니한다. (2007.8.3 본항 개정)

(2007.8.3 본조제목개정)

제278조【공장재단 등에 관한 처분제한의 특례】 회생계획에 의하여 채무자의 재산을 처분하는 때에 는 공장재단 그 밖의 재단 또는 재단에 속하는 재 산의 처분제한에 관한 법령은 적용하지 아니한다.

제279조【허가・인가 등에 의한 권리의 승계】 회생계획에서 채무자가 행정청으로부터 얻은 허 가・인가・면허 그 밖의 처분으로 인한 권리의무 를 신회사에 이전할 것을 정한 때에는 신회사는 다 른 법령의 규정에 불구하고 그 권리의무를 승계한다.

제280조【조세채무의 승계】 회생계획에서 신회 사가 채무자의 조세채무를 승계할 것을 정한 때에 는 신회사는 그 조세를 납부할 책임을 지며, 채무자 의 조세채무는 소멸한다.

제281조【퇴직금 등】 ① 회생절차개시 후 채무 자의 이사・대표이사・감사 또는 근로자이었던 자 로서 계속하여 신회사의 이사・대표이사・감사 또 는 근로자가 된 자는 채무자에서 퇴직한 것을 이유 로 하여 퇴직금 등을 지급받을 수 없다.

② 제1항에 규정된 자가 채무자에서 재직한 기간은 퇴직금 등의 계산에 관하여는 신회사에서 재직한 기간으로 본다.

제282조【회생계획의 변경】 ① 회생계획인가의 결정이 있은 후 부득이한 사유로 회생계획에 정한 사항을 변경할 필요가 생긴 때에는 회생절차가 종 결되기 전에 한하여 법원은 관리인, 채무자 또는 목 록에 기재되어 있거나 신고한 회생채권자・회생담 보권자・주주・지분권자의 신청에 의하여 회생계 획을 변경할 수 있다.

② 제1항의 규정에 의하여 회생채권자・회생담보 권자・주주・지분권자에게 불리한 영향을 미칠 것 으로 인정되는 회생계획의 변경신청이 있는 때에는 회생계획안의 제출이 있는 경우의 절차에 관한 규 정을 준용한다. 다만, 이 경우에는 회생계획의 변경

으로 인하여 불리한 영향을 받지 아니하는 권리자를 절차에 참가시키지 아니할 수 있다.
③ 제246조 및 제247조의 규정은 회생계획변경의 결정이 있은 경우에 관하여 준용한다.
④ 다음 각호의 어느 하나에 해당하는 경우 종전의 회생계획에 동의한 자는 변경회생계획안에 동의한 것으로 본다.
1. 변경회생계획안에 관하여 결의를 하기 위한 관계인집회에 출석하지 아니한 경우
2. 변경회생계획안에 대한 서면결의절차에서 회신하지 아니한 경우

제283조【회생절차의 종결】 ① 회생계획에 따른 변제가 시작되면 법원은 다음 각호의 어느 하나에 해당하는 자의 신청에 의하거나 직권으로 회생절차종결의 결정을 한다. 다만, 회생계획의 수행에 지장이 있다고 인정되는 때에는 그러하지 아니하다.
1. 관리인
2. 목록에 기재되어 있거나 신고한 회생채권자 또는 회생담보권자
② 법원이 제1항의 규정에 의한 결정을 한 때에는 그 주문 및 이유의 요지를 공고하여야 한다. 이 경우 송달은 하지 아니할 수 있다.
③ 제40조제1항의 규정은 제1항의 규정에 의한 결정이 있은 경우에 관하여 준용한다.

제284조【이사등의 경영참여금지】 제203조제2항 단서의 규정에 의하여 이사 또는 대표이사로 유임되지 못한 자는 회생절차종결의 결정이 있은 후에도 채무자의 이사로 선임되거나 대표이사로 선정될 수 없다.

제8장 회생절차의 폐지

제285조 (2014.12.30 삭제)
제286조【회생계획인가 전의 폐지】 ① 다음 각호의 경우 법원은 직권으로 회생절차폐지의 결정을 하여야 한다.
1. 법원이 정한 기간 또는 연장한 기간 안에 회생계획안의 제출이 없거나 그 기간안에 제출된 모든 회생계획안이 관계인집회의 심리 또는 결의에 부칠 만한 것이 못되는 때
2. 회생계획안이 부결되거나 결의를 위한 관계인집회의 제1기일부터 2월 이내 또는 연장한 기간 안에 가결되지 아니하는 때
3. 회생계획안이 제239조제3항의 규정에 의한 기간 안에 가결되지 아니한 때
4. 제240조제1항의 규정에 의한 서면결의에 부치는 결정이 있은 때에 그 서면결의에 의하여 회생계획안이 가결되지 아니한 때. 다만, 서면결의에서 가결되지 아니한 회생계획안에 대하여 제238조의 규정에 의한 속행기일이 지정된 때에는 그 속

행기일에서 가결되지 아니한 때를 말한다.
② 회생계획안의 제출 전 또는 그 후에 채무자의 사업을 청산할 때의 가치가 채무자의 사업을 계속할 때의 가치보다 크다는 것이 명백하게 밝혀진 때에는 법원은 회생계획인가결정 전까지 관리인의 신청에 의하거나 직권으로 회생절차폐지의 결정을 할 수 있다. 다만, 법원이 제222조에 따라 청산 등을 내용으로 하는 회생계획안의 작성을 허가하는 경우에는 그러하지 아니하다. (2014.12.30 본항개정)

제287조【신청에 의한 폐지】 ① 채무자가 목록에 기재되어 있거나 신고한 회생채권자와 회생담보권자에 대한 채무를 완제할 수 있음이 명백하게 된 때에는 법원은 다음 각호의 어느 하나에 해당하는 자의 신청에 의하여 회생절차폐지의 결정을 하여야 한다.
1. 관리인
2. 채무자
3. 목록에 기재되어 있거나 신고한 회생채권자 또는 회생담보권자
② 신청인은 제1항의 규정에 의한 회생절차폐지의 원인인 사실을 소명하여야 한다.
③ 제1항의 규정에 의한 신청이 있는 때에는 법원은 채무자, 관리위원회, 채권자협의회 및 목록에 기재되어 있거나 신고한 회생채권자와 회생담보권자에 대하여 그 뜻과 의견이 있으면 법원에 제출할 것을 통지하고, 이해관계인이 열람할 수 있도록 신청에 관한 서류를 법원에 비치하여야 한다.
④ 법원은 제3항의 규정에 의한 통지를 발송한 후 1월 이상이 경과하지 아니하면 회생절차폐지의 결정을 하지 못한다.

제288조【회생계획인가 후의 폐지】 ① 회생계획인가의 결정이 있은 후 회생계획을 수행할 수 없는 것이 명백하게 된 때에는 법원은 관리인이나 목록에 기재되어 있거나 신고한 회생채권자 또는 회생담보권자의 신청에 의하거나 직권으로 회생절차폐지의 결정을 하여야 한다.
② 법원은 제1항의 규정에 의한 결정을 하기 전에 기일을 열어 관리위원회·채권자협의회 및 이해관계인의 의견을 들을 수 있다. 다만, 기일을 열지 아니하는 때에는 법원은 기한을 정하여 관리위원회·채권자협의회 및 이해관계인에게 의견을 제출할 기회를 부여하여야 한다.
③ 제2항의 규정에 의한 기일이나 기한을 정하는 결정은 공고하여야 하며, 확정된 회생채권 또는 회생담보권에 기하여 회생계획에 의하여 인정된 권리를 가진 자 중에서 알고 있는 자에 대하여는 송달하여야 한다.
④ 제1항의 규정에 의한 회생절차폐지는 회생계획의 수행과 이 법의 규정에 의하여 생긴 효력에 영향을 미치지 아니한다.

제289조【폐지결정의 공고】 법원은 회생절차폐지의 결정을 한 때에는 그 주문과 이유의 요지를 공고하여야 한다. 이 경우 송달은 하지 아니할 수 있다.

제290조【항고】 ① 제247조제1항·제2항 및 제4항 내지 제7항의 규정은 회생절차폐지의 결정에 대한 항고에 관하여 준용한다.

② 제40조제1항의 규정은 회생절차폐지의 결정이 확정된 경우에 관하여 준용한다.

제291조【공익채권의 변제】 회생절차폐지의 결정이 확정된 때에는 제6조제1항의 규정에 의하여 파산선고를 하여야 하는 경우를 제외하고 관리인은 채무자의 재산으로 공익채권을 변제하고 이의있는 것에 관하여는 그 채권자를 위하여 공탁을 하여야 한다.

제292조【회생채권자표 등의 기재의 효력】 ① 제286조 또는 제287조의 규정에 의한 회생절차폐지의 결정이 확정된 때에는 확정된 회생채권 또는 회생담보권에 관하여는 회생채권자표 또는 회생담보권자표의 기재는 채무자에 대하여 확정판결과 동일한 효력이 있다. 다만, 채무자가 회생채권과 회생담보권의 조사기간 또는 특별조사기일에 그 권리에 대하여 이의를 하지 아니한 경우에 한한다.

② 회생채권자 또는 회생담보권자는 회생절차종료 후 제6조의 규정에 의하여 파산선고를 하는 경우를 제외하고 채무자에 대하여 회생채권자표 또는 회생담보권자표에 기하여 강제집행을 할 수 있다.

③ 제255조제3항의 규정은 제2항의 경우에 관하여 준용한다.

제293조【준용규정】 제255조제2항 및 제3항의 규정은 제288조제1항의 규정에 의한 회생절차폐지의 결정이 확정된 경우에 관하여 준용한다.

제9장 소액영업소득자에 대한 간이회생절차

(2014.12.30 본장신설)

제293조의2【용어의 정의】 이 장에서 사용하는 용어의 뜻은 다음과 같다.
1. "영업소득자"란 부동산임대소득·사업소득·농업소득·임업소득, 그 밖에 이와 유사한 수입을 장래에 계속적으로 또는 반복하여 얻을 가능성이 있는 채무자를 말한다.
2. "소액영업소득자"란 회생절차개시의 신청 당시 회생채권 및 회생담보권의 총액이 50억원 이하의 범위에서 대통령령으로 정하는 금액 이하인 채무를 부담하는 영업소득자를 말한다.
3. "간이회생절차"란 이 장의 규정에 따라 소액영업소득자에게 적용되는 회생절차를 말한다.
(2014.12.30 본조신설)

제293조의3【적용규정 등】 ① 간이회생절차에 관하여는 이 장에서 달리 정한 것을 제외하고는 제2편(회생절차)의 규정을 적용한다.

② 이 법[제2편(회생절차)은 제외한다] 또는 다른 법령에서 회생절차를 인용하고 있는 경우에는 해당 법령에 특별한 규정이 있는 경우를 제외하고는 간이회생절차를 포함한 것으로 보아 해당 법령을 적용한다.

92014.12.30 본조신설)

제293조의4【간이회생절차개시의 신청】 ① 소액영업소득자는 법원에 간이회생절차개시의 신청을 할 수 있다. 다만, 개인인 소액영업소득자가 신청일 전 5년 이내에 개인회생절차 또는 파산절차에 의한 면책을 받은 사실이 있는 경우에는 그러하지 아니하다.

② 간이회생절차개시의 신청을 한 자는 제1항의 신청을 하는 때에 그 신청이 같은 항의 요건에 해당되지 아니할 경우에 회생절차개시의 신청을 하는 의사가 있는지 여부를 명확히 밝혀야 한다.

③ 간이회생절차개시의 신청은 다음 각 호의 사항을 기재한 서면으로 하여야 한다.
1. 채무자가 개인인 경우에는 채무자의 성명·주민등록번호 및 주소
2. 채무자가 개인이 아닌 경우에는 채무자의 상호, 주된 사무소 또는 영업소의 소재지, 채무자의 대표자의 성명
3. 간이회생절차개시의 신청을 구하는 취지
4. 간이회생절차개시의 원인
5. 채무자의 영업 내용 및 재산 상태
6. 소액영업소득자에 해당하는 채무액 및 그 산정근거
7. 제2항에 따른 회생절차개시신청의 의사

④ 제3항에 따른 서면에는 다음 각 호의 서류를 첨부하여야 한다.
1. 채권자목록
2. 채무자의 영업 내용에 관한 자료
3. 채무자의 재산 상태에 관한 자료
4. 그 밖에 대법원규칙으로 정하는 서류
(2014.12.30 본조신설)

제293조의5【간이회생절차개시의 결정 등】 ① 법원은 제293조의4제1항 본문의 신청이 있는 경우에 소액영업소득자인 채무자가 제34조제1항 각 호의 어느 하나에 해당하고, 제42조의 회생절차개시 신청의 기각 사유와 제293조의4제1항 단서에 해당하지 아니하는 경우에는 간이회생절차개시의 결정을 하여야 한다.

② 법원은 제293조의4제1항 본문의 신청이 있는 경우에 채무자가 소액영업소득자에 해당하지 아니하는 경우 또는 같은 항 단서에 해당되는 경우에는 다음 각 호의 구분에 따른 결정을 할 수 있다.

1. 채무자가 제293조의4제2항에 따라 회생절차개시의 신청을 하는 의사가 없음을 밝힌 경우: 간이회생절차개시신청의 기각결정
2. 채무자가 제293조의4제2항에 따라 회생절차개시의 신청을 하는 의사가 있음을 밝힌 경우: 간이회생절차개시신청의 기각결정과 다음 각 목의 어느 하나에 해당하는 결정
   가. 회생절차개시결정
   나. 회생절차개시신청의 기각결정
③ 법원은 제1항의 간이회생절차개시의 결정이 있은 후 회생계획인가결정의 확정 전에 다음 각 호의 어느 하나에 해당하는 경우에는 이해관계인의 신청에 의하거나 직권으로 간이회생절차폐지의 결정을 하여야 한다.
1. 채무자가 소액영업소득자에 해당되지 아니함이 밝혀진 경우
2. 제293조의4제1항 단서에 해당됨이 밝혀진 경우
④ 법원은 제3항에 따라 간이회생절차폐지의 결정을 하는 경우에는 채권자 일반의 이익 및 채무자의 회생 가능성을 고려하여 회생절차를 속행할 수 있다. 이 경우 간이회생절차에서 행하여진 제6조제7항 각 호의 어느 하나에 해당하는 자의 처분·행위 등은 그 성질에 반하는 경우가 아니면 회생절차에서도 유효한 것으로 본다.
92014.12.30 본조신설)
제293조의6【관리인의 불선임】 ① 간이회생절차에서는 관리인을 선임하지 아니한다. 다만, 제74조제2항 각 호의 어느 하나에 해당한다고 인정하는 경우에는 관리인을 선임할 수 있다.
② 제1항 본문의 경우에는 채무자(개인이 아닌 경우에는 그 대표자를 말한다)는 이 편에 따른 관리인으로 본다.
(2014.12.30 본조신설)
제293조의7【간이조사위원 등】 ① 간이회생절차에서 법원은 이해관계인의 신청에 의하거나 직권으로 제601조제1항 각 호의 어느 하나에 해당하는 자를 간이조사위원으로 선임할 수 있다. 간이조사위원에 대해서는 제79조, 제81조, 제82조, 제83조제1항 및 제87조를 준용한다.
② 간이조사위원은 제87조에 따른 조사위원의 업무를 대법원규칙으로 정하는 바에 따라 간이한 방법으로 수행할 수 있다.
③ 간이조사위원이 선임된 경우 관리인은 제91조부터 제93조까지의 규정에 따른 관리인의 업무를 대법원규칙으로 정하는 바에 따라 간이한 방법으로 수행할 수 있다.
(2014.12.30 본조신설)
제293조의8【회생계획안의 가결 요건에 관한 특례】 간이회생절차의 관계인집회에서는 제237조제1호에도 불구하고 다음 각 호의 요건 중 어느 하나

를 충족하는 경우에는 회생계획안에 관하여 회생채권자의 조에서 가결된 것으로 본다.
1. 의결권을 행사할 수 있는 회생채권자의 의결권의 총액의 3분의 2 이상에 해당하는 의결권을 가진 자의 동의가 있을 것
2. 의결권을 행사할 수 있는 회생채권자의 의결권의 총액의 2분의 1을 초과하는 의결권을 가진 자의 동의 및 의결권자의 과반수의 동의가 있을 것
(2014.12.30 본조신설)

제3편 파산절차

제1장 파산절차의 개시 등

제1절 파산신청

제294조【파산신청권자】 ① 채권자 또는 채무자는 파산신청을 할 수 있다.
② 채권자가 파산신청을 하는 때에는 그 채권의 존재 및 파산의 원인인 사실을 소명하여야 한다.
제295조【법인의 파산신청권자】 ①「민법」그 밖에 다른 법률에 의하여 설립된 법인에 대하여는 이사가, 합명회사 또는 합자회사에 대하여는 무한책임사원이, 주식회사 또는 유한회사에 대하여는 이사가 파산신청을 할 수 있다.
② 청산인은 청산 중인 법인에 대하여 파산신청을 할 수 있다.
제296조【일부 이사등의 파산신청】 이사·무한책임사원 또는 청산인의 전원이 하는 파산신청이 아닌 때에는 파산의 원인인 사실을 소명하여야 한다.
제297조【그 밖의 법인에의 준용】 제295조 및 제296조의 규정은 제295조의 규정에 의한 법인 외의 법인과 법인 아닌 사단 또는 재단으로서 대표자 또는 관리자가 있는 것에 관하여 준용한다.
제298조【법인해산 후의 파산신청】 법인에 대하여는 그 해산 후에도 잔여재산의 인도 또는 분배가 종료하지 아니한 동안은 파산신청을 할 수 있다.
제299조【상속재산의 파산신청권자】 ① 상속재산에 대하여 상속채권자, 유증을 받은 자, 상속인, 상속재산관리인 및 유언집행자는 파산신청을 할 수 있다.
② 상속재산관리인, 유언집행자 또는 한정승인이나 재산분리가 있은 경우의 상속인은 상속재산으로 상속채권자 및 유증을 받은 자에 대한 채무를 완제할 수 없는 것을 발견한 때에는 지체 없이 파산신청을 하여야 한다.
③ 상속인·상속재산관리인 또는 유언집행자가 파산신청을 하는 때에는 파산의 원인인 사실을 소명하여야 한다.

제300조【상속재산에 대한 파산신청기간】 상속재산에 대하여는 「민법」 제1045조(상속재산의 분리청구권)의 규정에 의하여 재산의 분리를 청구할 수 있는 기간에 한하여 파산신청을 할 수 있다. 이 경우 그 사이에 한정승인 또는 재산분리가 있은 때에는 상속채권자 및 유증을 받은 자에 대한 변제가 아직 종료하지 아니한 동안에도 파산신청을 할 수 있다.

제301조【외국에서 파산선고가 있은 경우】 파산신청 당시 채무자에 대하여 이미 외국에서 파산선고가 있은 때에는 파산의 원인인 사실이 존재하는 것으로 추정한다.

제302조【신청서】 ① 파산신청은 다음 각호의 사항을 기재한 서면으로 하여야 한다.
1. 신청인 및 그 법정대리인의 성명 및 주소
2. 채무자가 개인인 경우에는 채무자의 성명·주민등록번호 및 주소
3. 채무자가 개인이 아닌 경우에는 채무자의 상호, 주된 사무소 또는 영업소의 소재지, 대표자의 성명
4. 신청의 취지
5. 신청의 원인
6. 채무자의 사업목적과 업무의 상황
7. 채무자의 발행주식 또는 출자지분의 총수, 자본의 액과 자산, 부채 그 밖의 재산상태
8. 채무자의 재산에 관한 다른 절차 또는 처분으로서 신청인이 알고 있는 것
9. 채권자가 파산신청을 하는 때에는 그가 가진 채권의 액과 원인
10. 주주·지분권자가 파산신청을 하는 때에는 그가 가진 주식 또는 출자지분의 수 또는 액
② 제1항의 규정에 의한 서면에는 다음 각호의 서류를 첨부하여야 한다. 다만, 신청과 동시에 첨부할 수 없는 때에는 그 사유를 소명하고 그 후에 지체없이 제출하여야 한다.
1. 채권자목록
2. 재산목록
3. 채무자의 수입 및 지출에 관한 목록
4. 그 밖에 대법원규칙에서 정하는 서류

제303조【파산절차비용의 예납】 파산신청을 하는 때에는 법원이 상당하다고 인정하는 금액을 파산절차의 비용으로 미리 납부하여야 한다.

제304조【파산절차비용의 가지급】 파산신청인이 채권자가 아닌 때에는 파산절차의 비용을 국고에서 가지급할 수 있다. 예납금이 부족하게 된 때, 법원이 직권으로 파산선고를 한 때 또는 파산신청인이 채권자인 경우 미리 비용을 납부하지 아니하였음에도 불구하고 법원이 파산선고를 한 때에도 같다.

제2절 파산선고 등

제305조【보통파산원인】 ① 채무자가 지급을 할 수 없는 때에는 법원은 신청에 의하여 결정으로 파산을 선고한다.
② 채무자가 지급을 정지한 때에는 지급을 할 수 없는 것으로 추정한다.

제306조【법인의 파산원인】 ① 법인에 대하여는 그 부채의 총액이 자산의 총액을 초과하는 때에도 파산선고를 할 수 있다.
② 제1항의 규정은 합명회사 및 합자회사의 존립 중에는 적용하지 아니한다.

제307조【상속재산의 파산원인】 상속재산으로 상속채권자 및 유증을 받은 자에 대한 채무를 완제할 수 없는 때에는 법원은 신청에 의하여 결정으로 파산을 선고한다.

제308조【파산신청 또는 선고 후의 상속】 파산신청 또는 파산선고가 있은 후에 상속이 개시된 때에는 파산절차는 상속재산에 대하여 속행된다.

제309조【기각사유】 ① 법원은 다음 각호의 어느 하나에 해당하는 때에는 파산신청을 기각할 수 있다.
1. 신청인이 절차의 비용을 미리 납부하지 아니한 때
2. 법원에 회생절차 또는 개인회생절차가 계속되어 있고 그 절차에 의함이 채권자 일반의 이익에 부합하는 때
3. 채무자에게 파산원인이 존재하지 아니한 때
4. 신청인이 소재불명인 때
5. 그 밖에 신청이 성실하지 아니한 때
② 법원은 채무자에게 파산원인이 존재하는 경우에도 파산신청이 파산절차의 남용에 해당한다고 인정되는 때에는 심문을 거쳐 파산신청을 기각할 수 있다.

제310조【파산선고】 파산결정서에는 파산선고의 연·월·일·시를 기재하여야 한다.

제311조【파산의 효력발생시기】 파산은 선고를 한 때부터 그 효력이 생긴다.

제312조【파산선고와 동시에 정하여야 하는 사항】 ① 법원은 파산선고와 동시에 파산관재인을 선임하고 다음 각호의 사항을 정하여야 한다.
1. 채권신고의 기간. 이 경우 그 기간은 파산선고를 한 날부터 2주 이상 3월 이하이어야 한다.
2. 제1회 채권자집회의 기일. 이 경우 그 기일은 파산선고를 한 날부터 4월 이내이어야 한다.
3. 채권조사의 기일. 이 경우 그 기일과 제1호의 규정에 의한 채권신고기간의 말일과의 사이에는 1주 이상 1월 이하의 기간이 있어야 한다.
② 제1항제2호 및 제3호의 규정에 의한 기일은 병합할 수 있다.

제313조【파산선고의 공고 및 송달】 ① 법원은 파산선고를 한 때에는 즉시 다음 각호의 사항을 공

고하여야 한다.
1. 파산결정의 주문
2. 파산관재인의 성명 및 주소 또는 사무소
3. 제312조의 규정에 의한 기간 및 기일
4. 파산선고를 받은 채무자의 채무자와 파산재단에 속하는 재산의 소유자는 파산선고를 받은 채무자에게 변제를 하거나 그 재산을 교부하여서는 아니된다는 뜻의 명령
5. 파산선고를 받은 채무자의 채무자와 파산재단에 속하는 재산의 소유자에 대하여 다음 각목의 사항을 일정한 기간 안에 파산관재인에게 신고하여야 한다는 뜻의 명령
   가. 채무를 부담하고 있다는 것
   나. 재산을 소지하고 있다는 것
   다. 소지자가 별제권을 가지고 있는 때에는 그 채권을 가지고 있다는 것
② 법원은 알고 있는 채권자·채무자 및 재산소지자에게는 제1항 각호의 사항을 기재한 서면을 송달하여야 한다.
③ 제1항 및 제2항의 규정은 제1항제2호 내지 제5호의 사항에 변경이 생긴 경우에 관하여 준용한다.
④ 제1항제5호의 규정에 의한 신고를 게을리한 자는 이로 인하여 파산재단에 생긴 손해를 배상하여야 한다.

제314조【법인파산의 통지】 ① 법인에 대하여 파산선고를 한 경우 그 법인의 설립이나 목적인 사업에 관하여 행정청의 허가가 있는 때에는 법원은 파산의 선고가 있음을 주무관청에 통지하여야 한다.
② 제1항의 규정은 파산취소 또는 파산폐지의 결정이 확정되거나 파산종결의 결정이 있는 경우에 관하여 준용한다.

제315조【검사에 대한 통지】 법원은 필요하다고 인정하는 경우에는 파산선고한 사실을 검사에게 통지할 수 있다.

제316조【파산신청에 관한 재판에 대한 즉시항고】 ① 파산신청에 관한 재판에 대하여는 즉시항고를 할 수 있다.
② 제323조 및 제324조의 규정은 파산신청을 기각하는 결정에 대하여 제1항의 즉시항고가 있는 경우에 관하여 준용한다.
③ 제1항의 규정에 의한 즉시항고는 집행정지의 효력이 없다.
④ 항고법원은 즉시항고의 절차가 법률에 위반되거나 즉시항고가 이유없다고 인정하는 때에는 결정으로 즉시항고를 각하 또는 기각하여야 한다.
⑤ 항고법원은 즉시항고가 이유있다고 인정하는 때에는 원래의 결정을 취소하고 사건을 원심법원에 환송하여야 한다.

제317조【파산선고와 동시에 하는 파산폐지】 ① 법원은 파산재단으로 파산절차의 비용을 충당하기에 부족하다고 인정되는 때에는 파산선고와 동시에 파산폐지의 결정을 하여야 한다.
② 제1항의 경우 법원은 파산결정의 주문과 파산폐지결정의 주문 및 이유의 요지를 공고하여야 한다.
③ 제1항의 규정에 의한 결정에 대하여는 즉시항고를 할 수 있다.
④ 제3항의 규정에 의한 즉시항고는 집행정지의 효력이 없다.
⑤ 제1항의 규정에 의한 파산폐지결정의 취소가 확정된 때에는 제313조 내지 제315조의 규정을 준용한다.

제318조【동시파산폐지의 예외】 제317조의 규정은 파산절차의 비용을 충당하기에 충분한 금액을 미리 납부한 때에는 적용하지 아니한다.

제319조【파산선고를 받은 채무자의 구인】 ① 법원은 필요하다고 인정하는 때에는 파산선고를 받은 채무자를 구인하도록 명할 수 있다.
② 제1항의 구인에는 「형사소송법」의 구인에 관한 규정을 준용한다.
③ 제1항의 규정에 의한 결정에 대하여는 즉시항고를 할 수 있다.

제320조【파산선고를 받은 채무자의 법정대리인 등의 구인】 제319조의 규정은 다음 각호의 자에 관하여 준용한다.
1. 파산선고를 받은 채무자의 법정대리인
2. 파산선고를 받은 채무자의 이사
3. 파산선고를 받은 채무자의 지배인
4. 상속재산에 대한 파산의 경우 상속인과 그 법정대리인 및 지배인

제321조【채무자 등의 설명의무】 ① 다음 각호의 자는 파산관재인·감사위원 또는 채권자집회의 요청에 의하여 파산에 관하여 필요한 설명을 하여야 한다.
1. 채무자 및 그 대리인
2. 채무자의 이사
3. 채무자의 지배인
4. 상속재산에 대한 파산의 경우 상속인, 그 대리인, 상속재산관리인 및 유언집행자
② 제1항의 규정은 종전에 제1항의 규정에 의한 자격을 가졌던 자에 관하여 준용한다.

제322조【파산선고 전의 구인】 ① 파산의 신청이 있는 때에는 법원은 파산선고 전이라도 채무자와 제320조에 규정된 자의 구인을 명할 수 있다.
② 제319조제2항 및 제3항의 규정은 제1항의 경우에 관하여 준용한다.

제323조【파산선고 전의 보전처분】 ① 법원은 파산선고 전이라도 이해관계인의 신청에 의하거나 직권으로 채무자의 재산에 관하여 가압류·가처분 그 밖에 필요한 보전처분을 명할 수 있다. 법원이 직권으로 파산선고를 하는 때에도 같다.

② 법원은 제1항의 규정에 의한 처분을 변경하거나 취소할 수 있다.
③ 제1항 또는 제2항의 규정에 의한 재판은 결정으로 한다.
④ 제1항 또는 제2항의 규정에 의한 재판에 대하여는 즉시항고를 할 수 있다.
⑤ 제4항의 규정에 의한 즉시항고는 집행정지의 효력이 없다.

제324조【책임제한절차의 정지명령】 ① 법원은 파산신청이 있는 경우 필요하다고 인정하는 때에는 이해관계인의 신청에 의하거나 직권으로 파산신청에 대한 결정이 있을 때까지 「상법」제5편(해상) 및 「선박소유자 등의 책임제한절차에 관한 법률」에 의한 책임제한절차(이하 이 조, 제326조 및 제327조에서 "책임제한절차"라 한다)의 정지를 명할 수 있다. 다만, 책임제한절차개시의 결정이 있는 때에는 그러하지 아니하다.
② 법원은 제1항의 규정에 의한 정지결정을 취소할 수 있다.

제325조【파산취소의 공고 및 송달】 ① 파산취소의 결정이 확정된 때에는 법원은 그 주문을 공고하여야 한다.
② 제313조제2항, 제315조 및 제547조의 규정은 제1항의 경우에 관하여 준용한다.

제326조【책임제한절차폐지의 결정이 확정될 때까지의 파산절차의 정지】 파산선고를 받은 채무자를 위하여 개시한 책임제한절차의 폐지결정이 있는 때에는 그 결정이 확정될 때까지 파산절차를 정지한다.

제327조【책임제한절차폐지의 경우의 조치】 ① 파산선고를 받은 채무자를 위하여 개시된 책임제한절차의 폐지결정이 확정된 때에는 법원은 제한채권자를 위하여 다음 각호의 사항을 정하여야 한다.
1. 채권신고의 기간. 이 경우 그 기간은 책임제한절차폐지의 결정이 확정된 날부터 1주 이상 2월 이하로 하여야 한다.
2. 채권조사의 기일. 이 경우 그 기일과 제1호의 규정에 의하여 정하여진 신고기간의 말일과의 사이에 1주 이상 1월 이하의 기간을 두어야 한다.
② 법원은 제1항의 규정에 의한 기간 및 기일을 공고하여야 한다.
③ 법원은 알고 있는 채권자에 대하여는 다음 각호의 사항을 기재한 서면을 송달하여야 한다.
1. 제1항의 규정에 의한 기간 및 기일
2. 제313조제1항제1호 및 제2호의 사항
④ 다음 각호의 자에게는 제1항의 규정에 의한 기간 및 기일을 기재한 서면을 송달하여야 한다. 다만, 제1항제2호의 규정에 의하여 정하여진 기일이 제312조제1항제2호에 의하여 정하여진 기일이 같은 경우 신고한 파산채권자에 대하여는 그러하지

아니하다.
1. 파산관재인
2. 파산선고를 받은 채무자
3. 신고한 파산채권자
⑤ 제2항·제3항 및 제4항 본문의 규정은 제1항의 규정에 의한 기간 및 기일에 변경이 있는 경우에 관하여 준용한다.

제3절 법률행위에 관한 파산의 효력

제328조【해산한 법인】 해산한 법인은 파산의 목적의 범위 안에서는 아직 존속하는 것으로 본다.
제329조【채무자의 파산선고 후의 법률행위】 ① 파산선고를 받은 채무자가 파산선고 후 파산재단에 속하는 재산에 관하여 한 법률행위는 파산채권자에게 대항할 수 없다.
② 채무자가 파산선고일에 한 법률행위는 파산선고 후에 한 것으로 추정한다.
제330조【파산선고 후의 권리취득】 ① 파산선고 후에 파산재단에 속하는 재산에 관하여 채무자의 법률행위에 의하지 아니하고 권리를 취득한 경우에도 그 취득은 파산채권자에게 대항할 수 없다.
② 제329조제2항의 규정은 제1항의 규정에 의한 취득에 관하여 준용한다.
제331조【파산선고 후의 등기·등록 등】 ① 부동산 또는 선박에 관하여 파산선고 전에 생긴 채무의 이행으로서 파산선고 후에 한 등기 또는 가등기는 파산채권자에게 대항할 수 없다. 다만, 등기권리자가 파산선고의 사실을 알지 못하고 한 등기에 관하여는 그러하지 아니하다.
② 제1항의 규정은 권리의 설정·이전 또는 변경에 관한 등록 또는 가등록에 관하여 준용한다.
제332조【파산선고 후 채무자에 대한 변제】 ① 파산선고 후에 그 사실을 알지 못하고 채무자에게 한 변제는 이로써 파산채권자에게 대항할 수 있다.
② 파산선고 후에 그 사실을 알고 채무자에게 한 변제는 파산재단이 받은 이익의 한도 안에서만 파산채권자에게 대항할 수 있다.
제333조【파산선고 후의 어음의 인수 또는 지급】 ① 환어음의 발행인 또는 배서인이 파산선고를 받은 경우 지급인 또는 예비지급인이 그 사실을 알지 못하고 인수 또는 지급을 한 때에는 이로 인하여 생긴 채권에 관하여 파산채권자로서 그 권리를 행사 할 수 있다.
② 제1항의 규정은 수표와 금전 그 밖의 물건이나 유가증권의 급부를 목적으로 하는 유가증권에 관하여 준용한다.
제334조【선의 또는 악의의 추정】 제331조 내지 제333조의 규정을 적용하는 때에는 파산선고의 공고 전에는 그 사실을 알지 못한 것으로 추정하고,

공고 후에는 그 사실을 안 것으로 추정한다.

제335조【쌍방미이행 쌍무계약에 관한 선택】 ① 쌍무계약에 관하여 채무자 및 그 상대방이 모두 파산선고 당시 아직 이행을 완료하지 아니한 때에는 파산관재인은 계약을 해제 또는 해지하거나 채무자의 채무를 이행하고 상대방의 채무이행을 청구할 수 있다.
② 제1항의 경우 상대방은 파산관재인에 대하여 상당한 기간을 정하여 그 기간 안에 계약의 해제 또는 해지나 이행 여부를 확답할 것을 최고할 수 있다. 이 경우 파산관재인이 그 기간 안에 확답을 하지 아니한 때에는 계약을 해제 또는 해지한 것으로 본다.
③ 제1항에 따라 파산관재인이 국가를 상대방으로 하는 「방위사업법」 제3조에 따른 방위력개선사업 관련 계약을 해제 또는 해지하고자 하는 경우 방위사업청장과 협의하여야 한다. (2014.5.20 본항신설)

제336조【지급결제제도 등에 대한 특칙】 제120조의 규정은 같은 조에서 정한 지급결제제도 또는 청산결제제도의 참가자 또는 적격금융거래의 당사자 일방에 대하여 파산선고가 있는 경우 이를 준용한다. 이 경우 제120조제1항 내지 제3항의 "회생절차가 개시된 경우"는 "파산선고가 있는 경우"로 보고, 제120조제3항 단서의 "회생채권자 또는 회생담보권자"는 "파산채권자 또는 별제권자"로 본다.

제337조【파산관재인의 해제 또는 해지와 상대방의 권리】 ① 제335조의 규정에 의한 계약의 해제 또는 해지가 있는 때에는 상대방은 손해배상에 관하여 파산채권자로서 권리를 행사할 수 있다.
② 제1항의 규정에 의한 계약의 해제 또는 해지의 경우 채무자가 받은 반대급부가 파산재단 중에 현존하는 때에는 상대방은 그 반환을 청구하고, 현존하지 아니하는 때에는 그 가액에 관하여 재단채권자로서 권리를 행사할 수 있다.

제338조【거래소의 시세있는 상품의 정기매매】 ① 거래소의 시세있는 상품의 매매에 관하여 일정한 일시 또는 일정한 기간 안에 이행을 하지 아니하면 계약의 목적을 달성하지 못하는 경우 그 시기가 파산선고 후에 도래하는 때에는 계약의 해제가 있은 것으로 본다. 이 경우 손해배상액은 이행지에서 동종의 거래가 동일한 시기에 이행되는 때의 시세와 매매대가와의 차액에 의하여 정한다.
② 제337조제1항의 규정은 제1항의 규정에 의한 손해배상에 관하여 준용한다.
③ 제1항의 경우에 관하여 거래소에서 달리 규정한 것이 있는 때에는 그 규정에 의한다.

제339조【「민법」상의 해지 또는 해제권이 있는 경우】 제335조제2항의 규정은 「민법」 제637조(임차인의 파산과 해지통고), 제663조(사용자파산과 해지통고) 또는 제674조(도급인의 파산과 해제권)

제1항의 규정에 의하여 상대방 또는 파산관재인이 갖는 해지권 또는 해제권의 행사에 관하여 준용한다.

제340조【임대차계약】 ① 임대인이 파산선고를 받은 때에는 차임의 선급 또는 차임채권의 처분은 파산선고시의 당기(當期) 및 차기(次期)에 관한 것을 제외하고는 파산채권자에게 대항할 수 없다.
② 제1항의 규정에 의하여 파산채권자에게 대항할 수 없음으로 인하여 손해를 받은 자는 그 손해배상에 관하여 파산채권자로서 권리를 행사할 수 있다.
③ 제1항 및 제2항의 규정은 지상권에 관하여 준용한다.
④ 임대인이 파산선고를 받은 경우 임차인이 다음 각호의 어느 하나에 해당하는 때에는 제335조의 규정을 적용하지 아니한다.
1. 「주택임대차보호법」 제3조(대항력 등)제1항의 대항요건을 갖춘 때
2. 「상가건물 임대차보호법」 제3조(대항력 등)의 대항요건을 갖춘 때

제341조【도급계약】 ① 채무자가 도급계약에 의하여 일을 하여야 하는 의무가 있는 때에는 파산관재인은 필요한 재료를 제공하여 채무자로 하여금 그 일을 하게 할 수 있다. 이 경우 그 일이 채무자 자신이 함을 필요로 하지 아니하는 때에는 제3자로 하여금 이를 하게 할 수 있다.
② 제1항의 경우 채무자가 그 상대방으로부터 받을 보수는 파산재단에 속한다.

제342조【위임계약】 위임자가 파산선고를 받은 경우 수임자가 파산선고의 통지를 받지 아니하고 파산선고의 사실도 알지 못하고 위임사무를 처리한 때에는 이로 인하여 파산선고를 받은 자에게 생긴 채권에 관하여 수임자는 파산채권자로서 그 권리를 행사할 수 있다.

제343조【상호계산】 ① 상호계산은 당사자의 일방이 파산선고를 받은 때에는 종료한다. 이 경우 각 당사자는 계산을 폐쇄하고 잔액의 지급을 청구할 수 있다.
② 제1항의 규정에 의한 청구권을 채무자가 가지는 때에는 파산재단에 속하고, 상대방이 가지는 때에는 파산채권이 된다.

제344조【공유자의 파산】 ① 공유자 중에 파산선고를 받은 자가 있는 때에는 분할하지 아니한다는 약정이 있는 때에도 파산절차에 의하지 아니하고 그 분할을 할 수 있다.
② 제1항의 경우 파산선고를 받은 자가 아닌 다른 공유자는 상당한 대가를 지급하고 그 파산선고를 받은 자의 지분을 취득할 수 있다.

제345조【배우자 등의 재산관리】 「민법」 제829조(부부재산의 약정과 그 변경)제3항 및 제5항의 규정은 배우자의 재산을 관리하는 자가 파산선고를

받은 경우에, 같은 법 제924조(친권상실의 선고)의 규정은 친권을 행사하는 자가 파산선고를 받은 경우에 관하여 각각 준용한다.

제346조【파산과 한정승인 및 재산분리】 상속인이나 상속재산에 대한 파산선고는 한정승인 또는 재산분리에 영향을 미치지 아니한다. 다만, 파산취소 또는 파산폐지의 결정이 확정되거나 파산종결의 결정이 있을 때까지 그 절차를 중지한다.

제347조【파산재단에 속하는 재산에 관한 소송수계】 ① 파산재단에 속하는 재산에 관하여 파산선고 당시 법원에 계속되어 있는 소송은 파산관재인 또는 상대방이 이를 수계할 수 있다. 제335조제1항의 규정에 의하여 파산관재인이 채무를 이행하는 경우에 상대방이 가지는 청구권에 관한 소송의 경우에도 또한 같다.
② 제1항의 규정에 의한 소송비용은 재단채권으로 한다.

제348조【강제집행 및 보전처분에 대한 효력】 ① 파산채권에 기하여 파산재단에 속하는 재산에 대하여 행하여진 강제집행·가압류 또는 가처분은 파산재단에 대하여는 그 효력을 잃는다. 다만, 파산관재인은 파산재단을 위하여 강제집행절차를 속행할 수 있다.
② 제1항 단서의 규정에 의하여 파산관재인이 강제집행의 절차를 속행하는 때의 비용은 재단채권으로 하고, 강제집행에 대한 제3자의 이의의 소에서는 파산관재인을 피고로 한다.

제349조【체납처분에 대한 효력】 ① 파산선고 전에 파산재단에 속하는 재산에 대하여「국세징수법」또는「지방세징수법」에 의하여 징수할 수 있는 청구권(국세징수의 예에 의하여 징수할 수 있는 청구권으로서 그 징수우선순위가 일반 파산채권보다 우선하는 것을 포함한다)에 기한 체납처분을 한 때에는 파산선고는 그 처분의 속행을 방해하지 아니한다. (2010.3.31., 2016.12.27 본항개정)
② 파산선고 후에는 파산재단에 속하는 재산에 대하여「국세징수법」또는「지방세징수법」에 의하여 징수할 수 있는 청구권(국세징수의 예에 의하여 징수할 수 있는 청구권을 포함한다)에 기한 체납처분을 할 수 없다. (2010.3.31., 2016.12.27 본항개정)

제350조【행정사건에 대한 효력】 ① 파산재단에 속하는 재산에 관하여 파산선고 당시에 행정청에 계속되어 있는 사건이 있는 때에는 그 절차는 수계 또는 파산절차의 종료가 있을 때까지 중단된다.
② 제347조의 규정은 제1항의 경우에 관하여 준용한다.

제4절 법인의 이사등의 책임

제351조【법인의 이사등의 재산에 대한 보전처분】 ① 법원은 법인인 채무자에 대하여 파산선고가 있는 경우 필요하다고 인정하는 때에는 파산관재인의 신청에 의하거나 직권으로 채무자의 발기인·이사(「상법」제401조의2제1항의 규정에 의하여 이사로 보는 자를 포함한다), 감사·검사인 또는 청산인(이하 이 조 내지 제353조에서 "이사등"이라 한다)에 대한 출자이행청구권 또는 이사등의 책임에 기한 손해배상청구권을 보전하기 위하여 이사등의 재산에 대한 보전처분을 할 수 있다.
② 파산관재인은 제1항의 규정에 의한 청구권이 있음을 알게 된 때에는 법원에 제1항의 규정에 의한 보전처분을 신청하여야 한다.
③ 법원은 긴급한 필요가 있다고 인정하는 때에는 파산선고 전이라도 채무자의 신청에 의하거나 직권으로 제1항의 규정에 의한 보전처분을 할 수 있다.
④ 법원은 관리위원회의 의견을 들어 제1항 또는 제3항의 규정에 의한 보전처분을 변경하거나 취소할 수 있다.
⑤ 제1항 또는 제3항의 규정에 의한 보전처분과 제4항의 규정에 의한 결정에 대하여는 즉시항고를 할 수 있다.
⑥ 제5항의 즉시항고는 집행정지의 효력이 없다.
⑦ 제1항 또는 제3항의 규정에 의한 보전처분이나 제4항의 규정에 의한 결정과 이에 대한 즉시항고에 대한 재판이 있는 때에는 그 결정서를 당사자에게 송달하여야 한다.

제352조【손해배상청구권 등의 조사확정재판】 ① 법원은 법인인 채무자에 대하여 파산선고가 있는 경우 필요하다고 인정하는 때에는 파산관재인의 신청에 의하거나 직권으로 이사등에 대한 출자이행청구권이나 이사등의 책임에 기한 손해배상청구권의 존부와 그 내용을 조사확정하는 재판을 할 수 있다.
② 파산관재인은 제1항의 규정에 의한 청구권이 있음을 알게 된 때에는 법원에 제1항의 규정에 의한 재판을 신청하여야 한다.
③ 파산관재인은 제1항의 규정에 의한 신청을 하는 때에는 그 원인되는 사실을 소명하여야 한다.
④ 법원은 직권으로 조사확정절차를 개시하는 때에는 그 취지의 결정을 하여야 한다.
⑤ 제1항의 규정에 의한 신청이 있거나 제4항의 규정에 의한 조사확정절차개시결정이 있은 때에는 시효의 중단에 관하여는 재판상의 청구가 있은 것으로 본다.
⑥ 제1항의 규정에 의한 조사확정의 재판과 조사확정의 신청을 기각하는 재판은 이유를 붙인 결정으로 하여야 한다.
⑦ 법원은 제6항의 규정에 의한 결정을 하는 때에는 미리 이해관계인을 심문하여야 한다.
⑧ 조사확정절차(조사확정결정이 있은 후의 것을

제외한다)는 파산절차가 종료한 때에는 종료한다.
⑨ 조사확정결정이 있은 때에는 그 결정서를 당사자에게 송달하여야 한다.

제353조【이의의 소】 ① 제352조제1항의 규정에 의한 조사확정의 재판에 불복이 있는 자는 결정을 송달받은 날부터 1월 이내에 이의의 소를 제기할 수 있다.
② 제1항의 규정에 의한 기간은 불변기간으로 한다.
③ 제1항의 소는 이를 제기하는 자가 이사등인 때에는 파산관재인을, 파산관재인인 때에는 이사등을 각각 피고로 하여야 한다.
④ 제1항의 소는 파산계속법원(파산사건이 계속되어 있는 회생법원을 말한다. 이하 같다)의 관할에 전속하고, 변론은 결정을 송달받은 날부터 1월의 기간을 경과한 후가 아니면 개시할 수 없다. (2016.12.27 본항개정)
⑤ 여러 개의 소가 동시에 계속되어 있는 때에는 법원은 변론을 병합하여야 한다.
⑥ 제1항의 규정에 의한 소에 대한 판결에서는 같은 항의 결정을 인가·변경 또는 취소한다. 다만, 소를 부적법한 것으로 각하하는 때에는 그러하지 아니하다.
⑦ 조사확정의 결정을 인가하거나 변경하는 판결은 강제집행에 관하여는 이행을 명한 판결과 동일한 효력이 있다.

제354조【조사확정재판의 효력】 제353조제1항의 규정에 의한 소가 같은 항의 기간 안에 제기되지 않거나 취하된 때 또는 각하된 때에는 조사확정재판은 이행을 명한 확정판결과 동일한 효력이 있다.

제2장 파산절차의 기관

제1절 파산관재인

제355조【파산관재인의 선임】 ① 파산관재인은 관리위원회의 의견을 들어 법원이 선임한다.
② 법인도 파산관재인이 될 수 있다. 이 경우 그 법인은 이사 중에서 파산관재인의 직무를 행할 자를 지명하고 법원에 신고하여야 한다.

제356조【파산관재인의 수】 파산관재인은 1인으로 한다. 다만, 법원이 필요하다고 인정하는 때에는 여럿의 파산관재인을 선임할 수 있다.

제357조【자격증명서】 ① 법원은 파산관재인에게 그 선임을 증명하는 서면을 교부하여야 한다.
② 파산관재인은 그 직무를 행하는 경우 이해관계인의 청구가 있는 때에는 제1항의 규정에 의한 서면을 제시하여야 한다.

제358조【법원의 감독】 파산관재인은 법원의 감독을 받는다.

제359조【당사자적격】 파산재단에 관한 소송에서는 파산관재인이 당사자가 된다.

제360조【여럿의 파산관재인의 직무집행】 ① 파산관재인이 여럿인 때에는 공동으로 그 직무를 행한다. 이 경우 법원의 허가를 받아 직무를 분장할 수 있다.
② 파산관재인이 여럿인 때에는 제3자의 의사표시는 그 1인에 대하여 하면 된다.

제361조【파산관재인의 의무 등】 ① 파산관재인은 선량한 관리자의 주의로써 그 직무를 행하여야 한다.
② 파산관재인이 제1항의 규정에 의한 주의를 게을리한 때에는 이해관계인에게 손해를 배상할 책임이 있다. 이 경우 주의를 게을리한 파산관재인이 여럿 있는 때에는 연대하여 손해를 배상할 책임이 있다.

제362조【파산관재인대리】 ① 파산관재인은 필요한 때에는 그 직무를 행하게 하기 위하여 자기의 책임으로 대리인을 선임할 수 있다.
② 제1항의 규정에 의한 대리인의 선임은 법원의 허가를 받아야 한다.
③ 채무자가 법인인 경우 제1항의 규정에 의한 허가가 있는 때에는 법원사무관등은 직권으로 지체 없이 촉탁서에 결정서의 등본을 첨부하여 대리인의 선임에 관한 등기를 촉탁하여야 한다. 대리인의 선임에 관한 허가가 변경 또는 취소된 때에도 또한 같다.
④ 제1항의 규정에 의한 대리인은 파산관재인에 갈음하여 재판상 또는 재판 외의 모든 행위를 할 수 있다.

제363조【파산관재인의 사임】 파산관재인은 정당한 사유가 있는 때에는 법원의 허가를 받아 사임할 수 있다.

제364조【파산관재인의 해임】 ① 법원은 채권자집회의 결의, 감사위원의 신청에 의하거나 직권으로 파산관재인을 해임할 수 있다. 이 경우 법원은 그 파산관재인을 심문하여야 한다.
② 제1항의 규정에 의한 파산관재인의 해임결정에 대하여는 즉시항고를 할 수 있다.
③ 제2항의 즉시항고는 집행정지의 효력이 없다.

제365조【계산의 보고의무】 ① 파산관재인의 임무가 종료한 때에는 파산관재인 또는 그 상속인은 지체 없이 채권자집회에 계산의 보고를 하여야 한다.
② 채무자, 파산채권자 또는 후임의 파산관재인이 채권자집회에서 계산에 대하여 이의를 진술하지 아니한 때에는 이를 승인한 것으로 본다.
③ 파산관재인은 이해관계인의 열람을 위하여 계산보고서와 그 계산보고서에 관한 감사위원의 의견서를 채권자집회일 3일 전까지 법원에 제출하여야 한다.

제366조【임무종료시의 긴급처분】 파산관재인의 임무가 종료한 경우 급박한 사정이 있는 때에는

파산관재인 또는 그 상속인은 후임의 파산관재인 또는 채무자가 재산을 관리할 수 있게 될 때까지 필요한 처분을 하여야 한다.

제2절 채권자집회

제367조 【소집】 법원은 파산관재인 또는 감사위원의 신청에 의하거나 직권으로 채권자집회를 소집한다. 신고를 한 총채권에 관하여 법원이 평가한 액의 5분의 1이상에 해당하는 파산채권자의 신청이 있는 때에도 또한 같다.

제368조 【기일 및 회의목적의 공고】 ① 법원은 채권자집회의 기일과 회의의 목적사항을 공고하여야 한다.

② 채권자집회의 연기 또는 속행에 관하여 선고가 있는 때에는 송달 또는 공고를 하지 아니할 수 있다.

제369조 【법원의 지휘】 채권자집회는 법원이 지휘한다.

제370조 【결의의 성립요건】 ① 채권자집회의 결의에는 의결권을 행사할 수 있는 출석 파산채권자의 총채권액의 2분의 1을 초과하는 채권을 가진 자의 동의가 있어야 한다.

② 채권자집회의 결의에 관하여 특별한 이해관계를 가진 자는 그 의결권을 행사할 수 없다.

제371조 【의결권의 불통일 행사】 ① 파산채권자는 의결권을 통일하지 아니하고 행사할 수 있다.

② 제1항의 경우 파산채권자는 채권자집회 7일 전까지 법원에 그 취지를 서면으로 신고하여야 한다.

제372조 【의결권의 대리행사】 ① 파산채권자는 대리인에 의하여 그 의결권을 행사할 수 있다. 이 경우 대리인은 대리권을 증명하는 서면을 제출하여야 한다.

② 대리인이 위임받은 의결권을 통일하지 아니하고 행사하는 경우에는 제371조제2항을 준용한다.

제373조 【의결권을 행사할 수 있는 채권액】 ① 파산채권자는 확정채권액에 따라 의결권을 행사할 수 있다.

② 미확정채권, 정지조건부채권, 장래의 청구권 또는 별제권의 행사에 의하여 변제를 받을 수 없는 채권액에 관하여 파산관재인 또는 파산채권자의 이의가 있는 때에는 법원은 의결권을 행사하게 할 것인가의 여부와 의결권을 행사할 금액을 결정한다.

③ 법원은 이해관계인의 신청에 의하여 언제든지 제2항의 규정에 의한 결정을 변경할 수 있다.

④ 제2항 또는 제3항의 규정에 의한 결정은 그 선고가 있는 때에는 송달을 하지 아니할 수 있다.

⑤ 파산채권자는 제446조에 규정한 청구권에 관하여는 의결권을 행사할 수 없다.

제374조 【감사위원의 동의에 갈음하는 효력】 ① 감사위원의 동의는 채권자집회의 결의로써 갈음할

수 있다.

② 채권자집회의 결의가 감사위원의 의견과 다른 때에는 그 결의에 따른다.

제375조 【결의집행의 금지】 ① 채권자집회의 결의가 파산채권자 일반의 이익에 반하는 때에는 법원은 파산관재인·감사위원 또는 파산채권자의 신청에 의하거나 직권으로 그 결의의 집행을 금지할 수 있다.

② 의결권이 없었던 파산채권자가 제1항의 규정에 의한 신청을 하는 때에는 파산채권자임을 소명하여야 한다.

③ 제1항의 규정에 의한 금지결정의 선고가 있는 때에는 송달을 하지 아니할 수 있다.

④ 제1항의 규정에 의한 결정에 대하여는 즉시항고를 할 수 있다.

제3절 감사위원

제376조 【감사위원설치의 의결】 제1회 채권자집회에서 감사위원의 설치가 필요하다는 제안이 있는 경우에는 그 설치 여부 및 감사위원의 수를 의결할 수 있다. 다만, 제1회 후의 채권자집회에서 그 결의를 변경할 수 있다.

제377조 【감사위원의 자격 등】 ① 감사위원은 채권자집회에서 선임한다.

② 감사위원은 법률이나 경영에 관한 전문가로서 파산절차에 이해관계가 없는 자이어야 한다.

③ 감사위원 선임의 결의는 법원의 인가를 받아야 한다.

제378조 【직무집행의 방법】 ① 감사위원이 3인 이상 있는 경우에 감사위원의 직무집행은 그 과반수의 찬성으로 결정한다.

② 특별한 이해관계가 있는 감사위원은 제1항의 규정에 의한 표결에 참가할 수 없다.

제379조 【감사위원의 직무집행 등】 ① 감사위원은 파산관재인의 직무집행을 감사한다.

② 각 감사위원은 언제든지 파산관재인에게 파산재단에 관한 보고를 요구하거나 파산재단의 상황을 조사할 수 있다.

③ 감사위원은 파산채권자에게 현저하게 손해를 미칠 사실을 발견한 때에는 지체 없이 법원 또는 채권자집회에 보고하여야 한다.

제380조 【감사위원의 해임】 ① 감사위원은 언제든지 채권자집회의 결의로 해임할 수 있다.

② 법원은 상당한 이유가 있는 때에는 이해관계인의 신청에 의하여 감사위원을 해임 할 수 있다.

③ 제2항의 규정에 의한 감사위원의 해임에 관한 재판에 대하여는 즉시항고를 할 수 있다.

④ 제3항의 규정에 의한 즉시항고는 집행정지의 효력이 없다.

제381조 【준용규정】 제30조제1항 및 제361조의 규정은 감사위원에 관하여 준용한다.

제3장 파산재단의 구성 및 확정

제1절 파산재단의 구성

제382조 【파산재단】 ① 채무자가 파산선고 당시에 가진 모든 재산은 파산재단에 속한다.
② 채무자가 파산선고 전에 생긴 원인으로 장래에 행사할 청구권은 파산재단에 속한다.

제383조 【파산재단에 속하지 아니하는 재산】 ① 압류할 수 없는 재산은 파산재단에 속하지 아니한다.
② 법원은 개인인 채무자의 신청에 의하여 다음 각호의 어느 하나에 해당하는 재산을 파산재단에서 면제할 수 있다.
1. 채무자 또는 그 피부양자의 주거용으로 사용되고 있는 건물에 관한 임차보증금반환청구권으로서 「주택임대차보호법」 제8조(보증금중 일정액의 보호)의 규정에 의하여 우선변제를 받을 수 있는 금액의 범위 안에서 대통령령이 정하는 금액을 초과하지 아니하는 부분
2. 채무자 및 그 피부양자의 생활에 필요한 6월간의 생계비에 사용할 특정한 재산으로서 대통령령이 정하는 금액을 초과하지 아니하는 부분
③ 제2항의 규정에 의한 신청은 파산신청일 이후 파산선고 후 14일 이내에 면제재산목록 및 소명에 필요한 자료를 첨부한 서면으로 하여야 한다.
④ 법원은 파산선고 전에 제2항의 신청이 있는 경우에는 파산선고와 동시에, 파산선고 후에 제2항의 신청이 있는 경우에는 신청일부터 14일 이내에 면제 여부 및 그 범위를 결정하여야 한다.
⑤ 제4항의 규정에 의한 결정이 있는 때에는 법원은 채무자 및 알고 있는 채권자에게 그 결정서를 송달하여야 한다.
⑥ 제4항의 규정에 의한 결정에 대하여는 즉시항고를 할 수 있다.
⑦ 제6항의 규정에 의한 즉시항고는 집행정지의 효력이 없다.
⑧ 법원은 파산선고 전에 면제신청이 있는 경우에 채무자의 신청 또는 직권으로 파산선고가 있을 때까지 제2항의 면제재산에 대하여 파산채권에 기한 강제집행, 가압류 또는 가처분의 중지 또는 금지를 명할 수 있다.
⑨ 면제결정이 확정된 때에는 제8항의 규정에 의하여 중지한 절차는 그 효력을 잃는다.
⑩ 제4항의 규정에 의하여 면제되는 재산에 대하여는 제556조제1항의 규정에 따라 면책신청을 할 수 있는 기한까지는 파산채권에 기한 강제집행, 가압류 또는 가처분을 할 수 없다.

제384조 【관리 및 처분권】 파산재단을 관리 및 처분하는 권한은 파산관재인에게 속한다.

제385조 【파산선고 후의 단순승인】 파산선고 전에 채무자를 위하여 상속개시가 있는 경우 채무자가 파산선고 후에 한 단순승인은 파산재단에 대하여는 한정승인의 효력을 가진다.

제386조 【파산선고 후의 상속포기】 ① 파산선고 전에 채무자를 위하여 상속개시가 있는 경우 채무자가 파산선고 후에 한 상속포기도 파산재단에 대하여는 한정승인의 효력을 가진다.
② 파산관재인은 제1항의 규정에 불구하고 상속포기의 효력을 인정할 수 있다. 이 경우 포기가 있은 것을 안 날부터 3월 이내에 그 뜻을 법원에 신고하여야 한다.

제387조 【파산과 포괄적 유증】 제385조 및 제386조의 규정은 포괄적 유증에 관하여 준용한다.

제388조 【파산과 특정유증】 ① 파산선고 전에 채무자를 위하여 특정유증이 있는 경우 채무자가 파산선고 당시 승인 또는 포기를 하지 아니한 때에는 파산관재인이 채무자에 갈음하여 그 승인 또는 포기를 할 수 있다.
② 「민법」 제1077조(유증의무자의 최고권)의 규정은 제1항의 경우에 관하여 준용한다.

제389조 【상속재산의 파산】 ① 상속재산에 대하여 파산선고가 있는 때에는 이에 속하는 모든 재산을 파산재단으로 한다.
② 상속재산에 대하여 파산선고가 있는 경우 피상속인이 상속인에 대하여 가지는 권리와 상속인이 피상속인에 대하여 가지는 권리는 소멸하지 아니한다.
③ 상속재산에 대하여 파산선고가 있는 때에는 상속인은 한정승인한 것으로 본다. 다만, 「민법」 제1026조제3호에 의하여 상속인이 단순승인한 것으로 보는 때에는 그러하지 아니하다.

제390조 【상속인의 재산처분】 ① 상속인이 상속재산의 전부 또는 일부를 처분한 후 상속재산에 대하여 파산선고가 있는 때에는 상속인이 반대급부에 관하여 가지는 권리는 파산재단에 속한다.
② 제1항의 경우 상속인이 이미 반대급부를 받은 때에는 이를 파산재단에 반환하여야 한다. 다만, 그 반대급부를 받은 때에 상속인이 파산의 원인인 사실 또는 파산신청이 있은 것을 알지 못한 때에는 그 이익이 현존하는 한도 안에서 반환하면 된다.

제2절 부인권

제391조 【부인할 수 있는 행위】 파산관재인은 파산재단을 위하여 다음 각호의 어느 하나에 해당하는 행위를 부인할 수 있다.
1. 채무자가 파산채권자를 해하는 것을 알고 한 행위. 다만, 이로 인하여 이익을 받은 자가 그 행위

당시 파산채권자를 해하게 되는 사실을 알지 못한 경우에는 그러하지 아니하다.

2. 채무자가 지급정지 또는 파산신청이 있은 후에 한 파산채권자를 해하는 행위와 담보의 제공 또는 채무소멸에 관한 행위. 다만, 이로 인하여 이익을 받은 자가 그 행위 당시 지급정지 또는 파산신청이 있은 것을 알고 있은 때에 한한다.

3. 채무자가 지급정지나 파산신청이 있은 후 또는 그 전 60일 이내에 한 담보의 제공 또는 채무소멸에 관한 행위로서 채무자의 의무에 속하지 아니하거나 그 방법 또는 시기가 채무자의 의무에 속하지 아니하는 것. 다만, 채권자가 그 행위 당시 지급정지나 파산신청이 있은 것 또는 파산채권자를 해하게 되는 사실을 알지 못한 경우를 제외한다.

4. 채무자가 지급정지 또는 파산신청이 있은 후 또는 그 전 6월 이내에 한 무상행위 및 이와 동일시할 수 있는 유상행위

제392조 【특수관계인을 상대방으로 한 행위에 대한 특칙】 ① 제391조제2호 단서의 규정을 적용하는 경우 이익을 받는 자가 채무자와 대통령령이 정하는 범위의 특수관계에 있는 자(이하 이 조에서 "특수관계인"이라 한다)인 때에는 그 특수관계인이 행위 당시 지급정지 또는 파산신청이 있은 것을 알고 있었던 것으로 추정한다.

② 제391조제3호의 규정을 적용하는 경우 특수관계인을 상대방으로 하는 행위에 대하여는 같은 호 본문에 규정된 "60일"을 "1년"으로 하고, 같은 호 단서를 적용하는 경우에는 그 특수관계인이 그 행위 당시 지급정지 또는 파산신청이 있은 것과 파산채권자를 해하는 사실을 알고 있었던 것으로 추정한다.

③ 제391조제4호의 규정을 적용하는 경우 특수관계인을 상대방으로 하는 행위인 때에는 같은 호에 규정된 "6월"을 "1년"으로 한다.

제393조 【어음지급의 예외】 ① 제391조의 규정은 채무자로부터 어음의 지급을 받은 자가 그 지급을 받지 아니하면 채무자의 1인 또는 여럿에 대한 어음상의 권리를 상실하게 되었을 경우에는 적용하지 아니한다.

② 제1항의 경우 최종의 상환의무자 또는 어음의 발행을 위탁한 자가 그 발행 당시에 지급정지 또는 파산신청이 있었음을 알았거나 또는 과실로 인하여 이를 알지 못한 때에는 파산관재인은 그로 하여금 채무자가 지급한 금액을 상환하게 할 수 있다.

제394조 【권리변동의 성립요건 또는 대항요건의 부인】 ① 지급정지 또는 파산신청이 있은 후에 권리의 설정·이전 또는 변경의 효력을 생기게 하는 등기 또는 등록이 행하여진 경우 그 등기 또는 등록이 그 원인인 채무부담행위가 있은 날부터 15일

을 경과한 후에 지급정지 또는 파산신청이 있음을 알고 행한 것인 때에는 이를 부인할 수 있다. 다만, 가등기 또는 가등록을 한 후 이에 의하여 본등기 또는 본등록을 한 때에는 그러하지 아니하다.

② 지급정지 또는 파산신청이 있은 후에 권리의 설정·이전 또는 변경을 제3자에게 대항하기 위하여 필요한 행위를 한 경우 그 행위가 권리의 설정·이전 또는 변경이 있은 날부터 15일을 경과한 후에 지급정지 또는 파산신청이 있음을 알고 행한 것인 때에도 제1항과 같다.

제395조 【집행행위의 부인】 부인권은 부인하고자 하는 행위에 관하여 집행력있는 집행권원이 있는 때 또는 그 행위가 집행행위에 의한 것인 때에도 행사할 수 있다.

제396조 【부인권의 행사방법】 ① 부인권은 소, 부인의 청구 또는 항변의 방법으로 파산관재인이 행사한다.

② 법원은 파산채권자의 신청에 의하거나 직권으로 파산관재인에게 부인권의 행사를 명할 수 있다.

③ 제1항의 소와 부인의 청구사건은 파산계속법원의 관할에 전속한다. (2016.12.27 본항개정)

④ 제106조 및 제107조의 규정은 제1항의 규정에 의한 부인의 청구에 관하여 준용한다.

제397조 【부인권행사의 효과】 ① 부인권의 행사는 파산재단을 원상으로 회복시킨다.

② 제391조제4호의 규정에 의한 행위가 부인된 경우 상대방이 그 행위 당시 선의인 때에는 이익이 현존하는 한도 안에서 상환하면 된다.

제398조 【상대방의 지위】 ① 채무자의 행위가 부인된 경우 그가 받은 반대급부가 파산재단 중에 현존하는 때에는 상대방은 그 반환을 청구할 수 있으며, 반대급부로 인하여 생긴 이익이 현존하는 때에는 그 이익의 한도 안에서 재단채권자로서 그 권리를 행사할 수 있다.

② 채무자의 행위가 부인된 경우 반대급부로 인하여 생긴 이익이 현존하지 아니하는 때에는 상대방은 그 가액의 상환에 관하여 파산채권자로서 권리를 행사할 수 있다. 반대급부의 가액이 현존하는 이익보다 큰 경우 그 차액에 관하여도 또한 같다.

제399조 【상대방의 채권의 회복】 채무자의 행위가 부인된 경우 상대방이 그가 받은 급부를 반환하거나 그 가액을 상환한 때에는 상대방의 채권은 원상으로 회복된다.

제400조 【상속재산의 파산의 경우의 부인권】 제391조·제392조·제393조·제398조 및 제399조의 규정은 상속재산에 대하여 파산선고가 있은 경우 피상속인·상속인·상속재산관리인 및 유언집행자가 상속재산에 관하여 한 행위에 관하여 준용한다.

제401조 【유증을 받은 자에 대한 변제 등의 부인】 상속재산에 대하여 파산선고가 있은 경우 유

증을 받은 자에 대한 변제 그 밖의 채무의 소멸에 관한 행위가 그 채권에 우선하는 채권을 가진 파산채권자를 해하는 때에는 이를 부인할 수 있다.

제402조【부인의 상대방에 대한 변제】 상속재산에 대하여 파산선고가 있은 경우 피상속인·상속인·상속재산관리인 및 유언집행자가 상속재산에 관하여 한 행위가 부인된 때에는 상속채권자에게 변제한 후 부인된 행위의 상대방에게 그 권리의 가액에 따라 잔여재산을 분배하여야 한다.

제403조【전득자에 대한 부인권】 ① 다음 각호의 어느 하나에 해당하는 때에는 전득자(轉得者)에 대하여도 부인권을 행사할 수 있다.
1. 전득자가 전득 당시 각각 그 전자(前者)에 대한 부인의 원인이 있음을 안 때
2. 전득자가 제392조의 규정에 의한 특수관계인인 때. 다만, 전득 당시 각각 그 전자(前者)에 대한 부인의 원인이 있음을 알지 못한 때에는 그러하지 아니하다.
3. 전득자가 무상행위 또는 이와 동일시할 수 있는 유상행위로 인하여 전득한 경우 각각 그 전자(前者)에 대하여 부인의 원인이 있는 때
② 제397조제2항의 규정은 제1항제3호의 규정에 의하여 부인권이 행사된 경우에 관하여 준용한다.

제404조【지급정지를 안 것을 이유로 하는 부인의 제한】 파산선고가 있은 날부터 1년 전에 한 행위는 지급정지의 사실을 안 것을 이유로 하여 부인할 수 없다.

제405조【부인권행사의 기간】 부인권은 파산선고가 있은 날부터 2년이 경과한 때에는 행사할 수 없다. 제391조 각호의 행위를 한 날부터 10년이 경과한 때에도 또한 같다.

제406조【채권자취소소송 등의 중단】 ①「민법」제406조제1항이나「신탁법」제8조에 따라 파산채권자가 제기한 소송이 파산선고 당시 법원에 계속되어 있는 때에는 그 소송절차는 수계 또는 파산절차의 종료에 이르기까지 중단된다. (2013.5.28 본항개정)
② 제347조의 규정은 제1항의 경우에 관하여 준용한다.
(2013.5.28 본조제목개정)

제406조의2【신탁행위의 부인에 관한 특칙】 위탁자인 채무자에 대하여 파산이 선고된 경우 해당 채무자가「신탁법」에 따라 한 신탁행위의 부인에 관하여는 제113조의2를 준용한다. 이 경우 "제100조제1항"은 "제391조"로, "채무자의 재산"은 "파산재단"으로, "공익채권자"는 "재단채권자"로 각각 본다.
(2013.5.28 본조신설)

제3절 환취권

제407조【채무자에게 속하지 아니한 재산의 환취】 파산선고는 채무자에 속하지 아니하는 재산을 파산재단으로부터 환취하는 권리에 영향을 미치지 아니한다.

제407조의2【수탁자에 대한 파산절차에서의 환취권에 관한 특칙】 ①「신탁법」에 따라 신탁이 설정된 후 수탁자가 파산선고를 받은 경우 신탁재산을 환취하는 권리는 신수탁자 또는 신탁재산관리인이 행사한다.
② 신탁이 종료된 경우에는「신탁법」제101조에 따라 신탁재산이 귀속된 자가 제1항의 권리를 행사한다.
(2013.5.28 본조신설)

제408조【운송 중인 매도물의 환취】 ① 매도인이 매매의 목적인 물건을 매수인에게 발송하였으나 매수인이 그 대금의 전액을 변제하지 아니하고, 도달지에서 그 물건을 수령하지 아니한 상태에서 매수인이 파산선고를 받은 때에는 매도인은 그 물건을 환취할 수 있다. 다만, 파산관재인이 대금전액을 지급하고 그 물건의 인도를 청구한 때에는 그러하지 아니하다.
② 제1항의 규정은 제335조의 적용을 배제하지 아니한다.

제409조【위탁매매인의 환취권】 제408조제1항의 규정은 물품매수의 위탁을 받은 위탁매매인이 그 물품을 위탁자에게 발송한 경우에 관하여 준용한다.

제410조【대체적 환취권】 ① 채무자가 파산선고 전에 환취권의 목적인 재산을 양도한 때에는 환취권자는 반대급부의 이행청구권의 이전을 청구할 수 있다. 파산관재인이 환취권의 목적인 재산을 양도한 때에도 또한 같다.
② 제1항의 경우 파산관재인이 반대급부의 이행을 받은 때에는 환취권자는 파산관재인이 반대급부로 받은 재산의 반환을 청구할 수 있다.

제4절 별제권

제411조【별제권자】 파산재단에 속하는 재산상에 존재하는 유치권·질권·저당권·「동산·채권 등의 담보에 관한 법률」에 따른 담보권 또는 전세권을 가진 자는 그 목적인 재산에 관하여 별제권을 가진다. (2010.6.10 본항개정)

제412조【별제권의 행사】 별제권은 파산절차에 의하지 아니하고 행사한다.

제413조【별제권자의 파산채권행사】 별제권자는 그 별제권의 행사에 의하여 변제를 받을 수 없는 채권액에 관하여만 파산채권자로서 그 권리를

행사할 수 있다. 다만, 별제권을 포기한 채권액에 관하여 파산채권자로서 그 권리를 행사하는 것에 영향을 미치지 아니한다.

제414조 【준별제권자】 ① 파산재단에 속하지 아니하는 채무자의 재산상에 질권·저당권 또는 「동산·채권 등의 담보에 관한 법률」에 따른 담보권을 가진 자는 그 권리의 행사에 의하여 변제를 받을 수 없는 채권액에 한하여 파산채권자로서 그 권리를 행사할 수 있다. (2010.6.10 본항개정)
② 제1항의 규정에 의한 권리를 가진 자에 대하여는 별제권에 관한 규정을 준용한다.

제415조 【주택임차인 등】 ① 「주택임대차보호법」 제3조(대항력 등)제1항의 규정에 의한 대항요건을 갖추고 임대차계약증서상의 확정일자를 받은 임차인은 파산재단에 속하는 주택(대지를 포함한다)의 환가대금에서 후순위권리자 그 밖의 채권자보다 우선하여 보증금을 변제받을 권리가 있다.
② 「주택임대차보호법」 제8조(보증금중 일정액의 보호)의 규정에 의한 임차인은 같은 조의 규정에 의한 보증금을 파산재단에 속하는 주택(대지를 포함한다)의 환가대금에서 다른 담보물권자보다 우선하여 변제받을 권리가 있다. 이 경우 임차인은 파산신청일까지 「주택임대차보호법」 제3조(대항력 등)제1항의 규정에 의한 대항요건을 갖추어야 한다.
③ 제1항 및 제2항의 규정은 「상가건물 임대차보호법」 제3조(대항력 등)의 규정에 의한 대항요건을 갖추고 임대차계약증서상의 확정일자를 받은 임차인과 같은 법 제14조(보증금중 일정액의 보호)의 규정에 의한 임차인에 관하여 준용한다.

제415조의2 【임금채권자 등】 「근로기준법」 제38조제2항 각 호에 따른 채권과 「근로자퇴직급여 보장법」 제12조제2항에 따른 최종 3년간의 퇴직급여등 채권의 채권자는 해당 채권을 파산재단에 속하는 재산에 대한 별제권 행사 또는 제349조제1항의 체납처분에 따른 환가대금에서 다른 담보물권자보다 우선하여 변제받을 권리가 있다. 다만, 「임금채권보장법」 제8조에 따라 해당 채권을 대위하는 경우에는 그러하지 아니하다. (2014.12.30 본조신설)

제5절 상계권

제416조 【상계권】 파산채권자가 파산선고 당시 채무자에 대하여 채무를 부담하는 때에는 파산절차에 의하지 아니하고 상계할 수 있다.

제417조 【기한부 및 해제조건부 등 채권채무의 상계】 파산채권자의 채권이 파산선고시에 기한부 또는 해제조건부이거나 제426조에 규정된 것인 때에도 상계할 수 있다. 채무가 기한부나 조건부인 때 또는 장래의 청구권에 관한 것인 때에도 또한 같다.

제418조 【정지조건부채권 및 장래의 청구권과의 상계】 정지조건부채권 또는 장래의 청구권을 가진 자가 그 채무를 변제하는 때에는 후일 상계를 하기 위하여 그 채권액의 한도 안에서 변제액의 임치를 청구할 수 있다.

제419조 【해제조건부채권의 상계】 해제조건부채권을 가진 자가 상계를 하는 때에는 그 상계액에 관하여 담보를 제공하거나 임치를 하여야 한다.

제420조 【자동채권의 상계액】 ① 파산채권자의 채권이 이자없는 채권 또는 정기금채권인 때에는 제446조제1항제5호 내지 제7호에 해당하는 부분을 공제한 액의 한도 안에서 상계할 수 있다.
② 제426조 및 제427조의 규정은 파산채권자의 채권에 관하여 준용한다.

제421조 【차임·보증금 및 지료의 상계】 ① 파산채권자가 임차인인 때에는 파산선고시의 당기(當期) 및 차기(次期)의 차임에 관하여 상계를 할 수 있다. 보증금이 있는 경우 그 후의 차임에 관하여도 또한 같다.
② 제1항의 규정은 지료(地料)에 관하여 준용한다.

제422조 【상계의 금지】 다음 각호의 어느 하나에 해당하는 때에는 상계를 할 수 없다.
1. 파산채권자가 파산선고 후에 파산재단에 대하여 채무를 부담한 때
2. 파산채권자가 지급정지 또는 파산신청이 있었음을 알고 채무자에 대하여 채무를 부담한 때. 다만, 다음 각목의 어느 하나에 해당하는 때를 제외한다.
   가. 그 부담이 법정의 원인에 의한 때
   나. 파산채권자가 지급정지나 파산신청이 있었음을 알기 전에 생긴 원인에 의한 때
   다. 파산선고가 있는 날부터 1년 전에 생긴 원인에 의한 때
3. 파산선고를 받은 채무자의 채무자가 파산선고 후에 타인의 파산채권을 취득한 때
4. 파산선고를 받은 채무자의 채무자가 지급정지 또는 파산신청이 있었음을 알고 파산채권을 취득한 때. 다만, 제2호 각목의 어느 하나에 해당하는 때를 제외한다.

제4장 파산채권 및 재단채권

제1절 파산채권

제423조 【파산채권】 채무자에 대하여 파산선고 전의 원인으로 생긴 재산상의 청구권은 파산채권으로 한다.

제424조 【파산채권의 행사】 파산채권은 파산절차에 의하지 아니하고는 행사할 수 없다.

제425조 【기한부채권의 변제기도래】 기한부채

권은 파산선고시에 변제기에 이른 것으로 본다.

제426조 【비금전채권 등의 파산채권액】 ① 채권의 목적이 금전이 아니거나 그 액이 불확정한 때나 외국의 통화로 정하여진 때에는 파산선고시의 평가액을 파산채권액으로 한다.
② 정기금채권의 금액 또는 존속기간이 확정되지 아니한 때에도 제1항과 같다.

제427조 【조건부채권 등의 파산채권액】 ① 조건부채권은 그 전액을 파산채권액으로 한다.
② 제1항의 규정은 채무자에 대한 장래의 청구권에 관하여 준용한다.

제428조 【전부의 채무를 이행할 의무를 지는 자가 파산한 경우의 파산채권액】 여럿의 채무자가 각각 전부의 채무를 이행하여야 하는 경우 그 채무자의 전원 또는 일부가 파산선고를 받은 때에는 채권자는 파산선고시에 가진 채권의 전액에 관하여 각 파산재단에 대하여 파산채권자로서 권리를 행사할 수 있다.

제429조 【보증인이 파산한 경우의 파산채권액】 보증인이 파산선고를 받은 때에는 채권자는 파산선고시에 가진 채권의 전액에 관하여 파산채권자로서 그 권리를 행사할 수 있다.

제430조 【장래의 구상권자】 ① 여럿의 채무자가 각각 전부의 채무를 이행하여야 하는 경우 그 채무자의 전원 또는 일부가 파산선고를 받은 때에는 그 채무자에 대하여 장래의 구상권을 가진 자는 그 전액에 관하여 각 파산재단에 대하여 파산채권자로서 그 권리를 행사할 수 있다. 다만, 채권자가 그 채권의 전액에 관하여 파산채권자로서 그 권리를 행사한 때에는 예외로 한다.
② 제1항 단서의 경우 제1항의 규정에 의한 구상권을 가진 자가 변제를 한 때에는 그 변제의 비율에 따라 채권자의 권리를 취득한다.
③ 제1항 및 제2항의 규정은 담보를 제공한 제3자가 채무자에 대하여 갖는 장래의 구상권에 관하여 준용한다.

제431조 【여럿이 일부보증을 한 때의 파산채권액】 제428조, 제429조 및 제430조제1항·제2항의 규정은 여럿의 보증인이 각각 채무의 일부를 보증하는 때에 그 보증하는 부분에 관하여 준용한다.

제432조 【무한책임사원의 파산】 법인의 채무에 관하여 무한책임을 지는 사원이 파산선고를 받은 때에는 법인의 채권자는 파산선고시에 가진 채권의 전액에 관하여 그 파산재단에 대하여 파산채권자로서 그 권리를 행사할 수 있다.

제433조 【유한책임사원의 파산】 법인의 채무에 관하여 유한책임을 지는 사원 또는 그 법인이 파산선고를 받은 때에는 법인의 채권자는 유한책임을 지는 사원에 대하여 그 권리를 행사할 수 없다. 다만, 법인은 출자청구권을 파산채권으로서 행사할 수 있다.

제434조 【상속인의 파산】 상속인이 파산선고를 받은 경우에는 재산의 분리가 있는 때에도 상속채권자 및 유증을 받은 자는 그 채권의 전액에 관하여 파산재단에 대하여 파산채권자로서 그 권리를 행사할 수 있다.

제435조 【상속재산 및 상속인의 파산】 상속재산 및 상속인에 대하여 파산선고가 있는 때에는 상속채권자 및 유증을 받은 자는 그 채권의 전액에 관하여 각 파산재단에 대하여 파산채권자로서 그 권리를 행사할 수 있다.

제436조 【상속인의 한정승인】 제434조 및 제435조의 경우 파산선고를 받은 상속인이 한정승인을 한 때에는 상속채권자와 유증을 받은 자는 그 상속인의 고유재산에 대하여 파산채권자로서 그 권리를 행사할 수 없다. 제385조 또는 제386조제1항의 규정에 의하여 한정승인의 효력이 있는 때에도 또한 같다.

제437조 【상속인의 피상속인에 대한 채권 등】 상속재산에 대하여 파산선고가 있는 때에는 상속인은 그 피상속인에 대한 채권 및 피상속인의 채무소멸을 위하여 한 출연에 관하여 상속채권자와 동일한 권리를 가진다.

제438조 【상속인의 채권자】 상속재산에 대하여 파산선고가 있는 때에는 상속인의 채권자는 그 파산재단에 대하여 파산채권자로서 그 권리를 행사할 수 없다.

제439조 【파산절차참가의 비용】 파산절차참가의 비용은 파산채권으로 한다.

제440조 【동일순위자에 대한 평등변제】 동일순위로 변제하여야 하는 채권은 각각 그 채권액의 비율에 따라 변제한다.

제441조 【우선권 있는 파산채권】 파산재단에 속하는 재산에 대하여 일반의 우선권이 있는 파산채권은 다른 채권에 우선한다.

제442조 【우선권의 기간계산】 일정한 기간 안의 채권액에 관하여 우선권이 있는 경우 그 기간은 파산선고시부터 소급하여 계산한다.

제443조 【상속채권자의 우위】 상속재산에 대하여 파산선고가 있는 때에는 상속채권자의 채권은 유증을 받은 자의 채권에 우선한다.

제444조 【상속인이 파산한 경우의 채권자간의 순위】 상속재산에 대한 파산신청기간안의 신청에 의하여 상속인에 대한 파산선고가 있는 때에는 상속인의 채권자의 채권은 그 고유재산에 대하여 상속채권자 및 유증을 받은 자의 채권에 우선하고, 상속채권자 및 유증을 받은 자의 채권은 상속재산에 대하여 상속인의 채권자의 채권에 우선한다.

제445조 【상속재산 및 상속인의 파산재단의 순위】 상속재산 및 상속인에 대하여 파산선고가 있

는 때에는 상속인의 채권자의 채권은 상속인의 파산재단에 대하여는 상속채권자 및 유증을 받은 자의 채권에 우선한다.

제446조【후순위파산채권】 ① 다음 각호의 청구권은 다른 파산채권보다 후순위파산채권으로 한다.
1. 파산선고 후의 이자
2. 파산선고 후의 불이행으로 인한 손해배상액 및 위약금
3. 파산절차참가비용
4. 벌금·과료·형사소송비용·추징금 및 과태료
5. 기한이 파산선고 후에 도래하는 이자없는 채권의 경우 파산선고가 있은 때부터 그 기한에 이르기까지의 법정이율에 의한 원리의 합계액이 채권액이 될 계산에 의하여 산출되는 이자의 액에 상당하는 부분
6. 기한이 불확정한 이자없는 채권의 경우 그 채권액과 파산선고 당시의 평가액과의 차액에 상당하는 부분
7. 채권액 및 존속기간이 확정된 정기금채권인 경우 각 정기금에 관하여 제5호의 규정에 준하여 산출되는 이자의 액의 합계액에 상당하는 부분과 각 정기금에 관하여 같은 호의 규정에 준하여 산출되는 원본의 액의 합계액이 법정이율에 의하여 그 정기금에 상당하는 이자가 생길 원본액을 초과하는 때에는 그 초과액에 상당하는 부분
② 채무자가 채권자와 파산절차에서 다른 채권보다 후순위로 하기로 정한 채권은 그 정한 바에 따라 다른 채권보다 후순위로 한다.

제2절 파산채권의 신고 및 조사

제447조【채권신고방법】 ① 파산채권자는 법원이 정하는 기간(이하 이 장에서 "신고기간"이라 한다)안에 다음 각호의 사항을 법원에 신고하고 증거서류 또는 그 등본이나 초본을 제출하여야 한다.
1. 그 채권액 및 원인
2. 일반의 우선권이 있는 때에는 그 권리
3. 제446조제1항 각호의 어느 하나에 해당하는 청구권을 포함하는 때에는 그 구분
② 별제권자는 제1항 각호의 사항 외에 별제권의 목적과 그 행사에 의하여 변제를 받을 수 없는 채권액을 신고하여야 한다.
③ 파산채권에 관하여 파산선고 당시 소송이 계속되어 있는 때에는 제1항 각호의 사항 외에 파산채권자는 그 법원·당사자·사건명 및 사건번호를 신고하여야 한다.

제448조【파산채권자표의 작성】 ① 법원사무관등은 다음 각호의 사항을 기재한 파산채권자표를 작성하여야 한다.
1. 채권자의 성명 및 주소

2. 채권액 및 원인
3. 일반의 우선권이 있는 때에는 그 권리
4. 제446조제1항 각호의 어느 하나에 해당하는 청구권을 포함하는 때에는 그 구분
5. 별제권자가 제447조제2항의 규정에 의하여 신고한 채권액
② 법원사무관등은 파산채권자표의 등본을 파산관재인에게 교부하여야 한다.

제449조【파산채권자표 및 채권신고서류의 비치】 ① 법원은 파산채권자표 및 채권의 신고에 관한 서류를 이해관계인이 열람할 수 있도록 법원에 비치하여야 한다.
② 법원사무관등은 채권자의 신청이 있는 경우 그 채권자의 채권에 관한 파산채권자표의 초본을 교부하여야 한다.

제450조【채권조사의 대상】 채권조사기일에는 신고한 각 채권에 관하여 제448조제1항 각호의 사항을 조사한다.

제451조【관계인의 출석】 ① 채무자, 신고한 파산채권자 또는 그 대리인은 채권조사기일에 출석하여 의견을 진술할 수 있다.
② 제1항의 규정에 의한 대리인은 대리권을 증명하는 서면을 제출하여야 한다.

제452조【파산관재인의 출석】 채권의 조사는 파산관재인이 출석하지 아니하면 할 수 없다.

제453조【신고기간 후에 신고한 채권의 조사】 ① 신고기간 후에 신고한 채권에 관하여는 파산관재인 및 파산채권자의 이의가 있는 때를 제외하고는 채권조사의 일반기일에 그 조사를 할 수 있다.
② 파산관재인 또는 파산채권자의 이의가 있는 때에는 법원은 제1항의 규정에 의한 채권조사를 하기 위하여 특별기일을 정하여야 한다. 이 경우 채권조사에 소요되는 비용은 신고기간 후에 신고한 파산채권자의 부담으로 한다.

제454조【파산채권자의 이익을 해하는 변경】 제453조의 규정은 파산채권자가 신고한 사항에 관하여 신고기간 후에 다른 파산채권자의 이익을 해할 변경을 가한 경우에 관하여 준용한다.

제455조【일반기일 후의 채권신고】 제453조제2항의 규정은 파산채권자가 채권조사의 일반기일 후에 채권을 신고한 경우에 관하여 준용한다.

제456조【특별기일의 공고 및 송달】 채권조사의 특별기일을 정하는 결정은 이를 공고 하여야 하며 파산관재인·채무자 및 신고한 파산채권자에게 송달하여야 한다.

제457조【채권조사기일의 변경 등】 제456조의 규정은 채권조사기일의 변경과 채권조사의 연기 및 속행에 관하여 준용한다. 다만, 선고가 있는 때에는 공고 및 송달을 하지 아니하여도 된다.

제458조【채권의 확정】 채권조사기일에 파산관

재인 및 파산채권자의 이의가 없는 때에는 다음 각 호의 사항이 확정된다.

1. 채권액
2. 우선권
3. 제446조제1항 각호의 어느 하나에 해당하는 청구권의 구분

제459조【조사결과의 파산채권자표 기재】 ① 법원사무관등은 채권조사의 결과와 채무자가 진술한 이의를 파산채권자표에 기재하여야 한다.

② 법원사무관등은 확정된 채권의 증서에 확정된 뜻을 기재하고 법원의 인(印)을 찍어야 한다.

제460조【확정채권에 관한 파산채권자표 기재의 파산채권자에 대한 효력】 확정채권에 관하여 파산채권자표에 기재한 때에는 그 기재는 파산채권자 전원에 대하여 확정판결과 동일한 효력이 있다.

제461조【파산채권의 이의에 관한 통지】 ① 파산채권자가 채권조사기일에 출석하지 아니한 경우 그 채권에 관하여 이의가 있는 때에는 법원은 그 사실을 파산채권자에게 통지하여야 한다.

② 제1항의 규정에 의한 통지는 서류를 우편으로 발송하여 할 수 있다.

제462조【파산채권 조사확정의 재판】 ① 파산채권의 조사에서 신고한 파산채권의 내용에 대하여 파산관재인 또는 파산채권자가 이의를 한 때에는 그 파산채권(이하 이 편에서 "이의채권"이라 한다)을 보유한 파산채권자는 그 내용의 확정을 위하여 이의자 전원을 상대방으로 하여 법원에 채권조사확정의 재판(이하 이 편에서 "채권조사확정재판"이라 한다)을 신청할 수 있다. 다만, 제464조 및 제466조의 경우에는 그러하지 아니하다.

② 채권조사확정재판에서는 이의가 있는 파산채권의 존부 또는 그 내용을 정한다.

③ 법원은 채권조사확정재판을 하는 때에는 이의자를 심문하여야 한다.

④ 법원은 채권조사확정재판의 결정서를 당사자에게 송달하여야 한다.

⑤ 제1항의 규정에 의한 신청은 이의가 있는 파산채권에 관한 조사를 위한 일반조사기일 또는 특별조사기일부터 1월 이내에 하여야 한다.

제463조【채권조사확정재판에 대한 이의의 소】 ① 채권조사확정재판에 불복하는 자는 그 결정서의 송달을 받은 날부터 1월 이내에 이의의 소를 제기할 수 있다.

② 제1항의 소는 파산계속법원의 관할에 전속한다. (2016.12.27 본항개정)

③ 제1항의 소를 제기하는 자가 이의채권을 보유하는 파산채권자인 때에는 이의자 전원을 피고로 하고, 이의자인 때에는 그 파산채권자를 피고로 하여야 한다.

④ 동일한 채권에 관하여 여러 개의 소가 계속되어 있는 때에는 법원은 변론을 병합 하여야 한다.

⑤ 제1항의 소에 대한 판결은 소를 부적법한 것으로 각하하는 경우를 제외하고는 같은 항의 재판을 인가하거나 변경한다.

제464조【이의채권에 관한 소송의 수계】 이의채권에 관하여 파산선고 당시 소송이 계속되어 있는 경우 채권자가 그 권리의 확정을 구하고자 하는 때에는 이의자 전원을 그 소송의 상대방으로 하여 소송을 수계하여야 한다.

제465조【청구원인의 제한】 파산채권자는 제459조제1항의 규정에 의하여 파산채권자표에 기재한 사항에 한하여 채권조사확정재판의 신청을 하거나 제463조제1항의 소를 제기하거나 제464조의 규정에 의하여 소송을 수계할 수 있다.

제466조【집행권원이 있는 채권에 대한 이의주장 방법】 ① 집행력있는 집행권원이나 종국판결 있는 채권에 관하여 이의가 있는 자는 채무자가 할 수 있는 소송절차에 의하여만 이의를 주장할 수 있다.

② 제1항의 규정에 의한 파산채권에 관하여 파산선고 당시 법원에 소송이 계속되어 있는 경우 이의자가 같은 항의 규정에 의한 이의를 주장하고자 하는 때에는 이의자는 그 파산채권을 보유한 파산채권자를 상대방으로 하는 소송절차를 수계하여야 한다.

③ 제463조제4항 및 제465조의 규정은 제1항 및 제2항에 관하여 준용한다.

제467조【파산채권의 확정에 관한 소송결과의 기재】 법원사무관등은 파산관재인 또는 파산채권자의 신청에 의하여 파산채권의 확정에 관한 소송의 결과(채권조사확정재판에 대한 이의의 소가 제463조제1항의 규정에 의한 기간 안에 제기되지 아니하거나 각하된 때에는 그 재판의 내용을 말한다)를 파산채권자표에 기재하여야 한다.

제468조【파산채권의 확정에 관한 소송의 판결 등의 효력】 ① 파산채권의 확정에 관한 소송에 대한 판결은 파산채권자 전원에 대하여 그 효력이 있다.

② 채권조사확정재판에 대한 이의의 소가 제463조제1항의 규정에 의한 기간 안에 제기되지 아니하거나 각하된 때에는 그 재판은 파산채권자 전원에 대하여 확정판결과 동일한 효력이 있다.

제469조【소송비용의 상환】 파산재단이 파산채권의 확정에 관한 소송(채권조사확정재판을 포함한다)으로 이익을 받은 때에는 이의를 주장한 파산채권자는 그 이익의 한도 안에서 재단채권자로서 소송비용의 상환을 청구할 수 있다.

제470조【파산채권확정소송의 목적의 가액】 파산채권의 확정에 관한 소송의 목적의 가액은 배당예정액을 표준으로 하여 파산계속법원이 정한다. (2016.12.27 본조개정)

제471조【벌금 등의 신고】 ① 제446조제1항제4

호의 규정에 의한 청구권을 가진 자는 지체 없이 그 액 및 원인을 법원에 신고하여야 한다.
② 제459조제1항의 규정은 제1항의 규정에 의하여 신고된 청구권에 관하여 준용한다.

제472조【행정심판 또는 행정소송의 대상인 경우】 ① 제471조제1항의 규정에 의하여 신고한 청구권의 원인이 행정심판 또는 행정소송의 대상이 되는 처분인 때에는 법원은 지체 없이 그 청구권의 금액 및 원인을 파산관재인에게 통지하여야 한다.
② 제466조 내지 제468조의 규정은 파산관재인이 이의를 주장하는 경우에 관하여 준용한다.

제3절 재단채권

제473조【재단채권의 범위】 다음 각호의 어느 하나에 해당하는 청구권은 재단채권으로 한다. (2010.3.31., 2014.5.20., 2016.12.27 본조개정)
1. 파산채권자의 공동의 이익을 위한 재판상 비용에 대한 청구권
2. 「국세징수법」 또는 「지방세징수법」에 의하여 징수할 수 있는 청구권(국세징수의 예에 의하여 징수할 수 있는 청구권으로서 그 징수우선순위가 일반 파산채권보다 우선하는 것을 포함하며, 제446조의 규정에 의한 후순위파산채권을 제외한다). 다만, 파산선고 후의 원인으로 인한 청구권은 파산재단에 관하여 생긴 것에 한한다.
3. 파산재단의 관리·환가 및 배당에 관한 비용
4. 파산재단에 관하여 파산관재인이 한 행위로 인하여 생긴 청구권
5. 사무관리 또는 부당이득으로 인하여 파산선고 후 파산재단에 대하여 생긴 청구권
6. 위임의 종료 또는 대리권의 소멸 후에 긴급한 필요에 의하여 한 행위로 인하여 파산재단에 대하여 생긴 청구권
7. 제335조제1항의 규정에 의하여 파산관재인이 채무를 이행하는 경우에 상대방이 가지는 청구권
8. 파산선고로 인하여 쌍무계약이 해지된 경우 그 때까지 생긴 청구권
9. 채무자 및 그 부양을 받는 자의 부양료
10. 채무자의 근로자의 임금·퇴직금 및 재해보상금
11. 파산선고 전의 원인으로 생긴 채무자의 근로자의 임치금 및 신원보증금의 반환청구권

제474조【부담있는 유증의 부담의 청구권】 파산관재인이 부담있는 유증의 이행을 받은 때에는 부담의 이익을 받을 청구권은 유증목적의 가액을 초과하지 아니하는 한도 안에서 재단채권으로 한다.

제475조【재단채권의 변제】 재단채권은 파산절차에 의하지 아니하고 수시로 변제한다.

제476조【재단채권의 우선변제】 재단채권은 파산채권보다 먼저 변제한다.

제477조【재단부족의 경우의 변제방법】 ① 파산재단이 재단채권의 총액을 변제하기에 부족한 것이 분명하게 된 때에는 재단채권의 변제는 다른 법령이 규정하는 우선권에 불구하고 아직 변제하지 아니한 채권액의 비율에 따라 한다. 다만, 재단채권에 관하여 존재하는 유치권·질권·저당권·「동산·채권 등의 담보에 관한 법률」에 따른 담보권 및 전세권의 효력에는 영향을 미치지 아니한다. (2010.6.10 본항개정)
② 제473조제1호 내지 제7호 및 제10호에 열거된 재단채권은 다른 재단채권에 우선한다.

제478조【파산채권에 관한 규정의 준용】 ① 제425조·제426조 및 제427조제1항의 규정은 제473조제7호 및 제474조의 규정에 의한 재단채권에 관하여 준용한다.
② 제1항의 규정에 의한 재단채권이 이자 없는 채권 또는 정기금채권인 때에는 만약 그 채권이 파산채권이라면 제446조제1항제5호 내지 제7호의 규정에 의하여 다른 파산채권보다 후순위로 될 부분에 해당하는 금액을 공제한 액을 그 가액으로 한다.

제5장 파산재단의 관리·환가 및 배당

제1절 파산재단의 관리 및 환가

제479조【파산재단의 점유 및 관리】 파산관재인은 취임 후 즉시 파산재단에 속하는 재산의 점유 및 관리에 착수하여야 한다.

제480조【봉인】 ① 파산관재인은 필요하다고 인정하는 때에는 법원사무관 등·집행관 또는 공증인으로 하여금 파산재단에 속하는 재산에 봉인을 하게 할 수 있다. 이 경우 봉인을 한 자는 조서를 작성하여야 한다.
② 제1항의 규정은 봉인을 제거하는 경우에 관하여 준용한다.

제481조【재산장부의 폐쇄】 파산관재인은 파산선고 후 지체 없이 채무자의 재산에 관한 장부를 폐쇄하고 그 취지를 기재한 후 기명날인하여야 한다.

제482조【재산의 가액의 평가】 파산관재인은 지체 없이 파산재단에 속하는 모든 재산의 파산선고 당시의 가액을 평가하여야 한다. 이 경우 채무자를 참여하게 할 수 있다.

제483조【재산목록 및 대차대조표의 작성】 ① 파산관재인은 재산목록 및 대차대조표를 작성하여야 한다.
② 파산관재인은 재산목록 및 대차대조표의 등본에 기명날인하고 이를 법원에 제출하여야 한다. 봉인에 관한 조서의 경우에도 또한 같다.
③ 이해관계인은 제2항의 규정에 의한 서류의 열람을 청구할 수 있다.

제484조【우편물의 관리】 ① 법원은 체신관서·운송인 그 밖의 자에 대하여 채무자에게 보내는 우편물·전보 그 밖의 운송물을 파산관재인에게 배달할 것을 촉탁할 수 있다.
② 파산관재인은 그가 수령한 제1항의 규정에 의한 우편물·전보 그 밖의 운송물을 열어 볼 수 있다.
③ 채무자는 파산관재인이 수령한 우편물·전보 그 밖의 운송물의 열람을 요구할 수 있으며, 파산재단과 관련이 없는 것의 교부를 요구할 수 있다.

제485조【우편물관리의 해제】 ① 법원은 채무자 또는 파산관재인의 신청에 의하여 제484조제1항의 규정에 의한 촉탁을 취소하거나 변경할 수 있다.
② 파산취소나 파산폐지의 결정이 확정되거나 파산종결의 결정이 있은 때에는 법원은 제484조제1항의 규정에 의한 촉탁을 취소하여야 한다.

제486조【영업의 계속】 파산관재인은 법원의 허가를 받아 채무자의 영업을 계속할 수 있다.

제487조【고가품의 보관방법】 화폐, 유가증권 그 밖의 고가품의 보관방법은 법원이 정한다.

제488조【파산경과의 보고】 파산관재인은 파산선고에 이르게 된 사정과 채무자 및 파산재단에 관한 경과 및 현상에 관하여 제1회 채권자집회에 보고하여야 한다.

제489조【채권자집회의 결의사항】 채권자집회는 다음 각호의 사항에 관하여 결의를 할 수 있다.
1. 영업의 폐지 또는 계속
2. 고가품의 보관방법

제490조【별제권의 목적물의 제시】 ① 파산관재인은 별제권자에 대하여 그 권리의 목적인 재산을 제시할 것을 요구할 수 있다.
② 파산관재인이 제1항의 규정에 의한 재산을 평가하고자 하는 때에는 별제권자는 이를 거절할 수 없다.

제491조【환가시기의 제한】 제312조제1항제3호의 규정에 의한 채권조사기일이 종료되기 전에는 파산관재인은 파산재단에 속한 재산의 환가를 할 수 없다. 다만, 감사위원의 동의 또는 법원의 허가를 받은 때에는 그러하지 아니하다.

제492조【법원의 허가를 받아야 하는 행위】 파산관재인이 다음 각호에 해당하는 행위를 하고자 하는 경우에는 법원의 허가를 받아야 하며, 감사위원이 설치되어 있는 때에는 감사위원의 동의를 얻어야 한다. 다만, 제7호 내지 제15호에 해당하는 경우 중 그 가액이 1천만원 미만으로서 법원이 정하는 금액 미만인 때에는 그러하지 아니하다.
1. 부동산에 관한 물권이나 등기하여야 하는 국내선박 및 외국선박의 임의매각
2. 광업권·어업권·특허권·실용신안권·의장권·상표권·서비스표권 및 저작권의 임의매각
3. 영업의 양도
4. 상품의 일괄매각

5. 자금의 차입 등 차재
6. 제386조제2항의 규정에 의한 상속포기의 승인, 제387조의 규정에 의한 포괄적 유증의 포기의 승인과 제388조제1항의 규정에 의한 특정유증의 포기
7. 동산의 임의매각
8. 채권 및 유가증권의 양도
9. 제335조제1항의 규정에 의한 이행의 청구
10. 소의 제기(가처분 및 가압류의 신청을 제외한다)
11. 화해
12. 권리의 포기
13. 재단채권·환취권 및 별제권의 승인
14. 별제권의 목적의 환수
15. 파산재단의 부담을 수반하는 계약의 체결
16. 그 밖에 법원이 지정하는 행위

제493조【채무자의 의견청취】 제492조의 경우 채무자는 파산관재인에게 의견을 진술할 수 있다.

제494조【법원의 중지명령】 파산관재인이 감사위원의 동의를 얻어 제492조 각호의 행위를 하는 때에도 법원은 채무자의 신청에 의하여 그 행위의 중지를 명하거나 그 행위에 관한 결의를 하게 하기 위하여 채권자집회를 소집할 수 있다.

제495조【선의의 제3자의 보호】 파산관재인이 제491조 또는 제492조의 규정을 위반하거나 제494조의 규정에 의한 중지명령을 위반한 때에도 이로써 선의의 제3자에게 대항할 수 없다.

제496조【환가방법】 ① 「민사집행법」에서 환가방법을 정한 권리의 환가는 「민사집행법」에 따른다.
② 제1항의 규정에 불구하고 파산관재인은 법원의 허가를 받아 영업양도 등 다른 방법으로 환가할 수 있다.

제497조【별제권의 목적물의 환가】 ① 파산관재인은 「민사집행법」에 의하여 별제권의 목적인 재산을 환가할 수 있다. 이 경우 별제권자는 이를 거절할 수 없다.
② 제1항의 경우 별제권자가 받을 금액이 아직 확정되지 아니한 때에는 파산관재인은 대금을 따로 임치하여야 한다. 이 경우 별제권은 그 대금 위에 존재한다.

제498조【별제권자의 처분기간의 지정】 ① 별제권자가 법률에 정한 방법에 의하지 아니하고 별제권의 목적을 처분하는 권리를 가지는 때에는 법원은 파산관재인의 신청에 의하여 별제권자가 그 처분을 하여야 하는 기간을 정한다.
② 별제권자가 제1항의 규정에 의한 기간 안에 처분을 하지 아니하는 때에는 제1항의 규정에 의한 권리를 잃는다.

제499조【파산관재인의 상황보고】 파산관재인

은 채권자집회가 정하는 바에 따라 채권자집회 또는 감사위원에게 파산재단의 상황을 보고하여야 한다.

제500조【임치품의 반환청구】 ① 파산관재인이 임치한 화폐·유가증권 그 밖의 고가품의 반환을 요구하고자 하는 때에는 감사위원의 동의를 얻어야 하며, 감사위원이 없는 때에는 법원의 허가를 받아야 한다. 다만, 채권자집회에서 다른 결의를 한 때에는 그 결의에 의한다.

② 파산관재인이 제1항의 규정을 위반한 경우 수치인이 선의이고 과실이 없는 때에는 그 변제는 효력이 있다.

③ 제1항 및 제2항의 규정은 파산관재인이 수치인으로 하여금 지급 그 밖의 급부를 하게 하기 위하여 증권을 발행하는 경우에 관하여 준용한다.

제501조【법인파산재단의 환가】 「상법」 제258조(채무완제불능과 출자청구)의 규정은 법인이 파산선고를 받은 경우에 관하여 준용한다.

제502조【익명조합원에 대한 출자청구】 익명조합계약이 영업자의 파산으로 인하여 종료된 때에는 파산관재인은 익명조합원이 부담할 손실액을 한도로 하여 출자를 하게 할 수 있다.

제503조【상속인의 파산과 상속재산의 처분】 ① 상속인이 파산선고를 받은 후에 한정승인을 하거나 재산분리가 있는 때에는 상속재산의 처분은 파산관재인이 하여야 한다. 한정승인 또는 재산분리가 있은 후에 상속인이 파산선고를 받은 때에도 또한 같다.

② 파산관재인이 제1항의 규정에 의한 처분을 종료한 때에는 잔여재산에 대하여 파산재단의 재산목록 및 대차대조표를 보충하여야 한다.

③ 제1항 및 제2항의 규정은 포괄적 유증을 받은 자가 파산선고를 받은 경우에 관하여 준용한다.

제504조【준용규정】 제503조의 규정은 제385조 또는 제386조제1항의 규정에 의하여 한정승인의 효력이 있는 경우에 관하여 준용한다.

제2절 배 당

제505조【배당시기】 제312조제1항제3호의 규정에 의한 채권조사기일이 종료된 후에는 파산관재인은 배당하기에 적당한 금전이 있을 때마다 지체 없이 배당을 하여야 한다.

제506조【배당에 필요한 허가】 파산관재인이 배당을 하는 때에는 법원의 허가를 받아야 한다. 다만, 감사위원이 있는 때는 감사위원의 동의를 얻어야 한다.

제507조【배당표의 작성】 ① 파산관재인은 다음 각호의 사항을 기재한 배당표를 작성하여야 한다.
1. 배당에 참가시킬 채권자의 성명 및 주소
2. 배당에 참가시킬 채권의 액

3. 배당할 수 있는 금액

② 배당에 참가시킬 채권은 우선권의 유무에 의하여 구별한다. 이 경우 우선권이 있는 채권은 그 순위에 따라 기재하고, 우선권이 없는 채권은 제446조의 규정에 의하여 다른 채권보다 후순위인 것을 구분하여 기재하여야 한다.

제508조【배당표의 제출】 파산관재인은 이해관계인의 열람을 위하여 배당표를 법원에 제출하여야 한다.

제509조【배당액의 공고】 파산관재인은 배당에 참가시킬 채권의 총액과 배당할 수 있는 금액을 공고하여야 한다. 다만, 제513조 및 제527조의 규정에 의하여 배당표를 경정한 때에는 그러하지 아니하다.

제510조【배당중지의 공고】 배당절차의 진행 중에 회생절차개시 또는 간이회생절차개시의 신청으로 법원이 제44조제1항의 규정에 의하여 배당의 중지를 명한 때에는 그 뜻을 공고하여야 한다. (2014.12.30 본조개정)

제511조【배당절차의 속행과 공고】 제44조제1항제1호의 규정에 의하여 배당의 중지를 명한 경우 다음 각호의 어느 하나에 해당하는 결정이 확정된 때에는 법원은 배당절차를 속행하고 그 뜻을 공고하여야 한다. (2014.12.30 본조개정)
1. 회생절차개시신청 또는 간이회생절차개시신청의 기각
2. 회생절차 또는 간이회생절차의 폐지(제293조의5 제3항에 따른 간이회생절차폐지의 결정 시 회생절차가 속행된 경우는 제외한다)
3. 회생계획불인가

제512조【이의있는 채권자 및 별제권자의 배당제외】 ① 이의있는 채권에 관하여는 채권자가 배당공고가 있은 날부터 기산하여 14일 이내에 파산관재인에 대하여 채권조사확정재판을 신청하거나 제463조제1항의 소송을 제기하거나 소송을 수계한 것을 증명하지 아니한 때에는 그 배당으로부터 제외된다.

② 별제권자가 제1항의 규정에 의한 배당제외기간 안에 파산관재인에 대하여 그 권리의 목적의 처분에 착수한 것을 증명하고, 그 처분에 의하여 변제를 받을 수 없는 채권액을 소명하지 아니한 때에는 배당에서 제외된다.

제513조【배당표의 경정】 다음 각호의 어느 하나에 해당하는 때에는 파산관재인은 즉시 배당표를 경정하여야 한다.
1. 파산채권자표를 경정하여야 하는 사유가 배당제외기간 안에 생긴 때
2. 제512조의 규정에 의한 증명 또는 소명이 있는 때
3. 별제권자가 배당제외기간 안에 파산관재인에 대

하여 그 권리포기의 의사를 표시하거나 그 권리의 행사에 의하여 변제를 받을 수 없었던 채권액을 증명한 때

제514조【배당표에 대한 이의】 ① 채권자는 배당표에 대하여 배당제외기간 경과 후 7일 이내에 한하여 법원에 이의를 신청할 수 있다.
② 법원은 배당표의 경정을 명한 때에는 이해관계인이 열람할 수 있도록 그 결정서를 법원에 비치하여야 한다. 이 경우 항고기간은 결정서를 법원에 비치한 날부터 기산한다.
③ 제1항의 신청에 대한 법원의 결정에 대하여는 즉시항고를 할 수 있다. 이 경우 법원이 배당표의 경정을 명한 때의 항고기간은 결정서를 비치한 날부터 기산한다.

제515조【배당률의 결정통지】 ① 파산관재인은 제514조제1항의 규정에 의한 기간이 경과한 후에 이의의 신청이 있는 때에는 이에 대한 결정이 있은 후 지체 없이 배당률을 정하여 배당에 참가시킬 각 채권자에게 통지하여야 한다.
② 배당률을 정하는 때에는 법원의 허가를 받아야 한다. 다만, 감사위원이 있는 때에는 감사위원의 동의를 얻어야 한다.

제516조【해제조건부채권자의 배당】 해제조건부채권을 가진 자는 상당한 담보를 제공하지 아니하면 배당을 받을 수 없다.

제517조【배당방법】 ① 파산채권자는 파산관재인이 그 직무를 행하는 장소에서 배당을 받아야 한다. 다만, 파산관재인과 파산채권자 사이에 별도의 합의가 있는 경우에는 그러하지 아니하다.
② 파산관재인은 배당을 한 때에는 파산채권자표 및 채권의 증서에 배당한 금액을 기입하고 기명날인하여야 한다.

제518조【종전의 배당에서 제외된 자의 우선배당】 제512조의 규정에 의한 증명 또는 소명을 하지 아니하여 배당에서 제외된 채권자가 그 후의 배당에 관한 배당제외기간 안에 그 증명 또는 소명을 한 때에는 그 전의 배당에서 받을 수 있었던 액에 관하여 동일한 순위의 다른 채권자에 우선하여 배당을 받을 수 있다.

제519조【배당액의 임치】 파산관재인은 다음 각 호의 어느 하나에 해당하는 채권에 대한 배당액을 임치하여야 한다.
1. 제462조 내지 제464조 또는 제466조의 규정에 의하여 이의가 있는 채권에 관하여 채권조사확정재판의 신청, 소의 제기 또는 소송의 수계가 있는 경우
2. 배당률의 통지를 발송하기 전에 행정심판 또는 소송 그 밖의 불복절차가 종결되지 아니한 채권
3. 제512조제2항의 규정에 의하여 별제권자가 소명한 채권액

4. 정지조건부채권과 장래의 청구권
5. 제516조의 규정에 의하여 담보를 제공하지 아니한 해제조건부채권

제520조【최후배당의 허가】 파산관재인이 최후의 배당을 하는 경우에는 감사위원의 동의가 있는 때에도 법원의 허가를 받아야 한다.

제521조【최후배당의 배당제외기간】 최후의 배당에 관한 배당제외기간은 배당의 공고가 있은 날부터 14일 이상 30일 이내에서 법원이 정한다.

제522조【최후배당액의 결정 및 통지】 최후배당에서 파산관재인은 배당표에 대한 이의가 종결된 후 지체 없이 각 채권자에 대한 배당액을 정하여 그 통지를 하여야 한다.

제523조【정지조건부채권자의 제외】 정지조건부채권 또는 장래의 청구권이 최후의 배당에 관한 배당제외기간 안에 이를 행사할 수 있게 되지 못한 때에는 그 채권자는 배당에서 제외된다.

제524조【해제조건부채권자에 대한 지급】 해제조건부채권의 조건이 최후의 배당에 관한 배당제외기간 안에 성취되지 못한 때에는 제516조의 규정에 의하여 제공한 담보는 그 효력을 상실하고, 제519조제5호의 규정에 의하여 임치한 금액은 이를 그 채권자에게 지급하여야 한다. 제419조의 규정에 의하여 제공한 담보나 임치한 금액의 경우에도 또한 같다.

제525조【별제권자의 제외】 별제권자가 최후의 배당에 관한 배당제외기간 안에 파산관재인에 대하여 그 권리포기의 의사를 표시하지 아니하거나 그 권리의 행사에 의하여 변제를 받을 수 없었던 채권액을 증명하지 아니한 때에는 배당에서 제외된다.

제526조【임치금의 배당】 제523조 또는 제525조의 규정에 의하여 배당에서 제외된 채권자를 위하여 임치한 금액은 이를 다른 채권자에게 배당하여야 한다. 제418조의 규정에 의하여 임치한 금액의 경우에도 또한 같다.

제527조【새로운 재산이 있게 된 때의 배당표의 경정】 배당액의 통지를 발송하기 전에 새로 배당에 충당할 재산이 있게 된 때에는 파산관재인은 지체 없이 배당표를 경정하여야 한다.

제528조【배당액의 공탁】 파산관재인은 채권자를 위하여 다음 각호의 배당액을 공탁하여야 한다.
1. 제519조제1호 또는 제2호의 규정에 의하여 임치한 배당액
2. 배당액의 통지를 발송하기 전에 행정심판 또는 소송 그 밖의 불복절차가 종결되지 아니한 채권에 대한 배당액
3. 채권자가 수령하지 아니한 배당액

제529조【계산보고의 채권자집회】 계산보고를 위하여 소집한 채권자집회에서는 파산관재인이 가치 없다고 인정하여 환가하지 아니한 재산의 처분

에 관한 결의를 하여야 한다.

제530조【파산종결의 결정 및 공고】 채권자집회가 종결된 때에는 법원은 파산종결의 결정을 하고 그 주문 및 이유의 요지를 공고하여야 한다.

제531조【추가배당의 공고 및 배당액의 통지】 ① 배당액의 통지를 한 후에 새로 배당에 충당할 재산이 있게 된 때에는 파산관재인은 법원의 허가를 받아 추가배당을 하여야 한다. 파산종결의 결정이 있은 후에 새로 배당에 충당할 재산이 있게 된 때에도 또한 같다.
② 파산관재인이 추가배당의 허가를 받은 때에는 지체 없이 배당할 수 있는 금액을 공고하고 각 채권자에 대한 배당액을 정하여 통지하여야 한다.

제532조【추가배당의 기준】 추가배당은 최후의 배당에 관하여 작성한 배당표에 의하여 한다.

제533조【계산보고서】 ① 파산관재인이 추가배당을 한 때에는 지체 없이 계산보고서를 작성하여 법원의 인가를 받아야 한다.
② 제1항의 규정에 의한 인가결정에 대하여는 즉시항고를 할 수 있다.

제534조【파산관재인이 알고 있지 아니한 재단채권자】 배당률 또는 배당액의 통지를 하기 전에 파산관재인이 알고 있지 아니한 재단채권자는 각 배당에서 배당할 금액으로써 변제를 받을 수 없다.

제535조【확정채권에 관한 파산채권자표 기재의 파산선고를 받은 채무자에 대한 효력】 ① 확정채권에 대하여 채무자가 채권조사의 기일에 이의를 진술하지 아니한 때에는 파산채권자표의 기재는 파산선고를 받은 채무자에 대하여 확정판결과 동일한 효력을 가진다.
② 채권자는 파산종결 후에 파산채권자표의 기재에 의하여 강제집행을 할 수 있다. 이 경우 「민사집행법」 제2조(집행실시자) 내지 제18조(집행비용의 예납 등), 제20조(공공기관의 원조) 및 제28조(집행력 있는 정본) 내지 제55조(외국에서 할 집행)의 규정을 준용한다.

제536조【원상회복의 신청】 ① 채무자가 그 책임 없는 사유로 인하여 채권조사의 기일에 출석하지 못한 때에는 그 사유가 없어진 날부터 7일 이내에 한하여 이의를 추후 보완하기 위하여 파산계속법원에 원상회복의 신청을 할 수 있다. (2016.12.27 본항개정)
② 법원은 직권으로 채무자의 이의가 있는 채권의 채권자에게 원상회복의 신청서를 송달하여야 한다.
③ 법원이 원상회복을 허가한 때에는 채무자가 채권조사기일에 이의를 진술한 것과 동일한 효력이 생긴다. 이 경우 법원사무관등은 파산채권자표에 이의의 기재를 하여야 한다.
④ 제1항의 규정에 의한 원상회복신청에 관한 재판에 대하여는 즉시항고를 할 수 있다.

제537조【상속재산의 잔여재산】 상속재산에 대하여 파산선고가 있는 때에는 최후의 배당으로부터 제외된 상속채권자와 유증을 받은 자는 잔여재산에 관하여 그 권리를 행사할 수 있다.

제6장 파산폐지

제538조【동의에 의한 파산폐지의 신청】 ① 법원은 다음 각호의 어느 하나에 해당하는 때에는 채무자의 신청에 의하여 파산폐지의 결정을 할 수 있다.
1. 채무자가 제447조의 규정에 의한 채권신고기간 안에 신고한 파산채권자 전원의 동의를 얻은 때
2. 채무자가 제1호의 동의를 얻지 못한 경우에는 동의를 하지 아니한 파산채권자에 대하여 다른 파산채권자의 동의를 얻어 파산재단으로부터 담보를 제공한 때
② 미확정채권에 관하여 그 채권자의 동의가 필요한지 여부는 법원이 정한다. 파산채권자에게 제공하는 담보가 상당한지 여부도 또한 같다.
③ 제1항의 규정에 의한 재판에 대하여는 즉시항고를 할 수 있다.

제539조【법인 등의 파산폐지신청】 ① 법인의 파산폐지신청은 이사 전원의 합의가 있어야 한다.
② 상속재산의 파산폐지신청은 상속인이 한다. 이 경우 상속인이 여럿인 때에는 전원의 합의가 있어야 한다.

제540조【파산폐지신청과 법인의 존속】 파산선고를 받은 법인이 파산폐지신청을 하고자 하는 때에는 사단법인은 정관의 변경에 관한 규정에 따라, 재단법인은 주무관청의 허가를 받아 법인을 존속시키는 절차를 밟아야 한다.

제541조【입증서면의 제출】 파산폐지신청을 하는 때에는 신청요건이 구비되었음을 증명할 수 있는 서면을 제출하여야 한다.

제542조【파산폐지신청의 공고 및 서류비치】 법원은 파산폐지신청이 있다는 뜻을 공고하고, 이해관계인이 열람할 수 있도록 신청에 관한 서류를 법원에 비치하여야 한다.

제543조【채권자의 이의신청】 ① 파산채권자는 제542조의 규정에 의한 공고가 있은 날부터 14일 이내에 파산폐지신청에 관하여 법원에 이의를 신청할 수 있다.
② 제1항의 규정에 의한 기간이 경과하기 전에 신고한 파산채권자도 이의를 신청할 수 있다.

제544조【관계인의 의견청취】 법원은 제543조 제1항의 규정에 의한 기간이 경과한 후 파산폐지결정에 필요한 요건의 구비 여부에 관하여 채무자 및 파산관재인과 이의를 신청한 파산채권자의 의견을 들어야 한다.

제545조【비용부족으로 인한 파산폐지】 ① 법원은 파산선고 후에 파산재단으로써 파산절차의 비용을 충당하기에 부족하다고 인정되는 때에는 파산관재인의 신청에 의하거나 직권으로 파산폐지결정을 하여야 한다. 이 경우 법원은 채권자집회의 의견을 들어야 한다.
② 제1항의 규정은 파산절차비용을 충당하기에 충분한 금액이 미리 납부되어 있는 때에는 적용하지 아니한다.
③ 제1항의 규정에 의한 재판에 대하여는 즉시항고를 할 수 있다.

제546조【파산폐지결정의 공고】 법원은 파산폐지결정을 한 때에는 그 주문 및 이유의 요지를 공고하여야 한다.

제547조【재단채권의 변제 및 공탁】 파산폐지결정이 확정된 때에는 파산관재인은 재단채권의 변제를 하여야 하며, 이의가 있는 것에 관하여는 채권자를 위하여 공탁을 하여야 한다.

제548조【준용규정】 ① 제535조의 규정은 파산폐지의 결정이 확정된 경우에 관하여 준용한다.
② 제567조의 규정은 법인인 채무자가 파산종결 또는 파산폐지의 결정으로 소멸하는 경우에 관하여 준용한다.

제7장 간이파산

제549조【간이파산의 요건】 ① 파산재단에 속하는 재산액이 5억원 미만이라고 인정되는 때에는 법원은 파산선고와 동시에 간이파산의 결정을 하여야 한다.
② 제1항의 경우 법원은 제313조제1항 각호의 사항 외에 간이파산결정의 주문을 공고하고, 같은 조제2항의 규정에 의한 서면에 이를 기재하여야 한다.

제550조【파산절차 중의 간이파산결정】 ① 파산절차 중 파산재단에 속하는 재산액이 5억원 미만임이 발견된 때에는 법원은 이해관계인의 신청에 의하거나 직권으로 간이파산의 결정을 할 수 있다.
② 제1항의 규정에 의하여 간이파산의 결정을 한 때에는 법원은 결정의 주문을 공고하고 파산관재인 및 감사위원과 알고 있는 채권자 및 채무자에게 그 결정의 주문을 기재한 서면을 송달하여야 한다.

제551조【간이파산의 취소】 간이파산절차 중 파산재단에 속하는 재산액이 5억원 이상임이 발견된 때에는 법원은 이해관계인의 신청에 의하거나 직권으로 간이파산취소의 결정을 할 수 있다. 이 경우 제550조제2항의 규정을 준용한다.

제552조【채권자집회의 기일과 채권조사기일의 병합】 간이파산절차의 경우 제1회 채권자집회의 기일과 채권조사의 기일은 부득이한 사유가 있는 때를 제외하고는 이를 병합하여야 한다.

제553조【감사위원의 불설치】 간이파산의 경우에는 감사위원을 두지 아니한다.

제554조【채권자집회의 결의에 갈음하는 결정】 간이파산절차의 경우 제1회 채권자집회의 결의와 채권조사 및 계산보고를 위한 채권자집회의 결의를 제외하고는 법원의 결정으로 채권자집회의 결의에 갈음한다.

제555조【1회 배당】 간이파산절차의 경우 배당은 1회로 하며, 최후의 배당에 관한 규정에 의한다. 다만, 추가배당을 할 수 있다.

제8장 면책 및 복권

제1절 면 책

제556조【면책신청】 ① 개인인 채무자는 파산신청일부터 파산선고가 확정된 날 이후 1월 이내에 법원에 면책신청을 할 수 있다.
② 채무자가 그 책임 없는 사유로 인하여 제1항의 규정에 의한 면책신청을 하지 못한 때에는 그 사유가 종료된 후 30일 이내에 한하여 면책신청을 할 수 있다.
③ 채무자가 파산신청을 한 경우에는 채무자가 반대의 의사표시를 한 경우를 제외하고, 당해 신청과 동시에 면책신청을 한 것으로 본다.
④ 면책신청을 하는 때에는 제538조의 규정에 의한 파산폐지의 신청을 할 수 없다.
⑤ 제538조의 규정에 의한 파산폐지의 신청을 한 때에는 그 기각의 결정이 확정된 후가 아니면 면책신청을 할 수 없다.
⑥ 면책의 신청에는 채권자목록을 첨부하여야 한다. 다만, 신청과 동시에 제출할 수 없는 때에는 그 사유를 소명하고 그 후에 지체 없이 이를 제출하여야 한다.
⑦ 제3항의 규정에 의하여 면책신청을 한 것으로 보는 경우에는 제302조제2항제1호의 규정에 의하여 제출한 채권자목록은 제6항의 채권자목록으로 본다.

제557조【강제집행의 정지】 ① 면책신청이 있고, 파산폐지결정의 확정 또는 파산종결결정이 있는 때에는 면책신청에 관한 재판이 확정될 때까지 채무자의 재산에 대하여 파산채권에 기한 강제집행·가압류 또는 가처분을 할 수 없고, 채무자의 재산에 대하여 파산선고 전에 이미 행하여지고 있던 강제집행·가압류 또는 가처분은 중지된다.
② 면책결정이 확정된 때에는 제1항의 규정에 의하여 중지한 절차는 그 효력을 잃는다.

제558조【채무자의 심문】 ① 면책을 신청한 자에 대하여 파산선고가 있는 때에는 법원은 기일을 정하여 채무자를 심문할 수 있다.

② 법원은 제1항의 규정에 의한 기일을 정하는 결정을 한 때에는 이를 공고하고, 파산관재인과 면책의 효력을 받을 파산채권자로서 법원이 알고 있는 파산채권자에게 송달하여야 한다.

③ 제2항의 규정은 제1항의 규정에 의한 기일의 변경과 심문의 연기 및 속행에 관하여 준용한다.

④ 제457조 단서의 규정은 제2항 및 제3항의 규정에 의한 결정에 관하여 준용한다.

⑤ 제1항의 규정에 의한 기일은 채권자집회 또는 채권조사의 기일과 병합할 수 있다.

제559조【면책신청의 기각사유】 ① 법원은 다음 각호의 어느 하나에 해당하는 때에는 면책신청을 기각할 수 있다.

1. 채무자가 신청권자의 자격을 갖추지 아니한 때
2. 채무자에 대한 파산절차의 신청이 기각된 때
3. 채무자가 절차의 비용을 예납하지 아니한 때
4. 그 밖에 신청이 성실하지 아니한 때

② 제1항의 규정에 의하여 면책신청이 기각된 채무자는 동일한 파산에 관하여 다시 면책신청을 할 수 없다.

③ 제1항의 결정에 대하여는 즉시항고를 할 수 있다.

제560조【파산관재인의 조사보고】 법원은 파산관재인으로 하여금 면책불허가사유의 유무를 조사하게 하고, 제558조의 규정에 의한 심문기일에 그 결과를 보고하게 할 수 있다.

제561조【면책신청에 관한 서류 등의 비치】 법원은 이해관계인이 열람할 수 있도록 다음 각호의 서류를 법원에 비치하여야 한다.

1. 면책신청에 관한 서류
2. 제560조의 규정에 의한 파산관재인의 보고서류

제562조【면책신청에 대한 이의】 ① 검사・파산관재인 또는 면책의 효력을 받을 파산채권자는 제558조의 규정에 의한 심문기일부터 30일(심문기일을 정하지 않은 경우에는 법원이 정하는 날) 이내에 면책신청에 관하여 법원에 이의를 신청할 수 있다. 다만, 법원은 상당한 이유가 있는 때에는 신청에 의하여 그 기간을 늘일 수 있다.

② 제1항의 규정에 의한 이의신청을 하는 때에는 제564조제1항 각호의 면책불허가사유를 소명하여야 한다.

제563조【이의신청에 관한 의견청취】 법원은 제562조제1항의 규정에 의하여 이의신청이 있는 때에는 채무자 및 이의신청인의 의견을 들어야 한다.

제564조【면책허가】 ① 법원은 다음 각호의 어느 하나에 해당하는 때를 제외하고는 면책을 허가하여야 한다.

1. 채무자가 제650조・제651조・제653조・제656조 또는 제658조의 죄에 해당하는 행위가 있다고 인정하는 때
2. 채무자가 파산선고 전 1년 이내에 파산의 원인인

사실이 있음에도 불구하고 그 사실이 없는 것으로 믿게 하기 위하여 그 사실을 속이거나 감추고 신용거래로 재산을 취득한 사실이 있는 때

3. 채무자가 허위의 채권자목록 그 밖의 신청서류를 제출하거나 법원에 대하여 그 재산상태에 관하여 허위의 진술을 한 때

4. 채무자가 면책의 신청 전에 이 조에 의하여 면책을 받은 경우에는 면책허가결정의 확정일부터 7년이 경과되지 아니한 때, 제624조에 의하여 면책을 받은 경우에는 면책확정일부터 5년이 경과되지 아니한 때

5. 채무자가 이 법에 정하는 채무자의 의무를 위반한 때

6. 채무자가 과다한 낭비・도박 그 밖의 사행행위를 하여 현저히 재산을 감소시키거나 과대한 채무를 부담한 사실이 있는 때

② 법원은 제1항 각호의 면책불허가사유가 있는 경우라도 파산에 이르게 된 경위, 그 밖의 사정을 고려하여 상당하다고 인정되는 경우에는 면책을 허가할 수 있다.

③ 법원은 면책허가결정을 한 때에는 그 주문과 이유의 요지를 공고하여야 한다. 이 경우 송달은 하지 아니할 수 있다.

④ 면책 여부에 관한 결정에 대하여는 즉시항고를 할 수 있다.

제565조【면책결정의 효력발생시기】 면책결정은 확정된 후가 아니면 그 효력이 생기지 아니한다.

제566조【면책의 효력】 면책을 받은 채무자는 파산절차에 의한 배당을 제외하고는 파산채권자에 대한 채무의 전부에 관하여 그 책임이 면제된다. 다만, 다음 각호의 청구권에 대하여는 책임이 면제되지 아니한다. (2010.1.22 본조개정)

1. 조세
2. 벌금・과료・형사소송비용・추징금 및 과태료
3. 채무자가 고의로 가한 불법행위로 인한 손해배상
4. 채무자가 중대한 과실로 타인의 생명 또는 신체를 침해한 불법행위로 인하여 발생한 손해배상
5. 채무자의 근로자의 임금・퇴직금 및 재해보상금
6. 채무자의 근로자의 임치금 및 신원보증금
7. 채무자가 악의로 채권자목록에 기재하지 아니한 청구권. 다만, 채권자가 파산선고가 있음을 안 때에는 그러하지 아니하다.
8. 채무자가 양육자 또는 부양의무자로서 부담하여야 하는 비용
9. 「취업 후 학자금 상환 특별법」에 따른 취업 후 상환 학자금대출 원리금

제567조【보증인 등에 대한 효과】 면책은 파산채권자가 채무자의 보증인 그 밖에 채무자와 더불어 채무를 부담하는 자에 대하여 가지는 권리와 파산채권자를 위하여 제공한 담보에 영향을 미치지

아니한다.

제568조【면책결정의 기재】 법원사무관등은 면책의 결정이 확정되면 파산채권자표가 있는 경우에는 파산채권자표에 면책의 결정이 확정된 뜻을 기재하여야 한다.

제569조【면책의 취소】 ① 채무자가 제650조의 규정에 의한 사기파산으로 유죄의 확정판결을 받은 때에는 법원은 파산채권자의 신청에 의하거나 직권으로 면책취소의 결정을 할 수 있다. 채무자가 부정한 방법으로 면책을 받은 경우 파산채권자가 면책 후 1년 이내에 면책의 취소를 신청한 때에도 또한 같다.
② 제1항의 결정에 대하여는 즉시항고를 할 수 있다.

제570조【면책취소에 관한 의견청취】 법원은 면책취소의 재판을 하기 전에 채무자 및 신청인의 의견을 들어야 한다.

제571조【면책취소결정의 효력발생시기】 면책취소의 결정은 확정된 후부터 그 효력이 발생한다.

제572조【신채권자의 우선권】 면책의 취소가 있은 때에는 면책 후 취소에 이르기까지의 사이에 생긴 원인으로 인하여 채권을 가지게 된 자는 다른 채권자에 우선하여 변제를 받을 권리를 가진다.

제573조【면책취소결정의 기재】 법원사무관등은 면책취소의 결정이 확정되면 파산채권자표가 있는 경우에는 파산채권자표에 면책취소의 결정이 확정된 뜻을 기재하여야 한다.

제2절 복 권

제574조【당연복권】 ① 파산선고를 받은 채무자는 다음 각호의 어느 하나에 해당하는 경우에는 복권된다.
1. 면책의 결정이 확정된 때
2. 제538조의 규정에 의한 신청에 기한 파산폐지의 결정이 확정된 때
3. 파산선고를 받은 채무자가 파산선고 후 제650조의 규정에 의한 사기파산으로 유죄의 확정판결을 받음이 없이 10년이 경과한 때
② 면책취소의 결정이 확정된 때에는 제1항제1호의 규정에 의한 복권은 장래에 향하여 그 효력을 잃는다.

제575조【신청에 의한 복권】 ① 제574조의 규정에 의하여 복권될 수 없는 파산선고를 받은 채무자가 변제 그 밖의 방법으로 파산채권자에 대한 채무의 전부에 관하여 그 책임을 면한 때에는 파산계속법원은 파산선고를 받은 채무자의 신청에 의하여 복권의 결정을 하여야 한다. 〈2016.12.27 본항개정〉
② 파산선고를 받은 채무자는 제1항의 규정에 의하여 복권의 신청을 하는 때에는 그 책임을 면한 사실을 증명할 수 있는 서면을 제출하여야 한다.

③ 제1항의 결정에 대하여는 즉시항고를 할 수 있다.

제576조【복권신청의 공고 등】 법원은 복권의 신청이 있은 때에는 그 뜻을 공고하고, 이해관계인이 열람할 수 있도록 그 신청에 관한 서류를 법원에 비치하여야 한다.

제577조【복권신청에 관한 이의】 ① 파산채권자는 제576조의 규정에 의한 공고가 있은 날부터 3월 이내에 복권의 신청에 관하여 법원에 이의를 신청할 수 있다.
② 제1항의 규정에 의한 이의신청이 있는 때에는 법원은 파산선고를 받은 채무자와 이의를 신청한 파산채권자의 의견을 들어야 한다.

제578조【복권결정의 효력발생시기】 복권의 결정은 확정된 후부터 그 효력이 발생한다.

제9장 유한책임신탁재산의 파산에 관한 특칙
〈2013.5.28 본장신설〉

제578조의2【적용범위】 유한책임신탁재산의 파산에 관하여는 이 장에서 달리 정하는 것을 제외하고는 제3편제1장부터 제7장까지의 규정에 따른다. 〈2013.5.28 본조신설〉

제578조의3【파산신청권자】 ① 유한책임신탁재산에 대하여 신탁채권자, 수익자, 수탁자, 신탁재산관리인 또는 「신탁법」 제133조에 따른 청산수탁자는 파산신청을 할 수 있다.
② 신탁채권자 또는 수익자가 파산신청을 하는 경우에는 신탁채권 또는 수익권의 존재와 파산의 원인인 사실을 소명하여야 한다.
③ 수탁자 또는 신탁재산관리인이 여럿 있는 경우 그 전원이 파산신청을 하는 경우가 아닐 때에는 파산의 원인인 사실을 소명하여야 한다.
④ 신탁이 종료된 후 잔여재산의 이전이 종료될 때까지는 신탁재산의 파산을 신청할 수 있다.
〈2013.5.28 본조신설〉

제578조의4【파산원인】 ① 유한책임신탁재산으로 지급을 할 수 없는 경우 법원은 신청에 의하여 결정으로 파산을 선고한다.
② 수탁자가 신탁채권자 또는 수익자에 대하여 지급을 정지한 경우에는 유한책임신탁재산으로 지급을 할 수 없는 것으로 추정한다.
③ 유한책임신탁재산으로 신탁채권자 또는 수익자에 대한 채무를 전부 변제할 수 없는 경우 법원은 신청에 의하여 결정으로 파산을 선고할 수 있다.
〈2013.5.28 본조신설〉

제578조의5【신탁재산 파산의 통지 등】 ① 유한책임신탁재산에 대하여 파산선고를 한 경우 그 목적인 사업이 행정청의 허가를 받은 사업일 때에는 법원은 파산선고 사실을 주무관청에 통지하여야 한다.

② 유한책임신탁재산에 대한 파산취소 또는 파산폐지의 결정이 확정되거나 파산종결의 결정이 있는 경우 그 목적인 사업이 행정청의 허가를 받은 사업일 때에도 제1항과 같다.
③ 유한책임신탁재산에 대하여 파산선고를 한 경우 등기의 촉탁 등에 관하여는 제23조부터 제27조까지의 규정을 준용한다.
(2013.5.28 본조신설)

제578조의6【파산선고를 받은 신탁의 수탁자 등의 구인】 ① 유한책임신탁재산에 대한 파산선고를 한 경우 법원은 필요하다고 인정할 때에는 다음 각 호의 자를 구인하도록 명할 수 있다.
1. 수탁자 또는 신탁재산관리인
2. 수탁자의 법정대리인
3. 수탁자의 지배인
4. 법인인 수탁자의 이사
② 파산의 신청이 있는 때에는 법원은 파산선고 전이라도 이해관계인의 신청에 의하거나 직권으로 제1항 각 호의 자를 구인하도록 명할 수 있다.
③ 제1항 및 제2항에 따른 구인에 관하여는 제319조제2항 및 제3항을 준용한다.
(2013.5.28 본조신설)

제578조의7【파산선고를 받은 신탁의 수탁자 등의 설명의무】 ① 유한책임신탁재산에 대한 파산선고를 받은 경우 제578조의6제1항 각 호의 자는 파산관재인·감사위원 또는 채권자집회의 요청에 의하여 파산에 관하여 필요한 설명을 하여야 한다.
② 종전에 제578조의6제1항 각 호의 자격을 가졌던 자에 대하여는 제1항을 준용한다.
(2013.5.28 본조신설)

제578조의8【파산선고 전의 보전처분】 ① 법원은 파산선고 전이라도 이해관계인의 신청에 의하거나 직권으로 유한책임신탁재산에 관하여 가압류, 가처분, 그 밖에 필요한 보전처분을 명할 수 있다.
② 제1항에 따른 법원의 재판에 관하여는 제323조제2항부터 제5항까지의 규정을 준용한다.
③ 유한책임신탁재산에 속하는 권리로서 등기된 것에 대하여 제1항에 따른 보전처분이 있는 경우 그 보전처분의 등기 촉탁에 관하여는 제24조제1항을 준용한다.
(2013.5.28 본조신설)

제578조의9【수탁자등의 재산에 대한 보전처분】 ① 법원은 유한책임신탁재산에 대하여 파산선고가 있는 경우 필요하다고 인정할 때에는 파산관재인의 신청에 의하거나 직권으로 수탁자, 전수탁자(前受託者), 신탁재산관리인, 검사인 또는 「신탁법」 제133조에 따른 청산수탁자(이하 "수탁자등"이라 한다)의 책임에 기한 손해배상청구권을 보전하기 위하여 수탁자등의 재산에 대한 보전처분을 할 수 있다.

② 제1항에 따른 보전처분에 관하여는 제351조제2항부터 제7항까지의 규정을 준용한다.
③ 제1항에 따른 보전처분이 있는 경우 그 보전처분의 등기 또는 등록의 촉탁에 관하여는 제24조제1항을 준용한다.
(2013.5.28 본조신설)

제578조의10【수탁자등에 대한 손해배상청구권 등의 조사확정재판】 ① 법원은 유한책임신탁재산에 대하여 파산선고가 있는 경우 필요하다고 인정할 때에는 파산관재인의 신청에 의하거나 직권으로 수탁자등의 책임에 기한 손해배상청구권의 존부와 그 내용을 조사확정하는 재판을 할 수 있다.
② 제1항에 따른 조사확정재판에 관하여는 제352조제2항부터 제9항까지, 제353조 및 제354조를 준용한다.
(2013.5.28 본조신설)

제578조의11【파산관재인】 유한책임신탁재산에 대하여 파산선고가 있는 경우 다음 각 호의 권한은 파산관재인만이 행사할 수 있다.
1. 「신탁법」 제43조에 따른 원상회복 등의 청구
2. 「신탁법」 제75조제1항에 따른 취소
3. 「신탁법」 제77조에 따른 유지 청구
4. 「신탁법」 제121조에 따른 전보 청구(수익자에 대한 청구만 해당한다)
(2013.5.28 본조신설)

제578조의12【파산재단】 유한책임신탁재산에 대하여 파산선고가 있는 경우 이에 속하는 모든 재산은 파산재단에 속한다.
(2013.5.28 본조신설)

제578조의13【유한책임신탁에서의 부인】 유한책임신탁재산에 대하여 파산선고가 있는 경우 제391조부터 제393조까지, 제398조 및 제399조를 적용할 때에는 "채무자"는 "수탁자 또는 신탁재산관리인"으로 본다.
(2013.5.28 본조신설)

제578조의14【유한책임신탁에서의 환취권】 유한책임신탁재산에 대하여 파산선고가 있는 경우 제407조 및 제410조를 적용할 때에는 제407조 중 "채무자에 속하지 아니하는 재산"은 "신탁재산에 속하지 아니하는 재산"으로 보고, 제410조 중 "채무자"는 "수탁자 또는 신탁재산관리인"으로 본다.
(2013.5.28 본조신설)

제578조의15【신탁재산 파산 시 파산채권액】 ① 유한책임신탁재산에 대하여 파산선고가 있는 경우 신탁채권자, 수익자 및 수탁자는 다음 각 호의 구분에 따른 금액에 관하여 그 파산재단에 대하여 파산채권자로서 그 권리를 행사할 수 있다.
1. 신탁채권자 및 수익자: 파산선고 시에 가지는 신탁채권 또는 「신탁법」 제62조에 따른 수익채권의 전액

2. 수탁자: 신탁재산에 대한 채권의 전액

② 유한책임신탁재산에 대하여 파산선고가 있는 경우 「신탁법」 제118조제1항에 따른 채권을 가지는 자는 그 채권의 전액에 관하여 수탁자의 파산재단에 대하여 파산채권자로서 그 권리를 행사할 수 있다. (2013.5.28 본조신설)

제578조의16 【신탁재산 파산 시 파산채권의 순위】 ① 유한책임신탁재산에 대하여 파산선고가 있는 경우 신탁채권은 「신탁법」 제62조에 따른 수익채권보다 우선한다.

② 수탁자 또는 신탁재산관리인과 채권자(수익자를 포함한다)가 유한책임신탁재산의 파산절차에서 다른 채권보다 후순위로 하기로 정한 채권은 그 정한 바에 따라 다른 채권보다 후순위로 한다. (2013.5.28 본조신설)

제578조의17 【파산폐지에 관한 특칙】 유한책임신탁재산의 파산폐지신청은 수탁자 또는 신탁재산관리인이 한다. 이 경우 수탁자 또는 신탁재산관리인이 여럿일 때에는 전원의 합의가 있어야 한다. (2013.5.28 본조신설)

제4편 개인회생절차

제1장 통 칙

제579조 【용어의 정의】 이 절차에서 사용하는 용어의 정의는 다음과 같다. (2010.1.1., 2010.6.10., 2014.1.1 본조개정)

1. "개인채무자"라 함은 파산의 원인인 사실이 있거나 그러한 사실이 생길 염려가 있는 자로서 다음 각목의 금액 이하의 채무를 부담하는 급여소득자 또는 영업소득자를 말한다.
    가. 유치권·질권·저당권·양도담보권·가등기담보권·「동산·채권 등의 담보에 관한 법률」에 따른 담보권·전세권 또는 우선특권으로 담보된 개인회생채권은 10억원
    나. 가목 외의 개인회생채권은 5억원
2. "급여소득자"라 함은 급여·연금 그 밖에 이와 유사한 정기적이고 확실한 수입을 얻을 가능성이 있는 개인을 말한다.
3. "영업소득자"라 함은 부동산임대소득·사업소득·농업소득·임업소득 그 밖에 이와 유사한 수입을 장래에 계속적으로 또는 반복하여 얻을 가능성이 있는 개인을 말한다.
4. "가용소득"이라 함은 다음 가목의 금액에서 나목 내지 라목의 금액을 공제한 나머지 금액을 말한다.
    가. 채무자가 수령하는 근로소득·연금소득·부동산임대소득·사업소득·농업소득·임업소득, 그 밖에 합리적으로 예상되는 모든 종류의 소득의 합계 금액
    나. 소득세·주민세 균등분·개인지방소득세·건강보험료, 그 밖에 이에 준하는 것으로서 대통령령이 정하는 금액
    다. 채무자 및 그 피부양자의 인간다운 생활을 유지하기 위하여 필요한 생계비로서, 「국민기초생활 보장법」 제6조의 규정에 따라 공표된 최저생계비, 채무자 및 그 피부양자의 연령, 피부양자의 수, 거주지역, 물가상황, 그 밖에 필요한 사항을 종합적으로 고려하여 법원이 정하는 금액
    라. 채무자가 영업에 종사하는 경우에 그 영업의 경영, 보존 및 계속을 위하여 필요한 비용

제580조 【개인회생재단】 ① 다음 각호의 재산은 개인회생재단에 속한다.

1. 개인회생절차개시결정 당시 채무자가 가진 모든 재산과 채무자가 개인회생절차 개시결정 전에 생긴 원인으로 장래에 행사할 청구권
2. 개인회생절차진행 중에 채무자가 취득한 재산 및 소득

② 채무자는 개인회생재단을 관리하고 처분할 권한을 가진다. 다만, 인가된 변제계획에서 다르게 정한 때에는 그러하지 아니하다.

③ 제383조의 규정은 제1항제1호의 개인회생재단에 관하여 준용한다. 이 경우 "파산재단"은 "개인회생재단"으로, "파산선고"는 "개인회생절차개시결정"으로, "파산절차"는 "개인회생절차"로 본다.

④ 제3항의 규정에 의하여 면제되는 재산에 대하여는 개인회생절차의 폐지결정 또는 면책결정이 확정될 때까지 개인회생채권에 기한 강제집행·가압류 또는 가처분을 할 수 없다.

제581조 【개인회생채권】 ① 채무자에 대하여 개인회생절차개시결정 전의 원인으로 생긴 재산상의 청구권은 개인회생채권으로 한다.

② 제425조 내지 제433조, 제439조, 제442조 및 제446조의 규정은 개인회생채권에 관하여 준용한다. 이 경우 "파산선고"는 "개인회생절차개시결정"으로, "파산재단"은 "개인회생재단"으로, "파산채권"은 "개인회생채권"으로, "파산채권자"는 "개인회생채권자"로, "파산채권액"은 "개인회생채권액"으로, "파산절차"는 "개인회생절차"로 본다.

제582조 【개인회생채권의 변제】 개인회생채권자목록에 기재된 개인회생채권에 관하여는 변제계획에 의하지 아니하고는 변제하거나 변제받는 등 이를 소멸하게 하는 행위(면제를 제외한다)를 하지 못한다.

제583조 【개인회생재단채권】 ① 다음 각호의 청구권은 개인회생재단채권으로 한다. (2006.12.30., 2007.12.31., 2010.3.31., 2016.12.27 본항개정)

1. 회생위원의 보수 및 비용의 청구권

2. 「국세징수법」 또는 「지방세징수법」에 의하여 징수할 수 있는 다음 각목의 청구권. 다만, 개인회생절차개시 당시 아직 납부기한이 도래하지 아니한 것에 한한다.
   가. 원천징수하는 조세
   나. 부가가치세·개별소비세·주세 및 교통·에너지·환경세
   다. 특별징수의무자가 징수하여 납부하여야 하는 지방세
   라. 가목 내지 다목의 규정에 의한 조세의 부과·징수의 예에 따라 부과·징수하는 교육세 및 농어촌특별세
3. 채무자의 근로자의 임금·퇴직금 및 재해보상금
4. 개인회생절차개시결정 전의 원인으로 생긴 채무자의 근로자의 임치금 및 신원보증금의 반환청구권
5. 채무자가 개인회생절차개시신청 후 개시결정 전에 법원의 허가를 받아 행한 자금의 차입, 자재의 구입 그 밖에 채무자의 사업을 계속하는데 불가결한 행위로 인하여 생긴 청구권
6. 제1호 내지 제5호에 규정된 것 외의 것으로서 채무자를 위하여 지출하여야 하는 부득이한 비용
② 제475조 및 제476조의 규정은 개인회생재단채권에 관하여 준용한다. 이 경우 "재단채권"은 "개인회생재단채권"으로, "파산절차"는 "개인회생절차"로, "파산채권"은 "개인회생채권"으로 본다.

제583조 【개인회생재단채권】 ① 다음 각호의 청구권은 개인회생재단채권으로 한다. (2006.12.30., 2007.12.31., 2009.1.30., 2010.3.31., 2016.12.27 본항 개정)
1. 회생위원의 보수 및 비용의 청구권
2. 「국세징수법」 또는 「지방세징수법」에 의하여 징수할 수 있는 다음 각목의 청구권. 다만, 개인회생절차개시 당시 아직 납부기한이 도래하지 아니한 것에 한한다.
   가. 원천징수하는 조세
   나. 부가가치세·개별소비세 및 주세
   다. 특별징수의무자가 징수하여 납부하여야 하는 지방세
   라. 가목 내지 다목의 규정에 의한 조세의 부과·징수의 예에 따라 부과·징수하는 교육세 및 농어촌특별세
3. 채무자의 근로자의 임금·퇴직금 및 재해보상금
4. 개인회생절차개시결정 전의 원인으로 생긴 채무자의 근로자의 임치금 및 신원보증금의 반환청구권
5. 채무자가 개인회생절차개시신청 후 개시결정 전에 법원의 허가를 받아 행한 자금의 차입, 자재의 구입 그 밖에 채무자의 사업을 계속하는데 불가결한 행위로 인하여 생긴 청구권

6. 제1호 내지 제5호에 규정된 것 외의 것으로서 채무자를 위하여 지출하여야 하는 부득이한 비용
② 제475조 및 제476조의 규정은 개인회생재단채권에 관하여 준용한다. 이 경우 "재단채권"은 "개인회생재단채권"으로, "파산절차"는 "개인회생절차"로, "파산채권"은 "개인회생채권"으로 본다. (2019.1.1 시행)

제584조 【부인권】 ① 제3편제3장제2절(부인권)은 개인회생절차에 관하여 준용한다.
② 부인권은 채무자가 행사한다.
③ 법원은 채권자 또는 회생위원의 신청에 의하거나 직권으로 채무자에게 부인권의 행사를 명할 수 있다.
④ 회생위원은 부인권의 행사에 참가할 수 있다.
⑤ 부인권은 개인회생절차개시결정이 있은 날부터 1년이 경과한 때에는 행사할 수 없다. 제391조 각호의 행위를 한 날부터 5년이 경과한 때에도 같다.

제585조 【환취권】 제407조 내지 제410조의 규정은 개인회생절차에 관하여 준용한다. 이 경우 "파산재단"은 "개인회생재단"으로, "파산선고"는 "개인회생절차개시결정"으로 본다.

제586조 【별제권】 제411조 내지 제415조의 규정은 개인회생절차에 관하여 준용한다. 이 경우 "파산재단"은 "개인회생재단"으로, "파산선고"는 "개인회생절차개시결정"으로 본다.

제587조 【상계권】 제416조 내지 제422조의 규정은 개인회생절차에 관하여 준용한다. 이 경우 "파산신청"은 "개인회생절차개시신청"으로, "파산재단"은 "개인회생재단"으로, "파산선고"는 "개인회생절차개시결정"으로 본다.

제2장 개인회생절차의 개시

제588조 【개인회생절차개시의 신청권자】 개인채무자는 법원에 개인회생절차의 개시를 신청할 수 있다.

제589조 【개인회생절차개시신청서】 ① 개인회생절차개시의 신청은 다음 각호의 사항을 기재한 서면으로 하여야 한다.
1. 채무자의 성명·주민등록번호 및 주소
2. 신청의 취지 및 원인
3. 채무자의 재산 및 채무
② 제1항의 규정에 의한 서면에는 다음 각호의 서류를 첨부하여야 한다.
1. 개인회생채권자목록(채권자의 성명 및 주소와 채권의 원인 및 금액이 기재된 것을 말한다)
2. 재산목록
3. 채무자의 수입 및 지출에 관한 목록
4. 급여소득자 또는 영업소득자임을 증명하는 자료
5. 진술서
6. 신청일 전 10년 이내에 회생사건·화의사건·파

산사건 또는 개인회생사건을 신청한 사실이 있는 때에는 그 관련서류

7. 그 밖에 대법원규칙이 정하는 서류

③ (2014.5.20 삭제)

제589조의2 【개인회생채권자목록의 수정】 ①
채무자는 개인회생절차개시 결정이 있을 때까지 개인회생채권자목록에 기재된 사항을 수정할 수 있다.
② 제1항에도 불구하고 채무자는 그가 책임을 질 수 없는 사유로 개인회생채권자목록에 누락(漏落)하거나 잘못 기재한 사항을 발견한 경우에는 개인회생절차개시결정 후라도 법원의 허가를 받아 개인회생채권자목록에 기재된 사항을 수정할 수 있다. 다만, 변제계획인가결정이 있은 경우에는 그러하지 아니하다.
③ 채무자가 제2항 본문에 따라 법원에 개인회생채권자목록의 수정허가를 신청하는 경우 지체 없이 법원에 수정사항을 반영한 변제계획안을 제출하여야 한다. 채무자가 수정사항을 반영한 변제계획안을 제출하지 아니하는 경우 법원은 개인회생채권자목록의 수정을 허가하지 아니할 수 있다.
④ 법원은 제2항 본문에 따라 개인회생채권자목록에 기재된 사항이 수정된 경우에는 그 수정된 사항에 관한 이의기간을 정하여 공고하고, 채무자 및 법원이 알고 있는 개인회생채권자에게 이의기간이 기재된 서면과 수정된 개인회생채권자목록을 송달하여야 한다. 다만, 수정으로 불리한 영향을 받는 개인회생채권자가 없는 경우 또는 불리한 영향을 받는 개인회생채권자의 의사에 반하지 아니한다고 볼 만한 정당한 이유가 있는 경우에는 공고나 송달을 하지 아니할 수 있다.
(2014.5.20 본조신설)

제590조 【비용의 예납】 개인회생절차개시의 신청을 하는 때에는 절차의 비용으로 대법원규칙이 정하는 금액을 미리 납부하여야 한다.

제591조 【계산의 보고 등】 법원 또는 회생위원은 언제든지 채무자에게 금전의 수입과 지출 그 밖에 채무자의 재산상의 업무에 관하여 보고를 요구할 수 있고, 필요하다고 인정하는 경우에는 재산상황의 조사, 시정의 요구 그 밖의 적절한 조치를 취할 수 있다.

제592조 【보전처분】 ① 법원은 개인회생절차개시결정 전에 이해관계인의 신청에 의하거나 직권으로 채무자의 재산에 관하여 가압류·가처분 그 밖의 필요한 보전처분을 할 수 있다.
② 법원은 제1항의 규정에 의한 결정을 변경하거나 취소할 수 있다.
③ 제1항 및 제2항의 결정에 대하여는 즉시항고를 할 수 있다.
④ 제3항의 규정에 의한 즉시항고는 집행정지의 효력이 없다.

제593조 【중지명령】 ① 법원은 개인회생절차개시의 신청이 있는 경우 필요하다고 인정하는 때에는 이해관계인의 신청에 의하거나 직권으로 개인회생절차의 개시신청에 대한 결정시까지 다음 각호의 절차 또는 행위의 중지 또는 금지를 명할 수 있다. (2010.3.31., 2016.12.27 본항개정)

1. 채무자에 대한 회생절차 또는 파산절차
2. 개인회생채권에 기하여 채무자의 업무 및 재산에 대하여 한 강제집행·가압류 또는 가처분
3. 채무자의 업무 및 재산에 대한 담보권의 설정 또는 담보권의 실행 등을 위한 경매
4. 개인회생채권을 변제받거나 변제를 요구하는 일체의 행위. 다만, 소송행위를 제외한다.
5. 「국세징수법」 또는 「지방세징수법」에 의한 체납처분, 국세징수의 예(국세 또는 지방세 체납처분의 예를 포함한다. 이하 같다)에 의한 체납처분 또는 조세채무담보를 위하여 제공된 물건의 처분. 이 경우 징수의 권한을 가진 자의 의견을 들어야 한다.

② 제1항제5호의 규정에 의한 처분의 중지기간 중에는 시효는 진행하지 아니한다.
③ 개인회생절차개시의 신청이 기각되면 제1항의 규정에 의하여 중지된 절차는 속행된다.
④ 법원은 상당한 이유가 있는 때에는 이해관계인의 신청에 의하거나 직권으로 제1항의 규정에 의한 중지 또는 금지명령을 취소하거나 변경할 수 있다. 이 경우 법원은 담보를 제공하게 할 수 있다.
⑤ 제45조 내지 제47조는 개인회생절차에 관하여 준용한다.

제594조 【개인회생절차개시신청의 취하】 채무자는 개인회생절차의 개시결정이 있기 전에는 신청을 취하할 수 있다. 다만, 채무자가 제592조의 규정에 의한 보전처분, 제593조의 규정에 의한 중지명령을 받은 후에는 법원의 허가를 받아야 신청을 취하할 수 있다.

제595조 【개인회생절차개시신청의 기각사유】
법원은 다음 각호의 어느 하나에 해당하는 때에는 개인회생절차개시의 신청을 기각할 수 있다.

1. 채무자가 신청권자의 자격을 갖추지 아니한 때
2. 채무자가 제589조제2항 각호의 어느 하나에 해당하는 서류를 제출하지 아니하거나, 허위로 작성하여 제출하거나 또는 법원이 정한 제출기한을 준수하지 아니한 때
3. 채무자가 절차의 비용을 납부하지 아니한 때
4. 채무자가 변제계획안의 제출기한을 준수하지 아니한 때
5. 채무자가 신청일 전 5년 이내에 면책(파산절차에 의한 면책을 포함한다)을 받은 사실이 있는 때
6. 개인회생절차에 의함이 채권자 일반의 이익에 적합하지 아니한 때

7. 그 밖에 신청이 성실하지 아니하거나 상당한 이유 없이 절차를 지연시키는 때

제596조【개인회생절차의 개시결정】 ① 법원은 신청일부터 1월 이내에 개인회생절차의 개시 여부를 결정하여야 한다.

② 법원은 개인회생절차개시결정과 동시에 다음 각호의 사항을 정하여야 한다.

1. 개인회생채권에 관한 이의기간(이하 "이의기간"이라 한다). 이 경우 그 기간은 개인회생절차개시결정일부터 2주 이상 2월 이하이어야 한다.

2. 개인회생채권자집회의 기일. 이 경우 그 기일과 이의기간의 말일 사이에는 2주 이상 1월 이하의 기간이 있어야 한다.

③ 법원은 특별한 사정이 있는 때에는 제2항 각호의 기일을 늦추거나 기간을 늘일 수 있다.

④ 제1항의 규정에 의하여 결정을 하는 때에는 결정서에 결정의 연·월·일·시를 기재하여야 한다.

⑤ 제1항의 규정에 의한 결정은 그 결정시부터 효력이 발생한다.

제597조【개시의 공고와 송달】 ① 법원은 개인회생절차개시결정을 한 때에는 지체 없이 다음 각호의 사항을 공고하여야 한다.

1. 개인회생절차개시결정의 주문

2. 이의기간

3. 개인회생채권자가 이의기간 안에 자신 또는 다른 개인회생채권자의 채권내용에 관하여 개인회생채권조사확정재판을 신청할 수 있다는 뜻

4. 개인회생채권자집회의 기일

② 법원은 다음 각호의 자에게 제1항 각호의 사항을 기재한 서면과 개인회생채권자 목록 및 변제계획안을 송달하여야 한다.

1. 채무자

2. 알고 있는 개인회생채권자

3. 개인회생절차가 개시된 채무자의 재산을 소지하고 있거나 그에게 채무를 부담하는 자

③ 제1항 및 제2항의 규정은 제1항제2호 및 제4호의 사항에 변경이 생긴 경우에 준용하며, 제2항의 규정은 변제계획안에 변경이 생긴 경우에 준용한다.

제598조【개인회생절차개시재판에 대한 즉시항고】 ① 개인회생절차개시신청에 관한 재판에 대하여는 즉시항고를 할 수 있다.

② 제592조 및 제593조의 규정은 개인회생절차개시신청을 기각하는 결정에 대하여 제1항의 즉시항고가 있는 경우에 준용한다.

③ 제1항의 규정에 의한 즉시항고는 집행정지의 효력이 없다.

④ 항고법원은 즉시항고의 절차가 법률에 위반되거나 즉시항고가 이유없다고 인정하는 때에는 결정으로 즉시항고를 각하 또는 기각하여야 한다.

⑤ 항고법원은 즉시항고가 이유있다고 인정하는 때에는 원래의 결정을 취소하고 사건을 원심법원에 환송하여야 한다.

제599조【개인회생절차개시결정의 취소】 법원은 개인회생절차개시결정을 취소하는 결정이 확정된 때에는 즉시 그 주문을 공고하고 다음 각호의 자에게 그 결정의 취지를 송달하여야 한다.

1. 채무자

2. 알고 있는 개인회생채권자

3. 개인회생절차가 개시된 채무자의 재산을 소지하고 있거나 그에게 채무를 부담하는 자

제600조【다른 절차의 중지 등】 ① 개인회생절차개시의 결정이 있는 때에는 다음 각호의 절차 또는 행위는 중지 또는 금지된다. 다만, 제2호 내지 제4호의 절차 또는 행위는 채권자목록에 기재된 채권에 의한 경우에 한한다. (2010.3.31., 2016.12.27 본항개정)

1. 채무자에 대한 회생절차 또는 파산절차

2. 개인회생채권에 기하여 개인회생재단에 속하는 재산에 대하여 한 강제집행·가압류 또는 가처분

3. 개인회생채권을 변제받거나 변제를 요구하는 일체의 행위. 다만, 소송행위를 제외한다.

4. 「국세징수법」 또는 「지방세징수법」에 의한 체납처분, 국세징수의 예(국세 또는 지방세 체납처분의 예를 포함한다. 이하 같다)에 의한 체납처분 또는 조세채무담보를 위하여 제공된 물건의 처분

② 개인회생절차개시의 결정이 있는 때에는 변제계획의 인가결정일 또는 개인회생절차 폐지결정의 확정일 중 먼저 도래하는 날까지 개인회생재단에 속하는 재산에 대한 담보권의 설정 또는 담보권의 실행 등을 위한 경매는 중지 또는 금지된다.

③ 법원은 상당한 이유가 있는 때에는 이해관계인의 신청에 의하거나 직권으로 제1항 또는 제2항의 규정에 의하여 중지된 절차 또는 처분의 속행 또는 취소를 명할 수 있다. 다만, 처분의 취소의 경우에는 담보를 제공하게 할 수 있다.

④ 제1항 또는 제2항의 규정에 의하여 처분을 할 수 없거나 중지된 기간 중에 시효는 진행하지 아니한다.

제3장 회생위원

제601조【선임 및 해임】 ① 법원은 이해관계인의 신청에 의하거나 직권으로 다음 각호의 해당하는 자를 회생위원으로 선임할 수 있다. (2010.5.17 본항개정)

1. 관리위원회의 관리위원

2. 법원사무관등

3. 변호사·공인회계사 또는 법무사의 자격이 있는 자

4. 법원주사보·검찰주사보 이상의 직에 근무한 경

력이 있는 자

5. 「은행법」에 의한 은행에서 근무한 경력이 있는 사람으로서 회생위원의 직무수행에 적합한 자

6. 채무자를 상대로 신용관리교육·상담 및 신용회복을 위한 채무조정업무 등을 수행하는 기관 또는 단체에 근무 중이거나 근무한 경력이 있는 사람으로서 회생위원의 직무수행에 적합한 자

7. 제1호 내지 제6호에 규정된 자에 준하는 자로서 회생위원의 직무수행에 적합한 자

② 법원은 상당한 이유가 있는 때에는 이해관계인의 신청에 의하거나 직권으로 회생위원을 해임할 수 있다.

③ 회생위원은 필요한 때에는 그 직무를 행하기 위하여 자기의 책임으로 1인 이상의 회생위원 대리를 선임할 수 있다.

④ 제3항의 규정에 의한 회생위원 대리의 선임은 법원의 허가를 받아야 한다.

⑤ 회생위원 대리는 회생위원에 갈음하여 재판상 또는 재판 외의 모든 행위를 할 수 있다.

제602조【회생위원의 업무】 ① 회생위원은 법원의 감독을 받아 다음 각호의 업무를 수행한다.

1. 채무자의 재산 및 소득에 대한 조사

2. 부인권 행사명령의 신청 및 그 절차 참가

3. 개인회생채권자집회의 진행

4. 그 밖에 법령 또는 법원이 정하는 업무

② 채무자는 법원의 명령 또는 회생위원의 요청이 있는 경우에는 재산 및 소득, 변제계획 그 밖의 필요한 사항에 관하여 설명을 하여야 한다.

제4장 개인회생채권의 확정

제603조【개인회생채권의 확정】 ① 다음 각호의 어느 하나에 해당하는 경우에는 개인회생채권자목록의 기재대로 채권이 확정된다.

1. 개인회생채권자목록에 기재된 채권자가 제596조제2항제1호의 규정에 의한 이의기간 안에 개인회생채권조사확정재판을 신청하지 아니한 경우

2. 개인회생채권조사확정재판신청이 각하된 경우

② 법원사무관등은 제1항의 규정에 의하여 채권이 확정된 때에는 다음 각호의 사항을 기재한 개인회생채권자표를 작성하여야 한다.

1. 채권자의 성명 및 주소

2. 채권의 내용 및 원인

③ 확정된 개인회생채권을 개인회생채권자표에 기재한 경우 그 기재는 개인회생채권자 전원에 대하여 확정판결과 동일한 효력이 있다.

④ 개인회생채권자는 개인회생절차폐지결정이 확정된 때에는 채무자에 대하여 개인회생채권자표에 기하여 강제집행을 할 수 있다.

⑤ 제255조제3항의 규정은 제4항의 경우에 준용

한다.

제604조【개인회생채권조사확정재판】 ① 개인회생채권자목록의 내용에 관하여 이의가 있는 개인회생채권자는 제589조의2제4항 또는 제596조제2항제1호에 따른 이의기간 안에 서면으로 이의를 신청할 수 있다. 채무자가 이의내용을 인정하는 때에는 법원의 허가를 받아 개인회생채권자목록을 변경할 수 있다. 이 경우 법원은 조사확정재판신청에 대한 결정을 하지 아니할 수 있다. (2014.5.20 본항개정)

② 개인회생절차개시 당시 이미 소송이 계속 중인 권리에 대하여 이의가 있는 경우에는 별도로 조사확정재판을 신청할 수 없고 이미 계속 중인 소송의 내용을 개인회생채권조사확정의 소로 변경하여야 한다.

③ 제1항의 경우 개인회생채권자가 자신의 개인회생채권의 내용에 관하여 개인회생채권조사확정재판을 신청하는 경우에는 채무자를 상대방으로 하고, 다른 개인회생채권자의 채권내용에 관하여 개인회생채권조사확정재판을 신청하는 경우에는 채무자와 다른 개인회생채권자를 상대방으로 하여야 한다.

④ 개인회생채권조사확정재판을 신청하는 자는 법원이 정하는 절차의 비용을 미리 납부하여야 한다. 법원은 비용을 미리 납부하지 아니하는 때에는 신청을 각하하여야 한다.

⑤ 법원은 이해관계인을 심문한 후 개인회생채권조사확정재판을 하여야 하며, 이 결정에서 이의가 있는 회생채권의 존부 또는 그 내용을 정한다.

⑥ 법원은 제5항의 규정에 의한 결정이 있는 때에는 결정서를 당사자에게 송달하여야 한다.

제605조【개인회생채권조사확정재판에 대한 이의의 소】 ① 개인회생채권조사확정재판에 불복하는 자는 결정서의 송달을 받은 날부터 1월 이내에 이의의 소를 제기할 수 있다. 이 경우 이의의 소는 개인회생계속법원(개인회생사건이 계속되어 있는 회생법원을 말한다. 이하 같다)의 관할에 전속한다. (2016.12.27 본항개정)

② 제1항의 소의 변론은 결정서를 송달받은 날부터 1월을 경과한 후가 아니면 개시할 수 없으며, 동일한 채권에 관하여 여러 개의 소가 계속되어 있는 때에는 법원은 변론을 병합할 수 있다.

③ 제1항의 소에 대한 판결은 소를 부적법한 것으로 각하하는 경우를 제외하고는 같은 항의 재판을 인가하거나 변경한다.

제606조【개인회생채권의 확정에 관한 소송결과 등의 기재】 법원사무관 등은 채무자·회생위원 또는 개인회생채권자의 신청에 의하여 다음 각호의 사항을 기재한 개인회생채권자표를 작성하여야 한다.

1. 개인회생채권조사확정재판의 결과

2. 개인회생채권조사확정재판에 대한 이의의 소의 결과
3. 제1호 및 제2호 외의 개인회생채권의 확정에 관한 소송의 결과

제607조【개인회생채권의 확정에 관한 소송의 판결 등의 효력】 ① 개인회생채권의 확정에 관한 소송에 대한 판결은 개인회생채권자 전원에 대하여 그 효력이 있다.
② 개인회생채권조사확정재판에 대한 이의의 소가 제605조제1항의 규정에 의한 기간안에 제기되지 아니하거나 각하된 때에는 그 재판은 개인회생채권자 전원에 대하여 확정판결과 동일한 효력이 있다.

제608조【소송비용의 상환】 채무자의 재산이 개인회생채권의 확정에 관한 소송으로 이익을 받은 때에는 소를 제기한 개인회생채권자는 얻은 이익의 한도 안에서 개인회생재단채권자로서 소송비용의 상환을 청구할 수 있다.

제609조【개인회생채권확정소송의 목적의 가액】 개인회생채권의 확정에 관한 소송의 목적의 가액은 변제계획으로 얻을 이익의 예정액을 표준으로 하여 개인회생계속법원이 정한다. (2016.12.27 본조개정)

제609조의2【명의의 변경】 ① 개인회생채권자목록에 기재된 채권을 취득한 자는 채권자 명의변경을 신청할 수 있다.
② 제1항에 따른 명의변경을 하려는 자는 다음 각호의 사항을 적은 신청서와 개인회생채권의 취득을 증명하는 서류 또는 그 등본이나 초본을 법원에 제출하여야 한다.
1. 채권자 명의를 변경하려는 자 및 대리인의 성명 또는 명칭과 주소
2. 통지 또는 송달을 받을 장소(대한민국 내의 장소로 한정한다), 전화번호, 그 밖의 연락처
3. 취득한 권리와 그 취득의 일시 및 원인
(2014.5.20 본조신설)

제5장 변제계획

제610조【변제계획안의 제출 및 수정】 ① 채무자는 개인회생절차개시의 신청일부터 14일 이내에 변제계획안을 제출하여야 한다. 다만, 법원은 상당한 이유가 있다고 인정하는 때에는 그 기간을 늘일 수 있다.
② 채무자는 변제계획안이 인가되기 전에는 변제계획안을 수정할 수 있다.
③ 법원은 이해관계인의 신청에 의하거나 직권으로 채무자에 대하여 변제계획안을 수정할 것을 명할 수 있다.
④ 제3항의 규정에 의한 수정명령이 있는 때에는 채무자는 법원이 정하는 기한 이내에 변제계획안을 수정하여야 한다.
⑤ 제597조제2항의 규정은 제2항 및 제3항의 규정에 의하여 변제계획안을 수정하는 경우에 이를 준용한다.

제611조【변제계획의 내용】 ① 변제계획에는 다음 각호의 사항을 정하여야 한다.
1. 채무변제에 제공되는 재산 및 소득에 관한 사항
2. 개인회생재단채권 및 일반의 우선권 있는 개인회생채권의 전액의 변제에 관한 사항
3. 개인회생채권자목록에 기재된 개인회생채권의 전부 또는 일부의 변제에 관한 사항
② 변제계획에는 다음 각호의 사항을 정할 수 있다.
1. 개인회생채권의 조의 분류
2. 변제계획에서 예상한 액을 넘는 재산의 용도
3. 변제계획인가 후의 개인회생재단에 속하는 재산의 관리 및 처분권의 제한에 관한 사항
4. 그 밖에 채무자의 채무조정을 위하여 필요한 사항
③ 변제계획에서 채권의 조를 분류하는 때에는 같은 조로 분류된 채권을 평등하게 취급하여야 한다. 다만, 불이익을 받는 개인회생채권자의 동의가 있거나 소액의 개인회생채권의 경우에는 그러하지 아니하다.
④ 변제계획은 변제계획인가일부터 1월 이내에 변제를 개시하여 정기적으로 변제하는 내용을 포함하여야 한다. 다만, 법원의 허가를 받은 경우에는 그러하지 아니하다.
⑤변제계획에서 정하는 변제기간은 변제개시일부터 3년을 초과하여서는 아니된다. 다만, 제614조제1항제4호의 요건을 충족하기 위하여 필요한 경우 등 특별한 사정이 있는 때에는 변제개시일부터 5년을 초과하지 아니하는 범위에서 변제기간을 정할 수 있다. (2017.12.12 본항개정, 2018.6.13 시행)
⑥ 법원은 필요한 경우 변제계획의 이행을 위하여 인적·물적 담보를 제공하게 할 수 있다.

제612조【특별한 이익을 주는 행위의 무효】 채무자가 자신 또는 제3자의 명의로 변제계획에 의하지 아니하고 일부 개인회생채권자에게 특별한 이익을 주는 행위는 무효로 한다.

제613조【개인회생채권자집회】 ① 법원은 개인회생채권자집회의 기일과 변제계획의 요지를 채무자·개인회생채권자 및 회생위원에게 통지하여야 한다.
② 채무자는 개인회생채권자집회에 출석하여 개인회생채권자의 요구가 있는 경우 변제계획에 관하여 필요한 설명을 하여야 한다.
③ 개인회생채권자집회는 법원이 지휘한다.
④ 회생위원이 선임되어 있는 때에는 법원은 회생위원으로 하여금 개인회생채권자집회를 진행하게 할 수 있다.
⑤ 개인회생채권자는 개인회생채권자집회에서 변

계계획에 관하여 이의를 진술할 수 있다.

제614조【변제계획의 인부】 ① 법원은 개인회생채권자 또는 회생위원이 이의를 진술하지 아니하고 다음 각호의 요건이 모두 충족된 때에는 변제계획인가결정을 하여야 한다. 다만, 제610조제3항에 의한 변제계획안 수정명령에 불응한 경우에는 그러하지 아니하다.

1. 변제계획이 법률의 규정에 적합할 것
2. 변제계획이 공정하고 형평에 맞으며 수행가능할 것
3. 변제계획인가 전에 납부되어야 할 비용·수수료 그 밖의 금액이 납부되었을 것
4. 변제계획의 인가결정일을 기준일로 하여 평가한 개인회생채권에 대한 총변제액이 채무자가 파산하는 때에 배당받을 총액보다 적지 아니할 것. 다만, 채권자가 동의한 경우에는 그러하지 아니하다.

② 법원은 개인회생채권자 또는 회생위원이 이의를 진술하는 때에는 제1항 각호의 요건 외에 다음 각호의 요건을 구비하고 있는 때에 한하여 변제계획인가결정을 할 수 있다.

1. 변제계획의 인가결정일을 기준일로 하여 평가한 이의를 진술하는 개인회생채권자에 대한 총변제액이 채무자가 파산하는 때에 배당받을 총액보다 적지 아니할 것
2. 채무자가 최초의 변제일부터 변제계획에서 정한 변제기간 동안 수령할 수 있는 가용소득의 전부가 변제계획에 따른 변제에 제공될 것
3. 변제계획의 인가결정일을 기준일로 하여 평가한 개인회생채권에 대한 총변제액이 3천만원을 초과하지 아니하는 범위 안에서 다음 각목의 금액보다 적지 아니할 것
   가. 변제계획의 인가결정일을 기준일로 하여 평가한 개인회생채권의 총금액이 5천만원 미만인 경우에는 위 총금액에 100분의 5를 곱한 금액
   나. 변제계획의 인가결정일을 기준일로 하여 평가한 개인회생채권의 총금액이 5천만원 이상인 경우에는 위 총금액에 100분의 3을 곱한 금액에 1백만원을 더한 금액

③ 법원은 변제계획인부결정을 선고하고 그 주문, 이유의 요지와 변제계획의 요지를 공고하여야 한다. 이 경우 송달은 하지 아니할 수 있다.

제615조【변제계획인가의 효력】 ① 변제계획은 인가의 결정이 있은 때부터 효력이 생긴다. 다만, 변제계획에 의한 권리의 변경은 면책결정이 확정되기까지는 생기지 아니한다.

② 변제계획인가결정이 있는 때에는 개인회생재단에 속하는 모든 재산은 채무자에게 귀속된다. 다만, 변제계획 또는 변제계획인가결정에서 다르게 정한

때에는 그러하지 아니하다.

③ 변제계획인가결정이 있는 때에는 제600조의 규정에 의하여 중지한 회생절차 및 파산절차와 개인회생채권에 기한 강제집행·가압류 또는 가처분은 그 효력을 잃는다. 다만, 변제계획 또는 변제계획인가결정에서 다르게 정한 때에는 그러하지 아니하다.

제616조【전부명령에 대한 특칙】 ① 변제계획인가결정이 있는 때에는 채무자의 급료·연금·봉급·상여금, 그 밖에 이와 비슷한 성질을 가진 급여채권에 관하여 개인회생절차개시 전에 확정된 전부명령은 변제계획인가결정 후에 제공한 노무로 인한 부분에 대하여는 그 효력이 상실된다.

② 변제계획인가결정으로 인하여 전부채권자가 변제받지 못하게 되는 채권액은 개인회생채권으로 한다.

제617조【변제의 수행】 ① 채무자는 인가된 변제계획에 따라 개인회생채권자에게 변제할 금원을 회생위원에게 임치하여야 한다.

② 개인회생채권자는 제1항의 규정에 따라 임치된 금원을 변제계획에 따라 회생위원으로부터 지급받아야 한다. 개인회생채권자가 지급받지 않는 경우에는 회생위원은 채권자를 위하여 공탁할 수 있다.

③ 제1항 및 제2항의 규정은 회생위원이 선임되지 아니한 경우 또는 변제계획이나 변제계획인가결정에서 다르게 정한 경우에는 적용하지 아니한다.

제617조의2【채무자를 위한 공탁】 회생위원은 개인회생절차폐지의 결정 또는 면책의 결정이 확정된 후에도 임치된 금원(이자를 포함한다)이 존재하는 경우에는 이를 채무자에게 반환하여야 한다. 다만, 채무자가 수령을 거부하거나 채무자의 소재불명 등으로 반환할 수 없는 경우에는 채무자를 위하여 공탁할 수 있다.
(2017.12.12 본조신설)

제618조【변제계획 인부결정에 대한 즉시항고】 ① 변제계획의 인부결정에 대하여는 즉시항고를 할 수 있다.

② 제247조제3항 내지 제7항의 규정은 변제계획의 인가여부결정에 대한 즉시항고에 관하여 준용한다.

제619조【인가 후의 변제계획변경】 ① 채무자·회생위원 또는 개인회생채권자는 변제계획에 따른 변제가 완료되기 전에는 인가된 변제계획의 변경안을 제출할 수 있다.

② 제1항의 규정에 의한 변제계획변경안에 관하여는 제597조제2항·제611조·제613조·제614조·제615조제1항 및 제617조의 규정을 준용한다.

제6장 폐지 및 면책

제620조【변제계획인가 전 개인회생절차의 폐지】 ① 법원은 다음 각호의 어느 하나에 해당하는 때에는 이해관계인의 신청에 의하거나 직권으로 개

인회생절차폐지의 결정을 하여야 한다.
1. 개인회생절차의 개시결정 당시 제595조제1호·
   제5호에 해당한 사실이 명백히 밝혀진 때
2. 채무자가 제출한 변제계획안을 인가할 수 없는 때
② 법원은 다음 각호의 어느 하나에 해당하는 때에
는 직권으로 개인회생절차폐지의 결정을 할 수 있다.
1. 제595조제2호에 해당하는 때
2. 채무자가 정당한 사유 없이 제613조제2항의 규
   정에 의한 출석 또는 설명을 하지 아니하거나 허
   위의 설명을 한 때

제621조 【변제계획인가 후 개인회생절차의 폐
지】 ① 법원은 다음 각호의 어느 하나에 해당하는
때에는 이해관계인의 신청에 의하거나 직권으로 개
인회생절차폐지의 결정을 하여야 한다.
1. 면책불허가결정이 확정된 때
2. 채무자가 인가된 변제계획을 이행할 수 없음이
   명백할 때. 다만, 채무자가 제624조제2항의 규정
   에 의한 면책결정을 받은 때에는 그러하지 아니
   하다.
3. 채무자가 재산 및 소득의 은닉 그 밖의 부정한
   방법으로 인가된 변제계획을 수행하지 아니하는 때
② 제1항의 규정에 의한 개인회생절차의 폐지는 이
미 행한 변제와 이 법의 규정에 의하여 생긴 효력
에 영향을 미치지 아니한다.

제622조 【개인회생절차폐지결정의 공고】 법원
은 개인회생절차폐지의 결정을 한 때에는 그 주문
과 이유의 요지를 공고하여야 한다. 이 경우 송달은
하지 아니할 수 있다.

제623조 【개인회생절차폐지결정에 대한 즉시항
고】 ① 개인회생절차폐지의 결정에 대하여는 즉
시항고를 할 수 있다.
② 제247조제4항 내지 제7항의 규정은 개인회생절
차폐지의 결정에 대한 즉시항고에 관하여 이를 준
용한다.

제624조 【면책결정】 ① 법원은 채무자가 변제계
획에 따른 변제를 완료한 때에는 당사자의 신청에
의하거나 직권으로 면책의 결정을 하여야 한다.
② 법원은 채무자가 변제계획에 따른 변제를 완료
하지 못한 경우에도 다음 각호의 요건이 모두 충족
되는 때에는 이해관계인의 의견을 들은 후 면책의
결정을 할 수 있다.
1. 채무자가 책임질 수 없는 사유로 인하여 변제를
   완료하지 못하였을 것
2. 개인회생채권자가 면책결정일까지 변제받은 금
   액이 채무자가 파산절차를 신청한 경우 파산절
   차에서 배당받을 금액보다 적지 아니할 것
3. 변제계획의 변경이 불가능할 것
③ 제1항 및 제2항의 규정에 불구하고 법원은 다음
각호의 어느 하나에 해당하는 경우에는 면책을 불
허하는 결정을 할 수 있다.

1. 면책결정 당시까지 채무자에 의하여 악의로 개
   인회생채권자목록에 기재되지 아니한 개인회생
   채권이 있는 경우
2. 채무자가 이 법에 정한 채무자의 의무를 이행하
   지 아니한 경우
④ 법원은 면책의 결정을 한 때에는 그 주문과 이
유의 요지를 공고하여야 한다. 이 경우 송달은 하지
아니할 수 있다.

제625조 【면책결정의 효력】 ① 면책의 결정은
확정된 후가 아니면 그 효력이 생기지 아니한다.
② 면책을 받은 채무자는 변제계획에 따라 변제한
것을 제외하고 개인회생채권자에 대한 채무에 관하
여 그 책임이 면제된다. 다만, 다음 각호의 청구권
에 관하여는 책임이 면제되지 아니한다.
1. 개인회생채권자목록에 기재되지 아니한 청구권
2. 제583조제1항제2호의 규정에 의한 조세 등의 청
   구권
3. 벌금·과료·형사소송비용·추징금 및 과태료
4. 채무자가 고의로 가한 불법행위로 인한 손해
   배상
5. 채무자가 중대한 과실로 타인의 생명 또는 신체
   를 침해한 불법행위로 인하여 발생한 손해배상
6. 채무자의 근로자의 임금·퇴직금 및 재해보상금
7. 채무자의 근로자의 임치금 및 신원보증금
8. 채무자가 양육자 또는 부양의무자로서 부담하여
   야 할 비용
③ 면책은 개인회생채권자가 채무자의 보증인 그
밖에 채무자와 더불어 채무를 부담하는 자에 대하
여 가지는 권리와 개인회생채권자를 위하여 제공한
담보에 영향을 미치지 아니한다.

제626조 【면책의 취소】 ① 법원은 채무자가 기
망 그 밖의 부정한 방법으로 면책을 받은 때에는
이해관계인의 신청에 의하거나 직권으로 면책을 취
소할 수 있다. 이 경우 법원은 이해관계인을 심문하
여야 한다.
② 제1항의 규정에 의한 신청은 면책결정의 확정일
부터 1년 이내에 제기하여야 한다.

제627조 【면책결정 등에 관한 즉시항고】 면책
여부의 결정과 면책취소의 결정에 대하여는 즉시항
고를 할 수 있다.

제5편 국제도산

제628조 【정의】 이 편에서 사용하는 용어의 정
의는 다음 각호와 같다.
1. "외국도산절차"라 함은 외국법원(이에 준하는
   당국을 포함한다. 이하 같다)에 신청된 회생절
   차·파산절차 또는 개인회생절차 및 이와 유사
   한 절차를 말하며, 임시절차를 포함한다.
2. "국내도산절차"라 함은 대한민국 법원에 신청된

회생절차·파산절차 또는 개인회생절차를 말한다.
3. "외국도산절차의 승인"이라 함은 외국도산절차에 대하여 대한민국 내에 이 편의 지원처분을 할 수 있는 기초로서 승인하는 것을 말한다.
4. "지원절차"라 함은 이 편에서 정하는 바에 의하여 외국도산절차의 승인신청에 관한 재판과 채무자의 대한민국 내에 있어서의 업무 및 재산에 관하여 당해 외국도산절차를 지원하기 위한 처분을 하는 절차를 말한다.
5. "외국도산절차의 대표자"라 함은 외국법원에 의하여 외국도산절차의 관리자 또는 대표자로 인정된 자를 말한다.
6. "국제도산관리인"이라 함은 외국도산절차의 지원을 위하여 법원이 채무자의 재산에 대한 환가 및 배당 또는 채무자의 업무 및 재산에 대한 관리 및 처분권한의 전부 또는 일부를 부여한 자를 말한다.

제629조【적용범위】　① 이 편의 규정은 다음 각 호의 경우에 적용한다.
1. 외국도산절차의 대표자가 외국도산절차와 관련하여 대한민국 법원에 승인이나 지원을 구하는 경우
2. 외국도산절차의 대표자가 대한민국 법원에서 국내도산절차를 신청하거나 진행 중인 국내도산절차에 참가하는 경우
3. 국내도산절차와 관련하여 관리인·파산관재인·채무자 그 밖에 법원의 허가를 받은 자 등이 외국법원의 절차에 참가하거나 외국법원의 승인 및 지원을 구하는 등 외국에서 활동하는 경우
4. 채무자를 공통으로 하는 국내도산절차 및 외국도산절차가 대한민국법원과 외국법원에서 동시에 진행되어 관련절차간에 공조가 필요한 경우
② 이 편에서 따로 규정하지 아니한 사항은 이 법 중 다른 편의 규정에 따른다.

제630조【관할】　외국도산절차의 승인 및 지원에 관한 사건은 서울회생법원 합의부의 관할에 전속한다. 다만, 절차의 효율적인 진행이나 이해당사자의 권리보호를 위하여 필요한 때에는 서울회생법원은 당사자의 신청에 의하거나 직권으로 외국도산절차의 승인결정과 동시에 또는 그 결정 후에 제3조가 규정하는 관할법원으로 사건을 이송할 수 있다. (2016.12.27 본조개정)

제631조【외국도산절차의 승인신청】　① 외국도산절차의 대표자는 외국도산절차가 신청된 국가에 채무자의 영업소·사무소 또는 주소가 있는 경우에 다음 각호의 서면을 첨부하여 법원에 외국도산절차의 승인을 신청할 수 있다. 이 경우 외국어로 작성된 서면에는 번역문을 붙여야 한다.
1. 외국도산절차 일반에 대한 법적 근거 및 개요에 대한 진술서

2. 외국도산절차의 개시를 증명하는 서면
3. 외국도산절차의 대표자의 자격과 권한을 증명하는 서면
4. 승인을 신청하는 그 외국도산절차의 주요내용에 대한 진술서(채권자·채무자 및 이해당사자에 대한 서술을 포함한다)
5. 외국도산절차의 대표자가 알고 있는 그 채무자에 대한 다른 모든 외국도산절차에 대한 진술서
② 외국도산절차의 승인을 신청한 후 제1항 각호의 내용이 변경된 때에는 신청인은 지체 없이 변경된 사항을 기재한 서면을 법원에 제출하여야 한다.
③ 제1항의 규정에 의한 신청이 있는 때에는 법원은 지체 없이 그 요지를 공고하여야 한다.
④ 제37조 및 제39조의 규정은 제1항의 규정에 의한 신청에 관하여 준용한다.

제632조【외국도산절차의 승인결정】　① 법원은 외국도산절차의 승인신청이 있는 때에는 신청일부터 1월 이내에 승인 여부를 결정하여야 한다.
② 법원은 다음 각호의 어느 하나에 해당하는 경우에는 외국도산절차의 승인신청을 기각하여야 한다.
1. 법원이 정한 비용을 미리 납부하지 아니한 경우
2. 제631조제1항 각호의 서면을 제출하지 아니하거나 그 성립 또는 내용의 진정을 인정하기에 부족한 경우
3. 외국도산절차를 승인하는 것이 대한민국의 선량한 풍속 그 밖에 사회질서에 반하는 경우
③ 법원은 외국도산절차의 승인결정이 있는 때에는 그 주문과 이유의 요지를 공고하고 그 결정서를 신청인에게 송달하여야 한다.
④ 외국도산절차의 승인신청에 관한 결정에 대하여는 즉시항고를 할 수 있다.
⑤ 제4항의 규정에 의한 즉시항고는 집행정지의 효력이 없다.

제633조【외국도산절차승인의 효력】　외국도산절차의 승인결정은 이 법에 의한 절차의 개시 또는 진행에 영향을 미치지 아니한다.

제634조【외국도산절차의 대표자의 국내도산절차개시신청 등】　외국도산절차가 승인된 때에는 외국도산절차의 대표자는 국내도산절차의 개시를 신청하거나 진행 중인 국내도산절차에 참가할 수 있다.

제635조【승인 전 명령 등】　① 법원은 외국도산절차의 대표자의 신청에 의하거나 직권으로 외국도산절차의 승인신청이 있은 후 그 결정이 있을 때까지 제636조제1항제1호 내지 제3호의 조치를 명할 수 있다.
② 제1항의 규정은 외국도산절차의 승인신청을 기각하는 결정에 대하여 즉시항고가 제기된 경우에 준용한다.
③ 법원은 제1항 및 제2항의 규정에 의한 처분을

변경하거나 취소할 수 있다.

④ 제1항 내지 제3항의 결정에 대하여는 즉시항고를 할 수 있다.

⑤ 제4항의 규정에 의한 즉시항고는 집행정지의 효력이 없다.

제636조 【외국도산절차에 대한 지원】 ① 법원은 외국도산절차를 승인함과 동시에 또는 승인한 후 이해관계인의 신청에 의하거나 직권으로 채무자의 업무 및 재산이나 채권자의 이익을 보호하기 위하여 다음 각호의 결정을 할 수 있다.

1. 채무자의 업무 및 재산에 대한 소송 또는 행정청에 계속하는 절차의 중지

2. 채무자의 업무 및 재산에 대한 강제집행, 담보권 실행을 위한 경매, 가압류·가처분 등 보전절차의 금지 또는 중지

3. 채무자의 변제금지 또는 채무자 재산의 처분금지

4. 국제도산관리인의 선임

5. 그 밖에 채무자의 업무 및 재산을 보전하거나 채권자의 이익을 보호하기 위하여 필요한 처분

② 법원은 제1항의 규정에 의한 결정을 하는 때에는 채권자·채무자 그 밖의 이해관계인의 이익을 고려하여야 한다.

③ 법원은 제1항의 규정에 의한 지원신청이 대한민국의 선량한 풍속 그 밖의 사회질서에 반하는 때에는 그 신청을 기각하여야 한다.

④ 법원은 제1항제2호의 금지명령 및 이를 변경하거나 취소하는 결정을 한 때에는 그 주문을 공고하고 그 결정서를 외국도산절차의 대표자나 신청인에게 송달하여야 한다.

⑤ 제1항의 규정에 의한 금지명령이 있는 때에는 그 명령의 효력이 상실된 날의 다음 날부터 2월이 경과하는 날까지 채무자에 대한 채권의 시효는 완성되지 아니한다.

⑥ 법원은 필요한 경우 이해관계인의 신청에 의하거나 직권으로 제1항의 규정에 의한 결정을 변경하거나 취소할 수 있다.

⑦ 법원은 특히 필요하다고 인정하는 때에는 이해관계인의 신청에 의하거나 직권으로 제1항제2호의 규정에 의하여 중지된 절차의 취소를 명할 수 있다. 이 경우 법원은 담보를 제공하게 할 수 있다.

⑧ 제1항·제6항 및 제7항의 결정에 대하여는 즉시항고를 할 수 있다.

⑨ 제8항의 규정에 의한 즉시항고는 집행정지의 효력이 없다.

제637조 【국제도산관리인】 ① 국제도산관리인이 선임된 경우 채무자의 업무의 수행 및 재산에 대한 관리·처분권한은 국제도산관리인에게 전속한다.

② 국제도산관리인은 대한민국 내에 있는 채무자의 재산을 처분 또는 국외로의 반출, 환가·배당 그 밖에 법원이 정하는 행위를 하는 경우에는 법원의 허가를 받아야 한다.

③ 제2편제2장제1절(관리인) 및 제3편제2장제1절(파산관재인)에 관한 규정은 국제도산관리인에 관하여 준용한다.

제638조 【국내도산절차와 외국도산절차의 동시진행】 ① 채무자를 공통으로 하는 외국도산절차와 국내도산절차가 동시에 진행하는 경우 법원은 국내도산절차를 중심으로 제635조(승인 전 명령 등) 및 제636조(외국도산절차에 대한 지원)의 규정에 의한 지원을 결정하거나 이를 변경 또는 취소할 수 있다.

② 제1항의 결정에 대하여는 즉시항고를 할 수 있다.

③ 제2항의 즉시항고에는 집행정지의 효력이 없다.

제639조 【복수의 외국도산절차】 ① 채무자를 공통으로 하는 여러 개의 외국도산절차의 승인신청이 있는 때에는 법원은 이를 병합심리하여야 한다.

② 채무자를 공통으로 하는 여러 개의 외국도산절차가 승인된 때에는 법원은 승인 및 지원절차의 효율적 진행을 위하여 채무자의 주된 영업소 소재지 또는 채권자보호조치의 정도 등을 고려하여 주된 외국도산절차를 결정할 수 있다.

③ 법원은 주된 외국도산절차를 중심으로 제636조의 규정에 의한 지원을 결정하거나 변경할 수 있다.

④ 법원은 필요한 경우 제2항의 규정에 의한 주된 외국도산절차를 변경할 수 있다.

⑤ 제2항 내지 제4항의 결정에 대하여는 즉시항고를 할 수 있다.

⑥ 제5항의 즉시항고에는 집행정지의 효력이 없다.

제640조 【관리인 등이 외국에서 활동할 권한】 국내도산절차의 관리인·파산관재인 그 밖에 법원의 허가를 받은 자 등은 외국법이 허용하는 바에 따라 국내도산절차를 위하여 외국에서 활동할 권한이 있다.

제641조 【공조】 ① 법원은 동일한 채무자 또는 상호 관련이 있는 채무자에 대하여 진행 중인 국내도산절차 및 외국도산절차나 복수의 외국도산절차 간의 원활하고 공정한 집행을 위하여 외국법원이나 외국도산절차의 대표자와 다음 각호의 사항에 관하여 공조하여야 한다.

1. 의견교환

2. 채무자의 업무 및 재산에 관한 관리 및 감독

3. 복수 절차의 진행에 관한 조정

4. 그 밖에 필요한 사항

② 법원은 제1항의 규정에 의한 공조를 위하여 외국법원 또는 외국도산절차의 대표자와 직접 정보 및 의견을 교환할 수 있다.

③ 국내도산절차의 관리인 또는 파산관재인은 법원의 감독하에 외국법원 또는 외국도산절차의 대표자와 직접 정보 및 의견을 교환할 수 있다.

④ 국내도산절차의 관리인 또는 파산관재인은 법원의 허가를 받아 외국법원 또는 외국도산절차의 대표자와 도산절차의 조정에 관한 합의를 할 수 있다.

제642조【배당의 준칙】 채무자를 공통으로 하는 국내도산절차와 외국도산절차 또는 복수의 외국도산절차가 있는 경우 외국도산절차 또는 채무자의 국외재산으로부터 변제받은 채권자는 국내도산절차에서 그와 같은 조 및 순위에 속하는 다른 채권자가 동일한 비율의 변제를 받을 때까지 국내도산절차에서 배당 또는 변제를 받을 수 없다.

제6편　벌　칙

제643조【사기회생죄】 ① 채무자가 자기 또는 타인의 이익을 도모하거나 채권자를 해할 목적으로 다음 각호의 어느 하나에 해당하는 행위를 하고, 채무자에 대하여 회생절차개시 또는 간이회생절차개시의 결정이 확정된 경우 그 채무자는 10년 이하의 징역 또는 1억원 이하의 벌금에 처한다. (2014.12.30 본항개정)

1. 채무자의 재산을 손괴 또는 은닉하거나 회생채권자·회생담보권자·주주·지분권자에 불이익하게 처분하는 행위
2. 채무자의 부담을 허위로 증가시키는 행위
3. 법률의 규정에 의하여 작성하여야 하는 상업장부를 작성하지 아니하거나, 그 상업장부에 재산의 현황을 알 수 있는 정도의 기재를 하지 아니하거나, 그 상업장부에 부정의 기재를 하거나, 그 상업장부를 손괴 또는 은닉하는 행위
4. 「부정수표단속법」에 의한 처벌회피를 주된 목적으로 회생절차개시 또는 간이회생절차개시의 신청을 하는 행위

② 다음 각호의 어느 하나에 해당하는 자가 자기 또는 타인의 이익을 도모하거나 채권자를 해할 목적으로 제1항 각호의 행위를 하고, 채무자에 대하여 회생절차개시 또는 간이회생절차개시의 결정이 확정된 경우 그 자는 5년 이하의 징역 또는 5천만원 이하의 벌금에 처한다. (2014.12.30 본항개정)

1. 채무자의 법정대리인
2. 법인인 채무자의 이사
3. 채무자의 지배인

③ 채무자가 자기 또는 타인의 이익을 도모하거나 채권자를 해할 목적으로 다음 각호의 어느 하나에 해당하는 행위를 하고, 채무자에 대하여 개인회생절차개시의 결정이 확정된 때에는 5년 이하의 징역 또는 5천만원 이하의 벌금에 처한다.

1. 재산을 은닉 또는 손괴하거나 채권자에게 불이익하게 처분하는 행위
2. 허위로 부담을 증가시키는 행위

제644조【제3자의 사기회생죄】 제643조에 규정된 자 외의 자가 다음 각호의 어느 하나에 해당하는 행위를 하고, 채무자에 대하여 회생절차개시의 결정이 확정된 경우 그 자는 5년 이하의 징역 또는 5천만원 이하의 벌금에 처한다.

1. 제643조제1항 각호의 행위
2. 자기 또는 타인의 이익을 도모하거나 채권자를 해할 목적으로 회생채권자·회생담보권자·주주·지분권자로서 허위의 권리를 행사하는 행위

제644조의2【사기회생죄에 대한 특칙】 제231조의2 또는 제243조의2의 적용을 면탈할 목적으로 거짓의 정보를 제공하거나 거짓의 자료를 제출하고, 회생계획인가의 결정이 확정된 경우 해당 정보를 제공하거나 해당 자료를 제출한 자는 5년 이하의 징역 또는 5천만원 이하의 벌금에 처한다. (2014.10.15 본조신설)

제645조【회생수뢰죄】 ① 관리위원·조사위원·간이조사위원·회생위원·보전관리인·관리인(제637조의 규정에 의한 국제도산관리인을 포함한다), 고문이나 관리인 또는 보전관리인·회생위원의 대리인이 그 직무에 관하여 뇌물을 수수·요구 또는 약속한 경우 그 자는 5년 이하의 징역 또는 5천만원 이하의 벌금에 처한다. 다음 각호의 어느 하나에 해당하는 자가 관계인집회의 결의에 관하여 뇌물을 수수·요구 또는 약속한 때에 그 자도 또한 같다. (2014.12.30 본항개정)

1. 회생채권자·회생담보권자·주주·지분권자
2. 제1호에 규정된 자의 대리위원 또는 대리인
3. 제1호에 규정된 자의 임원 또는 직원

② 관리인(제637조의 규정에 의한 국제도산관리인을 포함한다)·보전관리인 또는 조사위원·간이조사위원·회생위원이 법인인 경우에는 관리인·보전관리인 또는 조사위원·간이조사위원·회생위원의 직무에 종사하는 그 임원 또는 직원이 그 직무에 관하여 뇌물을 수수·요구 또는 약속한 경우 그 임원 또는 직원은 5년 이하의 징역 또는 5천만원 이하의 벌금에 처한다. 관리인·보전관리인·회생위원 또는 조사위원·간이조사위원이 법인인 경우 그 임원 또는 직원이 관리인·보전관리인·회생위원 또는 조사위원·간이조사위원의 직무에 관하여 관리인·보전관리인·회생위원 또는 조사위원·간이조사위원에게 뇌물을 수수하게 하거나 그 공여를 요구 또는 약속한 때에도 같다. (2014.12.30 본항개정)

③ 제1항 및 제2항의 경우 범인 또는 그 정을 아는 제3자가 수수한 뇌물은 몰수한다. 이 경우 몰수가 불가능한 때에는 그 가액을 추징한다.

제646조【회생증뢰죄】 제645조제1항 또는 제2항에 규정한 뇌물을 약속 또는 공여하거나 공여의 의사표시를 한 자는 5년 이하의 징역 또는 5천만원 이하의 벌금에 처한다.

제647조【경영참여금지위반죄】 제284조의 규정

을 위반하여 회생절차종결 또는 간이회생절차종결 후 채무자의 이사로 선임되거나 대표이사로 선정되어 취임한 자는 3년 이하의 징역 또는 3천만원 이하의 벌금에 처한다. (2014.12.30 본조개정)

제648조【무허가행위 등의 죄】 ① 관리인ㆍ파산관재인(제637조의 규정에 의한 국제도산관리인을 포함한다) 또는 보전관리인이 법원의 허가를 받아야 하는 행위를 허가를 받지 아니하고 행한 경우 그 자는 3년 이하의 징역 또는 3천만원 이하의 벌금에 처한다.

② 관리인 또는 보전관리인이 법원에 허위의 보고를 하거나 임무종료 후 정당한 사유 없이 제84조제1항의 규정에 의한 계산에 관한 보고를 하지 아니한 경우 그 자는 1년 이하의 징역 또는 1천만원 이하의 벌금에 처한다.

제649조【보고와 검사거절의 죄】 다음 각호의 어느 하나에 해당하는 자는 1년 이하의 징역 또는 1천만원 이하의 벌금에 처한다. (2014.10.15., 2014.12.30 본조개정)

1. 정당한 사유 없이 제22조제3항의 규정에 의한 자료제공을 거부ㆍ기피 또는 방해하거나 허위의 자료를 제공한 관리인 또는 파산관재인
2. 정당한 사유 없이 제34조제3항의 규정에 의한 자료제출을 거부ㆍ기피 또는 방해하거나 허위의 자료를 제출한 채무자
3. 정당한 사유 없이 제79조제1항(제88조와 제293조의7제1항 후단에서 준용하는 경우를 포함한다)의 규정에 의한 보고를 거부ㆍ기피 또는 방해하거나 허위의 보고를 한 자
4. 정당한 사유 없이 제79조제1항(제88조와 제293조의7제1항 후단에서 준용하는 경우를 포함한다)의 규정에 의한 검사를 거부ㆍ기피 또는 방해한 채무자
4의2. 정당한 사유 없이 제231조의2제3항에 따른 정보제공 또는 자료제출을 거부ㆍ기피 또는 방해하거나, 거짓의 정보를 제공하거나 거짓의 자료를 제출한 자
4의3. 정당한 사유 없이 제243조의2제3항에 따른 정보제공 또는 자료제출을 거부ㆍ기피 또는 방해하거나, 거짓의 정보를 제공하거나 거짓의 자료를 제출한 자
5. 정당한 사유 없이 제591조의 규정에 의한 보고ㆍ조사ㆍ시정 요구를 거부하거나 허위보고를 한 채무자

제650조【사기파산죄】 ① 채무자가 파산선고의 전후를 불문하고 자기 또는 타인의 이익을 도모하거나 채권자를 해할 목적으로 다음 각호의 어느 하나에 해당하는 행위를 하고, 그 파산선고가 확정된 때에는 10년 이하의 징역 또는 1억원 이하의 벌금에 처한다. (2013.5.28 본항개정)

1. 파산재단에 속하는 재산을 은닉 또는 손괴하거나 채권자에게 불이익하게 처분을 하는 행위
2. 파산재단의 부담을 허위로 증가시키는 행위
3. 법률의 규정에 의하여 작성하여야 하는 상업장부를 작성하지 아니하거나, 그 상업장부에 재산의 현황을 알 수 있는 정도의 기재를 하지 아니하거나, 그 상업장부에 부실한 기재를 하거나, 그 상업장부를 은닉 또는 손괴하는 행위
4. 제481조의 규정에 의하여 법원사무관등이 폐쇄한 장부에 변경을 가하거나 이를 은닉 또는 손괴하는 행위

② 수탁자, 신탁재산관리인, 수탁자의 법정대리인, 수탁자의 지배인 또는 법인인 수탁자의 이사가 파산선고의 전후를 불문하고 자기 또는 타인의 이익을 도모하거나 채권자를 해할 목적으로 제1항 각호의 어느 하나에 해당하는 행위를 하고, 유한책임신탁재산에 대한 파산선고가 확정된 경우에는 10년 이하의 징역 또는 1억원 이하의 벌금에 처한다. (2013.5.28 본항신설)

제651조【과태파산죄】 ① 채무자가 파산선고의 전후를 불문하고 다음 각호의 어느 하나에 해당하는 행위를 하고, 그 파산선고가 확정된 경우 그 채무자는 5년 이하의 징역 또는 5천만원 이하의 벌금에 처한다. (2013.5.28 본항신설)

1. 파산의 선고를 지연시킬 목적으로 신용거래로 상품을 구입하여 현저히 불이익한 조건으로 이를 처분하는 행위
2. 파산의 원인인 사실이 있음을 알면서 어느 채권자에게 특별한 이익을 줄 목적으로 한 담보의 제공이나 채무의 소멸에 관한 행위로서 채무자의 의무에 속하지 아니하거나 그 방법 또는 시기가 채무자의 의무에 속하지 아니하는 행위
3. 법률의 규정에 의하여 작성하여야 하는 상업장부를 작성하지 아니하거나, 그 상업장부에 재산의 현황을 알 수 있는 정도의 기재를 하지 아니하거나, 그 상업장부에 부정의 기재를 하거나, 그 상업장부를 은닉 또는 손괴하는 행위
4. 제481조의 규정에 의하여 법원사무관등이 폐쇄한 장부에 변경을 가하거나 이를 은닉 또는 손괴하는 행위

② 수탁자, 신탁재산관리인, 수탁자의 법정대리인, 수탁자의 지배인 또는 법인인 수탁자의 이사가 파산선고의 전후를 불문하고 제1항 각 호의 어느 하나에 해당하는 행위를 하고, 유한책임신탁재산에 대한 파산선고가 확정된 경우에는 5년 이하의 징역 또는 5천만원 이하의 벌금에 처한다. (2013.5.28 본항신설)

제652조【일정한 지위에 있는 자의 사기파산 및 과태파산죄】 다음 각호의 어느 하나에 해당하는 자가 제650조 및 제651조에 규정된 행위를 하고,

채무자에 대한 파산선고가 확정된 때에는 제650조 및 제651조의 예에 의한다. 상속재산에 대한 파산의 경우 상속인 및 그 법정대리인과 지배인에 관하여도 또한 같다.
1. 채무자의 법정대리인
2. 법인인 채무자의 이사
3. 채무자의 지배인

제653조【구인불응죄】 제319조, 제320조, 제322조 및 제578조의6에 따른 구인의 명을 받은 자가 그 사실을 알면서도 파산절차를 지연시키거나 구인의 집행을 회피할 목적으로 도주한 때에는 1년 이하의 징역 또는 1천만원 이하의 벌금에 처한다. (2013.5.28 본조개정)

제654조【제3자의 사기파산죄】 채무자 및 제652조 각호의 자가 아닌 자가 파산선고의 전후를 불문하고 자기 또는 타인의 이익을 도모하거나 채권자를 해할 목적으로 제650조 각호의 행위를 하거나 자기나 타인을 이롭게 할 목적으로 파산채권자로서 허위의 권리를 행사하고, 채무자에 대한 파산선고가 확정된 경우 그 행위를 한 자는 10년 이하의 징역 또는 1억원 이하의 벌금에 처한다.

제655조【파산수뢰죄】 ① 파산관재인(제637조의 규정에 의한 국제도산관리인을 포함한다) 또는 감사위원이 그 직무에 관하여 뇌물을 수수·요구 또는 약속한 경우 그 자는 5년 이하의 징역 또는 5천만원 이하의 벌금에 처한다. 다음 각호의 어느 하나에 해당하는 자가 채권자집회의 결의에 관하여 뇌물을 수수·요구 또는 약속한 때에 그 자도 또한 같다.
1. 파산채권자
2. 파산채권자의 대리인
3. 파산채권자의 이사
② 제1항의 경우 범인 또는 그 정을 아는 제3자가 수수한 뇌물은 몰수한다. 이 경우 몰수가 불가능한 때에는 그 가액을 추징한다.

제656조【파산증뢰죄】 다음 각호의 어느 하나에 해당하는 자에게 뇌물을 약속 또는 공여하거나 공여의 의사를 표시한 자는 3년 이하의 징역 또는 3천만원 이하의 벌금에 처한다.
1. 파산관재인(제637조의 규정에 의한 국제도산관리인을 포함한다)
2. 감사위원
3. 파산채권자
4. 파산채권자의 대리인
5. 파산채권자의 이사

제657조【재산조회결과의 목적외사용죄】 제29조제1항의 규정에 의한 재산조회의 결과를 회생절차·파산절차 또는 개인회생절차를 위한 채무자의 재산상황조사 외의 목적으로 사용한 자는 2년 이하의 징역 또는 2천만원 이하의 벌금에 처한다.

제658조【설명의무위반죄】 제321조 및 제578조의7에 따라 설명의 의무가 있는 자가 정당한 사유 없이 설명을 하지 아니하거나 허위의 설명을 한 때에는 1년 이하의 징역 또는 1천만원 이하의 벌금에 처한다. (2013.5.28 본조개정)

제659조【국외범】 ① 제645조 및 제655조의 규정은 대한민국 외에서 같은 조의 죄를 범한 자에게도 적용한다.
② 제646조 및 제656조의 죄는 「형법」 제5조(외국인의 국외범)의 예에 따른다.

제660조【과태료】 ① 제29조제1항의 규정에 의하여 조회를 받은 공공기관·금융기관·단체 등의 장이 정당한 사유 없이 자료제출을 거부하거나 허위의 자료를 제출한 경우 그 자는 500만원 이하의 과태료에 처한다.
② 다음 각호의 어느 하나에 해당하는 자가 제258조제1항 또는 제2항의 규정에 의한 법원의 명령을 위반하는 행위를 한 경우 그 자는 500만원 이하의 과태료에 처한다.
1. 채무자, 신회사의 이사나 지배인
2. 회생채권자·회생담보권자·주주·지분권자와 회생을 위하여 채무를 부담하거나 담보를 제공한 자
③ 제251조·제566조 또는 제625조에 의하여 면책을 받은 개인인 채무자에 대하여 면책된 사실을 알면서 면책된 채권에 기하여 강제집행·가압류 또는 가처분의 방법으로 추심행위를 한 자는 500만원 이하의 과태료에 처한다.

　　　　부　　칙 (2005.3.31.)

제1조【시행일】 이 법은 공포 후 1년이 경과한 날부터 시행한다.
제2조【폐지법률】 「회사정리법」·「화의법」·「파산법」 및 「개인채무자회생법」은 이를 폐지한다.
제3조【「회사정리법」·「화의법」·「파산법」 및 「개인채무자회생법」의 폐지에따른 경과조치】 이 법 시행당시 종전의 「회사정리법」에 의하여 정리절차개시의 신청을 한 정리사건, 종전의 「화의법」에 의하여 화의개시신청을 한 화의사건, 종전의 「파산법」에 의하여 파산신청을 한 파산사건과 종전의 「개인채무자회생법」에 의하여 개인회생절차개시신청을 한 개인회생사건은 각각 종전의 「회사정리법」·「화의법」·「파산법」 및 「개인채무자회생법」에 의한다.
제4조【벌칙에 관한 경과조치】 이 법 시행 전의 행위에 대한 벌칙의 적용에 있어서는 종전의 규정에 의하고, 1개의 죄가 이 법 시행 전후에 걸쳐서 행하여진 때에는 이 법 시행 전에 범한 것으로 본다.
제5조【다른 법률의 개정】 ①~<145> ※(해당 법령에 가제정리 하였음)
제6조【다른 법령과의 관계】 이 법 시행당시 다른 법령에서 종전의 「회사정리법」·「화의법」·「파

산법」 및 「개인채무자회생법」 및 그 규정을 인용한 경우 이 법 중 그에 해당하는 규정이 있는 때에는 종전의 규정에 갈음하여 이 법 또는 이 법의 해당 규정을 인용한 것으로 본다.

부 칙(2006.3.24.)

이 법은 2006년 4월 1일부터 시행한다.

부 칙(2006.3.24.)(변호사법)

① 【시행일】 이 법은 공포한 날부터 시행한다.
② 【다른 법률의 개정】 법률 제7428호 채무자 회생 및 파산에 관한 법률 일부를 다음과 같이 개정한다.
부칙 제5조제45항을 다음과 같이 한다.
㊺변호사법 일부를 다음과 같이 개정한다.
제5조제6호중 "파산자"를 "파산선고를 받은 자"로 한다.

부 칙(2006.3.24.)(법무사법)

① 【시행일】 이 법은 공포한 날부터 시행한다.
② 【다른 법률의 개정】 법률 제7428호 채무자 회생 및 파산에 관한 법률 일부를 다음과 같이 개정한다.
부칙 제5조제43항을 다음과 같이 한다.
㊸법무사법 일부를 다음과 같이 개정한다.
제6조제2호중 "파산자"를 "파산선고를 받은 자"로 한다.

부 칙(2006.12.30.)(교통세법)

제1조 【시행일】 이 법은 2007년 1월 1일부터 시행한다. <단서 생략>
제2조 내지 제4조 생략
제5조 【다른 법률의 개정】 ① 내지 ⑥ 생략
⑦ 채무자 회생 및 파산에 관한 법률 일부를 다음과 같이 개정한다.
제179조제9호 나목 및 제583조제1항제2호 나목중 "교통세"를 각각 "교통·에너지·환경세"로 한다.
⑧ 및 ⑨ 생략
제6조 생략

부 칙(2007.8.3.)(자본시장과 금융투자업에 관한 법률)

제1조 【시행일】 이 법은 공포 후 1년 6개월이 경과한 날부터 시행한다.(이하 생략)

부 칙(2007.12.27.)(근로자직업능력 개발법)

① 【시행일】 이 법은 공포한 날부터 시행한다.(이하 생략)

부 칙(2007.12.31.)(개별소비세법)

제1조 【시행일】 이 법은 2008년 1월 1일부터 시행한다.(이하 생략)

부 칙(2008.2.29.)(금융위원회의 설치 등에 관한 법률)

제1조 【시행일】 이 법은 공포한 날부터 시행한다.(이하 생략)

부 칙(2009.10.21.)

① 【시행일】 이 법은 공포한 날부터 시행한다.
② 【경과조치】 이 법 시행 전에 회생절차개시 후에 채무자의 업무 및 재산에 관하여 관리인이 행한 자금의 차입, 그 밖의 행위로 인하여 생긴 청구권 또는 회생절차개시신청 후 그 개시 전에 채무자 또는 보전관리인이 법원의 허가를 받아 행한 자금의 차입, 자재의 구입, 그 밖에 채무자의 사업을 계속하는 데 불가결한 행위로 인하여 생긴 청구권은 종전의 규정에 따른다.

부 칙(2010.1.1.)(지방세법)

제1조 【시행일】 이 법은 2010년 1월 1일부터 시행한다.(이하 생략)

부 칙(2010.1.22.)(취업 후 학자금 상환 특별법)

제1조 【시행일】 이 법은 공포한 날부터 시행한다.(이하 생략)

부 칙(2010.3.31.)(지방세기본법)

제1조 【시행일】 이 법은 2011년 1월 1일부터 시행한다.(이하 생략)

부 칙(2010.5.14.)(상법)

제1조 【시행일】 이 법은 공포 후 6개월이 경과한 날부터 시행한다.(이하 생략)

부 칙(2010.5.17.)(은행법)

제1조 【시행일】 이 법은 공포 후 6개월이 경과한 날부터 시행한다.(이하 생략)

부 칙(2010.6.10.)(동산·채권 등의 담보에

관한 법률)

제1조 【시행일】 이 법은 공포 후 2년이 경과한 날부터 시행한다.(이하 생략)

부   칙 (2011.5.19.) (금융회사부실자산 등의 효율적 처리 및 한국자산관리공사의 설립에 관한 법률)

제1조 【시행일】 이 법은 공포한 날부터 시행한다.(이하 생략)

부   칙 (2013.5.28.)

제1조 【시행일】 이 법은 공포한 날부터 시행한다.
제2조 【적용례】 이 법은 이 법 시행 후 최초로 신청된 회생사건 또는 파산사건부터 적용한다.

부   칙 (2014.1.1.) (지방세법)

제1조 【시행일】 이 법은 2014년 1월 1일부터 시행한다.(이하 생략)

부   칙 (2014.5.20.) (상법)

제1조 【시행일】 이 법은 공포한 날부터 시행한다.(이하 생략)

부   칙 (2014.5.20.)

제1조 【시행일】 이 법은 공포 후 6개월이 경과한 날부터 시행한다.(이하 생략)

부   칙 (2014.10.15.)

이 법은 공포 후 3개월이 경과한 날부터 시행한다.

부   칙 (2014.12.30.)

제1조 【시행일】 이 법은 공포 후 6개월이 경과한 날부터 시행한다.
제2조 【회생절차개시의 공고 및 관계인설명회의 개최에 관한 적용례】 제51조제1항제5호의 개정규정에 따른 사항에 관한 공고 및 제98조의2의 개정규정에 따른 관계인설명회의 개최는 이 법 시행 후 개시되는 회생절차부터 적용한다.
제3조 【임금채권자 등에 관한 적용례】 제415조의2의 개정규정은 이 법 시행 후 최초로 발생하는 임금, 재해보상금, 퇴직금 등 근로 관계로 인한 채권부터 적용한다.
제4조 【회생절차의 진행·폐지 및 배당절차의 속행·공고에 관한 경과조치】 이 법 시행 당시 회생절차가 진행 중인 사건에 대한 제1회 관계인집회의 개최 등 회생절차의 진행, 회생절차의 폐지 및 배당절차의 속행·공고에 관하여는 제50조, 제92조, 제98조, 제99조, 제182조제2항, 제193조제3항, 제220조, 제221조, 제223조제1항·제4항·제6항, 제285조, 제286조제2항 및 제511조제2호의 개정규정에도 불구하고 종전의 규정에 따른다.
제5조 【다른 법률의 개정】 ① 기업구조조정 촉진법 일부를 다음과 같이 개정한다.(이하 생략)

부   칙 (2016.5.29.)

제1조 【시행일】 이 법은 공포 후 3개월이 경과한 날부터 시행한다. 다만, 제3조의 개정규정은 공포 후 6개월이 경과한 날부터 시행한다.
제2조 【재판관할에 관한 적용례】 제3조제4항의 개정규정은 같은 개정규정 시행 후 신청한 회생사건, 파산사건부터 적용한다.
제3조 【회생절차개시결정과 동시에 정하여야 할 사항, 공익채권이 되는 청구권, 회생계획안의 사전제출, 서면에 의한 결의, 서면결의를 거친 경우 회생계획의 인가 여부에 관한 적용례】 제50조제1항제1호·제2호·제4호, 제179조제1항제8호의2, 제223조제1항·제3항·제4항·제5항·제8항, 제240조제2항, 제242조의2의 개정규정은 이 법 시행 후 신청한 회생사건, 간이회생사건부터 적용한다.
제4조 【금치산자 등에 대한 경과조치】 제16조제4항제1호의 개정규정에 따른 피성년후견인 또는 피한정후견인에는 법률 제10429호 민법 일부개정법률 부칙 제2조에 따라 금치산 또는 한정치산 선고의 효력이 유지되는 사람을 포함하는 것으로 본다.

부   칙 (2016.12.27.)

제1조 【시행일】 이 법은 2017년 3월 1일부터 시행한다.
제2조 【지방법원 등에 대한 경과조치】 이 법 시행 당시 회생법원이 설치되지 아니한 지역은 회생법원이 설치될 때까지 관할 지방법원 또는 지방법원 본원은 이 법에 따른 회생법원으로, 관할 지방법원장은 이 법에 따른 회생법원장으로 본다.

부   칙 (2016.12.27.) (지방세징수법)

제1조 【시행일】 이 법은 공포 후 3개월이 경과한 날부터 시행한다.(이하 생략)

부   칙 (2017.12.12.)

제1조 【시행일】 이 법은 공포 후 3개월이 경과한 날부터 시행한다. 다만, 제611조제5항의 개정규정은 공포 후 6개월이 경과한 날부터 시행한다.

제2조 【적용례】 ① 제611조제5항의 개정규정은 같은 개정규정 시행 후 최초로 신청하는 개인회생 사건부터 적용한다.

② 제617조의2의 개정규정은 이 법 시행 전에 신청된 개인회생사건에도 적용한다.

채무자 회생 및 파산에 관한 법률 시행령

(2006년 3월 29일)
(대통령령 제19422호)

개정
2008. 2.29영20674호(법무부와 그 소속기관 직제)
2013. 2.13영24352호
2013.12.30영25035호(주택임대차보호법 시행령)
→ 2014. 1. 1 시행
2014.12.16영25851호 → 2015. 1.16 시행
2015. 5.12영26236호 → 2015. 7. 1 시행
2016.11.22영27590호 → 2016.11.30 시행

제1조 【목적】 이 영은 「채무자 회생 및 파산에 관한 법률」에서 위임된 사항과 그 시행에 관하여 필요한 사항을 정함을 목적으로 한다.

제1조의2 【재판관할】 「채무자 회생 및 파산에 관한 법률」(이하 "법"이라 한다) 제3조제4항에서 "대통령령으로 정하는 금액"이란 500억원을 말한다. (2016.11.22 본조신설)

제2조 【관리위원의 자격】 법 제16조제3항제2호에서 "그 밖에 대통령령이 정하는 법인"이라 함은 다음 각 호의 법인을 말한다. (2013.2.13., 2016.11.22 본조개정)

1. 「예금자보호법」 제3조에 따라 설립된 예금보험공사

2. 「금융회사부실자산 등의 효율적 처리 및 한국자산관리공사의 설립에 관한 법률」 제6조에 따라 설립된 한국자산관리공사

제3조 【채권자협의회의 기능】 법 제21조제1항제6호에서 "그 밖에 대통령령이 정하는 행위"라 함은 다음 각 호의 사항을 말한다.

1. 법 제17조제1항제3호에 따른 관리위원회의 회생계획안·변제계획안 심사시 의견제시

2. 법 제22조제2항 및 제3항에 따라 제공된 자료에 관하여 관리인에 대한 설명 요구

3. 법 제30조에 따른 특별보상금 및 법 제31조에 따른 보상금에 대한 의견 제시

4. 법 제62조제3항에 따른 양도대가의 사용방법에 대한 의견 제시

5. 법 제87조 및 법 제88조에 따른 조사위원의 선임 및 해임에 관한 의견 제시

6. 법 제283조에 따른 회생절차의 종결 및 법 제285조 내지 제288조에 따른 회생절차의 폐지에 대한 의견 제시

제4조 【특수관계인】 법 제101조제1항, 법 제218조제2항 각 호 및 법 제392조제1항에서 "대통령령이 정하는 범위의 특수관계에 있는 자"라 함은 다음 각 호의 어느 하나에 해당하는 자를 말한다.

1. 본인이 개인인 경우에는 다음 각 목의 어느 하나

에 해당하는 자

가. 배우자(사실상의 혼인관계에 있는 자를 포함한다. 이하 같다)

나. 8촌 이내의 혈족이거나 4촌 이내의 인척

다. 본인의 금전 그 밖의 재산에 의하여 생계를 유지하는 자이거나 본인과 생계를 함께 하는 자

라. 본인이 단독으로 또는 그와 가목 내지 다목의 관계에 있는 자와 합하여 100분의 30이상을 출자하거나 임원의 임면 등의 방법으로 법인 그 밖의 단체의 주요 경영사항에 대하여 사실상 영향력을 행사하고 있는 경우에는 당해 법인 그 밖의 단체와 그 임원

마. 본인이 단독으로 또는 그와 가목 내지 라목의 관계에 있는 자와 합하여 100분의 30이상을 출자하거나 임원의 임면 등의 방법으로 법인 그 밖의 단체의 주요 경영사항에 대하여 사실상 영향력을 행사하고 있는 경우에는 당해 법인 그 밖의 단체와 그 임원

2. 본인이 법인 그 밖의 단체인 경우에는 다음 각목의 어느 하나에 해당하는 자

가. 임원

나. 계열회사(「독점규제 및 공정거래에 관한 법률」 제2조제3호에 따른 계열회사를 말한다) 및 그 임원

다. 단독으로 또는 제1호 각 목의 관계에 있는 자와 합하여 본인에게 100분의 30이상을 출자하거나 임원의 임면 등의 방법으로 본인의 주요 경영사항에 대하여 사실상 영향력을 행사하고 있는 개인 및 그와 제1호 각 목의 관계에 있는 자와 법인 그 밖의 단체(계열회사를 제외한다. 이하 이 호에서 같다) 및 그 임원

라. 본인이 단독으로 또는 그와 가목 내지 다목의 관계에 있는 자와 합하여 100분의 30이상을 출자하거나 임원의 임면 등의 방법으로 단체의 주요 경영사항에 대하여 사실상 영향력을 행사하고 있는 경우에는 당해 법인 그 밖의 단체 및 그 임원

제5조 【지정지급결제제도의 지정 신청】 지급결제제도를 운영하는 자(이하 "운영기관"이라 한다)가 자신이 운영하는 지급결제제도에 대하여 법 제120조제1항에 따른 지급결제제도(이하 "지정지급결제제도"라 한다)로 지정받고자 하는 경우에는 다음 각 호의 서류를 첨부하여 한국은행총재에게 신청하여야 한다.

1. 운영기관의 설립근거에 관한 서류

2. 운영기관이 지급결제업무 수행을 위하여 정한 규칙(이하 "운영규칙"이라 한다)

3. 지급결제제도의 참가자가 이체지시(자금의 이체와 유가증권의 대체를 포괄한다. 이하 같다)에

의한 결제의무 불이행시 그 처리방법과 관련하여 별도의 협약 등이 있는 경우 그 협약 등의 사본

4. 지급결제제도의 참가자격 요건 및 지정신청일 현재 참가자 명단

제6조 【지정지급결제제도의 지정】 한국은행총재는 제5조에 따라 지정을 신청한 지급결제제도가 다음 각 호의 요건을 모두 갖춘 경우 금융위원회위원장과 협의하여 당해 지급결제제도를 지정지급결제제도로 지정할 수 있다. (2008.2.29 본조개정)

1. 일부 참가자의 결제불이행이 다른 참가자의 결제불이행으로 연쇄하여 파급될 위험(이하 "결제위험"이라 한다)이 있고, 결제규모 및 이체지시의 처리방법 등을 고려할 때 결제가 완결되지 못할 경우 금융시장의 정상적인 운영에 심각한 장애를 초래할 가능성이 있는 지급결제제도일 것

2. 운영기관의 운영규칙이 다음 각 목의 내용을 모두 포함하고 있을 것

가. 이체지시가 최종적이고 취소불가능해지는 시점

나. 지급결제제도의 참가자가 회생절차 또는 파산절차를 신청한 경우나 자신에 대하여 회생절차 또는 파산절차가 신청되거나 파산이 선고된 사실을 인지한 경우에 그 사실을 지체없이 운영기관을 통하여 한국은행총재에게 통보하는 절차

다. 나목의 사실을 인지한 운영기관이 해당참가자에 대하여 취하는 지급결제제도의 이용정지 등 제재조치에 관한 사항

라. 참가자간에 이루어지는 이체지시 또는 지급 및 이와 관련된 이행, 정산, 차감, 증거금 등 담보의 제공·처분·충당 그 밖의 결제 등(이하 "이체지시등"이라 한다)의 처리절차에 관한 사항

마. 참가자가 이체지시등과 관련된 결제의무를 이행하지 못하는 경우 취하여야 할 조치에 관한 사항

3. 참가자간 원화자금이체는 한국은행 원화당좌예금이나 신용위험 및 유동성 위험이 없는 다른 결제자산을 이용하여 실행할 것

4. 그 밖에 결제위험 방지대책 등 지급결제제도의 안정을 위하여 한국은행 총재가 필요하다고 인정하여 정하는 사항을 충족할 것

제7조 【지정지급결제제도의 직권 지정】 ① 한국은행총재는 제5조의 규정에 불구하고 지급결제제도의 안정을 위하여 필요하다고 인정하는 경우 금융위원회위원장과 협의하여 직권으로 지정지급결제제도를 지정할 수 있다. (2008.2.29 본항개정)

② 한국은행총재는 제1항에 따른 지정을 위하여 해당지급결제제도의 운영기관에 대하여 제5조 각 호의 서류를 제출하도록 요구할 수 있다. 이 경우 요

구를 받은 운영기관은 특별한 사유가 없는 한 이에 응하여야 한다.

③ 한국은행총재는 제1항에 따라 직권으로 지정지급결제제도로 지정하고자 하는 경우 다음 각 호의 사항을 명시하여 해당지급결제제도의 운영기관에 사전에 서면으로 통지하고 일정기간을 정하여 이에 대한 의견제출 기회를 주어야 한다.

1. 지정하고자 하는 이유와 지정의 내용 및 법적 근거
2. 제1호에 대하여 의견을 제출할 수 있다는 뜻과 의견을 제출하지 아니하는 경우의 처리방법

제8조【지정의 통보 등】 ① 한국은행총재는 제6조 및 제7조에 따라 지정결정을 하는 경우에는 지정내용을 해당운영기관에게 서면으로 통지하고 관보에 게재하여야 한다. 이 경우 지정내용에는 지정하는 지급결제제도, 해당지급결제제도의 운영기관, 효력발생일 및 운영규칙을 포함하여야 한다.

② 한국은행총재는 제5조에 따른 지정 신청에 대하여 지정거부 결정을 하는 경우에는 그 사유를 해당운영기관에 서면으로 통지하여야 한다.

제9조【자료제출의 요구 등】 ① 한국은행총재는 이 영에서 정한 지정업무 수행상 필요한 경우 지정지급결제제도의 운영기관에 대하여 자료의 제출을 요구할 수 있다.

② 지정지급결제제도의 운영기관은 지정지급결제제도와 관련한 운영규칙의 변경이 제6조에 따른 지정요건을 충족하는데 영향을 주는 것으로 판단되는 경우 사전에 한국은행총재와 협의하여야 한다.

③ 지정지급결제제도의 운영기관은 운영규칙을 변경한 경우 그 내용의 변경 후 7영업일 이내에 한국은행총재에게 제출하여야 한다.

④ 한국은행총재는 운영규칙의 변경 내용이 제6조에 따른 지정요건을 충족하지 아니하는 것으로 판단되는 경우 해당운영기관에게 운영규칙의 변경 등 필요한 조치를 취할 것을 요구할 수 있다.

제10조【지정지급결제제도의 지정 취소】 ① 한국은행총재는 지정지급결제제도가 제6조에 따른 지정요건을 충족하지 아니하게 되는 경우 금융위원회위원장과 협의하여 해당지정지급결제제도의 지정을 취소할 수 있다. (2008.2.29 본항개정)

② 제7조제3항은 제1항의 경우에 준용한다.

③ 한국은행총재는 제1항에 따라 지정을 취소한 경우 취소의 원인이 되는 사실, 취소의 내용, 효력발생일 및 법적 근거를 해당지급결제제도의 운영기관에 서면으로 통지하고 관보에 게재하여야 한다.

④ 제1항에 따른 지정의 취소는 그 이전에 이루어진 이체지시등에 영향을 미치지 아니한다.

제11조【자문위원회】 ① 한국은행총재는 지정지급결제제도의 지정 및 지정 취소와 관련한 자문을 위하여 자문위원회를 둔다.

② 자문위원회의 구성 및 운영 등에 관하여 필요한 사항은 한국은행 총재가 정한다.

제12조【외환동시결제제도에 대한 특례】 국제외환동시결제은행(CLS Bank International)이 운영하는 외환동시결제제도에 대하여는 국제적 지급결제제도로서의 특수성을 고려하여 필요하다고 인정하는 경우 제6조제2호 나목 및 다목과 제9조제2항 내지 제4항을 적용하지 아니할 수 있다.

제13조【위임】 제5조 내지 제12조의 규정 외에 지급결제제도의 지정에 관하여 필요한 구체적인 사항은 한국은행총재가 정하여 고시한다.

제14조【파생금융거래】 ① 법 제120조제3항제1호에서 "파생금융거래로서 대통령령이 정하는 거래"라 함은 다음 각 호의 기초자산 또는 기초자산의 가격·이자율·지표·단위나 이를 기초로 하는 지수를 대상으로 하는 선도, 옵션, 스왑거래를 말한다.

1. 금융투자상품(유가증권, 파생금융거래에 기초한 상품을 말한다)
2. 통화(외국의 통화를 포함한다)
3. 일반상품(농산물·축산물·수산물·임산물·광산물·에너지에 속하는 물품 또는 이 물품을 원재료로 하여 제조하거나 가공한 물품 그 밖에 이와 유사한 것을 말한다)
4. 신용위험(당사자 또는 제3자의 신용등급의 변동·파산 또는 채무재조정 등으로 인한 신용의 변동을 말한다)
5. 그 밖에 자연적·환경적·경제적 현상 등에 속하는 위험으로서 합리적이고 적정한 방법에 의하여 가격·이자율·지표·단위의 산출이나 평가가 가능한 것

제15조【특수관계에 있는 주주】 법 제205조제4항에서 "그 밖에 대통령령이 정하는 범위의 특수관계에 있는 주주"라 함은 당해 주식회사의 주주로서 제4조 각 호의 어느 하나에 해당하는 자를 말한다.

제15조의2【회생계획안이 배제되거나 회생계획이 불인가되는 특수관계인의 범위】 법 제231조의2제1항제2호다목, 같은 조 제2항 각 호 외의 부분 및 제243조의2제2항에서 "대통령령으로 정하는 특수관계"란 각각 다음 각 호의 어느 하나에 해당하는 관계를 말한다.

1. 본인이 개인인 경우에는 다음 각 목의 어느 하나에 해당하는 자
가. 배우자
나. 본인 또는 배우자의 직계존비속
다. 형제자매
라. 본인의 금전, 그 밖의 재산에 의하여 생계를 유지하는 자이거나 본인과 생계를 함께 하는 자
2. 본인이 법인이나 그 밖의 단체인 경우에는 다음 각 목의 어느 하나에 해당하는 자

가. 임원 및 그와 제1호 각 목의 어느 하나에 해당하는 관계에 있는 자

나. 계열회사(「독점규제 및 공정거래에 관한 법률」 제2조제3호에 따른 계열회사를 말한다) 및 그 임원

다. 단독으로 또는 제1호 각 목의 관계에 있는 자와 합하여 본인에게 100분의 30 이상을 출자하거나 임원의 임면 등의 방법으로 본인의 주요 경영사항에 대하여 사실상 영향력을 행사하고 있는 개인 및 그와 제1호 각 목의 어느 하나에 해당하는 관계에 있는 자

(2014.12.16 본조신설)

제15조의3 【소액영업소득자의 범위】 법 제293조의2제2호에서 "대통령령으로 정하는 금액"이란 30억원을 말한다.

(2015.5.12 본조신설)

제16조 【면제재산】 ① 법 제383조제2항제1호에 따라 파산재단에서 면제할 수 있는 임차보증금반환청구권의 상한액은 「주택임대차보호법 시행령」 제10조제1항에서 정한 금액으로 하되, 그 금액이 주택가격의 2분의 1을 초과하는 경우에는 주택가격의 2분의 1로 한다. (2013.12.30 본항개정)

② 법 제383조제2항제2호에서 "대통령령이 정하는 금액"이란 900만원을 말한다.

(2013.2.13 본조개정)

제17조 【가용소득】 법 제579조제4호 나목에서 "대통령령이 정하는 금액"이라 함은 국민연금보험료·고용보험료 및 산업재해보상보험료를 말한다.

부　칙(2006.3.29.)

제1조 【시행일】 이 영은 2006년 4월 1일부터 시행한다.

제2조 【다른 법령의 개정】 ①~㉖※(해당법령에 가제정리 하였음)

부　칙(2008.2.29.)(법무부와 그 소속기관 직제)

제1조 【시행일】 이 영은 공포한 날부터 시행한다.

제2조 생략

제3조 【다른 법령의 개정】 ① 부터 ⑪ 까지 생략

⑫ 채무자 회생 및 파산에 관한 법률 시행령 일부를 다음과 같이 개정한다.

제6조 각 호 외의 부분, 제7조제1항 및 제10조제1항 중 "재정경제부장관"을 각각 "금융위원회위원장"으로 한다.

⑬ 및 ⑭ 생략

부　칙(2013.2.13.)

제1조 【시행일】 이 영은 공포한 날부터 시행한다.

제2조 【면제재산에 관한 적용례】 제16조의 개정규정은 이 영 시행 후 개인인 채무자가 법 제383조제2항에 따라 면제를 신청한 경우부터 적용한다.

부　칙(2013.12.30.)(주택임대차보호법 시행령)

제1조 【시행일】 이 영은 2014년 1월 1일부터 시행한다.

제2조부터 제4조까지 생략

제5조 【다른 법령의 개정】 ① 생략

② 채무자 회생 및 파산에 관한 법률 시행령 일부를 다음과 같이 개정한다.

제16조제1항 중 "「주택임대차보호법 시행령」 제3조제1항"을 "「주택임대차보호법 시행령」 제10조제1항"으로 한다.

③ 생략

부　칙(2014.12.16.)

이 영은 2015년 1월 16일부터 시행한다.

부　칙(2015.5.12.)

이 영은 2015년 7월 1일부터 시행한다.

부　칙(2016.11.22.)

이 영은 2016년 11월 30일부터 시행한다.

채무자 회생 및 파산에 관한 규칙

(2006년 3월 23일)
(대법원규칙 제2002호)

개정
2009. 1. 9대규2206호   2009.11. 4대규2255호
2011. 3.28대규2334호
2011. 5.11대규2336호
2011. 9.28대규2356호(부동산등기규칙)
2014. 2. 7대규2521호
2014.10. 2대규2560호(상업등기규칙) → 2014.11.21 시행
2015. 6. 2대규2603호 → 2015. 7. 1 시행
2016. 9. 6대규2679호
2017. 2. 2대규2714호 → 2017. 3. 1 시행
2018. 1.31대규2773호 → 2018. 3. 1 시행

제1편 총 칙

제1장 통 칙

제1조【목적】 이 규칙은 「채무자 회생 및 파산에 관한 법률」(이하 "법"이라 한다)에 의하여 위임된 사항과 그 시행에 관하여 필요한 사항을 규정함을 목적으로 한다.

제2조【전자적 기록매체 등의 제출】 법원은 필요하다고 인정하는 때에는 회생절차, 파산절차, 개인회생절차 또는 국제도산절차(이하 이 모두를 "도산절차"라고 한다)에 관하여 서면을 제출한 자 또는 제출하려고 하는 자에게 그 문서의 전자파일을 전자우편이나 그 밖의 적당한 방법으로 법원에 보내도록 요청할 수 있다.

제3조【번역문의 첨부】 외국어로 작성된 문서에는 번역문을 붙여야 한다.

제4조【인지액】 다음 각 호의 신청의 신청서에는 2천원의 인지를 붙여야 한다.
1. 법 제43조제1항의 보전처분 신청
2. 법 제44조의 중지·금지명령 신청 또는 중지된 절차의 취소 신청
3. 법 제45조(법 제593조제5항에 의하여 준용하는 경우를 포함한다)의 포괄적 금지명령 신청 또는 중지된 절차의 취소 신청
4. 법 제47조(법 제593조제5항에 의하여 준용하는 경우를 포함한다)의 포괄적 금지명령의 적용 배제 신청
5. 법 제58조제5항의 중지된 절차·처분의 속행·취소 신청
6. 법 제114조제1항, 제3항의 보전처분 신청
7. 법 제323조제1항의 보전처분 신청
8. 법 제351조제1항, 제3항의 보전처분 신청
9. 법 제592조제1항의 보전처분 신청
10. 법 제593조의 중지·금지명령 신청 또는 중지·금지명령의 취소·변경 신청
11. 법 제600조제3항의 중지된 절차·처분의 속행·취소 신청
12. 법 제635조제1항의 외국도산절차의 승인전 명령 신청
13. 법 제636조의 외국도산절차의 지원 신청, 외국도산절차의 지원결정의 변경·취소 신청 또는 중지된 절차의 취소 신청

제5조【조서】 도산절차에서는 조서를 작성하지 아니한다. 다만, 다음 각 호의 경우에는 그러하지 아니하다.
1. 변론을 연 때
2. 법 및 이 규칙에서 조서의 작성을 요구하고 있는 때
3. 재판장이 조서의 작성을 명한 때

제6조【공고】 ① 법 제9조제1항에 규정된 "대법원규칙이 정하는 방법"은 다음 각 호의 어느 하나에 해당하는 방법을 말한다.
1. 법원이 지정하는 일간신문에 게재
2. 전자통신매체를 이용한 공고
② 법 제9조제1항의 규정에 따른 공고를 하는 경우에 필요하다고 인정하는 때에는 적당한 방법으로 공고사항의 요지를 공시할 수 있다.
③ 법원서기관·법원사무관·법원주사 또는 법원주사보(이하 "법원사무관등"이라 한다)는 공고한 날짜와 방법을 기록에 표시하여야 한다.

제7조【송달에 갈음하는 공고】 법 제10조제1항에 규정된 "대법원규칙이 정하는 사유"는 다음 각 호의 어느 하나에 해당하는 사유를 말한다.
1. 도산절차의 진행이 현저하게 지연될 우려가 있는 때
2. 회생절차의 개시 당시(변경회생계획안이 제출된 경우에는 그 제출 당시를 말한다) 주식회사인 채무자의 부채총액이 자산총액을 초과하는 때로서 송달을 받을 자가 주주인 경우

제8조【관리인 등에 의한 법원 업무의 보조】 법원은 도산절차의 신속한 진행을 위하여 관리인, 파산관재인, 회생위원, 국제도산관리인으로부터 필요한 업무의 보조를 받을 수 있다.

제9조【법인에 관한 등기의 촉탁】 ① 법 제23조제1항제4호에서 규정하는 사항 이외에도 회생계획의 수행이나 법의 규정에 의하여 회생절차의 종료 전에 법인인 채무자나 신회사에 관하여 등기할 사항이 생긴 때에는 법원사무관등은 직권으로 지체없이 촉탁서에 결정서의 등본 또는 초본 등 관련서류를 첨부하여 채무자의 각 사무소 및 영업소(외국에 주된 사무소 또는 영업소가 있는 때에는 대한민국에 있는 사무소 또는 영업소를 말한다)의 소재지의 등기소에 그 등기를 촉탁하여야 한다.
② 법 제23조제2항의 규정은 법 제74조제3항에 의

하여 관리인을 선임하지 아니하는 처분을 한 경우에 준용한다. 등기된 처분이 변경 또는 취소된 때에도 또한 같다.

③ 제2항의 경우 법원사무관등은 관리인을 선임하지 아니한다는 처분과 함께 법인인 채무자의 대표자를 관리인으로 본다는 취지의 등기를 함께 촉탁하여야 한다.

제10조 【등기된 권리에 관한 등기 등의 촉탁】 ① 다음 각 호의 경우 법원사무관등은 직권으로 지체 없이 촉탁서에 결정서의 등본 또는 초본을 첨부하여 보전처분의 등기를 촉탁하여야 한다. 그 보전처분이 취소 또는 변경되거나 효력을 상실한 때에도 또한 같다.

1. 채무자의 재산에 속하는 권리로서 등기된 것에 관하여 법 제323조제1항의 규정에 의한 보전처분이 있는 때

2. 등기된 권리에 관하여 법 제351조제1항 또는 제3항의 규정에 의한 보전처분이 있는 때

② 제1항의 규정은 채무자 또는 법 제351조제1항이 규정하는 이사등의 재산에 속하는 권리로서 등록된 것에 관하여 준용한다.

제11조 【심문기일의 지정 등】 ① 법원은 도산절차의 원활하고 효율적인 진행을 위하여 이해관계인의 신청에 의하거나 직권으로 심문기일을 지정할 수 있다.

② 제1항의 경우 심문기일에 출석하여야 할 관리인(법 제74조제4항에 따라 관리인으로 보는 자를 포함한다), 파산관재인, 회생위원, 국제도산관리인이나 채권자협의회의 대표자 또는 구성원 그 밖의 이해관계인에게 심문기일을 통지하여야 한다.

제12조 【준용규정】 이 규칙에서 규정한 것 외에 도산절차에 관하여 필요한 사항은 「민사소송규칙」·「민사집행규칙」 및 「재산조회규칙」의 규정을 준용한다.

제2장 관리위원회

제13조 【설치법원 및 법원간의 공조】 ① 법 제15조의 규정에 의하여 관리위원회를 설치하는 회생법원은 별표 1과 같다. (2017.2.2 본항개정)

② 회생법원은 다른 회생법원의 관리위원회에 법 제17조제1항 및 이 규칙 제22조, 제27조의 사무수행을 촉탁할 수 있다. (2014.2.7., 2017.2.2 본항개정)

제14조 【구성】 ① 관리위원회는 위원장 1인 및 부위원장 1인을 포함한 3인 이상 15인 이내의 관리위원으로 구성하고, 관리위원은 상임으로 할 수 있다.

② 상임 관리위원은 전임 전문계약직공무원으로 보한다.

③ 회생법원장이 관리위원을 위촉하거나 해촉한 때에는 그 내용을 관보에 게재하여야 한다. (2017.2.2 본항개정)

제15조 【위원장】 ① 위원장은 당해 관리위원회 소속 관리위원 중에서 회생법원장이 지명하고 그 임기는 1년으로 한다. (2017.2.2 본항개정)

② 위원장은 관리위원회의 의장이 되고, 대외적으로 관리위원회를 대표하며 관리위원회의 사무를 총괄한다.

③ 부위원장은 상임 관리위원 중에서 위원장이 지명한다.

④ 위원장은 필요한 경우 부위원장으로 하여금 그 직무를 수행하게 할 수 있다.

제16조 【주무위원】 위원장은 관리위원회의 원활한 운영을 위하여 필요하다고 인정하는 때에는 특정 관리위원을 주무위원으로 지정하여 미리 안건을 검토하여 관리위원회에 보고하게 할 수 있다.

제17조 【신분보장】 관리위원은 다음 각 호의 어느 하나에 해당할 때를 제외하고는 그의 의사에 반하여 해촉되지 아니한다.

1. 법 제16조제4항제1호 내지 제5호에 해당하게 된 때

2. 중대한 심신상의 장애로 직무를 수행할 수 없게 된 때

3. 법령 또는 직무상 의무에 위반하여 관리위원으로서 직무를 수행하는 것이 부적절하게 된 때

제18조 【보수】 ① 관리위원에 대하여는 예산의 범위 안에서 보수를 지급하되 그 지급액은 별표 2와 같다.

② 관리위원이 법 제601조제1항제1호의 규정에 의하여 회생위원으로 선임된 경우의 보수는 제1항의 보수와 별도로 법 제30조의 규정에 따라 지급받는다.

제19조 【복무】 「국가공무원법」 제56조(성실의 무), 제59조(친절공정의 의무) 내지 제63조(품위유지의 의무)의 규정은 비상임 관리위원의 복무에 관하여 준용한다.

제20조 【기피등】 ① 이해관계인은 관리위원에게 심의, 의결의 공정을 기대하기 어려운 사정이 있는 경우에는 그 사유를 서면으로 소명하여 법원에 기피신청을 할 수 있다.

② 제1항의 신청이 있는 경우 법원은 결정으로 재판하여야 한다.

③ 관리위원이 제1항의 사유에 해당하는 경우에는 스스로 그 사건의 심의, 의결에서 회피할 수 있다.

제21조 【간사 및 직원】 ① 관리위원회의 사무를 처리하기 위하여 간사 및 직원을 둔다.

② 회생법원장은 소속직원 중에서 관리위원회의 업무를 담당할 간사 및 직원을 지정하여 관리위원회에 통보하여야 한다. (2017.2.2 본항개정)

제22조 【관리위원회의 업무 및 권한】 법 제17조제1항제7호의 규정에 의하여 관리위원회가 수행하여야 할 업무는 다음 각 호와 같다.

1. 관리인 및 파산관재인의 부인권 행사, 회생채권·회생담보권 및 파산채권에 관한 이의 제출

및 회생계획안의 작성에 관한 지도 또는 권고
2. 그 밖에 도산절차에 관한 필요한 의견의 제시
제23조【회의】 ① 관리위원회는 위원장이 필요에 따라 수시로 소집할 수 있다.
② 법원이 관리위원회의 의견을 요구한 경우에는 위원장은 즉시 관리위원회를 소집하여야 한다.
③ 관리위원회의 회의는 이를 공개하지 않는다. 다만, 관리위원회는 그 의결로 상당하다고 인정하는 자의 방청을 허가할 수 있다.
제24조【의결】 의결권은 서면에 의하여 행사할 수 있다.
제25조【업무의 위임】 ① 법 제17조제2항의 규정에 의하여 관리위원회가 업무의 일부를 특정 관리위원에게 위임한 경우에는 이를 즉시 서면으로 법원에 보고하여야 한다.
② 법 제17조제3항의 규정에 의하여 관리위원회가 법원으로부터 관리위원의 교체를 요구받은 경우에는 즉시 해당관리위원을 교체한 후 이를 법원에 서면으로 보고하여야 한다.
제26조【의견조회 등】 ① 관리위원회는 필요한 경우 공공기관, 관련전문가 또는 이해관계인에 대하여 의견을 조회할 수 있다.
② 관리위원회는 그 직능을 수행하기 위하여 필요한 경우에는 공공기관 또는 관계당사자에게 자료의 제출을 요청하거나 그 밖의 필요한 협력을 요청할 수 있다.
제27조【관리위원의 현장조사 등】 ① 법원은 필요하다고 인정하는 경우 관리위원으로 하여금 채무자의 서류를 열람하거나 공장 등의 현장에 출입하여 조사, 검사, 확인하게 할 수 있다.
② 제1항의 현장조사 등에 요하는 관리위원의 여비와 숙박료는 절차의 비용으로 보고 그 실비액을 지급한다.
③ 제2항의 실비액은 「법원공무원 여비규칙」제1장 내지 제3장에 규정한 기준에 의한다. (2009.1.9 본항개정)
제28조【처리기간】 ① 관리위원회는 법원으로부터 의견을 요청받은 경우 신속하게 그 의견을 제출하여야 한다.
② 법원이 의견 제출기간을 정한 경우에는 이를 넘겨서는 아니된다. 다만, 부득이한 사정이 있는 경우에는 관리위원회는 법원의 허가를 받아 위 기간을 연장할 수 있다.
제29조【허가사무의 위임】 ① 법 제61조제1항 각 호의 행위에 관한 허가사무 중 법 제18조의 규정에 의하여 법원이 관리위원에게 위임할 수 있는 허가사무는 다음과 같다.
1. 재산의 처분행위(다만, 등기 또는 등록의 대상이 되는 재산의 처분행위를 제외한다)
2. 재산의 양수(다만, 제3자의 영업을 양수하는 경우를 제외한다)
3. 자금의 차입 등 차재
4. 법 제119조의 규정에 의한 계약의 해제 또는 해지
5. 소의 제기, 소송대리인의 선임 그 밖의 소송행위(다만, 소의 취하, 상소권의 포기, 화해 또는 중재계약, 청구의 포기·인낙, 소송탈퇴의 경우를 제외한다)
6. 임원을 제외한 모든 직원의 인사 및 보수결정
7. 계약의 체결 그 밖의 의무부담행위
8. 어음·수표계좌의 설정 및 어음·수표용지의 수령행위
9. 운영자금의 지출
10. 그 밖에 법원이 지정하는 허가사무
② 파산절차에 관한 허가사무 중 법 제18조의 규정에 의하여 법원이 관리위원에게 위임할 수 있는 허가사무는 다음과 같다.
1. 동산의 임의매각
2. 채권 및 유가증권의 양도
3. 법 제335조제1항의 규정에 의한 이행의 청구
4. 그 밖에 법원이 지정하는 허가사무
제30조【위임의 절차】 ① 법 제18조의 규정에 의한 법원의 관리위원에 대한 허가사무의 위임은 결정으로 하여야 한다.
② 제1항의 위임은 가액 또는 종류별로 구분하여 위임하되 위임의 범위가 명백하도록 하여야 한다.
③ 제1항의 결정은 관리위원 및 관리인 또는 파산관재인에게 송달하여야 한다.
④ 법원은 제1항의 결정을 변경하거나 취소할 수 있다.
제31조【위임사무의 처리 결과보고】 관리위원은 법원으로부터 위임받아 수행한 허가사무의 처리 결과를 매월 법원에 보고하여야 한다.
제32조【이의신청】 ① 법 제19조의 규정에 의한 이의신청은 다음 각 호의 사항을 기재한 서면으로 하여야 한다.
1. 이의신청인의 성명 및 주소
2. 이의신청의 대상이 되는 결정 또는 처분을 한 관리위원의 성명
3. 이의신청의 대상이 되는 결정 또는 처분의 내용
4. 이의신청의 취지 및 이유
② 제1항의 이의신청서에는 신청인이 이의신청의 대상이 되는 결정 또는 처분과 이해관계가 있음을 소명하는 자료를 첨부하여야 한다.
제33조【관리위원회의 운영규정】 이 규칙에서 정한 것 외에 관리위원회의 운영에 관하여 필요한 사항은 관리위원회의 의결을 거쳐 위원장이 정한다.

제3장 채권자협의회

제34조【구성】 ① 관리위원회(관리위원회가 설

치되지 아니한 경우에는 법원을 말한다. 이하 이 장에서 같다)는 회생절차개시신청 또는 파산신청이 있은 사실을 법원으로부터 통지 받은 후 1주일 이내에 채권자협의회를 구성한 다음 이를 채권자협의회의 구성원들에게 팩시밀리, 전자우편, 그 밖의 적당한 방법으로 통지하고 법원에 보고하여야 한다.
② 관리위원회가 채권자협의회를 구성하는 때에는 채권액의 총액 및 채무자의 주요재산에 대한 담보권 보유상황을 참작하여 채권자 일반의 이익을 적절히 대표할 수 있도록 하여야 한다. 다만, 주요 채권자가 채무자와 특별한 이해관계를 가지고 있거나 채권자협의회 구성원으로서의 책무를 다할 의사를 가지고 있지 아니한 때에는 이를 제외할 수 있다.
③ 관리위원회는 회생절차개시신청 또는 파산신청 이전부터 채권자들의 협의체가 구성되어 있는 경우는 이를 참작하여 채권자협의회를 구성할 수 있다.
④ 관리위원회는 필요한 경우 채권자협의회의 구성원을 변경할 수 있다. 관리위원회가 채권자협의회 구성원을 변경한 경우에는 이를 법원에 보고하여야 한다.
⑤ 채권자협의회의 구성원은 채권의 양도 또는 소멸 등의 사유로 채권자협의회 구성원이 될 수 있는 자격을 상실한 때에는 즉시 그 사유 및 발생일자를 대표채권자 및 관리위원회에 통보하여야 한다.
⑥ 법원은 채권자협의회의 구성이 채권자 일반의 이익을 적절히 대표하도록 변경될 필요가 있다고 인정하는 때에는 관리위원회에 채권자협의회 구성원의 교체, 제외, 추가 등을 명할 수 있다.

제35조【대표채권자】 ① 채권자협의회는 제34조제1항의 규정에 의한 통지를 받은 날부터 5영업일 이내에 대표채권자를 지정하여 법원 및 관리위원회에 팩시밀리, 전자우편, 그 밖의 적당한 방법으로 신고하여야 한다.
② 위 기간 내에 대표채권자의 신고가 없는 경우는 관리위원회가 대표채권자를 지정한다.
③ 대표채권자는 채권자협의회의 의장이 되고, 대외적으로 채권자협의회를 대표하여 채권자협의회의 의견을 제시하며, 채권자협의회의 소집 및 연락 업무를 담당하고 그 밖의 사무를 총괄한다.
④ 법원 또는 관리위원회의 채권자협의회에 대한 의견조회는 대표채권자에 대하여 한다.
⑤ 제34조제4항·제6항의 규정에 의하여 대표채권자가 채권자협의회의 구성원에서 제외되거나 그 밖의 사유로 대표채권자의 변경이 필요하게 된 경우 관리위원회는 지체없이 이를 채권자협의회의 구성원들에게 팩시밀리, 전자우편, 그 밖의 적당한 방법으로 통지하고 법원에 보고하여야 한다. 이 경우 새로운 대표채권자의 지정에 관하여는 제1항 및 제2항의 규정을 준용한다.

제36조【회의 및 의결】 ① 대표채권자는 회생절차 또는 파산절차와 관련하여 필요한 경우 회의를 소집할 수 있고, 법원 또는 관리위원회로부터 의견을 요청받거나 구성원의 4분의 1이상의 요구가 있을 때에는 5영업일 이내에 회의를 소집하여야 한다.
② 의결권은 서면 또는 대리인에 의하여 행사할 수 있다.
③ 채권자협의회의 구성원이 아닌 채권자도 관리위원회의 허가를 얻어 채권자협의회의 회의에 참석하여 발언할 수 있다. 다만, 의결권은 가지지 않는다.

제37조【의견의 송부】 ① 채권자협의회는 법원 또는 관리위원회로부터 의견을 요청받은 경우 의결결과 및 출석 구성원들의 채권액과 의견을 모두 기재하여 송부하여야 한다.
② 채권자협의회의 구성원들이 의견을 기재함에 있어서는 그와 같은 의견에 이르게 된 이유를 함께 기재하여야 한다.
③ 제1항의 의결결과 등은 팩시밀리 또는 전자우편으로 송부할 수 있다.
④ 제28조는 채권자협의회의 의견제출시기에 관하여 준용한다.

제38조【채권자협의회에 통지】 법원 또는 관리위원회가 법 제21조제1항에 따라 채권자협의회가 제시한 의견에 관한 결정을 한 경우에는 이를 채권자협의회에 통지하여야 한다.

제39조【법원의 자료제공】 법원은 법 제22조제1항의 규정에 따라 지체없이 채권자협의회에 다음 각 호의 자료사본을 제공하여야 한다.
1. 회생절차개시신청서, 파산신청서 및 그에 첨부된 대차대조표, 손익계산서, 채권자 및 담보권자 일람표, 제3자에 대한 지급보증 또는 물상보증 제공명세서
2. 채무자의 업무 및 재산에 관한 보전처분 결정 및 그 변경·취소 결정
3. 보전관리명령 결정
4. 조사위원 선임결정
5. 회생절차개시신청 또는 파산신청의 기각결정
6. 회생절차개시 결정 또는 파산선고 결정(관리인의 선임 또는 불선임 결정 또는 파산관재인 선임 결정을 포함한다)
7. 영업 등의 양도허가 결정
8. 회생계획을 서면결의에 부치는 결정
9. 회생계획안 제출기간연장 결정
10. 회생계획변경 불허가 결정
11. 회생계획·변경회생계획 인가결정
12. 회생계획·변경회생계획 불인가결정
13. 회생계획·변경회생계획 수정명령
14. 회생계획·변경회생계획 배제결정
15. 회생계획수행에 관한 법원의 명령
16. 회생절차 종결 결정
17. 회생절차폐지 결정 또는 파산폐지 결정
18. 관리인이 작성한 재산목록, 대차대조표, 조사보

고서

19. 조사위원의 조사보고서

20. 회생계획안·변경회생계획안 및 그 수정안

21. 외부 회계감사보고서

22. 그 밖에 회생절차 또는 파산절차에 관한 주요 자료로서 법원이 정하는 것

제40조【채권자협의회의 자료제공청구】 ① 채권자협의회는 법 제22조제3항의 규정에 의하여 필요한 자료의 제공을 청구하는 때에는 자료중 필요한 부분을 특정하여 관리인 또는 파산관재인에게 열람·복사를 청구하여야 한다.

② 제1항의 청구가 있는 경우 관리인 또는 파산관재인은 지체없이 채권자협의회에 해당자료의 열람·복사를 허용하여야 한다. 다만, 정당한 사유가 있는 경우에는 법원의 허가를 얻어 열람·복사를 전부 또는 일부 거부할 수 있다.

③ 제2항 단서에 따라 자료제공을 거부하고자 하는 경우 관리인 또는 파산관재인은 제1항의 청구가 있은 후 즉시 법원에 거부사유를 적은 서면으로 자료제공거부 허가신청을 하여야 한다.

④ 제2항 본문은 관리인 또는 파산관재인이 제3항의 허가신청에 대한 법원의 허가를 얻지 못한 경우에 준용한다.

제40조의2【신규자금대여자의 자료제공청구】 법 제22조의2제2항에 따른 신규자금대여자의 자료제공청구에 관하여는 제40조를 준용한다.

(2016.9.6 본조신설)

제41조【채권자협의회의 자료제공의무】 법 제22조제5항의 규정에 의하여 채권자협의회에 속하지 않은 채권자의 자료제공 요청이 있는 경우 채권자협의회는 그 채권자의 비용으로 자료의 사본을 제공하여야 한다.

제42조【변호사 등 전문가의 선임】 ① 채권자협의회는 채권자 일반의 이익을 위하여 필요한 때에는 법원의 허가를 받아 변호사, 법무법인, 회계사, 회계법인 그 밖의 전문가(이하 "변호사등"이라 한다)를 선임하여 조력을 받을 수 있다.

② 채권자협의회가 변호사등을 선임하는 때에는 계약조건, 계약의 상대방이 될 후보자의 경력·전문성·성실성·채무자 및 특정 채권자와의 이해관계의 유무, 변호사등의 선임이 채무자의 재정 상태에 미치는 영향 등 제반 사정을 참작하여 특별한 사정이 없는 한 가장 적합한 1인을 선정한 다음 법원의 허가를 받아 그 1인과 용역계약을 체결하여야 한다.

③ 채권자협의회가 변호사등과의 용역계약에 대하여 허가신청을 하는 때에는 다음 각 호의 사항이 기재된 서면을 첨부하여야 한다.

1. 복수 후보자가 제시한 계약조건, 경력 및 전문성에 관한 내용

2. 채권자협의회가 1인을 용역계약의 상대방으로

선정한 이유

3. 용역계약의 상대방으로 선정된 1인이 회생절차 개시신청 또는 파산신청을 전후하여 채무자나 특정 채권자와 이해관계가 있는지 여부 및 그 내용(용역계약의 상대방으로 선정된 1인도 위 사항에 관하여 작성한 진술서를 첨부하여야 한다)

④ 채권자협의회는 변호사등으로부터 용역을 제공받기 전 또는 제공받은 후, 법원에 채무자로 하여금 용역계약에서 정해진 비용 및 보수의 전부 또는 일부를 채권자협의회 또는 변호사등에게 지급하도록 명하는 취지의 신청을 할 수 있다.

⑤ 제4항의 신청은 서면으로 하여야 하며 다음 각 호의 사항을 기재하고 그에 관한 소명자료를 첨부하여야 한다.

1. 변호사등이 제공한 용역의 구체적인 내용

2. 변호사등이 용역 제공에 소요한 시간

3. 변호사등이 용역 제공에 지출한 비용

4. 변호사등이 제공한 용역이 채권자 일반의 이익 증진에 기여한 내용 및 정도

⑥ 제4항의 신청이 있는 경우 법원은 해당용역의 제공이 채권자 일반의 이익 증진에 기여하거나 기여할 내용 및 정도 등을 참작하여 합리적인 범위 내에서 채무자가 부담할 비용 및 보수를 결정한다.

제43조【그 밖에 채권자협의회의 활동에 필요한 비용 등의 부담】 ① 채권자협의회는 제42조에서 규정하는 비용 이외에 채권자 일반의 이익을 위하여 필요한 활동에 비용을 지출한 때에는 법원에 채무자로 하여금 그 비용을 채권자협의회에 지급하도록 명하는 취지의 신청을 할 수 있다.

② 제1항의 신청은 서면으로 하여야 하며 다음 각 호의 사항을 기재하고 그에 관한 소명자료를 첨부하여야 한다.

1. 비용의 액수

2. 비용 지출의 필요성 및 그 사용처

3. 비용 지출이 채권자 일반의 이익 증진에 기여한 내용 및 정도

③ 제42조제6항의 규정은 제1항의 신청이 있는 경우 법원의 비용부담 결정에 관하여 준용한다.

제44조【채권자협의회의 운영규정】 이 규칙에서 정한 것 외에 채권자협의회의 운영에 관하여 필요한 사항은 채권자협의회의 의결을 거쳐 대표채권자가 정한다.

제4장 재산조회

제45조【재산조회의 신청방식】 ① 법 제29조제1항의 규정에 따라 관리인·파산관재인·회생위원·국제도산관리인이 채무자의 재산조회를 신청하는 때에는 다음 각 호의 사항을 적은 서면으로 하여야 한다.

1. 채무자의 표시

2. 신청취지와 신청사유
3. 제46조제2항의 규정에 따라 과거의 재산보유내역에 대한 조회를 요구하는 때에는 그 취지와 조회기간
② 법 제29조제2항의 이해관계인이 채무자의 재산조회를 신청하는 때에는 다음 각 호의 사항을 적은 서면으로 하여야 한다.
1. 채무자, 신청인과 그 대리인의 표시
2. 신청취지와 신청사유
3. 조회할 공공기관·금융기관 또는 단체
4. 조회할 재산의 종류
5. 제46조제2항의 규정에 따라 과거의 재산보유내역에 대한 조회를 요구하는 때에는 그 취지와 조회기간
③ 제1항 및 제2항의 신청을 하는 이해관계인(다만, 회생위원을 제외한다)이 미리 내야 하는 비용은 별표 3의 "조회비용"란과 같다.
④ 법원이 법 제29조제1항의 규정에 따라 회생위원의 신청에 의하거나 직권으로 재산조회를 하는 경우에는 채무자 또는 관리인·파산관재인·국제도산관리인에게 별표 3의 "조회비용"란 기재의 금액을 미리 내도록 명하여야 한다.

제46조【조회할 기관과 조회대상 재산 등】 ① 재산조회는 별표 3의 "기관·단체"란의 기관 또는 단체의 장에게 그 기관 또는 단체가 전산망으로 관리하는 채무자 명의의 재산(다만, 별표 3의 "조회할 재산"란의 각 해당란에 적은 재산에 한정한다)에 관하여 실시한다.
② 제1항의 경우 이해관계인의 신청이 있는 때 또는 필요하다고 인정하는 때에는 별표 3의 순번 1에 적은 기관의 장에게 도산절차의 신청이 있기 전 2년 안에 채무자가 보유한 재산내역을 조회할 수 있다.
③ 법원은 별표 3의 순번 5부터 12까지, 15 기재 "기관·단체"란의 금융기관이 회원사, 가맹사 등으로 되어 있는 중앙회·연합회·협회 등(이하 "협회등"이라 한다)이 채무자의 재산 및 신용에 관한 전산망을 관리하고 있는 경우에는 그 협회등의 장에게 채무자 명의의 재산에 관하여 조회할 수 있다. (2016.9.6 본항개정)

제47조【조회의 절차 등】 ① 법 제29조의 규정에 따른 재산조회는 다음 각 호의 사항을 적은 서면으로 하여야 한다.
1. 채무자의 성명·주소·주민등록번호(주민등록번호가 없는 사람의 경우에는 여권번호 또는 등록번호, 법인 또는 법인 아닌 사단이나 재단의 경우에는 사업자등록번호·납세번호 또는 고유번호를 말한다), 그 밖의 채무자의 인적사항
2. 조회할 재산의 종류
3. 조회에 대한 회답기한
4. 제46조제2항의 규정에 따라 채무자의 과거의 재산보유내역에 대한 조회를 요구하는 때에는 그 취지와 조회기간
5. 법원이 채무자의 인적 사항을 적은 문서에 의하여 해당 기관·단체의 장에게 채무자의 재산 및 신용에 관하여 그 기관·단체가 보유하고 있는 자료를 한꺼번에 모아 제출하도록 요구하는 때에는 그 취지
6. 금융기관에 대하여 재산조회를 하는 경우에 관련 법령에 따른 재산 및 신용에 관한 정보등의 제공사실 통보의 유예를 요청하는 때에는 그 취지와 통보를 유예할 기간
② 같은 협회등에 소속된 다수의 금융기관에 대한 재산조회는 협회 등을 통하여 할 수 있다.
③ 재산조회를 받은 기관·단체의 장은 다음 각 호의 사항을 적은 조회회보서를 정하여진 날까지 법원에 제출하여야 한다. 이 경우 제1항제5호의 규정에 따라 자료의 제출을 요구받은 때에는 그 자료도 함께 제출하여야 한다.
1. 사건의 표시
2. 채무자의 표시
3. 조회를 받은 다음날 오전 영시 현재 채무자의 재산보유내역. 다만, 제1항제4호의 규정에 따른 조회를 받은 때에는 정하여진 조회기간 동안의 재산보유내역
④ 제2항에 규정된 방법으로 재산조회를 받은 금융기관의 장은 소속협회등의 장에게 제3항 각 호의 사항에 관한 정보와 자료를 제공하여야 하고, 그 협회등의 장은 제공받은 정보와 자료를 정리하여 한꺼번에 제출하여야 한다.
⑤ 재산조회를 받은 기관·단체의 장은 제3항에 규정된 조회회보서나 자료의 제출을 위하여 필요한 때에는 소속 기관·단체, 회원사, 가맹사, 그 밖에 이에 준하는 기관·단체에게 자료 또는 정보의 제공·제출을 요청할 수 있다.
⑥ 법원은 제출된 조회회보서나 자료에 흠이 있거나 불명확한 점이 있는 때에는 다시 조회하거나 자료를 다시 제출하도록 요구할 수 있다.
⑦ 제1항 내지 제6항에 규정된 절차는「재산조회규칙」이 정하는 바에 따라 전자통신매체를 이용하는 방법으로 할 수 있다.

제48조【재산조회결과의 열람·복사 등】 법 제28조와「민사집행규칙」제29조의 규정은 재산조회결과의 열람·복사절차에 관하여 준용한다. 다만, 제47조제7항의 규정에 따라 전자통신매체를 이용하는 방법으로 재산조회를 한 경우의 열람·출력절차에 관하여는「재산조회규칙」이 정하는 바에 따른다.

제2편 회생절차

제49조【영업양도 절차 등의 진행】 관리인은 영

업 또는 사업의 양도 등에 관하여 매각주간사, 채무자의 재산 및 영업상태를 실사할 법인 또는 우선협상대상자 등을 선정하는 때에는 미리 채권자협의회의 의견을 묻는 등 공정하게 절차를 진행하여야 한다.

제50조【인수희망자의 정보 등의 제공청구】 ① 법 제57조 각 호의 어느 하나에 해당하는 행위를 하려는 자(이하 "인수희망자"라고 한다)는 다음 각 호의 사항을 적은 서면과 해당자료를 첨부하여 관리인에게 영업 및 사업에 관한 필요한 정보 및 자료의 제공을 청구할 수 있다. (2014.10.2 본항개정)

1. 인수희망자의 사업자등록증, 법인등기사항증명서
2. 인수희망자의 최근 3년간의 비교 대차대조표, 최근 3년간의 요약 비교손익계산서, 최근 3년간의 자금수지표 및 현금흐름표
3. 인수희망자의 임직원 현황, 주요 업종, 생산품, 납입자본금, 발행 주식 수, 주식 소유관계
4. 인수희망자의 인수 동기, 목적 및 향후 구체적인 인수 계획의 내용 및 인수예정 시기
5. 인수에 필요한 자금의 구체적인 조달계획 및 이에 관한 증빙자료
6. 제공을 요청하는 정보 및 자료를 특정할 수 있는 사항 및 이를 필요로 하는 구체적인 사유
7. 정보 및 자료에 관한 비밀을 준수하고 이를 채무자, 채권자, 주주 등의 이익에 반하는 목적을 위하여 이용하지 아니하겠다는 진술서

② 제1항의 청구가 있는 경우 관리인은 지체없이 서면으로 법원에 정보 및 자료제공 여부에 관한 허가신청을 하여야 한다.

③ 제2항의 허가신청 중 정보 및 자료제공의 전부 또는 일부 거부에 관한 허가신청서에는 정보 및 자료를 인수희망자에게 제공하는 것이 채무자의 영업이나 사업의 유지·계속에 지장을 초래하거나 또는 채무자의 재산에 손해를 줄 우려가 있다는 사정 그밖에 제1항의 청구를 거부할 정당한 사유를 기재하여야 한다.

④ 법원이 제2항의 허가신청에 대하여 정보 및 자료의 제공을 허가하거나 제공의 거부를 허가하지 아니하는 결정을 한 경우 관리인은 지체없이 인수희망자에게 해당 정보 및 자료의 열람 또는 복사를 허용하여야 한다.

⑤ 채무자의 정보 및 자료를 제공하는데 필요한 비용은 인수희망자의 부담으로 한다.

제51조【관리인을 선임하지 아니할 수 있는 채무자】 법 제74조제3항에서 "그 밖에 대법원규칙이 정하는 자"라 함은 다음 각 호의 어느 하나에 해당하는 자를 말한다.

1. 비영리 법인 또는 합명회사·합자회사
2. 회생절차개시신청 당시 「증권거래법」 제2조제13항에서 규정된 상장법인과 같은 조 제15항에서 규정된 코스닥 상장법인에 해당하는 채무자
3. 회생절차개시 당시 재정적 부실의 정도가 중대하지 아니하고 일시적인 현금 유동성의 악화로 회생절차를 신청한 채무자
4. 회생절차개시 당시 일정한 수준의 기술력, 영업력 및 시장점유율을 보유하고 있어 회생절차에서의 구조조정을 통하여 조기 회생이 가능하다고 인정되는 채무자
5. 회생절차개시결정 당시 주요 회생담보권자 및 회생채권자와 사이에 회생계획안의 주요 내용에 관하여 합의가 이루어진 채무자
6. 회생절차개시 당시 자금력 있는 제3자 또는 구 주주의 출자를 통하여 회생을 계획하고 있다고 인정되는 채무자
7. 그 밖에 관리인을 선임하지 아니하는 것이 채무자의 회생에 필요하거나 도움이 된다고 법원이 인정하는 채무자

제52조【목록 작성의 방식】 관리인이 법 제147조제1항, 제2항, 제4항에서 규정하는 목록을 작성, 변경 또는 정정할 때에는 다음 각 호의 사항도 함께 기재하여야 한다.

1. 법 제118조제2호 내지 제4호의 규정에 의한 회생채권일 때에는 그 취지 및 액수
2. 집행력 있는 집행권원 또는 종국판결이 있는 회생채권 또는 회생담보권인 때에는 그 뜻
3. 회생채권 또는 회생담보권에 관하여 회생절차개시 당시 소송이 계속하는 때에는 법원·당사자·사건명 및 사건번호
4. 법 제140조제1항, 제2항에서 규정하는 벌금, 조세 등의 청구권에 관하여 회생절차개시 당시 행정심판 또는 소송이 계속 중인 때에는 그 행정심판 또는 소송이 계속하는 행정기관 또는 법원, 당사자, 사건명 및 사건번호

제53조【목록에 기재된 사항의 변경 또는 정정】 ① 관리인이 법 제147조제4항에 의하여 목록에 기재된 사항을 변경 또는 정정하는 때에는 그 대상이 되는 회생채권·회생담보권·주식·지분권과 변경 또는 정정의 이유 및 그 내용 등을 기재하여 서면으로 법원에 허가신청을 하여야 한다.

② 법원은 제1항의 신청에 대하여 허가결정을 한 때에는 변경 또는 정정된 목록을 그 대상이 되는 회생채권·회생담보권·주식·지분권을 보유하고 있는 권리자에게 지체없이 통지하여야 한다.

제54조【주주명부의 폐쇄】 법원은 법 제150조제2항에 의하여 주주명부를 폐쇄하는 경우 주주명부의 폐쇄가 시작되는 날로부터 2주 전에 그 취지를 공고하여야 한다.

제55조【회생채권 등의 신고의 방식】 ① 회생채권자·회생담보권자·주주·지분권자가 법 제148조 내지 제150조, 제152조, 제153조에 의한 신고를

할 때에는 다음 각 호의 사항을 함께 신고하여야 한다.
1. 통지 또는 송달을 받을 장소(대한민국 내의 장소로 한정한다) 및 전화번호·팩시밀리번호·전자우편주소
2. 법 제118조제2호 내지 제4호의 규정에 의한 회생채권일 때는 그 취지 및 액수
3. 집행력 있는 집행권원 또는 종국판결이 있는 회생채권·회생담보권인 때에는 그 뜻
② 제1항의 신고서에는 다음 각 호의 서류를 첨부하여야 한다. (2014.10.2 본항개정)
1. 회생채권자·회생담보권자·주주·지분권자가 대리인에 의하여 권리의 신고를 하는 때에는 대리권을 증명하는 서면
2. 회생채권 또는 회생담보권이 집행력 있는 집행권원 또는 종국판결이 있는 것일 때에는 그 사본
3. 회생채권자 또는 회생담보권자의 주민등록등본 또는 법인등기사항증명서

제56조【회생채권 등의 신고서 부본의 제출 등】
① 회생채권자·회생담보권자·주주·지분권자가 그 권리에 관한 신고를 하는 때에는 신고서 및 그 첨부서류의 부본을 1부 제출하여야 한다.
② 제1항의 규정에 의하여 신고서 및 그 첨부서류의 부본이 제출되었을 때에는 법원사무관등은 해당 부본을 관리인에게 교부하여야 한다.
③ 제1항 및 제2항의 규정은 법 제152조, 제153조, 제156조의 신고에 관하여 준용한다.

제57조【신고의 추후 보완 등의 방식】 ① 법 제152조제1항에 의하여 신고의 추후 보완을 하는 때에는 회생채권 또는 회생담보권의 신고서에 채권신고기간 내에 신고를 할 수 없었던 사유 및 그 사유가 끝난 때를 기재하여야 한다.
② 법 제152조제4항의 변경의 신고를 하는 때에는 회생채권 또는 회생담보권의 신고서에 변경의 내용 및 원인과 함께 제1항에 규정된 사항을 기재하여야 한다.
③ 법 제153조제1항의 신고를 하는 때에는 회생채권 또는 회생담보권의 신고서에 신고를 하는 회생채권 또는 회생담보권이 발생한 때를 기재하여야 한다.

제58조【신고명의의 변경의 방식】 제55조 및 제56조제1항·제2항은 법 제154조제1항의 규정에 따른 신고명의의 변경에 관하여 준용한다.

제59조【벌금, 조세 등의 신고의 방식】 법 제140조제1항 및 제2항에서 규정하는 벌금, 조세 등에 관한 청구권을 갖고 있는 자는 법 제156조에서 정한 사항 이외에 다음 각 호에서 정한 사항을 함께 신고하여야 한다.
1. 청구권자 및 대리인의 성명 또는 명칭과 주소
2. 통지 또는 송달을 받을 장소 및 전화번호·팩시

밀리번호·전자우편주소
3. 회생절차개시 당시 청구권에 관하여 행정심판 또는 소송이 계속중인 때에는 그 행정심판 또는 소송이 계속하는 행정기관 또는 법원, 당사자, 사건명 및 사건번호

제60조【회생채권자표 등의 작성시기 및 기재사항】 ① 법 제158조에서 정한 회생채권자표·회생담보권자표와 주주·지분권자표는 신고기간이 종료된 후 지체없이 작성하여야 한다.
② 회생채권자표 또는 회생담보권자표에는 다음 각 호의 사항을 함께 기재하여야 한다.
1. 법 제118조제2호 내지 제4호의 규정에 의한 회생채권일 때에는 그 뜻 및 액수
2. 집행력 있는 집행권원 또는 종국판결이 있는 회생채권 또는 회생담보권인 때에는 그 뜻

제61조【이의의 방식】 ① 법 제161조제1항의 서면에는 이의의 내용 및 그 사유를 구체적으로 기재하여야 한다.
② 법 제164조에 의하여 특별조사기일에 출석하여 이의를 하는 자는 이의의 내용 및 그 사유를 구체적으로 진술하여야 한다.

제62조【이의 철회의 통지】 법 제161조제1항, 제164조에 의하여 이의를 제기한 자가 그 이의를 철회한 때에는 법원은 이의철회의 대상이 된 회생채권 또는 회생담보권을 갖고 있는 자에게 그 취지를 통지하여야 한다.

제63조【관리인이 하는 이의의 방식】 ① 관리인은 목록에 기재되거나 신고된 회생채권 또는 회생담보권의 내용 및 의결권에 관하여 다음 각 호의 사항을 기재한 시부인표를 작성하여 법 제50조제1항제4호의 조사기간의 말일까지 법원에 제출하여야 한다.
1. 채권자의 성명, 주소(채권 신고번호 또는 목록 기재번호를 함께 기재하여야 한다)
2. 채권 내용 및 신고액 또는 목록 기재액
3. 이의 있는 채권 금액 및 이의 없는 채권 금액
4. 이의 있는 의결권 액수 및 이의 없는 의결권 액수
5. 이의를 제기하는 이유
② 법 제152조, 제153조에서 규정하는 추후 보완신고 등이 있는 경우 관리인은 제1항의 시부인표에 위 추후 보완신고 등에 관하여 제1항 각 호의 사항을 추가로 기재하여야 한다.

제64조【특별조사기일의 조사비용의 부담】 ① 법원은 법 제162조에서 규정하는 특별조사기일에서 조사의 대상이 되는 회생채권 또는 회생담보권을 갖고 있는 자에게 기간을 정하여 그 조사비용의 예납을 명할 수 있다.
② 법원은 회생채권자 또는 회생담보권자가 전항의 예납을 명받고도 정해진 기간 내에 조사비용을 납부하지 아니한 경우에는 그 권리에 관한 신고를 각

하할 수 있다.

제65조【조사확정재판의 신청 등】 ① 법 제170조제1항에서 규정하는 채권조사확정재판의 신청서에는 다음 각 호의 사항을 기재하여야 한다.
1. 당사자 및 대리인의 성명 또는 명칭과 주소
2. 신청의 취지와 이유
② 신청서에는 신청의 이유가 되는 사실을 구체적으로 기재하고 증거서류의 사본을 첨부하여야 한다.
③ 제1항의 신청서에는 당사자의 수에 1을 더한 부본을 첨부하여야 한다.
④ 법원은 제1항의 신청서 부본을 상대방 당사자에게 송달하여야 한다.

제66조【조사확정재판의 방식】 ① 채권조사확정재판의 결정은 이유의 요지만을 적을 수 있다.
② 법원은 채권조사확정재판을 구하는 신청에 대하여 화해를 권유하거나 조정에 회부하는 결정을 할 수 있다. 법원이 조정에 회부하는 결정을 한 경우 그 이후의 절차에 관하여는 「민사조정법」 및 「민사조정규칙」을 준용한다.

제67조【회생채권 등의 확정에 관한 소송결과의 기재 신청】 법 제175조의 신청을 하는 자는 재판서 등본과 재판의 확정에 관한 증명서를 제출하여야 한다.

제68조【의결권의 행사】 ① 법 제187조에 따른 의결권에 대한 이의가 제기되지 아니한 회생채권자 또는 회생담보권자는 목록에 기재되거나 신고한 액수에 따라 의결권을 행사할 수 있다.
② 법원은 법 제240조제2항에서 규정하는 서면을 송달하기 전에 다음 각 호의 권리에 관하여 의결권을 행사하게 할 것인지 여부 및 의결권을 행사하게 할 액 또는 수를 결정하여야 한다.
1. 목록에 기재되거나 신고된 회생채권 또는 회생담보권으로서 확정되지 아니한 권리
2. 목록에 기재되거나 신고된 주식 및 출자지분
③ 제2항의 경우 법 제187조 각 호의 자는 법원에 서면으로 의견을 진술할 수 있다.
④ 제2항의 결정은 그 의결권에 관계된 회생채권자, 회생담보권자 또는 주주·지분권자에게 송달하여야 한다.

제69조【서면 결의의 경우 의결권 불통일 행사의 취지의 신고】 서면에 의한 결의를 하는 경우 법 제189조제2항에서 정하는 의결권 불통일 행사의 취지의 신고는 법 제240조제2항의 회신기간 내에 직접 의결권을 불통일 행사하여 이를 회신하는 방법에 의한다.

제70조【회생을 위하여 채무를 부담하는 자 등의 동의】 법 제233조제3항에서 규정하는 동의는 서면의 방식에 의하여야 한다.

제71조【항고와 보증으로 공탁하게 할 금액】 ① 회생계획불인가 또는 회생절차폐지의 결정에 대하여 항고장이 제출된 경우 원심법원은 1주일 이내에 항고인에게 보증으로 공탁하게 할 것인지 여부를 결정하여야 한다.
② 제1항의 경우 항고인에게 보증으로 공탁하게 할 금액은 회생채권자와 회생담보권자의 확정된 의결권액(그 액이 확정되지 않은 경우에는 목록에 기재되거나 신고된 의결권액)의 총액의 20분의 1에 해당하는 금액 범위 내에서 정한다.
③ 제2항의 금액을 정함에 있어 다음 각 호의 사항을 고려하여야 한다.
1. 채무자의 자산·부채의 규모 및 재산상태
2. 항고인의 지위 및 항고에 이르게 된 경위
3. 향후 사정변경의 가능성
4. 그 동안의 절차 진행경과 및 그 밖의 여러 사정
④ 원심법원이 기간을 정하여 항고인에게 보증으로 공탁할 것을 명한 경우에 항고인이 정해진 기간 내에 보증을 제공하지 아니한 때에는 원심법원은 결정으로 항고장을 각하하여야 한다.
⑤ 원심법원이 기간을 정하여 항고인에게 보증으로 공탁할 것을 명한 경우의 항고기록의 송부는 제4항의 규정에 의하여 항고장이 각하되지 아니하는 한 그 보증이 제공된 날로부터 1주일 이내에 하여야 한다.
⑥ 제1항 내지 제5항의 규정은 제1항의 항고에 관한 재판의 불복에 관하여 준용한다.

제71조의2【간이회생절차개시의 신청서에 첨부할 서류】 법 제293조의4제4항제4호에 규정된 "그 밖에 대법원규칙으로 정하는 서류"란 다음 각 호의 서류를 말한다.
1. 채무자가 개인인 경우에는 주민등록등본, 개인회생절차 또는 파산절차에 따른 면책을 받은 사실이 있으면 그에 관한 서류, 그 밖의 소명자료
2. 채무자가 개인이 아닌 경우에는 법인등기사항증명서, 정관, 회생절차개시의 신청에 관한 이사회 회의록, 그 밖의 소명자료
3. 과거 3년간의 비교재무상태표와 비교손익계산서 또는 이에 준하는 서류
4. 소송이 계속 중이거나 존부에 관하여 다툼이 있는 회생채권·회생담보권의 존재에 관한 소명자료
(2015.6.2 본조신설)

제71조의3【간이조사위원 등의 간이한 업무수행 방법】 ① 법 제293조의7제2항에 따른 간이조사위원의 간이한 업무수행 방법은 다음 각 호와 같다.
1. 법 제90조에 따른 재산가액의 평가는 일반적으로 공정·타당하다고 인정되는 회계관행이 허용하는 범위 내에서 다음의 각 목의 방법 중 채무자의 업종 및 영업특성에 비추어 효율적이라고 판단되는 하나 또는 그 이상의 방법을 선택하여 할 수 있다.
가. 회계장부의 검토

나. 문서의 열람
다. 자산의 실사
라. 채무자 임직원에 대한 면담
마. 외부자료의 검색
바. 과거 영업실적을 통한 추세의 분석
사. 동종업계의 영업에 관한 통계자료의 분석
2. 법 제91조의 재산목록 및 대차대조표는 제1호에 따른 재산가액의 평가결과를 반영하여 작성한다. 이 경우 재산의 규모와 재산 내역별 중요도를 고려하여 대차대조표의 계정과목을 통합할 수 있다.
3. 법 제92조제1항 각 호의 사항 중 채무자의 회생계획 또는 회생절차에 중대한 영향을 미치지 아니하는 사항은 그 요지만을 보고할 수 있다.
4. 법 제87조제3항에 따라 회생절차를 진행함이 적정한지 여부에 관한 의견을 제출하는 경우, 채무자의 영업 전망, 거래처의 유지 가능성, 공익채권의 규모, 운영자금의 조달 가능성 등에 관한 조사만을 토대로 의견을 제시할 수 있다.
② 제1항은 법 제293조의7제3항에 따른 관리인의 간이한 업무수행 방법에 관하여 준용한다.
(2015.6.2 본조신설)

제3편 파산절차

제72조【파산신청서에 첨부할 서류】 ① 법 제302조제2항제4호에 규정된 "그 밖에 대법원규칙에서 정하는 서류"는 다음 각 호의 서류를 말한다. (2014.10.2 본항개정)
1. 채무자가 개인인 경우에는 호적등본, 주민등록등본, 진술서, 그 밖의 소명자료
2. 채무자가 개인이 아닌 경우에는 법인등기사항증명서, 정관, 파산신청에 관한 이사회 회의록, 그 밖의 소명자료
② 제1항제1호의 진술서에는 다음 각 호의 사항을 기재하여야 한다.
1. 채무자에 관하여 법원에 회생절차 또는 개인회생절차가 계속되어 있는 경우 당해 사건이 계속되어 있는 법원 및 사건의 표시
2. 채무자가 개인인 경우에는 법 제564조에 의한 면책허가결정 또는 법 제624조에 의한 면책결정을 받은 적이 있는지 여부 및 있는 경우 그 결정의 확정일자

제73조【채권신고방법】 ① 파산채권자가 법 제447조의 규정에 따라 채권을 신고할 때에는 다음 각 호의 사항을 함께 신고하여야 한다.
1. 채권자 및 대리인의 성명 또는 명칭과 주소
2. 통지 또는 송달을 받을 장소(대한민국 내의 장소로 한정한다) 및 전화번호·팩시밀리번호·전자우편주소
3. 집행력 있는 집행권원 또는 종국판결이 있는 파산채권인 때에는 그 뜻
② 제1항의 신고서에는 다음 각 호의 서류를 첨부하여야 한다. (2014.10.2 본항개정)
1. 채권자가 대리인에 의하여 채권을 신고할 때에는 대리권을 증명하는 서면
2. 파산채권이 집행력 있는 집행권원 또는 종국판결이 있는 것일 때에는 그 사본
3. 채권자의 주민등록등본 또는 법인등기사항증명서
③ 제59조는 법 제471조제1항의 규정에 따른 신고에 관하여 준용한다.

제74조【채권신고서 부본의 제출 등】 ① 채권을 신고할 때에는 채권신고서 및 첨부서류의 부본을 2부 제출하여야 한다.
② 제1항의 규정에 따라 채권신고서 및 첨부서류의 부본이 제출되었을 때에는 법원사무관 등은 이 중 1부를 파산관재인에게 교부하여야 한다.

제75조【신고사항의 변경】 ① 파산채권자는 신고한 사항에 관하여 다른 파산채권자의 이익을 해하지 않는 내용의 변경이 생긴 때에는 증거서류 또는 그 사본을 첨부하여 지체없이 그 변경의 내용 및 원인을 법원에 신고하여야 한다.
② 법원사무관등은 제1항의 규정에 따른 신고가 있는 때에는 그 신고 내용을 파산채권자표에 기재하여야 한다.

제76조【명의의 변경】 ① 신고된 파산채권을 취득한 자는 채권조사의 기일 후에도 신고명의를 변경할 수 있다.
② 제1항의 규정에 따른 명의변경을 하고자 하는 자는 증거서류 또는 그 사본을 첨부하여 다음 각 호의 사항을 법원에 신고하여야 한다.
1. 신고명의를 변경하고자 하는 자 및 대리인의 성명 또는 명칭과 주소
2. 통지 또는 송달을 받을 장소(대한민국 내의 장소로 한정한다) 및 전화번호·팩시밀리번호·전자우편주소
3. 취득한 권리와 그 취득의 일시 및 원인
③ 제73조제2항(제2호는 제외한다) 및 제75조제2항의 규정은 제2항의 신고에 관하여 준용한다.

제77조【준용규정】 제65조 내지 제67조는 파산채권 조사확정재판에 관하여 준용한다.

제78조【면책신청에 대한 이의신청서 부본의 제출 등】 ① 법 제562조의 규정에 따라 면책신청에 대하여 이의신청서를 제출하는 때에는 그 부본 1부를 함께 제출하여야 한다.
② 법원은 제1항의 신청서 부본을 채무자에게 송달하여야 한다.

제4편 개인회생절차

제79조【개인회생절차개시신청서에 첨부할 서

류】 ① 법 제589조제2항제7호의 규정에 따라 개인회생절차개시신청서에 첨부하여야 하는 서류는 다음 각 호와 같다. (2011.9.28 본항개정)

1. 채무자의 주소·주민등록번호(주민등록번호가 없는 사람의 경우에는 여권번호 또는 등록번호를 말한다), 그 밖에 채무자의 인적사항에 관한 자료
2. 법 제579조제4호 가목의 규정에 따른 소득금액에 관한 자료
3. 법 제579조제4호 나목의 규정에 따른 소득세·주민세·건강보험료, 그 밖에 이에 준하는 것으로서 대통령령이 정하는 금액에 관한 자료
4. 법 제579조제4호 다목의 규정에 따라 법원이 생계비를 정하기 위하여 필요한 사항에 관한 자료
5. 법 제579조제4호 라목의 규정에 따른 영업의 경영, 보존 및 계속을 위하여 필요한 비용에 관한 자료
6. 법 제589조제2항제2호의 재산목록에 기재된 재산가액에 관한 자료
7. 유치권·질권·저당권·양도담보권·가등기담보권·전세권 또는 우선특권(이하 "저당권등"이라 한다)으로 담보된 개인회생채권이 있는 때에는 저당권등의 담보채권액 및 피담보재산의 가액의 평가에 필요한 자료
8. 채무자의 재산에 속하는 권리로서 등기 또는 등록이 된 것에 관한 등기사항증명서 또는 등록원부등본
9. 채무자가 법원 이외의 기관을 통하여 사적인 채무조정을 시도한 사실이 있는 경우에 이를 확인할 수 있는 자료

② 법 제589조제1항의 규정에 따른 개인회생절차개시신청서에는 채무자에게 연락할 수 있는 전화번호(집, 직장 및 휴대전화)를 기재하여야 한다.

제80조【개인회생채권자목록의 기재사항】 ① 개인회생채권자목록에는 다음 각 호의 사항을 기재하여야 한다.

1. 채권자의 성명 및 주소
2. 채권의 원인 및 금액

② 별제권자가 있는 때에는 제1항에 규정한 사항외에 별제권의 목적과 그 행사에 의하여 변제받을 수 없는 채권액을 기재하여야 한다.

③ 개인회생채권에 관하여 개인회생절차개시 신청 당시에 소송이 계속하는 때에는 제1항에 규정한 사항 외에 법원·당사자·사건명 및 사건번호를 기재하여야 한다.

④ 개인회생채권에 관하여 개인회생절차개시 신청 당시에 전부명령이 있는 때에는 제1항에 규정한 사항 외에 전부명령을 내린 법원·당사자·사건번호 및 사건번호, 전부명령의 대상이 되는 채권의 범위, 제3채무자에 대한 송달일, 전부명령의 확정 여부를 기재하여야 한다.

제81조【개인회생채권자목록의 수정】 ① 채무자는 그 책임을 질 수 없는 사유로 인하여 개인회생채권자목록에 누락하거나 잘못 기재한 사항을 발견한 때에는 개인회생절차개시결정후라도 법원의 허가를 받아 개인회생채권자목록에 기재된 사항을 수정할 수 있다. 다만, 변제계획인가결정이 있는 때에는 그러하지 아니하다.

② 법원은 제1항의 규정에 따라 개인회생채권자목록에 기재된 사항이 수정된 때에는 그 수정된 사항에 관한 이의기간을 정하여 공고하고, 채무자 및 알고 있는 개인회생채권자에게 이의기간이 기재된 서면과 수정된 개인회생채권자목록을 송달하여야 한다. 다만, 수정으로 인하여 불리한 영향을 받는 개인회생채권자가 없는 경우 또는 불리한 영향을 받는 개인회생채권자의 의사에 반하지 아니한다고 볼 만한 상당한 이유가 있는 경우에는 그러하지 아니하다.

제82조【개인회생채권에 관한 자료 제출】 ① 채무자는 개인회생채권자목록의 작성 및 수정에 참고하기 위하여 필요한 경우에는 개인회생채권자에게 개인회생채권의 존부 및 액수, 담보채권액 및 피담보재산의 가액 평가, 담보부족전망액에 관한 자료의 송부를 청구할 수 있다.

② 개인회생채권자는 제1항의 규정에 의한 자료송부청구가 있는 경우에는 신속하게 이에 응하여야 한다.

제83조【명의의 변경】 ① 법 제603조의 규정에 의하여 확정된 개인회생채권을 취득한 자는 채권자 명의변경을 신청할 수 있다.

② 제76조제2항 및 제3항의 규정은 제1항의 명의변경에 관하여 준용한다.

제84조【계좌번호의 신고】 ① 개인회생채권자는 법 제613조의 규정에 따른 개인회생채권자집회의 기일 종료시까지 변제계획에 따른 변제액을 송금받기 위한 금융기관(은행법에 의한 금융기관을 말한다) 계좌 번호를 회생위원에게 신고하여야 한다.

② 위 신고를 하지 아니한 개인회생채권자에 대하여 지급할 변제액은 변제계획에서 정하는 바에 따라 공탁할 수 있다.

제85조【부본의 제출】 ① 개인회생절차개시의 신청을 하는 경우에는 신청서 부본 1부 및 알고 있는 개인회생채권자 수에 2를 더한 만큼의 개인회생채권자목록 부본을 함께 제출하여야 한다.

② 변제계획안 또는 변제계획의 변경안을 제출하는 경우에는 알고 있는 개인회생채권자 수에 1을 더한 만큼의 부본을 함께 제출하여야 한다.

제86조【개인회생채권자목록의 비치】 법원사무관등은 개인회생채권자목록을 개인회생채권에 관한 이의기간의 말일까지 법원 내 일정한 장소에 비

치하여야 한다.

제87조【비용의 예납】 ① 법 제590조의 규정에 따라 신청인이 미리 납부하여야 하는 절차의 비용은 다음 각 호와 같다.

1. 송달료
2. 공고비용
3. 회생위원의 보수
4. 그 밖에 절차 진행을 위하여 필요한 비용

② 제1항 각 호의 비용은 개인회생채권자의 수, 재산 및 부채 상황, 회생위원의 선임여부 및 필요한 보수액, 그 밖의 여러 사정을 고려하여 정한다.

③ 법원은 제1항에 따라 예납된 비용이 부족하게 된 때에는 신청인에게 추가 예납을 하도록 할 수 있다.

제88조【회생위원의 업무】 ① 회생위원은 법 제602조제1항제4호의 규정에 따라 다음 각 호의 업무를 행한다. (2011.3.28 본항개정)

1. 법 제602조제1항의 규정에 정해진 업무수행의 결과보고
2. (2011.3.28 삭제)
3. 저당권등으로 담보된 개인회생채권이 있는 경우 그 담보목적물의 평가
4. 변제계획에 따른 변제가 지체되고 그 지체액이 3개월분 변제액에 달한 경우 법원에 대한 보고
5. 변제계획에 따른 변제가 완료된 경우 법원에 대한 보고
6. 회생위원의 임무가 종료된 때에 법원에 대한 업무수행 및 계산의 보고
7. 변제계획안에 대한 이의가 있었는지 여부와 이의의 내용에 관한보고

② 채무자는 법 제591조에 따른 보고, 시정 등의 요구 또는 법 제602조제2항의 요청을 받은 경우에는 법원에 대하여 심문을 신청할 수 있다. (2011.3.28 본항개정)

제88조의2【재정보증】 법원행정처장은 제88조에 따른 사무를 처리하는 법 제601조제1항제2호 회생위원의 재정보증에 관한 사항을 정하여 운용할 수 있다. (2018.1.31 본조신설)

제89조【준용규정】 제65조 내지 제67조는 개인회생채권 조사확정재판에 관하여 준용한다.

제90조【변제계획에 관한 이의방식】 ① 법 제613조제5항의 규정에 따른 이의 진술은 개인회생채권자가 개인회생채권자집회기일의 종료시까지 이의진술서를 법원에 제출하는 방식으로 갈음할 수 있다.

② 개인회생채권자가 제1항의 이의 진술을 개인회생채권자집회기일에서 말로 한 때에는 법원사무관 등이 그 내용을 조서에 기재하여야 한다. (2011.3.28 본항개정)

③ 제1항 및 제2항의 이의 진술은 변제계획이 법

제614조에서 정하고 있는 요건을 충족하지 못하고 있음을 그 내용으로 하여야 하고, 그 이유를 구체적으로 나타내야 한다.

제91조【인가후의 변제계획 변경신청】 법 제619조제1항의 규정에 따라 변제계획의 변경안을 제출하는 때에는 다음 각 호의 사항을 기재한 서면을 함께 법원에 제출하여야 한다.

1. 사건의 표시
2. 채무자, 제출인과 그 대리인의 표시
3. 변제계획의 변경안을 제출하는 취지 및 그 사유

제92조【개인회생절차폐지의 신청】 법 제621조제1항의 규정에 따라 개인회생절차폐지의 신청을 하는 때에는 다음 각 호의 사항을 기재한 서면을 법원에 제출하여야 한다.

1. 사건의 표시
2. 채무자, 신청인과 그 대리인의 표시
3. 개인회생절차의 폐지를 신청한 취지 및 그 사유

제93조【항고와 보증으로 공탁하게 할 금액】 제71조의 규정은 변제계획불인가 또는 개인회생절차폐지의 결정에 대하여 항고장이 제출된 경우에 준용한다.

제94조【면책의 신청】 ① 법 제624조제1항의 규정에 따라 면책의 신청을 하는 때에는 다음 각 호의 사항을 기재한 서면을 법원에 제출하여야 한다.

1. 사건의 표시
2. 채무자, 신청인과 그 대리인의 표시
3. 면책을 신청한 취지
4. 채무자가 변제계획에 따른 변제를 완료한 내용

② 법 제624조제2항의 규정에 따라 면책의 신청을 하는 때에는 다음 각 호의 사항을 기재한 서면을 법원에 제출하여야 한다.

1. 사건의 표시
2. 채무자, 신청인과 그 대리인의 표시
3. 면책을 신청한 취지
4. 법 제624조제2항 각 호의 규정에서 정한 요건을 갖춘 내용

제95조【면책취소결정의 공고】 법 제626조의 규정에 따른 면책취소의 결정은 공고하여야 한다.

제96조【개인회생절차의 종료】 법 제624조의 면책결정이 확정되면 개인회생절차는 종료한다.

제5편 국제 도산

제97조【외국도산절차 승인신청서의 기재사항 등】 ① 법 제631조의 규정에 따른 외국도산절차 승인신청서에는 다음 사항을 기재하여야 한다.

1. 외국도산절차의 대표자 및 대리인의 성명 또는 명칭과 주소
2. 외국도산절차의 대표자에 대한 대한민국 내의 송달장소

3. 채무자의 성명 또는 명칭과 주소
4. 신청취지 및 신청이유
5. 외국도산절차가 신청된 국가에 소재하는 채무자의 영업소·사무소·주소
6. 외국도산절차가 신청된 국가의 명칭, 당해 외국도산절차를 담당하고 있는 법원 그 밖에 그 절차를 관장할 권한있는 기관의 명칭과 사건의 표시
7. 외국도산절차의 신청일 및 그 효력발생일
8. 그 밖에 당해 외국도산절차를 특정할 만한 구체적 사항

② 법 제631조제1항제1호, 제4호, 제5호의 규정에 따른 진술서에는 다음 각 호의 사항을 기재하여야 한다.

1. 당해 외국도산절차 사건의 개요, 진행상황(절차 개시의 판단유무를 포함한다) 및 향후의 전망
2. 당해 외국도산절차에 있어서 채권의 우선순위를 정하는 외국법의 규정
3. 채무자의 업무의 수행 및 재산에 대하여 외국도산절차의 대표자가 갖는 관리·처분권의 행사범위, 존속기한, 권한행사에 필요한 법원의 허가 그 밖의 조건
4. 채무자가 법인인 경우 그 설립의 준거법
5. 대한민국에 있는 채무자의 주된 영업소 또는 사무소의 명칭과 소재지
6. 채무자의 대한민국에서의 사용인 그 밖의 종업원의 과반수로 조직된 노동조합이 있는 경우에는 그 명칭 및 대표자의 성명, 주소, 전화번호·팩시밀리번호·전자우편주소. 만약 그와 같은 노동조합이 없는 경우에는 채무자의 대한민국에서의 사용인 그 밖의 종업원의 과반수를 대표하는 사람의 성명, 주소, 전화번호·팩시밀리번호·전자우편주소
7. 채무자가 법인인 경우, 그 법인의 설립이나 목적인 사업에 관하여 대한민국 행정청의 허가가 있는 때에는 그 행정청의 명칭과 소재지
8. 외국도산절차의 대표자가 채무자에 대하여 국내도산절차가 계속중인 사실을 알고 있는 경우에는 그 법원·당사자·사건명·사건번호 및 진행상황
9. 외국도산절차의 대표자가 다른 외국도산절차의 승인신청사건이 계속중인 사실을 알고 있는 경우에는 그 법원·당사자·사건명·사건번호 및 진행상황

③ 제1항과 제2항의 각 호의 어느 하나에 해당하는 사항을 기재하여 외국도산절차 승인신청서와 진술서를 제출하는 경우에는 그 기재사항을 증명하는 서면을 첨부하여야 한다.

제98조【필요한 사항의 조사 등】 법원은 상당하다고 인정할 경우 법원사무관등 또는 법원조직법 제54조의3의 규정에 따른 조사관에게 다음 사항을 조사하여 보고하게 할 수 있다.

1. 법 제631조제1항에 규정된 외국도산절차 승인신청 요건의 적부
2. 법 제632조제2항 각 호에 규정된 외국도산절차 승인신청 기각사유의 유무
3. 법 제636조제1항 각 호에 규정된 외국도산절차에 대한 지원처분의 필요 여부 및 필요한 처분의 내용 또는 같은 조 제3항에 규정된 지원신청 기각사유의 유무

제99조【변경사항에 관한 서면의 제출 등】 ① 외국도산절차의 승인신청이 있은 후 외국도산절차의 대표자가 변경되거나 당해 외국도산절차가 개시 또는 종료된 때에는 외국도산절차의 대표자는 지체없이 이 변경된 사항을 기재한 서면을 법원에 제출하여야 한다.

② 외국도산절차의 대표자는 외국도산절차의 승인신청이 있은 후 동일한 채무자에 대하여 국내도산절차 또는 다른 외국도산절차의 승인·지원절차가 계속된 사실을 알게 된 때에는 지체없이 이와 같은 사실을 기재한 서면을 법원에 제출하여야 한다.

③ 제1항 및 제2항의 서면을 제출하는 때에는 그 기재사항을 증명하는 서면을 첨부하여야 한다.

제100조【외국도산절차 승인결정】 외국도산절차 승인결정서에는 결정의 연·월·일·시를 기재하여야 한다.

제101조【외국도산절차에 대한 지원신청 등】 ① 법 제636조제1항제1호 내지 제3호의 규정에 따른 금지명령 등 지원신청서에는 다음 각 호의 사항을 기재하여야 한다.

1. 채무자, 신청인 그 밖의 당사자의 성명 또는 명칭과 주소
2. 신청인의 대한민국 내의 송달장소
3. 신청취지 및 신청이유
4. 외국도산절차가 개시되었거나 개시될 국가의 법률이 적용되는 경우 법 제636조제1항제1호 내지 제3호에 적은 절차에 해당하는 당해 국가의 절차가 중지되거나 금지되는지 여부 및 그 범위

② 채무자의 재산에 속하는 권리로서 등기 또는 등록이 된 것에 관하여 제1항의 지원신청을 할 경우에는 권리에 대한 등기사항증명서 또는 등록원부를 첨부하여야 한다. (2011.9.28 본항개정)

③ 법원은 법 제636조제1항제1호 내지 제3호의 규정에 따른 지원결정을 할 때에 필요하다고 인정하는 경우 신청인 또는 외국도산절차의 대표자에게 채권자의 성명, 주소, 채권의 액 및 발생원인을 기재한 채권자일람표 또는 그 밖의 소명자료의 제출을 명할 수 있다.

④ 제1항 내지 제3항의 규정은 법 제635조의 규정에 의한 승인전 명령절차에 관하여 준용한다.

제102조【국제도산관리인의 선임 등】 ① 법 제

636조제1항제4호의 규정에 따른 국제도산관리인의 선임신청서에는 다음 각 호의 사항을 기재하고, 대한민국에 있는 채무자의 재산목록 그 밖의 등기사항 증명서 등을 첨부하여 제출하여야 한다. (2011.9.28 본항개정)

1. 제101조제1항 각 호에 적은 사항
2. 채무자의 자산, 부채 그 밖의 재산상태
3. 채무자가 사업을 영위하고 있는 때에는 그 사업의 목적과 업무의 상황, 대한민국에 있는 영업소 또는 사무소의 명칭과 소재지 및 대한민국에서의 사용인 그 밖의 종업원의 현황
4. 외국도산절차의 대표자 이외의 사람을 국제도산관리인으로 선임하기를 원하는 경우에는 그 취지 및 사유

② 법원은 국제도산관리인으로 외국도산절차의 대표자 또는 그 밖에 국제도산관리인으로서의 직무를 수행함에 적절한 사람(법인을 포함한다)을 선임하여야 한다.
③ 법인이 국제도산관리인으로 선임된 경우 그 법인은 대표자 또는 임직원 중에서 국제도산관리인의 직무를 실제 수행할 사람을 지명하여 그 취지를 법원에 신고하여야 한다.
④ 법원은 국제도산관리인에게 그 선임을 증명하는 서면을 교부하여야 한다.
⑤ 국제도산관리인은 그 직무를 행하는 경우 이해관계인의 청구가 있는 때에는 제4항의 규정에 의한 서면을 제시하여야 한다.

제103조 【국제도산관리인 등의 임무와 감독 등】
① 국제도산관리인과 외국도산절차의 대표자는 외국도산절차에 대한 지원절차의 원활한 진행 및 채무자의 대한민국 내에서의 업무의 수행과 재산의 관리 및 처분의 공정성을 도모하기 위하여 상호 긴밀히 협조하여야 한다.
② 국제도산관리인은 외국도산절차의 대표자에 대하여 채무자의 대한민국 내에서의 업무의 수행과 재산의 관리 및 처분에 대해 필요한 협력 및 정보의 제공을 요구할 수 있다.
③ 국제도산관리인은 법원이 정하는 바에 따라 법원에 대하여 업무와 계산에 관한 보고를 하여야 한다.

제104조 【국내도산절차와 외국도산절차의 승인·지원절차의 조정】
① 외국도산절차의 승인·지원절차가 계속중인 법원의 법원사무관등과 동일한 채무자에 대하여 국내도산절차가 계속중인 법원의 법원사무관등은 당해 외국도산절차의 승인절차 또는 국내도산절차가 계속중이라는 취지를 알게 된 경우 이를 각 해당 법원에 통지하여야 한다.
② 외국도산절차의 승인·지원절차가 계속 중인 법원이 국내도산절차의 중지를 명하고자 하는 경우에는 미리 국내도산절차가 계속 중인 법원의 의견을 들어야 한다.

③ 국내도산절차가 계속 중인 법원의 법원사무관등은 다음 각 호의 어느 하나에 해당하게 된 경우 그 취지를 외국도산절차의 승인·지원절차가 계속 중인 법원에 통지하여야 한다.
1. 국내도산절차의 개시, 폐지 또는 종결 결정이 있은 때
2. 회생계획 또는 변제계획의 인가결정이 있은 때
3. 그 밖의 사유에 의하여 국내도산절차가 종료한 때
④ 외국도산절차의 승인·지원절차가 계속중인 법원의 법원사무관등은 다음 각 호의 어느 하나에 해당하게 된 경우 그 취지를 국내도산절차가 계속 중인 법원에 통지하여야 한다.
1. 법 제632조의 규정에 의한 외국도산절차의 승인결정이 있거나 그 변경 또는 취소결정이 있은 때
2. 법 제636조의 규정에 의한 외국도산절차에 대한 지원결정 또는 법 제635조의 규정에 의한 승인 전 명령이 있거나 그 변경 또는 취소결정이 있은 때
3. 그 밖의 사유에 의하여 외국도산절차의 승인·지원절차가 종료한 때

제105조 【복수의 외국도산절차의 조정】
제104조의 규정은 채무자를 공통으로 하는 여러 개의 외국도산절차의 승인신청이 있거나 그 승인결정이 내려진 때 또는 이미 승인결정이 내려진 동일한 채무자에 대하여 다시 다른 외국도산절차의 승인신청이나 외국도산절차에 대한 지원신청이 있는 경우에 준용한다.

제106조 【주무관청 등에의 통지】
① 법 제632조의 규정에 따라 법인인 채무자에 대하여 외국도산절차의 승인결정이 있는 경우 그 법인의 설립이나 목적인 사업에 관하여 대한민국 행정청의 허가가 있는 때에는 법원은 외국도산절차의 승인결정이 있음을 주무관청에 통지하여야 한다.
② 제1항은 법 제637조의 규정에 따라 국제도산관리인이 선임된 경우에 준용한다.

제107조 【채권자가 외국에서 변제를 받은 경우의 처리】
① 채권자가 국내도산절차의 개시결정(파산선고를 포함한다)이 있은 후 외국도산절차 또는 채무자의 국외재산으로부터 변제받은 때에도 그 변제를 받기 전의 채권 전부로써 국내도산절차에 참가할 수 있다. 다만, 외국도산절차 또는 채무자의 국외재산으로부터 변제받은 채권액에 관하여는 의결권을 행사하지 못한다.
② 제1항의 채권자는 법 제642조에 따라 국내도산절차에서 그와 같은 조 및 순위에 속하는 다른 채권자가 동일한 비율의 변제를 받을때까지 국내도산절차에서 배당 또는 변제를 받지 못한다.

부   칙 (2006.3.23.)

① 【시행일】 이 규칙은 2006년 4월 1일부터 시행

한다.
② 【다른 규칙의 폐지】 회사정리등규칙·개인채무자회생규칙은 이를 폐지한다.
③ 【경과조치】 이 규칙 시행당시 종전의 「회사정리법」에 의하여 정리절차개시의 신청을 한 회사정리사건, 종전의 「화의법」에 의하여 화의개시신청을 한 화의사건, 종전의 「파산법」에 의하여 파산신청을 한 파산사건과 종전의 「개인채무자회생법」에 의하여 개인회생절차개시신청을 한 개인회생사건은 각각 종전의 「회사정리등규칙」 및 「개인채무자회생규칙」에 의한다.

　　부　칙(2009.1.9.)

이 규칙은 공포한 날부터 시행한다.

　　부　칙(2009.11.4.)

이 규칙은 공포한 날부터 시행한다.

　　부　칙(2011.3.28.)

이 규칙은 공포한 날부터 시행한다.

　　부　칙(2011.5.11.)

이 규칙은 공포한 날부터 시행한다.

　　부　칙(2011.9.28.)(부동산등기규칙)

제1조【시행일】 이 규칙은 2011년 10월 13일부터 시행한다. <단서 생략>
제2조부터 제4조까지 생략
제5조【다른 규칙의 개정】 ① 부터 ⑪ 까지 생략
⑫ 채무자 회생 및 파산에 관한 규칙 일부를 다음과 같이 개정한다.
제79조제1항제8호 중 "등기부등본·초본"을 "등기사항증명서"로 한다.
제101조제2항 중 "등기부등본"을 "등기사항증명서"로 한다.
제102조제1항 각 호 외의 부분 중 "등기부등본"을 "등기사항증명서"로 한다.
제6조 생략

　　부　칙(2014.2.7.)

이 규칙은 공포한 날부터 시행한다.

　　부　칙(2014.10.2.)(상업등기규칙)

제1조【시행일】 이 규칙은 2014년 11월 21일부터 시행한다.

제2조 생략
제3조【다른 규칙의 개정】 ① 부터 ⑥ 까지 생략
⑦ 채무자 회생 및 파산에 관한 규칙 일부를 다음과 같이 개정한다.
제50조제1항제1호 중 "법인 등기부등본"을 "법인 등기사항증명서"로 한다.
제55조제2항제3호 중 "법인등기부 등본"을 "법인 등기사항증명서"로 한다.
제72조제1항제2호 및 제73조제2항제3호 중 "법인 등기부등본"을 각각 "법인등기사항증명서"로 한다.
⑧ 생략
제4조 생략

　　부　칙(2015.6.2.)

이 규칙은 2015년 7월 1일부터 시행한다.

　　부　칙(2016.9.6.)

이 규칙은 공포한 날부터 시행하되, 2016년 8월 30일부터 적용한다.

　　부　칙(2017.2.2.)

제1조【시행일】 이 규칙은 2017년 3월 1일부터 시행한다.
제2조【적용례】 ① 이 규칙 시행 당시에 법원에 계속 중인 사건에도 적용한다. 다만, 종전 규정에 따라 생긴 효력에는 영향을 미치지 아니한다.
② 이 규칙 시행 당시에 회생법원의 관할에 속한 사건 중 이미 확정되었거나 보존된 서울중앙지방법원의 사건기록은 이 규칙 시행 후에는 서울회생법원으로 이관된 것으로 본다.
제3조【다른 규칙의 개정】 ① 판사회의의 설치 및 운영에 관한 규칙 일부를 다음과 같이 개정한다.
제2조 중 "행정법원 및 위 지원"을 "행정법원, 회생법원 및 위 지원"으로 한다.
② 법원사무기구에 관한 규칙 일부를 다음과 같이 개정한다.
제6조의3을 다음과 같이 신설한다.
제6조의3(회생법원 사무국에 둘 과 및 분장사무) 회생법원 사무국에 둘 과와 그 분장사무는 별표 5의4와 같이 한다.
별표 4의1 중 서울중앙지방법원의 사무국란 및 민사국란을 다음과 같이 한다.

법원별	국명	과명
서울중앙지방법원	사무국	총무과, 종합민원실, 민사신청과, 민사집행과, 기록관리과
	민사국	민사항소과, 민사합의1과, 민사합의2과, 민사단독1과, 민사단독

	2과, 민사단독3과, 민사소액1과, 민사소액2과

별표 5의4를 다음과 같이 신설한다.
[별표 5의4]
회생법원 사무국에 둘 과와 그 분장사무표

과 명	분장사무
총 무 과	서무·인사·관인과 도서의 관수·문서·연금·기획·통계 및 회계에 관한 사항과 타과에 속하지 아니하는 사항
파 산 과	1. 개인회생사건의 접수 및 이와 관련된 각종 신청·비송사건의 접수 2. 법인·일반회생사건, 법인파산사건, 개인파산·면책사건, 국제도산 사건의 접수처리 및 이와 관련된 각종 신청·비송사건의 접수처리 3. 채무자 회생 및 파산에 관한 법률 시행 전의 회사정리·화의사건의 처리 4. 집회 및 심문기일의 참여 5. 기록 및 문서의 작성처리와 기록·부책의 보존에 관한 사항 6. 채권신고 접수, 조사에 관한 사항
개 인 회 생 과	1. 개인회생사건 처리 및 이와 관련된 각종 신청·비송사건의 처리 2. 집회 및 심문기일의 참여 3. 기록 및 문서의 작성처리와 기록·부책의 보존에 관한 사항 4. 개인회생사건의 회생위원 업무에 관한 사항 5. 채권신고 조사에 관한 사항

※ 회생법원이 설치되지 아니한 지방법원의 회생법원 사무국 파산과, 개인회생과의 분장사무는 지방법원 사무국 민사신청과에서 관장한다.

③ 국고금관리법 등의 위임사항 등에 관한 규칙 일부를 다음과 같이 개정한다.
별표 1의 기관별란 중 "고등법원 특허법원 지방법원 가정법원 행정법원"을 "고등법원 특허법원 지방법원 가정법원 행정법원 회생법원"으로 한다.
별표 2의 기관별란 중 "지방법원, 가정법원 및 행정법원"을 "지방법원, 가정법원, 행정법원 및 회생법원"으로 한다.
④ 등기특별회계규칙 일부를 다음과 같이 개정한다.
별표 1의 기관별란 중 "지방법원 및 가정법원(서울행정법원 제외)"을 "지방법원 및 가정법원(서울행정법원, 서울회생법원 제외)"로 한다.
별표 2를 다음과 같이 한다.

물품관리법에 의한 물품관리관 등 지정

회계별 \ 회계직명 관서별	총괄물품관리관	물품관리관	분임물품관리관	대리물품관리관	물품출납공무원	분임물품출납공무원	대리물품출납공무원	물품운용관
대법원	등기특별 행정관리실장							
대법원 및 법원행정처	〃	행정관리실장(법원시설 확충 관련사항 제외, 다만, 각종 비·소모품에 관한 사항 포함)	기획총괄 심의관(법원시설 확충 관련 사항, 다만, 각종 비·소모품에 관한 사항 제외)	재무담당관	재무담당관실 재무담당 사무관(법원 시설 확충 관련 사항 제외)	시설담당관실 재무담당 사무관(법원 시설 확충 관련 사항)	재무담당관실 재무담당 주사(보)	
지방법원 및 가정법원(행정법원, 회생법원 제외)	〃	사무국장		총무과장	총무과 재무담당 사무관 또는 주사(보)	물품출납공무원이 아닌, 재무담당 선임자	등기과장(후견 등기 관련 제외), 가족관계등록과장(후견 등기 관련, 가족관계등록계만 설치된 곳은 선임후견등기관)	
지원 및 가정지원	〃	사무과장, 단 사무국이 설치된 지원은 사무국장		총무(사무)과 재무담당주사(보)		등기과장(후견 등기 관련 제외, 등기계만 설치된 곳은 선임등기관), 가족관계등록과장(후견 등기 관련, 가족관계등록계만 설치된 곳은 선임후견등기관)	
등기소	〃							등기소장

별표 3의 관직지정란 중 "세입세출외현금출납공무원(서울행정법원 제외)"을 "세입세출외현금출납공무원(서울행정법원, 서울회생법원 제외)"로 한다.
⑤ 재산관리관 및 물품관리관 등의 지정에 관한 규칙 일부를 다음과 같이 개정한다.
별표 1의 기관란 중 "고등법원 특허법원 지방법원 가정법원 행정법원"을 "고등법원 특허법원 지방법원 가정법원 행정법원 회생법원"으로 한다.
⑥ 법정방청 및 촬영 등에 관한 규칙 일부를 다음과 같이 개정한다.

제6조제3항제1호 중 "지방법원장(가정법원장 또는 행정법원장을 포함한다)"을 "지방법원장(가정법원장, 행정법원장 또는 회생법원장을 포함한다)"으로 한다.

⑦ 비밀보호규칙 일부를 다음과 같이 개정한다.

제4조제2항제3호 중 "가정법원장 및 행정법원장"을 "가정법원장, 행정법원장, 회생법원장"으로 한다.

제82조제3항제1호 중 "행정법원 각 총무과장"을 "행정법원, 회생법원 각 총무과장"으로 한다.

⑧ 법원사무관리규칙 일부를 다음과 같이 개정한다.

별표 1의 청인란 중 "법원행정처, 사법연수원, 고등법원, 특허법원, 사법정책연구원, 법원공무원교육원, 법원도서관, 지방법원, 가정법원, 행정법원"을 "법원행정처, 사법연수원, 고등법원, 특허법원, 사법정책연구원, 법원공무원교육원, 법원도서관, 지방법원, 가정법원, 행정법원, 회생법원"으로 하고, 직인란 중 "사법정책연구원장, 법원공무원교육원장, 법원도서관장, 지방법원장, 가정법원장, 행정법원장"을 "사법정책연구원장, 법원공무원교육원장, 법원도서관장, 지방법원장, 가정법원장, 행정법원장, 회생법원장"으로 한다.

⑨ 법원정보공개규칙 일부를 다음과 같이 한다.

제11조제1항 중 "행정법원, 법원행정처"를 "행정법원, 회생법원, 법원행정처"로 한다.

제19조 중 "행정법원, 사법연수원"을 "행정법원, 회생법원, 사법연수원"으로 한다.

⑩ 공직자윤리법의 시행에 관한 대법원규칙 일부를 다음과 같이 개정한다.

제34조제4항제2호 본문 중 "행정법원, 지방법원 지원,"을 "행정법원, 회생법원, 지방법원 지원,"으로 한다.

제34조제7항제3호 중 "지방법원·가정법원·행정법원"을 "지방법원·가정법원·행정법원·회생법원"으로 한다.

제37조의2제2항 본문 중 "행정법원, 지방법원 지원,"을 "행정법원, 회생법원, 지방법원 지원,"으로 한다.

⑪ 법관 및 법원공무원 행동강령 일부를 다음과 같이 개정한다.

제2조제5호 중 "행정법원장, 사법정책연구원장,"을 "행정법원장, 회생법원장, 사법정책연구원장,"으로 한다.

⑫ 법원감사규칙 일부를 다음과 같이 개정한다.

별표 중 정기일반사무감사란을 다음과 같이 한다.

정기일반사무감사	대법원	윤리감사관실	고등법원, 특허법원	연 1회
	고등법원	총무과	지방법원 및 그 지원, 가정법원, 행정법원, 회생법원	연 1회

⑬ 법관인사규칙 일부를 다음과 같이 개정한다.

제3조제2호 중 "행정법원장 및 법원도서관장"을 "행정법원장, 회생법원장 및 법원도서관장"으로 한다.

제11조 중 "가정법원 또는 행정법원"을 "가정법원, 행정법원 또는 회생법원"으로 한다.

⑭ 법원공무원규칙 일부를 다음과 같이 개정한다.

제3조제3호 중 "행정법원장"을 "행정법원장·회생법원장"으로 한다.

별표 3의 수임자란 중 "지방법원장 가정법원장 행정법원장"을 "지방법원장 가정법원장 행정법원장 회생법원장"으로 한다.

⑮ 법원공무원 평정규칙 일부를 다음과 같이 개정한다.

별표 2의1을 다음과 같이 한다.

목표달성도 평가자(제6조제1항 관련)

직급 \ 구분			1차 평가자	2차 평가자
3급 이상			법원행정처차장 각급법원장 (사법연수원장, 사법정책연구원장, 법원공무원교육원장, 법원도서관장 포함)	법원행정처장
4급 (3·4급 복수직 포함), 연구관 (법원공무원규칙 제25조의2 연구관 제외)	법원행정처		소속실·국장	법원행정처 차장
	사법연수원, 사법정책연구원, 법원공무원교육원, 법원도서관		사무국장	원장(관장)
	고등법원, 특허법원		사무국장	법원장
	지방법원 가정법원 행정법원 회생법원	본원	소속 국장	법원장
		등기국	등기국장이 3급인 경우 소속국장	법원장
			등기국장이 4급인 경우 사무국장	
		본원 소속 등기소	소속 국장	법원장
		지원	지원장	법원장
		지원 소속 등기소	지원장	법원장

(피평가자와 1차평가자가 동일한 경우에는 2차평가자가 1차 평가자를 겸하고, 사법보좌관에 대한 평가는 업무감독 법관의 의견을 들어 평가한다.)

별표 2의2 중 기관별란 중 "지방법원 가정법원 행
정법원"을 "지방법원 가정법원 행정법원 회생법원"
으로 한다.

부   칙(2018.1.31.)

이 규칙은 2018년 3월 1일부터 시행한다.

[별표 1] (2017. 2. 2 개정)
관리위원회를 설치하는 법원

관리위원회 설치법원	서울회생법원, 의정부지방법원, 인천지방법원, 수원지방법원, 춘천지방법원, 대전지방법원, 청주지방법원, 대구지방법원, 부산지방법원, 울산지방법원, 창원지방법원, 광주지방법원, 전주지방법원, 제주지방법원

* 법 부칙에 따라 회생법원이 설치되지 아니한 지역에는 지방법
원에 관리위원회를 둠

[별표 2]
관리위원의 보수

구분	보수
상임 관리위원	전임 전문계약직공무원(나급)에 해당하는 금액
비상임 관리위원	회의에 참석하는 경우에 한하여 지방법원장이 정하는 회의출석수당을 지급한다.

[별표 3] (2016. 9. 6 개정)
재산조회를 할 기관·단체 등

순번	기관·단체	조회할 재산	조회비용
1	법원행정처	토지·건물의 소유권	20,000원
2	국토교통부	건물의 소유권	없음
3	특허청	특허권·실용신안권·디자 인권·상표권	20,000원
4	특별시, 광역시, 특별자치시, 도 및 특별자치도	자동차·건설기계의 소유권	기관별 5,000원
5	「은행법」에 따른 은행, 「한국산업은행법」에 따른 한국산업은행 및 「중소기업은행법」에 따른 중소기업은행	「금융실명거래 및 비밀보장 에 관한 법률」 제2조제2호 에 규정된 금융자산(다음부 터 "금융자산"이라 한다) 중 계좌별로 시가 합계액이 50 만원 이상인 것	기관별 5,000원*
6	「자본시장과 금융투자업에 관한 법률」에 따른 투자매매업자, 투자중개업자, 집합투자업자, 신탁업자, 증권금융회사, 종합금융회사 및 명의개서대행회사	금융자산 중 계좌별로 시가 합계액이 50만원 이상인 것	기관별 5,000원*
7	「상호저축은행법」에 따른 상호저축은행 및 상호저축은행중앙회	금융자산 중 계좌별로 시가 합계액이 50만원 이상인 것	기관별 5,000원*
8	「농업협동조합법」에 따른 지역조합 및 품목조합	금융자산 중 계좌별로 시가 합계액이 50만원 이상인 것	기관별 5,000원*
9	「수산업협동조합 법」에 따른 조합 및 중앙회	금융자산 중 계좌별로 시가 합계액이 50만원 이상인 것	기관별 5,000원*
10	「신용협동조합법」에 따른 신용협동조합 및 신용협동조합중앙 회	금융자산 중 계좌별로 시가 합계액이 50만원 이상인 것	기관별 5,000원*
11	「산림조합법」에 따른 지역조합, 전문조합 및 중앙회	금융자산 중 계좌별로 시가 합계액이 50만원 이상인 것	기관별 5,000원*
12	「새마을금고법」에 따른 금고 및 중앙회	금융자산 중 계좌별로 시가 합계액이 50만원 이상인 것	기관별 5,000원*
13	(삭제)	(삭제)	(삭제)
14	(삭제)	(삭제)	(삭제)
15	「보험업법」에 따른 보험회사	해약환급금이 50만원 이상 인 보험계약	기관별 5,000원*
16	미래창조과학부	금융자산 중 계좌별로 시가 합계액이 50만원 이상인 것	5,000원*
17	교통안전공단	자동차·건설기계의 소유권	20,000원

* 순번 5부터 12까지, 15 및 16 기재 "조회비용"란의 금액에는 「
금융실명거래 및 비밀보장에 관한 법률」제4조의2제4항, 같은 법
시행령 제10조의2에 따른 '명의인에의 통보에 소용되는 비용'이
포함되어 있음

중재법

(1999년 12월 31일)
(전개법률 제6083호)

改正
2001. 4. 7法6465號(국사)
2002. 1.26法6626號(민소)
2010. 3.31법10207호   2013. 3.23법11690호(정부조직법)
2016. 5.29법14176호 → 2016.11.30 시행

제1장 총 칙

제1조【목적】 이 법은 중재(仲裁)에 의하여 사법(私法)상의 분쟁을 적정·공평·신속하게 해결함을 목적으로 한다.

제2조【적용 범위】 ① 이 법은 제21조에 따른 중재지(仲裁地)가 대한민국인 경우에 적용한다. 다만, 제9조와 제10조는 중재지가 아직 정해지지 아니하였거나 대한민국이 아닌 경우에도 적용하며, 제37조와 제39조는 중재지가 대한민국이 아닌 경우에도 적용한다.

② 이 법은 중재절차를 인정하지 아니하거나 이 법의 중재절차와는 다른 절차에 따라 중재에 부칠 수 있도록 정한 법률과 대한민국에서 발효(發效) 중인 조약에 대하여는 영향을 미치지 아니한다.

제3조【정의】 이 법에서 사용하는 용어의 뜻은 다음과 같다. (2016.5.29 본조개정)

1. "중재"란 당사자 간의 합의로 재산권상의 분쟁 및 당사자가 화해에 의하여 해결할 수 있는 비재산권상의 분쟁을 법원의 재판에 의하지 아니하고 중재인(仲裁人)의 판정에 의하여 해결하는 절차를 말한다.

2. "중재합의"란 계약상의 분쟁인지 여부에 관계없이 일정한 법률관계에 관하여 당사자 간에 이미 발생하였거나 앞으로 발생할 수 있는 분쟁의 전부 또는 일부를 중재에 의하여 해결하도록 하는 당사자 간의 합의를 말한다.

3. "중재판정부"(仲裁判定部)란 중재절차를 진행하고 중재판정을 내리는 단독중재인 또는 여러 명의 중재인으로 구성되는 중재인단을 말한다.

제4조【서면의 통지】 ① 당사자 간에 다른 합의가 없는 경우에 서면(書面)의 통지는 수신인 본인에게 서면을 직접 교부하는 방법으로 한다.

② 제1항에 따른 직접 교부의 방법으로 통지할 수 없는 경우에는 서면이 수신인의 주소, 영업소 또는 우편연락장소에 정당하게 전달된 때에 수신인에게 통지된 것으로 본다.

③ 제2항을 적용할 때에 적절한 조회를 하였음에도 수신인의 주소, 영업소 또는 우편연락장소를 알 수 없는 경우에는 최후로 알려진 수신인의 주소, 영업소 또는 우편연락장소로 등기우편이나 그 밖에 발송을 증명할 수 있는 우편방법에 의하여 서면이 발송된 때에 수신인에게 통지된 것으로 본다.

④ 제1항부터 제3항까지의 규정은 법원이 하는 송달에는 적용하지 아니한다.

제5조【이의신청권의 상실】 당사자가 이 법의 임의규정 또는 중재절차에 관한 당사자 간의 합의를 위반한 사실을 알고도 지체 없이 이의를 제기하지 아니하거나, 정하여진 이의제기 기간 내에 이의를 제기하지 아니하고 중재절차가 진행된 경우에는 그 이의신청권을 상실한다.

제6조【법원의 관여】 법원은 이 법에서 정한 경우를 제외하고는 이 법에 관한 사항에 관여할 수 없다.

제7조【관할법원】 ① 다음 각 호의 사항에 대하여는 중재합의에서 지정한 지방법원 또는 지원(이하 "법원"이라 한다)이, 그 지정이 없는 경우에는 중재지를 관할하는 법원이 관할하며, 중재지가 아직 정하여지지 아니한 경우에는 피신청인의 주소 또는 영업소를 관할하는 법원이, 주소 또는 영업소를 알 수 없는 경우에는 거소(居所)를 관할하는 법원이, 거소도 알 수 없는 경우에는 최후로 알려진 주소 또는 영업소를 관할하는 법원이 관할한다. (2016.5.29 본항개정)

1. 제12조제3항 및 제4항에 따른 중재인의 선정 및 중재기관의 지정

2. 제14조제3항에 따른 중재인의 기피신청에 대한 법원의 기피결정

3. 제15조제2항에 따른 중재인의 권한종료신청에 대한 법원의 권한종료결정

4. 제17조제6항에 따른 중재판정부의 권한심사신청에 대한 법원의 권한심사

4의2. 제18조의7에 따른 임시적 처분의 승인 또는 집행 신청에 대한 법원의 결정 및 담보제공 명령

5. 제27조제3항에 따른 감정인(鑑定人)에 대한 기피신청에 대한 법원의 기피결정

② 제28조에 따른 증거조사는 증거조사가 실시되는 지역을 관할하는 법원이 관할한다.

③ 다음 각 호의 사항에 대하여는 중재합의에서 지정한 법원이 관할하고, 그 지정이 없는 경우에는 중재지를 관할하는 법원이 관할한다.

1. 제32조제4항에 따른 중재판정 원본(原本)의 보관

2. 제36조제1항에 따른 중재판정 취소의 소(訴)

④ 제37조부터 제39조까지의 규정에 따른 중재판정의 승인과 집행 청구의 소는 다음 각 호의 어느 하나에 해당하는 법원이 관할한다.

1. 중재합의에서 지정한 법원

2. 중재지를 관할하는 법원

3. 피고 소유의 재산이 있는 곳을 관할하는 법원

4. 피고의 주소 또는 영업소, 주소 또는 영업소를 알 수 없는 경우에는 거소, 거소도 알 수 없는 경우에는 최후로 알려진 주소 또는 영업소를 관할

하는 법원

제2장 중재합의

제8조 【중재합의의 방식】 ① 중재합의는 독립된 합의 또는 계약에 중재조항을 포함하는 형식으로 할 수 있다.
② 중재합의는 서면으로 하여야 한다.
③ 다음 각 호의 어느 하나에 해당하는 경우는 서면에 의한 중재합의로 본다. (2016.5.29 본항개정)
1. 구두나 행위, 그 밖의 어떠한 수단에 의하여 이루어진 것인지 여부와 관계없이 중재합의의 내용이 기록된 경우
2. 전보(電報), 전신(電信), 팩스, 전자우편 또는 그 밖의 통신수단에 의하여 교환된 전자적 의사표시에 중재합의가 포함된 경우. 다만, 그 중재합의의 내용을 확인할 수 없는 경우는 제외한다.
3. 어느 한쪽 당사자가 당사자 간에 교환된 신청서 또는 답변서의 내용에 중재합의가 있는 것을 주장하고 상대방 당사자가 이에 대하여 다투지 아니하는 경우
④ 계약이 중재조항을 포함한 문서를 인용하고 있는 경우에는 중재합의가 있는 것으로 본다. 다만, 중재조항을 그 계약의 일부로 하고 있는 경우로 한정한다. (2016.5.29 본항개정)

제9조 【중재합의와 법원에의 제소】 ① 중재합의의 대상인 분쟁에 관하여 소가 제기된 경우에 피고가 중재합의가 있다는 항변(抗辯)을 하였을 때에는 법원은 그 소를 각하(却下)하여야 한다. 다만, 중재합의가 없거나 무효이거나 효력을 상실하였거나 그 이행이 불가능한 경우에는 그러하지 아니하다.
② 피고는 제1항의 항변을 본안(本案)에 관한 최초의 변론을 할 때까지 하여야 한다.
③ 제1항의 소가 법원에 계속(繫屬) 중인 경우에도 중재판정부는 중재절차를 개시 또는 진행하거나 중재판정을 내릴 수 있다.

제10조 【중재합의와 법원의 보전처분】 중재합의의 당사자는 중재절차의 개시 전 또는 진행 중에 법원에 보전처분(保全處分)을 신청할 수 있다.

제3장 중재판정부

제11조 【중재인의 수】 ① 중재인의 수는 당사자 간의 합의로 정한다.
② 제1항의 합의가 없으면 중재인의 수는 3명으로 한다.

제12조 【중재인의 선정】 ① 당사자 간에 다른 합의가 없으면 중재인은 국적에 관계없이 선정될 수 있다.
② 중재인의 선정절차는 당사자 간의 합의로 정한다.

③ 제2항의 합의가 없으면 다음 각 호의 구분에 따라 중재인을 선정한다. (2016.5.29 본항개정)
1. 단독중재인에 의한 중재의 경우: 어느 한쪽 당사자가 상대방 당사자로부터 중재인의 선정을 요구받은 후 30일 이내에 당사자들이 중재인의 선정에 관하여 합의하지 못한 경우에는 어느 한쪽 당사자의 신청을 받아 법원 또는 그 법원이 지정한 중재기관이 중재인을 선정한다.
2. 3명의 중재인에 의한 중재의 경우: 각 당사자가 1명씩 중재인을 선정하고, 이에 따라 선정된 2명의 중재인들이 합의하여 나머지 1명의 중재인을 선정한다. 이 경우 어느 한쪽 당사자가 상대방 당사자로부터 중재인의 선정을 요구받은 후 30일 이내에 중재인을 선정하지 아니하거나 선정된 2명의 중재인들이 선정된 후 30일 이내에 나머지 1명의 중재인을 선정하지 못한 경우에는 어느 한쪽 당사자의 신청을 받아 법원 또는 그 법원이 지정한 중재기관이 그 중재인을 선정한다.
④ 제2항의 합의가 있더라도 다음 각 호의 어느 하나에 해당할 때에는 당사자의 신청을 받아 법원 또는 그 법원이 지정한 중재기관이 중재인을 선정한다. (2016.5.29 본항개정)
1. 어느 한쪽 당사자가 합의된 절차에 따라 중재인을 선정하지 아니하였을 때
2. 양쪽 당사자 또는 중재인들이 합의된 절차에 따라 중재인을 선정하지 못하였을 때
3. 중재인의 선정을 위임받은 기관 또는 그 밖의 제3자가 중재인을 선정할 수 없을 때
⑤ 제3항 및 제4항에 따른 법원 또는 그 법원이 지정한 중재기관의 결정에 대하여는 불복할 수 없다. (2016.5.29 본항개정)

제13조 【중재인에 대한 기피 사유】 ① 중재인이 되어 달라고 요청받은 사람 또는 중재인으로 선정된 사람은 자신의 공정성이나 독립성에 관하여 의심을 살 만한 사유가 있을 때에는 지체 없이 이를 당사자들에게 고지(告知)하여야 한다.
② 중재인은 제1항의 사유가 있거나 당사자들이 합의한 중재인의 자격을 갖추지 못한 사유가 있는 경우에만 기피될 수 있다. 다만, 당사자는 자신이 선정하였거나 선정절차에 참여하여 선정한 중재인에 대하여는 선정 후에 알게 된 사유가 있는 경우에만 기피신청을 할 수 있다.

제14조 【중재인에 대한 기피절차】 ① 중재인에 대한 기피절차는 당사자 간의 합의로 정한다.
② 제1항의 합의가 없는 경우에 중재인을 기피하려는 당사자는 중재판정부가 구성된 날 또는 제13조 제2항의 사유를 안 날부터 15일 이내에 중재판정부에 서면으로 기피신청을 하여야 한다. 이 경우 기피신청을 받은 중재인이 사임(辭任)하지 아니하거나 상대방 당사자가 기피신청에 동의하지 아니하면 중

재판정부는 그 기피신청에 대한 결정을 하여야 한다. ③ 제1항 및 제2항에 따른 기피신청이 받아들여지지 아니한 경우 기피신청을 한 당사자는 그 결과를 통지받은 날부터 30일 이내에 법원에 해당 중재인에 대한 기피신청을 할 수 있다. 이 경우 기피신청이 법원에 계속 중일 때에도 중재판정부는 중재절차를 진행하거나 중재판정을 내릴 수 있다. ④ 제3항에 따른 기피신청에 대한 법원의 기피결정에 대하여는 항고할 수 없다.

제15조【중재인의 직무 불이행으로 인한 권한종료】 ① 중재인이 법률상 또는 사실상의 사유로 직무를 수행할 수 없거나 정당한 사유 없이 직무 수행을 지체하는 경우에는 그 중재인의 사임 또는 당사자 간의 합의에 의하여 중재인의 권한은 종료된다. ② 제1항에 따른 중재인의 권한종료 여부에 관하여 다툼이 있는 경우 당사자는 법원에 이에 대한 결정을 신청할 수 있다. ③ 제2항에 따른 권한종료신청에 대한 법원의 권한종료결정에 대하여는 항고할 수 없다.

제16조【보궐중재인의 선정】 중재인의 권한이 종료되어 중재인을 다시 선정하는 경우 그 선정절차는 대체되는 중재인의 선정에 적용된 절차에 따른다.

제17조【중재판정부의 판정 권한에 관한 결정】 ① 중재판정부는 자신의 권한 및 이와 관련된 중재합의의 존재 여부 또는 유효성에 대한 이의에 대하여 결정할 수 있다. 이 경우 중재합의가 중재조항의 형식으로 되어 있을 때에는 계약 중 다른 조항의 효력은 중재조항의 효력에 영향을 미치지 아니한다. ② 중재판정부의 권한에 관한 이의는 본안에 관한 답변서를 제출할 때까지 제기하여야 한다. 이 경우 당사자는 자신이 중재인을 선정하였거나 선정절차에 참여하였더라도 이의를 제기할 수 있다. ③ 중재판정부가 중재절차의 진행 중에 그 권한의 범위를 벗어난 경우 이에 대한 이의는 그 사유가 중재절차에서 다루어지는 즉시 제기하여야 한다. ④ 중재판정부는 제2항 및 제3항에 따른 이의가 같은 항에 규정된 시기보다 늦게 제기되었더라도 그 지연에 정당한 이유가 있다고 인정하는 경우에는 이를 받아들일 수 있다. ⑤ 중재판정부는 제2항 및 제3항에 따른 이의에 대하여 선결문제(先決問題)로서 결정하거나 본안에 관한 중재판정에서 함께 판단할 수 있다. ⑥ 중재판정부가 제5항에 따라 선결문제로서 그 권한의 유무를 결정한 경우에 그 결정에 불복하는 당사자는 그 결정을 통지받은 날부터 30일 이내에 법원에 중재판정부의 권한에 대한 심사를 신청할 수 있다. (2016.5.29 본항개정) ⑦ 중재판정부는 제6항에 따른 신청으로 재판이 계속 중인 경우에도 중재절차를 진행하거나 중재판정

을 내릴 수 있다. ⑧ 제6항에 따른 권한심사신청에 대한 법원의 권한 심사에 대하여는 항고할 수 없다. ⑨ 제6항에 따른 신청을 받은 법원이 중재판정부에 판정 권한이 있다는 결정을 하게 되면 중재판정부는 중재절차를 계속해서 진행하여야 하고, 중재인이 중재절차의 진행을 할 수 없거나 원하지 아니하면 중재인의 권한은 종료되고 제16조에 따라 중재인을 다시 선정하여야 한다. (2016.5.29 본항신설)

제3장의2 임시적 처분
(2016.5.29 본장신설)

제18조【임시적 처분】 ① 당사자 간에 다른 합의가 없는 경우에 중재판정부는 어느 한쪽 당사자의 신청에 따라 필요하다고 인정하는 임시적 처분을 내릴 수 있다. (2016.5.29 본항개정) ② 제1항의 임시적 처분은 중재판정부가 중재판정이 내려지기 전에 어느 한쪽 당사자에게 다음 각 호의 내용을 이행하도록 명하는 잠정적 처분으로 한다. (2016.5.29 본항개정)
1. 본안에 대한 중재판정이 있을 때까지 현상의 유지 또는 복원
2. 중재절차 자체에 대한 현존하거나 급박한 위험이나 영향을 방지하는 조치 또는 그러한 위험이나 영향을 줄 수 있는 조치의 금지
3. 중재판정의 집행 대상이 되는 자산에 대한 보전 방법의 제공
4. 분쟁의 해결에 관련성과 중요성이 있는 증거의 보전

제18조의2【임시적 처분의 요건】 ① 제18조제2항제1호부터 제3호까지의 임시적 처분은 이를 신청하는 당사자가 다음 각 호의 요건을 모두 소명하는 경우에만 내릴 수 있다.
1. 신청인이 임시적 처분을 받지 못하는 경우 신청인에게 중재판정에 포함된 손해배상으로 적절히 보상되지 아니하는 손해가 발생할 가능성이 있고, 그러한 손해가 임시적 처분으로 인하여 상대방에게 발생할 것으로 예상되는 손해를 상당히 초과할 것
2. 본안에 대하여 합리적으로 인용가능성이 있을 것. 다만, 중재판정부는 본안 심리를 할 때 임시적 처분 결정 시의 인용가능성에 대한 판단에 구속되지 아니한다.
② 제18조제2항제4호의 임시적 처분의 신청에 대해서는 중재판정부가 적절하다고 판단하는 범위에서 제1항의 요건을 적용할 수 있다.
(2016.5.29 본조신설)

제18조의3【임시적 처분의 변경·정지 또는 취소】 중재판정부는 일방 당사자의 신청에 의하여

또는 특별한 사정이 있는 경우에는 당사자에게 미리 통지하고 직권으로 이미 내린 임시적 처분을 변경·정지하거나 취소할 수 있다. 이 경우 중재판정부는 그 변경·정지 또는 취소 전에 당사자를 심문(審問)하여야 한다.
(2016.5.29 본조신설)

제18조의4【담보의 제공】 중재판정부는 임시적 처분을 신청하는 당사자에게 상당한 담보의 제공을 명할 수 있다.
(2016.5.29 본조신설)

제18조의5【고지의무】 중재판정부는 당사자에게 임시적 처분 또는 그 신청의 기초가 되는 사정에 중요한 변경이 있을 경우 즉시 이를 알릴 것을 요구할 수 있다.
(2016.5.29 본조신설)

제18조의6【비용 및 손해배상】 ① 중재판정부가 임시적 처분을 내린 후 해당 임시적 처분이 부당하다고 인정할 경우에는 임시적 처분을 신청한 당사자는 임시적 처분으로 인한 비용이나 손해를 상대방 당사자에게 지급하거나 배상할 책임을 진다.
② 중재판정부는 중재절차 중 언제든지 제1항에 따른 비용의 지급이나 손해의 배상을 중재판정의 형식으로 명할 수 있다.
(2016.5.29 본조신설)

제18조의7【임시적 처분의 승인 및 집행】 ① 중재판정부가 내린 임시적 처분의 승인을 받으려는 당사자는 법원에 그 승인의 결정을 구하는 신청을 할 수 있으며, 임시적 처분에 기초한 강제집행을 하려고 하는 당사자는 법원에 이를 집행할 수 있다는 결정을 구하는 신청을 할 수 있다.
② 임시적 처분의 승인 또는 집행을 신청한 당사자 및 그 상대방 당사자는 그 처분의 변경·정지 또는 취소가 있는 경우 법원에 이를 알려야 한다.
③ 중재판정부가 임시적 처분과 관련하여 담보제공 명령을 하지 아니한 경우나 제3자의 권리를 침해할 우려가 있는 경우, 임시적 처분의 승인이나 집행을 신청받은 법원은 필요하다고 인정할 때에는 승인과 집행을 신청한 당사자에게 적절한 담보를 제공할 것을 명할 수 있다.
④ 임시적 처분의 집행에 관하여는 「민사집행법」 중 보전처분에 관한 규정을 준용한다.
(2016.5.29 본조신설)

제18조의8【승인 및 집행의 거부사유】 ① 임시적 처분의 승인 또는 집행은 다음 각 호의 어느 하나에 해당하는 경우에만 거부될 수 있다.
1. 임시적 처분의 상대방 당사자의 이의에 따라 법원이 다음 각 목의 어느 하나에 해당한다고 인정하는 경우
  가. 임시적 처분의 상대방 당사자가 다음의 어느 하나에 해당하는 사실을 소명한 경우

  1) 제36조제2항제1호가목 또는 라목에 해당하는 사실
  2) 임시적 처분의 상대방 당사자가 중재인의 선정 또는 중재절차에 관하여 적절한 통지를 받지 못하였거나 그 밖의 사유로 변론을 할 수 없었던 사실
  3) 임시적 처분이 중재합의 대상이 아닌 분쟁을 다룬 사실 또는 임시적 처분이 중재합의 범위를 벗어난 사항을 다룬 사실. 다만, 임시적 처분이 중재합의의 대상에 관한 부분과 대상이 아닌 부분으로 분리될 수 있는 경우에는 대상이 아닌 임시적 처분 부분만이 거부될 수 있다.
  나. 임시적 처분에 대하여 법원 또는 중재판정부가 명한 담보가 제공되지 아니한 경우
  다. 임시적 처분이 중재판정부에 의하여 취소 또는 정지된 경우
2. 법원이 직권으로 다음 각 목의 어느 하나에 해당한다고 인정하는 경우
  가. 법원에 임시적 처분을 집행할 권한이 없는 경우. 다만, 법원이 임시적 처분의 집행을 위하여 임시적 처분의 실체를 변경하지 아니하고 필요한 범위에서 임시적 처분을 변경하는 결정을 한 경우에는 그러하지 아니하다.
  나. 제36조제2항제2호가목 또는 나목의 사유가 있는 경우
② 제18조의7에 따라 임시적 처분의 승인이나 집행을 신청받은 법원은 그 결정을 할 때 임시적 처분의 실체에 대하여 심리해서는 아니 된다.
③ 제1항의 사유에 기초한 법원의 판단은 임시적 처분의 승인과 집행의 결정에 대해서만 효력이 있다.
(2016.5.29 본조신설)

제4장 중재절차

제19조【당사자에 대한 동등한 대우】 양쪽 당사자는 중재절차에서 동등한 대우를 받아야 하고, 자신의 사안(事案)에 대하여 변론할 수 있는 충분한 기회를 가져야 한다.

제20조【중재절차】 ① 이 법의 강행규정(强行規定)에 반하는 경우를 제외하고는 당사자들은 중재절차에 관하여 합의할 수 있다.
② 제1항의 합의가 없는 경우에는 중재판정부가 이 법에 따라 적절한 방식으로 중재절차를 진행할 수 있다. 이 경우 중재판정부는 증거능력, 증거의 관련성 및 증명력에 관하여 판단할 권한을 가진다.

제21조【중재지】 ① 중재지는 당사자 간의 합의로 정한다.
② 제1항의 합의가 없는 경우 중재판정부는 당사자의 편의와 해당 사건에 관한 모든 사정을 고려하여

중재지를 정한다.

③ 중재판정부는 제1항 및 제2항에 따른 중재지 외의 적절한 장소에서 중재인들 간의 협의, 증인·감정인 및 당사자 본인에 대한 신문(訊問), 물건·장소의 검증 또는 문서의 열람을 할 수 있다. 다만, 당사자가 이와 달리 합의한 경우에는 그러하지 아니하다. (2016.5.29 본항개정)

제22조【중재절차의 개시】 ① 당사자 간에 다른 합의가 없는 경우 중재절차는 피신청인이 중재요청서를 받은 날부터 시작된다.

② 제1항의 중재요청서에는 당사자, 분쟁의 대상 및 중재합의의 내용을 적어야 한다.

제23조【언어】 ① 중재절차에서 사용될 언어는 당사자 간의 합의로 정하고, 합의가 없는 경우에는 중재판정부가 지정하며, 중재판정부의 지정이 없는 경우에는 한국어로 한다.

② 제1항의 언어는 달리 정한 것이 없으면 당사자의 준비서면, 구술심리(口述審理), 중재판정부의 중재판정 및 결정, 그 밖의 의사표현에 사용된다.

③ 중재판정부는 필요하다고 인정하면 서증(書證)과 함께 제1항의 언어로 작성된 번역문을 제출할 것을 당사자에게 명할 수 있다.

제24조【신청서와 답변서】 ① 신청인은 당사자들이 합의하였거나 중재판정부가 정한 기간 내에 신청 취지와 신청 원인이 된 사실을 적은 신청서를 중재판정부에 제출하고, 피신청인은 이에 대하여 답변하여야 한다.

② 당사자는 신청서 또는 답변서에 중요하다고 인정하는 서류를 첨부하거나 앞으로 사용할 증거방법을 표시할 수 있다.

③ 당사자 간에 다른 합의가 없는 경우 당사자는 중재절차의 진행 중에 자신의 신청이나 공격·방어방법을 변경하거나 보완할 수 있다. 다만, 중재판정부가 변경 또는 보완에 의하여 절차가 현저히 지연될 우려가 있다고 인정하는 경우에는 그러하지 아니하다.

제25조【심리】 ① 당사자 간에 다른 합의가 없는 경우 중재판정부는 구술심리를 할 것인지 또는 서면으로만 심리를 할 것인지를 결정한다. 다만, 당사자들이 구술심리를 하지 아니하기로 합의한 경우를 제외하고는 중재판정부는 어느 한쪽 당사자의 신청에 따라 적절한 단계에서 구술심리를 하여야 한다.

② 중재판정부는 구술심리나 그 밖의 증거조사를 하기 전에 충분한 시간을 두고 구술심리기일 또는 증거조사기일을 당사자에게 통지하여야 한다.

③ 어느 한쪽 당사자가 중재판정부에 제출하는 준비서면, 서류, 그 밖의 자료는 지체 없이 상대방 당사자에게 제공되어야 한다. (2016.5.29 본항개정)

④ 중재판정부가 판정에서 기초로 삼으려는 감정서(鑑定書) 또는 서증은 양쪽 당사자에게 제공되어야 한다. (2016.5.29 본항개정)

제26조【어느 한쪽 당사자의 해태】 ① 신청인이 제24조제1항에 따라 신청서를 제출하지 아니하는 경우 중재판정부는 중재절차를 종료하여야 한다.

② 피신청인이 제24조제1항의 답변서를 제출하지 아니하는 경우 중재판정부는 신청인의 주장에 대한 자백으로 간주하지 아니하고 중재절차를 계속 진행하여야 한다.

③ 어느 한쪽 당사자가 구술심리에 출석하지 아니하거나 정하여진 기간 내에 서증을 제출하지 아니하는 경우 중재판정부는 중재절차를 계속 진행하여 제출된 증거를 기초로 중재판정을 내릴 수 있다.

④ 당사자 간에 다른 합의가 있거나 중재판정부가 상당한 이유가 있다고 인정하는 경우에는 제1항부터 제3항까지의 규정을 적용하지 아니한다.

제27조【감정인】 ① 당사자 간에 다른 합의가 없는 경우 중재판정부는 특정 쟁점에 대한 감정을 위하여 감정인을 지정할 수 있다. 이 경우 중재판정부는 당사자로 하여금 감정인에게 필요한 정보를 제공하고 감정인의 조사를 위하여 관련 문서와 물건 등을 제출하게 하거나 그에 대한 접근을 허용하도록 할 수 있다.

② 당사자 간에 다른 합의가 없는 경우 중재판정부는 직권으로 또는 당사자의 신청을 받아 감정인을 구술심리기일에 출석시켜 당사자의 질문에 답변하도록 할 수 있다.

③ 중재판정부가 지정한 감정인에 대한 기피에 관하여는 제13조 및 제14조를 준용한다.

제28조【증거조사에 관한 법원의 협조】 ① 중재판정부는 직권으로 또는 당사자의 신청을 받아 법원에 증거조사를 촉탁(囑託)하거나 증거조사에 대한 협조를 요청할 수 있다. (2016.5.29 본항개정)

② 중재판정부가 법원에 증거조사를 촉탁하는 경우 중재판정부는 조서(調書)에 적을 사항과 그 밖에 증거조사가 필요한 사항을 서면으로 지정할 수 있다. (2016.5.29 본항개정)

③ 제2항에 따라 법원이 증거조사를 하는 경우 중재인이나 당사자는 재판장의 허가를 얻어 그 증거조사에 참여할 수 있다. (2016.5.29 본항개정)

④ 제2항의 경우 법원은 증거조사를 마친 후 증인신문조서 등본, 검증조서 등본 등 증거조사에 관한 기록을 지체 없이 중재판정부에 보내야 한다. (2016.5.29 본항개정)

⑤ 중재판정부가 법원에 증거조사에 대한 협조를 요청하는 경우 법원은 증인이나 문서소지자 등에게 중재판정부 앞에 출석할 것을 명하거나 중재판정부에 필요한 문서를 제출할 것을 명할 수 있다. (2016.5.29 본항신설)

⑥ 중재판정부는 증거조사에 필요한 비용을 법원에 내야 한다. (2016.5.29 본항신설)

제5장 중재판정

제29조 【분쟁의 실체에 적용될 법】 ① 중재판정부는 당사자들이 지정한 법에 따라 판정을 내려야 한다. 특정 국가의 법 또는 법 체계가 지정된 경우에 달리 명시된 것이 없으면 그 국가의 국제사법이 아닌 분쟁의 실체(實體)에 적용될 법을 지정한 것으로 본다.
② 제1항의 지정이 없는 경우 중재판정부는 분쟁의 대상과 가장 밀접한 관련이 있는 국가의 법을 적용하여야 한다.
③ 중재판정부는 당사자들이 명시적으로 권한을 부여하는 경우에만 형평과 선(善)에 따라 판정을 내릴 수 있다.
④ 중재판정부는 계약에서 정한 바에 따라 판단하고 해당 거래에 적용될 수 있는 상관습(商慣習)을 고려하여야 한다.

제30조 【중재판정부의 의사결정】 당사자 간에 다른 합의가 없는 경우 3명 이상의 중재인으로 구성된 중재판정부의 의사결정은 과반수의 결의에 따른다. 다만, 중재절차는 당사자 간의 합의가 있거나 중재인 전원이 권한을 부여하는 경우에는 절차를 주관하는 중재인이 단독으로 결정할 수 있다.

제31조 【화해】 ① 중재절차의 진행 중에 당사자들이 화해한 경우 중재판정부는 그 절차를 종료한다. 이 경우 중재판정부는 당사자들의 요구에 따라 그 화해 내용을 중재판정의 형식으로 적을 수 있다.
② 제1항에 따라 화해 내용을 중재판정의 형식으로 적을 때에는 제32조에 따라 작성되어야 하며, 중재판정임이 명시되어야 한다.
③ 화해 중재판정은 해당 사건의 본안에 관한 중재판정과 동일한 효력을 가진다.

제32조 【중재판정의 형식과 내용】 ① 중재판정은 서면으로 작성하여야 하며, 중재인 전원이 서명하여야 한다. 다만, 3명 이상의 중재인으로 구성된 중재판정부의 경우에 과반수에 미달하는 일부 중재인에게 서명할 수 없는 사유가 있을 때에는 다른 중재인이 그 사유를 적고 서명하여야 한다.
② 중재판정에는 그 판정의 근거가 되는 이유를 적어야 한다. 다만, 당사자 간에 합의가 있거나 제31조에 따른 화해 중재판정인 경우에는 그러하지 아니하다.
③ 중재판정에는 작성날짜와 중재지를 적어야 한다. 이 경우 중재판정은 그 중재판정서에 적힌 날짜와 장소에서 내려진 것으로 본다.
④ 제1항부터 제3항까지의 규정에 따라 작성·서명된 중재판정의 정본(正本)은 제4조제1항부터 제3항까지의 규정에 따라 각 당사자에게 송부한다. 다만, 당사자의 신청이 있는 경우에는 중재판정부는 중재판정의 원본을 그 송부 사실을 증명하는 서면과 함께 관할법원에 송부하여 보관할 수 있다. (2016.5.29 본항개정)

제33조 【중재절차의 종료】 ① 중재절차는 종국판정(終局判定) 또는 제2항에 따른 중재판정부의 결정에 따라 종료된다.
② 중재판정부는 다음 각 호의 어느 하나에 해당하는 경우에는 중재절차의 종료결정을 하여야 한다.
1. 신청인이 중재신청을 철회하는 경우. 다만, 피신청인이 이에 동의하지 아니하고 중재판정부가 피신청인에게 분쟁의 최종적 해결을 구할 정당한 이익이 있다고 인정하는 경우는 제외한다.
2. 당사자들이 중재절차를 종료하기로 합의하는 경우
3. 중재판정부가 중재절차를 계속 진행하는 것이 불필요하거나 불가능하다고 인정하는 경우
③ 중재판정부의 권한은 제34조의 경우를 제외하고는 중재절차의 종료와 함께 종결된다.

제34조 【중재판정의 정정·해석 및 추가 판정】 ① 당사자들이 달리 기간을 정한 경우를 제외하고는 각 당사자는 중재판정의 정본을 받은 날부터 30일 이내에 다음 각 호의 어느 하나에 규정된 정정, 해석 또는 추가 판정을 중재판정부에 신청할 수 있다.
1. 중재판정의 오산(誤算)·오기(誤記), 그 밖에 이와 유사한 오류의 정정
2. 당사자 간의 합의가 있는 경우에 중재판정의 일부 또는 특정 쟁점에 대한 해석
3. 중재절차에서 주장되었으나 중재판정에 포함되지 아니한 청구에 관한 추가 판정. 다만, 당사자 간에 다른 합의가 있는 경우는 제외한다.
② 제1항의 신청을 하는 경우 신청인은 상대방 당사자에게 그 취지를 통지하여야 한다.
③ 중재판정부는 제1항제1호 및 제2호의 신청에 대하여는 신청을 받은 날부터 30일 이내에, 같은 항 제3호의 신청에 대하여는 신청을 받은 날부터 60일 이내에 이를 판단하여야 한다. 이 경우 제1항제2호의 해석은 중재판정의 일부를 구성한다.
④ 중재판정부는 판정일부터 30일 이내에 직권으로 제1항제1호의 정정을 할 수 있다.
⑤ 중재판정부는 필요하다고 인정할 때에는 제3항의 기간을 연장할 수 있다.
⑥ 중재판정의 정정, 해석 또는 추가 판정의 형식에 관하여는 제32조를 준용한다.

제34조의2 【중재비용의 분담】 당사자 간에 다른 합의가 없는 경우 중재판정부는 중재사건에 관한 모든 사정을 고려하여 중재절차에 관하여 지출한 비용의 분담에 관하여 정할 수 있다. (2016.5.29 본조신설)

제34조의3 【지연이자】 당사자 간에 다른 합의가 없는 경우 중재판정부는 중재판정을 내릴 때 중재

사건에 관한 모든 사정을 고려하여 적절하다고 인정하는 지연이자의 지급을 명할 수 있다. (2016.5.29 본조신설)

제6장 중재판정의 효력 및 불복

제35조【중재판정의 효력】 중재판정은 양쪽 당사자 간에 법원의 확정판결과 동일한 효력을 가진다. 다만, 제38조에 따라 승인 또는 집행이 거절되는 경우에는 그러하지 아니하다. (2016.5.29 본조개정)

제36조【중재판정 취소의 소】 ① 중재판정에 대한 불복은 법원에 중재판정 취소의 소를 제기하는 방법으로만 할 수 있다.

② 법원은 다음 각 호의 어느 하나에 해당하는 경우에만 중재판정을 취소할 수 있다. (2016.5.29 본항개정)

1. 중재판정의 취소를 구하는 당사자가 다음 각 목의 어느 하나에 해당하는 사실을 증명하는 경우
   가. 중재합의의 당사자가 해당 준거법(準據法)에 따라 중재합의 당시 무능력자였던 사실 또는 중재합의가 당사자들이 지정한 법에 따라 무효이거나 그러한 지정이 없는 경우에는 대한민국의 법에 따라 무효인 사실
   나. 중재판정의 취소를 구하는 당사자가 중재인의 선정 또는 중재절차에 관하여 적절한 통지를 받지 못하였거나 그 밖의 사유로 변론을 할 수 없었던 사실
   다. 중재판정이 중재합의의 대상이 아닌 분쟁을 다룬 사실 또는 중재판정이 중재합의의 범위를 벗어난 사항을 다룬 사실. 다만, 중재판정이 중재합의의 대상에 관한 부분과 대상이 아닌 부분으로 분리될 수 있는 경우에는 대상이 아닌 중재판정 부분만을 취소할 수 있다.
   라. 중재판정부의 구성 또는 중재절차가 이 법의 강행규정에 반하지 아니하는 당사자 간의 합의에 따르지 아니하였거나 그러한 합의가 없는 경우에는 이 법에 따르지 아니하였다는 사실
2. 법원이 직권으로 다음 각 목의 어느 하나에 해당하는 사유가 있다고 인정하는 경우
   가. 중재판정의 대상이 된 분쟁이 대한민국의 법에 따라 중재로 해결될 수 없는 경우
   나. 중재판정의 승인 또는 집행이 대한민국의 선량한 풍속이나 그 밖의 사회질서에 위배되는 경우

③ 중재판정 취소의 소는 중재판정의 취소를 구하는 당사자가 중재판정의 정본을 받은 날부터 또는 제34조에 따른 정정·해석 또는 추가 판정의 정본을 받은 날부터 3개월 이내에 제기하여야 한다.

④ 해당 중재판정에 관하여 대한민국의 법원에서 내려진 승인 또는 집행 결정이 확정된 후에는 중재판정 취소의 소를 제기할 수 없다. (2016.5.29 본항개정)

제7장 중재판정의 승인과 집행

제37조【중재판정의 승인과 집행】 ① 중재판정은 제38조 또는 제39조에 따른 승인 거부사유가 없으면 승인된다. 다만, 당사자의 신청이 있는 경우에는 법원은 중재판정을 승인하는 결정을 할 수 있다. (2016.5.29 본항개정)

② 중재판정에 기초한 집행은 당사자의 신청에 따라 법원에서 집행결정으로 이를 허가하여야 할 수 있다. (2016.5.29 본항신설)

③ 중재판정의 승인 또는 집행을 신청하는 당사자는 중재판정의 정본이나 사본을 제출하여야 한다. 다만, 중재판정이 외국어로 작성되어 있는 경우에는 한국어 번역문을 첨부하여야 한다. (2016.5.29 본항개정)

1. (2016.5.29 삭제)
2. (2016.5.29 삭제)

④ 제1항 단서 또는 제2항의 신청이 있는 때에는 법원은 변론기일 또는 당사자 쌍방이 참여할 수 있는 심문기일을 정하고 당사자에게 이를 통지하여야 한다. (2016.5.29 본항신설)

⑤ 제1항 단서 또는 제2항에 따른 결정은 이유를 적어야 한다. 다만, 변론을 거치지 아니한 경우에는 이유의 요지만을 적을 수 있다. (2016.5.29 본항신설)

⑥ 제1항 단서 또는 제2항에 따른 결정에 대해서는 즉시항고를 할 수 있다. (2016.5.29 본항신설)

⑦ 제6항의 즉시항고는 집행정지의 효력을 가지지 아니한다. 다만, 항고법원(재판기록이 원심법원에 남아 있을 때에는 원심법원을 말한다)은 즉시항고에 대한 결정이 있을 때까지 담보를 제공하게 하거나 담보를 제공하게 하지 아니하고 원심재판의 집행을 정지하거나 집행절차의 전부 또는 일부를 정지하도록 명할 수 있으며, 담보를 제공하게 하고 그 집행을 계속하도록 명할 수 있다. (2016.5.29 본항신설)

⑧ 제7항 단서에 따른 결정에 대해서는 불복할 수 없다. (2016.5.29 본항신설)

제38조【국내 중재판정】 대한민국에서 내려진 중재판정은 다음 각 호의 어느 하나에 해당하는 사유가 없으면 승인되거나 집행되어야 한다. (2016.5.29 본조개정)

1. 중재판정의 당사자가 다음 각 목의 어느 하나에 해당하는 사실을 증명한 경우
   가. 제36조제2항제1호 각 목의 어느 하나에 해당하는 사실
   나. 다음의 어느 하나에 해당하는 사실

1) 중재판정의 구속력이 당사자에 대하여 아직 발생하지 아니하였다는 사실
2) 중재판정이 법원에 의하여 취소되었다는 사실

2. 제36조제2항제2호에 해당하는 경우

제39조【외국 중재판정】 ① 「외국 중재판정의 승인 및 집행에 관한 협약」을 적용받는 외국 중재판정의 승인 또는 집행은 같은 협약에 따라 한다. ② 「외국 중재판정의 승인 및 집행에 관한 협약」을 적용받지 아니하는 외국 중재판정의 승인 또는 집행에 관하여는 「민사소송법」 제217조, 「민사집행법」 제26조제1항 및 제27조를 준용한다.

제8장 보 칙

제40조【상사중재기관에 대한 보조】 정부는 이 법에 따라 국내외 상사분쟁(商事紛爭)을 공정·신속하게 해결하고 국제거래질서를 확립하기 위하여 산업통상자원부장관이 지정하는 상사중재(商事仲裁)를 하는 사단법인에 대하여 필요한 경비의 전부 또는 일부를 보조할 수 있다. (2013.3.23 본조개정)

제41조【중재규칙의 제정 및 승인】 제40조에 따라 상사중재기관으로 지정받은 사단법인이 중재규칙을 제정하거나 변경할 때에는 대법원장의 승인을 받아야 한다.

부 칙 (1999.12.31.)

① **【시행일】** 이 법은 공포한 날부터 시행한다.
② **【중재진행중인 사건에 대한 경과조치】** 이 법 시행전에 중재절차가 진행중인 사건에 대하여는 종전의 규정에 의한다.
③ **【상사중재기관지정등에 따른 경과조치】** 이 법 시행당시의 사단법인 대한상사중재원은 제40조의 개정규정에 의한 상사중재를 행하는 사단법인으로 지정된 것으로 보며, 사단법인 대한상사중재원의 상사중재규칙은 제41조의 개정규정에 의한 대법원장의 승인을 얻은 것으로 본다.

부 칙 (2001.4.7.) (국제사법)

① **【시행일】** 이 법은 2001년 7월 1일부터 시행한다.
② 및 ③ 생략
④ **【다른 법률의 개정】** 중재법중 다음과 같이 개정한다.
제29조제1항중 "섭외사법"을 "국제사법"으로 한다.

부 칙 (2002.1.26.) (민사소송법)

제1조【시행일】 이 법은 2002년 7월 1일부터 시행한다.

제2조 내지 제5조 생략
제6조【다른 법률의 개정】 ① 내지 ⑳ 생략
㉑중재법중 다음과 같이 개정한다.
제39조제2항중 "민사소송법 제203조, 제476조제1항 및 제477조"를 "민사소송법 제217조, 민사집행법 제26조제1항 및 제27조"로 한다.
㉒내지 ㉙생략
제7조 생략

부 칙 (2010.3.31.)

이 법은 공포한 날부터 시행한다.

부 칙 (2013.3.23.) (정부조직법)

제1조【시행일】 ① 이 법은 공포한 날부터 시행한다.
② 생략
제2조부터 제5조까지 생략
제6조【다른 법률의 개정】 ① 부터 <131>까지 생략
<132> 중재법 일부를 다음과 같이 개정한다.
제40조 중 "지식경제부장관"을 "산업통상자원부장관"으로 한다.
<133>부터 <710>까지 생략
제7조 생략

부 칙 (2016.5.29.)

제1조【시행일】 이 법은 공포 후 6개월이 경과한 날부터 시행한다.
제2조【중재절차 진행 중인 사건에 관한 경과조치】 이 법 시행 당시 중재절차가 진행 중인 사건에 대한 중재합의의 방식, 중재인 선정, 중재판정부의 판정 권한에 대한 불복, 임시적 처분 및 증거조사 협조 요청에 관하여는 제7조, 제8조, 제12조, 제17조, 제18조, 제18조의2부터 제18조의8까지 및 제28조의 개정규정에도 불구하고 종전의 규정에 따른다.

비송사건절차법

(1991년 12월 14일
전개법률 제4423호)

改正
1994.12.31法4834號 1996.12.30法5206號
1998.12.28法5591號(상)
1998.12.28法5592號(등기)
1999.12.31法6086號(상)
2001. 7.24法6498號 2001.12.19法6526號
2002. 1.26法6626號(민소)
2002. 1.26法6627號(민집)
2005. 1.27法7357號(변호)
2005. 3.31法7428號(회생파산)
2007. 5.17法8435號(가족관계)
2007. 7.27法8569號
2007. 8. 3.法8581號(상)
2011. 4.12法10580號(부동산등기법)
2011. 7.25法10924號(신탁법) → 2012. 7.26 시행
2013. 5.28法11827號
2014. 5.20法12592號 → 2014.11.21 시행
2016. 1.19法13765號

第1編 總 則

第1條【적용 범위】 이 편(編)의 규정은 법원의 관할에 속하는 비송사건(非訟事件, 이하 "사건"이라 한다) 중 이 법 또는 그 밖의 다른 법령에 특별한 규정이 있는 경우를 제외한 모든 사건에 적용한다.

第2條【관할법원】 ① 법원의 토지 관할이 주소에 의하여 정하여질 경우 대한민국에 주소가 없을 때 또는 대한민국 내의 주소를 알지 못할 때에는 거소지(居所地)의 지방법원이 사건을 관할한다.

② 거소가 없을 때 또는 거소를 알지 못할 때에는 마지막 주소지의 지방법원이 사건을 관할한다.

③ 마지막 주소가 없을 때 또는 그 주소를 알지 못할 때에는 재산이 있는 곳 또는 대법원이 있는 곳을 관할하는 지방법원이 사건을 관할한다.

第3條【우선관할 및 이송】 관할법원이 여러 개인 경우에는 최초로 사건을 신청받은 법원이 그 사건을 관할한다. 이 경우 해당 법원은 신청에 의하여 또는 직권으로 적당하다고 인정하는 다른 관할법원에 그 사건을 이송할 수 있다.

第4條【관할법원의 지정】 ① 관할법원의 지정은 여러 개의 법원의 토지 관할에 관하여 의문이 있을 때에 한다.

② 관할법원의 지정은 관계 법원에 공통되는 바로 위 상급법원이 신청에 의하여 결정(決定)함으로써 한다. 이 결정에 대하여는 불복신청을 할 수 없다.

第5條【법원 직원의 제척·기피】 사건에 관하여는 법원 직원의 제척(除斥) 또는 기피(忌避)에 관한 「민사소송법」의 규정을 준용한다.

第6條【대리인】 ① 사건의 관계인은 소송능력자로 하여금 소송행위를 대리(代理)하게 할 수 있다. 다만, 본인이 출석하도록 명령을 받은 경우에는 그러하지 아니하다.

② 법원은 변호사가 아닌 자로서 대리를 영업으로 하는 자의 대리를 금하고 퇴정(退廷)을 명할 수 있다. 이 명령에 대하여는 불복신청을 할 수 없다.

第7條【대리권의 증명】 ① 제6조에 따른 대리인에 관하여는 「민사소송법」 제89조를 준용한다.

② 대리인의 권한을 증명하는 사문서(私文書)에 관계 공무원 또는 공증인의 인증(認證)을 받아야 한다는 명령에 대하여는 불복신청을 할 수 없다.

第8條【신청 및 진술의 방법】 신청 및 진술에 관하여는 「민사소송법」 제161조를 준용한다.

第9條【신청서의 기재사항, 증거서류의 첨부】 ① 신청서에는 다음 각 호의 사항을 적고 신청인이나 그 대리인이 기명날인하거나 서명하여야 한다. (2016.1.19 본항개정)

1. 신청인의 성명과 주소
2. 대리인에 의하여 신청할 때에는 대리인의 성명과 주소

3. 신청의 취지와 그 원인이 되는 사실
4. 신청 연월일
5. 법원의 표시
② 증거서류가 있을 때에는 그 원본 또는 등본(謄本)을 신청서에 첨부하여야 한다.
제10조【「민사소송법」의 준용】 사건에 관하여는 기일(期日), 기간, 소명(疎明) 방법, 인증(人證)과 감정(鑑定)에 관한 「민사소송법」의 규정을 준용한다.
제11조【직권에 의한 탐지 및 증거조사】 법원은 직권으로 사실의 탐지와 필요하다고 인정하는 증거의 조사를 하여야 한다.
제12조【촉탁할 수 있는 사항】 사실 탐지, 소환, 고지(告知), 재판의 집행에 관한 행위는 촉탁할 수 있다.
제13조【심문의 비공개】 심문(審問)은 공개하지 아니한다. 다만, 법원은 심문을 공개함이 적정하다고 인정하는 자에게는 방청을 허가할 수 있다.
제14조【조서의 작성】 법원서기관, 법원사무관, 법원주사 또는 법원주사보(이하 "법원사무관등"이라 한다)는 증인 또는 감정인(鑑定人)의 심문에 관하여는 조서(調書)를 작성하고, 그 밖의 심문에 관하여는 필요하다고 인정하는 경우에만 조서를 작성한다.
제15조【검사의 의견 진술 및 심문 참여】 ① 검사는 사건에 관하여 의견을 진술하고 심문에 참여할 수 있다.
② 사건 및 그에 관한 심문의 기일은 검사에게 통지하여야 한다.
제16조【검사에 대한 통지】 법원, 그 밖의 관청, 검사와 공무원은 그 직무상 검사의 청구에 의하여 재판을 하여야 할 경우가 발생한 것을 알았을 때에는 그 사실을 관할법원에 대응한 검찰청 검사에게 통지하여야 한다.
제17조【재판의 방식】 ① 재판은 결정으로써 한다.
② 재판의 원본에는 판사가 서명날인하여야 한다. 다만, 신청서 또는 조서에 재판에 관한 사항을 적고 판사가 이에 서명날인함으로써 원본을 갈음할 수 있다.
③ 재판의 정본(正本)과 등본에는 법원사무관등이 기명날인하고, 정본에는 법원인(法院印)을 찍어야 한다.
④ 제2항에 따른 서명날인은 기명날인으로 갈음할 수 있다.
제18조【재판의 고지】 ① 재판은 이를 받은 자에게 고지함으로써 효력이 생긴다.
② 재판의 고지는 법원이 적당하다고 인정하는 방법으로 한다. 다만, 공시송달(公示送達)을 하는 경우에는 「민사소송법」의 규정에 따라야 한다.
③ 법원사무관등은 재판의 원본에 고지의 방법, 장

소, 연월일을 부기(附記)하고 도장을 찍어야 한다.
제19조【재판의 취소·변경】 ① 법원은 재판을 한 후에 그 재판이 위법 또는 부당하다고 인정할 때에는 이를 취소하거나 변경할 수 있다.
② 신청에 의하여만 재판을 하여야 하는 경우에 신청을 각하(却下)한 재판은 신청에 의하지 아니하고는 취소하거나 변경할 수 없다.
③ 즉시항고(卽時抗告)로써 불복할 수 있는 재판은 취소하거나 변경할 수 없다.
제20조【항고】 ① 재판으로 인하여 권리를 침해당한 자는 그 재판에 대하여 항고할 수 있다.
② 신청에 의하여만 재판을 하여야 하는 경우에 신청을 각하한 재판에 대하여는 신청인만 항고할 수 있다.
제21조【항고의 효력】 항고는 특별한 규정이 있는 경우를 제외하고는 집행정지의 효력이 없다.
제22조【항고법원의 재판】 항고법원의 재판에는 이유를 붙여야 한다.
제23조【항고의 절차】 이 법에 따른 항고에 관하여는 특별한 규정이 있는 경우를 제외하고는 항고에 관한 「민사소송법」의 규정을 준용한다.
제24조【비용의 부담】 재판 전의 절차와 재판의 고지 비용은 부담할 자를 특별히 정한 경우를 제외하고는 사건의 신청인이 부담한다. 다만, 검사가 신청한 경우에는 국고에서 부담한다.
제25조【비용에 관한 재판】 법원은 제24조에 따른 비용에 관하여 재판을 할 필요가 있다고 인정할 때에는 그 금액을 확정하여 사건의 재판과 함께 하여야 한다.
제26조【관계인에 대한 비용 부담 명령】 법원은 특별한 사유가 있을 때에는 이 법에 따라 비용을 부담할 자가 아닌 관계인에게 비용의 전부 또는 일부의 부담을 명할 수 있다.
제27조【비용의 공동 부담】 비용을 부담할 자가 여럿인 경우에는 「민사소송법」 제102조를 준용한다.
제28조【비용의 재판에 대한 불복신청】 비용의 재판에 대하여는 그 부담의 명령을 받은 자만 불복신청을 할 수 있다. 이 경우 독립하여 불복신청을 할 수 없다.
제29조【비용 채권자의 강제집행】 ① 비용의 채권자는 비용의 재판에 의하여 강제집행을 할 수 있다.
② 제1항에 따른 강제집행의 경우에는 「민사집행법」의 규정을 준용한다. 다만, 집행을 하기 전에 재판서의 송달은 하지 아니한다.
③ 비용의 재판에 대한 항고가 있을 때에는 「민사소송법」 제448조 및 제500조를 준용한다.
제30조【국고에 의한 비용의 체당】 직권으로 하는 탐지, 사실조사, 소환, 고지, 그 밖에 필요한 처분의 비용은 국고에서 체당(替當)하여야 한다.
제31조【신청의 정의】 이 편에서 "신청"이란 신

청과 신고를 말한다.

제2편 민사(民事)비송사건

제1장 법인에 관한 사건

제32조 【재단법인의 정관 보충 사건의 관할】 ①「민법」제44조에 따른 사건은 법인설립자 사망 시의 주소지의 지방법원이 관할한다.
② 법인설립자의 주소가 국내에 없을 때에는 그 사망 시의 거소지 또는 법인설립지의 지방법원이 관할한다.
제33조 【임시이사 또는 특별대리인의 선임, 법인의 해산·청산의 감독의 관할】 ① 임시이사 또는 특별대리인의 선임(選任)은 법인의 주된 사무소 소재지의 지방법원 합의부가 관할한다.
② 법인의 해산 및 청산에 대한 감독은 그 주된 사무소 소재지의 지방법원이 관할한다.
제34조 【임시총회 소집 사건에 관한 관할】 ①「민법」제70조제3항에 따른 사건은 법인의 주된 사무소 소재지의 지방법원 합의부가 관할한다.
②「민법」제70조제3항에 따른 임시총회 소집의 허가신청과 그 사건의 재판에 관하여는 제80조 및 제81조를 각각 준용한다.
제35조 【법인에 대한 검사인의 선임】 법원은 특별히 선임한 자로 하여금 법인의 감독에 필요한 검사(檢査)를 하게 할 수 있다.
제36조 【청산인】 법인의 청산인(清算人)에 관하여는 제117조제1항, 제119조 및 제121조를 준용한다.
제37조 【청산인 또는 검사인의 보수】 법원이 법인의 청산인 또는 제35조에 따라 검사할 자를 선임한 경우에는 제77조 및 제78조를 준용한다.
제38조 【감정인의 선임 비용 등】 「민법」제91조제2항에 따른 감정인을 선임하는 경우에는 제124조 및 제125조를 준용한다.

제2장 신탁에 관한 사건

제39조 【관할법원】 ①「신탁법」에 따른 사건(이하 "신탁사건"이라 한다)은 특별한 규정이 있는 경우를 제외하고는 수탁자의 보통재판적이 있는 곳의 지방법원이 관할한다.
② 수탁자의 임무가 종료된 후 신수탁자(新受託者)의 임무가 시작되기 전에는 전수탁자(前受託者)의 보통재판적이 있는 곳의 지방법원이 신탁사건을 관할한다.
③ 수탁자 또는 전수탁자가 여럿인 경우에는 그 중 1인의 보통재판적이 있는 곳의 지방법원이 신탁사건을 관할한다.
④「신탁법」제21조제3항에 따른 사건은 유언자 사망 시 주소지의 지방법원이 관할한다.
⑤ 제1항부터 제4항까지의 규정에 따른 관할법원이 없는 경우에는 신탁재산이 있는 곳(채권의 경우에는 재판상의 청구를 할 수 있는 곳을 그 재산이 있는 곳으로 본다)의 지방법원이 신탁사건을 관할한다.
⑥ 제1항부터 제3항까지 및 제5항에도 불구하고「신탁법」제18조제1항제1호 및 제2호에 따른 신탁재산관리인의 선임에 관한 사건은 다음 각 호의 구분에 따른 법원이 관할한다.
1.「신탁법」제18조제1항제1호에 따른 신탁재산관리인의 선임에 관한 사건:「가사소송법」제2조제1항제2호가목37) 및 제44조에 따라 해당 상속재산관리인의 선임사건을 관할하는 법원
2.「신탁법」제18조제1항제2호에 따른 신탁재산관리인의 선임에 관한 사건:「채무자 회생 및 파산에 관한 법률」제3조에 따라 해당 파산선고를 관할하는 법원
제40조 【부정한 목적으로 신탁선언에 의하여 설정된 신탁의 종료 재판】 ①「신탁법」제3조제3항에 따른 청구에 의한 재판을 하는 경우 법원은 수탁자의 의견을 들어야 한다.
② 제1항에 따른 청구에 대한 재판은 이유를 붙인 결정으로써 하여야 한다.
③ 제1항에 따른 청구에 대한 재판은 수탁자와 수익자에게 고지하여야 한다.
④ 제1항에 따른 청구를 인용(認容)하는 재판에 대하여는 수탁자 또는 수익자가 즉시항고를 할 수 있다. 이 경우 즉시항고는 집행정지의 효력이 있다.
⑤ 제1항에 따른 청구를 기각(棄却)하는 재판에 대하여는 그 청구를 한 자가 즉시항고를 할 수 있다.
제41조 【수탁자 사임허가의 재판】 ① 수탁자가「신탁법」제14조제2항에 따른 사임허가의 재판을 신청하는 경우에는 그 사유를 소명하여야 한다.
② 제1항에 따른 신청에 대한 재판에 대하여는 불복신청을 할 수 없다.
제42조 【수탁자 해임의 재판】 ①「신탁법」제16조제3항에 따른 수탁자 해임 청구에 대한 재판을 하는 경우 법원은 수탁자를 심문하여야 한다.
② 제1항에 따른 재판은 이유를 붙인 결정으로써 하여야 한다.
③ 제1항에 따른 재판은 위탁자, 수탁자 및 수익자에게 고지하여야 한다.
④ 제1항에 따른 재판에 대하여는 위탁자, 수탁자 또는 수익자가 즉시항고를 할 수 있다.
제43조 【신탁재산관리인 선임의 재판】 ① 수탁자와 수익자 간의 이해가 상반되어 수탁자가 신탁사무를 수행하는 것이 적절하지 아니하다는 이유로「신탁법」제17조제1항에 따라 신탁재산관리인을 선임하는 재판을 하는 경우 법원은 수익자와 수탁

자의 의견을 들어야 한다.
② 제1항에 따른 재판은 이유를 붙인 결정으로써
하여야 한다.
③ 제1항에 따른 재판은 수익자와 수탁자에게 고지
하여야 한다.
④ 제1항에 따른 재판에 대하여는 수익자 또는 수
탁자가 즉시항고를 할 수 있다.
제44조【신탁재산관리인 선임의 재판】 ① 다음
각 호의 어느 하나에 해당하는 재판을 하는 경우
법원은 이해관계인의 의견을 들을 수 있다.
1. 「신탁법」 제17조제1항에 따른 신탁재산관리인
   선임의 재판(수탁자의 임무가 종료되었음을 이
   유로 하는 재판만 해당한다)
2. 「신탁법」 제18조제1항에 따른 필수적 신탁재산
   관리인 선임의 재판
3. 「신탁법」 제19조제4항에 따른 새로운 신탁재산
   관리인 선임의 재판
② 제1항에 따른 재판에 대하여는 불복신청을 할
수 없다.
제44조의2【신탁재산관리인의 보수 결정 재판】
① 「신탁법」 제17조제6항 및 제18조제3항에 따른
신탁재산관리인의 보수를 정하는 재판을 하는 경우
법원은 수익자 또는 수탁자가 여럿인 경우의 다른
수탁자의 의견을 들어야 한다.
② 제1항에 따른 재판은 수익자와 수탁자가 여럿인
경우의 다른 수탁자에게 고지하여야 한다.
③ 제1항에 따른 재판에 대하여는 수익자 또는 수
탁자가 여럿인 경우의 다른 수탁자가 즉시항고를
할 수 있다.
(2013.5.28 본조신설)
**제44조의3【신탁재산관리인 사임허가 및 해임의
재판】** ① 신탁재산관리인이 「신탁법」 제19조제2
항에 따른 사임허가의 재판을 신청하는 경우에는
그 사유를 소명하여야 한다.
② 「신탁법」 제19조제3항에 따라 신탁재산관리인
을 해임하는 재판을 하는 경우 법원은 이해관계인
의 의견을 들을 수 있다.
③ 제1항 및 제2항에 따른 재판에 대하여는 불복신
청을 할 수 없다.
(2013.5.28 본조신설)
제44조의4【신수탁자 선임의 재판】 ① 「신탁법」
제21조제2항에 따라 신수탁자의 선임을 청구하는
경우에는 그 사유를 소명하여야 한다.
② 제1항에 따른 청구에 대한 재판을 하는 경우 법
원은 이해관계인의 의견을 들을 수 있다.
③ 제1항에 따른 청구에 대한 재판은 위탁자, 수익
자 및 수탁자가 여럿인 경우의 다른 수탁자에게 고
지하여야 한다.
④ 제1항에 따른 청구에 대한 재판에 대하여는 위
탁자, 수익자 또는 수탁자가 여럿인 경우의 다른 수

탁자가 즉시항고를 할 수 있다.
(2013.5.28 본조신설)
제44조의5【유언신탁의 신수탁자 선임 재판】 ①
「신탁법」 제21조제3항에 따라 신수탁자를 선임하
는 재판을 하는 경우에는 제44조의4제1항 및 제2항
을 준용한다.
② 제1항에 따른 재판에 대하여는 불복신청을 할
수 없다.
(2013.5.28 본조신설)
제44조의6【신수탁자의 보수 결정 재판】 「신탁
법」 제21조제4항에 따른 신수탁자의 보수를 정하
는 재판을 하는 경우 그 절차에 관하여는 제44조의
2를 준용한다.
(2013.5.28 본조신설)
**제44조의7【신탁재산의 첨부로 인한 귀속의 결
정】** ① 「신탁법」 제28조 단서에 따라 가공(加工)
으로 인하여 생긴 물건을 원재료 소유자에게 귀속
시키는 재판은 위탁자, 수탁자(신탁재산관리인이
선임된 경우에는 신탁재산관리인을 말한다. 이하
이 조에서 같다) 또는 수익자가 신청할 수 있다. 이
경우 수탁자가 여럿일 때에는 수탁자 각자가 신청
할 수 있다.
② 제1항에 따른 신청에 대한 재판의 경우 법원은
위탁자, 수탁자 및 수익자의 의견을 들어야 한다.
③ 제1항에 따른 신청에 대한 재판은 이유를 붙인
결정으로써 하여야 한다.
④ 제1항에 따른 신청에 대한 재판은 위탁자, 수익
자 및 수탁자에게 고지하여야 한다. 수탁자가 여럿
일 때에는 수탁자 각자에게 고지하여야 한다.
⑤ 제1항에 따른 신청에 대한 재판에 대하여는 위
탁자, 수익자 또는 수탁자(수탁자가 가공한 경우에
는 다른 수탁자에 한한다)가 즉시항고를 할 수 있
다. 이 경우 수탁자가 여럿일 때에는 수탁자 각자가
즉시항고를 할 수 있다.
(2013.5.28 본조신설)
**제44조의8【이익에 반하는 행위에 대한 법원의
허가】** ① 수탁자가 「신탁법」 제34조제2항제3호에
따른 이익에 반하는 행위의 허가를 신청하는 경우
에는 그 사유를 소명하여야 한다.
② 제1항에 따른 신청에 대한 재판을 하는 경우 법
원은 다른 수탁자(신탁재산관리인이 선임된 경우에
는 신탁재산관리인을 말한다. 이하 이 조에서 같다)
및 수익자의 의견을 들어야 한다.
③ 제1항에 따른 신청에 대한 재판은 이유를 붙인
결정으로써 하여야 한다.
④ 제1항에 따른 신청에 대한 재판은 다른 수탁자
와 수익자에게 고지하여야 한다.
⑤ 제1항에 따른 신청에 대한 재판에 대하여는 다
른 수탁자 또는 수익자가 즉시항고를 할 수 있다.
이 경우 즉시항고는 집행정지의 효력이 있다.

(2013.5.28 본조신설)

제44조의9 【신탁관리인 선임의 재판】 ① 「신탁법」제67조제1항·제2항 또는 제70조제6항에 따른 신탁관리인 선임의 재판을 하는 경우 법원은 이해관계인의 의견을 들을 수 있다.

② 제1항에 따른 재판에 대하여는 불복신청을 할 수 없다.

(2013.5.28 본조신설)

제44조의10 【신탁관리인의 보수 결정 재판】 ① 「신탁법」제67조제4항에 따른 신탁관리인의 보수를 정하는 재판을 하는 경우 법원은 수탁자(신탁재산관리인이 선임된 경우에는 신탁재산관리인을 말한다. 이하 이 조에서 같다)의 의견을 들어야 한다.

② 제1항에 따른 재판은 수탁자에게 고지하여야 한다.

③ 제1항에 따른 재판에 대하여는 수탁자가 즉시항고를 할 수 있다.

(2013.5.28 본조신설)

제44조의11 【신탁관리인 사임허가 및 해임의 재판】 ① 신탁관리인이 「신탁법」제70조제2항에 따른 사임허가의 재판을 신청하는 경우에는 그 사유를 소명하여야 한다.

② 「신탁법」제70조제4항에 따라 신탁관리인을 해임하는 재판을 하는 경우 법원은 이해관계인의 의견을 들을 수 있다.

③ 제1항 및 제2항에 따른 재판에 대하여는 불복신청을 할 수 없다.

(2013.5.28 본조신설)

제44조의12 【수익자집회 소집허가의 재판】 ① 「신탁법」제72조제4항에 따른 수익자집회 소집의 허가를 신청하는 경우에는 수탁자가 수익자집회의 소집을 게을리한 사실을 소명하여야 한다.

② 제1항에 따른 신청은 서면으로 하여야 한다.

③ 「신탁법」제72조제4항에 따른 수익자집회 소집의 허가신청과 그 사건의 재판에 관하여는 제81조를 준용한다.

(2013.5.28 본조신설)

제44조의13 【신탁사채에 관한 사건】 수탁자가 「신탁법」제87조제1항에 따라 사채(社債)를 발행한 경우에 관하여는 다음 각 호의 구분에 따른 규정을 준용한다.

1. 사채모집을 위탁받은 회사의 사임허가 신청과 해임청구 및 그 회사의 사무승계자 선임청구에 대한 재판: 제110조
2. 사채권자집회의 소집 허가신청: 제112조
3. 사채권자집회의 결의 인가청구: 제113조
4. 사채모집을 위탁받은 회사, 대표자 또는 집행자에게 줄 보수와 그 사무처리에 필요한 비용의 신탁재산 부담 허가신청: 제114조

(2013.5.28 본조신설)

제44조의14 【신탁변경의 재판】 ① 「신탁법」제88조제3항에 따른 신탁변경의 재판은 서면으로 신청하여야 한다.

② 제1항에 따른 신청에 대한 재판을 하는 경우 법원은 위탁자, 수탁자 및 수익자의 의견을 들어야 한다.

③ 제1항에 따른 신청에 대한 재판은 이유를 붙인 결정으로써 하여야 한다.

④ 제1항에 따른 신청에 대한 재판은 위탁자, 수탁자 및 수익자에게 고지하여야 한다.

⑤ 제1항에 따른 신청에 대한 재판에 대하여는 위탁자, 수탁자 또는 수익자가 즉시항고를 할 수 있다. 이 경우 즉시항고는 집행정지의 효력이 있다.

(2013.5.28 본조신설)

제44조의15 【수익권 매수가액의 결정】 ① 「신탁법」제89조제4항, 제91조제3항 또는 제95조제3항에 따른 매수가액 결정의 청구는 서면으로 하여야 한다.

② 제1항에 따른 청구에 대한 재판을 하는 경우 법원은 수탁자와 매수청구를 한 수익자의 의견을 들어야 한다.

③ 제1항에 따른 청구에 대한 재판은 이유를 붙인 결정으로써 하여야 한다.

④ 제1항에 따른 청구에 대한 재판은 수탁자와 매수청구를 한 수익자에게 고지하여야 한다.

⑤ 제1항에 따른 청구에 대한 재판에 대하여는 수탁자 또는 매수청구를 한 수익자가 즉시항고를 할 수 있다. 이 경우 즉시항고는 집행정지의 효력이 있다.

(2013.5.28 본조신설)

제44조의16 【사정변경에 의한 신탁종료의 재판】 ① 「신탁법」제100조에 따른 청구에 대한 재판을 하는 경우 법원은 위탁자, 수탁자 및 수익자의 의견을 들어야 한다.

② 제1항에 따른 청구에 대한 재판은 이유를 붙인 결정으로써 하여야 한다.

③ 제1항에 따른 청구에 대한 재판은 위탁자, 수탁자 및 수익자에게 고지하여야 한다.

④ 제1항에 따른 청구에 대한 재판에 대하여는 위탁자, 수탁자 또는 수익자가 즉시항고를 할 수 있다. 이 경우 즉시항고는 집행정지의 효력이 있다.

(2013.5.28 본조신설)

제44조의17 【검사인 선임의 재판】 ① 「신탁법」제105조제2항에 따른 검사인(檢査人)의 선임 청구는 서면으로 하여야 한다.

② 제1항에 따른 청구서에는 제9조제1항 각 호의 기재사항 외에 검사 목적을 적어야 한다.

③ 제1항에 따른 청구에 대한 재판에 대하여는 불복신청을 할 수 없다.

(2013.5.28 본조신설)

제44조의18 【검사인의 보수】 ① 법원은 「신탁법」제105조제2항에 따라 검사인을 선임한 경우 신

탁재산에서 검사인의 보수를 지급하게 할 수 있다.
② 제1항에 따라 검사인의 보수를 정하는 재판을 하는 경우 법원은 수탁자의 의견을 들어야 한다.
③ 제1항에 따른 재판은 수탁자에게 고지하여야 한다.
④ 제1항에 따른 재판에 대하여는 수탁자가 즉시항고를 할 수 있다.
(2013.5.28 본조신설)
제44조의19 【검사인의 보고】 ① 「신탁법」 제105조제2항에 따라 선임된 검사인은 법원에 검사 결과를 서면으로 보고하여야 한다.
② 법원은 검사에 관한 설명이 필요할 때에는 「신탁법」 제105조제2항에 따라 선임된 검사인을 심문할 수 있다.
③ 법원은 제1항에 따른 검사 결과에 따라 수탁자에게 시정을 명할 수 있다.
④ 수탁자는 제3항에 따른 명령을 받은 즉시 그 사실을 수익자에게 알려야 한다.
⑤ 제3항에 따른 명령에 대하여는 불복신청을 할 수 없다.
(2013.5.28 본조신설)
제44조의20 【유한책임신탁에 관한 신탁사건의 신청】 ① 「신탁법」 제114조제1항에 따른 유한책임신탁에 관한 신탁사건의 신청은 서면으로 하여야 한다.
② 제1항에 따른 신청서에는 제9조제1항 각 호의 기재사항 외에 유한책임신탁의 명칭, 수탁자의 성명이나 명칭 또는 「신탁법」 제114조제2항제4호에 따른 신탁사무처리지를 적어야 한다.
(2013.5.28 본조신설)
제44조의21 【청산수탁자의 변제허가】 「신탁법」 제133조제1항에 따른 청산수탁자가 같은 법 제135조제2항에 따른 변제허가의 신청을 할 때에는 그 사유를 소명하여야 한다.
(2013.5.28 본조신설)
제44조의22 【감정인 선임의 절차와 비용】 ① 「신탁법」 제136조제4항에 따른 감정인 선임의 재판에 대하여는 불복신청을 할 수 없다.
② 「신탁법」 제136조제4항에 따른 감정인 선임절차에 드는 비용은 같은 법 제133조제1항에 따른 청산수탁자가 부담한다. 감정인의 소환 및 심문 비용의 경우에도 또한 같다.
(2013.5.28 본조신설)
제44조의23 【신탁관리인의 권한】 「신탁법」 제67조제1항 또는 제2항에 따라 신탁관리인이 선임된 경우 이 장(章)의 규정을 적용할 때에는 신탁관리인을 수익자로 본다.
(2013.5.28 본조신설)
제44조의24 【법원의 감독】 ① 법원은 신탁사건의 감독을 위하여 필요하다고 인정할 때에는 이해

관계인의 신청에 의하여 또는 직권으로 재산목록, 신탁사무에 관한 장부와 서류의 제출을 명하고, 신탁사무 처리에 관하여 수탁자와 그 밖의 관계인을 심문할 수 있다.
② 제1항에 따른 신청은 서면으로 하여야 한다.
③ 제1항에 따른 재판에 대하여는 불복신청을 할 수 없다.
(2013.5.28 본조신설)

제3장 재판상의 대위에 관한 사건

제45조 【재판상 대위의 신청】 채권자는 자기 채권의 기한 전에 채무자의 권리를 행사하지 아니하면 그 채권을 보전할 수 없거나 보전하는 데에 곤란이 생길 우려가 있을 때에는 재판상의 대위(代位)를 신청할 수 있다.
제46조 【관할법원】 재판상의 대위는 채무자의 보통재판적이 있는 곳의 지방법원이 관할한다.
제47조 【대위신청의 기재사항】 대위의 신청에는 제9조제1항 각 호의 기재사항 외에 다음 각 호의 사항을 적어야 한다.
1. 채무자와 제3채무자의 성명과 주소
2. 신청인이 보전하려는 채권 및 그가 행사하려는 권리의 표시
제48조 【대위신청의 허가】 법원은 대위의 신청이 이유 있다고 인정한 경우에는 담보를 제공하게 하거나 제공하게 하지 아니하고 허가할 수 있다.
제49조 【재판의 고지】 ① 대위의 신청을 허가한 재판은 직권으로 채무자에게 고지하여야 한다.
② 제1항에 따른 고지를 받은 채무자는 그 권리를 처분할 수 없다.
제50조 【즉시항고】 ① 대위의 신청을 각하한 재판에 대하여는 즉시항고를 할 수 있다.
② 대위의 신청을 허가한 재판에 대하여는 채무자가 즉시항고를 할 수 있다.
③ 제1항 및 제2항에 따른 항고의 기간은 채무자가 재판의 고지를 받은 날부터 기산(起算)한다.
제51조 【항고 비용의 부담】 항고절차의 비용과 항고인이 부담하게 된 전심(前審)의 비용에 대하여는 신청인과 항고인을 당사자로 보고 「민사소송법」 제98조에 따라 부담할 자를 정한다.
제52조 【심리의 공개 및 검사의 불참여】 이 장의 규정에 따른 절차에 관하여는 제13조 및 제15조를 적용하지 아니한다.

제4장 보존·공탁·보관과 감정에 관한 사건

제53조 【공탁소의 지정 및 공탁물보관인의 선임】 ① 「민법」 제488조제2항에 따른 공탁소의 지

정 및 공탁물보관인의 선임은 채무이행지의 지방법원이 관할한다.

② 법원은 제1항에 따른 지정 및 선임에 관한 재판을 하기 전에 채권자와 변제자를 심문하여야 한다.

③ 법원이 제1항에 따른 지정 및 선임을 한 경우에 그 절차의 비용은 채권자가 부담한다.

제54조【공탁물보관인의 의무】 제53조에 따른 공탁물보관인의 의무에 관하여는 「민법」 제694조부터 제697조까지 및 제700조를 준용한다. 다만, 「민법」 제696조에 따른 통지는 변제자에게 하여야 한다.

제54조의2【공탁물보관인의 사임허가 등】 ① 법원은 제53조에 따른 공탁물보관인의 사임을 허가하거나 공탁물보관인을 해임할 수 있다. 공탁물보관인의 사임을 허가하는 경우 법원은 다시 공탁물보관인을 선임하여야 한다.

② 공탁물보관인의 사임허가 절차에 관하여는 제44조의11제1항을 준용한다.

(2013.5.28 본조신설)

제55조【경매 대가의 공탁】 「민법」 제490조에 따른 법원의 허가에 관하여는 제53조를 준용한다.

제56조【질물에 의한 변제충당의 허가】 ① 「민법」 제338조제2항에 따라 질물(質物)로 직접 변제에 충당할 것을 청구하는 경우에는 제53조제1항 및 제2항을 준용한다.

② 법원이 제1항에 따른 청구를 허가한 경우에는 그 절차의 비용은 질권설정자가 부담한다.

제57조【환매권 대위 행사 시의 감정인 선임】 ① 「민법」 제593조에 따른 감정인의 선임·소환 및 심문은 물건 소재지의 지방법원이 관할한다.

② 법원이 제1항에 따른 선임을 한 경우에는 그 절차의 비용은 매수인이 부담한다.

제58조【검사의 불참여】 이 장의 규정에 따른 절차에 관하여는 제15조를 적용하지 아니한다.

제59조【불복신청의 금지】 이 장의 규정에 따라 지정 또는 선임을 하거나 허가를 한 재판에 대하여는 불복신청을 할 수 없다.

제5장 법인의 등기

제60조【관할등기소】 ① 법인등기에 관하여는 법인의 사무소 소재지를 관할하는 지방법원, 그 지원 또는 등기소를 관할등기소로 한다.

② 대한민국에 사무소를 둔 외국법인의 등기에 관하여는 제1항을 준용한다.

第61條 (2007.7.27 삭제)

제62조【이사·청산인의 등기】 법인의 이사 또는 청산인의 등기를 할 때에는 그 주민등록번호도 등기하여야 한다.

제63조【설립등기의 신청】 ① 법인설립의 등기

는 법인을 대표할 사람이 신청한다.

② 제1항에 따른 등기의 신청서에는 다음 각 호의 서류를 첨부하여야 한다.

1. 법인의 정관
2. 이사의 자격을 증명하는 서면
3. 주무관청의 허가서 또는 그 인증이 있는 등본
4. 재산목록

제64조【변경의 등기】 ① 법인 사무소의 신설·이전, 그 밖의 등기사항의 변경등기 신청서에는 사무소의 신설·이전 또는 등기사항의 변경을 증명하는 서면을 첨부하되, 주무관청의 허가가 필요한 사항은 그 허가서 또는 그 인증이 있는 등본을 첨부하여야 한다.

② 임시이사가 제1항에 따른 등기를 신청하는 경우에는 신청서에 그 자격을 증명하는 서면을 첨부하여야 한다.

제65조【해산의 등기】 법인의 해산등기 신청서에는 해산의 사유를 증명하는 서면을 첨부하고, 이사가 청산인으로 된 경우를 제외하고는 청산인의 자격을 증명하는 서면을 첨부하여야 한다.

제65조의2【등기사항의 공고】 등기한 사항의 공고는 신문에 한 차례 이상 하여야 한다.

제65조의3【등기사항을 공고할 신문의 선정】 ① 지방법원장은 매년 12월에 다음 해에 등기사항의 공고를 게재할 신문을 관할구역의 신문 중에서 선정하고, 일간신문에 이를 공고하여야 한다.

② 공고를 게재할 신문이 휴간되거나 폐간되었을 때에는 다시 다른 신문을 선정하여 제1항과 같은 방법으로 공고하여야 한다.

제65조의4【신문 공고를 갈음하는 게시】 지방법원장은 그 관할구역에 공고를 게재할 적당한 신문이 없다고 인정할 때에는 신문에 게재하는 공고를 갈음하여 등기소와 그 관할구역의 시·군·구의 게시판에 공고할 수 있다.

제66조【「상업등기법」의 준용】 ① 법인과 대한민국에 사무소를 둔 외국법인의 등기에 관하여는 「상업등기법」 제3조, 제5조부터 제10조까지, 제11조제2항·제3항, 제12조부터 제22조까지, 제24조, 제25조, 제26조제1호부터 제12호까지 및 제14호·제17호, 제28조, 제75조부터 제80조까지, 제82조부터 제86조까지, 제87조제1항, 제88조, 제89조 및 제91조를 준용한다. 다만, 임시이사의 등기신청에 관하여는 「상업등기법」 제25조제1항 및 제2항을 준용하지 아니한다.

② 법인의 등기에 관하여는 「상업등기법」 제54조부터 제60조까지 및 제81조를 준용한다.

③ 대한민국에 사무소를 둔 외국법인의 등기에 관하여는 「상업등기법」 제23조제3항을 준용한다.

제67조【법인등기 규정의 특수법인등기에의 적용 등】 ① 이 법 중 법인의 등기에 관한 규정은 「민

법」 및 「상법」 외의 법령에 따라 설립된 법인의 등기에 대하여도 적용한다. 다만, 그 법령에 특별한 규정이 있거나 성질상 허용되지 아니하는 경우에는 그러하지 아니하다.
② 제1항에 규정된 법인의 업무에 관하여 재판상 또는 재판 외의 모든 행위를 할 수 있는 대리인에 관하여는 「상업등기법」 제16조 및 제17조 중 지배인에 관한 규정과 같은 법의 회사의 지배인등기에 관한 규정을 준용한다. (2014.5.20 본항개정)

제6장 부부재산 약정의 등기

제68조 【관할등기소】 부부재산 약정(約定)의 등기에 관하여는 남편이 될 사람의 주소지를 관할하는 지방법원, 그 지원 또는 등기소를 관할등기소로 한다.
제69조 (2011.4.12 삭제)
제70조 【부부재산 약정에 관한 등기신청인】 부부재산 약정에 관한 등기는 약정자 양쪽이 신청한다. 다만, 부부 어느 한쪽의 사망으로 인한 부부재산 약정 소멸의 등기는 다른 한쪽이 신청한다.
제71조 【「부동산등기법」의 준용】 부부재산 약정의 등기에는 「부동산등기법」 제2조제1호부터 제3호까지, 제6조, 제8조부터 제13조까지, 제14조제2항부터 제4항까지, 제16조부터 제20조까지, 제22조, 제24조제1항제1호 및 같은 조 제2항, 제29조제1호부터 제5호까지 및 제8호부터 제10호까지, 제31조부터 제33조까지, 제58조, 제100조부터 제109조까지 및 제113조를 준용한다.

제3편 상사(商事)비송사건

제1장 회사와 경매에 관한 사건

제72조 【관할】 ① 「상법」 제176조, 제306조, 제335조의5, 제366조제2항, 제374조의2제4항, 제386조제2항, 제432조제2항, 제443조제1항 단서와 그 준용규정에 따른 사건 및 같은 법 제277조제2항, 제298조, 제299조, 제299조의2, 제300조, 제310조제1항, 제391조의3제4항, 제417조, 제422조, 제467조, 제582조, 제607조제3항에 따른 사건은 본점 소재지의 지방법원 합의부가 관할한다.
② 「상법」 제239조제3항과 그 준용규정에 따른 사건은 합병무효의 소(訴)에 관한 제1심 수소법원(受訴法院)이 관할한다.
③ 「상법」 제619조에 따른 사건은 폐쇄를 명하게 될 외국회사 영업소 소재지의 지방법원이 관할한다.
④ 「상법」 제600조제1항에 따른 사건은 합병 후 존속하는 회사 또는 합병으로 인하여 설립되는 회사 본점 소재지의 지방법원이 관할한다.

⑤ 「상법」 제70조제1항 및 제808조제1항에 관한 사건은 경매할 물건 소재지의 지방법원이 관할한다.
⑥ 「상법」 제394조제2항에 관한 사건은 같은 법 제403조에 따른 사건의 관할법원이 관할한다.
제73조 【검사인 선임신청의 방식】 ① 검사인의 선임신청은 서면으로 하여야 한다.
② 제1항에 따른 신청서에는 다음 각 호의 사항을 적고 신청인이 기명날인하여야 한다.
1. 신청의 사유
2. 검사의 목적
3. 신청 연월일
4. 법원의 표시
제74조 【검사인의 보고】 ① 검사인의 보고는 서면으로 하여야 한다.
② 법원은 검사에 관한 설명이 필요할 때에는 검사인을 심문할 수 있다.
제75조 【변태설립사항의 변경에 관한 재판】 ① 「상법」 제300조에 따른 변태설립사항의 변경에 관한 재판은 이유를 붙인 결정으로써 하여야 한다.
② 법원은 재판을 하기 전에 발기인과 이사의 진술을 들어야 한다.
③ 발기인과 이사는 제1항에 따른 재판에 대하여 즉시항고를 할 수 있다.
제76조 【검사인 선임의 재판】 「상법」 제467조제1항에 따른 검사인의 선임에 관한 재판을 하는 경우 법원은 이사와 감사의 진술을 들어야 한다.
제77조 【검사인의 보수】 법원은 「상법」 제298조, 제310조제1항, 제422조제1항 또는 제467조제1항에 따라 검사인을 선임한 경우 회사로 하여금 검사인에게 보수를 지급하게 할 수 있다. 이 경우 그 보수액은 이사와 감사의 의견을 들어 법원이 정한다.
제78조 【즉시항고】 제76조 및 제77조에 따른 재판에 대하여는 즉시항고를 할 수 있다.
제79조 【업무·재산상태의 검사를 위한 총회 소집】 법원은 「상법」 제467조에 따른 검사를 할 때에 주주총회의 소집이 필요하다고 인정하면 일정 기간 내에 그 소집을 할 것을 명하여야 한다.
제80조 【업무·재산상태의 검사 및 총회소집 허가의 신청】 ① 「상법」 제277조제2항에 따른 검사의 허가를 신청하는 경우에는 검사를 필요로 하는 사유를 소명하고, 같은 법 제366조제2항에 따른 총회 소집의 허가를 신청하는 경우에는 이사가 그 소집을 게을리한 사실을 소명하여야 한다.
② 제1항에 따른 신청은 서면으로 하여야 한다.
제81조 【업무·재산상태의 검사 등의 신청에 대한 재판】 ① 제80조에 따른 신청에 대하여는 법원은 이유를 붙인 결정으로써 재판을 하여야 한다.
② 신청을 인용한 재판에 대하여는 불복신청을 할 수 없다.
제82조 【납입금의 보관자 등의 변경 허가신청】 「상

법」 제306조(「상법」 제425조제1항 및 제516조의9 제4항에서 준용하는 경우를 포함한다)에 따른 허가의 신청은 그 사유를 소명하고 발기인 또는 이사가 공동으로 하여야 한다.

제83조 【단주 매각의 허가신청】 「상법」 제443조 제1항 단서(「상법」 제461조제2항 및 제530조제3항에서 준용하는 경우를 포함한다)에 따른 허가의 신청에 관하여는 제82조를 준용한다.

제84조 【직무대행자 선임의 재판】 ① 「상법」 제386조제2항(「상법」 제415조에서 준용하는 경우를 포함한다)에 따른 직무대행자 선임에 관한 재판을 하는 경우 법원은 이사와 감사의 진술을 들어야 한다.
② 제1항의 경우에는 제77조, 제78조 및 제81조를 준용한다.

제84조의2 【소송상 대표자 선임의 재판】 ① 「상법」 제394조제2항에 따른 소송상 대표자 선임에 관한 재판을 하는 경우 법원은 이사 또는 감사위원회의 진술을 들어야 한다.
② 제1항의 경우에는 제81조를 준용한다.

제85조 【직무대행자의 상무 외 행위의 허가신청】 ① 「상법」 제408조제1항 단서에 따른 상무(常務) 외 행위의 허가신청은 직무대행자가 하여야 한다.
② 신청을 인용한 재판에 대하여는 즉시항고를 할 수 있다. 이 경우 항고기간은 직무대행자가 재판의 고지를 받은 날부터 기산한다.
③ 제2항에 따른 항고는 집행정지의 효력이 있다.

제86조 【주식의 액면 미달 발행의 인가신청 등】 ① 「상법」 제417조에 따른 주식의 액면 미달 발행의 인가신청은 서면으로 하여야 한다.
② 제1항에 따른 신청에 대한 재판은 이유를 붙인 결정으로써 하여야 한다.
③ 법원은 재판을 하기 전에 이사의 진술을 들어야 한다.
④ 제2항에 따른 재판에 대하여는 즉시항고를 할 수 있다.
⑤ 제4항에 따른 항고는 집행정지의 효력이 있다.

제86조의2 【주식매도가액 및 주식매수가액 결정의 재판】 ① 법원은 「상법」 제335조의5 및 그 준용규정에 따른 주식매도가액의 결정 또는 같은 법 제374조의2제4항 및 그 준용규정에 따른 주식매수가액의 결정에 관한 재판을 하기 전에 주주와 매도청구인 또는 주주와 이사의 진술을 들어야 한다.
② 여러 건의 신청사건이 동시에 계속(係屬) 중일 때에는 심문과 재판을 병합하여야 한다.
③ 제1항에 따른 재판에 관하여는 제86조제1항·제2항·제4항 및 제5항을 준용한다.

제87조 (2013.5.28 삭제)

제88조 【신주의 발행 무효로 인하여 신주의 주주가 받을 금액의 증감 신청】 ① 「상법」 제432조제2항에 따른 신청은 신주발행 무효 판결이 확정된 날부터 6개월 내에 하여야 한다.
② 심문은 제1항에 따른 기간이 경과한 후에만 할 수 있다.
③ 여러 건의 신청사건이 동시에 계속 중일 때에는 심문과 재판을 병합하여야 한다.
④ 법원은 제1항에 따른 신청을 받으면 지체 없이 그 사실을 관보에 공고하여야 한다.

제89조 【제88조의 신청에 대한 재판의 효력】 ① 제88조제1항에 따른 신청에 대한 재판은 총주주(總株主)에 대하여 효력이 있다.
② 제1항에 따른 재판에 관하여는 제75조제1항, 제76조, 제78조 및 제85조제3항을 준용한다.

제90조 【해산을 명하는 재판】 ① 「상법」 제176조제1항에 따른 재판에 관하여는 제75조제1항을 준용한다.
② 법원은 재판을 하기 전에 이해관계인의 진술과 검사의 의견을 들어야 한다.

제91조 【즉시항고】 회사, 이해관계인 및 검사는 제90조에 따른 재판에 대하여 즉시항고를 할 수 있다. 이 경우 항고는 집행정지의 효력이 있다.

제92조 【해산명령신청의 공고와 그 방법】 「상법」 제176조제1항에 따른 해산명령의 신청이 있는 경우에는 제88조제4항을 준용한다.

제93조 【해산재판의 확정과 등기촉탁】 회사의 해산을 명한 재판이 확정되면 법원은 회사의 본점과 지점 소재지의 등기소에 그 등기를 촉탁하여야 한다.

제94조 【해산명령 전의 회사재산 보전에 필요한 처분】 ① 「상법」 제176조제2항에 따라 관리인의 선임, 그 밖에 회사재산의 보전에 필요한 처분을 하는 경우에는 제44조의9, 제77조 및 제78조를 준용한다.
② 제1항에 따른 관리인에 관하여는 「민법」 제681조, 제684조, 제685조 및 제688조를 준용한다.

제94조의2 【관리인의 사임허가 등】 ① 법원은 제94조에 따른 관리인의 사임을 허가하거나 관리인을 해임할 수 있다. 관리인의 사임을 허가하는 경우 법원은 다시 관리인을 선임하여야 한다.
② 관리인의 사임허가 또는 해임 절차에 관하여는 제44조의11을 준용한다.
(2013.5.28 본조신설)

제95조 【회사관리인의 회사 재산상태 보고 등】 ① 법원은 그 선임한 관리인에게 재산상태를 보고하고 관리계산(管理計算)을 할 것을 명할 수 있다. 이 재판에 대하여는 불복신청을 할 수 없다.
② 이해관계인은 제1항에 따른 보고와 계산에 관한 서류의 열람을 신청하거나 수수료를 내고 그 등본의 발급을 신청할 수 있다.
③ 검사는 제2항에 따른 서류를 열람할 수 있다.

제96조【비용의 부담】 ① 법원이 「상법」 제176
조제2항에 따라 직권으로 재판을 하였거나 신청에
상응한 재판을 한 경우에는 재판 전의 절차와 재판
의 고지 비용은 회사가 부담한다. 법원이 명한 처분
에 필요한 비용도 또한 같다.
② 법원이 항고인의 신청에 상응한 재판을 한 경우
에는 항고절차의 비용과 항고인이 부담하게 된 전
심의 비용은 회사가 부담한다.
제97조【해산명령 청구자의 담보제공】 「상법」
제176조제3항에 따라 제공할 담보에 관하여는 「민
사소송법」 제120조제1항 및 제121조부터 제126조
까지의 규정을 준용한다.
제98조【설립 무효판결의 확정과 등기촉탁】 회
사 설립을 무효로 하는 판결이 확정되면 제1심 수
소법원은 회사의 본점과 지점 소재지의 등기소에
그 등기를 촉탁하여야 한다.
**제99조【합병 등의 무효판결의 확정과 등기촉
탁】** 회사의 합병, 주식회사의 분할 또는 분할합병
을 무효로 하는 판결이 확정된 경우에는 제98조를
준용한다.
**제100조【합병회사의 채무부담부분 결정의 재
판】** 「상법」 제239조제3항(「상법」 제269조 및 제
530조제2항에서 준용하는 경우를 포함한다)에 따
른 재판에 관하여는 제75조제1항, 제78조 및 제85
조제3항을 준용한다.
**제101조【유한회사와 외국회사 영업소 폐쇄에의
준용】** ① 유한회사에 관하여는 제76조부터 제81
조까지, 제83조, 제84조, 제84조의2, 제85조, 제88
조, 제89조 및 제100조를 준용한다.
② 외국회사 영업소의 폐쇄를 명하는 경우에는 제
90조부터 제94조까지, 제94조의2 및 제95조부터 제
97조까지의 규정을 준용한다.
제102조【지분압류채권자의 보전청구】 ① 「상
법」 제224조제1항 단서(「상법」 제269조에서 준용
하는 경우를 포함한다)에 따른 예고를 한 채권자는
회사의 본점 소재지의 지방법원 합의부에 지분환급
청구권의 보전(保全)에 필요한 처분을 할 것을 청
구할 수 있다.
② 제1항에 따른 청구에 대한 재판에 관하여는 제
75조제1항 및 제78조를 준용한다.
제103조 (2013.5.28 삭제)
**제104조【유한회사와 주식회사의 합병 인가신
청】** 「상법」 제600조제1항에 따른 합병의 인가신
청은 합병을 할 회사의 이사와 감사가 공동으로 신
청하여야 한다.
제105조【유한회사의 조직 변경 인가신청】 「상
법」 제607조제3항에 따른 인가신청을 하는 경우에
는 제104조를 준용한다.
**제106조【유한회사의 합병 인가신청 등에 관한
재판】** 제104조 및 제105조에 따른 신청이 있는 경

우에는 제81조를 준용한다.
제107조【그 밖의 등기촉탁을 할 경우】 다음 각
호의 어느 하나에 해당하는 경우에는 제1심 수소법
원은 회사의 본점과 지점 소재지의 등기소에 그 등
기를 촉탁하여야 한다.
1. 회사 청산인의 해임 재판이 있는 경우
2. 합명회사, 합자회사 또는 유한회사의 설립을 취
   소하는 판결이 확정된 경우
3. 합명회사 또는 합자회사의 사원 제명(除名) 또는
   그 업무집행권한이나 대표권 상실의 판결이 확
   정된 경우
4. 주식회사의 이사·감사·대표이사 또는 청산인
   이나 유한회사의 이사·감사 또는 청산인의 직
   무를 일시적으로 맡아 할 사람을 선임한 경우
5. 주식회사의 이사 또는 감사나 유한회사 이사의
   해임 판결이 확정된 경우
6. 주식회사의 창립총회 또는 주주총회나 유한회사
   의 사원총회가 결의한 사항이 등기된 경우에 결
   의취소·결의무효확인·결의부존재확인(決議不
   存在確認) 또는 부당결의의 취소나 변경의 판결
   이 확정된 경우
7. 주식회사의 신주 발행 또는 자본 감소의 무효판
   결이 확정된 경우
8. 주식회사의 주식 교환 또는 이전(移轉)의 무효판
   결이 확정된 경우
9. 유한회사의 자본 증가 또는 자본 감소의 무효판
   결이 확정된 경우
제108조【등기촉탁서의 첨부서면】 이 법에 따라
법원이 회사의 본점과 지점 소재지의 등기소에 등
기를 촉탁할 때에는 촉탁서에 재판의 등본을 첨부
하여야 한다.

제2장 사채에 관한 사건

제109조【관할법원】 「상법」 제439조제3항(그 준
용규정을 포함한다), 제481조, 제482조, 제483조제2
항, 제491조제3항, 제496조 및 제507조제1항에 따
른 사건은 사채를 발행한 회사의 본점 소재지의 지
방법원 합의부가 관할한다.
제110조【사채모집의 수탁회사에 관한 재판】 ①
「상법」 제481조에 따른 허가신청, 같은 법 제482조
에 따른 해임청구 또는 같은 법 제483조제2항에 따
른 선임청구에 대한 재판은 이해관계인의 의견을
들은 후 이유를 붙인 결정으로써 하여야 한다.
② 신청 및 청구를 인용한 재판에 대하여는 불복신
청을 할 수 없다.
③ 신청 및 청구를 인용하지 아니한 재판에 대하여
는 즉시항고를 할 수 있다.
제111조 (2013.5.28 삭제)
제112조【사채권자집회의 소집 허가신청】 「상

법」 제491조제3항에 따른 허가신청에 관하여는 제80조 및 제81조를 준용한다.

제113조【사채권자집회의 결의 인가청구】 ① 「상법」 제496조에 따른 결의의 인가를 청구하는 경우에는 의사록(議事錄)을 제출하여야 한다.

② 제1항에 따른 청구가 있는 경우에는 제78조, 제85조제3항 및 제110조제1항을 준용한다.

제114조【사채모집 위탁의 보수 등 부담 허가신청】 ① 「상법」 제507조제1항에 따른 허가신청은 사채모집을 위탁받은 회사, 대표자 또는 집행자가 하여야 한다.

② 제1항에 따른 신청이 있는 경우에는 제113조제2항을 준용한다.

제115조【사채권자 이의기간 연장의 신청】 「상법」 제439조제3항(「상법」 제530조제2항에서 준용하는 경우를 포함한다)에 따른 기간의 연장 허가신청이 있는 경우에는 제110조를 준용한다.

제116조【검사의 불참여】 이 장의 절차에 관하여는 제15조를 적용하지 아니한다.

제3장 회사의 청산에 관한 사건

제117조【관할법원】 ① 합명회사와 합자회사의 청산에 관한 사건은 회사의 본점 소재지의 지방법원이 관할한다.

② 주식회사와 유한회사의 청산에 관한 사건은 회사의 본점 소재지의 지방법원 합의부가 관할한다.

제118조【법원의 감독】 ① 회사의 청산은 법원의 감독을 받는다.

② 법원은 회사의 업무를 감독하는 관청에 의견의 진술을 요청하거나 조사를 촉탁할 수 있다.

③ 회사의 업무를 감독하는 관청은 법원에 그 회사의 청산에 관한 의견을 진술할 수 있다.

제119조【청산인의 선임·해임 등의 재판】 청산인의 선임 또는 해임의 재판에 대하여는 불복신청을 할 수 없다.

제120조【청산인의 업무대행자】 주식회사와 유한회사의 청산인에 관하여는 제84조 및 제85조를 준용한다.

제121조【청산인의 결격사유】 다음 각 호의 어느 하나에 해당하는 자는 청산인으로 선임될 수 없다.

1. 미성년자
2. 피성년후견인 또는 피한정후견인
3. 자격이 정지되거나 상실된 자
4. 법원에서 해임된 청산인
5. 파산선고를 받은 자

제122조 (2013.5.28 삭제)

제123조【청산인의 보수】 법원이 청산인을 선임한 경우에는 제77조 및 제78조를 준용한다.

제124조【감정인의 선임 비용】 법원이 「상법」 제259조제4항 또는 그 준용규정에 따른 감정인을 선임한 경우 그 비용은 회사가 부담한다. 감정인의 소환 및 심문 비용의 경우에도 또한 같다.

제125조【감정인 선임의 절차 및 재판】 제124조에 따른 감정인의 선임 절차와 재판에 관하여는 제58조 및 제59조를 준용한다.

제126조【청산인의 변제 허가신청】 「상법」 제536조제2항 또는 그 준용규정에 따른 허가의 신청에 관하여는 제81조제1항 및 제82조를 준용한다.

제127조【서류 보존인 선임의 재판】 「상법」 제541조제2항 또는 그 준용규정에 따른 서류 보존인 선임의 재판에 대하여는 불복신청을 할 수 없다.

제128조【외국회사의 영업소 폐쇄 시의 청산절차】 「상법」 제620조에 따른 청산에 관하여는 그 성질상 허용되지 아니하는 경우를 제외하고는 이 장의 규정을 준용한다.

第4章 商業登記

第1節 등기소와 등기관

第129條~第132條 (2007.7.27 삭제)
第133條~第135條 (1996.12.30 삭제)

第2節 登記簿등

第136條~第146條 (2007.7.27 삭제)

第3節 登記節次

第1款 通則

第147條~第163條 (2007.7.27 삭제)

第2款 商號의 登記

第164條~第172條 (2007.7.27 삭제)

第3款 無能力者와 法定代理人의 登記

第173條~第178條 (2007.7.27 삭제)

第4款 支配人의 登記

第179條~第181條 (2007.7.27 삭제)

第5款 合名會社의 登記

第182條~第199條 (2007.7.27 삭제)

第6款 合資會社의 登記

第200條～第201條 (2007.7.27 삭제)

第7款 株式會社의 登記

第202條～第218條 (2007.7.27 삭제)

第8款 有限會社의 登記

第219條～第227條 (2007.7.27 삭제)

第9款 外國會社의 登記

第228條～第231條 (2007.7.27 삭제)

第10款 登記의 更正과 抹消

第232條～第238條 (2007.7.27 삭제)

第11款 電算情報處理組織에 의한 商業登記事務
의 處理에 관한 特例
(1994.12.31 본관신설)

第238條의2～第238條의5 (2007.7.27 삭제)

第4節 異議등

第239條～第246條 (2007.7.27 삭제)

제4편 보 칙

제247조【과태료사건의 관할】 과태료사건은 다
른 법령에 특별한 규정이 있는 경우를 제외하고는
과태료를 부과받을 자의 주소지의 지방법원이 관할
한다.

제248조【과태료재판의 절차】 ① 과태료재판은
이유를 붙인 결정으로써 하여야 한다.
② 법원은 재판을 하기 전에 당사자의 진술을 듣고
검사의 의견을 구하여야 한다.
③ 당사자와 검사는 과태료재판에 대하여 즉시항고
를 할 수 있다. 이 경우 항고는 집행정지의 효력이
있다.
④ 과태료재판 절차의 비용은 과태료를 부과하는
선고가 있는 경우에는 그 선고를 받은 자가 부담하
고, 그 밖의 경우에는 국고에서 부담한다.
⑤ 항고법원이 당사자의 신청을 인정하는 재판을
한 경우에는 항고절차의 비용 및 전심에서 당사자
가 부담하게 된 비용은 국고에서 부담한다.

제249조【과태료재판의 집행】 ① 과태료재판은
검사의 명령으로서 집행한다. 이 경우 그 명령은 집
행력 있는 집행권원과 같은 효력이 있다.
② 과태료재판의 집행절차는 「민사집행법」의 규정
에 따른다. 다만, 집행을 하기 전에 재판의 송달은

하지 아니한다.
제250조【약식재판】 ① 법원은 타당하다고 인정
할 때에는 당사자의 진술을 듣지 아니하고 과태료
재판을 할 수 있다.
② 당사자와 검사는 제1항에 따른 재판의 고지를
받은 날부터 1주일 내에 이의신청을 할 수 있다.
③ 제1항에 따른 재판은 이의신청에 의하여 그 효
력을 잃는다.
④ 이의신청이 있는 경우 법원은 당사자의 진술을
듣고 다시 재판하여야 한다.
제251조【외국인에 관한 비송사건절차】 외국인
에 관한 사건의 절차로서 조약(條約)에 의하여 특
별히 정하여야 할 사항은 대법원규칙으로 정한다.

부 칙(1991.12.14.)

第1條【施行日】 이 法은 1992年 2月 1日부터 施
行한다.
第2條【遡及適用등】 ① 이 法은 이 法 施行전에
생긴 사항에 대하여도 이를 적용한다. 그러나 종전
의 規定에 의하여 생긴 효력에는 영향을 미치지 아
니한다.
② 이 法의 施行전에 종전의 規定에 의하여 한 처
분, 節次등은 이 法의 그에 상당하는 規定에 의하
여 한 것으로 본다.
第3條【登記公務員에 관한 經過措置】 이 法 施
行당시 登記公務員으로 지정되어 있는 者는 이 法
의 規定에 의하여 지정된 것으로 본다.
第4條【會社의 支配人登記에 관한 適用例】 ①
이 法 施行당시 支配人登記簿에 登載되어 있는 會
社의 支配人登記는 大法院規則이 정하는 바에 의
하여 會社의 登記簿에 이를 移記하여야 한다.
② 第1項의 登記에 관하여는 第1項의 規定에 의하
여 그 登記를 移記할 때까지는 第180條와 이를 準
用하는 規定에 불구하고 종전의 예에 의한다.
第5條【會社의 本店移轉登記등에 관한 適用例】
第185條第2項, 第196條第3項이나 第200條第1項
또는 이들 規定을 準用하는 規定에 의하여 동시에
申請 또는 촉탁하여야 할 登記로서 이 法 施行전
에 그 일부에 관하여 登記의 申請 또는 촉탁이 있
은 경우 이들 登記의 節次에 관하여는 종전의 예에
의한다.
第6條【다른 法律의 改正등】 ① 外資導入法중
다음과 같이 改正한다.
第41條第3項중 "第249條"를 "第203條"로 한다.
② 山林組合法중 다음과 같이 改正한다.
第29條중 "第181條"를 "第121條"로 한다
③ 새마을금고法중 다음과 같이 改正한다.
第36條중 "第181條"를 "第121條"로 한다
④ 信用協同組合法중 다음과 같이 改正한다.
第23條의3第5項중 "第226條 내지 第228條"를 "第

149條, 第179條 내지 第181條"로 한다.

⑤ 保險業法중 다음과 같이 改正한다.

第52條중 "第136條第1項・第2項, 第137條, 第141條, 第142條, 第144條, 第145條, 第148條, 第149條, 第154條 내지 第162條, 第177條 내지 第181條, 第183條 내지 第187條, 第189條, 第191條 내지 第214條, 第226條 내지 第234條, 第250條, 第251條, 第255條, 第256條第1項, 第257條第1項, 第259條 내지 第262條"를 "第72條第1項・第2項, 第73條, 第77條, 第78條, 第80條, 第81條, 第84條, 第85條, 第90條 내지 第100條, 第117條 내지 第121條, 第123條 내지 第127條, 第129條 내지 第131條, 第133條 내지 第135條, 第138條 내지 第143條, 第147條, 第149條 내지 第161條, 第164條, 第179條 내지 第181條, 第189條, 第190條, 第215條, 第216條, 第218條, 第232條, 第233條 내지 第246條"로 하고, 第90條중 "第136條第3項, 第163條第2項, 第188條, 第189條, 第192條 내지 第200條, 第202條, 第204條 내지 第207條, 第209條 내지 第214條, 第226 條 내지 第234條, 第274條 및 第275條"를 "第72條第3項, 第101條第2項, 第128條 내지 第131條, 第133條 내지 第135條, 第137條 내지 第143條, 第147條, 第150條, 第153條, 第156條, 第159條 第161條, 第164條, 第179條, 第181條, 第189條, 第190條, 第230條 내지 第237條, 第239條 내지 第246條"로 한다.

⑥ 民事訴訟法중 다음과 같이 改正한다.

第210條第2項중 "第277條 및 第279條"를 "第248條 및 第250條"로 한다.

⑦ 公證人法중 다음과 같이 改正한다.

第87條第2項중 "第278條"를 "第249條"로 한다.

⑧ 不動産登記特別措置法중 다음과 같이 改正한다.

第12條第5項중 "第277條 및 第279條"를 "第248條 및 第250條"로 한다.

⑨ 家事訴訟法중 다음과 같이 改正한다.

第69條중 "第277條 및 同法 第279條"를 "第248條 및 第250條"로 한다.

⑩ 農業協同組合法중 다음과 같이 改正한다.

第57條의2第4項중 "第226條 내지 第228條"를 "第149條, 第179條 내지 第181條"로 하고, 第86條중 "第181條"를 "第121條"로 한다.

⑪ 水産業協同組合法중 다음과 같이 改正한다.

第61條의2第5項중 "第226條 내지 第228條"를 "第149條, 第179條 내지 第181條"로 한다.

⑫ 畜産業協同組合法중 다음과 같이 改正한다.

第52條第2項중 "第226條 내지 第228條"를 "第149條, 第179條 내지 第181條"로 하고, 第81條중 "第181條"를 "第121條"로 한다.

⑬ 海難審判法중 다음과 같이 改正한다.

第90條중 "第276條 내지 第278條"를 "第247條 내지 第249條"로 한다.

⑭ 第1項 내지 第13項외에 다른 法律에서 非訟事件節次法의 規定을 引用하는 경우에 이 法중 그에 해당하는 規定이 있는 때에는 종전의 規定에 갈음하여 이 法의 해당 條項을 引用한 것으로 본다.

　부　칙(1994.12.31.)

이 法은 1995年 1月 1日부터 施行한다.

　부　칙(1996.12.30.)

第1條【施行日】이 法은 1997年 1月 1日부터 施行한다. 다만, 第147條第3項 및 第159條第16號의 改正規定은 1997年 7月 1日부터 施行한다.

第2條【登記事項公告에 관한 經過措置】①第65條의2 내지 第65條의4의 公告에 관한 規定은 大法院規則이 정하는 기간동안 이를 適用하지 아니한다.

② 第1項의 경우에 그 기간중에는 公告한 것으로 본다.

第3條【진행중인 事件등에 관한 適用例】①第86條의2 및 第88條第4項의 改正規定은 이 法 施行당시 진행중인 事件에 대하여도 이를 適用한다.

② 第190條第1項・第203條第5號・第215條第5號 및 第223條第5號의 改正規定은 1996年 10月 1日 이후에 申請된 登記로서 이 法 施行당시 登記가 완료되지 아니한 경우에도 이를 適用한다.

　부　칙(1998.12.28.)(상법)

第1條【施行日】이 法은 公布한 날부터 施行한다. 다만, 第382條의2의 改正規定은 公布後 6月이 경과한 날부터 施行한다.

第2條【經過措置의 原則】이 法은 특별한 정함이 있는 경우를 제외하고는 이 法 施行전에 생긴 사항에 대하여도 이를 適用한다. 다만, 종전의 規定에 의하여 생긴 효력에는 영향을 미치지 아니한다.

第3條【合併에 관한 經過措置】이 法의 施行전에 체결된 合併契約에 의한 合併에 관하여는 이 法 施行후에도 계속하여 종전의 規定에 의한다. 다만, 第232條 및 第527條의5의 規定에 의한 債權者의 異議提出期間은 이 法 施行후 최초로 公告하는 분부터 適用한다.

第4條【罰則의 適用에 관한 經過措置】이 法 施行전에 한 행위 및 第3條의 規定에 의하여 종전의 規定에 의하도록 한 경우에 이 法 施行후에 한 행위에 대한 罰則의 適用에 관하여는 종전의 規定에 의한다.

第5條【다른 法律의 改正 등】①非訟事件節次法중 다음과 같이 改正한다.

第205條第3號를 다음과 같이 한다.

3. 商法 第422條의 規定에 의하여 檢査人이 한 調

査報告書와 그 附屬書類 또는 鑑定人의 鑑定書와 그 附屬書類
第215條第2號중 "株主總會나"를 "株主總會 또는 理事會의 議事綠이나"로 하고, 同條第3號를 다음과 같이 하며, 同條第5號중 "商法 第526條第3項"을 "商法 第526條第3項 또는 同法 第527條第4項"으로 하고, 同條에 第6號를 다음과 같이 新設한다.
3. 第193條第3號의 書面 및 商法 第527條의5第1項의 規定에 의한 公告 및 催告를 한 사실과 異議를 陳述한 債權者가 있는 때에는 이에 대하여 辨濟 또는 擔保를 제공하거나 信託을 한 사실을 증명하는 書面
6. 商法 第527條의3第3項의 規定에 의하여 公告 또는 통지를 한 경우에는 이를 증명하는 書面
第216條의2를 다음과 같이 新設한다.
第216條의2(分割 또는 分割合倂에 의한 登記) ① 分割 또는 分割合倂에 의한 變更登記·解散登記 또는 設立登記의 申請書에는 分割計劃書 또는 分割合倂契約書를 첨부하여야 한다.
② 第215條 및 第216條의 規定은 分割 또는 分割合倂의 경우에 이를 準用한다.
② 내지 ⑨ 省略

부　칙(1998.12.28.)(부동산등기법)

第1條【施行日】 이 法은 公布한 날부터 施行한다.
第2條【다른 法律의 改正】 ① 내지 ⑤ 省略
⑥ 非訟事件節次法중 다음과 같이 改正한다.
第3編第4章第1節의 題目, 第132條, 第157條, 第158條, 第159條 各號외의 부분, 第171條第2項, 第174條第4項, 第199條第3項, 第214條第1項 내지 第3項, 第233條, 第235條 내지 第237條, 第238條第2項·第3項, 第239條, 第242條의 題目·第1項·第2項, 第244條 後段 및 第245條중 "登記公務員"을 각각 "登記官"으로 한다.
⑦ 내지 ⑩ 省略
第3條 省略

부　칙(1999.12.31.)(상법)

第1條【施行日】 이 法은 公布한 날부터 施行한다.
第2條 및 第3條 생략
第4條【다른 法律의 改正】 非訟事件節次法중 다음과 같이 改正한다.
第72條第1項중 "第310條第1項, 第417條"를 "第310條第1項, 第391條의3第4項, 第417條"로 하고, 同條에 第6項을 다음과 같이 新設한다.
⑥ 商法 第394條第2項에 관한 事件은 商法 第403條의 規定에 의한 事件의 管轄法院의 관할로 한다.
第84條의2를 다음과 같이 新設한다.

第84條의2(訴訟上 代表者選任의 裁判) ① 商法 第394條第2項의 規定에 의한 訴訟上 代表者의 選任에 관한 裁判을 하는 경우에는 法院은 理事 또는 監査委員會의 陳述을 들어야 한다.
② 第81條의 規定은 第1項의 경우에 이를 準用한다.
第203條第5號중 "監事 또는 檢査人"을 監事 또는 監査委員會 및 檢査人"으로 하고, 同條第9號중 "監事의"를 "監事 또는 監査委員會 委員"으로 한다.
第204條第1項 및 第2項중 "또는 監事"를 각각 "·監事 또는 監査委員會 委員"으로 한다.

부　칙(2001.7.24.)

이 법은 공포한 날부터 시행한다.

부　칙(2001.12.19.)

제1조【시행일】 이 법은 2002년 1월 1일부터 시행한다.
제2조【등기관의 지정에 관한 경과조치】 ① 이 법 시행 당시 법원에 재직중인 법원사무직류의 일반직공무원은 종전의 규정에 따라 등기관으로 지정될 수 있다.
② 이 법 시행 당시 종전의 규정에 의하여 등기관으로 지정받은 자는 제132조제1항의 개정규정에 의하여 지정된 것으로 본다.

부　칙(2002.1.26.)(민사소송법)

제1조【시행일】 이 법은 2002년 7월 1일부터 시행한다.
제2조 내지 제5조 생략
제6조【다른 법률의 개정】 ① 내지 ⑩ 생략
⑪ 비송사건절차법중 다음과 같이 개정한다.
제7조제1항중 "民事訴訟法 第81條"를 "민사소송법 제89조"로 한다.
제8조중 "民事訴訟法 第150條"를 "민사소송법 제161조"로 한다.
제27조중 "民事訴訟法 第93條"를 "민사소송법 제102조"로 한다.
제29조제3항중 "民事訴訟法 第418條와 第473條"를 "민사소송법 제448조와 제500조"로 한다.
제51조중 "民事訴訟法 第89條"를 "민사소송법 제98조"로 한다.
제97조중 "民事訴訟法 第110條第1項과 同法 第111條 내지 第116條"를 "민사소송법 제120조제1항 및 제121조 내지 제126조"로 한다.
⑫ 내지 ㉙생략
제7조 생략

부   칙(2002.1.26.)(민사집행법)

제1조【시행일】이 법은 2002년 7월 1일부터 시행한다.
제2조 내지 제5조 생략
제6조【다른 법률의 개정】① 내지 ㉑생략
㉒비송사건절차법중 다음과 같이 개정한다.
제29조제2항 전단중 "民事訴訟法 第6編"을 "민사집행법"으로 한다.
제107조제5호를 삭제한다.
제249조제2항 전단중 "民事訴訟法 第7編"을 "민사집행법"으로 한다.
㉓내지 <55>생략
제7조 생략

부   칙(2005.1.27.)(변호사법)

제1조【시행일】이 법은 공포 후 6월이 경과한 날부터 시행한다. <단서 생략>
제2조 내지 제8조 생략
제9조【다른 법률의 개정】① 생략
② 비송사건절차법중 다음과 같이 개정한다.
제148조제1항 단서중 "法務法人"을 "법무법인·법무법인(유한)·법무조합"으로 한다.

부   칙(2005.3.31.)(채무자 회생 및 파산에 관한 법률)

제1조【시행일】이 법은 공포 후 1년이 경과한 날부터 시행한다.
제2조 내지 제4조 생략
제5조【다른 법률의 개정】① 내지 ㊽생략
㊾非訟事件節次法 일부를 다음과 같이 개정한다.
제121조제5호중 "破産者"를 "파산선고를 받은 자"로 한다.
제143조제1항중 "會社整理法"을 "「채무자 회생 및 파산에 관한 법률」"로 한다.
㊿내지 <145>생략
제6조 생략

부   칙(2007.5.17.)(가족관계의 등록 등에 관한 법률)

제1조【시행일】이 법은 2008년 1월 1일부터 시행한다. <단서 생략>
제2조부터 제7조까지 생략
제8조【다른 법률의 개정】① 부터 ⑮ 까지 생략
⑯ 非訟事件節次法 일부를 다음과 같이 개정한다.
제132조제2항 전단 중 "자신, 자신과 戶籍을 같이 하는 者"를 "자신"으로 한다.
⑰ 부터 ㊴까지 생략
제9조 생략

부   칙(2007.7.27.)

제1조【시행일】이 법은 2008년 1월 1일부터 시행한다. 다만, 제66조제1항 및 제67조의 개정규정(「상업등기법」제12조, 제18조제2항 및 제4항의 준용부분에 한한다)은 2008년 4월 1일부터 시행한다.
제2조【등기에 관한 적용례】이 법은 이 법 시행 전에 발생한 등기사항에 대하여도 적용한다. 다만, 종전의 규정에 따라 등기를 마친 등기사항은 그러하지 아니하다.
제3조【등기관 지정에 관한 경과조치】① 이 법 시행 당시 법원에 재직 중인 법원사무직류의 일반직공무원(2002년 1월 1일 이후 시행한 채용시험에 합격하여 임용된 자를 제외한다)은 제66조제1항에서 준용하는 「상업등기법」제4조에도 불구하고 등기관으로 지정될 수 있다.
② 이 법 시행 당시 종전의 규정에 따라 등기관으로 지정받은 자는 이 법에 따라 지정된 것으로 본다.
제4조【폐쇄등기용지 및 폐쇄등기기록에 관한 경과조치】이 법 시행 당시 종전의 규정에 따라 폐쇄된 등기용지는 종전의 규정에 따라 처리한다. 다만, 전산정보처리조직에 의하여 폐쇄된 등기기록으로 이 법 시행 당시 종전의 규정에 따른 보존기간을 경과하지 아니한 폐쇄등기기록에 대하여는 제66조제1항의 개정규정(「상업등기법」 제14조제2항을 준용한 부분에 한한다)을 적용한다.
제5조【일반적 경과조치】① 이 법 시행 당시 종전의 규정에 따라 등기절차가 진행 중인 등기사무에 대하여는 종전의 규정에 따른다.
② 이 법 시행 당시 종전의 규정에 따라 행한 처분·절차, 그 밖의 행위는 이 법의 해당 규정에 따라 한 것으로 본다.

부   칙(2007.8.3.)(상법)

제1조【시행일】이 법은 공포 후 1년이 경과한 날부터 시행한다. <단서 생략>
제2조부터 제8조까지 생략
제9조【다른 법률의 개정】① 생략
② 非訟事件節次法 일부를 다음과 같이 개정한다.
제72조제5항 중 "同法 第804條第1項"을 "같은 법 제808조제1항"으로 한다.
③ 부터 ⑤ 까지 생략

부   칙(2011.4.12.)(부동산등기법)

제1조【시행일】이 법은 공포 후 6개월이 경과한 날부터 시행한다. <단서 생략>
제2조 및 제3조 생략
제4조【다른 법률의 개정】① 부터 ⑳ 까지 생략
㉑ 비송사건절차법 일부를 다음과 같이 개정한다.

제68조제2항을 삭제한다.

제69조를 삭제한다.

제70조 및 제71조를 각각 다음과 같이 한다.

제70조 【부부재산약정에 관한 등기신청인】 부부재산약정에 관한 등기는 약정자 쌍방이 신청한다. 다만, 부부 일방의 사망으로 인한 부부재산약정소멸의 등기는 다른 일방이 신청한다.

제71조 「부동산등기법」의 준용】 부부재산약정의 등기에는 「부동산등기법」 제2조제1호부터 제3호까지, 제6조, 제8조부터 제13조까지, 제14조제2항부터 제4항까지, 제16조부터 제20조까지, 제22조, 제24조제1항제1호 및 제2항, 제29조제1호부터 제5호까지 및 제8호부터 제10호까지, 제31조부터 제33조까지, 제58조, 제100조부터 제109조까지와 제113조를 준용한다.

㉒부터 ㊷까지 생략

제5조 생략

　　부　칙(2011.7.25.)(신탁법)

제1조 【시행일】 이 법은 공포 후 1년이 경과한 날부터 시행한다.

제2조 생략

제3조 【다른 법률의 개정】 ① 생략

② 비송사건절차법 일부를 다음과 같이 개정한다.

제39조제1항 중 "「신탁법」第13條第2項, 第15條, 第16條, 第18條第1項·第3項, 第31條第1項 但書, 第36條, 第57條와 第64條의 規定"을 "「신탁법」 제14조제2항, 제16조제3항, 제17조제1항, 제34조제2항제3호, 제67조제1항·제4항, 제88조제3항, 제100조 및 제105조"로, "同法 第17條第1項·第4項의 規定"을 "같은 법 제21조제2항 및 제4항"으로 하고, 같은 조 제2항 중 "「신탁법」第17條第2項의 規定"을 "「신탁법」 제21조제3항"으로 한다.

제41조제1항 중 "「신탁법」第18條第1項의 規定"을 "「신탁법」 제67조제1항"으로 한다.

제44조 중 "「신탁법」第64條第2項의 規定"을 "「신탁법」 제105조제2항"으로 한다.

③ 부터 ⑨ 까지 생략

제4조 생략

　　부　칙(2013.5.28.)

제1조 【시행일】 이 법은 공포한 날부터 시행한다.

제2조 【적용례】 이 법은 이 법 시행 당시 법원에 계속 중인 사건에 대하여도 적용한다. 다만, 종전의 규정에 따라 발생한 효력에는 영향을 미치지 아니한다.

제3조 【금치산자 등에 대한 경과조치】 제121조제2호의 개정규정에 따른 피성년후견인 및 피한정후견인에는 법률 제10429호 민법 일부개정법률 부칙 제2조에 따라 금치산 또는 한정치산 선고의 효력이 유지되는 자를 포함하는 것으로 본다.

제4조 【피성년후견인 등에 대한 경과조치】 제121조제2호의 개정규정 중 "피성년후견인" 및 "피한정후견인"은 2013년 6월 30일까지는 각각 "금치산자" 및 "한정치산자"로 본다.

　　부　칙(2014.5.20.)(상업등기법)

제1조 【시행일】 이 법은 공포 후 6개월이 경과한 날부터 시행한다.

제2조 및 **제3조** 생략

제4조 【다른 법률의 개정】 ① 부터 ④ 까지 생략

⑤ 비송사건절차법 일부를 다음과 같이 개정한다.

제66조를 다음과 같이 한다.

제66조(「상업등기법」의 준용) ① 법인과 대한민국에 사무소를 둔 외국법인의 등기에 관하여는 「상업등기법」 제3조, 제5조부터 제10조까지, 제11조제2항·제3항, 제12조부터 제22조까지, 제24조, 제25조, 제26조제1호부터 제12호까지 및 제14호·제17호, 제28조, 제75조부터 제80조까지, 제82조부터 제86조까지, 제87조제1항, 제88조, 제89조 및 제91조를 준용한다. 다만, 임시이사의 등기신청에 관하여는 「상업등기법」 제25조제1항 및 제2항을 준용하지 아니한다.

② 법인의 등기에 관하여는 「상업등기법」 제54조부터 제60조까지 및 제81조를 준용한다.

③ 대한민국에 사무소를 둔 외국법인의 등기에 관하여는 「상업등기법」 제23조제3항을 준용한다.

제67조제2항 중 "「상업등기법」 제11조 및 제12조"를 "「상업등기법」 제16조 및 제17조"로 한다.

⑥ 부터 ⑪ 까지 생략

제5조 생략

　　부　칙(2016.1.19.)

제1조 【시행일】 이 법은 공포한 날부터 시행한다.

제2조 【신청서 작성에 관한 적용례】 제9조제1항의 개정규정은 이 법 시행 후 최초로 신청서를 작성하는 경우부터 적용한다.

질서위반행위규제법

(2007년 12월 21일)
(법률 제8725호)

개정
2009. 4. 1법9617호(신용정보)
2011. 4. 5법10544호
2016.12. 2법14280호 → 2017. 6. 3 시행

제1장 총 칙

제1조【목적】 이 법은 법률상 의무의 효율적인 이행을 확보하고 국민의 권리와 이익을 보호하기 위하여 질서위반행위의 성립요건과 과태료의 부과·징수 및 재판 등에 관한 사항을 규정하는 것을 목적으로 한다.

제2조【정의】 이 법에서 사용하는 용어의 뜻은 다음과 같다.

1. "질서위반행위"란 법률(지방자치단체의 조례를 포함한다. 이하 같다)상의 의무를 위반하여 과태료를 부과하는 행위를 말한다. 다만, 다음 각 목의 어느 하나에 해당하는 행위를 제외한다.
   가. 대통령령으로 정하는 사법(私法)상·소송법상 의무를 위반하여 과태료를 부과하는 행위
   나. 대통령령으로 정하는 법률에 따른 징계사유에 해당하여 과태료를 부과하는 행위
2. "행정청"이란 행정에 관한 의사를 결정하여 표시하는 국가 또는 지방자치단체의 기관, 그 밖의 법령 또는 자치법규에 따라 행정권한을 가지고 있거나 위임 또는 위탁받은 공공단체나 그 기관 또는 사인(私人)을 말한다.
3. "당사자"란 질서위반행위를 한 자연인 또는 법인(법인이 아닌 사단 또는 재단으로서 대표자 또는 관리인이 있는 것을 포함한다. 이하 같다)을 말한다.

제3조【법 적용의 시간적 범위】 ① 질서위반행위의 성립과 과태료 처분은 행위 시의 법률에 따른다.
② 질서위반행위 후 법률이 변경되어 그 행위가 질서위반행위에 해당하지 아니하게 되거나 과태료가 변경되기 전의 법률보다 가볍게 된 때에는 법률에 특별한 규정이 없는 한 변경된 법률을 적용한다.
③ 행정청의 과태료 처분이나 법원의 과태료 재판이 확정된 후 법률이 변경되어 그 행위가 질서위반행위에 해당하지 아니하게 된 때에는 변경된 법률에 특별한 규정이 없는 한 과태료의 징수 또는 집행을 면제한다.

제4조【법 적용의 장소적 범위】 ① 이 법은 대한민국 영역 안에서 질서위반행위를 한 자에게 적용한다.
② 이 법은 대한민국 영역 밖에서 질서위반행위를 한 대한민국의 국민에게 적용한다.
③ 이 법은 대한민국 영역 밖에 있는 대한민국의 선박 또는 항공기 안에서 질서위반행위를 한 외국인에게 적용한다.

제5조【다른 법률과의 관계】 과태료의 부과·징수, 재판 및 집행 등의 절차에 관한 다른 법률의 규정 중 이 법의 규정에 저촉되는 것은 이 법으로 정하는 바에 따른다.

제2장 질서위반행위의 성립 등

제6조【질서위반행위 법정주의】 법률에 따르지 아니하고는 어떤 행위도 질서위반행위로 과태료를 부과하지 아니한다.

제7조【고의 또는 과실】 고의 또는 과실이 없는 질서위반행위는 과태료를 부과하지 아니한다.

제8조【위법성의 착오】 자신의 행위가 위법하지 아니한 것으로 오인하고 행한 질서위반행위는 그 오인에 정당한 이유가 있는 때에 한하여 과태료를 부과하지 아니한다.

제9조【책임연령】 14세가 되지 아니한 자의 질서위반행위는 과태료를 부과하지 아니한다. 다만, 다른 법률에 특별한 규정이 있는 경우에는 그러하지 아니하다.

제10조【심신장애】 ① 심신(心神)장애로 인하여 행위의 옳고 그름을 판단할 능력이 없거나 그 판단에 따른 행위를 할 능력이 없는 자의 질서위반행위는 과태료를 부과하지 아니한다.
② 심신장애로 인하여 제1항에 따른 능력이 미약한 자의 질서위반행위는 과태료를 감경한다.
③ 스스로 심신장애 상태를 일으켜 질서위반행위를 한 자에 대하여는 제1항 및 제2항을 적용하지 아니한다.

제11조【법인의 처리 등】 ① 법인의 대표자, 법인 또는 개인의 대리인·사용인 및 그 밖의 종업원이 업무에 관하여 법인 또는 그 개인에게 부과된 법률상의 의무를 위반한 때에는 법인 또는 그 개인에게 과태료를 부과한다.
② 제7조부터 제10조까지의 규정은 「도로교통법」 제56조제1항에 따른 고용주등을 같은 법 제160조제3항에 따라 과태료를 부과하는 경우에는 적용하지 아니한다.

제12조【다수인의 질서위반행위 가담】 ① 2인 이상이 질서위반행위에 가담한 때에는 각자가 질서위반행위를 한 것으로 본다.
② 신분에 의하여 성립하는 질서위반행위에 신분이 없는 자가 가담한 때에는 신분이 없는 자에 대하여도 질서위반행위가 성립한다.
③ 신분에 의하여 과태료를 감경 또는 가중하거나 과태료를 부과하지 아니하는 때에는 그 신분의 효과는 신분이 없는 자에게는 미치지 아니한다.

제13조【수개의 질서위반행위의 처리】 ① 하나의 행위가 2 이상의 질서위반행위에 해당하는 경우에는 각 질서위반행위에 대하여 정한 과태료 중 가장 중한 과태료를 부과한다.

② 제1항의 경우를 제외하고 2 이상의 질서위반행위가 경합하는 경우에는 각 질서위반행위에 대하여 정한 과태료를 각각 부과한다. 다만, 다른 법령(지방자치단체의 조례를 포함한다. 이하 같다)에 특별한 규정이 있는 경우에는 그 법령으로 정하는 바에 따른다.

제14조【과태료의 산정】 행정청 및 법원은 과태료를 정함에 있어서 다음 각 호의 사항을 고려하여야 한다.

1. 질서위반행위의 동기·목적·방법·결과
2. 질서위반행위 이후의 당사자의 태도와 정황
3. 질서위반행위자의 연령·재산상태·환경
4. 그 밖에 과태료의 산정에 필요하다고 인정되는 사유

제15조【과태료의 시효】 ① 과태료는 행정청의 과태료 부과처분이나 법원의 과태료 재판이 확정된 후 5년간 징수하지 아니하거나 집행하지 아니하면 시효로 인하여 소멸한다.

② 제1항에 따른 소멸시효의 중단·정지 등에 관하여는 「국세기본법」 제28조를 준용한다.

제3장 행정청의 과태료 부과 및 징수

제16조【사전통지 및 의견 제출 등】 ① 행정청이 질서위반행위에 대하여 과태료를 부과하고자 하는 때에는 미리 당사자(제11조제2항에 따른 고용주등을 포함한다. 이하 같다)에게 대통령령으로 정하는 사항을 통지하고, 10일 이상의 기간을 정하여 의견을 제출할 기회를 주어야 한다. 이 경우 지정된 기일까지 의견 제출이 없는 경우에는 의견이 없는 것으로 본다.

② 당사자는 의견 제출 기한 이내에 대통령령으로 정하는 방법에 따라 행정청에 의견을 진술하거나 필요한 자료를 제출할 수 있다.

③ 행정청은 제2항에 따라 당사자가 제출한 의견에 상당한 이유가 있는 경우에는 과태료를 부과하지 아니하거나 통지한 내용을 변경할 수 있다.

제17조【과태료의 부과】 ① 행정청은 제16조의 의견 제출 절차를 마친 후에 서면(당사자가 동의하는 경우에는 전자문서를 포함한다. 이하 이 조에서 같다)으로 과태료를 부과하여야 한다. (2011.4.5 본항개정)

② 제1항에 따른 서면에는 질서위반행위, 과태료 금액, 그 밖에 대통령령으로 정하는 사항을 명시하여야 한다.

③ (2016.12.2 삭제)

제17조의2【신용카드 등에 의한 과태료의 납부】 ① 당사자는 과태료, 제24조에 따른 가산금, 중가산금 및 체납처분비를 대통령령으로 정하는 과태료 납부대행기관을 통하여 신용카드, 직불카드 등(이하 "신용카드등"이라 한다)으로 낼 수 있다.

② 제1항에 따라 신용카드등으로 내는 경우에는 과태료 납부대행기관의 승인일을 납부일로 본다.

③ 과태료 납부대행기관은 납부자로부터 신용카드 등에 의한 과태료 납부대행 용역의 대가로 납부대행 수수료를 받을 수 있다.

④ 과태료 납부대행기관의 지정 및 운영, 납부대행 수수료에 관한 사항은 대통령령으로 정한다. (2016.12.2 본조신설)

제18조【자진납부자에 대한 과태료 감경】 ① 행정청은 당사자가 제16조에 따른 의견 제출 기한 이내에 과태료를 자진하여 납부하고자 하는 경우에는 대통령령으로 정하는 바에 따라 과태료를 감경할 수 있다.

② 당사자가 제1항에 따라 감경된 과태료를 납부한 경우에는 해당 질서위반행위에 대한 과태료 부과 및 징수절차는 종료한다.

제19조【과태료 부과의 제척기간】 ① 행정청은 질서위반행위가 종료된 날(다수인이 질서위반행위에 가담한 경우에는 최종행위가 종료된 날을 말한다)부터 5년이 경과한 경우에는 해당 질서위반행위에 대하여 과태료를 부과할 수 없다.

② 제1항에도 불구하고 행정청은 제36조 또는 제44조에 따른 법원의 결정이 있는 경우에는 그 결정이 확정된 날부터 1년이 경과하기 전까지는 과태료를 정정부과 하는 등 해당 결정에 따라 필요한 처분을 할 수 있다.

제20조【이의제기】 ① 행정청의 과태료 부과에 불복하는 당사자는 제17조제1항에 따른 과태료 부과 통지를 받은 날부터 60일 이내에 해당 행정청에 서면으로 이의제기를 할 수 있다.

② 제1항에 따른 이의제기가 있는 경우에는 행정청의 과태료 부과처분은 그 효력을 상실한다.

③ 당사자는 행정청으로부터 제21조제3항에 따른 통지를 받기 전까지는 행정청에 대하여 서면으로 이의제기를 철회할 수 있다.

제21조【법원에의 통보】 ① 제20조제1항에 따른 이의제기를 받은 행정청은 이의제기를 받은 날부터 14일 이내에 이에 대한 의견 및 증빙서류를 첨부하여 관할 법원에 통보하여야 한다. 다만, 다음 각 호의 어느 하나에 해당하는 경우에는 그러하지 아니하다.

1. 당사자가 이의제기를 철회한 경우
2. 당사자의 이의제기에 이유가 있어 과태료를 부과할 필요가 없는 것으로 인정되는 경우

② 행정청은 사실상 또는 법률상 같은 원인으로 말

미암아 다수인에게 과태료를 부과할 필요가 있는 경우에는 다수인 가운데 1인에 대한 관할권이 있는 법원에 제1항에 따른 이의제기 사실을 통보할 수 있다.

③ 행정청이 제1항 및 제2항에 따라 관할 법원에 통보를 하거나 통보하지 아니하는 경우에는 그 사실을 즉시 당사자에게 통지하여야 한다.

제22조 【질서위반행위의 조사】 ① 행정청은 질서위반행위가 발생하였다는 합리적 의심이 있어 그에 대한 조사가 필요하다고 인정할 때에는 대통령령으로 정하는 바에 따라 다음 각 호의 조치를 할 수 있다.

1. 당사자 또는 참고인의 출석 요구 및 진술의 청취
2. 당사자에 대한 보고 명령 또는 자료 제출의 명령

② 행정청은 질서위반행위가 발생하였다는 합리적 의심이 있어 그에 대한 조사가 필요하다고 인정할 때에는 그 소속 직원으로 하여금 당사자의 사무소 또는 영업소에 출입하여 장부·서류 또는 그 밖의 물건을 검사하게 할 수 있다.

③ 제2항에 따른 검사를 하고자 하는 행정청 소속 직원은 당사자에게 검사 개시 7일 전까지 검사 대상 및 검사 이유, 그 밖에 대통령령으로 정하는 사항을 통지하여야 한다. 다만, 긴급을 요하거나 사전 통지의 경우 증거인멸 등으로 검사목적을 달성할 수 없다고 인정되는 때에는 그러하지 아니하다.

④ 제2항에 따라 검사를 하는 직원은 그 권한을 표시하는 증표를 지니고 이를 관계인에게 내보여야 한다.

⑤ 제1항 및 제2항에 따른 조치 또는 검사는 그 목적 달성에 필요한 최소한에 그쳐야 한다.

제23조 【자료제공의 요청】 행정청은 과태료의 부과·징수를 위하여 필요한 때에는 관계 행정기관, 지방자치단체, 그 밖에 대통령령으로 정하는 공공기관(이하 "공공기관등"이라 한다)의 장에게 그 필요성을 소명하여 자료 또는 정보의 제공을 요청할 수 있으며, 그 요청을 받은 공공기관등의 장은 특별한 사정이 없는 한 이에 응하여야 한다.

제24조 【가산금 징수 및 체납처분 등】 ① 행정청은 당사자가 납부기한까지 과태료를 납부하지 아니한 때에는 납부기한을 경과한 날부터 체납된 과태료에 대하여 100분의 3에 상당하는 가산금을 징수한다. (2016.12.2 본항개정)

② 체납된 과태료를 납부하지 아니한 때에는 납부기한이 경과한 날부터 매 1개월이 경과할 때마다 체납된 과태료의 1천분의 12에 상당하는 가산금(이하 이 조에서 "중가산금"이라 한다)을 제1항에 따른 가산금에 가산하여 징수한다. 이 경우 중가산금을 가산하여 징수하는 기간은 60개월을 초과하지 못한다.

③ 행정청은 당사자가 제20조제1항에 따른 기한 이내에 이의를 제기하지 아니하고 제1항에 따른 가산금을 납부하지 아니한 때에는 국세 또는 지방세 체납처분의 예에 따라 징수한다.

④ 행정청의 과태료 결손처분에 관하여는 「국세징수법」 제86조를 준용한다.

제24조의2 【상속재산 등에 대한 집행】 ① 과태료는 당사자가 과태료 부과처분에 대하여 이의를 제기하지 아니한 채 제20조제1항에 따른 기한이 종료한 후 사망한 경우에는 그 상속재산에 대하여 집행할 수 있다.

② 법인에 대한 과태료는 법인이 과태료 부과처분에 대하여 이의를 제기하지 아니한 채 제20조제1항에 따른 기한이 종료한 후 합병에 의하여 소멸한 경우에는 합병 후 존속한 법인 또는 합병에 의하여 설립된 법인에 대하여 집행할 수 있다.

(2011.4.5 본조신설)

제24조의3 【과태료의 징수유예 등】 ① 행정청은 당사자가 다음 각 호의 어느 하나에 해당하여 과태료(체납된 과태료와 가산금, 중가산금 및 체납처분비를 포함한다. 이하 이 조에서 같다)를 납부하기가 곤란하다고 인정되면 1년의 범위에서 대통령령으로 정하는 바에 따라 과태료의 분할납부나 납부기일의 연기(이하 "징수유예등"이라 한다)를 결정할 수 있다.

1. 「국민기초생활 보장법」에 따른 수급권자
2. 「국민기초생활 보장법」에 따른 차상위계층 중 다음 각 목의 대상자
   가. 「의료급여법」에 따른 수급권자
   나. 「한부모가족지원법」에 따른 지원대상자
   다. 자활사업 참여자
3. 「장애인복지법」 제2조제2항에 따른 장애인
4. 본인 외에는 가족을 부양할 사람이 없는 사람
5. 불의의 재난으로 피해를 당한 사람
6. 납부의무자 또는 그 동거 가족이 질병이나 중상해로 1개월 이상의 장기 치료를 받아야 하는 경우
7. 「채무자 회생 및 파산에 관한 법률」에 따른 개인회생절차개시결정자
8. 「고용보험법」에 따른 실업급여수급자
9. 그 밖에 제1호부터 제8호까지에 준하는 것으로서 대통령령으로 정하는 부득이한 사유가 있는 경우

② 제1항에 따라 징수유예등을 받으려는 당사자는 대통령령으로 정하는 바에 따라 이를 행정청에 신청할 수 있다.

③ 행정청은 제1항에 따라 징수유예등을 하는 경우 그 유예하는 금액에 상당하는 담보의 제공이나 제공된 담보의 변경을 요구할 수 있고, 그 밖에 담보보전에 필요한 명령을 할 수 있다.

④ 행정청은 제1항에 따른 징수유예등의 기간 중에는 그 유예한 과태료 징수금에 대하여 가산금, 중가

산금의 징수 또는 체납처분(교부청구는 제외한다)을 할 수 없다.

⑤ 행정청은 다음 각 호의 어느 하나에 해당하는 경우 그 징수유예등을 취소하고, 유예된 과태료 징수금을 한꺼번에 징수할 수 있다. 이 경우 그 사실을 당사자에게 통지하여야 한다.

1. 과태료 징수금을 지정된 기한까지 납부하지 아니하였을 때
2. 담보의 제공이나 변경, 그 밖에 담보보전에 필요한 행정청의 명령에 따르지 아니하였을 때
3. 재산상황이나 그 밖의 사정의 변화로 유예할 필요가 없다고 인정될 때
4. 제1호부터 제3호까지에 준하는 대통령령으로 정하는 사유에 해당되어 유예한 기한까지 과태료 징수금의 전액을 징수할 수 없다고 인정될 때

⑥ 과태료 징수유예등의 방식과 절차, 그 밖에 징수유예등에 관하여 필요한 사항은 대통령령으로 정한다. (2016.12.2 본조신설)

제4장   질서위반행위의 재판 및 집행

제25조【관할 법원】 과태료 사건은 다른 법령에 특별한 규정이 있는 경우를 제외하고는 당사자의 주소지의 지방법원 또는 그 지원의 관할로 한다.

제26조【관할의 표준이 되는 시기】 법원의 관할은 행정청이 제21조제1항 및 제2항에 따라 이의제기 사실을 통보한 때를 표준으로 정한다.

제27조【관할위반에 따른 이송】 ① 법원은 과태료 사건의 전부 또는 일부에 대하여 관할권이 없다고 인정하는 경우에는 결정으로 이를 관할 법원으로 이송한다.

② 당사자 또는 검사는 이송결정에 대하여 즉시항고를 할 수 있다.

제28조【준용규정】 「비송사건절차법」 제2조부터 제4조까지, 제6조, 제7조, 제10조(인증과 감정을 제외한다) 및 제24조부터 제26조까지의 규정은 이 법에 따른 과태료 재판(이하 "과태료 재판"이라 한다)에 준용한다.

제29조【법원직원의 제척 등】 법원직원의 제척·기피 및 회피에 관한 「민사소송법」의 규정은 과태료 재판에 준용한다.

제30조【행정청 통보사실의 통지】 법원은 제21조제1항 및 제2항에 따른 행정청의 통보가 있는 경우 이를 즉시 검사에게 통지하여야 한다.

제31조【심문 등】 ① 법원은 심문기일을 열어 당사자의 진술을 들어야 한다.

② 법원은 검사의 의견을 구하여야 하고, 검사는 심문에 참여하여 의견을 진술하거나 서면으로 의견을 제출하여야 한다.

③ 법원은 당사자 및 검사에게 제1항에 따른 심문기일을 통지하여야 한다.

제32조【행정청에 대한 출석 요구 등】 ① 법원은 행정청의 참여가 필요하다고 인정하는 때에는 행정청으로 하여금 심문기일에 출석하여 의견을 진술하게 할 수 있다.

② 행정청은 법원의 허가를 받아 소속 공무원으로 하여금 심문기일에 출석하여 의견을 진술하게 할 수 있다.

제33조【직권에 의한 사실탐지와 증거조사】 ① 법원은 직권으로 사실의 탐지와 필요하다고 인정하는 증거의 조사를 하여야 한다.

② 제1항의 증거조사에 관하여는 「민사소송법」에 따른다.

제34조【촉탁할 수 있는 사항】 사실탐지·소환 및 고지에 관한 행위는 촉탁할 수 있다.

제35조【조서의 작성】 법원서기관·법원사무관·법원주사 또는 법원주사보(이하 "법원사무관등"이라 한다)는 증인 또는 감정인의 심문에 관하여는 조서를 작성하고, 그 밖의 심문에 관하여는 필요하다고 인정하는 경우에 한하여 조서를 작성한다.

제36조【재판】 ① 과태료 재판은 이유를 붙인 결정으로써 한다.

② 결정서의 원본에는 판사가 서명날인하여야 한다. 다만, 제20조제1항에 따른 이의제기서 또는 조서에 재판에 관한 사항을 기재하고 판사가 이에 서명날인함으로써 원본에 갈음할 수 있다.

③ 결정서의 정본과 등본에는 법원사무관등이 기명날인하고, 정본에는 법원인을 찍어야 한다.

④ 제2항의 서명날인은 기명날인으로 갈음할 수 있다.

제37조【결정의 고지】 ① 결정은 당사자와 검사에게 고지함으로써 효력이 생긴다.

② 결정의 고지는 법원이 적당하다고 인정하는 방법으로 한다. 다만, 공시송달을 하는 경우에는 「민사소송법」에 따라야 한다.

③ 법원사무관등은 고지의 방법·장소와 연월일을 결정서의 원본에 부기하고 이에 날인하여야 한다.

제38조【항고】 ① 당사자와 검사는 과태료 재판에 대하여 즉시항고를 할 수 있다. 이 경우 항고는 집행정지의 효력이 있다.

② 검사는 필요한 경우에는 제1항에 따른 즉시항고 여부에 대한 행정청의 의견을 청취할 수 있다.

제39조【항고법원의 재판】 항고법원의 과태료 재판에는 이유를 적어야 한다.

제40조【항고의 절차】 「민사소송법」의 항고에 관한 규정은 특별한 규정이 있는 경우를 제외하고는 이 법에 따른 항고에 준용한다.

제41조【재판비용】 ① 과태료 재판절차의 비용은 과태료에 처하는 선고가 있는 경우에는 그 선고를 받은 자의 부담으로 하고, 그 외의 경우에는 국

고의 부담으로 한다.

② 항고법원이 당사자의 신청을 인정하는 과태료 재판을 한 때에는 항고절차의 비용과 전심에서 당사자의 부담이 된 비용은 국고의 부담으로 한다.

제42조【과태료 재판의 집행】 ① 과태료 재판은 검사의 명령으로써 집행한다. 이 경우 그 명령은 집행력 있는 집행권원과 동일한 효력이 있다.

② 과태료 재판의 집행절차는 「민사집행법」에 따르거나 국세 또는 지방세 체납처분의 예에 따른다. 다만, 「민사집행법」에 따를 경우에는 집행을 하기 전에 과태료 재판의 송달은 하지 아니한다.

③ 과태료 재판의 집행에 대하여는 제24조 및 제24조의2를 준용한다. 이 경우 제24조의2제1항 및 제2항 중 "과태료 부과처분에 대하여 이의를 제기하지 아니한 채 제20조제1항에 따른 기한이 종료한 후"는 "과태료 재판이 확정된 후"로 본다. (2011.4.5 본항개정)

④ 검사는 제1항부터 제3항까지의 규정에 따른 과태료 재판을 집행한 경우 그 결과를 해당 행정청에 통보하여야 한다. (2011.4.5 본항신설)

제43조【과태료 재판 집행의 위탁】 ① 검사는 과태료를 최초 부과한 행정청에 대하여 과태료 재판의 집행을 위탁할 수 있고, 위탁을 받은 행정청은 국세 또는 지방세 체납처분의 예에 따라 집행한다.

② 지방자치단체의 장이 제1항에 따라 집행을 위탁받은 경우에는 그 집행한 금원(金員)은 당해 지방자치단체의 수입으로 한다.

제44조【약식재판】 법원은 상당하다고 인정하는 때에는 제31조제1항에 따른 심문 없이 과태료 재판을 할 수 있다.

제45조【이의신청】 ① 당사자와 검사는 제44조에 따른 약식재판의 고지를 받은 날부터 7일 이내에 이의신청을 할 수 있다.

② 검사는 필요한 경우에는 제1항에 따른 이의신청 여부에 대하여 행정청의 의견을 청취할 수 있다.

③ 제1항의 기간은 불변기간으로 한다.

④ 당사자와 검사가 책임질 수 없는 사유로 제1항의 기간을 지킬 수 없었던 경우에는 그 사유가 없어진 날부터 14일 이내에 이의신청을 할 수 있다. 다만, 그 사유가 없어질 당시 외국에 있던 당사자에 대하여는 그 기간을 30일로 한다.

제46조【이의신청 방식】 ① 이의신청은 대통령령으로 정하는 이의신청서를 제44조에 따른 약식재판을 한 법원에 제출함으로써 한다.

② 법원은 제1항에 따른 이의신청이 있은 때에는 이의신청의 상대방에게 이의신청서 부본을 송달하여야 한다.

제47조【이의신청 취하】 ① 이의신청을 한 당사자 또는 검사는 정식재판 절차에 따른 결정을 고지받기 전까지 이의신청을 취하할 수 있다.

② 이의신청의 취하는 대통령령으로 정하는 이의신청취하서를 제46조제1항에 따른 법원에 제출함으로써 한다. 다만, 심문기일에는 말로 할 수 있다.

③ 법원은 제46조제2항에 따라 이의신청서 부본을 송달한 뒤에 제1항에 따른 이의신청의 취하가 있은 때에는 그 상대방에게 이의신청취하서 부본을 송달하여야 한다.

제48조【이의신청 각하】 ① 법원은 이의신청이 법령상 방식에 어긋나거나 이의신청권이 소멸된 뒤의 것임이 명백한 경우에는 결정으로 이를 각하하여야 한다. 다만, 그 흠을 보정할 수 있는 경우에는 그러하지 아니하다.

② 제1항의 결정에 대하여는 즉시항고를 할 수 있다.

제49조【약식재판의 확정】 약식재판은 다음 각 호의 어느 하나에 해당하는 때에 확정된다.

1. 제45조에 따른 기간 이내에 이의신청이 없는 때
2. 이의신청에 대한 각하결정이 확정된 때
3. 당사자 또는 검사가 이의신청을 취하한 때

제50조【이의신청에 따른 정식재판절차로의 이행】 ① 법원이 이의신청이 적법하다고 인정하는 때에는 약식재판은 그 효력을 잃는다.

② 제1항의 경우 법원은 제31조제1항에 따른 심문을 거쳐 다시 재판하여야 한다.

제5장 보 칙

제51조【자료제출 요구】 법무부장관은 과태료 징수 관련 통계 작성 등 이 법의 운용과 관련하여 필요한 경우에는 중앙행정기관의 장이나 그 밖의 관계 기관의 장에게 과태료 징수 현황 등에 관한 자료의 제출을 요구할 수 있다.

제52조【관허사업의 제한】 ① 행정청은 허가·인가·면허·등록 및 갱신(이하 "허가등"이라 한다)을 요하는 사업을 경영하는 자로서 다음 각 호의 사유에 모두 해당하는 체납자에 대하여는 사업의 정지 또는 허가등의 취소를 할 수 있다.

1. 해당 사업과 관련된 질서위반행위로 부과받은 과태료를 3회 이상 체납하고 있고, 체납발생일부터 각 1년이 경과하였으며, 체납금액의 합계가 500만원 이상인 체납자 중 대통령령으로 정하는 횟수와 금액 이상을 체납한 자

2. 천재지변이나 그 밖의 중대한 재난 등 대통령령으로 정하는 특별한 사유 없이 과태료를 체납한 자

② 허가등을 요하는 사업의 주무관청이 따로 있는 경우에는 행정청은 당해 주무관청에 대하여 사업의 정지 또는 허가등의 취소를 요구할 수 있다.

③ 행정청은 제1항 또는 제2항에 따라 사업의 정지 또는 허가등을 취소하거나 주무관청에 대하여 그 요구를 한 후 당해 과태료를 징수한 때에는 지체 없이 사업의 정지 또는 허가등의 취소나 그 요구를

철회하여야 한다.

④ 제2항에 따른 행정청의 요구가 있는 때에는 당해 주무관청은 정당한 사유가 없는 한 이에 응하여야 한다.

제53조【신용정보의 제공 등】 ① 행정청은 과태료 징수 또는 공익목적을 위하여 필요한 경우 「국세징수법」 제7조의2를 준용하여 「신용정보의 이용 및 보호에 관한 법률」 제2조에 따른 신용정보회사 또는 같은 법 제25조에 따른 신용정보집중기관의 요청에 따라 체납 또는 결손처분자료를 제공할 수 있다. (2009.4.1 본항개정)

② 행정청은 당사자에게 과태료를 납부하지 아니할 경우에는 체납 또는 결손처분자료를 제1항의 신용정보회사 또는 신용정보집중기관에게 제공할 수 있음을 미리 알려야 한다. (2009.4.1 본항개정)

③ 행정청은 제1항에 따라 체납 또는 결손처분자료를 제공한 경우에는 대통령령으로 정하는 바에 따라 해당 체납자에게 그 제공사실을 통보하여야 한다.

제54조【고액·상습체납자에 대한 제재】 ① 법원은 검사의 청구에 따라 결정으로 30일의 범위 이내에서 과태료의 납부가 있을 때까지 다음 각 호의 사유에 모두 해당하는 경우 체납자(법인인 경우에는 대표자를 말한다. 이하 이 조에서 같다)를 감치(監置)에 처할 수 있다.

1. 과태료를 3회 이상 체납하고 있고, 체납발생일부터 각 1년이 경과하였으며, 체납금액의 합계가 1천만원 이상인 체납자 중 대통령령으로 정하는 횟수와 금액 이상을 체납한 경우

2. 과태료 납부능력이 있음에도 불구하고 정당한 사유 없이 체납한 경우

② 행정청은 과태료 체납자가 제1항 각 호의 사유에 모두 해당하는 경우에는 관할 지방검찰청 또는 지청의 검사에게 체납자의 감치를 신청할 수 있다.

③ 제1항의 결정에 대하여는 즉시항고를 할 수 있다.

④ 제1항에 따라 감치에 처하여진 과태료 체납자는 동일한 체납사실로 인하여 재차 감치되지 아니한다.

⑤ 제1항에 따른 감치에 처하는 재판 절차 및 그 집행, 그 밖에 필요한 사항은 대법원규칙으로 정한다.

제55조【자동차 관련 과태료 체납자에 대한 자동차 등록번호판의 영치】 ① 행정청은 「자동차관리법」 제2조제1호에 따른 자동차의 운행·관리 등에 관한 질서위반행위 중 대통령령으로 정하는 질서위반행위로 부과받은 과태료(이하 "자동차 관련 과태료"라 한다)를 납부하지 아니한 자에 대하여 체납된 자동차 관련 과태료와 관계된 그 소유의 자동차의 등록번호판을 영치할 수 있다.

② 자동차 등록업무를 담당하는 주무관청이 아닌 행정청이 제1항에 따라 등록번호판을 영치한경우에는 지체 없이 주무관청에 등록번호판을 영치한 사실을 통지하여야 한다.

③ 자동차 관련 과태료를 납부하지 아니한 자가 체납된 자동차 관련 과태료를 납부한 경우 행정청은 영치한 자동차 등록번호판을 즉시 내주어야 한다.

④ 행정청은 제1항에 따라 자동차의 등록번호판이 영치된 당사자가 해당 자동차를 직접적인 생계유지 목적으로 사용하고 있어 자동차 등록번호판을 영치할 경우 생계유지가 곤란하다고 인정되는 경우 자동차 등록번호판을 내주고 영치를 일시 해제할 수 있다. 다만, 그 밖의 다른 과태료를 체납하고 있는 당사자에 대하여는 그러하지 아니한다. (2016.12.2 본항신설)

⑤ 제1항부터 제4항까지에서 규정한 사항 외에 자동차 등록번호판 영치의 요건·방법·절차, 영치 해제의 요건·방법·절차 및 영치 일시 해제의 기간·요건·방법·절차에 관하여 필요한 사항은 대통령령으로 정한다. (2016.12.2 본항개정)

(2011.4.5 본조신설)

[종전 제55조는 제57조로 이동 <2011.4.5.>]

제56조【자동차 관련 과태료 납부증명서의 제출】 자동차 관련 과태료와 관계된 자동차가 그 자동차 관련 과태료의 체납으로 인하여 압류등록된 경우 그 자동차에 대하여 소유권 이전등록을 하려는 자는 압류등록의 원인이 된 자동차 관련 과태료(제24조에 따른 가산금 및 중가산금을 포함한다)를 납부한 증명서를 제출하여야 한다. 다만, 「전자정부법」 제36조제1항에 따른 행정정보의 공동이용을 통하여 납부사실을 확인할 수 있는 경우에는 그러하지 아니하다.

(2011.4.5 본조신설)

제57조【과태료】 ① 제22조제2항에 따른 검사를 거부·방해 또는 기피한 자에게는 500만원 이하의 과태료를 부과한다.

② 제1항에 따른 과태료는 제22조에 따른 행정청이 부과·징수한다.

[제55조에서 이동 <2011.4.5.>]

부   칙(2007.12.21.)

① **【시행일】** 이 법은 공포 후 6개월이 경과한 날부터 시행한다.

② **【가산금의 징수 등에 관한 적용례】** 제24조 및 제52조부터 제54조까지의 규정은 이 법 시행 후 최초로 발생한 체납 과태료부터 적용한다.

③ **【과태료에 관한 적용례】** 제55조는 이 법 시행 전에 발생한 사항에 대하여는 적용하지 아니한다.

④ **【일반적 경과조치】** 이 법은 특별한 규정이 있는 경우를 제외하고는 이 법 시행 전에 발생한 사항에 대하여도 적용한다. 다만, 이 법 시행 전에 다른 법률에 따라 발생한 효력에 관하여는 영향을 미치지 아니한다.

부　칙(2009.4.1.)(신용정보의 이용 및 보호에 관한 법률)

제1조【시행일】 이 법은 공포 후 6개월이 경과한 날부터 시행한다.
제2조부터 제11조까지 생략
제12조【다른 법률의 개정】 ①부터 ⑲까지 생략
⑳ 질서위반행위규제법 일부를 다음과 같이 개정한다.
제53조제1항 중 "신용정보업자 또는 신용정보집중기관"을 "신용정보회사 또는 같은 법 제25조에 따른 신용정보집중기관"으로 하고, 같은 조 제2항 중 "신용정보업자"를 "신용정보회사"로 한다.
㉑부터 ㉔까지 생략
제13조 생략

부　칙(2011.4.5.)

① 【시행일】 이 법은 공포 후 3개월이 경과한 날부터 시행한다.
② 【과태료 재판 집행결과의 통보에 관한 적용례】 제42조제4항의 개정규정은 이 법 시행 후 최초로 집행한 과태료 재판부터 적용한다.
③ 【자동차 관련 과태료의 특례에 관한 적용례】 제55조 및 제56조의 개정규정은 이 법 시행 후 최초로 자동차 관련 과태료를 체납한 자부터 적용한다.

부　칙(2016.12.2.)

제1조【시행일】 이 법은 공포 후 6개월이 경과한 날부터 시행한다.
제2조【신용카드 등에 의한 과태료의 납부에 관한 적용례】 제17조의2의 개정규정은 이 법 시행 이후 납부하는 과태료 징수금부터 적용한다.
제3조【가산금 징수에 관한 적용례】 제24조의 개정규정은 이 법 시행 후 최초로 발생한 체납 과태료부터 적용한다.
제4조【자동차 등록번호판 영치의 일시 해제에 관한 적용례】 제55조의 개정규정은 이 법 시행 당시 자동차 등록번호판이 영치 중인 당사자에 대하여도 적용한다.

가사소송법

改正
1991.12.14法4423號(비송)
1992.11.30法4505號(민조정)
2002. 1.26法6626號(민소)
2002. 1.26法6627號(민집)
2005. 3.24法7405號
2005. 3.31法7427號(민)
2007. 5.17法8433號
2007. 5.17法8435號(가족관계)
2007.12.21法8715號
2009. 5. 8法9652號
2010. 3.31法10212號
2013. 4. 5法11725號 → 2013. 7. 1 시행
2013. 7.30法11949號
2014.10.15法12773號 → 2015.10.16 시행
2016. 1.19法13760號
2016.12.2法14278號(민) → 2017. 6. 3 시행
2017.10.31法14961號 → 2018. 5. 1 시행

제1편 총 칙

제1조【목적】 이 법은 인격의 존엄과 남녀 평등을 기본으로 하고 가정의 평화 및 친족 간에 서로 돕는 미풍양속을 보존하고 발전시키기 위하여 가사(家事)에 관한 소송(訴訟)과 비송(非訟) 및 조정(調停)에 대한 절차의 특례를 규정함을 목적으로 한다.
제2조【가정법원의 관장 사항】 ① 다음 각 호의 사항(이하 "가사사건"이라 한다)에 대한 심리(審理)와 재판은 가정법원의 전속관할(專屬管轄)로 한다. (2013.4.5., 2013.7.30., 2014.10.15., 2016.12.2., 2017.10.31 본항개정)
1. 가사소송사건
　가. 가류(類) 사건
　　1) 혼인의 무효
　　2) 이혼의 무효
　　3) 인지(認知)의 무효

4) 친생자관계 존부 확인(親生子關係 存否
確認)
5) 입양의 무효
6) 파양(罷養)의 무효
나. 나류(類) 사건
1) 사실상 혼인관계 존부 확인
2) 혼인의 취소
3) 이혼의 취소
4) 재판상 이혼
5) 아버지의 결정
6) 친생부인(親生否認)
7) 인지의 취소
8) 인지에 대한 이의(異議)
9) 인지청구
10) 입양의 취소
11) 파양의 취소
12) 재판상 파양
13) 친양자(親養子) 입양의 취소
14) 친양자의 파양
다. 다류(類) 사건
1) 약혼 해제(解除) 또는 사실혼관계 부당
파기(破棄)로 인한 손해배상청구(제3자
에 대한 청구를 포함한다) 및 원상회복의
청구
2) 혼인의 무효·취소, 이혼의 무효·취소
또는 이혼을 원인으로 하는 손해배상청구
(제3자에 대한 청구를 포함한다) 및 원상
회복의 청구
3) 입양의 무효·취소, 파양의 무효·취소
또는 파양을 원인으로 하는 손해배상청구
(제3자에 대한 청구를 포함한다) 및 원상
회복의 청구
4) 「민법」 제839조의3에 따른 재산분할청구
권 보전을 위한 사해행위(詐害行爲) 취소
및 원상회복의 청구
2. 가사비송사건
가. 라류(類) 사건
1) 「민법」 제9조제1항, 제11조, 제14조의3제
2항 및 제959조의20에 따른 성년후견 개
시의 심판과 그 종료의 심판
1)의2 「민법」 제10조제2항 및 제3항에 따른
취소할 수 없는 피성년후견인의 법률행위
의 범위 결정 및 그 변경
1)의3 「민법」 제12조제1항, 제14조, 제14조
의3제1항 및 제959조의20에 따른 한정후
견 개시의 심판과 그 종료의 심판
1)의4 「민법」 제13조제1항부터 제3항까지의
규정에 따른 피한정후견인이 한정후견인
의 동의를 받아야 하는 행위의 범위 결정
과 그 변경 및 한정후견인의 동의를 갈음

하는 허가
1)의5 「민법」 제14조의2, 제14조의3 및 제
959조의20에 따른 특정후견의 심판과 그
종료의 심판
2) 「민법」 제22조부터 제26조까지의 규정에
따른 부재자 재산의 관리에 관한 처분
2)의2 「민법」 제909조의2제5항에 따라 친권
자 또는 미성년후견인의 임무를 대행할
사람(이하 "임무대행자"라 한다)의 같은
법 제25조에 따른 권한을 넘는 행위의 허
가
3) 「민법」 제27조부터 제29조까지의 규정에
따른 실종의 선고와 그 취소
4) 「민법」 제781조제4항에 따른 성(姓)과 본
(本)의 창설 허가
5) 「민법」 제781조제5항에 따른 자녀의 종전
성과 본의 계속사용허가
6) 「민법」 제781조제6항에 따른 자녀의 성과
본의 변경허가
7) 「민법」 제829조제2항 단서에 따른 부부재
산약정의 변경에 대한 허가
7)의2 「민법」 제854조의2에 따른 친생부인
의 허가
7)의3 「민법」 제855조의2제1항 및 제2항에
따른 인지의 허가
8) 「민법」 제867조에 따른 미성년자의 입양
에 대한 허가
8)의2 「민법」 제873조제2항에 따라 준용되
는 같은 법 제867조에 따른 피성년후견인
이 입양을 하거나 양자가 되는 것에 대한
허가
9) 「민법」 제871조제2항에 따른 부모의 동의
를 갈음하는 심판
10) (2013.7.30 삭제)
11) 「민법」 제906조제1항 단서에 따른 양자
의 친족 또는 이해관계인의 파양청구에
대한 허가
12) 「민법」 제908조의2에 따른 친양자 입양
의 허가
13) 「민법」 제909조제2항 단서에 따른 친권
행사 방법의 결정
13)의2 「민법」 제909조의2제1항부터 제5항
까지(같은 법 제927조의2제1항 각 호 외
의 부분 본문에 따라 준용되는 경우를 포
함한다)에 따른 친권자의 지정, 미성년후
견인의 선임 및 임무대행자의 선임
13)의3 「민법」 제909조의2제6항에 따른 후
견의 종료 및 친권자의 지정
14) 「민법」 제915조 및 제945조(같은 법 제
948조에 따라 위 각 조항이 준용되는 경

우를 포함한다)에 따른 감화(感化) 또는 교정기관에 위탁하는 것에 대한 허가

15) 「민법」 제918조(같은 법 제956조에 따라 준용되는 경우를 포함한다)에 따른 재산관리인의 선임(選任) 또는 개임(改任)과 재산관리에 관한 처분

16) 「민법」 제921조(「민법」 제949조의3에 따라 준용되는 경우를 포함한다)에 따른 특별대리인의 선임

17) 「민법」 제927조에 따른 친권자의 법률행위 대리권 및 재산관리권의 사퇴(辭退) 또는 회복에 대한 허가

17)의2 「민법」 제927조의2제2항에 따른 친권자의 지정

17)의3 「민법」 제931조제2항에 따른 후견의 종료 및 친권자의 지정

18) 「민법」 제932조, 제936조제1항부터 제3항까지, 제940조, 제959조의3 및 제959조의9에 따른 미성년후견인·성년후견인·한정후견인·특정후견인의 선임 또는 변경

18)의2 「민법」 제938조제2항부터 제4항까지의 규정에 따른 성년후견인의 법정대리권의 범위 결정과 그 변경 및 성년후견인이 피성년후견인의 신상에 관하여 결정할 수 있는 권한의 범위 결정과 그 변경

18)의3 「민법」 제940조의7에 따라 준용되는 제940조와 제940조의3, 제940조의4, 제959조의5 및 제959조의10에 따른 미성년후견감독인·성년후견감독인·한정후견감독인·특정후견감독인의 선임 또는 변경

19) 「민법」 제939조(「민법」 제940조의7, 제959조의3제2항, 제959조의5제2항, 제959조의9제2항, 제959조의10제2항에 따라 준용되는 경우 및 제959조의16제3항에 따라 준용되는 제940조의7에 따라 다시 준용되는 경우를 포함한다)에 따른 미성년후견인·성년후견인·한정후견인·특정후견인·미성년후견감독인·성년후견감독인·한정후견감독인·특정후견감독인·임의후견감독인의 사임에 대한 허가

20) 「민법」 제941조제1항 단서(같은 법 제948조에 따라 준용되는 경우를 포함한다)에 따른 후견인의 재산 목록 작성을 위한 기간의 연장허가

21) 「민법」 제947조의2제2항(「민법」 제959조의6에 따라 준용되는 경우를 포함한다)에 따른 피성년후견인 또는 피한정후견인의 격리에 대한 허가 및 「민법」 제947조의2제4항(「민법」 제940조의7, 제959조의5제2항 및 제959조의6에 따라 준용되는

경우를 포함한다)에 따른 피미성년후견인, 피성년후견인 또는 피한정후견인에 대한 의료행위의 동의에 대한 허가

21)의2 「민법」 제947조의2제5항(「민법」 제940조의7, 제959조의5제2항 및 제959조의6에 따라 준용되는 경우를 포함한다)에 따른 피미성년후견인, 피성년후견인 또는 피한정후견인이 거주하는 건물 또는 그 대지에 대한 매도 등에 대한 허가

21)의3 「민법」 제949조의2(「민법」 제940조의7, 제959조의5제2항, 제959조의6, 제959조의10제2항, 제959조의12에 따라 준용되는 경우 및 제959조의16제3항에 따라 준용되는 제940조의7에 따라 다시 준용되는 경우를 포함한다)에 따른 여러 명의 성년후견인·한정후견인·특정후견인·성년후견감독인·한정후견감독인·특정후견감독인·임의후견감독인의 권한 행사에 관한 결정과 그 변경 또는 취소 및 성년후견인·한정후견인·특정후견인·성년후견감독인·한정후견감독인·특정후견감독인·임의후견감독인의 의사표시를 갈음하는 재판

21)의4 「민법」 제950조제2항(「민법」 제948조 및 제959조의6에 따라 준용되는 경우를 포함한다)에 따른 미성년후견감독인·성년후견감독인·한정후견감독인의 동의를 갈음하는 허가

22) 「민법」 제954조(「민법」 제948조, 제959조의6 및 제959조의12에 따라 준용되는 경우를 포함한다)에 따른 피미성년후견인, 피성년후견인, 피한정후견인 또는 피특정후견인의 재산상황에 대한 조사 및 그 재산관리 등 후견임무 수행에 관하여 필요한 처분명령

22)의2 「민법」 제909조의2제5항에 따라 준용되는 같은 법 제954조에 따른 미성년자의 재산상황에 대한 조사 및 그 재산관리 등 임무대행자의 임무 수행에 관하여 필요한 처분명령

23) 「민법」 제955조(「민법」 제940조의7, 제948조, 제959조의5제2항, 제959조의6, 제959조의10제2항, 제959조의12에 따라 준용되는 경우 및 제959조의16제3항에 따라 준용되는 제940조의7에 따라 다시 준용되는 경우를 포함한다)에 따른 미성년후견인·성년후견인·한정후견인·특정후견인·미성년후견감독인·성년후견감독인·한정후견감독인·특정후견감독인·임의후견감독인에 대한 보수(報酬)

의 수여

24) 「민법」 제957조제1항 단서(「민법」 제 959조의7 및 제959조의13에 따라 준용되는 경우를 포함한다)에 따른 후견 종료 시 관리계산기간의 연장허가

24)의2 「민법」 제959조의4에 따른 한정후견인에게 대리권을 수여하는 심판과 그 범위 변경 및 한정후견인이 피한정후견인의 신상에 관하여 결정할 수 있는 권한의 범위 결정과 그 변경

24)의3 「민법」 제959조의8에 따른 피특정후견인의 후원을 위하여 필요한 처분명령

24)의4 「민법」 제959조의11에 따른 특정후견인에게 대리권을 수여하는 심판

24)의5 「민법」 제959조의16제3항에 따라 준용되는 제940조의7에 따라 다시 준용되는 제940조 및 제959조의15제1항·제3항·제4항에 따른 임의후견감독인의 선임 또는 변경

24)의6 「민법」 제959조의16제2항에 따른 임의후견감독인에 대한 감독사무에 관한 보고 요구, 임의후견인의 사무 또는 본인의 재산상황에 대한 조사명령 또는 임의후견감독인의 직무에 관하여 필요한 처분명령

24)의7 「민법」 제959조의17제2항에 따른 임의후견인의 해임

24)의8 「민법」 제959조의18제2항에 따른 후견계약 종료의 허가

25) (2013.4.5 삭제)

26) (2013.4.5 삭제)

27) (2013.4.5 삭제)

28) (2013.4.5 삭제)

29) (2013.4.5 삭제)

30) 「민법」 제1019조제1항 단서에 따른 상속의 승인 또는 포기를 위한 기간의 연장허가

31) 「민법」 제1023조(같은 법 제1044조에 따라 준용되는 경우를 포함한다)에 따른 상속재산 보존을 위한 처분

32) 「민법」 제1024조제2항, 제1030조 및 제1041조에 따른 상속의 한정승인신고 또는 포기신고의 수리(受理)와 한정승인 취소신고 또는 포기 취소신고의 수리

33) 「민법」 제1035조제2항(같은 법 제1040조제3항, 제1051조제3항 및 제1056조제2항에 따라 준용되는 경우를 포함한다) 및 제1113조제2항에 따른 감정인(鑑定人)의 선임

34) 「민법」 제1040조제1항에 따른 공동상속재산을 위한 관리인의 선임

35) 「민법」 제1045조에 따른 상속재산의 분리

36) 「민법」 제1047조에 따른 상속재산 분리 후의 상속재산 관리에 관한 처분

37) 「민법」 제1053조에 따른 관리인의 선임 및 그 공고와 재산관리에 관한 처분

38) 「민법」 제1057조에 따른 상속인 수색(搜索)의 공고

39) 「민법」 제1057조의2에 따른 상속재산의 분여(分與)

40) 「민법」 제1070조제2항에 따른 유언의 검인(檢認)

41) 「민법」 제1091조에 따른 유언의 증서 또는 녹음(錄音)의 검인

42) 「민법」 제1092조에 따른 유언증서의 개봉

43) 「민법」 제1096조에 따른 유언집행자의 선임 및 그 임무에 관한 처분

44) 「민법」 제1097조제2항에 따른 유언집행자의 승낙 또는 사퇴를 위한 통지의 수리

45) 「민법」 제1104조제1항에 따른 유언집행자에 대한 보수의 결정

46) 「민법」 제1105조에 따른 유언집행자의 사퇴에 대한 허가

47) 「민법」 제1106조에 따른 유언집행자의 해임

48) 「민법」 제1111조에 따른 부담(負擔) 있는 유언의 취소

나. 마류(類) 사건

1) 「민법」 제826조 및 제833조에 따른 부부의 동거·부양·협조 또는 생활비용의 부담에 관한 처분

2) 「민법」 제829조제3항에 따른 재산관리자의 변경 또는 공유재산(共有財産)의 분할을 위한 처분

3) 「민법」 제837조 및 제837조의2(같은 법 제843조에 따라 위 각 조항이 준용되는 경우 및 혼인의 취소 또는 인지를 원인으로 하는 경우를 포함한다)에 따른 자녀의 양육에 관한 처분과 그 변경, 면접교섭권(面接交涉權)의 처분 또는 제한·배제·변경

4) 「민법」 제839조의2제2항(같은 법 제843조에 따라 준용되는 경우 및 혼인의 취소를 원인으로 하는 경우를 포함한다)에 따른 재산 분할에 관한 처분

5) 「민법」 제909조제4항 및 제6항(혼인의 취소를 원인으로 하는 경우를 포함한다)에 따른 친권자의 지정과 변경

6) 「민법」 제922조의2에 따른 친권자의 동의를 갈음하는 재판

7) 「민법」제924조, 제924조의2, 제925조 및 제926조에 따른 친권의 상실, 일시 정지, 일부 제한 및 그 실권 회복의 선고 또는 법률행위의 대리권과 재산관리권의 상실 및 그 실권 회복의 선고

8) 「민법」제976조부터 제978조까지의 규정에 따른 부양(扶養)에 관한 처분

9) 「민법」제1008조의2제2항 및 제4항에 따른 기여분(寄與分)의 결정

10) 「민법」제1013조제2항에 따른 상속재산의 분할에 관한 처분

② 가정법원은 다른 법률이나 대법원규칙에서 가정법원의 권한으로 정한 사항에 대하여도 심리·재판한다.

③ 제2항의 사건에 관한 절차는 법률이나 대법원규칙으로 따로 정하는 경우를 제외하고는 라류 가사비송사건의 절차에 따른다.

제3조 【지방법원과 가정법원 사이의 관할의 지정】 ① 사건이 가정법원과 지방법원 중 어느 법원의 관할에 속하는지 명백하지 아니한 경우에는 관계 법원의 공통되는 고등법원이 관할법원을 지정한다.

② 제1항의 관할법원 지정에 관하여는 「민사소송법」제28조를 준용한다.

③ 제1항에 따라 가정법원의 관할로 정하여진 사건은 이 법에서 정하는 절차에 따라 처리하고, 지방법원의 관할로 정하여진 사건은 민사소송 절차에 따라 처리한다.

제4조 【제척·기피 및 회피】 법원 직원의 제척·기피 및 회피에 관한 「민사소송법」의 규정 중 법관에 관한 사항은 조정장(調停長)과 조정위원에 준용하고, 법원사무관등에 관한 사항은 가사조사관(家事調査官)에 준용한다.

제5조 【수수료】 이 법에 따른 소(訴)의 제기, 심판의 청구, 조정의 신청이나 그 밖의 재판과 처분의 신청에는 대법원규칙으로 정하는 바에 따라 수수료를 내야 한다.

제6조 【가사조사관】 ① 가사조사관은 재판장, 조정장 또는 조정담당판사의 명을 받아 사실을 조사한다.

② 가사조사관의 사실조사 방법과 절차에 관한 사항은 대법원규칙으로 정한다.

제7조 【본인 출석주의】 ① 가정법원, 조정위원회 또는 조정담당판사의 변론기일, 심리기일 또는 조정기일에 소환을 받은 당사자 및 이해관계인은 본인 또는 법정대리인이 출석하여야 한다. 다만, 특별한 사정이 있을 때에는 재판장, 조정장 또는 조정담당판사의 허가를 받아 대리인을 출석하게 할 수 있고 보조인을 동반할 수 있다.

② 변호사 아닌 자가 대리인 또는 보조인이 되려면 미리 재판장, 조정장 또는 조정담당판사의 허가를 받아야 한다.

③ 재판장, 조정장 또는 조정담당판사는 언제든지 제1항 및 제2항의 허가를 취소할 수 있고, 본인이 법정대리인 또는 대리인과 함께 출석할 것을 명할 수 있다.

제8조 【사실조사의 촉탁】 재판장, 조정장, 조정담당판사 또는 가사조사관은 사실조사를 위하여 필요한 경우에는 경찰 등 행정기관이나 그 밖에 상당하다고 인정되는 단체 또는 개인에게 사실의 조사를 촉탁하고 필요한 사항을 보고하도록 요구할 수 있다.

제9조 【가족관계등록부 기록 등의 촉탁】 가정법원은 대법원규칙으로 정하는 판결 또는 심판이 확정되거나 효력을 발생한 경우에는 대법원규칙으로 정하는 바에 따라 지체 없이 가족관계등록 사무를 처리하는 사람에게 가족관계등록부에 등록할 것을 촉탁하거나 후견등기 사무를 처리하는 사람에게 후견등기부에 등기할 것을 촉탁하여야 한다. (2013.4.5 본조개정)

(2013.4.5 본조제목개정)

제10조 【보도 금지】 가정법원에서 처리 중이거나 처리한 사건에 관하여는 성명·연령·직업 및 용모 등을 볼 때 본인이 누구인지 미루어 짐작할 수 있는 정도의 사실이나 사진을 신문, 잡지, 그 밖의 출판물에 게재하거나 방송할 수 없다.

제10조의2 【기록의 열람 등】 ① 당사자나 이해관계를 소명한 제3자는 다음 각 호의 사항을 법원서기관, 법원사무관, 법원주사 또는 법원주사보(이하 "법원사무관등"이라 한다)에게 신청할 수 있다.
1. 재판서의 정본(正本)·등본·초본의 발급
2. 소송에 관한 사항의 증명서 발급

② 당사자나 이해관계를 소명한 제3자는 재판장의 허가를 받아 다음 각 호의 사항을 법원사무관등에게 신청할 수 있다.
1. 조서(調書)의 정본·등본·초본의 발급
2. 기록의 열람·복사

③ 제1항제1호, 제2항제1호의 신청에 따라 발급되는 재판서·조서의 정본·등본·초본에는 그 취지를 적고 법원사무관등이 기명날인하여야 한다.

④ 제1항 또는 제2항에 따른 신청을 할 때에는 대법원규칙으로 정하는 수수료를 내야 한다.

제11조 【위임 규정】 가사사건의 재판과 조정의 절차에 관하여 필요한 사항은 대법원규칙으로 정한다.

제2편 가사소송

제1장 통 칙

제12조 【적용 법률】 가사소송 절차에 관하여는 이 법에 특별한 규정이 있는 경우를 제외하고는 「민사소송법」에 따른다. 다만, 가류 및 나류 가사소송

사건에 관하여는 「민사소송법」 제147조제2항, 제149조, 제150조제1항, 제284조제1항, 제285조, 제349조, 제350조, 제410조의 규정 및 같은 법 제220조 중 청구의 인낙(認諾)에 관한 규정과 같은 법 제288조 중 자백에 관한 규정은 적용하지 아니한다.

제13조 【관할】 ① 가사소송은 이 법에 특별한 규정이 있는 경우를 제외하고는 피고의 보통재판적(普通裁判籍)이 있는 곳의 가정법원이 관할한다.
② 당사자 또는 관계인의 주소, 거소(居所) 또는 마지막 주소에 따라 관할이 정하여지는 경우에 그 주소, 거소 또는 마지막 주소가 국내에 없거나 이를 알 수 없을 때에는 대법원이 있는 곳의 가정법원이 관할한다.
③ 가정법원은 소송의 전부 또는 일부에 대하여 관할권이 없음을 인정한 경우에는 결정(決定)으로 관할법원에 이송하여야 한다.
④ 가정법원은 그 관할에 속하는 가사소송사건에 관하여 현저한 손해 또는 지연을 피하기 위하여 필요한 경우에는 직권으로 또는 당사자의 신청에 의하여 다른 관할가정법원에 이송할 수 있다.
⑤ 이송결정과 이송신청의 기각결정에 대하여는 즉시항고를 할 수 있다.

제14조 【관련 사건의 병합】 ① 여러 개의 가사소송사건 또는 가사소송사건과 가사비송사건의 청구의 원인이 동일한 사실관계에 기초하거나 1개의 청구의 당부(當否)가 다른 청구의 당부의 전제가 되는 경우에는 이를 1개의 소로 제기할 수 있다.
② 제1항의 사건의 관할법원이 다를 때에는 가사소송사건 중 1개의 청구에 대한 관할권이 있는 가정법원에 소를 제기할 수 있다.
③ 가류 또는 나류 가사소송사건의 소의 제기가 있고, 그 사건과 제1항의 관계에 있는 다류 가사소송사건 또는 가사비송사건이 각각 다른 가정법원에 계속(係屬)된 경우에는 가류 또는 나류 가사소송사건의 수소법원(受訴法院)은 직권으로 또는 당사자의 신청에 의하여 결정으로 다류 가사소송사건 또는 가사비송사건을 병합할 수 있다.
④ 제1항이나 제3항에 따라 병합된 여러 개의 청구에 관하여는 1개의 판결로 재판한다.

제15조 【당사자의 추가 · 경정】 ① 「민사소송법」 제68조 또는 제260조에 따라 필수적 공동소송인을 추가하거나 피고를 경정(更正)하는 것은 사실심(事實審)의 변론종결 시까지 할 수 있다.
② 제1항에 따라 피고를 경정한 경우에는 신분에 관한 사항에 한정하여 처음의 소가 제기된 때에 경정된 피고와의 사이에 소가 제기된 것으로 본다.

제16조 【소송 절차의 승계】 ① 가류 또는 나류 가사소송사건의 원고가 사망이나 그 밖의 사유(소송 능력을 상실한 경우는 제외한다)로 소송 절차를 계속하여 진행할 수 없게 된 때에는 다른 제소권자

(提訴權者)가 소송 절차를 승계할 수 있다.
② 제1항의 승계신청은 승계 사유가 생긴 때부터 6개월 이내에 하여야 한다.
③ 제2항의 기간 내에 승계신청이 없을 때에는 소가 취하된 것으로 본다.

제17조 【직권조사】 가정법원이 가류 또는 나류 가사소송사건을 심리할 때에는 직권으로 사실조사 및 필요한 증거조사를 하여야 하며, 언제든지 당사자 또는 법정대리인을 신문할 수 있다.

제18조 【소송비용 부담의 특칙】 검사가 소송 당사자로서 패소한 경우 그 소송비용은 국고에서 부담한다.

제19조 【항소】 ① 가정법원의 판결에 대하여 불복하는 경우에는 판결정본이 송달된 날부터 14일 이내에 항소할 수 있다. 다만, 판결정본 송달 전에도 항소할 수 있다.
② 항소법원의 소송 절차에는 제1심의 소송 절차에 관한 규정을 준용한다.
③ 항소법원은 항소가 이유 있는 경우에도 제1심 판결을 취소하거나 변경하는 것이 사회정의와 형평의 이념에 맞지 아니하거나 가정의 평화와 미풍양속을 유지하기에 적합하지 아니하다고 인정하는 경우에는 항소를 기각할 수 있다.

제20조 【상고】 항소법원의 판결에 대하여 불복하는 경우에는 판결정본이 송달된 날부터 14일 이내에 대법원에 상고할 수 있다. 다만, 판결정본 송달 전에도 상고할 수 있다.

제21조 【기판력의 주관적 범위에 관한 특칙】 ① 가류 또는 나류 가사소송사건의 청구를 인용(認容)한 확정판결은 제3자에게도 효력이 있다.
② 제1항의 청구를 배척한 판결이 확정된 경우에는 다른 제소권자는 사실심의 변론종결 전에 참가하지 못한 데 대하여 정당한 사유가 있지 아니하면 다시 소를 제기할 수 없다.

제2장 혼인관계소송

제22조 【관할】 혼인의 무효나 취소, 이혼의 무효나 취소 및 재판상 이혼의 소는 다음 각 호의 구분에 따른 가정법원의 전속관할로 한다.
1. 부부가 같은 가정법원의 관할 구역 내에 보통재판적이 있을 때에는 그 가정법원
2. 부부가 마지막으로 같은 주소지를 가졌던 가정법원의 관할 구역 내에 부부 중 어느 한쪽의 보통재판적이 있을 때에는 그 가정법원
3. 제1호와 제2호에 해당되지 아니하는 경우로서 부부 중 어느 한쪽이 다른 한쪽을 상대로 하는 경우에는 상대방의 보통재판적이 있는 곳의 가정법원, 부부 모두를 상대로 하는 경우에는 부부 중 어느 한쪽의 보통재판적이 있는 곳의 가정법원

4. 부부 중 어느 한쪽이 사망한 경우에는 생존한 다른 한쪽의 보통재판적이 있는 곳의 가정법원
5. 부부가 모두 사망한 경우에는 부부 중 어느 한쪽의 마지막 주소지의 가정법원

제23조【혼인무효 및 이혼무효의 소의 제기권자】 당사자, 법정대리인 또는 4촌 이내의 친족은 언제든지 혼인무효나 이혼무효의 소를 제기할 수 있다.

제24조【혼인무효 · 취소 및 이혼무효 · 취소의 소의 상대방】 ① 부부 중 어느 한쪽이 혼인의 무효나 취소 또는 이혼무효의 소를 제기할 때에는 배우자를 상대방으로 한다.
② 제3자가 제1항에 규정된 소를 제기할 때에는 부부를 상대방으로 하고, 부부 중 어느 한쪽이 사망한 경우에는 그 생존자를 상대방으로 한다.
③ 제1항과 제2항에 따라 상대방이 될 사람이 사망한 경우에는 검사를 상대방으로 한다.
④ 이혼취소의 소에 관하여는 제1항과 제3항을 준용한다.

제25조【친권자 지정 등에 관한 협의권고】 ① 가정법원은 미성년자인 자녀가 있는 부부의 혼인의 취소나 재판상 이혼의 청구를 심리할 때에는 그 청구가 인용될 경우를 대비하여 부모에게 다음 각 호의 사항에 관하여 미리 협의하도록 권고하여야 한다.
1. 미성년자인 자녀의 친권자로 지정될 사람
2. 미성년자인 자녀에 대한 양육과 면접교섭권
② 가정법원이 혼인무효의 청구를 심리하여 그 청구가 인용되는 경우에 남편과 부자관계가 존속되는 미성년자인 자녀가 있는 경우에도 제1항과 같다.

제3장　부모와 자녀 관계소송

제1절　친생자관계

제26조【관할】 ① 친생부인, 인지의 무효나 취소 또는 「민법」 제845조에 따른 아버지를 정하는 소는 자녀의 보통재판적이 있는 곳의 가정법원의 전속관할로 하고, 자녀가 사망한 경우에는 자녀의 마지막 주소지의 가정법원의 전속관할로 한다.
② 인지에 대한 이의(異議)의 소, 인지청구의 소 또는 「민법」 제865조에 따른 친생자관계 존부 확인의 소는 상대방(상대방이 여러 명일 때에는 그중 1명)의 보통재판적이 있는 곳의 가정법원의 전속관할로 하고, 상대방이 모두 사망한 경우에는 그중 1명의 마지막 주소지의 가정법원의 전속관할로 한다.

제27조【아버지를 정하는 소의 당사자】 ① 「민법」 제845조에 따른 아버지를 정하는 소는 자녀, 어머니, 어머니의 배우자 또는 어머니의 전(前) 배우자가 제기할 수 있다.

② 자녀가 제기하는 경우에는 어머니, 어머니의 배우자 및 어머니의 전 배우자를 상대방으로 하고, 어머니가 제기하는 경우에는 그 배우자 및 전 배우자를 상대방으로 한다.
③ 어머니의 배우자가 제기하는 경우에는 어머니 및 어머니의 전 배우자를 상대방으로 하고, 어머니의 전 배우자가 제기하는 경우에는 어머니 및 어머니의 배우자를 상대방으로 한다.
④ 제2항과 제3항의 경우에 상대방이 될 사람 중에 사망한 사람이 있을 때에는 생존자를 상대방으로 하고, 생존자가 없을 때에는 검사를 상대방으로 하여 소를 제기할 수 있다.

제28조【준용규정】 인지무효의 소에는 제23조 및 제24조를 준용하고, 인지취소의 소, 인지에 대한 이의의 소 또는 친생자관계 존부 확인의 소에는 제24조를 준용하며, 인지청구의 소에는 제25조제1항을 준용한다.

제29조【혈액형 등의 수검 명령】 ① 가정법원은 당사자 또는 관계인 사이의 혈족관계의 유무를 확정할 필요가 있는 경우에 다른 증거조사에 의하여 심증(心證)을 얻지 못한 때에는 검사를 받을 사람의 건강과 인격의 존엄을 해치지 아니하는 범위에서, 당사자 또는 관계인에게 혈액채취에 의한 혈액형의 검사 등 유전인자의 검사나 그 밖에 적당하다고 인정되는 방법에 의한 검사를 받을 것을 명할 수 있다.
② 제1항의 명령을 할 때에는 제67조에 규정된 제재(制裁)를 고지하여야 한다.

제2절　입양 · 친양자 입양관계

제30조【관할】 다음 각 호의 소는 양부모 중 1명의 보통재판적이 있는 곳의 가정법원의 전속관할로 하고, 양부모가 모두 사망한 경우에는 그중 1명의 마지막 주소지의 가정법원의 전속관할로 한다.
1. 입양의 무효
2. 입양 또는 친양자 입양의 취소
3. 파양
4. 친양자의 파양
5. 파양의 무효나 취소

제31조【준용규정】 입양무효 및 파양무효의 소에 관하여는 제23조 및 제24조를 준용하고, 입양 · 친양자 입양의 취소, 친양자의 파양 및 파양취소의 소에 관하여는 제24조를 준용한다.

제4장　호주승계관계소송

제32조 (2005.3.31 삭제)
제33조 (2005.3.31 삭제)

제3편 가사비송

제1장 통 칙

제34조【준용 법률】 가사비송 절차에 관하여는 이 법에 특별한 규정이 없으면 「비송사건절차법」 제1편을 준용한다. 다만, 「비송사건절차법」 제15조는 준용하지 아니한다.

제35조【관할】 ① 이 법과 대법원규칙으로 관할 법원을 정하지 아니한 가사비송사건은 대법원이 있는 곳의 가정법원이 관할한다.
② 가사비송사건에 관하여는 제13조제2항부터 제5항까지의 규정을 준용한다.

제36조【청구의 방식】 ① 가사비송사건의 청구는 가정법원에 심판청구를 함으로써 한다.
② 심판의 청구는 서면 또는 구술로 할 수 있다.
③ 심판청구서에는 다음 각 호의 사항을 적고 청구인이나 대리인이 기명날인하거나 서명하여야 한다. (2016.1.19 본항개정)
1. 당사자의 등록기준지, 주소, 성명, 생년월일, 대리인이 청구할 때에는 대리인의 주소와 성명
2. 청구 취지와 청구 원인
3. 청구 연월일
4. 가정법원의 표시
④ 구술로 심판청구를 할 때에는 가정법원의 법원사무관등의 앞에서 진술하여야 한다.
⑤ 제4항의 경우에 법원사무관등은 제3항 각 호의 사항을 적은 조서를 작성하고 기명날인하여야 한다.

제37조【이해관계인의 참가】 ① 심판청구에 관하여 이해관계가 있는 자는 재판장의 허가를 받아 절차에 참가할 수 있다.
② 재판장은 상당하다고 인정하는 경우에는 심판청구에 관하여 이해관계가 있는 자를 절차에 참가하게 할 수 있다.

제37조의2【절차의 구조】 ① 가정법원은 가사비송사건의 절차에 소요되는 비용을 지출할 자금능력이 없거나 그 비용을 지출하면 생활에 현저한 지장이 있는 사람에 대하여 그 사람의 신청에 따라 또는 직권으로 절차구조(節次救助)를 할 수 있다. 다만, 신청인이 부당한 목적으로 심판청구를 하는 것이 명백한 경우에는 그러하지 아니하다.
② 제1항의 절차구조에 관하여는 「민사소송법」 제128조제2항부터 제4항까지, 제129조부터 제133조까지를 준용한다. 다만, 「민사소송법」 제132조 및 제133조 단서는 마류 가사비송사건에 한정하여 준용한다. (2013.4.5 본조신설)

제38조【증거 조사】 가정법원은 필요하다고 인정할 경우에는 당사자 또는 법정대리인을 당사자신문(訊問) 방식으로 심문(審問)할 수 있고, 그 밖의 관계인을 증인 신문 방식으로 심문할 수 있다.

제39조【재판의 방식】 ① 가사비송사건에 대한 제1심 종국재판(終局裁判)은 심판으로써 한다. 다만, 절차상의 이유로 종국재판을 하여야 하는 경우에는 그러하지 아니하다.
② 심판서에는 다음 각 호의 사항을 적고 심판한 법관이 기명날인하여야 한다. 심판한 법관이 기명날인하는 데 지장이 있는 경우에는 다른 법관이 그 사유를 적고 기명날인하여야 한다.
1. 당사자와 법정대리인
2. 주문(主文)
3. 이유
4. 법원
③ 라류 가사비송사건의 심판서에는 이유를 적지 아니할 수 있다.
④ 심판에 관하여는 「민사소송법」 중 결정에 관한 규정을 준용한다.

제40조【심판의 효력발생 시기】 심판의 효력은 심판을 받을 사람이 심판을 고지받음으로써 발생한다. 다만, 제43조에 따라 즉시항고를 할 수 있는 심판은 확정되어야 효력이 있다.

제41조【심판의 집행력】 금전의 지급, 물건의 인도(引渡), 등기, 그 밖에 의무의 이행을 명하는 심판은 집행권원(執行權原)이 된다.

제42조【가집행】 ① 재산상의 청구 또는 유아(幼兒)의 인도에 관한 심판으로서 즉시항고의 대상이 되는 심판에는 담보를 제공하게 하지 아니하고 가집행할 수 있음을 명하여야 한다.
② 가정법원은 직권으로 또는 당사자의 신청에 의하여 이행의 목적인 재산에 상당한 금액을 담보로 제공하고 가집행을 면제받을 수 있음을 명할 수 있다.
③ 판결로 유아의 인도를 명하는 경우에도 제1항을 준용한다.

제43조【불복】 ① 심판에 대하여는 대법원규칙으로 따로 정하는 경우에 한정하여 즉시항고만을 할 수 있다.
② 항고법원의 재판 절차에는 제1심의 재판 절차에 관한 규정을 준용한다.
③ 항고법원은 항고가 이유 있다고 인정하는 경우에는 원심판을 취소하고 스스로 적당한 결정을 하여야 한다. 다만, 항고법원이 스스로 결정하기에 적당하지 아니하다고 인정하는 경우에는 사건을 원심법원에 환송하여야 한다.
④ 항고법원의 결정에 대하여는 재판에 영향을 미친 헌법, 법률, 명령 또는 규칙 위반이 있음을 이유로 하는 경우에 한정하여 대법원에 재항고할 수 있다.
⑤ 즉시항고는 대법원규칙으로 정하는 날부터 14일 이내에 하여야 한다.

제2장 라류 가사비송사건

제44조【관할 등】 ① 라류 가사비송사건은 다음 각 호의 가정법원이 관할한다. (2013.4.5., 2017.10.31 본조개정)
1. 다음 각 목의 어느 하나에 해당하는 사건은 사건 본인의 주소지의 가정법원
가. (2013.4.5 삭제)
나. 실종에 관한 사건
다. 성(姓)과 본(本)의 창설에 관한 사건
라. 자녀의 종전 성과 본의 계속 사용에 관한 사건
마. 자녀의 성과 본의 변경에 관한 사건
1의2. 미성년후견·성년후견·한정후견·특정후견 및 임의후견에 관한 사건은 각 피후견인(피후견인이 될 사람을 포함한다)의 주소지의 가정법원. 다만, 성년후견·한정후견 개시의 심판, 특정후견의 심판, 미성년후견인·임의후견감독인 선임 심판이 각각 확정된 이후의 후견에 관한 사건은 후견개시 등의 심판을 한 가정법원(항고법원이 후견개시 등의 심판을 한 경우에는 그 제1심 법원인 가정법원)
2. 부재자의 재산관리에 관한 사건은 부재자의 마지막 주소지 또는 부재자의 재산이 있는 곳의 가정법원
3. 부부 사이의 재산약정의 변경에 관한 사건, 공동의 자녀에 대한 친권 행사방법의 결정사건은 제22조제1호부터 제3호까지의 가정법원
3의2. 친생부인의 허가 및 인지의 허가에 관한 사건은 자녀의 주소지의 가정법원
4. 입양, 친양자 입양 또는 파양에 관한 사건은 양자·친양자의 주소지 또는 양자·친양자가 될 사람의 주소지의 가정법원
5. 친권에 관한 사건(부부 사이의 공동의 자녀에 대한 친권 행사방법의 결정사건은 제외한다)은 미성년자인 자녀의 주소지의 가정법원
6. 상속에 관한 사건은 상속 개시지(開始地)의 가정법원
7. 유언에 관한 사건은 상속 개시지의 가정법원. 다만, 「민법」 제1070조제2항에 따른 유언의 검인(檢認) 사건은 상속 개시지 또는 유언자 주소지의 가정법원
8. 제1호부터 제7호까지에 해당되지 아니하는 사건은 대법원규칙으로 정하는 가정법원
② 가정법원은 피후견인의 이익을 위하여 필요한 경우에는 직권 또는 후견인, 후견감독인, 피후견인, 피후견인의 배우자·4촌 이내의 친족, 검사, 지방자치단체의 장의 신청에 따른 결정으로 제1항제1호의2 단서의 관할 가정법원을 피후견인의 주소지의 가정법원으로 변경할 수 있다. (2017.10.31 본항신설)
③ 변경신청을 기각하는 결정에 대하여는 신청인이,

변경결정에 대하여는 후견인, 후견감독인, 피후견인이 즉시항고를 할 수 있다. 변경결정의 즉시항고의 경우에는 집행정지의 효력이 있다. (2017.10.31 본항신설)

제45조【심리 방법】 라류 가사비송사건의 심판은 이 법과 다른 법률 또는 대법원규칙에 특별한 규정이 있는 경우를 제외하고는 사건관계인을 심문하지 아니하고 할 수 있다. (2013.4.5 본조개정)

제45조의2【정신상태의 감정 등】 ① 가정법원은 성년후견 개시 또는 한정후견 개시의 심판을 할 경우에는 피성년후견인이 될 사람이나 피한정후견인이 될 사람의 정신상태에 관하여 의사에게 감정을 시켜야 한다. 다만, 피성년후견인이 될 사람이나 피한정후견인이 될 사람의 정신상태를 판단할 만한 다른 충분한 자료가 있는 경우에는 그러하지 아니하다.
② 가정법원은 특정후견의 심판을 할 경우에는 의사나 그 밖에 전문지식이 있는 사람의 의견을 들어야 한다. 이 경우 의견을 말로 진술하게 하거나 진단서 또는 이에 준하는 서면으로 제출하게 할 수 있다.
(2013.4.5 본조신설)

제45조의3【성년후견·한정후견·특정후견 관련 심판에서의 진술 청취】 ① 가정법원은 다음 각 호의 어느 하나에 해당하는 심판을 하는 경우에는 해당 호에서 정한 사람의 진술을 들어야 한다. 다만, 피성년후견인(피성년후견인이 될 사람을 포함한다)이나 피임의후견인(피임의후견인이 될 사람을 포함한다)이 의식불명, 그 밖의 사유로 자신의 의사를 표명할 수 없는 경우에는 그러하지 아니하다.
1. 성년후견 개시의 심판, 한정후견 개시의 심판 및 특정후견의 심판을 하는 경우에는 피성년후견인이 될 사람, 피한정후견인이 될 사람 또는 피특정후견인이 될 사람. 다만, 후견계약이 등기되어 있는 경우에는 피임의후견인과 임의후견인
2. 성년후견·한정후견·특정후견 종료의 심판을 하는 경우에는 피성년후견인과 성년후견인, 피한정후견인과 한정후견인 또는 피특정후견인과 특정후견인
3. 성년후견인·한정후견인·특정후견인의 선임 심판을 하는 경우에는 피성년후견인(피성년후견인이 될 사람을 포함한다)과 성년후견인이 될 사람, 피한정후견인(피한정후견인이 될 사람을 포함한다)과 한정후견인이 될 사람, 피특정후견인(피특정후견인이 될 사람을 포함한다)과 특정후견인이 될 사람
4. 성년후견감독인·한정후견감독인·특정후견감독인의 선임 심판을 하는 경우에는 피성년후견인(피성년후견인이 될 사람을 포함한다)과 성년후견감독인이 될 사람, 피한정후견인(피한정후견

인이 될 사람을 포함한다)과 한정후견감독인이
될 사람, 피특정후견인(피특정후견인이 될 사람
을 포함한다)과 특정후견감독인이 될 사람
5. 성년후견인·한정후견인·특정후견인의 변경 심
판을 하는 경우에는 피성년후견인과 그 변경이
청구된 성년후견인 및 성년후견인이 될 사람, 피
한정후견인과 그 변경이 청구된 한정후견인 및
한정후견인이 될 사람, 피특정후견인과 그 변경
이 청구된 특정후견인 및 특정후견인이 될 사람
6. 성년후견감독인·한정후견감독인·특정후견감독
인의 변경 심판을 하는 경우에는 피성년후견인
과 그 변경이 청구된 성년후견감독인 및 성년후
견감독인이 될 사람, 피한정후견인과 그 변경이
청구된 한정후견감독인 및 한정후견감독인이 될
사람, 피특정후견인과 그 변경이 청구된 특정후
견감독인 및 특정후견감독인이 될 사람
7. 취소할 수 없는 피성년후견인의 법률행위의 범
위 결정과 그 변경 또는 성년후견인·한정후견
인의 대리권의 범위 결정과 그 변경 심판을 하는
경우에는 피성년후견인(피성년후견인이 될 사람
을 포함한다) 또는 피한정후견인(피한정후견인
이 될 사람을 포함한다)
8. 성년후견인·한정후견인이 피성년후견인·피한
정후견인의 신상에 관하여 결정할 수 있는 권한
의 범위 결정과 그 변경 또는 피성년후견인·피
한정후견인의 격리에 대한 허가 심판을 하는 경
우에는 피성년후견인(피성년후견인이 될 사람을
포함한다) 또는 피한정후견인(피한정후견인이
될 사람을 포함한다)
9. 피미성년후견인·피성년후견인·피한정후견인에
대한 의료행위의 동의에 대한 허가 심판을 하는
경우에는 피미성년후견인(피미성년후견인이 될
사람을 포함한다), 피성년후견인(피성년후견인
이 될 사람을 포함한다) 또는 피한정후견인(피한
정후견인이 될 사람을 포함한다)
10. 피한정후견인이 한정후견인의 동의를 받아야 하
는 행위의 범위 결정과 그 변경 심판을 하는 경
우에는 피한정후견인(피한정후견인이 될 사람을
포함한다)
11. 한정후견인의 동의를 갈음하는 허가 심판을 하
는 경우에는 피한정후견인과 한정후견인
12. 피미성년후견인, 피성년후견인 또는 피한정후
견인이 거주하는 건물이나 그 대지에 대한 매도
등에 대한 허가 심판을 하는 경우에는 피미성년
후견인, 피성년후견인 또는 피한정후견인
13. 특정후견인에게 대리권을 수여하는 심판을 하
는 경우에는 피특정후견인(피특정후견인이 될 사
람을 포함한다)
② 가정법원이 제1항제1호 또는 제2호에 따라 진술
을 듣는 경우에는 피성년후견인(피성년후견인이 될

사람을 포함한다), 피한정후견인(피한정후견인이
될 사람을 포함한다) 또는 피특정후견인(피특정후
견인이 될 사람을 포함한다)을 심문하여야 한다. 다
만, 그 사람이 자신의 의사를 밝힐 수 없거나 출석
을 거부하는 등 심문할 수 없는 특별한 사정이 있
는 때에는 그러하지 아니하다.
③ 제2항의 심문을 위하여 검증이 필요한 경우에는
「민사소송법」 제365조 및 제366조제1항·제3항을
준용한다.
(2013.4.5 본조신설)
제45조의4【후견사무의 감독】 ① 가정법원은 전
문성과 공정성을 갖추었다고 인정할 수 있는 사람
에게 성년후견사무·한정후견사무·특정후견사무
의 실태 또는 피성년후견인·피한정후견인·피특
정후견인의 재산상황을 조사하게 하거나 임시로 재
산관리를 하게 할 수 있다. 이 경우 가정법원은 법
원사무관등이나 가사조사관에게 사무의 실태나 재
산상황을 조사하게 하거나 임시로 재산관리를 하게
할 수 있다.
② 가정법원은 제1항에 따라 사무의 실태나 재산상
황을 조사하거나 임시로 재산관리를 하는 사람에게
피성년후견인·피한정후견인·피특정후견인의 재
산 중에서 상당한 보수를 지급할 수 있다. 다만, 법
원사무관등이나 가사조사관과 같은 법원 소속 공무
원에 대하여는 별도의 보수를 지급하지 아니한다.
③ 제1항에 따라 임시로 재산관리를 하는 사람에
대하여는 「민법」 제681조, 제684조, 제685조 및 제
688조를 준용한다.
(2013.4.5 본조신설)
제45조의5【진단결과 등의 청취】 가정법원은 임
의후견감독인을 선임할 경우에는 피임의후견인이
될 사람의 정신상태에 관하여 의사나 그 밖에 전문
지식이 있는 사람의 의견을 들어야 한다. 이 경우
의견을 말로 진술하게 하거나 진단서 또는 이에 준
하는 서면으로 제출하게 할 수 있다.
(2013.4.5 본조신설)
**제45조의6【임의후견 관련 심판에서의 진술 청
취】** ① 가정법원은 다음 각 호의 어느 하나에 해
당하는 심판을 하는 경우에는 해당 호에서 정한 사
람의 진술을 들어야 한다. 다만, 피임의후견인(피임
의후견인이 될 사람을 포함한다)이 의식불명, 그 밖
의 사유로 그 의사를 표명할 수 없는 경우에는 그
러하지 아니하다.
1. 임의후견감독인의 선임 심판을 하는 경우에는
피임의후견인이 될 사람, 임의후견감독인이 될
사람 및 임의후견인이 될 사람
2. 임의후견감독인의 변경 심판을 하는 경우에는
피임의후견인, 임의후견인, 그 변경이 청구된 임
의후견감독인 및 임의후견감독인이 될 사람
3. 임의후견인의 해임 심판을 하는 경우에는 피임

의후견인 및 그 해임이 청구된 임의후견인

4. 후견계약의 종료에 관한 허가 심판을 하는 경우
에는 피임의후견인 및 임의후견인

② 가정법원은 제1항제1호 또는 제4호의 심판을 하
는 경우에는 피임의후견인(피임의후견인이 될 사람
을 포함한다)을 심문하여야 한다. 다만, 그 사람이
자신의 의사를 밝힐 수 없거나 출석을 거부하는 등
심문할 수 없는 특별한 사정이 있는 때에는 그러하
지 아니하다.

③ 제2항의 심문을 위하여 검증이 필요한 경우에는
「민사소송법」 제365조 및 제366조제1항·제3항을
준용한다.

(2013.4.5 본조신설)

제45조의7 【임의후견감독사무의 실태 조사】 가
정법원은 법원사무관등이나 가사조사관에게 임의
후견감독사무의 실태를 조사하게 할 수 있다.

(2013.4.5 본조신설)

**제45조의8 【친생부인의 허가 및 인지의 허가 관
련 심판에서의 진술 청취】** ① 가정법원은 다음 각
호의 어느 하나에 해당하는 심판을 하는 경우에는
어머니의 전 배우자와 그 성년후견인(성년후견인이
있는 경우에 한정한다)에게 의견을 진술할 기회를
줄 수 있다.

1. 「민법」 제854조의2에 따른 친생부인의 허가 심판

2. 「민법」 제855조의2제1항 및 제2항에 따른 인지
   의 허가 심판

② 제1항의 진술을 들을 때에는 심문하는 방법 외
에도 가사조사관을 통한 조사나 서면조회 등의 방
법으로 진술을 들을 수 있다.

(2017.10.31 본조신설)

[종전 제45조의8은 제45조의9로 이동 <2017.10.31.>]

제45조의9 【입양허가의 절차】 ① 가정법원은 입
양의 허가 심판을 하는 경우에 다음 각 호의 사람
의 의견을 들어야 한다. 다만, 그 사람이 의식불명,
그 밖의 사유로 자신의 의사를 표명할 수 없는 경
우에는 그러하지 아니하다.

1. 양자가 될 사람(양자가 될 사람이 13세 이상인
   경우만 해당한다)

2. 양자가 될 사람의 법정대리인 및 후견인

3. 양자가 될 사람의 부모(「민법」 제870조에 따라
   부모의 동의가 필요한 경우를 말한다)

4. 양자가 될 사람의 부모의 후견인

5. 양부모가 될 사람

6. 양부모가 될 사람의 성년후견인

② 가정법원은 양자가 될 사람의 복리를 위하여 필
요하다고 인정하는 경우 다음 각 호의 구분에 따라
해당 자료를 제공할 것을 요청할 수 있다. 이 경우
자료 제공을 요청받은 기관은 정당한 사유가 없으
면 이에 따라야 한다.

1. 양부모가 될 사람의 주소지 및 가족관계 등을 확

인하기 위한 범위: 시장·군수·구청장에 대하
여 주민등록표 등본·초본

2. 양부모가 될 사람의 소득을 확인하기 위한 범위:
   국세청장에 대하여 근로소득자료 및 사업소득
   자료

3. 양부모가 될 사람의 범죄경력을 확인하기 위한
   범위: 경찰청장에 대하여 범죄경력자료

4. 양부모가 될 사람이 양육능력과 관련된 질병이
   나 심신장애를 가지고 있는지 확인하기 위하여
   특히 필요하다고 인정되는 범위: 「의료법」에 따
   른 의료기관의 장 또는 「국민건강보험법」에 따
   른 국민건강보험공단의 장에 대하여 진료기록
   자료

(2013.7.30 본조신설)

[제45조의8에서 이동 <2017.10.31.>]

제3장 마류 가사비송사건
(2017.10.31 본장신설)

제46조 【관할】 마류 가사비송사건은 상대방의
보통재판적이 있는 곳의 가정법원이 관할한다.

(2014.10.15 본조개정)

제47조 【공동소송에 관한 규정의 준용】 마류 가
사비송사건의 청구인 또는 상대방이 여러 명일 때
에는 「민사소송법」 중 공동소송에 관한 규정을 준
용한다.

제48조 【심리 방법】 마류 가사비송사건의 심판
은 특별한 사정이 없으면 사건관계인을 심문하여
하여야 한다.

제48조의2 【재산 명시】 ① 가정법원은 재산분할,
부양료 및 미성년자인 자녀의 양육비 청구사건을
위하여 특히 필요하다고 인정하는 경우에는 직권으
로 또는 당사자의 신청에 의하여 당사자에게 재산
상태를 구체적으로 밝힌 재산목록을 제출하도록 명
할 수 있다.

② 제1항의 재산 명시 절차, 방법 등에 대하여 필요
한 사항은 대법원규칙으로 정한다.

제48조의3 【재산조회】 ① 가정법원은 제48조의
2의 재산 명시 절차에 따라 제출된 재산목록만으로
는 재산분할, 부양료 및 미성년자인 자녀의 양육비
청구사건의 해결이 곤란하다고 인정할 경우에 직권
으로 또는 당사자의 신청에 의하여 당사자 명의의
재산에 관하여 조회할 수 있다.

② 제1항의 재산조회에 관하여는 그 성질에 반하지
아니하는 범위에서 「민사집행법」 제74조를 준용한다.

③ 재산조회를 할 공공기관, 금융기관, 단체 등의
범위 및 조회절차, 당사자가 내야 할 비용, 조회결
과의 관리에 관한 사항, 과태료의 부과절차 등은 대
법원규칙으로 정한다.

④ 누구든지 재산조회의 결과를 심판 외의 목적으

로 사용하여서는 아니 된다.

제4편 가사조정

제49조【준용법률】 가사조정에 관하여는 이 법에 특별한 규정이 있는 경우를 제외하고는 「민사조정법」을 준용한다. 다만, 「민사조정법」 제18조 및 제23조는 준용하지 아니한다.

제50조【조정 전치주의】 ① 나류 및 다류 가사소송사건과 마류 가사비송사건에 대하여 가정법원에 소를 제기하거나 심판을 청구하려는 사람은 먼저 조정을 신청하여야 한다.

② 제1항의 사건에 관하여 조정을 신청하지 아니하고 소를 제기하거나 심판을 청구한 경우에는 가정법원은 그 사건을 조정에 회부하여야 한다. 다만, 공시송달의 방법이 아니면 당사자의 어느 한쪽 또는 양쪽을 소환할 수 없거나 그 사건을 조정에 회부하더라도 조정이 성립될 수 없다고 인정하는 경우에는 그러하지 아니하다.

제51조【관할】 ① 가사조정사건은 그에 상응하는 가사소송사건이나 가사비송사건을 관할하는 가정법원 또는 당사자가 합의로 정한 가정법원이 관할한다.

② 가사조정사건에 관하여는 제13조제3항부터 제5항까지의 규정을 준용한다.

제52조【조정기관】 ① 가사조정사건은 조정장 1명과 2명 이상의 조정위원으로 구성된 조정위원회가 처리한다.

② 조정담당판사는 상당한 이유가 있는 경우에는 당사자가 반대의 의사를 명백하게 표시하지 아니하면 단독으로 조정할 수 있다.

제53조【조정장 등 및 조정위원의 지정】 ① 조정장이나 조정담당판사는 가정법원장 또는 가정법원지원장이 그 관할법원의 판사 중에서 지정한다.

② 조정위원회를 구성하는 조정위원은 학식과 덕망이 있는 사람으로서 매년 미리 가정법원장이나 가정법원지원장이 위촉한 사람 또는 당사자가 합의하여 선정한 사람 중에서 각 사건마다 조정장이 지정한다.

제54조【조정위원】 조정위원은 조정위원회에서 하는 조정에 관여할 뿐 아니라 가정법원, 조정위원회 또는 조정담당판사의 촉탁에 따라 다른 조정사건에 관하여 전문적 지식에 따른 의견을 진술하거나 분쟁의 해결을 위하여 사건 관계인의 의견을 듣는다.

제55조【조정의 신청】 조정의 신청에 관하여는 제36조제2항부터 제5항까지의 규정을 준용한다.

제56조【사실의 사전 조사】 조정장이나 조정담당판사는 특별한 사정이 없으면 조정을 하기 전에 기한을 정하여 가사조사관에게 사건에 관한 사실을 조사하게 하여야 한다.

제57조【관련 사건의 병합신청】 ① 조정의 목적인 청구와 제14조에 규정된 관련 관계에 있는 나류, 다류 및 마류 가사사건의 청구는 병합하여 조정신청할 수 있다.

② 당사자 간의 분쟁을 일시에 해결하기 위하여 필요하면 당사자는 조정위원회 또는 조정담당판사의 허가를 받아 조정의 목적인 청구와 관련 있는 민사사건의 청구를 병합하여 조정신청할 수 있다.

제58조【조정의 원칙】 ① 조정위원회는 조정을 할 때 당사자의 이익뿐 아니라 조정으로 인하여 영향받게 되는 모든 이해관계인의 이익을 고려하고 분쟁을 평화적·종국적(終局的)으로 해결할 수 있는 방안을 마련하여 당사자를 설득하여야 한다.

② 자녀의 친권을 행사할 사람의 지정과 변경, 양육방법의 결정 등 미성년인 자녀의 이해(利害)에 직접적인 관련이 있는 사항을 조정할 때에는 미성년인 자녀의 복지를 우선적으로 고려하여야 한다.

제59조【조정의 성립】 ① 조정은 당사자 사이에 합의된 사항을 조서에 적음으로써 성립한다.

② 조정이나 확정된 조정을 갈음하는 결정은 재판상 화해와 동일한 효력이 있다. 다만, 당사자가 임의로 처분할 수 없는 사항에 대하여는 그러하지 아니하다.

제60조【이의신청 등에 의한 소송으로의 이행】 제57조제2항에 따라 조정신청된 민사사건의 청구에 관하여는 「민사조정법」 제36조를 준용한다. 이 경우 가정법원은 결정으로 그 민사사건을 관할법원에 이송하여야 한다.

제61조【조정장 등의 의견 첨부】 조정의 목적인 가사사건의 청구에 관하여 「민사조정법」 제36조에 따라 소가 제기된 것으로 의제(擬制)되거나, 제50조제2항에 따라 조정에 회부된 사건을 다시 가정법원에 회부할 때에는 조정장이나 조정담당판사는 의견을 첨부하여 기록을 관할가정법원에 보내야 한다.

제5편 이행의 확보

제62조【사전처분】 ① 가사사건의 소의 제기, 심판청구 또는 조정의 신청이 있는 경우에 가정법원, 조정위원회 또는 조정담당판사는 사건을 해결하기 위하여 특히 필요하다고 인정하면 직권으로 또는 당사자의 신청에 의하여 상대방이나 그 밖의 관계인에게 현상(現狀)을 변경하거나 물건을 처분하는 행위의 금지를 명할 수 있고, 사건에 관련된 재산의 보존을 위한 처분, 관계인의 감호(監護)와 양육을 위한 처분 등 적당하다고 인정되는 처분을 할 수 있다.

② 제1항의 처분을 할 때에는 제67조제1항에 따른 제재를 고지하여야 한다.

③ 급박한 경우에는 재판장이나 조정장은 단독으로 제1항의 처분을 할 수 있다.

④ 제1항과 제3항의 처분에 대하여는 즉시항고를 할 수 있다.

⑤ 제1항의 처분은 집행력을 갖지 아니한다.

제63조【가압류, 가처분】 ① 가정법원은 제62조에도 불구하고 가사소송사건 또는 마류 가사비송사건을 본안(本案) 사건으로 하여 가압류 또는 가처분을 할 수 있다. 이 경우「민사집행법」제276조부터 제312조까지의 규정을 준용한다.

② 제1항의 재판은 담보를 제공하게 하지 아니하고 할 수 있다.

③「민사집행법」제287조를 준용하는 경우 이 법에 따른 조정신청이 있으면 본안의 제소가 있는 것으로 본다.

제63조의2【양육비 직접지급명령】 ① 가정법원은 양육비를 정기적으로 지급할 의무가 있는 사람(이하 "양육비채무자"라 한다)이 정당한 사유 없이 2회 이상 양육비를 지급하지 아니한 경우에 정기금 양육비 채권에 관한 집행권원을 가진 채권자(이하 "양육비채권자"라 한다)의 신청에 따라 양육비채무자에 대하여 정기적 급여채무를 부담하는 소득세원천징수의무자(이하 "소득세원천징수의무자"라 한다)에게 양육비채무자의 급여에서 정기적으로 양육비를 공제하여 양육비채권자에게 직접 지급하도록 명할 수 있다.

② 제1항에 따른 지급명령(이하 "양육비 직접지급명령"이라 한다)은「민사집행법」에 따라 압류명령과 전부명령을 동시에 명한 것과 같은 효력이 있고, 위 지급명령에 관하여는 압류명령과 전부명령에 관한「민사집행법」을 준용한다. 다만,「민사집행법」제40조제1항과 관계없이 해당 양육비 채권 중 기한이 되지 아니한 것에 대하여도 양육비 직접지급명령을 할 수 있다.

③ 가정법원은 양육비 직접지급명령의 목적을 달성하지 못할 우려가 있다고 인정할 만한 사정이 있는 경우에는 양육비채권자의 신청에 의하여 양육비 직접지급명령을 취소할 수 있다. 이 경우 양육비 직접지급명령은 장래에 향하여 그 효력을 잃는다.

④ 가정법원은 제1항과 제3항의 명령을 양육비채무자와 소득세원천징수의무자에게 송달하여야 한다.

⑤ 제1항과 제3항의 신청에 관한 재판에 대하여는 즉시항고를 할 수 있다.

⑥ 소득세원천징수의무자는 양육비채무자의 직장 변경 등 주된 소득원의 변경사유가 발생한 경우에는 그 사유가 발생한 날부터 1주일 이내에 가정법원에 변경사실을 통지하여야 한다.

제63조의3【담보제공명령 등】 ① 가정법원은 양육비를 정기금으로 지급하게 하는 경우에 그 이행을 확보하기 위하여 양육비채무자에게 상당한 담보의 제공을 명할 수 있다.

② 가정법원은 양육비채무자가 정당한 사유 없이 그 이행을 하지 아니하는 경우에는 양육비채권자의 신청에 의하여 양육비채무자에게 상당한 담보의 제공을 명할 수 있다.

③ 제2항의 결정에 대하여는 즉시항고를 할 수 있다.

④ 제1항이나 제2항에 따라 양육비채무자가 담보를 제공하여야 할 기간 이내에 담보를 제공하지 아니하는 경우에는 가정법원은 양육비채권자의 신청에 의하여 양육비의 전부 또는 일부를 일시금으로 지급하도록 명할 수 있다.

⑤ 제2항과 제4항의 명령에 관하여는 제64조제2항을 준용한다.

⑥ 제1항과 제2항의 담보에 관하여는 그 성질에 반하지 아니하는 범위에서「민사소송법」제120조제1항, 제122조, 제123조, 제125조 및 제126조를 준용한다.

제64조【이행 명령】 ① 가정법원은 판결, 심판, 조정조서, 조정을 갈음하는 결정 또는 양육비부담조서에 의하여 다음 각 호의 어느 하나에 해당하는 의무를 이행하여야 할 사람이 정당한 이유 없이 그 의무를 이행하지 아니하는 경우에는 당사자의 신청에 의하여 일정한 기간 내에 그 의무를 이행할 것을 명할 수 있다.

1. 금전의 지급 등 재산상의 의무

2. 유아의 인도 의무

3. 자녀와의 면접교섭 허용 의무

② 제1항의 명령을 할 때에는 특별한 사정이 없으면 미리 당사자를 심문하고 그 의무를 이행하도록 권고하여야 하며, 제67조제1항 및 제68조에 규정된 제재를 고지하여야 한다.

제65조【금전의 임치】 ① 판결, 심판, 조정조서 또는 조정을 갈음하는 결정에 의하여 금전을 지급할 의무가 있는 자는 권리자를 위하여 가정법원에 그 금전을 임치(任置)할 것을 신청할 수 있다.

② 가정법원은 제1항의 임치신청이 의무를 이행하기에 적합하다고 인정하는 경우에는 허가하여야 한다. 이 경우 그 허가에 대하여는 불복하지 못한다.

③ 제2항의 허가가 있는 경우 그 금전을 임치하면 임치된 금액의 범위에서 의무자(義務者)의 의무가 이행된 것으로 본다.

제6편 벌 칙

제66조【불출석에 대한 제재】 가정법원, 조정위원회 또는 조정담당판사의 소환을 받은 사람이 정당한 이유 없이 출석하지 아니하면 가정법원, 조정위원회 또는 조정담당판사는 결정으로 50만원 이하의 과태료를 부과할 수 있고 구인(拘引)할 수 있다.

제67조【의무 불이행에 대한 제재】 ① 당사자 또

는 관계인이 정당한 이유 없이 제29조, 제63조의2 제1항, 제63조의3제1항·제2항 또는 제64조의 명령이나 제62조의 처분을 위반한 경우에는 가정법원, 조정위원회 또는 조정담당판사는 직권으로 또는 권리자의 신청에 의하여 결정으로 1천만원 이하의 과태료를 부과할 수 있다.

② 제29조에 따른 수검 명령을 받은 사람이 제1항에 따른 제재를 받고도 정당한 이유 없이 다시 수검 명령을 위반한 경우에는 가정법원은 결정으로 30일의 범위에서 그 의무를 이행할 때까지 위반자에 대한 감치(監置)를 명할 수 있다.

③ 제2항의 결정에 대하여는 즉시항고를 할 수 있다.

제67조의2 【제출명령 위반에 대한 제재】 가정법원은 제3자가 정당한 사유 없이 제45조의3제3항 또는 제45조의6제3항에 따라 준용되는 「민사소송법」 제366조제1항의 제출명령에 따르지 아니한 경우에는 결정으로 200만원 이하의 과태료를 부과한다. 이 결정에 대하여는 즉시항고를 할 수 있다. (2013.7.30 본조개정)

(2013.4.5 본조신설)

[종전 제67조의2는 제67조의3으로 이동 <2013.4.5.>]

제67조의3 【재산목록 제출 거부 등에 대한 제재】 제48조의2제1항에 따른 명령을 받은 사람이 정당한 사유 없이 재산목록의 제출을 거부하거나 거짓 재산목록을 제출하면 1천만원 이하의 과태료를 부과한다.

[제67조의2에서 이동, 종전 제67조의3은 제67조의4로 이동 <2013.4.5.>]

제67조의4 【거짓 자료 제출 등에 대한 제재】 제48조의3제2항에 따라 준용되는 「민사집행법」 제74조제1항 및 제3항의 조회를 받은 기관·단체의 장이 정당한 사유 없이 거짓 자료를 제출하거나 자료를 제출할 것을 거부하면 1천만원 이하의 과태료를 부과한다.

[제67조의3에서 이동 <2013.4.5.>]

제68조 【특별한 의무 불이행에 대한 제재】 ① 제63조의3제4항 또는 제64조의 명령을 받은 사람이 다음 각 호의 어느 하나에 해당하면 가정법원은 권리자의 신청에 의하여 결정으로 30일의 범위에서 그 의무를 이행할 때까지 의무자에 대한 감치를 명할 수 있다.

1. 금전의 정기적 지급을 명령받은 사람이 정당한 이유 없이 3기(期) 이상 그 의무를 이행하지 아니한 경우
2. 유아의 인도를 명령받은 사람이 제67조제1항에 따른 제재를 받고도 30일 이내에 정당한 이유 없이 그 의무를 이행하지 아니한 경우
3. 양육비의 일시금 지급명령을 받은 사람이 30일 이내에 정당한 사유 없이 그 의무를 이행하지 아니한 경우

② 제1항의 결정에 대하여는 즉시항고를 할 수 있다.

제69조 【과태료 사건의 절차】 「비송사건절차법」 제248조 및 제250조 중 검사에 관한 규정은 제66조, 제67조제1항 및 제67조의2부터 제67조의4까지의 규정에 따른 과태료 재판에 적용하지 아니한다. (2013.4.5 본조개정)

제70조 【감치를 명하는 재판 절차】 제67조제2항 및 제68조에 규정된 감치를 명하는 재판 절차와 그 밖에 필요한 사항은 대법원규칙으로 정한다.

제71조 【비밀누설죄】 ① 조정위원이거나 조정위원이었던 사람이 정당한 이유 없이 합의의 과정이나 조정장·조정위원의 의견 및 그 의견별 조정위원의 숫자를 누설하면 30만원 이하의 벌금에 처한다.

② 조정위원이거나 조정위원이었던 사람이 정당한 이유 없이 그 직무수행 중에 알게 된 다른 자의 비밀을 누설하면 2년 이하의 징역 또는 100만원 이하의 벌금에 처한다.

③ 제2항의 죄에 대하여 공소를 제기하려면 고소가 있어야 한다.

제72조 【보도 금지 위반죄】 제10조에 따른 보도 금지 규정을 위반한 사람은 2년 이하의 금고 또는 100만원 이하의 벌금에 처한다.

제73조 【재산조회 결과 등의 목적 외 사용죄】 제48조의2에 따른 재산목록, 제48조의3에 따른 재산조회 결과를 심판 외의 목적으로 사용한 사람은 2년 이하의 징역 또는 500만원 이하의 벌금에 처한다.

　　부　칙 (1990.12.31.)

제1조 【시행일】 이 법은 1991년 1월 1일부터 시행한다.

제2조 【폐지법률】 인사소송법 및 가사심판법은 이를 폐지한다.

제3조 【계속사건에 대한 경과조치】 이 법은 이 법 또는 대법원규칙에 특별한 규정이 있는 경우를 제외하고는 이 법 시행당시 법원에 계속중인 사건에도 이를 적용한다. 다만, 이 법 시행전의 소송행위의 효력에는 영향을 미치지 아니한다.

제4조 【소급적용】 이 법은 특별한 규정이 있는 경우를 제외하고는 이 법 시행전에 생긴 사항에도 이를 적용한다. 다만, 종전의 규정에 의하여 생긴 효력에는 영향을 미치지 아니한다.

제5조 【관할에 관한 경과조치】 ① 이 법 시행당시 가정법원 및 가정법원지원이 설치되지 아니한 지역에 있어서의 가정법원의 권한에 속하는 사항은 가정법원 및 가정법원지원이 설치될 때까지 해당 지방법원 및 지방법원지원이 이를 관할한다.

② 이 법 시행당시 법원에 계속중인 사건으로서 이 법에 의한 관할권이 없는 사건인 경우에는 종전의 규정에 의하여 관할권이 있으면 그에 따른다.

제6조【법정기간에 관한 경과조치】 이 법 시행전부터 진행된 법정기간과 그 계산은 종전의 규정에 의한다.

제7조【벌칙에 관한 경과조치】 ① 이 법 시행전의 행위에 대한 벌칙·과태료의 적용과 그 집행은 종전의 규정에 의한다.

② 이 법 시행전에 종전의 규정에 의한 이행명령을 받은 자에 대하여는 제68조의 규정을 적용하지 아니한다.

제8조【호주상속사건에 대한 경과조치】 법률 제4199호 민법중개정법률의 시행일전에 개시된 호주상속에 관한 무효의 소 또는 회복의 소는 이 법에 의한 호주승계의 무효 또는 회복의 소의 예에 의한다.

제9조【다른 법률의 개정】 ① 법원조직법중 다음과 같이 개정한다.

제28조제1호중 "심판"을 "판결"로 하고, 동조제2호중 "결정·명령"을 "심판·결정·명령"으로 한다.

제40조제1항제1호를 다음과 같이 하고, 동조제2항중 "심판·결정·명령"을 "판결·심판·결정·명령"으로, "항고사건"을 "항소 또는 항고사건"으로 한다.

1. 가사소송법에서 정한 가사소송과 마류 가사비송사건중 대법원규칙으로 정하는 사건

② 입양특례법중 다음과 같이 개정한다.

제8조제2항을 삭제한다.

제10조【다른 법령과의 관계】 이 법 시행당시 다른 법령에서 인사소송법 또는 가사심판법이나 그 조문을 인용한 경우에는 이 법 또는 이 법중 해당 조문을 인용한 것으로 본다.

부   칙(1991.12.14.)(비송사건절차법)

제1조【시행일】 이 법은 1992년 2월 1일부터 시행한다.

제2조 내지 제5조 생략

제6조【다른 법률의 개정등】 ① 내지 ⑧ 생략

⑨ 가사소송법중 다음과 같이 개정한다.

제69조중 "제277조 및 동법 제279조"를 "제248조 및 제250조"로 한다.

⑩ 내지 ⑭ 생략

부   칙(1992.11.30.)(민사조정법)

① 【시행일】 이 법은 1993년 1월 1일부터 시행한다.

② 생략

③ 【다른 법률의 개정】 가사소송법중 다음과 같이 개정한다.

제60조의 제목을 "(이의신청등에 의한 소송으로의 이행)"으로 하고, 동조전단중 "민사사건의 청구에 관하여 조정신청인이 제소신청을 함에 있어서는"을 "민사사건의 청구에 관하여는"으로 한다.

제61조중 "제소신청 또는 심판에의 이행청구가 있거나,"를 "소가 제기된 것으로 의제되거나,"로 한다.

부   칙(2002.1.26.)(민사소송법)

제1조【시행일】 이 법은 2002년 7월 1일부터 시행한다.

제2조 내지 제5조 생략

제6조【다른 법률의 개정】 ① 가사소송법중 다음과 같이 개정한다.

제3조제2항중 "민사소송법 제25조"를 "민사소송법 제28조"로 한다.

제12조 단서중 "민사소송법 제138조, 동법 제139조제1항, 동법 제257조, 동법 제259조, 동법 제320조, 동법 제321조의 규정 및 동법 제206조중 청구의 인낙에 관한 규정, 동법 제261조중 자백에 관한 규정"을 "민사소송법 제147조제2항·동법 제149조·동법 제150조제1항·동법 제284조제1항·동법 제285조·동법 제349조·동법 제350조·동법 제410조의 규정 및 동법 제220조중 청구의 인낙에 관한 규정, 동법 제288조중 자백에 관한 규정"으로 한다.

제15조제1항중 "민사소송법 제63조의2 또는 제234조의2"를 "민사소송법 제68조 또는 제260조"로 한다.

② 내지 ㉙생략

제7조 생략

부   칙(2002.1.26.)(민사집행법)

제1조【시행일】 이 법은 2002년 7월 1일부터 시행한다.

제2조 내지 제5조 생략

제6조【다른 법률의 개정】 ① 생략

② 가사소송법중 다음과 같이 개정한다.

제63조제1항 후단중 "민사소송법 제696조 내지 제723조"를 "민사집행법 제276조 내지 제312조"로 하고, 같은 조제3항중 "민사소송법 제705조"를 "민사집행법 제287조"로 한다.

③ 내지 <55>생략

제7조 생략

부   칙(2005.3.24.)

이 법은 공포한 날부터 시행한다.

부   칙(2005.3.31.)(민법)

제1조【시행일】 이 법은 공포한 날부터 시행한다. 다만, …생략… 부칙 제7조(제2항 및 제29항을 제외한다)의 규정은 2008년 1월 1일부터 시행한다.

제2조 내지 제6조 생략

제7조 【다른 법률의 개정】 ① 가사소송법 일부를 다음과 같이 개정한다.

제2조제1항 가목(1)제7호를 삭제하고, 동항 나목(1) 제4호중 "제781조제3항"을 "제781조제4항"으로 하며, 동목(1)에 제4호의2 및 제4호의3을 각각 다음과 같이 신설하고, 동목(1)제25호를 삭제한다.

4의2. 민법 제781조제5항의 규정에 의한 자의 종전의 성과 본의 계속사용허가

4의3. 민법 제781조제6항의 규정에 의한 자의 성과 본의 변경허가

제2편제4장(제32조 및 제33조)을 삭제한다.

② 가사소송법 일부를 다음과 같이 개정한다.

제2조제1항 나목(1)에 제5호의2 및 제7호의2를 각각 다음과 같이 신설한다.

5의2. 민법 제869조 단서의 규정에 의한 후견인의 입양승낙에 대한 허가

7의2. 민법 제899조제2항의 규정에 의한 후견인 또는 생가의 다른 직계존속의 파양협의에 대한 허가

제2조제1항 나목(2)제5호를 다음과 같이 한다.

5. 민법 제909조제4항 및 제6항(혼인의 취소를 원인으로 하는 경우를 포함한다)의 규정에 의한 친권자의 지정과 변경

③ 내지 ㉙생략

부   칙(2007.5.17.)

이 법은 2008년 1월 1일부터 시행한다.

부   칙(2007.5.17.)(가족관계의 등록 등에 관한 법률)

제1조 【시행일】 이 법은 2008년 1월 1일부터 시행한다. <단서 생략>

제2조부터 제7조까지 생략

제8조 【다른 법률의 개정】 ① 가사소송법 일부를 다음과 같이 개정한다.

제9조를 다음과 같이 한다.

제9조 【가족관계등록부기록의 촉탁】 가정법원은 대법원규칙으로 정하는 판결 또는 심판이 확정되거나 효력을 발생한 때에는 대법원규칙으로 정하는 바에 따라 지체 없이 가족관계등록사무를 처리하는 자에게 가족관계등록부의 기록을 촉탁하여야 한다.

제36조제3항제1호 중 "당사자의 본적"을 "당사자의 등록기준지"로 한다.

② 부터 ㉙까지 생략

제9조 생략

부   칙(2007.12.21.)

① 【시행일】 이 법은 공포한 날부터 시행한다. 다만, 제2조제1항가목(2)제13호 및 제14호, 제2조제1항나목(1)제7호의3, 제30조, 제31조 및 제44조제1호・제4호의 개정규정은 2008년 1월 1일부터 시행한다.

② 【적용례】 이 법은 이 법 시행 당시 법원에 계속 중인 사건에 대하여도 적용한다. 다만, 종전의 규정에 따라 발생한 효력에는 영향을 미치지 아니한다.

③ 【경과조치】 2005년 3월 31일 이전에 법원에 계속된 사건에 대하여는 종전의 규정에 따른다.

부   칙(2009.5.8.)

① 【시행일】 이 법은 공포 후 6개월이 경과한 날부터 시행한다.

② 【효력의 불소급】 이 법은 종전의 규정에 따라 생긴 효력에 영향을 미치지 아니한다.

③ 【과태료에 관한 경과조치】 이 법 시행 전의 행위에 대한 과태료의 적용에 있어서는 종전의 규정에 따른다.

부   칙(2010.3.31.)

이 법은 공포한 날부터 시행한다.

부   칙(2013.4.5.)

제1조 【시행일】 이 법은 2013년 7월 1일부터 시행한다.

제2조 【적용례】 이 법은 이 법 시행 당시 가정법원에 계속 중인 사건에 대하여도 적용한다. 다만, 종전의 규정에 따라 발생한 효력에는 영향을 미치지 아니한다.

제3조 【계속 중인 사건에 관한 경과조치】 이 법 시행 당시 종전의 규정에 따라 청구되어 가정법원에 계속 중인 "금치산 선고 사건" 및 "한정치산 선고 사건"은 각각 이 법에 따라 청구된 "성년후견 개시 심판 사건" 및 "한정후견 개시 심판 사건"으로 본다.

부   칙(2013.7.30.)

이 법은 공포한 날부터 시행한다.

부   칙(2014.10.15.)

이 법은 공포 후 1년이 경과한 날부터 시행한다.

부   칙(2016.1.19.)

제1조 【시행일】 이 법은 공포한 날부터 시행한다.

제2조 【가사비송 심판청구서 작성에 관한 적용

례】 제36조제3항의 개정규정은 이 법 시행 후 최초로 심판청구서를 작성하는 경우부터 적용한다.

부 칙(2016.12.2.)(민법)

제1조【시행일】 이 법은 공포 후 6개월이 경과한 날부터 시행한다.
제2조【다른 법률의 개정】 가사소송법 일부를 다음과 같이 개정한다.
제2조제1항제2호나목3) 중 "제한 또는 배제"를 "처분 또는 제한·배제·변경"으로 한다.

부 칙(2017.10.31.)

제1조【시행일】 이 법은 공포 후 3개월이 경과한 날부터 시행한다. 다만, 제44조제1항제1호의2 단서 및 같은 조 제2항·제3항의 개정규정은 공포 후 6개월이 경과한 날부터 시행한다.
제2조【후견개시 등의 심판 확정 이후의 후견에 관한 사건의 관할에 관한 적용례】 제44조제1항제1호의2의 개정규정은 같은 개정규정 시행 당시 가정법원에 계속 중인 사건에 대하여도 적용한다. 다만, 종전의 규정에 따라 발생한 효력에는 영향을 미치지 아니한다.

가사소송규칙

(1990년 12월 31일)
(대법원규칙 제1139호)

개정
1998.12. 4대규1574호
2006. 3.23대규2009호
2008. 6. 5대규2177호
2010. 3.30대규2281호
2011.12.12대규2371호
2013. 6. 5대규2467호 → 2013. 7. 1 시행
2013. 6.27대규2477호 → 2013. 7. 1 시행
2015. 7.28대규2611호 → 2015.10.16 시행
2016. 4. 8대규2658호 → 2016. 7. 1 시행
2016.12.29대규2704호 → 2017. 2. 1 시행
2017. 2. 2대규2715호 → 2017. 6. 3 시행
2017.12.27대규2764호 → 2018. 2. 1 시행
2018. 4.27대규2785호 → 2018. 5. 1 시행

2002. 6.28대규1766호
2007.12.31대규2139호
2009.11. 4대규2256호

제6편 감치의 재판 ································· 130～138
부 칙

제1편 총 칙

제1장 통 칙

제1조【규칙의 취지】 가사사건의 재판과 조정의 절차에 관하여는 「가사소송법」(이하 "법"이라 한다)의 규정에 의하는 외에 이 규칙이 정하는 바에 의한다. (2006.3.23 본조개정)

제2조【가정법원의 관장사항】 ① 가정법원은 법 제2조제1항 각호의 사항외에, 다음 각호의 사항에 대하여도 이를 심리·재판한다. (1998.12.4., 2006.3.23., 2013.6.5., 2013.6.27., 2015.7.28 본항개정)
1. 미성년후견인의 순위확인
2. 「민법」 제1014조의 규정에 의한 피인지자등의 상속분에 상당한 가액의 지급청구
3. 양친자관계존부확인
4. 「민법」 제924조제3항에 따른 친권의 일시 정지 기간 연장 청구
5. (2015.7.28 삭제)
6. (2015.7.28 삭제)
7. (2015.7.28 삭제)
8. (2015.7.28 삭제)
9. (2015.7.28 삭제)
10. (2015.7.28 삭제)
11. (2015.7.28 삭제)
12. (2015.7.28 삭제)
13. (2015.7.28 삭제)
② 제1항제1호·제3호의 사건은 법 및 이 규칙이 정한 가류 가사소송사건의 절차에 의하여, 제2호의 사건은 다류 가사소송사건의 절차에 의하여, 제4호의 사건은 마류 가사비송사건의 절차에 의하여 심리·재판한다. (2013.6.27., 2015.7.28 본항개정)

제3조【사실조사의 촉탁등】 재판장, 조정장, 조정담당판사 또는 가사조사관은 필요한 때에는 공무소, 은행, 회사, 학교, 관계인의 고용주 기타의 자에 대하여 관계인의 예금, 재산, 수입, 교육관계 기타의 사항에 관한 사실조사를 촉탁하고 필요한 사항의 보고를 요구할 수 있다.

제3조의2【다른 가정법원에 대한 사실조사 등의 촉탁 등】 ① 재판장, 조정장, 조정담당판사는 필요한 경우에는 다른 가정법원에 사실조사 또는 제12조에 따른 조치를 촉탁할 수 있다.
② 제1항의 촉탁을 받은 가정법원은 가사조사관으로 하여금 그 촉탁받은 사실조사 또는 제12조에 따른 조치를 하게 할 수 있다.
(2016.12.29 본조신설)

제4조【비용의 예납등】 ① 법 및 이 규칙에 의한 사실조사·증거조사·소환·고지·공고 기타 심판절차의 비용의 예납에 관하여는 특별한 규정이 있는 경우를 제외하고는 「민사소송법」 제116조, 「민사소송규칙」 제19조, 제20조의 규정을 준용한다. (2002.6.28., 2006.3.23 본항개정)
② 당사자가 예납하여야 할 비용의 범위와 액 및 그 지급에 관하여는 「민사소송비용법」 및 「민사소송비용규칙」의 규정을 준용한다. (2006.3.23 본항개정)

제5조【가족관계등록부기록을 촉탁하여야 할 판결등】 ① 법 제9조의 규정에 의하여 대법원규칙으로 정하는 가족관계등록부기록을 촉탁하여야 할 판결 또는 심판은 다음 각호의 것으로 한다. (2006.3.23., 2013.6.5., 2013.6.27., 2015.7.28 본항개정)
1. 친권, 법률행위대리권, 재산관리권의 상실선고의 심판 또는 그 실권회복선고의 심판
1의2. 친권의 일시 정지, 일부 제한, 일시 정지에 대한 기간연장의 심판 또는 그 실권 회복의 심판
2. 친권자의 지정과 변경의 판결 또는 심판
2의2. 미성년후견의 종료 및 친권자의 지정의 심판
2의3. 친권자·미성년후견인의 임무대행자 선임의 심판
3. 미성년후견인·미성년후견감독인의 선임, 변경 또는 사임허가의 심판
4. 법 제62조의 규정에 의하여 친권자의 친권, 법률행위대리권, 재산관리권의 전부 또는 일부의 행사를 정지하거나 미성년후견인·미성년후견감독인의 임무수행을 정지하는 재판과 그 대행자를 선임하는 재판
② 제1항제4호의 재판이 본안심판의 확정, 심판청구의 취하 기타의 사유로 효력을 상실하게 된 때에는 가정법원의 법원서기관, 법원사무관, 법원주사 또는 법원주사보(이하 "법원사무관등"이라 한다)는 법 제9조의 예에 의하여 가족관계등록부 기록을 촉탁하여야 한다. (2007.12.31 본항개정)
(2007.12.31 본조제목개정)

제5조의2【후견등기부기록을 촉탁하여야 할 심판등】 ① 법 제9조에 따라 대법원규칙으로 정하는 후견등기부기록을 촉탁하여야 할 심판은 다음 각호 각 목의 것으로 한다.
1. 성년후견에 관한 심판
  가. 성년후견의 개시 또는 그 종료의 심판
  나. 성년후견인·성년후견감독인의 선임 또는 그 변경의 심판
  다. 성년후견인·성년후견감독인의 사임에 대한 허가의 심판
  라. 취소할 수 없는 피성년후견인의 법률행위의 범위 결정 또는 그 변경의 심판
  마. 성년후견인의 법정대리권의 범위 결정 또는 그 변경의 심판
  바. 성년후견인이 피성년후견인의 신상에 관하

여 결정할 수 있는 권한의 범위 결정 또는
그 변경의 심판
사. 여러 명의 성년후견인·성년후견감독인의 권
한 행사에 관한 결정과 그 변경 또는 취소의
심판
2. 한정후견에 관한 심판
가. 한정후견의 개시 또는 그 종료의 심판
나. 한정후견인·한정후견감독인의 선임 또는 변
경의 심판
다. 한정후견인·한정후견감독인의 사임에 대한
허가의 심판
라. 피한정후견인이 한정후견인의 동의를 받아
야 하는 행위의 범위 결정 또는 그 변경의
심판
마. 한정후견인에 대한 대리권 수여 또는 그 범
위 변경의 심판
바. 한정후견인이 피한정후견인의 신상에 관하
여 결정할 수 있는 권한의 범위 결정 또는
그 변경의 심판
사. 여러 명의 한정후견인·한정후견감독인의 권
한 행사에 관한 결정과 그 변경 또는 취소의
심판
3. 특정후견에 관한 심판
가. 특정후견의 심판 또는 그 종료의 심판
나. 특정후견인·특정후견감독인의 선임 또는 변
경의 심판
다. 특정후견인·특정후견감독인의 사임에 대한
허가의 심판
라. 피특정후견인의 후원을 위하여 필요한 처분
명령의 심판
마. 특정후견인에 대한 대리권 수여의 심판(대리
권 행사에 가정법원이나 특정후견감독인의
동의를 받도록 명한 부분 포함)
바. 여러 명의 특정후견인·특정후견감독인의 권
한 행사에 관한 결정과 그 변경 또는 취소의
심판
4. 임의후견에 관한 심판
가. 임의후견감독인의 선임 또는 변경의 심판
나. 임의후견감독인의 사임에 대한 허가의 심판
다. 여러 명의 임의후견감독인의 권한 행사에 관
한 결정과 그 변경 또는 취소의 심판
라. 임의후견인의 해임 심판
마. 후견계약 종료의 허가 심판
5. 법 제62조에 따른 재판
가. 성년후견인·한정후견인·특정후견인·임의
후견인·성년후견감독인·한정후견감독인·
특정후견감독인·임의후견감독인의 권한 범
위를 변경하거나 그 직무집행의 전부 또는
일부를 정지하는 재판 및 그 직무대행자를
선임하는 재판

나. 성년후견, 한정후견 및 특정후견에 관한 사
건에서 임시후견인을 선임하는 재판
다. 직무대행자, 임시후견인을 해임 또는 개임하
는 재판 및 그 권한의 범위를 정하거나 변경
하는 재판
라. 여러 명의 직무대행자, 임시후견인의 권한 행
사에 관한 결정과 그 변경 또는 취소의 재판
② 제1항제5호의 재판이 본안심판의 확정, 심판청
구의 취하 기타의 사유로 효력을 상실하게 된 때와
「민법」 제959조의20제1항에 따라 후견계약이 종료
된 때에는 가정법원의 법원사무관등은 법 제9조의
예에 의하여 후견등기부기록을 촉탁하여야 한다.
(2013.6.5 본조신설)

제6조 【가족관계등록부기록등 촉탁의 방식】 ①
가족관계등록부 또는 후견등기부기록의 촉탁은 재
판장의 명을 받아 가정법원의 법원사무관등이 이를
한다. (2007.12.31., 2013.6.5 본항개정)
② 촉탁서에는 다음 각호의 사항을 기재하고 법원
사무관등이 기명날인 하여야 한다. (2007.12.31.,
2013.6.5., 2016.4.8 본항개정)
1. 당사자 및 사건본인의 성명, 등록기준지(외국인
의 경우에는 국적), 주소, 주민등록번호(외국인
의 경우에는 외국인등록번호, 외국인등록을 하
지 아니한 외국국적동포의 경우에는 국내거소신
고번호)
2. 가족관계등록부 또는 후견등기부기록의 원인 및
그 원인일자
2의2. 후견등기의 목적과 등기할 사항
3. 촉탁 연월일
4. 법원사무관등의 관직과 성명 및 소속법원의 표시
③ 제2항의 촉탁서에는 확정된 판결등본, 효력을
발생한 심판서의 등본 기타 가족관계등록부 또는
후견등기부기록의 원인을 증명하는 서면을 첨부하
여야 한다. (2007.12.31., 2013.6.5 본항개정)
④ 제1항부터 제3항까지의 촉탁 및 서면 첨부는 전
산정보처리조직을 이용하여 「민사소송 등에서의
전자문서 이용 등에 관한 법률」 제2조제1호의 전자
문서로 할 수 있다. (2011.12.12 본항신설)
(2013.6.5 본조제목개정)

**제7조 【가족관계등록사무를 처리하는 자에 대한
통지】** ① 다음 각호의 판결이 확정되거나 심판이
효력을 발생한 때에는 법원사무관등은 지체없이 당
사자 또는 사건본인의 등록기준지의 가족관계등록
사무를 처리하는 자에게 그 뜻을 통지하여야 한다.
(2007.12.31., 2011.12.12 본항개정)
1. 가류 및 나류 가사소송사건의 청구를 인용한 판
결. 다만, 사실혼관계존부확인사건을 제외한다.
2. (2013.6.5 삭제)
3. 실종선고와 그 취소의 심판
3의2. 친양자 입양 허가의 심판

4. 친권자의 법률행위대리권, 재산관리권의 사퇴 또는 회복허가의 심판
5. (2013.6.5 삭제)
6. 성·본 계속사용허가의 심판
7. 성·본 변경허가의 심판
② 제1항의 통지에는 제6조의 규정을 준용한다. 다만, 판결 또는 심판서의 등본에 확정일자 또는 효력발생일자를 부기하여 송부함으로써 통지에 갈음할 수 있다.
(2007.12.31 본조제목개정)

제2장　가사조사관

제8조【가사조사관의 임무】 가사조사관은 재판장, 조정장 또는 조정담당판사의 명을 받아 사실을 조사하고 의무이행상태를 점검하며 당사자 또는 사건관계인의 가정 기타 주위 환경의 조정을 위한 조치를 행한다.
제9조【가사조사관의 사실조사】 ① 가사조사관은 조사를 명령받은 사항에 관하여 독립하여 조사한다.
② 가사조사관은 필요에 따라 사건관계인의 학력, 경력, 생활상태, 재산상태와 성격, 건강 및 가정환경등에 대하여 심리학, 사회학, 경제학, 교육학 기타 전문적 지식을 활용하여 조사하여야 한다.
제10조【조사기간】 가사조사관이 재판장, 조정장 또는 조정담당판사의 조사명령을 받은 경우에 그 명령에 기한의 정함이 없는 때에는 그 명령을 받은 때로부터 2월이내에 조사를 완료하여야 한다.
제11조【조사보고서의 작성】 ① 가사조사관이 사실조사를 마친 때에는 조사보고서를 작성하여 조사명령을 한 재판장, 조정장 또는 조정담당판사에게 보고하여야 한다.
② 조사보고서에는 조사의 방법과 결과 및 가사조사관의 의견을 기재하여야 한다.
③ 가사조사관은 전문가의 감정 기타 조력이 필요하다고 인정할 때에는 그 취지를 기재하여야 한다.
제12조【사회복지기관과의 연락등】 재판장, 조정장 또는 조정담당판사는 사건처리를 위하여 당사자 또는 사건관계인의 가정 기타의 환경을 조정할 필요가 있는 때에는 가사조사관으로 하여금 사회복지기관과의 연락, 기타의 조정조치를 하게 할 수 있다. 이 경우에는 제11조제1항 및 제2항의 규정을 준용한다.
제12조의2【상담 권고】 ① 가정법원은 필요한 경우 당사자에게 상담에 관하여 전문적인 지식과 경험을 갖춘 전문상담인의 상담을 받을 것을 권고할 수 있다.
② 가정법원은 전문상담인을 상담위원으로 위촉하여 제1항의 상담을 담당하게 할 수 있고, 상담위원

의 일당 및 수당은 매년 대법관회의에서 이를 정하여 국고 등에서 지급할 수 있다.
③ 가정법원은 당사자가 다른 가정법원 관할구역내에 거주하는 등 필요한 경우에는 다른 가정법원에서 위촉한 상담위원으로 하여금 제1항의 상담을 담당하게 할 수 있다. (2016.12.29 본항신설)
(2008.6.5 본조신설)
제12조의3【전문가 등의 자문】 가정법원은 미성년자인 자녀의 복리를 위하여 필요한 경우에는 정신건강의학과의사·심리학자·아동학자, 그 밖의 관련 전문가 또는 사회복지기관 등으로부터 자문을 받을 수 있다.
(2016.12.29 본조신설)
제13조【가사조사관의 기일에의 출석】 가정법원, 조정위원회 또는 조정담당판사는 가사조사관을 기일에 출석시켜 의견을 진술하게 할 수 있다.

제2편　가사소송

제14조【준용규정】 가사소송절차에 관하여는 법 및 이 규칙에 특별한 규정이 있는 경우를 제외하고는 「민사소송규칙」의 규정을 준용한다. (2006.3.23 본조개정)
제15조【병합신청에 대한 재판등】 ① 법 제14조제3항의 규정에 의하여 관련사건의 병합신청을 받은 가정법원은 그 신청이 이유있다고 인정한 때에는 관련사건을 병합하는 취지의 결정을, 이유없다고 인정한 때에는 신청을 기각하는 취지의 결정을 하여야 한다.
② 병합결정을 한 때에는 당사자 전원에게, 병합신청을 기각하는 결정을 한 때에는 신청인에게 이를 고지하여야 한다.
③ 병합결정에 대하여는 즉시항고를 할 수 있다. 그러나 병합신청을 기각한 결정에 대하여는 불복하지 못한다.
④ 가정법원은 병합결정이 확정된 때에는 병합되어야 할 사건이 계속된 가정법원에 그 결정정본을 송달하여야 하고, 이를 송달받은 가정법원은 지체없이 병합결정을 한 가정법원에 그 사건기록을 송부하여야 한다. 다만, 병합결정을 송달받은 가정법원이 이미 그 사건에 대한 변론 또는 심리를 종결하거나 종국재판을 한 경우에는 그러하지 아니하다.
⑤ 제4항 단서의 경우에는 병합결정을 한 가정법원에 그 취지를 통지하여야 한다.
제16조【소송절차의 승계신청】 ① 법 제16조제1항의 규정에 의한 소송절차의 승계신청은 서면으로 하여야 한다.
② 제1항의 승계신청서에는 다음 각호의 사항을 기재하고 신청인이 기명날인 또는 서명하여야 한다. (2002.6.28., 2007.12.31 본항개정)

1. 사건번호와 피승계인의 성명
2. 신청인의 성명, 등록기준지, 주소와 자격
3. 승계신청의 사유
제17조【승계신청에 대한 재판등】 가정법원은
제16조의 규정에 의한 승계신청이 부적법하거나 이
유없다고 인정한 때에는 결정으로 이를 기각하여야
하고, 이유있다고 인정한 때에는 소송절차를 속행
하여야 한다.
제18조【친권자 지정 등에 관한 조치】 ① 법 제
25조의 규정에 의한 가정법원의 협의권고에 따라
부모 사이에 미성년자인 자의 친권자로 지정될 자
또는 미성년자인 자의 양육과 면접교섭권에 관한
사항에 대한 협의가 성립되거나 가정법원이 직권으
로 이를 정한 때에는 가정법원은 이를 판결주문에
기재하여야 한다. 다만, 위 협의가 자의 복리에 반
하는 경우에는 가정법원은 보정을 명하거나 직권으
로 해당 사항을 정하여 판결주문에 기재하여야 한
다. (2008.6.5 본항개정)
② 제1항의 규정은 인지청구의 소에도 준용한다.
(2006.3.23 본조개정)
제18조의2【자의 의견의 청취】 가정법원이 미성
년자인 자의 친권자 지정, 양육과 면접교섭권에 관
한 사항을 직권으로 정하는 경우 자(子)가 13세 이
상인 때에는 가정법원은 그 자(子)의 의견을 들어
야 한다. 다만, 자(子)의 의견을 들을 수 없거나 자
(子)의 의견을 듣는 것이 오히려 자(子)의 복지를
해할만한 특별한 사정이 있다고 인정되는 때에는
그러하지 아니하다. (2013.6.5 본조개정)
(2006.3.23 본조신설)
제19조【혈액형등의 수검명령】 법 제29조제1항
의 규정에 의한 수검명령을 함에는 검사를 받을 자
에게 다음 각호의 사항을 고지하여야 한다.
1. 검사의 목적
2. 검사의 일시, 장소 및 방법
3. 검사자
4. 검사를 받을 자가 제2호의 일시, 장소에 출석하
   여 검사를 받아야 한다는 취지
5. 법 제67조의 규정에 의한 제재의 개요

제3편　가사비송

제1장　총　칙

제20조【사건본인의 기재】 심판이 당사자 이외
에 사건본인의 신분관계 기타 권리, 의무에 관계된
것인 때에는 심판서에 그 사건본인의 성명, 생년월일,
등록기준지 및 주소를 기재하여야 한다. (2007.12.31
본조개정)
제20조의2【가사비송사건의 병합】 수개의 가사
비송사건의 청구가 법 제14조제1항의 요건을 갖춘

때에는 이를 1개의 심판청구로 제기할 수 있다.
(1998.12.4 본조신설)
제21조【이해관계인의 참가신청】 ① 법 제37조
제1항의 규정에 의한 이해관계인의 참가신청은 참
가의 취지와 이유를 기재한 서면으로 하여야 한다.
② 참가신청인은 참가의 이유를 소명하여야 한다.
제22조【참가신청에 대한 재판등】 ① 재판장은
제21조제1항의 참가신청이 있는 때에는 그 허부의
결정을 하여야 한다.
② 제1항의 규정에 의한 참가허가의 결정과 법 제
37조제2항의 규정에 의한 참가명령은 당사자 및 참
가신청인 또는 참가명령을 받은 자에게 고지하여야
한다.
③ 제1항의 규정에 의한 참가허부의 결정과 법 제
37조제2항의 규정에 의한 참가명령에 대하여는 불
복하지 못한다.
제22조의2【절차의 구조】 법 제37조의2제1항의
절차구조에 관하여는 「민사소송규칙」제24조부터
제27조까지의 규정을 준용한다.
(2013.6.5 본조신설)
제23조【증거조사등】 ① 가정법원은 직권으로
사실을 조사하고 필요한 증거조사를 하여야 한다.
② 가정법원은 증거조사를 다른 가정법원에 촉탁할
수 있다. (2016.12.29 본항개정)
③ (2016.12.29 삭제)
④ 증거조사에 관하여는 가사소송의 예에 의한다.
제24조 (2007.12.31 삭제)
제25조【심판의 고지】 심판은 이규칙에 특별한
규정이 있는 경우를 제외하고는, 당사자와 절차에
참가한 이해관계인에게 고지하여야 한다.
제26조【공고】 가사비송절차에서 공고에 관하여
는 「민사소송규칙」 제142조의 규정을 준용한다.
(2006.3.23 본조개정)
제27조【청구기각심판에 대한 불복】 청구에 의
하여서만 심판하여야 할 경우에 그 청구를 기각한
심판에 대하여는 특별한 규정이 있는 경우를 제외
하고는 청구인에 한하여 즉시항고를 할 수 있다.
제28조【즉시항고 제기의 방식】 즉시항고는 원
심가정법원에 즉시항고장을 제출함으로써 한다.
제29조【항고심의 재판절차】 항고심의 재판절차
에는 이 규칙중 제1심의 재판절차에 관한 규정을
준용한다.
제29조의2【청구인에 대한 통지】 가사비송청구
를 인용한 심판에 대하여 이해관계인이 즉시항고한
경우 항고심 법원은 상당하다고 인정하는 때에는
제1심 청구인에게 사건이 계속된 사실을 통지하거
나 제1심 청구인을 심문할 수 있다.
(1998.12.4 본조신설)
제30조【재항고심의 재판절차】 재항고심의 재판
절차에는 그 성질에 반하지 아니하는 한 「민사소송

법」 및 「민사소송규칙」 중 재항고에 관한 규정을 준용한다. (2006.3.23 본조개정)

제2장 라류 가사비송사건

제1절 총 칙

제31조【즉시항고 기간의 진행】 즉시항고의 기간은, 특별한 규정이 있는 경우를 제외하고는, 즉시항고를 할 수 있는 자가 심판을 고지 받는 경우에는 그 고지를 받은 날부터, 심판을 고지 받지 아니하는 경우에는 청구인(청구인이 수인일 때에는 최후로 심판을 고지받은 청구인)이 심판을 고지받은 날부터 진행한다.

제31조의2【관할변경신청에 관한 처리】 ① 법 제44조제2항에 따른 변경결정은 신청인 외에 후견인, 후견감독인에게 고지하여야 하고, 가정법원의 법원사무관등은 지체 없이 피후견인에게 그 뜻을 통지하여야 한다.
② 가정법원의 법원사무관등은 법 제44조제2항에 따른 변경결정이 확정되면 바로 그 결정정본과 후견사무의 감독에 관한 소송기록을 변경된 관할법원에 보내야 한다.
(2018.4.27 본조신설)

제2절 성년후견, 한정후견, 특정후견 및 임의후견

제32조【사전처분】 ① 성년후견, 한정후견, 특정후견 및 임의후견에 관한 사건에 있어서, 가정법원이 법 제62조에 따른 사전처분으로서 직무대행자를 선임한 때에는, 그 직무대행자에 대하여는 특별한 규정이 있는 경우를 제외하고 해당 후견인 또는 해당 후견감독인에 관한 규정을 준용한다.
② 제1항에 따른 직무대행자의 선임처분은 그 선임된 자, 해당 후견인 및 해당 후견감독인에게 고지하여야 하고, 가정법원의 법원사무관등은 지체 없이 사건본인에게 그 뜻을 통지하여야 한다.
③ 가정법원은 상당하다고 인정할 때에는 언제든지 제1항의 직무대행자에게, 사건본인의 신상보호 또는 재산관리에 필요한 명령을 할 수 있고, 그 선임한 직무대행자를 해임하거나 개임할 수 있다.
④ 가정법원이 법 제62조에 따른 사전처분으로 임시후견인을 선임한 경우, 특별한 규정이 있는 경우를 제외하고, 성년후견 및 한정후견에 관한 사건의 임시후견인에 대하여는 한정후견인에 관한 규정을, 특정후견에 관한 사건의 임시후견인에 대하여는 특정후견인에 관한 규정을 각 준용한다.
⑤ 제2항 및 제3항의 규정은 제4항의 임시후견인을 선임한 경우에 이를 준용한다.
⑥ 제1항의 직무대행자에 대하여는 사건본인의 재산 중에서, 제4항의 임시후견인에 대하여는 청구인 또는 사건본인의 재산 중에서 각 상당한 보수를 지급할 것을 명할 수 있다.
(2013.6.5 본조개정)

제33조 (2013.6.5 삭제)
제34조 (2013.6.5 삭제)
제35조【심판의 고지등】 ① 성년후견·한정후견·특정후견 및 임의후견에 관한 심판은 제25조에서 정한 자 이외에 후견인(그 심판 및 법률에 의하여 임무가 개시되거나 종료될 자를 포함한다) 및 후견감독인(그 심판 및 법률에 의하여 임무가 개시되거나 종료될 자를 포함한다)에게도 고지하여야 한다.
② 제1항의 심판이 있는 때에는 가정법원의 법원사무관등은 지체 없이 사건본인에게 그 뜻을 통지하여야 한다.
(2013.6.5 본조개정)

제36조【즉시항고】 ① 법 제2조제1항제2호가목에 정한 심판사항 중 다음의 각 호 각 목에서 정하는 심판에 대하여는 해당 각 호 각 목에서 정하는 자가 즉시항고를 할 수 있다.
1. 성년후견에 관한 심판
   가. 성년후견의 개시 심판 : 「민법」 제9조제1항에 규정한 자 및 「민법」 제959조의20제1항의 임의후견인, 임의후견감독인
   나. 성년후견인·성년후견감독인의 변경 심판 : 변경 대상 성년후견인·성년후견감독인
   다. 피성년후견인의 격리에 대한 허가, 피성년후견인에 대한 의료행위의 동의에 대한 허가 및 피성년후견인이 거주하는 건물 또는 그 대지에 대한 매도 등에 대한 허가 심판 : 피성년후견인, 친족, 성년후견인, 성년후견감독인, 검사, 지방자치단체의 장
2. 한정후견에 관한 심판
   가. 한정후견의 개시 심판 : 「민법」 제12조제1항에 규정한 자 및 「민법」 제959조의20제1항의 임의후견인, 임의후견감독인
   나. 한정후견인·한정후견감독인의 변경 심판 : 변경 대상 한정후견인·한정후견감독인
   다. 피한정후견인의 격리에 대한 허가, 피한정후견인에 대한 의료행위의 동의에 대한 허가 및 피한정후견인이 거주하는 건물 또는 그 대지에 대한 매도 등에 대한 허가 심판 : 피한정후견인, 친족, 한정후견인, 한정후견감독인, 검사, 지방자치단체의 장
3. 특정후견에 관한 심판
   가. 특정후견의 심판 : 「민법」 제14조의2제1항에 규정한 자 및 「민법」 제959조의20제1항의 임의후견인, 임의후견감독인
   나. 특정후견인·특정후견감독인의 변경 심판 :

변경 대상 특정후견인·특정후견감독인
4. 임의후견에 관한 심판
　가. 임의후견감독인의 변경 심판 : 변경 대상 임의후견감독인
　나. 임의후견인의 해임 심판 : 본인, 임의후견인
　다. 후견계약 종료의 허가 심판 : 「민법」 제959조의18제2항에 규정한 자
② 법 제2조제1항제2호가목에 정한 심판사항 중 다음의 각 호에서 정하는 심판에 대하여는 제27조에 정한 자 이외에 해당 각 호에서 정하는 자도 즉시항고를 할 수 있다.
1. 성년후견의 종료청구 기각 심판 : 「민법」 제11조에 규정한 자
2. 성년후견인·성년후견감독인의 변경청구 기각 심판 : 「민법」 제940조에 규정한 자
3. 한정후견의 종료청구 기각 심판 : 「민법」 제14조에 규정한 자
4. 한정후견인·한정후견감독인의 변경청구 기각 심판 : 「민법」 제959조의3제2항, 제959조의5제2항에 따라 준용되는 같은 법 제940조에 규정한 자
5. 특정후견인·특정후견감독인의 변경청구 기각 심판 : 「민법」 제959조의9제2항, 제959조의10제2항에 따라 준용되는 같은 법 제940조에 규정한 자
6. 임의후견감독인의 변경청구 기각 심판 : 「민법」 제959조의16제3항에 따라 준용되는 같은 법 제940조의7에 따라 다시 준용되는 같은 법 제940조에 규정한 자
7. 임의후견인의 해임청구 기각 심판 : 「민법」 제959조의17제2항에 규정한 자
(2013.6.5 본조개정)
제37조 (2013.6.5 삭제)
제38조 【정신상태의 감정】 가정법원은 성년후견 종료 또는 한정후견 종료의 심판을 할 경우에는 피성년후견인 또는 피한정후견인의 정신상태에 관하여 의사에게 감정을 시킬 수 있다.
(2013.6.5 본조개정)
제38조의2 【후견사무등에 관한 지시】 가정법원이 성년후견인·한정후견인·특정후견인·성년후견감독인·한정후견감독인·특정후견감독인·임의후견감독인을 선임한 때에는 그 후견인 또는 후견감독인에 대하여 그 후견사무 또는 후견감독사무에 관하여 필요하다고 인정되는 사항을 지시할 수 있다.
(2013.6.5 본조신설)
제38조의3 【격리치료등의 허가와 지시】 ① 가정법원이 다음 각 호의 허가를 하는 때에는, 성년후견인·성년후견감독인 또는 한정후견인·한정후견감독인에게 피성년후견인 또는 피한정후견인의 신상보호 또는 재산관리에 관하여 필요하다고 인정되는 사항을 지시할 수 있다.

1. 「민법」 제947조의2제2항(같은 법 제959조의6에 따라 준용되는 경우를 포함한다)에 따른 피성년후견인 또는 피한정후견인의 격리에 대한 허가
2. 「민법」 제947조의2제4항(같은 법 제940조의7, 제959조의5제2항 및 제959조의6에 따라 준용되는 경우를 포함한다)에 따른 피성년후견인 또는 피한정후견인에 대한 의료행위의 동의에 대한 허가
3. 「민법」 제947조의2제5항(같은 법 제940조의7, 제959조의5제2항 및 제959조의6에 따라 준용되는 경우를 포함한다)에 따른 피성년후견인 또는 피한정후견인이 거주하는 건물 또는 그 대지에 대한 매도 등에 대한 허가
② 가정법원은 필요하다고 인정한 때에는 언제든지 제1항 및 제38조의2의 허가 기타 지시를 취소하거나 변경할 수 있다.
(2013.6.5 본조신설)
제38조의4 【특별대리인의 대리권 제한】 가정법원이 성년후견인 또는 한정후견인에 대하여 「민법」 제949조의3에 따라 준용되는 같은 법 제921조(같은 법 제959조의3제2항의 규정에 따라 준용되는 같은 법 제949조의3에 따라 다시 준용되는 경우를 포함한다)에 의하여 특별대리인을 선임할 때에는, 제68조 및 제68조의2의 규정을 준용한다.
(2013.6.5 본조신설)
제38조의5 【재산관리등】 제41조부터 제52조까지의 규정은 「민법」 제956조에 따라 준용되는 같은 법 제918조에 따른 재산관리인의 선임 또는 개임과 재산관리에 관한 처분 및 「민법」 제954조(같은 법 제959조의6, 제959조의12에 따라 준용되는 경우를 포함한다)에 따른 성년후견사무·한정후견사무·특정후견사무에 관한 처분에 이를 준용한다.
(2013.6.5 본조신설)
제38조의6 【후견사무등의 감독】 ① 법 제45조의4 및 제45조의7에 따라 가정법원으로부터 사무의 실태 또는 재산상황을 조사하거나 임시로 재산관리를 할 수 있는 권한을 부여받은 사람은 그 업무 처리를 위하여 가정법원의 허가를 얻어 그 후견인 또는 후견감독인에게 그 후견사무 또는 후견감독사무에 관한 자료의 제출을 요구하거나 제출한 자료에 대한 설명을 요구할 수 있다.
② 제1항에 규정한 사람은 업무를 수행함에 있어서 그 후견인 또는 후견감독인을 변경할 필요가 있거나 「민법」 제954조에 따른 조사 또는 처분의 필요가 있다고 판단한 때에는 즉시 이를 가정법원에 보고하여야 한다.
③ 제2항의 보고에 대하여는 제11조의 규정을 준용한다.
④ 가정법원은 법 제45조의4제1항에 따라 임시로 재산관리를 하는 사람에 대하여 그 재산관리에 필

요하다고 인정되는 사항을 지시할 수 있다.
(2013.6.5 본조신설)

제3절 부재자의 재산관리

제39조【부재자 재산관리 사건부의 작성】 ① 부재자의 재산관리에 관한 사건의 심판을 청구받은 재산소재지의 가정법원은 그 부재자의 최후주소지를 관할하는 가정법원(최후주소가 없거나 이를 알 수 없을 때에는 대법원 소재지의 가정법원, 이하 같다)에 그 청구의 내용과 심판의 요지를 통지하여야 한다.
② 부재자의 최후주소지를 관할하는 가정법원은 부재자의 재산관리 사건에 관하여 부재자별로 심판의 청구와 그에 대한 심판의 요지를 기재한 사건부를 작성, 비치하여야 한다.
③ 부재자의 재산관리에 관한 사건의 심판을 청구받은 재산소재지의 가정법원은 심판에 앞서 그 부재자의 최후주소지를 관할하는 가정법원에 제2항의 규정에 의한 사건부의 존부와 심판의 내용에 관하여 조회하여야 한다.
제40조【사건의 이송】 부재자의 재산관리에 관한 사건의 심판을 청구받은 가정법원은 제39조제3항의 규정에 의한 조회 기타의 방법으로 다른 가정법원이 이미 동일한 부재자의 재산관리에 관한 사건을 심판을 하였음이 밝혀진 경우에는, 그 가정법원으로 사건을 이송하여야 한다. 그러나 긴급을 필요로 하는 경우에는 그러하지 아니하다.
제41조【관리인의 선임·개임】 ① 가정법원이 재산관리인을 선임하거나 개임할 경우에는 이해관계인의 의견을 들을 수 있다.
② 부재자가 정한 재산관리인을 개임할 때에는 그 재산관리인을 절차에 참가하게 하여야 한다.
제42조【선임한 관리인의 개임】 ① 가정법원은 언제든지 그 선임한 재산관리인을 개임할 수 있다.
② 가정법원이 선임한 재산관리인이 사임하고자 할 때에는 가정법원에 그 사유를 신고하여야 한다. 이 경우, 가정법원은 다시 재산관리인을 선임하여야 한다.
제43조【심판의 고지】 재산관리인의 선임, 개임 또는 해임의 심판은 당사자 및 절차에 참가한 이해관계인외에 그 재산관리인에게도 고지하여야 한다.
제44조【재산상황의 보고와 관리의 계산】 ① 가정법원은 그 선임한 재산관리인에게 재산상황의 보고 및 관리의 계산을 명할 수 있다.
② 가정법원은 「민법」 제24조제3항의 경우에는, 부재자가 정한 재산관리인에게도 제1항의 보고 및 계산을 명할 수 있다. (2006.3.23 본항개정)
제45조【담보의 증감·변경·면제】 가정법원은 재산관리인이 제공한 담보의 증감·변경 또는 면제를 명할 수 있다.

제46조【저당권설정등기의 촉탁】 ① 가정법원이 재산관리인의 담보제공방법으로서 그 소유의 부동산 또는 선박에 저당권을 설정할 것을 명한 때에는 그 설정등기의 촉탁을 하여야 한다.
② 제1항의 촉탁에는 저당권의 설정을 명한 심판서의 등본을 첨부하여야 한다.
③ 제1항 및 제2항의 규정은 설정한 저당권의 변경 또는 해제를 명하는 경우에 이를 준용한다.
제47조【재산목록의 내용】 ① 「민법」 제24조제1항 또는 제2항의 규정에 의하여 재산관리인이 작성할 재산목록에는 다음 각호의 사항을 기재하고 재산관리인과 참여인이 기명날인 또는 서명하여야 한다. (2002.6.28., 2006.3.23 본항개정)
1. 작성의 일시, 장소와 그 사유
2. 청구인의 성명과 주소
3. 부동산의 표시
4. 동산의 종류와 수량
5. 채권과 채무의 표시
6. 장부, 증서 기타의 서류
② 재산목록은 2통을 작성하여 그 1통은 재산관리인이 보관하고 다른 1통은 가정법원에 제출하여야 한다.
③ 이해관계인은 가정법원의 허가를 얻어 재산관리인의 재산목록 작성에 참여할 수 있다.
제48조【공증인에 의한 재산목록의 작성】 ① 가정법원은 재산관리인이 작성한 재산목록이 불충분하다고 인정하거나 기타 필요한 때에는, 재산관리인에게, 공증인으로 하여금 재산목록을 작성하게 할 것을 명할 수 있다.
② 제47조의 규정은 공증인이 재산목록을 작성할 경우에 이를 준용한다.
제49조【부재자재산의 매각】 가정법원이 부재자의 재산을 매각하게 할 경우에는 「민사집행법」 제3편, 「민사집행규칙」 제3편의 규정에 의하여 매각하게 할 수 있다. (2002.6.28., 2006.3.23 본조개정)
제49조의2【부재자에 대한 조사 등】 ① 가정법원은 재산관리인에게 부재자의 생사 여부, 재산관리의 가능 여부 등의 조사를 명할 수 있다.
② 가정법원은 재산관리인에게 부재자에 대한 실종의 선고를 관할 가정법원에 청구할 것을 명할 수 있다.
(2016.12.29 본조신설)
제50조【처분의 취소】 사건본인이 스스로 그 재산을 관리하게 된 때 또는 그 사망이 분명하게 되거나 실종선고가 있는 때 또는 관리할 재산이 더 이상 남아 있지 아니한 때에는 가정법원은 사건본인 또는 이해 관계인의 청구에 의하여 그 명한 처분을 취소하여야 한다. (2016.12.29 본조개정)
제51조【즉시항고】 부재자가 정한 재산관리인을 개임하는 심판에 대하여는 그 재산관리인이 즉시항

고를 할 수 있다.

제52조【비용의 부담】 ① 가정법원이 부재자의 재산관리에 관하여 직권으로 심판하거나 청구에 상응한 심판을 한 경우에는, 심판전의 절차와 심판의 고지 비용은 부재자의 재산의 부담으로 한다. 가정법원이 명한 처분에 필요한 비용도 같다.

② 제1항의 규정은 항고법원이 항고인의 신청에 상응한 재판을 한 경우에 있어서의 항고절차의 비용과 항고인의 부담이 된 제1심의 비용에 관하여 이를 준용한다.

제4절 실 종

제53조【공시최고】 실종을 선고함에는 공시최고의 절차를 거쳐야 한다.

제54조【공시최고의 기재 사항】 ① 공시최고에는 다음 사항을 기재하여야 한다. (2007.12.31 본항개정)

1. 청구인의 성명과 주소
2. 부재자의 성명, 출생년월일, 등록기준지 및 주소
3. 부재자는 공시최고 기일까지 그 생존의 신고를 할 것이며, 그 신고를 하지 않으면 실종의 선고를 받는다는 것
4. 부재자의 생사를 아는 자는 공시최고 기일까지 그 신고를 할 것
5. 공시최고 기일

② 공시최고의 기일은 공고종료일부터 6월이후로 정하여야 한다.

제55조【공시최고의 공고】 공시최고의 공고는 제26조의 규정에 의한다.

제56조【사망간주일자의 기재】 실종선고의 심판서에는 부재자가 사망한 것으로 간주되는 일자를 기재하여야 한다.

제57조【즉시항고】 실종을 선고한 심판과 실종선고의 취소청구를 기각한 심판에 대하여는 사건본인 또는 이해관계인이, 실종선고를 취소한 심판에 대하여는 이해관계인이 즉시항고를 할 수 있다.

제58조【비용의 부담】 제52조의 규정은 실종선고의 심판이 있은 때의 절차비용에 이를 준용한다.

제59조【심판의 공고】 실종선고 또는 실종선고의 취소 심판이 확정된 때에는 가정법원의 법원사무관등은 지체 없이 그 뜻을 공고하여야 한다. (2013.6.5 본조개정)

제5절 성과 본에 관한 사건

제59조의2【관계자의 의견의 청취】 ① 가정법원은「민법」제781조제5항의 규정에 의한 자의 종전의 성과 본의 계속사용허가 청구가 있는 경우, 부, 모 및 자가 13세 이상인 때에는 그 자의 의견을 들

을 수 있다. (2013.6.5 본항개정)

② 가정법원은「민법」제781조제6항의 규정에 의한 자의 성과 본의 변경허가 청구가 있는 경우, 부, 모 및 자가 13세 이상인 때에는 그 자의 의견을 들을 수 있다. 자의 부모 중 자와 성과 본이 동일한 사람의 사망 그 밖의 사유로 의견을 들을 수 없는 경우에는 자와 성과 본이 동일한 최근친 직계존속의 의견을 들을 수 있다. (2013.6.5 본항개정)
(2007.12.31 본조신설)

제6절 부부재산약정의 변경에 관한 사건

제60조【청구】 「민법」제829조제2항 단서의 규정에 의한 부부재산약정의 변경을 허가하는 심판은 부부쌍방의 청구에 의하여야 한다. (2006.3.23 본조개정)

제61조【즉시항고】 제60조의 심판에 대하여는 이해관계인이 즉시항고를 할 수 있다.

제7절 친생부인허가와 인지허가에 관한 사건
(2017.12.27 본절신설)

제61조의2【즉시항고】 친생부인을 허가하는 심판과 인지를 허가하는 심판에 대하여는 민법 제854조의2제1항에 규정한 자가 즉시항고를 할 수 있다. (2017.12.27 본조신설)

제8절 입양·친양자입양 또는 파양에 관한 사건

제62조【심리검사의 촉탁】 ① 재판장 또는 가사조사관은 입양사건의 심리를 위하여 필요한 경우에는 의사, 심리검사전문가 등에게 당사자 또는 관계인의 심리검사를 촉탁할 수 있다. (2016.12.29 본항개정)

② 제1항의 심리검사에 관한 비용의 예납에 관하여는「민사소송법」제116조,「민사소송규칙」제19조, 제20조의 규정을, 예납하여야 할 비용의 범위와 액 및 그 지급에 관하여는「민사소송비용법」및「민사소송비용규칙」의 규정을 각 준용한다. (2016.12.29 본항개정)
(2013.6.27 본조개정)
(2016.12.29 본조제목개정)

제62조의2【친양자 입양의 청구】 친양자 입양의 청구에는 다음의 사항을 명백히 하여야 한다.

1. 친양자가 될 사람의 친생부모가 친양자 입양에 동의한 사실 또는 그 동의가 없는 경우에「민법」제908조의2제1항제3호 단서 및 같은 조 제2항 각 호에 해당된다는 것을 나타내는 사정
2. 친양자가 될 사람에 대하여 친권을 행사하는 사람으로서 부모 이외의 사람의 이름과 주소와 친

양자가 될 사람의 부모의 후견인의 이름과 주소
3. 「민법」제908조의2제1항제4호에 따른 법정대리인의 동의 또는 같은 항 제5호에 따른 법정대리인의 입양승낙, 그 동의 또는 승낙이 없는 경우에는 「민법」제908조의2제2항 각 호에 해당된다는 것을 나타내는 사정
4. 「사회복지사업법」에 의한 사회복지법인의 입양알선에 의한 청구인 경우에는 해당 사회복지법인의 명칭 및 소재지와 친양자가 될 사람이 보호되고 있는 보장시설의 명칭 및 소재지
(2013.6.27 본조개정)

제62조의3【관계자의 의견의 청취】 ① 가정법원은 친양자 입양에 관한 심판을 하기 전에, 친양자가 될 사람이 13세 이상인 경우에는 친양자가 될 사람, 양부모가 될 사람, 친양자가 될 사람의 친생부모, 친양자가 될 사람의 후견인, 친양자가 될 사람에 대하여 친권을 행사하는 사람으로서 부모 이외의 사람, 친양자가 될 사람의 부모의 후견인의 의견을 들어야 한다.
② 제1항의 경우에 친양자가 될 사람의 친생부모의 사망 그 밖의 사유로 의견을 들을 수 없는 경우에는 최근친 직계존속(동순위가 수인일 때에는 연장자)의 의견을 들어야 한다.
(2013.6.27 본조개정)

제62조의4【심판의 고지 등】 ① 친양자 입양을 허가하는 심판은 제25조에서 정한 자 이외에 친양자가 될 사람의 친생부모와 친양자가 될 사람의 법정대리인에게도 고지하여야 한다. (2016.12.29 본항개정)
② 가정법원은 청구인 아닌 사람에게 심판문 정본을 송달하여 고지하는 경우 심판문 정본상의 청구인의 주민등록번호, 주소, 등록기준지 등 개인정보의 전부 또는 일부를 삭제하는 등의 조치를 하여 송달할 수 있다. (2016.12.29 본항신설)
(2016.12.29 본조제목개정)

제62조의5【즉시항고】 친양자 입양을 허가하는 심판에 대하여는 제62조의3에 규정한 자(양부모가 될 사람은 제외)가 즉시항고를 할 수 있다.
(2013.6.27 본조개정)

제62조의6【사회복지법인 등에 대한 통지】 친양자 입양에 관한 심판이 확정된 때 법원사무관등은 지체 없이 해당 친양자 입양을 알선한 사회복지법인에 대하여 그 내용을 통지하여야 한다. 해당 친양자 입양에 대해서 가정법원으로부터의 촉탁에 응하여 조사를 한 보장시설에 대하여도 마찬가지이다.
(2007.12.31 본조신설)

제62조의7【입양의 청구】 ① 미성년자 입양의 청구에는 다음의 사항을 명백히 하여야 한다.
1. 양자가 될 사람의 부모가 입양에 동의한 사실 또는 그 동의가 없는 경우에는 「민법」제870조제1

항 각 호 및 같은 조 제2항 각 호에 해당된다는 것을 나타내는 사정
2. 양자가 될 사람에 대하여 친권을 행사하는 사람으로서 부모 이외의 사람의 이름과 주소와 양자가 될 사람의 부모의 후견인의 이름과 주소
3. 「민법」제869조제1항에 따른 법정대리인의 동의 또는 같은 조 제2항에 따른 법정대리인의 입양승낙, 그 동의 또는 승낙이 없는 경우에는 「민법」제869조제3항 각 호에 해당된다는 것을 나타내는 사정
4. 「사회복지사업법」에 의한 사회복지법인의 입양알선에 의한 청구인 경우에는 해당 사회복지법인의 명칭 및 소재지와 양자가 될 사람이 보호되고 있는 보장시설의 명칭 및 소재지
② 피성년후견인 입양의 청구에는 「민법」제873조제1항에 따른 성년후견인의 동의, 「민법」제871조제1항에 따른 부모의 동의 또는 그 동의가 없는 경우에는 「민법」제873조제3항에 해당된다는 것을 나타내는 사정을 명백히 하여야 한다.
(2013.6.27 본조신설)

제62조의8【준용규정】 ① 미성년자 입양을 허가하는 심판 및 피성년후견인이 입양을 하거나 양자가 되는 것에 대한 허가 심판의 고지에 관하여는 제62조의4제1항를 준용한다. 이 경우 "친양자 입양"은 "입양"으로, "친양자"는 "양자"로 본다. (2016.12.29 본항개정)
② 미성년자 입양을 허가하는 심판 및 피성년후견인이 입양을 하거나 양자가 되는 것에 대한 허가 심판에 대한 즉시항고에 관하여는 제62조의5를 준용한다. 이 경우 "친양자 입양"은 "입양"으로, "제62조의3"은 "법 제45조의8제1항 각 호"로 본다. (2016.12.29 본항개정)
③ 미성년자 입양에 관한 심판에 관하여는 제62조의6을 준용한다. 이 경우 "친양자 입양"은 "입양"으로 본다.
(2013.6.27 본조신설)

제62조의9【미성년자 양육에 관한 교육 등】 가정법원은 친양자 입양에 관한 심판 및 미성년자 입양을 허가하는 심판을 함에 있어서 필요한 경우 양부모가 될 사람에 대하여 미성년자 양육에 관한 교육을 실시하거나 입양기관, 사회복지기관 등에서 실시하는 미성년자 양육을 위한 교육을 받을 것을 명할 수 있다.
(2016.12.29 본조신설)

제9절 친권과 미성년후견에 관한 사건

제63조 (2006.3.23 삭제)
제64조【친권행사방법의 결정】 민법 제909조제2항 단서의 규정에 의하여 친권행사방법을 결정함에

는 청구인이 아닌 친권자를 절차에 참가하게 하여
야 한다.

제65조【미성년후견인, 미성년후견감독인의 선
임·변경】 ① 미성년후견인·미성년후견감독인
을 선임함에는 미성년후견인·미성년후견감독인이
될 자의 의견을 들어야 한다.

② 미성년후견인·미성년후견감독인을 변경할 때
에는 그 변경이 청구된 미성년후견인·미성년후견
감독인을 절차에 참가하게 하여야 한다.

③ 가정법원이 미성년후견인·미성년후견감독인을
선임한 때에는 미성년후견인·미성년후견감독인에
대하여 그 후견사무 또는 후견감독사무에 관하여
필요하다고 인정되는 사항을 지시할 수 있다.

④ 가정법원은 미성년후견인·미성년후견감독인의
선임과 변경 심판을 하는 경우 그 미성년자가 13세
이상인 때에는 그 미성년자의 의견을 들어야 한다.
다만, 미성년자의 의견을 들을 수 없거나 미성년자
의 의견을 듣는 것이 오히려 미성년자의 복지를 해
할만한 특별한 사정이 있다고 인정되는 때에는 그
러하지 아니하다.

(2013.6.5 본조개정)

제65조의2【친권자의 지정 등】 친권자의 지정
또는 미성년후견의 종료 및 친권자의 지정에 관한
심판을 하는 경우 제65조제4항을 준용한다.

(2013.6.27 본조신설)

제66조【교정기관에의 위탁등의 허가와 지시】
① 가정법원이 다음 각 호의 허가를 하는 때에는,
친권자 또는 미성년후견인·미성년후견감독인에
대하여, 미성년자의 교육과 신상보호 및 재산관리
에 관하여 필요하다고 인정되는 사항을 지시할 수
있다. (2013.6.5 본항개정)

1. 「민법」제915조 및 제945조(제948조에 따라 위
   각 조항이 준용되는 경우를 포함한다)에 따른 감
   화 또는 교정기관에의 위탁에 대한 허가

2. 「민법」제940조의7에 따라 준용되는 같은 법 제
   947조의2제4항에 따른 피미성년후견인에 대한
   의료행위의 동의에 대한 허가

3. 「민법」제940조의7에 따라 준용되는 같은 법 제
   947조의2제5항에 따른 피미성년후견인이 거주
   하는 건물 또는 그 대지에 대한 매도 등에 대한
   허가

② 가정법원은 필요하다고 인정한 때에 언제든지
제1항의 허가 기타 지시를 취소하거나 변경할 수
있다.

제67조【즉시항고】 ① 법 제2조제1항제2호가목
및 이 규칙 제2조에 정한 심판사항 중 다음의 각 호
에서 정하는 심판에 대하여는 해당 각 호에서 정하는
자가 즉시항고를 할 수 있다. (2013.6.27 본항개정)

1. 미성년후견인의 선임 심판 : 미성년자, 미성년자
   의 부모와 친족, 이해관계인, 검사, 지방자치단체

의 장

2. 미성년후견인·미성년후견감독인의 변경 심판 :
   변경 대상 미성년후견인·미성년후견감독인

3. 감화 또는 교정기관에 위탁하는 것에 대한 허가,
   피미성년후견인에 대한 의료행위의 동의에 대한
   허가 및 피미성년후견인이 거주하는 건물 또는
   그 대지에 대한 매도 등에 대한 허가 심판 : 미성
   년자, 미성년자의 부모와 친족, 미성년후견인, 미
   성년후견감독인, 검사, 지방자치단체의 장

4. 친권자의 지정 심판 : 미성년자, 미성년자의 부
   모와 친족

5. 미성년후견종료 및 친권자 지정 심판 : 미성년자,
   미성년자의 부모와 친족, 미성년후견인

② 미성년후견인·미성년후견감독인의 변경청구를
기각한 심판에 대하여는 제27조에서 정한 자 이외
에「민법」제940조에 규정한 자도 즉시항고를 할 수
있다.

(2013.6.5 본조개정)

제68조【특별대리인의 대리권 제한】 가정법원이
「민법」제921조(미성년후견인에 대하여 같은 법 제
949조의3에 따라 준용되는 경우를 포함한다)에 따
라 특별대리인을 선임할 때에는, 그 특별대리인의
대리권행사에 관하여 필요한 제한을 가할 수 있다.

(2006.3.23., 2013.6.5 본항개정)

제68조의2【특별대리인의 개임】 가정법원은 언
제든지 법 제2조제1항제2호가목16)에 따른 특별대
리인을 개임할 수 있다. (2013.6.5 본조개정)

(1998.12.4 본조신설)

제69조【재산관리등】 제41조 내지 제52조의 규
정은「민법」제918조(제956조의 규정에 의하여 준
용되는 경우를 포함한다)의 규정에 의한 재산관리
인의 선임 또는 개임과 재산관리에 관한 처분 및「
민법」제954조(제948조의 규정에 의하여 준용되는
경우를 포함한다)의 규정에 의한 미성년후견사무에
관한 처분에 이를 준용한다. (2006.3.23., 2013.6.5
본조개정)

제69조의2【후견사무의 감독】 미성년후견인 또
는 미성년후견감독인에 대하여 제38조의6의 규정
을 준용한다.

(2013.6.5 본조신설)

제10절 삭 제

제70조 (2013.6.5 삭제)
제71조 (2013.6.5 삭제)
제72조 (2013.6.5 삭제)
제73조 (2013.6.5 삭제)
제74조 (2013.6.5 삭제)

제11절 상속에 관한 사건

제75조【한정승인·포기의 신고】 ① 상속의 한정승인 또는 포기의 신고는 법 제36조제3항에 규정한 사항외에 다음 각호의 사항을 기재하고, 신고인 또는 대리인이 기명날인 또는 서명한 서면에 의하여야 한다. (2002.6.28 본항개정)
1. 피상속인의 성명과 최후주소
2. 피상속인과의 관계
3. 상속개시 있음을 안 날
4. 상속의 한정승인 또는 포기를 하는 뜻
② 제1항의 신고서에는 신고인 또는 대리인의 인감증명서를 첨부하여야 한다.
③ 가정법원이 제1항의 신고를 수리할 때에는, 그 신고의 일자 및 대리인에 의한 신고인 경우에는 그 대리인의 주소와 성명을 기재한 심판서를 작성하여야 한다.

제76조【한정승인·포기의 취소】 ① 상속의 한정승인 또는 포기의 취소는, 제75조제3항의 심판을 한 가정법원에 신고인 또는 대리인이 기명날인 또는 서명한 서면으로 신고함으로써 한다. (2002.6.28 본항개정)
② 제1항의 신고서에는 제75조제1항제1호 및 제2호의 사항외에 다음 각호의 사항을 기재하여야 한다.
1. 상속의 한정승인 또는 포기신고가 수리된 일자
2. 상속의 한정승인 또는 포기를 취소하는 원인
3. 추인할 수 있게 된 날
4. 상속의 한정승인 또는 포기의 취소를 하는 뜻
③ 제75조제2항 및 제3항의 규정은 제1항의 신고 및 그 수리에 이를 준용한다.

제77조【상속재산의 분리】 상속재산과 상속인의 고유재산의 분리를 명한 심판에 대하여는 청구인 또는「민법」제1045조제1항에 규정한 자가 즉시항고를 할 수 있다. (2006.3.23 본조개정)

제78조【상속재산의 관리와 보존】 제41조 내지 제52조의 규정은「민법」제1023조(제1044조의 규정에 의하여 준용되는 경우를 포함한다), 제1040조제1항, 제1047조 및「민법」제1053조의 규정에 의한 상속재산의 관리와 보존에 관한 처분에 이를 준용한다.
(2008.6.5 본조개정)

제79조【상속재산관리인의 공고】 「민법」제1053조제1항의 공고에는 다음 각호의 사항을 기재하여야 한다. (2006.3.23 본조개정)
1. 청구인의 성명과 주소
2. 피상속인의 성명, 직업과 최후주소
3. 피상속인의 출생과 사망장소 및 그 일자
4. 상속재산관리인의 성명과 주소

제80조【상속인 수색의 공고】 「민법」제1057조의 공고에는 다음 각호의 사항을 기재하여야 한다. (2006.3.23 본조개정)
1. 제79조제1호 내지 제3호의 사항
2. 상속인은 일정한 기간 내에 그 권리를 주장하라는 뜻의 최고

제81조【공고비용의 부담】 제79조 및 제80조의 공고에 필요한 비용은 상속재산의 부담으로 한다.

제82조【감정인 선임등의 비용의 부담】 「민법」제1035조제2항(제1040조제3항, 제1051조제3항, 제1056조제2항의 규정에 의하여 준용되는 경우를 포함한다) 및「민법」제1113조제2항의 규정에 의한 감정인의 선임과 그 감정인의 감정에 소요된 비용은 상속재산의 부담으로 한다. (2006.3.23 본조개정)

제83조【상속재산의 분여】 「민법」제1057조의2의 규정에 의한 상속재산 분여의 심판에 대하여는「민법」제1057조의2제1항에 규정한 자가 즉시항고를 할 수 있다. (2006.3.23 본조개정)

제12절 유언에 관한 사건

제84조【유언집행자의 선임·해임】 ① 유언집행자를 선임한 심판에 대하여는 이해관계인이 즉시항고를 할 수 있다.
② 유언집행자를 해임할 때에는 그 유언집행자를 절차에 참가하게 하여야 한다.
③ 제2항의 심판에 대하여는 그 유언집행자가 즉시항고를 할 수 있다.

제85조【구수증서에 의한 유언의 검인】 ① 「민법」제1070조제2항의 규정에 의하여 유언을 검인함에 있어서는 유언방식에 관한 모든 사실을 조사하여야 한다. (2006.3.23 본항개정)
② 유언검인의 심판에 대하여는 이해관계인이, 유언검인의 청구를 기각한 심판에 대하여는「민법」제1070조제2항에 규정한 자가 즉시항고를 할 수 있다. (2006.3.23 본항개정)

제86조【유언증서, 녹음의 검인】 ① 「민법」제1091조제1항의 규정에 의한 유언의 증서 또는 녹음의 검인을 청구함에는 그 유언의 증서 또는 녹음대를 제출하여야 한다. (2006.3.23 본항개정)
② 봉인한 유언증서를 개봉하고자 할 때에는 미리 그 기일을 정하여 상속인 또는 그 대리인을 소환하고, 기타 이해관계인에게 통지하여야 한다.
③ 유언의 증서 또는 녹음을 검인함에 있어서는 유언방식에 관한 모든 사실을 조사하여야 한다.

제87조【조서작성】 ① 유언증서의 개봉과 검인에 관하여는 조서를 작성하여야 한다.
② 조서에는 다음 각호의 사항을 기재하고, 판사, 법원사무관등이 기명날인하여야 한다. (1998.12.4 본항개정)
1. 제출자의 성명과 주소

2. 제출, 개봉과 검인의 일자
3. 참여인의 성명과 주소
4. 심문한 증인, 감정인, 상속인, 기타 이해관계인의 성명, 주소와 그 진술의 요지
5. 사실조사의 결과

제88조 【불출석한 자등에 대한 고지】 가정법원이 유언증서의 개봉과 검인을 한 때에는 출석하지 아니한 상속인 기타 유언의 내용에 관계있는 자에게 그 사실을 고지하여야 한다.

제89조 【부담있는 유언의 취소】 ① 「민법」 제1111조의 규정에 의한 부담있는 유언의 취소의 심판을 할 때에는 수증자를 절차에 참가하게 하여야 한다. (2006.3.23 본항개정)
② 제1항의 심판에 대하여는 수증자 기타 이해관계인이 즉시항고를 할 수 있다.

제90조 【비용의 부담】 ① 가정법원이 유언에 관한 청구에 상응한 심판을 한 경우에 심판 전의 절차비용과 심판의 고지비용은 유언자 또는 상속재산의 부담으로 한다.
② 제1항의 규정은 항고법원이 항고인의 신청에 상응한 재판을 한 경우의 항고절차의 비용과 항고인의 부담이 된 제1심의 비용에 관하여 이를 준용한다.

제3장 마류 가사비송사건

제1절 총 칙

제91조 【상대방의 지정】 마류 가사비송사건의 심판청구서에는 상대방의 성명, 생년월일, 등록기준지 및 주소를 기재하여야 한다. (2007.12.31 본조개정)

제92조 【상대방의 반대청구】 상대방은 제1심의 절차종결시까지 청구인의 청구와 견련관계에 있는 마류가사비송사건으로서 금전의 지급이나 물건의 인도, 기타 재산상의 의무이행을 구하는 반대청구를 할 수 있다.

제93조 【심판의 원칙등】 ① 가정법원은 가정의 평화와 사회정의를 위하여 가장 합리적인 방법으로 청구의 목적이 된 법률관계를 조정할 수 있는 내용의 심판을 하여야 한다.
② 금전의 지급이나 물건의 인도, 기타 재산상의 의무이행을 구하는 청구에 대하여는, 그 청구의 취지를 초과하여 의무의 이행을 명할 수 없다. 다만, 가정법원이 자의 복리를 위하여 양육에 관한 사항을 정하는 경우에는 그러하지 아니하다. (2010.3.30 본항개정)

제94조 【즉시항고】 ① 심판에 대하여는 청구인과 상대방이 즉시항고를 할 수 있다.
② 청구인과 상대방 이외의 제3자는 특별한 규정이 있는 경우에 한하여 즉시항고를 할 수 있다.

③ 즉시항고의 기간은, 특별한 규정이 있는 경우를 제외하고는, 즉시항고를 할 수 있는 자가 심판을 고지 받는 경우에는 그 고지를 받은 날부터, 심판을 고지받지 아니하는 경우에는 당사자에게 심판이 최후로 고지된 날부터 진행한다.

제95조 【비용부담액의 확정】 ① 가정법원이 수액을 정하지 아니하고 절차비용 부담의 재판을 한 경우, 그 비용액의 확정에 관하여는 「민사소송법」 중 소송비용액확정결정에 관한 규정을 준용한다. (2006.3.23 본항개정)
② 제1항의 규정은 항고심과 재항고심의 절차비용에 이를 준용한다.

제95조의2 【재산명시신청】 ① 법 제48조의2제1항에 따른 당사자의 재산명시를 요구하는 신청은 신청취지와 신청사유를 적은 서면으로 하여야 한다.
② 가정법원은 제1항의 신청서를 상대방에게 송달하여 의견을 표명할 기회를 주어야 한다. (2009.11.4 본조신설)

제95조의3 【재산명시명령 등】 ① 가정법원이 법 제48조의2제1항에 따른 결정(다음부터 "재산명시명령"이라 한다)을 할 때에는 재산목록을 제출할 상당한 기간을 정하여야 한다.
② 재산명시명령은 재산명시명령을 받은 당사자(다음부터 "재산명시 대상 당사자"라 한다)에게 송달하여야 하고, 명령에 따르지 아니할 경우 법 제67조의3에 따른 제재를 받을 수 있음을 함께 고지하여야 한다. (2016.12.29 본항개정)
③ 재산명시명령을 재산명시 대상 당사자에게 송달함에 있어서는 「민사소송법」 제187조 및 제194조에 따른 방법으로는 할 수 없다.
④ 재산명시명령이 재산명시 대상 당사자에게 송달되지 아니한 때에는 가정법원은 상대방에게 상당한 기간을 정하여 재산명시 대상 당사자의 주소를 보정하도록 명하여야 한다.
⑤ 상대방이 제4항의 명령을 받고도 이를 이행하지 아니한 때에는 가정법원은 재산명시명령을 취소하고, 재산명시신청을 각하하여야 한다. (2009.11.4 본조신설)

제95조의4 【재산목록의 제출】 ① 재산명시 대상 당사자는 제95조의3제1항의 기간 이내에 자신이 보유하고 있는 재산과 다음 각 호의 사항을 명시한 재산목록을 제출하여야 한다. 다음 각 호의사항을 명시하는 때에는 양도나 처분을 받은 사람의 이름·주소·주민등록번호 등과 그 거래내역을 함께 적어야 한다.
1. 재산명시명령이 송달되기 전 2년 이내에 한 부동산의 양도
2. 재산명시명령이 송달되기 전 2년 이내에 배우자, 직계혈족 및 4촌 이내의 방계혈족과 그 배우자,

배우자의 직계혈족과 형제자매에게 한 부동산 외의 재산으로서 권리의 이전이나 행사에 등기·등록 또는 명의개서(다음부터 이 조문 안에서 "등기등"이라 한다)가 필요한 재산의 양도
3. 그 밖에 가정법원이 정하는 재산의 처분행위
② 재산목록에 적어야 할 재산은 다음 각 호와 같다. 다만, 당사자 및 당사자와 같이 사는 친족(사실상 관계에 따른 친족을 포함)의 생활에 필요한 의복, 침구, 가구, 부엌기구 등 생활필수품과 그 밖의 공동생활용품은 제외한다.
1. 부동산에 관한 소유권·지상권·전세권·임차권·인도청구권과 그에 관한 권리이전청구권
2. 등기 또는 등록의 대상이 되는 자동차·건설기계·선박·항공기의 소유권, 인도청구권과 그에 관한 권리이전청구권
3. 광업권·어업권, 그 밖에 부동산에 관한 규정이 준용되는 권리와 그에 관한 권리이전청구권
4. 특허권·상표권·저작권·디자인권·실용신안권, 그 밖에 이에 준하는 권리와 그에 관한 권리이전청구권
5. 100만 원 이상의 금전과 합계액 100만 원 이상의 어음·수표
6. 합계액 100만 원 이상의 예금과 보험금 100만 원 이상의 보험 계약
7. 합계액 100만 원 이상의 주권·국채·공채·회사채, 그 밖의 유가 증권
8. 100만 원 이상의 금전채권과 가액 100만 원 이상의 대체물인도 채권(같은 채무자에 대한 채권액의 합계가 100만 원 이상인 채권을 포함한다), 저당권 등의 담보물권으로 담보되는 채권은 그 취지와 담보물권의 내용
9. 정기적으로 받을 보수·부양료, 그 밖의 수입
10. 「소득세법」상의 소득으로서 제9호에서 정한 소득을 제외한 각종소득 가운데 소득별 연간합계액 100만 원 이상인 것
11. 합계액 100만 원 이상의 금·은·백금·금은제품과 백금제품
12. 품목당 100만 원 이상의 시계·보석류·골동품·예술품과 악기
13. 합계액 100만 원 이상의 사무기구
14. 품목당 100만 원 이상의 가축과 농기계를 포함한 각종 기계
15. 합계액 100만 원 이상의 농·축·어업생산품(1월 안에 수확할 수 있는 과실을 포함한다), 공업생산품과 재고상품
16. 제11호부터 제15호까지 규정된 유체동산에 관한 인도청구권·권리이전청구권, 그 밖의 청구권
17. 제11호부터 제15호까지 규정되지 아니한 유체동산으로 품목당 100만 원 이상인 것과 그에 관한 인도청구권·권리이전청구권, 그 밖의 청구권
18. 가액 100만 원 이상의 회원권, 그 밖에 이에 준하는 권리와 그에 관한 이전청구권
19. 그 밖에 가정법원이 범위를 정하여 적을 것을 명한 재산
③ 가정법원은 재산목록에 기재할 재산의 종류와 하한이 되는 액수를 제2항 각 호와 다르게 정할 수 있다.
④ 재산명시 대상 당사자는 합계액 100만 원 이상의 금전채무, 합계액 100만 원 이상인 목적물에 대한 인도·권리이전 채무, 재산명시명령을 송달받은 날부터 6개월이 경과한 날 이후까지 정기적으로 지출이 예상되는 비용을 재산목록에 기재할 수 있다.
⑤ 제1항부터 제3항까지의 규정에 따라 재산목록을 적는 때에는 다음 각 호의 기준을 따라야 한다.
1. 제2항에 규정된 재산 가운데 권리의 이전이나 그 행사에 등기 등이 필요한 재산으로서 제3자에게 명의신탁 되어 있거나 신탁재산으로 등기 등이 되어 있는 것도 적어야 한다. 이 경우에는 재산목록에 명의자와 그 주소를 표시하여야 한다.
2. 제2항제8호 및 제11호부터 제18호까지 규정된 재산의 가액은 재산목록을 작성할 당시의 시장가격에 따른다. 다만, 시장가격을 알기 어려운 경우에는 그 취득가액에 따른다.
3. 어음·수표·주권·국채·공채·회사채 등 유가증권의 가액은 액면금 액으로 한다. 다만, 시장가격이 있는 증권의 가액은 재산목록을 작성할 당시의 거래가격에 따른다.
4. 제2항제1호부터 제4호까지 규정된 것 가운데 미등기 또는 미등록인 재산에 대하여는 도면·사진 등을 붙이거나 그 밖에 적당한 방법으로 특정하여야 한다.
⑥ 가정법원은 필요한 때에는 당사자에게 재산목록에 적은 사항에 관한 참고자료의 제출을 명할 수 있다.
⑦ 당사자는 가정법원에 제출한 재산목록에 형식적인 흠이 있거나 불명확한 점이 있는 때에는 가정법원의 허가를 얻어 이미 제출한 재산목록을 정정할 수 있다.
(2009.11.4 본조신설)
제95조의5 【준용규정】 재산조회에 관하여는 법 및 이 규칙에 특별한 규정이 있는 경우를 제외하고는 성질에 반하지 않는 한 「민사집행규칙」·「재산조회규칙」의 규정을 준용한다. 다만, 「민사집행규칙」 제38조, 「재산조회규칙」 제13조, 제14조제2항, 제15조의 규정은 그러하지 아니하다.
(2009.11.4 본조신설)
제95조의6 【재산조회신청 등】 ① 법 제48조의3 제1항에 따른 당사자 명의의 재산에 관한 조회를 요구하는 신청은 다음 각 호의 사항을 적은 서면으로 하여야 한다.
1. 조회의 대상이 되는 당사자(다음부터 "조회대상

자"라 한다)

2. 조회할 공공기관, 금융기관 또는 단체
3. 조회할 재산의 종류
4. 과거의 재산보유내역에 대한 조회를 요구하는 때에는 그 취지 와 조회기간
5. 신청취지와 신청사유

② 제1항의 신청을 하는 때에는 신청의 사유를 소명하여야 한다.
(2009.11.4 본조신설)

제95조의7 【재산조회비용의 예납 등】 ① 법 제48조의3제1항의 재산조회를 신청하는 당사자는 재산조회에 필요한 비용으로서 가정법원이 정하는 금액을 미리 내야 한다. 가정법원이 부족한 비용을 미리 내라고 명하는 때에도 또한 같다.
② 가정법원이 직권으로 재산조회를 하는 때에는 그 재산조회로 이익을 받을 당사자에게 제1항의 비용을 내게 할 수 있다. 재산조회로 이익을 받을 당사자가 분명하지 아니한 때에는 조회대상자의 상대방을 재산조회로 이익을 받을 당사자로 본다.
③ 가정법원은 제1항, 제2항의 당사자가 비용을 내지 아니하는 경우에는 신청을 각하하거나 재산조회 결정을 취소할 수 있다.
(2009.11.4 본조신설)

제95조의8 【과태료사건의 관할】 법 제67조의3 및 제67조의4에 따른 과태료 재판은 재산명시명령, 재산조회를 한 가정법원이 관할한다. (2016.12.29 본조개정)
(2009.11.4 본조신설)

제2절 부부관계에 관한 사건

제96조 【당사자】 「민법」 제826조, 제833조의 규정에 의한 부부의 동거·부양·협조 또는 생활비용의 부담에 관한 심판, 「민법」 제829조제3항의 규정에 의한 재산관리자의 변경 또는 공유재산의 분할의 심판 및 「민법」 제839조의2제2항(제843조의 규정에 의하여 준용되는 경우 및 혼인취소를 원인으로 하는 경우를 포함한다)의 규정에 의한 재산분할의 심판은, 부부중 일방이 다른 일방을 상대방으로 하여 청구하여야 한다. (2006.3.23 본조개정)
제97조 【이행명령】 제96조에 규정된 청구에 관한 심판을 함에 있어서는, 금전의 지급, 물건의 인도, 등기 기타의 의무이행을 동시에 명할 수 있다.
제98조 【부부재산의 분할】 「민법」 제269조제2항의 규정은 「민법」 제829조제3항 및 「민법」 제839조의2제2항(제843조의 규정에 의하여 준용되는 경우 및 혼인의 취소를 원인으로 하는 경우를 포함한다)의 규정에 의한 재산분할의 심판에 이를 준용한다. (2006.3.23 본조개정)

제3절 친권자의 지정과 자의 양육에 관한 사건

제99조 【당사자】 ① 자(子)의 양육에 관한 처분과 변경 및 친권자의 지정과 변경에 관한 심판은 부모중 일방이 다른 일방을 상대방으로 하여 청구하여야 한다. (2006.3.23., 2017.2.2 본항개정)
② 면접교섭권의 처분 또는 제한·배제·변경에 관한 심판은 다음 각 호의 자들 상호간에 일방이 다른 일방을 상대방으로 하여 청구하여야 한다. (2017.2.2 본항신설)
1. 부(父)와 모(母)
2. 자를 직접 양육하지 아니하는 부(父) 또는 모(母)의 직계존속과 자를 직접 양육하는 부(父) 또는 모(母)
③ 제1항의 심판을 청구함에 있어, 부모 아닌 자가 자(子)를 양육하고 있을 때에는, 그 자를 공동상대방으로 하여 자(子)의 인도를 청구할 수 있다. (2006.3.23., 2017.2.2 본항개정)
제100조 【자의 의견의 청취】 제99조제1항 및 제2항에 규정한 청구가 있는 경우에, 자(子)가 13세 이상인 때에는, 가정법원은 심판에 앞서 그 자(子)의 의견을 들어야 한다. 다만, 자(子)의 의견을 들을 수 없거나 자(子)의 의견을 듣는 것이 오히려 자(子)의 복지를 해할만한 특별한 사정이 있다고 인정되는 때에는 그러하지 아니하다. (1998.12.4., 2013.6.5., 2017.2.2 본항개정)

제4절 친권의 상실등에 관한 사건

제101조 【상대방】 ① 「민법」 제922조의2의 규정에 의한 친권자의 동의를 갈음하는 심판, 「민법」 제924조, 제924조의2, 제925조의 규정에 의한 친권의 상실, 일시 정지, 일시 정지에 대한 기간 연장, 일부 제한 및 법률행위 대리권과 재산관리권의 상실 선고의 심판은 그 친권자를 상대방으로 하여 청구하여야 한다. (2015.7.28 본항개정)
② 「민법」 제926조의 규정에 의한 실권회복선고의 심판은, 청구 당시 친권 또는 친권의 일부, 법률행위 대리권, 재산관리권을 행사하거나 이를 대행하고 있는 자를 상대방으로 하여 청구하여야 한다. (2006.3.23., 2015.7.28 본항개정)
제102조 【대행자의 지정】 ① 제101조제1항에 규정한 심판청구가 있는 경우에, 법 제62조의 규정에 의한 사전처분으로서, 친권자의 친권, 법률행위대리권, 재산관리권의 전부 또는 일부의 행사를 정지하여 이를 행사할 자가 없게 된 때에는, 심판의 확정시까지 그 권한을 행사할 자를 동시에 지정하여야 한다.
② 제1항의 권한대행자에 대하여는 미성년자의 재산중에서 상당한 보수를 지급할 것을 명할 수 있다.

제103조【즉시항고】 친권자의 동의를 갈음하는 심판, 친권의 상실, 일시 정지, 일시 정지에 대한 기간 연장, 일부 제한 및 그 실권 회복의 선고 또는 법률행위의 대리권과 재산관리권의 상실 및 그 실권 회복의 선고 심판에 대하여는 상대방 또는 「민법」 제925조에 규정한 자가 즉시항고를 할 수 있다. (2015.7.28 본조개정)

제5절 삭 제

제104조 (2013.6.5 삭제)
제105조 (2013.6.5 삭제)

제6절 부양에 관한 사건

제106조【이해관계인의 참가】 「민법」 제976조 내지 제978조의 규정에 의한 부양에 관한 심판청구가 있는 경우에, 그 심판이 당사자 이외의 부양권리자 또는 부양의무자의 부양의 순위, 정도 및 방법에 직접 관련되는 것인 때에는, 가정법원은 그 부양권리자 또는 부양의무자를 절차에 참가하게 하여야 한다. (2006.3.23 본조개정)

제107조【부양의 정도, 방법의 결정과 지시】 가정법원이 부양의 정도 또는 방법을 정하거나 이를 변경하는 심판을 하는 경우에는, 필요하다고 인정되는 지시를 할 수 있다.

제108조【이행명령】 제97조의 규정은 부양에 관한 심판에 이를 준용한다.

제109조【즉시항고】 부양에 관한 심판에 대하여는 당사자 또는 이해관계인이 즉시항고를 할 수 있다.

제7절 상속에 관한 사건

제110조【당사자】 「민법」 제1008조의2제2항, 제4항의 규정에 의한 기여분의 결정 및 「민법」 제1013조제2항의 규정에 의한 상속재산의 분할에 관한 심판은 상속인 중의 1인 또는 수인이 나머지 상속인 전원을 상대방으로 하여 청구하여야 한다. (2006.3.23 본조개정)

제111조【기여분의 결정】 기여분의 결정을 구하는 심판청구서에는 제75조제1항제1호 및 제2호에 규정한 사항외에 다음 각호의 사항을 기재하여야 한다.
1. 기여의 시기, 방법, 정도 및 기타의 사정
2. 동일한 상속재산에 관한 다른 기여분결정 청구사건 또는 상속재산분할 청구사건이 있는 경우에는 그 사건 및 가정법원의 표시

제112조【사건의 병합】 ① 동일한 상속재산에 관한 수개의 기여분결정 청구 사건은 병합하여 심리, 재판하여야 한다.

② 기여분 결정 청구사건은 동일한 상속재산에 관한 상속재산분할청구사건에 병합하여 심리, 재판하여야 한다.

③ 제1항 및 제2항의 규정에 의하여 병합된 수개의 청구에 관하여는 1개의 심판으로 재판하여야 한다.

제113조【청구기간의 지정】 ① 상속재산 분할청구가 있는 때에는, 가정법원은 당사자가 기여분의 결정을 청구할 수 있는 기간을 정하여 고지할 수 있다. 그 기간은 1월이상이어야 한다.

② 가정법원은 제1항의 규정에 의하여 정한 기간을 도과하여 청구된 기여분 결정 청구는 이를 각하할 수 있다.

제114조【상속재산의 분할청구】 상속재산 분할의 심판청구서에는 다음 각호의 사항을 기재하여야 한다.
1. 이해관계인의 성명과 주소
2. 공동상속인중 상속재산으로부터 증여 또는 유증을 받은 자가 있는 때에는 그 내용
3. 상속재산의 목록

제115조【상속재산 분할의 심판】 ① 가정법원은 제1심 심리종결시까지 분할이 청구된 모든 상속재산에 대하여 동시에 분할의 심판을 하여야 한다.

② 가정법원은 분할의 대상이 된 상속재산 중 특정의 재산을 1인 또는 수인의 상속인의 소유로 하고, 그의 상속분 및 기여분과 그 특정의 재산의 가액의 차액을 현금으로 정산할 것을 명할 수 있다.

③ 제97조의 규정은 상속재산분할의 심판에 이를 준용한다.

제116조【즉시항고】 ① 기여분 결정의 심판과 상속재산분할의 심판에 대하여는 당사자 또는 이해관계인이 즉시항고를 할 수 있다.

② 제112조제3항 또는 제115조제1항의 규정에 의한 심판이 있는 경우에, 즉시항고권자 중 1인의 즉시항고는 당사자 전원에 대하여 그 효력이 있고, 심판의 일부에 대한 즉시항고는 심판 전부에 대하여 그 효력이 있다.

제4편 가사조정

제117조【준용규정】 ① 가사조정에 관하여는 법 및 이 규칙에 특별한 규정이 있는 경우를 제외하고는 「민사조정규칙」의 규정을 준용한다. (2006.3.23 본항개정)

② 제16조, 제17조 및 제20조의 규정은 가사조정사건에 이를 준용한다.

제118조【조정장소】 조정위원회 또는 조정담당판사는 필요하다고 인정한 때에는 법원외의 적당한 장소에서 조정할 수 있다.

제119조【격지조정】 ① 조정위원회 또는 조정담당판사는 당사자가 동시에 출석하여 조정할 수 없는

사정이 있다고 인정한 때에는, 서면으로 조정안을 작성하여 각 당사자에게 제시할 수 있다. 이 경우, 조정안에는 그 조정으로 인한 효과를 기재하여야 한다.
② 당사자가 제1항의 조정안에 동의한 때에는, 조정위원회 또는 조정담당판사가 지명한 조정위원의 면전에서 조정안에 기명날인 또는 서명하여야 한다. (2002.6.28 본항개정)
③ 당사자 전원이 제2항의 규정에 의한 동의를 한 때에는 조정이 성립된 것으로 본다. 이 경우, 조정조서에는 격지조정에 의하여 조정이 성립되었음을 기재하고, 각 당사자가 기명날인 또는 서명한 조정안을 첨부하여야 한다. (2002.6.28 본항개정)
제120조【조정장의 기명날인】 조정위원회가 작성하는 조정안, 결정서, 조서, 의견서등에는 조정위원회를 대표하여 조정장이 기명날인한다.

제5편   이행의 확보

제1장   양육비 직접지급명령

제120조의2【준용규정】 양육비 직접지급명령에 관하여는 법 및 이 규 칙에 특별한 규정이 있는 경우를 제외하고는 성질에 반하지 않는 한 「민사집행규칙」의 규정을 준용한다.
(2009.11.4 본조신설)
제120조의3【양육비 직접지급명령의 관할】 ① 법 제63조의2에 따른 양육비 직접지급명령에 관한 사건은 미성년자인 자녀의 보통재판적이 있는 곳의 가정법원의 전속관할로 한다. (2016.12.29 본항개정)
② 제1항의 가정법원이 없는 경우 소득세원천징수의무자의 보통재판적이 있는 곳의 가정법원의 전속관할로 한다.
(2009.11.4 본조신설)
제120조의4【양육비 직접지급명령신청의 방식】 양육비 직접지급명령신청서에는 다음 각 호의 사항을 적고 집행력 있는 정본을 붙여야 한다. (2016.12.29 본조개정)
1. 양육비채권자·양육비채무자·소득세원천징수의무자와 그 대리인, 미성년자인 자녀의 표시
2. 집행권원의 표시
3. 2회 이상 양육비가 지급되지 않은 구체적인 내역과 직접지급을 구하고 있는 기한이 도래하지 아니한 정기금 양육비 채권의 구체적인 내용
4. 집행권원에 표시된 양육비 채권의 일부에 관하여만 직접지급명령을 신청하거나 목적채권의 일부에 대하여만 직접지급명령을 신청하는 때에는 그 범위
(2009.11.4 본조신설)
제120조의5【양육비 직접지급명령 취소의 관할】 법 제63조의2제3항에 따른 양육비 직접지급

명령 취소에 관한 사건은 양육비 직접지급명령을 발령한 가정법원의 전속관할로 한다.
(2009.11.4 본조신설)
제120조의6【즉시항고】 법 제63조의2제5항에 따른 즉시항고는 재판을 고지 받은 날부터 1주 이내에 항고장을 그 재판을 행한 가정법원에 제출하여야 한다.
(2009.11.4 본조신설)

제2장   담보제공명령·일시금지급명령

제120조의7【신청에 의한 담보제공명령 및 일시금지급명령의 관할】 ① 법 제63조의3제2항 및 제4항에 따른 담보제공명령 및 일시금지급명령에 관한 사건은 미성년자인 자녀의 보통재판적이 있는 곳의 가정법원의 전속관할로 한다. (2016.12.29 본항개정)
② 제1항의 가정법원이 없는 경우 대법원소재지의 가정법원의 전속관할로 한다.
(2009.11.4 본조신설)
제120조의8【담보제공의 신청】 법 제63조의3제2항에 따른 채무자의 담보제공을 요구하는 신청은 다음 각 호의 사항을 기재하고 신청인 또는 대리인이 기명날인 또는 서명한 서면으로 하여야 한다.
(2016.12.29 본항개정)
1. 신청인, 피신청인과 그 대리인, 미성년자인 자녀의 표시
2. 집행권원의 표시 및 내용
3. 채무자가 이행하지 아니하는 금전채무액 및 그 기간
4. 신청취지와 신청사유
(2009.11.4 본조신설)
제120조의9【즉시항고】 ① 법 제63조의3제3항에 따른 즉시항고는 재판을 고지 받은 날부터 1주 이내에 하여야 한다.
② 즉시항고는 집행을 정지시키는 효력을 가진다.
(2009.11.4 본조신설)
제120조의10【일시금지급의 신청】 법 제63조의3제4항에 따른 일시금 지급을 요구하는 신청은 다음 각 호의 사항을 기재하고 신청인 또는 대리인이 기명날인 또는 서명한 서면으로 하여야 한다.
(2016.12.29 본항개정)
1. 신청인, 피신청인과 그 대리인, 미성년자인 자녀의 표시
2. 집행권원의 표시 및 내용
3. 법 제63조의3제1항 및 제2항에 따른 담보제공명령의 표시 및 내용
4. 신청취지와 신청사유
(2009.11.4 본조신설)

제3장　이행명령

제121조 【이행명령의 관할】 ① 다음 각 호의 의
무위반을 이유로 한 법 제64조의 규정에 의한 이행
명령 사건은 미성년자인 자녀의 보통재판적이 있는
곳의 가정법원의 전속관할로 한다. 다만, 관할 가정
법원이 없는 경우에는 대법원소재지의 가정법원의
전속관할로 한다.
1. 법 제64조제1항제1호 중 신청 당시 미성년자인
　자녀에 관한 양육비 지급의무
2. 법 제64조제1항제2호·제3호의 의무
② 제1항 각 호 이외의 의무위반을 이유로 한 법
제64조의 규정에 의한 이행명령 사건은 의무자의
보통재판적이 있는 곳의 가정법원의 전속관할로 한
다. 다만, 관할 가정법원이 없는 경우에는 대법원소
재지의 가정법원의 전속관할로 한다.
(2016.12.29 본조개정)

제122조 【가사조사관에 의한 조사등】 가정법원
은 권리자의 신청이 있는 때에는, 이행명령을 하기
전이나 후에, 가사조사관으로 하여금 의무자의 재
산상황과 의무이행의 실태에 관하여 조사하고, 의
무이행을 권고하게 할 수 있다.

제123조 【이행명령의 범위】 이행명령은 그 명령
을 하기까지 의무자가 이행하지 아니한 의무의 전
부 또는 일부에 대하여 이를 할 수 있다.

제4장　금전임치

제124조 【금전임치의 관할】 ① 법 제65조제1항
의 규정에 의한 금전임치의 신청에 대한 허가 사건
은 그 의무이행을 명한 판결, 심판, 조정을 한 가정
법원(고등법원이 판결, 결정을 한 경우에는 제1심
가정법원)의 전속관할로 한다.
② 금전임치의 허가에 임치할 가정법원을 따로 정
하지 아니한 경우에는 그 금전임치를 허가한 가정
법원에 금전을 임치하여야 한다.

제125조 【임치의 신청 및 납부】 ① 금전임치의
신청은 다음 각호의 사항을 기재하고 신청인 또는
대리인이 기명날인 또는 서명한 서면으로 하여야
한다. (2002.6.28 본항개정)
1. 의무자와 권리자 및 대리인의 표시
2. 집행권원의 표시 및 내용
3. 의무자가 이행하여야 할 금전채무액 및 임치할
　금액
4. 임치사유
5. 반대의무 또는 조건이 있을 때에는 그 내용
② 제1항의 신청에 대한 가정법원의 허가가 있는
때에는 가정법원의 법원사무관등은 지체없이 의무
자에게 납부지시서를 발부하여야 한다.
③ 제2항의 납부지시서를 발부받은 신청인은 세입

세출외 현금출납공무원에게 임치금을 납부하여야
한다.

제126조 【보관표】 제125조제3항의 규정에 의하
여 임치금을 수납한 세입세출외 현금출납공무원은
신청인에게 영수증을 교부하고, 그 수납에 관한 사
항을 기재한 보관표를 작성하여 가정법원의 법원사
무관등에게 송부하여야 한다.

제127조 【통지】 제126조의 보관표를 송부받은
가정법원의 법원사무관등은 지체없이 임치금사건
부에 등재하고 권리자에게 금전임치사실을 통지하
여야 한다.

제128조 【권리자에의 지급】 ① 임치금의 지급절
차에 관하여는 「법원보관금취급규칙」의 규정을 준
용한다. (2002.6.28., 2006.3.23 본항개정)
② 임치금의 수령에 조건이 붙거나 반대의무의 이
행이 있어야 할 경우에는, 권리자는 그 조건의 성취
또는 반대의무의 이행을 증명하는 서면을 제출하여
야 한다.

제129조 【위임규정】 임치금사건의 처리에 필요
한 문서양식 기타의 사항은 대법원예규로 정한다.

제6편　감치의 재판

제130조 【준용규정】 법 제67조제2항 및 법 제68
조의 규정에 의한 감치에 처하는 재판절차 기타의
사항에 관하여는, 법 및 이 규칙에 특별한 규정이
있는 경우를 제외하고는 성질에 반하지 아니하는
한 「법정등의질서유지를위한재판에관한규칙」의 규
정을 준용한다. 다만, 「법정등의질서유지를위한재
판에관한규칙」제3조 내지 제5조, 제12조 내지 제
14조, 제20조, 제23조제8항, 제25조제3항, 제4항 및
제26조의 규정은 그러하지 아니하다. (2006.3.23 본
조개정)

제131조 【관할】 감치에 처하는 재판은 수검명
령·이행명령 또는 일시금지급명령을 한 가정법원
의 전속관할로 한다. (2009.11.4 본조개정)

제132조 【감치재판의 신청】 법 제68조제1항의
규정에 의한 권리자의 감치재판의 신청은 다음 각
호의 사항을 기재하고, 권리자가 기명날인 또는 서
명한 서면에 의하여야 한다. (2002.6.28., 2009.11.4
본조개정)
1. 의무자의 성명과 주소
2. 집행권원의 표시
3. 법 제64조의 이행명령 또는 법 제63조의3제4항
　의 일시금지급명령이 의무자에게 고지된 일자
4. 의무자가 이행하지 아니한 의무의 내용
5. 감치의 재판을 구하는 뜻

제133조 【신청각하의 재판】 ① 가정법원은, 제
132조의 규정에 의한 권리자의 신청이 부적법하다
고 인정한 때에는 그 신청을 각하하는 결정을 하여

야 한다.

② 제1항의 결정에 대하여는 불복하지 못한다.

제134조【재판기일의 지정등】 ① 가정법원이 직권으로 위반자 또는 의무자를 감치에 처하고자 할 때 또는 제132조의 규정에 의한 권리자의 신청이 이유있다고 인정한 때에는, 재판장은 재판기일을 정하여 위반자 또는 의무자를 소환하여야 한다.

② 제1항의 소환을 받은 위반자 또는 의무자가 정당한 사유없이 재판기일에 출석하지 아니한 때에는, 재판장은 위반자 또는 의무자를 구인할 수 있다.

제135조【감치의 재판등】 ① 감치에 처하는 재판에는 위반자가 위반한 수검명령의 내용 또는 의무자가 이행하지 아니한 의무의 내용, 감치의 기간, 감치할 장소 및 감치의 기간이 만료되기 이전이라도 수검명령에 응하거나 의무를 이행한 때에는 감치의 집행이 종료된다는 뜻을 명확히 하여야 한다.

② 가정법원은, 위반자 또는 의무자를 감치에 처함이 상당하지 아니하다고 인정하거나 위반자 또는 의무자가 재판기일까지 그 의무이행사실을 증명한 때에는 불처벌의 결정을 하여야 한다.

③ 제2항의 결정에 대하여는 불복하지 못한다.

제136조【즉시항고】 ① 법 제67조제3항 또는 법 제68조제2항의 규정에 의한 즉시항고는, 위반자 또는 의무자가 재판의 고지를 받은 날부터 3일이내에 하여야 한다.

② 즉시항고는 이유를 기재한 항고장을 재판법원에 제출함으로써 한다.

③ 즉시항고는 집행정지의 효력이 없다.

제137조【의무이행에 의한 감치집행의 종료】 ① 법 제67조제2항의 규정에 의한 감치의 재판을 받은 자가 그 감치의 집행 중에 수검명령에 응할 뜻을 표시한 때에는, 재판장은 지체없이 그 위반자에 대하여 혈액채취 기타 검사에 필요한 조치를 취한 후 위반자가 유치되어 있는 감치시설의 장에게 위반자의 석방을 명하여야 한다.

② 법 제68조제1항의 규정에 의한 감치의 재판을 받은 자가, 그 감치의 집행 중에, 의무를 이행하고 이를 증명하는 서면을 제출한 때에는, 재판장은 지체없이 의무자가 유치되어 있는 감치시설의 장에게 의무자의 석방을 명하여야 한다.

③ 제1항 및 제2항의 석방명령은 서면으로 하여야 한다. 다만, 긴급을 필요로 하는 경우에는 그러하지 아니하다.

제138조【위임규정】 감치의 재판절차에 필요한 문서양식 기타의 사항은 대법원예규로 정한다.

부 칙(1990.12.31.)

제1조【시행일】 이 규칙은 1991년1월1일부터 시행한다.

제2조【폐지규칙】 가사심판규칙 및 임치금취급

규칙은 이를 폐지한다.

제3조【계속사건에 대한 경과조치】 ① 이 규칙은 특별한 규정이 있는 경우를 제외하고는 이 규칙 시행당시 법원에 계속 중인 사건에도 이를 적용한다. 다만, 이 규칙 시행 전의 소송행위의 효력에는 영향을 미치지 아니한다.

② 법 시행당시 폐지된 인사소송법 또는 가사심판법의 적용범위에 해당하지 아니하여 지방법원 및 지방법원지원에 계속 중인 사건은 종전의 예에 의한다.

③ 법 시행당시 폐지된 인사소송법 또는 가사심판법의 적용범위에 해당하여 가정법원 및 가정법원지원에 계속 중인 사건으로서 법 제2조제1항 및 제2항 또는 이 규칙 제2조제1항의 규정에 해당하지 아니하는 사건은 종전의 예에 의한다.

④ 법 시행당시 법원에 계속 중인 가사사건으로서 심리종결된 사건, 상소 중인 사건 및 상소사건은 종전의 예에 의한다.

제4조【법정기간에 대한 경과조치】 이 규칙 시행 전부터 진행된 법정기간과 그 계산은 종전의 규정에 의한다.

제5조【재산봉인사건에 대한 경과조치】 이 규칙 시행당시 가정법원에 계속중인 재산봉인사건에 대하여는 종전의 규정을 적용한다.

제6조【다른 법령과의 관계】 이 규칙 시행당시 다른 법령에서 가사심판규칙 또는 임치금취급규칙이나 그 조문을 인용한 경우에 이 규칙중 그에 해당하는 규정이 있을 때에는 종전의 규정에 대치하여 이 규칙 또는 이 규칙중 해당조문을 인용한 것으로 본다.

부 칙(1998.12.4.)

이 규칙은 1999년 1월 1일부터 시행한다.

부 칙(2002.6.28.)

이 규칙은 2002. 7. 1부터 시행한다.

부 칙(2006.3.23.)

이 규칙은 공포한 날부터 시행한다.

부 칙(2007.12.31.)

이 규칙은 2008년 1 월 1 일부터 시행한다.

부 칙(2008.6.5.)

제1조【시행일】 이 규칙은 2008년 6월 22일부터 시행한다.

제2조【계속사건에 관한 경과조치】 이 규칙은 특

별한 규정이 없으면 이 규칙 시행 당시 법원에 계속 중인 사건에도 적용한다. 다만, 종전의 규정에 따라 생긴 효력에는 영향을 미치지 아니한다.

부   칙(2009.11.4.)

이 규칙은 2009년 11월 9일부터 시행한다.

부   칙(2010.3.30.)

이 규칙은 공포한 날부터 시행한다.

부   칙(2011.12.12.)

제1조【시행일】 이 규칙은 2011년 12월 30일부터 시행한다.
제2조(계속사건에 관한 경과조치) 이 규칙은 특별한 규정이 없으면 이 규칙 시행 당시 법원에 계속 중인 사건에도 적용한다. 다만, 종전의 규정에 따라 생긴 효력에는 영향을 미치지 아니한다.

부   칙(2013.6.5.)

제1조【시행일】 이 규칙은 2013년 7월 1일부터 시행한다.
제2조【적용례】 이 규칙은 이 규칙 시행 당시 가정법원에 계속 중인 사건에 대해서도 적용한다. 다만, 종전의 규정에 따라 발생한 효력에는 영향을 미치지 아니한다.
제3조【금치산 등에 관한 경과조치】 ① 이 규칙 시행 당시 종전의 규정에 따라 청구되어 가정법원에 계속 중인 "금치산 선고 사건" 및 "한정치산 선고 사건"은 각각 이 규칙에 따라 청구된 "성년후견 개시 심판 사건" 및 "한정후견 개시 심판 사건"으로 본다.
② 이 규칙 시행 당시 이미 금치산 또는 한정치산의 선고를 받은 사람에 대하여는 종전의 규정을 적용한다.
제4조【가족관계등록부기록의 촉탁】 민법 부칙(2011. 3. 7. 제10429호로 개정된 것) 제2조제2항에 따라 성년후견, 한정후견, 특정후견이 개시되거나 임의후견감독인이 선임되어, 금치산 또는 한정치산 선고가 장래를 향하여 효력을 잃게 된 때에는 가정법원의 법원사무관등은 법 제9조의 예에 의하여 가족관계등록부기록을 촉탁하여야 한다.

부   칙(2013.6.27.)

제1조【시행일】 이 규칙은 2013년 7월 1일부터 시행한다.
제2조【적용례】 이 규칙은 이 규칙 시행 당시 가정법원에 계속 중인 사건에 대해서도 적용한다. 다만, 종전의 규정에 따라 발생한 효력에는 영향을 미치지 아니한다.

부   칙(2015.7.28.)

제1조【시행일】 이 규칙은 2015년 10월 16일부터 시행한다.
제2조【경과규정】 이 규칙은 이 규칙 시행 전에 법원에 접수된 사건에 대하여는 적용하지 아니한다.

부   칙(2016.4.8.)

이 규칙은 2016년 7월 1일부터 시행한다.

부   칙(2016.12.29.)

제1조【시행일】 이 규칙은 2017년 2월 1일부터 시행한다.
제2조【경과조치】 ① 이 규칙은 이 규칙 시행 당시 가정법원에 계속 중인 사건에도 적용한다. 다만 종전의 규정에 따라 발생한 효력에는 영향을 미치지 아니한다.
② 이 규칙 시행당시 가정법원에 계속 중인 사건으로서 이 규칙에 의한 관할권이 없는 사건의 경우에는 종전의 규정에 의하여 관할권이 있으면 그에 따른다.

부   칙(2017.2.2.)

이 규칙은 2017년 6월 3일부터 시행한다.

부   칙(2017.12.27.)

제1조【시행일】 이 규칙은 2018년 2월 1일부터 시행한다.
제2조【적용례】 이 규칙은 이 규칙 시행 후 최초로 접수되는 사건부터 적용한다.

부   칙(2018.4.27.)

제1조【시행일】 이 규칙은 2018년 5월 1일부터 시행한다.
제2조【경과조치】 이 규칙은 이 규칙 시행 당시 가정법원에 계속 중인 사건에도 적용한다. 다만, 종전의 규정에 따라 발생한 효력에는 영향을 미치지 아니한다.

민사조정법

$$\binom{1990년\ 1월\ 13일}{법률\ 제4202호}$$

改正
1990.12.31法4299號(민인지)
1992.11.30法4505號   1995.12. 6法5007號
1998.12.28法5589號   2001. 1.29法6407號
2002. 1.26法6626號(민소)   2009. 2. 6法9417號
2010. 3.31法10200號
2012. 1.17法11157號 → 2012. 4.18 시행
2016. 2. 3法13952號(민소) → 2017. 2. 4 시행

제1조 【목적】 이 법은 민사(民事)에 관한 분쟁을 간이한 절차에 따라 당사자 사이의 상호 양해를 통하여 조리(條理)를 바탕으로 실정(實情)에 맞게 해결함을 목적으로 한다.

제2조 【조정사건】 민사에 관한 분쟁의 당사자는 법원에 조정(調停)을 신청할 수 있다.

제3조 【관할법원】 ① 조정사건은 다음 각 호의 어느 하나에 해당하는 곳을 관할하는 지방법원, 지방법원지원(地方法院支院), 시법원(市法院) 또는 군법원(郡法院)(이하 "시·군법원"이라 한다)이 관할한다.
1. 피신청인에 대한 「민사소송법」 제3조부터 제6조까지의 규정에 따른 보통재판적(普通裁判籍) 소재지
2. 피신청인의 사무소 또는 영업소 소재지
3. 피신청인의 근무지
4. 분쟁의 목적물 소재지
5. 손해 발생지
② 제1항에도 불구하고 조정사건은 그에 상응하는 소송사건의 전속관할법원(專屬管轄法院)이나 당사자 사이에 합의로 정한 법원에서 관할할 수 있다.

제4조 【이송】 ① 고등법원장, 지방법원장 또는 지방법원지원장의 지정을 받아 조정사건을 담당하는 판사 또는 조정사건을 담당하는 시·군법원의 판사(이하 "조정담당판사"라 한다)는 사건이 그 관할에 속하지 아니한다고 인정할 때에는 결정(決定)으로 사건을 관할법원에 이송하여야 한다. 다만, 피신청인이 관할위반에 대하여 항변(抗辯)을 하지 아니하고 조정절차에서 진술하거나, 사건의 해결을 위하여 특히 필요하다고 인정할 때에는 그러하지 아니하다.
② 조정담당판사는 사건이 그 관할에 속하는 경우라도 이송하는 것이 적절하다고 인정하면 직권 또는 당사자의 신청에 의한 결정으로 그 사건을 다른 관할법원에 이송할 수 있다.
③ 제1항 및 제2항에 따른 결정에 대하여는 불복의 신청을 하지 못한다.

제5조 【신청 방식】 ① 조정의 신청은 서면(書面)이나 구술(口述)로 할 수 있다.

② 구술로 신청할 때에는 법원서기관, 법원사무관, 법원주사 또는 법원주사보(이하 "법원사무관등"이라 한다)의 앞에서 진술하여야 한다.
③ 제2항의 경우에 법원사무관등은 조정신청조서(調停申請調書)를 작성하고 이에 기명날인하여야 한다.
④ 조정신청을 할 때에는 대법원규칙으로 정하는 바에 따라 수수료를 내야 한다.

제5조의2 【독촉절차의 조정으로의 이행】 ① 「민사소송법」 제469조제2항에 따라 채무자가 적법한 이의신청을 하여 같은 법 제473조제1항에 따라 지급명령을 발령한 법원이 인지의 보정을 명한 경우 채권자는 인지를 보정하는 대신 해당 기간 이내에 조정으로의 이행을 신청할 수 있다.
② 제1항의 이행신청이 부적법하다고 인정하는 때에는 위 법원은 결정으로 이를 각하하여야 한다. 이 결정에 대하여는 즉시항고(卽時抗告)를 할 수 있다.
③ 채권자가 제1항에 따라 적법한 이행신청을 한 경우에는 「민사소송법」 제472조제2항에도 불구하고 지급명령을 신청한 때에 이의신청된 청구목적의 값에 관하여 조정이 신청된 것으로 본다.
(2012.1.17 본조신설)

제5조의3 【독촉절차의 조정으로의 이행에 따른 처리】 ① 제5조의2제3항에 따라 조정이 신청된 것으로 보는 경우, 지급명령을 발령한 법원은 채권자에게 상당한 기간을 정하여, 조정을 신청하는 경우 제5조제4항에 따라 내야 할 수수료에서 지급명령 신청 시에 붙인 인지액을 뺀 액수에 해당하는 수수료를 보정하도록 명하여야 한다.
② 채권자가 제1항의 기간 이내에 수수료를 보정하지 아니한 때에는 위 법원은 결정으로 지급명령신청서를 각하하여야 한다. 이 결정에 대하여는 즉시항고를 할 수 있다.
③ 제1항에 따른 수수료가 보정되면 법원사무관등은 바로 조정사건에 관한 기록을 제3조에 따른 관할법원에 보내야 한다.
④ 제5조의2의 경우 독촉절차의 비용은 조정절차의 비용의 일부로 한다.
(2012.1.17 본조신설)

제6조 【조정 회부】 수소법원(受訴法院)은 필요하다고 인정하면 항소심(抗訴審) 판결 선고 전까지 소송이 계속(係屬) 중인 사건을 결정으로 조정에 회부(回附)할 수 있다.

제7조 【조정기관】 ① 조정사건은 조정담당판사가 처리한다.
② 조정담당판사는 스스로 조정을 하거나, 상임(常任)으로 이 법에 따른 조정에 관한 사무를 처리하는 조정위원(이하 "상임 조정위원"이라 한다) 또는 조정위원회로 하여금 조정을 하게 할 수 있다. 다만, 당사자의 신청이 있을 때에는 조정위원회로 하

여금 조정을 하게 하여야 한다.

③ 제6조에 따라 수소법원이 조정에 회부한 사건으로서 수소법원이 스스로 조정하는 것이 적절하다고 인정한 사건은 제1항 및 제2항에도 불구하고 스스로 처리할 수 있다.

④ 제2항 본문 및 제3항에 따라 조정을 하는 상임 조정위원과 수소법원은 조정담당판사와 동일한 권한을 가진다.

⑤ 제3항의 경우에 수소법원은 수명법관(受命法官)이나 수탁판사(受託判事)로 하여금 조정을 담당하게 할 수 있다. 이 경우 수명법관이나 수탁판사는 조정담당판사와 동일한 권한을 가진다.

제8조【조정위원회】 조정위원회는 조정장(調停長) 1명과 조정위원 2명 이상으로 구성한다.

제9조【조정장】 조정장은 다음 각 호의 구분에 따른 사람이 된다.

1. 제7조제2항의 경우: 조정담당판사 또는 상임 조정위원
2. 제7조제3항의 경우: 수소법원의 재판장
3. 제7조제5항의 경우: 수명법관 또는 수탁판사
4. 시·군법원의 경우: 시·군법원의 판사

제10조【조정위원】 ① 조정위원은 고등법원장, 지방법원장 또는 지방법원지원장이 학식과 덕망이 있는 사람 중에서 미리 위촉한다. 다만, 상임 조정위원은 변호사 자격이 있는 사람으로서 대법원규칙으로 정하는 일정한 경력을 가진 사람 중에서 법원행정처장이 위촉한다.

② 조정위원의 임기는 2년으로 한다. 다만, 특별한 사정이 있을 때에는 임기를 2년 이내로 정하여 조정위원을 위촉할 수 있다.

③ 제1항에 따른 조정위원은 다음 각 호의 사무를 수행한다.

1. 조정에 관여하는 일
2. 조정담당판사 또는 조정장의 촉탁(囑託)을 받아 분쟁 해결을 위하여 사건관계인의 의견을 듣거나 그 밖에 조정사건의 처리를 위하여 필요한 사무를 수행하는 일

제10조의2【조정위원회를 구성하는 조정위원】 조정위원회를 구성하는 조정위원은 당사자가 합의하여 선정한 사람 또는 제10조제1항의 조정위원 중에서 사건마다 조정장이 지정한다.

제11조【조정절차】 조정위원회의 조정절차는 조정장이 지휘한다.

제12조【조정위원에 대한 수당 등】 조정위원에게는 대법원규칙으로 정하는 바에 따라 수당을 지급하고, 필요한 경우에는 그 밖의 여비·일당 및 숙박료를 지급할 수 있다.

제13조【수수료 납부의 심사】 ① 조정담당판사는 신청인이 제5조제4항에 따른 수수료를 내지 아니한 경우에는 적절한 기간을 정하여 그 기간 내에

낼 것을 명하여야 한다.

② 신청인이 제1항의 명령을 이행하지 아니하면 조정담당판사는 명령으로 신청서를 각하(却下)하여야 한다.

③ 제2항의 명령에 대하여는 즉시항고를 할 수 있다. (2012.1.17 본항개정)

제14조【조정신청서 등의 송달】 조정신청서나 조정신청조서는 지체 없이 피신청인에게 송달하여야 한다.

제14조의2【사건의 분리·병합】 제7조에 따른 조정기관은 조정사건의 분리 또는 병합을 명하거나 이를 취소할 수 있다.

제15조【조정기일】 ① 조정기일은 당사자에게 통지하여야 한다.

② 조정기일의 통지는 소환장을 송달하는 방법이나 그 밖의 적절한 방법으로 할 수 있다.

③ 양쪽 당사자가 법원에 출석하여 조정신청을 하는 경우에는 특별한 사정이 없으면 그 신청일을 조정기일로 한다.

제16조【이해관계인의 참가】 ① 조정의 결과에 관하여 이해관계가 있는 자는 조정담당판사의 허가를 받아 조정에 참가할 수 있다.

② 조정담당판사는 필요하다고 인정하면 조정의 결과에 관하여 이해관계가 있는 자를 조정에 참가하게 할 수 있다.

제17조【피신청인의 경정】 ① 신청인이 피신청인을 잘못 지정한 것이 명백한 경우에는 조정담당판사는 신청인의 신청을 받아 결정으로 피신청인의 경정(更正)을 허가할 수 있다.

② 제1항에 따른 허가결정이 있는 경우 새로운 피신청인에 대한 조정신청은 제1항의 경정신청이 있은 때에 한 것으로 본다.

③ 제1항에 따른 허가결정이 있는 경우 종전의 피신청인에 대한 조정신청은 제1항의 경정신청이 있은 때에 취하(取下)된 것으로 본다.

④ 제6조에 따라 제1심 수소법원이 조정에 회부한 사건에 대하여 「민사소송법」 제260조에 따른 피고의 경정을 한 경우에는 소송절차에서도 그 효력이 있다.

제18조【대표당사자】 ① 공동의 이해관계가 있는 다수(多數)의 당사자는 그중 한 사람 또는 여러 사람을 대표당사자로 선임할 수 있다.

② 제1항의 선임은 서면으로 증명하여야 한다.

③ 조정담당판사는 필요하다고 인정하면 당사자에게 대표당사자를 선임할 것을 명할 수 있다.

④ 대표당사자는 자신을 선임한 다른 당사자를 위하여 다음 각 호의 행위를 제외하고는 각자 조정절차에 관한 모든 행위를 할 수 있다.

1. 조정조항안(調停條項案)의 수락
2. 조정신청의 취하

3. 제30조 및 제32조에 따른 결정에 관계되는 행위
4. 대리인의 선임
⑤ 대표당사자가 선임된 경우에는 대표당사자 외의 나머지 당사자에게는 조정기일을 통지하지 아니할 수 있다.

제19조【조정 장소】 조정담당판사는 사건의 실정에 따라 법원 외의 적당한 장소에서 조정을 할 수 있다.

제20조【비공개】 조정절차는 공개하지 아니할 수 있다. 다만, 조정절차를 공개하지 아니하는 경우에도 조정담당판사는 적당하다고 인정하는 자에게 방청을 허가할 수 있다.

제21조【조정 전의 처분】 ① 조정담당판사는 조정을 위하여 특히 필요하다고 인정하면 당사자의 신청을 받아 상대방과 그 밖의 사건관계인에게 조정 전의 처분으로서 다음 각 호의 사항을 명할 수 있다.
1. 현상(現狀)을 변경하거나 물건을 처분하는 행위의 금지
2. 그 밖에 조정의 내용이 되는 사항의 실현(實現)을 불가능하게 하거나 현저히 곤란하게 하는 행위의 배제(排除)
② 제1항의 처분을 할 때에는 제42조에 규정된 처분 위반에 대한 제재(制裁)를 고지하여야 한다.
③ 제1항의 처분에 대하여는 즉시항고를 할 수 있다.
④ 제1항의 처분은 집행력을 갖지 아니한다.

제22조【진술청취와 증거조사】 조정담당판사는 조정에 관하여 당사자나 이해관계인의 진술을 듣고 필요하다고 인정하면 적당한 방법으로 사실 또는 증거를 조사할 수 있다.

제23조【진술의 원용 제한】 조정절차에서의 당사자 또는 이해관계인의 진술은 민사소송에서 원용(援用)하지 못한다.

제24조【조서의 작성】 조정절차에 참여한 법원사무관등은 조정에 관하여 조서를 작성하여야 한다. 다만, 조정담당판사의 허가가 있는 경우에는 그 기재의 일부를 생략할 수 있다.

제25조【조정신청의 각하】 ① 당사자에게 조정기일을 통지할 수 없을 때에는 조정담당판사는 결정으로 조정신청을 각하할 수 있다.
② 제1항에 따른 결정에 대하여는 불복의 신청을 하지 못한다.

제26조【조정을 하지 아니하는 결정】 ① 조정담당판사는 사건이 그 성질상 조정을 하기에 적당하지 아니하다고 인정하거나 당사자가 부당한 목적으로 조정신청을 한 것임을 인정하는 경우에는 조정을 하지 아니하는 결정으로 사건을 종결시킬 수 있다.
② 제1항에 따른 결정에 대하여는 불복의 신청을 하지 못한다.

제27조【조정의 불성립】 조정담당판사는 다음 각 호의 어느 하나에 해당하는 경우 제30조에 따른 결정을 하지 아니할 때에는 조정이 성립되지 아니한 것으로 사건을 종결시켜야 한다.
1. 당사자 사이에 합의가 성립되지 아니하는 경우
2. 성립된 합의의 내용이 적당하지 아니하다고 인정하는 경우

제28조【조정의 성립】 조정은 당사자 사이에 합의된 사항을 조서에 기재함으로써 성립한다.

제29조【조정의 효력】 조정은 재판상의 화해와 동일한 효력이 있다.

제30조【조정을 갈음하는 결정】 조정담당판사는 합의가 성립되지 아니한 사건 또는 당사자 사이에 성립된 합의의 내용이 적당하지 아니하다고 인정하는 사건에 관하여 상당한 이유가 없으면 직권으로 당사자의 이익이나 그 밖의 모든 사정을 고려하여 신청인의 신청 취지에 반하지 아니하는 한도에서 사건의 공평한 해결을 위한 결정을 하여야 한다.

제31조【신청인의 불출석】 ① 신청인이 조정기일에 출석하지 아니한 때에는 다시 기일을 정하여 통지하여야 한다.
② 제1항의 새로운 기일 또는 그 후의 기일에 신청인이 출석하지 아니한 때에는 조정신청이 취하된 것으로 본다.

제32조【피신청인의 불출석】 피신청인이 조정기일에 출석하지 아니한 경우 조정담당판사는 상당한 이유가 없으면 직권으로 제30조에 따른 결정을 하여야 한다.

제33조【조정에 관한 조서의 송달 등】 ① 법원사무관등은 다음 각 호의 어느 하나에 해당하는 때에는 그 사유를 조서에 기재하여야 한다.
1. 사건에 관하여 조정을 하지 아니하기로 하는 결정이 있을 때
2. 조정이 성립되지 아니한 때
3. 조정을 갈음하는 결정이 있을 때
② 법원사무관등은 제1항에 따른 조서 중 조정을 하지 아니하기로 하는 결정이 있거나 조정이 성립되지 아니한 사유를 기재한 조서는 그 등본을, 조정을 갈음하는 결정을 기재한 조서 또는 제28조에 따른 조서는 그 정본(正本)을 당사자에게 각각 송달하여야 한다.

제34조【이의신청】 ① 제30조 또는 제32조의 결정에 대하여 당사자는 그 조서의 정본이 송달된 날부터 2주일 이내에 이의를 신청할 수 있다. 다만, 조서의 정본이 송달되기 전에도 이의를 신청할 수 있다.
② 제1항의 기간 내에 이의신청이 있을 때에는 조정담당판사는 이의신청의 상대방에게 지체 없이 이를 통지하여야 한다.
③ 이의신청을 한 당사자는 해당 심급(審級)의 판

결이 선고될 때까지 상대방의 동의를 받아 이의신청을 취하할 수 있다. 이 경우 「민사소송법」 제266조제3항부터 제6항까지의 규정을 준용하며, "소"(訴)는 "이의신청"으로 본다.
④ 다음 각 호의 어느 하나에 해당하는 경우에는 제30조 및 제32조에 따른 결정은 재판상의 화해와 동일한 효력이 있다.
1. 제1항에 따른 기간 내에 이의신청이 없는 경우
2. 이의신청이 취하된 경우
3. 이의신청이 적법하지 아니하여 대법원규칙으로 정하는 바에 따라 각하결정이 확정된 경우
⑤ 제1항의 기간은 불변기간으로 한다.
제35조【소멸시효의 중단】① 조정신청은 시효중단의 효력이 있다.
② 당사자의 신청에 의한 조정사건에 관하여 다음 각 호의 어느 하나에 해당하는 사유가 있는 때에는 1개월 이내에 소를 제기하지 아니하면 시효중단의 효력이 없다.
1. 조정신청이 취하된 때
2. 제31조제2항에 따라 조정신청이 취하된 것으로 보는 때
제36조【이의신청에 의한 소송으로의 이행】① 다음 각 호의 어느 하나에 해당하는 경우에는 조정신청을 한 때에 소가 제기된 것으로 본다.
1. 제26조에 따라 조정을 하지 아니하기로 하는 결정이 있는 경우
2. 제27조에 따라 조정이 성립되지 아니한 것으로 사건이 종결된 경우
3. 제30조 또는 제32조에 따른 조정을 갈음하는 결정에 대하여 제34조제1항에 따른 기간 내에 이의신청이 있는 경우
② 제1항에 따라 조정신청을 한 때에 소가 제기된 것으로 보는 경우 해당 신청인은 소를 제기할 때 소장(訴狀)에 붙여야 할 인지액(印紙額)에서 그 조정신청서에 붙인 인지액을 뺀 금액에 상당하는 인지를 보정(補正)하여야 한다.
제37조【절차비용】① 조정절차의 비용은 조정이 성립된 경우에는 특별한 합의가 없으면 당사자들이 각자 부담하고, 조정이 성립되지 아니한 경우에는 신청인이 부담한다.
② 조정신청이 제36조제1항에 따라 소송으로 이행(移行)되었을 때에는 제1항의 비용은 소송비용의 일부로 본다.
제38조【「민사소송법」의 준용】① 조정에 관하여는 「민사소송법」 제51조, 제52조, 제55조부터 제60조까지(제58조제1항 후단은 제외한다), 제62조, 제62조의2, 제63조제1항, 제64조, 제87조, 제88조, 제145조 및 제152조제2항·제3항을 준용한다. (2016.2.3 본항개정)
② 이 법에 따른 기일, 기간 및 서류의 송달에 관하

여는 「민사소송법」을 준용한다. 다만, 「민사소송법」 제185조제2항, 제187조, 제194조부터 제196조까지의 규정은 제28조에 따라 작성된 조서를 송달하는 경우를 제외하고는 준용하지 아니한다.
제39조【「비송사건절차법」의 준용】 조정에 관하여는 이 법에 특별한 규정이 있는 경우를 제외하고는 그 성질에 반하지 아니하는 범위에서 「비송사건절차법」 제1편(제15조는 제외한다)을 준용한다.
제40조【조정위원회 및 조정장의 권한】 조정위원회가 조정을 하는 경우 조정위원회와 조정장은 다음 각 호의 구분에 따른 조정담당판사의 권한을 가진다.
1. 조정위원회: 제16조, 제17조제1항, 제18조제3항, 제19조, 제21조제1항, 제22조, 제25조제1항, 제26조제1항, 제27조, 제30조 및 제32조에 규정된 조정담당판사의 권한
2. 조정장: 제13조제1항·제2항, 제20조, 제24조, 제34조제2항 및 제42조에 규정된 조정담당판사의 권한
제40조의2【상임 조정위원의 공무원 의제】 상임조정위원은 「형법」 제129조부터 제132조까지의 규정에 따른 벌칙을 적용할 때에는 공무원으로 본다. (2009.2.6 본조신설)
제41조【벌칙】① 조정위원 또는 조정위원이었던 사람이 정당한 이유 없이 합의의 과정이나 조정장 또는 조정위원의 의견 및 그 의견별 조정위원의 수(數)를 누설한 경우에는 30만원 이하의 벌금에 처한다.
② 조정위원 또는 조정위원이었던 사람이 정당한 이유 없이 그 직무수행 중에 알게 된 타인의 비밀을 누설한 경우에는 2년 이하의 징역 또는 100만원 이하의 벌금에 처한다.
③ 제2항의 죄는 고소가 있어야 공소(公訴)를 제기할 수 있다.
제42조【조정 전의 처분 위반자에 대한 제재】① 조정담당판사는 당사자 또는 참가인이 제21조에 따른 조정 전의 처분에 따르지 아니하면 직권으로 30만원 이하의 과태료를 부과한다.
② 「비송사건절차법」 제248조 및 제250조 중 검사(檢事)에 관한 규정은 제1항의 과태료 재판에는 적용하지 아니한다.
제43조【위임규정】 이 법에서 규정한 사항 외에 조정절차에서의 의견청취, 사실조사, 증거조사, 절차비용의 예납(豫納), 독촉절차와의 관계, 소송절차와의 관계, 집행절차와의 관계, 그 밖에 조정에 필요한 사항은 대법원규칙으로 정한다. (2012.1.17 본항개정)

부 칙 (1990.1.13.)

① 【시행일】 이 법은 1990년 9월 1일부터 시행한

다.

② 【폐지법률】 법률 제969호 차지차가조정법은 이를 폐지한다.

③ 【경과조치】 이 법은 이 법 시행당시 종전의 규정에 의하여 법원에 계속중인 사건에 대하여도 적용한다.

부   칙(1990.12.31.)(민사소송등인지법)

① 【시행일】 이 법은 1991년 1월 1일부터 시행한다.

② 생략

③ 【다른 법률의 개정】 민사조정법중 다음과 같이 개정한다.

제36조제5항중 "민사소송인지법 제2조, 제3조 및 제18조"를 "민사소송등인지법 제2조 및 제14조"로 한다.

④ 생략

부   칙(1992.11.30.)

① 【시행일】 이 법은 1993년 1월 1일부터 시행한다.

② 【경과조치】 이 법은 이 법 시행당시 법원에 계속중인 사건에 대하여도 적용한다.

③ 【다른 법률의 개정】 가사소송법중 다음과 같이 개정한다.

제60조의 제목을 "(이의신청등에 의한 소송으로의 이행)"으로 하고, 동조 전단중 "민사사건의 청구에 관하여 조정신청인이 제소신청을 함에 있어서는"을 "민사사건의 청구에 관하여는"으로 한다.

제61조중 "제소신청 또는 심판에의 이행청구가 있거나,"를 "소가 제기된 것으로 의제되거나,"로 한다.

부   칙(1995.12.6.)

① 【시행일】 이 법은 공포한 날부터 시행한다.

② 【경과조치】 이 법 시행당시 위촉된 조정위원의 임기에 관하여는 제10조제1항의 개정규정에 불구하고 종전의 규정에 의한다.

부   칙(1998.12.28.)

① 【시행일】 이 법은 공포한 날부터 시행한다.

② 【경과조치】 이 법은 이 법 시행당시 법원에 계속중인 사건에 대하여도 이를 적용한다. 다만, 종전의 규정에 의하여 생긴 효력에는 영향을 미치지 아니한다.

부   칙(2001.1.29.)

이 법은 공포한 날부터 시행한다.

부   칙(2002.1.26.)(민사소송법)

제1조 【시행일】 이 법은 2002년 7월 1일부터 시행한다.

제2조 내지 제5조 생략

제6조 【다른 법률의 개정】 ① 내지 ⑧ 생략

⑨ 민사조정법중 다음과 같이 개정한다.

제3조제1항제1호중 "민사소송법 제2조 내지 제5조"를 "민사소송법 제3조 내지 제6조"로 한다.

제17조제4항중 "민사소송법 제234조의2"를 "민사소송법 제260조"로 한다.

제34조제3항 후단중 "민사소송법 제239조제3항 내지 제6항"을 "민사소송법 제266조제3항 내지 제6항"으로 한다.

제38조제1항중 "민사소송법 제47조, 제48조, 제51조 내지 제56조(다만, 제54조제1항 후단은 제외한다), 제58조, 제59조제1항, 제60조, 제80조 및 제135조"를 "민사소송법 제51조, 제52조, 제55조 내지 제60조(다만, 제58조제1항 후단을 제외한다), 제62조, 제63조제1항, 제64조, 제87조, 제88조, 제145조 및 제152조제2항·제3항"으로 하고, 동조제2항 단서중 "민사소송법 제171조제2항, 제171조의2제2항, 제173조, 제179조 내지 제181조"를 "민사소송법 제185조제2항, 제187조, 제194조 내지 제196조"로 한다.

⑩ 내지 ㉙생략

제7조 생략

부   칙(2009.2.6.)

① 【시행일】 이 법은 공포한 날부터 시행한다.

② 【경과조치】 이 법은 이 법 시행 당시 법원에 계속 중인 사건에 대하여도 적용한다.

부   칙(2010.3.31.)

이 법은 공포한 날부터 시행한다.

부   칙(2012.1.17.)

제1조 【시행일】 이 법은 공포 후 3개월이 경과한 날부터 시행한다.

제2조 【독촉절차의 조정으로의 이행 및 그 처리에 관한 적용례】 제5조의2 및 제5조의3의 개정규정은 이 법 시행 후 최초로 채무자가 「민사소송법」 제469조제2항에 따라 이의신청을 한 해당 독촉절차부터 적용한다.

부   칙(2016.2.3.)(민사소송법)

제1조 【시행일】 이 법은 공포 후 1년이 경과한 날부터 시행한다.

제2조 및 제3조 생략

제4조 【다른 법률의 개정】 ① 민사조정법 일부를
다음과 같이 개정한다.
제38조제1항 중 "제63조제1항"을 "제62조의2, 제63
조제1항"으로 한다.
② 생략

민사조정규칙

(1990년 8월 21일)
(대법원규칙 제1120호)

개정
1992.12.30대규1244호　　　　　　　　1993.12.28대규1275호
1995.12.26대규1407호　　　　　　　　1998.10. 8대규1567호
2001.10.29대규1718호　　　　　　　　2002. 6.28대규1775호
2011. 7.28대규2344호
2013.10.11대규2488호 → 2013.11. 1 시행

제1조 【규칙의 취지】 민사조정에 관하여는 민사
조정법(이하 "법"이라 한다)의 규정에 의하는 외에
이 규칙이 정하는 바에 의한다.

제2조 【조정의 신청】 ① 조정신청서나 조정신청
조서에는 당사자, 대리인, 신청의 취지와 분쟁의 내
용을 명확히 기재하여야 하며, 증거서류가 있는 경
우에는 신청과 동시에 이를 제출하여야 한다.
② 조정을 서면으로 신청하는 경우에는 피신청인
수에 상응하는 부본을 제출하여야 한다.

제2조의2 【조정신청의 각하등】 ① 조정신청서나
조정신청조서를 피신청인에게 송달할 수 없는 경우
에는 조정담당판사는 상당한 기간을 정하여 주소의
보정을 명하여야 한다.
② 신청인이 주소를 보정하지 아니한 때에는 조정
담당판사는 명령으로 조정신청서를 각하하여야 한
다. 다만, 공시송달에 의한 소송진행이 가능하다고
인정되는 때에는 조정이 성립되지 아니한 것으로
사건을 종결시킬 수 있다.
③ 제2항의 규정에 의한 각하명령에 대하여는 불복
의 신청을 하지 못한다.
(1992.12.30 본조신설)

제3조 【조정수수료】 ① 조정신청의 수수료는 「민
사소송 등 인지법」 제2조에 따라 산출한 금액의 10
분의 1로 한다. 다만, 「민사소송 등에서의 전자문서
이용 등에 관한 법률」 제8조에 따라 등록사용자로서
전산정보처리시스템을 이용한 민사소송 등의 진행
에 동의한 자가 조정신청서를 전자문서로 제출하는
경우 조정신청의 수수료는 본문에 따라 산출한 금
액의 10분의 9로 한다. (2011.7.28., 2013.10.11 본
항개정)
② 제1항 본문에 따른 수수료가 1천원 미만이면 1
천원으로 하고, 제1항 본문 또는 단서에 따른 수수
료 중 100원 미만은 계산하지 아니한다. (2013.10.11
본항신설)
③ 제1항에 따른 수수료를 제외하고 이 법 및 이
규칙에 따른 절차에 있어서의 신청수수료에 관하여
는 그 성질에 반하지 아니하는 한 「민사소송 등 인
지법」을 준용한다. (2011.7.28., 2013.10.11 본항개정)
④ 제1항의 수수료는 인지로 납부하여야 한다. 다
만, 「민사소송 등 인지규칙」이 정하는 바에 의하여

현금이나 신용카드·직불카드 등으로 납부할 수 있다. (2011.7.28., 2013.10.11 본항개정)

제4조 【소송절차와의 관계】 ① 조정의 신청이 있는 사건에 관하여 소송이 계속된 때에는, 수소법원은 결정으로 조정이 종료될 때까지 소송절차를 중지할 수 있다.

② 법 제6조의 규정에 의하여 소송사건이 조정에 회부된 때에는 그 절차가 종료될 때까지 소송절차는 중지된다.

③ 소송이 계속중인 사건을 법 제6조의 규정에 의하여 조정에 회부한 경우, 조정이 성립하거나 조정에 갈음하는 결정이 확정된 때에는 소의 취하가 있는 것으로 본다.

④ 제3항의 규정에 의하여 소가 취하된 것으로 보는 경우 조정담당판사는 그 취지를 수소법원에 지체없이 통지하여야 한다. 다만, 법 제7조제3항의 규정에 의하여 수소법원이 스스로 조정한 경우에는 그러하지 아니하다. (1992.12.30 본항개정)

⑤ 법 제6조의 규정에 의하여 조정에 회부된 사건의 조정기일에 당사자 쌍방 또는 일방이 출석하지 아니한 경우 조정담당판사는 상당하다고 인정하는 때에는 법 제30조의 규정에 의하여 조정에 갈음하는 결정을 할 수 있다. 당사자가 출석하지 아니하여 조정기일을 2회이상 진행하지 못한 경우 조정에 갈음하는 결정을 하지 아니하는 때에는 조정절차를 종결하고 사건을 수소법원에 다시 회부하여야 한다. (2001.10.29 본항신설)

⑥ 제1항의 결정에 대하여는 불복하지 못한다.

제5조 【집행절차와의 관계】 ① 조정담당판사는 분쟁의 실정에 의해 사건을 조정에 의하여 해결하는 것이 상당하다고 인정되는 경우, 조정의 성립을 불가능하게 하거나 또는 현저히 곤란하게 할 우려가 있는 때에는, 신청에 의하여 담보를 제공하게 하거나 제공하게 하지 아니하고 조정이 종료될 때까지 조정의 목적이 된 권리에 관한 집행절차의 정지를 명할 수 있다. 다만, 재판 및 조서 기타 법원에서 작성된 서면의 기재에 기한 집행절차에 관하여는 그러하지 아니하다.

② 조정담당판사는 집행절차의 정지를 명한 경우에 필요하다고 인정하는 때에는 신청에 의하여 담보를 제공하게 하거나 제공하게 하지 아니하고 이를 속행할 것을 명할 수 있다.

③ 제1항 및 제2항의 신청을 함에는 그 이유를 소명하여야 한다.

④ 민사소송법 제122조, 제123조, 제125조 및 제126조의 규정은 제1항 및 제2항의 담보에 이를 준용한다. (2002.6.28 본항개정)

⑤ 제1항 및 제2항의 규정에 의한 결정에 대하여는 당사자는 즉시 항고를 할 수 있다.

제6조 【당사자의 출석의무와 대리인등】 ① 법 제15조제1항의 규정에 의한 통지를 받은 당사자는 기일에 본인이 출석하여야 한다. 그러나 특별한 사정이 있는 경우에는 대리인을 출석시키거나 보조인을 동반할 수 있다.

② 변호사 아닌 자를 제1항의 대리인 또는 보조인으로 함에는 조정담당판사의 허가를 받아야 한다. 다만, 조정사건이 소액사건심판법 제2조제1항에 해당하는 경우에는 소액사건심판법 제8조를 준용한다. (1993.12.28 본항개정)

③ 법 제6조의 규정에 의하여 소송사건이 조정에 회부된 경우, 소송대리인은 조정에 관하여도 당사자를 대리할 수 있다. 다만, 화해 또는 조정에 관한 권한이 있음을 서면으로 증명하여야 한다. (1993.12.28 본항신설)

④ 조정담당판사는 언제든지 제2항의 허가를 취소할 수 있다.

⑤ 제2항의 규정에 의한 선임불허가결정 및 제4항의 규정에 의한 허가취소결정에 대하여는 불복하지 못한다. (1993.12.28 본항개정)

(1993.12.28 본조제목개정)

제7조 【조정위원회를 구성하는 조정위원의 지정 취소】 조정장은 사건처리상 특히 필요하다고 인정하는 때에는 조정위원회를 구성하는 조정위원의 지정을 취소할 수 있다.

(1992.12.30 본조개정)

제8조 【증거조사등】 ① 조정담당판사 또는 조정위원회는 사실의 조사 또는 증거조사를 지방법원 판사에게 촉탁할 수 있다.

② 조정위원회는 조정장에게 사실의 조사 또는 증거조사를 하게 할 수 있다.

③ 조정담당판사 또는 조정위원회는 상당하다고 인정하는 때에는, 소속법원의 조정위원에게 사실의 조사를 하게 할 수 있다.

④ 증거조사에 관하여는 민사소송의 예에 의한다.

제9조 【의견청취의 촉탁】 조정담당판사는 지방법원판사에게 분쟁해결에 관하여 이해관계인에 대한 의견의 청취를 촉탁할 수 있다.

제10조 【촉탁된 사실조사등의 조정위원에 의한 실시】 제8조제1항 또는 제9조의 촉탁을 받은 지방법원 판사는 상당하다고 인정하는 때에는 소속법원의 조정위원에게 당해촉탁에 관한 사실의 조사 또는 의견의 청취를 하게 할 수 있다.

제11조 【조사의 촉탁】 조정담당판사는 필요한 조사를 공무소 기타 적당하다고 인정하는 자에게 촉탁할 수 있다.

제12조 【전문적인 지식, 경험에 관한 의견의 청취】 조정담당판사 또는 조정위원회는 필요하다고 인정하는 때에는, 소속법원의 조정위원으로부터 전문적인 지식, 경험에 기한 의견을 청취할 수 있다.

제12조의2 【조서의 작성】 ① 조정에 관한 조서

에는 조정담당판사와 법원사무관등이 기명날인하고 조정담당판사가 지장이 있는 때에는 법원사무관등이 그 사유를 기재한다.
② 법 제7조제3항에 의하여 수소법원이 스스로 조정하는 경우에는 재판장과 법원사무관등이 기명날인하고 재판장이 지장이 있는 때에는 합의부원이 그 사유를 기재하고 기명날인한다. 법관전원이 지장이 있는 때에는 법원사무관등이 그 사유를 기재한다.
③ 조정이 성립된 경우에 조서의 작성방식에 관하여는 민사소송규칙 제31조의 규정을 준용한다. (1998.10.8., 2002.6.28 본항개정)
(1993.12.28 본조신설)
제13조 【비용의 예납등】 ① 사실조사, 증거조사, 소환, 고지 기타 조정절차비용의 예납에 관하여는 민사소송법 제116조 및 민사소송규칙 제19조, 제20조의 규정을 준용한다. (2002.6.28 본항개정)
② 법 및 이 규칙에 의하여 당사자등이 예납할 절차비용의 범위와 액에 관하여는 민사소송비용법 및 민사소송비용규칙을 준용한다.
제14조 【조정위원회의 의결】 조정위원회의 의결은 과반수의 의견에 의한다. 그러나 가부동수인 경우에는 조정장의 결정에 따른다.
제15조 【합의의 비공개】 조정위원회의 합의는 공개하지 아니한다.
제15조의2 【조정에 갈음하는 결정】 ① 조정담당판사는 조정기일 외에서도 법 제30조, 제32조의 규정에 의한 결정을 할 수 있다. 이 경우에는 조정담당판사가 결정서를 작성하고 기명날인하여야 한다.
② 제1항의 경우 법원사무관등은 당사자에게 결정서 정본을 송달하여야 한다.
③ 제1항의 경우 법 제34조제1항의 규정에 의한 이의신청의 기간은 결정서 정본이 송달된 날로부터 기산한다.
④ 민사소송법 제185조제2항, 제187조 또는 제194조 내지 제196조의 규정에 의한 송달 이외의 방법으로 당사자 쌍방 또는 일방에게 조정에 갈음하는 결정서 정본을 송달할 수 없는 때에는 조정담당판사는 직권 또는 당사자의 신청에 의하여 조정에 갈음하는 결정을 취소하고, 법 제27조의 규정에 의하여 조정의 불성립으로 사건을 종결하여야 한다.
(2001.10.29 본항신설, 2002.6.28 본항개정)
제16조 【이의신청】 ① 조정담당판사는 법 제34조제1항의 규정에 의한 이의신청이 적법하지 아니하다고 인정하는 때에는 결정으로 이의신청을 각하하여야 한다. 이의신청이 적법하지 아니함에도 조정담당판사가 이를 각하하지 아니한 때에는 수소법원이 결정으로 이를 각하한다. (1995.12.26 본항개정)
② 제1항의 결정에 대하여는 즉시 항고를 할 수 있다.

③ 제2항의 즉시항고는 집행정지의 효력이 있다.
④ 제1항의 결정에 관하여는 민사소송법 제3편제3장의 규정을 준용한다. (1995.12.26 본항신설)
제16조의2 【절차비용】 법 제6조의 규정에 의하여 소송사건이 조정에 회부된 경우 조정이 성립하거나 조정에 갈음하는 결정이 확정된 때에는 소송비용은 조정절차비용의 일부로 본다. 다만, 조정에 갈음하는 결정에 대한 이의신청이 취하된 경우에 있어서 이의신청이후의 소송비용은 그러하지 아니하다. (1995.12.26 본항개정)
(1993.12.28 본조신설)
제16조의3 【조서의 송달】 조정을 하지 아니하기로 하는 결정이 있거나 조정이 성립되지 아니한 경우, 각 그 사유를 기재한 조서등본의 송달은 그 조정기일에 출석하지 아니한 당사자에 대하여 한다. (1993.12.28 본조신설)
제16조의4 【인지액 납부의 심사】 ① 법 제36조제1항에 따라 소가 제기된 것으로 보는 경우, 조정담당판사는 신청인에게 적절한 기간을 정하여 법 제36조제2항에 따른 인지를 보정하도록 명하여야 한다.
② 신청인이 제1항의 기간 이내에 인지를 보정하지 아니한 때에는 조정담당판사는 결정으로 조정신청서를 각하하여야 한다. 이 결정에 대하여는 즉시항고를 할 수 있다.
(2013.10.11 본조신설)
제17조 【기록의 열람등】 당사자나 이해관계를 소명한 제3자는 수수료를 납부하고 기록의 열람·복사, 재판서·조서의 정본·등본·초본의 교부 또는 소송에 관한 사항의 증명서의 교부를 법원사무관등에게 신청할 수 있다.
(2002.6.28 본조개정)
제18조 【조정위원회 및 조정장의 권한】 ① 조정위원회가 조정을 하는 경우에는 제4조제5항, 제5조제1항·제2항, 제9조, 제11조, 제15조의2제1항 및 제4항의 규정에 의한 조정담당판사의 권한은 조정위원회에, 제2조의2제1항·제2항, 제4조제4항, 제6조제2항·제3항, 제12조의2제1항 및 제16조제1항의 규정에 의한 조정담당판사의 권한은 조정장에 각 속한다. (2001.10.29 본항개정)
② 조정위원회의 명령, 결정, 처분서등에는 조정위원회를 대표하여 조정장이 기명날인한다.
(1993.12.28 본항신설)

부 칙 (1990.8.21.)

① **【시행일】** 이 규칙은 1990년 9월 1일부터 시행한다.
② **【폐지규칙】** 차지차가조정의수수료등에관한규칙 및 차지차가조정법시행지구에관한규칙은 이를 각 폐지한다.

③ 【경과조치】 이 규칙은 이 규칙 시행당시 종전의 규정에 의하여 법원에 계속중인사건에 대하여도 적용한다. 그러나 이미 행한 절차의 효력에는 영향을 미치지 아니한다.

부　칙 (1992.12.30.)

① 【시행일】 이 규칙은 1993년 1월 1일부터 시행한다.
② 【경과조치】 이 규칙은 이 규칙 시행당시 종전의 규정에 의하여 법원에 계속중인 사건에 대하여도 적용한다. 그러나, 이미 행한 절차의 효력에는 영향을 미치지 아니한다.

부　칙 (1993.12.28.)

제1조 【시행일】 이 규칙은 공포한 날부터 시행한다.
제2조 【경과규정】 이 규칙은 이 규칙 시행당시 종전의 규정에 의하여 법원에 계속중인 사건에 대하여도 적용한다. 그러나 이미 행한 절차의 효력에는 영향을 미치지 아니한다.

부　칙 (1995.12.26.)

이 규칙은 공포일로부터 시행한다.

부　칙 (1998.10.8.)

제1조 【시행일】 이 규칙은 1998년 11월 1일부터 시행한다.
제2조 【경과조치】 이 규칙은 이 규칙 시행당시 법원에 계속중인 사건에도 이를 적용한다

부　칙 (2001.10.29.)

제1조 【시행일】 이 규칙은 2001년 11월 1일부터 시행한다.
제2조 【경과조치】 이 규칙은 이 규칙 시행당시 법원에 계속된 사건에도 이를 적용한다.

부　칙 (2002.6.28.)

이 규칙은 2002. 7. 1.부터 시행한다.

부　칙 (2011.7.28.)

제1조 【시행일】 이 규칙은 공포한 날부터 시행한다. 다만, 제3조제3항의 개정규정은 2011년 9월 8일부터 시행한다.
제2조 【적용례】 제3조제1항의 개정규정은 이 규칙 시행 후 법원에 접수되는 신청서부터 적용한다.

부　칙 (2013.10.11.)

제1조 【시행일】 이 규칙은 2013년 11월 1일부터 시행한다.
제2조 【적용례】 ① 제3조의 개정규정은 이 규칙 시행 후 최초로 조정 또는 조정으로의 이행이 신청된 사건부터 적용한다.
② 제16조의4의 개정규정은 이 규칙 시행 당시 법원에 계속 중인 사건에도 적용한다. 다만, 종전의 규정에 따라 생긴 효력에는 영향을 미치지 아니한다.
제3조 【다른 규칙의 개정】 가사소송수수료규칙 일부를 다음과 같이 개정한다.
제6조제2항 중 "민사소송등인지법 제2조의 규정에 따라 산출한 액의 5분의 1과"를 "「민사조정법」 제5조제4항에 따른 수수료와"로 한다.

편집위원 등 명단

I. 판례 민사소송·민사집행법전(2018년)

판례 민사소송·민사집행법전 편저자

민일영　　사법연수원 석좌교수, 前 대법관

편집보조원

이종욱/임재혁/정우채/조정용

II. 판례 소법전(2008~2013년)

판례 소법전 대표편집위원

박우동　　변호사, 前 대법관 (민사소송법)

편집위원

김재형　　서울대학교 법과대학·법학대학원 교수 (민법)

남형두　　연세대학교 법과대학·법학대학원 교수 (저작권법)

박　준　　서울대학교 법과대학·법학대학원 교수 (상법)

박정훈　　서울대학교 법과대학·법학대학원 교수 (행정법)

송석윤　　서울대학교 법과대학·법학대학원 교수 (헌법)

이용식　　서울대학교 법과대학·법학대학원 교수 (형법)

이철수　　서울대학교 법과대학·법학대학원 교수 (노동법)

편집보조원

강혜아/구자형/권민영/권주연/김다연/김동호/김봉수/김성민/김이슬/김종수/
김현정/김혜성/박주영/박중휘/윤민/윤진성/위수현/이기홍/이문주/이새롬/
이재창/이진/이진수/이혜민/임정윤/정윤주/정현희/조서영/조영은/조재륜/
한대웅/한민오/홍성균/황지섭

편저자 약력

경복고등학교 졸업(1974)
서울대학교 법과대학 졸업(1978)
서울대학교 대학원 법학과 졸업(석사 1983, 박사 2004)
독일 Bonn 대학 연수(1987~1988)
제20회 사법시험 합격(1978), 해군법무관(1980)
서울민사지방법원 판사(1983), 대구고등법원 판사(1989),
대법원 법원행정처 송무심의관(1990), 청주지방법원 충주지원장(1994),
사법연수원 교수(1997), 서울지방법원 부장판사(2000),
대전고등법원 부장판사(2002), 서울고등법원 부장판사(2003)
법원도서관장(2006), 청주지방법원장(2009)
대법관(2009~2015), 제15대 정부공직자윤리위원회 위원장(2016~2018)
現 사법연수원 석좌교수

주요 저서
주택의 경매와 임차인 보호에 관한 실무연구(경인문화사, 2005)
재판실무연구(3) ― 보전소송(편집대표)(한국사법행정학회, 2008)
주택·상가건물의 경매와 임대차(박영사, 2009)
주석 민사소송법(Ⅰ~Ⅶ)(편집대표)(한국사법행정학회, 2012)
주석 민사집행법(Ⅰ~Ⅶ)(편집대표)(한국사법행정학회, 2012)

2018
판례 민사소송·민사집행법전
2018년판발행 2018년 8월 20일

편저자   민일영
펴낸이   안종만

편 집   이승현
기획/마케팅 조성호
표지디자인   권효진
제 작   우인도·고철민

펴낸곳   (주) 박영사
          서울특별시 종로구 새문안로3길 36, 1601
          등록 1959. 3. 11. 제300-1959-1호(倫)
전 화   02)733-6771
f a x   02)736-4818
e-mail   pys@pybook.co.kr
homepage www.pybook.co.kr
ISBN   979-11-303-3045-7 11360

* 잘못된 책은 바꿔드립니다. 본서의 무단복제행위를 금합니다.
* 편저자와 협의하여 인지첩부를 생략합니다.

정 가   28,000원

법령명 약어표

ㄱ

약어	법령명
가담	가등기담보 등에 관한 법률
가소	가사소송법
가소규	가사소송규칙
가정폭력	가정폭력범죄의 처벌 등에 관한 특례법
가족등록	가족관계의 등록 등에 관한 법률
각급법원	각급 법원의 설치와 관할구역에 관한 법률
감사	감사원법
개발이익	개발이익환수에 관한 법률
개발제한	개발제한구역의 지정 및 관리에 관한 특별조치법
개인정보	개인정보 보호법
개항	개항질서법
거절	거절증서령
건강증진	국민건강증진법
건축	건축법
건축사	건축사법
검징	검사징계법
검찰	검찰청법
경범	경범죄처벌법
경범령	경범죄처벌법 시행령
경비	경비업법
경찰	경찰법
경찰공	경찰공무원법
경찰임령	경찰공무원임용령
경찰직무	경찰관직무집행법
계엄	계엄법
고등교육	고등교육법
고령자	고령자고용촉진법
고용보험	고용보험법
고용정책	고용정책기본법
공노조	공무원의 노동조합설립 및 운영 등에 관한 법률
공범죄몰수	공무원범죄에관한몰수특례법
공선거	공직선거법
공연	공연법
공연금	공무원연금법
공유관리	공유수면관리법
공유매립	공유수면매립법
공윤리	공직자윤리법
공익법인	공익법인의 설립·운영에 관한 법률
공익사업	공익사업을 위한 토지 등의 취득 및 보상에 관한 법률
공인노무	공인노무사법
공인중개	공인중개사의 업무 및 부동산 거래신고에 관한 법률
공임령	공무원임용령
공임시령	공무원임용시험령
공저당	공장 및 광업재단 저당법
공중위생	공중위생관리법
공증	공증인법
공징령	공무원징계령
공탁	공탁법
공탁규	공탁규칙
과학기술	과학기술기본법
관광	관광진흥법
광업	광업법
교원지위	교원지위 향상을 위한 특별법
교육공	교육공무원법
교육기	교육기본법
교육자치	지방교육자치에 관한 법률
교육징	교육공무원 징계령
교통안전	교통안전법
교통특례	교통사고처리특례법
국가균형	국가균형발전특별법
국가보훈	국가보훈기본법
국가소송	국가를 당사자로 하는 소송에 관한 법률
국가유공	국가유공자 등 예우 및 지원에 관한 법률
국가인권	국가인권위원회법
국경일	국경일에 관한 법률
국공무	국가공무원법
국군	국군조직법
국민건강	국민건강보험법
국민고충	국민고충처리위원회의 설치 및 운영에 관한 법률
국민기초	국민기초생활보장법
국민연금	국민연금법
국민체육	국민체육진흥법
국민투표	국민투표법
국배	국가배상법
국보	국가보안법
국사	국제사법
국세기	국세기본법
국세징	국세징수법
국유재	국유재산법
국적	국적법
국정감사	국정감사 및 조사에 관한 법률
국정원	국가정보원법
국제민사	국제민사사법공조법
국제형사	국제형사사법공조법
국채	국채법
국토계획	국토의 계획 및 이용에 관한 법률
국토기본	국토기본법
국회	국회법
국회증언	국회에서의 증언·감정 등에 관한 법률
군법무관	군법무관 임용 등에 관한 법률
군법원	군사법원법
군법원규	군사법원의 소송절차에 관한 규칙
군사기밀	군사기밀보호법
군인사	군인사법
군인연금	군인연금법
군형	군형법
근로	근로기준법
근로규	근로기준법 시행규칙
근로령	근로기준법 시행령
근로자참여	근로자참여 및 협력증진에 관한 법률
금융실명	금융실명거래 및 비밀보장에 관한 법률
기상	기상법
기술개발	기술개발촉진법
기술사	기술사법

ㄴ

약어	법령명
남녀고용	남녀고용평등과 일·가정양립 지원에 관한 법률
노동위	노동위원회법
노동조합	노동조합 및 노동관계 조정법
노인복지	노인복지법
농지	농지법
농협	농업협동조합법

ㄷ

약어	법령명
담보부사채	담보부사채신탁법
대기환경	대기환경보전법
대외무역	대외무역법
대중교통	대중교통의 육성 및 이용촉진에 관한 법률
대중문화	대중문화예술산업발전법
대집행	행정대집행법
도로교통	도로교통법
도로교통규	도로교통법 시행규칙
도로교통령	도로교통법 시행령
도로	도로법
도선	도선법
도시가스	도시가스사업법
도시개발	도시개발법
도시공원	도시공원 및 녹지 등에 관한 법률
도시주거	도시 및 주거환경정비법
도시철도	도시철도법
독점규제	독점규제 및 공정거래에 관한 법률
동산담보	동산·채권 등의 담보에 관한 법률
동산담보규	동산·채권의 담보등기에 관한 규칙
동산담보령	동산·채권 등의 담보에 관한 법률 시행령
등기	부동산등기법
등기규	부동산등기규칙
등기특조	부동산등기특별조치법
디자인	디자인보호법

ㅁ

약어	법령명
마약관리	마약류관리에 관한 법률
마약방지	마약류불법거래방지에 관한 특례법
먹는물	먹는물관리법
모자	모자보건법
문화산업	문화산업진흥 기본법
문화예술	문화예술진흥법
문화재	문화재보호법
물가안정	물가안정에 관한 법률
물류정책	물류정책기본법
민	민법
민간임대	민간임대주택에 관한 특별법
민방위	민방위기본법
민비용	민사소송비용법
민소	민사소송법
민소규	민사소송규칙
민인지	민사소송 등 인지법
민조정	민사조정법
민조정규	민사조정규칙
민주화운동	민주화운동관련자 명예회복 및

약어	법령명
	보상 등에 관한 법률
민집	민사집행법
민집규	민사집행규칙
민집령	민사집행법 시행령

ㅂ

약어	법령명
방문판매	방문판매 등에 관한 법률
방송	방송법
방위사업	방위사업법
배타수역	배타적 경제수역법
벌금임시	벌금 등 임시조치법
범죄수익은닉	범죄수익은닉의 규제 및 처벌 등에 관한 법률
범죄인도	범죄인 인도법
법공포	법령 등 공포에 관한 법률
법구조	법률구조법
법무사	법무사법
법인세	법인세법
법조	법원조직법
법징계	법관징계법
변리	변리사법
변호	변호사법
병역	병역법
병역령	병역법 시행령
보건범죄	보건범죄단속에 관한 특별조치법
보안관찰	보안관찰법
보험	보험업법
보호관찰	보호관찰 등에 관한 법률
부가세	부가가치세법
부재선고	부재선고 등에 관한 특별조치법
부정경쟁	부정경쟁방지 및 영업비밀 보호에 관한 법률
부정수표	부정수표단속법
부패방지	부패방지법
비송	비송사건절차법

ㅅ

약어	법령명
사도	사도법
사면	사면법
사물관할규	민사 및 가사소송의 사물관할에 관한 규칙
사법관리	사법경찰관리의 직무를 행할 자와 그 직무범위에 관한 법률
사보규	사법보좌관규칙
사시령	사법시험법 시행령
사시	사법시험법
사집규	사법경찰관리 집무규칙
사학	사립학교법
사행규제	사행행위 등 규제 및 처벌특례법
사회보장	사회보장기본법
사회복지	사회복지사업법
삭도	삭도·궤도법
산업안전	산업안전보건법
산재보상령	산업재해보상보험법 시행령
산재보상	산업재해보상보험법
상	상법
상가임대령	상가건물 임대차보호법 시행령
상가임대	상가건물 임대차보호법
상고특례	상고심절차에 관한 특례법
상공	상공회의소법
상등기규	상업등기규칙
상속	상속세 및 증여세법
상시행	상법시행법
상표	상표법
상표령	상표등록령
상훈	상훈법
새마을	새마을금고법
생명윤리	생명윤리 및 안전에 관한 법률
석유	석유 및 석유대체연료 사업법
석탄	석탄산업법
선물	선물거래법
선박	선박법
선박안전	선박안전법
선박책임	선박소유자 등의 책임제한절차에 관한 법률
선원	선원법
성매매	성매매알선 및 행위의 처벌에 관한 법률
성폭력	성폭력범죄의 처벌 및 피해자보호 등에 관한 법률
세무사	세무사법
소년규	소년심판규칙
소년	소년법
소득	소득세법
소방	소방기본법
소비기	소비자기본법
소송촉진	소송촉진 등에 관한 특례법
소송촉진규	소송촉진 등에 관한 특례규칙
소액	소액사건심판법
소액규	소액사건심판법 시행규칙
소음진동	소음·진동규제법
수	수표법
수도	수도법
수도권	수도권정비계획법
수산	수산업법
수질	수질 및 수생태계 보전에 관한 법률
수협	수산업협동조합법
식품	식품위생법
식품령	식품위생법 시행령
신고보호	특정범죄신고자 등 보호법
신문진흥	신문 등의 진흥에 관한 법률
신용정보	신용정보의 이용 및 보호에 관한 법률
신원	신원보증법
신탁	신탁법
신협	신용협동조합법
실권리자등기	부동산실권리자명의등기에 관한 법률
실용	실용신안법
실화	실화책임에 관한 법률

ㅇ

약어	법령명
아동	아동복지법
야생	야생동·식물 보호법
약관	약관의 규제에 관한 법률
약사	약사법
어업	어업자원보호법
언론	언론중재 및 피해구제 등에 관한 법률
에너지	에너지이용 합리화법
여객	여객자동차 운수사업법
여권	여권법
여권령	여권법 시행령
여성	여성발전기본법
연호	연호에 관한 법률
영해	영해 및 접속수역법
영화	영화진흥법 영화 및 비디오물의 진흥에 관한 법률
예금	예금자보호법
외토지	외국인토지법
외투	외국인투자촉진법
외환	외국환거래법
우편	우편법
원손배	원자력손해배상법
원자력	원자력법
위치정보	위치정보의 보호 및 이용 등에 관한 법률
위험물	위험물 안전관리법
유류오염	유류오염손해배상보장법
유실	유실물법
유통	유통산업발전법
유해	유해화학물질관리법
은행	은행법
응급	응급의료에 관한 법률
의료	의료법
의료령	의료법 시행령
의문사	의문사진상규명에 관한 특별법
이전등기조	부동산소유권 이전등기 등에 관한 특별조치법
인감	인감증명법
인사청문	인사청문회법
일제강점	일제강점하반민족행위진상규명에 관한 특별법
임금	임금채권보장법
입목	입목에 관한 법률

ㅈ

약어	법령명
자관리	자동차관리법
자배	자동차손해배상보장법
자배령	자동차손해배상보장법 시행령
자산유동	자산유동화에 관한 법률
자연공원	자연공원법
자연재해	자연재해대책법
자연환경	자연환경보전법
자원절약	자원의 절약과 재활용촉진에 관한 법률
자저당	자동차 등 특정동산 저당법
장기이식	장기 등 이식에 관한 법률
장사	장사 등에 관한 법률
재난	재난 및 안전관리기본법
재산조회	재산조회규칙
재외동포	재외동포의 출입국과 법적지위에 관한 법률
저작	저작권법
전기사업	전기사업법
전기용품	전기용품안전 관리법
전기통신	전기통신기본법
전염병	전염병예방법
전자거래	전자거래기본법
전자금융	전자금융거래법
전자상거래	전자상거래 등에서의 소비자보